Botanica

Ein Standardwerk für alle Rosenfreunde und -kenner!
Mit zahlreichen Farbaufnahmen auf jeder Seite.
Rosen
Enzyklopädie
Die wichtigsten Wildrosen
und über 4.000 Gartenrosen
Codename ·
Synonyme ·
Rosenklasse ·
Farbklasse ·
Blühverhalten ·
Rosen
Enzyklopädie
Die wichtigsten Wildrosen
und über 4.000 Gartenrosen
· Form
· Wuchs
· Züchter
· Elternsorten
· Auszeichnungen
Eine Übersicht über
Fachausdrücke und ein
ausführliches Register
runden dieses
Nachschlagewerk ab.

Botanica

Das Abc der Pflanzen

10.000 Arten in Text und Bild

KÖNEMANN

Dritte, überarbeitete Originalausgabe 1999
Random House Australia Pty Ltd
20 Alfred Street, Milsons Point, NSW Australia 2061

Fotos © Random House Australia Pty Ltd 1997, 1998, 1999
Random House Photo Library
Text © Random House Australia Pty Ltd 1997, 1998, 1999
Originaltitel: Botanica

Herausgeber	Gordon Cheers
Chefberater	Tony Rodd
Fachliche Berater	Geoff Bryant (NZ) Lynton Johnson (SA) Barbara Segall (UK) R. J. Turner Jr. (USA) Ernie Wasson (USA)
Karten	Stan Lamond, Graham Keane
Cheffotograf	James Young
Autoren	Geoff Burnie Sue Forrester Denise Greig Sarah Guest Michelle Harmony Sue Hobley Gregory Jackson Dr. Peter Lavarack Melanie Ledgett Dr. Ross McDonald Stirling Macoboy Bill Molyneux Douglas Moodie Judy Moore Dalys Newman Tim North Professor Kristo Pienaar Graeme Purdy Julie Silk Stephen Ryan Gina Schien

Übersetzung aus dem Englischen	Natascha Afanassjew Thomas Batinić Marita Döring Jutta König Dr. Hans W. Kothe Barbara Rusch Cristoforo Schweeger Martina Unger Dr. Astrid Wetzel für GAIA Text, München
Fachlektorat	Michael Burkart Michael Ristow für GAIA Text, München
Redaktion und Satz	GAIA Text, München

Für die dritte, aktualisierte Auflage:

Übersetzung aus dem Englischen	Feryal Kanbay für Gerald Bosch, Düsseldorf
Fachlektorat	Claudia Kemptner für Gerald Bosch, Düsseldorf
Redaktion und Satz	Gerald Bosch Ursula Hennecke für Gerald Bosch, Düsseldorf

Projektkoordination: Dorit Esser
Herstellung: Ursula Schümer

Druck und Bindung: Sing Cheong Printing Co., Ltd.
Printed in Hong Kong, China

ISBN 3-8290-0868-6
10 9 8 7 6 5 4

Berater

MICHAEL BURKART ist Botaniker von Beruf und aus Leidenschaft. Zur Zeit ist er an der Universität Potsdam tätig und beschäftigt sich vor allem mit der Vegetation von Wiesen, Weiden und Steppen. Er beteiligt sich dort an der Lehre und führt seit mehreren Jahren botanische Exkursionen. Bisher hat er vor allem wissenschaftliche Arbeiten publiziert. Er ist Sohn eines Gärtners und hat, vor Studium und wissenschaftlicher Laufbahn, diesen Beruf erlernt. Zusammen mit Michael Ristow hat er die deutsche Ausgabe dieses Buches fachlich betreut.

MICHAEL RISTOW arbeitet seit 10 Jahren als freiberuflicher Gutachter im Bereich des Naturschutzes. In den letzten Jahren ist er v.a. mit Kartierungen zur Schutzwürdigkeit verschiedener Gebiete sowie zur Planung von Großschutzgebieten in Ostdeutschland beschäftigt. Darüber hinaus ist er an der Erstellung verschiedener Verbreitungsatlanten zur Flora Deutschlands, u.a. in seiner Funktion als Regionalstellenkoordinator, beteiligt . Sein Hauptinteresse gilt besonders der Taxonomie und Systematik sogenannter »Kritischer Pflanzengruppen«, etwa der Rosen (Rosa) und Weiden (Salix). Daneben ist er an der Erstellung einer Flora seiner Heimatstadt Berlin beteiligt.

GEOFF BRYANT ist Autor von Gartenbüchern und Pflanzenfotograf. Immergrüne Azaleen und Rhododendren waren Thema seines ersten Buches, »The Azalea Grower's Handbook«. Für sein Werk »The Complete New Zealand Gardener« wurde er mit dem Montana-Preis des Buchhandels ausgezeichnet. Er hat acht Bücher zur Hobbygärtnerei veröffentlicht, zahlreiche weitere überarbeitet oder herausgegeben und Fachartikel verfaßt. Geoff Bryant ist Autor einer Kolumne in der Fachzeitschrift »Growing Today« (Neuseeland) und eines Beitrags für die australische Zeitschrift »Your Garden«. Er berät den neuseeländischen Verbraucherverband bei der Herausgabe des Magazins »Home and Garden«.

TONY RODD ist Botaniker und arbeitete viele Jahre im Royal Botanic Gardens in Sydney. Er ist Mitverfasser von Büchern über Palmen sowie Regenwald-Gärten und schrieb Beiträge für verschiedene Publikationen, unter ihnen die »Australian Encyclopedia« und das »The Ultimate Book of Trees & Shrubs«. Sein besonderes Interesse gilt der Klassifikation und Nomenklatur von Zierpflanzen. Als Fotograf schuf er sich ein eigenes Archiv von Pflanzen-Dias, von denen bereits mehr als 2000 in Büchern veröffentlicht worden sind. Seine Kenntnisse bringt er auch in die Umweltberatung und bei der Erstellung einer Datenbank über früh nach Australien eingeschleppte Pflanzen ein.

BARBARA SEGALL ist Gärtnerin, preisgekrönte Autorin, Herausgeberin von Gartenbüchern und lebt in Großbritannien. Als Mitarbeiterin des Instituts für Gartenbau und Mitglied der Linnean Society (Linné-Gesellschaft) hält sie Vorträge bei Fachverbänden. Zu Gartenkenntnissen kommt eine journalistische Ausbildung und große Erfahrung bei der Produktion internationaler Magazine und der Herausgabe anderer Publikationen.

Sie verfaßt Beiträge für mehrere Fachzeitschriften, unter ihnen »BBC Gardeners' World«, das Magazin der Royal Horticultural Society (RHS), »The Garden«, sowie »Country Life« und »Herbs«, die sie auch selbst herausgibt. Daneben wirkt sie an den Gartenseiten von Magazinen und Tageszeitungen mit, unter anderem für die Wochenendbeilage der »Times«, schreibt Artikel für »My Garden« und »Gardening Made Easy« und gibt das vierteljährlich erscheinende Journal des Instituts für Gartenbau, »The Horticulturist«, heraus.

R. G. TURNER JR. ist Gartenbauarchitekt, Dozent, Schriftsteller und Fotograf. Er hat Gärten in Michigan, New Jersey und Kalifornien entworfen, unterrichtet seit sechs Jahren an der Universität von Kalifornien in Berkeley Gartenarchitektur und hält Vorträge über Gartengestaltung sowie die Pflanzen Südafrikas und Australiens. Er war Direktor des San Francisco Landscape Garden Shops und Ausbildungsleiter für die Strybing Aboretum Society. Er arbeitet als Geschäftsführer des Ruth Bancroft Garden in Walnut Creek.

Die Publikationen »The Nature Company Guide to Natural Gardening«, »The Ultimate Plant and Gardening Book« und »Sunset Western Landscaping Book« stammen von ihm. Er ist Herausgeber der Zeitschrift »Pacific Horticulture«.

R. G. Turner Jr. hat Reisen in alle Welt unternommen, nach Europa und Australien, aber auch in andere Regionen Nordamerikas, um sich mit Gärten sowie Flora und Fauna vertraut zu machen.

ERNIE WASSON sammelte Erfahrungen als Gärtner an den Küsten Nordamerikas und ist Absolvent des Longwood Graduate Program in Ornamental Horticulture and Public Garden Management. Bevor er sich dieser Weiterbildung unterzog, war er Mitglied des Lehrkörpers am College of the Redwoods und Miteigentümer einer Baumschule im Humboldt County in Kalifornien, dann Leiter des Green Animals Topiary Gardens, eines Gartens in Rhode Island.

Er arbeitete für die Berkeley Horticultural Nursery und erstellte das Computerprogramm »Books that Work«. Er schreibt ferner die Internet-Kolumne »All Plants Considered« (www.gardens.com).

Seine Interessen konzentrieren sich u.a. auf Gartenbau und die Gestaltung von Pflanzen; zudem interessiert er sich für südafrikanische Pflanzen, für Ziergräser und Salbei-Arten. Seit je lebt er in Meeresnähe und hat sich nie weit von seinem geliebten Nebel entfernt.

Inhalt

Inhalt

Wie man dieses Buch benutzt

Botanica ist ein übersichtlich gestaltetes, umfassendes Nachschlagewerk. Es macht mit mehr als 10 000 Pflanzenarten der Welt vertraut, die repräsentativ aus allen größeren Pflanzengruppen ausgewählt wurden.

Im ersten Teil erhalten Sie Hinweise zur Kultur von Gartenpflanzen unter verschiedenen Bedingungen sowie Informationen über die wichtigsten Pflanzengruppen, zum Beispiel über einjährige und mehrjährige Arten, Zwiebel- und Knollengewächse sowie Bäume und Sträucher.

Der zweite Abschnitt enthält das »A bis Z der Pflanzen« und macht den größten Teil des Buches aus. Mehr als 10 000 Pflanzenarten sind alphabetisch nach ihrem botanischen Gattungsnamen geordnet. Die vorangestellten Angaben zur Gattung enthalten allgemeine Informationen über die Gruppe, zum Beispiel Details über die Herkunft, eine Beschreibung der Pflanze, aber auch Angaben zur Kultur, zur Vermehrung sowie über Schädlinge und Krankheiten. Danach folgen spezielle Hinweise zu einzelnen Arten, Unterarten, Varietäten und Sorten; einige große Gattungen, etwa *Rhododendron*, *Rosa* oder *Tulipa*, wurden in weitere Untergruppen aufgeteilt. Jedes Foto ist mit dem botanischen Namen der abgebildeten Pflanze versehen.

Im Anhang finden Sie Informationen über die wissenschaftliche Benennung von Pflanzen, ein detailliertes Glossar sowie eine Tabelle mit Pflanzenfamilien und den zugehörigen Gattungen. Die einzelnen Bestimmungen sind sowohl systematisch als auch alphabetisch geordnet. Schließlich erleichtert Ihnen ein umfassendes Register mit Synonymen und deutschen Namen die Suche nach bestimmten Pflanzen.

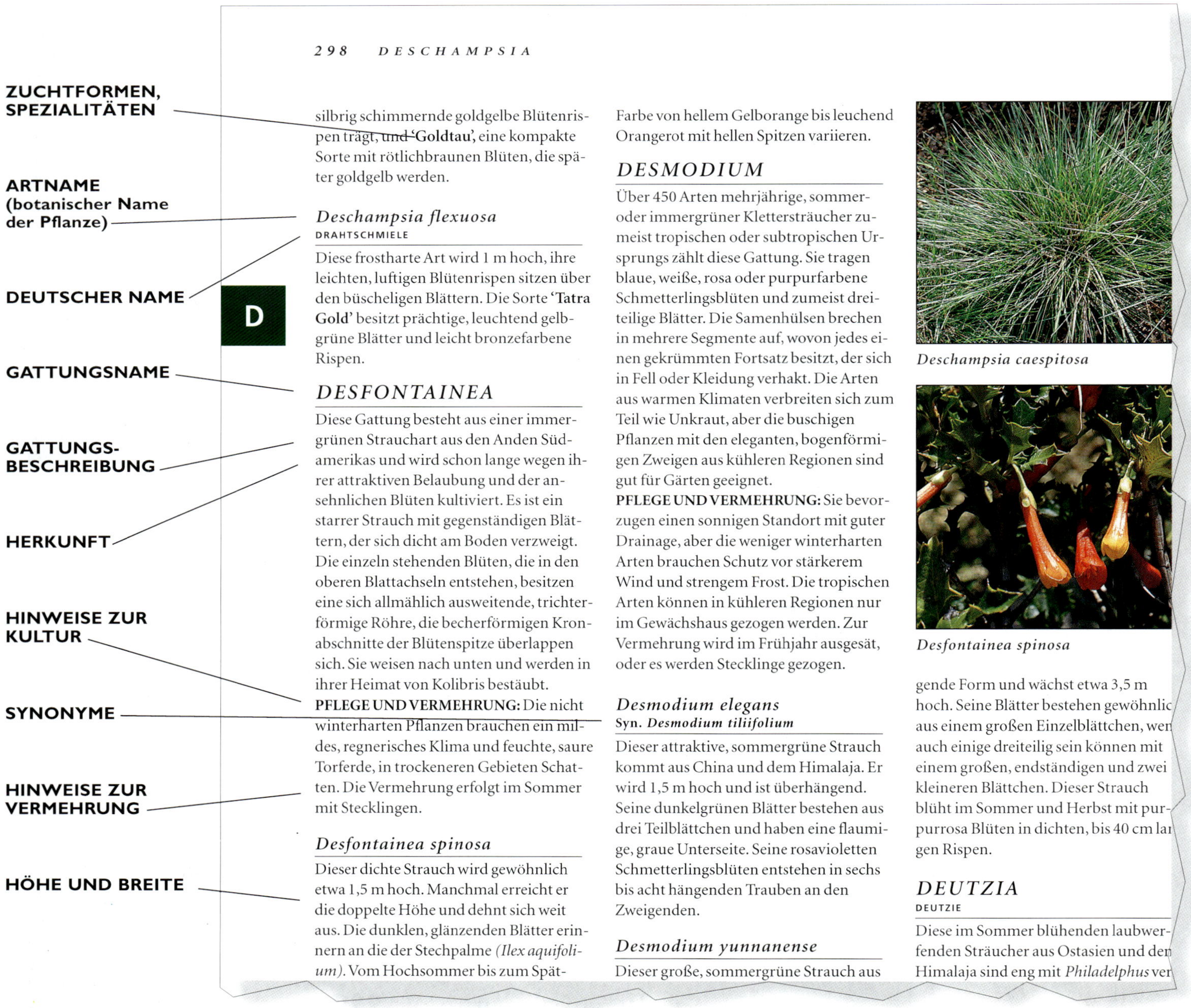

KOPFZEILE
Um die Suche nach einer Pflanze zu erleichtern, ist in der Kopfzeile der erste Gattungsname auf der linken bzw. der letzte Gattungsname auf der rechten Seite aufgeführt.

ABBILDUNGEN
Farbige Detail- und Großaufnahmen lassen Einzelheiten wie Färbung, Wuchsform und andere typische Merkmale erkennen.

BILDUNTERSCHRIFTEN
Jede Abbildung ist mit dem botanischen Namen der Pflanze versehen.

GATTUNG UND ART
Im Abschnitt »A bis Z« sind die Pflanzen in alphabetischer Reihenfolge nach der Gattung aufgeführt. Jeder Eintrag enthält die Beschreibung der Pflanze, Angaben über Größe, Herkunft, Kultivierung, über Schädlinge und Krankheiten sowie Angaben zur Winterhärte.

BUCHSTABE IM RANDFELD
Farbige Felder mit dem jeweiligen Anfangsbuchstaben erleichtern das schnelle Auffinden.

Einleitung

Nachfolgend werden mehrere weitverbreitete Gartentypen beschrieben und Möglichkeiten vorgestellt, zunächst einschränkend wirkende Bedingungen zu beseitigen. Gartenfreunde aus aller Welt werden hier sicherlich Anregungen für den eigenen Garten finden.

Wassergärten

Wassergärten bieten die Möglichkeit, einmal einen völlig anderen Garten anzulegen. Zunächst muß man bei einem solchen Teich auf den Erhalt des biologischen Gleichgewichts achten. Algenwachstum ist völlig normal, doch wenn das Gleichgewicht gestört und der Stickstoffgehalt zu hoch ist, wuchern manche Algen zu einem häßlichen grünen Schleimteppich aus. In einer biologisch ausgewogenen Teichgesellschaft senken die Wasserpflanzen mit ihren Schwimmblättern die Lichtintensität und halten so das Algenwachstum in Schach. Gleichzeitig verbrauchen sie jene Nährstoffe, die starken Algenwuchs bewirken, und bestehende Algen werden von manchen Teichbewohnern (Schnecken) sogar gefressen.

Man unterscheidet zwischen vier Typen von Wasserpflanzen:

- Ständig untergetaucht lebende Pflanzen, die im Teichgrund verwurzelt sind oder schweben, mitunter mit Blättern auf der Wasseroberfläche. Sie werden meist gepflanzt, um das Wasser mit Sauerstoff anzureichern. Hierzu gehören u. a. Tausendblatt- *(Myriophyllum)* und Vallisnerienarten *(Vallisneria)*.
- Schwimmblattpflanzen, die ebenfalls im Teichgrund verwurzelt sein können oder frei treiben. Diese Gruppe umfaßt Seerosen und die meisten bekannteren Wasserzierpflanzen, aber auch z. B. Feenmoos *(Azolla)* und Wasserlinse *(Lemna)*.
- Uferpflanzen auf ständig feuchten Böden (z. B. am Teichrand). Hierzu zählen Schilf, Binse, *Gunnera*-Arten und einige Sumpfschwertlilien.
- Sumpfpflanzen, die einige Zeit mit ihren Wurzeln im Wasser stehen können, ansonsten den Übergang zwischen Ufer und Festland bilden. Typische Beispiele sind Sumpfdotterblume *(Caltha palustris)*, Japanische Iris *(Iris ensata)*, verschiedene Primeln *(Primula)* sowie das Schaublatt *(Rodgersia)*.

Pflanzen, die im Teichgrund wurzeln, benötigen für ihr Wachstum eine Erdschicht. Das Substrat kann zwar problemlos auf dem Teichboden ausgebracht werden, wie es in einem Naturteich der Fall ist, jedoch pflanzen viele Gärtner ihre Gewächse lieber in spezielle Gitterkörbe ein und setzen sie anschließend in den Teich.

Das verwendete Substrat sollte nicht zu nährstoffreich sein und keinen organischen Dünger enthalten. Natürlicher Teich- oder Flußschlamm wäre ideal, ist aber selten zu bekommen. In diesem Fall eignet sich ein Lehm-Sand-Gemisch sehr gut. Nach dem Ausbringen des Substrats kann es zu starker Algenentwicklung kommen, bis der Überschuß an Nährstoffen verbraucht ist.

Echte Wasserpflanzen versorgen sich weitgehend selbst. Die wahre Kunst bei der Anlage eines Wassergartens besteht darin, seine Gestaltung mit Hilfe von Ufer- und Sumpfpflanzen auf den restlichen Garten abzustimmen.

UNTEN: ***Wassergärten strahlen eine besondere Ruhe aus und dienen der Naturerhaltung.***

In großen Gartenanlagen findet sich meist ausreichend Platz für das Riesenblatt *(Gunnera)* mit seinen rhabarberähnlichen Blättern, verschiedene Schaublatt-Arten *(Rodgersia)*, Waldgeißbart *(Aruncus)* und Mädesüß *(Filipendula)*. In kleineren Gärten hingegen sehen unterschiedliche Primeln und Prachtspieren (*Astilbe*-Arten und -Hybriden) besser aus.

Auch bei sehr kleiner Fläche finden sich noch genügend Möglichkeiten zur Gestaltung mit Wasser – z. B. eine flache Zinkwanne mit einer einzelnen Zwergseerose *(Nymphaea)*.

Gärten in Küstennähe

Wind, Salzgischt und ein trockener Sandboden sind besondere Probleme, die sich jedem Gärtner in Küstennähe stellen. Erwartungsgemäß gibt es Pflanzen, welche die klimatischen Bedingungen an der Küste einfach nicht überleben würden, während eine Reihe interessanter und ungewöhnlicher Gewächse in einem Garten am Meer wunderbar gedeihen können.

Die meisten küstennahen Böden sind sandhaltig, trocknen rasch aus und werden leicht abgetragen. Folglich muß der Boden befestigt und seine Struktur verbessert werden. Schnellwüchsige Bodendecker wie Küstengräser und Stauden aus der Familie der Edeldistel *(Eryngium)*, Meerlavendel *(Limonium)* sowie die wildwachsende Lupinenart *Lupinus arboreus* halten den sandigen Boden zusammen. Das Ausbringen von reichlich Kompost oder zusätzlichem Oberboden verbessert die Struktur und erhöht die Fähigkeit der Erde, Wasser zu speichern.

In Küstengebieten stellt Wind ein Dauerproblem dar, weshalb man auf einen Windschutz nicht verzichten kann. Zäune, Hecken sowie Sträucher, die in großen Gruppen gepflanzt werden, bieten hier einen gewissen Schutz. Sollte aber im Garten ausreichend Platz sein, so eignet sich ein in sich versetzter, halbdurchlässiger Windschutz aus Gewächsen besser, der außerdem noch sehr dekorativ aussieht. Beginnen Sie mit niederwüchsigen, den Boden befestigenden Pflanzen, hinter denen Sie dann Gräser pflanzen, die sich sanft im Wind wiegen und ihm etwas von seiner Kraft nehmen. Dahinter pflanzen Sie am besten robuste Sträucher der Küstenregionen und zuletzt höhere Sträucher oder Zwergbäume, die den Wind endgültig aufhalten sollen.

Direkt an der See gelegene Gärten werden durch die Salzgischt in Mitleidenschaft gezogen. Küstenpflanzen werden mit derartigen Salzrückständen problemlos fertig, das Laub der meisten Gewächse, die an diese Bedingungen nicht angepaßt sind, vertrocknet und verbrennt hingegen. In Gebieten mit gelegentlichen salzhaltigen Winden kann eine Schutzvorrichtung nützlich sein, aber an besonders offenen Stellen gibt es keine andere Möglichkeit, als sich auf salztolerante Pflanzen zu beschränken.

Im Sommer kann man bedingt winterharte Pflanzen wie Keulenlilie *(Cordyline)*, Blumenrohr *(Canna)* und Schönmalve *(Abutilon)* in Kübeln ziehen und sie mit Sukkulenten – zum Beispiel Agaven – und Gewächsen des Mittelmeerraums wie Lavendel *(Lavandula)* und dunkellaubigem Ewigblatt (*Aeonium*-Arten) sowie Heiligenkraut *(Santolina chamaecyparissus)* kombinieren.

Strauchmargeriten (*Argyranthemum frutescens*-Hybriden) und Pelargonien mit ihren herrlichen Farben sind einfach konkurrenzlos und fühlen sich in Meeresnähe sehr wohl. Tragen Sie die Pflanzen vor dem ersten Frost in ein frostfreies Gewächshaus oder ein anderes geeignetes Winterquartier, und lassen Sie sie dort überwintern.

Für die Kultur in Küstennähe eignen sich auch zahlreiche Stauden. Hierzu zählen Pflanzen wie Brandkraut *(Phlomis)*, Beifuß *(Artemisia)*, Garbe *(Achillea)*, Strohblume *(Helichrysum)* und die meisten distelähnlichen Arten wie Artischocke *(Cynara)*, Edeldistel *(Eryngium)* und Kugeldistel *(Echinops)*.

OBEN: **Leucosperma** *gedeihen ebenso wie die anderen Angehörigen der Familie der Proteaceen gut im Küstenklima.*
RECHTS: *Fuchsien – hier mit auffallenden herabhängenden Blüten – lieben den Nachmittagsschatten.*

Gärten in schattiger Lage

Alle Gärten haben schattige Bereiche, die sich manchmal schwer gestalten lassen. Dennoch bieten sie die Möglichkeit, viele prächtige Pflanzen zu kultivieren, wie z.B. schattenliebende Stauden des Waldes.

In Stadt- und Vorstadtgärten entstehen Schattenplätze durch Zäune, Mauern, hohe Bäume und Gebäude. Ein Garten, der durch einen Zaun oder eine Mauer beschattet wird, liegt je nach Sonnenstand entweder in völligem Schatten und in der prallen Sonne. Nachmittagsschatten eignet sich gut für Fuchsien, Rhododendren, Schattenglöckchen *(Pieris)*, japanische Anemonen und Iris-Arten, die ursprünglich im Wald wachsen. Erhält der Garten hingegen morgens Schatten und nachmittags Sonne, sollte man besser sonnenliebende Pflanzen ziehen – zum Beispiel Pfingstrosen, Dahlien und sommergrüne Azaleen.

Die Jahreszeit spielt ebenfalls eine Rolle. Wenn die Sonne ab dem Frühjahr höher am Himmel steht, können ihre Strahlen mehr Pflanzen erreichen. Ohne einen Schattenspender wird es im Hochsommer sehr heiß werden. Zu den Pflanzen, die viel Sonne vertragen können, zählen immergrüne Azaleen, Kamelien, verschiedene Primelarten und die meisten im Frühjahr blühenden Zwiebelpflanzen, die ursprünglich in Wäldern beheimatet sind. Wird der Boden ordentlich gemulcht und reichlich mit Humus versetzt, dann überstehen schatten- und feuchtigkeitsliebende Pflanzen Perioden starker Sonneneinstrahlung bedeutend besser.

Immergrüne Bäume werfen im allgemeinen einen sehr dichten Schatten. Auch kann leichter Niederschlag (Nieselregen) nicht immer durch das schwere Laubwerk zum Boden gelangen. Durch vorsichtiges Ausdünnen der Bäume gelangen mehr Licht und Feuchtigkeit in den Garten, ohne daß das Blätterdach seine schützende Funktion einbüßt. Immergrüne Baumarten tragen häufig ledrige Blätter, deren Zersetzung manchmal Jahre dauern kann, und Koniferennadeln bilden sogar eine dicke Mulchschicht, die das Eindringen der Feuchtigkeit in den Boden verhindert. Unter solchen Bäumen trocknet die Erde meist aus und wird sauer. In diesen Fällen schafft eine Mulchdecke aus humusreichem Kompost Abhilfe. Entfernen Sie das Fallaub, graben Sie die Erde leicht um, und arbeiten Sie gut zersetzten Kompost ein.

Der Umgang mit Laubbäumen ist im allgemeinen einfacher, vor allem, wenn sie einen guten Standort haben und reich verzweigt sind. Sie lassen meistens ausreichend Licht durch, so daß die darunter wachsenden Pflanzen nicht vergeilen. Im Winter kann der Regen bis zum Boden durchdringen, und das Fallaub zersetzt sich ziemlich schnell, um schließlich eine dicke Humusschicht aus Blättern zu bilden. Solche Bereiche sind ideal für einen Waldgarten.

Ihre Pflanzenwahl hängt weitgehend von den vorherrschenden Lichtverhältnissen ab. Rhododendren, Kamelien und andere größere Sträucher benötigen in der Regel relativ viel Licht. Sie gedeihen am besten am Waldrand oder unter einem sehr lockeren Blätterdach. Fuchsien können etwas Schatten und Feuchtigkeit gut vertragen, während Farnpflanzen und bestimmte Straucharten sich auch in vollschattiger Lage wohl fühlen. Herzblumen *(Dicentra)*, Wiesenraute *(Thalictrum)*, Primeln und Iris-Arten brauchen einen hellen Schatten; Nieswurz *(Helleborus)* und Funkien kommen auch mit etwas weniger Licht aus. Weitgehend anspruchslose Stauden können sich auch in tiefem Schatten gut entwickeln. Akelei, Ysander *(Pachysandra terminalis)* und Taubnessel (*Lamium*-Sorten) können in dunklen Bereichen einen dichten Teppich bilden, obwohl Farne hier sicherlich die bessere Lösung darstellen.

Im Dauerschatten immergrüner Gehölze gedeihen die ursprünglich aus dem Wald stammenden Zwiebelpflanzen selten gut. Sie brauchen die Kraft der Frühlingssonne und fühlen sich unter Laubbäumen, die nicht zu früh im Jahr austreiben, wesentlich wohler. Die allmähliche Zunahme des Schattens während der Laubentwicklung schafft ideale Bedingungen für Zwiebelpflanzen wie Glockenhyazinthe *(Hyazinthoides)*, Schneeglöckchen *(Galanthus)*, Waldanemone und Traubenhyazinthe *(Muscari)*. Selbstverständlich können Sie auch Alpenveilchen *(Cyclamen)*, Eisenhut *(Aconitum)*, winterharte Storchschnabel-Arten *(Geranium)*, Maiglöckchen *(Convallaria majalis)*, Salomonssiegel *(Polygonatum × hybridum)* und Fingerhut *(Digitalis)* pflanzen.

Waldgärten zeigen sich im Frühjahr besonders prächtig, können dafür jedoch im Sommer etwas farblos wirken. Daher sollten Sie auf jeden Fall eine Reihe interessanter Blattpflanzen einplanen, die später die Blicke auf sich ziehen. Funkien gibt es in verschiedensten Blattformen, und Stauden mit

OBEN: *Dieses dicht bepflanzte Kräuterbeet kann das Wachstum von Unkraut, das anderen Pflanzen Wasser und Nährstoffe entzieht, sehr wirkungsvoll unterdrücken.*
LINKS: *Die Orchideenart* Cymbidium *gedeiht bestens in einem Gewächshaus oder einem sonnigen Raum. Im Bild: die Miniatursorte Oriental Legend 'Wild Rose'.*

auffälligem Laub wie Mädesüß, Akanthus oder Bergenie bieten ebenfalls eine große Vielfalt an Formen und Strukturen. Farnpflanzen sind von unschätzbarem Wert, wenn es darum geht, zahlreiche Blattformen an Schattenplätzen zu integrieren. Mit schattenliebenden einjährigen Sommerblumen wie Fleißigem Lieschen *(Impatiens)*, Knollenbegonien und Gauklerblume *(Mimulus)* kann man die Blühperiode bis in den Sommer verlängern.

Gärten mit wenig Wasserbedarf

Wasser ist ein kostbares Naß und lebensnotwendig. Mittlerweile erkennen auch Gartenbesitzer die Notwendigkeit, mit diesem Element sparsam umzugehen. Deshalb wurden einfallsreiche und praktische Möglichkeiten entwickelt, Wasser zu sparen und trotzdem einen schönen Garten zu besitzen. Hier ein paar Tips:

- Pflanzen Sie Gewächse mit ähnlichen Feuchtigkeitsansprüchen am besten immer in Gruppen zusammen.
- Wählen Sie solche Stauden und Sträucher aus, die Trockenheit vertragen oder an ein trockenes Klima gewöhnt sind. Pflanzen mit grauem, ledrigem oder behaartem Laub zählen zu den Arten, die trockene Bedingungen am besten aushalten. Lavendel, Heiligenkraut, Zistrose und die aus Mexiko stammende Orangenblume *(Choisya ternata)* sind einige der attraktivsten Gewächse, die unter solchen Umständen sehr gut gedeihen.
- Vergewissern Sie sich, daß die oberste Bodenschicht nicht verdichtet ist und eine harte Kruste gebildet hat, da dem Boden sonst Feuchtigkeit entzogen würde. Im Herbst wird die Erde mit etwas organischer Substanz versetzt, wodurch sich die Bodenstruktur verbessert und die Wasserspeicherfähigkeit erhöht. Im Frühjahr bzw. nach der Schneeschmelze sollten die Beete gemulcht werden, damit die Feuchtigkeit an der Erdoberfläche langsamer verdunstet.
- Gießen Sie am frühen Morgen oder spät am Abend, damit so wenig Wasser wie möglich verdunstet. Wässern Sie bei den Kübelpflanzen Erdoberfläche und Wurzelbereich. Eine Stopper am Wasserschlauch hilft, Wasser zu sparen, während man sich von Beet zu Beet bewegt.
- Jäten Sie regelmäßig Unkraut, damit diese unliebsamen Begleiter den anderen Pflanzen nicht das Wasser entziehen, oder pflanzen Sie starkwüchsige Bodendecker, die dem Unkraut keine Chance lassen. Moderne Gartenschläuche, Tropfvorrichtungen und Rieselanlagen sind effizient, weil die Feuchtigkeit direkt an die Erdoberfläche gelangt und sogar einzelne Pflanzen befeuchtet. Das Gießen von Hand wird als eine aufwendige Arbeit angesehen, aber man kann dabei sogar noch mehr Wasser sparen. Wässern Sie auf jeden Fall nur die Bereiche, die wirklich gegossen werden müssen.

Durch die Anreicherung des Bodens mit organischem Material erhält man ein gut abgestimmtes Verhältnis zwischen ausreichender Wasserspeicherfähigkeit und Durchlässigkeit des Bodens. Kompost erhöht die Feuchtigkeit der Erde, da ihr Humus zugeführt wird. Eine Mulchschicht hält die Feuchtigkeit im Boden, da das Wasser an der Erdoberfläche nicht so schnell verdunsten kann.

Wenn Sie weniger Rasenflächen anlegen (und zwar nur soviel, wie unbedingt notwendig), können Sie ebenfalls eine Menge Wasser sparen. Die Auswahl der Grassorte spielt in diesem Fall eine wichtige Rolle. Wählen Sie eine Rasensorte, die mehr Trockenheit verträgt, bzw. eine Sorte, welche die sommerlichen Trockenperioden gut übersteht – Sie haben eine Rasenfläche und sparen trotzdem Wasser.

Der Garten im Winter

Für viele Gartenbesitzer ist der Winter eine unumgängliche Tatsache, aber deshalb braucht ein Garten zu dieser Jahreszeit nicht zwangsläufig trist auszusehen. Zahlreiche Bäume, Sträucher, Kletterpflanzen und andere Gewächse können dank der Farbe und Struktur ihrer Rinde, Stengel, Blätter, Blütenstände und Früchte die Wintermonate aufheitern. Manche Pflanzen wie der Winterjasmin *(Jasminium nudiflorum)* blühen bis in den Spätherbst hinein, während Stechpalme *(Ilex)*, Feuerdorn *(Pyracantha)*, Strauchmispel *(Cotoneaster)* und Scheinbeere *(Gaultheria)* wunderschöne bunte Beeren hervorbringen.

In jedem Garten gibt es Bereiche mit typischem, unterschiedlichem Mikroklima. Einige sind weniger frostanfällig, andere erhalten kaum Regen, und wiederum andere Standorte sind ständig dem Wind (z.B. einem Seewind) ausgesetzt. Das Errichten eines geeigneten Windschutzes ist daher im letzten Fall lebensnotwendig. Die Luftbewegung sollte dabei nicht vermindert sein, da sich an solchen Orten dann leichter Frost bildet.

Immer wieder gibt es begehrte Pflanzen, die leider nicht winterhart genug sind, um im Freien überleben zu können. Diese brauchen den Schutz eines Gewächshauses oder Wintergartens. In einem großen Gewächshaus sollten Gräben angelegt werden, damit Pflanzen mit starkem Wurzelwerk dort genug Platz haben. Empfindliche Kletterpflanzen wie Bougainvillea und Passionsblume sowie zahlreiche Orchideenarten, besonders *Cymbidium*, gedeihen in einem gut gepflegten Wintergarten hervorragend.

Sauberkeit und gute Luftzirkulation sind das beste Mittel gegen Krankheiten und Schädlinge im Gewächshaus. Im Sommer halten Jalousien und automatische Belüftungsklappen die Temperaturen niedrig und verhindern, daß sich Parasiten wie etwa Spinnmilben verbreiten. Im Winter sollten die Belüftungsklappen geschlossen bleiben; dennoch muß ausreichende Luftzufuhr gegeben sein, damit die Pflanzen nicht austrocknen.

Vorgärten und Hinterhofgärten

Da die Städte immer größer und übervölkerter werden, werden die Gärten dort zwangsläufig immer kleiner. Sehr viele Neubauten haben entweder keine oder nur kleine Gärten im herkömmlichen Sinne, verfügen aber über Vorgärten und Hinterhöfe, die sich in grüne Oasen und bunt blühende Bereiche verwandeln lassen.

Zunächst sollten die ziemlich strengen Konturen des Bodenbelags aufgelockert werden. Beginnen Sie damit, unansehnliche Bereiche und Gegenstände wie Mülltonnen, Abflußrohre oder Klimaanlagen optisch abzudecken. Mit Spalieren und Trennwänden, an denen Kletterpflanzen emporranken, oder aufrecht wachsenden Sträuchern, die eine natürliche Hecke bilden, gelingt so etwas ganz einfach.

Oft können Sie bereits vorhandene Elemente in die Gestaltung integrieren. Ein kleiner Baum, ein hoher Strauch dienen dann als Hintergrund für ein Pflanzgefäß oder eine Bank. Befinden sich im Eingangsbereich hohe Säulen, so kann sich dieses Element im Garten in Form aufrecht wachsender Pflanzen (Zypressen) wiederholen. Seien Sie aber vorsichtig mit Bäumen, die lange Wurzeln bilden und u. U. Fundament oder Abflußrohre beschädigen.

Mauern und Zäune stellen oft wichtige Gestaltungselemente eines Vorgartens oder Hinterhofs dar und sind in der Regel aus jeder Ecke des Gartens zu sehen. Deshalb sollten sie entweder möglichst dekorativ gestaltet werden oder ganz unauffällig ausfallen. Zäune wirken am besten mit einem Bewuchs blühender Kletterpflanzen wie Geißblatt, Clematis oder Rosen.

Vorgärten und Hinterhöfe sind im Sommer häufig einer brütenden Hitze ausgesetzt. Für schattenspendende Bäume ist oft kaum Platz. Hier bietet eine Pergola eine gute Alternative. Sie können freistehend sein oder direkt an der Hauswand angebracht werden. Sie werden mit dünnen Holzlatten ausgekleidet, die Schatten spenden oder Kletterpflanzen als Stützhilfe dienen. Künstliche Schattenbereiche, die durch Markisen und Sonnenschirme entstehen, bieten oft eine bessere Lösung für kleine Hinterhofgärten als beispielsweise ein immergrünes Laubdach, das meist zu stark kühlt.

Wenn Sie innerhalb kürzester Zeit viel Farbe in Ihr »Gärtchen« zaubern wollen, sollten Sie Kübel oder andere Pflanzgefäße verwenden, die mit leuchtend bunten Einjährigen und Stauden bestückt sind. Ampeln und Balkonkästen, am Fenster angebracht, setzen weitere Farbakzente.

In Hochbeeten und Kübeln kann man auch Obst und Gemüse kultivieren – zum Beispiel Erdbeeren und kleinwüchsige Obstbäume, Kopfsalat und Tomaten.

Ein Gärtchen im Hinterhof bietet oft eine ideale Stelle, um Küchenkräuter zu ziehen. Ein kleines Beet, mit Salbei, Rosmarin, Basilikum (im Sommer) und Thymian bepflanzt und von einer niedrigen Buchsbaumhecke eingefaßt, wirkt nicht nur durch die hübschen Blattfarben und -strukturen, sondern auch durch den herrlichen Duft der Kräuter.

Vorgärten und Hinterhöfe mögen zwar klein sein, bieten jedoch den Vorteil, daß man sie einfacher und preiswerter gestalten kann. Wagen Sie ruhig auch einmal eine extravagante Gestaltung, und das Ergebnis wird genauso zufriedenstellend sein wie in einem großen Garten.

Pflegeleichte Gärten

Der Begriff »pflegeleicht« wird von jedem Gärtner anders verstanden. Denn schließlich hat jeder eine andere Vorstellung darüber, wieviel Zeit und Arbeit er in den Garten investieren will. Dennoch sollte man sich nicht unbedingt mehr Arbeit aufhalsen als nötig.

Unkrautjäten ist wahrscheinlich die am meisten gehaßte Arbeit im Garten. Regelmäßiges Mulchen ist der beste Weg zu Abhilfe, zudem profitiert davon auch noch die Gesundheit der Pflanzen. Denn der Mulch bildet eine lockere Oberflächenschicht, in der Unkrautpflanzen keinen Halt haben.

Achten Sie jedoch darauf, daß Sträucher und Stauden nicht unter Mulch »begraben« werden. Der Bereich um den Haupttrieb sollte frei bleiben; verteilen Sie das Material sehr locker, damit sich keine feste Decke bilden kann. Stellen mit starkem Unkrautbewuchs müssen u.U. zunächst mit einer wasserdurchlässigen Plane abgedeckt werden, auf der man gehäckselte Rinde oder groben Kies verteilt. Mehrere Lagen Zeitungspapier unter der Mulchschicht können ebenfalls verhindern, daß evtl. vorhandene Unkrautsamen auskeimen.

Alternativ kann man Bodendecker (z.B. winterharten Storchschnabel oder kriechenden Thymian) anpflanzen, die üppige Teppiche oder Polster bilden. Auch Efeu ergibt einen guten Bodendecker, da er dem Unkraut die Sonne nimmt.

Ein Garten, der den natürlichen Gegebenheiten angepaßt ist, braucht erfahrungsgemäß weniger Pflege. Rasenflächen hingegen sind sehr arbeitsaufwendig. Rasen muß gemäht, der Schnitt entsorgt, Moos und Unkraut müssen entfernt und die Kanten beschnitten werden. Setzen Sie pflegeleichte Pflanzen in den Rasen ein, und er wird es ebenfalls werden. Auch gepflasterte Rasenbereiche sind eine gute, zeitsparende Idee.

Pflegeleichtes Gärtnern bedeutet nicht nur, daß man Arbeit reduziert, sondern auch voraussehend plant. Wichtig ist vor allem eine sorgfältige Pflanzenauswahl. Sicherlich sind robuste, strapazierfähige Arten von Vorteil, dennoch sollte man auch Wuchsform und Standort berücksichtigen. Bäume, die sehr groß werden oder nicht am richtigen Platz stehen, werden wohl jedes Jahr zurückgeschnitten werden müssen; Hecken, die stark in die Höhe und Breite schießen, benötigen regelmäßige Pflege, während Sträucher mit zu langen, dünnen Trieben die umliegenden niedrigeren Pflanzen beschatten.

UNTEN: *Ein Garten, der sich gut in die Umgebung integriert, braucht weniger Pflege als ein solcher, der sich dagegen behaupten muß.*

Klimazonen in Europa

Auf dieser Karte ist Europa in Zonen eingeteilt, die die möglichen winterlichen Mindesttemperaturen einer Region wiedergeben, was für die Pflanzenzucht von entscheidender Bedeutung sein kann. Die Skala reicht von Zone 1 mit subarktischem Klima, wie etwa die zirkumpolaren Gebiete, bis Zone 12, in die in erster Linie die äquatornahen Regionen fallen. Dieses Zonensystem wurde ursprünglich vom US-amerikanischen Landwirtschaftsministerium in der Fahrenheit-Skala entwickelt. Auf Celsius-Grade übertragen, deckt jede Zone eine Temperaturspanne von (gerundet) 5,5 °C ab. Die niedrigste, weitgehend frostfreie Zone ist Zone 10. Mitteleuropa teilt sich, mit Ausnahme der alpinen Regionen (Zone 5), in die Zonen 6 und 7. Natürlich geben diese Zonen nur teilweise über die klimatischen Anforderungen von Pflanzen Aufschluß.

So gibt es beispielsweise Pflanzen, die zwar extremen Frost ertragen, jedoch nur in Klimaten mit feuchten, heißen Sommern gut gedeihen, andere wiederum benötigen kalte Winter mit viel Niederschlag und extrem trockene Sommerperioden, um z.B. Früchte oder Samen zu entwickeln. Auch auf diese Faktoren geht dieses Buch so eingehend wie möglich ein.

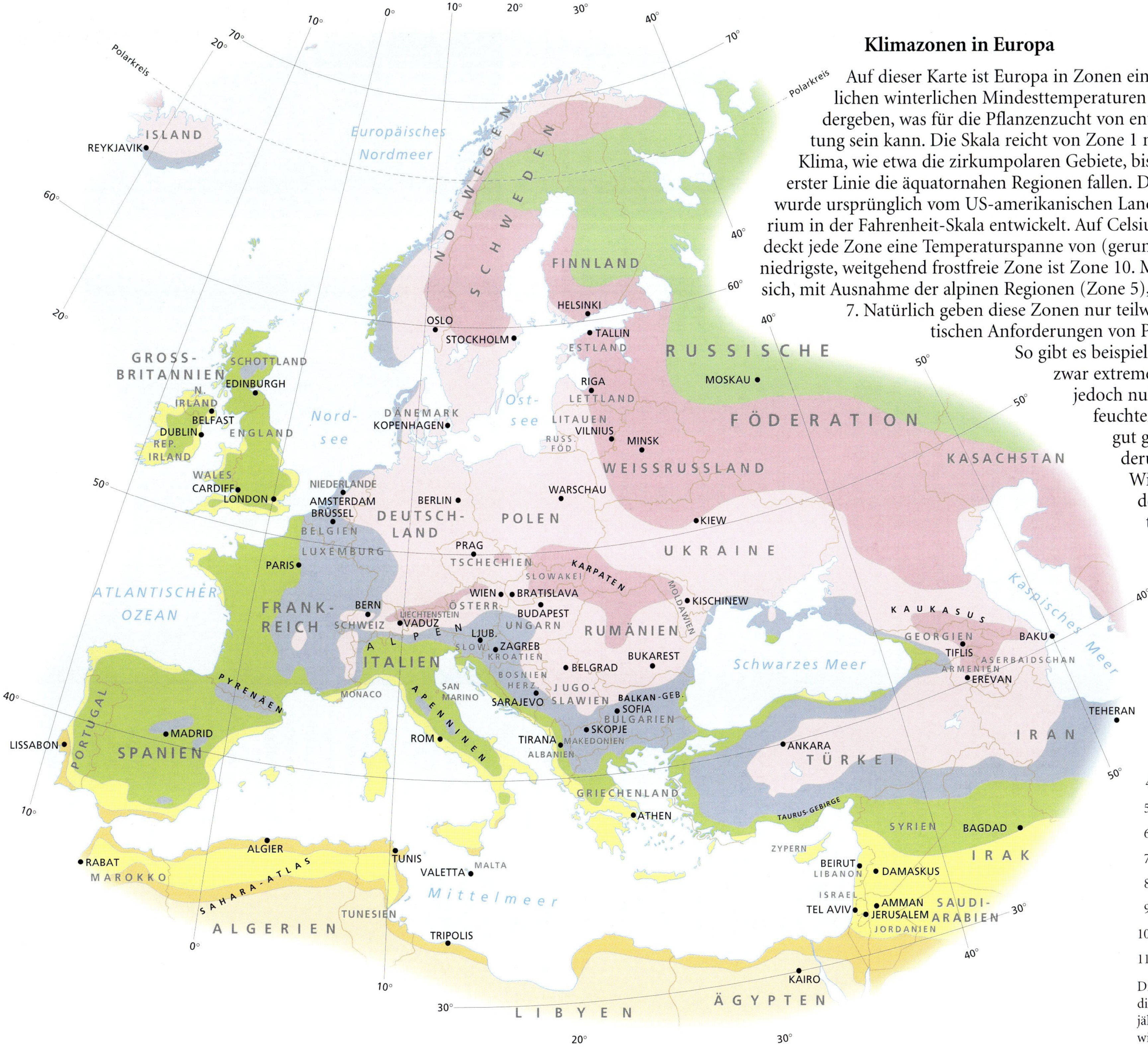

Zone	°C
4	-34 bis -28
5	-28 bis -21
6	-21 bis -16
7	-16 bis -12
8	-12 bis -7
9	-7 bis -1
10	-1 bis 4
11	4 bis 10

Die Klimazonen geben die durchschnittliche jährliche Mindesttemperatur wieder.

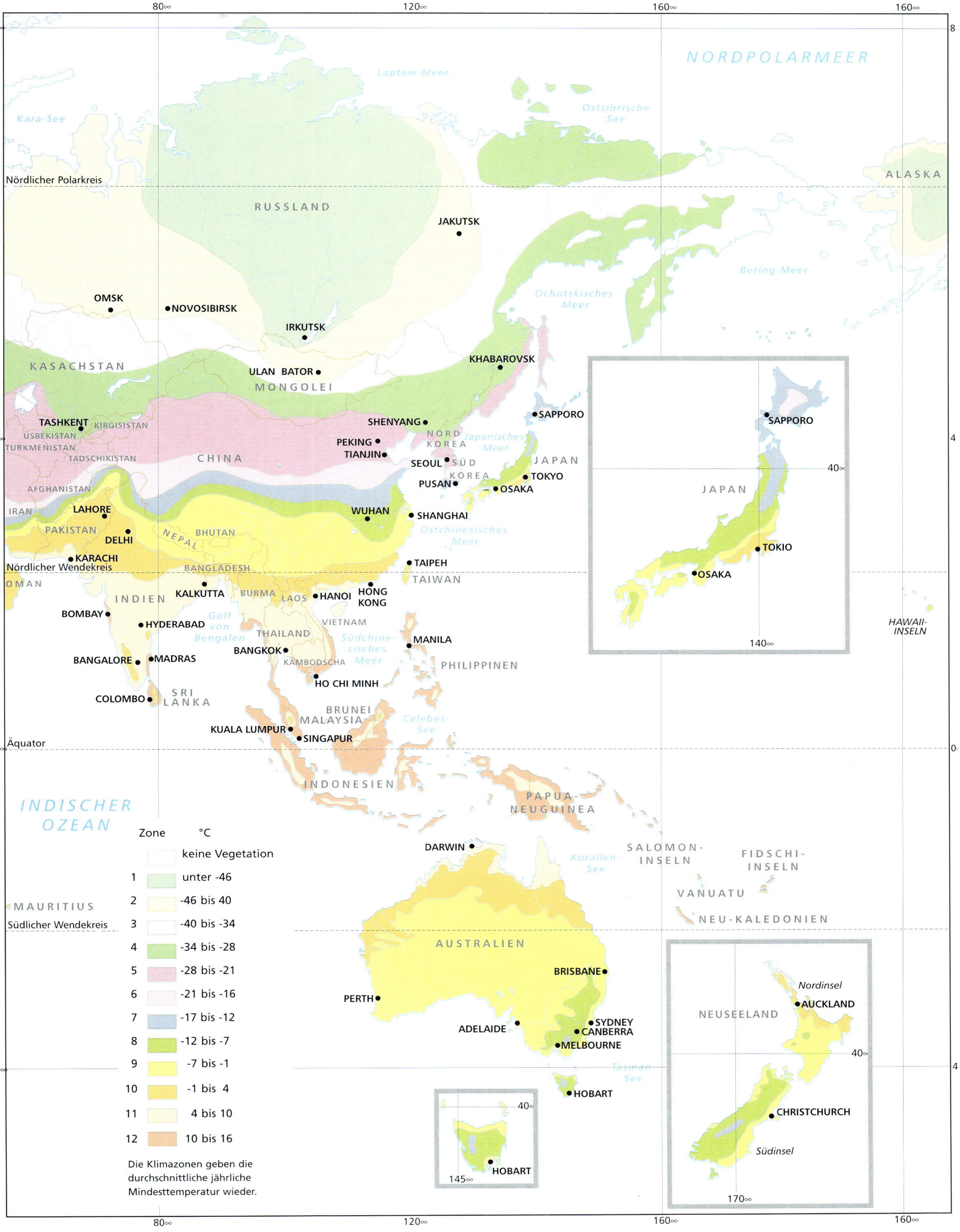

80°
120°
160°
160°
NORDPOLARMEER
Laptew-Meer
Kara-See
Ostsibirische See
ALASKA
Nördlicher Polarkreis
RUSSLAND
JAKUTSK
Bering-Meer
Ochotskisches Meer
OMSK
NOVOSIBIRSK
IRKUTSK
KHABAROVSK
KASACHSTAN
ULAN BATOR
MONGOLEI
SAPPORO
TASHKENT
KIRGISISTAN
USBEKISTAN
TURKMENISTAN
TADSCHIKISTAN
CHINA
SHENYANG
PEKING
TIANJIN
NORD KOREA
Japanisches Meer
SEOUL
SÜD KOREA
PUSAN
JAPAN
TOKYO
OSAKA
AFGHANISTAN
IRAN
LAHORE
PAKISTAN
DELHI
NEPAL
BHUTAN
WUHAN
SHANGHAI
Ostchinesisches Meer
KARACHI
Nördlicher Wendekreis
BANGLADESH
TAIPEH
TAIWAN
OMAN
INDIEN
KALKUTTA
BURMA
LAOS
HANOI
HONG KONG
BOMBAY
HYDERABAD
Golf von Bengalen
VIETNAM
THAILAND
BANGKOK
Südchinesisches Meer
MANILA
PHILIPPINEN
BANGALORE
MADRAS
KAMBODSCHA
HO CHI MINH
COLOMBO
SRI LANKA
BRUNEI
MALAYSIA
Celebes-See
KUALA LUMPUR
SINGAPUR
Äquator
INDONESIEN
PAPUA-NEUGUINEA
INDISCHER OZEAN
HAWAII-INSELN
SAPPORO
40°
JAPAN
TOKIO
OSAKA
140°
Zone °C
keine Vegetation
1 unter -46
2 -46 bis 40
3 -40 bis -34
4 -34 bis -28
5 -28 bis -21
6 -21 bis -16
7 -17 bis -12
8 -12 bis -7
9 -7 bis -1
10 -1 bis 4
11 4 bis 10
12 10 bis 16
Die Klimazonen geben die durchschnittliche jährliche Mindesttemperatur wieder.
DARWIN
Korallen-See
SALOMON-INSELN
FIDSCHI-INSELN
VANUATU
NEU-KALEDONIEN
MAURITIUS
Südlicher Wendekreis
AUSTRALIEN
BRISBANE
PERTH
ADELAIDE
SYDNEY
CANBERRA
MELBOURNE
Tasman-See
HOBART
40°
HOBART
145°
Nordinsel
AUCKLAND
NEUSEELAND
40°
CHRISTCHURCH
Südinsel
170°
80°
120°
160°
160°

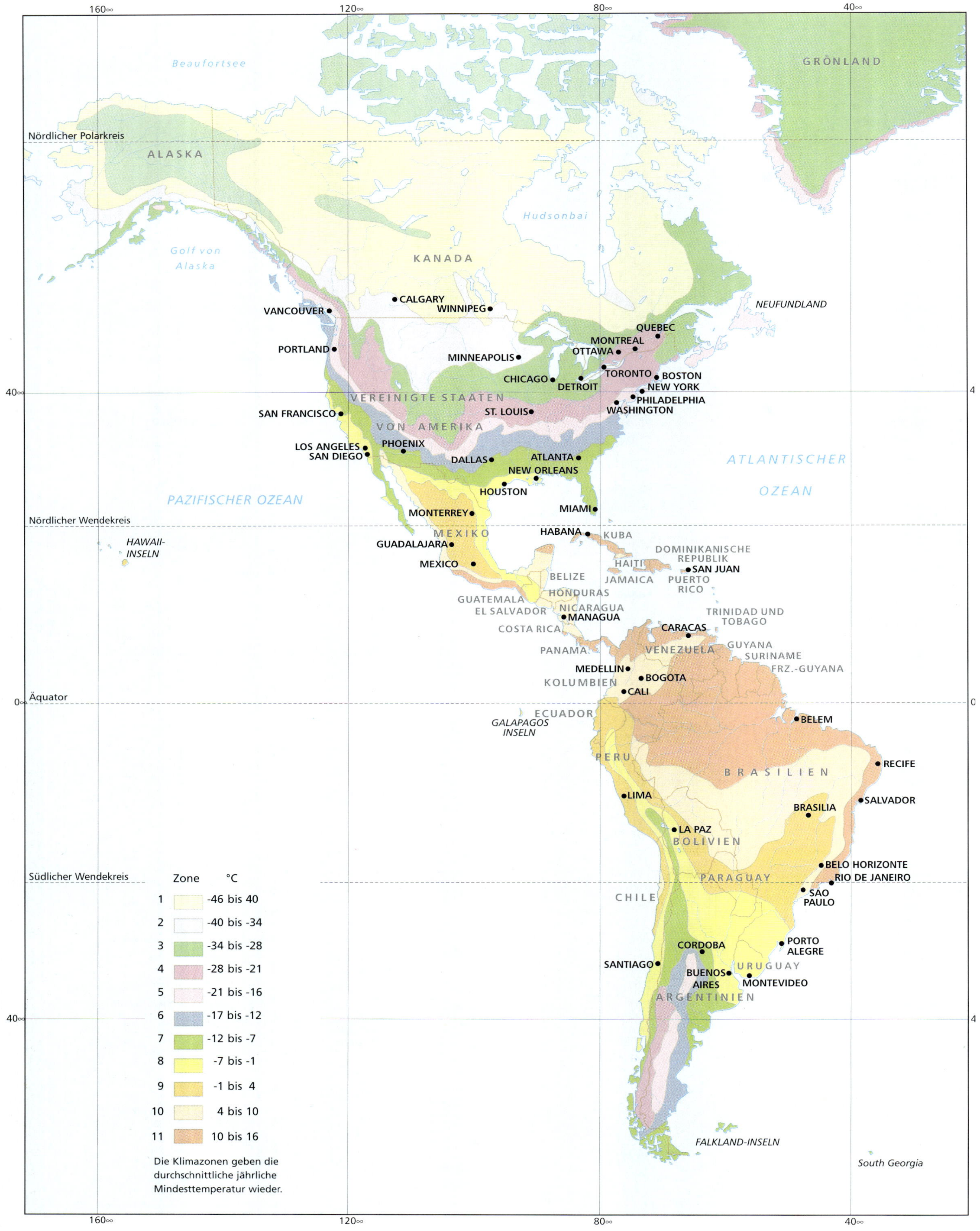
160∞
120∞
80∞
40∞
Beaufortsee
GRÖNLAND
Nördlicher Polarkreis
ALASKA
Hudsonbai
Golf von Alaska
KANADA
NEUFUNDLAND
CALGARY
WINNIPEG
VANCOUVER
QUEBEC
MONTREAL
OTTAWA
PORTLAND
MINNEAPOLIS
TORONTO
BOSTON
CHICAGO
DETROIT
NEW YORK
PHILADELPHIA
WASHINGTON
VEREINIGTE STAATEN VON AMERIKA
SAN FRANCISCO
ST. LOUIS
LOS ANGELES
SAN DIEGO
PHOENIX
DALLAS
ATLANTA
NEW ORLEANS
HOUSTON
ATLANTISCHER OZEAN
PAZIFISCHER OZEAN
MONTERREY
MIAMI
Nördlicher Wendekreis
HAWAII-INSELN
MEXIKO
HABANA
KUBA
GUADALAJARA
DOMINIKANISCHE REPUBLIK
HAITI
SAN JUAN
MEXICO
BELIZE
JAMAICA
PUERTO RICO
HONDURAS
GUATEMALA
EL SALVADOR
NICARAGUA
MANAGUA
TRINIDAD UND TOBAGO
COSTA RICA
CARACAS
PANAMA
VENEZUELA
GUYANA
SURINAME
FRZ.-GUYANA
MEDELLIN
BOGOTA
KOLUMBIEN
CALI
Äquator
ECUADOR
GALAPAGOS INSELN
BELEM
PERU
RECIFE
BRASILIEN
LIMA
SALVADOR
BRASILIA
LA PAZ
BOLIVIEN
Südlicher Wendekreis
BELO HORIZONTE
PARAGUAY
RIO DE JANEIRO
SAO PAULO
CHILE
CORDOBA
PORTO ALEGRE
SANTIAGO
URUGUAY
BUENOS AIRES
MONTEVIDEO
ARGENTINIEN
FALKLAND-INSELN
South Georgia
40∞
0∞
Zone °C
1 -46 bis 40
2 -40 bis -34
3 -34 bis -28
4 -28 bis -21
5 -21 bis -16
6 -17 bis -12
7 -12 bis -7
8 -7 bis -1
9 -1 bis 4
10 4 bis 10
11 10 bis 16
Die Klimazonen geben die durchschnittliche jährliche Mindesttemperatur wieder.

Wichtige Pflanzengruppen

Einjährige und ausdauernde Pflanzen

Beetkombinationen

Mischt man locker einjährige mit ausdauernden Pflanzen, nimmt man dem Garten den »Alles oder nichts«-Anblick, der sich vor allem dann einstellt, wenn ein mit einjährigen Pflanzen besetztes Beet abgeräumt und gerade erst wieder mit winzigen Setzlingen bepflanzt worden ist. Setzt man hingegen Gruppen ausdauernder Pflanzen neben eine Reihe einjähriger, wird das Auge von dem einen zu einem Akzent ganz anderer Art gelenkt, z.B. von einer Gruppe niedrigwüchsiger Einjähriger in der vorderen Reihe hin zu den größeren Blütenähren der mehrjährigen Stauden dahinter. Einjährige für sich allein eignen sich als Willkommensgruß am Eingang oder als herrlicher Farbfleck in einer Strauchrabatte, wenn der Garten Schauplatz eines festlichen Ereignisses werden soll. Wünscht man aber einen dauerhafteren Effekt, sollte man sie unbedingt mit Stauden mischen, so daß die jeweiligen Blüten zu versetzten Zeitpunkten zur Geltung kommen. Befindet sich ein kleiner Fleck von einjährigen Pflanzen also auf dem Höhepunkt der Blüte, um dann abzublühen, fangen die dahinter gesetzten Mehrjahrespflanzen mit ihrer Pracht gerade erst an. Dieses sich gegenseitig ergänzende Schauspiel braucht vielleicht einige Jahre Vorlauf, da viele mehrjährige Pflanzen erst einmal zwei Jahre bis zur Blütezeit benötigen, aber deshalb sollte man noch lange nicht aufgeben – man würde auf einen der interessantesten Aspekte der Hobbygärtnerei verzichten.
Von den Farbkombinationen innerhalb der Beete einmal abgesehen, sollte man auch nicht unversucht lassen, die Farbgestaltung des Hauses mit einzubinden, so daß die Farben von Haus und Garten ästhetisch miteinander korrespondieren. So sieht zum Beispiel ein Haus in Rot-Orange hübsch mit einer Umgebung aus einem leuchtenden Orange, Gelb, Rostbraun und Cremefarben aus, während ein weiß- oder pastellgestrichenes Haus in einem hellblauen, mauve-, rosafarbenen oder weißen Blütenmeer mit Massen silbernen Blattwerkes sehr ansprechend wirkt.

Fast ebenso wichtig wie die Integration des Hauses in die Gartengestaltung ist die Positionierung der Gartenbeete. Die meisten einjährigen Pflanzen brauchen volle Sonne, um gut blühen zu können, also sollte man darauf achten, einen Standort zu finden, der den Pflanzen insbesondere morgens so viel Sonne bietet wie möglich. Auch die Beetbreite ist großzügig zu planen, um zu verhindern, daß die farbenfrohe Blütenpracht vom Blattwerk der Sträucher erdrückt wird oder die Pflanzen sich die Nährstoffe im Boden gegenseitig streitig machen.

Schnell wirkende Farbeffekte

Einer der begrüßenswertesten Fortschritte der letzten Jahre ist die Entwicklung zahlreicher ganz unterschiedlicher, aber frühblühender Ein- und Mehrjähriger. Früher waren rote Geranien die einzigen Pflanzen, die schon zu Beginn des Frühjahrs Farbe in den Garten brachten; heute bekommt man zu jedem Zeitpunkt des Jahres einen Topf oder eine Reihe von Töpfen mit blühenden Einjährigen, um augenblicklich eine tote Ecke im Garten oder auf dem Balkon mit Leben und Farbe zu füllen; auch mit Einjährigen in Hängekörben lassen sich Akzente in den Garten bringen. Wenn man Setzlinge eintopft, um einen Korb mit den eigenen »Sofort«-Farben zu füllen, muß man darauf achten, Pflanzen zu wählen, die sich anmutig über den Rand neigen oder herabhängen. In großen Töpfen oder Wannen kann die Kombination von aufrechten mit hängenden oder rankenden Pflanzen ein sehr dekoratives Bild abgeben.

Einjährige sind von Natur aus befleißigt, in ihrer sehr kurzen Lebensspanne so viele Samen wie möglich zu produzieren. Gärtner können die Blütezeit entweder verlängern, indem sie die Blüten – z.B. für Sträuße – abschneiden oder sie noch vor der Samenreife abzupfen. Gerade bei solchen Pflanzen sollte man für regelmäßige Zufuhr von Nährstoffen in Form eines schnell wirkenden Düngers sorgen, um das Blütenwachstum statt des Blattwachstums zu fördern.

Bodenvorbereitung und Bepflanzung

Starker Wuchs und prächtige Blüte sind der Lohn einer optimalen Vorbereitung der Gartenbeete. Ist die zu bepflanzende Stelle noch nicht umgegraben worden, bietet es sich an, sie jetzt doppelt umzugraben. Dazu wird die oberste Bodenschicht, also ungefähr eine Spatentiefe, zunächst gejätet und dann entfernt; dann wird die nächste Schicht wieder auf Spatentiefe umgegraben; dabei können ihr Humus sowie gut verrotteter Mist oder Kompost zugesetzt werden, um

RECHTS: *Einjährige wie die hier abgebildeten Stiefmütterchen und Maßliebchen laugen den Boden aus und müssen reichlich gedüngt werden.*
UNTEN: *Lupinus-Arten und -Kreuzungen bereichern mit ihren großen, auffälligen und farbenfrohen Schmetterlingsblüten jeden Garten.*

schwere Tonpartikel aufzubrechen oder sandige Böden um einen feuchtigkeitsbindenden Faktor zu ergänzen. Dieses doppelte Umgraben nützt ganz besonders den ausdauernden Pflanzen, die möglicherweise über viele Jahre an demselben Standort stehen. Das Vorbereiten der Bodenoberfläche sollte sich nach dem gewählten Pflanzenbewuchs richten. Pflanzt man Stauden, kann eine Oberflächenschicht gut gereiften organischen Düngers in Form von Mist oder Kompost oder Kunstdünger zugesetzt werden, während man den Boden grob umgräbt; möchte man in den gemäßigten Klimazonen den Samen für winterharte Einjährige direkt einsäen, muß diese Oberflächenschicht gut umgegraben werden, um die Klumpen zu zerkleinern, und dann noch einmal geharkt, um eine glatte, ebene Oberfläche zu erhalten. In vielen Gegenden bestimmt das örtliche Klima, ob und wann man Samen direkt in den Boden einsäen kann. Besteht noch die Möglichkeit später Fröste, hat man eine viel größere Erfolgsquote, wenn man die Saat in einem Gewächshaus oder an einem warmen, wettergeschützten Ort einbringt. So hat man die Garantie, daß man die Sämlinge sofort umpflanzen kann, sobald es das Wetter zuläßt.

Einjährige entstehen jede Saison aus der Saat, aber bei Mehrjahrespflanzen gibt es auch andere Möglichkeiten der Vermehrung. Wenn bereits bestehende Rhizome oder Horste geteilt werden, sind die neuen Pflanzen schneller erwachsen und bringen oft schon in der folgenden Saison Blüten hervor und sind außerdem sortenrein. Für Hobby- und sonstige Gärtner sämtlicher klimatischer Zonen bringen Einjährige ihre farbenprächtigen Blüten vor allem im Frühjahr hervor, während Stauden oft das ganze Jahr über ihre Farbenparade präsentieren und häufig darüber hinaus noch mit einem markanten Blattwerk aufwarten können. Außerdem bieten sie dem Gärtner die Gelegenheit, Nachkommen zu ziehen, mit denen man in jeder Saison neue Gestaltungen und Farbkombinationen erproben kann.

Zwiebel- und Knollengewächse

Zwiebelgewächse

Die eigentlichen Zwiebelgewächse – die Zwiebel ist ein selbstredendes Beispiel für sie – bestehen aus einer Reihe von an der Basis miteinander verbundenen Schalen, die einen in der Mitte enthaltenen Sproß schützen. Diese fleischig angeschwollenen Schalen sind mit Reservestoffen für das Wachstum und die Blüte des kommenden Jahres gefüllt. Aus diesem Grunde ist es auch wichtig, den Blättern der Zwiebelgewächse zu erlauben, auf natürliche Art den Jahreszyklus zu vollenden, da sie Nährstoffe für die kommende Saison erzeugen und speichern. Dieser Prozeß ermöglicht es den Zwiebelgewächsen – wie z.B. Hyazinthen, Narzissen und Tulpen –, weiterhin erfolgreich in Töpfen oder Schalen zu blühen, da sie diese gespeicherte Energie dazu verwenden, in der kommenden Saison Blüten zu entwickeln. Die Zwiebelgewächse vermehren sich durch Bildung von Tochterzwiebeln am Zwiebelgrund. Diese lassen sich leicht beim Ausheben der Zwiebeln entnehmen, obwohl sie möglicherweise Jahre brauchen, um die ersten eigenen Blüten zu entwickeln.

Knollengewächse

Eine weitere Form der Nährstoffspeicherung ist die Knolle, die entweder in der Stengelbasis oder in den Wurzeln ausgebildet werden kann. An diesen angeschwollenen Bereichen entwickeln sich »Augen«, die neue Triebe ausbilden. Dahlien sind ein Beispiel für diesen Typ von Knolle ebenso wie die Kartoffel, die ja bekanntermaßen immer neue Keimlinge aus den »Augen« entwickelt, wenn man sie zu lange im Keller liegen läßt.

Effekte mit Zwiebelgewächsen

Zwiebeln sind als Reaktion auf lange kalte Winter mit kurzen warmen Jahreszeiten entstanden, denn sie sind in der Lage, Nährstoffe über lange, trockene Ruhepausen zu speichern und dann zur Zeit des richtigen Klimas in die Höhe zu schießen, in Blüte zu treten und wieder Nährstoffe für das folgende Jahr zu speichern. Einige Zwiebelgewächse der nördlichen Hemisphäre wie Krokusse und Schachblumen warten während der Schneeschmelze nur solange ab, bis sie das nötige Wasser erhalten haben, und treten dann mit Macht in Szene. Diese und viele andere Zwiebelgewächse sind sehr eigen, was ihre Umwelt- und Klimaanforderungen betrifft, wie der Gärtner manchmal erkennen muß, wenn er vergißt, diese Zwiebeln vor dem Pflanzen im Kühlschrank zu kühlen. Andere Zwiebelgewächse sind viel anpassungsfähiger und gewöhnen sich oft an den unwahrscheinlichsten Stellen ein, weil der Boden zusammen mit dem umliegenden Lebensraum ihrer Natur entspricht.

Selbst in kleinen Gärten ist es oft ganz einfach, mit Zwiebelgewächsen einen natürlichen Effekt zu erreichen. Am besten gedeihen sie unter Laubbäumen mit durchlässigen Kronen, da die Wurzeln der Bäume eine entsprechende Drainage gewährleisten und das Gras weniger Nährstoffe wegnimmt. Bei der Auswahl dieser Mitbewohner des Waldlandes sollte man auch ihre Ruhephasen berücksichtigen. Viele Zwiebeln – wie *Trillium*-Arten und Meereszwiebeln sowie viele Narzissenarten – wachsen und blühen schon früh; mit Beginn der Ruhepause beginnt der aktive Wuchs des Blätterbaldachins, der einen Blickfang bildet und die Zwiebeln mit dem nötigen Schatten versorgt. Wie sich die Wald-Zwiebelgewächse im Garten entwickeln, hängt in hohem Maße von ihrer naturnahen Umgebung ab. Verteilt man die Zwiebeln beim Pflanzen nach Gutdünken unregelmäßig und mehr oder weniger dicht auf verschiedene Stellen, sieht dies am natürlichsten aus. Die Größe der bepflanzten Flächen ist natürlich abhängig von dem verfügbaren Platz, aber es ist weniger die Größe als die Spontaneität, die ins Auge fällt. Wenn man Zwiebelgewächse einsetzt, um schon zu Beginn des Frühjahrs Farbe in den Garten zu bringen, sollte man der Versuchung widerstehen, die unterschiedlichsten Arten und Farben zu mischen. Eindrucksvoller wird das Ergebnis, wenn man

OBEN LINKS: *Narzissen eignen sich ausgezeichnet für einen wild wuchernden Garten (hier zusammen mit einer* Doronicum*-Varietät), sehen aber auch im Haus wunderschön aus.*

OBEN RECHTS: *Zwiebelgewächse kann man auch zusammen mit Blatttrieben derselben Art kombinieren, wie hier bei* Cyclamen hederifolium.

LINKS: *Wegen ihrer eleganten Form und ihrer großen Vielfalt an Farben ist die Tulpe eine der weltweit beliebtesten Zwiebelgewächse.*

Farbe oder Art nicht innerhalb eines Stückchens, sondern nur von Flecken zu Flecken variiert. Hasenglöckchen lassen sich beispielsweise dankbar so anordnen, wenn man die hellblauen Arten an den helleren, offeneren Stellen ansiedelt und die weißen dichter an den dunkelgrünen Hintergrund der immergrünen Sträucher rückt.

Viele winterharte Zwiebelgewächse erinnern uns an das Bild »alter« Gärten. Denn auch wenn man sie lange Zeit sich selbst überlassen hat, überraschen sie Jahr für Jahr aufs neue mit ihrer farbenreichen Erscheinung mitten im Strauchwerk. Einige von ihnen wie beispielsweise *Amaryllis belladonna* bringen auf dem Wendepunkt zwischen Sommer und Herbst einzelne Blütenschäfte mit Büscheln blaßrosafarbener Trompetenblüten hervor, während das Schneeglöckchen mit seinen hübschen weißen Glöckchen uns verkündet, daß der Frühling schon fast da ist.

Das Pflanzen von Zwiebelgewächsen zwischen Sträuchern erfordert natürlich eine sorgfältige Auswahl des Standortes, denn es kann nur allzu leicht passieren, daß man sie während ihrer Ruhepause aus dem Blick verliert, und jeder Gärtner ist schließlich nur allzu sehr bemüht, jede freie Fläche mit einer neuen faszinierenden Pflanze zu füllen. Wie immer, sollte man auch die lichtschluckende Wirkung überhängender Sträucher berücksichtigen.

Viele der zarteren Zwiebelgewächse werden buchstäblich von umliegenden Pflanzen erdrückt und sind daher ideal für einen Felsgarten geeignet, wo man der jeweiligen Art eigene Ecken zuweisen kann. Felsgärten muß man eigentlich auf bestehenden Abhängen anlegen oder an Stellen mit einem angelegten Höhenunterschied. Steht dies nicht zur Debatte, kann man Zwiebelgewächse auch gut an solchen Stellen pflanzen, die mit Ziegeln oder mit Stein eingefaßt sind. Die Zwiebelgewächse sprießen dort gut auf einem Untergrund aus feinem Kiesgeröll. Hat man für eine gute Drainage gesorgt, sind diese Ecken ideal für Zwergtulpen, Krokusse, Freesien, Ixien und andere zarte Zwiebeln, die im allgemeinen Strauchwerk verloren wären.

Mit einem qualitativ hochwertigen, gut drainierten Boden gefüllte Hochbeete bieten die Möglichkeit, die Zwiebeln aus der Konkurrenz anderer Gewächse zu nehmen und ihnen die Drainage zu bieten, die sie brauchen. Diese Beete kann man mit Hilfe behandelter Hölzer, Eisenbahnschwellen oder einer Reihe Ziegelsteine anlegen. Für einen Gärtner, der sein Hobby der Zucht erstklassiger, zarter Zwiebeln zur Perfektion bringen möchte, bietet sich eine solche Anlage geradezu an. Eine weitere Möglichkeit besteht darin, diese Hochbeete mit gut drainiertem Sand zu füllen und die Zwiebelgewächse in Töpfen hineinzusetzen, um dafür zu sorgen, daß sie nicht austrocknen. Zur Blütezeit kann man sie dann an einen zentralen Standort im Garten umsetzen oder sie hereinnehmen und als Blickfang auf das Fensterbrett oder den Balkon setzen.

Wachstumsbedingungen

Für gewöhnlich lieben Zwiebelgewächse gut drainierte, leicht saure Böden. Die meisten sind heimisch in Gegenden mit langen Perioden der Trockenheit, denen in der Wachstumssaison die Schneeschmelze oder starke Regenfälle folgen. Daher sind die meisten nicht in der Lage, lange Zeiten staunassen Bodens zu überstehen, aber Ausnahmen von der Regel gibt es immer, und so gedeihen beispielsweise *Iris ensata* und *Iris pseudocarus* an jeder erdenklichen Stelle.

Entsprechend gibt es einige Zwiebelgewächse, die man auch in vollem Schatten ziehen kann, da sie dort immer noch blühen. Außerdem existieren zum Glück für den Gärtner, der auch einen schattigen Flecken mit Farbe schmücken möchte, das Maiglöckchen und das Schneeglöckchen, das die wundervollen weißen Blüten vor dem grünen Blattwerk hervorbringt und von professionellen Landschaftsgestaltern häufig eingesetzt wird, um einen dekorativen Effekt zu erzeugen.

OBEN: *Die zart pink-mauvefarbenen Blüten von ×*Epicactus *'Bridesmaid' erscheinen im Frühjahr. Dieser halbepiphytische Kaktus eignet sich ideal als Topf- oder Hängekorbpflanze.*
RECHTS: *Viele* Parodia*-Arten eignen sich in idealster Weise für Anfänger, da sie sehr leicht zu ziehen sind. Bei der rechts dargestellten Pflanze handelt es sich um* Parodia magnifica.

Kakteen und andere Sukkulenten

Kakteen

Die Kakteen, eine Familie aus Amerika, die sehr entfernt mit den Nelken verwandt ist, bringen die vielleicht schönsten Formen sukkulenten Wuchses hervor. Auf Blätter, die ja während der Photosynthese nur kostbares Wasser abgeben würden, verzichten sie. Zum Ausgleich dafür sind die Kakteensprosse enorm angeschwollen und schwammig, ja oft fast kugelig geformt, um eine ebenso große Lichtauffangfläche zu schaffen wie die Blätter. Viele haben gerippte Formen hervorgebracht, damit sich wenigstens ein Teil der Pflanze im eigenen Schatten befindet. Eine dicke und weiche Pflanze voll gespeicherten Wassers wäre eine große Versuchung für durstige Wüstentiere, so schützt sich der typische Kaktus mit einem Panzer aus Stacheln. Einige haben so viele Dornen, daß diese auch den Pflanzenkörper vor der Sonne abschirmen.

Weitere Sukkulenten

Die Kakteen sind nicht die einzige Familie sukkulenter Pflanzen. Sukkulente gibt es unter so bekannten Gartenfamilien wie den Lilien (Agaven, Aloen, *Gasterias*), den Korbblütlern (*Kleinias*, die sukkulenten Kreuzkräuter *Senecio*) und den Familien der *Crassulaceae (Euphorbiaceae)* und *Mesembryanthemaceae*, die überwiegend Sukkulenten sind. Die meisten weichen von den Kakteen insoweit ab, als sie es bevorzugen, ihre Wasserreserven in sukkulenten Blättern statt in Stielen und Stämmen zu speichern; sie sind oft wundervoll geformt, gefärbt und gemustert. Ihr Wuchs variiert von strauchig bis hin zu Formen mit wenigen Blättern an bodennahen Stengeln, und die Blüte variiert von der leuchtenden Kraft der Mittagsblumen und Aloen bis hin zum zarten Understatement einiger Wolfsmilchgewächse.

Das Ziehen von Kakteen und Sukkulenten

Trotz ihrer Verschiedenheit sind Kakteen und andere Sukkulenten überraschend ähnlich in ihren Bedürfnissen an die Umwelt, und ihre Anpassung an Trockenheit macht ihren unschätzbaren Wert in trockenen Klimazonen aus. Sie brauchen lediglich Sonne, je mehr, desto besser, sowie perfekt drainierten, aber nährstoffreichen Boden. So ist Wüstenboden normalerweise sehr fruchtbar, wie die bei künstlicher Bewässerung erzielte Ausbeute von Feldfrüchten beweist. Außerdem muß man diesen Gewächsen erlauben, während der Ruhepause im Winter komplett auszutrocknen. Auch wenn sie zu jenen Zeiten scheinbar in alarmierender Weise zusammenfallen, sollte man sich keine Sorgen machen, denn sie erholen sich im Frühjahr nach dem ersten Gießen so schnell, daß man dabei förmlich zusehen kann. Die meisten können ein oder zwei Minusgrade hinnehmen, solange sie trocken sind, aber am besten sollte man sie als nicht frosthart ansehen und folglich nur in Zonen mit sehr milden Wintern im Freien ziehen.

Von herkömmlichen Pflanzen weicht ihre Erscheinungsform so sehr ab, daß sie im Garten sorgfältig positioniert werden sollten. Die meisten Leute finden

Diese herrliche Sukkulente, **Euphorbia ingens**, *stammt aus Südafrika. Im Frühsommer bringt sie gelblich-grüne, oft rot überlaufene Blüten hervor.*

es am einfachsten, sie als Einzelpflanzen zu ziehen, aber man kann sie durchaus gruppenweise in einer Vielzahl – unter Berücksichtigung der unterschiedlichen Höhe und Farbgestaltung – anpflanzen. Hierbei geht man ähnlich vor, wie wir es für die herkömmlicheren Stauden oder Sträucher weiter oben bereits empfahlen. Wählt man einige Wüstensträucher wie *Senna artemisiodes* als Hintergrund und fügt dann noch einige teppichartige Einjährige wie *Portulacas* hinzu, kann man die Bepflanzung mit dem Rest des Gartens sicher problemlos abstimmen. Auch hier sollte man jedoch sehr zurückhaltend gestalten. Pflanzen mit besonders üppigem Wuchs wie z.B. Petunien würden sich neben einer solchen Gruppe nicht gut machen.

Sukkulenten lassen sich gut in Töpfen ziehen und können je nach Klima eine ideale Wahl für einen Topf sein, der an einer Stelle steht, wo häufiges Gießen ohnehin sehr lästig wäre, beispielsweise auf einem Dach oder Balkon. In kälteren Zonen wie bei uns, besonders in solchen mit nassen Wintern, ist die Topfkultur die einzige Möglichkeit, Sukkulenten entweder im Hause oder in einem frostgeschützten Gewächshaus zu ziehen. Die Größe des Topfes sollte der Pflanze angepaßt sein. Tontöpfe sind Plastiktöpfen vorzuziehen, denn Ton läßt den Boden viel schneller austrocknen. Eine offene, aber doch nährstoffreiche Pflanzenerdemischung ist ideal. So kann man beispielsweise versuchen, der regelmäßig im Handel erhältlichen Mischung etwas Sand hinzuzusetzen und die Pflanzen mit Kies zu mulchen, um ihre Hälse trocken zu halten. Man sollte den Pflanzen stets soviel Sonne und frische Luft geben wie möglich und sie im Frühjahr und Frühsommer während des Wachstums üppig düngen und wässern. Danach gibt man weniger Wasser, bis die Pflanzen bei der Rückkehr des kalten Wetters buchstäblich knochentrocken sind.

Fast alle lassen sich leicht durch Entnahme von Stecklingen an den Seitentrieben vermehren. Das Frühjahr ist dazu meist die beste Zeit. Zu beachten ist lediglich, daß man die Pflanze nicht allzu reichlich mit Wasser versorgen sollte, bis sich die neuen Wurzeln gut entwickelt haben. Tatsächlich ist die übermäßige Bewässerung der größte Fehler, den man begehen kann, weil er zu einem Befall der Wurzeln und später auch des Pflanzenkörpers durch *Botrytis* führen kann. Nicht immer läßt sich dann die Pflanze noch retten, indem man aus den nicht befallenen Pflanzenteilen Stecklinge gewinnt, nachdem man alles mit einem starken Pilzvernichtungsmittel übergossen hat. Die Schildlaus ist ein anderer zu beachtender Schädling. Sie kann entweder den Wachstumspunkt eines Kaktus wegfressen oder die Wurzeln fast jeder beliebigen Sukkulente befallen. Sobald Anzeichen eines Befalls durch dieses Insekt sichtbar werden, sollte man die Pflanzenspitze einsprühen und die Wurzeln in ein starkes Insektenvernichtungsmittel tauchen.

Die einzige Ausnahme, was die eben beschriebene klimaabhängige Pflege betrifft, sind die epiphytischen Waldkakteen – die Blattkakteen, die Weihnachtskakteen und ihre Verwandtschaft. Diese sind nämlich eindeutig nicht frosthart, brauchen Wintertemperaturen deutlich oberhalb des Gefrierpunktes und lassen sich am besten in Hängekörben ziehen, da ihre für gewöhnlich abgeflachten, blattähnlichen Stengel zumeist herabhängen. Sie brauchen fruchtbare, gut drainierte Böden und sollten bei warmem Wetter gegossen werden, aber auch hier gilt als Faustregel: Kein Gießen im Winter. Sämtliche im Hause gezogenen Kakteen und Sukkulenten profitieren in der Regel sehr davon, wenn man sie im Sommer nach draußen bringt. Lautet die Wettervoraussage jedoch auf kaltes und regnerisches Wetter, sind sie sofort wieder hereinzunehmen.

Kletter- und Rankpflanzen

Kletterpflanzen stammen hauptsächlich aus gemäßigten oder tropischen Wäldern. Die Konkurrenz um das Licht, das ihnen die notwendige Energie liefert und die Umsetzung der Nährstoffe ermöglicht, zwingt sie, verschiedene Methoden zu entwickeln, sich mit ihren schwachen Stämmen gegen andere Gewächse durchzusetzen. Manche Kletterpflanzen winden sich um ein Wirtsgewächs, während andere Dornen, Haken, Saugnäpfe, Ranken oder sogar Luftwurzeln verwenden, um auf diese Weise andere Pflanzen oder Gegenstände zu erreichen, an denen sie Halt finden können.

Lauben, Pergolen und Balkongärten

Lauben und Pergolen sind für gewöhnlich feste, solide und dauerhafte Einrichtungen, die starken Rankpflanzen wie Glyzinien und Wein guten Halt bieten. Die meisten von ihnen sind sommergrün und liefern Schatten im Sommer, während sie in den kälteren Monaten durchlässig für die Sonne sind. Pergolen lassen sich durchaus auch doppelt bepflanzen, indem man weniger kräftige Pflanzen an ihnen zieht, um gleich eine zweifache Wirkung hervorzurufen.

Eine der schönsten Freuden beim Sitzen unterhalb einer Pergola besteht darin, die Blüten der Rankpflanzen zu genießen, die sich daran emporranken. Pflanzen mit herabhängenden Blütenzweigen wie *Akebia quinata* ebenso wie die hervorragende Glyzinie sind ein sicherer Augenschmaus. Einige andere Kletterpflanzen produzieren einen Teppich abgesenkter Kronblätter, der die Blüten dem Blick von unten verbirgt, es sei denn, man sucht danach. Aus diesem Grunde zieht man viele Kletterpflanzen am besten senkrecht wie an einem Gitter oder Pfahl, oder an einem zwischen zwei Pfählen gespannten Draht, so daß eine Art Zaun entsteht. Auf diese Art wird die komplette Oberfläche der Pflanze sichtbar und bietet einen atemberaubenden Anblick, während sie zugleich sehr wenig echte Gartenfläche verbraucht. Auch der Sonnenstand ist natürlich bei der Standortwahl von Kletterpflanzen ein unbedingt zu erwägender Aspekt. So kann man in kälteren Gebieten frostanfällige Pflanzen schädigen, wenn gefrorenes Gewebe zu schnell mit einer von der Frühmorgensonne erhitzten Wand in Berührung kommt. In wärmeren Gegenden kann sowohl die von den umliegenden gepflasterten Zonen abstrahlende Hitze als auch die Wirkung der intensiven Abendsonne im Sommer das Wachstum junger Pflanzen beeinträchtigen.

Oft ist der Hauptgrund für die Wahl eines an der Wand gezogenen Klettergewächses der, daß es wenig Platz verbraucht. Dies könnte für die Pflanze aber auch bedeuten, daß der Wurzelraum begrenzt ist. Man sollte also durch Düngen und Bodenpräparation schon gewährleisten, daß man der zukünftigen Zierde die besten Bedingungen liefert, unter denen sie gedeihen kann. Oft besteht die beste Methode darin, in einem trockenen Bereich unter einer überhängenden Dachkante oder in der Nähe einer Betonplatte die Kletterpflanze innerhalb einer gewissen Entfernung zum Hause anzupflanzen, um sie dann an die Mauer zurückzuführen. Auch als Topfkultur lassen sich kaskadenförmige Kletterpflanzen und schattige Baldachine in Balkongärten ziehen. Das Risiko der Überhitzung und Austrocknung läßt sich erheblich verringern, indem man sie mit kriechenden Pflanzen umgibt, welche die Topfoberflächen überziehen. In dieser offenen Lage ist nämlich stets sehr darauf zu achten, daß man die Töpfe niemals austrocknen oder ihren Inhalt überhitzen läßt. Eine geschickte Methode, diesem Übel zu begegnen, besteht darin, eine Pflanze in einen Plastiktopf zu setzen, der dann wiederum in einem dekorativeren Übertopf steht, so daß der Topf isoliert ist. Das Gruppieren von drei oder fünf Topfpflanzen, die sich gegenseitig Schatten spenden, ist eine weitere Methode, erfolgreich auf dem Balkon zu gärtnern.

Bodenpräparation und Bepflanzung

Da die meisten Kletterpflanzen dauerhafte Bewohner sind, ist die durch Umgraben des Bodens investierte Zeit auf keinen Fall verschwendet. Wie die meisten Pflanzen mögen auch Kletterpflanzen eine gute Drainage. Ganz besonders wichtig ist das, wenn man eine Pflanze in der Nähe der Hauswand anpflanzt. An solchen Stellen ist es oft der Mühe wert, tief und breit zu graben, um eventuell verbliebenen Schotter direkt unterhalb der Oberfläche nach oben zu befördern. Da solche Stellen trockener als der offene Garten sein können, sollte man sie großzügig mit Gartenkompost oder tierischem Mist umgeben, um die Bodenfeuchtigkeit herzustellen.

Beschneiden

Die generellen Regeln für das Beschneiden von Pflanzen gelten im gleichen Maße für Kletterpflanzen wie für jede andere Pflanze. Im frühen Wachstumsstadium einer Kletterpflanze fördert das Beschneiden der Spitzen das Verzweigen einzelner Stämme, so daß mehrere Stämme beispielsweise an einem Gitter hochgezogen werden können. Auch läßt sich ein lockerer oder strenger Spaliereffekt erzielen. Beispielsweise kann man eine Rose an einem breiten Drahtgeflecht ziehen. Während die Kletterpflanze heranwächst, kann man durch Beschneiden verstärkten Blütenreichtum hervorrufen, sollte sich dabei jedoch der Blühgewohnheiten der jeweiligen Pflanze bewußt sein. Die meisten Pflanzen blühen an den Zweigenden, so daß man durch Beschneiden an den Knoten das Ausbilden mehrerer Zweige und damit das Entstehen zahlreicher Blüten erreichen kann. Beim Beschneiden sollte man sich auch vergegenwärtigen, daß einige Rankpflanzen noch in der gleichen Saison weiterblühen, während andere erst in der nächsten Saison neue Blüten hervorbringen. Kletterrosen blühen beispielsweise an neuen langen Trieben, und diese können für gewöhnlich nach dem Blühen gut zurückgeschnitten werden. Viele Rosen bilden jedoch permanente Hauptäste, die an einem horizontalen Gitter anhaften. Jedes Jahr bilden sich neue blühende Seitentriebe und werden wiederum zurückgeschnitten, um weiteren Blüten Platz zu machen. Obwohl natürlich mit Stacheln behaftet, sind die auf diese Weise gezogenen Rosen leicht zu handhaben und langlebig.

Bindet man eine Rankpflanze an ein Gestell an, sollte man die Bänder regelmäßig prüfen, insbesondere in der Wachstumssaison. Liegen sie nämlich zu eng an, können sie die Pflanze schädigen. Kletterpflanzen verlangen dem Gärtner einiges an Aufwand ab, aber die Ergebnisse lohnen es ihm.

Farne, Palmen und Zykadeen

Farne

Alle Farne sind ausdauernde Pflanzen, die normalerweise aus kriechenden oder horstigen Wurzelstöcken entspringen – auch wenn die Baumfarne ihre Blätter hoch an palmenähnlichen Stämmen tragen. Sie produzieren keine Blüten, und ihr Geschlechtsleben ist in der Tat ziemlich komplex und interessant. An der Blattunterseite, manchmal auch an speziellen, von der typischen Blattform abweichenden Wedeln, tragen sie eine Ansammlung blasenähnlicher Gebilde, die man Sori (Einzahl: Sorus) nennt. Diese geben Sporen frei, winzige Körper, die mit dem Winde verwehen. Landen sie an einem günstigen Platz, können sie sich zu einer eigenartigen kleinen Pflanze mit der Bezeichnung »Prothallium« entwickeln. Für gewöhnlich sieht diese Form aus wie ein kleines Blattstück, das auf der Erde liegt. Auf ihm befinden sich männliche und weibliche Organe. Die männlichen geben Spermatoiden frei, welche zu den weiblichen Organen schwimmen, um sie zu befruchten. Die Farnpflanze erwächst dann aus dem Prothallium und nimmt ihre gewohnte Form an. Das Spermatoid benötigt natürlich Wasser, um darin schwimmen zu können. Genau das ist auch der Grund, warum fast alle Farne eine feuchte und schattige Umgebung lieben. An offenen Stellen würde die benötigte Feuchtigkeit in der Sonne zu schnell verdunsten.

Es gibt die Farne der tropischen und die der gemäßigten Zonen. In beiden Gruppen variieren die einzelnen Ausprägungen hinsichtlich der Farbe und Form noch einmal beträchtlich. So gibt es den gewöhnlichen einfach geteilten Farnwedel, dann den zwei- oder dreigeteilten, den mit Kamm versehenen oder den ungeteilten Farnwedel. Sie alle können in jeder denkbaren Grünschattierung getönt bzw. mit anderen Farben gemustert sein. Bei einigen Arten sind die Sori auch silbern oder golden und in so üppigem Maße vorhanden, daß sie die Farbe des Blattes im Ganzen bestimmen. Die Pflanzen können sich stabil an einem Platz halten oder mit kriechenden Rhizomen ausbreiten; sie können sommer- oder immergrün sein. Die Baumfarne sind zumeist in den gemäßigt-warmen bis tropischen Klimazonen beheimatet und vertragen keinen Frost, teilen aber durchaus die Liebe der ganzen Gruppe zu einem schattigen Standort, fruchtbaren Böden und reichlich Feuchtigkeit.

Nur wenige Farne haben ein großes Wurzelsystem, was sie zu wunderbaren Topfpflanzen macht, auch wenn man die jeweiligen Sorten schon mit Sorgfalt auswählen sollte. Beabsichtigt man sie nämlich als Zimmerpflanzen zu ziehen, sollte man bedenken, daß die meisten mehr Feuchtigkeit brauchen, als die bei uns geläufigen Räumlichkeiten im allgemeinen zu bieten haben.

Farne lassen sich im übrigen durch Sporen ziehen, die wie Samen in Töpfe mit feuchter Erde gesät werden. Darüber hinaus lassen die meisten sich auch auf die gleiche Weise teilen wie jede Staude.

Palmen

Palmen sind im Gegensatz zu Farnen richtige Bäume, obwohl sie natürlich für gewöhnlich ebenfalls einen einzigen unverzweigten Stamm mit einer Krone aus großen Blättern an der Spitze ausbilden können. (Einige formen auch ganze Gruppen von Stämmen, aber diese sind für gewöhnlich unverzweigt). Diese Blätter können lang und gefiedert sein, womit sie ganz riesigen Farnwedeln entsprechen, sie können aber auch rundlich und fächerförmig aussehen. Unter diesem Aspekt nennt man die einen »Fieder-«, die anderen »Fächerpalmen«. Normalerweise wachsen sie in der Gesellschaft anderer Bäume, mögen also Schatten, zumindest als junge Pflanzen. Einige der höheren Palmenarten bestehen sogar darauf. In der Wuchshöhe

RECHTS: *Kletterpflanzen wie diese* Clematis *mit ihren blaßgelben Blüten und dem zartgrünen Blattwerk eignen sich ideal zum Abmildern einer harten Struktur wie einer Steinmauer oder einem Zaun.*

GANZ RECHTS: *Eine gegen die Wand wachsende Kletterpflanze gibt ein hübsches Bild ab und nimmt gleichzeitig sehr wenig Platz weg.*

RECHTS OBEN: *Farne bewundert man allgemein wegen ihres schönen und verschiedenartigen Blattwerks. Der oben abgebildete Farn* Asplenium lividum *hat Blätter wie Spitze.*

können Palmen ganz unterschiedlich ausfallen. Einige der gruppenbildenden Formen werden 2–3 m hoch und können wie ein Strauch im Garten angepflanzt werden. Andere hingegen erreichen eine Höhe von fast 30 m und sind selbst für den größten Garten von hinreichender Statur. Leider sind fast alle herrlichen Palmen jedoch nur auf ein strikt frostfreies Klima angewiesen, so daß der schöne Anblick einer Palmenallee nur dem Gärtner in warm-gemäßigten Klimazonen, also z.B. im Mittelmeergebiet, beschert ist. In unseren Breitengraden müssen wir uns folglich bescheiden und zu einer kleineren Palmensorte greifen, die sich im Hause ziehen läßt. Tröstlich ist dabei, daß solche Palmen zu den dekorativsten Zimmerpflanzen zählen. Sie sind auch zumeist leicht zu pflegen. Erhalten sie entsprechendes Licht, werden sie nicht übermäßig gewässert und ist kein zu großer Pflanzkübel gewählt worden, hat man den wichtigsten Regeln schon Genüge getan.

Es gibt wenige Pflanzengruppen, die in ihren Heimatländern so nützlich sind wie die Palmen. So kann man mit den großen Palmwedeln das Dach decken, die Stämme geben Holz, aus dem Pflanzensaft kann man Palmwein oder Punsch herstellen, die jungen Triebe lassen sich kochen wie Kohlgemüse. Bekannt sind natürlich auch die großen Kulturen von Kokosnuß und Dattel.

Zykadeen (Palmfarne)

Die Zykadeen sind eine uralte Pflanzengruppe, die man meist wie Koniferen der Gruppe der Nacktsamer (*Gymnospermae*) zuordnet, die aber palmartige Wedel aufweisen. Verbreitet sind sie nur in den warmen Teilen der Welt, sie müssen bei uns in beheizten Gewächshäusern gehalten werden bzw. können nur im Sommer nach draußen gestellt werden. Sie tragen große, nußartige Samen, die sehr stärkehaltig, jedoch nicht ohne weiteres den Gemüsen zuzuordnen sind. Die rohen Samen enthalten nämlich giftige Alkaloide und sind zum Verzehr erst nach langer und komplizierter Verarbeitung geeignet, deren Verfahren von den einheimischen Völkern Australiens und Afrikas entwickelt wurden (z.B. je nach Art Zerstoßen oder langes Einweichen der Samen, gegebenenfalls auch beides). Auf diesen beiden heißen Kontinenten sind nämlich die meisten Zykadeenarten beheimatet. Einige Arten enthalten in ihren Wachstumstrieben große Mengen Stärke, genannt Sago, aber die Palmfarne wachsen ungewöhnlich – nahezu sprichwörtlich – langsam, so daß es kaum wirtschaftlich sein dürfte, sie kommerziell zu kultivieren, um Sago zu gewinnen. Der gehandelte Sago (Tapioca) stammt denn auch von einer ganz anderen, mit der Zykadee nicht verwandten Pflanze (*Manihot esculenta*).

Es ist dieser quälend langsame Wuchs, der die Beliebtheit der Zykadeen in den Gärten erheblich mindert. Sät man einen Samen aus, dauert es noch Jahre, bevor man mit einem komplett ausgebildeten Büschel glänzender, palmartiger Blätter belohnt wird, ganz abgesehen von den eigentümlichen Zapfen, die um vieles größer sein können als sämtliche Zapfen von Nadelgehölzen. Die Pflanzen tragen normalerweise männliche und weibliche Zapfen gleichzeitig, wobei die weiblichen Zapfen ein atemberaubendes Bild abgeben, wenn die Samen heranreifen. Nach einiger Zeit entwickeln die meisten Bäume einen kurzen, dicken Stamm, was aber nicht heißt, daß man mit angehaltenem Atem auf die Entwicklung eines solchen warten sollte. Die herrlichen Exemplare, die man in den Botanischen Gärten bewundern kann, sind zumeist wenigstens 50 Jahre alt! Zykadeen sind eher selten und stehen daher meist unter Naturschutz. Kauft man dennoch eine, sollte man sie in zumindest annähernd frostfreiem Klima auf einem fruchtbaren Boden an einem leicht im Schatten gelegenen Standort pflanzen. In einem ausreichend großen Topf kann man Zykadeen auch in einem sonnigen Zimmer halten.

LINKS: **Encephalartos friderici-guilielmi** *ist eine herausragende Palmfarnart aus Südafrika. Sie ist äußest robust und gewöhnt sich rasch an das Leben als Kulturpflanze.*

UNTEN: *Farne und Palmen eignen sich dazu, in tropischen Vorstadtgärten eine wahre Oase zu schaffen.*

Obst- und Nußbäume

Die richtige Wahl von Obstbäumen

Obstbäume lassen sich grob in zwei große Gruppen einteilen: Zum einen gibt es die tropischen Früchte, Mitglieder mehrerer Pflanzenfamilien, hauptsächlich immergrün und zumeist stattliche Gewächse; zum anderen die Obstsorten der gemäßigten Zonen. Die letzteren sind laubtragend und zumeist mit der Rose verwandt. Die Zitrusfrüchte stellen ein Bindeglied zwischen beiden Gruppen dar, denn sie sind immergrün und haben sowohl Arten, die ein heißes Klima mögen, wie auch solche, denen ein kühles nicht schadet. Welche sollte man nun wählen? Hier würde nun jeder die eigene Lieblingspflanze nennen, aber man muß natürlich das Klima in Rechnung stellen. So hat man zum Beispiel wenig Freude, wenn man versucht, Mangos zu ziehen, wo Frost zu erwarten ist, oder Kirschen, wenn man ihnen nicht den kalten Winter geben kann, den sie brauchen. Auch hat es keinen Zweck, jede beliebige Sorte zu wählen. Da fast sämtliche Obstarten immer wieder von den Gärtnern verschiedener Jahrhunderte gekreuzt und veredelt worden sind, gibt es heute eine erstaunliche Anzahl von Sorten.

Einige der tropischen Arten wie auch die Zitrusfrucht lassen sich recht leicht aus Samen ziehen, denn die Bäume sind sehr vital; aber die daraus entstehenden Früchte sind in den meisten Fällen von minderer Qualität. Die genannten Sorten entstehen fast immer durch Pfropfung, und man kann die gleiche Sorte mit jeweils verschiedenen Unterlagen (Hochstämmen) erhalten. Durch die Wahl einer mehr oder weniger vitalen Unterlage kann man die letztendliche Baumgröße gewissermaßen maßschneidern. Manchmal ist neben der Unterlage auch die Bodenbeschaffenheit von entscheidender Bedeutung. Im Zweifel bittet man den Händler um Rat und halte sich dabei vor Augen, daß größer nicht notwendigerweise auch besser heißen muß. Man könnte ja auch zwei kleinere Bäume statt eines großen wählen. Auf diese Art könnte man sowohl einen Eßapfel als auch eine Sorte zum Kochen erhalten oder die Ernte aufteilen, indem man sich für eine frühreifende und eine spätreifende Sorte entscheidet.

Bei den Früchten der gemäßigten Zonen, insbesondere bei den Äpfeln, Birnen und Süßkirschen, braucht man ohnehin zwei Bäume, da sie nicht selbstfertil sind. Somit brauchen die Blüten die Pollen einer anderen Sorte, oder es gibt keine Fürchte. Natürlich respektieren bestäubende Insekten keine Zäune, also könnte der Partnerbaum sich durchaus auch im Garten eines Nachbarn befinden. Man könnte auch einen Zweig einer kompatiblen Sorte auf den Hauptbaum aufpropfen, muß dann aber sorgfältig darauf achten, diesen beim Beschneiden nicht aus Versehen zu entfernen.

Die Pflege von Obst- und Nußbäumen

Fast sämtliche Obstbäume brauchen Sonne und fruchtbaren Boden. Am besten gedeihen sie, wenn sie keine Trockenheit ertragen müssen, während die Frucht heranreift. Auch Dünger im Frühjahr ist von Nutzen. Sie können durchaus gemeinsam mit Blumen oder Sträuchern angepflanzt werden, was sich auch positiv auf die Gartengestaltung auswirken kann. Ein sorgfältiges und regelmäßiges Zurückschneiden sorgt für ein kontrolliertes Wachstum des Baumes und fördert den Früchtereichtum, aber man braucht nur einen von jenen uralten Apfelbäumen zu sehen, der jahrelang nicht von der Schere angerührt worden ist, um zu erkennen, daß Beschneiden kein Muß ist. Eine spezielle Form des Rückschnitts von Bäumen besteht in der Spaliererziehung, bei der man den Baumwuchs an einer Wand ausrichtet. Die einstige Idee dahinter bestand darin, daß in kühleren Gegenden die von der Wand abgestrahlte Wärme die Früchte früher zur Reifung bringen sollte. Es ist natürlich eine Menge Arbeit, den Baum alljährlich auf diese Art zu beschneiden. Aber es lohnt sich, wenn man wenig Platz hat oder eine bestimmte Sorte anbauen möchte, die auf der Grenze der Winterhärte im eigenen Klima liegt. Zu solchen Zwecken sollte man jedoch einen auf einen »Zwergwuchs«-Wurzelstock aufgepfropften Baum auswählen, andernfalls könnte er zu vital sein.

All dies läßt sich samt und sonders auch auf Nußbäume anwenden, die ja schließlich auch nur Fruchtbäume sind, von deren Frucht wir aber einen anderen Teil als den gewöhnlich verwendeten essen – nämlich den Samen und nicht den fleischigen Teil. Sie sind nicht ganz so beliebt, vielleicht deshalb, weil wir Nüsse für gewöhnlich als gelegentlichen Luxus ansehen, das Anpflanzen ist jedoch durchaus lohnend. Ihr Ertrag hält sich ja auch recht lange, ohne konserviert werden zu müssen. In der Regel sind sie auch weniger anfällig für Schädlinge und brauchen weniger Pflege.

Nicht alle Früchte wachsen an Bäumen. Es gibt auch solche, die wir Kletterpflanzen verdanken, wofür die Weintraube das beste Beispiel ist; bekannt sind aber auch die Kiwifrucht und der Granatapfel, der sich in den warmen Klimazonen großer Beliebtheit erfreut. Alle sind dekorative Pflanzen und eignen sich gut dazu, Zäune und Pergolen zu bedecken. Die Auswahl der Sorten ist jedoch auch hier entscheidend. Dies gilt in besonderem Maße für die Weintrauben und betrifft nicht nur die unterschiedlichen Weinsorten, sondern hängt auch davon ab, ob man sie keltern, frisch essen oder zu Rosinen verarbeiten möchte. Außerdem haben Weintrauben sehr ausgeprägte klimatische Vorlieben und Abneigungen. Sämtliche früchtetragenden Kletterpflanzen müssen regelmäßig beschnitten werden, um ein kontrolliertes Wachstum zu gewährleisten; das gilt aber auch für andere vitale Kletterpflanzen.

Auf früchtetragende Büsche und Sträucher fällt häufig die Wahl, wenn man über wenig Platz verfügt. Büsche und Sträucher mögen zumeist ein kühles Klima und sind es wert, angepflanzt zu werden, da die meisten Früchte weich sind und auf dem Weg zum Markt leicht beschädigt werden und an Aroma verlieren. Wenn man seine eigenen Früchte ernten kann, hat man also die besten. Dies gilt besonders für Erdbeeren, die ja jeder mag – übrigens kann auch jeder sie ziehen, denn diese kriechende Staude kann man in jedes beliebige Beet oder jeden beliebigen Behälter setzen.

Wann ist eine Frucht kein Obst? Wenn sie ein Gemüse ist. So ist die Tomate zwar eine Frucht, aber sie ist einjährig und wird im Gemüseteil des Gartens gezogen und nicht im Obstgarten, denn die Frucht ist von herzhaftem Geschmack und eignet sich eher zum Hauptgericht als zum Dessert. Dasselbe gilt ebenso für Zucchinis, Paprikas, Kürbisse und selbst für Melonen.

OBEN: *Obwohl das Beschneiden von Obstbäumen keine eiserne Pflicht ist, erhöht ein sorgfältiges und regelmäßiges Beschneiden doch den Früchtereichtum und gewährleistet gleichzeitig ein kontrolliertes Wachstum.*

RECHTS: *Wie andere Obstbäume der gemäßigten Zonen sind auch Apfelbäume nicht "selbstfertil", so daß man schon zwei verschiedene Sorten anpflanzen muß, wenn der Baum einen Ertrag zeigen soll.*

Zimmerpflanzen

Die Bedeutung von Licht

Die erste Regel beim Halten jeglicher Zimmerpflanze besteht darin, ihr genügend Licht zu geben. Möbelstücke rücken wir oft an die bestbeleuchteten Plätze im Raum, aber das bedeutet, daß die Ecken, die den Pflanzen zur Dekoration zugeteilt werden, die dunkelsten Stellen im Zimmer sind. Die hellste Stelle ist natürlich für gewöhnlich direkt am oder neben dem Fenster. Zieht man jedoch gewohnheitsmäßig die Vorhänge tagsüber aus Gründen der Privatsphäre zu, kann das Zimmer natürlich trotzdem dunkel sein, so groß die Fenster auch sein mögen. Es gibt auch Pflanzen, die mit sehr wenig Licht auskommen, aber dies ist nur eine begrenzte Anzahl, die sich ziemlich strikt auf Arten mit schlichtem grünem Blattwerk beschränkt. Panaschierte Blätter haben in diesen Fällen zuwenig Chlorophyll, und blühende Pflanzen brauchen eine Menge Energie, welche die Pflanze nur aus Licht gewinnen kann. Man kann die Dunkelheit auch überwinden, indem man die Pflanze unter eine Lampe setzt, aber sie muß mit einer speziellen Leuchtstoffglühbirne ausgestattet sein, die man heute schon in jedem Baumarkt erhält. Nur damit lassen sich die Lichtfrequenzen maximieren, welche die Pflanzen brauchen. Gewöhnliches Kunstlicht nützt also wenig.

Feuchtigkeit

Die nächste Anforderung ist die richtige Feuchtigkeit. Hier ergibt sich möglicherweise ein echter Konflikt zwischen unseren Wünschen und den Vorstellungen unserer Pflanzen, die in einem türkischen Bad glücklicher wären als in den meisten landläufigen Wohnzimmern. Ein helles Badezimmer oder eine ebensolche Küche kann sich als guter Standort für Pflanzen erweisen. Auch wenn man die Pflanzen zu mehreren gruppiert, schafft man ein etwas feuchteres Mikroklima. Ein Kunstgriff besteht auch darin, die Pflanzentöpfe auf mit permanent angefeuchteten Kieselsteinen gefüllte Untertassen zu stellen. Dabei dürfen die Töpfe selbst nicht im Wasser stehen. Klimaanlagen und Zentralheizung können die Luft so austrocknen, daß wüstenartige Zustände herrschen. Stehen die Pflanzen auf solchen nassen Kieseln, können sie sich besser mit solchen Bedingungen arrangieren. Eine angenehme Temperatur von 18–21 °C, die auch den meisten Menschen guttut, ist für die Pflanzen das Beste.

Läßt man die Temperatur nachts um einige Grade fallen, werden die Pflanzen es danken.

OBEN: *Viele Zimmerpflanzen haben ein attraktiv gefärbtes Blattwerk. Bei dem oben gezeigten Beispiel handelt es sich um* Fittonia verschaffeltii.
LINKS: Anthurium andreanum *zieht man wegen der leuchtend roten Spatha. Diese Art blüht rund um das Jahr, was sie so beliebt als Zimmerpflanze macht.*

Richtiges Wässern

Die meisten Hauspflanzen ertrinken eher in zu reichlich verabreichtem Wasser, als daß sie verdursten. Fast alle sollte man zwischen dem Gießen ein wenig austrocknen lassen. Falls man zu den Leuten gehört, denen es schwer fällt, so hartherzig zu sein, sollte man die Pflanzen lieber in Tontöpfe einsetzen, deren Porösität ein Übermaß an Feuchtigkeit im Gegensatz zu Plastikbehältern ausgleichen kann. Außerdem sehen Tontöpfe schöner aus. Mit ihnen läßt sich die Trockenheit auch testen: Klopft man an den Topf, und gibt dieser einen hellen Ton von sich, braucht die Pflanze Wasser; hört man hingegen nur einen dumpfen Widerhall, ist sie feucht genug. Bei Plastik funktioniert das nicht! Alternativ kann man auch einmal einen der verschiedenen »Selbstbewässerungs«-Töpfe ausprobieren, die es den Pflanzen erlauben, sich aus einem Reservoir soviel Wasser herauszuziehen wie sie benötigen. Man kann selbstverständlich auch dazu übergehen, sich ausschließlich auf *Spatiphyllum*-Arten zu konzentrieren, die zu den nur wenigen Zimmerpflanzen gehören, die permanent nasse »Füße« mögen.

Pflanzen mit kurzer Lebensdauer

Es läßt sich natürlich sehr leicht behaupten, alles Glück der Erde liege in jenen Pflanzen, die einfach zu pflegen sind, aber manchmal wendet man sich auch gerne anspruchsvolleren, aber aufregenden Blütenpflanzen zu wie Alpenveilchen, Gloxinien oder Weihnachtssternen. Sie sind nur deshalb schwerer zu ziehen, weil sie in aller Regel kühlere oder wärmere Bedingungen gewohnt sind und einen hohen Grad an Feuchtigkeit oder große Sorgfalt beim Gießen benötigen. Mit dem Durchschnittswohnzimmer sind sie einfach nicht zufrieden. Wenn man also nicht gerade ein Gewächshaus oder einen geschützten, total frostfreien Platz im Garten hat, den man als Pflegestation benutzen kann, sollte man sich auf jene Sorten beschränken, die eine nur temporäre Pracht liefern. Sie halten immerhin länger als ein Bund Schnittblumen.

Das Düngen und Umtopfen

Früher oder später stellt sich die Frage des Düngens oder Umtopfens. Die Erfindung von Düngestäbchen hat das Düngen fraglos vereinfacht. Man sollte einfach einen Dünger kaufen, der sich für Zimmerpflanzen eignet, und ihn im Frühjahr mit beginnendem Wachstum nach Packungsanleitung anwenden. Erstaunlich ist übrigens, wie sich selbst Zimmerpflanzen der unterschiedlichen Jahreszeiten noch bewußt sind! Wie immer sollte man die Dosierung nicht übertreiben. Das Düngen schiebt für gewöhnlich die Aufgabe des Umtopfens nur noch ein wenig in die Ferne, aber wenn man das Gefühl hat, daß die Schuhe der Pflanze nun ein wenig eng werden, sollte man die Arbeit im Frühling angehen und dabei mit der Pflanze sanft umgehen. Der neue Topf sollte den alten um nicht mehr als eine Größe übersteigen. Wenn man möchte, kann man von den Wurzeln etwas alten Boden abschütteln, um mehr frische Erde zur Wirkung kommen zu lassen. Hierzu sollte man übrigens nur die beste käufliche Pflanzenerde wählen. Niemals sollte man zu einem Behälter ohne Drainageöffnungen im Boden greifen, egal wie schön er ist. Will man ihn trotzdem verwenden, sollte man einige Kiesel auf seinen Boden legen und ihn nur als Übertopf nutzen.

Schädlinge

Leider werden unsere Pflanzen nun einmal von Zeit zu Zeit von Schädlingen befallen. Die schlimmsten sind Mehltau und Wurzelfäule, was fast immer auf zu reichliche Bewässerung zurückzuführen ist, die Spinnmilbe und die Schildlaus. Alle wären durch entsprechendes Versprühen von Insektiziden und Fungiziden unter Kontrolle zu bringen, aber innerhalb des Hauses wäre das Versprühen solchen Giftes weder besonders gesund noch eine saubere Angelegenheit. Wenn man keine Gelegenheit hat, die Pflanze im Freien zu besprühen, kann man ein systemisches Insektizid verwenden, das man in den Boden einmengen kann. Pilze sind schwieriger zu behandeln, und wenn eine Pflanze einmal ernsthaft befallen ist, könnte es anzuraten sein, sie mitsamt der Erde und allen Bestandteilen wegzuwerfen. Wenn der Topf mit Bleiche ausgewaschen wird, kann er wieder verwendet werden.

Ein Wort zum Thema Staub. Dieser setzt sich unsichtbar auf Zimmerpflanzen ab und raubt den Blättern Licht. Mit einem feuchten Tuch die Blätter regelmäßig abwischen oder besser noch die Pflanze gelegentlich in den Sommerregen stellen. Wenn möglich, stellt man sie im Sommer für einige Zeit im Garten in den Schatten.

Rasenarten und Bodendecker

Der universelle Liebling, der meist die Hauptfläche des Gartens in Anspruch nimmt, ist der Rasen. Er fühlt sich unter den Füßen weich und nachgiebig an, schluckt das Licht und stellt mit seinem ruhigen Grün den denkbar angenehmsten Hintergrund für andere Pflanzen und Blumen dar.

Keine einzelne Grassorte gibt den perfekten, ganzjährig gedeihenden Rasen ab – die schönsten Rasenflächen sind nämlich das Resultat einer kunstvollen Mischung mehrerer Sorten. In jeder Gegend werden andere bevorzugt, und diese vor Ort gängigen sollte man bei seinen Bemühungen auch als Basis nehmen. Empfohlen wird außerdem, die feinen, langsamwüchsigen Sorten zu wählen, da sie auf lange Sicht weniger Arbeit machen, auch wenn die Entwicklung eines solchen Rasens anfänglich länger dauert als bei den schnellwüchsigeren Wiesen- und Weidegräsern.

Die richtige Rasenpflege

Natürlich geben auch Wiesengräser einen ganz ansehnlichen Rasen ab, vorausgesetzt, sie werden regelmäßig gemäht, um damit gleich eine der meistgehaßten Gartenarbeiten anzusprechen. Keiner mag diese lästige, aber unumgängliche Aufgabe, und viele Auswege werden von den Faulen ersonnen in der Hoffnung, den Rasenmäher dann seltener benutzen zu müssen. Zumeist schneiden die Faulpelze das Gras entweder zu kurz oder lassen es zu lang. Leider ist keine dieser Lösungen der Weisheit letzter Schluß. Beide schwächen die Graspflanze und fördern das Unkrautwachstum, so daß das anschließende Jäten letztendlich die eingesparte Zeit verschlingt und noch einige mehr. Ein einmal von Unkraut durchsetzter Rasen muß nämlich sehr viel häufiger geschnitten werden als ein sauberer. Unkraut wuchert erheblich schneller als das erwünschte Gras, so daß der Rasen schon früher als im Normalfall einen ungepflegten Eindruck macht.

Das dichte Wachstum des Rasens fördert man, indem man die Flächen entsprechend bewässert und einmal jährlich, meist im Frühjahr, düngt. Man sollte ihn so kurz schneiden, daß er zwar ordentlich aussieht, aber nicht skalpiert wird. Bei den meisten feinen Gräsern ist eine Länge von etwa 2,5 cm der Richtwert. Man kann sie schon etwas länger lassen, aber möglichst nicht mehr als doppelt so lang, wenn man dem

Rasen beim nächsten Schneiden keinen Schock zumuten möchte.

Eine ganz erhebliche Arbeitserleichterung verschafft man sich, wenn man beim Anlegen des Gartens die Umrisse des Rasens nicht zu verwinkelt plant. Muß man nämlich den Rasenmäher um ungleichmäßige Kanten und Blumeninseln herumführen, verliert man viel Zeit und möglicherweise erst recht die Lust. Ob man sich einen Rasenmäher mit horizontal rotierenden Messern oder lieber einen mit Rolle zulegt, hängt vom persönlichen Geschmack ab; der mit Rolle verleiht dem geschnittenen Rasen eine samtigere Oberfläche. Auch der Streifeneffekt ist nur durch ein Rollenmesser zu erzielen. Man sollte aber auch wissen, daß das Warten eines solchen Rasenmähers aufwendiger ist als bei dem anderen Typ mit den rotierenden Messern.

Auch das Beschneiden der Kanten sollte man nicht vergessen, wenn man auf einen makellos gepflegten Rasen Wert legt. Hierzu bedient man sich einer Rasenschere oder eines elektrischen Kantenmähers. Nicht zuletzt ist auch die Arbeitssicherheit ein Thema. Der Rasenmäher ist immer dann abzustellen, wenn man ihn unbeaufsichtigt stehen läßt, sei es auch nur für eine Minute; Hände und Füße sind in hinreichender Entfernung von den Messern zu halten, und Kinder sind prinzipiell aus dem Gefahrenbereich herauszuhalten.

Man könnte sich versucht fühlen, nach dem Mähen den Rasenschnitt einfach auf dem Rasen liegen zu lassen mit dem Argument, daß auch sie dem Rasen Nahrung geben, aber das funktioniert nicht: Der Schnitt gibt nur halbverrottendes Material ab, das den Wurzelhals der Graspflanzen erstickt. Also auf den Komposthaufen damit!

In der Natur wachsen die Graspflanzen normalerweise im Frühjahr und werden in der Sommerhitze oft braun, um dann im Frühjahr wieder hervorzusprießen; im Garten hingegen wünscht man sich frisches Frühjahrsgrün das ganze Jahr hindurch. Lebt man nicht gerade in den feuchtesten Klimazonen, erfordert dies ein konstantes Bewässern des Rasens. Es ist erstaunlich, wie leicht man dabei etwas verkehrt machen kann. Wird der Rasen nämlich immer nur solange leicht befeuchtet bis er ein wenig erfrischt aussieht, erreicht man genau das Gegenteil: Die Graswurzeln bleiben in Oberflächennähe, der Rasen kann auf diese Weise nicht kräftig wachsen. Wesentlich besser ist es, den Rasen nicht so häufig, dafür aber ausgiebig zu bewässern, so daß das Wasser tief in den Boden eindringt und die Wurzeln sich tief hinabdehnen müssen, um heranzukommen. Selbst in den heißesten Klimazonen ist das höchstens alle zehn Tage notwendig.

Da man regelmäßig die Blätter von der Rasenfläche entfernt, nimmt man dem Gras viele wichtige Nährstoffe, die man durch gelegentliches Düngen wieder ersetzen sollte. Dies ist problemlos zu bewerkstelligen: Man kaufe eine Fertigmischung Rasendünger, verteile ihn über die Fläche und bewässere diese anschließend reichlich, um den Dünger in den Boden zu waschen. Wenn man das Bewässern unterläßt, kann der Rasen jedoch »verbrennen«. Was die Menge anbelangt, so kann man sich natürlich an die Herstelleranweisungen halten und die gesamte Dosis auf einmal geben, aber es ist effektiver, sie zu portionieren und die zweite Hälfte jeweils erst nach mehreren Wochen zu verabreichen.

Hat man den Rasen auf sauberen Boden gesät und pflegt man das Gras regelmäßig, gibt es eigentlich wenig Probleme mit Unkraut. Verbliebene oder frisch angesiedelte Unkräuter sticht man am besten aus, wozu ein altes Küchenmesser nützliche Dienste leistet. Man kann die betroffene Stelle auch mit Glyphosat behandeln. Die hinterlassene freie Fläche bewachsen schon bald neue Gräser, insbesondere wenn man den Rasen durch regelmäßiges Düngen und Bewässern unterstützt.

Die Blumenwiese

Bei einer Blumenwiese, die aus mit »Unkräutern« durchsetztem Gras besteht, stellen sich Pflegeanforderungen natürlich anders. Da wuchern ganz planvoll anderweitig völlig unerwünschte Primeln, kleine Zwiebelgewächse, Margeriten sowie Löwenzahn, Gänseblümchen & Co. und geben den Flächen den Anschein wilder Pflanzenteppiche, wie sie auf eindrucksvollen alten Wandgemälden zu bewundern sind. Eine solche Blumenwiese ist ebenso schön wie romantisch. Möchte man nicht, daß das Gras die Blumen erdrückt, sollte man den Anfang mit relativ nährstoffarmem Boden machen, Dünger nur sparsam anwenden, ebenso selten bewässern und die Wiese nur einige Male im Jahr mähen.

Wann man genau zum Rasenmäher greift, hängt von den gewählten Blumen ab; als Richtwert gilt jedoch der Herbst, damit die Frühlingsblumen vor dem Hintergrund eines kürzeren Grases um so mehr hervortreten können; ein zweites Mähen bietet sich nach der Samenaussaat der Blumen und nach ihrem Absterben an. Den Rasenmäher stellt man so hoch ein wie nur möglich.

Bodendecker

Von der Blumenwiese ist es nur noch ein kleiner Schritt bis zur Bepflanzung des Bodens mit ausschließlich niedrigwüchsigen Pflanzen, die nur sehr wenig Pflege erfordern – den Bodendeckern. Man kann selbstverständlich Einjährige als temporäre Bodendecker verwenden – Kapuzinerkresse beispielsweise eignet sich hervorragend –, aber die besten Bodendecker sind raschwüchsige, immergrüne, ausdauernde Pflanzen oder dichte, niedrigwüchsige Sträucher.

Viele blühen auch hübsch, aber viel wichtiger ist ihre Eigenschaft, einen dichten Teppich abzugeben, der die Unkräuter erstickt, ohne zu hoch zu werden. Knöchelhöhe ist etwa die richtige Größe. Ein guter Bodendecker muß das ganze Jahr über vorzeigbar sein, wenig Pflege wie Beschneiden brauchen, und er muß sich mit Leichtigkeit selber vermehren, um Kosten zu sparen. Bei Verwendung mehrerer Arten kann man Muster schaffen, aber die stärkeren Pflanzen werden die schwächeren verdrängen, und in seiner Einfachheit ist ein Bodendecker ohnehin eindrucksvoller. Wie ein Rasen läßt er sich allerdings nicht beschreiten.

Die Beete sind wie bei jeder anderen Pflanze sorgfältig vorzubereiten, in der ihnen angemessenen Jahreszeit zu bepflanzen und sofort zu mulchen, denn schließlich ist sich einschleichendes Unkraut das letzte, was man möchte. Wenn man mag, setzt man einige niedrigwüchsige Einjährige zwischen die permanenten Bewohner – sie sind eine gute Erinnerung an rechtzeitiges Wässern und Düngen. Als bereits etablierte Pflanzen mögen Bodendecker äußerst anspruchslos sein, im früheren Stadium brauchen sie aber doch hinreichende Pflege!

Ziergräser

Die für eine Blumenwiese ausgesuchten Pflanzen lassen sich noch durch Gräser ergänzen, die sich eher durch ihr hübsches Blattwerk und schöne Blüten als das Bilden eines guten Rasens hervortun. Diese Grashorste müssen allerdings gut positioniert werden, da

RECHTS: *Mit ihrer duftigen Anmut machen sich Ziergräser gut neben einem Gartenteich und als zusätzliches Gestaltungselement neben den Blütenelementen einer Blumenwiese.*

UNTEN: *Ein gesunder und gut gepflegter Rasen liefert einen schmeichelnden Hintergrund für Blüten- und Blattpflanzen.*

einige sehr hochwüchsig ausfallen. Im übrigen kann man sie natürlich an jede erdenkliche Stelle im Garten setzen, wo man ihre luftige Anmut wünscht. So ist es in unseren Tagen modern, sie in orthodoxere Bepflanzungen von Einjährigen und Stauden zu integrieren. Der wichtigste Aspekt dabei besteht darin, Arten zu wählen, die in stabilen Horsten bleiben. Aus Arten, die sich mit ihren Ausläufern weiter ausbreiten, wird nämlich wucherndes Unkraut, sobald man ihnen den Rücken kehrt. Die meisten Ziergräser behalten ihre Form, wenn sie im Winter absterben, und ihre goldbraune Färbung verleiht dem herbstlichen und winterlichen Garten einen sehr dekorativen Zug. Stellen sie hingegen ein unzumutbares Brandrisiko dar, schneidet man sie im trockenen Zustand auf jeden Fall zurück.

Orchideen

Die Orchideenfamilie ist riesengroß, neben den Gräsern bildet sie die größte Familie im Königreich der Pflanzen. Wilde Orchideen sind überall außer in der Arktis und Antarktis zu finden. Die meistbewunderten und -begehrten sind natürlich jene der tropischen und subtropischen Zonen der Alten und der Neuen Welt. Aber auch die Orchideen der gemäßigten Klimazonen sind hübsch anzusehen und nicht im entferntesten so bekannt, wie sie sein sollten.

Das Ziehen von Orchideen im Garten

Die meisten Orchideen der gemäßigten und kühlen Klimazonen sind terrestrisch, sie wachsen also am Boden wie andere Pflanzen. Die spektakulären Orchideen der wärmeren Klimazonen hingegen sind vorwiegend epiphytisch; sie wachsen also auf Bäumen (oder Felsflächen), wo sie ihre Nahrung aus dem organischen Material ziehen, das sich um ihre Wurzeln herum ansammelt, beispielsweise aus gefallenem Laub, gelegentlich einem toten Insekt und vielem mehr. Das Wasser der regnerischen Jahreszeiten wird in fleischigen, fast sukkulenten Partien (Pseudobulben) gespeichert. Wenn das Klima dies erlaubt, kann man sie also sehr gut auch im Garten ziehen. Dazu braucht man einen nicht zu schattigen Baum, vorzugsweise einen solchen mit rauher Rinde, an dem sich die Pflanze gut festhalten kann. Die junge Orchideenpflanze befestigt man in einer geeigneten Astgabel, umgibt ihre Wurzeln mit Torfmoos und wässert und düngt sie. Das wichtigste ist jedoch das richtige Klima. Auch wenn man davon ausgeht, daß epiphytische Orchideen tropische Pflanzen sind, wachsen viele in ziemlich kühlen Bergregionen. Also kann man auch überraschend viele im Freien ziehen, vorausgesetzt, es gibt kaum Frost und die Sommerfeuchtigkeit ist aureichend hoch.

LINKS: Cattleya deckeri *gehört zu einer umfangreichen Gattung epiphytischer Orchideen aus Mittel- und Südamerika und zählt zu den vielleicht meistbewunderten aller Orchideenarten.*
UNTEN: *Die oftmals fantastischen Formen der Orchideenblüte von Säule und Labellum sind von der Natur geschaffen worden, um zu gewährleisten, daß wirklich nur eine spezielle Insektenart in der Lage ist, diese anzufliegen und zu bestäuben.*

Für die meisten Gärtner unserer Breitengrade ist es jedoch realistischer, Orchideen auf herkömmliche Weise in Töpfen zu ziehen, so daß man sie in der Blütezeit ins Wohnzimmer und in einen voll besonnten Raum für den Winter stellen kann. Solange der Topf große Drainagelöcher hat, ist das Material des Topfes unwesentlich, aber Ton ist nicht nur eine hübschere Wahl, sondern erlaubt auch, die Wassermenge zu kontrollieren, die an die Pflanzenwurzeln gelangt. Ein wissenswerter Aspekt beim Ziehen von Orchideen besteht auch darin, daß die meisten sowohl nach der Blüte als auch im Winter eine Wachstumspause einlegen und während dieser nicht übermäßig gewässert werden wollen. Das ist ganz wichtig bei kühleren Klimaverhältnissen oder in einem unbeheizten Gewächshaus, denn Orchideen können mit Kälte und Nässe zugleich nicht fertigwerden. Die im Winter ruhenden Wurzeln faulen, wenn man sie nicht trocken hält. Man kann sie auch nicht in einfache Erde eintopfen, denn dann können die Wurzeln ersticken. Die im Handel erhältlichen Orchideenerden bestehen zum größten Teil aus feinen Rindenstückchen und unterscheiden sich im Grad ihrer Feinheit. *Phalaenopsis* und *Cattleya* bevorzugen beispielsweise eine gröbere Mischung als *Cymbidium* und *Paphiopedilum*. Im Zweifelsfalle sollte man stets die gröbere Mischung nehmen. Da die Rinde jedoch nicht viele Nährstoffe enthält, sollte man die Pflanze außerdem düngen. Hierfür gibt es speziellen Orchideendünger, aber ein wenig organischer Dünger wie gut zersetzter Mist genügt eigentlich.

Die Pflanzen düngt man während des Wachstums, entweder beim Treiben neuer Blätter oder bei der Produktion von Blütenknospen, nicht aber während der Wachstumspause. Brauchen die Pflanzen einen größeren Topf, kann man sie wie jede andere ausdauernde Pflanze teilen. Die beste Zeit hierfür ist nach der Blüte. Man kann sie aber einfach auch – samt Topf und Erde, wenn die Wurzeln alles fest umschlingen – in einen größeren Topf setzen. Unter Schädlingen haben sie wenig zu leiden; hauptsächlich werden sie von Schnecken und Schmetterlingsraupen befallen sowie von Schildläusen und Spinnmilben.

Orchideen als Zimmerpflanzen

Hat man die Möglichkeit, ihnen eine ausreichend hohe Luftfeuchtigkeit zu bieten, gibt es eigentlich keinen Grund, warum man Orchideen nicht als Zimmerpflanzen ziehen sollte. Allerdings sind die meisten außerhalb der Blütezeit nicht besonders dekorativ. Sie sollten viel helles Licht erhalten, ohne direkter Sonneneinstrahlung ausgesetzt zu sein. Andernfalls werden sie zwar ungeheuerlich wachsen, aber niemals blühen. Ob man eine Orchidee nun im Haus oder im Freien aufstellt; es ist immer am besten, sie eher mit zu viel Licht zu versorgen, selbst wenn die Blätter etwas gebleicht erscheinen. Auch viel frische Luft ist vonnöten. Bei warmem Wetter sind die Fenster also weit zu öffnen.

Hat man Probleme mit der Orchideenhaltung, sollte man die Einrichtung eines Gewächshauses erwägen. In kälterem Klima ist es in der Tat schwer, ohne ein solches auszukommen, aber auch in milderen Gegenden kann es eine Bereicherung sein und erweitert den Spielraum erheblich. Ob es nun eines mit Holz- oder Aluminiumrahmen, ein einfaches oder verwinkeltes ist, hängt vom persönlichen Geschmack ab; wichtiger ist, ausreichend viele Ventilatoren aufzustellen – nicht nur weil Orchideen einen frischen Luftzug mögen, sondern man muß auch verhindern, daß die Temperaturen im Gewächshaus an heißen Tagen sprunghaft in die Höhe steigen. Ebenso wichtig ist es, die Pflanzen im Sommer alle paar Tage mit Wasser zu besprühen. Man sollte auch gewährleisten, daß das Dach vom Frühjahr bis zum Herbst beschattet werden kann. Die Heizung kann man je nach Gusto und wirtschaftlichen Erwägungen wählen, wenn man die Bedürfnisse der Bewohner des Gewächshauses berücksichtigt hat.

Die tropischen Orchideen lassen sich nach der benötigten Minimumtemperatur im Winter (zur Nachtzeit) in drei Gruppen einteilen: die Arten des Kalthauses 8–10 °C, die des temperierten Hauses mit 13–15 °C und die des Warmhauses mit etwa 20 °C; tagsüber liegen die Mindesttemperaturen im Winter um etwa 5 °C höher.

Vermehrung

Trotz ihrer Verschiedenheit sind Orchideenblüten jeweils nach einem gemeinsamen Muster aufgebaut. So enthält jede drei kronblattähnliche Kelchblätter sowie drei Kronblätter, von denen die unterste, Lippe oder Labellum genannt, in Größe, Form und oftmals der Farbe jeweils sehr unterschiedlich aussehen kann. Darüber sind Staubgefäße und Narbe jeweils zu einer einzigen Säule verschmolzen, und die oftmals fantastischen Formen von Säule und Labellum sind jeweils so gestaltet, daß nur die »Lieblingsinsektenart« der Orchidee eine Chance zur Bestäubung erhält. Daher sind hybride Formen der Orchidee in der freien Natur eher selten. Führt jedoch der Gärtner diesen Akt durch, kreuzen sich die Orchideen mit einer erstaunlichen Freiheit untereinander, und Hybriden, die Merkmale von zwei, drei oder gar vier Gattungen in sich vereinen (was in anderen Familien völlig unbekannt ist), sind gar keine Seltenheit. Für gewöhnlich wird ihnen ein Name verliehen, der die Bezeichnungen der Elterngattungen miteinander vereint. So kreuzen sich zum Beispiel *Cattleya* mit ihren nahen Anverwandten *Laelia*, *Brassavola* und *Sophoronitis*, wodurch Namen wie *Brassocattleya*, *Brassolaeliocattleya*, *Sophrolaelia* und so weiter entstehen. (Kreuzen sich alle vier miteinander, wird ein neuer Name, *Potinara*, gewählt.) Das eigentliche Bestäuben ist leicht, die Keimung der Samen hingegen nicht. Sie erfordert Laborbedingungen, welche die meisten von uns nicht haben, so daß wir auf die Vermehrung durch Teilung zurückgreifen müssen. Einige Pflanzen von hohem Wuchs müssen durch ein Ablegerverfahren mit den Seitentrieben vermehrt werden.

Natürlich ist die Vermehrung durch Samen immer noch die beste Art, Orchideen in großer Menge zu vermehren, was zu einer Eigentümlichkeit in der Nomenklatur führt. Bei speziellen Kreuzungen einer Spezies durch einen Züchter stellen sämtliche Sämlinge dieser Kreuzung einen »Grex« dar, und der »Grex« erhält der Konvention zufolge einen Namen ohne die sonst üblichen einfachen Anführungszeichen. Die Sämlinge werden sich – bis auf einige herausragende Exemplare – überwiegend gleichen. Vermehrt man eine solche Pflanze auf vegetative Art, ist das Resultat ein Klon, der wiederum einen eigenen Namen, diesmal in Anführungszeichen, erhält; auf diese Art kommt es zu den Doppelnamen wie *Brassolaeliocattley* Silvia Fry 'Supreme' oder *Vuylstekeara* Cambria 'Plush'. (Dieses System findet auch manchmal Anwendung auf Rhododendren und Lilien wie beispielsweise bei *Rhododendron* Loderi 'King George'.) Diese ausgewählten Klone waren einst teuer, da die Vermehrung durch Teilung nur sehr langsam funktioniert, aber in den letzten Jahren hat man auch gelernt, die Technik der Gewebekultur mit erstaunlichem Erfolg auf Orchideen anzuwenden, so daß man diese auch innerhalb kurzer Zeit in großen Mengen anbieten kann. Mehr als alles andere hat das dazu geführt, daß Orchideen heute überall zu bewundern sind und ihr Anblick nicht nur den Reichen vorbehalten ist.

OBEN: ***Bei diesem erstaunlichen Waldgarten ist das üppige Grün der Bäume mit den leuchtenden Farben blühender Sträucher kombiniert. In diesem Fall handelt es sich dabei um Rhododendren.***

OBEN LINKS: **Rosa *'Claridge'. Rosen sind sicherlich immer noch die allerbeliebtesten Gartenpflanzen.***

OBEN RECHTS: ***Lavendel gehört zu den vielen duftenden Sträuchern, die im Garten zur Verfügung stehen. Sie werden am besten neben einen Gartenweg gepflanzt, so daß der Duft denjenigen entgegenweht, die das Haus betreten.***

Sträucher

Sträucher können in sommergrüne, laubwerfende und immergrüne Spezies eingeteilt werden, obwohl es in den gemäßigteren Zonen auch einige Zwischenformen gibt, die als halbimmergrün eingestuft werden.

Immergrüne Sträucher liefern dem Garten jene Grundstruktur, die ihn in der gesamtlandschaftlichen Gestaltung prägt, besonders im Winter, wenn die laubwerfenden Sträucher in ihrer Ruhephase sind. Die immergrünen Pflanzen geben einen hervorragenden Hintergrund für ihre sommergrünen Mitbewohner ab. Auch die Vorteile eines dauerhaften Blattwerks vor einem nackten Zaun oder einer blanken Hauswand sind nicht zu übersehen; als Raumteiler des Gartens läßt sich ein immergrüner Strauch ebenfalls einsetzen.

Sommergrüne Sträucher dagegen liefern das Kontrastelement der Gartengestaltung. Ihr durch die Jahreszeiten verändertes Äußeres zieht immer wieder das Interesse auf sich. Im Winter machen sich auch die nackten Zweige vor dem Hintergrund der winterlichen Landschaft gut; im Vorfrühjahr kündigen dann Pflanzen wie die zarten *Hamamelis* den Abschied der kalten Jahreszeit an. Für das Frühjahr können wir uns auf eine unübertreffliche Farbenparade freuen, die uns zahlreiche beliebte und bewährte Sträucher präsentieren. Im Sommer kann der Strauchergarten einen kühlen, dichten Hintergrund bilden, akzentuiert durch atemberaubende Blickfänge, die z.B. *Hibiscus syriacus* und Hartriegelarten bieten.

Farbe durch Blattwerk

Die Farbgestaltung ist nicht einzig die Domäne der Blüten im Straüchergarten. Es gibt auch viele Pflanzen, die mit einem fantastischen Blattwerk bekleidet sind und in dem sonst grünen Strauchwerk für erstaunliche Abwechselung sorgen. In tropischen und feuchten subtropischen Zonen sind es beispielsweise Pflanzen wie *Acalypha* und *Croton*, die den Platz der traditionellen blühenden Pflanzen einnehmen.

Mit Sträuchern mit silbernem oder grauem Blattwerk kann man wunderbare Landschaften schaffen. Kombiniert man diese mit weißblühenden Pflanzen, kommen sie wunderbar zur Geltung. Darüber hinaus gibt es noch die panaschierten Formen, von denen einige

Eine Auswahl Sträucher und kleiner Bäume ist hier liebevoll miteinander verbunden worden, so daß dieser wunderbare Garten im Landhausstil dabei entstand.

einen vor austrocknenden Winden und der heißen Nachmittagssonne geschützten Standort brauchen, weil sie sonst austrocknen. Andererseits brauchen Pflanzen mit goldenem Blattwerk und solche mit goldfarbener Musterung gerade einen Stand in praller Sonne, um ihre Farben recht zur Geltung bringen zu können. Die panaschierten Formen der *Aucuba japonica*, welche Schatten schätzen, sind eine Ausnahme von dieser Regel.

Nicht vergessen sollte man auch den Stellenwert jener Strauchpflanzen, deren Beeren Akzente im Blattwerk setzen und auch innen wunderbar zur Geltung kommen. Dabei ist *Ilex* bzw. die Stechpalme der Favorit der kälteren Länder. In wärmerem Klima ist es *Durante erecta*, die mit ihren leuchtendgelben Beeren die Blicke auf sich zieht, nicht zu vergessen die auffälligen Ardisien mit ihren langlebigen, roten oder weißen Beeren, die an einer tief verschatteten Stelle für strahlende Akzente sorgen.

Duftende Sträucher

Pflanzen sorgen nicht nur für optische Freuden. So kann ein Strauch auch durch den Duft seines Blattwerks oder den typischen Wohlgeruch seiner Blüten eine Quelle subtilen Glücksgefühls darstellen. Seidelbast, Lavendel, Rosmarin und Flieder duften alle wunderbar. Sie stehen beispielhaft für viele Pflanzen, die man möglichst in der Nähe der Terrasse anpflanzen sollte, wo man ihren Duft in den Mußestunden genießen kann. Andere, die man nachts riechen kann, wie der Falsche Jasmin (*Philadelphus*), verströmen gerade an den ersten Sommerabenden einen geradezu überwältigenden Duft und sollten einen Platz finden, den man öfter zu passieren pflegt, wie beispielsweise neben einer Gartenpforte oder an einem Durchgangsweg.

Blickfang

Welch dramatische Rolle spektakuläre Pflanzen in der Gesamtszenerie eines Gartens spielen können, wird oft übersehen. Setzt man solche Sträucher sparsam ein, kann man mit ihnen die Aufmerksamkeit des Betrachters auf einen ganz bestimmten Abschnitt im Gesamtbild der Gartenkomposition lenken.

Solche Pflanzen stechen normalerweise wegen ihres eigentümlichen Wuchses wie beispielsweise ihrer herabhängenden oder anderweitig fesselnden Gestalt hervor, wie z.B. die *Acer palmatum*-Züchtungen. Sie sind zwar meistens teurer, verleihen einem Garten aber durch eine entsprechende Standortwahl eine individuelle Note.

Böden

Die meisten Sträucher vertragen eine ganze Bandbreite von Bodenarten, solange der Boden gut drainiert und entsprechend nährstoffreich ist. Es gibt jedoch auch eine Anzahl von beliebten Pflanzen, die einen sauren Boden brauchen. Den Säuregehalt der Erde stellt man mit Hilfe einer pH-Skala fest, die von sehr sauer (1) bis hin zu sehr alkalisch (14) reicht. Weder der sehr saure noch der sehr alkalische Wert wird von unseren üblichen Böden erreicht, so daß man unter »saurem Boden« für gewöhnlich einen pH-Wert zwischen 5 und 6 versteht. Drei Pflanzen, die automatisch damit in Verbindung gebracht werden, sind Kamelien, Azaleen und Rhododendren, aber es gibt auch noch weitere Sträucher, die unter ganz ähnlichen Bedingungen gedeihen und zur Vielfalt in einer Strauchrabatte erheblich beitragen können. Sträucher, die man damit kombinieren kann, sind Besenheide- und Erikapflanzen, Magnolien, die Lorbeerrose (*Kalmia*) und verschiedene *Pieris*-Arten. Diese Pflanzen gedeihen am besten auf Böden, denen man eine Menge Kompost, Torfmoos und organische Mulche hinzugefügt hat.

Bepflanzung

Eine Strauchrabatte wird am besten so breit angelegt, daß man zwei Sträucher hintereinander setzen kann, wobei die größeren, pflegeleichteren immergrünen Sträucher in die hintere Reihe und die anspruchsvolleren Pflanzen nach vorne gesetzt werden sollten, z.B. wenn sie beschnitten werden müssen oder als Schnittblume dienen sollen. Oft ist jetzt noch genügend Platz übrig, niederliegende Sträucher dazwischen zu setzen, die als Mulch fungieren und somit das Jäten wie auch das Wässern auf ein Minimum beschränken können. Übrigens ist es auch ein vernünftiges gärtnerisches Prinzip, das ganze Beet auf einmal zu gestalten – nicht nur deshalb, weil einige Pflanzen sich nicht gerne stören lassen, sondern auch weil die Fähigkeit von Sträuchern, innerhalb eines bereits bestehenden Beetes ein wirksames Wurzelsystem zu entfalten, begrenzt ist.

Einige Wochen vor dem Pflanzen ist das Beet bereits vorzubereiten, d.h. man sollte es gut umgraben und reifen Kompost oder andere gut verrottete organische Materie hinzusetzen. Dieser Humus trägt dazu bei, schwere Böden aufzubrechen, damit sie poröser werden und so eine bessere Drainage erhalten. Auch werden leichtere, sandige Böden dadurch mit wichtigen feuchtigkeitsspeichernden Inhaltsstoffen versorgt.

Das Beschneiden

Bei vielen Sträuchern erübrigt sich das Beschneiden; aber einige sollten wenigstens einmal im Jahr mit der Schere bearbeitet werden, will man ein hochwertiges Blühen erreichen. Diese Sträucher lassen sich in zwei Kategorien unterteilen – in jene, die ihre Blüten an neuen oder diesjährigen Zweigen hervorbringen, und jene, die Blüten am Holz der vorigen Saison treiben. Beispiel für letztere sind Forsythien, Weigelien und Kerrien. Diese und ähnliche Sträucher blühen somit am schönsten, wenn man die Blütenschäfte nach dem Blühen zurückschneidet, so daß die sich entwickelnden neuen Triebe ausreichend Platz für ihre Entfaltung erhalten.

Treiben die Sträucher ihre Blüten an den frischen Zweigen, blühen sie für gewöhnlich gegen Sommerende an den Frühjahrstrieben. Diese Sträucher beschneidet man am besten im Spätwinter bzw. in den kälteren Gegenden dann, wenn die letzten späten Fröste vorbei sind. Das Schneiden der Pflanze in Form ist hier der wichtigste Punkt; dünnes oder totes Holz sollte bis zum Hauptstamm zurückgeschnitten werden, zu vitale Triebe kürzt man. Die Sträucher dieser Kategorie umfassen im Spätsommer blühende Sträucher wie Fuchsien und Hibiskus. Hält man sich dies vor Augen, ist es möglich, für den eigenen Strauchgarten solche Pflanzen auszuwählen, die sehr wenig Pflege brauchen und trotzdem ein höchst farbenprächtiges Bild erzeugen.

Bäume

Ein Baum ist eine Pflanze mit einem einzigen, holzigen Stamm und einer Mindesthöhe von 3,5 m, wenn sie ausgewachsen ist. Wir unterscheiden Koniferen und Laubbäume. Palmen und Farnbäume ordnet man für gewöhnlich den Bäumen zu, obwohl sie nicht die gleiche Art von holzigem Stamm aufweisen; landschaftsbaulich nehmen sie jedoch hier ihren Platz ein, weil sie eine ähnliche Wuchsform aufweisen und sich in ähnlicher Weise in Gärten und Parks einsetzen lassen.

In größeren Landschaftsgärten können Bäume einen Windschutz darstellen. Von unschätzbarem Wert sind sie als Lärmschutz, sie sorgen für Abschirmung vor der Einsicht von erhöhten Häusern oder Hochhäusern und runden die Silhouette in der städtischen Umgebung sanft ab.

Ursprünglich zu einem bestimmten Zweck gewählt, verändern Bäume mit ihrer zunehmenden Größe die Struktur des Gartens und gewinnen meist zu ihrer anfänglich geplanten Funktion als Gartendekoration noch viele weitere Pluspunkte hinzu. Bäume, die man als Schattenspender geplant hat, können sehr gut einen horizontalen Ast ausbilden, der eine Schaukel tragen kann oder mehrere Äste, die abenteuerlustigen Sprößlingen als Klettergerüst dienen. Vögel werden schon sehr bald geeignete Bäume zum Nestbau oder zur Futtersuche aufsuchen, während sie gleichzeitig im darunter befindlichen Garten ein Auge auf die Insektenpopulation halten.

Die Wahl des richtigen Baumes

Einen Baum sollte man sich niemals spontan zulegen. Immerhin handelt es sich um einen dauerhaften Teil der Gartenstruktur, denn Bäume können etwa 20 Jahre brauchen, bis sie auch nur den Beginn der Reife erreicht haben. Aus diesem Grunde ist es erforderlich, gleich beim ersten Mal gut zu wählen. Bevor man die Baumschule auch nur besucht, sollte man möglichst viel über den Wuchs, die volle Höhe und Breite sowie die jahreszeitlichen Erscheinungsformen eines Baumes gelesen haben. Zunächst mag es so aussehen, als hätte man eine umwerfend große Auswahl, schon bald jedoch wird diese sich auf eine kleine Anzahl möglicher Kandidaten für bestimmte Gartenbereiche reduzieren.

Bedenken sollte man auch klimatische und den Boden betreffende Voraussetzungen. In jedem Fall ist es besser, einen den herrschenden klimatischen Bedingungen gut angepaßten Baum zu wählen. Ist man neu hinzugezogen, empfiehlt es sich, in den Parks spazierenzugehen und über Gartenzäune zu blicken, um herauszufinden, welche Bäume besonders gut gedeihen.

Immergrün oder laubwerfend?

Bäume sucht man am häufigsten nach ihrem Wert als Schattenspender aus. Auch die Frage, ob ein immergrüner oder laubwerfender Baum den Zweck am besten erfüllt, ist erwägenswert. Ein immergrüner Baum wird vielleicht am besten dort seiner Aufgabe gerecht, wo ein Sichtschutz benötigt wird oder in tropischer Lage, wo es darauf ankommt, rund um das Jahr einen Schutz für Balkon und Terrasse zu haben. Ein laubwerfender Baum hingegen liefert im Sommer Schatten und läßt im Winter die Sonne hindurch, was in kühleren Zonen wichtig ist. Außerdem wechselt er in jeder Jahreszeit sein Kleid, das feine Flechtwerk der nackten Zweige im Winter, ein sanftes Grün im Frühjahr, einen dichten Mantel im Sommer und einen farbenprächtigen Überwurf im Herbst. Oftmals gesellen sich zu diesen Vorteilen noch die Freuden durch bunte Blüten und edle Früchte. Häufig ist die Färbung des Laubes der größte Beitrag der Bäume zur Farbgestaltung der Landschaft. Da ist das hell-blaugraue Blattwerk einiger Koniferen und Eukalyptusarten oder *Pyrus salicifolia,* das sich einzigartig mit den bei Kleingärtnern beliebten Pastelltönen in Weiß, Blau und Pink mischt. Auch gibt es Bäume mit panaschiertem Blattwerk, die einen willkommenen Akzent in einer sonst grünen Landschaft setzen. Was am meisten gefällt, sind Gelb-, Orange- und Rottöne.

Die Gärtner der kälteren Klimazonen können aus einer breiten Palette von Bäumen aller Größen und Formen wählen, mit denen sie eine im Herbst farbige Kulisse gestalten, bevor der Winter ins Land zieht. Die Gärtner der gemäßigten Klimazonen haben da schon weniger Auswahl. Sie können auf *Nyssa sylvatica, Ginkgo biloba* oder bei größeren Gärten auch auf den majestätischen Baum *Liquidambar styraciflua* zurückgreifen.

Die richtigen Größenverhältnisse

Für den Hobbygärtner ist der vielleicht wichtigste Aspekt bei der Wahl eines bestimmten Baumes die volle Höhe und Breite, wenn er erwachsen ist. Auf die richtigen Proportionen kommt es an – sowohl in ästhetischer als auch in praktischer Hinsicht. Pflanzt man einen großen, dichten Baum zu nah an ein Haus, mag er dieses unter Umständen zu sehr verdunkeln und den Fenstern jeden Blick nach außen nehmen. Auch umliegende Gärten kann er der Lichteinstrahlung und den Pflanzen dort ihrer Wurzelfläche berauben. Unter derartigen räumlichen Gegebenheiten kann es besser sein, auf einen kleineren Baum mit offenerer Krone zu setzen, der sowohl den Blickwinkel einrahmt als auch genügend Licht in die Wohnung läßt. Beispiele hierfür sind *Betula pendula, Pistacia chinensis* und *Zelkova serrata.*

Das Pflanzen

Es dauert meist noch ein paar Jahre, bis ein Baum Selbstversorger ist, auch wenn er bereits beim Pflanzen recht groß erscheint. Neue Wurzeln brauchen nämlich eine ganze Weile, um sich auszubreiten, sich die Nährsalze selbst zu besorgen und dann als feste Bodenverankerung zu dienen.

Folglich muß man sämtlichen Bäumen in ihren ersten Lebensjahren besondere Pflege zukommen lassen. Vor dem Pflanzen ist erst einmal zu überprüfen,

RECHTS: *Laubbäume liefern jede Jahreszeit ein verändertes Bild. Die Abbildung zeigt eine Allee mit Exemplaren einer Ulme* (Ulmus procera) *im Herbst.*

UNTEN: *Ein Bild voller Herbstfarben kann alle Blicke auf sich ziehen. Dieses leuchtende Gelb, Orange und diverse Rottöne sind atemberaubend.*

OBEN: *Die Engelmann-Fichte* (**Picea engelmannii**) *gehört zu den winterhärtesten immergrünen Bäumen. Sie gedeiht auch anstandslos auf nährstoffarmen Böden.*

LINKS: *Den Gärtnern der kälteren Länder steht eine hinreichende Auswahl von Bäumen sämtlicher Formen und Größen zur Verfügung, aus der sie ein farbenreiches Bild schaffen können, bevor der Winter anbricht.*

ob der Baum nicht durch über ihm hängende Drähte behindert wird oder ob unterirdische Rohre nicht von den künftigen Wurzelsystemen durchbrochen werden können.

Eine gute Drainage ist höchst wichtig, da nur sehr wenige Pflanzen mit nassen »Füßen« gut gedeihen können. Große Pflanzlöcher, eine weitgehende Bodenkultivierung rings um die Wurzeln und sogar das Anheben des Pflanzplatzes mögen Lösungen für das Drainageproblem sein. Wenn der Boden sehr schwer ist, ist möglicherweise der Zusatz von Gips oder grobem Sand erforderlich. Da die dem Pflanzbaum vertraute Erde und der neue Gartenboden oft sehr unterschiedlich beschaffen sind, ist es wichtig, beide miteinander zu kombinieren, um dafür zu sorgen, daß neue Wurzeln sich gut in die neue Umgebung einpassen können. Dies geschieht am besten durch Graben eines flachen Loches, das nur wenig tiefer ist als der Pflanzkübel. Es sollte aber ziemlich breit sein und zumindest den doppelten Durchmesser des Wurzelballens aufweisen. Der Grund des Loches wird aus einer bröckeligen Mischung aufgefüllt, die sich zur Hälfte aus dem vorhandenen Boden und zur anderen Hälfte aus einem nährstoffreichen Humusgemisch zusammensetzt. Die Pflanze hebt man dann vorsichtig aus dem Pflanzkübel, wobei man sorgfältig darauf achtet, den Hauptstamm nicht zu beschädigen. Dann setzt man den Wurzelballen zusammen mit drei Pflöcken in Position. Zuvor kann man überprüfen, ob die Wurzeln nicht verheddert oder kreisförmig gewunden sind. Gegebenenfalls zieht man sie sanft hervor und entwirrt sie, anderenfalls wachsen sie in der Ringform weiter, was dazu führen könnte, daß die Pflanze eingeht. Danach fährt man fort, das Loch mit der Erdmischung zu füllen und diese rund um den Baumstamm mit der Hand festklopfen. Den Baum sollte man keineswegs tiefer setzen, als er im Pflanzkübel gestanden hat. Steht er fest in seiner Position, ist er gut zu wässern, um eventuelle Luftlöcher zu schließen. Die verbleibende Mischerde kann dazu verwendet werden, einen kleinen Wall rund um die Pflanze zu ziehen. Dann kann man zur Erhaltung der Feuchtigkeit eine Lage organischen Mulches darauf schichten. Der Mulch sowie Unkräuter und niedrigwüchsige Bodendecker sollten vom Stamm ferngehalten werden, damit der Baum nicht von Pilzen wie der Wurzelfäule u.ä. befallen wird.

Plant man einen Rasen, sollte man stets für eine offene Baumscheibe von 1 m Durchmesser rund um den Baum sorgen, um zu gewährleisten, daß die zarten Wurzeln des soeben gesetzten Baumes nicht mit denen der unersättlichen Rasenpflanzen konkurrieren müssen. Die Oberfläche dieser Zone sollte man gut mulchen, um die Feuchtigkeit im Boden zu bewahren und um Unkräuter fernzuhalten, die dem Boden nur unnötig Nährsalze entziehen würden.

Bäume sollten anfangs angepflockt werden, um zu gewährleisten, daß der Hauptstamm nicht im zarten Lebensalter geschädigt wird. Den Baum bindet man so an die Pflöcke an, daß das Seil oder die Bänder eine Acht bilden, und der Stamm sich nicht scheuern kann, aber stabil bleibt, wenn er von starkem Wind geschüttelt wird. Draht sollte man nicht verwenden, da er in die Rinde einschneiden könnte. Sommergrüne Bäume pflanzt man für gewöhnlich in ihrer Ruhephase; immergrüne Bäume in gemäßigten Zonen hingegen pflanzt man am besten im Herbst, solange der Boden noch ausreichend warm ist. In den kälteren Gegenden kann man Frostschäden bei neu gesetzten immergrünen Pflanzen vermeiden, wenn man sie im späten Frühjahr einpflanzt.

Das Beschneiden

Im reifen Lebensstadium müssen Bäume nur selten beschnitten werden, eigentlich nur nach Sturmschäden oder beim Entfernen kranker Äste. Junge Bäume hingegen profitieren oftmals davon, wenn ihnen dabei geholfen wird, ihren Wuchs auszugleichen oder das Zweigsystem höher anzusetzen, wenn sie einen Weg verschatten. Bemerkt man das Anwachsen unerwünschter Triebe früh genug, lassen sie sich leicht mit der Hand abreiben – eine Technik, die keine unschönen Narben auf den oft so schönen Stämmen dieser majestätischen Gartenpflanzen hinterläßt.

Gemüse und Kräuter

Möchte man Gemüse ziehen, muß man sich sehr an den klimatischen Bedingungen orientieren. Sommergemüse wie Bohnen, Tomaten oder auf dem Boden angesiedelte Rankpflanzen wie Gurken und Kürbisse sind frostempfindlich und dürfen erst ausgepflanzt werden, wenn die Fröste vorbei sind. Sie bevorzugen Tagestemperaturen über 20 °C, um Frucht anzusetzen. Viele der Wurzelgemüse dagegen – wie Mohrrüben und Kartoffeln – gedeihen gut bei Tagestemperaturen zwischen 12 °C und 18 °C und sind nicht ganz so frostanfällig. Die Kohlsorten wie Blumenkohl und Rosenkohl, die alle derselben Familie entstammen, überstehen auch kühle Temperaturen und sind oft winterhart.

Sämtliche Gemüsesorten brauchen viel Sonnenlicht, und dieser Faktor sollte bei der Entscheidung über die Lage eines Gemüsegartens ausschlaggebend sein. Andere Punkte, die es zu erwägen gilt, sind beispielsweise die Konkurrenz durch Baum- oder Strauchwurzeln, die vorherrschende Windrichtung und die Drainage des Bodens, die man allerdings gegebenenfalls korrigieren kann, indem man Hochbeete oder ein unterirdisches Röhrensystem anlegt.

Auch die Größe des Gemüsegartens ist wichtig. Sie hängt natürlich vom verfügbaren Platz ab, aber auch von der Zeit, die im Garten verbracht werden kann, und da ist es eigentlich immer gut, klein anzufangen. Beete lassen sich einfach neu anlegen oder ausweiten. Ein Beet von 1,2 m Breite läßt sich gut von beiden Seiten aus pflegen. Eine Länge von 2 m gibt Pflanzen von kompaktem und schnellem Wuchs einen großzügigen Raum. Andere Pflanzen, z.B. Bodenranker wie die Kürbisse, brauchen wesentlich mehr Gartenfläche und beanspruchen ihr Beet die gesamte Saison über, um ihren Zyklus zu vervollständigen. Die ausdauernden Pflanzen wie Rhabarber und Spargel sowie viele Kräuter, die dasselbe Beet eine Reihe von Jahren beanspruchen, brauchen entweder ein eigenes Beet oder eine abgegrenzte Ecke in einem intensiv genutzten Beet, so daß sie nicht untergearbeitet werden, wenn der Garten für die Bepflanzung in der neuen Saison vorbereitet wird.

Auch die Wahl der anzubauenden Gemüsesorten sollte man sorgfältig überdenken. So ist beispielsweise der Ertrag pro Pflanze ein wichtiger Faktor, wenn die Gartenfläche begrenzt ist. Bohnen brauchen beispielsweise verhältnismäßig wenig Platz bei einer erstaunlich großen Ernte pro Saison. Auch Salatpflanzen und andere Blattgemüse sind eine Erwägung wert und haben Vorteile beispielsweise vor Kartoffeln, die auch im Regal des Gemüsehändlers nicht so schnell verderben.

Eine sehr praktische Methode, begrenztem Platz entgegenzuwirken, besteht darin, im hinteren Garten ein Gitter aufzustellen, an dem sich Stangenbohnen, Erbsen und selbst Gurken emporranken können. Hat man eine günstige Position gewählt, wird dieses Gitter nicht die niedrigwüchsigeren Gemüsegarten überschatten und kann sogar als Windschutz für eine Reihe Mais oder Tomaten dienen.

Auch Töpfe kann man einsetzen. Dies beschränkt sich nicht auf Küchenkräuter; sie sind auch geeignet für so lange tragende Gemüsepflanzen wie Paprika, Tomaten, Auberginen oder die Buschsorten der Gurken oder Kürbisse. Setzt man einen solchen Topf auf eine sonnige Veranda, kann man die Gemüsesorten leicht beobachten und ihnen die notwendige Beachtung schenken.

Das Aussäen von Samen

Einige Samen wie beispielsweise die schnellwüchsigen Rettiche oder Bohnen und Möhren kann man direkt an Ort und Stelle ausbringen. Feinere Samen hingegen sät man besser in Anzuchtbeete oder entsprechende Frühbeete, in denen die Keimung und das frühe Wachstum auf das genaueste beobachtet werden können. Für ein solches Samenbeet braucht man einen Boden von besonders feiner Beschaffenheit, eine perfekte Drainage und eine Lage, in der die Sämlinge ausreichendes Sonnenlicht und die nötige Wärme erhalten, vor austrocknenden Winden aber geschützt sind. Die Oberfläche sollte so eben sein, daß der feine Samen nicht weggewaschen werden kann. Dann sollte man in die Anzuchtbeete flache Rillen ziehen, damit man die Samen in kleine daumenbreite Löcher legen kann. Anschließend deckt man sie mit einer leichten Bodenschicht ab (wenn es sich nicht um Lichtkeimer handelt). Die Sämlinge sind dann leicht zu befeuchten oder zu besprühen, damit die Oberfläche weder zu naß wird, noch austrocknen kann.

Die Gärtner der kühleren Regionen können auch eine Vorkultur anlegen, d.h. Samen in einen geschützt und sonnig gelegenen Frühbeetkasten einsäen, wenn es noch zu früh ist, um den Samen im Freien auszubringen. Diese Pflanzen kann man in ihre Beete setzen, sobald die Gefahr später Fröste vorüber ist. Wärmt sich das Wetter auf, ist es auch möglich, in den folgenden Wochen ein oder zwei weitere Male in ein gut vorbereitetes Anzuchtbeet im Freien zu säen. Nimmt man die Aussaat kleinerer Mengen zu versetzten Zeitpunkten vor, wird der Haushalt nicht auf einmal von einer Flut Gemüseprodukte überschwemmt, die alle zur gleichen Zeit reifen.

Das Pflanzen von Setzlingen

Viele Gärtner kaufen ihre Setzlinge lieber in einer Gärtnerei. Das Umpflanzen sollte man in der Abendkühle vornehmen, indem man ein Gartenmesser oder eine kleine Kelle verwendet und die Pflanzen an den Blättern festhält. Man löst sie dann sanft aus dem Anzuchtbeet, setzt eine Handvoll der kleinen Pflänzchen auf ein Brett und wickelt sie in feuchtes Küchen- oder Zeitungspapier ein, um ein Austrocknen zu verhindern. Mit Hilfe eines Pflanzstocks sticht man in das Beet eine Reihe kleiner Löcher, die tief genug sind, daß die winzigen Wurzeln weder gebogen noch gebrochen werden; anschließend setzt man einen Setzling nach dem anderen in die vorbereiteten Löcher und drückt die Erde um sie herum mit zwei Fingern an (nicht zu fest). Jede Pflanze muß einzeln gewässert werden, um zu gewährleisten, daß sich verbliebene Luftlöcher mit Erde füllen. Die Setzlinge profitieren davon, wenn sie etwas Schutz in Form eines Blätterzweiges oder zerschnittenen Milchpappkartons erhalten, bis sie sich an ihre Umgebung gewöhnt haben.

Es empfiehlt sich nicht, alljährlich an der gleichen Stelle das gleiche Gemüse oder eines aus der gleichen Familie anzubauen, weil die Pflanzen eventuelle Krankheiten oder Schädlinge der vorjährigen Kultur aufnehmen. Man könnte versuchen, solchen Problemen einfach mit Chemikalien zu begegnen, aber einer der Vorteile des eigenen Gemüseanbaus besteht ja gerade darin, daß man auf Chemikalien weitgehend verzichten kann. Pflanzen der gleichen Familie benötigen auch die gleichen Nährstoffe, die sie bei mehrmaligem Anbau in Folge im Boden nicht mehr vorfinden; deshalb wird seit Generationen für zahlreiche Nutzpflanzen die wechselnde Fruchtfolge praktiziert. Heute lassen sich diese Nährstoffe natürlich auch von kommerziellen Düngemitteln ersetzen.

Das Düngen

Die verschiedenen Nutzpflanzen brauchen unterschiedliche Düngemittel. So benötigen die grünen Pflanzen, die wegen ihrer Blätter gezogen werden, Stickstoff, während Pflanzen, die man wegen ihrer Früchte zieht, eine ausgewogenere Kost benötigen. Wenn man einen Garten so intensiv nutzt, wie es bei Gemüsegärten der Fall ist, lohnt es sich, die chemischen Substanzen um organischen Dünger zu ergänzen, will man den Garten bei guter Gesundheit halten. Organische Düngemittel wie Kompost kann man zum Wechsel der Saison in den Boden graben. Stroh oder ähnliches während der Wachstumssaison als Mulch dienendes Material hat sich gegen Ende des Sommers soweit zersetzt, daß man ihn dann in den Gartenboden graben kann. Man wird erstaunt sein über den Unterschied in der Bodenbeschaffenheit und den generell guten Gesundheitszustand im Garten.

Alle Gemüsesorten müssen schnell gezogen werden, um sowohl bei den Blatt- als auch bei den fruchttragenden Gemüsesorten die höchste Qualität zu erreichen. Um dieses schnelle Wachstum ohne Unterbrechung zu erreichen, ist es notwendig, den Boden zu allen Zeiten ausreichend feucht zu halten. Daraus folgt, daß der sandige Boden, der ja schneller als schwere Böden austrocknet, auch häufiger gewässert werden muß. Viele der rankenden Nutzpflanzen sowie auch die Tomaten sind anfällig für Blattkrankheiten, wenn die Blätter kontinuierlich der Feuchtigkeit ausgesetzt sind, so daß man in Beeten mit Gemüsen dieser Art einen tropfenden Schlauch oder eine Rinne installieren könnte, die man morgens mit Wasser füllt – oder man greift zur herkömmlichen Gießkanne, mit der man nur den Fuß der Pflanzen mit Wasser versorgt.

Dichtes Bepflanzen und Mulchen sind zwei Methoden, um zu gewährleisten, daß die Feuchtigkeit länger erhalten bleibt. Enges Bepflanzen kann weniger vitale Pflanzen oder eine leicht geringere Ernte zur Folge haben, aber der Hobbygärtner kann die Reihen ausdünnen, sobald Pflanzen herangereift sind. Mulchen erspart Zeit und Energie auch in anderer Beziehung. Man kann so die Bodentemperatur sowohl bei Kälte als auch bei Wärme besser kontrollieren und verhindern, daß schwere Regenfälle den Boden an den Feinwurzeln wegschwemmen, die sich bei den einjährigen Gemüsepflanzen sehr oft nahe der Oberfläche befinden. Das Mulchen setzt auch manchem Unkraut ein Ende. Viele Gärtner verlassen sich heutzutage beim erfolgreichen Anbauen von Gemüse ausschließlich auf das Mulchen und verzichten auf ein Umgraben der Beete.

Man sollte auf jeden Fall einmal das Gärtnern mit Gemüse und Kräutern versuchen. Es gehört wirklich zu den befriedigendsten aller streßabbauenden Hobbies. Der reiche Ertrag dieser Freizeitbeschäftigung verschafft darüber hinaus einen Genuß, der das reine Gärtnerglück bedeutet.

RECHTS: *Kräutergärten sind nicht nur praktisch; sie lassen sich auch äußerst dekorativ in die Gesamtgestaltung des Gartens einpassen.*

UNTEN: *Ein gut angelegter und daher wunderbar zugänglicher Gemüsegarten. Das Sonnenlicht ist der wichtigste Faktor bei der Positionierung desselben.*

A

Abelmoschus moschatus 'Pacific Orange Scarlet'

Abelia chinensis

Abelia floribunda

ABELIA

Diese Gattung von 30 Arten sowohl laubwerfender als auch immergrüner Sträucher aus Asien und Mexiko wird wegen ihres eleganten Wuchses und der vielen röhren- oder trompetenförmigen Blüten geschätzt. Die Pflanzen können 2 m hoch werden und haben dunkelgrünes Blattwerk, das an gebogenen, leicht verholzten Stämmen sitzt.
PFLEGE UND VERMEHRUNG: Die Arten variieren zwischen winterhart und etwas frostanfällig. Die frostanfälligen Arten sind jedoch unproblematische Pflanzen, die auch etwas rauhes Klima überstehen können. *Abelias* lieben einen voll besonnten bis leicht schattigen Standort und brauchen gut drainierte Böden und regelmäßig Wasser im Sommer. Sie lassen sich leicht aus Stecklingen ziehen und können für eine niedrige Strauchhecke auch stark zurückgeschnitten werden.

Abelia chinensis

Als eine der winterhärteren Arten bildet *Abelia chinensis* einen in die Breite wachsenden, buschigen Strauch aus. Dieser kann laubwerfend oder halblaubwerfend sein und hat rötliche Stämme und glänzende Blätter, die sich im Herbst bronzepurpurn färben. Der Strauch bildet den ganzen Sommer und Herbst über weiße Blüten aus. Die auffälligen dunkelrosa Kelchblätter bleiben noch lange am Strauch, nachdem die Blüten abgefallen sind.

Abelia floribunda

Diese Art trägt die größten Blüten aller *Abelias*. Die leuchtenden karminrosa Blütenbüschel sitzen an den gebogenen Zweigen. Die frostempfindliche Pflanze zieht man in kühleren Gegenden am besten an einer Mauer oder einem Zaun.

Abelia × *grandiflora*

Diese frostempfindliche Hybride zwischen *Abelia chinensis* und *A. uniflora* erreicht eine Höhe von 2–2,5 m bei einer ähnlichen Breite. Sie hat gebogene, rötlichbraune, leicht verholzte Stämme und kleine, glänzende Blätter. Im Frühsommer bilden sich die mauvefarbenen und weißen Blüten, und gegen Ende des Sommers kommt es zur Ausbildung von Spätblüten. Die mattrosa Kelchblätter bleiben am Strauch, nachdem die Blüten abgefallen sind, und heben sich von den Blättern ab, die eine bronzepurpurne Färbung annehmen. Die Züchtung **'Francis Mason'** hat gelbe oder gelbgerandete Blätter.

Abelia schumannii

Diese frostempfindliche Art bevorzugt einen geschützten Standort. Sie hat gebogene, rote, leicht verholzte Stämme und kleine, spitze Blätter. Am oberen Ende jedes Zweiges wachsen vom späten Frühjahr bis zum Frühherbst auffällige, glockenförmige und rosarote Blüten mit orangefarbenem Fleck im Schlund. Der blaßrote Kelch verbleibt auch nach der Blüte am Strauch.

ABELMOSCHUS

Diese 15 ein-, zwei- oder mehrjährigen, ahornblättrigen Arten aus dem tropischen Afrika und Asien besitzen eine harte Rinde. Zur Trockenzeit sterben einige Arten ab, nur die große Knolle bleibt zurück. Die hibiskusartigen Blüten treten in Gelb-, Pink-, Orange- oder Rotschattierungen auf. Einige Arten geben äußerst dekorative Pflanzen ab, Okra oder Gumbo (*Abelmoschus esculentus*) wird wegen ihrer eßbaren jungen Kapseln gezogen.
PFLEGE UND VERMEHRUNG: Diese Gattung wird überwiegend als einjährige

Abelia × *grandiflora*

Pflanze gezogen und braucht fruchtbare, durchlässige Böden sowie einen geschützten Standort in voller Sonne und eine reichliche Wässerung. Die Vermehrung erfolgt durch Samen im Frühjahr.

Abelmoschus esculentus

Syn. ***Hibiscus esculentus***

OKRA, GUMBO, LADY'S FINGERS

Diese bis 2 m hohe Pflanze wird seit langem in Teilen Afrikas und Asiens kultiviert, wo sie auch beheimatet ist. Sie ist eine dekorative Pflanze mit rotgepunkteten gelben Blüten. Sowohl die Blütenknospen als auch die langen, stärkehaltigen Kapseln werden verzehrt; die letzteren im unreifen Zustand. Die nicht winterharte Gemüseart braucht zum erfolgreichen Wachstum lange und heiße Sommer.

Abelmoschus manihot

AIBIKA

2–2,5 m hoch wird diese mehrjährige, nicht winterharte Art. Die kurz und borstig behaarten Zweige tragen drei- bis siebenlappige Blätter, knapp 50 cm breit. Die Blüten sind weißgelb gefärbt und haben purpurne Blütenmittelpunkte. Sie sitzen entweder als Einzelblüte oder in kleinen Trauben am Zweig. Den Blüten folgen knapp 10 cm große Früchte.

Abelmoschus moschatus

Diese tropische, sehr frostempfindliche Art aus Asien ist sehr variabel. Die Samen – Moschussamen – enthalten ätherische Öle und Fette (Amberette), die man in der Medizin und zur Parfumgewinnung einsetzt. Die gesamte Pflanze hat einen leicht moschusartigen Duft. Die Haare auf den Blättern sind oft borstig, die großen Blüten blaßgelb mit einem purpurnen Auge. Die Züchtung **'Mischief'** ist eine kompakte Pflanze, die sich gut im Topf ziehen läßt oder an einen sonnigen Standort gepflanzt werden kann. Rote, rosafarbene oder weiße Blüten sind im Sommer und Herbst zu sehen. **'Pacific Light Pink'**, eine 50 cm hohe Zwergzüchtung, hat 10 cm große Blüten in zwei unterschiedlichen Rosatönen; **'Pacific Orange Scarlet'** (Syn. 'Oriental Red') ist ebenfalls sehr beliebt.

Abelia × *grandiflora* 'Francis Mason'

ABIES

TANNE

Die eigentliche Tanne, manchmal auch Silbertanne genannt, unterscheidet sich von der Fichte (*Picea*) durch ihre aufrechten, nicht herabhängenden Zapfen. Die aus den Bergregionen der nördlichen Hemisphäre stammende und zu den stattlichsten Nadelbäumen zählende Gattung besteht aus über 40 Arten immergrüner Koniferen. Die Mehrheit stammt aus China und dem westlichen Teil Nordamerikas, aber das Verbreitungsgebiet einiger Arten erstreckt sich bis in die Tropen – die hohen Berge Mittelamerikas und Südostasiens. Die kurzen, steifen Nadeln, die gleichmäßig über die Zweige verteilt sind, weisen jeweils zwei längs verlaufende blaue Streifen an der Unterseite auf.
PFLEGE UND VERMEHRUNG: Wegen ihrer schmalen Gestalt und ihrem langsamen Wachstum passen viele Arten gut in den größeren Vorstadtgarten. Luftverschmutzung mögen sie nicht. Sie bevorzugen ein feuchtes Klima ohne extreme Hitze. Der Boden muß Feuchtigkeit speichern sowie eine adäquate Tiefe und Drainage aufweisen. Die Vermehrung erfolgt durch Samen bzw. Pfropfung bei ausgewählten Klonen wie bei den hier genannten Züchtungen. Die einzige Notwendigkeit zum Beschneiden oder Formen besteht im Entfernen zweiter Haupttriebe, sobald sie sich bilden.

Abies alba

WEISSTANNE

In den heimischen Bergen Mittel- und Südeuropas kann diese Konifere eine Höhe von 55 m erreichen. Sie hat dunkelgrüne,

Abelia × *grandiflora*, Kulturvarietät

Abies alba

A

glänzende Nadeln mit weißlichen Unterseiten, die jeweils zweizeilig an den Zweigen angeordnet sind. Die Rinde ist von dunkelgrauer Färbung; die Zapfen werden 15 cm lang und gehen mit zunehmender Reifung von Grün in rötliches Braun über. Die Pflanze wächst relativ schnell und kann durch späte Fröste geschädigt werden.

Abies amabilis
PURPURTANNE

Diese in den Küstenbergen der nordwestlichen USA, Westkanadas und Südalaskas beheimatete Pflanze kann in der freien Natur 80 m hoch werden, in Kultur 30 m. Ihre glänzendgrünen Nadeln, oberseits tief gekerbt und unterseits bläulichweiß gestreift, riechen zerrieben nach Orangenschalen. Die Zapfen sind 10–15 cm lang und gehen mit zunehmender Reifung von einem Rot in ein tiefes Purpur über. Die Purpurtanne ist frosthart.

Abies balsamea
BALSAMTANNE

Die Verbreitung dieser frostharten Tanne erstreckt sich in Nordamerika von Kanada, wo sie Hauptquelle für die Papierherstellung ist, über die Berge der östlichen USA bis in den Westen Virginias. Der »Balsam« ist ein in der Rinde enthaltenes, klares und dünnes Harz. Kultiviert gibt die Tanne einen kurzlebigen, schlanken Baum ab, der wegen seines würzigen Dufts, blaugrünen Blattwerks und seiner Weihnachtsbaumgestalt gezogen wird. **'Hudsonia'** ist ein kompakter, bis zu 60 cm hoher Miniaturstrauch. Geschätzt wird auch die Zwergzüchtung **'Nana'**, ein hübscher runder Strauch von ähnlicher Größe.

Abies borisii-regis

Einige Botaniker vermuten, daß es sich bei dem Baum – einer seltenen Art aus Bulgarien und Griechenland – um eine uralte Hybride aus *Abies alba* und *A. cephalonica* handelt, da sie beiden ähnelt. Der frostharte Baum weist duftende, grüne Nadeln mit einer Länge von etwa 2,5 cm, harzige Knospen und faßförmige Zapfen auf, die etwa 10–15 cm lang sind.

Abies bracteata
Syn. *Abies venusta*

Diese Art, die zu den seltensten wildwüchsigen *Abies*-Arten zählt, stammt aus den höhergelegenen Teilen der Santa Lucia-Berge in der Nähe der südkalifornischen Küste. Hier erreicht sie eine Höhe von 50 m. Als kultivierte Pflanze braucht sie, da frostempfindlich, mildes Klima und kann ziemlich kurzlebig sein. Sie hat eine lange, spitz zulaufende Krone und weist lange, scharfe Nadeln auf. Die eiförmigen Zapfen sind von langen Anhängseln bedeckt.

Abies cephalonica
GRIECHISCHE TANNE

In den Bergen Griechenlands und des Balkans beheimatet, gehört diese Tanne zu einer Gruppe mediterraner Arten mit kurzen, steifen, nach außen gerichteten und stacheligen Nadeln. Sie wird häufig angepflanzt und ist winterhart und widerstandsfähig. In Großbritannien wurde sie um 1800 eingeführt. Hier erreicht sie die gleiche Höhe wie in freier Natur, etwa 35 m. Die braunen Zapfen sind fast zylindrisch geformt und 10 cm lang.

Abies concolor
COLORADOTANNE

Wild wächst diese Art in den Rocky Mountains der westlichen USA und erreicht dort eine Höhe von 45 m. Eine größere Form, ***Abies concolor* var. *lowiana***, ist in Oregon und Nordkalifornien näher an der Küste zu finden. Ihre bläulichen Nadeln mit abgestumpften Spitzen verströmen einen limonenartigen Duft, wenn man sie zerreibt. Die Zapfen haben eine Färbung von einem intensiven Hellpurpur bis zu einem blassen Braun. Die schöne Ziertanne ist auch winterhart und widerstandsfähig. Die Blätter der Setzlinge sind verschieden blau getönt. Einige der schönsten blauen Formen, wie beispielsweise **'Glauca'**, werden durch Propfung vermehrt. Noch auffälliger ist die seltene und langsamwüchsigere hellblaue Züchtung **'Candicans'**. **'Compacta'** hat auch ein ziemlich blaues Nadelgewand, ist aber eine Zwergform, die kaum größer als 1 m wird.

Abies balsamea 'Nana'

Abies concolor var. *lowiana*

Abies concolor 'Glauca'

Abies borisii-regis

Abies cephalonica

Abies amabilis

Abies bracteata

Abies balsamea 'Hudsonia'

A

Abies delavayi

Diese Art ist in den Bergen Westchinas beheimatet. Sie ist sehr groß und hat 2,5 cm lange Nadeln mit sehr stumpfen Spitzen; oberseits dunkelgrün, unterseits weißlich sitzen sie dichtgedrängt an den Zweigen. Die Zapfen sind breit und purpurn getönt, solange sie noch nicht reif sind. Die Form *Abies delavayi* kennt man kaum als kultivierte Pflanze.

Abies firma

MOMITANNE

In ihrer Heimat in Südjapan wächst die frostharte Momitanne 45 m hoch. Sie ist reich verzweigt und hat steife Nadeln, die – 3,5 cm lang, dunkelgrün und glänzend – zweizeilig angeordnet sind und an den niedrigeren Zweigen ein V bilden. Die eiförmigen Zapfen sind bis zu 10 cm lang.

Abies forrestii

Syn. *Abies delavayi* var. *forrestii*, *Abies delavayi* var. *smithii*, *Abies georgei*

Diese hübsche Tanne – sie wird meist, wenn auch fälschlich, als Varietät von *Abies delavayi* eingestuft, der sie ähnelt – stammt aus Westchina, ist jedoch im Westen viel häufiger zu finden. Von den anderen Arten unterscheidet sie sich dadurch, daß sie 3,5 cm lange Nadeln hat, die eher zweireihig an den Zweigen angeordnet sind und sich leicht nach oben biegen, so daß man die weiße Blattunterseite sieht. Als kultivierte Pflanze ist der Baum zunächst kräftig und schnellwüchsig, das Wachstum geht aber oftmals mit zunehmendem Alter zurück; oft stirbt die Tanne, bevor sie die Größe des ausgewachsenen Baumes erreicht. Sie ist frostempfindlich.

Abies grandis

RIESENTANNE

Mit 90 m Höhe zählt dieser frostharte Baum aus dem Westen Nordamerikas zu den größten Koniferen. Unter günstigen Bedingungen kann die Tanne in Kultur etwa 1 m im Jahr wachsen und wird daher häufig wegen ihres Nutzholzes gezogen. Am besten gedeiht sie auf tiefgründigen, feuchten Böden. Das Nadelkleid ähnelt dem von *Abies concolor* und riecht gleichfalls nach Orangenschale, wenn man die Nadeln zerreibt. Die kleinen Zapfen nehmen mit zunehmender Reifung ein dunkles Braun an.

Abies holophylla

Diese Tanne aus Korea und Nordostchina ist in der kultivierten Form selten. Sie kann 20 m hoch und über 5 m breit wachsen und weist eine konische Krone mit leuchtendgrünen Blättern auf. Sie ähnelt *Abies firma*, aber die Nadelenden laufen spitz zu. Die Zapfen, jung grün, nehmen mit zunehmendem Alter eine braune Farbe an. Die Tanne ist frosthart.

Abies homolepis

NIKKOTANNE

Diese in Zentraljapan beheimatete Art wächst auch gut in Europa und Nordamerika, ist frosthart und verträgt auch Umweltverschmutzung besser als die meisten Tannen. Als junger Baum breit-konisch geformt, kann sie höher als 30 m werden. Die bis 3,5 cm langen, dichtgedrängten Nadeln sind dunkelgrün und haben blau-weiße Streifen auf der Unterseite sowie stumpfe Spitzen. Die graue Rinde an den jungen Bäumen und die unreifen Tannenzapfen sind purpurn getönt. Die Zwergzüchtung **'Prostrata'** hat keinen Hauptsproß und läßt sich aus Stecklingen ziehen.

Abies forrestii

Abies homolepis

Abies koreana

Abies grandis

Abies holophylla

Abies lasiocarpa

Abies koreana

KOREANISCHE TANNE

In freier Natur kommt diese Tanne lediglich in den im tiefen Süden Koreas gelegenen Bergen vor. In Europa wird sie seit der Jahrhundertwende angepflanzt. Sie wird wegen der kompakten Größe von 5–10 m und wegen ihrer Eigenschaft geschätzt, früh Zapfen zu tragen. Diese zeigen sich schon an der 1 m hohen Pflanze. Die dichtgedrängt sitzenden Nadeln sind kurz und breit und haben gekerbte Spitzen und breite blaue Streifen an der Unterseite. Die frostharte Tanne eignet sich für kleinere Gärten oder große Felsgärten.

Abies lasiocarpa

Der bis zu 30 m hohe Baum oder in die Breite wachsende Strauch ist im Westen Nordamerikas zu finden – von Arizona bis zur Baumgrenze Südalaskas. Die Nadeln sitzen dicht gedrängt und übereinander und haben beidseitig bläuliche Streifen. Die Zapfen sind groß und dunkelpurpurn gefärbt. Im Südosten des Verbreitungsgebietes wird die Art zunehmend von ***Abies lasiocarpa* var. *arizonica*** ersetzt. Diese hat eine dicke, korkartige, helle Rinde und blaugraue Nadeln. Einige Varietäten werden als Gartenpflanzen geschätzt, beispielsweise **'Compacta'** mit silbergrauem Nadelkleid und langsamem Wuchs und **'Aurea'**, die gelbliche Nadeln hat.

Abies firma

Abies magnifica

KALIFORNISCHE ROTTANNE

Bei der Wildform handelt es sich um einen konischen oder säulenförmigen Baum, der vor allem in kühlen, feuchten Tälern auf den höher gelegenen Abhängen der Sierra Nevada in Kalifornien vorkommt. Er wird 60 m hoch und hat eine rötliche Rinde. Die dunklen, blaugrünen Nadeln sind schmal und mit stumpfer Spitze aufwärts gebogen; die faßförmigen Zapfen sind anfangs bläulichpurpurn, später hellbraun. Zieht man die frostharte Pflanze in feuchtem Klima, erreicht sie 20–30 m Höhe, ist aber nicht so langlebig wie einige andere Tannen.

Abies nordmanniana

NORDMANNSTANNE

Diese hübsche Tanne erreicht eine Höhe von 60 m und ist in den Bergen des Kaukasus beheimatet. Ihre dichtgedrängt sitzenden Nadeln sind dunkelgrün und glänzen. Die langen Zapfen nehmen mit zunehmender Reifung ein rötliches Braun an. Die widerstands- und anpassungsfähige, frostharte Tanne mit ihrer schlanken Gestalt und dem langen, geraden Hauptsproß wird häufig als Ziertanne gezogen.

Abies numidica

Wild kommt diese Tanne – breit kegelförmig und bis 25 m hoch – lediglich im algerischen Tell-Atlas vor. Sie hat dichtgedrängt sitzende Nadeln mit breiten, stumpfen Spitzen und blauweißen Streifen. Die Zapfen sind lang und schmal und gehen mit zunehmender Reifung von Dunkelgrün in Hellbraun über. Als Kulturpflanze bildet der Baum ein dichtes Nadelkleid aus.

Abies pinsapo
SPANISCHE TANNE

Dieser säulenförmige Baum erreicht, oft mit mehreren Haupttrieben, eine Höhe von 30 m und kann sich verschiedenen Boden- und Klimabedingungen anpassen. Die Zweige sind mit sehr kurzen, starren Nadeln dicht besetzt; diese haben feine bläulichweiße Streifen auf beiden Seiten. Im Frühjahr erscheinen purpurne männliche Blütenstände an den Enden der niedrigeren Zweige. Die weiblichen Blütenstände an der Spitze des Baumes sind in reifem Zustand braun. Die Setzlinge wählt man nach der Qualität des blauen Nadelkleides aus. Sie werden unter der Sortenbezeichnung **'Glauca'** zusammengefaßt. Die Art ist winterhart.

Abies procera
Syn. *Abies nobilis*

Diese Konifere aus den Küstenregionen der nordwestlichen USA mit hohen Niederschlagsmengen wird an die 80 m hoch. Sie weist eine glatte Rinde auf und wächst als junger Baum breit kegelförmig. Später entwickelt sie einen mastähnlichen Stamm und eine hohe, spitz zulaufende Krone mit horizontal stufenförmig angeordneten Nadeln. Die schmalen, spitz zulaufenden und stumpfen Nadeln variieren in der Farbe von Bläulichgrün bis zu intensivem Silberblau. Die Zapfen sind groß, breit und von einem purpurnem Braun. Der frostharte Baum kann sich in kühlem, feuchtem Klima gut anpassen, wenn er auf gutem, tiefgründigem Boden wächst. Häufig werden blaunadelige **'Glauca'**-Varietäten angebaut.

Abies spectabilis
HIMALAJATANNE

Diese hohe Tanne ist im Himalaja beheimatet, wo man sie noch in 4000 m Höhe findet; ungeachtet dessen gilt sie bei uns als nicht winterhart und ist sehr anfällig für Schäden durch späte Fröste. Sie hat unregelmäßig zweireihig angeordnete Nadeln, lang und gebogen; die weißgestreifte Nadelunterseite hebt sich lebhaft von der dunkelgrünen Oberseite ab. Die großen, faßförmigen Zapfen sind anfangs purpurviolett getönt, mit der Reifung werden sie allmählich braun. Kultiviert bildet der frostempfindliche Baum eine kegelförmige Krone aus und erreicht eine Höhe von 20–25 m.

Abies veitchii

John Gould Veitch fand diese schöne Tanne in den Bergen Zentraljapans um 1860. Als kleinste japanische Art dieser Gattung erreicht sie eine Höhe von nicht mehr als 20 m. Die Nadeln sind weich und stumpf und rollen sich an den Enden leicht auf, so daß die blau-weißen Unterseiten sichtbar werden. Die 5 cm langen Zapfen sind im jungen Lebensalter von einem bläulichen Purpur und werden dann mit zunehmendem Alter braun. Die im Gartenbau sehr gern gezogene frostharte Tanne mit ihrer kegelförmigen Krone ist schnellwüchsig, aber nicht besonders langlebig.

Abies lasiocarpa 'Aurea'

Abies nordmanniana

Abies pinsapo 'Glauca'

Abies procera 'Glauca'

Abies spectabilis

Abies numidica

Abies lasiocarpa var. *arizonica*

Abies lasiocarpa 'Compacta'

Abies pinsapo

A

Abutilon × hybridum 'Orange King'

Abutilon × hybridum

A. × hybridum 'Souvenir de Bonn'

ABROMEITIELLA

Die beiden in dieser *Bromeliaceae*-Gattung enthaltenen Arten – kleine, am Boden wachsende Rosettenpflanzen aus Bolivien und Argentinien – können sich aus zahlreichen kleinen Rosetten zuammensetzen und bilden bis zu 80 cm hohe Horste. Die Blätter sind dreieckig, fleischig und graugrün. Die gelblichgrünen Blüten sitzen zu dritt an den Zweigen. Ihnen folgen Beeren von mattgraugrüner Tönung.
PFLEGE UND VERMEHRUNG: Diese frostanfälligen Pflanzen brauchen einen mäßig nährstoffreichen, kalkfreien, gut drainierten Boden und volle Sonne. Stellt man sie auf ein sonniges Fensterbrett, kann man sie auch im Topf ziehen. Die Vermehrung erfolgt durch Samen im Frühjahr oder durch Einpflanzen losgelöster Rosetten im Frühjahr und Sommer.

Abromeitiella brevifolia
Syn. *Abromeitiella chlorantha*

Diese Art aus Südbolivien bringt im Sommer zylindrische, intensivgrüne Blüten hervor. Die dicht angeordneten, dreieckigen Blätter sind an der Blattbasis gezähnt und haben scharfe Spitzen.

Abromeitiella lorentziana

Diese robuste, am Boden wachsende Bromelie aus Nordwestargentinien ist *Abromeitiella brevifolia* höchst ähnlich. Im Sommer trägt sie röhrenförmige, gelbe Blüten mit grünen Spitzen.

ABRONIA
SANDVERBENA

35 Arten rankender, in die Breite wachsender Kräuter und ausdauernder Pflanzen aus dem Westen Nordamerikas machen die Gattung aus. Sie haben fleischige, ovale Blätter und bringen im Sommer 1–3,5 cm breite, winzige, duftende, röhrenförmige Blüten in Pink- und Gelbschattierungen oder Weiß hervor. Die Blütenstände sind von kleinen Hüllblättern umgeben. Die oft klebrigen Stengel, rötlich oder purpurn, bilden Matten von bis zu 1 m Breite.
PFLEGE UND VERMEHRUNG: Die Pflanzen sind auf leichten, gut drainierten Kies- oder Sandböden zu ziehen und bevorzugen volle Sonne. Einige Arten vertragen sehr gut salzige Küstenwinde. Die Winterhärte ist unterschiedlich ausgebildet, aber die meisten Pflanzen sind mäßig winterhart. Einjährige Pflanzen zieht man aus Samen; die mehrjährigen ebenfalls aus Samen oder durch Ableger oder Stecklinge.

Abronia latifolia

Diese in den Ostküstenregionen von Kanada bis Südkalifornien heimische mehrjährige Art hat klebrige Stengel und ovale, 3,5 cm lange Blätter. Die Blüten sind leuchtendgelb. Die Art ist nicht winterhart.

Abronia umbellata

In den Küstengegenden von British Columbia (Kanada) bis Nordmexiko ist diese mehrjährige, nicht winterharte Pflanze beheimatet. Sie wächst zu einer Breite von ungefähr 60 cm heran. Sie hat drahtartige, rötliche Stengel und 2,5 –5 cm große Blätter. In milden Klimazonen blüht sie – mit rosaroten Blüten – das ganze Jahr über. **'Rosea'** hat Blüten in einer blaßrosafarbenen Schattierung.

Abronia villosa

Abronia umbellata ähnlich, gedeiht diese einjährige, sehr frostempfindliche Art in den Wüstenzonen von Nevada, Arizona und Kalifornien. Die Sprosse sind purpurn getönt, die Blüten blaßrosa oder weiß und rosa überlaufen.

ABUTILON
Syn. *Corynabutilon*

Diese Gattung umfaßt über 100 Arten zumeist immergrüner Sträucher. Nur wenige haben von schwachen Stielen herabhängende Blüten mit aufgeblasenem Blütenkelch über einer Glocke aus fünf überlappenden Kronenblättern. Ein solcher Blütentyp ist optimal an die Bestäubung durch Kolibris angepaßt. Die meisten Arten haben vielmehr breite offene Blüten, die wie eine kleine Hibiskusblüte aussehen, und weisen Blütenblätter auf, die zumeist gelb oder orange sind. Südamerika ist die Heimat der meisten Arten der Gattung, die in den wärmeren Ländern weit verbreitet ist. Ein kleine Artengruppe aus den kühleren Teilen Chiles ist laubwerfend und besitzt mauvefarbene Blüten.
PFLEGE UND VERMEHRUNG: Sie brauchen einen voll besonnten oder im Halbschatten gelegenen Standort auf gut drainierten Böden. In kühleren Gegenden zieht man die nicht frostharten Pflanzen in Töpfen oder im Gewächshaus. Besonders die Containerpflanze braucht großzügige Bewässerung. Als Kübelpflanze treibt sie die schönsten Blüten, wenn man ihr die Wurzeln zusammenbindet. Die Vermehrung erfolgt durch Stecklinge im Spätsommer.

Abutilon × hybridum

Abutilon × hybridum ist eine kollektive Bezeichnung für Züchtungen, die aus Kreuzungen mehrerer südamerikanischer Arten entstanden sind. Die laternenförmigen Blüten erscheinen vom Frühjahr bis in den Herbst hinein und bieten ein breites Farbspektrum von Gelb, Weiß, Orange, Rosa, Mauve und Scharlachrot. Züchtungen heißen z. B. **'Nabob'**; **'Golden Fleece'** – diese hat satt-goldgelbe Blüten; **'Kentish Belle'** mit leuchtend-orangefarbenen Blüten; **'Orange King'**; **'Ruby Glow'**; **'Ashford Red'** und **'Souvenir de Bonn'**, letztere mit buntgescheckten (panaschierten) Blättern und rotgeäderten, orangefarbenen Blüten. In den wärmeren Gegenden können sie bei offener Wuchsform 2,5 m hoch und breit werden. Beschneidet man die Pflanze im zeitigen Frühjahr an den Spitzen, fördert man Blüte und kompakteres Wachstum. Die genannten Sorten lassen sich als Topfpflanzen an einem kühlen, aber sonnigen Stand ziehen. Sie sind nicht winterhart.

Abutilon megapotamicum

Diese Art aus Südbrasilien und Uruguay tritt in zwei Wuchsformen auf: als fast niederliegender Strauch mit Ausläufern, der einen guten Bodendecker oder eine gute Steingartenpflanze abgibt, und als widerstandsfähiger, 2,5 m hoher Strauch mit gebogenen, rutenartigen Zweigen. Beide Formen tragen kleine, herabhängende, glockenförmige Blüten mit tiefroten Kelchblättern, die größer als die blaßgelben Kronenblätter sind. Die bei uns nicht winterharte Pflanze läßt sich als Topfpflanze auch im Freien ziehen, wenn man sie an eine warme Mauer stellt. Züchtungen sind z.B. **'Marianne'**, **'Thomsonii'**, **'Wisley Red'** und die flachwachsende **'Variagata'** mit stark gelb gepunkteten Blättern.

Abutilon megapotamicum

Abutilon × *suntense* 'Jermyns'

Abutilon megapotamicum 'Variegatum'

Abutilon × *suntense*

Diese frostempfindliche Hybride verträgt kühle Klimate und niedrige Temperaturen, denn der andere Kreuzungspartner heißt *Abutilon ochsenii* und stammt aus der kälteren südlichen Region Chiles. Die Pflanze, bis 3,5 m hoch und 2,5 m breit, hat dunkelgrüne Blätter und bringt im Frühling und Frühsommer große Mengen purpurner oder mauvefarbener Blüten hervor. **'Jermyns'** hat dunkelmauvefarbene Blätter, die mit zunehmendem Alter immer blasser werden.

Abutilon vitifolium

Syn. *Corynabutilon vitifolium*

Der weichholzige, kurzlebige und laubwerfende Strauch aus Chile, 3–3,5 m hoch, ist eine der winterhärtesten Arten dieser Gattung. Trotzdem ist sie frostempfindlich und sollte an einer schützenden Hauswand oder in einem Innenhof gezogen werden; sie braucht ein kühles, feuchtes Klima. Im Sommer trägt sie mauvepurpurne bis weiße, etwa 10 cm starke Blütenbüschel. Zu Beginn des Frühjahrs schneidet man recht energisch zurück, damit der Strauch nicht hoch ausschießt. Benannte Züchtungen sind u.a. **'Vernonica Tennant'** – sie hat feine, sehr blaß lavendelfarbene Blüten – und **'Album'** mit weißen Blüten.

Abutilon × *suntense*

Abutilon vitifolium

ACACIA

AKAZIE

Diese weitverbreitete Gattung umfaßt mehr als 1200 meist immergrüne Baum- und Straucharten aus den warmen Klimazonen. Akazien sind auch im tropischen und subtropischen Afrika häufig; die meisten afrikanischen Arten zeichnen sich durch bösartige Dornen aus und werden daher im Englischen auch als »Dornenbäume« bezeichnet. Akazien haben entweder paarig gefiederte Blätter oder Phyllodien – abgeflachte Blattansätze, welche die Photosynthese übernehmen. Die winzigen Blüten, sattgoldgelb bis cremefarben oder weiß, sitzen dichtgedrängt in kugelförmigen oder zylindrischen Ähren angeordnet. Oft verströmen sie einen starken Duft und bringen reichlich Pollen hervor, der Bienen anzieht. Die Früchte bestehen aus runden oder auch abgeflachten Hülsen.

PFLEGE UND VERMEHRUNG: Die in einer harten Hülle eingeschlossenen Samen bleiben noch 30 Jahre lang lebensfähig. Im Frühjahr sollte man sie erhitzen und einweichen, um die Keimung zu beschleunigen. Einige brauchen sogar Feuer, um keimen zu können. Einige kultivierte Arten sind schnellwüchsig, aber (mit zehn bis fünfzehn Jahren) auch kurzlebig. Sie gedeihen am besten in voller Sonne auf gut drainierten Böden. Manche wachsen auch im Halbschatten.

Acacia acinacea

Dieser reichverzweigte Strauch aus dem trockeneren Bergland Südostaustraliens wird etwa 2 m hoch und breit. Er trägt viele leuchtendgelbe Blütenstände, die in der Mitte des Winters auftreten und bis in den Frühling überdauern. Der kompakte Zierstrauch mit sehr kleinen, rundlichen Phyllodien braucht einen voll besonnten Standort, um möglichst schön zu blühen. Er ist sehr frostempfindlich, übersteht aber Perioden der Trockenheit.

Acacia amoena

Dieser in Ostaustralien beheimatete Strauch, 3 m hoch und 2 m breit, hat breite, stumpfe, dunkelgrüne Phyllodien von 5 cm Länge. Die leuchtenden, goldgelben Blütenbüschel erscheinen im Frühjahr und sitzen in lockeren, schmalen Blütenständen. Die Pflanze ist sehr frostempfindlich und kann Trockenheit vertragen.

Acacia auriculiformis

Dieser Baum, auch er kommt aus Australien und Neuguinea und ist entsprechend nicht winterhart, erreicht eine Höhe von 10 m und hat eine ausladende Krone. Seine sichelförmigen Phyllodien sind 10–15 cm lang. Hellgoldgelben, stabförmigen Blütenständen, jeweils etwa 10 cm lang, folgen im Herbst gewundene, holzige Hülsen. Die frostanfällige Pflanze braucht einen offenen, sonnigen Standort. Sie ist außergewöhnlich schnellwüchsig, aber kurzlebig. In der trockenen Jahreszeit verliert sie einen Großteil ihrer Blätter; dann können die abgefallenen Blätter und Hülsen Wege und Rasenflächen mit einem dicken Teppich bedecken.

Acacia acinacea

Acacia amoena

Abutilon vitifolium 'Album'

Acacia baileyana

Diese schnellwüchsige, kleine, in die Breite wachsende australische Akazie von gut 5 m Höhe besitzt einen kurzen Stamm und ausladende Zweige, fedrige, blaugraue Blätter sowie stark duftende, goldgelbe Blütenstände, die im Spätwinter in Erscheinung treten. Der in den gemäßigten bis warmen Zonen gerne als Zierpflanze oder Schattenspender eingesetzte Baum bietet einen atemberaubenden Anblick, wenn er in seiner vollen Blüte steht. Wie die meisten Akazien ist er aber leider nur kurzlebig und in der Regel äußerst frostempfindlich.

Acacia boormanii
Syn. *Acacia hunteriana*

Dieser kleine, rundliche, immergrüne Baum oder Strauch mit schmalen, dunkelgrünen Phyllodien wächst 3–3,5 m hoch und breit und trägt im Frühjahr leuchtendgelbe Blütenstände. Diese Akazie ist nicht winterhart.

Acacia cardiophylla

Die besondere Form der farnartigen Blätter, von denen jedes aus winzigen, herzförmigen, in jeweils 12 bis 18 Paaren angeordneten Blättchen besteht, gibt dieser Art den Namen: *Cardiophylla* bedeutet »mit herzförmigen Blättern«. Diese australische Akazie wächst schnell zu 3–3,5 m Höhe und 2 m Breite heran und trägt graue, gebogene Zweige. In der Wintermitte trägt sie kleine, leuchtendgelbe Blüten. Sie ist anpassungsfähig und kann nur leichte Fröste überstehen.

Acacia catechu

Diese in Südasien beheimatete kleine Akazie hat ausladende, mit paarigen, hakenförmigen Dornen versehene Zweige sowie paarig gefiederte Blätter. Den weißen bis gelben Blüten, die sich zu viert in 10 cm großen Ähren drängen, folgen flache Hülsen. Aus der Rinde kann man eine adstringierende Substanz gewinnen, die in der Medizin und zum Gerben eingesetzt wurde. Die Pflanze ist nicht winterhart.

Acacia cavenia

Eng mit der *Acacia farnesiana* verwandt, ist diese sehr dornige, gut 5 m hohe Art aus Chile und Argentinien aber schnellwüchsiger. Am Blattgrund eines jeden farnartigen Blattes sitzen paarig angeordnete, 2,5 cm lange Dornen. Im Frühjahr erscheinen kugelige, über 10 cm große Blütenbüschel.

Acacia cultriformis

Acacia elata

Acacia baileyana

Acacia farnesiana

Acacia greggii

Acacia constricta

Diese Art gehört zu den wenigen in den USA beheimateten Akazien und ist in den trockenen Regionen zwischen Westtexas und Arizona zu finden, aber noch verbreiteter in Mexiko. Der dornige Strauch kann 3 m hoch werden und besitzt kleine, paarig gefiederte Blätter. Die Blüten sind leuchtendgelb und in kleinen, kugelförmigen Blütenköpfchen versammelt. Der Strauch ist sehr frostempfindlich.

Acacia cultriformis

Dieser 2–3,5 m große Strauch aus dem kühleren Tafelland von New South Wales in Australien hat blaugraue Phyllodien, die bis zu 2,5 cm lang sind, direkt an den Zweigen sitzen und wie die Schneide kleiner Schälmesser geformt sind. Die auffälligen Frühjahrsblüten sitzen an üppigen Blütenzweigen als runde, flaumige, gelbe Blütenbüschel. Die frostempfindliche Pflanze ist mit einem sonnigen Standort auf gut drainiertem Boden zufrieden.

Acacia dealbata
Syn. *Acacia decurrens* var. *dealbata*

In Gärten erreicht dieser Baum nur eine Höhe von 5–10 m, obwohl er in seiner ursprünglichen Heimat Südostaustralien in den Eukalyptuswäldern noch viel größer wird. Der schnellwüchsige, aber auch kurzlebige Baum hat einen einzigen Stamm mit glatter, grauer Rinde. Jedes paarig gefiederte Blatt setzt sich aus Hunderten winziger Blättchen zusammen, die mit weißen Härchen überzogen sind, was den Blättern einen silbrigen Schimmer verleiht. Im Spätwinter oder Frühjahr ist die kuppelförmige Krone mit zahlreichen Blütenzweigen mit kleinen, kugelförmigen, goldgelben Blütenbüscheln geschmückt. Im südlichen England überlebt der frostempfindliche Baum den Winter, er blüht aber besser in einem Klima mit längeren, trockeneren Sommern; in Europa bezeichnet man ihn auch als Mimose.

Acacia decurrens

Acacia cavenia

Acacia decurrens

Mit seinem geraden Stamm, der glatten, bräunlichen Rinde, der kuppelförmigen Krone und den feinen, fedrigen, sattgrünen und paarig gefiederten Blättern ist dieser bis 15 m hohe Baum eine der schnellwüchsigsten und dekorativsten australischen Akazien. Im Spätwinter trägt er schöne, duftende, goldgelbe Blüten. Er bevorzugt ein gemäßigtes bis warmes Klima und tiefgründigen, feuchten Boden. Bei uns ist der Baum nicht winterhart.

Acacia elata

Als eine der höchsten Akazien wird dieser im gemäßigten bis warmen Küstenklima Australiens beheimatete Baum 25 m hoch. Er hat einen kräftigen Stamm und eine schmale, kegelförmige Krone. Im Sommer prangen lange Blütenzweige voll duftender, cremegelber Blüten. Der nicht winterharte Baum hat eine Lebensdauer von 25 Jahren oder mehr und gehört somit zu den langlebigeren Arten.

Acacia farnesiana

Dieser vermutlich aus dem tropischen Amerika stammende, in die Breite wachsende, reichverzweigte Strauch wird 4,5 m hoch und hat sich heute über alle tropischen Regionen der Welt mit trockeneren Klimaten verbreitet. Die dornigen Zweige tragen bis zu 5 cm lange, paarig gefiederte Blätter mit winzigen Blattfiedern. Im Winter und Frühjahr trägt die Pflanze lange, goldene, süß duftende, kugelförmige Blütenbüschel. Da sich diese zur Parfumgewinnung eignen, wird die nicht winterharte Pflanze eigens zu diesem Zweck in weiten Teilen Südfrankreichs gezogen. Sie eignet sich auch zur Heckenbildung.

Acacia floribunda

Dieser ostaustralische buschige Strauch oder kleine Baum, bis 6 m hoch und halb so breit, blüht im Spätwinter und bringt zahlreiche Ähren blaßgelber Blüten hervor. Die etwas hängenden Phyllodien sind dünn, weich und grün. Die Pflanze ist frostempfindlich.

Acacia greggii

Dieser im Südwesten Nordamerikas beheimatete laubwerfende Strauch erreicht eine Höhe von 2–2,5 m bei ähnlicher Breite. Für den Balkon läßt er sich auch als kleiner Baum ziehen. Gegen Mitte des Frühjahrs zeigen sich winzige, graugrüne Blätter. Ihnen folgen im späten Frühjahr flaumige, gelbe Kätzchen . Die Zweige sind mit Dornen bedeckt und machen den Strauch als Sperrhecke geeignet. Er liebt Hitze und verträgt Trockenheit, hingegen jedoch kaum Frost.

Acacia harpophylla

Dieser im halbtrockenen Inneren Australiens angesiedelte, bei uns nicht winterharte Baum ist eine der langlebigsten Akazien. Der hübsche Baum wird 10–15 m hoch oder höher. Die Seitenäste sitzen niedrig an einem Stamm mit einer schwarzen, tief gefurchten Rinde. Der Baum trägt eine dichte, ausladende Krone mit blaugrauem Blattwerk. Die Blüten sitzen in gelben, kugeligen Blütenbüscheln und erscheinen im Spätwinter oder zu Beginn des Frühjahrs. Die in einer weichen Hülse befindlichen Samen müssen sofort gepflanzt und gewässert werden, damit die Keimung einsetzen kann.

Acacia iteaphylla

Acacia melanoxylon

Acacia longifolia

Acacia howittii

Dieser dichte, immergrüne australische Strauch oder Baum erreicht eine Höhe von knapp 10 m. Er hat herabhängende Zweige und kleine, leicht klebrige Phyllodien, die an warmen Tagen einen aromatischen Duft verströmen. Die Pflanze bringt im Frühjahr kurz gestielte, blaßgelbe, kugelige Blütenstände hervor. Bei uns nicht winterhart, wird sie in wärmeren Zonen vor allem wegen ihres dekorativen dichten Blattwerkes geschätzt und dient außerdem zur Heckenbildung.

Acacia iteaphylla

Dieser in Südaustralien beheimatete Strauch wird 4,5 m hoch, hat tief herabhängende Zweige und sehr schmale, graugrüne Phyllodien, die bis zu 10 cm lang sind. Den blaßgelben, duftenden Blüten, die sich im Frühjahr und Herbst zeigen, folgen dekorative, langlebige Hülsen. Die sehr frostempfindliche Pflanze verträgt ein recht trockenes Klima. Auch eine niederliegende Form ist erhältlich.

Acacia karroo

Diese Art aus Südafrika wurde auch in südliche Teile Europas eingeführt, wo man sie als Zier- und Heckenpflanze verwendet. Bei uns ist sie nicht winterhart. Beschneidet man die Pflanze nicht, entwickelt sie sich recht schnell zu einem kleinen oder mittelgroßen, knapp 10 m hohen Baum, der in der freien Natur auch durchaus größer werden kann. Er ist von steifer, unregelmäßiger Wuchsform; die Zweige sind mit furchterregenden, langen, V-förmig aufgerichteten Dornenpaaren bedeckt. Der Baum hat kleine paarig gefiederte Blätter. Im Sommer zeigen sich tiefgelbe, kugelige Blütenstände mit einem süßlichen Duft.

Acacia koa

Dieses auf Hawaii beheimatete Rotholz wurde einst wegen seiner Eignung zum Bauen von Kriegskanus geschätzt. Auf nährstoffreichem Boden und an einem geschützten Standort kann der Baum mit der breiten, ausladenden Krone schnell eine Höhe von 30 m erreichen. Ist er stürmischen Seewinden ausgesetzt, bleibt er kleiner und nimmt einen gekrümmten Wuchs an. Die immergrünen Phyllodien sind lang, schmal und hellgrün. Die bläßlichen Blüten fallen kaum auf. Auf Hawaii wird der Baum zur Wiederaufforstung der Wälder genutzt; andernorts ist er jedoch kaum zu finden.

Acacia karroo

Acacia mangium

Acacia neriifolia

Acacia harpophylla

Acacia longifolia

Dieser ostaustralische Strauch, bis 4,5 m hoch, trägt auf einem kurzen Stamm eine unregelmäßig geformte Krone; die dunkelgrünen Phyllodien sind schmal und länglich. Auf ungeschützten Küstendünen ist diese Art durch eine halbniederliegende Form, ***Acacia longifolia* var. *sophorae*,** vertreten. Im Spätwinter und zu Beginn des Frühjahrs erscheinen lange, fingerförmige und duftende Blüten in einem butterfarbenen Gelb. Der Strauch eignet sich besonders für eine an der See gelegene Hecke sowie als Windschutz oder Straßenbepflanzung, ist jedoch nicht winterhart.

Acacia mangium

Bemerkenswert ist der hübsche Zierbaum aus tropischen Regenwäldern Australiens wegen der Größe seiner auffällig geäderten Phyllodien – sie werden 30 cm lang, 10 cm breit. An einem sonnigen Standort gibt die nicht winterharte Pflanze einen mittelgroßen Baum mit einem geraden Stamm und einer dichten, pyramidenförmigen Krone ab. Pflanzt man ihn dichter, wächst er gerader bis zu einer Höhe von 25–30 m heran. Die cremefarbenen Blüten sind nicht sehr auffällig; die Hülsen sind lang und ineinander verhakt.

Acacia mearnsii

Diese Akazie aus dem trockeneren Waldland an den Küsten im Süden und Osten Australiens wird 10 m hoch. Über dem Stamm mit fein gerippter, schwärzlicher Rinde erhebt sich eine breite Krone. Die farnartigen, paarig gefiederten Blätter, in der Höhe dunkelgrün, sind unten etwas blasser und feinstflaumig. Den im Frühjahr und Frühsommer erscheinenden Trauben blaßgelber, kugeliger Blütenköpfchen folgen braune, haarige Hülsen. Die Pflanze ist sehr frostempfindlich.

Acacia melanoxylon

SCHWARZHOLZAKAZIE

Im Gegensatz zu den meisten anderen Akazien ist dieser knapp 30 m hohe Baum aus hochgelegenen Wäldern im Osten Australiens langlebig. Für die Kunsttischlerei liefert er ein begehrtes Nutzholz. Er hat helle, olivgrüne Phyllodien und bringt im Frühjahr zahlreiche, kugelige Blütenköpfchen aus blaßgelben Blüten hervor. An einem offenen Standort trägt er auf einem kurzen, dicken Stamm eine ausladende, buschige Krone. Er verträgt weder Hitze noch Frost.

Acacia neriifolia

Diese reichblühende australische Akazie ist in den trockenen Wäldern Ostaustraliens beheimatet. Der hohe Strauch oder kleine Baum von 10 m Höhe ist von aufrechtem, offenen Wuchs, hat schmale, gerade, gräuliche Phyllodien und bringt im späten Frühjahr und Frühsommer an zahlreichen Blütenzweigen leuchtende, goldgelbe Blütenköpfe hervor. Die Pflanze ist nicht winterhart.

Acacia pycnantha

Acacia podalyriifolia

Acacia pendula

Acacia pendula

Wie eine Trauerweide läßt dieser kleine, in Ostaustralien beheimatete Baum mit dichter Krone seine Zweige senkrecht herabhängen. Er wird 5 m hoch und hat schmale, lanzettliche, silbriggraue Phyllodien und blaßgelbe Blüten, die im Frühjahr erscheinen. Diese Akazie überlebt rauhe klimatische Bedingungen mit mäßigen Regenfällen, ist jedoch nicht winterhart und braucht schwere Lehmböden.

Acacia podalyriifolia

Dieser hübsche australische Baum wird 6 m hoch, etwa halb so breit und ist schnellwüchsig, aber kurzlebig. Die silbrigen Phyllodien haben eine filzige Oberfläche. Im Winter und zu Beginn des Frühjahrs prangen goldene Blüten an großen Blütenzweigen. Die Akazie mag einen gut drainierten Boden, volle Sonne sowie ein mildes bis warmes Klima und ist nicht winterhart.

Acacia pravissima

Dieser etwa 5 m hohe und fast ebenso breite, buschige, immergrüne Strauch stammt aus dem Hügelland Südostaustraliens. Er hat tief herabhängende Zweige und auffällige kleine, dreieckige, olivgrüne Phyllodien. Im Frühjahr erscheinen kleine Köpfchen mit goldgelben Blüten. Die bronzefarbenen Knospen und das Blattwerk mit den goldgelben Spitzen geben den ganzen Winter hindurch einen hübschen Kontrast ab. Es gibt auch eine niederliegende Form dieser sehr frostempfindlichen Pflanze.

Acacia pycnantha

Dieser mittelgroße Strauch oder kleine Baum, bis zu 6 m hoch, stellt das Wahrzeichen Australiens dar. Die Pflanze trägt eine rundliche Krone mit hängenden Zweigen und bringt im Frühjahr duftende, kugelige Blütenköpfchen von goldener Tönung hervor. Obwohl nicht langlebig, gibt sie ein feines Exemplar für den Garten ab. Sie bevorzugt sandige Böden und sollte vor Frösten geschützt werden. Hat sie sich eingewöhnt, verträgt sie ein recht trockenes Klima.

Acacia redolens

Obwohl sie in ihrer Heimat Westaustralien einen großen, kugelförmig wachsenden Strauch ausbildet, ist die geläufigste Form dieser Art in den Gärten der südwestlichen USA ein niederliegender Strauch, der als Bodendecker dient. Er erreicht eine Höhe von nur 60 cm, aber eine Breite von 3,5–4,5 m, trägt graugrüne Blätter und blüht gelb. Ein sonniger oder halbschattiger Standort wird der Pflanze am besten gerecht, die im übrigen auch ein recht trockenes Klima und unterschiedliche Bodenarten, jedoch keinen Frost verträgt.

Acacia roemeriana

Diese Art ist in Südtexas beheimatet, wenn sie auch heute v. a. in Mexiko vorkommt. Der frostempfindliche Strauch oder bis 5 m hohe Baum besitzt farnartige, paarig gefiederte Blätter, dessen Fiedern gut 1 cm lang sind. An der Grundseite jedes Blattes befindet sich ein Paar hakenförmiger Dornen. Kugelförmige, gelbe, nur 5 mm breite Blütenköpfe zeigen sich im Frühjahr. Sie sitzen einzeln in den Blattachseln.

Acacia sieberiana var. *woodii*

Diese schnellwüchsige Akazie mit flacher Krone aus der Steppe Südostafrikas wird

Acacia pravissima

10 m hoch und 15 m breit. Sie trägt 10 cm lange, paarig gefiederte Blätter mit kleinen Blättchen, überzogen von einem Flaum goldgelber Haare. Den Stamm umgibt eine gelblichbraune, korkartige Rinde. Im Frühjahr trägt der Baum ein Meer cremefarbener Blüten. Die an sehr heißes Klima angepaßte Art kann auch ein sehr trockenes Klima und Boden minderwertiger Beschaffenheit verkraften. Sie übersteht nur leichte Fröste.

Acacia spectabilis

In Kultur ist diese Art aus Ostaustralien meist ein hochwüchsiger Strauch von 2,5–3 m Höhe. Er hat einen offenen Wuchs, herabhängende Zweige und kleine paarig gefiederte, blaugrüne Blätter. Im Winter und Frühjahr hüllen ihn wahre Massen duftender, kugeliger Blütenköpfe in ein sattes Goldgelb. Die nicht winterharte Pflanze wird als Sichtschutz geschätzt.

Acacia verticillata

Der aufrechte, buschige Strauch mit nadelartigen, spitzen Phyllodien, die wirtelig angeordnet sind, erreicht eine Höhe von 3 m und ist in Südaustralien heimisch. Die gelblich-cremefarbenen Blüten erscheinen im Frühjahr und Sommer. Die Pflanze ist nur bedingt winterhart und kann in Westeuropa nur an der südenglischen Küste gezogen werden. ***Acacia verticiallata* var. *latifolia*** ist ein für die halbniederliegenden Formen gebräuchlicher Name. Man findet diese Form an ungeschützten Küstenklippen. Sie weist breitere Phyllodien auf.

Acacia xanthophloea

Das eigentümlichste Merkmal dieser in Südostafrika beheimateten, wunderschönen Akazie ist die gelbliche, geisterhaft blasse Stammrinde mit einer schwammartigen Oberflächentextur. Der schnell zu seiner vollen Größe von über 10 m heranwachsende Baum hat einen aufrechten, geraden Wuchs sowie ein spärliches, dorniges Blattwerk. Goldgelbe, nicht allzu auffällige Blüten zeigen sich im Frühjahr. Der Baum benötigt warme Sommer und Winter ohne ernsthafte Fröste und kann längere Perioden der Überflutung überstehen.

Acacia spectabilis

ACAENA

STACHELNÜSSCHEN

Diese Gattung umfaßt etwa 100 Arten immergrüner, niedrigwüchsiger, mehrjähriger Pflanzen. Sie ist in Neuseeland und den kühleren Teilen Südafrikas beheimatet, aber es gibt auch einige Arten in Australien und der Pazifikregion. Die kultivierten Sorten haben alle kriechende Sprosse oder unterirdische Rhizome, die in Abständen Büschel aus kleinen, gefiederten Blättern mit gezähnten Rändern aufweisen. Die Blüten sind relativ unauffällig, von grüner oder purpurbrauner Tönung und sitzen in dichten, gestielten Büscheln oder Ähren. Ihnen folgen kleine, trockene Früchte mit hakenförmigen Stacheln, die bei der leichtesten Berührung an der Kleidung anhaften. *Acaenas* zieht man als Pflanzen für den Felsgarten oder als Bodendecker.

PFLEGE UND VERMEHRUNG: Die zähen, kleinen Pflanzen können auch an ungeschützten Standorten auf nährstoffarmen Böden gedeihen; sie brauchen aber eine gute Drainage und hinreichend Wasser im Sommer. Die Vermehrung erfolgt durch Aussaat oder Stecklinge.

Acaena argentea

Diese frostempfindliche Art aus Peru und Chile hat niederliegende Stengel, die ein 60 cm breites Polster ausbilden können. Die Blätter, bis 15 cm lang,bestehen aus 9 bis 15 Fiedern. Diese sind oberseits blaugrau und unterseits silbriggrau. Die Blüten und Samen sind purpurn.

Acacia xanthophloea

Acacia verticillata

A

Acaena 'Blue Haze'

Diese kriechende Pflanze aus dem Südteil der Anden und von den subarktischen Inseln kann sich sehr weit ausbreiten. Die dichtgedrängt sitzenden Blätter mit ihren rundlichen, gezähnten Fiederblättchen sind von einem schönen blassen Blaugrau. Im Sommer schießen 10 cm hohe purpurne Blütenköpfe in die Höhe, denen im Herbst rote stachelige Früchte folgen. Die Pflanze ist als Bodendecker geeignet und überzieht schnell Felsen oder nackte Wände, ist jedoch frostempfindlich.

Acaena microphylla

Bei dieser Art aus dem Grasland Neuseelands handelt es sich um eine der am flachsten wachsenden ihrer Gattung. Sie bildet dichte, nur 2,5 cm hohe und meist bis zu 30 cm breite Polster aus. Die Sprosse verlaufen unterirdisch noch unterhalb der Wurzeln. Die winzigen Fiederblättchen sind nur 3 mm breit und jung bronzefarben. Die Samenkapseln mit ihren rosa Stacheln verstärken die Wirkung der Pflanze im Herbst. Die Pflanze ist frostempfindlich.

Acaena novae-zelandiae

Neuseeland, Südaustralien und Neuguinea sind die Heimat dieser niederliegend- oder kugelartig wachsenden Pflanze mit drahtigen, 15–60 cm langen Sprossen. Die leuchtendgrünen, gelegentlich auch roten Blätter werden 10 cm lang und bestehen aus 9 bis 15 Fiederblättchen. Die Blütenköpfe sind cremefarben, und die noch unreifen Samenköpfchen haben leuchtendrote Stacheln an den Kelchblättern. Die Pflanze ist sehr widerstandsfähig und frosthart.

ACALYPHA

Diese Gattung immergrüner Sträucher und Halbsträucher setzt sich aus über 400 Arten aus den wärmeren Regionen der Erde zusammen. Etwa eine Handvoll von ihnen wird als Ziersträucher gezogen, geschätzt wegen der dekorativen, schmalen Ähren dichtgedrängter fedriger Blüten auf der weiblichen Pflanze. Die männlichen Blüten befinden sich an anderen Pflanzen. Eine Art findet auch wegen ihrer auffällig panaschierten Blätter Anklang. Die Blätter sind dünn und meist zackig gerandet. **PFLEGE UND VERMEHRUNG:** Die Pflanze benötigt einen sonnigen bis halbschattigen, windgeschützten Standort auf gut durchlässigen, leichten Böden und reichliche Bewässerung im Sommer. Sie ist frostanfällig und muß im Spätwinter, bei zusätzlicher Verabreichung von Wasser und Zufuhr von Nährstoffen, leicht zurückgeschnitten werden. Die Vermehrung erfolgt durch Stecklinge im Sommer.

Acalypha hispida

KATZENSCHWANZ

Dieser mutmaßlich aus Malaysia stammende, aufrechte Strauch mit weichem Sproß wird wegen seiner winzigen, leuchtendroten Blüten kultiviert, die im Sommer an weiblichen Pflanzen in Ähren herabhängen. Die Blätter sind groß, oval und leuchtendgrün bis rötlich-bronzefarben. Die Pflanze wird etwa 2 m hoch und breit. Beschneidet man sie regelmäßig, erzielt man eine buschige Form. Sie gedeiht am besten an einem geschützten Standort in voller Sonne.

Acalypha wilkesiana

Dieser Strauch von den Fidschi-Inseln und nahegelegenen Inselgruppen wird 3 m hoch und breit, verzweigt sich an der Basis und hat aufrechte Sprosse. Man zieht ihn wegen seiner großen, ovalen Blätter in vielen Farben, die häufig mit denen des gezackten Blattrandes kontrastieren. Im Sommer und Herbst erscheinen die unauffälligen, kätzchenartigen, bronzeroten Blüten. Die bei uns nicht winterharte Pflanze mag einen warmen, geschützten Standort. Züchtungen sind z. B. **'Macrophylla'** mit großen Blättern, die unterschiedlich panaschiert sind und bronze-, kupferfarbene, rote und gelbe Punkte aufweisen, **'Godseffiana'** mit schmalen, grünen Blättern mit gelben Punkten, und **'Macafeeana'** mit bronzefarbenen, rotgesprenkelten Blättern.

ACANTHOLIMON

IGELPOLSTER

Ungefähr 120 Arten versammelt diese Gattung – eigentümlich bestachelte, immergrüne und mehrjährige Zwerggewächse und Halbsträucher aus der östlichen Mittelmeerregion sowie West- und Zentralasien. In der freien Natur wachsen sie in trockenen Berg- und Wüstengegenden und sind auf Gerölluntergrund und Kiesebenen zu finden. Die meisten Arten wachsen als dichte Rosettenpflanzen mit steifen, nadelartigen Blättern, die ein Polster oder einen kleinen Horst bilden, der sehr langlebig sein kann. Oftmals hat sich unter den neuen Blättern eine Lage abgestorbener Blätter gebildet. Einige Arten weisen einen weißlichen Belag aus Mineralsalzen auf den Blättern auf. Die mit den Grasnelken verwandten Igelpolster haben ganz ähnliche pinkfarbene oder weiße Blüten, diese sind aber eher in kurzen Ähren als in rundlichen Büscheln angeordnet. Sie befinden sich entweder inmitten der Blätter oder stehen langgestielt über den Blättern. **PFLEGE UND VERMEHRUNG:** Am besten pflanzt man sie in sehr grobe Kiesböden, so daß die Stengel zwischen Steinen oder Felsen nach oben sprießen. Ein heißer, sonniger Standort wird ihnen am besten gerecht. Die Vermehrung erfolgt durch Seitenzweige, die man nach dem Abnehmen wie Stecklinge behandelt.

Acantholimon glumaceum

Diese Art aus den Gebirgen des Kaukasus und benachbarten Teilen der Türkei bildet ein Polster aus dichtgedrängten Rosetten von 5–10 cm Höhe und 30 cm Breite. Die dunkelrosa Blüten im Sommer sitzen in sehr kurzen Ähren und heben sich kaum von den steifen, stacheligen Blättern ab. Unter geeigneten Bedingungen gibt die frostharte Pflanze ein hübsches Objekt für einen Felsgarten ab.

Acaena argentea

ACANTHOPHOENIX

Eine einzige, aber variable Palmenart von den Inseln Mauritius und Reunion macht diese Gattung aus. Ihr einzelner, geringelter Stamm ist an der Basis leicht angeschwollen und trägt einer Krone aus Palmwedeln, die mit langen, schwarzen Stacheln dicht besetzt sind. Die Palmwedel bestehen aus vielen schmalen Fiedern, die unterseits weißlich getönt sind. Große, aufrechte Rispen sitzen zwischen den Blättern und tragen zahlreiche kleine Blüten. Die kugelförmige, schwarze Frucht enthält wenig Fruchtfleisch mit lediglich einem Samen. **PFLEGE UND VERMEHRUNG:** Diese Palme wächst nur in den Tropen und Subtropen im Freien. Sie bevorzugt einen geschützten, voll besonnten Standort auf fruchtbaren, sandigen Böden. In kühlerem Klima läßt sie sich auch in einem Kübel in einem Gewächshaus oder Wintergarten ziehen. Die Vermehrung erfolgt durch Samen im Frühjahr.

Acanthophoenix rubra

Syn. *Acanthophoenix crinita*

Diese elegante Palme, knapp 20 m hoch und 8 m breit, hat einen schlanken Stamm und stachelige Blätter in sattem Grün. Die unauffälligen Blüten sind weiß, gelb, rosa, rot oder purpurn und treten den ganzen Sommer über auf.

ACANTHOSTACHYS

Diese *Bromeliaceae*-Gattung aus dem mittleren Teil Südamerikas besteht nur aus einer einzigen Art, einer für die ganze Familie ungewöhnlich großen Pflanze. Sie verbreitet sich durch unterirdischen Rhizome, die Büschel gebogener und herabhängender, sehr schlanker Blätter tragen, überzogen von einem silbrigen Sprenkelmuster. Die Stiele der Blütenstände tragen zapfenartige Ähren gelber Blüten, die von langlebigen, orangefarbenen oder roten Tragblättern mit stacheligen Ecken und Spitzen umgeben sind. Die Blüten entwickeln sich zu süßen Früchten, die der Ananas ähneln. **PFLEGE UND VERMEHRUNG:** Die Pflanze benötigt einen offenen, sonnigen Standort auf fruchtbaren, durchlässigen und nährstoffreichen Böden. Im Winter ist sie gut zu bewässern. Sie gedeiht auch gut in Hängekörben. Die Vermehrung erfolgt durch Samen oder kurze Seitentriebe, die wie Stecklinge behandelt werden.

Acaena 'Blue Haze'

Acaena novae-zelandiae

Acanthostachys strobilacea

1 m hoch und breit, trägt diese Art röhrenförmige, gelbe Blüten in dichten Blütenständen oberhalb blattartiger, orangeroter Hochblätter. Die Blätter sind stachelig und von einem leuchtenden Grün. Die Pflanze ist nicht winterhart.

Acalypha hispida

Acalypha wilkesiana 'Macrophylla'

Acalypha wilkesiana 'Macafeeana'

A

ACANTHUS

AKANTHUS, STACHELÄHRE

Die tief gelappten und gezähnten Blätter von *Acanthus mollis* und *A. spinosus* haben die Architekten zu den geschwungenen Spitzen der korinthischen Säulen inspiriert. Die Gattung setzt sich aus rund 30 Arten mehrjähriger Pflanzen und Sträucher aus dem tropischen Afrika und Asien sowie aus dem europäischen Mittelmeerraum zusammen. Die mehrjährigen Arten sind beliebt wegen ihrer aufrechten Ähren, die sich aus eigentümlich geformten Blüten zusammensetzen, die von Tragblättern umgegeben sind, und wegen des hübschen Blattwerks. Nach der Blüte im Frühjahr und Frühsommer können die Blätter absterben, sprießen aber bald von neuem.

Acanthus mollis

PFLEGE UND VERMEHRUNG: Die frostanfälligen Pflanzen gedeihen in voller Sonne oder leichtem Schatten. Sie bevorzugen einen nährstoffreichen, gut drainierten Boden mit hinreichend Feuchtigkeit im Winter und Frühjahr. Abgestorbene Blütenstiele und Blätter kann man entfernen, wenn sie das Bild stören. Schnecken und Raupen können möglicherweise die Bildung neuer Blätter stören. Die Vermehrung erfolgt durch Abnahme der Seitensprosse oder durch Aussaat im Herbst.

Acanthus hungaricus

Syn. *Acanthus balcanicus*

Trotz ihres Namens kommt diese Pflanze in freier Natur kaum im heutigen Ungarn, sondern in einigen Balkanländern vor. Die Pflanze bringt Büschel gefiederter, weicher, ziemlich schmaler Blätter hervor. Die Blütenstände können bis zu 1,5 m groß sein und weisen senkrechte Reihen weißer Blüten auf, die zwischen den dunkelrosa Tragblättern fast verborgen bleiben. Die Pflanze bevorzugt einen heißen, sonnigen Standort. Sie ist frostempfindlich.

Acanthus mollis

Die am Mittelmeer heimische Art ist ziemlich variabel. Im Gegensatz zu den meisten anderen *Acanthus*-Arten kommt diese eher in Wäldern vor und bevorzugt einen geschützten Standort auf tiefgründigen, feuchten Böden. Die großen Blätter sind dunkelgrün, glänzend und fühlen sich weich an. Bei heißem Wetter hängen sie leicht abwärts. Die Blütenähren können

Acanthus mollis 'Candelabrus'

Acanthus spinosus

Acanthus hungaricus

2 m lang werden, die purpurrosa Tragblätter kontrastieren stark zu den verknitterten, weißen Blüten. Die sich durch unterirdische Rhizome ausbreitende, frostempfindliche Pflanze ist schwer zu entfernen, wenn sie sich einmal etabliert hat. **'Candelabrus'** ist eine von mehreren Züchtungen der Art *Acanthus mollis*.

Acanthus spinosus

Diese Art aus dem östlichen Mittelmeerraum hat große, deutlich geteilte Blätter. Die einzelnen Blattabschnitte sind grob gezähnt und an den Spitzen stachelig. Im Sommer trägt die Pflanze über 1 m hohe, ährenförmige Blütenstände, wobei die einzelnen Blüten und Tragblätter denen von *Acanthus mollis* sehr ähnlich sehen. Auch diese Art ist frostempfindlich.

ACER

AHORN

In ihrer herbstlichen Farbenpracht und der Vielfältigkeit von Form und Oberflächenstruktur der Blätter sind Ahornbäume einzigartig. Viele sind für den durchschnittlichen Garten hinreichend kompakt. Die auffälligen zweiflügeligen Früchte sind bemerkenswerter als die bei den meisten Arten sehr unscheinbaren Blüten. Die Rinde ist meist glatt und grau oder grünlich. Die meisten Arten stammen aus China, Japan und dem östlichen Himalaja; in Nordamerika und Europa sind nur wenige beheimatet wie ***Acer heldreichii*** **subsp.** ***trautvetteri*** (Griechischer Ahorn). Die meisten sind laubwerfend, einige auch immergrün.
PFLEGE UND VERMEHRUNG: Die meisten Ahornbäume bevorzugen ein kühles, feuchtes Klima mit großen Niederschlagsmengen im Frühjahr und Sommer. Ein vor starken Winden geschützter Standort wird ihnen am besten gerecht. Möchte man die schönsten Herbstfarben erzielen, sollte man die Bäume auf neutralen bis sauren Böden anpflanzen. Die Vermehrung erfolgt

Acer heldreichii subsp. *trautvetteri*

Acer heldreichii subsp. *trautvetteri*

Acer buergerianum

Acer capillipes

durch Samen bei den Arten und durch Propfung bei den Züchtungen. Stecklinge schlagen nicht immer Wurzeln, aber die Vermehrung durch Ableger von den niedrigen Zweigen kann erfolgreich verlaufen. Die Keimung des Samens kann man durch Kühlung oder Überwinterung der Samen in einer feuchten Streuschicht fördern.

Acer buergerianum

Diese Art, die in den heimatlichen Wäldern Ostchinas beträchtlich groß werden kann, bildet als kultivierte Form lediglich einen kleinen Baum mit einem dicken, starken Stamm und buschiger Krone aus. Die Rinde ist blaßbraun und gerippt; die eher kleinen Blätter sind am oberen Ende meist dreiteilig gelappt. Die Herbstfärbung kombiniert oft zwei Farbtöne, wobei scharlachrote Flecken auf einen grünen oder gelblichen Hintergrund aufgetupft sind. Die Pflanze verträgt auch einen ungeschützten Standort auf nährstoffarmen Böden. Sie eignet sich als Bonsai und ist frosthart.

Acer campestre

FELDAHORN

Dieser kleine bis mittelgroße Baum mit buschiger Krone ist der europäische Ahornbaum; er kommt aber auch in Westasien und Nordafrika vor. Die Pflanze verträgt einen starken Rückschnitt und kann in eine dichte, regelmäßige Form gebracht werden. In Großbritannien wird sie als Ahornhecke traditionell zur Feldteilung eingesetzt. Der Feldahorn hat eine gefurchte, korkartige Rinde; der Herbst setzt goldgelbe oder leicht bronzenfarbene Flecken in das Blattwerk. Die Pflanze läßt sich aus frischen Samen ziehen und ist frosthart.

Acer capillipes

Dieses schnellwüchsige, aber kurzlebige japanische Mitglied der Snakebark-Gruppe der Ahornbäume ist ein kleiner, in die Breite wachsender Baum von 4,5–6 m Höhe;

seine Seitenzweige entwickeln sich knapp über dem Erdboden. Die Rinde ist blaßgrau und hellgrün gestreift, die dreigeteilten Blätter nehmen im Herbst eine gelbe, orange und scharlachrote Tönung an. Der frostharte Baum mag einen geschützten, sonnigen Standort und gehört zu den wenigen seiner Gattung, die sich leicht aus Stecklingen ziehen lassen.

Acer cappadocicum

Von Südeuropa über die gemäßigten Zonen Asiens bis hin nach Zentralchina heimisch, hat dieser frostharte Ahornbaum entsprechend geographisch bestimmte Unterarten. Seine Blätter haben strahlenförmige, dreieckige Lappen. Der schnellwüchsige Baum kann in der Natur 30 m hoch werden und ist daher besser für Parks und Straßen geeignet als für Vorstadtgärten. Der Herbst taucht das Blattwerk in ein leuchtendes Goldgelb. **'Rubrum'** hat dunkelrote neue Triebe; die jungen Blätter sind erst von einem leuchtenden Rot überzogen, bevor sie sich grün verfärben.

Acer carpinifolium

Der schöne, langsamwachsende, aufrechte Baum mit schmaler Krone aus den Bergwäldern Japans kann höher als 5 m werden. Die Blätter, eher fein gezähnt als gelappt, mit dichter Äderung und welliger Oberfläche, haben im Frühjahr einen silbrigen Überzug; im Herbst nehmen sie eine goldene Tönung an. Die Samen keimen langsam, so daß sich die Art schwierig ziehen läßt. Sie ist außergewöhnlich winterhart.

Acer circinatum

Diese im westlichen Teil Nordamerikas beheimatete Ahornart gehört zu der gleichen Gruppe wie der Fächerahorn (*Acer palmatum*). Ihre fast kreisförmigen Blätter weisen sieben bis neun kurze Lappen auf und sehen somit wie kleine Weinblätter aus. Der kleine, ausladende Baum erreicht eine Höhe von 8 m und verzweigt sich schon an der Basis. Im Herbst leuchtet er orange-scharlachrot bis dunkelrot. Vor starkem Wind braucht der frostharte Baum Schutz. Ältere Exemplare vermehren sich oftmals selbst durch Absenkung, so daß man dafür nicht mehr Sorge zu tragen braucht.

Acer cissifolium

Acer cappadocicum 'Rubrum'

Acer circinatum

Acer cissifolium

Im Gegensatz zu vielen anderen Ahornarten hat diese – in Japan beheimatete – gefiederte Blätter. Deren Herbstfärbung ist gelb und orange oder rot. Obwohl man den knapp 10 m hoch wachsenden Baum mit ausladender Krone leicht ziehen kann, ist er schwer zu erwerben, denn männliche Pflanzen sind selten, und somit stehen fruchtbare Samen oft nicht zur Verfügung. Im Gartenhandel kann man den frostharten Baum also nur durch die langsamere Methode über Absenker ziehen.

Acer crataegifolium

Dieser schlanke, bis 10 m hohe Baum aus Japan hat eine offene, breite Krone. Die handförmigen Blätter haben flache Lappen. Die blaßgelben Blüten sitzen in aufrechten, endständigen Ähren. Der laubwerfende Baum ist frosthart.

Acer davidii

Diese chinesische Ahornart, charakterisiert durch ihren offenen Wuchs und die flache Krone, hat eine Rinde mit silbriggrauen Streifen auf olivgrünem Hintergrund sowie länglich und spitz zulaufende, aber zumeist ungelappte Blätter. Die holländische Sorte **'Serpentine'** hat stärker kontrastierende Streifen auf einem dunkelpurpurnen Hintergrund mit bräunlichem Einschlag. Der Herbst erzeugt Gelb-, Orange- und Scharlachrotschattierungen des Laubes. In einem kühlen, feuchten Klima erreicht diese Sorte schnell eine Höhe von 5–10 m. ***A. d.* subsp. *grosseri*** (Syn. *Acer grosseri*, *A. hersii*) unterscheidet sich durch seine kürzeren, breiteren Blätter mit zwei seitlichen Lappen. Dieser Baum hat im Sommer eine ausschließlich grüne Färbung, wobei die Rinde in einem blasseren Graugrün getönt ist; die Herbsttöne ähneln denen der Unterart ***davidii***. Beide sind beliebt und lassen sich leicht aus frischem Samen ziehen. **'George Forrest'** ist eine eher aufrechte Züchtung mit mittel- bis dunkelgrünen Blättern. Die Pflanzen sind frosthart.

Acer carpinifolium

Acer × freemanii 'Autumn Blaze'

Acer davidii

Acer davidii subsp. *grosseri*

Acer × freemanii

Diese frostharte Hybride aus dem Rotahorn *Acer rubrum* und dem Silberahorn *A. saccharinum* wurde 1933 im USA National Arboretum (Nationale Baum- und Gehölzsammlung) gezüchtet, ist aber seitdem auch schon häufig in freier Natur gefunden worden. Ihr Blattwerk ist eine Mischung beider Arten; sie erreicht eine Höhe von 15 m und mehr. Sie hat aufrechte Zweige und eine rundliche Krone. Etwa ein halbes Dutzend Züchtungen aus *A. freemanii* ist bereits benannt worden, z.B. die farbenprächtige **'Autumn Blaze'**. Die Vermehrung erfolgt für gewöhnlich durch Absenker.

Acer glabrum

Innerhalb des riesigen Verbreitungsgebietes in Nordamerika – von Alaska und den Rocky Mountains bis hin nach New Mexico – gibt es regionale Variationen, und entsprechend ist diese Ahornart in immerhin fünf Unterarten unterteilt worden. Für gewöhnlich handelt es sich um niedrigwüch-

Acer maximowiczianum

Acer japonicum 'Aconitifolium'

Acer japonicum 'Vitifolium'

Acer japonicum

sige, strauchartige Pflanzen, die frosthart sind. Sie kommen sowohl im Unterwuchs in Wäldern als auch als niedrigerer Strauch an exponierten höhergelegenen Standorten vor.

Acer griseum
GRAUAHORN

Geschätzt wird dieser etwa 10 m hohe Baum wegen seiner Rinde. Sie ist haselnußbraun, von blasseren, korkfarbenen Tupfen überzogen und wird alljährlich in breiten, sich aufrollenden Streifen abgeworfen. Im Herbst nehmen die kleinen, dunkelgrünen Blätter eine dunkelscharlachrote Tönung an. In einem feuchten Klima und an einem geschützten Standort sowie auf gutem Boden kann der frostharte Baum recht schnell wachsen.

Acer japonicum
JAPANISCHER AHORN

In der Jugend sieht der frostharte Ahornbaum höchst eigentümlich aus: Seine zartgrünen Blätter sind dann von einem Flaum aus silbrigweißen Häarchen überzogen, die verschwinden, wenn die Blätter mit zunehmendem Alter eine olivgrüne Tönung annehmen. Im Herbst färben sich einige Blätter schon früh orangen oder rot, während andere die Farbe des Sommers bis in den Spätherbst mit hineinnehmen. Der schmale Baum von langsamen, strauchigem Wuchs verträgt keine austrocknenden Winde und bevorzugt einen feuchten, geschützten Standort. Zu den vielen Züchtungen gehören u.a. **'Aconitifolium'** mit farnartigen Blättern, die im Herbst karmesinrot werden, und **'Vitifolium'** mit etwas tiefer gelappten Blättern als bei den normalen Arten. Im Herbst leuchtet das Laub noch intensiver scharlachrot, orange oder gelb.

Acer griseum

Acer griseum

Acer macrophyllum

Das natürliche Verbreitungsgebiet dieses Ahornbaums erstreckt sich von Südalaska bis Südkalifornien. Für gewöhnlich handelt es sich um einen Baum im Unterwuchs, der aber auch einen schönen 30 m hohen Waldbaum mit einer grob kuppelförmigen Krone und einem dicken Stamm abgeben kann. Die Blätter haben eine Breite bis zu 30 cm. Die gelblichen Blüten hängen von dichten Blütenzweigen herab, die zwei- oder dreigeflügelten Früchte sind mit knapp 10 cm Breite größer als die anderer Ahornarten. Die frostharte Art braucht etwas Schutz vor Wind und tiefe, feuchte Böden.

Acer maximowiczianum
Syn. *Acer nikoense*
NIKKO-AHORN

Wildwachsend wird dieser in Japan beheimatete schöne, langsamwüchsige Baum 15 m hoch, kultiviert hingegen nicht höher als 5 m. Die gefiederten Blätter setzen sich aus drei Fiedern zusammen, sind dicht geädert und haben weißliche Blattunterseiten. Das herbstliche Blattwerk weist Gelb- und Dunkelrotschattierungen auf.

Acer monspessulanum
FELSENAHORN

Die mit *Acer campestre* verwandte Ahornart, die rund um das Mittelmeer auftritt, bildet einen kleinen, buschartigen Baum aus, der etwa 10 m hoch wird. Er hat dunkelgrüne, relativ dicke Blätter von 3,5–5 cm Länge mit je drei stumpfen Lappen. Der Baum verträgt Trockenheit gut und ist zudem frosthart. Seine kompakte Krone macht ihn als Straßenbaum und für Rasenflächen in Vorstadtgärten geeignet. Im Herbst nimmt er eine rötliche Färbung an.

Acer negundo
ESCHENAHORN

Mit ihren verschiedenen Unterarten ist dieser Ahorn über den gesamten nordamerikanischen Kontinent weit verbreitet und auch noch bis Guatemala zu finden. Als einzige nordamerikanische Ahornart besitzt sie gefiederte Blätter (mit drei bis sieben Fiedern). Sie hat einen dicken Stamm und aufrechten Wuchs bis zu 15 m, ist aber häufiger als kleinerer Baum mit schlanken, leuchtendgrünen Zweigen zu finden, die bei starkem Wind leicht brechen. Die schnellwüchsige und frostharte Pflanze übersteht ungünstiges Klima und nährstoffarmen Boden und sät sich selbst aus. Zu den beliebten Züchtungen gehören **'Elegans'**; **'Variegatum'** und **'Aureo-marginatum'**, deren Blätter weiß bzw. golden gerandet sind; **'Aureo-variegatum'** hat Fiederblättchen mit breiterem, dunkelgelbem Rand und behält diese Färbung auch im Herbst; die neuere Züchtung **'Flamingo'** ähnelt **'Variegatum'**, jedoch sind die jungen Blätter rosa getönt. Der männliche Klon **'Violaceum'** hat purpurne neue Triebe und Zweige; die männlichen Blütenstände sind blaßpurpurn. Keine dieser Züchtungen erreicht auch nur annähernd die halbe Größe der wildwüchsigen, grünblättrigen Form.

Acer oblongum

Diese besondere Ahornart – mit buschiger, kompakter Krone und normalerweise nicht größer als 6–8 m – hat ein natürliches Verbreitungsgebiet, das sich quer durch den Himalaja sowie Süd- und Mittelchina zieht. Warmes Klima schätzt sie mehr als die meisten anderen Ahornarten und ist sehr frostempfindlich. Sie ist halblaubwerfend, manchmal jedoch immergrün, und trägt 5–12 cm lange Blätter, die weder gelappt, noch gezähnt, sondern glatt und ledrig sind und eine dünne Wachsschicht an der Unterseite aufweisen. Einige chinesische Formen sind eher laubwerfende Bäume und winterhärter als die aus dem Himalaja. In milden Zonen wird der Baum zur Straßen- und Parkbepflanzung eingesetzt.

Acer oliverianum

Diese in Zentral- und Ostchina sowie in Taiwan beheimatete, frostharte Ahornart bildet einen kleinen Baum von 3,5–8 m Höhe mit einer anmutig ausladenden Krone aus. Die Blätter sind fünffach gelappt und ähneln denjenigen von *Acer palmatum*, sind hingegen allerdings geringfügig größer und feiner gezähnt und haben eher steife, strahlenförmig angeordnete Lappen; im Herbst nehmen die Blätter eine gelbe, orange oder dunkelbronzene Färbung an.

Acer negundo 'Violaceum'

Acer negundo 'Variegatum'

Acer negundo

Acer negundo 'Flamingo'

Acer oliverianum

A

Acer palmatum

FÄCHERAHORN

In den Gärten wird diese frostharte japanische Spezies 3–5 m hoch. Geschätzt wird sie wegen ihrer kompakten Gestalt, des zarten farnartigen Blattwerks, das sich im Herbst von einem satten Gold bis hin zum dunkelsten Blutrot färbt. Sie braucht Schutz vor Wind und Schatten, andernfalls können die Blätter verwelken. Die über 300 Züchtungen reichen von Miniaturpflanzen für Felsgärten bis hin zu widerstandsfähigen kleinen Bäumen mit einer großen Vielfalt an Blattformen, -größen und -farben. Bei fast allen empfiehlt sich die Vermehrung durch Pfropfung, um ihre Charakteristika beizubehalten, so daß diese Art recht kostspielig ist. Die beliebteste baumförmige Zuchtform ist **'Atropurpureum'**, welche eine dichte Krone hat und stark in die Breite wächst. Das dunkelpurpurne Frühjahrslaub wird im Sommer von olivgrünem und im Herbst von dunkelscharlachroten Blättern abgelöst. Die Vermehrung erfolgt hauptsächlich durch Samen. **'Sangokaku'** ('Senkaki') hat korallenrote Äste und Zweige, die im Winter blattlos sind. **'Atrolineare'** hat eine Blattfärbung wie 'Atropurpureum'.

Bei den **'Dissectum'**-Züchtungen sind die ersten Blattabschnitte eines Blattes tief eingeschnitten und bilden ein filigranes Muster; ihre feinen, herabhängenden Zweige scheinen eher nach unten zu wachsen und nicht nach oben, so daß man sie auf eine Unterlage pfropfen kann. Je nach Höhe der Unterlage können verschieden hohe kuppelförmige Sträucher ausgebildet werden. **'Dissectum'** ist eine kleine Züchtung, deren Blättern im Herbst eine gelbe, orangestichige Färbung annehmen. **'Dissectum Viridis'**, die ursprüngliche grüne Ahornart mit eingeschnittenen Blättern, kann mehr Sonne vertragen als **'Dissectum Atropurpureum'** ('Ornatum'), die purpurne Blätter besitzt, die im Sommer grün sind. Einige andere wohlbekannte Züchtungen sind **'Bloodgood'**, **'Butterfly'**, **'Chitoseyma'**, **'Koreanum'**, **'Osakazuki'** und **'Shigitatsu sawa'**. Die fein unterteilten Blätter der **'Crimson Queen'** sind purpurrot ebenso wie jene der Sorte **'Garnet'**. **'Red Pygmy'** ist eine vasenförmige Züchtung mit Blättern, die im Frühjahr rot und im Herbst golden sind. Weitere beliebte Sorten sind **'Linearilobum Rubrum'**, **'Trompenburg'**, **'Hessei'** und **'Lutescens'**.

Acer p. 'Dissectum Atropurpureum'

Acer p. 'Dissectum Atropurpureum'

Acer palmatum 'Sangokaku'

Acer palmatum 'Butterfly'

Acer palmatum 'Dissectum Viridis'

Acer palmatum 'Linearilobum Rubrum'

Acer palmatum 'Trompenburg'

Acer pensylvanicum

Acer palmatum

Acer palmatum 'Dissectum'

Acer palmatum 'Atropurpureum'

Acer palmatum 'Bloodgood'

Acer palmatum, Kulturvarietät

Acer palmatum 'Hessei'

Acer pentaphyllum

Acer pseudoplatanus

Acer platanoides

Acer platanoides 'Drummondii'

Acer pseudoplatanus 'Variegatum'

Acer rubrum

Acer platanoides 'Schwedleri'

Acer pseudoplatanus 'Erythrocarpum'

Acer platanoides 'Crimson King'

Acer rubrum 'Schlesingeri'

Acer rubrum 'October Glory'

Acer pectinatum subsp. *forrestii*
Syn. *Acer forrestii*

Diese frostharte Art aus China hat dreifach gelappte Blätter, die sich im Herbst von Dunkelgrün zu Orangerot verfärben. Sie bringt bräunlichgrüne Blütenstände hervor und erreicht eine Höhe von 10 m.

Acer pensylvanicum

An der Ostküste Nordamerikas beheimatet ist dieser Ahornbaum mit einem Hauptstamm. Das Streifenmuster auf der Rinde der jüngeren Äste umfaßt die Farben Rot, Olivgrün und Weiß. Die Herbstfarbe ist ein leuchtendes Goldgelb. Die beliebte Züchtung **'Erythrocladum'** hat auffällig rote Äste im Winter. Der Baum ist frosthart.

Acer pentaphyllum

Diese seltene und auffällige Art kommt aus einem begrenzten Gebiet in Westchina. Für Ahornbäume untypisch, hat er zusammengesetzte Blätter, deren fünf schmale Fiederblätter fingerförmig abstehen. Der frostharte Baum mit breiter Krone wird 10 m hoch und hat eine blaßgraue Rinde.

Acer platanoides
SPITZAHORN

Das Verbreitungsgebiet dieses Ahornbaumes erstreckt sich von nördlich des Polarkreises in Skandinavien – hier erreicht er nur Strauchhöhe – über Europa von Frankreich bis zum Ural. Der frostharte, große Baum mit der runden Krone kann in vielfältigen Lagen und auf vielfältigen Böden gedeihen, verträgt aber kein warmes Klima. Noch vor den Blättern erscheinen gelbe Blüten; das Laub ist im Herbst goldgelb bis rötlichorange. Beliebte Züchtungen sind **'Oregon Pride'**, **'Cleveland'**, **'Summershade'** und **'Drummondii'** mit panaschierten Blättern. Zu den Züchtungen mit dunkelpurpurnen Blättern zählen **'Schwedleri'**, **'Faasen's Black'** und **'Crimson King'**. **'Columnare'** mit einfachen, grünen Blättern hat eine schmale, säulenförmige Gestalt. Alle – außer 'Oregon Pride' – sind langsamwüchsig und werden daher auch kleineren Gärten gerecht.

Acer pseudoplatanus
BERGAHORN

Das natürliche Verbreitungsgebiet dieser frostharten Art reicht von Portugal bis zum Kaspischen Meer. Seit langem in England und Nordamerika eingeführt, vermehrt sie sich hier so überreichlich, daß man sie als Unkraut betrachtet. Der kultivierte Baum erreicht eine Höhe von 10–20 m und hat eine breite Krone mit dunkelgrünem Blattwerk. Die dicke, schuppige Rinde ist blaßgrau. Die Herbsttönung ist nicht besonders auffällig. Die als Park- und Straßenbaum nützliche Art bevorzugt einen geschützten Standort auf tiefgründigen Böden, verträgt aber auch einen ungeschützteren Standort. **'Purpureum'** hat Blätter, die unterseits von einem tiefen Pflaumenblau, oberseits etwas mehr ins Purpurne getönt sind. **'Erythrocarpum'** produziert rote Früchte in auffälligen Büscheln. Die Blätter von **'Brilliantissimum'** sind im Frühjahr hell-cremefarben mit einem Stich ins Rosa; im Sommer werden sie weißlich mit einer grünen Blattäderung. Die Pflanze ist langsamwüchsig und paßt daher eher in kleinere Gärten; **'Rubicundum'** hat dunkelrosa gefleckte Blätter, **'Variegatum'** hat cremefarbene Musterungen auf ihren Blättern.

Acer rubrum
ROTAHORN

Diese Ahornart aus dem Osten Nordamerikas fällt durch herbstliches Blattwerk in leuchtenden Dunkelrottönen auf, die mit den blau-weißen Blattunterseiten kontrastieren. In der wildwüchsigen Form in Wäldern und auf tiefgründigen, schwemmstoffreichen Böden erreicht die Ahornart eine Höhe von 30 m. Angepflanzt ist der Baum schnellwüchsig und hat zunächst einen geraden Stamm und eine schmale Krone, wächst mit dem Alter aber immer mehr in die Breite. Zu den beliebten Züchtungen gehören **'Bowhall'**, **'Red Sunset'**, **'Schlesingeri'**, die konische **'Scanlon'** und **'October Glory'** mit glänzendem, grünem Blattwerk, das sich im Herbst scharlachrot verfärbt. Dieser Ahorn ist frosthart.

Acer rufinerve

Acer shirasawanum 'Aureum'

Acer saccharum 'Globosum'

Acer saccharum

Acer tataricum subsp. *ginnala*

Acer saccharinum

Acer saccharum subsp. *nigrum*

Acer rufinerve

Diese japanische Ahornart – ein aufrecht wachsender, 6–10 m hoher, frostharter Baum – ist ein weiteres Beispiel für die »Snakebark«-Ahornbäume und *Acer capillipes* sehr ähnlich. Seine behaarten jungen Triebe sind bläulich, die Rinde junger Zweige ist dekorativ gestreift. Das herbstliche Blattwerk ist dunkelscharlachrot. Die dicklichen, dreifach gelappten Blätter sind 8–15 cm lang.

Acer saccharinum

Syn. *Acer dasycarpum*

SILBERAHORN

Das natürliche Verbreitungsgebiet des Silberahorns erstreckt sich quer über den Ostteil der USA und Kanadas mit Ausnahme des arktischen Nordens. Er erreicht eine beträchtliche Höhe, verzweigt sich bereits früh und hat eine breite Laubkrone. Beliebt ist der Zierbaum wegen seiner Winterhärte, des schnellen Wachstums und des sattgoldgelben Blattwerks im Herbst. In amerikanischen und europäischen Gärtnereien wurden viele Züchtungen entwickelt.

Acer saccharum

ZUCKERAHORN

Das Blatt des Zuckerahorns ziert die kanadische Flagge. Wegen seines Safts (Ahornsirup) und dauerhaften Nutzholzes ist dieser frostharte Baum kommerziell bedeutend. Sein großes Verbreitungsgebiet erstreckt sich über ganz Nordamerika von Neufundland und Manitoba im Norden bis Florida im Süden und Utah im Westen. Im Süden und Westen gibt es regionale Unterarten (z.B. *A.s.* subsp. *nigrum*). In den ersten zehn Jahren ist der Baum oft langsamwüchsig und gibt im Garten einen verzweigtwachsenden Baum mit breiter Krone von 10–15 m Höhe ab, kann in Wäldern aber auch viel größer werden. Die Herbstfarben umfassen Gelb, Orange, Scharlachrot und Karminrot. ***A. s.* subsp. *grandidentatum*** ist im Westen Nordamerikas sehr häufig. Der etwa 10 m hohe Baum mit buschiger Krone und heller Rinde hat Blätter, deren bläulichweiße Unterseiten mit den dunkelgrünen Oberseiten kontrastieren. Dekorative Züchtungen sind z. B. **'Globosum', 'Green Mountain', 'Legacy'** und **'Monumentale'**.

Acer shirasawanum

Diese japanische Ahornart, 5–8 m hoch und mit glatter Rinde, ist eng mit *Acer palmatum* verwandt. Ihre Blätter haben meist etwa neun oder elf Lappen. Im Herbst verfärben sich die Blätter gelb. Eine bekannte Züchtung ist **'Aureum'** (Syn. *A. aponicum* 'Aurum'). Ihre jungen Blätter sind grün, werden im Herbst aber goldgelb und scharlachrot. Die Pflanze ist frosthart.

Acer sikkimense

Syn. *Acer hookeri*

Im regenreichen Ostteil des Himalajas beheimatet, ist diese Art frostempfindlich und kann in kühleren Ländern nur in den mildesten Küstengegenden oder in den feuchten Hochländern der Subtropen gedeihen. Schnellwüchsig läßt sie lange Triebe sprießen und erreicht innerhalb von zehn Jahren eine Höhe von 6 m, kann sich aber auch als äußerst kurzlebig erweisen. Die ovalen Blätter sind im Frühjahr bronzegrün und werden im Herbst tieforange. Oftmals bleiben die Blätter den Winter über am Baum hängen. Die Pflanze braucht Schutz vor starkem Wind, der die Blätter beschädigt.

Acer sikkimense

Acer tataricum

Die Ahornart wächst wild in Österreich und ist dann quer durch Europa und das gemäßigte Asien bis nach Japan und dem fernöstlichen Sibirien zu finden. Die frostharte Art wird unterteilt in vier geographische Unterarten; die am häufigsten kultivierte davon ist ***Acer tataricum* subsp. *ginnala*** (Syn. *Acer ginnala*) aus Nordostchina, Japan, Korea und Ostsibirien. Es handelt sich dabei um einen großen Strauch oder kleinen Baum von 4,5–10 m Höhe. Oft verzweigt er sich schon vom Boden aus in verschieden lange, nur leicht verholzte Sprosse; die Blätter laufen spitz zu und sind unregelmäßig gelappt. Im Herbst nehmen sie eine rote Färbung an und fallen schnell ab; die roten Früchte erscheinen im Sommer. Die schnellwüchsige Pflanze ist vollständig winterhart; **'Flame'** ist eine ihrer Züchtungen.

Acer tegmentosum

Acer tegmentosum ist eine in Korea, Nordostchina und dem fernöstlichen Sibirien beheimatete Ahornart. Ihre jungen Zweige sind grün-weiß gestreift; die 15 cm breiten Blätter gehen in drei bis fünf recht kurze Lappen über. Die frostharte Art bildet einen ausladend wachsenden Baum von 5–10 m Höhe aus. Das Blattwerk nimmt im Herbst eine gelbe Tönung an.

Acer triflorum

Dieser in Nordostchina und Korea beheimatete, frostharte Ahorn von ziemlich aufrechtem Wuchs hat eine dekorative bräunlichgelbe Rinde, die abblättert. Die Blätter setzen sich aus drei Fiederblättchen zusammen. Im Herbst werden sie blaßorange.

Acer truncatum

Der kleine Baum mit rauher Rinde, reich verzweigter Krone und verhedderten Zweigen ist in Ostsibirien, Japan, Korea und Nordchina heimisch. In Gärten ist die frostharte Art oft langsamwüchsig und bleibt viele Jahre in ihrer strauchigen Form.

Acer triflorum

A

Acer truncatum

Acer velutinum var. *vanvolxemii*

Achasma macrocheilos

Acer velutinum
PERSISCHER AHORN

Der 35 m hohe *Acer velutinum* ist in den Bergen der kaspischen Region des Irans und im Kaukasus heimisch . In Gärten kann er mit seiner kuppelförmigen Krone eine Höhe von 18 m erreichen. Die 15 cm breiten oder noch größeren Blätter sind fünffach gelappt und an der Blattunterseite behaart. ***Acer velutinum* var. *vanvolxemii*** hat mit einer Breite von 30 cm noch größere Blätter; sie sind unterseits bläulich und unbehaart. Die Art ist frostempfindlich.

ACHASMA

Als kultivierte Pflanze ist diese Gattung aus dem tropischen Südostasien kaum bekannt. *Achasma* ist eine von mehreren Gattungen, die sich durch sehr große blättrige Triebe auszeichnen, die in gewissen Abständen einem dicken, unterirdischen Rhizom entspringen. Dem gleichen Rhizom entspringen auch die Blütentriebe, die aber viel kürzer sind und manchmal buchstäblich an der Erdoberfläche sitzen. Sie tragen oftmals leuchtend gefärbte Blüten. Man vermutet, daß sie von der bodenbewohnenden Fauna, z.:B von Schnecken und Käfern bestäubt werden, die eigentlich nicht sehr farbwahrnehmend sein dürften. Einige Botaniker sehen *Achasma* heute als ein Synonym für *Etlingera* an.
PFLEGE UND VERMEHRUNG: *Achasma*-Arten brauchen ein sehr warmes, feuchtes Klima (sind entsprechend bei uns nicht winterhart) und einen geschützten Standort unter Bäumen oder in einem Hof. Ein feuchter, humusreicher Boden wird ihnen am besten gerecht. Die Vermehrung erfolgt durch Teilung der Rhizome.

Achasma macrocheilos
Syn. *Achasma megalocheilos*

Diese in Malaysia beheimatete Art hat blättrige Sprosse, die gut 5 m hoch werden, aber die kleinen Blütenstände befinden sich knapp oberhalb des Waldbodens. Die große »Lippe« jeder Blüte ist eindrucksvoll zweifarbig scharlachrot und gelb.

ACHILLEA
GARBE

Es gibt etwa 85 Arten von *Achillea*, die meisten sind in Europa und dem gemäßigten Asien beheimatet. Die Blätter sind farnartig, aromatisch und oftmals behaart. Die meisten Arten blühen vom späten Frühjahr bis in den Herbst hinein und tragen Massen an Blütenköpfchen in Weiß, Gelb, Orange, Rosa oder Rot. *Achilleas* eignen sich zur Massenbepflanzung von Rabatten und Felsgärten. Die Blütenköpfchen kann man trocknen und als Winterdekoration verwenden, denn ihre Farbe hält sich. Die Gattung ist nach Achilles benannt, der in der griechischen Mythologie mit dieser Pflanze seine Wunde zu heilen versuchte.
PFLEGE UND VERMEHRUNG: Diese winterharten, mehrjährigen Pflanzen lassen sich mit Leichtigkeit ziehen. Sie vertragen auch nährstoffarme Böden, die aber gut durchlässig sein müssen. Am besten gedeiht die Pflanze an einem sonnigen Standort in gemäßigtem Klima. Sie vermehrt sich schnell durch ihre unterirdischen Rhizome und läßt sich durch Teilung im Spätwinter oder Stecklinge im Frühsommer einfach vermehren. Abgeblühte Blütentriebe kann man abschneiden oder bis zum natürlichen Absterben im Winter stehen lassen. Im Winter sollte man die Büschel übrigens auch beschneiden, um ein gutes Frühjahrswachstum zu fördern. Im Frühjahr ist die Pflanze zu düngen.

Achillea ageratum
Syn. *Achillea decolorans*

Diese mehrjährige, 60 cm hohe und in die Breite wachsende Pflanze aus der westlichen Mittelmeerregion und Portugal hat gelblichweiße Blütenköpfe in Trugdolden, die 10 cm breit sind und vom Spätsommer bis in den Herbst blühen. Sie hat scharf gezähnte, grauweiße Blätter und ist frosthart.

Achillea 'Coronation Gold'

Als kräftige Hybride mit *Achillea clypeolata* und *A. filipendulina* als Ausgangsarten hat diese frostharte Pflanze üppige, graugrüne Blätter und bis zu 1 m hohe Blütentriebe mit großen Scheindolden goldgelber Blütenköpfchen, die sich im Sommer und zu Beginn des Frühjahrs zeigen.

Achillea filipendulina

Diese im Kaukasus heimische, frostharte Art trägt leuchtende, dunkelgelbe Blüten über eine ausgedehnte Sommersaison. Sie wird über 1 m hoch und trägt 15 cm breite Scheindolden. Trockenheit verträgt die Sommerblume außergewöhnlich gut. **'Gold Plate'** ist eine kräftigwüchsige, aufrechte Züchtung mit über 1 m Höhe. Sie hat aromatische, leuchtendgrüne Blätter und flache, kugelige Trugdolden, 10–15 cm breit, mit goldgelben Blüten. **'Parker's Variety'** entwickelt gelbe Blüten.

Achillea × kellereri

Diese ungewöhnliche *Achillea* ist eine Hybride aus *Achillea clypeolata* und der nur selten kultivierten *A. ageratifolia*. Die frostharte Pflanze bildet Polster und überschreitet kaum 20 cm Höhe, selbst wenn sie blüht. Sie hat dichte Rosetten aus schmalen graugrünen Blättern mit einer kammartigen Zähnung. Im Sommer bringt sie cremefarbene Blütenköpfchen, mit dunklerem Zentrum und 2 cm breit, an locker verzweigten Stengeln hervor.

Achillea 'Lachsschönheit' ('Salmon Beauty')

Als eine junge Galaxiehybride handelt es sich bei dieser um eine Kreuzung aus *Achillea millefolium* (der sie in der Wuchsform stark ähnelt) und *A.* 'Taygetea'. Im Sommer bringt sie Massen lachsfarbener Blütenköpfchen hervor, die später in ein blasseres Rosa und schließlich fast in Weiß übergehen. Auch diese Pflanze ist frosthart.

Achillea × lewisii 'King Edward'

Diese 15 cm hohe Pflanze bildet mit ihren silbergrauen Blättern mit gesägten Rändern Polster aus, über die sich die 10 cm höheren Blütentriebe erheben. Diese werden gekrönt von Büscheln kleiner, blaßgelber Blütenköpfchen, die mit dem Alter verblassen. Die frostharte Pflanze eignet sich für Steingärten.

Achillea millefolium
SCHAFGARBE

In Europa und dem gemäßigten Asien ist diese winterharte, widerstandsfähige Art, die gerne wuchert, so weit verbreitet wie häufig. Sie erreicht eine Höhe von 60 cm und hat fedrige, dunkelgrüne Blätter und weiße bis roasafarbene Blüten im Sommer. Sorten sind **'Cerise Queen'**, kirschrot mit

Achillea 'Lachsschönheit'

Achillea 'Coronation Gold'

Achillea millefolium 'Fanal'

Achillea × kellereri

Achillea millefolium

Achillea filipendulina 'Gold Plate'

Achillea millefolium 'Red Beauty'

Achillea millefolium 'Apfelblüte'

Achillea 'Moonshine'

Achillea 'Schwellenberg'

blasserer Kolorierung; die rote **'Fanal'** (Syn. 'The Beacon'); **'Red Beauty'** mit silbrigen Blättern und rosaroten Blüten; **'Rosea'** in rosa und **'Apfelblüte'**, die in dunklem Rosa gehalten ist. Hat sich die Pflanze niedergelassen, kann es schwierig werden, sie wieder loszuwerden. Bei den meisten *Achillea*-Hybriden ist diese Art eine der Elternpflanzen. **'Paprika'** hat orangerote Blütenköpfchen, die im Alter verblassen.

Achillea 'Moonshine'

Abgeflachte Trugdolden in leuchtendem oder blassem Schwefelgelb schmücken diese Zuchtform hybriden Ursprunges, die den ganzen Sommer über blüht und eine gute Schnittblume abgibt. Sie hat fedrige, silbriggraue Blätter. Die frostharte Pflanze erreicht eine Höhe von 60 cm und sollte im Frühjahr regelmäßig geteilt werden, um ein starkes Wachstum zu fördern.

Achillea ptarmica

Aufrechte, lange Sprosse, die langen Rhizomen entspringen, kennzeichnen diese frostharte *Achillea*. Im Frühjahr trägt sie große Köpfchen aus weißen Blüten, die sich inmitten der dunkelgrünen Blätter befinden, die nicht geteilt, sondern lediglich gezähnt sind. Die Pflanze wird 80 cm hoch und gibt an einem sonnigen Standort einen schnellwüchsigen Bodendecker ab. **'The Pearl'** ist eine doppelte Züchtung, die gerne angepflanzt wird.

Achillea 'Schwellenberg'

Diese ausladende Hybride hat graue, breite, geteilte Blätter, die sich überlappen. Dichte, kurz gestielte Trugdolden mit gelblichen Blüten sind den ganzen Sommer über zu sehen. 'Schwellenberg' ist frosthart.

Achillea 'Taygetea'

Die eigentliche *Achillea* 'Taygetea' ist eine wenig bekannte Art aus Südgriechenland, wo man sie in den Taygetos-Bergen findet. Diese wird als Synonym von *A. aegyptiaca* behandelt, während unsere beliebte *A.* 'Taygetea' heute als Gartenhybride gilt, deren Elternpflanzen wohl *A. millefolium* und *A. clypeolata* sind. Die schnellwüchsige, frostharte Pflanze hat 60 cm lange Blütentriebe mit cremegelblichen, stark abgeflachten Trugdolden.

Achillea tomentosa

Diese in Südwesteuropa beheimatete, niedrigwüchsige Pflanze mit geteilten, wollig oder seidig behaarten Blättern trägt an 30 cm hohen Blütentrieben leuchtendgelbe Scheindolden. Die Pflanze verträgt ein trockenes Klima, heiße Sonne und Frost.

Achillea 'Taygetea'

Achillea tomentosa

Sie eignet sich hervorragend für Steingärten oder Beeteinfassungen.

ACHIMENES

SCHIEFTELLER

Traditionell als Topf- oder Ampelpflanze gezogen, ist diese leicht wuchernde Pflanze eigentlich eine tropische Krautpflanze, die im Herbst und Winter oder in der tropischen Trockenzeit bis auf kleine Knollen abstirbt. Die Gattung *Achimenes* (Betonung auf der zweiten Silbe) besteht aus 25 Arten, die in Mittel– und Südamerika beheimatet sind. Die weichen und spröden Stengel tragen dünne, behaarte, gegenständige Blätter. Leuchtend gefärbte Blüten treten aus den oberen Blattachseln hervor. Jede weist eine lange schmale Kronenblattröhre auf, die abrupt in fünf flache Kronenlappen übergeht, die meist eine nach oben gebogene Scheibe ausbilden.

PFLEGE UND VERMEHRUNG: Der Jahresablauf beginnt mit dem Eintopfen ruhender Knollen zu Beginn des Frühlings bei etwa 15 °C in gute Topferde an einem sonnigen Standort. Zum Sommer hin hält man die Pflanze feuchter und gibt ihr auch Flüssigdünger. Nach dem Ende der Blütezeit ist die Bewässerung zu drosseln, so daß die Pflanze Mitte des Herbstes in die Ruhephase übergehen kann. Die Vermehrung erfolgt durch Knollen, die sich während der Wachstumsphase vervielfachen. Die Pflanzen sind nicht winterhart.

Achimenes erecta

Syn. *Achimenes coccinea, A. pulchella*

Diese mittelamerikanische Art erreicht eine Höhe von knapp 50 cm und eine Breite von 30 cm. Sie bringt einzelne, röhrenförmige, rote Blüten mit einem Durchmesser von etwas über 1 cm hervor.

Achimenes grandiflora

Die Art aus Honduras und Südmexiko wird bis 60 cm hoch und hat spärlich behaarte Blätter, die oberseits dunkelgrün und unterseits rot gemustert sind. Die Blüten sind an der Basis gespornt und im übrigen rehbraun mit purpurnen Sprenkeln.

Achimenes 'Little Beauty'

Diese buschige, hybride Züchtung trägt einzelne, dunkelrosa Blüten mit gelben »Augen«, die einen Durchmesser von 3,5 cm haben. Sie erreicht insgesamt eine Höhe von 25 cm und eine Breite von 30 cm.

Achimenes longiflora 'Ambroise Verschaffelt'

Diese dekorative Züchtung trägt eine Fülle einzelner, weißer Blüten mit purpurnen Streifen und Punkten sowie gelbem Schlund. Die Blätter sind grob gezähnt und unterseits rot gefärbt.

Achimenes 'Paul Arnold'

Aufrecht etwa 40 cm hoch und ebenso breit wachsend, trägt diese Hybride einzelne, dunkelviolette Blüten mit grünlichgelbem Schlund und dunkelgrünen Blättern, die unterseits purpurrot gefärbt sind.

Achimenes 'Purple King'

Diese widerstandsfähige Zuchtform hat einzeln sitzende gekräuselte, rötlichpurpurne Blüten. Die Pflanze wird etwa 40 cm hoch und 30 cm breit.

ACINOS

CALAMINT

Der Name dieser zehn Arten umfassenden Gattung einjähriger und holziger, mehrjähriger immergrüner Pflanzen leitet sich von dem griechischen Wort *akinos* ab und bezeichnete eine kleine, aromatische Pflanze. Auch die Mitglieder dieser Gattung, die aus Mittel- und Südeuropa sowie Westasien kommen, werden nur 20 cm groß und wachsen buschig oder in die Breite. Die zweilippigen, röhrenförmigen Blüten sitzen an aufrechten Ähren und entfalten sich Mitte des Sommers.

PFLEGE UND VERMEHRUNG: Die meist winterharten Pflanzen gedeihen auch auf nährstoffarmen Böden, solange das Wasser gut abziehen kann und sie in voller Sonne stehen. Die Vermehrung erfolgt durch Samen oder Stecklinge im Frühjahr.

Acinos alpinus

Syn. *Calamintha alpina*

ALPINE CALAMINT

Ähren mit 2,5 cm breiten, violetten Blüten, die eine weiße Musterung auf der Unterlippe tragen, weist diese niedrige, relativ kurzlebige, jedoch frostharte Art auf. Sie ist in Mittel- und Südeuropa beheimatet, wird 10–20 cm hoch und hat abgerundete Blätter mit entweder spitz zulaufender oder abgestumpfter Spitze.

Acinos arvensis

Syn. *Clinopodium acinos*

Diese in Europa und Westasien weitverbreitete ein- oder kurzlebig mehrjährige Pflanze ist aromatisch und hat aufrechte bis abwärts weisende, verzweigte Stengel. Sie bringt lockere Ähren mit violetten Blüten hervor, die an der Unterlippe weiß gemustert sind. Die Pflanze erreicht eine Höhe von 30 cm und ist frosthart.

Aciphylla aurea

Aciphylla hectori

Aciphylla montana

ACIPHYLLA

Die in Neuseeland und Australien heimische Gattung umfaßt etwa 40 Arten aus der Familie der Doldenblütler und ist in alpinen Gegenden oder in offenen Graslandschaften in niedrigeren Höhenlagen zu finden. Sie haben Pfahlwurzeln, denen Horste von Grundblättern mit schmalen und steifen Einzelblättern entwachsen. Oft sind die Blätter ockerfarben koloriert und tragen gefährliche Stacheln an den Spitzen. Starke, mit langen Stacheln versehene Blütensprosse erheben sich im Sommer über die Büschel empor. Sie tragen Massen kleiner weißer oder gelbgrüner Blüten. Männliche und weibliche Blüten werden an jeweils separaten Blütensprossen getragen.

PFLEGE UND VERMEHRUNG: Die kleinen bis mittelgroßen Arten sind leicht zu ziehen, aber frostempfindlich; größere Arten unterliegen außerhalb ihrer natürlichen Umgebung möglicherweise einem Kollaps. Ein besonnter Standort auf feuchten, drainierten und tiefen Böden sind für die Wurzeln nötig. Auf keinen Fall ist die isolierende Schicht toter Blätter zu entfernen. Die Vermehrung erfolgt durch Samen oder Seitentriebe, die wie Stecklinge behandelt werden bzw. durch einfache Teilung.

Aciphylla aurea

Diese Art gedeiht unter trockeneren Bedingungen als die meisten anderen Arten der Gattung. Sie besiedelt die südliche Inselwelt Neuseelands und bildet etwa 1 m hohe Blatthorste mit einer Breite von 1,5 m aus. Die goldgrünen, fächerförmigen Blätter haben 60 cm lange, schmale Fiederblättchen. Der Blütentrieb wird über 1 m hoch.

Aciphylla hectori

Diese winzige Art bildet ein Büschel steifer, olivgrüner Blätter von 10 cm Länge und Breite. Die Blütentriebe sind 25 cm lang, die Blüten blaßgelb bis weiß.

Aciphylla montana

Knapp 50 cm hoch und breit werden die Büschel der fein geteilten, olivgrünen Blätter dieser – ebenfalls neuseeländischen – Art. Die 50 cm hohen Blütentriebe enden in einer verzweigten Dolde mit blaßgelben Blüten. Unauffällige, messerscheidenförmige Hüllblätter umgeben die Basis der Doppeldolde.

ACMENA

Die Arten dieser kleinen Gattung hübscher, immergrüner Bäume aus den Regenwäldern Australiens, Neuguineas und der Malaiischen Inselgruppe haben ganzrandige Blätter, die gegenständig angeordnet sind. An den Zweigenden sprießen Blütenzweige mit kleinen, weißen Blüten, denen rosa, purpurne oder weiße Beeren mit eßbarem Fruchtfleisch folgen. Als reizende Allee- und Gartenbäume werden sie auch in Ländern mit wärmerem Klima gezogen. Die Samen keimen schnell, sollten aber frisch gesät werden.

PFLEGE UND VERMEHRUNG: Diese bei uns nicht winterharte Pflanze bevorzugt fruchtbare, feuchte Böden. Sie gedeiht sowohl in voller Sonne als auch im Schatten. Vermehrt wird durch Samen, der der fleischigen Frucht sofort zu entnehmen ist. Diese Bäume brauchen einen feuchten, geschützten Standort, zumindest solange sie jung sind.

Acmena smithii

In der Wuchsform variiert diese Art zwischen einem 20 m hohen Baum und einem niedrigwüchsigen Strauch. Die Blätter sind kurz und breit und verschmälern sich an der Spitze. Im Frühsommer erscheinen an Blütenzweigen weiße Blüten. Ihnen folgen im Spätsommer weiße, rosa- oder mauvefarbene Früchte. Die zuverlässige, nicht winterharte Gartenpflanze sieht man meist als kompakten Baum von 5–10 m Höhe, als hochwüchsigen Strauch oder als Hecke. Verwendet man die Heckenschere und verabreicht zusätzliches Wasser und Dünger, reagiert die Pflanze mit Wachstumsschüben und setzt neue kupferfarbene Blätter an. In feuchteren Gegenden droht der Befall durch Grauschimmel.

ACOELORRAPHE

Aus einer einzigen Art besteht diese Gattung – einer eleganten Fächerpalme aus dem Süden Floridas und dem karibischen und mittelamerikanischen Raum. Sie hat mehrere Stämme, die recht schlank und von den faserigen Resten der abgefallenen Blattwedel bedeckt sind. Die Palmwedel sind ziemlich klein und in viele schmale Segmente unterteilt, die an den Enden spitz zulaufen. Die Blattstiele haben stachelige Kanten. Die Blüten sind in schlanken Rispen angeordnet, die aus den Palmwedeln herausragen. Ihnen folgen kleine, orangene Früchte, die zur Reife hin schwarz werden. Sie geben ein hübsches Bild ab.

PFLEGE UND VERMEHRUNG: Der Baum eignet sich für großräumige Landschaftsgärtnerei in tropischen und subtropischen Gegenden. Er gedeiht an niedrig gelegenen, sumpfigen Stellen und verträgt sogar einen Anteil Brackwasser im Grundwasser. Auf gut drainierten Böden gedeiht der Baum aber fast ebenso gut, vorausgesetzt er bekommt im Sommer reichlich Wasser. Man vermehrt die Pflanzen durch frisch geernteten Samen.

Acoelorraphe wrightii

Syn. *Paurotis wrightii*

Mit zunehmendem Alter breitet sich diese Palme, die bis 8 m hoch wird, mit ihren Nebentrieben wenigstens ebenso breit aus. Die Palmwedel sind grau bis grün; ihre Spreiten werden 60–90 cm lang. Kleine cremefarbene Blüten öffnen sich im Frühjahr. Die Früchte reifen den Herbst über.

ACOKANTHERA

Diese kleine Gattung immergrüner Sträucher und Bäume aus den warmen Zonen stammt aus Südafrika. Sie enthält einen giftigen milchigen Pflanzensaft. Die schmalröhrenförmigen Blüten erscheinen büschelweise in den Achseln der ledrigen, gegenständigen Blätter. Das schwammige, milchige Fruchtfleisch der mittelgroßen Steinfrüchte ist ebenfalls giftig.

PFLEGE UND VERMEHRUNG: *Acokantheras* mögen Sonne und gut drainierte Böden. Bei uns sind sie nicht winterhart. Einmal angesiedelte Pflanzen brauchen wenig Bewässerung und vertragen salzhaltige Winde an der See. Beschneidet man die Pflanze nach der Blüte, verhindert man das Zustandekommen der Früchte. Neue Pflanzen lassen sich aus Samen im Frühjahr oder Stecklingen im Sommer ziehen.

Acokanthera oblongifolia

Syn. *Acokanthera spectabilis, Carissa spectabilis*

Dicht und ausladend, wird dieser Strauch 3,5 m hoch und etwas weniger breit. Er hat große, längliche, ledrige und glänzende Blätter in Dunkelgrün, das im Winter einen Stich ins Purpurne annimmt. Das ganze Frühjahr und den ganzen Sommer hindurch trägt die Pflanze dichte Büschel duftender, innen weißer, außen hellrosafarbener Blüten. Ihnen folgen purpurn überhauchte, schwarze, olivenförmige Früchte. Der Strauch benötigt einen Standort im Warmen. Sämtliche Teile der Pflanze sind hochgiftig. Die Züchtung **'Variegata'** ist kleiner und hat ein graugrün und cremefarben geflecktes Muster; die jungen Blätter sind rosa überlaufen. Vermehren kann man die Pflanzen durch Pfropfung.

Acokanthera oblongifolia 'Variegata'

Acokanthera oblongifolia

Acmena smithii

Acoelorraphe wrightii

A

Acokanthera oppositifolia

Aus den Wurzeln dieses 6 m hohen Baumes oder Strauches aus dem tropischen Ost- und Südostteil Afrikas wurde Pfeilgift gewonnen. Der Baum hat eine gefurchte Rinde und rötliche Zweige. Die grünen Blätter haben eine helle Unterseite und auffälligere Adern als *Acokanthera oblongifolia*. Die süß duftenden Blüten sind weiß und rosa überlaufen . Ihnen folgen purpurne Früchte.

ACONITUM

EISENHUT

Wegen des stark toxischen Pflanzensaftes vieler Arten ist diese Gattung, die aus über 100 mehrjährigen Arten besteht und über die gemäßigten Zonen der nördlichen Hemisphäre verbreitet ist, schon seit der Antike berüchtigt. In sorgfältiger Dosierung wird das Gift auch medizinisch eingesetzt. Die Pflanze selbst ist an ihren Blüten zu erkennen, von denen die meisten in Dunkelblau- oder Purpurschattierungen gehalten sind. Gelegentlich finden sich auch weiße, rosa oder gelbe Exemplare. Sie weisen meist fünf Kronblätter auf, von denen die oberen sich nach oben in eine hervorstehende helmartige Formung wölben. Wuchs und Blätter der Eisenhüte besitzen eine starke Ähnlichkeit mit dem eng verwandten Rittersporn (*Delphinium*).

PFLEGE UND VERMEHRUNG: Der Eisenhut ist ein reizvoller Beitrag zu Kräuterrabatten und Waldgärten. Die Pflanzen mögen einen tiefgründigen, feuchten Boden und einen geschützten Standort, der im Halbschatten gelegen sein sollte, wenn die Sommer heiß und trocken sind. Die Vermehrung erfolgt durch Teilung der Pflanze, nachdem die Blätter im Herbst abgefallen sind. Auch die Vermehrung durch Samen bietet sich an. Die hier angeführten Arten sind frosthart.

Aconitum carmichaelii

Aconitum 'Bressingham Spire'

Hybrider Herkunft ist diese kompakte Zuchtform von aufrechtem Wuchs, bis 1 m Höhe und 50 cm Breite. Im Sommer treibt die frostharte Pflanze aufrechte Ähren purpurblauer Blüten. Die Blätter sind dunkelgrün, glänzend und tief geteilt.

Aconitum × *cammarum*

Die Hybridengruppe bringt kapuzenförmige weiße, violette oder zweifarbige Blüten hervor, die sich im Sommer zeigen und an verzweigten Trieben sitzen. Die kompakten Pflanzen werden über 1 m hoch und etwa halb so breit. **'Bicolor'** hat weißliche Blüten mit dunkelblauen Rändern.

Aconitum carmichaelii

Syn. *Aconitum fischeri*

Wegen ihrer tiefvioletten Blüten ist diese in Nord- und Westchina heimische Art besonders beliebt. Die Blüten im Spätsommer sitzen in dichten Ähren. An einem leicht verholzten Sproß wachsen die Blätter, glänzend und tief geädert. Einige kultivierte Formen variieren in der Größe zwischen 1 m und 2 m, z.B. die **Wilsonii-Gruppe** mit der preisgekrönten **'Kelmscott'**. **'Arendsii'** (Syn. 'Arends') ist eine Züchtung mit Blüten mit einem auffälligen Blau.

Aconitum carmichaelii 'Arendsii'

Aconitum napellus

Aconitum 'Ivorine'

Acorus gramineus 'Variegatus'

Acorus gramineus 'Ogon'

Aconitum 'Ivorine'

Diese 1 m hohe hybride Kulturform hat ein dichtes Blattwerk. Die vielen Ähren mit blaß-elfenbeinfarbenen Blüten erheben sich kurz über das Blattwerk.

Aconitum napellus

ECHTER STURMHUT, BERGEISENHUT

Bei dieser in Europa und dem gemäßigten Asien weit verbreiteten Art handelt sich um die im Gartenbau geläufigste Form. Die aufrechten Stengel werden über 1 m hoch. Die großen Blätter sind in sehr schmale Segmente unterteilt. Die hohen, offenen Blütenähren tragen blaue bis purpurne Blüten. Die schnellwüchsige Pflanze bevorzugt einen Standort im feuchten Waldland oder an Flußufern.

Aconitum 'Spark's Variety'

Diese Zuchtform wurde früher als Variante der chinesischen *Aconitum henryi* betrachtet. Die Pflanze hat eine eher schlanke Wuchsform, oft kletternd, mit langen Blütentrieben, die 1,5 m hoch aufragen können. Im Sommer tragen die Stengel breit verzweigte Rispen aus Büscheln dunkelpurpurner, blaustichiger Blüten.

Aconitum vulparia

Syn. *Aconitum lycoctonum* subsp. *vulparia*

WOLFSEISENHUT

Dieser in Mittel- und Südeuropa beheimatete Eisenhut hat 1 m hohe Stengel und rundliche, beharrte Blätter, 15–20 cm breit. Im Sommer sprießen lockere Ähren blaßgelber Blüten; sie sind länger und schmaler als die der meisten anderen Arten.

ACORUS

KALMUS

Diese ungewöhnliche Gattung besteht aus lediglich zwei Arten grasartiger, mehrjähriger, immergrüner, ausdauernder Stauden, die Ufer von Flußläufen und Marschland der nördlichen Hemisphäre besiedeln. Sie zählen zur Familie der Aronstabgewächse, ihre Besonderheit besteht jedoch darin, daß ihnen die große Blütenscheide (Spatha) fehlt, die normalerweise den fleischigen Blütenkolben aus winzigen Blüten umhüllt. Die Blütenkolben selbst sind unauffällig; die Pflanze wird hauptsächlich wegen ihres Blattwerks gezogen. Die schwertförmigen Blätter sitzen dicht gedrängt an den kurzen Rhizomen und ragen auf wie bei den Schwertlilien. Blätter und Rhizome verströmen einen süßen Duft, der sich beim Trocknen am besten bemerkbar macht. Sie werden auch als Hausmittel gegen Krankheiten eingesetzt und dienen zur Gewinnung von Aromastoffen in der Nahrungsmittel- und Parfumindustrie.

PFLEGE UND VERMEHRUNG: Der winterharte Kalmus läßt sich am besten an einem sumpfigen Standort bzw. in flachem Wasser oder an Teichufern ziehen. Er braucht wenig Pflege und muß nur gelegentlich zurückgeschnitten werden, um seine Ausbreitung zu verringern. Die Vermehrung erfolgt durch Teilung.

Acorus calamus

In weiten Teilen Europas, Asiens und Nordamerikas ist diese die am weitesten verbreitete Art der Gattung. Die harten, grünen Blätter sind über 1 m lang und 2,5 cm breit; ihre Mittelrippe liegt nicht ganz in der Blattmitte. Die von unten aufragenden Blütentriebe sehen auf den ersten Blick wie Blätter aus. Im Frühjahr und Sommer tragen sie lange, blaßgrüne, knapp 10 cm lange Blütenkolben. Früher waren die getrockneten und gesüßten Rhizome eine beliebte Süßigkeit. **'Variegatus'** hat cremefarben gestreifte Blätter, die im Frühjahr einen rosafarbenen Ton annehmen.

Acorus gramineus

Als Miniaturversion von *Acorus calamus* hat diese japanische Form weiche, gebogene Blätter, die knapp 30 cm lang und etwa 6 mm breit sind. Die Blütenkolben weisen eine Länge von 2,5 cm auf. **'Pusillus'** ist eine für Aquarien beliebte Pflanze und nur 10 cm hoch; **'Variegatus'** hat cremefarben gestreifte Blätter; **'Ogon'** hat hellgrün-cremefarben panaschierte Blätter.

ACRADENIA

Diese mit *Boronia* und *Zieria* verwandte Gattung besteht aus nur zwei Arten kleiner bis mittelgroßer immergrüner Bäume. Die eine stammt aus Tasmanien, die andere von der subtropischen Ostküste des australischen Festlandes. Bis vor kurzem wurde diese Festlandart noch der Gattung *Bosistoa* zugeordnet. Die Blätter beider Arten wachsen gegenständig und unterteilen sich in drei Fiederblättchen, die einen stechen-

den Geruch abgegeben, wenn man sie zerreibt. Die kleinen Rispen leuchtendweißer Blüten können recht auffällig sein.
PFLEGE UND VERMEHRUNG: Die tasmanische Art wurde vor über 100 Jahren auf den Britischen Inseln eingeführt und hat sich als dekoratives Gartenobjekt für mildere, feuchtere Regionen erwiesen. Die Pflanze mag aber auch eine geschütztere Position, wenn man sie in einer Gegend ansiedelt, in der Fröste vorkommen. Die Vermehrung erfolgt durch Stecklinge.

Acradenia frankliniae

Dieser tasmanische Baum erhielt seinen Namen zu Ehren Lady Franklins, der Ehefrau eines früheren Gouverneurs. In Gärten wird er selten höher als 2–3 m. Er ist von dichtem Wuchs und hat eine hübsche kegelförmige Wuchsform. Im Frühsommer erscheinen die weißen Blüten, versammelt in Büscheln von jeweils nur wenigen Blüten. Sie haben für gewöhnlich einen Durchmesser von etwa 5 mm und sind recht hübsch, wenn sie gehäuft auftreten. Die Pflanze ist sehr frostempfindlich.

ACROCARPUS

Zwei Arten laubwerfender Bäume aus der Familie der Hülsenfrüchtler umfaßt diese im tropischen Asien heimische Gattung. Eine davon wird manchmal in wärmeren Ländern kultiviert. Beide Arten tragen große, paarig gefiederte Blätter und viele Ähren aus dicht zusammengedrängten, scharlachroten Blüten, die sich über die gesamte Zweiglänge verteilen. Die Samen sind in abgeflachten Hülsen eingekapselt.
PFLEGE UND VERMEHRUNG: Obwohl in den Tropen heimisch, mag sie keine Tieflandregionen mit einer sehr heißen Trockenzeit, sondern bevorzugt ein kühleres Hügelland und tiefgründige, feuchte Böden. Sie gedeiht auch gut in gemäßigten bis warmen Küstenstrichen. Zur Vermehrung nimmt man Samen, der vorher eingeweicht werden sollten, wenn man die Keimung beschleunigen will.

Acrocarpus fraxinifolius

Innerhalb von zwei Jahren kann diese frostempfindliche, schnellwüchsige Art ihre volle Größe von 3,5–5 m erreichen. In diesem Stadium gibt sie mit ihrem Hauptstamm und ihren gewaltigen paarig oder unpaarig gefiederten Blättern eine palmenartige Erscheinung ab. Neue Blätter sind von einem attraktiven Bronzeton überzogen. Im heimatlichen Südostasien soll sie in der freien Natur 60 m hoch werden können und einen mächtigen Stamm besitzen; ihre Größe als kultivierte Pflanze hingegen ist ungewiß, obwohl Wachstumsraten von 3 m pro Jahr verzeichnet worden sind, und zwar im ostafrikanischen Hochland, wo man sie wegen des Nutzholzes zieht.

Actaea rubra

ACTAEA

CHRISTOPHSKRAUT

Diese Gattung umfaßt acht Arten winterharter, mehrjähriger Pflanzen, heimisch in Europa, dem gemäßigten Asien und Nordamerika, wo sie zumeist in feuchten Wäldern und auf Kalksteinfelsen zu finden sind. Die dekorativen Pflanzen besitzen große zusammengesetzte Blätter, die einer Wurzelkrone entspringen. Die Blättchen sind dünn und breit, stark geädert und scharf gezähnt. Die Blüten stehen in kurzen, fedrigen Ähren oder Dolden. Die einzelne Blüte ist eher klein und weist viele weiße Staubblätter auf, zwischen denen die Kronblätter kaum zu erkennen sind. Bei den Früchten handelt es sich um weiße, rote oder schwarze Beeren, die oftmals an einem Stengel in kontrastierenden Farben sitzen. Sämtliche Teile der Pflanze sind hochgiftig, ganz besonders aber die Beeren, die auf Kinder anziehend wirken könnten.
PFLEGE UND VERMEHRUNG: Sie benötigen einen kühl-feuchten Standort im Wald oder einen feuchten, kühlen Fleck in einem Felsgarten. Die Vermehrung erfolgt durch Samen oder Teilung.

Actaea alba

Wegen ihrer hübschen Beeren ist diese mehrjährige, frostharte Pflanze aus den östlichen USA bekannt. Die geteilten Blätter bilden etwa 50 cm breite Büschel in einem frischen Grün. Aus ihnen erheben sich im Sommer flaumige, weiße Blüten an 1 m hohen Stengeln. Gegen Ende des Sommers entwickeln sie sich zu Ähren mit glänzendweißen Beeren an roten Stielen.

Actaea rubra

Diese nordamerikanische Art, 60–80 cm hoch, hat 15–50 cm breite Blätter. Die mauveweißen Blüten haben einen Durchmesser von etwa 5 mm und drängen sich in kugeligen Dolden auf borstigen Stielen. Die Beeren sind leuchtendrot. ***Actaea rubra* f. *neglecta*** ist eine hochwüchsigere Form mit weißen Beeren. Auch diese Art ist frosthart.

ACTINIDIA

KIWISTRAUCH

In jüngster Zeit wurden diese verholzenden, ostasiatischen Kletterpflanzen durch die Frucht einer Art allseits bekannt gemacht: durch die von neuseeländischen

Actaea alba

Actinidia deliciosa

Acradenia frankliniae

Actinidia arguta 'Ananasnaya'

Züchtern verbesserte Kiwifrucht. Die Gattung *Actinidia* umfaßt aber auch einige hübsche Zierpflanzen, die von Gärtnern in Regionen mit kühlem, feuchtem Klima hoch geschätzt wird. Die zumeist laubwerfenden Pflanzen haben ineinander verschlungene, rankende Zweige mit breitflächigen, einfachen Blättern. Sowohl Zweige als auch Blätter sind oftmals von spröden Härchen überzogen. Männliche und weibliche Blüten – bei einigen Arten mit ihren weißen, grünen oder rötlichen Kronblättern recht auffällig – erscheinen normalerweise an separaten Pflanzen. Die Früchte sind fleischige, ovale Beeren, die zahlreiche winzige Samen enthalten.
PFLEGE UND VERMEHRUNG: Möchte man erreichen, daß die Pflanze Früchte trägt, sollte man wenigstens eine männliche Rankpflanze in die Nähe einer oder mehrerer weiblicher Exemplare pflanzen. Die Kletterpflanzen brauchen ein starkes Gitter oder andere Haltevorrichtungen. Sie gedeihen am besten auf feuchten, fruchtbaren Böden an einem geschützten, aber sonnigen Standort. Die Vermehrung erfolgt für gewöhnlich aus Stecklingen.

Actinidia arguta

Diese laubwerfende Art aus China, Japan und Südsibirien ist nicht nur eine der größten und kräftigsten *Actinidias*, sondern auch die winterhärteste. Sie kann eine Höhe von 15 m oder mehr erreichen und hat sehr breite, glänzende Blätter von etwa 10 cm Länge. Diese sind fein gezähnt und die Zähne mit Borsten besetzt. Im späten Frühjahr oder Frühsommer zeigen sich die grünlichweißen und duftenden Blüten; sie sitzen in Dreier-Büscheln in den Blattachseln. An den weiblichen Pflanzen folgen 2,5 cm lange, gelblichgrüne, eßbare Früchte. **'Ananasnaya'** hat kleinere Früchte, ist aber winterhart.

Actinidia deliciosa

Syn. *Actinidia chinensis*

KIWISTRAUCH, STRAHLENGRIFFEL

Bis vor kurzem war diese wohlbekannte früchtetragende Kletterpflanze als *Actinidia chinensis* bekannt, die zwischen der kultivierten und der wildwüchsigen Form Unterschiede aufweist. Unter passenden klimatischen Bedingungen erstaunt die Pflanze durch ihre Widerstandsfähigkeit und Schnellwüchsigkeit. So können die langen, leicht verholzten Zweige innerhalb einer Saison die Dicke eines Daumens erreichen und ein dichtes Geflecht bilden, das durchaus ein zu schwaches Stützgitter zerbrechen kann. Die Blätter sind oval und bis zu 20 cm lang. Sie sind wie die Stämme mit roten Borsten versehen. Die Blüten treten im späten Frühjahr bzw. Frühsommer auf. Sie sind auffällig und haben weiße Kronblätter; mit ihren goldenen Staubblättern sind die männlichen Blüten noch auffälliger. Die im Sommer und Herbst folgenden Früchte sind in Form und Größe unterschiedlich ausgeprägt, ausgewählte Klone wurden als Sorten benannt. Die Kiwipflanze ist sehr frostempfindlich und braucht reichlich Wasser sowie stickstoffhaltigen Dünger im Sommer. Im Winter sollten die blattlosen Ranken auf einen Trieb an jedem Gitterdraht zurückgeschnitten werden.

A

Adansonia gregorii

Actinidia eriantha

Actinidia kolomikta

Actinidia eriantha

In Wuchs und Blattwerk der *Actinidia deliciosa* ähnlich, erreicht diese Art nur etwa die halbe Größe. Ihre Stengel und Blätter sind weißlich behaart; die Sommerblüten haben eine dekorative rötlich-rosafarbene Tönung. Früchte trägt die kultivierte Pflanze nicht. Sie ist sehr frostempfindlich.

Actinidia kolomikta

KOLOMIKTA

Diese schlanke, laubwerfende und frostharte Kletterpflanze wird wegen ihres auffälligen Blattwerks gezogen. Sie wächst zu einem großen, strukturlosen Gebilde heran, läßt sich an einer Mauer aber zu einer eleganten Spalierpflanze formen. Die jungen Blätter sind rötlichgrün und werden später grün mit weißen oder rosa Punkten. Die duftenden, weißen Blüten mit blaßgelben Staubblättern erscheinen im Frühjahr und Sommer. Ihnen folgen kleine Früchte. Die schönste Farbkolorierung tritt bei gemäßigtem bis kühlem Klima auf.

ACTINOTUS

Diese australische Gattung aus der Familie der Doldengewächse umfaßt elf Arten, deren bekanntester Vertreter *Actinotus helianthi* ist. Blätter und Dolden sind dicht behaart, was den Wasserverlust im trockenen Klima in Grenzen hält. Die Arten wachsen auf nährstoffarmen Böden mit schlechter Wasserspeicherfähigkeit.

PFLEGE UND VERMEHRUNG: Sie brauchen leichten Schatten, ein mildes Klima und gut drainierte Böden. Man behandelt sie wie zweijährige Pflanzen und vermehrt sie über Samen oder Rankenstecklinge im Frühjahr oder Sommer.

Actinotus helianthi

Dieser zwei- oder kurzlebig mehrjährige, immergrüne Strauch wird 30–90 cm hoch bei einer Breite bis 60 cm. Die tief geteilten Blätter sind graugrün; im Frühjahr und Sommer sprießen wollig behaarte, aufrechte Stengel und tragen sternförmige Dolden, die aus einem Büschel grünlicher Blüten bestehen. Diese haben rosafarbene Staubblätter und sind von blassen weißen Hüllblättern mit graugrünen Spitzen umgeben. Die Pflanze mag einen sonnigen Standort in gut durchlässigen Böden und wächst auch in trockenem Klima schnell. Sie ist bei uns nicht winterhart.

Actinotus helianthi

Adansonia digitata

ADA

Der Name dieser südamerikanischen Orchideengattung entstammt wie viele andere der klassischen Mythologie. Die Gattung setzt sich aus etwa 16 Arten zusammen, die bis vor einiger Zeit noch zur Gattung *Brassia* gerechnet wurden. Bei allen handelt es sich um Epiphyten (Aufsitzerpflanzen) aus den tropischen Nebelwäldern mit fleischigen Pseudobulben und ledrigen Blättern. Die gebogenen Ähren entspringen den Pseudobulben und tragen wenige bis zahlreiche Blüten mit schmalen, spitz zulaufenden Kronblättern und Kelchblättern sowie ein breiteres, gebogenes Labellum.

PFLEGE UND VERMEHRUNG: Diese Orchideen eignen sich für kühlere Gewächshäuser, in denen die nächtliche Temperatur ruhig recht niedrig sein kann. Die Pflanzen sind aber nicht winterhart. Sie brauchen eine ähnliche Pflege wie *Miltonia* und *Odontoglossum* und haben keine richtige Ruheperiode. Man sollte sie niemals austrocknen lassen.

Ada aurantiaca

Beliebt ist diese kolumbianische Art wegen ihrer hübschen orangefarbenen Tönung wie auch wegen ihrer Blühphase im Spätwinter und zu Beginn des Frühjahrs. Die kompakte Pflanze trägt Blütenzweige mit kleinen Blüten und sieht dann am hübschesten aus, wenn man sie Büschel einer ansehnlichen Größe bilden läßt.

ADANSONIA

BAOBAB, AFFENBROTBAUM

Diese großen Bäume, deren Stämme sich mit dem Alter flaschenförmig verdicken, erstaunten die europäischen Entdecker in Afrika, Madagaskar und in Nordwestaustralien – den einzigen Regionen, in denen die neun Arten der Gattung wildwachsend zu finden sind. Sieben davon sind auf Madagaskar endemisch . Während der tropischen Trockenzeiten werfen sie ihr Laub meistens ab. Die Blätter sind in eine Vielzahl von Fiederblättchen geteilt, die alle vom Ende des Blattstiels ausgehen. An die Bestäubung durch nektarfressende Fledermäuse angepaßt, öffnen sich die cremefarbenen Blüten nur nachts und hängen, groß und dekorativ, einzeln von Blütenstielen herab. Die großen, ovalen Früchte enthalten Samen, die in ein saures, eßbares Fruchtfleisch eingebettet sind.

PFLEGE UND VERMEHRUNG: Die Vermehrung erfolgt durch Samen oder Stecklinge. Das Wachstum ist zunächst langsam, bis ein gutes Wurzelsystem etabliert ist, aber die widerstandsfähigen jungen Bäume mit den verdickten Stämmen geben ein hübsches Objekt für Parks und Straßenränder ab. In den Tropen oder wärmeren Subtropen sind sie leicht zu ziehen und vertragen auch nasseres Klima, obwohl sie aus einer vom Monsun geprägten Klimazone mit langen Trockenzeiten stammen. Bei uns sind die Pflanzen nicht winterhart.

Adansonia digitata

AFFENBROTBAUM

Der deutsche Name dieses Baumes stammt mutmaßlich aus Zentralafrika, obwohl dieser Affenbrotbaum fast in ganz Afrika zu finden ist. Er wächst im trockenen, halbwüstenartigen Buschland am Rande der Sahara, ist aber auch noch im Buschland des nördlichen Teiles der Provinz Transvaal zu finden. Ältere Bäume können geradezu monströse Dimensionen annehmen. Oft verzweigen sie sich schon in Erdbodennähe in mehrere stark verdickte Stämme, von denen jeder 25 m oder höher werden kann.

Adansonia gregorii

AUSTRALISCHER AFFENBROTBAUM

In seiner wilden Form ist dieser Baum auf ein kleines Gebiet in Nordwestaustralien beschränkt. Mit dem afrikanischen Affenbrotbaum eng verwandt, sind die jungen Bäume beider Arten kaum auseinanderzuhalten. Gewöhnlich erreicht diese Art nicht die gleiche Größe, aber ältere Bäume nehmen einen enormen Umfang an.

ADENANDRA

Diese Gattung mit 18 Arten kleinblättriger, immergrüner Sträucher aus der südafrikanischen Region rund um das Kap der Guten Hoffnung ist mit *Coleonema* und *Agathosma* verwandt. Wie die letztere wurden die aromatischen Blätter einiger Arten manchmal zur Zubereitung eines Kräutertees verwendet, vor allem in ländlichen Gegenden. Zwei Arten sind als Zierpflanzen bekannt, sind aber anscheinend den Gärtnern in einigen anderen Ländern besser als den Südafrikanern bekannt. Die niedrigwüchsigen Sträucher bringen sehr schöne, weiße oder rosa Blüten mit fünf Blütenblättern hervor; die Größe der Blüten scheint in keinem ausgewogenen Verhältnis zum Erscheinungsbild der kleinen, schmalen Blätter zu stehen.

PFLEGE UND VERMEHRUNG: Sie eignen sich für Felsgärten, wo sie einen sonnigen Standort auf Kiesböden mit gutem Wasserabzug erhalten sollten. Man kann sie auch in Töpfen ziehen. Im Winter sind sie gut zu wässern, im Frühjahr sparsamer. Man vermehrt sie aus Samen oder Stecklingen.

Adenandra uniflora

Dieser Strauch, bis 60 cm hoch und 1 m breit, hat aromatische, dunkelgrüne Blätter an feinen rötlichen Stielen. Die 2,5 cm großen Blüten duften nicht, sind mit ihren fünf weißen Kronblätter aber sehr schön. Die Pflanze ist frostempfindlich.

ADENIUM

Die Sträucher oder auch kleinen Bäume sind laubwerfend während der Trockenzeit. Einige haben sehr fleischige, verdickte Stämme. Die lebhaft gefärbten, trichterförmigen Blüten erscheinen von der Wintermitte an bis in das Frühjahr bzw. die tropische Trockenzeit. Früher hat man bereits ein Dutzend *Adenium*-Arten beschrieben, aber heute werden sie als eine sehr variable Art mit sechs Unterarten angesehen. Das Verbreitungsgebiet reicht vom tropischen und subtropischen Afrika, also vom Kap der Guten Hoffnung bis zum Roten Meer und tangiert auch Südarabien.

PFLEGE UND VERMEHRUNG: Die in tropischen Gärten beliebte, nicht winterharte Pflanze benötigt einen voll besonnten oder halbschattigen Standort und gedeiht am besten in einem Klima mit ausgeprägter Trockenzeit. Hält man sie als Zwergform in einem Topf, sprießen die Blüten besonders reichlich. Anfällig für Wurzelfäule, braucht sie einen gut drainierten Kiesboden. Die Vermehrung erfolgt durch Samen oder Stecklinge.

Adenium obesum

Syn. *Adenium multiflorum, A. coetanum*

In der freien Natur bildet diese Art einen kleinen Baum von 3,5 m Höhe oder mehr

Adenandra uniflora

Adenocarpus decorticans

Adenophora uehatae

aus. Er hat einen verdickten Stamm und dicke, gekrümmte Zweige. Als kultivierte Pflanze wird er selten höher als 1,5 m und bekommt wenige Zweige. Lanzettlich bis oval geformte, glänzende Blätter sind wirtelig an den Zweigenden angeordnet; in der Blütezeit im Winter ist die Pflanze meist blattlos. Die äußerst dekorativen, trompetenförmigen Blüten sind 40–50 cm lang und variieren in ihrer Farbe. Am beliebtesten ist die blaßrosafarbene oder weißliche Spielart mit dunkelrosa Rändern und einem Stich ins Rote. Den unterschiedlichen Farbvarianten wurden zahlreiche Sortennamen verliehen. Die meisten wurden von ***Adenium obesum* subsp. *obesum*** abgeleitet, die im gesamten Verbreitungsgebiet der Gattung vertreten ist. Einige der anderen Unterarten sind stärker sukkulent und bei Sukkulenten-Sammlern beliebt.

ADENOCARPUS

Diese zu den im Mittelmeerraum angesiedelten ginsterartigen Leguminosen gehörende Gattung besteht aus etwa 20 Arten laubwerfender oder immergrüner Sträucher. Einige dieser Arten würden auch als *Cytisus*-Arten durchgehen, obwohl die kleinen Blätter mit den drei Fiederblättchen an den erwachsenen Zweigen bleiben, im Gegensatz zu den sonst blattlosen Zweigen vieler Ginstergewächse. Die Blüten, gelb und recht klein, sitzen endständig in schmalen Ähren an den Zweigen. Das Verbreitungsgebiet der Gattung erstreckt sich von den Kanarischen Inseln über das nördliche Afrika bis nach Südeuropa und erreicht sogar die Türkei.

PFLEGE UND VERMEHRUNG: Einige Arten sind sehr dekorativ. Man kann sie in eine Strauchrabatte eingliedern; die kompakteren Exemplare geben auch ein interessantes Objekt für einen Felsgarten ab. Die Pflanzen brauchen einen sonnigen Standort; der Boden muß sehr offen und gut drainiert sein. Die Vermehrung erfolgt durch Samen oder Stecklinge.

Adenostoma sparsifolium

Adenium obesum

Adenocarpus decorticans

Diese spanische Art bildet einen aufrechten, laubwerfenden Strauch von 3 m Höhe aus. Die jungen Sprosse sind dicht behaart, wenn sie dicker und älter werden, bekommen sie eine weißliche Rinde. Die sehr schmalen Fiederblättchen sind 1–2 cm lang. Die goldgelben Blüten sitzen dicht gedrängt an kurzen Ähren. Die Art ist sehr frostempfindlich.

ADENOPHORA

Etwa 40 Arten krautiger, mehrjähriger Pflanzen umfaßt diese Gattung, die eng mit der Gattung *Campanula* verwandt ist und von dieser lediglich anhand eines Merkmals der Blütenstruktur auseinandergehalten werden kann. Die meisten Arten sind in Ostasien beheimatet, zwei kommen auch wild in Europa vor.

PFLEGE UND VERMEHRUNG: Die Pflanzen werden genau so behandelt wie die der Gattung *Campanula*.

Adenophora bulleyana

Diese westchinesische Art hat einen aufrechten Wuchs von 1 m und viele Stengel, an denen recht schmale, gezähnte Blätter sitzen. Die Stengel enden in lockeren blauvioletten Ähren mit kleinen, nickenden, glockenförmigen Blüten, die zurückgebogene Kronblätter aufweisen. Sie öffnen sich im Spätsommer. Die Pflanze ist frosthart.

Adenophora liliifolia

Das natürliche Verbreitungsgebiet dieser frostharten Art erstreckt sich von Europa über Ostsibirien bis nach Nordchina. Nur zur Zeit der Blüte trägt sie schmale Blätter an den Sprossen, die 50 cm lang und an der Spitze verzweigt sind. Im Sommer tragen sie herabhängende, breite, blaßblaue Glockenblüten, die etwa 2 cm lang sind.

Adenophora uehatae

Dieses aus Ostasien stammende Zwerggewächs hat große, herabhängende, blaßmauvefarbene, glockenförmige Blüten an kurzen, beblätterten Stengeln. In einem Steingarten macht sich die hübsche, frostharte Pflanze besonders gut.

ADENOSTOMA

Nur zwei Arten immergrüner Sträucher aus der Familie der *Rosaceae* konstituieren

Adenium obesum

diese Gattung. Beide kommen im trockenen Hügelland Kaliforniens und des benachbarten mexikanischen Baja California vor. Sie haben eine dekorative sich abschälende Rinde und winzige, dichtgedrängt sitzende Blätter, überzogen von einem klebrigen, aromatischen Harz. Große Blütenzweige mit winzigen, weißen Blüten ragen über das Blattwerk hinaus.

PFLEGE UND VERMEHRUNG: Diese langlebigen, bei uns nicht winterharten Sträucher geben ungewöhnliche und dekorative Objekte für Gärten in einer Klimazone ab, die allenfalls leichte Fröste, aber heiße und trockene Sommer aufweist. Die Pflanzen gedeihen am besten an einem sonnigen, aber geschützten Standort auf leichten, lockeren Böden. Man vermehrt sie durch Samen oder Stecklinge.

Adenostoma fasciculatum

Diese Art bildet einen breiten Strauch von 3 m Höhe aus, der aber auch oft niedriger bleibt. Seine gewundenen Zweige bekleidet eine rötliche Rinde, die am unteren Teil des Stammes streifenartig abblättert. Die harzigen Blätter sind sehr klein und dicht gedrängt. Die kurzen, aber üppig mit weißen Blüten besetzten Blütenzweige sprießen im Frühjahr und Sommer.

Adenostoma sparsifolium

Bis zu 6 m hoch kann dieser Strauch oder gelegentlich kleine Baum werden. Er hat dicke, gebogene, verholzte Zweige, deren rote Rinde dekorativ abblättert. Die harzigen Blätter sind klein und fast nadelförmig. Die üppig mit weißen oder leicht rosa Blüten besetzten Bütenzweige zeigen sich im Spätsommer.

ADIANTUM

FRAUENHAARFARN, VENUSHAAR

Auszumachen sind Frauenhaarfarne leicht an ihren typischen Farnwedeln, die sich aus vielen zarten, membranösen, fast kreisrunden Blättchen von frischem Grün zusammensetzen. Jedes einzelne ist über einen feinen, schwärzlichen Stiel mit dem mehrfach verzweigten Hauptstiel verbunden, auch dieser schwarz und glatt. Die Sporangien sehen aus wie winzige Einkerbungen mit überstehenden »Lippen« rund um die Blattränder. Die Gattung, die aus über 200 Arten besteht, ist überall außer in den kälteren Zonen der Erde zu finden. Die meisten sind in den amerikanischen Tropen ansässig und sehr variabel. So stimmen durchaus nicht alle Arten mit dieser Farnwedelbeschreibung überein – einige variieren und haben größere, längere oder dreieckige Blättchen ohne eigenen Stiel. Neue Blätter können entweder rosa- oder bronzefarben getönt sein, meist sind sie aber einfach blaßgrün.

Adiantum peruvianum

PFLEGE UND VERMEHRUNG: Die winterhärteren Arten gedeihen auch im Freien an schattigeren Plätzen und verbreiten sich durch ein Flach- oder Tiefwurzelsystem unterirdischer Rhizome. Daraus entsteht ein dekorativer Bodendecker; da die Pflanze aber eine Störung ihrer Wurzeln nicht verträgt, kann ein Umpflanzen schwierig sein. Die tropischen Arten, die meist dichte Büschel aus Wedeln bilden, werden oft als Topfpflanzen gezogen. Sie bevorzugen helles Licht, aber keine direkte Sonneneinstrahlung. Auch das Badezimmer ist ein beliebter Standort, denn die Pflanzen mögen nicht die trockene Atmosphäre beheizter Räume. Man setze die Pflanze in ein nicht zu großes Gefäß, die Wurzeln mögen nicht zuviel Feuchtigkeit, und wähle eine humusreiche Erde. Alte Blätter entfernt man. Die Vermehrung geschieht durch Sporen; auch die Teilung der Rhizome ist möglich, kann aber leicht fehlschlagen.

Adiantum aethiopicum

Diese Farnart, die ihr natürliches Vorkommen in einem Großteil Asiens, Afrikas und Australiens hat, entwickelt winzige, blaßgrüne, abgerundete Fiederblättchen. Die Rhizome liegen tief in der Erde, und die Pflanze kann sich so weit ausbreiten. Die Art gedeiht auch in Töpfen oder Ampeln, muß aber häufig umgetopft werden. Sie ist nicht winterhart.

Adiantum capillus-veneris

VENUSHAAR

Die Bezeichnung »Venushaar« bezieht sich auf die feinen, glänzenden Fiederblattstiele. Im Unterschied zu der sonst sehr ähnlichen *Adiantum aethiopicum* hat diese Art schwach gelappte Fiedern und ist von eher büscheligem Wuchs. Heimisch ist sie in den wärmeren Erdteilen und, als einzige der Gattung, in Europa. Sie wird 30–60 cm hoch und tritt wild auf Kalkuntergrund auf. So empfehlen auch einige Züchter, die Erde für diese Pflanze mit Kalk zu versetzen. Sie ist sehr frostempfindlich.

Adiantum raddianum 'Triumph'

Adiantum raddianum 'Tinctum'

Adiantum formosum

Diese schöne Farnart aus Neuseeland und Australien bildet mit ihren unterirdischen Rhizomen weitflächige Kolonien aus. Mit 0,6–1,2 m Größe ist sie eine der hochwüchsigen Arten. Die in relativ weiten Abständen zueinander stehenden Farnwedel, tief und unregelmäßig eingeschnitten, sind jung blaß-, älter kräftiger grün und 25–30 cm lang. Die nicht winterharte Art bevorzugt einen sonnigen Standort.

Adiantum jordanii

Diese aus Ostteilen Nordamerikas stammende Art gehört zu den winterhärteren, wenn auch immer noch frostempfindlichen Frauenhaarfarnen. Die bis zu 60 cm langen Farnwedel entspringen einem kurzen, kriechenden Rhizom und sind in zahlreiche halbkugelförmige Fiedern unterteilt.

Adiantum pedatum

AMERIKANISCHES FRAUENHAAR

Das natürliche Verbreitungsgebiet dieser winterhärtesten Art befindet sich in den kühleren Teilen Nordamerikas und den gemäßigten Zonen Asiens und des Himalajas. Die Wedel haben eine Länge von 60 cm und auffällige keilförmige Fiedern, die sich am Hauptblattstiel regelmäßig aneinanderreihen. An einem schattigen Platz können sich die Rhizome weit ausbreiten. Die frostharte Pflanze aus den kühlen Bergwäldern paßt sich schlecht an die Kultivierung in wärmeren Gegenden an. ***Adiantum pedatum* var. *aleuticum*** wird heute oftmals als eigene Art behandelt. ***A. aleuticum*** aus Alaska und Westkanada hat aufrechter stehende Farnwedel mit weniger Fiedern und ist auch winterhärter. Die Sorte ***'A. pedatum* forma *billingsiae'*** hebt sich durch breitere, leicht gekräuselte, grünblaue Fiederblättchen von den anderen Sorten ab.

Adiantum raddianum

Adiantum pedatum var. *aleuticum*

Adiantum pedatum f. *billingsiae*

Adiantum peruvianum

SILBERDOLLAR-FRAUENHAAR

Die wegen ihrer silbrig-pinkfarbenen, leicht metallisch wirkenden jungen Farnwedel geschätzte Pflanze kommt aus Ecuador, Peru und Bolivien. Sie hat einen kräftigen Wurzelstock; die Farnwedel können eine Länge von 1 m erreichen. Die rautenförmigen Fiedern sind 5 cm lang. Diese Frauenhaarfarnart ruht den Winter über und darf während dieser Zeit nur sparsam gewässert werden. Sie bevorzugt Feuchtigkeit und einen hellen, luftigen Standort auf neutralen bis alkalischen Böden. Sie ist nicht winterhart.

Adiantum raddianum

Diese im Vergleich zu *Adiantium aethiopicum* größere und gröbere Art hat kräftige, gebogene Farnwedel, die ein dichtes, kaskadenförmiges Büschel bilden. Die blaßgrünen, fächerförmigen Fiedern sitzen an feinen, dunkelpurpurnen Stielen. Die frostanfällige Pflanze erreicht eine Höhe und Breite von 30–50 cm. Im Herbst sind alte Farnwedel zu entfernen, um neues Wachstum zu fördern. Die als Topfpflanze beliebteste Art hat zahlreiche Zuchtformen hervorgebracht, z.B. **'Triumph'** und **'Tinctum'**.

Adiantum venustum

IMMERGRÜNES FRAUENHAAR

Im Himalaja und in höheren Höhenlagen Chinas zwischen Felsen wachsend, wird diese Art zwischen 30 cm und 90 cm hoch. Sie ist sehr dekorativ und hat große Farnwedel mit unterseits bläulichen Fiederblättchen. Junge Blätter sind hübsch pinkfarben getönt. Die sehr winterharte Pflanze gibt einen hervorragenden Bodendecker an einem geschützten Standort ab.

Adromischus umbraticola

Adonis vernalis

Adonis annua

Aechmea agavifolia

Aechmea 'Mary Brett'

ADLUMIA

Nur aus einer Art besteht diese Gattung aus den östlichen USA und Kanada. Die zweijährige Kletterpflanze hat sehr fein unterteilte Blätter von einer zarten, schaumartigen Struktur. Sie klettert nach oben, indem sie die Blattstiele als Ranke benutzt. An den herabhängenden Blütenzweigen sitzen weiße bis blaßpurpurne, schmale Blüten.
PFLEGE UND VERMEHRUNG: Die frostharte Pflanze mag einen geschützten, feuchten Standort im Schatten größerer Sträucher, deren untere Astreihe sie erklimmen können. Andernfalls sollte man sie an dünnen Pflöcken oder Drähten bzw. an einem Zaun festbinden. Der Boden sollte feucht und gut drainiert sein. Die Vermehrung erfolgt durch Samen im Frühjahr.

Adlumia fungosa

Diese schlanke Kletterpflanze erreicht normalerweise eine Höhe von 2–3 m, kann aber auch größer werden. Sie blüht im Sommer und Herbst.

ADONIS

ADONISRÖSCHEN

Als Gattung umfaßt das Adonisröschen 20 Arten ein- und mehrjähriger Pflanzen aus Europa und den kühleren Teilen Asiens mit leuchtendfarbigen Blüten; es ähnelt der *Anemone*, mit der es verwandt ist. Die Blätter der Pflanze sind oft schwach geteilt, wobei die obersten Blätter eine Art »Nest« bilden, in dem die einzelne schüsselförmige Blüte ruht. Lediglich die Mehrjährigen werden verbreitet kultiviert und finden ihren Platz in Rabatten und Steingärten.
PFLEGE UND VERMEHRUNG: *Adonis*-Pflanzen benötigen kühles Klima mit warmen, trockenen Sommern. Am besten zieht man sie an einem geschützten, voll besonnten Standort auf feuchten, nährstoffreichen Böden mit hohem Humusgehalt. Die Vermehrung erfolgt durch frischen Samen oder Teilung vorhandener Büschel.

Adonis aestivalis

SOMMERADONISRÖSCHEN, SOMMERBLUTSTRÖPFCHEN

Diese einjährige Art aus Mitteleuropa wird 50 cm hoch. Sie trägt geteilte Blätter und im Sommer kleine Blüten mit dunkelroten, an der Basis schwärzlichen Kronblättern (und wird darum manchmal auch »Schwarzes Auge« genannt). Auch wenn man sie kaum außerhalb von wilden Gärten kennt, geben sie nützliche Pflanzen für eine Rabatte ab, wenn man sie dicht aussät. Sie ist frosthart.

Adonis amurensis

Leuchtendgelbe Blüten mit 20 bis 30 Kronblättern schmücken diese in der Mandschurei, Japan und Korea beheimatete mehrjährige Pflanze. **'Benten'** hat blaßcremefarbene Blüten mit gekräuselten Kronblättern; **'Fukujakai'** blüht extrem früh; **'Pleniflora'** (Syn. 'Plena') hat gefüllte Blüten, genau wie die rotbraunen Blüten von **'Ramosa'**. Die Art ist frosthart.

Adonis annua

HERBSTADONISRÖSCHEN

Diese in vieler Hinsicht von den anderen Arten abweichende Einjährige hat ihre Blütezeit im Sommer. Die verzweigten Stengel von 30–40 cm Höhe tragen schwach geteilte Blätter. Die leuchtendroten Blüten mit den fünf bis acht Kronblättern haben einen Durchmesser von etwa 2,5 cm und ein schwarzes Zentrum. Diese Art kommt in Südwesteuropa und Südwestasien vor.

Adonis vernalis

Diese ausdauernde und frostharte europäische Pflanze ähnelt stark der *Adonis amurensis*, hat aber im Gegensatz zu dieser sehr schmale, fast nadelartige, fein geteilte Blätter. Die Blüten mit insgesamt bis zu 20 leuchtendgelben Kronblättern sind mit einem Durchmesser von knapp 10 cm recht groß. Sie öffnen sich zu Beginn des Frühjahrs. Sowohl diese giftige Art als auch *A. annua* wurden als Heilkräuter verwandt.

ADROMISCHUS

KURZSTIEL

Diese Gattung umfaßt über 30 Arten von Zwergsukkulenten, die in den halbwüstenartigen Zonen Südafrikas beheimatet sind. Sie werden etwa 10 cm hoch und 3–5 cm breit. Die Blätter mit den kurzen Blattstielen sind flach, oval bis zylindrisch geformt und mit einem Fleckenmuster versehen. Die weißrosa Blüten erscheinen im Sommer in etwa 1 cm langen Ähren.
PFLEGE UND VERMEHRUNG: Die nicht winterharten Pflanzen lieben gut drainierten Boden und einen teilbeschatteten Standort. Sie sind frostempfindlich. Die Vermehrung erfolgt durch Stiel- oder Blattstecklinge bzw. durch Samen. Die Mitglieder dieser Gattung sind anfällig für Schildlausbefall.

Adromischus cooperi

Diese 10 cm hohe Sukkulente aus Südafrika hat grüne, spatelförmige Blätter; sie sind 2,5–5 cm lang und im oberen Teil purpurn gemustert. Im Frühjahr und Herbst bringt diese Pflanze purpurne und rote, trompetenförmige Blüten hervor, die 1 cm lang sind. Die Pflanze ist zu beschneiden.

Adromischus maculatus

Im Frühjahr und Herbst bringt diese kleine, am Kap der Guten Hoffnung in Südafrika beheimatete Art weiße, trompetenförmige Blüten hervor, die eine Länge von 5 cm erreichen. Die 10 cm hohe Pflanze hat rundliche bis ovale grüne Blätter, die rot gesprenkelt und 5 cm lang sind.

Adromischus umbraticola

Syn. *Cotyledon trigyna*

Dicke und ovale, grüne Blätter mit rötlich-orangefarbenen Rändern schmücken in der Gegend um Transvaal beheimatete, kurzstielige *Adromischus umbraticola*.

AECHMEA

Die Gattung *Aechmea*, eine der größten und variabelsten Bromeliengattungen, zählt bei Liebhabern von Topfpflanzen auch zu den beliebtesten. Sie umfaßt über 170 Arten, die in Mittel- und Südamerika zu Hause sind. Die meisten davon sind Epiphyten oder Felsbewohner. In den vasenähnlichen Gebilden, die durch rosettenförmig angeordnete steife Blätter entstehen, speichern sie Wasser. Die Blätter können ein Gitter-, Streifen- oder sonstiges Muster aufweisen und haben bei einigen Arten, z.B. ***Aechmea agavifolia***, einen stacheligen Rand. Die Blüten sind klein, aber oftmals von intensiver Färbung. Sie sind in dichten Ähren angeordnet, die in Größe und Struktur zwar erheblich voneinander abweichen, aber jeweils zahlreiche überlappende Tragblätter aufweisen, deren Farbe mit der Blüte kontrastiert. Ein typisches Beispiel hierfür ist die ***Aechmea* 'Mary Brett'**. Auch die beerenartigen Früchte sind häufig farbenprächtig.
PFLEGE UND VERMEHRUNG: Wie *Aechmeas* zu behandeln sind, hängt sehr stark vom jeweiligen Klima ab. In den feuchten Tropen und Subtropen wächst diese Pflanze problemlos im Freien. Die meisten Exemplare schätzen eine indirekte Sonneneinstrahlung. Obwohl es sich um Epiphyten handelt, wachsen sie auch direkt auf dem Erdboden, vorausgesetzt, er ist locker und enthält einen hinreichenden Humusanteil. Auch das Beet sollte leicht angehoben werden. Einige Arten vertragen auch ein überraschend kühles Klima und können bis weit in die gemäßigten Zonen hinein im Freien gezogen werden, solange sie nicht dem Frost ausgesetzt sind. In kälteren Klimazonen zieht man sie als Topf- oder Treibhauspflanzen. Als Topferde empfiehlt sich eine grobe Kiesmischung wie bei vielen Orchideenarten. Zur Vermehrung trennt man die neuen Nebenpflanzen mit einem scharfen Messer ab oder man wählt Samen.

A

Aechmea fasciata

Aechmea chantinii 'Black'

Aechmea chantinii

Aechmea chantinii

Diese Art aus dem nordwestlichen Teil Südamerikas hat rot-gelbe Blüten, welche die langen, herabhängenden, lachs-orangefarbenen Tragblätter überragen. Die Rosetten bestehen aus dunkelolivgrünen Blättern, die zumeist einen silbriggrauen, dunkelgrünen oder fast schwarzen Streifen aufweisen. Die Blüten erscheinen im Sommer, gefolgt von blauen oder weißen Beeren. Die Pflanze hat eine aufrechte, urnenfrömige Wuchsform und wird 30–60 cm hoch und breit. **'Black'** ist eine von mehreren Kulturvarietäten der *Aechmea chantinii*. Im Winter ist darauf zu achten, daß die Bedingungen nicht zu feucht sind. Diese Art ist sehr kälteempfindlich.

Aechmea fasciata
SILBERVASE

Mit ihrer »Vase« aus silbriggrauen Blättern, überzogen von grünen Strichen, erinnert die brasilianische Art an ein Blumenarrangement. Im Sommer entspringt daraus ein kurzes, breites Büschel mauveblauer Blüten zwischen dicht gedrängten, spitzen Tragblättern in einem höchst zarten, klaren Rosa. Die Rosetten, bis knapp 50 cm lang, sind nicht stark büschelbildend.

Aechmea 'Foster's Favorite'

Die Art hat gebogene, glänzende, weinrote Blätter. Im Winter erscheinen herabhängende Ähren dunkelblauer, röhrenförmiger Blüten, denen Ketten roter Beeren folgen. Die Pflanze bildet lockere Rosetten aus und wird 30–60 cm hoch und breit.

Aechmea fulgens

Die beliebte Pflanze aus Ostbrasilien bildet eine Rosette aus ziemlich dünnen Blättern aus, die oberseits von leuchtendem Grün sind, aber an der Unterseite eine graue Wachsbeschichtung haben. Der 50 cm lange Blütentriebe endet in einer reichverzweigten Rispe ohne auffällige Tragblätter. Die Blüten haben tränenförmige, glänzendrote Blütenkelche und kurze, violette Blütenblätter. Die am häufigsten gezogene Sorte ist ***Aechmea* var. *discolor*.** Ihre Blätter gehen etwas mehr ins Purpurne.

Aechmea nidularioides

Einen wunderschönen Blickfang bietet diese Art. Sie hat etwa 60 cm lange, bandartige Blätter; der Blütentrieb endet in einer Rosette roter Tragblätter, in deren Mittelpunkt die gelben Blüten sitzen.

Aechmea nudicaulis

Diese große und sehr dekorative Art wird zwischen 40 cm und 80 cm hoch und breit. Die Rosetten bestehen aus gebogenen, gelbgrünen Blättern mit stacheligen Blatträndern und häufig grauen, schuppigen Bändern an den Unterseiten. Im Frühjahr und Sommer sprießen die Ähren mit kleinen, gelben Blüten hervor, die sich über die leuchtendroten Tragblätter erheben. In ihrem natürlichen Lebensraum findet man diese Pflanze als Aufsitzerpflanze auf Bäumen und Felsen im mittleren und nördlichen Teil Südamerikas.

Aechmea 'Shining Light'

Aechmea pineliana

Diese brasilianische Art entwickelt sich sehr dekorativ, wenn man sie an einem hellen Standort oder in der vollen Sonne zieht. Hier nimmt das Blattwerk einen Dunkelrosaton an. Die dicht und aufrecht wachsende Pflanze wird 30–40 cm breit und hoch. Sie hat steife, spitze, graugrüne Blätter, deren Ränder von roten Stacheln umsäumt sind. Vom Winter bis zum Frühjahr sprießt aus dem Zentrum der Pflanze ein scharlachroter Stengel mit einem kurzen zylindrischen Blütenstand den die zunächst gelben Blüten besetzen. Mit der Reife werden sie schwarz. Die Pflanze verträgt Sonne und bedingt Kälte und kann im Freien gezogen werden, ist aber nicht winterhart.

Aechmea pineliana

Aechmea nidularioides

Aechmea 'Royal Wine'

Die hybride Züchtung, gut für geschlossene Räume geeignet, hat bandartige, leuchtendgrüne Blätter mit roter Grundseite. Die wenig verzweigten Blütenstände mit dunkelblauen Kronblättern hängen über. Die Früchte sind orangefarben.

Aechmea 'Shining Light'

Diese hybride Kulturform präsentiert eine breite Blätterrosette mit glänzenden, blaßgrünen Blattoberseiten und weinroten Unterseiten. Aus ihrer Mitte entspringt im Sommer eine große, 60 cm hohe Blütenrispe mit leuchtendroten Tragblättern und zahlreichen kleinen Blüten.

AEGOPODIUM
GEISSFUSS, GIERSCH

Fünf Arten mehrjähriger, in Europa und Asien heimischer Pflanzen ergeben diese Gattung aus der Familie der Doldengewächse. Die teils recht hübschen Gewächse sind wegen ihrer fast unaufhaltsamen Verbreitung durch unterirdische Rhizome gefürchtet. Der Gewöhnliche Giersch, dem man u.a. Heilwirkung gegen die Gicht zuschrieb, wurde lange in der Kräutermedizin eingesetzt. Die jungen Triebe der Pflanze können als Gemüse genossen werden.
PFLEGE UND VERMEHRUNG: Das Ziehen von *Aegopodium* ist leichter, als ihm Einhalt zu gebieten. Es handelt es sich um einen effektiven Bodendecker, den man dort wachsen lassen kann, wo hinreichend Platz ist; auf feuchten Böden und im Halbschatten verdrängt er alle anderen Unkräuter. Jedes Stückchen einer Wurzel wächst an.

Aegopodium podagraria
GEWÖHNLICHER GIERSCH

Der sich mit unterirdischen Ausläufern wuchernd ausbreitende und bis zu 1 m

Aegopodium podagraria 'Variegata'

Aechmea 'Royal Wine'

hohe Gewöhnliche Giersch streckt im Sommer seine reinweißen Blütendolden empor. **'Variegata'** wird manchmal als Bodendecker gezogen. Die Fiederblättchen dieser Zuchtform sind nett weiß umrandet. Bei dieser Form handelt es sich um eine geringfügig kleinere und weniger aggressive Ausprägung als die gängige grüne Art. Die Pflanze ist frosthart.

AEONIUM

Diese auf den Kanarischen Inseln, im Mittelmeerraum und in Nordafrika beheimatete Gattung umfaßt 40 Arten kurzlebiger mehrjähriger Pflanzen oder strauchiger immergrüner Sukkulenten. Die Pflanzen bringen entweder eine einzige große bzw. mehrere kleinere kompakte, stengellose Rosetten hervor oder verzweigen sich in mehrere lange, dicke Sprosse, die mit Blättern enden. Einige sind stärker verzweigt und haben viele kleinere Rosetten. Im Frühjahr entspringen der Blätterrosette Blütenzweige, die, der Größe nach gestaffelt, eine dichte Blütenpyramide bilden. Die attraktiven sternförmigen Blüten selbst sind rosa, rot, weiß oder gelb.
PFLEGE UND VERMEHRUNG: Diese nicht winterharte Gattung mag volle Sonne oder Halbschatten, leichte, gut durchlässige Böden und wärmere Temperaturen. Einige Arten vertragen leichte Fröste. Nach dem Abblühen sind abgestorbene Blütenrispen zu entfernen, obwohl die Blütenrosette zumeist abstirbt und Arten mit nur einer Rosette komplett eingehen. Die Vermehrung erfolgt durch Samen bzw. Stiel- oder Blattstecklinge im Frühjahr und Sommer.

Aeonium arboreum

Diese an der Atlantikküste Marokkos beheimatete Art erreicht eine Höhe von 60 cm und bringt eine ganze Anzahl von Zweigen mit leuchtendgrünen Blattrosetten hervor. Im Frühjahr tragen einige Zweige dichte, kegelförmige Büschel goldgelber Blüten. Nach der Blüte stirbt der ganze Zweig ab. Die Züchtung **'Zwartkop'** hat auffallende rötlichschwarze Blätter.

Aeonium canariense

Bekannt ist diese von den Kanarischen Inseln stammende Art wegen der großen Rosetten – sie ist nur 15 cm hoch, aber bis 50 cm breit. Die frostanfällige, mehrjährige Pflanze hat löffelförmige, rot gerandete Blätter. Nach zwei oder drei Jahren vergrößert sich das Rosettenzentrum und bildet einen Blütentrieb aus, der ein Büschel aus zahlreichen glänzendgelben Blüten trägt. Diese öffnen sich im Frühjahr; nach dem Blühen stirbt die gesamte Pflanze ab.

Aeonium haworthii

Diese ebenfalls auf den Kanarischen Inseln beheimatete strauchige Art hat eine dichte, kugelige, buschige Wuchsform und wird 60 cm hoch. Die kurzen, aufrechten, reichverzweigten Zweige tragen zahlreiche Rosetten dicker, löffelförmiger, blaugrauer Blätter mit roten Rändern, die 5 cm lang und fast ebenso breit sind. Endständige Büschel cremegelber, rosa überlaufener Blüten erscheinen im Frühjahr und Sommer. Diese zähe, langlebige Art ist als Kübelpflanze für Terrassen und Balkone beliebt.

Aeonium tabuliforme

Das Vorkommen dieser Pflanze beschränkt sich auf Teneriffa.Sie besteht aus einer flachen Blätterrosette mit einem Durchmesser bis zu 50 cm. Diese sitzt an einem 20 cm langen Sproß und setzt sich aus zahlreichen einander dicht überlappenden Blättern zusammen. Das Wachstum endet mit der Bildung der Blütenstände, die etwa 50 cm hoch sind und sich in mehrere Blütentriebe mit gelben Blüten verzweigen. Sie sprießen im Frühjahr und Sommer. Nach dem Blühen stirbt die Pflanze ab. Die Art benötigt einen Standort im Halbschatten auf einem Boden mit guter Drainage.

AERANGIS

Diese Gattung von etwa 50 Arten epiphytischer Orchideen kommt aus dem tropischen Afrika und Madagaskar. Einige Arten gibt es auch auf anderen Inseln des Indischen Ozeans bis hin nach Sri Lanka. Die Gattung ist eng mit *Angraecum* verwandt und hat ganz ähnliche weiße oder grünlichweiße Blüten, wobei die Rückseite des Labellums bis in den röhrenförmigen Nektarsporn hineinwächst. Bei einigen Arten kann dieser extrem lang sein. Die Blüten duften abends süß und werden wie die von *Angraecum* von Faltern mit langen Rüsseln befruchtet. In ihrer Wuchsform mit den zwei bis mehreren breiten, ledrigen, kurz gestielten Blättern ähneln die meisten Arten hingegen eher *Phalaenopsis*.
PFLEGE UND VERMEHRUNG: Diese nicht winterharten Pflanzen bevorzugen einen geringeren Lichteinfall als die meisten anderen Orchideenarten. Sie brauchen eine konstant hohe Feuchtigkeit und gleichbleibende Wärme. Am besten zieht man sie auf Rinden- oder Korkstückchen. In der aktiven Wachstumsphase sollte man sie mit Wasser besprühen. Die Vermehrung erfolgt durch Entnahme von Ablegern.

Aerangis ellisii

Als höchste *Aerangis*-Art treibt diese einen 60 cm hohen Stengel mit zweireihig angeordneten Blättern hervor. Im Sommer und Herbst bildet sie Blütenstände in Form von halbherabhängenden Trauben reinweißer, 3,5 cm breiter Blüten. Sie haben nach rückwärts weisende Kron- und Kelchblätter sowie einen schlanken, 15 cm langen Sporn, der sich nach unten biegt. ***Aerangis ellisii* var. *grandiflora*** hat größere Blüten mit bis zu 25 cm langen Spornen.

AERIDES

Die Orchideen-Gattung stammt aus dem tropischen Asien umd umfaßt etwa 50 Arten. Jederzeit zwischen Frühjahr und Herbst können die zartweißen oder rosa Blüten erscheinen; sie haben meist ein Labellum mit einem großen, nach vorne weisenden Sporn und duften würzig.
PFLEGE UND VERMEHRUNG: Diese nicht winterharte Pflanze braucht ein mittleres bis warmes Klima und einen groben, offenen Kompost. Im Hängekorb kommen die herabhängenden Blüten am besten zur Geltung. Im Winter sollte man der Pflanze erlauben, ein wenig auszutrocknen.

Aerides quinquevulnera

Quinquevulnera (»mit fünf Wunden«) bezieht sich auf die Musterung der Blüte dieser epiphytischen Orchidee von den Philippinen. An den aufrechten Stengeln der knapp 50 cm hohen Art sitzen jeweils zwei Reihen bandartiger, 30 cm langer Blätter. Die schlanken Blütentriebe tragen herabhängende Trauben weißer Blüten mit roten Flecken; die Farbe kann aber auch von Weiß bis zu einem reinen Purpurton gehen. Diese Blütenstände erscheinen mehr oder weniger kontinuierlich vom Frühjahr bis in den Herbst. Sie riechen sehr stark nach Zimt. Die Art verträgt keine Kälte.

AESCHYNANTHUS

Diese Gattung umfaßt über 100 Arten zumeist afrikanischer epiphytischer Kletterpflanzen und Halbsträucher. Das natürliche Verbreitungsgebiet reicht von den Regenwäldern Südostasiens bis zur Malaiischen Inselgruppe. Einige Arten etablierten sich als beliebte Topfpflanzen, die sich für Ampeln eignen und viele Monate lang nahezu unaufhörlich blühen. Die Triebe sind zäh und drahtig und teilweise durch Wurzeln verankert. Die fleischigen Blätter sind gegenständig angeordnet und laufen spitz zu. Die an den Zweigenden dicht gedrängten Blüten sind trompetenförmig und gebogen. Oft ist die Unterseite von einem auffälligen Kelch umhüllt.
PFLEGE UND VERMEHRUNG: Sie wachsen in feuchten tropischen und subtropischen Klimazonen im Freien, wo sie einen Standort im Halbschatten bevorzugen. In unseren heimatlichen Regionen, wo sie nicht winterhart sind, lassen sich die Pflanzen in einem Hängekorb oder der Astgabel eines großen Baumes ziehen. In kühleren Regionen paßt sie sich nämlich hervorragend an den Gebrauch als Topfpflanze an, braucht aber sehr starkes Licht. Die Pflanze ist in eine grobe Topferdenmischung zu setzen und während des Wachstums großzügig zu wässern. Aus Stecklingen lassen sich neue Pflanzen ziehen.

Aeschynanthus javanicus

Die auf Java und anderen Inseln der Malaiischen Inselgruppe beheimatete Art trägt kürzere Blüten als die meisten anderen Arten der Gattung, präsentiert sich dafür aber im leuchtendsten Orange. Der tassenartige Kelch ist für gewöhnlich dunkler als die breit gelappte Blütenkrone. Beide sind mit borstigen Haaren besetzt. Stengel und Blüten hängen leicht über.

Aeschynanthus lobbianus

Syn. *Aeschynanthus radicans* var. *lobbianus*

Diese in den indonesischen Regenwäldern beheimatete kletternde Aufsitzerpflanze trägt ziemlich breite Blätter und knapp 10 cm lange Paare leuchtendroter Blüten, die den Blattachseln entspringen und von einem langen, hellpurpurnen, röhrenförmigen Kelch umhüllt sind.

Aeonium arboreum 'Zwartkop'

Aeonium tabuliforme

Aeschynanthus javanicus

Aeonium arboreum

A

Aeschynanthus longicaulis

Malaysia ist die Heimat dieser Hängepflanze. Die schlanken, verzweigten Zweige tragen schmale, wächserne Blätter, die hellgrün gesprenkelt sind. Im Sommer und Herbst erscheinen in Büscheln kurze, orangerote Blüten mit grünen Kelchblättern.

Aeschynanthus pulcher

Diese Kletter- oder Hängepflanze aus Java kann bis 3 m hoch werden. Die dicken Blätter haben leicht purpurne Ränder. Vom Sommer bis in den Winter trägt die Pflanze endständige Büschel 5 cm langer, leuchtendroter Blüten mit gelbem Schlund.

Aeschynanthus speciosus

Die Art aus Borneo trägt längliche Büschel röhrenförmiger, 10 cm langer, orangfarbener Blüten mit gelbem Schlund. Mit ihrem schwach kletternden Wuchs erreicht sie eine Höhe und Breite von 30–60 cm. Die Triebe sind schlank und gebogen. Die dunkelgrünen, lanzettlichen Blätter sind paarig oder wirtelig angeordnet. Eine endständige Blattrosette umgibt ein Blütenbüschel.

Aeschynanthus speciosus

Aesculus flava

Aesculus californica

Aesculus californica

Aesculus glabra

AESCULUS

ROSSKASTANIE

Die laubwerfenden Bäume und Sträucher haben fingerförmig geteilte Blätter und tragen im Frühjahr oder Sommer auffällige Ähren cremefarbener bis rötlicher Blüten, die endständig an den Zweigen sitzen. Die Samen ähneln Eßkastanien, sind aber ungenießbar. Wenigstens die Hälfte der etwa 20 Arten sind in Nordamerika beheimatet; der Rest verteilt sich über das gemäßigte Asien und Europa. In Europa kennt man die Pflanzen als majestätische Park- und Alleebäume in den Metropolen. In der freien Natur hingegen siedeln sie in Talsohlen, wo sie an geschützten Standorten auf tiefgründigen Böden mit hohem Feuchtigkeitsgehalt gedeihen.

PFLEGE UND VERMEHRUNG: Obwohl die meisten Arten winterhart sind, gedeihen diese Bäume am besten in jenen kühlen Klimazonen, wo Jahreszeiten scharf voneinander abgegrenzt und die Sommer warm sind. Die Vermehrung erfolgt durch Samen oder im Falle von ausgewählten Klonen und Hybriden durch Pfropfung.

Aesculus californica

KALIFORNISCHE ROSSKASTANIE

Diese auf den Abhängen des kalifornischen Hügellandes beheimatete Art kann eine Höhe von 12 m erreichen. Im Garten gibt sie einen ausladenden Strauch oder kleinen Baum ab, 3–5 m hoch. Die gräulichgrünen Blätter mit fünf bis sieben schmalen Fiederblättern werden nur 5–10 cm lang. Im Sommer bringt die Pflanze lange, dichte Ähren kleiner, cremefarbener Blüten hervor, die stark duften und oft einen Stich ins Rosafarbene haben. Diese Art verträgt eher Trockenheit als die anderen und ist daher in der Lage, heiße, trockene Sommer zu überleben. Sie ist sehr frostempfindlich.

Aesculus × carnea

Diese hybride, frostharte Art wird 10 m hoch und wächst gut aus Samen heran. Von einer Elternpflanze, *Aesculus pavia* stammt die rosarote Farbe ihrer Blüten; die andere Elternpflanze ist *A. hippocastanum*, doch paßt sich die Hybride besser an heiße und trockene Klimate an als diese. Die Zuchtform **'Briotii'** hat größere Blütenähren in noch leuchtenderem Rosa.

Aesculus flava

Syn. *Aesculus octandra*

GELBE ROSSKASTANIE

Dieser hübsche Zierbaum kommt aus den östlichen USA. In freier Natur erreicht er eine Höhe von 30 m. Kleine, cremefarbene oder rosige Blüten treten ab dem späten Frühjahr bis in den Spätsommer hinein auf. Sie sind in 15 cm langen Rispen angeordnet. Ihnen folgen Früchte mit je zwei bis vier Samen. Vor dem Herabfallen verfärben sich die zunächst dunkelgrünen Blätter gelb. Die Rinde ist dunkelbraun und wird mit dem Alter tief gefurcht. Er ist frosthart.

Aesculus glabra

OHIO-ROSSKASTANIE

In Umfang und Gestalt ähnelt diese Art der *Aesculus flava*, sie ist aber kleiner und hat eine rauhere Rinde. Im Frühjahr bringt sie grünlichgelbe Blüten mit hervorstehenden Staubblättern hervor, aus denen stachelige Früchte enstehen. Die Blätter riechen unangenehm, wenn man sie zerreibt. Obwohl es sich um einen dekorativen Baum mit hübschem Blattwerk handelt, findet man diese – frostharte – Roßkastanie aus Ohio vor allem in Botanischen Gärten und anderen größeren Sammlungen.

Aesculus hippocastanum

GEMEINE ROSSKASTANIE

Ursprünglich heimisch in den Bergtälern der griechisch-albanischen Grenzregion, wird dieser stolze Baum heute weithin in Parks, Alleen und großen Gärten überall in Europa angepflanzt. Er kann eine Höhe von 30 m erreichen, ist aber meist nur halb so groß. Er trägt im Frühjahr und Frühsommer auffallende »Blütenkerzen«; die einzelnen Blüten haben knitterige, weiße

Aesculus glabra

Aesculus × carnea 'Briotii'

Aesculus hippocastanum

Aesculus × carnea

Aesculus hippocastanum

Kronblätter mit gelben Flecken am Grund, der mit zunehmendem Alter eine hellrote Tönung annimmt. Die großen Samen bilden sich in stacheligen, ledrigen Kapseln; im Herbst springen sie auf und geben die wohlbekannten Kastanien frei. Das dunkelgrüne Blattwerk nimmt im Herbst eine gelblichbraune Färbung an. **'Baumanii'** hat langlebigere, gefüllte Blüten. Der Baum ist winterhart.

Aesculus indica
INDISCHE ROSSKASTANIE

Die Kastanienart aus dem nordwestlichen Himalaja hat sehr niedrig sitzende Zweige, einen dicken Stamm sowie eine ausladende Krone, wenn der einzelne Baum frei stehen kann. Im frühen Sommer erscheinen 30–40 cm lange Ähren mit weißen Blüten, die gelb- oder rotstichige Kronblätter haben. Die glänzenden Blätter nehmen im Herbst eine gelbe Färbung an; die großen, bräunlichen Früchte haben keine Stacheln. Der frostharte Baum braucht einen geschützten, aber sonnigen Standort bei gleichbleibender Bodenfeuchtigkeit.

Aesculus × neglecta

Als natürliche Kreuzung aus den beiden amerikanischen Arten *Aesculus flava* und *A. sylvatica* hervorgegangen, erreicht diese Art eine Höhe von etwa 20 m. Die jungen Blätter sind rosa, die Blüten gelblich. Die Züchtung **'Erythroblastos'** hat karminrotes Herbstlaub und bringt im Sommer eine wahre Fülle aufrechter, rosa Rispen hervor.

Aesculus parviflora
ÄHRENPAVIE, ZWERGKASTANIE

Dieser im Südosten der USA beheimatete vielverzweigte Strauch wird 2–3 m hoch und bildet neue Sträucher über ausschlagende Wurzeln. Die fünf großen, stark geäderten Fiederblätter sind an der Blattunterseite fein beflaumt. Im Spätsommer

Aesculus indica

Aesculus parviflora

sprießen Ähren mit spinnenartigen Blüten, die kleine, weiße Kronblätter und lange, rosafarbene Staubblätter haben. Diese frostempfindliche Art schätzt heiße, feuchte Sommer, tiefgründige, feuchte Böden und einen geschützten Standort.

Aesculus pavia
PAVIE

Der kleine Baum von den Küstenebenen und aus den Wäldern der östlichen USA wird 7 m hoch. Oft bildet die Art auch einen bis 3 m hohen Strauch mit leicht verholzten Zweigen. Beliebt ist die Art wegen ihrer dunkelscharlachroten Blüten, die im Frühsommer in aufrechten Ähren auftreten. Jedes Blatt unterteilt sich in fünf Fiederblätter. Obwohl leicht zu ziehen, ist die frostempfindliche Pflanze kaum erhältlich. Die Zuchtform **'Atrosanguinea'** trägt Blüten von noch dunklerem Scharlachrot.

Aesculus turbinata
JAPANISCHE ROSSKASTANIE

Obwohl dieser Baum der Gemeinen Roßkastanie *(Aesculus hippocastanum)* ähnelt, wächst er langsamer und hat größere Blätter und kleinere Rispen cremefarbener Blüten, die sich einige Wochen später, nämlich im Frühsommer, öffnen. Das hübsche Blattwerk nimmt im Herbst eine feine Orangetönung an. Der Baum ist frosthart.

AETHIONEMA
STEINTÄSCHEL

Verbreitet über den Mittelmeerraum bis nach Westasien, umfaßt die Gattung 30 Arten mehrjähriger, immergrüner Halbsträucher und Sträucher. Alle haben kleine Blätter und bringen Ähren oder Büschel vierkronblättriger, weißer bis rosafarbener Blüten hervor, die sich im Frühjahr und Sommer zeigen. Besitzer von Felsgärten schätzen den kompakten Wuchs und die Vielblütigkeit, wie sie z. B. die mauve-rosafarbene **'Mavis Holmes'** präsentiert.

Aethionema 'Mavis Holmes'

Aesculus pavia

Aesculus turbinata

Aesculus turbinata

PFLEGE UND VERMEHRUNG: Die frostempfindlichen *Aethionemas* gedeihen am besten in einem Klima mit kühlem, feuchtem Winter und warmem, trockenem Sommer. Man sollte sie in Hochbeeten oder Felsgärten auf kieshaltigem, wasserdurchlässigem Untergrund an einem voll besonnten Standort ziehen. Die Vermehrung erfolgt durch Samen oder Stecklinge.

Aethionema armenum

Diese frostempfindliche Art aus Armenien und den umliegenden Regionen bildet einen ausladenden Halbstrauch von 15 cm Höhe aus. Er trägt bläulichgrünes Blattwerk; kurze Ähren blaß- oder dunkelrosa Blüten überziehen die Pflanze im Frühjahr.

Aethionema coridifolium
LIBANON-STEINTÄSCHEL

Diese in der östlichen Mittelmeerregion beheimatete, mehrjährige Pflanze trägt eine Vielzahl von rosaroten Blütenbüscheln, die sich vom Frühjahr bis zur Sommermitte zeigen. Die mit schlanken, rötlichbraunen Zweigen verstruppte Pflanze mit schmalen, gräulichblauen Blättern wird etwa 25 cm hoch und breit.

Aethionema grandiflorum
Syn. *Aethionema pulchellum*
PERSISCHES STEINTÄSCHEL

Diese wegen ihrer Blütenzweige mit dekorativen, blaßrosa- bis rosaroten Blüten gezogene Pflanze blüht im Frühjahr. Sie wird nur wenige Jahre alt, stammt aus dem Nahen Osten, hat eine lockere Wuchsform sowie schmale, bläulichgrüne Blätter und wird bis 30 cm hoch. Man kann sie hervorragend in einem Steingarten ziehen.

Aethionema 'Warley Rose'

Seine Frühjahrs- und Sommerpracht kleiner, leuchtender Blüten in Rosarot macht diesen niedrigen, immergrünen, kurzlebigen Halbstrauch beliebt. Das Blattwerk besteht aus länglichen, bläulichgrünen Blättern. Die frostharte Art erreicht eine kompakte Höhe und Breite von je 15 cm.

AFROCARPUS

Etwa sechs Arten großer, hübscher Nadelbäume aus den feuchteren Bergregionen Süd- und Ostafrikas ergeben diese Gattung. Männliche und weibliche Blüten werden an unterschiedlichen Bäumen getragen. Bei den weiblichen Bäume sitzen an schlanken Stengeln (die sich von den verdickten Sprossen der Gattung *Podocarpus*, zu der sie einst zählten, deutlich unterscheiden) große, nackte Samen, umgeben von einer harzigen Außenschicht.
PFLEGE UND VERMEHRUNG: Jung gedeihen die Bäume am besten geschützt, ideal sind hohe Luftfeuchtigkeit, starke Regenfälle und tiefgründige, nährstoffreiche Böden. Die Vermehrung erfolgt durch Samen oder Stecklinge.

Agapanthus praecox subsp. *orientalis*

Agapanthus-Hybride

Agapanthus 'Loch Hope'

Afrocarpus falcatus

Syn. *Podocarpus falcatus, Nageia falcata*

In den Wäldern seiner südafrikanischen Heimat erreicht dieser Baum bei einem Durchmesser von 2 m eine Höhe von 30 m; bei ausreichendem Platz entwickelt er eine dichte, buschige Krone. Die braune Rinde blättert in feinen Schichten ab; er hat spitz zulaufende, 3,5–5 cm lange dunkelgrüne Blätter; seine runden, mit einer feinen Wachsschicht überzogenen Samen sind im Durchmesser 2 cm stark, anfänglich dunkelgrün, reif dagegen hellgelb.

Afrocarpus gracilior

Syn. *Podocarpus gracilior*

In den höhergelegenen Wäldern des tropischen Ostafrika, wo die Bäume heimisch sind, erreichen sie eine Höhe von über 20 m. Den geraden Stamm umgibt eine glatte purpurfarbene Rinde; die dichtstehenden, farnartigen Blätter sind sehr spitz und bis zu 5 cm lang. Die Samen ähneln denen von *Afrocarpus falcatus*, sind im reifen Zustand jedoch rotbraun und von wachsartigem Glanz.

Agapanthus 'Irving Cantor'

AGAPANTHUS

SCHMUCKLILIE, LIEBESBLUME

Die im südlichen Afrika heimische, wuchsfreudige Staude ist wegen ihrer attraktiven Blätter und der Sommerpracht ihrer zahlreichen, auffälligen Blüten sehr beliebt. Die riemenförmigen oder breit linealischen Blätter entspringen einem kurzen, dicht und fleischig bewurzelten Erdstamm. Die zumeist bläulich (bei manchen Sorten auch weiß) gefärbten Blüten sind in Dolden angeordnet, die endständig an einem aufrechten, häufig über 1 m langen Stengel sitzen. Schmucklilien sind ideale Hintergrundpflanzen; man kann sie aber auch vor Wände, Zäune und an Wege setzen. Es existieren verschiedene Sorten, beispielsweise **'Irving Cantor'** oder **'Storm Cloud'.** Besonders widerstandsfähig sind **Headbourne-Hybriden.** Sie werden bis zu 1 m hoch und blühen in verschiedensten Farben.

PFLEGE UND VERMEHRUNG: Schmucklilien sind anspruchslos und wachsen normalerweise an trockenen Böschungen oder in Küstennähe. Sie bevorzugen sonnige Standorte, vertragen aber auch etwas Schatten und begnügen sich mit fast jedem Boden, solange sie im Frühjahr und Sommer genügend gewässert werden. Sie wachsen gut an und bilden schnell dichte Horste. Da die meisten Arten frostempfindlich sind, empfiehlt sich eine Haltung in Kübeln (Überwinterung in kühlen, aber frostfreien Räumen). Gegen Ende des

Agapanthus campanulatus

Winters entfernt man die Blütentriebe und abgestorbenen Blätter. Vermehrung durch Teilung im Spätwinter oder durch Aussaat im Frühjahr oder Herbst.

Agapanthus africanus

Diese Art aus der westlichen Kapprovinz ist nicht ganz so frostempfindlich, aber dennoch selten in Gärten zu finden (als *Agapanthus africanus* verkaufte Pflanzen sind in Wahrheit oft *A. praecox*). Sie hat blaue Blüten an 45 cm langen Stielen vom Hochsommer bis Anfang des Herbstes. Jede Dolde besteht aus 20 bis 50 einzelnen, hell- bis dunkelblauen Blüten. Die Blätter sind kürzer als bei *A. praecox.*

Agapanthus 'Blue Baby'

Die 45–60 cm hohe, nicht winterharte Sorte trägt im Sommer hellblaue Blüten, die in kleinen, ziemlich offenen Dolden angeordnet sind. Bisweilen wird sie auch als Varietät von *Agapanthus praecox* angesehen.

Agapanthus campanulatus

Die im südafrikanischen Natal beheimatete Art bildet große Horste aus schmalen, grauen Blättern, die im Herbst absterben. Vom Hochsommer bis Ende des Sommers bilden die Pflanzen an bis zu 1 m langen Stengeln dichte Dolden aus hellblauen Blüten mit sehr breiten Blütenblättern. *Agapanthus campanulatus* ist die am wenigsten frostempfindliche Art. Die kleinere und schmalere ***A. campanulatus*** **var. *patens*** gehört zu den zierlichsten Schmucklilien.

Agapanthus inapertus

Diese ungewöhnliche, aus dem östlichen Südafrika stammende, frostempfindliche Art hat schmale, dunkelblaue bis violette, hängende Blüten. Sie scheinen sich kaum zu öffnen und wenden sich auch nicht der Sonne zu. Die blaugrünen Blätter wachsen gerade nach oben; die Blütentriebe können bis 1,5 m lang werden. Blütezeit ist im Spätsommer und Herbst, ältere Pflanzen werfen bisweilen die Blätter ab. **'Albus'** hat weiße Blüten.

Afrocarpus gracilior

Agapanthus 'Loch Hope'

Die spät blühende Sorte wird bis 1,2 m hoch und trägt unzählige, große dunkelviolette und blaue Dolden.

Agapanthus 'Peter Pan'

Diese mittelblaue zwergwüchsige Varietät kann in etwa 3 Jahren bis zu 45 cm hohe und breite Horste bilden. Die exzellente Schnittblume läßt sich besonders gut mit Taglilien kombinieren.

Agapanthus praecox

Die prächtigen lavendelblauen Blüten dieser beliebtesten Schmucklilienart erscheinen im Sommer an langen Blütenstengeln, die dichten Blatthorsten entspringen. es gibt auch eine weiße Variante. ***Agapanthus praecox*** **subsp. *orientalis*** trägt große, dichte Dolden aus blauen Blüten. Sie bevorzugt Sonne und feuchten Boden, kann aber, wie fast alle Arten, in Mitteleuropa nur in Kübeln gehalten werden.

AGAPETES

Syn. *Pentapterygium*

Diese immergrünen Sträucher aus den höhergelegenen, regenreichen Wäldern Südasiens haben lederartige Blätter und röhrenförmige, wachsartige Blüten. Die meisten Arten sind Epiphyten und wachsen in den Astgabeln großer Bäume oder an Felswänden. Manche Arten entspringen einer unförmigen, verholzten Knolle, die im Alter recht groß werden kann.

Afrocarpus falcatus

Afrocarpus falcatus

PFLEGE UND VERMEHRUNG: *Agapetes*-Arten können auch auf der Erde wachsen, benötigen dann aber einen gutdurchlässigen, leichten Boden. Sie dürfen nicht zu tief gepflanzt werden, Knolle oder Wurzel sollten nur leicht oder gar nicht mit Humus bedeckt sein, außerdem müssen sie regelmäßig gegossen werden. Alle Arten sind frostempfindlich und daher nur für Gewächshäuser geeignet.

Agapetes incurvata
Syn. *Agapetes rugosa*

Diese Art stammt von den Hängen des Himalaja in Nepal und Nordindien. Der Strauch wird etwa 1 m hoch, hat lange gebogene Zweige und geäderte, 5–10 cm lange Blätter. Aus den Blattachseln in Nähe der Zweigspitzen entspringen im Sommer zahlreiche röhrenförmige, etwa 2 cm lange, hängende Blüten, hell fleischfarben und mit dunklen Querstreifen. Die Blüten von **'Scarlet Elf'** tendieren eher ins Rot.

Agapetes 'Ludgvan Cross'

Agapetes 'Ludgvan Cross' ist eine Hybride aus *A. incurvata* und *A. serpens*. Sie gleicht eher letzterer, hat jedoch größere Blätter und etwas größere und hellere Blüten.

Agapetes serpens
Syn. *Pentapterygium serpens*

Der Strauch aus dem östlichen Himalaja mit seinen leicht gebogenen Zweigen, die aus einer großen, verholzten Knolle wachsen, wird selten höher als 1 m und bis zu 2 m breit. An borstigen Stengeln sitzen Reihen kleiner glänzender Blätter sowie eine Reihe röhrenförmiger, fünfzipfliger, blaßroter Blüten mit dunkler Zeichnung.

AGARICUS
CHAMPIGNON

Champignons gehören zu den wenigen Pilzen, die sich kultivieren lassen. Die meisten Champignonarten sind sich farblich sehr ähnlich, unterscheiden sich jedoch erheblich in der Größe. Die weißen oder cremefarbenen Hüte mit ihren rosa oder braunen Lamellen erreichen Durchmesser von 1–15 cm. Da die Gefahr besteht, Champignons mit Giftpilzen zu verwechseln, sollten die gesammelten Exemplare vor dem Verzehr immer sorgfältig und genau bestimmt werden.

PFLEGE UND VERMEHRUNG: Die Zucht von Champignons unterscheidet sich beträchtlich vom Anbau normaler Gartenpflanzen. Meist werden sie im Dunkeln gezogen. Sie benötigen feuchtwarme Bedingungen, ein geeignetes Substrat, dem man die richtige Menge Kompost untermischen muß und dessen pH-Wert genau stimmen sollte. Einmal angewachsen sind sie sehr genügsam, auch wenn es bis zur ersten Ernte zumeist noch ein weiter Weg ist. Damit Insekten und Nagetiere keine Probleme bereiten, muß der Anbaubereich sehr sauber gehalten werden.

Agaricus bisporus
ZUCHTCHAMPIGNON

Dieser häufige Pilz kommt wildwachsend auch auf Komposthaufen oder an anderen, gut gedüngten Standorten vor. Diese Art wird auch gerne auf verschiedenen Kompostsorten kultiviert, wobei möglichst eine Temperatur zwischen 10 und 13 °C eingehalten werden muß. Hobbygärtner sollten eine Champignonzucht aus der Gärtnerei kaufen und die Anleitung genau befolgen. Champignons können meist nach fünf Wochen geerntet werden – und zwar in jeder Wachstumsphase. Die Fruchtkörper sollten nicht herausgezogen, sondern abgedreht werden.

AGARISTA

Die immerfeuchten Bergregionen Mittel- und Südamerikas sind die Heimat einer großen Gruppe von Sträuchern und kleinen Bäumen aus der Familie *Ericaceae*. Hierzu gehört auch die Gattung *Agarista*, die etwa 20 Arten immergrüner Sträucher in Südamerika sowie eine Art von der im Indischen Ozean gelegenen Insel Mauritius und eine weitere im Südosten der USA umfaßt. Die Gattung ist eng mit *Leucothoe* verwandt, der die *Agarista*-Arten früher ebenfalls zugerechnet wurden. Die Arten beider Gattungen besitzen ledrige Blätter und kleine, urnenfömige, grünlich-weiße bis rosa oder rote Blüten in überhängenden, oft verzweigten Trauben.

PFLEGE UND VERMEHRUNG: Die südamerikanischen Arten sind frostempfindlich, so daß sie nur an einem geschützten, feuchten Standort wachsen können, wobei der Boden gut mit organischem Material gedüngt sein sollte. Die einzige nordamerikanische Art ist weniger anspruchsvoll und auch nicht ganz so frostempfindlich. Vermehrung durch Stecklinge.

Agarista populifolia
Syn. *Leucothoe populifolia*

Dieser ziemlich widerstandsfähige Strauch aus den Bergen der südöstlichen USA wird etwa 4,5 m hoch, bleibt in Gärten jedoch zumeist weitaus niedriger. Er hat lange, gebogene, innen hohle, rohrartige Zweige. Die 8–12 cm langen Blätter sind hellgrün, stark geädert, fein gezähnt und vorne lang zugespitzt. Im späten Frühjahr erscheinen kleine weiße, nach Honig duftende Blüten, die in zahlreichen kurzen, aus den Blattachseln hängenden Trauben angeordnet sind. Bei diesem eleganten Strauch sollte man sich die Blüten auf jeden Fall einmal aus der Nähe betrachten.

AGASTACHE

Zu dieser Gattung gehören etwa 20 ausdauernde, in China, Japan und Nordamerika beheimatete Arten. Die meisten von ihnen wachsen aufrecht und haben biegsame, abgewinkelte Stengel mit lanzettförmigen, gezähnten Blättern, die je nach Art 1–15 cm lang sein können. Die Pflanzen werden zwischen 45 cm und 1,8 m hoch. Die aufrechten Ähren mit röhrenförmigen, zweilippigen Blüten erscheinen im Sommer. Die Blüten sind normalerweise weiß, rosa, malven- oder purpurfarben; die Hochblätter können gleich oder auch anders gefärbt sein.

PFLEGE UND VERMEHRUNG: Diese Pflanzen bevorzugen leicht feuchte, aber gutdurchlässige Böden und eine sonnige Lage. Sie sind unterschiedlich winterhart, ertragen aber ausnahmslos gelegentliche leichtere Fröste. Die Vermehrung erfolgt durch Stecklinge.

Agastache cana

Diese Art ist in ihrer Heimat Mexiko wegen ihrer rosafarbenen, röhrenförmigen Blüten bei den Kolibris sehr beliebt. Die Blüten wachsen im Spätsommer und Herbst an etwa 60–90 cm langen Stengeln. Zerreibt man die Blätter, entströmt ihnen ein leichter Kaugummigeruch. Die Pflanzen passen sich zumeist gut an trockenes, kühles Klima an und eignen sich daher besonders für eine gemischte Rabatte.

Agastache foeniculum
Syn. *Agastache anethiodora*

An den aufrechtwachsenden, aber nicht sehr biegsamen Trieben dieser 0,5–1 m hohen nordamerikanischen Staude sitzen 8 cm lange Blätter. Die häufig nur einjährig gezogene Pflanze wird vor allem wegen ihrer wunderschönen purpurnen Blütenähren gepflanzt. Die nach Anis duftenden Blätter werden für Kräutertees oder als Gewürz verwendet.

Agastache mexicana
Syn. *Brittonastrum mexicanum, Cedronella mexicana*

Die aufrechte, kurzlebige, aromatische Staude aus Mexiko wird bis zu 1 m hoch und hat ovale oder lanzettförmige Blätter mit gesägtem Rand. Die Ähren mit den karminroten Blüten erscheinen im Hoch- bis Spätsommer.

Agastache rugosa

Diese Art aus China und Japan wird bis zu 1,2 m hoch und wirkt aufgrund der verzweigten Stengel buschiger als die meisten anderen Arten. Die Blätter sind etwa 8 cm lang und etwas klebrig. Die Blütenähren werden bis zu 10 cm lang, die kleinen rosa- oder malvenfarbenen Blüten haben weiße Spitzen.

AGATHIS
KAURIFICHTE

Zu dieser ungewöhnlichen Gattung großer Koniferen gehören etwa 20 Arten aus der südwestlichen Pazifikregion von Neuseeland bis zur Malaiischen Halbinsel. Fast alle sind hoch, mit mächtigen geraden Stämmen und breiten, lederartigen Blättern, die ganz anders aussehen als die Nadeln unserer Nadelbäume. Auch die fast kugelförmigen Zapfen mit ihren im Zickzack angeordneten Schuppen sind bemerkenswert. *Agathis* ist das griechische Wort für »Fadenknäuel«, Kauri (oder kaori) ist der polynesische Name. Holz und Harz werden wirtschaftlich genutzt.

PFLEGE UND VERMEHRUNG: Die Bäume sind nicht winterhart und eignen sich aufgrund ihrer Größe auch nicht für das Bepflanzen von Kübeln.

Agapetes serpens

Agapetes incurvata 'Scarlet Elf'

Agastache rugosa

Agastache foeniculum

A

Agathis australis

Der größte neuseeländische Baum wächst in den Wäldern des Tieflandes der Nordinsel. Er wird bis zu 45 m hoch, der Stamm erreicht einen Durchmesser bis zu 6 m, die Äste laden weit aus. Gepflanzte Exemplare wachsen sehr langsam; selbst 50 Jahre alte Bäume sind mit ihrer dichten, fast pyramidenförmigen Krone immer noch nicht sehr groß. Die kurzen, an der Spitze abgerundeten Blätter sind mittelgrün und werden bei kühleren Temperaturen kupferrot. Die Art ist nicht winterhart.

Agathis robusta

Dieser bis zu 45 m hohe Baum ist an den Küsten von Queensland (Australien) und Papua-Neuguinea beheimatet. Seine dicken, dunkelgrünen Blätter sind doppelt so groß wie die der Neuseeländischen Kaurifichte. Die jungen Bäume haben gerade Stämme und kurze Seitenäste. Die kugelförmigen Zapfen sind etwa so groß wie Tennisbälle. Die Art gedeiht nur in warmen bis tropischen Regionen.

Agathis australis

AGATHOSMA

DUFTRAUTE

Die über 130 Arten dieser Gattung sind alle im südlichen Afrika beheimatet. Die duftenden, heide-ähnlichen Sträucher werden normalerweise 45–60 cm hoch. Die aufrechten oder kriechenden Zweige sind dicht mit schmalen, kleinen Blättern besetzt, die sich an den Rändern häufig einrollen. Die weißen bis roten oder malvenfarbenen, bisweilen auch gelben, zumeist in Dolden angeordneten Blüten erreichen etwa 1 cm. Sie sitzen meist an den Zweigspitzen, etwa bei ***Agathosma dielsiana***; aber auch in den oberen Blattachseln.

PFLEGE UND VERMEHRUNG: Die Pflanzen bevorzugen sonnige Standorte und sandigen, mit Humus angereicherten und leicht sauren Boden; sie lassen sich auch in Kübeln ziehen. Die meisten Arten sind frostempfindlich oder vertragen nur leichten bis gemäßigten Frost. Vermehrung durch Samen oder krautige Stecklinge.

Agathosma betulina

Syn. ***Barosma betulina***

Diese bis zu 1 m hohe Art entwickelt große, bis zu 2,5 cm lange Blätter. Ungewöhnlich für die Gattung sind die rosa Blüten, die nicht in Dolden angeordnet sind, sondern einzeln und an den Enden kleiner Zweige wachsen. Die getrockneten Blätter wurden früher von den Bewohnern der heutigen Kapprovinz sowie den holländischen Siedlern für Heilzwecke genutzt.

Agathosma dielsiana

Agathosma ovata

Agathosma ovata

Agathosma ovata

Diese Art hat etwa 1 cm lange Blätter und aus kleinen, lila Blüten zusammengesetzte Blütenstände, die den Blattachseln an den Zweigenden entspringen. Sie wird etwa 45 cm hoch.

AGAVE

Diese ausdauernden Sukkulenten entstammen der karibischen Region, d.h. dem Süden der USA, Mexiko und den Karibischen Inseln. Sie werden hauptsächlich wegen ihrer auffälligen, schwertähnlichen, häufig scharf gezähnten Blätter und der langen Blütenstengel angepflanzt. Die kleinen Arten blühen nach etwa fünf bis zehn, größere bisweilen auch erst nach 40 Jahren. Alle Agaven blühen nur einmal, anschließend stirbt die Hauptpflanze ab. Bei den meisten Arten breitet sich die Pflanze durch Seitensprößlinge aus. Agaven werden gerne in Gartenanlagen mit mediterranem Zuschnitt, in große Steingärten und an trockene Hänge gepflanzt.

PFLEGE UND VERMEHRUNG: Sie bevorzugen gutdurchlässigen, sandigen Boden und Sonne. Einmal eingewachsene Pflanzen nur im Sommer gießen. Die Arten sind unterschiedlich winterhart, in Mitteleuropa empfiehlt es sich, sie in Kübeln zu halten, die im Sommer ins Freie gebracht werden. Vermehrung durch Sprößlinge oder Samen im Frühjahr und Sommer.

Agathis australis

Agathis robusta

Agave americana

Agave americana 'Marginata'

Agave americana 'Mediopicta'

Agave americana

HUNDERTJÄHRIGE ALOE

Diese mexikanische Art kennzeichnet eine große, grundständige Rosette aus harten, grauen, gezähnten und sehr spitz zulaufenden Blättern. Jede Rosette wird bis zu 2 m hoch und breit; sehr alte Exemplare können bisweilen eine Ausdehnung von über 9 m² erreichen. Im Alter von etwa 10 Jahren erscheinen unzählige gelbe Blüten an einem verzweigten, bis zu 6 m hohen Blütentrieb. Beliebte Sorten sind **'Marginata'** mit gelbgerandeten Blättern und **'Mediopicta'** mit einem breiten, gelben Längsstreifen in der Blattmitte.

Agave attenuata

DRACHENBAUMAGAVE

Diese stachellose Art hat einen dicken, bis zu 1,5 m hohen Stamm, an dessen Spitze eine kompakte Rosette aus breiten, weichen, hellgrünen Blättern sitzt. Der oft gebogene Blütenstengel wird bis zu 3 m hoch und trägt dichtstehende, grünlichgelbe Blüten, die sich im Frühjahr und Sommer öffnen. Vom Hauptstamm zweigen oft weitere Stämme mit Blattrosetten ab. Die Sorte **'Nerva'** hat blaugrüne Blätter.

A

Agave bracteosa

Die aus Nordostmexiko stammende Art hat grundständige Rosetten mit schmalen, gebogenen, bis zu 75 cm langen gelbgrünen Blättern, die in einer sehr feinen, weichen Spitze auslaufen. Bevor die schmale, unverzweigte Ähre mit hellgelben Blüten, die sich langsam von unten nach oben öffnen, erscheint, treiben meist Sprößlinge aus.

Agave celsii

Diese ostmexikanische Art bildet Rosetten aus dickfleischigen, grüngrauen, gezähnten Blättern, die in einen etwa 2,5 cm langen, braunen Stachel zulaufen. Die etwa 60 cm langen Blätter sind spatelförmig; die aus dichten, gelbgrünen bis purpurnen Blüten bestehende Ähre wird bis zu 2,5 m hoch. Die Rosette bildet, bevor sie blüht und abstirbt, grundständige Sprößlinge.

Agave attenuata 'Nerva'

Agave parryi var. *huachucensis*

Agave parryi

Agave ferox

Über 20 1–1,2 m lange glänzende dunkelgrüne Blätter bilden die Rosetten dieser großen Agave. Die Blätter sind zum Schutz dicht mit 3,5 cm langen, gebogenen Seitenstacheln und bis zu 8 cm langen, endständigen Stacheln (*ferox* heißt »stark bewehrt«) besetzt. Die bis zu 9 m hohen Blütenrispen setzen sich aus bis zu 8 cm langen, gelben Blüten zusammen.

Agave macroacantha

Macroacantha heißt »großstachlig«. Das bezieht sich auf die kräftigen, endständigen Stacheln der bis zu 30 cm langen, harten, graugrünen bis grauweißen Blätter, deren Ränder außerdem weit auseinanderstehende Zähne aufweisen. Der bis zu 2 m hohe Blütenstand dieser mexikanischen Art trägt viele rötliche Blüten.

Agave neomexicana

Die aus New Mexico (USA) stammende Art bildet eine kompakte Rosette aus sehr breiten, blaugrünen, etwa 40 cm langen Blättern, die an den hornigen Rändern mit hakenförmigen Zähnen und an der Spitze mit schwarzbraunen, 5 cm langen Stacheln bewehrt sind. Der verzweigte Blütenstand wird bis zu 4,5 m hoch; die Blüten sind dunkelgelb mit braunroter Schattierung. Der Name *Agave neomexicana* wird häufig auch als Synonym für *A. parryi* benutzt.

Agave parryi

Die in den regenarmen Bergen Arizonas, New Mexicos und Nordmexikos heimische Art unterscheidet sich in der Blattform und -größe sowie einigen anderen Merkmalen von anderen Agaven. Sie bildet fast kugelförmige Rosetten aus, deren viele graue Blätter bis zu 40 cm lang und 15 cm breit werden. Die Blattränder sind normalerweise dicht mit – häufig gebogenen – Stacheln besetzt, manchmal aber auch fast unbewehrt. Der reichverzweigte Blütenstand wird bis zu 4,5 m hoch und setzt sich aus zahlreichen gelben bis orangefarbenen Blüten zusammen. ***Agave parryi* var. *huachucensis*** hat größere, bis zu 60 cm lange und 20 cm breite Blätter, die an der Spitze am breitesten sind. Diese Varietät ist nur aus den Huachuca-Bergen im südlichen Arizona bekannt.

Agave macroacantha

Agave bracteosa

Agave attenuata

Agave neomexicana

Agave picta

Die große, aus Mexiko stammende Agave wird sehr häufig mit *Agave americana* verwechselt. *A. picta* ist zumeist nur in panaschierter Form, also mit cremigweißen Randstreifen auf den Blättern erhältlich. Die dicken schwertförmigen Blätter werden bis zu 2 m lang und sind an den Rändern mit starken, oftmals hakenförmigen Stacheln besetzt. Der Blütenstengel gleicht dem der *A. americana*, wird mit bis zu 10 m jedoch noch länger.

Agave celsii

Agave picta

Agave potatorum

Syn. *Agave scolymus*

Der wissenschaftliche Name dieser zentralmexikanischen Art bedeutet soviel wie 'Trinkeragave', denn man kann, wie bei vielen anderen Agaven auch, aus ihrem Saft ein alkoholisches Getränk herstellen. Die Art bildet eine gleichmäßige Rosette mit vielen breiten, konkaven, stumpfen, blaugrünen Blättern, die 60–90 cm lang und etwa 20 cm breit werden. Die Blätter sind an den Rändern mit großen, gebogenen Stacheln besetzt und enden in einem langen Stachel. Die grüngelben Blüten an den dichtverzweigten, bis zu 4,5 m hohen Blütenständen öffnen sich im Sommer.

Ageratina ligustrina

Ageratina altissima

Ageratina occidentalis

Agave striata

Diese kurzstämmige zentralmexikanische Art besitzt zahlreiche harte und sehr schmale Blätter, bis zu 45 cm lang, leicht gebogen und auslaufend in eine Spitze mit langen, glattrandigen und scharfen Stacheln. Der bis zu 2,5 m lange, aufrechte Blütenstand setzt sich aus zahlreichen kleinen, grüngelben bis purpurfarbenen Blüten zusammen. 'Nana' ist eine zwergwüchsige Sorte mit kleinen, grauen Blättern.

Agave stricta

Diese mexikanische Art hat sehr schmale, harte Blätter. Die Rosetten älterer Pflanzen bilden häufig dichte Horste. Der unverzweigte, 2–3 m hohe Blütenstand bringt im Sommer rötliche Blüten hervor. Die Blätter sind an den Rändern fein gezähnt und enden in scharfen, stachligen Spitzen, die unangenehme Verletzungen verursachen können. Diese kleine Art blüht einmal im Alter von 6–8 Jahren.

Agave victoriae-reginae

Diese langsamwachsende mexikanische Sukkulente wird bis zu 60 cm hoch und breit. Die grundständige Rosette hat dichtstehende, schmale, kielförmige Blätter mit weißen Rändern und einer weißen Zeichnung. Der bis zu 3,5 m hohe Blütenstand entwickelt sich im Alter von etwa 20 Jahren und bringt helle, grüngelbe Blüten hervor. Die Art ist wenig anfällig gegen Krankheiten und verträgt leichten Frost, gedeiht jedoch in frostfreien Regionen besser. Die bisweilen als schönste Agave bezeichnete Art muß nach der Blüte neu ausgesät werden.

Agave vilmoriniana

Diese nordwestmexikanische Art bildet eine einzelne Rosette auf kurzem Stamm. Die grünen, fleischigen, gefurchten Blätter werden bis zu 2 m lang und haben einen hornigen, gewellten, ungezähnten Rand sowie 2,5 cm lange Stachelspitzen. Der bis zu 4,5 m hohe Blütenstand bringt zahlreiche gelbe Blüten hervor. Nachdem diese abgefallen sind, erscheinen am Blütenstengel bisweilen Brutknopsen, die abfallen und sich neu bewurzeln können.

AGERATINA

Die Gattung *Ageratina* umfaßt meist in Amerika vorkommende Arten, die von der großen und unübersichtlichen Gattung *Eupatorium* (Wasserdost) abgetrennt wurden. Obwohl es sich um Korbblüter handelt, erinnern ihre Blütenstände nicht an Gänseblümchen, sondern sie setzen sich aus vielen kleinen Blütenköpfen zusammen, die keine Zungenblüten haben. Zu *Ageratina* gehören über 200, zumeist in den warmen Regionen Amerikas heimische Arten; eine kleinere Anzahl kommt auch in den etwas kühleren Gebieten der östlichen USA vor. Zur Gattung gehören einjährige Pflanzen, Stauden und Sträucher. Die Blätter sitzen gegenständig an rohrartigen Stengeln und verströmen einen unangenehmen Moschusduft. Kleine, weiche, weiße oder hellrosa Blütenköpfe sind in endständigen Dolden angeordnet.
PFLEGE UND VERMEHRUNG: Die relativ anspruchslosen Arten benötigen einen geschützten Standort und feuchten Boden. Die Arten aus den USA sind teilweise oder vollkommen winterhart. Vermehrung durch Samen, Stecklinge oder Teilung.

Ageratina altissima
Syn. *Eupatorium altissimum*

Diese zu den größeren Arten gehörende, in weiten Teilen der östlichen und zentralen USA heimische Staude wird etwa 2,5 m hoch. Ihre bis zu 12 cm langen Blätter sind im oberen Teil gezähnt. Die weißen Blütenköpfchen erscheinen im Spätsommer.

Ageratina ligustrina
Syn. *Eupatorium ligustrinum*

Die ungewöhnliche, in Mittelamerika beheimatete, strauchartig wachsende, frostempfindliche Art kann bis zu 4,5 m hoch werden. Ihre dichten Zweige und die glänzenden, immergrünen Blätter erinnern etwas an Liguster (*ligustrina* heißt »ligusterähnlich«). Die weißen, in Dolden angeordneten Blütenköpfchen mit den rosa Hüllblättern werden im Herbst gebildet.

Ageratina occidentalis
Syn. *Eupatorium occidentale*

Die im Nordwesten der USA heimische Staude wird etwa 75 cm hoch, setzt sich aus mehreren Stengeln zusammen und hat kleine, fast dreieckige Blätter. Die in zahlreichen kleinen Dolden angeordneten Blütenköpfchen erscheinen im Spätsommer und können weiß bis rosa oder violett gefärbt sein.

AGERATUM
LEBERBALSAM

Die Gattung umfaßt 43 ein- und mehrjährige, zumeist in den warmen Regionen Amerikas heimische Arten, von denen die aus *Ageratum houstonianum* gezogenen, einjährigen Sorten zweifellos am bekanntesten sind. Die manchmal kleine Horste bildenden Pflanzen werden bis zu 75 cm hoch; die ovalen bis herzförmigen Blätter sind oft filzig behaart und können einen schwach gezähnten oder gesägten Rand haben. Die borstigen Blütenköpfchen sind meist blau, lavendelfarben oder rosa.
PFLEGE UND VERMEHRUNG: Die Pflanzen wachsen am liebsten in der Sonne und auf feuchten, aber gutdurchlässigen Böden. Das regelmäßige Entfernen der welken Blüten verlängert die Blütezeit. Vermehrung durch Aussaat im Frühjahr, entweder auf der Fensterbank oder direkt in den Garten.

Ageratum houstonianum

Die in Mittelamerika und auf den Karibischen Inseln beheimatete, einjährige Art ist eine beliebte Beet- und Schnittpflanze. Es gibt große (30 cm), mittelgroße (20 cm) und niedrige (15 cm) Sorten; das Blattwerk ist dicht, die ungewöhnlichen dunkelblauen Blüten lassen sich gut mit vielen anderen Beetpflanzen kombinieren. Rosa und weiße Sorten sind ebenfalls erhältlich.

AGLAONEMA
KOLBENFADEN

Die etwa 20 Arten dieser Gattung sind mehrjährige, in den feuchten Tropenregionen Südostasiens heimische Halbsträucher. Man könnte sie als altweltliches Pendant zur Gattung *Dieffenbachia* bezeichnen, die aus dem tropischen Amerika stammt und – mit ähnlichen Ansprüchen – als Zimmerpflanze dient. Einige Arten haben als Überlebenskünstler an Standorten mit wenig Licht und schlechtem Boden eine gewisse Berühmtheit erlangt. Die leicht fleischigen Stengel sind von der Basis an verzweigt und bewurzeln sich bei Bodenberührung oft von selbst. Die breiten, länglichen Blätter sind zumeist gefleckt oder hell marmoriert; die kleinen Blüten wachsen an einem kurzen fleischigen Kolben, der von einer, für Aronstabgewächse typischen, eingerollten Spatha umgeben ist. Später erscheinen an den Kolben die ovalen, oft bunt gefärbten Beeren.
PFLEGE UND VERMEHRUNG: Der Kolbenfaden eignet sich in den gemäßigten Breiten nur als Zimmerpflanze, wobei ein

Agave striata

Agave victoriae-reginae

Agave stricta

Agave vilmoriniana

halbschattiger, warmer Platz an einem Blumenfenster die beste Wahl darstellt. Gegossen wird möglichst mit enthärtetem Wasser; im Winter sollten die Wassergaben etwas reduziert werden. Vermehrung durch Kopfstecklinge.

Aglaonema commutatum

Diese am häufigsten kultivierte *Aglaonema*-Art ist auf den Philippinen und in Ostindonesien heimisch. Von ihr stammen zahlreiche Sorten ab, die sich hauptsächlich durch die Zeichnung der Blätter unterscheiden. Die fleischigen, bis zu 45 cm hohen Stengel sind von der Basis an verzweigt und tragen dünnstielige, bis zu 30 cm lange Blätter. Die weißen Blütenkolben, die fast das ganze Jahr über gebildet werden, sind von einer schmalen, blaßgrünen Spatha umgeben. Bei der Wildform sind die Blätter dunkelgrün mit feinen weißen Punkte entlang der Seitenadern; bei den Kulturvarietäten sind die Flecken größer und cremefarben oder gelb.

Aglaonema modestum

Die aus Südchina und Südostasien stammende Art wird in China schon lange als Zimmerpflanze kultiviert und wurde als erste Kolbenfadenart im Westen bekannt. Ihre Blätter sind zwar nicht so bunt wie bei einigen anderen Arten, dennoch wirkt die Pflanze sehr dekorativ mit ihren bis zu 60 cm langen, zunächst nach unten geneigten, sich an der Spitze aber nach oben biegenden Stengeln und ihren sehr breiten, spitz zulaufenden, an den Rändern gewellten Blättern. Die widerstandsfähige Zimmerpflanze braucht nur wenig Pflege. Wird ein abgeschnittener Stengel in ein Wasserglas gestellt, wächst er oft monatelang weiter.

AGONIS

WEIDENMYRTE

Die etwa 10 Arten dieser Gattung stammen aus dem warmen Südwestaustralien. Es handelt sich um immergrüne Sträucher und Bäume mit schmalen, dicken Blättern, die beim Zerreiben duften, und attraktiven kleinen weißen Blüten, die denen vom Steinsamen *(Leptospermum)* ähneln. Die Weidenmyrte ist sehr widerstandsfähig, auch gegen Schädlinge und Krankheiten. Einige Arten dienen als Schnittblumen. **PFLEGE UND VERMEHRUNG:** Die Pflanzen benötigen viel Licht und sandigen, gutdurchlässigen Boden, der möglichst mit organischem Dünger angereichert ist, damit die Feuchtigkeit gehalten wird. Die frostempfindlichen Pflanzen müssen in Gewächshäusern oder Kübeln gehalten werden. Auch im Sommer sollten sie nicht zu stark gegossen werden, im Winter fast überhaupt nicht mehr. Vermehrung durch Kopfstecklinge im Sommer.

Agonis flexuosa

Der bis zu 9 m hohe Baum besitzt eine ausladende Krone. Der relativ kurze Stamm mit brauner Rinde wirkt im Verhältnis zu seiner Höhe oft etwas unproportioniert, da er nicht selten einen Durchmesser bis zu 1 m erreicht. Die Äste hängen wie bei einer Trauerweide herab; die schmalen Blätter duften beim Zerreiben. Im späten Frühjahr bringt der Baum kleine weiße Blüten hervor. Die Varietät **'Variegata'** hat creme- und rosafarben gestreifte Blätter. Sie gilt als weniger robust als *Agonis flexuosa.*

Agonis juniperina

Der 5–10 m hohe Baum ist schlanker und aufrechter als die anderen Arten der Gattung. Seine dunkelgrünen Blätter sind klein, stachelig und wachsen sehr dicht an den kleinen Ästen. Die kleinen weißen Blüten erscheinen fast ganzjährig. In wärmeren Regionen wird diese Art auch zur Gewinnung von Schnittblumen angebaut.

Agonis parviceps

Diese seltene, höchstens 3 m hohe Art findet man nur selten im Handel. Ihre Blätter sind stachelig und sogar noch kleiner als die von *Agonis juniperina.* Zwischen Spätwinter und Frühsommer bietet sie mit ihren unzähligen weißen Blüten einen reizenden Anblick. Sie ist pflegeleicht; ihre Blüten lassen sich für Sträuße verwenden.

AGRIMONIA

ODERMENNIG

Zu dieser Gattung gehören etwa 15 ausdauernde Arten, die in den gemäßigten Zonen der nördlichen Hemisphäre vorkommen. Die Pflanzen sind mit dem Fingerkraut *(Potentilla)* verwandt, haben jedoch kleine gelbe Blüten in langen ährenförmigen Trauben, die sich nacheinander von unten nach oben öffnen. Bei den Früchten handelt es sich um kleine Kletten; die zumeist grundständigen Blätter setzen sich aus dünnen, gezähnten Fiedern zusammen. Der Odermennig wächst auf Waldwiesen bzw. an Waldrändern und wird schon seit langem als Heilpflanze geschätzt. Aus den stark gerbsäurehaltigen Blättern und Blüten macht man adstringierende und harntreibende Aufgüsse; außerdem liefert er einen gelben Farbstoff. **PFLEGE UND VERMEHRUNG:** Die Pflanzen wachsen in der Sonne oder im Halbschatten auf jeder normalen, nicht zu trockenen Gartenerde. Da die Samen schlecht keimen, erfolgt die Vermehrung üblicherweise durch Teilung des Rhizoms.

Agrimonia eupatoria

KLEINER ODERMENNIG

Diese Art ist in Europa, Westasien und Nordafrika heimisch. Sie hat tief im Boden verwurzelte Rhizome, denen die Stengel entspringen. Die Blätter bestehen aus 13 an der Unterseite weiß behaarten Fiedern. Der Blütenstengel wird bis zu 60 cm hoch.

AGROPYRON

QUECKE

Diese Gattung mit 40 Arten mehrjähriger rhizombildender Gräser ist in allen gemäßigten Zonen verbreitet. Quecken bilden dichte Matten aus langen Rhizomen, denen aufrechte, bis zu 1 m hohe Halme entspringen. Im Sommer bilden sich an den Halmspitzen die meist zweizeiligen Ähren. Die Rhizome einiger Arten, die reich an Vitaminen und Mineralen sind, werden für unterschiedliche Heilzwecke eingesetzt, etwa bei Stoffwechselstörungen, Katarrhen oder Frauenleiden. Viele Quecken sind gefürchtete Unkräuter, die sich schwer ausrotten lassen, da sich ihre unterirdischen Rhizome weit durch das Erdreich ziehen, so daß sie kaum vollständig entfernt werden können. Abgerissene Rhizomstücke bilden wieder eine neue Pflanze, die sich erneut ausbreitet.

Agropyron repens

GEMEINE QUECKE

Das 30–90 cm hohe Gras hat 5–10 mm breite, behaarte Blätter mit deutlicher Mittelader. An den Blattscheiden sitzen abgespreizte, stengelumgreifende »Öhrchen«. Die kräftigen, dünnen, verzweigten Rhizome können selbst härteste Böden durchdringen. Die in Gärten und auf anderem Kulturland als Unkraut gefürchtete Art kann als Heilpflanze verwendet werden.

Agropyron junceiforme

BINSENQUECKE

Diese Art ist in den Dünen der Nord- und Ostsee heimisch. Die Pflanzen werden 20–60 cm hoch, die Blätter sind oberseits hervorstehend gerippt, die »Öhrchen« an den Blattscheiden fehlen.

AGROSTEMMA

KORNRADE

Zu dieser mit *Lychnis* und *Silene* verwandten Gattung gehören zwei Arten aus dem Mittelmeerraum. Eine von ihnen ist ein verbreitetes Ackerunkraut. Sie ist eine hübsche Pflanze mit großen, rosa- bis purpurroten Blüten und wird bisweilen auch in Gärten angepflanzt. Kennzeichen der Gattung sind die seidige Behaarung der Blätter und der aus fünf langen Zipfeln bestehende, die Kronblätter überragende Kelch. **PFLEGE UND VERMEHRUNG:** Die Pflanzen sind winterhart und wachsen am besten in der vollen Sonne auf gutdurchlässigem Boden. Jungpflanzen sollten auf 25 cm Abstand pikiert werden. Wo die Kornrade dem Wind ausgesetzt ist, kann ein Aufbinden erforderlich sein. Vermehrung durch Aussaat Anfang des Frühjahrs oder im Herbst.

Agonis flexuosa

Agonis juniperina

Ageratum houstonianum

Agonis parviceps

Agrimonia eupatoria

Agrostemma githago

GEMEINE KORNRADE

Die schnellwachsende, 60–90 cm hohe einjährige Pflanze eignet sich hervorragend als Hintergrund für eine Rabatte aus Einjährigen. Sie ist kaum verzweigt und hat lange, schmale gegenständige Blätter. Die trichterförmigen rosa Blüten sitzen an langen, behaarten Stengeln. Sie erreichen einen Durchmesser von 5 cm und erscheinen vom Spätfrühjahr bis zum Frühherbst. Die kleinen dunkelbraunen Samen sind giftig.

AGROSTIS

STRAUSSGRAS

Diese fast weltweit verbreitete Gattung umfaßt nicht weniger als 120 Arten ein- und mehrjähriger Gräser, die entweder Horste bilden und dann auch als Einzelpflanze verwendet werden können, oder sich durch Ausläufer ausbreiten, so daß dichte Matten entstehen. Die meisten Arten erreichen eine Höhe von 30–60 cm und bilden von Frühjahr bis Herbst verzweigte Rispen mit kleinen Samen. Einige Arten werden in kühleren Regionen gerne als Rasen verwendet, oft auf feuchten Böden. Straußgräser wachsen auch im Halbschatten.

Ailanthus giraldii

PFLEGE UND VERMEHRUNG: Sie brauchen luftige Standorte mit durchlässigen und leicht sauren bis neutralen Böden (pH 5,6–7,0). Im Sommer muß reichlich gegossen und vielfach gedüngt werden. Rasenpflanzen sollten häufig und kurz gemäht werden. Vermehrung einjähriger Pflanzen durch Aussaat, ausdauernde Arten können im Frühjahr geteilt und verpflanzt werden.

Agrostis aemula

Diese horstbildende, bis zu 45 cm hohe, einjährige Art aus den gemäßigten Zonen Australiens und Neuseelands fällt durch ihre breiten, vielfach verzweigten Rispen mit zarten Ährchen an haarfeinen Stengeln auf, die vor der Reife im Frühsommer meist violett überlaufen sind.

Agrostis capillaris

Syn. ***Agrostis tenuis***

ROTES STRAUSSGRAS

Wegen ihrer Unempfindlichkeit gegenüber Kälte wird dieses hübsche mehrjährige Gras oft als Rasenpflanze eingesetzt, besonders in Gebieten mit kühlen und feuchten Sommern. Gegen zu große Trockenheit ist es anfällig. Die Art wird normalerweise bis zu 40 cm hoch, sollte als Rasenpflanze allerdings auf etwa 2 cm gestutzt werden. Das Rote Straußgras breitet sich leicht von selbst aus und kann, da es etwas Schatten verträgt, auch als Untergras verwendet werden, um dem Unkrautwuchs entgegenzuwirken.

Agrostis aemula

Agrostemma githago

Ailanthus altissima

Agrostis stolonifera

Dieses erstklassige Rasengras stellt keine besonderen Ansprüche an den Boden, sollte aber konstant auf etwa 1 cm zurückgeschnitten werden.

AILANTHUS

GÖTTERBAUM

Zu dieser aus Ostasien und der pazifischen Region stammenden Gattung zählen sowohl sommer- als auch immergrüne Bäume. Die schnellwüchsigen, mittelgroßen Bäume haben lange, gefiederte Blätter, die unauffälligen Blüten sitzen in großen Rispen an den Zweigenden. Männliche und weibliche Blüten wachsen auf verschiedenen Bäumen, aus den weiblichen Blüten entwickeln sich im Sommer geflügelte, äußerst dekorative Früchte. Die Bäume, die im Winter das Laub abwerfen, sind nicht frostempfindlich und wachsen auch ganz ausgezeichnet in Städten, manchmal sogar in Pflasterritzen. Um ein buschiges Wachstum zu erreichen, sollten sie im Frühjahr stark zurückgeschnitten werden.
PFLEGE UND VERMEHRUNG: Die Pflanzen bevorzugen mildes Klima, überstehen allerdings auch härtere Bedingungen. Sie sollten in normale Gartenerde gepflanzt werden, vorzugsweise an einen sonnigen Standort, aber auch ein halbschattiger ist möglich. Vermehrung durch Aussaat, Ausläufer oder Wurzelschnittlinge im Winter.

Ailanthus altissima

Syn. ***Ailanthus glandulosa***

GÖTTERBAUM

Der aus China stammende Baum wird vor allem wegen seiner Widerstandskraft gegenüber der verschmutzten Luft in den Städten geschätzt. An manchen Stellen ist er wegen seiner schnellen und rücksichtslosen Ausbreitung aber auch weniger beliebt. Pflanzt man ihn auf eine große Rasenfläche, bringt er allerdings nur wenige Schößlinge hervor. Er wird bis zu 15 m hoch und seine kuppelförmige Krone ist im Sommer mit zahllosen blaß braunroten Früchten übersät. Die tiefgrünen, gefiederten Blätter werden bei jungen Bäumen bis zu 1 m lang und riechen unangenehm, wenn sie zerquetscht werden.

Ailanthus giraldii

Der Baum ist *Ailanthus altissima* sehr ähnlich, hat jedoch etwas größere Blätter und Früchte. Nicht ganz einig ist man sich darüber, ob es sich um eine eigene Art handelt oder nur um eine Unterart von *A. altissima.*

AJANIA

Zu dieser Gattung zählen etwa 30 in Ost- und Zentralasien heimische Arten. *Ajania* ist eine der Gattungen, deren Arten man einst in der Gattung *Chrysanthemum* führte. Sie ist mit *Dendranthema* verwandt und die Pflanzen haben ähnliche stumpf gelappte Blätter, die normalerweise auf der Unterseite wollig weiß behaart sind. Die in Rispen angeordneten Blütenköpfchen sind klein, knopfförmig und haben keine Zungenblüten. Die Pflanzen bilden unterirdische, weitverzweigte Rhizome, denen zahlreiche, robuste Stengel entspringen. Lediglich *Ajania pacifica* wird in Gärten und Parks gelegentlich als Zierpflanze genutzt.
PFLEGE UND VERMEHRUNG: Die anspruchslosen Pflanzen wachsen auf mageren und fruchtbaren Böden, die jedoch gut durchlässig sein sollten; sonnige Standorte werden bevorzugt. Wenn sie nach der Blüte nicht zurückgeschnitten werden (einschließlich des Rhizoms), können sie sich so rasant vermehren, daß sie Nachbarpflanzen zum Absterben bringen. Vermehrung durch Teilung der Rhizome.

Ailanthus altissima

Ajania pacifica

Ajania pacifica

Ajania pacifica

Syn. *Chrysanthemum pacificum*, *Dendranthema pacificum*

Diese immergrüne Art stammt aus Ostasien. Sie bildet dicht beblätterte Stengel, die bis zu 45 cm hoch werden. Die Blätter sind oberseits dunkelgrün, unterseits dicht weiß behaart. Die grob gewellten Ränder sind weiß und bilden dadurch einen ansprechenden Kontrast zum Grün der Blattspreite. Im Herbst entwickeln sich zahlreiche goldglänzende Blütenköpfchen.

AJUGA

GÜNSEL

Etwa 50 Arten langsamwachsender ein- und mehrjähriger Pflanzen zählen zu dieser vor allem in den kühleren Regionen Europas, Afrikas, Asiens und Australiens vorkommenden Gattung. Der Günsel ist mit der Pfefferminze und einigen Gewürzpflanzen wie Majoran eng verwandt. Die Rosetten setzen sich aus weichen, spatelförmigen Blättern zusammen, deren Mitte Scheinähren mit blauen, violetten, rosafarbenen, selten gelben, zweilippigen Blüten entspringen. Ausdauernde Arten vermehren sich durch Ausläufer oder Rhizome und können dabei weitläufige Blumenteppiche bilden. Die attraktiven Bodendecker sind auch für schattige Standorte geeignet. **PFLEGE UND VERMEHRUNG:** Diese winterharten, unkomplizierten Pflanzen benötigen kaum Pflege, aber feuchten Boden und Schutz vor voller Sonne, sieht man von den bronzefarbenen und panaschierten Sorten ab, die ihre Farbe am besten in der Sonne entwickeln. Die üblicherweise angepflanzten Arten können in den verschiedensten, kalten bis subtropischen Zonen wachsen. Vermehrung durch Teilung.

Ajuga reptans 'Purpurea'

Ajuga reptans 'Atropurpurea'

Ajuga reptans 'Catlin's Giant'

Ajuga australis

Diese anpassungsfähige Art stammt aus Süd- und Zentralaustralien, wo sie von subalpinen Wiesen bis zu den Wasserlöchern in den Steinwüsten vorkommt. Sie bildet kompakte, 10–40 cm hohe Horste; die weich behaarten Blätter und die malven- oder purpurfarbenen Blüten können unterschiedlich groß sein. Die bisher wenig kultivierte Pflanze zeigt einen kräftigen Wuchs, kann jedoch etwas kurzlebig sein. Blütezeit im Frühjahr und Sommer.

Ajuga pyramidalis

PYRAMIDENGÜNSEL

Die in Europa weitverbreitete, attraktive Art, die sich durch kurze, unterirdische Rhizome ausbreitet, bildet meist dichte Matten aus behaarten, dunkelgrünen, in Rosetten angeordneten Blättern. Ihnen entspringen die vierkantigen Stengel mit Scheinähren aus kleinen Blüten. Zusammen mit den breiten oberen Tragblättern bilden sie eine etwa 20 cm hohe, pyramidenähnliche Struktur. Die Blüten sind meist blau oder malvenfarben und blühen im Frühjahr bis zum Hochsommer. **'Metallica Crispa'** ist eine kleinwüchsige Sorte mit runden, gewellten, metallisch-violett glänzenden Blättern.

Ajuga reptans

KRIECHENDER GÜNSEL

Diese in Europa heimische Art kann sich durch oberirdische Ausläufer stark ausbreiten. Den nur 5–10 cm hohen Blattrosetten entspringen im Frühjahr Scheinähren mit dunkelblauen Blüten, die bei manchen Sorten bis zu 20 cm hoch werden können. Die bekanntesten von ihnen sind **'Atropurpurea'** Syn. **'Purpurea'** mit dunkelvioletten bis bronzefarbenen Blättern; **'Burgundy Glow'** mit cremefarben und

Ajuga reptans 'Jungle Beauty'

Ajuga reptans

Ajuga pyramidalis 'Metallica Crispa'

braun gefärbten Blättern; **'Multicolor'** mit weißen, dunkelrosa und violetten Blättern sowie **'Variegata'** mit hellgrünen und cremefarbenen Blättern. Im Gegensatz dazu hat die schnellwüchsige, bedeutend größere **'Jungle Beauty'** dunkelgrüne Blätter mit violetter Schattierung. **'Catlin's Giant'** hat viel größere Blätter und längere, bis zu 20 cm hohe Blütenstände. **'Pink Elf'** ist eine kompakte Sorte mit dunkelrosa Blüten.

AKEBIA

AKEBIE

Zur Gattung gehören vier in China, Korea und Japan wildwachsende Arten meist sommergrüner, zweihäusiger Schlingpflanzen. Ihre zusammengesetzten Blätter haben rundliche Fiederblätter, deren Anzahl von Art zu Art variiert. Im Frühjahr bilden sie Trauben mit leicht duftenden rötlichvioletten bis braunen, getrenntgeschlechtlichen Blüten. Aus den größeren weiblichen Blüten entwickeln sich große, blaue bis violette, wurstförmige Früchte, deren eßbares Fruchtfleisch fad schmeckt. **PFLEGE UND VERMEHRUNG:** Sie benötigen normale, feuchte Gartenerde; Humus fördert die Entwicklung; die Basis sollte im Halbschatten stehen. Da Akebien nicht ganz winterhart sind, ist ein geschützter Standort nötig; junge Pflanzen müssen im Winter abgedeckt werden; der Blattwechsel ist anhängig von den Temperaturen. Die Triebe benötigen etwas Führung, um nicht durcheinander zu wachsen. Vermehrung durch Samen, Ableger, Stecklinge.

Akebia quinata

Diese sommergrüne, bisweilen über 10 m hohe Kletterpflanze aus Japan, China und

Akebia quinata

Korea benötigt ein starkes Rankgerüst. Sie wird hauptsächlich wegen ihrer attraktiven Blätter und ihrer schönen Blüten angepflanzt. Die Blätter setzen sich aus fünf grünen Fiederblättern zusammen; die duftenden, violett bis malvenfarbenden Blüten, die in hängenden Trauben angeordnet sind, erscheinen im späten Frühjahr. Für eine Befruchtung werden jeweils eine männliche und weibliche Pflanze benötigt; die eßbaren Früchte sind wurstförmig.

Akebia trifoliata

Die Blätter dieser in China und Japan heimischen Pflanze setzen sich aus drei 4–6 cm langen, leicht gelappten, hellgrünen Fiederblättern zusammen. Die bräunlichvioletten Blüten sind geruchlos, die Früchte werden bis zu 15 cm lang. Die Pflanze ist sommergrün und kann bis zu einer Höhe von 9 m klettern.

ALBERTA

Zu dieser Gattung immergrüner, subtropischer Bäume gehören eine Art aus Südafrika sowie zwei aus Madagaskar. Sie fallen durch ihre an Gardenien erinnernden Blätter und attraktive röhrenförmige Blüten auf. Eine Besonderheit ist, daß sich zwei der fünf Kelchblätter nach der Blüte vergrößern und farbige, flügelartige Anhängsel an der verholzten Frucht bilden. **PFLEGE UND VERMEHRUNG:** Die frostempfindlichen Arten dieser Gattung können in Mitteleuropa nicht ganzjährig im Freien wachsen, so daß sie nur für Gewächshauser oder Kübel geeignet sind. Sie müssen im Sommer reichlich gegossen werden; die Vermehrung erfolgt im Herbst durch Samen oder Wurzelstecklinge.

A

Alberta magna

Diese südafrikanische Art wächst in der freien Natur zu bis zu 9 m hohen Bäumen heran, während man in Kultur im allgemeinen nur 2–3 m hohe Sträucher erhält. Die ledrigen Blätter sind glänzend dunkelgrün, vom Spätherbst bis zum Sommer erscheinen auffällige, nach oben gebogene, scharlachrote Blüten, aus denen sich kleine Früchte entwickeln, an denen noch hellrote Teile des Kelches sitzen.

ALBIZIA

SCHIRMAKAZIE

Die meisten zur Gattung *Albizia* gehörenden Arten sind schnellwachsende tropische Sträucher oder Bäume mit schirmförmiger Krone und langgestielten, kopfigen oder zylindrischen Blütenständen, die an *Mimosa* oder *Acacia* erinnern, allerdings etwas größer sind. Die Pflanzen haben doppelt gefiederte Blätter und dichtstehende kleine Blüten, deren weit herausragende Staubblätter viel größer und auffälliger sind als die Blütenblätter. Sie sind nicht winterhart, so daß sie vor allem für die Kübelhaltung geeignet sind. Werden sie im Sommer ins Freie gebracht, benötigen sie einen windgeschützten Standort. Die Pflanzen vertragen es nicht, wenn die Wurzelballen austrocknen.

Albizia julibrissin

SEIDENBAUM

Der von Iran bis Ostchina vorkommende, sommergrüne Baum erhielt seinen Namen aufgrund der seidigen, cremeweißen bis dunkelrosa Staubblätter (*julibrissin* heißt »Flockseide«), dem auffälligsten Teil der im Sommer erscheinenden Blütenstände. Unter idealen Bedingungen können die flachkronigen, dicht beblätterten Bäume 6–8 m hoch werden, aber auch Exemplare, die nicht größer als 2 m sind, blühen zumeist kräftig. Die frostempfindliche Art, die selten älter als 30 Jahre wird, eignet sich vor allem für das Bepflanzen großer Kübel. Die Varietät ***Albizia julibrissin* var. *rosea*** zeichnet sich durch herrliche Farbenpracht aus.

Albizia lebbek

Der in den tropischen Regionen Afrikas, Asiens und Australiens heimische, nicht winterharte Baum wird 6–12 m hoch und entwickelt früh die typische abgeflachte Krone. Die doppelt gefiederten Blätter setzen sich aus bis zu 5 cm langen Fiederblättern zusammen und werden in der Trokkenzeit abgeworfen. Im Frühjahr werden cremefarbene, an Puderquasten erinnernde Blütenstände produziert, aus denen sich später dünne, zunächst weiß und dann gelblich gefärbte Hülsen entwickeln, die monatelang am Baum hängen bleiben.

ALBUCA

Zu dieser Gattung zählen etwa 30 Arten von Zwiebelgewächsen. Die meisten sind in Südafrika, einige auch im übrigen Afrika oder auf der Arabischen Halbinsel heimisch. Sie haben schwertförmige, hellgrüne, grundständige, je nach Art 10–90 cm lange Blätter und bringen im Sommer röhrenförmige Blüten hervor, die in biegsamen, aufrechten Ähren angeordnet sind. Die Blüten sind im allgemeinen weiß oder hellgelb mit einem grünen Streifen an der Außenseite jedes Kronblattes.

Albizia julibrissin

Albizia julibrissin

Albizia julibrissin var. *rosea*

Alcea rosea

PFLEGE UND VERMEHRUNG: Die nur bedingt winterharten Arten bevorzugen helle, sonnige Standorte mit leichtem, gutdurchlässigem Boden. Bei zuviel Nässe verfaulen die Zwiebeln. Um sie vor Frost zu schützen, können die Zwiebeln, nachdem die Pflanzen sich Ende des Sommers zurückgebildet haben, aus der Erde genommen und im nächsten Frühjahr wieder eingesetzt werden. Die Vermehrung kann durch Aussaat oder Brutzwiebeln erfolgen.

Albuca canadensis

Die in Südafrika heimische Art wird etwa 1 m hoch und hat bis zu 15 cm lange, hellgrüne Blätter. Die hängenden Blüten erscheinen im späten Frühjahr und werden 2,5 cm lang. Die inneren Blütenblätter wirken wie miteinander verbunden und bilden so eine Art Röhre, die äußeren Blütenblätter sind gelb und weisen jeweils einen grünen Streifen auf.

ALCEA

EIBISCH

Alcea ist der alte römische Name für die Stockrose. Carl von Linne übernahm den Begriff, verwendete aber auch die Bezeichnung *Althea*, die auf das griechische Wort für »heilen« zurückgeht, also auf die Rolle der Pflanze in der Heilpflanzenkunde anspielt. Zu der im östlichen Mittelmeerraum, West- und Zentralasien heimischen Gattung zählen etwa 60 Arten. Die Blüten werden an etwa 2 m hohen Ähren gebildet, wodurch die Pflanzen für normale Beete oft zu groß sind. Allerdings werden selbst zwergwüchsige Sorten noch bis 1 m hoch.

Albizia julibrissin

Alberta magna

Albuca canadensis

PFLEGE UND VERMEHRUNG: Stockrosen sind winterhart, müssen jedoch vor zu kräftigem Wind geschützt werden, benötigen also oft einen Haltestab. Sie bevorzugen Sonne sowie normale, aber gutdurchlässige Gartenerde und müssen bei trockenem Wetter häufig gegossen werden. Die Vermehrung erfolgt durch Samen im Spätsommer oder Frühjahr. Dem häufigen Befall durch Rostpilze kann mit Fungiziden entgegengewirkt werden.

Alcea rosea

Syn. *Althaea rosea*

STOCKROSE, STOCKMALVE

Diese zweijährige Art soll ursprünglich aus der Türkei oder Palästina stammen. Wegen ihrer im Sommer oder Frühherbst erscheinenden hohen Blütenähren ist sie sehr beliebt. Zu den vielen erhältlichen Farbenvarianten zählen Rosa, Violett, Cremefarben und Gelb. Die Blüten sind bis zu 10 cm groß und können gefüllt oder halbgefüllt sein. Die Blätter der bis zu 3 m hohen, aufrechten und im allgemeinen unverzweigten Pflanzen sind rundlich und runzlig. Die in der Serie **Chater's-Double** zusammengefaßten Sorten haben, ähnlich wie Pfingstrosen, gefüllte Blüten, die in zahllosen Farben, etwa Violettblau, Violett, Rot, Gelb und Weiß oder Rosa bzw. Apricot erhältlich sind. Zwei weitere Beispiele aus der unzähligen Zahl von Sorten sind **'Pinafore Mixed'** und **'Majorette Mixed'** mit spitzen, halbgefüllten Blüten in unterschiedlichen Pastelltönen.

Alcea rugosa

Diese Art aus der Schwarzmeerregion ähnelt *Alcea rosea*, hat aber länger beharrte Stengel und Blätter. Die tiefgelappten Blätter sind an der Unterseite deutlich geadert; die Blüten sind gelb oder goldgelb. Die aufrechten Stengel sind unverzweigt.

ALCHEMILLA

FRAUENMANTEL

Diese Gattung umfaßt etwa 300 ausdauernde, krautige, winterharte Arten, die hauptsächlich in Europa und Asien beheimatet sind. Die graugrünen Blätter der 15–75 cm hohen Halbrosettenstaude sind rundlich, handförmig geteilt oder gelappt und häufig fein behaart. Ihre verzweigten, im Sommer erscheinenden Blütenstände setzen sich aus winzigen gelbgrünen Blüten zusammen; kriechende Stengel bewurzeln sich oft von selbst. Viele Arten haben blutstillende und andere medizinische Eigenschaften.

PFLEGE UND VERMEHRUNG: Es handelt sich um unempfindliche, anspruchslose Pflanzen, die einen Standort mit durchlässigem Boden benötigen. Dieser sollte nachmittags im Schatten liegen, da die Blätter sonst unansehnlich werden. Die Vermehrung erfolgt durch Aussaat oder durch Teilung der Staude im Spätwinter oder im zeitigen Frühjahr.

Alchemilla alpina

ALPENFRAUENMANTEL

Diese polsterbildende Art wird bis zu 15 cm hoch und 45 cm breit. Sie hat aufrechte Blütenstengel und Blätter, die oberseits graugrün, unterseits silbrig behaart sind. Die kleinen, gelbgrünen Blüten erscheinen im Sommer.

Alchemilla conjuncta

KALKFRAUENMANTEL, SILBERMÄNTELE

Der Kalkfrauenmantel ist eine Art aus den französischen und Schweizer Alpen, die bis zu 30 cm hoch wird. Sie hat sieben bis neunfach fingerförmig gefiederte, blaß blaugrüne, gezähnte Blätter, die auf der Unterseite dicht silbrig behaart sind. Die Blütenstengel werden bis zu 40 cm lang.

Alchemilla ellenbeckii

Diese kleine, niederliegende, schwach behaarte Art aus Ostafrika hat fünffach gelappte, nierenförmige, blaßgrüne Blätter und kleine, zwischen den Blättern gut versteckte, grüngelbe Blüten.

Alchemilla erythropoda

Diese horstbildende Art wird bis zu 30 cm hoch und bringt vom späten Frühjahr bis in den Spätsommer grüngelbe Blüten hervor. Die behaarten, blaugrünen Blätter sind rundlich und spitz gezähnt.

Alchemilla lapeyrousii

Diese Art mit sieben- bis neunfach gelappten, annähernd nierenförmigen Blättern stammt aus den Pyrenäen. Die Blütenstengel werden bis zu 30 cm hoch.

Alchemilla mollis

GROSSBLÄTTRIGER FRAUENMANTEL

Diese am häufigsten in Gärten angepflanzte Art wird oft auch in die Sammelart *Alchemilla vulgaris* eingeordnet. Sie ist ein idealer Bodendecker, eignet sich aber auch gut als Rabattenabschluß oder für Steingärten. Die horstbildende Staude erreicht eine Höhe und Ausdehnung von 40 cm. In den gefalteten Blättern mit gezähntem Rand sitzen oft schimmernde Tau- oder Regentropfen, was die Blätter besonders

Alectryon excelsus

attraktiv macht. Im Sommer erscheinen zahllose grüngelbe Blüten, die denen von *Gypsophila* ähneln. ***A. speciosa*** ähnelt *A. mollis*, allerdings sind ihre Blätter tiefer gelappt und ihre Blattstiele fein behaart.

Alchemilla rohdii

Dies ist eine der vielen europäischen Arten, die oft in der Sammelart *Alchemilla vulgaris* geführt werden. Die niedrige Pflanze wird keine 20 cm hoch; die Finger der frischgrünen Blätter sind rundlich und fein gezähnt, die gelben Blüten eher unauffällig.

Alchemilla vetteri

Die Blütenstengel der kleinen Art aus den Gebirgen Südwesteuropas erreichen kaum eine Höhe von 20 cm, ihre Horste dehnen sich selten weiter als 30 cm aus. Die sieben- bis neunfach gelappten Blätter haben einen gezähnten Rand.

ALECTRYON

Die immergrünen, wegen ihres dichten, attraktiven Laubs kultivierten Bäume sind auf den pazifischen Inseln, in Australien und in der malaiischen Region heimisch. Der Name leitet sich von der griechischen Bezeichnung für »Hahn« ab und bezieht sich auf einen hahnenkammähnlichen Anhang der Frucht. Alle Arten haben gefiederte, aus mehreren lederartigen Fiedern bestehende Blätter; die kleinen Blüten sitzen endständig an den Blütenzweigen. Die beerenartige Frucht platzt bei der Reife auf und entläßt große Samen, die Vögel anziehen.

PFLEGE UND VERMEHRUNG: Die sonst widerstandsfähigen Bäume aus dem Regenwald und den küstennahen Buschformationen sind frostempfindlich und daher für eine Freilandhaltung in Mitteleuropa ungeeignet.

Alectryon excelsus

TITOKI-BAUM

Der auf Neuseeland heimische, ausladende Baum wird 6–9 m hoch. Seinen gedrungenen Stamm schützt eine braunschwarze Rinde, die Zweige sind rotbraun und flaumig behaart. Die Blätter sind unpaarig gefiedert und werden bis zu 40 cm lang. Aus den kleinen roten oder cremefarbenen, in vielfach verzweigten Blütenständen angeordneten Blüten entwickeln sich braune Kapseln, die innen leuchtendrot gefärbt sind und glänzende schwarze Samen enthalten.

ALEURITES

Diese kleine Gattung immergrüner, in Mitteleuropa nicht winterfester Bäume

Alchemilla mollis

Alchemilla rohdii

Alchemilla lapeyrousii

Alchemilla vetteri

Alchemilla speciosa

Alchemilla conjuncta

stammt aus Südostasien, Indonesien, Australien und von den Pazifischen Inseln. Einige in China heimische, sommergrüne Arten, die früher ebenfalls dieser Gattung zugeordnet wurden, rechnet man heute zur Gattung *Vernicia*. Die üppigwachsenden Pflanzen haben große, häufig gelappte Blätter und in Rispen angeordnete cremefarbene, glockenförmige Blüten. Die großen runden Samen bestehen, ähnlich wie Walnüsse, aus einer stark verholzten Schale und einem harten, ölhaltigen, allerdings giftigen Kern. Das extrahierte Öl wird in Asien traditionell als Schmieröl, Brennöl für Lampen oder nach Entfernen der Giftstoffe auch als Speiseöl verwendet, außerdem stellt man Kerzen oder Seife daraus her. Aus diesem Grund werden die Bäume auch in kleinem Maßstab gewerbsmäßig angebaut.

A

Allamanda cathartica

Aleurites moluccana

Allium aflatunense

Allamanda cathartica 'Hendersonii'

Allamanda schottii

Aleurites moluccana

LICHTNUSSBAUM

Der immergrüne Baum wächst schnell zu einer Höhe von etwa 20 m heran. Die anfänglich schmale, kegelförmige Krone wird im Alter ausladender. Die Art hat einen geraden, dicken Stamm mit weicher brauner Rinde und stark verzweigte Äste; die ovalen grünen Blätter sind bei jungen Bäumen gelappt und strömen einen leichten Duft aus, besonders wenn sie zerrieben werden. Aus den weißlichen, in Rispen angeordneten Blüten entwickeln sich im Sommer große, runde Früchte.

ALISMA

FROSCHLÖFFEL

Die Gattung umfaßt neun Arten normalerweise völlig winterharter Wasser- und Sumpfpflanzen, die fast alle in den gemäßigten Regionen der nördlichen Hemisphäre vorkommen und eine gewisse Ähnlichkeit mit dem Wegerich *(Plantago)* haben. Die in einer grundständigen Rosette angeordneten, zumeist recht breiten Blätter sind lanzett- bis herzförmig; im Sommer erscheint ein langer Stengel mit in Rispen angeordneten kleinen, dreizähligen weißen Blüten. Die kleinen, grünen Früchte sind in einzelne Segmente unterteilt, von denen jedes einen Samen enthält, der meist vom Wasser verbreitet wird.
PFLEGE UND VERMEHRUNG: Jungpflanzen des Froschlöffels können untergetaucht in flachem Wasser wachsen, sie blühen jedoch erst, wenn die Blätter aus dem Wasser herausragen. Die Pflanzen, die man am besten an Teichränder oder andere sumpfige Plätze setzt, sollten nicht zu dicht stehen, benötigen sonst aber kaum Pflege. Für die Vermehrung sorgt der Froschlöffel zumeist selbst.

Alisma plantago-aquatica

GEMEINER FROSCHLÖFFEL

Die bekannteste Art der Gattung ist in den gemäßigten Regionen der nördlichen Hemisphäre weit verbreitet, kommt jedoch auch in Südafrika und im südlichen Australien vor. Ihre herzförmigen Blätter werden bis zu 20 cm lang, der vielfach verzweigte Blütenstengel wird 60–90 cm hoch. Die weißen Blüten erscheinen im Sommer und haben einen Durchmesser von etwa 1 cm.

ALKANNA

SCHMINKWURZ

Diese Gattung umfaßt 30 Arten einjähriger oder ausdauernder, immergrüner, horstbildender, winterharter Pflanzen, die wildwachsend von Europa über Nordwestafrika bis zum Iran vorkommen und von denen nur wenige Arten in Gärten kultiviert werden. Die blattartigen Stengel verzweigen sich an der Spitze in zahlreiche einseitige Ähren aus trichterförmigen, meist blauen oder gelben Blüten, die im Frühsommer erscheinen; die ungeteilten Blätter sind behaart.
PFLEGE UND VERMEHRUNG: *Alkanna*-Arten sind völlig winterhart, vertragen aber auch extreme Trockenheit sehr gut, so daß man ihnen am besten einen Platz mit trockenem, magerem Boden und viel Sonne gibt. Die Vermehrung erfolgt durch Samen oder Stecklinge.

Alkanna orientalis

Die winterharte, in Südeuropa und Südwestasien beheimatete Art wächst aufrecht oder leicht schräg und wird bis zu 75 cm hoch. Die weißen oder gelben Blüten verbreiten im allgemeinen einen süßlichen Duft.

Alkanna tinctoria

ALKANNAWURZEL, SCHMINKWURZ

Diese winterharte Art aus der Mittelmeerregion und Mitteleuropa bringt unzählige violettblaue, trichterförmige Blüten hervor. Die Pflanze wird bis zu 30 cm hoch und hat blaßgrüne, längliche, grob behaarte, beinahe schon stachelige Blätter. Der rote Saft der tiefreichenden Pfahlwurzel wird zum Färben verwendet, beispielsweise für Getränke und andere Nahrungsmittel. Zur Herstellung des Färbemittels gräbt man die Wurzeln im Herbst aus, um sie dann zu trocknen und zu pulverisieren.

ALLAMANDA

DSCHUNGELGLOCKE, ALLMANDE, GOLDTROMPETE

Zu dieser Gattung aus dem tropischen Amerika gehören etwa zwölf Arten – zumeist Schlingpflanzen oder Sträucher –, die allerdings frostempfindlich sind und eine hohe Luftfeuchtigkeit benötigen, so daß man sie bei uns am besten in Gewächshäusern kultiviert. Seit neuestem gibt es aber auch einige Züchtungen, die sich mit etwas Geschick als Zimmerpflanzen halten lassen. Die Pflanzen haben farbenprächtige, normalerweise leuchtendgelbe, trompetenförmige Blüten und glänzende Blätter, die in Wirteln an den weichen Stengeln sitzen, aus denen bei Verletzung ein Milchsaft austritt.
PFLEGE UND VERMEHRUNG: Im Sommer kann die Dschungelglocke viel Sonne vertragen, während sie zur Ruhezeit im Winter schattiger stehen sollte. Allerdings benötigen die Pflanzen auch in der kalten Jahreszeit viel Wärme, dafür aber eine nicht so hohe Luftfeuchtigkeit. Die Dschungelglocke muß regelmäßig gegossen werden; ein starker Rückschnitt sorgt für die richtige Form und fördert die Ausbildung von Blüten. Die Fortpflanzung erfolgt durch Stecklinge.

Allamanda blanchetii

Syn. *Allamanda violacea*

Die genaue Herkunft dieser südamerikanischen Art ist nicht bekannt. Ihre Blätter gleichen denen von *Allamanda cathartica*, allerdings klettert sie nicht so gern, und kann bei Bedarf recht einfach zu einem bis 2 m hohen Strauch getrimmt werden. Die Art stellt innerhalb der Gattung eine Ausnahme dar, denn ihre großen Blüten, die im Sommer und Herbst erscheinen, sind nicht gelb, sondern malvenfarben. Bei einigen Sorten hat man versucht, die ungewöhnliche Blütenfarbe mit der größeren Robustheit von *A. cathartica* zu verbinden.

Allamanda cathartica

GOLDTROMPETE

Die kräftige Kletterpflanze erreicht schnell eine Höhe bis 4,5 m und bringt im Sommer bis 15 cm große, gelbe, trompetenförmige Blüten hervor; die lanzettlichen Blätter sind in Quirlen angeordnet. Die Blüten der Sorte '**Hendersoni**' sind gelb mit hellen Flecken.

Allamanda schottii

Syn. *Allamanda neriifolia*

Der einzige echte Strauch der Gattung ist immergrün, wird etwa 2 m hoch und breit und hat glänzende grüne Blätter. Die trompetenförmigen, goldgelben Blüten sind manchmal orange gestreift und blühen von Sommer bis Herbst; bisweilen werden anschließend große, glänzende Samenschoten gebildet. Die Pflanzen sollten im Sommer einen sonnigen Platz bekommen und regelmäßig gegossen werden; im Frühjahr kann man sie etwas zurückschneiden, um die Form zu erhalten.

ALLIUM

LAUCH

Zu dieser Gattung gehören über 700 Arten meist winterharter, zwei- oder mehrjähriger Zwiebelpflanzen, die in den gemäßigten Zonen der nördlichen Hemisphäre vorkommen und zwischen 10 cm und 1,5 m hoch werden können. Einige sind eßbar, darunter die Küchenzwiebel, der Knoblauch oder der Schnittlauch; die dekorativeren Arten mit ihren farbenfrohen, hübschen Blüten stammen zumeist aus West- und Zentralasien. Typisch ist der Zwiebelgeruch, der ausströmt, wenn die Blätter zerrieben oder geschnitten werden. Die Blütendolden sitzen immer auf einem aufrechten Stengel und sind als Knospe von schützenden Hochblättern umschlossen. Viele Arten vermehren sich durch Brutzwiebeln, die entweder unter der Erde oder an den Blütenstengeln gebildet werden.
PFLEGE UND VERMEHRUNG: Die Pflanzen bevorzugen sonnige Plätze mit fruchtbarem, gutdurchlässigem, unkrautfreiem Boden. Sowohl die eßbaren als auch die Zierarten können von Schädlingen und Krankheiten befallen werden, etwa der Zwiebelfliege, aber auch von Stockälchen oder Rostpilzen; viele sind auch anfällig gegen Weißfäule. Die Vermehrung erfolgt durch Samen oder Brutzwiebeln.

Allium cepa

Allium christophii

Allium aflatunense
IRANLAUCH

Die im Sommer blühende Art aus Zentralasien wird über 1,5 m hoch. Sie bringt mehr als 50 kleine, violette, in Dolden angeordnete Blüten hervor, deren Kronblätter einen dunkleren Mittelstreifen aufweisen. Die bläulichen Blätter sterben vor der Blüte ab.

Allium ampeloprasum
ACKERKNOBLAUCH, SOMMERKNOBLAUCH

Diese große, robuste Art eignet sich für Steingärten, wächst jedoch auch in anderer Umgebung. Die zylindrischen Stengel werden bis zu 1,2 m hoch; die häutigen Hochblätter der kugelförmigen Dolden fallen ab, wenn sich die unzähligen kleinen, rosafarbenen Blüten öffnen. Die bis zu 45 cm langen, graugrünen Blätter haben eine wachsartige Oberfläche und einen unregelmäßigen Rand. Die nach Knoblauch schmeckende Zwiebel wird im Nahen Osten auch als Gemüse genutzt.

Allium beesianum

Die Art aus den chinesischen Provinzen Yünnan und Szechuan hat schmale, graugrüne Blätter und bringt im Sommer Dolden mit nur wenigen, glockenförmigen, blauen Blüten hervor. Bleibt sie ungestört, bildet sie nach einiger Zeit 20–30 cm hohe Horste. **'Album'** ist eine weiße Sorte.

Allium caeruleum
Syn. *Allium azureum*

Die winterharte Art aus Zentralasien hat sehr kurze, schmale Blätter, die eingezogen werden, sobald die 30 bis 60 cm hohen Blütenstengel, die im Sommer dichte Dolden mit sternförmigen, blauen Blüten hervorbringen, voll ausgewachsen sind.

Allium canadense

Die in den gemäßigten Regionen Nordamerikas weitverbreitete Art trägt im

Allium cepa, Gruppe Proliferum

Sommer weiße bis blaßrosa, glockenförmige Blüten an bis zu 30 cm langen Stengeln. Die Brutzwiebeln bilden sich ausschließlich an den Blütenstengeln.

Allium carinatum

Die aus Südeuropa stammende Art wird auch in vielen anderen Teilen der Erde kultiviert. Sie bildet zahlreiche Brutzwiebeln, so daß sie sich schnell ausbreiten kann. Die Blätter sind linealisch; die Blütendolden sitzen an 30–60 cm langen Blütenstengeln und sind von sehr langen, schmalen Hochblättern umgeben, die abfallen, wenn sich die violetten bis rosa Blüten mit ihren heraushängenden Staubgefäßen entfalten.

Allium cepa
KÜCHENZWIEBEL, BOLLE

Die Küchenzwiebel war schon bei den Griechen und Römern ein beliebtes Nahrungsmittel, während die Ägypter sie nicht verzehrten, sondern als heilige Pflanze verehrten. Die sogenannten Frühlingszwiebeln sät man im Herbst und erntet sie, noch nicht völlig ausgebildet, im Mai. *Allium cepa* ist die Stammform unzähliger Züchtungen mit verschiedener Größe, Farbe, Form und unterschiedlichem Geschmack. Die Schalotten gehören zur Gruppe **Aggregatum.** Sie schmecken milder als Frühlingszwiebeln und können in der Küche auch anstelle des Schnittlauchs verwendet werden. Die zur Gruppe **Proliferum** gehörenden Sorten bringen kleine, an der Spitze des Blütenstengels sitzende Brutzwiebeln hervor. Sie werden im Spätsommer geerntet, etwa dann, wenn die Blätter anfangen gelb zu werden.

Allium cernuum

Charakteristisch für diese nordamerikanische Art sind die nickenden, 30 bis 60 cm langen Blütenstengel. Die glockenförmigen Blüten sind weiß, rosafarben oder braun und haben heraushängende Staubgefäße. Die Art erinnert an Schnittlauch.

Allium cernuum

Allium christophii
Syn. *Allium albopilosum*
STERNKUGELLAUCH

Die bis zu 60 cm hohe Art hat breite, oberseits glänzendgrüne, unterseits weiße Blätter. Der kräftige Stengel bringt im Frühjahr eine runde, bis zu 40 cm breite Blütendolde hervor; die sternförmigen violetten Blüten werden bei der Samenreife schwarz und können dann als Trockenblumen verwendet werden. Die Zwiebeln werden im Herbst etwa 6 cm tief eingepflanzt, am besten an einen sonnigen Platz.

Allium cyaneum

Diese nordchinesische Pflanze erhielt den Artnamen *cyaneum* (von lat. *cyaneus* = »dunkelblau«), weil sie beim Verzehr die Lippen blau färbt. Im Sommer bildet die Pflanze nickende, glockenförmige, blauviolette Blüten, deren Kronblätter einen dunkelblauen oder grünen Mittelstreifen haben. Die Blätter umhüllen die Basis der bis zu 45 cm langen Blütenstengel.

Allium dichlamydeum

Diese farbenprächtige Art aus Kalifornien bringt im Sommer an kräftigen Stengeln knallrote, glockenförmige Blüten hervor. Sie wird 25–30 cm hoch und hat feine Blätter, die genauso lang sind wie die Stengel.

Allium fistulosum
WINTERZWIEBEL

Charakteristisch für die bis zu 60 cm große Art sind die hohlen Blätter und Blütenstengel. Sie bringt im Sommer in einer dichten Dolde angeordnete Blüten hervor. Die Winterzwiebel wird als Gemüse angebaut und in Salaten oder zum Kochen verwendet. Ihre genaue Herkunft ist unbekannt.

Allium fistulosum

Allium dichlamydeum

Allium flavum

Diese kleinere, horstbildende Art aus Europa und Westasien mit ihren grauen, zylindrischen Blättern eignet sich gut als Randbepflanzung für eine Rabatte. Im Sommer erscheinen an den etwa 20 cm langen Stengeln kleine Dolden mit süßduftenden, glockenförmigen, zitronengelben Blüten, die häufig etwas rot, grün oder braun überlaufen sind.

Allium giganteum

Die Stengel dieser zu den größten blühenden Laucharten gehörenden Pflanzen werden 1,2–1,8 m lang und bringen im Hochsommer dichte, 10–15 cm große Dolden mit violetten bis dunkel purpurfarbenen Blüten hervor. Die graugrünen Blätter werden über 45 cm lang.

Allium insubricum
Syn. *Allium narcissiflorum*

Die in Norditalien heimische Art wird bis zu 30 cm hoch. Sie hat schmale, graugrüne Blätter; im Sommer wird eine Dolde aus bis zu zwölf purpurfarbenen, glockenförmigen Blüten gebildet. Pflanzen sollte man die Zwiebeln im Herbst möglichst an einen sonnigen Platz. Die Vermehrung erfolgt durch Brutzwiebeln.

Allium giganteum

Allium giganteum

A

Allium karataviense
BLAUZUNGENLAUCH

Auffälligstes Merkmal dieser Art aus Zentralasien sind die zwei bis drei breiten, flachen, grundständigen, graugrünen, oft purpurn überlaufenen Blätter. An den kurzen Blütenstengeln werden im Frühjahr dichte Dolde aus sternförmigen, weißen bis hellvioletten Blüten gebildet, deren Kronblätter dunkle Mittelrippen aufweisen. Der Artname *karataviense* ist der latinisierte Name des Gebirgszuges Kara Tau in Kasachstan, in dem die Art zuerst gefunden wurde.

Allium moly
GOLDLAUCH

Diese Art ist in Südeuropa heimisch, wo ihr Auftauchen im Garten früher auch als Zeichen zukünftigen Wohlstands betrachtet wurde. Der Goldlauch wird bis zu 45 cm hoch; aus den breiten, graugrünen, grundständigen Blättern ragt ein Stengel heraus, an dem im Sommer zahlreiche hellgelbe, sternförmige, in einer Dolde angeordnete Blüten gebildet werden. Die Art wurde von Carl von Linne nach einer antiken Zauberpflanze namens *Moly* benannt.

Allium moly

Allium 'Purple Sensation'

Allium neapolitanum

Allium porrum

Allium neapolitanum

Diese problemlos zu kultivierende Zwiebelpflanze bringt im zeitigen Frühjahr duftende, in der Regel weiße Blüten hervor, die in offenen Dolden angeordnet sind. Die Blütenstengel werden bis zu 30 cm lang; die Blätter sind relativ schmal und sitzen im unteren Drittel des Blütentriebes. Die Samen werden beim Pflanzen im Herbst etwa 8 cm tief eingesetzt.

Allium oreophilum

Die Blätter dieser Art sind etwas länger als die bis zu 15 cm hohen Blütenstengel. Die zahlreichen glockenförmigen, rosa bis violetten Blüten werden im Frühjahr und Sommer gebildet und sind in kleinen, lockeren Dolden angeordnet. Die Sorte **'Zwanenburg'** trägt karminrote Blüten.

Allium porrum
Syn. *Allium ampeloprasum* var. *porrum*
PORREE, WINTERLAUCH, BREITLAUCH

Die Herkunft der in den kühleren Regionen der nördlichen Hemisphäre weitverbreiteten Art ist unbekannt. Die um die Basis gewickelten Blattscheiden sind eßbar; der Blütenstengel kann über 1 m hoch werden und trägt einen großen, kugelförmigen Blütenstand mit graugrünen oder blaßroten Blüten. Porree ist leichter zu

Allium porrum 'Giant Winter Wila'

Allium porrum 'Mammoth Blanche'

kultivieren als die Küchenzwiebeln und besser an kühlere Temperaturen angepaßt. Die Vermehrung erfolgt durch Samen im Frühjahr oder Sommer; sobald die Basis etwa 2,5 cm dick ist, kann die Pflanze geerntet werden. **'Giant Winter Wila'** ist eine der blaublättrigen Sorten, die im Winter reifen; **'Mammoth Blanche'** ist eine der kräftigen Porree-Sorten, deren Stangen bis zu 6 cm dick werden können.

Allium 'Purple Sensation'

Diese Kulturform ähnelt der Art *Allium giganteum*, von der sie möglicherweise auch abstammt. Sie hat jedoch tief rotviolette, bis zu 8 cm breite, kugelförmige Blütenköpfe, die an bis 1 m langen Stengeln sitzen.

Allium sativum
KNOBLAUCH

Der Gemeine Knoblauch ähnelt in seinen oberirdischen Teilen der Küchenzwiebel; die eigentliche Zwiebel besteht allerdings aus mehreren kleinen »Zehen«, die aufgrund ihres pikanten Geschmacks weltweit als Küchengewürz geschätzt werden. Zudem ist Knoblauch eine wertvolle Heilpflanze, die beispielsweise vorbeugend gegen Infektionen eingesetzt wird. Die Wildform der Art ist unbekannt, in Zentralasien wurden allerdings nahe verwandte Pflanzen gefunden. Die zarten, dunkelrosa bis weißen Blüten erscheinen im Sommer in kleinen Dolden an einem etwa 45 cm hohen Stengel. Vermehrt werden die Pflanzen, indem man einzelne Zehen im April im Abstand von etwa 15 cm ungefähr 5 cm tief einsetzt. Nach fünf bis sechs Monaten kann dann geerntet werden. Neben Rosen gepflanzter Knoblauch hält Blattläuse fern.

Allium karataviense

Allium sativum

Allium schoenoprasum
SCHNITTLAUCH

Die dünnen, zylindrischen Blätter dieser mehrjährigen Pflanze werden zum Würzen und Garnieren von Speisen verwendet. Die Art wird bis zu 25 cm hoch und bringt im späten Frühjahr und Sommer zahlreiche eßbare, malvenfarbene Blüten hervor. Kultiviert wird der Schnittlauch in der Sonne oder im Halbschatten, wobei er besonders an sonnigen Plätzen gut gegossen werden muß. Die Vermehrung erfolgt durch Teilung oder Aussaat. Teilen sollte man die Pflanzen möglichst alle zwei bis drei Jahre, damit das Wachstum kräftig bleibt; häufiges Zurückschneiden fördert einen dichteren Wuchs und sorgt für zartere Blätter. Schnittlauch kann auch als attraktive Randbepflanzung für einen Kräutergarten dienen oder in Töpfen gezogen werden. Die kräftige Sorte **'Forescate'** hat hell- bis dunkelrosa Blüten.

Allium subhirsutum

Die süßlich duftende Art aus dem Mittelmeerraum ist hervorragend an trockene, steinige und sandige Standorte angepaßt. Die Blätter sind am Rand auffällig behaart; die zarten sternförmigen Blüten sind in lockeren Dolden angeordnet und erscheinen im Frühjahr an schlanken, bis zu 30 cm langen Stengeln.

Allium triquetrum

Die in der westlichen Mittelmeerregion heimische Pflanze ist an ihren dreieckigen Blütenstengeln leicht zu erkennen. Sie bildet dichte Horste aus flachen, weichen, grünen Blättern, die ein wenig an Hyazinthen (*Hyacinthoides*) erinnern. Die 25–45 cm langen Blütenstengel bringen im Frühjahr und Sommer kleine Dolden mit elegant herabhängenden, 2 cm langen weißen, glockenförmigen Blüten hervor. Die Pflanze benötigt Winterschutz.

Allium tuberosum

Die seit Jahrhunderten in Indien und China kultivierte Art, deren Blätter als Gemüse gegessen werden können, ist heute in ganz Asien verbreitet, wird aber auch in anderen Erdteilen angepflanzt. Sie kann bis zu 45 cm hoch werden und hat flache, schmale Blätter und kantige Blütenstengel; die duftenden, sternförmigen Blüten erscheinen im Sommer und Herbst. Obwohl die Art aus den Tropen stammt, ist sie relativ frosthart.

Allium ursinum

BÄRENLAUCH, RAMS

Die aus Europa und Nordasien stammende Art wächst in feuchten, schattigen Wäldern, kann aber aufgrund ihrer raschen Vermehrung durch schlanke unterirdische Ausläufer auch schon einmal in Gärten eindringen. Charakteristisch sind die dunkelgrünen, bis zu 7 cm breiten, grundständigen Blätter, die beim Zerreiben einen starken Knoblauchgeruch verströmen. Die Blütenstengel werden 30–40 cm lang und bringen lockere Dolden mit ziemlich großen, weißen Blüten hervor, die im Frühjahr und Frühsommer erscheinen.

Allium subhirsutum

ALLOCASUARINA

KÄNGURUHBAUM, KASUARINE, KEULENBAUM

Die 60 Arten der nur in Australien vorkommenden Gattung wurden bis vor kurzem zur Gattung *Casuarina* gerechnet – und tatsächlich ähneln sich die Pflanzen aus beiden Gruppen auch sehr stark. Sie sind immergrün und haben rutenartige, kleine Zweige, die die Funktion der Blätter übernehmen, während die echten Blätter zu kleinen dreieckigen Schuppen reduziert sind, die praktisch nur mit der Lupe zu erkennen sind. Die kleinen männlichen und weiblichen Blüten werden durch den Wind bestäubt und sitzen in der Regel auf verschiedenen Pflanzen. Besonders auffällig sind die braunen, kätzchenartigen männlichen Blütenstände an den Zweigenden. *Allocasuarina*-Arten werden wegen ihres attraktiven, in der Regel herabhängenden Blattwerks als Schattenspender oder Windschutz gepflanzt, liefern aber auch Feuerholz.

PFLEGE UND VERMEHRUNG: Känguruhbäume sind bei uns nicht winterhart, so daß man sie in Kübeln halten und bei Frost ins Haus holen muß, wo sie bei etwa 10 °C überwintert werden. Die größeren Arten sind sehr schnellwüchsig und langlebig; die Vermehrung erfolgt durch Samen im Frühjahr.

Allium triquetrum

Allocasuarina littoralis

Allocasuarina littoralis

Allocasuarina decaisneana

Die zu den schönsten Vertretern der Gattung zählende, bis zu 15 m hohe Art ist gut an die extremen Bedingungen ihrer Heimat, die trockenen Halbwüsten und Trockenbuschgebiete Zentralaustraliens angepaßt, wo sie dank ihrer langen Pfahlwurzeln auch in extrem trockenen Zeiten noch Wasser finden kann. Der dicke, gerade Stamm mit seiner tiefgefurchten Korkrinde besitzt eine dichte Krone aus herabhängenden, graugrünen Zweigen, die die Art, zusammen mit den großen, zapfenartigen Fruchtständen, in heißen, trockenen Regionen zu einer beliebten Zierpflanze werden ließen.

Allocasuarina decaisneana

Allocasuarina littoralis

Syn. *Casuarina littoralis*

Der aufrechte, hohe, immergrüne Baum mit seiner ungewöhnlichen, kegelförmigen Krone stammt von der Ostküste Australiens. Er wird bis zu 9 m hoch, bleibt unter extremen Bedingungen jedoch kleiner. Der kurze Stamm hat eine sehr rissige, graubraune Rinde; das dunkelgrüne Blattwerk ist sehr fein. Im Winter erscheinen braune, männliche Blütenähren; die schmalen, zylindrischen Fruchtstände der weiblichen Bäume sind oft in Büscheln angeordnet. Der schnellwachsende Baum ist jung sehr dekorativ, verliert nach 15 bis 20 Jahren jedoch deutlich an Attraktivität. Junge Exemplare können in Kübeln gehalten werden.

Allium schoenoprasum

Allium ursinum

Allium schoenoprasum 'Forescate'

Allium tuberosum

Allocasuarina robusta

Allocasuarina tessellata

Allocasuarina verticillata

Allocasuarina luehmannii

Allocasuarina scleroclada

Allocasuarina torulosa

Allocasuarina luehmannii

Der zu den größeren Arten der Gattung zählende Baum stammt aus den Halbwüsten Südostaustraliens und wird bis zu 15 m hoch. Er hat eine rauhe Rinde und dicke, nach oben wachsende Äste. Die dichten, drahtigen Zweige sind olivgrün, die kleinen Fruchtstände sind normalerweise etwas dicker als lang. Wie alle Känguruhbäume ist die Art nicht winterhart.

Allocasuarina scleroclada

Charakteristisch für diese etwa 1,5 m hohen und häufig doppelt so breiten Sträucher ist das dekorative, herabhängende Blattwerk. Die in Westaustralien heimische Art verträgt Trockenheit sehr gut, ist aber nicht winterhart. ***Allocasuarina robusta*** sieht relativ ähnlich aus, hat jedoch eine aufrechtere Wuchsform und wird bis zu 3 m groß.

Allocasuarina tessellata

Bei der aus dem Süden Westaustraliens stammenden Art handelt es sich um einen aufrechten Strauch, der 3–5 m hoch wird und drahtige, ziemlich rauhe, grünliche Zweige hat. Die ausdauernden Fruchtstände sind mit bis zu 5 cm länger als bei den meisten anderen Arten und besitzen dank der dichtstehenden Deckblätter eine glatte Oberfläche. Das natürliche Biotop der Art sind felsige Hänge in Halbwüsten.

Allocasuarina torulosa
Syn. *Casuarina torulosa*

Der schnellwachsende, 12–15 m hohe elegante Baum hat eine korkartige, tief gefurchte Rinde. Die gebogenen, glatten Äste und Zweige sind normalerweise grün, werden im Winter aber zumeist violett bis braun. Der aus Ostaustralien stammende Baum wird in seiner Heimat oft als Zierbaum, Schattenspender oder Holzlieferant kultiviert, übersteht einen härteren mitteleuropäischen Winter aber nicht.

Allocasuarina verticillata
Syn. *Casuarina stricta, C. verticillata*

Dieser Baum aus Südostaustralien wird bis zu 9 m hoch und bildet eine hübsche, buschige Krone mit dichten, herabhängenden Zweigen. Die männlichen Blüten, die im Winter oder im zeitigen Frühjahr erscheinen, haben goldbraune Staubbeutel. Die Art stellt kaum Ansprüche an Boden und Standort und übersteht sogar leichten Frost. Von *Allocasuarina verticillata* existieren sehr viele kleinere Unterarten.

ALLOXYLON

Die wenigen Arten dieser Gattung immergrüner Regenwaldbäume sind an der warmen Ostküste Australiens und in Papua-Neuguinea heimisch. Bis vor kurzen zählte man sie zur heute auf südamerikanische Arten beschränkten Gattung *Oreocallis*, davor zu *Embothrium* (siehe dort). Die im Handel nur selten erhältlichen, attraktiven Bäume haben wunderschöne scharlach- oder karmesinrote Blütenköpfe.

PFLEGE UND VERMEHRUNG: Die Pflanzen vertragen zwar leichten Frost, sind aber, wie viele Regenwaldpflanzen, wegen ihrer sonstigen Ansprüche nur für subtropische oder tropische Gärten mit regelmäßigen Sommerregen geeignet. Daher ist auch eine Kübelhaltung wenig empfehlenswert, es sei denn, es steht ein Gewächshaus zur Verfügung.

Alloxylon flammeum
Syn. *Oreocallis* 'Wickhamii'

Diese Art wird 10–15 m hoch und besitzt anfänglich eine buschige, aufrechte Wuchsform, entwickelt mit der Zeit aber eine breite, ungleichmäßige Krone. Die unregelmäßig gelappten, ledrigen Blätter sind dunkelgrün; die unzähligen, endständigen, nektarreichen, orangefarbenen Blütenstände erscheinen im Spätfrühjahr oder Frühsommer und ähneln bestimmten *Telopea*-Arten.

Alloxylon pinnatum
Syn. *Oreocallis pinnata*

Der noch weniger bekannte und auch noch schwerer als *Alloxylon flammeum* zu kultivierende Baum wird in den Regenwäldern seiner Heimat 10–20 m groß; in tropischen Gärten wachsen die Pflanzen normalerweise strauchartig und erreichen eine Höhe von 3,5–6 m. Die einfachen, glänzenden, dunkelgrünen Blätter sind bis zur Mittelrippe eingeschnitten, so daß sie fast wie gefiedert aussehen. Die auffälligen, rot-rosafarbenen Blüten erscheinen im Hochsommer an den Zweigenden.

ALNUS
ERLE

Die mit den Birken *(Betula)* verwandten Bäume wachsen vor allem in den kühlen und kalten Regionen der nördlichen Hemisphäre; in Amerika kommen sie auch weiter südlich vor, nämlich entlang der Anden bis nach Argentinien. Die Wurzeln der sehr schnellwüchsigen Bäume gehen normalerweise eine Symbiose mit Luftstickstoff fixierenden Bakterien ein, so daß Erlen auch auf nicht so fruchtbaren Böden wachsen können. Die Pflanzen werden oft als »Ammen« für schlecht wachsende Koniferen verwendet, wobei die Erlen absterben, sobald die Nadelbäume größer geworden sind und ihnen das Licht nehmen. Die weiblichen, eiförmigen Kätzchen hängen meist in Gruppen an den Zweigenden und verholzen bei der Reife. Die Rinde ist braun oder schwarz und normalerweise deutlich gefurcht. Die Arten aus kühlen Regionen sind sommergrün, wobei sich ihr Laub im Herbst aber nur wenig verfärbt; in subtropischen Gebirgsregionen gibt es auch immergrüne Arten.

Alloxylon flammeum

Alloxylon pinnatum

Alnus nepalensis

Alnus orientalis

PFLEGE UND VERMEHRUNG: Erlen benötigen in der Regel keine besondere Pflege, sofern der Boden feucht und der Standort sonnig ist. Sie gehören zu den Bäumen, die gern als Windschutz gepflanzt werden. Einige Arten, darunter unsere Schwarzerle *(Alnus glutinosa)*, wachsen gern an Flüssen und Bächen, wo der Boden für die meisten anderen Bäume zu feucht ist. Aber auch sehr magere oder verschmutzte Böden werden zumeist toleriert. Die Vermehrung erfolgt durch Aussaat oder Stecklinge.

Alnus acuminata
Syn. ***Alnus jorullensis***

Diese immergrüne Art stammt aus der Region zwischen Nordmexiko, den Anden und Nordwestargentinien. Der schnellwachsende kompakte Baum hat eine breite Krone mit hübschen herabhängenden, birkenähnlichen Blättern. Er wird in der Regel nicht größer als 9 m, kann aber unter besonders günstigen Bedingungen auch schon einmal eine Höhe von 15 m erreichen.

Alnus cordata
ITALIENISCHE ERLE

Diese große Erlenart der südeuropäischen Gebirge wird 9–12 m hoch, hat kurze Seitenäste, dichtes glänzendes, dunkelgrünes Laub und eine glatte, graue Rinde. Im Spätwinter oder zeitigen Frühjahr erscheinen an den Zweigspitzen gelbliche, 8–10 cm lange männliche Kätzchen; die weiblichen Kätzchen sitzen an einem bis zu 5 cm langen Stiel. Der genügsame Baum ist mit den meisten Standorten und Böden zufrieden, bevorzugt aber Plätze in Wassernähe.

Alnus acuminata

Alnus firma

Diese schöne Erle aus den japanischen Gebirgen besitzt schmale, außerordentlich hübsch gezeichnete Blätter mit einem scharf gezähnten Rand, die an elegant gebogenen Ästen sitzen. Die Pflanzen wachsen oft viele Jahre lang strauchartig und werden dabei nicht größer als 3 m, bevor sie schließlich ihre endgültige Höhe von etwa 9 m erreichen. Die ältere, graue Rinde blättert oft ab und gibt dabei die frische, rötliche Rinde frei. Die Blätter bleiben häufig bis zum Herbst grün. Außerhalb Japans wird die Art nur sehr selten kultiviert.

Alnus glutinosa
SCHWARZERLE

In Gebieten mit kaltem, rauhem Klima und mageren, sumpfigen Böden sind die Schwarzerlen, neben einigen Weidenarten, häufig die einzigen Bäume. Die in Europa heimische Schwarzerle kann wildwachsend bis zu 18 m groß werden, angepflanzte Bäume erreichen selten eine Höhe von mehr als 9m. Die dunkelbraune Rinde ist tief gefurcht und zumeist in kleine, senkrechte Platten zerrissen, die hohe Baumkrone ist breit kegelförmig. Die schmalen Blätter der Sorte **'Imperialis'** sind tief eingeschnitten.

Alnus nepalensis

Obwohl in den mittleren Höhenlagen des Himalaja und Südchinas heimisch, ist diese Erle nicht sehr frosthart. Ihre Äste sind kaum verzweigt; die Rinde ist blaßgrau. Die bis zu 20 cm langen, breiten, ovalen Blätter sind oberseits leuchtend hellgrün und unterseits etwas blasser gefärbt. Die im Herbst erscheinenden, langen, dünnen, männlichen Kätzchen sitzen an den Zweigenden. Die Art benötigt einen geschützten, feuchten Platz, da die großen Blätter sonst sehr schnell verwelken.

Alnus rubra

Alnus orientalis

Diese ansprechende Art, die man wildwachsend an Flußufern in Syrien, Zypern und der Südtürkei findet, erreicht eine Höhe bis zu 15 m. Die glänzenden grünen Blätter haben einen unregelmäßig gezähnten Rand; die männlichen Kätzchen erscheinen im zeitigen Frühjahr und sind, bevor sie ihre gelben Pollen verbreiten, mit einer klebrigen Ausscheidung überzogen.

Alnus rhombifolia

Die schöne, im westlichen Nordamerika weitverbreitete Erle wird in der Regel 10–15, bisweilen auch bis zu 30 m hoch. Die dünneren Zweige der ausladenden, rundlichen Krone hängen herab, die 8–12 cm langen Blätter laufen spitz zu und sind stark gezähnt. Die langen, männlichen Blütenkätzchen erscheinen im zeitigen Frühjahr noch vor den Blättern. Die Art wird außerhalb ihrer eigentlichen Heimat nur selten kultiviert.

Alnus rubra
Syn. ***Alnus oregona***
ROTERLE

Die von Alaska bis Zentralkalifornien vorkommende Roterle wird 12–15 m groß. In der Regel verzweigt sich der Baum in mehrere Stämme, die unteren Zweige hängen zumeist herab. Die Rinde ist dünn und hellgrau; die großen, an der Basis gezähnten Blätter sind oberseits dunkelgrün, unterseits graugrün und häufig orangefarben bis rostbraun behaart. Im zeitigen Frühjahr erscheinen an den Zweigenden unzählige gelbe, männliche Kätzchen. Der völlig winterharte Baum eignet sich eher für große Gärten.

ALOCASIA
ALOKASIE

Zu dieser, im tropischen süd- und südostasiatischen Raum heimischen, mit dem Taro *(Colocasia)* verwandten Gattung zählen etwa 70 Arten großblättriger Stauden mit Rhizomen oder Knollen. Sie haben herz- bis pfeilförmige Blätter, die je nach Art 20–90 cm lang werden können und häufig an langen, charakteristisch rot oder violett gefärbten Stielen sitzen. Die winzigen Blüten sind in ebenfalls langgestielten Kolben angeordnet, die oft zwischen den Blättern verborgen und daher kaum zu erkennen sind. Die unterirdischen Teile einiger Arten sind eßbar, die meisten enthalten jedoch Gifte, die Zunge und Kehle anschwellen lassen.

PFLEGE UND VERMEHRUNG: Die meisten Arten sind stark frostempfindlich (Mindesttemperatur 15 °C) und benötigen außerdem feuchtwarme Temperaturen, so daß sie nur in entsprechend eingerichteten Gewächshäusern kultiviert werden können. Die Vermehrung erfolgt durch Samen, Stecklinge oder durch Teilung der Rhizome.

Alocasia cuprea

Diese Art aus Borneo fällt vor allem durch die hübschen Blätter auf. Diese sind mit einer Länge von höchstens 30 cm zwar vergleichsweise klein, haben aber bis zu 60 cm lange Stengel und zeigen einen silbervioletten bis kupferfarbenen metallischen Glanz, der einen auffälligen Kontrast zu den grünen und roten Blattadern bildet.

Alocasia macrorrhiza

Diese Art entwickelt breite, bis zu 1 m lange, pfeilförmige, glänzendgrüne Blätter,

Alnus glutinosa

Alnus glutinosa 'Imperialis'

Alnus firma

A

deren Stengel noch einmal bis zu 1 m lang werden können. Die eher unauffälligen, angenehm duftenden Blüten sitzen an einem fleischigen Blütenstengel *(Spadix)* und sind von einer gelbgrünen Spatha umgeben.

ALOE

ALOE, WUNDKAKTUS, BITTERSCHOPF

Zu dieser in Afrika sowie auf Madagaskar und der Arabischen Halbinsel vorkommenden Gattung gehören über 300 Arten. Es handelt sich um Pflanzen mit zumeist fleischigen Blättern und baumartiger, strauchartiger oder halbstrauchartiger Wuchsform. Alle Arten sind immergrün und haben zumeist charakteristische Rosetten aus schwertförmigen Blättern am Ende des Schaftes oder von Seitentrieben. Die Blätter variieren je nach Art erheblich in Größe, Farbe und Dicke sowie in der Anzahl und Verteilung der dornigen Zähne an den Rändern oder auf der Oberfläche. Die zumeist in langgestielten Blütenständen angeordneten Blüten sind röhren- oder schmal glockenförmig und öffnen nach und nach von der Basis aus. Aus ihnen entwickeln sich ovale, 0,5–5 cm große, grüne Früchte, die bei der Reife braun werden. *Aloe*-Arten lassen sich leicht kreuzen; gelungene Beispiele dafür sind ***Aloe speciosa*** × ***A. ferox*** und ***A. splendens*** × ***A. speciosa.*** Das traditionell in der Heilkunde angewendete Aloeharz gewinnt man aus bestimmten afrikanischen Arten.

PFLEGE UND VERMEHRUNG: In unseren Breitengraden werden viele der robusteren Arten als Zimmerpflanzen kultiviert. Viele vertragen zwar auch leichteren Frost, aber wenn man die Pflanzen im Freien halten will, sollte man sie in Kübel setzen und im Haus überwintern. Im Sommer wird reichlich gegossen, im Winter weniger. Die Vermehrung erfolgt durch Kinder, die sich am Stamm der Mutterpflanze bilden oder durch Blattstecklinge bzw. Aussaat.

Aloe arborescens 'Compton'

Aloe arborescens

Aloe alooides

Diese Art aus dem östlichen Transvaal hat einen kurzen, bis zu 2 m hohen, unverzweigten Schaft, der zumeist dicht mit abgestorbenen Blattresten bedeckt ist. Die in einer dichten Rosette angeordneten Blätter sind schmal und tief gefurcht, der rote Blattrand ist dornig gezähnt. Im Frühjahr und Sommer erscheinen an 1–1,2 m langen Blütentrieben gelbgrüne, röhrenförmige Blüten.

Aloe brevifolia

Aloe splendens × *Aloe speciosa*

Aloe alooides

Aloe bainesii

Aloe buhrii

Aloe aristata

Aloe arborescens

BRANDALOE

Diese strauchige Art aus Südostafrika kann während der Blüte 2–3 m hoch werden. Die Pflanzen verzweigen sich an der Basis in kurze, schlanke Schäfte mit seitlichen und endständigen Rosetten aus ziemlich schmalen, bis zu 60 cm langen graublauen Blättern. Diese sind leicht nach unten gebogen und haben einen dornig gezähnten Rand. Die verzweigten Trauben aus scharlachroten oder gelben Blüten erscheinen vom Spätwinter bis zum zeitigen Frühjahr. Die Art, von der es inzwischen zahlreiche Sorten gibt, etwa **'Pearson'** oder **'Compton'**, ist bei uns eine beliebte Zimmerpflanze.

Aloe aristata

Die kleine, langlebige, in Südafrika heimische Aloe bildet an kurzen Schäften etwa 10 cm hohe und bis zu 30 cm breite Blattrosetten. Die spitzen, dunkelgrünen Blätter haben oberseits weiße Flecken, einen gesägten Blattrand und sind dicht mit feinen Borsten bedeckt. Die lockeren, bis zu 60 cm langen Trauben aus orangeroten Blüten erscheinen im Frühjahr. Die nicht winterharte Pflanze eignet sich für fast jedes Blumenfenster.

Aloe arborescens 'Pearson'

Aloe bainesii

Die große, immergrüne, baumartige Aloe aus Südafrika wird bis zu 20 m hoch und bis zu 4,5 m breit. Die langen, schmalen, dornig gezähnten Blätter werden bis zu 1 m lang; die mittelgroßen, rosafarbenen röhrenförmigen Blüten erscheinen im Frühjahr und Sommer in einer bis 60 cm langen Traube.

Aloe bakeri

Die seltene Art aus Madagaskar ist sehr schnellwüchsig, so daß sie, wenn man sie einige Zeit in Ruhe läßt, schließlich einen dichten Hügel bildet. Die schmalen, gedrehten, am Rand gezähnten, grünbraunen Blätter sind braunrosa gestreift und oberseits häufig gepunktet. Die langen, unverzweigten Blütenstände mit orangefarbenen, röhrenförmigen Blüten werden im Winter gebildet.

Aloe brevifolia

Diese kleine Art aus der südafrikanischen Kapprovinz bildet schnell dichte Bestände aus fleischigen, im Durchmesser nur 8 cm großen Rosetten, deren blaugrüne Blätter am Rand schwach gezähnt sind. Im Frühsommer erscheinen bis zu 45 cm lange unverzweigte Blütenstände mit blaßroten, an der Basis grünen Blüten. Die Art ist seit langem eine sehr beliebte Zimmerpflanze.

Aloe buhrii

Die immergrüne, afrikanische Art hat bis zu 40 cm lange, schwertförmige oder dreieckige, bläulichrot gefärbte Blätter. Im Frühjahr erscheinen die orangefarbenen oder roten, glockenförmigen Blüten mit grünen Spitzen, aus denen sich später braune Kapseln entwickeln.

Aloe candelabrum

Diese Art aus Natal hat einen unverzweigten, 2–3,5 m hohen, in der Regel mit alten,

Aloe marlothii

trockenen Blättern bedeckten Schaft, an dessen Ende eine Rosette aus dicken, bis zu 1 m langen und 15 cm breiten Blättern sitzt, die an der Unterseite stachlige Auswüchse aufweisen und einen feingezähnten Rand haben. Die Blütenstengel sind stark verzweigt; die roten, orange- oder rosafarbenen Blüten öffnen sich im Winter.

Aloe ciliaris

Die aufgrund ihres Kletterwuchses ungewöhnliche Aloe kann mit entsprechender Kletterhilfe bis 4,5 m hoch werden. Sie verzweigt sich von der Basis aus in zahlreiche schlanke, längliche Triebe, an denen in Abständen kurze, dreieckige, weiß gezähnte Blätter sitzen. Die kurzen Blütentriebe mit roten, an der Spitze gelben, röhrenförmigen Blüten erscheinen zwischen Frühjahr und Herbst. Die Art kann an Wänden oder Spalieren emporgezogen werden, aber auch große Bereiche als Bodendecker überwachsen.

Aloe claviflora

Die aus der südafrikanischen Kapprovinz stammende Art hat blaugrüne Blätter und kann eine Höhe von 1–2 m erreichen. Die 30 bis 40 gekerbten Blätter sind oval bis lanzettlich und bilden eine dichte Rosette. Im Frühjahr und Sommer werden orangerote, röhrenförmige Blüten gebildet, die an der Spitze eines bis 45 cm langen Triebes sitzen.

Aloe excelsa

Aloe cryptopoda

Aloe cryptopoda

Die im südlichen Afrika heimische Art hat bis 1 m lange, in einer dichten Rosette angeordnete, grünlich bis rosa gefärbte, lanzettliche Blätter mit einem gezähnten Rand. Die roten röhrenförmigen Blüten erscheinen im Frühjahr und Sommer.

Aloe dichotoma

DRACHENBAUM-ALOE, KÖCHERBAUM

Die in den Wüstenregionen Namibias und der Kapprovinz heimische Art ist eine der spektakulären baumartigen Aloen der felsigen »Kopjes«. Sie kann im Verlaufe der Jahre bis 9 m hoch werden; die dichte, abgeflachte Blattrosette sitzt an der Spitze des häufig über 1 m dicken Schaftes. Die blaugrünen Blätter sind fein gezähnt; im Winter werden an 60 cm langen, verzweigten Blütenständen zahlreiche gelbe Blüten gebildet, deren ungeöffnete Knospen an der Spitze grünlich überlaufen sind.

Aloe excelsa

Die in Simbabwe heimische Art hat bis zu 75 cm lange, fleischige, lanzettliche, gezähnte Blätter, die in einer einzigen großen Rosette angeordnet sind, die am Ende eines holzigen, bis zu 8 m hohen Schaftes sitzt. Die kleinen, karmesinroten, röhrenförmigen Blüten, die in einer zentralen, bis 1 m langen Blütentraube angeordnet sind, erscheinen im Frühjahr und Sommer.

Aloe ferox

Die nicht ganz so frostempfindliche Art aus dem südlichen Afrika hat einen einzigen, bis zu 4,5 m hohen, holzigen Schaft. Die dichte Rosette besteht aus lanzettlichen, bis zu 1 m langen, bläulichgrünen Blättern, die einen rötlichbraunen Rand haben und dornige Auswüchse auf der Oberseite aufweisen. Im Frühjahr erscheinen die lebhaft orangerot gefärbten Blüten, die in dicken, runden, bürstenähnlichen, endständigen Blütenständen angeordnet sind.

Aloe candelabrum

Aloe gariepensis

Aloe ferox

Aloe dichotoma

Aloe gariepensis

Die im südlichen Afrika heimische Sukkulente wird bis zu 1 m hoch. Die grünen, gezähnten Blätter verfärben sich im Alter rötlich; die kleinen, gelben, röhrenförmigen, an über 1 m langen Trieben sitzenden Blüten werden im Frühjahr und Sommer gebildet.

Aloe claviflora

Aloe harlana

Diese stengellose, rosettenbildende Aloe aus Äthiopien kann einen Durchmesser bis zu 60 cm erreichen. Die olivgrünen Blätter sind etwa 20 cm lang und an der Basis fast ebenso breit. Die in bis zu 1 m langen, stark verzweigten Blütenständen angeordneten, dunkelroten, bisweilen auch gelben Blüten werden im Sommer gebildet.

Aloe humilis

Die in der südafrikanischen Kapprovinz heimischen Pflanzen bilden oft dichte Bestände, wobei die Einzelpflanzen etwa 6 cm breite Rosetten haben. Die grünen Blätter haben einen weißen, gezähnten Rand; die etwa 40 cm langen Triebe mit ihren korallenroten Blüten erscheinen im Frühjahr und Sommer.

Aloe marlothii

Diese Aloe aus Natal, Transvaal und Botswana bildet eine einzelne, sehr große Rosette auf einem bis zu 2,5 m hohen Schaft aus, der in der Regel mit alten Blättern bedeckt ist. Die etwa 1 m langen, graugrünen, sehr dicken Blätter sind über und über mit kurzen dornigen Auswüchsen bedeckt; die an einem stark verzweigten Stengel gebildeten, in einem schmalen zylindrischen, spitz zulaufenden Blütenstand angeordneten, orangegelben Blüten erscheinen im Winter.

Aloe sessiliflora

Aloe pillansii

Aloe pluridens

Aloe petricola

Die im südafrikanischen Transvaal heimische Sukkulente bildet normalerweise dichte Bestände. Die bläulichen, lanzettlichen Blätter werden bis zu 60 cm lang; die hell orangefarbenen, bis 3,5 cm langen, röhrenförmigen Blüten erscheinen im Frühjahr und Sommer. Der Rand der 20 bis 30 Blätter ist unregelmäßig gezähnt.

Aloe pillansii

Diese immergrüne baumartige Aloe aus der westlichen Kapprovinz Südafrikas kann beeindruckende 10 m hoch werden. Der Schaft bildet in der oberen Hälfte zahlreiche Seitentriebe aus. Die graugrünen, bis zu 60 cm langen Blätter haben einen weißen Rand mit gebogenen Zähnen.

Aloe plicatilis

Die mit charakteristischen, fächerförmig angeordneten, blaugrünen, fleischigen Blättern ausgestattete, langsamwachsende, reichverzweigte und strauchartige Pflanze mit ihren drahtigen Trieben wird bis 1,5 m hoch und breit. Die scharlachroten, röhrenförmigen Blüten erscheinen im Frühjahr. Wird die frostempfindliche Pflanze im Sommer ins Freie gebracht, benötigt sie einen hellen, aber vor der heißen Mittagssonne geschützten Platz und muß regelmäßig gegossen werden.

Aloe pluridens

Die strauchige Art aus Südafrika (Kapprovinz und Natal) bildet im Frühjahr und Sommer einen etwa 1 m langen Blütentrieb mit lachsfarbenen, röhrenförmigen Blüten. *Aloe pluridens* wird zwischen 2 und 3 m hoch und hat einen einzigen, kurzen Stamm. Die etwa 60 cm langen, gefurchten Blätter sind relativ schmal und an den Rändern dicht gezähnt.

Aloe saponaria

Aloe rupestris

Aloe speciosa

Aloe speciosa × Aloe ferox

Aloe polyphylla

Diese ungewöhnliche Art aus den Bergen Lesothos bildet fast ballförmige Rosetten, die direkt am Boden wachsen und aus zahlreichen, spiralig gedrehten Blättern bestehen. Bei kultivierten Exemplaren sind diese Merkmale allerdings oft weniger stark ausgeprägt. Im Frühjahr erscheinen stark verzweigte, etwa 60 cm hohe Blütentriebe, an denen zahlreiche blaßrote bis orange- oder rosafarbene Blüten sitzen.

Aloe pratensis

Diese südafrikanische Art hat blaugrüne, ovale bis lanzettliche Blätter mit einem gelben Rand, der dicht mit scharfen, etwa 6 mm langen, rötlichen Zähnen besetzt ist. Im Frühjahr und Sommer bildet diese Sukkulente einen einzigen Blütentrieb mit einem rundlichen Köpfchen aus röhrenförmigen Blüten, die an der Spitze grün gefärbt sind.

Aloe rupestris

Syn. *Aloe pycnantha*

Diese baumartige Sukkulente aus Mosambik und Natal (Südafrika) wird bis zu 8 m hoch und bildet im Frühjahr und Sommer kleine, orangefarbene oder gelbe Blüten. Die schmalen, dunkelgrünen Blätter werden bis zu 75 cm lang und sind am rosa Rand braun gezähnt.

Aloe saponaria

Die bekannte südafrikanische Aloe erhielt ihren Namen (*saponaria* ist lateinisch für »seifig«), weil der in Verbindung mit Wasser schäumende Saft der Blätter als Seifenersatz verwendet werden kann. Sie bildet ungestielte Rosetten aus breiten, flachen, dunkelgrünen, in der Regel weiß gefleckten oder gestreiften Blättern. Die Blattränder sind dicht und kurz gezähnt, die Blattspitzen sterben bald ab und rollen sich dann ein, vor allem bei Trockenheit. Die etwa 60 cm hohen, kaum verzweigten Blütentriebe bringen im Sommer sehr kurze Blütenköpfchen mit orangefarbenen Blüten hervor. Die außerordentlich leicht zu kultivierende Art kann längere Zeiträume ohne regelmäßiges Gießen überstehen.

Aloe plicatilis

Aloe harlana

Aloe polyphylla

Aloe petricola

Aloe pratensis

A

Aloe sessiliflora

Die in Transvaal und Natal heimische Art hat große Blattrosetten und einen bis zu 75 cm hohen Blütentrieb. Die Farbe der grünen, rot gesäumten Blätter verblaßt im Alter. Die roten Blüten erscheinen im Frühjahr und Sommer.

Aloe speciosa

Alte Exemplare dieser in der südafrikanischen Kapprovinz heimischen, großen Aloe können eine Höhe bis zu 6 m erreichen. Der meist unverzweigte Schaft ist fast völlig von alten, abgestorbenen Blättern bedeckt und endet in einer dichten Rosette aus fleischigen, bis 75 cm langen, grünlichen Blättern, die einen gezähnten, hellroten Rand haben. Aus den dichtstehenden, roten Knospen entfalten sich im Winter die grünlich-weißen Blüten.

Aloe spectabilis

Syn. *Aloe ferox* var. *xanthostachys*

Diese baumähnliche Sukkulente aus dem südafrikanischen Natal wird zwischen 2 und 3,5 m hoch. Die blaugrünen Blätter sind oft rötlich überlaufen und weisen stachelige Auswüchse auf. Die roten Blüten erscheinen im Frühjahr und Sommer.

Aloe × spinosissima

Diese für kleinere Wohnungen eher ungeeignete Aloe kann zur Blüte eine Größe von etwa 1 m erreichen und fast ebenso breit werden. Trotz des Namens *Aloe × spinosissima* (»sehr stachlig«) sind die Zähne an den Blatträndern weder sehr lang noch ungewöhnlich spitz. Die neuen Blätter werden an der Basis der alten Rosetten gebildet.

Aloe splendens

Die mittelgroße Sukkulente aus dem südwestlichen Arabien hat grünliche, häufig violett überlaufene, dreieckige Blätter mit senkrecht verlaufenden Furchen. Im Frühjahr und Sommer werden scharlachrote, röhrenförmige Blüten gebildet. Die aus Italien stammende Sorte **'Spuria'** hat 30–45 cm lange, rötliche Blätter und hellrote Blüten.

Aloe striata

Kennzeichen dieser Art sind die in der Regel grundständigen Rosetten aus breiten, abgeflachten, grauen, rosa überlaufenden Blättern mit einem glatten roten Rand und zahlreichen, aber nicht sehr auffälligen Längsstreifen auf der Oberseite. Die herabhängenden, korallenroten Blüten werden im Frühjahr an reichverzweigten, aufrechten Blütentrieben gebildet. Sie sind stark glänzend, leicht wachsartig und haben eine sackartige Ausbuchtung an der Basis. Es handelt sich um eine gute Zimmerpflanze, die eine Mindesttemperatur von etwa 7 °C benötigt.

Aloe striatula

Diese strauchige Aloe aus den südafrikanischen Bergen, die mehrere schlanke Schäfte ausbildet, kann bis zu 2 m groß werden. Die hellgrünen, etwa 25 cm langen Blätter biegen sich in charakteristischer Weise nach unten und sind an den weißen Rändern fein gezähnt. Im Sommer erscheinen an langen, schlanken Trieben kurze Blütenstände mit gelben Blüten.

Aloe umfoloziensis

Diese Aloe aus dem südafrikanischen Natal, die dichte Bestände bilden kann, hat lange, schmale, braungrüne, weiß gefleckte Blätter mit einem gezähnten Rand. Die korallenroten Blüten sitzen an der Spitze eines bis 1,5 m langen Triebes.

Aloe variegata

TIGERALOE

Die beliebte, im westlichen Südafrika und in Namibia heimische Art wird etwa 30 cm hoch. An den kurzen, aufrechten Schäften sitzen nicht allzu lange, unterseits stark kielförmige, feingesägte Blätter mit einer auffälligen Strichzeichnung. Die rosa bis orangefarbenen Blüten erscheinen im Frühjahr an der Spitze schlanker Triebe. Die Art wird schon seit langem als Zimmerpflanze verwendet.

Aloe vera

Syn. *Aloe barbadensis*

ECHTE ALOE

Diese bis zu 60 cm hohe, wahrscheinlich aus Arabien oder Nordafrika stammende Art ist vor allem durch ihre Heilwirkung bekannt geworden. Die Rosetten bestehen aus dicken, aber schmalen, lanzettlichen, graugrünen Blättern, deren Rand weißliche, kurze Zähne aufweist. Die im Sommer erscheinenden kleinen, gelben bis orangefarbenen Blüten sitzen an bis zu 1 m langen Trieben. Der sirupartige Saft wird zur Hautpflege und zur Behandlung von Verbrennungen verwendet.

ALONSOA

Diese Gattung umfaßt etwa 12 Stauden- und Straucharten, die im tropischen Westen Amerikas von Mexiko bis Peru beheimatet sind. Die Blüten sind in der Regel klein, aber meist sehr lebhaft gefärbt und erscheinen im Sommer und Herbst.

PFLEGE UND VERMEHRUNG: An einem sonnigen Standort lassen sich *Alonsoa*-Arten in einem gut durchlässigen Boden einfach kultivieren. Sie sind frostempfindlich, können aber im Herbst vermehrt werden und den Winter geschützt verbringen.

Alonsoa warscewiczii

Die immergrüne, ursprünglich aus Peru stammende Staude wird einjährig kultiviert und kann sich zu einem 60 cm hohen Strauch entwickeln. Sie trägt Büschel kleiner, leuchtend roter Blüten. Die Sorten bringen Blüten in Rosa- und Orangetönen hervor.

ALOPECURUS

FUCHSSCHWANZGRAS

Zu den 25 Arten der ein- oder mehrjährigen Gräser, die in den gemäßigten nördlichen Breiten heimisch sind, gehören einige Unkräuter, aber auch sehr dekorative Arten. Die Blätter sind relativ flach; die dichten, zylindrischen Blütenähren setzen sich aus festen, kleinen Ährchen zusammen.

PFLEGE UND VERMEHRUNG: Die winterharten Fuchsschwanzgräser lieben sonnige oder halbschattige Standorte mit gutdurchlässigem Boden. Vor der Blütezeit im Frühsommer sollten die Gräser zurückgeschnitten werden. Die Vermehrung findet durch Samen oder Teilung statt.

Alopecurus alpinus

Dieses lockere Horste bildende, niedrige, ausdauernde Gras aus den subarktischen Gebieten Europas hat besonders schmale Blätter. Die im Sommer erscheinenden gestielten, violetten bis grauen, weich behaarten, ovalen Ähren sind weniger als 2,5 cm lang.

Alopecurus lanatus

Von Mitte Frühjahr bis Hochsommer bringt diese Staude aus dem östlichen Mittelmeergebiet dicht behaarte, nur etwa 2 cm lange, aber 1 cm breite, hellgrüne Ähren hervor. Die dichte Horste bildende Pflanze hat filzig behaarte, blaugrüne, grau überlaufende Blätter und wird etwa 30 cm hoch.

Alopecurus pratensis 'Aureovariegatus'

GOLDFUCHSSCHWANZ

Die Sorte, die aus dem in Europa, Nordafrika und Asien verbreiteten Wiesenfuchsschwanz (*Alopecurus pratensis*) gezüchtet wurde, ist ein horstbildendes, mehrjähriges, etwa 1 m hohes Gras, das sich nicht von selbst ausbreitet. Die grünen Blätter weisen dicke goldene Streifen und Ränder auf; die blaßgrünen bis purpurfarbenen, rund 10 cm langen Ähren erscheinen im Verlauf des Sommers.

ALOYSIA

Zu dieser Gattung zählen etwa 40 Arten immergrüner Sträucher aus Nord-, Mittel- und Südamerika, die wegen ihrer aromatischen Blätter kultiviert werden. Diese sitzen an weichen, bambusartigen Trieben; die kleinen Blüten sind in endständigen Ähren angeordnet.

PFLEGE UND VERMEHRUNG: Die Pflanzen bevorzugen gutdurchlässigen, etwas lehmigen Boden; im Sommer muß regelmäßig gegossen werden. Alle Arten sind nur bedingt winterhart, so daß man sie vor eine warme Süd- oder Westwand setzen oder jedes Jahr neu im Freien anpflanzen sollte. Abgestorbene Triebe werden im Frühsommer entfernt; durch regelmäßiges Stutzen im Spätwinter erreicht man eine buschige Wuchsform und verbessert die Knospenbildung. Die Vermehrung erfolgt durch Kopfstecklinge im Sommer.

Aloe vera

Aloe spectabilis (Frucht)

Aloe striata

Aloe striatula

Aloysia triphylla
Syn. *Lippia citriodora*
ZITRONENSTRAUCH

Der vor allem wegen seiner stark nach Zitronen duftenden, krausen, hell- bis mittelgrünen Blätter kultivierte, üppigwachsende Strauch hat eine offene Wuchsform und kann etwa 3 m hoch und breit werden. Die in Rispen angeordneten, zierlichen, hell lavendelfarbenen Blüten erscheinen im Sommer und Herbst. Regelmäßiger Rückschnitt verbessert die Wuchsform. Aus den Blättern wird ein Öl gewonnen.

ALPINIA

Die aus Asien und der Pazifikregion stammenden Pflanzen werden in subtropischen und tropischen Regionen gern wegen ihrer auffälligen Blüten angepflanzt, sind aber auch beliebte Schnittblumen. Sie haben fleischige Rhizome, mit deren Hilfe sie dichte Bestände bilden können. Bei den oberirdischen, stengelähnlichen Strukturen handelt es sich um Reste der eng aufgerollten Blattbasen. Die großen, dünnen Blätter sind in zwei Reihen angeordnet. Die Pflanzen ziehen ihre Blätter auch im Winter nicht ein.
PFLEGE UND VERMEHRUNG: Es handelt sich um frostempfindliche Arten, von denen viele eine Mindesttemperatur bis zu 18 °C benötigen. Auch als Zimmerpflanzen sind sie schwer zu halten, da sie eine feuchtwarme Umgebung benötigen. Die Vermehrung erfolgt durch Teilung.

Alpinia galanga

Alpinia galanga

Bei den meisten *Alpinia*-Arten handelt es sich eher um Zier- und nicht um Nahrungspflanzen – mit Ausnahme dieses südostasiatischen Gewächses, das als Grundlage für ein wichtiges Gewürz dient, das besonders in der Thai-Küche Verwendung findet. Das dicke, weißfleischige Rhizom kann entweder frisch, getrocknet oder als Pulver (»Laospulver«) benutzt werden und dient zum Würzen von Currygerichten. Die Pflanze bildet dicht beblätterte, bis 2 m hohe Stengel; die weißen, rosa gezeichneten Blüten sind relativ unauffällig.

Alpinia purpurata

Die bis zu 3 m hohe Art von den pazifischen Inseln hat schmale, lanzettliche, glänzende Blätter und bringt ganzjährig auffällige Ähren mit kleinen, weißen Blüten hervor, die von leuchtend scharlachroten Hochblättern umgeben sind. Am Blütenstengel entwickeln sich oft junge Pflänzchen, die den alten Trieb durch ihr Gewicht schließlich zu Boden sinken lassen und dann selbst weiterwachsen.

Alpinia purpurata

Alstonia pneumataphora

Alpinia zerumbet

Alstroemeria aurea

Alpinia zerumbet
Syn. *Alpinia nutans, A. speciosa*

Diese immergrüne, horstbildende Staude wird bis zu 3 m hoch und kann sich 1,5–3 m weit ausbreiten. An den langen, massiven Stengeln sitzen breite, grüne Blätter; die herabhängenden Blütentriebe erscheinen im Sommer. An den Blütenrispen entstehen zunächst wachsartige Knospen, aus denen sich später die weißen, gelblippigen Blüten entwickeln, die außerdem einen rosafarbenen oder roten Schlund haben. Die Sorte **'Variegata'** hat ungewöhnliche, gelb gestreifte Blätter und bleibt meist kleiner.

ALSTONIA

Zu dieser Gattung zählen 45 Arten immergrüner Sträucher und Bäume aus Afrika, Südostasien und Zentralamerika. Die ledrigen, elliptischen oder lanzettlichen Blätter sind zumeist in Quirlen angeordnet, die durch unbeblätterte Stengelabschnitte voneinander getrennt sind; aus den kleinen, weißen, cremefarbenen oder grünen Blüten entwickeln sich lange, kapselartige Früchte, die an Bohnen erinnern. Alle Teile der Pflanze enthalten einen stark alkaloidhaltigen, giftigen Milchsaft.
PFLEGE UND VERMEHRUNG: Die subtropischen oder tropischen Bäume sind frostempfindlich und benötigen außerdem mildes, feuchtwarmes Klima, so daß sie in Mitteleuropa weder für den Garten noch die Haltung im Hause geeignet sind.

Alstonia scholaris

Die in den tropischen Regionen Asiens und Afrikas weitverbreitete Art wird 10–30 m hoch; die Krone ist oft über 10 m breit. Die glänzenden, dunkelgrünen, lanzettlichen Blätter sind an der Unterseite stark geädert. Im Sommer erscheinen unzählige cremig-weiße, kleine Blüten, aus denen sich dunkelblaue Früchte entwickeln. Aus der Rinde des Baumes wird ein Medikament gegen Malaria hergestellt; das helle, leichte Holz verwendete man früher in Südindien zur Herstellung von Schultafeln, ein Umstand, dem die Pflanze auch ihren Artnamen verdankt. Eine sehr ähnliche Art ist ***Alstonia pneumataphora.***

Aloysia triphylla

Alstroemeria aurea

ALSTROEMERIA

INKA-LILIE, PERUANISCHE LILIE

Die über 50 in Südamerika und dort vor allem in den Anden vorkommenden Arten der Gattung *Alstroemeria* zählen zu den schönsten und haltbarsten Schnittblumen. In der oberen Hälfte der aufrechtwachsenden, biegsamen Stengel sitzen die dünnen, in sich gedrehten Blätter; im Frühjahr und Sommer erscheinen die endständigen, in Dolden angeordneten Blüten, die in der Regel auffällig gepunktete oder gestreifte Kronblätter haben.
PFLEGE UND VERMEHRUNG: Mit einem entsprechenden Schutz, etwa einer dicken Schicht Laub, Torf oder Stroh, überstehen Inka-Lilien auch den mitteleuropäischen Winter. Alle Arten bevorzugen sonnige oder halbschattige, windgeschützte Standorte mit gedüngtem und gutdurchlässigem, möglichst saurem Boden. Die Vermehrung erfolgt durch Aussaat oder Teilung zu Beginn des Frühjahrs. Nach einem Jahr können Jungpflanzen problemlos versetzt werden. Inka-Lilien wachsen auch gut unter Bäumen oder an Böschungen.

Alstroemeria aurea
Syn. *Alstroemeria aurantiaca*

Die in Chile heimische, weitverbreitete, leicht kultivierbare Art hat orangefarbene Blüten mit einer grünen Spitze und braunen Streifen; die Blätter sind schmal und lanzettlich. Es existieren verschiedene Sorten, etwa **'Majestic'** oder **'Bronze Beauty'** mit dunkelgrünen oder orangefarbenen bzw. orange-bronzefarbenen Blüten. Beide werden etwa 0,5–1 m hoch.

Alstroemeria, Dr.-Salter-Hybriden

Pflanzen aus dieser Gruppe gibt es in vielerlei Farben. Die Blütenköpfe sind etwas kompakter als bei den Ligtu-Hybriden, die Blüten öffnen sich weiter, und die drei inneren Blütenblätter sind stärker gezeichnet. Die Sorte **'Walter Fleming'** hat bis zu 1 m lange Blütentriebe sowie creme- und goldfarbene Blüten mit purpurfarbener Zeichnung.

A

Alstroemeria, Holländische Hybriden

Diese Inka-Lilien gehören zu den begehrtesten Schnittblumen. Sie werden vor allem in Holland gezüchtet, wobei neuere Sorten in der Regel nur an Gartenbaubetriebe weitergegeben werden, die sie unter Glas ziehen, um durch Regen verursachte Schäden zu vermeiden. Die in dichten Dolden angeordneten Blüten haben breite Kronblätter, von denen die oberen häufig besonders auffällig gefärbt sind. Drei der zahlreichen Sorten sind **'Friendship'**, **'Yellow Friendship'** und **'Mirella'**.

Alstroemeria, Holl., 'Yellow Friendship'

Alstroemeria, Holländische Hybride

Alstroemeria, Holl., 'Yellow Friendship'

Alstroemeria haemantha

Diese chilenische Art hat grüne, am Rand leicht behaarte Blätter. Die drahtigen, bis 1 m hohen Blütenstengel bringen im Frühsommer etwa 15 orangefarbene bis rötliche Blüten hervor, deren obere Kronblätter gelb gefleckt sind. Die Pflanzen breiten sich durch ihre fleischigen Rhizome oft weit aus.

Alstroemeria haemantha

Alstroemeria ligtu

Diese chilenische Art ist relativ winterhart. Sie wird 60–90 cm hoch, hat sehr schmale Blätter und große Dolden aus roten, lila oder orangefarbenen Blüten, die purpurn oder weiß gestreift bzw. gepunktet sind.

Alstroemeria, Ligtu-Hybriden

Die bekannten Ligtu-Hybriden entstanden Ende der zwanziger Jahre in Großbritannien aus einer Kreuzung zwischen *Alstroemeria ligtu* und *A. haemantha.* Ihre Farbpalette reicht von Cremefarben über Orange und Gelb bis Rot. In den letzten Jahren wurden sie als Schnittblumen weitgehend von Hybriden verdrängt, die von *A. aurea* abstammen. Die Pflanzen sterben kurz nach der Blüte ab.

Alyogyne huegelii

Alstroemeria, Holl. Hybride, 'Mirella'

Alstroemeria psittacina

Alstroemeria psittacina
Syn. *Alstroemeria pulchella*

Die aus Brasilien stammende Art hat große, schmale, rote und grüne Blüten, die endständig an bis zu 60 cm langen Blütenstengeln sitzen, die bereits im Frühjahr gebildet werden. Die Art ist für mitteleuropäische Gärten weniger geeignet.

ALTERNANTHERA
PAPAGEIENBLATT, WECHSELKÖLBCHEN

Diese Gattung, zu der etwa 80 Arten zählen, ist eng mit der Gattung *Gomphrena* verwandt. Sie ist in den tropischen und subtropischen Regionen Amerikas verbreitet und umfaßt sowohl ein- als auch mehrjährige Arten sowie einige Wasserpflanzen. Die sehr kleinen Blüten sind ungestielt und bilden dichte aber unscheinbare Köpfchen. Eine Art wird in Asien als Grüngemüse sowie als Heilpflanze verwendet; in Gärten pflanzt man sie hauptsächlich wegen der bunten Blätter.
PFLEGE UND VERMEHRUNG: Alle Arten sind sehr frostempfindlich, lassen sich aber während des Sommers (ab Ende Mai) in den Garten auspflanzen. Vor den ersten Frösten muß man sie dann allerdings ins Haus holen. Dort benötigen sie Temperaturen von 15–18 °C und einen hellen Platz; außerdem müssen sie leicht feucht gehalten werden. Die Vermehrung kann durch Stecklinge erfolgen.

A., Dr.-Salter-Hybride, 'Walter Fleming'

Alternanthera philoxeroides

Diese südamerikanische Wasserpflanze gilt, zusammen mit der Wasserhyazinthe *(Eichhornia),* in einigen warmen Ländern als sehr lästiges Wasserunkraut, dessen Beseitigung in schiffbaren Gewässern oft enorme Kosten verursacht.

ALYOGYNE

Diese an bestimmte Hibiskus-Arten erinnernden Sträucher stammen aus den Trockengebieten Süd- und Westaustraliens. Die schnellwachsenden, aufrechten, eleganten Pflanzen werden 2–3 m hoch; die großen, trichterförmigen, in der Regel lila oder malvenfarbenen, recht auffälligen, aber zarten und kurzlebigen Blüten sitzen einzeln an den Zweigenden.
PFLEGE UND VERMEHRUNG: Die Pflanzen brauchen absolut frostfreies, trockenwarmes Klima, so daß sie bei uns nicht im Freien kultiviert werden können. Aber auch als Kübelpflanzen findet man *Alyogyne*-Arten in Mitteleuropa nur selten.

Alyogyne hakeifolia
Syn. *Hibiscus hakeifolius*

Diese westaustralische Art wird bis zu 3 m hoch, hat eine aufrechte Wuchsform und einfache, linealische Blätter. Die trichterförmigen Blüten werden im Frühjahr und Sommer gebildet und sind hell malvenfarben, manchmal auch gelb oder cremefarben mit dunkelroter Mitte.

Alyogyne hakeifolia

Alyogyne huegelii
Syn. *Hibiscus huegelii*

Der in Westaustralien heimische, üppigwachsende Strauch kann bis 2,5 m hoch und recht ausladend werden. Vom Spätfrühjahr bis zum Sommer öffnen sich nach und nach lila-, bisweilen auch leicht rosafarbene, bis zu 15 cm große Blüten. Die tiefgelappten Blätter sind leicht behaart, der Rand ist unregelmäßig gezähnt. Häufiger Rückschnitt ermöglicht eine etwas kompaktere Wuchsform.

ALYSSOIDES

Der Name dieser, nur drei Arten ausdauernder Pflanzen umfassenden Gattung soll auf die nahe Verwandtschaft bzw. die große Ähnlichkeit mit dem Steinkraut *(Alyssum)* hinweisen, obwohl die Pflanzen, genauer betrachtet, eher aussehen wie *Erysimum*-Arten. Von ihnen und den meisten anderen Kreuzblütlern unterscheiden sie sich durch ihre verdickten, blasenartigen Früchte. Die in Südeuropa und West-

A

Alyssum spinosum

Alyssum murale

Amanita muscaria

Amaranthus tricolor 'Joseph's Goat'

Amaranthus caudatus

A. tricolor 'Flaming Fountain'

Amaranthus tricolor

asien heimischen Pflanzen wachsen an felsigen Standorten und sind daher gut für Steingärten geeignet. Allerdings findet man Arten dieser Gattung nur selten im Handel. Sie werden vorwiegend von ambitionierten Hobbygärtnern kultiviert.
PFLEGE UND VERMEHRUNG: Die winterharten Arten lassen sich in der Regel durch Samen vermehren.

Alyssoides utriculata

Dieser reichverzweigte, relativ kurzlebige, winterharte Halbstrauch aus Südeuropa und der Türkei ist sehr dicht beblättert. Im Frühjahr und Sommer erscheinen Blütenstengel mit gelben Blüten, aus denen sich dekorative Schoten entwickeln. Die Art wächst gut an trockenen Standorten, beispielsweise in Steingärten, man kann sie aber auch zur Gestaltung von Beeteinfassungen verwenden.

ALYSSUM

STEINKRAUT

In dieser Gattung wurde früher auch der beliebte Duftsteinrich geführt, den man heute allerdings zur Gattung *Lobularia* rechnet. Dennoch gehören immer noch etwa 170 Arten ein- oder mehrjähriger Pflanzen sowie Halbsträucher in diese Gruppe, von denen viele einen Standort mit steinigem Untergrund bevorzugen. Die Pflanzen haben kleine, elliptische Blätter und bringen im Frühjahr und Frühsommer weiße, cremefarbene, gelbe oder rosa Blüten hervor. Die meisten Arten bleiben kleiner als 20 cm, ein paar der strauchigen Arten können eine Größe von 60 cm erreichen.
PFLEGE UND VERMEHRUNG: Steinkräuter bevorzugen sonnige Plätze und steinigen, gutdurchlässigen Boden, eignen sich also gut für Steingärten oder zur Bepflanzung von Mauern und müssen im Frühjahr und Sommer von Zeit zu Zeit kräftig gegossen werden. Die meisten Arten sind winterhart; die Vermehrung erfolgt zumeist durch Samen oder Stecklinge.

Alyssum murale

Diese etwas größere, in Südosteuropa heimische Art wird etwa 45 cm hoch. Die graugrünen Blätter sind 1,2–2,5 cm lang, die Blüten gelb.

Alyssum spinosum

Dieser in Südfrankreich und Südostspanien heimische Halbstrauch wird bis zu 60 cm hoch. Seine Blätter sind graugrün bis silbern, die Zweigenden etwas stachelig; die zunächst weißen Blüten verfärben sich mit der Zeit purpurfarben. ***Alyssum spinosum*** **var.** ***roseum*** hat hell bis dunkel rosafarbene Blüten. Die Art wird auch oft in die Gattung *Ptilotrichum* gestellt.

AMANITA

WULSTLING, KNOLLENBLÄTTERPILZ

Zu dieser Gattung gehören nicht nur einige der gefährlichsten Giftpilze, sondern auch Arten, die früher in der Volksmedizin und bei religiösen Ritualen eine wichtige Rolle gespielt haben. Tödlich giftig ist beispielsweise der Grüne Knollenblätterpilz *(Amanita phalloides)*, dessen Verzehr irreversible Leberschäden hervorruft. Die Gattung ist weltweit verbreitet, wobei die genaue Zahl der Arten nur schwer zu schätzen ist. Zu erkennen sind *Amanita*-Arten an der knolligen Stielbasis, die von einer gelappten Hülle umgeben ist, und an dem beringten Stiel. Dennoch sind Verwechslungen möglich, so daß man Pilze grundsätzlich nur dann essen sollte, wenn sie sicher bestimmt werden konnten.
PFLEGE UND VERMEHRUNG: *Amanita*-Arten tauchen manchmal auch in Gärten auf, zumeist unter Bäumen. Wie die meisten Pilze ernähren sich auch die Wulstlinge von abgestorbenem organischem Material. Das, was im allgemeinen als Pilz bezeichnet wird, ist genaugenommen nur der Fruchtkörper eines ausgedehnten Organismus, dessen größer Teil aus langen, dünnen Schläuchen (Hyphen) besteht, die unter der Erde oder in verrottendem Holz wachsen.

Amanita muscaria

FLIEGENPILZ

Den in den gemäßigten Zonen der nördlichen Hemisphäre weitverbreiteten Pilz kennen vermutlich auch die, die ihn draußen niemals gesehen haben, denn er ist der typische Pilz aus Kinder- und Märchenbüchern, in denen häufig Elfen oder Gnome auf ihm sitzen. Es handelt sich um einen Giftpilz, auch wenn die Wirkung nicht immer tödlich sein muß. In einigen Religionen Nordasiens wurde er von Schamanen verzehrt, um durch ihn in Trance zu verfallen. Einige Experten meinen auch, er sei das berühmte *Soma*, das in Sanskrittexten erwähnt wird.

AMARANTHUS

FUCHSSCHWANZ

Diese etwa 60 ein- oder kurzlebige, mehrjährige Arten umfassende Gattung kommt in den meisten wärmeren Regionen der Erde vor. Einige Arten werden als Gemüse oder als Getreide genutzt, andere sind beliebte Zierpflanzen, die wegen ihrer großen, glänzenden, bunten Blätter und der ungewöhnlichen, zumeist sehr langen, hängenden, quastenähnlichen Blütenstände kultiviert werden.
PFLEGE UND VERMEHRUNG: Der Fuchsschwanz benötigt sonnige, trockene, windgeschützte Standorte und fruchtbaren, gutdurchlässigen Boden. An sehr sonnigen Plätzen sollte außerdem Mulch um die Pflanze verteilt werden. Er ist bedingt winterhart, so daß man die Pflanzen am besten vorzieht und im späten Frühjahr ins Freie bringt. Regelmäßiger Rückschnitt bei jungen Pflanzen fördert dichteres Wachstum; außerdem müssen die Sämlinge regelmäßig gedüngt und gegossen werden. Junge Pflanzen werden manchmal von Schnecken, Raupen oder Blattläusen befallen. Die Vermehrung erfolgt durch Samen.

Amaranthus caudatus

GARTENFUCHSSCHWANZ

Diese Art wird über 1,2 m groß und hat ovale, stumpfgrüne Blätter und dunkelrote Blüten, die in langen, herabhängenden Scheinähren angeordnet sind und häufig bis zum Boden herabreichen. Sie blüht normalerweise den ganz Sommer über und oft bis in den Herbst hinein. Es gibt eine weißblühende Sorte, die **'Albiflorus'** genannt wird.

Amaranthus tricolor

Von dieser schnellwüchsigen, im tropischen Afrika und Asien heimischen Pflanze stammen viele Kulturformen ab, die als Blattgemüse (chinesischer Spinat) oder als leuchtendbunte Gartenpflanzen verwendet werden. Die buschigen einjährigen Pflanzen werden etwa 1 m hoch und 45 cm breit; die kleinen, roten Blüten erscheinen im Sommer. Die Blätter der Sorte **'Flaming**

Fountain' sind an der Basis dunkelgrün, weiter oben bronzefarben und an der Spitze blutrot gefärbt. **'Joseph's Coat'** hat leuchtendbronze, gold, orange und rot gezeichnete, bis zu 20 cm lange Blätter, die ihre Farbe bis zum Spätherbst behalten.

AMARYLLIS

In Anlehnung an Miltons schöne Schäferin der Antike nannte Carl von Linné eine der schönsten Zwiebelblumengattungen *Amaryllis*. Nach Linnés ursprünglicher Einteilung sollte die Gattung nicht nur die bekannte, südafrikanische Belladonnalilie einschließen, sondern auch eine Reihe amerikanischer Arten, die später zu *Hippeastrum* gestellt wurden. Anfang des 20. Jahrhunderts setzte ein heftiger Streit unter den Botanikern und den Zwiebelblumenliebhabern ein, welche dieser Gruppen den Name *Amaryllis* bekommen sollte. Schließlich setzte sich die Belladonnalilien-Fraktion durch, so daß die Gattung heute nur noch diese Art aus der südwestlichen Kapprovinz umfaßt. Die hellgrünen, ziemlich dickfleischigen Blätter der Pflanzen erscheinen im Frühjahr, sterben aber schnell wieder ab, um Platz für die langstieligen Dolden mit ihren wunderbar rosafarbenen Blüten zu machen, die im Spätsommer und Frühherbst gebildet werden. Es gibt einige Gattungshybriden zwischen *Amaryllis* und einigen verwandten Gattungen, von denen × *Amarcrinum* (mit *Crinum*) und × *Amarygia* (mit *Brunsvigia*) die bekanntesten sind.
PFLEGE UND VERMEHRUNG: Die Art kann normalerweise auch im Freien angepflanzt werden, sollte aber einen möglichst geschützten Platz, etwa vor einer Südwand bekommen und im Winter abgedeckt werden. Man sollte die großen Zwiebeln im Spätsommer in gutdurchlässigen Boden etwa 8 cm tief einsetzen. Die Vermehrung erfolgt durch Aussaat oder Brutzwiebeln.

Amaryllis belladonna
Syn. *Callicore rosea*
BELLADONNALILIE

Diese wunderschöne Pflanze ist der Traum jedes Gärtners: einigermaßen winterhart, leicht zu ziehen, und wie der Name *belladonna* (»schöne Frau«) bereits vermuten läßt, äußerst dekorativ. Der kräftige, schnellwachsende, bis zu 75 cm lange Stengel bringt wunderschöne, rosafarbene, etwa 10 cm große Blüten hervor; die grundständigen Blätter erscheinen vor den Blüten, werden aber schnell wieder eingezogen. Die Pflanzen vermehren sich natürlich, so daß sie im Verlauf einiger Jahre dichte Bestände bilden können. Es gibt eine Reihe von Sorten, darunter **'Hathor'** mit großen, weißen, **'Capetown'** mit dunkelroten bis rosafarbenen und **'Spectabilis'** mit rosafarbenen und weißen Blüten.

AMELANCHIER
FELSENBIRNE

Die aus den kühleren Regionen Nordamerikas stammenden Sträucher und kleinen Bäume gehören zu den Rosengewächsen *(Rosaceae)*, also zur selben Familie wie Apfel, Birne oder Quitte. Die meisten Arten sind sommergrün, haben einfache, ovale Blätter und weiße, in traubigen Blüten-

Amelanchier lamarckii

Amaryllis belladonna 'Hathor'

ständen angeordnete, lange, schmale Blüten, aus denen sich kleine, runde, eßbare, bei der Reife purpurfarbene oder schwarze, normalerweise süß schmeckende Früchte entwickeln. Einige Arten sind beliebte Gartenpflanzen mit eleganten, weißen Blüten im Frühjahr und hübsch gefärbten Blättern im Herbst.
PFLEGE UND VERMEHRUNG: Die Felsenbirne ist relativ anspruchslos, bevorzugt aber kalkhaltige Böden. Man sollte möglichst einzelne Exemplare pflanzen, etwa auf einer grasbewachsenen Lichtung im Schutz anderer Bäume, doch mit reichlich Sonne. Die Vermehrung erfolgt in der Regel durch Aussaat oder Stecklinge.

Amelanchier alnifolia

Der von Zentral-Alaska über die Rocky Mountains bis Colorado verbreitete, winterharte Strauch wird 1–2 m groß und verzweigt sich bereits an der Basis. Im späten Frühjahr erscheinen zwischen den kleinen, grobgezähnten Blättern die Blütentriebe mit weißen Blüten, aus denen sich süßschmeckende, schwarzblaue Früchte entwickeln. Beliebter als die Wildform ist die Sorte **'Pembina'**.

Amelanchier arborea
Syn. *Amelanchier canadensis* hort.

Der aus dem Osten der USA stammende, anspruchslose Baum wird im Garten etwa 6 m hoch und hat eine eher schmale Krone und herabhängende Zweige im unteren Bereich. Die feingezähnten, spitzen Blätter sind weißlich behaart; aus den zahlreichen, in kurzgestielten Trauben angeordneten Blüten entwickeln sich im Frühsommer kleine, fleischige Früchte. Die Blätter dieser Art färben sich im Herbst rot, orange oder gelb.

Amelanchier alnifolia

Amaryllis belladonna

Amelanchier arborea

Amelanchier × *grandiflora*

Amelanchier × *grandiflora* ist eine Hybride aus *A. arborea* und *A. laevis* und kombiniert die besten Eigenschaften beider Pflanzen. Sie hat größere Blüten, die in längeren Trauben als bei *A. arborea* angeordnet sind und größere und schmackhaftere Früchte als *A. laevis*. Der etwa 6 m hohe, sich bereits an der Basis weitverzweigende Strauch oder kleine Baum wird wegen seiner zahllosen Blüten, seiner Früchte und der farbigen Blätter geschätzt. Es gibt zahlreiche Sorten.

Amelanchier laevis
HÄNGENDE FELSENBIRNE, KAHLE FELSENBIRNE

Die als Zierpflanze geschätzte Art aus den östlichen USA und Kanada wächst normalerweise an geschützten Hängen und in Schluchten. Die jung kupferroten Blätter sind fast kahl; die duftenden, weißen Blüten erscheinen im Frühjahr. Die schwärzlichen, süßschmeckenden Früchte werden in manchen Regionen der USA traditionell für Kuchen und Marmeladen verwendet. Im Herbst färbt sich das Laub in der Regel rot.

Amelanchier lamarckii
KUPFERFELSENBIRNE

Über den Ursprung dieser Art, die früher oft mit *Amelanchier canadensis* und *A. laevis* verwechselt wurde, ist viel spekuliert worden. Der üppigwachsende Strauch oder kleine Baum wird bis zu 9 m hoch; die breiten, dunkelgrünen Blätter sind jung seidig behaart. Die weißen Blüten erscheinen im Frühjahr und sind in herabhängenden Trauben angeordnet; die kleinen, eßbaren Früchte werden bei der Reife schwarz.

Amelanchier arborea

Amelanchier ovalis
Syn. *Amelanchier vulgaris*

Der große, sommergrüne Strauch wird bis zu 3 m hoch und ist die einzige europäische Art der Gattung. Die Pflanzen bilden Ausläufer und sind wildwachsend oft auf Kalkböden zu finden. Die ovalen, leicht gezähnten, grünen Blätter sind jung fein filzig behaart; im Frühjahr werden weiße Blüten gebildet, aus denen sich später dunkelblaue Früchte entwickeln. Die Art hat zwar eine weniger elegante Wuchsform als viele andere *Amelanchier*-Arten, bringt dafür aber die größten Blüten innerhalb der Gattung hervor.

Amelanchier utahensis

Der in den Rocky Mountains bis zu einer Höhe von 3000 m weitverbreitete Strauch

A

ähnelt *Amelanchier alnifolia* – allerdings sind die weißen Blüten und auch die Blütenstände kleiner. Gleiches gilt auch für die bläulich bis purpurfarbenen Beeren, die bei den Indianern und den frühen europäischen Siedlern ein geschätztes Nahrungsmittel waren. Die bis zu 4,5 m hohe Art verzweigt sich schon an der Basis. Bevor die Blätter erscheinen, ist der Busch dicht mit duftenden, weißen Blüten bedeckt.

AMHERSTIA

TOHABAUM

Die einzige Art dieser Gattung zählt zu den schönsten Blütenbäumen. Sie erhielt ihren Namen zu Ehren von Lady Sarah Amherst, einer Botanikerin und Sammlerin des frühen 19. Jahrhunderts, deren Ehemann als Vizekönig von Indien das britische Empire repräsentierte. In seiner Heimat Myanmar werden die Blüten des Baumes in buddhistischen Schreinen als Opfer dargebracht.

PFLEGE UND VERMEHRUNG: Der tropische Baum wächst nur in Äquatornähe und ausschließlich in Gebieten mit ganzjährigen Niederschlägen, aber selbst dort ist er nicht häufig zu finden. Seine Haltung und Vermehrung ist schwierig, nicht zuletzt weil Samen kaum gewonnen werden und Stecklinge sich schlecht bewurzeln. In Europa ist die Pflanze selten im Handel.

Amherstia nobilis

Der ausladende, bis zu 13 m hohe Baum hat große, doppelt gefiederte, bis zu 1 m lange, jung kupferfarbene, herabhängende Blätter mit weißer Unterseite. In den feuchten Tropen bringen die Pflanzen fast ganzjährig bis 10 cm große, orchideenartige, rote Blüten hervor, wobei die oberen Kronblätter vorn schwarz umrandet und an den Spitzen gelb gefleckt sind.

AMMOBIUM

PAPIERKNÖPFCHEN

Diese Gattung umfaßt zwei oder drei Arten aufrechtwachsender Stauden, von denen *Ammobium alatum* gerne als Schnitt- und Trockenblume verwendet wird, wobei man die Pflanzen aber abschneiden sollte, bevor sich die Blüten ganz geöffnet haben. Die lanzettlichen, flaumig behaarten Blätter sind in grundständigen Rosetten angeordnet.

PFLEGE UND VERMEHRUNG: Bei uns wird das Papierknöpfchen fast ausschließlich einjährig kultiviert; es kann in Gegenden mit nicht zu strengem Frost an einem sonnigen Platz mit leichtem, gutdurchlässigem Boden aber auch einen mitteleuropäischen Winter überstehen. Die Vermehrung erfolgt durch Aussaat.

Ammobium alatum

PAPIERKNÖPFCHEN, SANDIMMORTELLE

Die bis zu 1 m hohe und 45 cm breite Pflanze fällt besonders durch die breitgeflügelten Stengel auf, wobei die schmalen, silbergrauen, wechselständigen Blätter an der Basis in die Flügel übergehen. Die ganzjährig gebildeten, bis zu 2,5 cm großen Blütenköpfe sind hellgelb und haben pergamentartige, weiße Hüllblätter.

AMORPHOPHALLUS

Diese Gattung gehört zur Familie der Aronstabgewächse und zeichnet sich besonders durch einen ungewöhnlichen, von einer großen Spatha umgebenen, dickfleischigen Blütenkolben aus, an dem die männlichen und weiblichen Blüten in verschiedenen Bereichen zu finden sind. Der Kolben endet in einem unfruchtbaren Anhang, der bei *Amorphophallus* aber besonders groß ist und bei vielen Arten während der Blüte einen aasartigen Geruch verbreitet. Der Blütenstand kann eine beachtliche Größe erreichen – im Falle der in Sumatra heimischen Titanenwurz (*Amorphophallus titanum*) wird er bis 2,5 m lang und 1,5 m breit. Ein Exemplar dieser »größten Blume der Welt« blühte im Mai 1996 im Botanischen Garten der Stadt Bonn; berühmt ist auch die Titanenwurz von Kew Gardens in London.

Die meisten der etwa 100 Arten der Gattung stammen aus tropischen Regionen Asiens und Afrikas. Einen großen Teil des Jahres bestehen sie nur aus einer unterirdischen Knolle. Während der Regenzeit erscheint dann aber der Blütenstand und danach ein einzelnes, tiefgelapptes, häufig recht großes und langgestieltes, aber schnellvergängliches Blatt. Normalerweise findet man diese Pflanzen nur als Kuriositäten in Botanischen Gärten, einige werden aber auch wegen ihrer eßbaren Wurzeln kultiviert, wie etwa die Sorte **'Konjac'** der japanischen Art ***A. rivieri*** und die asiatische ***A. campanulatus. A. bulbifer*** verfügt über eine urnenförmige Spatha mittlerer Größe.

PFLEGE UND VERMEHRUNG: Die tropischen, sehr frostempfindlichen Pflanzen sind als Garten- oder Zimmerpflanzen ungeeignet, weshalb sie normalerweise nur in Botanischen Gärten gehalten werden.

Amorphophallus paeoniifolius

Die im tropischen Asien und Australien weitverbreitete Art bringt ein bis zu 1 m langes Einzelblatt mit einem dunkelgrünen, hellgefleckten Stiel hervor. Die purpurfarbene oder grüne, weißgefleckte Spatha wird bis zu 25 cm breit und hat einen hervorstehenden Blütenkolben, der in einer sehr großen, schwammigen, dunkel purpurfarbenen, pfeilförmigen oder rundlichen Struktur endet.

AMPELOPSIS

SCHEINREBE, DOLDENREBE

Zu dieser Gattung aus der Familie der Weinrebengewächse (Vitaceae) gehören etwa fünf Arten sommergrüner Kletterpflanzen, die alle aus den gemäßigten Regionen Asiens und Nordamerikas stammen. Alle Arten klettern mit Ranken und haben einfache und dann gezähnte oder zusammengesetzte Blätter; aus den unauffälligen Blüten entwickeln sich kleine, meist bläuliche oder schwärzliche Beerenfrüchte. Die Pflanzen sind vor allem wegen ihrer schönen Herbstfärbung und ihrer dekorativen Früchte beliebt, die nach dem Abwurf der Blätter noch lange an den Stengeln verbleiben.

PFLEGE UND VERMEHRUNG: Die meisten Arten sind weitgehend winterhart, wenngleich sie manchmal vor zu hartem Frost geschützt werden müssen. Sie bevorzugen sonnige oder halbschattige Lagen mit nicht zu trockenem, aber auch keinesfalls staunassem Boden, außerdem brauchen sie starke Klettergerüste und viel

Amelanchier utahensis

Amorphophallus paeoniifolius

Amorphophallus bulbifer

Amorphophallus titanum

Amherstia nobilis

Ampelopsis brevipedunculata 'Elegans'

Platz zum Wachsen. Der Rückschnitt, durch den die Haupttriebe gestärkt werden, erfolgt nach der Beerenreife, die Vermehrung durch Stecklinge.

Ampelopsis brevipedunculata

Syn. *Ampelopsis heterophylla, Vitis heterophylla*

Die kräftige, sommergrüne Kletterpflanze kann sich bis in eine Höhe von 4,5 m emporranken. Sie hat weinartige, gelappte Blätter und bringt im Sommer kleine grünliche Blüten hervor, aus denen sich im Herbst kleine, an Weintrauben erinnernde, anfänglich hellgrüne Beeren entwikkeln, die bei der Reife türkis, hellblau oder violett werden. Die Blätter von ***Ampelopsis brevipedunculata* var. *maximowiczii*** sind weniger regelmäßig geformt und größer; die Sorte ***A. b.* 'Elegans'** hat weiße und rosa gezeichnete Blätter. Sie wird oft als Zimmerpflanze gehalten.

AMPHITECNA

Die wegen der dekorativen Früchte und der weißen oder grünlichen Blüten kultivierten, kleinen Bäume aus Zentral- und Südamerika sowie der Karibik dürfen nicht mit Arten der Gattung *Crescentia* verwechselt werden, deren kürbisähnliche, ausgehöhlte Früchte als Flaschen oder Kalebassen dienen. Die Früchte von *Amphitecna* sind kleiner und deshalb für solche Zwecke ungeeignet. Die kleinen, immergrünen Blätter sind ungeteilt.
PFLEGE UND VERMEHRUNG: Diese frostempfindlichen, tropischen Pflanzen benötigen ganzjährig gleichmäßig feuchtwarme Temperaturen, so daß sie in Mitteleuropa nicht im Freien kultiviert werden können; sie eignen sich aber auch nicht als Zimmerpflanzen.

Amphitecna latifolia

Syn. *Enallagma latifolia*

Die natürlicherweise im tropischen Tiefland von Costa Rica bis Ecuador vorkommende Art wird etwa 9 m hoch und hat dunkelgrüne, 8–20 cm lange Blätter. Die weißen, röhrenförmigen Blüten sitzen einzeln oder in kleinen Gruppen an den Blütentrieben; aus ihnen entwickeln sich 8 cm lange, ballähnliche, purpurfarbene bis grüne Früchte.

AMSONIA

Zu dieser Gattung zählen etwa 20 in Südeuropa, Westasien, Japan und Nordamerika heimische Stauden und Halbsträucher. Sie werden etwa 1 m hoch und haben hell- bis dunkelgrüne, lanzettliche Blätter; bei Verletzung der Stengel und Blätter tritt

Anacardium occidentale

Milchsaft aus. Die vor allem im Sommer erscheinenden Blüten, die ein wenig an Phlox erinnern, sind röhrenförmig mit einer weiten Öffnung und in Köpfchen an den Zweigenden angeordnet.
PFLEGE UND VERMEHRUNG: Die Pflanzen benötigen einen sonnigen oder halbschattigen Platz mit etwas feuchtem aber gutdurchlässigem Boden, der auch im Sommer nicht austrocknen sollte. Sie sind weitgehend frosthart, wobei sie im Herbst die Blätter einziehen, so daß nur der Wurzelstock überwintert. Die Vermehrung erfolgt durch Aussaat im Herbst, Stecklinge im Sommer oder durch Teilung im Frühjahr.

Amsonia orientalis

Die in ihrer nordostgriechischen und nordwesttürkischen Heimat fast ausgestorbene, strauchige Art wird bis zu 1 m hoch. Die kräftigen Stengel verholzen an der Basis; die Blätter sind etwa 6 cm lang, die zahllosen, violettblauen Blüten bis zu 1 cm breit.

Amsonia tabernaemontana

Amsonia tabernaemontana ist eine attraktive Staude aus den nordöstlichen und mittleren USA. An den Spitzen der 60–90 cm hohen drahtigen Stengel erscheinen vom Spätfrühjahr bis zum Sommer pyramidenförmige Blütenstände mit kleinen, sternförmigen, blaßblauen Blüten; die bis zu 6 cm langen Blätter sind schmal-elliptisch. Die sehr pflegeleichte Art benötigt feuchte, fruchtbare Erde und einen sonnigen oder leicht schattigen Platz, kann also beispielsweise als Begrenzung einer Wildblumenwiese dienen.

AMYLOTHECA

Die australischen Misteln (von denen es etwa zehn verschiedene Gattungen gibt) sind während der Blüte sehr viel auffälliger als die europäische Laubholzmistel (*Viscum album*). Sie wachsen jedoch ebenfalls auf Bäumen, vor allem auf Eukalyptusarten. Die roten, an den Spitzen zuweilen weißen Blüten erscheinen im Sommer. Mistelsamen werden durch Vögel verbreitet, die die saftigen Beeren fressen und die Samen dadurch auf die Äste anderer Bäume befördern, wo dann wieder buschige Pflanzen mit herabhängenden Zweigen heranwachsen. Misteln sind Halbparasiten, d.h., sie entwickeln eigene Blätter, die oft denen des Wirtsbaums ähnlich sehen, so daß die Pflanzen zur Photosynthese befähigt sind. Allerdings zapfen sie die Wasserleitungsbahnen ihres Wirtsbaumes an, der dadurch oft geschwächt wird.

Anagallis arvensis

Amsonia tabernaemontana

Amsonia tabernaemontana

Amylotheca dictyophleba

Die in den südostaustralischen Regenwäldern heimische, strauchige Art entwickelt bis zu 1,5 m lange Zweige. Die Blätter werden 8–12 cm lang; im Sommer und Herbst erblühen rote Blüten mit grünen Spitzen.

ANACARDIUM

NIERENBAUM

Von den acht zur Gattung zählenden Arten kleiner Bäume aus dem tropischen Amerika wird nur der Kaschubaum (*Anacardium occidentale*) in größerem Maße kultiviert . Aus den kleinen, nachts duftenden, rosa Blüten entwickeln sich die sogenannten Kaschu-Äpfel, die zwar wie Früchte aussehen, bei denen es sich aber in Wahrheit um die angeschwollenen, eßbaren Fruchtstiele handelt, die bis zu 10 cm lang und 5 cm breit werden können.

Die eigentliche Frucht des Kaschubaumes, die auch als Elefantenlaus bezeichnet wird, ist eine Art Nuß, deren Samen von einer giftigen Schale umgeben ist, die ein scharfes, ätzendes, harziges Öl enthält. Um zu dem eßbaren Kern zu gelangen, muß die Hülle mit Handschuhen entfernt werden. Der Großteil der Kaschu-Äpfel wird in Indien geerntet, wo sich der Baum aufgrund der langen, heißen Trockenzeit gut kultivieren läßt.
PFLEGE UND VERMEHRUNG: Die anfangs sehr schnell wachsenden Bäume können nur in den Subtropen und Tropen kultiviert werden.

Anacardium occidentale

KASCHUBAUM, ACAJUBAUM

Der bis zu 8 m, in der Regel jedoch nur halb so hohe Baum entwickelt eine ausladende, unregelmäßige Krone. Die Blüten erscheinen zu Beginn der Regenzeit; die Früchte reifen ebenfalls noch während dieser Periode.

ANAGALLIS

GAUCHHEIL

Zu dieser Gattung gehören kleine, oft polsterbildende, ein- oder mehrjährige Pflanzen mit einfachen, herzförmigen bis elliptischen, hellgrünen, gegen- oder wechselständigen Blättern. Im Frühjahr und Sommer erscheinen zahllose, fünfzählige, kurzgestielte Blüten, deren Kronblätter am Grund verwachsen sind. Die Farbpalette reicht von Rosa, Orange, Rot und Blau bis Weiß.
PFLEGE UND VERMEHRUNG: Die Pflanzen benötigen einen sonnigen Platz mit gutdurchlässigem Boden, der auch im Sommer nicht ganz austrocknen darf. Die zumeist kleinen Arten eignen sich ausgezeichnet für einen Steingarten. Die Vermehrung der einjährigen Pflanzen erfolgt durch Aussaat; Stauden werden durch Teilung, Stecklinge oder ebenfalls durch Aussaat vermehrt.

Anagallis arvensis

ACKERGAUCHHEIL

Die in Europa heimische Pflanze gilt als schwer auszurottendes Unkraut, das inzwischen fast in die ganze Welt verschleppt wurde. Die Pflanze hat bis zu 1 cm lange, rundliche, hellgrüne Blätter, die an bis zu 45 cm langen Stengeln sitzen. Vom Frühjahr bis Herbst erscheinen in den Blattachseln kleine, orangefarbene Blüten. ***Anagallis arvensis* var. *caerulea*** bildet dunkelblaue Blüten.

Ananas comosus

Anaphalis javanica

Anagallis monellii
Syn. *Anagallis linifolia, A. collina*

Diese entzückende kleine Pflanze wird oft wegen ihrer bis zu 1 cm großen, strahlendblauen oder scharlachroten, im Sommer erscheinenden Blüten kultiviert. Die Art wird zumeist nicht größer als 45 cm und hat dann eine Breite von etwa 15 cm.

Anagallis tenella

Die in Westeuropa heimische, kriechende Staude bildet bis zu 15 cm lange Triebe, die sich von selbst bewurzeln. Die Art wird selten über 2,5 cm hoch, kann aber eine Breite von etwa 30 cm erreichen. Im Sommer erscheinen trichterförmige, rosafarbene, gelegentlich auch weiße Blüten. Wildwachsend findet man die Pflanzen hauptsächlich an sumpfigen Standorten, so daß man sie im Garten ebenfalls an einen Teichrand oder einen anderen feuchten, geschützten Platz setzen sollte. Die Sorte **'Studland'** hat duftende, dunkel rosafarbene Blüten.

ANANAS
ANANAS

Zu dieser Gattung zählen acht Arten südamerikanischer Bromelien, die hauptsächlich als Nahrungspflanze Bedeutung erlangt haben. Die Pflanzen haben große Rosetten aus schmalen, spitz zulaufenden, kräftigen Blättern mit scharfgezähntem oder stachligem Rand. Die Blüten sind in der Regel rötlich bis purpurfarben und haben jeweils ein Tragblatt. Sie sind in einem ährig-kolbigen Blütenstand angeordnet, der von einem Blattschopf gekrönt wird. Später verwachsen die Beeren des Fruchtstandes mit Teilen der Tragblätter sowie der Blütenstandsachse und bilden so die schmackhafte Ananasfrucht.
PFLEGE UND VERMEHRUNG: Alle Arten sind frostempfindlich (Mindesttemperatur 13–15 °C) und können daher im Freien nur in den Subtropen oder Tropen kultiviert werden. Als Zimmer- oder Treibhauspflanze brauchen sie viel Licht; die Vermehrung kann durch die Bewurzelung frischer Blattschöpfe der Frucht erfolgen, die man wie einen Steckling behandelt, aber auch durch Wurzelschößlinge.

Ananas bracteatus

Diese bis 1 m hohe Art hat grundständige Blätter, die denen der herkömmlichen Ananas *(Ananas comosus)* sehr ähneln; die Blattränder sowie Teile der Blüten und der Früchte sind häufig rosa überlaufen. Die im Sommer erscheinenden, bis 15 cm großen Blütenstände setzen sich aus lavendelfarbenen bis roten Blüten zusammen, die zum Teil von roten Tragblättern umschlossen sind. Die kleine, orangerote, recht hübsche Frucht bleibt zumeist relativ klein, so daß sie sich nicht zum Verzehr eignet. In der Regel wird die Sorte **'Tricolor'** kultiviert, deren hellrandige Blätter cremefarben bis weiß gestreift sind.

Ananas comosus
ANANAS

Die Ananas, deren Ursprung man in Brasilien vermutet, wird seit Jahrhunderten von mittelamerikanischen Ureinwohnern angebaut. Frühe europäische Einwanderer priesen sie als die wohlschmeckendste aller Früchte und verschifften sie in die Alte Welt. Die Blattrosetten werden bis 75 cm hoch und 1,2 m breit; die schwertförmigen Blätter haben meist einen stachelig gezähnten Rand, wobei es auch glattrandige Zuchtformen gibt. Der bis zu 30 cm lange Blütenstand weist gelbe oder rote Tragblätter auf und kann zur Reifezeit über 1 m hoch werden; bei guten Wachstumsbedingungen wird im zweiten Jahr eine Frucht gebildet. Die Blätter der Sorte **'Porteanus'** haben einen gelben Mittelstreifen; **'Variegatus'** besitzt cremefarbene Randstreifen und ist oft rötlich überlaufen.

Anaphalis triplinervis 'Sommerschnee'

ANAPHALIS
PERLPFÖTCHEN

Zu dieser Gattung zählen etwa 100 graublättrige, ausdauernde Arten, die in weiten Teilen der gemäßigten nördlichen Zone sowie in den Höhenlagen der Tropen vorkommen. Die schmalen, lanzettlichen Blätter sind häufig dicht silberfarben behaart; im Sommer und Herbst werden an den Zweigen endständige, strohblumenartige, weiße Blütenköpfchen mit sehr kleinen Einzelblüten gebildet. Die Blütenköpfchen können, je nach Art, 15–75 cm groß werden und lassen sich als haltbare Schnittblumen oder als dekorative Trokkenblumen verwenden.
PFLEGE UND VERMEHRUNG: Perlpfötchen sollten auf mageren Boden gepflanzt werden, denn die silbern behaarten Blätter sind um so schöner, je nährstoffärmer der Untergrund ist. Ein guter Standort ist ein sonniger Platz in einem Steingarten; während der Wachstumsphase sollte der gutdurchlässige Boden nicht ganz austrocknen. Im Winter ist ein starker Rückschnitt nötig; die Vermehrung erfolgt durch Aussaat oder Teilung.

Anaphalis javanica

Die schmalen Blätter der buschigen, immergrünen Art aus den höheren Regionen der malaiischen Inseln sind sehr dicht silbergau behaart. Die Pflanzen werden etwa 45 cm hoch und bringen im Sommer kleine, weiße Blütenköpfchen hervor.

Anaphalis margaritacea
Syn. *Anaphalis yedoensis*
SILBERIMMORTELLE, PERLKÖRBCHEN

Die in Nordamerika, Europa und Asien heimische Staude wird vor allem wegen ihrer pergamentartigen, kleinen, gelben, im Spätsommer an aufrechten Stengeln gebildeten Blüten geschätzt, die getrocknet lange als Dekoration dienen. Die Blätter sind lanzettlich und silbergrau behaart. *Anaphalis margaritacea* hat eine buschige Wuchsform, wird etwa 60–75 cm hoch und 60 cm breit. Sie ist problemlos zu kultivieren, bevorzugt sonnige Lagen (verträgt aber auch Halbschatten) und gutdurchlässigen, möglichst kalkhaltigen Boden.

Anaphalis nepalensis

Die im östlichen Himalaja heimische, langsamwachsende Art kann dichte Bestände aus dünnen Stengeln mit schmalen, graugrünen, an der Unterseite wollig weiß behaarten Blättern bilden, die drei hervorstehende Blattnerven aufweisen. Im Spätsommer und Frühherbst erscheinen kleine, endständige Blütenköpfchen aus pergamentartigen, weißen Hüllblättern und gelber Mitte. Die Art wird höchstens 30 cm hoch.

Anaphalis triplinervis

Diese Art aus dem Himalaja wird bis zu 75 cm hoch. Sie hat Körbchen mit weißen Hüllblättern; die zur Spitze hin breiteren Blätter sind oberseits blaßgrün, unterseits filzig behaart und weisen drei auffällige Blattnerven auf. Die Sorte **'Sommerschnee'** wird nur 30 cm hoch und hat kürzere, stärker behaarte Blätter. Sie stammt möglicherweise aus einer Kreuzung mit *Anaphallis nepalensis.*

ANCHUSA
OCHSENZUNGE

Zu dieser Gattung zählen etwa 50 Arten ein-, zwei- oder mehrjähriger Pflanzen, die in Europa, Nord- und Südafrika und Westasien vorkommen. Sowohl die Sommerblumen als auch die Stauden haben wundervolle, kleine, saphirblaue Blüten, die in Rispen angeordnet sind, im späten Frühjahr und Frühsommer erscheinen, sehr lange blühen und eine wichtige Nahrungspflanze für Bienen darstellen. *Anchusa*-Arten eignen sich für Rabatten, Sommerblumenbeete und Kübel; die ausdauernden Zwergarten pflanzt man am besten in einen Steingarten.
PFLEGE UND VERMEHRUNG: Die ausdauernden Arten sind nur zum Teil frosthart und benötigen oft Winterschutz. Sie bevorzugen sonnige bis halbschattige Plätze mit nahrhaftem, aber nicht zu schwerem, gutdurchlässigem Boden. Größere Arten müssen möglicherweise aufgebunden werden, viele brauchen wegen ihrer ausgedehnten Wurzelsysteme reichlich Platz. Ein starker Rückschnitt nach der Blüte sorgt für eine bessere Überwinterung und stär-

Anagallis monellii

Anagallis monellii

Andromeda polifolia

kere Knospenbildung im kommenden Jahr. Die Vermehrung der Stauden erfolgt durch Teilung; ein- und zweijährige Pflanzen werden durch Aussaat vermehrt.

Anchusa azurea
Syn. *Anchusa italica*

Die wildwachsend im Mittelmeerraum und am Schwarzen Meer vorkommende Art ist eine aufrechtwachsende, 1–1,2 m hohe und 60 cm breite, frostempfindliche Staude. Sie hat rauhe, behaarte Blätter und bringt von Frühjahr bis Sommer in Trauben angeordnete, leuchtendblaue Blüten hervor. Es gibt zahlreiche Sorten, die sich zumeist durch die Blütenfarbe unterscheiden. So hat **'Morning Glory'** mittelblaue, **'Opal'** hellblaue und **'Loddon Royalist'** dunkelblaue Blüten.

Anchusa capensis
AFRIKANISCHE OCHSENZUNGE

Die aus dem südlichen Afrika stammende, zweijährige Art ist nicht völlig frosthart, so daß sie bei uns zumeist nur als einjährige Sommerblume kultiviert wird. Sie wird bis zu 40 cm hoch und breit und bringt im Sommer leuchtendblaue Blüten hervor. Die zumeist einjährig gezogene Sorte **'Blue Angel'** wird 20 cm hoch und breit und bildet im Sommer dichte Köpfchen aus flachen, kelchförmigen, himmelblauen Blüten. **'Blue Bird'** ist mit 60 cm Höhe deutlich größer und ebenso attraktiv.

Anchusa cespitosa

Die auf Kreta endemische Pflanze ist eine mehrjährige, kleinwüchsige Art mit einer Rosette aus schmalen Blättern und einer Unzahl kleiner, leuchtend himmelblauer Blüten, die an verzweigten Stengeln sitzen. Die Pflanzen benötigen einen sonnigen Platz mit gutdurchlässigem Boden, beispielsweise in einem Steingarten; außerdem ist Winterschutz erforderlich.

Anchusa granatensis

Diese niedrige Art aus Südwesteuropa hat nicht die üblichen blauen *Anchusa*-Blüten sondern ungewöhnliche, hell purpurfarbene. Der Artname *granatensis* bedeutet »aus Granada« und bezieht sich auf die südspanische Stadt.

Anchusa leptophylla subsp. *incana*

Diese Unterart ähnelt *Anchusa cespitosa*, wird jedoch bis 40 cm hoch und bildet eine Rosette aus schmalen, dunkelgrünen Blättern, aus der im Frühjahr starkverzweigte Stengel mit unzähligen azurblauen Blüten herauswachsen.

Andropogon gerardii (unreif)

Anchusa officinalis

Die gut für Rabatten geeignete, europäische Art ist eine ausdauernde Pflanze, wird jedoch oft zweijährig kultiviert. Sie kann bis zu 1 m hoch werden und hat behaarte, mittelgrüne Blätter. An verzweigten Rispen sitzen unzählige, kleine, in der Regel dunkelblaue bis violette Blüten; nicht ungewöhnlich sind aber auch weiße oder gelbe Blüten. Die Art wurde früher als Heilpflanze verwendet, aber auch als Gemüse; außerdem wird aus ihren Wurzeln ein Färbemittel gewonnen.

ANDROMEDA
LAVENDELHEIDE, ROSMARINHEIDE, GRÄNKE

Zu dieser Gattung aus den kälteren Regionen der nördlichen Hemisphäre gehören nur zwei Arten niedriger, immergrüner Sträucher. Sie haben kräftige, kurze Zweige sowie kleine, längliche, lederartige Blätter. Die kleinen, nickenden Blüten sitzen an kurzen, endständigen Trieben und sind urnenförmig mit einer engen Öffnung.
PFLEGE UND VERMEHRUNG: Die winterharte Lavendelheide wächst am besten in einem sonnigen bis halbschattigen Steingarten, wo sie feuchten, aber gutdurchlässigen, sauren Boden bevorzugt (Kalk verträgt sie überhaupt nicht). Die Vermehrung erfolgt durch Samen oder Stecklinge aus den Triebspitzen.

Andromeda polifolia
LAVENDELHEIDE

Die bis zu 60 cm hohe und breite Art hat schmale, dunkelgrüne, etwa 2,5 cm lange Blätter mit heller Unterseite. Die kleinen, weißen bis rosa Blüten sind in Doldentrauben angeordnet und erscheinen im Frühjahr. Die Sorte **'Compacta'** hat eine dichtere, kompaktere Wuchsform mit grauen Blättern und rosa Blüten.

ANDROPOGON

Zu dieser Gattung zählen etwa 100 Arten ein- oder mehrjähriger, meist in den wärmeren Regionen Amerikas heimische Gräser. Sie haben einen kräftigen Wuchs und bilden kurze bis längliche Rhizome. Die dichte Horste bildenden Blätter fühlen sich zumeist recht rauh an, sind meist bläulich, purpurn oder rötlich gefärbt und rollen sich im Alter an den Spitzen ein. Die Fruchtstände erscheinen im Sommer und Herbst. Es handelt sich um langgestielte Rispen; die einzelnen Ährchen haben oft lange Borsten. Zur Gattung zählen sowohl einige als Unkräuter gefürchtete Pflanzen wie auch attraktive Ziergräser.
PFLEGE UND VERMEHRUNG: Die Arten benötigen einen sonnigen Platz mit feuchtem, aber gutdurchlässigem Boden; die Winterhärte ist von Art zu Art verschieden. Früher zählte man zu dieser Gattung noch weitere Arten, die heute allerdings in die Gattung *Cymbopogon* gestellt werden.

Andropogon gerardii

Bei diesem winterharten, im östlichen und zentralen Nordamerika weitverbreiteten, horstbildenden, ausdauernden Gras handelt es sich um eine robuste Pflanze. Sie ist an der blauen Basis der Halme zu erkennen; die schmalen, aufrechten Blätter werden 1–2 m hoch und sind zumeist rötlich überlaufen. Die meist purpurfarbenen Fruchtstände verfärben sich im Herbst kräftig orange- bis weizenfarben. Die Art eignet sich auch für trockenere Standorte.

ANDROSACE
MANNSSCHILD

Zu dieser Gattung zählen etwa 100 ein- oder mehrjährige Arten aus den kühleren Regionen der nördlichen Hemisphäre, von denen die kleineren Stauden als Gartenpflanzen geschätzt werden. Sie bilden dichte, höchstens 10 cm hohe Polster oder Rasen und eignen sich daher für Steingärten. Die meisten Arten bilden lockere Rosetten aus hellgrünen oder silbergrauen Blättern; im Frühjahr und Sommer erscheinen langgestielte Dolden aus kleinen weißen oder rosafarbenen, fünfzähligen Blüten.
PFLEGE UND VERMEHRUNG: Der Mannsschild verträgt keinen Kalk und auch keine pralle Sonne, so daß man ihn am besten an einen schattigen Platz mit steinigem Boden pflanzt, der aber etwas Humus enthalten sollte. Die meisten Arten sind weitgehend frosthart, einige benötigen jedoch eine Winterabdeckung oder sollten sogar nur in ein Kalthaus gepflanzt werden. Die Vermehrung erfolgt durch Aussaat oder Verpflanzung der Nebenrosetten.

Androsace carnea

Diese bis 5 cm hohe, polsterbildende, immergrüne Staude aus den südeuropäischen Gebirgen hat feine, spitz zulaufende Blätter mit behaartem Rand; die kurzstieligen rosa Blütenköpfchen erscheinen im Frühjahr. Es handelt sich um ausgezeichnete Kübel- oder Kalthauspflanzen. ***Androsace carnea* subsp. *laggeri*** hat dunkelrosa Blüten mit längeren Stengeln.

Anchusa capensis

Anchusa capensis 'Blue Angel'

Anchusa azurea 'Loddon Royalist'

Anchusa granatensis

A

Androsace lanuginosa

Die polsterbildende Staude aus dem Himalaja hat dunkelgrüne, seidig behaarte Blätter, die silbrig schimmern. Die etwa 5 cm hohen Pflanzen können sich schnell über eine Fläche von rund 45 cm ausbreiten. Im Sommer und Herbst erscheinen zahllose hellrosa Blütenköpfchen.

Androsace primuloides

Die ausdauernde Art aus dem Himalaja bildet, ähnlich wie Erdbeerpflanzen, Ausläufer mit neuen Pflänzchen. Die Blätter sind dicht weiß behaart; die an etwa 5 cm langen Stengeln sitzenden Blütenköpfchen sind rosa und höchstens 1 cm groß.

Androsace sarmentosa 'Brilliant'

Androsace lanuginosa

Androsace sarmentosa

Diese mehrjährige Art aus dem Himalaja verbreitet sich durch Ausläufer. Die Rosetten bestehen aus kleinen, ovalen, silbern behaarten Blättern; die großen rosafarbenen Blütenköpfchen mit gelber Mitte erscheinen im Frühjahr an bis zu 10 cm langen Stengeln. Die Sorte **'Brilliant'** hat dunklere, malven- bis rosafarbene Blüten.

Androsace sempervivoides

Diese polsterbildende Staude aus Kaschmir und Tibet breitet sich nur langsam aus; alte Polster sind in der Mitte oft leicht erhöht. Die kleinen Rosetten sind durch rötliche, fein behaarte Ausläufer verbunden. Sobald eine neue Rosette gebildet wird, bewurzelt sie sich und wächst zu einer neuen Pflanze aus. Die rosa Blütenköpfchen, die ein wenig an Primeln erinnern, erscheinen vom zeitigen Frühjahr bis zum Frühsommer an bis zu 10 cm langen Stengeln.

ANEMIA

Bei den Pflanzen dieser Gattung handelt es sich um Farne, die sich vor allem durch die auffälligen Unterschiede in Farbe und Form zwischen den sporenbildenden Teilen der Wedel und den sterilen Abschnitten auszeichnen. Die etwa 90 Arten stammen vorwiegend aus den tropischen und subtropischen Regionen Amerikas, einige kommen auch aus Afrika. Bei den meisten handelt es sich um am Boden wachsende Arten, einige findet man auch auf Felsen. Sie haben kriechende, behaarte Rhizome und langstielige Wedel, an denen sehr typische Sori (Sporangienhäufchen) sitzen, die an Blütenknospen oder gar Blüten erinnern, so daß die Pflanzen manchmal auch »Blütenfarne« genannt werden.

PFLEGE UND VERMEHRUNG: Die Farne sind sehr frostempfindlich, so daß sie nicht im Freien angepflanzt werden können. Aber auch als Zimmerpflanzen muß man ihnen die speziellen Bedingungen ihrer feuchtwarmen Heimat bieten, um sich längere Zeit an ihnen erfreuen zu können. Die Vermehrung erfolgt durch Teilung oder mit viel Geduld durch Sporen.

Androsace sarmentosa

Anemone coronaria, St.-Brigid-Gruppe

Anemia mexicana

Diese Art bildet ihre Sporen an speziellen eingerollten, federartigen Wedeln, wobei die Sori wie beigefarbene Blüten aussehen, die sich auffällig vom kräftigen Grün der anderen Wedel abheben. Die sehr frostempfindliche Art läßt sich bei uns nur schlecht kultivieren, so daß man sie in der Regel höchstens einmal in einem Botanischen Garten zu sehen bekommt.

ANEMONE

ANEMONE, WINDRÖSCHEN

Zu dieser Gattung zählen über 100 ausdauernde Arten, die natürlicherweise in der nördlichen Hemisphäre, vor allem jedoch in den gemäßigten Zonen Asiens vorkommen. Unter ihnen gibt es die unterschiedlichsten Waldpflanzen, aber auch eine Reihe von Zierpflanzen, etwa die Gartenanemone *(Anemone coronaria)*. Sie haben gelappte, geteilte oder fiederspaltige Blätter; manchmal sind außerdem geteilte, laubblattähnliche Hochblätter vorhanden. Die stern- oder kugelförmigen Blüten mit ihren fünf oder mehr Blütenblättern gibt es praktisch in allen Farben. Man unterscheidet zwischen im Herbst blühenden Arten mit herkömmlichen Wurzeln, etwa *A. hupehensis* und *A.* × *hybrida* sowie den knollen- und rhizombildenden Arten, die in der Regel im Frühjahr blühen und zu denen die Bodendecker *A. blanda* und *A. nemorosa* gehören. Wenn man die Pflanzen unter geeigneten Bedingungen mehrere Jahre ungestört wachsen läßt, bilden sie wunderschöne, aus Blättern und der Farbenpracht der zarten Blüten »gewebte« Teppiche. Ausgangsart vieler Zuchtformen ist die bekannte Gartenanemone, die im Frühjahr blüht und alle ein bis zwei Jahre versetzt werden sollte.

PFLEGE UND VERMEHRUNG: Die meisten herbstblühenden Arten mit normalen Wurzeln sind winterhart und benötigen einen möglichst schattigen Platz mit fruchtbarem, feuchtem, aber gutdurchlässigem Boden. Die Vermehrung erfolgt durch Aussaat im Sommer oder durch Teilung der eingezogenen Pflanze im Winter. Arten mit Knollen bevorzugen sonnige bis leicht schattige Standorte mit gut durchlässigem Boden. Auch sie sind winterhart; einige Arten, etwa die Berganemone *(A. blanda)*, sollten bei sehr starkem Frost jedoch abgedeckt werden. Die Vermehrung erfolgt durch Aussaat oder Teilung der Knollen.

Anemone blanda 'Atrocaerulea'

Anemone apennina

APENNIN-ANEMONE

Die bis 15 cm hohe, rhizombildende Art aus Südeuropa hat grundständige, dreilappige Blätter. Die blauen, etwa 2,5 cm großen, an kurzen Stengeln sitzenden Blüten werden im Frühjahr gebildet. **'Petrovac'** ist eine üppig wachsende Sorte mit zahlreichen, dunkelblauen Kronblättern; **'Purpurea'** hat rosa- bis pupurfarbene, ***Anemone apennina* var. *albiflora*** dagegen völlig weiße Blüten.

Anemone blanda

BERGANEMONE

Die zart wirkende, in Griechenland und der Türkei heimische, knollenbildende Art ist winterhart, benötigt bei starkem Frost aber Winterschutz. Sie wird bis zu 20 cm hoch und bildet dichtstehende Büschel aus farnartigen Blättern; die etwa 3,5 cm breiten, weißen, rosafarbenen oder blauen, sternförmigen Blüten erscheinen im Frühjahr. Die Art ist selbstvermehrend und entwickelt ihre Blütenpracht am besten an einem feuchten, leicht schattigen Platz. Zu den beliebten Sorten gehören die großblütige **'White Splendour'**, **'Atrocaerulea'** mit tiefblauen, **'Blue Star'** mit blaßblauen und **'Radar'** mit roten Blüten und einer weißen Mitte.

Anemone coronaria

GARTENANEMONE, KRONENANEMONE

Diese äußerst winterharte, bis zu 25 cm hohe Art ist die am häufigsten kultivierte Anemone. Sie wird zumeist einjährig gepflanzt und bildet einen knolligen Wurzelstock, wobei die kleinen, harten Einzelknollen oft wie Samen angeboten werden. Die an Mohn erinnernden, bis zu 10 cm großen Blüten sind rosa, scharlachrot, purpurfarben oder blau. Zu den bekanntesten Mischungen gehören die **De-Caen-** und **St.-Brigid-Anemonen** mit einfachen bzw. gefüllten, rosa bis scharlachroten, purpurfarbenen oder blauen Blüten. Die Art liefert hervorragende Schnittblumen.

Anemone hortensis

Die fein eingeschnittenen Blätter dieser niedrigen, rhizombildenden Art aus dem Mittelmeerraum bilden einen wunderschönen Hintergrund für die einzelnen, malven- bis rosafarbenen, im Frühjahr erscheinenden Blüten.

Anemone hupehensis

Die aus Zentral- und Westchina stammende, aber schon seit langem in Japan kultivierte Staude mit normalen Wurzeln eignet sich gut als Bodendecker. Sie bringt im Frühherbst an langen, verzweigten Stengeln einzelne weiße bis malvenfarbene Blüten hervor. Die Sorte **'Hadspen Abundance'** hat dunkelrosa Kronblätter mit einem blaßrosa, fast weißen Rand. **'September Charm'** besitzt große, blaßrosa Blüten mit fünf bis sechs Kronblättern, die japanische Varietät ***Anemone hupehensis* var. *japonica*** ist größer und hat zahlreichere Kronblätter als die chinesischen Pflanzen. **'Prinz Heinrich'** hat zehn oder mehr dunkelrosa, unterseits hellere Kronblätter. Die meisten dieser Art zugeschriebenen Sorten faßt man heute als *Anemone × hybrida* zusammen.

Anemone × hybrida

HERBSTANEMONEN

Diese beliebten Hybriden stammen vermutlich aus Kreuzungen zwischen *Anemone hupehensis* und ihrer engen Verwandten aus dem Himalaja, *A. vitifolia*, wobei letztere an den wollig behaarten Blattunterseiten und den in der Regel völlig weißen Blüten erkennbar ist. Die Hybriden haben im allgemeinen stärker behaarte Blätter als *A. hupehensis,* und es gibt sie in allen möglichen Blütenfarben von Weiß bis Dunkelrosa und mit Blüten, die zwischen 5 und mehr als 30 Kronblätter haben können; zur Bildung fertilen Pollens kommt es zumeist nicht. Die robusten Pflanzen werden bei der Blüte bis zu 1,5 m hoch. Es gibt über 30 Sorten, darunter die verbreitete **'Honorine Jobert'** mit sechs- bis neunzähligen Blüten und dunkelgrünen Blättern. Die meisten Gärtnereien verkaufen die Pflanzen während der Blüte, wenn sie nach Farbe und Blütentyp ausgesucht werden können.

Anemone × lesseri

Die Kreuzung zwischen *Anemone multifida* und *A. sylvestris* ähnelt vor allem der erstgenannten Art. Die aufrechtwachsende Staude hat rosa bis rötliche, aber auch weiße, gelbe oder purpurfarbene Blüten und große, behaarte, mittelgrüne Blätter.

A. hupehensis 'Hadspen Abundance'

Anemone multifida

Die aus Kanada und den nördlichen USA stammende, schlanke Art hat normale Wurzeln und wird bis zu 60 cm hoch. Die seidig behaarten Blätter sind tief eingeschnitten; pro Stengel werden zwei oder drei kleine, weiße bis cremefarbene, seltener auch rote Blüten gebildet.

Anemone nemorosa

BUSCHWINDRÖSCHEN

Diese europäische Art bevorzugt feuchte, schattige Standorte, an denen ihre zarten, cremigweißen Blüten im zeitigen Frühjahr jeden Spaziergänger erfreuen. Die meist weniger als 10 cm große Art hat feine, kriechende Rhizome, die sich unter günstigen Bedingungen schnell ausbreiten. Zu den zahlreichen Sorten dieser Art zählt **'Allenii'**, deren Blütenblätter an der Außenseite kräftig, an den Innenseite blaß lilablau gefärbt sind. **'Robinsoniana'** hat lavendelblaue, die spätblühende **'Vestal'** gefüllte weiße Blüten.

Anemone pavonina

Die bis zu 30 cm hohe Art aus dem östlichen Mittelmeerraum hat tiefeingeschnittene Blätter und bringt im Vorfrühling bis zu 6 cm große Einzelblüten hervor, die rosa, purpurfarben oder rot sein können und oft eine weiße Mitte haben. Die knollenbildende Art hat eine elegante, schmale Wuchsform und benötigt eine Ruhephase, so daß man sie im Hause überwintern sollte. Im Handel ist oft nur die Züchtung **'St. Bavo'** mit größeren rosa- oder purpurfarbenen Blüten erhältlich.

Anemone ranunculoides

GELBES WINDRÖSCHEN

Die Art breitet sich unter günstigen Bedingungen mit ihren schmalen, kriechenden Rhizomen weit aus. Sie wird etwa 15 cm hoch und hat zusammengesetzte Blätter mit schmalen, eingeschnittenen Fiederblättern. Die tiefgelben, fünf- bis sechszähligen, etwa 2,5 cm breiten Blüten erscheinen im zeitigen Frühjahr.

Anemone rivularis

Die von Indien bis Westchina vorkommende, bis zu 60 cm große Art mit herkömmlichen Wurzeln blüht vom späten Frühjahr bis in den Hochsommer hinein. Ihre Blätter sind weniger breit und rundlicher gelappt als die der meisten anderen Anemonensorten. Die recht zarten Blüten sind kelchförmig und weiß mit einem blauen Rand, die Staubgefäße sind purpurfarben.

Anemone × hybrida, Kulturvarietät

Anemone sylvestris

Anemone × hybrida 'Honorine Jobert'

Anemone rivularis

Anemone trullifolia

Anemone nemorosa

Anemone sylvestris

Diese europäische Art mit normalen Wurzeln wird in der Regel etwa 20 cm hoch und hat tiefeingeschnittene, glänzendgrüne Blätter. Die duftenden, weißen Einzelblüten bringen hervorstehende, gelbe Staubgefäße hervor und blühen vom Frühjahr bis in den Frühsommer. Zu den bekannteren Sorten gehören **'Grandiflora'** mit großen, nickenden Blütenköpfchen und **'Elisa Fellmann'** mit halbgefüllten Blüten.

Anemone tomentosa

Syn. *Anemone vitifolia* 'Robustissima'

Die in Zentral- und Nordchina heimische, bis zu 1 m hohe, bisweilen sogar noch größere Art ist eng mit *Anemone hupehensis* verwandt, unterscheidet sich jedoch durch die unterseits dicht behaarten Blätter mit auffälligen Blattnerven. Die bis zu 8 cm großen, fünf- bis sechszähligen, blaßrosa Blüten werden vom Spätsommer bis in den Frühherbst gebildet.

Anemone × hybrida, Kulturvarietät

Anemone trullifolia

Die aus dem östlichen Himalaja und Westchina stammende Anemone mit herkömmlichen Wurzeln wird bis zu 30 cm hoch und hat breit gelappte, grundständige Blätter. Die zarten, langstieligen, bläulichen, weißen oder gelben Blüten erscheinen im Sommer.

Anemonella thalictroides

Angelica pachycarpa

Anemopsis californica

Anemopsis californica

Angelica archangelica

ANEMONELLA

Im Vergleich mit den meisten Anemonen sind die nordamerikanischen *Anemonella*-Arten kleiner. Die Blätter und Blüten erinnern an *Thalictrum*-Arten. Die knollenbildende Staude besitzt ein kleines, dichtes Büschel aus zusammengesetzten Blättern mit wenigen, ziemlich großen Fiedern. Die je Blütentrieb nur wenigen, aber relativ großen Blüten haben unterschiedlich viele, zumeist überlappende, weiße bis hell malvenfarbene Kronblätter.
PFLEGE UND VERMEHRUNG: Die reizende, zumeist an schattigen oder halbschattigen Plätzen in einem Steingarten kultivierte Pflanze wächst auch unter Bäumen. Die langsamwachsenden Arten benötigen feuchten, sehr gut durchlässigen, humusreichen Boden und sorgfältige Pflege. Die Vermehrung erfolgt durch vorsichtiges Teilen ausgewachsener Exemplare im Herbst oder Samen im Frühjahr.

Anemonella thalictroides

Diese wunderschöne Pflanze kommt wildwachsend in den Bergwäldern der östlichen USA und des südöstlichen Kanada vor. Sie wird in der Regel höchstens 20 cm hoch, hat weiche, blaugrüne Blätter und bringt im Frühjahr und Frühsommer zarte, etwa 2 cm große, kugelförmige Blüten mit fünf bis zehn Kronblättern hervor.

ANEMONOPSIS
SCHEINANEMONE, FALSCHE ANEMONE

Die einzige Art dieser japanischen Gattung ist eine rhizombildende Staude mit wechselständigen, glänzend dunkelgrünen Blättern und lockeren Trauben aus herabhängenden, blaß purpurfarbenen bis violetten Blüten. Sie besitzt nickende Blüten, die besonders von unten betrachtet sehr attraktiv wirken.
PFLEGE UND VERMEHRUNG: Die winterharten Pflanzen benötigen einen geschützten halbschattigen Platz mit feuchtem, gutdurchlässigem, humusreichem, möglichst saurem Boden. Die Vermehrung erfolgt durch Aussaat oder Teilung.

Anemonopsis macrophylla

Diese bis zu 75 cm hohe und etwa 45 cm breite Art bildet vom Hoch- bis zum Spätsommer an langen, verzweigten Stengeln nickende, kelchförmige, violette Blüten mit drei wachsartigen Kelchblättern.

ANEMOPSIS

Diese nur eine Art umfassende Gattung aus den westlichen USA und Mexiko ist mit den Gattungen *Saururus* und *Houttuynia* verwandt. Die »Blüten« sind in Wahrheit Blütenstände mit kronblattähnlichen, weißen Hochblättern, die an der Basis der in einer Ähre angeordneten, kleinen, fleischigen, grünlichen Blüten sitzen. Die immergrüne, ausdauernde Pflanze verbreitet sich durch dicke, unterirdische Rhizome sowie überirdische Ausläufer, die in bestimmten Abständen neue Blattrosetten ausbilden.
PFLEGE UND VERMEHRUNG: Die Pflanzen findet man wildwachsend auf den unterschiedlichsten Böden, darunter sumpfigen, aber auch sehr steinigen. Im Garten eignen sie sich für einen Bach- oder Teichrand oder auch für einen Steingarten, wo sie sich aufgrund ihres üppigen Wachstums und der kräftigen Rhizome allerdings zu einem schwer auszurottenden Unkraut entwicken können. Da die attraktiven Pflanzen nicht völlig frosthart sind, findet man sie bei uns nur selten im Handel.

Anemopsis californica

Die aus dem Südwesten der USA und der mexikanischen Baja California stammende Art kann sich bei günstigen Bedingungen schnell über mehrere Meter ausbreiten und bisweilen bis zu 45 cm hoch werden. Die löffelförmigen Blätter färben sich in der Sonne purpurfarben, die Blütenähren mit ihren weißen Hochblättern erscheinen von Frühjahr bis Herbst.

ANETHUM
DILL

Zu dieser bekannten Kräutergattung zählen zwei in Europa und den gemäßigten Regionen Asiens wild wachsend vorkommende Arten. Der normale Gartendill (*Anethum graveolens*) ist einjährig, die andere Art zweijährig. Dill hat eine lange, biegsame Wurzel, aus der ein langer, hohler Stengel ragt, an dem die in viele Zipfel geteilten, farnartigen, dem Fenchel (*Foeniculum vulgare*) nicht unähnlichen Blätter sitzen. Die kleinen, hellgelben Blüten sind in Dolden angeordnet und werden an der Stengelspitze gebildet; aus ihnen entwickeln sich später die pikanten Samen.
PFLEGE UND VERMEHRUNG: Der einjährige Gartendill ist sehr anspruchslos, so daß er sich auch problemlos in einem Balkonkasten ziehen läßt. Die Aussaat erfolgt im zeitigen Frühjahr ins Freie; im Mai kann außerdem noch eine Nachsaat für die Gurkenernte vorgenommen werden. Für die Küche verwendet man die feinen, grünen Blätter, die man auch trocknen kann.

Anethum graveolens
DILL

Die aus Südwestasien stammende, aromatische, einjährige Pflanze wird bis zu 1 m hoch. Die Blätter sind in feine, fadenförmige Zipfel unterteilt; aus den gelben Blüten entwickeln im Frühjahr die pikanten Samen. Blätter und Stengel dienen als Küchengewürz, die Samen sind seit alters her als verdauungsfördernd bekannt.

ANGELICA
BRUSTWURZ

Die etwa 50 Arten der Gattung sind hauptsächlich in den kühleren Regionen der nördlichen Hemisphäre beheimatet. Sie werden wegen ihrer kräftigen, tief geteilten Blätter, der zahlreichen, hellgrünen Blüten, die an hohen Stengeln sitzen, und wegen ihres Duftes geschätzt.
PFLEGE UND VERMEHRUNG: Die winterharten Pflanzen bevorzugen einen sonnigen oder halbschattigen, feuchten, aber gutdurchlässigen, fruchtbaren Boden. Sie sterben nach der Samenreife ab und sollten dann entfernt werden. Die Vermehrung erfolgt durch Aussaat.

Angelica archangelica
ENGELWURZ

Die schnellwachsende, bis zu 2 m hohe, robuste zweijährige Art wird seit Jahrhunderten als Heilpflanze geschätzt – etwa zur Behandlung von Zahnschmerzen, Magenverstimmung, Blähungen und Koliken oder sogar bei Wahnvorstellungen. Die jungen Stengel wurden früher als Gemüse verwendet, heute dienen sie in kandierter Form oft zum Garnieren von Süßspeisen. Die Engelwurz hat schöne, tiefeingeschnittene, hellgrüne Blätter und bringt im Spätsommer Dolden mit kleinen Blüten hervor. Das Abschneiden der Blütenstände fördert das Blattwachstum. Die Art wächst sowohl im Schatten wie auch in der Sonne, sollte aber vor Wind geschützt werden.

Angelica gigas

Die aus China, Japan und Korea stammende, dichte Bestände bildende, zweijährige oder ausdauernde, wenn auch nur kurzlebige Pflanze wird 1–2 m hoch. Sie bildet im Spätsommer und Frühherbst Dolden aus kräftig rot gefärbten Blüten an dunkel pupurfarbenen Stengeln und hat gefiederte Blätter, die selbst wieder eingeschnitten sind und einen gezähnten Rand haben.

Angelica pachycarpa

Die Art wird erst seit kurzem als Zierpflanze kultiviert. Sie besitzt auffällige, dickfleischige, glänzende, dichtstehende Blätter; die Blütentriebe wachsen kaum über das Blattwerk hinaus. An ihnen bilden sich später die kleinen, rundlichen Früchte.

ANGOPHORA

Zur Gattung gehören 13 Arten immergrüner Bäume aus Ostaustralien, die zumeist auf nicht sehr fruchtbaren Sandsteinböden vorkommen. Sie sind nahe mit der Gattung *Eucalyptus* verwandt, haben je-

doch Fruchtkapseln mit scharfen Rippen und wechselständige Blätter, während *Eucalyptus*-Arten zumeist glatte Früchte und – zumindest als ausgewachsene Pflanzen – gegenständige Blätter besitzen. Die einzelnen *Angophora*-Arten unterscheiden sich erheblich in Größe und Wuchsform – *A. hispida* ist eher strauchig und wird 2–3 m hoch, *A. costata* erreicht dagegen eine Höhe bis zu 30 m. Die Rinde der meisten Arten ist rauh und schuppig, die cremig-weißen Blüten werden zumeist in großer Zahl gebildet. Bei ausreichend Platz sind die Zweige oft hübsch gedreht.
PFLEGE UND VERMEHRUNG: Die nicht frostharten Pflanzen sind für das mitteleuropäische Klima wenig geeignet, so daß man sie praktisch nie im Handel findet.

Angophora costata

Dieser Baum von der australischen Ostküste wird bis zu 30 m hoch, hat einen kräftigen, oft über 1 m dicken Stamm und eine ausladende Krone mit gedrehten Zweigen. Im Frühjahr blättert die alte braunrosa Rinde ab und gibt die neue lachsfarbene frei. Die schmalen Blätter sind erst orangerot, verfärben sich aber später dunkelgrün. Die Bäume haben oft eine unterschiedliche Wuchsgeschwindigkeit und können auch in der Form deutlich variieren.

Angophora hispida
Syn. *Angophora cordifolia*

Der auf den trockenen Sandsteinbergen in der Umgebung von Sydney weitverbreitete Strauch oder kleine Baum wird zumeist 2–3 m, bisweilen auch bis zu 6 m hoch. Er hat breite, feste, graue Blätter; die jungen Blütenknospen sind dicht von rostbraunen Borsten bedeckt und öffnen sich im Frühsommer zu großen Blütenköpfchen.

ANGRAECUM

Zu dieser unverwechselbaren Orchideengattung zählen etwa 200 Arten aus dem tropischen Afrika und Madagaskar, die sich nur in einem Treibhaus kultivieren lassen. Die Blüten haben einen langen, nach hinten gebogenen Sporn, in dem sich Nektar befindet, der gern von Nachtfaltern mit ihren sehr langen Zungen gefressen wird, die die Blüten dabei bestäuben. Es gibt zahlreiche Hybriden mit weißen oder grünweißen, duftenden Blüten.
PFLEGE UND VERMEHRUNG: Die Pflanzen brauchen das ganze Jahr über feuchtwarme Temperaturen, so daß sie sich weder als Garten- noch als Zimmerpflanzen eigenen, sondern ein spezielles Gewächshaus benötigen. Sie brauchen viel Licht, vertragen aber keine direkte Sonne.

Angraecum eburneum

Die auf Madagaskar und den Maskarenen heimischen, robusten Arten wachsen epiphytisch, zumeist auf Bäumen. Die starren, riemenartigen Blätter werden bis zu 40 cm lang und sitzen in 10er- bis 15er-Gruppen zusammen. Die langgestielten, weißen und grünen Blüten erscheinen im Winter und strömen nur in den Abendstunden ihren typischen Duft aus. Es gibt zahlreiche Unterarten und Zuchtformen, darunter ***Angraecum eburneum* subsp. *superbum*** mit größeren, weißeren Blüten.

Angraecum sesquipedale

Der Artname dieser madegassischen Art bedeutet »ellenlang« und bezieht sich auf die Länge der Sporne. Charles Darwin war von dieser Pflanze tief beeindruckt und vermutete, daß es einen Falter geben müsse, der eine ebenso lange Zunge besäße, damit sie bestäubt werden könnten. Dies wurde bald darauf bestätigt. Die weißen Blüten sind bis zu 20 cm groß und verbreiten abends einen würzigen Duft.

ANGULOA
NUSSMAUL, TULPENORCHIS

Der Name dieser Gattung erinnert an Don Francisco de Angulo, einen spanischen Botaniker des 18. Jahrhunderts. Sie umfaßt elf Arten tropischer Orchideen aus Südamerika – darunter sowohl Epiphyten wie auch am Boden wachsende Pflanzen – mit zahlreichen, kurzen Pseudobulben, denen jeweils drei große, dünne, gerippte Blätter entspringen. Die ungewöhnlichen, großen, zumeist gelben oder cremefarbenen Einzelblüten sitzen an kurzen, aufrechten Stengeln; die aufrechten, bis 10 cm langen, kelchförmigen, etwas fleischigen Kronblätter bilden einen Kelch mit einer drehbaren Lippe, über der ein helmförmig gebogenes Blütenblatt sitzt. Die Lippe bewegt sich bei der geringsten Berührung und heftet so nahrungssuchenden Insekten klebrige Pollen an den Körper, damit sie zu einer anderen Pflanze derselben Art gelangen und diese bestäuben.
PFLEGE UND VERMEHRUNG: Die in Gebirgsregenwäldern heimischen Pflanzen benötigen ein kühles Gewächshaus und sollten in eine im Handel erhältliche Substratmischung für epiphytische Orchideen gesetzt werden. Die Vermehrung erfolgt durch Teilung größerer, gut eingewachsener Pflanzen, jeweils nach der Blüte.

Anguloa clowesii

Die ungewöhnliche, aber wunderschöne, in Venezuela und Kolumbien heimische Orchidee wächst nur am Boden. Sie hat längliche Pseudobulben und hellgrüne, etwa 60 cm lange, oft über 15 cm breite Blätter. Die blaß goldgelben, 8 cm breiten, aufwärts gerichteten, würzig duftenden Einzelblüten wachsen an etwa 20 cm langen Stengeln mit überlappenden grünen Hochblättern.

Anigozanthos 'Red Cross'

× ANGULOCASTE

Dies ist eine Sammelbezeichnung für Hybriden, die aus einer Kreuzung zwischen epiphytischen Arten der Orchideengattungen *Lycaste* und *Anguloa* entstanden sind. Die Pflanzen haben große Pseudobulben und bis zu 45 cm lange Blätter; die zumeist gelbgrünen Einzelblüten sind etwas über 10 cm groß und öffnen sich im Frühjahr. Es gibt sowohl sommergrüne als auch immergrüne Züchtungen.
PFLEGE UND VERMEHRUNG: Man setzt die Pflanzen in eine möglichst grobe Substratmischung für Orchideen, wobei man am Topfboden möglichst noch weiteres Drainagematerial hinzufügt, etwa Glasscherben oder Styroporbällchen. Die Pflanzen bevorzugen kühle bis gemäßigte Temperaturen, die allerdings nie unter 10 °C fallen dürfen; ansonsten werden sie in etwa wie *Lycaste*-Arten kultiviert. Sommergrüne Pflanzen bevorzugen einen helleren Standort als immergrüne und vertragen größere Temperaturunterschiede. Während der Wachstumsphase ist häufiges Düngen erforderlich. Die Vermehrung erfolgt durch Teilung großer Pflanzen, wobei die Ableger mindestens zwei Pseudobulben erhalten sollten.

× *Angulocaste*-Hybriden

Diese Hybriden stammt aus Kreuzungen zwischen Arten der mittelamerikanischen Gattung *Lycaste* und der weniger bekannten Gattung *Anguloa* aus Südamerika. Die Pflanzen ähneln in ihrer Wuchsform eher großen *Lycaste*-Arten, haben also sehr dicke Pseudobulben und verlieren in der Regel im Winter ihre Blätter. Die großen, weißen, cremefarbenen oder gelben Blüten erscheinen gleichzeitig mit den neuen Trieben und blühen einige Wochen.

ANIGOZANTHOS
KÄNGURUHBLUME

Diese in Südwestaustralien heimischen, immergrünen Stauden haben einzigartige, an eine Tierpfote erinnernde Röhrenblüten, die von Vögeln bestäubt werden. Die Blüten sind außen dicht rauh behaart und an der Spitze klauenartig geformt; die Blätter sind grasartig. Je nach Art werden die Pflanzen zwischen 0,3–2 m hoch; die Blüten können sehr unterschiedlich gefärbt sein, etwa grün, goldgelb, dunkelrot und orangerot; einige Arten und Hybriden sind auch zweifarbig. In den letzten Jahren entstanden viele neue Züchtungen, die man im Zimmer halten oder im Sommer ins Freie setzen kann, wie etwa **'Red Cross'**.
PFLEGE UND VERMEHRUNG: Die nicht frostharten Pflanzen müssen vor dem ersten Frost in Haus geholt und bei Temperaturen von 10–15 °C überwintert werden. Im Freien bevorzugen Känguruhblumen einen warmen, sonnigen Platz mit sandigem, möglichst leicht saurem Boden. Sie müssen reichlich gegossen und von Zeit zu Zeit mit kalkfreiem Dünger versorgt werden. Die Vermehrung erfolgt durch Aussaat im Handel erhältlicher Samen oder durch Teilung älterer Pflanzen. Letzteres geschieht zweckmäßigerweise dann, wenn man sie vor dem Winter ins Haus holt.

Angophora costata

Angophora costata

Angophora hispida

A

Anigozanthos, Bush-Gems-Hybriden

Die meist kompakten Bush-Gems-Hybriden sind besonders widerstandsfähig gegen Pilzbefall. Die Blütenfarben reichen von Gelb, Gold und Grün bis zu Orange, Rot und Burgunderrot. **'Bush Heritage'** ist eine kleine, 30–50 cm hohe Art mit rotbraunen und olivgrünen Blüten. **'Bush Twilight'** wird 20–40 cm hoch, die zahlreichen Blüten in verschiedensten orangefarbenen, gelben und grünen Tönen erscheinen vor allem im Frühjahr oberhalb der dunkelgrünen, schmalen Blätter. Andere beliebte Arten sind die rote **'Bush Glow'** und die goldgelbe **'Bush Gold'**.

Anigozanthos 'Regal Claw'

Anigozanthos flavidus

Die robusteste Art unter den Känguruhblumen hat eine kräftige, horstbildende Wuchsform und wird bis zu 1 m breit. Sie hat lange, dunkelgrüne Blätter und 1–1,5 m lange Blütenstengel, die Blüten sind grün, gelb oder sanft rot gefärbt. Diese Art eignet sich für verschiedenste Bodenbedingungen. In ihrer südwestaustralischen Heimat zieht sie besonders Vögel an und wird viel für Kreuzungen verwendet.

Anigozanthos humilis

Diese niedrige, horstbildende Staude wird höchstens 40 cm hoch, breitet sich unter günstigen Bedingungen jedoch bis zu 1 m aus. Im Sommer und im Herbst kann sie sich einziehen. Die Blütenstengel, die häufig doppelt so hoch sind wie das Laub, tragen Blüten, deren Farbpalette von Ocker über Stumpforange bis zu Rot reicht. Die Pflanzen bevorzugen volle Sonne.

Anigozanthos manglesii

Diese beeindruckende Pflanze hat blaugrüne, riemenartige Blätter. Die tiefgrünen Blüten erscheinen vor allem im Frühjahr und kontrastieren stark mit dem Rot des Blütengrundes und des Stengels. Die Blütenstengel sind 45–90 cm hoch, die Pflanze wird etwa 45 cm breit. Leider ist diese auffällige Art sehr schwer zu kultivieren, da sie im Sommer gegenüber Pilzkrankheiten und Wurzelfäule äußerst anfällig ist.

A., B.-G.-Hybride, 'Bush Heritage'

Anigozanthos flavidus

Anigozanthos humilis

Anigozanthos 'Pink Joey'

Anigozanthos flavidus ist der eine Elternteil dieser niedrigwachsenden Hybride. Sie wird höchstens 50 cm hoch und bis zu 1 m breit, die Blüten weisen rauchige Rosatöne auf.

Anigozanthos 'Regal Claw'

Eine der zahlreichen beeindruckenden Sorten, die von *Anigozanthos preissii* und *A. flavidus* abstammen. 'Regal Claw' ist eine Zwergpflanze mit orangefarbenen Blüten und einem roten, filzigen Überzug.

ANISODONTEA

Zu dieser Gattung gehören strauchige Malvengewächse aus dem südlichen Afrika mit drahtig-zähen Stengeln, kleinen, unregelmäßig gelappten Blättern und kleinen Hibiskusblüten. Diese erscheinen an schlanken Stielen, die aus kurzen Seitentrieben nahe den Zweigenden wachsen. Vor wenigen Jahren wurden sie als reichblühende Zimmerpflanzen wieder entdeckt. Sie brauchen ausreichend Sonne oder starkes reflektiertes Licht.

PFLEGE UND VERMEHRUNG: Diese Topfpflanzen müssen in der warmen Jahreszeit häufig, in der kühlen selten gewässert werden. Leichter Rückschnitt nach Ende der Blüte begünstigt einen kompakteren Wuchs und Nachblüte. Die Vermehrung erfolgt zumeist durch schnellwurzelnde Stecklinge im Sommer im kalten Frühbeet.

Anisodontea 'African Queen'

Diese neue Sorte kennzeichnet ein kompakter Wuchs, das Laub gleicht dem von *Anisodontea capensis*, ihre zahlreichen zartrosa Blüten werden jedoch etwas größer. Angeblich ist sie eine Kreuzung zwischen *Anisodontea × hypomadarum* und *A. scabrosa.*

Anisodontea capensis

Syn. ***Malvastrum capensis***

FLEISSIGES LIESCHEN

Diese Art wächst erstaunlich schnell zu einem etwa 2 m hohen Strauch mit langen Zweigen und ziemlich spärlichem Laub heran. Die 2 cm breiten Blüten erscheinen in aufeinanderfolgenden Wellen im Frühjahr und Sommer. Sie sind anfänglich fleischfarben mit dunkleren Adern, anschließend färben sie sich sehr hellrosa.

Anisodontea × hypomadarum

Dieser immergrüne, buschige Strauch hat einen aufrechten Wuchs und wird bis zu 2 m hoch. Die schalenförmigen, mittelrosa Blüten werden bis zu 3,5 cm breit, sind dunkel geädert und erscheinen von Frühjahr bis Herbst. Die Herkunft dieser mutmaßlichen Hybride ist ungeklärt.

Anisodontea scabrosa

In ihrer Heimat in der südafrikanischen Kapprovinz wird diese weichholzige

A., B.-G.-Hybride,'Bush Twilight'

A.,B.-G.-Hybride, 'Bush Glow'

A., B.-G.-Hybride, 'Bush Gold'

Anigozanthos manglesii

strauchige Art häufig bis zu 2 m hoch. Sowohl die gelappten Blätter als auch die breitglockigen Blüten mit ihren rosa bis pupurnen, zur Basis hin intensiver gefärbten Blättern sind eine Augenweide. Die Blüten erscheinen zumeist einzeln, bisweilen auch in Vierer- oder Fünfergruppen.

Anisodontea capensis

Anisodontea × hypomadarum

Anisodontea × hypomadarum

Anisodontea 'African Queen'

Anoectochilus regalis

ANNONA

Zu dieser Gattung zählen rund 100 Arten immergrüner Bäume aus den amerikanischen Tropen und Subtropen, die bisweilen köstliche Früchte tragen – wie z. B. Cherimoya und Zimtapfel. Die Bäume haben breite, längliche, stark geaderte Blätter und eigentümlich geformte Blüten mit durchdringend fruchtigem Geruch, die am alten Holz an kurzen Stengeln stehen. Die Früchte bestehen aus vielen miteinander verwachsenen Segmenten, ihre feste grüne oder bräunliche Haut kann mit weichen Stacheln oder anderen Erhebungen versehen sein. Das schwammige weiße Fruchtfleisch enthält viele braune Samen.

PFLEGE UND VERMEHRUNG: Sie gedeihen in den meisten tropischen und wärmeren subtropischen Regionen, bevorzugen geschützte, sonnige Lagen sowie fruchtbare, durchlässige Böden und können fast ganzjährig blühen bzw. Früchte tragen. Sie lassen sich durch frische Samen oder durch Veredlung bei Sorten einfach vermehren.

Annona muricata

SAUERSACK, STACHELANNONE

Diese Art aus dem nördlichen Südamerika wird 4,5–6 m hoch und verzweigt sich früh mit steil aufrechten Seitentrieben. Junge Triebe sind seidig bräunlich behaart, ältere Blätter glänzend hellgrün. Die asymmetrisch ovalen, großen grünen Früchte haben weiche Stacheln und können ganzjährig erscheinen. Ihr weiches, weißes und aromatisches Fleisch ist trotz des (irreführenden) Namens nicht sehr sauer.

Annona squamosa

SÜSSACK, RAHMAPFEL, ZIMTAPFEL

Von dieser beliebten, aus den tropischen Regionen Afrikas, Asiens und Amerikas stammenden Frucht existieren zahlreiche Sorten. Die Blüten sind blaßgrün und duften angenehm. Das cremige Fleisch der großen Frucht schmeckt frisch köstlich. Der halbimmergrüne Baum wird bis zu 5 m hoch. Die Vermehrung erfolgt durch Pfropfen.

ANOECTOCHILUS

Diese Gattung umfaßt rund 25 Arten kleiner Orchideen aus dem tropischen Asien und Australien. Aufgrund ihrer hohen Standortansprüche – die meisten Arten wachsen auf dem extrem schattigen und feuchten Boden des Regenwaldes – werden sie heute kaum kultiviert; früher waren sie jedoch beliebte Pflanzen etwa für Terrarien, wo die Luft ausreichend feucht gehalten werden kann. Bei den meisten Arten ist das Laub am augenfälligsten, die ovalen, ziemlich fleischigen, purpur-grünen, samtigen Blätter bestechen durch kristallartige Oberflächenzellen und sind silbern oder golden netzartig geadert. Die Spitzen der kurzen, fleischigen, kriechenden Stengel sind aufwärts gerichtet, die ziemlich kleinen Blüten stehen gehäuft nahe den Spitzen aufrechter Stengel, ihr Labellum mit den reflektierenden Oberflächenzellen kann hübsch gefranst sein.

PFLEGE UND VERMEHRUNG: Außerhalb der feuchten Tropen wachsen sie ausschließlich im warmfeuchten Gewächshaus, in Zimmerterrarien oder Wintergärten ohne direkte Sonneneinstrahlung und bei sehr warmen Wintertemperaturen. Kultivieren sollte man sie in einer rein organischen Mischung aus Laubmull und zerbröckelter Rinde in einer flachen Schale bei ständiger Feuchtigkeit und gutem Wasserabzug. Die Pflanzen halten meist nur einige Jahre. Die Vermehrung erfolgt durch Stengelsegmente.

Anoectochilus regalis

Diese Miniatur-Orchidee stammt aus dem äußersten Süden Indiens und aus Sri Lanka. Sie wird vor allem wegen ihrer dunklen, samtiggrünen, von einem goldenen Adernetz durchzogenen Blätter kultiviert. Sie werden jeweils etwa 5 cm lang und wachsen in einer kleinen Rosette. Interessant sind auch die kleinen, nur 1 cm breiten, weißen Blüten mit gefranster Lippe.

ANOMATHECA

Zur Gattung gehören sechs Arten von im südlichen und zentralen Afrika heimischen Knollenstauden, die eng mit *Lapeirousia* verwandt sind. Die Pflanzen bilden grundständige Büschel aus einfachen, bis zu 30 cm langen, grasartigen, gerippten Blättern aus. Im Sommer erscheinen nacheinander Blütenstengel mit sternförmigen, sechsblättrigen, 1–2,5 cm breiten Blüten. Die Blütenstengel sind oft verzweigt, die bisweilen duftenden Blüten meistens rot, weiß oder grünlich, häufig mit dunkleren Färbungen im Schlund.

Annona muricata

Annona squamosa

PFLEGE UND VERMEHRUNG: Die meisten der wenig anspruchsvollen Arten wachsen leicht in durchlässigen Böden in sonniger oder halbschattiger Lage, sind aber nicht frosthart. Im Winter müssen sie daher aus dem Boden genommen und trocken gelagert werden. Die Vermehrung erfolgt durch Samen oder Teilung der Büschel.

Anomatheca laxa

Syn. *Lapeirousia laxa*

Die freesienartige, in Südafrika heimische Art wird etwa 60 cm hoch mit langen, schmalen, grundständigen Blättern. Die einseitswendigen Ähren tragen bis zu zwölf Blüten. Die sternförmigen, roten bis scharlachroten Röhrenblüten sind etwa 3,5 cm breit (bei einer Sorte sind sie nur halb so groß) und erscheinen im Frühjahr.

ANOPTERUS

Diese Gattung umfaßt nur zwei Arten kleiner, immergrüner Bäume oder Sträucher: Eine wächst nur auf Tasmanien, die andere ist in den subtropischen Bergwäldern der australischen Ostküste heimisch. Beide sind sehr dekorativ, mit langen, spatelförmigen, anfänglich tiefroten oder bronzefarbenen Blättern und dicken weißen Blüten in kurzen, endständigen Blütenständen. Nur die tasmanische Art wird in erwähnenswertem Ausmaß kultiviert.

PFLEGE UND VERMEHRUNG: Die Pflanzen brauchen eine sehr geschützte Lage, feuchten, humusreichen Boden und ein feucht-kühles Klima, sind jedoch sehr frostempfindlich. Stecklinge aus reifem Holz blühen oft schon, wenn sie nur etwa 30 cm hoch sind.

Anthemis tinctoria

Anthemis 'Moonlight'

Anthemis cretica

Antennaria dioica 'Australis'

Anopterus glandulosus

Anopterus glandulosus

Dieser für gewöhnlich etwa 2–2,5 m hohe Strauch kann in feuchten tasmanischen Wäldern zu einem über 6 m hohen Baum heranwachsen. Die stumpf gezähnten, glänzenden, dunkelgrünen Blätter sind sehr ledrig; die weißen, kelchförmigen Blüten erscheinen im Frühjahr in kurzen Blütenständen an den Zweigspitzen.

ANTENNARIA

KATZENPFÖTCHEN

Zu dieser Gattung zählen etwa 45 Arten immergrüner oder fast immergrüner Stauden aus der Familie der Korbblütler, die in den gemäßigten Zonen der nördlichen Hemisphäre heimisch sind. Die meisten Arten bilden dichte Polster aus sich bewurzelnden Blattrosetten; bei einigen wenigen Arten wölben sie sich bis zu 40 cm hoch auf. Die schmalen, gedrängten, behaarten Blätter sind meist silbergrau. Im Sommer erscheinen strohblumenartige Blütenköpfchen mit Röhrenblüten, umhüllt von trockenen, papierenen Deckblättern. Die Blütenköpfe stehen dicht auf kurzen Stengeln, die sie deutlich über das Blattpolster heben.
PFLEGE UND VERMEHRUNG: Die meisten Arten sind völlig frosthart und wachsen am besten in voller Sonne. Sie eignen sich als mehrjährige Randbepflanzungen oder für Steingärten. Vermehrung durch Samen oder Teilung.

Antennaria dioica

Die ausläuferbildende Art wächst wild in den kälteren Teilen der nördlichen Hemisphäre. Sie bildet ein Polster aus schmalen, spatelförmigen bis lanzettlichen Blättern, die oben dunkelgrün und an der Unterseite wollig-weiß sind. Im Sommer erscheinen an den starken, 20 cm hohen Blütenstengeln Büschel aus weißen, rosa oder gelben Blütenköpfen. Ungewöhnlich für Korbblütler ist, daß die männlichen und die größeren weiblichen Blüten jeweils auf verschiedenen Pflanzen wachsen (zweihäusig). Die attraktive bodendeckende, auch für Steingärten geeignete Pflanze ist auch von medizinischem Wert. *Antennaria dioica* **'Rosea'** hat tiefrosa Blütenköpfe, **'Australis'** weiße Blütenstände auf silbergrauen Stengeln.

ANTHEMIS

HUNDSKAMILLE

Zu dieser Gattung zählen rund 100 ein- oder mehrjährige Kräuter überwiegend aus dem Mittelmeerraum und aus Westasien, die unter günstigen Bedingungen überreich blühen – daher auch ihr vom griechischen *anthemon* abgeleiteter Name. Die Blüten der zur großen Familie der Korbblütler zählenden Pflanzen besitzen die typische Körbchenform und sind in der Regel weiß, cremefarben oder gelb mit kontrastierenden Röhrenblüten; typisch hierfür ist *Anthemis* **'Moonlight'**. Auch außerhalb der Blütezeit tragen die meisten Arten ein leicht duftendes, fein eingeschnittenes, grün oder silbergrau getöntes Laub, das Steingärten oder auch Rabatten schmücken kann. Zu *Anthemis* wurde früher auch die Römische Kamille gezählt, die heute der Gattung *Chamaemelum* zugerechnet wird.
PFLEGE UND VERMEHRUNG: Sie gedeihen am besten in voller Sonne und auf durchlässigem Boden. Die bisweilen kurzlebigen Stauden wachsen oft aus der Form, wogegen Rückschneiden im Herbst nach der Blüte hilft. Durch in der warmen Jahreszeit gewonnene Stecklinge oder durch Teilen im Herbst oder Frühjahr können Ausfälle leicht ersetzt werden. Einjährige Arten werden aus Samen gezogen. Wenn nicht anders angegeben, sind die Arten frosthart.

Anthemis cotula

STINKHUNDSKAMILLE

Der starke Geruch der Blätter dieser einjährigen, bis zu 60 cm hohen Art wird bisweilen als unangenehm empfunden. Im Spätsommer erscheinen auf schwachen Stengeln zahlreiche locker angeordnete, weiße, in der Mitte goldene Blütenköpfe. Die Pflanzen brauchen u.U. eine Stütze, aber an vollsonnigen Standorten mit durchlässigem Boden bleiben sie eher standfest.

Anthemis cretica

Die Blätter dieser kugeligen Staude aus Südeuropa und der Türkei sind häufig mit einem grauen Filz überzogen. Im Frühjahr und Sommer erscheinen weiße Blütenköpfe mit gelben Röhrenblüten auf bis zu 30 cm hohen, einzeln stehenden Stengeln.

Anthemis punctata subsp. *cupaniana*

Die auf Sizilien heimische, frostempfindliche Staude wächst zart teppichbildend und hat fein geschnittenes Laub. Die weißen Körbchenblüten erscheinen im Sommer auf etwa 15 cm hohen Stengeln. Sie bevorzugt volle Sonne oder Halbschatten und kann bei günstigen Bedingungen wuchern.

Anthemis sancti-johannis

Diese aus Bulgarien stammende, kurz nach dem Ersten Weltkrieg als Gartenpflanze eingeführte Staude hat helle, orangegoldene, 5 cm breite Blütenköpfe. Die bis zu 45 cm hohe Pflanze mit ihren fein geschnittenen, graugrünen Blättern eignet sich für Steingärten oder als Randbepflanzung. Der Hintergrund für die Artbezeichnung (lateinisch für »des hl. Johannes«) ist nicht geklärt.

Anthemis tinctoria

FÄRBERKAMILLE

Diese in Europa und Westasien heimische, sehr winterharte und leicht zu ziehende Staude ist im späten Frühjahr und Sommer mit leuchtenden Blütenkörbchen bedeckt, die oberhalb der farnartigen, gekräuselten grünen Blätter erscheinen. Gestützt bildet sie in Steingärten oder an Böschungen bis zu 1 m hohe Hügel. Der Artname *tinctoria* weist darauf hin, daß die Blüten früher zur Herstellung eines gelben Farbstoffs verwendet wurden. Die typische Form mit hellgoldenen Blüten ist heute weniger populär als einige Sorten, hierbei vor allem **'E. C. Buxton'** mit zarten, sanftgelben Blüten, die wunderschön mit dem feinen Laub harmonieren.

ANTHERICUM

GRASLILIE

Zu dieser in Europa, Nordafrika und Kleinasien heimischen Gattung zählen etwa 50 Stauden mit fleischigen Wurzeln, die Horste aus schmalen, grasartigen Blättern bilden. Die zähen, bis zu 1 m hohen Blütenstengel tragen ab Hochsommer kleine, sternförmige, sechsblättrige, weiße Blüten.
PFLEGE UND VERMEHRUNG: Wächst in durchlässigem Boden in voller Sonne oder mit morgendlichem Schatten. Vermehrung der winterharten Pflanzen durch Aussaat oder Teilung im Spätwinter oder zeitigen Frühjahr.

Anthericum liliago

Anthericum liliago 'Major'

A

Anthericum liliago

ASTLOSE GRASLILIE, TRAUBEN- ODER GROSSE GRASLILIE

Diese europäische Art hat 40 cm lange, graugrüne Blätter und bildet im Sommer 1 m lange Ähren mit schmalblättrigen, 2,5 cm breiten, weißen Blüten aus. Jedes Blütenblatt hat eine grünliche Mittelader. **'Major'** hat größere, rein weiße Blüten.

ANTHRISCUS

KERBEL

Zu dieser Gattung aus Europa und den gemäßigten Regionen Asiens zählen zwölf Arten einjähriger, zweijähriger oder ausdauernder Kräuter, darunter auch ein beliebtes Küchenkraut. Als typische Doldenblütler haben sie große, mehrfach geteilte, grundständige Blätter. Die hohlen, verzweigten Blütenstengel enden in großen Dolden kleiner weißer oder grünlicher Blüten. Die kleinen, schmalen, trockenen Früchte besitzen einen »Schnabel«.

PFLEGE UND VERMEHRUNG: Sie wachsen leicht in jedem Garten, können sogar wuchern und bevorzugen volle Sonne. Der einjährige Gartenkerbel gedeiht am besten an geschützten, nicht zu sonnigen Standorten auf leichtem, gut bearbeitetem Boden. Die Aussaat erfolgt direkt am Standort im Frühjahr oder Spätsommer. Die Blätter können geerntet werden, sobald sie groß genug sind, aber bevor der Blütenstengel ausgebildet wurde. Wenn man einige Pflanzen blühen läßt, säen sie sich zumeist selbst aus.

Anthriscus cerefolium

GARTENKERBEL

Der petersilienartige, bis zu 60 cm hohe Gartenkerbel wird als überwinternde einjährige Pflanze gezogen. Man schneidet die hellgrünen, zarten Blätter und Stengel etwa 5–10 cm über der Erde. Besonders in der französischen Küche wird das etwas an Lakritze erinnernde Aroma der in Europa und Westasien heimischen Art geschätzt.

Anthriscus sylvestris

WIESENKERBEL

Die wuchskräftige, bis zu 1,2 m hohe Staude mit ihren großen, farnartigen Blättern und weitverzweigten Stengeln zählt in Europa zu den häufigsten Hecken- und Wiesenpflanzen. Im Frühjahr und Sommer erscheinen zahlreiche Dolden mit kleinen, weißen Blüten. Die Art kommt fast in ganz Europa, in Nordwestafrika und Westasien vor. Die Blätter von **'Ravenswing'** färben sich schwarzpurpurn, die kleinen weißen Blüten haben rosa Deckblätter.

ANTHURIUM

ANTHURIE, FLAMINGOBLUME

Zu dieser großen und vielfältigen Gattung aus der Familie der Aronstabgewächse gehören immergrüne, strauchige oder Kletter-Epiphyten aus dem tropischen Amerika. Zwei oder drei Arten sind bekannte Zierpflanzen oder Schnittblumen, mit typischen leuchtendroten, flachen Spathen oberhalb der breiten, ledrigen Blätter; durch Auswahl und Zucht wurde die Farbpalette um Weiß, Rosa und Orange erweitert. Die tatsächlichen Blüten sind die kleinen Buckel am zentralen Spadix.

PFLEGE UND VERMEHRUNG: Anthurien werden außerhalb der Tropen in Treibhäusern oder als Zimmerpflanzen gezogen. Hier brauchen sie zur Ausbildung von Blüten viel Licht sowie hohe, gleichmäßige Feuchtigkeit und Wärme. Die Tagestemperatur sollte nicht unter 15 °C fallen. Vermehrung durch Rhizomteile Anfang des Frühjahrs. Topfpflanzen müssen im Abstand einiger Jahre geteilt und umgetopft werden.

Anthurium andraeanum

GROSSE FLAMINGOBLUME

Diese Art wird etwa 60 cm hoch und wegen ihrer großen, leuchtendbunten Spathen mit erhabenen Adern kultiviert. Die großen Blätter der ganzjährig blühenden Art sind herzförmig. Es werden nur eine oder zwei Blüten zur gleichen Zeit ausgebildet. Die glänzenden, wie lackiert wirkenden, ursprünglich hellroten Spathen sind bei Züchtungen unter anderem rosa oder rot-grün marmoriert.

Anthurium scherzerianum

KLEINE FLAMINGOBLUME

Diese etwa 60–75 cm hohe Art hat ursprünglich eine rote Spatha mit eingebogenem Spadix. Die Farbpalette der Sorten reicht von Weiß über Rosa bis Dunkelrot, manchmal mit blasseren Flecken. Die länglichen, dunkelgrünen Blätter sind sehr dick und ledrig. Die Art verträgt etwas geringere Temperaturen als die große Flamingoblume.

ANTHYLLIS

WUNDKLEE

Zu dieser Gattung zählen rund 25 einjährige Leguminosenarten von krautigem, staudigem oder zwergstrauchigem Wuchs. Ihre Fiederblätter sind oft so klein und wachsen so dicht gedrängt, daß die Blätter wie grob gezähnt wirken können. Die zahllosen kleinen Schmetterlingsblüten erscheinen von Frühjahr bis Sommer in dichten, runden Köpfen, unter anderem in Gelb-, Rot- oder Rosatönen.

PFLEGE UND VERMEHRUNG: Wundklee wächst leicht auf jedem durchlässigen Boden in voller Sonne. Beide aufgeführten Arten sind frosthart. Vermehrung durch Samen oder kleine Stecklinge.

Anthriscus cerefolium

Anthyllis montana

BERGWUNDKLEE

Diese Staude aus den südeuropäischen Bergen hat farnartig gefiederte Blätter und bildet ein bis zu 25 cm hohes und 1 m breites Polster aus. Ab dem späten Frühjahr erscheinen zahlreiche, 1 cm breite Blütenköpfe mit rosa und weißen Blüten, die von weitem rosa Klee gleichen. Die Blüten von **'Atrorubens'** sind dunkler rosa- bis purpurfarben.

Anthyllis vulneraria

WUNDKLEE, TANNENKLEE

Diese selbstausbreitende, kurzlebige Staude ist in Europa und Nordafrika heimisch. Die seidig behaarten, gedrängt wachsenden Blätter können bis zu 45 cm hohe Rosetten bilden. Die Blüten der 1 cm breiten Köpfe sind cremefarben oder gelb und oft rot oder purpurn überlaufen. In der Medizin wird Wundklee, der getrocknet in Blumendekorationen Verwendung findet, wegen seiner adstringierenden und verdauungsfördernden Wirkung und als Hustenmittel genutzt.

ANTIGONON

Zu dieser Gattung aus Mexiko und Mittelamerika zählen drei Arten rankender Kletterpflanzen, von denen eine wegen ihrer im Sommer erscheinenden zarten, korallenrosa Blüten kultiviert wird. Die herzförmigen, dunkelgrünen Blätter der zarten immergrünen Pflanzen haben gewellte Ränder. Das dichte Laub wird jährlich mehrere Monate lang von rankenden Blütenzweigen mit büscheligen Trauben aus kleinen Blüten geschmückt. Die Farben der eng zusammengepreßten, herzförmigen Kelchblätter reichen von Korallenrot über Blaßrosa bis hin zu Weiß.

PFLEGE UND VERMEHRUNG: Die Kletterpflanzen gedeihen an warmen, im Sommer ausreichend feuchten, durchlässigen Standorten. Die Wurzeln ertragen keinen Frost. Vermehrung durch Samen, Stecklinge oder Teilen des Wurzelstocks.

Antigonon leptopus

Diese schnellwachsende, attraktive Kletterpflanze kann über 8 m groß werden. Vom Frühsommer bis Herbst erscheinen herzförmige, tiefrosa Blüten.

ANTIRRHINUM

LÖWENMAUL

Die alten Griechen nannten diese Pflanze, deren Blüten an ein Tiergesicht erinnern, *Antirrhinon* (»nasenartig«). In Frankreich heißen sie *gueule de loup* (»Wolfsmaul«), wogegen sie im Italienischen gleich wie im Deutschen als »Löwenmaul« bezeichnet werden. Zu dieser eng mit *Linaria* verwandten Gattung zählen etwa 40 Arten von Einjährigen, Stauden und immergrünen Halbsträuchern, die zumeist aus dem westlichen Mittelmeerraum und zu einem kleinen Teil aus dem westlichen Nordamerika stammen. Das mehrjährige Gartenlöwenmaul wird für gewöhnlich als einjährige Pflanze gezogen.

Anthurium andraeanum

Antigonon leptopus

Anthurium scherzerianum

Antirrhinum majus

Antirrhinum hispanicum

Antirrhinum majus, Liberty-Sorte

Aphelandra squarrosa

PFLEGE UND VERMEHRUNG: Die Pflanzen bevorzugen fruchtbare, durchlässige Böden und volle Sonne. *Antirrhinum majus* wird durch Samen im Frühjahr oder Frühherbst vermehrt.

Antirrhinum braun-blanquetii

Diese frostempfindliche Staude aus Spanien und Portugal hat aufrechte, bis zu 1,2 m hohe, verzweigte Stengel sowie elliptisch geformte, spitze Blätter und trägt 5 bis 30 gelbe Blüten.

Antirrhinum hispanicum

Diese kurzlebige, frostempfindliche Staude aus Spanien ist eine äußerst attraktive, 25 cm hohe Miniaturart. Ihre mauve-rosafarbenen Blüten sind nur etwa halb so groß wie die von *Antirrhinum majus*.

Antirrhinum majus

GARTENLÖWENMAUL

Diese buschige, kurzlebige Staude wird wegen ihrer auffälligen Blüten geschätzt, die von Frühjahr bis Herbst erscheinen. Die vielen, zumeist als einjährige Pflanzen gezogenen Kulturformen werden 30–45 cm breit, große Arten werden 75 cm, mittlere 45 cm und Zwergformen 25 cm hoch. Die Neuzüchtungen mit weit geöffneten oder gefüllten Blüten haben nicht den spezifischen Charme traditioneller Formen wie etwa der Liberty-Sorten. Das Gartenlöwenmaul sollte einjährig gezogen werden, da es nach dem ersten Jahr selten noch einmal schön blüht und ältere Pflanzen besonders anfällig für Pilzbefall sind. Ausputzen verlängert die Blüte, Entfernen der ersten Knospen bewirkt bessere Verzweigung. Die Coronette-Sorten, als Rabattenpflanzen gezüchtete F1-Hybriden, besitzen einige der guten Eigenschaften, auf die bei Zuchtprogrammen besonderer Wert gelegt wird. Hierzu gehören Widerstandsfähigkeit gegenüber schlechtem Wetter, besonders große Blüten an vollen Ähren und gleichförmige Entwicklung der Sämlinge. Sie können über 60 cm hoch werden; die Palette der Blütenfarben reicht von Gelb, Weiß und Bronze über verschiedenste Rosatöne bis hin zu Dunkelrot. Zwei beliebte Sorten von *Antirrhinum majus* sind **'Flower Carpet'** und **'Madame Butterfly'**.

APHELANDRA

Diese Gattung umfaßt etwa 170 im tropischen Amerika heimische Arten von Sträuchern und Halbsträuchern. Die großen, für gewöhnlich dunkelgrünen, spitzen Blätter sind bisweilen andersfarbig geadert und gegenständig. Die dichten, endständigen Blütenähren haben lange, oft hell gefärbte Tragblätter und orangefarbene, rote oder gelbe Röhrenblüten mit einer breiten, dreifach gelappten Unterlippe. Einige wegen ihres Laubs und ihrer Blüten geschätzte Arten werden seit langem als dekorative Zimmer- oder Treibhauspflanzen kultiviert.

Aphelandra squarrosa 'Dania'

PFLEGE UND VERMEHRUNG: Die Pflanzen sind sehr kälteempfindlich und werfen ihre Blätter ab, wenn sie Temperaturen unter 15 °C oder über längere Zeit kühl-trockenen Bedingungen ausgesetzt sind. Sie brauchen einen hellen Standort ohne direkte Sonne. Der Rückschnitt erfolgt nach der Blüte, die Vermehrung durch Samen oder Stecklinge.

Aphelandra squarrosa

Diese vielfach als Zimmerpflanze gezogene brasilianische Art kann unter idealen Bedingungen bis zu 2 m hoch werden. Die grünen, bis zu 30 cm langen Blätter haben weiße oder cremefarbene Adern und Mittelrippen. Die etwa 20 cm lange Blütenähre ist hellgelb und oft rot oder braun überlaufen. Die zahlreichen Kultursorten unterscheiden sich in Größe und Form der Blätter sowie durch die Blütenfarben. **'Louisae'** mit cremigweißen Adern und Mittelrippen ist die häufigste, **'Dania'** hat selten erscheinende, gelbe bis orangegelbe Blüten und erhabene, weiße Blattadern.

APIUM

EPPICH, SELLERIE

Zu dieser Gattung aus der Familie der Doldenblütler gehören über 20 zwei- und mehrjährige Kräuter aus Europa, den gemäßigten Regionen Asiens und den kühleren Regionen der südlichen Hemisphäre. Zu den bekanntesten Vertretern der Gattung zählt der Gartensellerie, der wegen seiner Knolle und der roh oder gekocht eßbaren Blattstiele als einjähriges Gemüse gezogen wird. Die Blätter der wilden Arten von *Apium* wachsen in grundständigen Büscheln oder an kriechenden Stengeln, die in unterschiedlichem Maß in etwas fleischige Abschnitte unterteilt sind. Die kleinen weißen Blüten erscheinen in Dolden.

PFLEGE UND VERMEHRUNG: Staudensellerie braucht viel Feuchtigkeit, der Boden sollte also mit feuchtigkeitsspeicherndem Humus angereichert werden. Die relativ flach wurzelnden Pflanzen benötigen regelmäßiges Wässern und Düngen, damit die Blattstiele zart und fleischig bleiben. Heute werden häufig die selbstbleichenden Sorten bevorzugt, die nicht mehr angehäufelt werden müssen. Man sollte die Sämlinge nach der Aufzucht in einem Frühbeet oder einer Schale an ihre Standorte versetzen und darauf achten, daß dabei die Wurzeln möglichst unverletzt bleiben. Selbstbleichende Sorten sollten mit geringerem Abstand gepflanzt werden, damit möglichst wenig Licht an die Blattstiele gelangt, grüne bzw. nichtbleichende Sorten können weiter auseinander stehen.

Apium graveolens

SELLERIE, EPPICH

Der zweijährige, stark aromatische, bis zu 1 m hohe wilde Sellerie hat fein zerteilte Blätter und wächst an sumpfigen Küstenstandorten Europas. Im Spätsommer erscheinen die Blüten in lockeren Dolden. Die Art wurde vor über 2000 Jahren domestiziert, seitdem wurden zahlreiche Sorten gezüchtet. Diese werden in drei Gruppen aufgeteilt, die traditionell als

Anthyllis montana 'Atrorubens'

Apium graveolens

Apium graveolens var. *dulce*

botanische Varietäten behandelt werden. Typisch für *Apium graveolens* var. *dulce* (Bleich-, Stiel- oder Staudensellerie) sind die langen, fleischigen Blattstiele. Bei Gartenpflanzen werden diese vor der Blüte geschnitten, deren Zeitpunkt wiederum im hohen Maß temperaturabhängig ist, weshalb Bleichsellerie in vielen Regionen nur eine kurze Anbauzeit hat. ***A. g.* var. *rapaceum*** (Knollen- oder Wurzelsellerie) bildet eine eßbare, verdickte, rübenartige Wurzelknolle, die schlanken Blattstiele werden in der Regel abgeschnitten. Knollensellerie bevorzugt die gleichen Bedingungen wie Bleichsellerie, benötigt jedoch eine lange Wachstumsphase, um eine große Knolle ausbilden zu können. Die Blätter von ***A. g.* var. *secalinum*** (Schnittsellerie) werden in Suppen oder Eintöpfen gekocht. In China wird eine ähnliche Sellerieart wegen ihrer Stiele und Blätter gezogen.

APONOGETON

WASSERÄHRE

Diese Gattung umfaßt über 40 Arten von Wasserpflanzen, die in Flüssen und Seen der tropischen und subtropischen Regionen Afrikas, Asiens und Australasiens, vor allem jedoch auf Madagaskar gedeihen. Die langstieligen, ovalen bis schmal länglichen Blätter weisen ein dichtes Adernetz auf; sie können gänzlich untergetaucht oder überwiegend an der Wasseroberfläche schwimmend wachsen. Die langstieligen Blütenköpfe erheben sich knapp über den Wasserspiegel und verzweigen sich in kurze, fleischige Ähren aus eigentümlichen kleinen weißen, rosa- oder purpurfarbenen Blüten. Wurzelknollen und Blütenknospen werden bisweilen gegessen.

PFLEGE UND VERMEHRUNG: Hinsichtlich der Kultivierung müssen zwei Gruppen unterschieden werden. Die größere Gruppe braucht relativ tiefes Wasser, mindestens 16 °C Wassertemperatur im Winter bzw. höhere Temperaturen im Sommer. Zu dieser Gruppe gehören tropische Aquarienpflanzen wie etwa die schöne *Aponogetum madagascariensis* mit ihren großen, gitterartigen, untergetaucht wachsenden Blättern, die jedoch besondere Standortanforderungen stellt. Die kleinere Gruppe ist weniger kälteempfindlich und wuchskräftiger – typisch hierfür ist *A. distachyos.* Sie können in gemäßigten Regionen im Freien gezogen werden, jedoch darf das Wasser im Winter nur zeitweise von einer dünnen Eisschicht bedeckt sein. Die leicht zu ziehenden Pflanzen werden in den schlammigen oder sandigen Teichboden gepflanzt. Ihre Vermehrung erfolgt durch Knollenteilung oder Samen.

Aponogeton distachyos

Diese südafrikanische Art ist eine attraktive Teichpflanze, sollte jedoch nicht zu nah an Seerosen (*Nymphaea*) gepflanzt werden, da ihr dichtes Laub diese überwuchern kann. Die nach Weißdorn duftenden, auffällig y-förmigen, 5–10 cm langen, weißen Blütenähren erscheinen vom Spätfrühjahr bis Herbst oder gar bis in den Winter hinein. Ältere Blüten färben sich grün und biegen sich unter Wasser, wo die Frucht heranreift. Solange das Wasser nicht durchfriert, ist die Kultur auch in gemäßigten Regionen möglich.

APOROCACTUS

PEITSCHENKAKTUS, SCHLANGENKAKTUS

Der Name *Aporocactus* (lateinisch für »verwirrender Kaktus«) deutet auf die Schwierigkeit hin, diese epiphytischen Kakteen zu klassifizieren. Diese Gattung aus dem tropischen Mexiko umfaßt nur zwei Arten. Sie haben die typischen runden, stacheligen Triebe der Kakteen, doch sind diese so lang, dünn und schwach, daß sie herabhängen. Den attraktiven, großen rosa oder roten Blüten, die sich weit um ein zentrales Büschel aus Staubgefäßen öffnen, folgen kleine, rötliche Früchte.

PFLEGE UND VERMEHRUNG: Die leicht zu ziehenden, nicht frostharten Pflanzen wachsen am besten in Ampeln in fruchtbarer, gutdurchlässiger Topferde; sie brauchen etwa den halben Tag Sonne. Vermehrung durch Stecklinge.

Aporocactus flagelliformis

Dieser epiphytische Kaktus hat lange, runde Zweige. Im Frühjahr und Sommer erscheinen zahllose knallrosa Blüten gedrängt am Grund der Triebe. Diese Art ist einer der Elternteile der farbenprächtigen × *Epicactus*-Hybriden.

Aporocactus martianus

Aporocactus martianus wird etwa 1 m breit und 10 cm hoch. Im Sommer erscheinen tiefrote Blüten an gräulichgrünen, röhrigen Trieben.

APTENIA

Die zwei südafrikanischen Arten der mit *Mesembryanthemum* verwandten Gattung sind niederliegende Sukkulenten mit fleischigen, herzförmigen bis ovalen Blättern, deren Oberflächen leicht kristallisch wirken. Die kleinen, rosa- bis rotpurpurnen, Körbchenblüten ähnelnden Einzelblüten erscheinen im Sommer bzw. in Wüstengebieten nach Regenfällen.

PFLEGE UND VERMEHRUNG: Die Sukkulenten können, wenn sie im Winter trocken gehalten werden, Temperaturen bis unter –7 °C ertragen. Unter mitteleuropäischen Bedingungen sind sie damit nicht frosthart. In sandigem, äußerst durchlässigem Boden in voller Sonne gedeihen sie gut in trockenen Steingärten, an Stützmauern oder in Ampeln. Vermehrung durch Samen oder Stecklinge.

Aptenia cordifolia 'Variegata'

Aptenia cordifolia

Aptenia cordifolia

Diese polsterbildende, schnellwachsende Sukkulente wird nur 5 cm hoch, breitet sich jedoch unbegrenzt aus. An den kriechenden, schwachen Stengeln wachsen grüne, bis zu 2,5 cm lange, herzförmige Blätter. Die kleinen, leuchtendrosa Blüten (es gibt auch eine rotblühende Form) blühen vor allem im Sommer und gleichen Körbchenblüten mit dichten Staubgefäßen. Die Blätter von **'Variegata'** haben grünlichweiße Ränder.

AQUILEGIA

AKELEI

Diese in Europa, Nordamerika und den gemäßigten Regionen Asiens heimischen, eleganten Horststauden werden wegen ihrer gespornten, einfachen oder gefüllten, glockenförmigen, in vielen Farben erstrahlenden Blüten sowie wegen ihres farnartigen Laubs gezogen. Einige Arten dienen als Schnittblumen, die Zwerg- und alpinen Arten eignen sich gut für Steingärten. Sie blühen zumeist im späten Frühjahr und Frühsommer. Am besten pflanzt man sie in dichten Gruppen mit einjährigen Pflanzen im Vordergrund.

PFLEGE UND VERMEHRUNG: Die winterharten Pflanzen bevorzugen leichten, durchlässigen, gut gedüngten Boden sowie sonnige, windgeschützte Lagen mit etwas Schatten in heißen Gebieten. In kalten Regionen müssen die Stauden im Spätwinter ganz zurückgeschnitten werden; beste Resultate mit den großblütigen Sorten werden bei einjähriger Kultur erzielt. Vermehrung durch Teilen oder Samen im Herbst und Frühjahr, viele säen sich selbst aus.

Aquilegia alpina

Diese aufrechtwachsende Art aus den europäischen Alpen wird bis zu 45 cm hoch und über 15 cm breit. Sie gleicht *Aquilegia caerulea*, hat jedoch kurze Sporne und normalerweise gänzlich blaue Blüten.

Aquilegia atrata

Die in europäischen Gebirgswäldern heimische Art erträgt auch milderes Klima. Sie gleicht sehr *Aquilegia vulgaris,* trägt jedoch vom späten Frühjahr bis Frühsommer dunkel violettpurpurne Blüten

Aquilegia atrata

Aquilegia vulgaris, gefüllte Sorte

Aponogeton distachyos

A

mit hervorstehenden gelben Staubgefäßen. Sie bevorzugt in wärmeren Regionen halbschattige Lagen und wird etwa 45 cm hoch.

Aquilegia caerulea

Diese kurzlebige, aufrechtwachsende, alpine Art aus den Rocky Mountains wird über 60 cm hoch und hat einen schmalen Wuchs. Die Staatsblume von Colorado zählt zu den hübschesten wilden Arten. Die großen, taubenblauen und weißen Blüten nicken an verzweigten Stengeln und erscheinen im späten Frühjahr und Frühsommer, manchmal in geringer Zahl auch im Herbst. Sie wächst am besten auf fettem Boden.

Aquilegia canadensis

Die im östlichen Nordamerika heimische Art bildet zahlreiche hängende, rote und gelbe Blüten mit mittellangen Spornen aus. Sie erscheinen im späten Frühjahr und Frühsommer an den 45–60 cm langen Stengeln. Bei ausreichender Feuchtigkeit ertragen sie volle Sonne, bei leicht schattiger Lage auch Hitze.

Aquilegia chrysantha

Die zu den auffälligsten Arten der nordamerikanischen Akeleien zählende *Aquilegia chrysantha* hat große, langspornige, duftende, gelbe Blüten an häufig über 1 m hohen Stengeln. Die im südwestlichen Nordamerika heimische Art kann Sonne und Hitze besser ertragen als die meisten anderen Arten. Es gibt auch weißblühende und gefüllte Sorten.

Aquilegia 'Crimson Star'

Diese langspornige Sorte richtet ihre Blüten in der Regel nach oben. Die Sporne, die bei anderen Akeleien normalerweise die Farbe der Blütenblätter tragen, deren Anhängsel sie sind, weisen bei dieser Kulturform das Karmesinrot der Kelchblätter auf.

Aquilegia elegantula

Diese Art aus den Rocky Mountains und Nordmexiko ist eine nahe Verwandte von *Aquilegia formosa*, mit etwa 60 cm Höhe jedoch kleiner, und die blaß orangefarbenen oder gelben Blüten haben etwas längere Sporne.

Aquilegia flabellata

Mit ihren weichen, blaugrünen, farnartigen Blättern und den blaupurpurnen Blüten mit den kurzen, gebogenen Spornen ist diese winterharte alpine Art aus Japan und Korea eine attraktive Bereicherung für Steingärten. Der Sommerblüher wird etwa 45 cm hoch.

Aquilegia formosa

Diese attraktive Art mit den langspornigen, hängenden, blaß scharlachroten Blüten und hervorstehenden Staubgefäßen stammt aus dem pazifischen Nordwesten Nordamerikas und ist Elternteil für viele beliebte Gartensorten. Die Blütenstengel werden bis zu 1 m hoch und überragen die farnartigen Blätter. Die Hauptblütezeit ist im späten Frühjahr und im Frühsommer.

Aquilegia flabellata

Aquilegia canadensis

Aquilegia skinneri

Aquilegia formosa

Aquilegia 'Crimson Star'

Aquilegia chrysantha

Aquilegia longissima

Wie ihr Artname (»die längste«) schon besagt, hat diese Akelei aus Westtexas und dem benachbarten Mexiko mit bis zu 15 cm wohl die längsten gespornten Blüten. Sie gleicht ihrer nahen Verwandten *Aquilegia chrysantha*, die blaßgelben Blüten sind jedoch etwas schmaler und die dünneren Sporne etwas schlaff.

Aquilegia, McKana-Hybriden

Diese bekannteste Sortengruppe unter den langspornigen Akeleien stammt von nordamerikanischen Arten, vor allem von *Aquilegia caerulea, A. chrysantha* und *A. formosa*, ab. Im späten Frühjahr und im Frühsommer erscheinen die in zahlreichen Farben blühenden Blüten. Ungeachtet der Farbe der Kelchblätter sind die fünf gespornten Blütenblätter in der Regel weiß oder gelb. Ausputzen verlängert die Blütezeit der etwa 1 m hohen Pflanzen.

Aquilegia saximontana

Diese in Colorado heimische, alpine Zwergform bleibt normalerweise kleiner als 20 cm und trägt kleine, kurzspornige blaue und gelbe Blüten. Der Artname ist eine Latinisierung von »Rocky Mountains«.

Aquilegia skinneri

Die an feuchte, halbschattige Lagen angepaßte Art aus New Mexico hat fein zerteiltes, farnartiges Laub. Die hängenden, grüngelben Blüten sind mit hellroten, bis zu 5 cm langen, nach oben gerichteten Spornen versehen. Die im Sommer über einen längeren Zeitraum blühende Art kann bis zu 1 m hoch werden.

Aquilegia viridiflora

Diese aufrechtwachsende, kurzlebige Staude aus Rußland und Westchina bildet Blütenstengel mit nickenden, duftenden

Aquilegia caerulea

Aquilegia elegantula

Aquilegia, McKana-Hybride

Blüten mit grünen Kelchblättern und gespornten, purpurbraunen Blütenblättern aus. Die bis zu 30 cm hohe und 20 cm breite Art besitzt mittelgrüne Blätter.

Aquilegia vulgaris
AKELEI

Diese in Europa heimische Art, Elternteil vieler Hybriden, wird bis zu 1 m hoch und über 45 cm breit. In der Mitte der lockeren Rosette des graugrünen Laubs wachsen lange Stengel, die trichterförmige, kurzspornige Blüten tragen. Diese sind bei Wildformen charakteristisch stumpfblau, bei Kulturformen jedoch rosa, scharlachrot, weiß oder purpur. **'Nora Barlow'** hat auffällig geformte gefüllte Blüten mit vielen schmalen, grünlichen Kelchblättern und ungespornten, rosa Blütenblättern.

ARABIS
GÄNSEKRESSE

Zu dieser in der nördlichen Hemisphäre heimischen Gattung zählen über 120 ein- und (zumeist immergrüne) mehrjährige Arten. Obwohl einige von ihnen über 1 m hoch werden können, sind die in Gärten gezogenen Arten in der Regel niedrige Polsterstauden für Steingärten, Trockenmauern und Felsspalten. Sie breiten sich durch kurze Rhizome aus und bilden dichte Büschel spatelförmiger Blätter. Kurze Stengel mit zarten, vierblättrigen Blüten erscheinen im Frühjahr und Sommer über dem Laub.
PFLEGE UND VERMEHRUNG: Sie wachsen am besten in sehr durchlässigem Boden in sonniger Lage. Vermehrung durch Samen, Teilung oder durch im Sommer geschnittene Stecklinge.

Arabis blepharophylla

Diese etwas frostempfindliche Art wächst in ihrer Heimat Kalifornien in niedrigen Höhenlagen. Sie bildet einen kompakten, 10–15 cm hohen Horst gezähnter, grüner Blätter. Im Frühjahr erscheinen kurze, beblätterte Trauben purpurner Blüten. Sie gedeihen am besten in Steingärten oder auf Felsen, wo sie nicht überwuchert werden können. **'Frühlingszauber'** mit seinen zahlreichen rosapurpurnen Blüten ist die häufigste Sorte.

Arabis caucasica
Syn. *Arabis albida*

Diese leicht zu ziehende, zähe, immergrüne Staude wird manchmal zum Überpflanzen von Frühlingsblumenzwiebeln verwendet. Das dicke Laub bildet dichte, bis zu 15 cm hohe und 45 cm breite Matten. Im Frühjahr erscheinen weiße Blüten an lockeren Trauben über den graugrünen Blattrosetten. Es gibt zahlreiche Varietäten, wie etwa **'Pinkie'**, ***Arabis caucasica* var. *brevifolia*** und Sorten mit gefüllten Blüten, beispielsweise **'Flore Pleno'** (Syn. 'Plena').

Arabis procurrens
Syn. *Arabis ferdinandi-coburgii*

Die Wuchsform dieser in den südosteuropäischen Gebirgen heimischen Art gleicht der von *Arabis caucasica*, jedoch sind die Blätter kleiner, kahl und dichter dem Boden angedrückt. Zahlreiche Stengel mit weißen Blüten erheben sich bis zu 10 cm über das Laub. Die Art ist vor allem als Kulturform **'Variegata'** erhältlich, deren Blätter breite, cremefarbene Ränder haben.

Arabis caucasica

Arabis caucasica var. *brevifolia*

Arabis blepharophylla

Aquilegia vulgaris 'Nora Barlow'

Aquilegia vulgaris, Hybride

Aralia cachemirica

ARACHIS
ERDNUSS

Von den über 20 ein- und mehrjährigen Leguminosenarten aus Südamerika ist nur *Arachis hypogaea* in Kultur. Diese wichtige Nahrungspflanze wird jedoch selten in Gärten gezogen. Obwohl sie als Nüsse behandelt werden, sind Erdnüsse Hülsenfrüchte, die nach dem Trocknen gegessen oder weiterverarbeitet werden. Alle Arten haben gefiederte Blätter mit unterschiedlich vielen Fiederblättern. Die Schmetterlingsblüten sind in der Regel gelb und ziemlich klein. Nach dem Verblühen krümmen sich die Stiele mit der jungen Hülse abwärts und führen diese in den Boden ein, wo die Samen heranreifen. Erdnüsse werden in der Regel geerntet, indem man wie bei Kartoffeln die ganze Pflanze ausgräbt.
PFLEGE UND VERMEHRUNG: Erdnüsse können einfach aus *rohen* Erdnüssen (aus dem Bioladen) gezogen werden. Man pflanzt sie wie Bohnen, die ähnliche Ansprüche haben, in ausreichend lockere Erde, die ein Eindringen der Stiele mit den Hülsen erlaubt. Die nicht frostharten Pflanzen brauchen eine geschützte, sonnige Lage.

Arachis hypogaea
ERDNUSS

Der griechische Artname bedeutet »unter der Erde« und bezieht sich auf das besondere botanische Phänomen der unterirdischen Samenreifung. Die einjährige Art benötigt eine lange, warme Vegetationsperiode, damit die Früchte voll ausreifen können. Sie wird etwa 30 cm hoch, hat vierteilige Blätter und rot geaderte, gelbe Blüten.

ARALIA
ARALIE

Zu dieser im östlichen und tropischen Asien und Amerika weitverbreiteten Gattung zählen rund 40 Arten immer- oder sommergrüner Sträucher und kleiner Bäume sowie einige Stauden. Sie haben stachelige Stämme und hübsche, große, aus zahlreichen Fiederblättern zusammengesetzte Blätter sowie große, endständige Rispen mit dichtstehenden, kleinen, cremefarbenen Blüten. Die Jungpflanzen der holzigen Arten haben häufig einzelne, unverzweigte Stämme mit Blättern nur an der Spitze, später bilden sie Seitenzweige aus und entwickeln sich zu einem breitkronigen, kleinen Baum. Zur Blütezeit können sie äußerst attraktiv sein.
PFLEGE UND VERMEHRUNG: Vor starkem, trockenem Wind geschützt ertragen sie volle Sonne oder Halbschatten von größeren Bäumen. Sie lieben feuchten, fruchtbaren Boden, magererer Boden soll sie jedoch widerstandsfähiger und langlebiger werden lassen. Sie werden durch Samen im Herbst oder Schößlinge im Frühjahr vermehrt.

Aralia cachemirica

Dieser im Himalaja heimische, höchstens etwa 3 m hohe, frostempfindliche Strauch hat stachellose, kurze Stengel und große, zusammengesetze Blätter mit bis zu 15 cm langen gezähnten Fiederblättern. Die weißen Blüten erscheinen im Sommer an langen, gebogenen Blütenzweigen; ihnen folgen später kleine schwarze Früchte.

Aralia californica

Die in Oregon und den feuchteren Gebieten Kaliforniens heimische riesige Staude wird bis zu 2,5 m hoch. Im Winter zieht sie völlig ein. Ihre großen, rauhen Blätter setzen sich aus breiten, feinen, bis zu 30 cm langen, gezähnten Fiederblättern zusammen. An den Stengel wachsen end-

Araucaria bidwillii

Araucaria bidwillii

Araucaria araucana

Aralia elata

Aralia chinensis

Araucaria angustifolia

Araucaria araucana

Aralia elata

ständig eher unauffällige Blütenzweige mit grünlichen Blüten, denen kleine, purpurne Früchte folgen. Die großen Rhizome dieser schattenliebenden Art wurden früher medizinisch genutzt.

Aralia chinensis

ANGELIKABAUM

Als junger, etwa bis zu 3 m hoher Baum ist diese Art in der Regel einstämmig mit einer unregelmäßigen, schirmähnlichen Krone aus etwa 1,2 m langen, dunkelgrünen Blättern. Diese setzen sich aus großen, ovalen, eng gezähnten Fiederblättern zusammen. Im Frühherbst erscheinen große Rispen aus cremiggelben Dolden, die über dem Laub hängen. Im Alter teilt sich der bis zu 9 m hohe Baum in kleinere Kronen mit kleineren Blättern und Blütenzweigen. Die Blätter färben sich im Herbst gelb.

Aralia cordata

Die bis zu 2 m langen, grundständigen Blätter dieser Großstaude aus Japan, Korea und China haben breite, abgerundete Fiederblätter; die etwa 2,5 m langen, gebogenen Blütenrispen tragen Dolden aus bescheidenen, cremefarbenen Blüten. In Japan sind die gebleichten Triebe ein beliebtes Gemüse, das ähnlich wie Bleichsellerie oder Spargel auf Hügelbeeten gezogen wird.

Aralia elata

TEUFELSKRÜCKSTOCK

Diese dekorative, in Japan und auf dem nordostasiatischen Festland heimische, winterharte Art ist meist als wenig verzweigter Strauch bekannt, kann sich jedoch zu einem bis zu 9 m hohen, ausladenden Baum entwickeln. Große Blütenstände mit kleinen, weißen Blüten erscheinen bis zum Frühherbst, wenn sich die Blätter gelb und rot verfärben. Die Fiederblätter der Sorte **'Variegata'** sind weißlich gezeichnet.

Aralia racemosa

Diese in ganz Nordamerika weitverbreitete Waldstaude wird weniger als Zierpflanze als wegen ihrer Rolle in der traditionellen Medizin geschätzt. Ihre zusammengesetzten, bis zu 75 cm langen Blätter verkleinern sich gegen Ende der flaumigen, 1–3 m hohen Stengel, die im Sommer in schmalen Rispen mit grünen bis weißen Blüten enden. Die Pflanze ist vieltriebig und entwickelt ein verzweigtes Rhizom.

Aralia spinosa

HERKULESKEULE

Die in den östlichen USA heimische Art kann jahrelang als einstämmiger Strauch wachsen, entwickelt sich jedoch u. U. bei guten Lichtverhältnissen und angemessener Nährstoffversorgung zu einem bis zu 9 m hohen Baum. Der Stamm ist mit festen Stacheln versehen, die großen, doppelt gefiederten Blätter der Jungbäume sind bis 1,2 m lang und setzen sich je aus zahlreichen ovalen, etwa 8 cm langen Fiederblättern zusammen. Die bis zu 1,2 m langen Blütenrispen tragen zahlreiche kleine weiße Blüten, die sich im späten Frühjahr öffnen.

ARAUCARIA

ARAUKARIE

Diese bemerkenswerte, sehr alte Gattung immergrüner Koniferen kommt wild in Südamerika, Australien, auf Norfolk Island, Neuguinea und Neukaledonien (hier allein 13 der 19 Arten) vor. Die meisten Arten sind große Bäume mit massiven, geraden, bis zur Baumspitze durchgehenden Stämmen, die sich stark von den gedrängten, kurzen Zweigen unterscheiden. Das ledrige, schuppen- oder nadelförmige Laub ist bei manchen Arten eingekrümmt und dicht überlappend, bei anderen glatter und weiter auseinanderstehend. Männliche und weibliche Zapfen wachsen am selben Baum, die runden, borstigen weiblichen vor allem an der Spitze.

PFLEGE UND VERMEHRUNG: Diese für Gärten meist zu großen Bäume werden vorwiegend in Parks und Alleen gepflanzt. Sie wachsen in verschiedenen Böden, bevorzugen jedoch tiefgründige, feuchte, durchlässige Standorte in voller Sonne. Die Vermehrung erfolgt durch Samen im Frühjahr.

Araucaria angustifolia

In ihrer Heimat, dem südwestbrasilianischen Hochland, werden Wälder dieser Art zur Holzerzeugung genutzt. Der große Baum hat einen sehr geraden Stamm und weit ausladende Äste, die bei alten Bäumen eine schirmförmige Krone bilden. Die stacheligen, harten, schuppigen Nadeln werden bis zu 6 cm lang. Die Art ist nicht frosthart.

Araucaria araucana

Syn. *Araucaria imbricata*

ANDENTANNE

Dieser südamerikanische Baum war in den vierziger Jahren des 19. Jahrhunderts in Großbritannien ein ausgesprochener Modebaum. Er kann bis zu 25 m hoch werden und einen Stammdurchmesser von 1,2 m erreichen. Junge Bäume wachsen kuppelförmig mit ineinander verflochtenen Ästen; später erhebt sich die Krone so hoch über den Boden, daß alte Bäume riesigen Sonnenschirmen gleichen. Die festen, glänzend dunkelgrünen Blätter sind äußerst stachelig. Die kugelförmigen, 10–15 cm langen Zapfen wachsen hoch in den Kronen der vollentwickelten Bäume. *Araucaria araucana* benötigt kühle, neblige Sommer und ist sehr frostempfindlich.

Araucaria bidwillii

BUNYA-BUNYA-BAUM

Der in den Regenwäldern des südöstlichen Queensland (Australien) heimische, langsamwachsende Baum wird etwa 35 m hoch und bildet eine symmetrische, kuppelartige Krone aus. An den vielen langen, sich vom dicken Stamm abspreizenden Ästen stehen etwa 5 cm lange, flache, dunkelgrüne, stachelige Blätter. Voll entwickelte Bäume tragen außerordentlich große, bis zu 8 kg schwere, ananasartige

Araucaria cunninghamii

Araucaria cunninghamii

Zapfen mit großen, eßbaren Samen. Der subtropische oder auch gemäßigt-warme Klimate bevorzugende und für weitläufige Gärten ausgezeichnet geeignete Baum kann sich sogar etwas kühleren und trockeneren Bedingungen anpassen.

Araucaria cunninghamii

Der im ostaustralischen Regenwald und auf Neuguinea heimische, nicht sehr schnell wachsende Baum wird unter guten Bedingungen 30–35 m hoch. Er ist nicht winterhart, aber – einmal etabliert – relativ widerstandsfähig gegenüber Trokkenheit im Winter, bevorzugt jedoch ergiebigen Sommerregen. Die kleinen, spitz zulaufenden Schuppenblätter rollen sich an den Seitenzweigen nach innen. An Jungtrieben sind sie länger und sehr stachelig. Die jung kupferfarbige Borke wird mit zunehmendem Alter rauh und quergerippt.

Araucaria heterophylla

Syn. *Araucaria excelsa*

ZIMMERTANNE

Dieser auf Norfolk Island, einer Insel zwischen Australien und Neuseeland heimische, relativ schnell bis über 30 m hoch wachsende Baum wird vorwiegend wegen seiner aufrechten, regelmäßig verzweigten Wuchsform häufig in subtropischen Küstenregionen angepflanzt. Er benötigt in der »Jugend« ausreichend Wasser und kann lange als Kübelpflanze gezogen werden.

ARAUJIA

Zu dieser mit *Stephanotis* verwandten Gattung gehören vier Arten immergrüner, milchsaftreicher Schlinger. Die end-

Araujia sericifera

Araucaria heterophylla

ständigen, büschelig wachsenden, glockenförmigen und süßduftenden Blüten ziehen abends Falter an, die in den Schlund der Glocke krabbeln müssen, um an den Nektar heranzukommen. Hier bleiben sie für ein bis zwei Tage bis zum Verblühen gefangen. Wenn sich die blaßgrünen, knapp erbsengroßen Früchte öffnen, verstreuen sie kleine, flaumig behaarte Samen.

PFLEGE UND VERMEHRUNG: Mittels der flaumigen, durch die leichteste Brise verwehbaren Samen kann sich die Pflanze stark ausbreiten. Sie ist nicht winterhart und gedeiht auf fruchtbarem, durchlässigem Boden in sonniger Lage. Die für Hunde und Geflügel als giftig geltenden Samen keimen schnell.

Araujia sericifera

Syn. *Araujia hortorum, A. sericofera*

Die bis zu 6 m hoch kletternde Pflanze aus Peru hat breit herzförmige Blätter. Im Spätsommer erscheinen duftende weiße Blüten, später grüne, spitze Hülsen mit zahlreichen seidigen Samen. Dieses Unkraut subtropischer Gärten wird in kühleren Zonen oft in Wintergärten gezogen.

Arbutus canariensis

ARBUTUS

ERDBEERBAUM

Zu dieser Gattung gehören etwas mehr als ein Dutzend Arten immergrüner Bäume, die hauptsächlich in Mexiko, aber auch im Mittelmeerraum und Nordamerika vorkommen. Die zumeist kleinen Bäume haben dicke Stämme und gebogene Äste mit sich attraktiv abschälender Rinde. Die glänzenden, dicken Blätter sind in der Regel fein gezähnt, die kleinen, weißen oder auch rosa getönten, glockenförmigen Blüten wachsen in kompakten Büscheln an den Zweigenden. Ein kleiner Teil der Blüten entwickelt sich zu fleischigen, dabei aber harten, rötlichgelben, kugelförmigen Früchten mit häufig runzliger Oberfläche, die etwa ein Jahr zur Reife brauchen. Diese »Erdbeeren«, von denen sich der deutsche Name ableitet, sind zwar eßbar, aber nicht wohlschmeckend.

PFLEGE UND VERMEHRUNG: Sämtliche Arten bevorzugen relativ kühle, feuchte Klimate, ertragen auch trockene Sommer, sind in Mitteleuropa jedoch nicht winterhart. Sie passen sich sowohl sauren Torfals auch Kalkböden an. Ihre Vermehrung erfolgt in der Regel durch die leicht aus den Früchten zu gewinnenden Samen; sie sollten vor allem wegen ihrer recht empfindlichen Wurzeln jung angepflanzt werden.

Arbutus andrachne

ÖSTLICHER ERDBEERBAUM

Dieser im östlichen Mittelmeerraum heimische Baum ist selten in Kultur. Er hat eine weiche, rötlichbraune Borke, die sich abschält und die neue cremefarbene oder grünliche Rinde freilegt. Die glänzenden grünen Blätter haben bei vollentwickelten Bäumen weiche Ränder; die weißen Blüten erscheinen im zeitigen Frühjahr. Die orangeroten, etwa 1 cm breiten Früchte sind recht weich.

Arbutus × andrachnoides

Diese Hybride aus *Arbutus andrachne* und *A. unedo* gleicht *A. unedo* bezüglich Größe und leichter Kultur, hat jedoch normalerweise die weiche, sich abschälende Rinde von *A. andrachne.* Im Spätherbst erscheinen die weißen Blütenbüschel. *A. × andrachnoides* kommt wild in Griechenland vor, wo beide Elternarten wachsen, und wurde im frühen 19. Jahrhundert nach England eingeführt. Ausgewählte Klone werden auf *A. unedo* veredelt.

Arbutus canariensis

Dieser hübsche, bis zu 4,5 m hohe, rundkronige Baum von den Kanarischen Inseln trägt im Spätsommer und Frühherbst hängende Blütenstände kleiner, hellrosafarbener, maiglöckchenartiger Blüten, denen weiche, etwa 1 cm dicke, grüne und reif rote Früchte in ziemlich großen Büscheln folgen. Die flockige Rinde ist ganzjährig rötlichbraun.

Arbutus 'Marina'

Diese attraktive, zähe und relativ schnellwachsende, mutmaßliche Hybride wurde als Sämling in einem Garten in San Francisco entdeckt. Der große Strauch kann zu einem bis über 6 m hohen kleinen Baum erzogen werden. Die dunklen Blätter kontrastieren im Herbst mit den

Arbutus × andrachnoides

Arbutus × andrachnoides

Arctostaphylos densiflora 'Howard McMinn'

Arbutus unedo

Arbutus unedo 'Compacta'

Arbutus menziesii

großen Büscheln aus sanftrosa Blüten, die Früchte gleichen denen von *Arbutus menziesii*, sind jedoch größer.

Arbutus menziesii

Diese von Kalifornien bis British Columbia heimische, größte Art der Gattung wird bis zu 30 m hoch und ihr Stamm erreicht einen Durchmesser von etwa 2 m. Wild wächst sie vorwiegend in feuchten Gebieten unter hohen Koniferen wie etwa Mammutbäumen. Die wunderschöne, weiche Rinde ist orangebraun gefärbt, die glänzenden grünen Blätter sind an der Unterseite weißlich und ganzrandig. Die Art entwickelt große Büschel reinweißer Blüten, denen später kleine, orangerote Früchte folgen.

Arbutus unedo
WESTLICHER ERDBEERBAUM

Dieser im westlichen Mittelmeerraum und auf Irland heimische kleine Baum kann wildwachsend 9 m, in Gärten jedoch meist nur 3–4,5 m Höhe erreichen. Die gräulichbraune, ziemlich faserige und schuppige Rinde ist an dünneren Trieben rötlich getönt. Im Herbst kontrastieren die weißen oder rosa Blütenbüschel mit den 2,5 cm großen orangefarbenen Früchten des Vorjahrs zum dunklen Laub. Die ziemlich pflegeleichte Pflanze mag weder Schatten noch feuchten Boden. **'Compacta'** ist eine kleinere Sorte.

Arbutus × *alapensis*
Syn. *Arbutus glandulosa, A. texana*

Der wild bis zu 12 m hohe, in Gärten üblicherweise niedrigere Baum stammt aus dem Hochland von Mexiko, Guatemala und einigen Grenzgebieten der USA. Er wird vor allem wegen seiner außergewöhnlich schönen, sich abschälenden Rinde gezogen, die mit der Zeit ins Zimt- oder Pfirsichfarbene übergeht und an älteren Pflanzen auffälliger ist. Die grundständigen, ledrigen Blätter sind jung oben tief- und unten bräunlichgrün. Den rosa oder weißen Blüten an lockeren Rispen im Sommer folgen dunkelrote, rundliche Früchte.

ARCHONTOPHOENIX

Zu dieser Gattung zählen sechs Arten imposanter Palmen aus den subtropischen Regenwäldern Ostaustraliens. Ihre hohen, unverzweigten Stämme tragen einen Schopf langer, elegant geschwungener Wedel über einem grünen Kronenschaft. Alte Wedel fallen gänzlich ab und hinterlassen ringförmige Narben am Stamm. An der Basis des Kronenschafts entwickeln sich aus dicken, grünen Knospen große Rispen kleiner, duftender Blüten, denen später zahlreiche kirschgroße Früchte folgen.

PFLEGE UND VERMEHRUNG: Diese nicht frostharten Palmen wachsen in fruchtbarem, ausreichend feuchtem und humosem Boden auch an sumpfigen Standorten. Jungpflanzen bevorzugen Halbschatten, ab einer gewissen Höhe mögen sie jedoch volle Sonne. Als Kübelpflanzen sind sie weniger gut als andere Palmen geeignet. Die Vermehrung erfolgt durch Samen, die im Sommer bereitwillig keimen.

Archontophoenix alexandrae

Diese hohe, außerordentlich elegante Art von der nördlichen Küstenregion des australischen Bundesstaates Queensland hat einen geraden, bis zu 15 m hohen Stamm und 3–3,5 m lange, geschwungene Wedel. Deren silbergraue Unterseiten sind darauf ausgerichtet, das Licht besonders bei niedrigem Sonnenstand einzufangen; die cremefarbenen Blüten erscheinen vorwiegend im Herbst. Sie gedeiht gut in feucht-tropischem Klima, paßt sich aber auch warm-gemäßigtem Klima an.

Archontophoenix cunninghamiana
FEUERPALME

Diese in Erscheinungsbild und Ansprüchen *Archontophoenix alexandrae* ähnliche Art unterscheidet sich von dieser vor allem durch die grüne Blattunterseite, den rostfarbenen Kronenschaft sowie die längeren, senkrecht herabhängenden Rispen aus blaßlila Blüten. Zudem hat sie bei der ersten Blüte meist eine größere Höhe als *A. alexandrae* erreicht. Die von der subtropischen australischen Ostküste stammende Art bevorzugt etwas kühleres Klima, erträgt mehr Schatten und ganz geringen Frost.

ARCTOSTAPHYLOS
BÄRENTRAUBE

Zu dieser mit *Arbutus* verwandten Gattung zählen rund 50 Arten immergrüner Sträucher oder – seltener – kleiner Bäume. Zwei Arten sind in den kühlen Klimazonen der nördlichen Hemisphäre weit verbreitet, die anderen im westlichen Nordamerika oder in Mexiko heimisch. Die kräftigen Pflanzen haben stark verholzte Stämme, kleine, ledrige Blätter und tragen kleine Büschel aus rosa oder weißen, glockenförmigen Blüten. Einige Arten dieses immergrünen Gebüschs der kalifornischen Küstenberge sind sogar widerstandsfähig genug, um die vernichtenden Feuersbrünste, die dort regelmäßig auftreten, überleben zu können. Die Arten haben meistens eine attraktive, purpurne, rote oder orangefarbene Rinde, die sich in dünnen Fetzen oder Schuppen abschält.

PFLEGE UND VERMEHRUNG: Die Pflanze braucht volle Sonne oder Halbschatten sowie feuchten, aber durchlässigen, fruchtbaren, kalkfreien Boden. Die Samen aus den kleinen, fleischigen Früchten keimen schwer, weswegen die Vermehrung am besten durch im Winter abgehärtete Stecklinge erfolgt. Rauchbehandlung kann die Keimung positiv beeinflussen.

Arctostaphylos alpina
ALPEN-BÄRENTRAUBE

Dieser in den subarktischen Regionen Europas, Asiens und Nordamerikas heimische, etwa 15 cm hohe, frostharte Zwergstrauch wächst kriechend, breitet sich aber weniger aus als der bekanntere *Arctostaphylos uva-ursi.* Die am Grunde verjüngten Blätter haben ein oberseits eingesenktes Adernetz, sind im Sommer kräftiggrün und färben sich im Herbst bunt. Sie bleiben den Winter über hängen. Die gut 1 cm dicken Früchte färben sich reif schwarz.

Arctostaphylos densiflora

Dieser sehr frostempfindliche Strauch zählt zu den anpassungsfähigsten und am meisten gepflanzten kalifornischen Arten. Er wird etwa 1,5 m hoch und etwas breiter; im Spätwinter erscheinen die zahlreichen Blüten, im Sommer stumpfrote Früchte. **'Howard McMinn'** ist mit seinem dicht kuppelförmigen Wuchs ein außerordentlich hübscher Strauch für Standorte in voller Sonne oder im Halbschatten.

Arctostaphylos 'Emerald Carpet'

Dieser sehr frostempfindliche Bodendecker wird etwa 30 cm hoch und bis zu

Archontophoenix alexandrae

Archontophoenix cunninghamiana

Arctostaphylos hookeri

Arctostaphylos regismontana

Arctostaphylos 'Emerald Carpet'

Arctostaphylos 'Winterglow'

2 m breit. Das Laub ist glänzend smaragdgrün, die blaßrosa Blüten sind dagegen eher unscheinbar. Die Sorte **'Winterglow'** ist ein 60–90 cm hoher, niedrigkuppeliger Strauch. Der Neutrieb ist auffällig rötlichorange und wird reif dunkelgrün.

Arctostaphylos hookeri

Dieser äußerst frostempfindliche, ziemlich flach wachsende Strauch ist wild nur von einem kleinen Stück der kalifornischen Küste bekannt. Er besitzt eine glatte, dunkel rötlichbraune Rinde, die jungen Zweige sind flaumig behaart, die kleinen, glänzenden Blätter hellgrün. Er trägt Büschel aus rosaweißen, wächsernen Blüten, die kleinen Früchte sind blaßrot. Die Sorte **'Monterey Carpet'** ist eine kompakte, 30 cm hohe und 2–2,5 m breite Form.

Arctostaphylos manzanita
MANZANITA

Die in Kalifornien heimische, sehr frostempfindliche Manzanita (spanisch für »kleiner Apfel«) wird in der Regel etwa 2,5 m hoch und ebenso breit, manchmal auch deutlich größer. Die dicken, ovalen Blätter des langsamwachsenden, steifen Strauchs sind jung weißschuppig. Die auffällige, rötlichbraune Rinde ist bisweilen durch ältere, stumpfere Rindenfetzen verdeckt. Dichte Büschel aus kleinen, krugförmigen, tiefrosa Blüten erscheinen Anfang des Frühjahrs, ihnen folgen 1 cm lange, rotbraune Beeren. Die Manzanita erträgt Sommertrockenheit. **'Dr Hurd'** ist eine aufrechte, 4,5 m hohe, baumartige Sorte mit auffällig zimtfarbenen Zweigen.

Arctostaphylos regismontana

Dieser aufrechte, sehr frostempfindliche Strauch oder kleine Baum aus den Bergen der kalifornischen Küste besitzt eine schöne, glatte, violettrote, sich manchmal schuppig schälende Borke. Die blaßgrünen Blätter des dichten Laubs sind stengelumfassend.

Arctostaphylos uva-ursi
BÄRENTRAUBE

Die in kälteren Teilen der nördlichen Hemisphäre wild wachsende, frostharte Art ist als niederliegende oder vorhangartig über Mauern und Böschungen hinabwachsende Form mit hübschem dunkelgrünem, im Herbst und Winter intensiv rot gefärbtem Laub gut bekannt. Im späten Frühjahr entwickeln sich kleine Büschel aus stumpfrosa, fast kugeligen Blüten, denen anfänglich grüne, reif rote Beeren folgen. *Arctostaphylos uva-ursi* kann leicht aus Stecklingen gezogen werden. Wichtige Kulturformen sind u.a. **'Massachusetts'**, **'Radiant'**, die Zwergsorte **'Wood's Red'** sowie die außergewöhnlich wuchskräftige und krankheitsresistente **'Vancouver Jade'**. **'Point Reyes'** eignet sich ausgezeichnet als Küstenbepflanzung.

ARCTOTHECA

Zu dieser südafrikanischen Gattung zählen fünf Arten rosettenbildender Stauden, von denen einige niederliegende, kurze, andere gar keinen oberirdischen Stengel haben. Ähnlich wie beim Löwenzahn wächst der Blütenstengel in der Mitte der Blattrosette. Die gezähnten oder gelappten Blätter sind bei einigen Arten an der Unterseite, bei anderen beiderseits dicht flaumig-weiß behaart. Die Blütenkörbe, in der Regel blaß- oder bräunlichgelb, wachsen einzeln an kurzen Stengeln. In wärmer-gemäßigtem Klima bürgern sich einige Arten ein und können stellenweise zum wuchernden Problemunkraut werden.

PFLEGE UND VERMEHRUNG: Sie wachsen leicht auf jedem durchlässigen Boden in voller Sonne und sind wenig frosthart. Die Vermehrung erfolgt durch Samen oder wahlweise durch Verpflanzen kleiner Seitentrieb-Rosetten von etablierten Horsten.

Arctotheca calendula

Diese kurzlebige, äußerst frostempfindliche, vorwiegend in Rasenflächen erscheinende Art kann als Bodendecker verwendet werden. In manchen Regionen gilt sie als Problemunkraut, das Gemüse überwuchert und die Milch der Kühe, die es fressen, geschmacklich beeinträchtigt. Die Blätter sind etwa 15 cm lang, die hellgelben, im Durchmesser etwa 5 m breiten Blütenköpfe erscheinen kontinuierlich von Frühjahr bis in den Herbst hinein an kurzen Stengeln in der Mitte der Rosette. Häufig geschnittene Pflanzen sind viel kleiner als ungestört wachsende.

Arctotheca populifolia

Die niederliegenden Triebe dieser nicht frostharten Küstenart werden am Naturstandort immer wieder vom lockeren Dünensand verschüttet. Die 8 cm langen, häufig elliptisch geformten und ungelappten Blätter sind beiderseits dicht weißfilzig. Die kleinen, im Durchmesser 1–2,5 cm breiten, gelben Blütenköpfe erscheinen von Sommer bis Herbst an sehr kurzen Stengeln.

ARCTOTIS
Syn. ***Venidium***, **× *Venidio-arctotis***
BÄRENOHR

Zu dieser südafrikanischen Gattung gehören etwa 50 einjährige Kräuter und immergrüne Stauden. Die Stengel und Blätter sind unterschiedlich filzhaarig und dadurch graugrün oder silbergrau gefärbt. Die auffälligen Blüten sind typische Körbchenblüten, die sich nach der Sonne öffnen. Sie blühen in den verschiedensten Farbtönen von Hellgelb über Orange, Rosa bis zu Bordeauxrot. Bei vielen heute erhältlichen Hybriden sind die Blüten in der Mitte dunkel. Die Wuchsformen reichen von kompakt und strauchig bis hin zu niederliegend – Pflanzen dieses Typs sind schnellausbreitende, farbenfrohe Bodendecker. Zu den charakteristischsten Arten zählen *Arctotis arctotoides* mit schmalen, tiefgelappten Blättern und *A. cumbletonii* mit schmalen Scheibenblüten.

PFLEGE UND VERMEHRUNG: Bei viel Platz in der vollen Sonne und durchlässigem, sandigem Boden können sie als Rabattenpflanzen oder als Bepflanzung größerer, trockener Flächen dienen. Die

Arctostaphylos uva-ursi

Arctostaphylos manzanita

Arctotis cumbletonii

Arctotheca populifolia

Arctotis arctotoides

A

Blüte kann durch Ausputzen der verwelkten ersten Blüten des Frühsommers verlängert werden. Vermehrung durch Samen oder ganzjährig wurzelnde Stecklinge. Die Pflanzen sind nicht frosthart.

Arctotis acaulis

Diese mehrjährige Art blüht im Herbst und wird in Gärten meist als einjährige Pflanze behandelt. Sie ist in der Regel stengellos mit gelappten, an der Oberseite grünen, an der Unterseite weißflaumigen Blättern. Die 10 cm breiten, orangegelben bis roten Blütenköpfe wachsen einzeln an einem beblätterten Stengel.

Arctotis fastuosa
Syn. *Venidium fastuosum*

Diese anpassungsfähige, im offenen Grasland der westlichen Kapprovinz (Südafrika) heimische Staude kann in kälteren Regionen als einjährige Pflanze gezogen werden. Sie wird 60 cm hoch, hat silbriggrüne, gelappte Blätter und glänzende, orangefarbene Blütenköpfe mit schwarzer Mittelscheibe und zahlreichen, an der Basis purpurn getönten Strahlenblüten. Sie bevorzugt sonnige Lagen.

Arctotis hirsuta

Diese einjährige Art hat gelappte, behaarte, graugrüne Blätter. Die in verschiedensten Orange- und Gelbtönen bis zu weiß gefärbten Blüten erscheinen vom Frühjahr bis zum Hochsommer. Die Vermehrung erfolgt am besten durch Samen im Frühherbst.

Arctotis-Hybriden

Diese Pflanzen hießen bis vor kurzem × *Venidioarctotis* -Hybriden, da eine der wichtigsten Elternarten zu der heute mit *Arctotis* vereinigten Gattung *Venidium* gezählt wurde. In Gebieten mit Winterfrost werden sie als einjährige Rabattenpflanzen gezogen, überwintern jedoch bei milderem Klima. Die bis zu 45 cm hohen und breiten Pflanzen haben graue, gelappte, an der Unterseite flaumige Blätter. Im Sommer und Herbst erscheinen immer neue, 8 cm breite, auffällige Blüten, die in vielen Farben, oft auch zweifarbig, blühen. Zu den beliebtesten Hybriden zählen **'Gold Bi-Color'**, **'Apricot'**, **'Flame'**, **'Dream Coat'** und **'Wine'**.

Arctotis fastuosa

Arctotis-Hybride 'Apricot'

Arctotis hirsuta

Arctotis hirsuta

Arctotis-Hybride, Kulturvarietät

Arctotis-Hybride 'Flame'

Arctotis-Hybride 'Gold Bi-Color'

Arctotis venusta
Syn. *Arctotis stoechadifolia*

Diese einjährige, bis zu 60 cm hohe Art ist gekennzeichnet durch ihre stark gerippten Stengel sowie durch ihre mittelgrünen, oben fein und unten dick weiß behaarten Blätter. Die Farben der Blütenköpfe reichen von Weiß bis Lachsfarben oder Orange; in der Regel haben sie einen gelblichen Innenring und sind in der Mitte auffällig blaugrau gefärbt. Die lange Blütezeit dauert vom Sommer bis in den Herbst hinein.

ARDISIA

Zu dieser großen Gattung gehören über 250 Arten von immergrünen, in den tropischen und subtropischen Regionen Asiens und Amerikas weitverbreiteten Bäumen und Sträuchern. Die ledrigen Blätter sind an den gewellten Ränder meist gezähnt, die sternförmigen, meist weißen oder rosa Blüten sind klein – ebenso wie die einsamigen, manchmal üppigen und dekorativen Beeren (Steinfrüchte).

Arctotis-Hybride 'Wine'

Arctotis venusta

Arctotis-Hybride 'Dream Coat'

PFLEGE UND VERMEHRUNG: Einige kleinwüchsigere Arten eignen sich gut als Zimmerpflanzen sowie für Innen- oder Vorhöfe, wo sie zum Schutz vor Sonne und austrocknenden Winden umgestellt werden können. Sie werden meist durch Stecklinge oder bei Rhizomarten durch Teilung vermehrt.

Ardisia crenata
Syn. *Ardisia crenulata*

Dieser bis zu 2 m, meist jedoch nur halb so hohe oder noch niedrigere, sehr frostempfindliche Strauch ist in Südostasien bis Ostchina und Südjapan weit verbreitet. Seine ledrigen Blätter sind an den Rändern attraktiv gewellt und wachsen dicht gedrängt über einem kurzen, einfachen Stamm. Im Sommer erscheinen an seitlichen Blütenzweigen kleine, weiße Blüten, denen dichte Büschel mit hellroten Beeren folgen, die Herbst und Winter überstehen. **'Alba'** hat weiße Beeren; die Blätter von **'Variegata'** haben einen schmalen Rand, bei jungen Blättern ist er zunächst rot, bei vollentwickelten färbt er sich weiß.

Ardisia crispa

Seit langem herrscht unter Botanikern Unklarheit, ob es sich hierbei um eine eigene Art oder um ein Synonym für die ebenfalls aus Südostasien stammende *Ardisia crenata* handelt. Die meisten unter

Ardisia crenata

diesem Namen kultivierten Pflanzen scheinen identisch mit den als *A. crenata* gezogenen Pflanzen zu sein.

Ardisia japonica

Dieser in Japan und China heimische, niedrige immergrüne, sehr frostempfindliche Strauch breitet sich durch unterirdische Rhizome aus und bildet so einen interessanten Bodendecker für beschattete Gärten in milden Klimaregionen. Die aufrechten Stengel sind nur 20–30 cm hoch. Im Herbst erscheinen an den Stengelspitzen kleine weiße Blüten; ihnen folgen auch im Winter rote Früchte. *Ardisia japonica* gedeiht im Schatten mit konstant feuchten und leicht sauren, lehmigen Böden. **'Variegata'** hat cremefarbengraugrün marmorierte Blätter.

Areca catechu

Arenaria tetraquetra

ARECA

BETELPALME

Zu dieser Gattung gehören etwa 60 in den feuchteren Regionen Südasiens und der Malaiischen Halbinsel verbreitete Palmenarten. Am bekanntesten ist die Betelnußpalme *(Areca catechu)* – sie liefert die in Asien und Ozeanien von vielen Menschen als mildes Narkotikum gekauten Betelnüsse. Die Arten unterscheiden sich hinsichtlich Wuchsform und Blattypen: Sie reichen von einstämmigen bis zu dichte Horste bildenden, von hohen und robusten bis zu fast stengellosen Pflanzen; die Formen der Wedel reichen von lang und regelmäßig gefiedert bis zu klein und fast ungeteilt. Der Stengel oder Stamm endet in der Regel in einem Kronenschaft aus zusammengerollten Wedelbasen, unter dem die Blütenrispen wachsen. Im Gegensatz zu den unauffälligen Blüten können die ovalen Früchte außerordentlich farbig – in der Regel rot, orange oder gelb – sein.

PFLEGE UND VERMEHRUNG: Diese geschützte Lagen und feuchten Boden bevorzugenden Palmen wachsen im Freien nur gut in den feuchten Tropen; in kühleren Regionen werden sie von Liebhabern in geheizten Wintergärten oder Treibhäusern gezogen. Vermehrung durch Samen, die frisch schnell keimen.

Areca catechu

BETELNUSSPALME

Die Wildform dieser bis zu 12 m hohen Waldpalme ist nicht genau bekannt. Ihr unverzweigter, glatter, grüner Stamm ist 10–15 cm dick, die langen, federartigen Wedel wachsen ziemlich aufrecht, hängen im Alter jedoch unschön herab. Die gelben, orangefarbenen oder roten, eigroßen Früchte erscheinen ganzjährig. Der große, weißfleischige Samen wird aufgeschnitten und zusammen mit Limone und Betelpfeffer *(Piper betle)* gekaut.

ARENARIA

SANDKRAUT

Zu dieser Gattung zählen rund 160 vor allem polsterförmige oder bodendeckende Stauden, von denen einige im Alter strauchig werden. In der nördlichen Hemisphäre sind sie weit verbreitet, ein paar wachsen auf der südlichen Halbkugel. Die Pflanzen bilden im allgemeinen dicht gedrängte Triebe mit kleinen, tief- oder graugrünen Blättern und im Frühjahr oder Sommer kleine, in der Regel weißen Blüten (einzeln oder in kleinen Büscheln).

PFLEGE UND VERMEHRUNG: Sie wachsen leicht in jedem feuchten, durchlässigen Boden in voller Sonne, sind ideale Steingarten- oder Trogpflanzen und im allgemeinen sehr frosthart. Vermehrung durch Samen, bewurzelte Ableger oder kleine Spitzenstecklinge.

Arenaria balearica

Diese auf den Inseln des westlichen Mittelmeers heimische, frostempfindliche Miniaturart bildet ein sich ausbreitendes, wurzelndes Polster. Die glänzenden, hellgrünen Blätter sind weniger als 6 mm lang und fast kreisförmig. Im Frühjahr und Sommer erscheinen zahllose 6 mm breite, weiße, in der Mitte grüne Blüten.

Arenaria montana

Diese bis zu 15 cm hohe frostharte Art aus Südwesteuropa hat größere Blätter und Blüten als die meisten anderen Arten. Die graugrünen Blätter werden bis zu 3,5 cm lang. Die Blütenstengel sind ziemlich aufrecht und erheben sich leicht über das Laub. Die zahllosen reinweißen Blüten sind in der Mitte gelbgrün und fast 2,5 cm breit.

Arenaria tetraquetra

Diese dicht belaubte, 2,5–5 cm hohe frostharte Polsterstaude aus den südwesteuropäischen Gebirgen hat kleine, sich überlappende Blätter, die an Heidekraut erinnern. Im Frühjahr erscheinen kleine weiße Blüten gedrängt an den Stengelspitzen.

ARGEMONE

STACHELMOHN

Zu dieser Gattung zählen 29 Arten mohnartiger Pflanzen, die in Amerika meist in den trockeneren subtropischen Regionen heimisch sind. Die meisten sind ein- oder mehrjährige Kräuter, eine Art ist ein Strauch. Sie wachsen eher aufrecht, häufig bis zu 1,2 m oder höher, haben starke Stengel und gelappte Blätter. Bei vielen Arten sind die blaß blaugrauen Stengel, Blätter und Knospen mit scharfen Stacheln bedeckt. Die in der Regel sechsblättrigen, vor allem gelben oder orangefarbenen, 5–15 cm breiten Blüten erscheinen in den wärmeren Monaten. Einige Arten sind aus Kultur verwildert und heute Problemunkräuter. Alle sind giftig.

Arenaria balearica

Argemone mexicana

PFLEGE UND VERMEHRUNG: Sie wachsen leicht auf jedem durchlässigen Boden in voller Sonne. Die beiden beschriebenen Arten sind frostempfindlich. Vermehrung durch Samen. Einige selbstvermehrende Arten wuchern.

Argemone mexicana

Diese einjährige, in Mexiko und der Karibik heimische Art hat sich als Unkraut auf Acker- und Brachland über die wärmeren Regionen der Welt weit verbreitet. Die stacheligen, gräulichgrünen Blätter sind weiß gezeichnet, die duftenden, gelben, etwa 5 cm breiten, mohnähnlichen Blüten erscheinen im Sommer. Die aufrechtwachsenden Pflanzen werden bis zu 1 m hoch.

Argemone platyceras

Diese einjährige (bisweilen zweijährige) Art hat weiß gezeichnete, bläulichgrüne Blätter mit wenigen Stacheln. Im Sommer erscheinen weiße bis gelbe, mohnähnliche, 10–12 cm breite Blüten. Charakteristisch ist die Samenkapsel, die so dicht mit Stacheln bedeckt ist, daß ihre Oberfläche kaum sichtbar ist. Die bis zu etwa 60 cm hohe Art wächst in die Breite.

ARGYRANTHEMUM

MARGERITE

Diese Gattung ist eine von mehreren für den Gartenbau wichtigen Gattungen, die früher zu *Chrysanthemum* gehörten. Zu ihr zählen 22 Arten immergrüner Halbsträucher von den Kanarischen Inseln und Madeira. Die eher aufrechtwachsenden, selten über 1 m hohen, buschigen Pflanzen haben tiefgelappte oder geteilte, hell- bis blaugrüne Blätter. In kühlen Regionen erscheinen von Frühjahr bis Herbst, in wärmeren Gebieten vor allem vom Winter bis Frühjahr zahlreiche 2,5–8 cm breite, weiße sowie unterschiedlichst rosa oder gelb getönte Korbblüten. Die wichtigen Schnittblumen kommen häufig als Topfpflanzen in den Handel. Durch verstärkte Zucht in den letzten Jahren entstanden viele neue Sorten.

Arenaria montana

PFLEGE UND VERMEHRUNG: Sie wachsen wenig anspruchsvoll in leichtem, durchlässigem Boden in voller Sonne und besonders gut in Meeresnähe, weshalb sie sich weltweit in etlichen Küstengebieten eingebürgert haben. Rückschnitt im Spätwinter oder Spätsommer fördert die Bildung neuer Triebe. Viele Arten und Sorten, die durch Samen oder Stecklinge vermehrt werden, ertragen nur geringen, seltenen Frost.

A

Argyranthemum frutescens 'California Gold'

Argyranthemum frutescens

Argyranthemum frutescens 'Bridesmaid'

Argyranthemum f. 'Harvest Gold'

Argyranthemum frutescens 'Little Rex'

Argyranthemum frutescens 'Margaret'

Argyranthemum frutescens

Syn. *Chrysanthemum frutescens*

STRAUCHMARGERITE

Die echte Art, ein 1 m hoher, weißblühender Strauch von den Kanarischen Inseln, ist heute selten in Kultur. Die meisten der gängigen Sorten werden unter diesem Namen geführt, stammen aber oft wohl eher aus Kreuzungen mit anderen Arten. Die zahlreichen Sorten haben unterschiedlichste Blütenformen und -größen, ihre Farbpalette reicht von Weiß über Gelb bis Tiefrosa. Einige bemerkenswerte Beispiele sind **'Bridesmaid', 'California Gold', 'Harvest Gold', 'Jamaica Primrose', 'Little Rex', 'Margaret', 'Pink Lady', 'Rising Sun', 'Silver Leaf', 'Snow Man', 'Tauranga Star'** und **'Weymouth Pink'**.

Argyranthemum maderense

Obwohl der Artname darauf schließen läßt, die Art käme aus Madeira, stammt *Argyranthemum maderense* tatsächlich ausschließlich von der Kanarischen Insel Lanzarote. Die breiten, grünen Blätter des schwachen, bis zu 1 m hohen Strauchs sind weniger tief gelappt als die der meisten anderen Arten. Die großen Blütenköpfe sind blaß goldgelb.

ARGYREIA

SILBERKRAUT

Fast 100 Arten von Kletterpflanzen gehören zu dieser mit *Ipomoea* eng verwandten, im tropischen Asien heimischen Gattung. Ihre gewundenen Stämme werden im Alter häufig dick und holzig, die breiten Blätter sind ungelappt. Die in gestielten Büscheln in den Blattachseln wachsenden Blüten weisen große Unterschiede hinsichtlich ihrer Größe, Form und Farbe auf. Die roten, purpurnen oder gelben Früchte sind Beeren, nicht wie bei *Ipomoea* Kapseln, können jedoch eine ledrige Haut haben oder ganz verholzt sein. Zumindest eine Art ist wegen ihrer dekorativen getrockneten Früchte bekannt, deren verholzte Kelchblätter an der Fruchtbasis erhalten bleiben und den Früchten die Form einer gefüllten Rose geben.

PFLEGE UND VERMEHRUNG: In kühleren Regionen können sie in einem sonnigen Wintergarten gezogen werden, müssen jedoch wegen ihres starken Wuchses häufig zurückgeschnitten werden. Die Vermehrung erfolgt durch Samen oder Stecklinge.

Argyranthemum frutescens 'Rising Sun'

Argyranthemum frutescens 'Snow Man'

Argyreia nervosa

Die in Ostindien und Bangladesch heimische, kräftige Kletterpflanze wächst bis über 9 m hoch in Baumkronen hinauf, kann jedoch über einen Pfahl oder Baumstumpf gezogen und kuppelförmig gestutzt werden. Die jungen Stämme und die Blattunterseiten sind mit weißem Flaum dicht bedeckt. Die herzförmigen, bis zu 25 cm breiten Blätter haben unterseits auffällige Seitenadern. Im Frühjahr und Sommer erscheinen zwischen dem Laub dichte Büschel aus 5 cm breiten, hellrosa Trompetenblüten.

ARGYROCYTISUS

Diese nur eine Art umfassende Gattung zählte früher zusammen mit vielen anderen Ginsterarten zu *Cytisus*. Der große immergrüne Strauch oder kleine Baum aus dem marokkanischen Atlas- und Rifgebirge hat ein charakteristisch dichtes Laub – die aus drei Fiederblättern zusammengesetzten Blätter sind für Ginster außergewöhnlich groß und schimmern aufgrund ihrer seidigen Behaarung wunderschön silbrig. Gelbe Schmetterlingsblüten, später abgeflachte, haarige Hülsen stehen in endständigen Ähren .

PFLEGE UND VERMEHRUNG: Diese Pflanze bevorzugt sonnige Lagen und eher trockene Luft, ist frostempfindlicher als die meisten europäischen Ginsterarten und zieht milde Klimate vor. Sie braucht durchlässigen Boden und erträgt vielfältige Gartenbedingungen. Die Vermehrung erfolgt durch Samen oder Stecklinge.

Argyrocytisus battandieri

Syn. *Cytisus battandieri*

Dieser Strauch oder kleine Baum wird 3,5 m hoch und breit. Er wird vor allem wegen seiner Blütenstände kultiviert, die stark nach Ananas duften und auch ein wenig so aussehen.

ARGYRODERMA

Zu dieser südafrikanischen Gattung zählen zehn Arten charakteristischer Sukkulenten. Trotz ihrer jeweils leicht unterschiedlichen Gestalt haben die meisten

Argyranthemum f. 'Tauranga Star'

Argyranthemum f. 'Weymouth Pink'

Argyranthemum maderense

Argyrocytisus battandieri

A

Arten sehr fleischige, graugrüne, gespaltene Blattpaare, weshalb sie an ein halb eingegrabenes, kleines blaugrünes Ei erinnern, aus dessen Mitte ein kleiner Keil entfernt wurde. In der Spalte erscheint eine weiße, purpurrote oder rote Blüte. Im Alter bilden die Blattpaare kleine Horste; mindestens eine Art hat länglichere Blätter. Der Name kommt vom griechischen *derma* (»Haut«) und *argyros* (»Silber«).

PFLEGE UND VERMEHRUNG: Sie brauchen sehr leichten, sandigen, mit Kies bedeckten Boden, damit die Blätter nicht mit Wasser bespritzt werden oder naß bleiben, sowie volle Sonne. Sie ertragen nur leichtesten Frost und werden in der Regel aus Samen vermehrt, möglich ist auch die Teilung großer Horste.

Argyroderma delaetii
Syn. *Argyroderma blandum*

Diese auffällig geformte Art hat zwei fleischige, an der Basis zusammengewachsene mattgrüne Blätter. Sie bildet einen rechteckigen, 3,5 cm hohen Block mit ausgesparter Mitte. Im Winter erscheint hier eine hochrote, körbchenblütenförmige Einzelblüte, die oft die Blätter ganz bedeckt.

ARIOCARPUS
WOLLFRUCHTKAKTUS

Diese Gattung umfaßt etwa sechs bizarr geformte, langsamwachsende Kakteen aus dem trockenen texanisch-mexikanischen Bergland. Die stachellosen, sich überlappenden grauen oder grünen Tuberkel sind so gut entwickelt, daß sie bei manchen Arten wie kleine Agavenblätter, bei anderen wie rauhe Kiesel ausschauen. Einige Arten tragen an den Spitzen der Pflanzen oder der Tuberkel flaumige Haarbüschel. Sehr auffällig sind die von cremefarben über gelb bis hin zu rosa oder purpurn gefärbten Blüten.

PFLEGE UND VERMEHRUNG: Diese Wüstenpflanzen werden unter Glas bei starkem Licht in sehr lockerer, außer in der sommerlichen Vegetationsperiode praktisch trockener Kakteenerde gezogen. Die Vermehrung erfolgt durch Samen. In Europa darf *Ariocarpus* nicht gehandelt werden.

Ariocarpus fissuratus

Diese eindrucksvolle Art ist in Südwesttexas und Nordmexiko heimisch. Die sehr kurzen, breiten, bräunlichgrünen Tuberkel sind außergewöhnlich warzig und rissig. Die fast kugelige, im Durchmesser etwa 8–10 cm breite Pflanze trägt im Hochsommer oben wenige große, blaßbis tiefrosa Blüten.

Ariocarpus retusus

Die langsamwachsende, in Nordmexiko heimische Art entwickelt sich zu einer bis zu 25 cm breiten, bräunlichen Pflanze mit dreieckigen, schweren Tuberkeln, die in starken, harten Spitzen enden. Wildwachsend ist die Pflanze halb im Boden eingegraben. Die kleinen, nur tagsüber geöffneten Blüten erscheinen an der Spitze der Pflanze, die weißen Blütenblätter haben rosa Mittellinien.

Ariocarpus trigonus

Dieser kompakte, bis zu 10 cm hohe und 15 cm breite, unverholzte Kaktus aus Nordmexiko hat große, spitze, dreieckige, gräulichgrüne Tuberkel. Im Sommer erscheinen rings um die Pflanzenspitze 5 cm breite, auffällige, apricotfarben getönte, cremefarbene Blüten.

ARISAEMA
FEUERKOLBEN

Zu dieser Gattung aus der Familie der Aronstabgewächse zählen etwa 150 Knollen- und Rhizomstauden der gemäßigten bis tropischen Zonen der nördlichen Hemisphäre. Häufig bilden sie nur ein bis zwei Blätter pro Trieb aus. In der Mitte des Laubs wächst aus in der Regel (bisweilen sehr fein) geteilten Blättern aufrecht der je nach Art unterschiedlich hohe Blütenstengel. Er trägt im Frühjahr oder frühen Sommer einen einzelnen, für Aronstäbe typischen Blütenstand mit einem zentralen Spadix aus winzigen, fleischigen Blüten und einer grünlichen Spatha, die sich von Art zu Art in Größe, Farbe oder Form erheblich unterscheiden kann. Den Blüten folgen fleischige, rote Früchte.

PFLEGE UND VERMEHRUNG: Sämtliche aufgeführten Arten sind in Mitteleuropa frosthart. Sie bevorzugen Waldbedingungen mit kühlem, feuchtem, humusreichem Boden und Halbschatten. Die Vermehrung erfolgt durch Samen oder auch Ableger.

Arisaema elephas

Diese westchinesische Art hat einen 30 cm hohen Blütenstengel und ein dreigeteiltes Blatt mit bis zu 15 cm langen Fiederblättern. Die etwa 15 cm lange, tief purpurfarbene Spatha ist am Grunde weiß gestreift. Der Spadix bildet einen langen, gebogenen, bis zum Boden reichenden Fortsatz aus. Die Art ***Arisaema formosanum*** ist gleichfalls in China heimisch.

Arisaema jacquemontii

Diese von Afghanistan bis Südosttibet heimische Art bildet einen 10–75 cm hohen Blütenstengel aus und entwickelt ein oder zwei, in drei bis neun etwa 15 cm lange Blättchen geteilte Blätter. Die schmalen, weiß gestreiften, zugespitzten, bis zu 15 cm langen Spathen sind an der Spitze leicht helmförmig gebogen.

Arisaema robustum

Der Blütenstengel dieser japanischen Art wird bis zu 60 cm hoch. Das einzige Blatt ist in drei bis zu 15 cm lange Fiederblätter geteilt. Die kurze grüne Spatha ist weiß oder purpurn gestreift.

Arisaema serratum

Diese nordostasiatische Art hat einen bis zu 1 m hohen Blütenstengel und bildet zwei, jeweils in 7 bis 20 bis zu 15 cm lange Blättchen geteilte Blätter aus. Die 8–10 cm lange Spatha ist blaßgrün und purpurn gepunktet oder ganz purpurfarben, bisweilen mit weißen Streifen. Der Spadix hat ein 5 cm langes, gelbes Anhängsel.

Arisaema sikokianum

Diese außerordentlich elegante japanische Art ist wohl die in Kultur am meisten verbreitete. Sie bildet einen etwa 45 cm hohen Blütenstengel und zwei dreifach geteilte Blätter mit bis zu 15 cm langen Fiedern aus. Die 15–20 cm lange Spatha ist außen tiefpurpurn und innen völlig weiß. Der ebenfalls reinweiße Spadix entwickelt einen aufrechten, keulenförmigen Fortsatz.

Arisaema triphyllum

In den Wäldern des nordöstlichen Nordamerika zählt diese Art zu den typischen Wildpflanzen. Sie blüht im Frühjahr vor dem Austrieb der Bäume. Ein oder zwei mittelgroße, jeweils in drei Fiedern geteilte, bis zu etwa 30 cm große Blätter entfalten sich nach dem Verwelken der Blüten. Der schlanke Spadix ist von einer blaßgrünen bis purpurnbraunen Spatha umgeben. Nachdem die letzten Blätter im Herbst verwelkt sind, reifen hellrote Beeren heran.

Argyroderma delaetii

Ariocarpus retusus

Ariocarpus trigonus

Arisaema elephas

Arisaema formosanum

Arisaema robustum

Arisaema serratum

Arisaema sikokianum

Arisaema triphyllum

A

ARISARUM

Nur drei Arten kleiner Knollenstauden zählen zu dieser im Mittelmeeraum, auf den Azoren und Kanarischen Inseln heimischen Gattung von Aronstabgewächsen. Die langen Blattstiele der dichte Horste bildenden Pflanzen wachsen direkt aus dem Boden und enden in kleinen, pfeil- oder herzförmigen Blattspreiten. Die Blütenstengel sind erheblich kürzer als die Blattstiele und tragen je eine kleine, auffällig geformte Spatha, deren gebogene Spitze den kurzen Spadix komplett verbirgt.

PFLEGE UND VERMEHRUNG: Diese Waldpflanzen gedeihen am besten in feuchten, geschützten, leicht schattigen Lagen. Am besten läßt man sie ungestört, gräbt jedoch alle paar Jahre im Herbst oder Winter die Horste aus und teilt sie. Sie lassen sich wahlweise auch durch Samen vermehren.

Arisarum proboscideum

Die kleinen Spathen dieser reizenden, in Spanien und Italien heimischen Miniaturart bilden schlanke, 15 cm lange, bemerkenswerte »Schwänze« aus, die man jedoch bisweilen zwischen den Blättern suchen muß. Der nur etwa 15 cm hohe Frühjahrsblüher zieht im Herbst ein und braucht Winterschutz.

Armeria alliacea

Arisarum proboscideum

Aristolochia clematitis

ARISTEA

Zu dieser Gattung gehören rund 50 Arten überwiegend immergrüner, irisartiger Rhizomstauden aus dem tropischen und südlichen Afrika sowie von Madagaskar. Sie bilden Horste aus je nach Art 20–90 cm langen, schwertförmigen Blättern. Die 1–2,5 cm breiten, sechsblättrigen Blüten wachsen büschelig an aufrechten, halmartigen Stengeln und sind in der Regel blau oder auch purpurn. Die Blütezeit liegt zwischen Spätwinter und Sommer.

PFLEGE UND VERMEHRUNG: Sie wachsen an Flußufern, in feuchtem, sandigem, humusreichem Boden in voller Sonne oder Halbschatten. Die meisten Arten ertragen gelegentliche Temperaturen bis etwa –4 °C. Ältere Exemplare sind schwer zu verpflanzen und deshalb nicht immer erfolgreich teilbar. Vermehrung im Herbst oder Frühjahr durch die normalerweise zahlreichen Samen.

Aristea ecklonii

Die langen, lanzettlich geformten, mittelgrünen Blätter dieser wüchsigen, 45–60 cm hohen, immergrünen Art aus dem südöstlichen Afrika bilden dichte Horste, über denen im Sommer vereinzelt sternförmige, dunkelblaue Blüten erscheinen.

Aristea ensifolia

Diese elegante südafrikanische Art wird etwa 1,2 m hoch. Die irisartigen Blätter umgeben im Sommer erscheinende Stengel mit 2,5 cm breiten, purpurblauen Blüten.

Aristea major

Syn. *Aristea thyrsiflora*

Dieser elegante Herbstblüher aus der südafrikanischen Kapprovinz wird bis zu 1,5 m hoch. Aus den Horsten der irisartigen Blätter wachsen die Blütenstengel, die dichte Ähren aus 2,5 cm breiten, purpurnen bis blauen, nachts geschlossenen Blüten tragen.

Aristea ecklonii

Aristolochia littoralis

ARISTOLOCHIA

PFEIFENBLUME

Zu dieser Gattung zählen über 500 immergrüne oder laubwechselnde, in vielen Klimazonen heimische Arten von Kletterpflanzen und Stauden. Die Kletterpflanzen sind wegen ihrer herzförmigen Blätter und ungewöhnlich geformten Blüten am häufigsten in Kultur. Zwischen dem aufgeblasenen Grund und dem Helm der Blüte befindet sich eine in der Regel stark gebogenen Röhre. Durch starken Duft angezogene Insekten krabbeln tief in die Blüte hinein und vollziehen so die Bestäubung. Auch die an schlanken Stielen baumelnden Früchte sind auffällig.

PFLEGE UND VERMEHRUNG: Pfeifenblumen brauchen durchlässigen, humusreichen Boden in sonniger, im Sommer leicht schattiger Lage sowie eine Kletterstütze. Viele sind bis zu einem gewissen Grad frosthart. Stutzen sollte man im Frühjahr die Triebe des Vorjahrs bis auf zwei bis drei Knoten. Die Pflanzen, die man durch Samen im Frühjahr bzw. Stecklinge im Sommer vermehren kann, müssen vor Spinnmilben geschützt werden.

Aristolochia californica

Diese sommergrüne, wüchsige Kletterpflanze aus Kalifornien kann mit ihren breiten, herzförmigen Blättern gut 4,5 m hoch werden. Sie ist frostempfindlich. Die obere Lippe der charakteristischen, ziemlich kleinen, stumpf-purpurfarbenen Blüten ist zweifach gelappt.

Aristolochia clematitis

OSTERLUZEI

Diese heute nur noch selten in Gärten gezogene, winterharte europäische Art wurde im Mittelalter von Hebammen genutzt. Man glaubte damals, daß Gott die Pflanzen so gestaltet, daß Heilkundige daran die Krankheiten erkennen, die mit ihnen geheilt werden können. Wegen ihrer bauchig gewölbten Form wurde der Osterluzei daherWirksamkeit bei Gebärschwierigkeiten zugesprochen.

Aristolochia grandiflora

Die auffällig geformten Blütenknospen dieser mittelamerikanischen Art gleichen einem Pelikanhals. Die purpurfarbenen und grünen, bis über 15 cm breiten Blüten gehören zu den größten der Gattung und erscheinen im Sommer. Ihr für Menschen nicht besonders attraktiver Duft zieht die sie bestäubenden Fliegen an. Die sehr schnell aus Samen wachsende, nicht frostharte Art kann einjährig gezogen werden.

Aristolochia littoralis

Syn. *Aristolochia elegans*

Diese in Brasilien heimische, schnellwachsende, bis zu 6 m lange, frostempfindliche Kriechpflanze braucht hohe Luftfeuchtigkeit. Sie hat fleischige Blätter und trägt im Sommer merkwürdig geformte, braune Blüten mit weißen Streifen. Die interessante, für Veranden oder Pergolen geeignete Pflanze kann einjährig gezogen werden.

Aristolochia macrophylla

Syn. *Aristolochia durior, A. sipho*

PFEIFENWINDE

Diese frostharte, wüchsige, sommergrüne, 5–10 m hohe Kletterpflanze aus dem östlichen Nordamerika kann andere Pflanzen überwachsen. Die großen, dunkelgrün glänzenden Blätter verdecken manchmal die pfeifenförmigen, purpurnbraunen und gelbgrünen, im späten Frühjahr und Frühsommer in Blattachseln wachsenden Blüten. Sie wächst auf verschiedensten Böden, in Sonne und Schatten.

ARMERIA

GRASNELKE

Diese Gattung umfaßt etwa 35 Arten langsamwachsender, im Frühsommer blühender Horststauden, die in verschiedensten Lebensräumen – von Salzmarschen und stürmischen Küsten bis hin zu Bergwiesen – in den gemäßigten Regionen Eurasiens, Afrikas und Amerikas heimisch sind. Ihre gedrängt wachsenden, schmalen, fast immergrünen Blätter bilden in der Regel ein dichtes Kissen, die kugeligen Köpfe kleiner Blüten stehen an der Spitze schlanker Stiele.

PFLEGE UND VERMEHRUNG: Die zumeist frostharten Pflanzen eignen sich für Steingärten oder als Randbepflanzungen und bevorzugen exponierte, sonnige Lagen und ziemlich trockenen, durchlässigen Boden. Vermehrung durch Samen oder Stecklinge im Frühjahr oder Herbst.

Armeria alliacea

Diese robuste, in Westeuropa weitverbreitete Art entwickelt große Büschel aus weichen, flachen, tiefgrünen Blättern und zahlreiche hellrötliche Blütenköpfe an bis zu 45 cm hohen Stengeln.

Armeria 'Bee's Ruby'

Unter den langstieligen Bee-Hybriden bietet 'Bee's Ruby' mit seinen an Rubinrot grenzenden kirschroten Blüten ideale Schnittblumen, die entweder frisch oder in Trockenblumensträußen verwendet werden. Die zahllosen Blütenstengel sind etwa 30 cm hoch.

Armeria juniperifolia

Syn. *Armeria caespitosa*

Die sehr kurzen, feinen, scharf zugespitzten Blätter dieser charakteristischen Zwergart aus den zentralspanischen Bergen wachsen in dichten, gedrängten Rosetten, die höchsten 8 cm hohe Kissen bilden. Die dichten Köpfe der relativ großen, blaß- bis tiefrosa Blüten wachsen an kurzen Stengeln knapp oberhalb des Laubs. Die Kulturform **'Bevan's Variety'** hat eine noch kompaktere Wuchsform und kräftigere rosa Blüten.

Armeria leucocephala

Dieser zwergförmige, äußerst attraktive, dichte Kissen bildende Halbstrauch von den Mittelmeerinseln Korsika und Sardinien besitzt miteinander verflochtene, feine, bis zu 10 cm lange linealische Blätter, die wie die zarten, bis zu 40 cm hohen Blütenstengel in vielen Fällen fein behaart sind. Die kleinen Blütenköpfe erscheinen in unterschiedlichen Farben. In Gärten wird in der Regel die im Sommer ziegelrotblühende Sorte **'Corsica'** gezogen. Von allen hier vorgestellten Arten ist nur diese frostempfindlich.

Armeria maritima
GEMEINE GRASNELKE

Die in der nördlichen Hemisphäre weitverbreitete Art umfaßt zahlreiche Wildformen. Sie wurde bereits 1578 in Kultur genommen. Mit bis zu 10 cm Höhe und 20 cm Breite bildet sie kissenartige Horste aus schmalen, dunkelgrünen Blättern. Im Frühjahr und Sommer erscheinen dichte Blütenköpfe aus kleinen weißen bis rosa Blüten. Die meisten *Armeria*-Sorten stammen von dieser Art ab. **'Vindictive'** hat kräftiger rosa, **'Alba'** kleine weiße Blüten.

ARMORACIA
MEERRETTICH

Zu dieser Gattung zählen drei Arten stattlicher Stauden mit Pfahlwurzeln. Ihre natürliche Verbreitung reicht von Südosteuropa bis Sibirien. Nur eine Art ist in Kultur. Meerrettich ist sehr wuchsfreudig, weshalb auch ausgesprochene Liebhaber dieser Würzpflanze es sich zweimal überlegen sollten, ihn im Garten zu ziehen. Die starken weißen Wurzeln dienen außer als wohlbekannte Würze auch medizinischen Zwecken.

PFLEGE UND VERMEHRUNG: Meerrettich wächst willig in jedem Boden in der Sonne oder im Schatten. Vermehrung durch Teilen eines etablierten Horstes dieser kräftigen Pflanzen wird selten nötig sein.

Armoracia rusticana
MEERRETTICH

Diese einzige Art in Kultur stammt aus Südosteuropa. Sie entwickelt 30–45 cm lange, hell- bis dunkelgrüne, gefältelte Blätter, die bisweilen am Grunde gelappt sind. Die im Sommer erscheinenden Rispen aus weißen Blüten werden zugunsten des Wurzelwachstums in der Regel entfernt. **'Variegata'** ist eine panaschierte Form.

ARNEBIA

Diese mit den bescheidener blühenden Vergißmeinnicht *(Myosotis)* verwandte Gattung umfaßt 25 zum Teil recht ansehnliche Arten von Stauden und einjährigen Kräutern aus dem Mittelmeerraum, Afrika und Westasien. Den grundständigen Rosetten aus rauhhaarigen Blättern entspringen dichte Rispen mit großen, leuchtendgelben oder -orangefarbenen Blüten.

PFLEGE UND VERMEHRUNG: Die meisten der in sommertrockenen Gebirgen heimischen, auf Felsvorsprüngen und Geröll wachsenden Arten sind schwierig zu kultivieren. Sie brauchen durchlässigen Boden sowie im Sommer heiße, im Winter kalte Standorte. *Arnebia pulchra* ist jedoch anpassungsfähiger. Die Vermehrung erfolgt aus Samen oder durch Teilung.

Armoracia rusticana

Armoracia rusticana 'Variegata'

Armeria leucocephala 'Corsica'

Aronia arbutifolia

Armeria maritima

Aronia melanocarpa

Aronia melanocarpa 'Nero'

Arnebia pulchra
PROPHETENBLUME

Diese im Kaukasus sowie den benachbarten Gebieten des Iran und der Türkei heimische Art ist die einzige in Kultur. Die bis zu 40 cm hohe Staude hat dicht büschelige, grundständige Blätter und aufsteigende, beblätterte Blütenstengel. An ihren Spitzen erscheinen dichte Köpfe mit leuchtendgelben Blüten, jeweils mit fünf rotbraunen Punkten zwischen den kurzen, runden Blütenblättern.

ARNICA
ARNIKA

Zu dieser interessanten Gattung zählen etwa 30 Staudenarten mit gelben Körbchenblüten, die ganz überwiegend in den kühleren Regionen Nordamerikas heimisch sind; zwei kommen in Eurasien vor. Die für die bekannten Salben und Tinkturen gegen Prellungen und Stauchungen sowie in der Homöopathie verwendete *Arnica montana* ist in den nördlichen Regionen der östlichen und westlichen Hemisphäre heimisch. Die tief wurzelnden Pflanzen bilden im Frühjahr breite, in der Regel behaarte, hellgrüne Blätter. Die Stengelblätter sind gegenständig. Im Frühsommer entwickeln sich ansehnliche gelbe oder orangefarbene Blüten wie kleine Sonnenblumen.

PFLEGE UND VERMEHRUNG: Diese Pflanzen sind wohl aufgrund ihrer klimatischen Anforderungen keine beliebten Gartenpflanzen. Sie sind zwar winterhart, im Tiefland jedoch anfällig für sommerliche Wurzelfäule. Sie brauchen volle Sonne und feuchten, durchlässigen, humusreichen Boden. Die Vermehrung kann durch Samen oder auch durch Teilung erfolgen.

Arnica montana
ARNIKA

Diese hübsche, wenn auch nicht attraktivste Art ist wegen ihrer medizinischen Eigenschaften wohlbekannt und in Europa und Westasien als wilde Wiesenpflanze auf baumlosen Berghängen weit verbreitet. Die grundständigen, löffelförmigen Blätter haben starke Adern. Sie wachsen aus einem zähen Wurzelsystem und bilden ausgedehnte Horste. Die goldgelben, 5–8 cm breiten Blütenköpfe erscheinen einzeln an starken, 30–60 cm hohen, behaarten Stengeln.

ARONIA
APFELBEERE

Die zur Familie der Rosengewächse zählende Gattung umfaßt drei sommergrüne Straucharten aus Nordamerika. Die wegen ihrer kompakten Größe und der im Spätsommer und Herbst erscheinenden, unzähligen glänzendroten oder schwarzen Beeren schönen Gartensträucher bilden ovale, feingezähnte Blätter und im Frühjahr kleine, winzige, Apfelblüten gleichende Blüten in Scheindolden aus.

PFLEGE UND VERMEHRUNG: Diese Pflanzen sind winterhart, stellen an den Boden sehr wenig Ansprüche und wachsen ausgezeichnet im Halbschatten, bilden in sonnigen Lagen jedoch üppigere Früchte und schöneres Herbstlaub aus. Das Herausnehmen der ältesten Triebe verstärkt neues Wachstum. Die Vermehrung erfolgt durch Samen oder Stecklinge. Das Laub ist anfällig gegen Blattwespenbefall.

Aronia arbutifolia
ZWERGVOGELBEERE

Dieser Waldstrauch aus Nordostamerika wächst mit vielen aufrechten, bis 2 m hohen Trieben in die Breite. Den weißen Blüten im Frühjahr folgen im Herbst und Frühwinter hellrote Vogelbeeren. Die schmalen, ovalen Blätter färben sich im Herbst hellrot – am deutlichsten bei **'Brilliant'** (bisweilen auch als **'Brilliantissima'** bekannt).

Aronia melanocarpa

Dieser *Aronia arbutifolia* hinsichtlich Laub und Blüten sehr ähnliche und auch in der gleichen Region der USA heimische Strauch ist niedriger als die Zwergvogelbeere, wächst etwas dichter und mehr in die Breite. Die Blätter sind weniger glänzend; die reif schwarz glänzenden Beeren fallen bald nach der Reife im Herbst ab. Bekannte Kulturformen sind **'Nero'** und **'Viking'**.

ARRHENATHERUM
GLATTHAFER

Zu dieser Gattung zählen sechs in Europa und dem Mittelmeerraum heimische Arten mehrjähriger Horstgräser, von denen eine als Nutz- und Wildpflanze weit verbreitet ist. Die Wildformen sind unauffällige, entfernt dem Hafer *(Avena)* oder Schwingel *(Festuca)* ähnliche Gräser. Strohige Rispen mit die Ährchen überragenden Grannen stehen an aufrechten Halmen.

PFLEGE UND VERMEHRUNG: Die Kultur ist durch die bereitwillig keimenden Samen extrem einfach; bei der zwiebeltragenden Sorte wachsen Pflanzen nahezu überall, wo Zwiebeln hingelangen. Wie bei vielen mehrjährigen Gräsern sterben die oberirdischen Teile bei Frost ab. Sie

A

Artemisia absinthium

A. absinthium 'Lambrook Silver'

Artemisia arborescens

Artemisia ludoviciana

Artemisia ludoviciana 'Valerie Finnis'

Artemisia ludoviciana 'Silver Queen'

Artemisia caucasica

benötigen vollen Sonnenschein oder Halbschatten und fruchtbaren, durchlässigen Boden.

Arrhenatherum elatius subsp. *bulbosum*

FRANZÖSISCHES RAYGRAS, GLATTHAFER

Die Unterart dieser in Europa heimischen Art unterscheidet sich durch die zahlreichen kleinen, zwiebelartigen Verdickungen der Stengelbasen, mit denen die Pflanze überwintert und sich leicht ausbreitet – etwa beim Umgraben des Bodens. Sie bildet einen Horst gewöhnlicher Grasblätter; im späten Frühjahr und Sommer erscheinen die 1–1,2 m hohen Rispen. Glatthafer gilt eher als Gartenunkraut, die Sorte **'Variegatum'** mit auffällig weiß gestreiften Blättern ist aber deutlich schwachwüchsiger, wird nur etwa 30 cm hoch und blüht selten.

ARTEMISIA

BEIFUSS

Zu dieser großen Gattung zählen in den gemäßigten Zonen der nördlichen Hemisphäre, häufig in ariden und semi-ariden Regionen heimische, sommer- und immergrüne Stauden und Sträucher. Sie werden vor allem wegen ihres dekorativen, oft duftenden und bisweilen insektenabwehrenden Laubs kultiviert, das bei vielen Arten weißlich behaart ist. Die zerschlitzten Blätter bieten ganzjährig eine interessante Ergänzung im Blumenbeet. Die kleinen, gelblichen Blüten sind unauffällig.

PFLEGE UND VERMEHRUNG: Zumeist frosthart, bevorzugen die Pflanzen offene, sonnige Lagen mit leichtem, durchlässigem Boden. Leichter Rückschnitt im Frühjahr stimuliert ihrWachstum. Vermehrung durch Stecklinge im Sommer oder Teilen im Frühjahr, Umpflanzen im Winter.

Artemisia abrotanum

EBERRAUTE

Der stark duftende, 1–1,5 m hohe, frostharte Strauch ist in Teilen Europas eingebürgert, sein genauer Ursprung ist nicht bekannt. Wegen der brüchigen Stengel sollte er nicht an viel begangenen Standorten gepflanzt werden. Der vor allem wegen seines fein zerteilten, graugrünen Laubs gezogene, je nach Klima sommer- oder halbimmergrüne Strauch trägt im Spätsommer kleine gelbliche Blütenköpfe.

Artemisia absinthium

WERMUT, ABSINTH

Die in Europa und dem gemäßigten Asien weitverbreitete Art wird bis 1 m hoch. Der Halbstrauch breitet sich durch Rhizome und überhängende, sich bewurzelnde Stengel aus. Er hat vielfach geteiltes, stumpfgraues Laub. Im Spätsommer erscheinen unauffällige, stumpfgelbe Blüten. Durch Rückschnitt nach der Blüte bleibt die Pflanze ansehnlich. Die Sorte **'Lambrook Silver'** gilt als Verbesserung. Sie bildet mit ihren silbrigen Blättern einen reizvollen Kontrast zu den hellen Blüten eines Kräuterbeets.

Artemisia arborescens

Dieser in die Breite gehende, bis zu 1,2 m hohe immergrüne Strauch aus dem Mittelmeerraum hat eine runde Wuchsform und spitze, silbergraue Blätter. Die kleinen, gelblichen Blüten erscheinen im Sommer und Frühherbst. Die sehr frostempfindliche Art eignet sich für Hintergrundpflanzungen.

Artemisia caucasica

Syn. *Artemisia lanata, A. pedemontana*

Die in den südeuropäischen Bergen von Spanien bis zur Ukraine und dem Kaukasus weitverbreitete, immer- oder halbimmergrüne Staude wird nur knapp 30 cm hoch, wächst dafür stark in die Breite. Die weichen, silbriggrauen Blätter sind sehr schmal gelappt. Im Sommer erscheinen kurze Ähren aus stumpfgelben Blütenköpfen.

Artemisia dracunculus

ESTRAGON, DRAGON

Der in Mittel- und Osteuropa heimische, in den warmen Monaten bis zu 1 m Höhe erreichende Estragon wird wegen seiner schmalen, duftenden, grünen Blätter mit ihrem zarten pfeffrigen Anisaroma angebaut. Im Winter zieht er sich in den ausdauernden Wurzelstock zurück. Er bildet keine Samen, die Vermehrung erfolgt durch Teilung Anfang des Frühjahrs. Die bisweilen erhältlichen Estragonsamen stammen vom kaum aromatischen Russischen Estragon *Artemisia dracunculoides.*

Artemisia frigida

Diese bis zu 30 cm hohe Polsterstaude, heimisch in Südostrußland, besitzt silbriggrüne, lang und fein zerteilte Blätter und trägt im Spätsommer nickende gelbe Blütenköpfe.

Artemisia pontica

Artemisia lactiflora

Diese aus China stammende, hoch wachsende Staude trägt im Sommer aufrechte, vielzweigige Rispen mit kleinen, milchweißen Blüten. Die dunkelgrünen Blätter sind in gezackte Segmente unterteilt. Die 1,2–1,5 m hohe, 45 cm breite Pflanze kontrastiert im Garten gut mit kräftigeren Farben und braucht möglicherweise eine Stütze.

Artemisia ludoviciana

Syn. *Artemisia purshiana*

Diese Rhizomstaude aus dem westlichen Nordamerika und Mexiko wird vor allem wegen ihrer lanzettlichen, bisweilen auch grobgezähnten Blätter gezogen. Sie sind unterseits dicht weißfilzig und oben weiß behaart. Die glockenförmigen, gräulichen Blüten erscheinen im Sommer. Diese wuchernde Art wird bis zu 1,2 m hoch und ist sehr frostbeständig. **'Valerie Finnis'** mit gezackten Blättern sowie **'Silver Queen'** sind zwei beliebte Sorten; die natürlich in Kalifornien wachsende ***Artemisia ludoviciana* var. *albula*** hat viel kleinere Blätter.

Artemisia pontica

Diese kräftige, aufrechtwachsende Art aus Mitteleuropa und Westasien besitzt fedrige, silbergrüne Blätter und entwickelt im Sommer cremegelbe Blüten. Diese Rhizompflanze kann stark wuchern, wird bis zu 75 cm hoch und zieht im Winter ein.

Artemisia 'Powis Castle'

Diese nach Meinung vieler Experten wahrscheinlich aus *Artemisia absinthium* und *A. arborescens* gezogene Hybride entwickelt fein eingeschnittene, silbrige Blätter und eine hübsche, 60–90 cm hohe, kuppelförmige Wuchsform. Da sie nur

Artemisia dracunculus

Artemisia 'Powis Castle'

Artemisia vulgaris 'Variegata'

sehr selten blüht, bleibt sie kompakter als andere Arten der Gattung; ältere Pflanzen sollten Anfang des Frühjahrs kräftig zurückgeschnitten werden. Die wegen ihres charakteristischen Laubs für den Garten gut geeignete Pflanze ist frostempfindlich. Daher muß man sie im Haus überwintern und im Frühjahr wieder auspflanzen.

Artemisia schmidtiana

Diese büschelige Rhizomstaude wird bis zu 60 cm hoch, hat handförmig gelappte Blätter und trägt im Sommer lange, aufrechte Rispen aus cremeweißen Blüten. Die Zwergsorte **'Nana'** eignet sich ideal für gut drainierte Ecken in Steingärten. Die nur 8 cm hohe Art bildet ein zartes Kissen aus feinzerteilten, silbernen, duftenden Blättern.

Artemisia stelleriana

Diese am besten in leichten, sandigen Boden gepflanzte, immergrüne Staude nordostasiatischer Küsten hat gesägte, weiß behaarte, silberne Blätter und trägt im Sommer schlanke Zweige mit kleinen gelben Blüten. Die 30–60 cm hohe, äußerst frostharte Art wird bis zu 1 m breit und bleibt kompakt.

Artemisia vulgaris

BEIFUSS

Die grünen Blätter des bekannten Beifuß sind kaum mit dem beliebten silbergrauen Schimmer versehen und weniger geteilt als die der anderen Arten, weshalb er von Gärtnern weniger geschätzt wird. **'Variegata'** mit weiß gefleckten Blättern kann in kühleren Regionen jedoch eine nützliche Ergänzung im Garten sein. Der Beifuß wurde in früheren Jahrhunderten zur Aromatisierung von Bier verwendet, bevor der Hopfen diese Rolle übernahm, und galt in alten Zeiten als magische Pflanze.

ARTHROPODIUM

Der etwas unpassende griechische Name *Arthropodium* bedeutet übersetzt in etwa »mit gelenkigem Fuß« und bezieht sich auf das bei jedem Blütenstiel in der Mitte vorhandene Gelenk. Von ungefähr einem Dutzend Arten dieser Gattung aus Australasien werden zwei oder drei in Gärten gezogen, wobei die attraktivste Art wohl die neuseeländische *Arthropodium cirratum* ist.

PFLEGE UND VERMEHRUNG: Die im warm-gemäßigten Klima heimischen Pflanzen sind sehr frostempfindlich, brauchen fruchtbaren, durchlässigen Boden und werden durch Samen oder Teilung vermehrt.

Arthropodium milleflorum

Arthropodium cirratum

Diese neuseeländische Art trägt im späten Frühjahr äußerst elegante Blütenzweige mit sternförmigen weißen Blüten, die an einem 60 cm hohen Stengel über den breiten, schönen, mittelgrünen Blättern wachsen. Sie ähnelt etwas einer Funkie *(Hosta)*. Die Maori, die Ureinwohner der neuseeländischen Inseln, verwandten die fleischigen Wurzeln zu medizinischen Zwecken.

Arthropodium milleflorum

Diese in Australien heimische sommergrüne Art hat Wurzelknollen und lange, schmale Blätter. Im späten Frühjahr erscheinen zahlreiche, kleine, blaßlila Blüten an 60 cm hohen Stengeln, wodurch sie wie ein Ziergras wirken. Der Artname (*milleflorum:* »tausend Blüten«) ist leicht übertrieben.

ARTOCARPUS

Die bekannteste Art dieser großen, aus dem tropischen Asien stammenden Gattung immergrüner Bäume ist der Brotfruchtbaum des berühmten Kapitäns Bligh von der *Bounty*. Viele Arten der mit *Ficus* eng verwandten Gattung sind schwer von diesem zu unterscheiden, wenn sie nicht blühen oder Früchte tragen. Blätter, Rinde und Zweige sondern bei Beschädigung Milchsaft ab. Die kleinen grünlichen weiblichen Blüten drängen sich an kurzen, fleischigen Ähren, die sich nach der Reife zu fleischigen, bei den unten aufgeführten Arten sehr großen Früchten entwickeln.

PFLEGE UND VERMEHRUNG: In den Feuchttropen werden vorzugsweise die Arten der Gattung mit eßbaren Früchten angebaut. Sie gedeihen am besten in tiefem, fruchtbarem, durchlässigem Boden in geschützter Lage. Die Vermehrung erfolgt durch Samen, bei Fruchtsorten auch durch Wurzelschnittlinge oder oberirdische Ableger.

Artocarpus altilis

Artocarpus altilis

Syn. *Artocarpus communis, A. incisa*

BROTFRUCHTBAUM

Die wohl in der malaiischen Region heimische, durch kolonisierende Polynesier in den pazifischen Raum gebrachte Art wächst mit aufstrebenden Zweigen, die mit hübschen, bis zu 75 cm langen, tiefeingeschnittenen, grünen Blättern versehen sind. Die jung schnellwachsenden Bäume werden in zehn Jahren 25 m hoch; die alten, nur wenig höheren Bäume bilden eine runde, buschige Krone aus. Die weiblichen der unauffälligen Blütenstände entwickeln sich zu gelblichgrünen, kugelförmigen Früchten, deren stärkehaltiges Fleisch gekocht oder gebraten gegessen wird.

Artocarpus heterophyllus

JACKFRUCHTBAUM

Diese südostasiatische Art kann sehr leicht mit der eng verwandten *Artocarpus integer* verwechselt werden, die jedoch süßere, aber ähnlich riesige, zusammengesetzte Früchte sowie ledrige, ungelappte Blätter entwickelt. Der bis zu 9 m hohe Baum besitzt einen einzigen Hauptstamm und eine dichte, runde Krone dunkelgrüner Blätter. Die bis zu 60 cm langen Früchte können ein Gewicht von bis zu 18 kg erreichen. Ihre äußere Oberfläche ist cremigbraun mit kleinen, kegelförmigen Erhebungen, im klebrigen gelben oder rosa Fleisch stecken viele braune Samen, die wie das süße, aber unangenehm riechende Fleisch eßbar sind.

Artocarpus lingnanensis

Bemerkenswert an diesem im südlichen China heimischen, kleinen Baum sind die im Sommer erscheinenden kurzen Ähren aus kleinen, cremefarbenen Blüten sowie das schattenspendende, kompakte, glänzende Laub.

Arthropodium cirratum

Artocarpus heterophyllus

ARUM

ARONSTAB

Obwohl gemeinhin sehr viel mehr Arten *Arum* genannt werden, gehören nur etwa zwei Dutzend zu dieser hauptsächlich im Mittelmeerraum und Westasien heimischen Gattung. Im Handel sind nur zwei oder drei Arten ohne Schwierigkeiten erhältlich, obwohl sämtliche Exemplare ausgefallene und gartenwürdige Knollenstauden sind, mit breiten, fleischigen, in der Regel pfeilförmigen Blättern, die in vielen Fällen entlang der Adern heller panaschiert sind. Die winzigen echten Blüten werden im fingerartigen Spadix getragen, der am Ende des dicken Blütenstiels wächst. Der Spadix wiederum wird von der auffälligeren Spatha oder dem Deckblatt umgeben.

PFLEGE UND VERMEHRUNG: Die winterharten Arten wie etwa *Arum italicum* sind relativ anspruchslos und wachsen leicht im Halbschatten in feuchtem aber durchlässigem, humusreichem Boden. Exemplare aus trockeneren Klimaten wie etwa *A. palaestinum* müssen während der Ruheperiode im Sommer sehr viel trockener gehalten werden. Die Vermehrung erfolgt durch Teilung nach Absterben des Laubes oder durch Samen im Herbst.

Arum creticum

Die pfeilförmigen, bis zu 60 cm hohen, glänzend dunkelgrünen Blätter dieser auf Kreta heimischen, weitgehend winterharten Art erscheinen im Herbst. Die Blütenähren bestehen aus hellgelben oder grünlichweißen Spathen und süßduftenden, blaßgelben Spadices.

Arum italicum

Hierbei handelt es sich um eine bis zu 30 cm hohe, in Europa und Nordafrika heimische, frostharte Art. Die Pflanze

Arum italicum

Artocarpus lingnanensis

A

entwickelt schon im Herbst breite, pfeilförmige, marmorierte Blätter. Anfang des Frühjahrs erscheinen dann die Blütenstände mit der hellgrünen, helmförmigen Spatha und dem mittigen, aufrecht stehenden, gelben Spadix. Später folgen orangefarbene Beeren, die bis zum Spätsommer bleiben.

Arum maculatum
GEFLECKTER ARONSTAB

Diese am weitesten nördlich vorkommende *Arum*-Art ist sowohl in Großbritannien als auch in den Wäldern des europäischen Festlandes mit nicht zu trockenem Boden weit verbreitet. Sie gleicht *A. italicum*, ist jedoch kleiner und hat häufig dunkel gefleckte Blätter, die erst im Frühjahr erscheinen. Die aufrechten, oben helmförmig gebogenen, blaßgrünen Spathen haben purpurne Ränder und sind bisweilen dunkelpurpurn gefleckt.

Arum palaestinum

Arum palaestinum
Syn. *Arum sanctum*, *Calla sancta*

Die Blüten dieser in Palästina heimischen Art sind nicht ganz, aber nahezu schwarz, was die Pflanze ungeachtet ihres eigenartig modrigen Geruchs bei Botanik-Enthusiasten beliebt macht. Die Spatha ist im Inneren extrem dunkelpurpurn gefärbt, an der Außenseite grünlichweiß. Die etwa 45 cm hohe, gegen Ende des Frühjahrs blühende Pflanze ist nicht frosthart.

ARUNCUS
GEISSBART

Zu dieser Gattung zählen lediglich drei Arten von Rhizomstauden, die in den gemäßigten und subarktischen Regionen der nördlichen Hemisphäre weit verbreitet sind. Sie gleichen mit ihren farnartigen, bis zu 1 m langen, grundständigen Blättern sehr einer riesigen Astilbe. Im Sommer erscheinen an drahtigen Stengeln hoch über dem Laub 20–45 cm lange, fedrige Rispen mit kleinen cremefarbenen Blüten.

PFLEGE UND VERMEHRUNG: Die Arten der Gattung *Aruncus* wachsen am besten an sonnigen oder auch halbschattigen Standorten in feuchtem, humusreichem, dabei durchlässigem Boden an Teichrändern. Geißbart ist frosthart und wird durch Samen oder durch Teilen vermehrt.

Aruncus aethusifolius

Die eiförmigen, tiefeingeschnittenen Blätter dieser kompakten, bis zu 40 cm hohen und breiten Art aus Korea färben sich im Herbst gelb. Im Sommer erscheinen Rispen aus kleinen, cremeweißen Blüten.

Aruncus dioicus
Syn. *Aruncus sylvestris*, *Spiraea aruncus*
WALDGEISSBART

Diese elegante, horstbildende Waldstaude entwickelt ein dichtes, intensivgrünes, farnartiges Laub sowie im Sommer übergebogen fedrige Blütenstände kleiner, cremeweißer Blüten. Die Blütenstengel der bis 2 m hohen und 1,2 m breiten Pflanze sollten im Herbst ganz zurückgeschnitten werden. Die Sorte **'Kneiffii'** wird bis zu 1 m hoch und hat cremefarbene Blüten.

ARUNDO
PFAHLROHR

Zu dieser Gattung zählen drei Arten großer Rhizomgräser aus den subtropischen und warm-gemäßigten Regionen der Alten Welt. Sie haben starke, aufrechte, an Bambus erinnernde, beblätterte, aber unverzweigte Halme. Die dünnen, flachen, überhängenden Blätter sind zweireihig wechselständig an den Halmen angeordnet, die im Sommer in große, fedrige Rispen aus winzigen, strohigen Blüten übergehen.

PFLEGE UND VERMEHRUNG: Im Gegensatz zu zahlreichen Schilf- und Binsenarten brauchen sie keinen wassergesättigten Boden, ertragen einen solchen jedoch gut. Sie wachsen in jedem durchlässigen, nie ganz trockenen Boden, bevorzugen volle Sonne oder etwas Schatten. Die Vermehrung erfolgt durch Samen oder Teilung.

Arundo donax
PFAHLROHR, RIESENSCHILF

Dieses bis zu 6 m hohe und breite Riesengras aus dem Mittelmeerraum entwickelt im Sommer beeindruckende, bis zu 60 cm lange und etwa 6 cm breite, herabhängende Blätter. In Mitteleuropa braucht die stattliche, in großen Gärten exzellente Zierpflanze Winterschutz. Erst im Frühjahr sollte sie bis zum Boden zurückgeschnitten werden und wächst danach um so üppiger. Die Blätter der beliebten panaschierten Sorte **'Versicolor'** sind cremefarben längsgestreift. Aus sorgfältig ausgesuchten und behandelten Halmen des Pfahlrohrs werden seit der ersten Panflöte bis heute Teile von Musikinstrumenten (etwa Orgeln oder Klarinetten) hergestellt.

ASARINA

Einige Botaniker verwenden diesen Gattungsnamen in einem weiteren Sinn und zählen dazu auch Arten, die in diesem Buch unter *Lophospermum* und *Maurandya* aufgelistet werden. Im engeren Sinne gehört hierzu jedoch nur eine Art, eine immergrüne Kriechstaude, die wild in den französischen und spanischen Pyrenäen vorkommt. Die breit herzförmigen Blätter sind rauh gezähnt und samtig behaart. Die gelben Löwenmaulblüten erscheinen nacheinander in den Blattachseln.

PFLEGE UND VERMEHRUNG: Die bedingt frostharten Pflanzen können in lockerem und durchlässigem Boden in Steingärten oder auf Stützmauern gezogen werden. Möglicherweise brauchen sie Schutz vor heißer Sonne. Die Vermehrung erfolgt durch Samen oder durch vorsichtiges Abbrechen von Wurzelstücken.

Asarina procumbens

Die einzige Art der Gattung (siehe oben) bildet ein dichtes Polster aus an der Basis etwas verholzenden Stengeln, die jung ebenso wie die 5 cm breiten Blätter samtig und leicht klebrig behaart sind. Die kurzgestielten Blüten erscheinen im Sommer einzeln in den Blattachseln, sind blaßgelb oder manchmal blaßrosa mit einem auffälligen orangefarbenen Fleck in der Mitte.

ASARUM
HASELWURZ

Diese zur gleichen Familie wie *Aristolochia* gehörende Gattung umfaßt mehr als 70 Arten immer- oder sommergrüner Rhizomstauden, die in den gemäßigten Zonen der nördlichen Hemisphäre weit verbreitet sind, am meisten jedoch in Japan und den Vereinigten Staaten. Sie sind eher als Heil- denn als Zierpflanzen bekannt, obwohl sie mit ihrem attraktiven Laub als Bodendecker für schattige Gärten bestens geeignet sind. Die Blätter sind nieren- oder herzförmig, die kleinen, glockenförmigen, in der Regel unter den Blättern verborgenen Blüten sind meistens stumpfbräunlich oder purpurn und öffnen sich vorn mit drei Blütenblättern. ***Asarum chinense*, *A. maximum*, *A. muramatui*** und ***A. sieboldii*** haben äußerst attraktives Laub.

PFLEGE UND VERMEHRUNG: Sie bevorzugen schattige Standorte mit frischem, durchlässigem Boden und können zwischen Herbst und Frühjahr gepflanzt

Aruncus dioicus

Aruncus dioicus 'Kneiffii'

Arundo donax

Asarum chinense

Asarum maximum

Asarum muramatui

Asarum sieboldii

Asarum arifolium

Asarum caudatum

Asarum canadense

werden. Die sich schnell ausbreitenden Horste sollten alle paar Jahre im Frühjahr geteilt werden. Die Vermehrung erfolgt auch durch Samen. Sie werden gerne von Schnecken befallen.

Asarum arifolium

Diese variable, immergrüne Art aus den südöstlichen USA hat bis zu 15 cm lange, länglich herzförmige Blätter, die zwischen den erhabenen Adern heller grün gefärbt sind.

Asarum canadense

Diese in den nordostamerikanischen Wäldern heimische, sommergrüne Mattenstaude hat fleischige, kriechende Rhizome. Unter den rauhen, herzförmigen, 5–10 cm breiten, bis zu 20 cm langen, gestielten Blättern erscheinen im Frühjahr unauffällige braune glockenförmige Blüten. Absude aus den Rhizomen wurden von den Indianern und Siedlern als Medizin genutzt.

Asarum caudatum

Diese in den nordwestamerikanischen Küstengebirgen heimische, immergrüne Kriechstaude wächst am Waldboden in relativ tiefem Schatten. Sie breitet sich durch Rhizome aus und bildet unregelmäßig offene Matten. Die großen, 15 cm langen, nierenförmigen Blätter erheben sich bis zu 20 cm über den Boden und verbergen die bräunlich-purpurfarbenen Blüten, die vom späten Frühjahr bis in den Sommer erscheinen.

Asarum europaeum
HASELWURZ

Sowohl die kriechenden Rhizome als auch die 10–15 cm langen Blattstiele die-

Asarum europaeum

ser in den bewaldeten Regionen Europas weitverbreiteten Art sind auffällig behaart. Die tiefgrünen, glänzenden, bis zu 8 cm breiten Blätter entwickeln sich nierenförmig bis nahezu rund. Die unauffälligen, stumpf purpurfarbenen, unter den Blättern verborgenen Blüten werden gerade mal etwa 1 cm lang. Die schwach giftige Haselwurz wurde in früheren Zeiten häufig als Ingredienz für Schnupfpulver und zu medizinischen Zwecken verwendet.

ASCLEPIAS
SEIDENPFLANZE

Zu dieser in Amerika heimischen Gattung zählen über 100 Arten immer- und sommergrüner Stauden, Halbsträucher und (selten) Sträucher mit Milchsaft. Die meisten haben schmale, spitz zulaufende, elliptisch bis lanzettlich geformte Blätter. Die kleinen Blüten sitzen in gestielten Trugdolden in den oberen Blattachseln und haben – typisch für die Familie der Schwalbenwurzgewächse – fünf zurückgeschlagene Blütenblätter unterhalb einer wächsernen Nebenkrone (siehe *Hoya*). Längliche Samenhülsen enthalten seidig behaarte Samen, die durch den Wind verbreitet werden. Der scharfe Saft ist giftig, ebenso sind es die sich von ihm ernährenden Schmetterlingsraupen etwa für Vögel. Einige wenige Arten sind inzwischen in wärmeren Regionen als Unkräuter weit verbreitet.

PFLEGE UND VERMEHRUNG: Die Arten dieser großen Gattung wachsen meist anspruchslos in durchlässigem Boden in voller Sonne und sind je nach Art unterschiedlich winterhart. Von den kurzlebigeren Stauden können einige einjährig aus Samen gezogen werden. Die Vermehrung erfolgt durch Samen oder halbreife Stecklinge.

Asclepias speciosa

Asclepias curassavica

Dieser frostempfindliche, ein- oder wenigjährige immergrüne Halbstrauch aus Südamerika gilt in den Tropen heute als Unkraut. Er wird bis zu 1 m hoch und breit und besitzt schmale, bis 15 cm lange, lanzettliche Blätter. Vom späten Frühjahr bis in den Herbst hinein erscheinen Trugdolden hellorangeroter Blüten, denen 8 cm lange, spindelförmige Samenhülsen folgen.

Asclepias speciosa

Die ovalen Blätter dieser etwa 1 m hohen, winterharten nordostamerikanischen Staude werden bis zu 15 cm lang. Die stumpf-rosaroten und weißen Blüten erreichen im Durchmesser 2,5 cm. Die Früchte sind mit weichen Stacheln versehen.

Asclepias subulata

Diese im Südwesten der Vereinigten Staaten und Westmexiko heimische, nicht winterharte Art bildet eine wichtige Nahrungsquelle für den Monarchfalter. Sie wächst in Wüstentälern *(Wadis)*, erträgt vorzüglich trockene Bedingungen und entwickelt bei Feuchtigkeit zahlreiche, 1–1,5 m hohe, blaßgrüne Triebe, die von Büscheln aus eigentümlichen gelblichen Blüten bekrönt werden. Diese entwickeln sich zu den charakteristischen Hülsen der Gattung, die mit wolligen Samen gefüllt sind.

Asclepias tuberosa

Diese 60–90 cm hohe Knollenstaude zählt zu den strahlendsten Wiesenblumen Nordamerikas und ist bei Schmetterlingen sehr beliebt. Sie bringt im Sommer breite Köpfe aus kleinen orangefarbenen, bisweilen gelben oder roten Blüten hervor, paßt sich sowohl feuchten als auch sehr trockenen, durchlässigen Böden an und braucht volle Sonne und Winterschutz.

× *ASCOCENDA*

Dies ist die Bezeichnung für eine hybridogene Orchideengattung aus Kreuzungen zwischen *Ascocentrum-* und *Vanda-*Arten einschließlich der späteren Nachkommen und Rückkreuzungen. Die meisten der etwa 60 cm hohen *Ascocendae* gleichen kleinwüchsigen *Vanda*-Pflanzen. Ihre äußerst langlebigen, etwa 4 cm breiten Blüten weisen alle Farben außer Grün auf. Besonders geschätzt sind blaue und purpurne Blüten.

PFLEGE UND VERMEHRUNG: Die zumeist sommerblühenden Pflanzen werden wie *Vanda* im Warmhaus kultiviert. Die Vermehrung erfolgt durch Abtrennen von Seitentrieben.

× *Ascocenda*-Hybriden

Diese reichblühenden Orchideen benötigen in den Gewächshäusern weniger

Asclepias curassavica

Asclepias curassavica

Asclepias curassavica

A

Ascocentrum-Hybride 'Kwa Geok Choo'

Asperula arcadiensis

Asperula setosa

Asphodeline lutea

Platz als die großen *Vanda*-Pflanzen. Sie werden im Handel in vielen Fällen auch unter dem Namen 'Singapur-Orchideen' feilgeboten.

ASCOCENTRUM

Zu dieser Gattung zählen lediglich fünf Arten epiphytischer, mit *Vanda* eng verwandter Orchideen, die wildwachsend von den Vorbergen des Himalaja bis zu den Philippinen vorkommen. An ihren kurzen, aufrechten Stengeln wachsen zwei Reihen sich eng überlappender, riemenartiger Blätter. Im Frühjahr und Sommer erscheinen die kleinen, kurzstielig gebüschelten Blüten, die gelb bis rot, orange und purpurn leuchten. Weiter verbreitet sind die Gattungshybriden mit *Vanda* in Kultur (× *Ascocenda*), zu denen *Ascocentrum* die rote und orange Färbung beisteuert.

PFLEGE UND VERMEHRUNG: Die Pflanzen brauchen im Winter Mindesttemperaturen von etwa 15 °C, helles, indirektes Licht sowie sehr grobe, lockere, gutdurchlässige Orchideenerde und sollten in der Wachstums- und Blütezeit gut gewässert und gedüngt werden. Die Vermehrung erfolgt durch grundständige Ableger.

Ascocentrum curvifolium

Diese in den unteren Lagen des Himalaja heimische Art ist die bekannteste Vertreterin der Gattung in Kultur. Die 40 cm hohe, buschige Pflanze hat ledrige Blätter und trägt im späten Frühjahr oder im Sommer Büschel aus sehr langlebigen, 2,5 cm breiten, zwischen rot und orange gefärbten Blüten.

Ascocentrum-Hybriden

Eine Reihe von Hybriden, die aus einigen *Ascocentrum*-Arten gezogen wurden, werden beispielsweise in Singapur für den Schnittblumenhandel angebaut. Typische Vertreter dieser Hybriden sind die hier abgebildeten Sorten **'Kwa Geok Choo'** und **'Thai Gold'**.

ASPARAGUS

SPARGEL

Diese große Gattung umfaßt neben dem Gemüsespargel *Asparagus officinalis* noch rund 60 mehrjährige Arten. Sie gehören zur umfangreichen Familie der Liliengewächse im weiteren Sinne, die Botaniker neuerdings wegen der sehr verschiedenartigen Merkmale in zahlreiche kleinere unterteilen. Hier werden zur Gattung *Asparagus* nur die krautigen, in den gemäßigten Zonen vor allem Eurasiens heimischen Arten gezählt. Die strauchigen und kletternden Arten aus Afrika werden als *Protasparagus* und *Myrsiphyllum* abgetrennt.

PFLEGE UND VERMEHRUNG: Wichtigstes Kriterium beim Spargelanbau ist ein geeignetes Beet, damit die Wurzelhälse bis zu 20 Jahre lang ungestört wachsen können. Es sollte in der vollen Sonne liegen, sorgfältig umgegraben, gedüngt und durchlässig sein. Setzlinge bieten frühe Erträge, aber auch Säen ist möglich. Die Pflanzen sollten etwa in 30 cm Abstand gepflanzt und die jungen Triebe oder Stangen nicht vor dem dritten Frühjahr geerntet werden, damit die Pflanze heranwachsen kann. Einige wenige Triebe sollten jedes Jahr stehen bleiben, um ihre Ernährung zu gewährleisten. Weiße Stangen erhält man, wenn man diese weit unter der Erdoberfläche sticht, sobald sie sichtbar werden.

Ascocentrum-Hybride 'Thai Gold'

Asparagus officinalis

SPARGEL

Diese wahrscheinlich im Mittelmeerraum und Westasien heimische, frostharte Gemüsestaude scheint bereits vor Christus entweder als Heilpflanze oder Gemüse angebaut worden zu sein. Über der Erde entwickeln sich die Stangen, wenn sich nicht abgeschnitten werden, in weitverzweigte, farnartige, aufrechte Triebe mit zahllosen kleinen linealischen Blättern. Weibliche Pflanzen bilden zahlreiche rote Beerenfrüchte aus, die vor der Selbstaussaat entfernt werden sollten. **'Mary Washington'** ist wegen ihrer langen dicken Stangen beliebt, meistens sind jedoch die neueren F1-Hybriden ertragreicher.

ASPERULA

MEIER

Diese Gattung umfaßt etwa 100 einjährige Kräuter, Stauden und kleine, zarte Halbsträucher hauptsächlich aus den gemäßigten Regionen Eurasiens und Australasiens, die sich von der eng verwandten Gattung *Galium* durch die im allgemeinen längeren Röhren der kleinen Blüten unterscheiden. Die meisten sind dichtbelaubte Horst- oder Polsterstauden mit vier oder mehr kleinen, schmalen Blättern in Wirteln an feinen Stengeln. Im Frühjahr und Sommer erscheinen unzählige kleine, in der Regel weiße oder blaßrosa, gelegentlich gelbe Blüten. Die meisten Arten vermehren sich durch unterirdische Ausläufer, ein paar Waldarten werden bis zu 60 cm hoch und entwickeln größere, hellgrüne Blätter. Wie die *Galium*-Arten beginnen sie oft zu duften, wenn das Laub trocknet, einige wurden früher als Streu verwendet, mindestens eine Art liefert einen Farbstoff.

PFLEGE UND VERMEHRUNG: Die kleinen Arten wachsen im allgemeinen am besten an felsigen Standorten mit kiesigem, durchlässigem Boden in voller Sonne. Die Vermehrung erfolgt durch Samen, kleine, bewurzelte Ableger oder durch Teilung.

Asperula arcadiensis

Diese Staude aus Griechenland bildet einen am Grunde verholzenden, bis zu 15 cm hohen Horst. Die schmalen graufIaumigen Blätter sind etwa 1 cm lang, die kleinen Blüten rosa bis blaßpurpurn.

Asperula setosa

Die in der Türkei heimische einjährige Art wird bis zu 30 cm hoch und hat sehr schmale, kleine Blätter. Die lila Blüten wachsen in dichten Büscheln an den Zweigenden.

Asperula suberosa

Diese immergrüne Staude vom Balkan mit behaarten, bläulichgrünen Blättern bildet ein dichtes, bis zu 10 cm hohes und 30 cm breites Polster. Vom späten Frühjahr bis in den Frühsommer erscheinen zahllose blaßrosa Röhrenblüten.

ASPHODELINE

JUNKERLILIE

Zu dieser Gattung zählen etwa 20 ein-, zwei- oder mehrjährige, im Mittelmeerraum und Kleinasien heimische Liliengewächse. Ihr Name kennzeichnet ihre große Ähnlichkeit mit *Asphodelus*. Sie haben dicke, fleischige Wurzeln, aus denen schmale Blätter sprießen. Diese sind in der Regel hellgrün und bisweilen bläulich getönt. Im Sommer erscheinen steif aufrechte, bis zu 1,5 m hohe Blütenähren mit zahlreichen, sternförmigen gelben, weißen oder blaßrosa Blüten an der oberen Stengelhälfte.

PFLEGE UND VERMEHRUNG: Sie verlangen leichten Winterschutz und sind dann in jedem durchlässigen Boden in

Asparagus officinalis

Asparagus 'Mary Washington'

Asplenium australasicum

Asplenium bulbiferum

voller Sonne leicht zu ziehen. Die Vermehrung erfolgt durch Samen oder Teilung im Winter oder zeitigem Frühjahr. Verletzung der Wurzeln kann Fäule verursachen.

Asphodeline lutea

Die im östlich Mittelmeergebiet heimische, duftende Art wird in Ausnahmefällen bis zu 1,5 m hoch. Ein Horst schmaler Blätter wird von dem speerförmigen Stengel überragt, der gelbe, bisweilen 3 cm breite, sternförmige Blüten trägt. Die Pflanzen sollten vor der Blüte im Frühjahr feucht gehalten werden.

ASPHODELUS

AFFODILL

Der Name *asphodelos* stammt von den alten Griechen. Zur Gattung gehören zwölf Arten ein- und mehrjähriger Liliengewächse mit fleischigen Wurzeln, die vom Mittelmeerraum über Westasien bis zum Himalaja heimisch sind. Sie bilden grundständige Büschel aus schmalen, grasartigen Blättern und sechsblättrige, sternförmige, weiße, grüne oder rosa Blüten an steifen, bisweilen verzweigten, aufrechten Stengeln. Hauptblütezeit ist Frühjahr und Sommer.
PFLEGE UND VERMEHRUNG: Die unterschiedlich winterharten Arten brauchen für eine gute Blüte einigermaßen sonnige, warme, trockene Sommer und bevorzugen leichten, sandigen, humusreichen und durchlässigen Boden. Die Vermehrung erfolgt durch Teilung unmittelbar nach der Blüte oder auch durch Samen.

Asphodelus acaulis

Diese fast immergrüne, im nordwestafrikanischen Atlasgebirge heimische Art bildet einen etwa 25 cm hohen und 40 cm breiten Horst aus grasartigen Blättern.

Asplenium daucifolium

Charakteristisch sind die sehr kurzen, im Durchmesser 3,5 cm breiten, gedrängten Ähren aus blaßrosa Blüten, die im zeitigen Frühjahr in der Mitte des Horsts wachsen und häufig kürzer als die Blätter sind. Die äußerst attraktive Art ist nicht winterhart, sie braucht trockene Sommer und durchlässigen Boden.

Asphodelus aestivus

Diese im Mittelmeerraum weitverbreitete Art wird bis zu 1 m hoch und hat breite, ledrige, grundständige Blätter. Die verzweigten Rispen verlängern sich im Frühjahr und tragen bis zu 8 cm breite, weiße bis hell blaßrosa Blüten, deren Blätter dunklere Mittellinien aufweisen.

Asphodelus albus

Die in Europa und Nordafrika heimische, frostharte *Asphodelus albus* ist wahrscheinlich die am häufigsten kultivierte Art der Gattung. Sie hat dicke, fleischige Wurzeln und schwertförmige, bis zu 60 cm lange Blätter. Im Frühjahr erscheinen fast über die ganze Länge der 30–90 cm hohen Blütenstengel bräunlichrosa gestreifte, weiße Blüten, die sich von unten nach oben öffnen. Die variablen weißen oder braunen Tragblätter sind vor der Öffnung der Blüten besonders auffällig.

ASPIDISTRA

SCHUSTERPALME

Aspidistra ist schon fast ein Synonym für eine allgegenwärtige und unverwüstliche Zimmerpflanze. Das bezieht sich aber nur auf eine Art, *Aspidistra elatior*. Tatsächlich besteht diese Gattung aus acht Arten von Rhizomstauden mit immergrünen Blättern, die wild vom Himalaja bis Japan vorkommen. Die langstieligen, tiefgrünen Blätter mit elliptischen bis lanzettlichen Blattspreiten wachsen direkt aus den dicken, kriechenden Rhizomen. Im Frühjahr und Sommer erscheinen auf Bodenhöhe kleine, unauffällige, cremefarbene und rotbraune bis purpurne Blüten, die durch Bodentiere, möglicherweise auch Schnecken, bestäubt werden.
PFLEGE UND VERMEHRUNG: Die in Mitteleuropa im Zimmer gezogene Schusterpalme erträgt sogar leichten Frost und gedeiht in milderem Klima im Freien. Als Zimmerpflanze wird sie wegen ihrer geringen Ansprüche an Licht und Luftqualität geschätzt, wächst jedoch üppiger unter besseren Bedingungen. Sie sollte nicht oft gegossen und vor Staunässe geschützt werden. Vermehrung durch Teilen im zeitigen Frühjahr.

Aspidistra elatior

Die gewöhnliche Schusterpalme wird heute als in China heimisch angesehen, wurde jedoch aus Japan in den Westen eingeführt. Die starken dunkelgrünen Blätter wachsen aus kurzen, ziemlich verholzten, kriechenden Rhizomen, sind elegant gebogen, zugespitzt, 15 cm lang gestielt und bis zu 60 cm lang. Die creme- bis dunkelpurpurnen, glockenförmigen Blüten wachsen auf Bodenhöhe und sind durch die Blätter halb verborgen. Ihr Erscheinen ist ein besonderes Ereignis, da sie als Zimmerpflanzen selten blühen. Die zahlreichen weiß oder cremefarben panaschierten Kulturformen – wie etwa **'Variegata'** – sollten, damit sie sich nicht grün färben, mehr Licht erhalten als die grünblättrigen Arten.

ASPLENIUM

STREIFENFARN, NESTFARN

Diese Gattung aus etwa 700 Arten hauptsächlich immergrüner Farne ist in den meisten Teilen der Welt verbreitet. Die terrestrischen, epiphytischen und auch auf Felsen wachsenden Arten unterscheiden sich stark in ihren Wuchsformen. Einige bilden dichte Wedelhorste oder Rosetten, anderen besitzen kriechende, dicke, schuppige Rhizome. Die meisten Arten haben einfach oder doppelt gefiederte, andere wiederum große ungeteilte Wedel wie etwa die Nestfarne. Die Wedel vieler Arten bilden Jungpflanzen aus Brutknospen entlang der Rippen. Die Sporenkörper wachsen typischerweise in parallelen oder radiären Reihen an den Wedelunterseiten.
PFLEGE UND VERMEHRUNG: Die Arten unterscheiden sich stark bezüglich der Winterhärte und der Ansprüche. Die meisten bevorzugen Waldbedingungen mit kühlem, feuchtem, humusreichem Boden und Baumschatten. Einige wenige brauchen sonnigere Lagen und ertragen Trockenheit recht gut. Vermehrung durch Sporen, Teilung etablierter Horste, Abtrennen bewurzelter Rhizomteile oder Brutpflänzchen.

Asplenium australasicum

NESTFARN

Die ledrigen, ungeteilten, im Querschnitt leicht v-förmigen, bis zu 1,5 m langen und 20 cm breiten Wedel dieser in Australien und der südlichen Pazifikregion heimischen Art bilden gleichsam ein »Nest« oder einen Trichter. Wild wächst sie auf Baumstämmen oder Felsen. Die frostempfindliche Art ist auf warme, feuchte Bedingungen angewiesen. Sehr ähnlich ist die in den Tropen weitverbreitete *Asplenium nidus*.

Asplenium bulbiferum

Diese in Australien und Neuseeland heimische Art wird mit am meisten kultiviert und kann leicht in Töpfen oder Ampeln gezogen werden. Sie sehen aus wie ein »richtiger« Farn mit ihrem Horst aus bis zu 1 m langen und 30 cm breiten, gebogenen, tiefgrünen, fein geteilten Wedeln. Sie tragen vor allem an der Mittelrippe Pflänzchen.

Asplenium daucifolium

Diese *Asplenium bulbiferum* zum Verwechseln ähnliche Art von Madagaskar und Mauritius entwickelt bis zu 1 m lange, gebogene, dunkelgrüne, in sehr schmale Segmente geteilte Wedel, die wie zarte Spitzen wirken. Die zahlreichen Brutpflänzchen an den Wedeln können

Aspidistra elatior

Asphodelus albus

Asphodelus aestivus

Asphodelus albus

Aster amellus 'Violet Queen'

Astelia nervosa

Aster amellus 'King George'

Aster amellus 'Sonia'

entfernt und selbst eingepflanzt werden. Sie ist als Zimmerpflanze mindestens genauso gut wie *A. bulbiferum* geeignet, jedoch etwas kälteempfindlicher.

Asplenium nidus

NESTFARN

Dieser über die gesamten Tropen verbreitete, epiphytische Farn wächst in Regenwäldern auf Bäumen und Felsen. Die glänzendgrünen, dünnen, zungenartigen Wedel besitzen gewellte Ränder und eine erhabene, nahezu schwarze Mittelrippe. Sie wachsen strahlenförmig aus einem dicht behaarten Grundstamm, was entfernt an ein Vogelnest erinnert, worauf sich auch der deutsche Name bezieht. Der Farn braucht Wärme und reichlich Feuchtigkeit. Der sehr ähnliche *Asplenium australasicum* ist an etwas kühlere Bedingungen angepaßt.

Asplenium scolopendrium

Syn. *Phyllitis scolopendrium*

HIRSCHZUNGENFARN, HIRSCHZUNGE

Diese frostharte Art aus Nordamerika, Europa und Asien wird in vielfältiger Gestalt als Freilandstaude gezogen. Typischerweise hat sie breite, bandförmige, bis zu 40 cm langen, ungeteilte Wedel, die bei Sorten aber auch pfeilförmig, geteilt, an den Rändern gekräuselt oder panaschiert sein können.

Asplenium trichomanes

BRAUNSTIELIGER STREIFENFARN

Diese immergrüne oder halbimmergrüne Art entwickelt 10–20 cm lange, dunkelgrüne, gefiederte Wedel. Sie wächst vor allem auf Kalkfelsen und ist völlig winterhart.

ASTELIA

Diese etwa 25 Arten immergrüner Rhizomstauden umfassende Gattung ist in der südlichen Hemisphäre weit verbreitet – so etwa auf den Falklandinseln, Mauritius und Réunion, im südöstlichen Australien und in Neuseeland, wo die meisten Arten wachsen. Die stattlichen, schwertförmigen Blätter wachsen rosettig oder horstig, die Höhe der Pflanzen reicht von 5 cm bis über 2,5 m. Die meisten haben ganz oder nur an der Unterseite silbrig schimmernde, fein seidig behaarte Blätter. Die Habitate reichen von alpinen Mooren bis zu gemäßigten Regenwäldern; hier wachsen im allgemeinen die größeren Arten, z.T. als Epiphyten. Den unauffälligen, in vielen Fällen unter den Blättern verborgenen Blüten folgen bei vielen Arten auffällige Büschel leuchtend gefärbter Beeren. Es existieren zweihäusige und einhäusige, getrenntgeschlechtige Arten.

PFLEGE UND VERMEHRUNG: Die nicht winterharten Arten wachsen willig in feuchtem, torfigem, durchlässigem Boden in voller Sonne oder Halbschatten, wenige Arten gedeihen in sumpfigem Boden. Die Vermehrung erfolgt durch Samen oder Teilung.

Astelia chathamica

Die von den abgelegenen Chatham-Inseln stammende Art gehört mit ihren hellen, fast metallisch silbrigen Blättern zu den beeindruckendsten der 13 neuseeländischen Arten. Sie bildet einen dichten, bis zu 1,5 m hohen und bis zu 2 m breiten Horst. Den kleinen Blüten folgen bei weiblichen Pflanzen leuchtend orangefarbene Beeren. Sie wachsen am besten in voller Sonne.

Astelia nervosa

Diese bis über 2 m breite und bis 90 cm hohe, wüchsige, horstbildende neuseeländische Art wird wegen ihrer silbrig behaarten, 0,5–2 m langen, schmalen, gebogenen Blätter geschätzt. Im Sommer erscheinen an der Spitze der schlanken Stengel sternförmige, hellbraune, duftende Blüten in Büscheln. Ihnen folgen kleine grüne, reif orangerote Früchte.

ASTER

ASTER

Zu dieser großen Gattung zählen über 250 in den gemäßigten Regionen der nördlichen Hemisphäre (meist in Nordamerika) heimische Arten von Stauden und sommer- oder immergrünen Halbsträuchern, die in der Größe von für Steingärten geeignete Zwergarten bis hin zu 2 m hohen Riesen reichen. Die einfachen und meist ganzrandigen, bisweilen behaarten Blätter sind oft klein. Die schönen Blütenkörbchen erscheinen in der Regel im Spätsommer oder Herbst in den vielfältigsten Farben, darunter Blau, Violett, Purpur, Rosa, Rot und Weiß, mit gelben oder purpurfarbenen Scheibenblüten. Zahlreiche Sorten wurden früher unter der Art ihrer Eltern geführt, werden heute aber wegen der immer komplizierteren Abstammungsverhältnisse einer eigenen Gruppe zugeordnet. Ein typisches Beispiel hierfür ist *Aster* **'Coombe's Violet'**. Die großblütigen »Chrysanthemen« werden heute unter *Callistephus* geführt.

PFLEGE UND VERMEHRUNG: Die Pflanzen sind leicht zu ziehen, bevorzugen Sonne und durchlässigen, am besten mit Kompost angereicherten Boden. Sie sollten immer ausreichend feucht gehalten und vor starkem Wind geschützt werden. Größere Arten brauchen eine Stütze. Starker Rückschnitt nach der Blüte ist empfehlenswert. Die Vermehrung erfolgt durch Teilung im Frühjahr oder Spätherbst oder durch krautige Stecklinge im Frühjahr. Sie sollten alle zwei bis drei Jahre geteilt werden, wobei man besonders die wüchsigen Außenteile der Horste weiterverwenden sollte. Mehltau, Rostpilz, Blattläuse und Schnecken können Probleme bereiten.

Aster alpinus

ALPENASTER

Diese horstige, in der Regel 15–30 cm hohe und 45 cm breite Art europäischer Gebirge trägt vom späten Frühjahr bis zum Hochsommer große, violettblaue, in der Mitte gelbe Blütenkörbe; das Laub ist dunkelgrün. Die beliebte Steingartenpflanze ist völlig winterhart. Zu den zahlreichen benannten Sorten zählt die bis zu 20 cm hohe **'Trimix'** mit dreifarbigen, rosa, blauen und weißen Blüten.

Aster amellus

BERGASTER

Diese in der östlichen Hälfte Europas und der Türkei heimische Art ist in Gärten in zahlreichen winterharten Sorten vertreten. In der Regel ist sie 45–60 cm hoch, hat längliche, manchmal leicht behaarte Grundblätter sowie aufrechte, bei zuviel Schatten überhängende Stengel. Sie breitet sich unterirdisch durch Rhizome aus, gilt aber nicht als wuchernd und ist außerordentlich resistent gegen Krankheiten. Die großen, duftenden Blütenköpfe sind rosa und purpurblau; zu den beliebten, farbintensiven Kulturformen zählen die tiefviolette **'King George'**, die etwas blassere **'Violet Queen'** und die hellrosa **'Sonia'**.

Asplenium nidus

Aster alpinus

Aster 'Coombe's Violet'

Aster ericoides

Aster ericoides 'White Heather'

Aster divaricatus

Aster cordifolius

Diese bis zu 1,5 m hohe, in den östlichen USA und Kanada heimische Art muß in der Regel gestützt werden, sobald die blaß- bis dunkelblauen Blüten im Spätsommer und Frühherbst voll erblüht sind. Sie zählt zu den Arten, die sich an Waldbedingungen anpassen können – hier kann ihre übergebogene Wuchsform angenehm ungezwungen wirken. In Gärten ist sie in der Regel durch die Sorte **'Silver Spray'** vertreten, eine etwas kompaktere Pflanze mit fedrigem Laub und lilablaßblauen Blüten.

Aster divaricatus

Diese charakteristische, nordamerikanische Art entwickelt bis zu 60 cm hohe, schlanke, drahtige, dunkel mahagonifarbene Stengel, die oft verdreht sind, unten breite, oben fein zugespitzte Blätter und zarte, lockere Blütenzweige mit kleinen weißen Blütenköpfen. Die sich durch Rhizome ausbreitende, locker horstige, winterharte Pflanze eignet sich besonders für Waldgärten. Bisweilen erscheinen größere und robustere Formen.

Aster ericoides

MYRTENASTER

Der Artname bedeutet in etwa »*Erica*-blättrig«. In der Tat sind die Blätter dieser frostharten Art aus den östlichen und mittleren USA sowie Nordmexiko wenigstens oben am Stengel sehr klein und schmal. Die vom Hochsommer bis in den Herbst an bis zu 1 m hohen Trieben getragenen, unzähligen, kleinen weißen Blütenköpfe sind sehr attraktiv, auch bei der kompakteren Sorte **'White Heather'**. Es existieren einige Sorten von unterschiedlicher Höhe mit meist blaßrosa oder gelblichen Blüten. Die Schnittblumen sind bei Floristen beliebt.

Aster × *frikartii*

Diese Gartenhybride aus *Aster amellus* und *A. thomsonii* stammt aus dem Himalaja; die Ursprungshybride mit sehr großen, violettblauen Blütenköpfen ist trotz der Züchtung zahlreicher neuerer Kulturformen immer noch außerordentlich beliebt. Die ziemlich enge Horste bildende Pflanze wird etwa 75 cm hoch. **'Mönch'** ist eine sehr reichblühende Pflanze mit blauen, langlebigen Blüten; die größere **'Wunder von Stäfa'** trägt während der ganzen Sommermonate lavendelblaue Blüten.

Aster lateriflorus

Diese äußerst dekorative, im östlichen und zentralen Nordamerika heimische, frostharte Aster wird bis zu 1,2 m hoch. Sie besitzt ausladende Zweige; die kleinen Blätter färben sich im Herbst malerisch kupfer-purpurfarben, sobald die lila, zur Mitte hin karminroten Blütenköpfe erscheinen. **'Horizontalis'** ist eine niedrige, breiter werdende Sorte, sie hat fast weiße Blütenköpfe mit breiter bräunlicher Mitte.

Aster linariifolius

Die gerade mal 30–60 cm hohen und 30 cm breiten, etwas steif wirkenden Horste sind im Spätsommer und Frühherbst mit etwa 2,5 cm breiten, weichen, lavendel-rosafarbenen Blütenkörbchen bedeckt. Diese Art braucht keine Stütze und bildet eine wunderschöne niedrige Blütenhecke.

Aster linosyris × *Aster sedifolius*

Aster novae-angliae 'Barr's Pink'

Aster linosyris

GOLDHAARASTER

Diese Art aus Europa, Nordafrika und Westasien unterscheidet sich erheblich von den üblichen Astern. Die ziemlich unauffällige Pflanze eignet sich gut für Gebiete mit heißen und trockenen Sommern. Die Goldhaaraster wird bis zu 60 cm hoch, hat sehr feines, stumpf-graugrünes Laub und trägt im Spätsommer aufrechte Blütenstände mit kleinen gelben Köpfen, denen die Zungenblüten fehlen; diese Eigenschaft dominiert in der Kreuzung mit *Aster sedifolius* (***A. linosyris* × *A. sedifolius***).

Aster novae-angliae

RAUHBLATTASTER

Von dieser ursprünglich in den östlichen und mittleren Regionen der USA heimischen, dort weitverbreiteten Art existieren zahlreiche Sorten, deren Blütenformen und -farben beträchtlich variieren. Die wüchsigen Horste aus aufrechten, 1–1,5 m hohen Trieben müssen gestützt werden, wenn sie sich unter dem Gewicht der großen, lockeren Blütenbüschel neigen. Zu den Sorten zählen die spätblühende, rosa **'Harrington's Pink'**, die rosarote, mehltauresistente **'Barr's Pink'**, die kirschrote **'September Ruby'** sowie **'Hella Lacy'**. Die kompakt wachsende, 1,2 m hohe **'Andenken an Alma Pötschke'** (kurz **'Alma Pötschke'**) hat Blüten in leuchtendem Rosarot. Diese winterharten Astern bevorzugen feuchten, reichen Boden in voller Sonne.

Aster novi-belgii 'Court Herald'

Aster novi-belgii

GLATTBLATTASTER

Die Glattblattaster ist wild an der amerikanischen Ostküste von Neufundland bis hinunter nach Georgia heimisch. Von ihr stammen zahlreiche Gartensorten ab, deren Blütenfarben vom blassesten Mauve bis Violett und tiefem Rosa reichen und deren Blüten unterschiedlich stark gefüllt sind. Sie gehören zu den am besten geeigneten Rabattenstauden'; im Frühjahr und Sommer sollten sie großzügig gewässert und gedüngt werden. Auf Mehltau ist zu achten. Zu den Sorten zählen **'Court Herald'** sowie **'Mulberry'** mit großen, halbgefüllten, maulbeerroten Blüten; die nach einem führenden Asternzüchter benannte, bis zu 1 m hohe **'Ernest Ballard'** mit großen, purpurroten Blüten sowie die kompakte, 30 cm hohe **'Audrey'** mit gefüllten lavendelfarbenen Blüten im Herbst.

Aster novi-belgii 'Ernest Ballard'

Aster novi-belgii 'Audrey'

Aster novae-angliae 'Andenken an Alma Pötschke'

Aster sedifolius

Aster umbellatus

Astilbe chinensis var. *davidii*

Astilbe, Arendsii-Hybride, 'Europa'

Astilbe, A.-Hybride, 'Brautschleier'

Astilbe, Arendsii-Hybride, 'Fanal'

Aster sedifolius

Die in Zentral- und Südeuropa heimische, gutwüchsige, ausladende und bis zu 1 m hohe Staude wird bisweilen einjährig gezogen. Sie hat kleine Blätter und trägt in der langen Blütezeit, die vom späten Frühjahr bis zum Herbst reichen kann, zahllose rosa, violettblaue oder purpurfarbene Bütenköpfe.

Aster umbellatus

Diese robuste, winterharte Aster aus den östlichen Vereinigten Staaten kann eine Höhe von bis zu 1,2 m erreichen. Zur Blütezeit sind die ziemlich breiten, grundständigen Blätter schon verwelkt, nur die kleineren Stengelblätter noch nicht. Im Sommer erscheinen in dichten Büscheln 2–2,5 cm breite, weiße Blütenköpfe.

ASTILBE

ASTILBE, PRACHTSPIERE

Diese Gattung umfaßt 14 Arten von hübschen, von Früh- bis Spätsommer blühenden Stauden, die zumeist in Ostasien in feuchtem Waldboden an Bachrändern wachsen; zwei Arten kommen im Osten der Vereinigten Staaten vor. Sie tragen grundständige, farnartige, zusammengesetzte Blätter mit in der Regel scharf gezähnten Fiederblättern. Die zugespitzten, federartigen Rispen kleiner, weißer bis rosa oder roter Blüten erheben sich deutlich über das Laub. Zumeist werden die unter *Astilbe* × *arendsii* zusammengefaßten Hybriden gezogen, zahlreiche neuere Hybriden haben aber eine andere Abstammung.

PFLEGE UND VERMEHRUNG: Die winterharten Freilandstauden brauchen leichten Schatten und reichen, lehmigen, nie austrocknenden Boden, der aber vor allem im Winter nicht unter Wasser stehen darf. Sie sind gute Schnittblumen und können auch in Töpfen gezogen und dann in voller Blüte für einige Zeit ins Haus gebracht werden. Sie lassen sich auch im Gewächshaus vortreiben. Die Vermehrung erfolgt durch Teilung im Winter.

Astilbe, Arendsii-Hybriden

Diese aus den vier asiatischen Arten *Astilbe astilboides*, *A. japonica*, *A. davidii* und *A. thunbergii* entwickelte Hybridgruppe ist nach dem deutschen Gärtner Georg Arends (1863–1952) benannt, dem wir viele der schönsten Sorten verdanken. Die Höhe variiert von 0,5 bis 1 m, die Breite von 50–75 cm. Vom späten Frühjahr bis Frühsommer werden verschiedenfarbige fedrige Blütenähren hervorgebracht. Zu den von rot über rosa bis weiß blühenden Sorten zählen **'Amethyst'** mit blaß purpur- bis rosafarbenen Blüten, **'Fanal'** mit langlebigen scharlachroten Blüten, die weiße **'Brautschleier'**, die tief-rosarote **'Rheinland'** und die blaßrosa **'Europa'**.

Astilbe 'Betsy Cuperus'

Diese große Hybridsorte wird bis zu 1 m hoch, hat tiefgrünes Laub und übergebogene Blütenstiele mit blaß pfirsichfarbenen Blüten.

Astilbe chinensis

Diese attraktive, in China, Korea und Ostsibirien heimische, bis zu 60 cm hohe Art trägt im Spätsommer dichte, flockige Blütenähren aus kleinen, sternförmigen, weißen, rosa überlaufenen Blüten. Sie bildet Matten aus gezähnten, behaarten, dunkelgrünen Fiederblättern. Die bis zu 30 cm hohe Zwergform **'Pumila'** mit rosa-mauvefarbenen Blüten wächst auch auf schwereren Lehmböden und breitet sich bei günstigen Bedingungen schnell aus. Die purpurrosa Blüten der bis zu 2 m hohen ***Astilbe chinensis* var. *davidii*** wachsen gedrängt an langen, schlanken Rispen; auffällig sind die bronze getönten jungen Blätter. Die etwa 1 m hohe ***A. c.* var. *taquetii*** hat lavendel-rosafarbene Blüten.

Astilbe 'Perkeo'

Diese zu einer Gruppe kleiner Gartenhybriden zählende Sorte wird in der Regel lediglich etwa 25 cm hoch und ebenso breit, hat krause, tiefeingeschnittene Blätter und in schmalen Rispen wachsende dunkelrosa Blüten. Der Neuaustrieb ist bronzefarben.

Astilbe rivularis

Als größerer Vertreter der Gattung wird diese Horststaude aus dem Himalaja und Westchina bis zu 1,5 m hoch und über 1 m breit. Die zusammengesetzten Blätter sind sehr groß. Der cremeweiße, große, fedrige Blütenstand ist deutlich verzweigt und übergebogen.

Astilbe simplicifolia

Die höchstens 30 cm hohe, japanische Miniaturart hat kein gefiedertes Laub, sondern charakteristische, tiefeingeschnittene, einfache Blätter sowie schmale Rispen aus weißen, bei vielen Sorten rosa Blüten.

Astilbe 'Straußenfeder'

Die in Deutschland gezüchtete Art wird bis zu 1 m hoch. Sie hat dekorative Blätter und charakteristische Blütenrispen mit herabhängenden Zweigen und rosaroten Blüten.

Astilbe thunbergii

Diese japanische Art findet sich selten in Gärten, ist jedoch ein wichtiger Elternteil für viele Hybriden. Sie wird bis zu 60 cm hoch und fast ebenso breit; die Blätter sind olivgrün. Die kleinen weißen, im Alter rosa Blüten erscheinen im Frühsommer an verzweigten, pyramidalen Rispen.

ASTRAGALUS

TRAGANT

Zu dieser Gattung von Leguminosen zählen rund 2000 Arten ein- und mehrjähriger Kräuter und Sträucher, die in weiten Teilen der gemäßigten Zone der

Astilbe 'Straußenfeder'

Astilbe 'Betsy Cuperus'

Astilbe chinensis 'Pumila'

Astrantia major

Astrantia major

A. major 'Sunningdale Variegated'

nördlichen Hemisphäre vorkommen. Die in der Regel gefiederten Blätter haben bis zu 45 Fiederchen, einige Arten sind dreiblättrig wie Klee. Die Größe der verschiedenen Arten reicht von kleinen Polstern bis zu 1,5 m hohen Pflanzen. Die Schmetterlingsblüten erscheinen in Ähren oder Trauben in den Blattachseln nahe der Triebenden. Einige westasiatische Arten wie etwa *Astragalus gummifer* liefern traditionell Tragantgummi, der in Kosmetika, pharmazeutischen Produkten und Eiscreme verwendet wird.

PFLEGE UND VERMEHRUNG: Die meisten Arten, die durchlässigen Boden und einen vollsonnigen Standort brauchen, ertragen leichten bis strengen Frost. Die Vermehrung der einjährigen Arten erfolgt durch Samen, die der Stauden und Sträucher auch durch Stecklinge.

Astragalus angustifolius

Die in Griechenland und dem Nahen Osten heimische, bis zu 50 cm hohe Polsterstaude hat stachelige Stengel. Die Blätter sind aus fünf bis zwölf Fiederpaaren zusammengesetzt. Im Sommer öffnen sich in Trauben angeordnete, 2,5 cm breite, creme- bis hell purpurfarbene Blüten.

ASTRANTIA

STERNDOLDE

Diese Gattung ungewöhnlicher Doldenblütler umfaßt zehn Arten von Wiesen- und Waldstauden der europäischen und westasiatischen Gebirge. Gärtner schätzen sie wegen ihrer zarten, von zugespitzten Hüllblättern umgebenen Dolden, die an drahtigen Stengeln über den mittelgrünen Horsten aus tief gezähnten, gelappten Blättern erscheinen.

PFLEGE UND VERMEHRUNG: Entsprechend ihrem natürlichen Habitat gedeihen die winterharten Stauden am besten an feuchten, fruchtbaren Waldstandorten bzw. nahe Bach- oder Teichufern mit ständig feuchtem Boden. Solange ihre Wurzeln feucht sind, ertragen sie volle Sonne, in der sich die panaschierten Arten sogar besser färben. Unter guten Bedingungen bilden sie große Horste. Vermehrung durch Teilen im zeitigen Frühjahr oder durch Samen.

Astrantia major

GROSSE STERNDOLDE, STRENZE

Diese in Mittel- und Osteuropa heimische Art hat tiefgelappte, handförmige Blätter, die eine lockere, 50 cm hohe Kuppel bilden. Daraus erheben sich die fast kahlen, bis über 60 cm hohen Stengel, die den Sommer über kompliziert gebaute, rosa oder weiße Dolden tragen. Sie sind von gleichfarbigen Hüllblättern umgeben und erinnern so an die Köpfe von Korbblütlern. Die etwas größere **'Rosea'** blüht tief rosafarben, **'Sunningdale Variegated'** wird wegen ihres dichten Teppichs aus großen, gelb und cremefarben panaschierten Blättern und ihrer zarten, rosaweißen Blüten gepflanzt.

Astrantia maxima

Diese fast 1 m hohe Art liebt reichen, fruchtbaren Boden, den sie dem Gärtner im Sommer mit wunderschönen Dolden aus blaßrosa Blüten über perlmuttrosa Hüllblättern dankt.

ASTROPHYTUM

STERNKAKTUS, BISCHOFSMÜTZE

Diese beliebte Gattung umfaßt sechs unterschiedlich große Arten in Mexiko heimischer, langsamwachsender Kakteen, die sternförmig – daher der griechische Gattungsname (»Sternpflanze«) –, länglich oder kugelig geformt sein können. Die meist unverzweigten Pflanzen sind in fünf bis zehn weiche, erhabene Rippen unterteilt; einige sind dick behaart, andere mit einem Muster winziger Schuppen bedeckt. Die großen Blüten mit glänzendgelben bis goldgelben, bisweilen an der Basis roten Blütenblättern erscheinen im Sommer oder Herbst an der Spitze der Pflanzen.

PFLEGE UND VERMEHRUNG: Die frostempfindlichen Kakteen bevorzugen sehr gutdurchlässigen, alkalischen Boden und volle Sonne. Außerhalb der hochsommerlichen Wachstumsperiode sollten sie trocken gehalten werden. Die Vermehrung erfolgt durch Samen im Frühjahr und Sommer. Spitzen älterer Pflanzen kann man auf widerstandsfähigere Kakteen veredeln, die aus der gestutzten Basis wachsenden Triebe als Stecklinge bewurzelt werden.

Astrophytum asterias

Astrophytum asterias

SEEIGELKAKTUS

Dieser gräulichgrüne, höchstens 8 cm hohe und 10 cm breite, stachellose Kaktus ist einem Seeigel ähnlich geformt. Er besitzt weiche, vertikale Rippen mit kleinen, weißen Areolen und ist mit feinen weißen Schuppen bedeckt. Im Sommer erscheinen gelbe, in der Mitte orangerote Blüten.

Astrophytum myriostigma

BISCHOFSMÜTZE

Diese merkwürdige, ebenfalls ziemlich stachellose Art wird bis zu 30 cm hoch und 10 cm breit. Der gräulichgrüne Körper ist in vier bis acht erhabene Rippen unterteilt und charakteristisch mit kleinen, weißen Schuppen dicht bedeckt. Im Sommer erscheinen glänzende gelbe Blüten. Bei der sehr variablen Art werden eine Reihe von Varietäten unterschieden. Charakteristisch für *Astrophytum myriostigma* var. *quadricostata* sind die vier fetten, nur durch flache Furchen unterteilten Rippen.

Astrophytum ornatum

STERNKAKTUS

Diese zylindrisch geformte, bis zu 40 cm hohe und 15 cm breite Art zählt zu den am meisten gezogenen Kakteen. Auf ihren fünf bis acht ziemlich scharfen Rippen reihen sich gelbe Stacheln, die kleinen weißen Schuppen bilden auf den Rippen interessante Muster unterschiedlicher Dichte. Im Sommer erscheinen gelbe Blüten.

ATHEROSPERMA

Diese monospezifische Gattung kommt in den kühl-gemäßigten Regenwäldern Tasmaniens und Südostaustraliens vor, häufig in Verbindung mit der bekannteren *Nothofagus* (Südbuche). Zu den aromatischen, öligen Substanzen des Holzes, der Rinde und des Laubs gehört das Sassafrasöl, das sich auch im nordamerikani-

Astragalus angustifolius

A myriostigma var. *quadricostata*

Astrophytum myriostigma

Astrophytum ornatum

A

schen Sassafras *(Sassafras albidum)* findet. Dieses traditionell als Heilmittel verwendete Öl gilt heute als äußerst giftig.
PFLEGE UND VERMEHRUNG: Die Art ist selten in Kultur und – wegen ihrer symmetrischen Form und der zerstreuten, kleinen weißen Blüten – nur lohnend für größere Sammlungen. Die in milderen Teilen Großbritanniens schon erfolgreich gezogene *Atherosperma moschatum* liebt geschützte, feuchte Lagen in tiefem, feuchtem Boden. Sie wird durch Samen oder Stecklinge vermehrt und ist sehr frostempfindlich.

Atherosperma moschatum

Diese in Bergschluchten fast 30 m hohe, immergrüne Art wirkt wegen ihres feinen, gräulichen Laubs und der lang zugespitzten Krone von Ferne wie eine Konifere. Die nach Moschus duftenden, schmalen, gegenständigen Blätter sind oberseits dunkelgrün und unterseits blasser pelzig behaart. Die attraktiven weißen Blüten erscheinen im Frühjahr.

Atriplex cinerea

ATHROTAXIS

SCHUPPENFICHTE

Tasmanien mit seinen kühl-gemäßigten Regenwäldern ist ungewöhnlich reich an Koniferen, darunter auch die überaus schöne *Athrotaxis*. Die drei Arten der Gattung ähneln in Laub und Zapfen etwas der japanischen *Cryptomeria* und der amerikanischen *Sequoiadendron,* wachsen jedoch sehr viel langsamer und kompakter zu mäßig großen Bäumen heran.
PFLEGE UND VERMEHRUNG: *Athrotaxis*-Arten wachsen nur im feucht-kühlen Klima und erreichen hier frühestens nach 20 bis 30 Jahren Baumgröße, sind aber schon als dichte, buschige Bäumchen äußerst attraktiv. Die in Mitteleuropa nicht winterharten Bäume werden durch Samen oder Stecklinge vermehrt.

Athrotaxis cupressoides

Diese wild hoch in den westtasmanischen Bergen vorkommende, symmetrisch wachsende Art kann in seltenen Fällen bis zu 15 m hoch werden. Heller als bei den meisten Koniferen ist ihr blaßgrünes bis leicht gelbliches Laub. Die von Schuppenblättern fest bedeckten Zweige sind viel dicker und fleischiger als bei Zypressen. Der hübsche Baum braucht zehn oder mehr Jahre, nur um Strauchgröße zu erreichen.

Athrotaxis × *laxifolia*

In der Regel wird dieser Baum zwar als die seltenste, dritte Wildart der Gattung behandelt, doch bei Botanikern gilt er seit langem als Naturhybride zwischen *Athrotaxis cupressoides* and *A. selaginoides*. Er ist in vielen Eigenschaften intermediär und kommt in der Nähe dieser beiden Arten vor, zwischen denen der bis über 10 m hohe, attraktiv kegelfömige Baum auch kultiviert eine Zwischenstellung einnimmt.

Athrotaxis cupressoides

Athrotaxis × *laxifolia*

Athyrium filix-femina 'Minutissimum'

Athyrium nipponicum 'Pictum'

Athrotaxis selaginoides

Das langsame Wachstum dieses früher für die Holzgewinnung wichtigen Baums zeigen die über 30 Jahresringe pro 2,5 cm , die Proben in Holzsammlungen aufweisen können. Er wird bis zu 30 m, meistens jedoch nur halb so hoch, sein Stamm kann einen Durchmesser von 2,5 m erreichen. Die eingerollten, sehr spitzen, hellgrünen Nadelschuppen sind an der Unterseite weiß gestreift. Im Frühjahr erscheinen kleine orangebraune Zapfen. Die weiche, rötlichbraune Rinde ist sehr dick.

ATHYRIUM

FRAUENFARN

Zu dieser fast weltweit vorkommenden Gattung zählen rund 180 Arten, die in gemäßigten, tropischen und sogar alpinen Regionen vorkommen. Arten aus kühleren Gebieten sind sommergrün, zahlreiche tropische und subtropische Frauenfarne dagegen immergrün. Sie haben kriechende Rhizome und aufrechte, einfache bis dreifach gefiederte Wedel mit gerillten Stielen.
PFLEGE UND VERMEHRUNG: Diese zumeist terrestrischen, selten epiphytischen Farne gedeihen in feuchter Atmosphäre und sind entsprechend empfindlich gegen Austrocknung. Im Garten brauchen sie Schatten, Feuchtigkeit und leicht sauren, humusreichen, fruchtbaren Boden. Vermehrung durch Sporen oder Teilung. Einige Sorten des beliebten *Athyrium filix-femina* können Bulbillen bilden, aus denen einfach neue Pflänzchen gezogen werden können.

Athyrium filix-femina

Syn. *Asplenium filix-femina*
FRAUENFARN

Von dem in viktorianischen Farngärten sehr beliebten, winterharten Frauenfarn gibt es eine Reihe von Gartensorten mit panaschierten oder ungewöhnlich gestalteten oder geteilten Blättern mit Namen wie **'Fritzelliae'**, **'Pulcherrimum'** und **'Victoria'**. Die in den gemäßigten Teilen der nördlichen Hemisphäre heimische, hübsche Stammform hat zartgrüne, vielfach geteilte Blätter, kann je nach Varietät zwischen 40 und 120 cm hoch werden und bildet mit der Zeit große Horste. Die nur 15 cm hohe und breite Zwergform **'Minutissimum'** muß so gepflanzt werden, daß sie nicht von robusteren Pflanzen überwachsen wird.

Atherosperma moschatum

Athyrium nipponicum 'Pictum'

JAPANISCHER REGENBOGENFARN, BROKATFARN

Diese in Japan heimische, bis zu 45 cm hohe, winterharte Art wird wegen ihrer weichen, jung metallischgrauen, bläulich oder rötlich schattierten Wedel geschätzt. Humusreicher, angemessen feuchter Lehmboden in halbschattigen Lagen führt zur besten Laubfärbung.

ATRIPLEX

MELDE

Zu dieser Gattung zählen etwa 100 Arten ein- und mehrjähriger Kräuter, Halbsträucher und Sträucher aus gemäßigten bis subtropischen Breiten, wobei die meisten der strauchigen Zier- oder Nutzpflanzen entweder aus den westlichen und zentralen USA oder aus Zentralaustralien stammen. Oft erscheinen die Arten aufgrund eines feinen Überzugs aus Schuppen oder blasenartigen Oberflächenzellen gräulichweiß. Die variablen Blätter können klein und abgerundet, unterschiedlich gezähnt oder pfeilförmig sein. Die nach Geschlechtern getrennten Blüten sind in der Regel klein und unauffällig, einige Arten entwickeln auffällige schwammige Früchte. Die wenig spektakulären Pflanzen werden vor allem wegen der interessanten Blätter und Wuchsformen gezogen. Es gibt feuerresistente und gegen unterschiedlichste Bedingungen harte Arten, oft werden sie zum Erosionsschutz eingesetzt. Einige sind wegen ihrer Salzverträglichkeit geschätzte Futterpflanzen.
PFLEGE UND VERMEHRUNG: Einige Arten sind Küstenpflanzen und wachsen in Lagen, in denen andere Pflanzen wegen der salzigen Gischt nicht überleben würden. Viele stammen aus ariden Gebieten und gedeihen in trockener Luft. Sie wachsen leicht in jedem Boden in voller Sonne und sind unterschiedlich winterhart. Vermehrung durch Samen oder Stecklinge.

Atriplex cinerea

Dieser attraktive, nicht frostharte Halbstrauch von der südaustralischen Küste bildet mit 60–90 cm Höhe und 2 m Breite einen lockeren Hügel. Die schmal zungenförmigen, fleischigen Blätter sind gräulich, die stumpfgelblichen oder rötlichen Blüten erscheinen in kurzen, dichten, endständigen Ähren.

Atriplex hortensis

GARTENMELDE

Die eßbaren Blätter dieser einjährigen, vermutlich aus Asien stammenden Art

A

lieferten in vielen mitteleuropäischen Ländern ein beliebtes Salat- oder Kochgemüse. Die bis zu 2,5 m hohen Pflanzen tragen ab Hochsommer Blütenköpfe mit kleinen gelbgrünen Blüten. Die unteren, spinatartigen, bis zu 10 cm langen Blätter sind ungefähr dreieckig geformt und nicht sehr tief gelappt. Die Varietät ***Atriplex hortensis*** **var.** ***rubra*** (Syn. *A. h.* var. *atrosanguinea*) besitzt purpurfarbene Blätter und rote Stengel.

Atriplex lentiformis subsp. *breweri*

Dieser zähe, graublättrige Strauch ist an die trockenen Bedingungen seiner Heimat im Südwesten der Vereinigten Staaten angepaßt, aber sehr frostempfindlich. Mit einer Höhe und Breite von 2–2,5 m eignet er sich in entsprechend warmen Gebieten als Sichtschutz, für naturnahe Hecken oder Wildgärten. Die Blüten und Früchte sind unauffällig, für Vögel aber attraktiv. Er erträgt sehr heiße, trockene Bedingungen und sogar hoch alkalische Böden.

ATROPA

TOLLKIRSCHE

Diese vier Arten aus Europa, Westasien und Nordafrika umfassende Gattung ist mit der viel größeren Gattung *Solanum* nahe verwandt. Sie ist vor allem durch die Tollkirsche *(Atropa belladonna)* bekannt. Die Pflanzen haben eine strauchartige, verzweigte Wuchsform und dünne, weiche, ganzrandige Blätter. Die glockenförmigen Blüten erscheinen einzeln nahe den Zweigspitzen; ihnen folgen schwarze Beeren, die in einem großen, bleibenden Kelch sitzen. Alle Pflanzenteile sind giftig und narkotisch. Sie enthalten eine Mischung verschiedener Alkaloide. Deren Hauptbestandteil, Atropin, wird noch heute medizinisch zur Erweiterung von Pupillen und Blutgefäßen und zur Muskelentspannung verwendet.
PFLEGE UND VERMEHRUNG: Die heute vor allem als Kuriosität und zu Lehrzwecken gezogenen Pflanzen bevorzugen geschützte, feuchte Lagen und fruchtbaren Boden. Die Vermehrung erfolgt durch Samen.

Atropa belladonna

TOLLKIRSCHE

Die in großen Teilen Europas (außer im Norden), in Nordafrika und Südwestasien heimische Tollkirsche wird etwa 1 m hoch und hat eine ausladende, buschige

Atriplex lentiformis subsp. *breweri*

Atropa belladonna

Wuchsform. Den hängenden, dunkel purpurfarbenen Blüten des Sommers folgen im Herbst glänzende schwarze Beeren. Der Artname *belladonna* (»schöne Frau«) bezieht sich auf die frühere Verwendung als die Pupillen erweiterndes Schönheitsmittel.

AUBRIETA

BLAUKISSEN

Im Gegensatz zu vielen anderen Gebirgspflanzen sind Blaukissen keine winzigen, anspruchsvollen Extremisten. Am Rand von Rabatten oder an Mauern bilden die meist etwa 15 cm hohen Pflanzen wahre Farbteppiche, wachsen mehrere Jahre üppig und bedecken sich im Frühjahr mit vierblättrigen Blüten hauptsächlich in violetten Schattierungen. Etwa ein Dutzend Arten ist von den Bergen des Mittelmeerraums bis zum Iran heimisch. Die am häufigsten in Gärten zu bewundernden Arten sind Hybriden, die vor allem von *Aubrieta deltoidea* abstammen. Der manchmal auch *Aubrietia* geschriebene Gattungsname erinnert an den französischen Pflanzenmaler Claude Aubriet (1668–1743).
PFLEGE UND VERMEHRUNG: Die frostharten Pflanzen wachsen leicht im gemäßigten Klima, brauchen nur Sonne oder etwas Schatten und fruchtbaren, durchlässigen Boden. Da sie kurzlebig sind, sollten alle drei oder vier Jahre im Sommer einige Stecklinge abgenommen werden. Schnelle Vermehrung auch durch Teilung von Stöcken.

Aubrieta × *cultorum*

Unter dieser Bezeichnung werden zahlreiche Gartenhybriden mit unbekannten Eltern und unterschiedlichen Wuchsformen und Blüten subsumiert. Die Blütenfarben reichen von Weiß über Rosa und

Atriplex hortensis var. *rubra*

Aubrieta × *cultorum* 'Cobalt Violet'

Aubrieta deltoidea

Aubrieta macedonica

Purpur bis zu Violett, es gibt auch gefüllte Sorten und solche mit panaschiertem Laub. Einige Beispiele sind **'Cobalt Violet'**, **'Purple Gem'** und **'Doctor Mules'** mit üppig blauvioletten Blüten.

Aubrieta deltoidea

Diese in Südosteuropa und der Türkei heimische, kompakte, polsterbildende Staude mit grünlichgrauen Blättern trägt während der langen Blütezeit im Frühjahr unzählige sternförmige, mauve-rosafarbene Blüten. Die Art wird heute selten gezogen, kultiviert werden meistens als *Aubrieta* × *cultorum* bezeichnete Hybriden, die aber häufig unter *A. deltoidea* geführt werden.

Aubrieta gracilis

Diese zarte, dünne Polster bildende Art mit kleinen, schmalen Blättern stammt aus Griechenland und Albanien. An den schlanken, 8–10 cm hohen Blütenstengeln erscheinen im Sommer 1–2 cm breite, purpurfarbene Blüten. ***Aubrieta macedonica*** ist eine sehr ähnliche Art.

AUCUBA

AUKUBE

Zu dieser ostasiatischen Gattung zählen drei Arten von Sträuchern, die wegen ihrer Unempfindlichkeit gegenüber Schatten sowie ihrer großen, oft farbigen, immergrünen Blätter geschätzt werden.

Aubrieta gracilis

Männliche und weibliche Blüten wachsen an verschiedenen Pflanzen, im Herbst erscheinen an den weiblichen Sträuchern Büschel aus großen, roten Beeren. Viele Kulturformen mit unterschiedlich gemusterten Blättern stammen von einer weitverbreiteten Art ab.
PFLEGE UND VERMEHRUNG: Die zähen, anspruchslosen, Verschmutzung und tiefen Schatten überstehenden, aber sehr frostempfindlichen Pflanzen reagieren auf bessere und hellere Lagen mit üppigem Wachstum. Die langlebigen, aber zarten Blätter sollten vor Wind geschützt werden. Anpflanzung ist in jedem Boden im Halb- oder Vollschatten möglich, die panaschierten Sorten jedoch nicht in voller Sonne. Die Vermehrung erfolgt durch Samen oder Stecklinge.

A

Aucuba japonica 'Crotonifolia'

Aurinia saxatilis

Austrocedrus chilensis

Avena sativa

Aucuba japonica 'Variegata'

Austrocedrus chilensis

Aurinia saxatilis 'Citrina'

Aucuba japonica

Der 1–2 m hohe Strauch breitet sich durch grundständige Triebe und über Ableger seiner schwachen, weichholzigen Stengel aus. Diese stützen sich bei zunehmender Dichte gegenseitig und können so bis zu 3 m Höhe erreichen. Die dicken, weichen, bis zu 25 cm langen, glänzenden Blätter sind sehr unterschiedlich gezähnt. Den Blütenzweigen mit kleinen rötlichen Blüten im Frühjahr können im Frühherbst herabhängende Büschel mit 1 cm langen, roten Beeren folgen. Die Blätter von **'Variegata'** (weiblich) sind dicht gelb gesprenkelt, die von **'Crotonifolia'** (männlich) üppig gelb gefleckt.

AURINIA

STEINKRAUT

Zu dieser Gattung gehören sieben zwei- und mehrjährige immergrüne, von Mittel- und Südeuropa bis zur Ukraine und der Türkei heimische Kräuter, die früher zu *Alyssum* gezählt wurden. Die meist ziemlich schmalen Blätter der meist kleinen, in die Breite gehenden Polsterpflanzen bilden anfangs grundständige Rosetten. Im Frühjahr und Frühsommer tragen sie längliche Blütentriebe mit kleinen, gelben oder weißen Blüten.

PFLEGE UND VERMEHRUNG: Angepflanzt wird die frostharte Art in leichtem, kiesigem, durchlässigem Boden in voller Sonne idealerweise in Steingärten, Felsspalten oder auf Trockenmauern. Die Vermehrung erfolgt durch Samen oder kleine Spitzenstecklinge, in guten Lagen selbstvermehrend.

Aurinia saxatilis

Syn. *Alyssum saxatile*

FELSENSTEINKRAUT

Die einzige in Kultur verbreitete, beliebte Steingarten- oder Mauerpflanze ist in Mittel- und Südosteuropa heimisch. Sie hat graugrüne, behaarte Blätter, bildet ziemlich lockere, bis zu 25 cm hohe Kissen und ist im Frühjahr und Frühsommer mit zahllosen goldgelben Blüten bedeckt. Zu den zahlreichen Sorten gehören **'Argentea'** mit ganz silbrigen Blättern, **'Citrina'** mit zitronengelben Blüten, die sich bis zu 30 cm aufwölbende **'Gold Dust'** mit tief-goldgelben Blüten, **'Sulphurea'** mit strahlendgelben Blüten und **'Tom Thumb'**, eine 10 cm hohe Zwergform mit kleinen Blättern.

AUSTROCEDRUS

Die einzige Art dieser im gemäßigten Südamerika heimischen Gattung ist eine *Thuja*-artige Konifere mit abgeflachten Büscheln flacher Zweige und kleinen, schmalen Zapfen mit schwachen verholzten Schuppen. Die kleinen, sehr feinen, farnartigen Zweige sind an der Unterseite hübsch bläulich gestreift. In seiner Heimat Chile ist das duftende, haltbare, leicht zu bearbeitende, rötliche Holz bei Kunst- und Möbeltischlern begehrt.

PFLEGE UND VERMEHRUNG: Die nicht frostharte Konifere überlebt bei mildem Klima auch in exponierten Lagen, schätzt aber auch dort etwas Schutz und tiefen, feuchten Boden. Ihre Vermehrung erfolgt durch Samen oder Stecklinge.

Austrocedrus chilensis

Die in den chilenischen und argentinischen Anden in Höhen zwischen 900 und 1800 m heimische, mäßig schnellwachsende Art wird bis zu 25 m hoch. Junge Bäume haben eine dichte, säulenartige Wuchsform, im Alter erhebt sich die Krone höher über den kahlen Stamm mit kurzen Ästen. Die graue Rinde ist fein geschuppt, das Laub von Pflanze zu Pflanze unterschiedlich stark bläulich gefärbt.

AVENA

HAFER

Zu der Gattung gehören rund 25 Arten aus Europa und den gemäßigten Zonen Asiens, darunter auch die Getreidepflanze *Avena sativa*. Die einjährigen Pflanzen wachsen aufrecht mit hängenden, oft lang begrannten Ährchen in Rispen. Wenn sie sich öffnen, erscheint ein von Borsten umgebenes Korn. Einige Unkrautarten sind dekorative Trockenblumen.

PFLEGE UND VERMEHRUNG: Nur die Getreideart ist in Kultur. Sie wächst als Frühjahrs- und Sommergetreide oder als Viehfutter unter vielfältigen Klimabedingungen und erträgt auch sehr magere Böden. Aussaat im zeitigen Frühjahr.

Avena sativa

HAFER, SAATHAFER

Diese wichtige Getreidepflanze hat sich wahrscheinlich durch menschliche Zuchtwahl aus dem wilden Flughafer (*Avena fatua*) im östlichen Europa oder Westasien entwickelt. Hafer wird als Viehfutter, aber auch für die menschliche Ernährung angebaut (etwa für Haferflocken). Er ist an seinen charakteristischen hängenden, spitzen Ährchen in verlängerten Rispen leicht zu erkennen.

AVERRHOA

GURKENBAUM

Diese tropischen Obstbäume sind nahe Verwandte des anspruchslosen Sauerklees (*Oxalis*), von dem einige Arten gefürchtete Unkräuter sind. Gemeinsam ist beiden der Blütenbau aus fünf sich überlappenden, rosa oder roten Kronblättern. Die fünfeckigen Früchte setzen bei *Oxalis* winzige Samen frei, bei *Averrhoa* bleiben sie fleischig geschlossen. Zur Gattung zählen zwei südostasiatische Arten, kleine Bäume mit dicht verzweigten Kronen und kurzen, gefiederten Blättern, von denen sich einige in der Trockenzeit gelb färben und abfallen. Die leicht duftenden Blüten erscheinen in Büscheln am alten Holz, die langsam reifenden Früchte hängen büschelig an den Zweigen.

PFLEGE UND VERMEHRUNG: Diese Schattenspender wachsen leicht in voller Sonne im tropischen und wärmeren subtropischen, feuchten Klima. Vermehrung durch Samen oder häufiger durch Veredlung oder Abmoosen von guten Sorten.

Averrhoa bilimbi

GURKENBAUM

Der Gurkenbaum hat die gleiche Wuchsform wie der Karambolabaum, jedoch längere, aus bis zu 40 Fiedern zusammengesetzte Blätter. Die kleineren Früchte sind nur stumpf fünfeckig, im allgemeinen nicht so süß und von geringerem kommerziellen Wert.

Averrhoa carambola

KARAMBOLABAUM

In Kultur wird dieser ziemlich aufrechte, kleine Baum in der Regel etwa 6 m hoch. Die gefiederten Blätter falten sich nachts und bei Berührung zusammen. Die Hauptblütezeiten des fast ganzjährig blühenden und fruchtenden Baums liegen in der Mitte der Regen- und der Trockenzeit. Die großen, attrak-

A

tiven Früchte reifen von blaßgelb – so schmecken sie angenehm sauer – bis tief goldorange. Ihr süßer, leicht scharfer köstlicher Geschmack erinnert an Passionsfrüchte.

AVICENNIA

Die sechs Arten dieser Mangrovengattung kommen an Küsten und Flußmündungen der gesamten Tropen und der südlichen Hemisphäre vor, wo sie nach Süden bis zur Nordinsel Neuseelands und zur südafrikanischen Ostküste vordringen. Es sind kleine bis mittelgroße, ausladende Bäume mit kleinen, glänzenden, dicken, gegenständigen Blättern. Die gestielten Blütenstände stehen nahe den Zweigspitzen, die trockenen Früchte enthalten je einen großen Samen, der am Baum keimt und dabei eine dicke Pfahlwurzel ausbildet. Heruntergefallene, durch die Gezeiten weggetragene Samen können schnell wurzeln, wenn sie anderswo in der Gezeitenzone angespült werden. Ebenfalls charakteristisch sind die steifen, spitzen Luftwurzeln, die aufwärts aus dem Schlamm herauswachsen, um Sauerstoff aufzunehmen.

PFLEGE UND VERMEHRUNG: Mangroven werden so gut wie gar nicht kultiviert.

Avicennia marina

Von dieser in Asien, Afrika und Australasien vorkommenden Art existieren mindestens drei regionale Unterarten. In gemäßigten Regionen bildet sie an brackigen Flußmündungen reine, in den Tropen mit nicht verwandten Mangroven gemischte Bestände. Die unterseits weißlichen Blätter und die kleinen, orangegelben Blüten erscheinen im Spätsommer (in den Tropen Ende der Trocken- und Anfang der Regenzeit). Das harte Holz ist so dicht, daß es im Wasser untergeht.

AZADIRACHTA

Zu dieser aus Indien und Südostasien stammenden, eng mit *Melia* verwandten Gattung von Bäumen zählen lediglich zwei Arten. Im Gegensatz zu *Melia* besitzt *Azadirachta* jedoch einfach gefiederte Blätter. Die Fiedern sind sichelförmig und vergleichsweise regelmäßiger angeordnet. Bei starker Trockenheit werden die Blätter abgeworfen, sonst ist die Pflanze immergrün. Aus den kleinen weißen Blüten, die gebüschelt an den Zweigenden stehen, entwickeln sich große gelbe, eiförmige Früchte. Nur *Azadirachta indica* wird kultiviert, bisweilen als Schattenspender und in Alleen oder Parks, häufiger jedoch als zuverlässige, natürliche Insektenabwehr in der Plantagenwirtschaft.

PFLEGE UND VERMEHRUNG: Die tropischen Bäume wurzeln flach und sollten in trockenen Gegenden gemulcht und regelmäßig gewässert werden. Die Vermehrung erfolgt durch Samen, Stecklinge oder Schößlinge.

Azadirachta indica

NIMBAUM

Trockene Küstenwälder mit tiefgründigen Sandböden sind das natürliche Habitat des Nimbaums, in dem er eine Höhe von 15 m erreichen kann. In Kultur bleibt er gewöhnlich unter 10 m und entwickelt eine ausladende oder gerundete Krone. In Indien, Myanmar und Sri Lanka, wo *Azadirachta indica* natürlicherweise vorkommt, kennt man seit alters her ihre medizinischen Eigenschaften und setzt sie als Insektizid ein. Wegen dieser Vorzüge wird der Baum in jüngster Zeit auch in anderen tropischen Ländern kultiviert. Seine Blätter finden als Gründünger und zu Futterzwecken vermehrt Verwendung. Das Holz des Nimbaums wird als Feuer- sowie als Bauholz genutzt.

AZALEA siehe RHODODENDRON

AZARA

Zu dieser Gattung zählen etwa 15 Arten von Sträuchern und kleinen Bäumen aus dem gemäßigten Südamerika, von Bäumen der subarktischen Regenwälder Chiles im Süden bis zu Pflanzen des trockeneren immergrünen Gebüschs tiefer liegender Andenhänge weiter im Norden. Sie haben hübsches, glänzendes, immergrünes Laub und unzählige kleine gelbe Blüten. Typisch sind die Zweigknoten mit je einem größeren und einem kleineren Blatt. Die recht attraktiven Pflanzen werden im Alter etwas »hochbeinig«.

PFLEGE UND VERMEHRUNG: Sie bevorzugen kühle, milde und feuchte Klimate, wachsen am besten in geschützten Lagen mit feuchtem Boden und ertragen kaum Frost. Zum Schutz können sie an Wänden gezogen werden. Vermehrung durch Stecklinge im Sommer.

Azara lanceolata

Dieser elegante, bis zu 6 m hohe, schlanke Strauch oder kleine Baum aus Südchile hat schwache, herabhängende Zweige. Die schmalen, gezähnten, glänzenden grünen Blätter werden je von einem kleineren Blatt begleitet, wodurch ein charakteristisches Muster entsteht. Im Frühjahr erscheinen in den Blattachseln kurze Büschel aus goldgelben Blüten, die hauptsächlich aus Staubblättern bestehen.

Azara microphylla

Dieser ziemlich aufrechte kleine Baum wird im Garten mit etwa 6 m nicht so hoch wie als Wildpflanze in seiner chilenischen und westargentinischen Heimat. Der wüchsige, fein belaubte Baum ist der anpassungsfähigste der Gattung, aber ebenfalls frostempfindlich. Er bildet im Spätwinter zahlreiche Büschel aus kleinen duftenden Blüten, die unter den Blättern halb verborgen sind. **'Variegata'** ist hübsch cremefarben panaschiert.

Azara serrata

Dieser kleine Baum wird wild bis zu 9 m, kultiviert in der Regel als Strauch nur 3–4,5 m hoch, dabei häufig wenig dicht und spärlich belaubt. Die Blätter sind dick, grob gezähnt, glänzend und vorne breit und stumpf. Im späten Frühjahr oder Frühsommer erscheinen gestielte Büschel duftender, tiefgoldener Blüten.

AZORELLA

ANDENPOLSTER

Die Mehrzahl der etwa 70 polsterbildenden Arten dieser bemerkenswerten, zur Familie der Doldenblütler zählenden Gattung ist in den südamerikanischen Anden heimisch, und zwar häufig in großen Höhenlagen. Eine Art kommt auf subantarktischen Inseln im äußersten Süden vor. Es handelt sich um immergrüne Stauden oder langlebige Halbsträucher. Die Polster bestehen aus dicht gedrängten kleinen Rosetten fleischiger Blätter, die gezähnt oder gelappt sein können. Die sehr kleinen, fleischigen, meist gelblichen Blüten erscheinen in zahlreichen Dolden über das Polster verstreut. die aromatischen, harzigen Arten wurden teilweise medizinisch verwendet, eine strauchige Art liefert in den Hochanden Feuerholz.

PFLEGE UND VERMEHRUNG: Die in Steingärten entzückenden kleinen Pflanzen werden wegen ihres reizvollen Laubmusters und ihrer hübschen Wuchsform geschätzt. Sie brauchen einen sehr lockeren, kiesigen, durchlässigen Boden am besten in voller Sonne und können auch im Alpinhaus gezogen werden. Vermehrt werden sie durch Samen, Teilung oder Stecklinge.

Azorella trifurcata

Dies ist eine der wenigen Arten in Kultur. Sie stammt aus Chile und Argentinien und bildet ein bis zu 10 cm hohes Polster. Die kleinen Blätter sind an den Spitzen drei- oder fünffach gelappt. Im Sommer erscheinen eher unscheinbare Dolden mit kleinen gelben Blüten. Die Art ist weitgehend frosthart.

Avicennia marina

Averrhoa carambola

Azorella trifurcata

Azara serrata

Azara microphylla

Azara lanceolata

B

Babiana stricta

Babiana plicata

Babiana stricta 'Zwanenburg's Glory'

Baccharis pilularis 'Twin Peaks'

Baeckea virgata

BABIANA

Der botanische Name dieser südafrikanischen Gattung bezieht sich darauf, daß Paviane häufig die Sproßknollen dieser Frühlingsblumen ausgraben und verzehren. Sie gehörten aber auch zur Nahrung der Urbevölkerung. Von den etwa 50 Arten der Gattung werden nur wenige kultiviert; etliche dieser sehenswerten Pflanzen werden jedoch von Liebhabern gezogen. Sie sind selten höher als 30 cm und gleichen entfernt Miniatur-Gladiolen. Die attraktiven Blüten in blauen, gelben, rosa und roten Farbtönen stehen in kurzen Ähren. Die meisten der im Blumenzwiebelhandel angebotenen Pflanzen sind von *Babiana stricta* abstammende Hybriden.

PFLEGE UND VERMEHRUNG: Die nicht winterharten Pflanzen wachsen leicht in warm-gemäßigten Klimaregionen bzw. in kühleren Regionen in temperierten Gewächshäusern im Topf. Die Sproßknollen kommen im Herbst in leichten, fruchtbaren, durchlässigen Boden und werden sonnig gestellt. Während der Wachstumsperiode besteht großer Wasserbedarf. Die Vermehrung erfolgt durch Ableger oder Samen.

Babiana plicata
Syn. *Babiana disticha*

Die behaarten Blätter dieser niedrigen, höchstens etwa 20 cm hohen Art reichen höher als die kurzen Blütenähren. Die nach Gewürznelken duftenden, blaßblauen, violetten oder weißen, oft gelb oder purpurn gefleckten Blüten erscheinen im Frühjahr.

Babiana rubrocyanea

Die purpurblauen Blüten dieser etwa 20 cm hohen Art sind in der Mitte rot, die relativ großen, erhaben geäderten Blätter fein behaart. Sie gleicht der deutlich weiter verbreiteten *Babiana stricta*, blüht jedoch einige Wochen eher, häufig bereits ab Spätwinter.

Babiana stricta

Zusammen mit ihren Hybriden wird diese wüchsige Art am häufigsten gezogen. Die etwa 25 cm hohen, oft etwas verquer wachsenden Pflanzen haben schmale, behaarte, stark gerippte Blätter. Im Frühjahr erscheinen oberhalb des Laubs kelchförmige, freesienartige, blaue bis violette, aber auch weiße oder cremefarbene, bisweilen duftende Blüten. Die im Sommer eingezogenen Pflanzen wirken am besten in großen Horsten. Die Hybride **'Zwanenburg's Glory'** entwickelt purpurblaue Blüten mit abwechselnd blaßblauen und weißen, in der Mitte dunkleren Blütenblättern.

BACCHARIS

Zu dieser Gattung aus der Familie der Korbblütler zählen annähernd 350 in Amerika heimische, meist immergrüne Arten. Die vielfach in trockeneren Regionen oder unter Salzeinfluß wachsenden Pflanzen haben dichtes Laub und zähe Stengel. Die wechselständigen, sehr unterschiedlich geformten Blätter sind meist fest und ledrig, häufig gezähnt oder gelappt und vielfach leicht harzig und klebrig. Die kleinen, üblicherweise weißen oder gräulichen Blütenköpfchen wachsen in Rispen an den Zweigenden und haben nicht die Zungenblüten typischer Körbchenblütler. Einige wenige der meist nicht besonders attraktiven, hochwachsenden Pflanzen eignen sich für Gärten.

PFLEGE UND VERMEHRUNG: Die mehr oder weniger frostempfindlichen Arten wachsen auf jedem normalen Boden in der Sonne. Einige salzresistente Arten eignen sich für Küstengärten. Die Vermehrung erfolgt durch kleine Spitzenstecklinge oder Samen.

Baccharis pilularis

Dieser in Kalifornien und Oregon heimische, immergrüne Strauch wird 60–90 cm hoch. Er hat kleine, ovale, hellgrüne Blätter an ausladenden Ästen und kleine, weiße Blüten. Er paßt sich den meisten Böden und allen sonnigen Lagen an, übersteht auch leichten Frost sowie sehr trokkene Bedingungen. **'Twin Peaks'** ist eine kompakte, 75 cm hohe und 3 m breite Zuchtsorte, die als widerstandsfähige Bepflanzung trockener Hänge sowie wegen ihrer feuerhemmenden Eigenschaften geschätzt wird.

BAECKEA

Zu dieser Gattung zählen rund 75 Arten immergrüner Sträucher aus der Familie der Myrtengewächse. Sie sind meist in Australien, teilweise auf Neukaledonien und mit einer Vertreterin im tropischen Asien heimisch und wachsen in vielfältigen Habitaten, auch in ungeschützten Küstenheiden. In der Größe reichen sie mit ihrer meist heidekrautähnlichen Wuchsform von zähen, niederliegenden Pflanzen bis zu hohen, aufrechten Sträuchern. Sie haben hübsches Laub, kleine, attraktive Blüten sowie kleine, dünnwandige, trockene Früchte.

PFLEGE UND VERMEHRUNG: Sie bevorzugen volle Sonne oder Halbschatten sowie feuchten, durchlässigen, begrenzt fruchtbaren Boden und sollten zurückgeschnitten werden, wenn die Blütenblätter abgefallen sind. Am schnellsten lassen sie sich durch Stecklinge vermehren.

Baeckea virgata

Dieser buschige, aufrechte, sehr frostempfindliche Strauch wird gelegentlich über 3 m hoch und breit und wächst am besten an durchlässigen, geschützten Standorten. Er wird wegen seiner vom späten Frühjahr bis zum Spätsommer zahlreich erscheinenden, zierlichen, weißen Blüten geschätzt. Einige neuere, eindrucksvolle Miniatursorten entwickeln außergewöhnlich dichtes Laub, so zum Beispiel die in der Regel unter 45 cm hohe **'Howie's Sweet Midget'**.

BAILEYA

Zu dieser Gattung zählen vier horstbildende, einjährige oder kurzlebige, mehrjährige Kräuter aus den südwestlichen USA und dem benachbarten Mexiko. Die relativ zähen Stengel tragen schmale, dicht und fein grau behaarte, tiefgelappte oder weichrandige Blätter und in der warmen Jahreszeit an den Spitzen einzelne, *coreopsis*-ähnliche, gelbe Blütenköpfchen mit bis zu 50 strahlenförmig angeordneten Blütenblättern.

PFLEGE UND VERMEHRUNG: Sie gedeihen an Standorten mit niedriger Sommerfeuchtigkeit, leichtem, durchlässigem Boden und voller Sonne. Sie ertragen nur leichten Frost. In trockenen Regionen sind sie ausgezeichnete, lockerwachsende Bodendecker; dort können sie schon im Winter gepflanzt werden und blühen dann früher. Ihre Vermehrung erfolgt durch Samen im Frühherbst oder im zeitigen Frühjahr.

Baileya multiradiata

Diese mehrjährige, bisweilen einjährige, frostempfindliche Wüstenpflanze aus den südlichen USA bildet niedrige Hügel aus silbergrauem Laub. Über einen langen Zeitraum hinweg erscheinen über dem Laub an bis zu 45 cm hohen Stengeln strahlendgelbe, 5 cm breite Blüten mit gelber Mitte.

BALLOTA
SCHWARZNESSEL, GOTTVERGESS

Zu dieser Gattung zählen etwa 35 Arten von Stauden und sommer- oder immergrünen Halbsträuchern aus der Familie der Lippenblütler. Sie sind meist in Westasien und im Mittelmeerraum heimisch; eine früher in der Volksmedizin gebräuchliche Art kommt bis Nordeuropa vor. Die Stengel sind im Querschnitt viereckig mit gegenständigen, meist runden und stumpfgezähnten Blättern. Die kleinen, zweilippigen Blüten haben sternförmige Kelche mit vorragenden Spitzen und stehen etagenweise gedrängt in endständigen, beblätterten Ähren. Die meisten Arten entwickeln weißlich behaarte Stengel und Blätter.

PFLEGE UND VERMEHRUNG: Die behaarten, sehr frostempfindlichen Arten bevorzugen trockene, sonnige Lagen und sehr durchlässige Böden. Immergrüne Arten können vor dem Austrieb im Frühjahr kompakt zurückgeschnitten werden. Vermehrung durch Samen, Stecklinge oder Teilung.

Ballota acetabulosa

Dieser in Griechenland und der Türkei heimische, bis zu 60 cm hohe und breite, sehr frostempfindliche Halbstrauch hat etwa 5 cm lange, herzförmige Blätter, die ebenso wie die Stengel graugrün und flaumig sind. Die purpurn gepunkteten, weißen oder mauvefarbenen Blüten erscheinen im Sommer. Ihre 8 cm breiten, blaßgrünen Kelche sind der dekorativste Teil der Pflanze.

Ballota nigra
SCHWARZNESSEL, GOTTVERGESS

Das Laub dieser in weiten Teilen Europas, der gemäßigten Regionen Asiens und in Nordafrika heimischen, bis zu 1 m hohen, üppigwachsenden Staude ähnelt dem der Kleinen Brennessel *(Urtica urens)*, sein Grün geht jedoch deutlich ins Graue über. Im Sommer und im Herbst erscheinen in den oberen Blattachseln Büschel kleiner, purpurfarbener Blüten mit sternförmig angeordneten, braunen Kelchen. Die gesamte Pflanze verströmt beim Reiben ei-

Ballota pseudodictamnus

Bambusa multiplex 'Alphonse Karr'

nen ziemlich unangenehmen Geruch. Die winterharte Schwarznessel wurde früher medizinisch verwendet, ist leicht zu ziehen und vermehrt sich oft schneller, als dem Gärtner lieb ist.

Ballota pseudodictamnus

Die auf Kreta, in der Türkei und in Libyen heimische Art gleicht nach Aussehen und Ansprüchen sehr *Ballota acetabulosa*, ist jedoch kleiner. Sie wird nur bis zu 45 cm hoch mit lediglich etwa 8 mm breiten, hübschen, grünen Kelchen.

BAMBUSA

BAMBUS

Zu dieser Gattung zählen nicht weniger als etwa 120 dichtwachsende Bambusarten des tropischen und subtropischen Asien. Viele Arten werden mit bis über 25 m Höhe sehr groß und entwickeln starke, verholzte, hohle Stämme. In ihrer Heimat werden sie vielfältig genutzt, vor allem beim Hausbau, für Gerüste, Rohrleitungen oder auch Zäune. Die oberen Teile der Stengel sind häufig übergebogen. An den Knoten verzweigen sie sich in zähe Ästchen mit zahllosen, grasartigen Blättern. Die ziemlich unauffälligen Blüten sind meistens unter dem Laub halb verborgen und erscheinen – in der Regel in größeren Zeitabständen – in schlanken, gebogenen Rispen. *Bambusa* bietet im Vergleich zu einigen anderen Bambusarten mit langen Rhizomen den bedeutenden Vorteil, weniger zu wuchern, da sie nur kurze Rhizome bildet. Einige der beliebtesten Zierpflanzen der Gattung sind Sorten mit streifig panaschierten Stengeln oder Blättern.

PFLEGE UND VERMEHRUNG: Sie gedeihen in gemäßigt-warmen bis tropischen Klimaten mit feuchten Bedingungen und tiefem, humusreichem Boden. Jungpflanzen sollten im Halbschatten angepflanzt werden. Die Vermehrung erfolgt durch Teilung im Frühjahr.

Ballota acetabulosa

Bambusa multiplex

Syn. *Bambusa glaucescens*

Diese nicht winterharte, variable, südchinesische Art hat elegant übergebogene, in der Regel 3–9 m hohe und 2,5–5 cm dicke Triebe mit großen Kronen aus schmalen, an der Unterseite silbrigen, 15 cm langen Blättern. Die noch zu den härteren der Gattung zählende Art findet sich in Gärten meist in gelbblättrigen und panaschierten Sorten. **'Alphonse Karr'** hat gelbgestreifte, jung rosagefärbte Stengel; **'Riviereorum'** ist eher eine Zwergsorte mit 1,5–3 m langen Trieben.

BANKSIA

Diese in Australien weit verbreitete Gattung wurde nach dem bekannten englischen Botaniker Sir Joseph Banks benannt, der sie 1770 in der Botany Bay (Australien) entdeckte. Zu ihr zählen etwa 75 Arten von Sträuchern und kleinen Bäumen. Die meisten davon sind auf Südwestaustralien beschränkt. Die in Wuchsform und Laub unterschiedlichen Arten haben alle beeindruckende, dichte, flaumig wirkende Ähren oder Köpfe aus engstehenden, kleinen Blüten; die holzigen Früchte ragen dann zwischen den verwelkten Blüten hervor. Die im allgemeinen langen und schmalen, häufig gezähnten Blätter enthalten reichlich verholztes Gewebe und bleiben sogar verwelkt stabil und elastisch. Sie sind unterschiedlich gartenwillig, einige können jedoch leicht gezogen werden. Die attraktivsten Arten werden heute in Plantagen für den Schnittblumenhandel angebaut. Von sonst aufrechten Arten gibt es einige niederliegende Zwergsorten. Die bei allen Arten nektarreichen Blüten werden in ihrer Heimat gerne von Vögeln besucht.

PFLEGE UND VERMEHRUNG: Sie bevorzugen meist durchlässigen, sandigen, schwach mit Nährstoffen, vor allem Phosphat versorgten Boden und wachsen am besten in voller Sonne. Manche ertragen leichten Frost. Regelmäßiges Zurückschneiden erhält Form und Laubdichte. Die Vermehrung erfolgt durch Samen, den die »Zapfen« am ehesten bei Hitzebehandlung freigeben.

Banksia burdettii

Banksia baxteri

Bei diesem einstämmigen, etwa 2–3 m hohen Strauch aus dem äußersten Süden Westaustraliens wachsen die im Sommer und Herbst erscheinenden, zitronengelben Blüten ungewöhnlicherweise in breiten, fast halbkugeligen Köpfen und nicht in zylindrischen Ähren. Spektakulär bei diesen überragenden Schnittblumen ist auch die Form der bis zur Mittelader eingeschnittenen Blätter, die relativ groß und dreieckig gelappt sind. Junge Triebe sind rostbraun.

Banksia burdettii

Die in den weiten Sandgebieten nördlich der westaustralischen Stadt Perth heimische, 2,5–3,5 m hohe, schnellwachsende Art verfügt über eine dichte, deutlich in die Breite gehende Wuchsform. Die schmalen, olivgrünen Blätter mit stumpfer Spitze sind fein gezähnt. Die 10 cm langen, aufrechten Blütenstände erscheinen im Spätsommer und Frühherbst an den Zweigspitzen und können riesigen Eicheln gleichen, wenn sie sich von unten nach oben öffnen. Dabei verfärben sie sich von grau zu blaßorange. Die Art liefert Schnittblumen.

Banksia coccinea

Diese wunderschöne, im äußersten Süden Westaustraliens heimische Art wird wegen ihrer kurzen, breiten, aufrechten Zylinder aus tiefscharlachroten bis orangefarbenen, auffälligen Blüten von Floristen besonders geschätzt. In der Zeit vom Winter bis in den Frühsommer hinein erscheinen die Blüten aus flaumigen, grauen Knospen. Die sehr breiten, steifen Blätter sind an der Unterseite grau. Die in Kultur schwierige, 2–3,5 m hohe, ziemlich steif und schmal wachsende Pflanze ist manchmal blühunwillig. In Klimaten mit feuchten Sommern erkrankt sie häufig an Wurzelpilzen.

Banksia cunninghamii

Syn. *Banksia spinulosa* var. *cunninghamii*

Diese *Banksia spinulosa* sehr ähnliche Art stammt aus der gleichen südostaustralischen Region, wächst jedoch in etwas feuchteren und höheren Lagen, ist größer, wüchsiger und hat etwas breitere, flachere Blätter. Bei guten Bedingungen wird sie bis zu 6 m hoch. Im Gegensatz zu *B. spinulosa*, die mehrmals aus ihrem verholzten Wurzelstock treiben kann, ist sie nach einem Brand oder abgeschnitten nicht zum Neuaustrieb aus der Wurzel imstande.

Banksia ericifolia

Dieser reichverzweigte, 1,8–3,5 m hohe Strauch von der gemäßigten australischen Ostküste und benachbarten Gebieten hat die kleinsten Blätter der Gattung und zählt zudem zu den wüchsigsten Arten. Das Laub ist glänzendgrün, im Herbst bis in den Winter hinein erscheinen aufrechte, bis zu 25 cm lange, flaschenbürstenartige Ähren, deren Farbe von ausgewaschen orange bis tiefkupferrot reicht. Sie gehören zu den am einfachsten zu kultivierenden Banksien, überstehen mäßigen Frost, Salzgischt an der Küste und passen sich nährstoffreicheren Böden an. **'Port Wine'** hat stumpfe, rosé-pinkfarbene Ähren; die Blüten der eindrucksvollen **'Burgundy'** sind dunkler rot als die der meisten Arten.

Banksia ericifolia

Banksia baxteri

Banksia ericifolia 'Burgundy'

Banksia coccinea

Banksia 'Giant Candles'

Diese Hybride aus *Banksia ericifolia* und *B. spinulosa* erreicht eine Höhe bis zu 3,5 m. Es handelt sich um einen dichten Strauch, der im Herbst und Winter zahllose bronzen-gelbe, bis zu 40 cm lange Blütenähren trägt. Er ist so stark und wüchsig wie seine Eltern, jedoch buschiger als diese.

Banksia integrifolia

Die von Norden bis Süden an der ostaustralischen Küste weit verbreitete, salztolerante Art wächst zu einem bis 15 m hohen, knorrigen Baum mit einem im Durchmesser bis 45 cm dicken Stamm heran. Von Spätsommer bis Frühwinter erscheinen limonengrüne, später stumpfgelbe Blüten in etwa 10 cm langen, zylindrischen Ähren. Die charakteristischen, unten silbrigen und oben stumpfgrünen Blätter sind nur bei jungen Pflanzen gezähnt. In Kultur wächst er vor allem in tiefsandigem Boden bemerkenswert schnell heran.

Banksia lemanniana

Dieser ziemlich lockere, bis zu 4,5 m hohe Strauch gehört zu einer kleinen, ungewöhnlichen Gruppe westaustralischer Banksien mit abwärtsgerichteten Blütenähren. Die kleinen, steifen Blätter sind ungleichmäßig gezähnt; junge Triebe sind rostfarben behaart. Die 10 cm langen, zitronengelben Blütenähren erscheinen vom späten Frühjahr bis in den Frühsommer.

Banksia marginata

Diese südostaustralische Art erscheint je nach Habitat in vielfältigen Wuchsformen – in niedrigen Lagen mit sehr magerem Boden bildet sie in der Regel einen dichten, ausladenden, bis zu 1,8 m hohen Strauch, in Berglagen einen aufrechten, bis zu 12 m hohen, kleinen Baum aus. Die kleinen, dunkelgrünen Blätter sind an der Spitze gezähnt und unterseits silbrigweiß. Vom späten Sommer bis zum Frühwinter erscheinen kleine, gelb-cremefarbene Blütenähren. Die kompakten Sorten sind attraktive Sträucher, höher wachsende Sorten werden als Sicht- oder Windschutz verwendet. Aufgrund ihrer Salzunempfindlichkeit wächst diese Art auch an der Küste. Sie verträgt besser als alle anderen Kälte, ist aber immer noch recht frostempfindlich.

Banksia integrifolia

Banksia ornata

Banksia cunninghamii

Banksia lemanniana

Banksia 'Giant Candles'

Banksia spinulosa

Banksia ornata

Die in den tiefen, sandigen Böden der australischen Staaten Victoria und South Australia heimische Art ist normalerweise ein niedriger Strauch von etwa 2 m Höhe. Er hat gräulich-grüne, enggezähnte, schmal keilförmige Blätter. Im Winter und Frühjahr erscheinen kräftige, silbriggraue oder blaßgelbe, nektarreiche Blütenähren, die von Vögeln und Bienen besucht werden. Die Art wächst leicht in durchlässigem, sandigem Boden in offener, sonniger Lage.

Banksia prionotes

Der an der trocken-gemäßigten westaustralischen Küste heimische, ziemlich schnell bis über 6 m wachsende, kleine Baum mit relativ offener Wuchsform bildet eine kuppelförmige Krone aus. Die langen, schmalen Blätter sind gesägt. Im Herbst und Winter öffnen sich aus filzigen, reinweißen Knospen spektakuläre orangegelbe, bis zu 15 cm lange Blütenähren, die beeindruckende Schnittblumen liefern. Er gedeiht in sandigem, alkalischem Boden in Gebieten mit trockenen Sommern. Sommerfeuchte verträgt er dagegen schlecht.

Banksia prionotes

Banksia marginata

Banksia serrata

Banksia serrata

Charakteristisch für diese Art ist ihre knorrige Erscheinung mit kurzem, gekrümmtem Stamm, dicker, runzliger, feuerresistenter Borke und ledrigen, gezähnten Blättern. Von Sommer bis Herbst erscheinen große, grünlich-cremefarbene Blütenähren. Wenn sie reifen, werden sie borstig und grau mit kleinen, vorstehenden »Nasen«. In ihrer südostaustralischen Heimat wächst *Banksia serrata* wild auf Sanddünen an der Küste und in Sandsteingebieten, hier wird sie bis zu 12 m hoch. In Kultur bleibt die langlebige und bedingt frostharte Pflanze viel niedriger.

Banksia spinulosa

Diese in den Küstenbergen Ostaustraliens weit verbreitete Art ist in Australien eine beliebte Gartenpflanze. Mit nur 1,2 m Höhe ist sie kleiner als andere Banksien. Aus ihrem verholzten Wurzelstock treibt diese Art nach einem Brand wieder aus. Die Blütenähren sitzen zwischen dem spärlichen, sehr schmalen Laub und sind in der Regel stumpfgelb mit hakenförmig gebogenen, orange- bis bronzefarbenen Spitzen. **'Birthday Candles'** ist eine Zwergsorte mit gold-bronzefarbenen Blütenähren.

BAPTISIA

FÄRBERHÜLSE, INDIGOLUPINE

Zu dieser Gattung zählen 20–30 schmetterlingsblütige Stauden, die in der Natur zwischen hohen Gräsern der Prärien und Wälder der östlichen und zentralen USA wachsen. Der deutsche Name bezieht sich auf die frühere Verwendung einiger Arten als Ersatz-Färbemittel für den echten Indigo *(Indigofera)*. Nur wenige Arten werden öfter in Gärten gezogen, die meisten haben eine etwas strauchige Wuchsform. Die Blätter sind kleeartig in drei Fiedern geteilt. Die blauen, purpurfarbenen, gelben oder weißen Schmetterlingsblüten erscheinen im Sommer in endständigen Trauben über einen ziemlich langen Zeitraum hinweg.

PFLEGE UND VERMEHRUNG: Die Pflanzen bevorzugen volle Sonne und neutralen, durchlässigen Boden, überstehen

Sommertrockenheit und sind mehr oder weniger frosthart. Aufgrund ihres tiefen Wurzelsystems sollten sie weder verpflanzt noch gestört werden. Die Vermehrung erfolgt am besten durch Samen im Herbst oder durch Teilen.

Baptisia alba

Diese buschige, aufrechte, etwas frostempfindliche Art wird bis zu 1,5 m hoch. Ihr bläulich-grünes Laub bildet den Hintergrund für die im Frühsommer erscheinenden Blütenzweige mit weißen, bisweilen purpurn gestreiften Schmetterlingsblüten.

Baptisia australis

Diese sommerblühende, winterharte Staude hat attraktive Blüten und Blätter. Die blaugrünen Blätter bilden einen lockeren, bis zu 1,2 m hohen und 1 m breiten Hügel. Die lupinenartigen Blüten erscheinen an aufrechten Trauben von Früh- bis Hochsommer und sind in einem ungewöhnlichen purpurnen Blauton gefärbt. Die getrockneten Fruchtstände können als Zimmerschmuck verwendet werden.

BARBAREA

BARBARAKRAUT, BARBENKRAUT

Zu dieser in der gemäßigten nördlichen Zone weitverbreiteten Gattung zählt rund ein Dutzend zweijähriger und ausdauernder Kräuter. Sie wachsen oft an Flußufern auf feuchtem Boden und in Senken. Die weichen, grünen Blätter, die anfänglich in einer grundständigen Rosette wachsen, sind in der Regel tiefgelappt, an der Spitze sitzt eine große, runde Endfieder. Aus den Rosetten wachsen aufrechte, beblätterte Blütenstengel, die sich in dichte Köpfe oder Ähren mit kleinen, hellgelben Blüten verzweigen.

PFLEGE UND VERMEHRUNG: *Barbarea* wächst leicht in ausreichend feuchtem Boden in Sonne oder Halbschatten. Unter guten Bedingungen kann sie sich aggressiv ausbreiten. Die im Winter gepflückten Blätter sind als Salat oder Gemüse zubereitbar. Das Entfernen der Blütenköpfchen verstärkt das Blätterwachstum. Die Vermehrung erfolgt durch Samen.

Barbarea vulgaris

WINTERKRESSE, BARBARAKRAUT

Die in Europa und Nordafrika heimische Art ist in anderen kühl-gemäßigten Gebieten über weite Strecken eingebürgert. Die glänzenden, grünen Blätter der zwei- oder kurzlebig mehrjährigen Kräuter bilden Rosetten, aus denen die bis zu 1 m hohen Blütenstengel wachsen. Die hellgelben Blüten öffnen sich im Spätfrühjahr.

BARKLYA

Zu dieser mit *Bauhinia* eng verwandten australischen Gattung zählt nur eine immergrüne Baumart, deren Vorkommen auf ein kleines Gebiet mit Küstenregenwald im australischen Queensland beschränkt ist und die heute wild sehr selten geworden ist. Mit ihren strahlendgoldenen Sommerblüten bildet sie in warmen Klimaten eine hübsche Ergänzung für Parks, Gärten oder Alleen.

PFLEGE UND VERMEHRUNG: Die subtropische *Barklya* wächst am besten unter frostfreien Bedingungen, benötigt volle Sonne, fruchtbaren, durchlässigen Boden und reichliches Wässern im Sommer. Der oftmals langsam wachsende Baum kann bei nicht ganz idealen Bedingungen Jahre zur ersten Blüte brauchen. Er wird normalerweise durch sofortiges Säen der reifen Samen im Herbst vermehrt.

Barklya syringifolia

Dieser hübsche Baum mit seiner dichten, buschigen, runden Krone wird am Naturstandort etwa 15 m hoch, bleibt in Gärten jedoch in der Regel viel niedriger. Seine herzförmigen, glänzend dunkelgrünen Blätter erinnern an Flieder (daher der Artname). Seine Krone bedecken im Frühsommer steife, aufrechte Ähren mit gedrängten, goldenen Schmetterlingsblüten, denen kleine Samenhülsen folgen.

BARLERIA

Zu dieser Gattung zählen gut 250 Arten immergrüner Sträucher und Halbsträucher aus dem tropischen Asien, Amerika und Afrika. Sie haben einfache, gegenständige Blätter. Die normalerweise röhrigen, zweilippigen Blüten erscheinen zwischen sich überlappenden Tragblättern in kurzen, endständigen Ähren oder in den oberen Blattachseln. Die weichstengeligen, schnellwachsenden Pflanzen werden in subtropischen und tropischen Gärten für schnelle Effekte und als Beetpflanzen eingesetzt, in kühleren Klimaten in Treibhäusern gezogen.

PFLEGE UND VERMEHRUNG: Fast alle Arten sind nicht frosthart. Sie brauchen volle Sonne und fruchtbaren, feuchten, durchlässigen Boden, als Zimmerpflanzen viel Licht. Rückschneiden der Spitzen verstärkt den buschigen Wuchs. Gruppenweise sehen sie am besten aus. Die Vermehrung durch Stecklinge im Sommer ist einfach.

Barleria cristata

Dieser bekannte, in Ostindien und Myanmar heimische, tropische Strauch wird etwa 1 m hoch und breit und ist vom Grund an dicht verzweigt. Fast ganzjährig erscheinen kleine Büschel zweilippiger Blüten zwischen den am Rand borstigen Tragblättern in den oberen Blattachseln. Die Blütenfarben reichen von Violettblau über Mauve und Rosa bis Weiß. *Barleria cristata* bevorzugt geschützte, feuchte Lagen im Halbschatten.

Barleria obtusa

Der im östlichen Südafrika heimische, bis zu 1 m hohe Strauch hat eine in die Breite gehende, buschige Wuchsform. Vor dem Hintergrund der tiefgrünen, seidig behaarten Blätter erscheinen im Herbst zahllose weiße bis blaß mauvefarbene Blüten in sehr kurzen Ähren.

BARRINGTONIA

Zu dieser großen Gattung zählen immergrüne oder in der Trockenzeit laubabwerfende Baumarten, die in den Tropen von Afrika über Nordaustralien bis zu den Pazifischen Inseln weit verbreitet sind. Sie wachsen meist im Tiefland nahe Gewässern. Charakteristisch ist die Wuchsform. Die Zweige gabeln sich mehrmals kandelaberartig und tragen endständige Rosetten aus spatelförmigen Blättern. Die eindrucksvollen Blüten mit kurzen Blütenblättern und zahlreichen, langen Staubgefäßen erscheinen normalerweise in hängenden Ähren an den Zweigspitzen. In vielen Ländern werden Rinde, Blätter oder Früchte zermahlen oder zerstoßen und als betäubendes Fischgift ins Wasser geworfen. Einige Arten dienen in den Tropen als Zierbäume in Parks und Alleen.

PFLEGE UND VERMEHRUNG: Sie brauchen ein völlig frostfreies Klima und wachsen am besten in Lagen mit ständiger Grundfeuchte. Vermehrung durch die großen Samen, die oft erst nach einigen Monaten keimen.

Baptisia australis

Barbarea vulgaris

Barleria cristata

Barringtonia asiatica

Baptisia alba

Barklya syringifolia

Barringtonia asiatica

Syn. *Barringtonia speciosa*

Große braune Samen, längs oval, im Querschnitt rechteckig und mit scharfen Ecken, werden überall an den Stränden des Pazifiks und des Indischen Ozeans angespült. Sie sind die Früchte dieses immergrünen Baums, der in den Küstenregionen des tropischen Asien, der Malaiischen Halbinsel und Nordaustraliens vorkommt. Die schwimmenden Samen ermöglichen seine Verbreitung über kurze Strecken im Meer. Der vielstämmige Baum wird normalerweise etwa 6 m hoch und bildet eine trichterförmige Krone aus. Die Blätter sind glänzend dunkelgrün, die roten und weißen Blüten erscheinen am Ende der Trockenzeit.

BASSIA

DORNMELDE

Zu dieser weitverbreiteten Gattung zählen etwa 26 ein- und mehrjährige Arten meist aus den warm-gemäßigten Regionen der nördlichen Hemisphäre. Eine Art dieser meist unauffälligen oder unkrautartigen Pflanzen wird bisweilen wegen ihres zarten, zypressenähnlichen Laubs und ihrer buschigen Form gezogen. Die Gattung gehört zur Familie der Gänsefußgewächse *(Chenopodiaceae)*, von der viele in salzhaltigen Habitaten vorkommen, einige sogar im Watt (Queller, *Salicornia)*. Die Wuchsform ist in der Regel strauchig, mit kleinen Zweigen und schmalen, fleischigen Blättern. Die sehr kleinen, unauffälligen Blüten wachsen in den Blattachseln.

Bauhinia monandra

Bauhinia × blakeana

Barleria obtusa

Bauera sessiliflora

Bauera rubioides

PFLEGE UND VERMEHRUNG: Die Sommerzypresse wächst in jedem leichten, durchlässigen Boden in voller Sonne und braucht im Frühjahr und Frühsommer reichliches Wässern; langsames Austrocknen ab Hochsommer bewirkt kräftigere Blattfärbung. Vermehrung im Spätwinter durch Aussaat unter Abdeckung.

Bassia scoparia f. *trichophylla*
Syn. *Kochia scoparia* f. *trichophylla*
SOMMERZYPRESSE

Diese Kultur einer im gemäßigten Asien heimischen, in Europa und Nordamerika eingebürgerten, einjährigen Art ist die einzige *Bassia*, die meist in Gärten gezogen wird. Die runde bis leicht säulenförmige, buschige Pflanze wird 0,5–1,5 m hoch und hat schmale, hellgrüne Blätter. Ab Spätsommer färbt sich das feine Laub orange oder rot, je nach Klima bisweilen sogar stumpfpurpurn. Von weitem gleicht sie einer kleinen Konifere, daher der Name Sommerzypresse.

BAUERA

Die vier Arten immergrüner Sträucher dieser ostaustralischen Gattung liefern beliebte Zierpflanzen, die vor allem wegen ihrer sternförmigen, tiefrosa bis weißen Blüten gezogen werden. Der Gattungsname wurde von Sir Joseph Banks zu Ehren der Botaniker Ferdinand und Franz Bauer vergeben. Die dünnen, zähen Zweige wachsen oft in anderen Sträuchern empor. Die kleinen Blätter stehen scheinbar in Sechserwirteln an jedem Knoten, sind jedoch streng genommen gegenständige Paare dreiteilig zusammengesetzter Blätter. Die achselständigen Blüten wachsen an sehr feinen Stielen.

PFLEGE UND VERMEHRUNG: In milden, feuchten Klimaten heimisch, ertragen sie nur leichten Frost und wachsen am besten in feuchtem, sandigem oder torfigem Boden in sonniger oder halbschattiger Lage. Sie lieben durch den Schatten höherer Pflanzen kühlgehaltene Erde. Leichter Rückschnitt nach der Blüte bewirkt buschigere Pflanzen und zahlreichere Blüten. Vermehrung durch Stecklinge im Spätsommer.

Bauhinia variegata

Bauera rubioides

Die in den südostaustralischen und tasmanischen Regionen mit höherem Regenfall heimische, attraktive Art wächst in feuchten, schattigen Lagen, meist an Bachufern. Sie wird bis zu 1 m hoch und in der Regel deutlich breiter, manche Formen sind fast kriechend. Die kleinen, dunkelgrünen Blätter färben sich im Winter rot. Kugelige, karminrote bis rosa oder weiße Blüten erscheinen vom Spätwinter bis Hochsommer.

Bauera sessiliflora

Die im Westen des australischen Bundesstaats Victoria heimische Art hat die farbenprächtigsten, hellrosa bis magentaroten Blüten. Diese wachsen im späten Frühjahr und Frühsommer in zahlreichen dichten, gut 1 cm breiten Büscheln an den langen, kletternden Zweigen. Abgestützt durch andere Sträucher wird *Bauera sessiliflora* bis zu 2 m hoch, kann jedoch auch zu einem hübschen Strauch gestutzt werden. Es sind auch blaßrosa und weiße Sorten bekannt.

BAUHINIA

Zu dieser variablen Gattung von Leguminosen zählen etwa 250 Arten immergrüner und in der Trockenzeit laubabwerfender Bäume, Sträucher und Kletterpflanzen aus den meisten (sub-)tropischen Weltgegenden mit charakteristischen, zweilappigen Blättern. Einige Botaniker fassen die Gattung enger und ordnen etwa zwei Drittel der Arten anderen Gattungen zu. Sie werden wegen ihrer wunderschönen, duftenden Blüten gezogen, die Orchideen oder Schmetterlingen gleichen. Ihre flachen, braunen Samenhülsen verbleiben häufig über Monate an den Zweigen.

PFLEGE UND VERMEHRUNG: Sie wachsen am besten an warmen Standorten in voller Sonne und auf leichtem, fruchtbarem, durchlässigem Boden. Frost und kalten Wind vertragen sie nicht. In der Regel ist kein Schnitt erforderlich, aber bei zu starkem Wachstum nach der Blüte möglich. Vermehrung durch Samen im Frühjahr.

Bauhinia × blakeana

Bauhinia × blakeana ist wahrscheinlich eine Kreuzung zwischen *B. variegata* und der ziemlich ähnlichen *B. purpurea*. Sie wurde zuerst 1908 in China gefunden und später zur Wappenblume von Hongkong gewählt. Sie gleicht der häufiger gezogenen *B. variegata*, ist jedoch ein höherer, dichter belaubter Baum mit breiteren Blättern und immergrün. Die leicht duftenden, bei gesunden Exemplaren bis zu 15 cm breiten Blüten sind purpurrot mit dunkleren Streifen auf den inneren Blütenblättern. Sie erscheinen vom Spätherbst über den ganzen Winter in kürzeren Blütenzweigen als bei *B. variegata*. Der Samenansatz ist gering.

Bauhinia galpinii
Syn. *Bauhinia punctata*

Dieser immergrüne Kletterstrauch aus Südostafrika, eine der farbenprächtigsten *Bauhinien*, entwickelt im Freistand eine wuchernde, horizontale Wuchsform und bildet aus dichtem Laub einen etwa 1,8 m hohen und bis zu 4,5 m breiten Hügel. Unter kleinen Bäumen klettert er an deren Zweigen bis zu über 6 m hoch, oder er liefert einen attraktiven Bewuchs für warme Mauern. Die charakteristischen apricotfarbenen bis ziegelroten Blüten erscheinen von Spätsommer bis Herbst bzw. in den Tropen im Frühjahr in auffälligen Büscheln. Ihre löffelförmigen Blütenblätter sind schlank gestielt. Die schnellwachsende Pflanze erträgt geringen Frost und lange Trockenperioden.

Bauhinia monandra

Das grobe Laub dieses tropischen, üppig wuchernden, vielstämmigen Strauchs oder bis zu 6 m hohen, kleinen Baums von den Karibikinseln und aus dem nördlichen Südamerika besteht aus großen, blaßgrünen Blättern. An den Enden der ausladenden Zweige erscheinen vom Ende der Trockenzeit bis in die Regenzeit hinein sukzessive Blüten mit nur einem Staubgefäß und großen, beim Öffnen cremefarbenen Blütenblättern, die später fleischfarben werden. Das obere Blütenblatt hat einen auffälligen roten Fleck.

Bauhinia purpurea

Dieser kleine, bis zu 6 m hohe, immergrüne Baum aus Südasien hat eine offene, aufrechte Wuchsform und purpurn getönte, dunkelrosa Blüten. Er gleicht im Aussehen *Bauhinia variegata*, blüht jedoch eher im Herbst als im Frühjahr, hat weniger Staubgefäße und seine Blütenblätter überlappen sich nicht.

Bauhinia tomentosa

Die blaßgrünen Blätter dieses immergrünen, bis über 4,5 m hohen Strauchs sind ziemlich dünn. Die glockenförmigen, leicht hängenden, hellgelben Blüten haben an der Basis der oberen Kronblätter einen dunkelbraunen Fleck und erscheinen in den Tropen ganzjährig, vor allem jedoch im Frühjahr und Herbst.

Bauhinia variegata

Dieser in Indien heimische, hübsche kleine Baum trägt im Frühjahr und noch einmal im Sommer zahllose große, duftende, weiße bis roséfarbene Blüten, deren besonders breites oberes Blütenblatt immer dunkler als die übrigen getönt ist. Der in geringem Maße frostharte Baum wird

4,5–8 m hoch (in den Tropen noch höher), hat einen kurzen Stamm und ausladende Zweige. In den feuchten Tropen ist er halb-immergrün, an kühleren und trockeneren Standorten eher laubabwerfend, wobei die Blüten an den unbeblätterten Zweigen erscheinen. Nach der Blüte sind die Zweige in der Regel mit zahllosen großen, flachen Samenhülsen beladen, die bisweilen als unansehnlich empfunden werden. **'Candida'** (Syn. 'Alba') hat duftende, weiße Blüten mit limonengrünen Zeichnungen.

BEAUCARNEA

Zu dieser Gattung zählen über 20 mit Yucca verwandte Arten immergrüner Bäume und Sträucher aus den Halbwüsten Mexikos und den südlichsten USA. Eine Art ist als dekorative Topfpflanze weit verbreitet. Sie wird wegen ihrer bemerkenswert verdickten Stämme und langen, dünnen, grasartigen Blättern gezogen. In der Mitte der Blattrosetten erscheinen – im allgemeinen nur an mindestens 10 Jahre alten Pflanzen mit über 1 m hohen Stämmen – lange Rispen mit zahlreichen kleinen, weißen Blüten. Die Pflanzen bleiben in der Regel bis mindestens 1 m Höhe einstämmig, wenn jedoch die Spitze gekappt wird, erscheinen zahlreiche neue Triebe. Einige Botaniker behandeln *Beaucarnea* als Synonym für *Nolina*, andere Experten unterscheiden deutlich zwischen beiden Gattungen.

PFLEGE UND VERMEHRUNG: In milden bis warmen Gegenden können sie in voller Sonne und gutdurchlässigem, fruchtbarem Boden im Freien gezogen werden. Sie sollten während des Wachstums kräftig, im Winter zur Vermeidung von Wurzelfäule jedoch nur wenig gewässert werden. Als Zimmerpflanzen können sie Deckenhöhe erreichen, benötigen dazu aber viel Licht und trockene, geheizte Luft. Ihre Vermehrung erfolgt durch Samen im Frühjahr oder durch Ableger.

Beaucarnea recurvata
Syn. *Nolina recurvata, N. tuberculata*

Dieser langsamwachsende, immergrüne Baum ist wegen seiner ungewöhnlich verdickten Stammbasis eine beliebte Topfpflanze. Die Stammbasis verjüngt sich zu einem palmenartigen Stamm, an dessen Spitze eine dichte Krone aus bis zu 1 m langen, riemenartigen, übergebogenen Blättern wächst. Ausgereifte Pflanzen tragen im Frühjahr große, fedrige Rispen cremefarbener Blüten, denen leicht rosafarbene, dreiflüglige Früchte folgen. Alte Exemplare können beträchtliche Größe erreichen, die Stammbasis wird bis zu 3,5 m breit und kann viele 4,5–6 m hohe Stämme tragen.

BEAUFORTIA

Zu dieser Gattung zählen 18 Arten südwestaustralischer, immergrüner Sträucher, die in vielem den verwandten Gattungen *Callistemon, Melaleuca* und *Kunzea* gleichen. Die rosa bis orange, rot oder purpurn erstrahlenden Blüten erscheinen in kleinen kugeligen Köpfen oder flaschenputzerartigen Ähren, häufig mit leicht hängenden Staubfäden. Ihnen folgen verholzte Samenkapseln. Die kleinen, linealischen bis leicht rautenförmigen Blätter stehen in der Regel gegenständig an den zähen Zweigen und duften beim Zerreiben.

PFLEGE UND VERMEHRUNG: Die leicht zu ziehenden Sträucher brauchen sonnige Lagen mit feuchtem, durchlässigem Boden und absoluten Schutz vor Frost. Leichter Rückschnitt im Frühjahr bewirkt dichten und buschigen Wuchs. Trockene Bedingungen ertragen sie nicht sehr gut. Sie werden durch Samen oder Spitzenstecklinge von vegetativen Trieben vermehrt.

Beaufortia sparsa

Dieser heidekrautartige, bis zu 2 m hohe und breite Strauch mit kleinen, ovalen Blättern wächst wild an Sumpfrändern. Im Sommer und Herbst erscheinen wunderschöne fedrige, zinnoberrote bis orangefarbene Blüten in ganz kurzen, flaschenputzerartigen Köpfchen.

BEAUMONTIA

Zu dieser Gattung zählen neun Arten verholzter, immergrüner Schlingpflanzen aus den Vorbergen des Himalaja und der indo-malaiischen Region. Die großen, ledrigen, glänzenden Blätter sind gegenständig und sondern angeschnitten einen klebrigen Saft ab. Die großen, trompetenförmigen, meist weißen und leicht duftenden Blüten öffnen sich nach und nach in lockeren, endständigen Büscheln an beblätterten Seitenzweigen.

PFLEGE UND VERMEHRUNG: In frostfreien Klimaten können sie im Freien in feuchtem, humusreichem, durchlässigem Boden in geschützter Lage in voller Sonne oder Halbschatten gepflanzt werden. Sie wachsen an starken Spalieren oder über Stützpfosten; Hügelbildung erreicht man ohne Stütze und durch Rückschnitt längerer Triebe. In kühleren Regionen erreichen sie nur in großen Treibhäusern die zur Blüte erforderlichen Ausmaße. Nach der Blüte empfiehlt sich sofortiger Rückschnitt; die Vermehrung erfolgt in der Regel durch Stecklinge.

Beaumontia grandiflora

Dieser wunderschöne, große Kletterstrauch wird über 6 m hoch, braucht jedoch eine starke Stütze für die dicken Kletterstämme. Sie wird wegen ihrer großen, weißen, 10–15 cm langen, trompetenförmigen, im Spätfrühjahr und Sommer erscheinenden Blüten und ihrer hübschen, dunkelgrünen, bis zu 25 cm langen, erhaben geäderten Blätter geschätzt.

BEGONIA
BEGONIE, SCHIEFBLATT

Begonien sind weltweit in feuchten (sub-) tropischen Regionen heimisch und am vielfältigsten in Südamerika verbreitet. Über 1500 Arten sind bekannt – von nur wenige Zentimeter hohen Rhizomstauden bis hin zu 3 m hohen Sträuchern. Viele werden entweder wegen ihres farbenprächtigen, schönen Laubs oder ihrer eindrucksvollen Blüten als Zimmerpflanzen gezogen, manche Arten oder Sorten vereinen beide Vorzüge. Die meist immergrünen Pflanzen haben breite, in der Regel asymmetrische, leicht brechende, wächserne Blätter. Die weiblichen Blüten der einhäusigen Pflanzen unterscheiden sich von den männlichen durch breit farbiggesäumte Fruchtknoten, die sich zu geflügelten Früchten entwickeln.

Begonien lassen sich nach Wuchsform und Art der Wurzel in zahlreiche Klassen einteilen. Die bisweilen recht hohen, **aufrechtwachsenden Begonien** mit hohlen, geraden Stengeln haben Haarwurzeln und zumeist hängende Büschel aus auffälligen Blüten; relativ ähnlich sind einige **strauchige Begonien** mit dichter verzweigtem Wuchs (so etwa *Semperflorens*-Begonien); eine ähnliche Gruppe bilden **winterblühende Begonien** mit niedrigeren, weicheren Stengeln und bunter, üppiger, winterlicher Blütenpracht; groß und vielfältig ist die Klasse der **Rhizombegonien,** deren Blätter direkt aus den kriechenden, knotigen Rhizomen wachsen – so etwa die *Begonia Rex-cultorum* mit farbenprächtig panaschierten Blättern und viele andere Sorten mit auffälligem Laub. Die vor allem durch die Hybriden der **Tuberhybrida-Gruppe** bekannten **Knollenbegonien** schließlich ziehen im Winter in die Knolle ein und tragen im Sommer große, auffällige, häufig gefüllte Blüten.

PFLEGE UND VERMEHRUNG: Viele Arten können bei frostfreiem Klima als wunderschöne Gartenpflanzen im Freien gezogen werden, wobei besonders die Rhizombegonien anfällig für Schneckenbefall sind. Als Zimmerpflanzen wachsen sie gut in normaler, mit Torf oder Laubmull angesäuerter Blumenerde. Sie brauchen helles bis gemäßigtes Licht, gute Belüftung und überdurchschnittlich viel Feuchtigkeit; diese erreicht man, indem man die Töpfe in eine Schale mit Wasser und Kieseln stellt. Jungpflanzen strauchiger Ar-ten sollten rechtzeitig zurückgeschnitten werden, damit sie kompakt bleiben und üppig blühen. Bei den Knollenbegonien müssen die Knollen im zeitigen Frühjahr bei 18 °C in Torf oder Torfmoos vorgetrieben werden. Nach der Blüte ziehen die Pflanzen ein; Mitte Herbst werden die Knollen ausgegraben und trocken gelagert. Knollenbegonien werden durch Brutknollen vermehrt, andere Arten durch Trieb- oder Blattstecklinge (dabei legt man die abgeschnittenen Blattspreiten flach auf feuchten Sand und beschwert sie mit Kieselsteinen), durch Teilen der Rhizome oder durch Samen. Bei zu feuchten Bedingungen in der warmen Jahreszeit sind Begonien anfällig für Grauschimmel, Mehltau und Botrytis.

Begonia auriculata

Bei dieser 30–40 cm hohen Rhizombegonie aus dem tropischen Westafrika tragen die relativ kurzen, aufrechten Stengel kleine, deutlich zweireihig angeordnete, sehr fleischige Blätter. Die ohrenförmigen Blätter sind glänzend olivgrün mit einem Silberfleck in der Mitte. Im Sommer erscheinen kleine Blütenstengel mit rosa Blüten.

Begonia boliviensis

Diese bolivianische Art gehört zu den wichtigeren Stammarten der Knollenbegonien-Hybriden. Sie ist sommerblühend mit knolliger Wurzel und hat steif aufrechte, fleischige, bis zu 1 m hohe, ver-

Begonia boliviensis

Beaufortia sparsa

Beaucarnea recurvata

Beaumontia grandiflora

zweigte Stengel, die schnell schwach werden und gegebenenfalls gestützt werden müssen. Die großen, zugespitzten Blätter sind deutlich gezähnt, die orangeroten Blüten wachsen in freihängenden Büscheln.

Begonia × *cheimantha* 'Gloire de Lorraine'

Diese bis zu 30 cm hohe Hybride aus der winterblühenden Gruppe hat einzelne, weiße bis blaßrosa Blüten, die vor allem im Winter erscheinen. Die rundlichen Blätter sind hellgrün.

Begonia 'Cleopatra'

Die Herkunft dieser beliebten, leicht zu ziehenden Rhizombegonie ist ungewiß. Aus zahlreichen, dichten, kurzen, kriechenden Rhizomen wachsen gedrängt scharfgelappte, gelbgrüne und purpurbraune Blätter. Im frühen Frühjahr erscheinen üppige, langgestielte Blütenstände mit blaßrosa Blüten.

Begonia coccinea

An den eleganten, fleischigen, bis über 1 m hohen Trieben dieser hohlstengeligen, brasilianischen Art wachsen oben dunkelgrüne und rotgeränderte, unten stumpfrote Blätter. Im Frühjahr und Sommer erscheinen zahllose, korallenrote Blüten in langlebigen, hängenden Büscheln. Die für subtropische Gärten oder auch Treibhäuser gut geeignete, anspruchslose Art bevorzugt humusreichen, gut gemulchten Boden.

Begonia, S-c-Gruppe

Begonia 'Erythrophylla'
Syn. *Begonia* 'Feastii'

Diese Sorte mit Rhizomen wird vor allem wegen ihres attraktiven Laubs gezogen – die großen, ledrigen Blätter sind etwa 10 cm breit, oben hellgrün und unten tiefrotbraun. Dekorativ sind auch die Blütenstände aus zarten rosa Blüten an 15 cm langen Stengeln. Die beliebte Zimmerpflanze ist in frostfreien Klimaten eine interessante Gartenpflanze für leicht schattige Standorte.

Begonia fuchsioides

Die kleinen, gedrängten, ovalen Bätter dieser strauchigen Begonie aus Venezuela sind jung rosa getönt. Die kleinen, korallenroten bis rosa Blüten erscheinen in zahlreichen kurzgestielten Blütenständen über einen langen Zeitraum vom Herbst bis zum Frühjahr. Die freilandgeeignete, bis zu 1 m hohe Pflanze mit aufrechtem, dicht verzweigtem Wuchs und elegant hängenden Zweiglein bevorzugt helle Lagen.

Begonia grandis subsp. *evansiana*

Diese in China, Südjapan und dem südostasiatischen Hochland heimische Unterart einer Knollenbegonie ist die einzige Begonie, die relativ milde Winter im Freien überstehen kann. Die Stengel der niedrigen, bis 60 cm hohen, buschigen Pflanze sind rot, die breiten, leicht fleischigen Blätter sind oben hellgrün und unten kupferrot getönt. Duftende, etwa 2,5 cm breite, rosa Blüten erscheinen den ganzen Sommer über in hängenden Büscheln. Sie bevorzugt Halbschatten und zieht im Winter ein.

Begonia scharffii

Begonia × *hiemalis*
Syn. *Begonia* × *elatior*

Unter dieser Bezeichnung wird eine Gruppe winterblühender Hybridsorten aus Kreuzungen zwischen *Begonia socotrana* und Begonien der Tuberhybrida-Gruppe zusammengefaßt. Die vielfältigen, relativ leicht zu ziehenden Pflanzen tragen einfache oder gefüllte Blüten in zarten Farben von Weiß über Gelb und Orange bis zu Rot und Rosa. Sie entwickeln eher Haar- als Knollenwurzeln und neigen mithin dazu, nach der Blüte abzusterben. Neuere Sorten ziehen nicht mehr ein.

Begonia masoniana

Die hellgrünen, runzeligen, borstig behaarten Blätter dieser auf Neuguinea heimischen Rhizombegonie sind auf der Oberseite mit einem kräftigbraunen, in der Form an das »Eiserne Kreuz« erinnernden Muster versehen. Die Pflanzen haben knotige Rhizome und werden 45–60 cm hoch. Die blaßrosa-weißen, unauffälligen Blüten sind leider nur selten zu sehen.

Begonia metallica

Die bronzefarben-grünen, tiefgeäderten Blätter dieser hochwüchsigen, strauchigen, bis zu 1 m hohen Art aus Mexiko sind häufig weiß gefleckt und an der Unterseite rot geädert. Vom Sommer bis Herbst erscheinen rosa Blüten an borstig rot behaarten Stengeln.

Begonia 'Orange Rubra'

Die Herkunft dieser seit langem etablierten, beliebten, in der Regel etwa 60 cm hohen, hohlstengeligen Sorte mit schwachen Stielen ist unklar. Ihre großen, ovalen, hellgrünen Blätter sind manchmal mit weißen Flecken versehen, die im Alter verschwinden. Hängende Büschel auffällig orangefarbener Blüten erscheinen ganzjährig.

Begonia 'Pink Shasta'

Die zu den hohlstengeligen Begonien zählende 'Pink Shasta' wird 1–1,2 m hoch, entwickelt verzweigte Stengel und leicht silbrig gefleckte Blätter. Vom Frühjahr bis zum Herbst erscheinen hängende Rispen aus leicht lachsfarbenen Blüten. 'Pink Shasta' stammt als Sämling von **'Shasta'** ab, die aus *Begonia coccinea* gezogen wurde.

Begonia, Rex-cultorum-Gruppe

Die Vertreter dieser Gruppe von Rhizombegonien werden wegen ihres farbenfrohen Laubs gezogen. Sie stammen von der im Himalaja heimischen *Begonia rex* und einigen verwandten asiatischen Arten ab. Sie haben kurze, knotige Rhizome, relativ unauffällige Blüten und breite, sehr asymmetrische Blätter mit in der Regel gezähnten oder scharfgelappten Rändern und häufig mit einer ziemlich warzigen Oberfläche. Die mehrfarbigen Blattoberseiten sind silbern, rosa, grau-bronzefarben, rot oder purpurn gestreift oder gefleckt, die Unterseiten meist stumpfrot. Die smaragdgrünen Blätter von **'Merry Christmas'** (Syn. 'Ruhrtal') sind in der Mitte rötlich-rosa und silbern glänzend gepunktet.

Begonia scharffii
Syn. *Begonia haageana*

Diese strauchige, bis zu 60 cm hohe Begonie aus Brasilien hat einen wuchernden Wuchs sowie behaarte Stengel und Blätter. Die großen, olivgrünen, zugespitzten Blätter sind an der Unterseite rot geädert. Ganzjährig erscheinen blaßrosa-weiße Blüten mit rötlich-rosa, bartähnlichen Haaren an der Basis.

Begonia, Semperflorens-cultorum-Gruppe

Die zwergwüchsigen, strauchigen Begonien dieser Gruppe stammen vor allem von der brasilianischen ***Begonia semperflorens*** ab. Sie werden häufig als einjährige Beetpflanzen gezogen, so etwa die Sorte **'Ernst Benary'**, ergeben jedoch auch beliebte Randbepflanzungen in schattigen Gärten, Topfpflanzen für Fensterbretter oder Kübelpflanzen. Die reichverzweigten Pflanzen mit ihren weichen, fleischigen Stengeln haben rundliche, etwa 5 cm lange, glänzendgrüne Blätter (bei einigen Sorten bronzefarben oder panaschiert). Der üppige Flor öffnet sich im Sommer und Herbst sukzessive an den Zweig-

Begonia, S-c-Gruppe, 'Ernst Benary'

Begonia, S-c-Gruppe

Begonia 'Cleopatra'

Begonia × *hiemalis*

Begonia 'Pink Shasta'

spitzen über einen langen Zeitraum hinweg (fast ganzjährig in wärmeren Klimaten). Die Blüten der zahlreichen Sorten sind einfach oder auch gefüllt, hellroséfarben, hellrosa, weiß oder rot; oft werden sie als Serie mit gemischten Farben angeboten. Sie werden aus Samen oder Triebstecklingen gezogen und in kühleren Klimaten im Spätfrühjahr ausgepflanzt. Ausknipsen der Triebspitzen bewirkt buschigeren Wuchs.

Zur **Cocktail-Serie** gehören buschige Minipflanzen mit leicht bronzefarbenem Laub und Einzelblüten: **'Gin'** hat metallische, schwarzgrüne Blätter und tiefrosa Blüten; **'Vodka'** trägt tiefrote Blüten, die mit sehr dunklen, grünen Blättern kontrastieren, ebenso die blaß bronzefarbenen Blätter von **'Whiskey'** mit weißen Blüten. Zur älteren Serie **Thousand Wonders** zählen kompakte, sonnenresistente Pflanzen in verschiedenen Schattierungen von Rosa bis Weiß.

Begonia, Tuberhybrida-Gruppe

Die bekannten Knollenbegonien sind im Handel in voller Blüte erhältlich; früher wurden sie in speziell eingerichteten öffentlichen Gewächshäusern ausgestellt. Ihre wundervollen, großen, einfachen oder gefüllten Blüten blühen in sämtlichen Regenbogenfarben außer in Blau und sind vielfältigst gekräuselt und gewellt. Diese Hybriden stammen von in den Anden heimischen Arten ab. Die Wurzelknollen treiben Mitte des Frühjahrs aus und produzieren schwache, bis zu 60 cm lange, leicht brechende Stengel mit wenigen, mittelgrünen Blättern. Das

Begonia, Tuberhybrida-Gruppe

Begonia, Tuberhybrida, Picotee-Sorte

Gewicht der Sommerblüten kann die Stengel nach unten biegen, so daß sie gestützt werden müssen. Nach der Blüte ziehen die Pflanzen ein, die Knollen werden in der Regel Mitte des Herbstes ausgegraben und trocken gelagert.

Man unterscheidet einige Untergruppen, Kriterien sind dabei Wuchsform und Blütentyp: Am zahlreichsten sind die **kamelien-** und **rosenblütigen** Sorten mit sehr großen, etwa 15 cm breiten, meist gefüllten Blüten in vielen Farben, so etwa **'Fairy Lights'** oder auch **'Mandy Henschke'**. Bei letzterer ist die Vervielfachung der Blütenblätter nur bei männlichen Blüten zu finden – die größten Blüten erhält man, wenn man die Knospen der kleineren, einfachen, seitlich der männlichen Blüten wachsenden weiblichen Blüten entfernt. Die Sorten der **Picotee-Gruppe** entwickeln meist gefüllte Blüten, deren Blattränder in kontrastierenden oder dunkleren Farben getönt sind. **Multiflora**-Sorten haben in der Regel einfache Blüten und werden vor allem wegen ihrer Massenwirkung gezogen. Sie blühen in den gleichen Farben wie andere Sorten und werden auf die gleiche Art kultiviert, jedoch müssen keine Knospen ausgeknipst werden. Die Pflanzen sind manchmal nicht standfest und müssen dann gestützt werden. Die Hybriden der **Pendula-Gruppe** tragen dagegen ihre Blüten in hängenden Blütenzweigen; sie wirken am vorteilhaftesten in Blumenampeln. Ihre einfachen oder auch gefüllten Blüten sind in der Regel kleiner als die der kamelien- und rosenblütigen Sorten, erblühen jedoch in den gleichen Farben

Begonia, Tuberhybrida-Gruppe

Begonia, Tuberhybrida-Gruppe, 'Fairy Lights'

B., Tuberhybrida, 'Mandy Henschke'

Belamcanda chinensis

und werden auch auf die gleiche Weise gezogen.

BELAMCANDA

LEOPARDENBLUME

Zu dieser in Süd- und Ostasien heimischen, zur Familie der Schwertliliengewächse gehörenden Gattung zählen nur zwei Arten schwachwüchsiger und eher kurzlebiger Stauden. Die flachen Fächer aus dünnen Blättern entspringen dünnen Rhizomen. Die schlanken Blütenstiele tragen wenige, ziemlich kleine Blüten mit sechs schmalen Blütenblättern. Die Samenhülsen öffnen sich weit und legen Reihen glänzendschwarzer Samen frei. Die Fruchtstände sind beliebt für Trockenblumengestecke.

PFLEGE UND VERMEHRUNG: Sie stammen aus warm-gemäßigten Regionen und brauchen Sonne, reichen, durchlässigen Boden und reichliches Wässern im Sommer. In kühlen Gegenden müssen die ruhenden Pflanzen vor Frost geschützt werden. Sie vermehren sie durch Teilung oder Samen, die Sie jedes zweite bis dritte Jahr ausbringen sollten, um weiter Pflanzen zu haben.

Belamcanda chinensis

Die 60–90 cm hohen Pflanze gleicht in der Wuchsform der Schwertlilie, hat aber ganz anders aussehende Blüten. Sie sind bis zu 5 cm breit, erblühen im Sommer in vielfältigen Farben von Creme über Gelb, Apricot bis tief Orangerot und sind in der Regel dunkler gefleckt. In den geöffneten Samenhülsen werden dicht gepackte Samen sichtbar, die an kleine Brombeeren erinnern.

BELLIS

MASSLIEBCHEN, GÄNSEBLÜMCHEN

Das kleine weiße Gänseblümchen, das im Frühjahr die Rasen überzieht, zählt zu den beliebtesten und bekanntesten europäischen Wildpflanzen. Es gehört zur Gattung *Bellis,* die aus 15 Arten kleiner Stauden besteht, die in Europa, Nordafrika und der Türkei verbreitet sind. *Bellis* stammt vom lateinischen Wort *bellus* (»schön«, »hübsch«) ab. Die Pflanzen haben Rosetten kleiner, ovaler bis löffelförmiger Blätter, jede Rosette bringt ununterbrochen einzelne, gestielte Blütenköpfchen hervor. Die in zahlreichen Farben von Weiß bis Rosa, Blau oder Karmesinrot vorkommenden Blüten schließen sich bei Nacht und öffnen sich bei Sonnenaufgang. Nur eine Art ist regelmäßig in Kultur, meist in Gestalt verbesserter Sorten.

PFLEGE UND VERMEHRUNG: Gänseblümchen sind im Frühjahr beliebt als Randbepflanzung von Rabatten. Sie sind zwar Stauden der kühl-gemäßigten Zone, werden jedoch in der Regel als einjährige oder wintereinjährige, im Herbst gesäte Pflanzen behandelt. Sie gedeihen in jedem guten Gartenboden in Sonne oder Halbschatten; der Boden sollte im Winter und

Bellis perennis, Pomponette-Serie

Bellis perennis

Bellium minutum

Bellis perennis 'Medicis White'

Frühjahr feucht gehalten werden. Die Vermehrung erfolgt durch Samen oder auch Teilung.

Bellis perennis

GÄNSEBLÜMCHEN, TAUSENDSCHÖN, MASSLIEBCHEN

Das Gänseblümchen hat sich in den gemäßigten Regionen der meisten Kontinente weithin eingebürgert. Die kleine Wildform bildet Teppiche aus gedrängten Rosetten, die sich im Rasen durch kleine Ausläufer verbreiten. Die 2,5 cm breiten, weißen Blütenköpfchen erscheinen vom Spätwinter bis Frühsommer, sind in der Mitte golden und unten blaßrosa. **'Medicis White'** ist eine weiße Sorte. Die Gartenformen haben meist gefüllte, rote, karmesinrote, rosa oder weiße, in der Mitte goldene Blütenköpfchen. Die alte gefüllte Sorte **'Alba Plena'** unterscheidet sich erheblich von den heute für Rabatten und Schnitt populären Pflanzen der **Pomponette-Serie,** die mit ihren hübschen, verschiedenfarbigen, halbkugeligen, 3,5 cm breiten Blütenköpfchen mit gekräuselten Blütenblättern nur noch wenig an die Wildblumen erinnern.

BELLIUM

ZWERGMASSLIEBCHEN

Zu dieser Gattung zählen drei Arten ein- und mehrjähriger, kriechender oder polsterbildender Korbblüter aus Südeuropa. Der Gattungsname soll auf ihre große Ähnlichkeit mit *Bellis* hinweisen. Genauer betrachtet, unterscheiden sie sich aber im Blütenaufbau deutlich. Die reizenden Miniaturpflanzen haben sehr kleine, gedrängte, spatelförmige Blätter und zahllose kleine, weiße Blütenköpfchen.
PFLEGE UND VERMEHRUNG: Sie bevorzugen sonnigere, trockenere Lagen als Gänseblümchen und gedeihen in durchlässigen Steingärten. Sie sollten mit feinem Kies gemulcht werden, damit das Laub bei Regen nicht mit Schlamm bespritzt wird. Alle Arten sind einigermaßen frosthart. Vermehrung durch Samen oder Teilung.

Bellium minutum

Die Blätter dieser sommerblühenden, einjährigen Art von den Mittelmeerinseln sind nur wenig länger als 6 mm. Auch die weißen, an der Unterseite blaßrosa Blütenköpfchen auf 5 cm langen Stengeln sind mit knapp über 1 cm Breite sehr klein.

BERBERIDOPSIS

KORALLENSTRAUCH

Etwa 130 Jahre lang nahm man an, daß diese Gattung nur einen südchilenischen,

Bellis perennis, Pomponette-Serie

immergrünen Kletterstrauch umfasse. Dieser wurde wegen seines stechpalmenartigen Laubs und der tiefscharlachroten Blüten bewundert, die denen einiger *Berberis*-Arten gleichen, jedoch größer und fleischiger sind. 1984 wies ein holländischer Botaniker auf die Ähnlichkeit zwischen dieser und einer in den Bergregenwäldern Ostaustraliens heimischen, bis zu diesem Zeitpunkt unter *Streptothamnus* klassifizierten Kletterpflanze hin und benannte diese formell als zweite Art von *Berberidopsis.* Zur Gattung zählen heute also zwei, jeweils an einer Seite des Pazifiks heimische Arten. Die Ränder ihrer eiförmigen Blätter sind mit Stacheln bewehrt, ihre Blüten hängen an endständigen Stengeln.
PFLEGE UND VERMEHRUNG: Die Wurzeln der sehr frostempfindlichen Kletterpflanzen sollten durch Mulchen vor Frost geschützt werden. Sie gedeihen in milden, feuchten Gebieten in torfigem, durchlässigem Boden, sind jedoch recht anpassungsfähig. Sie werden vor allem durch Stecklinge vermehrt.

Berberidopsis corallina

Dieser Kletterstrauch aus Chile hat 8 cm lange, ziemlich feste, schmal-herzförmige Blätter mit stumpfgezähnten Rändern. Die wächsernen, roten, glockenförmigen, langstieligen Blüten erinnern an ungeöffnete Fuchsienknospen. Obwohl nicht atemberaubend großblütig, ist diese Kletterpflanze sehr elegant. In Bäumen erreicht sie mindestens 3 m Höhe, sie kann aber auch zu einem dichten, baldachinförmigen, etwa 2 m breiten Strauch geschnitten werden.

BERBERIS

SAUERDORN, BERBERITZE

Zu dieser großen Gattung zählen weit über 400 Arten robuster, immergrüner und laubabwerfender Sträucher. Die meisten stammen aus dem gemäßigten Ostasien, wenige aus Europa, einige aus den

Berberidopsis corallina

südamerikanischen Anden. Die nordamerikanischen Arten zählen heute zu *Mahonia.* Berberitzen sind meist schon unter der Erde in zahlreiche, dichtgedrängte Triebe verzweigt. Die Ränder der Blätter sind oft spitz gezähnt. Schwache bis recht starke Dornen sitzen an den Ansatzstellen der kleinen bis mittelgroßen Blätter, die am Rand oft bestachelt und im allgemeinen ledrig sind. Den Büscheln kleiner ,gelber, rötlicher, creme- oder orangefarbener Blüten folgen kleine, fleischige Früchte.
PFLEGE UND VERMEHRUNG: Sie sind leicht zu ziehen, gedeihen in den meisten Bodentypen am besten in voller Sonne, überstehen starken Rückschnitt und eignen sich als Hecken. Vermehrung durch Samen oder Stecklinge. In einigen Ländern ist ihre Verwendung eingeschränkt, da manche Arten Zwischenwirt eines Getreiderostpilzes sind.

Berberis calliantha

Dieser zwergwüchsige, sehr selten bis zu 1 m hohe, immergrüne, frostharte Strauch aus den feuchten Bergen Südosttibets hat eine in die Breite gehende Wuchsform. Die etwa 2,5 cm langen, stechpalmenartigen Blätter sind oben glänzend dunkelgrün und unten wächsern weiß. Die hängenden, blaßgelben, bis zu 2,5 cm breiten Blüten erscheinen im Frühjahr, später tiefpurpurfarbene, attraktiv grau bereifte Beeren.

Berberis darwinii

Dies ist die auffälligste der zahlreichen immergrünen, kleinblättrigen, mit außerordentlich hübschen Büscheln tiefgelber bis orangefarbener Blüten versehenen Arten aus Chile und Argentinien. Sie hat glänzend dunkelgrüne, stechpalmenartig gezähnte Blätter. Im Spätwinter und Frühjahr erscheinen kurze Zweige hellgoldgelber Blüten, denen bläuliche Beeren folgen. Sie wird etwa 2 m hoch und breit und hat eine unregelmäßige, offen verzweigte Wuchsform; die Zweige sind we-

Berberis darwinii

Berberis calliantha

Berberis × *s.* 'Corallina Compacta'

Berberis × *s.* 'Corallina Compacta'

Berberis × *stenophylla*

Berberis jamesiana

niger dornig als bei den meisten anderen Arten.

Berberis × *hybrido-gagnepainii*

Zu dieser Hybride aus den zwei chinesischen Arten *Berberis gagnepainii* und *B. verruculosa* gehören viele Namensorten – meist niedrige, dichte, immergrüne Sträucher mit ziemlich lang bedornten Trieben. Die schmalen, zugespitzten Blätter sind an den Rändern stachelig gezähnt. Die etwa 2 m hohe und noch breitere, frostharte Sorte **'Parkjuweel'** ist dagegen halbimmergrün, ihre kleinen, länglichen Blätter sind meist ganzrandig und im Herbst kräftig gefärbt.

Berberis jamesiana

Die jungen Triebe dieses bis 2 m hohen, eindrucksvollen westchinesischen Strauchs sind leicht pupurn. Die Äste sind mit langen Dornen bewehrt, die dicken, olivgrünen Blätter stark geädert, an der Unterseite bläulich-grau und färben sich im Herbst rot. Im Frühsommer erscheinen zahllose, kleine, goldgelbe Blüten an bis 10 cm langen Ähren, ihnen folgen kugelige, im Durchmesser 1 cm breite, weiße, reif blaß scharlachrote Früchte, die an rote Johannisbeeren erinnern.

Berberis × *mentorensis*

Dieser extrem starke, frostharte Strauch, eine Kreuzung zwischen der chinesischen ***Berberis julianae*** und der japanischen *B. thunbergii,* hat eine aufrechte Wuchsform mit dichtstehenden, langbedornten Trieben. Das attraktive Laub färbt sich in kälteren Klimaten im Herbst hellrot, ist jedoch in Regionen mit milderen Wintern immergrün. Blüten und Früchte sind unauffälliger als bei anderen Arten. Die meist als undurchdringliche Hecke gepflanzte Art erträgt auch heiße, trockene Sommer.

Berberis × *ottawensis*

Diese Anfang des 20. Jahrhunderts in Ottawa aus einer Kreuzung zwischen *Berberis thunbergii* und *B. vulgaris* gezogene Hybride ist am besten durch den Klon **'Superba'** (Syn. 'Purpurea') bekannt, der oft mit *B. thunbergii* der Sorte **'Atropurpurea'** verwechselt wird, mit etwa 2 m Höhe jedoch höher und wüchsiger ist. Die jungen Triebe sind zudem bronzerot statt dunkelpurpurn. Die roten Beeren dieses populären und sehr winterharten, laubabwerfenden Strauchs mit dichtstehenden Trieben erscheinen im Herbst. Er eignet sich ausgezeichnet für Blumengebinde und für Hecken oder liefert Farbkontraste zu grünblättrigen Sträuchern.

Berberis pruinosa

Dieser charakteristische, bis zu 3 m hohe, immergrüne Strauch aus Westchina hat rötliche junge Triebe; die gelblichen Stämme sind mit bis zu 3,5 cm langen Dornen bewehrt. Die stumpfgrünen, unten weißlichen Blätter sind bis zu 10 cm lang und 2 cm breit und zur Spitze fein stachelig gezähnt. Büschel kleiner, blaßgelber Blüten erscheinen im späten Frühjahr, ihnen folgen kleine schwärzliche, dick weißbereifte Früchte.

Berberis × *stenophylla*

Diese immergrüne, bis zu 2,5 m hohe und 3 m breite Kreuzung zwischen *Berberis darwinii* und der verwandten südamerikanischen ***B. empetrifolia*** hat dichtstehende, verholzte Stämme und gebogene Zweige. Die schmalen, tiefgrünen Blätter sind unten bläulich. Im Frühjahr erscheinen zahllose goldgelbe Blüten, denen purpurblaue Beeren folgen. Der Strauch kann sowohl einzeln als auch als Hecke gepflanzt werden. Der nur etwa 30 cm hohe, zwergwüchsige Klon **'Corallina Compacta'** hat gelbliche Blätter und korallenrote Früchte; der hohe **'Crawley Gem'** ist sehr reichblütig.

Berberis thunbergii

In der Regel werden die Sorten dieser mit am weitesten verbreiteten, in Japan heimischen Berberitze gepflanzt. Der niedrigwachsende, laubabwerfende (in wärmeren Klimaten fast immergrüne), frostharte Strauch wird nur 1,5 m hoch, hat zahlreiche, dicht wachsende Stämme, kleine, hübschgerundete Blätter und nicht besonders starke Dornen. Mitte des Frühjahrs erscheinen kleine, nicht besonders dekorative, glockige, grünlich-gelbe, stumpfrot gestreifte Blüten. Das tiefpurpurbraune Laub von **'Atropurpurea'** färbt sich im Spätherbst metallisch bronzefarben-schwarz. Das Laub der hübschen, nur 30–45 cm hohen, halbkugelig geformten **'Atropurpurea Nana'** (Syn. 'Crimson Pygmy', 'Little Favorite') ist ähnlich getönt mit grünen Einfärbungen. Die grünen oder bronzefarbenen Blätter der kompakten und ziemlich schmalen **'Keller's Surprise'** sind rosa gefleckt ebenso wie die tiefpurpurfarbenen, grüngeränderten Blätter von **'Rose Glow'**. **'Red Pillar'**, eine Verbes-

Berberis thunbergii 'Atropurpurea Nana'

Berberis thunbergii 'Atropurpurea'

Berberis × *ottawensis* 'Superba'

Berberis thunbergii 'Red Pillar'

Berberis thunbergii 'Rose Glow'

Berberis × *ottawensis* 'Superba'

Berberis pruinosa

serung von **'Erecta'**, hat purpurrotes Laub und eine sehr aufrechte, etwa 1–1,5 m hohe Wuchsform, die kompakte **'Bagatelle'** hat purpurrotes Laub, **'Kobold'** bildet reichlich Früchte.

Berberis verruculosa

Die Rinde der zahlreichen, übergebogenen Triebe dieses langsamwachsenden, in der Regel etwa 1,5 m hohen, immergrünen Strauchs aus Westchina ist mit kleinen, braunen »Warzen« bedeckt. Die kleinen, glänzenden Blätter stehen dicht gedrängt an den Trieben. Im späten Frühjahr erscheinen zwischen den Blättern einzeln verstreut gelbe Blüten, denen zylindrische, purpurnschwarze, blauschimmernde Früchte folgen.

Berberis vulgaris

SAUERDORN

Dieser 2–3 m hohe, sommergrüne Strauch hat gedrängt wachsende, dornige

Bergenia stracheyi

Bergenia purpurascens

Bergenia 'Eroica'

Triebe und an den Spitzen abgerundete, stachelig gezähnte Blätter. Attraktiv sind die gelben Blüten im Frühjahr, besonders beeindruckend sind jedoch im Herbst die zahllosen, hellkorallenroten, zylindrischen Früchte. Sie haben medizinisch wirksame Inhaltsstoffe und sind eßbar, schmecken jedoch sehr sauer. Der in Kultur leichte, extrem winterharte, trockenresistente Strauch ist in großen Teilen Nordamerikas eingebürgert. Diese Art dient auch als Hauptzwischenwirt des Getreiderostes.

Berberis wilsoniae

Diese sommergrüne, in wärmeren Klimaten fast immergrüne, frostharte chinesische Art hat kleine, schmale, ungezähnte Blätter mit abgerundeten Spitzen und einen dicht buschigen Wuchs. Sie wird bis zu 1,5 m hoch und ziemlich breit. Den unauffälligen, gelben Blüten im späten Frühjahr und Frühsommer folgen im Herbst zahllose rosa, den Winter überdauernde Früchte, die tiefer rot werden, wenn sich das Laub gelb, orange und rot verfärbt. Die äußerst dekorative Art braucht viel Platz.

BERGENIA

BERGENIE

Charakteristisch für diese sechs oder sieben ost- und zentralasiatische Arten halbimmergrüner Rhizomstauden umfassende Gattung aus der Familie der Steinbrechgewächse sind die großen, schönen, rundlich-spatelförmigen Blätter, die an kurzen Stielen aus dem Boden wachsen und lockere Horste bilden. Seit etwa 100 Jahren wurden zahlreiche Gartenhybriden gezüchtet. Im Winter und Frühjahr erscheinen an kurzen, festen Stengeln große

Bergenia × *schmidtii*

Bergenia cordifolia

Berberis verruculosa

Büschel aus meist blaßrosa, aber auch weißen und dunkelrosa Blüten. Ein Beispiel ist **'Eroica'** mit tiefrosa Blüten. Das Laub ist im Winter oft attraktiv rot verfärbt.

PFLEGE UND VERMEHRUNG: Sie sind exzellente, frostharte Bodendecker und Steingartenpflanzen, gedeihen in Sonne oder Schatten, ertragen exponierte Lagen, aber auch feuchten Boden an Bach- oder Teichufern. Die Blätter verfärben sich jedoch kräftiger unter trockeneren Bedingungen. Sie sollten bei Hitze gut gewässert werden. Das Entfernen verblühter Blütenköpfchen verlängert die Blüte. Die Vermehrung erfolgt durch Teilung im Frühjahr nach der Blüte, wenn die Pflanzen dicht geworden sind.

Bergenia 'Beethoven'

Dies ist eine Gruppe der in den siebziger Jahren von Eric Smith in England gezüchteten Hybridsorten, deren Namen sich auf klassische Musik beziehen. Die Blätter sind tiefgrün, die großen Köpfe weißer, von rötlichen Kelchen gestützter Blüten wachsen an etwa 30 cm hohen, stumpfroten Stengeln.

Bergenia ciliata

Diese im Himalaja heimische Art wird wegen ihrer hübschen, runden, bis zu 30 cm breiten, an den Rändern rötlich fein behaarten Blätter sowie wegen ihrer zarten, weißen bis blaßrosa, später dunkleren Blüten gezogen. Diese erscheinen im zeitigen Frühjahr und blühen bisweilen bis zum Sommeranfang. In kalten Klimaten können die Blätter im Winter verwelken.

Bergenia cordifolia

Diese kräftige, im sibirischen Altai-Gebirge heimische Staude hat mehr oder minder herzförmige, bis zu 20 cm breite Blätter mit gekräuselten Rändern. Im Spätwinter und zeitigen Frühjahr erscheinen an 30–40 cm langen Stengeln Rispen hän-

Bergenia 'Morgenröte'

Berberis wilsoniae

gender, purpurrosa Blüten. Die Blätter der lange blühenden Pflanze bleiben im Winter grün. **'Purpurea'** hat magentarote-rosa Blüten und purpurn gefärbte Blätter.

Bergenia crassifolia

Bergenia crassifolia zählt zu den höheren Arten, obwohl die dicken, blaugrünen, an den Rändern rötlich-borstigen Blätter ziemlich niedrig bleiben. Im zeitigen Frühjahr erscheinen an bis über 30 cm hohen Stengeln große, dichte Büschel hängender, tiefrosa Blüten. Die Sorte **'Aureo-Marginata'** mit cremefarben und stumpfpurpurn gestreiften Blättern bietet ganzjährig Farbeffekte.

Bergenia 'Morgenröte'

Diese kleinwüchsige Sorte mit weniger als 15 cm langen, schlichtgrünen Blättern bildet im späten Frühjahr an tiefroten Stengeln dichte, kleine Büschel eher großer, orchideenrosa Blüten aus. Manchmal blüht sie im Sommer nach.

Bergenia purpurascens

Syn. *Bergenia beesiana*

Die großen, fleischigen, ovalen, purpurn getönten Blätter dieser Art werden besonders bei stärkerem Frost im Winter dunkler. Im Spätwinter und Frühjahr erscheinen an bis zu 50 cm hohen Stengeln hellrosa bis rötlich-purpurfarbene Blüten.

Bergenia × *schmidtii*

Diese alte Hybride aus *Bergenia ciliata* und *B. crassifolia*, wohl die wüchsigste und am meisten gepflanzte Bergenie, hat abgerundete, fleischige, stumpfgrüne Blätter. Zwischen dem Laub erscheinen an bis zu 30 cm langen Stielen rosé- bis rosafarbene Blüten. Hauptblütezeit ist im Spätwinter und zeitigen Frühjahr, sporadisch auch zu anderen Zeiten; die Blüten werden oft durch Frost beschädigt.

Bergenia 'Silberlicht'

Diese Hybridsorte bildet kompakte Horste aus bis zu 20 cm langen, glänzendgrünen, an den Rändern gewellten Blättern. Die großen, reinweißen bis sehr blaß rosafarbenen Blüten erscheinen im Frühjahr in kompakten Büscheln an bis zu 45 cm hohen Stengeln, die nacheinander austreiben.

Bergenia stracheyi

Syn. *Bergenia milesii*

Diese Art hat relativ kleine, bewimperte, an der Basis keilförmige Blätter. Die im Alter weitläufige Horste bildenden Pflanzen entwickeln im zeitigen Frühjahr dichte

Büschel hängender, kelchförmiger, tiefrosa bis weißer Blüten an 25 cm hohen Stielen.

BERKHEYA

Zu dieser Gattung zählen etwa 75 Arten stachelig belaubter Stauden und Halbsträucher aus dem südlichen und tropischen Afrika. Diese Korbblütler wirken distelartig, sind aber eng verwandt mit Gattungen wie *Arctotis* und *Gazania*. Oft erscheinen zuerst nur grundständige Rosetten mit an der Unterseite weißfilzigen Blättern, später hohe, beblätterte, verzweigte Stengel mit kugeligen Teilblütenständen gelber, weißer oder purpurfarbener Blütenköpfchen, die von einem stacheligen Hüllkelch umgeben sind. Je nach Art sind die Blätter unterschiedlich stark stachelig gezähnt.

PFLEGE UND VERMEHRUNG: Die wenigen Arten in Kultur wachsen leicht in sonnigen Lagen bei einigermaßen milden, trockenen Wintern, haben schönes, kräftiges Laub und eine lange Sommerblüte. Die Anpflanzung ist in jedem guten Gartenboden möglich; die Vermehrung erfolgt durch Samen oder Teilung.

Berkheya purpurea

Die grundständigen Blätter dieser schönen, hohen Staude von den kühlen Bergwiesen des großen Steilabfalls im östlichen Südafrika sind an den Rändern stachelig gezähnt und an der Unterseite flaumig behaart. Im Sommer erscheinen bis zu 1 m hohe, verzweigte Blütenstengel mit etwa 10 cm breiten, stacheligen, blaß purpurfarbenen Blütenkörbchen. Die Pflanze ist frostempfindlich.

BERLANDIERA

Einige Arten dieser im südlichen Nordamerika heimischen Staudengattung ziehen im Winter vollständig ein, bei anderen bleibt eine immergrüne, grundständige Blattrosette. Die breitlanzettlichen Blätter mit erhabenen Adern und gewellten bis leichtgelappten Rändern wachsen an holzigen, bis zu 1 m hohen Trieben. Die hellgelben Blütenkörbchen haben jeweils ein hellgrünes »Auge« aus Röhrenblüten, die auch nach Abfallen der Zungenblüten bleiben.

PFLEGE UND VERMEHRUNG: Sie sind in jedem durchlässigen, kalkreichen Gartenboden leicht zu ziehen, schätzen Zugabe von organischem Material und gelegentliches Wässern im Sommer. Die meisten Arten, die durch Samen, Spitzenstecklinge oder Teilung vermehrt werden, sind nur wenig frosthart.

Berlandiera lyrata

Diese sehr frostempfindliche Art zieht im Winter völlig ein. Im Frühjahr bildet sie aus dem Wurzelstock einen neuen Hügel von Blättern. Die gelben Blütenkörbchen an 60–90 cm hohen Stengeln erscheinen von Mitte des Frühjahrs bis in den Spätsommer und duften leicht nach Schokolade. Die Pflanze zieht Schmetterlinge an.

BESCHORNERIA

Zu dieser mexikanischen Gattung zählen zehn mit den Agaven verwandte, immer-

Beschorneria chiapensis

grüne Staudenarten. Die Rosetten grau- bis blaugrüner, schwertförmiger, fleischiger Blätter bilden in der Regel Horste am Boden, seltener stehen sie an aufrechten, fleischigen, bis zu 1 m hohen Stengeln. Die röhrigen, fleischigen, blaßgrünen und -rosa Blüten erscheinen büschelig in gebogenen Ähren oder Rispen und sind oft unter breiten, sich überlappenden, leicht rosa getönten roten Deckblättern verborgen, bis sie ganz geöffnet sind.

PFLEGE UND VERMEHRUNG: Die wüchsigen, anpassungsfähigen Pflanzen liefern besonders in Wüsten- oder mediterranen Gärten landschaftliche Effekte und können in vielfältigen, gemäßigten bis subtropischen Klimaten in den meisten durchlässigen Böden in der Sonne gedeihen, brauchen jedoch fast frostfreie Standorte. Vermehrung durch Teilung oder Abtrennen der grundständigen Seitentriebe.

Beschorneria yuccoides

Diese spektakuläre Pflanze kann mit ihrem immergrünen Laub einen breiten Horst bilden und erinnert dann an eine stengellose Yucca, die 60 cm langen, graugrünen Blätter sind aber breiter und weicher und die einzelnen Rosetten nicht so deutlich zu erkennen. Im Frühjahr erscheinen bis zu 2 m lange, gebogene, sehr fleischige, blaßrosa Blütenstengel mit hängenden, apfelgrünen Blüten und hellrosa Deckblättern. Es ist die noch am meisten Kälte vertragende Art. ***Beschorneria chiapensis*** gleicht *B. yuccoides*, hat jedoch rote Deckblätter und Blüten. Sie wurde zuerst im mexikanischen Bundesstaat Chiapas im Süden des Landes entdeckt.

BESSERA
KORALLENTRÖPFCHEN

Zu dieser mit *Brodiaea* und *Triteleia* verwandten Gattung von Liliengewächsen zählen eine oder möglicherweise zwei südmexikanische Zwiebelpflanzen, die großblütiger und frostempfindlicher sind als ihre meisten Verwandten. Die Zwiebel (genauer Sproßknolle) ist klein; die grundständigen Blätter sind lang und sehr schmal, der hohe Blütenschaft endet in einer Dolde aus sehr langstieligen, hängenden, sechsblättrigen, roten bis purpurroten, grüngeäderten Blüten mit hervorstehenden, purpurfarbenen Staubgefäßen.

PFLEGE UND VERMEHRUNG: Die nicht frostharten Pflanzen, die in leichtem, sehr

Beta vulgaris subsp. *rapacea* 'Pablo'

B. vulgaris subsp. *vulgaris*

Beta vulgaris subsp. *maritima*

Beta v. subsp. *vulgaris*

durchlässigem Boden an vollsonnigem Standort angepflanzt werden, sollten über Winter ausgegraben und trocken gelagert und im Frühjahr wieder ausgepflanzt werden. Sie blühen dann im Hochsommer. Es werden zahlreiche kleine Brutknollen gebildet. Sämlinge sind aber in der Regel besser und blühen nach drei bis vier Jahren.

Bessera elegans

Die grasartigen Blätter dieser gewöhnlich als einzige kultivierten, variablen Art sind 60–75 cm lang. Die in der Regel etwa 50 cm hohen Stengel können 1 m hoch werden. Die Blütenköpfchen tragen zwei bis dreißig, jeweils 5 cm breite Blüten. Diese sind normalerweise leuchtendrot, können jedoch auch rosa oder purpurn gefärbt oder gelegentlich weiß oder grün gezeichnet sein.

BETA
BETE, RÜBE

Zu dieser Gattung zählen sechs Arten in Europa, Westasien und Nordafrika heimische, breitblättrige ein-, zwei- und mehrjährige Krautpflanzen. Sie sind als Gemüse aus Garten und Handel bekannt. Alle Sorten stammen von *Beta vulgaris* ab. Die Arten der ebenso wie Spinat *(Spinacia)* und Melde *(Atriplex)* zur Familie der Gänsefußgewächse zählenden Gattung wachsen oft wild an salzbeeinflußten Küstenstandorten. Sie haben gut entwickelte Pfahlwurzeln und große, grundständige Blätter, zwischen denen die Blütenstengel erscheinen. Diese tragen zahlreiche, unauffällige, grünliche Blüten, denen kleine, leicht stachlige, trockene Früchte folgen, die im Sprachgebrauch als »Samen« bezeichnet werden.

PFLEGE UND VERMEHRUNG: Die Pflanzen dieser Gattung sind relativ leicht zu ziehen, bevorzugen lockeren, mit Kompost angereicherten Boden; reichlich Wässern bewirkt stetiges Wachstum. In kühleren Gegenden soll die Aussaat im Frühjahr stattfinden, in wärmeren Regionen ganzjährig. Rote-Bete-Samen werden mit etwa 20 cm Abstand gesät und die Pflänzchen verzogen, sobald die ersten Blätter erscheinen. Der Boden sollte feucht gehalten, die Beten mit der Hand geerntet werden. Während die Wurzeln in warmen Klimaten ganzjährig zu ernten sind, müssen sie in kalten über Winter eingelagert werden. Der schnellwachsende, häufig zu wässernde Mangold wird mit größerem Abstand in offener Lage in tiefem, fruchtbarem, gut gelockertem Boden gezogen. Plötzliche Wachstumshemmnisse oder Umweltveränderungen können zu frühzeitiger Blüte (»Schießen«) führen.

Beta vulgaris

Die Wildform dieser bekannten Art wird heute als ***Beta vulgaris* subsp. *maritima*** (Wildrübe, Seemanngold) bezeichnet und ist eine aufrechte oder ausgebreitet wachsende, an den Küsten Westeuropas und des Mittelmeers heimische Staude mit fleischigen, salzresistenten, als Gemüse verwendbaren Blättern. Durch Domestikation entstanden zahlreiche Kultursorten, meist ein- oder zweijährige Gemüsepflanzen. ***B. v.* subsp. *vulgaris*** umfaßt solche sehr häufig kultivierten Gemüsesorten. Hierzu gehören die Formen mit verdickter Wurzel, so die allseits bekannte Rote Bete (und ihre Sorten wie etwa **'Pablo'**), die ähnliche Zuckerrübe mit blassen, extrem zuckerhaltigen Rüben und die Futter- oder Runkelrübe. Aber auch die Blattgemüse gehören zu dieser Art, vor allem der Stiel- oder Rippenmangold mit großen, runzligen Blättern und der Schnitt- oder Blattmangold mit kleineren, dünneren Blättern, der über einen längeren Zeitraum geerntet werden kann. Die Blätter werden wie Spinat, die Stiele wie

Betula pendula

Betula pendula

Betula lenta

Betula albosinensis

Spargel zubereitetet. Die rotstieligen Formen werden auch als Zierpflanze gezogen.

BETULA

BIRKE

Die sommergrünen Birken sind von sehr weit nördlich liegenden Gebieten bis in die relativ äquatornahen Gebirge der nördlichen Hemisphäre verbreitet. Sie zählen trotz ihrer ziemlich unauffälligen Blüten und Früchte zu den beliebtesten Landschaftsbäumen. Äußerst attraktiv sind ihre leuchtendweißen bis rosabraunen Stämme, die sich reizvoll mit dem lebhaft grünen Frühjahrslaub und der zarten winterlichen Silhouette ergänzen. Die kurzen, breiten, gesägten Blätter färben sich im Herbst in der Regel golden. Wegen ihres schnellen Jugendwachstums und ihrer mäßigen Endhöhe eignen sie sich gut als Garten- oder Straßenbäume. In der Natur bilden sie öfter eigene Bestände, seltener kommen sie in Mischwäldern vor.

PFLEGE UND VERMEHRUNG: Birken sind Flachwurzler und Starkzehrer. Alle sind frosthart. Sie wachsen am besten in voller Sonne oder Halbschatten in tiefem, durchlässigem Boden; einige Arten passen sich auch sehr magerem, flachgründigem, sogar sumpfigem Boden an. Sie vermehren sich in der Regel durch die unzähligen, kleinen, geflügelten Samen aus den zylindrischen weiblichen Kätzchen.

Betula albosinensis

Diese westchinesische Birkenart hat eine wunderschöne, blaß kupferfarbene, orangerote Rinde. Die Jungrinde, die unter der sich in großen Fetzen abschälenden, glänzenden älteren Rinde erscheint, ist zunächst dünn weiß bepudert. Der 9–12 m hohe, mittelgroße Baum mit seinen bis zu 10 cm langen, ungleichmäßig gezähnten Blättern verzweigt sich oft von unten an. Sie bevorzugt sonnige Lagen mit feuchtem Boden.

Betula alleghaniensis

Syn. *Betula lutea*

Der in den Bergen und Tälern der östlichen USA und des südöstlichen Kanada heimische Baum ist mit bis zu 30 m Höhe die höchste Birkenart und eignet sich ausgezeichnet als Zierbaum für große Gärten oder Parks. Die glatte, creme- bis goldbronzefarbene Rinde am geraden, hoch verzweigten Stamm schält sich in dünnen, papierenen Lagen ab. Die stark geäderten, scharfgezähnten, im Herbst gelb verfärbten Blätter sind länglicher als bei den meisten Birken. Die duftende Rinde der Zweige enthält ein Öl, das kommerziell destilliert wird. Wegen ihres wertvollen Holzes wird die Art in großem Ausmaß geschlagen.

Betula lenta

ZUCKERBIRKE

Diese nahe Verwandte von *Betula alleghaniensis* hat ähnliches Laub wie diese, wird jedoch nur 25 m hoch. Die glänzende, dunkle, rötlichbraune bis fast schwarze Rinde schält sich bei älteren Bäumen nicht von dem geraden, weichen Stamm ab, sondern bricht in schuppige Platten auf. Die bisweilen schwer zu kultivierende Art kontrastiert mit ihrer dunklen Rinde reizvoll mit anderen Birken.

Betula nana

ZWERGBIRKE

Dieser über weite Teile des Polarkreises verbreitete, mit 0,5–1,5 m Höhe nur sehr niedrige Strauch bildet in der Tundra oder auch in Mooren weitläufige Dickichte aus; weiter südlich wächst er ausschließlich in kalten Hochlagen. Die ziemlich dicken Blätter sind viel kleiner als bei anderen Birken. Im Garten ist der Strauch besonders für feuchte, sumpfige Standorte interessant.

Betula neoalaskana

Syn. *Betula papyrifera* var. *humilis*

Das Laub dieser wüchsigen, im Landesinneren Alaskas und in Westkanada heimischen Art gleicht dem der *Betula papyrifera,* mit 6–12 m Höhe ist der Baum jedoch kleiner als diese. Die papierene Rinde ist weiß bis hell blaßbraun, die klebrigen jungen Stämme sind mit kleinen, warzigen Wucherungen bedeckt.

Betula alleghaniensis

Betula nigra

SCHWARZBIRKE

Diese in den wärmeren Regionen der östlichen USA weitverbreitete Art wächst in der Natur vorzugsweise an Flußufern, gedeiht jedoch auch auf durchlässigem Boden und wird bis zu 9 m hoch. Die Bäume gabeln sich in 3–6 m Höhe in zahlreiche, gebogene Arme und werden im Alter relativ breit. Die bei jungen Bäumen glatte, weißliche Rinde wird später dunkel und gefurcht. Das üppige, dreieckige Laub ist unregelmäßig gezähnt. Die sehr glatte, creme- oder lachsfarbene bzw. blaßbraune Rinde von **'Heritage'** rollt sich in großen Platten ab.

Betula papyrifera

PAPIERBIRKE

Die Indianer verwendeten früher die feste, papierene Rinde dieser extrem kälteresistenten, in Nordamerika mit am weitesten verbreiteten Art für den Bau leichter, aber stabiler Kanus. Die heute vor allem wegen dieser schönen Rinde kultivierte, bis zu 20 m hohe Papierbirke hat eine lockere Krone, die großen Blätter sind breit herz- oder eiförmig. Die weiße oder cremefarbene Rinde rollt sich in dünnen Schichten ab und legt neue, blaß orangebraune Rinde frei. Die Rinde der in Südalaska heimischen, mit bis zu 12 m Höhe niedrigeren ***Betula papyrifera* var. *kenaica*** mit etwas kleineren Blättern ist bei älteren Bäumen an der Basis rissig.

Betula pendula

Syn. *Betula alba, B. verrucosa*

SANDBIRKE, WEISSBIRKE

Die im nördlicheren Europa allgemein verbreitete Sandbirke zählt mit ihrer glatten, grauweißen Rinde und den kleinen, schimmernden Blättern an fein gebogenen Zweigen zu den elegantesten Birkenarten. Diese am häufigsten gepflanzte Bir-

Betula nigra

Betula neoalaskana

Betula platyphylla

Betula platyphylla

ke liefert guten Windschutz und ist weitgehend unempfindlich gegen Schädlinge und Krankheiten. Sie wird in gemäßigten Klimazonen 9–15 m hoch, kann jedoch in Skandinavien 20–25 m hoch werden und ist dort ein wichtiger Holzlieferant. Es werden zahlreiche Sorten angeboten, so etwa **'Purpurea'** mit üppigem, dunkelpurpurfarbenem Laub; **'Laciniata'** (häufig verwechselt mit 'Dalecarlica') mit tiefeingeschnittenen Blättern und hängenden Zweigen; **'Tristis'** mit aufrechtem Stamm und hängenden Zweigen sowie **'Youngii'**, die im Gegensatz dazu eine trauerweidenartige Wuchsform ohne Hauptstamm, die als Hochstamm veredelt werden muß, kennzeichnet.

Betula platyphylla

Diese in West- und Nordchina, Japan, Korea, in der Mongolei und Ostsibirien weit verbreitete Art teilt sich in mehrere geografische Varietäten. Die aus Japan und Sibirien stammende ***Betula platyphylla* var. *japonica*** (Syn. *B. japonica*) ist die in den Gärten am meisten verbreitete Birke. Blätter und Früchte gleichen denen der Sandbirke, die Rinde ist jedoch blendendweiß. Der wüchsige, wohlgeformte Baum wird über 12 m hoch. Die Rinde der sehr aufrecht wachsenden Sorte **'Whitespire'** ist makellos weiß.

Betula raddeana

Betula papyrifera var. *kenaica*

Betula papyrifera

Betula populifolia

Die nordamerikanische Entsprechung der europäischen Sandbirke wächst in unwirtlichsten Klimaten und gedeiht auf Rohböden wie etwa frisch abgetragenen oder abgelagerten Flußsedimenten als Pionierbaum. Der 6–12 m hohe Baum mit weicher, blaßgrauer Rinde hat eine schmal kegelförmige Krone und leicht überhängende Zweigspitzen. Die bis 10 cm langen Blätter laufen spitz zu.

Betula raddeana

Betula papyrifera

Betula pendula 'Tristis'

Betula pubescens

MOORBIRKE

Die in geographischem Vorkommen und Gestalt der Sandbirke gleichende Art ist mit ihrer in der Regel bräunlicheren, cremefarbenen (manchmal weißlicheren) Rinde und den weniger hängenden Zweigen nicht so dekorativ wie diese. Hauptunterschied ist der feine, weiße Flaum an den jungen Zweigen. Sie erträgt auch staunasse Standorte. Die kleinere ***Betula pubescens* subsp. *carpatica*** hat eine dichter verzweigte Krone.

Betula raddeana

Dieser Strauch oder kleine Baum wächst in den weniger hohen Lagen des Kaukasus zwischen dem Schwarzen und dem Kaspischen Meer. Er erreicht eine Höhe von 3–6 m. Die silbriggraue Rinde ist oft rosa getönt. Die jungen Zweige sind samtig behaart, die gesägten, spitzen, ovalen Blätter bis zu 5 cm lang und breit. Die Art wird wenig kultiviert.

Betula pubescens

Betula pubescens

Betula utilis

Dieser bis 20 m hohe Baum aus den mittleren Höhenlagen des Himalaja mit glatter, sich schälender Rinde hat eine breit kuppelförmige Krone. Die bis 8 cm langen, dunkelgrünen, unten helleren Blätter sind unregelmäßig gezähnt. Häufigste Varietät ist ***Betula utilis* var. *jacquemontii*** mit ihrer sich in horizontalen Streifen schälenden, strahlendweißen oder cremefarbenen Rinde, von der zahlreiche Klone mit besonders schöner Rinde als Sorten benannt sind. Einige haben eine dunklere orangebraune Rinde. Die Rinde von ***B. u.* var. *occidentalis*** ist normalerweise stumpfer gräulichweiß. Die Sorte **'Jermyns'** wird wegen ihrer ganz weißen, von keinen dunkleren Zeichnungen oder Streifen unterbrochenen Rinde gezogen.

BIDENS

ZWEIZAHN

Zu dieser eng mit *Cosmos* verwandten, in den meisten Erdteilen außer sehr kalten Gebieten vorkommenden Gattung zählen etwa 200 Arten einjähriger Kräuter, Stau-

Betula pendula 'Youngii'

Betula utilis

Betula utilis var. *jacquemontii*

B

den und (Halb-)Sträucher. Die meisten Arten sind in Mexiko und den angrenzenden Regionen heimisch, haben sich in vielen Ländern jedoch als Unkräuter eingebürgert. Die normalerweise stark verzweigten, aufrechten Stengel tragen in der Regel zusammengesetzte oder tiefgeteilte, gegenständige Blätter. Die gelben (gelegentlich roten bis purpurnen, bei *Bidens aequisquamea* z.B. purpurrosa) Blütenkörbchen haben meist sehr wenige, jedoch breite Zungenblüten und öffnen sich in langer Folge. Die schmalen Früchte sind mit je zwei widerhakigen Fortsätzen versehen (*Bidens* bedeutet »Zweizahn«), womit sie in Kleidung oder Fell hängenbleiben.

PFLEGE UND VERMEHRUNG: Die Pflanzen wachsen sehr leicht auf jedem durchlässigen Boden in voller Sonne oder Morgenschatten bei reichlichem Wässern im Sommer. Die Vermehrung erfolgt je nach Wuchsform durch Samen, Stecklinge oder Teilung.

Bidens ferulifolia

Diese buschige, etwa 50–60 cm hohe, in der Regel kurzlebige, sehr frostempfindliche immergrüne Staude ist in Mexiko und Arizona heimisch. Die kleinen, farnartigen Blätter sind in schmale Segmente unterteilt; vom späten Frühjahr bis Herbst erscheinen in langer Folge goldgelbe 2,5–3,5 cm breite Blütenköpfchen mit wenigen Zungenblüten. Beliebte Sorten sind **'Arizona'** und **'Golden Goddess'**.

Bidens triplinervia

Diese bis zu 60 cm hohe, nicht winterharte Staude kommt wild von Mexiko bis Argentinien vor. Die einfachen, ovalen Blätter mit gesägten Rändern werden bis zu 8 cm lang, die hellgelben Blütenköpfchen etwa 2,5 cm breit.

BIFRENARIA

Zu dieser Orchideengattung zählen rund 20 epiphytische Arten aus Südamerika, die wegen ihrer eindrucksvollen, wachsartigen Blüten gezogen werden. Die gedrängt wachsenden, eiförmigen, fast vierflächigen Pseudobulben tragen oben je ein großes, ledriges Blatt. Zwischen den Pseudobulben erscheinen kurze, aufrechte Blütenstände mit wenigen Blüten, häufig nur einer. Die unteren Kelchblätter der leicht dreieckigen, von weiß über rosa oder purpurn bis zu grün gefärbten Blüten sind horizontal ausgebreitet, das obere ist helmförmig gebogen, die kurze Lippe und die oberen Blütenblätter nach innen eingerollt.

PFLEGE UND VERMEHRUNG: Sie werden in der Regel im mäßig beheizten, gut gelüfteten, ziemlich feuchten Gewächshaus gezogen, brauchen keine Ruheperiode und sollten nie ganz austrocknen. Sie können in Standard-Orchideenerde oder auf Holz in hellem Licht angepflanzt und durch Teilen nur gut bewurzelter Pflanzen (da andere nicht blühen würden) vermehrt werden.

Bifrenaria harrisoniae

Diese bekannteste und typischste Art bildet große Pseudobulben in einem kompakten Horst aus; die sehr breiten Blätter werden bis zu 30 cm lang. Im Frühsommer tragen die Pseudobulben mehrere Stengel mit je einer Blüte. Diese gleichen in etwa cremefarbenen Cymbidien, die purpurfarbene Lippe ist jedoch zart behaart. Die Lippe der gelben *Bifrenaria harrisoniae* × *furstenbergiana* ist dunkelrot.

BIGNONIA

Die einst sehr viel weiter gefaßte Gattung bezog eine Vielzahl trompetenblütiger, zumeist amerikanischer Kletterpflanzen mit ein; heute sind alle Arten bis auf eine anderen Gattungen zugeordnet worden – so etwa *Campsis, Clytostoma, Distictis, Macfadyena, Pandorea, Podranea* und *Pyrostegia*. Die einzige verbleibende Art ist ein immergrüner oder halbimmergrüner Kletterstrauch aus den südöstlichen USA.

PFLEGE UND VERMEHRUNG: Die frostempfindliche Art, die bei vollsonnigem Standort auf jedem durchlässigen Boden gedeiht, verliert bei größerer Kälte einen Großteil des Laubs. Falls nötig, sollte sie im Frühjahr zurückgeschnitten werden. Vermehrung auch durch Samen, in der Regel jedoch durch Stecklinge oder Ableger im Winter.

Bignonia capreolata

Syn. ***Doxantha capreolata***

KREUZREBE

Diese an Spalieren oder Mauern meist 3–6 m hoch werdende Pflanze kann in Bäumen bis zu 18 m hoch klettern. Charakteristisch ist der im Querschnitt kreuzförmige Stengel, worauf sich auch der deutsche Name bezieht. Die zusammengesetzten Blätter bestehen aus vier Fiedern, von denen die beiden endständigen zu feinen Ranken umgebildet sind, mit denen sich die Pflanze festhält. Die anderen beiden sind etwa 10 cm lang und dunkelgrün. Die schmal glockenförmigen, 5 cm langen Blüten erscheinen im Frühsommer in den Blattachseln oft in dichten Büscheln. Sie haben eine orangerote Röhre, die an der Öffnung gelblicher und fünflappig ist. Die Pflanze fruchtet im Herbst, sie trägt bis zu 15 cm lange, hülsenartige Früchte.

BILLARDIERA

Zu dieser australischen Gattung zählen neun Arten schlanker Schlingpflanzen oder Halbsträucher, darunter einige früher als eine eigene Gattung mit Namen *Marianthus* zusammengefaßte Arten mit Kapselfrüchten. Sie werden wegen ihrer meist hängenden, glockenförmigen Blüten und länglichen, fleischigen, nicht nur dekorativen sondern reif auch eßbaren Beeren gezogen. Der Name erinnert an den französischen Botaniker de la Billardière, der auf einer Australienexpedition (1792–93) zahlreiche Pflanzen für die Wissenschaft neu entdeckte. Die Pflanzen können sich nach Feuersbrünsten oder Dürren, die die oberirdischen Pflanzenteile zerstörten, aus ihrer tiefreichenden Pfahlwurzel unglaublich schnell wieder regenerieren.

PFLEGE UND VERMEHRUNG: Die Pflanzen wachsen meist in hochwüchsigen, feuchten Wäldern oder in offenem Baumland auf sehr unfruchtbaren, durchlässigen Böden. Sehr frostempfindlich, werden sie in geschützter Lage auf durchlässigem Boden angepflanzt und durch Samen oder Stecklinge vermehrt.

Billardiera longiflora

Die schmalen Blätter dieser wuchernden oder rankenden, bis zu 3 m hohen Kletterpflanze sind etwa 5 cm lang. Den etwa 2,5 cm langen, hängenden, cremefarbenen, glockenförmigen Blüten folgen äußerst dekorative, große, purpurblaue Früchte mit schwammigem Fleisch.

BILLBERGIA

Zu dieser Bromeliaceengattung zählen etwa 50 Arten immergrüner Stauden aus Zentral- und Südamerika. Die meisten Arten sind »Zisternenpflanzen« – auf Bäumen sitzende Pflanzen, deren breite, riemenartige Blätter sich am Grund eng überlappen und einen zentralen Hohlraum bilden, der sich mit Regenwasser füllt und als Wasserreservoir dient. Die hornigen Blätter sind in der Regel klein gezähnt und bei vielen Arten mit mehligen, gräulich-weißen, durch grüne Streifen unterbrochene Schuppen bedeckt. Auffällige, gestielte Blütenstände erscheinen ganzjährig in der Mitte der Blattrosetten; ihre rosa oder roten Hochblätter sind häufig eindrucksvoller als die röhrigen Blüten.

PFLEGE UND VERMEHRUNG: Die Pflanzen wachsen im Zimmer relativ problemlos und bevorzugen poröse, sehr gut durchlässige Erdmischungen. Einige Arten bilden schnell recht große Horste und können nach der Blüte durch Teilung vermehrt werden; langsamer wachsende Arten vermehrt man durch Abschneiden der grundständigen »Kindel«, die wie Stecklinge behandelt werden. Sie sind anfällig für Schild- und Schmierläuse, zu viel Sonne kann zur Braunfärbung der Blätter führen.

Billbergia amoena

Diese brasilianische Art (ihr lateinischer Artname bedeutet »lieblich«) kann wirklich ein Augenschmaus sein. Die locker gebüschelten Blattrosetten bestehen aus ziemlich wenigen, breiten, bis zu 60 cm langen, große »Zisternen« bildenden Blättern, die blaß graugrün oder in vielfältigsten Purpurschattierungen mit cremefarbenen oder grünen Flecken getönt sein können. In bis zu 1 m hohen Blütenähren mit sehr großen, rosa Deckblättern erscheinen wenige, kreidig blaugrüne, etwa 5 cm lange Blüten.

Billbergia leptopoda

Diese gleichfalls aus Brasilien stammende Art bildet einen spärlichen Horst aus auseinanderstrebenden, höchstens 30 cm hohen Blattrosetten. Die breiten, graugrünen Blätter mit schnörkelig nach in-

Bidens aequisquamea

Bidens ferulifolia

Bifrenaria harrisoniae × *furstenbergiana*

Billardiera longiflora

nen gerollten Spitzen sind lebhaft silbern bemehlt und cremefarben gepunktet. Lachsfarbene Tragblätter umschließen gelblich-grüne Blüten mit dunkelblauen Spitzen.

Billbergia nutans

Diese beliebte Art aus Südbrasilien und Argentinien erträgt im Freien sogar volle Sonne und ganz leichten Frost. Als Zimmerpflanze bevorzugen sie grobes Substrat und gutes Licht. Sie breiten sich in großen, dichten, bis zu 60 cm hohen Horsten aus, die blaß olivgrünen, grasartigen Blätter verjüngen sich in lange, fadenartige, umgebogene Spitzen. Im Frühjahr erscheinen hängende Blüten in langen, gebogenen Ähren. Auffälliger als die zurückgerollten, ungewöhnlich blaßgrün und marineblau gefärbten Blütenblätter sind die langen, rosa Deckblätter.

Billbergia pyramidalis

Diese ostbrasilianische, zu den wüchsigen Arten zählende, zisternenbildende Pflanze bildet bei ungestörtem Wachstum an einem geschützten Standort in einem subtropischen Garten etwa 45 cm hohe, bisweilen über 1 m breite, dichte Horste. Breite, graugrüne Blätter mit dunklen Querstreifen bilden breite Rosetten. Die Stengel der auffälligen, aufrechten, keulenförmigen Blütenähren sind von hellrosa Deckblättern umgeben, die blaß bläulich-purpurfarbenen Blüten erscheinen von Spätsommer bis Hochwinter in dichten Büscheln. Die Blüten von ***Billbergia pyramidalis* var. *concolor*** sind rosarot mit purpurfarbenen Spitzen.

Billbergia × *windii*

Die bis zu 60 cm langen, riemenartigen, grünen Blätter dieser interessanten Hybride sind unten leicht grau gestreift und bilden an der Basis eine kurze »Zisterne«. Die hängende Blütenähre mit großen, rötlichen Deckblättern trägt zahlreiche große Blüten mit grünen und roten Röhren und auffälligen blauen Blütenblättern.

BIXA

Zu dieser Gattung aus dem tropischen Amerika zählt eine Art, die weltweit in wärmeren Regionen als Zierpflanze, aber auch wegen des aus ihren zahllosen Samen gewonnenen, fettlöslichen, orangefarbenen Farbstoffs gepflanzt wird (in einigen Ländern ist sie verboten). Der Farb-

Billbergia amoena

Bixa orellana

stoff *(Annatto)* wird zum Färben von Nahrungsmitteln und Textilien verwendet, südamerikanische Indianer nutzen ihn zur Körperbemalung. Charakteristisch sind die großen, herzförmigen, bronzefarben überlaufenen Blätter, die aufrechten Büschel aus kleinen, rosa, rosenartigen Blüten und die kleinen, dicht mit roten Borsten bedeckten, mandelförmigen Früchte.

PFLEGE UND VERMEHRUNG: Die Pflanze gedeiht gut in warmen, frostfreien Zonen, sollte in warm-gemäßigten Breiten jedoch in geschützten Lagen gepflanzt werden. Sie kann zu einem kleinen Baum oder buschigen Strauch geschnitten werden. Vermehrung am besten durch Stecklinge, bei gesäten Pflanzen dauert es länger bis zur Blüte.

Bixa orellana

ANNATOSTRAUCH, ORLEANSSTRAUCH

Dieser farbenprächtige Baum kann bisweilen bis zu 9 m hoch werden, in der Regel bildet er aber einen etwa 3 m hohen oder gar niedrigeren, ausladenden Strauch. Während des Sommers erscheinen rosa und weiße Blüten gleichzeitig mit Büscheln borstiger roter Früchte, die nach dem Freisetzen der Samen noch lange an den Zweigen bleiben.

BLANDFORDIA

Zu dieser ostaustralischen Gattung zählen vier grasartig belaubte, langlebige Staudenarten mit tief in der Erde liegenden, knollenartigen Rhizomen, die in der südlichen Hemisphäre wegen ihrer schönen wächsernen, roten oder rot-gelben, um Weihnachten (Frühsommer) erscheinen-

Billbergia nutans

Bixa orellana

Blandfordia grandiflora

Blechnum discolor

Blechnum fluviatile

den Blüten geschätzt werden. Sie wurden früher zur Familie der Liliengewächse gezählt, die seit einigen Jahren von Botanikern neu gegliedert wird. Aus lockeren bis dichten Horsten fester, schmaler, grundständiger Blätter wachsen ein oder mehrere steife Blütenstengel, die oben überhängende, glockenförmige, bis zu 10 cm lange Blüten tragen. Ihre sechs Blütenblätter sind zu einer Röhre verwachsen.

PFLEGE UND VERMEHRUNG: Die Pflanzen kommen wild vor allem in torfigen Küstensümpfen vor und sind schwer zu ziehen. Sie sind nicht frosthart, anfällig für Wurzelfäule und empfindlich gegenüber unausgeglichener Nährstoffversorgung. Sie bevorzugen einen vollsonnigen Standort mit allenfalls leichtem Schatten bei ständiger Feuchtigkeit. Vermehrt werden sie durch Samen oder Teilung, aber die Teilpflanzen erholen sich meist nur langsam. Auch Sämlinge entwickeln sich zögernd, sie blühen erst nach zwei oder mehr Jahren.

Blandfordia grandiflora

Syn. ***Blandfordia flammea***

Die sehr schmalen Blätter dieser farbenprächtigsten Art sind ziemlich steif. Sie sind auch als Schnittblumen am meisten geschätzt. An den 60–90 cm hohen Blütenstengeln erscheinen drei bis zehn bis zu 6 cm lange, zur Öffnung hin ausgestellte, gelbe oder auch tiefrosarote bis rote Blüten mit gelben Spitzen, die durch ihren dünnen Wachsüberzug noch schwerer werden.

BLECHNUM

RIPPENFARN

Zu dieser Farngattung zählen weltweit über 200 hauptsächlich in der südlichen Hemisphäre in gemäßigten und tropischen Klimaten heimische, unterschiedlich große Arten mit vielfältigen Wuchsformen. Die meisten Arten haben sehr kurze Rhizome oder vertikale Sprosse mit Rosetten einfach gefiederter Wedel, einige wenige bilden kurze Stämme aus. Die neuen Wedel sind in der Regel rosa, rot oder bronzefarben. Vielfach unterscheiden sich die vegetativen erheblich von den aufrechteren sporentragenden Wedeln, deren Segmente viel schmaler und dicker sind.

PFLEGE UND VERMEHRUNG: Sie sind im allgemeinen leicht zu ziehen, einige auch an geschützten Stellen im Freien, vorzugsweise an Teich- oder Flußufern. Die überwiegend am Boden wachsenden Arten bevorzugen humusreichen Boden und Halbschatten; die Horste breiten sich durch Ausläufer aus. Die Arten subtropischen Ursprungs sind meist sehr frostempfindlich. Die Vermehrung erfolgt durch Sporen im Spätsommer oder durch Teilung.

Blechnum discolor

Diese in Neuseeland heimische, sehr frostempfindliche Art hat ein attraktives Büschel hellgrüner, strahlenförmig angeordneter Wedel. Die erwachsen bis zu 1 m hohen Pflanzen mit bis zu 30 cm hohen Stämmen bilden mit der Zeit mit ihren Rosetten große Kolonien. Die langen, schmalen Wedel sind eng in Segmente unterteilt, die sporentragenden Wedel unterscheiden sich durch dickere, schmalere Segmente. Sie braucht reichlich Wasser, wächst auch in der Sonne, bevorzugt jedoch schattige Lagen.

Blechnum fluviatile

Dieser in den kühleren Regionen Australiens und Neuseelands heimische Farn breitet sich durch Ausläufer aus, die ausgedehnte Rosettenkolonien bilden. Die bis zu 45 cm langen, festen, regelmäßig gefiederten Wedel bilden bei jeder Rosette einen schönen Kreis. Die zahlreichen sporentragenden Wedel wachsen in einer dichten Gruppe in der Mitte der Rosette und sehen deutlich anders aus. Der äußerst frostempfindliche Farn braucht Schatten.

Blechnum penna-marina

Blechnum nudum

Blechnum gibbum

Die mit am häufigsten, besonders als Zimmerpflanze kultivierte, auf Fidschi heimische Art hat einen auffälligen, bis zu 60 cm hohen Einzelstamm, der von einer großen Rosette aus zahlreichen weichen, frischgrünen, 60–90 cm langen, elegant gebogenen Wedeln bekrönt wird, deren zahlreiche schmale Segmente nur wenig breiter sind als bei den sporentragenden Wedeln. Der leicht zu ziehende, langlebige Farn eignet sich für große Kübel, er benötigt Schutz vor Winterkälte und starker Sonne und kann in den (Sub-)Tropen im Freien gepflanzt werden.

Blechnum nudum

Der in Südostaustralien und auch auf Tasmanien wild wachsende, nicht frostbeständige Farn vermehrt sich meist kräftig. Er hat federballähnliche Rosetten aus 60–90 cm hohen, frisch grünen, neu zartrosa getönten Wedeln. Die Mittelrippe der Wedel ist zur Basis hin schwärzlich gefärbt, die Rosetten bilden oft einen kurzen Stamm aus. Die viel schmaler geformten, dickeren, sporentragenden Wedel wachsen aufrecht in der Mitte der Rosette. *Blechnum nudum* wächst an sumpfigen Stellen, häufig am Wasser, und erträgt volle Sonne.

Blechnum penna-marina

SEEFEDER

Dieser niedrigwachsende, in Südaustralien, Südamerika, auf Neuseeland und subarktischen Inseln heimische Farn wächst oft in subalpinen Mooren mit häufigem Schnee und Frost. Die schmalen, nur etwa 20 cm langen, dunkelgrünen, jung rosaspitzigen Wedel wachsen im Sommer in schnellen Schüben aus kriechenden Rhizomen und können ausgedehnte Polster bilden. Der weitgehend frostharte Bodendecker bevorzugt helles Licht und braucht ein gemäßigtes Klima mit Kälteperioden.

Blechnum spicant

Blechnum tabulare

Blechnum spicant

RIPPENFARN

Der zu den wenigen Arten dieser Gattung aus den gemäßigten Regionen der nördlichen Hemisphäre zählende, bekannte Farn kommt in Europa, Nordasien und Nordwestamerika vor. Er bildet eine kleine Rosette aus hübschen, nur etwa 15 cm langen, weit strahlenförmig angeordneten, ledrigen, grünen Wedeln, in deren Mitte eine sich deutlich unterscheidende, senkrechte Gruppe aus bis zu 75 cm hohen, sporentragenden Wedeln wächst. Er bevorzugt durch Felsen geschützte Lagen mit ständigem Wassernachschub, wächst bei konstanter Feuchtigkeit jedoch auch in der Sonne.

Blechnum tabulare

Der Artname (»tafelförmig«) bezieht sich auf Südafrikas berühmten Tafelberg; der Farn ist jedoch im südlichen Afrika auch auf anderen Bergen mit feuchtem Klima heimisch, kommt zudem auf Madagaskar und den Falklandinseln vor. Er bildet große, langsamwachsende Rosetten aus bis zu 1 m langen, steif-geraden, divergierenden, ledrigen Wedeln auf häufig kurzen, grundständigen Stämmen. Neue Wedel sind bräunlich, sporentragende haben sehr viel schmalere Segmente. Der im Garten äußerst winterschutzbedürftige Farn bevorzugt feuchten Boden mit viel Kompost.

BLETILLA

Diese etwa zehn ostasiatische Arten umfassende Orchideengattung ist in Gärten in der Regel durch die Art *Bletilla striata* vertreten, eine der unter gemäßigtem Klima am leichtesten zu ziehenden Orchideenarten mit attraktiven Blättern und Blüten.

Bloomeria crocea

PFLEGE UND VERMEHRUNG: Die Pflanzen bevorzugen halbschattige Lagen mit ungestörtem, gutem Gartenboden und eignen sich am besten für Waldgärten. Im Frühjahr und Sommer sollte die Erde feucht gehalten werden, im Herbst zieht die Pflanze ein. Man vermehrt sie durch vorsichtige Teilung im zeitigen Frühjahr, doch läßt man die Horste am besten ungestört.

Bletilla ochracea

Diese sehr viel später als *Bletilla striata* in Kultur genommene, attraktive Art stammt aus Zentralchina. Die aufrechtere Pflanze ist lockerer belaubt; die schlanken, 45–60 cm hohen Blütenstengel erheben sich deutlich über das Laub. Im späten Frühjahr und Frühsommer entwickeln sich blaßgelbe oder auch ockerfarbene Blüten.

Bletilla striata

Syn. ***Bletilla hyacinthina***

Die Blätter dieser reizvollen, weitgehend frostharten Pflanze entwickeln einen breiten Horst. Aus den Knollen sprießen im Frühjahr üppig breite, weiche, bis zu 45 cm lange, gebogene, gefältelte Blätter. Im Frühsommer (in wärmeren Gebieten Mitte bis Ende des Frühjahrs) erscheinen 30–40 cm lange Blütenzweige mit hellrosa-magentaroten Blüten mit typischer Orchideenform im Miniaturformat. Das Labellum mit dunklerem, purpurrosa Rand ist weiß gezeichnet.

BLOOMERIA

Zu dieser *Triteleia* ähnlichen Gattung von Liliengewächsen zählen drei in Mexiko und den südwestlichen USA heimische Arten von Zwiebelpflanzen. Jede der kleinen Zwiebeln bildet eines oder mehrere flache, schmale Blätter sowie einen aufrechten Blütenstengel aus, der eine Dolde aus langstieligen, sechsblättrigen Blüten trägt.

PFLEGE UND VERMEHRUNG: Die Pflanzen wachsen wild im Trockengebüsch oder in Halbwüsten. Sie sollten in leichten, sandigen, sehr durchlässigen, leicht humushaltigen Boden gepflanzt und nach der Blüte trocken gehalten werden. Bei nicht zu nassem Boden überstehen sie gelegentlichen leichten Frost.

Bletilla striata

Bloomeria crocea

Die sehr kleinen Zwiebeln dieser Art bilden je ein langes, schmales, flaches Blatt und einen bis zu 30 cm hohen, von einer Dolde aus hellgoldgelben Blüten bekrönten Blütenstengel aus. Im Frühjahr öffnen sich die bis zu 2,5 cm breiten Blüten.

BOLAX

Zu dieser Gattung aus der Familie der Doldenblütler zählen zwei oder drei Polsterstauden aus den südandinen Regionen Südamerikas und von den Falklandinseln. Sie haben kleine, fleischige Blätter und entwickeln Horste, die wie Moospolster aussehen, bis sie im Frühsommer mit Dolden aus kleinen, grünlichweißen Blüten übersät sind. Sie gleichen der eng verwandten Gattung *Azorella.*

PFLEGE UND VERMEHRUNG: Die frostempfindlichen Pflanzen gedeihen in kühlen, feuchten Klimaten sumpfiger Meeres- oder niedriger Bergregionen. Sie eignen sich für Steingärten oder Alpinenhäuser, werden in sandigen, humusreichen Boden gepflanzt, mit feinem Kies gemulcht und brauchen im Sommer reichlich Wasser. Die Vermehrung erfolgt durch Samen oder Abtrennen und Auspflanzen bewurzelter Teile.

Bolax gummifera

Diese Art mit dreifach gelappten, 6 mm langen, ledrigen Blättern bildet ein bis zu 10 cm hohes, im Durchmesser 15 cm brei-

Bolax gummifera

Bletilla ochracea

Borago officinalis

tes Polster. Die Dolden tragen bis zu 20 kleine Blüten.

BOLTONIA

Zu dieser Gattung zählen acht Arten staudiger Korbblütler aus den östlichen und zentralen USA; eine Art stammt aus dem gemäßigten Ostasien. Hohen Astern gleichend sind sie in letzter Zeit beliebte Schnittblumen, aber auch Hintergrundpflanzen für das Staudenbeet geworden. Über Winter sterben sie bis auf einen Horst aus schmalen, ungeteilten Blättern ab. Ab dem späten Frühjahr bilden sich hohe Blütenstengel aus, die im Spätsommer Hunderte kleine, weiße, rosa, lila, violette oder purpurne Blütenkörbchen tragen.

PFLEGE UND VERMEHRUNG: Sie wachsen sehr leicht auf feuchtem, durchlässigem Boden in jeder sonnigen Lage, sind frosthart und wie viele Astern ab Spätsommer anfällig für Mehltau, der die Blütezeit verkürzt. Durch Samen, Stecklinge oder Teilung lassen sie sich vermehren.

Boltonia asteroides

Diese für den Garten bekannteste Art ist in den nordöstlichen USA verbreitet. Die Triebe mit den 2 cm breiten, weißen bis rosa und mauvefarbenen Blütenköpfchen können bis zu 2,5 m hoch werden. Die weißblühende Sorte **'Snowbank'** hat bis zu 2 m hohe Stengel. ***Boltonia asteroides* var. *latisquama*** unterscheidet sich durch ihre größeren, bis zu 3 cm breiten, mauve- bis purpurfarbenen Blütenköpfchen.

BOLUSANTHUS

Diese Gattung umfaßt nur eine Art, eine sommergrüne Leguminose aus den offenen Baum- und Grassteppen des subtropischen südlichen Afrika. Die wegen ihrer schönen, glyzinienartigen Blüten bekannte *Bolusanthus speciosus* wächst zu einem langlebigen, kleinen Baum heran. Der Gattungsname kombiniert den Namen des südafrikanischen Botanikers Harry Bolus (19.Jahrhundert) mit dem griechischen Wort *anthos* (»Blume«).

PFLEGE UND VERMEHRUNG: Die Art wächst am besten in voller Sonne, leichtem bis mittlerem, durchlässigem Boden und offener Lage, bevorzugt Klimate mit heißen, feuchten Sommern und trockenen Wintern und übersteht sehr leichten Frost (nicht als Jungbaum). Vermehrung durch Samen im Sommer.

Bolusanthus speciosus

Dieser kleine, bis über 6 m hohe Baum mit ziemlich aufrechter Wuchsform hat eine

Borago officinalis

in der Regel schmale Krone und leicht hängende Zweige. Die blaß- bis dunkelvioletten Schmetterlingsblüten erscheinen im Frühjahr in großen, hängenden Rispen an kahlen Zweigen; ihnen folgen glänzende, grüne, gefiederte Blätter. Große Büschel trockener Hülsen verbleiben den Sommer über am Baum. Die hübsche Rinde ausgewachsener Exemplare ist rissig.

BOMAREA

Zu dieser mit *Alstroemeria* eng verwandten Gattung zählen etwa 50 Arten eindrucksvoller Kletterpflanzen mit Wurzelknollen aus Zentral- und Südamerika. Im Frühjahr bilden sich zahllose zähe, windende Triebe mit breiten, parallel geäderten Blättern. Die häufig recht hohen Triebe sterben in der Regel im Winter ab. Die glockenförmigen Blüten sind gewöhnlich grün, gelb, orange oder scharlachrot und in Dolden angeordnet.

PFLEGE UND VERMEHRUNG: Sie wachsen gut in jedem durchlässigen Gartenboden, brauchen viel Licht und Kletterhilfe, gedeihen in warm-gemäßigten, aber auch in kühleren Regionen, wenn ihre Wurzeln im Herbst gemulcht werden. Vor dem Durchfrieren des Bodens müssen die Knollen zum Überwintern ausgegraben werden. Reichliches Wässern während des Wachstums; Rückschnitt nach der Blüte bestärkt neues Wachstum. Vermehrung durch Samen oder Teilen im zeitigen Frühjahr.

Bomarea caldasii

Syn. *Bomarea kalbreyeri*

Diese attraktive, bis zu 3 m hohe Kletterpflanze trägt im Sommer große Büschel hängender, glockenförmiger Blüten mit in der Regel blaß rosaroten äußeren und gelben bis orangefarbenen, gesprenkelten inneren Blütenblättern. Sie braucht eine starke Kletterhilfe, liefert attraktiven Sichtschutz an Zäunen oder Spalieren und zieht im Winter ein.

Bomarea caldasii

Bomarea edulis

Die eßbaren Wurzeln der im zentralamerikanischen Hochland, auf den Karibischen Inseln und im nördlichen Südamerika natürlich vorkommenden Art werden mancherorts als Nahrungsmittel gesammelt. Die bis über 2,5 m hohe Kletterpflanze mit etwa 10 cm langen, schmalen, unterseits bisweilen flaumigen Blättern zieht im Winter ein. Die stumpf blaßrosa-orangefarbenen (eigentlich gelblichen und innen rot gefleckten) Blüten erscheinen im Sommer und Herbst in großen, offenen Dolden und sind weniger hängend als die von *B. caldasii.*

BOOPHONE

Zu dieser mit *Amaryllis* verwandten Gattung zählen sechs im südlichen und östlichen Afrika heimische, sommerruhende Arten bizarr aussehender Zwiebelpflanzen mit papierenen, die Zwiebel umhüllenden Membranen. Im Herbst entwickeln die noch kahlen Pflanzen einen Blütenstengel mit einer relativ großen Dolde langstieliger, kleiner Blüten mit in der Regel roten, rosa- oder auch mauvefarbenen Blättern an der Spitze. Mit dem Verblühen erscheint an der Spitze der Zwiebel ein breiter Fächer schwertförmiger Blätter.

PFLEGE UND VERMEHRUNG: In der Regel Zimmerpflanzen, eignen sie sich in trockeneren, frostfreien Gebieten mit sehr durchlässigem Boden als Gartenpflanzen. Das obere Drittel der Zwiebel sollte aus der Erde schauen, im Sommer ist sie trocken zu halten. Gewöhnlich ist es besser, die störungsempfindlichen Pflanzen nicht umzutopfen, sondern die Erde nach und nach zu ersetzen. Die Pflanzen blühen oft erst nach einigen Jahren, mit leichter Düngung möglicherweise eher. Da die Pflanzen zumeist schwierig zu teilen sind, werden sie in der Regel durch unbedeckt auf sehr durchlässiges Substrat gesäte Samen vermehrt.

Boophone haemanthoides

Diese cremefarben und rot blühende Art wird eher selten kultiviert. Obwohl sie einmal etabliert leicht wächst, können Jungpflanzen schwierig zu ziehen sein und müssen im ersten Jahr schattig gehalten werden.

BORAGO

BORRETSCH

Zu dieser europäischen Gattung zählen drei einjährige Kräuter und kurzlebige Stauden. Die im allgemeinen aufrechten Pflanzen sind borstig behaart. Sie bilden Horste aus lanzettlichen, grundständigen Blättern, die im Frühjahr schnell verzweigte, beblätterte Blütenstengel ausbilden. Ab Ende des Frühjahrs tragen die Pflanzen halb-hängende, sternfömige, purpurblaue oder weiße, wegen ihres reichlichen Nektars bei Imkern beliebte Blüten.

PFLEGE UND VERMEHRUNG: Sie wachsen leicht auf jedem leichten, feuchten, durchlässigen Boden in voller Sonne, werden in der Regel durch häufig selbstaussäende Samen vermehrt und wuchern leicht. Das Aussäen der einjährigen Arten im Spätwinter bewirkt frühe Ernte. Sie brauchen Schutz vor Schnecken.

Borago officinalis

BORRETSCH

Dieses einjährige Kraut wird wegen seiner nach Gurken schmeckenden Blätter und hübschen, purpurblauen, sternförmigen Blüten gezogen. Die etwa 75 cm hohe Pflanze trägt im Frühjahr und Sommer Blütenbüschel. Frische, junge Blätter werden roh in Salaten oder Getränken ver-

Bolusanthus speciosus

B

wendet bzw. mit Gemüse gekocht. Mit den eßbaren Blüten können Salate dekoriert werden.

Borago pygmaea

Diese kurzlebige, niederliegende Staude mit breiten, bis zu 20 cm langen, grundständigen Blättern kann im Laufe des Jahres bis zu 30 cm hoch werden. Die schwachen Blütenstengel mit wenigen hellblauen, glockenförmigen Blüten erscheinen sukzessive im Sommer und Herbst. Wie Borretsch ist die Art selbstaussäend, kann aber auch durch Stengelstecklinge im Spätsommer vermehrt werden.

BORASSODENDRON

Zu dieser Gattung zählen nur zwei Arten großer, tropischer Fächerpalmen von der Malaiischen Halbinsel und Borneo. Der Name erinnert an ihre enge Verbindung mit der weiter verbreiteten, asiatischen Gattung *Borassus* – große, Palmzucker und -wein liefernde Palmen. Charakteristisch ist das augenfällige Mißverhältnis zwischen dem schlanken, hohen, geraden Stamm und der Massivität der langgestielten Wedel mit ihren scheinbar verhedderten, schlaff hängenden Segmenten. Männliche und weibliche Blüten wachsen an verschiedenen Bäumen; erstere in sehr langen, verzweigten, zwischen den Wedelbasen hängenden, letztere in kürzeren, keulenförmigen Ähren. Die Früchte, große Nüsse, erscheinen in dichten Büscheln.

PFLEGE UND VERMEHRUNG: Sie wachsen nur in den äquatorialen Feuchttropen gut, bevorzugen geschützte Lagen und tiefen, feuchten Schwemmboden oder Kies. Vermehren lassen sie sich ausschließlich durch frisch gefallene Nüsse, die in tiefen Kübeln oder am Standort gepflanzt werden.

Boronia heterophylla

Boronia 'Carousel'

Borassodendron machadonis

Diese nach dem Amateurbotaniker Machado (frühes 20. Jahrhundert) benannte Art wächst weit verstreut in den Tieflandregenwäldern der Malaiischen Halbinsel. Der bis zu 8 m hohe Stamm weist erhabene Ringe auf, die massiven Wedel werden etwa 3 m lang. Männliche Blüten hängen in bis zu 1,5 m langen, verzweigten Ähren am Stamm herab. Die Früchte erreichen einen Durchmesser von 10 cm.

BORONIA

KORALLENRAUTE

Zu dieser Gattung zählen etwa 100 Arten kleiner bis mittelgroßer, kompakter immergrüner Sträucher. Fast alle Arten sind in Australien heimisch, vier kommen auf Neukaledonien vor. Bemerkenswert sind das duftende Laub und die attraktiven, vierblättrigen, meist rosa, aber auch weißen, cremefarbenen, braunen oder roten Blüten. Der Gattungsname wurde zu Ehren des italienischen Botanikers Francesco Borone (18. Jahrhundert) gewählt. Viele Arten blühen wild üppig, lassen sich jedoch schlecht im Garten ziehen und sind oft kurzlebig.

PFLEGE UND VERMEHRUNG: Sie wachsen am besten in geschützten, sonnigen oder halbschattigen Lagen in feuchtem, durchlässigem, saurem Boden. Ganz leichter Frost wird von vielen Arten überstanden. Zurückschneiden der Spitzen nach der Blüte erhält die Form. Die Vermehrung erfolgt am besten durch halbverhärtete Spitzenstecklinge, da die Samen sehr schwer keimen.

Boronia 'Carousel'

Diese bis zu 1,5 m hohe Hybride mit aufrechter, offener Wuchsform trägt ab dem zeitigen Frühjahr über einen langen Zeitraum hinweg rosa, im Alter rote, angenehm duftende Blüten. Leichter Rückschnitt nach der Blüte hält die Pflanze kompakt und buschig.

Boronia megastigma 'Harlequin'

Boronia 'Carousel'

Borassodendron machadonis

Boronia heterophylla

Dieser bis zu 1,5 m hohe, aufrechte, kompakt wachsende Strauch aus dem äußersten Süden Westaustraliens entwickelt einfache, selten gefiederte, dunkelgrüne Blätter. Im Spätwinter und frühen Frühjahr erscheinen zahlreiche rosarote, glockenförmige, leicht duftende Blüten, deren Blätter auch an den sich später entwickelnden Früchten verbleiben. Zugabe von organischem Material garantiert angemessen feuchten Boden und kühle Wurzeln.

Boronia ledifolia

Dieser kleine, buschige, immergrüne Strauch von der klimatisch gemäßigten ostaustralischen Küste erreicht eine Höhe und Breite von bis zu 1 m. Von Hoch- bis Spätwinter erscheinen schwach duftende, sternförmige, hellrosa Blüten, deren Blätter im Frühjahr an den sich entwickelnden Früchten verbleiben und sich tiefer rosarot färben. Die dreiteiligen Blätter verströmen zerrieben einen unangenehmen Geruch.

Boronia megastigma

Hauptattraktion dieser im äußersten Süden Westaustraliens heimischen Art ist der süße, berauschende Duft der Blüten, der auch schon zur Parfümherstellung diente. Im Spätwinter und Frühjahr erscheinen hängende, außen purpurbräunliche bis gelbgrüne, innen gelbgrüne, kelchförmige Blüten. Die bis zu 1 m hohe, leichten Frost überstehende Art ist häufig kurzlebig und schwer zu ziehen. Den zahlreichen Sorten mit unterschiedlichen Blütenfarben fehlt oft der Duft der Wildform. Die Sorte **'Lutea'** entwickelt gelbe Blüten und gelbgrüne Blätter; **'Harlequin'** ist dagegen eine bräunliche, rosa-weiß gestreifte Varietät.

Boronia mollis

Die Zweige dieses bis zu 2 m hohen und ebenso breiten Strauchs sind wie die bronzefarben-grünen Blätter kurz flaumig behaart. Die aus drei bis fünf Fiedern zusammengesetzten Blätter verströmen bereits bei leichtem Reiben einen strengen, häufig als sehr unangenehm empfundenen Moschusgeruch. Im Frühjahr erscheinen bis zu 2,5 cm breite, hellrosa Blüten in zahllosen kleinen Gruppen. *Boronia mollis* bevorzugt feuchte, halbschattige Standorte.

Boronia molloyae

Boronia pinnata

Boronia molloyae

Syn. *Boronia elatior*

Diese bis zu 1,5 m hohe Art aus den feuchteren Wäldern Südwestaustraliens ist nach Georgiana Molloy, einer der wenigen Pflanzensammlerinnen im Australien des 19. Jahrhunderts, benannt. Das stark duftende Laub ist fein geteilt, die glockenförmigen, nie ganz geöffneten scharlachroten Blüten hängen einzeln in den Achseln der Blätter. Die Kronblätter dieser exzellenten Schnittblumen bleichen nicht aus und fallen nicht leicht ab.

Boronia pinnata

Dieser offene, bisweilen ausladende, bis zu 1,5 m hohe Strauch von den Küsten New South Wales' (Australien) zählt zu den attraktivsten seiner Gattung. Er hat fedrige, farnartige, stark duftende, dunkelgrüne Blätter mit sehr schmalen, leicht unregelmäßigen Fiederblättern. Im Frühjahr erscheinen duftende, hellrosa oder weiße Blüten an zahllosen Blütenzweigen. Die Sorte **'Spring White'** blüht in reinem Weiß.

Boronia serrulata

Dieser aufrechte, kleine, bis zu 1 m hohe Strauch ist in einem kleinen Gebiet um Sydney heimisch. Er verzweigt sich eher spärlich. Die ungewöhnlichen, fast rautenförmigen, feingezähnten Blätter sind am Zweig in einer vertikalen Ebene angeordnet und färben sich im Winter charakteristisch bronzefarben. Im Frühjahr erscheinen duftende, hellrosa Blüten mit sich überlappenden Kronblättern, die als Knospe kleinen Rosenblüten gleichen. Diese wunderschöne Art ist schwer zu kultivieren.

BOUGAINVILLEA

Bougainvilleen werden wegen ihrer wundervollen, farbenprächtigen Blüten geschätzt, sowie wegen ihrer Fähigkeit, große Boden- oder Mauerflächen zu überwachsen. Zur Gattung zählen 14 Arten aus dem sub- und tropischen Südamerika, von denen drei oder vier als Zierpflanzen gezogen werden. Die zahlreichen Sorten weisen vielfältigste Farben auf. Die in den Feuchttropen immergrünen Pflanzen können in kühleren Klimaten oder in ausgeprägten Trockenzeiten ihr Laub abwerfen. In gemäßigteren Regionen blühen sie vor allem im Sommer und Herbst, in den Tropen hauptsächlich in der Trockenzeit oder ganzjährig. Die röhrigen, echten Blüten sind ziemlich unscheinbar, die sie umgebenden Hochblätter jedoch äußerst farbenprächtig und später häufig anders gefärbt oder schattiert als direkt nach dem Aufblühen. Die Klibrettersträucher bilden lange Triebe mit starken, verholzten Dornen aus, die als Kletterhilfe dienen. Die einfachen, breiten, weichen Blätter sind gewöhnlich fein behaart.

PFLEGE UND VERMEHRUNG: Sie wachsen alle am besten in warmen oder heißen Klimazonen in voller Sonne, gedeihen aber auch in gemäßigten, frostfreien Regionen. Sie dürfen nur nach Bedarf gewässert und nie überdüngt werden (vor allem nicht mit Stickstoff), da dies den Blattwuchs auf Kosten der Blütenpracht fördert. Die wüchsigen Pflanzen brauchen starke Stützen und können nach der Blüte extrem zurückgeschnitten werden. Die Blüten erscheinen am neuen Holz. Regelmäßig gestutzt können Bougainvilleen als bis zu 1 m hohe und breite Pflanzen in großen Kübeln gezogen werden. Im Sommer können sie durch Stecklinge vermehrt werden.

Bougainvillea × *buttiana*

Zu dieser Hybride, einer Kreuzung zwischen *Bougainvillea glabra* und *B. peruviana,* zählen viele Sorten. Die sehr großen, wüchsigen Sträucher haben dunkelgrüne Blätter und Dornen. Die Farben der Hochblätter reichen von Weiß über Orangerosa bis zu tiefem Rot. Die von einer gewissen Frau Butt um das Jahr 1900 in einem Garten auf Trinidad entdeckte **'Mrs Butt'** mit purpurroten Hochblättern ist die Ursprungssorte dieser beliebten Gruppe. Die runden Hochblätter von **'Louis Wathen'** (Syn. 'Orange King') verfärben sich von Orange zu Hellrosa, die von **'Golden Glow'** (Syn. 'Hawaiian Gold') erstrahlen in wunderbaren orangegoldenen, im Alter eher blaßrosa Schattierungen.

Bougainvillea 'Temple Fire'

Bougainvillea × *buttiana* 'Mrs Butt'

Bougainvillea glabra 'Magnifica'

Bougainvillea glabra

Die in Brasilien heimische *Bougainvillea glabra* zählt zu den ein bis zwei weitverbreiteten, weltweit seit langem in Gärten gezogenen Arten. Zu ihr gehören zahlreiche Sorten, zudem ist sie Elternteil der noch mehr Sorten umfassenden Hybride *Bougainvillea* × *buttiana.* Die wüchsige, buschige, bis zu 9 m hohe Kletterpflanze hat zahllose, hell purpurfarbene oder weiße Hochblätter, die dünnen, gebogenen Dornen und die Blätter sind fein behaart. Die weniger wüchsige Sorte **'Alba'** (Syn. 'Snow White', 'Key West White') hat weiße Hochblätter mit erhabenen, grünen Adern und kleine, blaßgrüne Blätter, die bekanntere **'Magnifica'** (Syn. 'Magnifica Traillii') mit glänzenden, dunkelgrünen Blättern erstrahlt während der langen Sommerblüte hellmagentarot.

Bougainvillea peruviana

Diese wenig gezogene Art aus Peru, Kolumbien und Ekuador wird lediglich in Form ihrer Hybride mit *Bougainvillea glabra, B.* × *buttiana,* häufiger kultiviert. Sie ist weniger wüchsig als diese, hat grünliche Triebe, schlankere Dornen und dünne, kahle Blätter. Die kleinen Hochblätter sind rosa-magentarot.

Bougainvillea 'Scarlett O'Hara'

Syn. 'Hawaiian Scarlet', 'San Diego Red'

Die Herkunft dieser beliebten, reichblühenden, großen und wüchsigen Hybridsorte ist ungewiß. Die neuen Triebe sind dunkelrot mit vielen Dornen und die großen, dunkelgrünen Blätter ziemlich rund. Die sehr großen, fast kreisförmigen, erst orange getönten, dann scharlachroten Hochblätter erscheinen oft vor den Blättern.

Bougainvillea × *buttiana* 'Louis Wathen'

Bougainvillea glabra

Bougainvillea 'Scarlett O'Hara'

Bougainvillea glabra 'Alba'

Bougainvillea spectabilis

Diese schnellwüchsige, bis zu 6 m hohe, vorwiegend immergrüne Art aus Brasilien wurde als erste Bougainvillea 1798 beschrieben – anhand getrockneter Exemplare, die während einer Reise unter dem Kommando von Louis Antoine de Bougainville gesammelt worden waren. Ihre Dornen sind gebogen, die dunkelgrünen, an der Unterseite oft recht samtigen Blätter stärker behaart als bei anderen Arten. Die im Sommer in großen Rispen erscheinenden, auffälligen Hochblätter sind tiefrot und purpurn. Es existieren einige Sorten, außerdem ist die Art Elternteil zahlreicher Hybridsorten mit *Bougainvillea glabra* (bekannt als *B.* × *spectoglabra*).

Bougainvillea 'Temple Fire'

Syn. 'Helen Johnson'

Die mit etwa 1 m Höhe zu den kleinsten Bougainvilleen zählende Hybride hat kleine Blätter und kurze Dornen. Die rötlichpurpurfarbenen Hochblätter sind leicht kupferfarben überlaufen, bevor sie ganz entfaltet sind. Die Sorte eignet sich gut als Kübelpflanze.

BOUTELOUA

MOSKITOGRAS

Diese außer im äußersten Süden und Norden in ganz Amerika verbreitete Gattung umfaßt etwa 40 ein- und mehrjährige, horstbildende Grasarten mit steifen, schmalen, meist grundständigen und oft fein behaarten Blättern. An aufrechten Halmen wachsen ein paar reduzierte Blätter und auffällige, in der Regel in mehrere dichte, oft hängende Ährchen aufgeteilte Fruchtstände.

PFLEGE UND VERMEHRUNG: Nur wenige Arten werden als Zierpflanzen gezogen. Jungpflanzen brauchen ausreichend Wasser, einmal etabliert überstehen sie jedoch Trockenheit. Ihre Vermehrung erfolgt durch Aussaat in leichten, durchlässigen Boden in voller Sonne im Herbst, damit die jungen Sämlinge von der Winterfeuchtigkeit profitieren. Diese horstbildenden Gräser gedeihen auch in ungünstigen Habitaten z.B. mit sehr alkalischen Böden.

Bouteloua gracilis

HAARSCHOTENGRAS

Diese dichte Horste bildende, frostharte Staude zählt zu den wichtigsten Arten der Kurzgrasprärie, die weite Gebiete der großen Ebenen Kanadas, der USA und Mexikos bedeckt. Das unauffällige Gras mit dichten Büscheln aus graugrünem Laub übersteht Hitze und extreme Kälte. Zahlreiche zart aussehende, zähe, bis zu 45 cm hohe Halme erheben sich über das Laub und enden in Gruppen von waagerecht abstehenden, fingerartigen, purpurbraunen Ähren. Die Art braucht kaum Bewässerung und wird daher in trockenen Klimaten oft als wassersparendes Rasengras verwendet.

BOUVARDIA

BOUVARDIE

Zu dieser Gattung zählen etwa 30 Arten weichholziger, immergrüner Sträucher und Halbsträucher aus Mexiko, Zentralamerika und den südlichsten USA. Die bei Floristen beliebten, nicht frostharten Pflanzen werden wegen ihrer attraktiven, langröhrigen, oft duftenden, weißen bis

Bouvardia ternifolia

Bouvardia longiflora

Brabejum stellatifolium

Bowkeria gerrardiana

Boykinia jamesii

roten Blüten gezogen. Die kleinen, weichen, ganzrandigen Blätter wachsen gegenständig, in drei- oder auch mehrzähligen Wirteln an den von lockeren bis relativ dichten Blütenbüscheln gekrönten Stengeln.

PFLEGE UND VERMEHRUNG: Diese Arten benötigen einen warmen, geschützten Standort im Halbschatten mit fruchtbarem, durchlässigem Boden. Einige ertragen bei feuchtem Klima volle Sonne. Unter kühleren Bedingungen ist ein Treibhaus oder Wintergarten nötig. Die Pflanzen müssen während des Wachstums regelmäßig gewässert und gedüngt werden. Rückschnitt der Stengel zur Hälfte der Blütezeit erhält die ansonsten leicht struppig werdende Form. Sie werden leicht von saftsaugenden Insekten wie Weißer Fliege oder Schmierläusen befallen. Vermehrung durch Stecklinge.

Bouvardia jasminiflora

Diese bis zu 60 cm hohe, mehrjährige Art bildet sehr reichlich vierblättrige, duftende, weiße Röhrenblüten aus. Sie verträgt weder Frost noch Trockenheit.

Bouvardia longiflora
Syn. *Bouvardia humboldtii*

Dieser schwachstämmige, bis zu 1 m hohe und breite, immergrüne Strauch ist bei Floristen sehr beliebt. Mit seinem brüchigen Holz wird er bei starkem Wind leicht beschädigt. Die ziemlich stark duftenden, schneeweißen Blüten im Herbst und Winter sind bis zu 10 cm lang und 2,5 cm breit.

Bouvardia ternifolia
Syn. *Bouvardia triphylla*

Auch wenn sie nicht duften, sind die eindrucksvollen, roten Röhrenblüten dieser bis 2 m, in der Regel jedoch nur halb so hohen Art attraktiv. *Bouvardia ternifolia* braucht durchlässigen, bevorzugt feuchten Boden in halbschattiger Lage und muß frostfrei gehal-ten werden. Die Blütenfarben der vielen Sorten reichen von Blaßrosa bis Tiefrot.

BOWKERIA

Zu dieser südafrikanischen Gattung zählen fünf Arten von Sträuchern und kleinen Bäumen. Ihre leicht behaarten, feingesägten, hellgrünen Blätter stehen gegenständig oder in Dreierwirteln an den Zweigen. Vom Spätwinter bis Frühjahr erscheinen merkwürdig sackförmige, weiße bis gelbe Blüten, die an jene des Löwenmauls erinnern (das zur gleichen Familie gehört). Ihnen folgen kleine, runde Samenkapseln.

PFLEGE UND VERMEHRUNG: Sie überstehen Trockenheit schlechter als viele andere südafrikanische Bäume und Sträucher, bevorzugen im allgemeinen kühle, feuchte Bedingungen, durchlässigen, humusreichen Boden und halbschattige Lagen. Sie sind selten in Kultur, scheinen jedoch leichten Frost zu überstehen und lassen sich durch Samen oder Stecklinge vermehren.

Bowkeria citrina

Die bis etwa 4 cm langen, schmalen, hängenden Blätter dieses 2–3 m hohen Strauchs wachsen in Dreierwirteln und duften, zwischen den Fingern zerrieben, nach Zitronen. Die zweilippigen, attraktiven, blaßgelben Blüten erscheinen an schlanken Stielen vom späten Frühjahr bis zum Frühwinter.

Bowkeria gerrardiana

Dieser aufrechte, locker verzweigte Strauch wird bis zu 3 m hoch. Die ungewöhnlichen, leicht klebrigen Blüten an kurzen Blütenzweigen gleichen mit ihrer glänzenden, fast künstlich wirkenden, wächsernen Textur denen strauchiger Pantoffelblumen *(Calceolaria)*. Die Blüten scheinen immer kurz vor dem Aufbrechen zu stehen, öffnen sich aber nie. Obwohl sie klein und teilweise hinter dem Laub verborgen sind, fallen die Blüten auf, da sie im Winter erscheinen.

BOYKINIA
Syn. *Telesonix*

Zu dieser Gattung aus Nordamerika und Japan zählen neun Arten von Hochgebirgs- und Waldstauden, die sich durch kurz kriechende Rhizome ausbreiten. Sie ähneln den eng verwandten Gattungen *Heuchera* und *Tiarella* und entwickeln gelappte, gezähnte, annähernd herz- oder nierenfömige, je nach Art unterschiedlich große, behaarte Blätter. Im Frühjahr und Sommer öffnen sich kleine, weiße, cremefarbene oder auch rötliche, fünfblättrige Blüten in gestielten Rispen. Die eleganten, wenn auch nicht spektakulären Pflanzen eignen sich dazu, schattige Ecken aufzuhellen.

PFLEGE UND VERMEHRUNG: Die Pflanzen bevorzugen feuchten, humusreichen, durchlässigen Boden im Halbschatten und überstehen alle – je nach Art unterschiedlich winterhart – zumindest mäßigen Frost. Die Vermehrung erfolgt durch Teilung im Spätwinter.

Boykinia jamesii
Syn. *Boykinia heucheriformis, Telesonix jamesii*

Die in Colorado heimische Art zählt zu den kleinsten der Gattung und ist winterhart. Die nierenförmigen Blätter sind in der Regel unter 5 cm breit. Aus dem frischgrünen Laub bildet die Pflanze etwa 10 cm hohe und bis zu 15 cm breite, kompakte Tuffs. An dünnen, 15 cm hohen Stengeln erscheinen purpurrote Blüten, die größer als bei anderen Arten sind. *Boykinia jamesii* muß wie eine alpine Art behandelt werden.

BRABEJUM

Die südafrikanische *Brabejum* gehört zur Familie der *Proteaceen*. Wie die verwandte *Macadamia* produziert sie eßbare Nüsse, die aber flacher und nicht so hartschalig sind.

PFLEGE UND VERMEHRUNG: *Brabejum* wird außerhalb von Südafrika selten angebaut, wächst jedoch leicht in milden Klimaten in sonnigen Lagen. Die Pflanze erträgt keinen Frost, übersteht aber lange Perioden ohne Wasser und bildet eine dichte Hecke oder dichten Windschutz. Sie wird über Samen vermehrt.

Brabejum stellatifolium

Dieser kleine, bis zu 4,5 m hohe, rundkronige Baum wurde in Südafrika als erster einheimischer Baum von den europäischen Kolonisten angebaut. Er verzweigt sich häufig schon am Boden in mehrere kurze Stämme. Die bis zu sieben Blätter umfassenden Wirtel wachsen in regelmäßigen Abständen. Im Sommer erscheinen in den Blattachseln kurze, etwa 10 cm lange Ähren mit süßduftenden, weißen Blüten. Ihnen folgen im Herbst mandelähnliche Früchte.

BRACHYCHITON

Zu dieser Gattung zählen etwa 30 Arten immergrüner oder in der Trockenzeit kahler Bäume und Sträucher aus warmen Klimazonen, die bis auf ein oder zwei Arten aus Neuguinea alle in Australien heimisch sind. Einige Arten haben auffällige, glockenförmige, meist vor dem neuen Sommerlaub erscheinende Blüten mit bunten Kelchen, die wie Kronblätter wirken. Die unterschiedlich geformten Blätter sind in der Regel gelappt; dieses Merkmal kann bei ausgewachsenen Bäumen verschwinden. Die Früchte bestehen aus fünf gestielten, bootförmigen, reif ziemlich verholzten Fruchtblättern, die nußähnliche und eßbare, jedoch störend behaarte Samen enthalten. Einige Arten kommen natürlich in tropischen und subtropischen Regenwäldern vor, andere in semi-ariden Regionen, wo Blätter und Rinde in der Trockenzeit als Futter verwendet werden können. Einige Arten trockener Klimate haben massive, verdickte, wasserspeichernde Stämme.

PFLEGE UND VERMEHRUNG: Die für ihre Dürreresistenz bekannten Pflanzen brauchen leichten, durchlässigen, bevorzugt sauren Boden. Sie bevorzugen besonders vor kalten und salzigen Winden geschützte Lagen. Einige Arten sind als Park- und Alleebäume in frostfreien Gebieten

Brachychiton rupestris

Brachychiton populneus

weit verbreitet. Vermehrt werden sie durch frische Samen im Frühjahr, bei Klonen durch Veredlung.

Brachychiton acerifolius

Der in den warmen, feuchten Küstenbergen Ostaustraliens heimische *Brachychiton acerifolius,* unter guten Bedingungen einer der aufsehenerregendsten Blütenbäume, wird kultiviert 12–15 m hoch, im heimischen Regenwald jedoch noch höher. Im späten Frühjahr oder Frühsommer erscheinen üppige, duftige Blütenzweige mit hell scharlachroten Blüten in der ziemlich kahlen Krone oder an einzelnen Zweigen, die ihr Laub kurz vor der Blüte abgeworfen haben. Die Art blüht von Jahr zu Jahr unterschiedlich stark, jedoch in der Regel am üppigsten nach trockenen, milden Wintern.

Brachychiton discolor

Der massive, im heimischen Regenwald bis über 25 m hohe Baum wird in Kultur nicht so hoch, behält jedoch seine charakteristische Form. Der dicke Stamm mit grünlicher Rinde trägt einen dichten Baldachin aus großen, oben dunkelgrünen und unten silbrigen, ahornähnlichen Blättern. Im Frühsommer erscheinen Büschel aus glockenförmigen, samtigen, tiefrosa Blüten an dem kurzzeitig kahlen Baum.

Brachychiton populneus

Syn. *Brachychiton diversifolius, Sterculia diversifolia*

Der an Felshängen weitverbreitete, immergrüne, kalkertragende Baum mit buschiger Krone wird vor allem als Schattenspender oder auf Bauernhöfen als Futterreserve in Dürrezeiten gezogen. Im Sommer erscheinen zwischen den tiefolivgrünen, unterschiedlich gelappten Blättern

Brachychiton discolor

Brachychiton acerifolius

zahllose grünlich-cremefarbene, glockenförmige Blüten, deren innere purpurne oder gelbe Punkte Bienen anziehen.

Brachychiton rupestris

Der im südöstlichen Landesinneren von Queensland (Australien) endemische, 9–12 m hohe Baum wächst dort in breiten Tälern oder auf niedrigen Gebirgskämmen mit fruchtbarem Boden. Der massive, bauchige Stamm ist mit graugrüner, leicht rissiger Rinde bedeckt, die feuchte, faserige, innere Rinde diente den Aborigines als Nahrungsmittel. Die tiefgrünen Blätter bilden eine dichte, in der Regel fast immergrüne Krone, können aber in Trockenperioden abfallen. Im Frühjahr und Frühsommer erscheinen an den Zweigspitzen Büschel kleiner, gelblicher Blüten. Der wegen seines ungewöhnlich geformten Stamms in Parks und Alleen gepflanzte Baum kann bei guten Bedingungen sehr schnell wachsen.

BRACHYCOME

Syn. *Brachyscome*

Zu dieser australischen Korbblütlergattung zählen langsamwachsende, einjährige Kräuter und immergrüne Stauden. Viele der Stauden sind polsterbildend, breiten sich durch unterirdische Ausläufer aus und haben feinzerteiltes, weiches, farnartiges Laub. Die Farbpalette der üppigen, in der Mitte orangefarbenen oder bräunlichen Blütenkörbchen reicht von Blau über Mauve und Rosa bis zu Gelb. Bei den Hybriden **'Sunburst'** und **'Outback Sunburst'** (beide mit weißen Zungenblüten) ist die Blütenmitte gelb. Der griechische Gattungsname führte bei australischen Botanikern zu heftigen Diskussionen darüber, ob der Botaniker des 19. Jahrhunderts, der die Gattung Brachyscome (aus *brachys,* »kurz« und *kome,* »Haar«, bezieht sich auf ein Merkmal der Samen) nannte, das Recht hatte, nachträglich das bei Wortzusammensetzungen grammatikalisch inkorrekte »s« zu entfernen.

PFLEGE UND VERMEHRUNG: Die Pflanzen brauchen sonnige Standorte mit leichtem, durchlässigem Gartenboden. Sie ertragen höchstens leichten Frost, manche tolerieren Meeresgischt. Trockene Bedingungen bevorzugend, sollten nicht zu viel gewässert werden. Frühes Köpfen der Triebe verstärkt die Verzweigung. Vermehrung durch reife Samen, Stengelstecklinge oder Teilung im Frühjahr oder Herbst.

Brachycome 'Amethyst'

Die Blüten dieser bis zu 30 cm hohen und breiten, langblühenden, neuen Hybride sind purpurblau.

Brachycome iberidifolia

Dieser dünnstengelige, bis zu 30 cm breite und bisweilen noch höhere, einjährige Korbblütler wird seit langem für Beete und Rabatten gezogen. Die Segmente der tiefeingeschnittenen Blätter sind sehr schmal. Im Sommer und Frühherbst erscheinen zahllose, kleine, in der Regel mauvefarben-blaue, bisweilen weiße, rote oder purpurne, duftende Blütenköpfchen. Die Sorte **'Blue Star'** trägt zahllose, dichte, kleine, mauvefarbene bis purpurblaue Blüten.

Brachycome multifida

Dieser reizende, mehrjährige Bodendecker aus warm-gemäßigten Klimaten ist nicht langlebig. Die mauve-rosafarbenen Blütenkörbchen der 10–15 cm hohen und etwa 50 cm breiten Pflanzen blühen wochenlang im späten Frühjahr und im Sommer. *Brachycome multifida* bevorzugt Sonne und sehr durchlässigen Boden. Vermehrung durch Ableger oder Stecklinge.

Brachycome 'Sunburst'

Brachycome 'Amethyst'

Brachycome multifida

Brachycome 'Outback Sunburst'

Brachycome multifida 'Break O' Day'

Brachycome iberidifolia 'Blue Star'

Die sehr kompakt wachsende Sorte **'Break O' Day'** hat feinere Blätter und üppige, mauveblaue Blüten.

BRACHYGLOTTIS

Seitdem ihr zahlreiche strauchige Arten der Gattung *Senecio* zugeordnet wurden, umfaßt diese Gattung etwa 30 Arten immergrüner Sträucher und kleiner Bäume. Sie sind größtenteils in Neuseeland, ein oder zwei Arten auf Tasmanien heimisch und werden wegen ihrer Blüten sowie ihres häufig attraktiven Laubs geschätzt. Die Blätter sind an Stengel und Unterseite meist dicht weißwollig behaart. An den Zweigspitzen erscheinen in kleinen bis zu ziemlich großen Rispen weiße oder goldgelbe Korbblüten mit auffälligen Blütenblättern (eigentlich Zungenblüten), oder kleine, grünlich-weiße Blütenkörbchen ohne Zungenblüten.

PFLEGE UND VERMEHRUNG: Unter den von ihnen bevorzugten, kühlen, milden, regnerischen Klimabedingungen sind die meist frostempfindlichen Arten in sonnigen Lagen und durchlässigem Boden exzellente Gartenpflanzen. Strauchige Arten müssen stark zurückgeschnitten werden, damit sie in Form bleiben. Die Vermehrung erfolgt durch Stecklinge im Spätsommer.

B. bracteata **'Diamond Head'**

B. bracteata **'Dargan Hill Monarch'**

Brachyglottis, Dunedin-Hybriden

Die Dunedin-Hybriden entstanden im 20. Jahrhundert durch eine zufällige Kreuzung von drei Arten im neuseeländischen Dunedin. Die buschigen, etwas lockeren, 1,5 m hohen Sträucher haben dunkelgrüne Blätter mit den gattungstypischen, weißfilzigen Unterseiten und ebenfalls typische, gelbe Blütenkörbchen. **'Sunshine'** hat hübsche, elliptische Blätter und hellgelbe Blütenköpfchen in großen, lockeren, endständigen Büscheln.

Brachyglottis greyi

Syn. *Senecio greyi*

Dieser vielverzweigte, immergrüne Strauch mit hügelartiger Wuchsform wird bis zu 1,8 m hoch. Im Sommer und Herbst erscheinen kleine, hellgelbe, Blütenkörbchen; interessanter sind jedoch die behaarten, ledrigen, grüngrauen Blätter. Diese frostempfindliche Art wird seit langem in Großbritannien gezogen.

Brachyglottis laxifolia

Syn. *Senecio laxifolius*

Die *Brachyglottis greyi* sehr ähnliche, bis zu 1 m hohe, relativ kleinwüchsige Art unterscheidet sich von dieser durch ihre offenere Wuchsform. Die 5–8 cm langen, ovalen Blätter sind oben tiefgrün und unten silbergrau. Die hellgoldgelben Blütenkörbchen mit bis zu 2,5 cm Durchmesser erscheinen im Hochsommer in lockeren Büscheln.

Brachyglottis monroi

Syn. *Senecio monroi*

Im Sommer erscheinen an den Zweigspitzen dieses hübschen, kompakten Strauchs Rispen mit Blütenkörbchen. Er ist frostempfindlich und wird bis zu 1 m hoch und breit. Die kleinen, oliv- bis bräunlichgrünen Blätter sind an den Rändern gekräuselt.

Brachyglottis greyi

Bracteantha bracteata

Brachyglottis repanda **'Purpurea'**

Brachyglottis repanda

Dieser schnellwachsende, etwa 6 m hohe, eindrucksvolle, kleine Baum unterscheidet sich erheblich von den meisten anderen *Brachyglottis*-Arten. Die Stämme der Schößlinge sind gerade und weich und tragen große, tiefgrün glänzende, gegenständige Blätter mit gewellten Rändern. Vom Spätwinter bis zum zeitigen Frühjahr erscheint an jeder Zweigspitze eine große, duftige Rispe aus Tausenden von kleinen, silbergrünen Blüten. Durch Rückschnitt der Zweige bis zur Basis nach der Blüte erhält man weiter große Blätter, oder man läßt die Pflanze zu einem Baum heranwachsen. Die Blätter von **'Purpurea'** sind an der Oberseite tiefpurpurn.

BRACTEANTHA

Syn. *Helichrysum*

STROHBLUME

Zu dieser australischen Gattung gehören sieben einjährige Kräuter und Stauden, die bis vor kurzem zu *Helichrysum* gezählt wurden. Sie unterscheiden sich von dieser Gattung durch ihre großen, dekorativen Blütenköpfchen, die einzeln oder in geringer Anzahl an den Enden der Blütenzweige erscheinen. Sie bestehen aus strohigen, goldgelben bis weißen Hüllblättern, die eine Scheibe aus kleinen gelben oder bräunlichen Einzelblüten umgeben. Die meist breiten, dünnen, an der Unterseite oft flaumigen Blätter sind bei manchen Arten sehr klebrig. Die meisten kultivierten Formen und Samensorten werden zu *Bracteantha bracteata* gestellt, weitere botanische Studien dürften jedoch zur Ausscheidung neuer Arten führen.

PFLEGE UND VERMEHRUNG: Die Pflanzen brauchen einen Standort in voller Sonne und feuchten, durchlässigen Boden. Die sommerblühenden Einjährigen blühen früh bei Anpflanzung ab Spätwinter. Die meisten Arten ertragen leichten bis mäßigen Frost, wenn sie nicht zu feucht stehen. Einjährige Arten werden durch Samen, die Stauden durch Samen oder Spitzenstecklinge vermehrt.

Brachyglottis laxifolia

Brachyglottis greyi

Brachyglottis repanda **'Purpurea'**

Bracteantha bracteata

Syn. *Helichrysum bracteatum*

STROHBLUME

Diese bis zu 1 m hohe, ein- oder kurzlebig mehrjährige Art von aufrechtem Wuchs hat schwache, hohle Stengel, dünne, grüne Blätter und trägt von Sommer bis Frühherbst bis zu 5 cm breite, endständige, goldgelbe Blütenkörbe. Mitte des 19. Jahrhunderts wurden einjährige, in der Regel wüchsigere Stämme mit größeren, rosa-, bronze-, purpur- oder cremefarbenen, roten oder gelben Blütenköpfchen gezogen – moderne Nachfahren repräsentiert die **Serie Bright Bikinis**. Einige mehr in die Breite wachsende, strauchige, ausdauernde Pflanzen aus Ostaustralien könnten als eigene Arten anerkannt werden. Dazu gehört die beliebte **'Dargan Hill Monarch'** mit monatelang erscheinenden, bis zu 10 cm breiten, sattgelben Blüten sowie die ähnliche, jedoch niedrigere und kompaktere **'Diamond Head'**. Diese Sorten sind sehr frostempfindlich.

BRAHEA

Syn. *Erythea*

Diese 16 Arten von Fächerpalmen umfassende Gattung stammt wie die verwandte *Washingtonia* aus dem ariden Westmexiko. Die Artenvielfalt reicht von niedrigwachsenden, stammlosen Pflanzen bis zu hohen, einstämmigen Palmen mit kompakten Kronen. Die Rispen aus kleinen Blüten können die Wedel an Länge übertreffen und hängen bei Ausbildung der dattelartigen Früchte unter der Krone.

PFLEGE UND VERMEHRUNG: Die meisten Arten können in unwirtlichen Lagen wachsen, einige ertragen als etablierte

Pflanzen sogar leichten Frost. Kübelpflanzen sollten im Sommer häufig gewässert werden. Vermehren lassen sie sich am besten durch die schnell keimenden Samen, die Schößlinge wachsen langsam. Sie sind anfällig für Schildläuse und Spinnmilben.

Brahea armata

Syn. *Erythea armata*

Die steifen Wedel der bis zu 3 m breiten Krone dieser langsamwachsenden, bis zu 6 m hohen Art sind auffällig blaugrau. Noch aufsehenerregender sind die 4,5 m langen, überhängenden Rispen, die die Blüten und Früchte tragen. Die Palme blüht erstmals nach Jahrzehnten, doch das Laub ist bereits an Jungpflanzen attraktiv. ***Brahea edulis*** unterscheidet sich von *B. armata* durch ihre hellgrünen Blätter und den kräftigen Stamm, wird zudem höher (9 m). Die ähnlichen Blüten wachsen eher innerhalb der Wedelkrone, das eßbare Fleisch der 2,5 cm langen, dunkelbraunen Früchte ist ähnlich wie bei Datteln süß und klebrig.

BRASSAVOLA

Zu dieser Gattung zählen bis zu 20 epiphytische oder auf Felsen wachsende Orchideenarten, die in Zentral- und Südamerika von Meereshöhe bis zu Lagen um 1800 m wachsen. Die Blütenstengel tragen eine bis sieben Blüten und wachsen ebenso wie das einzige, fleischige, im Querschnitt häufig fast runde Blatt aus der Spitze einer schlanken Pseudobulbe. Die bis zu 15 cm breiten Blüten sind weiß, elfenbeinfarben oder grün. Die früher als *Brassavola digbyana* bekannte Art, zusammen mit *Cattleya*-Arten Elternteil der wunderschönen × *Brassocattleya*-Hybriden, wird heute der Gattung *Rhyncholaelia* zugeordnet.

PFLEGE UND VERMEHRUNG: Kultivieren Sie diese frostempfindlichen Orchideen in kühlen bis temperierten Orchideenhäusern in Körben mit sehr grober Orchideenerde oder auf Rinde. Die Pflanzen brauchen ganzjährig helles Licht und Feuchtigkeit, sollten während des Wachstums gewässert werden, bei jedem dritten Mal unter Zugabe von stark verdünntem Dünger. Sobald die neuen Pseudobulben vollständig ausgebildet sind, sollten sie einen Monat lang nicht gewässert werden. Wenn die Pflanzen die Töpfe ganz ausfüllen, können sie durch Teilen vermehrt werden.

Brahea armata

Brassica juncea 'Red Giant'

Brassavola nodosa

Die bekannteste Vertreterin der Gattung verströmt ihren süßen Duft vor allem nachts. Zylindrische Blätter, die wie grüne Fortsätze der Pseudobulden wirken, bilden einen dichten Horst. Die hängenden Blütenzweige mit nur weißen oder weißen und blaßgrünen Blüten mit großer weißer Lippe erscheinen zwischen Frühjahr und Herbst.

BRASSIA

Zu dieser leicht zu ziehenden Gattung epiphytischer Orchideen aus Zentral- und Südamerika und der Karibik zählen etwa 25 Arten. Sie bilden große Horste aus zylindrischen oder kegelförmigen Pseudobulben, die in gewissen Abständen aus den kriechenden Rhizomen wachsen und jeweils eines bis drei große, ledrige Blätter tragen. An langen, elegant gebogenen Blütenzweigen erscheinen spinnenartige Blüten mit langen, schmalen Perigonblättern.

PFLEGE UND VERMEHRUNG: In frostfreien Klimaten wachsen sie gerne im Freien, in kühleren Regionen im Gewächshaus. Als Zimmerpflanzen zählen sie zu den am leichtesten zu ziehenden Orchideen. Im Winter kann man sie etwas austrocknen lassen. Vermehrung durch Teilen, große Horste blühen aber am reichsten.

Brassia verrucosa

Die in Kultur bekannteste Vertreterin der Gattung bildet einen Horst aus länglichen Pseudobulden mit bis zu 45 cm langen und 5 cm breiten Blättern. Darüber erscheinen im Frühsommer horizontal übergebogene, etwa 60 cm lange Blütenähren. Die grünlich-weißen oder cremefarbenen Blüten sind am Grund der bis zu 15 cm langen Perigonblätter und auf der kurzen, dreieckigen Lippe dunkler gefleckt. Die Blüten duften stark. Ihr mit dem Altern stärker werdender, schwer würziger Geruch ist nicht jedermanns Sache.

Brassavola nodosa

Brassica napus

BRASSICA

KOHL

Diese bemerkenswerte Gattung umfaßt eine einzigartige Vielfalt von wichtigen Gemüsesorten. Zu ihr zählen etwa 30 Wildarten von einjährigen Kräutern, Stauden und Halbsträuchern aus dem Mittelmeerraum und dem gemäßigten Asien. Botaniker nehmen heute an, daß aus diesen vor Tausenden von Jahren spontane Kreuzungen rund um menschliche Siedlungen entstanden und von einer dieser Hybriden die Hauptart jener Gemüsesorten abstammt, die heute *Brassica oleracea* genannt wird. Eine weitere große Gruppe wird unter *B. rapa* zusammengefaßt. Weiterhin gehören zur Gattung Senf und Raps mit ihren ölhaltigen, manchmal scharfen Samen. Wilde Senfarten sind als Unkraut an Straßen und in Feldern verbreitet. Charakteristisch sind für die ursprünglicheren Arten der Gattung die in der Regel gelappten Blätter, die vierblättrigen, gelben bis weißen Blüten und die kleinen, spindelförmigen, Reihen kleiner Samen umschließenden Fruchtkapseln (Schoten). Die meisten Teile der Pflanzen enthalten geringe Mengen scharfer Senf-öle, die sowohl rohem Kohl als auch – weit intensiver – Senf den typischen »Biß« verleihen.

PFLEGE UND VERMEHRUNG: Kohl liebt meist kalkreichen, feuchten, durchlässigen Boden. Sämlinge sollten in Frühbeeten vorgezogen und sechs bis acht Wochen später vorsichtig an einen geschützten, sonnigen Standort verpflanzt werden, an dem zuvor andere Pflanzen angebaut wurden. Kohl ist deutlich anfälliger für Schädlinge und Krankheiten (z.B. Kohlhernie) als andere Gemüse – wer unbeschädigte Ernten erreichen will, kann auf Insektizide in der Regel kaum verzichten. Der nicht zu nasse Boden muß unkrautfrei sein, zudem sollte Fruchtwechsel betrieben werden.

Brassia verrucosa

Brassica juncea

SAREPTASENF, INDISCHER SENF

Diese Art, vermutlich aus einer Kreuzung zwischen *Brassica rapa* und *B. nigra* hervorgegangen, wird wegen ihrer scharfen Samen angebaut, mit denen viele Speisen gewürzt werden und deren Öl in Asien zum Kochen verwendet wird. Aus den hellgelben Blüten der bis zu 1 m hohen, einjährigen Pflanze entwickeln sich 3,5 cm lange Hülsen, die glatte, braune Samen enthalten. Aus dieser Art entstanden vielfältige, in Europa weitgehend unbekannte, in Ostasien jedoch beliebte Blattgemüse wie etwa die verschiedenen chinesischen Senfkohlsorten, der japanische Mizuna und Sorten wie ***B. juncea* 'Red Giant'**.

Brassica napus

RAPS, ÖLRAPS, LEWAT, KOHLSAAT, KOHLSAMEN

Zu dieser ein- oder zweijährigen Art gehört vor allem der Ölraps. Mit ihm bestellte Felder erstrahlen in gemäßigten, winterfeuchten Regionen im Frühjahr in leuchtendem Gelb. Zur *Napobrassica*-Gruppe gehört die Gelbe Kohlrübe oder Steckrübe, die meist als Wintergemüse angebaut wird. Die Weißen Rüben gleichenden, jedoch größeren und süßeren Steck-

B. oleracea, Rosenkohlsorte 'Icarus'

B. oleracea, Weißkohlsorte 'Hawke'

Brassica oleracea, Zierkohl

B. oleracea, Rotkohlsorte 'Hardora'

Brassica oleracea, Spitzkohl

rüben sind frosthart und bevorzugen fruchtbaren Boden.

Brassica nigra
SCHWARZER SENF

Diese bis etwa 2 m hohe, einjährige Art ist in Europa heimisch. Im Sommer erscheinen in langen Trauben vierblättrige, gelbe Blüten; ihnen folgen geschnäbelte Schoten, die jeweils bis zu zwölf braune bis schwarze Samen enthalten. Diese sind der Hauptbestandteil von Tafelsenf. Die jungen Blätter sind eßbar.

Brassica oleracea
KOHL

Wahrscheinlich vor langer Zeit als Kreuzung zwischen zwei oder mehr mediterranen Wildarten entstanden, zählt *Brassica oleracea* zu den wichtigsten *Brassica*-Arten sowie zu den vielseitigsten angebauten Nahrungspflanzen. Die verschiedenen Sorten liefern eßbare Stengel (Kohlrabi), Blätter (Kohl), Triebknospen (Rosenkohl) und Blütenknospen (Blumenkohl und Brokkoli); es gehören aber auch ein paar Zierpflanzen dazu, etwa der bunte Zierkohl oder einige riesige Kohlsorten, deren »Stämme« früher als Spazierstöcke verwendet wurden. Es gibt Tausende von Namensorten, die aus Gründen der Zweckmäßigkeit zu folgenden Gruppen zusammengefaßt werden:

Acephala-Gruppe (Grün-, Braun-, Winter,- Kraus- und Zierkohl): Diese flach- oder krausblättrigen Sorten bilden keinen Kopf. Sie sind im nördlichen Europa wegen ihrer Kälteresistenz sehr beliebt. Einige schnellwachsende Sorten entwikkeln bis 2 m hohe, knotige Stengel. Diese Sorten lassen sich schlecht verpflanzen und sollten daher gleich an Ort und Stelle gesät werden. **'Tall Scotch'** ist eine schottische Sorte; **'Moss Curled'** ein Grünkohl mit gekräuselten, etwas petersilienartigen Blättern. Die Blätter der als Beet- und Topfpflanzen bekannten Zierkohlsorten sind in der Regel gelappt oder eingeschnitten und purpurn, rosa, gelb oder weiß geädert. Die **Osaka-Serie** ist dagegen eine moderne, gemischtfarbige Zuchtlinie mit ungeteilten, am Rand gekräuselten Blättern.

Botrytis-Gruppe (Blumenkohl, Karfiol): Die Geschichte dieses beliebten Gemüses reicht bis in die Renaissance zurück. Sowohl die zahllosen dichten, kleinen, verkümmerten Blütenknospen als auch ihre Stiele sind weiß und zartschmeckend. Es existieren auch Sorten mit blaßgrünen, rosa und purpurnen Köpfen. Die in Kultur nicht ganz einfache Gemüsesorte benötigt humusreichen Boden, um große, kompakte Köpfe auszubilden. Die Knospen sind schnell verletzt oder beschädigt. Typische weiße Sorten sind der spät reifende **'Snowball'** mit großem Kopf sowie der früh reifende **'Mini'** mit etwa 10 cm breiten Köpfen. **'Early Purplehead'** ist purpurgrün. Diese purpurne Tönung verliert sich jedoch beim Kochen.

Capitata-Gruppe: Hierzu zählen vielfältig geformte und gefärbte Kohlsorten, die im allgemeinen einen festen Kopf aus zahlreichen Blattlagen bilden, wie Weiß-, Rot-, Spitzkohl und Wirsing. Die zahlreichen Sorten mit hohem Nährwert, z.B. **'Hardora'** und **'Hawke'**, sind unterschiedlich klimatolerant und können deshalb weltweit in vielen verschiedenen Klimazonen angebaut werden. **'Golden Acre'** ist eine typische, frühreifende, rundköpfige Sorte; die Frühjahrssorte **'Sugarloaf'** hat einen kegelfömigen Kopf und **'Greengold'** ist eine spätreifende F1-Hybride. Der langsamreifende Rotkohl mit seinen purpurfarbenen Blättern braucht eine lange Wachstumsphase. **'Mammoth Red Rock'** zählt zu den besten Sorten. Die Wirsing-(Welschkohl-)sorten (**Sabauda-Untergruppe**) entwickeln runzlige, stark geäderte Blätter, sind extrem winterhart und von intensivem Geschmack. Weitverbreitete Sorten sind **'Drumhead'** und **'Karvoi'**.

Cymosa-Gruppe: Hierzu gehört der Brokkoli, der wie Blumenkohl wegen seiner zahlreichen, dichten Blütenknospen und fleischigen Stiele angebaut wird. Die grünen, leicht purpurfarbenen oder auch gelbgrünen Knospen sind hier jedoch weniger mißgebildet. Die italienische Bezeichnung »Broccoli« kommt von *brocco* = »Sproß«, und aus Italien stammen ursprünglich auch fast sämtliche verschiedenen Typen. **'Calabrese'** ist der am weitesten verbreitete mit breiten, fleischigen, grünen oder purpurn überlaufenen, im Herbst reifenden Köpfen, **'De Cicco'** ist eine blaßgrüne, frühreifende Sorte. Auch **'Waltham 29'** ist sehr weit verbreitet. Romanesco-Brokkolis gleichen im Aussehen und Geschmack eher dem Blumenkohl und haben feste, aus zahlreichen gleichmäßigen Kegeln zusammengesetzte, halbkugelige Köpfe. Sprossenbrokkoli wiederum trägt zahlreiche schmalköpfige Knospen an langen, spargelähnlichen Stielen zwischen den Blättern. Sie bilden sich im Winter aus und können über einen langen Zeitraum hinweg im Frühjahr und Frühsommer geerntet werden; die bekannteste Sorte trägt den Namen **'Italian Green Sprouting'**. Brokkoli sollte im allgemeinen jung geerntet und verzehrt werden, da er im Alter zäh wird und weitaus schlechter schmeckt, sobald sich die gelben Blüten öffnen. Die Pflanzen sollten auch deshalb nicht zur Blüte kommen, weil sie dann nicht mehr wachsen. Große Probleme bereiten Raupen und Staunässe.

Gemmifera-Gruppe (Rosenkohl, auch Sprossenkohl, Rosenwirsing, Brüsseler Kohl): Rosenkohl wird als zweijährige Pflanze wegen seiner kleinen Kohlrosen angebaut, die an dem langen Stengel jeweils einzeln in den Achseln der großen Blätter erscheinen. Rosenkohl bildet nur dann kompakte Köpfchen aus, wenn er in der kältesten Jahreszeit reifen kann. In warmen Klimazonen sollte er daher im Sommer, in kühlen in der Mitte des Frühjahrs gesät werden. Im Herbst müssen die gelben Blätter entfernt werden, dabei sollte man darauf achten, daß die Erde um die Stengel fest ist. Die zahlreichen, verschiedenen Böden angepaßten Sorten liefern unterschiedlich große Rosen. **'Long Island'**, **'Jade Beauty'**, **'Icarus'** und **'Troika'** sind häufig angebaute Sorten; **'Ruby Red'** entwickelt die namengebenden rötlichen Köpfchen.

B. oleracea, Rosenkohlsorte 'Troika'

Gongylodes-Group (Kohlrabi): Dieses Gemüse hat eine rübenartige Wuchsform. Verdickt ist hier jedoch die Stengelbasis. Kohlrabi ist roh und gekocht genießbar und entwickelt einen leicht nussigen Geschmack. Auch die jungen Blätter können verzehrt werden. Vorsichtig jäten, da Wurzelstörungen das Wachstum verlangsamen.

Brassica rapa
RÜBEN

Nach *Brassica oleracea* wurden aus dieser Art die vielfältigsten und zahlreichsten Gemüsesorten gezogen. Die Wildform heißt ***B. rapa* subsp. *sylvestris*.** Gleich den meisten Gemüsesorten hat sie recht große, bis über 1 cm breite, hellgelbe Blüten. Zu *B. rapa* gehören ferner einige weniger bekannte Sortengruppen, darunter Blattgemüse und Ölsaaten.

Chinensis-Gruppe (Chinakohl): Die einjährigen Pflanzen (chinesisch *pak-choi* oder *bok-choi*) entwickeln lockere Rosetten aus hellgrünen Blättern mit breiten, weißen, knackigen Stielen, die den Hauptteil des Gemüses bilden. Da die Pflanzen schnell schießen, sollten sie alle zehn Tage in kleinen Gruppen gesät werden. Nach sechs bis acht Wochen können die ganzen Pflanzen oder nach Bedarf nur einige Blätter geerntet werden. **'Joi Choi'** ist eine neue F1-Hybride mit sehr weißen Stielen.

Pekinensis-Gruppe (Pekingkohl, Chinakohl): Diese Gruppe entspricht dem chinesischen *pe-tsai* (auch *wom-buk*). Das ziemlich schnellwachsende, in Euro-

Brassica oleracea, Brokkoli

Brassica oleracea, Romanesco-Kohl

pa erst im 19. Jahrhundert eingeführte Gemüse wächst ähnlich wie Kopfsalat, hat jedoch sehr starke Blattadern. Bei ausreichender Feuchtigkeit ist es leicht anzubauen. Die Blätter sind im allgemeinen fest um das Herz geschlossen; die ganze Pflanze wird geerntet. **'Jade Pagoda'** und **'Hong Kong'** sind moderne, ertragreiche F1-Sorten.

Rapifera-Gruppe (Wasser-, Herbst-, Stoppel- oder Weiße Rübe): Diese im Westen bekannteste Gruppe umfaßt mäßig frostharte, zweijährige Pflanzen, die wegen ihrer fleischigen Wurzeln einjährig gezogen werden und sich mehr für kühlere Regionen eignen. Vor dem Siegeszug der Kartoffel war die Weiße Rübe in Nordeuropa das bedeutendste Grundnahrungsmittel. Für eine schnelle Ernte wird sie in Reihen in fruchtbaren Boden gepflanzt und während des Wachstums gut feucht gehalten. **'Scots Yellow'** ist eine alte, karottenförmige Sorte, die weiße **'Purpletop White Globe'** früh reifend. Die Sorte **'Shogrin'** fällt als Blattgemüse dagegen etwas aus der Reihe.

× *BRASSOCATTLEYA*

Diese hybriden Orchideen umfassen alle Kreuzungen zwischen den Gattungen *Cattleya* und *Rhyncholaelia* und daraus hervorgegangene spätere Generationen. Die heute zu *Rhyncholaelia* gestellten Orchideen wurden früher zu *Brassavola* gezählt, daher der Gattungsname. Die meisten älteren Hybriden haben *R. digbyana* als ein Elternteil; diese Art hat eine große, auffällig gefranste Lippe. Die Hybriden entwickeln herrliche, oft duftende Blüten mit außergewöhnlich gefransten und gekräuselten Lippen und der Farbenpracht von *Cattleya*. In der Regel duften die Blüten nur zu bestimmten Tageszeiten.

PFLEGE UND VERMEHRUNG: Pflege wie bei *Cattleya;* alle Arten brauchen helles Licht, einige ertragen etwas kühlere Bedingungen als andere.

× *Brassocattleya*-Hybriden

Je nach Eltern sind einige dieser Hybriden kompakt und reichblütig mit schmalen Blättern und Blüten mit schmalen Perigonblättern und ovaler Lippe; andere sind größere Pflanzen mit einem einzigen Blatt pro Pseudobulbe und großen, oft gefransten Blüten – so etwa × ***B.* Donna Kimuna 'Susan'**. Diese Hybriden werden statt mit dem relativ langen und umständlichen Gattungsnamen zumeist nur mit 'BC' bezeichnet.

× *BRASSOLAELIOCATTLEYA*

Diese hybride Orchideengattung führt im Unterschied zur vorgenannten eine dritte Gattung, *Laelia,* als Elternteil im Stammbaum. Die Pflanzen sehen in der Regel wie eine *Cattleya* aus, die Gene von *Laelia* zeigen sich in den breiteren Kronblättern und der reicher, meist in Rosatönen gefärbten Blütenlippe.

PFLEGE UND VERMEHRUNG: Zucht und Pflege wie *Cattleya.* Sie brauchen keine direkte Sonne, jedoch helles Licht. Beste Resultate erzielt man mit grober Orchideenerde, feuchter, aber luftiger Atmosphäre und Ruhe während der kälteren Monate.

× *Brassolaeliocattleya*-Hybriden

Wie auch andere Mehrgattungs-Hybriden mit *Cattleya* kommen diese Hybriden oft unter der Bezeichnung *Cattleya* in den Handel, oder ihr Status ist mit 'BLC' vor dem Grex- und Sortennamen gekennzeichnet. **'St Helier'** hat vier große, mittel- bis dunkelpurpurne Blüten an jedem neuen Stiel.

BRIMEURA

Diese südeuropäische Gattung umfaßt lediglich zwei Arten von Zwiebelpflanzen, die in früheren Zeiten zu *Scilla* oder auch *Hyacinthus* gezählt wurden. Sie entwickeln schmale, fleischige, riemenartige Blätter und blühen im Frühjahr. Die hängenden Blüten erstrahlen in vielfältigen Purpur-, Blau- oder Rosatönen oder sind weiß. *Brimeura* sieht aus wie *Hyacinthoides.*

PFLEGE UND VERMEHRUNG: Anpflanzung im Herbst in feuchtem, humusreichem Boden in Sonne oder Halbschatten. Die winterharten Zwiebeln können jahrelang ungestört bleiben. Vermehrung durch Samen oder Teilung gut etablierter Horte.

Brimeura amethystina

Syn. *Hyacinthus amethystinus*

Bei dieser hyazinthenartigen, bis zu 25 cm hohen Art umgeben die schlanken, riemenartigen Blätter aufrechte, 20 cm hohe Blütenstengel. Diese tragen bis acht zarte, etwa 1 cm lange, glockenförmige, weiße bis blaue Blüten.

BRIZA

ZITTERGRAS

Zu dieser Gattung zählen etwa 20 Arten ein- und mehrjähriger Gräser, die in gemäßigten Regionen weit verbreitet sind. Sie bilden lockere, kleine bis große Horste und trocknen nach der Blüte in der Regel ab. Die Blüten erscheinen in kleinen Rispen. Die Ährchen als Hauptaugenfang sind in der Regel herzförmig, blaß goldbraun und hängen an feinen Stielen. Bei Wind beginnen sie zu zittern und zu beben (daher der deutsche Name), einige Arten rascheln oder klappern sogar.

PFLEGE UND VERMEHRUNG: Die Pflanzen sind völlig winterhart und wachsen leicht in jedem durchlässigen Boden in voller Sonne. Einjährige Arten werden durch Samen, mehrjährige durch Samen oder Teilung vermehrt. Allerdings sind sie manchmal anfällig für Pilzerkrankungen.

Briza media

Dieses büschelige Staudengras mit seinen mittelgrünen Blättern erreicht eine Höhe von etwa 45 cm. Im Sommer erscheinen Rispen mit zahlreichen (etwa 30) hängenden, bräunlichvioletten Ährchen, die sich besonders gut für Trockenblumensträuße eignen und verschieden gefärbt werden können.

Briza minor

Dieses einjährige Gras aus Europa bildet etwa 30–45 cm hohe, schmale Büschel aus ausgebreiteten, ziemlich kurzen und breiten Blättern. Im Sommer und Frühherbst erscheinen relativ zarte Ährchen in bis zu 20 cm breiten Rispen. Die blaßgrünen, feinstieligen, im Umriß etwa dreieckigen Ährchen sind gerade mal 3 mm lang. In gutem Boden werden die Pflanzen deutlich größer und dicker, die kleinen Köpfchen erscheinen dann in überschäumenden Massen.

BRODIAEA

Zu dieser Gattung von Liliengewächsen aus den westlichen USA und Teilen Südamerikas zählen 15 Stauden, die im Gegensatz zu *Allium* kleine Sproßknollen und keine Zwiebeln ausbilden. Das dünne, grasartige Laub stirbt in der Regel während der Blüte ab. Dolden aus sternförmigen, rosa, blauen oder purpurnen Blüten erscheinen meist im späten Frühjahr oder Sommer an bis zu 80 cm hohen Stengeln. Früher zählte man zu *Brodiaea* zahlreiche Arten, die heute unter *Dichelostemma* und *Triteleia* klassifiziert werden.

PFLEGE UND VERMEHRUNG: Sie wachsen leicht an jedem sonnigen Standort mit unbedingt durchlässigem Boden. Sie brauchen im Winter Feuchtigkeit, bevorzugen im Sommer Trockenheit – in der Regel reicht der natürliche Niederschlag. Die meisten Arten vertragen kein längeres Durchfrieren des Bodens. Die Vermehrung erfolgt durch Samen oder Teilung nach der Blüte.

Brassica rapa, Pekinensis-Gruppe

Brassica rapa, Chinensis-Gruppe

× *Brassocattleya* Donna Kimuna 'Susan'

Briza minor

Brimeura amethystina

× *Brassolaeliocattleya*-Hybride 'St Helier'

Brodiaea californica

Die Blütenstände dieser größten Art können bis zu 80 cm hoch werden. Zwei bis zwölf der 2,5–3,5 cm breiten, rosa- bis lavendelfarbenen Blüten erscheinen in lockeren, offenen Dolden. Die Art bevorzugt warme, sonnige Lagen und ist selbstaussäend.

Brodiaea minor
Syn. *Brodiaea purdyi*

Diese Art ist erheblich kleiner als *Brodiaea californica.* Ihre 2,5 cm breiten, rosa bis purpurblauen Blüten erscheinen in runden Köpfchen an 10–15 cm langen Stengeln.

BROMELIA

Diese Gattung gab der vielköpfigen Familie der *Bromeliaceen* den Namen. Ihre etwa 50 Arten sind weit über Südamerika und Teile Zentralamerikas und der Karibik verstreut. Die in der Regel am Boden wachsenden Stauden gleichen Ananaspflanzen – die langen, steifen Blätter, die sich in der Regel in der starken Sonne bronzefarben verfärben, sind an den Rändern mit starken Hakenstacheln bewehrt und bilden große Rosetten. Manche Arten können sich durch lange, weitreichende Rhizome ausbreiten. Der gedrungene Blütenstand entspringt aus der Mitte der Rosette und ist von blattartigen, bisweilen auch leuchtendbunten Hochblättern umgeben. Den dichtstehenden Röhrenblüten folgen große, fleischige, gelbe Früchte, die bei einigen Arten medizinisch genutzt werden.

PFLEGE UND VERMEHRUNG: *Bromelia*-Arten sind überwiegend Freilandpflanzen für frostfreie Gebiete. Hier gedeihen sie in voller Sonne auf durchlässigem Boden. Sie sind weitgehend frei von Krankheiten und Schädlingen. Vermehrt werden sie durch Ableger oder Samen. Gutes Lüften der Sämlinge verhindert Pilzbefall.

Bromelia balansae

Diese wüchsige, bis zu 1,5 m hohe Art kann sich weit ausbreiten. Der bis zu 1 m hohe Blütenstand ist von glänzenden, leuchtend scharlachroten, an den Rändern stacheligen Hochblättern umgeben, von denen die unteren, längeren nur an der Basis bunt sind. Im Spätsommer erscheinen zwischen kürzeren, weißlichen Deckblättern purpurfarbene Blüten in einer Reihe von dichten Köpfchen. Die stumpf orangefarbenen Beeren können sehr große Büschel bilden und brauchen fast ein Jahr zum Reifen. In Südamerika wurde die Pflanze als undurchdringlicher lebender Zaun gepflanzt.

BROMUS
TRESPE

Zu dieser in den gemäßigten Zonen weit verbreiteten Gattung zählen 100 Arten ein-, zwei- und mehrjähriger Gräser. Sie bilden schmale bis breite Horste, haben flache, schmale Blätter und langgestielte Rispen mit oft stark begrannten Ährchen. Die jung grünen Gräser werden zur Samenreife oft trocken und braun.

PFLEGE UND VERMEHRUNG: Die meisten Arten sind sehr winterhart und wachsen leicht auf jedem feuchten, durchlässigen Boden in voller Sonne. Nur wenige werden als Zierpflanzen gezogen, viele als weniger bedeutende Unkräuter betrachtet. Die Vermehrung erfolgt in der Regel durch Samen.

Bromus interruptus

Die Ährchen dieser Art wachsen voneinander abgesetzt, aber doch dicht entlang der Hauptähre.

BROUSSONETIA

Zu dieser Gattung zählen etwa sieben Arten sommergrüner Bäume und Sträucher aus Ostasien. Sie sind mit *Morus* eng verwandt, entwickeln jedoch dickere, mit Mark gefüllte Zweige und sind zweihäusig. Die schnellwachsenden, struppigen Bäume haben breite, dünne, gezähnte Blätter und kleine, trockene, ungenießbare Früchte.

PFLEGE UND VERMEHRUNG: Sie wachsen leicht unter vielfältigen Klima- und Bodenverhältnissen, bevorzugen jedoch geschützte, feuchte Lagen. Sie werden durch Stecklinge im Sommer oder Samen im Herbst vermehrt.

Broussonetia papyrifera
PAPIERMAULBEERBAUM

Die aus China und Japan stammende Art hat sich weit verbreitet – so etwa auch auf den südlichen pazifischen Inseln. Aus den feinen, seidigen Fasern der inneren Rindenschicht wird in Japan traditionell Papier hergestellt. Bei geeigneten Bedingungen wachsen die frostempfindlichen Pflanzen zügig zu einem 10–15 m hohen Baum mit lockerer, runder Krone heran. Der dunkle Stamm hat eine unregelmäßige Oberfläche. Die Blätter sind bei Schößlingen bis zu 30 cm lang und oft zwei- oder dreifach gelappt, bei ausgewachsenen Bäumen jedoch kleiner und meist ungeteilt. Die männlichen Blüten erscheinen in langen, gedrehten Kätzchen, die weiblichen dagegen in kürzeren, unauffälligeren Köpfen.

BROWALLIA

Zu dieser Gattung zählen sechs Arten buschiger, einjähriger Kräuter und immergrüner Stauden, die alle im tropischen Südamerika und auf den Karibischen Inseln heimisch sind. Sie haben eine kompakte Wuchsform, weiche Stengel und ein dichtes Laub aus stark geäderten, tiefgrünen Blättern. Die einzeln in den Blattachseln erscheinenden Blüten gleichen kleinen Ausgaben der verwandten *Nicotiana,* haben jedoch kürzere Röhren und sind im allgemeinen blau, purpurn oder weiß; gesunde Pflanzen können ziemlich reichblütig sein.

PFLEGE UND VERMEHRUNG: In kühlen Regionen können sie als Gewächshauspflanzen oder einjährige Sommerblumen gezogen werden, im frostfreien Klima auch im Freien; sie bevorzugen feuchte, humusreiche, durchlässige Böden in warmen, halbschattigen, vor austrocknenden Winden geschützten Lagen. Regelmäßige Gaben von Flüssigdünger halten das Laub üppig und garantieren stetige Blüte. Um einen buschigen Wuchs zu fördern, werden die Stengelspitzen gekappt . Einjährige Arten werden durch Samen im Frühjahr, Stauden durch Samen oder Spitzenstecklinge vermehrt.

Browallia americana
Syn. *Browallia elata*

Diese buschige Einjährige wird bis zu 60 cm hoch und trägt im Sommer und Frühherbst auffällige, 5 cm breite Blüten, deren Farbpalette vom seltenen Tiefblau über Blaßviolett bis zu Weiß reicht. Sie eignet sich als Topfpflanze, wächst aber auch gut im Freien. **'White Bells'** hat weiße, **'Vanja'** tiefblaue Blüten mit weißen Augen.

Browallia speciosa

Die Blätter dieses etwa 80 cm hohen und breiten Strauchs sind bis zu 10 cm lang, die purpurblauen bis tiefpurpurnen Blüten erreichen im Durchmesser 5 cm . Bei den zahlreichen Sorten erstrahlen sie in allen Blau- und Purpurtönen oder in Weiß. Die 30 cm hohe Zwergsorte **'Blue Troll'** trägt zahllose blaue, die ähnliche **'White Troll'** weiße Blüten. **'Marine Bells'** hat tiefindigoblaue, **'Sky Bells'** hellblaue Blüten.

BRUGMANSIA
Syn. *Datura*
ENGELSTROMPETE, STECHAPFEL

Die großen Sträucher oder kleinen Bäume dieser Gattung werden wegen ihrer sehr großen, duftenden, hängenden Trompetenblüten gezogen. Sie werden noch oft als *Datura* bezeichnet, diese Gattung enthält heute jedoch nur kurzlebige, krautige Pflanzen mit kleineren, aufrechteren Blüten und in der Regel stacheligen Kapselfrüchten. *Brugmansia* hat hingegen fleischige, kahle, bisweilen sehr lange und

Brodiaea californica

Brodiaea minor

Bromelia balansae

Bromus interruptus

Browallia americana

Browallia speciosa

Broussonetia papyrifera

Brunfelsia australis

Brunfelsia pauciflora

schmale Früchte. Aktuell umfaßt die Gattung fünf oder mehr Arten, die meist aus den Anden oder dem nördlichen Südamerika stammen und auch dort anscheinend immer in Verbindung mit menschlichen Siedlungen auftreten. Sie sind immer- oder halbimmergrün, mit großen, weichen Blättern wie kleine Tabakblätter. Alle Pflanzenteile wirken narkotisch und sind giftig.
PFLEGE UND VERMEHRUNG: Die nicht frostharten Pflanzen bevorzugen ein warmes bis heißes Klima, sonnige, geschützte Lagen sowie leichten, fruchtbaren, durchlässigen Boden. In gemäßigten Breiten werden sie oft als Kübelpflanzen gezogen und sollten während des Wachstums reichlich gewässert werden. Sie können jung einstämmig zu kleinen Bäumen erzogen werden oder wachsen als dichte, runde Sträucher. Vermehrung durch Spitzenstecklinge im Frühjahr oder Sommer. Sie werden von Weißer Fliege, Spinnmilben und Schnecken befallen.

Brugmansia aurea

Die großen, weichen, flaumigen Blätter dieser Art, die eine Höhe bis zu 6 m erreicht, sind im jungen Stadium gesägt, ausgewachsen ganzrandig. Die cremefarben bis blaßgelben, 25 cm langen Trompetenblüten mit sehr weitem Mund hängen unter dem Laub und scheinen abends im weichen Licht von Gartenlaternen aufzuleuchten.

Brugmansia × *candida*

Dieser kleine, 3–4,5 m hohe Baum mit ziemlich konfuser Wuchsform hat einen kurzen, niedrig verzweigten Stamm. Die langen, ovalen, samtigen Blätter stehen an den Zweigspitzen. Die bis zu 30 cm langen, hängenden, weißen Blüten mit geöffnetem Schlund duften nachts stark. Sie erscheinen im Sommer und Herbst, aber auch zu anderen Zeiten. Diese Art wurde früher am häufigsten kultiviert und ist wohl eine Kreuzung zwischen *Brugmansia aurea* und *B. versicolor*. Die Sorte **'Plena'** hat einen zusätzlichen Ring aus Blütenblättern im Innern der Haupttrompete, die Blüten von **'Grand Marnier'** sind weich apricotfarben.

Brugmansia 'Charles Grimaldi'

Die außerordentlich großen, hängenden, duftenden, blaß orangegelben Blüten dieser nach einem kalifornischen Landschaftsgärtner benannten, etwa 2 m hohen Hybridsorte (**'Dr. Seuss'** × **'Frosty Pink'**) mit sehr großen Blättern erscheinen hauptsächlich ab Herbstmitte. Ältere Pflanzen bilden ein regelrechtes Stengeldickicht.

Brugmansia 'Frosty Pink'

Diese bis zu etwa 2 m hohe Hybride hat große, blaß apricotfarbene und weiße Blüten sowie große, blaßgrüne Blätter. Die Blüten der sehr ähnlichen **'Ecuador Pink'** sind altrosa.

Brugmansia × *insignis*

Diese bis zu 3,5 m hohe Hybride, eine Kreuzung zwischen *Brugmansia suaveolens* und *B. versicolor*, ist *B. suaveolens* sehr ähnlich. Die langen Röhrenblüten sind in der Regel weiß, aber es existieren auch Klone mit sehr blaß goldgelben und rosa Blüten.

Brugmansia sanguinea
Syn. *Datura sanguinea*

Diese Art unterscheidet sich durch zumeist orangerote, gelb geäderte und am Mund relativ schmale Blüten deutlich von anderen Engelstrompeten. Sie wächst in den heimischen Anden zu einem bis 12 m hohen Baum heran und bis in Höhenlagen von 3600 m, daher verträgt sie noch am meisten Kälte. In Kultur ist sie gewöhnlich als vielstämmiger, bis etwa 2,5 m hoher Strauch mit unterschiedlichen Blütenfarben zu sehen – manche Sorten haben blasse orangefarbene oder gelbe Blüten.

Brugmansia 'Charles Grimaldi'

Brugmansia aurea

Brugmansia suaveolens
Syn. *Datura suaveolens*

Dieser bis zu 4,5 m hohe, stark verzweigte, ausladende und immergrüne Strauch oder kleine Baum entwickelt bis zu 30 cm lange, flaumige, ovale Blätter. Die Blüten mit kräftig grün gestreiften Röhren sind schmaler als bei *Brugmansia* × *candida* und erscheinen üppig zu verschiedenen Jahreszeiten. In kühlen Klimaten wächst sie problemlos im temperierten Gewächshaus. Die Sorte **'Plena'** bildet halbgefüllte Blüten.

Brugmansia versicolor

Die *Brugmansia arborea* sehr ähnliche und häufig unter dieser Bezeichnung gehandelte Art hat extrem lange, oft etwa 50 cm lange Blüten mit cremefarbenen, ausgebreitet zurückgebogenen, verlängerten Kronlappen.

BRUNFELSIA

Zu dieser Gattung aus Süd- und Zentralamerika zählen in der Regel relativ langsam wachsende, immergrüne Sträucher oder kleine Bäume mit ziemlich ledrigen Blättern. Sie haben schmalröhrige, köstlich duftende Stieltellerblüten mit fünf flach ausgebreiteten Kronlappen, die sich langsam umfärben, so daß die Pflanzen mit unterschiedlich alten Blüten bunt übersät erscheinen. Sämtliche Teile, insbesondere die Beeren, können giftige Alkaloide enthalten.
PFLEGE UND VERMEHRUNG: Brunfelsien brauchen frostfreie Standorte in voller Sonne oder mit Nachmittagsschatten, fruchtbaren, durchlässigen Boden mit ausreichend Wasser im Sommer oder während Trockenperioden, eignen sich als Kübelpflanzen, werden in europäischen Gewächshäusern häufig gezogen und sind anfällig für Schmierläuse und Weiße Fliegen. Nach der Blüte werden sie zurückgeschnitten, um einen buschigen Wuchs zu erhalten, durch Spitzenstecklinge lassen sie sich vermehren.

Brugmansia × *insignis*

Brugmansia 'Ecuador Pink'

Brunfelsia americana

Dieser wild bis zu 4,5 m hohe Strauch oder kleine Baum mit mittel- bis dunkelgrünen, kleinen Blättern wird in Kultur in der Regel meist nicht einmal halb so hoch. Die nachts duftenden, weißen Blüten mit langen Röhren erscheinen im Sommer, sie sind in der Mitte leicht purpurn getönt und färben sich im Alter cremefarben und blaßgolden.

Brunfelsia australis
Syn. *Brunfelsia bonodora, B. latifolia*

Der bis zu 2,5 m hohe und fast ebenso breite, attraktive Strauch mit dichtem, reichverzweigtem Wuchs entwickelt leicht glänzende, jung und bei kühlem Wetter purpurn getönte Blätter. Zum Höhepunkt der Blüte – in der Regel Mitte des Frühjahrs, bisweilen im Spätwinter oder Frühsommer – erscheinen zahllose, zunächst violette Blüten, die über Blaßblau nach Weiß ausbleichen und in allen Farben gleichzeitig den Strauch schmücken.

Brunfelsia pauciflora
Syn. *Brunfelsia calycina, B. eximia*

Dieser kleine, sommergrüne oder halbimmergrüne, bis etwa 1,5 m hohe und breite, ziemlich offen verzweigte Strauch wächst langsamer und weniger kräftig als *Brunfelsia australis* und hat stumpfer dunkelgrüne, ledrige Blätter. Während der das ganze Frühjahr bis in den Frühsommer dauernden Blüte ist er sogar noch aufsehenerregender: Große Blüten öffnen sich in großer Zahl, sie sind kräftig purpurn und verfärben sich in den darauffolgenden Tagen über mauve zu weiß. Die Sorte **'Floribunda'** entwickelt kleinere Blätter und unglaublich viele blaßpurpurne Blüten.

Brugmansia × *candida* 'Plena'

Brugmansia 'Frosty Pink'

B

BRUNNERA
KAUKASUSVERGISSMEINNICHT

Zu dieser sehr eng mit *Myosotis* und *Anchusa* verwandten Gattung zählen drei Staudenarten, die wild von Osteuropa bis Westsibirien vorkommen. Sie bilden Horste aus herzförmigen bis ziemlich schmalen, grundständigen, langstieligen Blättern. An beblätterten, verzweigten Stengeln erscheinen im Frühjahr und Frühsommer Rispen mit kleinen, fünfzähligen, violetten oder blauen Blüten. Einige Sorten haben weiße Blüten und panaschiertes Laub.
PFLEGE UND VERMEHRUNG: Diese grundsätzlich äußerst winterharten Waldpflanzen bevorzugen eine halbschattige Lage mit humusreichem, feuchtem, am besten kompostangereichertem Boden. Unter günstigen Bedingungen breiten sie sich selbsttätig aus, können aber auch durch Samen, Abtrennen kleiner, bewurzelter Teile oder Stecklinge aus den weichen Frühjahrstrieben vermehrt werden.

Brunnera macrophylla
Die kleinen, blauen, stark an Vergißmeinnicht erinnernden Blüten dieser Art erscheinen an schlanken, 45–60 cm hohen Stengeln oberhalb dichter Tuffs aus herzförmigen Blättern. Mit dem Erscheinen der Blüten wachsen die neuen Blätter auf ihre volle Länge (10–15 cm) heran. Die Horste der unter Bäumen und großen Sträuchern exzellenten Bodendecker breiten sich langsam unterirdisch, mehr jedoch durch Selbstaussaat aus. Die Blätter der Sorte **'Hadspen Cream'** fallen in blasserem Grün aus, mit sehr reizvollen, cremefarbenen Rändern, die Blüten sind heller blau.

Brunnera macrophylla

Brunnera macrophylla

Brunsvigia orientalis

BRUNSVIGIA
Schon viele Gärtner haben sich an dieser großen, interessanten Zwiebelblume aus Südafrika versucht, doch nicht alle hatten die Geduld, jahrelang nur Blätter, aber keine Blüten erscheinen zu sehen. Zur mit *Amaryllis* eng verwandten Gattung zählen an die 20 Arten, von denen jedoch hauptsächlich eine im Handel ist. Die Zwiebeln einiger Arten können riesig werden; aus ihnen wachsen im Spätsommer hohe Blütenstengel, von einer Dolde bekrönt. Die Blüten sind kleine Ausgaben einer *Amaryllis*, aber deutlich länger gestielt. Die schnell nachfolgenden, riemenartigen Blätter bleiben im Winter und Frühjahr grün und ziehen im Sommer ein.
PFLEGE UND VERMEHRUNG: Die nicht frostharte *Brunsvigia* sollte in reichen, sandigen Boden in voller Sonne gepflanzt, während des Wachstums reichlich gewässert, mit einem löslichen, die Blüte unterstützenden Dünger mit hohem Kaliumgehalt gedüngt und in der Ruhephase trocken gehalten werden. Die Vermehrung vollzieht sich recht langsam; Sämlinge blühen in der Regel erst nach vier Jahren, Ableger sind erst ab einer gewissen Größe abteilbar und blühen ebenfalls erst nach Jahren.

Brya ebenus

Buddleja alternifolia

Brunsvigia josephinae
Kaiserin Josephine war eine Mäzenin der Gartenkultur – in ihrer großartigen Sammlung in Malmaison befand sich diese eindrucksvolle Pflanze, die der Künstler Redouté benannte und malte. Ihre riesigen, im Durchmesser bis zu 30 cm breiten Zwiebeln sitzen meist über der Erde. Unter günstigen Bedingungen bildet die ausgewachsene Pflanze dicke, 50–100 cm hohe Blütenstengel aus, die zahlreiche hellrote, etwa 10 cm lange, duftende Trichterblüten an bis zu 40 cm langen Stielen tragen. Die teuren Zwiebeln treiben teils erst nach zehn Jahren Blüten.

Brunsvigia orientalis
Syn. *Brunsvigia multiflora*

Diese Art hat eine sehr große, unterirdische Zwiebel, der ein robuster, bis zu 45 cm hoher Stengel entspringt. Er trägt eine bis zu 45 cm breite Blütendolde. Die schmalblättrigen, etwa 5 cm langen, scharlachroten Blüten öffnen sich nicht alle gleichzeitig. Die Blätter liegen oft flach am Boden.

BRYA
Diese Gattung umfaßt vier Arten schmetterlingsblütiger Bäume aus dem karibischen Raum, von denen drei auf Kuba endemisch sind. Die kleinen, einfachen Blätter sind ungestielt, die zahllosen kleinen, ginsterähnlichen Blüten wachsen in den Blattachseln. Der Gattungsname wurde zu Ehren des französischen Graveurs de Bry gewählt.
PFLEGE UND VERMEHRUNG: Brya sind potentielle Zierpflanzen für tropische und wärmere subtropische Gärten, besonders für geschützte Küstengebiete. Die Vermehrung erfolgt durch Samen.

Brya ebenus
Der im Freistand 5–10 m hohe Baum mit kurzem Stamm entwickelt eine offene Krone mit ausladenden, sparrig verzweigten Ästen. Die vorn abgerundeten, glänzend dunkelgrünen Blätter sind etwa 2,5 cm lang. Im Herbst (in den Tropen gegen Ende der Trockenzeit) erscheinen entlang der Zweige goldgelbe Blüten. Das edle, wertvolle Kernholz der Bäume verfärbt sich im Alter schwarz.

BUDDLEJA
BUDDLEIE, SCHMETTERLINGSSTRAUCH

Der Name der nach dem englischen Botaniker Adam Buddle (17. Jahrhundert) benannten Sträucher sowie eher kurzlebige Bäume umfassenden Gattung wird manchmal fälschlicherweise *Buddleia* geschrieben. Die meisten kultivierten Arten stammen aus China, viele kommen jedoch auch in Afrika, Madagaskar, Südasien und Südamerika vor. Die Gattung enthält zahlreiche tropische und subtropische Arten. Die großen, zugespitzten, immer- oder sommergrünen Blätter sind in der Regel gegenständig und oft runzlig. Die würzig duftenden, kleinen Röhrenblüten erscheinen in dichten Ähren an den Zweigspitzen oder bisweilen in kleineren Büscheln entlang der Zweige. Ihr Farbspektrum reicht von Rosa über Mauve und Rötlichpurpurn bis zu Orange und Gelb.
PFLEGE UND VERMEHRUNG: Sie bevorzugen volle Sonne und jeden durchlässigen Bodentyp. Durch rigorosen Schnitt im zeitigen Frühjahr werden die meisten Arten in Form gehalten. Sie werden durch Stecklinge im Sommer vermehrt.

Buddleja alternifolia

Buddleja alternifolia
Dieser hohe, sommergrüne und frostharte Strauch aus Nordwestchina verwandelt sich zur vollen Blüte im Spätfrühjahr und Frühsommer in einen duftenden, blaßlila Blütentraum. Die kleinen Blüten reihen sich in Büscheln entlang der gebogenen Zweige auf. Der Strauch kann zum Hochstamm gezogen, sollte aber nicht zu stark zurückgeschnitten werden, da diese Art im Gegensatz zu den meisten anderen am vorjährigen Holz blüht.

Buddleja asiatica
Die langen, schmalen, gräulichen Blätter dieses bis zu 3 m hohen, immergrünen Strauchs aus Südostasien und den Himalaja-Vorbergen wachsen in weit auseinanderstehenden Paaren an schlanken Zweigen. Lange, nickende Ähren duftender, weißer Blüten erscheinen im Winter und Frühjahr und liefern langlebige Schnittblumen. Der sehr frostempfindliche Strauch kann in kälteren Gebieten als Kübelpflanze gezogen werden.

Buddleja auriculata
Dieser immergrüne, bis zu 3,5 m hohe, sehr frostempfindliche Klimmstrauch aus Südafrika trägt an überhängenden Zweigspitzen ein glänzend tiefgrünes Laub. Oberseits sind die Blätter stark geädert und unterseits weißfilzig. Die süßduftenden, creme-, blaß orange- oder lilafarbenen Blüten erscheinen im Herbst, Winter oder frühen Frühjahr in zahlreichen kurzen, hängenden Ähren.

Buddleja colvilei
Dieser kleine, bis zu 6 m hohe, immergrüne, frostempfindliche Baum aus dem Himalaja hat die größten Blüten von allen *Buddleja*-Arten und sieht während der Blüte im späten Frühjahr und Frühsommer einfach wundervoll aus. Die glockenförmigen, bis zu 2,5 cm breiten Blüten sind tiefrosa oder scharlachrot mit weißem Schlund. Sie erscheinen in lockeren Rispen an den Enden der überhängenden Zweige des Vorjahrs – das sollte beim Rückschnitt beachtet werden.

B

Buddleja davidii 'Cardinal'

Buddleja crispa

Dieser bis zu 3,5 m hohe, sommergrüne, in die Breite wachsende Strauch aus dem Himalaja und Afghanistan hat ziemlich kurze, breite, unten graufilzige, rauh gezähnte Blätter. Die duftenden, lila bis rosa Blüten stehen eng in großen, aufrechten bis hängenden Rispen. Da er am einjährigen Holz blüht, kann man den frostempfindlichen Strauch im Winter stark stutzen, um die Blüte des folgenden Sommers zu stimulieren.

Buddleja davidii

SCHMETTERLINGSSTRAUCH

Diese in Gärten verbreitete, in Zentral- und Westchina heimische, hinreichend frostharte Art wurde nach dem französischen Missionar und Naturwissenschaftler Pater Armand David benannt, der sie 1869 entdeckte. Das Laub des sommer- oder halbimmergrünen, etwa 3,5 m hohen Strauchs ist graugrün. Im Spätsommer und Frühherbst erscheinen an den Spitzen der gebogenen, leicht verholzten Triebe lange, schmale Rispen, die dicht mit mauvefarbenen Blüten mit ursprünglich orangefarbenem Auge besetzt sind, die mit ihrem duftenden Nektar Schmetterlinge anziehen. Ein Rückschnitt im Spätwinter bewirkt starke Triebe mit größeren Blütenständen. Zu den reichblütigen Sorten zählen **'Cardinal'** (stark purpurrosa), **'Black Knight'** (dunkelpurpurn), **'Empire Blue'** (purpurblau mit orangefarbenem Auge), **'Royal Red'** (magentarot) und **'White Bouquet'** (cremefarben mit orangefarbenem Auge). **'Dubonnet'** hat große Rispen aus purpurrosa Blüten, **'Pink Delight'** lange, schmale Rispen aus hellrosa Blüten. Die Blüten von **'White Profusion'** sind weiß und in der Mitte goldgelb.

Buddleja fallowiana

Dieser bis zu 4,5 m hohe, wegen seiner zahlreichen duftenden Blüten gezogene, sommergrüne Strauch aus China ist sehr frostempfindlich. Die stumpfgrünen Blätter sind unterseits grau-, die Stengel weißfilzig. Im Sommer erscheinen an den neuen Trieben lange Rispen aus stark duftenden, blaß lavendelfarbigen Blüten mit orangefarbenem Schlund. Die cremigweißen Blüten der Sorte **'Alba'** haben ebenso wie die stark duftenden violettblauen von **'Lochinch'** ein orangefarbenes Auge.

Buddleja globosa

Diese sommer- oder halbimmergrüne Art aus den gemäßigten Regionen Chiles und Argentiniens unterscheidet sich erheblich von anderen *Buddleja*-Arten durch ihre tieforangegoldenen Kugeln aus kleinen Blüten, die im späten Frühjahr und Sommer an den Zweigspitzen hängen. Die stark geäderten, weichen Blätter sind wie die Zweige und Blütenstengel weißfilzig behaart. Der unter angemessenen Bedingungen schnell 3–4,5 m Höhe erreichende, kurzlebige Strauch ist frostempfindlich.

Buddleja lindleyana

Der bis zu 3,5 m hohe, ziemlich schwachstengelige, immergrüne oder halbimmergrüne, frostempfindliche Strauch wächst wild in Südostchina. Die zugespitzten Blätter sind fast kahl, die nickenden, ebenfalls spitzen Rispen mit violetten Blüten erscheinen im Spätsommer. Von den je 2 cm langen und am Mund 8 mm breiten Blüten sind immer nur wenige gleichzeitig geöffnet.

Buddleja davidii 'Pink Delight'

Buddleja madagascariensis

Syn. *Buddleja nicodemia, Nicodemia madagascariensis*

Diese bis zu 6 m hohe, immergrüne Art aus Madagaskar kann mit ihrem kräftigen Wuchs unter kühlen, aber frostfreien Bedingungen gut eine Mauer emporklimmen, zeigt in wärmeren Klimaten jedoch aggressiven Ausbreitungsdrang. Die Zweige sind auffällig dicht weißwollig, die oben dunkelgrünen Blätter unten weißfilzig. Den langen Rispen mit orangegelben Blüten im Spätwinter und Frühjahr können kleine purpurblaue oder orangefarbene Beeren folgen.

Buddleja nivea

Die Zweige dieses 2–2,5 m hohen, sommergrünen, frostempfindlichen Strauchs aus Westchina sind flaumig-weiß, die bis zu 25 cm langen und 10 cm breiten Blätter stumpfgrün und eng geädert. Im Sommer erscheinen an den Zweigenden und in den oberen Blattachseln kleine, weiße oder rosa bis blaß purpurfarbene Blüten in schmalen, bis zu 15 cm langen, flaumigen Ähren.

Buddleja saligna

Dieser wildwachsend bis über 10 m hohe, vieltriebige, immergrüne, nicht winterharte Strauch aus dem südlichen Afrika erreicht kultiviert eine Höhe von nur etwa 3 m. Die schmalen, graugrünen, unten weißlichen Blätter erinnern an den Ölbaum, der Artname *saligna* bedeutet »weidenartig«. Im Herbst erscheinen in dichten, breiten Rispen kleine, duftende, cremefarbene Blüten mit für diese Gattung ungewöhnlichen, hervorstehenden Staubgefäßen.

Buddleja salviifolia

Diese dichte, wüchsige, im südlichen Afrika heimische, halbimmergrüne Art trägt zahllose endständige Büschel aus süßduftenden, lila Blüten. Die 15 cm langen, fein gesägten, tief graugrünen Blätter weisen ein dichtes, eingetieftes Adernetz auf. Mit ihren dichten, grundständigen Trieben wird die sehr frostempfindliche Pflanze etwa 3 m hoch und breit.

Buddleja × *weyeriana*

Der Name bezeichnet Kreuzungen zwischen *Buddleja davidii* und *B. globosa*. In der Wuchsform gleichen sie *B. davidii*, sind jedoch höher, mit längeren Trieben und frostempfindlich; die Rispen sind in kugelförmige Büschel aus creme- oder gelborangefarbenen Blüten geteilt, die an die Köpfe von *B. globosa* erinnern. **'Golden Glow'** hat goldene, im Schlund tieforangefarbene Blüten. Die blaß- bis kräftiggelben Blüten der neueren australi-

Buddleja saligna

Buddleja × *weyeriana* 'Wattle Bird'

Buddleja globosa

Buddleja fallowiana 'Dubonnet'

Buddleja davidii 'Royal Red'

Buglossoides purpurocaerulea

Bulbine frutescens 'Hallmark'

Bulbinella hookeri

schen Hybride **'Wattle Bird'** erscheinen in länglichen Ähren.

BUGLOSSOIDES

STEINSAME

Die 15 ein- und mehrjährigen Arten dieser Gattung sind fast in ganz Europa und im gemäßigten Asien verbreitet. Die staudigen Arten breiten sich mit Rhizomen aus und können damit etwas lästig werden. Die breiten oder schmalen, meist borstig behaarten Blätter wachsen an aufrechten Stengeln. An deren Spitzen erscheinen kleine, sternförmige, strahlendblaue oder purpurfarbene Blüten in kleinen Blütenständen.
PFLEGE UND VERMEHRUNG: Die ganz frostharten Pflanzen bevorzugen warme, trockene Lagen im Halbschatten und sollten am besten an einem geschützten, nach Osten gerichteten Standort angepflanzt werden. Vermehrt werden sie für gewöhnlich durch Teilung im Spätwinter, einjährige Arten werden gesät.

Buglossoides purpurocaerulea

Syn. *Lithospermum purpureocaeruleum*

BLAUROTER STEINSAME

Diese etwa 80 cm hohe Staude bildet Polster oder Horste aus 40–60 cm hohen, be-

Bupleurum fruticosum

Bulbinella floribunda

blätterten Stengeln mit 10 cm langen, ziemlich schmalen Blättern. An den Stengelspitzen erscheinen kleine Köpfe mit 2 cm breiten, anfangs purpurroten, später blauen Blüten.

BULBINE

Die Mehrzahl der etwa 50 Arten dieser Gattung gelbblühender Liliengewächse ist im südlichen oder östlichen Afrika heimisch, fünf Arten (unter ihnen die beiden einjährigen) sind im Innern Australiens weit verbreitet. Es handelt sich ansonsten um Stauden und Halbsträucher, darunter einige Sukkulenten sowie Knollenpflanzen mit zwiebelartigen Blättern. Die kleinen, sternfömigen, sechsblättrigen Blüten wachsen in gestielten Ähren, die sich in der Regel bei Wildpflanzen nach Regenfällen ausbilden.
PFLEGE UND VERMEHRUNG: Sie stehen am besten auf leichtem, sandigem Boden in voller Sonne. Gründlichem Wässern während der Wachstumsperiode folgt Austrocknen nach der Blüte. Die meisten Arten ertragen nur sehr leichten Frost. Einige sukkulente Arten können aus Blattstecklingen gezogen werden, sonst erfolgt die Vermehrung durch Samen, kleine Spitzen- oder Stengelstecklinge.

Bulbine frutescens

Syn. *Bulbine caulescens*

Die Triebe dieses südafrikanischen Halbstrauchs mit Haarwurzeln verzweigen sich dicht über dem Erdboden und bilden niedrige, bis zu 30 cm hohe, in die Breite gehende Horste. Die 15 cm langen, zylindrischen, hohlen, fleischigen Blätter sind manchmal leicht bläulich. Die sich im Frühjahr, Sommer und Herbst an bis zu 45 cm langen Ähren nacheinander öffnenden Blüten sind verschieden orange und gelb schattiert, manchmal auch weiß. **'Hallmark'** trägt im Frühjahr ausgebreitete gelbe Blüten.

Burchellia bubalina

BULBINELLA

Sechs Arten dieser in der südlichen Hemisphäre heimischen Gattung sind in Neuseeland endemisch, die restlichen rund 20 Arten im südlichen Afrika. Die mehrjährigen Liliengewächse mit fleischigen Wurzeln gleichen der verwandten Gattung *Bulbine,* haben jedoch meist breitere, dünnere Blätter. Die gedrängten Ähren goldgelber Blüten wachsen endständig an langen, hohlen Stengeln. Sie bilden Horste aus etwas wirrem Laub.
PFLEGE UND VERMEHRUNG: Viele Arten, von denen die meisten leichten Frost ertragen, wachsen wild in sehr sumpfigen Gebieten. Sie bevorzugen sonnige oder halbschattige Lagen und brauchen in Kultur feuchten, humusreichen, im Sommer nie ganz austrocknenden Boden. Die Vermehrung erfolgt durch Samen oder Teilen von Horsten. Die fleischigen Wurzelstöcke werden so gepflanzt, daß der Vegetationspunkt auf Höhe der Erdoberfläche ist.

Bulbinella floribunda

Diese südafrikanische Art bildet vom Winter bis Mitte des Frühjahrs 60–90 cm hohe Blütenstengel aus. Diese werden jeweils von einer breiten, dicht mit kleinen, orangegelben Blüten besetzten Ähre bekrönt, überragt von gedrängten, grünen Knospen. Die langen, schmalen, grundständigen Blätter erscheinen im Winter und bilden einen großen, verwobenen Horst.

Bulbinella hookeri

Diese in subalpinen Grasgebieten beider neuseeländischer Hauptinseln heimische Art hat sehr schmale, grasartige Blätter, die ein dichtes Büschel bilden. Die etwa 60 cm hohen Blütenstengel bestehen zur Hälfte aus der dicht gedrängten Ähre mit etwa 5 mm breiten Blüten.

BUPLEURUM

HASENOHR

Zu dieser Gattung gehören über 100 Arten von in Europa, Afrika, Asien und einigen kühleren Regionen Nordamerikas heimischen, einjährigen Kräutern, Stauden und Sträuchern. Sie besitzen ungeteilte, ungezähnte Blätter, die meist ziemlich lang und schmal, bei einigen Arten jedoch breiter bis fast rund sind. Die kleinen, grünlichen oder gelblichen Blüten erscheinen in gewölbten Dolden, oft von einem Kreis spitzer Hüllblätter umgeben. Die Dolden sind in der Regel wiederum aus kleinen Döldchen zusammengesetzt.
PFLEGE UND VERMEHRUNG: Einige der strauchigeren, immergrünen Arten haben salzresistentes Laub und eignen sich für Küstengärten. Von den Stauden werden mehrere Arten bisweilen in Steingärten gezogen. Die Anpflanzung erfolgt in sonniger Lage in leichtem, durchlässigem Boden, die Vermehrung durch Teilung, bei Sträuchern außerdem durch Stecklinge, bei krautigen Arten auch durch Samen.

Bupleurum fruticosum

Dieser südeuropäische, 2–3 m hohe, in die Breite gehende, immergrüne und frostempfindliche Strauch wird in exponierten Lagen nur bis zu 1 m hoch. Die bis zu 10 cm langen, schmalen, ledrigen Blätter mit abgerundeten Spitzen und erhabenen Mittelrippen sind besonders an der Unterseite bläulich-grün. Ab Hochsommer erscheinen an den Zweigspitzen Dolden aus kleinen, fleischigen, gelben Blüten.

Bupleurum rotundifolium

RUNDBLÄTTRIGES HASENOHR

Diese etwa 60 cm hohe, einjährige bzw. kurzlebige mehrjährige Art kommt wild in Europa und Nordasien vor. Sie hat 2,5–5 cm lange, im Umriß eiförmige Blätter, durch deren breiteres Ende die schlanken Stengel hindurchzuwachsen scheinen. Die jungen Blätter sind häufig rosa überlaufen. Im Sommer erscheinen kleine Dolden kleiner, gelber Blüten mit einer Hülle aus spitzen, grünen Hochblättern.

BURCHELLIA

Diese südafrikanische Gattung umfaßt nur eine Art – einen langsam wachsenden, immergrünen Strauch, der wegen seiner hübschen, dunkelgrünen Blätter und auffälligen, langlebigen, im späten Frühjahr und im Sommer erscheinenden Blüten weitere Verbreitung verdient hat. Die röhrigen Blüten mit fünf kurzen, spitz zulaufenden Zipfeln stehen in üppigen, hübschen, gedrängten Büscheln an den Zweigspitzen. Ihnen können fleischige, rötliche Früchte folgen.
PFLEGE UND VERMEHRUNG: Der nicht frostharte Strauch bevorzugt geschützte, sonnige Lagen und durchlässigen, mit organischem Material angereicherten Boden. Leichter Rückschnitt nach der Blüte verhindert Fruchtbildung. Vermehrung durch Sommerstecklinge möglich.

Burchellia bubalina

Dieser bis zu 3 m hohe und breite, rundliche oder struppige, dicht belaubte Strauch hat etwa 2,5 cm lange, leicht duftende, lebhaft orangerote Blüten.

BURSARIA

Diese australische Gattung umfaßt sechs Arten immergrüner Sträucher und kleiner Bäume, die sich gut als Hecke eignen. Die meisten besitzen bedornte Zweige und kleine Blätter, die in rosettenähnlichen kurzen Trieben an den Ästen angeordnet sind. Im Sommer tragen sie Rispen mit zahlreichen süßlich duftenden, kleinen weißen Blüten, die an den Spitzen der Äste sitzen. Den Blüten folgen unzählige kleine abgeflachte Samenkapseln.
PFLEGE UND VERMEHRUNG: Die bei ausreichender Feuchtigkeitsversorgung anspruchslosen Gewächse sollten in

Butia capitata

Butia eriospatha

kühleren Klimazonen einen sonnigen Platz bekommen. Die Vermehrung erfolgt durch Aussaat oder Stecklinge.

Bursaria spinosa

Der aufrechte Strauch, gelegentlich auch bis 6 m hohe Baum hat eine etwas krumme und ungleichmäßige Wuchsform. Er kommt hauptsächlich im Nordosten Australiens vor und bildet in offenen Eukalyptuswäldern das Unterholz. Die reifen, rosaroten Früchte sind sehr auffällig.

BUTIA

Die kaum Frost ertragenden Fiederpalmen dieser kleinen, mit der Kokospalme verwandten Gattung aus dem zentralen Südamerika haben kurze, dicke Stämme und feste, elegant geschwungene Wedel. Zwischen diesen bilden sich regelmäßig große Rispen fruchtig duftender, kleiner, creme- oder purpurfarbener Blüten, die vor dem Aufblühen von einem sehr langen, verholzten Hüllblatt umschlossen sind. Ihnen folgen zahllose Früchte mit saftigem, faserigem Fleisch und sehr hartem Stein. **PFLEGE UND VERMEHRUNG:** Diese kräftigen Palmen passen sich unterschiedlichen klimatischen Bedingungen und Böden an. Ideal ist voller Sonnenschein, aber auch Halbschatten. Ihre Wurzeln reichen tiefer als bei den meisten Palmen, daher brauchen sie bei nicht zu geringem Sommerregen nur geringes Wässern, wenn sie eingewachsen sind. Abgestorbene Wedel können dicht am Stamm abgeschnitten werden, jedoch erst, wenn sie braun sind, da sie zuvor noch wertvolle Nährstoffe für die neuen Wedel liefern. Vermehrung durch Samen im Frühjahr.

Butia capitata

Syn. *Cocos capitata*

BUTIAPALME, GELEEPALME

Diese in der Form variable, wüchsige Palme wird bis zu 6 m hoch. Sie hat einen

Butia yatay

rauhen, grauen Stamm und lange, graugrüne, eingebogene Wedel. Die duftenden, gelben oder purpurnen Blüten erscheinen in sehr großen Rispen an einem starken Stiel zwischen den Wedelbasen; ihnen können relativ schwere und saftige, etwa 2,5 cm große, gelbe oder orangefarbene Früchte folgen. Diese Butiapalme kann leichten Frost ertragen.

Butia eriospatha

Die *Butia capitata* sehr ähnliche Art unterscheidet sich nur durch das sehr dichte, blaßbräunliche »Vlies« über dem sehr großen, verholzten Hüllblatt sowie die kleineren, weniger saftigen Früchte. Die wüchsige Pflanze blüht erstmals, sobald sich der kurze, dicke Stamm ausbildet.

Butia yatay

YATAYPALME

Die außerhalb Argentiniens sehr seltene Yataypalme wird bis über 6 m hoch, der im Durchmesser 45 cm breite, graue Stamm ist mit beständigen, sich überlappenden Basen alter Wedel bedeckt. Blattwedel und Blüten gleichen denen von *B. capitata*, die eßbaren, gelben bis orangeroten Früchte sind jedoch nur 2 cm dick und im Verhältnis länger.

BUTOMUS

BLUMENLIESCH, BLUMENBINSE

Zur dieser kleinen, vermutlich mit den Liliengewächsen verwandten Gattung zählt nur eine Art, die auch eine eigene Familie bildet. Es ist eine elegante, in Europa und Asien heimische Uferpflanze. Die Blätter dieser binsenartigen, sommergrünen Staude sind schmal, gedreht und im Querschnitt dreieckig. Im Sommer erscheinen langgestielte Dolden aus leicht duftenden, rosaweißen bis roséfarbenen Blüten. **PFLEGE UND VERMEHRUNG:** Unter mitteleuropäischen Bedingungen völlig frosthart, kann die Blumenbinse in warmen, sonnigen Lagen an seichten Teichrändern oder in sumpfigen Boden gepflanzt und durch Samen im Frühjahr oder Spätsommer oder Teilen im Frühjahr vermehrt werden.

Butomus umbellatus

SCHWANENBLUME, SCHWANENLIESCH

Die bis zu 1,2 m hohe und 60 cm breite Art kann als hohe Uferbepflanzung an Teichen oder langsamen Fließgewässern eingesetzt werden. Die jung bronzefarbenen Blätter werden mittelgrün, die Scheindolden aus rosa Blüten liefern oft Farbtupfer, wenn andere auffällige Blüten wie etwa Schwertlilien verwelkt sind.

BUXUS

BUCHSBAUM

Die traditionellen, immergrünen, langlebigen Gartenpflanzen kühl-gemäßigter Zonen werden wegen ihrer hübschen, kleinen, ledrigen Blätter und ihrer dichten Wuchsform gezogen. Zur Gattung zählen etwa 30 Arten, von denen nur wenige aus Europa und dem gemäßigten Asien stammen; die meisten sind großblättrigere und nicht kultivierte (sub-)tropische Pflanzen aus dem südlichen Afrika, aus Zentralamerika oder von den Karibischen Inseln. Buchs wird als Strauch behandelt, er kann jedoch zu einem kleinen Baum mit starkem, verdrehtem Stamm und Zweigen heranwachsen, von den Zwergsorten einmal abgesehen. Das beigegelbe Holz wurde früher für feine Druckstöcke verwendet. Die kleinen, grünlich-gelben, für Bienen attraktiven Blüten erscheinen im Frühjahr reichlich in den Blattachseln. **PFLEGE UND VERMEHRUNG:** Diese zähen, anspruchslosen Pflanzen gedeihen auf den meisten Böden in der Sonne wie im Schatten. Sie ertragen starken und regelmäßigen Schnitt das ganze Jahr über und eignen sich so ideal für Schnitthecken, Formsträucher und Labyrinthe. Vermehrung durch Stecklinge.

Buxus balearica

BALEAREN-BUCHSBAUM

Dieser bis zu 9 m hohe Strauch oder kleine Baum aus Spanien, Nordafrika und von den Balearen hat dicke, meist 2,5–3,5 cm lange, mehr oder minder längliche oder keilförmige Blätter. Er ist sehr frostempfindlich, wächst schmal aufrecht und wird schnell relativ hoch, eignet sich jedoch genauso als Hecke oder Formstrauch.

Buxus microphylla

KLEINBLÄTTRIGER BUCHSBAUM

Dieser ostasiatische, seit langem in Japan gezogene, wild jedoch zunächst unbekannte Buchs hielt seinen Einzug in westliche Gärten zuerst als Zwergform mit gedrehten Blättern. Später wurden Wildvorkommen in Japan, Korea und China entdeckt und als Varietäten benannt: ***Buxus microphylla* var. *japonica*** (Syn. *B. japonica*), ***B. m.* var. *koreana*** und ***B. m.* var. *sinica*.** Bezüglich Blattgröße und -form gleichen sie alle sehr dem Gewöhnlichen Buchs, doch ihre Blätter sind etwas glänzender, in der Regel an der Spitze abgerundeter und am breitesten leicht oberhalb der Mitte. In kalten Wintern verfärben sich die Blätter charakteristisch blaß braungelb. In Nordamerika ist *B. m.* var. *koreana* wegen seiner kompakten, niedrigwachsenden Wuchsform und Kälteunempfindlichkeit beliebt. In milderen Klimaten wird der frostharte *B. m.* var. *japonica* mit etwas größeren und abgerundeteren Blättern bisweilen 3 m hoch.

Buxus sempervirens

GEWÖHNLICHER BUCHSBAUM

Diese Art kann bis zu 9 m hoch, ihr Stamm bis zu 30 cm dick werden. Als Gartenstrauch erreicht sie in der Regel gerade mal eine Höhe von 1–2 m. Zu den vielfältigen Sorten gehört u. a. die kuppelförmig wachsende **'Vardar Valley'. 'Suffruticosa'** wächst sehr dichtbuschig und kann zu niedrigen, unter 30 cm hohen Zwerghecken erzogen werden. Zu den zahlreichen panaschierten Klonen gehören **'Marginata'** mit gelbrandigen Blättern und **'Argenteovariegata'** mit weißrandigen Blättern.

Buxus wallichiana

Dieser im westlichen Himalaja heimische, bis zu 9 m hohe, in Gärten jedoch meist kleinere, äußerst frostempfindliche Baum hat charakteristische, schmale, an beiden Enden verjüngte Blätter mit gestutzt wirkender Spitze, die mit 3,5–6 cm länger sind als bei anderen kultivierten Arten. Die jungen Zweige sind fein behaart.

Buxus microphylla var. *japonica*

Buxus microphylla var. *koreana*

Bursaria spinosa

Buxus sempervirens 'Suffruticosa'

C

CABOMBA

Zu dieser Gattung zählen sieben Arten von bei Aquarienfreunden beliebten Wasserpflanzen aus den wärmeren Regionen Amerikas. Ihre feinzerteilten, an Farne erinnernden Unterwasserblätter bilden einen interessanten Kontrast zu den ungeteilten, ovalen bis linealischen Schwimmblättern, die sich an der Wasseroberfläche ausbilden, wenn das Wasser nicht zu tief ist. Sie wurzeln am Gewässergrund und bilden lange, verzweigte Stengel mit dichter Belaubung aus, die für Aquarien wegen ihrer sauerstoffbildenden und dekorativen Eigenschaften ausgezeichnet geeignet sind. Interessant ist auch der gallertige Schleim, der die Unterwasserstengel umhüllt. Die kleinen, dreiblättrigen, weißen, gelben oder purpurfarbenen Blüten erscheinen knapp über der Wasseroberfläche.

PFLEGE UND VERMEHRUNG: Sie wachsen leicht in Aquarien, brauchen vor allem humusreiche Böden (nicht puren Sand) sowie viel Licht, bevorzugen ruhiges, höchstens 45 cm tiefes Wasser und lassen sich durch Stecklinge vermehren.

Cabomba caroliniana

Die verzweigten Unterwasserstengel dieser im Südosten der Vereinigten Staaten heimischen Art sind von den farnartigen, bis zu 8 cm langen, in sehr feine Segmente unterteilten Blättern fast bedeckt. Sobald die Stengel die Wasseroberfläche erreichen, bilden sich 20 cm lange, schmalovale Schwimmblätter aus, die von einer anderen Pflanze zu stammen scheinen. Unter geeigneten Bedingungen erscheinen im Sommer an der Wasseroberfläche einzelne, bis zu 3,5 cm breite, weiße oder blaßrosa Blüten, deren Blütenblätter an der Basis jeweils zwei gelbe Punkte aufweisen.

Caesalpinia gilliesii

Caesalpinia crista

CACCINIA

Diese wenig bekannte Gattung aus der Familie der Borretschgewächse umfaßt sechs Arten zweijähriger Kräuter und Stauden aus West- und Zentralasien. Dem Wurzelstock entspringen in der Regel mehrere beblätterte, meist rauhborstige Stengel, die schmalen Blätter sind dagegen meist kahl. Die sternförmigen Blüten stehen in endständigen Blütenzweigen und gleichen denen von Borretsch.

PFLEGE UND VERMEHRUNG: Diese attraktiven, frostharten Pflanzen eignen sich für Rabatten oder Wildstaudenpflanzungen in heißen, sonnigen Lagen mit unbedingt offenem und durchlässigem Boden. Sie ertragen Trockenheit, aber keine Störung im Wurzelbereich. Ihre Vermehrung erfolgt durch Samen.

Caccinia macranthera

Diese bis zu 60 cm hohe Art kommt wildwachsend von den osttürkischen Bergen bis zum westlichen Himalaja vor. Die gedrängt wachsenden, länglichen, graugrünen Blätter sind bis zu 20 cm lang. Im Frühjahr und Sommer erscheinen purpurblaue, etwa 2 cm breite Blüten. ***Caccinia macranthera*** **var.** ***crassifolia*** mit dickeren, kürzeren Blättern ist am häufigsten zu finden.

CAESALPINIA

Zu dieser vielfältigen Gattung von Hülsenfrüchtlern zählen etwa 70 Arten von Bäumen, Sträuchern und – häufig sehr dornigen – Kletterpflanzen aus den wärmeren Regionen der Welt. Die meisten sind immergrün, einige in der tropischen Trockenzeit laubwerfend. Einige strauchige amerikanische Arten wurden früher zur Gattung *Poinciana* gezählt. Alle Arten haben doppelt gefiederte Blätter, die bisweilen sehr groß sein können und dann zahlreiche Fiedern haben. Die bisweilen sehr auffälligen, meist rot, gelb oder cremefarben getönten Blüten stehen in Ähren in den oberen Blattachseln, sie haben getrennte Blütenblätter und oft auffällige Staubgefäße. Die Samen wachsen in typischen Hülsen.

Caesalpinia ferrea

Caccinia macranthera

PFLEGE UND VERMEHRUNG: Die meisten Arten bevorzugen geschützte, sonnige Standorte sowie tiefen, sandigen Boden und sind nicht frosthart; keine Art übersteht Temperaturen von mehreren Grad unter Null. Zur Vermehrung sollten die Samen zur Unterstützung der Keimung aufgerauht und in warmem Wasser eingeweicht werden.

Caesalpinia crista

Dieser wuchernde Kletterstrauch mit leicht dornigen Stengeln ist an tropischen Küsten der Welt weit verbreitet. Seine glänzenden, bis zu 1 m langen Blätter bestehen aus bis zu zehn großen, je 10 cm langen Fiedern. Im Sommer erscheinen an den Triebenden Rispen aus duftenden, auffällig gelben Blüten mit orangefarbenen Adern. Diese Art verträgt keinerlei Frost.

Caesalpinia decapetala

Dieser dornige, in Süd- und Ostasien heimische Strauch kann bis über 3 m hoch klettern. Auf der Unterseite der großen, zusammengesetzten Blätter sitzen hakige Stacheln. Im Sommer erscheinen die Blüten mit cremefarben-gelben Blütenblättern und rosa Staubgefäßen. Die etwas mehr Kälte ertragende ***Caesalpinia decapetala*** **var.** ***japonica*** kommt nur in China und Japan vor und hat weniger, aber größere Blattfiedern.

Caesalpinia ferrea

Bis zu 12 m hoch wird dieser langlebige, in Ostbrasilien heimische Baum, der vor allem wegen seiner elegant geschwungenen Äste und seiner glatten, cremefarbenen, graugrün gefleckten Rinde gezogen wird. Das Laubwerk der schirmförmigen Krone besteht aus farnartigen, unbewehrten, tiefgrünen Blättern und ist im Sommer und Herbst mit kurzen, aufrechten Ähren aus gelben Blüten übersät. Der schnellwachsende Baum ist jung oft ungleichmäßig verzweigt und muß durch entsprechenden Schnitt zu einem einstämmigen Baum erzogen werden.

Caesalpinia pulcherrima

Caladium bicolor

Caesalpinia gilliesii

Syn. ***Poinciana gilliesii***

PARADIESVOGELSTRAUCH

Dieser im subtropischen Argentinien und in Uruguay heimische Strauch oder kleine Baum wird in Kultur selten über 3 m hoch und blüht bereits ab einer Höhe von unter 1 m. Die farnartigen Blätter sind in kleine Fiedern zerteilt. Im Sommer erscheinen in kurzen Ähren blaßgelbe Blüten mit sehr langen, karmesinroten Staubgefäßen. Die in feuchtwarmem Klima immergrüne Art ist in anderen Lagen mehr oder weniger sommergrün.

Caesalpinia pulcherrima

Syn. ***Poinciana pulcherrima***

PFAUENSTRAUCH, STOLZ VON BARBADOS

Diese Art aus dem tropischen Amerika ist als etwa 2,5 m hoher Strauch bekannt, kann aber bis zu 6 m Höhe erreichen. Sie ist kurzlebig und schnell wachsend und hat eine offene, mäßig ausladende Wuchsform und stachlige Blätter. Die weißlichwächsern bereiften Zweige tragen von Frühjahr bis Herbst große, aufrechte Blütenstände mit in der Regel lebhaft scharlachroten und goldenen Blüten. Es gibt auch eine gelb sowie eine dunkler rot blühende Sorte.

CAJANUS

Eine oder möglicherweise zwei Arten kurzlebiger, strauchiger Leguminosen aus dem tropischen Afrika und Asien zählen zu dieser wirtschaftlich wichtigen Gattung. Die malaiische Bezeichnung für Erbse oder Bohne, *kacang* (»katschang«), wurde von dem Botaniker, der die Gattung im letzten Jahrhundert benannte, zu *Cajanus* latinisiert. Hauptsächlich werden die kleinen, bohnenförmigen Samen getrocknet und gespalten verzehrt, in Indien als »dhal«, aber auch die unreifen Hülsen werden wie grüne Bohnen gegessen. Die Blätter setzen sich aus drei schmalen, behaarten Fiedern zusammen; gelbe und rotbraune Schmetterlingsblüten erscheinen in lockeren Büscheln an den Zweigspitzen.

PFLEGE UND VERMEHRUNG: Die Samen dieser in der Regel einjährig gezogenen Pflanze werden im Frühjahr oder zu Beginn der tropischen Regenzeit gesät. Sie ist extrem anspruchslos und wächst selbst in mäßig saurem, unfruchtbarem Boden und ohne Bewässerung, außer bei sehr wenig Regen. Sie ist nicht nur wegen der nach fünf bis sechs Monaten reifen Samenhülsen, sondern auch als Gründünger und zur Stabilisierung des Bodens nützlich.

Cajanus cajan

STRAUCHERBSE, TAUBENERBSE

Dieser in Indien wahrscheinlich schon vor Jahrtausenden angebaute, bis zu 3 m hohe Strauch hat einen dünnen, doch ziemlich holzigen Stamm und lange Seitenzweige. Die Fiedern der zusammengesetzten Blätter sind 5–8 cm, die Blüten etwas über 1 cm lang. Die durch ihr Gewicht die Zweigspitzen herunterziehenden, 5–10 cm langen, glänzendgrünen Hülsen mit den vier bis sieben diagonal wachsenden Samen sind reif dunkelbraun.

CALADIUM
KALADIE

Sieben Arten aus dem tropischen Südamerika umfaßt diese Gattung aus der Familie der Aronstabgewächse, darunter einige der eindrucksvollsten, aber auch empfindlichsten tropischen Blattpflanzen. Sie werden wegen ihrer wundervoll gefärbten und reich gemusterten, großen, dünnen Blätter geschätzt und erleben heute ein kleines »Comeback«. In der tropischen Trockenzeit verlieren sie ihr Laub, und die unterirdischen Knollen ruhen. Die typischen Aronstab-Blütenstände sind eher unauffällig, die dünne, grünlichweiße Spatha ist unter den Blättern halb verborgen.

PFLEGE UND VERMEHRUNG: Die Pflanzen wachsen im Freien nur in feuchtem, (sub-)tropischem Klima, sonst am besten im beheizten Wintergarten oder Gewächshaus bei hoher Luftfeuchtigkeit während der Vegetationsperiode. Sie brauchen helles Licht, aber keine direkte Sonne. Die Knollen werden in Torf oder Torfmoos bei 21–27 °C ausgelegt und nach dem Austreiben der Blätter in sehr humusreiche Topferde versetzt. Sobald die Blätter größer werden, sollten die Pflanzen gedüngt sowie im Sommer mehrmals täglich besprüht werden. Wenn die Blätter im Herbst verwelken, läßt man den Boden trocknen, bevor die Knollen über Winter ausgegraben werden.

Caladium bicolor
Syn. *Caladium × hortulanum*

In den Vereinigten Staaten erreichten Kaladien vor dem Zweiten Weltkrieg den Höhepunkt ihrer Beliebtheit; damals wurden mindestens tausend Sorten verzeichnet. In der Wissenschaft diskutierte man kontrovers, ob die Stammeltern alle zur südamerikanischen *Caladium bicolor* im weitesten Sinne oder zu mehreren Arten zählten (in diesem Fall müßten zahlreiche Kulturformen als *C. × hortulanum* geführt werden). Die typischen, pfeilförmigen Blätter sind bei einigen Sorten schmaler und am Grund keilförmig. Die Farbgebung reicht von Blaßgrün mit roter oder rosa Mitte bis zu verschiedensten Kombinationen von Grün, Weiß, Rosa und Rot mit gewöhnlich dunkelgrüner Äderung. Die 30–60 cm hohen Pflanzen können in den Tropen ganzjährig im Boden bleiben und sich dort in Feuchtgebieten einbürgern.

CALAMAGROSTIS
REITGRAS

Zu dieser Gattung zählen mehr als 250 Arten ausdauernder, in den gemäßigten Regionen der nördlichen Hemisphäre heimischer Gräser. Sie bilden vorwiegend dichte, kräftige Horste mit schmalen, übergebogenen Blättern; die flaumigen,

C. × acutiflora 'Karl Foerster'

bei einigen Arten recht dekorativen Rispen erscheinen im Sommer an hohen Halmen. Mit der zunehmenden Beliebtheit von Ziergräsern werden auch einige *Calamagrostis*-Arten und -Sorten häufiger gezogen.

PFLEGE UND VERMEHRUNG: Reitgräser wachsen auf fast jedem Boden in voller Sonne oder auch im Halbschatten. Unter geeigneten Bedingungen können manche Arten sehr lästig wuchern, diese sollten also ausreichend Platz zur Verfügung haben, etwa an einem Teichufer. Durch regelmäßiges Teilen der Horste läßt sich ihr Wuchs etwas in Zaum halten. Im Frühwinter können die Pflanzen auf Bodenhöhe zurückgeschnitten werden. Die Vermehrung erfolgt durch Teilen der Horste.

Calamagrostis × acutiflora

Diese horstbildende, nichtwuchernde Hybride aus den eurasischen Arten ***Calamagrostis arundinacea*** und ***C. epigejos*** entwickelt einen kräftigen, aufrechten Habitus und dünne, übergebogene, etwa 1 m lange Blätter. Die leicht seidigen, braunen Ährchen erscheinen in aufrechten, vielverzweigten, 1,5 m hohen Rispen und überdauern den Winter. **'Karl Foerster'** (Syn. 'Stricta') ist mit etwa 1,5 m eine höherwachsende Sorte mit rötlichrosa, zur Reifezeit eher strohfarbenen Ährchen.

CALAMINTHA
STEINQUENDEL

Zu dieser Gattung zählen sieben Arten aromatischer Stauden, die vor allem in Europa und Asien heimisch sind, zwei jedoch in den USA. Ihre Wuchsform gleicht der von *Mentha*, mit kriechenden Rhizomen und Blättern, die gegenständig an Stengeln von rechteckigem Querschnitt wachsen. Die weißen, rosa oder purpurfarbenen Blüten sind jedoch meist größer als bei jener Gattung und stehen in lockereren Blütenzweigen. Die Blätter einiger Arten werden in der Naturheilkunde und für Kräutertees verwendet. Die Bezeichnung *Calamintha* (»schöne Minze«) stammt aus dem Altgriechischen und bezieht sich auf eine aromatische, heute nicht mehr näher zu identifizierende Art aus der weiteren Verwandtschaft.

PFLEGE UND VERMEHRUNG: Diese winterharten Pflanzen wachsen anspruchslos in feuchtem, aber durchlässigem Boden in geschützten Lagen, einige Arten bevorzugen Waldbedingungen im Halbschatten, andere dagegen die volle Sonne. Man vermehrt sie durch Teilung oder Samen im Frühjahr.

Calamagrostis × acutiflora

Calamintha nepeta 'White Cloud'

Calamintha grandiflora

Mit ihren 2,5–3,5 cm langen, hellrosa Blüten dient diese Art als Zier- und Nutzpflanze. Sie kommt wild in Wäldern Südeuropas, Nordafrikas und Westasiens bis zum Iran vor. Die hohen Stengel wachsen aus kriechenden Rhizomen und tragen blaßgrüne, gesägte Blätter. Im Sommer erscheinen die Blüten in den oberen Blattachseln.

Calamintha nepeta
KLEINBLÜTIGE BERGMINZE

Diese 30–60 cm hohe, in großen Teilen Europas, in Nordafrika und Westasien heimische, anspruchslose Pflanze bevorzugt trockenen, durchlässigen Boden in voller Sonne. Die kleinen Blätter sind kaum gezähnt; die blaß mauvefarbenen oder fast weißen kleinen Blüten erscheinen im Sommer an aufrechten, ziemlich offenen Blütenzweigen. Der Artname bezieht sich auf die Ähnlichkeit mit *Nepeta* (Katzenminze). Beliebte Sorten sind ***Calamintha nepeta* subsp. *glandulosa*** **'White Cloud'** und **'Blue Cloud'.**

CALAMUS
ROTANGPALME, STUHLROHR, SPANISCHES ROHR

Rund 350 Arten zählen zu dieser Palmengattung, deren Stämme das zum Möbelbau verwendete Rattan liefern. Die meisten Arten stammen aus den tropischen Regenwäldern Asiens und des Malaiischen Archipels, eine kleinere Zahl aus Afrika, Ostaustralien und von den pazifischen Inseln. Die für gewöhnlich vom Grund an vielstämmig wachsenden Fiederpalmen haben elegante Wedel, deren Mittelrippe einen peitschenähnlichen, rankenden Fortsatz ausbilden können. Den ebenfalls peitschenähnlichen Rispen mit kleinen Blüten folgen kleine Früchte mit sich überlappenden Schuppen.

PFLEGE UND VERMEHRUNG: Viele Arten können bei feuchtwarmem Klima kultiviert werden und als Jungpflanzen attraktive Kübelpflanzen bilden. Sie wachsen

Calamintha nepeta

Calamus australis

am besten im Halbschatten in feuchter, durchlässiger Erde. Vermehrt werden können sie nur durch frische Samen.

Calamus australis

Diese vielstämmige australische Art mit hoch kletternden Trieben wächst im dichten Regenwald im Norden von Queensland (Australien). Die langen Blattfortsätze sind mit Widerhaken versehen, die Stiele und scheidenförmigen Basen der knapp 2 m langen Wedel mit Stacheln besetzt. Jungpflanzen sind weniger stark bewehrt und können in ihrer buschigen Phase jahrelang als Kübelpflanzen gezogen werden.

CALANDRINIA
KALANDRINIE

Zu dieser mit *Portulaca* verwandten Gattung zählen 150 Arten langsamwachsender, im pazifischen Raum und dort mehrheitlich in Südamerika verbreiteter, wärmere und trockenere Regionen bevorzugender, einjähriger Kräuter und Stauden. Die schmalen, fleischigen Blätter sind meist an der Basis dicht gebüschelt. Die wenigen australischen Arten kommen z.T. in sehr trockenen Regionen vor und haben dann sehr sukkulente Blätter. An den kurzen, schwachen Blütenstengeln erscheinen auffällige Blüten mit fünf überlappenden, meist rosa oder purpurnen, bisweilen gelben oder orangefarbenen Blütenblättern.

PFLEGE UND VERMEHRUNG: Die Arten sind unterschiedlich winterhart, einige kälteunempfindliche stammen aus den Hochanden. Ein paar Arten eignen sich für Steingärten, andere wiederum als einjährige Sommerblumen oder Wintergartenpflanzen. Sie wachsen am besten in sehr durchlässiger, humusreicher Erde, die Stauden müssen im Winter ziemlich trocken gehalten werden. Ihre Vermehrung erfolgt durch Samen im Frühjahr.

C

Calceolaria, Herbeohybrida-Gruppe

Calceolaria, Herbeohybrida-Gruppe

Calceolaria, Herbeohybrida-Gruppe

Calathea zebrina

Calathea burle-marxii

Calathea veitchiana

Calandrinia caespitosa

Die interessante, in den kühlen bis gemäßigten Regionen Chiles und Argentiniens nahe dem äußersten Süden des Kontinents heimische Staude bildet ein kleines, dichtes Polster aus gedrängt wachsenden, kleinen, schmalen Blättern, das im Sommer mit rosa-magentaroten, etwa 1 cm breiten Blüten übersät ist. Diese wachsen einzeln an kurzen Stengeln.

CALANTHE

Die 150 überwiegend bodenbewohnenden Arten dieser Orchideengattung sind in weiten Teilen Asiens, Afrikas und Australasiens verbreitet. Die fleischigen Pseudobulben tragen große, dünne, gefaltete Blätter, die bei einigen Arten in der Trockenzeit verwelken. Vom Grund der Pseudobulben wachsen große Ähren aus gelben, weißen oder rosa Blüten mit länglicher, nach unten gerichteter Lippe, die in drei oder vier Lappen geteilt ist.

PFLEGE UND VERMEHRUNG: Sie wachsen wild in der dicken Streuauflage am Waldboden, können leicht in einem lockeren, aber wasserspeichernden Substrat kultiviert werden und sollten, sobald die neuen Blätter sprießen, häufig gewässert und flüssig gedüngt werden. Wenn sich die Blätter gelb färben und die Blüte beginnt, sollte das Wässern stark reduziert werden. Einige Arten ertragen kalte, jedoch frostfreie Winter, andere eher tropische Arten benötigen etwa 10 °C Mindesttemperatur. Man vermehrt sie durch Teilen.

Calanthe triplicata

Die dunkelgrünen, bis zu 1 m langen und 15 cm breiten Blätter dieser in Südostasien, Ostaustralien und auf den westlichen pazifischen Inseln heimischen, immergrünen Orchidee stehen über einer kleinen Gruppe fleischiger, grüner Pseudobulben. Im Sommer erscheinen dichtgedrängt die kleinen, reinweißen Blüten an der Spitze eines 1–1,5 m hohen Stengels.

CALATHEA

Zu dieser in Zentral- und Südamerika sowie auf den Karibischen Inseln heimischen Gattung aus der Familie der *Marantaceae* (Pfeilwurzgewächse) zählen etwa 300 Arten mit dekorativem Laub. Mindestens eine Art wird wegen ihrer kleinen, stärkehaltigen Knollen als Nahrungspflanze angebaut. Die langgestielten, meist aufrechten, normalerweise großen und an der Unterseite leicht purpurfarbenen Blätter sind oft schön grün, weiß, rosa, purpurn und braun gezeichnet. Der Blütenstand ist eine kurze, dichte Ähre und oft unter dem Laub teils verborgen. Die interessanten, jedoch selten auffälligen Blüten haben weiße oder andersfarbige, sich überlappende Tragblätter.

PFLEGE UND VERMEHRUNG: In den feuchten (Sub-)Tropen ergeben die Blattpflanzen attraktive Elemente für die Gestaltung schattiger Plätze unter Bäumen oder in Innenhöfen, da viele bei wenig Licht gedeihen. In Mitteleuropa sind es Zimmerpflanzen. Sie mögen humusreichen, feuchten, aber durchlässigen Boden, bei wärmerem Wetter sollten sie häufig gewässert und regelmäßig gedüngt werden. Zur Vermehrung werden die Rhizome geteilt. Die scheidenartigen Blattbasen beherbergen oft Schmierläuse, und das Laub wird von Blattläusen, Spinnmilben und Thrips befallen.

Calathea burle-marxii

Diese ostbrasilianische Art wurde nach dem Landschaftsgärtner Roberto Burle Marx benannt, der seine Gärten mit aufsehenerregenden Pflanzengruppen gestaltete, darunter auch Arten dieser Gattung. Die kurzen, bambusartigen Triebe der schnell bis zu 1,5 m hohen Pflanzen wachsen aufrecht aus den Rhizomen. Die bisweilen über 60 cm langen und halb so breiten, hellgrünen und an der Unterseite stumpf-graugrünen Blätter haben an der Oberseite einen gelblichen Mittelstreifen. Die 2 cm langen, blaßvioletten Blüten wachsen in großen Ähren aus wächsernweißen Deckblättern.

Calathea makoyana

Die Blätter dieser ebenfalls ostbrasilianischen, höchstens 45 cm hohen Zwergart sind am schönsten gemustert. Sie sind breit oval und fedrig dunkelgrün auf blaß cremefarbenem, zu den Rändern hin sich mittelgrün verfärbendem Hintergrund gezeichnet. An der Unterseite ist die Zeichnung purpurn. Die Art ist nach dem belgischen Züchter von Warmhauspflanzen, Makoy (19. Jahrhundert), benannt.

Calathea veitchiana

Die Blätter dieser bis über 1 m hoch werdenden, peruanischen Art sind entlang der Mitte hellgrün gefleckt. Die Flecken sind stumpfgrün und gewellt umrandet, diese selbst noch einmal grünlichgelb umrandet; an der Unterseite sind die dunkelgrünen Bereiche purpurn. Die kleinen weißen Blüten mit grünen Deckblättern erscheinen in einer keulenförmigen Ähre. Die Art ist nach dem Gärtner James Veitch benannt, dessen berühmte englische Baumschule im ganzen 19. Jahrhundert bestand.

Calathea zebrina

Die in der Regel 50–90 cm hohe, wüchsige Art aus Brasilien kann einen breiten Busch gedrängt wachsender Stengel ausbilden. Ihre Wuchsform erinnert an eine zwergwüchsige *Canna,* jedoch sind die großen, samtigen, tiefgrünen, an der Unterseite leicht purpurroten Blätter mit blaßgrünen, unterschiedlich dicken Parallelstreifen gezeichnet. Der schöne Bodendecker ist nicht ganz so wärmebedürftig wie die meisten anderen Arten der Gattung. Die im Winter vergilbten Blätter können entfernt werden, damit die im Frühjahr erscheinenden Blüten mit ihren schokoladenbraunen Tragblättern zu sehen sind.

CALCEOLARIA

PANTOFFELBLUME

Wer diese Gattung nur in Form der im Handel erhältlichen Hybriden kennt, wird erstaunt sein, daß zu ihr über 300 Arten zählen – sowohl kleine einjährige als auch Stauden, Kletterpflanzen und Sträucher. Alle Arten sind in Amerika heimisch, ihr Verbreitungsgebiet reicht von Mexiko bis nach Feuerland. Typisch ist die Struktur der vor allem gelben und orangefarbenen, oft rot oder purpurn gepunkteten Blüten, bei der die untere Lippe einem aufgewölbtem Pantoffel gleicht.

PFLEGE UND VERMEHRUNG: Pantoffelblumen stammen aus verschiedensten Habitaten und sind unterschiedlich winterhart. Als Freilandpflanzen bevorzugen sie schattige, kühle Standorte mit feuchtem, kompostangereichertem Boden. Wegen der empfindlichen Blüten ist Windschutz angebracht. Strauchige Arten sollten im Winter auf halbe Höhe zurückgeschnitten werden. Durch Samen oder weichholzige Stecklinge im Sommer oder späten Frühjahr kann man sie vermehren. Die vor allem als Kalthauspflanzen gezogenen, für mehrere Schädlinge und Krankheiten anfälligen Sorten der Herbeohybrida-Gruppe sollten während des sommerlichen Wachstums reichlich gedüngt und gewässert werden.

Calceolaria amplexicaulis

Die bis zu 1 m hohen, aufrechten, verzweigten Stengel dieser Staude aus den peruanischen Anden sind leicht klebrig behaart. Die stengelumfassenden, herzförmigen Blätter sind weich. Im späten Frühjahr und im Sommer erscheinen zahllose, hellgelbe, gut 1 cm breite Blüten gebüschelt an klebrigen Stielen.

Calceolaria darwinii

Die beutelförmigen Blüten dieser Art sind ungewöhnlich gelb, mahagoni und weiß gefärbt und erscheinen im Sommer. Sie machen diese bis zu 10 cm hohe, immergrüne, rosettenbildende Staude zu einer beliebten Pflanze fürs Alpinum. Sie ist nach Charles Darwin benannt, der als 23-Jähriger im Rahmen der *Beagle*-Expedition auf Feuerland die kalte Bergheimat dieser Art bereiste.

Calceolaria, Herbeohybrida-Gruppe

Diese im Zierpflanzenbau bekannte Gruppe von Hybriden stammt von drei chilenischen Arten ab. Die weichstengligen, kompakten, buschigen zweijährigen Pflanzen werden oft einjährig gezogen. Die gelben bis tiefroten Blüten erscheinen im Frühjahr und Sommer so zahlreich und dicht, daß sie das weiche, grüne Laub fast ganz verdecken. Heute gibt es zahllose Namensorten, gehandelt meist als gemischtfarbige Sämlingsstämme und -Serien. Sie können in Sommerblumenrabatten gepflanzt werden, ertragen jedoch schlecht heißes, trockenes Wetter. Sie werden normalerweise 30–45 cm, Zwergsorten teilweise nur 15 cm hoch. Die Blüten der buschigen, 30 cm hohen F1-Hybriden **'Sunset Mixed'** erstrahlen in Rot- und Orangetönen; sie eignen sich für eine dichte Massenpflanzung. Dasselbe gilt auch für die kompakte, 25 cm hohe F1-Hybride **'Sunshine'** mit hell goldgelben Blüten.

Calceolaria integrifolia

Dieser in Chile heimische, bis knapp 2 m hohe, ausladende Strauch hat eine ziemlich lockere und unregelmäßige Wuchsform, kann aber durch entsprechenden Schnitt gut in Form gehalten werden. Die eng geäderten, leicht klebrigen Blätter mit ihrer hübsch feingerunzelten Oberfläche sind für Insektenfraß anfällig. Vom späten Frühjahr bis zum Frühherbst erscheinen sukzessive hellgelbe oder mehr bronzefarbene Blüten in langgestielten Büscheln an den Zweigenden. Die sehr frostempfindliche Art ist Hauptelternteil der Fruticohybrida-Gruppe.

Calceolaria tomentosa

Diese in Peru heimische, etwa 1 m hohe, weichstengelige Staude hat breite, herzförmige, gezähnte Blätter. Sie ist nicht winterhart. Der fast kugelfömige »Pantoffel« der goldgelben Blüten ist etwa 3,5 cm breit.

CALENDULA

RINGELBLUME

Von den Kanarischen Inseln über den Mittelmeerraum bis zum Iran kommen die rund 20 Arten buschiger, einjähriger Kräuter und immergrüner Stauden dieser Gattung wildwachsend vor. Sie haben einfache, leicht aromatische Blätter und orangefarbene oder gelbe Blütenkörbchen. Im Mittelalter wurden Ringelblumen als Heilmittel gegen allerlei Krankheiten eingesetzt, darunter Pocken, Verdauungsstörungen oder auch »schlechte Stimmungen«. Auch heute noch finden sie in der Naturheilkunde vielfach Verwendung.

PFLEGE UND VERMEHRUNG: Die Pflanzen wachsen leicht in jedem durchlässigen Boden in der Sonne oder im Halbschatten. Regelmäßiges Ausputzen verlängert die Blütezeit. Die Vermehrung erfolgt durch Samen; auf Blattläuse und Mehltau sollte man achten.

Calendula arvensis

ACKERRINGELBLUME

Diese wuchernde Einjahresblume ist im Mittelmeerraum weit verbreitet, wo ihre goldenen Blumen vom Frühjahr bis zum Herbst, bei milderem Wetter auch bis in den frühen Winter zwischen den langen Halmen der Gräser hervorleuchten können. Die Bezeichnung *Calendula* entstammt der gleichen Wurzel wie »Kalender« und bezieht sich auf die fast ganzjährige Blüte. Die Art ist selten in Kultur, aber mit ihren leuchtenden Blütenköpfchen gartenwürdig.

Calendula officinalis

GARTENRINGELBLUME

Diese ursprünglich in Südeuropa heimische Art wird seit langem als Heilpflanze geschätzt und ist in den Gärten mit zahlreichen Kulturformen und Sämlingsstämmen bekannt – beliebte, vom Frühjahr bis Herbst gefüllt blühende, einjährige Pflanzen. Es gibt höhere Sorten mit bis zu 60 cm Höhe und Breite und Zwergsorten, die bis etwa 30 cm groß werden. Alle haben einen buschigen Wuchs, lanzettliche, stark aromatische, blaßgrüne Blätter sowie einfache oder gefüllte Blütenköpfchen. Zu den hohen Sorten zählen **'Geisha Girl'** mit gefüllten, orangefarbenen Blüten, die **Pacific Beauty-Serie** mit gefüllten, verschieden- und auch zweifarbigen Blütenköpfchen, **'Princess'** mit kammförmigen, gelben, orange- oder goldfarbenen Blütenköpfchen sowie die **Touch of Red-Serie** mit gefüllten, tief orangefarbenen bis roten Blütenköpfchen. Zu den Zwergsorten zählen **'Fiesta Gitana'** mit gefüllten, creme- bis orangefarbenen Köpfchen und **'Honey Babe'** mit gelben, apricot- und orangefarbenen Blütenköpfchen.

Calceolaria integrifolia

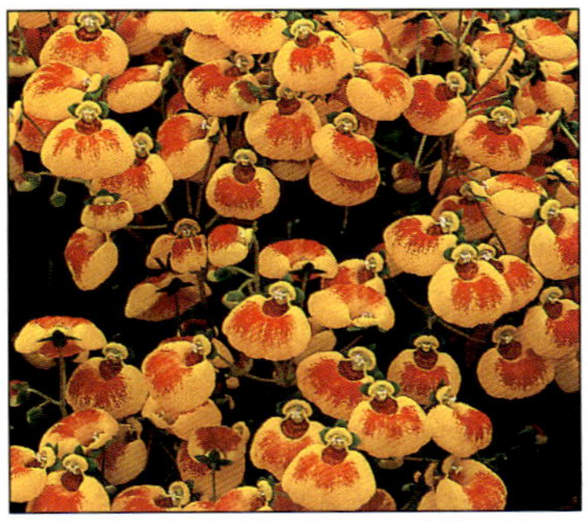

C., Herbeohybrida, 'Sunset Mixed'

CALLA

SUMPFKALLA

Zu dieser Gattung aus der Familie der Aronstabgewächse zählt eine einzige, in der kühl-gemäßigten Zone der nördlichen Hemisphäre heimische Art. Diese sommergrüne Staude mit dicken Rhizomen wächst als halbuntergetauchte Wasserpflanze an den Rändern sumpfiger Gewässer. Ihre langgestielten, weichen, herzförmigen Blätter bilden lockere Büsche. Die für Aronstabgewächse typischen Blütenstände haben eine breite, ziemlich flache Spatha und einen kurzen, zentralen Spadix mit sehr kleinen, fleischigen, cremefarbenen Blüten, die sich zu dichtstehenden, kleinen, roten Früchten entwickeln. Die »Zimmerkalla« genannten Pflanzen gehören zur verwandten afrikanischen Gattung *Zantedeschia*.

PFLEGE UND VERMEHRUNG: Die Pflanzen wachsen am besten in sumpfigem, saurem Erdreich und gedeihen in Wassertiefen bis zu 25 cm in höchstens langsam fließendem Wasser. Sie bevorzugen volle Sonne, ertragen jedoch auch Schatten. Sie können vermehrt werden, indem man sie im zeitigen Frühjahr teilt oder den Samen in Töpfen knapp unter der Wasseroberfläche ausbringt. Unter günstigen Bedingungen breitet sich *Calla* auch selbst aus.

Calla palustris

SUMPFKALLA, SCHWEINSOHR, SUMPFDRACHENWURZ

Die dunkelgrünen, glänzenden Blätter dieser etwa 30 cm hohen, winterharten Art werden bis zu 20 cm lang. Im Sommer erscheinen die weißen, außen grünlichen Spathen. Die Spatha verbleibt nach der Blüte unter dem Spadix, der hellrote Beeren entwickelt.

CALLIANDRA

PUDERQUASTENSTRAUCH

Die überwältigende Mehrheit der etwa 200 Arten umfassenden Gattung immergrüner Sträucher und kleiner Bäume ist in Amerika – vor allem in den tropischen Regionen - heimisch, einige wenige in Indien, Afrika und Madagaskar. Wenige Arten werden wegen ihrer auffälligen Blüten

Calendula arvensis

Calceolaria tomentosa

C. officinalis, Pacific Beauty-Serie

Calendula officinalis

mit den zahlreichen langen Staubgefäßen als Zierpflanzen kultiviert. Die Blüten ähneln denen der verwandten Akazien und Mimosen, sind jedoch insgesamt größer und stehen normalerweise in kugeligen oder halbkugeligen Köpfen. Anzahl und Größe der Fiederblätter der durchwegs doppelt gefiederten Blätter variieren beträchtlich. Bei den meisten Arten nehmen die Blätter nachts und bei sehr schlechtem Wetter eine »Schlafstellung« mit zusammenklappten Fiedern ein.

PFLEGE UND VERMEHRUNG: Trotz ihres häufig zarten Aussehens handelt es sich in der Regel um zähe, langlebige Pflanzen, die auf jedem durchlässigen, fruchtbaren Boden in voller Sonne gedeihen. Einige Arten ertragen wenige Frostgrade, wenn nur die Sommer heiß genug sind. Während der Vegetationsperiode im Sommer sollten sie reichlich gegossen werden. Am einfachsten vermehrt man sie durch Samen, einige Arten fruchten in Kultur jedoch wenig oder gar nicht und werden durch Stecklinge vermehrt.

Calliandra californica

Dieser im nordwestmexikanischen Baja California heimische, etwa 1,2 m hohe Strauch hat eine ziemlich aufrechte, locker verzweigte Wuchsform. Die Zweige tragen an den Ansatzstellen der Blätter paarige Dornen. Die schmalen, graugrünen Fiedern der kleinen Blätter werden gerade mal etwa 6 mm lang. Die kleinen Blütenköpfe erstrahlen tiefrot bis purpurn.

Calliandra californica

Calliandra emarginata

Charakteristisch für diesen langsamwachsenden, gelegentlich über 3 m hohen Strauch aus Honduras, Guatemala und Südmexiko sind die aus nur vier bis acht glatten, glänzenden, mit bis zu etwa 5 cm Länge ziemlich großen Fiedern bestehenden Blätter. Fast ganzjährig ist er mit kugeligen, fast weißen bis tief rötlichrosa Blütenköpfchen bedeckt, deren Basis meist blasser gefärbt ist.

Calliandra eriophylla

Dieser im äußersten Südwesten der Vereinigten Staaten und dem benachbarten Mexiko heimische, ausladende, niedrige Strauch mit leicht behaarten Jungtrieben wird in der Regel 60–90 cm hoch. Die kleinen Fiedern der nur 2,5 cm langen Blätter sind graugrün. Die einzeln in den Blattachseln wachsenden, etwa 2,5 cm breiten Blütenköpfe bestehen aus wenigen rosa oder weißen Blüten, die je nach Klima zu verschiedenen Jahreszeiten erscheinen.

Calliandra haematocephala

Die großen Blütenköpfe dieses im tropischen Südamerika heimischen, bis zu 3,5 m hohen und im Alter sogar noch breiteren Strauchs messen knapp 10 cm im Durchmesser. Die Blüten erscheinen fast ganzjährig, am zahlreichsten jedoch im Herbst und Winter. Die Blätter bestehen aus ziemlich wenigen, länglichen, etwa 5 cm langen Fiedern, die jung rosa überlaufen sind. *Calliandra haematocephala* wächst und blüht gut im warmgemäßigten Klima. Frost erträgt er nicht.

Calliandra surinamensis

Dieser elegante, bis zu 3 m hohe Strauch aus dem nördlichen Südamerika (Guayana) besitzt eine aufrechte, offene Wuchsform mit überhängenden Zweigen und farnartigem Laub. Die charakteristischen Blütenköpfe sind an der Basis weiß, an der Spitze rosa, haben die Form eines kopfstehenden Zapfens und ragen einzeln an den Zweigen empor. Sie erscheinen nahezu ganzjährig und ziehen gerne Schmetterlinge an.

Calliandra emarginata

Calliandra eriophylla

Calliandra tweedii

Calliandra haematocephala

Calliandra surinamensis

Calliandra tweedii

Syn. *Inga pulcherrima*

Mit seinen kräftigen Trieben und einer Höhe und Breite von etwa 2–2,5 m gibt dieser mehrstämmige Strauch aus Südbrasilien und Uruguay eine elegante Erscheinung ab. Zwischen den farnartigen Blättern aus zahlreichen kleinen, dunkelgrünen Fiedern erscheinen im Frühjahr, Sommer und Frühherbst eindrucksvolle scharlachrote Blütenquasten. *Calliandra tweedii* bevorzugt volle Sonne, leichten, durchlässigen Boden und ausgiebiges Wässern im Sommer. Ein Rückschnitt nach der Blüte verstärkt den buschigen Wuchs.

CALLICARPA

SCHÖNFRUCHT, LIEBESPERLENSTRAUCH

Etwa 140 in den Tropen und den gemäßigteren Regionen Asiens und Nordamerikas heimische Arten sommer- und immergrüner Sträucher und kleiner Bäume zählen zu dieser Gattung. Mit langen, geraden Zweigen zwar manchmal von eher reizlosem Wuchs, sind sie jedoch während der Blüte und besonders mit Früchten attraktiv. Die gegenständigen Blätter sind in der Regel unterseits flaumig behaart. Die oft gepflanzten sommergrünen Arten tragen im Sommer Blütenstände kleiner rosa- bis purpurfarbener Blüten, im Herbst dichte Büschel aus kleinen, glänzenden, weißen oder mauvefarbenen bis violetten Beeren, die bisweilen bis in den Winter hinein an den Zweigen bleiben. Fruchttragende Zweige werden oft als Zimmerschmuck verwendet.

PFLEGE UND VERMEHRUNG: In kühlen Klimaten sind nur drei oder vier Arten häufiger in Kultur. In den Tropen und Subtropen stehen weitere Arten als gute Gartenpflanzen zur Verfügung. Alle wachsen am besten in voller Sonne und schätzen fruchtbaren Boden. Um kräftiger blühenden Nachwuchs zu fördern, lichtet man ältere Zweige im Spätwinter aus. Spitzenstecklinge dienen zur Vermehrung.

Callicarpa americana

Dieser mit 1-2 m Höhe eher niedrige, ausladende, sommergrüne Strauch mit breiten, stark geäderten, unterseits flaumigen Blättern aus den südöstlichen und zentralen Vereinigten Staaten wird leider nicht häufig in Kultur gezogen. Er ist etwas frostempfindlich. Sehr viel auffälliger als seine rosa bis violettpurpurnen, kleinen Blüten sind die glänzenden, mauvemagentaroten Früchte, die in dichten, kleinen Trauben gleichenden Büscheln erscheinen und bis in den Winter verbleiben.

Callicarpa americana

C. bodinieri var. *giraldii* 'Profusion'

Callicarpa bodinieri

Dieser äußerst attraktive, aufrechte und sommergrüne Strauch aus den zentralen Regionen Chinas wird 2–3 m hoch und ebenso breit. Seine dunkelgrünen Blätter sind unterseits blasser und flaumig behaart; die Blüten stehen dichtgedrängt in scheindoldigen Blütenzweigen und sind lila, die Früchte violett. Die normalerweise gezogene Form ***Callicarpa bodinieri* var. *giraldii*** unterscheidet sich durch ihre weniger flaumigen Blätter und Blütenstiele und fruchtet in Kultur reicher als *C. bodinieri*. ***C. b.* var. *giraldii* 'Profusion'** trägt zahllose violette Früchte. Diese Art ist frosthart.

Callicarpa dichotoma

Diese aus China und Japan stammende, nur etwa 1,2 m hohe, sommergrüne Art bringt ziemlich glänzende und stark geäderte Blätter hervor. Im Sommer erscheinen Büschel aus rosa- bis purpurfarbenen Blüten, denen kleine, blaßviolette Beeren folgen. Die Art ist nicht ganz winterhart.

Callicarpa japonica

Die dünnen, an den Rändern feingezähnten Blätter dieses ebenfalls in China und Japan heimischen, bis zu knapp 2 m hohen, frostempfindlichen Strauchs sind lang zugespitzt. Den kleinen Büscheln aus blaßrosa Blüten folgen im Herbst rosa Früchte. **'Leucocarpa'** entwickelt weiße Früchte.

Callicarpa macrophylla

Diese mit bis zu 6 m Höhe und 9 m Breite riesige, immergrüne Art aus dem Himalaja hat bis über 30 cm lange, blaßgrüne Blätter. Sie ist nicht frosthart, aber bei warmem Klima schnell wachsend und bildet nach außen übergebogene Triebe, die zu 15 cm dicken Stämmen erstarken. Den kleinen, mauvefarbenen Blüten im Herbst folgen im Winter und Frühjahr ausladende Büschel weißlicher, erbsengroßer Früchte.

CALLICOMA

Zu dieser Gattung zählt eine immergrüne Baumart aus dem gemäßigten Ostaustralien, die nahe der Küste in feuchten Wäldern an Flußufern wächst. Ihre biegsamen Triebe wurden in Sydney von den ersten weißen Siedlern für Behausungen, die aus mit Lehm beworfenen Flechtwerk errichtet wurden, verwendet. Die Ähnlichkeit ihrer kugelfömigen, cremeweißen Blütenköpfe mit verschiedenen, gleichfalls in diesem Gebiet vorkommenden Arten von *Acacia* führte dazu, daß die beiden nicht verwandten Gattungen in Australien gleichermaßen als »wattle« (Akazie) bezeichnet werden.

PFLEGE UND VERMEHRUNG: Sie wachsen anspruchslos in mildem Klima und bevorzugen geschützte Lagen, in denen die Wurzeln beschattet werden, sowie feuchten, humusreichen Boden und ausgiebiges Wässern im Sommer. Sie können jung zu einem dichten Strauch zugeschnitten oder zu einem einstämmigen Baum herangezogen werden. Ihre Vermehrung erfolgt in der Regel durch im Herbst gesammelte Samen.

Callicoma serratifolia

Der wild bis zu 10 m hohe Baum mit seinen schlanken, rohrartigen Zweigen wird im Garten normalerweise nur halb so hoch. Die Seitenzweige und die Blattunterseiten sind flaumig und leicht rostfarben, die glänzenden Blätter dunkelgrün, scharf gesägt und gegenständig. Im Frühjahr und Frühsommer erscheinen an den Zweigenden cremeweiße, kugelige Blütenköpfe in Büscheln.

Callistemon citrinus 'Burgundy'

Callicarpa dichotoma

Callicarpa macrophylla

CALLISIA

Die etwa 20 immergrünen Staudenarten dieser sehr eng mit *Tradescantia* verwandten Gattung sind im tropischen Amerika, in Mexiko und dem äußersten Süden der Vereinigten Staaten heimisch. Meist haben sie kriechende Stengel und ziemlich fleischige Blätter. Die meist kleinen, etwas unauffälligen, dreiblättrigen Blüten sind weiß oder rosa.

PFLEGE UND VERMEHRUNG: *Callisia* ist fast ebenso zäh wie *Tradescantia* (Dreimasterblume) und kann in frostfreiem Klima als Bodendecker gezogen werden. Die Arten wachsen aber auch als Zimmerpflanzen in Töpfen oder Ampeln. Am besten sind leicht schattige Lagen und feuchter Boden. Sie können von Schild- und Schmierläusen befallen werden. Vermehrt werden sie durch Stecklinge oder Teilen.

Callisia fragrans
Syn. *Spironema fragrans*

Diese südmexikanische Art ist von bemerkenswert robustem Wuchs, der sie befähigt, in relativ kurzer Zeit ausgedehnte Polster zu bilden. Sie breitet sich mit langen, oberirdischen Ausläufern aus und produziert dicht an dicht zahlreiche Rosetten aus dicken, bandförmigen, bis zu 30 cm langen grünen Blättern mit stumpf purpurnen Rändern. Die sich nach und nach bis zu 60 cm Höhe wölbenden Matten tragen im Winter und Frühjahr unordentliche, gestielte Büschel sehr kleiner, duftender, weißer Blüten. **'Melnickoff'** ist eine panaschierte Sorte mit gelblich gestreiften Blättern.

Callicoma serratifolia

Callisia fragrans

Callistemon citrinus, Kulturvarietät

Callistemon citrinus 'Reeves Pink'

Callisia navicularis
Syn. *Tradescantia navicularis*

Diese wegen ihres interessanten Laubs gezogene ostmexikanische Art mit ganz niederliegenden Trieben findet sich bisweilen in Sukkulenten-Sammlungen. Die kleinen, ovalen, sehr steifen und fleischigen, an der Mittellinie gefalteten Blätter sind zweizeilig angeordnet. Bei starkem Licht färben sie sich stumpf-rötlich und werden unterseits grauviolett gefleckt. Vom Sommer bis Herbst erscheinen in den Blattachseln sitzende Büschel kleiner rosa- bis purpurfarbener Blüten.

CALLISTEMON
ZYLINDERPUTZER

Diese immergrünen Sträucher und kleinen Bäume aus Australien tragen dichte, zylindrische Ähren mit schönen, meist roten Blüten mit langen Staubgefäßen. Die Spitzen der Ähren wachsen als normal beblätterte Triebe weiter. Die langlebigen, verholzten Samenkapseln können in die sich verdickenden Zweige halb einwachsen. Viele Arten haben etwas überhängende Zweige, einige haben eine eindrucksvolle papierene Rinde ähnlich der verwandten Gattung *Melaleuca*. Die nektarreichen Blüten locken Vögel an, darunter in Australien auch kleine Papageien. Die 25 Arten sind untereinander kreuzbar, so daß Samen aus gemischten Beständen nicht rein fallen. In den letzten Jahrzehnten wurden viele hybride Sorten meist unbekannter Abstammung benannt, die in zahlreichen Farbtönen von Weiß über Rosa bis Rot blühen.

Callistemon citrinus 'White Anzac'

Callistemon citrinus 'Splendens'

PFLEGE UND VERMEHRUNG: Strauchige Arten bilden eine wunderschöne Ergänzung für Strauchpflanzungen. Die größeren Arten sind unter milden Klimabedingungen beliebte, kompakte Allee- und Parkbäume. Frost wird im allgemeinen kaum ertragen. Der Boden soll ausreichend feucht, der Standort sonnig sein. Manche Arten sind staunässetolerant. Leichter Rückschnitt nach der Blüte verhindert die Ausbildung von Samenkapseln und bestärkt den buschigen Wuchs und die Blüte. Bäume können zu einstämmigem Wuchs erzogen werden. Man vermehrt die Pflanzen durch Samen, bei Sorten und Klonen durch Spitzenstecklinge.

Callistemon citrinus
Syn. *Callistemon lanceolatus*

Der in den südostaustralischen Küstenregionen weitverbreitete Strauch mit steifen Blättern wurde als eine der ersten Arten in Kultur genommen. Der Artname bezieht sich auf den ganz leichten Zitronenduft, den die zerriebenen Blätter verströmen. Der zähe, wuchskräftige Strauch mit kurzem Stamm erreicht in der Regel schnell 3 m Höhe und wird oft selbst nach Jahrzehnten kaum größer. Die scharlach- bis karmesinroten, bis zu 10 cm langen, aufrechten Ähren erscheinen vom späten Frühjahr bis Sommer, oft gibt es eine Nachblüte im Herbst. Zu dieser variablen Art zählen zahlreiche Wildformen und viele Sorten, darunter **'Burgundy'** mit büscheligen, weinroten Blütenbürsten und jung attraktiven rosaroten Blättern, **'Mauve Mist'** mit jung ebenfalls bunten Blättern und zahllosen, anfänglich mauvefarbenen und später intensiv-magentaroten Blütenbürsten, **'Reeves Pink'** mit rosafarbenen Blüten und dichterem Wuchs, die ältere Sorte **'Splendens'** (Syn. 'Endeavour') mit sehr lange blühenden, hell scharlachrot leuchtenden Bürsten und kompakt buschigem Wuchs und **'White Anzac'** (Syn. 'Albus') mit weißen Blüten.

Callistemon comboynensis

Die Jungtriebe dieses wild nur in Felsschluchten und an felsigen Flußufern im Nordosten von New South Wales (Australien) vorkommenden, bis zu 1,5 m hohen Strauchs sind glänzendrosa, die steifen, oft gedrehten Blätter sind mittelgrün. Im Sommer und Herbst, sporadisch auch in anderen Jahreszeiten, erscheinen kräftig karmesinrote Blütenähren. Der bei Wildpflanzen leicht unansehnlich werdende Wuchs kann durch regelmäßigen Schnitt in Form gehalten werden.

Callistemon formosus

Dieser mittelgroße Strauch mit hängenden Zweigen ist in einem kleinen, felsigen Waldgebiet im Südosten von Queensland (Australien) endemisch und wird bis 4,5 m hoch. Die jungen Triebe sind rot, ausgewachsene Blätter steif, flach, zugespitzt und von stumpfgrüner Farbe. Im Frühjahr und Sommer erscheinen kleine, cremegelbe, selten leicht rosa Blütenähren.

Callistemon comboynensis

Callistemon formosus

Callistemon linearis

Die wild nur im Osten von New South Wales (Australien) vorkommende, 2–2,5 m hohe und breite Art hat einen ziemlich offenen, vom Grund an verzweigten Habitus. Die dicken Blätter sind linealisch. Von Mitte des Frühjahrs bis Frühsommer erscheinen die 10–15 cm langen, leicht grün überlaufenen roten Blütenähren. Die Zwergsorte **'Pumila'** wird nur 60 cm hoch.

Callistemon phoeniceus

Diese bis zu 3 m hohe Art zählt zu den einzigen beiden Arten aus Südwestaustralien und ist dort an Flüssen und in sumpfigen Niederungen weit verbreitet. Sie trägt dicke, in der Regel gebogene, graugrüne Blätter und 10–15 cm lange, tief scharlachrote Blütenähren mit goldenem Pollen. Sie zählt zu den am intensivsten gefärbten Arten.

Callistemon pityoides

Dieser im Südosten Australiens heimische, zu den kleinsten Arten zählende Strauch wird wildwachsend oft kaum 60 cm hoch, kann jedoch unter günstigen Bedingungen in Kultur eine Höhe von 3 m erreichen. Als eine der frosthärtesten, wenn auch immer noch frostempfindlichen Arten kommt er in den Snowy Mountains bis in Höhen von 1800 m vor. Seine dicht gedrängt wachsenden, pfriemenförmigen Blätter sind nur 1–2,5 cm lang; im Sommer erscheinen schmale Ähren mit zitronengelben Blüten. *Callistemon pityoides* wurde früher *Callistemon sieberi* genannt.

Callistemon phoeniceus

Callistemon linearis

Callistemon subulatus

Callistemon salignus

Dieser attraktive, an sumpfigen Flußufern wachsende, kleine Baum ist in der ostaustralischen Küstenregion weit verbreitet. Der wild bis zu 20 m hohe Baum erreicht als Garten- oder Alleebaum meist nur eine Höhe von 4,5–10 m. Er zählt zu den wenigen Arten mit papierener, weißlicher Rinde. Die schmalen, spitz zulaufenden, dunkelgrünen Blätter sind dünner als bei den meisten anderen Arten, neue Triebe sind auffällig blaßrosa-bronzefarben getönt. Im Frühjahr erscheinen üppig, im Sommer eher spärlich normalerweise blaß grünlichgelbe Blütenähren. Heute sind vielfach auch rotblühende Pflanzen in Kultur.

Callistemon sieberi

Syn. *Callistemon paludosus*

Diese weitverbreitete südostaustralische Art, ein 2–3 m hoher Strauch oder auch kleiner Baum mit variabler Wuchsform, wächst in der Natur auf Kiesbänken und Felsen in schnell fließenden Flüssen und kann somit auch Überschwemmungen überstehen. Die neuen Triebe sind silbrigrosa, die kleinen Blätter graugrün. Die cremefarbenen, meist fleischrosa überlaufenen Blütenähren erscheinen über einen langen Zeitraum vom Frühjahr bis in den Herbst. Früher wurde fälschlicherweise die heute als *Callistemon pityoides* bekannte Art als *Callistemon sieberi* bezeichnet.

Callistemon subulatus

Dieser attraktive, ausladende Strauch aus den Küstentälern von New South Wales und dem östlichen Victoria (Australien) trägt im Frühjahr und Sommer zwischen dem feinen, fast nadelartigen Laub kleine, dunkelrote Blütenähren. Der in der Regel nur etwa 1,5 m hohe Strauch kann zu einem hübschen runden Busch geschnitten werden.

Callistemon salignus

Callistemon viminalis

Callistemon viminalis **'Hannah Ray'**

Callistemon viminalis

Dieser Baum von den Flüssen der Küstentiefländer von Queensland und dem nördlichen New South Wales (Australien) kann kultiviert bis zu 9 m hoch werden und eine kuppelförmige Krone mit hängenden Zweigen ausbilden. Die vom Frühjahr bis in den Herbst in mehreren Wellen zahllos erscheinenden Blüten besitzen scharlach- oder karmesinrote Staubgefäße. Der häufig in Alleen oder als Sichtschutz gepflanzte Baum ist unempfindlicher gegenüber wenig durchlässigem Boden als andere Arten, dafür erträgt er noch weniger Frost. Es gibt zahlreiche Lokalformen der Art, von der auch viele Sorten abstammen, die teilweise hybriden Ursprungs sein dürften. **'Captain Cook'** ist ein baumartiger, bis zu 2,5 m hoher Strauch mit anfangs blaßrosa, ausgewachsen dunkelgrünen Blättern, die kleiner als bei der Stammform sind. **'Hannah Ray'** wird bis zu 3 m hoch und breit und hat lanzettliche, graugrüne Blätter; ihre scharlachroten, bis zu 10 cm langen Blüten erscheinen im Frühsommer und Herbst. Die Sorte **'Harkness'** ist ein bis zu 4,5 m hoher Strauch mit kurzem Stamm und dichter Krone. 'Harkness' bringt im Frühjahr und Frühsommer zahllose, bis zu 25 cm lange, scharlachrote Blütenähren hervor.

CALLISTEPHUS

SOMMERASTER

Zu dieser Gattung zählt nur eine in China heimische, früher zur Gattung *Aster* gerechnete Art. Die Blüten dieser farbenprächtigen, als Beet- und Schnittblume verwendeten einjährigen Pflanze erblühen im Sommer in wundervollen

Farbtönen von Weiß über Rosa, Blau, Rot bis hin zu Purpur. Seit langem kultiviert, existieren von ihr viele Sorten, und Züchter stellen fast jedes Jahr neue Stämme vor. Die knapp 10 cm breiten Blütenkörbe sind entweder ungefüllt mit gelber Mitte oder komplett gefüllt. Die Blütenblätter der gefüllten Sorten können recht verschieden gestaltet sein. Es existieren lang ausgezogene, fedrig wirkende, streng gerade oder auch sehr kurze Formen, die die Blüten in sehr attraktive Pompons verwandeln.

PFLEGE UND VERMEHRUNG: Die Sommerastern werden normalerweise im Frühjahr gesät; um jedoch die sehr kurze Blütezeit zu verlängern, nimmt man die Aussaat häufig mehrmals nacheinander vor. Diese exzellente Schnittblume wächst in sämtlichen Klimaten von gemäßigt bis subtropisch. Sie braucht Sonne und fruchtbaren, durchlässigen Boden und sollte nur nach einer zwei- bis dreijährigen Pause erneut in dasselbe Beet gepflanzt werden, damit die Asternwelke sich nicht ausbreiten kann, eine bodenbürtige Pilzerkrankung.

Callistephus chinensis
Syn. *Aster chinensis*

Diese schnellwachsende, aufrechte, buschige einjährige Pflanze entwickelt ovale, gezähnte, mittelgrüne Blätter und langgestielte Blütenköpfchen. Die Wuchsform der zahlreichen Samensorten reicht von etwa 20 cm hohen Zwergformen bis zu 90 cm hohen Gestalten. Hohe Sorten brauchen in der Regel eine Stütze. Verwelkte Blüten sollen regelmäßig entfernt werden. Die **Milady-Serie** umfaßt wüchsige, bis zu 30 cm hohe Formen mit rosa, roten, weißen, purpurblauen oder gemischtfarbigen, gefüllten Blütenköpfchen.

CALLITRICHE
WASSERSTERN

Stehendes oder langsam fließendes Wasser in den gemäßigten Zonen aller Kontinente ist der Lebensraum dieser Gattung von etwa 25 Arten ein- und mehrjähriger Wasserpflanzen. An den dünnen, verlängerten Stengeln wachsen gegenständige, zarte, löffelförmige Blätter, die oberen bilden oft kleine schwimmende Rosetten. Wenn das Gewässer austrocknet, wachsen sie in der Regel im Schlamm als Landpflanzen weiter. Den winzigen, einzeln in den Blattachseln wachsenden Blüten folgen bald kleine, nußartige, schwimmfähige Früchte.

Callistephus chinensis

Callitris verrucosa

Callitris rhomboidea

PFLEGE UND VERMEHRUNG: Sie werden als Sauerstoffspender für Teiche und Aquarien verwendet und bieten Schutz für Fischbrut und Kleintiere. Sie können sich schnell vermehren und müssen dann unter Umständen eingedämmt werden. Pflanzen oder Stecklinge setzt man direkt in den Gewässer- oder Aquariumboden oder in kiesbedeckte Töpfe am Gewässerboden.

Callitriche stagnalis

Diese ein- oder kurzlebig mehrjährige, schwachstengelige Pflanze kann mit ihren zarten, blaßgrünen, bisweilen schwimmenden Blättern im seichten Wasser große Matten ausbilden. Die kleinen grünlichen Blüten und Früchte sind unauffällig.

CALLITRIS
ZYPRESSENKIEFER

Die aus den wärmeren Regionen der nördlichen Hemisphäre stammenden Vertreter der Gattung *Cupressus* finden in Australien in der Gattung *Callitris* ihr Gegenstück. Sowohl Laub als auch Zapfen und Wuchsformen weisen starke Ähnlichkeit auf. Bei *Callitris* wachsen die kleinen Schuppenblätter jedoch in Dreierwirteln, bei *Cupressus* in Paaren. Bei den kugelförmigen, verholzten Zapfen wechseln sich immer drei große, samentragende Schuppen mit drei kleineren ab. Von den 19 Arten der Gattung sind zwei auf Neukaledonien, die anderen in Australien endemisch. Nur wenige sind regelmäßig in Kultur, ihre Ansprüche entsprechen denen von *Cupressus*.

Callistephus chinensis, Milady-Serie

Callitris endlicheri

Callitris columellaris

PFLEGE UND VERMEHRUNG: Zypressenkiefern sind äußerst attraktive Gartenbäume für die Pflanzung in Gruppen und eignen sich auch als Sichtschutz oder Hecke. Sie bevorzugen volle Sonne und durchlässigen, leichten Boden, ertragen nur leichten Frost und schätzen Wasserzufuhr im Sommer. Die meisten Arten können erforderlichenfalls durch regelmäßigen Schnitt kompakt gehalten werden. Die Vermehrung erfolgt durch Samen oder Stecklinge.

Callitris columellaris

Dieser breitkronige, über 20 m hohe Baum mit dunkler, gefurchter Rinde und sehr feinem, dunkelgrünem Laub wächst wild vor allem auf alten, bewaldeten Dünen im Küstengebiet des südöstlichen Queensland (Australien). Kultiviert schaut er oft erstaunlich anders aus und bildet noch als alter Baum eine dichte, ein wenig verdickte Säule.

Callitris endlicheri

Dieser langlebige Baum wird in seinem natürlichen Habitat in den trockenen, felsigen Bergen Ostaustraliens bis knapp 20 m hoch, ist in der Regel in Kultur jedoch deutlich kleiner. Er entwickelt eine spitz kegelförmige Krone, eine tief gefurchte, braungraue Rinde und dunkelgrünes oder leicht gräuliches Laub. Die Schuppen der kugelförmigen, etwa 2 cm messenden Zapfen sind an der Spitze jeder Schuppe mit einem winzigen Stachel versehen.

Callitris columellaris

Callitris columellaris

Callitris glaucophylla
Syn. *Callitris glauca, C. huegelii*

Dieser hübsche Baum kommt vom ostaustralischen Landesinneren bis zum Nordwesten des Kontinents vor, in den Ebenen, auf den Anhöhen und den vereinzelten Felsketten. Er wird bis zu 25 m hoch, hat einen geraden Stamm und kurze, ausladende Zweige und ist in einigen Regionen ein wichtiger Holzlieferant. Die Farben des Laubs reichen von Tiefgrün bis zu blassem oder bläulichem Graugrün; die zahllosen silbergrauen Zapfen geben ihre Samen frei, sobald sie reif sind.

Callitris rhomboidea

Dieser kleine, bis 10 m hohe, säulenförmige Baum mit seinen elegant herabhängenden Trieben an der Kronenspitze kommt wildwachsend in den felsigen Hügeln Südostaustraliens und Tasmaniens vor. Das feine, mittelgrüne Laub verfärbt sich in kalten Wintern dunkel purpurbraun. Die verholzten, eckigen Zapfen wachsen zwischen dem Laub in Büscheln an den Zweigen und verbleiben über Jahre, ohne die Samen freizugeben. *Callitris rhomboidea* erträgt auch leichten Schatten und kann sogar zur Schnitthecke geformt werden.

Callitris verrucosa
Syn. *Callitris preissii* subsp. *verrucosa*

Das Laub dieser in einem breiten Gürtel über das südliche Drittel Australiens vorkommenden Art gleicht dem von *Callitris glaucophylla*; sie ist insgesamt jedoch niedriger und breiter und verzweigt sich nahe dem Boden in mehrere Stämme. Warzen bedecken die charakteristischen, im Durchmesser etwa 2,5 cm breiten Zapfen. *C. verrucosa* wächst in der Natur in lockerem Sandboden in Gebieten mit wenig Niederschlag.

Calluna vulgaris 'Allegretto'

Calluna vulgaris 'Anchy Ann'

Calluna vulgaris 'Dark Beauty'

Calluna vulgaris 'Fred J. Chapple'

Calluna vulgaris 'Heidesinfonia'

Calluna vulgaris 'Kerstin'

Calluna vulgaris 'Multicolor'

CALLUNA

BESENHEIDE, HEIDEKRAUT

Ein immergrüner Zwergstrauch ist die einzige, mit *Erica* eng verwandte Art dieser Gattung – die vorherrschende Heidepflanze in den kälteren Gebieten Großbritanniens und des nördlichen Europa. Die in der Regel weißen, rosa, roten oder purpurfarbenen, kleinen, glockenförmigen Blüten stehen dicht an dicht an den Zweigen. Im Winter färbt sich das Laub bräunlich oder stumpf purpurn. In den Gärten werden überwiegend die zahlreichen, auf kompakten oder zwergenhaften Wuchs und besondere Blüten- und Laubfarben gezüchteten Sorten gepflanzt.

PFLEGE UND VERMEHRUNG: Diese extrem winterharte Pflanze gedeiht noch in sehr exponierten Lagen und wächst unter zu günstigen Bedingungen unbefriedigend. Der Boden sollte sauer, sandig und mager sein. Rückschnitt nach der Blüte bewirkt kompakten Wuchs. In Gebieten mit warmen, feuchten Sommern ist sie anfällig für Wurzel- und Stengelfäule. Für gewöhnlich vermehrt man sie durch Spitzenstecklinge oder Abtrennung bewurzelter Zweige.

Calluna vulgaris

Die Blüten dieses 30–90 cm hohen, in die Breite wachsenden Strauchs sind bei der Wildform blaßrosa bis kräftig purpurrosa, gelegentlich auch weiß. Die Blütezeit liegt je nach Sorte zu unterschiedlichen Zeiten von Sommer bis Herbst. Bei allein in Großbritannien über 400 erhältlichen Sorten fällt die Auswahl schwer. **'Allegretto'** ist eine niedrigwachsende, kompakte Sorte mit kirschroten Blüten. Die Blüten der mittelgroßen, regelmäßig wachsenden **'Allegro'** sind purpurrot; die bis zu 60 cm hohe **'Anchy Ann'** trägt sehr lange Blütenzweige mit mauvefarbenen Blüten. **'Anthony Davis'** ist mit ihren langen Blütenzweigen und ungefüllten weißen Blüten zum Schnitt geeignet. Die etwa 50 cm hohe und 60 cm breite **'Beoley Gold'** hat gelb überhauchtes Laub und ungefüllte weiße Blüten; der 25 cm hohe und 40 cm breite, halbniederliegende Strauch **'County Wicklow'** hat gefüllte, blaßrosa Blüten. Die kleine, kompakte **'Dark Beauty'** hat kräftig-rosarote, die 25 cm hohe und 40 cm breite **'Darkness'** karmesinrot-purpurfarbene, ungefüllte Blüten. Die etwas größere, bis zu 40 cm hohe und knapp 80 cm breite **'Elsie Purnell'** hat graugrünes Laub; ihre langen Trauben mit silbrigrosa, gefüllten Blüten eignen sich gut als Schnitt- oder Trockenblumen. **'Fred J. Chapple'** bildet hübsche, dichte, mit weißen Blüten übersäte Hügel. Die bis 50 cm hohe und breite **'Gold Haze'** hat blaßgoldenes Laub und weiße, ungefüllte Blüten. **'H. E. Beale'** ist mit 80 cm eher groß und blüht spät mit langen Trauben aus silbrigrosa, gefüllten Blüten, das Laub ist gräulichgrün. **'Heidesinfonia'** zählt zu den schönsten mauverosa Sorten: Die Blüten erscheinen üppig in langen, zum Schnitt geeigneten Trauben. Die zwischen 10 cm hohe und 30 cm breite Zwergform **'J. H. Hamilton'** mit gefüllten, rosa Blüten muß so gepflanzt werden, daß sie nicht von größeren Nachbarn überwachsen wird. Das helle Laub von **'Joy Vanstone'** färbt sich im Winter orange, die ungefüllten Blüten sind rosa. Das Laub der 50 cm breiten **'Kerstin'** färbt sich im Winter tief lilagrau und im Frühjahr wieder cremefarben bis rot; die Blüten sind mauvefarben. Die bis zu 30 cm hohe und 40 cm breite **'Kinlochruel'** hat hellgrünes Laub, das sich in der kälteren Jahreszeit bronzefarben verfärbt, sowie gefüllte, weiße, sehr reichlich erscheinende Blüten. **'Mair's Variety'** ist ein aufrechter, bis zu 60 cm hoher und fast ebenso breiter Strauch mit reinweißen, ungefüllten Blüten an langen Trieben, also zum Schnitt gut geeignet. Die lilarosa Blüten der 20 cm hohen **'Mullion'** stehen in kurzen Trauben. Die kompakte, 10 cm hohe und 25 cm breite Varietät **'Multicolor'** hat interessant orange und rot überlaufenes, gelbgrünes Laub und Trauben mauvefarbener Blüten. Die sehr kompakte **'Orange Queen'** mit ungefüllten, rosa Blüten wird wegen ihres im Sommer goldgelben, im Winter braunorangefarbenen Laubs gezogen. Die 30 cm hohe und doppelt so breite **'Robert Chapman'** mit lavendelfarbenen Blüten setzt mit ihrem im Frühjahr und Sommer goldgelben, in den kälteren Monaten bronzefarben getönten Laub wunderschöne Farbakzente. Die silbergrauen Blätter der 15 cm hohen und 60 cm breiten **'Silver Queen'** kontrastieren mit den blaß mauvefarbenen, ungefüllten Blüten. Das im Sommer goldgelbe Laub der 40 cm hohen **'Sir John Charrington'** mit ihren ungefüllten, mauverosa Blüten färbt sich im Winter bunt. Die kompakte, buschige **'Sister Anne'** wird nur 10 cm hoch, jedoch 25 cm breit; die zahlreichen mauvefarbenen Blüten kontrastieren mit dem graugrünen, in den kälteren Monaten bronzefarbenen Laub. Die Spitzen der mittelgrünen Blätter der 40 cm hohen und 45 cm breiten **'Spring Cream'** mit weißen, ungefüllten Blüten sind im Frühjahr cremefarben. Das Laub der 25 cm hohen **'Sunset'** ist im Frühjahr goldgelb, im Sommer kräftiger getönt und im Winter lebhaft bunt gefärbt; die Blüten sind lilarosa. Die bis zu 40 cm breite **'Tib'** hat eine offenere Wuchsform und über den Hochsommer tiefrosa, gefüllte Blüten. **'Velvet Dome'** ist auch außerhalb der Blütezeit mit ihren dichten Polstern aus tiefgrünen Blättern attraktiv. **'Walter Ingwersen'** entwickelt einen lockeren, offenen Wuchs und rosa Blüten. Die nur 5 cm hohe und etwa 40 cm breite **'White Lawn'** mit farngrünem Laub und ungefüllten, weißen

Calluna vulgaris 'Walter Ingwersen'

Calluna vulgaris 'Orange Queen'

Calluna vulgaris 'Velvet Dome'

Calluna vulgaris 'Robert Chapman'

Calluna vulgaris 'Spring Cream'

Calocedrus decurrens 'Intricata'

Calocedrus decurrens

Blüten bildet eine hübsche Matte. Die goldenen Blätter der gut 40 cm hohen und 60 cm breiten **'Wickwar Flame'** mit lilarosa, ungefüllten Blüten färben sich im Winter rot.

CALOCEDRUS

FLUSSZEDER

Wie der Gattungsname *Calocedrus* (»schöne Zeder«) andeutet, besteht diese Gattung aus drei Arten wunderschöner Bäume. Sie stammen aus den westlichen USA, Westchina und dem benachbarten Myanmar, nur die amerikanische Art ist als Gartenpflanze weiter verbreitet. Die Triebe sind stark abgeflacht und in einer Ebene verzweigt. Die kleinen Schuppenblätter sind zu vieren wirtelig angeordnet, die Seiten- und Flächenblätter sind deutlich verschieden. Die Zapfen bestehen aus sechs Schuppen, wovon nur zwei fruchtbar sind, die jeweils zwei geflügelte Samen tragen.

PFLEGE UND VERMEHRUNG: Flußzedern wachsen am besten bei kühlfeuchtem Klima in voller Sonne oder Halbschatten und tiefem, mäßig fruchtbarem Boden. Unter weniger günstigen Bedingungen können sie immer noch kleine, buschige, attraktive Bäume bilden. Reichlich gewässert überstehen Jungbäume später Trockenheit besser. Ihre Vermehrung erfolgt durch Samen im Frühjahr oder Stecklinge im Spätsommer.

Calocedrus decurrens

Syn. *Libocedrus decurrens*

KALIFORNISCHE FLUSSZEDER

Diese ziemlich frostharte, langsamwachsende, zwischen 10 und 20 m hohe Art wird wegen ihrer kegelförmigen Gestalt und ihres glänzenden, dunkelgrünen Laubs geschätzt. Die zylindrischen Zapfen öffnen sich mit drei spreizenden Segmenten. Die gedrehten Zweige der Zwergsorte **'Intricata'** färben sich im Winter braun.

CALOCHORTUS

MORMONENTULPE

Über 50 farbenprächtige und reich gemusterte Arten von Zwiebelblumen aus dem Westen Nordamerikas und Mexikos umfaßt diese Gattung. An gegabelten oder verzweigten, beblätterten Stengeln erscheinen im Frühjahr und Sommer kelchförmige, oft nickende Blüten mit drei größeren inneren und drei meist kleineren äußeren Kronblättern. Die Blütenfarbe reicht von Weiß über Gelb und Rosa bis Purpur; im allgemeinen sind die inneren Blütenblätter an der Innenseite rot oder schokoladenbraun gezeichnet. Die Blätter sind in der Regel grasartig schmal – daher der griechischstämmige Gattungsname *Calochortus* (»schönes Gras«).

PFLEGE UND VERMEHRUNG: Diese anspruchsvollen Pflanzen sind nicht leicht zu ziehen. Sie wachsen am besten bei gemäßigtem Klima in sonniger Lage. Die Zwiebeln sollten im Herbst in sandigen, unbedingt durchlässigen Boden gepflanzt werden, idealerweise in ein Hochbeet. Sie sollten während des Wachstums gewässert, im Sommer jedoch trocken gelassen werden. Sie werden durch Teilen oder Samen vermehrt.

Calochortus albus

Diese reizende Art ist in der Mitte Südkaliforniens heimisch. Im Frühjahr erscheinen an den verzweigten, beblätterten, unterschiedlich hohen (bis zu 60 cm) Stengeln kugelige, cremeweiße (selten blaßrosa) Blüten an schlanken, nickenden Stengeln. Die nur 2,5 cm breiten Blüten haben manchmal an der Innenseite einen bräunlichen Fleck.

Calochortus amoenus

Gleich *Calochortus albus* trägt diese in den westlichen USA weitverbreitete Art im Frühjahr kleine, kugelige, in der Regel nickende Blüten (»Elfenlichter«), die hier jedoch mauverot oder purpurn sind. Die bis zu 50 cm hohen Stengel sind wenig verzweigt.

Calochortus clavatus

Diese südkalifornische Art bildet bis zu 1 m hohe, bisweilen stark verzweigte, kräftige Stengel sowie vergleichsweise kurze Blätter aus. Im Frühsommer erscheinen große, aufrechte, kelchförmige, tiefgelbe Blüten in Büscheln mit rötlichbrauner Zeichnung im Schlund.

Calochortus amoenus

Calochortus superbus

Die bis zu 60 cm hohen Stengel dieser kalifornischen Art tragen im späten Frühjahr aufrechte, mohnartige Blüten. Die cremefarbenen bis blaßvioletten oder gelben Blütenblätter sind zur Basis hin immer purpurn gepunktet und haben einen kleinen, braunen Punkt in einem breiten, orangefarbenen Fleck am Grund.

Calochortus venustus

Diese kalifornische Art trägt wie *Calochortus superbus* im späten Frühjahr oder Sommer an der Spitze eines verzweigten Stengels aufrechte, mohnartige Blüten in verschiedensten Farbtönen von Weiß über Gelb bis zu Tiefrot. Die Zeichnung am Grund der Blütenblätter ist hier größer und rötlicher auf einem kleineren, blaß orangefarbenen, grundständigen Fleck. Die schlanken Pflanzen werden 30–60 cm hoch, sind in der Regel jedoch kleiner.

CALODENDRUM

Diese Gattung besteht nur aus einer schönen immergrünen Baumart aus Südafrika, die durch ihre zahllosen, im späten Frühjahr und Frühsommer die Krone bedeckenden, mauverosa Blüten beeindruckt. In der südlichen Hemisphäre und wärmeren Regionen der USA ist sie als Allee- und Parkbaum weit verbreitet. Jungbäume müssen gut vor Frost geschützt werden, eingewachsene Pflanzen überstehen ganz leichten Frost. In kühleren Gebieten können sie mehr oder weniger sommergrün sein.

PFLEGE UND VERMEHRUNG: *Calodendrum* bevorzugt volle Sonne und leichten, feuchten, fruchtbaren, durchlässigen Boden sowie ausreichendes Wässern in Trockenzeiten. Jungbäume können in Form geschnitten werden. Man vermehrt sie durch frische Samen im Herbst. Sämlinge blühen u.U. erst nach zwölf Jahren, veredelte Bäume blühen eher.

Calodendrum capense

KAPKASTANIE

Dieser schöne, bis zu 15 m hohe Baum bildet eine kuppelförmige Krone aus. Die glänzenden, oben dunkelgrünen und unten blasseren, ovalen Blätter sind mit halbdurchsichtigen Öldrüsen versehen. Die blaßrosa bis lila Blüten mit hervorstehenden Staubgefäßen erscheinen in großen, endständigen Rispen; ihnen folgen verholzte, warzige Samenhülsen, die sich sternförmig öffnen und große, nußartige, äußerst bittere Samen enthalten.

Calochortus venustus

Calodendrum capense

Calochortus clavatus

Calochortus superbus

CALOMERIA

Aus nur einer Art besteht diese in den feuchten Bergwäldern Südostaustraliens heimische Gattung. Sie ist eng mit den australischen Strohblumen verwandt, die früher zur Gattung *Helichrysum* gezählt wurden. Besonders die Inhaltsstoffe sind ähnlich. Diese ungewöhnliche, nicht frostharte Pflanze wird seit dem 19. Jahrhundert auch in Europa gezogen und war zeitweilig unter der veralteten Bezeichnung *Humea elegans* als zweijährige Sommerblume sehr beliebt.

PFLEGE UND VERMEHRUNG: Die frischen Samen, mit denen man die Art vermehren kann, sind im Handel selten erhältlich.

Calomeria amaranthoides

Syn. *Humea elegans*

Die großen, tabakähnlichen Blätter dieses wuchskräftigen, kurzlebigen Strauchs verströmen bei leichtester Berührung einen sehr scharfen Moschusgeruch. Nach etwa zwei Jahren Wachstum produziert die Pflanze an ihrer Spitze eine riesige, fedrige Rispe mit gedrängten, hängenden, nadelartigen Zweigen mit Tausenden von kleinen, schmalen, rostroten Blütenköpfchen. Diese bestehen aus nur zwei bis vier winzigen Einzelblüten, umgeben von trockenen, spelzenartigen Hüllblättern und stellen so eine der extremsten Verkleinerungen von Blütenköpfchen in der Familie der Korbblütler dar. Die Pflanze kann noch mehrere Jahre weiterwachsen und auch an den nach oben gebogenen Spitzen der Seitenzweige Rispen ausbilden.

Calomeria amaranthoides

CALOPHYLLUM

Vor allem aus dem tropischen Asien und dem pazifischen Raum, seltener aus dem tropischen Amerika kommen die fast 200 Arten immergrüner Bäume und wenigen Sträucher dieser mit *Garcinia* verwandten Gattung. Viele sind große Bäume des Regenwaldes, andere Arten gedeihen an Küsten und in Mangrovensümpfen. Charakteristischstes Merkmal sind die ganzrandigen, glänzenden, gegenständigen Blätter mit rechtwinklig von der Mittelrippe abgehenden, dicht parallel angeordneten Adern. Die meist weißen, duftenden Blüten erscheinen in kurzen Blütenständen nahe den Zweigspitzen; ihnen folgen glatte Früchte mit einem stark ölhaltigen Samen.

PFLEGE UND VERMEHRUNG: Nur eine Art wird in den Tropen vielfach als Schattenspender oder Küstenpflanze gezogen. Wie andere tropische Pflanzen ertragen sie keinen Frost und brauchen konstante Wärme und Feuchtigkeit. Sie werden in humusreichem, durchlässigem Boden in voller Sonne angepflanzt und durch Samen oder Stecklinge vermehrt.

Calophyllum inophyllum

Dieser normalerweise etwa 12 m hohe Baum von weit ausladendem, niedrigverzweigtem Wuchs hat dichtes, dunkelgrünes Laub und ist in den Küstengebieten von Südindien über Südostasien bis Nordaustralien heimisch, als typische Strandpflanze kann er hier einen wirkungsvollen Schutz darstellen. Die Seitenadern der stark glänzenden, vorne stumpfen Blätter verlaufen so nahe nebeneinander, daß sie sich zu berühren scheinen. Im Sommer erscheinen stark duftende, gut 2 cm breite, weiße Blüten, denen 3–4 cm lange, gelbbraune Früchte folgen.

Calophyllum inophyllum

CALOSTEMMA

Zu dieser Gattung aus der Familie der Amaryllisgewächse zählen zwei Arten von Zwiebelpflanzen, die im ariden Landesinneren von Ostaustralien im Schwemmboden an Flußufern und Wassergräben wachsen. Die tief vergrabenen Zwiebeln bilden lange, schmale, ziemlich fleischige Blätter aus; die kahlen Blütenstengel enden in Dolden aus kleinen, glockenförmigen Blüten, deren Staubgefäße sich zu einem gelben Kranz vereinigen. Den gelben oder rötlichrosa Blüten folgen papierene Früchte, die einen erbsengroßen oder etwas größeren, fleischigen, grünen Samen enthalten, der ohne Feuchtigkeit keimt. Der griechischstämmige Gattungsname setzt sich aus *kalos* (»schön«) und *stemma* (»Krone«) zusammen.

PFLEGE UND VERMEHRUNG: Sie wachsen leicht in jedem sandigen, durchlässigen Boden in voller Sonne, in kühleren Regionen als Topfpflanzen unter Glas. Die Pflanzen, deren Zwiebeln im Herbst gesetzt werden, sollten während des Wachstums im Frühjahr und Sommer reichlich gewässert, danach trocken gehalten werden. Man vermehrt sie durch Teilen von Zwiebelgruppen oder durch Samen, die oft schon an den Pflanzen keimen.

Calostemma purpureum

Diese Art aus dem Landesinneren Südostaustraliens entwickelt langsam einen dichten Horst aus Zwiebeln, die im Frühjahr ziemlich schlaffe, etwa 1 cm breite und 60 cm lange, grüne Blätter ausbilden. Die Blüten erscheinen in einer dichten Dolde an einem 30–60 cm langen Stengel vom Hochsommer bis Mitte des Herbstes, sie sind in der Regel rötlichrosa, seltener weiß und bis zu 3 cm lang. Die andere Art der Gattung (***Calostemma luteum***) mit gelben oder grünlichgelben Blüten ist womöglich nur eine Farbvariante von *C. purpureum.*

Calostemma purpureum

CALOTHAMNUS

Zu dieser in Westaustralien endemischen Gattung zählen etwa 40 Arten immergrüner Sträucher mit schmalen, fast nadelartigen, 2,5–10 cm langen, tiefgrünen Blättern. Während der Blüte ähneln sie den verwandten Zylinderputzern *(Callistemon)*, jedoch sind bei ihnen die Fäden der Staubgefäße jeder Blüte zum größten Teil verwachsen. Die Blüten sind meist einseitswendig und stehen in der Regel an der Unterseite älterer Zweige, wo sie unterhalb der beblätterten Zweigspitzen erscheinen. Die meisten Arten haben rote Blüten, die sich im Spätwinter und Frühjahr öffnen.

PFLEGE UND VERMEHRUNG: Alle Arten ertragen mageren Boden und trockene Bedingungen. Angepflanzt in leichte, durchlässige Erde in voller Sonne müssen Jungpflanzen vor Frost geschützt werden. Vorsicht mit starkem Rückschnitt, altes Holz treibt oft schlecht wieder aus. Zur Vermehrung wählt man Samen oder kleine, halbreife Stecklinge.

Calothamnus quadrifidus

Dieser in Südwestaustralien verbreitete, stark verholzte, 2–2,5 m hohe und ebenso breite, aufrechte oder ausladende Strauch wird am häufigsten kultiviert. Er hat dunkelgrüne oder graue, bis zu 10 cm lange Nadelblätter und hellrote, an der Spitze mit gelben Pollen versehene Blüten. Die Staubfäden sind zu vier getrennten, bandförmigen Segmenten verwachsen (daher der Artname *quadrifidus,* »vierteilig«).

Calothamnus quadrifidus

Calothamnus rupestris

Dieser hübsche, mittelgroße, bis 3 m hohe und ebenso breite Strauch kommt wild selten in der Umgebung der westaustralischen Stadt Perth vor. Seine schlanken, zugespitzten Nadelblätter sind leicht gebogen und nur etwa 2,5 cm lang. Im Frühjahr erscheinen die auffälligen Blüten in breiten Büscheln, die samtige Behaarung auf dem großen, graugrünen Kelch kontrastiert mit den zahlreichen, breit verwachsenen, rötlichrosa Staubfäden.

Calothamnus rupestris

CALPURNIA

Da diese Gattung mit ihren kleinen, immergrünen Bäumen und Sträuchern der Gattung *Virgilia* sehr ähnlich ist, wurde sie nach dem zweitklassigen römischen Poeten Calpurnius benannt, einem Epigonen Vergils. Zur Gattung zählen sechs Leguminosen mit gefiederten Blättern aus den feuchteren Gebirgen des südlichen und östlichen Afrika, eine kommt auch in den südindischen Bergen vor. Den herabhängenden Büscheln gelber Schmetterlingsblüten folgen flache, dünne Hülsen, die je ein paar Samen enthalten.

PFLEGE UND VERMEHRUNG: Sie bevorzugen sonnige, geschützte Lagen und ausreichend fruchtbaren Boden, sollten als Jungpflanzen vor Frost geschützt werden und im Sommer nicht austrocknen. Ausgewachsen vertragen sie etwas mehr Frost und Trockenheit. Die Vermehrung erfolgt durch Samen im Frühjahr.

Calpurnia aurea

Der kleine, in der Regel 4,5–6 m hohe Baum aus Südostafrika und Südindien bildet eine lockere, offene Krone aus. Die Blätter bestehen aus zwei Reihen 2,5–3,5 cm langer, ovaler, gräulichgrüner Fiedern, die unterseits flaumig behaart sein können. Schon bei Jungpflanzen erscheinen den Sommer über an den neuen Trieben gelbe Blüten in bis zu 25 cm langen, hängenden Blütenständen.

Calpurnia aurea

CALTHA

DOTTERBLUME

Etwa zehn Arten feuchtigkeitsliebender Stauden aus Sümpfen und Mooren der gemäßigten Zonen beider Hemisphären zählen zu dieser Gattung aus der Familie

der Hahnenfußgewächse. Mit ihren schalenförmigen, weißen oder gelben Blüten und ihren nieren- oder herzförmigen Blättern bringen sie helle Farbtupfer an Teichufer oder in gemischte Rabatten mit feuchtem Boden. Sie breiten sich mit ihren dicken Rhizomen langsam aus und beginnen oft noch während der Schneeschmelze Blüten und Blätter zu entwickeln.
PFLEGE UND VERMEHRUNG: Diese ganz winterharten Pflanzen bevorzugen volle Sonne und nährstoffreichen, feuchten Boden an Ufern oder sumpfigen Standorten. Durch Teilen im Herbst oder zeitigen Frühjahr bzw. durch Samen im Herbst kann man sie vermehren. Auftretender Rostpilz wird mit Fungiziden bekämpft.

Caltha novae-zelandiae

Diese alpine Art aus Neuseeland wird bis zu 20 cm hoch. Die merkwürdigen Blätter sind bis zu 10 cm lang gestielt und haben eine etwa 2 cm lange, herzförmige Spreite, dessen Lappen umgeschlagen sind. Vom Anfang bis Mitte des Frühjahrs erscheinen an langen Stengeln hübsche, einzelne, blaßgelbe Blüten.

Caltha palustris
SUMPFDOTTERBLUME

In den gemäßigten Regionen der nördlichen Hemisphäre weit verbreitet, wird diese bis 50 cm hohe und breite Ufer- und Sumpfpflanze gelegentlich wegen ihre attraktiven Blüten gezogen. Sie ist sommergrün mit dunkelgrünen, runden Blättern. Die glänzenden, butterblumenartigen, goldgelben Blüten erscheinen im zeitigen Frühjahr, manchmal bis in den Hochsommer. Die Blüten der Sorten **'Monstrosa'** und **'Flore Pleno'** sind gefüllt, ***Caltha palustris* var. *alba*** hat einfache weiße Blüten mit gelben Staubgefäßen.

CALYCANTHUS
GEWÜRZSTRAUCH

Die kühlen Regionen Nordamerikas sind die Heimat dieser Gattung, die aus nur

Calycanthus floridus

Calycanthus occidentalis

Caltha palustris 'Monstrosa'

zwei bis drei sommergrünen Straucharten besteht. Beim Schneiden oder Zerreiben verströmen Blätter, Rinde und Holz einen würzigen Duft. Sie werden wegen ihrer auffällig gefärbten, als Zimmerschmuck geeigneten Blüten gezogen, die im späten Frühjahr oder Sommer einzeln zwischen den Blättern erscheinen und mit ihren schmalen, tief rotbraunen oder stumpfrötlichpurpurnen Blütenblättern kleinen Magnolienblüten gleichen.
PFLEGE UND VERMEHRUNG: Diese anspruchslosen, winterharten Sträucher blühen am besten in sonnigen, geschützten Lagen mit fruchtbarem, humusreichem, feuchtem Boden. Samen aus den weichen, feigenartigen Früchten oder Absenker können zur Vermehrung dienen.

Calycanthus floridus
ECHTER GEWÜRZSTRAUCH, CAROLINA-NELKENPFEFFER

Dieser zwischen knapp zwei und drei Meter hohe Strauch aus den südöstlichen USA hat breite, glänzende, blaßgrüne, unterseits flaumige Blätter. Die 5 cm breiten, stark duftenden Blüten erscheinen im Frühsommer und bestehen aus zahlreichen stumpf-bräunlichroten, an der Spitze oft helleren Blütenblättern.

Calycanthus occidentalis
WESTLICHER GEWÜRZSTRAUCH

Dieser bis zu 3,5 m hohe Strauch aus den nordkalifornischen Bergen wächst wenig regelmäßig. Seine Blätter sind größer als die von *Calycanthus floridus* und unterseits nicht flaumig. Auch die bisweilen 10 cm breiten Blüten sind größer, jedoch ähnlich gefärbt wie die von *C. floridus*.

CALYSTEGIA
WINDE

Wie die sehr ähnliche Gattung *Convolvulus* umfaßt diese Gattung vor allem Kletterstauden, die ihre schnurartigen Stengel um andere Pflanzen winden. Zu *Calystegia* zählen etwa 25 Arten, die in den mei-

Calycanthus occidentalis

Caltha palustris 'Flore Pleno'

Calytrix tetragona

sten Teilen der Welt zu finden sind. Charakteristisch sind die großen Hochblätter, die den Kelch umgeben und wie zusätzliche Kelchblätter aussehen. Die Laubblätter sind dünn und nieren-, herz- oder pfeilförmig, die meist weißen oder rosa Blüten gleichen sehr denen von *Convolvulus*. Eine Art, *C. soldanella*, ist kriechend und wächst an Stränden und auf Dünen.
PFLEGE UND VERMEHRUNG: Winden werden nur selten gezogen, man kennt sie eher als schwer ausrottbare Wurzelunkräuter. Sie schätzen sonnige Lagen, haben sonst aber keine besonderen Ansprüche. Die Vermehrung geschieht durch Samen oder Wurzelschnittlinge.

Calystegia sepium
Syn. *Convolvulus sepium*
ECHTE ZAUNWINDE

Diese wuchskräftige, bis über 3 m hohe Kletterstaude mit bis zu 10 cm langen, pfeilförmigen Blättern kommt wild in den gemäßigten Regionen beider Hemisphären vor. Im Sommer erscheinen weiße oder blaßrosa, im Durchmesser knapp 4 cm breite Blüten. Im Winter stirbt die Pflanze oberirdisch ab, doch das winterharte Wurzelsystem treibt im Frühjahr erneut aus - sehr zum Leidwesen des Gärtners, der sie schon los zu sein glaubte.

Calystegia silvatica
WALD-ZAUNWINDE

Diese Art aus Südeuropa ist heute vielerorts eingebürgert. Sie gleicht *Calystegia sepium*, hat jedoch breitere Blätter und größere, im Durchmesser 6–8 cm breite Blüten. Sie wird häufiger als Zierpflanze gezogen und ist weniger winterhart als *C. sepium*.

Calystegia soldanella
STRANDWINDE

Diese weltweit an sandigen Meeresküsten vorkommende, normalerweise kleine Kriechpflanze kann an Sträuchern über 1 m hoch klettern. Die herz- oder nieren-

Calystegia soldanella

Calytrix tetragona

förmigen Blätter sind bis zu 5 cm breit, die röhrenförmigen, mauvefarbenen Blüten attraktiv cremefarben gestreift.

CALYTRIX

Zu dieser in ganz Australien verbreiteten Gattung aus der Familie der Myrtengewächse zählen etwa 70 immergrüne Straucharten mit zähen Zweigen. Die kleinen, oft sehr schmalen Blätter enthalten ätherische Öle und verströmen beim Zerreiben einen leicht stechenden Geruch. Die extrem feine Röhre der sehr charakteristischen Blüten trägt fünf spitze Blütenblätter; die fünf fadenartigen Kelchblätter verbleiben an den kleinen, trockenen Früchten und verlängern sich zu feinen Borsten. Die weißen oder rosa, roten, purpurfarbenen oder gelben auffälligen Blüten erscheinen oft in Massen.
PFLEGE UND VERMEHRUNG: Sie brauchen gutdurchlässigen, leichten, nährstoffarmen Boden, schätzen eher trockene Luft und volle Sonne und lassen sich durch Samen oder Stecklinge vermehren.

Calytrix tetragona

Diese am meisten verbreitete, nicht winterharte, sehr variable Art kommt in den meisten Regionen Australiens außer in den zentralen Wüsten und im dem Monsun ausgesetzten Norden vor. Sie wird einen halben bis zwei Meter hoch und ist vom Grund an reich verzweigt. Die schmalen, heidekrautartigen Blätter sind unterschiedlich lang, die sternförmigen, weißen bis rosa Blüten erscheinen dicht geballt an den Zweigspitzen. Attraktiv sind auch die tief purpurbraunen, borstigen Früchte.

CAMASSIA
PRÄRIELILIE

Die eßbaren Zwiebeln dieser nordamerikanischen Lilien wurden von den Indianern *kamas* genannt. Dieser Name wurde als *camas, camash* oder *quamash* niedergeschrieben und zum Gattungsnamen *Ca-*

massia latinisiert. Zur Gattung zählen fünf oder mehr Arten, von denen einige in zahlreiche Unterarten und Varietäten unterteilt werden. Sie wachsen in Mengen auf feuchten Wiesen und kommen wild von British Columbia (Kanada) bis Kalifornien und Utah in den USA vor, eine Art bis ins obere Mississippi-Tal. Ihre Zwiebeln, die gekocht Gummi-Kartoffeln gleichen, waren für die Indianer ein wichtiges Nahrungsmittel und mitverantwortlich für den erfolgreichen Verlauf der Lewis-und-Clark-Expedition (1804–06). In der Mitte der ziemlich derben Blattbüschel erscheinen die Blütenstengel, die in ihrer oberen Hälfte mit sternförmigen blauen, weißen oder purpurfarbenen Blüten bedeckt sind.

PFLEGE UND VERMEHRUNG: Diese attraktiven Gartenpflanzen sind ganz winterhart und wachsen leicht in gemäßigtem Klima. Die Zwiebeln werden im Spätherbst in durchlässigen, lehmigen, humusreichen Boden im Halbschatten oder bei sehr feuchtem Boden in der vollen Sonne ausgepflanzt. Aus Samen gewonnene Pflanzen – man kann sie auch teilen – blühen bisweilen erst nach fünf Jahren.

Camassia cusickii

Diese im Osten Oregons heimische Art erträgt Trockenheit besser als die meisten anderen Arten und wächst unter den unterschiedlichsten Witterungsbedingungen. Im späten Frühjahr und Frühsommer erscheinen in 60–90 cm hohen Trauben etwa 5 cm breite, sternförmige, hellblaue Blüten.

Camassia quamash
Syn. *Camassia esculenta*

Camassia quamash ist nicht nur eine der wichtigsten eßbaren Arten, sondern auch eine hübsche Zierpflanze und kommt in einem weiten Gebiet vom südwestlichen Kanada bis in die nordwestlichen USA vor. Die obere Hälfte der 30–90 cm hohen Blütenstengel ist im Frühjahr und Frühsommer mit 2,5 cm bis doppelt so breiten, sternförmigen, blaß- bis tiefblauen Blüten dicht bedeckt. Die sehr variable Art wird seit kurzem in acht Unterarten unterteilt, die sich neben anderen Merkmalen auch in ihrem Gartenwert unterscheiden. ***Camassia quamash* var. *brevifolia*** hat stumpfer gräulichgrüne Blätter und dunklere blauviolette Blüten.

CAMELLIA
KAMELIE

Ihre wunderschönen Sorten machten die Kamelie zu einem der beliebtesten Blütensträucher. Die Mehrzahl der vielen Tausend heute verzeichneten Sorten stammt von einer einzigen Art, *Camellia japonica*, ab, die im frühen 18. Jahrhundert aus China nach Europa eingeführt wurde. Zahlreiche Sorten stammen auch von *C. sasanqua* und *C. reticulata* ab. Zur Gattung zählen jedoch noch viele andere Arten, die kaum je kultiviert wurden. Wild kommen sie nur in Ostasien von Japan über Süd- und Zentralchina bis Indochina vor, einige wenige auch im östlichen Himalaja und auf dem Malaiischen Archipel. Die meisten der 300 Arten sind in Südchina heimisch. 1960 waren nur 100 Arten bekannt, seitdem entdeckten chinesische Botaniker 200 neue. Alle Arten sind immergrüne Sträucher oder kleine Bäume. Die meisten haben kleine, eher unauffällige Blüten. Doch warten viele wunderschöne Arten, bei denen manchmal Laub und Rinde und nicht die Blüten die Hauptattraktion darstellen, noch auf ihre Einführung in die Gärten. Die Blüten erstrahlen immer in weißen, rosa oder roten Farbtönen, nur bei einer kleinen Gruppe südchinesischer und vietnamesischer Arten sind sie blaßgelb bis bronzegelb. Nachdem diese 1970 in Kultur genommen worden waren, hoffte man auf die Einführung der gelben Blütenfarbe bei Hybridsorten, bislang mit mäßigem Erfolg. Das um 1930 noch insgesamt kleine Grüppchen von Hybriden (*C.* × *williamsii*-Hybriden) hat sich heute gleichsam zu einer Lawine entwickelt, wobei Hybridkamelien im Gegensatz zu reinen *japonica*-, *reticulata*- oder *sasanqua*-Sorten einen Großteil der neuen Züchtungen ausmachen.

Zu *Camellia* zählen jedoch nicht nur Zier-, sondern auch wichtige Nutzpflanzen. Die getrockneten und verarbeiteten Blätter von *C. sinensis*, in Südchina heimisch, heute aber in vielen Teilen der Welt gezogen, liefern Schwarzen und Grünen Tee. Ebenfalls aus Südchina stammt die in ihrer Heimat in Plantagen gezogene *C. oleifera*, aus deren Samen wie bei einigen weiteren Arten ein wertvolles, zum Kochen und in der Kosmetik verwendetes Öl gepreßt wird.

PFLEGE UND VERMEHRUNG: Die meisten Kamelien wachsen am besten in milden, feuchten Klimaten. Alle Arten sind mehr oder weniger frostempfindlich, nur *Camellia japonica* ist in den günstigsten Gebieten Mitteleuropas im Freiland einigermaßen hart. Kamelien bevorzugen durchlässigen, leicht sauren, mit organischem Material angereicherten Boden und wachsen im allgemeinen am besten im Halbschatten, einige Sorten ertragen jedoch recht gut Sonne. Guter Wasserabzug ist zum Schutz gegen die Wurzelfäule *Phytophthora* erforderlich, um so mehr, als Kamelien Feuchtigkeit lieben. Zahlreiche Sorten eignen sich als Topf- oder Kübelpflanzen. Schnitt ist meist unnötig, aber nach der Blüte möglich, auch starker Verjüngungsschnitt. Man vermehrt die Pflanzen durch Stecklinge im Spätsommer oder Winter oder durch Veredlung.

Camellia cuspidata

Dieser in West- und Zentralchina heimische, bis zu 3 m hohe, attraktive Strauch wird im Westen häufig gezogen und ist Elternteil einer Anzahl schöner Hybriden. Er kommt wildwachsend weiter im Norden vor als die meisten anderen Kamelien und verträgt daher etwas mehr Winterkälte. Seine zahllosen kleinen, dunkelgrünen Blätter mit langen, dünnen Spitzen sind jung kupferfarben getönt. Die etwa 3 cm breiten, weißen Blüten mit sich weit überlappenden Blütenblättern erscheinen nahe den Zweigenden. **'Spring Festival'** besitzt rosa Blüten und eine schmale Wuchsform.

Camellia granthamiana

Dieser etwa 3 m hohe, lockere Strauch aus Hongkong und der benachbarten chinesischen Provinz Guangdong hat charakteristische, stark glänzende, ledrige Blätter mit tief eingesenkten Adern. Im Spätherbst erscheinen große, flache Blüten mit pergamentweißen, am Rand zurückgebogenen Blütenblättern und einem Knäuel goldener Staubgefäße in der Mitte. Die erst 1955 entdeckte Art wurde nach dem damaligen Gouverneur von Hongkong benannt.

Camellia hiemalis

Der taxonomische Status dieses großen Strauchs mit dicken, dunkelgrünen Blättern und vor allem im Winter erscheinenden, bis gut 5 cm breiten, weißen bis rosa siebenblättrigen Blüten ist umstritten; häufig wurde er als Kulturform von *Camellia sasanqua* angesehen, und seine Sorten werden im allgemeinen zu den *sasanqua*-Kamelien gezählt. In Japan, wo er seit langem kultiviert wird, nennt man ihn »kalte Kamelie«. Innerhalb der Botanik herrschen verschiedene Meinungen vor: Eine Schule hält ihn für verwandt mit *C. pitardii* und *C. hongkongensis* und sieht seine Heimat in Ostchina, eine andere vermutet in ihm eine aus Japan stammende Hybride zwischen *C. sasanqua* und *C. japonica*. **'Shishigashira'** ist die am längsten kultivierte Sorte – dieser Strauch mit dichter, schirmförmiger Krone und kleinen, gefüllten, rötlichrosa Blüten wird in Japan oft zu Zwergformen geschnitten. **'Showa-no-sakae'** hat ungleichmäßige, leicht nach Moschus duftende, gefüllte, blaßrosa Blüten und kann mit seiner kräftig in die Breite gehenden Wuchsform als Bodendecker oder Spalierpflanze gezogen werden. Die Blüten des seit langem beliebten buschigen und aufrechten **'Hiryu'** sind tiefrosa bis rot. Die Blätter des wüchsigen **'Somerset'** sind heller als bei den meisten anderen Sorten, die halbgefüllten Blüten intensiv-rötlichrosa.

Camellia japonica
KAMELIE

Die Wildform dieser bekanntesten Art ist in ihrem natürlichen Habitat in Japan, Korea und China ein kleiner, 6–9 m hoher, schmächtiger Baum mit zumeist roten, leicht trichterförmigen, nur 5–8 cm breiten, fünfblättrigen Blüten. In Südjapan findet sich die typische Form, ***Camellia japonica* subsp. *japonica*,** in Gebüschen an der Küste; im nordwestlichen Honshu wächst die kälteresistentere ***C. j.* subsp. *rusticana*.** Die Auswahl besonders wertvoller Formen von *C. japonica* begann in

Camassia cusickii

Camassia quamash var. *brevifolia*

Camellia hiemalis 'Somerset'

Camellia cuspidata 'Spring Festival'

China und Japan vor mindestens 300 Jahren, wobei die Chinesen gefüllte, die Japaner dagegen einfache Blüten bevorzugten. Nach ihrer Einführung in Europa um das Jahr 1745 wurden diese Sorten in steigender Zahl importiert und meist bei ihrer Ankunft mit lateinischen Namen wie etwa **'Alba Plena'** und **'Anemoniflora'** benannt. Zudem wurden im frühen 19. Jahrhundert auch in Europa zahlreiche neue Sorten gezüchtet. Man entdeckte, daß neue Blütentypen sowohl durch Aussaat als auch durch Sports (vegetative Mutationen) erreicht werden konnten. Bis zum Beginn des 20. Jahrhunderts waren Tausende neuer Sorten in Europa, Kalifornien, Australien und Neuseeland entstanden, aber natürlich auch in Japan, wo aktiv neue Sorten gezüchtet wurden. Nachdem sie zwischen den beiden Weltkriegen etwas aus der Mode gekommen waren, fanden Kamelien bereits in den fünfziger Jahren wieder zahlreiche Liebhaber; die Mehrzahl der heute bekannten Sorten entstand seit dieser Zeit. Obwohl immer mehr Hybridsorten in den Listen erscheinen, erfreuen sich klassische Formen, die ausschließlich von *C. japonica* abstammen, bleibender Beliebtheit. Die Klassifikation der Sorten richtet sich nach Blütengröße und -form: Die Größen reichen von Miniaturformen (unter 6 cm) über mittlere bis zu sehr großen (über 12 cm); die Blütenformen von einfach, halbgefüllt, anemonenblütig, päonienförmig, rosenförmig gefüllt bis zu vollständig gefüllt. Durch die Bestimmung der Größen- und Formklasse sowie die Beschreibung der Blütenfarbe lassen sich die meisten Sorten zumindest einer kleinen Gruppe zuordnen. Eine spezielle Erwähnung verdient die Untergruppe der Higo-Kamelien: Diese außergewöhnlich schönen, ungefüllten Sorten entstanden im 19. Jahrhundert auf der südjapanischen Insel Kyushu und erreichten den Westen erst Jahrzehnte später. *C. japonica*-Sorten blühen zwischen Spätherbst und zeitigem Frühjahr in milden Klimaten und vom zeitigen bis späten Frühjahr in kühleren Klimaten. Sie ertragen keine Wintertemperaturen, die deutlich unter –10 °C fallen. Zu den repräsentativen Sorten zählen alte Favoriten wie **'Adolphe Audusson'** mit großen, schalenförmigen, halbgefüllten, bisweilen weiß gezeichneten dunkelroten Blüten und hervorstehenden gelben Staubgefäßen; **'Chandleri'** mit mittelgroßen, anemonenblütig gefüllten, hellroten Blüten; die elegante **'Magnoliiflora'** (Syn. 'Hagoromo') mit halbgefüllten, mittelgroßen, rosa getönten Blüten; **'Virginia Franco Rosea'** mit kleinen, vollständig gefüllten Blüten, deren in vielen Reihen angeordnete rosa Blütenblätter leicht gestreift sind. Zu den bemerkenswerteren neueren Sorten zählen **'Betty Sheffield Pink'** mit mittelgroßen, anemonenförmigen Blüten und gewellten, bisweilen unregelmäßig weiß gefleckten, rosa Blütenblättern; **'Guilio Nuccio'** mit sehr großen, halbgefüllten Blüten, sehr breiten, unregelmäßig korallenroten Blütenblättern und hervorstehenden gelben Staubgefäßen; **'Desire'** mit mittelgroßen, vollständig gefüllten, an der Außenseite blaßrosa bis dunkelrosa oder lila gefärbten Blüten; **'Erin Farmer'** mit großen, halbgefüllten, rosa bis nahezu weißen Blüten und goldenen Staubgefäßen in der Mitte. Die bekannteste Miniatursorte ist die sehr alte japanische **'Bokuhan'** (Syn. 'Tinsie'), bei deren kleinen Blüten eine Schale dunkelroter Blütenblätter eine weiße Kugel aus umgebildeten Staubgefäßen umgibt. Eine wunderschöne Higo-Sorte ist **'Yamato Nishiki'** (Syn. 'Brocade of Old Japan') mit großen, einfachen, weißen, breit rosa und rot gestreiften Blüten und einem sehr breiten Kreis goldfarbener Staubgefäße. Zu einer Gruppe von Sorten mit bemerkenswertem Laub zählt **'Kingyo-Tsubaki'**

Camellia japonica 'Guilio Nuccio'

Camellia japonica 'Erin Farmer'

Camellia japonica 'Bokuhan'

Camellia japonica 'Bienville'

Camellia japonica 'Bob Hope'

Camellia japonica 'Black Opal'

Camellia japonica 'Bob's Tinsie'

Camellia japonica 'Burnham Beeches'

Camellia japonica 'Chandleri'

Camellia japonica 'Berenice Perfection'

Camellia japonica 'Betty Sheffield Pink'

Camellia japonica 'Desire'

Camellia japonica 'Virginia Franco Rosea'

Camellia japonica 'C. M. Hovey'

Camellia japonica 'Cassandra'

Camellia japonica 'Dahlohnega'

Camellia japonica 'Debutante'

C.j. 'D. Herzilia de Freitas Magalhaes'

Camellia japonica 'Dr Burnside'

Camellia japonica 'Elegans Champagne'

Camellia japonica 'Elegans Splendor'

Camellia japonica 'De La Reine'

Camellia japonica 'Fire Dance'

Camellia japonica 'Elegans Supreme'

Camellia japonica 'Erica McMinn'

Camellia japonica 'Emperor of Russia'

C. j. 'Emperor of Russia Variegated'

Camellia japonica 'Forest Green'

Camellia japonica 'Grand Slam'

Camellia japonica 'Great Eastern'

Camellia japonica 'Gus Menard'

Camellia japonica 'Hanafûki'

Camellia japonica 'Happy Holidays'

Camellia japonica 'Jeanette Cousins'

Camellia japonica 'Joshua E. Youtz'

Camellia japonica 'Look-Away'

Camellia japonica 'Lovelight'

Camellia japonica 'Laurie Bray'

C. japonica 'Madame Louis van Houtte'

Camellia japonica 'Mathotiana Alba'

Camellia japonica 'Memphis Belle'

Camellia japonica 'Moshio'

Camellia japonica 'Otome'

Camellia japonica 'Nuccio's Carousel'

Camellia japonica 'Nuccio's Gem'

Camellia japonica 'Pink Diddy'

Camellia japonica 'Pink Gold'

Camellia japonica 'Mrs Bell'

Camellia japonica 'Lady Maude Walpole'

Camellia japonica 'Pope John XXIII'

Camellia japonica 'Pukekura'

C. japonica 'R. L. Wheeler Variegated'

Camellia japonica 'Red Red Rose'

Camellia japonica 'Roma Risorta'

Camellia japonica 'Rossii'

Camellia japonica 'Royal Velvet'

Camellia japonica 'Shikibu'

Camellia japonica 'Shishigashira'

Camellia japonica 'Silver Waves'

Camellia japonica 'Tama-no-ura'

Camellia japonica 'The Czar'

Camellia japonica 'White Nun'

Camellia japonica 'Wildfire'

Camellia japonica 'William Honey'

Camellia japonica 'Yours Truly'

(Syn. 'Fishtail', 'Mermaid'), die sich durch in der Regel dreifach gelappte Blätter und mittelgroße, einfache, rosarote Blüten auszeichnen.

Camellia lutchuensis

Zwar wird die Bezeichnung der südlichsten Inselgruppe Japans gegenwärtig »Ryukyu« geschrieben, aber der Artname bezieht sich auf die früher im Westen übliche Schreibweise Liu-kiu oder Lu-tschu. Diese schnellwachsende Art mit jung leicht offener, aufrechter, später ausladender Wuchsform kommt im Süden der japanischen Hauptinseln sowie auf der genannten subtropischen Inselgruppe vor und wurde wegen ihrer köstlich duftenden, kleinen, weißen, in der Regel außen rosa überlaufenen Blüten zur beliebten Gartenpflanze. Die kleinen, stumpfgrünen Blätter sind jung bronzefarben getönt.

Camellia nitidissima
Syn. *Camellia chrysantha*

In den siebziger Jahren verursachte diese erste gelbblühende Art in Kultur einiges Aufsehen unter Kamelienfreunden, die nun – leider bisher vergeblich – hofften, daß ihre Gene es ermöglichen würden, vielfältige wunderschöne, gelbe Hybriden zu züchten. Bereits zu einem frühen Zeitpunkt wurde klar, daß diese Art aus der südchinesischen Provinz Guangxi (nahe der vietnamesischen Grenze) in ihrer ursprünglichen Form keine gute Gartenpflanze darstellt – sie hat eine schwache, hochaufgeschossene Wuchsform, blüht nur wenig und wird leicht von der Wurzelfäule dahingerafft. Im Frühjahr erscheinen nur etwa 5 cm breite Blüten mit einem leicht ausgewaschenen gelben Farbton. Das Laub jedoch ist sehr attraktiv, mit großen, stark geäderten, sehr glänzenden Blättern (*nitidissima* bedeutet »die glänzendste«). Der in Schüben auftretende Neutrieb ist rötlichpurpurn.

Camellia oleifera

Die Art wird in Südchina und Teilen Indonesiens wegen des in der Küche und Kosmetikproduktion verwendeten Öls der Samen weithin angebaut. Ihre Wildform ist unbekannt, Botaniker nehmen jedoch an, daß *Camellia oleifera* und *C. sasanqua* einen gemeinsamen wilden Vorfahren haben könnten, da sie offenbar eng verwandt sind. Der zu den winterhärteren Arten zählende, als Zierpflanze geeignete kleine Baum oder Strauch trägt bis zu 10 cm breite, duftende Blüten, die sich vom Frühherbst bis zum Frühwinter öffnen.

Camellia pitardii

Dieser offen verzweigte Strauch oder bis zu 6 m hohe kleine Baum aus Südwest- und Zentralchina ist ein naher Verwandter der zur gleichen Zeit blühenden *Camellia reticulata*. Er hat kleinere Blüten und Blätter als diese, ist jedoch ziemlich variabel: Die typische Form trägt bis zu 5 cm breite Blüten mit fünf oder sechs rosaroten bis weißen Blütenblättern, auch die etwas größeren Blüten der am meisten gezogenen Form ***C. pitardii* var. *yunnanica*** erscheinen in diesen Farben. Diese sehr hübsche Pflanze wird zunehmend als Elternteil für Hybridzüchtungen verwendet. **'Gay Pixie'** ist eine in Australien gezogene Sorte mit unvollständig gefüllten Blüten, deren rosa Blütenblätter dunkler gestreift sind. Die Blüten der Zwergsorte **'Snippet'** haben gekerbte, zarte, blaßrosa Blütenblätter.

Camellia reticulata

Zu dieser Art gehören einige der großblütigsten Sorten, von denen viele seit Jahrhunderten in Südchina kultiviert wurden, bevor ein Exemplar 1820 von Captain Rawes von der East India Company nach England gebracht wurde. Bald darauf wurde eine Wildpflanze mit viel kleineren Blüten in Yünnan entdeckt und von Botanikern als die wilde Stammform dieser alten chinesischen Sorten identifiziert. Seitdem wurden zahlreiche weitere

Camellia pitardii 'Gay Pixie'

Camellia reticulata 'William Hertrich'

Camellia reticulata 'Cambria'

Camellia pitardii 'Snippet'

Camellia reticulata 'Blossom Time'

Sorten (meist aus Yünnan) beschrieben, häufig bis zu 12 m hohe und Hunderte von Jahren alte Tempelbäume. *Camellia reticulata* wächst aufrechter als *C. japonica* und hat einen offeneren Habitus mit relativ wenigen, großen, ledrigen Blättern. Für eine Kamelie blüht sie relativ spät von Spätwinter bis Mitte des Frühjahrs. Auch die Wildform **'Wild Type'** ist im Handel; sie hat ziemlich unregelmäßig schalenförmige, etwa 8 cm breite, ungefüllte rötlichrosa Blüten. Die ursprüngliche, 1820 unter dem Namen **'Captain Rawes'** eingeführte Form wird bis heute geschätzt; sie hat 15 cm breite, halbgefüllte, kräftig karmesinrot-rosa Blüten und unregelmäßig gefärbte Blütenblätter. Neuere Sorten wachsen kompakter als dieser ziemlich dünne Strauch, so etwa die einfache amerikanische **'Lila Naff'** mit zahlreichen breiten, zartrosa Blütenblättern und **'William Hertrich'** mit sehr großen, halbgefüllten, tiefroten Blüten. Zahlreiche zu dieser Art gerechnete Sorten sind echte Hybriden mit Einflüssen anderer Arten.

Camellia reticulata 'Ellie's Girl'

Camellia reticulata

Camellia reticulata 'Lovely Lady'

Camellia reticulata 'Ellie's Girl'

Camellia reticulata 'Curtain Call'

Camellia reticulata 'K. O. Hester'

Camellia reticulata 'Mouchang'

Camellia reticulata 'Rhonda Kerri'

Camellia reticulata 'Ted Craig'

Camellia reticulata 'Zhangjia Cha'

Camellia × *vernalis* 'Shibori-Egao'

Camellia × *vernalis* 'Yuletide'

Camellia × *williamsii* 'Donation'

C. × *williamsii* 'E. G. Waterhouse'

Camellia sasanqua

Camellia sasanqua 'Paradise Belinda'

Camellia sasanqua

Von dieser ursprünglich südjapanischen Art stammen Hunderte von in den letzten Jahren ständig beliebter gewordenen Sorten ab, die bezüglich des Standortes zu den vielseitigsten Kamelien zählen. Die dicht belaubten Pflanzen können als Hecken und Alleebäume, einige Sorten auch als Spalierpflanzen gezogen werden. Die kleinen, glänzenden Blätter sind dunkelgrün, die kleinen bis mittelgroßen, zart duftenden, meist einfachen oder halbgefüllten, in vielen Farben erscheinenden Blüten kurzlebig, aber zahlreich. Mit den verschiedenen Sorten reicht die Blütezeit von Frühherbst bis in die Mitte des Winters. Sie wachsen schneller und ertragen mehr Sonne als die meisten anderen Arten und schätzen ein mildes Klima. Zu den besseren Sorten zählen **'Jennifer Susan'** mit halbgefüllten rosa Blüten; die in Australien gezüchtete, ausgezeichnet für Hecken geeignete **'Plantation Pink'** mit größeren, einfachen, schalenförmigen, rosa Blüten; **'Paradise Belinda'** mit halbgefüllten Blüten, deren äußere Staubgefäße mit ungewöhnlichen kleinen, blütenblattartigen Organen versehen sind, und die als Spalierpflanze geeignete **'Mine-no-yuki'** (Syn. 'White Doves') mit cremefarbenen, halbgefüllten Blüten.

Camellia sinensis

Camellia sinensis

TEESTRAUCH

Von dieser vor allem in Plantagen in den Hochländern des tropischen Asien sowie in ihrer ursprünglichen Heimat Südchina, in Japan und heute auch in anderen Teilen der Welt mit geeignetem mildem und feuchtem Klima angebauten Art stammt der Tee. Um schwarzen oder grünen Tee zu erhalten, werden die jungen Triebe gepflückt und auf unterschiedliche Weise weiterbehandelt und getrocknet. Der in der Regel 2–3 m hohe Strauch hat dünne, gesägte Blätter und ziemlich unauffällige, etwa 2,5 cm große, weiße bis cremefarbene, leicht gelbe Blüten, die in den Blattachseln an zurückgebogenen Stielen erscheinen. Auf den Teeplantagen werden die Pflanzen etwa auf Brusthöhe geschnitten und blühen selten. Die wüchsige ***Camellia sinensis*** **var.** ***assamica*** (Assamtee) mit größeren Blättern wird heute in Indien und auf Sri Lanka allgemein angebaut. Man vermutete ihre Heimat in Assam, wo sie im 19. Jahrhundert entdeckt wurde. Botaniker gehen heute jedoch davon aus, daß sie ursprünglich aus China stammt.

Camellia tsaii

Unter den zahlreichen, kleinblütigen Wildarten ist diese die am meisten gepflanzte. Attraktiv sind ihre elegante, weidenartige Wuchsform mit glänzendem, herabhängendem grünem Laub und die kleinen, weißen, duftenden, fünfblättrigen Blüten, die in großer Zahl entlang den Zweigen erscheinen. In ihrer Heimat, der südchinesischen Provinz Yünnan, in Nordvietnam und Myanmar kann sie ein bis zu 4,5 m hoher Strauch werden, in Kultur ist sie in der Regel nur halb so hoch.

Camellia × *vernalis*

Unter dieser Bezeichnung werden Sorten zusammengefaßt, die oft unter *C. sasanqua* aufgelistet wurden, von denen man heute jedoch annimmt, daß sie Kreuzungen zwischen *C. sasanqua* und *C. japonica* entstammen. Sie teilen viele Merkmale mit *C. hiemalis* und haben einen ebenso umstrittenen Namen. Typisch ist ihre Blütezeit vom Hochwinter bis fast Frühjahrsmitte. **'Shibori-Egao'** ist eine Variante von **'Egao'** mit tiefrosa, halbgefüllten Blüten und einer zentralen Säule aus gelben Staubgefäßen. Die früher als die meisten Angehörigen der Gruppe blühende amerikanische Züchtung **'Yuletide'** hat eine kompakte, buschige Wuchsform und scharlachrote Blüten mit hervorstehenden, gelben Staubgefäßen.

Camellia × *williamsii*

Auch wenn die Hybridkamelien weiter unten zusammengefaßt werden, verdient diese wohlbekannte Gruppe eine gesonderte Behandlung. Zu ihr zählen Kreuzungen von *C. japonica* und der westchinesischen Art *C. saluenensis* sowie deren spätere Nachkommen. Die ursprüngliche *C.* × *williamsii* wurde um 1930 in Großbritannien gezüchtet; bereits in den vierziger Jahren waren einige Sorten erhältlich, die wegen ihrer Kälteresistenz und ihrer üppigen, farbenprächtigen, im Winter und Frühjahr lange blühenden Blüten schnell beliebt wurden. Eine der frühesten und bekanntesten Sorten ist **'Donation'** mit großen orchideenrosa, halbgefüllten Blüten. **'Caerhays'** hat mittelgroße, halbgefüllte, lilarosa Blüten an etwas hängenden Zweigen. Die australische Sorte **'E. G. Waterhouse'** hat eine aufrechte Wuchsform, mattgrünes Laub und vollständig gefüllte, kräftigrosa Blüten.

Camellia × *williamsii* 'Crinkles'

Camellia × *williamsii* 'Coral Delight'

C. × *williamsii* 'E. T. R. Carlyon'

Camellia × *williamsii* 'Ballet Queen'

C. × *williamsii* 'Buttons 'n' Bows'

C. × *williamsii* 'Orchid Princess'

Camellia-Hybriden

Obwohl in vielen anderen Gattungen bereits Hybriden gezüchtet wurden, unternahm man im 19. Jahrhundert kaum Versuche, die verschiedenen *Camellia*-Arten zu kreuzen. Außer einigen zufälligen Hybriden aus China und Japan gab es bis zu den *Camellia* × *williamsii*-Hybriden um 1940 keine erfolgreiche Kreuzung. In den sechziger und siebziger Jahren wurden sie langsam populärer und heute nehmen die Hybriden bei Neuzüchtungen einen wichtigen Rang ein. Weithin verwendete Eltern sind *C. japonica*, *C. sasanqua* und *C. reticulata*, aber auch zahlreiche andere wie etwa *C. saluenensis*, *C. pitardii*, *C. cuspidata*, *C. lutchuensis* und seit kurzem einige der kleinblütigen Arten wie etwa *C. tsaii*. Auf diese Weise wurde die Vielfalt des Laubs, der Blüten und der Wuchsformen ausgeweitet. Eine moderne Richtung zielt darauf ab, duftende Blüten zu erhalten. Zu den repräsentativen Sorten zählen die wüchsige, aufrechte **'Brian'** *(C. saluenensis × reticulata)* mit rosaroten, spitzen Blütenblättern, die sehr kälteresistente **'Cornish Snow'** *(C. cuspidata × saluenensis)* mit zahllosen, zarten, kleinen, einfachen weißen, bisweilen auch rosa überlaufenen Blüten und hoher, offener Wuchsform, **'Scentuous'** *(C. japonica* 'Tiffany' × *lutchuensis)* mit offenem Habitus, hellgrünen Blättern sowie halbgefüllten Blüten und weißen, außen rosa getönten Blütenblättern und dem Duft von *C. lutchuensis*. Die Zwergsorte **'Baby Bear'** *(C. rosiflora × tsaii)* mit kleinen, hellrosa Blüten und dichter Wuchsform eignet sich ausgezeichnet als Bonsai- oder Steingartenpflanze.

Camellia-Hybride 'Dr Clifford Parks'

Camellia-Hybride 'Cornish Snow'

Camellia-Hybride 'Scentuous'

Camellia-Hybride 'Alpen Glo'

Camellia-Hybride 'Arcadia'

Camellia-Hybride 'Betty Ridley'

Camellia-Hybride 'California Sunset'

Camellia-Hybride 'Cameron Cooper'

Camellia-Hybride 'Candle Glow'

Camellia-Hybride 'Dick Goodson'

Camellia-Hybride 'Dr Louis Polizzi'

Camellia-Hybride 'El Dorado'

Camellia-Hybride 'Francie L.'

Camellia-Hybride 'Gay Baby'

C

Camellia-Hybride 'Howard Asper'

Camellia-Hybride 'Lasca Beauty'

Camellia-Hybride 'Lois Shinault'

Camellia-Hybride 'Warwick Berg'

Camellia-Hybride 'Nicky Crisp'

Camellia-Hybride 'Snow Drop'

Camellia-Hybride 'Tamzin Coull'

Camellia-Hybride 'Wirlinga Princess'

Camellia-Hybride 'Tom Knudsen'

Camellia-Hybride 'Valentine Day'

CAMPANULA

GLOCKENBLUME

Zu dieser großen, in den gemäßigten Zonen der nördlichen Hemisphäre heimischen Gattung zählen etwa 250 Arten auffälliger, ein- und zweijähriger Stauden. Ihre Blätter von unterschiedlicher Form und Größe stehen meist an aufrechten Stengeln, bilden in einigen Fällen aber auch nur eine grundständige Rosette. Die meist glockenförmigen, bei einigen Arten mehr walzen-, krug- oder sternförmigen Blüten sind meist blau oder purpurn, manchmal rosa oder weiß.
PFLEGE UND VERMEHRUNG: Sie eignen sich für Steingärten, Rabatten, Wildgärten und Ampeln und wachsen am besten auf mäßig nährstoffreichem, feuchtem, durchlässigem Boden windgeschützt in der Sonne oder im Schatten; die Blütenfarbe ist im Schatten dauerhafter. Höhere Sorten liefern gute Schnittblumen und brauchen Stütze. Abgeblühte Stengel entfernt man, im Winter kann man die Pflanzen versetzen. Ihre Vermehrung erfolgt durch Samen im Frühjahr (bei alpinen Arten im Herbst), Teilen im Frühjahr oder Herbst oder Stecklinge im Frühjahr. Vorsicht vor Schnecken. Soweit nicht anders angegeben, sind die Arten frosthart.

Campanula alliariifolia

Diese ungewöhnliche, in der Kaukasusregion und benachbarten Gebieten der Türkei heimische Glockenblume bildet ein grundständiges Büschel aus großen, herzförmigen, behaarten Blättern, aus dem strahlenförmig zahlreiche nach oben gebogene, bis zu 60 cm hohe Stengel sprießen; an ihrer Unterseite hängen etwa 2,5 cm lange, am Grund von einem rötlichbraunen Kelch umgebene weiße Blüten in Reihen herab.

Campanula betulifolia

Die Blätter dieser in der Türkei und Armenien heimischen, zarten Zwergstaude sind oft purpurn überlaufen, die in breiten Büscheln erscheinenden, nickenden Blüten sind weiß oder leicht rosa. Sie bildet einen dichten, höchstens 10 cm hohen Horst und braucht sehr gut durchlässigen Boden.

Campanula 'Birch Hybrid'

Die Blüten dieser außerordentlich reizenden, bis zu 15 cm hohen Zwergsorte, einer Hybride zwischen *Campanula portenschlagiana* and *C. poscharskyana*, sind hellblau.

Campanula 'Burghaltii'

Diese bis zu 60 cm hohe Kreuzung zwischen *Campanula latifolia* und *C. punctata* hat interessante, bis knapp 10 cm lange, als Knospen lilapurpurne bis blaßgrau-mauvefarbene Blüten. Die Rhizome kriechen nicht weit.

Campanula carpatica

KARPATENGLOCKENBLUME

Wegen ihrer langsam in die Breite wachsenden Matten grundständiger Blätter eignet sich diese Art als Rand- oder Steingartenpflanze. Im Spätfrühling und Sommer erscheinen 20–30 cm hohe Stengel über dem Laub, die nach oben gerichtete, 2,5–5 cm breite, kelchförmige, blaue, lavendelfarbene oder weiße Blüten tragen. Die am meisten verbreiteten Sorten sind die kompakten **'Blue Clips'** und **'White Clips'** sowie die hell violettblaue **'Wedgwood Blue'.**

Campanula cochleariifolia

ZWERGGLOCKENBLUME

Diese Pflanze aus den Alpen mit kriechenden und verzweigten Rhizomen eignet sich hervorragend für Steingärten. An bis zu 15 cm hohen, drahtigen Stengeln erscheinen im Sommer zierliche, glockenförmige, blaue oder lilablaue, bei **'Alba'** weiße Blüten.

Campanula garganica

Diese Art stellt eine exzellente Bepflanzung für Steingärten und Trockenmauerspalten dar und breitet sich durch Selbstaussaat aus. Die offenen, sternförmigen, mauvefarben-blauen Blüten erscheinen im Sommer über einen langen Zeitraum hinweg über und neben den Polstern aus kleinen, hellgrünen Blättern. **'W.H. Paine'** hat aufrechtere Stengel und sternförmige, blaue Blüten mit weißer Mitte.

Campanula 'G. F. Wilson'

Diese Zwergsorte ist eine Gartenhybride. Aus den kriechenden Rhizomen wachsen Rosetten aus gelb getönten Blättern, die mehr oder weniger hängenden Glockenblüten sind tief violettblau.

Campanula glomerata

KNÄUELGLOCKENBLUME

Die violettblauen Blüten dieser variablen Art aus Europa und dem gemäßigten Asien wachsen im Frühsommer in fast kugelförmigen Büscheln an 2,5–4 cm langen Stengeln. Wenn die verwelkten Stengel entfernt werden, gibt es eine Nachblüte. **'Superba'** wird bis zu 60 cm hoch, ***Campanula glomerata* var. *dahurica*** ist tiefer vio-

Campanula carpatica

Campanula 'Birch Hybrid'

Campanula 'Burghaltii'

Campanula glomerata 'Superba'

C. lactiflora 'Pritchard's Variety'

Campanula latifolia

Campanula portenschlagiana

lett. Es gibt auch Sorten mit gefüllten und weißen Blüten.

Campanula isophylla

Diese zwergwüchsige, immergrüne Kriechstaude wird bis zu 10 cm hoch und über 30 cm breit. Die in den norditalienischen Bergregionen heimische Pflanze ist nur mäßig frosthart und wird in der Regel als Zimmerpflanze gezogen. Im Sommer erscheinen große, sternförmige, blaue oder weiße Blüten, die kleinen Blätter sind herzförmig. **'Alba'** hat weiße Blüten.

Campanula 'Joe Elliott'

Diese Zwergsorte, eine Kreuzung zwischen den kalkliebenden Arten *Campanula raineri* und *C. morettiana* hat offene, mittelblaue Blüten.

Campanula lactiflora

Diese beliebte, bis zu 1,5 m hohe, wüchsige Staude aus der Kaukasusregion und der Osttürkei bildet breite Horste. An starken Stengeln stehen zahlreiche schmalovale Blätter. Im Sommer erscheinen sehr große, dichte Rispen aus breit glockenförmigen, lilablauen (gelegentlich rosa oder weißen) Blüten. Wenn der Blütenstengel nach der Blüte zurückgeschnitten wird, können die Seitentriebe im Spätherbst nachblühen. **'Loddon Anna'** hat lilarosa, **'Pritchard's Variety'** tief violettblaue Blüten.

Campanula latifolia

BREITBLÄTTRIGE WALDGLOCKENBLUME

Diese außerordentlich attraktive, bis zu 1 m hohe, in Europa und den gemäßigten Klimaregionen Asiens weitverbreitete Art entwickelt langgestielte, grundständige Blätter. Die stark beblätterten Stengel wachsen aus einem kompakten Wurzelstock. Die oberen Blätter gehen in Tragblätter über, in ihren Achseln erscheinen lila oder weiße, bis zu 5 cm breite, glockenförmige Blüten mit elegant zurückgebogenen Blütenblättern.

Campanula medium

MARIENGLOCKENBLUME

Diese langsam und aufrechtwachsende, zweijährige südeuropäische Art hat schmale, grundständige Blätter. Im Frühjahr und Frühsommer erscheinen gedrungene, bis zu 1,2 m hohe Ähren aus gedrängten, walzlichen, weißen, rosa oder blauen Blüten mit zurückgebogenem Rand und auffällig großem, grünem Kelch. Es gibt kleine Sorten von etwa 60 cm Höhe und gefüllte mit farbigem Kelch, der wie eine zweite Blütenkrone aussieht. Die Art liebt Halbschatten und ist gut für Rabatten geeignet.

Campanula persicifolia

PFIRSICHBLÄTTRIGE GLOCKENBLUME

Diese bekannte Art aus Süd- und Osteuropa sowie dem gemäßigten Asien hat große, kelchförmige, lilablaue oder weiße Blüten, die im Sommer in langen, aufrechten Trauben über schmalen, lanzettlichen, hellgrünen Blättern erscheinen. Die bis zu 1 m hohe Rosettenstaude breitet sich durch Rhizome aus. Verwelkte Blüten werden am besten einzeln ausgeputzt. **'Alba'** hat weiße, **'Boule de Neige'** und **'Fleur de Neige'** entwickeln gefüllte weiße Blüten.

Campanula portenschlagiana

Syn. *Campanula muralis*

Diese bis zu 15 cm hohe, immergrüne Zwergstaude mit gedrängt wachsenden, kleinen, veilchenartigen Blättern ist in einem kleinen Gebiet im dalmatinischen Kalkgebirge heimisch. Im späten Frühjahr und Frühsommer erscheinen zahllose kleine, sternförmige, violette Blüten. Sie eignet sich ausgezeichnet für Steingärten und Trockenmauerfugen, wo sie sich langsam, aber sicher ausbreitet, und bevorzugt halbschattige Lagen und durchlässigen Boden.

Campanula poscharskyana

Diese ebenfalls in Kroatien heimische, jedoch etwas weiter verbreitete, langsamwachsende Art hat größere, behaartere Blätter als die vorige. Sie trägt ab dem späten Frühjahr Blütenzweige mit sternförmigen, mauveblauen Blüten. Ihr Ausbreitungsdrang ist schwer zu bremsen, die Polster können bis zu 30 cm hoch werden. Die Art ist gut als Bodendecker, sie wächst auch gut auf Mauern, an Böschungen oder im Vordergrund gemischter Rabatten. Halbschatten verlängert die Blüte.

Campanula rapunculoides

ACKERGLOCKENBLUME

Diese weitverbreitete europäische Art wird wegen ihrer schwer bekämpfbaren, langen Rhizome manchmal als Unkraut gefürchtet, kann aber aufgrund reichlicher Selbstaussaat und vegetativer Ausbreitung auch eine nützliche Wildstaude sein. Ihre bis zu 1 m hohen Stengel tragen gesägte, nesselartige Blätter. Den Sommer über erscheinen einseitswendig abwärtsgerichtete, violettblaue Glockenblüten.

Campanula rapunculus

RAPUNZELGLOCKENBLUME

Diese zweijährige Art aus Europa, Nordafrika und dem gemäßigten Asien hat kaum Gartenwert, wurde aber aufgrund ihrer eßbaren pastinakenähnlichen Pfahlwurzel sowie der eßbaren gebleichten Triebe und jungen Blätter früher als Wildgemüse geschätzt. Sie bildet ein kurzes Büschel grundständiger Blätter sowie einen bis zu 1 m hohen Blütenstengel aus, an dem im Sommer mehrere Wochen langgestielte weiße, hellblaue oder lila Glockenblüten erscheinen.

Campanula rotundifolia

RUNDBLÄTTRIGE GLOCKENBLUME

Diese widerstandsfähige, variable Art ist in der gemäßigten nördlichen Hemisphäre weit verbreitet. Aus den kriechenden Rhizomen wachsen lockere Rosetten gestielter, runder Blättchen, im Sommer dann schlanke, drahtige Stengel mit nickenden, lilablauen oder weißen Glockenblüten.

Campanula rotundifolia

Campanula persicifolia

Campanula poscharskyana

Campanula rapunculoides

Campanula persicifolia

Campanula medium

Campanula takesimana

Diese eindrucksvolle Staude aus Korea trägt an bis zu 1 m langen, in der Regel niederliegenden Blütentrieben ungewöhnlich lange, außen seidig cremeweiße bis lilarosa Glockenblüten, die innen dunkler purpurbraun gefleckt sind. Die großen Blätter bilden lockere grundständige Rosetten; durch die sich ausbreitenden Wurzeln entwickelt die Pflanze einen großen Horst. Die Sorte **'Alba'** hat weiße Blüten.

Campanula vidalii

Syn. *Azorina vidalii*

Diese strauchige, immergrüne Staude unterscheidet sich so erheblich von anderen Glockenblumen, daß sie einige Botaniker einer eigenen Gattung *(Azorina)* zuordnen. Sie hat gedrängt wachsende, schmale, fleischige Blätter und trägt im Frühsommer an bis knapp 50 cm hohen Stengeln nickende fleischfarbene oder weiße Glockenblüten von wachsartiger Konsistenz. Als Gartenpflanze nur für warmgemäßigtes Klima geeignet, wächst sie in kühleren Regionen am besten im temperierten Gewächshaus.

CAMPSIS

TROMPETENBLUME, KLETTERTROMPETE, JASMINTROMPETE

Zu dieser Gattung aus den östlichen USA und China zählen zwei Arten wüchsiger, sommergrüner Klettersträucher mit Haftwurzeln. Sie wurden früher zu den Gattungen *Bignonia* oder *Tecoma* gezählt, die zu dieser Zeit verschiedenste Arten der Familie der *Bignoniaceen* umfaßten. Heute werden sie sehr viel enger gefaßt. Trompetenblumen haben gegenständige, gefiederte Blätter an starken Trieben. Im Sommer und Herbst erscheinen in endständigen Rispen große, stumpf-scharlachrote bis orangefarbene, trompetenförmige Blüten.

PFLEGE UND VERMEHRUNG: Sie brauchen sonnige, geschützte Lagen und durchlässigen Boden und müssen im Sommer gut gewässert werden. Vermehrt werden sie durch Stecklinge, Samen oder Ableger. Etablierte Pflanzen können im Spätwinter oder zeitigen Frühjahr stark zurückgeschnitten werden.

Campsis grandiflora

Syn. *Bignonia grandiflora, Campsis chinensis*

CHINESISCHE KLETTERTROMPETE

Diese sommergrüne, schnellwachsende Kletterpflanze aus China klettert mit Hilfe ihrer rankenden Luftwurzeln bis zu 9 m hoch. Im Spätsommer und Herbst erscheinen auffällige Büschel aus bis zu 10 cm langen, im Schlund fast geschlossenen, scharlachroten bis orangefarbenen Blüten mit abgeflachter Röhre. Diese Art ist sehr frostempfindlich.

Campanula takesimana

Campanula takesimana 'Alba'

Campsis radicans

Syn. *Bignonia radicans, Tecoma radicans*

AMERIKANISCHE KLETTERTROMPETE

Diese in den südöstlichen USA heimische Kletterpflanze wird 10–15 m hoch, in Gärten kann sie jedoch kleiner gehalten werden. Sie unterscheidet sich von *Campsis grandiflora* durch ihre schmaleren, im Schlund offenen, meist orangefarbenen oder ziegelroten Blüten. Sie braucht Stütze oder Befestigung, da ihre Haftwurzeln bei starkem Wind zu schwach sind, um ihr Gewicht zu tragen. Sie blüht schön an warmen Mauern. Im Südosten der USA als Unkraut geltend, ist diese Art in anderen Teilen Nordamerikas eine beliebte Gartenpflanze. **'Crimson Trumpet'** hat tief samtigrote Blüten und tiefgrüne Blätter, **'Flava'** (Syn. 'Yellow Trumpet') hingegen blassere grüne Blätter und goldgelbe Blüten. Die Blüten der neueren Sorte **'Flamenco'** erstrahlen besonders prächtig.

Campsis × tagliabuana

Diese aus beiden vorgenannten Arten entstandene Hybride mit eher strauchiger Wuchsform ist oft weiter verbreitet als ihre Eltern. Sie entstand um 1850 in der Baumschule der Gebrüder Tagliabue nahe Mailand. Von ihr stammen attraktive Sorten ab. Am bemerkenswertesten ist **'Madame Galen'** mit ihren eindrucksvollen lachsfarbenen, tiefer geäderten Blüten, die im Sommer gebüschelt in lockeren, offenen Blütenzweigen erscheinen.

Campanula vidalii

CAMPTOTHECA

Diese chinesische Gattung aus den niedrig gelegenen Tälern Yünnans und Szechuans umfaßt eine sommergrüne, nicht frostharte Baumart. Vor allem das Laub des anfangs schnellwachsenden Baums ist attraktiv: Die Blätter sind groß und glänzend mit starken Rippen und an neuen Trieben blaßrosa-bronzefarben. Im Sommer erscheinen nahe den Zweigspitzen gestielte, kugelförmige Blütenköpfchen aus kleinen, weißen Blüten, die sich bis zum Herbst vergrößern und dann aus merkwürdigen gelbgrünen Früchten mit scharfen Ecken bestehen, die sich vor dem Abfallen braun färben.

PFLEGE UND VERMEHRUNG: Der schöne Baum für feuchte, warm-gemäßigte Klimate braucht tiefen, feuchten Boden. Er ist empfindlich gegen starken Wind, der

Campsis radicans

Campsis radicans 'Crimson Trumpet'

C. × tagliabuana 'Madame Galen'

Campsis radicans

Campsis radicans 'Flava'

Campsis radicans 'Flava'

Zweige abbricht und das Laub zerfetzt. Er wird durch Samen vermehrt.

Camptotheca acuminata

Dieser bis zu 12 m hohe Baum hat einen geraden Stamm mit grauer Rinde und ausladende Seitenzweige. Das Wachstum verlangsamt sich nach und nach, und manche Bäume altern frühzeitig; ihr Höchstalter ist bislang unklar. In Teilen Chinas soll er häufig gepflanzt werden.

CANANGA

Zu dieser Gattung zählen zwei schnellwachsende, immergrüne Baumarten aus dem tropischen Südostasien, Nordaustralien und von den pazifischen Inseln. Aus den in hängenden Büscheln erscheinenden, wundervoll duftenden, sechsblättrigen Blüten wird ein Parfümöl gewonnen.
PFLEGE UND VERMEHRUNG: Wie ihre Verwandten *Annona muricata* und *Annona squamosa* lassen sie sich leicht in tropischen und wärmeren subtropischen Gebieten in geschützten, schattigen Lagen ziehen. Sie bevorzugen feuchten, humusreichen Boden und lassen sich durch Samen oder Stecklinge vermehren.

Cananga odorata
YLANG-YLANGPFLANZE

Dieser wild bis zu 25 m hohe, hübsche Baum der Tropen hat hängende, ziemlich brüchige Zweige und große, glänzendgrüne Blätter. Meist im Herbst erscheinen in dicken Büscheln in den Blattachseln die Blüten mit langen, gedrehten, herabhängenden, grünlichgelben Blütenblättern und außergewöhnlich schwerem Duft. Ihnen folgen kleine, grünliche Früchte. Die Ylang-Ylangpflanze (der Name ist malaiisch) wird auf Hawaii in großem Maß für die Parfümindustrie angebaut.

CANARINA

Zu dieser mit *Campanula* verwandten Gattung zählen drei Arten. Eine ist auf den Kanarischen Inseln endemisch, die anderen kommen im tropischen Ostafrika vor. Die sommergrünen, schwachen Kletter- oder Kriechpflanzen ziehen im Winter bzw. in der tropischen Trockenzeit ein. Die Blätter sind eckig gezähnt oder leicht gelappt, die großen, roten oder orangefarbenen Blütenglocken stehen einzeln in den oberen Blattachseln.
PFLEGE UND VERMEHRUNG: Sie bevorzugen geschützte, halbschattige Lagen, feuchten, durchlässigen Boden und eine trockene Ruheperiode. In kühlen Klimaten wachsen sie gut in ungeheizten Wintergärten. Vermehrung durch Samen oder Stecklinge aus den Stengelbasen.

Canarina canariensis

Im Innern der 5 cm breiten, hängenden Glockenblüten dieser Pflanze kann man ein sehr feines, herrliches Muster aus dunkelroten Adern auf orangefarbenen Hintergrund erkennen. Im Spätwinter und Frühjahr erscheinen die Blüten an den bis zu 1,5 m weit klimmenden Stengeln.

CANAVALIA

Zu dieser hauptsächlich tropischen Gattung zählen etwa 50 Arten bohnenartiger

Canarina canariensis

Kriech- und Kletterpflanzen, die weltweit, jedoch vor allem in Amerika vorkommen. Die meisten wachsen an veränderlichen Standorten wie etwa sandigen Flußufern und Küsten. Die Blätter setzen sich aus drei Fiedern zusammen, die weißen, rosa oder roten Schmetterlingsblüten stehen in aufrechten Ähren. Ihnen folgen flache, gerippte, bisweilen ziemlich große Hülsen. Die großen, flachen Samen sind bei den meisten Arten ziemlich giftig, einige Arten werden jedoch als Nutzpflanzen gezogen.
PFLEGE UND VERMEHRUNG: Jack- und Schwertbohnen brauchen frostfreies Klima und eine Kletterhilfe. In kühleren Regionen mit langen, warmen Sommern können sie einjährig gezogen werden. Die Vermehrung erfolgt durch Samen im späten Frühjahr.

Canavalia ensiformis
JACKBOHNE, SCHWERTBOHNE

Diese häufig nur bis zu 2 m hohe Kletterpflanze aus dem tropischen Amerika hat große, dünne Fiederblätter und etwa 2,5 cm lange, purpurrosa Blüten. Die bisweilen über 30 cm langen und 2,5 cm breiten, flachen Hülsen haben am Rand zwei leichte Furchen. Die weißen Bohnen sind eßbar, wenn sie unreif geerntet und dann gekocht werden, reif sind sie jedoch giftig.

Canavalia gladiata
SCHWERTBOHNE

Diese Art aus dem tropischen Afrika und Asien gleicht *Canavalia ensiformis*, hat jedoch größere und bis zu 5 cm breite Hülsen mit einem Wulst auf jeder Seite. Die Blüten erscheinen in weißen bis roten, die Samen in weißen bis tiefroten oder braunen Farbtönen. Als Nahrungsmittel werden sie im großen und ganzen wie *C. ensiformis* behandelt.

Canavalia rosea
Syn. *Canavalia maritima*

Diese Art kommt weltweit an tropischen und subtropischen Küsten vor und wächst an Sandstränden und auf Klippen. Die in der Regel niederliegenden, bis zu 6 m langen Triebe wachsen strahlenförmig aus einem zentralen Wurzelstock und bilden mit ihrem frischen grünen Laub aus runden, ledrigen Fiederblättern große Matten. Die tiefrosa bis lilarosa Blüten erscheinen in kurzen, aufrechten Ähren. Die bis zu 15 cm langen Hülsen enthalten giftige Samen, die schon geröstet oder gekocht verzehrt wurden. Die in warmen Klimaten als Bodendecker und Sandbodenfestiger nützliche Pflanze übersteht gelegentlichen leichten Frost.

Camptotheca acuminata

Camptotheca acuminata

Cananga odorata

Canavalia rosea

Canistrum lindenii

CANISTRUM

Zu dieser Gattung zählen sieben ostbrasilianische, epiphytische oder auf Felsen wachsende Bromeliengewächse. Ihre trichterförmige Rosette dient als Zisterne. In ihrer Mitte erscheint ein kurzer Blütenstand aus einem Büschel kleiner, von einem hübschen Ring kurzer, farbenprächtiger Hochblätter umgebener Blüten.
PFLEGE UND VERMEHRUNG: In kühleren Regionen werden sie als Zimmerpflanzen, in den feuchten (Sub-)Tropen als Freilandpflanzen in halbschattigen Lagen in niedrigen Astgabeln oder auf Felsen gezogen, aber auch in Hochbeeten in sehr lockerer, humusreicher Erde. Bei trockenem Sommerwetter müssen sie häufig besprüht werden. Vermehrung durch Seitentriebe oder Samen. Sämlinge brauchen Schutz vor Schildläusen und Verpilzung.

Canistrum lindenii
Syn. *Aechmea rosea, Canistrum roseum*

Die stengellosen Rosetten dieser Art bestehen aus breiten, bis zu knapp 50 cm langen, am Rand stacheligen, grünen, unterseits silbrigschuppigen Blättern. Die gedrängt wachsenden kleinen Blüten erscheinen im Sommer, sie sind weiß und die sie umgebenden Blütenblätter blaßgrün bis weiß (rosa oder rötlich bei **'Roseum'**).

CANNA
BLUMENROHR

Zu dieser Gattung zählen etwa 25 Arten robuster Rhizomstauden aus dem tropischen und subtropischen Amerika. Sie bilden eine eigene Familie, die mit den Ingwer- *(Zingiberaceae)* und Bananengewächsen *(Musaceae)* verwandt ist und wie diese dicke, knotige Rhizome und unechte Stämme hat, die aus den eng zusammengerollten Blattbasen bestehen. An ihrer Spitze erscheinen schlanke Blütenstengel mit auffälligen, asymmetrischen Blüten. Die Blütenblätter der meisten Wildarten sind ziemlich schmal und gelb, rot oder purpurfarben getönt. Alle Gartensorten sind Hybriden mit viel breiteren Blüten-

Canna × *generalis*

Canna × *generalis*

Canna × *generalis*

Canna × *generalis* 'Brandy Wine'

Canna indica

Canna × *generalis* 'Königin Charlotte'

Canna × *generalis* 'Lenape'

Canna × *generalis* 'Lucifer'

blättern; sie entstanden Mitte des 19. Jahrhunderts aus Kreuzungen zwischen verschiedenen Arten. Frühe Hybriden hatten ziemlich glatte, einfarbige Blütenblätter, doch durch die Einkreuzung von *Canna flaccida* entstanden größere, gekräuselte, mehrfarbige Blüten. Die Farbpalette reicht heute von Rot-, Gelb- und Orange- bis zu Apricot-, Creme- und Rosatönen. Die grünen, bronze- oder purpurfarbenen Blätter sind bisweilen weiß oder gelb panaschiert. Die Höhe der Pflanzen reicht von knapp 50 cm bis zu 2,5 m.
PFLEGE UND VERMEHRUNG: Die Pflanzen gedeihen im Freiland in frostfreien, warmen Klimaten. In kälteren Gebieten gräbt man die Rhizome im Herbst aus und lagert sie bis zum Frühjahr ein, oder man zieht sie als Kübelpflanzen. Sie lieben Sonne, gute Düngung und wachsen bei heißem, trockenem Wetter, solange ausreichend Wasser zur Verfügung steht. Der Rückschnitt bis zum Boden erfolgt nach der Blüte, die Vermehrung im Frühjahr, indem die Pflanzen geteilt werden.

Canna × *generalis*

Unter dieser Bezeichnung wird eine große Gruppe von Hybriden unbekannter oder komplizierter Abstammung zusammengefaßt. Die Höhe der extrem variablen Pflanzen reicht von unter 1 m hohen Zwergsorten bis zu knapp 2 m hohen Sorten. Das ebenfalls variable Laub ist grün, rötlich, purpurn oder panaschiert. Die in warmen Farben erstrahlenden Blüten erscheinen entweder klar uni wie die orangerote **'Brandywine'** oder gefleckt oder gestreift wie die gelbe und rote **'King Numbert'**. **'Königin Charlotte'** hat glänzende rote, die nur bis zu 80 cm hohe Zwerghybride **'Lenape'** hellgelbe Blüten mit rotem Schlund und bräunlichroten Punkten. Die neuere kleinwüchsige, bis zu 1 m hohe und sehr attraktive Sorte **'Lucifer'** hat rote Blütenblätter mit gelben Rändern und purpurn getönte Blätter.

Canna indica
Syn. *Canna edulis*

Die etwa 2,5 m hohe, ungeachtet ihres Namens im nördlichen Südamerika heimische Art ist in vielen warmen Regionen eingebürgert. Sie hat dunkelgrüne, purpurn getönte Blätter und trägt im Sommer dunkelrote bis gelbe Blüten mit sehr schmalen Blütenblättern. Ihnen folgen bald fleischige, stachelige Kapseln, die schwarze Samen enthalten. Diese wurden wegen ihrer Härte und leicht kugeligen Form schon als Schrotersatz verwendet. Einige Stämme, die früher als *Canna edulis* bezeichnet wurden, werden wegen der eßbaren Stärke in ihren Rhizomen angebaut.

CANNABIS
HANF

Aus den starken Stengelfasern der einzigen, seit Jahrhunderten angebauten Art dieser Gattung, heimisch vom subtropischen Asien bis nach Osteuropa, wurden früher die besten Seile hergestellt, ebenso grobe Kleidung. Ein weiterer Grund zum Anbau der hochwachsenden, einjährigen Pflanze ist ihr Harz. Es hat eine sedierende, leicht berauschende und halluzinogene Wirkung, für die der in den weiblichen Blüten am stärksten konzentrierte Wirkstoff Tetrahydrocannabinol (THC) verantwortlich ist (einige Faserstämme sind jedoch fast THC-frei). Die getrockneten Blätter und Blüten werden als Marihuana geraucht oder das Harz zur Herstellung von Haschisch extrahiert. Bevor sein Anbau in den meisten Ländern verboten wurde, wurde Hanf von Floristen als Bindegrün für Blumensträuße verwendet.
PFLEGE UND VERMEHRUNG: Die einjährige Pflanze paßt sich den meisten Böden und Bedingungen an, wächst praktisch an jedem Standort mit ausreichend Wasser und läßt sich mit Düngung stark fördern. Der Anbau ist jedoch weithin verboten mit Ausnahme kleiner Mengen zur Herstellung von Seilen und Garnen.

Cantua buxifolia

Cannabis sativa

Das sehr hübsche Laub dieser bis über 3 m hohen, 1 m breiten, einjährigen Pflanze besteht aus handförmig geteilten, oberseits dunkelgrünen und unterseits helleren Blättern. Die Blüten sind klein und grün. Die Art ist zweihäusig.

CANTUA

Zu dieser kleinen Gattung zählen sechs Arten halbimmergrüner Sträucher aus den südamerikanischen Anden mit charakteristischen, hängenden, trompetenförmigen Blüten an schwachen Stielen. In diesen Eigenschaften stimmen zahlreiche nicht näher miteinander verwandte amerikanische Blütenpflanzen überein, die von Kolibris bestäubt werden. Diese können mit ihrer Fähigkeit, sich in der Luft an einer Stelle zu halten, an Nektar in Blüten gelangen, die anderen Vögeln und Insekten unzugänglich sind. Häufig kultiviert wird lediglich *Cantua buxifolia* – wegen ihrer eleganten, üppigen Blüten, die oft stark mit den kahlen, unattraktiven Stämmen und Zweigen kontrastieren.
PFLEGE UND VERMEHRUNG: Sie brauchen mildes Klima ohne extreme Hitze oder Kälte und sonnige, offene Standorte. In kälteren Gebieten bevorzugen sie geschützte Lagen an warmen Mauern. Sie wachsen am besten in feuchter, durchlässiger, fruchtbarer Erde. Rückschnitt ist zur Verbesserung des Habitus möglich, doch sollte dabei bedacht werden, daß die Blüten am vorjährigen Holz erscheinen. Sie werden durch Samen vermehrt, aber auch durch Stecklinge, die sich recht schnell bewurzeln.

Cantua buxifolia

Die kleinen, ziemlich fleischigen Blätter dieser 2–3 m hohen Art mit aufrechtem Stamm und gebogenen Zweigen sind gräulichgrün. Die Blüten erscheinen im späten Frühjahr. Sie können von Pflanze zu Pflanze recht unterschiedlich ausfallen, besonders bei aus Samen gezogenen Pflanzen. Beliebt sind rosarote Sorten, aber auch rosa, weiße und rosa-weiß gestreifte Blüten kommen vor. Bisweilen entwickelt die rosablütige Sorte einzelne Zweige mit gelben und weißen Blüten und abweichender Belaubung.

Cannabis sativa

CAPPARIS

Zu dieser Gattung zählen etwa 250 Arten von Sträuchern, kleinen Bäumen und dornigen Kletterpflanzen aus den meisten wärmeren Regionen der Erde. Zwei Arten wachsen auch in Europa, darunter *Capparis spinosa*, dessen Blütenknospen die bekannten Kapern liefern. Charakteristisch sind die paarigen, hakigen Dornen am Blattgrund, die oft nur an Jungpflanzen auftreten, sowie die duftenden Blüten mit zarten, weißen, cremefarbenen oder rosa Blütenblättern und langen, auffälligen Staubgefäßen. Die knotigen Früchte wachsen in der Regel an einem Stiel über den dauerhaften Kelch hinaus. Außer *Capparis spinosa* sind kaum Arten der Gattung in Kultur.
PFLEGE UND VERMEHRUNG: Alle *Capparis*-Arten sind sehr frostempfindlich und brauchen einen langen, heißen Sommer. Sie benötigen volle Sonne und äußerst durchlässigen Boden. Die Vermehrung erfolgt durch frische Samen oder halbreife Stecklinge.

Capparis spinosa
KAPERNSTRAUCH

Die bekannten Kapern bestehen aus den ungeöffneten, eingelegten Knospen dieses niedrigen, kriechenden, immergrünen Strauchs mit runden, ledrigen Blättern und fedrigen, cremefarbenen Blüten. Unterteilt in zahlreiche Unterarten kommt die Art wild von den Küsten des Mittelmeers bis nach Südasien, Australien und zum pazifischen Raum vor. In kühleren Zonen zieht man ihn am besten als Kübelpflanze und läßt ihn unter Glas überwintern, in frostfreien Gebieten kann er ausgepflanzt werden. Die Blütenknospen müssen geerntet werden, bevor sie sich verfärben.

CAPSICUM
SPANISCHER PFEFFER, PAPRIKA, CHILI

Zu dieser Gattung zählen etwa zehn einjährige und strauchige Arten aus dem tropischen Amerika, deren bekannte scharfe Früchte vielen Küchen der Welt den charakteristischen Geschmack verleihen. Das Wie und Wann ihrer Ankunft in Asien wird kontrovers diskutiert; einige Wissenschaftler gehen davon aus, daß es sie dort bereits vor Kolumbus gab. Kein Zweifel besteht jedoch darüber, daß die meisten süd- und ostasiatischen Gerichte ohne sie nicht vorstellbar sind. Die Pflanzen haben weiche, aber starke Zweige und glatte, grüne Blätter. Die unauffälligen weißen Blüten stehen einzeln oder in kleinen Gruppen in den Blattachseln. Ihnen folgen fleischige, hohle Früchte, die sich hinsichtlich Größe, Form, Farbe und Geschmack erheblich unterscheiden. Als Faustregel gilt: je kleiner, desto schärfer. Botaniker waren sich lange über die Aufteilung der zahllosen kultivierten Sorten zu Arten nicht einig. Heute unterscheidet man hier meist nur drei oder vier Arten. Einige Sorten mit farbenprächtigen Früchten werden als Zierpflanzen gezogen und ähneln bestimmten giftigen Vertretern der Gattung *Solanum*.
PFLEGE UND VERMEHRUNG: Sowohl die großfrüchtigen Paprika- als auch die kurzlebigeren Chiliarten werden im Gemüsegarten als einjährige Sommerpflanzen gezogen und brauchen eine lange, warme, feuchte Wachstumsperiode, damit die Früchte reifen. Sie benötigen fetten, krümeligen Boden, da ihre Wurzeln ziemlich tief reichen, sowie reichlich Wasser, damit das Wachstum nicht gehemmt wird. In wärmeren Regionen können sie direkt ins Beet gesät werden, in kälteren müssen sie unter Glas vorgezogen und nach den letzten Spätfrösten ins Freiland versetzt werden. Strauchige Arten brauchen warmes Klima und einen geschützten Standort an einer warmen Mauer und lassen sich leicht durch Stecklinge vermehren.

Capsicum annuum
SPANISCHER PFEFFER, PAPRIKA, CHILI

Diese Art bringt die meisten der unterschiedlichen Fruchtformen der Gattung hervor – sie reichen von den großen, milden Paprikaschoten bis zu einigen der kleinsten und schärfsten Chilisorten. Ungeachtet des wissenschaftlichen Namens umfaßt die Art sowohl buschige einjährige Formen als auch recht langlebige, bis zu knapp 2 m hohe Sträucher. Wichtigstes Erkennungsmerkmal sind die meist einzeln stehenden Blüten an zurückgebogenen Stengeln. Die zahlreichen Sorten können nach Größe und Form der Früchte in zahlreiche Gruppen unterteilt werden. Zur bekannten **Grossum-Gruppe** zählen die wichtigsten Salatsorten, zur **Longum-Gruppe** unter anderem Cayennepfeffer und Sorten mit länglichen, in der Regel gebogenen, mäßig bis extrem scharfen Früchten. Der **Conoides-Gruppe** gehören Sorten mit aufrechten, kegelförmigen, meist kleinen und scharfen Früchten an. Einige hierzu gehörige Ziersorten haben vielfarbige Früchte, so etwa **'Red Missile'**. Deren anfänglich cremeweißen Früchte färben sich später rot, reif sind sie purpurn. Vertreter der **Cerasiforme-Gruppe** haben kleine, scharfe, kugel- bis eiförmige Früchte; einige Sorten sind als Zierpflanzen bekannt. Die aufrechten, länglichen Früchte der **Fasciculatum-Gruppe** wachsen in Büscheln. In jeder Gruppe existieren zahlreiche Sorten mit vielfältig geformten, unterschiedlich großen, roten, gelben, grünen und purpurfarbenen Früchten.

Capsicum frutescens
CAYENNEPFEFFER, CHILI

Zu dieser Art zählen kurzlebige Stauden und längerlebige, bis zu 2,5 m hohe Sträucher. Sie unterscheiden sich von *Capsicum annuum* durch ihre in den Blattachseln meist zu zweien oder mehreren zusammenstehenden Blüten, deren Stiele lediglich an der Spitze zurückgebogen sind, sowie durch ihre im allgemeinen kleineren Blätter. Sie werden oft als etwa 1 m hohe, ausdauernde Pflanzen mit kurzen, an der Basis verholzten Trieben gezogen. Die je nach Sorte beträchtlich unterschiedlichen Früchte sind alle klein bis sehr klein und äußerst scharf. Sie werden hauptsächlich eingelegt oder für scharfe Saucen verwendet. Der **Tabasco**-Stamm stammt aus der gleichnamigen südmexikanischen Stadt, **Thai Hot** hingegen ist in Südostasien wegen seiner außergewöhnlichen Schärfe bekannt (und gefürchtet).

CARAGANA
ERBSENSTRAUCH

Etwa 80 Arten schmetterlingsblütiger, sommergrüner Sträucher und kleiner Bäume aus Zentral- und Ostasien umfaßt diese Gattung. Einige von ihnen wurden in Europa und Nordamerika in Kultur genommen. Die nicht besonders attraktiven, eher eigentümlichen Pflanzen haben zitronengelbe, orangefarbene oder rötliche Blüten und kleine, gefiederte Blätter, manche Arten auch schwache Dornen. Die schlanken, strohfarbenen Hülsen erscheinen im Herbst nach der Blüte.
PFLEGE UND VERMEHRUNG: Sie wachsen am besten in Klimaten mit kalten Wintern und heißen, trockenen Sommern, sind jedoch mit ihrem gegen Fäulniserkrankungen unempfindlichen Wurzelsystem anpassungsfähig. Die meisten Arten sind völlig winterhart. Die Vermehrung durch die zahlreichen Samen aus den im Hochsommer heranreifenden Hülsen ist einfach.

Caragana arborescens
GEMEINER ERBSENSTRAUCH

Diese größte, 3,5–6 m hohe Art der Gattung ist in Zentralasien, Sibirien und der Mongolei heimisch. Sie wird in Westeuropa seit fast 250 Jahren kultiviert und wegen ihrer Winterhärte und Anspruchslosigkeit geschätzt. Die weichen, dornenlosen Blätter bestehen aus acht bis zwölf grünen Fiedern. Vom späten Frühjahr bis zum Frühsommer hängen zwischen den Blättern lockere Büschel blaßgelber Blüten an schlanken Stengeln. Zu den zahlreichen Sorten zählen **'Lorbergii'** mit langen, schmalen Blättern und kleinen Blüten, die im allgemeinen als Hochstamm veredelte **'Pendula'** mit hängenden Zweigen und die als Bodendecker verwendete, zwergwüchsige, in die Breite wachsende **'Walker'**.

Caragana pygmaea
ZWERG-ERBSENSTRAUCH

Dieser niedrige, nur bis zu 1 m hohe, oft niederliegende Strauch mit langen, schwachen Zweigen wächst im gemäßigten Asien vom Kaukasus bis Ostsibirien. Die kleinen Blätter bestehen aus vier schmalen Fiedern; im späten Frühjahr und Frühsommer erscheinen 2,5 cm lange, gelbe, gestielte Blüten einzeln in den Blattachseln des vorjährigen Holzes. Die Art wird manchmal als Hochstamm auf *Caragana arborescens* veredelt.

CARDAMINE
SCHAUMKRAUT

Zu dieser Gattung aus der Familie der Kreuzblütler zählen über 150 Arten Stauden und einjähriger Kräuter von fast weltweiter Verbreitung. Ihre in der Regel eingeschnittenen oder zusammengesetzten Blätter bilden grundständige Büschel und stehen auch am unteren Abschnitt der Blütenstengel. Die vierblättrigen, weißen, rosa oder purpurfarbenen, kleinen Levkojen gleichenden Blüten öffnen sich am Stengel von unten nach oben. Die schlanken Schoten springen plötzlich auf und streuen die winzigen Samen aus. Schaumkräuter wachsen meist an schattigen, feuchten Standorten. Einige Arten bilden große Matten. Zur Gattung zählen außerdem zahlreiche weitverbreitete, kleine Unkräuter, so etwa ***Cardamine hirsuta***, das wie Brunnenkresse verzehrt werden kann.
PFLEGE UND VERMEHRUNG: Im feuchten Boden in der Sonne oder im Halbschatten können sie mit ihrem bodendeckendem Laub in Waldgärten oder Wildstaudenpflanzungen gezogen werden. Die genannten Arten sind winterhart.

Cardamine californica
Syn. ***Dentaria californica***

Diese in Kalifornien heimische Rhizomstaude hat dreiteilige Blätter. Im Frühjahr erscheinen hellrosa Blüten dicht gedrängt an kurzen Stengeln.

Capsicum annuum 'Red Missile'

Capparis spinosa

Capparis spinosa

Cardamine pratensis

WIESENSCHAUMKRAUT

Diese in Europa, Nordamerika und im gemäßigten Asien heimische Staude mit eleganter Wuchsform eignet sich ideal für Wald- oder Naturgärten. Sie bildet ein etwa 30 cm hohes, lockeres Blattbüschel, die mittelgrünen Blätter sind in runde Fiedern geteilt, im Frühjahr erscheinen blaßrosa bis weiße Blüten. **'Flore Pleno'** ist eine beliebte Sorte mit gefüllten rosa Blüten.

Cardamine raphanifolia

Syn. *Cardamine latifolia*

Der Artname (»rettichblättrig«) dieser in Südeuropa und Westasien heimischen, bis zu 60 cm hohen Staude bezieht sich auf die Blätter, die an Rettich erinnern. Aus einem kriechenden Rhizom wachsen Stengel mit rosapurpurnen Blüten vom späten Frühjahr bis zum Hochsommer. Die wild an Flußufern und in Waldmooren wachsenden Pflanzen ertragen volle Sonne, solange die Wurzeln feucht gehalten werden.

CARDIOCRINUM

Wenn man weiß, wie ein wissenschaftlicher Pflanzenname gebildet wird, kann man aus ihm eine Beschreibung der Pflanze ableiten. *Cardiocrinum*, aus den griechischen Bezeichnungen *kardia* (»Herz«) und *krinon* (»Lilie«) zusammengesetzt, bezeichnet Pflanzen mit herzförmigen Blättern und wunderbaren lilienartigen Blüten. Zu dieser Gattung zählen drei Arten aus den gemäßigten Zonen Ostasiens. Sie sind hapaxanth, sterben also nach der Blüte ab, bilden aber leicht Nachkommen.

PFLEGE UND VERMEHRUNG: In der Natur kommen die – für Schnecken anfälligen – Pflanzen in feuchten Wäldern vor. Ein entsprechendes Habitat kann in Waldgärten geschaffen werden: tiefgründiger, humoser Boden, Standort idealerweise im etwas geneigten Gelände zum besseren Abfluß überschüssigen Wassers. Im Herbst setzt man Zwiebeln knapp unter der Oberfläche in die Erde; die Vermehrung erfolgt durch Samen oder Ableger. Der Erwerb verschieden großer Zwiebeln bringt Blüten in mehreren Jahren.

Cardiocrinum giganteum

Syn. *Lilium giganteum*

RIESENLILIE

Diese wunderschöne, bis zu 3,5 m hohe, sommerblühende Pflanze ist in den zentral- und westchinesischen Bergen heimisch. Wer sie ziehen will, muß sich mit Geduld wappnen, denn die Zwiebeln treiben wahrscheinlich erst frühestens drei oder vier Jahre nach dem Anpflanzen die ersten Blüten. An dem hohen, kräftigen Stengel erscheinen bis zu zwanzig, jeweils etwa 25 cm lange, trompetenförmige, cremefarbene, stark duftende Blüten mit im Schlund braunroten, streifenförmigen Flecken. Die Art braucht etwas Winterschutz.

CARDIOSPERMUM

Zu dieser Gattung zählen 14 Arten wüchsiger, schnellwachsender, immergrüner Kletterpflanzen aus dem tropischen Südamerika, von denen sich eine in sämtlichen warmen Regionen der Welt eingebürgert hat. Die weichen, grünen Blätter der rankenden Pflanzen bestehen aus unregelmäßig gezähnten Fiedern, die kleinen Blüten sind weiß. Die charakteristischen ballonartig aufgeblasenen Früchte zerfallen in reifem Zustand in drei zarte Segmente, jedes mit einem harten, schwarzen Samen, die drehend zur Erde schweben. In Kalthäusern werden sie als Kuriosität gezogen, eine Art wird im tropischen Asien in der Volksmedizin verwendet. In einigen warmen Regionen sind sie lästige Unkräuter und können einheimische Bäume und andere Pflanzen überwuchern.

PFLEGE UND VERMEHRUNG: Sie säen sich in warmem Klima selbst aus und können sich aus sehr kleinen Wurzelstücken regenerieren, in weniger warmem Klima können sie am Standort gesät werden. Sie brauchen durchlässigen, fruchtbaren Boden und eine lange, trockene Sommerperiode, damit sich die Samenkapseln ausbilden und attraktiv strohfarben verfärben können.

Cardiospermum grandiflorum

Diese bis 10 m hoch werdende Liane aus Südamerika überwuchert in kürzester Zeit benachbarte Sträucher und Bäume, wenn sie nicht entschieden daran gehindert wird. Zäune oder ähnliches lassen sich mit ihrem zarten, attraktiven Laub schnell begrünen. Im Sommer erscheinen zwischen den Blättern ziemlich kurze Blütenzweige mit cremeweißen, leicht duftenden, kleinen Blüten, aus denen sich die interessanten, golfballgroßen, grünen und dreiseitigen Fruchtkapseln entwickeln. Nachdem sie richtig trocken und strohig geworden sind, entlassen sie ihre runden, schwarzen Samen an papierenen Flügeln.

Cardiospermum halicacabum

BALLONPFLANZE, HERZSAME

Diese schnellwachsende, in vielen Teilen der Welt vorkommende Rankpflanze wird in kälteren Klimaten in der Regel einjährig gezogen. Die behaarten, blaßgrünen Blätter bestehen aus länglichen, dreifach gelappten, spitz zulaufenden, gezähnten Fiedern. Im Sommer erscheinen in Büscheln unauffällige, weiße Blüten, später papierene, aufgeblähte, strohfarbene Früchte mit schwarzen Samen. Die Ballonpflanze wird in der traditionellen indianischen Medizin verwendet.

CAREX

SEGGE

Zu dieser großen Gattung zählen über 1500 Arten sommergrüner oder immergrüner, in der Regel horstbildender Staudengräser. Die meisten Arten haben scharfrandige, oft überhängende Blätter; die kleinen Blüten erscheinen in kätzchenartigen Ähren. Die Gattung ist weltweit verbreitet, die größte Artenkonzentration findet sich jedoch in den gemäßigten Zonen der nördlichen Hemisphäre einschließlich der arktischen und subarktischen Regionen. Die Mehrzahl wächst in Mooren und Sümpfen, wo die Gräser vielerorts die Vegetation beherrschen. Aufgrund des steigenden Interesses an Ziergräsern sind einige, darunter großenteils ostasiatische und neuseeländische Arten als Zierpflanzen in Kultur genommen worden, die aber in Europa oft noch nicht erhältlich sind. Attraktive Sorten sind **'Everbright'** mit Horsten aus schmalen, cremeweißen und an den Rändern grünen Blättern und die einem trockenen Grasbüschel gleichende **'Little Red'** mit langen, schmalen, rötlichbraunen Blättern.

PFLEGE UND VERMEHRUNG: Die Gräser stellen unterschiedliche Ansprüche an Feuchtigkeit und Licht, viele schätzen aber volle Sonne oder Halbschatten. Vermehrung durch Samen oder Teilen der Horste. Soweit nicht anders angegeben, dürften die Arten winterhart sein, aber bei vielen fehlen noch hinreichende Erfahrungen mit dem europäischem Klima.

Carex albula

Syn. *Carex* **'Frosted Curls'**

Durch ihr lederfarbenes oder fast silbrigweißes, sehr feines, gekräuseltes Laub ist *Carex albula* eine der eindrucksvollsten Seggenarten. Sie gilt als frostempfindlich, ist immergrün und wächst wild auf den sehr trockenen Bültgrasweiden im hügeligen Norden der neuseeländischen Südinsel. Sie bildet einen weichen, runden, bis zu 30 cm hohen Horst, wobei die im Sommer erscheinenden, unauffälligen Blütenstengel unter den Blättern verborgen bleiben. Bevor sie botanisch korrekt identifiziert war, wurde sie unter dem Sortennamen 'Frosted Curls' geführt.

Carex comans

Diese in ihrer Heimat Neuseeland weitverbreitete Art wächst in verschiedenen Habitaten. Sie bildet etwa 30 cm hohe, dichte, immergrüne Horste aus sehr feinem, grünlichgelbem bis rötlichbraunem, im Winter dunklerem Laub. Im Sommer

Cardamine raphanifolia

Carex 'Everbright'

Carex 'Little Red'

Carex albula

Cardiocrinum giganteum

Cardiospermum halicacabum

Carex comans

erscheinen die feinen Blütenhalme, die kürzer als die Blätter sind, zur Fruchtzeit jedoch länger werden und sich dann zu Boden neigen.

Carex dipsacea

Diese neuseeländische, immergrüne Art wächst in der Natur an unterschiedlichen Standorten. Sie bildet große, unregelmäßige, bis zu 80 cm hohe Horste aus, das blaßgrüne bis ziemlich rötliche Laub fühlt sich rauh an. Die im Sommer erblühenden, aufrechten Halme sind etwas kürzer als die Blätter. Sie tragen kurze, bräunliche Kätzchen.

Carex elata

Syn. *Carex stricta*

STEIFSEGGE

Diese in Europa und Nordafrika heimische, sommergrüne Segge kann an sumpfigen Standorten und Teichufern gepflanzt werden. Sie bildet bis 1 m hohe Horste, die sehr früh im Jahr treiben und erblühen. An ihren langen Halmen stehen dann dunkelbraune Ähren mit gelben Staubbeuteln. Als Gartenpflanze ist v. a. die Sorte **'Aurea'** bekannt, deren jung gelbgrünes Laub sich im Herbst goldgelb verfärbt.

Carex flagellifera

Syn. *Carex lucida*

Diese immergrüne Art aus Neuseeland bildet Horste aus feinem, gekräuseltem, bronzebraunem Laub. Die Halme mit den reifenden Früchten sind kaum vom Laub zu unterscheiden, sie verlängern sich während der Fruchtreife auf 1–1,2 m. Die Blüten und Früchte selbst sind klein und sehr unauffällig. Mit ihren 30 cm hohen, in die Breite gehenden Horsten ist sie für

Carex elata 'Aurea'

Carex fraseri

Carex nudata

Steingärten, Böschungen und Topfkultur geeignet.

Carex fraseri

Syn. *Cymophyllus fraseri*

FRÜHLINGSSCHNEESEGGE

Diese in den östlichen USA in den Appalachen heimische Art hat charakteristische sehr breite (etwa 2,5 cm) und meist 25–40 cm lange, sommergrüne Blätter, die erst nach den Blüten im Frühjahr erscheinen. An jedem Stengel wächst nur ein Blatt. Viele Botaniker ordnen aufgrund dieser besonderen Merkmale die Art einer eigenen Gattung, *Cymophyllus*, zu. Als Waldpflanze braucht sie feuchten Boden und erträgt Schatten.

Carex grayi

MORGENSTERNSEGGE

Diese im östlichen Nordamerika weitverbreitete, sommergrüne Art bildet einen aufrechten, bis über 60 cm hohen Horst aus derben, blaßgrünen, etwa 1 cm breiten Blättern. Im Sommer erscheinen die beblätterten Blütenstengel, an deren Spitzen mehrere Ähren aus grünen Blüten stehen. Diese reifen schnell zu lang-

Carex flagellifera

Carex morrowii 'Variegata'

Carex spissa

Carex testacea

spitzigen Samen, die den Enden ein interessantes, stacheliges Aussehen verleihen. Sie sind dadurch auch zum Schnitt interessant.

Carex morrowii

Diese immergrüne, in Japan heimische Segge bildet einen weichen Horst aus gebogenen, fein zugespitzten, 20–30 cm hohen Blättern. Im Sommer erscheinen an kurzen Halmen unauffällige Blüten. Populärer sind die panaschierten Sorten **'Variegata'** mit weißgestreiften, kräftiggrünen Blättern sowie die sehr ähnlichen **'Bressingham'** und **'Fisher'**. Diese eignen sich besonders zur Anpflanzung in Steingärten oder zwischen Ufersteinen.

Carex nudata

Diese Segge aus den nordkalifornischen Küstengebirgen wächst oft an Wasserläufen. Im zeitigen Frühjahr erscheinen auffällige, fast schwarze Blüten, die stumpfgrünen Blätter sind etwa 60 cm lang und einen halben Zentimeter breit. Im Herbst färben sich die Horste hellgelb mit roten Einfärbungen, im Winter vertrocknen sie braun.

Carex spissa

Diese in den südkalifornischen Sümpfen heimische, sehr frostempfindliche, immergrüne Segge bildet einen Horst aus aufrechten, bis über 1 m hohen, blaugrauen Blättern. Die goldbraunen Blüten erscheinen im Frühjahr an langen Halmen.

Carex testacea

Mit ihrem Horst aus etwa 60 cm hohem, feinem, bräunlichem Laub gleicht diese immergrüne Art aus Neuseeland *Carex flagellifera*. Ihre feinen Halme werden während der Fruchtphase jedoch noch länger, bisweilen bis zu 3 m.

Carex grayi

Carex tumulicola

Carex tumulicola

Diese sehr frostempfindliche, immergrüne Segge aus Nordkalifornien bildet einen etwa 30 cm hohen und breiten, runden Horst, der bei idealen Bedingungen doppelt so groß werden kann. Die mindestens 30 cm langen, glänzenden, dunkelgrünen Blätter sind sehr schmal, im Frühjahr erscheinen oberhalb der Pflanze unauffällige Blüten.

CARICA

MELONENBAUM, PAPAYA

Charakteristisch für diese 22 mittel- und südamerikanische Arten umfassende Gattung sind die großen, fleischigen, eßbaren Früchte. Eine Art, *Carica papaya*, wird in den Tropen weithin wegen ihrer großen, süßen Früchte angebaut, zwei oder drei andere Arten werden seltener kultiviert. Obwohl baumgroß, bleiben sie weichholzig und sind kurzlebig. Die sehr großen Blätter sind meist mehrfach tief gelappt. Männliche und weibliche Blüten erscheinen normalerweise an verschiedenen Bäumen, doch auch zwittrige Bäume sind schon gezüchtet worden. Die kleinen, cremefarbenen männlichen Blüten erscheinen in langgestielten Rispen, die fleischigen, ungestielten weiblichen Blüten entwickeln sich zu spitzen, zylindrischen, reif zumeist gelben Früchten.

PFLEGE UND VERMEHRUNG: Im Freiland wachsen sie nur in (fast) frostfreien Klimaten. Arten aus den Tiefländern der Tropen eignen sich nicht besonders für frostfreie gemäßigte Zonen, können jedoch an Standorten vor warmen Mauern zur Fruchtreife gelangen oder in Gewächshäusern gezogen werden. Die Anpflanzung erfolgt in fette, feuchte sowie durchlässige Erde an sonnigem oder halbschattigem Standort, die Vermehrung durch Samen, Stecklinge oder Veredlung.

Carnegiea gigantea

Carmichaelia odorata

Carmichaelia odorata

Carica papaya

Carica papaya

Carica papaya

MELONENBAUM, PAPAYA

Diese tropische Art übersteht weder Frost noch länger anhaltende kalte Temperaturen über dem Gefrierpunkt. Sie wird bis zu 6 m hoch, ist einstämmig und hat einen palmenartigen Laubschopf. Die Blätter sind bis zu 60 cm breit und ebenso lang gestielt. Jungpflanzen tragen die meisten Früchte, weshalb man vorteilhafterweise rechtzeitig Nachwuchs heranzieht.

CARISSA

WACHSBAUM

Etwa 20 Arten attraktiver, immergrüner, dorniger Sträucher aus Asien, Australien und dem östlichen und südlichen Afrika zählen zu dieser Gattung. In warmgemäßigten Zonen werden sie wegen ihrer zahllosen, süßduftenden, meist schneeweißen Blüten als hübsche Hecken- und Kübelpflanzen geschätzt. Die eßbaren Früchte aller Arten sind bei Menschen und Vögeln beliebt. Verletzt sondern die glänzendgrünen, dicken, robusten Blätter und die Stengel Milchsaft ab.
PFLEGE UND VERMEHRUNG: Sie bevorzugen warme Sommer und mäßigen Niederschlag, brauchen volle Sonne und durchlässigen Boden. Als Topfpflanzen sollten sie in der Wachstumsperiode mäßig, im Winter weniger gewässert werden. Im Herbst vermehrt man sie durch reife Samen, im Sommer durch Stecklinge.

Carissa bispinosa

Dieser bis zu 3 m hohe, immergrüne Strauch aus dem südlichen Afrika ist mit mehrfach gegabelten Dornen bewehrt, die ihn zusammen mit seiner Schnittverträglichkeit zu einer idealen Heckenpflanze machen. Im Sommer erscheinen in Büscheln kleine, weiße Blüten, denen rote, reif purpurfarbene Früchte folgen.

Carissa macrocarpa

Syn. *Carissa grandiflora*

In der Natur gedeiht dieser dichte, schnellwachsende, bis zu 3 m hohe und 4,5 m breite Strauch an den Rändern der immergrünen Wälder an der Ostküste des südlichen Afrika und erträgt salzhaltigen Wind. Zwischen den kleinen, runden Blättern stehen lange, scharfe Dornen; die weißen Blüten erscheinen vom Frühjahr bis zum Sommer. Ihnen folgen fleischige,

Carissa macrocarpa

ovale, rote Früchte, aus denen ein köstliches Gelee bereitet werden kann. Die dichte, kriechende Sorte **'Horizontalis'** hat hellrote Früchte. **'Emerald Carpet'** wird etwa 60 cm hoch.

CARLINA

EBERWURZ, WETTERDISTEL

Zu dieser in Europa und dem Mittelmeerraum, auf den Kanarischen Inseln und in Westasien heimischen Distelgattung zählen rund 25 Arten. Der Gattungsname bezieht sich auf eine romantische Überlieferung, der zufolge ein Engel Karl dem Großen (lat. *Carolus)* eine Distel überbrachte, die ihn vor einer Seuche, die seine Armee niederstreckte, schützen sollte. Zur Gattung zählen ein- und mehrjährige Pflanzen mit grundständigen Rosetten aus scharf bestachelten Blättern. Die großen Blütenköpfchen mit dicht gedrängten Blüten sind von glänzenden, bleichen, auffälligen, papierenen Hüllblättern umgeben. Wie auch bei anderen Distelgattungen sind einige Arten gebietsweise lästige Unkräuter, andere wiederum interessante Zierpflanzen.
PFLEGE UND VERMEHRUNG: Sie wachsen gut an trockenen, sonnigen Standorten mit durchlässigem, magerem Boden, kleinere Arten eignen sich für Steingärten. Vermehrung durch Samen im Herbst.

Carlina acaulis

EBERWURZ, SILBERDISTEL

Diese ungewöhnliche, an trockenen Berghängen Süd-, Ost- und Mitteleuropas heimische Art bildet eine bis zu 60 cm breite grundständige Rosette aus gräulichen, stacheligen Blättern. In ihrer Mitte erscheint im späten Frühjahr ein bis zu 10 cm breites, einzelnes Blütenköpfchen, dessen silbrige oder blaßrosa Hüllblätter die blaßbraunen Scheibenblüten umgeben. Der normalerweise stengellose Blütenkopf erscheint bisweilen auf einem kurzen Stiel, nach Blüte und Samenbildung stirbt die Pflanze ab.

CARMICHAELIA

Außer einer auf Lord Howe Island endemischen Art kommen alle 40 Arten dieser Gattung – interessante, sommergrüne, schmetterlingsblütige Sträucher und kleine Bäume – auf Neuseeland in vielfältigen Habitaten vor. Ihre kleinen, aus drei Fiedern zusammengesetzten Blätter erscheinen bei ausgewachsenen Pflanzen der meisten Arten nur spärlich oder gar nicht, hier übernehmen abgeflachte, grüne Zweige (Kladodien) die Photosynthese. Die meist ziemlich kleinen, weißen bis blaßrosa oder hellpurpurnen, oft duftenden Blüten erscheinen reichlich in kleinen Büscheln an den Zweigen. Die Samen wachsen einzeln oder zu wenigen in kleinen, eigentümlichen Hülsen, deren weichere »Schale« abfällt und innerhalb des verbleibenden Hülsenrands rote oder orangefarbene Samen freilegt. Viele Arten eignen sich als Zierpflanzen, werden in Europa jedoch selten kultiviert.
PFLEGE UND VERMEHRUNG: Die Anpflanzung erfolgt in der Sonne oder im Halbschatten. Sie ertragen exponierte Lagen und trockenen Boden, höherwachsende Arten reagieren auf geschützte Lagen und besseren Boden mit dichterem Laub und üppigerer Blüte. Vermehrung durch Samen, Stecklinge bewurzeln sich schwer.

Carmichaelia arborea

Als eine der größten Arten kann sich *Carmichaelia arborea* zu einem kleinen, etwa 4,5 m hohen Baum mit verholztem, verzweigtem Stamm und breiter, buschiger Krone entwickeln, wird meist jedoch nur zu einem ausladenden, halb so hohen Strauch. Die sehr schmalen, stumpf-olivgrünen Kladodien wachsen dicht gedrängt, im Sommer erscheinen zahllose kleine, purpurfarbene und weiße Blüten.

Carmichaelia odorata

Dieser 1–2 m hohe Strauch aus Neuseeland hat ausladende Zweige mit zahlreichen, dichten, sehr schmalen, hängenden Kladodien. Im späten Frühjahr und Sommer erscheinen in kurzen, aufrechten Ähren zahllose, süßduftende, weiße Blüten mit purpurfarbenen Adern.

Carmichaelia williamsii

Die rosa geäderten, cremegelben, leicht nach Honig duftenden Blüten dieser Art aus dem Nordosten Neuseelands erscheinen vom späten Frühjahr bis Frühsommer, gelegentlich auch zu anderen Zeiten. Die Art bildet große Samenhülsen.

CARNEGIEA

Zu dieser Kakteengattung zählt eine aufrechte, kandelaberförmige Art, die in ihrer Wüstenheimat in Westmexiko, Arizona und Südkalifornien majestätisch Sträucher überragt. Aufgrund ihres langsamen Wachstums wird diese aufsehenerregende Pflanze selten vermehrt und in Baumschulen verkauft, ausgewachsene Wildpflanzen werden jedoch zur Sorge der Umweltschutzbehörden oft »gewildert«.
PFLEGE UND VERMEHRUNG: In niederschlagsarmen, wenig feuchten Klimaten eignet sich dieser Kaktus als Garten- oder Kübelpflanze, ist außerhalb seines heimischen Klimas jedoch schwierig zu ziehen. Er wird in humusreiche, grobsandige, sehr durchlässige Erde an einen vollsonnigen Standort gepflanzt und durch Samen oder Seitentriebe vermehrt.

Carnegiea gigantea

Syn. *Cereus giganteus*

RIESENKAKTUS, SAGUARO

Dieser große, verzweige Kaktus mit stark gerippten, mit Dornen bedeckten Stämmen wird bis zu 15 m hoch. Er wächst extrem langsam – 50jährige Exemplare er-

Carpinus japonica

Carpenteria californica

reichen gerade Kopfhöhe. Die 10–15 cm breiten, weißen Blüten öffnen sich in Frühsommernächten und entwickeln sich zu saftigen Früchten, die reif aufbrechen.

CARPENTERIA

Aus nur einer immergrünen, weichholzigen Strauchart besteht diese kalifornische Gattung. Sie trägt weiße Blüten, die denen von *Philadelphus* gleichen, jedoch fünf bis sieben und nicht vier Blütenblätter sowie auffälligere goldene Staubgefäße aufweisen. Die schmalen, weichen Blätter sind gegenständig, oberseits tiefgrün und unterseits heller und filzig. Der im späten Frühjahr und Frühsommer bei voller Blüte wunderschöne, nach dem amerikanischen Professor Carpenter benannte Strauch sollte nicht mit der Palmengattung *Carpentaria* verwechselt werden.
PFLEGE UND VERMEHRUNG: Der Strauch braucht ein relativ kühles Klima, blüht jedoch nur gut in Regionen mit warmen, trockenen Sommern und reichlich Sonne und ist frostempfindlich. Er benötigt durchlässigen, sandigen, niemals zu trockenen Boden und Schutz vor starkem Wind. Stecklinge wurzeln nur schwer, daher wird er meist durch Samen vermehrt.

Carpenteria californica

Als Wildpflanze ist dieser sehr attraktive Strauch nur aus einem kleinen, trockenen Berggebiet in Zentralkalifornien bekannt. Er wird bis zu 6 m hoch, in Gärten oft nur 2–2,5 m. Er wächst am besten an sonnigen Mauern und muß gegebenenfalls gestützt werden. Die einzeln oder in kleinen Gruppen erscheinenden Blüten mit sich weit überlappenden Blütenblättern sind normalerweise etwa 5 cm, bisweilen bis zu 10 cm breit.

CARPINUS
WEISSBUCHE, HAINBUCHE

Die zarte Schönheit der Weißbuchen liegt in ihren meist glatten, gemusterten Stämmen und Ästen, ihren hübsch geäderten,

Carpinus orientalis

kleinen, im Herbst attraktiv gefärbten, ungeteilten Blättern und den Büscheln trockener, geflügelter Früchte, die von den Zweigen hängen. Diese kleine Gattung kätzchenblütiger, sommergrüner Bäume ist in den kühlen Gebieten der nördlichen Hemisphäre weit verbreitet. Die Arten unterscheiden sich weniger durch Laub und Früchte als durch Größe und Wuchsform. Die meisten Arten, allen voran die europäische *Carpinus betulus*, liefern außergewöhnlich starkes, hartes und dichtes Holz, das beim Klavierbau häufig verwendet wird. Langlebig und oft langsam wachsend eignen sie sich als kleine bis mittelgroße Park-, Allee- oder Solitärbäume.
PFLEGE UND VERMEHRUNG: Sie wachsen am besten auf durchlässigen, mäßig fruchtbaren Böden in sonnigen oder halbschattigen Lagen und werden in der Regel durch Samen vermehrt. Manche Namensorten werden veredelt. Alle genannten Arten sind frosthart.

Carpinus betulus
HAIN- ODER WEISSBUCHE

Die von Kleinasien bis nach Ostengland heimische Art wird bis zu 25 m, im Garten durchschnittlich bis zu 10 m hoch. Sie hat eine breite, runde Krone und eine blaßgraue, ziemlich glatte, oft gerillte Rinde. Die ovalen, gerippten und gesägten grünen Blätter sind jung flaumig und färben sich im Herbst gelb. Den unauffälligen Blüten im zeitigen Frühjahr folgen Büschel aus blaßgelben, geflügelten Früchten. *Carpinus betulus* bevorzugt kühle, feuchte Bedingungen. Die kompakte **'Columnaris'** wird bis zu 10 m hoch und 6 m breit; **'Fastigiata'** (Syn. 'Pyramidalis') entwickelt sich zu einem höheren, kegelförmigen Baum. Die Weißbuche wird vor allem als Schnitthecke häufig gepflanzt.

Carpinus caroliniana
AMERIKANISCHE HAINBUCHE

Dieser gerade mal 12 m hohe Baum oder Strauch wächst so schnell, daß er von Bau-

Carpinus caroliniana

ern und Forstleuten als Unkraut betrachtet wird. Er ist im östlichen Nordamerika weit verbreitet, wird jedoch selten kultiviert. Die Rinde ist blaßgrau, die großen, spitz zulaufenden Blätter färben sich im Herbst tieforange oder rot. Mitte des Frühjahrs erscheinen kleine Blütenkätzchen, die zur Fruchtreife 15 cm lang sein können.

Carpinus japonica
JAPANISCHE HAINBUCHE

Dieser mittelgroße, 9–12 m hohe Baum verzweigt sich relativ weit unten und bildet breit aufsteigende Äste. Die glatte, dunkelgraue Rinde ist oft heller gestreift und wird im Alter schuppig und furchig. Die bis zu 10 cm langen Blätter sind größer als die der Weißbuche und dichter geädert. Sie sind fein, aber scharf gezähnt und an der Basis schwach herzförmig. Die Kätzchen sind zur Fruchtzeit kompakt mit breiten, sich überlappenden, unregelmäßig gezähnten Tragblättern.

Carpinus orientalis
ORIENTALISCHE HAINBUCHE

In diesem Zusammenhang wird der Artname »orientalis« in seiner ursprünglichen Bedeutung verwendet: »östlich der Adria«. Die Blätter dieses auf dem Balkan, in der Ukraine und der Türkei heimischen, häufig bis zu 15 m hohen, dicht verzweigten Baums sind stark geädert und verfärben sich im Herbst vor dem Laubfall hübsch. Die Früchte haben je ein unregelmäßig geformtes, ovales Tragblatt und stehen in hängenden, 6 cm langen Kätzchen.

CARPOBROTUS
MITTAGSBLUME

Zu dieser Gattung zählen etwa 30 polsterbildende, sukkulente, üppig blühende Arten aus der Familie der Mittagsblumengewächse *(Mesembryanthemaceae)*, die vor allem in Südafrika, zum Teil auch in Australien, Nordamerika und auf den pazifischen Inseln heimisch sind und hauptsächlich an Küsten wachsen. Die vollständig niederliegenden, kantigen, im Alter ledrigen Triebe können etwa 2 m lang werden. Die tief- bis graugrünen, fleischigen, gegenständigen Blätter sind im Querschnitt rund bis dreieckig und bisweilen fein gesägt. Den großen, einzeln stehenden, rosa, roten, purpurnen oder gelben Blüten folgen weiche, manchmal eßbare Früchte, die der Gattung zu ihrem Namen

Carpinus betulus

Carpinus betulus 'Columnaris'

Carpinus betulus 'Fastigiata'

Carpinus betulus

Carpinus caroliniana

verhalfen – *karpos* bedeutet »Frucht«, *brota* »eßbar«.
PFLEGE UND VERMEHRUNG: Diese nicht winterharten Pflanzen sind leicht zu ziehen, brauchen volle Sonne und durchlässigen Boden und sind wenig empfindlich gegen Salz und Gischt. Sie eignen sich für Ampeln und liefern eine exzellente sandfestigende Bepflanzung. Vom Frühjahr bis in den Frühherbst kann man sie mit Hilfe von Triebstecklingen oder durch Samen vermehren.

Carpobrotus acinaciformis
ROTE MITTAGSBLUME, HOTTENTOTTENFEIGE

Diese in Natal und der Kapprovinz (Südafrika) heimische Art kann eine 30 cm hohe und oft über 1 m breite Matte bilden. Die graugrünen, säbelförmigen Blätter werden bis knapp 10 cm lang. Von Frühjahr bis Herbst erscheinen bis zu 15 cm breite, purpurne Blüten, die sich in der Sonne öffnen.

Carpobrotus aequilaterus

Diese vermutlich in Chile heimische Art hat sich im pazifischen Raum entlang den Küsten weit verbreitet und wird wegen ihrer sandfestigenden Eigenschaften hoch geschätzt. An den bis zu 2 m langen, kriechenden Stengeln wachsen dicke, stumpfgrüne Blätter und im Sommer 5–8 cm breite, hellpurpurfarbene, am Grund weiße Blüten. Die weichen, rötlichen Früchte sind reif eßbar und weisen zwei ohrenförmige Kelchblätter auf.

Carpodetus serratus

Carpobrotus edulis

Diese kriechende Sukkulente aus Südafrika breitet sich mit ihren langen, dünnen Trieben aus, an denen gedrängt aufrechte, an den rötlichen Rändern feingezähnte Blätter wachsen. Im Frühjahr und Sommer erscheinen bis 10 cm breite, blaßgelbe, im Alter stumpf-blaßrote Blüten, denen bräunliche, feigenartige Früchte folgen.

Carpobrotus glaucescens

Diese kleinere Art wächst in ihrer ostaustralischen Küstenheimat im allgemeinen an Klippen, in Salzsümpfen und sandigen Niederungen. Sie bildet bis zu 1 m breite Polster und hat schmale, 5–8 cm lange, grüne Blätter. Den 3–6 cm langen, purpurfarbenen Blüten im Sommer folgen rötliche, zylindrische, eßbare Früchte.

Carpobrotus muirii

Die wild nur in der südafrikanischen Kapprovinz vorkommende, schnellwachsende Art mit etwa 10 cm langen Blättern bildet dichte Polster. Im Frühjahr erscheinen rosapurpurne, bis zu 10 cm breite Blüten, denen die wohlschmeckendsten Früchte der Gattung folgen.

CARPODETUS

Zu dieser entfernt mit *Escallonia* verwandten Gattung zählen 10 Arten kleiner immergrüner Bäume, von denen neun in den Bergen Papua-Neuguineas und eine in Neuseeland heimisch sind. Nur letztere, als Jungpflanze ein attraktiver, buschiger Strauch mit interessantem Laub und kleinen, üppig erscheinenden Blüten, ist von gärtnerischer Bedeutung.
PFLEGE UND VERMEHRUNG: Die sehr frostempfindliche neuseeländische Art paßt sich in milden Klimaten verschiedenen Gartenstandorten an und ist bei Anpflanzung in tiefem, fruchtbarem Boden in relativ geschützten Lagen ziemlich wüchsig. Die Vermehrung erfolgt durch Samen oder Stecklinge.

Carpodetus serratus

Dieser kleine, bis zu 9 m hohe Baum hat eine gräulichweiße Rinde und grobgezähnte, wechselständige Blätter, die jung oft vielfach gelappt, bei älteren Pflanzen jedoch länglich mit verschmälertem Grund und ziemlich ledrig sind. Vom späten Frühjahr bis Frühherbst erscheinen die weißen Blüten in Rispen, ihnen folgen runde, glänzendschwarze Früchte.

CARRIEREA

Der französische Verleger und Publizist Abel Carrière, dessen Name sich in zahlreichen Hybriden und Sorten beliebter Zierpflanzen wiederfindet, zählte zu den prominentesten Koryphäen des europäischen Gartenbaus. Die ihm zu Ehren benannte Gattung, die drei sommergrüne Baumarten aus China und Südostasien umfaßt, wird jedoch noch selten gezogen. Ihre Verwandtschaft mit *Idesia* zeigt sich in den ähnlich breiten, lang zugespitzten, langgestielten und gezähnten Blättern; ihre duftenden Blüten sind jedoch größer und erscheinen in kurzen, aufrechten Blütenzweigen; die großen Fruchtkapseln enthalten geflügelte Samen.
PFLEGE UND VERMEHRUNG: Sie brauchen milde, gemäßigte Klimate, ertragen nur leichten Frost und stellten sich in Großbritannien als in Kultur kurzlebig heraus. Sie bevorzugen geschützte Lagen und tiefen, feuchten, angemessen fruchtbaren Boden. Vermehrt werden sie durch Samen, Stecklinge oder Wurzelschnittlinge.

Carrierea calycina

Dieser kleine, knapp 10 m hohe, sommergrüne Baum aus West- und Zentralchina entwickelt eine breit ausladende Krone. Die fast herzförmigen, bis zu 15 cm langen, glänzendgrünen Blätter sind jung rötlich. Die merkwürdigen gelblichen, etwa 2,5 cm breiten Blüten erscheinen im Sommer in einer aufrechten Rispe. Sie bestehen aus einem Kelch, der einen großen, flaumigen Fruchtknoten mit langen, gelben Griffeln und sehr kurzen Staubgefäßen umgibt.

CARTHAMUS
SAFLOR

Zu dieser Gattung stacheliger Korbblütler zählen 14 Arten einjähriger Kräuter und Stauden aus dem Mittelmeerraum und Westasien. Einige sind lästige Unkräuter, doch eine Art, Saflor oder Färberdistel, hat als Ölsaat kommerzielle Bedeutung erlangt und diente früher zudem zur Herstellung roter und gelber Farbe, die für Rouge und Lebensmittelfarbe verwendet wurde. Die pergamentartigen Blätter der aufrechtwachsenden Pflanze sind am Rand mit sehr scharfen Stacheln versehen, die meist gelben Einzelblüten der distelartigen kleinen Blütenköpfchen unringen sehr stachelige Hüllblätter.
PFLEGE UND VERMEHRUNG: Die genügsamen Pflanzen bevorzugen volle Sonne und blühen gut. Zum Schnitt geeignet, sind sie zwar frisch nicht besonders lange haltbar, können aber leicht getrocknet werden. Die Vermehrung erfolgt durch Samen im Frühjahr.

Carthamus tinctorius
SAFLOR, FÄRBERDISTEL

Diese schnellwachsende, 60–90 cm hohe Distel wird wegen ihrer orangegelben Blüten im Sommer und ihrer ölhaltigen Samen geschätzt. Die stacheligen, länglichen Blätter sind am Stengel herablaufend. Saflor wächst am besten in fruchtbarem, durchlässigem Boden.

CARUM
KÜMMEL

Zu dieser Gattung aus der Familie der Doldenblütler zählen etwa 30 ein- und zweijährige Kräuter- und Staudenarten, darunter das wohlbekannte Gewürz Kümmel (*Carum carvi*). Die Arten kommen in verschiedenen Regionen der gemäßigten Zonen vor, doch nur Kümmel wird als Gartenpflanze gezogen. Sie sind typische Doldenblütler mit fein eingeschnittenen, grundständigen Blättern, hohlen, verzweigten Stengeln und Dolden mit kleinen, weißen Blüten, die sich zu aromatischen, trockenen Früchten entwickeln. *Carum carvi* wurde schon im antiken Ägypten als Gewürz und Heilkraut verwendet und wird auch heute noch wegen seiner aromatischen Samen angebaut, die vor allem als Brot-, Kuchen- und Saucengewürz verwendet werden.
PFLEGE UND VERMEHRUNG: Kümmel ist winterhart und wächst gut auf tiefem, fruchtbarem, feuchtem, durchlässigem Boden in voller Sonne. In Gebieten mit mildem Winter erfolgt die Aussaat im Frühherbst, sonst im Frühjahr.

Carum carvi
KÜMMEL, WIESENKÜMMEL

Die in Europa und Westasien heimische, hübsche ein- oder zweijährige Pflanze mit spitzenartig fein zerteilten Blättern wird etwa 1 m hoch. Im zweiten Jahr erscheinen im Frühsommer kleine, weiße Blüten in Dolden. Die Samen sind im Spätsommer reif.

CARYA
HICKORYNUSS

Diese sommergrünen Bäume werden wegen ihres festen, starken Holzes und ihrer eßbaren Nüsse geschätzt. Etwa 20 Arten kommen in den östlichen oder zentralen USA vor, eine in Mexiko und einige weitere in Asien. Die großen, gefiederten Blätter der mittelgroßen bis großen Bäume mit

Carpobrotus acinaciformis

Carpobrotus acinaciformis

Carthamus tinctorius

Carum carvi

Carum carvi

meist rauher Rinde färben sich im Herbst gelb, orange oder kräftig golden. Die männlichen Blüten erscheinen in schlanken Kätzchen an der Basis der neuen Triebe, die weiblichen Blüten in kleineren Büscheln an deren Spitzen. Die Früchte sind Nüsse in einer ledrigen Hülle, die sich in vier regelmäßigen Segmenten öffnet. Außer *Carya illinoinensis* werden Hickorys nur wenig angebaut.
PFLEGE UND VERMEHRUNG: Hickorys sind schnellwachsend und winterhart. Sie bevorzugen geschützte, fruchtbare Standorte mit tiefem, feuchtem Boden und sollten direkt am Standort gesät oder als sehr junge Sämlinge gepflanzt werden.

Carya cordiformis
BITTERNUSS

Dieser schnellwachsende, bis zu 25 m hohe Baum mit ausladenden Ästen und runder Krone ist in großen Teilen der östlichen USA weit verbreitet. Die graue oder blaßbraune Rinde ist glatt, nur bei sehr alten Bäumen wird sie leicht gefurcht. Die Winterknopsen sind auffällig gelb. Während die von einer dünnen Schale umgebenen Samen in den rundlichen kleinen Nüssen zum Verzehr zu bitter sind, dient das Holz zum Räuchern von Schinken.

Carya glabra
FERKELNUSS

Dieser mittelgroße Baum mit aufrechtem Stamm und ziemlich schmaler Krone ist in den USA von Maine im Norden bis Alabama im Süden verbreitet. Die graue Rinde ist feinrissig, die Blätter bestehen aus fünf bis sieben langen, spitz zulaufenden, im Herbst gelb oder orange verfärbten Fiedern. Die kleinen, fast runden, dünnschaligen Nüsse enthalten einen süßschmeckenden Samen. Der wildwachsend vor allem in Bergwäldern vorkommende Baum ist leicht zu kultivieren und dann sehr wüchsig.

Carya ovata

Carya ovata

Carya illinoinensis
PEKANNUSS

Die eßbaren Nüsse dieses in den USA von Indiana bis Texas und Alabama vorkommenden, bis zu 30 m hohen Baums mit tief gefurchter, grauer Rinde sind weltweit beliebt. Er wächst in Flußauen auf tiefem, fettem Schwemmboden. In Kultur wird dieser Baum – mit offener Krone und langen, aus vielen schmalen, glänzenden, graugrünen Fiedern zusammengesetzten Blättern – innerhalb von 10 bis 15 Jahren etwa 9 m hoch. Er ist frosthart, braucht jedoch lange, heiße Sommer zum Wachsen und zum Ausbilden der in Büscheln wachsenden, länglichen Nüsse. Die zahlreichen Sorten werden durch Veredlung vermehrt.

Carya laciniosa
KÖNIGSNUSS

Der in den östlichen USA weitverbreitete Baum hat bemerkenswert hübsche, große Blätter. Die auffällige Rinde schält sich vom aufrechten Stamm in langen, gebogenen Streifen ab. Der wüchsige, auf tiefen, fetten Böden über 30 m Höhe erreichende Baum ist als Nutzholzlieferant von Bedeutung. Die bis zu 60 cm langen, unterseits flaumigen Blätter verfärben sich im Herbst prachtvoll gelb. Die Nüsse haben eine gerippte Schale und einen süßen, eßbaren Kern.

Carya ovata
SCHUPPENRINDENHICKORY, SHAGBARK-HICKORY

Die Rinde dieses in den zentralen und östlichen USA heimischen Baums ist ähnlich auffällig wie die von *Carya laciniosa*. Der Baum erreicht im geschlossenen Wald am Naturstandort mit langem, geradem Stamm und hoher schmaler Krone bis zu 25 m Höhe, an offenen Standorten bleibt er viel niedriger und bildet eine breite, fast bis zum Boden belaubte Säule. Die mittelgroßen Blätter mit je nur fünf breiten Fiedern färben sich im Herbst goldgelb. Die kleinen Nüsse sind eßbar.

Carya tomentosa
SPOTTNUSS

Dieser hübsche große Baum aus den östlichen USA bevorzugt in der Natur eher trockene Berghänge. Er hat eine breite, runde Krone und sehr große Winterknospen mit braunen, flaumigen Schuppen; die langen, dunkelgrünen, unterseits flaumigen Blätter verströmen beim Reiben einen charakteristischen Duft. Die dunkelgraue Rinde ist leicht gefurcht und sehr hart. Die kleinen Nüsse haben eine dicke Schale und einen süßen, eßbaren Kern.

Carya tomentosa

Caryopteris incana

Carya cordiformis

Caryopteris × clandonensis

Carya illinoinensis

CARYOPTERIS
BARTBLUME

Zu dieser Gattung aus der Familie der Eisenkrautgewächse *(Verbenaceae)* zählen sechs Arten sommergrüner, aufrechter Halbsträucher aus Ostasien. An den schlanken, rohrartigen Trieben stehen dünne, gezähnte, gegenständige Blätter; in ihren Achseln erscheinen in dichten, gestielten Scheindolden kleine, blaue oder lavendelfarbene Blüten. Nur zwei Arten wurden öfter in Gärten gezogen, sind heute jedoch vielfach durch die Hybride aus beiden Arten und deren Sorten ersetzt.
PFLEGE UND VERMEHRUNG: In Strauchrabatten harmonisieren ihr gräuliches Laub und die weißen oder blauen Blüten gut mit farbkräftigeren Pflanzen. Sie brauchen Standorte in voller Sonne mit durchlässigem, humusreichem Boden. Starker Rückschnitt im Frühjahr bewirkt guten Neutrieb und damit üppige Blüte im Spätsommer und Herbst. Man vermehrt sie durch Samen, bei den Sorten durch halbreife oder krautige Stecklinge.

Caryopteris × clandonensis
CLANDON-BARTBLUME

Dieser bis zu 1 m hohe und breite Halbstrauch, eine Kreuzung zwischen *Caryopteris incana* und ***C. mongolica,*** wird wegen seiner vom Spätsommer bis Herbst üppig erscheinenden, zarten blauen Blüten geschätzt. Die ovalen Blätter sind graugrün und unregelmäßig gesägt. Unter den zahlreichen Sorten ist **'Ferndown'** mit seinen dunklen, violettblauen Blüten sehr beliebt. **'Heavenly Blue'** hat tiefblaue Blüten, **'Kew Blue'** dunklere grüne Blätter und dunkelblaue Blüten. Die beiden letzteren sind winterhart.

Carya laciniosa

Caryopteris incana
Syn. ***Caryopteris mastacanthus***
GRAUFILZIGE BARTBLUME

Dieser etwa 1,5 m hohe, weichtriebige Strauch aus China und Japan wird oft als Staude gezogen. Er ist frostempfindlich. An den aufrechten Stengeln wachsen gräuliche, unregelmäßig gesägte Blätter. Die Blüten sind violettblau und haben hervorstehende Staubfäden.

CARYOTA
FISCHSCHWANZPALME

Zwölf äußerst ungewöhnliche Palmenarten mit doppelt gefiederten Wedeln gehören zu dieser Gattung aus dem tropischen Asien und Australasien. Der deutsche Name bezieht sich auf die Form der in der Regel keilförmigen Fiedern mit zu Zipfeln ausgezogenen Ecken. Zu dieser Gattung zählen sowohl hohe, einstämmige als auch kleine, vielstämmige Palmen mit Schößlingen. Die Blütenrispen erscheinen zuerst an der Spitze des Stammes und anschließend sukzessive von oben nach unten; nachdem die letzte Blütenähre in der Nähe der Stammbasis gefruchtet hat, stirbt der Stamm ab. Die Früchte sind etwa murmelgroß und reif in der Regel rot. Ihr faseriges, hautreizendes

Cassia javanica

Caryota urens

Cassia fistula

Caryota urens

Caryota mitis

Cassinia aculeata

Fleisch umgibt ein bis drei schwarze Samen.
PFLEGE UND VERMEHRUNG: Sie stammen aus sehr feuchten tropischen Regenwäldern und brauchen eine entsprechend geschützte, feuchte Umgebung, doch die meisten ertragen erstaunlich viel Kälte und Staunässe. Durch Samen lassen sie sich ziemlich einfach vermehren.

Caryota mitis
BUSCHIGE FISCHSCHWANZPALME

Diese Unterholzpalme aus den südostasiatischen Regenwäldern besteht aus einigen dicht gedrängt wachsenden, etwa 10 m hohen und im Durchmesser bis 10 cm dicken Stämmen, deren Basis fast immer ein Dickicht aus Schößlingen umgibt. Die Fiedern der ziemlich aufrecht stehenden, bis zu 2,5 m langen Wedel sind durch einen breiten Zwischenraum getrennt. Blüten und Früchte dieser als Zierpalme am häufigsten gepflanzten Art erscheinen sukzessive während des ganzen Jahres.

Caryota no
RIESEN-FISCHSCHWANZPALME

Diese größte Art ist auf Borneo heimisch. Sie hat einen massiven, grauen, bis zu 25 m hohen und im Durchmesser 60 cm dicken Einzelstamm. Die ausladenden Wedel haben steife Stiele, aber hängende Fiedern. Die ebenfalls hängenden Rispen können bis zu 3 m lang werden. Im feuchten Tiefland der Tropen ist sie sehr schnellwachsend und eignet sich hervorragend als Alleebaum. Auch außerhalb der Tropen kann sie gezogen werden, erträgt aber keinen Frost.

Caryota urens
BRENNPALME

In ihrer Heimat Indien, Myanmar und Malaysia wird diese hübsche, einstämmige Art weithin zur Herstellung von Palmwein angebaut. Dazu schneidet man die jungen Blütenbüschel ab und fängt den zuckerhaltigen, vitaminreichen Saft auf, der aus der Wunde austritt. In den Tropen ist der bis zu 12 m hohe Baum auch als Zierpflanze weit verbreitet. Mit einer Lebenserwartung von etwa 30 Jahren ist er allerdings nicht sonderlich langlebig.

CASSIA
KASSIE, GEWÜRZRINDE

So wie diese Gattung heute definiert wird, gehören zu ihr über 100 immergrüne und sommergrüne Strauch- und Baumarten aus den tropischen und subtropischen Regionen der Welt. Zuvor wurde sie sehr viel weiter definiert und umfaßte eine riesige Anzahl von Sträuchern, kleinen Bäumen und krautigen Pflanzen, die heute zur Gattung *Senna* gezählt und hier auch unter diesem Namen behandelt werden (siehe unten). Die meisten Arten haben farnartig gefiederte Blätter und Büschel aus einfachen, hell goldgelben Blüten mit hervorstehenden Staubgefäßen, häufig von langer Blühdauer; ihnen folgen oft sehr große, bohnenartige Samenhülsen.
PFLEGE UND VERMEHRUNG: Die Pflanzen wachsen unter vielfältigsten Bedingungen, bevorzugen jedoch meist durchlässigen Boden und sonnige Lagen. Um sie zu vermehren, legt man im Frühjahr zuvor eingeweichte Samen aus oder setzt im Sommer Stecklinge.

Cassia fistula
RÖHRENKASSIE, INDISCHER GOLDREGEN

Dieser im tropischen Asien heimische, häufig gepflanzte sowie sommergrüne bis halbimmergrüne Baum erreicht in der Natur eine Höhe bis 20 m, wird in Kultur jedoch meist nicht mehr als halb so hoch. Seine gefiederten Blätter bestehen aus drei bis acht Paaren großer Fiedern. Im Sommer erscheinen große, hängende Büschel aus duftenden, hellgelben Blüten. In frostfreien warm-gemäßigten Regionen kann er in geschützten Lagen gepflanzt werden.

Cassia grandis

Bei dieser bis zu 15 m hohen Art aus dem tropischen Amerika öffnen sich die blaßrosa-mauvefarbenen Knospen im Frühjahr zu dicken Büscheln lachsfarbener Blüten. Die farnartigen Blätter bestehen aus 10 bis 15 ovalen, grünen Fiedern.

Cassia javanica

In seiner südostasiatischen Heimat wird der sommergrüne Baum mit breiter, oben abgeflachter Krone bis zu 25 m hoch. Kultivierte Exemplare sind in der Regel halb so hoch. Die langen Blätter setzen sich aus sehr langen, schmalen Fiedern zusammen, die jung mit feinem Flaum bedeckt sind. Die auffälligen blaßrosa bis roten, später zu Creme verblassenden Blüten erscheinen in großen Büscheln.

Cassia leptophylla

Dieser schnellwachsende, bis zu 9 m hohe und fast ebenso breite Baum aus Brasilien hat bemerkenswerte, fast immergrüne, gefiederte Blätter und goldgelbe, schalenförmige Blüten, die im Hochsommer in großen Büscheln erscheinen. Ihnen folgen bis zu 40 cm lange Fruchthülsen. Nach der Blüte ist starker Rückschnitt sinnvoll.

Cassia 'Rainbow Shower'

Diese Hybride wird mit Hawaii identifiziert, wo sie von März bis August blüht. Wirklich atemberaubend sind die creme-, fleisch- oder orangefarbenen Blüten, die von Baum zu Baum in unterschiedlicher Farbzusammensetzung erscheinen. Die Wuchsform liegt zwischen der von *Cassia fistula* und *C. javanica*.

CASSINIA

Zu dieser Gattung zählen etwa 20 Arten immergrüner Sträucher aus Australien und Neuseeland. Eng mit *Helichrysum* verwandt, weisen sie ähnliche strohartige Hüllblätter um die Blütenköpfchen auf. Die Köpfe sind jedoch bei *Cassinia* klein und erscheinen bisweilen sehr dicht gedrängt in großen, abgeflachten oder länglichen Rispen. Die sehr aromatischen Zweige und Blätter sind in der Regel klebrig-harzig und verströmen vor allem bei Hitze einen starken Moschusduft. Die Blätter sind bei vielen Arten klein und heidekrautartig, können aber in Größe und Form auch sehr unterschiedlich sein. Die zahllosen silbrigweißen bis tiefgelben Blütenköpfchen erscheinen im Sommer und Herbst. Die wüchsigen Sträucher sind oft kurzlebig und von wenig ansprechendem Habitus.
PFLEGE UND VERMEHRUNG: Die Sträucher pflanzt man in voller Sonne in durchlässige, humusreiche Erde an einen vollsonnigen Standort. Starker Rückschnitt nach der Blüte verbessert die Form. Einige Arten besitzen das Potential für gewerblich zu nutzende Schnittblumen. Vermehrung erfolgt durch Samen oder Stecklinge.

Cassinia aculeata

Dieser bis zu 1,5 m hohe Strauch aus Ostaustralien hat einen aufrechten, offenen Wuchs und tiefgrüne, sehr schmale Blätter. Im Sommer erscheinen Massen kleiner Blütenköpfchen mit in der Regel weißen, bisweilen rosa Blüten. Der als Wildpflanze offene Strauch kann durch leichten Rückschnitt nach der Blüte eine kompaktere Wuchsform erlangen.

CASSIOPE
SCHUPPENHEIDE

Diese eng mit anderen Heidekräutern verwandte Gattung umfaßt zwölf Arten immergrüner Zwergsträucher aus den arktischen und alpinen Regionen der nördlichen Hemisphäre. Demzufolge gedeiht sie als Gartenpflanze nur an entsprechenden Standorten mit feuchten, kühlen Sommern und feuchtigkeitsspeichernden Böden. Die niedrigwachsenden, von der Basis an vieltriebigen Pflanzen haben schuppenartige Blätter und hängende, kleine, weiße oder rosa Blüten. Der Gattungsname wurde wegen der nahen Verwandtschaft der Gattung mit *Andromeda* gewählt, denn nach der griechischen Mythologie war Kassiopeia die Mutter der Andromeda.

Cassiope 'Edinburgh'

Cassiope mertensiana 'Gracilis'

PFLEGE UND VERMEHRUNG: Die frostharte *Cassiope* braucht ziemlich torfigen, ausreichend sauren und feuchten Boden und bevorzugt offene Lagen, muß jedoch als Kübelpflanze vor Sonne oder reflektierter Hitze von Steinen geschützt werden. Im Sommer kann man sie durch Stecklinge vermehren, bei den polsterbildenden Typen auch durch bewurzelte Triebe.

Cassiope 'Edinburgh'

Diese etwa 30 cm hohe Sorte entstammt einer Kreuzung zwischen *Cassiope fastigiata* und *C. tetragona*. Sie ist vom Grund an vieltriebig und wächst straff aufrecht. Im Frühjahr erscheinen eng gebüschelt kleine, weiße, glockenförmige Blüten an kurzen Stielen.

Cassiope fastigiata

Diese dekorativste Art stammt von den Höhenlagen des Himalaja. Der dichte und aufrechte kleine Strauch wird etwa 25 cm hoch und breit, seine Stengel sind unter vier Reihen sich überlappender kleiner Blätter verborgen. Die weißen, knapp 10 cm breiten, offenen Blütenglocken erscheinen im Frühjahr einzeln in den oberen Blattachseln an nach unten gebogenen Stielen.

Cassiope lycopodioides

Diese niederliegende Art stammt aus Alaska sowie aus Nordostasien, wo sie bis in die japanischen Hochgebirge vorkommt. Sie bildet kaum 10 cm hohe, bis zu 1 m breite Polster, die Stengel sind zusammen mit den kleinen, sich überlappenden Schuppenblättern nur 2 mm dick. Die 5 mm großen, weißen Blütenglocken erscheinen im späten Frühjahr und Frühsommer (bisweilen auch im Herbst) verstreut an den Zweigen an hängenden, fadenartigen Stielen.

Cassiope mertensiana

Dieser halbniederliegende, 15–30 cm hohe Strauch ist im westlichen Nordamerika von Alaska bis Kalifornien heimisch. Seine Stengel sind unter vierzeilig angeordneten, dicht anliegenden Schuppenblättern verborgen. Im zeitigen Frühjahr erscheinen an kurzen, zurückgebogenen Stielen becherförmige, 5 mm breite, weiße Blüten. Die üppigen Blüten der polsterbildenden **'Gracilis'** haben rötlichere Stiele.

Cassiope 'Muirhead'

Diese Sorte entstammt einer Kreuzung aus *Cassiope lycopodioides* und ***C. wardii*** aus dem Ost-Himalaja. Ihre sehr feinen, geschmeidigen, mit Blüten bedeckten Zweige gleichen *C. lycopodioides*, doch hat sie einen aufrechteren, bis zu 20 cm hohen Wuchs und im Frühjahr größere Blüten.

CASTANEA

KASTANIE

Die eßbaren Nüsse dieser sommergrünen Bäume aus kühlen Klimaten sind von einer stachligen Hülle umgeben. Die elliptischen Blätter haben gleichmäßig gezähnte Ränder und sind regelmäßig fiederig geädert. Im Frühjahr oder Frühsommer erscheinen auffällige Büschel steifer männlicher Blütchenkätzchen an den Zweigenden; die unauffälligeren weiblichen Blüten wachsen in Gruppen zwischen dem Laub desselben Baums. Die meisten der zwölf Arten stammen aus Nordamerika, einige sind nur kleine Bäume oder große Sträucher. In Japan kommen zwei, in China mindestens zwei Arten vor, die bekannte Eßkastanie *(Castanea sativa)* stammt aus dem Mittelmeerraum. Die größeren Arten sind bedeutende Nutzholzlieferanten.

PFLEGE UND VERMEHRUNG: In kühlem Klima wachsen sie leicht in voller Sonne oder im Halbschatten auf tiefem, fruchtbarem Boden. Sie ertragen gut heiße, trockene Sommer, solange im Winter und Frühjahr reichlich Bodenfeuchtigkeit vorhanden ist. Alle Arten keimen schnell aus frischen Samen; um die Pfahlwurzel nicht zu stören, sollten Sämlinge früh an Ort und Stelle gepflanzt werden.

Castanea dentata

Castanea sativa

Castanea dentata

AMERIKANISCHE KASTANIE

Diese hochwachsende, im östlichen Nordamerika weitverbreitete Art wurde dort Anfang des 20. Jahrhunderts durch einen aus Ostasien eingeschleppten Pilz nahezu ausgerottet. Sie wurde bis zu 35 m hoch und stellte mit ihrem 1–1,2 m dicken, geraden Stamm einen der wichtigsten Nutzholzbäume in den östlichen USA dar. Laub und Früchte gleichen stark denen der Eßkastanie; die Nüsse sind eßbar.

Castanea sativa

ESSKASTANIE

Diese Art stammt aus den Regionen rund um das Mittel-, Schwarze und Kaspische Meer, wird jedoch seit Urzeiten auch in anderen Regionen Europas wegen ihrer eßbaren Nüsse gepflanzt. Die wüchsigen jungen Bäume haben eine Pyramidenkrone mit aufrechtem Leittrieb, im Alter werden die unteren Äste massiv, weit ausladend und die Rinde wird tief gefurcht. Im Herbst färben sich die Blätter von Gelblichgrün zu Gold- und Rostfarben. Als Fruchtbäume sollten nachweislich gesunde, veredelte Sorten verwendet werden.

CASTANOSPERMUM

Zu dieser Gattung zählt eine Art aus den Regenwäldern Nordostaustraliens, die seit langem wegen ihres schönen, schokoladenbraunen Holzes geschätzt wird. Der langsamwachsende Baum mit robustem Stamm und dichter Kuppelkrone hat gefiederte Blätter mit glänzenden, dunkelgrünen, länglichen Fiedern, die im Spätwinter manchmal teilweise abgeworfen werden. Im Frühsommer erscheinen in steifen Rispen auffällige, große, orangefarbene und gelbe Schmetterlingsblüten zwischen dem Laub. Ihnen folgen im Herbst riesige hängende, erst dunkelgrüne, dann reif braune Hülsen, die jeweils zwei bis fünf 3–4 cm breite Samen enthalten.

PFLEGE UND VERMEHRUNG: Dieser Baum braucht ein frostfreies Klima, durchlässigen, fruchtbaren, mit organischem Material angereicherten Boden und regelmäßiges Wässern. Rückschnitt ist selten notwendig. Die Vermehrung erfolgt durch Samen im Frühjahr.

Castanospermum australe

Dieser an der ostaustralischen Küste in Straßen, Parks und Gärten häufig anzutreffende Schattenspender wird in der Regel etwa 12 m hoch. Die kastanienartigen Samen sind giftig.

Castanospermum australe

Castanea sativa

Castanospermum australe

Castanea sativa

Castanospora alphandii

Casuarina cunninghamiana

Casuarina glauca

Catalpa bignonioides

Catalpa bignonioides

Catalpa bignonioides 'Aurea'

CASTANOSPORA

Aus lediglich einer mittelgroßen, immergrünen Baumart besteht diese Gattung, eine der zahlreichen Gattungen aus der Familie der *Sapindaceae* (Seifenbaumgewächse), die in den Regenwäldern Ostaustraliens vorkommen. Auffällig sind die eleganten, hängenden Fiederblätter, die sich aus drei bis sechs Paaren langer, schmaler, glänzender Fiedern zusammensetzen; der Neutrieb ist äußerst attraktiv hellgrün. Rispen aus kleinen, weißen, duftenden Blüten erscheinen im Frühjahr an den Zweigspitzen, ihnen folgen rötlichbraune, abgeflachte Samenkapseln in Büscheln.

PFLEGE UND VERMEHRUNG: Mit seiner dichten Krone ist er ein schöner Zier- und Schattenbaum. Für gutes Wachstum braucht er einen geschützten Standort und tiefen, feuchten Boden. Er wird durch Samen vermehrt.

Castanospora alphandii

Dieser langsamwachsende, 9–12 m hohe australische Baum hat eine dichte Kuppelkrone aus dunkelgrünem Laub. Die Blätter bestehen aus schmalen, etwa 20 cm langen, spitz zulaufenden Fiedern. Entsprechend seiner Herkunft verträgt er keinen Frost.

CASUARINA

KASUARINE, KÄNGURUHBAUM

Diese Gattung umfaßt sechs in Australien und auf den nördlich davon gelegenen Inseln weitverbreiteten Arten, die koniferenartig aussehen. Viele weitere Arten, die früher zur Gattung zählten, werden heute unter *Allocasuarina* oder *Gymnostoma* (siehe dort) klassifiziert. Es sind elegante, schnellwachsende Bäume, die starken Wind ertragen und sich häufig auch sehr trockenen Bedingungen anpassen. Zudem liefern sie exzellentes Feuerholz. Sie werden als Schattenspender oder Zierbäume gepflanzt und haben unauffällige Blüten. Während sie von manchen Landwirten als Schutzbäume für das Vieh angepflanzt werden, bemängeln andere, daß sie den Boden vergiften würden. Kasuarinen haben in ihren Wurzeln stickstoffoxidierende Mikroorganismen; anscheinend behindern tatsächlich Wirkstoffe aus herabgefallenen Zweigen den Wuchs anderer Pflanzen. Sämtliche Arten sind nicht winterhart.

PFLEGE UND VERMEHRUNG: Die Anpflanzung erfolgt in fruchtbarer, feuchter, durchlässiger Erde an einem vollsonnigen Standort, die Vermehrung durch Samen im Frühjahr oder Stecklinge vom Hoch- bis Spätsommer. Während des Wachstums brauchen die Pflanzen reichlich Wasser, im Winter weniger. Rückschnitt ist selten nötig.

Casuarina cristata

Dieser im Landesinneren Ostaustraliens heimische, bis zu 25 m hohe, schön geformte Baum gedeiht in trockenen Regionen mit schweren Tonböden, die auch kurzzeitig überflutet sein können. Im Tiefland ist er ein wertvoller Schutzbaum für Viehherden. Er wächst schnell und kann mit seinen Schößlingen dickichtartige Kolonien bilden.

Casuarina cunninghamiana

Diese mit 20–30 m Höhe größte Art wird wegen ihrer Fähigkeit, Flußufer zu stabilisieren, hoch geschätzt. Dabei helfen ihre weitreichenden Wurzeln, Erosion zu verhindern. Der jung schnellwachsende, bis zum Boden belaubt bleibende Baum eignet sich gut als Windschutz. Er muß im Sommer ausreichend gewässert werden und erträgt mehr Frost als andere Arten, wächst in kälteren Gebieten jedoch langsam und gedrungen.

Casuarina equisetifolia

KASUARINE

Der je nach Boden und Exponiertheit des Standorts etwa 10–20 m hohe Baum hat einen kurzen Stamm und lange, hängende, silbergraue Ästchen. Er wächst natürlich an Stränden, auch exponiert auf Landzungen, ist resistent gegen salzige Winde und erträgt mageren, sandigen Boden, jedoch keinen Frost. Er liefert nicht nur eines der besten Feuerhölzer der Welt, sondern wird auch zum Boots- und Hausbau sowie für die Möbelschreinerei verwendet. Von sämtlichen Arten der Gattung ist er am weitesten verbreitet und kommt an tropischen Küsten in den meisten Regionen des Pazifischen und Indischen Ozeans vor.

Casuarina glauca

Dieser aufrechte, 15–20 m hohe Baum mit dicken, gräulichgrünen bis braunen, hängenden Ästchen kommt im Gezeitenbereich von Flußmündungen und an den Küsten Ostaustraliens vor. Er kann reichlich Wurzelbrut bilden, was bisweilen zu richtigen Dickichten führt. Die männlichen Blüten erscheinen meist im Herbst als rötlichbraune endständige Ähren an den oberen Zweigen.

CATALPA

TROMPETENBAUM

Zu dieser Gattung zählen elf schnellwachsende, sommergrüne Baumarten aus Ostasien und Nordamerika. Die großen, ovalen Blätter sind gegenständig. Auffällige, glockenförmige Blüten wachsen in endständigen Rispen oder Trauben. Wenn sich die außergewöhnlich langen, dünnen Früchte öffnen, werden unzählige extrem leichte, geflügelte Samen vom Wind fortgetragen. Die an günstigen Standorten sehr schönen und schnellwachsenden Bäume mit ihrem dichten, mit Blütenzweigen übersäten Baldachin aus üppigem Laub schauen in Lagen mit kalten oder trockenen Winden oder magerem Boden oft wenig ansehnlich aus. Einige Arten sind als Lieferanten von wertvollem Nutzholz bekannt.

PFLEGE UND VERMEHRUNG: Der Trompetenbaum wird in feuchte, durchlässige Erde an sonnigen, geschützten Standorten gepflanzt und durch Samen im Herbst oder Stecklinge im späten Frühjahr oder Sommer vermehrt, aber auch durch Okulieren im Spätsommer oder Pfropfen im Winter.

Catalpa bignonioides

GEWÖHNLICHER TROMPETENBAUM

Dieser ziemlich kompakte, 8–15 m hohe Baum mit abgerundeter, unregelmäßig geformter Krone aus dem wärmeren Südosten der USA kommt von Florida bis Mississippi an Flußufern und am Rand von Sümpfen vor und wird an Straßen, in Gärten und Parks als Zierbaum gepflanzt. Die herzförmigen, unterseits flaumigen Blätter verjüngen sich zu einer feinen Spitze. Im Sommer erscheinen 10–15 cm lange Rispen mit weißen, an den Rändern gekräuselten Blüten mit orangefarbenen Flecken und purpurfarbenen Punkten im Schlund. Die Art ist weitgehend winterhart. **'Aurea'** hat grüngelbe Blätter.

Catalpa bungei

BUNGES TROMPETENBAUM

Dieser in Nordostchina heimische, frostharte, kleine Baum mit dichtbuschiger Krone hat bis zu 20 cm lange, in der unteren Hälfte rauh gezähnte Blätter. Die Blütenzweige enthalten jeweils nur wenige mittelgroße, weiße und purpurfarbene Blüten. Unter diesem Namen wurden häufig Exemplare von ***Catalpa ovata*** oder kleine Abwandlungen von *C. bignonioides* gezogen.

Catalpa × erubescens

Von dieser Kreuzung zwischen *Catalpa ovata* und *C. bignonioides* stammen zahlreiche attraktive Sorten ab, so etwa **'Purpurea'** mit ihren knapp 10 cm großen, im Austrieb tiefpurpurnen, später jedoch vergrünenden Blättern und weißen Blüten.

Catalpa speciosa

PRÄCHTIGER TROMPETENBAUM

In seiner nordamerikanischen Heimat, dem zentralen Mississippi-Becken zwischen Arkansas und Indiana, wird dieser hübsche, schnellwachsende Baum über 30 m hoch und wächst in Auenwäldern und an benachbarten Unterhängen mit reichem, feuchtem Boden. Bisweilen wird er wegen seines Holzes angebaut. Seine Blätter sind größer als die von *Catalpa bignonioides*, höchstens geringfügig größer sind die auch sonst äußerst ähnlichen, im Hochsommer erscheinenden

Blüten. Er gilt als deutlich weniger dekorativ als jene Art.

CATANANCHE

RASSELBLUME

Diese Gattung aus der Familie der Korbblütler umfaßt fünf ein- und mehrjährige Kräuterarten aus der Mittelmeerregion, von denen im allgemeinen nur *Catananche caerulea* in Gärten gezogen wird. Ihre Wuchsform gleicht der des Löwenzahns mit schmalen, grundständigen Blättern und unbeblätterten Stengeln mit je einem auffällig blauen oder gelben Blütenköpfchen. Die Blütenköpfchen haben charakteristischerweise wenige, ziemlich breite Zungenblüten mit je fünf Zähnen, die an der Basis dunkler getönt sind, und keine Röhrenblüten. Der griechische Gattungsname bedeutet »Liebestrank« und bezieht sich auf die historische Verwendung der Pflanzen.

PFLEGE UND VERMEHRUNG: Sie braucht einen durchlässigen, kalkhaltigen Boden in voller Sonne und wird durch Samen, Wurzelschnittlinge oder Teilung vermehrt.

Catananche caerulea

Diese schnellwachsende, doch in der Regel kurzlebige, winterharte Staude wird bis zu 60 cm hoch und 30 cm breit. Die schmalen, dünnen, graugrünen Blätter bilden einen dichten grundständigen Horst. Den Sommer über erscheinen reichlich lavendelfarbene, 2,5-5 cm breite Blütenköpfchen an schlanken, schwachen, unbeblätterten Stengeln. Die Blüten eignen sich gut zum Trocknen. **'Major'** ist eine etwas struppige Sorte mit dunkleren blauen Blüten. Die weißen Blüten von **'Bicolor'** sind in der Mitte tiefpurpurn, **'Perry's White'** blüht ganz weiß.

CATHARANTHUS

Diese Gattung wird von vielen Gärtnern noch zu *Vinca* gezählt, von der sie sich jedoch tatsächlich botanisch und anbautechnisch erheblich unterscheidet. Sie umfaßt acht Arten einjähriger Kräuter und immergrüner Stauden oder Halbsträucher. Sie stammen fast alle aus Madagaskar; eine Art, *Catharanthus roseus,* hat sich weltweit in wärmeren Regionen eingebürgert. Von ihr stammen viele Sorten ab, die in Mitteleuropa als Topfpflanzen im Handel sind. Die Pflanzen haben mehrfach verzweigte, ziemlich fleischige Stengel und glatte, ganzrandige Blätter. Die etwas an Oleander erinnernden, sehr hübschen, sternförmigen Blüten erscheinen gruppenweise in den oberen Blattachseln. Sie haben eine kurze, enge Röhre und eine fünflappige, flach ausgebreitete Krone.

PFLEGE UND VERMEHRUNG: In kühleren Regionen können sie in sonnigen Wintergärten oder als einjährige Sommerblumen gezogen werden. In warmen Zonen können sie im tiefen Schatten wie bei stärkster Sonneneinstrahlung noch wachsen und ertragen auch trockene Luft. Sie brauchen sehr durchlässigen, während des Wachstums feuchten Boden. Für buschigen Wuchs sollten die Spitzen gestutzt werden, jedoch nicht zu stark, damit die Blüte nicht verhindert wird. Die Vermehrung erfolgt durch Samen oder Stecklinge im Sommer.

Catharanthus roseus

Syn. *Lochnera rosea, Vinca rosea*

Wild ist diese buschige Staude eine ziemlich schlanke, etwa 60 cm hohe Pflanze mit weißen bis rosa, rot geäugten Blüten. Gartensorten sind in der Regel niedriger und kompakter mit größeren Blüten in vielen Farben. Sie blühen in warmen Klimaten nahezu ganzjährig, in kühleren Regionen vor allem im Frühjahr und Sommer. Die Blütenfarben einiger gemischtfarbigen Serien reichen von Purpur über Rosa bis zu Weiß, andere entwickeln vorwiegend pastellfarbene oder weiße Blüten mit auffälligen roten Augen. Sämtliche Pflanzenteile enthalten giftige Alkaloide, aus denen hochwertige Präparate zur Behandlung von Leukämie gewonnen werden.

CATOPSIS

Zu dieser Gattung der *Bromeliaceae* zählen etwa 20 Arten mittelgroßer Epiphyten aus Mittel- und dem nördlichen Südamerika mit zisternenförmigen Rosetten. Die breiten, weichen Blätter sind häufig mit pudrigen, weißlichen Schuppen bedeckt. Die hohen beblätterten Blütenstengel verzweigen sich in Ähren mit dicht gedrängten Blüten, die teilweise von kleinen Tragblättern umschlossen sind.

PFLEGE UND VERMEHRUNG: Diese frostempfindlichen Pflanzen können leicht in Treibhäusern oder Wintergärten mit gefiltertem Licht in typischer grober, fasriger Bromelienerde gezogen werden. In den Feucht- und Subtropen wachsen sie im Freiland an niedrigen Baumästen, auf Steinhaufen oder in Hochbeeten mit offenem, humusreichem Boden. Man vermehrt sie, indem man die vorsichtig entfernten Seitentriebe anwurzelt oder Samen legt.

Catananche caerulea

Catalpa speciosa

Catopsis hahnii

Diese im äußersten Süden Mexikos und in Mittelamerika heimische Art bildet etwa 60 cm breite Rosetten aus gedrängten Blättern, die fein zugespitzt und mehligweiß beschuppt sind. Im Sommer erscheint an einem grün beblätterten Stengel eine etwa 60 cm hohe Rispe mit kleinen, weißen Blüten, umgeben von gelben Tragblättern.

CATTLEYA

Cattleya und ihre zahlreichen Hybriden mit anderen Orchideengattungen verkörpern das Sinnbild einer wunderschönen Orchidee; ***Cattleya* Angel Heart 'Pink Cloud'** und ***C.* Little Susie 'Orchid Glen'** sind prachtvolle Beispiele für die legendäre Schönheit dieser Pflanzen. Die Gattung umfaßt zwischen 40 und 60 Wildarten (je nach botanischer Klassifizierung), sämtlich Epiphyten aus Mittel- und Südamerika. Von ihnen stammen unzählige Hybriden ab, deren Blüten von etwa 5 cm breiten Miniatur- bis zu über 15 cm breiten Riesenformen reichen und in fast jeder Farbe außer Blau erstrahlen. Die Blüten haben charakteristischerweise drei ziemlich schmale Kelchblätter, davor zwei breitere, oft an den Rändern gekräuselte, obere Blütenblätter; die auffällige zentrale Lippe mit gekräuseltem Rand ist unterschiedlich gezeichnet und gefleckt, ihre hinten übereinandergeschlagenen Ränder bilden eine Röhre. Die Pflanzen haben kriechende Rhizome und schmale, aufrechte Pseudobulben; in einer Artengruppe (zweiblättrige Cattleyen) stehen zwei breite Blätter an der Spitze jeder Pseudobulbe, bei der einblättrigen Artengruppe nur ein in der Regel schmaleres und aufrechteres Blatt. Die Blütenzweige mit ein, zwei oder bis zu zehn Blüten wachsen an der Spitze der Pseudobulben. Je nach Art oder Sorte erscheinen sie im Frühjahr oder Herbst. Zahlreiche *Cattleya*-Hybriden im weitesten Sinne haben andere verwandte Gattungen als Elternteile – sie-he unter × *Brassocattleya,* × *Brassolaeliocattleya,* × *Laeliocattleya,* × *Sophrolaeliocattleya.*

PFLEGE UND VERMEHRUNG: In kühlen Zonen müssen sie in beheizten Treibhäusern oder Wintergärten gezogen werden. Die zweiblättrigen Arten und Hybriden brauchen niedrigere Temperaturen als die einblättrigen. Sie bevorzugen alle helles Licht ohne starke Sonneneinstrahlung, grobes Substrat und brauchen Winterruhe. Sie werden vermehrt, indem man sie zu Beginn des Wachstums im Frühjahr oder im Frühherbst teilt.

Cattleya bicolor

Diese reizende, in Brasilien heimische, zweiblättrige Art mit schlanken Pseudobulben unter 30 cm Länge entspricht mit ihrer gedämpften Farbgebung nicht dem strahlenden Image anderer Cattleyen. Die Blütenzweige tragen eine oder mehrere etwa 10 cm breite, kupferfarben-grüne Blüten mit fleischigen Blüten- und Kelchblättern. Die Ränder der tiefpurpurnen Lippe sind im Gegensatz zu den meisten

Catharanthus roseus, Kulturvarietät

Cattleya Angel Heart 'Pink Cloud'

Cattleya Little Susie 'Orchid Glen'

anderen Arten nicht eingerollt, weshalb auch die große, weiße Pollensäule (Columna) in der Mitte sehr deutlich hervortritt.

Cattleya, Zweiblättrige Hybriden

Diese Hybriden sind in großer Zahl und Auswahl erhältlich; in den meisten Fällen entwickeln sie ziemlich kleine, büschelige Blüten. In frostfreien Klimaten mit feuchten Sommern kann man sie im Freiland ziehen, am wirkungsvollsten an niedrigen Zweigen von Bäumen mit lichtem, offenem Laub. Sie blühen im Frühjahr oder Herbst, die Blütenfarben reichen von Weiß über Rosa zu Magentarot, bisweilen sind sie durch das Erbe der zart orangefarbenen ***Cattleya aurantiaca*** auch gelb bis korallenrot. Die bis zu etwa 50 cm hohe **Chocolate Drop**, eine auffällige Hybride aus *C. aurantiaca* und ***C. guttata,*** bildet kleine, glänzende, schokoladenbraune Blüten. Sie wurde in den sechziger Jahren gezüchtet, desgleichen **Fascination**, eine Hybride aus ***Cattleya intermedia*** und **C. Irma.** Die gut 5 cm breiten Blüten dieser nahezu 60 cm hohen Pflanze sind blaß mauvefarben.

Cattleya deckeri

C., Zweiblättrige Hybride, Fascination

Cattleya Queen Sirikit 'Summer Stars'

Cattleya, Zweiblättrige Hybride, Chocolate Drop

Cattleya bowringiana

Diese äußerst attraktive, beliebte, leicht zu ziehende zweiblättrige Art aus Mittelamerika blüht im Herbst und Winter. An den bis zu 60 cm langen Pseudobulben erscheinen Blütenzweige mit bis zu fünfzehn, 8 cm breiten, tiefrosa Blüten. Sie wirkt am besten in großen Horsten, wenn sie üppig blüht. Sie ist ein Elternteil zahlreicher Hybriden, von denen einige – etwas zu optimistisch – als »blau« beschrieben werden.

Cattleya deckeri

Syn. *Cattleya guatemalensis*

Diese ziemlich kompakt wachsende zweiblättrige Art mit kleinen Blüten ist in der Karibik von Mexiko bis Guayana weit verbreitet. An jeder Pseudobulbe erscheint eine kleine Zahl von 5 cm breiten Blüten mit ziemlich schmalen, rötlichpurpurnen Blüten- und Kelchblättern und einer dunkler purpurfarbenen Lippe.

Cattleya dowiana

Syn. *Cattleya aurea, C. labiata* var. *dowiana*

Diese variable einblättrige Art mit bemerkenswert großer, stark gekrauster Lippe kommt wild von Costa Rica bis Kolumbien vor. Die unter 20 cm langen Pseudobulben sind an der Spitze am dicksten und tragen im Herbst je einen Blütenzweig mit zahlreichen, etwa 15 cm breiten Blüten. Die cremefarbenen bis goldgelben Blüten- und Kelchblätter sind bisweilen rot überlaufen; die etwa 10 cm breite, kräftig samtrote Lippe durchziehen auseinanderstrebende gelbe Adern. Die Art ist einer der wichtigsten Elternteile für *Cattleya*-Hybriden.

Cattleya labiata

Heute verwenden einige Botaniker diesen Namen in einem weiteren Sinne für eine große Gruppe einblättriger Cattleyen aus Süd- und Mittelamerika, darunter auch *Cattleya mossiae*, ***C. warneri,*** *C. trianae*, ***C. gatskelliana*** und ***C. warscewiczii,*** alle mit rosa oder weißen Blüten, sowie für die gelbblühende *C. dowiana*. Viele andere Botaniker behandeln dagegen zumindest einige von ihnen immer noch als eigene Arten. Sie wachsen alle mit Unterbrechungen, tragen im Frühjahr oder Herbst große Blüten und sind in ihrer Gesamtheit die wichtigsten Eltern der meisten *Cattleya*-Hybriden. Reine Arten der Gruppe sind nur selten erhältlich, aber durchaus kulturwürdig.

Cattleya mossiae

Syn. *Cattleya labiata* var. *mossiae*

Wie oben erwähnt, wird diese Art bisweilen zu *Cattleya labiata* gestellt. In ihrer Heimat Venezuela ist sie Staatsblume. An einer typischen einblättrigen Pseudobulbe erscheint eine Ähre mit bis zu sieben, jeweils bis zu 15 cm breiten Blüten mit breiten, gekrausten, weißen bis rosapurpurnen Blütenblättern. Die Lippe ist in der Regel dunkler gezeichnet und hat im Schlund einen gelben Fleck.

Cattleya Queen Sirikit 'Summer Stars'

Weiße Cattleyen werden gern für Brautsträuße verwendet, und auch diese Sorte ist dafür hervorragend geeignet. Sie ist nicht mit *Laelia* oder *Rhyncolaelia* gekreuzt und wächst bei kühleren Temperaturen als viele andere *Cattleya*-Hybriden.

Cattleya skinneri

Die wunderschöne Staatsblume von Costa Rica kommt wild von Südmexiko bis Venezuela vor. Die zweiblättrige Art mit bis zu 30 cm hohen, dicken Pseudobulben blüht in einer Rispe mit bis zu zwölf knapp 10 cm breiten Blüten. Diese sind in der Regel rosa bis purpurn und haben bisweilen eine weiße oder cremefarbene, im Schlund orangefarbene Lippe; es gibt auch ganz weiße Formen. *Cattleya skinneri* blüht im Winter und Frühjahr und kann zu großen Horsten gezogen werden.

Cattleya trianae

Diese in den kolumbianischen Bergen heimische Art wird manchmal zu *Cattleya labiata* gerechnet, der sie als typische einblättrige Art in der Wuchsform gleicht. Die Blütenstengel können zwei bis fünf bis zu 20 cm breite, weiße bis tiefpurpurne Blüten tragen. Die ziemlich schmale Lippe ist noch variabler gefärbt, weist jedoch in der Regel einen charakteristischen orangegelben, zentralen Fleck auf. *C. trianae* ist einer der wichtigsten Elternteile von *Cattleya*-Hybriden.

Cattleya skinneri

Cattleya, Einblättrige Hybriden

Diese Hybriden liefern die großen, gekrausten, meist rosa oder weißen Blüten, die als Schnittblumen im Handel erhältlich sind. Sie blühen entweder im Frühjahr oder Herbst, einige Formen bei entsprechender Pflege sogar zu beiden Jahreszeiten. Die bis zu 15 cm breiten Blüten erscheinen in der Regel einzeln oder auch zu zweit oder dritt. In vielen dieser großblumigen Cattleyen ist ein mehr oder weniger starker Anteil eingekreuzter *Laelia*- und *Rhyncolaelia*-Arten vorhanden. Berühmte Namen unter reinrassigen Cattleyen sind **Bow Bells, Suzanne Hye** und **Bob Betts.**

CAULOPHYLLUM

BLAUBEERE

Zu dieser Gattung aus der Familie der Berberitzengewächse zählen je eine Rhizomstaude aus Nordamerika und Ostasien. Mit ihren zusammengesetzten Blättern und gelappten, stark geäderten Fiedern sind sie nicht sehr attraktiv; die Heilkräfte der amerikanischen Art wurden traditionell jedoch sowohl von den Indianern als auch den weißen Siedlern genutzt. Jeder Stengel trägt nur ein Blatt. Die Rispe aus kleinen, grünen oder stumpfrötlichen, sternförmigen Blüten scheint an der Spitze der Blattrippe zu entspringen. Aus jeder Blüte entwickeln sich zwei beerenartige Samen, die attraktiver sind als die Blüten selbst. Die Pflanzen können sich mit ihrem Wurzelgeflecht nur langsam ausbreiten, aber mit der Zeit große Flächen bedecken.

PFLEGE UND VERMEHRUNG: Die Stauden bevorzugen sehr schattige Standorte in Waldgärten, sind winterhart und ertragen auch trockenen Boden, wachsen jedoch schneller bei Sommerfeuchtigkeit und in tiefem, humusreichem Boden. Die Vermehrung erfolgt durch Teilen oder reife Samen.

Caulophyllum thalictroides

Mit ihren im Winter noch lange Zeit kräftigblauen Beeren ist diese etwa 80 cm hohe, in den östlichen USA und in Kanada heimische Art interessant für Gärtner, die nach Pflanzen für Standorte im tiefen Schatten sommergrüner Bäume suchen. Ihre Blattfiedern sind dreifach gelappt, die unauffälligen Blüten erscheinen im Frühjahr.

CAVENDISHIA

Zu dieser Gattung zählen zehn in den südamerikanischen Anden heimische Arten immergrüner Sträucher oder kleiner Bäume, die mit ihren glocken- oder röhrenfömigen Blüten entfernt einigen *Erica*-Arten gleichen, jedoch breite, ledrige Blätter aufweisen. Nur eine wüchsige Art wird in anderen Teilen der Welt als Gartenpflanze gezogen. Viele Arten sind Epiphyten und wachsen in Nebelwäldern auf bemoosten Bäumen oder bisweilen auf Felsen.

PFLEGE UND VERMEHRUNG: Die Pflanzen bevorzugen gedämpfte Sonne, einen torfigen, humusreichen Boden, feuchte Atmosphäre und ein Klima ohne extreme Hitze oder Kälte. Man vermehrt sie durch Stecklinge im Sommer, Samen im Frühjahr oder durch Ableger im Frühjahr oder Herbst.

Ceanothus 'Blue Cushion'

Cavendishia acuminata

Syn. *Cavendishia bracteata*

Dieser 1–2 m hohe Strauch aus Kolumbien und Ecuador hat etwas wuchernde, an den Spitzen überhängende, rötlichbraune Zweige. Junge Blätter sind bronzefarbenrosa, mit der Zeit werden sie glänzendgrün. Büschel aus röhrenförmigen, wächsernen, roten bis braunen Blüten mit helleren gelben Spitzen entwickeln sich von Frühjahr bis Spätherbst.

CEANOTHUS

SÄCKELBLUME

Zu dieser Gattung zählen über 50 immergrüne und sommergrüne Straucharten, die bisweilen die Größe kleiner Bäume erreichen. Sie stammen alle aus Nordamerika, die überwältigende Mehrheit kommt nur in den kalifornischen Küstenbergen vor. Die meisten Arten zeichnen sich durch strahlendblaue oder -violette, gelegentlich auch rosa oder weiße Blüten aus. Einige an Küstenklippen wachsende, dichte, üppige Arten sind äußerst widerstandsfähig gegen Salzgischt. Die kleinen bis mittelgroßen, an der Spitze stumpfen Blätter sind in der Regel gezähnt. Die kleinen Blüten sind einzeln fadendünn gestielt und erscheinen geballt in Büscheln an den Zweigenden, in der Regel im Frühjahr.

PFLEGE UND VERMEHRUNG: Als Gartensträucher sind sie äußerst attraktiv, doch oft nur kurzlebig und sterben vor allem in Klimaten mit warmen, feuchten Sommern häufig plötzlich und unerwartet ab. Nur *Ceanothus × delilianus* ist in Mitteleuropa einigermaßen frosthart. Säckelblumen brauchen volle Sonne und bevorzugen (vor allem vor starkem Wind) geschützte Lagen und durchlässigen Boden. Samen, die in kleinen runden Kapseln oft reichlich gebildet werden, oder Stecklinge dienen der Vermehrung.

Ceanothus griseus

Ceanothus hearstiorum

Cavendishia acuminata

Ceanothus arboreus

Dieser bis zu 9 m hohe, immergrüne Baum von den südkalifornischen Inseln zählt zu den am höchsten wachsenden Arten der Gattung, wird jedoch in Gärten in der Regel lediglich halb so hoch und entwickelt einen dicken, sich von unten an verzweigenden Stamm. Die unterseits flaumigen Blätter sind größer als bei den meisten Arten; die blaß- bis tiefblauen Blüten erscheinen im Frühjahr und Frühsommer in lockeren Büscheln knapp über dem Laub. **'Mist'** ist eine der hellsten Sorten mit langen Rispen aus zarten, graublauen Blüten.

Ceanothus arboreus 'Mist'

Ceanothus 'Blue Cushion'

Mit ihren gebogenen Zweigen wird diese nur etwa 1 m hohe Hybride bis zu 2,5 m breit. Sie wirkt lockerer als andere kleinwüchsige Hybriden. Die üppig gebildeten Blüten sind lilablaßblau.

Ceanothus 'Blue Jeans'

Die bis zu 2,5 m hohe und etwa ebenso breite, immergrüne Hybride verträgt Schnitt gut und eignet sich so als Heckenpflanze. Das ledrige Laub ist dunkelgrün, die Blüten erscheinen üppig im späten Frühjahr.

Ceanothus 'Burkwoodii'

Diese Sorte, eine Kreuzung zwischen ***Ceanothus dentatus*** **'Floribundus'** und ***C. × delilianus*** **'Indigo'**, ist heute die beliebteste. Der etwa 2–2,5 m große, immergrüne Strauch hat glänzendgrünes Laub und trägt im Spätsommer und Frühherbst hellblaue Blüten.

Ceanothus 'Concha'

Die zufällig in einem Garten entstandene, üppig blühende, 1,5–2 m hohe immergrüne Hybride wird mit ihrer ausladenden Wuchsform mindestens 2,5 m breit und braucht daher reichlich Platz. Aus rötlichen Knospen öffnen sich große Büschel tiefblauer Blüten.

Ceanothus 'Delight'

Die bis zu 4,5 m hohe, immergrüne Hybridsorte hat glänzende, blaßgrüne Blätter; die tiefblauen Blüten erscheinen in langen Rispen.

Ceanothus × delilianus

Diese alte französische Hybride ist ein gedrungener, wüchsiger, sommergrüner Strauch mit breit-ovalen, mittelgrünen Blättern. Er entstammt einer Kreuzung zwischen ***Ceanothus americanus*** aus dem Osten der Vereinigten Staaten und der tropischen ***C. coeruleus*** aus Mexiko und Guatemala, die durch große Blütenzweige himmelblauer Blüten gekennzeichnet ist. Eine Anzahl von besonders schönen Sorten wird dazu gerechnet; am bekanntesten ist wahrscheinlich **'Gloire de Versailles'**, ein 3,5 m hoher Strauch, der in aufrechten, lockeren Rispen vom Hochsommer bis Frühherbst blaßblaue, duftende Blüten trägt.

Ceanothus 'Frosty Blue'

Diese Hybridsorte entwickelt einen weit ausladenden Wuchs von etwa 3 m Höhe und wird sogar noch breiter. Der immergrüne Strauch hat tiefblaue, weiß bestäubte Blüten.

Ceanothus gloriosus

Dieser niedrige, dichte, immergrüne Strauch mit ledrigen, tiefgrünen Blättern ist wildwachsend nur aus einem ziemlich kleinen Gebiet an der zentralkalifornischen Küste bekannt. Je nach Stärke des Einflusses von Wind und Salzgischt haben sich lokale Rassen entwickelt; diese sind zwischen 30 cm und 2 m hoch und in der Regel ausladend oder auch polsterbildend. Im späten Frühjahr und Frühsommer erscheinen üppige Büschel mit blauen bis purpurfarbenen, gestielten Blüten. **'Emily Brown'** hat kleinere, deutlicher gezähnte Blätter und sehr dunkle, blaue Blüten.

Ceanothus griseus

Dieser ausladende, buschige, bis zu 2,5 m hohe, immergrüne Strauch aus den zentralkalifornischen Bergen entwickelt runde, dunkelgrüne, unterseits flaumige Blätter. Ab dem zeitigen Frühjahr erscheinen unzählige dichte Büschel mit lilablaßblauen Blüten. ***Ceanothus griseus*** **var.** ***horizontalis*** ist die Bezeichnung für verschiedene, an Küstenfelsen vorkommende, niedrigwachsende, dicht polsterförmige Sorten, die ausgezeichnete, attraktive Steingartenpflanzen oder Bodendecker für exponierte Standorte liefern. Besondere Klone werden mit Vorliebe mit dem Namen ihres Fundorts bezeichnet, so etwa **'Yankee Point'** oder **'Hurricane Point'**.

Ceanothus hearstiorum

Diese heute als eigenständige Art anerkannte, niedrigwachsende Säckelblume wurde nach der Familie des Zeitungsmagnaten Randolph Hearst benannt, da sie in der Umgebung ihres Anwesens an der kalifornischen Küste entdeckt wurde. Dieser halbniederliegende, immergrüne Strauch wird höchstens 30 cm hoch, kann dabei aber über 2 m Breite erreichen. Die Adern der kleinen Blätter sind tief eingesenkt; im

Ceanothus impressus 'Puget Blue'

Ceanothus thyrsiflorus

Ceanothus papillosus

Ceanothus thyrsiflorus var. *repens*

Ceanothus impressus

Ceanothus 'Percy Picton'

späten Frühjahr und Frühsommer erscheinen zahllose kleine Büschel dunkelblauer Blüten.

Ceanothus impressus

Diese reichblühende, kleinblättrige, immergrüne Art mit dichter, ausladender Wuchsform ist bei geeigneten Bedingungen ein exzellenter Gartenstrauch. Die Adern der etwa 1 cm langen, sehr dicken Blätter sind tief in die Oberfläche eingesenkt. Im Frühjahr erscheinen zahlreiche Büschel tiefblauer Blüten. Die 2–3 m hohe Art von der kalifornischen Küste bevorzugt rauhe, exponierte Standorte. **'Puget Blue'** mit überwältigend blauen Blüten ist wahrscheinlich eine Hybride mit *Ceanothus papillosus*.

Ceanothus papillosus

Dieser etwa 3,5 m hohe, wüchsige immergrüne Strauch oder kleine Baum ist in den Küstenbergen Zentralkaliforniens heimisch. Seine starken Zweige sind dicht mit etwa 3-4 cm langen, hellgrünen, ledrigen Blättern bedeckt; im Frühjahr ist er mit tiefblauen Rispen übersät. Die äußerst robuste und anpassungsfähige Pflanze gedeiht ausgezeichnet an Küsten und ist schnittverträglich. ***Ceanothus papillosus* var. *roweanus*** hat schmalere Blätter und wird nur etwa 2 m hoch, jedoch breiter.

Ceanothus 'Percy Picton'

Dieser dichte, bis zu 3 m hohe, immergrüne Strauch, wahrscheinlich eine Kreuzung zwischen *Ceanothus impressus* und *C. papillosus*, entwickelt kleine, dichtgedrängt wachsende Blätter. Im Frühsommer erscheinen in sehr kleinen, aber reichlich produzierten Büscheln dunkelblaue bis lila Blüten.

Ceanothus prostratus

Als subalpine Pflanze unterscheidet sich diese bemerkenswerte, immergrüne Art von den meisten anderen *Ceanothus*-Arten. In ihrer Heimat, den Bergen Washingtons, Oregons und Kaliforniens, bildet sie über 3 m breite und dabei nur einige Zentimeter hohe Polster mit sich bewurzelnden Trieben. Die kleinen, tiefgrünen Blätter sind dick und ledrig; im Frühjahr ist die Pflanze mit zahllosen kleinen, lavendelblauen, bisweilen auch dunkelblauen oder weißen Rispen bedeckt, denen später gehörnte, hellrote Früchte folgen.

Ceanothus 'Ray Hartman'

Diese immergrüne Hybride, wahrscheinlich eine Kreuzung zwischen *Ceanothus arboreus* und *C. griseus*, wird ausgewachsen bis zu 6 m hoch und breit. Die großen Blätter gleichen denen von *C. arboreus*. Die im zeitigen Frühjahr erscheinenden gräulichblauen Blüten von *C.* 'Ray Hartman' wachsen in endständigen, gestielten Büscheln.

Ceanothus rigidus

Dieser bis zu 2 m hohe, vielverzweigte, immergrüne Strauch kommt wild nur auf der kalifornischen Halbinsel Monterey vor. Wie der Artname andeutet, hat er steife Zweige; die sehr kleinen, keilförmigen Blätter sind stachelig gezähnt. Im Frühjahr und Frühsommer bedecken zahllose kleine, kräftig-purpurblaue Blütendolden die Zweige. Er zählt zu den schönsten *Ceanothus*-Arten, verträgt jedoch noch weniger Frost als andere. **'Snowball'** hat weiße Blüten.

Ceanothus thyrsiflorus

In seiner Heimat, den feuchten Küstenwäldern Kaliforniens, wird dieser immergrüne Strauch oder kleine Baum bis zu 6 m hoch. Zu den Gartensorten zählen jedoch auch kompaktere, gerade mal 1–3 m hohe Sträucher, so etwa ***Ceanothus thyrsiflorus* var. *repens*.** Die glänzenden, mittelgroßen Blätter haben drei erhabene Längsadern. Im späten Frühjahr und Frühsommer erscheinen dichte, zylindrische Büschel lavendelblauer bis nahezu weißer Blüten. **'Blue Mound'** ist eine niedrigwachsende, bis zu 1,5 m hohe und über 2 m breite Hybride von *C. thyrsiflorus* mit mittelblauen Blüten. **'Cascade'** hingegen kann bis zu 8 m hoch werden, hat gebogene Zweige und blaßblaue Blüten.

Ceanothus × *veitchianus*

Diese Hybride, möglicherweise aus *Ceanothus griseus* und *C. rigidus*, ist nach einer berühmten englischen Botanikerfamilie benannt. Dies läßt vermuten, daß sie im 19. Jahrhundert, zur »Blütezeit« der Baumschule von James Veitch & Son, gezüchtet wurde. Der beliebte, bis zu 3 m hohe, immergrüne Strauch hat kleine, runde, scharf gezähnte Blätter, deren Adern oberseits stark eingesenkt sind. Die lilablaßblauen Blüten erscheinen im Frühjahr zahlreich in zylindrischen Büscheln.

CECROPIA

AMEISENBAUM

Diese schnellwachsenden, weichholzigen Bäume mit großen, schirmartigen Blättern zählen zu den auffälligsten Pflanzen des Amazonas-Regenwalds. Ihre großen, offenen Kronen überragen oft die Bäume in der Umgebung. Es gehören aber auch kleinere, unauffälligere Arten zur Gattung. Die dicken, oft hohlen, gekammerten Zweige werden von aggressiven Ameisen bewohnt, die alle attackieren, die dem Baum zu nahe kommen, seien es Menschen oder Blattschneiderameisen, die sich von Laub ernähren. Einige Amazonas-Indianervölker fertigten aus den hohlen Stengeln trompetenartige Instrumente an.

PFLEGE UND VERMEHRUNG: In warmen Klimaten wachsen sie gut in geschützten, sonnigen Lagen mit tiefem, feuchtem Boden. Man kann sie durch Samen vermehren, doch sind die Sämlinge schwach und empfindlich.

Cecropia palmata

Dieser besonders schnellwachsende, wenig verzweigte Baum von den Karibischen Inseln und aus dem nordöstlichen Südamerika erreicht eine Höhe von 15 m. Die Stämme sind wächsern blau bereift, die etwa 60 cm breiten, unterseits grünlichweißen Blätter sind tief in acht bis zehn längliche Lappen mit abgerundeten Spitzen unterteilt.

CEDRELA

Die tropische Baumgattung *Cedrela* umfaßte früher zahlreiche Arten aus Asien,

Cecropia palmata

Cedrela mexicana

Australasien und Amerika, wird heute jedoch als rein amerikanische Gattung behandelt. Die anderen Arten zählen heute zur eigenständigen Gattung *Toona*. Beide Gattungen haben lange, gefiederte Blätter sowie Rispen unauffälliger grünlicher Blüten; ihr weiches, aromatisches, rötliches Holz ist sehr wertvoll und wurde früher so übermäßig genutzt, daß die Bäume sehr selten wurden. Aus *Cedrela*-Holz werden in der Karibik traditionell die Zigarrenkisten gefertigt.

PFLEGE UND VERMEHRUNG: In feuchtwarmen Regionen gedeihen die Pflanzen gut an geschützten Standorten und bevorzugen tiefen, feuchten Boden. In den ersten 10 bis 20 Jahren wachsen sie schnell, danach entwickeln sie sich langsamer zu schönen Schattenspendern. Ihre Vermehrung erfolgt in der Regel durch frische Samen.

Cedrela mexicana

In seiner mittel- und südamerikanischen Heimat wird dieser immergrüne Waldbaum über 30 m hoch. Im Freistand entwickelt er eine breitere Gestalt mit gedrungenem, geradem Hauptstamm und weit ausladenden Ästen. Die ziemlich offene Krone ist unregelmäßig verzweigt, die Fiedern der bis zu 60 cm langen gefiederten Blätter sind von frischem Grün.

CEDRONELLA

Obwohl der Gattungsname eine Verkleinerungsform von *Cedrus* ist, besteht keine Verbindung zwischen diesen Stauden aus der Familie der Lippenblütler und den großen Koniferen. Ähnlich ist nur der süßliche Duft der zerriebenen Blätter, der mit dem Geruch von Zedernholz vergleichbar ist. Die Gattung besteht aus einer auf den Kanarischen Inseln endemischen Art, deren charakteristische Blätter aus drei Fiedern zusammengesetzt sind – ein ungewöhnliches Merkmal für Lippenblütler, die überwiegend ungeteilte Blätter aufweisen. Die beblätterten Stengel enden in dichten, kurzen Ähren mit zweilippigen Blüten.

PFLEGE UND VERMEHRUNG: Als Freilandpflanzen brauchen sie mildes Klima, einen geschützten, sonnigen Standort und feuchten, durchlässigen Boden. In kühlen Klimaten können sie im sonnigen Wintergarten gezogen werden. Sie sollten in der

Cedrus brevifolia

Wachstumsphase reichlich gewässert werden. Sie werden durch Samen oder Stecklinge vermehrt.

Cedronella canariensis
Syn. *Cedronella triphylla*

Die etwa 1,2 m langen Triebe dieser bildhübschen Pflanze verholzen am Grund, die Blätter sind intensivgrün. Im Sommer erscheinen etwa 2 cm lange, mauverosa bis weiße Blüten. Die Blätter finden in Kräutertees und Dufttöpfen zusätzlich Verwendung. Diese Art ist sehr frostempfindlich.

CEDRUS
ZEDER

Diese bekannte Koniferengattung umfaßt vier sehr ähnliche Arten aus Nordwestafrika, Zypern, Kleinasien und dem Himalaja. Diese gleichen sich so sehr, daß sie von einigen Botanikern als Unterarten oder Varietäten einer einzigen Art behandelt werden. Ihre nadelartigen Blätter wachsen in Rosetten an langlebigen Kurztrieben, die sich in den Achseln der Nadeln an den Langtrieben bilden. Die bis zu 10 cm langen, wie kleine Bananen geformten männlichen Zapfen setzen im zeitigen Frühjahr große Pollenwolken frei. Die blaßblauen oder bräunlichen, breit ei- oder faßförmigen weiblichen Zapfen enthalten Samen mit breiten, papierenen Flügeln, die erst nach mehreren Jahren freigesetzt werden. Als Zierbäume werden Zedern wegen ihres außergewöhnlich schönen Aufbaus, der Beschaffenheit und Farbe ihres Laubs und ihrer großen Wuchsfreudigkeit geschätzt.

PFLEGE UND VERMEHRUNG: Bei geeigneten klimatischen Bedingungen sind sie unproblematisch und langlebig und werden im Alter gewaltige Bäume. Sie brauchen volle Sonne und durchlässigen Boden. Ihre Vermehrung geschieht in der Regel durch Samen, bei Sorten durch Stecklinge, Ableger und Veredlung. Alle Arten müssen als frostempfindlich gelten, halten aber in den milderen Gegenden Mitteleuropas in Gärten und Parks viele Jahrzehnte aus.

Cedrus atlantica
Syn. *Cedrus libani* subsp. *atlantica*
ATLASZEDER

Die im marokkanischen und algerischen Atlasgebirge heimische Atlaszeder hat in jungen Jahren eine hübsche, kegelförmige Krone mit steif nach oben gerichteten Ästen, entwickelt sich im Alter jedoch zu einem in guten Lagen über 30 m hohen Baum mit breiter, schirmförmig abgeflachter Krone und massiven Ästen. Die dicht gebüschelten, dunkelgrünen bis bläulichen Nadeln sind höchstens 2,5 cm lang; vor allem bläuliche Sorten finden sich in Gärten. Der kollektive Sortenname **'Glauca'** bezeichnet aus Samen vermehrte Pflanzen mit bläulichen Nadeln. **'Glauca Pendula'** hat lange, im ganzen hängende Zweige und keinen aufrechten Hauptsproß. Sie wird für gewöhnlich als Hochstamm veredelt.

Cedrus brevifolia
Syn. *Cedrus libani* subsp. *brevifolia*
ZYPERNZEDER

Diese am seltensten kultivierte Art ist wild nur aus einem kleinen Gebiet in den Bergen Zyperns bekannt, wo sie in einer Höhe von etwa 1350 m wächst. Botaniker haben sie häufig als eine Varietät von *Cedrus libani* behandelt, von dieser unterscheidet sie sich jedoch durch kürzere Nadeln und eine geringere Größe. Wild wird sie bis knapp 20 m hoch, der Stamm wird mehr als 1 m stark. In Kultur bleiben die Bäume aber erheblich kleiner.

Cedrus atlantica

Cedrus atlantica 'Glauca'

Cedrus atlantica 'Glauca Pendula'

C

Cedrus deodara
HIMALAJAZEDER

Der von den Indern Deodar genannte Baum aus dem westlichen Himalaja wird wild über 60 m hoch, ist heute in seinem Ursprungsgebiet jedoch fast ausgerottet. Junge Bäume wachsen schnell. Alle Zweige haben überhängende Spitzen. Die grünen Nadeln sind an den Langtrieben 3–4 cm lang. Die Himalajazeder ist von allen Arten die frostempfindlichste, sie wächst am besten in milderen, feuchten Klimaten in tiefem Boden. Dort wird sie innerhalb von etwa zehn Jahren 10 m hoch. **'Aurea'** mit goldenen Zweigspitzen ist eine bekannte Sorte.

Cedrus libani
LIBANONZEDER

Dieser wundervolle Baum ist im Libanongebirge bis auf wenige kleine Wäldchen fast ausgerottet; einige größere Populationen finden sich noch in der Türkei. Er wurde schon vor Jahrhunderten in Westeuropa eingeführt; in England existieren bis zu 35 m hohe Bäume mit 2,5 m dicken Stämmen. Jungbäume haben eine schmale, aufrechte Wuchsform, ältere sind an der Spitze abgeflacht und tragen massive, ausladende Äste. Sie haben bis zu 4 cm lange, dunkelgrüne Nadeln. Die Zwergsorte **'Aurea-Prostrata'** hat goldenes Laub, die äußerst langsam und zwergwüchsige Sorte **'Nana'** eine für Steingärten geeignete halbniederliegende Form. **'Pendula'** mit hängenden Ästen wird in der Regel als Hochstamm veredelt. ***Cedrus libani* subsp. *stenocoma,*** die geografische Rasse aus den Bergen der Südwesttürkei, hat einen schmaleren kegel- oder säulenförmigen Wuchs und ist die winterhärteste Zeder.

Cedrus libani 'Pendula'

Cedrus libani 'Nana'

CEIBA

Zu dieser Gattung aus dem tropischen Asien, Amerika und Afrika zählen vier in der Trockenzeit laubwerfende Baumarten mit großen, handförmigen Blättern und auffälligen, fünfblättrigen Blüten. Ihre Stämme sind mit weit hervorstehenden Stacheln bewehrt; die großen, fußballförmigen Früchte geben beim Aufbrechen Samen frei, die in Kapok, eine baumwollähnliche Faser, eingebettet sind. Die großen Bäume hatten früher große wirtschaftliche Bedeutung als Hauptlieferanten für Kapok, das für Füllungen, Dämm-Material und zur Flotation verwendet wurde. Heute werden hierfür größtenteils synthetische Stoffe verwendet, weshalb die Bäume nur noch lokale Bedeutung besitzen als Lieferant für Fasern, Nutz- und Feuerholz.

Cedrus libani subsp. *stenocoma*

Cedrus deodara

PFLEGE UND VERMEHRUNG: Diese schnellwachsenden Bäume können nur in den Feuchttropen angebaut werden. Sie brauchen regelmäßige Regenfälle, volle Sonne, feuchten, durchlässigen Boden und konstant warme Temperaturen. Vermehrung durch Samen oder Stecklinge.

Ceiba pentandra
KAPOKBAUM, BAUMWOLLBAUM, 'FROMAGER'

Diese afrikanische Art wird über 60 m hoch und ist somit die höchste Baumart des Kontinents. Sie kommt wild auch in Südamerika vor, in Asien wurde sie dagegen wohl zur Produktion von Kapok eingeführt. Jungbäume haben stachelige Stämme und besitzen mit ihren horizontal wachsenden Zweigen eine charakteristische etagenförmige Silhouette. Den auffälligen, im Durchmesser 15 cm breiten, weißen, gelben oder blaßrosa Blüten folgen 15 cm lange Früchte.

CELASTRUS
BAUMWÜRGER

Zu dieser Gattung zählen rund 30 Arten meist sommergrüner Sträucher und holziger Kletterpflanzen aus Afrika, Asien, Australasien und Nordamerika. Sie ist eng mit *Euonymus* verwandt, hat jedoch wechselständige Blätter. Die charakteristischen Kapselfrüchte geben beim Öffnen Samen frei, die in einen hell orangefarbenen oder roten *Arillus*, einen öligen Samenmantel gehüllt sind, der nahrhaft ist und Vögel anzieht. Die am häufigsten gepflanzten Arten sind zweihäusig, weshalb mindestens zwei Pflanzen zur Produktion der

Cedrus deodara 'Aurea'

strahlendbunten Früchte notwendig sind. Einige Arten weisen im Herbst eine schöne Laubfärbung auf. Sie eignen sich hervorragend, um Mauern zu überwachsen.
PFLEGE UND VERMEHRUNG: Sie wachsen leicht in geschützten Lagen mit feuchtem, durchlässigem Boden in voller Sonne oder Halbschatten und sind winterhart. Im Frühjahr können die längeren Zweige des Vorjahrs zurückgeschnitten werden, gelegentliches Düngen wird empfohlen. Man vermehrt sie durch Samen oder Ableger im Frühjahr bzw. Stecklinge im Sommer und Herbst.

Celastrus orbiculatus
Syn. *Celastrus articulatus*
RUNDBLÄTTRIGER BAUMWÜRGER

Diese wüchsige Kletterpflanze aus China, Japan und Ostsibirien kann kleine Bäume oder Dürrständer bis zu einer Höhe von 9 m überwachsen. Die dünnen, bisweilen fast runden Blätter sind knapp 10–15 cm lang und wachsen in weiten Abständen an den gewundenen, längeren Trieben. Im Sommer erscheinen unauffällige grüne Blüten; im Spätherbst reifen die zahllosen Früchte heran. Diese lassen beim Öffnen den strahlendroten Arillus um die erbsengroßen, orangegelben Früchte sichtbar werden. So farbenprächtig verbleiben sie im Winter an den kahlen Zweigen.

Celastrus scandens
AMERIKANISCHER BAUMWÜRGER

Die in großen Teilen des östlichen Nordamerika heimische Liane mit bis zu 10 cm

Cedrus libani

Cedrus libani 'Aurea-Prostrata'

langen, ovalen Blättern klettert über 6 m hoch. Die unauffälligen, grünlichgelben Blüten erscheinen im Sommer; ihnen folgen Büschel aus erbsengroßen Früchten, die beim Öffnen einen hellroten Arillus um die gelben Samen zeigen. Sie reifen im Herbst und können bis weit in den Winter an den Pflanzen verbleiben.

CELMISIA

Zu dieser Gattung zählen etwa 60 Arten von Rhizomstauden und Halbsträuchern aus der Familie der Korbblütler. Sie sind in der Mehrzahl in Neuseeland, zu einem geringeren Anteil auf Tasmanien und in Südostaustralien heimisch. Sie kommen meist auf Bergwiesen und an Felsstandorten vor. Die attraktiven immergrünen Pflanzen mit ihren Büscheln aus schmalen, silbergrauen Blättern tragen zahllose weiße, in der Mitte gelbe Blütenköpfchen, die meist einzeln an schuppigen Stengeln wachsen. Bei den meisten Arten ist die Blattunterseite dick silbrigweiß filzig.
PFLEGE UND VERMEHRUNG: Die meisten Arten sind echte, für Tieflandbedingungen ungeeignete Alpinpflanzen, einige wenige können in gemäßigten Klimaten in Steingärten oder Moorbeeten gezogen werden. Angepflanzt werden sie in feuchte, durchlässige, sandige und saure Erde; sie schätzen einen vollsonnigen Standort oder Halbschatten, müssen in trockeneren Gebieten jedoch vor heißer Sonne wie in kühlen Klimaten vor extremer Feuchtigkeit geschützt werden. Sie werden durch Samen im Herbst oder Teilen im späten Frühjahr vermehrt.

Celmisia asteliifolia

Diese auf Tasmanien und in Südostaustralien heimische Art wächst oberhalb der Baumgrenze auf Bergwiesen, wo ihr silbergraues Laub große Matten bildet. Ein dichtes Netzwerk aus verholzten Rhizomen verbindet die miteinander verwobenen Rosetten aus schmalen, gebogenen, unterseitig weißfilzigen und oberseits dunkel graugrünen Blättern. Im Hochsommer erscheinen üppig 5–8 cm breite Blütenköpfchen mit weißen, unten purpurfarbenen Zungenblüten an 20–30 cm hohen Stengeln.

Celmisia hookeri

Diese großblättrige Art kommt in ihrer Heimat, der neuseeländischen Südinsel, im trockenen Grasland von der Meeresküste bis zu tiefer gelegenen Bergwiesen vor. Die bis zu 30 cm langen und 10 cm breiten Blätter sind oberseits glänzendgrün und unterseits dick weißfilzig. Die bis zu 10 cm

Celastrus scandens

Ceiba pentandra

breiten Blütenköpfchen mit breiter Zentralscheibe und einem ziemlich schmalen Ring aus Zungenblüten erscheinen an kurzen, dicken Stengeln.

Celmisia semicordata
Syn. *Celmisia coriacea*

Diese mit am größten werdende Art kommt in niedrigen bis mittleren Lagen auf der Südinsel Neuseelands vor. Im Alter bildet sie mit ihren Rosetten große Polster. Die auffällig silbrigen Blätter sind steif, gerade, bis zu 45 cm lang und 2,5–8 cm breit. Die weißen, bis zu 10 cm breiten Blütenköpfchen wachsen an schlanken, bis zu 40 cm langen Stengeln. Diese Art gilt als die am leichtesten zu kultivierende *Celmisia*, sie erträgt besser als die meisten anderen Hitze und Trockenheit, bevorzugt jedoch reichlich Sommerfeuchtigkeit.

Celmisia spectabilis

Diese alpine neuseeländische Art kommt auf hochgelegenen Wiesen der Südinsel vor und wird oft kultiviert. Im Alter bildet sie ausgedehnte Polster; die Rosetten aus sehr dicken Blättern sind oberseits dunkelgrün bis leicht silbrig und unterseits weißfilzig. Im Frühsommer erscheinen an 10–20 cm hohen Stengeln oberhalb der Blätter auffällige weiße und goldene, etwa 5 cm breite Blütenköpfchen.

CELOSIA
BRANDSCHOPF

Zu dieser Gattung aus der Familie der Amarantgewächse zählen über 50 einjährige Kräuter, Stauden und Sträucher aus den wärmeren Regionen Asiens, Afrikas und Amerikas. Nur eine Art *(Celosia argentea)* wird weithin als einjährige Rabattenpflanze sowie für den Schnitt kultiviert. In Kultur hat sie sehr unterschiedliche Formen hervorgebracht, denen man die Zugehörigkeit zur selben Art kaum ansieht. Sie hat einfache, weiche, stark geäderte Blätter; die Unterschiede zeigen sich fast nur in der Struktur der Blütenstände mit den kleinen Blüten, die bei den beiden meistkultivierten Sortengruppen entweder eher üppig oder deformiert sind.
PFLEGE UND VERMEHRUNG: In kühlen Klimaten gedeihen sie in Wintergärten oder werden in Sommerblumenbeete gepflanzt, nachdem die Sämlinge im Frühjahr unter Glas gezogen wurden. Sie brauchen volle Sonne, fetten, durchlässigen Boden und konstante Feuchtigkeit. Hitze ertragen sie sehr gut. Die Vermehrung erfolgt durch Samen im Frühjahr.

Celmisia hookeri

Ceiba pentandra

Celosia argentea, Plumosa-Gruppe

Celosia argentea
Syn. *Celosia cristata, C. pyramidalis*
SILBER-BRANDSCHOPF, HAHNENKAMM

Diese wahrscheinlich im tropischen Asien heimische, sommerblühende, einjährige Pflanze mit mittelgrünen Blättern wird über 1 m hoch. Im Sommer erscheinen silbrigweiße Blüten in dichten, aufrechten, spitzen, silbrig schimmernden Ähren. Am bekanntesten ist die Art in Gestalt zweier sehr unterschiedlicher Gruppen von Sorten, deren Zusammengehörigkeit kaum sichtbar ist. Die **Plumosa-Gruppe** weist aufrechte, fedrige Blütenstände mit kleinen, deformierten Blüten in warmen Farben auf, die **Cristata-Gruppe** (Hahnenkamm) hingegen bizarre, gewellte Büschel aus verwachsenen Blütenstielen, ebenfalls in vielen Farben. Von beiden stammen eine Reihe von Sämlingsstämmen ab, die sich in Höhe, Größe und Blütenfarbe unterscheiden. Besonders die Plumosa-Gruppe wird zum Schnitt und als dekorative Zimmerpflanze geschätzt. Einige Zwergformen sind nur 15 cm hoch, die altehrgebrachten Beetsorten dagegen etwa 60 cm. Die meisten Stämme sind gemischtfarbig erhältlich.

Celtis occidentalis

Celtis jessoensis

Celosia spicata

Celosia spicata

Die Herkunft dieser einjährigen Art, beliebt als Schnittblume, ist ungewiß. Sie wird 60 cm hoch, hat eine aufrechte Gestalt und schmalere Blätter als *Celosia argentea*. Die Blüten wachsen im Sommer gedrängt in endständigen Ähren und öffnen sich sukzessive von unten nach oben. Die Knospen sind purpur-rosafarben, die strohigen Blüten färben sich mit der Verlängerung der Ähre hell silbrigrosa. Sie liefern langlebige Trockenblumen.

CELTIS

ZÜRGELBAUM

Zu dieser großen Gattung zählen 70 häufig immergrüne Baumarten, die vor allem in den Tropen vorkommen. Die aus kühlen Klimaten stammenden, sommergrünen Arten aus Nordamerika, Europa und Asien werden jedoch am meisten kultiviert. Sie sind mittelgroß bis groß mit glatter oder leicht rauher Rinde und haben kleine, ovale, spitze Blätter mit wenigen oder vielen Zähnen am Rand. Die eingeschlechtlichen, unauffälligen Blüten haben keine Blütenblätter und erscheinen zeitgleich mit den neuen Blättern. Die kleinen, harten Steinfrüchte wachsen einzeln in den Blattachseln. Sie werden von Vögeln gefressen und verbreitet; einige Arten können durch Selbstaussaat zur Plage werden. Zürgelbäume dienen hauptsächlich als schön geformte, langlebige und unkomplizierte Schattenspender an Straßen und in Parks.

PFLEGE UND VERMEHRUNG: In kühleren Klimaten bevorzugen Zürgelbäume trockenen Boden und volle Sonne, in wärmeren Regionen fetten, feuchten, durchlässigen Boden und Halbschatten. Vermehrung durch Samen im Herbst.

Celtis africana

Dieser schöne, sommergrüne Baum mit silbrigweißer Rinde stammt aus den Küstenwäldern und Savannen Südafrikas. Er ist nicht winterhart. Kultiviert wird er schnell 9–12 m hoch und breit, wild noch deutlich höher. Die kleinen, blaßgelben Blüten erscheinen kurz im Frühjahr zeitgleich mit dem neuen Laub. Im Sommer reifen zahllose orangefarbene oder gelbe Beeren heran. Die Art erträgt Trockenheit.

Celtis australis

SÜDLICHER ZÜRGELBAUM

Dieser sommergrüne, kleine bis mittelgroße Baum aus Südeuropa, Nordafrika und Kleinasien wird bis zu 15 m hoch. In der Jugend ist er frostempfindlich. Seine breitlanzettlichen, gesägten, mittel- bis dunkelgrünen Blätter sind oberseits rauh und unterseits heller grün und flaumig. Die kleinen, im Herbst purpurschwarzen Früchte sind eßbar.

Celtis jessoensis

Syn. ***Celtis bungeana* var. *jessoensis***

Dieser in Nordostasien heimische, sommergrüne Baum kann 15 m hoch werden und ist frosthart. Die zahllosen gezähnten, lanzettlichen Blätter an horizontalen Zweigen verleihen dem Baum eine breite, geduckte Erscheinung.

Celtis laevigata

Syn. ***Celtis mississippiensis***

GLATTBLÄTTRIGER ZÜRGELBAUM

Diese schöne, sommergrüne Art wird in ihrer Heimat, dem Mittleren Westen und Südosten der USA, als Alleebaum geschätzt. Wild wächst sie an Flußufern und anderen feuchten Standorten. Die dünnen Blätter sind sehr lang zugespitzt und in der Regel nicht gezähnt. Der jung schnellwachsende, frostharte Baum mit tiefgrünem Laub entwickelt eine schöne, runde Krone und wird bis 20 m hoch. Im Sommer erscheinen erbsengroße, orangerote Früchte.

Celtis occidentalis

AMERIKANISCHER ZÜRGELBAUM

Dieser frostharte Baum aus den östlichen Vereinigten Staaten, dem Mississippi-Becken und dem östlichen Kanada wächst in Wäldern auf tiefgründigen, fetten Schwemmböden, wo er sehr groß werden kann. In offenen Lagen entwickelt er sich zu einem schön geformten, ausladenden, 12–18 m hohen Baum. Die bei Schößlingen glatte Rinde ist bei größeren Bäumen rauh. Die erbsengroßen, roten Früchte sind reif stumpfpurpurn, das Laub ist im Herbst blaßgelb. An Flüssen und Kanälen kann er überhand nehmen.

Celtis sinensis

Dieser sommergrüne oder halbimmergrüne, 15–20 m hohe Baum aus China, Japan und Korea hat eine runde, breite Krone und bemerkenswerte dunkelgrüne, glänzende Blätter. Die kleinen, kugelförmigen Früchte sind anfangs grün, im Hochsommer dann stumpforange und im Herbst reif stumpfpurpurn. In wärmeren Klimaten ist er sehr robust und anpassungsfähig, erträgt unfruchtbaren und nicht sehr durchlässigen Boden sowie verschmutzte Stadtluft, ist jedoch äußerst frostempfindlich. In feuchten Küstenregionen kann er schnell sehr lästig wuchern.

Celtis tenuifolia

Dieser kleine, selten über 10 m hohe Baum mit runder Krone ist im Südwesten und Mittleren Westen der Vereinigten

Celtis africana

Celtis sinensis

Celtis tenuifolia

Cenia turbinata

Staaten heimisch. Die etwa 5 cm langen, lanzettlichen Blätter können leicht gezähnt sein und fühlen sich etwas rauh an. Er wird nur äußerst selten in Gärten gepflanzt, da er extrem langsam wächst und keine besonders auffälligen Blüten oder Früchte ausbildet.

CENIA

Diese Gattung langsamwachsender ein- und mehrjähriger Korbblütler ist eng mit *Cotula* verwandt und wurde früher auch zu dieser Gattung gezählt. Die Pflanzen schauen eher wie *Anthemis* aus, doch die gelben Blütenköpfchen haben keine Zungenblüten und erscheinen wie große Knöpfe einzeln an schlanken Stengeln. Die leicht duftenden, feingeteilten Blätter sind weich behaart.

PFLEGE UND VERMEHRUNG: Die Pflanzen sind anspruchslos in Steingärten oder als Randbepflanzung zu ziehen und produzieren immer neue, schöne Blüten, können jedoch im Alter ziemlich unansehnlich werden. Die Aussaat erfolgt im Herbst, das Auspflanzen der Setzlinge, wenn sie 2,5 cm hoch sind, an einen sonnigen Standort.

Cenia turbinata

Syn. *Cotula turbinata*

Diese in den Küstengebieten der südafrikanischen Kapprovinz heimische, kurzlebige Staude wird im Garten meist einjährig gezogen. Die ausladenden Triebe wachsen aus einem zentralen Wurzelstock und sind unter den blaßgrünen, eingeschnittenen, behaarten Blättern verborgen. Im Frühjahr erscheinen an kurzen, schwachen Stengeln in Folge hellgelbe, etwa 3 cm breite »Knöpfe«. Die 10–15 cm hohe Pflanze erreicht eine Breite von etwa 60 cm.

CENTAUREA

FLOCKENBLUME

Diese riesige Gattung aus der Familie der Korbblütler umfaßt etwa 450 Arten ein- und zweijähriger Kräuter und Stauden aus den gemäßigten Regionen Eurasiens und Nordafrikas. Eine oder zwei kommen in Amerika vor. Einige Arten mit stacheligen Blättern stellen gebietsweise sehr lästige Unkräuter dar. Außer der einjährigen Kornblume sind einige der Staudenarten schöne Gartenpflanzen, die in unterschiedlichsten Farben,Weiß, Blau, Rot, Rosa, Purpurn oder Gelb blühen. Die Blütenköpfchen weisen typischerweise eine krugförmige Hülle (Involucium) aus gefransten oder stacheligen Hüllblättern auf, aus deren Öffnung die recht großen Einzelblüten wachsen. Diese besitzen eine fünfzipflige, farbige Krone; kleinere Blüten wachsen in der Mitte des Köpfchens, bilden jedoch keine deutlich abgesetzte Scheibe wie etwa bei anderen Korbblütlern.

PFLEGE UND VERMEHRUNG: Sie wachsen gut in durchlässigem Boden in sonnigen Lagen. Vermehrt werden sie durch Samen im Frühjahr oder Herbst; Stauden können im Frühjahr oder Herbst geteilt werden.

Centaurea cineraria

Centaurea dealbata

Centaurea cineraria

Syn. *Centaurea candidissima* hort., *C. gymnocarpa*

Diese frost- und winternässeempfindliche Art, ein Halbstrauch oder eine Staude aus dem Mittelmeerraum, wird hauptsächlich wegen ihres schönen, vielfach geteilten, silbrigweißen Laubs gezogen. Außerhalb der Blütezeit ähnelt sie verblüffend der nicht näher verwandten *Senecio cineraria*. Kleine distelartige, lilarosa Blütenköpfchen an vielverzweigten Blütenstengeln verleihen den Pflanzen zarte Symmetrie und Farbe. Der Silberschimmer des Laubs ist von Pflanze zu Pflanze unterschiedlich und kann durch Zuchtauswahl beeinflußt werden.

Centaurea cyanus

KORNBLUME

Diese sehr bekannte einjährige Wildblume aus Europa und Nordasien ist auch ein Unkraut in Kornfeldern. Die schwachstenglige, aufrechte Pflanze wird 60–90 cm hoch, hat sehr schmale Blätter und kleine, typisch leicht violettblaue (kornblumenblaue) Blütenköpfchen. Die bisweilen zwergwüchsigen und kompakteren Gartensorten haben größere, blaß- und tiefrosa, kirsch- und karmesinrote, weiße und blaue Blüten. Sie wirken am besten in großen Horsten und blühen monatelang, wenn die verwelkten Blüten regelmäßig entfernt werden.

Centaurea dealbata

Das tiefeingeschnittene Laub dieser sehr großen, im Kaukasus und Nordiran heimischen, vielblättrigen Staude ist unterseits gräulichgrün. Ab dem späten Frühjahr erscheinen lilapurpurne bis lilarosa Blütenköpfchen. Die aufrechte, frostharte Pflanze wird bis zu 1 m hoch. **'Steenbergii'** hat größere, tiefrosa Blüten.

Centaurea hypoleuca

Die duftenden blaß- bis tiefrosa Blütenköpfchen dieser winterharten Staude aus dem Kaukasus, Iran und der Osttürkei erscheinen im Frühsommer und oft noch einmal im Herbst einzeln an bis zu 60 cm hohen Stengeln. Sie bildet knapp 50 cm große, üppige Horste und hat lange, gelappte, oberseits grüne und unterseits graue Blätter. **'John Coutts'** trägt tief rosafarbene Blüten.

Centaurea hypoleuca

Centaurea cyanus

Centaurea cineraria

Centaurea macrocephala

Das Laub dieser winterharten Staude aus subalpinen Lagen Armeniens und benachbarter Gebiete der Türkei gleicht entfernt einem großen Löwenzahn. Im Sommer erscheinen an robusten, beblätterten, bis zu 1 m hohen Stengeln etwa 5 cm breite gelbe Blütenköpfchen mit einem keulenförmigen Hüllkelch aus glänzendbraunen Hüllblättern.

Centaurea montana

BERGFLOCKENBLUME

Diese bis zu 80 cm hohe, langlebige und frostharte Staude aus den europäischen Bergen kann mit ihren kriechenden Rhizomen unter guten Bedingungen große Horste bilden. Die grünen Blätter sind in der Regel ganzrandig; charakteristisch für die 5 cm breiten, im Frühsommer erscheinenden violetten Blütenköpfchen sind die weit auseinanderstehenden Einzelblüten, die ihnen ein zartes, spitzenartiges Aussehen verleihen.

Centaurea moschata

Syn. *Amberboa moschata*

Einige Botaniker zählen diese und einige andere *Centaurea*-Arten heute zu der eigenständigen Gattung *Amberboa*. Die süßduftende, einjährige Bauerngartenpflanze aus dem östlichen Mittelmeerraum wurde vor über 350 Jahren in Kultur genommen. Die schnellwachsende, aufrechte, bis zu 60 cm hohe Art hat lanzettlich geformte, gräulichgrüne Blätter. Im Sommer und Frühherbst erscheinen große, zarte, flaumige, bis zu 10 cm breite Blütenköpfchen in verschiedensten Farben.

Centaurea simplicicaulis

Diese winterharte Polsterstaude aus dem Kaukasus und Zentralasien hat ein kriechendes Rhizom und zahlreiche winzige Rosetten aus eingeschnittenen, oberseits graugrünen und unterseits weißfilzigen Blättern. Im Frühsommer erscheinen schlanke, unverzweigte, bis zu 50 cm hohe Blütenstengel, die jeweils ein bis 4 cm breites Blütenköpfchen mit einer zarten Struktur aus rosa Zungenblüten tragen. Sie wächst am besten an trockenen, sonnigen Standorten in Steingärten.

CENTELLA

Zu dieser Gattung aus der Familie der Doldenblütler zählen etwa 20 kriechende Arten einjähriger Kräuter und Stauden, meist aus Afrika. Einige wenige Arten kommen in Südasien und Ländern der südlichen Hemisphäre vor. Die schlanken Stengel wurzeln an den Knoten, die Blätter sind fast kreisrund und haben am Ansatz des Blattstiels eine tiefe Einkerbung. An kurzen Stengeln wachsen kleine, stumpffarbige Blüten entlang den Trieben. Nur *Centella asiatica* ist in Kultur.
PFLEGE UND VERMEHRUNG: Sie wachsen leicht in feuchtem Boden in frostfreien Regionen oder können als Topfpflanze gezogen werden. Da sie leicht wuchern, muß das Wachstum kontrolliert werden. Man kann sie durch Teilen vermehren.

Centella asiatica

Syn. *Hydrocotyle asiatica*

Diese bescheidene Staude gehört zu den am meisten verwendeten Heilpflanzen in Südasien. Die ursprüngliche natürliche Verbreitung der in Australasien und Asien weitverbreiteten Art ist ungeklärt. Die polsterbildende, oft im feuchten Grasland wachsende Pflanze wird nur etwa 2,5 cm hoch. Kultivierte Stauden haben längere Blattstiele und werden bis zu 15 cm hoch. Im Frühjahr erscheinen kleine rötliche Blüten. In Teilen des tropischen Asien werden ihre grünen Blätter als allgemeines Stärkungsmittel betrachtet und mit Reis verzehrt. Sie wird aber auch für zahlreiche andere medizinische Zwecke verwendet.

Centaurea montana

Centella asiatica

Centaurea macrocephala

CENTRADENIA

Zu dieser mit *Heterocentron* verwandten Gattung zählen etwa fünf Arten von Sträuchern und Halbsträuchern aus Mexiko und Mittelamerika. Wie andere Vertreter der Familie der Schwarzmundgewächse *(Melastomataceae)* weisen die gegenständigen Blätter lange, gebogene, tief in die Oberfläche der Blattoberseiten eingesenkte Adern auf. Bei *Centradenia* können die Blätter jedes Paares unterschiedlich groß sein und sich gleich den Stengeln meist unterseits attraktiv rot verfärben. Die kleinen rosa- oder mauvefarbenen Blüten erscheinen oft in üppigen Rispen.
PFLEGE UND VERMEHRUNG: Die schnellwachsenden Pflanzen eignen sich als Zimmerpflanzen, brauchen jedoch viel Licht. In wärmeren Klimaten machen sie sich gut im Freiland vor Wänden oder an Wegrändern. Bei zu starkem Wuchs ist Rückschnitt möglich. Die Vermehrung erfolgt durch Stecklinge.

Centradenia floribunda

Die bis zu 5 cm langen, schmalen Blätter dieses in Mexiko und Guatemala heimischen kleinen Halbstrauchs sind an der Oberseite dunkelgrün, die helleren Unterseiten sind rot geädert. Im Winter und Frühjahr erscheinen in großen Rispen etwa 1 cm breite rosa Blüten.

Centradenia grandifolia

Dieser schwache, 0,5–1,5 m hohe Strauch aus Mexiko hat rötliche, vierfach geflügelte Zweige. Die bis zu 15 cm langen, attraktiven, sehr asymmetrischen Blätter sind unterseits hellrot. Im Herbst erscheinen nur etwa 6 mm breite, rosa Blüten an kurzen Blütenzweigen.

CENTRANTHUS

SPORNBLUME

Zu dieser eng mit *Valeriana* verwandten Gattung zählen etwa zehn Arten ein- und mehrjähriger Kräuter aus dem Mittelmeerraum und Westasien. Nur eine Art, *Centranthus ruber*, wird weithin als Zierpflanze gezogen. Sie bildet Büschel aus weichen, meist ganzrandigen oder seltener eingeschnittenen Blättern; an den beblätterten, verzweigten Blütenstengeln erscheinen zahlreiche Blütenrispen mit kleinen, röhrenförmigen Blüten.
PFLEGE UND VERMEHRUNG: Spornblumen kommen in mäßig fruchtbare, kalkhaltige Erde an einen sonnigen Standort. Sie sind nicht langlebig, sollten regelmäßig ausgeputzt und am besten alle drei Jahre geteilt werden. Auch durch Samen kann man sie vermehren.

Centranthus ruber

Centranthus ruber

ROTE SPORNBLUME

Diese 60–90 cm hohe Staude bürgert sich gerne an trockenen Böschungen ein und eignet sich sowohl für Steingärten als auch für Rabatten. Sie bildet lockere Horste aus etwas fleischigen Blättern; vom späten Frühjahr bis Herbst erscheinen dichte Büschel der kleinen, sternförmigen, langlebigen, tief-rötlichrosa bis blaßrosa Blüten. Die Sorte **'Albus'** hat weiße Blüten. Spornblumen sind sehr leicht zu ziehen, sie brauchen nur Sonne und einen durchlässigen Standort, ertragen exponierte Lagen und mageren, alkalischen Boden.

CEPHALARIA

SCHUPPENKOPF

Diese eng mit *Scabiosa* verwandte Gattung umfaßt 65 Arten ein- und mehrjähriger Wildkräuter aus Europa, Westasien und den gemäßigten Regionen Afrikas. Sie bilden grundständige Büschel aus gefiederten oder tiefeingeschnittenen Blättern und haben in der Regel kleinere Blätter an den verzweigten Blütenstengeln. Die meist gelben oder weißen Blüten erscheinen in Blütenköpfchen ähnlich denen der Korbblütler, aber die Einzelblüten haben die für Kardengewächse *(Dipsacaceae)* typische Form.
PFLEGE UND VERMEHRUNG: Sie gedeihen in feuchtigkeitshaltender Lehmerde aber auch in durchlässiger, feuchter, fruchtbarer Erde und brauchen, obwohl sie schlank sind und recht hochwüchsig sein können, nur sehr selten eine Stütze. Vermehrung durch Samen oder Teilung.

Cephalaria gigantea

Diese hübsche, in der Kaukasusregion und der Nordtürkei heimische Riesenstaude braucht reichlich Platz, da sie bis zu 2,5 m hoch und 1,2 m breit werden kann. Sie bildet einen robusten Horst aus bis zu 50 cm langen, dunkelgrünen, tiefeingeschnittenen Blättern, aus dem im Sommer zahlreiche kräftige dünne Stengel wachsen, die mit schwefelgelben, etwa 5 cm breiten Blütenköpfen bekrönt sind.

CEPHALOCEREUS

Zu dieser Gattung zählen nur drei Arten von Säulenkakteen, die in Zentralmexiko heimisch sind. Sie gehörte früher als eine der zahlreichen Kakteengruppen zu der umfassenden Gattung *Cereus*. Ihr aktueller Name bedeutet »Kopfcereus« und bezieht sich auf ein besonderes Merkmal dieser und anderer Kakteengattungen, das Cephalium. Aus diesem filzig überzogenen Gewebe nahe der Stammspitze wachsen alljährlich die Blüten – bei *Cephaloce-*

Cephalotaxus harringtonia 'Fastigiata'

Cephalotaxus fortunei

Cephalotaxus harringtonia 'Fastigiata'

reus im allgemeinen nur an ausgewachsenen, bisweilen jahrzehntealten Pflanzen. Deshalb ist es möglich, daß der durchschnittliche Kakteenzüchter nie die Entwicklung eines Cephaliums verfolgen kann. Besonders attraktiv bei dieser Gattung sind die schneeweißen Dornen und Borsten, die die mehrfach gerippten Stämme besonders nahe der Spitze bedecken. Die Stämme wachsen straff aufrecht und verzweigen sich, wenn überhaupt, am Grund.

PFLEGE UND VERMEHRUNG: Diese subtropischen Kakteen ertragen nur leichtesten Frost und dies auch nur in warmen und trockenen Klimaten. Als Zimmerpflanzen brauchen sie einen hellen Standort am Fenster oder in einem sonnigen Wintergarten. Sie benötigen ebenso durchlässige Erde wie die meisten Kakteen, wobei einige Züchter die Zugabe von Kalkgrus empfehlen, sind empfindlich gegen zu viel Wasser und anfällig für Schmierläuse und Spinnmilben. Durch Samen vermehrt man sie.

Cephalocereus senilis

GREISENHAUPT

Dieser über 12 m hohe, vielstämmige Kaktus wächst wild im Strauchdickicht trockener Hügel des mexikanischen Hochlands. Kultivierte Pflanzen werden aber selten über 1,2 m hoch. Schon als Jungpflanze erregt dieser Kaktus jedoch Aufmerksamkeit durch seine langen, miteinander verwobenen, den Stamm bedeckenden weißen Borsten, die den Barthaaren eines alten Mannes gleichen. Bisweilen wird er mit Brille, Pfeife etc. geschmückt als Nippes verkauft. Die trompetenförmigen weißen oder leicht gelben Blüten öffnen sich nur nachts im Sommer.

CEPHALOTAXUS

KOPFEIBE

Zu dieser interessanten Koniferengattung aus Ostasien zählen etwa zehn Arten von Sträuchern oder kleinen Bäumen mit meist zahlreichen grundständigen Trieben. Die tiefgrünen, ledrigen Nadelblätter sind in der Regel länger als bei der sehr ähnlichen Eibe *(Taxus)*. Die fleischigen, reif rötlichbraunen »Früchte« stehen in gestielten, kugelförmigen Strukturen und erinnern an Oliven. Die männlichen Blüten der zweihäusigen Pflanzen erscheinen in kleinen, kugeligen Büscheln.

PFLEGE UND VERMEHRUNG: Die kräftigen, widerstandsfähigen Koniferen wachsen am besten in kühlen, ziemlich feuchten Klimaten in geschützten Lagen. Die sich gelegentlich selbst aussäenden Pflanzen können durch die große Zahl ihrer am Boden verfaulenden, herabgefallenen »Früchte« etwas lästig werden. Zur Vermehrung ausgebrachte Samen keimen bisweilen erst nach zwei Jahren, man kann auch Stecklinge anwurzeln lassen.

Cephalotaxus fortunei

CHINESISCHE KOPFEIBE

Die Rinde dieses ausladenden, frostempfindlichen Strauchs oder bis zu 6 m hohen Baums aus Nordostchina schält sich plattig ab. Er wurde 1849 von Robert Fortune, der die Teepflanze von China nach Indien brachte, in England eingeführt. Die linealischen Nadeln werden bis 10 cm, die ovalen Früchte etwa 2,5 cm lang.

Cephalotaxus harringtonia

HARRINGTONS KOPFEIBE

Diese zuerst aus Japan bekannt gewordene variable, frostharte Art kommt auch in Korea und Teilen Chinas vor. Sie bildet einen ausladenden, buschigen, 2–3 m hohen Strauch mit bis zu 6 cm langen Nadeln. Häufiger gezogen wird ***Cephalotaxus harringtonia* var. *drupacea*,** ein kuppelförmiger, etwa 3 m hoher Strauch mit kurzen, stumpfen, zweizeilig schräg aufrecht stehenden Nadeln. Die auffälligste und attraktivste Sorte ist die straff aufrechte **'Fastigiata'**: Sie bildet mit ihren an der Basis zahlreich und dicht wachsenden, langen, geraden Trieben mit zurückgebogenen, spiralig gestellten Blättern eine bis 2 m hohe und 60–90 cm breite Säule. Die niedrig wachsende Sorte **'Nana'** ist in der Regel unter 1 m hoch, breitet sich mit fast niederliegenden, wurzelnden Zweigen jedoch weit aus. **'Prostrata'** bildet ein bis zu 60 cm hohes und etwa 1,2 m breites Polster aus im allgemeinen mehr oder minder aufrechtwachsenden Zweigen.

CERARIA

Zu dieser mit *Portulacaria* verwandten und wie diese im südlichen Afrika, und zwar im äußersten Westen der Kapprovinz und den benachbarten Regionen Namibias endemischen Gattung zählen etwa fünf Arten sukkulenter Sträucher. Die vielverzweigten Pflanzen mit bisweilen sehr verdicktem Stamm haben dicke, fleischige oder auch recht schlanke Zweige, sehr kleine, fleischige Blätter und sehr kleine weiße oder rosa Blüten.

PFLEGE UND VERMEHRUNG: Diese ungewöhnlichen Pflanzen müssen wie andere südafrikanische Sukkulenten aus den sehr niederschlagsarmen Gebieten des westlichen Kaps behandelt werden. Sie brauchen ein sehr lockeres, grobsandiges, völlig durchlässiges Substrat und sollten nur in der Wachstumsphase im Frühjahr sparsam gewässert werden. Mit Stecklingen lassen sie sich vermehren.

Ceraria pygmaea

Die Zweige dieses auf das südafrikanische Little Namaqualand, Heimat zahlreicher anderer extremer Sukkulenten, beschränkten Miniaturstrauchs wachsen aus einem kurzen, verdickten Stamm mit rauher Rinde. Die kleinen, fleischigen Blätter sind leicht bläulich oder gelblich mit einer feinwarzigen Oberfläche; die kleinen Blüten sind weiß bis blaßrosa.

CERASTIUM

HORNKRAUT

Zu dieser Gattung zählen etwa 60 Arten von Stauden und einjährigen Kräutern, die in den meisten gemäßigten Regionen der Welt vorkommen, jedoch vor allem in der nördlichen Hemisphäre bis in arktische Regionen verbreitet sind. Einige der Stauden sind nützliche Gartenpflanzen, die als Bodendecker oder in Steingärten gezogen werden, so etwa ***Cerastium boissieri*** Aus einem Netz dünner Rhizome sprießen dünne Stengel; die Blätter sind gegenständig und bei den gartenwürdigen Arten in der Regel dicht weiß- oder auch graufilzig. Die weißen Blüten mit fünf je an der Spitze gekerbten Blütenblättern erscheinen in gestielten Büscheln über dem Laub.

PFLEGE UND VERMEHRUNG: Sie sind leicht zu ziehen und zu vermehren (durch Teilen); einige Arten wuchern, was besonders in kleineren Steingärten nicht immer erwünscht ist. Sie sind alle frosthart, bevorzugen volle Sonne und durchlässigen Boden. Zu große Feuchtigkeit im Winter und Sommer kann ein Problem darstellen, da die feinen Haare Feuchtigkeit zurückhalten und so anfällig für Mehltau werden können.

Cephalotaxus harringtonia 'Prostrata'

Cephalocereus senilis

Cerastium boissieri

Cerastium tomentosum

Ceratopetalum apetalum

Ceratopetalum apetalum

Ceratonia siliqua

Ceratopetalum apetalum

Ceratopetalum gummiferum

Ceratostigma griffithii

Cerastium alpinum
ALPENHORNKRAUT

Diese winterharte Staude ist in den subarktischen Regionen der nördlichen Hemisphäre weit verbreitet und kommt auch weiter südlich in den europäischen Gebirgen vor. Die Matten oder kleine Kissen bildende Pflanze hat behaarte, eiförmige Blätter und trägt im Sommer an kurzen, aufrechten Stengeln je eine, zwei oder drei unauffällige weiße Blüten mit breiten Blütenblättern. Sie braucht kühle, feuchte Sommer und kann daher nicht in wärmeren Klimaten gezogen werden.

Cerastium tomentosum
FILZIGES HORNKRAUT

Als wüchsiger Bodendecker mit schmalen, silbriggrauen Blättern eignet sich diese Staude optimal für durchlässige, heiße, trockene Böschungen oder Steingärten. Vor dunklerem Hintergrund gepflanzt, ist sie mit ihren sternförmigen, weißen Blüten, die im späten Frühjahr und Sommer in zahllosen lockeren Blütenständen erscheinen, besonders attraktiv. Das dichte Laub unterdrückt Unkraut. Die bis zu 15 cm hohe, sehr kälteharte Art ist wild sehr variabel, und einige Botaniker teilen von ihr einige Arten ab. Die Art im weiteren Sinne ist in den Bergen Süd- und Osteuropas und Westasiens verbreitet.

CERATONIA
JOHANNISBROTBAUM

Die einzige Art dieser Gattung stammt aus dem östlichen Mittelmeerraum und wächst dort als malerischer, rundköpfiger, bis zu 12 m hoher Baum. Kultiviert ist sie im allgemeinen ein kleinerer Baum oder großer Strauch, dessen Wuchsform durch starken Rückschnitt kontrolliert werden kann. Die etwa 15 cm langen, bohnenartigen Hülsen dienen geröstet und zermahlen als Schokoladenersatz; sie können im Herbst, wenn sie dunkelbraun sind, geerntet und auch frisch verzehrt oder als Viehfutter verwendet werden.
PFLEGE UND VERMEHRUNG: Um gut zu gedeihen, braucht der Baum heiße, trockene Sommer, er wächst aber auch in kühleren Klimaten in warmen, geschützten Lagen und ist nicht frosthart. Er liebt volle Sonne und mäßig fruchtbaren, durchlässigen Boden, erträgt aber auch leichten Schatten und trockene Bedingungen. Seine Vermehrung erfolgt durch Samen im Herbst.

Ceratonia siliqua

Dieser langlebige immergrüne Baum mit glänzenden gefiederten Blättern dient häufig als Schattenspender an Straßen, in Parks und großen Gärten sowie als Schutz- und Futterbaum. Im Frühjahr und Herbst erscheinen gebüschelt Ähren mit kleinen grünlichen Blüten, die aus der Nähe wenig angenehm riechen. Da die Art zum Teil zweihäusig ist, können zur Produktion der Hülsen mehrere Bäume erforderlich sein.

CERATOPETALUM

Die beiden wichtigsten immergrünen Arten der kleinen Gattung aus den feuchten Wäldern der australischen Ostküste kommen in New South Wales vor, wo sie wegen ihres Holzes und ihrer Blüten geschätzt werden. Die Blüten mit den kleinen weißen Kronblättern haben Kelchblätter, die sich vergrößern, rot färben und auffällig blumenartig wirken, wenn die kleinen, nußartigen Früchte reifen.
PFLEGE UND VERMEHRUNG: Die Pflanzen bevorzugen ein warmes, fast frostfreies Klima, durchlässigen Boden, vor salzigen Winden geschützte, sonnige oder halbschattige Lagen und reichliches Wässern im Frühjahr und Sommer. Mittels frischer Samen oder Stecklinge kann man sie vermehren.

Ceratopetalum apetalum

Dieser bis 25 m hohe Baum wächst im Regenwald an schattigen Wasserläufen, liefert wertvolles Nutzholz und wird gelegentlich in Parks und Gärten angepflanzt. Sein hoher, gerader Stamm hat eine glatte, blaßgraue, dunkler gefleckte Rinde. Die lang zugespitzten, dunkelgrünen Blätter sind stark geädert und verströmen zerrieben einen starken, an frisch gemähtes Heu erinnernden Duft. Im späten Frühjahr erscheinen große Büschel kleiner, weißer Blüten, deren Kelchblätter sich im Frühsommer vergrößern und rot färben.

Ceratopetalum gummiferum

Dieser natürlich an Wasserläufen nahe der Küste und an geschützten Hängen überwiegend mit Sandsteinböden vorkommende, aufrechte Baum wird wild über 9 m hoch. In Gärten wird er oft zu einem etwa 3,5 m hohen Strauch oder kleinen Baum geschnitten und wegen seiner hellen, anfänglich weißen, im Frühsommer rosa oder hellroten »Blüten« gezogen. Die glänzenden, weichen, grünen Blätter sind in je drei gesägte Fiedern geteilt. Da die Farbgebung bei Sämlingspflanzen variiert, sollte man die Pflanzen blühend oder Klone wie **'Albery's Red'** kaufen.

CERATOPHYLLUM
HORNBLATT

Zu dieser entfernt mit *Nymphaea* und *Cabomba* verwandten Gattung zählen etwa 30 Arten von Unterwasserpflanzen, die in den meisten tropischen und gemäßigten Regionen vorkommen. Wie bei *Cabomba* sind ihre Blätter vielfach geteilt, jedoch nicht weich, sondern ziemlich steif und fühlen sich rauh an. Den winzigen Blüten in den Blattachseln folgen kleine Früchte mit zwei oder drei hornartigen Stacheln. Die Pflanzen haben keine Wurzeln und wachsen in der Regel in ruhigem, bis zu 10 m tiefem, im allgemeinen stark kalkhaltigem Wasser. Die kalküberzogenen abgestorbenen Blätter lagern sich auf den Teich- oder Seeböden ab.
PFLEGE UND VERMEHRUNG: Sie wachsen in Aquarien oder tiefen Gartenteichen und gelten dort als nützliche Sauerstoffspender. Die Vermehrung durch Stengelabschnitte ist sehr einfach.

Ceratophyllum demersum
GEMEINES HORNBLATT

Die dunkelgrünen, in fadenartige Segmente unterteilten Blätter dieser am weitesten verbreiteten, weltweit vorkommenden Art wachsen in eng übereinanderstehenden Wirteln. Den kleinen, im Sommer erscheinenden Blüten folgen harte Früchte mit einem kleinen endständigen und zwei grundständigen Stacheln.

CERATOSTIGMA

Diese Gattung umfaßt acht vor allem im Himalaja und in Ostasien heimische Arten von Stauden und kleinen Sträuchern; eine Art ist am Horn von Afrika endemisch. Nur *Ceratostigma plumbaginoides* ist unter mitteleuropäischen Bedingungen ausreichend winterhart. Die Pflanzen tragen Knäuel blauer Blüten, durch die die Verwandtschaft der Gattung mit *Plumbago* deutlich wird. Die kleinen, tiefgrünen Blätter färben sich im Herbst bronzefarben bis karmesinrot.
PFLEGE UND VERMEHRUNG: Die Pflanzen wachsen auf jedem feuchten, durchlässigen Boden in der Sonne oder im Halbschatten und werden durch Samen, halbreife Stecklinge oder Teilung vermehrt. Die strauchigen Arten können sich nach Frostschäden unter Umständen aus der Wurzel regenerieren.

Ceratostigma griffithii

Dieser im Himalaja heimische, immergrüne, frostempfindliche Strauch bildet einen etwa 90 cm hohen und viel breiteren Hügel; seine dicht wachsenden, halbniederliegenden Triebe entspringen alle von einem Punkt. Die dicklichen, stumpfgrünen Blätter sind am Rand purpurn überlaufen. Im Sommer erscheinen an den Zweigenden in Büscheln hell purpurblaue Blüten.

Ceratostigma plumbaginoides

Ceratostigma willmottianum

Cerbera manghas

Ceratostigma plumbaginoides

Syn. *Plumbago larpentae*

BLEIWURZ

Die ziemlich aufrechten Stengel dieser in Westchina heimischen, bis zu 45 cm hohen, kriechenden, weitgehend frostharten Staude wachsen gedrängt aus vielverzweigten, drahtigen Rhizomen. Die ovalen, mittelgrünen Blätter verfärben sich im Herbst kräftig rot. Die kleinen Büschel mit kornblumenblauen Blüten erscheinen im Spätsommer und Herbst an rötlichen, verzweigten Stengeln.

Ceratostigma willmottianum

Dieser 0,5–1,2 m hohe, sommergrüne und frostempfindliche Strauch aus dem Westen der chinesischen Provinz Szetschuan wird wegen seiner kleinen, lilablauen, von Spätsommer bis Herbst erscheinenden Blütenbüschel geschätzt. Die tiefgrünen, leicht rautenförmigen Blätter sind etwa 5 cm lang.

CERBERA

Diese Gattung aus der Familie der Hundsgiftgewächse *(Apocynaceae)* umfaßt etwa vier im tropischen Asien und Australasien, auf Madagaskar und den Seychellen heimische Arten immergrüner Sträucher und kleiner Bäume. Alle Pflanzenteile enthalten Milchsaft und sind giftig; eine Art aus Madagaskar wurde für Giftorakel verwendet, durch die die Schuld oder Unschuld eines mutmaßlichen Verbrechers bewiesen werden sollte. Linné bezog sich bei der Namensgebung auf den dreiköpfigen, den Hades bewachenden Hund der griechischen Sage. Die breiten, weichen Blätter sind gegenständig, die weißen Blüten duften, die großen Früchte sind eiförmig.

PFLEGE UND VERMEHRUNG: Sie brauchen warme, vollständig frostfreie Klimate, helles Licht und feuchte Atmosphäre bei durchlässigem, humusreichem Boden. Zur Vermehrung können Samen oder Stecklinge herangezogen werden.

Cerbera manghas

Syn. *Cerbera odollan*

Die fast überall im Verbreitungsgebiet der Gattung (außer auf Madagaskar) vorkommende Art wächst wild hauptsächlich am Rand von Mangrovensümpfen. Der bis zu 6 m hohe Baum oder Strauch hat schmale, ledrige Blätter und stark duftende, in großen Büscheln wachsende, in der Mitte gelbe oder rosa gefärbte, weiße Blüten. Die großen, einsamigen, eiförmigen, 5–10 cm langen Früchte reifen von Grün zu Rot.

CERCIDIPHYLLUM

KATSURABAUM

Diese Gattung umfaßt nur eine in Japan und China heimische, sommergrüne Baumart und bildet eine eigene, mit den Magnoliengewächsen verwandte Familie. Die stumpfroten, ziemlich unauffälligen Blüten erscheinen nach Geschlechtern getrennt an verschiedenen Bäumen. An den weiblichen Bäumen folgen Büschel aus kleinen, grünlichen, hülsenartigen Früchten. Der in Japan *Katsura* genannte Baum wird vor allem wegen seines im Austrieb rötlichen, dann dunkelgrünen und im Herbst in sehr bunten Gelb-, Rosa-, Orange- und Rottönen verfärbten Laubs geschätzt.

PFLEGE UND VERMEHRUNG: Er bevorzugt fetten, feuchten, aber durchlässigen Boden in sonniger oder halbschattiger Lage, ist vollständig frosthart, obwohl das Frühjahrslaub durch Spätfrost, große Trockenheit oder austrocknende Winde leicht beschädigt wird. Er wird durch Samen oder Stecklinge vermehrt.

Cercidiphyllum japonicum

Cercidiphyllum japonicum ist in den Gärten und Parks des Westens als kleiner, ziemlich schlanker, bis zu 12 m hoher Baum bekannt. In Japan und China hingegen ist er der größte einheimische, sommergrüne Baum – alte Exemplare sind bis zu 40 m hoch und haben einen Stammdurchmesser von 4,5 m. Er wächst oft mehrstämmig mit horizontal gestellten Zweigen. Die meist unter 10 cm breiten, herzförmigen Blätter sind größer bei ***C. j.* var. *magnificum***; die chinesische Form ***C. j.* var. *sinense*** hat leicht abweichende Blätter und Blüten, **'Pendulum'** hingegen eine kuppelförmige Krone und hängende Zweige.

Cercidium floridum

CERCIDIUM

Diese Hülsenfrüchtlergattung aus den wärmeren und trockeneren Regionen Amerikas umfaßt kleine, in der Regel in der Trockenzeit kahle, sich nach Regenfällen belaubende Bäume mit zähen Zweigen. Die Blätter sind klein und doppelt gefiedert; während großer Teile des Jahres übernehmen die zähen grünen Zweige die Photosynthese. Die fein gestielten, gelben, schalenförmigen Blüten gleichen denen von *Cassia* und erscheinen wenige Wochen im Frühjahr in Büscheln entlang den Zweigen. Einigen Botanikern zufolge sollten alle *Cercidium*-Arten zur Gattung *Parkinsonia* gestellt werden.

PFLEGE UND VERMEHRUNG: Sie bilden schöne schattenspendende Zierbäume in sehr heißen Gebieten, brauchen jedoch ein gewisses Maß an Feuchtigkeit in tieferen Bodenschichten. Da sie wuchern können, sollten überzählige Schößlinge entfernt werden. Zur Vermehrung bringt man die in kleinen Hülsen heranreifenden Samen aus.

Cercidium floridum

Die glatte Rinde und die Zweige dieses im unteren Colorado-Becken in den südwestlichen USA und dem benachbarten Mexiko heimischen, sehr frostempfindlichen Baums sind bläulichgrün, worauf sich sein spanischer Name »Palo Verde« bezieht, was soviel hießt wie »Grüner Stock«. Ausgewachsen bildet er einen breitkronigen, kleinen, bis 10 m hohen Baum mit kurzem, dickem Stamm und dicht wachsenden, zahlreichen Zweigen. Im Frühjahr ist er kurzzeitig von unzähligen goldgelben Blüten überschüttet. *Cercidium floridum* ist meist ohne Blätter, außer er wird regelmäßig gewässert.

Cercidiphyllum japonicum var. *sinense*

Cercidium floridum

CERCIS

JUDASBAUM

Zu dieser Gattung zählen kleine, sommergrüne Bäume oder Sträucher aus Nordamerika, Asien und Südeuropa, die im Frühjahr auch an dicken Zweigen von hellrosa bis karmesinroten Schmetterlingsblüten bedeckt sind; schon die hübschen, spitzen, etwas dunkleren Knospen bilden einen eleganten Anblick. Etwas später erscheinen hübsche herz- bis fast kreisförmige Blätter sowie flache, bis zu 10 cm lange Samenhülsen.

PFLEGE UND VERMEHRUNG: Alle sieben oder acht Arten sind kulturwürdig, jedoch

Cercidiphyllum japonicum

Cercidiphyllum japonicum 'Pendulum'

Cercidiphyllum japonicum 'Pendulum'

nicht immer leicht erhältlich. Sie wachsen in der Regel langsam, reagieren empfindlich auf Störungen der Wurzeln und besonders auf Umpflanzen, wachsen am besten in sonnigen Lagen und schätzen heiße, trockene Sommer, solange die Bodenfeuchtigkeit im Frühjahr und Winter ausreichend ist. Durch Samen lassen sie sich leicht vermehren.

Cercis canadensis
KANADISCHER JUDASBAUM

Dieser überwältigend blühende, in den östlichen und zentralen USA heimische Baum wird wild bis zu 12 m hoch, in Gärten jedoch selten höher als 3,5 m und verzweigt sich knapp über dem Boden. Er ist winterhart. Die herzförmigen Blätter mit charakteristischer Spitze erscheinen nach der Blüte. Die Knospen sind kräftig rosarot, die helleren, auffälligen Blüten können vom Frühjahr bis in den Frühsommer erscheinen. **'Forest Pansy'** hat purpurn gefärbte Blätter. Im südwestlichen Verbreitungsgebiet herrscht als typische Form ***Cercis canadensis* var. *texensis*** vor, deren Blätter unterseits wächsern-blau überzogen sind.

Cercis chinensis
CHINESISCHER JUDASBAUM

Diese zentralchinesische, frostempfindliche Art ist in Kultur ein großer, dicht verzweigter, bis zu 4,5 m hoher Strauch, wird wild jedoch bis zu 15 m hoch. Die glänzendgrünen, herzförmigen Blätter sind bis zu 15 cm lang und haben eine kurze, charakteristische Spitze. Im Frühjahr oder Frühsommer erscheinen hellrosa, mauvefarbene oder karmesinrote Blüten.

Cercis chinensis

Cereus granadensis

Cercis occidentalis

Das Verbreitungsgebiet dieser im Südwesten der USA heimischen, an felsigen Hängen und in Canyons wachsenden Art grenzt mehr oder minder an das von *Cercis canadensis.* Dieser gleicht sie bezüglich Wuchsform und Blüten, ist im allgemeinen jedoch strauchiger. Die mehr nierenförmigen, an der Spitze abgerundeten Blätter sind hellgrün. Die Art gilt als frosthart.

Cercis reniformis

Das Verbreitungsgebiet dieser interessanten, in den südlichen USA heimischen Art erstreckt sich über Westtexas und New Mexico und überschneidet sich mit dem von *Cercis canadensis* var. *texensis* und *C. occidentalis.* Der kleine, wild angeblich bis 12 m hohe und frostharte Baum erscheint in Gärten im allgemeinen als großer Strauch mit nierenförmigen, unterseitig fein behaarten Blättern. Die blaßrosa Frühjahrsblüten wachsen im Gegensatz zu den büscheligen Blüten der meisten anderen Arten in bis zu 10 cm langen, hängenden Trauben.

Cercis siliquastrum
GEMEINER JUDASBAUM

Dieser nahe den Küsten des Mittel- und des Schwarzen Meers heimische Baum wird auch in mehreren Jahrzehnten selten höher als 10 m. Er hat leicht bläulichgrüne, vorn abgerundete Blätter; die im späten Frühjahr erscheinenden Blüten sind kräftiger rosa-magentarot als bei zahlreichen anderen Arten. Er ist der zuverlässigste Zierbaum in Regionen mit milden Wintern, jedoch leider ziemlich frostempfindlich. Abweichende Blütenfarben zeigen die weiße **'Alba'** und die kräftiger rötliche **'Rubra'.**

Cercis siliquastrum

Cereus uruguayanus

Cercis canadensis

CERCOCARPUS
BERGMAHAGONI

Diese immergrünen Sträucher und kleinen Bäume aus den Hochlagen der Rocky Mountains und Sierras des westlichen Nordamerika haben hartes, starkes, rötliches Holz. Die kleinen, dicken, stumpf gezähnten Blätter sind dicht fiedernervig und wachsen an knotigen Kurztrieben. Hier erscheinen im Frühjahr und Sommer auch dichte Büschel aus kleinen Blüten ohne Blütenblätter. Die nußartigen Früchte können bis in den Winter hängenbleiben und sind mit einem langen, federigen Anhängsel versehen, das weitaus auffälliger ist als die kleinen, grünlichen Blüten.

PFLEGE UND VERMEHRUNG: Die in wintermilden Gebieten Europas erfolgreich, jedoch selten kultivierten Arten werden in ihrer Heimat im begrenzten Ausmaß angepflanzt. Sie sind robust, überstehen Trockenheit, wachsen in voller Sonne und sehr durchlässigem Boden. Man kann sie durch Samen oder kleine Spitzenstecklinge vermehren oder indem man bodennahe Triebe absenkt. Bisweilen breiten sie sich selbst aus.

Cercocarpus montanus
Syn. *Cercocarpus alnifolius, C. betuloides*

Diese in den westlichen USA und Nordmexiko weitverbreitete, frostempfindliche Art wird in mindestens sieben geografische Varietäten unterteilt, die von einigen Botanikern als eigene Arten behandelt werden. Die in der Regel strauchigen Pflanzen werden selten 6 m hoch und haben sehr harte, verholzte Zweige mit glatter grauer Rinde. Die normalerweise oberseits dunkelgrünen Blätter sind unterseits heller und flaumig; je nach Varietät sind sie 1–6 cm lang und unterschiedlich geformt. Die kleinen, stumpf-hellrosa Blüten öffnen sich ab spätem Frühjahr den Sommer über; ihnen folgen kleine, trockene, bis 10 cm lange Früchte mit dekorativen silbrigen Anhängseln.

Cercocarpus montanus

Cercis canadensis 'Forest Pansy'

Cercis occidentalis

CEREUS
SÄULENKAKTUS

Als man begann, Kakteen zu klassifizieren, war *Cereus* die Bezeichnung für alle Kakteen mit Säulenstämmen; als *Echinocactus* bezeichnete man die meisten Formen mit gedrungenen, als *Opuntia* die mit abgeflachten, gegliederten Stämmen. Heute unterteilen die Botaniker die Familie *Cactaceae* in mindestens 130 Gattungen und die einst riesige Gattung *Cereus* umfaßt nur noch etwa 40 Arten aus Südamerika und von den Karibischen Inseln. Die Bezeichnung findet sich noch in zusammengesetzten Namen zahlreicher anderer Gattungen, die einst ebenfalls dazugehörten: so etwa *Cephalocereus, Echinocereus, Heliocereus* und *Selenicereus.* Die Vertreter der Gattung im heutigen Sinn sind hauptsächlich aufrechte, selten kriechende Kakteen mit zahlreichen Stämmen, die bis zu einem Dutzend Längsrippen aufweisen. Die kurzen, steifen Dornen wachsen in meist ziemlich spärlichen Büscheln. Die mittelgroßen bis großen, in der Regel weißen oder cremefarbenen Blüten erscheinen an den Rippen fast überall an den Stämmen bzw. vor allem zur Spitze hin; sie öffnen sich nachts und schließen sich am Morgen. Ein typischer Vertreter ist *C. granadensis.*

PFLEGE UND VERMEHRUNG: Sie stammen zwar meist aus den Tropen, sind jedoch auch andernorts unter frostfreien Bedingungen leicht zu ziehen – am besten in voller Sonne und in durchlässiger, magerer bis mäßig fruchtbarer, humusreicher Erde. Zu ihnen gehören besonders wüchsige und krankheitsresistente Kakteen, die häufig als Unterlage für die Veredlung anderer, auf eigenen Wurzeln schwer zu ziehender Kakteen dienen. Man vermehrt sie durch Samen im Frühjahr oder Stecklinge im Sommer.

Cereus uruguayanus
Syn. *Cereus peruvianus*

Dieser in Südbrasilien und den benachbarten Regionen Argentiniens und Uruguays heimische Kaktus wird am häufigsten gezogen und dient oft als Veredlungsunterlage. Er wird bis zu 4,5 m hoch und verzweigt sich vom Grund an in steife, graugrüne, bisweilen weiter oben nochmals verzweigte Stämme. Die in der Regel acht Rippen sind mit kurzen, steifen, dunkelgrauen Dornen versehen. Die innen weißen, außen rotbraunen Blüten öffnen sich nachts im Sommer und sind etwa 15 cm lang und breit. Ihnen folgen gelbe, etwa 3,5 cm lange Früchte. Fast ebenso häufig gezogen wird die bizarre Sorte **'Monstrosus'**. Sie hat zahllose Vegetationspunkte und wenige Dornen.

CERINTHE
WACHSBLUME

Zu dieser Gattung aus der Familie der Borretschgewächse zählen etwa zehn in Europa heimische Arten, die sich von den normalerweise zu dieser Familie gehörigen, rauh-borstigen Pflanzen erheblich unterscheiden. Ihre glatten, rundlichen Blätter sind oft stengelumfassend. In kurzen, geraden Trauben wachsen röhrige, gelbe, in der Regel hübsch stumpfrosa, rot oder purpurn gezeichnete Blüten. Sie gelten als gute Bienenweide.
PFLEGE UND VERMEHRUNG: Die einjährigen Arten wachsen nach Aussaat im Frühjahr leicht unter den gleichen Bedingungen wie viele andere Einjahresblumen. Die Stauden gedeihen am besten in Steingärten mit durchlässigem, aber feuchtem Boden. Alle Arten wachsen im Halbschatten oder in geschützten Lagen in der vollen Sonne. Die Vermehrung der Stauden erfolgt durch Samen oder Teilen.

Cerinthe glabra
ALPENWACHSBLUME

Diese winterharte Staude aus Süd- und Mitteleuropa hält manchmal nur zwei Jahre aus. Sie ähnelt stark *Cerinthe major*, hat jedoch größere grundständige Blätter und kleinere, nur gut 1 cm lange Blüten.

Cerinthe major
GROSSE WACHSBLUME

Diese buschige, bis knapp 50 cm hohe, einjährige Pflanze aus Südeuropa verzweigt sich ab Bodenhöhe in einige bis viele Stengel. Die herzförmigen, hellgrünen Blätter sind in der Mitte oft weiß gefleckt. Die hängenden, 3–4 cm langen goldgelben Blüten weisen an der Basis ein tiefrotes oder purpurfarbenes Band auf. Die Hochblätter von **'Purpurascens'** sind purpurn getönt.

CEROPEGIA
LEUCHTERBLUME

Zu dieser Gattung aus der Familie der Schwalbenwurzgewächse *(Asclepiadaceae)* zählen etwa 200 Arten von Schlingpflanzen sowie von merkwürdigen sukkulenten Sträuchern und Halbsträuchern, die in den wärmeren Regionen der Alten Welt vorkommen, am vielfältigsten in Afrika, auf Madagaskar und den Kanarischen Inseln. Sie sind verwandt mit *Stapelia* und *Hoya* und bezaubern wie diese eine kleine eingeschworene Sammlergemeinde, deren Anhänger bisweilen einen Gutteil der Arten in Kultur haben. Die Blütenstruktur ist kompliziert und bizarr: Jede Blüte hat eine trompetenförmige, in der Regel am Grund aufgeblasene Röhre, die sich an der Spitze in fünf im allgemeinen nach innen gefaltete Lappen teilt. Diese treffen an den Rändern aufeinander und bilden so vielfältige, bemerkenswerte laternen- und schirmartige Formen aus. Anderen Aasblumen gleich, locken sie mit ihrem leicht fauligen Geruch und einer meist mattpurpurnen oder gelben Tönung Insekten an und zwingen diese durch einen ausgefeilten Fallenmechanismus dazu, ihre Pollen zu übertragen. Viele Ceropegien haben Wurzelknollen, manche Arten aber auch kleine Sproßknollen, die abgetrennt und zur Vermehrung verwendet werden können.
PFLEGE UND VERMEHRUNG: Je nach Herkunft und Wuchsform sind die Ansprüche sehr unterschiedlich. Fast alle Arten lieben Wärme, müssen vor Frost geschützt und in kühleren Klimaten als Zimmerpflanzen gezogen werden. Einige wenige wachsen hier leicht bei ausreichendem Licht, so etwa die bekannte *Ceropegia linearis* subsp. *woodii*, doch die stark sukkulenten Arten brauchen einen perfekt durchlässigen, offenen, mit reichlich Humus angereicherten Boden und sollten im Winter trocken gehalten werden. Die wüchsigeren Schlinger brauchen eine Kletterhilfe. Vermehrung durch Samen, Stecklinge oder Sproßknollen.

Ceropegia ampliata

Die herzförmigen Blätter dieser leichtgewichtigen Kletterpflanze aus Südafrika fallen ab, kaum daß sie ausgewachsen sind; an den verbleibenden sehnigen, grünen Stämmen wachsen eigentümliche weiß und grün gestreifte Blüten mit aufgeblasener Basis, langer Röhre und grünen Kronzipfeln, die die Öffnung käfigartig überwölben.

Ceropegia dichotoma

Die graugrünen Stengel dieser aufrechten, sukkulenten Art von den Kanarischen Inseln bilden bis zu 1 m hohe und bisweilen ebenso breite Horste. Wie der Name andeutet, neigen sie zu einer gabeligen (dichotomen) Verzweigung. Sie tragen sehr wenige, ziemlich schmale Blätter, die bald abfallen. Die Lappen der büschelig an den Knoten erscheinenden blaßgelben, sehr schlanken Blüten sind an der Spitze miteinander verwachsen.

Ceropegia dichotoma

Ceropegia haygarthii

Diese halbimmergrüne sukkulente Kletterpflanze aus der südafrikanischen Kapprovinz wird bis zu 2 m hoch. Sie trägt ovale Blätter; im Sommer erscheinen zahllose kleine, weiße bis blaß rosaweiße Blüten mit purpurn gefleckter Röhre. Diese weitet sich zur Spitze hin, wo sie sich abrupt mit fünf Segmenten verengt, deren feine Spitzen zu einem langen, stielartigen Gebilde zusammengedreht sind, das am Ende einen behaarten Knoten aufweist.

Ceropegia linearis subsp. *woodii*
Syn. *Ceropegia woodii*
LEUCHTERBLUME

Diese im südöstlichen Afrika heimische, gerne in Ampeln gezogene Pflanze entwickelt zahllose schlanke, fadenartige Triebe mit kleinen Luftknollen an einigen Knoten. Die kleinen, herzförmigen, bläulichgrünen Blätter sind weiß marmoriert. Im Sommer erscheinen zwischen den Blättern an den Knoten hellpurpurrosa bis purpurne, behaarte, etwa 2 cm lange Röhrenblüten. Sie zählt zu den sehr leicht

Ceropegia linearis subsp. *woodii*

Ceropegia haygarthii

Ceropegia ampliata

C

Cestrum 'Newellii'

Cestrum nocturnum

Cestrum parqui

zu ziehenden Zimmer- und Balkonpflanzen, braucht jedoch ausreichend Licht.

Ceropegia sandersonii
Syn. *Ceropegia sandersoniae*

Diese schlanke Kletterpflanze hat weißgrün marmorierte Blüten, die mit ihren beschirmten Trichtern exotischen Fallschirmen gleichen. Die Blätter der bis zu 2 m hoch kletternden Pflanzen sind fleischig und herzförmig.

Ceropegia stapeliiformis

Diese im östlichen Südafrika heimische, stark sukkulente Pflanze hat etwa 1 cm dicke, gräulichbraune Stengel und zu Schuppen reduzierte Blätter. Sie ist in der Regel kriechend oder rankend, kann jedoch ausgewachsen bis zu 1,5 m lange, schlanke Klettertriebe ausbilden. Im Frühjahr und Sommer erscheinen 3–5 cm lange, dunkelpurpurne Röhrenblüten, die an sich der Spitze fünfstrahlig sternförmig spreizen und meist ungewöhnlich weiß gepunktet sind. Die Kriechtriebe bewurzeln sich fortlaufend neu, während die älteren Teile der Pflanze absterben.

CESTRUM
HAMMERSTRAUCH

Zu dieser Gattung aus der Familie der Nachtschattengewächse zählen fast 200 meist immergrüne Straucharten aus Mittel- und Südamerika sowie von den Karibischen Inseln. Die einfachen, ganzrandigen Blätter stinken zerrieben oft widerlich; die kleinen, röhren- oder krugförmigen, weißen bis grünen, gelben, roten oder mattpurpurnen Blüten wachsen büschelig an den Zweigspitzen und duften bisweilen nachts. Die kleinen Beeren sind wie andere Teile der Pflanzen giftig.
PFLEGE UND VERMEHRUNG: Die Sträucher haben oft einen wenig ansehnlichen Wuchs, können aber zur Verbesserung der Form stark beschnitten werden. Ältere Triebe werden jedes Jahr nach der Blüte entfernt. In frostfreien Zonen wachsen sie leicht in voller Sonne und auf mäßig fruchtbarem, durchlässigem Boden mit reichlich Wasser im Sommer und regelmäßig gedüngt. In kühleren Klimaten können sie in Wintergärten gezogen werden. Vermehrt werden sie zumeist durch krautige Spitzenstecklinge, einige Arten breiten sich durch Selbstaussaat aus und können sehr lästig werden.

Cestrum elegans 'Smithii'

Cestrum fasciculatum

Cestrum aurantiacum

Dieser halbkletternde Strauch aus Guatemala ist in kühlen Zonen sommergrün, in warmen fast immergrün. Er wird bis zu 2,5 m hoch und breit, bleibt bei regelmäßigem Rückschnitt jedoch ein runder Busch. Im Sommer und Frühherbst erscheinen in kompakten, endständigen Blütenständen weich-orangefarbene Blüten, denen weiße Beeren folgen.

Cestrum elegans
Syn. *Cestrum purpureum*

Dieser wüchsige, immergrüne, trichterförmige Strauch aus Mexiko wird bis zu 3 m hoch. Die dunkelgrünen, weichen, samtigen Blätter verströmen zerrieben einen unangenehmen Geruch. Vom Spätsommer bis Winter erscheinen dichte Blütenzweige mit leicht duftenden, nickenden, purpurroten Blüten, denen hängende Büschel mit tiefroten Früchten folgen. **'Smithii'** hat lachsrosa Blüten.

Ceropegia sandersonii

Cestrum fasciculatum

Diese ebenfalls in Mexiko heimische Art gleicht *Cestrum elegans*, doch ihre scharlachroten Blüten erscheinen in dichteren, mehr hängenden Büscheln, sind etwas stärker krugförmig und auffällig samtig behaart. Der schlanke, schnellwachsende, bis zu 3 m hohe Strauch hat übergebogene Zweige und behaarte, zugespitzte Blätter. Die Blüten erscheinen im Sommer, vereinzelt auch übers ganze Jahr verteilt.

Cestrum 'Newellii'

Diese beliebte Sorte stammt von einer Kreuzung ab – möglicherweise zwischen *Cestrum elegans* und *C. fasciculatum* – und kann nur von Kennern von diesen Arten unterschieden werden. Sie wird etwa 2 m hoch und bildet fast ganzjährig Büschel aus karmesinroten, nicht duftenden Blüten, denen ähnlichfarbige Beeren folgen. Sie ist robuster als die meisten anderen Arten und gilt in einigen Regionen mit mildem Klima als Unkraut.

Cestrum nocturnum

Dieser ziemlich unansehnliche, bis zu 3,5 m hohe und fast ebenso breite, immergrüne Strauch ist dicht- und vieltriebig mit langen, schlanken, gebogenen Zweigen. Im Spätsommer und Herbst erscheinen schlanke, blaßgrüne Blüten in Büscheln, die nachts stark und süß duften. Die zuerst grünen Beeren sind im Frühwinter reif und glänzendweiß.

Cestrum parqui

Dieser in Chile heimische, ziemlich unauffällige, etwa 3 m hohe Strauch treibt Wurzelausläufer und hat widerlich stinkende Blätter. In warmen Klimaten erscheinen ganzjährig gelbgrüne, nachts duftende Blüten in dichten Büscheln, denen kleine schwarze Beeren folgen. In milden, feuchten Klimaten sät er sich selbst aus, was ihn ebenso wie sein schwer ausrottbares Wurzelsystem zu einem Problemunkraut machen kann.

Ceropegia stapeliiformis

Chamaebatiaria millefolium

CHAENOMELES

SCHEINQUITTE, ZIERQUITTE

Diese vielstämmigen, sommergrünen Sträucher aus China, Japan und Korea sind mit der eßbaren Quitte *(Cydonia)* verwandt und tragen ähnlich wie diese große, harte Früchte. Sie werden wegen ihrer im zeitigen Frühjahr oder gar Spätwinter an verworrenen, kahlen Stämmen erscheinenden roten, weißen oder rosa Blüten geschätzt, sind sehr frosthart und passen sich vielfältigen Gartenbedingungen an. Die wüchsigen, robusten, elastischen Zweige sind oft dornig, die Blätter ungeteilt und fein gezähnt. Die Blüten erscheinen in ungestielten Büscheln am Holz des Vorjahres; ihnen folgen im Sommer gelbgrüne Früchte mit wächserner, stark duftender Haut, aus denen feine Marmeladen und Gelees zubereitet werden können. Die Wildformen sind inzwischen weitgehend durch ein umfangreiches Sortiment an Sorten ersetzt.

PFLEGE UND VERMEHRUNG: Zierquitten wachsen am besten in sonniger Lage mit durchlässigem, nicht zu fettem Boden und eher trockener Luft. Sie sind frosthart. Man nimmt jeden Winter einige ältere Äste ganz heraus und erzielt so einen kräftigen, buschigen Wuchs. Sie lassen sich durch Stecklinge vermehren.

Chaenomeles cathayensis

Die Zweige dieses vermutlich in China heimischen, ziemlich spärlich verzweigten, 3–4,5 m hohen Strauchs sind mit sehr langen Dornen bewehrt. Die langen, schmalen, feingezähnten Blätter sind jung unterseits rötlich-filzig. Die weiß getönten, lachsrosa Blüten erscheinen im zeitigen Frühjahr. Die großen Früchte werden bisweilen bis zu 15 cm lang.

Chaenomeles japonica

Syn. *Chaenomeles maulei*

JAPANISCHE ZIERQUITTE

Diese in Japan heimische, langsamwachsende Art wird in der Regel höchstens 1 m hoch und bildet ein dichtes Gestrüpp sich horizontal ausbreitender, dorniger Zweige. Die etwa 3,5 cm breiten Blüten erscheinen lange Zeit nach den Blättern von Frühjahr bis Sommer und sind in der Regel orangerot, bisweilen auch karmesinrot. Ihnen folgen kleine, runde, gelbe, angenehm duftende Früchte. Die Zwergsorte ***Chaenomeles japonica* var. *alpina*** hat halbniederliegende Stengel, kleine orangefarbene Blüten und kleinere Früchte.

Chamaecereus silvestrii

Chaenomeles speciosa

CHINESISCHE ZIERQUITTE

Diese Art und ihre Hybriden werden in der Regel als einzige gepflanzt. Die 1,5–3 m hohen Sträucher breiten sich durch Wurzelbrut aus, die ein dichtes Gestrüpp aus Trieben bilden. Die bis zu 10 cm langen und 3,5 cm breiten Blätter sind größer als die von *Chaenomeles japonica*, desgleichen die scharlach- bis tiefroten Blüten, die sich von Spätwinter bis Mitte des Frühjahrs öffnen. Neben zahlreichen modernen sind auch einige der älteren Sorten nach wie vor erhältlich, so etwa die weißrosa **'Apple Blossom'**, die weiße **'Nivalis'**, die weiße, rosa und karminrot gefleckte **'Moerloosii'** sowie die karmesinrote **'Rubra Grandiflora'**.

Chaenomeles × superba

Diese Kreuzung zwischen *Chaenomeles japonica* und *C. speciosa* erreicht eine Höhe, die in etwa zwischen den Höhen ihrer beiden Eltern liegt. Von ihr stammen zahlreiche erstklassige Sorten ab, so etwa **'Knap Hill Scarlet'** mit hell orange-scharlachroten Blüten, **'Crimson and Gold'** mit tief-karmesinroten Blütenblättern und goldenen Staubbeuteln, **'Nicoline'** mit ziemlich in die Breite gehender Gestalt und scharlachroten Blüten, **'Pink Lady'** mit großen, dunkelrosa und **'Rowallane'** mit blutroten Blüten.

CHAMAEBATIARIA

HARZSPIERE

Unter den etlichen im Bergland der westlichen USA heimischen, ungewöhnlichen Gattungen von Holzpflanzen aus der Familie der Rosengewächse zählt diese zu den charakteristischsten. Sie umfaßt nur eine Art: einen niedrigen Strauch mit mehreren, aufrechten Trieben, die jung klebrig behaart sind und aromatisch duften. Die fein eingeschnittenen, wie doppelt gefiedert aussehenden Blätter sind mit klebrigem, weißlichem Flaum bedeckt. Die Seitenzweige tragen im Sommer kurze, gedrängte Rispen mit weißen, kleinen Apfelblüten gleichenden Blüten, die sich aus zahllosen filzigen Knospen öffnen.

Chaenomeles cathayensis

PFLEGE UND VERMEHRUNG: Sie sind leicht zu kultivieren, aber frostempfindlich, und bevorzugen trockene, sonnige Lagen mit durchlässigem Boden. Man vermehrt sie am besten durch Stecklinge.

Chamaebatiaria millefolium

Dieser Strauch hochgelegener Wüsten ist in Nordamerika – in den Gebirgen Kaliforniens und Oregons und ostwärts bis Wyoming und Arizona – verbreitet. Je nach lokalen Bedingungen wird er 0,5–2 m hoch. Die lockere, rötliche Rinde löst sich in Fetzen ab.

CHAMAECEREUS

Zu *Chamaecereus* als eigenständiger Gattung gehört nur eine im nördlichen Argentinien heimische Art; viele Botaniker stellen diesen büschelig wachsenden Kaktus heute jedoch zur großen Gattung *Echinopsis*. Der Kaktus hat schlanke, schwache Triebe, die sich ab einer gewissen Länge nach unten biegen, niederlegen oder hängen. Die in kleinen Büscheln wachsenden, schwachen Dornen verleihen den Stämmchen ein weißliches Aussehen. Die auffälligen, orangefarbenen oder roten Blüten öffnen sich in der Sonne weit.

PFLEGE UND VERMEHRUNG: Die beliebte Zimmer- und Balkonpflanze ist leicht zu ziehen und für Ampeln wie auch Töpfe geeignet. Vorteilhaft ist gutdurchlässiger Boden und eine sonnige Lage; Vorsicht vor Schmier- und Schildläusen sowie Spinnmilben ist geboten. Vermehrt werden sie durch Ableger oder Samen.

Chaenomeles speciosa 'Nivalis'

Chamaecereus silvestrii

Syn. *Echinopsis chamaecereus, Lobivia silvestrii*

Dieser bekannte Kaktus setzt sich aus Büscheln von anfangs aufrechten, fingergroßen, blaßgrünen Stengeln zusammen, die mit zahlreichen weichen, weißen Borsten versehen sind. Etablierte Pflanzen werden bis zu 15 cm hoch und 30 cm breit und haben viele gedrängt wachsende Stengel. Bei guten Bedingungen blüht er schon als junge Zimmerpflanze frei und bildet im Frühjahr und Sommer kräftig orangerote, 5 cm breite Blüten aus.

Chaenomeles japonica

Chaenomeles speciosa 'Apple Blossom'

Chaenomeles × superba

CHAMAECYPARIS

SCHEINZYPRESSE

Im 19. Jahrhundert stellten die Botaniker die Arten der Koniferengattung *Chamaecyparis* (Scheinzypressen) noch in die Gattung *Cupressus* (Zypressen), und tatsächlich sind die Unterschiede zwischen Zypressen und Scheinzypressen auch eher gering. So haben *Chamaecyparis*-Arten stärker abgeflachte Zweige, zweierlei Schuppenblätter und kleinere Zapfen, außerdem erfolgt die Samenreife früher. Fast alle der acht Scheinzypressenarten kommen in den kühleren, nicht zu trockenen, nördlicheren Breiten Nordamerikas und Ostasiens vor, während man Zypressen hauptsächlich in südlicheren und trockeneren Breiten findet. Es gibt eine Reihe verschiedener Sorten, darunter zwergwüchsige, solche mit hoher, säulenartiger Gestalt oder mit goldgelben, blauen bzw. bronzefarbenen Blättern; junge Bäume haben oft nadelförmige Blätter.

PFLEGE UND VERMEHRUNG: Die winterharten Bäume benötigen einen windgeschützten Standort und gutdurchlässige Gartenerde. Sorten werden durch Stecklinge vermehrt, Arten durch Aussaat.

Chamaecyparis formosensis

Chamaecyparis lawsoniana **'Croftway'**

Chamaecyparis lawsoniana **'Ellwoodii'**

Chamaecyparis formosensis

Diese in Mitteleuropa nur bedingt winterharte, langsamwachsende Art erreicht in ihrer Heimat Taiwan eine Höhe bis zu 60 m, wird in Kultur aber selten größer als 15 m. Die Bäume haben eine breite, kegelförmige Krone und leicht überhängende Zweige, die Rinde ist rotbraun und etwas rissig. Die gelbgrünen Zweige sind abgeflacht, die Zapfen elliptisch.

Chamaecyparis funebris

Syn. *Cupressus funebris*

TRAUERZYPRESSE

Diese attraktive Art ist in unteren Höhenlagen Zentralchinas weit verbreitet. Sie hat eine säulenartige, aber etwas ausladende Wuchsform, mit einem aufrechten Stamm sowie leicht aufwärts gerichteten, an den Enden überhängenden Zweigen und erreicht eine Höhe von 10–15 m. Die Zweige sind lang und abgeflacht, die Blätter leuchtendgrün. Im Sommer werden zahlreiche runde, grüne Zapfen gebildet. Die Sorte **'Aurea'** entwickelt etwas hellere, gelbgrüne Blätter.

Chamaecyparis lawsoniana

LAWSONS SCHEINZYPRESSE

Die in den feuchtwarmen Küstenwäldern der nordwestlichen USA heimische Art *Chamaecyparis lawsoniana* ist die am häufigsten angepflanzte Scheinzypresse. Neben der Wildform existieren zahlreiche Sorten – mehr als von den meisten anderen Koniferen. Die Bäume können eine Höhe von 35 m und einen Stammdurchmesser von 1 m erreichen. Sie zeigen eine schmale, säulenartige Wuchsform, haben überhängende, flache Zweige und blaugrüne bis dunkelgrüne Blätter. Zur Zeit sind über 180 Sorten im Handel, darunter die bekannte **'Alumii'**, eine 3–4,5 m hohe Pflanze mit schmalem, säulenartigem Wuchs und dichtstehenden, blau bereiften Blättern. **'Argentea Compacta'** ist eine Zwergform mit panaschierten Blättern, **'Aurea Densa'** hat goldgelbe, **'Croftway'** anfangs graue, später dunkelgrüne Blätter, **'Ellwoodii'** ist eine kleine, kegelförmige Sorte mit blaugrünen Blättern. **'Erecta'** wird bis zu 10 m hoch, zeigt einen dichten, schlanken, kegelförmigen Wuchs und hat hellgrüne Blätter; ähnlich sieht **'Erecta Aurea'** aus, abgesehen von den leuchtendgelben Blättern. Die langsamwachsende **'Fletcheri'** besitzt graublaue Blätter von weniger regelmäßiger Anordnung, die

Chamaecyparis lawsoniana **'Alumii'**

Chamaecyparis funebris

Chamaecyparis lawsoniana

C. lawsoniana **'Argentea Compacta'**

C. lawsoniana **'Aurea Densa'**

Chamaecyparis lawsoniana 'Erecta'

C. lawsoniana 'Erecta Aurea'

C. lawsoniana 'Pembury Blue'

C. lawsoniana 'Golden Wonder'

jung annähernd nadelförmig sind, **'Green Globe'** ist eine dichtwüchsige, nur 45 cm hohe Zwergform mit feinen, dunkelgrünen Blättern. Die schlanke, säulenförmige **'Lane'** zeigt im späten Frühjahr und Sommer zitronengelbe Blätter, die sich im Winter bronzefarben bis goldgelb verfärben; **'Lemon Queen'** hat blaßgelbe Blätter, ebenso **'Golden Wonder'**. **'Pembury Blue'** besitzt überhängende Zweige mit silbrigblauen Blättern. **'Stewartii'** ist eine schnellwüchsige, 4,5–8 m hohe Sorte mit einer breiten Basis sowie dichten, überhängenden Zweigen und goldgelben Nadeln und Triebspitzen. Sie wird gern angebaut, wenn in der Gartengestaltung goldgelbe Effekte benötigt werden. **'Wisselii'** erreicht eine Höhe bis zu 25 m und hat einen schlanken, kegelförmigen Wuchs sowie blaugrüne Blätter. Eine beliebte, neuere Sorte ist **'Winston Churchill'** mit auffällig kugelförmigem Wuchs und goldgelben Blättern.

Chamaecyparis nootkatensis

NUTKA-SCHEINZYPRESSE

Diese Art stammt aus dem Westen der USA, ist aber entlang der kanadischen Westküste bis nach Alaska verbreitet, kommt also weiter nördlich vor als *Chamaecyparis lawsoniana*. Es handelt sich um große Waldbäume mit kegelförmigem Wuchs, die eine Höhe von 30 m und eine Breite von 8 m erreichen. Die kleinen, blaugrünen Zapfen haben in der Mitte jeder Schuppe eine gekrümmte, spitze Klappe. *C. nootkatensis* ist ein attraktiver Baum, der kaum Ansprüche an Boden und Klima stellt. Die Sorte **'Pendula'** hat schräg abwärts geneigte Zweige, überhängende Wipfel und in ausgewachsenem Zustand eine lichte Krone.

C. lawsoniana 'Winston Churchill'

Chamaecyparis lawsoniana 'Lane'

C. lawsoniana 'Green Globe'

C. lawsoniana 'Lemon Queen'

Chamaecyparis lawsoniana 'Wisselii'

Chamaecyparis lawsoniana 'Fletcheri'

Chamaecyparis nootkatensis

C

Chamaecyparis obtusa 'Spiralis'

Chamaecyparis obtusa 'Crippsii'

Chamaecyparis obtusa 'Kosteri'

Chamaecyparis obtusa 'Nana Gracilis'

Chamaecyparis obtusa 'Tempelhof'

C. obtusa, Zwergkulturvarietät

Chamaecyparis obtusa

HINOKI-SCHEINZYPRESSE

Die Wildform dieser in Japan heimischen Art mit ihren auffällig gezeichneten, dunkelgrünen Blättern sieht man hierzulande nur selten. Die Hinoki-Scheinzypresse, die in Japan zu den geschütztesten Nutzhölzern gehört, wird bis zu 35 m hoch, hat einen Stamm mit einem Durchmesser bis zu 1,2 m und eine dicke, rotbraune Rinde. In Kultur kann der breit säulenförmige Baum mit dichten, ausladenden Zweigen, die oft den Boden berühren, bis 20 m hoch werden. Die goldgelb gefärbte Sorte **'Crippsii'** ist breit pyramidenförmig, hat eine kräftige Hauptachse und wird 3–4,5 m hoch. **'Tetragona'** und **'Tetragona Aurea'** erreichen eine ähnliche Größe, sind aber schmaler und haben unregelmäßiger verzweigte Äste; **'Tetragona'** hat blaugrüne, **'Tetragona Aurea'** goldgelbe Blätter. Zu den bekanntesten Zwergsorten, von denen die meisten nicht größer als 30 cm werden, gehört **'Flabelliformis'**. Sie hat hellgrüne Blätter und wird nur etwa 15 cm hoch. **'Kosteri'** trägt apfelgrüne Blätter, **'Minima'**, die nach 20 Jahren in der Regel immer noch nicht höher als 10 cm ist, ist grün belaubt. **'Nana'** hat matte, dunkelgrüne Blätter, eine breitere Wuchsform und erreicht eine Höhe bis zu mit 1 m, **'Nana Gracilis'** und ihre zahlreiche Varianten sind breit kegelförmig, werden 30–60 cm groß, an ihren gedrehten Zweigen sitzen hell- bis dunkelgrüne Nadeln, während die von **'Nana Aurea'** goldgelb, im Winter auch bronzefarben sind. **'Spiralis'** ist eine aufrechtwachsende Sorte, **'Tempelhof'** wird bis zu 2,5 m hoch und hat grünliche, im Winter auch bronzefarbene Blätter; **'Verdon'** ist eine langsamwachsende, gelbgrüne Sorte.

Chamaecyparis pisifera

SAWARA-SCHEINZYPRESSE

Diese robuste, in der Natur bis 45 m hohe Art ist breit kegelförmig. Die Unterseiten der Schuppenblätter sind blauweiß gefärbt und können bei jungen Exemplaren recht spitz sein. Die Sorten lassen sich in vier Gruppen unterteilen: Squarrosa-, Plumosa- (die größte Gruppe), Filifera- und Nana-Gruppe. Bei der eigentlichen **'Squarrosa'** handelt es sich um einen breiten, pyramidenförmigen, aber eher kleinen Baum (bis 20 m) mit blaß blaugrauen Blättern, die im Winter mattviolett werden. Bei **'Squarrosa Intermedia'** handelt es sich um eine Zwergsorte, **'Boulevard'** ist schmal kegelförmig, wird bis zu 3 m hoch und hat silberblaue Blätter. Zur Plumosa-Gruppe gehören **'Plumosa'**, ein kugel- oder säulenförmiger, bis 6 m hoher Baum mit kurzen, mittelgrünen Blättern, die nicht so spitz sind wie die von **'Squarrosa'**. **'Plumosa Aurea'** hat gelbgrüne Blätter, **'Plumosa Compressa'** ist eine bis 45 cm große Zwergsorte mit gelbgrünen Blättern. Die bekanntesten Sorten der Filifera Gruppe sind: **'Filifera'**, eine heute nicht mehr allzu häufig angepflanzte Zuchtform mit schlanken Trieben und dunkelgrünen Blättern; **'Filifera Aurea'** ist breit pyramidenförmig, wird bis zu 3 m hoch und hat peitschenartig hängende Triebe und goldgelbe Blätter; **'Nana'** zeigt einen halbkugelförmigen, dichten Wuchs und hat sehr kurze, dunkelgrün beblätterte Zweige – es

Chamaecyparis obtusa 'Minima'

Chamaecyparis obtusa 'Flabelliformis'

Chamaecyparis obtusa 'Tetragona Aurea'

Chamaecyparis pisifera 'Squarrosa'

Chamaecyparis pisifera 'Boulevard'

Chamaecyparis thyoides 'Red Star'

kann zehn Jahre oder länger dauern, bis sie eine Höhe von 30 cm erreicht hat.

Chamaecyparis thyoides

WEISSE SCHEINZYPRESSE

Heimisch im Osten Nordamerikas, erreicht dieser äußerst winterharte Baum in der Natur oft eine Höhe von 20 m, in Kultur bleibt er meist kleiner. Der Baum hat jung eine schmale, säulenartige Form, die schuppenförmigen, aromatischen Blätter sind blaugrün und keilförmig angeordnet. Die Weiße Scheinzypresse ist ein begehrtes Nutzholz, das beispielsweise im Schiffsbau verwendet wird. Die Sorte **'Andelyensis'** hat einen kegelförmigen Wuchs und blaugrüne Blätter, die 2–2,5 m hohe Sorte **'Ericoides'** ist pyramidenförmig und hat in der Jugend weiche Blätter, die im Frühjahr und Sommer grünlich bis bronzefarben werden, im Winter dagegen einen pflaumenartigen Farbton annehmen. **'Red Star'** ist eine kräftige, bis zu 2 m hohe Sorte mit weichen, silbriggrünen Blättern, die sich im Winter stark violett verfärben.

CHAMAECYTISUS

ZWERGGINSTER

Diese zu den Leguminosen gehörende Gattung umfaßt ungefähr 30 Arten sommergrüner und immergrüner Sträucher aus der Mittelmeerregion und von den Kanarischen Inseln. *Chamaecytisus* ist nahe mit *Cytisus* verwandt und sieht auch sehr ähnlich aus, so daß die Arten beider Gattungen früher unter dem gemeinsamen Namen *Cytisus* geführt wurden. Einige *Chamaecytisus*-Arten sind zwergwüchsig, andere werden zu hohen Sträuchern, aber bei allen setzen sich die Blätter aus drei Fiedern zusammen und alle haben typische erbsenähnliche Blüten, die weiß, gelb, rosafarben oder violett sein können.
PFLEGE UND VERMEHRUNG: Kleinere Arten bevorzugen sonnige Standorte mit gutdurchlässigem Boden, etwa eine erhöhte Position in einem Steingarten. Umsetzen sollte man die Pflanzen nicht, da sie sonst oft absterben. Größere Arten wachsen in nahezu jeder normalen Gartenerde und stellen kaum Ansprüche an den Standort. Die Vermehrung erfolgt durch Aussaat oder Stecklinge.

Chamaecytisus palmensis

Syn. *Chamaecytisus prolifer* var. *palmensis*

Diese von den Kanarischen Inseln stammende Art wird vorwiegend als Viehfutter und Gründünger angebaut. Es handelt sich um einen hoch aufgeschossenen, immergrünen Strauch, der stark beblätterte Zweige mit überhängenden Enden hat und oft sogar Baumgröße (4,5 m) erreicht. Die Blätter bestehen aus drei schmalen, behaarten, bis zu 4 cm langen Fiedern. Im Winter und Frühjahr erscheinen zahlreiche bis gut 1 cm lange, schmale, erbsenähnliche Blüten, aus denen sich später die flachen Hülsen entwickeln. In Mitteleuropa ist die Art nicht winterhart.

Chamaecytisus purpureus

Syn. *Cytisus purpureus*

ROTER ZWERGGINSTER

Dieser kleine, sommergrüne Strauch aus dem südöstlichen Europa erreicht eine Höhe von 45 cm und hat eine ausladende Wuchsform. Vom späten Frühjahr bis zu Beginn des Sommers bringt er in jeder Blattachsel Triebe mit ein bis drei prächtigen, zartlila bis violetten, etwa 2 cm langen Blüten hervor. Ein sofortiges Zurückschneiden nach der Blüte fördert die Knopsenbildung im kommenden Jahr.

C. pisifera 'Plumosa Aurea'

Chamaecytisus × versicolor

Syn. *Cytisus × versicolor*

Diese Hybride ist wahrscheinlich eine Kreuzung zwischen *Chamaecytsus hirsutus* und *C. purpureus*. Sie ähnelt *C. purpureus*, ist aber etwas größer. Die blaß gelbbraunen, zartlila überlaufen Blüten werden vom späten Frühjahr bis in den Frühsommer gebildet.

CHAMAEDOREA

BERGPALME

Dieser nicht winterharten Gattung werden über 100 Arten kleinwüchsiger Palmen zugeschrieben, die zumeist aus den Regenwäldern Zentralamerikas oder dem nördlichen Südamerika stammen. Die meisten Bergpalmen haben glatte, grüne, einzelne oder zu mehreren zusammenstehende bambusartige Stämme; es gibt aber auch praktisch stammlose Arten. Die normalerweise nur wenigen Wedel sind zum Teil gefiedert, in anderen Fällen sind die Blätter ungeteilt oder nur an der Spitze etwas eingeschnitten. Die in der Regel verzweigten Blütenstengel wachsen zwischen bzw. unter den Wedeln; die kleinen männlichen und weiblichen Blüten befinden sich auf verschiedenen Pflanzen. Bei den weiblichen Pflanzen sind die Blütenstengel oft hellrot, orange oder gelb.
PFLEGE UND VERMEHRUNG: Bergpalmen sind ausgezeichnete Zimmerpflanzen, die geringe Luftfeuchtigkeit und trockene Erde besser vertragen als viele andere Palmen und sich jahrelang, selbst in kleinen Kübeln halten lassen. Sie bevorzugen humusreiche Erde und einen hellen Standort ohne direkte Sonneneinstrahlung. Sie müssen im Sommer gut gegossen und im Winter feucht gehalten werden.

Chamaecytisus × versicolor

Chamaecyparis pisifera 'Nana'

Chamaecytisus purpureus

Chamaecyparis pisifera 'Filifera Aurea'

Chamaecyparis pisifera 'Plumosa'

Chamaedorea cataractarum

Diese in Südmexiko heimische Art wächst an den Ufern schnellfließender Bäche, manchmal sogar teilweise untergetaucht. Die verzweigten, niederliegenden Stämme erinnern an dicke, grüne Rhizome; jeder Sproß hat nur 4–5 dunkelgrüne, bis zu 1,8 m lange, gefiederte Wedel. An den kurzen, grünen Blütenstengeln sitzen kleine, gelbe Blüten, aus denen sich später rötliche Früchte mit einem Durchmesser von etwa 6 mm entwickeln. Die unempfindliche Art bevorzugt feuchte Erde und einen geschützten Standort.

Chamaedorea elegans

Syn. *Neanthe bella, Collinia elegans*

Diese zierliche Art ist eine der beliebtesten Zimmerpalmen. Sie stammt aus Südmexiko und Guatemala und wird normalerweise nicht höher als 1 m, sehr alte Exemplare können aber bisweilen auch doppelt so groß werden. Die Pflanzen besitzen einen dichten Schopf aus glänzenden, dunkelgrünen, sehr schmalen, gefiederten und bis zu 45 cm langen Wedeln . Die unscheinbaren, gelben Blüten sind in kleinen Rispen angeordnet, deren Stengel länger als die der Wedel sind. Weibliche Pflanzen bringen schwarze Früchte von 6 mm Durchmesser hervor, die an orangefarbenen Stengeln sitzen. Die ideale Zimmerpalme braucht wenig Licht und Pflege.

Chamaedorea erumpens

Diese Art kommt aus Guatemala und Honduras. Ihre Wedel sind gefiedert, wobei beiderseits der Blattspreite etwa ein Dutzend sichelförmige, hellgrüne Fiedern mit oft unterschiedlicher Breite sitzen. Die bambusartigen, sehr schlanken Stämme, die zumeist eng zusammenstehen, erreichen eine Höhe bis zu 3,5 m. Die kurzen Blütenrispen entspringen in den Blattscheiden; die schwarzen, erbsengroßen Früchte sitzen an orangefarbenen Stengeln. Es handelt sich um eine attraktive Art, die sich als Kübelpflanze für Innenhöfe oder als Zimmerpflanze eignet.

Chamaedorea microspadix

Aus dem Südosten Mexikos stammend, ähnelt diese Art *Chamaedorea erumpens*, hat jedoch längere Blütenstände und hell scharlachrote Früchte mit einem Durchmesser bis zu 1,2 cm. Die Pflanzen sind selbstfertil, d.h. Früchte werden auch dann gebildet, wenn keine männlichen Pflanzen in der Nähe sind. In Kübeln gepflanzt, sollten sie einen halbschattigen oder auch sonnigen Platz bekommen. Die 2–2,5 m hohen, eng zusammenstehenden Stämme wachsen häufig durcheinander und bilden dann ein undurchdringliches Gewirr.

Chamelaucium drummondii

Chamaemelum nobile

Chamelaucium uncinatum

Chamelaucium uncinatum

Chamaedorea cataractarum

CHAMAEMELUM

Diese Gattung, die im Mittelmeergebiet und anderen Teilen Europas vorkommt und nur vier einjährige oder ausdauernde Arten umfaßt, ist eng mit den Gattungen *Anthemis* und *Matricaria* verwandt. *Chamaemelum*-Arten haben aromatische, fein geteilte Blätter und kleine Körbchen mit weißen Zungenblüten und einer großen, gewölbten Scheibe aus Röhrenblüten. Die Arten werden zumeist in Staudenbeeten angepflanzt oder als Bodendecker genutzt; eine Art dient außerdem als Heilpflanze, etwa zur Herstellung von Kräutertees.

PFLEGE UND VERMEHRUNG: Die winterharten Pflanzen benötigen Sonne sowie feuchten, gutdurchlässigen und nicht zu schweren Boden. Die Vermehrung erfolgt durch Aussaat im Frühjahr oder Herbst bzw. durch Stecklinge.

Chamaemelum nobile

Syn. *Anthemis nobilis*

RÖMISCHE KAMILLE

Heilpflanzenkundler diskutieren seit langem, welche Kamille die »bessere« ist, diese Pflanze oder die Echte Kamille *(Matricaria recutita)*. Im allgemeinen fällt die Wahl auf *Chamaemelum*, die ein besseres Aroma und offenbar auch eine stärkere medizinische Wirkung hat. Es handelt sich um eine mehrjährige, aber nicht sehr langlebige Pflanze, die eine Höhe bis zu 30 cm erreicht, wobei die Stengel das Gewicht der Blüte oft nicht tragen können und daher umfallen. Die Blätter sind feingeteilt, die weiße Blütenköpfchen, die einen Durchmesser von mehr als 2,5 cm haben können, erscheinen zwischen dem späten Frühjahr und dem Frühherbst. Ein aus den Blättern und Blüten zubereiteter Tee hat eine beruhigende und schmerzstillende Wirkung. Die Römische Kamille kann auch als Rasenpflanze verwendet werden, wobei dann aber meist auf die nur selten blühende Sorte **'Treneague'** zurückgegriffen wird. Kamillerasen verströmt beim Betreten einen herrlichen Duft.

CHAMAEROPS

ZWERGPALME

Die nur eine Art umfassende Gattung, die man an allen wärmeren Mittelmeerküsten findet, wächst zumeist auf Kalkböden und gern zwischen anderen Sträuchern. Ein weiteres Verbreitungsgebiet ist das nordwestliche Afrika. Angepflanzte Exemplare bilden meist mehrere Stämme, die dicht von Fasern der Blattscheiden oder anderen Blattscheideresten umhüllt sind. Es handelt sich um zweihäusige Pflanzen; die kleinen, gelben männlichen und grünen weiblichen Blüten werden an kurzen Rispen gebildet. Die Früchte, die anfangs grünlich, später glänzendorangebraun sind, dienen vielen Tieren als Nahrung.

PFLEGE UND VERMEHRUNG: Die Pflanzen sind nicht winterhart. Ihr Standort sollte hell, sonnig bis halbschattig sein, im Sommer benötigen die Pflanzen reichlich Wasser; bei der Überwinterung sollte die Temperatur 10 °C nicht überschreiten. Stattliche Größen erreichen die Palmen erst nach vielen Jahren. Die Vermehrung erfolgt durch Aussaat, Nebentriebe oder vorsichtiges Teilen des Wurzelballens.

Chamaerops humilis

Chamaerops humilis

Alte Pflanzen dieser Art haben bis zu 3,5 m hohe und 20–25 cm dicke Stämme (einschließlich der Fasern und alten Blattscheiden). Die Wedel (Blätter), die in einem endständigen Schopf am oberen Ende des Stammes angeordnet sind, werden meist nicht länger als 60–90 cm. Ihre Farbe variiert von Olivgrün bis zu kräftigem Blaugrau. Die wohlriechenden männlichen Blüten erscheinen im Frühjahr.

CHAMELAUCIUM

Diese Gattung mit 20 Arten immergrüner Sträucher aus der Familie der Myrten (*Myrtaceae*) ist im westlichen Australien beheimatet. Dank ihrer zierlichen Blüten sind die Pflanzen beliebte Schnittblumen. Die schmalen, fast nadelartigen Blätter enthalten ein wenig ätherisches Öl; die Blüten haben schmale Stengel und fünf runde, weiße bzw. rosa- bis purpurfarbene Blütenblätter, die um einen Nektar enthaltenden Blütenbecher angeordnet sind. Die wunderschönen Blüten halten sich in der Vase relativ lange.

PFLEGE UND VERMEHRUNG: Die Sträucher sind frostempfindlich (Mindesttemperatur 5 °C, besser 7–10 °C) und vertragen keine regnerischen Sommer oder eine relativ hohe Luftfeuchtigkeit. Man kann sie in Kübel in leicht alkalische, gutdurchlässige Erde pflanzen und ihnen dann einen sonnigen Platz geben. Nach der Blüte sollten die Pflanzen stark zurückgeschnitten werden. Auch bei guter Pflege sind sie oft recht kurzlebig. Jede Beschädigung der Wurzeln muß vermieden werden. Vermehrung durch Stecklinge im Sommer.

Chamelaucium drummondii

Diese Art ist im Handel nur selten zu bekommen. Sie unterscheidet sich von der bekannteren *Chamelaucium uncinatum* vor allem durch ihren niedrige, kompakte Wuchsform. Die Pflanzen, die eine Vorliebe für sandige Böden haben, bringen im Frühjahr zahlreiche Blüten hervor.

Chamelaucium uncinatum

Diese schnellwachsenden, drahttriebigen Sträucher haben ihr Hauptverbreitungsgebiet an der Westküste Australiens. Die

Pflanzen können 3 m hoch und breit werden; die Blätter sind fast nadelförmig, die großen weißen, malven- oder rosafarbenen Blüten werden zahlreich im Spätwinter und Frühjahr gebildet.

CHASMANTHE

Diese Gattung umfaßt drei Arten mehrjähriger, knollenbildender Pflanzen aus Südafrika. Im Wuchs erinnern sie ein wenig an Gladiolen, haben aber schmale, gebogene Blüten in attraktiven gelben, orangenfarbenen oder roten Tönen. Die Blütezeit liegt zwischen Herbst und Frühjahr. **PFLEGE UND VERMEHRUNG:** Die Pflanzen sind nicht winterhart und haben ihre hauptsächliche Wachstumsperiode im Winter oder im zeitigen Frühjahr, so daß sie nur für Gewächshäuser oder als Zimmerpflanzen geeignet sind. Man setzt die Knollen im Herbst in feuchten, gutdurchlässigen Boden und gießt die Pflanze während der Vegetationsperiode reichlich. Die Pflanzen sollten möglichst einige Jahre ungestört wachsen können. Die Vermehrung erfolgt durch Teilung bzw. durch Aussaat im Herbst.

Chasmanthe aethiopica

Trotz ihres Namens ist diese Art in Südafrikas Kapprovinz heimisch. Sie hat dichte, schmale, grundständige, schwertförmige Blätter, die bis zu 60 cm lang werden. Im Herbst und Frühjahr werden schlanke, bis zu 75 cm lange Ähren gebildet, an denen etwa 5 cm große, rote oder orangefarbene Blüten mit schmaler Röhre sitzen, die alle in eine Richtung blicken.

Chasmanthe floribunda

Syn. *Antholyza floribunda*

Heimisch in der südwestlichen Kapregion Südafrikas, besitzt diese Art ebenfalls schwertförmige, aber nur bis zu 45 cm lange Blätter. Die 8 cm langen, orangeroten Blüten, die im Winter und Frühjahr gebildet werden, sind auf der bis 60 cm langen Ähre rund um die Achse angeordnet. Die Art unterscheidet sich von *Chasmanthe aethiopica* durch die viel breiteren Blätter.

CHASMANTHIUM

Die sechs Arten ausdauernder Gräser dieser Gattung stammen alle aus den östlichen USA und Mexiko. Einige sind Solitärgräser, andere bilden größere Horste; die Halme mit den ziemlich kurzen Blättern erinnern an Zuckerrohr, die Blütenstengel enden in Rispen mit kleinen, ungewöhnlich breiten, flachen und dekorativen Ährchen. **PFLEGE UND VERMEHRUNG:** Die winterharten Gräser bevorzugen geschützte, halbschattige Plätze mit normaler, feuchter Gartenerde. Vor dem Winter werden die Blätter in Bodennähe abgeschnitten. Vermehrung durch Aussaat oder Teilung.

Chasmanthium latifolium

Syn. *Uniola latifolia*

PLATTÄHRENGRAS

Das Plattährengras, dessen ungewöhnliche Blütenstände man nach der Samenreife auch in Trockensträußen verwenden kann, ist die einzige Nutzpflanze dieser Gattung, denn sie wird in den USA und im Norden Mexikos als Viehfutter angebaut. Es han-

Cheiridopsis pillansii

delt sich um ein sehr dekoratives Solitärgras mit langen Halmen und hellgrünen, bis zu 20 cm großen Blättern, die im Spätherbst gelb werden. Die Blütenstengel werden bis zu 1,5 m hoch und enden in eleganten Rispen mit plattgedrückten Ährchen, die bis 5 cm lang und 2,5 cm breit sind.

CHEIRIDOPSIS

Diese zu den Mittagsblumengewächsen gehörende Gattung umfaßt fast 100 Arten kompakter Sukkulenten, die in ihrem Vorkommen fast alle auf die trockenen Gebiete des westlichen Südafrika und des benachbarten Namibia beschränkt sind. Die meisten bilden kleinere Horste, aus denen aufrechte Triebe mit jeweils einem Paar blaßgrüner oder gräulicher, teilweise verwachsener Blätter herausragen. Die Blattpaare wachsen aus der Mitte der alten Blätter, die kurz darauf austrocknen und absterben. In der Mitte jedes Blattpaares entwickeln sich einzelne weiße, gelbe oder rosafarbene Blüten.
PFLEGE UND VERMEHRUNG: Die Pflanzen sind frostempfindlich, vertragen aber Trockenheit recht gut, so daß man sie als Zimmerpflanzen halten kann. Sie benötigen einen Topf mit grobkörniger, sehr gut durchlässiger Erde und einen sonnigen Platz. Selbst während der Vegetationsphase sollte nur mäßig gegossen werden; nach dem Einziehen der Blätter empfiehlt es sich, das Gießen völlig einzustellen. *Cheiridopsis* wird gerne von Schmierläusen befallen. Die Vermehrung erfolgt durch Samen, Stecklinge oder Teilung.

Cheiridopsis pillansii

Die in der westlichen Kapprovinz (Little Namaqualand) heimische Art bildet kompakte, etwa 8 cm hohe und 15 cm breite Horste. Die stumpf zulaufenden Blätter sind bis 4 cm lang und zur Hälfte verwachsen. Junge Blätter sind bläulich, verfärben sich mit der Zeit aber olivgrün; die großen, blaßgelben Blüten erscheinen im Sommer.

Cheiridopsis purpurea

Diese südafrikanische Art bildet mit fortschreitendem Alter zumeist dichte Horste, die bis 30 cm hoch und 45 cm breit werden. Die 7 cm großen Blätter sind blaß blaugrün und oft rosa überlaufen. Im Sommer bilden sie bis 2 cm große, purpurfarbene bis rosa Blüten.

CHELIDONIUM

SCHÖLLKRAUT

Dies ist eine in Europa und Westasien heimische Gattung aus der Familie der Mohngewächse mit nur einer Art – einer nicht

Cheiridopsis purpurea

Chelone lyonii

sehr langlebigen Staude. Die Blätter sind gefiedert, die Fiedern doppelt gekerbt oder gelappt. Die Blütentriebe mit den kleinen, vierblättrigen, leuchtendgelben Blüten halten sich sehr lange. Aus ihnen entwickeln sich später schlanke Schoten, die nach dem Aufplatzen winzige, schwarze Samen freigeben. Wird ein Blatt oder ein Stengel verletzt, tritt ein orangefarbener, hautreizender Milchsaft aus, der zur Behandlung von Warzen verwendet werden kann.
PFLEGE UND VERMEHRUNG: Die Art ist sehr winterhart, gedeiht sowohl in der Sonne als auch im Schatten und paßt sich an praktisch alle Böden an. Es handelt sich um ausdauernde Pflanzen, die allerdings oft nur zwei Vegetationsperioden überstehen, sich dafür aber selbst aussäen, so daß sie im Garten zu einer Plage werden können. Die Vermehrung erfolgt durch Aussaat oder Teilung im Herbst. Nach der Blüte sollte das Schöllkraut auf die gewünschte Größe zurückgeschnitten werden.

Chelidonium majus

SCHÖLLKRAUT

Die üppigwachsende, 0,5–1 m große Pflanze trägt blaßgrüne Blätter. Wird das schnellwüchsige Schöllkraut sehr dicht gepflanzt, kann es auch als Bodendecker verwendet werden. Die Pflanzen bringen von Mitte des Frühjahrs bis zum Herbst leuchtend goldgelbe Blüten mit einem Durchmesser von 2,5 cm hervor. Die Sorte **'Flore Pleno'** hat gefüllte Blüten.

CHELONE

SCHILDBLUME, SCHLANGENKOPF

Diese Gattung mit sechs robusten, aber dennoch attraktiven, mehrjährigen Arten

Chasmanthe floribunda

Chasmanthe aethiopica

Chelidonium majus 'Flore Pleno'

stammt aus Nordamerika. *Chelone* leitet sich vom griechischen *kelone* (»Schildkröte«) ab, was sich auf die Form der in kurzen, endständigen Ähren angeordneten Blüten bezieht. Die Blätter der meisten Arten sind glänzend, die Ränder gezähnt. **PFLEGE UND VERMEHRUNG:** Schildblumen eignen sich zum Bepflanzen von Teichufern, da sie nährstoffreichen, sehr feuchten Boden bevorzugen. Wenn möglich, sollte der Platz halbschattig sein, aber auch Sonne wird vertragen. Die Vermehrung erfolgt durch Teilung im Frühjahr, durch Stecklinge im Sommer oder durch Aussaat im Frühjahr bzw. Herbst.

Chelone lyonii

Diese in den Bergen des Südostens der USA heimische Art erreicht eine Mindesthöhe von 1 m. Sie hat aufrechte, vierkantige Stengel sowie dunkelgrüne, bis 15 cm lange Blätter. Die rosaroten Blüten erscheinen im Sommer an Ähren in den oberen Blattachseln oder endständig an den Stengeln.

Chelone obliqua

Chilopsis linearis

Chelone obliqua

MIESMÄULCHEN

Diese aus dem Südosten der USA stammende Pflanze ist die am häufigsten in Gärten angepflanzte Art der Gattung. An den aufrechten, bis 1 m langen Stengeln sitzen tiefgrüne Blattpaare; die kurzen, endständigen Blütenähren bilden sich im Spätsommer und Herbst.

CHIASTOPHYLLUM

WALDDICKBLATT, GOLDTRÖPFCHEN, GOLDGLÖCKCHEN

Diese Gattung besteht aus nur einer Art, einer immergrünen Pflanze mit sukkulenten Blättern, die im Kaukasus heimisch ist und beblätterte, kriechende Triebe besitzt. Die rundlichen, grobgezähnten Blätter sind in gegenständigen Paaren angeordnet; die Blütenstengel enden in nickenden Trauben, die sich aus kleinen, gelben, glockenförmigen Blüten bilden.

PFLEGE UND VERMEHRUNG: Die natürlichen Standorte für diese Pflanzen sind kühle, feuchte Felsspalten, und auch im Garten sollte man versuchen, ein ähnliches Habitat nachzuahmen. Auf Schneckenbefall achten. Die Vermehrung erfolgt durch Aussaat im Herbst oder durch Teilung im Sommer.

Chiastophyllum oppositifolium

Syn. *Cotyledon simplicifolia*

Diese Art wird höchstens 20 cm hoch, kann sich aber durch ihre kriechenden Triebe zu einem größeren Polster ausbreiten. Die rundlichen, fleischigen Blätter sind gezähnt. Die unteren sind rostrot und

Chelone obliqua

Chilopsis linearis

bis 40 cm lang, die übrigen blaßgrün. Die goldgelben Blüten werden 6 mm lang und erscheinen im späten Frühjahr.

CHILOPSIS

Die zur Familie *Bignoniaceae* gehörende Gattung *Chilopsis* umfaßt nur eine Art, eine in ausgetrockneten Flußbetten im Südwesten der USA und im nördlichen Mexiko vorkommende Pflanze mit trompetenförmigen Blüten. Die Blätter sind lang und schmal und laufen spitz zu; die Blüten sitzen in kurzen Ähren an den Zweigenden. Bei der einzigen Art, *C. linearis,* handelt es sich um einen etwas sparrigen Strauch oder kleinen Baum, der wegen seiner attraktiven Blüten angepflanzt wird.

PFLEGE UND VERMEHRUNG: *C. linearis* stammt aus einer Region, in der es tagsüber heiß und trocken ist, nachts dagegen kühl. Bei uns ist die Art nicht völlig winterhart, so daß sie am besten in Kübeln gehalten wird. Die Vermehrung erfolgt durch Aussaat oder Stecklinge.

Chilopsis linearis

Chilopsis linearis kann in seinem angestammten Lebensraum zu einem Baum von bis zu 10 m Höhe heranwachsen, während die Pflanzen in Kultur zumeist nur Strauchgröße (3–4,5 m) erreichen. Die schlanken Zweige sind gebogen und oft in sich verdreht; die nicht sehr zahlreichen blaßgrünen Blätter können bis zu 30 cm lang werden. Im Spätfrühjahr und Sommer erscheinen weiße, blaßrosa oder dunkelrosa Blüten mit einem helleren Schlund.

CHIMONANTHUS

WINTERBLÜTE

Diese Gattung mit sechs Arten sommergrüner, aus China stammender Sträucher gehört zu einer Gruppe primitiver Blütenpflanzen. In Gärten wird normalerweise nur die Art *Chimonanthus praecox* genutzt, die mit wohlriechenden, im Winter erscheinenden Blüten beeindruckt. Die Blätter sind oft derb und glänzend und sitzen meist zu mehreren am Ende drahtiger Zweige; die kleinen, in etwa becherförmigen Blüten mit ihren zahlreichen, durchscheinenden, wachsartigen Blütenblättern befinden sich kurz unterhalb der Zweigenden. Aus ihnen entwickeln sich später lederartige Früchte, die aussehen wie kleine Tüten, in die mehrere »Bälle« gestopft sind, die sich bei näherem Hinsehen als Samen entpuppen.

PFLEGE UND VERMEHRUNG: Die Pflanzen sind zwar winterhart, doch sollten sie nach Möglichkeit einen Platz vor einer warmen Süd- oder Westwand bekommen, weil die Blüten kälteempfindlich sind. Die Winterblüte bevorzugt sonnige Standorte und fruchtbaren, gutdurchlässigen Boden; das Stutzen der Sträucher sollte unmittelbar nach der Blüte erfolgen, wobei man sich auf dünne oder sehr stark geschossene Zweige beschränken sollte. Die Vermehrung erfolgt durch Aussaat im Frühjahr oder Frühsommer, bei Sorten durch Kopfstecklinge im Sommer.

Chimonanthus praecox

Syn. *Chimonanthus fragrans*

Diese Art wächst zu 3–4,5 m hohen und breiten Sträuchern mit drahtigen, abgewinkelten Zweigen und derben, dunkelgrünen Blättern heran; die meist zahlreichen Blüten erscheinen im Winter an den oft nahezu blattlosen Zweigen. Sie sind blaßgelb bis weißlich und haben eine rosa oder rötliche bis purpurfarbene Mitte; die reifen Früchte sind gelblich bis braun. Die Sorte **'Luteus'** hat reingelbe Blüten.

CHIMONOBAMBUSA

Zu dieser in Ost- und Südostasien heimischen Bambusgattung gehören etwa 20 Arten. Die meisten *Chimonobambusa*-Arten sind klein bis mittelgroß und haben lange Rhizome, so daß sie sich schnell ausbreiten können, wobei die einzelnen Stengel dann nicht allzu dicht beieinander stehen. Die röhrenartigen Stengel sind schlank und haben deutliche Knoten, besonders im Bereich der Basis; die schmalen, eleganten Blätter unterscheiden sich kaum von denen anderer Bambusarten. Außerhalb ihres angestammten Lebensraumes blühen die Pflanzen nur selten.

PFLEGE UND VERMEHRUNG: Die am häufigsten angepflanzten Arten sind weitgehend winterhart. Man gibt ihnen am besten einen geschützten Platz mit feuchtem, aber gutdurchlässigem Boden, der auch halbschattig sein kann. Um eine übermäßige Ausbreitung der Rhizome zu verhindern, kann es nötig sein, bis zu 60 cm tiefe Trennwände aus Metall oder Beton in den Boden einzulassen. Eine andere Möglichkeit ist, die Bambuspflanzen von vornherein in einem großen Behälter im Boden zu versenken oder sie in oberirdische Kübel zu pflanzen. Die Vermehrung erfolgt durch Teilung möglichst großer Rhizome.

Chimonanthus praecox

Chimonobambusa quadrangularis

Syn. *Arundinaria quadrangularis*

Im Garten erreicht diese Bambusart, die aus Südostchina und Taiwan stammt, eine Höhe von 2–3,5 m; in der Natur kann sie doppelt so groß werden und sich über weite Flächen ausbreiten. Die Stengel sind 1–2,5 cm dick, grün und im unteren Bereich häufig vierkantig; dort haben die oft verdickten Knoten teils auch stachelartige Anhänge. Oben sind die Stengel im Bereich der Knoten verzweigt; die hellgrünen Blätter sind bis zu 2,5 cm breit.

CHIONANTHUS

SCHNEEFLOCKENSTRAUCH, SCHNEEFLOCKENBAUM

Zu dieser Gattung aus der Familie der Ölbaumgewächse zählte man früher nur zwei Arten sommergrüner Bäume, von denen eine aus dem gemäßigten Nordamerika, die andere aus China stammt. In neuerer Zeit rechnet man eine Reihe tropischer und immergrüner Arten dazu, die früher zu den *Linociera* zählten. Für Gärtner sind die sommergrünen Arten am interessantesten. Im späten Frühjahr zeigen die Kronen dieser kleinen Bäume eine Fülle zarter, weißer Blüten, die einen schlanken Stiel und vier schmale Blütenblätter von ungleicher Länge aufweisen. Die im Sommer gebildeten Früchte ähneln kleinen Oliven, die gegenständigen Blätter sind länglich oder oval und glattrandig. Ein in voller Blüte stehender Schneeflockenstrauch ist eine Zierde für jeden Garten.

PFLEGE UND VERMEHRUNG: Die völlig winterharten Schneeflockensträucher sind relativ unproblematisch, wachsen aber oft nur langsam und blühen manchmal erst nach zehn Jahren. Die Pflanzen sollten einen warmen, geschützten Platz mit nährstoffreichem, gutdurchlässigem Boden erhalten; die Vermehrung erfolgt durch Aussaat im Herbst.

Chionanthus retusus

CHINESISCHER FRANSENBAUM

Dieser aus China und Taiwan stammende Baum erreicht eine Höhe bis zu 10 m und hat im Alter eine breite, schirmförmige

Chiastophyllum oppositifolium

Chionodoxa luciliae 'Alba'

Chionodoxa luciliae

Krone. Die glänzenden Blätter können in Form und Größe stark variieren; die Blüten haben ungefähr 2,5 cm lange Blütenblätter und erscheinen im Spätfrühjahr bzw. Frühsommer in großer Zahl oberhalb der Blätter. Den Baum kann man in kühleren und wärmeren Regionen, sogar in subtropischen Gebieten zur Blüte bringen.

Chionanthus virginicus
VIRGINISCHER SCHNEEFLOCKENBAUM

Die Blüten dieser Art gleichen denen von *Chionanthus retusus*, die Blätter sind größer, weniger glänzend, und die größeren, hängenden Blütenrispen sitzen mehr zwischen als über den Blättern. In Wäldern ihrer Heimat, dem Südosten der USA, erreichen die Pflanzen auf nährstoffreichen Böden in Flußnähe gelegentlich eine Höhe von 10 m, woanders werden sie zumeist nur strauchhoch. Im Mai sprießen längliche, glänzendgrüne Blätter, die sich im Herbst wunderschön gelb verfärben. Die duftenden, weißen Blüten erscheinen im Sommer.

CHIONOCHLOA

Die in der südlichen Hemisphäre heimische Gattung *Chionochloa* gehört in die verwandtschaftliche Nähe der Gattung *Danthonia*. In der Gattung *Chionochloa* werden etwa 20 große Horste bildende Grasarten geführt, die bis auf zwei Ausnahmen (eine ist in den Gebirgen Südostaustraliens heimisch, die andere auf den Lord-Howe-Inseln) alle aus Neuseeland stammen. Es handelt sich um attraktive Pflanzen mit dichten Büscheln feiner, weicher Blätter und großen, manchmal bis zu 2 m langen Blütentrieben sowie kleinen, cremefarbenen Ährchen.
PFLEGE UND VERMEHRUNG: Einige Arten dieses hübschen Ziergrases sind weitgehend winterhart und können daher auch in unseren Breiten für Staudenrabatten oder Steingärten verwendet werden.

Chionochloa rubra

Die Pflanzen bevorzugen normalerweise einen sonnigen Standort mit feuchtem, gutdurchlässigem Boden. Die Vermehrung erfolgt durch Aussaat oder Teilung.

Chionochloa conspicua
HUNANGEMOHOGRAS

Diese in Neuseeland heimische Art erreicht eine Höhe von 1–2 m und eine Breite von etwa 1 m. Sie bildet dichte Büschel aus feinen, gebogenen Blättern, über denen im Sommer die lockeren Blütenstände mit überhängenden, cremeweißen Ährchen erscheinen.

Chionochloa rubra

Diese ebenfalls aus Neuseeland stammende Art bildet große Horste aus feinen, rotbraunen Blättern und im Sommer erscheinenden Blütenrispen, die eine Länge bis zu 1,5 m erreichen können.

CHIONODOXA
SCHNEESTOLZ, SCHNEEGLANZ, SCHNEERUHM

Ob die wissenschaftliche Bezeichnung eine Übersetzung des umgangssprachlichen Namens ist, oder ob es sich genau anders herum verhält, ist einerlei. Auf jeden Fall ist der Name für diese kleinen, mit den Hyazinthen verwandten Zwiebelgewächse sehr gut gewählt, denn ihre leuchtendblauen Sternblüten erscheinen schon, bevor der letzte Schnee geschmolzen ist. Die in Kleinasien heimische Gattung umfaßt nur sechs Arten, die wildwachsend hauptsächlich in den Gebirgen der südlichen Türkei, Kretas und Zyperns vorkommen und die alle beliebte Gartenpflanzen geworden sind. Um die prächtigen, tiefblauen Blüten mit ihrer weißen Mitte besonders gut zur Geltung zu bringen, sollte man sie in größerer Zahl anpflanzen. Es gibt verschiedene Sorten, darunter solche mit zartlila Blüten. Die Blütezeit liegt im März und im April.
PFLEGE UND VERMEHRUNG: Die anspruchslosen und pflegeleichten Pflanzen, die sich für Steingärten ebenso eignen wie für einen Platz unter Bäumen, benötigen normale, gutdurchlässige Gartenerde. Die Vermehrung erfolgt durch Aussaat oder Brutzwiebeln.

Chionodoxa forbesii
Syn. *Chionodoxa luciliae* hort., *C. siehei*

Diese Art aus den Bergen im Südwesten der Türkei, die in Gartenkatalogen oft fälschlich als *Chionodoxa luciliae* angeboten wird, ist am häufigsten im Handel erhältlich. Die Pflanzen werden bis zu 20 cm hoch, und haben breite, gestreifte, fleischige Blätter, die gleichzeitig mit den Blüten gebildet werden. An jedem Blütenstengel können bis zu 12 etwa 2 cm große Blüten sitzen, die bis auf die weißliche Mitte leuchtend violettblau sind. Die Sorte **'Alba'** hat reinweiße Blüten.

Chionodoxa luciliae
Syn. *Chionodoxa gigantea*

Chionodoxa luciliae hat dasselbe Verbreitungsgebiet wie *C. forbesii* und gleicht dieser Art in vielerlei Hinsicht, hat allerdings nur zwei oder drei Blüten pro Stengel. Außerdem haben die Blüten etwas breitere, weichere zartlila Blütenblätter, und die Mitte ist nicht so deutlich weiß gefärbt.

Chionodoxa sardensis

Diese Art ist nach der Ortschaft Sardes im Südwesten der Türkei benannt. Sie kommt im selben Gebiet vor wie *Chionodoxa forbesii* und ähnelt dieser bis auf ihre schmaleren, stärker gefurchten Blätter. Die Blüten sind enzianblau mit weißem Auge. Ein Stengel bringt bis zu zwölf Blüten hervor, die meist erst erscheinen, wenn andere *Chionodoxa*-Arten bereits zu welken beginnen.

× CHIONOSCILLA

Diese Hybriden der Gattungen *Chionodoxa* und *Scilla* sind aus der freien Natur bekannt, tauchen aber auch oft in Gärten auf. Die Nachkommen gleicher Elternarten unterscheiden sich oft sehr stark. Normalerweise haben die Pflanzen gestreifte, dunkelgrüne Blätter, die länger als die Blütenstengel sind.
PFLEGE UND VERMEHRUNG: Klimatisch weniger anspruchsvoll als *Chionodoxa*, kann man diese Hybriden in jede gutdurchlässige Gartenerde an einen sonnigen oder halbschattigen Platz pflanzen. Die Zwiebeln sollten etwa 2,5–5 cm tief eingesetzt werden; die Vermehrung erfolgt durch Teilung im Sommer.

× *Chionoscilla allenii*

Die mutmaßlichen Eltern dieser Hybride sind *Chionodoxa forbesii* und *Scilla bifolia*, die im südtürkischen Bergland heimisch sind. Im Frühjahr bilden sich an schmalen 10–15 cm langen Blütenstengeln zahlreiche 1–2 cm große, in lockeren Ähren angeordnete Blüten. Diese sind sternförmig, blau oder zartrosa mit einer hellen Mitte.

CHIRANTHODENDRON

Der griechische Name der Gattung bedeutet »Handblütenbaum«. Es gibt nur eine *Chiranthodendron*-Art, die bei spirituellen Zeremonien der Ureinwohner Südmexikos und Guatemalas, der Heimat dieser Pflanze, eine wichtige Rolle spielte. Aber auch die spanischen Eroberer bewunderten diese mit dem Kakaobaum verwandte Pflanze und unternahmen mehrere Versuche, sie in Europa anzusiedeln. Der hüb-

Chionanthus virginicus

Chionanthus retusus

Chionochloa conspicua

Chionanthus retusus

sche kleine Baum würde mit seinen schwach violett gefärbten Blüten wenig Aufsehen erregen, gäbe es nicht die langen, herausragenden, am Grund mit den fünf großen Staubbeuteln verwachsenen Staubfäden. Durch das Zusammenwachsen bilden Staubbeutel und Staubfäden eine Art »Faust«, wobei die Staubbeutel, die jeweils in einer nadelförmigen Spitze enden, wie einzelne Finger aussehen.
PFLEGE UND VERMEHRUNG: In Europa findet man diese Pflanze höchstens einmal in Botanischen Gärten, während sie in Mexiko und im Süden der USA gelegentlich auch angepflanzt wird.

Chiranthodendron pentadactylon
Syn. *Cheirostemon platanoides*

Obwohl von den Europäern zuerst in Mexiko entdeckt, wird heute angenommen, daß diese Art eigentlichen aus Guatemala stammt, aber schon früh nach Mexiko gelangte. Die Bäume wachsen in ihrer Jugend meist recht schnell und können in freier Natur eine Höhe bis zu 25 m erreichen, während angepflanzte Bäume viel kleiner bleiben. Die Äste sind knorrig, die Blätter rundlich, etwa 20 cm groß, etwas gelappt und an der Unterseite rostbraun behaart. Die Blüten, die vom Frühjahr bis in den Herbst gebildet werden, sitzen in den Blattachseln und sind oft durch die Blätter verdeckt. Die schwach violetten Blüten – sie haben einen Durchmesser von etwa 8 cm – sind außen pelzig braun und bilden die bereits beschriebene, aus zusammengewachsenen Staubbeuteln und Staubfäden bestehende »Faust«.

Chlidanthus fragrans

CHLIDANTHUS
SCHÖNBLÜTE

Zu dieser Gattung aus der Familie *Amaryllidaceae* gehört nur eine einzige, in den peruanischen Anden heimische Art. Die Blätter erinnern an Narzissen, die süßlichduftenden, gelben Blüten sind trichterförmig mit einer lange Röhre und leicht zurückgebogenen Blütenblättern.
PFLEGE UND VERMEHRUNG: Schönblüten sind nur bedingt winterhart, so daß man die Zwiebeln am besten im Frühjahr ins Freie pflanzt und nach der Blüte wieder herausnimmt und im Haus überwintert, wobei die Zwiebeln austrocknen sollten. Man kann sie aber auch als Zimmerpflanze halten, beispielsweise in einem Wintergarten. Bei der Pflege im Hause kann noch eine zusätzliche Lichtquelle erforderlich sein. Wenn sich die Pflanze in vollem Wachstum befindet, sollte dem Substrat etwas Kaliumsulfat hinzugefügt werden. Die Vermehrung erfolgt durch Aussaat oder durch Brutzwiebeln im Frühjahr.

Chlidanthus fragrans

Die dünnen Blütenstengel entstehen im Frühsommer mit den neuen Blättern, sind 25–40 cm lang und tragen ein Köpfchen aus bis zu fünf leuchtendgelben, duftenden, trichterförmigen, bis 8 cm langen Blüten. Die Art eignet sich als Schnittblume.

CHLOROPHYTUM
GRÜNLILIE, GRÜNER HEINRICH, FLIEGENDER HOLLÄNDER

Die große Gattung aus der Familie der Liliengewächse umfaßt über 200 Arten, die in bestimmten Regionen Afrikas, Südasiens, Südamerikas und Australiens verbreitet sind, wobei die meisten aber aus dem südlichen und dem tropischen Afrika stammen. Die immergrünen, ausdauernden Pflanzen bilden kurze Rhizome und fleischige, oft knollenartig verdickte Wurzeln. Die gestreiften, schwertförmigen oder lanzettlichen Blätter variieren in Größe, Dicke und Färbung; die kleinen, sternförmigen, weißen oder grünlichen Blüten sind eher unauffällig. Von den zahlreichen Arten wird praktisch nur eine Art, die robuste *Chlorophythum comosum,* als Zimmerpflanze genutzt.
PFLEGE UND VERMEHRUNG: Grünlilien sind frostempfindlich, so daß sie nur als Zimmerpflanzen gehalten werden können. Sie sind sehr robust und daher zu beliebten Büropflanzen geworden, die kaum Ansprüche an das Substrat und den Standort stellen. Temperaturen von 10 °C vertragen Grünlilien zumeist über längere Zeit problemlos, und auch unregelmäßiges Gießen wird kaum übel genommen, vorausgesetzt, die Pflanze steht nicht unmittelbar über einer Heizung. Die Vermehrung erfolgt am einfachsten durch Ausläufer, die man, sobald sie sich bewurzelt haben, vom Stengel abtrennt und einpflanzt.

Chlorophytum comosum
GRÜNLILIE

Diese bis 30 cm hohe Art stammt aus den feuchten Küstenregionen Südafrikas und gehört dank ihrer Robustheit und der attraktiven grasähnlichen Blätter zu den beliebtesten Zimmerpflanzen, wobei sie gern als Hängepflanze verwendet wird. Die bis zu 45 cm langen, schmalen Blätter bilden eine Rosette, die langen, biegsamen und verzweigten Blütenstengel bringen fast während des ganzen Jahres kleine, weiße Blüten hervor; nach der Blüte bilden sich kleine Jungpflanzen, die eine rasche Ausbreitung ermöglichen. Die Wildform der Grünlilie hat grüne Blätter; als Zimmerpflanzen werden allerdings die Sorten mit weiß- oder gelbgestreiften Blättern bevorzugt. Eine von ihnen ist **'Mandaianum',** eine kompakte Pflanze, deren schmale, dunkelgrüne Blätter unregelmäßige, gelbgrüne Streifen aufweisen; **'Picturatum'** hat dagenen Blätter mit einem breiten, gelben Mittelstreifen, während die von **'Vittatum'** einen breiten, weißen Mittelstreifen und schmalere Streifen an den Seiten zeigen.

CHOISYA
ORANGENBLUME

Diese Gattung mit acht Arten immergrüner Sträucher aus Mexiko und dem Süden der USA gehört zur selben Familie wie die Zitrone. Außerhalb ihres natürlichen Verbreitungsraumes wird normalerweise nur die Art *Choisya ternata* angepflanzt – meist als Kübelpflanze. Die langgestielten, bei Zerreiben wohlriechenden Blätter bestehen aus drei bis sieben Fiedern, die alle von der Basis ausgehen; die duftenden, sternförmigen, in Trugdolden angeordneten, weißen Blüten, die ein wenig an Orangenblüten erinnern, sitzen in den Blattachseln.
PFLEGE UND VERMEHRUNG: Orangenblumen werden in unseren Breiten fast ausschließlich als Kübelpflanzen verwendet, die im Sommer ins Freie gebracht werden können, dann aber einen geschützten Platz benötigen. Die Überwinterung sollte in einem hellen Raum mit einer Mindesttemperatur von 6–9 °C erfolgen. Im Frühjahr kann etwas gedüngt werden, nach dem Blühen sollten die Pflanzen leicht zurückgeschnitten werden, damit sie auch im unteren Bereich dicht belaubt bleiben. Die Vermehrung erfolgt durch Stecklinge im zeitigen Frühjahr oder im Herbst.

Choisya 'Aztec Pearl'

Diese Hybride aus *Choisya arizonica* und *C. ternata* ist ein eleganter Strauch mit einer Höhe bis zu 1,8 m und bildet duftende Blätter mit drei bis fünf schmalen, gefurchten Fiedern. Die Blüten haben rosa überlaufene Knospen, die sich zu einer weißen, größeren Blüte öffnen. Die Pflanze blüht meist im Früh- und erneut im Spätsommer.

Choisya ternata

Diese Art ist eine winterharte, immergrüne Pflanze des mexikanischen Hochlandes. Der rundliche Strauch erreicht eine Größe von 2 m und mehr. Die attraktiven Blätter haben drei glänzende, dunkelgrüne Fiedern; die kleinen, in Trugdolden angeordneten, weißen, wohlriechenden Blüten erscheinen im Frühjahr, bisweilen noch einmal im Spätsommer. Die Sorte **'Sundance'** hat in der Jugend goldgelbe Blätter, die sich später gelbgrün verfärben.

CHONDROPETALUM

Diese zwölf Arten umfassende Gattung ist in der südlichen Kapprovinz Südafrikas beheimatet. Sie gehören zur Familie *Restionaceae*, die nur auf der südlichen Halbkugel verbreitet ist. *Chondropetalum* bildet Horste mit drahtigen Stengeln, die in einer kurzen Ähre mit winzigen, von braunen Deckblättern eingeschlossenen Blüten enden. Männliche und weibliche Blüten sitzen auf unterschiedlichen Pflanzen.
PFLEGE UND VERMEHRUNG: *Chondropetalum*-Arten sind frostempfindlich und schwer zu halten. So müssen alle Störungen während des Wachstums vermieden werden; außerdem reagieren die Pflanzen empfindlich auf viele Dünger, insbesondere solche mit hohem Phosphoranteil. Kübel für *Chondropetalum*-Arten sollten sandige, gut durchfeuchtete Erde enthalten. Am besten wirken die Pflanzen, wenn sie zusammen mit anderen Gräsern und Binsen kombiniert werden. Die Vermehrung erfolgt durch Aussaat.

Chondropetalum tectorum

Diese widerstandsfähige Art bildet breite, dichte Horste, die eine Ausdehnung von 1 m oder mehr erreichen können. Die Pflanzen haben drahtige, graugrüne Stengel und kurze, dunkelbraune Ähren.

***C. comosum* 'Mandaianum'**

***Choisya* 'Aztec Pearl'**

Choisya ternata

***Choisya ternata* 'Sundance'**

***Choisya ternata* 'Sundance'**

CHORDOSPARTIUM

Diese in Neuseeland heimische, zu den Leguminosen gehörende Gattung umfaßt nur zwei Arten kleiner Bäume, die man heute wildwachsend nur noch selten findet. Wie ihre nahen Verwandten aus der Gattung *Carmichaelia* haben sie eine gewisse Ähnlichkeit mit den Ginstern der Mittelmeerregion. An den langen, blattlosen Zweigen erscheinen vom späten Frühjahr bis Sommerende unzählige kleine, lavendel- und malvenfarbene, erbsenähnliche Blüten, aus denen sich später winzige, jeweils nur einen Samen enthaltende Hülsen entwickeln.

PFLEGE UND VERMEHRUNG: Die Pflanzen sind etwas frostempfindlich, so daß sie einen gut geschützten, sonnigen Platz mit fruchtbarem, gutdurchlässigem Boden benötigen; außerdem sind sie in Kultur oft nur kurzlebig. Die Vermehrung erfolgt durch Aussaat oder Stecklinge.

Chordospartium stevensonii

Dies ist ein laubwerfender, nahezu blattloser Strauch oder kleiner Baum, mit einer Größe von 3,5–4 m und gebogenen Zweigen. Die Pflanzen haben kleine, erbsenartige, blaß lavendelrosa bis violette Blüten, die in dichten hängenden Trauben angeordnet sind und von Frühjahr bis Sommermitte gebildet werden.

CHORISIA

Zu dieser Gattung gehören fünf in Südamerika heimische Arten sommergrüner Bäume mit glatter, grünlicher Rinde, die dicht mit Stacheln bedeckt ist. Die Pflanzen gehören zur Familie der Wollbaumgewächse *(Bombaceae)* und besitzen handförmig geteilte Blätter; die hübschen Blüten sitzen an weitgehend unbeblätterten Zweigen. Aus ihnen entwickeln sich große Kapselfrüchte, in denen sich Samen befinden, die in eine Art Wollfasern eingebettet sind. Einer neuen Studie zufolge sollen die Unterschiede zwischen den Gattungen *Chorisia* und *Ceiba* so gering sein, daß vorgeschlagen wird, alle Arten in Zukunft in der Gattung *Ceiba* zu führen.

PFLEGE UND VERMEHRUNG: *Chorisia*-Arten sind nicht nur sehr frostempfindlich, sondern benötigen normalerweise Temperaturen von mindestens 15 °C, so daß man sie nur als Kübelpflanzen ver-

Chorizema cordatum

Chorisia insignis

wenden kann. In der Wachstumsperiode muß reichlich gegossen werden, nach dem Abwerfen der Blätter deutlich weniger. Die Vermehrung erfolgt durch frische Samen oder auch durch Pfropfen ausgewählter Klone.

Chorisia insignis
Syn. *Ceiba insignis*
SÜDAMERIKANISCHER FLASCHENBAUM

Schon allein wegen ihres flaschenförmig aufgetriebenen, grünen Stammes wird diese Art geschätzt. Die Stämme junger Bäume sind verstreut mit konischen Stacheln besetzt, die in der Regel im Alter verschwinden. Die Pflanze erreicht schnell eine Höhe von 9–12 m, bevor sich die Krone ausbildet. Danach verlangsamt sich der Wuchs. Die Blätter sind dunkelgrün und haben breite, überlappende Fiedern. Im Herbst entwickeln sich an den Zweigenden in Gruppen stehende blaßgelbe Blüten, die bisweilen in der Mitte braun gefleckt sind. Der Baum ist nicht winterhart.

Chorisia speciosa
Syn. *Ceiba speciosa*
CHORISIE, BRASILIANISCHER FLORETTSEIDENBAUM

Diese subtropische, nicht winterharte Art aus Südamerika wird schnell 15 m hoch oder höher und bildet eine ausladende Krone. Wegen ihrer auffälligen, bis 15 cm großen Blüten ist sie sehr beliebt und weit verbreitet. Die Blüten sind rosa, lachsfarben oder weinrot mit goldenem oder weißem Schlund und vom Spätsommer bis zum frühen Winter üppig über die Krone verteilt. Sie sind von Sämling zu Sämling sehr variabel, auch Dichte und Beständigkeit der Stacheln am Stamm sind sehr unterschiedlich.

CHORIZEMA
FLAMMENERBSE

Diese Gattung aus 18 immergrünen Halbsträuchern aus der Familie der Schmetterlingsblütler mit ungeteilten und

Chondropetalum tectorum

Chorisia speciosa

Chorisia speciosa

zum Teil spitz gezähnten Blatträndern ist in Australien beheimatet. Der wissenschaftliche Name stammt vom griechischen *choros* (»tanzen«) und *zema* (»trinken«), weil der französische Botaniker und Entdecker Labillardière und seine erschöpfte Truppe vor Freude tanzten, als sie Wasser und diese Pflanze am selben Ort fanden. Die Blüten der kultivierten Arten sind reichblütig und besitzen feurige Farbkombinationen, daher auch der deutsche Name.

PFLEGE UND VERMEHRUNG: Die nicht winterharten Pflanzen brauchen volle Sonne und gutdurchlässigen, leichten Boden. Im Sommer sollte gemulcht werden, damit die Wurzeln nicht austrocknen. Im Frühjahr wird durch Samen vermehrt, im Sommer durch Stecklinge.

Chorizema cordatum
HERZFÖRMIGE FLAMMENERBSE

Dieser südwestaustralische Frühjahrsblüher besitzt grellbunte Blütenstände aus gelb bis orangerot gefärbten Blüten, mit jeweils einem rosa bis dunkelroten zentralen Fleck. Der bis zu 1,5 m hohe Kletterstrauch trägt dünne Äste mit herzförmigen, mittelgrünen, spitz- und feingezähnten Blättern. Für einige Botaniker ist *Chorizema cordatum* heute auch ein Synonym für *C. ilicifolium.*

CHRYSALIDOCARPUS
GOLDFRUCHTPALME

Diese Palmen mit kammförmig gefiederten Blättern aus Madagaskar, von den benachbarten Komoren und den Pemba-Inseln sind sehr anmutige Pflanzen. Obwohl die 22 Arten ähnlich attraktiv sind, wird nur *Chrysalidocarpus lutescens* allgemein

Chrysalidocarpus lutescens

kultiviert. Blüten und Früchte sind eher unscheinbar – einfache, gelbe Blüten in verzweigten Blütenständen und kleine, gelbe Früchte –, aber das Blattwerk ist überaus prächtig. Neuere Untersuchungen der Palmen Madagaskars legen nahe, daß *Chrysalidocarpus* und andere Gattungen zu *Dypsis* gehören.

PFLEGE UND VERMEHRUNG: Alle Arten sind frostempfindlich und an warmgemäßigte bis tropische Klimate angepaßt. Sie brauchen Sonne, gutdurchlässigen Boden, während des Sommers reichlich Wasser und während des restlichen Jahres leicht feuchten Boden. Da die Samen bis zu fünf Monate zum Keimen benötigen, sollte man sie zeitig im Frühjahr aussäen.

Chrysalidocarpus lutescens
Syn. *Areca lutescens, Dypsis lutescens*

Diese weitverbreitete Zierpalme bildet Horste aus röhrenförmigen Stämmen, denen in 3–6 m Höhe die relativ kurzen, überhängenden Wedel entspringen. Die grundständigen Blattscheiden und die Blattstiele sind gelb; die Wedel entwickeln die typische goldgelbe Farbe nur an einem sonnigen Standort, im Schatten sind sie hellgrün. Die Art eignet sich als Container- und auch als Zimmerpflanze.

Chrysalidocarpus madagascariensis

Diese bis über 10 m hohe Palme aus Madagaskar entwickelt entweder einen einzelnen Stamm oder verzweigt sich schon am

C. monilifera subsp. *rotundata*

Chrysalidocarpus madagascariensis

Boden mehrfach. Die geringelten Stämme erreichen 10–15 cm im Durchmesser. Die großen, federähnlichen Wedel sind an der Stammspitze in drei vertikalen Reihen angeordnet. Ihre breiten, überlappenden Blattscheiden überzieht ein grauer Schorf. Die vielfach verzweigten Blütenstände bringen winzige, gelbe Blüten und gut 10 mm lange, ebenfalls gelbliche Früchte hervor.

CHRYSANTHEMOIDES

Die südafrikanische Gattung immergrüner Sträucher umfaßt nur zwei Arten, eine davon wird weitverbreitet kultiviert und hat sich auch in anderen Teilen der Welt eingebürgert. Die kurzlebigen Pflanzen haben weiches Holz und ledrige, gezähnte Blätter. Die gelben Blütenköpfchen ähneln Gänseblümchen, und die Früchte, die später folgen, sind fleischig und saftig und besonders für Vögel attraktiv, die die Samen verbreiten.

PFLEGE UND VERMEHRUNG: Die Pflanzen sind durch Samen und Stecklinge leicht zu vermehren und für Beetbepflanzungen auch in kühleren Klimaten geeignet, brauchen aber volle Sonne. Bisweilen bilden sie undurchdringliche Dickichte und werden zu einer wahren Plage. Man sollte sie daher nur dort kultivieren, wo sie die natürliche Vegetation nicht verdrängen können.

Chrysanthemoides monilifera

Der schnellwachsende, bei uns nicht winterharte Strauch hat zwei Unterarten, die sich im Habitus und in ihren Ansprüchen unterscheiden. ***Chrysanthemoides monilifera* subsp. *monilifera*** ist ein 1–2 m hoher, aufrechter, buschiger Strauch mit schmutziggrünen, grobgezähnten Blättern. Er bevorzugt küstenferne Regionen. ***C. m.* subsp. *rotundata*,** 1,5–3 m hoch, besiedelt Dünen und breitet sich durch Selbstaussaat schnell aus. Die Art bildet bis 6 m breite, ausgedehnte, dichte, hellgrüne Dickichte. Die glänzenden Blätter sind rundlich und wenig gezähnt. Spinnwebähnliche Haare sitzen an Blattunterseiten und jungen Trieben. Beide Unterarten blühen fast das ganze Jahr.

Chrysanthemoides monilifera

C. × *grandiflorum*, einfache Blüte

CHRYSANTHEMUM

WUCHERBLUME, CHRYSANTHEME

Die Verwendung des botanischen Namens *Chrysanthemum* war bis vor kurzem sehr irreführend. Früher zählten die Botaniker nicht nur die Garten- oder Gärtnerchrysanthemen zu dieser Gattung, sondern auch viele andere verwandte Arten wie Sommermargeriten, Rainfarn, Wiesenmargeriten und Bunte Margeriten. Nach dem II. Weltkrieg wurden viele Arten anderen Gattungen zugeordnet, so daß *Chrysanthemum* nur noch fünf einjährige Arten umfaßte. Die Gartenchrysanthemen erhielten später den Gattungsnamen *Dendranthema.* Nach einer von einem internationalen Komitee für botanische Namensgebung kürzlich getroffenen Entscheidung und der damit verbundenen Neuordnung der Gattungen werden sie aber als die eigentlichen *Chrysanthemum* angesehen.

Die Gattung in diesem gegenwärtigen, neu definierten Sinn umfaßt 37 Arten von Stauden, die als Wildform hauptsächlich in Ostasien vorkommen; zwei Arten sind auch bis nach Nordeuropa verbreitet. Sie haben gelappte, leicht aromatisch duftende Blätter und tragen gänseblümchenähnliche Blütenköpfe in lockeren Rispen, die Schattierungen von Rot, Purpur, Rosa, Gelb oder Weiß aufweisen. Einige Arten wurden in China wahrscheinlich schon vor 1000 Jahren kultiviert. Im 17. Jahrhundert waren bereits Hunderte von Sorten registriert, von denen sich dann einige Anfang des 19. Jahrhunderts in Europa etablierten. Sowohl in China als auch in westlichen Ländern wurde weitergezüchtet, und es entstanden die heute noch erhältlichen Farben und Formen. Durch Manipulation der Tageslänge und Temperaturen im Gewächshaus wird ihre Blütezeit, die normalerweise von Sommer bis Herbst dauert, künstlich gesteuert.

Gattungen, die in diesem Buch an anderer Stelle erwähnt werden und deren Arten früher *Chrysanthemum* zugeordnet wurden, sind: Strauchmargeriten *(Argyranthemum)*, immergrüne Sträucher von den Kanarischen Inseln und Madeira; *Leucanthemum*, weißblühende Stauden aus dem Mittelmeerraum und Europa wie Sommermargeriten und Wiesenmargeriten; *Tanacetum*, Stauden und kleine Sträucher, die im gemäßigten Europa und Nordafrika beheimatet sind, mit sehr aromatisch duftenden Blätter sowie gelben, roten und weißen Blüten – darunter die Arten Rainfarn, Goldkamille und *Pyrethrum*, aus denen man das Pflanzenschutzmittel Pyrethrum gewinnt; *Ajania*, Stauden aus Ost- und Nordasien, die Gartenmargeriten ähneln, aber deren Blüten sich aus zahlreichen gelben, knopfartigen Köpfchen zusammensetzen; *'Chrysanthemum'*, fünf einjährige Arten aus Europa und Nordafrika einschließlich Salatchrysantheme, Saatwucherblume und Bunte Wucherblume. Der korrekte Gattungsname für diese Gruppe ist immer noch fraglich, deshalb werden sie weiterhin unter diesem Namen aufgeführt, zählen aber nach der kürzlich erfolgten Neuordnung nicht mehr zu den Echten Chrysanthemen und werden daher in Anführungszeichen geschrieben.

PFLEGE UND VERMEHRUNG: Chrysanthemen sind in der Regel frosthart, manche Arten aber nur bedingt. Sie können in gemäßigten Breiten im Freien kultiviert werden, man zieht sie aber für gewöhnlich im Gewächshaus, wenn sie als Zimmerpflanzen, Schnittblumen oder für Ausstellungen bestimmt sind. Im Freien brauchen sie einen vollsonnigen Platz und gutdurchlässigen, leicht sauren Boden. Verwenden Sie für Topfkultur ein nährstoff- und humusreiches Substrat. Gießen Sie nicht zu stark, und geben Sie im Frühsommer Dünger mit niedriger Stickstoff- und hoher Kaliumkonzentration zu. Knipsen Sie die Triebspitzen ab, wenn diese eine Länge von 15-30 cm erreicht haben; dadurch regen Sie die Bildung von Seitentrieben an, die zahlreiche Blütenstengel tragen. Für Ausstellungen jedoch werden Knospen der Seitentriebe bereits frühzeitig entfernt, und man läßt nur eine Endknospe stehen. Stützen Sie hohe Pflanzen mit Hilfe von Bambusstäben. Vermehren Sie Sorten für Beetpflanzungen aus Samen, Varietäten mit genauer Bezeichnung durch Teilung der Wurzel oder durch Stecklinge aus Trieben, die im Spätherbst gebildet werden. Die einjährigen Arten der Gattung *Chrysanthemum* lassen sich in jedem guten Gartenboden und in sonniger Lage sehr einfach kultivieren.

Chrysanthemum × *grandiflorum*

Syn. *Chrysanthemum morifolium*, *Dendranthema* × *grandiflorum*

GÄRTNERCHRYSANTHEME

Diese Hybrid-Gruppe stammt hauptsächlich von der chinesischen Art *Chrysanthemum indicum* ab, zu der die meisten Kultursorten sowie alle Sorten mit großen, gefüllten Blüten zählen. Eine neuere Entwicklung ist die Züchtung der 'koreanischen Chrysantheme' mit den Genen von *C. zawadskii* für kompakte Pflanzen mit kleinen einfachen Blüten, die sich für Beete sehr gut eignen. Die Pflanze kann bis zu 1,5 m hoch werden und hat ziemlich verholzte Stengel, die sich aus unzähligen kriechenden Rhizomen entwickeln. Sie trägt grobgelappte Blätter, die bis 8 cm lang werden können und unterseits grau-filzig sind. Die Blütenköpfe erreichen einen Durchmesser von 2,5–15 cm und sitzen in kleinen Rispen. Die Farbpalette reicht von Weiß, Rosa und Gelb bis zu verschiedenen Bronzefarben, Tiefrot oder Purpur. Die meisten größeren Formen haben gefüllte Blütenköpfe und keine Einzelblüten in der Mitte.

Chrysanthemenliebhaber und -gesellschaften haben die mehrere Tausend umfassenden Sorten in zehn Gruppen eingeteilt, die auf der allgemeinen Form der Blütenköpfe sowie der Form und Lage der Einzelblüten beruhen:

Anemonenblütig: gänseblümchenähnlich, aber mit einer Blütenmitte in Nadelkissenform sowie einer einfachen oder doppelten Reihe strahlenförmiger flacher

Chrysanthemum × *grandiflorum* 'Flame Symbol'

C. × *grandiflorum* 'Jane Sharpe'

C. × *grandiflorum* 'Elizabeth Shoesmith'

Einzelblüten; normalerweise in Büscheln, selten als einzelne Blütenstengel.

Ballettförmig: gefüllte Blütenköpfe mit schmalen Einzelblüten in Röhrenform, die strahlenförmig angeordnet sind und löffelförmig verbreiterte Spitzen haben.

Ballförmig: dicht gefüllte rundliche Blütenköpfe mit Einzelblüten von fester Struktur, die sich nach innen rollen und dichtgepackt sind; sie werden als Schnittblumen oder für Ausstellungen verwendet und haben nach dem Schnitt eine lange Lebensdauer – zum Beispiel **'Gillete'** in Creme und **'Max Riley'** in Gelb.

Einfach: gänseblümchenähnliche Blüten mit bis zu fünf Reihen strahlenförmiger Einzelblüten um eine flache, gelbe Mitte; hervorragend geeignet für großflächige Beetanpflanzungen.

Gelockt ballförmig: gefüllte Blütenköpfe mit schmalen röhrenförmigen Einzelblüten, die an den Spitzen geöffnet sind; ein gutes Beispiel ist **'Yellow Nightingale'** in Gelb.

Japaner: runde oder kuppelförmige, dichtgefüllte Blütenköpfe; Einzelblüten rollen sich nach außen sowie unten und kräuseln oder verdrehen sich häufig; Beispiele sind **'Flame Symbol'** in flammendem Orange, **'Matthew Scale'** in Tiefrosa und **'Yellow Symbol'** in Gelb.

Halbgefüllt: eine Form zwischen eingerollt und strahlenförmig; sie haben ballähnliche Blütenköpfe, manchmal mit zurückgebogenen Einzelblüten an der Basis; Beispiele sind **'Crimson Tide'** in Hellbronze und **'Elizabeth Shoesmith'** in Tiefrosa.

Pompon: runde, gefüllte Blütenköpfe, die sich aus zahlreichen, dichtgepackten Einzelblüten zusammensetzen; sie sitzen normalerweise in Büscheln, selten als einzelner Blütenstengel.

Schirmförmig: vollkommen runde, gefüllte Blütenköpfe mit Einzelblüten, die sich nach außen und unten rollen, dabei berühren die untersten den Blütenstiel.

Strahlenförmig: gefüllte Blütenköpfe

C. × *grandiflorum* 'Yellow Nightingale'

mit langen, schmalen, röhrenförmigen Einzelblüten, die sich in alle Richtungen ausbreiten, für gewöhnlich am Ende gekräuselt oder verdreht; ein Beispiel ist **'Dusky Queen'** in Gold-Orange.

Chrysanthemum weyrichii
Syn. *Dendranthema weyrichii*

Diese teppichbildende Art aus Japan wird 30 cm hoch bei einem Umfang von etwa 45 cm. Sie trägt fleischige, dunkelgrüne Blätter, von denen die unteren fünffach gelappt sind. Die Blüten werden im Herbst gebildet, haben eine gelbe Mitte und rosa oder weiße, strahlenförmige Einzelblüten.

'Chrysanthemum' carinatum
Syn. *Chrysanthemum tricolor*
SOMMERWUCHERBLUME

Diese bunte Gartenblume aus Marokko, die bis 70 cm hoch wird und sich etwa 30 cm ausbreitet, trägt stark zerteilte, ziemlich fleischige Blätter und gestreifte, mehrfarbige Blüten, die im Frühling und Frühsommer erscheinen. **'Monarch Court Jesters'** blüht Rot mit gelber Mitte; die **Tricolor-Serie** weist mehrere Farbkombinationen auf. Sie eignen sich ausgezeichnet für Beetpflanzungen und als Schnittblumen.

'Chrysanthemum' coronarium
SALATCHRYSANTHEME

Die schnellwachsende Einjährige aus dem Mittelmeergebiet wird etwa 1 m groß und besitzt hellgrüne, fiederschnittige Blätter. Die Blütenkörbe sind einfach oder gefüllt, von blaß- bis dunkelgelber Farbe und etwa 5 cm im Durchmesser. Die jungen, zarten Triebe einiger ausgesuchter Sorten finden in der orientalischen Küche Verwendung.

'Chrysanthemum' segetum
ACKERWUCHERBLUME, SAATWUCHERBLUME

Die nur mäßig schnell wachsende, einjährige Pflanze, die der östlichen Mittelmeerregion und Nordafrika entstammt, hat sich mittlerweile in allen gemäßigten Regionen ausgebreitet. Sie wird etwa 45 cm groß. Die graugrünen, lanzettlichen Blätter sind meist tief eingeschnitten oder gezähnt. Die Korbblüten erscheinen vom Sommer bis zum frühen Herbst in allen Gelb-Nuancen. Es sind dankbare Schnittblumen.

CHRYSOCEPHALUM

Alle acht Arten dieser australischen Gattung wurden früher zu *Helichrysum* gezählt, einer Gattung aus der Familie der Korbblütler, deren Bearbeitung die Botaniker noch nicht abgeschlossen haben. *Chrysocephalum*-Arten sind überwiegend immergrüne Stauden mit einem dünnen, beblätterten Stengel und kräftigen, sich häufig weit ausbreitenden Rhizomen (es gibt aber auch Arten mit einem kompakteren Wurzelstock). Die kleinen, sehr ausdauernden Blütenköpfchen sitzen zumeist endständig an den Stengeln und bestehen aus mehreren Reihen unscheinbarer, gelber oder weißer Hüllkelchblätter, die eine Gruppe dichtstehender, orangefarbener Röhrenblüten umgeben. Einige Arten breiten sich sehr schnell aus, so daß sie sich gut als Bodendecker eignen, die im Frühling und Sommer zudem sehr hübsche Blütenköpfchen hervorbringen.

PFLEGE UND VERMEHRUNG: Die in der Regel nicht winterharten Pflanzen können bei uns nur einjährig kultiviert werden. Sie bevorzugen dann einen offenen, sonnigen Platz mit gutdurchlässigem Boden, der nicht übermäßig fruchtbar sein muß. Die Vermehrung erfolgt durch Aussaat, Teilung der Rhizome oder durch Stecklinge.

Chrysocephalum apiculatum
Syn. *Helichrysum apiculatum*

Diese Art stammt aus Australien und Tasmanien und ist in Wuchs und Blattwerk sehr variabel. Einige Formen werden 60 cm hoch, andere bleiben deutlich kleiner; einige bilden kompakte, grundständige Blattrosetten, während andere gleichmäßig beblätterte Stengel besitzen. Die Blätter sind ungeteilt, flach, filziggrau bis grün und nur leicht behaart; die Blütenköpfchen sind goldgelb und erscheinen das ganze Jahr über, wenn auch die Hauptblütezeit im Frühling und Sommer ist. Heute gibt es im Handel einige sehr attraktive Sorten.

Chrysocephalum apiculatum

'Chrysanthemum' carinatum

C. × *grandiflorum* 'Dusky Queen'

C. × *grandiflorum* 'Sterling Silver'

'Chrysanthemum' coronarium

C. × *grandiflorum* 'Matthew Scaelle'

C. × *grandiflorum* 'Yellow Symbol'

'Chrysanthemum' segetum

Chrysocephalum baxteri
Syn. *Helichrysum baxteri*

Diese kompakte Staude kommt hauptsächlich im australischen Bundesstaat Victoria vor. Sie hat grasartige, dunkelgrüne Blätter, die unterseits wollig behaart sind. Die Blütenköpfe haben auffällige, papierähnliche, weiße oder beigefarbene (bisweilen auch leder- oder rosafarbene) Hüllkelchblätter sowie gelbe Röhrenblüten und sitzen einzeln an 10–20 cm langen Stengeln. Die für Steingärten attraktive Pflanze bildet etwa 15 cm hohe Polster und blüht vorzugsweise im Frühling, manchmal aber auch ganzjährig.

CHRYSOGONUM

Die einzige Art dieser Gattung kommt im Osten der Vereinigten Staaten vor. Die krautige und teppichbildende, aber nicht wuchernde Staude verbreitet sich durch Ausläufer, denen kurze, aufrechte Stengel mit herzförmigen, gegenständigen Blättern entspringen. Die leuchtendgelben Blütenköpfchen bestehen aus nur fünf breiten Zungenblüten und erscheinen vom Frühling bis in den Sommer.
PFLEGE UND VERMEHRUNG: Die winterharten Pflanzen sind leicht zu kultivieren. Sie können sich an halbschattigen Plätzen mit feuchtem, torfhaltigem Boden großflächig ausbreiten. Die Vermehrung erfolgt durch Aussaat oder Teilung.

Chukrasia tabularis

Cichorium intybus

Chrysolepis chrysophylla

Chrysogonum virginianum

Diese langsam wachsende, teppichbildende Staude eignet sich ausgezeichnet für Steingärten. Sie verbreitet sich durch unterirdische Ausläufer und bringt vom Sommer bis zum Herbst gelbe Blütenköpfchen hervor.

CHRYSOLEPIS

Obwohl einige Botaniker in der Sierra Nevada (USA) eine zweite Art *(Chrysolepis sempervirens)* entdeckt haben wollen, gilt die Gattung normalerweise immer noch als monotypisch. Die spezielle Art, *C. chrysophylla*, kommt in Kalifornien und Oregon (USA) vor und wurde früher zur Gattung *Castanea* (Edelkastanie) gerechnet. *Chrysolepis* heißt soviel wie »goldgeschuppt« – eine Anspielung auf die winzigen, goldenen Schuppen an frischen Trieben und auf der Blattunterseite. Es handelt sich um Bäume mit einem kräftigen Stamm und lederartigen Blättern. Die männlichen Blüten sind in kurzen, cremefarbenen Kätzchen angeordnet, die endständig an den Zweigen sitzen; die weiblichen Blüten sitzen an der Basis der frisch gebildeten Triebe. Aus ihnen entwickeln sich später stachlige Früchte, die zwei bis drei dreikantige Nüsse enthalten.
PFLEGE UND VERMEHRUNG: Die bei uns nicht völlig winterharte Pflanze braucht einen sonnigen oder halbschattigen Platz mit fruchtbarem, feuchtem, gutdurchlässigem, neutralem bis saurem Boden und muß vor Wind geschützt werden. Vermehrung über frische, reife Samen.

Chrysolepis chrysophylla

Diese Art wird bis 30 m hoch, wächst in Kultur aber nur zu einem kleinen, strauchartigen Baum von etwa 10 m Höhe heran. Die schmalen, ovalen, lederartigen Blätter sind 5–8 cm lang, oberseits dunkelgrün und unterseits goldbraun. Der Baum blüht im Hochsommer; die kleinen, hellbraunen Nüsse brauchen rund 15 Monate bis zur Reife.

Chrysocephalum baxteri

Chusquea culeou

Cichorium endivia

CHUKRASIA

Diese mit den Mahagonibäumen verwandte Gattung besteht aus nur einer einzigen Art, einem nur zur Trockenzeit Blätter tragenden Baum, der von China bis nach Ostindien vorkommt. Er liefert das wertvolle Chittagongholz, das auch Chikrassy, Indisches Rotholz oder Yonhin genannt wird; daneben läßt sich aus ihm ein sehr brauchbarer Kautschuk gewinnen.
PFLEGE UND VERMEHRUNG: Der Baum wächst ausschließlich in tropischen oder subtropischen Regionen, wo er feuchten, gutdurchlässigen Boden bevorzugt. Die Vermehrung erfolgt durch Samen.

Chukrasia tabularis

Der kleine bis mittelgroße Baum liefert ein wertvolles Nutzholz. Die Blätter sind im Frühling auffällig rosa, rot oder orange. In wärmeren Regionen wird er hauptsächlich als Schattenspender angepflanzt.

CHUSQUEA

Die 100 Arten dieser Bambusgattung – der einzigen mit einem soliden, markhaltigen Stamm – kommen aus Mittel- und Südamerika und wachsen meist in Bergwäldern mit häufigem Nebel und Nieselregen. Die Blattscheiden der mittelgroßen Pflanzen bleiben nach dem Abfallen der Blätter am Stamm zurück. Jedem Knoten entspringen drei Seitentriebe, die sich nahe des Knotens erneut verzweigen. Die Blätter sind meist lang und grasartig. Blütenbildung ist in Kultur kaum zu beobachten.
PFLEGE UND VERMEHRUNG: Die Kultur der Pflanzen gelingt am besten in kühleren, niederschlagsreichen Regionen oder in einem Kalthaus, das auch im Sommer nicht zu warm werden darf. Durch Teilung der Horste kann man sie vermehren.

Chusquea culeou

Diese winterharte, horstbildende Staude aus Chile kann bis etwa 4,5 m hoch werden. Ihre Äste beugen sich oft über, auch die dunkelgrünen Blätter hängen zumeist herab. Die Stengel, oft teilweise unter den strohfarbenen Blattscheiden verborgen, überzieht eine bläuliche Wachsschicht.

CICHORIUM
WEGWARTE

Diese Gattung mit acht Arten ein- und mehrjähriger Pflanzen aus Europa, Westasien und Nordafrika ist eng mit dem Lattich *(Lactuca)* verwandt. Zwei der Arten werden in Regionen mit gemäßigtem Klima in Gärten kultiviert und dann hauptsächlich als Salat gegessen. Die Pfahlwurzeln sind leicht verdickt; ihre grundständigen, in Büscheln angeordneten, großen, knackigen, zungenförmigen Blätter scheiden bei Verletzung Milchsaft aus. Ihre meist blauen, löwenzahnähnlichen Blüten sitzen an hohen, verzweigten Stengeln und öffnen sich nur morgens.
PFLEGE UND VERMEHRUNG: Die zumeist völlig winterharten Salatpflanzen bevorzugen fruchtbare, humusreiche, gutdurchlässige Erde. Um frühzeitiges Fruchten zu verhindern, müssen sie feucht gehalten werden. Die Samen werden im Spätsommer einzeln an geschützten, sonnigen Stellen 3–4 cm tief ausgesät und während der Wachstumsphase regelmäßig mit Flüssigdünger versorgt. Man sollte auf Befall von Nacktschnecken, Rostpilzen oder Mehltau achten. Die Vermehrung ist auch durch Wurzelteilung möglich.

Cichorium endivia 'Sally'

Cichorium intybus 'Paola Rosa Bella'

Cichorium endivia
ENDIVIE, WINTERENDIVIE

Diese ein- oder zweijährige, enge Verwandte der Zichorie ist eine seit langem kultivierte Salatpflanze, deren eigentliche Herkunft ungeklärt ist. Möglicherweise handelt es sich um eine uralte Kreuzung. Sie ist von leicht bitterem Geschmack und ähnelt dem Lattich, schmeckt aber etwas schärfer. Unter den vielen Sorten sind die bekanntesten **'Sally'** und **'Green Curled'** mit stärker geteilten, krausen Blättern.

Cichorium intybus
ZICHORIE, WEGWARTE, CHICOREE, RADICCHIO

In einigen Ländern ist die Zichorie besser als Kaffee-Ersatz bekannt. Um diesen herzustellen, werden die Wurzeln geröstet und gemahlen. In Frankreich, Belgien und Italien wurden aus dieser Art aber auch verschiedene Blattgemüse gezüchtet, die ihren festen Platz in den Küchen dieser

Länder haben. Die Pflanzen variieren stark in Farbe und Form der Blätter (z.B. **'Palo Rosa Bella'**), manche sind stark rot bis violett gefärbt, andere haben gekräuselte oder tiefeingeschnittene Blätter. Die Zichorie wird zunächst im Freien kultiviert, kurz vor der Ernte aber in einen dunklen Keller gebracht, oder man bindet die äußeren Blätter zusammen. Auf diese Weise erhält man die gebleichten Herzen. Die echte »Endivie« der Franzosen gehört ebenfalls zu dieser Art und nicht etwa zu *Cichorium endivia*. Sie hat dieselbe geographische Ausbreitung wie die ganze Gattung, wächst heute aber auch verwildert in den gemäßigten Regionen anderer Kontinente, in die sie eingeschleppt wurde. Sie fällt vor allem durch ihre hellblauen Blüten im Sommer und Herbst auf.

CIMICIFUGA

SILBERKERZE, WANZENKRAUT

Die 15 Arten dieser Gattung, die zu den Hahnenfußgewächsen gehört, stammen aus kälteren Regionen der nördlichen Hemisphäre. Der Name kommt aus dem Lateinischen (*cimex* für »Bettwanze« und *fugare* für »flüchten«) und deutet auf die frühere Nutzung hin. Die mit großen, gezähnten Blättern versehenen Pflanzen erinnern an Astilben, an den Enden der verzweigten Blütentriebe sitzen allerdings lange, aufrechte Ähren aus kleinen, weißen, creme- oder rosafarbenen Blüten, die recht auffällige Staubblätter haben. **PFLEGE UND VERMEHRUNG:** Die winterharten Silberkerzen bevorzugen halbschattige Plätze mit nährstoffreichem Boden und müssen regelmäßig gegossen werden. Größere Pflanzen können im Frühling geteilt und wieder eingepflanzt werden, dabei darf man die Wurzeln aber nicht beschädigen.

Cimicifuga japonica

JAPANISCHE SILBERKERZE

Die Wälder Japans sind die Heimat dieser Art, leicht zu erkennen an ihren langgestielten Blättern mit schwach gelappten, bis 10 cm breiten Fiedern. Die Blütentriebe sind schlank und unbeblättert, bis 1,2 m hoch; an ihnen sitzen zwischen Hochsommer und Frühherbst die schneeweißen, kerzenartigen Blütenstände. ***Cimicifuga japonica* var. *acerina*** (Syn. *C. acerina*) hat spitz ausgezogene Blattloben.

Cimicifuga racemosa

SEPTEMBERSILBERKERZE

Diese robuste Staude aus den Wäldern des östlichen und mittleren Nordamerikas hat dichte, große, zusammengesetzte Blätter, die einem knotigen, stark bewurzelten Rhizom entspringen. Die im unteren Bereich beblätterten Blütentriebe erreichen eine Höhe von über 1,5 m und bringen im Sommer und Herbst in Ähren angeordnete, cremefarbene Blüten hervor. Beim Zerreiben verbreitet die Pflanze einen unangenehmen Geruch. Ihre Rhizome wurden von den Ureinwohnern Amerikas bei Geburtsproblemen und Menstruationsbeschwerden verwendet. Heute weiß man, daß sie eine östrogenähnliche Substanz enthalten.

Cimicifuga simplex

Diese Silberkerze aus Japan und dem äußersten Osten Sibiriens ist die am spätesten blühende Art der Gattung und bleibt mit einer Höhe von 1,2 m auch kleiner als die meisten anderen Arten. Die im Herbst erscheinenden Blüten sind weiß und sitzen an langen, gebogenen Trieben; die Blätter sind vielfach geteilt. Die Sorte **'Elstead'** ist eine sehr anmutige Pflanze mit purpurfarbenen Knospen, die sich reinweiß öffnen.

CINERARIA

Um den Namen dieser kaum bekannten Gattung gibt es einige Verwirrung. Nach Auffassung der Botaniker gehören zu ihr etwa 50 Arten aus dem südlichen Afrika und Madagaskar; die Gärtner fassen unter diesem Namen eine farbenprächtige Gruppe von Hybriden zusammen, die von den Kanarischen Inseln stammen. Sie wurden einst zur Gattung *Senecio* gerechnet, während man sie heute eher unter dem Namen *Pericallis* × *hybrida* kennt; die graublättrige, aus dem Mittelmeerraum stammende Gartenpflanze *Cineraria maritima* heißt korrekt *Senecio cineraria*. Die echten (afrikanischen) Arten der Gattung sind Stauden und Halbsträucher mit breiten, ziemlich fleischigen, herz- oder bohnenförmigen und wollig behaarten Blättern. Die zahlreichen gestielten Korbblüten tragen gelbe Zungenblüten. **PFLEGE UND VERMEHRUNG:** Es werden nur wenige Arten, etwa in Steingärten, an Teichufern oder als Bodendecker, kultiviert; sie sind in Mitteleuropa allerdings nicht winterhart. Vermehrung durch Aussaat, Stecklinge oder Teilung der Wurzel.

Cineraria saxifraga

Dieser Halbstrauch aus Südafrika wird normalerweise etwa 20 cm hoch. Er kann sich durch seine niederliegenden Äste, die sich am Boden wieder bewurzeln, stark ausbreiten. Die blaßgrünen, etwas fleischigen, bis 4 cm langen Blätter sind meist nierenförmig und grob gezähnt; die zahlreichen kleinen, gelben Blütenköpfchen erscheinen im Frühling, Sommer und Herbst an dünnen, weichen Trieben.

Cimicifuga japonica var. *acerina*

Cimicifuga simplex

Cissus antarctica

CINNAMOMUM

Diese Gattung aus der Familie der Lorbeergewächse besteht aus rund 250 Arten immergrüner Bäume aus dem tropischen und subtropischen Asien und Australien. Die Pflanzen haben weiche, stark geäderte Blätter und zarte Rispen mit kleinen, weißen oder cremefarbenen Blüten. Daraus entwickeln sich später kleine Beeren, die jeweils nur einen Samen enthalten. Sowohl Blätter als auch Zweige und Rinde sind reich an Aromastoffen. Aus der Rinde von *Cinnamomum zeylanicum* wird Zimt gewonnen. Die in China und Myanmar angepflanzte Art *C. cassia* liefert die Gewürzrinde Cassia, die in Getränken und Süßigkeiten verwendet wird. Aus der Rinde von *C. camphora* stammt der echte Kampfer. Das Holz dieses Baumes wird in China zum Bau von Truhen verwendet. **PFLEGE UND VERMEHRUNG:** Die meisten Arten benötigen tropisches oder subtropisches Klima mit starken Regenfällen. Nur *C. camphora* kann auch in warmgemäßigtem Klima wachsen. Alle Arten benötigen durchlässigen Boden und Sonne oder Halbschatten. Die Vermehrung erfolgt durch Samen im Herbst.

Cinnamomum camphora

KAMPFERBAUM

Der in China, Taiwan und Südjapan heimische, schnellwachsende Kampferbaum kann gut 35 m hoch werden, wobei die runde Krone dann oft eine Ausdehnung bis zu 15 m erreicht; in Kultur bleibt er zumeist kleiner. Der kurze, kräftige Stamm hat eine schuppige, graue Rinde; die anfänglich rosafarbenen Blätter verfärben sich nach und nach hellgrün und im Alter dunkelgrün.

Cinnamomum zeylanicum

Syn. *Cinnamomum verum*

CEYLON-ZIMTBAUM

Die Rinde dieses etwa 10 m hohen, in Südindien und Sri Lanka heimischen Baumes ist hellbraun und rollt sich leicht auf. Seine großen, rechteckigen Blätter sind jung leuchtendrot und werden später dunkelgrün mit weißen Blattadern. Die unauffälligen gelben Blüten bilden lockere Rispen; die purpurfarbenen Früchte erinnern an die »Kelche« von Eicheln. Diese Art ist die Hauptquelle für Zimt, der durch Schälen, Trocknen und Zerkleinern der goldbraunen Rinde jüngerer Zweige gewonnen wird.

Cineraria saxifraga

Cinnamomum camphora

CISSUS

KLIMME, ZIMMERREBE

Diese größte Gattung aus der Familie der Weinrebengewächse besteht aus rund 350 Arten meist rankender Kletterpflanzen, die hauptsächlich in wärmeren Regionen vorkommen. Zu ihnen zählen auch viele der langen, verholzten Lianen der tropischen Regenwälder, die einen Stengeldurchmesser von mehr als 30 cm erreichen können. Einige kleinere Arten passen sich durch dicke, geschwollene Triebe oder große Knollen gut an sehr trockene Bedingungen an. Unter den Regenwald-Arten gibt es auch einige sehr bekannte Zimmerpflanzen, die in erster Linie wegen ihrer dekorativen Blätter kultiviert werden. Die Blüten sind meist gelb oder grün, recht klein und in kurzen Rispen angeordnet, die den Knoten des Stengels entspringen. Aus den Blüten entwickeln sich später fleischige Früchte, die wie kleine Weinbeeren aussehen, aber ungenießbar sind. Einige Arten, die früher *Cissus* zugerechnet wurden, stellt man heute zu *Rhoicissus*, *Cyphostemma* oder *Tetrastigma*. **PFLEGE UND VERMEHRUNG:** Es handelt sich um Zimmerpflanzen, die keine direkte Sonneneinstrahlung und keine Staunässe mögen. Wird zuviel gegossen, bekommen die Blätter gelbe Flecken. Die meisten Arten benötigen ein Rankgitter; während des Sommers sollte wöchentlich gedüngt werden. Die Vermehrung erfolgt durch Kopfstecklinge.

Cissus antarctica

KÄNGURUHWEIN, KÄNGURUHKLIMME

Der Känguruhwein aus den feuchten Wäldern Ostaustraliens kann bis in die Kronen hoher Regenwaldbäume wachsen und hängt dann wie eine Tarzan-Liane von den dicken Ästen herunter; als Zimmerpflanze kultiviert, gibt er sich aber auch mit einem normalen Blumentopf zufrieden. Die Pflanzen haben breite, spitz zulaufende, leuchtendgrüne Blätter mit gesägtem Rand und klettern mit Haftscheiben. Die

Cissus rhombifolia

Cistus 'Peggy Sammons'

Cistus 'Santa Cruz'

Cistus 'Snow Mound'

Cistus 'Warley Rose'

Cistus albidus

Cistus × *canescens* 'Albus'

Art ist ziemlich anspruchslos und verträgt selbst relativ große Temperaturunterschiede, so daß man sie sowohl in einem geheizten als auch ungeheizten Zimmer kultivieren kann. Allerdings sollte die Temperatur nicht unter 5 °C absinken.

Cissus rhombifolia

Diese beliebte Zimmerpflanze aus dem tropischen Amerika kann leicht mit *Cissus antarctica* verwechselt werden. Schaut man genauer hin, sieht man aber, daß die Art zusammengesetzte Blätter mit drei kleinen, grobgezähnten, in etwa rhombischen Fiedern hat, denen die Pflanze auch ihren Artnamen verdankt. Die Blätter sind jedoch dichter, und die Ranken klettern nicht so stark wie beim Känguruhwein: Auch mit einer entsprechenden Rankhilfe werden sie zumeist nicht länger als 3,5 m. Sonst handelt sich um eine ebenfalls relativ robuste Pflanze, die ähnliche Ansprüche wie *C. antarctica* hat. Die als Zimmerpflanze ebenfalls sehr beliebte Sorte **'Ellen Danica'** hat lange, stärker gezähnte Fiedern.

CISTUS

ZISTROSE

Die immergrünen Zistrosen aus dem Mittelmeergebiet und von den Kanarischen Inseln werden hauptsächlich wegen ihrer großen attraktiven Blüten kultiviert. Sie haben leicht faltige, rosa, purpurne oder weiße Kronblätter und herausragende goldgelbe Staubblätter, ähnlich wie manche Rosen. Die Blüten sind zwar kurzlebig, die Blütezeit ist aber insgesamt sehr lang. Einige Zistrosen blühen fast das ganze Jahr über. Bestimmte Arten liefern das wohlriechende Ladanum, das schon die Römer und Griechen der Antike als Essenz und Parfum oder zu Heilzwecken einsetzten. Die Sorten **'Peggy Sammons'**, **'Santa Cruz'**, **'Snow Mound'** und **'Warley Rose'** eignen sich als Kübelpflanzen oder zur Bepflanzung von Böschungen.

PFLEGE UND VERMEHRUNG: Die Sträucher bevorzugen warme, sonnige Standorten mit sehr gut durchlässigem, oder gar trockenem Boden. Die meisten Arten sind nicht völlig winterhart, so daß man sie nur in Töpfen oder Kübeln kultivieren kann. Zum Überwintern sollten sie einen hellen, kühlen Platz bekommen und mäßig gegossen werden. Um ein buschigeres Wachstum zu erreichen, muß man Jungpflanzen häufiger zurückschneiden. Zistrosen lassen sich durch Stecklinge oder Aussaat vermehren.

Cistus × *aguilarii*

Diese Pflanze, ein buschiger Strauch mit schmalen, etwas klebrigen, grünen und am Rand gewellten Blättern, ist eine natürlich entstandene Hybride aus *Cistus ladanifer* und *C. populifolius*. Die im Sommer erscheinenden Blüten sind klein und weiß. Bei der Sorte **'Maculatus'** sind die Kronblätter an der Basis tiefrot gefleckt.

Cistus albidus

Mit ihren filzig behaarten, graugrünen Blättern und den großen, im Frühjahr erscheinenden fliederfarbenen Blüten , die einen kleinen, gelben Fleck an der Basis jedes Kronblattes haben, ist diese Art besonders attraktiv. Sie stammt aus Südwesteuropa und Nordwestafrika, wird bis 1 m hoch und 2,5 m breit und verträgt keine übermäßige Feuchtigkeit. Die dicken Äste sind gedreht, aufgrund des dichten Blattwuchses ist dies zumeist jedoch nur schlecht zu erkennen.

Cistus × *canescens*

WEISSLICHE ZISTROSE

Diese natürlich entstandene Hybride aus *Cistus albidus* und *C. creticus* findet man manchmal wildwachsend in der Nähe der beiden Elternpflanzen. Sie hat graugrüne Blätter und normalerweise pinkfarbene Blüten von etwa 5 cm Durchmesser. Die Sorte **'Albus'** blüht weiß.

Cistus × *hybridus*

Syn. *Cistus* × *corbariensis*

Die von *Cistus populifolius* und *C. salviifolius* abstammende Hybride bringt vom späten Frühling bis in den Sommer (oder noch länger) zahlreiche weiße Blüten hervor. An warmen Tagen verströmen die kleinen, pelzig behaarten Blätter einen weihrauchähnlichen Duft. Der Strauch wird bis zu 1,5 m hoch, kann jedoch durch regelmäßiges leichtes Zurückschneiden kleiner gehalten werden.

Cistus × *hybridus*

Cistus incanus

Cistus incanus

Syn. *Cistus villosus*

Bei *Cistus incanus* handelt es sich um einen dichten, bis zu 1,5 m hohen und etwa ebenso breiten Strauch aus Südeuropa. Die runzligen Blätter sind oval und bis 5 cm lang; die tellerförmigen, etwa 5 cm großen Blüten erscheinen im Sommer. Ihre rosaroten bis purpurfarbenen Kronblätter erinnern ein wenig an zerknüllte Taschentücher.

Cistus ladanifer

Diese aufrechte, etwa 1,5–2 m große Art verkahlt relativ leicht. Das läßt sich auch durch Zurückschneiden kaum verhindern, denn die Pflanzen vertragen eine solche Prozedur zumeist nur schlecht. Die Triebe und die schmalen, dunkelgrünen Blätter sind dicht mit Drüsenhaaren besetzt, die eine angenehm duftende, harzartige Masse, Ladanum, ausscheiden. Die weißen Blüten erscheinen von Frühlingsmitte bis zum Frühsommer. Sie zählen mit einem Durchmesser von 8–10 cm zu den größten der Gattung; jedes Kronblatt zeigt einen rötlichbraunen Fleck. Die Sorte **'Albiflorus'** hat reinweiße Blütenblätter.

Cistus laurifolius

LORBEERBLÄTTRIGE ZISTROSE

Besonders wegen ihres Blütenreichtums ist die hübsche Lorbeerblättrige Zistrose aus Südwesteuropa und Marokko eine sehr beliebte Gartenpflanze. Die etwa 5 cm großen, reinweißen Blüten stehen in deut-

Cistus ladanifer 'Albiflorus'

Cistus ladanifer 'Albiflorus'

Cistus × laxus

Cistus × lusitanicus

Cistus × purpureus

Cistus × pulverulentus 'Sunset'

Cistus × obtusifolius

lichem Kontrast zu den lederartigen, dunkelgrünen Blättern. Die Art kann bis 2 m hoch werden und ist an geschützten Stellen auch bei uns winterhart.

Cistus × laxus

Diese Hybride aus *Cistus hirsutus* und *C. populifolius* ist vom Habitus her eine Mischung aus beiden Eltern. Die Blüten sind weiß mit gelber Mitte.

Cistus × lusitanicus

Der dicht beblätterte, etwa 60 cm hohe Strauch, eine Hybride aus *Cistus ladanifer* und *C. hirsutus*, hat schmale, dunkelgrüne Blätter und weiße, 5 cm große Blüten mit auffälligem, blutrotem Fleck an der Basis jedes Kronblattes. **'Decumbens'** ist eine niedrige Sorte mit dunklerem Blütenfleck.

Cistus × obtusifolius

Diese Zwergform aus *Cistus hirsutus* und *C. salviifolius* hat eine rundliche Wuchsform. Die Blüten sind weiß mit gelber Basis und haben einen Durchmesser von 2,5–3,5 cm.

Cistus × pulverulentus

Bei dieser Hybride aus *Cistus albidus* und *C. crispus* handelt es sich um einen kompakten Strauch, der im Sommer kleine rosa Blüten hervorbringt. Er wird bis zu 60 cm hoch; die Blätter sind graugrün und knapp 5 cm lang. Eine besonders schöne Sorte ist **'Sunset'** mit üppigen, rosaroten, bis 5 cm großen Blüten.

Cistus × purpureus

Diese Kreuzung aus *Cistus ladanifer* und der ostmediterranen *C. creticus* besitzt dunkelrosa Blüten mit auffälligen dunkelroten Flecken auf den Kronblättern. Sie ist nicht ganz so frostempfindlich wie die meisten anderen Zistrosen. Es gibt einige Sorten, etwa **'Brilliancy'** mit rosafarbenen Blütenblättern, während die von **'Betty Taudevin'** einen rötlichen Farbton haben.

Cistus salviifolius

Diese Art hat stark geaderte Blätter, die dünner sind, als bei den meisten anderen Zistrosen, und kleine Blüten mit dünnen Stengeln. Der 60–90 cm hohe und etwa 2 m breite Strauch treibt zahlreiche dünne Triebe; die hübschen, tellerartigen Blüten sind, bis auf einen kleinen orangegelben Fleck an der Basis der Kronblätter, reinweiß und erscheinen vom Spätwinter bis zum Frühsommer. Die Art kann stärker zurückgeschnitten werden als andere Zistrosen. **'Prostratus'** ist eine zwergwüchsige Sorte.

Cistus × skanbergii

Cistus × skanbergii

Diese besonders schöne Hybride aus *Cistus monspeliensis* und *C. parviflorus* wurde auf Sizilien und in Griechenland entdeckt. Sie wird 1–1,5 m hoch und bis zu 2,5 m breit. Die Blüten sind tiefrosa und erscheinen im Frühjahr zwischen den schmalen Blättern.

CITHAREXYLUM

Zu dieser tropischen und subtropischen Gattung gehören etwa 70 Arten. Es handelt sich um immergrüne oder sommergrüne Bäume und Sträucher aus Südamerika und von den Karibischen Inseln. Kultiviert werden sie wegen ihrer hübschen, glänzenden Blätter, der wohlriechenden Blüten, aber auch wegen ihres Holzes, das für Kunsttischlerarbeiten verwendet werden kann. Alle Arten haben einfache, gegenständige Blätter und in Ähren angeordnete, kleine Blüten.

PFLEGE UND VERMEHRUNG: Sämtliche Arten sind frostempfindlich, so daß sie bei uns nur in Kübeln oder in einem großen Gewächshaus kultiviert werden können. Im Sommer muß reichlich gegossen werden, im Winter deutlich weniger. Zurückschneiden sollte man die Pflanzen im Sommer. Vermehrung im Frühling durch Aussaat oder Stecklinge.

Citharexylum spinosum

Syn. *Citharexylum quadrangulare, C. subserratum*

Dieser schnellwachsende, immergrüne, häufig vielstämmige Baum mit runder Krone wird bis 12 m hoch und stammt aus der Karibik. Die glänzenden, länglichen, bis 20 cm langen Blätter sind im Sommer hellgrün, verfärben sich dann aber im Winter und Frühling kupferfarben bzw. orange. In kühleren Regionen verliert der Baum im Frühling oft einen Teil seiner Blätter. Die in langen Trauben angeordneten, unscheinbaren, gelbweißen, duftenden Blüten erscheinen vom Spätsommer bis in den Winter.

× CITROFORTUNELLA

CALAMONDIN

Unter diesem Namen führt man alle existierenden und potentiellen Hybriden aus den Gattungen *Citrus* und *Fortunella* (Kumquat), die beide zu den Zitrusfrüchten im weiteren Sinne gehören. Die Pflanzen zeigen natürlich Merkmale beider Elterngattungen; der Einfluß von *Fortunella*

Cistus × purpureus 'Brilliancy'

Cistus salviifolius

Cistus laurifolius

Citharexylum spinosum

Citharexylum spinosum

zeigt sich im buschigeren Wuchs, den kleineren Blättern und den weniger schmackhaften Früchten als bei anderen Zitrusgewächsen. Die bekannteste Hybride ist die Calamondin, es gibt aber auch noch weniger bekannte Kreuzungen.
PFLEGE UND VERMEHRUNG: Alle Arten benötigen eine Mindesttemperatur von 5–10 °C. Kübelpflanzen müssen während der Wachstumsperiode reichlich, den Rest des Jahres mäßig gegossen werden. Durch Pfropfung auf eine *Poncirus trifoliata*-Unterlage kann man sie vermehren.

× *Citrofortunella microcarpa*
Syn. *Citrus mitis*

Diese Hybride aus einer Mandarine (*Citrus reticulata*) und einer Kumquat (*Fortunella margarita*) ist die am wenigsten schmackhafte aller Zitrusfrüchte. Allerdings handelt es sich um einen dekorativen Strauch von rund 2,5 m Höhe mit kleinen, leuchtend-orangefarbenen Früchten. Er wird normalerweise als Kübel- oder Zimmerpflanze kultiviert.

CITRULLUS

Diese in Afrika und Asien heimische Gattung gehört zu den Kürbispflanzen. Es handelt sich um niederliegende oder mit Ranken kletternde Pflanzen mit stark gelappten Blättern und gelben Blüten. Die Früchte der meisten Arten schmecken sehr bitter und sind daher ungenießbar, es gibt aber Varietäten und Sorten der Wassermelone (*Citrullus lanatus*) die ausgesprochen süß sind und daher als erfrischendes Obst geschätzt werden. Die Früchte haben eine glatte, harte Schale und grünes, weißes oder rosa Fruchtfleisch mit braunen bis schwarzen Samen.
PFLEGE UND VERMEHRUNG: Aus dieser Gattung wird fast nur die Wassermelone angebaut. Die Pflanzen lassen sich ähnlich wie Kürbisse kultivieren und brauchen gut gedüngten, durchlässigen Boden, einen langen, warmen Sommer und müssen regelmäßig gegossen werden. Je länger und heißer der Sommer, desto besser die Ernte. In kühleren Regionen kann die nicht winterharte Wassermelone nur im Gewächshaus gezogen werden, wo sie viel Platz benötigt, so daß sich eine Anzucht wegen des geringen Wertes der Früchte kaum lohnt. Die Aussaat erfolgt im Frühjahr.

Citrus limon

Citrus limon 'Eureka'

Citrus limon 'Meyer'

Citrus aurantifolia

Citrullus colocynthis

Citrullus colocynthis
KOLOQUINTHE, TEUFELSAPFEL

Die Koloquinte ist in wärmeren Regionen Nordafrikas und Westasiens heimisch, wird heute aber weltweit kultiviert, nicht selten auch in sehr trockenen Landstrichen. Die Triebe der niederliegenden Pflanzen entspringen einem knolligen, mehrjährigen Wurzelstock; die kleinen, stark gelappten Blätter sind bis 10 cm lang, die gelbgrün gestreiften Früchte haben einen Durchmesser von nur knapp 10 cm. Sie enthalten einen starken Bitterstoff, der als äußerst wirksames Abführmittel genutzt wird. Die Koloquinte soll der in der Bibel erwähnte »wilde Kürbis« sein.

Citrullus lanatus
Syn. *Citrullus vulgaris*
WASSERMELONE

Die nicht mehr bekannte Wildform dieser Art stammte vermutlich aus Südwestafrika. Es handelt sich um eine einjährige, niederliegende oder mit Ranken kletternde Pflanze mit behaarten Trieben und etwa 10 cm langen, gelappten Blättern. Die runde bis ovale, 10–15 cm große Frucht hat einen leicht bitterem Geschmack. Kultiviert werden vor allem die süßeren Wassermelonen mit kleinen Früchten und festem Fleisch; die ebenfalls kleine Futterwassermelone (*Citrullus lanatus* var. *citroides*) wird zumeist als Zitronat eingemacht oder an das Vieh verfüttert.

CITRUS

Die kleinen, immergrünen Bäume dieser Gattung stammen hauptsächlich aus Südostasien. Bei sehr vielen Arten handelt es sich um sehr alte Kulturformen, die hauptsächlich in China und Indien veredelt wurden und von denen die Wildform nicht mehr bekannt ist. Zwar werden Zitrusgewächse überwiegend wegen ihrer Früchte kultiviert, sie sind aber außerdem auch attraktive Gartenpflanzen mit glänzenden, immergrünen Blättern und wohlriechenden Blüten. Leider sind die meisten Arten jedoch nicht winterhart, auch wenn einige leichten Frost vertragen. Zu den in dieser Beziehung nicht ganz so empfindlichen Arten gehört die Zitrone, besonders wenn sie auf eine *Poncirus trifoliata*-Unterlage gepfropft wurde. Dagegen ist die Saure Limette sehr frostempfindlich, so daß sie fast nur in subtropischen Regionen im Freien angepflanzt wird. Alle Zitruspflanzen können, solange der Wurzelstock noch nicht zu groß geworden ist, auch in Kübeln gehalten werden.
PFLEGE UND VERMEHRUNG: Zitruspflanzen bevorzugen gutdurchlässigen, leicht sauren Lehmboden und einen windgeschützten Standort in der Sonne. Besonders Kübelpflanzen müssen regelmäßig gegossen und gedüngt werden, wobei reichlich Stickstoff und Kalium die Fruchtbildung fördert. Abgestorbene und kranke Äste sollten sofort entfernt werden. Die Pflanzen werden häufig von Viren oder Schädlingen befallen, z.B. von Schildläusen, blattminierenden Insekten, Zitrusschmierläusen oder Fruchtfliegen. Die Vermehrung erfolgt durch Pfropfung – am besten durch einen Fachmann.

Citrus aurantifolia
SAURE LIMETTE

Die Saure Limette gedeiht am besten unter tropischen und subtropischen Bedingungen. Der aufrechte 4,5–6 m hohe Baum hat dornige Äste und eine unregelmäßigere und weniger dekorative Wuchsform als der Zitronenbaum. Die birnenförmigen, gelben oder grünlichen Früchte sind relativ klein und ihr Saft ist saurer und aromatischer als der der Zitrone, so daß man ihn hauptsächlich zur Gewinnung von Zitronensäure oder zur Herstellung von Limonaden nutzt.

Citrus aurantium
POMERANZE, BITTERORANGE

Die Früchte dieser nicht winterharten, kleinen Bäume oder dekorativen Stauden werden zur Herstellung von Marmelade und Gelee verwendet. Die gut fruchtende Sorte **'Seville'** liefert die beste Orangenmarmelade; **'Chinotto'** hat kleine, dunkelgrüne Blätter und eignet sich mit ihrer sehr kompakten Wuchsform gut für Kübel. Die kleinwüchsige **'Bouquet de Fleurs'** ist ein stark duftender Zierstrauch mit glattem Stamm. Er kann von Melanosen (braunen Flecken auf Stamm und Früchten) und Zitrusschorf befallen werden.

Citrus limon
ZITRONE

Der Zitronenbaum gedeiht am besten in warmen Regionen mit milden Wintern, z.B. im Mittelmeergebiet. Er wird bis 6 m hoch und bekommt leicht Wurzelhalsfäule, so daß die Veredelungsstelle deutlich über dem Boden liegen und auch nicht von Mulch bedeckt sein sollte. **'Eureka'**, die ganzjährig Früchte und Blüten hervorbringt, ist wohl die meistkultivierte Sorte. Es handelt sich dabei um einen attraktiven, fast dornenfreien Baum, der sich besonders für gemäßigte Breiten und küstennahe Gärten eignet. Die robuste **'Meyer'** mit ihren kleinen Früchten kann gut in Kübeln gehalten werden. Die dornenreiche **'Lisbon'**, eine beliebte und ertragreiche Sorte, bevorzugt heißes Klima.

Citrus medica
ZITRONATZITRONE

Dieser große, etwas unförmige Strauch, der angeblich als erste Zitruspflanze in den Mittelmeerraum gelangte, soll bei der Rückkehr von Alexanders Heer aus Indien mitgebracht worden sein. Die Frucht ist eine 15–30 cm lange, unregelmäßig geformte Riesenzitrone mit einer runzeligen, aromatischen Schale. Sie enthält wenig Saft und wird meist zu Marmelade oder Zitronat verarbeitet und wurde früher zur Herstellung von Parfum verwendet. Die jungen Blätter wie auch die Blüten sind schwach violett gefärbt. Die Sorte **'Etrog'** mit kleineren Früchten wird schon lange in Israel angebaut und dort in Gottesdiensten eingesetzt.

Citrus × paradisi
GRAPEFRUIT

Dieser 6–9 m hohe Baum besitzt eine dichte, rundliche Krone und kann in gemäßigten Breiten relativ leicht kultiviert werden. Seine goldgelben Früchte sind wohlbekannt und geschätzt. Beliebte, relativ winterharte Sorten sind **'Marsh'**, **'Morrison's Seedless'** und **'Golden Special'**. Die kernlose **'Ruby'** ist empfindlicher und benötigt frostfreies Klima. Vermehrung durch Stecklinge oder durch Pfropfung.

Citrus reticulata
MANDARINE

Von dieser Art (die auch unter der Bezeichnung *Citrus deliciosa* geführt wird) gibt es zahlreiche Sorten, die unter sehr unterschiedlichen Bedingungen kultiviert werden können, wobei einige sogar gelegentlichen leichten Frost überstehen. Hauptsächlich findet man sie bei uns aber als Kübelpflanzen, die im Sommer viel Licht benötigen und im Winter kühl und trocken gehalten werden müssen. Die Mandarine hat stark duftende Blüten; die Früchte sind kleiner als Orangen und die Schale sitzt nicht so fest.

Citrus sinensis

APFELSINE, ORANGE

Die reizvollen Orangenbäume mit rundlicher Krone werden bis 8 m hoch und besitzen glänzende Blätter und weiße Blüten mit süßlichem Duft. Sie vertragen kaum Frost, so daß sie bei uns meist als Kübelpflanzen zu finden sind; **'Valencia'** ist wohl die frosthärteste unter den vielen Sorten. Ihre Früchte, die im Frühjahr und Sommer erscheinen, werden vorwiegend zu Saft verarbeitet, können aber auch frisch gegessen werden. **'Joppa'** braucht sehr warmes Klima, so daß sie sich nur für tropische Gärten eignet. **'Ruby Blood'** hat längliche Früchte, deren Schale, Fruchtfleisch und Saft rötlich gefärbt sind. Sie ist die bekannteste und schmackhafteste der »Blutorangen«. Die Navel-Orangen sind kernlose Sorten mit einem »Nabel« an der Fruchtspitze. **'Washington Navel'**, die ihre sehr großen, süßen, hellorangefarbenen Früchte im Winter bildet, benötigt keine allzu hohen Temperaturen. Über die ständig neuen Sorten berät der Fachhandel.

Citrus × tangelo

TANGELO

Dieser immergrüne, nicht winterharte Baum, eine Kreuzung aus der Mandarine *(Citrus reticulata)* und der Grapefruit *(C. paradisi)*, wird 6–9 m hoch und bis 3 m breit. Die Hybride wird vor allem wegen ihres Saftes geschätzt, gilt aber auch als vorzügliche Dessertfrucht mit herbem, aber süßem Geschmack.

CLADANTHUS

ASTBLUME

Diese Gattung gehört zur Familie der Korbblütler *(Asteraceae/Compositae)* und umfaßt vier Arten attraktiver, einjähriger Pflanzen. Die Astblume, die aus dem westlichen Mittelmeerraum stammt, ist mit der Hundskamille *(Anthemis)* verwandt und besitzt fein geteilte Blätter und hübsche, gelbe Blütenköpfchen. In Gärten wird zumeist nur eine Art kultiviert. Die

Clarkia amoena, **Kulturvarietät**

Cladrastis lutea

Clarkia unguiculata

Blütenköpfchen, die ein wenig an einige *Coreopsis*-Arten erinnern, obwohl sie nicht näher mit diesen verwandt sind, sitzen an langen, endständig verzweigten, beblätterten Trieben. Die Blätter riechen beim Zerreiben aromatisch.
PFLEGE UND VERMEHRUNG: Astblumen lassen sich problemlos kultivieren. Ein sonniger Platz und gedüngter, gutdurchlässiger Boden genügen. Wenn die Aussaat im Frühjahr nach dem letzten Frost erfolgt, blühen sie bis in den Herbst.

Cladanthus arabicus

Die relativ schnell wachsende, einjährige Art bildet dichte Bestände aus bis zu 60 cm hohen Pflanzen mit wohlriechenden Blättern und etwa 5 cm großen, tiefgelben Korbblüten, die im Sommer und Frühherbst erscheinen. Man kann die Blütezeit verlängern, indem man verwelkte Blüten regelmäßig entfernt.

CLADRASTIS

GELBHOLZ

Die fünf Arten dieser Gattung stammen aus dem Osten der USA, aus Japan und China. Die zur Familie der Schmetterlingsblütler gehörenden Laubbäume sind wegen ihrer späten Blütezeit und – im Fall der amerikanischen Arten – wegen ihres hübschen Herbstlaubs beliebt. Die gefiederten Blätter setzen sich aus wenigen Fiedern zusammen. Im Sommer erscheinen die hängenden Blütenstände mit kleinen bis mittelgroßen, duftenden, weißen oder rosafarbenen, glyzinienähnlichen Blüten. Aus ihnen entwickeln sich flache Hülsen, die eine Reihe harter Samen enthalten.
PFLEGE UND VERMEHRUNG: Die winterharten Pflanzen bevorzugen einen sonnigen Platz mit fruchtbarem, durchlässigem Boden. Das Holz ist etwas spröde, so daß sie einen geschützten Platz bekommen sollten, damit stärkerer Wind keinen Schaden anrichten kann. Die Vermehrung erfolgt durch Aussaat im Herbst oder durch Stecklinge im Winter.

Cladrastis lutea

Citrus × tangelo

Citrus sinensis

Cladrastis lutea

Syn. ***Cladrastis kentukea***

Das natürliche Verbreitungsgebiet dieser Art reicht in den USA von North Carolina bis nach Alabama und Missouri. Sie wächst auf fruchtbaren Böden an Berghängen oder an den Steilufern von Flüssen und wird bis 20 m hoch, wobei der Stammdurchmesser 1 m erreichen kann; in Kultur werden normalerweise allerdings nicht mehr als 10 m erreicht. Der Stamm beginnt sich schon kurz über dem Boden zu verzweigen; die Äste hängen zumeist über. Im Sommer zeigen die aus fünf bis neun breiten, geäderten Fiedern bestehenden Blätter ein frisches, kräftiges Grün; im Herbst verfärben sie sich gelb. Die Blüten erscheinen im Frühsommer, manchmal allerdings nur alle zwei Jahre.

Cladrastis sinensis

Dieser mittelgroße Laubbaum wird in Kultur bis 15 m hoch, an seinem natürlichen Standort meistens noch größer. Im Hochsommer werden in großen Rispen angeordnete, wohlriechende, weiße, oft rosa überlaufene Blüten gebildet. Die Blätter setzen sich aus 11 bis 13 Fiedern zusammen. Junge Bäume blühen nur selten.

CLARKIA

Syn. ***Godetia***

KLARKIE, MANDELRÖSCHEN, KREUZBLUME

Ihren Namen erhielt die Klarkie zu Ehren von Captain William Clark, der im Jahre 1806 mit seiner berühmten Expedition Amerika durchquerte. Die Gattung gehört zur Familie der Nachtkerzengewächse *(Onagraceae)* und umfaßt etwa 36 Arten. Es handelt sich um buschige, einjährige Pflanzen mit unscheinbaren Blättern, aber auffälligen, ungefähr 10 cm großen, trichterförmigen, rosa, weißen oder karminroten Blüten, die während der leider nur kur-

Citrus sinensis 'Valencia'

zen Blütezeit zahlreich gebildet werden. Der deutsche Name Mandelröschen bezieht sich auf die gefüllten, der Mandelblüte nicht unähnlichen Blüten. Als Schnittblumen halten sie sich ungefähr eine Woche.
PFLEGE UND VERMEHRUNG: Die Pflanzen benötigen gutdurchlässigen, leicht sauren Boden. Bei zu gut gedüngter Erde werden viele Blätter, aber nur wenige Blüten gebildet. Die Pflanzen werden im Herbst durch Samen vermehrt.

Clarkia amoena

Syn. ***Clarkia grandiflora***

GODETIE, ATLASBLUME

Diese kräftig blühende, einjährige Art aus Kalifornien wächst schnell bis zu einer Höhe von 60 cm und einer Breite von 30 cm heran. Sie besitzt lanzettliche, mittelgrüne Blätter sowie aufrechte Stengel und bringt zur Sommerzeit ährenförmige Blütenstände mit rosa gefärbten, becherähnlichen Blüten hervor. Es gibt mehrere verschiedene Sorten. Die Erde sollte zwischen dem Gießen austrocknen können. Die Pflanze ist anfällig für Grauschimmel.

Clarkia unguiculata

Syn. ***Clarkia elegans***

MANDELRÖSCHEN

Diese Art ist mit 1 m Höhe normalerweise größer als *Clarkia amoena*, hat aber kleinere (bis 2,5 cm) und zumeist gefüllte, etwas gekräuselte Blüten. Diese sitzen endständig an schlanken, rötlichen Stengeln und können orange- bis purpurfarben sein.

CLAUSENA

Wegen ihrer eßbaren Früchte wird von dieser mit den Zitrusfrüchten verwandten Gattung normalerweise nur die Art *Clausena lansium* kultiviert. Die nadelförmigen Blätter der kleinen, immergrünen Bäume

Clematis 'Barbara Jackman'

Clematis akebioides

aus dem tropischen Asien enthalten ein aromatisch riechendes Öl, das bei Verletzung austritt. Die weißen Blüten, die wie kleine Orangenblüten aussehen, sind in endständigen Rispen angeordnet. Die schmalen, leicht beharrten Früchte haben eine lederartige Schale und enthalten einen süß-sauren, aromatischen Saft; die Samen sind grün. Im südlichen China sind die Früchte ein begehrtes Obst, das nicht nur wegen seines delikaten Aromas geschätzt wird, sondern sich auch bei Verdauungsbeschwerden und anderen gesundheitlichen Problemen anwenden läßt.
PFLEGE UND VERMEHRUNG: Die Pflanzen sind nicht winterhart und bei uns auch kaum im Handel zu finden. Die Vermehrung erfolgt durch Aussaat.

Clausena lansium

Dieser kleine, etwa 4,5 m hohe Baum hat eine ausladende, buschige Krone und glänzende Blätter, die sich aus fünf bis neun Fiedern, ungefähr 5 cm lang, zusammensetzen. Die Blütezeit ist das Frühjahr; die ovalen, bis 5 cm langen Früchte reifen im Sommer und können frisch gegessen oder zu Marmelade verarbeitet werden.

CLAYTONIA

PORTULAK

Ungefähr 15 Arten zählt diese mit *Lewisia* und *Calandrinia* verwandte Gattung aus den Bergen des westlichen Nordamerika. Die Systematik dieser und verwandter Gattungen wurde immer wieder geändert, so daß man einige der früheren *Claytonia*-Arten heute in den Gattungen *Montia* und *Neopaxia* findet. Es handelt sich um kleine, einjährige, ausläuferbildende Pflanzen mit sukkulenten Blättern und einer verdickten Pfahlwurzel. Aus der grundständigen, fleischigen Blattrosette wächst ein kurzer, beblätterter Stengel mit attraktiven, gelben, purpur- oder rosafarbenen, fünfzähligen Blüten.
PFLEGE UND VERMEHRUNG: Die Anforderungen an den Standort sind unterschiedlich. Manche Arten wachsen an Berghängen und Klippen, andere in Wäldern oder im Sumpf. Die Gebirgsarten bevorzugen einen kühleren Platz, beispielsweise in einem Steingarten mit gutdurchlässigem, steinigem Untergrund. Bei uns wird der Portulak in der Regel einjährig gezogen. Zur Vermehrung werden Samen oder Ableger benutzt.

Claytonia megarhiza

Wie der Name schon anzeigt, besitzt diese Pflanze aus den Rocky Mountains (USA) eine sehr lange Pfahlwurzel, mit der sie tief in das Geröll des Untergrundes einwachsen kann. Sie bildet eine dichte Rosette aus löffelartig geformten Blättern von etwa 6 cm Länge und bringt im Sommer viele dichte Blütenstände mit weißen bis rosafarbenen Blüten hervor. ***Claytonia megarhiza* var. *nivalis*** mit rosa- bis purpurfarbenen Blüten ist die häufigste Sorte.

CLEISTOCACTUS

SILBERKERZENKAKTUS, SILBERFACKELKAKTUS

Die ungefähr 50 Arten dieser Gattung kommen in einem Gebiet von Ecuador bis Uruguay vor. Es handelt sich um schlanke Kakteen, wobei die meisten säulenartig wachsen und bis zu 4,5 m hoch werden können; es gibt aber auch kleinere, fast niederliegende Arten. Alle besitzen gerippte Stämme. Die Rippen sind abgerundet und dicht mit Areolen besetzt, aus denen zahlreiche dünne Dornen herauswachsen. Die Stämme können auf ganzer Länge mit Blüten besetzt sein, manchmal finden sie sich aber auch gehäuft an der Spitze. Sie sind röhrenförmig und bleiben bei manchen Arten fast völlig geschlossen. Außen sind die Blüten meist borstig oder stachelig. Einige Arten wachsen recht schnell und blühen regelmäßig.
PFLEGE UND VERMEHRUNG: Die nicht winterharten Kakteen benötigen im Sommer viel Sonne und müssen in dieser Zeit regelmäßig gegossen und gedüngt werden. Im Winter hält man sie vollkommen trokken. Der Topf sollte nicht zu klein sein, damit die Wurzeln sich gut ausbreiten können. Zur Vermehrung verwendet man Stecklinge oder Samen.

Cleistocactus strausii

Cleistocactus strausii

Dieser aufrechte, bis 3 m hohe Säulenkaktus stammt aus Bolivien. Seine graugrünen Stämme sind nicht nur mit feinen gelblichen Dornen, sondern außerdem mit zahlreichen langen, weißen Borsten besetzt. Ältere Exemplare bringen im Spätsommer dunkelrote, röhrenförmige Blüten hervor, die direkt an den Säulen wachsen. Die Art bevorzugt einen sonnigen Platz mit gutdurchlässigem Boden. Sehr große, alte Pflanzen müssen eventuell gestützt werden, da sie leicht umfallen.

CLEMATIS

WALDREBE, KLEMATIS

Mit über 200 Arten sind diese zumeist verholzten Klettersträucher in allen gemäßigten Zonen der Erde verbreitet. Die meisten dieser beliebten Gartenpflanzen mit größeren Blüten kommen aus Japan und China. Dank ihrer schlingenden Blattranken finden sie fast überall Halt, man kann sie an Mauern, einer Pergola oder an Spalieren ranken lassen. Aus den großen Blüten mit vier bis acht kronblattartigen Hüllblättern entwickeln sich später oft hübsche Fruchtstände, die oftmals bis in den Winter erhalten bleiben.
PFLEGE UND VERMEHRUNG: Das wichtigste für die bedingt bis völlig winterharten Pflanzen ist gutdurchlässiger, humusreicher Boden. Die Pflanzstelle sollte möglichst im Schatten liegen, während die Triebe auch in die Sonne umgelenkt werden können. Kräftiges Zurückschneiden ist bei den meisten Arten und Sorten unbedingt zu empfehlen. Zur Vermehrung nimmt man Samen, Stecklinge oder zieht Absenker; manchmal werden die Pflanzen auch gepfropft. Die Welkekrankheit kann zum Problem werden.

Clematis akebioides

Die westchinesische Art wird ungefähr 3,5 m hoch. Ihre gefiederten Blätter bestehen aus bis zu sieben blaugrünen, etwas fleischigen, gezähnten Fiedern; die glockenförmigen, langgestielten Blüten, die im Spätsommer oder Frühherbst gebildet werden, sind gelb und innen manchmal grün oder purpurfarben überlaufen.

Clematis alpina

ALPENWALDREBE

Die in Europa und dem nördlichen Asien heimische, winterharte Art zählt zu den sehr früh blühenden Waldreben. Die lavendelblauen oder violetten, laternenförmigen, bis 5 cm großen Blüten sitzen an langen Stengeln, die aus den Blattachseln der Vorjahrestriebe entspringen. Die auffälligen, silbrig behaarten Fruchtstände bleiben zumeist bis in den Winter erhalten. Es gibt zahlreiche Sorten, u.a. **'Francis Rivis'** mit größeren Blüten.

Clematis aristata

Diese auffällige, immergrüne Kletterpflanze aus den Wäldern Australiens erreicht etwa 6 m Höhe und ist zur Blütezeit im Frühjahr und Sommer von unzähligen sternförmigen, weißen, schmalblättrigen Blüten bedeckt. Die männlichen und weiblichen Blüten sitzen an verschiedenen Pflanzen, letztere entwickeln sich zu flaumigen, dekorativen Samenständen.

Clematis armandii

Diese kräftige, immergrüne Art aus China wird bis zu 8 m hoch und kann sich etwa doppelt so weit ausbreiten. Die glänzenden, grünen Blätter bestehen aus drei Fiedern mit ausgeprägten Blattadern. Ihre duftenden, weißen, flachen Blüten sind etwa 6 cm groß und erscheinen im Frühjahr. Die Art ist zwar relativ winterhart, braucht aber einen geschützten, sonnigen Standort. **'Apple Blossom'** besitzt hellrosa, im Alter verblassende Blüten.

Clematis 'Ascotiensis'

Diese Sorte gehört zu den großblütigen und recht spektakulären *Clematis*-Arten. Sie bringt recht spät im Sommer malvenfarbene bis blaue Blüten hervor, die im Alter mittelblau werden. Jede Blüte besitzt vier bis sechs, leicht gewellte Kronblätter, die sich zur Spitze hin verjüngen. Die Art klettert bis zu 3,5 m hoch.

Clematis 'Barbara Jackman'

Die großblütige, robuste Hybride wächst sehr buschig. Jede Blüte – mit etwa 10 cm im Durchmesser – hat beigefarbene Staubblätter und acht überlappende, sich zur Spitze hin verjüngende Kronblätter. Diese sind blauviolett mit magentarotem Streifen und bleichen später malvenfarben aus.

Clematis 'Bees' Jubilee'

Diese Hybride hat flache, runde, etwa 20 cm große Blüten mit acht überlappenden, abgerundeten Kronblättern. Die Grundfarbe ist malvenrosa mit einem karminroten Strich; die Staubgefäße sind braun. Bei regelmäßiger Düngung wachsen die Pflanzen sehr gut.

Clematis 'Bill Mackenzie'

Diese Hybride aus *Clematis orientalis* und *C. tangutica* hat gelbe, laternenförmige, recht haltbare Blüten; die behaarten Fruchtstände sind grau. Die Pflanzen lassen sich meist gut kultivieren und bieten zur Blütezeit einen hübschen Blickfang.

Clematis 'Capitaine Thuilleaux'

Diese großblütige Hybride hat gestreifte Blüten mit einem silbergrauen Rand. Der zentrale, karminrote Querstreifen nimmt den größten Teil jedes Kronblattes ein, von denen sechs bis acht eine 15–20 cm große

Clematis 'Capitaine Thuilleaux'

Clematis 'Duchess of Albany'

Clematis 'Duchess of Edinburgh'

Clematis × *durandii*

Blüte bilden. Die Pflanze erreicht eine Höhe von 1,5–2 m.

Clematis 'Comtesse de Bouchaud'

Als eine der ältesten großblütigen Hybriden ist sie bislang die einzige in dieser Gruppe mit durchgängig rosafarbenen Blüten. Diese sind 10–15 cm groß und bestehen aus sechs breiten, rundlichen Kronblättern mit deutlicher Äderung . Ihre Staubblätter sind beigefarben. Die anspruchslosen Pflanzen erreichen eine Höhe von 2–2,5 m.

Clematis 'Daniel Deronda'

Diese großblütige Hybride hat halbgefüllte, 15–20 cm große Blüten aus sechs bis acht spitz zulaufenden Kronblättern und einer unregelmäßigen Gruppe kürzerer Blütenblätter in der Mitte. Sie sind tief violettblau mit einer grauen Mittelrippe und manchmal kastanienbraun überlaufen. Die Sorte ist nicht sehr blühfreudig.

Clematis 'Duchess of Albany'

Aus einer Kreuzung von *Clematis texensis* mit einer unbekannten großblütigen Hybride entstand diese bis zu 2,5 m hohe Sorte. Die Blüten haben vier bis sechs glänzende Kronblätter von reinem Rosa mit rosapinkfarbenen Querstreifen sowie beigefarbene Staubblätter. Die Blätter bestehen aus drei oder fünf herzförmigen, graugrünen Fiedern.

Clematis 'Duchess of Edinburgh'

Diese großblütige, aber manchmal schwachwüchsige, winterharte *Clematis* kann 2–3 m groß werden. Sie bringt im Frühling und Sommer gefüllte, weiße Blüten mit gelben Staubbeuteln und grünen äußeren Kronblättern hervor.

Clematis × *durandii*

Diese Hybride aus *Clematis integrifolia* und *C.* 'Jackmanii' hat Blüten von 10–15 cm Durchmesser mit vier bis sechs unregelmäßig gewellten Kronblättern, die vor allem durch drei tiefe Furchen auffallen. Die Blüten sind intensiv blau, die Staubblätter bilden ein dichtes, gelbliches Büschel. Diese Hybride ist leicht zu kultivieren, hat aber oft sehr unansehnliche Triebe, so daß man sie am besten jedes Jahr bis dicht über den Boden zurückschneidet.

Clematis 'Edith'

Die Blüten dieser Hybride gehören zu den größten der gesamten Gattung. Sie bestehen aus sechs weißen, oft leicht rosa überlaufenen Kronblättern und einer Gruppe roter Staubblätter. Die Sorte stammt von **'Mrs Cholmondeley'** ab und erreicht eine ähnliche Größe.

Clematis 'Elsa Späth'

Diese kräftigblühende Hybride bringt im Spätfrühling etwa 20 cm große, lavendelblaue Blüten, mit dunkelroten Staubbeuteln auf weißen Staubfäden hervor. Im Hochsommer kann sie ein zweites Mal blühen. Ihre breiten, sich überlappenden Kronblätter sind spitz ausgezogen, die Blattfiedern herzförmig. Die Sorte erreicht eine Höhe von 2–2,5 m.

Clematis 'Ernest Markham'

Diese robuste großblütige Hybride ist sehr weit verbreitet, auch wenn sie zumeist nicht sehr ausgiebig blüht. Die Blüten haben sechs spitze Kronblätter und auffällige, leuchtend magentarote Blattadern. Die Sorte wird bis 4,5 m hoch und sollte nur leicht zurückgeschnitten werden.

Clematis heracleifolia

Clematis 'Etoile Violette'

Diese von *Clematis viticella* abstammende Hybride bringt zahlreiche 8–10 cm große Blüten mit sechs dunkelpurpurnen Kronblättern und beigefarbenen Staubblättern hervor. Sie wird 3–3,5 m hoch.

Clematis florida

Diese zarte Art aus Japan und China, die gern an warmen Mauern wächst, eignet sich auch als Kübelpflanze. An der Spitze der neuen Triebe erscheinen die langgestielten, flachen Blüten im Spätfrühling und Sommer über einen längeren Zeitraum. Sie bestehen aus laubblattähnlichen Tragblättern, vier bis sechs grünlichweißen Blütenblättern, die sich später beige verfärben sowie purpurfarbenen Staubblättern. Die Sorte **'Sieboldii'** hat kronblattähnliche Staubblätter, die in jeder Blüte als zentrale Wölbung erhalten bleiben, wenn die Blütenblätter abfallen.

Clematis 'General Sikorski'

Diese großblütige Hybride stammt aus Polen. Die Blüten sind mittelblau und an der Basis zumeist rötlich überlaufen. Sie haben einen Durchmesser von etwa 15 cm.

Clematis 'Gillian Blades'

Diese großblütige Hybride hat flache, reinweiße, am Rand gekräuselte Blütenblätter und goldfarbene Staubblätter.

Clematis 'Gipsy Queen'

Eine lange Blühzeit hat dieser robuste Kletterer, der 3–3,5 m emporklimmt. Im Frühsommer bringt die Hybride viele große, aparte Blüten hervor, deren sechs Blütenblätter an den Enden gerundet sind, aber zur Basis hin spitz zulaufen.

Clematis 'Gipsy Queen'

Clematis 'Etoile Violette'

Clematis glycinoides

Obwohl er im Frühling mit einer weißen Blütenpracht überrascht, trifft man diesen kleinblütigen, immergrünen Kletterstrauch aus Australien nicht häufig in Gärten an. Zur Behandlung von Erkältungen und Kopfschmerzen atmen die Aborigines das Aroma zerriebener Blätter ein.

Clematis 'Henryi'

Die Blüten dieser großblütigen Hybride, eine der ältesten noch heute kultivierten, sind weiß mit einem leicht cremefarbenen Schimmer und bestehen aus acht übereinanderlappenden, scharf zugespitzten Blütenblättern. Die Blüten erreichen einen Durchmesser von 15–20 cm. An den Spitzen der Staubblätter sitzen braune Staubbeutel.

Clematis heracleifolia

Syn. *Clematis davidiana*

Als halbkrautige, mehrjährige Pflanze, welche nur bei genauem Hinsehen als *Clematis* zu erkennen ist, bildet diese aus China stammende Art eine holzige Stammbasis. Sie besitzt samtige, graugrüne Blätter und relativ kleine, violettblaue Blüten ohne Stiel. Diese stehen in Quirlen an den oberen Stengelknoten. Ihre röhrenförmigen Blüten bestehen aus vier an der Spitze gerundeten Blütenblättern. Es existieren auch einige hochgezüchtete Formen, wie z. B. **'Davidiana'** und **'Campanile'**.

Clematis 'Gillian Blades'

Clematis glycinoides

C

Clematis 'Horn of Plenty'

Diese *Clematis*-Hybride hat einzeln stehende, purpurfarbene, in der Mitte dunklere Blüten. Die Blütenblätter haben geschwungene Ränder.

Clematis integrifolia

Erst wenn sie blüht, ist diese südeuropäische, krautige *Clematis* auch als solche zu erkennen. Sie breitet sich nur langsam aus und bildet einen Horst mit einer Vielzahl von Stengeln, die in jedem Frühjahr aus der Basis emporwachsen. Jeder endet in einer einzigen, nickenden Blüte, deren vier Blütenblätter jeweils 2,5 cm lang sind. Die Blüten sind normalerweise blauviolett mit einem dunkleren Zentrum und dicht zusammenstehenden, cremeweißen Staubblättern. Ihre Blütenstiele knicken leicht ab und benötigen eine Stütze. Stabilere Formen sind **'Hendersonii'**, **'Rosea'** und **'Tapestry'**.

Clematis 'Jackmanii'

Als Kreuzung zwischen *Clematis lanuginosa* und (vermutlich) *C. viticella* entstand diese Sorte im Jahr 1862 als erste großblütige Hybride. Noch heute ist sie sehr beliebt. Sie ist sehr winterhart, klettert bis zu 3 m hoch und besitzt im Sommer und im Herbst spektakuläre, purpurfarbene Blüten, die einem Durchmesser von 15 cm erreichen.

Clematis × jouiniana 'Praecox'

Diese Hybride ging aus *Clematis vitalba* und wahrscheinlich *C. heracleifolia* 'Davidiana' hervor. Am oberen Teil der Pflanze stehen bis zu 20 Blüten in achselständigen Rispen. Sie messen etwa 2,5–5 cm im Durchmesser und besitzen vier bis sechs schmale, gebrochenweiße Blütenblätter mit mauvefarbenen Spitzen. Die Blätter sind relativ groß, einfach gezähnt und färben sich im Herbst gelb. Diese holzige Pflanze wird 2–2,5 m hoch und sollte jedes Jahr zurückgeschnitten werden. Sie eignet sich ausgezeichnet, um Baumstümpfe oder Böschungen zu überwuchern.

Clematis 'Lady Betty Balfour'

Spätblühend bringt diese Clematis an ihren neuen Trieben samtige, purpurfarbene Blüten hervor. Sie kann im Frühjahr stark zurückgeschnitten werden und gehört zu den Züchtungen, die am besten zwischen den Ästen von Kletterrosen wachsen. Es ist leichter, die Rosen zu trimmen, wenn die Clematis zunächst freigeschnitten wird.

Clematis lanuginosa 'Candida'

Clematis integrifolia

Clematis 'Lasurstern'

Clematis 'Lady Betty Balfour'

Clematis lanuginosa

Im frühen 19. Jahrhundert wurde diese Art aus China in den Westen eingeführt. Sie stellt eine der wichtigsten Mutterpflanzen großblütiger Hybriden dar, die in ihrer ursprünglichen Form in Gärten jedoch nur ausgesprochen selten zu sehen ist. Die sommergrüne Pflanze klettert bis 2 m hoch und trägt von Frühling bis Herbst weiße bis zart lilafarbene Blüten, die 20 cm groß werden. Die Sorte **'Candida'** hat reinweiße Blüten.

Clematis mandshurica

Clematis 'Marie Louise Jensen'

Clematis 'Lasurstern'

Diese großblütige Sorte trägt vom späten Frühjahr bis zum Frühsommer lavendelblaue Blüten mit acht sich weit überlappenden Blättern. Sie wird 3 m groß und ist sehr frostbeständig. Die ähnliche Sorte **'H. F. Young'** wächst kompakter und hat kleinere Blüten.

Clematis macropetala

Dieser niedrige Kletterer kommt aus Nordchina, der Mongolei und Sibirien. Seine Blätter sind hell- bis mittelgrün und zweifach in kleinere Blättchen geteilt. Die zahllosen, im Frühjahr und Frühsommer erscheinenden, violettblauen Blüten sind 10 cm groß, besitzen vier schmale Blütenblätter und einige Reihen blütenblattähnlicher Staubblätter in der Mitte. Die Sorte **'Markham's Pink'** hat tiefrosa Blüten mit hellerer Unterseite.

Clematis mandshurica

Syn. *Clematis recta* var. *mandshurica*

Heimisch ist diese ausdauernde, krautige Art in China und Japan. Sie wächst wuchernd und kann 1–2 m hoch klettern. Die kleinen, weißen, 3 cm großen Blüten entstehen in aufrechten, endständigen Dolden. Die glatten, dunkelbraunen Samen haben lange, gelbe Fortsätze. Die Pflanze braucht einen geschützten Standort im Halbschatten.

Clematis 'Marie Boisselot'

Als eine der beliebtesten weißen Sorten aus dem Sortiment großblütiger Hybriden trägt diese bis 20 cm großen Blüten mit sechs sehr breiten und sich überlappenden Blütenblättern. Sie klettert 2,5–3,5 m hoch.

Clematis 'H. F. Young'

Clematis marmoraria

Clematis 'Marie Louise Jensen'

Diese großblütige Hybride entwickelt einzelne, purpurfarbene Blüten mit roten Staubbeuteln. Jede Blüte hat sechs sich überlappende Blütenblätter, die spitz zulaufen.

Clematis marmoraria

Als kleinste Art innerhalb dieser Gattung wird die in Neuseeland heimische *Clematis marmoraria* nur etwa 15 cm hoch, wächst jedoch in die Breite. Ihre Blüten sind weiß und relativ groß.

Clematis microphylla

Einige kleine, weißblühende Arten von *Clematis*, wie diese australische, tragen im Englischen den Namen »Traveller's joy«, weil sie an Straßenrändern auf Bäumen und Sträuchern wachsen und die Reisenden sich im Frühjahr an den zahlreichen weißen oder cremefarbenen Blüten und im Herbst an ihren fedrigen, weißen Samen erfreuen. Charakteristisch für diese Art sind die winzig kleinen Blättchen, die lediglich 2 cm lang und 3 mm breit werden.

Clematis 'Miss Bateman'

Die 15 cm großen Blüten dieser frühblühenden Hybride besitzen acht überlappende Blätter. Die zentrale Blattader kennzeichnet ein grüner Streifen auf der Unterseite, der durch die transparente, weiße Oberseite als heller Strich durchscheint. Die Wuchsform ist sehr kompakt, die Pflanze wird an den Seiten buschig und erreicht 2 m Höhe.

Clematis montana

Diese robuste Art aus dem Himalaja wird 10 m hoch. Im Spätfrühjahr bildet sie Gruppen süßlich riechender, weißer bis hellrosa Blüten mit gelben Staubbeuteln. Sie wächst schnell, ist äußerst winterhart und ideal, um Mauern zu bewachsen. Die Sorten **'Elizabeth'**, **'Rubens'** und **'Tetra-**

Clematis montana

Clematis montana 'Elizabeth'

rose' haben alle pinkfarbene Blüten (die größten davon bildet 'Tetrarose') und purpurn überlaufene Blätter. Nach dem Blühen sollte sie kräftig zurückgeschnitten werden.

Clematis 'Mrs Cholmondeley'

Diese großblütige Hybride wird gut 5 m hoch und ist relativ problemlos zu kultivieren. Ihre großen, lavendelblauen Blüten öffnen sich im Frühsommer mit sechs bis sieben, weit voneinander abstehenden und zur Basis verjüngten Blütenblättern, die eine blasse Mittelrippe und dunklere Blattadern besitzen.

Clematis 'Mrs George Jackman'

Diese Hybride hat starke Ähnlichkeit mit der Sorte 'Marie Boisselot', ist aber im Gegensatz dazu blaßgelb entlang der Mittelrippe und wächst weniger robust. Sie wird 2,5 m hoch.

Clematis montana 'Tetrarose'

Clematis 'Mrs James Mason'

Die kräftige, üppig blühende Pflanze wird 2–3 m hoch. Ihre bis etwa 20 cm großen Blüten bestehen aus acht sich überlappenden Blättern. Diese sind fast bootförmig und violettblau mit einem zentralen roten Strich und einer deutlich erkennbaren Wölbung aus cremefarbenen Staubbeuteln.

Clematis 'Nelly Moser'

Im Frühsommer bildet dieser äußerst winterharte Abkömmling von *Clematis lanuginosa* große, flache, hellrosa, achtblättrige Blüten mit einem dunkleren Streifen in der Mitte. An einem halbschattigen Standort mit Morgensonne wird er bis 4,5 m hoch.

Clematis 'Niobe'

Jede Blüte dieser Hybride besteht aus sechs leicht zurückgebogenen Blättern, die sich stark verjüngen. Zu dem tiefen, fast schwarzen bis leuchtenden Rubinrot stehen die cremefarbenen Staubbeutel in starkem Kontrast. Sie wird etwa 2,5 m hoch und hat eine lange Blühperiode im Sommer.

Clematis 'Mrs James Mason'

Clematis 'Ramona'

Clematis paniculata

Syn. *Clematis terniflora*, *C. dioscoreifolia*

Aus Neuseeland stammt diese robuste, immergrüne Art, die mit einem 10 cm starken Hauptstamm 10 m hoch wird. Die eher steifen, glänzendgrünen Blätter sind in drei Blättchen geteilt. Vom Spätfrühling an erscheinen wohlriechende, weiße, 10 cm große Blüten mit gelbem Inneren und häufig purpurfarbenen Spitzen. Flaumige Samenstände entstehen im Herbst. **'Purity'** ist eine männliche Sorte, die im Frühjahr sehr große, weiße Blüten hervorbringt. Sie wird bis 4,5 m breit.

Clematis 'Perle d'Azur'

Diese reichblütige, beliebte Sorte blüht vom Hochsommer bis zum Herbst. Jede Blüte hat vier bis sechs abgerundete Blätter, die sich manchmal überlappen oder entlang der Mittelrippe gewellt sind. Die Blüten messen 20 cm, sind azurblau und an der Basis der Mittelrippe rosafarben. Die Pflanze ist sehr robust und kann 3–4,5 m hoch werden.

Clematis 'Ramona'

Syn. 'Sieboldii'

Diese kräftigwachsende Hybride, die 4,5 m Höhe erreicht, blüht vom Hochsommer bis zum Herbst. Sie hat 15–20 cm große, lavendelblaue Blüten mit überlappenden Blütenblättern.

Clematis rehderiana

Als junge Pflanze wächst diese Art aus Westchina zunächst nur langsam. Unbeschnitten kann sie jedoch bald einen bis etwa 6 m hohen Baum überwachsen. Die relativ großen Blätter gliedern sich in fünf bis neun flaumige, leicht gezähnte Blättchen. Die hängenden, glockenförmigen Blüten entstehen in bis zu 25 cm großen Rispen. Ihre vier an den Spitzen leicht zurückgebogenen Blütenblätter sind vorwiegend gelb und verblassen pergamentartig.

Clematis paniculata

Clematis rehderiana

Clematis paniculata

Clematis 'Nelly Moser'

Clematis 'Richard Pennell'

Die Frühsommerblüten dieser Sorte sind bis 20 cm groß, von rosavioletter Farbe und etwas heller an den zentralen Blattadern. Sie besitzen acht breite, sich überlappende Blütenblätter, die sich zur Spitze hin verjüngen. Die roten Staubfäden mit leuchtendgelben Staubbeuteln sind ein markantes Erkennungszeichen. Trotz kräftigem Wachstums wird sie lediglich 2,5 m hoch.

Clematis spooneri

Syn. *Clematis chrysocoma* var. *sericea*

Diese Art, bis 6 m hoch, stammt aus China und ist *Clematis montana* sehr ähnlich. Die langstieligen Blüten, in achselständigen Gruppen mit bis zu fünf Blüten, entstehen an den Vorjahrestrieben. Jede Blüte hat vier abgerundete, überlappende, weiße oder sehr hellrosafarbene Blätter, die fast so breit wie lang sind. Das junge Laub ist rötlich-bronzefarben.

Clematis 'Star of India'

Diese großblütige Hybride wird etwa 3,5 m hoch. Sie besitzt vier bis sechs Blütenblätter, die sich überlappen und nahe der Spitze am breitesten sind. Die 15 cm großen Blüten sind violett bis purpurfarben und sprießen überaus üppig.

Clematis 'Star of India'

C. viticella 'Madame Julia Correvon'

Clematis tangutica

Im Sommer und frühen Herbst trägt diese langblütige Art aus China eigentümliche, nickende, laternenförmige Blüten mit gelben, dickfleischigen Blütenblättern. Später entstehen dekorative, seidige Samenköpfe. Geschützt im Halbschatten wächst diese frostresistente, bis 6 m hohe Art am besten, sie verträgt aber keine Trockenheit.

Clematis texensis

Wie der Name schon schließen läßt, kommt diese Art aus Texas. Die hängenden, krugförmigen Blüten – die einzigen rein roten dieser Gattung – besitzen vier ziemlich dicke Blütenblätter, haben an der Basis einen Durchmesser von 2,5 cm und werden zur Öffnung hin schmaler. Die Blätter sind glatt, blaugrün und gefiedert. Diese Art wird selten kultiviert, aber ihr Einfluß zeigt sich in verschiedenen Hybriden wie **'Etoile Rose'** und **'Gravetye Beauty'**.

Clematis 'The President'

Diese großblütige, außerordentlich üppig blühende Hybride besitzt tief purpurfarbene Blütenblätter mit silbriger Rückseite. Die Blüten, 20 cm breit, erscheinen vom Hochsommer bis zum frühen Herbst.

Clematis viticella

Diese südeuropäische, laubwerfende Kletterpflanze wird 3,5 m hoch. Sie stirbt im Winter im Oberholz ab und sollte bis 60 cm über dem Boden gestutzt werden. Ihre dunkelgrünen, gefiederten Blätter haben eiförmige, manchmal gelappte Blättchen. Die nickenden, violetten oder purpurfarbenen Glockenblüten erscheinen im Spätsommer und Herbst. **'Purpurea Plena Elegans'** hat gefüllte Blüten mit unzähligen schmalen, zurückgebogenen Blütenblättern, oberseits rosarot bis purpur und unterseits lavendelgrau. Aus ihr gingen zahlreiche wunderschöne Hybriden hervor. Darunter z. B. die hellrosafarbene **'Abundance'**, die weiße **'Alba Luxurians'** mit Malventönung und dunklen Staubblättern, die blutrote **'Kermesina'** und **'Madame Julia Correvon'** mit burgunderroten, verdrehten Blütenblättern.

Clematis 'Wada's Primrose'

Clematis spooneri

Cleome hassleriana

Clematis 'Vyvyan Pennell'

In der Gruppe der Großblütigen gilt diese Clematis als eine der besten mit gefüllten Blüten. Zur Blütezeit im Frühsommer erscheinen doppelte, lavendelfarbene Rosetten mit rotbrauner Schattierung. Während der zweiten Blütezeit treibt sie ungefüllte, silberviolette Blüten aus den Zweigen des Vorjahres hervor. Mit kräftigem Wuchs erreicht sie eine Höhe und Breite von 2–2,5 m.

Clematis 'Wada's Primrose'

Bei dieser hübschen Pflanze handelt es sich um eine Hybride, deren Blüten acht leicht überlappende, sich verjüngende, hellgelbe bis sanft cremefarbene Blütenblätter mit einem dunkleren zentralen Streifen besitzen. *Clematis* 'Wada's Primrose' wächst kraftvoll mit zahlreichen, dünnen Zweigen. Sie erreicht eine Höhe von bis zu 2 m.

CLEOME

SPINNENPFLANZE

Diese Gattung umfaßt 150 subtropische und tropische Arten einjähriger, kurzlebiger, immergrüner Sträucher. Charakteristisch sind ihre spinnenartigen Blüten mit vier, sich basal zu Stielen verjüngenden Blütenblättern und ihre meist langen, dünnen Staubblätter und Griffel. Die Blätter bestehen aus fünf bis sieben gefingerten Blättchen. Eine Art ist besonders wegen ihres schnellen Wachstums und ihrer effektiven Blüten als Beetpflanze verbreitet.

PFLEGE UND VERMEHRUNG: In fruchtbarem, durchlässigem Boden und in praller Sonne wächst sie bei regelmäßiger Bewässerung und Schutz vor starkem Wind am besten. Das Entfernen der Seitentriebe fördert das Wachstum, welke Blüten sollten ebenfalls entfernt werden. Die Aussaat erfolgt im Frühling oder Frühsommer. Die Pflanzen sind anfällig für Blattlausbefall.

Clerodendrum buchananii

Cleome hassleriana

Cleome hassleriana

Syn. *Cleome spinosa* hort.

Diese schnellwachsende, buschige, Einjährige aus Südamerika wird wegen ihrer ungewöhnlichen, spinnenähnlichen Blüten geschätzt. Sie wächst aufrecht über 1,2 m hoch und hat große, gefingerte Blätter. Ihre haarigen, leicht stachligen Zweige tragen im Sommer an der Spitze luftige, rosa und weiße Blüten mit langen, herausragenden Staubblättern. Einige reinweiße bis purpurfarbene Sorten sind als Samen erhältlich.

CLERODENDRUM

LOSSTRAUCH

Mehr als 400 Arten aus wärmerem bis tropischem Klima sind in dieser Gattung versammelt – immergrüne und laubwerfende, teils sehr auffällig blühende Bäume, Sträucher, Kletterpflanzen und Kräuter. Ihre gemeinsamen Merkmale sind gegenständige Blätter, röhrenförmige, normalerweise überhängende oder an der Öffnung becherförmige Blüten, vier lange Staubblätter, ein deutlich aus dem Stempel hervorragender Griffel und als Frucht eine glänzende Beere mitten auf dem Kelch, der nach der Blüte dicker und größer wird.

PFLEGE UND VERMEHRUNG: Die Frostbeständigkeit der Pflanzen variiert unter den Arten, nur einige aus China und Japan sind an kälteres Klima angepaßt. Alle bevorzugen einen sonnigen, vor starkem Wind und heißer Sommerhitze geschützten Standort und tiefen, feuchten, fruchtbaren Boden. Stecklinge treiben in der Hitze bereitwillig aus, auch die Vermehrung aus Wurzelsprößlingen ist äußerst effektiv.

Clerodendrum buchananii

Diese tropische Art aus Indonesien ist ein hoher, zarter Strauch von etwa 3 m Höhe. Er besitzt eine offene Wuchsform und große, herzförmige, unterseits flaumige Blätter. Die rispenartigen Blütenstände erscheinen nahezu das ganze Jahr über. Triebe und Blüten sind scharlachrot. Der zerzauste, schnellwachsende, aber kurzlebige Strauch wird manchmal mit *Clerodendrum speciosissimum* verwechselt.

Clerododendrum bungei

Syn. *Clerodendrum foetidum*

Dieser Strauch aus China und dem Himalaja hat viele vertikale, bis 2 m lange Triebe, an deren Enden im Sommer wundervoll duftende, rosafarbene Blütenrispen sitzen. Werden die Triebe nicht in jedem Frühling gestutzt, blühen die neuen Zweige in 1 m Höhe. Die großen, rauhen Blätter verströmen bei Verletzungen einen unangenehmen Geruch. Der Strauch bildet unterirdische Ausläufer und breitet sich leicht aus.

Clerodendrum inerme

Diese immergrüne Art ist ein wildwuchernder, 1–2 m hoher Strauch, mit großen, glatten Blättern wie Liguster und unauffälligen kleinen, weißen Blüten. Er wächst an Stränden im tropischen Asien und in der Pazifikregion, toleriert spritzendes Salzwasser und stärkste Sonne. In den hängenden Gärten von Bombay läßt man ihn an Drahtgestellen z.B. in Elefantenform wachsen.

Clerodendrum paniculatum

RISPENBLÜTIGER LOSSTRAUCH

Bekannt ist diese schnellwüchsige, kurzlebige Art aus dem tropischen Asien für ihre großen Rispen mit kleinen, lachsfarbenen Blüten, die am Ende der aufrechten Triebe sitzen und ganzjährig erscheinen. Sie verzweigt sich von der Wurzel aus in kräftige Triebe mit großen, tief geäderten, glänzenden Blättern an langen Stielen.

Clerodendrum bungei

Clerodendrum splendens

Clerodendrum trichotomum

Clerodendrum splendens

Diese immergrüne, verholzte Windenpflanze aus dem tropischen Westafrika wird 3 m oder höher. Sie hat sattgrüne, ovale oder elliptische Blätter und im Sommer auffällige Rispen mit 2,5 cm großen, scharlachroten Blüten. Sie übersteht keinen Frost, gedeiht aber an einem geschützten Standort in warm-gemäßigtem wie tropischem Klima.

Clerodendrum thomsoniae

KLETTERNDER LOSSTRAUCH

Dieser Kletterstrauch aus dem tropischen Westafrika wurde durch seine Rispen purpurroter Sommerblüten bekannt, die reinweiße, glockenförmige Kelche haben und sich kontrastreich von großen, ovalen, tiefgrünen Blättern abheben. In den Kelchen entstehen Früchte, die sich mattrosa verfärben. Er wird etwa 3 m hoch und benötigt viel Feuchtigkeit.

Clerodendrum trichotomum

Japan und China sind die Heimat dieses laubwerfenden, elegant-aufrechten Baumes, einer der winterhärtesten Arten dieser Gattung. Sie wird 4,5–6 m hoch, ist wenig verzweigt und hat dünne, flaumige Blätter. Die unteren Zweige hängen herunter. Im späten Sommer trägt er an den Zweigspitzen anmutige, hängende Rispen. In großen, scharf gerippten, trübrosa Kelchen sitzen die leicht hochgebogenen, süßduftenden, weißen Blüten, die im Alter blaß malvenfarben werden. Die kleine, blaue Frucht liegt in einem roten Kelch.

Clerodendrum paniculatum

Clerodendrum thomsoniae

Clerodendrum ugandense

Clethra barbinervis

Clerodendrum ugandense

UGANDISCHER LOSSTRAUCH

Obwohl sie frostfreies Klima braucht, übersteht diese ostafrikanische, immergrüne Art kältere Bedingungen als die meisten anderen tropischen *Clerodendrum*-Arten. Im Sommer und Herbst trägt der langgliedrige Strauch von 3 m Höhe an leicht gebogenen Ästen endständige Rispen schmetterlingsförmiger Blüten, die aus einem dunklen, violettblauen und vier hellblauen Kronblättern bestehen. Er kann regelmäßig gestutzt werden.

Clerodendrum zambeziacum

Als einer der niedrigwachsenden Sträucher entwickelt diese tropische, afrikanische Art aus einem ausgedehnten Wurzelsystem ziemlich dünne, 1–2 m hohe Triebe. Die Blätter sind groß, weich und herzförmig. In den wärmeren Phasen des Jahres trägt sie fortlaufend reinweiße Blüten mit 10 cm langen Röhren und manchmal gewellten Staubblättern.

CLETHRA

Diese Gattung besteht aus 30 Arten laubwerfender Bäume und Sträucher aus Nordamerika und Ostasien, einer großen Anzahl immergrüner Arten aus wärmerem Klima, vor allem aus Südostasien, und einer abgelegenen Art von der portugiesischen Insel Madeira. Die winterharten, robusten Pflanzen werden in Kultur meist ausladende Sträucher. Das dichte Laubwerk der dünnen Blätter mit dicht gezähnten Rändern verdeckt das Dickicht der Äste. Im Sommer und Herbst entstehen zwischen den Blättern kleine, weiße Blüten in hübschen, lockeren Sträußen, gefolgt von zahlreichen unscheinbaren Samenkapseln.

Clerodendrum zambeziacum

Clethra arborea

PFLEGE UND VERMEHRUNG: Die Pflanzen bevorzugen geschützte, beschattete Standorte mit sauren, feuchten, aber durchlässigen Torfböden. Vermehren kann man sie durch Aussaat, Stecklinge oder Ableger.

Clethra alnifolia

Clethra alnifolia ist eine der wenigen Arten dieser Gattung aus dem gemäßigten Nordamerika, wo sie entlang der Ostküste in feuchten Wäldern vorkommt und weite, bis 3 m hohe Dickichte bildet. Sie trägt großzügige Büschel (Dolden) wohlriechender, weißer Blüten mit abgerundeten Blütenblättern.

Clethra arborea

Diese Art aus Madeira benötigt milderes Klima als andere aus ihrer Gattung. Der attraktive, dicht belaubte Strauch oder kleine Baum von etwa 7 m Höhe entwickelt glänzende Blätter und lange Rispen mit maiglöckchenähnlichen Blüten. Er sollte bisweilen zurückgeschnitten werden.

Clethra barbinervis

Als Wildform wird diese im waldigen Bergland Japans heimische Art ein bis 10 m hoher Baum mit abbätternder, orangebrauner Borke. In Gärten wird er gewöhnlich ein höchstens 3 m hoher Strauch. Er hat gedrängte Triebe, Blätter die sich nach außen neigen und starke, flaumige oder sehr kurz behaarte Blattadern. Die attraktiven Blüten erscheinen in kurzen Rispen an den Zweigenden.

Clethra delavayi

Während dieser große, schöne Strauch aus Westchina an seinem natürlichen

Clianthus puniceus

Clethra delavayi

Clianthus puniceus

Standort eine Höhe von 10 m erreicht, kommt er in Kultur auf selten mehr als die Hälfte. Er bildet lange Ähren dichtgedrängter, maiglöckchenähnlicher Blüten, die die ganze Pflanze bedecken können. Die dunkelgrünen Blätter sind etwa 10–15 cm lang und stark geädert. Bei starkem Frost sollte der Strauch gestutzt werden.

CLEYERA

SPERRSTRAUCH

Diese Gattung immergrüner Sträucher und Bäume gehört zur Familie der Teegewächse und ist innerhalb dieser näher mit *Ternstroemia* verwandt. Eine oder zwei Arten stammen aus Japan, China und dem östlichen Himalaja, 15 oder mehr sind in Mexiko, Mittelamerika und auf den Karibischen Inseln heimisch. Als Zierpflanze sind jedoch ausschließlich die orientalischen Arten verbreitet. Sie werden eher wegen ihrer glänzenden, immergrünen Blätter geschätzt, die sich wie bei *Ternstroemia* vor dem Abfallen in der Regel rötlich färben, als wegen der relativ kleinen, weißen oder cremefarbenen Blüten oder der erbsengroßen, schwarzen Früchte.

PFLEGE UND VERMEHRUNG: Die asiatische Art wächst in praktisch jedem gemäßigtem Klima, am besten an einem geschützten Standort mit feuchtem, aber durchlässigem Boden und regelmäßiger Düngung. Zur Vermehrung dienen Stecklinge.

Cleyera japonica

Syn. *Cleyera ochnacea, Eurya ochnacea*

Der immergrüne, buschige Strauch aus Japan, Korea, China und Myanmar wird 3 m hoch. Vom Früh- bis Hochsommer trägt er kleine, wohlriechende, untertassenförmige Blüten von etwa 1 cm Durchmesser. Danach erscheinen kleine, runde, schwarze Früchte. Die jungen Blätter der winterharten Sorte **'Tricolor'** sind rosafarben.

CLIANTHUS

RUHMESBLUME

Bis vor kurzem bestand diese Gattung noch aus einer australischen und einer neuseeländischen Art. Während die australische, eine niederliegende, behaarte Einjährige mit spektakulären roten und schwarzen Blüten, nach neueren botani-

Clitoria ternatea

schen Studien eigentlich der großen Gattung *Swainsona* zuzurechnen ist, ist die andere, neuseeländische Pflanze wirklich eine *Clianthus*-Art. Der immergrüne Kletterstrauch besitzt gefiederte Blätter und längliche Schmetterlingsblüten auf kurzen Seitenzweigen.

PFLEGE UND VERMEHRUNG: *Clianthus* ist in mildem Klima einfach zu kultivieren und einigermaßen winterhart. Die oft sehr kurzlebige Pflanze verholzt leicht und muß gelegentlich beschnitten werden. Sie neigt zu Miniermotten-Befall. Vermehrt wird durch Aussaat oder halbreife Stecklinge.

Clianthus puniceus

Die langen, spitzen Blüten dieses Strauches erinnern an den Schnabel eines Kakadus. Die Art ist in der Wildnis mittlerweile selten, aber in Kultur häufig. In Gärten wächst sie oft als 1,5 m hoher Strauch, kann aber, wenn sie durch andere Pflanzen oder eine Mauer gestützt wird, bis über 5 m hoch klettern. Die Blüten, die im Frühling und Frühsommer entstehen, sind normalerweise rot, es gibt aber auch rosafarbene oder weiße Formen wie **'Alba'**. **'Kaka King'** blüht üppig und trägt reichlich Laub.

CLINTONIA

Die fünf *Clintonia*-Arten aus Nordamerika und Ostasien sind alle mehrjährig, bilden unterirdische Ausläufer und tiefgrünes, glattes Laub, ähnlich der *Convallaria*. Die kleinen, sechsblättrigen Blüten sitzen an aufrechten Ähren oder an einfachen bis zusammengesetzten Dolden.

PFLEGE UND VERMEHRUNG: Sie brauchen kühlen, kalkfreien Torfboden und schattige, feuchte, am besten waldige Standorte. Mulchen im Winter schützt vor Frost; vermehrt werden sie durch Aussaat oder Rhizomteilung.

Clintonia andrewsiana

Diese langsamwachsende nordamerikanische Art wird nur 60 cm hoch und stammt aus Kalifornien und Oregon. An ihren Zweigenden sitzen Trauben kleiner, glockenähnlicher, karminroter Blüten, deren drei innere Blütenblätter eine zentrale cremefarbene Ader haben. Den Blüten folgen violette Beeren.

Clintonia andrewsiana

Clintonia borealis

Diese Art aus dem östlichen und zentralen Nordamerika besitzt lockere Trauben gelblichweißer Blüten mit zurückgebogenen Blütenblättern und herausragenden Staubblättern. Sie bildet blaue Beeren, wird 15–30 cm hoch und blüht im Spätfrühling und Frühsommer.

Clintonia umbellulata

Als eine der schönsten Arten trägt diese im Osten der USA beheimatete dichte Dolden wohlriechender, weißer, häufig grün oder purpur gesprenkelter Blüten. Sie erscheinen im Spätfrühling und Frühsommer an 40 cm langen Trieben oberhalb des üppigen Blattwerks, gefolgt von schwarzen Beeren.

CLITORIA

Die Botaniker des 18. Jahrhunderts wie Linnaeus (Carl von Linné), der dieser Gattung ihren Namen gab, hatten damals keine Probleme, Pflanzen nach ihrer Ähnlichkeit mit menschlichen Geschlechtsteilen zu bezeichnen. *Clitoria* ist ein solcher Fall. Es werden etwa 70 Arten immergrüner Kletterpflanzen, Stauden und Sträucher zu dieser hülsentragenden Gattung gezählt, die in den meisten tropischen Regionen, überwiegend aber in Amerika vorkommen. Sie haben gefiederte Blätter, und die Blüten entstehen einzeln oder in kleinen Trauben. Ihre Grundblütenform ist die Schmetterlingsblüte, die Blüte wird aber umgekehrt präsentiert, wodurch das Kielblütenblatt von oben erscheint und die Insekten auf dem Rücken und nicht auf dem Bauch eingestäubt werden.

Clintonia umbellulata

Clintonia borealis

PFLEGE UND VERMEHRUNG: Die Pflanzen bevorzugen zwar tropisches Klima, können aber auch in frostfreien, warmen Gegenden gedeihen. In kühleren Regionen werden sie in Gewächshäusern oder einjährig kultiviert. Sie brauchen pralle Sonne, fruchtbaren, feuchten, aber durchlässigen, lehmigen Boden, für die windenden Triebe eine Stütze und Ausdünnung im Frühjahr. Die Aussaat geschieht im Frühling.

Clitoria ternatea
SCHMETTERLINGSERBSE

Diese liebliche, immergrüne, 3,5 m hohe Winde mit schlanken Trieben und drei- oder fünffach geteilten Blättern mit einem frischen Grün, ist im tropischen Asien weit verbreitet. Im Sommer erscheinen relativ große, bis 5 cm lange, blaßlila Blüten mit gelbem Zentrum, gefolgt von flachen Hülsen. Es gibt auch eine Form mit gefüllten Blüten. Der lateinische Artname stammt nicht von der dreizähligen Anordnung der Blättchen, sondern von der indonesischen Insel Ternat, wo die Art entdeckt wurde.

CLIVIA
KLIVIE, RIEMENBLATT

Diese Gattung südafrikanischer Lilien ist nach Lady Clive, Herzogin von Northumberland, benannt, deren Großvater Robert Clive die britische Herrschaft in Ostindien begründete. Sie war eine leidenschaftliche Gärtnerin, und *Clivia nobilis* blühte in Großbritannien zuerst in ihren Gewächshäusern. Die Gattung besteht aus vier Arten immergrüner Stauden mit dicken, riemenartigen, tiefgrünen Blättern, die aus kurzen Rhizomen mit dicken Wurzeln entspringen. Die Blüten stehen in dichten Dolden am Ende abgeflachter Triebe und sind trichter- bis trompetenförmig mit sechs rotorangefarbenen, manchmal grüngetupften Blütenblättern, die zum Teil zu einer Röhre verwachsen sind. Bisweilen folgen ihnen auffällige, tiefrote, beerenähnliche Früchte.
PFLEGE UND VERMEHRUNG: In mildem, frostfreiem Klima gedeihen sie draußen, in kühlerem Klima im Treibhaus. Als Oberflächenwurzler wachsen sie in krümeliger, durchlässiger Erde im Schatten oder Halbschatten und mögen keine Bodenstörungen. Im Winter sollten sie trocken gehalten, im Frühling und Sommer regelmäßig gewässert werden. Nach der Blüte wird durch Teilung vermehrt. Auch Aussaat ist möglich.

Clivia caulescens

Diese aus Südafrika stammende, häufig epiphytisch wachsende Art wird selten kultiviert. Die ummantelte Blattbasis sieht aus wie ein Hals an jedem Trieb, und die ausladenden, schlaffen Blätter können eine Länge von etwa 2 m erreichen. Die blühenden Triebe sind bis 45 cm hoch und tragen eine Dolde schmaler, trichterförmiger, abwärtsgebogener Blüten. Sie werden bis zu 4 cm lang, sind blaßrot mit grünen Spitzen und tragen gelbe, vorstehende Staubblätter. In natürlicher Umgebung blüht sie im Herbst. Sie wird selten kultiviert.

Clivia × cyrtanthiflora

Diese Hybride aus *Clivia miniata* und *C. nobilis* ist weit verbreitet. Die 5 cm langen Blüten – schmal trichterförmig und blaß scharlachrot, hellgelb getuft – befinden sich in dichten, hängenden Dolden, die vom Spätwinter bis zum Frühsommer erscheinen. Sie wächst bis zu einer Höhe von 45–60 cm heran.

Clivia gardenii

Aus Südafrika stammt diese Art. An 80 cm langen Stielen sitzen rötlichorange, manchmal gelbe, abwärtsgebogene, 5–8 cm lange Blüten mit grünen Tupfen. Die dunkelgrünen Blätter sind relativ schmal und bis etwa 60 cm lang. Die Pflanze wird 60 cm hoch und blüht im Winter.

Clivia miniata

Als prächtigste Art der Gattung wird diese auch am häufigsten kultiviert. Sie ist im östlichen Südafrika weit verbreitet, wird bis 50 cm hoch und kann bis 8 cm breite Blätter besitzen. Im Frühling trägt sie gewöhnlich Trauben breiter, trichterförmiger, bis knapp 10 cm langer, meist orange- bis scharlachroter Blüten mit gelbem Hals. Vereinzelt kann die Blütezeit variieren. Viele Sorten wurden über viele Jahre gezüchtet, auch gelbe und cremefarbene Formen. Es gibt eine preisgekrönte Hybridengruppe mit tulpenförmigen, tief scharlachroten Blüten.

Clivia nobilis

Diese attraktive, bis 40 cm hohe Art hat einen blühenden Trieb, der gewöhnlich kürzer als die aufrechten, mattgrünen Blätter ist. Die hängenden, schmalen, trichterförmigen, blaß scharlachroten und grüngetupften Blüten bilden eine dichte Dolde und werden vom späten Winter bis zum Frühsommer gebildet.

CLUSIA

Die *Clusia* ist eine sehr große Gattung tropischer, immergrüner Bäume und Sträucher, die außerhalb Amerikas nur als kuriose Formen in Gewächshäusern Botanischer Gärten bekannt sind, während sie in ihren heimischen Regenwäldern sehr formenreich sind. Viele beginnen ihr Leben als Epiphyten auf anderen Bäumen, später verwachsen ihre Luftwurzeln auf dem Boden zu einem Stamm. Die gewöhnlich glatten, ledrigen Blätter können sehr groß werden. Die Blüten beider Geschlechter entstehen einzeln oder in kurzen Dolden an den Zweigenden eines Baumes und sind oft groß und auffällig. Die männlichen sind auffälliger, tassen- oder krugförmig, oft mit sechs oder mehr überlappenden Bütenblättern und einem dichten, dicken Staubblattring in der Mitte. In den weiblichen Blüten existiert ein breiter, gewölbter Fruchtknoten mit glänzenden, oben verwachsenen Narben.
PFLEGE UND VERMEHRUNG: Einige Arten sind robuste Küstenbäume, angepaßt an Straßen und Parks tropischer Städte. Alle Arten bevorzugen fruchtbare, gut durchlässige Böden und geschützte Standorte. Die Vermehrung erfolgt in warmen Gegenden durch Stecklinge oder sonst durch Luftableger.

Clivia miniata

Clusia rosea
Syn. *Clusia major*
BALSAMAPFEL

Diese Art aus der Karibik ist am weitesten verbreitet. Sie wird zu einem Baum von etwa 10 m Höhe mit breiter, ausladender Krone von unregelmäßiger Form und ziemlich dichten Blättern. Vom Boden an ist er in mehrere Stämme gegabelt und bildet, wie einige Feigen, Luftwurzeln. Die dicken, olivgrünen Blätter sind paddelförmig mit breiten, abgerundeten Enden. Im Sommer und frühen Herbst besetzen blaßrosa Blüten mit 5–10 cm Durchmesser die Krone.

CLYTOSTOMA

Neun Arten immergrüner, verholzter Kletterpflanzen, die in der Vergangenheit zu *Bignonia* gestellt wurden, machen diese südamerikanische Gattung aus. Sie besitzen zusammengesetzte Blätter mit gewöhnlich nur zwei echten Blättchen und zweien, die zu Ranken umgebildet sind. Auffällige, dem Fingerhut ähnliche Blüten stehen in Paaren oder Trauben in den Blattachseln.
PFLEGE UND VERMEHRUNG: Diese Pflanzen brauchen durchlässigen Boden und im Sommer einen halbschattigen Standort, zumindest wenn sie jung sind. Bei heißem Wetter müssen sie gut bewässert werden, zum Klettern benötigen sie einen Halt. Bei übermäßigem Wachstum sollte unmittelbar nach der Blüte ausgedünnt werden. Vermehrt wird durch halbreife Stecklinge im Frühling.

Clytostoma callistegioides
Syn. *Bignonia lindleyana*

Diese dichtbelaubte, in Südbrasilien und Argentinien heimische Schlingpflanze hat eine Vielzahl auffälliger, trompetenförmiger Blüten. Gut abgestützt klettert sie schnell bis 3,5 m. Im späten Frühling und Sommer bildet sie an kurzen, hängenden Stielen lavendelfarbene Blüten mit purpurfarbenen Streifen. Man kann sie in warmen Gebieten effektvoll über Zäune oder an hohen Baumstämmen hochziehen.

CNEORUM

Diese einzige Gattung der Familie *Cneoraceae* umfaßt nur zwei Arten immergrüner Sträucher aus der westlichen Mittelmeerregion und von den Kanarischen Inseln. Anderswo werden sie nur selten kultiviert. Sie haben kleine, graugrüne,

Clusia rosea

Clytostoma callistegioides

Clivia miniata

C

etwas ledrige Blätter und kleine, einzelne, gelbe Blüten mit drei oder vier schmalen Blütenblättern und bilden kleine, trockene Früchte. Blätter und Früchte werden von den Einheimischen als Abführmittel genutzt.
PFLEGE UND VERMEHRUNG: Sie wachsen am besten in mildem, trockenem Klima und bevorzugen sonnige Lagen, z.B. Steingärten. Sie sind aufgrund ihrer Herkunft sehr kalktolerant. Vermehrt werden sie durch Aussaat oder Stecklinge.

Cneorum tricoccon

Aus dem westlichen Mittelmeergebiet stammt dieser im Sommer blühende Strauch. Er besitzt graugrüne Blätter und dreiblättrige, hellgelbe Blüten mit 5 mm Durchmesser. Die dreikantigen, bräunlichroten Früchte werden während der Reife schwarz. Diese vielstämmige Pflanze wird 60–120 cm hoch.

COBAEA

Von den über 20 *Cobaea*-Arten ist nur *C. scandens* über das natürliche Verbreitungsgebiet, das tropische Amerika, hinaus bekannt. Es sind schnellwachsende Kletterpflanzen mit Blättern, deren endständige Fieder zu einer Ranke umgeformt ist. Die glockenähnlichen und meist grün, bläulich oder purpurn gefärbten Blüten erscheinen einzeln in den Blattachseln und besitzen einen scheibenförmigen Kelch. Die Blüten werden vermutlich von Fledermäusen und nachtaktiven Insekten bestäubt.
PFLEGE UND VERMEHRUNG: Die reichblühenden Pflanzen können als Einjährige im Freiland angepflanzt werden. Sie bevorzugen geschützte, sonnige Plätze, sowie nährstoffreiche, feuchte, aber gut durchlässige Böden. Die Aussaat erfolgt im Frühjahr, im Sommer werden Stecklinge gesetzt.

Coccothrinax alta

Cneorum tricoccon

Coccoloba uvifera

Cobaea scandens

Cochlospermum fraseri

Cobaea scandens
GLOCKENREBE

Die aus Mexiko stammende Glockenrebe ist ein 10–15 m hoher Kletterstrauch mit dichtem Blattwerk und üppiger Blütenpracht, die in mildem Klima das ganze Jahr über erhalten bleibt. Jede der 5 cm großen Blüten besitzt einen großen, tellerförmigen Kelch, der sich gelbgrün öffnet und dessen Farbe mit der Zeit von Mauve zu Purpur wechselt. Junge Blüten verströmen abends einen unangenehmen Geruch. Die Sorte **'Alba'** besitzt weiße, später cremefarbene Blüten.

COCCOLOBA

Diese amerikanische Gattung umfaßt etwa 150 Arten zumeist immergrüner Sträucher, Bäume und Kletterpflanzen mit unterschiedlich geformten, derben Blättern. Die kleinen weiblichen oder männlichen Blüten bilden Ähren oder Rispen. Ihre violetten, segmentierten Früchte sind z.T. eßbar und mancherorts auch ökonomisch bedeutsam.
PFLEGE UND VERMEHRUNG: Diese tropischen Pflanzen vertragen keine lang anhaltende Kälte und sollten in kühleren Klimazonen im Gewächshaus stehen. Sie gedeihen am besten in praller Sonne und feuchtem, gutdurchlässigem Boden. Einige Arten sind Küstenbesiedler. Die Vermehrung erfolgt durch Aussaat oder Stecklinge.

Coccoloba uvifera
MEERTRAUBE

Die Meertraube stammt von den Stränden des tropischen Amerikas. Sie wächst im Vorfeld der Strand- und Dünensträucher. Der bis zu 10 m hohe, auffällige, meist einstämmige Baum bildet eine ausladende Krone mit glänzenden, 20 cm langen, runden Blättern, auf denen weiße bis pinkfarbene Blattadern hervortreten. Frische Blätter schimmern bronzefarben. Im Frühling und Sommer erscheinen aufrechte, 20–30 cm lange, ährenartige Blütenstände mit kleinen, weißen Blüten. Die violetten, grün gefleckten Früchte sind eßbar.

COCCOTHRINAX

Ungefähr 50 Arten feingliedriger Fächerpalmen, die aus der Karibik, meist aus Kuba stammen, umfaßt diese Gattung. Den oberen Bereich des Stammes bedecken die faserigen Überreste alter Blattscheiden, die manchmal merkwürdige Muster ergeben. Die Blattscheiden der schmalen, fächerähnlichen Wedel spalten sich ungefähr ab der Mitte in viele, spitze Segmente auf und sind unterseits silbrig geschuppt. Die Blütenstände sind meist kürzer als die Wedel, nur mäßig verzweigt und reichlich mit duftenden, weißen oder cremefarbenen Blüten besetzt. Später erscheinen kleine, schwarzviolette, einsamige Früchte.
PFLEGE UND VERMEHRUNG: Die attraktiven Zierpalmen für tropische Gärten und Parks sehen in Gruppen besonders effektvoll aus. Sie tolerieren nährstoffarme, sumpfige Böden, benötigen im Wachstum aber Schutz. Die Vermehrung erfolgt durch Aussaat, die Keimung erfolgt meist innerhalb von zwei Monaten.

Coccothrinax alta

Aus Puerto Rico stammt diese mittelgroße, bis 10 m hohe und eher langsam wachsende Palme. Ihr Stamm ist hellbraun und etwa 10 cm dick. Die anmutig herabhängenden Blattfächer sind oberseits glänzendgrün und auf der Unterseite silbrig. Den weißen Blüten folgen braunschwarz schimmernde Früchte.

COCHLEARIA
LÖFFELKRAUT

Die Löffelkräuter stammen aus den kühlen bis subarktischen Regionen der nördlichen Hemisphäre. Die Gattung ist mit Kresse verwandt und umfaßt 25 ein- und mehrjährige Arten. Die Blätter sind gewöhnlich ungeteilt, nieren- oder herzförmig und entweder in einer grundständigen Rosette oder fortlaufend am Blütentrieb ansitzend. Ihre kleinen, weißen, vierblättrigen Blüten sitzen in mehr oder weniger langen Ähren angeordnet. Nach und nach öffnen sie sich und bilden kugel- bis eiförmige Schötchen. Einige *Cochlearia*-Arten werden als Salatgarnitur benutzt und sind reich an Vitamin C. Sie schmecken aber nicht besonders gut.
PFLEGE UND VERMEHRUNG: Die nicht besonders attraktiven Pflanzen können im Kräutergarten in feuchtem und leichtem Boden an kühlen, geschützten Plätzen gepflanzt werden. Die Vermehrung erfolgt durch Selbstaussaat oder durch Teilung des Horstes.

Cochlearia officinalis
ECHTES LÖFFELKRAUT

Das Echte Löffelkraut wächst auf Meeresklippen und Felsstränden Nordwest- und Mitteleuropas. Die ein- bis mehrjährige Art wird bis zu 40 cm hoch. Ihre einfachen, fleischigen Basalblätter sind nierenförmig und werden etwa 2 cm lang. Der Blütenstengel verzweigt sich mehrfach und bildet Ähren mit kleinen, weißen Blüten aus, die sich im Frühling und Sommer öffnen. Später erscheinen rundliche Schoten. Früher wurden Präparate dieser Pflanzen auf langen Seereisen als Schutz vor Skorbut eingenommen.

COCHLOSPERMUM

Die etwa 30 Arten Sträucher und kleiner Bäume umfassende Gattung ist in tropischen Regionen mit ausgeprägten Regenfällen weit verbreitet. Die gelappten Blätter, den Wein- oder Ahornblättern ähnlich, werden in der Trockenzeit meist abgeworfen. Prächtige, große, cremefarbene bis goldgelbe Blüten stehen in Dolden am Ende der Blütenzweige. Die großen Samenkapseln sind rund bis wurstförmig und platzen mit ungewöhnlichen Mustern auf, um wollig behaarte Samen freizugeben. Die geschwollenen, fleischigen Wurzeln von *Cochlospermum* können gegessen werden. Andere Pflanzenteile liefern Fasern und Gummi für die Medizintechnik.
PFLEGE UND VERMEHRUNG: Diese einfach zu pflegenden Sträucher benötigen volle Sonne und mäßig fruchtbaren, gut durchlässigen Boden. Ihr struppiges, ungepflegtes Erscheinungsbild wird durch Beschneiden in Form gebracht. Zur Vermehrung werden Stücke der Wurzelknollen benutzt.

Cochlospermum fraseri

Die windschiefen Sträucher oder Bäume dieser im nördlichen Australien heimischen Art können etwa 10 m hoch werden. Die drei- bis fünflappigen Blätter sind etwas behaart und bis zu 15 cm lang. An blattlosen Ästen erscheinen während der Trockenzeit leuchtend goldgelbe, bis 10 cm breite Blüten. Bei regelmäßiger Bewässerung können die Blätter bis zur Blütezeit erhalten bleiben.

COCOS
KOKOSNUSS

Entgegen früherer Systematik (siehe u.a. *Butia, Syagrus*) gilt die Kokosnußpflanze *(Cocos nucifera)* heute als die einzige Art dieser Gattung. Sie ist das Sinnbild der Palme schlechthin, Symbol tropischer Strände und auch von großem kommerziellem und lokalem Nutzen. Die Früchte sind durch eine harte, dunkle innere Fruchtschale mit drei Augen gekennzeichnet. Von den Früchten verwandter Gattungen unterscheiden sie sich durch die

enorme Größe und die Tatsache, daß das Endosperm, d.h. die Reservestoffe, zum Teil flüssig sind (Kokosmilch).
PFLEGE UND VERMEHRUNG: Temperaturen unter 15 °C verträgt diese tropische Pflanze nicht lange. In kühleren Klimaten wird sie vereinzelt in beheizten Gewächshäusern kultiviert, erreicht dort aber selten ihre normale Größe. Am besten wächst sie auf tiefgründigen, feuchten Böden mit voller Sonne, auch in Küstenregionen. Zur Vermehrung wird die Nuß ohne Samenhülle in feuchtem Sand auf eine Seite gelegt. Einige Monate später keimt sie aus.

Cocos nucifera
KOKOSPALME

Den Aktivitäten des Menschen und der Tatsache, daß die schwimmfähigen Früchte von der Meeresströmung über weite Strecken transportiert werden können, verdankt die Kokospalme ihre weltweite Verbreitung in den Tropen. Typisch sind der schlanke, oft gebogene und bis zu 30 m hohe Stamm und die Krone mit langen, grazil herabhängenden Palmwedeln. Sie bringt kontinuierlich üppige Blütenstände mit kleinen, cremefarbenen bis gelben Blüten hervor. Die bekannten, gelbgrünen Früchte trocknen während der Reife und werden braun. Es existieren viele ausgesuchte Züchtungen, wie z.B. **'Malay Dwarf'** mit einem kürzeren Stamm und einer Vielzahl goldgelber Nüsse.

CODIAEUM

Die immergrünen Sträucher und kleinen Bäume sind mit 15 Arten in Südasien, Malaysia und auf den pazifischen Inseln heimisch. Von der Art *Codiaeum variegatum* gibt es zahlreiche Züchtungen mit besonders bunten und bizarr geformten Blättern. In den Tropen sind es beliebte Gartenpflanzen, bei uns werden sie als Topfpflanzen kultiviert. Wo sie im Freiland gedeihen, eignen sich besonders die hochwüchsigen Züchtungen als Heckenpflanzen. Die kleinen, gelben Blüten sind eher unscheinbar – die Pflanzen werden allein wegen ihrer attraktiven Belaubung angepflanzt.
PFLEGE UND VERMEHRUNG: Die wärmeliebenden Pflanzen schätzen feuchte, humusreiche Böden an sonnigen bis halbschattigen Standorten. Als Zimmerpflanzen benötigen sie nährstoffreiche, gutdurchlässige Blumenerde. Während der Wachstumsperiode ist regelmäßig zu gießen und zu düngen. Die Vermehrung erfolgt durch Abmoosen oder über Triebspitzenstecklinge.

Codiaeum variegatum
WUNDERSTRAUCH, KROTON

Die Wildform des Wunderstrauches ist ein kleiner Baum mit ganzrandigen grünen Blättern. Die Züchtungen dagegen bieten eine enorme Vielfalt von Blattformen und -farben, mit Grün, Gelb, Orange und sogar Violett an nur einer Pflanze. Einige Züchtungen werden 2,5 m und noch höher, mit 30 cm langen Blättern. Um die Blattfärbung zu erhalten, ist nur eine vegetative Vermehrung über

Codonopsis clematidea

Stecklinge möglich. **'America'** besitzt Blätter mit grüner, roter, orangefarbener und gelber Färbung entlang der Blattadern und Blattränder; **'Petra'** ist ähnlich, besitzt jedoch deutlicher definierte Ränder; **'Imperial'** hat gelbe Blätter mit pinkfarbenen Rändern und grünen Mittelrippen; die zurückgebogenen Blätter von **'Interruptum'** sind gelb mit grünem Rand und roter Mittelrippe; **'Mrs. Iceton'** (Syn. 'Appleleaf') besitzt elliptische Blätter mit einem metallischen Purpur an den Rändern und einer gelben Blattmitte.

CODONOPSIS
GLOCKENWINDE

Mit ihren hängenden, meist glockenförmigen Blüten, deren Formen stark variieren und die sehr schön geädert sein können, ist die Glockenwinde der Gattung *Campanula* ähnlich. 30 mehrjährige Arten mit kriechenden oder kletternden Stämmen und knolligen Wurzeln sind aus dem östlichen Asien und den Bergen Malaysias bekannt. Die Blätter verströmen beim Zerreiben einen ziemlich unangenehmen Geruch.
PFLEGE UND VERMEHRUNG: Die Pflanzen benötigen ein feuchtes, kühles Klima, einen leichten, gut durchlässigen Boden und einen halbschattigen bis schattigen Standort. Auf Hochbeeten kommt das attraktive Innere der Blüten besonders gut zur Geltung. Die Vermehrung erfolgt durch Samen oder durch vorsichtige Teilung.

Codonopsis convolvulacea

Diese Art stammt aus dem Himalaja und dem westlichen China. Die gewundenen Stämme werden 2,5 m hoch, müssen aber gestützt werden, sonst ranken sie an Mauern und Böschungen hinunter. Die großen, glockenförmigen Blüten haben einen Durchmesser von 5 cm. Sie können violett bis fast weiß sein und stehen einzeln und lang gestielt am Ende von Seitenzweigen. ***Codonopsis clematidea,*** eine ähnliche Art aus Zentralasien, hat nickende Blüten mit purpurfarbenen Blattadern.

COELOGYNE

Verwandt mit *Cymbidium*, stammt diese über 100 Arten epiphytischer Orchideen umfassende Gattung aus dem tropischen Asien und von den pazifischen Inseln. Nur wenige davon werden kultiviert. Ihre Pseudobulben sind kurz und dick, manchmal auch glatt und zylindrisch. Sie sitzen mal dicht, mal weit verstreut an

Cocos nucifera mit *Pandanus tectorius*

Codiaeum variegatum 'America'

Codiaeum variegatum 'Petra'

Coelogyne cristata

dem kriechenden Rhizom. Jeder Pseudobulbus bringt ein oder zwei ledrige Blätter hervor. Die gewöhnlich bogen- oder pendelförmigen Blütenstengel entwickeln sich aus der Basis der Pseudobulben und tragen bei manchen Arten nur eine einzige Blüte. Die Blüten sind äußerst vielgestaltig, einige sind reinweiß, andere mit orangefarbenen Markierungen auf dem Labellum (Lippe).
PFLEGE UND VERMEHRUNG: Viele *Coelogyne*-Arten entwickeln ausladende Bestände mit zahlreichen Blütenrispen. Einige gedeihen im Kühlen und eignen sich für geschützte und frostsichere Plätze im Freiland. Sie bevorzugen eher groben, erdefreien Kompost und zur Wachstumszeit im Sommer reichlich Wasser. Im Winter sollte man ihnen eine Wachstumspause gönnen, um die Blühkraft zu gewährleisten. Die Vermehrung erfolgt durch Teilung nach der Blüte.

Coelogyne cristata
ENGEL-ORCHIDEE

Aus dem Himalaja stammt diese Orchidee. Die Engel-Orchidee ist die beliebteste

Codiaeum variegatum 'Interruptum'

ihrer Gattung und zählt zu den schönsten Orchideen überhaupt. Unter den glänzenden, tiefgrünen Blättern tragen die zarten Pflanzen zahlreiche kurze Büschel wohlriechender, weißer Blüten mit einem Goldschimmer am Rand. Sie mag im Sommer kühlen Schatten und ist leicht auch als Zimmerpflanze zu halten. Sie blüht am Ende des Winters bis zum Frühjahr.

Coelogyne dayana

Ledergelbe Blüten mit dunkelbraun und weiß gemustertem Labellum, die in Ähren dicht gedrängt manchmal 1 m herabhängen, schmücken diese auf Borneo heimische Orchidee. Ihre Pseudobulben sind mit 15–25 cm länger als die der meisten *Coelogyne*-Arten, und ihre Blätter sind bis 75 cm lang. Sie blüht im späten Frühjahr oder Frühsommer und benötigt recht warme Bedingungen.

Colchicum agrippinum

Colchicum autumnale

Colchicum autumnale 'Album'

Coelogyne mayeriana

Coffea arabica

Coelogyne pandurata

Coelogyne pandurata
SCHWARZE ORCHIDEE

Bogenförmige Rispen tragen wenige, spinnenähnliche, hell- bis gelbgrüne Blüten mit einer purpurschwarzen Markierung auf dem Labellum. Die duftenden Blüten erscheinen nur im Sommer und sind von großen, aus den eiförmigen Pseudobulben entspringenden Blättern umgeben. Die auf Bornea und in Malaysia heimische Art bevorzugt gemäßigte Bedingungen. ***Coelogyne mayeriana*** ist *C. pandurata* ähnlich, bis auf das etwas breitere Labellum.

COFFEA
KAFFEE

Ungefähr 40 Sträucher und kleinere Bäume werden als Kaffee bezeichnet. Sie stammen vorwiegend aus dem tropischen Afrika und zum Teil aus Asien und tragen waagerecht abstehende Äste und gegenständige, dunkelgrüne, glattrandige Blätter. In den Blattachseln sitzen weiße Blüten, aus denen sich kleine, fleischige und zur Reife rot gefärbte, zweisamige Früchte entwickeln. Besonders geschätzt wird *Coffea arabica*, aus deren Bohnen der erste Kaffee zubereitet wurde und für die immer noch die höchsten Preise erzielt werden.

PFLEGE UND VERMEHRUNG: Die frostempfindlichen Pflanzen bevorzugen einen etwas schattigen Standort mit humusreichem Boden und beständig milden Temperaturen. Zur Vermehrung werden halbreife Stecklinge oder Samen verwendet. Auch als Zimmerpflanzen sind sie geeignet. Sie lassen sich aus frischen und schnell keimenden Samen ziehen.

Coffea arabica
KAFFEESTRAUCH, BERGKAFFEE, ARABICA-KAFFEE

Arabica-Kaffee stammt aus den regenfeuchten Bergwäldern Äthiopiens. Wenngleich ein oder zwei Pflanzen kaum ausreichen, um den persönlichen Kaffeebedarf decken zu können, ist die Pflanze immerhin ein attraktiver immergrüner Schmuck für frostfreie Gärten und Container. Der Baum wird bis etwa 4,5 m hoch und trägt entlang der Äste dicht gedrängt kleine, weiße, duftende Blüten. Die dunkelroten Früchte enthalten jeweils zwei »Bohnen«. Getrocknet und geröstet werden sie zu den überall bekannten Kaffeebohnen.

COIX

Es gibt fünf Arten in dieser recht ungewöhnlichen Gattung aus dem tropischen Asien. Sie gehören zur Familie der Süßgräser, besonders die jungen Pflanzen sehen dem Mais sehr ähnlich. Typisch sind die hohle, tropfenförmige Struktur der Fruchthülle, die jede kleine Ährchengruppe umschließt. Der Gattungsname sollte zweisilbig – »co-ix« – ausgesprochen werden.

PFLEGE UND VERMEHRUNG: Geeignet ist ein geschützter, frostfreier Platz mit feuchtem, fruchtbarem Boden. Die Pflanze sät sich in der Regel an Ort und Stelle selbst aus.

Coix lacryma-jobi
HIOBSTRÄNE, TRÄNENGRAS

Bei uns wird nur diese aus Südostasien stammende, einjährige Art kultiviert. Sie wird 1–2 m hoch und besitzt knotige, bambusähnliche Stengel. An der Stengelbasis können sich selbst bewurzelnde Schößlinge entstehen. Die glänzenden, dunkelgrünen Blätter haben eine Blattspreite von bis zu 5 cm und leicht gewellte Ränder. Zu Dekorationszwecken werden die blaugrün schimmernden, perlenähnlichen Fruchthüllen geerntet, die die sonst unscheinbaren Ährchen umschließen. Einige ausgesuchte Stämme werden auch wegen ihres eßbaren Korns angebaut.

COLCHICUM
HERBSTZEITLOSE

Obwohl die Blüten dieser Zwiebelpflanzen (eigentlich Knollenpflanzen) den Krokusblüten (*Crocus*) stark ähneln, gehören sie verschiedenen Gattungen an und sind nicht eng verwandt. Die Herbstzeitlosen umfassen ungefähr 45 Arten, die in Europa, Nordafrika, West- und Zentralasien heimisch sind. Am häufigsten findet man sie in der Türkei und dem Balkan. Sie werden besonders gerne von Miniaturpflanzen- und Steingartenfreunden kultiviert, aber nur wenige sind weit verbreitet. Trotz ihres Namens, »Herbstzeitlose«, blühen manche Arten im Frühling. Die Blüten besitzen eine lange Röhre, die Narbe sitzt ebenerdig oder sogar unter der Erdoberfläche. Die Blütenblätter breiten sich an der Spitze gewöhnlich trichterförmig aus. Es gibt sechs Staubblätter (*Crocus* besitzt immer drei). In der Regel erscheinen die Blätter erst nach den Blüten und sind meist ziemlich breit und fleischig. Alle Pflanzenteile sind giftig – sogar bloßer Hautkontakt kann schon Reizungen verursachen. Die giftige Substanz Colchizin behindert die Teilung der Zellkerne und wird bei der Behandlung einiger Krebsarten eingesetzt. In der Pflanzenzucht dient es der Erzeugung polyploider Pflanzen.

PFLEGE UND VERMEHRUNG: Die Pflanzen sind winterhart und anspruchslos zu kultivieren, solange die Winter nur kalt genug sind. Einige mediterrane Arten mögen heiß-trockene Bedingungen und stehen besser an einer warmen, sonnigen Stelle im Steingarten mit guter Drainage. Auch ohne Erde entwickeln sie aus den Knollen einmal die Blüte und können daher auch im Zimmer stehen. Vermehrt wird durch Samen oder Teilung im Sommer.

Colchicum agrippinum

Heute glaubt man, dies sei eine alte Hybride mit *Colchicum variegatum* als einzige eindeutige Mutterpflanze. Sie läßt sich leicht kultivieren und wird bis 15 cm hoch, wenn sie blüht. Das Bemerkenswerteste ist das schachbrettartige Muster der sternförmigen Blüten in hellen und dunkleren Lila- und Rosatönen. Sie sind etwa 10 cm groß und erscheinen im Herbst. Die später folgenden, breiten Blätter sind etwas länger.

Colchicum autumnale

Die bekannteste Art dieser Gattung, *Colchicum autumnale*, kommt aus Europa. Die Blüten ragen bis 10 cm hoch über den Boden und haben einen Durchmesser von etwa 10 cm. Sie erscheinen in zarten Lila- und Rosatönen vom Spätsommer bis zur Herbstmitte. Das Verbreitungsgebiet dieser Art reicht am weitesten nach Norden. Sie ist äußerst tolerant gegenüber Feuchtigkeit. Die Sorte **'Album'** hat weiße Blüten, es gibt auch eine Sorte mit gefüllten Blüten.

Colchicum byzantinum

Die Knollen dieser Art sind mit 5–10 cm relativ lang und fast genauso breit. Jede kann im frühen Herbst 20 oder mehr Blüten hervorbringen. Diese sind gut 10 cm breit, hellila bis leuchtend mauvefarben mit weißem Zentrum und besitzen etwa 10 cm lange Blütenröhren. Die geäderten Blätter erscheinen im Winter. Sie werden etwa 30 cm lang und 10 cm breit.

Colchicum 'Lilac Wonder'

Als eine von vielen Sorten, von denen man annimmt, daß *Colchicum speciosum* eine der Mutterpflanzen ist, trägt 'Lilac Wonder' im Herbst große, lilafarbene Blüten. Sie sind becherförmig, haben einen Durchmesser von 10 cm und stehen 20 cm hoch.

Colchicum speciosum

Aus der Kaukasusregion, dem Norden der Türkei und dem Iran stammt diese *Col-*

Colchicum byzantinum

Colchicum 'Lilac Wonder'

Coleonema album

Colletia paradoxa

Coleonema pulchellum 'Sunset Gold'

Coleonema pulchellum 'Compactum'

chicum-Art. Sie gilt als die schönste und gehört zu den leichter kultivierbaren Arten. Vom Spätsommer bis tief in den Herbst trägt sie kelchförmige Blüten von der Größe kleiner Tulpen in einem wundervollen Rosarot, deren Blütenhals innen weiß ist. Die Sorte **'Album'** besitzt reinweiße Blüten.

Colchicum 'Waterlily'

Dies ist ein weiterer möglicher Abkömmling von *Colchicum speciosum*, der zur gleichen Zeit blüht. 'Waterlily' fällt durch ihre großen, gefüllten Blüten auf, die aus bis zu 26 Blättern bestehen können und lila bis rosafarben sind. Die Blüten werden häufig am Kopf so schwer, daß sie schlaff herunterhängen.

COLEONEMA

Diese kleinen, immergrünen Sträucher aus Südafrika werden oft fälschlich zu der nur selten kultivierten Gattung *Diosma* gezählt. Es gibt acht Arten, die meisten wachsen wild in der westlichen Kapregion Südafrikas. Sie haben kurze, nadelförmige Blätter auf sehr dünnen, drahtigen Zweigen und unscheinbare, sternförmige Blüten, die im Winter und Frühling, gelegentlich noch einmal im Sommer blühen. Die aromatischen Blätter riechen leicht nach Ameisen.

PFLEGE UND VERMEHRUNG: Das Zurückschneiden nach der Blüte macht ihnen nichts aus. Gepflanzt werden sie in leichte, aber feuchte und gut durchlässige Erde an einen vollsonnigen Standort. Die Blätter können ungesund gelblichgrün werden. Dagegen hilft gelegentliches Gießen mit stark verdünnter Eisensulfat-Lösung. Vermehrung durch Stecklinge.

Coleonema album

Häufig wird diese Art irrtümlich *Diosma ericoides* genannt. Sie hat weiße Blüten von der Mitte des Winters bis zur Mitte des Frühlings und wächst bis 1,5 m hoch und breit. Die Blätter sind tiefgrün und etwas breiter als die der beliebteren Art *Coleonema pulchellum.*

Coleonema pulchellum

Syn. *Coleonema pulchrum* hort.

Diese am weitesten verbreitete Art ist ein 1,5 m hoher Strauch mit dünner, heidekrautartiger Beblätterung. Im Winter und Frühling trägt er reichlich pinkfarbene, sternförmige Blüten. Lange Zeit wurde sie als *Coleonema pulchrum* falsch identifiziert. Die echte *Coleonema pulchrum* wird aber nur selten kultiviert. Es gibt verschiedene Sorten mit rosa Blüten. **'Compactum'** hat eine dichte Form, **'Sunset Gold'** mit leuchtendgelben Blättern und hellrosa Blüten ist sehr beliebt. Als kompakter, niedriger, flacher Busch wird sie nicht höher als 45 cm.

COLLETIA

17 Arten immergrüner Sträucher aus dem gemäßigten und subtropischen Südamerika umfaßt diese ungewöhnliche Gattung. Die gegenständigen Blätter sind sehr klein und bei den meisten Arten nur an neuen Trieben zu finden. Ihre Photosynthesefunktion haben die grünen Zweige übernommen. Jeder von ihnen trägt an der Spitze einen gefährlichen Dorn. Kleine, weiße, glockenförmige Blüten, die nach Honig duften, erscheinen in Rispen an der Zweigbasis. Es sind absonderliche Pflanzen, die manche attraktiv finden, andere wild und abstoßend.

PFLEGE UND VERMEHRUNG: *Colletia* können in durchschnittlicher Gartenerde wachsen und bevorzugen pralle Sonne. Schon wenige Sträucher bilden eine undurchdringliche Barriere. Die Vermehrung erfolgt durch Stecklinge oder Aussaat der in kugeligen Kapseln entstehenden Samen. Rückschnitt dient dichterem Wuchs.

Colletia paradoxa

Syn. *Colletia cruciata*

Einheimisch ist dieser 3 m hohe, sehr ungewöhnliche Strauch in Uruguay, Argentinien und Südbrasilien. Er wächst aufrecht und besitzt blattlose, vertikal abgeflachte, dunkel graugrüne Zweige mit einem wachsartigen Flaum. Manchmal entstehen auch Äste mit kürzeren und dichter stehenden Zweigen. Die Beschaffenheit dieser Pflanze ist bemerkenswert: Klopft man mit dem Fingernagel gegen die Pflanze, so verhält sie sich wie Sperrholz. Die zahlreichen Blüten sind weiß und erscheinen im Herbst. Sie sind ziemlich ausdauernd.

COLLINSIA

Etwa 20 Arten einjähriger Pflanzen gehören dieser Gattung aus dem westlichen Nordamerika an. Sie zählen zur Familie der Rachenblütler und haben Quirle farbenfroher, zweilippiger Blüten, die in ihrem Aufbau denen von *Linaria* ähneln, bloß ohne den hinteren, spitzen Sporn. Die größere untere Lippe und die nach hinten umgeknickte Oberlippe lassen sie auf den ersten Blick wie Schmetterlingsblüten aussehen und locken auch ähnliche Insekten an.

PFLEGE UND VERMEHRUNG: Einige kalifornische Arten dienen als Gartenpflanzen und sind an feuchte, halbschattige Standorte angepaßt. Sie können als Topfpflanzen auch im Gewächshaus stehen. Die Samen werden im zeitigen Frühjahr oder, im Falle der frühblühenden *Collinsia verna*, im Herbst gesät.

Collinsia bicolor

Syn. *Collinsia heterophylla*

Diese kalifornische, einjährige Art mit schwachen, 60 cm langen Stengeln wächst wild an schattigen Standorten. Die Farbtöne der Sommerblüten reichen gewöhnlich von Pink bis zu hellem Purpur. Im Kontrast dazu steht die weiße Oberlippe.

COLOCASIA

Diese Gattung des tropischen Asiens gehört zur Familie der Aronstabgewächse und besteht aus sechs Arten immergrüner, knollenbildender Mehrjähriger. Die großen Blätter sind pfeilkopf- oder herzförmig mit auffälligen Adern und haben einen langen Stiel, der mit der Blattspreite vom Rand aus verbunden ist. Die Blütenstände erscheinen zu jeder Jahreszeit und ähneln kleinen, hellgelben oder cremefarbenen *Calla*-Blüten mit angenehmem Duft. Wenigstens zwei *Colocasia*-Arten werden wegen ihrer eßbaren Knollen angebaut, andere wachsen als Zierpflanzen.

Colchicum speciosum 'Album'

Coleonema pulchellum

Colchicum speciosum

Colchicum 'Waterlily'

Columnea arguta

Colquhounia coccinea

Colocasia esculenta

PFLEGE UND VERMEHRUNG: Die nicht winterharten Pflanzen bevorzugen geschützte, sonnige Plätze und nährstoffreiche Humusböden. An der Pflanzenbasis sollte der Boden fest sein, um den dünnen Stamm ausreichend zu stützen. Bei regelmäßiger Bewässerung kann man die Knollen acht Wochen nach dem Pflanzen ernten. Junge Schößlinge werden wie Spargel, die Knollen wie Kartoffeln verarbeitet. Die Vermehrung erfolgt durch Teilung.

Colocasia esculenta

Syn. *Colocasia antiquorum*
TARO, ZEHRWURZEL

Diese 1–2,5 m hohe Pflanze, die sich durch Ausläufer verbreiten kann, ist in tropischen und subtropischen Gebieten der Erde weit verbreitet. Der Grund dafür sind die unzähligen Taro-Sorten, die eßbare Knollen bilden. Sie unterscheiden sich u.a. in der Menge an Oxalatkristallen, die die Knollen roh ungenießbar machen. Die herzförmigen, mittel- bis dunkelgrünen Blätter, die bis 60 cm lang werden, sitzen an langen Stielen. ***Colocasia esculenta* var. *antiquorum*** bildet kleinere, dafür aber mehr Knollen. Die Zierpflanzensorte **'Fontanesii'** besitzt dunkelpurpur gefärbte Stiele und bronzefarbene Blätter.

Colocasia gigantea

Diese Art stammt aus Malaysia und hat hellgrüne, bis 2 m lange und 1 m breite Blätter, deren Unterseite mit einem weißem Flaum überzogen ist. Die ganze Pflanze kann 2,5 m hoch werden. Sie hat einen kurzen, basalen Stamm, an dessen Spitze kontinuierlich schmale, cremefarbene Blütenscheiden entstehen. Sie wächst in leicht sumpfigen Lichtungen der Regenwälder und läßt sich in frostfreien Gegenden leicht kultivieren.

COLQUHOUNIA

Diese Gattung, die nach dem Pflanzensammler Sir Robert Colquhoun (ausgesprochen »ko-hun«) benannt wurde, besteht aus drei Arten immergrüner oder halbimmergrüner Sträucher oder Halbsträucher aus der Familie der Lippenblütler und kommt aus dem Himalaja und Südostasien. Die aromatischen Blätter sind fein gezähnt und stehen gegenständig an vierkantigen Stämmen. Die röhrenförmigen, zweilippigen Blüten stehen in endständigen Ähren.
PFLEGE UND VERMEHRUNG: Die Pflanzen brauchen einen geschützten Standort, volle Sonne und gutdurchlässigen Boden. Bei Frost können sie beschnitten werden. Ihre Vermehrung erfolgt im Sommer durch Stecklinge.

Colquhounia coccinea

Dieser ansehnliche, doch wuchernde Strauch aus dem Himalaja wird bis 3 m hoch und breit und hat große, filzige, aromatische Blätter und endständige Ähren hellpink- bis rötlich-orangefarbener Blüten, die innen gelblich sind.

COLUMNEA

Als eine der größten Gattungen aus der afrikanischen Gesneriaceen-Familie, zu denen auch die Usambara-Veilchen gehören, umfaßt diese über 150 Arten Sträucher, Halbsträucher und Kletterer aus dem tropischen Amerika. Da sie aus sehr feuchten Gegenden kommt, wachsen viele als Epiphyten mit langen, kriechenden Stämmen und fleischigen Blättern. Die schönen, ungewöhnlichen Blüten, meist rot, orange und gelb, haben eine lange Röhre und oft eine haubenförmige Oberlippe. Sie werden kunstvoll durch Kolibris bestäubt, die unter der Blüte schweben und Pollen von den Staubbeuteln unter der Haube auf ihren Kopf bürsten, während sie aus der Röhre Nektar schlürfen.
PFLEGE UND VERMEHRUNG: Einige Arten benötigen konstant hohe Luftfeuchtigkeit, viele können aber in warmem Klima auch draußen an einem geschützten Ort wachsen. In kühleren Gegenden gedeihen sie nur im Gewächshaus. Hängende Körbe sind ideal, sowohl für *Columneas* mit hängenden Stengeln, als auch für aufrechte, kletternde Pflanzen. Am besten wachsen sie in faserigem Kompost, gemischt mit z.B. *Sphagnum*-Moos, Torf oder Holzkohle. Die reichliche Bewässerung im Sommer sollte bei Kälte verringert werden. Durch Stecklinge wird die Pflanze vermehrt.

Columnea arguta

Eine der schönsten Arten dieser Gattung stammt aus Panama. Sie wächst am besten in großen hängenden Körben in einem feuchten Gewächshaus. Die hängenden Stengel können bis 2 m lang werden und bilden einen dichten Blättervorhang. Die kleinen, dichtgedrängten Blätter sind oberseits dunkelgrün mit samtiger, purpurner Behaarung. Die stark verhüllten, prächtig farbigen Blüten sind knapp 10 cm lang.

Columnea gloriosa

Diese aus Mittelamerika stammende Pflanze hat, ähnlich der verwandten *Aeschynanthus,* halbaufrechte, behaarte Stengel und fleischige, nach außen gewölbte, bis 4 cm lange und samtig behaarte Blätter. Vom Frühjahr bis in den Herbst entwickelt sie aus den Blattachseln eine Vielzahl prächtiger, scharlachroter und gelber Blüten, die knapp 10 cm lang sind.

COLUTEA

BLASENSTRAUCH

Es gibt etwa 30 Arten laubwerfender Sträucher in dieser Gattung von Schmetterlingsblütlern. Die meisten stammen aus West- und Zentralasien, nur wenige aus China, dem Mittelmeerraum und Nordafrika. Wild wachsen sie überwiegend in trockenen Bergregionen. Die mit *Clianthus* und *Sutherlandia* verwandte Gattung besitzt ebenfalls – teils recht große – blasenähnliche Hülsen, die sich beim Zerquetschen mit einem satten »Popp« öffnen. Die zartgelben bis orangefarbenen Blüten erscheinen am Ende der Wachstumsperiode an kurzen Seitentrieben. Die Blätter sind gefiedert.
PFLEGE UND VERMEHRUNG: Obwohl kein typischer Zierstrauch, besitzt er attraktive Blätter und Blüten. Er gedeiht auch unter ungünstigen Bedingungen und blüht lange in der wärmeren Jahreshälfte. Er gedeiht gut an der Meeresküste. *Colutea arborescens* wird als Pfropfunterlage für die schöne australische einjährige Art *Swainsona formosa (Clianthus formosus)* verwendet. Die Vermehrung erfolgt durch Aussaat oder Stecklinge.

Colutea arborescens

Dieser schnellwachsende, laubwerfende Strauch, der bis 3,5 m hoch werden kann, stammt aus Südeuropa. Die hellgrünen Blätter haben viele Fiedern. Gelbe Schmetterlingsblüten entstehen vom Sommer bis zum Herbst. Ihnen folgen blasenähnliche Samenhülsen.

COLVILLEA

In dieser Gattung existiert nur eine Art. Sie ist endemisch auf Madagaskar wie die verwandte *Delonix regia,* aber in den Tropen nicht so weit verbreitet. Der immergrüne, mittelgroße Baum hat eine ausladende Krone aus farnähnlichen, doppelt gefiederten Blättern. Er ist ein idealer Schattenspender für Parks und Alleen in warmen Klimaten, denn der Stamm verästelt sich häufig erst in beträchtlicher Höhe. Verzweigte Ähren mit vielen hübschen Blüten ragen über das Blattwerk hinaus und locken nektarsammelnde Vögel an, z.B. Papageien.
PFLEGE UND VERMEHRUNG: Dieser Baum wächst am besten in tropischem Klima, vorzugsweise in feuchtem, durchlässigem Boden in voller Sonne. Er verträgt aber auch gelegentlichen Frost. Die Vermehrung erfolgt durch Samen.

Colvillea racemosa

Dieser Baum wird bis zu 15 m hoch, bleibt aber in Kultur gewöhnlich kleiner. Die fedrigen, zweifach gefiederten Blätter werden bis 80 cm lang. Im Herbst öffnen sich aus nickenden, silbernen Knospen lange, zylinderähnliche, hell orangefarbene Blüten mit gelbspitzigen Staubgefäßen.

COMBRETUM

LANGFADEN

Die Vertreter dieser umfangreichen Gattung – es sind Sträucher und mittelgroße Bäume und Kletterpflanzen – kommen in den tropischen und subtropischen Zonen Afrikas, Asiens und Amerikas vor. Die meisten sind immergrün, nur einige südafrikanische Arten werfen im Herbst ihr buntgefärbtes Laub ab. Die Blüten erscheinen in Ähren. Bei vielen Arten sind die Blütenblätter unscheinbar, aber die Staubgefäße recht bunt. Ihre attraktiven vierfach geflügelten Früchte bleiben lange an den Ästen, bis sie der Wind verbreitet.
PFLEGE UND VERMEHRUNG: Die Arten sind an tropische und subtropische Klimate mit sommerlichem Regen angepaßt und wachsen auf verschiedenen Böden, solange die Drainage gut und der Standort sehr sonnig ist. Man vermehrt sie mit frischem Samen oder Stecklingen.

Combretum bracteosum

SCHLUCKAUF-NUSS

Dieser immergrüne Kletterer ist im östlichen Südafrika heimisch und rankt sich an Bäumen und Mauern oder Böschungen bis zu 4,5 m hoch. Er besitzt weiche Blätter, die oberseits stumpf-, unterseits blaßgrün sind. Im Sommer ist er über und über mit orangeroten Blüten bedeckt. Seine nußähnlichen Früchte sollen angeblich Schluckauf verursachen oder heilen.

Combretum erythrophyllum

Dieser kleine, ausladende, laubwerfende Baum, etwa 10 m hoch, ist im südöstlichen Afrika weit verbreitet. Schon kurz über dem Grund teilt er sich häufig in mehrere kräftige Stämme mit einer gelbbraunen Borke. Neue Triebe sind hellgrün, reifende mittelgrün und zur Herbstzeit tiefrot. Seine kleinen, grünlich-gelben Blüten erscheinen im Winter und Frühjahr und bilden im Sommer strohfarbene, hopfenähnliche Früchte, die man zu Dekorationszwecken trocknen kann. Er

Convallaria majalis

wächst schnell, und die Samen keimen bereitwillig.

COMMELINA

Die mit *Tradescantia* eng verwandte, große Gattung umfaßt etwa 230 Arten mehrjähriger Kräuter und ist in tropischen und subtropischen Regionen weit verbreitet. Manche besitzen knollenförmige Wurzeln und bilden einjährige aufrechte Triebe, andere mit immergrünen, kriechenden Trieben bewurzeln sich an den Stengelknoten. Unterscheidungsmerkmale sind die asymmetrischen, bootförmigen Hochblätter, die jede Blütenknospen-Gruppe umschließen, sowie die drei Blütenblätter, von denen nur zwei auffällig sind. Sie können intensiv blau, pink oder weiß sein. Jedes Blütenblatt verengt sich an der Basis zu einem Häkchen oder Stielchen.
PFLEGE UND VERMEHRUNG: Geeignete Standorte sind sonnig mit gutdurchlässigem Boden. Durch Stecklinge oder Teilung erfolgt die Vermehrung.

Commelina coelestis

Aus Mittel- und Südamerika einschließlich Mexiko stammt diese Art mit himmelblau gefärbten Blüten, die sich nachmittags schließen. Sie sind 2,5 cm groß, besitzen drei gleiche Blütenblätter und blühen vom Spätsommer bis in den Herbst. Die schwachen Stengel entspringen einem tiefen, knolligen Wurzelstock und werden 1 m hoch. *Commelina coelestis* braucht einen warmen Standort in voller Sonne.

Commelina cyanea

Diese australische Art wächst an vielen Standorten und wird in Gärten fast zur Plage. Sie hat schwache, niederliegende Stengel, die sich an den Knoten bewurzeln. In den Zwischenräumen werden viele tiefe, fleischige Wurzeln gebildet sowie Rhizome, die Trockenheit und Frost überstehen. Die Blätter sind schmal und haben eine Rinne, die Blüten sind intensiv himmelblau bis purpurfarben und entstehen spärlich vom Frühjahr bis zum Herbst. Frühe australische Siedler haben die Pflanze als Gemüse gegen Skorbut verzehrt.

CONSOLIDA
RITTERSPORN

In der Vergangenheit wurden diese Einjährigen zur Gattung *Delphinium* gezählt, aber heute gelten die rund 40 Arten, die im Mittelmeerraum und in West- und Zentralasien vorkommen, als eigene Gattung.

Convolvulus althaeoides

Der lateinische Name stammt aus der mittelalterlichen Wundheilung, denn man nahm an, daß sie die Blutgerinnung beschleunigen. Der Rittersporn unserer Gärten ist größtenteils Abkömmling einer einzigen Art, der *Consolida ajacis*, und umfaßt viele Sorten, die meist wegen ihrer unterschiedlichen Farben zusammengepflanzt werden. Auch als Schnittblumen halten sie sich lange. Sie haben fein geteilte, federähnliche Blätter und giftige Samen.
PFLEGE UND VERMEHRUNG: Rittersporn kann in gemäßigtem oder mildem subtropischen Klima wachsen. Er mag Sonne und gutdurchlässige Böden. Hochwachsende Arten sollten gestützt werden. Die Vermehrung erfolgt durch Aussaat. Er kann von Schnecken und Mehltau befallen werden.

Consolida ajacis
Syn. ***Consolida ambigua, Delphinium consolida***
GARTEN-RITTERSPORN

Der Name Rittersporn erklärt sich durch den Nektar enthaltenden Blütenfortsatz, der bei offenen Blüten verdeckt, bei ungeöffneten Knospen aber deutlich sichtbar ist. Diese Art aus dem Mittelmeerraum hat ursprünglich blaue Blüten. Heutige Garten-Ritterspornе sind das Ergebnis ihrer Kreuzung mit *Consolida orientalis* oder mit *C. regalis*. Ihre Blüten können weiß, rosa oder purpurfarben sein, sind meist gefüllt und erscheinen vorwiegend im Sommer. Einige werden über 1 m hoch.

CONVALLARIA
MAIGLÖCKCHEN

Obwohl etliche Maiglöckchenarten beschrieben wurden, nehmen die meisten Botaniker an, daß in den Wäldern Frankreichs bis Sibiriens und in den kühleren Regionen Nordamerikas nur eine Wildform vorkommt. Die Pflanzen verbreiten sich mit unterirdischen Rhizomen, aus

Commelina cyanea

denen spitze, ovale Blätter und dünne Blütenstengel sprießen. Diese tragen kleine, weiße Glöckchen, die wie Perlen vor dem Dunkelgrün der Blätter schimmern. Die danach erscheinenden roten Beeren werden zu medizinischen Zwecken genutzt, sie sind aber giftig und besonders für Kinder gefährlich, weil sie süß schmecken.
PFLEGE UND VERMEHRUNG: Die Rhizome sollten im Herbst an einen halbschattigen Standort gepflanzt werden. Unter passenden Bedingungen verbreiten sich Maiglöckchen von selbst und können bei Platzmangel so gedrängt stehen, daß sie ausgedünnt werden müssen. Sie sollten in gedüngtem, feuchtem Humusboden wachsen und können als Zimmerpflanzen in Töpfe gesetzt und nach dem Blühen zurück ins Freie gepflanzt werden. Die Vermehrung erfolgt durch Aussaat oder Teilung.

Convallaria majalis

Diese bezaubernde Pflanze ist berühmt für ihren betörenden Duft. Sie wird nur 20–30 cm hoch, hat dunkelgrüne Blätter und breitet sich unbegrenzt aus. Am besten wächst sie in kühlem Klima. Die zierlichen, weißen, glockenförmigen Blüten sind 6–12 cm groß und erscheinen im Frühling. Es gibt auch rosa Varianten. Die werden alle zu ***Convallaria majalis* var. *rosea*** gestellt. Einige Arten haben gefärbte Blätter.

CONVOLVULUS
WINDE

Winden sind in vielen gemäßigten Zonen der Erde anzutreffen. Es sind meist schlanke, windende Kriechpflanzen und kleine Kräuter. Selbst die wenigen Sträucher besitzen weiche Äste und treiben stets von der Basis neu aus. Sie haben einfache, gemusterte, gewöhnlich schmale Blätter. Die Blüten ähneln denen der Prunkwinde und bestehen zunächst aus einer auffälligen, gefalteten Röhre, die sich trichterförmig öffnet. Im Gegensatz zu den Blüten vieler echter Prunkwinden *(Ipomoea)*, die sich früh am Morgen öffnen und mittags bereits welken, sind die *Convolvulus*-Blüten ganztags geöffnet. Sie blühen meist nacheinander während einer langen Saison.
PFLEGE UND VERMEHRUNG: Diese ziemlich anspruchslosen Pflanzen passen sich vielen unterschiedlichen Böden und Standorten an. Am besten gedeihen sie jedoch in der vollen Sonne. Nach der Blüteperiode können sie kräftig zurückgeschnitten werden, um das Dickenwachstum anzuregen. Die Vermehrung erfolgt durch Stecklinge.

Convolvulus althaeoides

Aus dem Mittelmeerraum stammt diese mehrjährige Pflanze, die sich mit unterirdischen Rhizomen ausbreitet. Sie besitzt kriechende oder windende Stengel und ovale, herzförmige Blätter, die stark gelappt sein können und leicht silbrig glänzen. Die reichlich erscheinenden leuchtendrosa Blüten haben einen Durchmesser von 2,5–4 cm. Sie entstehen im Spätfrühling oder Sommer. In mildem Klima überwuchern sie andere Pflanzen. Wenn sie nicht gestützt werden,

Combretum erythrophyllum

Consolida ajacis

Combretum erythrophyllum

können sie ungepflegte, 15 cm hohe Wälle bilden.

Convolvulus cneorum

Dieser außerordentlich attraktive Halbstrauch aus dem europäischen Mittelmeerraum besitzt dicht gedrängte, aufwärts gekrümmte Sprosse, die 0,5–1,2 m hoch sprießen. Seine weichen, schmalen Blätter ordnen sich quirlig um den Stamm herum an und weisen eine seidige, silbrig schimmernde Behaarung auf. Die Triebe enden in dichten Trauben seidiger, fleischfarbener Knospen. Sie öffnen sich der Reihe nach vom Frühjahr bis zum Sommer mit leuchtendweißen Blüten, die einen kleinen, gelben »Augen«-Fleck tragen.

Convolvulus sabatius
Syn. *Convolvulus mauritanicus*

Diese kriechende, ziemlich dicht wachsende Art kommt vom nördlichen Afrika bis Süditalien vor. Sie ist mehrjährig und bildet vom Frühling bis zum Herbst eine Fülle lilablauer Blüten. Die zierlichen Stämmchen mit schmal-ovalen, grünen Blättern können 15–20 cm hoch werden und breiten sich, zum Teil um Äste windend, schnell aus. Sie ist für die Begrünung von Mauern und Blumenampeln gut geeignet.

Copernicia baileyana

Convolvulus sabatius

Convolvulus cneorum

Convolvulus tricolor
Syn. *Convolvulus minor*

Diese einjährige, zierliche Beetpflanze aus der Mittelmeerregion hat eine Fülle dunkel purpurblauer oder weißer Blüten mit gelbem Saum und weißem Schlund. Die lanzettlichen Blätter sind klein und sattgrün. Sie wächst nur 20–30 cm hoch, blüht aber vom späten Frühjahr bis zum frühen Herbst. Die einzelnen Blüten überdauern allerdings nur einen Tag. **'Blue Ensign'** hat dunkelblaue Blüten mit hellgelbem Zentrum.

COPERNICIA

Der überwiegende Teil der 25 Fächerpalmenarten dieser Gattung ist auf Kuba endemisch und von teils bizarrer Gestalt. Drei Arten kommen im östlichen und mittleren Südamerika und zwei auf Hispaniola vor. Wild wachsen sie in trockenen Savannen und Gebieten mit regelmäßiger Überflutung. Die Stämme sind oft von einem Mantel aus abgestorbenen Blättern umgeben. Die großen, meist spitzigen Wedel haben einen kreis- bis keilförmigen Umriß und einen stacheligen Blattstiel. Bei manchen Arten sind die unteren Wedel mit einer dicken Wachsschicht bedeckt – die brasilianische *Copernicia prunifera* z.B. liefert das für Polituren gerne verwendete Carnauba-Wachs. Die Knospen der reichverzweigten Blütenstände sind zunächst von Hochblättern umschlossen, die auch nach der Blüte überdauern. Die Wedel werden zu Strohdächern und Hängematten verarbeitet, die Stämme zu Zäunen und aus den Blattfasern werden Seile und Bürsten gefertigt.

PFLEGE UND VERMEHRUNG: Einige Arten aus Kuba werden als ungewöhnliche Pflanzen für tropische und subtropische Gärten geschätzt, wenngleich sie nur langsam wachsen. Sie sollten an einem geschützten, sonnigen Ort in humusreiche, feuchte Erde gepflanzt werden. Für eine symmetrische Wuchsform brauchen sie ausreichend Platz. Die Vermehrung erfolgt durch Samen.

Coprosma acerosa f. *brunnea*

Convolvulus tricolor 'Blue Ensign'

Coprosma × *kirkii* 'Minogue'

Coprosma 'Kiwi Silver'

Copernicia baileyana

Diese stattliche Palme wächst in der Savanne und im Buschland auf Kuba. Ältere Bäume besitzen einen glatten, hellgrünen Stamm von 9 m Höhe und einem Durchmesser von ungefähr 60 cm, in Kultur sind solche Ausmaße allerdings eher selten. Die Wedel sind wegen ihrer Größe bemerkenswert und wegen der auffälligen Art, wie die zahllosen Segmente kammähnlich nach oben weisen. Sie ist in Südflorida sehr beliebt und kann unter günstigen Bedingungen verhältnismäßig schnell wachsen.

COPROSMA

Die meisten der 90 Arten dieser Gattung immergrüner Sträucher und kleiner Bäume kommen aus Neuseeland, einige auch aus Australien und von den südpazifischen Inseln. Zahlreiche Arten werden wegen ihrer Unempfindlichkeit gegenüber salzigen Winden geschätzt und für Küstenhecken und Schutzbepflanzungen genutzt. Die Blätter variieren stark in Größe und Form, entstehen aber immer gegenständig und sind eher ledrig und glatt. Das zerriebene Laub einiger Arten riecht unangenehm. Die Blüten sind meist unauffällig grün und bei den männlichen Blüten auf die Staubbeutel, bei den weiblichen auf die langen Narben reduziert. Männliche und weibliche Blüten stehen an unterschiedlichen Pflanzen. Die kleinen, beerenartigen, roten, weißen, blauen oder violetten Früchte dagegen können sehr auffällig sein.

PFLEGE UND VERMEHRUNG: In praller Sonne und leichten, gutdurchlässigen Böden wachsen sie leicht und schnell. Gelegentliches Stutzen regt die Blattbildung an. Vermehrt wird durch Aussaat im Frühjahr oder halbreife Stecklinge im Spätsommer.

Coprosma acerosa f. *brunnea*
Syn. *Coprosma brunnea*

Der drahtige, niederliegende Strauch, bis 3 m breit und nicht mehr als 15 cm hoch, stammt aus Neuseeland, wo er in trockenen, kiesigen Flußbetten wächst. Die winzigen, schmalen, olivgrünen Blätter fallen gegenüber den hellbraunen Stämmen nicht auf. Kleine, beigefarbene Blüten im Frühling werden von wunderschönen durchscheinenden, blauen Beeren abgelöst.

Coprosma lucida

Coprosma × *kirkii*

Weit verbreitet ist diese Hybride in Neuseeland. Sie hat schmale, längliche, glänzende, leuchtend- bis graugrüne Blätter, die in zahlreichen Rosetten angeordnet sind. Dieser niedrige und dicht verzweigte, nur wenig winterharte Strauch wird als Bodendecker und Erosionsschutz, besonders an Küsten, gepflanzt. Er wird 40 cm hoch und breitet sich 1–2 m weit aus. Die Sorte **'Minogue'** ist eine grünblättrige Form, die unter der Vorgabe gezüchtet wurde, eine robuste Pflanze zu erreichen. **'Variegata'** hat graugrün und beige gefleckte Blätter. Es existieren etliche weitere Sorten.

Coprosma 'Kiwi Silver'

Diese niedrige, 1 m breite Pflanze wächst in etwa 30 cm hohen Hügelformen und hat elliptische, glänzende, grüne Blätter mit hellgelbem Rand.

Coprosma lucida

Die außergewöhnliche *Coprosma lucida* aus Neuseeland ist ein ziemlich lichter Strauch oder Baum, der ungefähr 5 m hoch und breite, glänzende Blätter von 15 cm Länge besitzt. Die männlichen Blüten sind gelbgrün und sitzen dicht gedrängt in den Blattachseln. Die weiblichen Pflanzen bilden 1 cm lange, orangerote Früchte.

Coprosma repens
Syn. *Coprosma baueri* hort.

Diese Pflanze stammt von den Küsten Neuseelands und wird gerne als Windschutz gepflanzt, sogar dort, wo andere Pflanzen kaum überleben. Normalerweise bildet sie Wälle von 1–2 m Höhe aus, ohne Rückschnitt wird sie noch größer. Sie besitzt stark glänzende, ledrige, dunkelgrüne Blätter. Die unscheinbaren Blüten der weiblichen Pflanzen werden im späten Sommer und Herbst von schmalen, orangeroten Früchten abgelöst. Die Blätter der Sorte **'Gold Splash'** sind überwiegend goldgelb, **'Marble Queen'** ist eine Zuchtform mit blasseren grün- und cremefarbenen Blättern. Die Blätter von **'Pictura'** haben einen zentralen, gelben Fleck und **'Pink Splendor'** ist eine rosa gesprenkelte Zuchtform.

CORDIA

KORDIE

Diese Gattung umfaßt ungefähr 300 Arten immergrüner und laubwerfender Sträucher und Bäume vor allem tropischer und subtropischer Gebiete. Einige werden als Bauholz genutzt, andere zu Einbäumen ausgehöhlt und die Blätter mancher Arten dienen zum Färben. Die meisten Arten haben große, glatte, ovale Blätter und kleine bis mäßig große, trompetenähnliche Blüten, die sich deutlich vom dunklen Blattwerk abheben.

PFLEGE UND VERMEHRUNG: Sie benötigen beständige Wärme und feuchten, durchlässigen Boden. Zur Vermehrung werden Samen oder halbreife Stecklinge benutzt.

Cordia dichotoma

Dieser pflegeleichte, immergrüne Baum aus dem tropischen Asien und Australien wird 10 m hoch und besitzt einen in die Breite gehenden Habitus. Seine breiten Blätter sind 20 cm lang und schimmern. Er bildet sowohl männliche, als auch zwittrige orangefarbene Blüten. Die 2,5 cm langen und schmutzigrosa gefärbten Früchte sind eßbar, das Fleisch ist aber zäh.

Cordia sebestena

SCHARLACHKORDIE

Dieser immergrüne Strauch oder kleine Baum stammt von den Karibischen Inseln, aus Florida und Venezuela und ist in den Tropen als Zierpflanze weit verbreitet.

Cordia wallichii

Cordia wallichii

Er wird an die 10 m hoch und hat 20 cm lange, ovale Blätter. Dichte Trugdolden mit leuchtend orangeroten Blüten erscheinen lange Zeit im Jahr. Die ovalen, weißen, eßbaren Früchte sind 2,5 cm groß.

Cordia wallichii

Heimisch ist dieser großgewachsene Strauch im tropischen Asien. Er kann als kleiner Baum stattliche 3,5–6 m Höhe erreichen. Seine Blätter sind breit und dunkelgrün. Die Blüten entstehen in dichten Dolden in den Achseln der oberen Blätter und sind mit 2,5 cm Breite eher klein dimensioniert. Als dichter Strauch dient er als Schirm- oder Schutzbepflanzung in tropischen Gärten.

Cordia sebestena

Cordyline australis 'Albertii'

Cordyline australis

CORDYLINE

KEULENLILIE, TI

Überwiegend in der südwestpazifischen Region sind die meist palmenähnlichen immergrünen Sträucher und kleinen Bäume dieser Gattung heimisch, wobei einige der neuseeländischen Arten relativ winterhart sind. Im Habitus und in der Belaubung den Drachenbäumen ähnlich, unterscheiden sie sich aber in den Blüten, die klein und sternförmig sind und in großen Dolden entstehen, sowie in den roten, schwarzen oder weißlichen Früchten. Eine Besonderheit sind die Rhizome, die abwärts wachsen und durch die Bodenöffnung von Töpfen herauswachsen. Sie dienen vermutlich als Nährstoffspeicher.

PFLEGE UND VERMEHRUNG: Die Keulenlilien lieben nährstoffreiche, gutdurchlässige Böden und geschützte, halbschattige Plätze; bei hoher Feuchtigkeit wird auch volle Sonne vertragen. Die schmalblättrige neuseeländische Art verträgt besonders intensive Sonneneinstrahlung und *Cordyline australis* toleriert salzhaltiges Spritzwasser. Viele sind dankbare Topfpflanzen. Die Vermehrung ist einfach durch Aussaat oder Stammstecklinge.

Cordyline australis

Syn. *Dracaena australis*

Diese eindrucksvolle neuseeländische Art, die größte der Gattung mit einem kräftigen, häufig über 6 m hohen Stamm, ist relativ winterhart. Die Sämlinge mit sehr schmalen, elegant gewölbten Blättern können als Zimmerpflanzen über Jahre im Jugendstadium verbleiben. Im Freien bilden sie einen Stamm und die bräunlichgrünen Blätter können 1 m lang und 5 cm breit werden. Die erste große Dolde schmaler, weißer, süßriechender Blüten entsteht am Ende des 2–2,5 m hohen Stammes und öffnet sich im Sommer. Der Stamm verzweigt sich in zahlreiche Blattrosetten, die ebenfalls bald blühen und sich wieder verzweigen. Die Sorte **'Purpurea'** mit bronze-purpurfarbenen Blättern ist beliebt; **'Albertii'** ist eine weniger robuste Sorte mit cremefarben gestreiften Blättern und eher rosafarbenen neuen Trieben.

Coprosma repens

Coprosma repens

Coprosma repens, Kulturvarietät

Coprosma repens 'Gold Splash'

Coprosma repens 'Pink Splendor'

Cordyline banksii

Cordyline fruticosa, Kulturvarietät

Cordyline indivisa

Cordyline stricta

Coreopsis auriculata 'Nana'

Coreopsis grandiflora

Cordyline banksii

Auch dieser kompakt wachsende Baum stammt aus Neuseeland. Er ähnelt *Cordyline australis*, hat aber etwas breitere und weichere, bis 10 cm breite Blätter. Gewöhnlich bildet die Art einen großen Strauch von 3 m Höhe und Breite. Die kleinen, wohlriechenden, weißen Blüten erscheinen in langen Rispen im Spätfrühling und Sommer. Geschützt und mit regelmäßiger Bewässerung wächst er am besten.

Cordyline fruticosa

Syn. ***Cordyline terminalis***

KEULENLILIE

Diese bekannte Art stammt vermutlich aus der Region um Papua-Neuguinea, wurde aber schon früh von Melanesiern und Polynesiern, die die stärkehaltigen Rhizome als Nahrung schätzten, über das pazifische Gebiet verbreitet. Sie wird etwa 3 m hoch und bildet einen kräftigen, verzweigten Stamm. In Gärten wird sie eher als 1–2 m großer Strauch gezogen. An der Spitze des Stammes sitzen dünne, lanzettliche, 80 cm lange und 15 cm breite Blätter. Im Sommer erscheinen 30 cm lange Rispen kleiner, duftender, weißer bis trüb mauvefarbener Blüten. Ihnen folgen dichtgedrängt rote Beeren. Viele Formen mit farbiger und gefleckter Belaubung mit unterschiedlicher Blattform und -größe sind bevorzugte Landschaftsbäume der Tropen. Die Sorte **'Imperialis'** besitzt dunkelgrüne Blätter, die rosapurpurn gestreift sind.

Cordyline indivisa

Die wildwachsende *Cordyline indivisa* wird etwa 6 m hoch, der gedrungene Stamm trägt an der Spitze stark gerippte, hell- bis mittelgrüne Blätter von 1–2 m Länge und etwa 10 cm Breite. Die kleinen, weißen Blüten an den 0,5–1 m langen Dolden erscheinen vom Frühjahr bis zum Frühsommer. Sie bevorzugt das kühle Klima nebelfeuchter Küsten. Junge Pflanzen benötigen einen lichtgeschützten Standort.

Cordyline stricta

Dieser Strauch aus dem subtropischen Ostaustralien bildet Horste aus röhrichtähnlichen, zarten, bis etwa 2,5 m hohen Ästen. Im Topf bleibt er schwächer, erreicht aber dieselbe Höhe. Er besitzt dunkelgrüne, riemenartige, etwas schlappe Blätter von etwa 2 cm Breite. Die langen, hängenden Dolden mit blaß purpurfarbenen Blüten erscheinen im späten Frühjahr und Frühsommer, es folgen kleine schwarze Beeren. Die schattenvertragende Art liebt einen feuchten geschützten Standort.

COREOPSIS

MÄDCHENAUGE, SCHÖNGESICHT

Ungefähr 80 sowohl ein- als auch mehrjährige Arten dieser Gattung aus der Korbblütlerfamilie sind in den kühleren und trockeneren Regionen Amerikas heimisch. Im Sommer erscheinen an zarten Stengeln die goldgelben, manchmal auch zweifarbigen Blütenköpfchen. Die Blätter variieren von einfach und schmal bis zu gezähnt und tief geteilt und werden teils nur basal gebildet.

PFLEGE UND VERMEHRUNG: Die Einjährigen werden als Beetpflanzen, die Mehrjährigen gerne zur Begrenzung angepflanzt. Sie bevorzugen volle Sonne und einen fruchtbaren, durchlässigen Boden. Mehrjährige wachsen auch in nährstoffarmen, steinigen Böden der Küstenregionen. Die Einjährigen vertragen keinen schweren Lehmboden. Zur Vermehrung werden die älteren Horste im Winter oder auch im Frühjahr geteilt. Auch die Nachzucht aus Frühjahrsstecklingen oder Samen im Herbst ist möglich. Größer gewachsene Sorten müssen zum Teil gestützt werden.

Coreopsis auriculata

Dies ist eine winterharte, aber nur kurzlebige Mehrjährige aus dem Südosten der USA. Sie wird bis zu 50 cm hoch. Die kräftigen, gelben Blütenköpfchen erscheinen während des Sommers. Die Blätter sind oval oder lanzettlich. Es gibt einige Zuchtformen, wie z.B. **'Perry's Variety'** mit halbgefüllten Blüten. **'Nana'** ist eine kompakte Form von etwa 15 cm Höhe.

Coreopsis grandiflora

Sie gehört zu den anspruchslosesten Mehrjährigen. Dieses hell goldgelbe Mädchenauge aus dem Südosten und der Mitte der USA blüht vom späten Frühjahr bis zum Hochsommer. Es besitzt leicht behaarte Blätter und Stengel und wächst buschig etwa 30–60 cm hoch und breit. Besonders für Blumenwiesen ist die Art geeignet. Sie kann wie eine Einjährige kultiviert werden, denn sie sät sich selbst aus. Kompaktere Sorten sind **'Badengold'**, **'Sunray'** oder **'Early Sunrise'**. Sie sind für eine Randbepflanzung hervorragend geeignet.

Coreopsis lanceolata

Coreopsis lanceolata

Auch diese Art stammt aus dem Südosten und der Mitte der USA. Sie ist eine buschige Mehrjährige mit langstieligen, lanzettlichen Blättern und goldgelben Blütenköpfchen auf beblätterten, etwa 60 cm langen Stengeln. Sie ist besonders blühfreudig und kann bei dichter Pflanzung vom Frühjahr bis zum Frühsommer regelrechte goldene Teppiche bilden. Die kurzlebige Art sät sich selbst aus. In einigen Gegenden Australiens auf armen Böden ist sie dadurch zur echten Plage geworden. **'Baby Sun'** ist eine kompakte, langblühende, 30 cm hohe Sorte für Beetbepflanzungen.

Coreopsis maritima

Syn. ***Leptosyne maritima***

Anders als alle anderen hier beschriebenen Arten stammt diese Mehrjährige aus der Küstenregion Südkaliforniens. Sie wird 80 cm groß, wächst buschig und besitzt einen an der Basis sukkulenten Sproß sowie tief geteilte, farnähnliche Blätter. Sie blüht ausdauernd im späten Winter und Frühjahr und bildet 10 cm große, gelbe Blütenköpfchen an langen, nackten Stengeln.

Coreopsis tinctoria

Das natürliche Verbreitungsgebiet dieser attraktiven und dankbaren Schnittblumen ist Nordamerika. Schnellwachsend und einjährig, bildet sie vom Sommer bis in den Herbst Gruppen hellgelber, in der Mitte roter Blütenköpfchen. Die Gestalt ist eher zart, die Höhe variiert zwischen 60 und 90 cm. Die Pflanzen fallen leicht um

Coreopsis tinctoria

Coreopsis lanceolata 'Baby Sun'

Coreopsis verticillata 'Moonbeam'

und sollten aus diesem Grund gestützt werden.

Coreopsis verticillata

Mit einer Fülle gelber Blütenköpfchen macht diese Art aus dem Südosten der USA auf sich aufmerksam. Die mehrjährige Pflanze bildet Unmengen dünner Rhizome, aus denen unzählige aufrechte, 80 cm lange Stengel emporschießen. Die zu dritt quirlig angeordneten Blätter sind in viele schmale Segmente unterteilt. Die Art bevorzugt leichte, nicht sehr nährstoffreiche Böden. Die Sorte **'Moonbeam'** ist kleiner und kompakter. Sie besitzt zitronengelbe Blüten.

CORIANDRUM

Nur zwei Arten gibt es in dieser mediterranen Gattung aus der Familie der Doldenblütler. Eine davon ist als Gewürz bekannt und wird mittlerweile in fast allen Küchen von Südostasien bis zum Mittleren Osten verwendet. Die Pflanzen haben eine fleischige Pfahlwurzel und vielfach geteilte Blätter, die um so feiner werden, je näher sie an die weiß blühende Blütendolde ragen.

PFLEGE UND VERMEHRUNG: Der Gemeine Koriander wird gewöhnlich im Kräutergarten angebaut. Er liebt leichte, aber nährstoffreiche, durchlässige Böden und volle Sonne. Die Aussaat erfolgt im zeitigen Frühjahr.

Coriandrum sativum

KORIANDER

Diese schnellwachsende Einjährige, die eine Höhe von 75 cm erreichen kann, wird hauptsächlich wegen ihrer Samen und aromatischen Blätter angebaut, wenngleich man in der thailändischen Küche die ganze Pflanze einschließlich der Wurzel benutzt. Sie besitzt petersilienähnliche Blätter und im Sommer Dolden voll kleiner, weißer Blüten. Ihnen folgen kleine, runde, aromatische Samen. Die frischen Blätter geben asiatischen Speisen ihren exotischen Geschmack. Die getrockneten Samen werden für Currypulver, Chutneys, Konfekt, Kuchen und Soßen verwendet.

CORIARIA

GERBERSTRAUCH

Coriaria ist mit etwa 30 Arten Sträucher, Halbsträucher und kleiner Bäume eine eher kleine Gattung, die aber auf der ganzen Welt verstreut vorkommt. Die meisten Arten wachsen in Neuseeland und Südamerika, einige auch in Mexiko, Ostasien, den Mittelmeerländern und Pa-

Coriaria japonica

pua-Neuguinea. Sie besitzen gewinkelte Äste und – in hübscher, zweireihiger Anordnung – ovale Blätter. Die Blüten, die an kurzen oder langen Seitentrieben sitzen, sind zunächst unscheinbar, schwellen aber nach der Blüte an und werden dickfleischig und bunt. Sie umschließen die sehr kleinen, eigentlichen Früchte. Diese sind giftig und wirken halluzinogen und insektizid. Aus einigen Arten gewinnt man Farbstoffe.

PFLEGE UND VERMEHRUNG: Sie wachsen in jedem normalen Gartenboden, benötigen aber etwas Schutz. Die meisten Arten vertragen leichten bis mäßigen Frost und selbst nach Frostschäden treiben sie meist wieder aus. Zur Vermehrung nutzt man die Samen, Stecklinge oder Wurzelteile.

Coriaria japonica

Diese Art aus Japan wächst in der Form niedriger Halbsträucher mit niederhängenden Stämmchen. Es ist ein geeigneter Bodendecker mit auffälligen roten Früchten und zur Herbstzeit bunt gefärbtem Laub.

CORNUS

HARTRIEGEL

Die Gattung der Hartriegel besteht aus ungefähr 45 Arten immergrüner oder laubwerfender Sträucher, Bäume und sogar ein oder zwei krautigen, mehrjährigen Arten. Sie sind in den gemäßigten Zonen der Nordhalbkugel weit verbreitet. Alle besitzen einfache, glattrandige Blätter mit charakteristischen, einwärts gekrümmten Blattadern. Die Blüten sind klein, meist grünlich, gelblich oder schmutziglila und wenig dekorativ, außer bei den Arten, deren köpfchenartig zusammenstehende Blüten von attraktiven, weißen, rosa oder gelben Hochblättern umgeben sind. Einige strauchige Arten, wie z.B. der Rote Hartriegel (*Cornus sanguinea*) mit kleinen, unscheinbaren Blütenähren haben dafür hellrot oder gelb gefärbte Äste und

Coriandrum sativum

Zweige, sowie fleischige Zierfrüchte. Sie sind besonders im Winter, laubfrei, sehr dekorativ.

PFLEGE UND VERMEHRUNG: Alle Arten mögen Sonne und einen nährstoffreichen, gedüngten, gutdurchlässigen Boden. Einige vielstämmige Arten wachsen auch in sumpfigem Boden gut. Viele sind recht winterhart, *Cornus capitata* verträgt allerdings nur leichten Frost. Die außerordentlich dekorativen, rotstämmigen Arten können jährlich fast bis zum Boden beschnitten werden, um neue Triebe mit intensiverer Farbe zu bilden. Sie kann ausgesät werden oder bewurzelte Ableger bilden, die in feuchter Sand-Torf-Mischung wachsen.

Cornus alba

Mit ungewöhnlichen leuchtendroten Ästen und Zweigen macht dieser Strauch aus dem Nordosten Asiens im Spätherbst und Winter auf sich aufmerksam. Er bildet dichte Gebüsche, die bis zu 3 m hoch und doppelt so breit werden können. Die unteren Äste besitzen die Fähigkeit, sich im Boden neu zu bewurzeln. Vom späten Frühjahr bis zum Sommer erscheinen gelblich-cremefarbene Doldenblüten, später bilden sich erbsengroße, weiß oder blau gefärbte Früchte. Er gedeiht in feuchten Böden, besonders gerne an Flüssen und Seen. Bekanntere, gefällige Sorten sind u. a. **'Elegantissima'**, mit graugrünen, teils weiß gerandeten Blättern, **'Sibirica'** mit hellroten Blättern und Zweigen; **'Spaethii'** entwickelt bronzefarbene Blätter.

Cornus alternifolia

Diese Art ist in den östlichen Vereinigten Staaten und Kanada heimisch und hat genau wie der asiatische *Cornus controversa* wechselständige Blätter, im Gegensatz zu den anderen Hartriegelarten mit gegenständigen Blättern. Es ist ein attraktiver, laubwerfender, bis etwa 10 m hoher Baum mit etagenartig angeordneten Zweigen. Im Frühling erscheinen cremefarbene Blütenstände, später bilden sich an roten Blütenstengeln attraktive Sträuße blauschwarzer Beeren. Das Laub ist im Herbst rot verfärbt. **'Argentea'** besitzt weiß gefleckte Blätter, ist aber etwas schwachwüchsig.

Cornus canadensis

Syn. ***Chamaepericlymenum canadense***

Diese krautige Waldpflanze aus Nordamerika hat ihr eurasisches Gegenstück in Form von ***Cornus suecica.*** Die Stengel entspringen einem netzartigen Wurzelstock und bilden eine dicke, im Winter regelmäßig absterbende Matte. Aus der Mitte der endständigen Rosette geäderter Blätter entspringen während des Sommers die kleinen cremefarbenen Blütendolden, umgeben von vier weißen, auffälligen Hochblättern. Es folgen die leuchtendroten, eßbaren Früchte. Sie bevorzugt geschützte, kühle, feuchte Plätze und überwächst schnell ein größeres Areal.

Cornus capitata

Syn. ***Benthamia fragifera, Dendrobenthamia capitata***

Dieser immergrüne, rundliche, sich schnell verzweigende Baum wird knapp 10 m hoch und ist im Himalaja und in China heimisch. Die Krone aus graugrünen Blättern wird vom späten Frühjahr bis zum Frühsommer von unzähligen Blütenständen bedeckt. Jeder davon ist von vier großen Hochblättern aus einem zauberhaften Zitronengelb umgeben. Im Herbst

Cornus canadensis

Cornus capitata

Coriandrum sativum

Cornus alba

bilden sich große, saftige, aber geschmacklose, scharlachrote Sammelfrüchte.

Cornus controversa

Mit über 12 m Höhe ist dieser laubwerfende Baum aus China, Korea und Japan eine stattliche Erscheinung. Er entwickelt einen aufrechten Stamm mit einer horizontal angeordneten Belaubung. Die glänzenden, stark geäderten Blätter stehen alternierend an den rötlichen Zweigen, eine Eigenschaft, die er mit *Cornus alternifolia* teilt. Auch ohne Hochblätter gehört dieser Baum mit seinen flachen, 10 cm breiten Dolden im Frühsommer zu den auffälligen Arten. Die Früchte schimmern schwarz, das Laub verfärbt sich mit den fallenden Temperaturen im Herbst rot bis purpurfarben. Die Sorte **'Variegata'** besitzt Blätter mit cremeweißem Rand.

Cornus kousa

Cornus kousa

Cornus kousa var. *chinensis*

Cornus florida

Cornus 'Eddie's White Wonder'

Diese Hybride aus *Cornus florida* und *C. nuttallii* ist ein laubwerfender, großer herbstbunter Strauch oder kleiner Baum mit einem aufrechten Habitus. Seine kleinen rundlichen Blütendolden erscheinen im Frühling und sind jeweils von vier reinweißen, knapp 10 cm langen Hochblättern umgeben.

Cornus florida

BLUMENHARTRIEGEL

Der Blumenhartriegel ist bekannt für seine Schönheit und Verläßlichkeit. Er wird über 5 m hoch und bildet einen einzelnen, etwas gekrümmten Stamm. Im Frühjahr erscheinen unzählige Blütendolden, jeder mit vier großen, weißen oder rosa Hochblättern. Im Spätsommer ist er dann mit auffälligen, roten Früchten bedeckt. Das Herbstlaub färbt sich feuer- oder scharlachrot mit einem weißlichen Glanz auf der Blattunterseite. *Cornus florida* benötigt für eine reiche Blüte warme Sommer. **'Rubra'** besitzt Hochblätter, die an der Basis hell- und sonst dunkelrosa sind. **'Apple Blossom'** hat blaßrosa Hochblätter.

Cornus kousa

Aus Japan, China und Korea stammt *Cornus kousa*. Der Strauch wird etwa 6 m hoch (während der Reifezeit mit dichter, tiefgrüner Belaubung) und hat in Etagen angeordnete untere Äste. Im Frühsommer, wenn sich die Blätter voll entfaltet haben, erscheinen die Blütendolden mit reinweißen, spitz zulaufenden Tragblättern. Die kleinen Sammelfrüchte sind trübrot. In Gärten etwa ebenso bekannt

Cornus controversa

Cornus controversa 'Variegata'

wie die typische japanische Rasse ist die robustere ***C. k.* var. *chinensis*** mit etwas größeren »Blüten«.

Cornus mas

Cornus mas

KORNELKIRSCHE

Im späten Winter oder zeitigen Frühjahr, wenn der noch blattlose Baum blüht, sieht er anderen Hartriegeln wenig ähnlich. Die goldgelben Blüten sind winzig klein und erscheinen in kleinen Blütenständen ohne dekorative Tragblätter, aber so überreichlich an kleinen wie an dickeren Zweigen, daß sie sehr reizvoll aussehen. Zunächst steif und schmal, wird er mit der Reife ausladend und knapp 10 m hoch. Die eßbaren Früchte des Baumes werden zur Reife im Spätsommer leuchtendrot. Er kommt aus Mittel- und Südosteuropa und zeigt die dort vielfach vermißten Winterfarben auf Straßen, in Parks und Gärten. Die Sorte **'Variegata'** hat weiß geränderte Blätter.

Cornus 'Norman Hadden'

Dies ist eine Kreuzung zwischen *Cornus kousa* und *C. capitata*, die im Somerset-Garten von Norman Hadden in den 60er Jahren entstanden ist. Sie ist ein kleiner, halbimmergrüner Baum von anmutiger Gestalt, dessen Blüten und Früchte eher denen von *C. capitata* ähneln. Im Hochsommer öffnen sich die Blüten, deren Hochblätter sich später rötlich verfärben. Im Herbst entstehen große Mengen erdbeerartiger Früchte. Einige Blätter überdauern den Winter. Andere verfärben sich im Herbst rot.

Cornus nuttallii

Aus dem Nordwesten Nordamerikas kommt dieser schlanke, 15 m hohe Baum, der in Gärten häufig nur ein hoher Strauch wird. Die Blütenköpfe betragen 10–12 cm im Durchmesser und besitzen vier bis sieben weiße Tragblätter, die sich rötlich verfärben. Der kleine Blütenstand im Zentrum, dessen Blüten von Frühling bis Frühsommer erscheinen, ist schmutzigviolett, das Herbstlaub gelb und rot.

Cornus florida 'Rubra'

Cornus 'Norman Hadden'

Dieser schöne, aber kurzlebige Baum ist wenig winterhart, wächst aber in kühlen, regnerischen Klimaten an halbschattigen Standorten.

Cornus 'Porlock'

Dieser kleine, ausgebreitete Baum ähnelt der Sorte **'Norman Hadden'**. Er besitzt vermutlich dieselben Mutterpflanzen und entstand im selben Garten, wo die Originalpflanzen noch immer wachsen.

Cornus pumila

ZWERG-HARTRIEGEL

Diese ungewöhnliche Miniaturart tauchte im 19. Jahrhundert in den Gärten Europas auf, ihre Herkunft ist unbekannt. Sie hat rohrförmige Stämme, unauffällige Blüten und bildet ein 60 cm hohes und 120 cm breites Polster dichtgedrängter Haftwurzeln. Die kleinen, ovalen, spitz zulaufenden Blätter sind leicht bronzefarben überlaufen und werden im Herbst bronzegelb. Im Winter zeigen sich die unzähligen feinen, rötlichen Zweige.

Cornus stolonifera

Syn. *Cornus sericea*

Diese Strauchart ähnelt *Cornus alba,* kommt aber aus Nordamerika und dehnt sich schneller zu großen Büschen aus. Die Winterzweige sind leuchtendrot wie die Früchte, die Blüten weiß. Beide Arten erscheinen besonders im Winter reizvoll, vor weißem Schnee oder dunkelgrünem Wald. Die Sorte **'Flaviramea'** hat gelbe Winterstämme; **'Kelsey Gold'** besitzt leuchtende, gelbgrüne Blätter, **'Silver and Gold'** gefleckte Blätter und gelbe Winterstämme.

COROKIA

Diese kleine Gattung besteht aus drei neuseeländischen Arten immergrüner Sträucher und wird häufig wegen ihrer winkelig wachsenden Zweige angepflanzt. Den attraktiven sternförmigen, kleinen, gelben Blüten folgen farbenprächtige Beeren. Die

Cornus pumila

Cornus stolonifera

Coronilla emerus

Arten sind an windgepeitschte Küstenbedingungen angepaßt und ziemlich winterhart.

PFLEGE UND VERMEHRUNG: Sie sollten in voller Sonne oder leichtem Schatten stehen, brauchen mäßig fruchtbare, gutdurchlässige Böden und Beschneidung nach der Blüte zum Erhalt der Form und Blattdichte. Vermehrt wird durch Weichholzstecklinge im Sommer.

Corokia buddleioides

Als dicht beblätterter Strauch wächst diese Art 3 m hoch und breit. Er besitzt lange, schmale, grün-bronzefarbene Blätter, die glänzen, solange sie jung sind. Die Blüten erscheinen im Frühling oder Frühsommer, bevor sich kleine, rote bis schwarze Beeren zeigen. Der robuste, anpassungsfähige Busch ist ideal für Hecken geeignet. Auch salziges Spritzwasser an Küsten macht ihm nichts aus.

Corokia cotoneaster

ZICKZACK-STRAUCH

Diese Art wird 2,5 m hoch und besitzt kleine, runde, dunkelgrüne Blätter, die an schmalblättrige Hartriegelarten erinnern. Die drahtigen, im Zickzack gebogenen Triebe gaben ihm seinen Trivialnamen. Der Strauch bringt leicht duftende Blüten hervor, die im Spätfrühjahr und Sommer besonders reichlich blühen. Im Herbst erscheinen fleischige, orangefarbene und rote Beeren.

Corokia × *virgata*

Als spontane Kreuzung zwischen *Corokia buddleioides* und *C. cotoneaster* entsteht diese Hybride wild und steht mit ihren botanischen Eigenschaften zwischen den beiden Mutterpflanzen. Sie trägt Blüten im Frühling und Frühsommer und anschließend leuchtende, orangefarbene, eiförmige Beeren. Die glänzenden, grünen Blätter haben flaumige Unterseiten. Die Pflanze wächst bis 3 m hoch und breit und paßt sich den meisten Böden und Verhält-

Cornus stolonifera 'Kelsey Gold'

Coronilla varia

Coronilla valentina

Corokia buddleioides

nissen an. Am liebsten steht sie in praller Sonne. An Sorten sind erwähnenswert: **'Red Wonder'** mit leuchtendroten Beeren, **'Yellow Wonder'** mit goldenen Beeren und **'Bronze Lady'** benannt nach der Blattfarbe.

CORONILLA

KRONWICKE

Diese Schmetterlingsblütlergattung besteht aus etwa 20 Arten ein- oder mehrjähriger, niedriger, drahtiger Sträucher aus Europa, Westasien und Nordamerika. Sie haben nadelförmige Blätter mit kleinen, dünnen oder etwas fleischigen Fiedern und gestielte Dolden kleiner Schmetterlingsblüten. Einige werden wegen ihres Blütenreichtums als Zierpflanzen geschätzt. Sie sind zwar nicht sehr auffällig, blühen aber lange Zeit. *Coronilla* ist lateinisch für »kleine Krone« und bezieht sich auf die hübschen, kreisförmigen Dolden mancher Arten.

PFLEGE UND VERMEHRUNG: Kronwicken brauchen volle Sonne, mäßig nährstoffreichen, gutdurchlässigen Boden und Schutz gegen kalte Winde. Man kann sie im Frühjahr bis auf den Grund zurückschneiden und durch Samen, Stecklinge oder Wurzelteilung vermehren.

Coronilla emerus

Dieser laubwerfende, nur in seltenen Fällen höher als 1 m wachsende und manchmal etwas wuchernde Strauch ist in Europa heimisch. Der Frühjahrsblüher hat hellgelbe Blüten in kleinen, achselständigen Dolden. Die später erscheinenden schlanken Hülsenfrüchte sind gegliedert wie etwa der Schwanz eines Skorpions. Seine schmalen Blätter bestehen aus we-

Corokia × *virgata*

nigen gerundeten, hellgrünen Fiederblättchen.

Coronilla valentina

Syn. *Coronilla glauca*

Aus der Mittelmeerregion stammt dieser buschige und meist kurzlebige Strauch. An sonnigen Plätzen und in sehr durchlässigen Böden wird er gut gedeihen und im Spätwinter und zeitigen Frühjahr, manchmal auch ein zweites Mal im Spätsommer hübsche, duftende gelbe Blüten tragen. Seine dunkelgrünen Blätter bestehen aus bis zu 13 Fiederblättchen. Er wird selten über 1,5 m hoch. ***Coronilla valentina* subsp. *glauca*** (benannt nach Valencia in Spanien) hat blaugrüne Blätter mit fünf bis sieben Fiederblättchen.

Coronilla varia

Syn. *Securigera varia*

KRONWICKE

Die wuchernde, etwa 60 cm hohe europäische Mehrjährige breitet sich mit ihrem tiefen Wurzelsystem aus feinen Rhizomen recht schnell aus. Ihre weichen, gefiederten Blättchen erinnern an echte Wicken *(Vicia)*. Die kleeähnlichen, rosa- bis lila-

Correa lawrenciana

Correa 'Mannii'

Correa reflexa 'Fat Fred'

Correa 'Dusky Bells'

Correa alba

farbenen Blütendolden erscheinen im Sommer. Man pflanzt sie an sonnigen Böschungen als Erosionsschutz, bis sich auch andere Pflanzen etablieren. Einige Botaniker ordnen die Art mittlerweile der Gattung *Securigera* zu.

CORREA
AUSTRALISCHE FUCHSIE

Die mit *Boronia* verwandte australische Gattung, benannt zu Ehren des portugiesischen Botanikers und Diplomaten José Francesco Correia da Serra, einem Freund von Sir Joseph Banks, besteht aus 11 Arten immergrüner Sträucher von unregelmäßigem Habitus. Ihre schmalen, gegenständigen Blätter sind oftmals unterseits flaumig behaart und zeigen im Gegenlicht durchsichtige Öltröpfchen. Die meist achselständigen, glocken- oder röhrenförmigen Blüten besitzen außen einen feinen Haarfilz und hervorstehende Staubgefäße. Einige Arten wachsen an kalten, schattigen, flußnahen Orten oder unter Bäumen, andere bevorzugen exponierte Plätze, z.B. Dünen. Die Blüten werden vorzugsweise von nektarsuchenden Vögeln angeflogen.

PFLEGE UND VERMEHRUNG: *Correas* passen sich den meisten milden, nicht tropischen Klimaten an. Sie mögen Sonne oder Halbschatten und mäßig fruchtbaren, durchlässigen Boden. Die kurzlebigeren Arten sollten alle drei bis fünf Jahre durch neue Pflanzen ersetzt werden. Sie werden durch Stecklinge vermehrt. Für eine dichte Belaubung muß man die Spitzen zurückschneiden.

Correa alba
WEISSE CORREA

Der 1,5 m hohe südaustralische Küstenstrauch wächst auf steinigen Klippen und Sanddünen. Er ist kompakt und ausladend und besitzt dicke, rundliche, graugrüne Blätter mit flaumiger Unterseite. Seine weißen Blüten entstehen hauptsächlich vom Spätsommer bis zum Winteranfang. Sie haben keine langen Röhren wie die meisten anderen *Correas,* aber die vier Blütenblätter rollen sich beim Aufblühen sternförmig auf.

Correa backhousiana

Diese Art ist *Correa alba* in Blatt und Wuchs recht ähnlich. Sie stammt aus Tasmanien und wächst zu einem dichten, ausladenden Strauch von über 1 m Höhe. Die dicken, abgerundeten Blätter sind etwa 2,5 m lang und unterseits filzig behaart. Röhrenförmige, 2,5 cm lange, cremefarbene oder blaßgrüne Einzel- oder Doldenblüten werden im Winter gebildet. Die Art ist anpassungsfähig und toleriert zeitweise auch salziges Spritzwasser und nassen Untergrund.

Correa 'Dusky Bells'

Unbekannten Ursprungs, ist diese Art vermutlich eine Hybride zwischen *Correa pulchella* und *C. reflexa.* Der ausladende, dichte Strauch erhielt seinen Namen wegen seiner dunkelrosa, schmalen, glockenförmigen Blüten, die vom Herbst bis zum Frühjahr blühen. Er wird 60 cm hoch und bis zu 1 m breit.

Correa lawrenciana
BERG-CORREA

C. lawrenciana ist sowohl die variabelste als auch – bis zu 10 m heranwachsend – die höchste *Correa*-Art. Die Einteilung in sieben Varietäten beruht hauptsächlich auf Blattbreite und Blütenfarbe. Die aufrechtwachsende Art kommt vorwiegend in hohen Eukalyptus- oder Regenwäldern vor. Die Blüten sind etwas länger als 2,5 cm und eher schmal. Ihre Farben reichen von Grün bis Cremegelb oder Schmutzigrot. Sie hängen an feinen Stielen und besitzen herausragende Staubbeutel. Es ist ein interessanter, aber nicht sehr auffälliger Strauch für geschützte Standorte.

Correa 'Mannii'

Unsicher ist, ob es sich bei diesem etwa 1 m hohen Strauch um eine Hybride mit den Mutterpflanzen *Correa pulchella* und *C. reflexa* handelt. Er trägt kleine, haarlose Blätter und röhrenförmige Blüten, die 5 cm lang werden. Außen sind sie rot, innen hellrosa mit zurückgebogenen Spitzen.

Correa pulchella
LACHS-CORREA

Pulchella ist lateinisch und bedeutet »hübsch«, eine angemessene Beschreibung dieser südaustralischen Küstenart, die auf besseren Böden an geschützten Orten entlang von Flußufern vorkommt. Der dichtbelaubte Strauch wächst halb niederliegend oder aufrecht bis 1 m hoch. Vom Herbst bis Frühling trägt er im Überfluß attraktive 2,5 cm lange Glockenblüten in rosa-, lachs- oder orangefarbenen Tönen.

Correa reflexa
GEMEINE CORREA, AUSTRALISCHE FUCHSIE

Diese in Australien am weitesten verbreitete *Correa*-Art kann niederliegend oder aufrecht, 0,5–1,2 m hoch sein. Die Blätter stehen paarig mit großen Zwischenräumen. Sie sind derb strukturiert und besitzen rostfarbene Haarbüschel, ebenso wie die nickenden oder hängenden Blüten. Sie sind röhren- bis glockenförmig, 2,5–4 cm lang mit vier leicht zurückgebogenen Blütenblattspitzen. Meist sind sie dunkelrot mit hellgrünen Spitzen, es gibt aber auch rosa und cremefarbene Blüten. **'Fat Fred'** ist eine Sorte mit außerordentlich breiten, bauchigen, rosa Blüten mit grünen Spitzen. **'Salmon'** hat schlanke, lachs- bis rosafarbene Blüten.

Correa backhousiana

Correa schlechtendalii

Aufrecht wachsend und mit dünnen, fast haarlosen, kleinen Blättern, wird dieser Strauch 1–2 m hoch. Vom Herbst bis in den späten Winter trägt er leicht glockenförmige, pinkfarbene oder rote, unter 2,5 cm große Blüten mit auffällig hervorragenden Staubbeuteln. Er ist sehr anpassungsfähig und hübsch anzusehen, wenn er blüht.

CORTADERIA

Diese Gattung bildet riesige Horste immergrüner, mehrjähriger Gräser mit lang und spitz zulaufenden, derben Blattspreiten und besteht aus etwa 20 Arten, die aus Südamerika, Neuseeland und Papua-Neuguinea stammen. Der Gattungsname spanisch-amerikanischer Herkunft (übersetzt »Zerschneider«) bezieht sich auf die scharfkantigen Blätter. Die hohen, schilfartigen Blütenstengel tragen lange, endständige, fedrige, weiße bis silberne oder rosa Fruchtstände. Mehrere der größeren südamerikanischen Arten sind als **'Pampasgras'** bekannt. Dieser Name bezieht sich auf die Pampa, die große Grassteppe im Süden Argentiniens. In Ländern der gemäßigten südlichen Hemisphäre mit starkem Regen breiten sie sich unkontrolliert aus. Das schlimmste Unkraut ist die bekannte Art *Cortaderia selloana,* die Pflanzen beiderlei Geschlechts braucht, um zu fruchten, und die sehr ähnliche *C. jubata,* die apomiktische Samen hervorbringt, also Samen, die ohne Befruchtung durch Pollen entstehen.

Correa 'Dusky Bells'

Cortaderia selloana

Cortaderia selloana 'Aureolineata'

Corydalis flexuosa

PFLEGE UND VERMEHRUNG: Pampasgras läßt sich an sonnigen Standorten leicht kultivieren und wächst in fast jedem ausreichend feuchten Boden. Es verträgt starken Wind und Salzwasserspritzer. Im Alter bilden sich Horste aus unansehnlichen, abgestorbenen Blättern und alten Blütenstengeln, die man am besten im Herbst oder Winter durch Abbrennen beseitigt. Andernfalls sollte bis auf etwa 30 cm Höhe zurückgeschnitten werden. Die Vermehrung erfolgt durch Teilung ausgewählter Sorten oder aus Samen, sofern welche erhältlich sind.

Cortaderia selloana

Syn. *Cortaderia argentea, Gynerium argenteum*

PAMPASGRAS

Aus Argentinien und Südbrasilien kommt dieses stattliche Gras, das bis zu 3 m hoch werden und sich ebenso weit ausbreiten kann. Die hellgrünen Blätter bilden ein bis 2 m hohes, dichtes Gewirr. Im Sommer und Herbst erscheinen auffallende federähnliche Rispen über den Blättern auf stabartigen Stengeln. Sie bestehen aus einer Unmenge kleiner seidiger Ährchen, cremeweiß bis rosarot. In einigen Regionen wurde diese Art sehr hartnäckig. Einige Kultursorten wurden benannt. **'Aureolineata'** z.B. besitzt leuchtendgrüne Blätter mit dunkelgelben Rändern.

CORYDALIS

LERCHENSPORN

Die etwa 300 Arten dieser Gattung sind verwandt mit *Fumaria*, dem Erdrauch. Sie kommen in den gemäßigten Regionen der nördlichen Hemisphäre vor, obwohl sie am häufigsten in den Bergen Ostasiens gefunden werden. Die meisten Arten sind mehrjährig. Sie besitzen basale Büschel farnartiger, tief gegliederter Blätter, die aus fleischigen Rhizomen oder Knollen entspringen. Die kleinen, röhrenförmigen Blüten besitzen einen kurzen, rückwärts weisenden Sporn, der gebogen sein kann. Sie sind gewöhnlich in kurzen Ähren gruppiert und erscheinen in den Farben Rosa, Purpur oder Creme. Einige sind gelb oder rein blau.

PFLEGE UND VERMEHRUNG: Die sonnenliebenden Arten sind für Steingärten geeignet, die schattenliebenden wachsen neben Sträuchern oder in Waldnähe gut. Der Boden sollte gut durchlässig, aber wasserhaltend sein und für die Waldarten humushaltig. Manche Arten, z.B. *Corydalis lutea,* samen sich selbst aus und wachsen zwischen Pflastersteinen oder auf Mauern. Ihre Vermehrung erfolgt durch Aussaat oder Teilung.

Corydalis cashmeriana

Diese mehrjährige Pflanze mit knolligem Wurzelstock stammt aus dem Himalaja. Sie gehört zu der Gruppe kleinwüchsiger Arten mit leuchtendblauen Blüten. Diese sind wenig größer als 1 cm, tragen gekrümmte Sporne und bilden sommerliche Blütenstände von 20–30 cm Höhe. Die Art verlangt einen schattigen, kalkfreien, luft- und bodenfeuchten Standort.

Corydalis cava

Syn. *Corydalis bulbosa*

HOHLER LERCHENSPORN

Der Hohle Lerchensporn aus Mitteleuropa ist ein Frühblüher und besitzt überdauernde Wurzelknollen. Der Zusatz *cava* bedeutet »hohl« und bezieht sich auf die hohlen Knollen und Stengel. Die Art ist etwas ungewöhnlich, denn sie besitzt keine grundständigen Blätter, statt dessen aber an den Stengeln jeweils zwei dreigeteilte Blätter. Die Stengel enden mit Ähren voll blaßvioletter oder weißer, etwa 2,5 cm langer, gespornter Blüten. Im Sommer sterben die Pflanzen meist ab.

Corydalis flexuosa

Dies ist eine weitere blaublühende Art, die an Größe und Blütenreichtum *Corydalis cashmeriana* sogar noch übertrifft. Sie stammt aus dem westlichen China und bildet kleine Horste mit grünem Blattwerk von 30 cm Höhe. Im späten Frühjahr und Frühsommer treten daraus die kurzen Ähren mit langgespornten, etwa 2,5 cm großen, röhrenförmigen, blauen Blüten hervor. Sie benötigt einen kühlen Platz im Halbschatten und feuchten Boden.

Corylopsis glabrescens

Corydalis lutea

GELBER LERCHENSPORN

Als pflegeleichteste Art hat sich diese Pflanze, die eigentlich in der südlichen Alpenregion heimisch ist, in fast allen gemäßigten Zonen der Erde ausgebreitet. Sie bildet ausgedehnte Horste aus frischgrünem Laub, etwa 30 cm hoch, und den ganzen Sommer über zitronengelbe Blüten. Sie wächst an fast allen Standorten und sät sich auch in Mauernischen und feuchten Spalten von Steingärten aus. In waldreichen Gärten kann sie eine attraktive Bodenbedeckung sein.

Corydalis solida

GEFINGERTER LERCHENSPORN

Diese Art aus Nordeuropa und Asien ähnelt *Corydalis cava*, hat aber – wie der lateinische Name schon sagt – keine hohlen Knollen und Stengel. Jeder etwa 15–25 cm hohe Stengel trägt zwei oder drei geteilte Blätter, eines davon grundständig, und endet in einer mit rosa oder purpurroten Blüten besetzten Ähre. Nach der Blüte im Sommer stirbt die Pflanze ab. Die Sorte **'George Baker'** trägt lachsrote Blüten.

Corydalis wilsonii

Diese chinesische Art bildet zierliche kleine Büsche aus blaugrünem Laub und wird etwa 20 cm hoch und breit. Sie blüht im Frühjahr mit lockeren Ähren hellgelber Blüten.

CORYLOPSIS

SCHEINHASEL

Die Scheinhasel aus China und Japan ist ein laubwerfender Strauch und trägt vor dem Laubaustrieb kurze, gewöhnlich hängende Ähren aus duftenden, fünfblättrigen, hellgelben oder grünlichen Blüten. Die grobgezähnten Blätter erscheinen erst im späten Frühjahr. Verdeckt von den Blättern, reifen im Sommer kleine, verholzte Fruchtkapseln mit jeweils zwei schwarzen Samen. Der Reiz dieses Strauches liegt in der regelmäßigen Anordnung der Blütenähren an den noch kahlen Ästen.

PFLEGE UND VERMEHRUNG: Sie sind besonders für waldreiche, bodensaure Standorte mit feucht-kühlem Klima geeignet, etwa in der Nachbarschaft von Rhododendren. Der Boden sollte fruchtbar und feucht, aber durchlässig sein. Die Vermehrung erfolgt durch Aussaat.

Corylopsis glabrescens

DUFTENDE SCHEINHASEL

In Japan wächst diese Art in den Bergen und wird dort etwa 5 m hoch. Der ausladende Strauch blüht in der Mitte des Frühlings und trägt dann zitronengelbe Blüten mit ziemlich schmalen Blütenblättern.

Corylopsis pauciflora

HAHNENFUSS-WINTERHASEL

Wie der lateinische Name anzeigt, bildet dieser Frühjahrsblüher, der in Japan und Taiwan heimisch ist, Ähren aus nur wenigen Blüten. Sie riechen nach Primeln und sind intensiver gelb, sowie weiter geöffnet als die Blüten der anderen Vertreter dieser

Corydalis lutea

Corydalis wilsonii

Corylopsis pauciflora

Gattung. Der ausladende Strauch mit schlanken Ästen erreicht er eine Höhe zwischen gut 1 m und knapp 2 m. Neue Triebe schimmern bronzefarben. Er wächst am besten an einem geschützten Platz.

Corylopsis sinensis

Diese formenreiche, attraktivste Art, deren Vertreter unterschiedliche Namen tragen, ist im westlichen China heimisch. Der 3–4,5 m hohe, ausladende Strauch trägt spitz zulaufende Blätter und im Frühjahr Blütenstände mit einer Fülle von Blüten mit hell gelbgrünen Blütenblättern und orangefarbenen Staubbeuteln. ***Corylopsis sinensis* f. *veitchiana*** wächst etwas gedrungener, die Blüten haben dunkle, rötliche Staubbeutel und sie stehen weniger zahlreich an den Rispen.

Corylopsis spicata
WINTER-SCHEINHASEL

Corylopsis spicata aus Japan war die erste Art der Gattung, die auch im Westen bekannt wurde. Sie wächst langsam und wird selten höher als 2 m, aber recht ausladend. Die schmalen, hellgelben Frühlingsblüten besitzen rote Staubbeutel und brechen aus recht großen, blaßgrünen Hochblättern hervor, die an den Blütenständen überdauern. Die Anordnung der Blüten ist weniger regelmäßig als bei den anderen Arten.

Corylopsis sinensis

Corylopsis spicata

Corylus avellana 'Contorta'

CORYLUS
HASELNUSS

In dieser Gattung gibt es etwa zehn Arten aus den gemäßigten Breiten der Nordhemisphäre. Es sind laubwerfende Bäume oder große Sträucher, die besonders wegen ihrer eßbaren Nüsse geschätzt werden. Die bekanntesten Arten sind vom Boden an mehrstämmig, aber einige besitzen auch gut entwickelte Stämme mit starken, aber biegsamen Ästen. Die etwas herzförmigen Blätter sind gezähnt und stark geädert. Die einhäusigen Pflanzen bilden männliche Blüten in schlanken, hängenden Kätzchen. Sie verbreiten die Pollen noch vor dem Blattaustrieb. Die weiblichen Blüten bilden an den Triebspitzen unscheinbare kleine grüne Büschel, aus denen später die Haselnüsse entstehen, die im Sommer heranreifen.
PFLEGE UND VERMEHRUNG: Die Pflanzen sind ziemlich pflegeleicht, solange der Boden ausreichend feucht ist und genügend Platz zur Verfügung steht. Sie bevorzugen pralle Sonne oder Halbschatten und fruchtbaren, durchlässigen, kalkreichen Boden. Man kann sie aus Nüssen oder Ablegern vermehren. Für eine gute Nußernte sollte der Sommer feucht und die Temperatur im Winter mindestens 1000 Stunden unter 7 °C betragen.

Corylus avellana
WALD-HASELNUSS

Die bekannte Haselnuß, ein mehrstämmiger Strauch von 3–5 m Höhe, kommt in ganz Europa sowie im westlichen Asien und nördlichen Afrika vor. Bereits im Winter werden die Zweige von den männlichen Kätzchen geschmückt, die sich dann im zeitigen Frühjahr öffnen und ihren Pollen verbreiten. Die reifende Nuß wird von einer grünen, am Rand ausgefransten Fruchthülle umgeben, die den Scheitel der Nuß freiläßt. Die Blätter färben sich im Herbst blaßgelb. **'Contorta'** ist eine bizarre Sorte, deren Äste sich korkenzieherartig verdrehen.

Corylus avellana

Corylus avellana 'Contorta'

Corymbia calophylla

Corylus maxima
LAMBERTSNUSS

Diese Art aus Südeuropa ist der oben genannten Art in vielen Aspekten sehr ähnlich, aber sie wächst baumartig und trägt an den jungen Zweigen klebrige Härchen. Die auffälligsten Unterschiede sind jedoch die längere, röhrenförmige, die Nuß völlig umschließende Fruchthülle und die größeren Nüsse. Die als Zierpflanze beliebte Sorte **'Purpurea'** hat beim Austrieb dunkelviolette Blätter, die sich später schmutziggrün bis purpurfarben färben.

CORYMBIA

Ursprünglich als Eucalyptus im weitesten Sinne klassifiziert, umfaßt diese Gattung 113 in Australien und Papua Neugiunea vorkommende tropische Baumarten. Hierzu zählt in der Hauptsache die sogenannte Bloodwood-Gruppe der Eukalyptusbäume mit weicher, bröckeliger oder korkartiger Rinde und cremefarbenen, rosafarbenen oder roten Blüten, die in auffallenden Büscheln an den Astenden sitzen. Ein typisches Beispiel ist *Corymbia ficifolia* aus Westaustralien. Des weiteren gehören aber auch einige Bloodwood-Arten mit glatter Rinde wie die nach Zitronen duftende Art *C. citriodora* zu dieser Gattung. *C. aparrerinja* ist ein Beispiel für eine weitere Gruppe von Bloodwood-Arten (»paper-fruited-bloodwoods«), die ihre kleineren Blüten und Früchte gewöhnlich in dem Zeitraum einer tropischen Regenperiode hervorbringen.
PFLEGE UND VERMEHRUNG: Viele der unterschiedlich anspruchsvollen tropischen Arten können sich in gemäßigten Klimazonen selten einleben. Sie bevorzugen pralle Sonne und gedeihen in den meisten Böden – von schweren Tonböden bis zu leichter sandiger Erde. Nach der Eingewöhnung vertragen alle Trockenheit gut. Sie lassen sich einfach aus Samen ziehen und sollten an ihren endgültigen Standort umziehen, bevor sie 60 cm Höhe überschritten haben.

Corylus maxima

Corymbia ficifolia

Corymbia citriodora

Corymbia aparrerinja
Syn. ***Eucalyptus papuana***

Dieser Baum kommt in der Nähe von Wasserläufen im nördlichen Binnenland Australiens und in der Umgebung von Port Moresby in Papua Neuguinea vor. Er ist einstämmig, wird bis zu 15 m hoch und hat eine breite Krone mit einem kuppelförmigen Blätterdach in hellem Grün. Seine Rinde ist weiß, glatt und kreideartig. Kleine Büschel mit weißen Blüten werden im Sommer gebildet, denen urnenförmige Früchte folgen. Der Baum gedeiht am besten in einem gut durchlässigen Boden und in warmem, frostfreiem Klima; er verträgt auch extreme Trockenheit gut.

Corymbia calophylla
Syn. ***Eucalyptus calophylla***
ROTER GUMMIBAUM

Dieser bis zu 60 m hohe Baum erreicht meistens eine Höhe von 12-24 m, ist im Südwesten Australiens beheimatet und kommt dort häufiger vor. Sein dicker, gerader Stamm hat eine rauhe gräulichbraune Rinde, die oft von rötlichem Pflanzensaft verfärbt ist. Große creme-, selten rosafarbene Blüten erscheinen im Sommer, denen 2,5 cm lange, kelchförmige Samenkapseln folgen. Er läßt sich leicht mit *Corymbia ficifolia* kreuzen; die Hybriden blühen rosa.

Corymbia citriodora
Syn. ***Eukalyptus citriodora***
ZITRONENDUFT-EUKALYPTUS

Dieser schnellwüchsige, anpassungsfähige Baum ist in lichten Wäldern und auf trockenen Gebirgshängen im tropischen Nordosten Australiens beheimatet, wird aber auch in gemäßigteren Zonen häufig gepflanzt. Er hat einen hohen, geraden Stamm mit glatter, manchmal gekräuselter Rinde (in feinen Schattierungen von Weiß, Grau oder Blaßrosa), die sich in den Sommermonaten abschält. Das Laub bildet hoch oben eine offene Krone; werden die langen, schmalen Blätter zwischen den Fingern zerrieben, verströmen sie einen zitronenähnlichen Duft. Die cremeweißen Blüten erscheinen im Winter.

Corymbia ficifolia
Syn. *Eucalyptus ficifolia*
PURPUREUKALYPTUS

Dieser Baum ist die eindrucksvollste aller blühenden Eukalyptusarten; er trägt endständige Büschel von scharlachroten bis orangefarbenen Blüten, die im Spätfrühling oder Sommer erscheinen, gefolgt von großen, urnenförmigen Früchten. Bei Formen mit karminroten oder rosafarbenen Blüten handelt es sich wahrscheinlich um Hybriden von *C. calophylla*. Er wird bis über 8 m hoch, hat eine rauhe Rinde und eine ausladende Krone aus lanzettlichen Blättern. In einer Klimazone mit Winterregen gedeiht er am besten.

Corymbia maculata
Syn. *Eucalyptus maculata*
GESPRENKELTER EUKALYPTUS

Dieser kegel- oder breit säulenförmige, etwa 30 m hohe Baum mit einem geraden Stamm kommt in den gemäßigten Regionen an der Ostküste Australiens vor. Er hat eine dicke, graugrün gesprenkelte Rinde, die sich flächenweise abschält, so daß ein Muster grauer, grüner, rosa- und ockerfarbener Felder entsteht. Die spitzen Altersblätter werden bis zu 20 cm lang. Die großen weißen Blüten erscheinen im Winter, gefolgt von kleinen, urnenförmigen Samenkapseln. Dieser Baum liefert wertvolles, kompaktes Holz.

Corypha taliera

Corypha umbraculifera

Corymbia maculata

Corymbia ptychocarpa
Syn. *Eucalyptus ptychocarpa*

Diese bis zu 15 m hohe Art kommt im äußersten Nordwesten und Norden Australiens vor. Unter den Eukalyptusbäumen trägt sie die größten Blätter; diese sind dunkelgrün und werden bis zu 30 cm lang und 12 cm breit. Die gefurchte, graubraune Rinde läßt sich nicht leicht schälen und bleibt selbst an den kleinsten Zweigen fest haften. Die auffälligen Blüten sitzen in hängenden Rispen und weisen eine Farbpalette von Weiß oder Rosa bis Apricot oder Rot auf. Ihnen folgen große, gerippte Samenkapseln.

Corymbia torelliana
Syn. *Eucalyptus torelliana*
CADAGA

Diese bis zu 30 m hohe Art trifft man am Rande von Regenwäldern in Nordaustralien, weshalb sie ziemlich frostempfindlich ist, aber in warmen Klimaten gut gedeiht. Der Baum hat eine glatte, orangebraune Rinde, die sich im Frühsommer sehr dekorativ abschält und die neue blaßgrüne Rinde freigibt. Die breiten, leicht behaarten, blaßgrünen Blätter sind an der Basis herzförmig. Die kleinen weißen Blüten erscheinen in Büscheln an den Enden der Zweige.

CORYPHA
SCHOPFPALME

Diese tropische Gattung aus Asien enthält sechs bis acht Arten, darunter die mächtigste aller Palmen mit gewaltigen, fächerförmigen Wedeln. Besonders bemerkenswert ist ihr Blühverhalten. Das Wachstum der Palme endet im Alter von 30–40 Jahren mit einem Blütenstand aus Millionen kleiner Blüten über der Wedelkrone. Den Blüten folgen ähnlich eindrucksvolle, kugelige Früchte. Nach deren Reife stirbt die ganze Palme und läßt zur Arterhaltung nur die Samen zurück.

PFLEGE UND VERMEHRUNG: Diese rein tropische Pflanze wächst gewöhnlich in

Corypha umbraculifera

Corymbia aparrerinja

praller Sonne auf Schwemmböden in Fluß- und Sumpfnähe. Sie wird normalerweise nur in großen Parks und Botanischen Gärten angepflanzt. Die Samen keimen leicht aus, aber auch unter besten Wachtumsbedingungen dauert es zehn Jahre, bis der Stamm wächst.

Corypha umbraculifera
TALIPOTPALME

Diese besonders imposante Palme hat einen kräftigen, bis 25 m hohen Stamm mit einer Krone aus dickstieligen, etwa 3,5 m langen Wedeln, von denen strahlenförmige, fächerartige Blattspreiten von 4,5 m oder mehr ausgehen. Die endständigen Rispen erscheinen etwa 5 m oberhalb der Blätter mit dichtstehenden weißen Blüten an hängenden Seitenzweigen. In Südindien und Ceylon ist sie weit verbreitet.

COSMOS
Syn. *Cosmea*
KOSMEE, SCHMUCKKÖRBCHEN

Die 25 ein- und mehrjährigen *Cosmos*-Arten der mit *Dahlia* verwandten Gattung sind hauptsächlich in Mexiko und weiter südlich heimisch. Zwei Arten werden weltweit als Gartenblumen angepflanzt, zwei oder drei andere nur vereinzelt. Sie haben aufrechte, weiche Stengel mit mehrfach gebuchteten oder tief und diffizil eingeschnittenen Blättern. Auf schlanken Stielen sitzen endständig Blütenköpfchen mit hübschen, breiten Strahlenblüten. Sie variieren von Weiß über Pink, Gelb, Orange, Rot und Purpur bis zu Tiefbraun.

PFLEGE UND VERMEHRUNG: In kühlem Klima benötigen die nur mäßig winterharten Pflanzen Schutz. Am besten ist ein sonniger Standort mit Windschutz. Sie wachsen in jedem durchlässigen Boden, solange er nicht überdüngt ist. Er sollte mit Kompost gemulcht und bei trockenem Wetter gut gewässert werden. Einjährige werden durch Aussaat nach dem letzten Frost im Frühling oder im Herbst, Mehrjährige durch basale Stecklinge im Frühling vermehrt. Die Pflanzen sollte man bei feuchtem Wetter vor Insekten und Mehltau bewahren und alte Blüten stets entfernen.

Corymbia bipinnatus

Cosmos atrosanguineus
SCHWARZE KOSMEE

Diese Wurzelknollen und Horste bildende, mehrjährige Pflanze wächst bis 60 cm hoch und breit. Die gewöhnlich schwarze Kosmee aus Mexico hat langstielige, dunkelbraune Blütenköpfchen, die an wärmeren Tagen nach Schokolade duften. Sie blüht von Sommer bis Herbst. Die Blätter sind kaum gebuchtet und mattviolett getönt. Sie stirbt normalerweise im Herbst ab und braucht ziemlich trockenen Boden, damit der Wurzelstock nicht verrottet, oder die Wurzel wird wie bei Dahlien im Winter ausgegraben.

Cosmos bipinnatus
GEMEINE KOSMEE, MEXIKANISCHE ASTER

Diese federartig beblätterte Einjährige aus Mexiko und den südlichen USA erreicht eine Höhe von 1,5–2 m. Im Sommer und Herbst trägt sie hübsche rote, weiße, rosa oder purpurne Blütenköpfchen. Höhere Pflanzen brauchen Stützen. Neuere Sorten sind gewöhnlich kompakter und können »gefüllte« Blüten mit gestreiften Blütenblättern haben. Die Sorte **'Sea Shells'** hat rosa, manchmal blutrote oder weiße Blütenköpfchen mit Zungenblüten, die zu einer Röhre eingerollt sind.

Cosmos sulphureus

GELBE KOSMEE

Diese Einjährige hat eine ausladendere Form und rauhere Blätter als *Cosmos bipinnatus* und blüht im Sommer und frühen Herbst in vielen Farbtönen von Gelb und Orange. Sie wächst schnell, ihre Höhe variiert je nach Sorte von 60 cm bis 1,5 m. Von Mexiko bis zum nördlichen Südamerika ist sie weit verbreitet.

COSTUS

Mit ihren aus 150 Arten horstbildender, immergrüner, mehrjähriger Pflanzen aus den feuchten Tropen (vorzugsweise Amerikas und Westafrikas) gehört diese Gattung zur Familie der Ingwergewächse. Sie haben ingwerähnliche, in aufsteigender Spirale angeordnete Blätter und attraktive endständige Blütenstände mit überlappenden Tragblättern, ähnlich einem Kiefernzapfen. Die Blüten, die zwischen den Tragblättern sitzen, sind orange, gelb, rot, rosa oder weiß.

PFLEGE UND VERMEHRUNG: In tropischen und subtropischen Regionen gedeihen sie im Freien in humusreicher Erde an einem hellen, aber nicht direkt der Sonne ausgesetzten Standort. In kälterem Klima wachsen sie als Zimmerpflanzen in feuchter Erde, brauchen aber im Winter ein beheiztes Gewächshaus oder einen Wintergarten. Nicht im Freien kultivierte Pflanzen werden gerne von der Roten Spinnmilbe befallen. Die Vermehrung kann durch Teilung oder Aussaat im Frühling erfolgen.

Cotinus speciosus, Kulturvarietät

Costus speciosus

Diese hochwachsende Pflanze ist im tropischen Asien weit verbreitet. Ihre kurzen, elliptischen Blätter laufen spiralig die schilfrohrähnlichen Stengel empor, die selbst sanft zu einer Spirale gedreht sind und bis 2,5 m hoch werden. Die großen Blütenstände bestehen aus leicht überlappenden, grünen, rotgetönten Tragblättern und weißen, manchmal rosa, in der Mitte gelben Blüten. Die seidigen Blütenblätter erscheinen einzeln oder zu zweit fast ganzjährig.

Costus spiralis

Diese attraktive Art stammt aus Südamerika und von den Karibischen Inseln und ähnelt im Habitus *Costus speciosus*, wird aber nur halb so hoch. Ihr zylindrischer Blütenstand ist bis 25 cm lang und trägt rosa bis scharlachrote Blüten, die zwischen blutroten Tragblättern erscheinen, die das Auffälligste an der ganzen Pflanze sind.

Cotinus coggygria

Cotinus coggygria 'Velvet Cloak'

Cotinus obovatus

Cotoneaster apiculatus

Cotoneaster dammeri 'Coral Beauty'

Cotoneaster congestus

Cotoneaster conspicuus

COTINUS

PERÜCKENSTRAUCH

Lediglich drei Arten bilden diese Gattung laubwerfender Sträucher und kleiner Bäume: eine aus den gemäßigten Zonen Eurasiens, eine aus dem östlichen Nordamerika und eine aus Südwestchina. Sie haben einfache, ovale, ungezähnte Blätter. Ihr auffälligstes Merkmal ist der reichverzweigte Blütenstand mit feinen, fadenähnlichen, tiefpurpurnen Ästchen, von denen nur einige die kleinen Blüten tragen. Der deutsche Name geht auf die rötlich behaarten Fruchtstiele in einer perückenähnlichen Dolde zurück. Die Blüten und Früchte sind winzig und unscheinbar. Das Laub ist je nach Sorte im Herbst oder Frühling stark gefärbt. Früher wurde aus dem Laub ein gelber Farbstoff gewonnen.

PFLEGE UND VERMEHRUNG: Perückensträucher sind an gemäßigtes Klima angepaßt, bevorzugen aber warme, trockene Sommer. Zu feuchter oder zu fruchtbarer Boden verhindert die Blüte. Vermehrt wird die Pflanze durch Weichholzstecklinge im Sommer oder Aussaat im Herbst.

Cotinus coggygria

Syn. ***Rhus cotinus***

PERÜCKENSTRAUCH

Dieser von Südeuropa bis Zentralchina weitverbreitete, buschige Strauch wird gewöhnlich 3–4 m hoch und breit und hat ovale, langstielige Blätter. Der Blütenstand erscheint im frühen Sommer, ist blaß bronzerosa gefärbt und wird im Alter tief violettgrau. Einige der Blüten bringen im Spätsommer kleine, flache Früchte hervor. Im Herbst hat das Laub einen kräftig orange-bronzefarbenen Ton. **'Purpureus'** hat reiches, purpurfarbenes Frühlingslaub, das im Sommer grüner wird und im Herbst orange und purpur leuchtet. **'Royal Purple'** ist sehr ähnlich, das Frühlings- und Sommerlaub ist aber stärker gefärbt. Die Blätter von **'Velvet Cloak'** sind purpur und werden im Herbst dunkelrot.

Cotinus obovatus

Syn. ***Cotinus americanus, Rhus cotinoides***

AMERIKANISCHER PERÜCKENSTRAUCH

Diese Art aus den südöstlichen USA kann zu einem kleinen Baum von 10 m Höhe heranwachsen, bleibt aber oft nur ein hoher Strauch. Die Blätter sind größer als die von *Cotinus coggygria*, zunächst rosa-bronzefarben, im Sommer grün und im Herbst scharlachrot-orange bis purpur. Auch die Blütenstände sind größer, aber spärlicher, männliche und weibliche Blüten stehen auf verschiedenen Bäumen.

COTONEASTER

ZWERGMISPEL

Diese apfelfrüchtige, eurasische Gattung aus der Familie der Rosengewächse, zu deren Verwandtschaft auch Feuerdorn (*Pyracantha*), Weißdorn (*Crataegus*) und Felsenbirne (*Amelanchier*) gehören, umfaßt kleinfrüchtige sommer- und immergrüne Sträucher und kleine Bäume. Der Name stammt aus römischer Zeit und bedeutet etwa »nutzlose Quitte«. Die niedrigwachsenden Arten sind als Bodendecker oder in Steingärten verwendbar. Die meisten sind sehr winterhart, häufig von dichter, ausladender Gestalt und tragen rote Früchte. Einige Arten sind für Hecken und Spaliere geeignet.

PFLEGE UND VERMEHRUNG: Die immergrünen Arten entwickeln gerade in wärmerem Klima besonders prächtige Früchte. Sämtliche Arten gedeihen am besten auf fruchtbarem, durchlässigem Boden. Die Vermehrung geschieht durch Aussaat oder Stecklinge.

Cotoneaster apiculatus

PREISELBEER-ZWERGMISPEL

Dieser laubwerfende Strauch aus Westchina blüht im Frühsommer mit meist rosa Blütenblättern und wird etwa 90 cm hoch. Die Blüten und Früchte stehen einzeln entlang der gebogenen Äste. Die meisten Blätter färben sich rot, bevor sie fallen, in warmem Klima aber nicht immer.

Cotoneaster microphyllus

C. microphyllus var. *cochleatus*

Cotoneaster lacteus

Cotoneaster horizontalis

Cotoneaster congestus

Syn. *Cotoneaster pyrenaicus*

PYRENÄEN-ZWERGMISPEL

Dieser immergrüne Strauch aus dem Himalaja hat eine kompakte Form und trägt kleine, blaugrüne Blätter an gebogenen Zweigen mit dicht ineinander verhakten Ästchen. Er variiert ziemlich stark in der Größe, erreicht aber eine Höhe von 60 cm und hat rosarote, einzelne Blüten und leuchtendrote Früchte von 1 cm Durchmesser.

Cotoneaster conspicuus

WINTERGRÜNE ZWERGMISPEL

Dieser starre, immergrüne Strauch, 1–2 m hoch (einige Formen sind nur niederliegend), kommt aus den Bergen Westchinas und hat kleine, dicke Blätter. Im Spätsommer und Herbst sitzen überall an den Zweigen glänzendrote Früchte über den ganzen Strauch verteilt . Die kleinen, einzelnen, weißen Blüten entstehen im späten Frühling. Eine niedrigerwachsende Form ist bisweilen als **'Decorus'** bekannt, obwohl auch die höhere Form mit diesem Namen bezeichnet wird.

Cotoneaster 'Cornubia'

Dies ist ein halbimmergrüner, großer, rundlicher Strauch, 3,5–6 m hoch mit gebogenen Ästen und etwa 10 cm langen Blättern. Die dichten Rispen sind häufig so überreichlich mit leuchtendroten Früchten besetzt, daß sich die Zweige herunterbiegen. Er entstand 1930 in Exbury in England und könnte eine Hybride aus *Cotoneaster frigidus* und *C. salicifolius* sein.

Cotoneaster dammeri

Diese besonders typische der vollkommen niederliegenden Zwergmispeln aus Zentralchina hat relativ große, abgerundete Blätter mit Blattadern, die sich tief in ihre dunkelgrüne Oberseite einsenken. Im Winter verfärbt sich das Laub bronzefarben. Die verstreuten strahlendweißen Blüten erscheinen den ganzen Sommer hindurch und werden von einzelnen roten Früchten abgelöst, die bis in den Winter erhalten bleiben. Der Sortenname *radicans* wird zwar oft angehängt, es ist aber unklar, zu welcher Form er gehört. Alle Kultursorten sind sehr ähnlich. **'Coral Beauty'** zeichnet sich durch zahllose orangefarbene Früchte aus.

Cotoneaster divaricatus

AUSGEBREITETE ZWERGMISPEL

Dieser laubwerfende Strauch aus Zentralchina hat viele aufrechte Äste und wird bis 1,5 m hoch. Die kleinen Blätter werden im Herbst rot. Rosarote Blüten entstehen zu zweit oder zu dritt an den Zweigenden. Danach folgen bis in den Winter leuchtendrote Früchte. Er kann 3–3,5 m breit werden und eignet sich für Massenanpflanzungen.

Cotoneaster franchetii

Die langen, schilfrohrartigen Zweige dieses attraktiven, westchinesischen immergrünen Strauches tragen im Frühsommer kleine Dolden rosa schattierter, weißer Blüten. Ihnen folgen lachsfarbene oder blaßorange Früchte, die bis in den Winter erhalten bleiben. Die kleinen, gepunkteten Blätter haben gekrümmte, stark in die glänzende Blattoberseite eingelassene Blattadern und wollige Blattunterseiten. Die bis 3 m hohe Pflanze ist an die meisten Gartenbedingungen in warmem und kaltem Klima angepaßt.

Cotoneaster frigidus

Dieser schöne Baum aus den kühleren Gegenden des Himalajas ist anspruchslos und anpassungsfähig. Die Art erreicht in Gärten 6 m und ist normalerweise in Bodennähe stark verzweigt. Sie kann zu einem einstämmigen Baum mit schirmartiger Krone herangezogen werden. Die gepunkteten Blätter können im Herbst gelb oder rötlich werden. Vom Frühsommer an bis in den Winter erscheinen an den Ästen zahlreiche rote Früchte. Ihnen gehen im Frühsommer weniger auffällige, beigefarbene Blüten voraus.

Cotoneaster glaucophyllus

Syn. *Cotoneaster serotinus*

Diese große Strauchart aus China kommt wild in unterschiedlichen Formen vor. Der immergrüne oder halbimmergrüne ***Cotoneaster glaucophyllus* f. *serotinus*** ist bestens bekannt. Er entwickelt eine unregelmäßige Wuchsform, niedrige Äste und wird 3–3,5 m hoch. Die Blätter sind breit und rundlich und erst unterseits mit wolligen, weißen Haaren bedeckt, die aber bald vergehen und nur einen dünnen, bläulich wachsartigen Schimmer zurücklassen. Im Frühsommer erscheint eine Fülle von Blüten, gefolgt von vielen kleinen, glänzendroten Früchten, die den Winter überdauern können. Er sät sich selbst aus.

Cotoneaster horizontalis

FELSEN-ZWERGMISPEL

Dieser flachwachsende Strauch ist in kälteren Regionen beliebt, wo sich sein feines Laub im Herbst bronzerot und orange färbt. Er hat horizontale, flache Zweigbündel, die als Spalier an Wänden hochgezogen und bis 1 m hoch und 2,5 m breit werden. Die kleinen, fleischfarbenen Sommerblüten werden von viel hübscheren tiefroten Früchten abgelöst. Da der Strauch aus den Bergen Chinas stammt, wirft er sein Laub nur in kaltem Klima völlig ab, in wärmeren Regionen nur teilweise. Die genannten Formen schließen **'Variegatus'** mit weißrandigen Blättern ein. ***Cotoneaster horizontalis* var. *perpusillus*** ist eine kompakte Zwergvarietät mit winzigen Blättern.

Cotoneaster 'Hybridus Pendulus'

Von hohem dekorativen Wert ist diese teilweise laubwerfende Strauchhybride. Sie hat hängende Zweige und sehr schmale Blätter und wird vom späten Sommer an durch lockere Dolden karminroter Früchte belebt. Sie wird bis 1 m hoch. Die Äste können effektvoll über Mauern und Felsen drapiert werden. Auf eine größere Art aufgepfropft, bekommt sie eine attraktive, der Trauerweide ähnelnde Form mit einem Vorhang aus Laub.

Cotoneaster lacteus

Syn. *Cotoneaster parneyi*

Dieser immergrüne chinesische Strauch ist in vielen Eigenschaften *Cotoneaster glaucophyllus* ähnlich, hat aber eine dauerhaftere Behaarung auf den Blattunterseiten und auffälligere Adern auf den Oberseiten. Die weißen Blüten erscheinen früh im Sommer, gefolgt von ansehnlichen, großen Dolden orangeroter Früchte. Sie reifen zum Sommerende und überdauern den Winter. Er paßt sich gut an kälteres Klima an.

Cotoneaster microphyllus

Die kompakte, dichtverzweigte, im Himalaja heimische Art hat kleine, dicke, glänzende, immergrüne Blätter und trägt vom Spätsommer bis zum Winter aufgeblasene, blutrote bis purpurfarbene Früchte. Ihre Gestalt kann sehr stark variieren, manchmal wird sie über 1 m hoch. Ausgewachsene Pflanzen bilden ein Gerüst aus harten, verholzten Ästen. Sie sind robust, sehr winterhart und bevorzugen eine exponierte Position in praller Sonne. Für ein gepflegtes Aussehen kann man sie zu dichten Büschen stutzen. Die Varietät ***Cotoneaster microphyllus* var. *cochleatus*** (Syn.

Cotoneaster 'Hybridus Pendulus'

Cotoneaster franchetii

Cotoneaster glaucophyllus

Cotoneaster cochleatus) ist fast niederliegend und entwickelt unzählige Früchte. ***C. m.* var. *thymifolius*** ist dagegen ein starrer, aufrechter, bis etwa 60 cm großer Strauch mit fein verzweigter Gestalt und schmalen, keilförmigen Blättern.

Cotoneaster multiflorus
Syn. *Cotoneaster reflexus*

Ganz anders als die meisten Zwergmispeln hat dieser laubwerfende Strauch eine Höhe von 3,5 m, zart gemusterte, haarlose Blätter und gebogene Äste mit hängenden Spitzen. Er trägt im späten Frühling schöne weiße Blüten und kleine Dolden ziemlich großer, leicht birnenförmiger, leuchtendroter Früchte, die im Hochsommer reifen. Er ist weit verbreitet, vom Kaukasus über Zentralasien bis nach Westchina, und sehr frostbeständig.

Cotoneaster pannosus

Dieser immergrüne chinesische Strauch, 3,5 m hoch, bildet ein Gewirr aus festen, drahtigen Ästen mit tief gekerbten, kleinen, ledrigen, tiefgrünen Blättern mit wolliger Unterseite. Im späten Frühling entstehen Dolden kleiner, weißer Blüten, denen kleine, blaßrote Früchte folgen.

Ihre Farbe wird mit der Reife leuchtender. Er wächst kräftig, läßt sich gut schneiden und wird als Hecke gepflanzt. Er paßt sich sowohl an kaltes als auch an warmes Klima an und wurde inzwischen auch auf der Südhalbkugel eingebürgert.

Cotoneaster salicifolius

Diese attraktive, immergrüne Art aus Westchina trägt schmale Blätter mit netzartigen Adern, die tief in die konvexe, glänzende Oberseite eingesenkt sind. Die üppigen Dolden leuchtendroter Beeren bleiben bis weit in den Winter erhalten, die Blätter werden dann bronzefarben bis gelb. Es gibt verschiedene Formen, einige sind niedrig und ausladend, andere werden 3–4,5 m hoch und haben lange, gebogene Triebe. Sie ist gut zu beschneiden und eignet sich als Hecke. **'Herbstfeuer'** wächst niedrig und ausladend und trägt zahlreiche orangerote Früchte.

Cotoneaster splendens

Dieser attraktive, kleinblättrige, sehr kräftige, laubwerfende Strauch aus Nordwestchina wurde erstmalig 1930 durch den schwedischen Sammler Harry Smith in Skandinavien eingeführt und erst sehr viel später auch anderswo in der westlichen Welt bekannt. Es ist ein mittelgroßer Strauch von 1,5–3 m Höhe mit gebogenen Trieben sowie graugrünen, glänzenden Blättern, die im Herbst rot werden. Im Sommer trägt er einzelne rosa Blüten und orangerote Früchte, die etwa 1 cm lang werden.

Cotoneaster salicifolius

Cotyledon multiflorus

Cotoneaster pannosus

Cotyledon orbiculata

Cotoneaster splendens

Cotyledon orbiculata

Cotyledon campanulata

Cotoneaster × watereri

Man hielt diesen immergrünen oder halbimmergrünen Strauch für eine Hybride aus *Cotoneaster frigidus* und *C. henryanus.* Er wird etwa 6 m hoch, ist von sehr ausladendem Wuchs und hat gebogene Triebe. Die Blätter sind dunkelgrün und knapp 10 cm lang. Kleine, weiße Blüten entstehen im Sommer, gefolgt von zahlreichen kleinen, roten Früchten in großen Trauben. Die Sorte **'John Waterer'** ist der Originalklon.

COTULA
LAUGENBLUME

Diese Gattung besteht aus rund 80 Arten niedriger, einjähriger und mehrjähriger Pflanzen der Korbblütlerfamilie; einige von ihnen sind kleine Wasserpflanzen. Sie kommen in vielen Teilen der Welt vor, die meisten stammen jedoch aus Afrika, Australien und Südamerika. Die kleinen, weichen Blätter sind oft tief eingeschnitten. Die kleinen, knopfartigen Blütenköpfchen tragen keine Zungenblüten, sondern bilden manchmal mit den Hüllblättern einen Kreis um das gelbe oder beigefarbene Zentrum. Einige Arten, die früher zu *Cotula* gezählt wurden, stehen jetzt bei *Leptinella.*

PFLEGE UND VERMEHRUNG: Die Pflanzen werden in Steingärten gezogen, brauchen volle Sonne, bei Hitze Schutz, und feuchten, humusreichen Boden. Die halbaquatischen Arten können in sumpfigen Bereichen und an Tümpelrändern gezogen werden. Stutzen verlängert die Blühphase.

Cotula coronopifolia
WASSERKNOPF

Der Wasserknopf ist einjährig, in wärmerem Klima eine kurzlebige Staude und stammt vermutlich aus Südafrika. Heute ist er überall auf der Welt verbreitet. Normalerweise wächst er auf Schlammbänken oder in sehr seichtem Brackwasser und ist in jedem feuchten Boden oder flachen Tümpel einfach zu halten. Er hat kriechende Triebe mit aufrechten, 15 cm langen Stengeln und rechteckige, hellgrüne Blätter, die gewöhnlich an der Spitze gezähnt sind. Die etwa 1 cm großen Blütenköpfchen ähneln goldenen Knöpfen und erscheinen vom Spätwinter bis zum Sommer.

COTYLEDON

Diese Gattung aus der Familie der Dickblattgewächse besteht aus neun Arten immergrüner, sukkulenter Sträucher und Halbsträucher aus Süd- und Ostafrika und der Arabischen Halbinsel. Ihre Formen reichen von stark sukkulenten, kaum höher als 5 cm, bis zu größeren Sträuchern, die in seltenen Fällen etwa 2 m erreichen können. Die Pflanzen entwickeln frische Blätter und trompeten- oder glockenförmige, orange, gelbe oder rote Blüten.

PFLEGE UND VERMEHRUNG: Einige sind etwas frostbeständig, andere sehr kälteempfindlich. Sie bevorzugen Sonne oder Halbschatten, humusreichen, sehr durchlässigen Boden und im Winter wenig Wasser. Die Vermehrung erfolgt durch Aussaat, Sproß- oder Blattstecklinge im Frühling oder Herbst.

Cotyledon campanulata

Diese Art aus Südafrika ist scheinbar stammlos, zumindest sind ihre Triebe über dem Grund nicht sichtbar. Die zylindrischen, grünen Blätter stehen in Gruppen und sind etwa 10 cm lang, gut 1 cm dick und haben eine gepunktete, rote Spitze. Blühende Triebe entstehen in 50 cm Höhe und verzweigen sich zu Rispen aus gelben Blüten.

Cotyledon orbiculata

Diese aus Südwestafrika stammende Art hat sehr unterschiedliche Formen und spaltet sich in eine Vielzahl von Varietäten auf. Typisch ist ein 40–60 cm hoher Strauch, der sich direkt über dem Grund verzweigt. Die Zweige enden in Bündeln sukkulenter, paddelförmiger bis fast runder Blätter, die von Glänzendgrün zu fast Reinweiß mit wachsartigem oder puderigem Schimmer variieren. Die Blattränder sind manchmal rot gezeichnet. Im Herbst erscheinen an den Zweigenden langstielige Blütenstände mit großen, hängenden, orangefarbenen Blüten.

COUROUPITA

Drei Baumarten aus dem nördlichen Südamerika gehören zu dieser Gattung. Sie haben an den Zweigenden – gewöhnlich gebündelt – große, elliptische Blätter. Die Blüten sind groß und komplex, normalerweise sechsblättrig und riechen manchmal nach Knoblauch. Der Baum bildet große kugelige Früchte.

PFLEGE UND VERMEHRUNG: Es sind Pflanzen für die Tropen und Subtropen. Sie vertragen keinen Frost oder andauernde Kälte und bevorzugen geschützte Standorte in praller Sonne mit tiefem, feuchtem, humusreichem Boden. Die Vermehrung erfolgt durch Aussaat.

Couroupita guianensis
KANONENKUGELBAUM

Diese Art ist ein bis 30 m hoher, aufrechter, immergrüner Baum. Hängende Blütenäste entspringen direkt am Grund des Stammes und jedes Jahr entstehen glänzende, rote und orangefarbene, wohlriechende Blüten von knapp 10 cm Durchmesser und mit Hunderten von Staubblättern, die sich auf zwei Gruppen verteilen, eine im Blütenzentrum, die andere auf einem tieferen Blütenblatt. Ansehnlicher als die Blüten sind die Früchte – auffällige, braune Kugeln bis 25 cm Durchmesser, gefüllt mit einem duftenden, zartroten Brei. Ein Baum kann Hunderte dieser Kugeln tragen. Sie ähneln kleinen Kanonenkugeln und zerplatzen beim Aufprall auf dem Boden.

COWANIA

Diese Gattung mit fünf Arten immergrüner Sträucher und kleiner Bäume der Familie der Rosengwächse stammt aus dem Südwesten der USA und Teilen Mexikos. Sie haben sehr kleine, tief gebuchtete oder eingeschnittene, gewöhnlich unterseits wollig behaarte Blätter. Zweige und Blätter tragen einen klebrigen Überzug. Die kleinen, weißen oder blaßgelben Blüten entstehen einzeln an den Enden der Zweige. Ihnen folgen kleine, trockene Früchte mit federartigen Griffeln, die überdauern und sehr dekorativ sein können.
PFLEGE UND VERMEHRUNG: Die Pflanze braucht pralle Sonne und durchlässigen Boden. Wenn sie gut angewachsen sind, sollte sie nicht mehr gegossen werden. Die Vermehrung erfolgt durch Aussaat.

Cowania mexicana var. *stansburiana*
Syn. *Cowania stansburiana*
KLIFFROSE

Beheimatet in den Wüsten der nordwestlichen USA stellt dieser wuchernde Strauch, knapp 2 m hoch und breit, eine gute Ergänzung in einem Wüstengarten dar. Die rosenähnlichen, beigeweißen Blüten werden schnell von federleichten Samenständen abgelöst, die den Umriß der Pflanze weicher machen. Die Blätter sind winzig, tief gezähnt und immergrün.

CRAMBE
MEERKOHL

Diese Gattung ist mit *Brassica* verwandt und besteht aus 20 Arten ein- und mehrjähriger Pflanzen, die wild von Mitteleuropa bis Zentralasien und in Teilen Afrikas vorkommen. Sie haben große, kohlähnliche Basalblätter, die seicht bis sehr tief gebuchtet sind und große Rispen kleiner, vierblättriger, weißer Blüten von kohlähnlichem Geruch, der Bienen anlockt.
PFLEGE UND VERMEHRUNG: Meerkohl ist meist sehr frostbeständig und wächst in jedem durchlässigen Boden. Er bevorzugt

Couroupita guianensis

offene, sonnige Standorte, obwohl auch Schatten toleriert wird. Die Vermehrung erfolgt im zeitigen Frühjahr oder durch Aussaat bis zum Herbst.

Crambe cordifolia

Diese spektakuläre Staude aus dem Kaukasus hat gebuchtete, bis 50 cm lange und fast ebenso breite Blätter und bildet eine breite, ungepflegt wirkende Rosette. Aus dem kräftigen, vielästigen Blütentrieb bricht eine Wolke kleiner, weißer, sternförmiger Blüten hervor. Bei einem Durchmesser von über 1 m wird die Pflanze knapp 2 m hoch. Sie wurzelt sehr tief und produziert zahlreiche Ableger.

Crambe maritima

Diese robuste, kleine, mehrjährige Form kommt wild in kälteren europäischen Regionen vor und bildet Büsche strahlend blaugrauer oder sogar purpurfarbener, kohlähnlicher Blätter mit gekräuselten Rändern. Im Spätfrühling bringt sie nach Honig duftende, weiße Blüten in dichten, bis 80 cm großen, aufrechten Rispen hervor. Die jungen, beblätterten Triebe werden vor dem Verzehr gekocht, um den bitteren Geschmack zu mildern.

CRASPEDIA

Alle der rund 30 mehrjährigen Arten dieser Gattung stammen aus Neuseeland, Südostaustralien und Tasmanien. Die meisten wachsen auf Bergen an oder oberhalb der Baumgrenze auf Sumpfwiesen oder feuchten Halden, doch kommen einige auch auf den Grasmatten der Tiefebenen vor. Sie gehören zur Familie der Korbblütler und haben auffällige knopfförmige oder kugelrunde Blütenköpfchen, die aus vielen, dichtstehenden Einzelblüten bestehen, aber keine äußeren Zungenblüten besitzen. Sie entstehen einzeln an aufrechten Stengeln aus einem Bündel einfacher, breiter Blätter und sind hell- bis dunkelgelb oder orange. Einige australische Arten, die früher zu *Craspedia* gezählt wurden, gehören jetzt zu *Pycnosorus*.
PFLEGE UND VERMEHRUNG: Obwohl nur selten kultiviert, lassen sich viele Arten in kühlen Gebieten leicht züchten und wirken dekorativ in Steingärten und Beeten. Die Winterhärte ist unterschiedlich, doch können alle leichten Frost ertragen. Die Vermehrung erfolgt durch Aussaat oder Teilung.

Craspedia uniflora

Unter dem Namen *Craspedia uniflora* wurden in der Vergangenheit Pflanzen sowohl aus Südostaustralien als auch aus

Couroupita guianensis

Crambe cordifolia

Crassula arborescens

Neuseeland zusammengefaßt. Inzwischen wurde der Name auf einige neuseeländische Pflanzen eingeengt, obwohl sich die Lebensräume innerhalb der Art stark unterscheiden können (von der Küste bis zum Hochgebirge). Sie bilden eine Rosette aus breiten, grünen Blättern, die von watteartigen Haaren umrandet sind. Im Sommer wachsen aus der Rosette mehrere 30–45 cm große Blütentriebe mit je einem hell- bis dunkelgelben, etwa 3 cm großen, halbkugelförmigen Körbchen.

CRASSULA
DICKBLATT

Diese abwechslungsreiche Gattung umfaßt etwa 300 Arten ein- oder mehrjähriger, immergrüner Sträucher, die fast alle blattsukkulent sind. Einige weniger sukkulente Arten sind über die ganze Welt verbreitet, die Mehrheit ist aber auf das südliche Afrika beschränkt. Im Aussehen variieren sie von kleinen und flach wachsenden oder staudenbildenden Pflanzen bis hin zu maximal 3,5 m hohen, aufrechten Sträuchern. Ein durchgängiges Merkmal sind die gegenständigen Blätter, deren Blattbasen sich manchmal um den Stengel herum berühren. Die selten auffälligen Blüten stehen in endständigen Trauben oder Rispen. Die große Familie der Dickblattgewächse, zu der auch andere bekannte Sukkulentengattungen wie *Sedum, Kalanchoe, Aeonium, Sempervivum* und *Echeveria* gehören, hat ihren Namen, *Crassulaceae*, von dieser Gattung.
PFLEGE UND VERMEHRUNG: Die Kältetoleranz der Arten reicht von winterhart

Crambe maritima

bis frostempfindlich. Einige der kräftigeren Arten sind zähe, anpassungsfähige Pflanzen, die nahezu ohne jede Pflege in Töpfen gedeihen, solange die Erde nicht mit Wasser vollgesaugt ist. Andererseits gibt es sukkulente Zwergformen von südafrikanischen Arten, die vor allem von Sukkulentensammlern gezüchtet werden. Die Vermehrung erfolgt durch Stengel- oder Blattstecklinge oder durch Aussaat.

Crassula arborescens

Crassula arborescens, die in Südafrika und den sommerfeuchten Gebieten Ostafrikas weit verbreitet ist, kann höher als 3 m und ebenso breit werden, obwohl sie in der Zucht gewöhnlich nur 60–90 cm erreicht. Es ist ein reichverzweigter Strauch mit dicken, braunen Ästen und rot geränderten, nahezu runden, etwa 4 cm großen Blättern, die von einer blaugrauen Schicht überzogen und mit kleinen, dunkelgrünen Tupfen gesprenkelt sind. Im Herbst und Winter trägt sie Rispen mit kleinen,

Crassula coccinea

Crassula 'Emerald'

Crassula capitella 'Campfire'

Crassula 'Emerald Isle'

sternförmigen, hellrosa Blüten. Sie ist eine beliebte, anspruchslose Kübelpflanze für jeden sonnigen Standort. Eine als *Crassula arborescens* bezeichneter Strauchportulak in Gärten ist in Wirklichkeit *C. ovata* (siehe Abbildung).

Crassula capitella

Dieser Halbstrauch aus Südafrika tritt in vielen Formen auf; einige Unterarten wurden bis vor kurzem als unterschiedliche Arten betrachtet. Seine schmalen, gefurchten Blätter sind rot gepunktet und bilden eine Rosette. Aus ihrem Zentrum wächst ein schlanker, bis zu 45 cm hoher Blütentrieb heraus, der während des Frühjahrs und des Sommers hellrosa Blüten trägt. **'Campfire'** ist eine Kulturform mit rotem Laub.

Crassula coccinea

Syn. *Rochea coccinea*

Diese sukkulente, mehrjährige *Crassula*-Art aus den Bergen der südafrikanischen Kapprovinz wird bis zu 60 cm hoch und wegen ihrer prächtigen Blüten gezüchtet. Sie verzweigt sich an der Basis in mehrere Äste. Die kurzen, grünen, dichtstehenden Blätter sind manchmal rot getönt. Im Spätsommer und Herbst trägt sie zahlreiche röhrenförmige, dunkelrote Blüten in dichten, runden Rispen. Sie benötigt volles Sonnenlicht und gedeiht gut an warmen, trockenen Stellen im Steingarten. Im Spätwinter sollten die Äste bis zur Basis zurückgeschnitten werden.

Crassula 'Emerald'

Diese kleinwüchsige Kulturform scheint von der im Herbst blühenden ***Crassula susannae*** aus der Kapprovinz abzustammen. Sie wird nur 5–8 cm hoch. Die blaugrau überzogenen Blätter haben eine breite Spitze. **'Emerald Isle'** ähnelt dieser Sorte, doch die Blätter stehen dichter gedrängt.

Crassula 'Green Pagoda'

'Green Pagoda' ist entweder eine Sorte der bekannten, südafrikanischen Art ***Crassula perforata*** oder eine Hybride. Jedes Blattpaar scheint an der Blattbasis verbunden und wirkt wie auf den Zweig aufgefädelt und in einer aufrechten Säule gestapelt zu sein. Die hübschen rosa Blüten entstehen an der Krone.

Crassula grisea

Die Art wächst endemisch im äußersten westlichen Teil der Kapprovinz, eine Region mit sehr geringem Niederschlag und Heimat einer Anzahl extremer Sukkulenten. *Crassula grisea* wird etwa 15 cm hoch und hat kleine, gelbgrüne, nur 2,5 cm lange Blätter. Kleine, weiße Blüten entstehen im Frühjahr und Sommer. Man findet diese Art hauptsächlich in Sukkulenten-Sammlungen.

Crassula 'Morgan's Pink'

Diese Kulturform erreicht eine Größe von 20 cm. Sie hat graugrüne, sichelförmige

Crassula 'Green Pagoda'

Blätter und bringt lachsfarbene Blüten hervor, die im Frühjahr und Sommer blühen.

Crassula multicava

Im milden Klima ist diese mehrjährige, 20–30 cm hohe Art sehr leicht zu ziehen. Sie besitzt halbniederliegende Äste, die sich bewurzeln und so über einen großen Bereich ausbreiten können. Die mäßig sukkulenten, graugrünen Blätter sind gekennzeichnet durch dichte, dunkelgrüne Punkte. Auf langen, schwachen Stengeln entstehen im Winter und Frühjahr Dolden von kleinen, sternförmigen, rosa und weißen Blüten. Wenn die Art als Bodendecker gezogen wird, wirken die Blüten wie ein zarter Farbhauch über den Blättern.

Crassula ovata

Syn. *Crassula argentea* hort., *C. portulacea*

JADEPFLANZE, JADEBAUM

Diese südafrikanische Art darf nicht mit *Portulacaria afra* verwechselt werden, die ebenfalls »Jadepflanze« genannt wird, aber keine gegenständigen und viel kleinere Blätter besitzt. *Crassula ovata* wird auch oft mit *C. arborescens* verwechselt. Sie ist ein schnellwachsender, sukkulenter Strauch, der 2 m hoch werden kann, in der Regel jedoch 60–90 cm erreicht. Sie hat dicke, braune Äste und glänzende, breite, keilförmige Blätter, die rot gerändert sein können. Im Herbst und Winter erscheinen kleine, weiße bis blaß rosafarbene, sternförmige Blüten. Die Art bevorzugt volles Sonnenlicht und ist als Kübelpflanze geeignet. **'Hobbit'** ist eine kleine Kulturform.

Crassula perfoliata

PROPELLERPFLANZE

Diese interessante Art aus dem südöstlichen Südafrika ist sehr variabel, und einige Varietäten wurden früher als eigene Arten eingestuft. Die Äste sind aufrecht, verzweigen sich ab der Basis und werden etwa 1 m hoch. Die langen, fleischigen Blätter sind gegenständig angeordnet. Bei ***Crassula perfoliata* var. *perfoliata*** sind sie grün, gefurcht, 10–15 cm lang und hängend. Sie stehen in verschiedenen Ebenen. Bei ***C. p.* var. *minor*** (Syn. *Crassula falcata*) sind sie hell graugrün und wie gebogene Messerklingen geformt, die auf der Schneide stehen. Die Blätter sind an der Basis überlappt und alle in eine Ebene gedrängt. Dichte, endständige Rispen mit hübschen, dunkelroten Blüten entstehen im Sommer.

Crassula plegmatoides

Diese Art kommt ebenfalls im Namaqualand in Südafrika und im benachbarten Namibia vor. Sie wird nur etwa 15 cm hoch und besitzt kleine, blaugrüne, dreieckige Blätter, die so dicht stehen, daß sie eine rechteckige Säule bilden. Im Frühjahr entstehen Trugdolden sehr kleiner, weißer Blüten.

Crassula pruinosa

Syn. *Crassula scabrella*

Aus der südwestlichen Kapprovinz in Südafrika stammt diese gerade mal 10 cm hohe Art. Die Blätter werden zwischen 1 und 2,5 cm lang und besitzen einen wachsartigen weißen Schimmer. Weiße, glockenförmige Blüten entstehen im Frühjahr und Sommer.

Crassula grisea

Crassula multicava

Crassula ovata

Crassula ovata 'Hobbit'

Crassula perfoliata var. *minor*

Crassula pruinosa

Crataegus arnoldiana

Crataegus 'Autumn Glory'

Crassula tetragona

Dieser vielstämmige Strauch von der südöstlichen Küste Südafrikas wird ca. 60 cm hoch. Die Blätter sind etwa 2,5 cm lang, im Querschnitt nahezu rund und laufen nach oben gebogen spitz zu. Sie sind in vier vertikalen Reihen angeordnet. Winzige, beigefarbene Blüten erscheinen im Frühjahr und Sommer in kurzen Blütenständen. In Gegenden mit mildem Klima bürgert sich die Art nur allmählich ein, indem sie durch Selbstvermehrung mittels abgefallener Blätter in mehreren Jahren Flächen von 3–6 m^2 besiedelt.

+ CRATAEGOMESPILUS

Das +-Zeichen vor dem Namen bedeutet, daß dies eine *Pfropfhybride* ist (und keine geschlechtlich entstandene Hybride, die durch × symbolisiert wird). Solches geschieht, wenn die Gewebe des Pfropfreises und der Unterlage sich vereinigen und die daraus entstehenden neuen Triebe Charakteristika beider zeigen. Die vorliegende Hybride + *Crataegomespilus* entstand, als eine Mispel (*Mespilus germanica*) auf einen Weißdorn (*Crataegus*) gepfropft wurde.

PFLEGE UND VERMEHRUNG: In kühlem Klima benötigt die sehr anspruchslose Pflanze nur einen geschützten Standort mit tiefem, feuchtem Boden. Vermehrt wird sie gewöhnlich durch Pfropfen auf einen Weißdorn-Stock.

+ *Crataegomespilus dardarii*

Erstmals entstand diese Art im Garten eines gewissen M. Dardar aus Bronvaux in der Nähe von Metz (Frankreich) um 1895, als die ersten Zweige eines Mispel-Pfropfreises auf einer *Crataegus monogyna*-Unterlage austrieben. Der erste Zweig hatte Blätter und Früchte der Mispel, aber Dornen und Blütendolden des Weißdorns. Die Blätter, Blüten und Früchte des zweiten Zweiges jedoch ähnelten dem Weißdorn, allerdings waren die jungen Ästchen und Blütenstiele von dem grauen Flaum der Mispel bedeckt. Pflanzen, die aus diesem zweiten Zweig gezüchtet wurden, sind weit verbreitet und tragen den Namen **'Jules d'Asnières'**. Es ist ein hübscher, kleiner, laubwerfender Baum, der etwa 4,5–6 m groß wird, eine dichte Krone und leicht hängende Äste besitzt. Die Blätter sind auf der Unterseite flaumig behaart und unterschiedlich tief gelappt. Die weißen bis weißrosa Blüten entstehen im späten Frühjahr, sind größer als die des Weißdorns und haben einen wolligen Kelch.

+ *C. dardarii* 'Jules d'Asnières'

Crassula perfoliata

CRATAEGUS

WEISSDORN

Der Weißdorn stammt aus den kühlgemäßigten Regionen Europas, Asiens und des östlichen Nordamerikas und gehört zur Familie der Rosengewächse. Die Ähnlichkeit der Früchte mit Miniaturäpfeln kann man leicht sehen und schmecken. Die meisten der 200 Arten besitzen lange, scharfe Dornen an den Sommertrieben. Die Blätter sind entweder gezähnt oder gelappt, und die weißen, manchmal rosa Blüten entstehen im späten Frühjahr oder Sommer in flachen oder runden Dolden. Im Herbst tragen sie für gewöhnlich rote Früchte, mitunter bietet auch die Farbe des Laubs einen attraktiven Blickfang.

PFLEGE UND VERMEHRUNG: Weißdorn ist ein robuster, winterharter, laubwerfender Baum, dessen kompakte Form sich auch für kleine Gärten eignet. Er mag die Sonne und stellt nur wenig Ansprüche an die Bodenart. Einige Arten bilden Ausläufer, die man zur Erhaltung der Wuchsform entfernen sollte. Einige Weißdorne sind anfällig für Feuerbrand, der nur durch die sofortige Verbrennung befallener Äste bekämpft werden kann. Das Laub kann auch durch die Larven einer Sägefliege verunstaltet werden; Insektizide sind hier erforderlich. Die Vermehrung erfolgt durch kältebehandelten Samen oder durch Pfropfen. *Crataegus*-Arten lassen sich leicht im Winter verpflanzen.

Crataegus arnoldiana

Dieser kleine, ausladende Baum aus den nordöstlichen USA wächst etwa 5 m hoch und hat eine graue, schuppige Rinde. Die dunkelgrünen, glänzenden Blätter mit hellerer Unterseite werden im Herbst rötlich. Blütenstände aus großen, weißen, duftenden Blüten mit auffälligen, dunkelrosa Staubblättern sind im Frühjahr an den Ästen aufgereiht. Ihnen folgen kleine Bündel aus 2 cm großen, purpurroten Früchten.

Crataegus 'Autumn Glory'

Die Kulturform 'Autumn Glory' ist aus einer Hybride entstanden und ähnelt sehr der besser bekannten *Crataegus* × *lavallei*,

+ *Crataegomespilus dardarii* 'Jules d'Asnières'

besitzt jedoch schmälere und kleinere Blätter. Im Herbst entstehen verschwenderische Mengen großer, purpurroter Früchte.

Crataegus diffusa

Diese weitere Art aus den nordöstlichen USA ist ein bis zu 10 m hoher Baum, bewehrt mit langdornigen Ästen. Die Blätter sind hellgrün und flach gelappt. Im späten Frühjahr oder Frühsommer entstehen Dolden mit kleinen, weißen Blüten, die zu etwa 1 cm großen, roten Früchten reifen.

Crataegus flava

Vermutlich stammt diese Art aus dem Osten der Vereinigten Staaten, läßt sich wild jedoch nicht nachweisen. Dieser Baum mit kleinen Blättern, die glatt, gezähnt oder flach gelappt sind, trägt im Frühsommer mäßig große, weiße Blüten. Die gelbgrüne Frucht ist etwa 1,5 cm groß. Die Art gehört zu den weniger dekorativen Weißdornen.

Crataegus flava

Crataegus laciniata

Crataegus laciniata

Syn. ***Crataegus orientalis***

Diese Art aus der Türkei, dem Balkan und dem Kaukasus wird seit fast zwei Jahrhunderten in Europa als Zierpflanze kultiviert. Sie kann eine Höhe von 4–6 m erreichen, wächst in Gärten aber oft als ausladender Strauch und ist häufig praktisch dornenlos. Die breiten, keilförmigen, grünen Blätter sind weißlich behaart und lappig eingeschnitten. Die großen, weißen Blüten erscheinen im Frühsommer in kleinen Blütenständen, ihnen folgen im Herbst 2,5 cm große, rote oder gelbe Früchte.

Crataegus laevigata

Syn. ***Crataegus oxyacantha***

ROTDORN

Dieser kleine Baum kann 10 m hoch und breit werden. Er stammt aus Europa und Nordafrika und wird leicht mit dem Eingriffeligen Weißdorn (*Crataegus monogyna*) verwechselt; früher wurden beide Arten *C. oxyacantha* genannt. Er hat mittel- bis dunkelgrüne, glänzende Blätter mit flachen, runden Lappen und bildet wenig Dornen. Im späten Frühjahr öffnen sich die zahlreichen weißen Blüten. Die Kulturform **'Paul's Scarlet'** entwickelt leuchtend purpurrote, gefüllte Blüten. Die Sorte **'Punicea'** einzelne, dunkelrosa Blüten mit weißer Mitte, **'Punicea Flore Pleno'** ist ähnlich, doch mit gefüllten Blüten.

Crataegus laevigata

Crataegus laevigata 'Punicea'

C. laevigata 'Punicea Flore Pleno'

Crataegus laevigata 'Paul's Scarlet'

Crataegus × *lavallei*

Syn. ***Crataegus* × *carrierei***

Um das Jahr 1880 entstand in Frankreich diese Hybride als Kreuzung zwischen *Crataegus crus-galli* und *C. pubescens*. Sie bildet einen dicht verzweigten, nahezu dornenlosen Baum von 4–6 m Höhe. Die breiten, unregelmäßig gezähnten, glänzenden Blätter sind dunkler als bei den meisten Weißdornsorten und in warmen Regionen teilweise immergrün. Die weißen Blüten mit roten Staubblättern entstehen im Frühsommer in lockeren Gruppen. Die Frucht ist groß und gelb, in der Reife orangerot. Nach dem ersten harten Frost im Herbst intensiviert sich die Laubfärbung.

Crataegus mollis

Diese Art aus den zentralen Regionen der USA ist ein bis zu 10 m breiter Baum und hat etwa 10 cm lange Blätter, breit und flach gelappt und flaumig behaart. Im Frühsommer entstehen Dolden von 2,5 cm großen, weißen Blüten. Ihnen folgen tiefrote, etwa ebenso große Früchte. Diese Weißdornart wird seit langem gezüchtet und ist eine der besten Nordamerikas.

Crataegus monogyna

Der kleine, aus Europa stammende Baum wird in der Regel als Heckenpflanze gezogen, kann jedoch wildwachsend eine Höhe von etwa 10 m erreichen. Die Blätter sind durch fünf bis sieben zackige Lappen gekennzeichnet und werden im Herbst gelbbraun. Die einzelnen, weißen, wohlriechenden Blüten öffnen sich im späten Frühjahr (in England Mitte Mai), nach alten Kalenderangaben am 1. Mai. Seine kleinen, dunkelroten Früchte hängen sogar noch im Winter an den Zweigen. *Crataegus laevigata* ist dieser Art sehr ähnlich, doch unterscheidet sich *C. monogyna* durch nur einen Griffel und einen Samen. Die Blätter von ***C. monogyna*** **subsp.** ***azarella*** haben eine sehr flaumige Unterseite.

Crataegus diffusa

Crataegus × *lavallei*

Crataegus persimilis 'Prunifolia'
Syn. *Crataegus*× *prunifolia*, *C. crus-galli* var. *prunifolia*

Die genaue systematische Einordnung dieses nordamerikanischen Weißdorns, eines sehr hübschen, etwa 6 m hohen Baumes, ist unklar, doch ist er sicherlich eng verwandt mit *Crataegus crus-galli*. Er besitzt eine weite, runde, bis zum Boden reichende Krone. Seine glänzendgrünen Blätter sind scharf gezähnt. Die Zweige tragen bis zu 8 cm lange, sehr scharfe Dornen. Im Frühsommer entstehen in dichten Dolden die 2 cm großen Blüten, denen im Frühherbst glänzendrote, 1 cm große Früchte folgen.

Crataegus phaenopyrum
Syn. *Crataegus cordata*

Dieser elegante, doch sehr dornige Baum aus den südöstlichen USA wird 6–10 m hoch. Die Krone ist rund, der Baum dicht verzweigt. Die glänzenden, grünen Blätter

Crataegus phaenopyrum

sind in drei bis fünf, scharf gezähnte Lappen unterteilt. Duftende, weiße Blüten erscheinen mitten im Sommer, ihnen folgen im Herbst dichte Dolden kleiner, orangeroter Früchte.

Crataegus pubescens
Syn. *Crataegus mexicana*, *C. stipulacea*

Häufig dornenlos ist diese teilweise immergrüne Art aus den Bergen Mexikos. Sie erreicht eine Höhe von 5–10 m. Die länglichen, ledrigen Blätter sind grob gezähnt und dunkelgrün mit flaumiger Unterseite. In der Mitte des Frühjahrs entstehen Dolden weißer Blüten mit rosa Staubblättern, im Herbst reifen die großen, eßbaren, buttergelben Früchte, die in manchen mexikanischen Städten auf dem Markt verkauft werden.

Crataegus punctata

Dieser attraktive, bis 10 m hohe Baum mit kräftigem Stamm kommt aus dem Osten der USA. Seine Krone besteht aus waagerechten Ästen, an denen breite, dunkelgrüne, gezähnte oder leicht gelappte Blätter mit flaumiger Unterseite sitzen. Im Frühsommer entstehen Gruppen von weißen, bis 10 cm großen Blüten. Die Früchte sind groß, etwas birnenförmig und matt purpurrot mit helleren Punkten. Sie gehört zu den schönsten nordamerikanischen Arten. **'Aurea'** hat gelbe Früchte.

× *Crataemespilus grandiflora*

× *Crataemespilus grandiflora*

Crataegus pubescens

Crataegus monogyna

Crataegus punctata

Crataegus viridis
GRÜNER WEISSDORN

Aus den südöstlichen USA stammt dieser kleine, etwa 10 m hohe Baum. Er besitzt ziemlich breite, glänzende, dunkelgrüne Blätter, deren obere Hälfte gezähnt oder gelappt ist. Vom späten Frühjahr bis Frühsommer entstehen kleine und verstreute Gruppen weißer Blüten. Die Früchte sind klein und rot. **'Winter King'** ist eine hervorragende Kulturform mit silbriger Rinde, einer vasenartigen Form, relativ wenig Dornen, schönem rotem Herbstlaub und hellroten Früchten, die bis in den Winter halten.

× CRATAEMESPILUS

Diese geschlechtlich entstandene Hybride zwischen Weißdorn und Mispel darf nicht mit der Pfropfhybride + *Crataego-mespilus* verwechselt werden. Der Gattungsname umfaßt sämtliche denkbaren Kreuzungen zwischen *Crataegus* und *Mespilus*, obwohl bisher nur von zweien berichtet wurde.

PFLEGE UND VERMEHRUNG: Diese Hybriden werden in der Regel auf Weißdorn gepfropft. Sie lieben einen sonnigen, dabei aber geschützten Standort und kühle Klimabedingungen.

Crataegus monogyna subsp. *azarella*

Crataegus viridis 'Winter King'

× *Crataemespilus grandiflora*

Schon vor 1800 wurde diese Hybride zwischen *Crataegus laevigata* und *Mespilus germanica* wildwachsend in Frankreich entdeckt. In ihren Merkmalen steht sie zwischen den Elternarten. Sie ist ein kleiner, laubwerfender Baum mit flaumigen, manchmal ein wenig gelappten Blättern an kräftigen Trieben. Die Blüten stehen zu dritt, sind etwa 2,5 cm groß und öffnen sich im späten Frühjahr oder Frühsommer. Die glänzend braunorange Frucht hat mehliges Fleisch, das im Geschmack eher an den Weißdorn als die Mispel erinnert. Ihre Samen scheinen unfruchtbar zu sein. Die Herbstfarben sind gelb und orange.

CRATEVA

Diese Gattung besteht aus sechs oder mehr Arten immergrüner Sträucher und kleiner Bäume, die in den Tropen weit verbreitet sind. Sie ist eng mit der krautigen Gattung *Cleome* verwandt, was man an der Blütenform leicht erkennt. Die Blüten besitzen große, gestielte Kronblätter und sehr lange, hervorstehende Staubblätter. Die Laubblätter sind meist aus Blättchen zusammengesetzt, die von einem gemeinsamen Stiel ausstrahlen (wie bei *Cleome*) und können Hautentzündungen verursachen.

Crateva religiosa

Crinodendron hookerianum

Crinum asiaticum

Crinodendron patagua

PFLEGE UND VERMEHRUNG: Diese Pflanzen benötigen gleichmäßig warme Temperaturen und bevorzugen reichen, feuchten, durchlässigen Boden und während Hitzeperioden viel Wasser. Außerhalb der Tropen kann man sie in einem beheizten Gewächshaus ziehen. Die Vermehrung geschieht durch Aussaat oder Stecklinge.

Crateva religiosa

SPINNENBAUM, TEMPELBAUM

Dieser dekorative, kleine Baum wird gut 5 m hoch und stammt aus Südostasien, der Pazifikregion und Nordaustralien. Er hat eine glatte, graue Rinde mit weißen Punkten; die jungen Zweige sind auffällig hellgrün. Die hübschen, bis zu 15 cm langen Blätter setzen sich aus drei ovalen Blättchen. Im Winter trägt der Baum große Blüten mit beigeweißen, im Alter matt orangegelben Blütenblättern und langen, dunkelroten bis violetten Staubfäden. Den Blüten folgen glatte, grüne Beeren.

CRINODENDRON

Syn. *Tricuspidaria*

Diese mit *Elaeocarpus* verwandte Gattung besteht aus vier Arten von Sträuchern und Bäumen aus Südamerika, von denen zwei als Zierpflanzen geschätzt werden, wenn das Klima dies zuläßt. Sie sind immergrün, haben ledrige, gezähnte Blätter, und die glockenförmigen Blüten hängen in den Blattachseln.

PFLEGE UND VERMEHRUNG: Die Pflanzen gedeihen am besten in Regionen mit kühlem, aber mildem Küstenklima mit viel Regen oder Nebel, z.B. in Südwestengland, Irland, dem südlichen Neuseeland, Tasmanien und dem pazifischen Nordwesten der USA und Kanadas. In trockeneren Gegenden leben sie nicht lange, obwohl ein schattiger, geschützter Standort mit feuchtem Mikroklima und ständig feuchtem Boden ihre Überlebenschance erhöht. Vermehrt wird durch Stecklinge, da die Samen, die in kleinen Kapselfrüchten gebildet werden, selten verfügbar sind.

Crinodendron hookerianum

Syn. *Tricuspidaria lanceolata*

Diese vielbewunderte Art stammt aus den Regenwäldern auf der Insel Chiloe und ihren Nebeninseln vor der Südküste Chiles. Wildwachsend wird sie 10 m hoch, in Kultur erreicht sie jedoch als normalerweise buschiger, aufrechter Strauch nicht mehr als 3 m Höhe. Sie trägt schmale, stark geäderte, tiefgrüne Blätter; auffällige purpurrote Knospen erscheinen im Herbst, doch erreichen die Blüten ihre volle Größe von 3,5 cm erst im nächsten Frühjahr. Sie blühen nie weit auf, sondern bleiben stets bis auf eine kleine Öffnung geschlossen.

Crinodendron patagua

Syn. *Tricuspidaria dependens*

MAIGLÖCKCHENBAUM

Crinodendron patagua stammt auch aus Chile, aber aus einer nördlichen Gegend, den Hügeln um Valparaiso. Es ist ein ähnlich großer Baum wie *C. hookerianum*, aber kräftiger und verträgt trockeneres Klima. Die Blätter sind breiter und flacher, dunkelgrün mit flaumiger Unterseite, die 2,5 cm großen, weißen Blüten entstehen im Spätsommer.

CRINUM

Diese mit *Amaryllis* verwandte Gattung umfaßt etwa 130 Arten schöner, großer Pflanzen, die in den meisten warmen Gegenden der Erde wachsen. Die Zwiebeln sind oft sehr groß und können tief unter oder direkt auf der Erdoberfläche wachsen. Bei vielen Arten bleibt der Blattgrund abgestorbener Blätter als papierartige Scheide erhalten und bildet an der Zwiebel einen »Hals«. Ihre lilienartigen Blüten mit langen Staubblättern stehen in Dolden an der Spitze dicker Blütentriebe und öffnen sich nacheinander. Die sechs Blütenblätter sind weiß oder rosa und biegen sich oft nach oben. Die kugelförmigen, dünnhäutigen Früchte enthalten große, fleischige Samen, die ohne Ruhephase trocken keimen können. In Gärten werden nur wenige Arten und einige Hybride gezogen, doch es gibt Liebhaber mit großen Sammlungen. Für einen großen Teil der Arten ist es schwierig, Bezugsquellen zu finden.

PFLEGE UND VERMEHRUNG: Die Arten haben unterschiedliche Ansprüche. Bei Arten aus regenreichen Gegenden ist die Kultivierung am schwierigsten. Die Zwiebeln sollten in fruchtbare, feuchte Erde mit dem »Hals« gerade über dem Boden gepflanzt werden. Einige Arten gedeihen am besten in der Sonne, andere bevorzugen Schatten. Die Vermehrung gelingt am besten durch Aussaat, Teilung ist schwierig. In beiden Fällen erfolgt die Blüte erst nach einigen Saisons. Sie sind frostempfindlich und werden gerne von Raupen und Schnecken befallen.

Crinum asiaticum

ASIATISCHE GIFTLILIE

Diese Art aus dem tropischen Asien kann in einem frostfreien Garten überaus dekorativ sein. Sie liebt feuchten Boden und kann an Teichrändern gepflanzt werden. Die unterirdischen Zwiebeln bilden immergrüne, fleischige und sehr breite Blätter, die ein Büschel von über 1 m Höhe bilden. Der dicke Blütentrieb kann bis zu 50 süßlich duftende, weiße Blüten tragen. Sie haben sehr schmale Blütenblätter und sind fast das ganze Jahr geöffnet. Es gibt eine seltene Form mit blaßrosa Blüten, eine andere mit weichen, goldgelben Blättern, und wiederum eine weitere mit grün und beige gestreiften Blättern. Die giftigen Zwiebeln wurden früher als Brechmittel genutzt.

Crinum bulbispermum

ORANGE FLUSSLILIE

Diese südafrikanische Art ist wahrscheinlich die am wenigsten kälteempfindliche *Crinum*-Form. Sie bildet unterirdische Gruppen von Zwiebeln, die gefurchte, gebogene Blätter mit gewelltem Rand austreiben. Die Blätter sterben gewöhnlich nach der Blüte im späten Frühjahr oder Frühsommer ab. Der Blütentrieb wird bis zu 1 m hoch. An ihm entstehen nacheinander langstielige, trompetenförmige Einzelblüten, die weiß bis blaßrosa sind und einen roten Streifen auf jedem Blütenblatt haben. Diese Art liebt Sonne und wächst gut auf nassem Boden.

Crinum campanulatum

Syn. *Crinum aquaticum, C. caffrum*

WASSERCRINUM

Im Sommer kann diese Art aus Südafrika in seichtem Wasser wachsen, im Winter jedoch müssen die Zwiebeln trockener gelagert werden, falls die Pflanze in der nächsten Saison erneut blühen soll. Eingegrabene Zwiebeln bilden Büschel von schmalen, tief gefurchten, gebogenen Blättern. Die trichterförmigen Blüten im Frühling sind rot bis dunkelrot, an den Spitzen der Blütenblätter heller, und nur etwa 5–8 cm lang. Nur wenige wachsen auf der Spitze des rötlichen, 30–50 cm hohen Stengels.

Crinum flaccidum

Diese australische Art wächst gewöhnlich in tiefen Schwemmböden entlang periodisch wasserführender Flüsse. Die Zwiebel kann bis zu 1 m unter der Erde liegen und ist durch einen langen »Hals« mit den wenigen schmalen, gefurchten Blättern verbunden, die meist niederliegen und im Sommer oder bei Trockenheit absterben. Die Blütentriebe werden 40–60 cm hoch und tragen im Sommer oder Herbst sechs bis zwölf zarte, weiße oder beigefarbene Blüten, die sich zu 15 cm großen Sternen öffnen. Außerhalb ihrer Heimat ist sie schwer zu kultivieren.

Crinum macowanii

FLUSSCRINUM

Crinum bulbispermum ähnlich, ist diese südafrikanische Art aber robuster und ruht im Winter. Sie blüht, während sie Laub trägt, im Frühjahr und im Frühsommer. Die Blütentriebe können über 1 m hoch werden und tragen eine Folge von großen, trompetenförmigen Blüten. Die Spitzen der Blütenblätter sind stark gekrümmt und wie bei *C. bulbispermum* gefärbt. Die Blätter bilden eine im Durchmesser bis zu 1 m breite Rosette.

Crinum moorei

BUSCHLILIE

Neben *Crinum bulbispermum* ist diese südafrikanische Art die am ehesten kälteresistente *Crinum*-Art. Aus diesem Grund und wegen der zarten Schönheit ihrer großen, weißen bis blaß rosafarbenen Blüten, die manchen Lilien ähneln, ist sie sehr beliebt. Die breiten, zarten Blätter sterben gewöhnlich ab, wenn sich die Blüten im Spätsommer oder Frühherbst öffnen. Schließlich bleibt nur eine Gruppe großer Zwiebeln mit langer Spitze übrig, die über den Erdboden ragen. Die Blütensprosse sind bis zu 1 m hoch und tragen Dolden von gut 10 cm großen, äußerst anmutigen Blüten. Im Licht und in tiefem Schatten gedeiht sie gleichermaßen und bevorzugt krümeligen, durchlässigen Boden. Sie ist jedoch gegenüber Schnecken sehr empfindlich. **'Cape Dawn'** ist eine zarte, rosa Form.

Crinum pedunculatum

STRANDLILIE, SUMPFCRINUM

Diese Art aus Ostaustralien ähnelt *Crinum asiaticum*, ist aber robuster. Sie bildet große Büschel immergrüner Blätter, deren Blattgrund zu einer Zwiebel angeschwollen ist. Die etwa 1 m langen, mattgrünen Blätter sind fleischig und ledrig. Während des Frühjahrs und Sommers entsteht auf dicken, bis zu 1 m langen Blütensprossen eine lange Folge von weißen Blüten mit

Crocosmia masoniorum

Crocosmia × crocosmiiflora

Crocosmia × crocosmiiflora 'Lucifer'

schmalen Blütenblättern und auffälligen langen Staubblättern. Die glänzende, weißgrüne Frucht wird bis zu 5 cm groß. Sie gedeiht an nahezu jedem sonnigen Standort, einschließlich der Strände oder salzigen Sümpfe. Eine ausgewachsene Pflanzengruppe kann etwa 2–2,5 m groß werden.

Crinum × powellii

KAPLILIE

Diese bekannte und anspruchslose Hybride zwischen *Crinum bulbispermum* und *C. moorei* wurde im 19. Jahrhundert in England gezüchtet. Die bandförmigen Blätter sterben im Spätsommer oder Herbst ab. Etwa um die gleiche Zeit entstehen auf den 1 m hohen Blütentrieben jeweils bis zu zehn dunkelrosa, duftende Blüten, die in Form und Größe denen von *C. moorei* ähneln. Die Blüten können so schwer werden, daß die Pflanze gestützt werden muß. **'Album'** hat reinweiße Blüten.

CROCOSMIA

Syn. *Antholyza, Curtonus*

MONTBRETIE

Diese sieben südafrikanischen, mehrjährigen Arten haben schmale, messerförmige, gefältelte Blätter. Wie bei der Gladiole wachsen sie fächerförmig von der Basis der Pflanze aus. Im Sommer erscheinen die leuchtend gefärbten Blüten in verzweigten Ähren.

PFLEGE UND VERMEHRUNG: Die Knollen sollten im Winter in fruchtbare Erde an eine Stelle mit Morgensonne gepflanzt und im Sommer gut gegossen werden. Sie vermehren sich kräftig und sollten nur bei übermäßigem Wachstum zerteilt werden, wenn notwendig, im Frühjahr.

Crocosmia aurea

Diese schattenliebende Art trägt im Frühsommer auf einem 1 m langen Stengel eine verzweigte Ähre mit gelben bis orangefarbenen, bis 10 cm großen, röhrenförmigen Blüten, die gute Schnittblumen sind.

Crocosmia × crocosmiiflora

Diese um 1880 in Frankreich entstandene Hybride wird bis 90 cm hoch und trägt eine verzweigte Ähre mit bis zu 40 orangeroten, gladiolenartigen, etwa 2,5 cm großen Blüten. Sie ist winterhart, benötigt in kalten Gegenden jedoch viel Sonne. In Regionen mit kalten Wintern müssen die Knollen während des Winters ausgegraben werden. Kürzlich wurden großblütige Hybriden mit noch mehr Farben (gelb bis rot) in Großbritannien gezüchtet. Sie tragen Namen wie **'Bressingham Blaze'** (hell orangerot) oder **'Lucifer'** (hellrot) und sind winterhärter als die Ursprungsart.

Crocosmia 'Walberton Red'

Crocosmia 'Emily Mackenzie'

Crocosmia 'Emily Mackenzie'

1954 wurde diese kräftige und stark blühende Pflanze in Northumberland (England) gezüchtet. Sie hat große, gelb bis dunkelorange, langlebige Blüten mit roten Flecken, die innen blaß sind.

Crocosmia masoniorum

Diese hochwüchsige Art ist gut als Schnittblume zu verwenden. Der verzweigte Sproß wird etwa 1 m groß und ist von einer bogenförmigen Gruppe orangeroter Blüten gekrönt. Sie sind knapp 10 cm breit und bestehen aus sechs Blütenblättern.

Crocosmia 'Walberton Red'

'Walberton Red' war das Ergebnis mehrjähriger Kreuzungen zwischen *Crocosmia masoniorum*, ***C. pottsii* 'Solfatare'** und **'Her Majesty'**. Sie hat erhabene, große, tomatenrote Blüten. Die Knollen sind ebenfalls groß und zerteilen sich nicht.

CROCUS

KROKUS

Diese Gattung mehrjähriger Pflanzen umfaßt etwa 80 Arten sowie zahlreiche Gartenformen und Hybriden und ist über Europa, Nordafrika und das gemäßigte Asien verbreitet. Obwohl sie zur Familie der Schwertliliengewächse gehören, unterscheiden sie sich im Aussehen von den meisten Verwandten. Sie haben becherförmige Blüten, die zu einer langen, bis unter die Erdoberfläche reichenden Röhre auslaufen. Die Krokusse variieren stark in der Farbe, aber Lila, Hellviolett, Gelb und Weiß sind vorherrschend. Man unterteilt die Arten und Hybriden nach Frühjahrsblühern und Herbstblühern. Die einen blühen zugleich mit oder vor dem Blattaustrieb, die anderen in vollem Laub. Die Blätter sind grasähnlich mit einem silberweißen Streifen.

PFLEGE UND VERMEHRUNG: Am besten gedeihen die sehr winterharten Pflanzen in kühlen oder kalten Regionen. In warmen Gebieten blühen sie meist nur einmal. Man kann sie dort in Töpfen an einem kühlen Standort ziehen. Die Zwiebeln sollten im Frühherbst in feuchter Erde an einem sonnigen oder teils schatti-

Crinum moorei (weiße Form)

Crinum pedunculatum

Crinum × powellii 'Album'

Crinum moorei 'Cape Dawn'

gen Standort gepflanzt werden. Bis die Blätter absterben, brauchen sie viel Wasser. Sie wachsen nicht schnell. Werden die Gruppen dennoch zu groß, kann man sie teilen. Krokusse können im Herbst ausgesät werden, aber sie blühen meist nicht einmal drei Jahre lang.

Crocus angustifolius
Syn. *Crocus susianus*

Diese zu Beginn des Frühjahrs blühende Art von der Krim und aus dem Kaukasus hat dunkel goldgelbe Blüten, die außen rotbraun schattiert sind und eine scharlachrote Narbe besitzen. Die Blätter können bis zu 25 cm lang sein, die Blütenstiele sind jedoch viel kürzer.

Crocus boryi
Syn. *Crocus cretensis, C. ionicus*

Diese im Herbst blühende, aus Kreta und West- und Südgriechenland stammende Art hat beigeweiße Blüten, manchmal mit dunkelroten Adern, und ist innen gelb gefärbt.

Crocus cartwrightianus

Diese aus Griechenland stammende Art blüht im Herbst oder frühen Winter und hat dann bereits die neuen Blätter für die nächste Saison entwickelt. Man kann sie deswegen als sehr früh oder auch sehr spät blühend bezeichnen. Die kleinen Blüten sind hellviolett bis weiß. Die Blattadern sind dunkel auf purpurfarbener Basis.

Crocus chrysanthus
Syn. *Crocus cannulatus* **var.** *chrysanthus, C. croceus*

Aus der Türkei und von der Balkanhalbinsel stammt diese Art mit hell orangefarbenen Blüten, die im Spätwinter oder Frühjahr erscheinen. Sie besitzen eine bronzefarbene Musterung und orangefarbene Staubbeutel. Die Blätter sind bis zu 25 cm lang und erscheinen gleichzeitig mit den Blüten. Es gibt zahlreiche Hybrid-Kulturformen, beispielsweise **'Cream Beauty'** mit beigegelben Blüten; **'Dorothy'** mit dunkelgoldgelben Blüten; **'E. A. Bowles'** mit buttergelben, an der Basis der Blütenblätter bronzefarben gezeichneten Blüten; **'Gipsy Girl'** bildet gelbe, außen rotbraun gestreifte Blüten; und **'Ladykiller'** besitzt weiße, außen stark dunkelrot schattierte Blüten.

Crocus sieberi 'Firefly'

Crocus gargaricus

Crocus sativus

Crocus chrysanthus 'Gipsy Girl'

Crocus chrysanthus 'Ladykiller'

Crocus chrysanthus 'Dorothy'

Crocus tommasinianus

Crocus etruscus

Diese im Frühjahr blühende Art aus Italien hat große, lavendelblaue bis violette Blüten, die mit dunkleren Farben gestreift und innen gelb sind. Die Blätter werden 20–25 cm lang und tragen einen weißen Streifen.

Crocus flavus
Syn. *Crocus aureus*

Diese im Frühjahr blühende, auf dem Balkan heimische Art produziert eine Fülle wohlriechender, außen orangegelber, innen orangefarbener Blüten. Sie läßt sich durch Aussaat leicht vermehren und paßt sich leichter als andere gelbe Arten an wärmere Regionen an.

Crocus gargaricus

Dies ist eine seltene Art, die nur auf Bergwiesen oberhalb der antiken Stadt Bursa in der Westtürkei vorkommt. Sie trägt im Frühjahr goldgelbe Blüten und breitet sich durch unterirdische Ausläufer in Gruppen schnell aus. Sie erträgt etwas feuchtere Bedingungen als die anderen asiatischen Krokusse.

Crocus sativus
SAFRANKROKUS

Der Safran hat diese kleinwüchsige Art bekannt gemacht. Er wird aus den orangeroten Narben gewonnen und zum Färben und Würzen von Speisen verwendet. *Crocus sativus* wird 5 cm hoch und hat im Herbst violette oder dunkelrote Blüten. Die Art bildet keinen Samen und ist nur als Kulturform bekannt. Einige Wissenschaftler vermuten in *C. cartwrightianus* die Stammform.

Crocus chrysanthus

Crocus tommasinianus 'Ruby Giant'

Crocus vernus 'Remembrance'

Crocus sieberi

Diese im Frühjahr blühende Art aus Griechenland und dem Balkan besitzt rosaviolette Blüten mit gelbem Blütenbecher. **'Firefly'** besitzt eine Fülle von hellvioletten Blüten.

Crocus tommasinianus

Diese zierliche Art aus dem nördlichen Balkan blüht im Spätwinter und wird etwa 10 cm hoch. Sie besitzt lavendelblaue bis dunkelrote Blüten, deren Kelch manchmal innen weiß ist und in einer schlanken, weißen Röhre endet. Sie ist einfach zu pflegen und macht sich in Steingärten oder unter Laubbäumen hervorragend. **'Ruby Giant'** hat dunkelrote Blüten.

Crocus vernus
HOLLÄNDISCHER KROKUS

Es gibt zahlreiche im Frühjahr blühende Hybriden, die aus *Crocus vernus* entstanden sind und als Holländische Krokusse bekannt sind. Die Art stammt aus Ost- und Mitteleuropa, wird 10 cm hoch und trägt vom Frühjahr bis zum Frühsommer eine einzelne weiße, rosa oder dunkelrote Blüte. Die holländischen Hybriden sind recht kräftige Pflanzen mit bis zu 15 cm langen Blüten, die gelb, weiß, dunkelrot oder auch blau gefärbt sein können. Es gibt auch gestreifte Formen. Die Sorte **'Remembrance'** besitzt violette Blüten mit dunkelroter Basis.

CROSSANDRA

Diese Gattung mit ungefähr 50 Arten immergrüner Sträucher und Halbsträucher

aus der Familie der Akanthusgewächse kommt in den subtropischen und tropischen Regionen Afrikas und Südwestasiens vor. Die einfachen Blätter stehen gegenständig. Ihre auffälligen gelben bis roten Blüten, deren Kronblätter handförmig ausgestreckt erscheinen, öffnen sich an aufrechten Ähren von der Basis zur Spitze hin.
PFLEGE UND VERMEHRUNG: Einige Arten sind als Zimmerpflanzen oder für Gewächshäuser beliebt. Sie müssen während des Wachstums reichlich gegossen werden. Abgeblühte Triebe sollten im späten Winter zur Hälfte zurückgeschnitten werden, um die Verzweigung zu fördern. Die Vermehrung geschieht durch Aussaat oder durch Stecklinge.

Crossandra pungens

Crossandra pungens

Diese tropische afrikanische Art hat mattgrüne Blätter mit einem Muster heller Blattgefäße. Die orangefarbenen Blüten mit breiten, spitzen Hochblättern stehen in Ähren.

CROTALARIA

RASSELDOSE

Mit etwa 600 Arten ist dies eine sehr große Gattung aus der Familie der Schmetterlingsblütler. Sie kommen in den meisten wärmeren Gegenden der Welt vor, hauptsächlich jedoch in Afrika und Madagaskar. Es sind sowohl ein- wie mehrjährige, immergrüne Sträucher und Halbsträucher. Die Blätter sind einfach oder aus drei Blättchen zusammengesetzt. Sie besitzen erbsenähnliche Blüten, die mittelgroß bis sehr groß und meist gelb oder grüngelb sind. Charakteristisch für diese Art sind die harten, geschwollenen Hülsen. Die Samen werden bei der Reife ganz trocken und machen die Hülsen, wie der Trivialname es bezeichnet, zu »Rasseldosen«.
PFLEGE UND VERMEHRUNG: Sie sind fast alle frostempfindlich und benötigen einen geschützten Standort in der Sonne mit durchlässigem, mäßig fruchtbarem Boden. Rückschnitt nach der Blüte bewahrt die Gestalt und kann eine zweite Blüte bewirken. Die Vermehrung erfolgt durch Aussaat vorgequollener Samen oder durch Stecklinge.

Cryptanthus bivittatus 'Pink Starlight'

Crotalaria agatiflora

Crotalaria agatiflora

KANARISCHER VOGELSTRAUCH, VOGELBLUME

Dieser beliebte Strauch mit den eleganten, großen, grüngelben Schmetterlingsblüten, die zwischen Frühjahr und Herbst in aufrechten Ähren entstehen, stammt aus den Hochlandgebieten Ostafrikas. Er hat dreigeteilte Blätter und wird 3–3,5 m hoch und 2,5 m breit. Die deutschen Namen verweisen auf die Ähnlichkeit der geschlossenen Blüten mit kleinen, auf einem Zweig sitzenden Vögeln.

Crotalaria capensis

KAP-GOLDREGEN

Schnell und aufrecht, bis zu 3 m hoch und 2 m breit wächst dieser Strauch aus Südafrika. Er verzweigt sich stark bis zu feinen Ästchen und besitzt hübsche, dreigeteilte Blätter. Die kleinen, hellgelben Schmetterlingsblüten entstehen im Frühjahr und Sommer an üppigen, hängenden Ähren. Die Art bevorzugt mäßigen Regen, erträgt keine Trockenheit, aber leichten Frost.

Crotalaria capensis

Crotalaria semperflorens

Crotalaria semperflorens

Indien ist die Heimat dieses üppigwachsenden und stark verzweigten Strauches von etwa 2,5 m Höhe und 2 m Breite. Die Blätter sind oval geformt und 10–15 cm lang, die Oberseite ist hellgrün, die Unterseite dagegen weiß behaart. An der Basis des Blattstiels wächst ein Paar wesentlich kleinerer, ungestielter Blättchen. Die hellgelben Schmetterlingsblüten werden 3 cm groß und wachsen an langen, endständigen Ähren. Sie blühen im Winter, aber auch periodisch im Frühjahr und Sommer.

Crowea exalata

CROWEA

Diese mit *Boronia* verwandte, australische Gattung besteht aus vier dekorativen Arten – kleinen, immergrünen Sträuchern mit schmalen, mittelgrünen Blättern und Unmengen kleiner, normalerweise rosafarbener Blüten mit fünf Blütenblättern. Sie erscheinen vornehmlich im späten Frühjahr.
PFLEGE UND VERMEHRUNG: Sie gedeihen gut auf lockerem, feuchtem und durchlässigem Boden in voller Sonne oder geringem Schatten. Ein leichter Schnitt nach der Blüte erhält die Form. Die Zwergformen sind für Steingärten sehr geeignet. Man vermehrt *Crowea* durch Stecklinge.

Crowea exalata

Wenn man die Blätter dieser buschigen Art aus Südostaustralien zerreibt, riechen sie leicht nach Anis. Sie wird gewöhnlich etwa 60 cm hoch. Die dunkelrosa Blüten erreichen einen Durchmesser von etwa 2 cm. **'Bindelong Compact'** ist eine neugezüchtete Kulturform, die kleinwüchsig – knapp 50 cm hoch – und buschig ist. Sie bringt eine Fülle von Blüten hervor, die den Eindruck erwecken, sie ständen in Trauben.

Crowea saligna

ROTE WACHSBLUME

Diese Art hat sehr große und auffällige Blüten in leuchtendem Rosa mit einem Durchmesser von 4 cm. Sie wird bis zu 1 m hoch, blüht üppig im Herbst und verträgt keine Staunässe. Die Hybride ***Crowea exalata* × *C. saligna*** besitzt ähnliche, ebenfalls leuchtendrosa Blüten.

Crowea exalata × *C. saligna*

Crowea exalata 'Bindelong Compact'

CRYPTANTHUS

CRYPTANTHE, VERSTECKBLUME

Cryptanthus ist einer der am leichtesten zu erkennenden Gattungen der Bromeliengewächse und besteht aus mehr als 20 rosettenbildenden, mehrjährigen Arten, die alle aus Ostbrasilien stammen. Dort wachsen sie auf dem Boden, in der Zucht jedoch sollte man sie als Epiphyten behandeln. Sie besitzen kurze, kriechende Rhizome, auf denen kleine, flache, sternförmige Rosetten entstehen, die in der Mitte eingesenkt sind. Der Blattrand ist fein gezähnt und gewellt. Die Blätter vieler Arten und Kulturformen sind weiß oder rot gestreift. Die kleinen, weißen Blüten entstehen im Zentrum der Rosette.
PFLEGE UND VERMEHRUNG: Sie haben ähnliche Ansprüche wie die meisten epiphytischen Bromeliengewächse, doch sind sie aufgrund ihrer geringen Größe als Zimmerpflanzen geeignet. Sie wachsen in normaler Pflanzerde, die mit Torfmoos oder Moos versetzt ist, in schwacher Sonne oder im Halbschatten. Alle benötigen viel Feuchtigkeit und Schutz vor Frost, Schildläusen und Mehlwürmern. Die Vermehrung erfolgt durch Aussaat oder Seitentriebe.

Cryptanthus bivittatus

Seit Beginn ihrer Kultivierung konnte diese Art nicht wildwachsend gefunden werden. Die im Durchmesser mehr als 30 cm große Rosette hat dunkelgrüne Blätter mit je einem gelben Längsstreifen und stark gekräuseltem Rand. ***Cryptanthus bivittatus* var. *atropurpureus*** besitzt rote Blätter mit einem hellroten Streifen, der bei voller Sonneneinstrahlung tiefrot wird. **'Pink**

Cryptocoryne griffithii

Cryptomeria japonica

Cryptomeria japonica 'Elegans'

Cryptomeria japonica 'Elegans'

Cryptomeria japonica var. *sinensis*

Starlight' hat weißrosa Blätter mit einem olivgrünen Streifen.

Cryptanthus bromelioides

Die Rosette dieser größeren Pflanze – bis zu 40 cm im Durchmesser – ist weniger flach als die anderer Arten. Sie sieht wie eine Miniatur-Agave aus. Die Blätter sind fein strukturiert, gezähnt und sanft gewellt. Recht bekannt ist **'Tricolor'** mit ihren beige und grün gestreiften Blättern, die sich bei starker Belichtung rosarot tönen. Sie benötigt viel Feuchtigkeit und viel Licht (allerdings keine direkte Sonneneinstrahlung), um das Rosa auszubilden. An der Basis bildet sie Ausläufer, durch die sie einfach zu vermehren ist.

Cryptanthus zonatus

Vermutlich stammt diese Art aus Brasilien, konnte dort jedoch noch nicht nachgewiesen werden. Sie bildet flache, im Durchmesser bis 30 cm große Rosetten von unregelmäßiger Form. Die dekorativen gewellten Blätter sind dunkelgrün bis dunkelrot und von silbergrauen oder hellbraunen Streifen überkreuzt. Im Sommer entsteht im Zentrum jeder Rosette eine Gruppe röhrenförmiger, weißer Blüten. **'Zebrinus'** hat heller gefärbte Blätter mit einer schokoladenbraunen Hintergrundfarbe.

CRYPTOCORYNE

Die Gattung *Cryptocoryne* umfaßt etwa 50 aquatische, mehrjährige Arten aus der Familie der Aronstabgewächse des tropischen Asiens. Das Interessanteste an ihnen sind nicht die eigentlichen Blüten, sondern die farbige, blattähnliche Spatha, die manchmal gedreht oder gefaltet und immer ungewöhnlich gefärbt ist. Sie verbirgt den Blütenkolben komplett. Die Blüten können orange, rot oder dunkelrot sein. Obwohl meist völlig untergetaucht, sind die festen, ledrigen Blätter sehr attraktiv.
PFLEGE UND VERMEHRUNG: *Cryptocoryne* ist eine Äquatorpflanze und muß in Körben mit humusreicher, sandiger Erde in die pralle Sonne gepflanzt werden. Sie kann auch im Schlamm eines Gewässerufers wachsen. Die Vermehrung erfolgt durch Teilung oder Ableger.

Cryptocoryne griffithii

Diese seltsame Pflanze trägt ihre kleinen Blüten an einem Blütenkolben, der durch die gedrehte, rotbraun gepunktete, kleine Spatha verdeckt wird. Die Blätter werden 5 cm groß, die Spatha etwa 2,5 cm lang. Im Garten wächst sie am besten am Rande eines Teiches in feuchter Erde.

CRYPTOMERIA
SICHELTANNE

Zu dieser Koniferengattung aus China und Japan rechnet man im allgemeinen nur eine Art, obwohl viele Gartenformen bekannt sind. Die oft schnellwachsenden Zweige dieser immergrünen Art sind von kurzen, ledrigen Nadeln umhüllt, die einander überlappen und leicht nach innen gebogen sind. Männliche (Pollen) und weibliche (Samen) Zapfen wachsen auf

Cryptomeria japonica var. *sinensis*

demselben Baum, die ersteren in großen Gruppen, die im Frühling Wolken von Pollen ausstoßen, die letzteren in kleinen Gruppen hinter den Zweigspitzen. Wegen der hübschen Form und der Einheitlichkeit des Wuchses eignet sich die Art als Windschutz für Hecken und Straßen. In Japan wird sie vor allem wegen des Holzes angebaut.
PFLEGE UND VERMEHRUNG: Die Sicheltanne ist sehr winterhart, bevorzugt volles Sonnenlicht oder Halbschatten und tiefen, feuchten Boden. Sie braucht viel Wasser und wird durch Aussaat oder Stecklinge vermehrt.

Cryptomeria japonica

Diese Art kann sehr schnell wachsen, 6–8 m in zehn Jahren. Alte Bäume in Japan sind bis zu 45 m hoch und haben mächtige Stämme. Die dicke, braune Rinde hat gerade, senkrechte Furchen. Ausgewachsen ist der Baum lang, spitz und kegelförmig. Die japanische Sorte hat dickere Zweige als die chinesische (***Cryptomeria japonica*** **var.** ***sinensis***). Es gibt mindestens 50 Kulturformen, die meisten sind klein, einige aber so groß wie die Stammform. Die bekannteste dieser größeren Formen ist **'Elegans'**, die zu einer 10 m hohen und im Durchmesser 2,5 m großen Säule heranwächst. Die Nadeln sind lang und weich, und im Winter färbt sich der ganze Baum matt bronze- oder pflaumenfarben. **'Elegans Nana'** ähnelt dieser, ist aber kleinwüchsig. **'Araucarioides'** formt ein bizarres Gewirr aus rattenschwanzähnlichen Zweigen, erreicht 3 m und bildet in einer Koniferenpflanzung einen interessanten Kontrast. **'Globosa Nana'**, die bekannteste kleine Kulturform, bildet durch komplizierte Verzweigung eine dichte, grüne Kugel. Die frischen Spitzen im Frühjahr und Sommer sind hellgrün. Obwohl sie als kleinwüchsig gilt, kann sie in nur 15 Jahren in gutem Boden 3 m Durchmesser erreichen. **'Bandai-Sugi'** ist zuerst kugelförmig, bekommt dann jedoch, ab 2 m, einen unregelmäßigen Umriß. Die Nadeln sind dick und werden im Winter mattbronzen. **'Jindai-Sugi'** ist ein langsamwachsender Busch, unregelmäßig geformt mit flacher Spitze und hellgrünen, dichten Nadeln. Die winzige **'Vilmoriniana'** wird nur 30 cm hoch und ist für Steingärten geeignet.

CTENANTHE

Aller Wahrscheinlichkeit nach konnten die alten Griechen die zwei Konsonanten, mit denen Worte wie dieses beginnen (*kteis* – »Kamm«; *anthos* – »Blume«), problemlos aussprechen. Uns Mitteleuropäern fällt dieses Kunststück dagegen sehr schwer. Etwa 15 Arten gehören zu dieser Gattung tropischer Pflanzen, eng verwandt mit *Maranta* und *Calathea*. Sie stammen alle aus Brasilien, lediglich eine Art kommt aus Costa Rica. Es sind immergrüne Mehrjährige oder Halbsträucher mit kurzen Rhizomen. Die größeren Arten bilden gegabelte, bambusartige Stengel mit einem einzelnen Blatt an jedem Knoten. Ihre ledrigen, lanzettlichen

Cryptomeria japonica 'Elegans Nana'

Cryptomeria japonica 'Jindai-Sugi'

Cryptomeria japonica 'Globosa Nana'

Cryptomeria japonica 'Globosa Nana'

Blätter besitzen schmale Stiele, die sich zur Blattscheide hin verbreitern. Die nicht sehr auffälligen Blüten stehen in Ähren mit dichten Hochblättern.
PFLEGE UND VERMEHRUNG: Verschiedene Arten werden als Zimmerpflanzen gehalten, in frostfreien Gebieten wachsen sie auch in freier Natur im Schutz von Bäumen. In geschlossenen Räumen benötigen sie helle bis mäßige Beleuchtung, direktes Sonnenlicht jedoch kann die Blätter wellen. Während der Wachstumsperiode benötigen sie reichlich Wasser. Die Vermehrung erfolgt im allgemeinen durch Ableger.

Ctenanthe lubbersiana
BAMBURANTA

Diese bekannteste *Ctenanthe*, die in Brasilien endemisch ist, ist eine prachtvoll gemusterte Grünpflanze, die 80 cm hoch wird und deren Äste seitlich abstehen. Die länglichen, grünen Blätter sind mit unregelmäßigen, gelbgrünen Streifen gemustert und haben hellgrüne Unterseiten. Kleine, weiße Blüten entstehen periodisch in einseitigen Ähren.

Ctenanthe oppenheimiana

Diese auch aus Brasilien stammende, überall gezüchtete Art wird normalerweise 50 cm hoch, kann unter guten Bedingungen aber größer werden. Die 25–30 cm großen, länglichen Blätter mit roter Unterseite haben ein breites, graues Fischgrätmuster auf mattgrünem Hintergrund. Am verbreitetsten ist die Kulturform **'Tricolor'**, die auf den Blättern unregelmäßige, gelbe Flecken trägt. Die rote Blattunterseite scheint durch.

CUCUMIS

Zwei Gattungen aus der Familie der Kürbisgewächse sind wegen ihrer Nutzpflanzen wichtig, und zwar *Cucurbita* und *Cucumis*. Letztere umfaßt die meisten Melonen, bis auf Wassermelonen, die zu *Citrullus* gehören, und die Gurken. Sie besteht aus 30 oder mehr Arten und wächst wild in Afrika, Südasien und Australien. Es sind ein- oder mehrjährige, rankende oder niederliegende und kriechende Pflanzen mit gelappten Blättern. Die getrenntgeschlechtlichen Blüten sind weiß oder gelb, wachsen jedoch auf der gleichen Pflanze.
PFLEGE UND VERMEHRUNG: Die Pflanzen brauchen humusreichen Boden und reichlich Wasser, sowie trockenes Klima, das sich günstig auf die Qualität der Früchte auswirkt und die Pflanze vor dem Pilz Anthracnose bewahrt. Bei kleiner Fläche kann man mit der Hand bestäuben. Die Vermehrung geschieht durch Aussaat.

Cucumis melo
MELONE

Die wildwachsenden Formen dieser Art kommen im gesamten Verbreitungsgebiet der Gattung vor. Sie bilden als Früchte kaum genießbare, 5 cm große Melonen. Erst langdauernde Züchtungen brachten die süßen, geschmackvollen Melonen von heute hervor. Je nach Fruchteigenschaften gibt es mehrere Hauptgruppen von Kulturformen. Zur **Cantalupensis-Gruppe**, deren kompakte Pflanzen ovale oder runde Früchte mit orangefarbenem Fleisch und netzartigem Muster auf der Schale hervorbringen, gehört die Zuckermelone, während die Honigmelonen der **Inodorus-Gruppe** zuzurechnen sind. Diese sind kleine, buschige Pflanzen, deren hartschalige Früchte sich für lange Lagerung eignen. Die grünlichweiße Schale ist gewöhnlich glatt, das Fleisch hellgrün oder gelb. Zur **Reticulatus-Gruppe** gehören die Netzmelonen, deren Schale netzartig gemustert ist. Das Fleisch ist orange. Sie werden in den Vereinigten Staaten viel angebaut und sind in manchen Regionen nahezu ein Grundnahrungsmittel. Sämtliche Melonen benötigen eine lange, trockene Wachstumsperiode. In kühleren Gegenden sollten sie über Beton, Steinen oder schwarzer Folie kultiviert werden, damit die Früchte süß werden.

Cucumis sativus
GURKE

Die aus Indien stammende Gurke ist eine einjährige, rankende Pflanze, die 50 cm hoch wird und sich über 2 m ausbreitet. Die Blätter bestehen aus flachen, spitzen Lappen, die Blüten sind gelb und trichterförmig. Die Frucht besitzt eine grüne Schale und knackiges, weißes Fleisch mit zahllosen Samen, die unreif mitgegessen werden. Gurken gibt es in vielen verschiedenen Formen und Größen, wobei sie sich im Geschmack nur wenig unterscheiden. Einige kleinere Sorten wurden zum Einlegen als Gewürzgurken gezüchtet. Es gibt Rassen, deren Früchte unregelmäßige Reihen mit warzigen Auswüchsen besitzen, andere sind völlig glatt. In kälteren Regionen wachsen Gurken im Gewächshaus, oder die Sämlinge werden im Winter oder Frühjahr unter Glas angezogen. Man zieht Gurken auf einem Gitter oder Rahmen, damit die Früchte nicht die Erde berühren. Sie sind gegenüber Schimmel sehr empfindlich, wobei die langen, grünen Formen widerstandsfähiger als die kurzen Gurken sind. Alle Gurken werden in einem frühen Reifegrad gepflückt. Durch die Nachreife wird der Geschmack der Gurken verbessert.

CUCURBITA
KÜRBIS

Alle 27 Arten dieser als Nahrungsmittel bedeutenden Gattung stammen aus Amerika, vor allem aus den wärmeren, trockenen Regionen. Die Geschichte ihrer Kultivierung läßt sich durch archäologische Untersuchungen sogar bis in das Jahr 7000 v.Chr. in Mittelamerika und 1000 v.Chr. in Nordamerika zurückdatieren. Heute existieren Kürbisse in verwirrend großer Fülle an Formen, Größen und Farben. Manche Kulturformen lassen sich nicht mehr den Arten zuordnen. Einige der bekannten Arten scheinen sehr alte Hybriden zu sein. Die kultivierten Arten sind einjährig, im allgemeinen mit Ausläufern, die von einer zentralen Wurzel ausgehen, und großen, unterschiedlich stark gelappten Blättern. Die orangefarbene oder gelbe Blüte ist recht groß und auffällig. Sie ist zweigeschlechtlich, doch auf der gleichen Pflanze. Die Frucht entwickelt sich unterhalb der weiblichen Blütenblätter, die bald abfallen. Die Klassifizierung der Kulturformen wird durch die Vielzahl der Trivialnamen in verschiedenen Ländern erschwert. »Kürbis« ist z.B. in Nordamerika eine Sorte von *Cucurbita pepo*, während in anderen Ländern »Kürbis« *C. maxima* bezeichnet. Einige Kürbissorten bilden die größten aller Früchte, von denen manche bei Ausstellungen ein Gewicht von 180 kg überschritten haben sollen.
PFLEGE UND VERMEHRUNG: Die meisten Arten sind leicht zu kultivieren. Sie brauchen alle warmen, fruchtbaren Boden. Die Aussaat sollte im warmen Klima zwischen Beginn des Frühjahrs und spätem Sommer, und in kälteren Regionen im Frühsommer im Hause erfolgen. Am besten wachsen sie auf Hügeln aus Erde, die mit Kompost und Mist vermischt ist. Die Pflanzen sind schneckenanfällig und sollten gut gewässert werden. Die Ernte erfolgt im Herbst.

Cucurbita maxima
WINTERKÜRBIS

Diese aus dem subtropischen Südamerika stammende Art besitzt lange Ausläufer und große, fast runde, stark gelappte Blätter. Ein sicheres Erkennungsmerkmal ist der große Fruchtstiel, der weich und korkartig und nicht gerippt ist. Die Art umfaßt eine große Gruppe von Kürbissen mit sehr harter, blaugrauer oder orangefarbener Haut, z.B. die riesigen Zierkürbisse, einige als Viehfutter verwendete Kürbisse und Winterkürbisse, die eine große Vielfalt an Formen, Größen und Farben aufweisen und häufig eine dekorative Schale besitzen.

Cucurbita moschata
WINTERKÜRBIS

Diese Art, die aus Mittelamerika stammt, war vermutlich die früheste Kulturform des Kürbis. Die Stiele sind lange Ausläufer oder Ranken, die Blätter leicht fünffach gelappt. Die Früchte unterscheiden sich stark im Aussehen, sind jedoch häufig länglich oder flaschenförmig. Einige sind

Cucurbita maxima

Cucurbita moschata

Ctenanthe oppenheimiana

Ctenanthe lubbersiana

an der Spitze gebogen. Sie reifen bei den meisten Kulturformen im Herbst oder im Winter.

Cucurbita pepo

SOMMERKÜRBIS, FLASCHENKÜRBIS, GEMÜSEKÜRBIS

Von dieser aus Mexiko und dem Süden der USA stammenden Art, möglicherweise eine alte Hybride, gibt es eine Fülle von Kulturformen. Die Pflanzen können ranken. Die Blätter sind gewöhnlich tief gelappt. Sommerkürbisse variieren von länglich bis breit und abgeflacht mit bogenförmigen Rinnen. Zum Teil haben sie eine dekorative Außenhaut, und es gibt Varietäten mit krummen Früchten. Der Gemüsekürbis hat eine lange Frucht mit eher zarter Haut, gewöhnlich grün oder gelb. Eine Züchtung daraus, die in sehr unreifem Zustand geerntet wird, ist die Zucchini. **'Vegetable Spaghetti'** ist eine Kürbis-Sorte mit sehr trockenem, faserigem Fleisch. Verschiedene weitere Kürbisse gehören zu dieser Art, von denen einige hauptsächlich eingemacht werden, da sie sich nicht gut halten und normalerweise bald nach dem Pflücken gegessen werden müssen. **'Atlantic Giant'** hat große, gestreifte Früchte. Die Früchte von **'Rouge Vif d'Etampes'** sind üppig und zinnoberrot.

CUMINUM

Nur zwei einjährige Arten aus der Familie der Doldenblütler gehören zu dieser Gattung aus dem Mittelmeerraum und West- und Zentralasien. Es sind schwache Pflanzen mit zarten, vielfach zerteilten Blättern und kleinen, zusammengesetzten Dolden unscheinbarer weißer oder rosa Blüten. Die kleinen Früchte sind sehr aromatisch. *Cuminum cyminum* (Kreuzkümmel) wird deswegen angebaut und als Gewürz genutzt.

PFLEGE UND VERMEHRUNG: Sie sind frostempfindlich und wachsen am besten in warmen Klima, möglichst in lockerem, durchlässigem Boden in der Sonne. Die Vermehrung erfolgt durch Aussaat im Frühjahr.

Cuminum cyminum

KREUZKÜMMEL

Der Kreuzkümmel wird in Indien, China, Japan und dem Mittleren Osten wegen seiner aromatischen Samen angebaut. Er ist eine kleine, einjährige, bis 30 cm hohe Pflanze mit Blättern, die fadenartig aufgespalten sind. Die kleinen, weißen Blüten erscheinen im Sommer. Getrocknete Samen sind eine unverzichtbare Zutat für das Currypulver. Sowohl in Deutschland als auch in den Niederlanden wird u. a. Käse damit gewürzt. Das Gewürz ist wichtig für mexikanische und orientalische Speisen.

Cucurbita pepo

Cucurbita pepo (gekrümmte Früchte)

Cucurbita pepo (Zucchini)

Cucurbita pepo (große, runde Früchte)

CUNNINGHAMIA

SPIESSTANNE

Diese ungewöhnliche Konifere stammt aus China, Taiwan und Indochina. Die steifen, gebogenen Nadeln spitzen sich stachlig zu und haben eine glänzende Oberseite. Abgestorbene Nadeln bleiben an den Ästen hängen und machen so das Innere des Baumes undurchdringlich und stachlig. Dennoch ist ein gut gewachsenes Exemplar ausgesprochen attraktiv. Obwohl hübsch und einfach zu kultivieren, findet man diese Art hauptsächlich in Botanischen Gärten oder privaten Sammlungen.

PFLEGE UND VERMEHRUNG: Die winterharte Pflanze benötigt viel Regen und tiefe, fruchtbare Böden. Die Vermehrung erfolgt durch Samen, die jedoch manchmal schlecht keimen, oder auch durch Stecklinge.

Cunninghamia lanceolata

Cunninghamia lanceolata

Cucurbita pepo 'Atlantic Giant'

Cucurbita pepo 'Rouge Vif d'Etampes'

Cunonia capensis

Cunonia capensis

Cunninghamia lanceolata

SPIESSTANNE

Dieser Baum wurde in China, wo er einst weit verbreitet war, wegen seines aromatischen Holzes, das Leichen angeblich vor der Verwesung schützen sollte, für die Sargherstellung übermäßig genutzt. Früher gab es Bäume von 45 m Höhe, doch in Parks und Gärten findet man nur noch bis 12 m hohe Exemplare. Sie sind manchmal mehrstämmig und an der Spitze am umfangreichsten, manchmal schmaler mit einem einzigen, geraden Stamm und Gruppen von Seitenästen. Die Wachstumsgeschwindigkeit ist nicht vorherzusagen, die Art kann jahrelang strauchartig bleiben.

CUNONIA

Eine Art aus dieser kleinen, mit der australischen *Ceratopetalum* verwandten Gattung immergrüner Bäume und Sträucher stammt aus Südafrika, die übrigen 14 aus Neukaledonien. Die immergrünen, feuchtigkeitsliebenden Bäume tragen dicke, ledrige Blätter und sternförmige Blüten mit fünf Blütenblättern.

PFLEGE UND VERMEHRUNG: Sie sind frostempfindlich und wachsen am besten in voller Sonne auf fruchtbarer Erde, ertragen bei genügend Feuchtigkeit aber auch sandigen oder kiesigen Boden. Die Baumform wird durch Schneiden erreicht, die Vermehrung durch Aussaat oder Stecklinge.

Cunonia capensis

LÖFFELSTRAUCH, ROTERLE

Diese Art kommt in den südlichen Küstengebieten Südafrikas vor. Sie wächst sehr rasch und wird unter guten Bedingungen zu einem 15 m hohen, rundlichen Baum mit Stamm, sonst zu einem buschigen Strauch. Sie hat attraktive dunkelgrüne, glänzende Blätter mit rötlicher Tönung, die aus lanzettlichen, gesägten Fiedern bestehen. Auf der Spitze eines jeden Astes wächst ein Paar großer, rötlicher Nebenblätter, die eng aneinandergepreßt wie ein Löffel geformt sind (daher der Name). Kleine, beigeweiße Blüten mit langen Staubblättern erscheinen im Herbst dichtgedrängt und stehen in Ähren.

CUPANIOPSIS

Diese tropischen und subtropischen, immergrünen Bäume mit Fiederblättern kommen in Australien, auf Papua-Neuguinea und den Inseln des Südwest-Pazifiks in Regenwäldern, Dickichten und an Küsten vor. Kleine Blüten in Grün- oder Gelbtönen wachsen in Rispen an den Zweigspitzen. Ihnen folgen ledrige Kapselfrüchte, die beim Öffnen drei Samen freigeben. Diese haben einen roten oder gelben Fortsatz, der von Vögeln verzehrt wird und so der Samenverbreitung dient.
PFLEGE UND VERMEHRUNG: Die Bäume bevorzugen einen freien, sonnigen Standort und durchlässigen, sandigen Boden. Einige Arten ertragen sogar extreme Bedingungen wie salzige Gischt oder stark frequentierte Gehwege. Sie wachsen oft erstaunlich schnell und haben sehr robuste und widerstandsfähige Äste. Die Vermehrung erfolgt immer durch Aussaat frischer Samen.

Cupaniopsis anacardioides
TUCKEROO

Der Tuckeroo ist ein kleiner bis mittlerer Baum von etwa 1,5 m Höhe mit unregelmäßig geformter Krone. Er kommt entlang der östlichen und nördlichen Küste Australiens vor. Seine Blätter bestehen aus fünf bis neun länglichen, ledrigen, glänzenden Blättchen. Die grüngelben Blüten erscheinen im Herbst und Winter auf 30 cm langen Rispen, im Sommer reifen die gelben Früchte. Auf Straßen und Plätzen wirkt dieser kleine Baum sehr dekorativ und ist daher in Kalifornien wie in Australien gleich beliebt.

CUPHEA
KÖCHERBLÜMCHEN

Diese Gattung, die in Mittel- und Südamerika vorkommt, umfaßt mehr als 250 Arten ein- oder mehrjähriger immergrüner Halbsträucher oder Sträucher. Meist sind sie kleinwüchsig, besitzen schwache Stengel und kleine, einfache Blätter. Die Blüten besitzen einen langen, röhrenförmigen Kelch und kleine rote, rosa, gelbe oder weiße Blütenblätter, wobei die letzteren manchmal kaum zu sehen sind. Die meisten Arten sind frostempfindlich. Sie unterscheiden sich beträchtlich im Aussehen, besonders in den Blüten, die fast das ganze Jahr hindurch blühen.
PFLEGE UND VERMEHRUNG: Sie bevorzugen feuchte Böden und Sonne oder sehr wenig Schatten. Die Vermehrung gelingt im allgemeinen durch Stecklinge, aber

Cupaniopsis anacardioides

Cupaniopsis anacardioides

× *Cupressocyparis leylandii*

× *C. leylandii* 'Naylor's Blue'

Cuphea ignea

Aussaat ist auch möglich und Selbstvermehrung ist häufig.

Cuphea hyssopifolia
FALSCHES HEIDEKRAUT

Diese als Topfpflanze für Balkone und Fenster weltweit bekannte Art ist ein kleiner Strauch aus Mexiko und Guatemala. Er wird etwa 60 cm hoch und von buschiger Gestalt. Die kleinen, länglichen Blätter sind dunkelgrün. In den Achseln der neuen Triebe entstehen zwischen Frühjahr und Winter die kleinen Blüten. Sie besitzen nur eine kleine Röhre, aber auffallende, dunkelrosa bis tiefrote Blütenblätter. Die Pflanzen leben nicht lange, vermehren sich aber kräftig und können in warmen Gebieten zur Plage werden.

Cuphea ignea
Syn. *Cuphea platycentra*
ZIGARETTENBLÜMCHEN

Diese Art stammt aus Mexiko und von den Karibischen Inseln und erhielt ihren Namen wegen der kleinen, orangefarbenen, röhrenförmigen Blüten. Jede besitzt eine weiße Spitze mit schwarzem Fleck, ähnlich der Asche an einer Zigarren- oder Zigarettenspitze. Die Blätter sind klein, elliptisch und hellgrün. Der buschige Halbstrauch wird etwa 60 cm hoch. Gelegentliches Schneiden führt zu einer kompakteren Form.

Cuphea micropetala

Diese mexikanische Art wirkt wie eine größere Ausgabe von *Cuphea ignea*. Die Blätter sind etwa 5 cm lang, hellgrün, elliptisch und mit auffallender Mittelrippe. Die 3–5 cm großen, röhrenförmigen Blüten stehen in Reihen an den Zweigspitzen und sind orangerot mit goldgelber Tönung und grüngelben Spitzen. Im Unter-

Cuphea micropetala

Cuphea micropetala

schied zu anderen Arten erträgt sie gelegentlichen leichten Frost. Obwohl *Cuphea micropetala* wild an Flußufern vorkommt, gedeiht sie auch in normaler Gartenerde gut.

Cuphea × *purpurea*

Mehrere attraktive Kulturformen mit prächtigen Blütenfarben entstanden aus dieser Hybride zwischen der strauchigen *Cuphea llavea* und der einjährigen *C. procumbens*. Es sind knapp 50 cm hohe Halbsträucher mit zweireihig stehenden, gepunkteten, elliptischen Blättern. Die Blüten sind etwa 2,5 cm lang und schmal röhrenförmig mit tiefroten Rippen und ohrenartig vorstehenden, zweifarbigen Blütenblättern. Die der Sorte **'Firefly'** sind blutrot. Im Topf blüht die Art von Frühjahr bis Herbst.

× CUPRESSOCYPARIS

Obwohl sich der Name auf jede Hybride zwischen diesen Gattungen bezieht (einschließlich späterer Generationen und Rückkreuzungen), ist die bekannteste Form die 1888 erstmals in England durch Zufall entstandene Hybride zwischen der winterharten *Chamaecyparis nootkatensis* und der empfindlicheren *Cupressus macrocarpa*. Zwei weitere Hybriden wurden seitdem mit *Cupressus glabra* und *C. lusitanica* gezüchtet.
PFLEGE UND VERMEHRUNG: Diese Koniferen wachsen schnell und sind winterhart. Sie passen sich an feuchte Böden an, nicht jedoch an zu große Trockenheit. Oft werden sie als schnellwachsende Heckenpflanzen gepflanzt, die häufiges Schneiden gut ertragen. Unbeschnitten erreichen sie schnell Baumgröße. Vermehrt werden sie durch Stecklinge. Obwohl die Saat fruchtbar ist, ist die Qualität der Keimlinge unterschiedlich.

× *Cupressocyparis leylandii*

Ursprünglich die Kreuzung zwischen *Chamaecyparis nootkatensis* und *Cupressus macrocarpa*, umfaßt diese Hybride eine Anzahl von Nachkommen aus Stecklingen, von denen einige als Kulturformen bekannt sind. Wenn nicht auf eine spezielle Kulturform verwiesen wird, sind im allgemeinen **'Haggerston Grey'** oder **'Leighton Green'** gemeint, beide sehr kräftige, aufrechte Bäume mit etwas unregelmäßigem Umriß. Das Laub ist tiefgrün oder leicht grau. In guten Böden erreichen

Cupressus bakeri subsp. *matthewsii*

Cupressus cashmeriana

Cupressus arizonica

Cupressus duclouxiana

Cupressus glabra

Cupressus lusitanica

Cupressus lusitanica

sie in zehn Jahren 10 m Höhe, in 30 Jahren doppelt so viel. Maximal werden sie 30 m hoch. **'Naylor's Blue'** hat kräftigere, blaugrüne Blätter und eine säulenförmige Gestalt.

CUPRESSUS

ZYPRESSE

Diese wichtige Koniferengattung wird seit der Antike kultiviert, doch findet man sie selten in Regionen mit harten Wintern, da sie nur eingeschränkt Kälte erträgt. Die Mehrheit der etwa 20 Arten wächst wild im Westen der Vereinigten Staaten, in Mexiko und Guatemala, einige im Himalaja und in Westchina und auch im Mittelmeerraum. Neben den Wildformen umfassen die Zypressen auch zahlreiche Kulturformen. Es sind hübsche Zierpflanzen mit unterschiedlichen Färbungen. Die Wuchsformen variieren von hoch bis verzwergt, von säulenförmig bis hängend, oder hochkronig und ausladend. Ihr schnelles Wachstum und das dichte Laub machen sie zu einem geeigneten Windschutz.

PFLEGE UND VERMEHRUNG: Einige Arten vertragen Trockenheit gut, andere benötigen Feuchtigkeit. Anforderungen an Boden und Licht variieren, obwohl sie allgemein volles Sonnenlicht, durchlässigen Boden und Schutz vor kaltem Wind bevorzugen. Durch Aussaat sind sie leicht zu vermehren, die Kulturformen ebenso einfach durch Stecklinge. Dennoch leiden einige Arten unter Zypressen-Brand, der die Bäume verunstaltet und schließlich absterben läßt.

Cupressus arizonica

ARIZONAZYPRESSE

Diese aus Arizona in den Vereinigten Staaten stammende und manchmal mit *Cupressus glabra* zu verwechselnde, pyramidenförmige Art wird bis zu 15 m hoch. Die Blätter sind graugrün und ihnen fehlen die weißen Punkte der Arizonazypresse. Sie besitzt große, runde Zapfen auf kurzen Stielen, die bis zu 2,5 cm Durchmesser erreichen können sowie eine braune, faserige Rinde. Man zieht sie sowohl als Einzelexemplar als auch in Hecken.

Cupressus bakeri

MODOCZYPRESSE

Diese als Kulturform seltene Art kommt wild nur in den Siskiyou-Bergen Nordkaliforniens vor. Sie wird als kleiner Baum mit rotbrauner Rinde nicht höher als 1,5 m. Das Laubwerk besteht aus sehr kurzen, dichten Ästen, die Zapfen sind klein. ***Cupressus bakeri* subsp. *matthewsii*,** die Siskiyou-Zypresse, wird am nördlichen Ende der Siskiyou-Berge in Oregon gefunden. Sie wird bis zu 30 m hoch und besitzt große, warzige Zapfen von bis zu 2,5 cm Durchmesser.

Cupressus cashmeriana

KASCHMIRZYPRESSE

Trotz ihres Namens stammt diese Art nicht aus Kaschmir, sondern aus Bhutan und wurde erst kürzlich wiederentdeckt. Eigentlich müßte sie als 'Bhutanzypresse' bezeichnet werden, doch hat *Cupressus torulosa* ein älteres Anrecht auf diesen Namen. Die Zypresse hat lange, hängende Zweige mit blaugrünen, aromatisch duftenden Blättern, läßt sich jedoch schwer halten. In geeignetem, warmem, feuchtem Klima wächst sie zuerst rasch und wird innerhalb von 15 Jahren bis 10 m hoch. Sie ist jedoch windempfindlich und stirbt bei langanhaltendem, heißem oder trockenem Wetter ab. In kühlen Berggebieten der feuchten Tropen und in feuchten Hügelgegenden des Mittelmeerraumes, in den westlichen Vereinigten Staaten, Ostaustralien und Neuseeland gedeiht sie bestens.

Cupressus duclouxiana

Diese außerordentlich attraktive Zypresse aus den Hügeln Westchinas ist schmal und säulenförmig mit dichtem, fein strukturiertem Laub. Obwohl nicht weit verbreitet, scheint sie zur Landschaftsgestaltung in warmen Gegenden ausgezeichnet geeignet zu sein. In zehn Jahren wird sie gut 5 m hoch.

Cupressus glabra

Syn. ***Cupressus arizonica* var. *glabra***

GLATTE ARIZONAZYPRESSE

Die Gebirge Westarizonas (USA), eine Gegend mit wenig Niederschlag und tiefen Wintertemperaturen, sind Herkunftsort dieser Art, die mit ihrem dichten, blaugrünen Laub mit weißen Harzflecken, den wachsig-weißen Zweigen und der rötlichen, abblätternden Rinde eine dekorative Erscheinung abgibt. Weit verbreitet ist sie in Regionen mit trockenen und heißen Sommern. Unter solchen Bedingungen wächst sie schnell, lebt lange und ist wenig krankheitsanfällig. Es gibt mehrere Kulturformen; einige sind schmal und kegelförmig, andere haben eine sehr breite und lockere Krone. Ausgewachsene Exemplare sind über 10 m hoch. **'Limelight'** ist eine neue, schnellwachsende Züchtung mit glänzendgoldenen Blättern, die Fröste, Hitze und hohe Luftfeuchtigkeit toleriert.

Cupressus lusitanica

MEXIKANISCHE ZYPRESSE

Diese Zypresse stammt ursprünglich aus den Gebirgen Westmexikos, wurde jedoch vor langer Zeit in Portugal (auf lateinisch: *Lusitania*) eingebürgert. In warmen Regionen wächst sie schnell, erträgt aber auch kalte oder trockene Klimate. Sie bildet einen buschigen Baum mit breiter, dichter, graugrüner Laubkrone, die sehr locker und attraktiv wirkt. ***Cupressus lusitanica* var. *benthamii*** hat ein eher grünes, hängendes Blattwerk mit kleinen, flachen Zweigen. Beide Formen wachsen in etwa 15 Jahren 10 m oder höher.

Cupressus macrocarpa 'Aurea'

Cupressus macrocarpa

C. m. 'Greenstead Magnificent'

Cussonia sphaerocephala

Cupressus macrocarpa

MONTEREYZYPRESSE

Mit über 35 m Höhe und einem Stammdurchmesser von 2,5 m ist diese Zypresse eine der größten ihrer Gattung; in einem schmalen Teil der kalifornischen Küste ist sie endemisch. Im Wald bildet sie einen hohen, geraden Stamm, der sich alleinstehend und auf gutem Boden bereits weit unten mit großen Ästen verzweigt. So bildet sich eine breite, dichte und dunkelgrüne Krone mit gezacktem Umriß. Die Blätter sind robust und riechen beim Zerreiben säuerlich, die Zapfen sind groß und runzlig. Am besten wächst die Pflanze in kühlem, mildem Klima mit regnerischen Wintern. Innerhalb von etwa zehn Jahren wird sie zu einem über 10 m großen Baum. Es gibt goldfarbene Kulturformen wie die säulenförmige und im Alter fast grüne **'Brunniana'**, die kräftige **'Aurea'** mit langen, goldenen, fast waagerechten Zweigen, oder **'Aurea Saligna'** mit hängenden Zweigen mit goldenen Spitzen und verlängerten Schuppenblättern. Eine langsamer wachsende, wenig über 1 m hohe Form ist **'Green Magnificent'**. Sie bildet ein flaches, dichtes Gestrüpp aus graugrünem Blattwerk, das an den Kanten herabhängt. Im Alter erhebt sich dieses Gebilde mit einem kurzen Stamm über den Boden. **'Goldcrest'** ist klein und kegelförmig mit goldfarbenen Blättern.

Cupressus sempervirens

ECHTE ZYPRESSE, TRAUERZYPRESSE, ITALIENISCHE ZYPRESSE, MITTELMEERZYPRESSE

Aus dem östlichen Mittelmeerraum wurde diese Art in Italien, Frankreich und Spanien eingebürgert. Das dunkelgraue Laub besteht aus sehr kleinen Schuppenblättern an leicht abgeflachten Zweigen. Die hellbraunen Zapfen sind groß und länglich. In ihrer Vermehrung zeigt diese Zypresse ein merkwürdiges Phänomen: Während die normale Kulturform **'Stricta'** schmal und säulenförmig ist, hat ein Teil ihrer Nachkommen, bekannt als **'Horizontalis'**, jedoch weit abstehende Äste. Gegenüber trockener Umgebung toleranter und langsamer wachsend als die meisten anderen Zypressen, kann sie unter guten Bedingungen in warmem Klima erstaunlich rasch wachsen. Die 'Stricta'-Form erreicht innerhalb von zehn Jahren 4–6 m, alte Bäume, die auch viel breiter werden, über 10 m. Sie läßt sich gut als Hecke schneiden. **'Swane's Golden'** ist eine australische Kulturform mit goldgelb gefleckten Blättern mit goldener Spitze. Sie wächst langsamer als 'Stricta', kann

Cussonia spicata

aber dennoch 5 m und mehr erreichen. Diese Sorte ist sehr frostempfindlich. **'Gracilis'** ist eine schmale, säulenförmige Sorte aus Neuseeland, die langsam wächst und bei 4 m Höhe und 1 m Durchmesser ausgewachsen ist. Sie besitzt hellgrüne Blätter.

Cupressus torulosa

BHUTANZYPRESSE, HIMALAJAZYPRESSE

Diese hochwachsende Konifere wird in ihrer Heimat, dem Himalaja, 45 m hoch, in Kultur nur 15–25 m. Geschätzt wird der elegante Baum, dessen lange und spitze Krone an der Basis breiter ist, vor allem wegen seines schnellen Wachstums und des Holzes. Seine kleinen Äste, schlank und leicht gebogen, tragen kleine, tiefgrüne, stumpfe Schuppenblätter. Die kleinen Zapfen sind erst dunkelrot, werden reif aber glänzendbraun. Er besitzt eine braune, faserige Rinde und wächst am besten in mildem, sehr feuchtem Klima.

CURCUMA

SAFRANWURZ

Vom tropischen Asien bis Nordaustralien über Gegenden mit Regenzeit verbreitet, besteht diese der Ingwerfamilie angehörende Gattung aus etwa 40 knollen- und rhizombildenden, mehrjährigen Arten. Sie bildet Büschel von breiten Blättern, die gewöhnlich während der Trockenzeit absterben. Die kleinen, oft leuchtend gefärbten Blüten stehen in aufrechten Ähren zwischen den großen Hochblättern. Einige Arten werden in tropischen Gärten als Zierpflanzen oder in Gewächshäusern Botanischer Gärten als Attraktion kultiviert, doch kennt man die Gattung am besten von den Gewürzen, die aus den Rhizomen einiger Arten (vor allem *Curcuma domestica*) hergestellt werden.

PFLEGE UND VERMEHRUNG: In den Tropen wachsen sie in mäßig fruchtbarem

Curcuma domestica

Boden. Rhizome oder Knollen sollten in der Trockenzeit gepflanzt und, wenn neue Blätter erscheinen, häufig gegossen werden. Gelbwurzrhizome sind erntereif, wenn die Blätter absterben.

Curcuma domestica

Syn. *Curcuma longa*

GELBWURZ

Die Gelbwurz, die vermutlich aus Indien stammt, wird im gesamten tropischen Asien wegen der hell orangefarbenen Rhizome angebaut, die neben ihrer Gewürzeigenschaften auch als Speisefarbstoff geschätzt werden und so den sehr teuren Safran ersetzen. Man nutzt sie ebenso zum Färben von Stoffen. Die breiten, lanzettlichen, hellgrünen Blätter wachsen in heißen Gegenden gruppenweise bis 1 m hoch. Kleine, dichtstehende, hellgelbe Blütenähren entstehen im Sommer. Die Gelbwurz bevorzugt die Tropen, kann aber auch in warm-gemäßigten Gebieten kultiviert werden. Die frische oder getrocknete Wurzel verleiht Chutneys, Pickles und Curries Farbe und Geschmack. Die Ernte erfolgt im Herbst, wenn die Blätter vertrocknen.

CUSSONIA

KOHLBAUM, SÜDAFRIKANISCHE KOHLPALME

Diese mit *Schefflera* verwandte südafrikanische Gattung besteht aus 20 Arten kleiner, immergrüner Bäume. In der Jugend hat sie unverzweigte, später verzweigte Stämme, die große, zusammengesetzte Blätter tragen, deren Fiedern von einem Punkt ausstrahlen und im allgemeinen noch weiter unterteilt oder gelappt sind. Dichtstehende Blütenstände aus wurstförmigen Ähren kleiner, grüner Blüten stehen über dem Blätterdach. Ihnen folgen dickfleischige, mattrote bis schwarze Früchte.

PFLEGE UND VERMEHRUNG: Obwohl sie frostempfindlich sind, wachsen die Pflanzen auch in kühleren Regionen an geschützten, sonnigen Standorten. Sie können bei ausreichender Bewässerung in Töpfen wachsen und werden durch Aussaat vermehrt.

Cussonia paniculata

KOHLPALME

Dieser aufrechte Baum aus den kühlen, bergigen Gegenden Südafrikas erreicht eine Höhe von etwa 3,5 m. Der Stamm ist dünn und endet in einer kleinen belaubten Krone, deren blaugrüne Blätter mit silbrigem Flaum auf langen Stielen stehen. Die dichten Blütenähren erheben sich im Sommer wie Kerzenleuchter über das Blattwerk.

Cussonia sphaerocephala

In macher Hinsicht ähnelt diese seltene Art der besser bekannten *Cussonia spicata*, unterscheidet sich jedoch durch die größeren, eher runden Blütenrispen. Der lateinische Name *sphaerocephala* (»Kugelkopf«) verweist darauf, wie auf die praktisch runde Krone, die jeden Stamm abschließt.

Cussonia spicata

GESTIELTE KOHLPALME

Als einzige Art dieser Gattung ist diese als Kulturform weit verbreitet und in ihrem Jugendstadium als Zimmerpflanze wohlbekannt. Gewöhnlich einstämmig, wird

C. sempervirens 'Swane's Golden'

Cupressus torulosa

C. sempervirens 'Swane's Golden'

Cupressus sempervirens 'Gracilis'

sie gut 5 m hoch. Die in fünf bis neun Blättchen unterteilten Blätter auf langen, dicken Stielen werden 20 cm breit. Sie blüht im Frühling und Sommer. Sie wird vom Frost entlaubt, kann aber, falls die Kälte nicht wiederholt auftritt, erneut austreiben.

CYANANTHUS

Diese mit *Campanula* nah verwandte Gattung stammt aus den Hochgebirgen Westchinas und des Himalaja. Sie umfaßt etwa 25 polster- oder horstbildende, mehrjährige Arten, die kleine Blätter besitzen und hübsche blaue, dunkelrote, gelbe oder weiße, kurz gestielte Blüten tragen, die glocken- oder trompetenförmig sein können.

PFLEGE UND VERMEHRUNG: Sie eignen sich ausgezeichnet für einen Steingarten, doch sind sie wegen ihrer sehr speziellen Bedürfnisse nur äußerst schwer zu kultivieren. Sie bevorzugen kühles, feuchtes Klima und wachsen am besten auf steinigem, humusreichem, leicht saurem Boden ohne Staunässe. Kies oder Steine auf der Oberfläche können von Vorteil sein. Einige Arten der Gattung benötigen unter den klimatischen Bedingungen Mitteleuropas die Feuchtigkeit und den Schutz eines Gewächshauses. Die Vermehrung erfolgt durch Aussaat oder Stecklinge im Frühjahr oder Sommer.

Cyananthus lobatus

Diese Art aus dem Himalaja bildet winzige, belaubte Büsche oder Horste, die nur 5–10 cm hoch sind. Die kleinen, fleischigen Blätter sind in mehrere Läppchen unterteilt. Im Spätsommer entstehen an kurzen Stielen blauviolette, 3,5 cm große Blüten.

Cyananthus microphyllus

Diese mattenbildende Art aus dem nordindischen und nepalesischen Himalaja hat kleine, haarige, herzförmige Blätter. Sie trägt im Spätsommer und Herbst kleine, blauviolette, trichterförmige Blüten und wächst nicht höher als 15 cm.

CYANOTIS

Die mit *Tradescantia* verwandte Gattung umfaßt etwa 30 kriechende oder büschelbildende, mehrjährige Arten, die vor allem in den Tropen Afrikas und Asiens leben. Einige haben knollige Wurzeln und sterben in der Trockenzeit ab, doch die meisten sind immergrün. Die Blätter sind oft behaart mit seitlichen Fransen weißer Haare. Kleine, rosabläuliche oder dunkelrote Blüten entstehen inmitten dichter Gruppen von Hochblättern. Einige Arten sind als Zimmerpflanzen gezüchtet worden. In Hängekörben bilden sie reizvolle Exemplare.

PFLEGE UND VERMEHRUNG: Zumeist sind sie gegenüber Frost und zu viel Wasser empfindlich. In hellem Licht und grober, nicht zu nährstoffreicher Erde wachsen sie am besten. Die Vermehrung geschieht durch Stecklinge.

Cyanotis kewensis

TEDDYBÄRPFLANZE

Diese immergrüne, mehrjährige Art aus Südindien entwickelt hängende Zweige mit zwei Reihen ovaler, fleischiger, bis 5 cm langer Blätter, die violett und auf der Unterseite samtig behaart sind. Ungestielte Blütenstände blauvioletter, dreiblättriger Blüten erscheinen mehrfach im Jahr inmitten von laubblattähnlichen Hochblättern.

Cyananthus lobatus

Cyathea dregei

Cyathea australis

Cyathea brownii

Cyathea dealbata

Cyanotis somaliensis

KATZENOHREN

Diese aus Somalia stammende Art hat kleine, 5 cm lange Blätter, glänzendgrün und von weißen Härchen umrandet. Ist die Pflanze einmal angewachsen, entwickelt sich der Stengel rasch. Die blaurosa Blüten sind sehr klein und zeigen sich bei manchen Exemplaren nie.

CYATHEA

BAUMFARN

Neben *Asplenium* ist dies die größte Gattung mit mehr als 600 über die gesamten feuchten tropischen und subtropischen Regionen der Welt verteilten Arten. Einige Wissenschaftler haben sie nochmals in die Gattungen *Alsophila* und *Sphaeropteris* unterteilt, doch die meisten Farnexperten sind damit nicht einverstanden. *Cyathea*-Arten unterscheiden sich stark in der Größe, doch haben die meisten einen Stamm, der bis 15 m hoch wird, und eine schirmähnliche Krone aus langen Wedeln. Die Basis der Wedel ist gewöhnlich mit Haaren oder stacheligen Schuppen bedeckt, die auch den Stamm zieren. Ihre Narben bilden dort ein interessantes Muster.

PFLEGE UND VERMEHRUNG: In Gärten erzielen nur wenige Pflanzen eine solche Wirkung wie diese Baumfarne. Einige von ihnen wachsen unter idealen Bedingungen sehr schnell. Sie bevorzugen ein feuchtes Klima, Halbschatten und feuchten, humusreichen Boden. Bei Hitze brauchen sie viel Wasser und müssen besprüht werden. In der Jugend sind viele Arten attraktive Zimmerpflanzen, solange sie bei ausreichender Feuchtigkeit gehalten werden. Die Vermehrung erfolgt durch Sporen im Frühjahr.

Cyathea australis

Syn. *Alsophila australis*

AUSTRALISCHER BAUMFARN, RAUHER BAUMFARN

Dieser majestätische Farn aus Ostaustralien wird gut 5 m hoch. Er hat einen schlanken, schwärzlichen Stamm und bis zu 3 m lange Wedel. Das Blattwerk ist an schattigen Standorten tiefgrün, in der Sonne eher gelblich. Die Basis der Wedel ist mit kleinen, dunkelbraunen Schuppen besetzt, die sich stachelig anfühlen. Dieser Baumfarn erträgt geringe Feuchtigkeit besser als andere, benötigt aber dennoch im Sommer viel Wasser.

Cyathea brownii

Syn. *Sphaeropteris excelsa*

Diese Art von der Norfolk-Insel ähnelt *Cyathea cooperi*, hat aber einen dickeren Stamm, eher ledrige Wedel und größere, hellbraune Schuppen an der Basis der Wedel. In der Zucht sind diese Unterschiede nicht immer klar, und es kommen Kreuzungen vor.

Cyathea cooperi

Syn. *Sphaeropteris cooperi*

STROHBAUMFARN, SCHUPPENBAUMFARN, AUSTRALISCHER BAUMFARN

Diese gleichfalls aus Ostaustralien stammende Art ist einer der am schnellsten wachsenden Baumfarne außerhalb der Tropen und wird bei ausreichenden Feuchtigkeits- und Nährstoffverhältnissen manchmal in weniger als 15 Jahren höher als 5 m. Die Krone ähnelt der von *Cyathea australis*, doch ist die Basis der Wedel dick von hellbraunen bis strohfarbenen Schuppen bedeckt. Die Blätter ertragen Sonne, welken aber in trockenem Wind.

Cyathea dealbata

Syn. *Alsophila tricolor*

SILBERBAUMFARN, PONGA

Diese hübsche Art ist in Neuseeland ein Nationalsymbol. Sie hat auffällige, silberweiße Wedelunterseiten. In der Zucht wächst sie langsam bis knapp 5 m hoch. Der schlanke, aufrechte Stamm trägt eine Krone aus bis zu 3 m langen Wedeln. Sie ist ein wenig winterhart und benötigt Schutz vor Wind.

Cyathea dregei

Syn. *Alsophila dregei*

Diese langsam wachsende, gedrungene Art aus Südafrika besitzt schmale Wedel, die nicht länger als 1 m werden und eine hellgrüne Ober- sowie eine blasse Unterseite besitzen. Der Stamm wird selten höher als etwa 3 m. Wild wächst sie gewöhnlich am Rand fließender Gewässer. Im Garten bevorzugt die Pflanze ziemlich feuchte, aber dennoch gut durchlüftete Böden.

Cyathea medullaris
Syn. *Sphaeropteris medullaris*
SCHWARZER BAUMFARN

Diese aus Neuseeland und von anderen Inseln des Südpazifiks stammende Art ist eine der größten und robustesten Baumfarne, die in der Züchtung bekannt sind. Der Stamm kann höher als 15 m und dicker als 30 cm, die Wedel länger als 6 m und etwa 2 m breit werden. Bis zu 8 cm dick sind sie mit schwarzen, spreuartigen Schuppen bedeckt. Die Pflanze benötigt einen geschützten Standort und wächst schnell bei guter Wasser- und Nährstoffversorgung.

CYCAS
PALMFARN

Diese stammesgeschichtlich alte Gattung umfaßt etwa 60 Arten, die in Australien, Südostasien, Madagaskar, Ostafrika und auf vielen dazwischen oder im Pazifik gelegenen Inseln leben – palmenähnliche Pflanzen mit gefiederten Wedeln, die aus der Spitze eines dicken Stammes wachsen. Sie sind zweihäusig; die männlichen Organe stehen in langen, schmalen Kegeln am Ende des Stamms, die weiblichen am Rand von blattähnlichen Organen, die um die Stammspitze oder als »Rock« darunter stehen. An dieser Stelle reifen auch die harten, eiförmigen Samen. Der Stamm wächst sehr langsam, so daß große Exemplare bei Sammlern und Gärtnern hohe Preise erzielen.

Cycas armstrongii

PFLEGE UND VERMEHRUNG: Mit Ausnahme von *Cycas revoluta* gedeihen die meisten Palmfarne außerhalb tropischer und subtropischer Gebiete nicht im Freien. Sie bevorzugen sonnige Standorte (in der Jugend mit etwas Schatten) und tiefe, durchlässige Böden. Die Vermehrung erfolgt durch Aussaat oder Seitentriebe, oder man pflanzt den abgeschnittenen Stumpf in einen Graben mit Kies und Mulch.

Cycas armstrongii

Diese Art aus dem äußersten Norden des Northern Territory (Australien) kommt in flachen, sandigen Gebieten in lichtem Eukalyptuswald vor. Der gerade, schlanke Stamm wird etwa 2–5 m hoch und ist gewöhnlich unverzweigt. An der Spitze wächst zu Beginn der Regenzeit ein Kreis zarter, neuer, grüner Wedel. Während der langen Trockenzeit welken sie und hängen als brauner »Rock« herab. Pflanzen an einem feuchteren Standort behalten ihre Wedel für längere Zeit. Weibliche Bäume bilden noch einen zweiten Überhang aus samenbildenden Organen, von denen jedes zwei bis vier große, orangebraune Samen enthält.

Cyclamen hederifolium

Cyclamen cilicium

Cyathea medullaris

Cycas revoluta

Cycas circinalis
EINGEROLLTER PALMFARN

Diese robuste Pflanze, verbreitet über Südindien, Südostasien, das Malaiische Archipel und die Inseln des Südpazifiks, bildet Ausläufer mit vielzähligen Stämmen, die bis 5 m hoch und über 30 cm dick werden. Ihre Krone besteht aus 2–3 m langen, hellgrün glänzenden Wedeln. Die großen Samen sind im Reifezustand glänzend rotgelb und treiben auf dem Wasser.

Cycas revoluta
JAPANISCHER PALMFARN

Diese palmenähnliche Art, heimisch auf den Inseln Südjapans, ist eine beliebte Zierpflanze in Japan. Die ein, zwei oder auch mehr Stämme wachsen langsam bis zu 3 m hoch und haben eine Krone aus steifen, gefiederten Blättern, die aus dichtgedrängten, sehr schmalen, stachelbesetzten Fiederblättern bestehen. Dieser am häufigsten gezüchtete Palmfarn der Welt wird besonders zur Gestaltung von Plätzen und Höfen geschätzt. Er kann 50 bis 100 Jahre alt werden und ist leicht zu verpflanzen.

CYCLAMEN
ALPENVEILCHEN, ZYKLAMEN

Diese Gattung besteht aus etwa 20 knollenbildenden, mehrjährigen Arten, die aus der Mittelmeerregion und Südwestasien stammen. Sie gehören zur Familie der Primelgewächse, denen sie aber nicht immer ähneln. Die runden Knollen sitzen auf oder direkt unter der Erdoberfläche und tragen fleischige, herzförmige Blätter, oft mit hellen oder dunklen Mustern auf der Oberseite. Die eleganten, manchmal duftenden Blüten stehen einzeln auf Stielen. Obwohl sie nach unten hängen, sind die Blütenblätter stark nach oben gebogen. Die Farben variieren von Purpurrot bis Rosa oder Weiß. Viele kleinere Arten

Cycas armstrongii

sind gesuchte Steingartenpflanzen, während die größere *Cyclamen persicum* in Töpfen als Zimmerpflanze gehalten wird.
PFLEGE UND VERMEHRUNG: *Cyclamen*-Arten können frostempfindlich bis winterhart sein. Sie sollten in der Sonne oder im Halbschatten in lockerer, durchlässiger Erde, die reich an Mineralien ist, stehen. Während des Wachstums brauchen sie Wasser, im Sommer sollten sie trocken gehalten werden. Ungestört werden die Knollen jedes Jahr größer und blühen immer häufiger. Einige Arten sind empfindlich gegenüber der Schwarzfäule. Vermehrt werden sie durch Aussaat im Herbst.

Cyclamen cilicium

Diese Art aus der südlichen Türkei hat herzförmige, leicht gezähnte Blätter. Die Blüten stehen auf gut 10 cm hohen Stielen und sind rosa und an der Basis der Blütenblätter dunkler. Die Blütezeit reicht vom Herbst den Winter hindurch bis zum Anfang des Frühjahrs.

Cyclamen coum

Diese bekannte Art, deren Name *coum* auf die Ägäische Insel Kos verweist, stammt aus dem Balkan, der Türkei und dem Libanon und wird etwa 10 cm hoch. Ihre runden bis herzförmigen, dunkelgrünen Blätter zeigen oft eine hellgrüne oder silberne Marmorierung. Die im Winter oder Frühling üppigen Blüten sind hellviolett

Cyclamen persicum, Kulturvarietät

Cyclamen persicum, Kulturvarietät

Cyclamen persicum

Cyclamen pseudibericum 'Roseum'

bis tiefrosa gefärbt, an der Basis häufig dunkelrot. ***Cyclamen coum*** **subsp.** ***caucasicum*** entwickelt silbern marmorierte Blätter, die dunkelrosa Blüten sind am Grund dunkelrot gefärbt. ***C.c.*** **subsp.** ***coum*** trägt elegante rosa bis dunkelrote Blüten.

Cyclamen hederifolium
Syn. ***Cyclamen neapolitanum***

In Südeuropa und der Türkei ist diese Art weit verbreitet. Sie blüht im Herbst und kann bis zu 15 cm große Knollen bilden. Sie wird 10 cm hoch und hat dunkelgrüne, breit gezähnte Blätter mit hellgrüner Marmorierung. Die Blüten sind weiß bis rosa und an der Basis dunkler gefärbt. Einige Sorten duften.

Cyclamen libanoticum

Diese Art aus dem Libanon hat dunkelgrüne Blätter mit einem weißen Streifen und gelbgrünen Flecken auf der Oberseite. Die Unterseite ist tief purpurrot. Die sehr großen und duftenden Blüten entstehen im Winter und Frühjahr. Sie sind reinweiß bis rosa mit dunklen Mustern am Blütenmund.

Cyclamen mirabile

Diese Art aus der westlichen Türkei besitzt kleine, grüne Blätter mit graurosa Muster auf der Oberseite, die Unterseite ist rötlich. Die rosa Blüten mit roten Punkten an der Basis der Blütenblätter erscheinen im Herbst.

Cyclamen persicum

Trotz ihres wissenschaftlichen Namens findet man diese Art nicht in Persien (Iran), sondern sie wächst im Wald von Griechenland bis zum Libanon und in Nordafrika. Ausgewählte Zuchtformen der Alpenveilchen gibt es als Zimmerpflanzen in Gärtnereien. Die Pflanze kann bis zu 30 cm hoch und breit werden. Aus den dichtstehenden, herzförmigen Blättern, die oft hell- und dunkelgrün marmoriert sind und silberne Streifen tragen, wachsen große, weiße, rosa, rote oder purpurrote Blüten, die manchmal mit einem anderen Farbton umrandet oder gekräuselt sind. Sie blüht üppig während des ganzen Winters. Kühle Nächte verlängern die Blühzeit.

Cyclamen pseudibericum

Diese Art aus der Türkei hat herzförmige, gemusterte Blätter mit gesägtem und gewelltem Rand. Die kleinen, tiefrosa Blüten entstehen im Winter oder im Frühjahr. **'Roseum'** besitzt kleinere, purpurrote Blüten mit dunklem Muster an der Basis der Blütenblätter.

Cyclamen repandum

Cyclamen hederifolium

Cyclamen purpurascens

Diese in Mittel- und Osteuropa verbreitete Art hat große, glänzende, dunkelgrüne Blätter, die auf der Unterseite purpurrot sind und oben eine silbrige Zeichnung besitzen. Im Sommer trägt sie kleine, süßlich duftende, purpurrote oder tiefrosa Blüten auf 10 cm langen Stielen.

Cyclamen repandum
EFEUBLÄTTRIGES ALPENVEILCHEN

Diese aus Südeuropa stammende Art hat auffällige mittelgrüne, herzförmige, gelappte Blätter, die oberseits marmoriert, unterseits teilweise purpurrot sind. Die duftenden, weißen, rosa oder roten Blüten mit gebogenen Blütenblättern wachsen im Frühjahr auf schlanken, 10 cm langen Stielen. In kühlen Regionen blüht sie auch im Sommer.

CYDONIA
QUITTE

Quitten sind wohlbekannte Früchte, aber die kleinen Bäume, auf denen sie wachsen, sind weit weniger bekannt, obwohl sie ungewöhnlich und sehr dekorativ sind. Sie stammen aus Asien und gehören zur Familie der Rosengewächse. Es sind kleine, krumme, sehr holzige Bäume mit glatter Rinde und einfachen, ovalen Blättern. Diese sind auf der Unterseite behaart und stehen in Gruppen an kurzen Trieben, außer an den langen Sommertrieben. Die Blüten stehen einzeln an Kurztrieben, besitzen behaarte Kelche und rosa Blütenblätter. Die große Frucht hat eine wachsige oder sogar ölige Haut und ist aromatisch.

PFLEGE UND VERMEHRUNG: Quitten gedeihen am besten in kühl-gemäßigtem Klima, obwohl die chinesische Art wärmere, frostfreie Gegenden erträgt. Sie benötigen feuchten, tiefen Boden und einen sonnigen Standort. Vermehrt wird die Quitte durch Aussaat mit überreifen Früchten oder durch Pfropfen mit bekannten Varietäten.

Cydonia oblonga

Cydonia oblonga
GEMEINE QUITTE

Diese Art verzweigt sich bereits weit unten und bildet so einen ausladenden, buschigen, etwa 3–5 m hohen Baum. Die Blätter sind mäßig groß, oberseits tiefgrün und auf der Unterseite und an jungen Zweigen behaart. Die prächtigen rosa Blüten, die im Spätfrühjahr erscheinen, sind etwa 5 cm breit. Die gekocht eßbare Frucht hat hartes Fleisch und ist reif blaß- oder dunkelgelb und bis zu 15 cm lang. Die Quitte verträgt im Sommer keine Feuchtigkeit.

CYLINDROPHYLLUM

Sechs Arten langsamwachsender Sukkulenten aus der südafrikanischen Kapprovinz zählen zu dieser Gattung, die der großen Familie der Mittagsblumengewächse *(Mesembryanthemum)* angehört. Die Blätter sind zylindrisch und können bis zu etwa 10 cm lang sein. Die Pflanzen

Cylindrophyllum dyeri

Cydonia oblonga

überdauern und bilden Matten oder kleine Polster, die jede aus einer dichten Blattrosette mit nur wenigen Blättern besteht. Sie entwickeln im Sommer große, einzelne, weiße oder rosa, korbblütenähnliche Blüten, die sich an Nachmittagen öffnen.
PFLEGE UND VERMEHRUNG: Die Art ist frostempfindlich und benötigt sehr durchlässigen Boden und Halbschatten. Sie braucht nur wenig Wasser, wenn neue Blätter oder Blüten entstehen. Manche Insekten verursachen Krankheiten, z.B. Schildläuse, Mehlwürmer und Raupen. Die Vermehrung erfolgt durch Aussaat oder Stecklinge.

Cylindrophyllum dyeri

Diese Pflanze bildet einen kleinen, etwa 10 cm hohen Horst. Die Blätter sind grün mit rotbraunen Spitzen, zylindrisch und bis 10 cm lang. Im Sommer entwickeln sich mittelgroße, rosa Blüten.

CYMBIDIUM

Obwohl diese Orchideengattung mehr als 40 Arten umfaßt, die wild von Süd- und Ostasien bis Ostaustralien vorkommen, finden sich nur wenige von ihnen in Orchideensammlungen. Es sind vielmehr ihre attraktiven Hybriden, die von allen Orchideen am häufigsten gezüchtet werden. Sie haben lange Triebe mit bis zu 30 prächtigen Blüten, grün, gelb, weiß, rosa, dunkelrot oder braun. Die Lippe ist meist rot gemustert. Alle haben lange, bogenförmige Blätter, die in zwei Reihen aus der kurzen, leicht abgeflachten Pseudobulbe auswachsen. Arten ohne Pseudobulben bilden grasähnliche Büschel. Die aufrechten oder hängenden Blütenähren wachsen vom Grund dieser Knollen aus, die im Alter große Horste bilden. Die Blüten der Wildarten tragen schmale, eher matt gefärbte Kelch- und Kronblätter und riechen würzig. Nach einem Jahrhundert Züchtung entstanden Hybriden mit schüsselförmigen Blüten, die 10 cm oder mehr im Durchmesser betragen und auf über 1 m hohen Stengeln stehen. Sie blühen vorwiegend im Frühling. Die schönsten Hybriden sind Ausstellungen vorbehalten, aber zahllose andere, meist ohne Namen, werden von Gärtnern als ganze Pflanzen oder als Schnittblumen verkauft. In den letzten Jahrzehnten wurden Miniaturformen beliebt, die aus ostasiatischen Arten mit schmalen Blättern und kleinen Blüten gezüchtet wurden.
PFLEGE UND VERMEHRUNG: Fortschritte in den Vermehrungstechniken haben die Preise der *Cymbidium*-Pflanzen gesenkt. In warmen Regionen wachsen sie im Freien an geschützten Stellen. Sie ertragen sogar leichten Frost und etwas Sonne während des Tages (obwohl sie ausbleichen). In kühleren Gegenden benötigen sie ein Gewächshaus. Man pflanzt sie in nicht zu große Töpfe mit Löchern in Orchideenerde, die mehr Rinde und Fasern enthält, als für Epiphyten verwendet wird. In der sommerlichen Wachstumsphase sollte ein milder Flüssigdünger verwendet werden. Nach der Blüte können große Pflanzen in Gruppen mit zwei bis drei Pseudobulben zerteilt werden. Tote Wurzeln und alte, blattlose Pseudobulben werden mit einem Messer entfernt. Die Vermehrung erfolgte traditionell durch solche alten Bulben, heute jedoch nutzt man kommerziell Sämlinge oder Klone aus dem Labor.

Cymbidium, Großblütige Hybriden

Von diesen am besten bekannten *Cymbidium*-Formen gibt es zahllose Grexes (Nachkommen aus Kreuzungen) und Kulturformen (ausgewählte benannte Sorten). Die Blüten der größten Formen sind bis zu 15 cm groß. Ihre kopflastigen, bogenförmigen Blütenstände sollten gestützt werden. Die Sorte **Atlanta** besitzt elegante, beige und rosa Blüten von etwa 10 cm Größe. Die begehrte **Claude Pepper** blüht purpurrot, nicht mahagonifarben wie die meisten anderen *Cymbidium*-Formen. Die prachtvolle **Valley Furnace 'Chocolate'** mit großen, braunen Blüten wurde aus der Form **Valley Furnace** gezüchtet.

Cymbidium lowianum

Diese *Cymbidium*-Art, benannt nach dem Abenteurer Hugh Low, einem Sammler tropischer Pflanzen, wurde als eine der ersten aus den Bergen Südwestchinas, Thailands und Myanmars in den Westen gebracht und war zugleich eine Mutterpflanze der ersten Hybride, die in England im Jahre 1889 gezüchtet wurde. Sie ist eine sehr robuste Art mit gut entwickelten Pseudobulben (Luftknollen), Blätter und Blütentriebe werden bis zu 1 m hoch. Die Blüten besitzen schmale, grüne Kelch- und Kronblätter sowie eine rot gemusterte beigefarbene Lippe. **'Concolor'**, bronzegrün mit beigegrünlicher Lippe, hat eine

Cymbidium lowianum

Cymbidium Swan Lake 'Margot'

C., Gb.-H., Valley Furnace 'Chocolate'

Cymbidium, Gb.-H., Claude Pepper

C. Leopard Lady 'Mary Smith'

Cymbidium Rothersay 'Black Label'

Cymbidium Sensation 'Marble Hill'

Cymbidium Valley Goddess 'Rajah'

C. Sleeping Nymph 'Perfection'

Cymbidium Clarissa × Volcano

C. Highland Lassie 'Mont Millius'

Cymbidium Ivy Fung 'Torch'

ähnliche Bedeutung in der *Cymbidium*-Zucht.

Cymbidium, Miniaturhybriden

Diese *Cymbidium*-Formen sind gewöhnlich nur etwa 45 cm hoch und entwickeln zahlreiche gerade mal 5 cm große oder noch kleinere Blüten. Einige besitzen die breiten Blütenblätter und die runde Gestalt der großen Formen, andere sind feingliedriger. Sie alle sind schöne, in kühlen Klimaten wachsende Pflanzen, die in Gruppen am besten wirken, z.B. ***Cymbidium* Oriental Legend 'Temple Bells'** und ***C.* Lady Bug 'Drumm'**. Einige haben schwache Blütenstände, die gestützt werden müssen.

CYMBOPOGON

Zu dieser Gattung gehören mindestens 50 Arten derber Gräser, die aus den wärmeren Regionen Afrikas, Asiens und Australiens stammen. Ein Merkmal vieler Arten sind die aromatisch riechenden Blätter. Sie bilden dichte Horste und haben meist lange, abgeflachte Blätter. Die langgestielten Samenstände stehen in Gruppen von Ährchen, die wollig oder seidig behaart sein können. Die Gattung umfaßt mehrere, wegen ihrer ätherischen Öle wirtschaftlich bedeutsame Arten, andere werden in warmen Gebieten als Zierpflanzen geschätzt.

PFLEGE UND VERMEHRUNG: Vor allem benötigen die Arten dieser Gattung ausgedehnte Sommer als Wachstumsperiode sowie durchlässige, fruchtbare Böden. Einige Arten, wie z.B. das Zitronengras, überleben kalte und feuchte Winter nicht. Sie sollten unter solchen klimatischen Bedingungen jedes Jahr im späten Frühjahr neu gepflanzt werden. Die Vermehrung erfolgt durch Aussaat oder durch Teilung der Horste.

Cymbopogon citratus

ZITRONENGRAS

Dieses wertvolle Gras, das wahrscheinlich aus Indien stammt, bildet dichte Büschel aus langen, graugrünen Blättern und kann bis zu 2 m hoch werden. In Kultur blüht es nur selten und noch seltener produziert es Samen. Zerreibt man die Blätter, so riechen sie intensiv nach Zitrone – sie sind jedoch nicht eßbar. In Südostasien wird die fleischige, weiße Basis der Schößlinge gesammelt und gekocht oder frisch verwendet. Die Blätter können frisch oder getrocknet zu einem Kräutertee aufgegossen werden.

C., M.-H., Oriental Legend 'Temple Bells'

C., Min.-H., Lady Bug 'Drumm'

Cymbidium, Miniaturhybride

Cynoglossum amabile

Cynoglossum amabile 'Firmamant'

Cynara scolymus

Cynodon dactylon

Cynara cardunculus

CYNARA

Diese Gattung umfaßt zehn mehrjährige Arten. Es sind Verwandte der Disteln aus dem Mittelmeerraum mit statuenhaften Proportionen. Sie werden besonders wegen ihrer großen, silbriggrauen, tiefeingeschnitteten Blätter und ihrer distelartigen Körbchenblüten geschätzt. Zu ihnen gehören die Artischocke und die Kardone, die eßbare Teile besitzen, zum einen die unreifen Blüten, zum anderen die Blattgründe.

PFLEGE UND VERMEHRUNG: Die Pflanzen dieser Gattung gedeihen bei voller Sonneneinstrahlung in fruchtbarer, durchlässiger Erde. Sie benötigen außerordentlich viel Platz. Ihre Vermehrung erfolgt durch Samen, die von den die Krone umgebenden Seitentrieben gebildet werden.

Cynara cardunculus

KARDONE

Die Kardone ähnelt der nah verwandten Artischocke. Sie bildet breite, fleischige und eßbare Blattstengel, die wiederum an Sellerie erinnern. Sie ist zugleich eine Zierpflanze, die bis zu 2,5 m hoch wird, grobe, graue Stengel und Blätter besitzt und zahlreiche hellviolette Körbchenblüten trägt. Die Aussaat sollte im Haus erfolgen. Erst wenn keine Frostgefahr mehr besteht, werden die Schößlinge in Reihen mit 1,5 m Abstand in durchlässigen, humusreichen Boden gesetzt. Die Blattstiele können durch Einhüllen in Karton gebleicht werden. Um die Stiele zu ernten, werden die Wurzeln unterhalb der Krone durchgeschnitten.

Cynara cardunculus

Cynara scolymus

ARTISCHOCKE

Die Artischocke galt einst als Aphrodisiakum. Sie hat zarte, graugrüne Blätter und wächst auf den meisten Böden und Standorten gut. Ein oder zwei Pflanzen sind ausreichend für einen kleinen Garten, da sie viel Platz benötigen. Ein fruchtbarer Boden erbringt eine höhere Ernte. Schößlinge sollten in etwa 1 m Abstand im Frühjahr gepflanzt werden. Im Herbst werden gelbe Blätter und Stengel entfernt; die Blütenknospen erntet man im Frühjahr und Sommer, bevor sie sich öffnen. Die Artischocke kann von der Blattfleckenkrankheit befallen werden.

CYNODON

Diese Gattung besteht aus acht Arten mehrjähriger, kriechender Gräser, die hauptsächlich im südlichen und tropischen Afrika heimisch sind. Eine Art, das Bermudagras, ist inzwischen über fast sämtliche warmen Regionen der Erde verbreitet. Neben oberirdischen Ausläufern haben sie Rhizome. Die aufrechten Blätter sind kurz und schmal, und die winzigen Samen entstehen in einem doldenähnlichen, in zwei Ähren verzweigten Blütenstand.

PFLEGE UND VERMEHRUNG: Das Bermudagras erträgt sandige oder tonige Böden und trockenes, heißes Wetter mit viel Sonne. Es muß nicht so oft gewässert werden wie andere Rasen. Die Vermehrung geschieht durch Aussaat. Obwohl nicht allzu krankheitsanfällig, leidet es unter zu kaltem Wetter und kann im Winter braun werden.

Cynodon dactylon

BERMUDAGRAS

Obwohl es in vielen Teilen der Erde als minderwertig betrachtet wird, ist es gleichzeitig als Rasengras hochgeschätzt, vor allem in Klimaten, wo die Winter nicht zu streng sind. Es ist ein mittel bis fein strukturiertes Gras, das sich durch ober- und unterirdische Ausläufer rasch verbreitet.

CYNOGLOSSUM

HUNDSZUNGE

Diese Gattung mit 55 ein-, zwei- oder mehrjährigen Arten kommt in den meisten gemäßigten Zonen der Erde vor. Alle sind winterhart und werden wegen ihrer langen Blühzeit geschätzt. Viele Arten ähneln dem verwandten Vergißmeinnicht.

PFLEGE UND VERMEHRUNG: Alle Arten brauchen fruchtbaren Boden, lassen sich bei Überdüngung jedoch hängen. Die Vermehrung geschieht durch Aussaat im Herbst oder Frühjahr oder, bei mehrjährigen Arten, durch Teilung.

Cynoglossum amabile

CHINESISCHES VERGISSMEINNICHT

Diese aufrechte, ein- oder zweijährige Art, die etwa 50 cm hoch wird, hat grüne, haarige, lanzettliche Blätter. Die meist blauen, manchmal auch weißen und rosa Blüten blühen in Trauben im Frühjahr und Frühsommer. Die Sorte **'Firmament'** hat hängende, himmelblaue Blüten. Die Vermehrung ist einfach.

Cynoglossum nervosum

HIMALAJA-HUNDSZUNGE

Diese Art, etwa 60 cm hoch und breit, hat schmale, grüne Blätter und blaue, vergißmeinnichtähnliche Blüten. Diese erscheinen im Sommer in großen Blütenständen an der Spitze der schlanken, verzweigten Stengel.

CYPELLA

BECHERSCHWERTEL

Etwa 15 Arten, die in Mittel- und Südamerika vorkommen, umfaßt diese mit *Tigridia* verwandte Gattung aus der Familie der Schwertliliengewächse. Sie besitzen spärliche Grundblätter, die aus kleinen Zwiebeln entstehen. Die schlanken Blütentriebe teilen sich in Blütenstände mit eingerollten Hochblättern auf, so daß die Blüte wie ein Propeller aussieht. Nach und nach zeigen sich farbenprächtige, zarte Blüten mit drei langen Blütenblättern. Sie sind gelb, orange und blau, im allgemeinen braunrot gefleckt.

PFLEGE UND VERMEHRUNG: Die Zwiebeln gedeihen nicht in kaltem Klima. In nassen Wintern sollten sie aus dem Boden genommen werden. Volles Sonnenlicht und durchlässiger Boden sind erforderlich. In der Wachstumsphase sollte er gut gewässert, im Winter trocken gehalten werden. Die Vermehrung erfolgt durch Wurzelsprosse oder Aussaat.

Cypella herbertii

Diese irisähnliche Art ist in Uruguay und den benachbarten Gebieten Argentiniens heimisch. Die Blüte währt lediglich einen Tag, doch bilden sich während des Sommers ständig neue, etwa 5 cm große, dreieckige Blüten aus. Der verzweigte Blütentrieb ist bis zu 60 cm hoch. Die größeren äußeren Blütenblätter sind kupferrot bis braun, die kleinen inneren purpur- und goldfarben.

CYPERUS

ZYPERNGRAS, PAPYRUS

Cyperus ist eine große Gattung mit über 600 Arten. Es gibt einjährige und immergrüne mehrjährige Arten, die vor allem an feuchten Standorten, außer in sehr kalten Regionen, fast auf der ganzen Erde wachsen. Zu dieser Gattung gehören hartnäckige Feld- und Gartenunkräuter, z.B. *Cyperus rotundus*. Sie bilden Gruppen robuster, zylindrischer oder dreieckiger Stengel, besitzen grundständige, grasähnliche Blätter und bilden an der Stengelspitze dichte Blütenrispen oder große Dolden kleiner Ährchen.

PFLEGE UND VERMEHRUNG: Die meisten Zierarten gedeihen an Teichrändern oder in schlammigem Boden mit Kompost. Sie ertragen direkte Sonneneinstrahlung. Wenn der Container zugewachsen ist, muß umgetopft werden. Bei zu trockener Umgebung werden die Spitzen braun, das Fehlen von frischen Trieben deutet auf zu wenig Licht. Die Vermehrung gelingt durch Aussaat oder Teilung.

Cyperus albostriatus

Diese gedrungene, mehrjährige Art aus Südafrika hat dünne Stengel mit mittelgrünen Blättern, die auffallende Blattadern besitzen. Sie wird 60 cm hoch und trägt vom Sommer bis in den frühen Herbst Ährchen aus gelbgrünen Blüten.

Cyperus esculentus

ERDMANDEL

Die aufrechten Stengel dieser frostempfindlichen Art aus Westasien und Afrika sind durch einen weißen Streifen gekennzeichnet. Ihre weißen Blüten stehen in Ähren und sind von langen, laubblattähnlichen Hochblättern umgeben. Die fädigen Wurzeln besitzen runde, erbsengroße, stark ölhaltige Knollen. Sie sind eßbar und werden in Südeuropa gehandelt. In Frankreich sind sie als »Amandes de terre« bekannt.

Cyperus involucratus

Syn. *Cyperus alternifolius, C. flabelliformis*

SCHIRMSCHILFGRAS

Diese mehrjährige, frostempfindliche Art aus Madagaskar erreicht eine Höhe von etwa 1 m. Sie entwickelt einen dreieckigen, hohlen Stengel, gekrönt von einem Quirl laubblattähnlicher Hochblätter. Die grünen Blütenspitzen erscheinen im Sommer.

Cyperus papyrus

PAPYRUSSTAUDE

Der Papyrus des alten Ägyptens ist in mildem Klima eine der prächtigsten Wasserpflanzen. Er wuchert stark und wird 1,5–2,5 m hoch. Im Sommer tragen die langen, derben, blattlosen Stengel große Büschel feiner Ästchen, auf denen die winzigen, braunen Blüten stehen. Er wächst in sehr seichtem Wasser und bevorzugt einen sonnigen Standort.

CYPHOMANDRA

Diese Gattung aus dem tropischen Amerika, die etwa 30 Arten immergrüner Sträucher, Kletterpflanzen und kleiner Bäume umfaßt, ist eng mit *Solanum* verwandt. Sie haben dünne, behaarte Blätter, rosa- oder purpurfarbene Blüten mit fünf Blütenblättern, die auf Stengeln in den Blattachseln stehen, und beerenähnlichen, teils eßbaren Früchten.

PFLEGE UND VERMEHRUNG: Die Baumtomate gedeiht am besten in subtropischem oder frostfreiem, warm-gemäßigtem Klima. Da sie kopflastig ist, sollte sie an einem Zaun oder einer Stütze wachsen. Sie wurzelt oberflächlich und bevorzugt feuchten, aber nicht nassen Boden. Die Verzweigung wird gefördert durch Beschnitt nach dem Fruchten. Die Vermehrung erfolgt durch Stecklinge, die Lebensdauer beträgt etwa fünf Jahre.

Cyphomandra betacea

BAUMTOMATE

Dieser große, baumartige Strauch mit breiter Krone stammt aus Südamerika und wird etwa 3 m hoch. Er besitzt dunkelgrüne Blätter und kleine Zweige mit rosafarbenen Blüten, die während des ganzen Jahres in den Astgabeln entstehen. Die eiförmigen Früchte sind etwa 5–10 cm groß und besitzen eine dunkelrote oder auch gelborange Schale. Man kann Marmelade daraus machen oder ihr Mark als Dessert verspeisen.

CYPHOSTEMMA

Diese mit *Cissus* eng verwandte Gattung besteht aus etwa 150 Arten immergrüner und laubwerfender Kletterpflanzen und Sträucher aus den warmen Regionen der Erde. Einige der zahlreichen afrikanischen Arten haben sukkulente Stämme. Die Blätter sind gewöhnlich aus mehreren hand- oder fiederförmig angeordneten Blättchen zusammengesetzt. Die kleinen Blüten entstehen an langstieligen, flachen Rispen. Aus ihnen reifen weinbeerenartige Früchte verschiedener Größe. Einige sind eßbar.

PFLEGE UND VERMEHRUNG: Diese wenig winterharten bis frostempfindlichen Pflanzen brauchen pralle Sonne und durchlässigen, im Winter ganz trockenen Boden. Die Vermehrung geschieht durch Aussaat.

Cyphostemma juttae

Syn. *Cissus juttae*

Der in Südnamibia heimische langlebige, laubwerfende Strauch kann bis zu 2 m hoch werden. Die auffällige Pflanze hat

Cyphomandra betacea

Cyperus papyrus

Cyphostemma juttae

Cyperus albostriatus

Cyperus esculentus

Cyperus involucratus

Cypripedium calceolus var. *calceolus*

Cyrilla racemiflora

Cypripedium calceolus var. *pubescens*

Cypripedium japonicum var. *formosanum*

einen fleischigen Stamm, der sich an der Spitze verzweigt und mit braungelber, abblätternder Borke bedeckt ist. Die sehr fleischigen und grobgezähnten Blätter unterteilen sich meist in drei blaugrüne Fiederblätter. Ihre flaumige Unterseite sondert Harztröpfchen ab. Kleine grüngelbe Blüten erscheinen im Sommer, ihnen folgen durchsichtige, rote oder gelbe Früchte, die kleinen Weinbeeren ähnlich sehen.

CYPRIPEDIUM

FRAUENSCHUH

Die 35 Arten dieser laubwerfenden, bodenbewohnenden Orchideengattung leben in kühl-gemäßigten Regionen Eurasiens, Nordamerikas und den Gebirgen Südasiens und Mexikos. Sowohl den wissenschaftlichen, als auch den deutschen Namen erhielten sie wegen des beutelförmigen Labellums (Lippe) der Blüte, das wie die Spitze eines Pantoffels aussieht. Die breiten, dünnen und abgeflachten Blätter wachsen im Frühjahr aus Rhizomen aus. Die prachtvollen Blüten entstehen im Sommer entweder alleine oder zu mehreren auf einem Stengel. In der Vergangenheit wurden verschiedene tropische Orchideen *Cypripedium* zugerechnet, doch zählt man sie heute zu den Gattungen *Paphiopedilum*, *Phragmipedium* und *Selenipedium*. Früher wurde der Frauenschuh aus Wildpflanzen gezüchtet, was dazu geführt hat, daß heute viele Arten in ihren Herkunftsländern im Bestand gefährdet sind. Da die meisten Exemplare nach der Verpflanzung in den Garten früher oder später sterben, sind einige Arten vom Aussterben bedroht.

PFLEGE UND VERMEHRUNG: Die Kultivierung ist unterschiedlich schwierig, für einige Arten gilt sie als nahezu unmöglich. Sie benötigen ein kühl-gemäßigtes Klima, fruchtbaren und feuchten Boden sowie Schatten. Manche Züchter legen Feuchtbeete an, mit nassem Untergrund unter einer trockenen Oberfläche. Einige der waldbewohnenden Arten, z.B. *Cypripedium japonicum*, gedeihen am besten in einer Mischung aus verrottetem Laub, grobem Sand und einem leichten, lehmigen Boden. Sie vertragen prinzipiell keinen Dünger und verübeln Störungen. Die Vermehrung ist durch Teilung der Rhizome im Frühjahr möglich, doch muß dies, wie bei allen Orchideen, mit Vorsicht geschehen.

Cypripedium calceolus

MARIENFRAUENSCHUH

Diese in Europa, Asien und Nordamerika heimische, teilweise durch Sammler als prächtigste Wildorchidee schon ausgerottete Art hat dicke, hellgrüne Blätter. Die Blüten haben dunkelgelbe Lippen und purpurrote oder braune Kelch- und Kronblätter. Sie stehen vom Frühjahr bis in den Sommer hinein einzeln, zu zweit oder zu dritt auf 20–45 cm hohen Stengeln. Die Art läßt sich leicht kultivieren. ***Cypripedium calceolus* var. *calceolus*** ist eine europäische Varietät mit gewöhnlich einzelnen Blüten und hellgelber Lippe. ***C. c.* var. *parviflorum*** aus dem Osten der USA und Kanadas hat kleinere Blüten, manchmal zwei auf einem Stengel. Die Lippe ist eher goldgelb und innen rot gepunktet. ***C. c.* var. *pubescens*** aus Nordamerika und Nordostasien besitzt größere Blüten mit grünlichen Kelch- und Kronblättern. Die Blätter sind behaart und reizen die Haut.

Cypripedium japonicum

Diese filigrane Art, die in den Wäldern Japans und Chinas wächst, wird bis zu 45 cm hoch. Jeder Stengel besitzt ein Paar fächerartiger, stark plissierter Blätter. Die große Einzelblüte hat fahlgrüne Kron- und Kelchblätter sowie eine breite, blaßrosa Lippe mit Falten. ***Cypripedium japonicum* var. *formosanum*** aus Taiwan trägt blaßrosa Kron- und Kelchblätter.

Cypripedium reginae

Diese seltene Wildblume, die als eine der schönsten Amerikas gilt, stammt aus dem Osten Nordamerikas und ist schwierig zu kultivieren. Wenn dies gelingt, wächst sie in Horsten. Die Blätter sind kräftiggrün, die große, weiße Blüte besitzt ein rosafarbenes Labellum und entsteht im Frühsommer einzeln auf einem etwa 45 cm hohen Stengel.

CYRILLA

AMERIKANISCHER LEDERBAUM, SUMPFCYRILLA

Nur eine Art umfaßt diese Gattung, einen kleinen Baum (manchmal auch nur einen Strauch), der, je nach Sorte, immergrün oder laubwerfend sein kann. Dies läßt sich durch seine weite Verbreitung erklären. Sie reicht von Virginia im Osten der USA über Florida, die Karibischen Inseln bis nach Brasilien in Südamerika. In Gärten werden im allgemeinen die nördlichen, laubwerfenden Formen gepflanzt. Sie alle sind Sträucher mit spatelförmigen Blättern, die lange, spitz zulaufende Trauben aus kleinen, weißen Blüten unterhalb der jungen Blätter besitzen.

PFLEGE UND VERMEHRUNG: Der Wildtyp bildet Dickichte an Sumpfrändern. In Gärten wird dieser anspruchslose Strauch besonders wegen der Schönheit seiner Blüten geschätzt. Am besten wächst er an einem sonnigen, aber geschützten Standort in fruchtbarer, humusreicher und feuchter Erde. Vermehrt wird er durch Aussaat.

Cyrilla racemiflora

Dieser Strauch wird lediglich etwa 1,5 m hoch, nur unter guten Bedingungen werden 5 m oder mehr erreicht. Der zentrale, holzige Stamm verzweigt sich locker, die drahtigen Seitenzweige sind nach oben gerichtet. Vor dem Blattfall im Herbst werden die spärlichen, glänzendgrünen Blätter allmählich rot. Im Frühsommer öffnen sich weiße Blütenähren und blühen fast bis zum Herbst. Die Früchte sind sehr klein und trocken.

CYRTANTHUS

FEUERLILIE

Diese mit Amaryllis verwandte südafrikanische Gattung umfaßt etwa 50 Arten. Die wohlriechenden, auffallend gefärbten Blüten sind im allgemeinen röhrenförmig und stehen meist in einer nickenden Dolde an der Spitze eines hohlen Stengels. Sie blühen, je nach Art, zu unterschiedlichen Zeiten. Die fleischigen Blätter sterben gewöhnlich während des Winters ab. Im Topf gedeihen sie gut und liefern auch haltbare Schnittblumen. Sie lassen sich untereinander leicht kreuzen und werden nach Farben sortiert, nicht unter bestimmten Namen, angeboten.

PFLEGE UND VERMEHRUNG: Die meisten Arten sind frostempfindlich. Obwohl einige auch in Sümpfen vorkommen, wachsen sie am besten auf fruchtbarem, durchlässigem Boden an sonnigen Stellen. Während der Wachstumsperiode muß gegossen werden. Die Spitze der Zwiebel sollte auf Bodenhöhe liegen. Nur bei zu starker Vermehrung sollte man sie zerteilen. Durch Austriebe der Zwiebel oder durch Aussaat im Frühjahr läßt sie sich vermehren.

Cyrtanthus brachyscyphus

Syn. *Cyrtanthus parviflorus*

Diese etwa 30 cm hohe Art kommt in Natal und der Kapprovinz vor. Ihre engen, trichterförmigen, hellroten Blüten erscheinen im Frühjahr, gelegentlich auch im Herbst.

Cyrtanthus elatus

Syn. *Cyrtanthus purpureus, Vallota speciosa*

SCARBOROUGH LILIE

Diese Art aus der westlichen Kapprovinz unterscheidet sich im Aussehen vom Großteil der Gattung. Sie besitzt Gruppen gedrängt stehender, breiter Blätter und blüht im Spätsommer mit scharlachroten, trichterförmigen Blüten, die 8 cm groß werden.

Cyrtanthus mackenii

IFAFA LILIE

Dies ist eine bekannte und einfach zu züchtende Art aus der östlichen Kapprovinz, die schmale Blätter und bis zu 40 cm hohe Blütenstengel besitzt. Die röhrenförmigen, etwa 5 cm langen Blüten sind gelb oder weiß und kommen im Frühjahr und Sommer zum Vorschein.

Cyrtanthus brachyscyphus

Cyrtanthus brachyscyphus

Cyrtanthus elatus

Cyrtanthus ochroleucus
Syn. *Cyrtanthus lutescens*

Ebenfalls in der Kapprovinz heimisch, trägt diese Art im Frühjahr auf etwa 30 cm hohen Stengeln gelbweiße Blüten.

CYRTOMIUM

Zwölf Arten aus Ost- und Zentralasien umfaßt diese Gattung immergrüner Farne. Einige Forscher reihen sie in die Gattung *Phanerophlebia* (verbreitet über Afrika und Amerika) ein. Die in Gruppen stehenden Landfarne besitzen gefiederte Wedel, die aus einem kurzen, geraden Rhizom sprießen. Die breiten Segmente können gezähnt oder eingeschnitten sein. Auf den fertilen Wedeln sind die großen Sporangien dicht über die Unterseite verteilt.
PFLEGE UND VERMEHRUNG: Sie sind meist frostempfindlich oder ertragen nur mäßigen Frost. Im Gewächshaus wachsen sie gut bei viel Licht. Man vermehrt sie aus Sporen, die auf feuchten oder moosigen Steinen keimen, oder durch Teilung der Horste.

Cyrtomium falcatum
Syn. *Phanerophlebia falcata*
STECHPALMENFARN

Diese ursprünglich in Ostasien heimische Art wird 60–90 cm hoch. Man erkennt sie leicht an den kräftigen, glänzenden Segmenten der Wedel, die einer Stechpalme ähneln, obwohl ihre Form in einzelnen Varietäten unterschiedlich ist. Die Sporen werden durch den Wind leicht verbreitet, so daß sie sich in Ländern mit mildem Klima, vor allem an den Küsten, eingebürgert hat. Obgleich sie sehr starke Sonneneinstrahlung verträgt, wächst sie auch in tiefem Schatten und erträgt leichten Frost.

CYRTOSTACHYS

In Küstensümpfen Südostasiens heimisch, umfaßt diese Gattung acht Arten hoher, schlanker, meist gruppenbildender Palmen, die nur in den Tropen im Freien wachsen. Die Stämme mit ringförmig angeordneten Blattnarben enden in glatten Kronschäften aus den zusammengerollten Basen der Wedel, die alle dem Federtyp (gefiedert) angehören. Blütenstände mit zahlreichen kleinen Blüten entstehen unterhalb dieser Wedel. Sie reifen zu kleinen, einsamigen Früchten. Nur eine Art wird wegen ihrer prachtvollen Färbung kultiviert.
PFLEGE UND VERMEHRUNG: Sie benötigen tropisches Klima mit ganzjähriger Feuchtigkeit und nährstoffreiche, feuchte Böden. Außerhalb der Tropen wachsen sie lediglich in geheizten Gewächshäusern, die auch im Winter nicht kühler als 16 °C sein dürfen. Die Vermehrung erfolgt durch frische Samen.

Cyrtostachys renda
Syn. *Cyrtostachys lakka*
LIPPENSTIFTPALME

Der Kontrast zwischen dem Dunkelgrün der Blattspreite und dem Scharlachrot des glänzenden Blattgrundes läßt diese Palme als eine der schönsten erscheinen. Sie braucht gleichmäßig heißes Klima, um die Farben hervorzubringen, wächst über 5 m hoch und gilt als schwer zu verpflanzen.

CYTISUS
GEISSKLEE, GINSTER

Ginster (Geißklee) ist eine formenreiche Gruppe von gewöhnlich gelb blühenden, hülsenfrüchtigen Sträuchern und Halbsträuchern, die in Europa und der Mittelmeerregion verbreitet sind. Es gibt zahlreiche Gattungen, die wichtigsten sind *Cytisus* und *Genista*. *Cytisus* ist eine umfangreiche Gattung, die im Aussehen von schlank und aufrecht bis hin zu niederliegend variiert. Einige der 30 Arten haben wohlentwickelte Blätter, entweder einfach und schmal oder aus drei Fiedern zusammengesetzt. Wieder andere sind nahezu blattlos, ihre Photosynthese leisten die grünen Zweigen. Alle besitzen Schmetterlingsblüten in kleinen Gruppen an den jüngsten Trieben.
PFLEGE UND VERMEHRUNG: Im allgemeinen sind die Pflanzen anspruchslos und blühen unter den meisten Bedingungen gut, außer in tiefem Schatten. Sie ertragen sowohl trockene, als auch nasse Böden. Einige der kleineren Arten benötigen warme und durchlässige Standorte in Steingärten. Ginster lassen sich leicht durch Aussaat, Stecklinge oder, im Falle bekannter Kulturformen, durch Pfropfen vermehren.

Cytisus ardoinoi

Ursprünglich war diese kriechende Art in den mittelmeernahen Alpen Frankreichs und Italiens heimisch. Der laubwerfende Strauch besitzt bogenförmige Zweige und trägt im Frühling und Sommer hellgelbe Blüten, die paarweise den Blattachseln entspringen. Die Blätter sind dreigeteilt.

Cytisus × *beanii*

Vermutlich ist dieser langsamwachsende, laubwerfende Strauch eine Hybride zwischen *Cytisus ardoinoi* und *C. purgans*. Er wird etwa 30 cm hoch und besitzt bogenförmige, goldgelbe Blütenstände, die im Frühjahr auf den Trieben des letzten Jahres entstehen. Die kleinen, länglichen und behaarten Blätter sind in drei Fiederblätter unterteilt.

Cytisus 'Burkwoodii'

Obwohl diese rotblühende Kulturform *Cytisus scoparius* ähnelt, ist sie doch eine Hybride mit *C. multiflorus*. Sie ist ein kräftiger, ungefähr 1,5 m hoher Strauch, der zur ersten Blüte noch sehr klein ist. Im Alter bildet sie bogenförmige Äste. Das obere Blütenblatt (Fahne) ist kirschrot, die inneren (Flügel) karmesinrot mit gelben Rändern. Sie blüht im späten Frühjahr bis zum Frühsommer.

Cyrtomium falcatum

Cytisus fontanesii

Dieser aufrechtwachsende, laubwerfende Ginster, der aus Spanien kommt, wird nicht höher als 90 cm. Er hat gedrängt stehende grüne Zweige, die denen von *Spartium junceum* ähneln und vereinzelte, dreigeteilte Blätter besitzen. Die gelben Blüten entstehen im Spätfrühjahr an den Zweigspitzen.

Cytisus × *kewensis*
ZWERGELFENBEINGINSTER

Diese Art ist eine Hybride zwischen *Cytisus ardoinoi* und *C. multiflorus*, die in Kew Gardens gezüchtet wurde. Sie ist ein laubwerfender, 40–80 cm hoher, niederliegender Strauch der mit kriechenden Stengeln eine Fläche von etwa 2 m Durchmesser bedeckt. Die Blüten sind beigegelb und duften leicht. Sie erblühen im Frühjahr und sind vermutlich steril.

Cytisus multiflorus
Syn. *Cytisus albus*
WEISSER SPANISCHER GEISSKLEE

Dieser 2–4 m hohe, laubwerfende Strauch ist über Spanien, Portugal und Nordwestafrika verbreitet und besitzt kleine, weiße Blüten, die im Spätfrühjahr oder Frühsommer in den Blattachseln entstehen. Die oberen Blätter eines Triebes sind schmal und einfach, die unteren besitzen drei Fiederchen.

Cytisus × *praecox*
ELFENBEINGINSTER

Von dieser Hybride aus der hochwachsenden Art *Cytisus multiflorus* und der niedrigeren Art *C. purgans* existieren mehrere bekannte Kulturformen. Die blühenden Sträucher von etwa 1 m Höhe besitzen zarte, dichtgedrängte Äste, die sich vom Boden her anmutig verzweigen. Die ursprüngliche Kreuzung besitzt beigefarbene und gelbe Blüten mit einem betörenden Geruch, die Mitte bis Ende des Frühjahrs erscheinen. Es gibt mehrere neue Kulturformen, wie **'Allgold'** mit kaskadenartigen, goldgelben Blüten und **'Goldspear'**, ein eher gedrungener Strauch mit stärker goldgelb gefärbten Blüten.

Cytisus fontanesii

Cytisus × *praecox* 'Allgold'

Cytisus scoparius
BESENGINSTER, BESENPFRIEM

Als kräftigste Art von *Cytisus* zählt diese mit 2–2,5 m Höhe auch zu den größeren Arten. Sie ist weit verbreitet in Mittel- und Westeuropa. Ihre goldgelben Blüten, die im späten Frühjahr und im Frühsommer erscheinen, sind sehr auffallend. Die zahlreichen schwarzen Schoten reifen in der Mitte des Sommers und verstreuen ihre Samen, indem sie bei warmem, trockenem Wetter deutlich hörbar zerplatzen. In kühleren Regionen der südlichen Hemisphäre ist diese Art zu einem lästigen Unkraut geworden. **'Pendulus'** ist eine seltene Zuchtform mit hängenden Zweigen.

Cytisus supranubius
TENERIFFAGEISSKLEE

Dieser elegante Ginster kommt endemisch auf den Kanarischen Inseln vor und bildet aufrechte Sträucher von etwa 2–3 m Höhe mit gedrängt angeordneten, nahezu blattlosen, blaugrünen Zweigen. Die zahlreichen duftenden Blüten sind weiß, mit rosa Färbung und erblühen im späten Frühjahr.

Cyrtostachys renda

Cytisus multiflorus

Cytisus scoparius 'Pendulus'

C

D

DABOECIA

KRIECHHEIDE, IRISCHE HEIDE

Diese Gattung kleinblättriger Zwergsträucher besteht aus nur zwei immergrünen Arten und stammt aus Westeuropa und von den Azoren. Sie werden häufig mit Heide und Glockenheide *(Erica* und *Calluna)* vergesellschaftet und sind für Heidegärten, Steingärten und zur Mauerbefestigung geeignet. Die auffälligen weißen bis purpurnen, urnenförmigen Blüten verengen sich zu einer schmalen Öffnung. Sie sitzen nickend an Stengeln, die über das Laub hinausragen. Im Gegensatz zu anderen Heidearten fällt die Blütenkrone nach der Blüte ab.

PFLEGE UND VERMEHRUNG: Sie vertragen Frost mäßig bis gut und benötigen ständige Feuchtigkeit, viel Sonne und sauren Boden. Der Schnitt erfolgt nach der Blüte. Benannte Varietäten werden bevorzugt durch Stecklinge vermehrt, obwohl sie sich durch die fertilen Samen reproduzieren können.

Daboecia azorica

Syn. *Daboecia cantabrica* subsp. *azorica*

Von den Azoren stammt diese weniger verbreitete und am wenigsten winterharte Art. Deshalb bevorzugt sie die milderen Gebiete der kühl-gemäßigten Zone. Sie hat einen liegenden bis aufsteigenden Habitus und wird etwa 20 cm hoch und doppelt so breit. Sie hat dunkelgrüne, elliptische Blätter mit weißfilziger Unterseite. Im Frühsommer erscheinen Trauben tiefroter Blüten.

Daboecia cantabrica

Diese Art, verbreitet entlang der Atlantikküste Frankreichs und Irlands, erreicht eine Höhe von 60 cm und besitzt lanzettliche, dunkelgrüne Blätter mit weißen Haaren auf der Unterseite. Die purpurnen, gut 1 cm großen Blüten sind den ganzen Sommer und Herbst hindurch zu sehen. Die Sorte **'Alba'** besitzt spitze, dunkelgrüne Blätter und blüht weiß, **'Atropurpurea'** dunkelpurpurn; **'Bicolor'** entwickelt weiße, rote und gestreifte Blüten. Die weißblühende **'Creeping White'** zeichnet sich durch niedrigen, kriechenden Wuchs aus.

Daboecia cantabrica

Daboecia cantabrica

Daboecia cantabrica 'Alba'

Daboecia cantabrica 'Creeping White'

Daboecia × scotica

Dieser etwa 25 cm hohe und 35 cm breite Strauch ist eine Kreuzung zwischen *Daboecia azorica* und *D. cantabrica.* Die elliptischen Blätter haben eine dunkelgrüne Oberseite und eine silberne Unterseite. Vom späten Frühling bis zum Herbst erscheinen die urnenförmigen, magentafarbenen Blüten. **'Jack Drake'** wird etwa 20 cm hoch und hat rubinrote Blüten; **'William Buchanan'** wird 35 cm hoch und trägt tiefrosarote Blüten.

DACRYCARPUS

Früher wurde diese Koniferengattung in *Podocarpus* einbezogen, ist jedoch auch mit *Dacrydium* verwandt, worauf der Gattungsname als eine Mixtur der beiden hinweist. Es gibt neun Arten, die in den feuchten Gebieten Malaysias, der Philippinen, Neukaledoniens, der Fidschi-Inseln und Neuseelands heimisch sind. Einige Arten spielten früher eine Rolle in der Holzindustrie.

PFLEGE UND VERMEHRUNG: Die attraktiven, meist frostempfindlichen Bäume benötigen feuchte bis sehr feuchte, frostfreie Standorte; in der Regel werden die Samen oder Stecklinge zur Vermehrung allerdings kaum angeboten.

Dacrycarpus dacrydioides

Syn. *Podocarpus dacrydioides*

Diese Art erreicht nur an ihren natürlichen Standorten in Neuseeland eine Höhe von etwa 50 m bei einem Stammdurchmesser bis zu 1,5 m. Der Habitus ist aufrecht und konisch. Ihr feines Nadelwerk ähnelt dem der Zypresse und nimmt im Alter einen Bronzeton an. Die Rinde ist grau und schält sich schuppenartig ab. Alte Individuen können Brettwurzeln haben.

Dacrycarpus dacrydioides

DACRYDIUM

MANIU

Von den ursprünglich 15 Arten der Gattung *Dacrydium* wurden einige *Lagarostrobos* oder *Halocarpus* taxonomisch neu zugeordnet. Die Mehrzahl der Arten findet sich in Neukaledonien und Neuguinea, einige sind bis zum südostasiatischen Festland verbreitet. Sie weisen eine grazile Verzweigung mit sich überlappenden feinen Nadeln auf. Männliche Pflanzen bilden kleine Zapfen, die weiblichen tragen einzelne große Samen in becherförmiger, fleischiger Hülle.

PFLEGE UND VERMEHRUNG: Die Pflege der Pflanzen, die kühl-gemäßigte Klimate ohne große Temperaturschwankungen wie Frost sowie ausreichend Wasser und Luftfeuchtigkeit benötigen, gestaltet sich schwierig. Die Vermehrung erfolgt über Samen oder Stecklinge.

Dacrydium cupressinum

Im heimischen Neuseeland ist diese Art einer der größten Bäume, in Kultur erreicht er aber selten mehr als 10 m. Die Nadeln alter Bäume sind kürzer, fleischiger und dichter verzweigt als die junger Bäume. Sie nehmen im Winter eine tiefrotbraune Färbung an. Die weiblichen Bäume tragen kleine, bläuliche Samen in einem leuchtendroten Becher.

Dacrydium cupressinum

Dacrydium cupressinum

Dactylorhiza maculata

DACTYLIS

KNAULGRAS, KNÄUELGRAS

Der Name dieser Gattung ist griechisch und bedeutet »Finger«; er bezieht sich auf die fingerdicken Ährchenknäuel an den Rispenästen. Die zwei Arten mehrjähriger Wiesengräser aus Europa, Nordafrika und dem gemäßigten Asien bilden mit ihren dünnen, graugrünen Blattspreiten große, dichte, wie verknäult erscheinende Horste. Junge Pflanze ergeben gutes Viehfutter, die Verholzung späterer Stadien erschwert das Mähen. Ihre Pollen gehören zu den Hauptauslösern des Heuschnupfens im Frühling.

PFLEGE UND VERMEHRUNG: Es sind beliebte Futtergräser für frische Humusböden. Düngen fördert den Ertrag. Das Blattwerk stirbt im Winter ab, bei leichtem Frost bleibt es jedoch grün, wenn andere Gräser bereits erfrieren. Die Vermehrung erfolgt durch Teilung der Horste oder Aussaat.

Dactylis glomerata

WIESENKNÄUELGRAS

Die panaschierten Formen dieser Art, eigentlich ein reines Weidegras, sind ein attraktiver Unterwuchs für sonnige und halbschattige Standorte. **'Variegata'** besitzt hell gestreifte Blätter und wird etwa 25 cm hoch, **'Elegantissima'** mit ähnlichen Horsten bis 15 cm.

DACTYLORHIZA

KNABENKRAUT

Die Gattung *Dactylorhiza* kommt in Europa, West- und Nordasien und in Nordamerika vor. Die Wurzelknollen dieser Pflanzen sind fingerartig geteilt, daher stammt der wissenschaftliche Gattungsname. Die meisten Arten haben rote, dunkler gefleckte Blüten, gefleckte Blätter und finden sich in Mooren und auf Wiesen und Weiden. Die Bestimmung gestaltet sich gelegentlich schwierig, weil sich zwischen den 33 bekannten Arten Kreuzungen ausbilden können.

PFLEGE UND VERMEHRUNG: Die Arten sind winterhart, bevorzugen Halbschatten und brauchen spezielle Bodenmischungen aus Torfmoos, verrotteten Blättern, kompostierter Rinde, Lehm und Sand. Während des Sommers sollte der Boden feucht, im Winter trockener gehalten werden. Die Vermehrung erfolgt durch Teilung im Frühling.

Dactylorhiza elata
Syn. *Orchis elata*
HOHES KNABENKRAUT

Diese robuste Art stammt aus Südwesteuropa, Sizilien und Nordafrika. Eine Pflanze trägt acht bis vierzehn ungefleckte, lanzettliche Blätter. Vom Frühling bis zum Frühsommer erscheinen die Blütenstände, die zwischen 30 cm und 1 m hoch sind. Sie tragen dicht gepackt viele dunkelrote Blüten, je 2,5 cm breit. Das Umtopfen sollte im Herbst nach der Blüte und vor dem Erscheinen neuer Blätter erfolgen.

Dactylorhiza foliosa

Die Verbreitung dieser Art beschränkt sich auf die sumpfigen Wiesen Madeiras. Neben fleischigen Wurzeln bildet sie zwei fleischige Knollen. Die vier bis fünf lanzettlichen, ungefleckten Blätter sind etwa 5 cm lang und etwa 1 cm breit, wie auch die gefleckten, rosa Blüten. Sie erscheinen in 40–60 cm langen, dichten Blütenständen im Frühling und im Frühsommer.

Dactylorhiza maculata
GEFLECKTES KNABENKRAUT

Diese europäische Orchidee wird bis zu 60 cm hoch und trägt lanzettliche Blätter, die häufig gefleckt sind. Sie blüht mit einer dichten Ähre weißer, rosa oder violetter Blüten von Mitte des Frühlings bis zum Spätsommer.

Dactylorhiza majalis
BREITBLÄTTRIGES KNABENKRAUT

Einfach grün oder tiefrot gefleckt sind die eiförmigen bis lanzettlichen Blätter dieser Art, die 80 cm hoch wird. Die violetten oder magentaroten, auch weiß gepunkteten und purpur gestreiften Blüten erscheinen vom späten Frühling bis zum Sommer in dichter Ähre.

Dahlia, Gruppe 5, 'Majuba'

Dahlia, Gruppe 5, 'Golden Ballade'

Dahlia, Gruppe 4, 'Gerrie Hoek'

Dahlia, Gruppe 5, 'Suffolk Punch'

Dahlia, Gruppe 6, 'Rose Cupid'

Dahlia, Gruppe 1, 'Yellow Hammer'

Dahlia, Gruppe 3, Kulturvarietät

Dahlia, Gruppe 4, 'Cameo'

DAHLIA

Diese mit nur etwa 30 Arten vergleichbar kleine Gattung aus Mexiko und Mittelamerika beeinflußte den Gartenbau nachhaltig, wobei heute wie in der Vergangenheit nur zwei oder drei dieser Arten zur Herstellung Tausender, benannter Kultursorten genutzt wurden und werden. Die Nachkommen von *Dahlia coccinea* und *D. pinnata* bilden den Ausgangspunkt der modernen Dahlienhybriden. Andere, wie die beliebte Sorte **'Ellen Huston'**, entstammen Züchtungen der Art *D. hortensis*. Es haben sich so viele verschiedene Blütenformen entwickelt, daß die Hybriden nach Größe und Typ ihrer Blütenstände in etwa zehn Gruppen eingeteilt wurden. Einige Autoren meinen, dies sei noch zuwenig, da die Gruppe 10, die Gemischte Gruppe, aus verschiedenartigen Klassen besteht, die bisher nur zu klein sind, um eine eigene Gruppe zu bilden. Zusätzlich werden die meisten Gruppen in klein-, mittel- und großblumige Sorten aufgeteilt.

PFLEGE UND VERMEHRUNG: Da Dahlien frostempfindlich sind, müssen die Wurzelknollen im Winter frostfrei gelagert und im Frühjahr erneut ausgepflanzt werden. Die meisten Dahlien bevorzugen sonnige, geschützte Standorte mit gedüngten und gut drainierten Böden. Besondere Ansprüche an Düngung (monatlich) und Wasser erfordert die Blütezeit. Das Entfernen der zwei seitlichen Knospen vergrößert die zentrale Blüte. Große Sorten müssen gestützt werden. Die Vermehrung der Beetsorten erfolgt durch Samen, anderer Sorten ergänzend durch Knollenstücke und durch Teilung. Nachfolgend die zehn klassifizierten Gruppen:

Einzelblütige Dahlien (Gruppe 1): Wie der Name bereits angibt, handelt es sich hierbei um Sorten mit einem einreihigen (selten zweireihigen) Kranz von Zungenblüten mit offenem Zentrum. Die Mehrzahl dieser Sorten wird nicht über 50 cm hoch, so daß sie sich ideal als Beetpflanzen eignen. Sie werden als Samen angeboten. **'Yellow Hammer'** ist eine beliebte Sorte für Beete mit bronzefarbenem Blattwerk und gelben Blüten.

Anemonenblütige Dahlien (Gruppe 2): Die Sorten dieser kleinen Gruppe besitzen eine oder mehrere Reihen von Zungenblüten; anstatt des gelben Zentrums mutierten die kleinen zentralen Röhrenblüten zu nach außen zeigenden Röhrenblüten.

Halskrausen-Dahlien (Gruppe 3): Bei dieser Gruppe ist das gelbe Zentrum von einer Reihe kurzer, gewellter Röhrenblüten umgeben, um den sich häufig in einer Kontrastfarbe acht Zungenblüten mit flachen abgerundeten Enden gruppieren.

Seerosenblütige Dahlien (Gruppe 4): Diese vollständig gefüllten Dahlien besitzen leicht becherförmige Zungenblüten, die den Kronblättern der Seerosen ähneln. Sie bilden eine ziemlich flache Blüte. **'Cameo'** hat weiße Blüten mit einem cremefarbenen Grund, **'Gerrie Hoek'** besitzt rosafarbene Blütenköpfchen mit kräftigen Stengeln und ist als Schnittblume gefragt.

Schmuck-Dahlien (Gruppe 5): Diese Gruppe besteht aus Sorten ohne sichtbare Scheibenblüten. Die Zungenblüten sind zahlreicher und leicht gedreht und vermitteln dadurch dem Blütenköpfchen einen volleren Eindruck als in der vorigen Gruppe. Diese Gruppe, die auch sehr große Varietäten einschließt, unterteilt sich in »konventionelle« und »unkonventionelle« Sorten. Die Zungenblüten unkonventioneller Sorten sind verdreht oder zugespitzt und unregelmäßig angeordnet. Sehr groß sind **'Hamari Gold'** mit goldbronzenen Blüten und **'Evening Mail'**. **'Majuba'**, eine kompakte, mittelgroße Schmuck-Dahlie besitzt tiefrote Blütenköpfchen an starken Stengeln. Zu den unkonventionellen Sorten gehören **'Almand's Climax'**, eine lavendelfarbene Sorte mit hellen Spitzen; **'Alva's Supreme'** mit gelben Blüten; **'Golden Ballade'** mit tiefgoldenen Blüten und **'Suffolk Punch'** mit purpurfarbenen Blüten.

Ball-Dahlien (Gruppe 6): Wie der Name schon sagt, bilden diese gefüllten Sorten fast kugelförmige Köpfchen. Man erhält sie von der Zwerg- bis zur Riesenvariante. **'Rose Cupid'** ist eine mittelgroße, lachsfarbige Ball-Dahlie; **'Wotton Cupid'** ist eine dunkelrosafarbene Zwergform.

Pompon-Dahlien (Gruppe 7): Die bis zu 5 cm breiten Blütenköpfchen dieser – auch »Trommelschlegel-Dahlien« genannten – Sorten sind noch runder als die

Dahlia, Gruppe 9, 'Brandaris'

Dahlia, Gruppe 9, 'Salmon Keene'

Dahlia, Gruppe 10, 'Tally Ho'

Dahlia imperialis

der ähnlichen Balldahlien. **'Buttercup'** ist eine gelbe Pompon-Dahlie.

Kaktus-Dahlien (Gruppe 8): Die eingerollten Zungenblüten dieser voll gefüllten Sorten geben ihnen ein spinnenähnliches Aussehen. Eine weitere Unterteilung erfolgt nach der Größe und danach, ob die Zungenblüten gerade, nach innen oder nach außen gebogen sind. **'Hamari Bride'** ist eine mittelgroße, weiße Varietät.

Semikaktus-Dahlien (Gruppe 9): Die Zungenblüten der Vertreter dieser Gruppe sind an der Basis breiter als die der Gruppe 8, an der Spitze auch weniger eingerollt. **'So Dainty'** ist eine Zwergtype mit goldbronze- und apricosenfarbenen Blüten; die mittelgroße **'Brandaris'** hat hell orangefarbene und goldgelbe Blütenköpfchen, während sich die kleine **'Hayley Jane'** durch rosarote mit weißer Basis und **'Salmon Keene'** durch große, lachsrosa bis goldene Blütenköpfchen auszeichnet.

Vermischte (Gruppe 10): Diese Gruppe umfaßt alle kleinen Gruppen und Einzelformen, die in keine der anderen Gruppen passen. Sobald sich die Vielfalt einer Gruppe durch Neuzüchtungen vergrößert, werden vermutlich neue Gruppen gebildet. Unter anderem finden sich hier einzelne Sorten des Orchideentyps mit verdrehten Zungenblüten z.B. **'Giraffe'** mit ihren gebänderten gelben und bronzefarbenen Blüten. Sterndahlien sind ebenfalls eine einzelne Erscheinungsform und besitzen breite, spitz zulaufende Zungenblüten. Pfingstrosenartige, in einigen Ländern getrennt geführt, haben in der Regel ein bis zwei Reihen flacher Zungenblüten mit offenem oder gefülltem Zentrum. Hierzu gehören **'Bishop of Llandaff'** mit ihren scharlachroten Blütenköpfchen und den burgunderroten Blättern, **'Fascination'** mit hell rosaroten Blütenköpfchen und bronzefarbenem Blattwerk und **'Tally Ho'** mit tief orangefarbenen Blüten und graugrünen Blättern mit einem Anflug von Purpur.

Dahlia imperialis

Syn. *Dahlia excelsa*

BAUMDAHLIE

Dieser Halbstrauch aus Mittelamerika hat dicke, bambusartige Stämme, bis zu 5 m hoch und höher. Die bis 60 cm langen, doppelt gefiederten Blätter haben bis zu 15 ovale Fiederblätter mit gezähntem Rand. Im Herbst erscheinen große, einzelne, lavendelfarbene Blütenköpfchen mit gelbem Zentrum.

DAIS

Diese kleine Gattung besteht aus zwei Arten. Die immergrünen bis sommergrünen Bäume oder Büsche stammen aus Süd- und Ostafrika und Madagaskar. Die eine Art wird in warmen Klimaten wegen ihrer

D., Gruppe 10, 'Bishop of Llandaff'

auffälligen pomponähnlichen Blütenstände geschätzt. Die silbrig behaarten, röhrenförmigen Blüten besitzen fünf abgespreizte Zipfel. Die Zweige haben eine dünne, aber feste Rinde und tragen ungeteilte, ovale Blätter.

PFLEGE UND VERMEHRUNG: Die frostempfindlichen Pflanzen benötigen einen geschützten, sonnigen Standort mit leichten, fruchtbaren, gut durchlüfteten Böden und ausreichend Wasser im Sommer. Im Frühling wird durch Samen, im Sommer durch Stecklinge vermehrt.

Dais cotinifolia

Der buschige, rundliche Strauch oder kleine Baum aus Afrika wird etwa 3,5 m hoch. Er besitzt eine rötliche Rinde und etwa 7 cm lange, ovale, blaugrüne Blätter. Seine duftenden Blütenstände aus röhrenförmigen, pinkfarbenen Blüten erscheinen im späten Frühjahr. Im warmen Klima ist er immergrün, in kühleren Gebieten jedoch laubwerfend.

DAMASONIUM

Die Gattung, eng mit den Froschlöffeln *(Alisma)* verwandt, umfaßt sechs Arten mehrjähriger, aquatischer Pflanzen. In tieferem Wasser besitzen sie langgestielte Schwimmblätter, bei anderen Pflanzen, die in flacherem Wasser oder an Land wachsen, sind die Blätter aufrecht. Die meisten Arten stammen aus der nördlichen Hemisphäre, wobei eine Art bis Australien vorkommt. Im Frühling und Sommer entstehen die pinkfarbenen, becherförmigen Blüten, später folgen sternförmige Samenkapseln.

PFLEGE UND VERMEHRUNG: Die wenig frostharten Pflanzen wachsen in bis 15 cm tiefem Wasser oder in versenkten Containern. Sie mögen volle Sonne und werden durch Aussaat oder Teilung vermehrt.

Damasonium alisma

Diese Uferpflanze ist in Europa heimisch und breitet sich ungefähr 20 cm aus. Sie besitzt längliche Schwimmblätter, knapp 10 cm lang und produziert zahlreiche Blüten mit einem gelben Fleck an der Basis jedes Kronblattes.

Dais cotinifolia

DAMPIERA

Ungefähr 70 Arten umfaßt diese hauptsächlich in Westaustralien heimische Gattung. Es sind entweder mehrjährige Kräuter oder kleine Sträucher mit aufrechtem Wuchs und einer Fülle glänzendblauer oder purpurfarbener Blüten. Ihre Namen bekamen sie zu Ehren von William Dampier, einem englischen Seemann des 17. Jahrhunderts, der Australiens Westküste erforschte. Einige Arten sind ideale Bodendecker und Steingartenpflanzen.

PFLEGE UND VERMEHRUNG: Die frostempfindlichen bis mäßig toleranten Pflanzen lieben Sonne oder Halbschatten und durchlässigen Boden. Aus Stecklingen oder abgetrennten Teilpflanzen zieht man neue Exemplare.

Dampiera diversifolia

Niedrigwachsend und ausläuferbildend, erreicht diese Art einen Durchmesser von 2 m und ist besonders zur Kübelbepflanzung und für Blumenkörbe geeignet. Sie besitzt schmale, mittelgrüne Blätter und bildet im Frühjahr Unmengen purpurblauer Blüten aus. Sie ist nicht winterhart.

Dampiera linearis

Auch diese – nicht winterharte – Art breitet sich über dem Boden bis zu 1 m aus, bildet aber aufrechte, bis 30 cm hohe Zweige. Sie bedeckt sich mit kleinen, mittelgrünen Blättern und blüht im späten Frühjahr und Sommer purpurblau. Ein Rückschnitt nach der Blüte regt erneut kräftiges Wachstum an.

DANÄE

Ein gruppenbildender, immergrüner Strauch aus Westasien ist die einzige Art dieser Gattung. Angepflanzt wird sie we-

Dampiera linearis

Dampiera diversifolia

Daphne × burkwoodii

Danäe racemosa

gen ihrer eleganten, überhängenden Äste, der Früchte und des attraktiven Laubes. **PFLEGE UND VERMEHRUNG:** Sie ist winterhart und mag feuchten, humusreichen Boden mit guter Drainage. Alte oder beschädigte Äste können im Frühjahr bis zum Boden zurückgeschnitten werden. Vermehrung erfolgt durch Samen oder Teilung.

Danäe racemosa

ALEXANDRINISCHER LORBEER

Aus der Türkei und dem Iran kommt diese elegante immergrüne Pflanze von 1 m Höhe und Breite. Ihre grünlichweißen Blüten erscheinen im Sommer; ihnen folgen rote, den Winter überdauernde Früchte; die Zweige halten sich auch in der Vase. Die Art ist nicht völlig frosthart.

DAPHNE

SEIDELBAST

Mit 50 Arten ist diese Gattung in Europa, Nordafrika und dem gemäßigten Asien heimisch. Einige sind immergrün, andere sommergrün. Sie besitzen ungeteilte, derbe Blätter und kleine, stark duftende Blüten in Blütenständen an den Triebspitzen oder in Blattachseln. Kelch- und Blütenblätter sind oberflächlich nicht zu unterscheiden. Sie sind charakteristisch zugespitzt, zurückgebogen und ziemlich fleischig und immer zu viert. Die meisten Seidelbastarten kommen in den Bergen auf steinigem, kalkigen Untergrund vor. **PFLEGE UND VERMEHRUNG:** Bevorzugt werden kühle, lockere, kiesige, humusreiche Böden. Nur junge Exemplare sollten verpflanzt werden. Die größeren Arten sind an geschützte Waldstandorte angepaßt, kleinere bevorzugen Steingärten. Sie lassen sich mit Ablegern und Stecklingen vermehren. Samen keimen meist gut, aber die meisten Arten fruchten nicht.

Daphne arbuscula

Als immergrünes, kleines (bis 20 cm) Sträuchlein mit niederliegenden Zweigen,

Daphne caucasica

manchmal behaarten, lanzettlichen Blättchen und tiefrosa, duftenden Blüten ist es eine Zier in jedem Steingarten. Die frostharte Art aus Ungarn blüht im Sommer. Sie liebt einen sonnigen Standort, aber die Wurzel breitet sich lieber im Kühlen aus.

Daphne bholua

Von dieser Art aus dem östlichen Himalaja existieren immergrüne und sommergrüne Formen. Sie wachsen gewöhnlich zu einem 3,5 m hohen und bis zu 1,5 m breiten Strauch heran. Im späten Winter erscheinen Blütenstände aus intensiv duftenden, rosa Blüten. Als Zuchtform kennt man die sommergrüne **'Gurkha'** und die immergrüne **'Jacqueline Postill'**.

Daphne × burkwoodii

Diese Hybride (*Daphne cneorum × D. caucasica*) wurde im frühen 20. Jahrhundert von den englischen Brüdern Burkwood gezüchtet. Der niedrige, rundlich wachsende Strauch gehört zu den problemlosen, sommergrünen Seidelbastarten, ist auch frosthart und blüht besonders reichlich an einem sonnigen Platz. Die anfangs rosa, später blaßrosa Blüten erscheinen vom zeitigen bis späten Frühjahr. Die etwas wüchsigere **'Somerset'** besitzt dunklere Blüten mit blaßrosa Abschnitten.

Daphne caucasica

KAUKASISCHER SEIDELBAST

Diese wüchsige, knapp 2 m hohe sommergrüne Seidelbastart ist eine Mutterpflanze der besser bekannten *Daphne × burkwoodii*. Im Frühjahr blüht sie mit weißen, duftenden Blüten, aus denen sich später schwarze oder auch rote Beeren entwickeln. Manchmal werden bis in den Sommer Blüten gebildet. Die Art ist frosthart.

Daphne cneorum

ROSMARINSEIDELBAST

Der südeuropäische, winterharte Rosmarinseidelbast ist ein etwa 40 cm hoher, immergrüner Strauch mit kriechenden

Daphne cneorum

Haupttrieben und dicht verzweigten Seitenästen. Seine kleinen Blätter sind dunkelgrün, die wohlduftenden Blüten, die im Frühling erscheinen, rosa. Die sonnenliebende Pflanze benötigt feuchten, durchlässigen Boden.

Daphne genkwa

Dieser recht kurzlebige, kleine, sommergrüne und wenig verzweigte Strauch stammt eigentlich aus China, wurde aber lange in Japan kultiviert. Im Sommer bildet er lange, drahtige Triebe, an denen sich im nächsten Frühjahr, während die Triebe noch blattlos sind, in jeder Blattachsel zahlreiche Blütenstände mit zarten, langröhrigen, lila Blüten bilden. Die Art liebt geschützte, sonnige, frostfreie Plätze.

Daphne laureola

LORBEERSEIDELBAST

Der etwa 1,5 m hohe europäische Lorbeerseidelbast ist kein spektakulärer, aber ein attraktiver Strauch, der auch im Schatten gedeiht und frosthart ist. Aus unscheinbaren grünen Blüten, die nachts einen angenehmen Duft verströmen, entwickeln sich später schwarze Früchte. Als Bodendecker beliebt ist die zwergwüchsige ***Daphne laureola* subsp. *philippi*.** Sie wird kaum höher als 40 cm.

Daphne mezereum

SEIDELBAST, KELLERHALS

Der langsamwachsende, kurzlebige, sommergrüne Strauch, 1,5 m hoch, hat lange, schmale Blätter und purpurrote, duftende Blüten, die im zeitigen Frühjahr an noch blattlosen Zweigen erscheinen. Unterhalb der Blätter entwickeln sich bis zum Spätsommer giftige, rote Früchte. Er liebt geschützte, feuchte Orte.

Daphne × napolitana

Dieser hübsche, kompakte immergrüne Strauch ist eine (vermutlich natürliche) Hybride aus *Daphne sericea* und *D. cneorum*. Auch er verträgt Frost und wird etwa 80 cm hoch und breit. Das Laub ist sattgrün und zur Blütezeit im Frühjahr, manchmal noch bis zum Herbst, erscheinen endständige Blütenstände rosafarbener, duftender Blüten.

Daphne odora

Die chinesische, immergrüne *Daphne odora* wurde lange in Japan angebaut. Der ausladende, stark verzweigte Strauch, über 1 m hoch und mit dunkelgrünen Blättern, ist frostempfindlich, behauptet sich aber in den gemäßigten südlichen Regionen der Nordhemisphäre. Vom Spätherbst bis zum Frühjahr bildet er purpurfarbene Knospen, die sich zu fast reinweißen, wachsartigen Blüten öffnen. **'Alba'** hat wollweiße Blüten, **'Aureo-marginata'** besitzt gelbgerandete Blätter und purpurrot gemusterte Blüten.

Daphne petraea

Die großblütige Sorte **'Grandiflora'** stammt aus Norditalien und gehört zur alpinen Linie der Gattung. Sie wächst recht langsam und ist auch nicht leicht zu vermehren, daher selten im Handel zu finden. Die immergrüne Pflanze wird kaum größer als 30 cm und besitzt zur Frühjahrszeit endständige Blütenstände tief pinkfarbener Blüten von intensivem Wohlgeruch. Sie verträgt Frost.

Daphne genkwa

Daphne odora

Daphne × napolitana

D

Daphne pontica

Dieser immergrüne und frostharte, 1,5 m hohe Strauch kommt aus Südosteuropa, der Türkei und dem Kaukasus. Er ähnelt *Daphne laureola* sowohl in den Blüten als auch in seinen Standortansprüchen. Die Beeren sind zunächst dunkel burgunderfarben und werden später schwarz.

Daphne retusa

Die Fachleute sind sich nicht einig, ob dies eventuell eine Form der *Daphne tangutica* ist. Es ist ein kompakter Strauch von 80 cm Höhe mit duftenden, blaßrosa Blüten im Frühjahr und glänzendem, sattgrünem Laub.

Daphne sericea

Auch diese – nicht frostharte – Pflanze ist ein kompakter Strauch mit angenehm duftenden, blaß mauvefarbenen Blüten im Frühling. Mit seiner geringen Höhe von 50 cm und den sattgrünen, leicht behaarten Blättern ist er eine hübsche Steingartenpflanze.

Daphne pontica

Daphne tangutica

Wie parfümiert duften im Frühling die tiefrosa und weiß gemusterten Blüten dieses ausgesprochen winterharten Strauches, der im Nordwesten Chinas heimisch ist. Der etwa 1 m hohe und breite Busch ist von gedrungenem Wuchs und hat dunkle Blätter.

DARLINGIA

Die Gattung, geschätzt wegen des hübschen Laubs und der aufrechten Blütenstände, ist mit zwei Arten immergrüner Bäume in tropischen Regenwäldern Australiens endemisch. Die Blätter sind lang, zugespitzt und bei jungen Exemplaren gewöhnlich gelappt. Aus den wachsigen, *Grevillea*-ähnlichen, cremeweißen, oft wohlriechenden, behaarten Blüten entwickeln sich Balgfrüchte mit dünnen, abgeflachten, geflügelten Samen.
PFLEGE UND VERMEHRUNG: Es sind attraktive Besonderheiten für tropische und subtropische Garten- und Parkanlagen an einem geschützten, frostfreien Standort mit mäßig nährstoffreichem, durchlässigem Boden. Vermehrt wird mit Samen oder Stecklingen.

Daphne retusa

Daphne sericea

Darlingtonia californica

Darlingia darlingiana

Darlingia darlingiana
BRAUNES SEIDENRUDER

Dieser ansehnliche Baum von 25 m Höhe wird nur selten kultiviert. Seine glänzenden, dunkelgrünen, verschieden gelappten Blätter mit erhabenen Blattadern können 40 cm lang werden. Er besitzt dichte, etwa 25 cm große Blütenstände, die im Frühjahr erblühen.

DARLINGTONIA
KOBRASCHLAUCHPFLANZE

Zu dieser Gattung gehört nur eine Art, die nach dem amerikanischen Botaniker William Darlington (1782–1863) benannte *Darlingtonia californica*. Sie stammt aus den Hügeln der westlichen Rocky Mountains und sieht der nordamerikanischen *Sarracenia* recht ähnlich. Die Schlauchblätter sind, anders als bei *Sarracenia*, an der Spitze umgebogen. Die Pflanze wird von 10 cm bis zu 1 m hoch, je nach dem Nährstoffgehalt des Bodens und der Insektenbeute. Die Blüten stehen auf einem Schaft, sind grün bis rotbraun und ohne das für *Sarracenia* typische regenschirmähnliche Mal.
PFLEGE UND VERMEHRUNG: Die Art schätzt humusreichen, feuchten, aber durchlässigen und sauren Boden, braucht volle Sonne und muß gut gewässert werden. In kühleren Regionen gedeiht sie nur im Gewächshaus bei guter Beleuchtung. Durch Samen oder Teilung im Frühjahr kann man sie vermehren.

Darlingtonia californica

Die grüngelben Kelchblätter und die purpurnen Kronblätter verleihen dieser Art eine ungewöhnliche zweifarbige Erscheinung. Jede Blüte wird knapp 10 cm breit.

DARMERA
Syn. *Peltiphyllum*
SCHILDBLATT

Mit nur einer Art ist diese Gattung im Osten Nordamerikas vertreten. Die krautige Staude hat sehr große, ansehnliche Blätter, die erst nach der Blüte im Frühjahr erscheinen. Die weißen oder rosafarbenen Blüten stehen in Blütenständen an unverzeigten Stämmen und werden von attraktiven, aber ungenießbaren Früchten abgelöst.
PFLEGE UND VERMEHRUNG: Die Pflanze ist in kühleren Regionen an feuchten bis nassen Standorten heimisch und für schlammige Böschungen und Flußufer geeignet. Sie ist frost-, aber nicht trockenresistent. Man kann sie mit Samen oder durch Teilung vermehren.

Daphne tangutica

Darlingia darlingiana

Darwinia homoranthoides

Darmera peltata
Syn. *Peltiphyllum peltatum*

Diese Pflanze mit eindrucksvollem Laub besitzt Blätter, die bis zu 60 cm Durchmesser erreichen und an 2 m langen Blattstielen sitzen. Im Frühjahr erscheinen attraktive rosa bis weiße Blüten. Die Zwergform **'Nana'** wird nur 30 cm hoch.

DARWINIA

Diese ausschließlich australische Gattung umfaßt 60 Arten immergrüner, meist kriechender oder niederliegender Sträucher. Einige werden auch 3 m hoch. Sie kommen zumeist in Heidegebieten auf Sand- oder Torfboden vor. Die schmalen, kleinen Blätter schimmern wegen der in ihnen enthaltenen aromatischen Öldrüsen. Sie zählen zu den Myrtengewächsen, aber die schmalen, röhrenförmigen Blüten mit lang hervorstehenden Griffeln, die gehäuft an den Seitenästen entstehen, sind eher untypisch. Eine Gruppe bildet große, bunte Hochblätter, die jeweils mehrere Blüten wie zu einer einzigen glockenförmigen Blüte zusammenfassen.
PFLEGE UND VERMEHRUNG: Die winterempfindlichen *Darwinias* sind gute Containerpflanzen. Sie bevorzugen leichten, durchlässigen Boden und benötigen zum Anwachsen gute Bewässerung. Um die Wurzeln im Sommer kühl und feucht zu halten, muß gemulcht werden. Einige ertragen auch Küstenbedingungen. Mit

Stecklingen vermehrt man im Sommer, durch Aussaat oder durch Ableger im Frühling.

Darwinia citriodora

Als niedriger Kriechstrauch wird diese *Darwinia* gewöhnlich gut 1 m hoch und etwa 2 m breit. Die kleinen, länglichen, graugrünen und im Herbst und Winter mit einem rötlichen Schimmer überzogenen Blätter duften beim Zerreiben nach Zitrone. Die schmalen, röhrenförmigen Blüten des Frühjahrs sind rot und gelb und werden von grünen und apricotfarbenen Hochblättern eingefaßt. Die frostempfindliche Pflanze ist gut für die Küste geeignet, braucht aber etwas Schutz.

Darwinia homoranthoides

Dieser kleine, kriechende Strauch mit schmalen, graugrünen Blättern wird knapp 50 cm hoch und 2 m breit. Die gelben und grünen, röhrenförmigen Blüten entstehen vom späten Frühjahr bis zum Sommer und besitzen lang herausragende Griffel. Mit seinen selbstbewurzelnden Trieben eignet er sich gut als Bodendecker und für Steingärten.

Darwinia oxylepis

Trotz seiner geringen Größe bietet dieser Strauch möglicherweise die größte Blütenattraktion seiner Gattung. Die Blütenstände hängen an den Enden gebogener Zweige und sind von leuchtenden, scharlachfarbenen, glockenförmigen Hochblättern umgeben. Die kleinen, nadelartigen Blätter sitzen gedrängt an den Zweigenden. Die Art wird etwa 60 cm hoch.

DASYLIRION

RAUHSCHOPF

Die Gattung umfaßt 18 *Yucca*-ähnliche immergrüne Pflanzen, die im Süden der USA und in Mexiko vorkommen. Bei einigen Arten wird der Stamm 3,5 m hoch. Die schmalen, etwa 1 m langen Blätter sind in der Regel stachelig. Ausgewachsene Exemplare treiben zwischen den Blättern Blütenrispen von 3,5 m Länge und mehr hervor, die zahlreiche cremeweiße Blüten tragen. Die Arten sind zweihäusig, männliche und weibliche Blüten sitzen also auf verschiedenen Pflanzen.

PFLEGE UND VERMEHRUNG: In heißem Klima können sie draußen in durchlässige Böden, sonst in Gewächshäusern wachsen. Die Vermehrung erfolgt durch Aussaat.

Dasylirion longissimum

Der Stamm dieser Pflanze kann 3,5 m hoch werden, die dunkelgrünen Blätter werden 2 m lang und breiten sich schopfig in alle Richtungen aus. An ausgewachsenen Exemplaren kommen im Sommer 4,5 m lange Blütenrispen zum Vorschein.

Dasylirion wheeleri

Die graugrünen, schwertähnlichen Blätter dieser Art aus den südlichen USA besitzen stachelig gesägte Ränder und wachsen zu einer Länge von 1 m heran. Die gut 5 m hohen Blütenstände mit glockenähnlichen, weißen Blüten erscheinen im Frühjahr.

Dasylirion longissimum

DATURA

STECHAPFEL

Die tropischen und subtropischen Gattungen *Brugmansia* und *Datura* sind eng verwandt. Die hochwüchsigen, holzigen Arten mit den nickenden Blüten werden zur Gattung *Brugmansia* gestellt. Die Gattung *Datura* umfaßt acht einjährige oder kurzlebige mehrjährige Arten, die man der stattlichen, meist duftenden Blüten wegen anpflanzt. Die weißen, manchmal purpur, gelb oder violett gefleckten Blüten blühen während des ganzen Sommers. Das Laub riecht etwas unangenehm. Alle Pflanzenteile sind giftig und wirken narkotisierend.

PFLEGE UND VERMEHRUNG: Sie benötigen pralle Sonne und fruchtbaren, frischen, aber durchlässigen Boden. Vermehrung erfolgt durch Samen.

Datura innoxia

Syn. ***Datura meteloides***

Obwohl gelegentlich auch zur Gattung *Brugmansia* gestellt, ist diese buschige Mehrjährige aus Mittelamerika eine echte *Datura*. Sie hat rosa oder weiße Blüten, wobei letztere den Blüten von *Datura stramonium* ähneln, aber, wie der Name schon besagt, weniger giftig sind. Bei uns einjährig kultiviert, weil nicht winterhart, wird sie ein höchstens 1 m hoher Busch.

Datura metel

Die attraktive, einjährige, 1,5 m hohe Art aus Südchina ähnelt *Datura innoxia*. Sie sieht zwar sehr hübsch aus, ist aber ziemlich giftig und breitet sich in den wärmeren Regionen der Erde oft ungehindert aus. Die Blüten werden bis zu 20 cm lang, können gefüllt und unterschiedlich gefärbt sein, von Dunkelpurpur bis Weiß oder Gelb. Die Sorte **'Alba'** trägt weiße Blüten, **'Aurea'** besitzt gelbe, **'Caerulea'** blaue Blüten und **'Flore-Pleno'** hat gefüllte cremeweiße bis lila Blüten. Die Art ist nicht winterhart.

Datura stramonium

GEMEINER STECHAPFEL

Diese amerikanische Einjährige ist in vielen Ländern ein gewöhnliches Unkraut. Sie wird knapp 2 m hoch und trägt vom Sommer bis zum Herbst bis 10 cm lange, weiße oder lila Trompetenblüten.

Darwinia oxylepis

Dasylirion wheeleri

Datura innoxia

DAUCUS

Aus etwa 25 ein- und zweijährigen Arten besteht diese in der Natur weit verbreitete Gattung. Im Falle der Mohrrübe, *Daucus carota*, hat insbesondere der Mensch zur Ausbreitung beigetragen. Die Wildarten kommen in ganz Europa, dem gemäßigten Asien, Afrika, Australien und Neuseeland vor. Nur die Mohrrübe, die keine echte Wildart mehr ist, sondern eine über Jahrhunderte durch Kultur veränderte Sorte, wird als Wurzelgemüse angebaut.

PFLEGE UND VERMEHRUNG: Mohrrüben werden in Reihen von 25 cm Abstand ausgesät. Ein sonniger, tief aufgegrabener und nährstoffreicher, durchlässiger Boden wird bevorzugt. Vorteilhaft ist warmer Lehmboden, vorausgesetzt die Erde wird um die Samen herum gut angedrückt. Der Boden sollte feucht gehalten und die Sämlinge mit 25 cm Höhe vereinzelt werden. Über Winter kann sie auch in Mieten, Eimern oder Kisten voll Sand aufbewahrt werden. Erntereife Wurzeln sollten aus dem Boden gezogen werden, weil sie bei Nässe leicht aufplatzen. Die Mohrrübe ist anfällig für die Wurzelfliege und Blattläuse. Die Vermehrung erfolgt durch Aussaat.

Daucus carota subsp. *sativus*

MOHRRÜBE, MÖHRE, KAROTTE

Das beliebte Wurzelgemüse stammt vermutlich aus Afghanistan und wurde vor etwa 600 Jahren nach Europa gebracht. Viele Varietäten sind im Handel erhältlich, z.B. **'Nantes'** und **'Touchon'** mit länglichen, zylindrischen Wurzeln, die innen orangegelb und außen orangerot sind.

DAVALLIA

Für Gärten in wärmeren Regionen oder für Gewächshäuser wird diese Farngattung besonders geschätzt. Sie umfaßt 35 zum Teil epiphytische Arten mit überirdischen, kriechenden Rhizomen, umgeben von bronzefarbenen, pelzigen Schuppen. Heimisch sind sie in vielen tropischen und gemäßigten Zonen weltweit, z.B. im tropischen Asien, in der Mittelmeerregion, in Nordamerika, Australien und auf den pazifischen Inseln. Einige der Arten gemäßigter Zonen sind laubwerfend.

PFLEGE UND VERMEHRUNG: In Blumenampeln, die sie mit ihren kriechenden Rhizomen völlig überwuchern können, kommen die zarten Farne am besten zur Geltung. Sie lieben hohe Feuchtigkeit ohne direkte Sonne. Zur Vermehrung können die Rhizome geteilt werden.

Datura stramonium

Davallia canariensis

In Südwesteuropa und Nordwestafrika heimisch, ist diese Art in der Regel kaum kälteempfindlich, toleriert allerdings keinen Frost. Die Pflanzen sind sommergrün oder teils laubwerfend und entwickeln bis zu 50 cm lange Wedel. Die Rhizome sind von braunen, papierähnlichen Schuppen überzogen.

D

Davidia involucrata

Davidia involucrata

Davallia fejeensis

Von den Fidschi-Inseln stammt dieser epiphytische Farn mit den sattgrünen, dreieckigen, über 1 m langen und fein geteilten Wedeln. Dunkelbraune, behaarte Schuppen bedecken das verholzende Rhizom.

Davallia mariesii

BALLFARN

Die Rhizome dieser winterhärtesten, laubeinziehenden Art aus Ostasien sind recht klein, kriechend und von braunen Schuppen umhüllt. Die Wedel werden bis zu 30 cm lang.

Davallia pyxidata

Diese Art wächst in Ostaustralien epiphytisch auf Felsen und Bäumen. Sie bildet große Gruppen mit ausgedehnten, braun und dünnhäutig geschuppten Rhizomen. Die glänzenden, dunkelgrünen Wedel sind drei- bis vierfach geteilt und 1 m lang.

Davallia trichomanoides

Die Regenwälder Südostasiens sind die Heimat dieses epiphytischen Farns, der

Davidia involucrata var. *vilmoriniana*

vorzugsweise auf eher grobem, durchlässigem Humussubstrat wächst. Aus den pelzigen, gelbbraunen Rhizomen sprießen spitze, glänzendgrüne, gefiederte Wedel von 40 cm Länge. Die Art ist zwar laubwerfend, aber die neuen Wedel wachsen zügig nach.

DAVIDIA

TAUBENBAUM, TASCHENTUCHBAUM

Die Gattung umfaßt lediglich eine Art, den westchinesischen Taubenbaum, allerdings existieren davon mehrere Varietäten. In China wird er mit seiner ovalen Krone etwa 20 m hoch und ist während der Blüteperiode der wohl auffälligste laubwerfende Baum außerhalb der Tropen. Als »große schwebende Schmetterlinge« bezeichnete der Pflanzenforscher H. Wilson die gestielten Blütenstände, die jeweils von zwei großen, erst grünlich-, dann cremeweißen Hochblättern umgeben sind. Die großen, weichen, gezähnten Blätter besitzen eine stark geäderte Oberfläche.

PFLEGE UND VERMEHRUNG: Der Baum wird immer aus Samen angezogen, die in einer pflaumenähnlichen, 3,5 cm langen Frucht gebettet sind und manchmal drei Jahre zum Keimen benötigen. Eine Stratifikation des Saatgutes ist möglich. Der Baum ist winterhart, aber die Hochblätter sind windempfindlich. Er bevorzugt reichen, porösen Boden und mag Sonne bis Halbschatten.

Davidia involucrata

Dieser konisch wachsende, weitgehend frostharte Baum hat breite, 15 cm lange Blätter und kleine, basale, braunrote Blüten, umgeben von zwei verschieden lan-

Davallia pyxidata

gen, weißen Hochblättern. Die grünlichbraunen, nickenden, gefurchten Früchte sind 5 cm groß. Die am häufigsten kultivierte Form ist ***Davidia involucrata* var. *vilmoriniana*** mit hellerer und weniger behaarter Blattunterseite.

DECAISNEA

BLAUSCHOTE

Neben vielen Pflanzenarten ist auch diese Gattung nach dem berühmten französischen Botaniker des 19. Jahrhunderts, Joseph Decaisne, benannt worden. Sie gehört zur kleinen Familie der *Lardizabalaceae*, die meisten davon sind Kettersträucher. Es ist vermutlich eine stammesgeschichtlich recht alte Pflanzenfamilie. *Decaisnea* besteht aus zwei Arten aufrechter, dickästiger, sommergrüner Sträucher aus Westchina und dem Himalaja. Die zusammengesetzten Blätter sind zweifach gefiedert. Die hängenden Blüten mit sechs grünlichgelben Kronblättern sind ziemlich ansprechend, aber weitaus auffälliger sind die walzenförmigen Früchte, blaugrau bei der einen Art, gelb bei der anderen.

PFLEGE UND VERMEHRUNG: *Decaisneas* sind recht anspruchslos und gedeihen bei kühlerem Klima gut in fruchtbarem, durchlässigem Boden. Sie sind ziemlich winterhart, können aber unter Spätfrösten leiden. Vermehrt wird im Herbst durch Samen.

Decaisnea fargesii

Dieser aufrechte und nur spärlich verzweigte, sommergrüne Strauch wird gut 5 m hoch und ist von architektonischer Qualität. Die großen, zusammengesetzten Blätter werden bis zu 1 m lang. Besonders die jungen Blätter haben oftmals eine blasse blauviolette Tönung. Dem Blütenstand aus kleinen, gelben Blüten folgen dicke, walzenförmige Früchte, die eine metallischblaugraue Farbe besitzen.

DECUMARIA

STERNHORTENSIE

Die Gattung umfaßt zwei Arten, beide sind Klettersträucher mit Luftwurzeln, einer ist in Westchina, der andere im Südosten Nordamerikas heimisch. Die Gattung ist eng mit *Hydrangea* und *Schizophragma* verwandt, aber weniger auffällig, da alle Blüten fertil sind und ihnen die großen sterilen Blüten fehlen, die beide anderen Gattungen haben. Sie sind dennoch recht dekorativ und besitzen ein attraktives, zum Teil immergrünes Laub.

PFLEGE UND VERMEHRUNG: Die Pflanzen wachsen an Wänden oder Bäumen

Decaisnea fargesii

empor, sind aber auch gute Bodendecker. Die mäßig frostharten Pflanzen wachsen auf jedem frischen, durchlässigen Boden. Die Vermehrung erfolgt durch Samen, Ableger oder Stecklinge.

Decumaria barbara

Diese amerikanische Art, einer Hortensie sehr ähnlich, wird bis 10 m hoch, wenn man sie stützt. Sie wirft zum Teil ihr Laub ab und bildet im Sommer Blütenstände aus weißen, duftenden Blüten.

Decumaria sinensis

Diese asiatische Art ist nicht ganz so winterhart wie die amerikanische, in der Regel immergrün und wird etwa 3,5 m hoch. Im Sommer erscheinen in Blütenständen weiße Blüten, die leicht nach Moschus duften.

DEINANTHE

Deinanthe (viersilbig betont) aus dem Griechischen steht für »Erhabene Blüte«, was übertrieben scheint, denn die Blüten sind zwar hübsch, aber nicht unbedingt überragend schön. Die Gattung ist mit zwei Mehrjährigen in Japan und in der Mitte Chinas vertreten. Aus einem horizontalen Wurzelstock entspringen kurze Stämme mit hortensienähnlichen, fein gezähnten Blättern. Wenigblütige, zart gestielte Blütenstände tragen weiße, blaue oder violette Einzelblüten mit fünf großen, rundlichen Kronblättern. Sie hängen an kleinen, gebogenen Stielchen nach unten.

PFLEGE UND VERMEHRUNG: Die Pflanzen bevorzugen kühle, halbschattige, geschützte Standorte in feuchtem Boden und sind ziemlich winterhart. Aus Samen oder durch Wurzelteilung lassen sich neue Pflanzen ziehen.

Deinanthe caerulea

Diese chinesische Art ist eine gruppenbildende Mehrjährige, knapp 50 cm hoch und breit, die attraktive, große zusammengesetzte Blätter mit gezähntem Rand und erhabenen Nerven besitzt. Die Blütenstandsstiele tragen endständig eine Vielzahl becherförmiger, nickender Blüten in Blau oder Weiß.

DELONIX

Zu dieser tropischen Gattung zählen zehn sommergrüne, halbimmergrüne oder immergrüne Arten aus Afrika, Madagaskar, Arabien und Indien. Die fünfzähligen Blüten erscheinen in endständigen Trauben; die eleganten farnähnlichen Blätter sind doppelt gefiedert. Sie tragen typische große, abgeflachte, bohnenähnliche Hül-

Delphinium cardinale

senfrüchte. Als frostempfindliche Bäume eignen sie sich eher für wärmere Gebiete, z.B. als Schattenspender.

PFLEGE UND VERMEHRUNG: Sie lieben pralle Sonne, fruchtbaren, durchlässigen Boden und Schutz vor Winden. Um einen Hochstamm zu erzielen, müssen sie jung beschnitten werden. Die widerstandsfähigen Wurzeln können Wege und Fundamente zerstören. Abkömmlinge von Samen blühen oft erst nach zehn Jahren und variieren in Blütenform, -farbe und -größe. Die Vermehrung erfolgt durch Samen oder Stecklinge.

Delonix regia
FLAMBOYANT

Diese Pflanze aus Madagaskar wird über 10 m hoch, die Krone kann breiter werden. Die langen, fedrigen Blätter sind unterseits hellgrün. Im Frühling erscheinen Blütenstände leuchtendroter oder orangefarbener Blüten. Ein Kronblatt ist jeweils weiß mit gelben und roten Flecken. Es folgen dunkelbraune, 30 cm lange Hülsenfrüchte.

DELOSPERMA

Die Gattung gehört zur großen Familie der Mittagsblumengewächse *(Mesembryanthemaceae)* und zählt über 150, meist strauchige, sukkulente Arten aus Süd- und Ostafrika und Madagaskar. Obwohl die Pflanzen gewöhnlich sehr trokkentolerant und besonders für Wüstengärten geeignet sind, findet man auch einige etwas frosthärtere Arten. Sie tragen gegenständige Blätter mit dreikantigem oder rundem Querschnitt. Ihre bunten, an Korbblüter erinnernde Blüten erscheinen gewöhnlich im Sommer.

PFLEGE UND VERMEHRUNG: Ein frostgeschützter, sonniger Standort mit guter Drainage wird bevorzugt. Man vermehrt mit Samen oder Stecklingen.

Delosperma cooperi

Die 60 cm und größer werdende Art aus Südafrika ist ein guter Bodendecker für sonnige Steingärten. Die hellen, magentafarbenen Blüten erscheinen von Mitte bis Ende des Sommers.

Delosperma lineare

Kaum über 20 cm hoch wird diese Art. Ihre Äste sind normalerweise niederliegend, die Blätter gelbgrün und nahezu zylindrisch. Die weißen Blüten erscheinen im Sommer.

D. grandiflorum 'Blue Butterfly'

Delosperma nubigenum

Diese wuchernde, niederliegende Art ist ein hübscher Bodendecker und eine gute Randbepflanzung. Die verhältnismäßig kleinen Blüten leuchten gelb bis orangerot.

Delosperma vinaceum

Die Herkunft dieser kriechenden Sukkulente ist unbekannt. Ihre mittelgrünen Blätter werden etwa 2,5 cm lang. Im Sommer erscheinen magentafarbene Blüten. Über Stecklinge läßt sie sich einfach vermehren.

DELPHINIUM
RITTERSPORN

Zur großen Gattung Rittersporn gehören etwa 250 Arten. Sie kommen in den gemäßigten Breiten der nördlichen Hemisphäre und vereinzelt auch in höherliegenden Gebieten Afrikas vor. Es gibt sowohl attraktive, selbstaussäende Einjährige und zwergwüchsige, alpine Pflanzen als auch stattliche, 2,5 m hohe Mehrjährige. Aus einem Büschel langstieliger, grundständiger Blätter, deren Blattscheiden sich in drei bis sieben Segmente aufteilen, entwickeln sich aufrechte, teils verzweigte Blütentriebe. Sie tragen fünfteilige, gestielte und jeweils mit einem rückwärts gerichteten Sporn versehene Blüten. Der Gartenrittersporn stammt vor allem von *Delphinium elatum* und seinen Hybriden ab. Bekannte Hybridgruppen sind Belladonna, Elatum und Pacific. Der einjährige Rittersporn wird der Gattung *Consolida* zugerechnet.

PFLEGE UND VERMEHRUNG: Die frostharten Pflanzen bevorzugen kühle bis kalte Winter, sonnige, windgeschützte Orte und durchlässige, humusreiche Böden. Es empfiehlt sich, hochwüchsige Sorten zu stützen und alle zwei bis drei Wochen Flüssigdünger zu geben. Um die Sorte zu erhalten, vermehrt man über Stecklinge oder Teilung, einige Arten wurden auch erfolgreich über Samen vermehrt.

Delonix regia

Delphinium cardinale

Diese kurzlebige, 2 m hoch wachsende Mehrjährige aus Kalifornien und Mexiko hat feingeteilte Blätter und bringt im Sommer zarte, lockere Trauben aus kleinen, roten Blüten mit gelbem Zentrum hervor. Nährstoffreicher, feuchter Boden und wenig Schatten sind von Vorteil. Sie muß frostfrei überwintern.

Delphinium formosum

Dieser mehrjährige Rittersporn, heimisch in der Türkei, wird knapp 3 m hoch und bildet im Sommer Trauben aus leuchtend violettblauen Blüten. Seine großen, handförmigen, gezähnten Blätter mit ihren tiefeingeschnittenen Segmenten sind sehr hübsch.

Delphinium grandiflorum
Syn. *Delphinium chinense*

Dieser büschelig wachsende, aus China, Sibirien, Japan und der Mongolei stammende Rittersporn mit schmal gelappten Blattsegmenten wird 45 cm hoch und 30 cm breit. Seine großen, hellblauen, mit einem langen Sporn bewehrten Blüten überdauern fast den ganzen Sommer. Die Art ist vollkommen frosthart. **'Azure Fairy'** ist eine etwas blassere Sorte, **'Blue Butterfly'** besitzt hellblaue Blüten.

Delphinium macrocentron

Dieser mehrjährige, aus den Bergen Ostafrikas stammende und mäßig frostharte Rittersporn wird knapp 2 m hoch und hat tief geteilte Blätter. Die eher wenigen nickenden Blüten können dunkelblau, türkis, weiß oder sogar grün sein. Der Sporn zeigt aufwärts und ist entweder weiß oder blau.

Delosperma vinaceum

Delosperma nubigenum

Delosperma cooperi

Delonix regia

Delphinium semibarbatum
Syn. *Delphinium zalil*

Der kurzlebige, knollige Rittersporn wird 1 m hoch und 25 cm breit und ist im Iran und Zentralasien heimisch. Seine Blüten werden zum Färben von Seide verwendet. Es ist eine seltene Pflanze von großer Schönheit, die von Frühling bis zum Hochsommer Trauben voll schwefelgelber Blüten mit orangefarbener Spitze trägt.

Delphinium, Belladonna-Gruppe

Die frostharten Mehrjährigen (*Delphinium elatum* × *D. grandiflorum*) wachsen aufrecht und locker verzweigt. Ihre weit auseinanderstehenden blauen oder weißen Blüten sind 2,5 cm und größer, einfach oder halbgefüllt und stehen an lockeren Trauben, die über 1 m aufragen.

Delphinium, Belladonna-Gruppe

Sie blühen zeitig und spät im Sommer. Vermehrt wird durch Teilung oder basale Stecklinge im Frühling.

Delphinium, Connecticut-Yankees-Gruppe

Diese frostharten Rittersporne gibt es in allen Schattierungen von Blau, Lila, Purpur und Weiß; ihre grazilen Blütenstände sind ausgezeichnete Schnittblumen. Auch bei milden Wintern werden sie drei oder vier Jahre alt.

Delphinium, Elatum-Gruppe

Delphinium elatum als eine Elternart ist für diese Gruppe namengebend. Sie schließt fast alle hochwüchsigen Rittersporne mit Blüten von über 5 cm Durchmesser ein. Die Blüten stehen dicht gedrängt an normalerweise unverzweigten Stengeln. Sie blühen vom Sommer bis zum Herbst und sind ausgezeichnete Schnittblumen. Schneidet man sie nach der ersten Blüte zurück, so bildet sich nochmals ein zweiter, kurzer Blütenstand. Die Sorten in dieser Gruppe sind **'Blue Bird'** mit blauen Blüten und weißer Mitte; **'Blue Dawn'** mit halbgefüllten, blaßblauen Blüten und einem Hauch von Pink; **'Blue Nile'** mit halbgefüllten, mittelblauen Blüten mit weißer Mitte; **'Bruce'**, eine hochwachsende Varietät mit purpurnen Blüten und braunem Zentrum; **'Emily Hawkins'**, eine mittelgroße Sorte mit hellvioletten Blüten und einer rehbraunen Mitte; **'Fanfare'**, eine hochwüchsige Sorte mit zarten, mauvefarbenen, halbgefüllten Blüten und weißem Auge; **'Fenella'**, eine niedrige Sorte mit enzianblauen Blüten und schwarzem Auge; **'Gillian Dallas'**, eine kleine Sorte mit grauen bis mauvefarbenen Blüten und weißer Mitte; **'Loch Leven'** mit halbgefüllten, blauen Blüten und weißer Mitte; **'Lord Butler'**, eine kleine Varietät mit blauen Blüten und weißer Mitte; **'Mighty Atom'**, kleinwüchsig, mit halbgefüllten, violetten Blüten und braungestreiftem Auge; die Sorte **'Sandpiper'** mit halbgefüllten, weißen Blüten und braunem Auge; **'Spindrift'** trägt halbgefüllte, sattblaue Blüten mit cremeweißem Zentrum, oft mit türkisfarbener oder grüner Zeichnung, und **'Sungleam'** ist eine kleinwüchsige Varietät mit halbgefüllten, beigefarbenen Blüten und hellgelber Mitte. Diese Sorten vertragen Frost.

Delphinium elatum

Delphinium semibarbatum

Delphinium, Pazifische Hybriden

Diese Gruppe kurzlebiger Stauden wird gewöhnlich zweijährig angebaut. Sie wurden in Kalifornien gezüchtet und stammen hauptsächlich von *Delphinium elatum* ab. Die stattlichen, 1,5 m hohen Pflanzen tragen an aufrechten Stengeln Trauben sternförmiger, un-, halb- oder ganzgefüllter Blüten von meist blauer, purpurner oder weißer Tönung. Einige der Kulturformen sind die mehrjährige **'Astolat'** mit lavendel-mauvefarbenen Blüten und dunklem Auge, **'Black Knight'** mit purpurnen Blüten und schwarzem Auge; ferner **'Galahad'** mit weißen Blüten, **'Guinevere'** mit blaßpurpurnen Blüten mit rosa Hauch und weißem Zentrum, **'King Arthur'** mit purpurfarbenen Blüten und weißem Zentrum sowie **'Summer Skies'** mit himmelblauen Blüten.

D., Pazifische Hybride, 'Galahad'

Delphinium, P.H., 'Black Knight'

DENDROBIUM

Mit rund 1200 Arten ist dies eine der größten Orchideen-Gattungen. Ihre Vertreter stammen aus Japan, Indien, Australien, Neuseeland und Regionen östlich der Fidschi-Inseln. Über 500 Arten kommen aus Papua-Neuguinea, aber auch aus Südostasien von Indien über Thailand bis Südchina. Zur Kultivierung können keine generellen Empfehlungen gegeben werden, denn sie wachsen in heiß-feuchtem tropischem Tiefland bis hinauf in Höhen von 3000 m, im semiariden Klima ebenso wie epiphytisch auf Steinen und auch auf sumpfigem Untergrund. Gruppenbildende Arten haben große Pseudobulben. Solche mit langen, stammartigen Pseudobulben tragen häufig Blütenstände in den Blattachseln abgeworfener Blätter. Diese werden unterteilt in straff aufrechte und eher weichschaftige Arten, aber diese Unterscheidung ist nicht sehr konsequent. Es gibt unzählige natürliche wie gezüchtete Hybriden.

PFLEGE UND VERMEHRUNG: Generell läßt sich unterscheiden zwischen gemäßigte Wärme liebenden Arten sowie solchen, die eher kühlere Temperaturen benötigen. Bei ersteren sollte die Temperatur nicht unter 15 °C fallen, die gemäßigten Arten ertragen eine Temperatur bis 2 °C. Kälteliebende können noch tiefere Temperaturen ertragen, wachsen aber nicht gut in heißem Klima. Alle bevorzugen eine gut durchlässige Mischung aus Rinde und Holzkohle, oft mit Torfmoos vermischt. Die meisten Arten brauchen während des Winters eine trockene Ruhephase und verübeln Störung. Beim Auftreten neuer Triebe sollte umgetopft werden. Zu dieser Zeit können sie geteilt oder durch Stecklinge vermehrt werden. Sie können von Spinnmilben, Blattläusen und Schmierläusen befallen werden.

Dendrobium-Hybriden

Diese Gattung wurde häufig für Kreuzungen verwendet. So entstanden Sorten, die

D

für viele verschiedene klimatische Anforderungen und unterschiedliche Zwecke geeignet sind. Davon profitieren besonders Hobbygärtner und das Schnittblumengewerbe, das in Südostasien gut entwickelt ist. Zu den Hybriden gehören schlaffe, niederliegende oder **'Nobile'**-Sorten für mittlere bis warme Temperaturen, **'Phalaenanthe'**-Sorten für warmes Klima, die oft als Schnittblume verwendet werden, und **'Ceratobium'**-Sorten, die Wärme lieben und interessante verdrehte Blütensegmente besitzen. Aus australischen Arten wurde eine Serie von Hybriden erzeugt, die bei mittleren Temperaturen gedeihen.

Dendrobium antennatum
Syn. *Dendrobium d'albertisii*

Diese gruppenbildende, epiphytische Orchidee kommt häufig in Neuguinea vor. Sie hat schlanke, zylindrische, 60 cm lange Pseudobulben und etwa zwölf stark strukturierte, längliche Blätter entlang der oberen zwei Drittel der Pseudobulben. Bis zu 15 weiße oder hellgrüne, duftende Blüten entstehen in knapp 40 cm langen Trauben über einem langen Zeitraum von Herbst bis Frühsommer. In tropischem Klima kann sie im Freien wachsen.

Dendrobium bigibbum

Diese wunderschöne epiphytische Orchidee aus Papua-Neuguinea und Australien bildet kleine bis mittelgroße Gruppen aufrechter, keulenförmiger Pseudobulben aus, die über 1 m lang werden. Die dunkelgrünen, lanzettlichen Blätter haben bisweilen violette Ränder. Im Herbst und Winter entstehen in 40 cm langen Trauben weiße, lila-, mauve- oder magentafarbene Blüten, die 5 cm im Durchmesser erreichen.

Dendrobium chrysotoxum
Syn. *Dendrobium suavissimum*

In der tiefer gelegenen Bergwelt des Himalaja ist diese kompakte, epiphytische Art beheimatet. Ihre Pseudobulben sind kräftig und 20 cm lang mit zwei bis vier Blättern an der Spitze. Der überhängende Blütenstand entsteht nahe der Spitze der Pseudobulbe und wird 15–20 cm lang. Die 12 bis 20 Blüten mit einem Durchmesser von 5 cm sind goldgelb mit einem großen, dunkelorangefarbenen Fleck an der Spitze. Diese Art braucht pralle Sonne und nur eine kurze Ruhephase im Winter.

Dendrobium cuthbertsonii

Diese gruppenbildende, epiphytische Miniaturorchidee stammt aus hochgelegenen Mooswäldern Papua-Neuguineas und hat kurze, rundliche bis ovale Pseudobulben. Die Pflanzen besitzen ein bis fünf dunkelgrüne, elliptische Blätter, die bisweilen oberseits warzig sind und unterseits violett gefärbt. Die einzelnen, endständigen Blüten sind gewöhnlich rot, können aber auch weiß, gelb, orange, rosa oder violett, manchmal auch zweifarbig sein. Am besten läßt man sie auf einem gleichmäßig feuchten Stück Baumfarn im Schatten wachsen.

Dendrobium lindleyi

Dendrobium densiflorum

Diese ausgesprochen auffallende epiphytische Orchidee aus dem Himalaja, Myanmar, Vietnam und Thailand bildet aufrechte, vierkantige, 50 cm lange Pseudobulben mit drei bis fünf schmal-elliptischen Blättern nahe der Spitze. Die hängenden, 25 cm langen Trauben bringen viele gelbe Blüten mit gewimpertem, goldorangefarbenem Zentrum im Frühjahr. Die Pflanze gedeiht am besten im Halbschatten; außerdem benötigt sie im Sommer viel Wasser und eine trockene Ruhephase im Winter.

Dendrobium lawesii

Dendrobium formosum

Aufrechte, zylindrische, bis 45 cm lange Pseudobulben und derbe, über 10 cm lange Blätter kennzeichnen diese epiphytische Orchidee aus dem Himalaja und Myanmar. Die weißen Blüten mit orangegelber Lippe werden gut 10 cm breit und treiben vom Winter bis zum Spätfrühling in kleinen Trauben aus. Dendrobium formosum ist die Mutterpflanze zahlreicher reizender Hybriden wie beispielsweise **'Fire Coral'** mit wachsartigen, weißen Kronblättern, die einen orangeroten Fleck auf der Lippe tragen.

Dendrobium kingianum

Diese sehr variable, gruppenbildende Orchideenart besitzt zahlreiche Pseudobulben, die unterschiedlich lang sein können, sowie zarte, über 10 cm lange Blätter. Die duftenden Blüten können tief- bis hellrosa und manchmal weiß sein. Sie erscheinen vom Spätwinter bis zum Frühjahr in kurzen Trauben mit 5 bis 20 Blüten. Die Pflanzen benötigen eine Trockenphase im Winter, eine kühle Umgebung und viel Licht.

Dendrobium densiflorum

Dendrobium lawesii

Aus Neuguinea stammt diese Orchidee. Sie hat hängende, 45 cm lange Pseudobulben, die zarte, ovale, bis 6 cm lange Blätter tragen. Die weißen, roten, orangefarbenen, gelben oder mauvefarbenen Blüten entstehen an kurzen Trauben hauptsächlich im Frühling.

Dendrobium lindleyi
Syn. *Dendrobium aggregatum*

Die knapp 8 cm langen Pseudobulben dieser kleinwüchsigen Art sind dicht gedrängt und spindelförmig. Sie tragen ein einzelnes Blatt, das 15 cm lang wird. Die hängenden Blütenstände sind 10–30 cm lang mit 5 bis 15 duftenden Blüten, die 5 cm groß sind und über eine Woche halten. Sie braucht helles Licht und wächst am besten auf einem Holz- oder Korkbrett. Die Blüten entstehen im Frühjahr.

Dendrobium formosum

Dendrobium kingianum

Dendrobium rhodostictum

Dendrobium signatum

Dendrobium nobile

Diese halbimmergrüne Art ist eine Mutterpflanze vieler Hybriden. Sie mag eine kühle Umgebung, gehört zum weichfleischigen Typ und wird 40 cm hoch. Die duftenden Blüten, die im Frühjahr entstehen, sind hellrosa mit rotbraun und golden gezeichneter Lippe. Einige Sorten haben dunklere Farben oder sind weiß und goldgelb. Sie mag helles Licht und im Sommer etwas Schatten und erst dann Wasser, wenn die Knospen gut entwickelt sind.

Dendrobium rhodostictum

Diese Orchidee aus Papua-Neuguinea und von den Salomon-Inseln kann terrestrisch wie epiphytisch wachsen. Sie besitzt 25 cm lange, keulenförmige Pseudobulben mit zwei oder vier lanzettlichen Blättern nahe der Spitze. Blütentrauben, die in Spitzennähe sitzen, tragen im Winter und Frühjahr leicht hängende, weiße Blüten mit violetter Zeichnung auf dem Rand der Lippe. In Kultur brauchen sie durchschnittliche Bedingungen.

Dendrobium signatum
Syn. *Dendrobium hildebrandii*

Diese mittelgroße Orchidee aus Südostasien besitzt lange, schlanke, hängende Pseudobulben. Der Blütenstand entsteht an blattlosen Stengeln und besitzt im Frühjahr zwei oder drei Blüten mit knapp 10 cm Durchmesser. Die Pflanzen brauchen gemäßigte bis warme Bedingungen und viel Wasser während der Wachstumsphase im Frühjahr und Sommer, um so weniger jedoch im Herbst und Winter.

Dendrobium speciosum

Entlang der australischen Ostküste ist diese hübsche Orchidee weit verbreitet. Sie wächst auf Steinen und Bäumen und bildet ausgebreitete Horste. Ihre Pseudobulben sind groß und dick, laufen spitz zu und können 10 cm bis 1 m lang sein. Zwei bis fünf ovale, dunkelgrüne Blätter entstehen an der Spitze jeder Pseudobulbe. Die Blütentrauben werden bis 60 cm lang und bestehen aus dichten Gruppen kleiner, duftender, reinweißer bis gelber Blüten, deren Lippe mit violetten Flecken oder Streifen besetzt ist. Sie entstehen vom späten Winter bis zum Spätfrühling.

Dendrobium taurinum

Diese große epiphytische Orchidee kommt auf den Philippinen vor, wo sie in Mangrovenwäldern auf niedrigen Bäumen wächst. Die 1 m langen Pseudobulben stehen gedrängt, sind rohrartig und betragen 2,5 cm im Durchmesser. Die Blätter sind knapp 10 cm lang und halb so breit. Blütenstände werden 60 cm lang und tragen im Frühling zahlreiche violettrosafarbene, weiße und grünlich gefärbte Blüten, etwa 5 cm lang. Diese Art sollte während des ganzen Jahres warm und feucht gehalten werden.

Dendrobium thyrsiflorum

Aus Thailand und den unteren Bereichen des Himalaja stammt diese Art, die auf laubwerfenden Bäumen große Gruppen bildet. Die Pseudobulben sind keulenförmig, bis 50 cm lang und tragen einige Blätter an der Spitze. Die hängenden Blütenstände werden 25 cm lang und tragen im Frühling zahlreiche 5 cm große, beigeweiße, duftende Blüten mit leuchtendgelber Lippe. Sie brauchen Halbschatten und im Sommer viel Wasser. Im Winter benötigen sie eine trockene Ruhephase.

Dendrobium, Yamamoto-Hybriden

Diese weichschaftigen Dendrobien haben in den letzten Jahren durch japanische Gärtner einen großen Entwicklungsschub erlebt. Die Neuzüchtungen erhielten den allgemeinen Namen Yamamoto-Hybriden, die durch elegante Formen und klare, brilliante Farben bestechen.

DENDROCHILUM

Innerhalb dieser Orchideen-Gattung gibt es rund 150 besonders prächtige Arten aus Thailand, Papua-Neuguinea, Borneo und von den Philippinen. Die meisten leben epiphytisch in Gebirgsnebelwäldern. *Dendrochilum* hat gewöhnlich lange, hängende Blütenstände mit vielen kleinen, duftenden, sternförmigen, meist gelben Blüten. Die Blütenstände entstehen an der Spitze der sitzenden Pseudobulben mit einem oder zwei langen, mittelbreiten Blättern.

PFLEGE UND VERMEHRUNG: Diese frostempfindlichen Orchideen mögen im Freien warmes Klima. In gemäßigten oder kühlen Klimaten gehören sie daher ins Gewächshaus und brauchen eine durchlässige Komposterde für epiphytische Orchideen. Sie wachsen am besten in kleinen Töpfen oder Körben, sofern man die Wurzeln beim Umtopfen nicht beschädigt hat. Das ganze Jahr über brauchen sie Feuchtigkeit, im Sommer Schatten und

Deschampsia caespitosa

Deschampsia flexuosa 'Tatra Gold'

Desfontainea spinosa

Desfontainea spinosa

alle 2–3 Wochen Flüssigdünger. Während der Winterruhe sollten sie ausreichend Licht und wenig Wasser bekommen. Sie werden durch Teilung vermehrt.

Dendrochilum glumaceum

Von den Philippinen stammt diese epiphytische Orchidee. Sie besitzt ovale Pseudobulben und ein einzelnes, elliptisches, bis zu 45 cm langes Blatt. Vom Spätsommer bis zum Herbst entstehen weiße bis beigefarbene Blüten mit hellgrüner Spitze in bis 50 cm langen, hängenden Blütentrauben.

Dendrochilum longifolium

Diese epiphytische Orchidee mit schmalen bis 10 cm langen Pseudobulben besitzt gewöhnlich ein einzelnes, elliptisches Blatt, das bis 40 cm lang wird. Die hängende, bis 40 cm lange Blütentraube ist dicht mit grünlichgelben Blüten mit brauner Spitze besetzt. Sie entstehen vorwiegend im Spätsommer.

DENDROMECON

BAUMMOHN

Aus den USA und Mexiko stammt diese Gattung zweier immergrüner Straucharten aus der Familie der Mohngewächse. Es sind vielfach verzweigte, holzige Pflanzen mit ungeteilten, derben Blättern. Die vielen goldgelben, vierteiligen Einzelblüten ähneln dem Kalifornischen Mohn *(Eschscholtzia)*, sind aber größer.
PFLEGE UND VERMEHRUNG: Die frostempfindlichen Pflanzen benötigen sehr sonnige Standorte mit durchlässigem Boden und heißen Sommern. In kühlerem Klima sollte sie in einem kühlen Gewächshaus in Spezialerde wachsen. Die Vermehrung erfolgt durch Aussaat oder Stecklinge.

Dendromecon rigida

BAUMMOHN

Dieser wunderschöne immergrüne Strauch kann bis 3 m hoch werden. Er hat derbe, graugrüne, bis 10 cm lange Blätter und trägt in den wärmeren Monaten Unmengen goldgelber, mohnähnlicher Blüten. Diese werden 10 cm groß und duften leicht. ***Dendromecon rigida* subsp. *harfordii*** (Syn. *D. harfordii*) kann zu einem kleinen Baum mit einer kugeligen Krone etwa 6 m hoch wachsen.

DENMOZA

Diese Kakteengattung mit zwei Arten stammt aus Argentinien. Sie besitzen aufrechte, gerippte, dornige Stämme und nahe der Stammspitze rote, röhrenförmige Blüten mit hervorstehenden Staubblättern. Die kugeligen Früchte tragen Dornenbüschel und geben später schwarze, runzelige Samen frei.
PFLEGE UND VERMEHRUNG: Diese frostempfindlichen Kakteen brauchen im Freien pralle Sonne und eine gute Drainage. In kühleren Regionen sollten sie in Töpfen unter Glas in einer Kakteenerde wachsen. Die Vermehrung erfolgt durch Samen im Frühjahr oder Frühsommer.

Denmoza rhodacantha

Dieser Kaktus wird 30 cm hoch, besitzt dicke Stämme mit bis zu 15 Rippen und trägt bis zu 10 strahlenförmige Dornen mit gewöhnlich einem zentralen Dorn. Im Sommer entstehen etwa 7 cm lange, rote, röhrenformige Blüten.

DESCHAMPSIA

SCHMIELE

In gemäßigten Klimazonen ist diese Gattung von etwa 50 Arten immergrüner, überdauernder Gräser weit verbreitet. Nur wenige werden im Garten kultiviert, bilden jedoch – in Gruppen gepflanzt – ansehnliche, dichte Horste und im Sommer bezaubernde Blütenrispen, die auch vertrocknet bis in den Winter hinein attraktiv sind. Sie können frisch oder getrocknet als Zimmerdekoration verwendet werden. Wie bei anderen Gräsern sind auch bei diesen viele hervorragende Gartenformen erst unlängst entstanden, so daß es heute viele Sorten mit neuen Namen gibt.
PFLEGE UND VERMEHRUNG: Diese anpassungsfähigen Gräser wachsen am besten in frischer Komposterde im Halbschatten. Die Vermehrung von Sorten erfolgt durch Teilung im Frühjahr.

Deschampsia caespitosa

RASENSCHMIELE

Dieses immergrüne, ausdauernde und frostharte Gras wird 60–90 cm hoch und bildet 60 cm breite Horste. Die Blüten stehen in offenen Rispen über den rauhen, überhängenden Blättern. Ihre Farben reichen von Hellgelbgrün bis Gold (Sorte **'Goldgehänge'**), Silber und Bronze (**'Bronzeschleier'**). Zu weiteren Sorten mit büscheligem Laub gehört **'Goldschleier'**, das silbrig schimmernde goldgelbe Blütenrispen trägt, und **'Goldtau'**, eine kompakte Sorte mit rötlichbraunen Blüten, die später goldgelb werden.

Deschampsia flexuosa

DRAHTSCHMIELE

Diese frostharte Art wird 1 m hoch, ihre leichten, luftigen Blütenrispen sitzen über den büscheligen Blättern. Die Sorte **'Tatra Gold'** besitzt prächtige, leuchtend gelbgrüne Blätter und leicht bronzefarbene Rispen.

DESFONTAINEA

Diese Gattung besteht aus einer immergrünen Strauchart aus den Anden Südamerikas und wird schon lange wegen ihrer attraktiven Belaubung und der ansehnlichen Blüten kultiviert. Es ist ein starrer Strauch mit gegenständigen Blättern, der sich dicht am Boden verzweigt. Die einzeln stehenden Blüten, die in den oberen Blattachseln entstehen, besitzen eine sich allmählich ausweitende, trichterförmige Röhre, die becherförmigen Kronabschnitte der Blütenspitze überlappen sich. Sie weisen nach unten und werden in ihrer Heimat von Kolibris bestäubt.
PFLEGE UND VERMEHRUNG: Die nicht winterharten Pflanzen brauchen ein mildes, regnerisches Klima und feuchte, saure Torferde, in trockeneren Gebieten Schatten. Die Vermehrung erfolgt im Sommer mit Stecklingen.

Desfontainea spinosa

Dieser dichte Strauch wird gewöhnlich etwa 1,5 m hoch. Manchmal erreicht er die doppelte Höhe und dehnt sich weit aus. Die dunklen, glänzenden Blätter erinnern an die der Stechpalme *(Ilex aquifolium)*. Vom Hochsommer bis zum Spätherbst erscheinen die Blüten, die in ihrer Farbe von hellem Gelborange bis leuchtendem Orangerot mit hellen Spitzen variieren.

DESMODIUM

Über 450 Arten mehrjährige, sommer- oder immergrüner Klettersträucher zu-

Dendrochilum longifolium

Dendromecon rigida

Dendromecon rigida subsp. *harfordii*

Dendrobium taurinum

Dendrobium, Yamamoto-Hybride

D

meist tropischen oder subtropischen Ursprungs fallen in diese Gattung. Sie tragen blaue, weiße, rosa oder purpurfarbene Schmetterlingsblüten und zumeist dreiteilige Blätter. Die Samenhülsen brechen in mehrere Segmente auf, wovon jedes einen gekrümmten Fortsatz besitzt, der sich in Fell oder Kleidung verhakt. Die Arten aus warmen Klimaten verbreiten sich zum Teil wie Unkraut, aber die buschigen Pflanzen aus kühleren Regionen sind mit ihren eleganten, bogenförmigen Zweigen gut für Gärten geeignet.

PFLEGE UND VERMEHRUNG: Sie bevorzugen einen sonnigen Standort mit guter Drainage, aber die weniger winterharten Arten brauchen Schutz vor stärkerem Wind und strengem Frost. Die tropischen Arten können in kühleren Regionen nur im Gewächshaus gezogen werden. Zur Vermehrung wird im Frühjahr ausgesät, oder es werden Stecklinge gezogen.

Desmodium elegans

Syn. *Desmodium tiliifolium*

Dieser sommergrüne, überhängende Strauch kommt aus China und wird 1,5 m hoch. Seine dunkelgrünen Blätter bestehen aus drei Teilblättchen und haben eine flaumige, graue Unterseite. Die rosavioletten Schmetterlingsblüten hängen in 6–8 Trauben an den Zweigenden.

Desmodium yunnanense

Dieser große, sommergrüne Strauch aus Südwestchina besitzt ebenfalls eine überhängende Form und erreicht eine Höhe von etwa 3,5 m. Seine Blätter bestehen für gewöhnlich aus einem großen Einzelblättchen, obwohl auch einige dreiteilig sein können und dann aus einem großen, endständigen und zwei kleineren Blättchen zusammengesetzt sind. Dieser Strauch blüht im Sommer und Herbst mit purpurrosa Blüten in dichten, bis 40 cm langen Rispen.

Deutzia crenata var. *nakaiana* 'Nikko'

Deutzia × *elegantissima*

Deutzia gracilis

Deutzia gracilis

DEUTZIA

DEUTZIE

Diese im Sommer blühenden laubwerfenden Sträucher aus Ostasien und dem Himalaja sind eng mit *Philadelphus* verwandt, haben aber kleinere, weiße oder rosafarbene Blüten in dichteren Blütenständen mit jeweils eher fünf als vier zugespitzten Blütenblättern. Wie *Philadelphus* besitzen auch diese Pflanzen lange, rohrähnliche Stengel. Die gegenständigen Blätter sind meist fein gezähnt. Es gibt zahlreiche winterharte Arten und hübsche Hybriden, insbesondere die von der französischen Baumschule Lémoine in Nancy zwischen 1890 und 1940 gezüchteten.

PFLEGE UND VERMEHRUNG: Sie mögen geschützte Plätze, fruchtbaren Boden und etwas Sonne. Schäfte und einige der älteren, dicken Triebe können nach der Blüte entfernt werden, aber nicht die kurzen Seitenzweige des Vorjahres. Die Vermehrung erfolgt mit Samen oder Stecklingen im späten Frühjahr.

Deutzia crenata var. *nakaiana* 'Nikko'

Syn. *Deutzia gracilis* 'Nikko'

Die frostharte Bodendecker- und Steingartenpflanze ist eine der kleinsten Deutzien. Sie breitet sich niedrig aus und bewurzelt sich dabei oft neu. Sie wird etwa 60 cm hoch und gut 1 m breit. Im Sommer bildet sie Rispen aus sternförmigen, weißen Blüten. Kurz vor dem Laubfall färben sich die blaßgrünen Blätter burgunderfarben.

Deutzia × *elegantissima*

Zu den Hybriden aus *Deutzia purpurascens* und *D. sieboldiana* zählen einige der schönsten und großblütigsten Klone. Sie werden 1–2 m hoch und haben purpurrote Zweige und Blütenstiele. Aus der Baumschule Lémoine stammen **'Elegantissima'** mit innen nahezu weißen und außen rosa Blüten sowie **'Fasciculata'** mit Blüten von etwas intensiverem Rosa. Die irische Hybride **'Rosealind'** hat dunklere, fleischfarbene Blüten. Auch sie ist frosthart.

Deutzia gracilis

MAIBLUMENSTRAUCH

Diese beliebte, winterharte Art von graziler, ausgedehnter Gestalt mit reinweißen Blüten in schlanken, bogenförmigen Rispen oder Trauben stammt aus Japan und blüht vom späten Frühjahr bis zum Frühsommer. Sie erreicht eine Höhe von 2 m und wird besonders gerne für Kreuzungen verwendet.

Deutzia × *hybrida* 'Contraste'

Die Sorte **'Contraste'** ist nur eine der bekannten Kreuzungen aus *Deutzia longifolia* und *D. discolor*. Der Strauch trägt überhängende Zweige und sattgrünes Laub. Seine sternförmigen, mauverosa Blüten haben leicht gewellte Kronblattränder und sind außen dunkel gestreift.

Deutzia × *kalmiiflora*

Aus der Kreuzung von *Deutzia parviflora* und *D. purpurascens* ist nur diese frühe

Lémoine-Hybride erhältlich; daher trägt sie auch keinen Sortennamen. Sie ist ein aufrechter Strauch von 2 m Höhe mit kleinen, hübschen Blättern und dichten Rispen aus Blüten, deren blaß pinkfarbene Außenseite zur rosafarbenen Innenseite kontrastiert. Die Blütezeit reicht vom Früh- bis zum Hochsommer. Der Strauch ist frosthart.

Deutzia longifolia

Diese frostharte chinesische Art wird gewöhnlich 2 m hoch, aber bis zu 3 m breit. Die weißen Blüten erreichen 3,5 cm im Durchmesser. **'Veitchii'** hat allerdings noch größere, rosafarbene Blüten mit weißem Rand.

Deutzia purpurascens

Der berühmte Botaniker und Missionar Abbé Delavay entdeckte diese grazile Art aus Yünnan. Der zarte, 1,5 m hohe Strauch mit den überhängenden Zweigen trägt Blüten mit weißer Innen- und purpurner Außenseite. Die winterfeste Art wird häufig für Kreuzungen genutzt.

Deutzia × rosea

Diese frühe Kreuzung aus *Deutzia gracilis* und *D. purpurascens* stammt von Lémoine und wird etwa 80 cm hoch. Sie hat den niederliegenden, ausgedehnten Wuchs der ersteren und die rosa Färbung der letzteren. Der ursprüngliche Klon hat blaßrosa Blüten in kurzen, etwas breiteren Doldentrauben als *D. gracilis*. **'Carminea'** hat größere Blütenstände aus pinkfarbenen Blüten mit einem intensiveren Karminrosa auf der Außenseite. Auch sie verträgt Frost.

Deutzia scabra

Diese Art ist die kälteresistenteste und am längsten etablierte. Ihre dicken Stengel sprießen 3 m hoch und tragen lange, dunkelgrüne Blätter mit rauher Oberfläche. An den Enden der oberen Zweige stehen vom Frühjahr bis zum Frühsommer

Deutzia purpurascens

Dianella caerulea

Deutzia × kalmiiflora

große Rispen weißer, glockenförmiger Blüten. **'Flore Pleno'** besitzt gefüllte, außen mattrosa gestreifte Blüten; **'Candidissima'** ist reinweiß und gefüllt; **'Pride of Rochester'**, ebenfalls gefüllt, hat größere Blüten mit einer blaß mauvefarbenen Außenfärbung.

Deutzia setchuenensis

Diese frostharte westchinesische Pflanze ist ein bezaubernder, etwa 2 m hoher Strauch, der im Sommer Büschel aus weißen, sternförmigen Blüten bildet. Er wächst vergleichsweise langsam, doch lohnt sich das Warten. ***Deutzia setchuenensis* var. *corymbiflora*** ist eine Vertreterin mit noch größeren Blüten in ansehnlichen Büscheln.

DIANELLA

Diese Gattung kleinblütiger Lilien wurde nach der antiken römischen Jagdgöttin Diana benannt. Sie besteht aus 25 bis 30 Arten immergrüner Stauden Australiens, Neuseelands und der pazifischen Inseln – bezaubernde Wald-Schattenpflanzen für Gärten in warm-gemäßigtem Klima. Sie sind meist kleiner als 1 m und sich alle sehr ähnlich mit ihren langen Blättern und Rispen kleiner, tief- oder leuchtendblauer Blüten im Frühling und Frühsommer. Den Blüten folgen langlebige, strahlendblaue Beeren.

PFLEGE UND VERMEHRUNG: In mildem Klima verwildern sie schnell. Sie bevorzugen Sonne oder Halbschatten und mäßig fruchtbaren, durchlässigen, neutralen oder sauren Humusboden. Die Vermehrung erfolgt durch Teilung, Wurzelableger oder Aussaat im Frühling und Herbst. Sie vertragen keinen Frost.

Dianella caerulea

Das immergrüne Laub dieser ostaustralischen Art entspringt kriechenden Rhizomen und hat häufig verlängerte, rohrartige Stiele. Die grasähnlichen Blätter, 1 m lang, haben rauhe Ränder; die offenen, bis

Dianella tasmanica

Deutzia × rosea 'Carminea'

Deutzia × rosea

Deutzia scabra

60 cm großen Rispen tragen im Frühling und Sommer kleine, sternförmige, blaue, selten weiße Blüten. Im Herbst folgen ihnen tief purpurblaue Beeren, die manchmal dekorativer als die Blüten sind.

Dianella tasmanica

Aus Südostaustralien und Tasmanien kommt diese Art, die aus unterirdischen Rhizomen sprießende bogige, riemenförmige Blätter entfaltet. Sie können über 1 m lang und 3,5 cm breit werden. Im Frühling und Frühsommer entstehen nickende, sternförmige, leuchtend- oder purpurblaue Blüten in verzweigten, bis 1 m hohen Rispen, gefolgt von glänzenden, tiefblauen Beeren.

DIANTHUS

NELKE

Diese große Gattung besteht aus rund 300 Arten in Europa und Asien, einer Art im arktischen Nordamerika und wenigen in Südafrika. Die meisten sind Pflanzen für Steingärten oder Beetränder. Durch vielfache Kreuzungen wurden einige unterschiedliche Gruppen von Nelken zu bestimmten Zwecken kreiert. Rabattennelken sind ein- oder zweijährige Pflanzen bis 60 cm Höhe, die auch als Schnittblumen verwendet werden. Ausdauernd blühende Nelken (Remontant-Nelken) werden hauptsächlich im Freien gezogen, können aber auch unter Glas kultiviert werden, damit makellose Blüten entstehen. Oft entfernt man die Seitentriebe und läßt nur die oberste Knospe zur Entwicklung stehen. Amerikanische Remontant-Nelken werden wie Ausdauernde behandelt, aber nicht entknospt. Malmaison-Nelken, die zur Zeit wieder an Popularität gewinnen, haben ihren Namen wegen ihrer angeblichen Ähnlichkeit mit der stark duftenden Bourbon-Rose **'Souvenir**

Deutzia scabra 'Pride of Rochester'

de la Malmaison'. Sie werden wie die Ausdauernden kultiviert, brauchen aber mehr Pflege. Andere Gruppen von Gartenhybriden und Schnittblumen sind die **'Modern Pinks'** und die **'Old-fashioned Pinks'**. **'Alpine Pinks'** stammen von Alpenarten ab und werden meist für Steingärten verwendet. In allen Hybridgruppen gibt es sowohl Sorten, die einheitlich gefärbt sind, als auch gefleckte, gestrichelte oder gesäumte . Die letzten beiden Typen haben Kronblätter mit schmalem, andersfarbigem Saum.

PFLEGE UND VERMEHRUNG: Ganz bis teilweise winterhart, mögen *Dianthus*-Arten einen sonnigen Standort, Schutz vor starkem Wind und durchlässigen, leicht alkalischen Boden. Höhere Arten bindet man an; nach der Blüte schneidet man die Triebe zurück. Die Vermehrung der Stauden erfolgt im Sommer durch Ableger

Dianthus caryophyllus, Kulturvarietät

Dianthus barbatus

Dianthus erinaceus

oder Stecklinge, von Ein- und Zweijährigen durch Aussaat im Herbst oder zeitigen Frühling. Besonders auf Blattläuse, Thripse, Raupen, Pilz- und Virusinfektionen muß man achten.

Dianthus alpinus

ALPENNELKE

Diese frostharte, mehrjährige Pflanze wird 20 cm hoch und ist in den südosteuropäischen Alpen heimisch. Sie bildet ein dichtes Kissen aus feinem, dunkelgrünem Laub und im Sommer große, tiefrosa bis blutrote, gewöhnlich gepunktete Blüten mit gezähnten Kronblättern. Diese bestechende Steingartenpflanze ist normalerweise kurzlebig und gedeiht zügig aus Samen.

Dianthus armeria

RAUHE NELKE

Diese ein- oder zweijährige Art aus Europa und Westasien hat grundständige Rosetten aus haarigen, dunkelgrünen, bis 5 cm langen Blättern. Im Sommer entwickelt sie endständige Büschel aus kleinen Blüten mit schmalen, rosaroten Blütenblättern, die blaßrosa gepunktet sind.

D. chinensis 'Strawberry Parfait'

Sie wächst rund 40 cm in alle Richtungen und ist ebenfalls frosthart.

Dianthus barbatus

BARTNELKE

'Sweet William' ist eine langsamwachsende, winterharte, mehrjährige Sorte und wird gewöhnlich zweijährig kultiviert. Sie sät sich selbst aus und wird knapp 50 cm hoch und 15 cm breit. Die Farbe der dichten, flachen, wohlriechenden, kopfigen Blütenbüschel reicht von Weiß über Rosa zu Karmin- und Blutrot. Die Blüten sind in der Regel zweifarbig. Sie blühen im späten Frühling und frühen Sommer und sind ideale Polsterpflanzen. Die Zwergsorten, um 10 cm hoch, werden gewöhnlich einjährig angebaut. Durch Kreuzung mit modernen Gartennelken entstand eine Hybridgruppe, bekannt als **'Sweet Wivelsfield'**.

Dianthus carthusianorum

KARTHÄUSERNELKE

Diese süd- und mitteleuropäische Art ist eine attraktive Pflanze für die Staudenrabatte. Die winterfeste, büschelige Staude von 30 cm Höhe hat blaßgrünes, grasähnliches Laub. Im Sommer bildet sie flache Blütenbüschel, welche eine Breite von 5 cm erreichen können. Ihre Farbe ist gewöhnlich Tiefrosa oder gelegentlich Weiß.

Dianthus caryophyllus

GARTEN- ODER LANDNELKE

Die Gartennelke ist eine in lockeren Büscheln wachsende, am Grund verholzte, mehrjährige Art aus dem Mittelmeerraum, deren Kulturgeschichte bis ins Altertum zurückreicht. Sie trägt im Sommer purpurrosa, rosa oder weiße Blüten, hat einen süßen Duft mit einer würzigen Note

Dianthus 'First Love'

ähnlich den Gewürznelken und wird etwa 80 cm hoch und 25 cm breit. Aus dieser Art entstanden über die Jahre zusätzlich zu den heutigen, ausdauernd blühenden Nelken, die als Schnittblumen bekannt sind, viele Varietäten von Einjahres- oder Margereten-Nelken und die winterharten Rabattennelken.

Dianthus chinensis

CHINESISCHE NELKE

Diese bekannte Zweijährige aus China hat eine niedrige, büschelige Wuchsform und graugrüne, lanzettliche Blätter. Im späten Frühling und Sommer trägt sie unzählige einzelne oder doppelte, süßduftende Blüten in Schattierungen von Rosa, Rot, Lavendel und Weiß. Sie wächst langsam zu einer Höhe und Breite von 15–30 cm und ist nicht winterhart. **'Strawberry Parfait'** hat einzelne, rosa Blüten, leicht gefranst und tiefrot in der Mitte.

Dianthus deltoides

HEIDENELKE

Als ideale Pflanze für Steingärten oder als Bodendecker ist diese lockerrasige, immergrüne, mehrjährige und niedrige Art leicht durch Aussaat oder Stecklinge zu ziehen. Sie hat winzige, dichte, häufig rötliche Blätter und trägt im Frühling und Frühsommer kleine, fransige Blüten mit Blütenblättern in Rosa oder Weiß, meist mit rotem Ring im Zentrum. Sie wird bis 15 cm hoch, 30 cm breit und ist sehr winterhart. Nach der Blüte wird sie zurückgeschnitten.

Dianthus erinaceus

Diese attraktive, polsterbildende Art aus der Türkei ist eine hübsche über Felsen rankende Steingartenpflanze. Sie wird kaum höher als 5 cm, kann sich aber 60 cm weit ausbreiten und ihre graugrünen Blätter sind erstaunlich stachelig. Die kleinen, einzelnen, rosa Blüten entstehen im Sommer auf kurzen, kaum über das Polster ragenden Stengeln.

Dianthus gratianopolitanus

Dianthus 'First Love'

Es gibt viele Einjährige unter den Nelken, einige entstanden aus *Dianthus chinensis*, andere aus 'Sweet William' (*D. barbatus*). 'First Love' wächst langsam bis 15 cm hoch und könnte eine Kreuzung aus diesen sein. Die duftenden, fransigen, magentafarbenen und weißen Blüten sind häufig zweifarbig.

Dianthus gallicus

Diese locker buschig wachsende, mehrjährige Art wird zur Blütezeit bis knapp 50 cm hoch. Sie ist an der Atlantikküste Europas, von Portugal bis Nordwestfrankreich heimisch. Im Sommer entstehen an den Sproßspitzen einzeln oder in Dreiergruppen wohlriechende Blüten mit rosafarbenen, tief gezähnten Kronblättern. Die Pflanze ist nicht völlig frosthart.

Dianthus giganteus

Wie der Name schon sagt, ist dies eine vergleichsweise hochwachsende Art, die eine Höhe von 1 m erreicht. Sie stammt aus dem Balkan. Im Sommer trägt sie dichte Büschel purpur-rosafarbener Blüten.

Dianthus gratianopolitanus

Syn. *Dianthus caesius*

PFINGSTNELKE

Diese winterfeste europäische Art bildet Kissen aus blaugrauen, länglichen Blättern, die sich zu großen Matten von 30 cm oder mehr ausbreiten. Bezaubernde, duftende, purpurrosa Blüten mit gezähnten Blütenblättern entstehen im Frühling auf 15–20 cm dicken, drahtigen Stengeln. Die Blüten bestehen oft bis zum Frost. Sie braucht durchlässigen, alkalischen Boden und pralle Sonne. **'Tiny Rubies'** ist ideal als gepflegter, kompakter Bodendecker. **'Tiny Tim'** hat über 1 cm kleine, gefüllte, tiefrosa Blüten auf 10 cm langen Stengeln.

Dianthus, Ideal-Serie

Diese kurzlebigen mehrjährigen Hybriden aus *Dianthus barbatus* und *D. chinen-*

Dianthus, Ideal-Serie, 'Ideal Violet'

D. gratianopolitanus 'Tiny Rubies'

Dianthus plumarius

D. superbus 'Rainbow Loveliness'

Dianthus pavonius

Dianthus, Alpine Pink, 'Pike's Pink'

Dianthus superbus

sis werden normalerweise einjährig oder zweijährig gehalten und blühen bereits im ersten Jahr. Sie werden bis 35 cm hoch und haben leuchtendgrüne Blätter. Sie tragen im Sommer Büschel von gefransten fünfteiligen, tiefvioletten, purpurfarbenen, tiefrosa oder roten Blüten. **'Ideal Violet'** hat dunkle, purpurrosa Blüten mit blasseren Rändern.

Dianthus pavonius

Syn. *Dianthus neglectus*

Die mehrjährige Art bildet meist buschige Matten, wird 15 cm hoch und 25 cm breit. Sie kommt aus den französischen und italienischen Alpen. Die Blüten stehen einzeln, gelegentlich zu dritt und sind blaßrosa mit gezähnten Kronblättern.

Dianthus plumarius

ECHTE FEDERNELKE

Lockere, immergrüne Polster von 30–45 cm Höhe und 25 cm Breite bildet diese mehrjährige Art mit blaßrosa oder weißen Blüten und stark fransigen Kronblättern. Sie stammt aus Europa, ist frosthart und eine der wichtigsten Mutterpflanzen sowohl der früheren als auch der heutigen Nelken. Es gibt viele namhafte Sorten, die Sträuße einzelner, gefüllter, süßduftender Blüten in Rötlich, Rosa, Purpur, Malvenfarben und Weiß bilden. Viele haben fransige Blütenblätter und einen kontrastfarbenen Fleck.

Dianthus superbus

PRACHTNELKE

Aus Europa und den gemäßigten Zonen Asiens stammt diese Art. Sie hat einen lockerrasigen Wuchs von etwa 1 m Höhe. Ihre Blätter sind mittelgrün und knapp 10 cm lang. Die wohlriechenden, rosa Blüten, die einzeln oder in Paaren im Sommer gebildet werden, haben tief geteilte Kronblätter, die die Blüten fransig und locker wirken lassen. Sie wird selten kultiviert, aber zur Zucht von Gartenhybriden benutzt und ist besser als Mutterpflanze der Loveliness-Linie bekannt, wie der **'Rainbow Loveliness'** mit stark fransigen, einfachen, malvenfarbenen und rosa Blüten auf schmalen Stengeln.

Dianthus 'Alpine Pinks'

Dies sind Sorten kompakter Hybridpflanzen, die mit dichtem, feinem Blätterwerk Polster oder Matten bilden. Die Blüten entstehen in vielen Farben und Schattierungen und sitzen gewöhnlich 15–30 cm oberhalb der Blätter. **'La Bourboule'** (Syn. 'La Bourbille') trägt eine Fülle einzelner, nach Gewürznelken duftender, rosafarbener Blüten mit fransigen Blütenblättern, **'Pike's Pink'** hat graugrüne Blätter und rundliche, gefüllte, rosa, an der Basis dunklere Blüten, **'Nancy Colman'** ist ähnlich, aber ohne die dunklere Basis.

Dianthus, Margareten-Nelken

Obwohl diese Immergrünen mehrjährig sind, werden sie gewöhnlich als Einjährige gehalten. Sie werden 80 cm hoch, 20 cm breit und tragen von Frühling bis Herbst Blütenstände mit gut 5 cm großen Blüten. **'Enfant de Nice'** hat phantasievoll gezeichnete Blüten in attraktiven Farbkombinationen.

Dianthus, Rabatten-Nelken

Diese große Sortengruppe entstand aus der nach Gewürznelken duftenden *Dianthus caryophyllus*. Die meisten haben dementsprechend einen gewürznelkenähnlichen Duft. Sie werden bis 60 cm hoch und halb so breit, frosthart und daher bestens für kälteres Klima geeignet. Die im Frühling und Frühsommer entstehenden Blüten sind ganzrandig oder fransig, knapp 10 cm breit und kommen in vielen Farben vor.

Dianthus, 'Modern Pinks'

PFINGSTNELKE

Diese Kreuzung aus den Sorten von *Dianthus plumarius* und *D. caryophyllus* ist mehrjährig, polsterbildend und dicht beblättert. Die ursprünglichen Hybride wurden *D.* × *allwoodii* genannt, unterscheiden sich aber kaum von den heutigen »modernen« Nelken. Sie haben graugrünes Laub und viele aufrechte Blütentriebe. Jeder trägt vier bis sechs wohlriechende, einfache oder gefüllte Blüten in Schattierungen von Weiß, Rosa oder Blutrot, oft in der Mitte dunkel und mit einfachen oder fransigen Kronblättern. Die meisten sind 30–45 cm hoch, ebenso breit und blühen vom späten Frühling bis zum frühen Herbst. Einige duften wie Gewürznelken. **'Allwoodii'** trägt fransige, blaßpurpurne Blüten, tiefrot in der Mitte; **'Becky Robinson'** duftet auch nach Gewürznelken und trägt gesäumte, gefüllte, rosa Blüten, die in der Mitte und am Rand rubinrot sind; **'Dick Portman'** trägt blutrote, in der Mitte und am Rand beigerosa gefärbte, gefüllte Blüten. **'Doris'** hat eine duftende, ebenfalls gefüllte, blasse, aber in der Mitte tiefrosafarbene Blüte. **'Gran's Favourite'** duftet süß und hat kurzstielige, gefüllte, weiße, in der Mitte und an den Rändern braune Blüten, **'Houndspool Ruby'** (Syn. 'Ruby', 'Ruby Doris') hat dunkelrosa, gefüllte Blüten mit blaßrosa Markierungen. **'Joy'** hat halbgefüllte, karminrosa Blüten auf kräftigen aufrechten Stengeln, **'Laced Monarch'** trägt gefüllte, tiefrosa bis rote Blüten mit blaßrosa Zeichnung, **'Monica Wyatt'** hat nach Gewürznelken duftende, gefüllte, blaßrosa, in der Mitte dunkle Blüten. **'Valda Wyatt'** duftet ebenfalls nach Gewürznelken und trägt, gefüllte, dunkelrosa, in der Mitte dunklere Blüten und die Sorte **'Warrior'** hat gefüllte, rosa, in der Mitte und an den Rändern tiefrote Blüten.

D

Dianthus, Modern Pink, 'Allwoodii'

Dianthus, M.P., 'Laced Monarch'

Dianthus, M.P., 'Dick Portman'

Dianthus, Modern Pink, 'Doris'

Dianthus, M.P., 'Gran's Favourite'

Dianthus, Modern Pink, 'Joy'

Dianthus, Modern Pink, 'Warrior'

Dianthus, 'Old-fashioned Pinks'

PFINGSTNELKE

Diese büschelig wachsende Mehrjährige wird bis 45 cm hoch. Im späten Frühling und frühen Sommer trägt sie einfache bis gefüllte, gewürznelkenartige, etwa 5 cm breite Blüten, die in der Farbe von Weiß über Blaßrosa und Magenta bis Rot variieren. Oft sind sie fransig mit kontrastfarbigem Zentrum. **'Mrs Sinkins'** ist eine berühmte altmodische Nelke mit reinweißen, struppigen Blüten, die dazu neigen, am Kelch aufzuspringen, und stark duften. **'Pink Mrs Sinkins'** ist eine blaßrosa Form von 'Mrs Sinkins'. Andere sind **'Clare'** mit würzig duftenden, zweifarbigen, fransigen, gefüllten, rosa Blüten mit braunem Zentrum und **'Rose de Mai'**, die einzelne, rosa Blüten mit tiefrosa Augen trägt.

Dianthus, Perp. Pink, 'Raggio di Sole'

Dianthus, Perpetual Pinks

REMONTANT-NELKE

Diese beliebten mehrjährigen Blumen werden bis zu 1 m hoch und sind mäßig winterhart. Sie breiten sich etwa 30 cm aus und müssen gestützt werden. Das ganze Jahr hindurch entstehen gefüllte, gewöhnlich fransige Blüten. Bei großblütigen Varietäten müssen die Knospen entfernt werden. Straußtypen bilden etwa fünf Blüten pro Trieb und brauchen keine Entknospung. Zu den Sorten gehören **'Charlotte'**, mit lachsfarben gestreiften, beigefarbenen Blüten, **'Malaga'** mit lachsfarbenen Blüten, **'Olivia'** mit lachsfarbenen Blüten und fransigen Kronblättern, **'Raggio di Sole'** mit rotgefleckten Blüten in leuchtendem Orange und **'Sofia'** mit roten Streifen auf weißen Blüten.

DIASCIA

Die 50 Arten dieser Gattung mit zarten, aber dennoch langblühenden, mehrjährigen Pflanzen aus Südafrika sind für Steingärten geeignet und als Topf- und Beetpflanze beliebt. Sie tragen endständige Trauben mit flachen, rosa Blüten, die auf der Rückseite zwei Nektarsporne besitzen. Die aufrechten oder niederliegenden Stengel tragen gezähnte, mittelgrüne Blätter. Es gibt zahlreiche attraktive Kulturformen wie **'Kelly's Eye'** oder die ausgezeichnete Beetpflanze **'Rose Queen'**.

PFLEGE UND VERMEHRUNG: Die meisten Arten sind winterhart, mögen aber keine Feuchtigkeit. Fruchtbarer, durchlässiger Boden, volle Sonne und regelmäßiges Wässern sind wichtig. Das Ausknipsen der Spitzen und der Schnitt nach der Blüte verbessern die Buschform. Die Vermehrung erfolgt im Herbst durch Aussaat oder Stecklinge, die Überwinterung in einem kühlen Gewächshaus.

Dianthus, O-f. P., 'Pink Mrs Sinkins'

D. 'Pink Mrs Sinkins' und 'Mrs Sinkins'

Dianthus, Old-fashioned Pink, 'Clare'

Dianthus, O-f. P., 'Rose de Mai'

Dianthus, Perp. Pink, 'Charlotte'

Dianthus, Perp. Pink, 'Olivia'

Diascia barberae

Diese niedrige, zarte, mehrjährige Art besitzt kleine, herzförmige, blaßgrüne Blätter. Vom Frühjahr bis zum Frühherbst trägt sie Büschel mit zweispornigen, lachsrosa Blüten. Sie wird 15–30 cm hoch und 20 cm breit. **'Ruby Field'** bildet während eines langen Zeitraums vom Sommer bis zum Herbst breitlippige, lachsrosa Blüten. Die Art ist nicht frosthart.

Diascia 'Blackthorn Apricot'

Dies ist vermutlich eine Züchtung aus *Diascia barberae*. Sie wird 25 cm hoch,

Dianthus, Perpetual Pink, 'Malaga'

Diascia 'Rose Queen'

Dianthus, Perp. Pink, 'Sofia'

Diascia barberae

Diascia barberae 'Ruby Field'

mindestens 50 cm breit und trägt im Sommer und Herbst aprikosenfarbene Blüten mit abwärts gebogenen Spornen in lockeren Trauben.

Diascia fetcaniensis
Syn. *Diascia felthamii*

Aus den Drakensburg-Bergen Südafrikas stammt diese recht gedrungene Pflanze, die 30 cm hoch wird und sich über 1 m ausbreitet. Sie hat eiförmige, behaarte, 2,5 cm lange Blätter. Im Sommer und Herbst bildet sie in lockeren Trauben rosa Blüten mit nach unten gebogenen Spornen.

Diascia integerrima
Syn. *Diascia integrifolia*

Diese mehrjährige, kriechende Pflanze wird knapp 50 cm hoch und doppelt so breit. Die bis etwa 2,5 cm langen Blätter sind lineal bis lanzettlich. Hauptsächlich im Sommer entstehen in lockeren Büscheln lebendig purpurrot-rosa gefärbte Blüten mit abwärts gebogenen Spornen.

Diascia rigescens

Diese sehr kräftige Art besitzt eine kriechende Form, an deren aufwärts gebogenen Enden der Stengel rosa, zweispornige Blüten in 15–20 cm große Trauben sitzen. Die Pflanzen werden bis zu 60 cm breit. Entfernt man die verwelkten Blütenstände, blüht sie fast den ganzen Sommer über.

Diascia 'Rupert Lambert'

Etwa 25 cm hoch und 50 cm breit wird diese Kulturform. Sie besitzt schmale, flach gezähnte, spitze Blätter. Die tiefrosa Blüten mit parallelen Spornen entstehen im Sommer und Herbst.

Diascia 'Rupert Lambert'

Dicentra formosa

Diascia fetcaniensis

Diascia stachyoides

Diese mehrjährige Art wird 40 cm hoch und hat leicht gesägte Blätter, deren Größe am Stengel nach oben hin abnimmt. Im Sommer bildet sie recht spärlich tiefrosa Blüten, deren Sporne nach unten und außen gerichtet sind.

Diascia vigilis
Syn. *Diascia elegans*

Dies ist eine kräftige, bis 50 cm hohe Art, die viele Ausläufer bildet. Die glänzenden Blätter sind hellgrün. Vom Sommer bis zum frühen Winter bildet sie lockere Trauben mit rosa Blüten, die einwärts gebogene Sporne besitzen. Sie ist eine der etwas winterhärteren und blühfreudigsten Arten.

DICENTRA
HERZBLUME, TRÄNENDES HERZ

Zu dieser recht kleinen Gattung gehören etwa 20 ein- und mehrjährige Arten, die vor allem wegen ihrer mehrfach gefiederten Blätter und der Fülle ihrer Blüten geschätzt werden. Ohne eine winterliche Kälteperiode wachsen und blühen sie nicht gut. Die hängenden, herzförmigen Blüten sind rot, rosa, weiß, purpur oder gelb und blühen vom Frühjahr bis zum Frühsommer. Als Topfpflanzen können sie bereits zu Beginn des Frühjahrs blühen, wenn man sie im Winter in ein mäßig warmes Gewächshaus stellt. Wildwachsend findet man sie gewöhnlich in Wäldern und bergigen Gebieten Asiens und Nordamerikas.

PFLEGE UND VERMEHRUNG: *Dicentra*-Arten sind meist winterhart und lieben humusreichen, feuchten, aber durchlässigen Boden und leichten Schatten. Die Vermehrung erfolgt durch Aussaat im Herbst oder Teilung im späten Winter.

Dicentra 'Bacchanal'

Diese buschige, mehrjährige und frostharte Art besitzt leuchtendgrünes, farnähnliches Laub und Büschel hängender,

Dicentra formosa 'Alba'

Diascia 'Blackthorn Apricot'

Diascia stachyoides

Diascia vigilis

herzförmiger, burgunderroter Blüten. Die Pflanze wird 45 cm hoch und wenigstens 60 cm breit.

Dicentra 'Bountiful'

Das fein eingeschnittene, blaugrüne Laub dieser mehrjährigen Art aus Amerika ist das ganze Jahr hindurch eindrucksvoll. Kleine, herzförmige, karmesin- bis purpurrote Blüten hängen im Frühjahr und Sommer an 30–40 cm langen, kahlen Stengeln oberhalb der Blätter.

Dicentra cucullaria

Diese frostharte nordamerikanische Art ist eine der zartesten der Gattung. Sie wird nur etwa 20 cm hoch und entsteht aus kleinen, ovalen, rosa bis weißen Knollen, die nicht größer als ein Zitronenkern sind. Das feine, mit Spitzen versehene Laub ist graugrün und verschwindet rasch nach der Blüte. Die Blüten erscheinen zu Beginn des Frühjahrs und haben zwei aufwärts gebogene Sporne, die reinweiß und gelb sind.

Dicentra formosa

Diese Pflanze wird etwa 50 cm hoch und 30 cm breit. Zarte, rosa und rote Blüten entstehen im Frühjahr und Sommer an schlanken, gebogenen Trieben. **'Alba'** ist eine weißblütige Form.

Dicentra 'Langtrees'

Das silbrige, farnartige Laub dieser kräftigen Kulturform ist vom Frühjahr bis Hochsommer gekrönt von weißen Blüten, die rosa schattiert sein können. Sie bildet üppige, 30 cm hohe und 50 cm breite Büschel und ist frosthart.

Diascia rigescens

Dicentra 'Luxuriant'

Diese außerordentlich hübsche Kulturform wird 30 cm hoch und etwa 50 cm breit. Sie hat sattgrüne, 30 cm lange Blätter, über denen im Frühjahr und Sommer hängende, weinrote Blüten zu schweben scheinen.

Dicentra scandens
Syn. *Dicentra thalictrifolia*

Diese mehrjährige Kletterpflanze kann mit Hilfe ihrer Ranken höher als 3,5 m wachsen, wird jedoch normalerweise im Garten auf einer Höhe von etwa 1 m gehalten. Sie hat hellgrüne Blätter und bildet im Sommer und Herbst Blütenstände mit gelben Blüten, die grüne Spitzen haben. Es gibt aber auch seltene Formen mit weißen Blüten und rosa oder purpurroten Spitzen.

D

Dicksonia antarctica

Dicksonia fibrosa

Dichelostemma ida-maia

Dichondra micrantha

Dichorisandra thyrsiflora

Dicentra spectabilis

Dicentra spectabilis 'Alba'

Dicentra spectabilis

TRÄNENDES HERZ

Diese bekannte, mehrjährige und frostharte Gartenpflanze wird 60–90 cm hoch und 40–60 cm breit. An langen, bogenförmigen Stengeln entstehen im späten Frühjahr und Sommer rosa und weiße, herzförmige Blüten. Nach der Blüte stirbt das Laub gewöhnlich ab. **'Alba'** ist eine reinweiße Form mit grüngelbem Muster und hellgrünen Blättern, die man am besten aussät.

DICHELOSTEMMA

Diese mit *Brodiaea* verwandte Gattung, zu der sie früher gehörte, umfaßt sieben im Westen der USA heimische Arten, die Zwiebeln und Sproßknollen bilden. Auf schlanken, aufrechten, blattlosen Schäften, die 1 m hoch werden, trägt sie dichte, endständige Blütenstände mit röhren- oder sternförmigen Blüten. Die schmalen, riemenartigen Blätter sind grundständig. An einem sonnigen, geschützten Standort erträgt sie Frost. Sie wirkt am besten in Gruppen.

PFLEGE UND VERMEHRUNG: Die Knollen pflanzt man im Herbst an einen sonnigen Standort in durchlässige Erde. Die Pflanze gießt man, bis die Blüten welken. Danach hält man sie trocken. Die Vermehrung erfolgt durch Ableger oder Aussaat im Frühjahr und Herbst. Die Pflanzen sind nicht frosthart.

Dichelostemma ida-maia

Syn. *Brodiaea ida-maia*

Auf einem schlanken Schaft stehen bis zu 20 karmesinrote, röhrenförmige Blüten mit jeweils sechs Kronabschnitten mit gelben und grünen Spitzen. Die halb aufrechten Blätter dieser kaum frostharten Pflanze sind grundständig.

Dichelostemma pulchellum

Syn. *Dichelostemma capitatur, Brodiaea capitata, B. pulchella*

Der schlanke, blattlose Schaft dieser Art wird 60 cm lang. Er trägt dichte Blütenstände mit hellvioletten, glockenförmigen Blüten, die knapp 4 cm lang werden und tief purpurrote Hochblätter besitzen. Die halb aufrechten, schmalen Blätter sind grundständig.

DICHONDRA

Diese Gattung mit etwa zehn Arten gehört zur Familie der Windengewächse *(Convolvulaceae)*. Als Bodendecker ist die nicht sehr ansehnliche Pflanze mit unscheinbaren grünen und weißen Blüten recht nützlich; in den Tropen und Subtropen wird sie anstelle von Rasen verwendet. Man kann sie betreten, doch erträgt sie keine zu großen Belastungen.

PFLEGE UND VERMEHRUNG: Um diese – nicht winterharten – Pflanzen als Rasenersatz zu verwenden, muß der Boden gepflegt und humusreich sein. Alle Unkräuter müssen vor der Anpflanzung entfernt werden, da dies später schwerfällt. Sie brauchen sonnige Standorte und reichlich Wasser. Die Vermehrung erfolgt durch Aussaat oder Teilung.

Dichondra micrantha

Diese mehrjährige Art stammt aus Neuseeland und Australien und bildet einen schönen, weichen Rasen, der sich bestens für schattige Plätze unter Bäumen eignet. Die Pflanze bildet an den Knoten des Stengels Wurzeln und breitet sich so aus. Die Blätter sind etwa 1 cm groß und nierenförmig. Im Frühjahr bilden sich unauffällige grüne Blüten. Die Art wird oft mit der ähnlichen *Dichondra repens* verwechselt, doch hat diese grüne, nicht graue Blattunterseiten.

DICHORISANDRA

Diese Gattung, eng verwandt mit *Tradescantia*, umfaßt etwa 25 mehrjährige, in Mittel- und Südamerika heimische Arten. Sie besitzen weiche Äste mit glänzendgrünem oder beige gestreiftem Laub. Die kleine, becherförmige Blüte ist purpurrot oder blau, die fleischige Frucht orange.

PFLEGE UND VERMEHRUNG: In warmgemäßigten Regionen wachsen die Pflanzen auf durchlässigem Boden an schattigen Stellen. Sie ertragen keinen Frost und müssen in kühlen Gebieten im Gewächshaus überwintern. Andauernde Feuchtigkeit ist notwendig, auch im Sommer. Aus im Frühjahr abgeteilten Pflanzen oder im Sommer genommenen Stecklingen kann man Nachwuchs ziehen.

Dichorisandra reginae

Die aufrechten Stengel dieser horstbildenden, mehrjährigen Art werden 30 cm hoch. Sie entwickelt dunkelgrüne, etwa 20 cm lange Blätter, die auf der Unterseite purpurrot und zumeist silbrig gefleckt sind. Im Sommer und Herbst entstehen kleine, dichte Rispen mit blauvioletten Blüten.

Dichorisandra thyrsiflora

Diese mehrjährige Schmuckstaude hat ingwerartige Zweige, bedeckt von scheidigen Blattbasen. Sie hat glänzende, dunkelgrüne, 30 cm lange Blätter, die an den aufrechten Ästen spiralig angeordnet sind. Im Herbst bildet sie dichte Rispen blauvioletter Blüten. Sie wird bis zu 2,5 m hoch und 1 m breit.

DICKSONIA

BAUMFARN

Baumfarne kommen verbreitet in den feuchten Tropen in Gebirgen mit viel Nebel und Sprühregen vor. Es sind echte Farne, sie unterscheiden sich von den meisten anderen Farnen durch den senkrechten Stamm. Die Wedel haben eine flaumige Basis und sind gewöhnlich groß und mehrfach gefiedert. Die Gattung umfaßt 30 große, immergrüne oder halbimmergrüne Arten aus Malaysia und Australien. *Dicksonia squarrosa* aus Neuseeland wächst in Breiten, die denen von Mitteleuropa entsprechen.

PFLEGE UND VERMEHRUNG: Die frostharten bis frostempfindlichen Pflanzen benötigen Windschutz und torfigen, feuchten Boden in der Sonne oder im Halbschatten. Trockenheit vertragen sie nicht. Die Vermehrung erfolgt im Sommer durch Sporen.

Dicksonia antarctica

Die Wildform dieses Baumfarns aus Südostaustralien wird 15 m hoch, erreicht einen Stammdurchmesser von 1 m und trägt bis zu 3 m lange, dunkelgrüne Wedel. In der Kultur überschreitet er selten 3 m Höhe. Er ist wenig frosthart und benötigt einen feuchten, geschützten Standort. Der aufrechte Stamm ist von faserigen Wurzeln bedeckt und bietet für epiphytische Orchideen und andere Farne einen idealen Standort.

Dicksonia fibrosa

Nur sehr langsam wächst dieser neuseeländische Baumfarn zu einer Höhe von über 5 m heran. Er entwickelt dunkelgrü-

Dicksonia squarrosa

Dicliptera suberecta

ne, gebogene Wedel von 1,5–2,5 m Länge. Den kräftigen Stamm überzieht während des Wachstums eine dicke, filzige Lage faseriger, braunroter Luftwurzeln. Die Pflanze bevorzugt eine kühle, feuchte Umgebung.

Dicksonia squarrosa

Diese neuseeländische Art ist mäßig frosthart und wächst in Kolonien, die andere Pflanzen zurückdrängen können. Der braunrote, flaumige Stamm wird über 4,5 m hoch und 3 m breit. Ihre drei bis vier tiefgrünen, auf der Unterseite heller gefärbten Wedel sind über 1 m lang. Sie benötigt Feuchtigkeit, Halbschatten, feuchten Boden und Schutz vor Frost und Wind.

DICLIPTERA

Ungefähr 150 einjährige Arten – Stauden, Halbsträucher oder Kletterpflanzen – umfaßt diese Gattung aus der Familie der Akanthusgewächse *(Acanthaceae)*. Sie sind über die meisten tropischen und subtropischen Regionen der Erde verbreitet. Die ungeteilten, ganzrandigen Blätter sind gegenständig. End- oder achselständig entstehen Blütenstände mit röhrenförmigen Blüten.
PFLEGE UND VERMEHRUNG: In Gegenden mit Frostgefahr sollte man die Pflanzen im Gewächshaus überwintern oder durch Stecklinge vermehren, die nach dem letzten Frost im Freien leicht wieder anwachsen.

Dicliptera suberecta

Syn. *Jacobinia suberecta, Justicia suberecta*

Als einzige Art dieser Gattung wird diese aus Uruguay stammende Pflanze weitverbreitet kultiviert. Sie bildet einen weichholzigen, niederliegenden Halbstrauch von 60 cm Höhe. Die Äste und Blätter sind von grauem Filz bedeckt, auf dem die röhrenförmigen, orangeroten Blüten gut zur Geltung kommen. Sie entstehen vom Spätsommer bis Herbst. Die Art eignet

Dictamnus albus

Dicliptera suberecta

sich gut als Topfpflanze und erträgt auch leichten Schatten.

DICTAMNUS

DIPTAM

Dem Buche »Exodus« des Alten Testaments zufolge sprach Gott zu Moses am Berg Sinai durch einen brennenden Dornbusch, der vom Feuer nicht verzehrt wurde. Theologen betonen, auf die Art des Strauches komme es nicht an, da es sich um ein Wunder handele. Gärtner sind jedoch sicher, daß es sich um *Dictamnus albus* handelt. Bei Hitze steigt so viel ätherisches Öl von den Blättern auf, daß es beim Entzünden mit einer Stichflamme verpufft, der Strauch jedoch nicht beschädigt wird. Als einzige Art der Gattung ist sie im Mittelmeerraum und gemäßigten Asien heimisch.
PFLEGE UND VERMEHRUNG: Die mehrjährige Art benötigt viel Sonne und fruchtbaren, durchlässigen Boden, verträgt keine Störung und wird durch frisches Saatgut vermehrt.

Dictamnus albus

Syn. *Dictamnus fraxinella*

BRENNENDER BUSCH, DIPTAM, GASPFLANZE

Diese mehrjährige, verholzte Art trägt im Frühsommer Trauben duftender, sternförmiger Blüten, die weiß, rosa oder lila sind und lange Staubblätter besitzen. Sie ist frosthart und wird über 1 m hoch und

Dierama pulcherrimum

fast ebenso breit. Die Blätter sind glänzend hellgrün. ***Dictamnus albus* var. *purpureus*** (Syn. D. *a.* var. *rubra*) besitzt purpurrosa Blüten mit purpurroten Adern.

DIEFFENBACHIA

DIEFFENBACHIE

Diese Gattung mit etwa 30 Arten stammt aus der Familie der Aronstabgewächse *(Araceae)*. Die immergrünen, mehrjährigen Pflanzen aus dem tropischen Amerika werden oft als Zimmerpflanzen kultiviert. Ihre großen, ovalen Blätter sind häufig mit beigeweißen oder gelben Streifen und Flecken gemustert. Ihr Saft läßt Mund und Zunge stark anschwellen.
PFLEGE UND VERMEHRUNG: Diese Pflanzen sollten durch Besprühen feucht gehalten und im Winter von Fenstern ferngehalten werden, um Temperaturextreme zu vermeiden. Um Wurzelfäule zu verhindern, sollte die Pflanzerde oberflächlich trocknen. Vermehrt werden sie durch Wurzelstecklinge oder Stammstecklinge, die man waagerecht auf Kompost legt.

Dieffenbachia seguine

Syn. *Dieffenbachia maculata, D. picta*

Diese robuste, bis 1,3 m hohe Pflanze hat große, paddelförmige, tiefgrüne Blätter, die entlang der seitlichen Adern spärlich mit weißen Flecken besetzt sind. Die weißgrünen Blüten sind unauffällig und entstehen nur bei schwachem Licht. **'Amoena'** hat kräftiggrüne Blätter mit beigeweißen Streifen und ist zwischen den Adern marmoriert. **'Rudolph Roehrs'** wird 1 m hoch mit grüngelben Blättern mit einer grünen Mittelrippe und grünen Rändern, **'Tropic Marianne'** besitzt gelbgrüne Blätter, eine weiße Mittelrippe und einen grünen Rand.

Dierama pendulum 'Album'

Dierama pulcherrimum 'Album'

DIERAMA

TRICHTERSCHWERTEL

Aus der Familie der Schwertliliengewächse stammt diese Gattung mit etwa 40 immergrünen, mehrjährigen Arten aus dem tropischen Afrika und Südafrika. Aus Knollen wachsen Büschel grasähnlicher, bis 1 m langer Blätter. Unter dem Gewicht der Blütenrispen biegen sich die zarten, drahtigen Blütentriebe wie Angelruten. Diese hübsche Pflanze gedeiht und wirkt am besten in Wassernähe. Es gibt verschiedene Hybridformen.
PFLEGE UND VERMEHRUNG: In kühlen Gebieten verlangen diese Pflanzen einen geschützten, sonnigen Standort und fruchtbaren, durchlässigen Boden. Sie sind wenig frosttolerant und verübeln jede Störung. Die Vermehrung erfolgt durch Teilung der Knollen im Frühjahr oder durch Aussaat im Frühjahr oder Herbst.

Dierama pendulum

Syn. *Dierama ensifolium*

Diese mehrjährige Art aus Südafrika hat über 1 m hohe Schäfte und etwa halb so lange, grasähnliche Blätter. Die sommerblühenden glockenförmigen Blüten sind rosa oder rot gefärbt und bilden eine überhängende Rispe. **'Album'** bildet weiße Blüten.

Dierama pulcherrimum

Ebenfalls aus Südafrika stammt diese aufrechte, sommerblühende Art mit immergrünen, riemenartigen Blättern. Die gebogenen, bis 1,5 m langen Schäfte tragen große Büschel röhren- oder glockenför-

D. seguine 'Tropic Marianne'

Dieffenbachia seguine

miger, tiefrosa, karminrot oder weiß gefärbter Blüten, die größer als die von *D. pendulum* sind. **'Album'** ist weißblütig.

DIERVILLA

Diese Gattung aus Nordamerika mit drei Arten sommergrüner Sträucher, die kaum über 1 m hoch werden, ist mit *Weigela* verwandt, hat jedoch weniger auffällige Blüten. An neuen Trieben entstehen in Blattachseln oder endständig Blütenstände geißblattähnlicher, gelber Blüten. Aufgrund ihrer Ausläufer kann sie zum Befestigen von Böschungen oder als Bodendecker genutzt werden.
PFLEGE UND VERMEHRUNG: Sie sind frosthart, ertragen unterschiedliche Böden und werden in die pralle Sonne oder im Halbschatten in durchlässigen Boden gepflanzt und vor dem Ausschlagen zurückgeschnitten. Die Vermehrung erfolgt durch Stecklinge oder Teilung.

Digitalis ferruginea

Diervilla sessilifolia

Aus dem Südosten der Vereinigten Staaten stammt diese 1,5 m hohe und mindestens ebenso breite Art. Das Laub hat rötliche Nerven. Im Sommer bildet sie paarweise zweilippige, schwefelgelbe Blüten. An exponiertem Standort kann das Laub im Herbst attraktive Farbtöne annehmen. ***Diervilla* × *splendens*,** eine Hybride aus *D. sessilifolia* und *D. lonicera*, ähnelt ersterer sehr stark, besitzt jedoch keine roten Blattadern.

DIETES

Diese in Südafrika und Ostaustralien heimische Gattung umfaßt sechs immergrüne, mehrjährige, rhizombildende Arten. Sie werden vor allem wegen ihrer hübschen, irisähnlichen Blüten angepflanzt, die gewöhnlich nur einen Tag blühen, doch werden ständig neue Knospen nachgebildet. Die ledrigen, aufrechten, schwertförmigen Blätter stehen in Büscheln. Früher wurde die Gattung zu *Moraea* gezählt, doch unterscheiden sie sich durch die Rhizombildung.
PFLEGE UND VERMEHRUNG: Alle Arten gedeihen im Halbschatten oder in der Sonne und bevorzugen humusreichen, durchlässigen Boden, der nicht leicht austrocknet. Sie sind kaum frosthart und dienen als niedrige Heckenpflanzen, die sich rasch ausbreiten und durch Aussaat im Frühjahr oder Teilung im Herbst vermehrt werden.

Dietes bicolor
Syn. *Moraea bicolor*

Manchmal wird *Dietes bicolor* als »Spanische Iris« bezeichnet, doch stammt sie weder aus Spanien (sondern aus Südafrika), noch ist sie eine Iris. Die etwa 90 cm hohe Pflanze besitzt schwertförmige, hellgrüne Blätter. Im Frühjahr und Sommer erscheinen blaßgelbe Blüten. Die drei größeren Kronblätter tragen zentrale, braune Zeichnungen.

Digitalis grandiflora

Digitalis lanata

Digitalis grandiflora

Digitalis × mertonensis

Dietes bicolor

Dietes grandiflora

Bis zu 1 m hoch und breit wächst diese Art. Sie trägt 10 cm große, weiße, irisähnliche Blüten, die hellviolett und orangegelb gemustert sind. Die Blüte im Frühjahr und Sommer dauert mehrere Tage. Sie wurde oft mit der kleinwüchsigeren *Dietes iridioides* verwechselt, in den letzten Jahren jedoch konnte die Identität geklärt werden.

Dietes iridioides
Syn. *Dietes vegeta, Moraea iridioides*

Auf verzweigten, drahtigen Stengeln trägt diese Art 5–10 cm große, irisähnliche Blüten, die weiß mit zentralem, gelben Muster sind. Sie wird 1,2 m hoch und 30–60 cm breit. Die grundständigen Blätter stehen fächerartig in dichten Büscheln. Sie bevorzugt einen halbschattigen Standort unter hohen, lichten Bäumen.

Dietes robinsoniana
Syn. *Moraea robinsoniana*

Als höchste Art dieser Gattung trägt diese mehr als 2 m lange und knapp 10 cm mittelgrüne Blätter. Sie ist eine der frostempfindlichsten Arten und benötigt eine warm-gemäßigte oder subtropische Umgebung. Die großen, reinweißen Blüten haben zentral blaßgelbe Flecken und entstehen an aufrechten, 1,5 m hohen Blütenständen. Die einzelne Blüte ist kurzlebig, doch entstehen sie über einen langen Zeitraum ständig neu.

DIGITALIS
FINGERHUT

Die 22 zwei- und mehrjährigen Arten, einige von ihnen immergrün, stammen aus Europa, Nordafrika und Westasien. Die röhrenförmigen, zweilippigen Blüten stehen in großen Trauben und blühen in vielen Farben: rot, purpurrot, weiß, beige, gelb, rosa und lavendelblau. Die Blätter sind ungeteilt, mittelgrün und ganzrandig oder gezähnt. Seit langem sind die medizinischen Eigenschaften des Fingerhuts wohlbekannt, noch heute dient er zur Behandlung von Herzleiden.
PFLEGE UND VERMEHRUNG: Die wenig bis vollständig frostharten Pflanzen gedeihen am besten im Halbschatten in humusreicher, durchlässiger Erde in kühlem Klima. Nach der Frühjahrsblüte schneidet man die Blütenstengel zurück, um eine zweite Blüte zu ermöglichen. Die Vermehrung erfolgt durch Aussaat im Herbst oder Teilung. Er vermehrt sich rasch selbst.

Dietes grandiflora

Dietes iridioides

Digitalis ferruginea
ROSTIGER FINGERHUT

Diese robuste Pflanze, etwa 1,2 m hoch, ist zweijährig oder kurzlebend mehrjährig. Ihre Blätter sind relativ schmal und kräftig grün. Im Sommer entsteht die trompetenförmige Blüte. Sie ist goldbraun mit dunkleren, rotbraunen Adern.

Digitalis grandiflora
Syn. *Digitalis ambigua, D. orientalis*
GROSSBLÜTIGER FINGERHUT

Dieser hübsche, zweijährige oder auch älter werdende Fingerhut trägt im Früh- bis Hochsommer hellgelbe Blüten, wird bis zu 1 m hoch und hat tiefgrüne Blätter mit auffallenden Adern. Die Sorte **'Dwarf Temple Bells'** (Syn. 'Temple Bells') ist eine kleinere Form, hat aber größere, blaßgelbe Blüten.

Digitalis lanata
WOLLIGER FINGERHUT

Diese zweijährige oder kurzlebend mehrjährige Art blüht im Hoch- und Spätsommer. Die in Gruppen stehenden Stengel werden bis zu 90 cm hoch. Die Blüten sind ungewöhnlich, aber hübsch: hellbeige bis braun sowie feingeädert mit brauner Innenseite und hell beiger Unterlippe.

Digitalis lutea
GELBER FINGERHUT

Auch dieser elegante, 60 cm hohe, mehrjährige, gruppenbildende Fingerhut aus Europa blüht während des Sommers. Seine Blüten, ungewöhnlich weiß bis kanarigelb, sind im Schlund gewöhnlich purpurrot gepunktet. Die dunkelgrünen, glänzenden Blätter sind unbehaart. Er wird auch für medizinische Zwecke angebaut.

Digitalis × mertonensis

Die frostharte Hybride zwischen *Digitalis grandiflora* und *D. purpurea* bildet knapp 1 m hohe und 30 cm große Gruppen. Im Sommer trägt sie über einer Rosette weicher, haariger, ovaler Blätter Trauben mit röhrenförmigen, rosa bis lachsroten Blüten. Zur Vermehrung sollte man die Pflanze nach der Blüte teilen.

Digitalis purpurea

ROTER FINGERHUT

Dies ist der bei uns wohlbekannte Fingerhut: Eine mehrjährige, jedoch kurzlebige, frostharte, aufrechte Pflanze von 1–1,5 m Höhe und etwa 60 cm Breite. Die Blüten sind purpurrot, rosa, rosarot, weiß oder auch hellgelb. Die tiefgrünen, rauhen, ovalen Blätter bilden eine Rosette. Alle Teile der Pflanze sind giftig, besonders die Blätter. Als Zuchtformen gibt es viele einjährige Beetpflanzen, sehr beliebt sind die **Excelsior-Hybriden** in verschiedenen Farben. ***Digitalis purpurea* f. *albiflora*** hat reinweiße Blüten, die innen manchmal braun gepunktet sind. Normalerweise wird sie ausgesät, besonders wenn sie von anderen farbigen Formen getrennt wächst.

DILLENIA

Hauptsächlich in den tropischen Regionen Asiens, Afrikas, Madagaskars und Australiens wächst diese Gattung mit 60 Arten immergrüner Bäume und Sträucher mit großen, auffällig geaderten, ledrigen Blättern. Die hübschen, gelben oder weißen Blüten mit fünf Kronblättern stehen einzeln oder in Rispen. Die vergrößerten, fleischigen Kelchblätter umhüllen die saftige Frucht. Sie spenden Schatten und werden wegen des schönen Laubs, der Blüten und der Früchte angepflanzt. Die Früchte finden Verwendung bei der Herstellung von Currysorten, Gelees und Eingemachtem.

PFLEGE UND VERMEHRUNG: Die frostempfindlichen Pflanzen benötigen Sonne, tropisches Klima und viel Wasser, sowie humusreichen, feuchten, aber durchlässigen, sauren bis neutralen Boden sowie als Jungpflanze etwas Schatten. Sie sind aus Samen zu vermehren, wachsen mäßig schnell und lassen sich jung gut verpflanzen.

Digitalis purpurea

Digitalis purpurea f. *albiflora*

Dillenia alata

Dillenia alata

Aus den feuchten, tropischen Gebieten Nordaustraliens stammt dieser immergrüne, etwa 10 m hohe Baum. Sein Stamm ist gekrümmt und verzweigt sich tief, die rote Rinde ist schuppig. Er hat dicke, glänzende Blätter und gelbe, knapp 10 cm große Blüten. Am besten gedeiht er in den Tropen, wo er auch salzige Küstenluft erträgt.

Dillenia indica

Aus Indien und Südostasien stammt dieser auffällige, 15 m hohe Baum, dessen 15 cm großen, beigegelben Blüten duften. Er bildet einen ausladenden Schirm aus großen, dunkelgrünen, bis 75 cm langen Blättern mit vorstehenden, parallelen Blattnerven. Die Frucht ähnelt unreif einem grünen Apfel; reif ist sie 15 cm groß und eßbar.

Dillenia suffruticosa

Diese Art stammt aus dem Malaiischen Archipel und wird 10 m hoch. Ihre Blätter besitzen auffallende, parallele Nerven und sind etwa 25 cm lang. Die gelbe Blüte ist 10 cm groß.

Dillenia indica

Dillenia suffruticosa

Dimorphotheca pluvialis

Dionaea muscipula

DIMORPHOTHECA

KAPKÖRBCHEN

Die sieben Arten ein- und mehrjähriger Kräuter sowie immergrüner Halbsträucher aus Südafrika tragen nach dem Winter farbenprächtige Korbblüten. Sie sind gut für Steingärten und Beete geeignet.

PFLEGE UND VERMEHRUNG: Sie benötigen sonnige Standorte und fruchtbaren, durchlässigen Boden; sie vertragen Salz. Die Blüten öffnen sich nur in der Sonne. Nach der Blüte wird die Pflanze leicht beschnitten. Einjährige vermehrt man durch Aussaat im Frühjahr, Mehrjährige durch Stecklinge im Sommer. In Gegenden mit feuchten Sommern droht Pilzbefall.

Dimorphotheca pluvialis

Syn. *Dimorphotheca annua*

Diese niederliegende, einjährige Art bildet im Frühjahr kleine Blütenköpfchen, die oben schneeweiß, unten purpurrot sind und eine braunrote Mitte besitzen. Sie wächst langsam und wird 20–30 cm hoch und breit.

Dimorphotheca sinuata

Syn. *Dimorphotheca aurantiaca* hort., *D. calendulacea*

Bis zu 30 cm hoch und breit wird diese aufrechte, einjährige Art. Sie besitzt grob gesägte, löffelförmige, bis 10 cm lange Blätter. Die Korbblüten sind in der Mitte gelb, die äußeren Strahlenblüten orange (manchmal auch an der Basis gelb). In mildem Klima blühen sie im Winter und Frühjahr, ansonsten erst während des Sommers.

DIONAEA

VENUSFLIEGENFALLE

Die bekannte fleischfressende Pflanze ist die einzige Art der Gattung. Die Blattrosetten überschreiten selten 20 cm Durchmesser, während der Blütentrieb etwa 30 cm hoch wird. Die aus fünf Kronblättern bestehende Blüte ist weiß und gut 1 cm groß. Jedes Blatt hat zwei flache Lappen mit steifen Stacheln entlang des Randes. Winzige Drüsen scheiden ein Sekret aus, das Insekten anlockt. Ist das Insekt gelandet, berührt es auf jeder Blattseite drei Haare, und die Falle schließt sich. Das Insekt wird durch das Drüsensekret verdaut. Lediglich der Chitinpanzer bleibt übrig und wird nach Öffnen der Falle fortgeweht.

PFLEGE UND VERMEHRUNG: Die Pflanzen sind nicht frosthart und stehen am besten in wassergesättigtem Torf in direkter Sonne. Die Entfernung von Blütentrieben und toten Fallen regt die Bildung neuer Fallen an. Um sie in Aktion zu sehen, kann man sie mit kleinen Stücken Käse oder Fleisch füttern. Ohne tierisches Protein blüht sie nicht. Vermehrt wird sie durch Aussaat, Blattstecklinge oder Teilung im Frühling.

Dionaea muscipula

Diese rosettenbildende, mehrjährige Art aus dem Südosten der USA wächst dort in Sümpfen. Die rundlichen Blätter sind

Dionysia involucrata

Dioon edule

Dioscorea elephantipes

Diospyros virginiana

Diospyros virginiana

Diospyros kaki

gelbgrün oder rot und haben geflügelte Stiele. Wie zahlreiche andere fleischfressende Pflanzen ist sie Verschmutzung gegenüber sehr empfindlich und wird immer seltener.

DIONYSIA

Zur Familie der Primelgewächse gehört diese Gattung mit 42 Arten, die in trockenen Gebirgen Südwest- und Zentralasiens vorkommt. Die von vielen Liebhabern geschätzten Pflanzen bilden Kissen und wachsen gewöhnlich in feuchten, schattigen Felsspalten. Die röhrenförmigen Blüten werden zum Ende hin flach.
PFLEGE UND VERMEHRUNG: Sie gedeihen nur in Gegenden mit kühlen oder kalten Wintern. Da sie Schutz vor Nässe auf den Blättern brauchen, zieht man sie am besten abgedeckt in Töpfen oder in Felslöchern. Die Kissen müssen auf grobem Kies wachsen, da sie sonst faulen. Die Vermehrung erfolgt durch Aussaat oder Teilung.

Dionysia aretioides

Diese hübsche Pflanze entwickelt dichte Kissen aus graugrünen Rosetten, die im Frühjahr von zahlreichen hellgelben Blüten überdeckt sind. Sie gilt als eine der leichter zu kultivierenden Arten der Gattung und wird gut 5 cm hoch und 30 cm breit.

Dionysia involucrata

Auch diese Art, die dichte Kissen aus kräftiggrünem Laub bildet, gilt als einfach zu kultivieren. Im Frühsommer bildet sie Massen von violetten oder rotvioletten Blüten mit weißen, im Alter dunkleren Augen.

DIOON

Palmfarne *(Cycadaceae)* gehören zu den ältesten bekannten Pflanzengruppen. Die zu ihr zählende Gattung *Dioon* mit etwa zehn in Mexiko und Honduras endemischen, jedoch heute äußerst seltenen Arten wird wegen ihrer urzeitlichen Erscheinung gezüchtet. Der griechische Gattungsname wird »Di-o-on« ausgesprochen und bedeutet »zwei Eier«, nach der Form der Samen. Die immergrünen, gezähnten, gefiederten Wedel stehen in einer grundständigen Rosette oder an der Spitze eines rauhen, bis 10 m hohen Stamms. Weibliche Exemplare haben einen großen Samenzapfen, männliche einen Pollenzapfen.
PFLEGE UND VERMEHRUNG: Palmfarne sind frostempfindlich und wachsen gut auf durchlässigem Boden in der Sonne. Beschneiden zerstört die Symmetrie. Die Vermehrung geschieht durch Aussaat oder Ableger.

Dioon edule

MEXIKANISCHER PALMFARN

Diese Art mit hübschen, graugrünen Blättern mit stacheligen Blättchen wird weithin kultiviert. Der dicke Stamm kann 3–3,5 m hoch werden. In dem 30 cm starken Zapfen wachsen eßbare Samen. Die Pflanze kann fast unbegrenzt lange im Topf gezogen werden, ist jedoch schwierig zu verpflanzen.

DIOSCOREA

YAMSWURZEL, YAM

Nach dem griechischen Arzt Dioscorides wurde diese sehr große Gattung benannt. Sie umfaßt etwa 600 Arten aus den Tropen und einigen gemäßigten Regionen. Viele von ihnen bilden giftige Knollen, doch werden etwa zehn Arten angebaut, deren Knollen nach dem Kochen eßbar sind. Yams sind schlanke Kletterpflanzen, die Knollen über und unter der Erde bilden. Die wechselständigen Blätter sind herzförmig, die kleinen Blüten stehen in Trauben manchmal in größeren Blütenständen. Die Kapselfrüchte enthalten geflügelte Samen.
PFLEGE UND VERMEHRUNG: Die frostempfindlichen Pflanzen müssen gestützt werden und benötigen durchlässigen, fruchtbaren Boden mit einem zur Pflanzzeit hohen Anteil organischer Stoffe. Die Wachstumsperiode beträgt sieben bis zwölf Monate, je nach Art. Gräbt man die Knollen nicht aus, wachsen sie jahrelang. Die Vermehrung erfolgt durch Aussaat, Teilung oder kleine Stücke des oberen Teils alter Knollen, die zwei bis drei Knospen enthalten sollten.

Dioscorea alata

Als wichtigste kultivierte Yamswurzel wird diese Art fast überall auf den Karibischen Inseln und in Westafrika angebaut. Sie hat spitze, herzförmige Blätter und trägt am Stiel häufig Bulbillen, die man zur Vermehrung nutzen kann. Jede Pflanze bildet bis zu drei Knollen mit brauner Haut und weißem Fleisch. Die gut lagerfähigen Knollen sind bei den verschiedenen Kulturformen unterschiedlich geformt, enthalten viel Stärke und bis zu 70 % Wasser.

Dioscorea bulbifera

Diese schlanke, rankende Pflanze aus dem tropischen Afrika, Asien und Nordaustralien ist eine dekorative, zarte Kletterpflanze für tropische Gärten. Sie hat drahtige, bis 1 m lange Stengel und hellgrüne, herzförmige Blätter mit auffälligen Blattnerven. In den Blattachseln befinden sich Bulbillen. Jedes Jahr nach der Blüte und Fruchtreife stirbt sie bis auf ein überdauerndes Wurzelsystem ab.

Dioscorea elephantipes

Syn. *Testudinaria elephantipes*

ELEFANTENFUSS

Obwohl diese Art einst von den Ureinwohnern Südafrikas verzehrt wurde, wird sie heute hauptsächlich von Sukkulenten-Liebhabern gezüchtet. *Dioscorea elephantipes* ist eine Kletterpflanze mit herzförmigen Blättern, besonders auffallend ist jedoch die enorm große Knolle, deren dicke, korkige Borke stark zerklüftet ist. Die Pflanze benötigt tiefen, durchlässigen Boden und idealerweise semiarides Klima. Auch im Gewächshaus gedeiht sie bestens.

DIOSPYROS

DATTELPFLAUME

Mehrere hundert Arten meist immergrüner Bäume aus den Tropen und Subtropen sowie mehrere sommergrüne Arten aus dem gemäßigten Asien und Amerika gehören zu dieser Gattung. *Diosporos ebenum* aus Sri Lanka lieferte das jetzt seltene Ebenholz. Viele Arten, vor allem *D. digyna* und die japanische und amerikanische Persimone, haben eßbare Früchte. Alle besitzen kräftige Äste, ganzrandige Blätter sowie Blüten mit zurückgebogenen Kronblättern und einem blattähnlichen Kelch, der sich während der Fruchtreife vergrößert. Für eine gute Ernte sollte man Pflanzen beiderlei Geschlechts anpflanzen.
PFLEGE UND VERMEHRUNG: Sie sind frosthart bis – vor allem in der Jugend – empfindlich. Sie benötigen durchlässigen, feuchten Boden und im Wachstum viel Wasser. Schutz vor Wind ist nötig, da sie brüchig sind. Die Vermehrung erfolgt durch Aussaat.

Diospyros digyna

SCHWARZE PERSIMONE

Dieser immergrüne, bis fast 20 m hohe Baum wächst wild in Mexiko und Mittelamerika, ist jedoch auch im tropischen Asien eingebürgert worden. Seine Blätter werden 20 cm lang, die duftenden Blüten sind klein und weiß. Die 10 cm große, Vitamin-C-reiche Frucht reift schnell von olivgrün zu schwarz.

Diospyros kaki

KAKIPFLAUME

Der aus China stammende, sommergrüne, etwa 6 m hohe Baum mit ausladenden Ästen wird in Japan seit Jahrhunderten kultiviert. Es gibt viele Kulturformen. Seine dunkelgrünen, ovalen Blätter werden im Herbst gelb bis tieforange. Die kleinen Blüten sind beige, die Früchte orange oder gelb. Sie werden knapp 10 cm groß und haben wohlschmeckendes, süßes Fruchtfleisch.

Diospyros virginiana

PERSIMONE

Dieser Baum kann in Auwäldern in Flußtälern seiner Heimat, dem Osten der USA, über 30 m Höhe erreichen. Angepflanzt wird er gewöhnlich 5–10 m hoch. Er hat beige Blüten und 3,5 cm große, süße, eßbare Früchte, die reif orange oder purpurrot werden. Sein dauerhaftes Holz (»Weißes Ebenholz«) wird sehr geschätzt.

DIPELTA

Vier Arten aus China bilden diese Gattung sommergrüner Sträucher. Nur eine davon wird in westlichen Gärten gezüchtet, und sogar diese ist recht unbekannt. Sie sind verwandt mit *Weigela* und *Kolkwitzia* und

Dipelta floribunda

ähneln ihnen auch. Die Blütenstände bestehen aus glockenförmigen, reich gemusterten Blüten. Die Früchte sind zum Teil von zwei Hochblättern umhüllt.
PFLEGE UND VERMEHRUNG: Sie sind frosthart, bevorzugen Sonne, frische, fruchtbare, durchlässige Böden und brauchen Windschutz. Sie werden durch Aussaat oder Stecklinge vermehrt.

Dipelta floribunda

Dieser bis 3 m große Strauch aus den Mittelgebirgen Chinas besitzt einen holzigen Stamm und eine helle, abblätternde Rinde. Die Blätter sind breit und weich. In großen, hängenden Büscheln stehen die 3,5 cm großen, hellrosafarbenen, duftenden Blüten. Sie sind außen dunkelrosa und besitzen im Schlund ein orangegelbes Muster.

DIPHYLLEIA

SCHIRMBLATT

Es gibt lediglich drei großblättrige, krautige, mehrjährige Arten, von denen zwei im Osten der USA und eine in Japan und China vorkommt. Der wissenschaftliche Name bedeutet »zweiblättrig«, denn aus dem großen, knotigen Wurzelstock wächst ein Stengel mit lediglich zwei Blättern. Diese stehen mehr oder weniger waagerecht und sehen schirmartig aus. Der Rand eines solchen, bis knapp 50 cm großen Blattes ist gezähnt oder gezackt. In der Gabel zwischen den beiden Blättern sprießt ein langer Stengel mit dem Blütenstand weißer, sternförmiger Blüten, die in der Größe von den Blättern deutlich übertroffen werden.
PFLEGE UND VERMEHRUNG: Schirmblätter sind frosthart und lassen sich in Waldgebieten auf feuchtem, humusreichem, schattigem Boden leicht ziehen. Die Vermehrung geschieht durch Aussaat oder Teilung des Wurzelstocks.

Diphylleia cymosa

Aus dem Osten der USA stammt diese etwa 1 m hohe Pflanze, die hübsche, bis 60 cm große, fünf- bis siebenlappige Blätter besitzt. Im späten Frühjahr und Frühsommer entstehen weiße Blüten. Die Fruchtstände mit blauen Beeren stehen zur Reifezeit auf roten Stengeln.

DIPLARRENA

Diese australische Gattung aus der Familie der Schwertliliengewächse umfaßt zwei immergrüne, mehrjährige, irisähnliche Arten mit Rhizom. Die schwertförmigen Blätter wachsen in grundständigen Büscheln. Im späten Frühjahr entstehen Blütenstände duftender, kurzlebiger Blüten.

Diplarrena latifolia

PFLEGE UND VERMEHRUNG: Die mäßig frostharten *Diplarrenas* können in kühlen Gebieten im Freien wachsen, in strengen Wintern jedoch nur im Gewächshaus. Sie mögen Sonne oder Halbschatten sowie feuchte, aber durchlässige, sandige, humusreiche Böden. Die Vermehrung erfolgt durch Aussaat oder Teilung im Frühjahr.

Diplarrena latifolia

Nur in den Bergen Tasmaniens kommt diese mehrjährige, 30 cm hohe und fast ebenso breite Art vor. Sie trägt auf drahtigen Stengeln weiße, irisähnliche, purpur- und gelbgemusterte Blüten. Ihre graugrünen Blätter sind kürzer und breiter als die von *Diplarrena moraea*.

Diplarrena moraea

Ebenfalls aus Tasmanien und Südostasien stammt diese bis 60 cm große Art mit riemenartigen Blättern und weißen Blüten mit purpurrotem und gelbem Zentrum. Im Frühjahr und Sommer entstehen sie in Blütenständen von zwei bis drei Blüten an drahtigen, aufrechten Stielen.

DIPOGON

Zur Familie der Schmetterlingsblütler *(Fabaceae)* gehört die einzige Art dieser Gattung. Die mehrjährige, dicht beblätterte Kletterpflanze stammt aus Südafrika, hat sich aber in einigen Gebieten Australiens unkrautartig ausgebreitet. Sie wird zur Gründüngung verwendet.
PFLEGE UND VERMEHRUNG: Sie gedeiht auf durchlässigem Boden an einem warmen, sonnigen Standort und wird durch Aussaat vermehrt.

Dipogon lignosus

Syn. *Dolichos lignosus*

Die Art hat 3 m hohe, windende Stengel. Ihre Blätter bestehen aus drei ovalen Teilblättchen. Während des Sommers entstehen in Dreier- bis Sechsergruppen purpurrote oder rosa Schmetterlingsblüten.

Dipogon lignosus

DIPSACUS

KARDE

Diese mit *Scabiosa* verwandte Gattung besteht aus 15 zwei- oder mehrjährigen Arten, die in Europa, Nordafrika und dem gemäßigten Asien vorkommen. Sie haben rauhe, stachelige, gegenständige Blätter. Die kräftigen Stengel verzweigen sich zu langstieligen, aufrechten, walzenförmigen Blütenköpfchen. An der Basis eines solchen Köpfchens befindet sich ein Kreis langer, dorniger Hochblätter. Die kleinen, weißen, rosa oder purpurroten Blüten öffnen sich nacheinander von der Basis her. Jede Blüte besitzt ein eigenes, kleines Hochblatt. Obwohl sie als Wildpflanzen oder Unkraut bekannt sind, verwenden Landschaftsgärtner sie wegen ihres statuenhaften Erscheinungsbildes.
PFLEGE UND VERMEHRUNG: Karden gedeihen gut auf durchlässigem, mäßig fruchtbarem Boden in der Sonne oder in leichtem Schatten. Sie sind frosthart und breiten sich rasch aus. Ihre Vermehrung erfolgt durch Aussaat.

Dipsacus fullonum

Syn. *Dipsacus sylvestris*

WILDE KARDE

Europa und Westasien sind die Heimat dieser bekannten stacheligen Wildstaude. Sie ist zweijährig und wird bis 2 m hoch. Zunächst besitzt sie eine Rosette aus langen, spitzen Blättern, die mit Beginn der Blüte vertrocknen. Die Blätter am Stiel sind kürzer. Vom Hoch- bis Spätsommer entstehen langgestielte Blütenköpfchen, knapp 10 cm lang. Hellviolette Blüten entstehen zwischen kleinen, gebogenen Hochblättern, die noch lange nach der Blüte erhalten bleiben.

Dipsacus sativus

Syn. *Dipsacus fullonum* subsp. *sativus*

WEBERKARDE

Nur als Kulturpflanze ist diese zweijährige Art bekannt. Botaniker glauben aber, daß sie von der wilden Mittelmeerart ***Dipsacus ferox*** abstammt. In den meisten Merkmalen ähnelt sie *D. fullonum*, doch sind die kleinen Hochblätter, die die Blütenköpfchen bedecken, kürzer, breiter und an der Spitze leicht hakenförmig. Aus diesem Grund wurden ihre getrockneten Köpfchen nach der Blüte zum Kämmen von Wollstoffen benutzt. Die elastischen Haken richten beim Ziehen durch den Stoff das Haar auf. Sie wird heute als Trockenblume verwendet.

Dipsacus fullonum

Dipsacus sativus

D

DISA

Aus Süd- und Ostafrika sowie Madagaskar stammt diese terrestrische Orchideengattung mit 125 Arten. Die Pflanzen wachsen aus knolligen Wurzeln und bestehen aus einem belaubten Stengel mit endständigem Blütenstand. Während die sechs Arten aus der westlichen und südwestlichen Kapprovinz Südafrikas erfolgreich kultiviert werden, sind die Arten anderer Gebiete sehr schwer zu halten. Sie sind bekannt für ihre oft großen, farbenprächtigen Blüten, die rot, rosa, gelb und weiß getönt sein können.
PFLEGE UND VERMEHRUNG: Mit etwas Vorsicht lassen sich die sechs bekanntesten Arten und ihre Hybriden leicht ziehen. Das Pflanzsubstrat – grober Sand oder eine Mischung aus Torf und Perlit – sollte durchlässig, aber nie trocken sein und regelmäßig Wasser mit einem pH-Wert von 4,5 bis 6 erhalten. Im Halbschatten und bei hoher Luftfeuchtigkeit wächst sie am besten. Ausreichende Belüftung und eine kühle bis warme Umgebung mit geringen Temperaturschwankungen sind erforderlich. Thripse können die Pflanze befallen. Durch Teilung läßt sie sich vermehren.

Disa Diores

Disa Diores bezeichnet die Hybride aus ***Disa*** **Veitchii** und *D. uniflora*, die 1898 entstand. *D.* Veitchii ist selbst eine Kreuzung zwischen ***D. racemosa*** und *D. uniflora*. *D.* Diores treibt bis zu zehn langlebi-

Disa Diores

Diplarrena moraea

ge, etwa 10 cm große Blüten, die rosa oder rot, manchmal auch etwas gelb sind. Sie ist als Schnittblume beliebt und bildete den Ursprung weiterer Hybriden.

Disa-Hybriden

Aus den ursprünglich sechs kultivierten Arten entstanden über 80 Hybriden, die in vielen Sammlungen vertreten sind. Die hierzu verwendeten Arten sind ***Disa cardinalis, D. caulescens,*** *D. racemosa*, ***D. tripetaloides,*** *D. uniflora* und ***D. venosa.*** Die farbenprächtigen und langlebigen Blüten werden für den Blumenhandel genutzt. **'Inca Princess'** trägt Trauben aus rosa und beigefarbenen, schwach purpurrot geäderten Blüten.

Disa uniflora

Syn. *Disa grandiflora*

In der Kapprovinz Südafrikas wächst diese terrestrische Art an Bachufern und feuchten Standorten in geringer Höhe. Der beblätterte Sproß ist robust und wird etwa 80 cm hoch. Der Blütenstand besteht aus ein bis vier großen, langlebigen Blüten, die etwa 10 cm groß sind und im Sommer und Herbst blühen. Sie sind gewöhnlich rot, doch gibt es auch gelbe und orange Formen. Diese eindrucksvolle Art war an der Entwicklung vieler *Disa*-Hybriden beteiligt.

DISANTHUS

DOPPELBLÜTE

Aus lediglich einer einzigen Art – einem sommergrünen, hübschen Strauch – besteht diese japanische Gattung. Die fast runden Blätter haben eine auffällige bläuliche Unterseite. Die kleinen Blüten, die im Herbst, wenn sich das Laub färbt, paarweise an älteren Zweigen entstehen, haben streifenartige, purpurrote Kronblätter. Sogar im Sommer sind die stark geaderten Blätter bronzefarben, im Herbst jedoch nehmen sie eine metallisch bronzerote Farbe an und werden schließlich rot oder orange.

Disa-Hybride, 'Inca Princess'

Disanthus cercidifolius

PFLEGE UND VERMEHRUNG: Obwohl *Disanthus* recht frosthart ist, wird ein geschützter Standort und tiefer, feuchter, Boden benötigt. Die Samen, die in kleinen Kapseln entstehen, können zur Vermehrung verwendet werden; besser sind Stecklinge.

Disanthus cercidifolius

Dieser langsamwachsende, ausladende Strauch erreicht 3 m und mehr. Seine steifen, drahtigen Äste verzweigen sich von der Basis gewöhnlich mehrfach. Die gut 1 cm großen Blüten duften zart.

DISCARIA

Die dornigen, immergrünen Sträucher dieser Gattung sind eng mit *Colletia* verwandt, jedoch nicht ganz so dornig. Sie umfaßt 15 Arten, von denen eine in Neuseeland, zwei in den kühleren Gebieten Südostaustraliens und die übrigen im Süden Südamerikas vorkommen. Diese Verteilung läßt vermuten, daß sich diePflanzengruppe auf dem alten, südlichen Superkontinent Gondwana entwickelte, von dem sich diese Landmassen später abtrennten. *Discarias* sind wuchernde Sträucher, deren Seitenäste zu gegenständig angeordneten Dornen wurden. Einige Arten haben gut entwickelte, glatte und glänzende Blätter, andere haben fast keine Blätter, die grünen Zweige übernehmen die Photosynthese. Die Blütenstände kleiner, glockenförmiger, weißer oder grüngelber Blüten duften zart und stehen entlang der Zweige. Ihnen folgen knopfartige Samenkapseln.

PFLEGE UND VERMEHRUNG: Einmal angewachsen, sind die Pflanzen mäßig frosthart. Sie ertragen mageren, sogar sumpfigen Boden und werden durch Aussaat oder Stecklinge vermehrt.

Discaria toumatou

Dieser dichtwuchernde, dornige Strauch ist für Steingärten geeignet und kann 4,5 m hoch werden, obwohl er in seiner

Discaria toumatou

Disporum flavens

Distictis buccinatoria

Heimat Neuseeland in größeren Höhen gewöhnlich Polster bildet. Er besitzt kleine, weiße, duftende Blüten und nur wenige Blätter. Die Zweige sind photosynthetisch aktiv.

DISPORUM

Die Gattung *Disporum* umfaßt zehn bis 20 elegante, hübsche Arten, die dem Salomonssiegel (*Polygonatum*) ähneln und mit ihm verwandt sind. Sie sind in den Wäldern der USA, Ostasiens und des Himalaja heimisch. Ihre kriechenden Rhizome können weite Strecken überwinden. Die überhängenden Stengel sind oft leicht verzweigt und tragen hübsche, wechselständige Blätter. Unterhalb der Stengel hängen die glockenförmigen Blüten. Sie können weiß bis grüngelb sein.

PFLEGE UND VERMEHRUNG: Als Waldpflanze brauchen sie einen kühlen, schattigen Standort auf lockerem, organischem Material. Sie sind für tropische oder trockene Gebiete ungeeignet und werden durch Aussaat oder Teilung vermehrt.

Disporum flavens

Diese mehrjährige Waldpflanze aus Korea wächst in Horsten, die 80 cm hoch und 30 cm breit werden. Sie hat hübsche, lanzettliche Blätter und bildet im Frühjahr bis zu drei hängende, hellgelbe Blüten pro Stengel. Im Herbst trägt sie kleine, schwarze Beeren.

Disporum smilacinum

Ebenfalls Korea, aber auch Japan ist die Heimat dieser 40 cm hohen und 30 cm breiten Art. Sie ist spärlich verzweigt und besitzt ovale oder längliche, bis 7 cm lange Blätter. An jedem Stengel entstehen im Frühjahr ein oder zwei hängende, becherförmige, weiße Blüten.

DISTICTIS

Syn. *Phaedranthus*

Die neun Arten dieser Gattung aus der Familie der *Bignoniaceae* sind kräftige, auffällige Kletterpflanzen, die aus Mexiko und von den Karibischen Inseln stammen. Sie gedeihen nur in frostfreiem Klima. Die röhren- oder trompetenförmigen Blüten entstehen im Frühjahr oder Sommer und können, je nach Art, weiß, hellviolett oder dunkelrot sein. Auf einer rauhen Oberfläche als Kletterhilfe finden sie genügend Halt.

Disporum smilacinum

Dodecatheon jeffreyi

Dodecatheon meadia

PFLEGE UND VERMEHRUNG: Diese Pflanzen lieben sonnige Standorte sowie feuchte, aber durchlässige Böden. Sie brauchen im Frühjahr einen Rückschnitt, im Sommer viel Wasser. Ihre Vermehrung geschieht durch Aussaat, Stecklinge oder Ausläufer.

Distictis buccinatoria

Syn. *Bignonia cherere, Phaedranthus buccinatorius*

Diese holzige, immergrüne Pflanze aus Mexiko klettert etwa 4,5 m hoch. Im Frühjahr und Sommer trägt sie große Büschel trompetenförmiger, purpurroter Blüten. Die Ranken dieses kräftigen Kletterers heften sich an Mauern und Steinoberflächen.

Distictis 'Mrs Rivers'

Syn. *Distictis* 'Rivers'

Diese Art ist eine Kulturform oder Hybride mit tiefgrünen Blättern. Die Blüten, die im Frühjahr oder Sommer entstehen, sind hellviolett mit gelbem Schlund.

DODECATHEON

GÖTTERBLUME

Als westnordamerikanisches Äquivalent zu den europäischen Alpenveilchen ist diese Gattung mit etwa 14 mehrjährigen Arten ebenfalls mit den Primeln verwandt. Die meisten bilden Rosetten und werden etwa 40 cm hoch. Sie haben rosa oder weiße Blütenstände. Die Blütenblätter sind zurückgebogen, die Staubblätter ragen weit aus der Blüte.

PFLEGE UND VERMEHRUNG: Sie sind vollkommen frosthart und benötigen

Dodonaea boroniifolia

Dolichandrone heterophylla

Dolichandrone heterophylla

Halbschatten in feuchtem, durchlässigem, saurem Boden. Nach der Blüte brauchen viele eine Ruhephase. Die Aussaat sollte im Herbst, die Teilung im Winter stattfinden.

Dodecatheon hendersonii
Syn. *Dodecatheon latifolium*

Diese Art stammt aus Kalifornien und bildet während der Blüte im Frühsommer etwa 25 cm große Rosetten und wird bis 40 cm hoch. Auf kräftigen Sprossen stehen bis zu fünf rosaviolette Blüten. Jede einzelne trägt an der Basis einen weißen oder auch gelben Ring und ist in der Mitte dunkler getönt.

Dodecatheon jeffreyi

Von Kalifornien bis hinauf nach Alaska ist diese knapp 50 cm hohe Art verbreitet. Den Blütenstand krönen zahlreiche relativ kleine, purpurrote Blüten mit tiefpurpurnen Staubblättern. Die Blätter sind etwas klebrig und werden bis zu 30 cm lang.

Dodecatheon meadia

Benannt wurde diese bekannteste Art aus dem östlichen Nordamerika nach dem bedeutenden englischen Wissenschaftler Richard Mead (1673–1754), einem Mitbegründer der botanischen Forschung in Amerika. Sie trägt weiße, rosa oder auch violette, nickende Blüten, besitzt primelähnliche Rosetten hellgrüner Blätter und wird 15–50 cm hoch und bis etwa 50 cm breit.

Dodecatheon pulchellum
Syn. *Dodecatheon amethystinum*, *D. pauciflorum*, *D. radicatum*

Diese aus den Bergen des westlichen Nordamerikas stammende mehrjährige Art besitzt mittelgrüne, 20 cm lange Blätter in Rosetten. Pro Stengel bildet sie bis zu 30 tieflila Blüten. Es existieren weiße Formen und auch eine **'Red Wing'** genannte Varietät, die im Frühjahr und Frühsommer auf kräftigen Stengeln magentarote Blüten trägt.

DODONAEA

Diese ursprünglich fast ausnahmslos australische Gattung umfaßt 60 Arten immergrüner Bäume und Sträucher. Sie tragen geflügelte, hopfenartige Kapselfrüchte, die von den frühen europäischen Siedlern sogar zum Bierbrauen verwendet wurden. Zahlreiche Arten sind zweihäusig. Die Blüten sind klein und unauffällig, mehrere Arten entwickeln aber große Früchte.

PFLEGE UND VERMEHRUNG: Sie wachsen mit viel Licht und bevorzugen mäßig fruchtbare, durchlässige Erde. Sie sind zwar frostempfindlich, doch einige ertragen Dürre und Salzwinde. Im Frühjahr können sie beschnitten werden. Die Vermehrung erfolgt durch Aussaat oder Stecklinge.

Dodonaea boroniifolia

Bis zu 1,5 m hoch wird dieser buschige Strauch, der dunkelgrüne, farnartige Blätter mit klebrigen Fiederchen hat. Die unauffälligen Blüten bilden im Sommer hübsche, vierflügelige, rote Kapselfrüchte. Diese Art erträgt auch ausgedehnte Trockenperioden.

Dodonaea viscosa

Diese formenreiche Art hat elliptische oder linealische, leicht klebrige, hellgrüne Blätter mit gewelltem Rand. Die auffällige, gelbliche, dreiflügelige Kapsel entsteht in endständigen Fruchtständen und wird zur Reife braun, rosa oder purpurn. Dieser dicht- und schnellwachsende, durch Schnitt mehr als 3 m hohe, aufrechte Strauch eignet sich als Hecke oder Sichtschutz. **'Purpurea'**, eine bekannte, bronzefarbene Kulturform aus Neuseeland, hat purpurrote Fruchtkapseln.

DOLICHANDRONE

Diese kleine Gattung aus der Familie der *Bignoniaceae* besteht aus lediglich neun Arten von Sträuchern und kleinen Bäumen, die aus Afrika, Asien, Australien und von einigen Pazifikinseln stammen. Die meisten Arten entwickeln eine kräftige, matt- bis dunkelbraune, recht hübsch gemusterte Rinde. Die Blätter sind gefiedert, die Blütenstände aus trompetenförmigen Blüten entstehen an den Zweigspitzen. Sie sind gewöhnlich weiß und verströmen nachts einen angenehmen Duft.

PFLEGE UND VERMEHRUNG: Die Pflanzen mögen feuchte, humusreiche Erde in der Sonne oder im Halbschatten. Durch Aussaat oder Stecklinge können sie vermehrt werden.

Dolichandrone heterophylla

Dieser über 5 m hohe Baum aus Nordaustralien hat eine tief gefurchte, dunkelbraune Rinde. Die Blätter sind entweder lanzettlich und einfach oder aus 10 cm langen Fiedern zusammengesetzt. Die weißen, röhrenförmigen, etwa 3,5 cm langen Blüten erscheinen vom Frühjahr bis zum Hochsommer, tragen abstehende Kronzipfel mit gekräuseltem Rand und duften stark.

DOMBEYA

Diese Gattung umfaßt etwa 200 immergrüne, sommergrüne oder halbimmergrüne Sträucher oder kleine Bäume, von denen einige in Afrika, die meisten jedoch in Madagaskar heimisch sind. Nur einige Arten aus dem östlichen, sommerfeuchten Südafrika werden kultiviert. Die Blätter sind meist rundlich, herz- oder ahornförmig und tragen zumindest auf der Unterseite flaumige Haare. Die becherförmigen Blüten, die in Blütenständen die Krone verzieren, sind sehr hübsch und haben überlappende weiße, rosa oder rote Kronblätter. Sie werden rotbraun und überdauern an der reifen Kapselfrucht.

PFLEGE UND VERMEHRUNG: Die Pflanzen gedeihen in den meisten warmgemäßigten und subtropischen Gegenden mit feuchten Sommern. Sie brauchen fruchtbare, feuchte, aber durchlässige Erde. Die Arten sind kaum frosthart. Die Vermehrung erfolgt durch Aussaat im Frühjahr oder Stecklinge im Sommer.

Dombeya burgessiae

Diese Art kommt in Teilen Natals, Transvaals und Simbabwes vor und ist in der Regel ein nur 3–4,5 m hoher Strauch mit bereits am Boden dicht stehenden Ästen. Die großen, haarigen Blätter sind ahornartig gelappt. Vom Hochsommer bis zum Herbst entstehen in lockeren Blütenständen glockenförmige, hell bis tief rosarote Blüten.

Dombeya rotundifolia

Dombeya tiliacea

Dombeya × cayeuxii

Dieser Strauch ungewisser Herkunft hat möglicherweise *Dombeya burgessiae* als Mutterpflanze, denn er ist von ähnlicher Wuchsform, doch haben die Blattlappen längere Spitzen. Im Sommer und Herbst entstehen an den Zweigenden üppige, hellrosa Blüten in großen, kugeligen Rispen.

Dombeya rotundifolia

Dieser teilweise oder ganz laubwerfende, kleine Baum aus Südostafrika wird etwa 6 m hoch und bildet eine schirmähnliche Krone. Er hat rauhe Blätter, einen dicken Stamm mit rissiger Rinde und im Frühjahr üppige, weiße Blüten.

Dombeya tiliacea
Syn. *Dombeya natalensis*

Aus Natal im östlichen Südafrika stammt dieser buschige, etwa 5–10 m hohe, immergrüne, vielstämmige Baum mit schlanken, schwärzlichen Stämmen. Vom Herbst bis zum Frühjahr trägt er kleine, hängende Büschel mit reinweißen Blüten. Einige Blätter werden im Herbst rot.

Dombeya wallichii
HORTENSIENBAUM

Dieser immergrüne große Strauch oder kleine, verzweigte Baum aus Ostafrika und Madagaskar wird knapp 10 m hoch. Die leuchtendgrünen Blätter werden bis zu 20 cm lang. Seine 2,5 cm großen Blüten sind tiefrosa oder rot und hängen in dichten, kugelförmigen Rispen an langen Stielen.

Dombeya × cayeuxii

Dombeya burgessiae

D

Doodia aspera

Doodia media

Doronicum pardalianches

Doronicum columnae 'Miss Mason'

Doronicum orientale 'Magnificum'

DOODIA

Samuel Doody, britischer Chemiker und Botaniker, ist Namenspatron dieser Farngattung. Sie umfaßt elf terrestrische Arten aus Australien, Neuseeland und von einigen Pazifikinseln. Die schlanken, gefiederten Wedel fühlen sich rauh an, haben stark gesägte Fiedern, die jung rosarot sind. Die hübschen, kleinen Farne eignen sich als Garten- oder Topfpflanzen.

PFLEGE UND VERMEHRUNG: Es gibt frostempfindliche bis wenig frostharte Arten, die ein kühleres Klima bevorzugen. Sie werden in fruchtbare, feuchte Erde ohne direktes Sonnenlicht gepflanzt; später gedeihen sie auch in trockenerer Umgebung. Die Vermehrung erfolgt durch Sporen oder Teilung.

Doodia aspera

In den Wäldern seiner pazifischen Heimat wuchert dieser kleine Farn. Er hat ein kurzes, kriechendes Rhizom und wird etwa 30 cm hoch. Die aufrechten, an der Basis verbreiterten Wedel sind rauh und haben einen gesägten Rand. Junge Fiedern sind rosa oder rot. Er gedeiht im Schatten oder auch – wenn es feucht genug ist – in der Sonne.

Doodia media

Dieser niedrige, büschelige Farn wird 20–30 cm hoch und 60 cm breit und besitzt ein unterirdisch kriechendes Rhizom. Die jung kräftig rosaroten, gefiederten Wedel sind von Schuppen und Haaren bedeckt. Am lebhaftesten gefärbt sind sie in der vollen Sonne. Im Alter werden sie tiefgrün.

DORONICUM

GEMSWURZ

Die 35 mehrjährigen, krautigen Arten dieser Gattung sind über Europa, Westasien und Sibirien verbreitet. Sie werden wegen ihrer attraktiven leuchtendgelben Korbblüten, die im Sommer und Herbst in dem frischen, hellgrünen Laub entstehen, kultiviert. Die meisten Arten sind wegen ihrer geringen Größe hübsche Beetpflanzen, eignen sich aber auch hervorragend als Schnittblumen.

PFLEGE UND VERMEHRUNG: Sie sind frosthart und ertragen unterschiedliche Bedingungen, gedeihen jedoch am besten in frischer, aber nicht nasser, humusreicher Erde. Halbschatten oder Morgensonne wird bevorzugt, niemals stark dunkler Schatten. Die Vermehrung erfolgt durch Aussaat oder Teilung.

Doronicum columnae 'Miss Mason'

Diese großblütige Züchtung hat zur Mitte oder Ende des Frühjahrs leuchtendgelbe, bis 8 cm breite Blütenköpfe, die sich auf bis zu 60 cm langen Stengeln über die herzförmigen Blätter erheben.

Doronicum orientale 'Magnificum'

Diese mehrjährige Pflanze wird etwa 50 cm hoch und hat leuchtendgrüne, ovale Blätter. In der Mitte oder gegen Ende des Frühjahrs entstehen bis 5 cm große Blütenköpfchen. Diese Kulturform bleibt bei der Aussaat sortenecht.

Doronicum pardalianches

Syn. *Doronicum cordatum*

KRIECHENDE GEMSWURZ

Die mehrjährige Pflanze wird 1 m hoch und breitet sich ebenso weit aus. Die ovalen Blätter haben eine herzförmige Basis und werden über 10 cm lang. Leuchtendgelbe Blütenköpfchen entstehen im Frühjahr und Sommer an schlanken, verzweigten Stengeln.

DOROTHEANTHUS

Diese Gattung umfaßt etwa zehn einjährige, sukkulente Arten aus Südafrika aus der Verwandtschaft der Mittagsblumen. Sie sind ideal für Massenpflanzungen und Beete, denn sie bilden Matten und tragen im Sommer Unmengen von roten, rosafarbenen, weißen oder zweifarbigen Blüten mit dunklem Zentrum.

PFLEGE UND VERMEHRUNG: Die wenig frostharten Pflanzen sollten in durchlässigen Boden in volle Sonne, in kalten Gegenden erst nach dem letzten Frost gepflanzt werden; zur Verlängerung der Blühdauer entfernt man alte Blüten. Zur Vermehrung sät man Samen aus.

Dorotheanthus bellidiformis

Diese kleine, einjährige Sukkulente wird 15 cm hoch, 30 cm breit und hat fleischige, hellgrüne, bis 7 cm lange Blätter mit glänzender Oberfläche. Sie besitzt in heller Sonne leuchtendgelb, weiß, rot oder rosa gefärbte Blüten, die sich bei trübem Wetter schließen.

DORSTENIA

Zu den mehr als 170 mit *Ficus* verwandten Arten dieser Gattung, zerstreut verbreitet über die Arabische Halbinsel, Nordostafrika, Madagaskar, Indien sowie Süd- und Mittelamerika, gehören kleinwüchsige Bodendecker, strauchige Mehrjährige und aufrechte Sukkulenten mit verdicktem Stamm oder fleischigen, wasserspeichernden Blättern. Unscheinbare Blüten ohne Krone erheben sich auf einem flachen, untertellerartigen Blütenboden. Die meist giftigen Pflanzen werden zum Teil als Kuriositäten gezüchtet.

PFLEGE UND VERMEHRUNG: In zu nassen oder frostgefährdeten Regionen müssen diese Pflanzen im geheizten Gewächshaus gehalten werden. Sie werden durch Aussaat, Stecklinge oder Teilung vermehrt.

Dorstenia contrajerva

Dieser karibische Bodendecker wird in Gewächshäusern in der Regel in Bereichen mit wenig Licht gepflanzt. Die tief eingeschnittenen, bis 20 cm langen Blätter wurden als Fiebermittel, als Gegengift bei Schlangenbissen und als Tabakwürzung verwendet.

Dorotheanthus bellidiformis

DORYANTHES

SPEERBLUME

Die beiden großen, mehrjährigen *Doryanthes*-Arten von der Ostküste Australiens ähneln in der Gestalt Agaven und besitzen lockere Rosetten aus schwertförmigen, immergrünen Blättern. Sehr lange Triebe tragen endständig große, rote Blüten mit kurzer Röhre und abstehenden Kronblättern, deren Nektar Vögel anlockt. Obwohl sie bis zur Blüte zehn Jahre benötigen, sind sie beliebte Parkpflanzen warmer Gegenden.

PFLEGE UND VERMEHRUNG: Die frostempfindlichen Pflanzen gedeihen in praller Sonne oder im Halbschatten in warmer Umgebung auf lockerem, humusreichem Boden. Sie brauchen viel Wasser und werden durch Aussaat oder Teilung vermehrt.

Doryanthes excelsa

Als eines der größten Liliengewächse der Welt bildet dieses eine bis zu 2,5 m große Rosette schwertförmiger Blätter, aus der sich ein 6 m langer Sproß mit einem endständigen, fackelähnlichen, großen, runden Blütenstand tiefroter Blüten erhebt. Die Pflanze ist eine Attraktion für jeden großen tropischen Garten.

Doryanthes palmeri

Aus einer dichten Rosette lanzettlicher, hellgrüner, bis zu 3 m langer Blätter sprießt im Frühjahr der Blütenstengel bis zu 5 m hoch empor. Sein oberer Teil trägt zahlreiche scharlachrote, trichterförmige Blüten, die innen weiß sind.

DORYOPTERIS

SPEERFARN

Diese Gattung umfaßt etwa 25 tropische Farnarten, von denen nur einige kultiviert

Doryanthes excelsa

Doryanthes palmeri

Dovyalis caffra

Dovyalis hebecarpa

werden. Sie wachsen schopfig, und ihre Sori mit den Sporen ziehen sich auf der Unterseite der gelappten Wedel den Rand entlang. Da gewöhnlich kleinwüchsig, sind sie als Topfpflanzen oder für Steingärten geeignet.
PFLEGE UND VERMEHRUNG: Bei Frostgefahr müssen sie in Gewächshäusern gehalten werden. Anders als viele Farne bevorzugen sie mäßiges Gießen, geringe Feuchtigkeit und keine direkte Sonneneinstrahlung. Die Vermehrung geschieht durch Sporen oder Wurzelknollen.

Doryopteris pedata

Dieser attraktive Farn stammt aus den tropischen Regionen Amerikas und wird am häufigsten kultiviert. Man erkennt ihn leicht an den dunkelgrünen, dreieckigen Wedeln, die tief handförmig gelappt sind. Reife Wedel haben an der Basis der Blätter kleine Bulbillen. Bei durchschnittlichem Wachstum erreicht er eine Höhe und Breite von etwa 30 cm.

DOVYALIS

Ungefähr 22 Arten Bäume und Sträucher umfaßt diese weitgehend auf Afrika beschränkte Gattung. Die meisten sind dornig, besonders die Schößlinge und jungen Triebe. Die zweihäusigen Pflanzen besitzen ungeteilte, wechselständige Blätter. An den Zweigen stehen Blütenstände aus kleinen, grünlichen oder gelblichen Blüten. Die reif zumeist hellgelben, kugelförmigen Früchte sind eßbar und werden meist eingemacht. Gut geschnitten, bilden sich eindrucksvolle dornige Hecken.
PFLEGE UND VERMEHRUNG: Die frostempfindlichen Pflanzen gedeihen nur in subtropischem Klima und werden in fruchtbare, humusreiche, durchlässige Böden in die volle Sonne gepflanzt. Werden sie wegen der Früchte gepflanzt, okuliert man Stöcke mit weiblichen Knospen und setzt ein oder zwei männliche Pflanzen zur Befruchtung. Durch Aussaat oder Ableger vermehrt man sie.

Dovyalis caffra

Dovyalis caffra

Dieser immergrüne Strauch oder kleine Baum aus dem südlichen Afrika wird etwa 6 m hoch und breit. Er ist aufrecht, hat einen dornigen Stamm und kleine, glänzende, ovale Blätter, die gewöhnlich an der Basis der Dornen sitzen. Die Blüte ist gelblich und klein; die runde Frucht ist gelb und eßbar, aber sauer.

Dovyalis hebecarpa

Dieser buschige, kleine Baum wächst kräftig und wird 6 m hoch. Die samtigen Blätter haben eine gewellte Oberfläche sowie rote Stiele und Adern. Im Sommer und Herbst entstehen in den Blattachseln grüne Blüten, denen eine samtige, etwa 2,5 cm große Frucht folgt, die im Reifezustand gelblichgrün bis matt purpurrot, aber nicht sehr schmackhaft ist. Die Art wurde mit *Dovyalis abyssinia* gekreuzt, um eine wohlschmeckendere Hybride zu erzeugen.

DRABA
FELSENBLÜMCHEN

Draba ist eine vorwiegend arktische und alpine Gattung aus mehrjährigen oder gelegentlich auch einjährigen, rasen- oder polsterbildenden Pflanzen. Es existieren etwa 300 über die nördliche, gemäßigte Region und in einigen Gebirgen Südamerikas verbreitete Arten. Alpingärtner schätzen einige der Arten, die sehr dichte Polster bilden.
PFLEGE UND VERMEHRUNG: Die meisten Arten sind frosthart, brauchen viel Licht, durchlässigen Boden und Schutz vor Winternässe. In Steingärten, Kübeln oder in flachen Terracottatöpfen wirken sie sehr hübsch. Sie können durch Aussaat, Stecklinge oder vorsichtige Teilung vermehrt werden.

Draba aizoides
IMMERGRÜNES FELSENBLÜMCHEN

Diese formenreiche Art aus Großbritannien und den Gebirgen Mittel- und Südeuropas bildet gewöhnlich 10 cm hohe und 25 cm breite Polster. Im späten Frühjahr entstehen leuchtendgelbe Blüten. Sie ist eine der am leichtesten zu kultivierenden Arten.

Draba longisiliqua

Diese mehrjährige Art wächst zu 10 cm hohen und 25 cm breiten Polstern heran und stammt aus dem Kaukasus. Sie bildet dichte Rosetten aus kleinen, haarigen, grauen Blättern. Im Spätfrühjahr entstehen leuchtendgelbe Blüten auf langen Stengeln.

Draba rigida var. *bryoides*
Syn. *Draba bryoides*

Diese Art aus der Türkei und Armenien bildet 10 cm hohe und breite Polster. Sie bildet dichte Rosetten aus winzigen, dunkelgrünen Blättern mit eingerolltem Rand. An bis zu 10 cm langen Stengeln entstehen leuchtendgelbe Blüten.

Draba sachalinensis

Diese mehrjährige Art stammt aus dem äußersten Nordostasien und bildet Polster aus samtigen, mittelgrünen, verkehrt eiförmigen bis löffelförmigen Blättern. Die kleinen, weißen Blüten entstehen in dichten, bis 20 cm hohen Trauben.

DRACAENA
Syn. *Pleomele*

Viele dieser etwa 40 Arten immergrüner Bäume und Sträucher stammen aus dem äquatorialen Afrika und Asien. Wegen ihrer schlanken Stämme und schwertförmigen Blätter werden sie in Gewächshäusern oder als Zimmerpflanze gehalten und auch als »falsche Palmen« bezeichnet. Die Verwechslung mit *Cordyline*-Arten ist möglich.
PFLEGE UND VERMEHRUNG: Im Freien benötigen *Dracaenas* warm-feuchtes Klima, volle Sonne oder Halbschatten und lockeren Boden. Sie können im Frühjahr bis fast zum Boden zurückgeschnitten werden. Die Vermehrung erfolgt durch Aussaat oder Stamm- oder Kopfstecklinge. Schmierläuse befallen die Pflanzen gerne.

Dracaena draco
DRACHENBAUM

Dieser langsamwachsende Baum von den Kanarischen Inseln lebt lange, wird 10 m hoch und im Stammdurchmesser 1 m stark. Die Krone besteht aus Rosetten steifer, lanzettlicher, blaugrüner Blätter, die 60 cm lang und 5 cm breit werden. Den unauffälligen Blüten folgen im Sommer orangefarbene Früchte.

Dracaena fragrans 'Massangeana'

Diese panaschierte Form einer aus dem tropischen Afrika stammenden Art ist strauchig, spärlich verzweigt und kann wild mehr als 15 m hoch werden, in der Kultur jedoch erreicht sie in der Regel kaum die Hälfte davon. Die Blütenstände aus kleinen, beigefarbenen Blüten duften intensiv; die Früchte sind orangerot. Charakteristisch ist ein zentraler, gelber Streifen auf jedem Blatt.

Dracaena hookeriana

Aus Südafrika kommt dieser aufrechte, bis 2 m hohe Strauch, der nur wenig verzweigt ist. Die Blätter befinden sich gedrängt an den Enden der Stämme. Die Blätter sind bis zu 80 cm lang, waagerecht oder zurückgebogen mit weißem, durchscheinendem Rand. Den kleinen, weißen Blüten folgen orangerote Früchte.

Dracaena marginata

Dieser langsamwachsende Baum oder Strauch aus Madagaskar erreicht in warmen Gegenden gut 5 m Höhe. Seine schmalen, schwertförmigen Blätter haben einen roten Rand. Die Kulturform **'Tricolor'** mit beigefarbenem Streifen ist als Zimmerpflanze weit verbreitet. Diese Art verträgt etwas Schatten und niedrige Temperaturen, jedoch keinen Frost.

Dracaena draco

Dracaena marginata

Draba aizoides

Dracaena draco

Draba sachalinensis

Dracaena sanderiana

Der schlanke und aufrechte Strauch verzweigt sich schon an der Basis. Die bis zu 25 cm langen Blätter sind silbern panaschiert, oft zurückgebogen und haben einen welligen Rand. Die Panaschierung besteht aus Streifen entlang des Blattrandes. Die attraktive, ideale Topfpflanze stammt aus Kamerun.

DRACOCEPHALUM

DRACHENKOPF

Der deutsche Name ist die Übersetzung des wissenschaftlichen, griechischen Namens und bezieht sich auf die Ähnlichkeit der Blüte mit einem miniaturisierten Drachenkopf. Diese Gattung aus der Familie der Lippenblütler besteht aus 50 oder mehr Arten, beheimatet hauptsächlich im gemäßigten Asien, einige Arten kommen in Europa und Nordafrika vor, eine in Nordamerika. *Nepeta* (Katzenminze) ist die nächste Verwandte, doch ähnelt *Dracocephalum* im Gesamtbild sehr dem Salbei. Es existieren ein- und mehrjährige Arten, und wie nahezu alle Lippenblütler besitzen sie einen vierkantigen Stengel und beim Zerreiben aromatisch duftende, gegenständige Blätter. Endständig trägt der Sproß Wirtel mit zweilippigen Blüten, die in der Regel bläulich und rötlich sind. Die Unterlippe ist dreilappig.
PFLEGE UND VERMEHRUNG: Sie sind frosthart und im gemäßigten Klima in fruchtbarem, reichlich gewässertem Boden leicht zu ziehen. Sie lieben einen sonnigen, aber geschützten Standort. Durch Teilung großer Pflanzengruppen werden sie vermehrt.

Dracocephalum forrestii

Diese mehrjährige Art aus Westchina wächst knapp 50 cm hoch und wird 30 cm breit. Die Sprosse sind aufrecht und dicht beblättert. Sie bildet vom Spätsommer bis in den Herbst tief violettblaue Blüten mit weiß behaarter Außenseite.

Drimys winteri

Dracunculus vulgaris

Drimys winteri

Dracocephalum forrestii

Dracocephalum moldavica

Syn. ***Dracocephalum moldavicum***

Diese verzweigte, aufrechte, aromatisch nach Zitronen duftende Art ist einjährig, wird 60 cm hoch und 30 cm breit. Sie hat blauviolette bis purpurrote Blüten und wirkt sehr attraktiv in sommerlichen Gartenbeeten. Auch eine weiße Form gibt es. Ursprünglich aus Osteuropa, Zentralasien und Sibirien stammend, ist sie in Teilen Nordamerikas eingebürgert.

Dracocephalum ruyschianum

NORDISCHER DRACHENKOPF

60 cm hoch wird diese mehrjährige Art, die aus Europa und Nordasien stammt. Sie hat lanzettliche Blätter mit eingerolltem Rand und aufrechte, filzige Stengel. Die kräftig blauroten Blüten entstehen in kurzen Ähren im Hoch- und Spätsommer.

DRACULA

Die seltsamen Blüten dieser Gattung epiphytischer Orchideen ähneln einem Drachen. Die etwa 60 Arten wachsen in feuchten Wäldern in mäßiger Höhe von Südmexiko bis Peru und sind vor allem in Kolumbien reich vertreten. Die Pflanzen sind meist klein, haben kurze Triebe und lange, riemenartige Blätter. Die Blüten sind sehr auffällig: Ihre drei äußeren Blütenhüllblätter verbinden sich an der Basis zu einem breiten Becher, während ihre Enden lang und spitz ausgezogen sind.
PFLEGE UND VERMEHRUNG: Am besten wachsen sie in Hängekörben, weil viele Arten hängende Blüten haben. Das Pflanzsubstrat sollte durchlässig sein und sollte während des Jahres gleichmäßig gewässert werden. Ein schattiger Standort mit Luftbewegung ist von Vorteil. Die Vermehrung erfolgt durch Teilung.

Drosanthemum speciosum

Drosanthemum candens

Drosanthemum bellum

Dracula bella

Syn. ***Masdevallia bella***

Die kurzstieligen Blätter dieser mittelgroßen, epiphytischen oder terrestrischen Orchidee werden etwa 15–20 cm lang und 2,5 cm breit. Der hängende Blütenstand entspringt der Blattbasis, ist etwa 15 cm lang und hat eine einzelne, große, duftende, auffällige Blüte, die einschließlich der langgezogenen Spitzen der Blütenhülle 20 cm mißt. Sie blüht vom Sommer bis in den Winter und braucht eine kühle, feuchte Umgebung.

DRACUNCULUS

DRACHENWURZ

Zu dieser Gattung gehören drei Arten aus der Mittelmeergegend, von den Kanarischen Inseln und Madeira. Sie haben Wurzelknollen und sind eng mit der Gattung *Arum* verwandt, doch sind die Blätter handförmig geteilt und der Kolben ist wesentlich länger.
PFLEGE UND VERMEHRUNG: Obwohl *Dracunculus*-Arten ein wenig frosthart sind, sollten sie in kalten Gebieten im Winter durch Mulch geschützt werden. Sie benötigen durchlässige Böden in voller Sonne oder im Halbschatten und nur während der Wachstumsperiode viel Wasser. Die Vermehrung gelingt durch Aussaat oder Ableger.

Dracunculus vulgaris

Syn. ***Arum dracunculus***

DRACHENWURZ

Neben der Haustür macht sich diese Pflanze nicht besonders gut, da sie einen strengen, fauligen Geruch abgibt, der Fliegen zur Befruchtung anlockt. Sie stammt aus der Mittelmeerregion und wird 1 m hoch. Die großen, rotgeäderten Blätter sind tief zerteilt. Im späten Frühjahr trägt ein dicker Sproß eine oder mehrere Spathae, die bis 40 cm groß werden sowie außen grün und innen rot bis violettrot oder schwarz sind. Der Kolben ist violettrot bis schwarz.

Drosanthemum barwickii

DRIMYS

Diese Gattung besteht aus 30 Arten immergrüner Sträucher oder kleiner Bäume aus Süd- und Mittelamerika. Sie gehört zur kleinen Familie der *Winteraceae* und ist mit den Magnolien verwandt, die zu den stammesgeschichtlich ältesten Blütenpflanzengruppen zählen. *Drimys*-Arten haben endständige Blütenstände kleiner, sternförmiger Blüten und aromatisch duftende Blätter. Arten aus Australien und Papua-Neuguinea, die früher zu *Drimys* gehörten, zählen nun zur Gattung *Tasmannia*.
PFLEGE UND VERMEHRUNG: Diese nicht frostharten Pflanzen benötigen kühles Klima und einen geschützten Standort in fruchtbarer, feuchter, aber durchlässiger Erde. Die Vermehrung erfolgt durch Stecklinge im Sommer oder durch Ableger älterer Pflanzen.

Drimys winteri

WINTERRINDE

Diese als einzige in Kultur bekannte Art stammt aus Chile und Argentinien und kann über 15 m hoch werden; einige Strauchformen bleiben jedoch unter 2 m. Die hübschen, länglichen, ledrigen Blätter werden 20 cm lang und sind oberseits dunkelgrün, unterseits bläulich. Im Frühjahr trägt sie große Blütenstände duftender, beigefarbener Blüten mit zahlreichen Kronblättern.

DROSANTHEMUM

Diese mit *Mesembryanthemum* verwandte Gattung umfaßt etwa 95 mehrjährige, meist kriechende Sukkulenten aus Südafrika. Sie haben eine sich ausbreitende Wuchsform und sind unterschiedlich hoch, einige erreichen 1 m. Die fleischigen

Blätter sind dicht mit winzigen Papillen bedeckt. Die Blüten können rosa und gelb bis tiefviolett sein.
PFLEGE UND VERMEHRUNG: Die frostempfindlichen Pflanzen benötigen volle Sonne, um ihre Blüten zu öffnen. Sie werden in lockere Komposterde gepflanzt und im Sommer sparsam gegossen, im Winter kaum. Im Winter sollten die Töpfe im Zimmer einen warmen, sonnigen Platz finden. Die Vermehrung erfolgt durch Aussaat oder Stecklinge.

Drosanthemum barwickii

Diese Art wird 40 cm hoch und breitet sich über etwa 1 m aus. Vom Frühjahr bis zum Herbst trägt sie rosaviolette Blüten und besitzt kleine, schmale und längliche Blätter.

Drosanthemum bellum

Diese Pflanze bringt gelbe bis rosafarbene, bis 5 cm große Blüten hervor. Die grünen, lanzettlichen Blätter sind unterschiedlich lang. Die gesamte Pflanze wächst 1 m breit und 30 cm hoch.

Drosanthemum bicolor

Eine kugelige, bis 30 cm hohe Gestalt mit kräftigen Zweigen bildet diese schnellwüchsige, kurzlebige Pflanze. Sie hat kleine, gelbgrüne Blätter und im Frühjahr tiefrote Blüten mit goldenem Zentrum und roten Spitzen.

Drosanthemum candens

Syn. *Drosanthemum floribundum*

Kleinwüchsig und mattenbildend wird diese Pflanze 10–15 cm hoch; da sich die kriechenden Zweige bewurzeln, breitet sie sich unbegrenzt aus. Sie überwächst sogar Felsen und Bahndämme und ist als Topfpflanze, Bodendecker oder für Hängekörbe bestens geeignet. Die Zweige sind mit Paaren heller, graugrüner, zylindrischer Blätter besetzt. Im Sommer entsteht eine Fülle von rosavioletten Blüten.

Drosanthemum speciosum

Im Sommer bildet diese Art orangerote, bis 5 cm große Blüten. Sie hat kleine, hellgrüne, zylindrische Blätter mit stumpfen Enden. Sie wird 50 cm hoch und 1 m breit.

DROSERA

SONNENTAU

Ungefähr einhundert fleischfressende, mehrjährige Arten gibt es in dieser Gattung. Sie wachsen auf sehr sauren, feuchten bis nassen Böden. Klebrige Drüsenhaare auf der Blattoberfläche locken Insekten, die auf ihnen klebenbleiben. Sie beugen sich zur Beute und nehmen allmählich deren Nährstoffe auf. Der gabelblättrige Sonnentau *(Drosera binata)* ist sehr einfach zu züchten. Zu ihm gehört die attraktive Sorte **'Marston Dragon'** mit schmalen, grünen Blättern, auf denen rote Drüsenhaare glitzern.
PFLEGE UND VERMEHRUNG: Die Arten sind unterschiedlich frostempfindlich. Einige tropische benötigen geheizte Gewächshäuser, andere sind sehr kältetolerant. Sie sollten in einer feuchten bis nassen, nährstoffarmen Mischung aus Torfmoos und Sand wachsen und benötigen meist viel Licht. Ihre Vermehrung erfolgt durch Aussaat, Teilung oder durch Wurzelstecklinge.

Drosera binata

Drosera aliciae

Drosera aliciae

Diese südafrikanische, nicht winterharte Art wächst deutlich rosettig und wird bis zu 5 cm groß. Die dunkelgrünen Blätter tragen hellrote Drüsenhaare. Die rosa Blüten entstehen an feinen, bis knapp 50 cm hohen Stengeln.

Drosera anglica

LANGBLÄTTRIGER SONNENTAU

Obwohl der wissenschaftliche Name vermuten läßt, daß diese winterfeste Art nur in England vorkommt, ist sie doch über Europa, Asien und Nordamerika verbreitet. Die linealischen, hellgrünen Blätter sind mit hellroten Drüsen bedeckt. Die weißen Blüten entstehen im Sommer an 25 cm hohen Stengeln.

Drosera binata

GABELBLÄTTRIGER SONNENTAU

Dieser aus Südostaustralien stammende, aufrechtwachsende und frostempfindliche Sonnentau hat ein- bis zweimal gegabelte, bis 60 cm lange Blätter. Sie sind hellgrün bis rötlich und mit Drüsenhaaren bedeckt. Zahlreiche weiße oder rosa Blüten entstehen zwischen Frühjahr und Herbst an aufrechten, bis 80 cm hohen Blütenschäften.

Dryandra nobilis

Drosera capensis

Dryas octopetala var. *argentea*

Drosera capensis

Diese – nicht winterharte – Art wird 15 cm hoch und bildet kleine Rosetten aus schmalen, linealischen Blättern. Sie tragen empfindliche, rote Drüsenhaare, die ein Sekret absondern. Im Sommer entstehen an blattlosen Schäften viele kleine, tiefrote Blüten. Sie sollte nur Regenwasser erhalten, da sie gegenüber Leitungswasser empfindlich ist.

DRYANDRA

Eng mit *Banksia* verwandt, besteht diese Gattung aus etwa 60 Arten immergrüner, niederliegender Sträucher oder auch kleiner Bäume, die in Westaustralien vorkommen. Die dekorativen Blätter entwickeln sehr verschiedene Formen, sind jedoch generell steif, gelappt oder gezähnt und in den meisten Fällen stachelig. In großen, runden Blütenständen stehen die gelben, goldenen, orangefarbenen oder auch bronzenen Blüten, umgeben von teils andersfarbigen Hochblättern. Als Schnittblumen halten sie sehr lange und sind für Gestecke sowohl frisch als auch getrocknet exzellent geeignet.
PFLEGE UND VERMEHRUNG: Am besten wachsen die frostempfindlichen Arten in warmem, mittelmeerähnlichem Klima mit trockenen Sommern. Sie bevorzugen volle Sonne oder Halbschatten sowie mäßig gewässerten, durchlässigen, leichten, sandigen Boden mit wenig Nitrat und Phosphat. Die Aussaat erfolgt im Frühjahr.

Dryandra nobilis

Dieser runde, buschige Strauch wird 3 m hoch und breit und hat dunkelgrüne, bis 30 cm lange Blätter, die bis zur Mittelrippe in stachelige, dreieckige Lappen mit weißer Unterseite zerteilt sind. An den Zweigen entstehen im Winter und Frühjahr goldgelbe, fast 10 cm große Blütenstände.

Dryas octopetala

Dryas octopetala 'Minor'

DRYAS

SILBERWURZ

Dryas besteht aus lediglich drei Arten, heimisch in alpinen und arktischen Regionen der nördlichen Hemisphäre. Sie bilden dichte, immergrüne Matten aus niederliegenden Blättern, die Eichenlaub etwas ähneln und im Winter oft braun werden. Die auffälligen Blüten und Samenstände erheben sich mit kurzen Sprossen über den Boden.
PFLEGE UND VERMEHRUNG: Die kältetoleranten Pflanzen wirken attraktiv in Steingärten oder als Bodendecker; auch zwischen Pflastersteinen wachsen sie. Ihre Vermehrung erfolgt durch Stecklinge oder Aussaat in durchlässigen, humusreichen Boden in direkter Sonne oder im Halbschatten. In warmen Klimaten sind sie möglicherweise nicht befriedigend zu kultivieren.

Dryas octopetala

SILBERWURZ

Diese hübsche europäische Alpenpflanze bildet immergrüne Matten, die sich 1 m weit ausbreiten und zur Blütezeit 10 cm hoch werden. Die dunkelgrünen, gekerbten Blätter werden 5 cm lang. Im späten Frühjahr oder Frühsommer entstehen reinweiße, 5 cm große Blüten mit goldenen Staubblättern. Ihnen folgen ebenso attraktive flaumige, silberne Samenstände. ***Dryas octopetala*** **var.** ***argentea*** (Syn. *lanata*) hat beidseitig filzige Blätter, die Sorte **'Minor'** hat kleinere Blüten und Blätter.

Dryas × suendermannii

Aus Gärten stammt diese Kreuzung zwischen *Dryas octopetala* und *D. drummondii*. Sie wird etwa 10 cm hoch und bildet aus gelben Knospen leicht nickende, beigeweiße Blüten.

Dryopteris erythrosora

Dryopteris filix-mas

Dryopteris affinis

Dryopteris filix-mas 'Grandiceps Wills'

Dryopteris filix-mas 'Depauperata'

DRYOPTERIS

WURMFARN, DORNFARN

Die 200 sommer- oder halbimmergrünen terrestrischen Farne der Gattung wachsen gerne an Flüssen und Seen in den Wäldern der nördlichen Hemisphäre. Die meisten kultivierten Arten haben lange, gefiederte Wedel und sind hervorragend für den Garten oder als Topfpflanzen geeignet.
PFLEGE UND VERMEHRUNG: Sie benötigen Halbschatten, Windschutz und humusreichen Boden. Abgestorbene Wedel sollten entfernt, angewachsene Pflanzen behutsam gewässert werden. Die Vermehrung erfolgt im Sommer durch Sporen, im Herbst und Winter durch Teilung.

Dryopteris affinis

Syn. *Dryopteris borreri, D. pseudomas*

SPREUSCHUPPIGER WURMFARN

Die frostharte Art bildet aufrechte, 1 m hohe Wedel. Jung erscheinen sie goldfarben wegen der goldenen Schuppen der Mittelrippe. Aus den Wildformen aus Europa und Asien wurden zahlreiche Sorten mit gewellten, gebogenen und federartigen Wedeln abgeleitet, beispielsweise **'Cristata'** (Syn. 'Cristata The King') mit Kammbildung an den Fiederspitzen.

Dryopteris erythrosora

Kupfer- bis hellrote Wedel, die im Alter glänzendgrün werden, bildet dieser ostasiatische, frostharte Farn. Leuchtendrote Sporenlager bedecken die Unterseite der Wedel. Ein ausgewachsener Farn wird 50 cm hoch und 30 cm breit.

Dryopteris filix-mas

GEMEINER WURMFARN

Europa, Asien und Nordamerika sind die Heimat dieses sommergrünen oder halbimmergrünen, frostharten Farns. Er besitzt lanzettliche, gefiederte, elegant gebogene Wedel, die geraden, großen Rhizomen entspringen. Er wird über 1 m hoch und 0,3 m breit. **'Grandiceps Wills'** hat eine kammförmige Spitze, die fast so groß wie der Wedel ist, sowie fein gefiederte Blättchen. **'Depauperata'** wird 40 cm hoch und hat sattgrüne Wedel, die sich an der Spitze zueinanderbiegen.

Dryopteris goldieana

Die immergrünen, manchmal auch sommergrünen Wedel dieser nordamerikanischen, winterharten Art werden über 1 m lang. Das Rhizom ist gedrungen und leicht kriechend. Die doppelt gefiederten, hellgrünen Wedel besitzen dunkelbraune Schuppen mit hellem Rand.

Dryopteris marginalis

Steife und aufrechte bis leicht gebogene Wedel hat dieser nordamerikanische, frostharte Farn. Sie sind olivgrün, doppelt gefiedert und wachsen gebüschelt aus einem dichten zentralen Rhizom 30–60 cm hoch. Die Sporenlager entstehen am Rand der Blätter.

DUCHESNEA

INDISCHE SCHEINERDBEERE

In dieser Gattung gibt es sechs mehrjährige Arten, die mit den Erdbeeren eng verwandt sind und ihnen auch stark ähneln. Die Blätter sind in drei bis fünf Blättchen zerteilt. Durch lange, zarte Ausläufer, die weitere Rosetten bilden können, breitet sie sich vegetativ aus. Sie stammt aus Ost- und Südasien und unterscheidet sich von der Erdbeere durch gelbe statt weiße Blüten. Die Früchte sind trocken und ungenießbar.

PFLEGE UND VERMEHRUNG: Diese frostharten, anspruchslosen Pflanzen breiten sich aggressiv aus, so daß sie mit Bedacht gepflanzt werden sollten, am besten als Bodendecker in weniger gepflegten Gartenbereichen. Sie bevorzugen Halbschatten. Ihre Vermehrung erfolgt durch Teilung.

Duchesnea indica

Syn. *Fragaria indica, Potentilla indica*

INDISCHE SCHEINERDBEERE

Durch ihre Ausläufer vermehrt sich diese halbimmergrüne, mehrjährige, kriechende Art schnell und fast uneingeschränkt. Sie wird 10 cm hoch und ist als Bodendecker wie als Topfpflanze, für Beetränder und Hängekörbe geeignet, hat dunkelgrüne Blätter und im Frühjahr und Frühsommer 2,5 cm große, leuchtendgelbe Blüten. Im Spätsommer reifen dekorative, erdbeerähnliche, kleine, rote Früchte.

DUDLEYA

Diese eng mit *Echeveria* verwandte Gattung stammt aus den südwestlichen USA und Westmexiko. Sie besteht aus 40 Arten rosettenbildender, unbehaarter Sukkulenten, die gewöhnlich kleinwüchsig sind und ovale bis riemenförmige Blätter mit weißem, wasserabweisendem Wachsüberzug besitzen. In den Blattachseln entstehen Rispen roter, weißer oder gelber Blüten.
PFLEGE UND VERMEHRUNG: Die frostanfälligen Pflanzen müssen in lockeren, humusreichen Boden in direkte Sonne, Topfpflanzen in Kakteenerde gepflanzt werden. Die Vermehrung geschieht durch Aussaat. An Zimmerpflanzen können Schmierläuse auftreten.

Duchesnea indica

Dudleya brittonii

Diese mexikanische Art bildet Rosetten aus weißbestäubten, breiten, länglichen Blättern, die 25 cm erreichen können. Im Frühjahr und Sommer trägt sie an einem verzweigten, bis 1 m hohen Blütenspross eine Vielzahl sternförmiger, gelber Blüten.

Dudleya caespitosa

Diese Art stammt aus Zentralkalifornien, wird bis zu 20 cm breit und hat fleischige, längliche, zugespitzte Blätter, die 5–15 cm lang sind. Im späten Frühjahr oder Frühsommer entstehen an 60 cm langen Rispen weiße, gelbe oder rote sternförmige Blüten.

Dudleya pulverulenta

Diese Pflanze stammt aus Mexiko und bildet eine einzelne, 60 cm große Rosette. Sie erreicht eine Höhe von 1 m, hat silbergraue, längliche, spitze Blätter und bildet im Frühjahr oder Frühsommer an bis zu 80 cm hohen Trauben rote bis gelbe, sternförmige Blüten.

Dudleya virens

Diese Sukkulente stammt von den Küsten Kaliforniens und bildet Rosetten aus läng-

Dudleya caespitosa

Dudleya brittonii

Durio zibethinus

Dymondia margaretae

Duranta erecta

lichen, spitzen, 8–25 cm großen Blättern. Im Frühjahr und Sommer trägt sie an ihren 60 cm langen Blütensprossen weiße Blüten.

DURANTA

Von den etwa 30 Arten immergrüner Bäume und Sträucher dieser Gattung aus dem tropischen und subtropischen Amerika wird nur eine Art häufiger kultiviert. Nur die kräftigen Triebe tragen Dornen. Die quirligen oder gegenständigen Blätter sind oft gezähnt. In den oberen Blattachseln entstehen zarte Blütenstände. Die fünf Kronblätter jeder Blüte verjüngen sich zu einer kurzen Röhre. Die festen, fleischigen, orangefarbenen Beeren sind angeblich giftig.
PFLEGE UND VERMEHRUNG: *Duranta*-Arten sind sehr robust, jedoch nicht winterhart. Sie sollten in fruchtbarer, lockerer Erde in die Sonne gepflanzt werden. Man kann sie zu kleinen Bäumen oder Sträuchern zurückschneiden oder als Hecke anpflanzen und durch Aussaat oder Stecklinge vermehren.

Duranta erecta

Syn. *Duranta plumieri, D. repens*

Dieser einzelstämmige Baum mit dichten, leicht hängenden Zweigen kann 5–10 m hoch werden. Vom späten Frühjahr bis zum Herbst bildet die Art hell violettbläuliche Blüten mit dunkleren Streifen auf den zwei untersten Kronblättern und mit einem beigefarbenen »Auge«. Ihre Früchte sind gut 1 cm lang und reifen gleichzeitig im Spätsommer und Herbst mit den späten Blüten. Die Kulturform **'Variegata'** besitzt beigegeränderte, purpurgetönte Blätter. Die weißblühende **'Alba'** entwickelt nahezu ganzrandige Blätter.

DURIO

Diese Gattung umfaßt 20 oder mehr hohe, immergrüne Bäume aus dem tropischen Südostasien. Sie haben elliptische, mattgrüne, schuppige Blätter und tragen an älteren Zweigen gewöhnlich beigeweiße, stark duftende Blüten, die zweimal im Jahr blühen können. Einige von ihnen reifen zu großen, stachligen Früchten, die beim Herabfallen das stark riechende, eßbare Mark freigeben.
PFLEGE UND VERMEHRUNG: Die tropischen Pflanzen mögen keine Temperaturen unter 18 °C. Sie bevorzugen feuchten, humusreichen Boden mit direkter Sonne oder Halbschatten. Aussaat ist möglich, die besten Früchte bilden aber Kulturformen, die durch Pfropfen oder Okulieren entstehen.

Durio zibethinus

DURIANBAUM, ZIBETBAUM

Obwohl wegen des fauligen Geruchs seiner reifen Früchte berüchtigt, wird der Durianbaum in Asien häufig kultiviert; wild wird er bis 36 m hoch. Die 20 cm langen Blätter sind oberseits dunkelgrün, unterseits heller. Die Blütenstände aus drei bis 30 grünlichweißen oder rosa Blüten entspringen unmittelbar aus Stamm und Ästen. Die stachlige, grüne bis gelbe Frucht wird bis 40 cm lang.

DUVERNOIA

Diese Gattung immergrüner Sträucher aus der Familie der Akanthusgewächse besteht aus nur drei oder vier Arten und ist im tropischen und südlichen Afrika heimisch. Sie tragen große, leicht eiförmige, glatte Blätter mit gewelltem Rand. Die zweilippigen Blüten entstehen in dichten Ähren in den oberen Blattachseln. Sie sind wie die keulenförmigen Fruchtkapseln zart behaart.
PFLEGE UND VERMEHRUNG: Sie bevorzugen frostfreie Umgebung, humusreichen Boden und Halbschatten oder volle Sonne. Besonders im Sommer brauchen die windunempfindlichen Pflanzen viel Wasser. Ihre Vermehrung erfolgt im Sommer durch Stecklinge.

Duvernoia adhatodoides

Dieser kräftige, immergrüne Strauch wird 3 m hoch und 1 m breit. Seine eiförmigen Blätter sind etwa 25 cm lang. Während des Sommers und Herbstes trägt er in dichten Ähren eine Fülle von leicht duftenden, weißen bis hellvioletten Blüten mit tiefroten Streifen, vor allem im Schlund. Die reifen Kapseln zerplatzen mit lautem Geräusch.

DYCKIA

Diese Gattung rosettenbildender, auf dem Boden wachsender Bromelien umfaßt etwa 100 Arten und kommt vornehmlich in Brasilien, Paraguay und Argentinien vor. Die steifen, linealischen und am Rand stachligen Blätter dieser Pflanzen sind oft kräftig rot oder braun oder mit kleinen silbrigen Schuppen überzogen. Die glockenförmigen Blüten stehen in ährenoder rispenförmigen Blütenständen und sind gelb oder orange bis rot. Die Pflanzen bilden große Gruppen und sind in frostfreien Gegenden für Steingärten und Beete geeignet. In hellen Räumen gedeihen sie auch als Topfpflanzen.
PFLEGE UND VERMEHRUNG: Die Pflanzen sind auf frostfreie Standorte in voller Sonne und durchlässigen Boden angewiesen. Während der Wachstumsperiode benötigen sie mäßig, im Winter kein Wasser. In Töpfe pflanzt man sie – nicht zu tief – in Bromelien- oder Kaktuserde. Ihre Vermehrung geschieht durch Aussaat oder Teilung.

Dyckia brevifolia

Syn. *Dyckia sulphurea*

Feste, offene Rosetten aus schmal-dreieckigen, bis zu 20 cm langen Blättern bildet diese aus Südostbrasilien stammende Art. Im Frühjahr entstehen die kräftiggelben Blüten in Ähren an bis zu 45 cm hohen Schäften.

Dyckia encholirioides

Diese Art aus Küstenregionen Südbrasiliens bildet große Rosetten aus schmalen, spitz zulaufenden, bis 1 m langen Blättern. Diese rotbronzenen Blätter sind gezähnt, oberseits glatt und unterseits schuppig. Im Frühjahr entstehen an aufrechten Rispen zahlreiche rote oder gelbe Blüten.

Dyckia rariflora

Syn. *Dyckia remotiflora*

Ganze Matten entstehen aus den kleinen Rosetten dieser attraktiven Art. Ihre schmalen, zurückgebogenen Blätter sind nur 10–15 cm lang. Eine 60 cm lange, unverzweigte Ähre trägt eher wenige etwa 2 cm lange, orangerote Blüten.

DYMONDIA

Die einzige Art dieser südafrikanischen Gattung bildet mehrjährige Matten. Sie sieht aus wie eine kleine *Gazania.*
PFLEGE UND VERMEHRUNG: In Gebieten mit Frostgefahr pflanzt man sie in Hängekörbe oder Töpfe, sonst in Steingärten oder Felsspalten in durchlässige Erde und pralle Sonne. Die Vermehrung erfolgt durch Aussaat oder Teilung.

Dymondia margaretae

Dieser mehrjährige Bodendecker wächst bis zu 50 cm in die Breite. Die linealischen, dunkelgrünen, bis zu 5 cm langen Blätter besitzen zwei oder drei Zähne und eine silbrige Unterseite. Im Frühjahr erscheinen sehr kleine, hellgelbe Korbblüten.

Dyckia brevifolia

Duvernoia adhatodoides

Dudleya pulverulenta

E

Echeveria derenbergii

Eccremocarpus scaber

Echeveria 'Baron Bold'

ECBALLIUM

Die nur eine einzige Art umfassende Gattung stammt aus der Mittelmeerregion und wird mit ihren nassen, explosionsartig aufspringenden Früchten eher zum Spaß angebaut und kaum als achtenswerte Zierpflanze betrachtet. Die kriechende bis leicht buschige Pflanze mit den borstigen, handförmigen Blättern ähnelt etwas ihren nützlicheren Verwandten, den Gurken und Melonen, und kriecht entweder über den Boden oder hangelt sich an niedrigen Zäunen empor. Die gelben Blüten sind eingeschlechtig und treten zusammen an einer Pflanze auf, sie sind etwa 2,5 cm groß.

PFLEGE UND VERMEHRUNG: Die Pflanze braucht kaum mehr als einen sonnigen Standort mit durchlässigem Boden und übersteht auch mal Frost, wenn sie gut abgedeckt wird – sie wird zwar mit Ausnahme des Wurzelwerks zerstört, meldet sich im nächsten Frühjahr aber zurück. In warmen, frostfreien Regionen breitet sie sich häufig unkontrolliert aus. Ihre Vermehrung erfolgt im Frühjahr durch Samen.

Ecballium elaterium

SPRITZGURKE, ESELSGURKE

Die Pflanze bildet im Sommer trichterförmige Blüten mit dunkelgelbem Schlund. Sie wird knapp 50 cm hoch und breitet sich 1 m aus. Die behaarten Früchte sind blaugrün.

ECCREMOCARPUS

Diese Gattung umfaßt nur ungefähr fünf kletternde, mehrjährige Arten, aber nur zwei davon kommen häufiger auch außerhalb ihrer Heimatländer Chile und Peru vor. Sie tragen zweifach gefiederte Blätter mit einer endständigen Ranke und hübsche, kleine, röhrenförmige Blüten, die an der Basis und der Öffnung verengt sind. Die eher zierlichen Klettersträuche mit den hübschen Blättern können sich äußerst attraktiv um Säulen und Spaliere winden.

PFLEGE UND VERMEHRUNG: Die sehr frostempfindlichen Pflanzen der Gattung werden in kühleren Regionen gewöhnlich als Einjährige angepflanzt, eignen sich aber auch für wärmere Klimate. Sie bevorzugen direkte Sonne und durchlässigen Boden, müssen aber während des Wachstums gewässert und anfangs zusätzlich gestützt werden. Die Aussaat erfolgt im Frühling.

Eccremocarpus longiflorus

Diese immergrüne Rankenpflanze kann bis zu 3 m hoch klettern. Sie besitzt einen verholzten, gewundenen Stamm und herzförmige Blätter. Die gelben, 2,5 cm langen Blüten entstehen in hängenden Blütenständen. In kühlen Regionen wird die mäßig winterharte Pflanze als Einjährige kultiviert.

Eccremocarpus scaber

SCHÖNRANKE

Diese immergrüne, rankende Kletterpflanze wird wegen ihrer attraktiven, röhrenförmigen, orangeroten Blüten gepflanzt. Sie blüht vom Frühling bis in den Herbst hinein in lockeren Trauben, bevor die Fruchtkapseln geflügelte Samen entlassen. Sie hat zierliche, herzförmige Blätter und wächst spärlich 2–2,5 m hoch. In

Echeveria 'Delight'

kaltem Klima wird sie als Einjährige kultiviert.

ECHEVERIA

ECHEVERIE

Ihren Namen erhielten diese aus Amerika stammenden Pflanzen vom Spanier Atanasio Echeverria Codoy, einem botanischen Künstler des 18. Jahrhunderts. Die große Gattung enthält über 150 Arten dekorativer, mehrjähriger Sukkulenten, deren ungewöhnliche Form, Blätter oder Blüten geschätzt werden. Die fleischigen, meist ganzrandigen Blätter bilden symmetrische Rosetten, die entweder am Boden oder am Ende aufrechter Stämme entstehen. Die Pflanzen können mehrstämmige, bis zu 1 m hohe Büsche bilden. Einige Pflanzen, wie die Hybriden **'Baron Bold'** und **'Delight'** stechen durch attraktive Blätter mit gekräuseltem Rand hervor. Die glockenförmigen bis zylindrischen Blüten blühen zu unterschiedlichen Jahreszeiten.

PFLEGE UND VERMEHRUNG: Die nur wenig winterharten bis frostempfindlichen Echeverien brauchen direkte Sonne oder Halbschatten, sehr porösen Boden und viel Wasser während der Vegetationsperiode. Die Vermehrung erfolgt durch Aussaat, Stecklinge oder Teilung im Frühjahr oder Sommer.

Echeveria agavoides

Syn. *Echeveria obscura, E. yuccoides*

Diese widerstandsfähige Sukkulente erträgt Trockenheit und geringen Frost. Sie stammt aus Mexiko, wird 15 cm hoch und breitet sich 10 cm weit aus. Ihre Blätter sind dreieckig und haben steife, rötliche Spitzen. Sie werden 10 cm lang und wachsen in Rosetten. Vom Frühjahr bis zum Herbst werden glockenförmige, dunkelrosa Blüten hervorgebracht. Die Sorte **'Prolifera'** hat 1 cm lange, dunkelrosa Blüten, während **'Victor Reiter'** größere, rote Blüten sowie braunrote Blattspitzen besitzt.

Echeveria derenbergii

Ebenfalls aus Mexiko stammt diese üppig Austreiber bildende Sukkulente. Mit ihrer zentralen Rosette, die stets von kleineren umgeben ist, ähnelt sie einer Henne mit ihren Küken. Im Frühjahr entstehen rötlichgelbe Blüten, die eine den Wüstenpflanzen eigene Lebendigkeit ausstrahlen.

Echeveria elegans

Diese ein wenig winterharte Sukkulente entwickelt dichte Polster aus kleinen Rosetten, deren Durchmesser bis 50 cm betragen kann. Ihre Blätter sind blaugrün mit rotem Rand. Die glockenförmigen Blüten sind rosarot mit gelben Kronblattspitzen. Die Sorte **'Kesselringii'** besitzt graublaue Blätter in lockerer Rosette.

Echeveria harmsii

Syn. *Oliveranthus elegans*

Die kleine, verzweigte, buschige Sukkulente aus Mexiko breitet sich 30 cm weit aus. Ihre grünen, lanzettlichen Blätter werden 4 cm lang. Im Sommer erscheinen mittelgroße, scharlachrote Blüten.

Echeveria × imbricata

Die Elternpflanzen dieser weitverbreiteten Hybride sind ***Echeveria gibbiflora*** **var.**

Echeveria agavoides

Echeveria elegans

Echeveria agavoides 'Prolifera'

Echeveria agavoides 'Victor Reiter'

Echeveria × imbricata

Echeveria pulvinata

metallica und ***Echeveria pumila* var. *glauca***. Sie hat graugrüne, verkehrt eiförmige Blätter und trägt im Frühling und Sommer rote, trompetenförmige Blüten.

Echeveria pulvinata

Diese strauchförmige, eher frostempfindliche Sukkulente bildet am Ende ihrer kurzen, braunen, flaumigen Stämme 10 cm große Rosetten aus silbrig-graugrünen Blättern. Ihre Blätter sind seidig weich, verkehrt eiförmig und mit weißem Flaum bedeckt. Rote oder gelblichrote Blüten entstehen vom Winter bis Spätfrühjahr an 30 cm langen Stengeln.

Echeveria secunda

Diese kleinwüchsige Art ist eine ideale Zimmerpflanze. Sie besitzt spitze, rundliche Blätter, die regelmäßige, leicht abgeflachte Rosetten mit 10 cm Durchmesser bildet. Die Blattränder älterer Pflanzen verfärben sich häufig rötlich. Im Frühjahr entstehen kleine, rote und gelbe, glockenförmige Blüten. ***Echeveria secunda* var. *glauca*** besitzt feinere Blätter.

Echeveria setosa

Aus Mexiko stammt diese 5 cm hohe Sukkulente, deren Rosette 30 cm im Durchmesser groß werden kann. Die löffelförmigen Blätter werden 10 cm lang und sind dicht mit weißen Borsten bedeckt. Rötlichgelbe, trompetenförmige Blüten blühen im Frühjahr und Sommer.

ECHINACEA

SONNENHUT

Die neun Arten dieser Gattung stammen alle aus den USA. Diese Gattung teilt ihren deutschen Namen mit ihren nahen Verwandten, den Rudbeckien. Einige Botaniker ordnen sie noch immer lieber dieser Gattung zu. Sie bilden Horste mit dicken, eßbaren Wurzeln. Ihre Korbblüten sind gewöhnlich mauverosa oder violett, es gibt aber auch dunklere und hellere Gartenformen. Getrocknete Wurzeln und

Echeveria secunda

Rhizome von ***Echinacea angustifolia*** und *E. purpurea* werden in der Medizin zur Stärkung der Abwehrkräfte bei Erkältungen eingesetzt.

PFLEGE UND VERMEHRUNG: Die Pflanzen sind sehr frostresistent, sie mögen direkte Sonne und fruchtbaren Boden. Sie sollten nur zur Vermehrung geteilt, andernfalls in Ruhe gelassen und jedes Frühjahr gemulcht werden. Die Vermehrung erfolgt durch Teilung oder Wurzelstecklinge vom Winter bis zum zeitigen Frühjahr.

Echinacea pallida

Diese aufrechte Mehrjährige wird gut 1 m hoch und unterscheidet sich von *Echinacea purpurea* durch die Länge und Stellung der Zungenblüten. Die Zungenblüten sind gewöhnlich pink-mauvefarben, wenngleich es auch purpurne und weiße Formen gibt.

Echinacea purpurea

Syn. ***Rudbeckia purpurea***

ROTER SONNENHUT

Diese augenfällige, sommerblühende Mehrjährige besitzt dunkelgrüne, lanzettliche Blätter und große, rosa-purpurfarbene Zungenblüten mit einem hohen, orangebraunen Kegel in der Mitte. Die 10 cm großen Blütenköpfe stehen an einzelnen, starken Stengeln und sind gute Schnittblumen. Mit aufrechtem Habitus wächst sie über 1 m hoch und dehnt sich 50 cm breit aus. Die Sorte **'Robert Bloom'** besitzt dunkelrosa Blüten mit orangebrauner Mitte, während **'White Swan'** große, reinweiße Blüten mit orangebrauner Mitte trägt.

Echinacea pallida

ECHINOCACTUS

KUGELKAKTUS, IGELKAKTUS

In dieser Gattung gibt es zwölf Arten sehr dorniger Kakteen, die aus Mexiko und dem Südwesten der Vereinigten Staaten stammen. Langsam wachsend erreichen sie eine Höhe von 2 m und eine Breite von 1 m. Charakteristisch sind ihre mit Dornen besetzten Rippen. Im Sommer entstehen an erwachsenen Exemplaren gelbe, rosa oder rote Blüten.

PFLEGE UND VERMEHRUNG: Die frostempfindlichen Pflanzen vertragen große Trockenheit. Sie mögen durchlässige Böden und sonnige Stellen, um den Glanz der Dornen zu erhalten und die Blühdauer zu verlängern. Junge Pflanzen sind anfällig für Schmierläuse und Spinnmilben. Die Vermehrung erfolgt durch Stecklinge oder Aussaat.

Echinocactus grusonii

GOLDKUGELKAKTUS

Der beliebte, aus Mexiko stammende Kaktus wird 1 m hoch und breit. Er besitzt eine kugelige Form, die sich im Alter faßförmig streckt. Der Stamm ist stark gefurcht und besitzt auf den Rippen zahlreiche Areolen mit gelben Dornen. Im Sommer bilden die größeren Exemplare auf der Krone an der Spitze der blaßgrünen Pflanze einen Kreis gelber Blüten.

Echinocactus platyacanthus

Echinacea purpurea

Echinocactus platyacanthus

Syn. ***Echinocactus ingens***

Diese mexikanische Art besitzt eine flaumige Spitze, einen grünen Stamm mit langen, spitzen Dornen und bis zu 50 Rippen. Sie wird bis zu 1,5 m hoch und entwickelt vom Frühjahr bis zum Herbst gelbe, trichterförmige Blüten.

ECHINOCEREUS

IGEL-SÄULENKAKTUS

Die etwa 45 Kakteenarten dieser umfangreichen, bekannten, kleinwüchsigen Gattung aus Mexiko und den USA besitzen unterschiedliche Formen. Ihre Stämme haben zahlreiche Rippen und sind stark dornig. Neue Stämme brechen aus bestehenden hervor. Im Frühjahr und Sommer entstehen große, leuchtendbunte, trompetenförmige, ausdauernde Blüten, denen kleine, dornige, kugelige Früchte folgen. Der Gattungsname stammt vom griechischen *echinos*, was »Igel« bedeutet.

Echinocactus grusonii

PFLEGE UND VERMEHRUNG: Es gibt leicht frostharte und frostempfindliche Arten. Sie brauchen porösen Boden mit starker Sonne. Vermehrung durch Aussaat oder Ableger im Frühsommer.

Echinocereus reichenbachii

Dieser frostempfindliche Kaktus ist erst kugelförmig und wird im Alter zylindrisch. Er ist einstämmig, erreicht eine Höhe von 20 cm und eine Breite von 10 cm. Aus dicht stehenden Areolen entspringen zahlreiche gelbe oder weiße Dornen. Im Frühling erscheinen große, lebhafte, rosa- bis purpurfarbene Blüten.

Echinocereus subinermis

Diese attraktive, frostempfindliche Art aus New Mexico (USA) wächst 30 cm hoch, gewöhnlich als einzelne, gefurchte, graugrüne Pflanze. Sie bildet im Frühjahr liebliche, beigefarbene oder gelbe Blüten.

Echinocereus triglochidiatus

Diese immergrüne Sukkulente wächst in Arizona, Texas und Colorado. Die 10 cm langen, grünen Stämme bilden große, sich auf dem Boden ausbreitende Matten. Trichterförmige, scharlachrote Blüten entstehen im Sommer und erreichen einen Durchmesser von 5 cm. Aus den roten, vollreifen Früchten kann Marmelade gekocht werden. ***Echinocereus triglochidiatus* var. *harvensis*** wächst bis 15 cm hoch und breitet sich etwa 1,5 m weit aus.

Echinocereus viridiflorus

Der gruppenbildende Kugelkaktus ist der kleinste dieser Gattung. Er wird nur 10 cm hoch und breitet sich kolonieartig bis 15 cm aus. Die Stämme mit bis zu 16 Rippen sind mit rotbraunen oder weißen, strahlenförmigen Dornen bedeckt. Die leuchtendgrünen Blüten blühen im Frühjahr.

Echinocereus reichenbachii

Echinocereus triglochidiatus

Echinocereus subinermis

Echinocereus subinermis

ECHINOPS

KUGELDISTEL

Diese Gattung ist im weiteren Sinne mit Disteln verwandt und besteht aus etwa 120 Arten aufrechter Ein-, Zwei- und Mehrjähriger, von denen letztere beliebte Gartenpflanzen sind. Sie stammen aus Südeuropa, Zentralasien sowie aus Bergregionen des tropischen Afrikas. Die Zuchtformen werden als fröhliche, attraktive Beimischung krautiger Randbepflanzungen angesehen, und viele von ihnen werden als Trockenblumen verwendet. Die Blätter sind gewöhnlich graugrün und distelähnlich, jedoch nicht so stachelig. Die kugeligen, 5 cm großen Blütenköpfe können blau, blaugrau oder weiß sein, wobei die tiefblauen die beliebtesten sind. Die meisten Arten wachsen gut 1 m hoch.

PFLEGE UND VERMEHRUNG: Die Arten sind winterhart und hitzetolerant. Sie brauchen einen sonnigen Standort mit durchlässigem Boden. Wie die meisten krautigen Mehrjährigen sollte man sie im Herbst bis zum Boden zurückschneiden. Vermehrt werden sie durch Teilung oder Aussaat.

Echinops bannaticus

Aus Südosteuropa stammt diese mehrjährige Kugeldistel, die über 1 m hoch wird und im Hoch- und Spätsommer kugelige, blaue Blüten trägt. Sie hat flaumige Stengel und graugrüne, etwa 25 cm lange Blätter. Die Sorte **'Taplow Blue'** wird höher und hat intensiv blaue Blüten.

Echinopsis arachnacantha

Echinopsis 'Attila'

Echinopsis bruchii

Echinops ritro hort.

Als krautige Randbepflanzung ist diese aufrechte Mehrjährige gut geeignet. Sie wächst 80 cm hoch und breit. Ihre kugeligen, stacheligen Blüten können als Trockenblumen für Dekorationen genutzt werden. Sie hat große, tiefeingeschnittene, stachelige Blätter mit flaumiger Unterseite, silbrigweiße Stengel und im Sommer violettblaue Blütenköpfchen.

ECHINOPSIS

Syn. *Trichocereus, Lobivia*

SEEIGELKAKTUS

Diese beliebte Gattung enthält bis zu 120 Kakteenarten aus Südamerika. Es gibt kugel-, aber auch säulen- oder gar baumförmige Arten. Sie sind meist dicht mit Dornen bedeckt und besitzen deutliche Rippen. Viele Arten werden wegen ihrer trichterförmigen Blüten geschätzt, die in brillianten Farben blühen und bis 20 cm lang werden. Einige blühen nachts und vergehen sehr schnell. Es gibt zahlreiche Hybriden.

PFLEGE UND VERMEHRUNG: Im Garten brauchen diese frostempfindlichen Arten viel Sonne, einen nährstoffreichen, durchlässigen Boden und nur wenig Wasser. Im Gewächshaus benötigen sie helles Licht, Trockenheit und Wärme, um zur Blüte zu kommen. Es gibt spezielle Kaktuserde, die während des Winters trocken bleiben sollte. Die Vermehrung erfolgt im Frühjahr oder Sommer durch Aussaat oder Ableger.

Echinops ritro

Echinopsis arachnacantha

Syn. *Lobivia arachnacantha*

Dieser kurze, kugelförmige, frostempfindliche Kaktus wird bis 3,5 cm hoch und mißt 5 cm im Durchmesser. Viele wellenförmige, cremeweiße Rippen bedecken den dunkelgrünen Stamm. Die zahlreichen flaumigen Blüten in der Krone sind goldgelb und werden 5 cm groß.

Echinopsis 'Attila'

Im Sommer und teils erneut im Herbst erscheinen die großen, ansehnlichen, kirschroten bis pinkfarbenen Blüten dieser Hybride. Sie besitzt einen aufrechten, deutlich gerippten Stamm und kann 25 cm hoch werden.

Echinopsis aurea

Syn. *Lobivia aurea*

Dieser einfache oder gruppenbildende Kaktus aus Argentinien besitzt rundliche bis gestreckte Sprosse, die etwa 25 cm lang werden und bis zu 16 gerade Rippen besitzen. Im Zentrum der sternförmig angeordneten Dornen sitzt ein bis zu 3 cm langer Dorn. Im Sommer entstehen zitronengelbe Blüten mit dunklerem Schlund.

Echinopsis bruchii

Syn. *Lobivia bruchii*

Dies ist eine der größeren Arten. Ihre Sprosse besitzen zahlreiche Rippen und werden bis 30 cm dick. Sie hat gelbe Dornen und brillantrote Blüten.

Echinopsis camarguensis

Syn. *Trichocereus camarguensis*

Aus Bolivien stammt dieser gruppenbildende Kaktus. Seine aufrechten, zylindrischen, bis 50 cm hohen Sprosse besitzen 14 Rippen, die dicht mit gelben Dornen besetzt sind, sowie weiße, 20 cm große Blüten.

Echinopsis candicans
Syn. ***Trichocereus candicans***

Die weißen, duftenden, trichterförmigen Blüten dieser Kaktusart öffnen sich in Sommernächten. Die Art bildet Gruppen, wird 1 m hoch und breitet sich unbegrenzt aus. Sie braucht direkte Sonne und durchlässigen Boden.

Echinopsis chiloensis
Syn. ***Trichocereus chiloensis***

Dieser große, strauch- bis baumförmige Kaktus aus Chile mit seinen verzweigten Stämmen wird beeindruckende 3,5 m hoch. Er hat bis 16 Rippen und Areolen mit zwölf kräftigen Randdornen und einem längeren Mitteldorn. Die trichterförmigen, weißen Blüten sind rotbraun überlaufen.

Echinopsis cinnabarina
Syn. ***Lobivia cinnabarina***

Dieser Kaktus aus Bolivien ist abgeflacht oder vollständig kugelförmig, hat dunkelgrüne Sprosse, die 15 cm hoch und ähnlich dick werden und zwanzig unregelmäßige, warzige Rippen tragen. Den weißen Areolen entspringen die leicht gekrümmten Dornen. Am Scheitelpunkt der Pflanze entstehen im Frühling und Sommer kurze, röhrenförmige, scharlachrote Blüten.

Echinopsis 'Green Gold'

Die meisten echten Kakteenliebhaber bevorzugen reinrassige Arten. In Kultur bastardisieren Kakteen jedoch leicht. Die entstehenden Hybriden sind oftmals sehr hübsch und leicht zu kultivieren. Dies ist ein hübscher, gruppenbildender, 20 cm hoher Kaktus mit zahlreichen zitronengelben Blüten im Sommer. Er ist nur wenig winterhart.

Echinopsis camarguensis

Echinopsis pasacana

Echinopsis terscheckii

Echinopsis 'Stars and Stripes'

Echinopsis huascha
Syn. ***Lobivia huascha, Trichocereus huascha***

Diese attraktive, tagblühende Pflanze wird 1 m hoch und breit. Sie hat kräftige Stämme mit symmetrischen Rippen und im Sommer brillantrote oder gelbe, geruchlose Blüten.

Echinopsis kuehnrichii
Syn. ***Lobivia densispina***

Die herrliche Blüte dieser Art erreicht den doppelten Umfang wie die Pflanze selbst, ein säulenförmiger, dorniger Kaktus, der gerade mal 5 cm breit wird. *Echinopsis kuehnrichii* trägt im Frühjahr Blüten in auffälligen orangenen, hellgelben, roten oder karmesinroten Farbtönen, die in Kontrast stehen zu den cremefarbenen Staubblättern.

Echinopsis oxygona

Echinopsis subdenudata

Echinopsis kuehnrichii

Echinopsis lageniformis f. *monstrosus*

Echinopsis lageniformis
Syn. ***Trichocereus bridgesii***

Aus den Anden Südamerikas stammt dieser Kaktus mit aufrechtem, zylindrischem Stamm, der 3,5 m hoch wird. Der Stamm verzweigt sich schon am Boden und hat bis zu acht Rippen, spärlich besetzt mit Areolen, die sechs Dornen tragen. In Sommernächten öffnen sich die weißen, trompetenförmigen Blüten und verströmen einen intensiven Duft. Da sich die Pflanze nur 1 m weit ausbreitet, ist sie eine hervorragende Gewächshauspflanze. ***Echinopsis lageniformis*** **f.** ***monstrosus***, ein großer, hellgrüner, 4,5 m hoher Kaktus, trägt lange, gelbe Dornen in Büscheln zu zweit bis sechst.

Echinopsis oxygona
Syn. ***Echinopsis multiplex***

Dieser kugelige Kaktus aus Brasilien ist mehrfach verzweigt und wächst 15 cm hoch. Er bildet im Alter dichte Horste von 1 m Durchmesser. Seine Stämme tragen braune Dornen mit schwarzen Spitzen. Im Sommer sprießen an der Stammspitze duftende, weißrosa Blüten.

Echinopsis pasacana
Syn. ***Trichocereus pasacana***

Dies ist eine der größeren Arten aus Bolivien und Argentinien. Sie wird bis 10 m hoch, hat gelbe Dornen und ihre 10 cm langen Blüten öffnen sich nachts. Ihnen folgen eßbare, grüne Früchte.

Echinopsis 'Stars and Stripes'

Die halbaufrechten, 10 cm langen Sprosse dieser Hybride verzweigen sich bereits am Grund. Sie sind auffällig gerippt und tragen silbergraue Dornen. Im Sommer erscheinen korallenrosafarbene, sternförmige Blüten.

Echinopsis subdenudata

Kennzeichnend für diese mittelgroße Kaktusart sind ihre 20 cm langen Blüten. Der dunkelgrüne Sproß wird 10 cm hoch und breitet sich etwa 15 cm weit aus.

Echinopsis terscheckii
Syn. ***Trichocereus terscheckii***

Aus Nordargentinien stammt dieser Gigant der Gattung, der über 10 m hoch wird. Der Stamm erreicht eine Dicke von 45 cm. Den hellbraunen Areolen entspringen Büschel von 8 bis 15 Dornen. Die glockenförmigen Blüten sind dunkelrot bis grün mit weißem Schlund.

ECHIUM
NATTERNKOPF

Heimisch sind die etwa 40 Arten dieser Gattung – ein- und mehrjährige Kräuter sowie Sträucher – in Westeuropa, im Mittelmeerraum, auf den Kanarischen Inseln und auf Madeira. Sie werden wegen ihrer im Sommer erscheinenden, leuchtendblauen, purpur- oder pinkfarbenen Blüten angepflanzt. Die behaarten Blätter bilden grundständige Rosetten. Der Verzehr der Pflanze kann Übelkeit verursachen.
PFLEGE UND VERMEHRUNG: Die sehr frostharten bis frostempfindlichen Pflanzen brauchen trockenes Klima, Sonne und leichten bis mittelschweren, durchlässigen Boden. In zu gehaltvollem oder nassem Boden werden sie unansehnlich. Nach der Blüte leicht beschneiden. Küstennähe ist ideal. Vermehrung im Frühjahr oder Sommer durch Samen oder Stecklinge, in mildem Klima oft durch Selbstaussaat.

Echium candicans

Echium thyrsiflorum

Echium plantagineum

Echium candicans

Syn. *Echium fastuosum*

STOLZ VON MADEIRA

Der Weichholzstrauch aus Madeira hat schwertförmige, graugrüne Blätter, die in Rosetten an den Zweigenden stehen. Im Frühling und Sommer bildet er 60 cm große Ähren mit vielen saphir- bis violettblauen, 1 cm breiten Blüten mit karmesinroten Staubblättern. Er wächst 2 m hoch und noch stärker in die Breite. ***Echium thyrsiflorum*** ähnelt *E. candicans*, hat aber größere, gerade und weniger ansehnliche Ähren lavendelfarbener Blüten.

Echium pininana

Heimisch ist diese zweijährige Art auf La Palma, einer der Kanarischen Inseln. Sie trägt auffallende, spitz zulaufende Ähren aus trichterförmigen, lavendelblauen Blüten, die sich 3 m hoch erheben. Die Blätter erscheinen im ersten Jahr, die Blüten im nächsten. Danach sterben die Pflanzen ab.

Echium plantagineum

Syn. *Echium lycopsis*

WEGERICHBLÄTTRIGER NATTERNKOPF

Diese Einjährige wird 60 cm groß und ist in warmen, trockenen Gegenden Europas heimisch. Sie bildet eine grundständige Rosette aus borstigen bis zu 15 cm langen Blättern. Die im Sommer entstehenden Blütenstengel bilden Rispen blauvioletter, manchmal auch roter Blüten. Es ist eine schöne Beetpflanze, die jedoch in trockenem Klima zur Selbstaussaat neigt. In Südaustralien ist sie als Unkraut bekannt und wird **'Patersons Fluch'** genannt.

Echium vulgare

GEWÖHNLICHER NATTERNKOPF

Diese spektakuläre zweijährige, aufrechte Pflanze aus Europa besitzt belaubte Stengel und trichterförmige, tiefviolette Blüten, die in Ähren oder Rispen stehen. Es gibt aber auch weiße und rosa Formen. Eine Zwergform hat weiße, blaue, rosa- oder purpurfarbene Blüten.

Echium wildpretii

Syn. *Echium bourgaeanum*

Die auffällige zweijährige, immergrüne Art von den Kanarischen Inseln bildet eine Rosette silbriger Blätter und in der zweiten Saison eine einzelne, augenfällige Ähre mit kleinen, trichterförmigen, korallenfarbenen Blüten. Sie wächst aufrecht und wird bis 2 m hoch und 60 cm breit.

Echium pininana

EDGEWORTHIA

Diese Gattung umfaßt drei sommergrüne Straucharten, die mit *Daphne* verwandt sind und aus China und dem Himalaja stammen. Nur die chinesische Art ist als geschätzter Zierstrauch weit verbreitet und für ihre traditionelle Verwendung in Japan als Rohstoff für hochwertiges Papier bekannt. Im Frühling stehen an den Enden unbelaubter Zweige die Blütenstände in dichten Köpfen röhrenförmiger Blüten. Außen tragen die Blüten eine seidige, weiche Behaarung, nur an den Innenseiten der Spitzen sind sie gelb, orange oder rot.
PFLEGE UND VERMEHRUNG: Die Pflanze wird leicht durch Spätfrost zerstört. Sie bevorzugt einen geschützten, sonnigen Standort in durchlässigem Boden. Die Vermehrung erfolgt gewöhnlich durch Stecklinge.

Edgeworthia chrysantha

Syn. *Edgeworthia papyrifera*

Aus Zentralchina stammt dieser einstämmige Strauch, der sich schon am Grund verzweigt. Er kann 2 m hoch und breit werden, bleibt aber meist etwas kleiner. Seine rotbraunen Zweige sind stabil und flexibel. Die weichen, hellgrünen Blätter können bei heißem Wetter leicht welken und abfallen. Die im Frühling entstehenden Blüten haben goldgelbe Spitzen und kontrastieren mit den reinweißen, seidigen Röhren. Die Sorten **'Red Robin'** und **'Red Dragon'** besitzen rote Blüten.

EDMONDIA

STROHBLUME

In dieser Gattung gibt es drei Arten mehrjähriger Sträucher oder Halbsträucher aus Südafrika. Die Blütenköpfchen bestehen vollständig aus Röhrenblüten, aber die sie umgebenden Tragblätter sind papierartig und ähneln Blütenblättern. Es sind gute Steingartenpflanzen und langlebige Schnittblumen, die auch in Trockensträußen verwendet werden.
PFLEGE UND VERMEHRUNG: Die Pflanzen sind wenig frosthart und sollten im Winter im Gewächshaus stehen. Sie wachsen am besten in durchlässigem Boden. Vermehrt werden sie im Frühjahr durch Aussaat, im Sommer oder Herbst durch Stecklinge.

Edgeworthia chrysantha

Edmondia pinifolia

Syn. *Helichrysum humile*

Dieser immergrüne Halbstrauch wird 30 cm hoch und besitzt kleine, schmale Blätter mit tiefgrüner Oberseite und filzig-weißer Unterseite. Die papierartigen, ovalen Blütenköpfchen sind von karmesinroten Tragblättern umgeben und stehen im Frühling einzeln an den Enden der Zweige.

EDRAIANTHUS

BÜSCHELGLOCKE

Etwa 24 Arten zählt diese Gattung niedriger mehrjähriger Sträucher aus Südeuropa und dem Kaukasus. Sie sind ideal für Steingärten, trockene Steinmauern oder Kübel. Ihre riemenförmigen Blätter bilden hübsche, gras- oder polsterförmige Horste. Die stern- oder glockenförmigen Blüten sind blau, violett oder weiß. Einige Arten sind dicht mit silbrigen Haaren besetzt, die ihnen einen reizvollen Schimmer verleihen. Sie sind mit *Wahlenbergia* verwandt.
PFLEGE UND VERMEHRUNG: In kühlerem Klima wachsen sie am besten in direkter Sonne, vertragen aber in heißeren Gegenden mittags Schatten. Eine gute Bodenentwässerung ist notwendig. Sie gedeihen in grober, basischer Erde mit verrotteten, organischen Anteilen. Vom Spätfrühjahr bis zum Sommer sollte gleichmäßig gewässert werden. Die Vermehrung erfolgt durch Aussaat oder Stecklinge von im Frühling gewonnenen Seitensprossen.

Echium vulgare

Edgeworthia chrysantha

Elaeagnus pungens

Elaeagnus pungens 'Variegata'

Edraianthus pumilio

Dieser hübsche Strauch mit silbrigen Blättern wird selten höher als 5 cm. Er ist in den küstennahen Bergen Kroatiens heimisch und breitet sich kissenförmig etwa 30 cm weit aus. Ihre Blätter sind schmal und dicht behaart. Die glockenförmigen Blüten sind gewöhnlich violett, können aber auch blau sein. Die Pflanze ist frosthart, solange sie im Winter trocken gehalten wird.

EICHHORNIA

WASSERHYAZINTHE

Die sieben Arten dieser Gattung aquatischer Mehrjähriger sind im tropischen Amerika heimisch. Sie bilden Rosetten gestielter, breit-ovaler oder herzförmiger Blätter und endständige Ähren auffälliger, trichterförmiger Blüten. Sie schwimmen auf dem Wasser, ohne ihre Wurzeln zu verankern. Da sie in Massen große Wasserflächen bedecken, Flüsse verstopfen und der übrigen Wasserwelt das Sonnenlicht nehmen können, sollte ihr Wachsen stets kontrolliert werden.

PFLEGE UND VERMEHRUNG: Die nicht frostharten Pflanzen gedeihen in warmen, sonnigen Gewässern und werden durch Teilung vermehrt.

Eichhornia crassipes

Diese Art aus Südamerika breitet sich 50 cm weit aus. Ihre hellvioletten Blüten mit hellblauer und goldener Zeichnung stehen in aufrechten, endständigen Ähren. Die rundlichen, glänzenden, grünen Blätter bilden Rosetten. Der Anbau ist in den meisten wärmeren Ländern verboten.

EKEBERGIA

Die kleine Gattung umfaßt 15 zweihäusige Arten kleiner bis großer Sträucher und Bäume aus Afrika und Madagaskar. Sie besitzen glatte, zusammengesetzte Blätter, die aus einem bis sieben Paaren Fiederblättchen und einem endständigen Blätt-

Elaeagnus umbellata

chen bestehen. Die Mittelrippe des Blattes ist bisweilen geflügelt. Die vier oder fünfteiligen Blüten mit untertassenförmigen Kelchen stehen in verzweigten Köpfen in den Blattachseln. Die sukkulenten Früchte enthalten ein bis mehrere verholzte Samen.

PFLEGE UND VERMEHRUNG: Die schnellwachsenden, windresistenten, leicht frostharten Arten sind gut geeignete Parkpflanzen. Ihre Vermehrung erfolgt durch Aussaat.

Ekebergia capensis

Diese attraktive Art – ein guter Schattenbaum mit ausladender Krone, 10–20 m hoch – wird am häufigsten kultiviert. Gewöhnlich ist sie immergrün, kann aber, abhängig vom Regen, in kühleren Regionen auch halbimmergrün sein, beblättert sich aber schnell wieder. Die kleinen, weißen Frühlingsblüten sind unauffällig, duften aber süßlich, die reifen Früchte sind glänzendrot.

ELAEAGNUS

ÖLWEIDE

Diese Gattung umfaßt etwa 45 Arten immer- und sommergrüner Sträucher, kleiner Bäume und Kletterpflanzen aus Europa, Asien und Nordamerika. Eine Art tritt sogar in Australien auf. Sie besitzen wechselständige, ungeteilte Blätter, die ebenso wie junge Äste, Blütenknospen und Früchte durch ihre silbrigen oder rostbraunen Schuppen glänzen. Kleine Blüten, die in Blattachseln stehen, sind an der Basis röhrenförmig und besitzen vier spreizende Kronblätter. Die hellen, fleischigen Steinfrüchte einiger Arten sind eßbar.

PFLEGE UND VERMEHRUNG: Die frostharten, robusten und anspruchslosen Pflanzen gedeihen an vielen Standorten in den meisten Böden. Immergrüne Arten vertragen Schatten. Viele Arten können stark zurückgeschnitten werden. Die Vermehrung gelingt bei sommergrünen Arten mit Samen, bei immergrünen mit Stecklingen.

Ekebergia capensis

Elaeagnus angustifolia

SCHMALBLÄTTRIGE ÖLWEIDE

Diese sommergrüne Art kommt von Südeuropa bis China vor. Sie wächst als großer Strauch oder kleiner Baum bis 10 m hoch. Ihre jungen Äste und die Unterseiten der schmalen Blätter sind dicht mit silbrigen Schuppen besetzt. Im späten Frühling oder Frühsommer treten Büschel kleiner, duftender, hellgelber Blüten auf. Im Spätsommer folgen eßbare, gelbliche Früchte, die ebenfalls silbrige Schuppen tragen. Der ansehnliche Zierstrauch braucht warme, trockene Sommer.

Elaeagnus × *ebbingei* 'Gilt Edge'

Dieser Strauch wird bis zu 3 m hoch und ist normalerweise immergrün. Er wirft in kälterem Klima vereinzelt sein Laub ab. Seine dunklen, metallischgrünen Blätter haben einen schmalen, goldenen Rand, die Unterseiten sind von silbrigen Schuppen bedeckt. Im Herbst entstehen kleine, süßlich duftende Blüten. Er kann eine buschige Schirmpflanze oder gestutzte Hecke bilden.

Elaeagnus pungens

Diese bedingt frostharte, immergrüne Strauch- oder Kletterpflanze mit langen, stacheligen, abstehenden Seitenästen gibt eine ausgezeichnete Heckenpflanze ab. Die Pflanze wird 3–4,5 m hoch und breit und hat glänzende, ovale Blättern, oberseits dunkelgrün und unterseits silbrig. Im Herbst trägt sie unscheinbare, duftende, glockenförmige, beige Blüten. Zu den Sorten mit panaschierter Belaubung gehören **'Variegata'** mit schmalen, unregelmäßigen, beige geränderten Blättern und **'Maculata',** deren Blätter einen goldenen Fleck in der Mitte tragen.

Elaeagnus umbellata

Aus China, Japan und dem Himalaja stammt diese sommergrüne oder halbimmergrüne Art. Sie wird zu einem 3,5–4,5 m hohen, ausladenden Strauch, der breite, grüne Blätter mit gewellten Rändern und silbrig glänzenden Unterseiten besitzt. Im späten Frühling oder Frühsommer trägt sie zahlreiche Blütenstände duftender, beigefarbener Blüten in den oberen Blattachseln. Die dichtstehenden, kleinen, beerenähnlichen Früchte sind anfangs silbriggrün, werden aber während der Reife blaßrot und passen gut zum hellgelben Herbstlaub.

ELAEIS

ÖLPALME

In dieser tropischen Palmen-Gattung gibt es zwei Arten mit schmalen, geraden Stämmen und langen, hängenden Wedeln. Die einzelnen Fiedern hängen ebenfalls herab und erzielen einen weichen, anmutigen Effekt. Große Blütenstände tragen kleine, gelbe Blüten, denen ölhaltige Früchte folgen.

PFLEGE UND VERMEHRUNG: Als Zimmerpflanze braucht die tropische Ölpalme nährstoffreichen, feuchten Boden. Sie ist empfindlich gegenüber Frost und Trockenheit. Die Vermehrung erfolgt durch Aussaat.

Elaeis guineensis

AFRIKANISCHE ÖLPALME

Die Früchte und Samen dieser 20 m hohen Art mit bis zu 4,5 m langen Wedeln liefern das Palmöl. Sie stammt aus Westafrika, wird aber aufgrund der Nachfrage zu Millionen in tropischen Ländern angepflanzt. Von Naturschützern wird sie bisweilen als Gefahr angesehen, weil sie den natürlichen Regenwald zurückdrängt. Die

Elaeis guineensis

Eichhornia crassipes

Früchte entstehen in dichten Büscheln und wechseln ihre Farbe von Rot nach Schwarz, wenn sie reif sind.

ELAEOCARPUS

ÖLFRUCHT, GANITERBAUM

Die Gattung umfaßt über 200 Arten immergrüner Bäume und hoher Sträucher aus dem tropischen Asien sowie der pazifischen Inseln bis nach Neuseeland. Die meisten Arten sind schlank und graziös, tragen becherförmige Blüten mit fransigen Kronblättern und bilden farbenfrohe Beerenfrüchte, die einen großen Kern haben. In wärmeren Gebieten können sie gut als wenig anspruchsvolle Gartenpflanzen gehalten werden.

PFLEGE UND VERMEHRUNG: Die meist frostempfindlichen Pflanzen brauchen viel Wasser. Ihre Vermehrung erfolgt im Frühjahr durch Aussaat von Samen, die 24 Stunden in warmem Wasser gelegen haben, oder im Sommer durch Stecklinge.

Elaeocarpus reticulatus

Syn. *Elaeocarpus cyaneus*

Diese frostempfindliche, australische Art ist die am häufigsten kultivierte der Gattung. Sie wächst zu einem 10 m hohen Baum mit glänzenden, ledrigen Blättern heran. Trauben weißer Blüten treiben vom Frühling bis zum Sommer. Die kugeligen Früchte sind tiefblau. Sie gedeiht gut in Kübeln und kann zu einem 3 m hohen Strauch beschnitten werden. **'Prima Donna'** besitzt pinkfarbene Blüten.

Elegia persistens

ELAPHOGLOSSUM

ZUNGENFARN

Dies ist eine große Gattung mit etwa 400 Arten epiphytischer, meist im tropischen Amerika heimischer Farne. Sie besitzen ein kriechendes Rhizom und einfache, gestielte Wedel. Bei einigen Arten sind die Wedel auch mehrfach gefiedert. Den frostempfindlichen Pflanzen begegnet man selten in Kultur, es sind aber interessante Kübelpflanzen für Zimmer und Gewächshäuser.

PFLEGE UND VERMEHRUNG: Sie brauchen gleichmäßig und ausreichend feuchte, grobkörnige Epiphytenerde, die viel organisches Material enthält, indirektes Licht, hohe Luftfeuchtigkeit und gleichmäßige Temperaturen. Die Vermehrung erfolgt durch Teilung.

Elaphoglossum peltatum

Syn. *Peltapteris peltata*

Die Rhizome dieser Art bilden in der Regel Kolonien. Ihre mehrfach gegabelten Wedel werden 15 cm lang, die sporentragenden Wedel sind kleiner und fast durchsichtig.

ELATOSTEMA

Syn. *Pellionia*

In dieser Gattung aus Asien und dem pazifischen Raum gibt es wenigstens 50 Arten – niedrige, kriechende, immergrüne Mehrjährige mit sprödem, fleischigem Stamm und dekorativen Blättern. Sobald die Äste den Boden berühren, bilden sie Wurzeln. Sie finden als Bodendecker in schattigen Tropengärten und als Zimmer- oder Gewächshauspflanzen Verwendung.

PFLEGE UND VERMEHRUNG: In tropischen und subtropischen Gegenden sollten sie in nährstoffreichen, fruchtbaren, feuchten Böden in lichtem Schatten stehen. Sie brauchen Sonne, aber nicht zur heißesten Tageszeit, und in den warmen Monaten ein- bis zweimal Flüssigdünger. Zur Vermehrung können die bewurzelten Äste verwendet werden.

Elatostema repens

Syn. *Pellionia repens*

Diese ungewöhnliche, kriechende Art dehnt sich bis 60 cm aus. Sie besitzt lanzettliche Blätter mit gewellten, dunkelgrünen Rändern und hellgraugrünem Zentrum. Sie wird gerne als Bodendecker oder für Hängekörbe genutzt; hängend kommen die fleischigen, rosa Stämme gut zur Geltung.

ELEGIA

Diese Gattung besteht aus 32 Arten, die in der Fynbos-Region Südafrikas (einer Region mit nährstoffarmen Böden und heideähnlicher Vegetation) vorkommen, wo sich feuchte und heiße, trockene Perioden abwechseln. In ihrer Heimat werden viele der Arten für Strohdächer und Besen genutzt. Sie wurden aber auch als Zierpflanzen bekannt. Die festen, feinen Stengel von ***Elegia grandispicata*** tragen ähnlich auffällige Blätter wie ***E. persistens*** mit endständigen, ockerfarbenen Hochblättern. Einige Arten können sich bis 3 m ausdehnen, wenngleich die meisten kleiner sind. Es sind überwiegend zarte, binsenähnliche Pflanzen, gut geeignet für Tümpel und Felsen. Im Mittelmeerklima könnten sie zur Plage werden.

PFLEGE UND VERMEHRUNG: Sie mögen Sonne und brauchen nur feuchten, durchlässigen Boden in frostfreier Umgebung. Vertrocknete Stengel sollten entfernt werden. Ihre Vermehrung erfolgt durch Aussaat oder Teilung junger Pflanzen.

Elegia capensis

Dies ist wohl die attraktivste und dabei anspruchsloseste Art ihrer Gattung. Ihre flaumigen, verzweigten, grünen Stengel übernehmen die Blattfunktion. Die Blätter selbst sind schmückende, bronzefarbene Hochblätter, die von den Knoten nach oben den Stengel umwachsen. Die Stengel sind meist etwa 1,5 m hoch, können aber auch bis zu 3 m erreichen. Kleine, braune Blüten entstehen an den Enden der Stengel.

Elegia cuspidata

Diese Art wächst selten über 3 m hoch. Die kräftigen, aufrechten Stengel tragen dichte, bronzefarbene Blütenstände, umgeben von papierartigen, braunen Hochblättern.

Elegia stipularis

Diese Art, die 1 m hoch wird, bildet attraktive, goldbraune Blattscheiden, welche die Blütenstände an der Stengelspitze umgeben. Es ist eine ideale Pflanze für sonnige Steingärten oder für die Randbepflanzung eines Gartentümpels.

ELEOCHARIS

SUMPFSIMSE

Diese Gattung enthält über 150 Arten weitverbreiteter, rhizombildender Riedgräser. Sie haben aufrechte, grüne, zylindrische Stengel, an denen in einer endständigen, kurzen Ähre unscheinbare Blüten zwischen flachen, überlappenden Tragblättern stehen. Die Knollen einer Art, der Wasserkastanie, werden in China und Südostasien frisch oder gekocht verzehrt. Die winterharte ***Eleocharis acicularis*** wächst als Zierpflanze.

PFLEGE UND VERMEHRUNG: Die Pflanzen brauchen nährstoffreichen Boden und heiße Sommer. Traditionell werden die Knollen der Wasserkastanie mit 1 m Abstand in 10 cm hoch gefluteten Boden gepflanzt. Im Herbst wird das Feld entwässert und die Knollen werden ausgegraben. In warmen Gegenden kann man die Pflanzen in seichten Gewässern halten und über Sproßknollen vermehren.

Eleocharis dulcis

WASSERKASTANIE

Dies ist die am häufigsten in Asien kultivierte Art. Sie wird wegen ihrer dunkelbraunen, eßbaren Knollen angebaut, die Nüssen ähneln und süß schmecken. Jede Knolle bildet ein Büschel langer, röhrenförmiger Blätter und zahlreiche dünne Rhizome. Die ganze Pflanze wird bis 1 m hoch.

ELEUTHEROCOCCUS

Syn. *Acanthopanax*

In dieser Gattung sind etwa 30 sommergrüne Straucharten und kleine Bäume vertreten. Die meisten stammen aus China, nur einige kommen aus Südostasien, Japan, Korea und Ostsibirien. Sie haben stachelige oder borstige Stämme und handförmige Blätter mit bis zu sieben Blättchen. Den kleinen weißen, grünlichen oder violetten Blüten, die in endständigen Dolden stehen, folgen ansehnliche, schwarze, beerenähnliche Früchte. Nur wenige Arten werden in kühlen Klimaten aufgrund ihrer Blätter als Zierpflanzen gehalten.

PFLEGE UND VERMEHRUNG: Sie sind frosthart, brauchen lockeren, durchlässigen Humusboden und direkte Sonne. Die Vermehrung erfolgt im Frühjahr oder Herbst durch Aussaat, im Frühsommer durch Stecklinge.

Eleutherococcus senticosus

SIBIRISCHER GINSENG

Die Wurzel dieser Strauchart aus Nordchina und Ostsibirien ähnelt in vielen Eigenschaften der berühmten, medizinisch genutzten Ginseng-Wurzel. Die Pflanze

Elegia grandispicata

Elegia capensis

Elegia cuspidata

Elegia stipularis

Elaphoglossum peltatum

wird 1–2 m hoch und ist leichter zu kultivieren als Ginseng. Als tägliches Stärkungsmittel wird sie in Rußland mit Begeisterung genutzt, auch Sportler verwenden sie während ihrer Vorbereitungen auf die olympischen Spiele.

ELODEA

WASSERPEST

Die mehrjährigen Süßwasserpflanzen kommen aus Nordamerika und dem tropischen Südamerika. Von den etwa zwölf beschriebenen Arten sind die meisten als ausgesprochenes Unkraut bekannt. Dennoch sind sie für kleine Tümpel oder Zimmeraquarien als Unterschlupf für Fische und Sauerstoffproduzenten zu gebrauchen. Die langen Stengel sind von dichtstehenden, kleinen, länglichen Blättern umgeben, die quirlig angeordnet sind. **PFLEGE UND VERMEHRUNG:** Sie wachsen an sonnigen Standorten im lehmigen Sediment von Tümpeln oder in Aquarien in einem Topf am Grund. Durch Teilung oder Stecklinge im Sommer kann man sie vermehren.

Elodea canadensis

KANADISCHE WASSERPEST

Wie der lateinische und der deutsche Name andeuten, stammt diese Pflanze aus Kanada und den USA. Sie besitzt bis 4 m lange, verzweigte Stengel und kleine durchscheinende Blätter. Für Aquarien wächst sie zu kräftig. In größeren Gewässern kann sie zur Plage werden.

ELYMUS

HAARGERSTE, QUECKE

Diese Gattung kriechender oder horstbildender mehrjähriger Gräser besteht aus 150 Arten, die in den gemäßigten Regionen der Welt vorkommen. Sie bilden Blütenstengel mit lang begrannten Ährchen. **PFLEGE UND VERMEHRUNG:** Diese frostharten Gräser brauchen pralle Sonne und fruchtbare, durchlässige Böden. Im Spätherbst können sie bis zum Grund beschnitten werden. Stehen sie sehr trocken, sollten sie einmal wöchentlich durchnäßt werden. Das verhindert frühes Welken. Die Aussaat erfolgt im Herbst oder Frühjahr, Teilung im Sommer.

Elymus hispidus

Syn. *Elymus glaucus* hort.

Diese aus Eurasien stammende Quecke hat aufrechte, behaarte Stengel und grünlichblaue Blätter. Die im Sommer erscheinenden Blüten stehen in dichten, zylindrischen Ähren. Sie wird 80 cm hoch und dehnt sich 40 cm weit aus.

Elymus magellanicus

Diese Art stammt aus Chile und Argentinien. Sie erreicht 15 cm Höhe, hat attraktive, bläuliche Blätter und ihre überwiegend niederliegenden Blütenähren entstehen während des Sommers.

EMBOTHRIUM

Diese Gattung umfaßt acht Arten immergrüner Bäume und Sträucher aus den Anden Südamerikas. Eine Art wird wegen ihrer eindrucksvollen, oft zahlreichen, scharlachfarbenen Blüten kultiviert. Es ist eine der wenigen Baumarten aus der spektakulären Proteaceen-Familie, die in kühlen Klimaten wachsen. Die Bäume wachsen recht schnell und zeigen nach zehn Jahren ihre volle Blütenpracht. Die länglichen bis lanzettlichen Blätter sind von derber Struktur.
PFLEGE UND VERMEHRUNG: Sie brauchen tiefen, feuchten, durchlässigen Boden und einen sonnigen, vor Frost geschützten Standort. Im Frühling erfolgt die Aussaat, im Sommer die Vermehrung durch Stecklinge.

Embothrium coccineum

Coccineum ist lateinisch und bedeutet »scharlachfarben«. Es beschreibt die Farbe der zahlreichen Blüten dieses Baumes, die in lockeren Blütenständen im Spätfrühjahr und Frühsommer entstehen. Kultivierte Exemplare werden selten höher als 10 m. Es ist ein aufrechter Baum mit dunkelgrünen, lanzettlichen, bis 15 cm langen Blättern. Die Pflanze wächst wild im Süden Chiles und im angrenzenden Argentinien. Die Sorte **'Norquinco Valley'**, benannt nach ihrem Fundort in den Anden, besitzt längere, schmalere Blätter.

EMMENOPTERYS

Der große Pflanzenentdecker Ernest Wilson, der im frühen 20. Jahrhundert etliche Gartenpflanzen in China gesammelt hat, beschrieb eine der zwei bekannten Arten dieser Gattung als »einen der eindrucksvollsten Bäume der chinesischen Wälder«. Die mit *Luculia* verwandte Gattung kommt in Zentral- und Südwestchina sowie im Norden Myanmars und Thailands vor. Es sind kleine bis mittelgroße sommergrüne Bäume mit gegenständigen, breiten, ganzrandigen Blättern. Die trichterförmigen Blüten besitzen fünf gespreizte Kronblätter. Sie bilden an den Zweigenden große Büschel. Einige Blüten eines Blütenstandes haben – wie bei der Gattung *Mussaenda* – ein Kronblatt auffallend vergrößert.
PFLEGE UND VERMEHRUNG: Die frostharten Pflanzen werden in tiefen, feuchten Boden in direkter Sonne gepflanzt. Vermehrung im Sommer durch Stecklinge.

Emmenopterys henryi

Dieser mittelgroße bis große, hübsche Baum wird auch in Kultur über 10 m hoch. Er besitzt attraktive, bronzerote neue Blätter, die im Alter dunkelgrün werden und hellere Unterseiten haben. Die Blütenstände bestehen aus recht großen, weißen Blütenkronen, die von noch größeren, weißen Kelchblättern umgeben sind. Sie entstehen im Sommer an voll ausgewachsenen Exemplaren.

Encephalartos altensteinii

ENCELIA

Die 15 Arten dieser Gattung strauchiger oder krautiger Korbblüter, von denen nur wenige kultiviert werden, stammen aus Nordamerika, Chile, Peru und von den Galapagos-Inseln und sind vorwiegend in trockenen Wüstengegenden zu finden. Die Blüten sind gelb oder purpurfarben. Eine Art *(Encelia farinosa)* wurde von spanischen Siedlern genutzt. Die Äste sind stark harzhaltig und wurden als Weihrauch gebraucht.
PFLEGE UND VERMEHRUNG: Die durch Aussaat zu vermehrenden Pflanzen bevorzugen direkte Sonne und durchlässige, trockene, sandige Böden. Sie sind frostempfindlich. Die Straucharten brauchen nach der Blüte einen Schnitt.

Encelia farinosa

Die Wüsten im Südwesten der USA und in Mexiko sind die Heimat dieses Strauchs, der dort vom Spätwinter bis zum Frühjahr von leuchtendgelben Blütenköpfen bedeckt ist. Mit einer niedrigen und kompakten Form wird er nur ca. 5 cm hoch. Bei guter Bewässerung kann er aber zu einem hageren 2 m hohen Strauch auswachsen. In heißen Sommern verliert er seine silbrige Beblätterung. Dann schneidet man ihn am besten bis zum Boden zurück.

ENCEPHALARTOS

BROTPALMFARN

Die etwa 60 Arten dieser langsamwachsenden Palmfarne *(Cycadeen)* sind zum größten Teil in Südafrika heimisch. Sie wachsen gewöhnlich an felsigen Abhängen, auf Küstendünen oder in Berggebieten und stehen weltweit unter Naturschutz. Sie bilden weitläufige Horste stacheliger Wedel für viele Jahre, bevor sie einen kräftigen Stamm entwickeln, der 3–3,5 m hoch wird. Die steifen Fiederblättchen sind stachelig zugespitzt und können gezähnt sein. Wie bei allen Palmfarnen existieren männliche und weibliche Pflanzen. Die letzteren bilden in der Kronenmitte bis zu fünf spektakuläre, einzelne oder in Gruppen stehende Zapfen.
PFLEGE UND VERMEHRUNG: Alle Pflanzen dieser Gattung vertragen gelegentlichen Frost und stürmische Winde, wachsen aber am besten in tropischen Gegenden mit voller Sonne und hoher Feuchtigkeit. Die Samen keimen leicht, die Sämlinge brauchen dagegen Jahre zur Entwicklung.

Encephalartos altensteinii

Dieser Palmfarn aus den feuchten Küstengebieten Südafrikas wächst extrem langsam. Seine robusten, palmenähnlichen Wedel sind 2 m lang und tragen zahlreiche steife, spitzgezähnte Fiederblättchen. Weibliche Exemplare können 50 cm lange Zapfen bilden, die an Ananasfrüchte erinnern.

Embothrium coccineum

E. coccineum 'Norquinco Valley'

Embothrium coccineum

E

Encephalartos transvenosus

Encephalartos friderici-guilielmi

Encephalartos friderici-guilielmi

Encephalartos arenarius

Diese sehr seltene Art aus der Kapprovinz Südafrikas besitzt einen aufrechten, 1 m hohen Stamm. Die bogenförmigen, bis 1,5 m langen Wedel tragen gelappte, blaugrüne Fiederblätter. Ausgewachsene Exemplare von *Encephalartos arenarius* bilden einzelne grüne Zapfen mit roten, glänzenden Samen.

Encephalartos friderici-guilielmi

Aus der östlichen Kapprovinz stammt diese Art, die mehr Zapfen pro Stamm bildet als jede andere Art ihrer Gattung – bis zu zwölf männliche und fünf bis sechs weibliche Zapfen, beide dicht filzig-braun behaart. Die Stämme, die 3,5 m hoch und 60 cm dick werden können, wachsen einzeln oder in Gruppen. Sie tragen recht steife, aufrechte Wedel mit dichtstehenden, schmalen Fiederblättern. Jüngere Wedel sind hellgrün oder blaugrün. Die Pflanze läßt sich ausgezeichnet kultivieren und ist sehr robust und anspruchslos. Sie gedeiht in sandigem Boden und braucht wenig Wasser.

Encephalartos horridus

Ebenfalls aus der östlichen Kapprovinz stammt diese ungewöhnliche Art. Im Alter bildet sie dichte Horste kurzer, bis 60 cm hoher Stämme. Ihre auffälligen Wedel sind eisblau oder blaugrün. Die Fiederblätter sind sehr steif, häufig mit einem bis mehreren großen stachelspitzigen Lappen. Sie bevorzugt eine sehr heiße Umgebung.

Encephalartos longifolius

Dieser Palmfarn wird bis zu 3 m hoch. Seine bogenförmigen, dunkelgrünen Wedel werden 2 m lang und bestehen aus überlappenden, lanzettlichen Fiederblättern. Auf vollentwickelten Exemplaren entstehen im Sommer bräunliche Zapfen. Diese feuchtigkeitsliebende Art aus der östlichen Kapprovinz bevorzugt saure Böden und pralle Sonne.

Encephalartos natalensis

Mit seinem aufrechten Stamm wird dieser Palmfarn 3,5 m, in manchen Fällen nach Jahrzehnten 6 m hoch. Im Sommer werden die flaumigen weiblichen Zapfen dunkelgelb. Die dunkelgrünen Wedel werden 3 m lang. Ihre Fiedern sind ganzrandig oder tragen wenige kleine Stacheln. Die Art stammt aus den subtropischen Tälern Durbans (Südafrika) und liebt fruchtbare, tiefe Böden an geschützten Standorten im Halbschatten und viel Wasser.

Encephalartos arenarius

Encephalartos horridus

Encephalartos transvenosus

MODJAJ-BROTPALME

Diese Art aus dem nördlichen Transvaal (Südafrika) wird 8 m hoch und trägt übergebogene, bis 2,5 m lange Wedel, die in breit lanzettliche, spärlich gezähnte Fiedern geteilt sind. Ausgewachsene Pflanzen tragen intensivgoldene, jung filzige Zapfen. Diese größte Art kommt in bemerkenswerten Beständen im nördlichen Transvaal vor, wo sie ganze Wälder aus vielen tausend ausgewachsenen Pflanzen bildet, die heute unter strengem Schutz stehen. In Kultur bevorzugen sie geschützte Orte mit ausreichend Feuchtigkeit.

Encephalartos trispinosus

Diese robuste, sonnenliebende Art aus den heißen Regionen der östlichen Kapprovinz besitzt einen aufrechten, bis 1 m hohen Stamm und hat gerade aufsteigende, dann übergebogene, über 1 m lange Wedel mit eingebogener Spitze. Sie bestehen aus graugrünen Fiedern, die sich vorn in drei spitze Lappen aufteilen. Einzelne leuchtendgelbe Zapfen mit orangeroten Samen bilden sich im Sommer.

Encephalartos trispinosus

Encephalartos woodii

Dieser hohe Palmfarn aus Natal (Südafrika) hat einen 6 m hohen Stamm und dunkelgrüne, bis 2,5 m lange Wedel. Die zahlreichen Fiedern sind jung fein gezähnt, im Alter ganzrandig. Er bildet Büschel mit bis zu sechs leuchtend orangefarbenen Zapfen. Von diesem seltensten aller Palmfarne war immer nur eine männliche Wildpflanze bekannt. Davon wurden seit 1899 Ableger gewonnen, die heute in verschiedenen Botanischen Gärten wachsen. Er wächst gerne in tiefer, feuchter Erde an einem geschützten Standort.

ENKIANTHUS

PRACHTGLOCKE

Etwa 10 Arten sommergrüner Sträucher aus Ostasien gehören zu dieser Gattung. Sie werden wegen ihrer kleinen, glockenförmigen Blüten geschätzt, die in dichten Blütenständen stehen und meist hübsch gezeichnet sind, sowie wegen der schönen Herbstfärbung. Die Blätter stehen in Gruppen am Ende der Triebe, was zu einem etagenförmigen Habitus führt. Direkt unterhalb der Blätter erscheinen die gestielten, hängenden Blüten in vielen kurzen Büscheln.

PFLEGE UND VERMEHRUNG: Diese überwiegend frostharten Pflanzen stellen ähnliche Anforderungen wie Rhododendren und Azaleen: feuchte, schattige Standorte mit saurem, eher nährstoffarmem Humusboden. In tiefem Schatten gedeihen sie nicht. Formschnitt sollte zugunsten besserer Blütenentfaltung vermieden

Encephalartos longifolius

Encephalartos woodii

Enkianthus campanulatus

Enkianthus campanulatus var. *palibinii*

werden. Aus Samen oder – im Sommer – Stecklingen lassen sich neue Pflanzen gewinnen.

Enkianthus campanulatus
GLOCKIGE PRACHTGLOCKE

Aus Japan und Südchina stammt diese bekannteste Art. Sie wird 2,5–3,5 m hoch, wächst eher langsam und bleibt schmal und locker. Die beigefarbenen Blüten sind stark dunkel karmesinrot gestreift. Sie entstehen in großer Anzahl im Frühling. Im Herbst färben sich die Blätter golden, scharlachrot und dunkelviolett. ***Enkianthus campanulatus* var. *palibinii*** hat stärker rot gefärbte Blüten.

Enkianthus cernuus
NICKENDE PRACHTGLOCKE

Diese Art und ihre Varietät ***Enkianthus cernuus* var. *rubens*** sind in Japan heimisch. Der einzige Unterschied zwischen ihnen besteht in der Farbe der breiten glockenförmigen Blüten, die im ersteren Fall weiß, bei *E. c.* var. *rubens* aber intensivrot sind. Der Strauch kann 3 m hoch und fast ebenso breit werden, in Kultur bleibt er meist kleiner. Das Herbstlaub ist leuchtendrot.

Enkianthus deflexus
ÜBERGEBOGENE PRACHTGLOCKE

Dieser Strauch oder kleine Baum aus dem Himalaja und aus Westchina erreicht 3,5 m Höhe oder mehr. Die ovalen, leuchtendgrünen Blätter mit filzigen Unterseiten werden im Herbst orange und rot. Die glockenförmigen, breitblättrigen, beigefarbenen Blüten sind rosa überlaufen.

Enkianthus perulatus
FRÜHBLÜHENDE PRACHTGLOCKE

In der Gattung *Enkianthus* zeichnet sich diese japanische Art durch eine deutlich niedrigere, buschigere Gestalt und stärker zerstreute Blüten aus. Die reinweißen oder grünlichweißen, ungezeichneten Blüten sind krugförmig mit enger Öffnung. Sie

Enkianthus cernuus var. *rubens*

erscheinen im zeitigen Frühjahr an nickenden Stielen. Im Herbst zeigt diese Art leuchtendrote Farben. Sie mag einen kühlen, geschützten Standort und ist etwas frostempfindlich.

Enkianthus quinqueflorus

Diese sehr frostempfindliche Art ist die einzige fast vollständig immergrüne der Gattung. Die Blätter sind mit bis zu 10 cm recht groß und jung kupferrosa. Die großen, rosaroten Glockenblüten sind dick und wächsern. Der Strauch wird 3 m hoch. Es ist die seltenste und am wenigsten frostharte Art. Sie wird nur in eng umgrenzten Teilen Südostchinas und Hongkongs gefunden.

ENSETE

Die sieben Arten dieser bemerkenswerten Gattung großer tropischer Kräuter wurden früher zur Gattung *Musa* gestellt, deren engste Verwandte sie zweifellos sind. Die beeindruckenden Zierpflanzen sind im tropischen Afrika und Asien heimisch und besitzen ein unverzweigtes Rhizom, das einen einzelnen, stammartigen Schaft hervorbringt. Aus der Mitte der Krone, die aus großen, ausladenden Blättern besteht, wächst der Blütenstengel mit einer großen, hängenden Ähre mit Blüten, die von großen Hochblättern halb verborgen sind. Nach der Reife der kleinen Bananenfrüchte stirbt die Pflanze ab.
PFLEGE UND VERMEHRUNG: Die nicht frostharten Pflanzen sollten windgeschützt in der Sonne oder im Halbschatten in fruchtbarer, feuchter, aber durchlässiger Erde wachsen. Die Aussaat erfolgt im Frühjahr in ein warmes Beet.

Ensete ventricosum
WILDBANANE, ZIERBANANE

Diese bis 10 m große Staude aus dem tropischen Afrika besitzt riesige, bis 3,5 m lange Blätter mit leuchtendroter Mittelrippe. Im Spätfrühling entsteht eine 3 m lange, überhängende Blütenähre mit dunkelroten Hochblättern. Die Früchte sind nicht eßbar.

EOMECON
SCHNEEMOHN

Die einzige Art dieser Gattung, die aus den Wäldern Ostchinas stammt, ist eine robuste Rhizomstaude mit herzförmigen Blättern und mohnähnlichen Blüten. Sie breitet sich weit aus und ist als Bodendekker für schattige Böschungen gut geeignet.
PFLEGE UND VERMEHRUNG: Diese frostempfindlichen Pflanzen brauchen feuchten, durchlässigen Humusboden und Halbschatten, vertragen bei ausreichender Bodenfeuchte aber auch direkte Sonne. Die Vermehrung durch Aussaat oder Teilung erfolgt im Frühjahr. Nackt- und andere Schnecken können ein Problem darstellen.

Eomecon chionantha

Diese rhizombildende Art wird 30 cm hoch und trägt vom Spätfrühling bis zum Sommer 2,5—5 cm breite, reinweiße, kurzlebige Blüten. Sie besitzt stumpfgrüne, 10 cm breite, gezähnte, nahezu runde Blätter.

EPACRIS
AUSTRALHEIDE

38 Arten heidekrautartiger Sträucher, heimisch in Australien und Neuseeland, sammeln sich in dieser Gattung – immergrüne Pflanzen mit drahtigen Zweigen, kleinen, dichtstehenden, manchmal stacheligen Blättern und röhren- oder sternförmigen Blüten. Die Arten mit Röhrenblüten erinnern an die auffälligen, südafrikanischen Erikas. In Kultur werden sie bis 1,5 m hoch, werden aber gewöhnlich in Form geschnitten.
PFLEGE UND VERMEHRUNG: Die Pflanzen gedeihen auf feuchtem, leicht saurem, durchlässigem Boden in der Sonne oder im Halbschatten, bevorzugen warmgemäßigtes Klima und vertragen höchstens leichten Frost. Man vermehrt sie durch Samen im Frühjahr oder Stecklinge im Sommer.

Epacris impressa

Diese Art aus dem südöstlichen Australien und Tasmanien entwickelt drahtige, aufsteigende Triebe und kleine, spitze, tiefgrüne Blätter. Vom späten Winter an entstehen 2,5 cm große, röhrenförmige Blüten in endständigen Ähren. Ihre Farbe variiert von Weiß über Hellrosa bis nach Rötlichviolett.

Ensete ventricosum

Epacris longiflora

Diese Art aus dem östlichen Australien blüht im Frühling und Sommer mit 3,5 cm großen, roten Röhrenblüten, die weiße Spitzen besitzen. Die Blüten hängen von den Zweigen herab, manchmal in solcher Fülle, daß sich die Äste unter ihrem Gewicht biegen. Die gut 1 cm langen, etwa rhombischen Blätter sind scharf zugespitzt.

EPHEDRA
MEERTRÄUBCHEN

Ephedra ist eine Gattung aus rund 40 Gymnospermearten aus Südeuropa, Nordafrika, Asien und Amerika. Sie sind mit keiner anderen großen Pflanzengruppe

Epacris impressa

Epacris longiflora

Enkianthus perulatus

E

eng verwandt und scheinen eine evolutionäre Sackgasse darzustellen. Die fast blattlosen Sträucher tragen nach Regen für kurze Zeit winzige Schuppenblätter an den schlanken, trübgrünen, dichtstehenden Trieben, wie etwa bei ***Ephedra californica***. Sie vertragen Trockenheit. Echte Blüten bilden sie nicht, sondern separate männliche und weibliche, gelbe, blütenähnliche Zapfen (Strobili), denen beerenähnliche Früchte folgen. Die Gattung ist bekannt für das von ihr erzeugte Ephedrin, das als Antiallergikum und Asthmamittel genutzt wird und stimulierend auf den Stoffwechsel wirkt.

PFLEGE UND VERMEHRUNG: Die frostharten bis frostempfindlichen Pflanzen brauchen leichte, kiesige oder sandige, gutdurchlässige Böden und Standorte in voller Sonne. Es sind keine Krankheiten bekannt. Die Vermehrung erfolgt durch Aussaat.

Ephedra americana var. *andina*
Syn. *Ephedra chilensis*

Diese frostharte Art stammt aus den Gebirgszügen der Anden von Equador bis nach Patagonien und wächst gewöhnlich zu einem 2,5 m großen, ausgebreiteten Strauch oder, in seltenen Fällen, kleinen Baum von 3,5 m Höhe. Seine jungen Triebe sind grün und fein gefurcht. Die hinfälligen Blätter sind kaum größer als 5 mm. Die Beeren sind leuchtendrot bis orange und etwa doppelt so lang.

Ephedra equisetina

Ephedra distachya

Von Südeuropa bis nach Sibirien ist dieser meist ausladende, frostharte Strauch zu finden. Er wird nur in seltenen Fällen größer als 1 m und besitzt bläulichgrüne Triebe, die aus rhizomartigen Wurzeln sprießen. Die kleinen Zapfen entwickeln sich zu sehr kleinen, kugeligen, roten Früchten.

Ephedra equisetina

Dieser aufrechte, frostharte Strauch aus dem Gebiet zwischen Turkestan, der Mongolei und Nordchina wird etwa 2 m hoch und besitzt leuchtendgrüne Triebe. Er bildet für diese Gattung recht große rote Beeren.

Ephedra gerardiana

Diese frostempfindliche Art aus China und dem Himalaja kann als kleiner Kriechstrauch von 5 cm Höhe wachsen oder einen 60 cm großen und 3 m breiten Busch bilden. Die roten Früchte sind 5 mm lang.

Ephedra major subsp. *procera*

Dieser aufrechte, frostharte Besenstrauch wird 2 m hoch und kommt vom Mittelmeer bis zum Himalaja vor. Seine Triebe tragen kleine, rote oder manchmal gelbe Beeren, die 1 cm lang werden. Die Schuppenblätter sind gegenständig.

Ephedra major subsp. *procera*

Ephedra gerardiana

× *Epicactus* 'Bridesmaid'

Ephedra californica

Ephedra distachya

Ephedra americana var. *andina*

Ephedra americana var. *andina*

× EPICACTUS

Unter dieser gärtnerischen Bezeichnung werden viele Hundert Kakteenhybriden mit abgeflachten Trieben und großen, leuchtendbunten Blüten zusammengefaßt. Es handelt sich nicht um Hybriden genau zweier bestimmter Gattungen, aber stets gehört die Gattung *Epiphyllum* zu den Vorfahren. Dazu kommen die Gattungen *Echinopsis*, *Heliocereus* und *Nopalxochia*. Sie alle wurden über zahlreiche Generationen hindurch gekreuzt, so daß es heute nahezu unmöglich ist, die tatsächliche Abstammung ausfindig zu machen.

Die mehr oder weniger überhängenden Pflanzen leben auch epiphytisch und werden meist nur 30–60 cm hoch. Im Frühling oder Sommer entstehen große, trichterförmige Blüten. Sie erscheinen in vielen Farbtönen von Weiß bis Gelb, Pink, Orange, Rot oder Rosa violett. Einige blühen nachts , die meisten jedoch am Tage. Allen ist dagegen gemeinsam, daß sie duften.

PFLEGE UND VERMEHRUNG: Da die Pflanzen nicht frosthart sind, werden sie praktisch immer – außer in tropischen Klimaten – als Zimmerpflanzen oder in Gewächshäusern in Töpfen oder Körben gehalten. Sie brauchen eine grobkörnige Pflanzmischung, viel Licht zum Blühen und nach der Knospenbildung ausreichend Dünger und Wasser. Sie benötigen im Winter weniger Wasser, dürfen aber nicht austrocknen. Die Vermehrung erfolgt durch Stecklinge.

× *Epicactus* 'Ackermannii'

× *Epicactus* 'Ackermannii'
Syn. *Epiphyllum ackermanii*, *Nopalxochia ackermannii*

Dieser reichverzweigte Kaktus wird 30 cm hoch und etwa 60 cm breit. Seine sukkulenten, übergebogenen Zweige mit gekerbten Rändern erreichen knapp 50 cm Länge. In den Kerben entstehen vom Frühling bis zum Sommer leuchtendrote, trompetenförmige Blüten.

× *Epicactus* 'Bridesmaid'

Diese hängende Sorte besitzt abgeflachte Triebe mit gewelltem Rand, die über 60 cm lang werden. Im zeitigen Frühjahr entstehen entlang der Triebe Blütenknospen, die sich zu großen, leicht duftenden mauverosa Blüten öffnen.

× *Epicactus* 'Deutsche Kaiserin'
Syn. *Epiphyllum* 'Deutsche Kaiserin', *Nopalxochia phyllanthoides* 'Deutsche Kaiserin'

Dieser halbaufrechte, epiphytische Kaktus wird etwa 60 cm hoch und 1 m breit. Die fleischigen, lebhaft grünen und hängenden Triebe besitzen gewellte Ränder. Im Frühling entwickeln sich zahlreiche pinkfarbene, glockenförmige Blüten mit weißer Mitte.

EPIDENDRUM

Mit nicht weniger als 1000 bekannten Arten ist dies eine der größten Orchideengattungen, obwohl vor wenigen Jahren einige Gattungen, wie z.B. *Encyclia*, davon abgetrennt wurden. Sie umfaßt sehr unterschiedliche Arten. Einige besitzen rohrartige Stämme, andere gedrungene Pseudobulben. Sie kommen von Florida bis nach Argentinien in unterschiedlichen Höhenlagen und in Lebensräumen von Regenwäldern bis trockenen Felskuppen vor.

PFLEGE UND VERMEHRUNG: Im Freien gedeihen die Arten in warmem, frostfreiem Klima in der Sonne oder im Halbschatten. In kälterem Klima sollten sie in einem sonnigen Zimmer oder Gewächshaus wachsen. Wasser und Dünger benötigen sie vom Frühjahr bis zum Herbst. Die Vermehrung geschieht durch Teilung oder bewurzelte Ableger.

Epidendrum ibaguense

Syn. *Epidendrum radicans*

Diese von Mexiko bis Kolumbien häufige Art hat schlanke, zylindrische Triebe, die über 1 m lang werden und kurze, ledrige Blätter tragen. Die roten, orange- oder mauvefarbenen Blüten sind nur 2,5 cm groß, aber jeder Blütenstand trägt bis zu 20 zugleich geöffnete Blüten. Blütezeit ist das ganze Jahr. In kühlerem Klima sollte sie sehr hell in einem Gewächshaus stehen. Die Form der Lippe im Zentrum jeder Blüte erinnert an ein kleines goldenes Kreuz.

Epidendrum 'Joseph Lii'

Wie viele *Epidendrum*-Hybriden hat auch 'Joseph Lii' größere Blüten als ihre Eltern, und zwar in einem imposanten feurigen Orange. Sie wird etwa 1 m hoch.

Epidendrum pseudepidendrum

Die Blüten dieser Art aus Costa Rica und Panama werden wegen ihrer auffallenden und ungewöhnlichen Farben bewundert. Sie hat schlanke Pseudobulben und elegant übergebogene Blütenstände mit bis zu sechs leuchtendgrünen, 5 cm großen Blüten mit orangefarbener Lippe. Blütezeit ist Sommer bis Herbst.

EPILOBIUM

Syn. *Chamaenerion*

WEIDENRÖSCHEN

Rund 200 Arten ein- bis zweijähriger Kräuter, Stauden oder Halbsträucher umfaßt diese große Gattung aus der Familie der Nachtkerzengewächse. Sie sind in

Epimedium acuminatum

gemäßigten und kalten Zonen beider Hemisphären weit verbreitet. Die meisten Arten sind von großem Ausbreitungsdrang, einige aber auch als Zierpflanzen in Kultur. Sie bilden vom Sommer bis zum Herbst hübsche, tiefrosafarbene oder weiße Blüten.

PFLEGE UND VERMEHRUNG: Die Pflanzen schätzen feuchten, durchlässigen Boden. Welke Blüten sind zur Verhinderung der sonst reichlich erfolgenden Selbstaussaat zu entfernen. Die Vermehrung erfolgt im Frühjahr oder Herbst durch Aussaat oder Stecklinge.

Epilobium angustifolium

Syn. *Chamaenerion angustifolium*

SCHMALBLÄTTRIGES WEIDENRÖSCHEN

Dies ist eine bis 1,5 m hohe, starkwüchsige Staude. Sie ist auf Waldlichtungen, Kahlschlägen und Waldbrandflächen in den nördlicheren Regionen und Gebirgen Eurasiens und Nordamerikas weit verbreitet und allgemein bekannt. Elegante, rosafarbene Blütenähren entstehen im Spätsommer. Die winterharte Pflanze ist von großem Ausbreitungsdrang, sowohl durch Selbstaussaat als auch durch Ausläufer.

Epilobium latifolium

Diese frostharte, ausbreitungsfreudige Rhizomstaude aus Nordeurasien und Nordamerika wird knapp 50 cm hoch. Die lanzettlichen Blätter sind stumpf blaugrün. Vom Hochsommer bis zum frühen Herbst erscheinen pinkfarbene oder weiße, trichterförmige Blüten.

Epilobium nummularifolium

Diese frostempfindliche Kriechstaude aus Neuseeland wächst in der Natur an sandigen Flußufern und auf Moorboden. Ihre kleinen Blätter sind glänzend und kupferfarben, die winzigen Blüten weiß; sie stehen im Frühjahr und Sommer an 5 cm langen Stengeln. Die mattenbildende Pflanze wird 25–35 cm hoch.

Epidendrum 'Joseph Lii'

Epidendrum ibaguense

Epidendrum pseudepidendrum

EPIMEDIUM

ELFENBLUME, SOCKENBLUME

Diese Gattung umfaßt etwa 40 Arten, überwiegend aus dem gemäßigten Asien, von denen wenige bis zum Mittelmeer vordringen. Elfenblumen gehören zu den besten Schattenstauden. Sie haben elegantes, manchmal immergrünes, zusammengesetztes Laub mit herzförmigen Blättchen. Im späten Frühling oder Frühsommer erscheinen reizende Rispen zarter, meist gespornter Blüten direkt über den Blättern. Als gute Bodendecker breiten sie sich langsam aus und bilden dichte Bestände.

PFLEGE UND VERMEHRUNG: Die meisten Arten dieser in der Regel frostharten Pflanzen vertragen Trockenheit, besonders im Schatten. Durchwegs bevorzugen sie Waldstandorte und durchlässigen Boden. Alte Blätter können im Frühjahr abgeschnitten werden. Die Vermehrung erfolgt durch reife Samen oder Teilung im Herbst.

Epimedium acuminatum

Die Blüten dieser frostempfindlichen, buschigen, 30 cm hohen Pflanze können hellviolett oder rosa sein und werden 3,5 cm groß. Die attraktiven Blättchen sitzen an bis zu 50 cm langen Stielen und sind in jungem Zustand rötlich.

Epimedium alpinum

Die sommergrüne, niedrigwachsende Staude aus Südeuropa ist ein guter Bodendecker unter Azaleen und Rhododendren. Sie wird 25 cm hoch, dehnt sich mit Rhizomen stark aus und bevorzugt kühlere Regionen. Die feingezähnten, glänzenden Blätter sind zunächst bronzerot und werden dann mittelgrün. Im Frühjahr entstehen Trauben hängender, gelber und karmesinroter Blüten.

Epilobium angustifolium

Epimedium × *cantabrigense*

Diese frostharte Hybride aus *Epimedium alpinum* und *E. pubigerum* trägt im Frühling zahlreiche, bräunlichrosa und gelbe Blüten. Die Rhizomstaude wird bis 60 cm hoch. Ihre Blätter sind in sieben bis siebzehn behaarte Blättchen geteilt.

Epimedium davidii

Diese buschige Art aus China besitzt 30 cm hohe Stengel. Ihre Blätter sind in jungem Zustand kupferfarben und werden später zartgrün. Sie trägt vom Hochsommer bis zum Frühsommer gelbe Blüten mit langem, gebogenem Sporn.

Epimedium diphyllum

Aus Japan stammt diese zierliche, halbimmergrüne, frostharte, nur 30 cm hohe und breite Pflanze. Ihre Blätter bestehen aus zwei Blättchen, die kleinen, glockenförmi-

Epimedium alpinum

Epimedium davidii

Epimedium diphyllum

Epimedium grandiflorum

Epimedium × versicolor

Epimedium perralderianum

gen, weißen Blüten tragen keinen Sporn. Auch purpurn blühende Formen sind bekannt.

Epimedium grandiflorum

Syn. *Epimedium macranthum*

Diese Art aus China, Korea und Japan ist – außer in mildem Klima – nur sommergrün und wirkt besser als kleiner Busch denn als Bodendecker. Sie entwickelt gezähnte Blätter, häufig mit rotem Rand. Spinnenförmige, pink- oder purpurfarbene Blüten mit weißem Sporn stehen an schlanken, 30 cm langen Stengeln. Die Sorte **'Rose Queen'** trägt Blütenstände aus schalenförmigen, rosafarbenen Blüten, deren langer Sporn eine weiße Spitze hat. **'White Queen'** besitzt große, reinweiße Blüten.

Epimedium × perralchicum

Diese Hybride aus *Epimedium pinnatum* subsp. *colchicum* und *E. perralderianum* wurde in Wisley Gardens in England gefunden, wo beide Elternpflanzen gemeinsam wachsen. Sie wird 50 cm hoch und hat immergrüne, stachlig gezähnte Blättchen, die 10 cm lang werden. Im Frühling entstehen leuchtendgelbe Blüten mit kurzem, braunem Sporn. Die Sorte **'Frohnleiten'** besitzt längliche Blättchen und wächst besonders dicht.

Epimedium × rubrum

Epimedium × versicolor 'Sulphureum'

Epimedium perralderianum

Aus Algerien stammt diese Art, die 30 cm hohe Teppiche großer, grüner Blätter bildet. Im zeitigen Frühjahr entstehen an dünnen, drahtigen Trieben kleine, leuchtendgelbe Blüten. Wie bei allen *Epimedium*-Arten kann man das alte Laub im Spätwinter entfernen, um die Blüte besser zur Geltung zu bringen.

Epimedium pinnatum

Diese Teppichstaude aus der Nordosttürkei wird 30 cm hoch und breit. Die etwas ledrigen, immergrünen Blättchen werden 10 cm lang und haben stachelige Ränder. Im Spätfrühjahr und Frühsommer entstehen leuchtendgelbe Blüten mit purpurbraunem Sporn. ***Epimedium pinnatum* subsp. *colchicum*** hat ansehnliche Rispen größerer, gelber Blüten mit kurzem, braunem Sporn.

Epimedium × rubrum

Diese Hybride wird als Bodendecker gepflanzt und hat normalerweise stachelig berandete Blätter, die eindrucksvoll rot geädert sind. Über den niedrigen Polstern entstehen im Frühjahr an 30 cm langen Stengeln karmesinrote und weiße, 2,5 cm große Blüten.

Epimedium × versicolor

Diese bekannteste *Epimedium*-Hybride stammt von den Elternteilen *Epimedium grandiflorum* und *E. pinnatum* ab. Die Staude bildet Teppiche von 30 cm Höhe und Breite. Die Blätter sind herzförmig und jung rötlich gefärbt. Die Staude entwickelt Blütenstände aus hängenden, pinkfarbenen oder gelben Blüten mit rotem Sporn. Die Sorte **'Sulphureum'** hat schwefelgelbe Blüten und rötlich-bronzefarbenes junges Laub, das im Sommer grün wird und sich erst im Herbst wieder rötlich verfärbt.

Epimedium × warleyense

Diese halbimmergrüne Staude wird 50 cm hoch und breitet sich mit Rhizomen aus. Sie gedeiht gut in Waldgärten und bringt wunderschöne, kupferrote Blüten mit gelber Mitte hervor. Ihre Blätter sind am Rand stachelig. Es ist eine der besten *Epimedium*-Hybriden.

Epimedium × youngianum

Diese Hybride aus *Epimedium diphyllum* und *E. grandiflorum* ist wahrscheinlich wild entstanden. Sie bildet recht hübsche Blattbüsche, 50 cm hoch und 80 cm breit. Ihre Blätter können aus bis zu neun Blättchen bestehen und sind im Frühjahr und Herbst rot. Die Blüten, mit oder ohne Sporn, können weiß bis mauverosa sein. Die Sorte **'Niveum'** ist eine reizende, weiß blühende Form mit bronzefarbenem Laub im Frühjahr. **'Roseum'** (Syn. 'Lilacinum') besitzt zart mauverosa Blüten.

EPIPACTIS

SUMPFWURZ

Diese Orchideengattung umfaßt 24 Arten, verbreitet von Europa bis Äthiopien, über Nordasien bis Japan und Nordamerika. Die terrestrischen Pflanzen wachsen zum Teil an nassen Standorten, haben fleischige Rhizome und bis 1 m hohe, beblätterte Stengel. Der endständige Blütenstand trägt wenige bis viele Blüten bis zu 5 cm Größe.

PFLEGE UND VERMEHRUNG: Diese frostharten Beet- oder Steingartenpflanzen wachsen am besten in Lauberde und Torf und sollten das ganze Jahr hindurch ausreichend feucht gehalten werden. Im Frühjahr kann man sie durch Teilung vermehren.

Epipactis gigantea

Meist findet man diese Art an Bachufern und anderen nassen Standorten im Westen der USA und im Norden Mexikos. Sie wächst bis 1 m hoch und besitzt vier bis zwölf stengelumfassende Blätter. Der endständige Blütenstand trägt bis zu 15 Blüten, die 3,5 cm Durchmesser haben. Die Sorte **'Serpentine Night'** ist besonders attraktiv. Sie blüht im Frühjahr und Sommer.

EPIPHYLLUM

BLATTKAKTUS, SCHUSTERKAKTUS

Aus 20 in Amerika heimischen tropischen und subtropischen Arten besteht diese Gattung epiphytischer Kakteen von strauchiger, niederliegender oder hängender Wuchsform. Die reichverzweigten, abgeflachten Zweige haben wellenförmige Ränder, sind ausgewachsen dornenlos und können für Blätter gehalten werden. Im Frühjahr oder Sommer entstehen große, trichterförmige Blüten, die am Tag oder in der Nacht blühen.

PFLEGE UND VERMEHRUNG: Diese nicht frostharten Kakteen brauchen trockene, kühle Winter, leichten, sandigen Boden und viel Licht. Sie sind ideal für Hängekörbe. Ihre Triebe scheinen bei eingeschränktem Wurzelraum besser zu wachsen. Die Vermehrung erfolgt durch Aussaat im Frühling oder durch Stecklinge im Sommer.

Epiphyllum oxypetalum

Von Mexiko bis nach Brasilien kommt diese beliebte Art vor. Sie wächst aufrecht bis 2 m hoch. Die zahlreichen Triebe werden 10 cm dick, verjüngen sich zur Basis und biegen sich im Alter über. Nachts blühen 15 cm große, weiße Blüten, die lange, leicht gebogene Röhren besitzen und stark duften.

Epimedium × youngianum

Epimedium × youngianum 'Niveum'

Epimedium pinnatum

Epimedium × youngianum 'Roseum'

EPIPREMNUM

Dies ist eine Gattung mit acht Arten immergrüner, attraktiv belaubter Kletterpflanzen aus den tropischen Gebieten Südostasiens und der Westpazifik-Region. Mit ihren Kletterwurzeln erreichen sie in Wäldern große Höhen. Im Zimmer oder Gewächshaus können sie jederzeit zurückgeschnitten werden. Die Blätter sind gewöhnlich annähernd herzförmig. Es können Jugend- und Altersblätter unterschieden werden, die letzteren werden bei einigen Arten bis zu 60 cm lang. Man findet in nichttropischen Gebieten nur in Ausnahmefällen blühende Exemplare, da Pflanzen in der Regel erst nach Ausbildung von Altersblättern zur Blüte kommen.
PFLEGE UND VERMEHRUNG: Die meisten Arten dieser nicht frostharten Gattung wachsen leicht als Zimmerpflanzen in hellem, indirektem Licht in guter, feuchtigkeitshaltender Blumenerde. Im Frühling und Sommer sollte man regelmäßig gießen und zur besseren Verzweigung lange Triebe abknipsen. Zum Klettern ist ein Moosstamm geeignet. Die Vermehrung erfolgt durch Stecklinge oder Ableger.

Epipremnum pictum 'Argyraeum'

Syn. *Scindapsus pictus* 'Argyraeus'

Diese langsamwachsende, verholzende Kletterpflanze mit Haftwurzeln wird zumeist wegen ihrer glänzenden, dunkelgrünen Jugendblätter kultiviert. Sie sind herzförmig und unregelmäßig silbrig panaschiert.

Epipremnum pinnatum

Syn. *Raphidophora pinnata*

EFEUTUTE, SCINDAPSUS

Bis 20 m hoch wird diese Art aus den Wäldern Südostasiens und dem tropischen Australien, kann in Kultur jedoch viel kleiner gehalten werden. Die Jugendblätter sind gewöhnlich ganzrandig, manchmal aber auch durchlöchert oder gelappt. Altersblätter können bis zu 1 m lang und 50 cm breit werden, haben häufig hell durchscheinende Flecken entlang der Mittelrippe und sind durchlöchert. Die verbreitete Sorte **'Aureum'** (Syn. *Epipremnum aureum, Scindapsus aureus*) hat apfelgrüne, herzförmige Blätter, beigeweiß oder goldfarben marmoriert.

EPISCIA

EPISCIE

Die sechs Arten dieser Gattung stammen aus den Dschungeln des tropischen Amerika und des karibischen Raums und sind verwandt mit dem Usambaraveilchen. Die Kletterer mit den quirlig oder rosettenförmig angeordneten, herzförmigen, behaarten Blättern ranken gerne aus Blumentöpfen und Blumenampeln heraus. Unter geeigneten Bedingungen werden im Frühling entweder einzeln oder in kleinen Blütentrauben langlebige, farbenreiche Blüten mit fünf Blütenblättern gebildet.
PFLEGE UND VERMEHRUNG: Gepflanzt wird in torfhaltige, durchlässige Blumenerde, in jedem Frühjahr wird umgetopft. Gutes, aber indirektes Licht ist für die Blütenbildung wichtig. Die Pflanzen benötigen konstante warme und feuchte Bedingungen (ohne Staunässe) und eignen sich etwa für sonnige Badezimmer oder geheizte Wintergärten. Rückschnitt nach der Blüte regt erneutes Verzweigen an. Vermehrt wird durch Stecklinge, Teilung, oder durch Absenken von Ausläufern.

Episcia cupreata

Diese immergrüne Kriechpflanze aus dem Norden Südamerikas wird 15 cm hoch. Die attraktiven, filzigen, bronzefarbenen Blätter sind silbern geadert. Sie bringt in Abständen scharlachrote Röhrenblüten mit gelben Zentren hervor. **'Mosaica'** besitzt dunkle, fast schwarze und wie geprägt aussehende Blätter.

Episcia dianthiflora

Aus Mittelamerika und Mexiko stammt diese immergrüne, niedrige Kriechpflanze. Sie besitzt sich bewurzelnde Triebe, die leicht zur Vermehrung genutzt werden können. Ihre kleinen Blätter werden 5 cm lang und sind dunkelgrün, häufig mit roten Adern. Die reinweißen Blüten tragen an der Basis und im Sporn purpurne Flecken. Die Blütenblattränder sind tief gefranst.

Episcia 'Pink Brocade'

Die Ausläufer dieser immergrünen Kriechpflanze tragen tief kupfergrüne Blätter, die silbrig und pink gefärbt sind. Im Sommer entstehen kleine, pinkfarbene Blüten. Die Pflanze erreicht 10 cm Höhe.

EPITHELANTHA

Die auffallenden Miniaturkakteen dieser Gattung stammen aus Nordmexiko und dem Südwesten der USA. Teilweise werden sie als einzelne Art mit drei Varietäten angesehen, teilweise als drei separate Arten. Sie sind eng mit *Mammillaria* verwandt und durch einen dichten Überzug aus kurzen, weißen Dornen an den Spitzen der zahlreichen, spiralig angeordneten Tuberkel gekennzeichnet. Die Dornen stehen alle in der gleichen Ebene und bilden so einen glatten, weißen Mantel. Im Frühling und Sommer erscheinen einige weiße, pinkfarbene oder hellorange Blüten an der Spitze der Pflanze. Die Stämme bleiben für viele Jahre einzeln, aber in manchen Fällen können sie grundständige Seitentriebe bilden und so zu Hügeln aus kleinen Kugeln werden.
PFLEGE UND VERMEHRUNG: In sandigem, durchlässigem Boden, voller Sonne und trockener Luft wachsen diese Kakteen am besten. Ihre Vermehrung erfolgt durch Samen, Ableger oder Veredlung.

Epithelantha micromeris

Dies ist ein kleiner, langsamwachsender, kugeliger Kaktus, der 5 cm hoch wird. Er hat kleine, überlappende, weiße Dornen, die den graugrünen Stamm komplett überziehen. Im Sommer erscheinen hellrosa Blüten an der filzigen Krone.

EQUISETUM

SCHACHTELHALM

Etwa 25 Arten binsenartiger Stauden gehören zu dieser entwicklungsgeschichtlich alten Pflanzengruppe, die entfernt mit den Farnen verwandt ist. Sie sind vorwiegend in der nördlichen Hemisphäre verbreitet, nur wenige finden sich in Afrika und Südamerika südlich des Äquators. Ihre zylindrischen Stengel sind gewöhnlich aufrecht, können unverzweigt sein oder Ästchenquirle bilden. Sie breiten sich mit kriechenden Rhizomen stark aus und werden nur ausnahmsweise größer als 3 m. Obwohl sie sehr zieren können, sind sie wegen ihres starken Wucherns kaum in Gärten zu pflanzen. Schon die Römer verwendeten sie zum Scheuern von Töpfen und als Heilmittel.
PFLEGE UND VERMEHRUNG: Die meisten Arten sind völlig frosthart. Man hält sie in sonnig stehenden Kübeln und paßt auf, daß die Rhizome nirgends aus dem Topf ins Erdreich einwachsen. Sie brauchen viel Wasser und werden durch Teilung vermehrt.

Equisetum hyemale

WINTERSCHACHTELHALM

Diese Art aus Eurasien und Nordamerika wurde früher zum Scheuern von Töpfen und Pfannen benutzt. Ihre Stengel können 1,5 m hoch werden und sind gewöhnlich unverzweigt.

Equisetum scirpoides

ZWERG-SCHACHTELHALM

Nur 15 cm hoch wird diese nicht sehr dekorative Art, heimisch in Eurasien, Grönland und Nordamerika. Ihre Stengel sind dünn, nomalerweise unverzweigt und haben drei oder vier Furchen.

Equisetum trachyodon

RAUHER SCHACHTELHALM

Diese Art ähnelt *Equisetum hyemale*, ist zumeist ebenfalls unverzweigt, wird aber nicht so hoch. Zur heißesten Tageszeit braucht die attraktive Topfpflanze Schatten.

ERANTHEMUM

Diese Gattung enthält rund 30 Arten von Sträuchern und Halbsträuchern des tropischen Asien aus der Familie der Acanthusgewächse. Sie tragen attraktive rosafarbene oder blaue Blüten und zum Teil dekoratives Laub. Es besteht aus

E

Episcia dianthiflora

Epipremnum pinnatum 'Aureum'

Epiphyllum oxypetalum

Equisetum trachyodon

Episcia cupreata 'Mosaica'

einfachen, gegenständigen Blättern. Die gebüschelten Blüten sind am Grund röhrenförmig und haben fünf flach ausgebreitete Kronlappen. Die Früchte, kleine, keulenförmige Kapseln, zerspringen explosionsartig in zwei Hälften.
PFLEGE UND VERMEHRUNG: Die nicht frostharten Pflanzen sind in tropischen und subtropischen Klimaten problemlos, sie bevorzugen geschützte Orte mit gutem Boden im Halbschatten und viel Wasser während des Wachstums. Nach der Blüte können sie bei Bedarf stark zurückgeschnitten werden. Als Zimmerpflanzen brauchen sie helles, indirektes Licht, im Sommer reichlich Wasser, im Winter weniger. Sie werden durch Frühjahrsstecklinge vermehrt.

Eranthemum pulchellum
Syn. *Eranthemum nervosum*

Dieser farbenfrohe, immergrüne Strauch aus dem tropischen Indien wird knapp 1,5 m hoch und hat sich in zahlreichen frostfreien Ländern eingebürgert. Er ist gekennzeichnet von seinen aufrechten Ästen und auffällig geaderten, bis 20 cm langen, tiefgrünen Blättern. Die violettblauen Stieltellerblüten erscheinen in dichten Ähren gewöhnlich im Winter oder zeitigen Frühjahr.

Eranthis hyemalis

ERANTHIS
WINTERLING

Von Europa bis zum gemäßigten Asien werden die sieben Arten dieser Gattung von Knollenstauden seit Jahrhunderten in Gärten unter sommergrünen Bäumen gepflanzt, wo sie im Spätwinter und zeitigen Frühjahr Blüten treiben. Die kurzgestielten gelben »Butterblumen« sind von einer Krause grüner Blätter umgeben. Sie können ausgezeichnet zusammen mit anderen frühblühenden Zwiebeln gepflanzt werden.
PFLEGE UND VERMEHRUNG: Für ausgezeichnetes Wachstum und viele Blüten sorgen leicht feuchte Bedingungen im Sommer, basischer, durchlässiger Boden und ein Standort in der Sonne oder im Halbschatten. Man vermehrt sie durch Aussaat im Spätfrühling oder durch Teilung im Herbst.

Eranthis cilicica

Aus Kleinasien stammt diese Art, wo sie an Hängen mit offenen Kiefernwäldern wächst. Ihre Blüten sind gelb und stehen etwa 5 cm über dem Boden. Die Blattkrause ist glänzend und fein zerteilt.

Eranthis hyemalis

Diese niedrige Knollenstaude stammt aus Europa und wird nur etwa 10 cm hoch. Gelbe, schalenförmige, 2,5 cm große Blüten stehen über einer Krause aus gelappten Blättern.

Eranthemum pulchellum

Eremophila 'Roger's Pink'

Eremophila polyclada

Eranthis × tubergenii 'Guinea Gold'

Diese sterile Sorte wird 10 cm hoch und trägt goldene Blüten über einer Krause bronzegrüner, schmalgelappter Blätter.

ERCILLA

Aus den gemäßigten Regionen Amerikas stammt diese mit der Kermesbeere (*Phytolacca*) verwandte Gattung. Sie enthält nur zwei Arten immergrüner Kletterstauden mit Kletterwurzeln. Die Pflanzen tragen dichte Ähren kleiner Blüten ohne Blütenblätter und wechselständige, derbe Laubblätter. Ohne Kletterunterlage wachsen sie als Bodendecker.
PFLEGE UND VERMEHRUNG: Die sehr frostempfindlichen Pflanzen brauchen volle Sonne oder Halbschatten, fruchtbaren, durchlässigen Boden und einen windgeschützten Standort. Schnitt nach der Blüte ist möglich. Die Vermehrung erfolgt durch Stecklinge oder Ableger.

Ercilla volubilis
Syn. *Bridgesia spicata, Ercilla spicata*

Die wüchsige Art aus den Anden Perus und Chiles kann 10 m hoch werden. Im Frühjahr tragen ältere Pflanzen zahlreiche Ähren aus grünen bis purpurnen Blüten. Ihnen folgen kleine, tiefpurpurne Beeren. Die dunkelgrünen, glänzenden Blätter sind herzförmig und haben helle Blattadern.

EREMOPHILA
EMUSTRAUCH

Aus etwa 200 Arten immergrüner Sträucher und kleiner Bäume aus dem trockenen und semiariden Inneren Australiens besteht diese Gattung. Ihre auffälligen Röhrenblüten erscheinen in den Blattachseln an dünnen Stielen und sind gewöhnlich zweilippig. Lippen und Schlund sind meist gefleckt. Die kleinen Früchte sind zuerst beerenartig, reif aber hart und trocken, häufig abgeflacht und sitzen in dem vergrößerten Kelch. Es existiert eine Reihe von Gartenformen, z.B. **'Roger's Pink'**.

Eremophila maculata

Eremophila glabra 'Murchison River'

PFLEGE UND VERMEHRUNG: Einige Arten wachsen nur unter Wüstenbedingungen, andere passen sich an feuchteres Klima an. Sie brauchen direkte Sonne, durchlässigen, leicht basischen Boden und verübeln Sommerfeuchte. Wässern ist bei eingewachsenen Pflanzen weitgehend überflüssig. Leichter Rückschnitt nach der Blüte erhält die buschige Form. Aus Samen oder Stecklingen im Herbst gewinnt man neue Pflanzen.

Eremophila glabra
GEMEINER EMUSTRAUCH

Dieser Strauch wird über 1 m hoch und besitzt aufrechte, flaumige, gräulichweiße Äste. Seine lanzettlichen Blätter werden 5 cm lang und können wenig bis dicht behaart sein. Die grünen, gelben oder roten Röhrenblüten erscheinen im Frühling und Sommer einzeln in den Blattachseln. Die Sorte **'Murchison River'** hat wunderschöne, silbriggrüne Blätter und scharlachrote Blüten.

Eremophila maculata
GEFLECKTER EMUSTRAUCH

Diese am häufigsten gepflanzte Art bildet einen runden Strauch von 1–2 m Höhe und Breite. Er besitzt grüne bis graugrüne Blätter und trägt besonders im Winter und Frühling gelbe, rote, rosafarbene oder weiße Blüten mit zurückgebogenen Kronlappen und geflecktem Schlund. **'Aurea'** ist kleiner, hat goldgelbe Blüten und hellgrüne Blätter.

Eremophila polyclada
VIELTRIEBIGER EMUSTRAUCH

Diese ungewöhnliche Art bildet ein Gewirr aus grünen Ästen. Sie wächst in Lehmböden auf Flutebenen in Ost- und Zentralaustralien, wird 1–2 m hoch und wenigstens ebenso breit. Ihre dunklen, glänzenden Blätter sind sehr schmal und werden 6 cm lang. Die großen, weißen Blüten tragen rotbraune Flecken auf der Unterlippe und erscheinen fast das ganze Jahr hindurch, aber vorwiegend im Frühling und Herbst. Es ist ein schöner Zierstrauch für Trockengebiete.

EREMURUS
STEPPENKERZE

Diese Gattung besteht aus etwa 50 Arten, die alle aus den kalten Hochebenen Zentral- und Westasiens stammen. Sie gehören zu den eindrucksvollsten frühsommerblühenden Stauden. Sie bilden vorwiegend Horste mit Rosetten aus bandförmigen Blättern. Ihre Blütentrauben erreichen mehr als Kopfhöhe und können jeweils aus mehreren hundert weißen, gelben oder rosafarbenen Blüten bestehen. Die Belaubung ist üppig, aber niedrig, so daß die blattlosen Blütenstengel um so imposanter wirken.
PFLEGE UND VERMEHRUNG: Wild werden diese Pflanzen vor der Kälte durch eine dicke Schneedecke geschützt, in milderen Klimaten ist eine winterliche Mulchdecke als Frostschutz hilfreich. Sie brauchen Sonne, gutdurchlässigen Boden

E. × *isabellinus*, Shelford-Hybride

Eremurus aitchisonii

und einen windgeschützten Standort. Die Vermehrung erfolgt im Herbst aus frischen Samen oder durch vorsichtige Teilung nach der Blüte.

Eremurus aitchisonii

Syn. *Eremurus elwesii*

Diese Staude aus Afghanistan wird 2 m hoch und trägt glänzende, schmal-lanzettliche Blätter, die 60 cm lang werden. Vom Spätfrühling bis zum Frühsommer blühen Trauben aus hellrosa Blüten.

Eremurus himalaicus

Die grundständigen Blätter dieser horstbildenden Staude aus dem West-Himalaja sind bandförmig. Im Spätfrühjahr und Frühsommer stehen in aufrechten, endständigen Trauben sternförmige, reinweiße Blüten mit langen Staubbeuteln. Sie müssen angebunden werden.

Eremurus × *isabellinus*, Shelford-Hybriden

Diese winterharten Stauden werden zumeist wegen ihrer stattlichen Trauben mit dichtgepackten Blüten gepflanzt, die hervorragend zum Schnitt geeignet sind. Sie bilden Rosetten aus bandförmigen Blättern und im Hochsommer kräftige Stengel mit Hunderten von flach schalenförmigen Blüten in zahlreichen Farben von Weiß und Gelb über Rosa bis zu Lachs- und Aprikosen- und diversen Kupfertönen. **'Shelford Desert Candle'** ist eine besonders schöne, reinweiße Form. Die Hybriden werden über 1 m hoch und etwa halb so breit.

E. × *isabellinus* 'Shelford Desert Candle'

Eremurus olgae

Die Pflanze erreicht 1,5 m Höhe. Duftende, sternförmige, weiße Blüten mit einem Hauch von Rosa erscheinen im Sommer in aufrechten Trauben. Die grünen Blätter sind bandförmig.

Eremurus robustus

Die höchste Steppenkerze stammt aus Zentralasien. Blütezeit ist Frühsommer. Ihre sternförmigen, kleinen Einzelblüten in hellstem Pfirsichrosa stehen zu hunderten in den Trauben, die 3 m hoch werden können und dann gestützt werden müssen.

Eremurus spectabilis

Diese Staude besitzt riemenartige, am Rand rauhe, graugrüne Blätter. Im Hochsommer erscheinen steif aufrechte, 1–2 m hohe Trauben schwefelgelber Blüten. Die Einzelblüte ist sternförmig und etwa 1 cm groß. Diese Art kommt von der Türkei bis nach Pakistan vor.

Eremurus stenophyllus

Diese Art aus Südwest- oder Zentralasien hat einen Schopf grundständiger, graugrüner Blätter. Ihre Blüten sind leuchtendgelb und erscheinen in bis zu 1 m langen Trauben.

ERICA

HEIDE, ERIKA

Diese große Gattung umfaßt über 800 Arten kleinblättriger, reichblühender, immergrüner Sträucher. Die meisten stammen aus Südafrika, nur wenige kommen in Europa oder anderswo in Afrika vor. In Europa sind *Erica*-Arten und die nahe verwandte *Calluna* die typischen Heidepflanzen, daher auch der deutsche Name. Die vom Kap stammenden Arten besitzen häufig lange, röhrenförmige Blüten und sind in Klimazonen mit sehr milden Wintern und geringer Sommerfeuchtigkeit ausgezeichnete Gartenpflanzen. Die europäischen Arten tragen kleinere, glockenförmige Blüten, die Farbpalette reicht hier nur von Weiß bis Dunkelrosa. Sie sind aber frosthart und sehr beliebte Gartenpflanzen.

PFLEGE UND VERMEHRUNG: Die meisten *Erica*-Arten mögen Sonne, durchlässige, neutrale bis saure Böden und weder Kalk noch tierischen Dünger. Der für kompakten Wuchs gegebenenfalls erforderliche Rückschnitt erfolgt nach der Blüte, die Vermehrung durch Aussaat oder Stecklinge im Spätsommer.

Erica australis

Erica arborea

BAUMHEIDE, BRUYÈRE

Als größte aller *Erica*-Arten ist diese sehr frostempfindliche Art auch am weitesten verbreitet und wächst von den Kanarischen Inseln und Portugal bis zum Iran und zu den Gebirgen Arabiens, Äthiopiens und Äquatorialafrikas, wo sie Nebelwälder aus bis zu 6 m hohen Bäumen mit kräftigen Stämmen bildet. Sie hat einen oft verdrehten Stamm, eine feine, faserige Borke und dunkelgrüne, nadelartige Blätter. Im Frühling bringt sie Massen kleiner, weißer Blüten hervor. Die Sorte **'Alpina'** wird nur bis 2 m hoch, hat leuchtendgrüne Blätter und weiße Blüten in dichten zylindrischen Trauben.

Erica australis

Dieser nicht frostharte, aufrechte Strauch wird 2 m hoch und etwa 1 m breit. Er stammt aus dem Westen der Iberischen Halbinsel und aus Marokko. Im Frühling und Sommer bringt er kleine, magentarosa, röhrige Blüten hervor. Einige Sorten sind nach Farben von Weiß bis Tiefrosa ausgelesen und benannt worden. Die dun-

Eremurus spectabilis

Eremurus robustus

Eremurus robustus

Erica arborea 'Alpina'

kelgrüne Belaubung ist sehr zart ausgebildet.

Erica bauera

Mit den schönsten Blüten von allen schmückt sich dieser kleine, schlanke Strauch von 1 m Höhe. Die wächsernen Blütenröhren, 3,5 cm lang und an der Öffnung etwas enger, sind porzellanfarben bis sanftrosa. Sie öffnen sich vom Frühjahr bis zum Herbst nach und nach entlang der aufrechten Triebe. Der Strauch ist nicht winterhart (aber doch etwas unempfindlicher als andere südafrikanische Eriken) und mag geschützte Standorte. Die Sorte **'Alba'** hat reinweiße Blüten.

Erica bauera 'Alba'

Erica canaliculata

Dies ist die höchste und blütenreichste aller kultivierten südafrikanischen Heidearten. Auch in frostfreien Gärten erreicht sie meist nur knapp 2 m, wird wild aber erheblich größer und verträgt auch leichten Frost. Sie wächst locker und besitzt dunkelgrüne, schmale Blätter in Dreierwirteln. Im Spätwinter und zeitigen Frühjahr erscheinen Massen von glockenförmigen, kleinen Blüten, die hellrosa bis rosapurpurn sein können und dunklere, hervorstehende Staubbeutel besitzen.

Erica carnea

Syn. *Erica herbacea*

SCHNEEHEIDE

Aus den Gebirgen Mittel- und Südeuropas stammt diese frostharte Art, die mit ihren zahlreichen Sorten zu den wenigen *Erica*-Arten gehört, die auf Kalkböden gedeihen. Sie bildet niedrige, 30 cm hohe, ausgedehnte Halbsträucher mit dichtstehenden Ästen. Durch den Winter bis zum zeitigen Frühjahr bildet sie kleine, urnenförmige, purpurrosa Blüten mit hervortretenden, dunkleren Staubbeuteln. Sie ist ein idealer Bodendecker an sonnigen bis halbschattigen Standorten und durch ihre winterliche Blütezeit besonders wertvoll. Bekannte Sorten sind **'December Red'** mit purpurrosa Blüten und **'March Seedling'**, die bis zum Spätfrühling blüht, außerdem **'Myretoun Ruby'** mit sehr dunkelgrünen Blättern und hellrosa Blüten, **'Ruby Glow'** mit tief rosaroten Blüten, die robuste, kriechende **'Springwood Pink'** mit rosa Blüten und die stark- und breitwüchsige **'Springwood White'** mit weißen Blüten.

Erica cinerea 'Crimson King'

Erica cinerea 'Kerry Cherry'

Erica carnea, Kulturvarietät

Erica carnea 'Springwood White'

Erica carnea 'March Seedling'

Erica × darleyensis

Erica casta

Diese nicht frostharte Art aus den Bergen der südafrikanischen Kapprovinz kam erst in jüngster Zeit in Kultur, ist aber schon bekannt für ihren Blütenreichtum im späten Frühjahr. Die Blütenfarbe kann von Weiß bis Tiefpurpur variieren. Sie wird 45 cm hoch und macht sich sehr gut im Topf.

Erica casta

Erica cerinthoides

SCHARLACHHEIDE, FEUERHEIDE

Mit ihren orange- bis scharlachroten Blüten, die etwa 3,5 cm lang werden, ist diese südafrikanische Pflanze eine der auffälligsten *Erica*-Arten. Im Winter und Frühjahr entstehen die Blütenstände am Ende langer, gerader oder leicht gebogener Zweige. Es existieren auch Formen mit weißen, rosafarbenen und karmesinroten Blüten. Sie wird nicht höher als 1 m und ist nicht frosthart.

Erica cerinthoides

Erica ciliaris

DORSET-HEIDE, WIMPERNHEIDE

Dies ist ein sehr frostempfindlicher kleiner, in die Breite wachsender Strauch, der bis 80 cm hoch wird und aus dem südwestlichen Europa, Südwestengland und Irland stammt. Vom Hochsommer bis weit in den Herbst hinein erscheinen krugförmige, in der Regel tiefrosa Blüten. Aus dieser Art wurden zahlreiche Sorten

Erica × darleyensis 'Darley Dale'

Erica × darleyensis 'Epe'

E. × darleyensis 'Dunwood Splendour'

Erica × darleyensis 'White Perfection'

Erica doliiformis

Erica erigena 'Mrs Parris White'

Erica erigena 'W. T. Rackliff'

mit weißen bis rosa Blüten oder goldenen Blättern kreiert.

Erica cinerea

GRAUHEIDE

Die Grauheide, eine der schönsten unter den frostharten Heidearten, ist in Westeuropa heimisch. Ihre kleinen, dichtstehenden, glockenförmigen Blüten erscheinen vom Frühsommer bis zum frühen Herbst. Von niederliegendem bis aufrechtem Habitus wird sie 30–45 cm hoch. Bei heißen Sommern können ihre Blätter welken oder sogar ganze Pflanzen absterben. Es gibt viele Sorten, die sich vorwiegend in der Blütenfarbe – von Weiß bis intensives Rosapurpur – unterscheiden. Einige tragen goldene oder kupferfarbene Blätter. **'Kerry Cherry'** hat tiefrosa, **'Crimson King'** karmesinrote Blüten, und **'Golden Drop'** hat im

Erica erigena 'Hibernica'

Erica formosa

Erica erigena 'Alba Compacta'

Sommer goldenes Laub mit kupfernem Schimmer, das sich im Winter rot färbt.

Erica × *darleyensis*

Diese Hybride aus den beiden unterschiedlich frostharten Arten *Erica erigena* und *E. carnea* ist eine weithin geschätzte Gartenpflanze, die Kalkböden toleriert, aber frostempfindlich ist. Sie bildet einen dichten, bis zu 60 cm hohen Strauch mit dunkelgrünen Blättern. Vom späten Herbst bis zum Frühjahr ist er mit dichten, kurzen Ähren zylindrischer, hellrosa Blüten besetzt, aus denen dunklere Staubbeutel hervorstehen. Der Originalklon ist **'Darley Dale'**. Andere Sorten mit weißen bis tiefrosa Blüten sind ebenfalls bekannt: **'Dunwood Splendour'** wächst ziemlich breit und trägt mauverosa Blüten; **'Epe'** wächst relativ langsam und blüht weiß mit rosa Hauch; **'George Rendall'** wächst kompakt und hat im Winter purpurne Blüten; **'Jack H. Brummage'** hat im Winter golden bis rot gefärbtes Laub und blüht purpurrosa, **'White Perfection'** trägt

Erica grandiflora

Erica erigena 'Ewan Jones'

Erica erigena 'Hibernica Alba'

dagegen leuchtendgrünes Laub und reinweiße Blüten.

Erica doliiformis

Syn. *Erica blanda*

Dieser kleine, aufrechte Strauch aus Südafrika wird 30 cm hoch und besitzt dichtstehende, behaarte Blätter. Er trägt Dolden aus röhrenförmigen, rosa Blüten.

Erica erigena

Syn. *Erica hibernica, E. mediterranea*

PURPURHEIDE

Diese westeuropäische Art besitzt dunkelgrüne Blätter und trägt im Winter und Frühling krugförmige, leuchtendrosa Blüten in großen Mengen. Sie wird etwa 1 m hoch und ebenso breit und ist sehr frostempfindlich. Die Sorte **'Alba Compacta'** besitzt eine kompakte Wuchsform und blüht weiß. Die recht robuste **'Ewan Jones'** besitzt mauverosa Blüten und dunkelgrüne Blätter. **'Hibernica'** bildet hellrosa Blüten, **'Hibernica Alba'**, eine sehr auffällige Form mit weißen Blüten, wird bis zu 1 m hoch.

Erica erigena 'Mrs Parris Lavender'

Erica erigena 'Superba'

'Irish Dusk' mit rosa Blüten trägt graugrüne Blätter. Nur etwa halb so hoch wächst die aufrechte **'Mrs Parris Lavender'** mit mauvefarbenen Blüten. **'Mrs Parris White'** ist die Albinoform der vorherigen Sorte. **'Silver Bells'** entwickelt weiße, duftende, **'Superba'** hellrosa, ebenfalls duftende Blüten und die kompakte **'W. T. Rackliff'** trägt weiße Blüten.

Erica formosa

Aus Südafrika kommt dieser aufrechte, reichverzweigte Strauch, der eine Höhe von etwa 1 m erreicht. Er besitzt zarte Blätter, die zu dritt in Wirteln stehen. Ebenfalls zu dritt erscheinen vom Winter bis zum Frühsommer hängende, kleine Blüten, die gerieft, reinweiß und leicht klebrig sind.

Erica grandiflora

In der Natur kommt dieser kräftige, aufrechte Strauch auf den Berghängen der westlichen Kapprovinz Südafrikas vor. Er ist nicht frosthart, nadelartig belaubt und

Erica perspicua

Erica regia

Erica peziza

Erica mammosa

Erica mammosa 'Jubilee'

Erica linnaeoides

wird 1 m hoch und breit. Im Hochsommer erscheinen die attraktiven, orangefarbenen Röhrenblüten, bis 3,5 cm lang und leicht klebrig.

Erica linnaeoides

Beachtenswert ist diese südafrikanische Art, die nicht höher als 1 m wird, besonders wegen ihrer zarten Farbtöne. Wie ihre näheren Verwandten blüht auch sie im zeitigen Frühjahr und ist eine schöne Topfpflanze. Sie wird nach der Blüte etwas beschnitten.

Erica lusitanica

PORTUGIESISCHE HEIDE

Aus Portugal, Spanien und Frankreich stammt dieser aufrechte, sehr frostempfindliche Strauch. Er wird nur in seltenen Fällen höher als 2 m und besitzt äußerst dünne und zarte, mittelgrüne Blätter. Im Winter entstehen aus den dunkelrosa Knospen Massen von kleinen, röhrenförmigen Blüten. Sie sind zunächst hellrosa überlaufen, später weiß. Diese Art toleriert Kalkböden. Sie ist eingebürgert in den Vereinigten Staaten, in Australien und Neuseeland.

Erica mackaiana

Syn. *Erica crawfordii, E. mackaii, E. mackayana*

MACKAYS HEIDE

Dieser hübsche kleine Strauch aus Spanien und Irland wird 50 cm hoch und 80 cm breit. Seine Zweige sind jung behaart und seine dunkelgrünen Blätter stehen in Wirteln zu viert. Vom Sommer bis zum frühen Herbst erscheinen in endständigen Blütenständen gewöhnlich rosa Blüten, aber auch Sorten mit anderen Farben wurden ausgelesen. **'Galicia'**, nur bis zu 20 cm hoch, hat orange Knospen und blüht mauve-rosa. **'Maura'** ist mit 15 cm Höhe eine kleine Form, die graugrüne Blätter und gefüllte, purpurfarbene Blüten besitzt. **'Shining Light'** wird 25 cm hoch und 60 cm breit. Sie hat reinweiße Blüten.

Erica mammosa

Diese Art besitzt leuchtendgrüne Blätter und endständige Blütenstände aus roten bis tiefrosa Röhrenblüten, die etwa 2,5 cm lang werden. Sie stammt aus Südafrika, wird bis zu 1 m hoch und etwa halb so breit. Die Sorte **'Coccinea'** blüht besonders reichlich, **'Jubilee'** trägt rosafarbene Blüten.

Erica melanthera

Mit ihren kleinen, glockenförmigen Blüten erinnert diese südafrikanische Art stark an europäische Eriken. Der dichte Strauch von 1 m Höhe und gleicher Breite trägt leuchtendgrüne Blätter, die vom Spätherbst an unter den rosapurpurnen Blüten verschwinden. *Erica melanthera* ist als Schnittblume weit verbreitet.

Erica mackaiana 'Shining Light'

Erica mackaiana 'Galicia'

Erica perspicua

Dies ist ein reichverzweigter, aufrechter Strauch aus Südafrika. Er wird 2 m hoch und mag feuchten Boden. Seine weichen Blätter stehen in Wirteln zu dritt oder viert. Die Röhrenblüten stehen rechtwinklig vom Ast ab und können weiß, rosa, tiefmauvefarben oder rot-weiß sein. Meist blühen sie vom Herbst bis zum Winter.

Erica peziza

Dieser dichte Strauch aus der westlichen Kapregion Südafrikas erreicht eine Höhe von 60 cm und wird ebenso breit. Seine Blätter sind mittelgrün, seine becherförmigen Frühjahrsblüten sind reinweiß und flaumig behaart.

Erica quadrangularis

Dieser kompakte, dichte Strauch wird etwa 60 cm hoch und 50 cm breit. Die becherförmigen Blüten können weiß, rosa oder rot sein und erscheinen vom Spätwinter bis in den Sommer hinein. Seine mittelgrünen Blätter stehen zu viert in Wirteln. Diese nicht frostharte Art stammt aus der westlichen Kapregion Südafrikas.

Erica regia

Aus der südlichen Kapprovinz Südafrikas stammt dieser häufig kultivierte Strauch. Er wird etwa 2 m hoch und 1 m breit, ist windfest und verträgt auch leichteren

Erica lusitanica

Erica mackaiana 'Maura'

Erica × stuartii 'Irish Lemon'

Erica vagans

Frost. Seine leuchtenden Blüten, die vorwiegend im Frühjahr erscheinen, sind weiß mit roten oder rot mit violetten Spitzen. Sie sind etwa 2,5 cm lang und hängen in Büscheln an den Zweigspitzen.

Erica speciosa

Dieser nicht frostharte südafrikanische Strauch wird 1 m hoch und breit. Im Sommer trägt er in endständigen Büscheln rote, grün bespitzte Röhrenblüten. Seine schmalen, gefurchten, immergrünen Blätter stehen zu dritt in Wirteln.

Erica × stuartii

Diese Kreuzung aus *Erica mackaiana* und *E. tetralix* wächst zu einem kleinen, aufrechten, 50 cm hohen Strauch heran. Er besitzt graugüne Blätter und im Sommer und Herbst rosa Blüten. Die Sorte **'Irish Lemon'** hat leuchtendgelbe Frühjahrstriebe, die später vergrünen. Vom Spätfrühling bis zum Sommer trägt sie krugförmige, mauvefarbene Blüten.

Erica tetralix
MOORHEIDE, GLOCKENHEIDE

Die frostharte, graugrün belaubte Art stammt aus West- und Nordeuropa. Die schönsten Formen sind nahezu silbrig. Ihre Blätter stehen zu viert in regelmäßigen Wirteln; darauf weist auch der botanische Name hin. Die zartrosa oder weißen Blüten sind für eine europäische Erika sehr groß. Sie erscheinen im Sommer und Herbst. Der 30 cm hohe und breite Strauch macht sich am besten in feuchter Erde im Steingarten. Die Sorte **'Pink Star'** trägt sternförmig angeordnete, lila bis rosa Blüten.

Erica vagans 'St Keverne'

Erica vagans
CORNWALL-HEIDE

Diese wüchsige und frostharte europäische Art wird 80 cm hoch und lädt ebenso weit aus. Sie trägt tiefgrüne Blätter und im Sommer und Herbst Blütenstände aus glockenförmigen, rosa, mauvefarbenen oder weißen Blüten. **'St. Keverne'** trägt zahlreiche rosa Blüten.

Erica × veitchii
VEITCHS HEIDE

Diese Hybride aus *Erica arborea* und *E. lusitanica*, bis 2 m hoch, ist ein sehr frostempfindlicher Strauch. Er trägt vom Spätwinter bis zum Frühjahr kleine, weiße, zart duftende, zylindrische Blüten. **'Exeter'** blüht im Frühling und duftet, **'Pink Joy'** ist zartrosa.

Erica × williamsii
Syn. *Erica × williamsiana*
WILLIAMS HEIDE

Diese frostharte Erika wurde ursprünglich als natürliche Hybride von *Erica tetralix* und *E. vagans* in Cornwall (England) gefunden. Sie wird etwa 80 cm hoch und bringt im Sommer und Herbst Trauben von glockenförmigen, hellvioletten Blüten hervor. Ihre Blätter tragen im Frühjahr gelbe Spitzen. Die gelben Spitzen der Blätter von **'P. D. Williams'** bleiben bis zum Sommer.

Erica × wilmorei
WILMORES HEIDE

Diese Pflanze vertritt hier eine Gruppe von Hybriden verschiedener südafrikanischer Arten, deren Eltern gewöhnlich unbekannt sind. Sie tragen auffallende, lange Röhrenblüten an aufrechten Zweigen. Bei *Erica × wilmorei* sind die Blüten außen weich behaart und zartrosa mit weißen Spitzen. Einige der Hybriden entstanden zu Beginn des letzten Jahrhunderts in England, andere später in Australien, wo sie auch als Schnittblumen weite Verbreitung fanden. Zu den besten gehören **'Aurora'**, **'Linton's Red'** und **'Ruby Glow'**.

Erigeron 'Wayne Roderick'

ERIGERON
BERUFKRAUT

Diese umfangreiche Gattung umfaßt etwa 200 Arten von teils immergrünen Stauden und kurzlebigen Kräutern und kommt in sämtlichen gemäßigten Zonen der Erde, vorwiegend jedoch in Nordamerika vor. Einige Arten wehren angeblich Flöhe ab. Die vorwiegend aufrechten Stengel tragen zahlreiche rosa, weiße oder blaue Korbblüten. Die Pflanzen sind sowohl ür den Vordergrund von Rabatten als auch für Wildstaudenpflanzungen bestens geeignet. Sie blühen zwischen Spätfrühling und Hochsommer. Es existieren zahlreiche Gartensorten, z.B. **'Wayne Roderick'**.

PFLEGE UND VERMEHRUNG: Diese winterharten Pflanzen bevorzugen sonnige, windgeschützte Standorte und durchlässigen Boden, der während des Wachstums keinesfalls austrocknen darf. Viele der Gartensorten erfreuen durch eine Nachblüte im Spätsommer. Die Vermehrung erfolgt durch Aussaat oder Teilung im Frühjahr.

Erigeron aurantiacus

Die Staude aus Turkestan erreicht eine Höhe von etwa 30 cm und dehnt sich ebenso breit aus. Ihre löffelförmigen, graugrünen Blätter werden etwa 10 cm lang. Im Sommer bildet sie leuchtend orangefarbene Blüten. Sie benötigt bestens durchlässigen Boden und ist nicht ganz winterhart.

Erigeron aureus

Die Wildformen dieser Art sind kurzlebige Staude aus den Gebirgsregionen Nordwestamerikas. **'Canary Bird'** ist eine deutlich langlebigere Selektion. Zur Blütezeit wird sie etwa 10 cm hoch. Ihre Blüten sind zartgelb bis leuchtendgelb und erscheinen an einzelnen Stengeln über den löffelartig geformten, behaarten, graugrünen Blättern.

Erigeron 'Charity'

In Büschen von 60 cm Breite und etwa gleicher Höhe treibt diese mehrjährige Sorte für lange Wochen im Sommer un-

Erica × veitchii 'Exeter'

Erigeron 'Charity'

Erica × veitchii 'Pink Joy'

Erigeron aureus 'Canary Bird'

E

zählige, blaßlila Blüten mit gelblich-grünen Zentren. Manchmal hat sie eine Stütze nötig.

Erigeron compositus

Diese mehrjährige Staude wird etwa 15 cm hoch. Die Pflanze stammt aus Grönland und Nordwestamerika und besitzt Rosetten aus behaarten Blättern, die gelappt oder auch geteilt sein können. Im Sommer bildet sie weiße, rosa, lila oder blaue Blüten mit einem gelben Zentrum.

Erigeron 'Dunkelste Aller'

Die mehrjährige Sorte 'Dunkelste Aller' ist eine bis zu 60 cm hohe Staude, von etwa 50 cm Breite. Sie blüht im Sommer halbgefüllt und tief purpurfarben mit gelber Mitte. Ihre graugrünen Blätter sind lanzettlich.

Erigeron compositus

Erigeron glaucus

Erigeron foliosus

Diese Staude aus Nordwestamerika ist zur Blütezeit etwa 20 cm hoch. Ihre schmal-länglichen Blätter sind um so kleiner, je höher sie am Stengel sitzen. Die Blütenköpfchen sind gewöhnlich blau und haben ein gelbes Zentrum.

Erigeron 'Foersters Liebling'

Halbgefüllte, dunkelrosa Blüten besitzt diese sommerblühende Staude von 60 cm Höhe und 45 cm Breite. Die lanzettlichen Blätter sind graugrün.

Erigeron formosissimus

Diese Staude aus den südlichen Rocky Mountains hat gewöhnlich grundständige Blätter von etwas variabler Form. Ihre Korbblüten können blau, rosa oder, selten, weiß sein.

Erigeron glaucus

Bei dieser mehrjährigen Art handelt es sich um eine 25 cm hohe und rund 20 cm breite Staude mit löffelförmigen, bläulich-grünen Blättern. Im Sommer erscheinen lila bis rosafarbene Blüten. Die Sorte **'Cape Sebastian'** wächst kompakt und blüht reichlich.

Erigeron karvinskianus

Syn. *Erigeron mucronatus*
SPANISCHES GÄNSEBLÜMCHEN

Bis 40 cm hoch, wird diese kriechende oder polsterbildende, etwas frostempfindliche Staude aus Mexiko und Mittelamerika als Bodendecker gepflanzt. In milden Zonen blüht sie reichlich das ganze Jahr über. Die kleinen, 2,5 cm breiten Blüten sind weiß mit rosa oder weinroter Färbung. Die Pflanze hat schlaffe Triebe mit schmalen, häufig gelappten, behaarten Blättern. In Regionen mit warmem Klima braucht sie gelegentlich einen starken Rückschnitt, sonst kann sie mit ihrem großen Ausbreitungsdrang leicht zur Plage werden.

Erigeron glaucus 'Cape Sebastian'

Erigeron foliosus

Erinacea anthyllis

Erinacea anthyllis

Erinus alpinus

Erigeron karvinskianus

Erigeron speciosus

Diese buschig wachsende Staude aus Nordwestamerika wird zwischen 15 cm und 80 cm hoch. Höhere Pflanzen müssen häufig gestützt werden. Im Sommer erscheinen die zahlreichen, lila Blüten. Gewöhnlich erhält man Sorten hybriden Ursprungs in Farben von Violett über Rosa bis Weiß, an denen diese Art wesentlichen Anteil hat.

Erigeron uniflorus

Heimisch in Nordeuropa, Asien und Nordamerika, wird diese niedrige Staude 15 cm hoch. Sie besitzt aufrechte, verzweigte Triebe und löffelförmige Blätter, die jung behaart sind. Im Sommer erscheinen weiße bis blaß lavendelfarbene Blüten.

ERINACEA

IGELGINSTER

Als einzige Art enthält diese Gattung einen kleinen Halbstrauch aus heißen, trockenen Gegenden Südeuropas und Marokkos. Außerhalb der Blütezeit seiner Schmetterlingsblüten besteht er faktisch aus einem einzigen Dickicht spitzer grüner Dornen und kleiner immergrüner Blätter aus drei Fiedern.

PFLEGE UND VERMEHRUNG: Die äußerst frostempfindliche Pflanze benötigt sandigen, durchlässigen Boden und wird durch Aussaat oder Stecklinge vermehrt.

Erigeron formosissimus

Erinacea anthyllis

Syn. *Erinacea pungens*

Dieser langsamwachse, aber langlebige Halbstrauch wird etwa 30 cm hoch und bis zu 1 m breit. Seine sanft violettblauen Schmetterlingsblüten erscheinen im späten Frühjahr oder Sommer in den Achseln der Dornen. Er ist ausgezeichnet für sonnige Steingärten mit guter Entwässerung geeignet.

ERINUS

ALPENBALSAM

Aus dieser Gattung mit zwei teils immergrünen, kleinwüchsigen Staudenarten aus Nordafrika, Süd- und Mitteleuropa wird gewöhnlich nur *Erinus alpinus* kultiviert. Diese wird nur selten höher als 10 cm und bildet attraktive kleine Büschel in sonnigen Steingärten oder zwischen Pflastersteinen.

PFLEGE UND VERMEHRUNG: Die weitgehend frostharten Pflanzen brauchen Sonne oder Halbschatten, durchlässigen Boden und während des Sommers ausreichend Wasser. Sie sind kurzlebig, säen sich aber in Spalten und Ritzen gerne selbst aus. Ansonsten werden sie im Herbst durch Aussaat vermehrt.

Erinus alpinus

Diese Art ist in den Alpen heimisch und ideal für Mauerfugen und Steingärten geeignet. Sie wird 5–10 cm hoch und bildet lockere Rasen mit ihren Rosetten aus weichen, mittelgrünen Blättern. Im Sommer erscheint eine Fülle sternförmiger, rosaviolетter oder weißer Blüten.

Eriogonum latifolium

Eriogonum arborescens

ERIOBOTRYA

WOLLMISPEL

Die 30 vom östlichen Himalaja bis nach Japan verbreiteten immergrünen Straucharten und z.T. bis zu 10 m hohen Baumarten dieser Gattung gehören zu den Rosengewächsen. Sie haben ledrige, unterseits silbrige oder filzige Blätter mit starker Nervatur und tragen im Herbst an den Enden der Zweige duftende cremeweiße Blüten in lockeren Rispen, gefolgt von hübschen, eßbaren Früchten. In größerem Umfang gezogen wird nur *Eriobotrya japonica*, die Japanische Wollmispel.
PFLEGE UND VERMEHRUNG: Die leicht zu ziehenden Pflanzen vertragen Trokkenheit und Küstenklima, jedoch nur gelegentlich leichte Fröste. Sie gedeihen auf fruchtbaren, durchlässigen Böden in sonniger Lage. Im Frühsommer werden sie durch Samen oder Stecklinge vermehrt.

Eriobotrya deflexa

Der bis zu 9 m hohe, attraktive immergrüne Schattenbaum aus China und Taiwan zeichnet sich durch grobgezähnte, bis zu 25 cm lange und 5 cm breite, an den Zweigspitzen büschelartig gehäufte Blätter und kleine, flaumige, weißlich-braungelbe Blüten aus. Die filzig behaarten Früchte sind bis zu 2,5 cm groß.

Eriobotrya japonica

JAPANISCHE WOLLMISPEL, LOQUATE, JAPANMISPEL

Attraktiv kegelförmig gewachsen und in der Natur oft 6–9 m hoch, wird dieser in China und Japan heimische, sehr frostempfindliche Baum mit großen tiefgrünen, auf den Unterseiten mit hellem Haarfilz bedeckten Blättern in Kultur oft durch Rückschnitt nach der Ernte erheblich kompakter gehalten. Nach der Blüte im Spätherbst entwikkeln sich die Früchte im Winter und reifen im Frühjahr aus. Am besten gedeiht er in gemäßigten Klimazonen, wo im Frühjahr genügend Feuchtigkeit zur Verfügung steht. Fruchtfliegen und Vögel können die Ernte empfindlich schädigen.

Eriogonum grande var. *rubescens*

ERIOCEPHALUS

KAPOKSTRAUCH

Die rund 30 steifen, kompakten, immergrünen südafrikanischen Straucharten aus der Familie der Korbblütler tragen angenehm duftende, nadelartige, in den meisten Fällen einfache oder dreilappige Blätter und kleine Blütenköpfchen in Büscheln. Ihren botanischen Namen (übersetzt »Wollkopf«) verdanken sie den wolligen Samen.
PFLEGE UND VERMEHRUNG: Die an ein mediterranes Klima gewöhnten Sträucher vertragen Trockenheit, aber nur ganz leichte Fröste. Sie gedeihen auf durchlässigen Böden in offener, luftiger, sonniger Lage. Ihre Vermehrung erfolgt durch Samen, im späten Frühjahr oder Frühsommer auch durch Stecklinge.

Eriocephalus africanus

Die wahrscheinlich einzige in Kultur befindliche Art der Gattung ist ein Strauch, der eine Höhe von etwa 1 m erreicht und im Sommer weiße, in der Mitte violette Blütenkörbchen hervorbringt. Trockener Stand im Herbst läßt die Triebe besser ausreifen und erhöht so die Frostbeständigkeit.

ERIOGONUM

WOLLKNÖTERICH, WOLLAMPFER

Zu dieser Gattung aus der Familie der Knöterichgewächse (*Polygonaceae*) gehören ungefähr 150 Arten zumeist einjähriger Kräuter, Stauden und kleiner Sträucher, heimisch in Gebirgen oder auf alkalischen Wüstenböden im Westen Nordamerikas. Vielfach tragen sie silbrige oder weiße Blätter. Während kleinere Arten oft ausgezeichnete Steingartenpflanzen sind, eignen sich die langlebigen kleinen, in Büscheln angeordneten und von hübschen gezähnten oder gelappten Hochblättern umgebenen Blüten vieler größerer Arten frisch wie getrocknet als Schnittblumen.
PFLEGE UND VERMEHRUNG: Die unterschiedlich winterharten, aber oft besonders winternässeempfindlichen Pflanzen schätzen einen sonnigen Standort auf durchlässigem Boden. Unmittelbar nach der Blüte empfiehlt sich ein Rückschnitt, es sei denn, man benötigt Samen, den man im Frühjahr oder Herbst zur Vermehrung ausbringen kann, wenn man neue Pflanzen nicht durch behutsame Teilung gewinnt.

Eriogonum crocatum

Eriogonum arborescens

Von der Küste Kaliforniens stammt dieser locker verzweigte, bis etwa 1,5 m hohe, nicht winterharte Strauch mit seinen an den Spitzen der Zweige gedrängten, unterseits weißflaumigen Blättern. Er blüht sehr lange von Frühsommer bis Herbst mit Büscheln von bis zu 15 cm Durchmesser aus meist rosaroten oder rosa Blüten, die ausgezeichnet als Schnittblumen geeignet sind.

Eriogonum crocatum

Der zierliche, reichverzweigte, bis 50 cm hohe und mindestens ebenso breite Halbstrauch von der südkalifornischen Küste eignet sich für sonnige Steingärten, verträgt aber nur leichte Fröste. Seine breit eiförmigen, tiefgrünen, auf den Unterseiten mit weißem Haarfilz bedeckten Blätter machen ihn ganzjährig attraktiv. Vom späten Frühjahr bis in den Sommer trägt er Büschel winziger leuchtendgelber Blüten.

Eriogonum giganteum

Reich verzweigt und kuppelförmig ist der bis 2 m hohe, nicht winterharte Strauch, dessen anfangs weiße, später kräftig rostrote Blütenbüschel (Durchmesser bis 30 cm) sich vorzüglich als Schnittblumen eignen. Seine ledrigen Blätter sind grau und unterseits weißfilzig. Er stammt von den Inseln der südkalifornischen Küste.

Eriogonum latifolium

Der dichte, stark verzweigte, bis zu 60 cm hohe und ebenso breite, sehr frostempfindliche Strauch mit verholztem Wurzelstock trägt bis zu 5 cm lange, oben glatte, unten mit weißem Haarfilz bedeckte sowie an den unteren Abschnitten der Zweige abgestorbene Blätter und im Sommer dichte weiße bis rote Blütenbüschel. ***Eriogonum grande* var. *rubescens*** (früher *Erio-*

Eriogonum giganteum

Eriocephalus africanus

Eriobotrya japonica

Eriobotrya japonica

Eriostemon australasius

Eriogonum nervulosum

Eriogonum ovalifolium

Eriophorum angustifolium

gonum latifolium 'Grande Rubescens') ist eine rosarot blühende Form.

Eriogonum nervulosum

Ein ungewöhnlicher Bodendecker für kiesige Böden ist diese kriechende, etwa 10–15 cm hohe, sehr frostempfindliche Polsterpflanze mit ihren kleinen, verkehrt eiförmigen, fleischigen Blättern. Die dichten, halbrunden Blütenrispen mit blaßgelben bis rötlichen Blüten sitzen an der Spitze kurzer, blattloser Stengel.

Eriogonum ovalifolium

Aus den Bergen im Nordwesten der Vereinigten Staaten stammt diese bis zu 10 cm hohe winterharte Staude, deren mit silbrigem Haarfilz bedeckte Blätter ein dichtes Polster bilden. Im Sommer trägt sie dichte Blütenrispen von etwa 2,5 cm Durchmesser mit cremeweißen bis gelben, später meist zartvioletten Blüten an bis zu 20 cm langen Stengeln. Sie eignet sich vorzüglich zur Anpflanzung in einem sonnigen Steingarten.

Eriogonum umbellatum

Die teils niederliegende, teils aufrechte, bis zu 30 cm hohe und 60 cm breite Steingartenpflanze mit verholzter Basis stammt aus den Rocky Mountains im Südwesten Kanadas. Sie ist dicht mit grünen, auf den Unterseiten flaumig-weiß behaarten Blättern belaubt und trägt im Sommer hübsche Blütenrispen mit winzigen leuchtendgelben, später kupferroten Blüten. In kühlen Regionen benötigt sie vor allem im Winter Schutz vor Feuchtigkeit. Die Blüten von ***Eriogonum umbellatum* var. *subalpinum*** sind anfangs cremegelb, später matt hellviolett.

ERIOPHORUM

WOLLGRAS

Die in den kühleren Klimazonen Eurasiens, Nordamerikas und Südafrikas an

Eriostemon australasius

nassen, sumpfigen Standorten heimische Gattung umfaßt 20 ausdauernde Riedgräser mit schmalen Blättern. Ihre flaumigen, weißen Fruchtstände im Sommer sehen aus wie vom Wind zerfaserte Wattebäusche.

PFLEGE UND VERMEHRUNG: Diese winterharten Pflanzen tolerieren auch sehr kalte Temperaturen und schätzen nasse Standorte. Sie gedeihen sogar im Wasser bis zu einer Tiefe von 5 cm. Zur Vermehrung teilt man im Frühjahr etablierte Pflanzen.

Eriophorum angustifolium

SCHMALBLÄTTRIGES WOLLGRAS

Die einzige regelmäßig in Kultur anzutreffende Pflanze der Gattung ist in Nordamerika, Sibirien und von Mitteleuropa bis in arktische Breiten zu Hause. Sie trägt im Sommer flaumige, weiße Fruchtstände, die sich auch zum Schnitt eignen, an bis zu 80 cm langen Stengeln. Besonders attraktiv wirkt Wollgras am Ufer eines Teichs oder in einem in flachem Wasser stehenden Topf.

ERIOPHYLLUM

WOLLBLATT, TEPPICHMARGERITE, GOLDMARGERITCHEN

Die elf gelb blühenden Stauden aus dem Westen Nordamerikas gehören zur Familie der Korbblütler *(Compositae)*. Ihren Namen verdanken sie dem weißlichen Haarfilz auf den Blättern der meisten Arten. Mit ihren von der Basis an verzweigten Stengeln und den schmalen, gegenständigen, häufig gezähnten Blättern bilden sie dichte Horste. Sowohl die Strahlen- als auch die Röhrenblüten sind leuchtend goldgelb.

PFLEGE UND VERMEHRUNG: Die winterharten Pflanzen schätzen mäßig fruchtbare, sehr wasserdurchlässige Böden in sonniger Lage. In Gegenden mit warmen, feuchten Sommern sind sie oft kurzlebig. Die Vermehrung erfolgt durch Samen oder Teilung.

Eriophyllum lanatum

Mit seinen teils aufrechten, teils niederliegenden Stengeln wird der hübsche Korbblütler aus dem Nordwesten Nordamerikas bis zu 60 cm hoch. Seine silbrigweißfilzigen Blätter sind in Bodennähe meist ganzrandig, zur Triebspitze hin oft eingeschnitten und zunehmend kleiner. Die strahlendgelben Blütenköpfchen werden bis zu 3,5 cm breit und blühen im späten Frühjahr und im Sommer.

ERIOSTEMON

WOLLFADEN, WOLLFADENRAUTE, WOLLKÖLBCHEN

In der Natur meist als Unterholz im Halbschatten unter Waldbäumen anzutreffen, sind die rund 35 Arten immergrüner, auf fast allen durchlässigen Bodentypen gedeihender australischer Sträucher dieser Gattung in England seit den 20er Jahren des 19. Jahrhunderts als Topfpflanzen beliebt. Ihre kleinen, häufig aromatischen Blätter sind während der langen Blütezeit oft unter den fünfzähligen, weißen oder wachsartig rosa Blüten verborgen. Gegen Störungen im Wurzelraum sind sie empfindlich.

PFLEGE UND VERMEHRUNG: Die meist wenig frostbeständigen Sträucher schätzen saure bis neutrale, durchlässige Böden in halbschattiger Lage, gedeihen aber auch in der Sonne. Vermehren kann man sie durch eingeweichte Samen im Frühjahr oder Stecklinge im Sommer.

Eriostemon australasius

Syn. ***Eriostemon lanceolatus***

In seiner ostaustralischen Heimat wächst dieser aufrechte, bis etwa 1,2 m hohe, nicht frostharte Strauch auf Sandsteinböden, paßt sich aber gut an schwerere Böden an, wenn sie ausreichend wasserdurchlässig sind. Er ist eher spärlich belaubt mit kleinen graugrünen Blättern und trägt im Frühjahr zahlreiche sternförmige rosa Blüten in den oberen Blattachseln. Rückschnitt nach der Blüte bewirkt buschigen Wuchs.

Eriostemon myoporoides

Der bis etwa 2 m hohe und ebenso breite, bei regelmäßigem Rückschnitt recht kompakte Strauch ist die meistkultivierte Pflanze der Gattung. Er verträgt leichten

Eriogonum umbellatum

E. umbellatum var. *subalpinum*

Erodium manescaui

Eriostemon myoporoides

Erodium pelargoniiflorum

Eriostemon myoporoides 'Profusion'

Frost und Trockenheit, besitzt ovale, aromatische, dunkelgrüne Blätter und trägt im Frühjahr sternförmige, weiße und in der Knospe rosa Blüten. Eine Mulchschicht versorgt ihn mit Nährstoffen und verhindert Beschädigungen der Wurzeln beim Jäten. Beliebte Sorten sind **'Clearview Apple-Blossom'** mit halbgefüllten weißen, in der Knospe roten Blüten und die kompakte, im Winter und Frühjahr lange und üppig blühende **'Profusion'** mit weißen Blüten.

ERITRICHIUM

HIMMELSHEROLD

Die 30 kurzlebigen Staudenarten dieser Gattung aus Europa, Nordamerika und dem Himalaja mit weichen, behaarten, graugrünen Blättern sind besonders wegen ihrer von Frühjahr bis Sommer blühenden, an Vergißmeinnicht erinnernden, blauen oder weißen Blüten beliebt. Sie eignen sich für Steingärten und Alpinenhäuser.
PFLEGE UND VERMEHRUNG: Die oft überaus schwer zu ziehenden, nässeempfindlichen Pflanzen verlangen durchlässigen Torf-Sandboden mit guter Kies-Drainage. Die Vermehrung geschieht durch Samen oder Stecklinge.

Eritrichium canum

Syn. ***Eritrichium rupestre*, *E. sericeum*, *E. strictum***

Aus dem westlichen Himalaja stammt diese winterharte Pflanze mit graugrünen Blättern. Sie wird bis zu 15 cm hoch und 10 cm breit, ist weichhaarig und trägt im Sommer zartblaue Blüten.

Eritrichium nanum

HIMMELSHEROLD, GLETSCHERVERGISSMEINNICHT

Diese nur 5 cm hohe und ebenso breite Pflanze hat sehr verteilte Vorkommen in den Alpen und anderen europäischen Gebirgen und den Rocky Mountains der Vereinigten Staaten. Sie hat schopfartige Büschel behaarter graugrüner Blätter. Am ehesten gedeiht sie im Alpinenhaus bei perfekter Drainage. Im späten Frühjahr trägt sie kleine, flache, stiellose blaßblaue Blüten.

ERODIUM

REIHERSCHNABEL

Die weltweit verbreitete Gattung aus der Familie der Geraniengewächse umfaßt rund 60 einjährige oder ausdauernde, meist niedrige, horstbildende Kräuterarten mit oft attraktiv feinzerteilten Blättern und fünfzähligen Blüten, die denen der Gattung *Geranium* ähneln, aber in der Regel kleiner sind. Sie eignen sich bestens als Bodendecker, für Steingärten oder Mauerspalten.
PFLEGE UND VERMEHRUNG: Die mehr oder minder winterharten Pflanzen gedeihen auf durchlässigen, nicht zu fruchtbaren Böden in sonniger Lage, am besten bei warmen und trockenen Bedingungen. Aus reifen Samen oder Stecklingen im Sommer zieht man neue Pflanzen.

Erodium cheilanthifolium

Erodium absinthoides

Mazedonien ist die Heimat dieser kriechenden, frostharten, bis zu 20 cm hohen und 50 cm breiten Polsterstaude mit farnartig feingegliederten, zart graugrünen Blättern. Die einfachen, 2,5 cm breiten, weißen, rosa oder veilchenfarbenen Blüten, die durch eine dunkle Äderung oft besonders attraktiv wirken, blühen fast den ganzen Sommer hindurch.

Erodium cheilanthifolium

Syn. ***Erodium petraeum* subsp. *crispum***

Die büschelige, bis zu 20 cm hohe und 30 cm breite, frostharte Staude aus Südspanien und den Gebirgen Marokkos hat runzlige, zerschlitzte, graugrüne Blätter. Im Sommer trägt sie tiefrosa geäderte, weiße bis blaßrosa Blüten mit violetten Flecken an der Basis der beiden oberen Blütenblätter.

Erodium chrysanthum

Bis etwa 15 cm hoch und 40 cm breit ist diese büschelige, frostharte Staude aus Griechenland. Sie hat weiche, tiefeingeschnittene silbriggrüne Blätter, trägt den Sommer hindurch zart creme- bis schwefelgelbe Blüten und ist eine attraktive Bereicherung für einen sonnigen Steingarten.

Erodium glandulosum

Syn. ***Erodium macradenum*, *E. petraeum* subsp. *glandulosum***

Die bis zu 20 cm hohe und ebenso breite, frostharte Staude mit tiefeingeschnittenen, silbrigen Blättern stammt aus den Pyrenäen. Ihre auf den oberen beiden Blütenblättern violett gezeichneten rosa Blüten öffnen sich im Sommer in Zweier- bis Fünferbüscheln.

Erodium × *kolbianum* 'Natasha'

Erodium × *kolbianum* 'Natasha'

Eine deutlichere Äderung der Blütenblätter und kräftigere Flecken in der Blütenmitte als bei der ursprünglichen Hybride sind das Kennzeichen der frostharten Sorte 'Natasha'. Sie wird 15 cm hoch und etwa 25 cm breit und hat farnartige graugrüne Blätter.

Erodium manescaui

Syn. ***Erodium manescavii***

Bis zu 45 cm hoch wird diese in den Pyrenäen heimische, sich oft selbst verbreitende, frostharte Staude. Ihre wenigen, ausschließlich grundständigen Blätter sind bis zu 30 cm lang und 10 cm breit, lanzettlich, grob gefiedert und behaart. Die leuchtend magentaroten Blüten stehen in Büscheln von bis zu zwanzig, sie sind flach schalenförmig, 3,5 cm breit und auf den beiden oberen Blütenblättern dunkler gezeichnet.

Erodium pelargoniiflorum

Mit verholzten, niederliegenden Sprossen wird diese frostharte Staude aus der Türkei etwa 30 cm hoch und bildet einen flachen Polsterbusch. Mit ihren herzförmigen, leicht gelappten, grünen Blättern und den vom späten Frühjahr bis zum Herbst blühenden Dolden violett geäderter

Erodium chrysanthum

Erodium glandulosum

weißer Blüten eignet sie sich für Steingärten und Alpinenhäuser. Sie ist anfällig für Blattläuse.

Erodium reichardii
Syn. *Erodium chamaedryoides*

Korsika und die Balearen sind die Heimat dieser kompakten, flachrasigen, nur 5 cm hohen und 15–20 cm breiten, immergrünen Steingartenpflanze, die in sonnigen oder halbschattigen Lagen auch zwischen Steinplatten gedeiht. Über ihrem dichten Laub trägt sie im Frühjahr und Sommer winzige, gut 1 cm breite, weiße oder blaßrosa Blüten. Sie braucht Winterschutz.

Erodium trifolium var. *montanum*

Mattgrüne, gelappte und gezähnte Blätter und Büschel einfacher, rosa getönter Blüten an schlanken Stengeln kennzeichnen diese niedrige, kompakte Staude aus den Höhenlagen des nordafrikanischen Atlasgebirges. Sie eignet sich fürs Alpinenhaus und für den Steingarten, ist aber frostempfindlich.

Erodium × *variabile* 'Bishop's Form'

Die Eltern der frostempfindlichen Hybride sind *Erodium corsicum* und *E. reichardii*. Sie ist recht variabel, wie schon der Name andeutet. Die hier beschriebene, selektierte Form wird bis zu 60 cm hoch und trägt den Sommer hindurch leuchtendrosa Blüten an verzweigten Blütenstengeln.

Erodium trifolium var. *montanum*

Erodium × *variabile* 'Bishop's Form'

ERUCA
RAUKE, RUKE, RAUKENKOHL, RUCKE

Die sechs einjährigen, im Mittelmeerraum und in Nordostafrika heimischen Kreuzblütler dieser Gattung haben rosettenförmig angeordnete, stark gelappte Blätter, endständige Blütenrispen und schmale Schoten mit zwei Reihen von Samen. Nur eine Art (*Eruca sativa*) ist als Salat- und Gewürzpflanze in Kultur. Sie ist mancherorts eingebürgert und hat seit einigen Jahren als Rucola eine Renaissance in mitteleuropäischen Küchen.

PFLEGE UND VERMEHRUNG: Gleichmäßig feuchte, nährstoffreiche, durchlässige Böden sind der beste Standort für diese Pflanzen, kühle Witterung ist Voraussetzung für rasches Wachstum und die Entwicklung zarter, mild schmeckender Blätter. Im Frühjahr erfolgt die Aussaat, in wintermilden Regionen auch im Frühherbst.

Eruca sativa
GARTENRAUKE, SENFRAUKE, RAUKENKOHL, RUCOLA

Die in ihrer südeuropäischen Heimat als Salatgemüse beliebte, einjährige Pflanze wird etwa 60 cm hoch und kann rund 40 Tage nach der Aussaat abgeerntet werden, wobei die jungen Blätter besonders schmackhaft sind. Blütenstiele werden entfernt, um unerwünschten Samenansatz zu vermeiden.

Eruca sativa

ERYNGIUM
EDELDISTEL, MANNSTREU, MÄNNERTREU, DONARDISTEL

Die 230 meist in Europa und Südamerika heimischen, ihrer ungewöhnlichen Blätter und der im Sommer blühenden, langlebigen Blüten wegen beliebten, zum Trocknen gern mit halbgeöffneten Blüten geernteten zwei- oder mehrjährigen Arten gehören zur Familie der Doldenblütler. Mit ihren meist metallischblau schimmernden, von stachligen, kräftig gefärbten Hochblättern umgebenen Dolden ähneln sie Disteln, mit denen sie jedoch nicht näher verwandt sind. Es gibt eine Reihe von Hybriden, darunter die attraktive 'Jos Eijking'.

PFLEGE UND VERMEHRUNG: Die meist winterharten Pflanzen benötigen Sonne und durchlässige, tiefgründige Böden. Auf nassem, schwerem Untergrund überleben sie den Winter selten. Die Vermehrung gelingt durch Samen, bei Sorten durch Teilung im Frühjahr oder Wurzelschnittlinge im Winter.

Eryngium bourgatii

Eryngium bourgatii 'Othello'

Eryngium 'Jos Eijking'

Eryngium giganteum

Eryngium agavifolium
Syn. *Eryngium bromeliifolium* hort.

Die winterschutzbedürftige Staude mit schmalen, stacheligen, kräftiggrünen Blättern und distelartigen, grünlichweißen Dolden an verzweigten Stengeln stammt aus Argentinien. Sie bildet relativ große Büsche von über 1 m Höhe und einer Breite von etwa 60 cm.

Eryngium alpinum
ALPENDISTEL, ALPENMANNSTREU, EDELDISTEL

Mit ihren herzförmigen, stacheligen, in Bodennähe grünen, nach oben hin wie die Stengel zunehmend bläulich getönten Blättern und den kegelförmigen, etwa 3,5 cm langen Dolden, die von stark federartig zerschlitzten, blaupurpurnen Hochblättern umgeben sind, gehört diese Staude aus Südosteuropa zu den schönsten ihrer Gattung. Sie wird etwa 80 cm hoch und 50 cm breit und eignet sich besonders für sonnige oder leicht beschattete Rabatten.

Eryngium amethystinum

Eryngium amethystinum
STAHLBLAUE MANNSTREU, AMETHYSTBLAUE MANNSTREU

Die bis zu 80 cm hohe Staude ist in Italien und auf dem Balkan beheimatet. Sie hat bis zu 15 cm lange, stachelige, mittelgrüne grundständige Blätter und eiförmige, purpurviolette Blütendolden mit etwa 5 cm langen silbrigblauen Hochblättern an ebenfalls silbrigblauen Stengeln.

Eryngium bourgatii
PYRENÄENDISTEL

Aus den Ländern am Mittelmeer und den Pyrenäen stammend, trägt diese auffällige Staude ledrige, graugrüne grundständige Blätter mit silbriger Äderung. Die Blütenähren erfreuen das Auge mit zahlreichen blauen oder graugrünen, von stacheligen, silbrigen Hochblättern umgebenen Blüten in einer Höhe von nur etwa 40 cm. **'Othello'** ist eine kompakte Sorte mit kräftigen Stielen.

Eryngium giganteum
ELFENBEINDISTEL

Gut 1 m hoch und etwa 80 cm breit wird diese zweijährige Pflanze. Sie hat herzförmige, mittelgrüne Blätter und große, runde, blaue oder blaßgrüne Dolden, umgeben von silbrigen Hochblättern. Nach der Blüte im Spätsommer stirbt sie ab, erscheint aber an zusagenden Standorten immer wieder aus Samen.

Eryngium maritimum
STRANDDISTEL, SEEMANNSTREU, BLAUE DÜNENDISTEL

Die Küsten Westeuropas und des Mittelmeers sind die Heimat dieser kugelbuschigen, bis zu 30 cm hohen und etwa ebenso breiten Staude. Ihre stacheligen, dreilappigen, auffällig geäderten Blätter ähneln denen von Stechpalmen. Im Sommer trägt sie metallischblaue Blüten an dichten, kugeligen Dolden mit gräulichblauen Hochblättern.

Eryngium × oliverianum

Gezackte, herzförmige, mittelgrüne Blätter und große, runde, blaßpurpurne Blütendolden mit starren stahlblauen Hochblättern sind die Kennzeichen dieser aufrechten, 60–90 cm hohen und 45–60 cm breiten Staude. Sie blüht im Spätsommer.

Eryngium proteiflorum
Syn. *Eryngium delaroux*

Attraktiv, aber sehr frostempfindlich ist diese bis zu 1 m hohe immergrüne mexikanische Staude. Ihre zugespitzten, bis über 30 cm langen und 2,5 cm breiten Blätter tragen an den Rändern weiße Stacheln und wachsen in schopfartigen Büscheln. Die Blütendolden mit den kleinen, weißlichen Blüten sind von zahlreichen, bis zu 10 cm langen, schmalen, silbrigweißen Hochblättern umgeben.

Eryngium variifolium

Eryngium proteiflorum

Erysimum cheiri

Eryngium × tripartitum

Die winterharte, bis etwa 1 m hohe und etwa 45 cm breite, mehrjährige Hybride hat keilförmige, glatte, grobgezähnte, dunkelgrüne Blätter und ist weniger stachlig als die meisten anderen Pflanzen der Gattung. Von Sommer bis Herbst trägt sie kugelige, dunkelblaue Blütendolden an blauen Stengeln. In windexponierten Lagen benötigt sie eine Stütze.

Eryngium variifolium

Mit ihrem Busch auffällig weiß und grün panaschierter Blätter ist diese immergrüne Staude auf Rabatten ganzjährig ein attraktiver Blickfang. Ihre 2,5 cm langen Blütendolden mit silbrigblauen Hochblättern wachsen an bis zu 45 cm langen, ebenfalls silbrigblauen Stengeln.

ERYSIMUM
Syn. *Cheiranthus*
SCHÖTERICH, GOLDLACK, SCHOTENDOTTER

Die in der Natur von Europa bis Zentralasien, zu einem kleineren Teil auch in Nordamerika verbreitete Gattung, der seit einigen Jahren auch die Goldlackarten (*Cheiranthus*) zugerechnet werden, umfaßt 80 ein- oder mehrjährige, teils besonders für Rabatten, teils – wie die Hybride **'Orange Flame'** – eher für Steingärten oder fürs Alpinenhaus geeignete Pflanzen. Manche blühen von Winter bis Frühjahr oder den Winter hindurch, in sehr milden Klimazonen auch ganzjährig. Die kurzlebigen Arten werden am besten zweijährig gezogen. Ältere, an der Basis verholzte Exemplare mit langen, kahlen Trieben ersetzt man am besten. Viele alte Hybriden duften süß, neuere sind meist geruchlos, blühen aber besonders lange.
PFLEGE UND VERMEHRUNG: Die in unterschiedlichem Maße winterharten Pflanzen schätzen fruchtbare, durchlässige Böden in offener, sonniger Lage. Mehrjährige Arten werden nach der Blüte stark zurückgeschnitten, so daß pro Trieb nur wenige Blätter verbleiben. Man vermehrt sie im Frühjahr durch Samen, im Sommer durch Stecklinge.

Eryngium × tripartitum

Erysimum cheiri 'Monarch Fair Lady'

Erysimum 'Orange Flame'

Erysimum 'Bowles' Mauve'

Erysimum bicolor

Erysimum × allionii

Erysimum × allionii
Syn. *Cheiranthus × allionii*
GOLDLACKSCHÖTERICH

Die langsamwachsende, kurzlebige, buschige, immergrüne Hybride eignet sich für Steingärten, Böschungen und Rabatten. Sie wird 30–45 cm hoch und ebenso breit, hat gezähnte mittelgrüne Blätter und trägt während der ausgedehnten Blütezeit im Frühjahr leuchtendgelbe oder orangefarbene Blüten.

Erysimum bicolor
MADEIRA-SCHÖTERICH

Dieser bis zu 1 m hohe immergrüne Strauch ist auf Madeira und den Kanarischen Inseln beheimatet. Seine angenehm duftenden weißen bis blaßgelben, später blaßlila gefärbten Blüten wachsen in Trauben an der Spitze der Triebe. Er ist nicht frosthart.

Erysimum 'Bowles Mauve'
Syn. *Erysimum* 'E. A. Bowles'

Tief rosarot-violette, in mildem Klima fast ganzjährig blühende Blüten an langgestreckten Trieben, die sich reizvoll über die bläulichgrünen Blätter erheben, sind Kennzeichen dieses buschigen, 1 m hohen und 1,2 m breiten immergrünen Strauches. Die Blüte überdauert sogar gelegentliche leichte Fröste und läßt nur bei großer Hitze nach. Geht die Blüte zurück, kann sie meist durch einen leichten Rückschnitt wieder angeregt werden.

Erysimum 'Bredon'

Der buschige, gedrungene, immergrüne Goldlack wird bis 30 cm hoch und 50 cm breit. Seine Blätter sind bläulichgrün, die von Mitte des Frühjahrs bis zum Frühsommer erscheinenden Blüten in der Knospe rötlichbraun, geöffnet kräftiggelb.

Erysimum cheiri
Syn. *Cheiranthus cheiri*
GOLDLACK

Ursprünglich in Südeuropa beheimatet, ist die teils ein-, teils zweijährig gezogene, buschige Pflanze seit Jahrhunderten in Bauerngärten zu Hause. Die verschiedenen

Erythrina acanthocarpa

Erysimum 'Golden Bedder'

Erysimum 'Jubilee Gold'

Erythrina × *bidwillii*

Erysimum linifolium

Erysimum ochroleucum

Sorten werden 20–60 cm hoch und bis zu 40 cm breit, haben lanzettliche Blätter und tragen im Frühjahr, in milden Gegenden schon im Winter duftende,vierzählige Blüten – pastellrosa, gelb, orange, bronzefarben, tiefbraun, dunkel- oder scharlachrot. Am besten gedeihen sie in Gebieten mit eher kühlen Sommern. Die einfachen Blüten der bis zu 50 cm hohen **'Monarch Fair Lady'** sind leuchtendgelb bis tieforange, die der bis zu 30 cm hohen, üppig blühenden zweijährigen '**Orange Bedder**' leuchtendorange und duftend.

Erysimum 'Golden Bedder'
Syn. *Cheiranthus* 'Golden Bedder'

Die kräftig goldgelb blühende Pflanze gehört zu der auf kompakte Wuchsform gezüchteten Bedder-Serie. Ihre Blüten sind cremefarben, gelb, orange oder rot. Die Blütezeit dieser Hybriden kann Monate dauern und beginnt in wärmeren Regionen oft bereits im Winter.

Erysimum 'Harpur Crewe'
Syn. *Erysimum* × *kewensis* 'Harpur Crewe'

Schon seit dem 17. Jahrhundert ist diese hübsche Hybride aus *Erysimum cheiri* und *E. bicolor* bekannt. Sie wird bis zu 30 cm hoch und hat süßduftende, gefüllte, gelbe Blüten.

Erysimum helveticum
Syn. *Erysimum pumilum*
SCHWEIZER SCHÖTERICH, ZWERGSCHÖTERICH

Die Gebirge Mittel-, Süd- und Osteuropas sind die Heimat dieser kleinen, büscheligen, bis zu 15 cm hohen Staude mit linealischen, lanzettlichen Blättern, die im Spätsommer duftende leuchtendgelbe Blüten trägt. Sie ist winterhart. Die Zwergsorte **'Yellow Bird'** wird bis zu 10 cm hoch.

Erysimum hieraciifolium
STEIFER SCHÖTERICH, RUTENSCHÖTERICH

Die winterharte, kurzlebige, langsamwachsende, immergrüne Art ist in Europa und Nordasien heimisch und wird meist zweijährig gezogen. Sie wird bis etwa 30 cm hoch und ebenso breit, hat gezähnte, mittelgrüne Blätter und trägt im Frühjahr lange Zeit hübsch leuchtendgelbe oder orangefarbene Blüten. Am besten gedeiht sie auf leichten, durchlässigen, fruchtbaren Böden in der Sonne.

Erysimum 'Jubilee Gold'

Diese buschige, bis zu 40 cm hohe Pflanze trägt lanzettliche Blätter und kurze Büschel goldgelber Blüten, die im Frühjahr erscheinen.

Erysimum linifolium

Die kleinen, kräftig hellvioletten Blüten der in Spanien und Portugal heimischen, polsterbildenden, schmalblättrigen Staude bilden langgestreckte Trauben und blühen in mildem Klima fast das ganze Jahr über. Sorten sind u.a. **'Bicolor'** mit weißen und rosa-hellvioletten Blüten und die hellviolett blühende '**Variegatum**' mit weiß geränderten Blättern.

Erysimum 'Moonlight'

Ein attraktiver Blickfang für Steingärten wie für Rabatten ist diese immergrüne Polsterstaude mit schwefelgelben Blüten in kurzen Trauben, die vom Beginn des Frühjahrs bis weit in den Sommer hinein blühen. Sie wird bis zu 25 cm hoch und etwa doppelt so breit.

Erysimum mutabile
Syn. *Cheiranthus mutabilis*

Nur ganz leichte Fröste verträgt dieser auf Madeira und den Kanarischen Inseln heimische, reichverzweigte, bis zu 1 m hohe Strauch. Er hat schmal-lanzettliche Blätter und trägt im Frühjahr anfangs blaßgelbe, später hellviolette Blüten.

Erysimum ochroleucum
Syn. *Erysimum decumbens*
BLASSGELBER SCHÖTERICH

Die mehrjährige, aber kurzlebige und daher am besten zweijährig gezogene, frostharte Pflanze wird bis über 30 cm hoch, ist eher breitwüchsig, hat lanzettliche Blätter und trägt im Frühjahr und Sommer leuchtendgelbe Blüten.

Erysimum perofskianum
AFGHANISCHER SCHÖTERICH

Bis zu 40 orangefarbene bis orangerote Blüten trägt die rosettig wachsende, zwei- oder mehrjährige, aber kurzlebige, meist einjährig gezogene Pflanze aus Afghanistan und Pakistan im Sommer in jeder Blütentraube. Sie wird bis zu 40 cm hoch und etwa 25 cm breit und hat leicht gezähnte, bis zu 10 cm lange, dunkelgrüne Blätter.

ERYTHRINA
KORALLENSTRAUCH, KORALLENBAUM, SCHARLACHBAUM

Mit ihren zu verschiedenen Jahreszeiten (bei einigen Arten mitten im Winter) orange, scharlach- oder karmesinrot blühenden Blüten sind die 108 sommer- oder halbimmergrünen, in den Tropen und Subtropen vor allem Amerikas und Afrikas heimischen Baum- und Straucharten dieser Gattung von Schmetterlingsblütlern (Hülsenfrüchtlern) beliebte Zierpflanzen. Ihre Stämme und die häufig schwachen, windbruchgefährdeten Zweige tragen kurze, scharfe Dornen; die Blätter sind in drei breite, oft rautenförmige Fiedern unterteilt. Die Schmetterlingsblüten wachsen in endständigen Trauben am Ende der Zweige, die daraus entstehenden Hülsen sind schmal und reif braun und trocken.

PFLEGE UND VERMEHRUNG: Die meist nicht frostharten, stark für Spinnmilben anfälligen Pflanzen schätzen durchlässige Böden und viel Sonne; auch exponierte Küstenstandorte tolerieren sie. Die Vermehrung erfolgt im Frühjahr durch Samen oder im Sommer durch Stecklinge.

Erythrina acanthocarpa

Mit seinen steifen, dornigen Ästen bildet dieser sommergrüne Strauch aus dem südlichen Afrika ein bis zu 2 m hohes und meistens noch breiteres Dickicht. Seine länglichen, scharlachroten Schmetterlingsblüten mit gelben und grünen Spitzen sind vom späten Frühjahr bis zum Frühsommer ein äußerst attraktiver Blickfang.

Erythrina × *bidwillii*

In den 40er Jahren des 19. Jahrhunderts entstand die Hybride von *Erythrina crista-galli* und *E. herbacea* in Australien. Sie ist ein aufrechter, bis zu 3 m hoher, sommergrüner Strauch, der in kühleren Regionen gelegentlich als Kübelpflanze gezogen wird. An den Spitzen der neuen Triebe blühen vom späten Frühjahr bis zur Herbstmitte lebhaft dunkelrote Blüten in langen Trauben. Für eine üppige Blüte ist daher ein Rückschnitt vor dem Austrieb vorteilhaft.

Erysimum perofskianum

Erysimum 'Moonlight'

Erythrina haerdii

Erythrina lysistemon

Erythrina caffra
Syn. *Erythrina constantiana, E. insignis*

Mit seiner breiten, offenen Krone wird der in seiner südafrikanischen Heimat als Schattenbaum bekannte halbimmergrüne Baum rasch etwa 10–20 m hoch. Seine 15 cm breiten Blätter gliedern sich in drei breite Fiedern. Vom späten Frühjahr bis zum Frühsommer trägt er an den dann beinahe kahlen, zuweilen dornigen Zweigen Büschel blaß orangefarbener bis orangeroter Blüten. Die ähnlich attraktive Sorte **'Flavescens'** zeichnet sich durch blaß cremefarbene Blüten aus.

Erythrina crista-galli
KORALLENSTRAUCH, KORALLENBAUM

In ihrer subtropischen südamerikanischen Heimat ist dies ein knorriger, 5–10 m hoher Baum mit breiter Krone und im Frühjahr und Sommer blühenden scharlach- oder korallenroten Blüten. In den gemäßigten Zonen ist es die wohl bekannteste Pflanze der Gattung, dort wird sie als Kübel- oder Kalthauspflanze gezogen, die nach der Blüte im Herbst oft wie eine Staude fast komplett zurückgeschnitten und unter diesen Bedingungen kaum höher als 2 m wird.

Erythrina humeana

Erythrina fusca

Erythrina crista-galli

Erythrina fusca

Der in vielen tropischen Regionen anzutreffende, bis 25 m hohe, laubwerfende Baum hat einen krummen Stamm, gefiederte, 20 cm lange Blätter und scharlachrote Blüten mit cremegrünen Flügeln und Schiffchen. An ihre Stelle treten nach der Blüte dünne, bis zu 30 cm lange Samenhülsen.

Erythrina crista-galli

Erythrina caffra

Erythrina haerdii

Aus Ostafrika stammt dieser kleine, bis 5 m hohe sommergrüne Baum mit dichter, breiter Krone aus glänzendgrünen Blättern. An den noch kahlen Zweigen trägt er im Frühjahr lange, ährenartige Büschel länglicher, leuchtend karmesinroter Schmetterlingsblüten, die auf viele tropische Vögel unwiderstehlich wirken. Ihnen folgen später höckrige Samenhülsen.

Erythrina herbacea

Dieser bis etwa 1 m hohe Halbstrauch ist in Mexiko und im Südosten der USA zu Hause und verträgt etwas mehr Frost als die übrigen Vertreter der vorwiegend tropischen Gattung. Über ihren in drei bis zu 10 cm lange Fiedern gegliederten Blättern trägt sie von Mittsommer an leuchtend scharlachrote Schmetterlingsblüten in 60 cm langen Ähren.

Erythrina humeana

Bis zu 4 m hoch wird dieser gedrungene, aufrechte, laubwerfende Strauch aus Südafrika. Er verträgt leichten Frost, trägt von Sommer bis Frühherbst nickende, tief scharlachrote, gelb und grün gefleckte, röhrige Blüten in langen, aufrechten Blütenständen und bevorzugt einigermaßen fruchtbaren Boden.

Erythrina caffra

Erythrina livingstoniana

Der ausladende, 25 m hohe Baum aus Mosambik, Malawi und Simbabwe hat 20 cm lange Blätter mit großen, ovalen Fiedern und leuchtend scharlachrote Blüten in gebogenen Trauben. Die Hülsen werden etwa 40 cm lang.

Erythrina lysistemon

Die mäßig lockere Krone dieses sommergrünen Baums aus dem Süden und Osten Afrikas erreicht eine Höhe von etwa 6 m. Stamm und Äste sind zumeist glatt und hell. An den noch kahlen Zweigen trägt er im Frühjahr Büschel zurückgebogener, scharlachroter Blüten, die sogar rote Kelchblätter besitzen. Die langen, schlanken, gegliederten Hülsen enthalten

Erythrina livingstoniana

orangerote Samen mit einem schwarzen Fleck, die »Glücksbohnen« genannt werden.

Erythrina × *sykesii*

Syn. *Erythrina indica* hort.

Bis zu 15 m hoch und fast ebenso breit wird dieser sommergrüne Baum mit kurzem Stamm und einer ausgewachsen oft sehr großen, aber nicht zu dichten Krone aus aufstrebenden, vielfach dornigen Zweigen. Die hübschen, herzförmigen Blätter entwickeln sich erst nach den vom späten Winter bis zum Beginn des Frühjahrs blühenden kräftigroten Blütenbüscheln.

Erythrina variegata

Von Ostafrika über die Inseln im Indischen Ozean bis nach Polynesien erstreckt sich die Heimat dieses reichverzweigten, bis zu 25 m hohen sommergrünen Baumes. Seine etwa 20 cm langen Blätter gliedern sich in große, ovale bis rautenförmige Fiedern. Die leuchtend scharlachroten bis orangefarbenen, selten auch weißen Blüten wachsen dichtgedrängt in 20 cm langen Trauben. Die Hülsen werden etwa 40 cm lang. **'Parcellii'** hat gelb panaschiertes Laub.

Erythronium californicum

Erythronium revolutum

Erythrina vespertilio

Offen und schütter ist die Krone dieses bis zu 15 m hohen Baumes aus den lichten, subtropischen Wäldern im Norden Australiens, korkartig und dornig der kräftige Stamm und die Äste. Die drei Fiedern der Blätter sind oft viel breiter als lang und erinnern an die ausgebreiteten Flügel einer Fledermaus. Im Sommer vor der Blüte ist die Art kurzzeitig kahl. Die offenen roten oder lachsrosa Schmetterlingsblüten mit hervortretenden Staubgefäßen wachsen in langen, hängenden Trauben.

ERYTHRONIUM

HUNDSZAHN, ZAHNLILIE

Die kleinen mehrjährigen Lilien aus den gemäßigten Zonen Eurasiens und Nordamerikas verdanken ihren deutschen Namen der Form ihrer Zwiebeln. Sie haben dunkelgrüne, oft hübsch marmorierte Blätter und tragen im Frühjahr zarte, sternförmige Blüten von türkenbundähnlicher Gestalt, meist in Gelb- oder Rosatönen. Es gibt auch einige sehr hübsche Hybriden

PFLEGE UND VERMEHRUNG: Die winterharten, aber im Garten nicht immer einfachen Zwiebelpflanzen gedeihen am besten in eher kühlem Klima in humusreichen, durchlässigen Böden im Halbschatten. Im Herbst eingepflanzt und feucht gehalten, können sie sich nach und nach vermehren und sollten nicht gestört werden, solange sie nicht zu dicht stehen. Zur Vermehrung dienen Ableger im Sommer oder Samen im Herbst.

Erythronium tuolumnense

Erythrina × *sykesii*

Escallonia myrtilloides

Erythronium americanum

Marmorierte Blätter und hängende, blaßgelbe, außen häufig bronzefarbene Blüten im Frühjahr kennzeichnen diese bis zu 20 cm hohe Staude aus den waldreichen Gebieten im Osten Nordamerikas. Sie gedeiht auf sandigen Böden und bildet mit ihren Ausläufern mit der Zeit größere Gruppen.

Erythronium californicum

In ihrer nordkalifornischen Heimat wächst diese 20–30 cm hohe Art in Kiefern- und anderen immergrünen Wäldern der Küstengebirge. Ihre leuchtendweißen Türkenbundblüten erscheinen zur Frühjahrsmitte. Die variablen Blätter sind bei einigen Sorten violett gezeichnet. Weiße Blüten mit rötlichbrauner Zeichnung sind das Kennzeichen der robusten **'White Beauty'**.

Erythronium dens-canis

HUNDSZAHN, ZAHNLILIE

Die in Gärten am weitesten verbreitete Pflanze der Gattung ist in Europa und Asien zu Hause. Sie wird bis zu 20 cm hoch und hat ovale, schön marmorierte Blätter. Die etwa 5 cm breiten Blüten sind weiß bis lila mit violetten oder blauvioletten Staubbeuteln.

Erythronium hendersonii

Trockene Sommer und einen leicht schattigen Standort schätzt diese 30 cm hohe Staude aus Nordkalifornien und Oregon. Im Frühjahr trägt sie bis zu zehn lavendelrosa oder –blaue Blüten mit dunkelviolettem Auge.

Erythrina variegata

Escallonia 'Donard Star'

Escallonia 'Newport Dwarf'

Erythronium revolutum

Locker bewaldetes Gelände und Bachufer im Nordosten Nordamerikas sind die Heimat dieser variablen, bis etwa 30 cm hohen Art mit marmorierten Blättern und oft leicht rosa getönten Stengeln. Ihre Blüten sind rosa oder violett bis weiß mit gelben Streifen in der Blütenmitte und gelben Staubbeuteln. **'Pink Beauty'** blüht rosa und ist besonders robust.

Erythronium tuolumnense

In ihrer kalifornischen Heimat ist diese bis zu 30 cm hohe Lilie in lichten Kiefern- und anderen immergrünen Wäldern am Fuße der Sierra Nevada zu finden. Sie hat mittelgrüne, bis zu 30 cm lange Blätter und trägt im späten Frühjahr kleine, sternförmige, tiefgelbe Blüten. **'Pagoda'** hat marmorierte, grüne Blätter, nickende, tiefgelbe Blüten und ist besonders gartenwillig.

ESCALLONIA

ESKALLONIE, ANDENSTRAUCH

Rund 60 meist immergrüne, in der Natur oft in Hartlaubgebüschen im Hügelland oder in exponierten Küstenlagen wachsende Strauch- und einige kleine Baumarten (z.B. ***Escallonia myrtilloides***) aus Chile und anderen gemäßigten Klimazonen Südamerikas umfaßt diese Gattung. Sie haben eher kleine, gezähnte, meist glänzende und leicht sukkulente Blätter und dicht gedrängte Blütenrispen. Die weißen oder rosa Blüten sind oft engröhrig, bestehen aber aus nicht verwachsenen Blütenblättern mit zurückgebogenen Spitzen. Die kugeligen, kleinen Kapselfrüchte enthalten feinen Samen. Beliebte, attraktive Sorten sind z.B. **'Lou Allen'** und **'Newport Dwarf'**, vor allem aber die bei Slieve Donard in Irland gezüchteten Hybriden, wie die bis zu 1,5 m hohe, in der ersten Sommerhälfte tiefrosa blühende, immergrüne **'Donard Beauty'** mit kleinen, ovalen, glänzenden Blättern und überhängendem Habitus, die kompakte, bis zu 2 m hohe **'Donard Star'** mit großen, rosaroten

Blüten und die bis zu 1,5 m hohe **'Pride of Donard'** mit kleinen, ovalen, glänzenden Blättern, die im Sommer durch zahlreiche rosarote Blüten bezaubert.

PFLEGE UND VERMEHRUNG: Eskallonien frieren bei stärkeren Frösten regelmäßig zurück, treiben danach aber oft von der Basis her reichlich neu. Viele Arten sind aber für mitteleuropäische Gärten auch unter dieser Einschränkung nicht ausreichend hart. Sie gedeihen auf durchlässigen Böden in der Sonne. Besonders wertvoll sind gerade die Hybriden wegen ihrer Seewindresistenz, nur in sehr ungünstigen Lagen leiden sie unter Salzschäden. Die Vermehrung erfolgt durch Stecklinge.

Escallonia 'Apple Blossom'

Windbeständig, mäßig winterhart, buschig und dicht, eignet sich die bis etwa 2 m hohe und ebenso breite, immergrüne Pflanze mit ihren glänzenden, dunkelgrünen Blättern und den an Apfelblüten erinnernden rosa Blüten besonders für Hecken an der Küste, die ebenso wie vor Mauern gezogene Exemplare nach der Blüte in der ersten Sommerhälfte zurückgeschnitten werden.

Escallonia bifida

Syn. *Escallonia montevidensis*

Teils als großer Strauch, teils als manchmal 6–8 m hoher, meist aber niedrigerer, schon in Bodennähe verzweigter Baum mit dickem Stamm und ausladender, unregelmäßiger Krone präsentiert sich diese sehr frostempfindliche, in mildem Klima aber recht langlebige Art. Sie hat dunkelgrüne, bis zu 10 cm lange Blätter und trägt vom späten Frühjahr bis in den frühen Winter dichte Büschel weißer Blüten.

Escallonia × exoniensis

Der kräftige, unter günstigen Bedingungen bis zu 5 m hohe Strauch entstand im 19. Jahrhundert in England als Hybride der beiden chilenischen Arten ***Escallonia rosea*** und *E. rubra*. Er ist von lockerem Habitus, aber reich verzweigt, verholzt an der Basis sehr stark und trägt vom späten Frühjahr bis zum Herbst helle, blaßrosa Blüten in lockeren, endständigen Blütenzweigen. Durch entsprechenden Schnitt läßt sich ein dichterer Wuchs erreichen. **'Frades'** hat karmesinrote Blüten in 10 cm langen Rispen.

Escallonia 'Iveyi'

Die aufrechte und dichtbuschige, etwa 3 m hohe und ebenso breite Hybride von *Escallonia bifida* und *E. × exoniensis* ist eine vorzügliche Heckenpflanze. Ihre im Spätsommer blühenden, bis zu 15 cm langen Rispen heben sich mit ihren zartduftenden, leuchtendweißen Blüten reizvoll von den kräftig dunkelgrünen, am Rand gewellten, bis zu 10 cm langen Blättern ab, die im Winter zumeist bronzefarben getönt sind.

Escallonia laevis

Aus Brasilien stammt dieser buschige, z.T. bis 4 m hohe, nicht frostharte Strauch mit leicht spröden Trieben. Er hat aromatisch riechende, bis zu 10 cm lange, gesägte Blätter und trägt den Sommer hindurch kräf-

Escallonia rubra

Escallonia bifida

tig rosa gefärbte Blüten in breiten, etwa 10 cm langen Rispen.

Escallonia 'Red Elf'

Die bis über 1,5 m hohe und 3,5 m breite Hybride von ***Escallonia* 'William Watson'** und ***E.* 'C. F. Ball'** ist mit ihrem kompakten Wuchs und den glänzenden, kräftig-grünen Blättern eine ideale Heckenpflanze, die auch radikale Rückschnitte verträgt. Ihre kurzen, karmesinroten Röhrenblüten öffnen sich in der ersten Sommerhälfte.

Escallonia rubra

ROTE ESKALLONIE

Dunkler und von festerer Textur als die aller anderen Eskallonien sind die Blüten dieses vieltriebigen chilenischen Strauches. Er ist bei den meisten Hybriden die dominierende Stammpflanze. Wie in der Natur ist er auch als Kulturpflanze in vielfältiger Gestalt und mit unterschiedlichen Blättern und Blüten anzutreffen. Verbreitet sind zierliche kleine Sträucher mit kleinen Blättern, gebogenen Blütenzweigen und schmalen, roten Röhrenblüten mit zurückgebogenen blaßrosa Spitzen. Bis zu 3 m hoch und starkwüchsig ist ***Escallonia rubra* var. *macrantha*** mit fleischigen, glänzenden Blättern und dichten Büscheln weißer bis rosa, zuweilen auch karmesinroter Blüten. **'Crimson Spire'** ist eine aufrechte, für Hecken besonders geeignete Sorte.

ESCHSCHOLZIA

GOLDMOHN, ESCHSCHOLZIE, KAPPENMOHN, GOLDBECHER

Der Dichter und Botaniker Adelbert von Chamisso (1781–1838) benannte die im Westen Nordamerikas heimische Gattung nach seinem Freund Johann Friedrich

Escallonia × exoniensis

Eschscholzia caespitosa

Eschscholz. Sie umfaßt ungefähr acht bis zehn ein- oder mehrjährige Kräuter mit tief zerteilten Blättern, mohnähnlichen, bei trübem Wetter geschlossenen, gelben bis orangefarbenen Blüten und Kapselfrüchten.

PFLEGE UND VERMEHRUNG: Die Pflanzen dieser Gattung schätzen warmes, trockenes Klima und nährstoffarme, durchlässige Böden. Sie lassen sich ungern umpflanzen, so daß am besten – im Frühjahr – an Ort und Stelle die Aussaat erfolgt. Regelmäßiges Ausputzen verlängert die Blütezeit.

Eschscholzia caespitosa

Diese einjährige Pflanze – aufrecht, rasch bis zu etwa 15 cm heranwachsend und schlank – besitzt bläulich-grüne Blätter und becherförmige, 2,5 cm breite, im Sommer und Frühherbst gelb blühende Einzelblüten.

Eschscholzia californica

KALIFORNISCHER MOHN, GOLDMOHN, SCHLAFMÜTZCHEN

Kaliforniens Wappenblume ist eine rundliche, bis zu 30 cm hohe und mindestens ebenso breite, kurzlebige Staude mit stark zerteilten graugrünen Blättern und becherförmigen, bei Bewölkung geschlossenen Blüten in lebhaften Orangetönen, die mit Unterbrechungen im Frühjahr, Sommer und Herbst blühen. Es gibt auch creme- oder bronzefarbene, gelbe, hellviolette, scharlach- und rosarote Sorten. Gefüllt oder halbgefüllt sind die gelben, orangefarbenen, rosa oder roten Blüten bei **'Ballerina'** und bei der Samenlinie **'Missions Bells Mixed'**, die teils pastellfarbene, teils kräftiger getönte Blüten besitzt; die großen einfachen oder halbgefüllten Blüten der kompakten Sorten der **'Thai-Silk'**–Serie

Eschscholzia californica

sind gerieft und gestreift und blühen orange, rosa oder bronzerot.

ESCOBARIA

Zu den 17 Kakteen dieser Gattung aus Mexiko, Kuba, dem Westen der Vereinigten Staaten und Südkanada gehören mehrere der am weitesten nördlich vorkommenden Kakteen überhaupt. Sie besitzen kleine, kugelige bis zylindrische, enge Gruppen bildende Stämme mit zahlreichen Tuberkeln, sind oft dicht bedornt und tragen im Sommer glockenförmige Blüten. Einige Arten sind besser unter dem Namen der verwandten Gattung *Coryphantha* bekannt.

PFLEGE UND VERMEHRUNG: Die nicht frostharten, für Schmierläuse anfälligen Kakteen benötigen mineralreiche, durchlässige Böden und viel Sonne. Neue Pflanzen gewinnt man durch Aussaat im Frühjahr oder Teilung im Sommer.

Escobaria asperispina

Syn. *Neobesseya asperispina*

Der kugelige, bläulichgrüne Stamm dieser mexikanischen Kaktee wird etwa 5 cm hoch. Er trägt weiße Dornen, im Sommer gelbe Blüten mit einem grünen Streifen.

ESPELETIA

FRAILEJON

Ungefähr 80 Arten Bäume, Sträucher und Stauden aus Südamerika mit oft endständig gebüschelten Blättern umfaßt diese Gattung. Ihre Blütenkörbchen stehen meist in ebenfalls endständigen Rispen oder Trauben.

PFLEGE UND VERMEHRUNG: Die nicht frostharten Pflanzen benötigen durchlässige Böden in offener, sonniger Lage, als Zimmerpflanzen viel Licht, Luft und

Etlingera elatior

Espeletia schultzii

fruchtbare, durchlässige Erde. Die Vermehrung erfolgt durch Teilung im Frühjahr.

Espeletia schultzii

Lange, filzige Haare bedecken die Stiele wie die länglichen Blätter dieser bis zu 1 m hohen Staude aus Venezuela. Auch die gelben Blütenkörbchen sind außen filzig behaart.

ESPOSTOA

Der Name der in Peru und Ecuador heimischen, zehn Kakteen umfassenden Gattung wurde zu Ehren des peruanischen Botanikers Nicolás Esposto ausgewählt. Mit *Espostoa lanata* gehört eine der beliebtesten Kaktusarten überhaupt dazu, dessen deutscher Name »Greisenhaupt« wegen seiner bartartigen, den schmalen, geraden Stamm fast verdeckenden Haare entstanden ist. Die zylindrischen, bis über 1 m hohen, bei älteren Pflanzen meist von der Basis an verzweigten Stämme haben zahlreiche senkrechte Rippen und sind mit feinen, braunen oder roten Dornen sowie filzigen, weißen Haaren bedeckt. Beim Erreichen der blühfähigen Größe bricht aus dem Stamm unterhalb der Spitze seitlich ein keilförmiger, dick mit dichtem Haarfilz bedeckter Gewebewulst hervor, das auch bei anderen Kakteen anzutreffende Cephalium, das die Rippen des Stamms zur Seite drängt. Aus ihm entwickeln sich nacheinander mehrere, eher kleine, weiße, nachts geöffnete Blüten; auch in späteren Jahren gehen Blüten stets aus diesem Cephalium hervor. Die nur gelegentlich ausgebildeten Früchte sind groß, rund und rosa oder rot.

PFLEGE UND VERMEHRUNG: Die in warm-gemäßigtem, weitgehend frostfreiem Klima leicht zu ziehenden Kakteen werden in kühleren Regionen meist im Haus gezogen. Sie benötigen viel Licht und schätzen eine handelsübliche grobe, u.U. mit Kalksteinsplittern angereicherte Kakteenerde. Vermehren lassen sie sich durch Samen oder Stecklinge.

Espostoa lanata
GREISENHAUPT

Bis zu 2,5 m hoch wird dieser säulenförmige Kaktus mit mittelgrünem Stamm, der an den weißen Areolen kurze Dornen und lange, seidige Haare trägt. Über 1 m hohe Exemplare entwickeln im Sommer weiße Blüten.

ETLINGERA

Die großen Scheinstämme der rund 57 Arten von Rhizomstauden dieser Gattung tragen linealische oder lanzettliche Blätter. Die kleinen, von farbenprächtigen, wächsernen Hochblättern umgebenen Blüten wachsen in fackelähnlichen Blütenständen an der Spitze schuppig beblätterter Blütentriebe.

PFLEGE UND VERMEHRUNG: Die nichtfrostharten tropischen Pflanzen gedeihen bei über 18 °C auf feuchten, humusreichen Böden in sonniger oder halbschattiger Lage. Sie benötigen während der Vegetationsperiode viel, während der Ruhephase nur wenig Wasser und auch im Haus Wärme und hohe Luftfeuchtigkeit. Die Vermehrung erfolgt durch Samen oder Teilung.

Euanthe sanderiana

Etlingera elatior
Syn. *Nicolaia elatior, Phaeomeria speciosa*
FACKELINGWER, KAISERZEPTER

In tropischen Gärten gedeiht diese hübsche indonesische Pflanze mit schmalen, bis zu 1 m langen Blättern an bambusartigen, bis 6 m langen Scheinstämmen. Im Frühjahr erscheint an einem 1,5 m langen Blütenstengel der Blütenstand mit den kleinen, weiß- oder goldgeränderten, scharlachroten Blüten in einer kegelförmigen, bis zu 25 cm breiten Pyramide wachsartiger roter Hochblätter mit rosa Rand.

EUANTHE

Die einzige Art dieser Gattung, heimisch auf den Philippinen, ist mit ihren farbigen Blüten und der unter günstigen Bedingungen nahezu ununterbrochenen Blütezeit eine der prachtvollsten Orchideen überhaupt und Stammpflanze zahlreicher Hybriden, die durch Kreuzung mit anderen Orchideen, z.B. denen der eng verwandten Gattung *Vanda* oder der Gattung *Ascocentrum* entstanden (letztere bilden die Hybridengattung × *Ascocenda*). In der Natur von Sammlern leider stark dezimiert, ist der Epiphyt heute aus Nachzuchten erhältlich, die durch Auslese verbessert wurden.

PFLEGE UND VERMEHRUNG: Die Orchidee gedeiht in tropischen Gärten oder im Warmhaus bei hoher Luftfeuchtigkeit, viel Licht und Temperaturen über 16 °C, vorzugsweise in einer lockeren Bodenmischung mit großen Rindenstücken, Holzkohle u.a. Ihre Luftwurzeln benötigen eine Stütze. Vermehrung durch Wurzelstecklinge.

Euanthe sanderiana
Syn. *Vanda sanderiana*

In ihrer philippinischen Heimat wächst diese Orchidee mit aufrechtem Stamm, bandförmigen, bis zu 40 cm langen Blättern und Luftwurzeln in niedrigen Höhenlagen. Im Herbst erscheinen in den Blattachseln Blütentrauben von je sieben bis zehn großen, flachen, blaßrosa Blüten mit roten Tupfen und roter Äderung. Auch eine weiß und grün blühende Sorte ist erhältlich.

EUCALYPTUS
EUKALYPTUS

Bis auf einige wenige im Süden Neuguineas und auf den benachbarten indonesischen Inseln heimische Arten und den nur im Norden Neuguineas und auf den südlichen Philippinen anzutreffenden *Eucalyptus deglupta* stammen die über 600 immergrünen Baumarten der zur Familie der Myrtengewächse gehörenden Gattung sämtlich aus Australien, sind aber als Kulturpflanzen vielleicht weiter verbreitet als alle anderen Bäume, vor allem in den trockenen tropischen und subtropischen Regionen Südamerikas, Afrikas, Indiens und Vorderasiens. Bekannt für ihr rasches Höhenwachstum auch auf nährstoffarmen oder schlechten Böden, spenden sie Schatten und liefern Nutz- und Brennholz; selbst tote Blätter, Zweige und Rinde aus

Eucalyptus brevifolia

Eucalyptus caesia subsp. *magna*

Pflanzungen fünfjähriger Schößlinge dienen in holzarmen Gegenden als Brennmaterial. Andererseits wird – z.B. in Indien – zunehmend beklagt, daß ausgedehnte Eukalyptuspflanzungen vielerorts die traditionelle Flora und damit auch die einheimischen Tiere verdrängen und insgesamt das ökologische Gleichgewicht stark verändern können.

Es sind eigentümliche Bäume. Ihre oft senkrecht hängenden und damit nur leichten Schatten spendenden Blätter enthalten in kleinen, lichtdurchlässigen Hohlräumen ein – bei einigen Arten wirtschaftlich genutztes – aromatisches Öl. Auffälligstes Merkmal der stets großen Zahl nektarreicher, meist weißer, bei einigen Arten gelber, rosa oder roter Blüten sind die zahlreichen Staubgefäße. Sobald sie sich entfalten, werden die zu einer deckelartigen Struktur, dem Operculum, verschmolzenen Blüten- und Kelchblätter abgeworfen. Die verholzten Kapselfrüchte sind meist klein. Bäume mit glatter Rinde stoßen diese oft jährlich ab, wobei alte und neue Rinde ein kontrastreiches Muster bilden. Andere Artengruppen haben eine beständige Rinde von unterschiedlicher Textur, z.B. die in Australien *stringybark* (»Strähnenrinde«) und *ironbark* (»Eisenrinde«) genannten Gruppen. In kühleren Regionen sieht man Eukalyptus meist nur als Schnittgrün im Blumenhandel. Hierzu werden Triebe mit rundlichen, stiellosen, wachsartig bläulich bereiften Jugendblättern verwendet. Erwachsene Pflanzen haben schmalere, gestielte Blätter in stärkerem Grün, die ganz anders aussehen. Charakteristisch für viele kleinere Arten ist die in Australien *mallee* genannte Wuchsform, bei der aus einer großen, holzigen Knolle mehrere schlanke Stämme emporwachsen; sie ist bei kultivierten Sämlingen allerdings nicht so oft zu sehen.

Neuerdings werden 112 Arten, überwiegend die Gruppe der sogenannten *bloodwoods* – darunter nur wenige in Kultur anzutreffende Arten – als neue Gattung *Corymbia* von *Eucalyptus* abgetrennt, eine Klassifizierung, die unter Botanikern umstritten ist. Sie werden in diesem Buch unter ihrem traditionellen Namen *Eucalyptus* aufgeführt, doch ist der neue Name als Synonym vermerkt.

PFLEGE UND VERMEHRUNG: Eukalyptusbäume werden mit wenigen Ausnahmen aus den willig keimenden Samen gezogen. Sie vertragen meist nur sehr leichte Fröste; nur wenige überdauern immerhin Temperaturen bis –12 °C. Während die Mehrzahl der Arten als sehr trockenheitsbeständig bekannt ist, benötigen einige eher feuchte Standorte. Alle jedoch gedeihen am besten in sehr sonnigen Lagen. Bei der Anpflanzung am endgültigen Standort sollten die Bäume nicht größer als 50 cm sein, und ihre Wurzeln dürfen sich im Topf noch nicht kreisförmig ausgebreitet haben. Spätere Umpflanzungen überleben sie nur selten. In Kübeln sind sie nicht sehr langlebig.

Eucalyptus brevifolia

Geröllebenen, Hügelketten und Wälder im Nordwesten Australiens sind die Heimat dieses bis zu 12 m hohen Baumes mit attraktiver weißer, dunkel gefleckter, sich in Schuppen ablösender Rinde. Die Altersblätter sind blaugrün.

Eucalyptus caesia

Der zierliche, knapp 10 m hohe Baum trägt an seinen hängenden Zweigen ebenfalls locker hängende Büschel rosafarbener Blüten. Unter der sich abschälenden, rotbraunen Rinde wird der grüne Stamm sichtbar. ***Eucalyptus caesia*** **subsp.** ***magna*** wird etwa 5 m hoch und hat silbergraue Blätter sowie größere, rote Blüten.

Eucalyptus calycogona

Der auf nährstoffarmen Böden im Süden Australiens weitverbreitete, strauchartige kleine Baum wird bis etwa 10 m hoch. Seine glatte, graue Rinde schält sich in der Regel streifig oder plattig ab. Im Frühjahr und Sommer trägt er kleine Blüten. Die Altersblätter sind schmal und bis zu 10 cm lang.

Eucalyptus camaldulensis

ROTGUMMIBAUM, ROTER EUKALYPTUSBAUM, GESCHNÄBELTER EUKALYPTUSBAUM, CAMALDOLIFIEBERBAUM

Mit seiner ausladenden Krone und einem bis zu 3,5 m dicken Stamm ist der eindrucksvolle, bis 50 m hohe Baum ein wertvoller und besonders in den warmen Regionen Afrikas und Asiens beliebter Schattenbaum, der lange Trockenperioden ebenso verträgt wie zeitweise Überflutung. In seiner australischen Heimat wächst er meist am Ufer von Wasserläufen.

Eucalyptus cinerea

Von den Hochebenen Südostaustraliens stammt dieser bis zu 15 m hohe, etwas drehwüchsige Baum, der auf fast allen wasserdurchlässigen Böden gedeiht und schnittverträglich ist. Bekannt ist er für seine überwiegend für Blumenarrangements genutzten runden, silbrig-blauen jungen Blätter, die später von sichelförmigen, ebenfalls silbrigblauen Blättern abgelöst werden. Im Frühsommer trägt er unscheinbare cremefarbene Blüten.

Eucalyptus cladocalyx

Der rasch bis auf eine Höhe von 15–30 m wachsende, oft schon von weit unten an verzweigte südaustralische Baum mit meist breiter, dichter Krone, glänzend dunkelgrünen Blättern und rosa-bronzefarbenen Jungtrieben trägt im Sommer attraktive große Büschel kleiner, weißer Blüten. Seine rötlichbraune Rinde löst sich in Platten ab; die neue Rinde ist glatt und kreideweiß. Da nachwachsende Äste an der Basis brüchig sind, sollte auf Rückschnitte verzichtet werden.

Eucalyptus coccifera

TRICHTERFRUCHTEUKALYPTUS

Während er an der oberen Verbreitungsgrenze in den Gebirgen seiner tasmani-

Eucalyptus cladocalyx

Eucalyptus camaldulensis

E

schen Heimat in der Regel nur als winziger, knorriger Strauch wächst, wird der Trichterfruchteukalyptus, eine der kältebeständigsten Arten seiner Gattung, in milderen Klimazonen bis zu 10 m hoch. Er besitzt eine glatte, weißgraue, gelb und rosa schattierte Rinde, steife, bis zu 10 cm lange Blätter und trägt im Sommer weiße Blüten.

Eucalyptus curtisii

Mit seinen dicht an dicht aus einer holzigen Knolle wachsenden, glatten, gräulichgrün und weiß gemaserten Stämmen erreicht der zähe, kleine, als Sichtschutz hervorragend geeignete Baum mit schmalen, dunkelgrünen Blättern eine Höhe bis zu 6 m. Im Frühjahr erscheinen gelbe Blütenknospen in endständigen Büscheln, die ausgesprochen hübschen Blüten sind weiß.

Eucalyptus curtisii

Eucalyptus desmondensis

Eucalyptus dalrympleana

BREITBLÄTTRIGER EUKALYPTUS

Über 20 m hoch wird dieser in den Gebirgen Südostaustraliens heimische Baum, dessen cremeweiße Rinde gelb, rosa und olivgrün, in kälteren Gebieten auch rot gefleckt ist. Die Blätter sind beim jungen Baum breit und blaugrün, später dann schmal und graugrün. Im Sommer öffnen sich weiße Blüten.

Eucalyptus desmondensis

Der wild nur in einem begrenzten Gebiet Südwestaustraliens anzutreffende, schlanke, bis zu 5 m hohe, weidenartige Strauch oder Zwergbaum zeichnet sich durch die mehligweiße Farbe seiner Rinde und Zweige aus. Er hat schmale, 10 cm lange Altersblätter und trägt im Spätsommer große Büschel auffälliger, blaßgelber Blüten.

Eucalyptus diversicolor

KARRI

Bis nahezu 90 m hoch wird dieser wichtige Nutzholzbaum aus dem Südwesten Australiens. Er verlangt fruchtbare, feuchte, durchlässige Böden und trägt eine relativ offene Krone über einem massiven, geraden Stamm, dessen glatte cremefarbene oder blaugraue, braun getönte Rinde sich unregelmäßig ablöst.

Eucalyptus elata

Ein schnellwachsender Schattenspender für weitläufige Gärten oder Wiesen in gemäßigten Regionen mit feuchten, durchlässigen Böden ist dieser zuweilen über 30 m hohe Baum, dessen Stamm im unteren Abschnitt schwärzlich-rauh berindet ist, während der obere Abschnitt wie die Zweige glatt und grünlichweiß gefärbt ist. Ihre Farbe verbindet sich reizvoll mit den Farbtönen der hängenden, dunkelgraugrünen Blätter. Attraktiv sind auch die im späten Frühjahr blühenden cremeweißen Blüten.

Eucalyptus erythrocorys

Eucalyptus ficifolia

Eucalyptus eremophila

Semiaride Gebiete in Westaustralien sind die Heimat dieses *Mallee*-Baumes mit zahlreichen bis zu 10 m hohen, mit glatter grauer Rinde bedeckten Stämmen aus einer etwa 3 m breiten verholzten Knolle. Die Altersblätter sind schmal und blaugrün. Im Winter und Frühjahr trägt er leuchtendgelbe Blüten von 3,5 cm Durchmesser. Als Knospe sind sie hornförmig und gelb oder rötlich. Am besten gedeiht der Baum in Regionen mit trockenen Sommern.

Eucalyptus erythrocorys

Aus einer dicken, verholzten, unterirdischen Knolle entwickeln sich die dünnen Stämme dieses breit ausladenden, meist bis etwa 8 m hohen, unbeschnitten oft kopflastigen westaustralischen Strauches oder Zwergbaumes. Seinen Artnamen verdankt er dem roten Blütendeckel, der im Frühsommer reizvoll mit den gelben Blüten kontrastiert. Er gedeiht auf wasserdurchlässigen Böden, am besten in warmen Regionen mit Sommern ohne hohe Luftfeuchtigkeit.

Eucalyptus globulus

Eucalyptus globulus

BLAUGUMMIBAUM, FIEBERBAUM

Dieser etwa 60 m hohe, feuchtigkeitsliebende Baum, der als erste Art der Gattung *Eukalyptus* in Europa und Nordamerika eingeführt wurde, ist ein wichtiger Holz-, Zellstoff- sowie Eukalyptusöllieferant. Charakteristisch sind seine in den Blattachseln sitzenden, ungestielten Einzelblüten mit breiten und gerunzelten, bläulichen Blütendeckeln. Die Blätter sind beim jungen Baum noch rechteckig und silbrigblau, später dann sichelförmig, bis zu 50 cm lang und dunkelgrün. Die bläuliche Rinde des bis zu 2 m dicken Stammes schält sich in langen Streifen ab. Die nur bis etwa 10 m hohe Sorte **'Compacta'** behält ihre silbrigblauen Jugendblätter mehrere Jahre lang.

Eucalyptus gracilis

YORRELL

Der in den sandreichen, semiariden Gebieten Südaustraliens weitverbreitete Baum wird meist 5–8 m hoch, er verträgt Trockenheit und salzhaltige Winde. Er hat eine an der Basis rauhe und schuppige, darüber glatte, graue bis rötliche Rinde und winzige, cremefarbene Blüten, gefolgt von ebenso kleinen Samenkapseln. Die Altersblätter sind schmal, etwa 10 cm lang und glänzend.

Eucalyptus grandis

Auf tiefen, feuchten, nährstoffreichen Böden wird dieser in den regenreichen Gebieten an der Ostküste Australiens heimische Baum, der besonders in Südafrika als Nutzholzbaum verbreitet ist und als einer der edelsten großen Eukalyptusbäume angesehen wird, bis zu 60 m hoch. Die Rinde seines bis zu 3 m dicken, säulenartigen Stammes ist an der Basis rauh und schwärzlich, weiter oben glatt und weißlich oder blaugrau. Die dünnen Blätter

Eucalyptus gracilis

sind dunkelgrün und oberseits glänzend, unterseits heller. Im Winter trägt er Büschel weißer Blüten.

Eucalyptus gunnii
Syn. *Eucalyptus divaricata*

MOSTGUMMIBAUM, GUNNS EUKALYPTUS, TASMANIEN-EUKALYPTUS

Dieser wohl frostbeständigste, sogar bis –15 °C vertragende Eukalyptus stammt aus dem Hochland Tasmaniens. Er ist die auf den Britischen Inseln am meisten verbreitete Art. Nicht selten mehrstämmig, kann er etwa 25 m hoch werden. Die gegenständigen Jugendblätter sind rund und graugrün, Altersblätter schmaler und gestielt. Auf die im Frühjahr und Sommer blühenden kleinen, cremefarbenen Blüten folgen winzige, pokalförmige Samenkapseln. Die helle rötlichbraune Rinde löst sich in unregelmäßigen Stücken ab; darunter wird die nachwachsende weiße Rinde sichtbar.

Eucalyptus haemostoma

Gewunden gewachsen und in vielen Fällen mehrstämmig mit einer unregelmäßigen Krone dicker, etwa 15 cm langer, sichelförmiger Blätter, wird der in der Umgebung der australischen Metropole Sydney heimische Baum etwa 10 m hoch. Er gedeiht am besten auf sandigen, durchlässigen Böden und trägt vom späten Frühjahr bis zum Frühherbst nektarreiche weiße Blüten. Seine weiße Rinde ist mit den Fraßgängen winziger Falterlarven durchfurcht, die als dekoratives »Gekritzel« erscheinen.

Eucalyptus leucoxylon

WEISSER GUMMIBAUM, EISENRINDENBAUM

Die niederschlagsreichen Gebiete in Südaustralien sind die Heimat dieses bis zu 30 m hohen, durchaus attraktiven Baumes mit offener Krone und auffälliger, an der Basis gefurchter, darüber glatter und gelblichweiß und blaugrau gefleckter Rinde. Seine zugespitzten Blätter sind gräulich- oder bläulichgrün. Die großen, etwa

Eucalyptus mannifera subsp. *maculosa*

3,5 cm breiten, cremefarbenen oder dunkelrosa Blüten erscheinen vom Herbst bis zum Frühjahr in kleinen Büscheln. Exemplare mit karmesinroten Blüten sind in vielen Fällen unter dem Namen ***Eucalyptus leucoxylon*** 'Rosea' im Handel erhältlich.

Eucalyptus macrocarpa

Die Blüten und Früchte dieses 3,5 m hohen und etwa ebenso breiten *Mallee*-Baumes sind deutlich größer als die aller anderen Eukalyptusarten. Seine in vielen Bogen geformten Stämme wachsen locker aus einer verholzten Knolle. Jugend- wie Altersblätter sind ziemlich breit und silbrig und liegen eng an den Zweigen an. Zwischen ihnen verbergen sich die etwa 10 cm breiten, leuchtendroten, in manchen Fällen auch rosa Blüten, gefolgt von ähnlich breiten, stark verholzten, massig kegelförmigen Früchten. Der anspruchsvoll zu ziehende Baum gedeiht ausschließlich bei geringer Sommerfeuchte auf leicht sauren, gut wasserdurchlässigen Böden.

Eucalyptus mannifera

Aufrecht mit breit ausladender, offener Krone und gekrümmten Ästen wird der schnellwachsende, leichten Frost ertragende Baum etwa 12 m hoch. Seine weißlich bemehlte Rinde verfärbt sich im Sommer orangerot und fällt dann in Streifen ab. Er hat dünne, schmale, sichelförmige, blau-

Eucalyptus mannifera

grüne Blätter und trägt Büschel kleiner, cremeweißer Blüten, meist vom späten Frühjahr bis zum Sommer. Weit verbreitet ist ***Eucalyptus mannifera*** **subsp. *maculosa*,** dessen Rinde sich besonders attraktiv verfärbt.

Eucalyptus microcorys

Von den Küsten der ostaustralischen Bundesstaaten New South Wales und Queensland stammt dieser bis 40 m hohe Baum mit dichter, ausladender Krone und weich-faseriger, brauner Rinde, der vom späten Winter bis zum Hochsommer cremeweiße Blüten trägt. Sein wertvolles, hartes, sich schmierig anfühlendes Holz enthält ein fettiges Wachs, das dem Baum seinen englischen Namen »Tallow-Wood« (»Talgholz«) einbrachte.

Eucalyptus microtheca

COOLIBAH

Flußauen und die Ufer von Wasserlöchern in den semiariden Regionen Nordaustraliens sind die natürlichen Standorte dieses überaus hitze- und trockenheitsbeständigen, bis etwa 15 m hohen Baumes. Sein gewundener Stamm verzweigt sich schon in geringer Höhe. Seine blaugrünen Blätter sind schmal und sehr dünn, die weißen Blüten winzig und unscheinbar; die Samenkapseln gehören zu den kleinsten aller Eukalyptusarten. Die Rinde variiert von faserig bis hart und gefurcht, an den oberen Zweigen ist sie

Eucalyptus leucoxylon

häufig glatt. Verschiedene Coolibahs werden heute als eigenständige Arten gefaßt, so wurde u.a. der Name *Eucalyptus coolibah* wiederbelebt.

Eucalyptus nicholii

Der ausgezeichnet als Schattenspender oder Alleebaum geeignete, im Hochland von New South Wales an der Ostküste Australiens heimische Baum erreicht mit seiner hohen Krone unter günstigen Bedingungen eine Höhe von 12–15 m. Er hat eine faserige Rinde, zierliche, sichelförmige blaugrüne Blätter und weiße, bei ausgewachsenen Exemplaren wenig auffällige Blüten. Leichten Frost verträgt er ebenso wie starken Wind.

Eucalyptus grandis

Eucalyptus nicholii

Eucalyptus pauciflora subsp. *niphophila*

Eucalyptus torquata

Eucalyptus nitens

Eucalyptus nitens

Über 60 m hoch wird dieser im kühlen, regenreichen Bergland Australiens heimische, wegen seiner Größe nur selten kultivierte Baum. Seine Jugendblätter erscheinen gräulich, die Altersblätter glänzendgrün.

Eucalyptus nova-anglica

Der wild in vielen Fällen mit *Eucalyptus pauciflora* vergesellschaftete, bis ungefähr 20 m hohe Baum zeichnet sich durch eine beständige, feinfaserige Rinde und eine Resistenz gegen leichte Fröste aus. Die Altersblätter sind relativ schmal, glänzend und leuchtendgrün. Seine kleinen, in Büscheln wachsenden Blüten öffnen sich im Sommer.

Eucalyptus pauciflora

Syn. *Eucalyptus coriacea*

Der im Südosten Australiens in winterkalten Hochlandtälern heimische, zwi-

Eucalyptus nova-anglica

schen 10 und 20 m hohe Baum trägt an seinem meist gewundenen Stamm eine rötlichbraune oder graue Rinde, die sich in unregelmäßigen Streifen abschält; darunter wird die nachwachsende weiße und beigefarbene Rinde sichtbar. Die kleinen, cremefarbenen Blüten blühen im Frühjahr und Sommer. ***Eucalyptus pauciflora* subsp. *niphophila*** (Syn. *Eucalyptus niphophila)* wächst in Höhenlagen von mehr als 1500 m auf im Winter meist schneebedeckten Böden. Diese auch als Schnee-Eukalyptus bezeichnete Art ist kleiner und schon in geringer Höhe verzweigt.

Eucalyptus perriniana

Unregelmäßig gewachsen und oft mehrstämmig, kann dieser bis zu 10 m hohe Baum bei jährlichem starkem Rückschnitt auch als Strauch gezogen werden. Die Jugendblätter sind rundlich, silbergrau und paarweise zu einer um den Zweig gelegten Scheibe verwachsen; später werden sie von den spitzen, 15 cm langen Altersblättern abgelöst. Die kleinen, weißen Blüten treiben im Sommer in Dreierbüscheln. Die Art ist bei Gärtnern und Floristen als Lieferant von Schnittgrün beliebt.

Eucalyptus polyanthemos

Auf guten Böden meist aufrecht und bis 25 m hoch, wächst dieser Baum wild oft krumm und kurzstämmig auf flachem, steinigem Untergrund. Die Rinde seines Einzelstammes ist im unteren Abschnitt grau und schuppig, weiter oben grau, rosa und cremefarben gefeldert. Die z.T. fast runden, in einen schlanken Stiel verjüngten, graugrünen bis bläulichen Blätter sind als Schnittgrün beliebt. Die cremeweißen Blüten wachsen an zierlichen, hängenden Blütenzweigen. Ihr Nektar zieht in Australien zahlreiche Vogelarten an.

Eucalyptus regnans

Der mit gelegentlich an die 100 m Höhe wohl höchste Laubbaum der Welt beherrscht die Bergwälder Südostaustraliens und Tasmaniens, ist aber trotz seiner Schönheit und seines wertvollen Holzes nur selten in Kultur anzutreffen. Sein langer, gerader Stamm ist mit weißlicher, sich jährlich in langen Streifen ablösender Rinde bedeckt und trägt eine relativ kleine, offene Krone. Die kleinen, weißen Blüten sind relativ unauffällig.

Eucalyptus perriniana

Eucalyptus rubida

Die kühleren Klimazonen Südostaustraliens sind die Heimat dieses meist 12–25 m hohen Baumes mit offener Krone, schmalen, bis zu 15 cm langen Blättern und einer gräulichbraunen Rinde, die sich im Winter zuweilen tiefrosa oder rot verfärbt, bevor darunter die beigefarbene neue Rinde erscheint. Die kleinen, cremefarbenen Blüten öffnen sich im Spätsommer.

Eucalyptus saligna

Bis über 30 m hoch wird dieser außerordentlich attraktive, sehr frostempfindliche Eukalyptusbaum mit dekorativ glatter und bläulichweißer Rinde, der aufgrund seines Holzes und als Bienenweide gezogen wird. Seine spitzen Blätter sind oberseits tiefgrün mit erhabener Äderung, unterseits heller. Von Sommer bis Herbst trägt er zahlreiche dichtgedrängte, weiße, nektarreiche Blüten. *Eukalyptus saligna* bevorzugt tiefe, fruchtbare Böden. Er gehört aber zu den Eukalyptusarten, die nur leichten Frost vertragen.

Eucalyptus salmonophloia

Eine dichte Schirmkrone auf einem langen, gekrümmten, glatten Stamm kennzeichnet diesen gut 10 m hohen Baum aus dem Landesinneren im Westen Australiens, der langanhaltende Trockenperioden

Eucalyptus rubida

Eucalyptus pauciflora

Eucalyptus woodwardii

Eucalyptus salmonophloia

und sogar ganz leichte Fröste verträgt. Seine jung lachsrosa Rinde verfärbt sich im Laufe der Zeit zunehmend grau und schält sich schließlich ab. Die Blätter sind beim erwachsenen Baum spitz und glänzendgrün. Im Frühjahr und Sommer trägt er kleine, weiße Blüten.

Eucalyptus sideroxylon

MUGGA

Der in den gemäßigten Klimazonen im Osten Australiens heimische Baum mit seiner tiefgefurchten, sich nicht ablösenden, schwarzen Rinde ist eng mit *Eucalyptus leucoxylon* verwandt. Er besitzt rauten- bis leicht sichelförmige, bläulich- bis mattgrüne Blätter und trägt vom Herbst bis zum Frühjahr auffällige, im Durchmesser etwa 2,5 cm erreichende, blaßrosa bis nahezu karmesinrote Blüten, gefolgt von kleinen, pokalförmigen Samenkapseln. Junge Bäume werden meist aus Samen von dunkelrosa blühenden Exemplaren gezogen, doch läßt sich die Blütenfarbe der Sämlinge nicht vorhersagen.

Eucalyptus tereticornis

Dieser einstämmige, bis 45 m hohe Baum, heimisch an der Ostküste Australiens und im südlichen Neuguinea, trägt eine offene Krone. Am Einzelstamm bilden sich häufig schon in geringer Höhe zahlreiche Äste. Die Außenrinde löst sich in unregelmäßigen Stücken. Darunter erscheint eine gräulichweiße Innenrinde. Die Blätter sind beim erwachsenen Baum grün, schmal und bis zu 20 cm lang. Spitze Blütenknospen öffnen sich von Mitte des Winters an zu kleinen cremefarbenen Blüten.

Eucalyptus tetraptera

Der selten eine Höhe über 2 m erreichende, nicht frostharte Strauch von der Südküste Westaustraliens ist eine Pflanze heißer und trockener Klimazonen. Seine großen Blätter sind dick und ledrig, die großen vierflügeligen Blüten leuchtendrot mit rosa Staubgefäßen.

Eucalyptus torquata

Schmal und aufrecht, zuweilen aber auch vom Gewicht seiner Blüten und Samenkapseln überhängend, wird dieser trockenheitsbeständige, auf gleichmäßig feuchten Böden aber besser gedeihende westaustralische Baum etwa 5 m hoch. Er hat sichelförmige, 10 cm lange blaugrüne Blätter und eine rauhe, eher abschuppende als sich abschälende braune Rinde. Aus den im Frühjahr sprießenden, 2,5 cm langen, laternenförmigen, orangeroten Blütenknospen quillt eine Fülle gelber und cremeorange- oder rosafarbener Staubgefäße. Danach entwickeln sich große Samenkapseln.

Eucalyptus sideroxylon

Eucalyptus viminalis

Eucalyptus viminalis

WEISSER GUMMIBAUM, AUSTRALISCHER MANNAGUMMIBAUM, RUTENFÖRMIGER EUKALYPTUSBAUM, ZUCKERGUMMIBAUM

Der im kühl-gemäßigten Hügelland Südostaustraliens weitverbreitete, bis etwa 60 m hohe Schattenbaum wird besonders von Koalas geschätzt, denen seine Blätter als Nahrung bestens schmecken. Sein Stamm ist an der Basis mit rauher, weiter oben mit glatter weißlicher Rinde bedeckt, die sich von den oberen Ästen in langen, im Garten oft lästig fallenden Streifen löst. Im Sommer trägt er kleine, weiße Blüten.

Eucalyptus woodwardii

Leuchtendgelbe Blüten von bis zu 5 cm Durchmesser an rötlichen Zweigen im Winter und Frühjahr sind die hervorstechenden Merkmale dieses besonders im Sommer trockenheitsliebenden, bis etwa 15 m hohen Baumes, der aus den ariden Regionen Westaustraliens stammt. Er ist eine außerordentlich elegante Erscheinung mit hängenden Ästen. Sein Stamm ist glatt und gräulich, die langen, ledrigen Blätter sind mattgrün und oft silbrig bereift.

Eucalyptus tetraptera

Eucalyptus tereticornis

Eucalyptus regnans

EUCHARIS

HERZKELCH, AMAZONASLILIE, STERN VON BETHLEHEM, SALONNARZISSE

Wie tropische Narzissen mit großen leicht bläulichweißen, blaßgrün gezeichneten Blüten erscheinen die Zwiebelstauden dieser südamerikanischen Gattung, deren wissenschaftlicher Name keine religiöse Anspielung enthält, sondern im Griechischen »elegant« bedeutet. Ihre unter günstigen Bedingungen mehrmals im Jahr, vor allem aber im Sommer erscheinenden Blüten wachsen meist in Viererbüscheln und duften süß wie Jonquillen.
PFLEGE UND VERMEHRUNG: Die nicht frostharten Pflanzen vom Boden tropischer Regenwälder gedeihen in der heißen, feuchten Umgebung tropischer Gärten bzw. gut beheizter Gewächshäuser auf humusreichem, durchlässigem Boden auch an dunklen Stellen. Mit ihren attraktiven Blättern sind sie vor allem in großer Zahl ein schöner Blickfang im Tropengarten. Ihre Vermehrung erfolgt durch reife Samen, im Frühjahr auch durch Ableger.

Eucharis amazonica

Die gruppenbildende, bis zu 60 cm hohe Zwiebelstaude aus Kolumbien und dem nördlichen Peru trägt im Spätsommer drei- bis sechsblütige Dolden duftender, weißer Blüten. Ihre grundständigen Blätter sind breit, paddelförmig und dunkelgrün.

Eucharis × grandiflora

Mit ihren duftenden, hell cremeweißen Blüten auf kräftigen, geraden Stengeln ist die im Frühsommer blühende, bis zu 50 cm hohe natürliche Hybride aus Kolumbien eine beliebte Schnittblume, die für den Blumenhandel kommerziell gezogen wird. Attraktiv sind auch ihre hübsch angeordneten glänzenden, dunkelgrünen Blätter.

EUCOMIS

SCHOPFLILIE, ANANASLILIE

Kleine, sternförmige Blüten in Trauben, gekrönt von einem Blattschopf ähnlich dem einer Ananas, sind das Kennzeichen der 15 sommergrünen Lilienarten dieser im südlichen Afrika heimischen Gattung. Mit ihren großen Zwiebeln – die beim Volk der Xhosa zerkocht in Breipackungen als Heilmittel gegen Rheuma verwandt wurden – und der üppigen Rosette glänzender grundständiger Blätter sind sie eine stattliche Zierde für Beete und Rabatten, jedoch kaum zur gemischten Pflanzung mit anderen Zierpflanzen geeignet.
PFLEGE UND VERMEHRUNG: Die mehr oder weniger frostempfindlichen Pflanzen schätzen ein warm-gemäßigtes Klima und gedeihen in feuchten, während der Ruhephase im Winter trockengehaltenen, durchlässigen Böden in sonnigen Lagen. In frostgefährdeten Gegenden eignen sie sich besser als Kübelpflanzen. Neue Pflanzen sind durch Samen oder Teilung der Horste im Frühjahr zu gewinnen.

Eucomis autumnalis

Syn. *Eucomis undulata*

Die im Sommer und Herbst blühende Pflanze trägt ihre grünlichweißen Blüten hängend in dichten endständigen Trauben.

Eucomis bicolor

Eucharis amazonica

Eucomis comosa

Eucommia ulmoides

Eucommia ulmoides

Sie hat leuchtendgrüne Blätter mit gewellten Rändern und wird bis zu 30 cm hoch.

Eucomis bicolor

Die rund 45–60 cm hohe und 60 cm breite Knollenpflanze blüht im Sommer. Ihre grünen bis grünlichweißen Blüten mit violett gesäumten Blütenblättern wachsen in Trauben, überragt von einem Büschel blattähnlicher Hochblätter.

Eucomis comosa

Syn. *Eucomis punctata*

Bandartige, gerunzelte, dunkelgrüne Blätter umgeben die violett gefleckten Blütenschäfte dieser bis etwa 80 cm hohen Pflanze. Im Spätsommer und Herbst trägt jeder Hunderte weißer bis grüner, z.T. violett gefleckter Blüten. Wichtig ist ausreichende Wasserzufuhr während der Vegetationsperiode. Die Pflanze ist eine überaus attraktive und langlebige Schnittblume.

Eucomis pole-evansii

RIESEN-SCHOPFLILIE

Bis zu 2 m hoch und 1 m breit wird diese Pflanze, deren lange grüne Blätter in grundständigen Rosetten angeordnet sind. An den langen, von einem großen Hochblattbüschel gekrönten Blütentrauben trägt sie im Spätsommer dicht gedrängt glockenförmige, zartgrüne, in der Mitte cremefarbene Blüten.

Eucryphia cordifolia

EUCOMMIA

GUTTAPERCHABAUM

Einzige Art dieser Gattung, die zugleich eine eigenständige, entfernt mit Ulmen- und Hamamelisgewächsen verwandte Familie bildet, ist ein in Nord- und Ostchina viel gepflanzter, heute ausschließlich in Kultur bekannter sommergrüner Baum; sein Ursprung als Wildpflanze ist nur durch Fossilfunde belegt. Der in seinen Blättern und der Rinde enthaltene Milchsaft (Latex) galt zu Beginn des 20. Jahrhunderts als möglicher Rohstoff zur Gummiherstellung. In China wird er fast ausschließlich als Heilpflanze betrachtet; die getrocknete Rinde findet in der Kräuterheilkunde Verwendung.
PFLEGE UND VERMEHRUNG: Der winterharte Baum gedeiht auf leichten bis mittelschweren, durchlässigen Böden in geschützter, sonniger Lage. Die Vermehrung geschieht durch Stecklinge oder Samen.

Eucommia ulmoides

CHINESISCHER GUTTAPERCHABAUM

Der kräftige, meist schlanke, bis 15 m hohe Baum, dessen lockere Krone im Alter zunehmend breiter und runder wird, ist als Zierpflanze wenig verbreitet. Seine glänzendgrünen Blätter sind schmal und spitz, die an unterschiedlichen Bäumen wachsenden männlichen und weiblichen Blüten unscheinbar. Die geflügelten Früchte ähneln denen von Eschen und sind in Kultur nur selten zu sehen.

EUCRYPHIA

Ungefähr sechs teils immer-, teils halbimmergrüne Bäume, von denen zwei aus Chile, vier aus Australien stammen, gehören zu dieser Gattung. In Europa werden sie seit über hundert Jahren auf den Britischen Inseln gepflanzt, vorzugsweise im milden, feuchten Klima der Atlantikküste. Ihre außergewöhnlich hübschen weißen Blüten ähneln kleinen, einfachen Rosenblüten mit vier Blütenblättern und einem Büschel von Staubgefäßen mit roten Spitzen. Die Gartenhybriden sind oft wuchskräftiger und blütenreicher als die ursprünglichen Arten.
PFLEGE UND VERMEHRUNG: Die meist sehr frostempfindlichen Bäume schätzen ein feuchtes Mikroklima und einen ständig feuchten, durchlässigen Untergrund. Für eine üppige Blüte braucht die Krone

Sonne, die Wurzeln dagegen Schatten. Zur Vermehrung verwendet man Samen oder Stecklinge im Sommer.

Eucryphia cordifolia

ULMO

Von spanischen Siedlern *ulmo* (»Ulme«) genannt, wächst der meist schlanke, immergrüne Baum aus den feuchten Regenwäldern Südchiles in sehr mildem, feuchtem Klima in weniger als zehn Jahren bis zu 8 m Höhe heran. In Kultur ist er empfindlicher als andere Bäume seiner Gattung und nicht sehr blütenreich. Seine einfachen, länglichen, im Austrieb rötlichen Blätter haben gewellte Ränder und sind auf der Oberseite glänzend und dunkelgrün, auf der Unterseite grau. Die 5 cm breiten, weißen Blüten erscheinen einzeln im Spätsommer.

Eucryphia glutinosa

Wie *Eucryphia cordifolia* stammt der einzige sommergrüne – in mildem Klima zuweilen halbimmergrüne –, frostbeständigste und dekorativste Baum der Gattung aus Chile, ist aber in trockeneren Bergregionen beheimatet als jene Art. Der kleine, strauchartige Baum kann über 5 m hoch werden, wächst aber langsam. Seine aufrechten Zweige sind jung harzig-klebrig, daher die Bezeichnung *glutinosa.* Die glänzendgrünen, vor dem Laubfall im Herbst z.T. orange und rot verfärbten Blätter sind in drei bis fünf Fiedern unterteilt. Zahlreiche Blüten verteilen sich im Spätsommer über die Zweige.

Eucryphia × intermedia

Die aus einer zufälligen Kreuzung zwischen der chilenischen *Eucryphia glutinosa* und der tasmanischen *Eucryphia lucida* hervorgegangene Hybride entstand im irischen Rostrevor. Unter den verschiedenen Klonen ist **'Rostrevor'** der am weitesten verbreitete. Schlank und aufrecht gewachsen, wird er bis zu 9 m hoch und entwickelt unter günstigen Bedingungen eine Fülle weißer Blüten.

Eucryphia lucida

In der Natur bis zu 30 m hoch und wegen seines dichten, rosa getönten Holzes als Nutzholzbaum, vor allem aber wegen des aus seinen Blüten von eingeführten Bienen gewonnenen Honigs geschätzt, wächst der schmale, immergrüne Baum aus den Regenwäldern Tasmaniens in Kultur nur langsam und wird selten höher als 6 m. Er hat kleine, einfache, glänzende Blätter, klebrige Knospen und trägt im Frühsommer zahlreiche duftende Blüten. Kultursorten sind die noch relativ junge rosa blühende **'Pink Cloud'** sowie **'Leatherwood Cream'**, deren Blätter ein unregelmäßiger, cremefarbener Saum umgibt.

Eucryphia moorei

In seiner südostaustralischen Heimat wächst dieser dekorative, in Kultur manchmal sehr wüchsige, bis 10 m hohe Baum in geschützten Schluchten der Küstenberge. Seine Triebe und die farnartig in fünf bis sieben zierliche, auf den Unterseiten weiße Fiedern gegliederten Blätter sind weniger klebrig und glänzend als die anderer Bäume der Gattung. Zwischen den Blättern erscheinen von Mittsommer bis Frühherbst die etwa 3,5 cm breiten Blüten. Diese Art verträgt noch weniger Frost als andere Vertreter der Gattung.

Eucryphia × nymansensis

NYMANS EUCRYPHIA

Die unter diesem Namen zusammengefaßten Hybriden von *Eucryphia cordifolia* und *E. glutinosa* wurden erstmals 1914 in Nymans in der englischen Grafschaft Sussex gezüchtet. Die kleinen, schmalen, kompakten Bäume werden zuweilen 10 m hoch, haben teils einfache, teils dreiteilig gefiederte Blätter unterschiedlicher Größe, und blühen – in sonnigen Lagen besonders üppig – im Spätsommer. Beliebtester der zahlreichen Klone ist in Großbritannien der aus der ersten Generation von Sämlingen stammende **'Nymansay'**, dessen Name auf die ursprüngliche Bezeichnung 'Nymans A' zurückgeht.

EUGENIA

KIRSCHMYRTE, EUGENIE

Auch nach der Ausgliederung vieler eurasischer und afrikanischer Arten in andere Gattungen (z.B. *Syzygium*) umfaßt diese Gattung noch nahezu tausend großenteils in Amerika, z.T. aber auch in Afrika, Asien und auf den pazifischen Inseln heimische immer- und sommergrüne Sträucher und Bäume. Sie tragen meist tiefgrüne, jung oft rot oder bronzefarben getönte Blätter, einzeln oder in kleinen Büscheln in den Blattachseln wachsende weiße Blüten mit kleinen Blütenblättern und zahlreichen Staubgefäßen sowie teilweise eßbare Beerenfrüchte.

PFLEGE UND VERMEHRUNG: Die in der Regel langsamwachsenden, überwiegend nicht frostharten Pflanzen gedeihen meist am besten auf feuchten, durchlässigen, humusreichen Böden in sonniger oder halbschattiger Lage. In kühleren Regionen werden sie meist im Kübel gezogen. Einige Arten eignen sich für Sichtschutzpflanzungen oder Schnitthecken. Sie werden durch Stecklinge im Sommer oder Aussaat vermehrt.

Eugenia brasiliensis

BRASILIANISCHE KIRSCHMYRTE, GRUMIXAMEIRA

Dieser kleine, immergrüne Baum aus dem Süden Brasiliens trägt ein tiefgrünes Laubwerk aus etwa 10 cm langen, elliptischen und ledrigen Blättern. Im Sommer erscheinen zahlreiche kleine, weiße Blüten, gefolgt von kirschgroßen, schwarzen Früchten, die innerhalb nur eines Monats reifen und sehr süß und schmackhaft sind.

Eugenia uniflora

SURINAMKIRSCHE, PITANGA

Der sehr langsamwachsende südamerikanische Baum ist in tropischen und subtropischen Ländern vor allem seiner leuchtendroten jungen Blätter wegen beliebt. Sie färben sich später dunkelgrün. Er wird gut 5 m hoch, läßt sich aber durch Rückschnitt bei 2,5 m halten. Auf die kleinen, weißen Blüten, die mit ihren zahlreichen Staubgefäßen im Sommer erscheinen und duften, folgen geriefte, rote Früchte von der Größe kleiner Tomaten – süß und bei dunkler Färbung besonders schmackhaft.

Eulychnia acida

Eucryphia × nymansensis

Eucryphia lucida 'Leatherwood Cream'

Eucryphia × intermedia 'Rostrevor'

Eucryphia moorei

EULYCHNIA

Die ungefähr acht strauchigen oder baumförmigen Kakteenarten der in Chile und Peru heimischen Gattung zeichnen sich durch auffällig gerippte Stämme mit starken, borstenartigen Dornen aus. Ihre kurzen Glockenblüten erscheinen an filzigen, weißen Areolen nahe den Stammspitzen.

PFLEGE UND VERMEHRUNG: In warmen Gegenden lassen sie sich auf leichten, durchlässigen Böden in sonniger Lage, in frostgefährdeten Regionen im Gewächshaus oder Wintergarten ziehen. Sie brauchen viel Licht, grobstrukturierte Kakteenerde und während der Wachstumsperiode ausreichend Wasser. In der zweiten Herbsthälfte und im Winter sind sie ziemlich trocken zu halten. Im zeitigen Frühjahr kann man sie durch Samen vermehren, im späten durch Stecklinge.

Eulychnia acida

Breite Rippen und strahlenförmig um einen bis zu 20 cm langen Mitteldorn angeordnete Dornen kennzeichnen diesen strauch- bis baumförmigen, bis 4 m hohen chilenischen Kaktus. Seine glockenförmigen, weißen, in der Mitte mit einem rosa Streifen verzierten Blüten erscheinen im Sommer.

EUMORPHIA

Vier Arten Sträucher aus der Familie der Korbblütler gehören zu dieser südafrikanischen Gattung. Ohne Blüten können sie mit ihren winzigen, dicht gedrängten, kahlen oder seidig behaarten Blättern fast für Heidekräuter gehalten werden.

PFLEGE UND VERMEHRUNG: Die sehr frostempfindlichen Pflanzen gedeihen auf sandigen, durchlässigen, mit verrottetem organischem Material angereicherten Böden. Bei Temperaturen unter –3 °C benötigen sie Schutz vor Wind und Feuchtigkeit; naßkalte Winter überdauern sie nur unter Glas. Zur Vermehrung nimmt man Stecklinge.

Eumorphia prostrata

Rasch wachsend und bis zu 50 cm hoch sowie zuweilen über 1 m breit, ist die in den südafrikanischen Drakensbergen heimische Pflanze mit ihren attraktiven silbrig-

Euonymus alatus

Euonymus japonicus

Euonymus alatus

Euonymus 'Red Chief'

Euonymus bungeanus

grünen Blättern ein guter Bodendecker, besonders in Massenpflanzung. Ihre weißen, in der Mitte gelben Blütenkörbchen blühen von Mittsommer bis Spätherbst.

EUONYMUS

SPINDELSTRAUCH, PFAFFENHÜTCHEN

Rund 175 Arten sommer- und immergrüner Bäume, Sträucher und Klettersträucher gehören zu dieser in der nördlichen Hemisphäre, besonders in Ostasien und im Himalaja weitverbreiteten Gattung. Alle besitzen einfache, häufig gezähnte, gegenständige Blätter, die sich bei sommergrünen Pflanzen wie z.B. **'Red Chief'** im Herbst leuchtendrot färben. Die unscheinbar grünlichen oder gelblichen Blüten stehen in kleinen Büscheln am Grunde der neuen Triebe. Bemerkenswert sind vor allem die Kapselfrüchte, die im Herbst aufplatzen, wobei leuchtendgelbe, orangefarbene oder rote Samen zum Vorschein kommen. Sie werden von Vögeln verbreitet, die ihre ölige, nahrhafte Außenhaut (Arillus) schätzen.

PFLEGE UND VERMEHRUNG: Diese meist winterharten Pflanzen gedeihen am besten auf fruchtbaren, durchlässigen Böden in geschützter, sonniger Lage. Die Vermehrung erfolgt durch Samen oder Stecklinge.

Euonymus alatus

FLÜGELSPINDELSTRAUCH, KORKSPINDEL

Die breiten Korkflügel entlang der grünen kleinen Zweige haben diesem attraktiven breitwachsenden, reichverzweigten, rund 5 m hohen, sommergrünen Strauch aus Japan, China und Korea seinen deutschen Namen gegeben. Er trägt im späten Frühjahr kleine, grüne Blüten an unscheinbaren Blütenzweigen. Die kleinen, purpurfarbenen Samenkapseln sind vierfächerig, brechen im Herbst auf und zeigen orangerote Samen. Zur gleichen Zeit färben sich die Blätter lebhaft tiefrot. Kurz vor dem Laubfall können sie sich wieder etwas heller rot färben. ***Euonymus alatus* var. *apterus*** zeichnet sich durch seinen lockeren Wuchs und das weitgehende Fehlen der Korkflügel aus. **'Compactus'** wird nur etwa 2 m hoch.

Euonymus bungeanus

BUNGES SPINDELSTRAUCH

Bis zu 6 m hoch und knapp 5 m breit wird dieser große, sommergrüne chinesische Strauch oder halbimmergrüne Baum. Auf seine winzigen, unauffälligen Blüten folgen im Sommer vierfächerige, gelb überlaufene, rosa Früchte, die im Herbst aufplatzen und Samen mit leuchtend orangefarbenem Samenmantel freisetzen. Die Blätter verfärben sich vor dem Laubfall gelb und rosa. Die halbimmergrüne Varietät ***Euonymus bungeanus* var. *semipersistens*** entwickelt ihre Früchte später und behält ihre Blätter zumindest bis in den Winter hinein.

Euonymus europaeus

PFAFFENHÜTCHEN, GEMEINER SPINDELSTRAUCH

In den Wäldern Europas einschließlich der Britischen Inseln wächst der an der Basis meist unverzweigte, zuweilen bis zu 6 m hohe sommergrüne Strauch oder kleine Baum, meist auf Kalkböden. Sein Holz diente einst wie auch das der anderen europäischen Arten zur Herstellung von Spindeln für das Spinnen von Wolle. Auf seine unscheinbaren Blüten folgen im Herbst rote oder rosa Früchte mit großen, orangefarbenen Samen. Zugleich färben sich die Blätter scharlachrot. **'Aldenhamensis'** ist groß mit leuchtendrosa Früchten; **'Red Cascade'** wächst durch das Gewicht der großen roten Früchte mit den orangefarbenen Samen oft fast hängend.

Euonymus fortunei

Syn. ***Euonymus radicans***

KLETTERNDER SPINDELSTRAUCH

Wie Efeu kann dieser Strauch mit Hilfe von Haftwurzeln an Stein- und Ziegelmauern bis zu einer Höhe von 6 m emporklettern oder als Bodendecker fast unbegrenzt weit kriechen; die verbreiteten Sorten sind jedoch meist kompakter. An den verzweigten, nicht kletternden Alterstrieben blühen von Früh- bis Mittsommer grünlichweiße Blüten. **'Emerald Gaiety'** ist kompakt, bis zu 1 m hoch und 1,5 m breit mit dunkelgrünen, weiß geränderten Blättern; **'Emerald 'n' Gold'** wächst buschig, wird etwa 30 cm hoch und 1 m breit und hat kräftiggrüne Blätter mit breitem goldenem Rand; der buschige, bis 2 m hohe und breite Strauch **'Silver Queen'** hat breit weißrandige Blätter; alle haben im Winter oft rosa überlaufenes Laub. Die kletternde oder kriechende, großblättrige **'Variegatus'** (Syn. 'Gracilis') zeigt die Rosafärbung des weißen Randes oft ganzjährig.

Euonymus europaeus

Euonymus japonicus

JAPANISCHER SPINDELSTRAUCH

Der breit gewachsene, etwa 3,5 m hohe, immergrüne Strauch aus Japan mit glänzenden, dunkelgrünen Blättern ist vor allem durch seine durchweg niedrigeren und dichter wachsenden panaschierten Sorten bekannt. Seine hellgrünlichen Blüten öffnen sich im Frühsommer; im Herbst folgen blaßrosa Kapselfrüchte mit orangefarbenen Samen. Zu den Sorten gehören: **'Albomarginatus'** mit unregelmäßigen, weiß geränderten Blättern; **'Aureomarginatus',** eine gute Heckenpflanze mit ovalen, gelb geränderten Blättern, die im Sommer kleine, sternförmige, grüne Blüten trägt; der dichte, bis zu 1 m hohe Strauch **'Microphyllus Variegatus'** mit kleinen, weiß geränderten Blättern; sowie **'Ovatus Aureus',** deren Blätter ein breiter leuchtendgelber Rand umgibt. Sie gedeihen auch in offenen Küstenlagen, sind aber sehr frostempfindlich.

Euonymus lucidus

Syn. ***Euonymus pendulus***

Aus dem Himalaja stammt dieser breitwüchsige, bis zu 10 m hohe und fast ebenso breite, immergrüne Strauch oder kleine Baum mit regelmäßig gesägten, bis zu 10 cm langen, anfangs bronzeroten, später glänzendgrünen Blättern. Seine in gelben Kapseln verborgenen Samen sind von einem orangefarbenen Samenmantel umhüllt. Er ist nicht frosthart.

Euonymus oxyphyllus

SPITZBLÄTTRIGER SPINDELSTRAUCH

Kräftig rotviolette Herbstfärbung und hübsche rote Früchte an langen Stielen machen diesen buschigen, bis etwa 2,5 m hohen, sommergrünen Strauch aus Korea und Japan zu einer äußerst attraktiven Zierpflanze. Wenn die Früchte aufplatzen,

Euonymus fortunei 'Emerald 'n' Gold'

Euonymus europaeus 'Red Cascade'

Euonymus japonicus 'Ovatus Aureus'

Euonymus oxyphyllus

werden leuchtend orangerote Samen sichtbar.

Euonymus planipes
Syn. ***Euonymus sachalinensis***
FLACHSTIELIGER SPINDELSTRAUCH

Dem Pfaffenhütchen (*Euonymus europaeus*) ähnlich, aber auffälliger und attraktiver als dieses präsentiert sich dieser sommergrüne, bis über 3 m hohe und etwa ebenso breite Strauch aus Japan, Korea und Nordostchina. Seine Blätter färben sich im Herbst leuchtendrot. Zur gleichen Zeit platzen die großen, vier- bis fünffächerigen, tiefrosa bis scharlachroten Früchte auf und zeigen die orangefarbenen Samen.

EUPATORIUM
WASSERDOST

Von den etwa 40 Arten meist in Amerika, z.T. aber auch in Europa und Asien heimischer, mehrjähriger Halbsträucher und Stauden dieser Gattung werden nur wenige als Zierpflanzen gezogen. Sie tragen kleine, weiße, violette, lila- oder rosafarbene Blütenköpfchen in großen endständigen Rispen.
PFLEGE UND VERMEHRUNG: Diese meist winterharten Pflanzen gedeihen am besten auf feuchten, durchlässigen Böden in sonniger oder halbschattiger Lage. Sträucher sollten im Frühjahr oder nach der Blüte leicht beschnitten werden. Vermehren kann man sie im Frühjahr durch Samen, im Sommer durch Stecklinge, zu Frühjahrsbeginn oder im Herbst durch Teilung.

Eupatorium cannabinum
WASSERHANF, GEMEINER WASSERDOST

Die in Europa weitverbreitete, robuste Staude ähnelt dem nordamerikanischen *Eupatorium purpureum*, ist aber als Gartenpflanze weniger beliebt. Sie wird über 1,5 m hoch und 1,2 m breit und trägt vom Spätsommer bis zum Herbst große, flache Blütenstände mit winzigen, flaumig wir-

Eupatorium fistulosum

kenden, schmutzigrosa bis weißlichen Blütenköpfchen.

Eupatorium coelestinum
Syn. ***Conoclinium coelestinum***

Aus dem Osten der USA stammt diese kräftige Staude, die sich an feuchten Plätzen am Ufer von Gewässern leicht ansiedeln läßt. Im Spätsommer entwickelt sie große Doldentrauben mit flaumigen, blauen Blütenköpfchen.

Eupatorium fistulosum

Die variable, 1–3 m hohe und etwa ebenso breite Staude aus dem Südosten der USA schätzt ständig feuchte, humusreiche Standorte und gedeiht auch auf zeitweise überschwemmten Böden. Sie ist jedoch frostempfindlich. Von Mittsommer bis Frühherbst trägt sie rosarot bis hellviolett blühende Köpfchen in Rispen. Ihr oft überaus starker Ausbreitungsdrang läßt sich durch Teilung in jedem zweiten Jahr unter Kontrolle halten. **'Filigrankuppel'** blüht besonders attraktiv.

Eupatorium maculatum

Violett gefleckte Stengel und lanzettliche, gesägte Blätter in Dreier- bis Viererwirteln kennzeichnen diese Staude. Ihre rosarotvioletten Blütenköpfchen erscheinen im Spätsommer und Herbst in flachen endständigen Doldentrauben.

Eupatorium megalophyllum
Syn. ***Bartlettina megalophylla***

Schon in Bodennähe verzweigt, wird die bis zu 1,5 m hohe, nicht den geringsten Frost vertragende mexikanische Pflanze bis etwa 2 m breit. Ihre großen, bis zu 25 cm langen und 20 cm breiten Blätter sind oberseits dunkelgrün und samtig, unterseits heller. Junge Triebe sind fein violett behaart. Lila Blüten öffnen sich im Frühjahr in auffälligen breiten Blütenköpfen. Eine ähnliche Art mit kleineren Blättern und Blütenköpfen ist ***Eupatorium sordidum.***

Euphorbia 'Excalibur'

Eupatorium purpureum

Etwa 1,5–2,5 m hoch und manchmal über 1,2 m breit wird diese kräftige Staude aus der Mitte und dem Osten Nordamerikas, erreicht jedoch nur auf feuchteren Böden diese Größe. Mit ihren 30 cm langen Blättern und den winzigen, purpurfarbenen Blütenköpfchen in großen Blütenständen bietet sie vor allem im Herbst einen auffälligen Blickfang.

EUPHORBIA
WOLFSMILCH

Fast 2000 Arten Sträucher, Stauden, einjährige rPflanzen und kaktusartiger Sukkulenten umfaßt diese besonders in den Tropen und Subtropen, aber auch in gemäßigten Zonen verbreitete Gattung. Im Gegensatz zu der großen Formenvielfalt, die viele Botaniker veranlaßt hat, die Gattung aufzuteilen, sind die Blütenstände aller Arten sehr ähnlich aus stark zurückgebildeten, je nur aus einem Fruchtknoten oder einem Staubgefäß bestehenden Einzelblüten und Hochblättern zusammengesetzt. Diese sind bei den meisten kultivierten Arten auffällig, z.B. bei ***Euphorbia cognata*** und ***E.* 'Excalibur'**. Gemeinsam ist allen Arten auch der auf empfindlichen Hautpartien ätzend wirkende Milchsaft. Der Saft mancher Arten kann bei Kontakt mit den Augen zu vorübergehender Erblindung führen.
PFLEGE UND VERMEHRUNG: Die sukkulenten Arten der Gattung sind generell nicht frosthart, die übrigen unterschiedlich winterhart. Sie gedeihen in feuchten bis trockenen, durchlässigen Böden in sonnigen oder halbschattigen Lagen. Die Vermehrung erfolgt im Frühjahr oder Sommer durch Stecklinge, die bei den Sukkulenten erst trocknen und einen Kallus bilden müssen, bevor sie in feuchten Sand gepflanzt werden, ferner durch Teilung zu Frühjahrsbeginn oder im Herbst sowie durch Samen im Frühjahr oder Herbst.

Euphorbia abyssinica
ABESSINISCHE WOLFSMILCH

Abgeflachte, mehrkantige, knotig gegliederte und dornige Segmente bilden den Stamm und die Zweige dieser blattlosen, baumförmigen Sukkulente, die bis etwa 9 m hoch wird. In warmen Klimazonen ist sie eine attraktive Zierpflanze, die mit ihrer eigentümlichen Form einen reizvollen Kontrast zu »herkömmlichen« Pflanzen bildet.

Euphorbia ammak

Aus Südarabien stammt diese baumförmige, bis 5 m hohe Sukkulente, deren bis zu 20 cm dicker, verzweigter, grüner

Eupatorium maculatum

Eupatorium megalophyllum

Eupatorium purpureum

Euphorbia cognata

Stamm mit kurzen Dornen besetzt ist. Im Frühjahr und Sommer trägt sie kleine Blüten und ovale, braune Früchte. Bei **'Variegata'** ist der Stamm cremefarben panaschiert.

Euphorbia amygdaloides
MANDELBLÄTTRIGE WOLFSMILCH

Die in weiten Teilen Europas und in Kleinasien heimische, bis etwa 0,5 m hohe wintergrüne und frostharte Staude ist gekennzeichnet von dunkelgrünen, bis 10 cm langen Blättern und trägt von Mitte des Frühjahrs bis zum Frühsommer kleine Blütenstände mit gelblichgrünen Hochblättern. Auch farbkräftigere Auslesen sind erhältlich. Die bis zu 60 cm hohe und ebenso breite ***Euphorbia amygdaloides* var. *robbiae*** (Syn. *Euphorbia robbiae*) hat an den Triebenden gehäufte dunkelgrüne Blätter und runde Blütenstände mit hellgrünen Hochblättern. **'Rubra'** besitzt hellgrünes, stark burgunderrot überlaufenes Laub und giftgrüne Hochblätter.

Euphorbia characias subsp. *wulfenii*

Euphorbia ammak 'Variegata'

Euphorbia caerulescens

Die trockenen Gebiete der südafrikanischen Kapprovinz sind die Heimat dieser bis zu 1,5 m hohen, kaktusähnlichen Sukkulente, deren segmentierte senkrechte Stämme ein sich ausdehnendes Büschel bilden. Sie sind gerippt, dornenreich und graugrün. Die Stämme tragen im Frühjahr an der Spitze winzige, leuchtendgelbe Blüten. Die Pflanze verträgt auch leichte Fröste, gedeiht aber in kühlen Regionen deutlich besser im warmen, trockenen Gewächshaus.

Euphorbia canariensis
CARDON

Aufrecht und baumartig, ist diese etwa 2,5 m hohe Sukkulente von den Kanarischen Inseln mit ihren Büscheln oder auch ausgedehnten Kolonien mehrkantiger, dorniger, graugrüner Stämme eine äußerst attraktive Zierpflanze für frostfreie Wüstengärten. Ihre im Sommer erscheinenden Blütenstände sind von becherförmigen, rötlichgrünen Hochblättern umgeben.

Euphorbia caput-medusae
MEDUSENHAUPT-WOLFSMILCH

Aus dem dicken, bis zu 15 cm hohen Grundstamm dieser südafrikanischen Sukkulente entspringen – strahlenförmig wie die Tentakel einer Krake – zahlreiche dünne, bis 50 cm lange, sukkulente Triebe. Sie entwickeln an den Enden kurzlebige schmale Blätter sowie im Sommer grüne Blüten mit spitzenartigen, weißen Rändern.

Euphorbia caerulescens

Euphorbia cooperi

Euphorbia colliculina

Euphorbia esculenta

Euphorbia characias
PALISADENWOLFSMILCH

Sonnige, durchlässige Standorte bevorzugt dieser sehr frostempfindliche, bis etwa 1 m hohe Halbstrauch aus dem Mittelmeergebiet, der sich unter günstigen Bedingungen oft selbst aussät. Seine tiefbraunen Nektardrüsen sind als Fleck in der Mitte der gelbgrünen Hochblätter sichtbar. Die aufrechten Triebe von ***Euphorbia characias* subsp. *wulfenii*** (Syn. *Euphorbia wulfenii*) sind dicht mit blaugrünen Blättern umhüllt und tragen im Frühjahr an der Spitze kuppelförmige, ganz hellgrüne Blütenstände.

Euphorbia colliculina

Diese Sukkulente ist heimisch in der südafrikanischen Kapprovinz. Sie hat 5–15 cm lange Seitentriebe und ist nicht ganzjährig

Euphorbia amygdaloides 'Rubra'

Euphorbia caput-medusae

Euphorbia enopla

Euphorbia flanaganii

belaubt. Die Blüten erscheinen im Frühjahr.

Euphorbia cooperi

Wie bei einem Leuchter entspringen die meist vier- oder fünfkantigen Seitentriebe dieser baumartigen Sukkulente waagrecht im rechten Winkel vom Stamm und wachsen dann senkrecht nach oben. Die Kanten sind mit paarigen Dornen besetzt, zwischen denen sich Büschel gelblicher Blüten öffnen.

Euphorbia dulcis
SÜSSE WOLFSMILCH

Dichtbuschig mit bronzegrünen Blättern belaubt, wird diese frostharte Staude aus Europa mit ihren langsam kriechenden Wurzeln bis zu 30 cm hoch und etwa ebenso breit. Im Sommer trägt sie endständige Blütenstände mit breiten, gelbgrünen Hochblättern. Die Blätter von **'Chameleon'** sind im Frühjahr burgunderrot und vor dem Laubfall im Herbst ebenso wie die Hochblätter kräftigviolett gefärbt.

Euphorbia enopla

Reichverzweigte, breitgerippte, blaugrüne Stämme mit Reihen langer, rötlicher Dornen kennzeichnen diese kaktusartige Pflanze aus der Karoo-Wüste in Südafrika. Ihre winzigen Blüten öffnen sich im Frühjahr.

Euphorbia esculenta
Syn. *Euphorbia inermis* var. *laniglans*

Diese Sukkulente dient in ihrer Heimat, der südafrikanischen Karoo-Region, als Viehfutter. Ihre buckligen Triebe werden maximal 20 cm lang. Im Frühjahr und Sommer trägt sie winzige Blüten.

Euphorbia flanaganii

Nur etwa 15 cm hoch wird diese kleine Sukkulente aus der südafrikanischen Kapprovinz. Sie ist etwas frosthärter als andere sukkulente Euphorbien. Aus ihrem Stamm entspringen zahlreiche schlanke Seitentriebe. Die von leuchtendgelben Hochblättern umgebenen Blüten öffnen sich im Sommer.

Euphorbia fulgens

LEUCHTENDE WOLFSMILCH, KORALLENRÖSCHEN

Eine Pflanze nur für warme Klimazonen ist dieser nicht frostharte, sommergrüne, bis etwa 1,5 m hohe Strauch, der in Mexiko heimisch ist. Seine schmalen mittel- bis dunkelgrünen Blätter wachsen an gebogenen Zweigen. In den oberen Blattachseln erscheinen im Winter und Frühjahr Blütenzweige mit auffällig scharlachroten Hochblättern.

Euphorbia glauca

Die von den Maoris Neuseelands *wainatua* (»Milch der Dämonen«) genannte aufrechte, strauchartige Staude wird etwa 60 cm hoch. Ihre Blütenstände sind nur wenig heller gefärbt als die blaugrünen Blätter, fallen aber durch winzige, rote Nektardrüsen auf.

Euphorbia grandicornis

Leuchtendgrüne, abgeflacht dreikantige Stämme, bis 15 cm stark und an den Kanten mit kräftigen, bis zu 5 cm langen weißen Dornen besetzt, sind die Kennzeichen dieser über 1 m hohen, im Winter auf extreme Trockenheit angewiesenen südafrikanischen Sukkulente. Ausschließlich bei warmer, feuchter Witterung entwickelt sie zuweilen kleine, ovale Blätter. Auf die von gelblichgrünen Hochblättern umgebenen Blüten folgen 2,5 cm dicke, rote Früchte.

Euphorbia grandidens

Mit einer beeindruckenden Höhe von 10–15 m ist diese kaktusartige, kurz braun bedornte südafrikanische Sukkulente eine der größten Wolfsmilch-Arten. Aus ihrem

Euphorbia horrida

Euphorbia griffithii 'Fireglow'

Euphorbia grandicornis

Euphorbia glauca

turmhohen Stamm entspringen lange, gewundene, meist dreikantige Seitentriebe in Wirteln mit grobgezähnten Kanten.

Euphorbia griffithii

Die bis zu 1 m hohe Staude aus dem östlichen Himalaja trägt im Sommer kleine gelbe, von leuchtend orangefarbenen Hochblättern umgebene Blüten. Ihre lanzettlichen, grünen Blätter mit rötlich hervortretendem Mittelnerv färben sich im Herbst rot und gelb. Bei der im Frühsommer blühenden **'Fireglow'** sind die Hochblätter orangerot. Etwas Winterschutz ist anzuraten.

Euphorbia horrida

Aus Südafrika stammt diese bis zu 25 cm hohe kaktusartige Pflanze, deren gerippte, mit scharfen Dornen bedeckte Stämme einen bis 40 cm breiten Horst bilden. Im Sommer trägt sie winzige grüne und gelbe Blüten.

Euphorbia inermis

Syn. *Euphorbia viperina*

Hauptstamm und Wurzelknolle dieses sukkulenten Strauches aus der südafrikanischen Karroo-Region sind an der Basis zu einem dicken Wulst verschmolzen. Aus diesem entwickeln sich bis zu 30 cm lange Triebe, die im Frühjahr und Sommer blühen.

Euphorbia griffithii

Euphorbia ingens

Euphorbia inermis

Euphorbia ingens

Bis zu 12 m hoch wird diese baumartige Sukkulente aus dem Osten Südafrikas mit einem sehr kurzen Stamm und einer massiven Krone, die aus vierkantigen Ästen besteht. Geschützt wird die Pflanze von paarweise wachsenden, geraden, dunkelbraunen Dornen, neben denen im Frühsommer in Dreierbüscheln die gelbgrünen, in vielen Fällen rot getönten Blüten erscheinen.

Euphorbia knuthii

Dreikantige, gewellte, hellgrüne Triebe mit graugrünen Streifen sind das Kennzeichen dieser Zwergsukkulente aus Mosambik und Südafrika. Sie ist an der Basis verdickt und trägt kurze braune Dornen.

Euphorbia lambii

Der bis 1,5 m hohe Strauch, dessen Blütenstände von großen, gelbgrünen Hochblättern umgeben sind, ist auf den Kanarischen Inseln beheimatet. Die an den Enden der dicken, hellbraunen Zweige büschelig gedrängten Blätter hinterlassen nach dem Abfallen an den Trieben dauerhafte, auffällige Narben. Die Pflanze ist nicht frosthart.

Euphorbia ledienii

Diese paarweise braun bedornte südafrikanische Sukkulente wird mit ihren etwa 5 cm dicken, graugrünen Seitentrieben bis 2 m hoch. Ihre Blüten öffnen sich im Frühjahr.

Euphorbia lambii

Euphorbia grandidens

Euphorbia longifolia

Aus dem Himalaja-Staat Bhutan stammt diese bis zu 1 m hohe, frostempfindliche Staude. Sie hat lanzettliche, grüne Blätter mit einem hervortretenden, weißen Mittelnerv. Im Frühsommer trägt sie hübsche gelbe Blüten, umgeben von gelben Hochblättern.

Euphorbia marginata

SCHNEE-AUF-DEM-BERGE, AMERIKANISCHES EDELWEISS

Leuchtendgrüne, zugespitzt ovale Blätter mit deutlich abgegrenzten weißen Rändern machen diese relativ schnellwachsende, bis etwa 60 cm hohe und etwa 30 cm breite buschige, winterharte Einjahrespflanze aus Zentral-Nordamerika zu einem reizvollen Hintergrund für farbenprächtige Blumen. Die von breiten, weißen Hochblättern umgebenen kleinen Blüten blühen im Sommer.

Euphorbia mauritanica

Euphorbia × martinii

Euphorbia ledienii

Euphorbia marginata

Euphorbia longifolia

Euphorbia mellifera

Euphorbia × martinii

Euphorbia characias und *E. amygdaloides* sind die Stammpflanzen dieser natürlichen Hybride, die in Südfrankreich heimisch ist. Sie ähnelt manchmal mehr der einen, manchmal mehr der anderen Stammart. Ihre Blätter erinnern mehr an *E. characias*, sind jedoch schwächer blau getönt. Die Triebe sind in den meisten Fällen rot. Sie gedeiht am besten in sonnigen, geschützten Lagen und ist weitgehend frosthart.

Euphorbia mauritanica

Von der Basis an reich verzweigt, wird die dornen- und blattlose Sukkulente, die aus dem südwestlichen Afrika stammt, in Kultur bis zu 1,5 m hoch. Ihr giftiger, milchiger Saft darf keinesfalls in Berührung mit den Augen oder offenen Wunden kommen.

Euphorbia mellifera

Der in der Natur seltene, in Kultur 2 m hohe und ebenso breite und immergrüne Strauch stammt von der Insel Madeira. In sonnigen, geschützten Lagen entwickelt er sich oft zu einem eindrucksvollen Blickfang, doch verträgt er nur leichte Fröste. Er hat zarte, bis 20 cm lange, grüne Blätter mit auffälligem, weißlichem Mittelnerv und trägt im Frühjahr winzige, nach Honig duftende, grüne Blüten in runden Blütenständen mit bronzegrünen Hochblättern.

Euphorbia meloformis

Nahezu kugelförmig, bis etwa 10 cm dick, präsentiert sich diese in acht oder mehr breite Rippen gegliederte südafrikanische Sukkulente. An der Spitze trägt sie im Sommer grüne oder purpurfarbene Blüten.

Euphorbia milii

Syn. *Euphorbia splendens*
CHRISTUSDORN-WOLFSMILCH

Aus Madagaskar stammt dieser langsamwachsende, bis etwa 1 m hohe, in kühleren Regionen sommergrüne, halbsukkulente Strauch, eine hübsche, trockenheitsbeständige Pflanze für Steingärten und sonnige Innenhöfe. In Küstengebieten wird sie gern als niedrige Hecke gepflanzt. Sie ist mit sehr scharfen Dornen besetzt und trägt ganzjährig, vor allem aber im Frühjahr, auffällige ebensträußige Blütenzweige mit winzigen gelblichen Blüten zwischen leuchtendroten Hochblättern. Die halbkriechende *Euphorbia milii* var. *splendens* hat längliche Blätter.

Euphorbia myrsinites

WALZENWOLFSMILCH

Nur 15–20 cm hoch, aber bis über 60 cm breit wird diese niederliegende, frostharte Staude, die Hitze, Trockenheit und karge Böden verträgt und sich oft selbst durch Aussaat verbreitet. Ihre Triebe tragen ovale, spiralig angeordnete, blaugrüne Blätter und im Frühjahr an den Spitzen rundliche, zart hellgrüne Blütenstände. Ihr natürliches Verbreitungsgebiet reicht von Südeuropa bis Zentralasien. Sie ist die ideale Zierpflanze für Steingärten oder niedrige Steinmauern.

Euphorbia obesa

Als junge Pflanze nahezu kugelförmig, später zunehmend länglich, wird diese dornenlose südafrikanische Sukkulente bis zu 20 cm hoch mit einem Durchmesser von bis zu 15 cm. Ihr blaßgrüner Stamm gliedert sich in acht ziemlich flache Rippen und ist mit senkrechten und waagrechten rotbraunen Linien schachbrettartig gemustert. An der Spitze erscheinen im Sommer kleine, becherförmige gelbgrüne Blütenstände.

Euphorbia palustris

SUMPFWOLFSMILCH

Wie nur wenige Wolfsmilcharten gedeiht diese winterharte, in Europa und Vorderasien weitverbreitete, bis etwa 1 m hohe, buschige Staude auch auf sumpfig nassen Böden. Sie hat lanzettliche, mittelgrüne Blätter und trägt im späten Frühjahr flache Blütenstände mit dunkelgelben Blüten und Hochblättern. Abgeblühte Triebe können vollständig herausgeschnitten werden.

Euphorbia pentagona

Syn. *Euphorbia heptagona, E. tetragona*

Mit ihren zähen, 3,5 cm dicken Stämmen erreicht diese dornige Sukkulente aus der südafrikanischen Karroo-Region eine Höhe von bis zu 3 m. Ihre Seitentriebe sind unregelmäßig in Wirteln angeordnet und tragen an den Kanten abwärts gekrümmte Dornen.

Euphorbia polychroma

Syn. *Euphorbia epithymoides*
GOLDWOLFSMILCH, BUNTE WOLFSMILCH, VIELFARBIGE WOLFSMILCH

Rundlich und buschig gewachsen, wird diese winterharte Horststaude aus Mittel- und Südeuropa rund 50 cm hoch und etwa ebenso breit. Sie hat zart behaarte tiefgrüne Blätter und trägt von Frühjahr bis Sommer attraktive Blütenstände mit leuchtend chromgelben Blüten. Die gelblichgrünen Blüten von **'Major'** wachsen in lockeren Büscheln.

Euphorbia polygona

Aus Südafrika stammt diese mittelgroße, dornige Sukkulente, deren dunkel graugrüner, bis zu 10 cm dicker Stamm sich gleich an der Basis in mehrere Triebe verzweigt. Diese gliedern sich in bis zu 30 Rippen, die zuweilen ein spiralförmiges Muster bilden.

Euphorbia pulcherrima

WEIHNACHTSSTERN, POINSETTIE

Der locker wachsende, bis zu 3,5 m hohe mexikanische Strauch, als Topfblume wegen ihrer Blütenstände zur Adventszeit überall in der nördlichen Hemisphäre

Euphorbia myrsinites

Euphorbia palustris

Euphorbia pentagona

Euphorbia milii

Euphorbia milii, **Kulturvarietät**

Euphorbia polygona

Euphorbia sikkimensis

Euphorbia schillingii

Euphorbia seguieriana subsp. *niciciana*

beliebt, gedeiht im Freien nur in frostfreien, vorzugsweise subtropischen Gegenden auf fruchtbaren Böden in sonniger Lage. Die großen, blutroten, bei manchen Sorten rosa- oder cremefarbenen Hochblätter, die den Blütenstand wie eine einzige riesige Blüte erscheinen lassen, überdauern viele Wochen. Die großen, aber wenig auffälligen Blätter werden meist mit Beginn der Blüte abgeworfen. Die Topfsorten sind z.T. ähnlich groß wie die Wildform – so z.B. die mit zusätzlichen kleineren roten Hochblättern ausgestattete **'Henrietta Ecke'** –, meist jedoch halbzwergwüchsig, wie z.B. die einander sehr ähnlichen Sorten **'Annette Hegg'** mit roten, **'Lemon Drop'** mit blaßgelben und **'Rosea'** mit rosafarbenen Hochblättern.

Euphorbia punicea

Jamaika, Kuba und die Bahamas sind die Heimat dieser bis zu 1 m hohen immergrünen Pflanze mit aufgerichteten, bis zu 50 cm langen graugrünen Zweigen. Sie besitzt lanzettliche, in der vorderen Hälfte etwas verbreiterte, grüne Blätter und trägt im Frühjahr und Sommer rote Blütenstände.

Euphorbia resinifera

Syn. *Euphorbia sansalvador*

HARZWOLFSMILCH

Vierkantige, 50 cm lange, graugrüne Stengel in Büscheln mit kurzen, paarigen, braunen Dornen sind das Kennzeichen dieses in der Natur bis zu 2 m hohen marokkanischen Strauches, aus dessen Milchsaft seit der Antike die Droge Euphorbium gewonnen wird. Seine Blüten öffnen sich im Frühjahr und Sommer.

Euphorbia rigida

Syn. *Euphorbia biglandulosa*

BLAUGRÜNE WOLFSMILCH, ZWEIDRÜSIGE WOLFSMILCH

Vorzüglich geeignet zur Anpflanzung in sonnigen Steingärten, wird diese immergrüne, frostempfindliche Staude aus dem Mittelmeerraum und dem Nahen Osten bis zu 60 cm hoch. Ihre steifen, aufsteigenden Triebe sind gräulich und leicht sukkulent belaubt und tragen im Frühjahr endständige Blütenstände mit gelbgrünen Hochblättern.

Euphorbia schillingii

Diese bis zu 1 m hohe, winterharte Horststaude wurde erst 1975 von Tony Schilling in Nepal entdeckt; seither wird sie für den Gartenbau gezüchtet. Ihre unverzweigten Triebe sind dicht belaubt, die Blätter sind zartgrün mit weißem Mittelnerv, sie verfärben sich bei trockenem Herbstklima vor dem Laubfall attraktiv. Die ebensträußigen Blütenstände blühen von Mittsommer an bis zum Beginn der zweiten Herbsthälfte.

Euphorbia schimperi

Aus Südarabien stammt diese selten gezogene, bis zu 2 m hohe strauchartige Sukkulente mit winzigen, länglichen Blättern. Als *Euphorbia schimperi* im Handel erhältliche Pflanzen gehören meist zu ***Euphorbia nubica.***

Euphorbia triangularis

Euphorbia seguieriana subsp. *niciciana*

Syn. *Euphorbia reflexa*

STEPPENWOLFSMILCH

Aus dem verholzten Triebgrund der in Südosteuropa und Südwestasien heimischen winterharten Staude entspringen mehrere schlanke Stengel mit feinen, blaugrünen Blättern, die im Spätsommer endständige Blütenstände mit kleinen, gelbgrünen, später teilweise rötlichen Hochblättern tragen. Sie eignet sich für Steingärten und Beetränder, von wo aus ihre Triebe über Kies oder Steine wachsen können.

Euphorbia sikkimensis

Die im östlichen Himalaja heimische Staude entwickelt ihre aufrechten, bis zu 1 m hohen Triebe über einem ausgedehnten und sich ausbreitenden Wurzelsystem. Ihre im Austrieb zunächst burgunderroten Blätter färben sich im Lauf des Jahres zunehmend grüner, behalten aber einen blaßrosa Mittelnerv. Die flachen Blütenstände mit gelben Hochblättern blühen zur Sommermitte.

Euphorbia tirucalli

Meist von strauchartigem Habitus, wird die im Osten und Süden Afrikas sowie auf der Arabischen Halbinsel heimische, sommergrüne Sukkulente, aus deren Milchsaft früher Latex gewonnen wurde, knapp 5 m hoch und etwa ebenso breit. Ihre fein verästelten Triebe tragen winzige Blätter und unscheinbare kleine Blüten.

Euphorbia triangularis

Diese große, 10–20 m hohe dornige Sukkulente aus Natal in Südafrika hat sechskantige, zur Spitze hin rundere Stämme mit etagenförmig in Wirteln angeordneten Seitentrieben. Ihre Rippen sind im Abstand von 2 cm paarweise mit 1 cm langen Dornen besetzt.

Euphorbia trigona

Mit ihren eindrucksvollen kerzengeraden, 1–2 m hohen, dreikantigen Stämmen, an deren Kanten waagrecht abstehende, ovale Blätter aufgereiht sind, ist diese kaktusartige Sukkulente aus Namibia eine beliebte Zimmerpflanze. In geschlossenen Räumen benötigt sie viel Licht, während sie im Freien vorzugsweise im Halbschatten wächst. Sie trägt – in der Regel nur im Freien – unscheinbare grüne Blüten und verliert am Ende des Sommers die meisten ihrer Blätter.

Euphorbia tuberculata

Die bis etwa 80 cm hohe Sukkulente stammt aus dem semiariden Nordwesten der südafrikanischen Kapprovinz. Ihre cremefarbenen Blüten haben scharlachrote Spitzen.

Euphorbia tirucalli

Euphorbia punicea

Euphorbia polychroma 'Major'

Euphorbia pulcherrima

E

Euphorbia valida

Diese häufig blaugrün gebänderte südafrikanische Sukkulente wird bis zu 30 cm hoch und 20 cm breit. Sie hat Ähnlichkeit mit *Euphorbia meloformis* und trägt im Frühjahr und Sommer kleine Blüten. Seitentriebe bilden sich am Grund des Stamms.

Euphorbia viguieri

Sechskantige, an den Kanten mit dreieckigen Blattnarben und unregelmäßig aufgereihten Dornen besetzte Stämme sind Kennzeichen dieser bis zu 1,5 m hohen madegassischen Sukkulente. An den Spitzen der Triebe trägt sie Büschel grüner Blätter. Die Hochblätter ihrer Blüten sind rot.

EURYA

SPERRSTRAUCH, WEITAST

Rund 70 vorwiegend in dicht bewaldetem Hügelland, als Unterholz auf Berggipfeln im Nebelwald vorkommende, aber auch in windreichen Küstenregionen beheimatete, immergrüne, zweihäusige Baum- und Sträucherarten aus regenreichen Gebieten Ostasiens und der westlichen Pazifikregion umfaßt diese große Gattung aus der Familie der Teestrauchgewächse. Sie haben meist ledrige Blätter mit stumpfen, kleinen Zähnen, die sich im Winter, oder bevor sie abfallen, oft mattrötlich oder bronzefarben verfärben. Die Blüten mit sich überlappenden, weißlichen Blütenblättern sind sehr klein und stehen an kurzen, zurückgebogenen Stielen in den Blattachseln. Die Früchte sind kleine, schwarze Beeren.

PFLEGE UND VERMEHRUNG: Die Pflanzen stellen verschiedene Anforderungen an ihren Standort, schätzen aber im allgemeinen feuchte, durchlässige, saure, laub- und humusreiche Böden in sonniger oder halbschattiger Lage. Die Vermehrung erfolgt im Sommer durch reife Samen oder Stecklinge.

Euryops pectinatus

Euryops virgineus

Euryops linearis

Eurya japonica

In der Natur bis zu 10 m hoch und etwa ebenso breit, wird der in Japan und Korea heimische, sehr frostempfindliche Strauch als Gartenpflanze selten höher als 3 m. Er hat ledrige, tiefgrüne Blätter und trägt im Frühjahr winzige, weiße Blüten, gefolgt von unauffälligen kleinen, schwarzen und unangenehm schmeckenden Beeren.

EURYALE

Die in China, Japan und Nordindien heimische Seerosengattung umfaßt nur eine Art, eine Verwandte der für ihre riesigen Blätter bekannten *Victoria*. Ihre Stiele sind wie die Unterseiten der großen, auf der Oberseite mit Blasen bedeckten Schwimmblätter, die knäuelartigen Blütenknospen und die Früchte mit gefährlich aussehenden, aber relativ biegsamen und wenig scharfen Stacheln besetzt. Die vergleichsweise kleinen Blüten haben dunkelviolette Blütenblätter. Ihrer eßbaren Samen und Rhizome wegen ist die Pflanze seit langer Zeit in Kultur.

PFLEGE UND VERMEHRUNG: Die in kühlen Regionen zuweilen in großen Becken in Gewächshäusern gezogene Pflanze gedeiht in mindestens 60 cm tiefem Wasser bei Temperaturen ab 15 °C und benötigt eine intensive Düngung mit verrottetem organischem Material, das mit Sand am Boden festgehalten wird. Die Pflanzen werden durch Samen im späten Frühjahr vermehrt.

Euryops chrysanthemoides

Eurya japonica

Euphorbia valida

Euryale ferox

STACHELSEEROSE, GORGONENNYMPHE, MAKANASTERN, TEUFELSKOPF

Die hübsche große, an warme bis tropische Temperaturen angepaßte Wasserpflanze ist in kühleren Regionen auf die Wärme beheizter Becken in tropischen Gewächshäusern angewiesen. Im Sommer trägt sie von vier großen, grünen Kelchblättern umgebene Blüten mit roten, violetten oder lilafarbenen Blütenblättern. Die Frucht ist eine stachlige Beere.

EURYOPS

GOLDMARGERITE

Die etwa 100 Arten teils farnartig belaubter, einjähriger Kräuter, Stauden und immergrüner Sträucher dieser zur Familie der Korbblütler gehörenden Gattung stammen großenteils aus dem südlichen Afrika. Mit ihren farbenprächtigen, gelben bis orangefarbenen Blütenköpfen sind sie beliebte Zierpflanzen. Eine typische Art ist die hier abgebildete ***Euryops linearis.***

PFLEGE UND VERMEHRUNG: Die in unterschiedlichem Maße frostharten Pflanzen gedeihen am besten auf durchlässigen Böden in sonnigen Lagen. Unter ungünstigen Bedingungen entwickeln sie oft lange, spärlich belaubte Triebe mit relativ wenigen Blüten. Empfindlich reagieren sie auf Störungen des Bodens, positiv auf einen leichten Rückschnitt nach der Blüte. Im Frühjahr werden sie durch Samen, im Sommer durch Stecklinge vermehrt.

Euryops acraeus

Syn. *Euryops evansii* hort.

Kuppelförmig gewachsen und dicht mit schmalen, silbrigweiß leuchtenden Blättern belaubt, wird die auffällige, eher kurzlebige, weitgehend frostbeständige südafrikanische Pflanze bis zu 1 m hoch und etwa ebenso breit. Ihre leuchtendgelben Blütenkörbchen blühen vom Frühjahr bis zum Sommer.

Euryops chrysanthemoides

Syn. *Gamolepis chrysanthemoides*

Dieser an ein warmes, trockenes Klima angepaßte Strauch wird rund 1 m hoch und in kühleren Regionen als attraktive Topfpflanze gezogen. Seine weichen Blätter haben unregelmäßig gesägte Ränder. Die gelben Blütenkörbchen blühen besonders intensiv im Winter, in reduziertem Umfang das ganze Jahr hindurch.

Euscaphis japonica

Euphorbia viguieri

Euryops pectinatus

Der weitverbreitete buschige, bis zu 1,2 m hohe Strauch aus dem Südwesten der südafrikanischen Kapprovinz gedeiht in fast allen gemäßigten Klimazonen, ist aber empfindlich gegen Frost und Trockenheit. Es ist ein einstämmiger Strauch mit fein geschnittenen, graugrünen Blättern, die einen reizvollen Kontrast zu den von Winter bis Frühjahr blühenden, bis zu 5 cm breiten, leuchtendgelben Blütenkörbchen darstellen. Durch leichten Rückschnitt behält er stets eine hübsche rundliche Form.

Euryops virgineus

Steife, straff aufrechte, dicht belaubte Triebe mit kleinen, leuchtendgrünen Blättern sind die Kennzeichen dieses etwa 1,2 m hohen, nicht frostharten Strauches. Küstenbedingungen sagen ihm sehr zu. An den Enden der Zweige trägt er ganzjährig, besonders aber im späten Winter und im Frühjahr zahlreiche Blütenkörbchen.

EUSCAPHIS

Ein kleiner, genügsamer sommergrüner Baum mit kurzen, schwachen Zweigen und attraktiven Blättern, Blüten und Früchten ist die einzige Art dieser Gattung. Seine wenig auffälligen Merkmale verbinden sich zu einer durchaus reizvollen Erscheinung.

PFLEGE UND VERMEHRUNG: Dieser Baum gedeiht auf allen durchlässigen Böden in sonnigen oder halbschattigen Lagen. Neue Pflanzen zieht man aus Samen, der manchmal zunächst zweimal zu stratifizieren ist, oder im Frühsommer aus Stecklingen.

Euscaphis japonica

KAHNFRUCHT, SCHÖNFRUCHT

Bis zu 9 m hoch wird dieser in China und Japan heimische, frostharte Baum, dessen 25 cm lange Blätter sich in sieben bis elf 5–10 cm lange Fiedern gliedern. Auf die kleinen, gelben Blüten in langen Blütenrispen im Frühjahr folgen hohle, rote Früchte. Die ungewöhnliche weiß gestreifte, violette Rinde kommt besonders nach dem Laubfall im Herbst gut zur Geltung.

EUSTOMA

Syn. ***Lisianthus***

PRÄRIEENZIAN, BAUCHBLUME, GLANZHULKE

Die drei in der Natur vom Süden der Vereinigten Staaten bis ins nördliche Südamerika verbreiteten ein-, zwei- oder mehrjährigen Kräuterarten dieser Gattung gehören zur Familie der Enziangewächse. Eine von ihnen, *Eustoma grandifolium*, ist mit ihren auffälligen tulpenähnlichen, veilchenfarbenen Blüten seit mehreren Jahren eine außerordentlich beliebte Schnittblume. Japanische Züchter erweiterten die Farbpalette vom ursprünglichen Veilchenblau um weiße, blaßblaue und rosa Töne und brachten auch gefüllte Blüten hervor. Alle Knospen geschnittener Blütenzweige entfalten sich auch in der Vase, so daß man lange Zeit Freude daran hat.

PFLEGE UND VERMEHRUNG: Die nichtfrostharten Pflanzen gedeihen in warmgemäßigtem Klima auf durchlässigen, fruchtbaren Böden an sonnigen Standorten, blühen aber nach dem ersten Jahr eher spärlich. Die Vermehrung erfolgt durch Samen im Frühjahr oder durch Stecklinge im späten Frühjahr und im Sommer.

Exochorda racemosa

Exochorda × macrantha

Euscaphis japonica

Eustoma grandiflorum

Syn. ***Lisianthus russellianus***

Bis zu drei Wochen halten die weit geöffneten, 5 cm breiten, tulpenähnlichen, kräftigviolett, rosa, blau oder weiß gefärbten Blüten dieser zweijährigen Pflanze in der Vase. Langsamwachsend, aufrecht, bis zu 60 cm hoch und 30 cm breit, eignet sie sich auch als Kübelpflanze. Sie stammt aus dem Mittleren Westen der Vereinigten Staaten.

EXACUM

BITTERBLATT, FADENKRAUT, BITTERKRAUT

Wie *Eustoma* gehören auch die etwa 25 im tropischen Afrika und Asien weitverbreiteten Arten ein- und zweijähriger Kräuter und Stauden dieser Gattung zur Familie der Enziangewächse, doch haben ihre in den meisten Fällen flachen oder breit schalenförmigen gelben, weißen, blauen oder violetten Blüten keine Ähnlichkeit mit typischen Enzianblüten. In Kultur ist meist nur das im heißen, trockenen Klima der Insel Sokotra am Horn von Afrika heimische, seines zierlichen strauchartigen Wuchses und seiner langlebigen Blüten wegen beliebte Blaue Lieschen *(Exacum affine)*.

PFLEGE UND VERMEHRUNG: Die meist als Zimmerpflanzen in diffusem Licht bei Temperaturen über 10 °C gehaltenen Pflanzen gedeihen im Freien nur in warmen, frostfreien Gebieten, am besten in feuchter, durchlässiger, nährstoffreicher Erde in sonniger Lage. Zu Frühjahrsbeginn kann man sie durch Aussaat vermehren.

Exacum affine

BLAUES LIESCHEN

Die kleine zweijährige, meist nur einjährig gezogene Pflanze hat glänzende, ovale Blätter und trägt den Sommer hindurch eine Fülle kleiner, schalenförmiger, fünfzähliger, meist blauvioletter Blüten mit gelben Staubgefäßen. Sie wird 20–30 cm hoch und etwa ebenso breit. **'Blue Midget'** wird nur halb so hoch und blüht lavendelblau, **'White Midget'** reinweiß.

Exochorda × macrantha 'The Bride'

Eustoma grandiflorum, Kulturvarietät

Exacum affine

EXBUCKLANDIA

Die zwei Arten immergrüner Bäume dieser Gattung sind in Südchina, Südostasien und im östlichen Himalaja beheimatet. Sie gehören zur Familie der Zaubernußgewächse und haben breite, z.T. dreifach gelappte, ledrige, jung rosa getönte Blätter.

PFLEGE UND VERMEHRUNG: Die frostempfindlichen Bäume benötigen mildes Klima und mögen feuchte, humusreiche, geschützte Standorte. Vermehren kann man sie durch Samen oder Stecklinge.

Exbucklandia populnea

Syn. ***Bucklandia populnea***

Dieser in der Natur bis zu 30 m hohe südostasiatischen Baum hat herzförmige Blätter mit bis zu 15 cm langer Blattspreite und auffälligen, bis zu 2,5 cm langen Nebenblättern. Die jungen Blätter sind unterseits rot und haben auch rote Stiele und Adern. Die Blüten sind klein und unscheinbar.

EXOCHORDA

BLUMENSPIERE, RADSPIERE, PRACHTSPIERE

Vier sommergrüne Straucharten aus Zentralasien und Nordchina gehören zu dieser Gattung. An den Enden ihrer schwachen, markigen, mit dünnen, verkehrt eiförmigen Blättern belaubten Zweige erscheinen im Frühjahr hübsche Trauben zarter, weißer Blüten mit fünf Blütenblättern. Die Frucht ist eine Kapsel mit flügelähnlichen Segmenten, die reif aufplatzt und flache Samen freisetzt.

Exbucklandia populnea

PFLEGE UND VERMEHRUNG: Die winterharten Pflanzen schätzen durchlässige Böden in geschützten, sonnigen Lagen. Sie blühen am besten in Gebieten mit deutlichen Jahreszeiten und trockenen Sommern. Schlecht blühende, alte Triebe werden nach der Blüte herausgenommen, um die Entwicklung neuer, üppig blühender Triebe zu fördern. Neue Pflanzen sind durch Stecklinge oder im Herbst durch Samen zu gewinnen.

Exochorda × macrantha

Aus der Kreuzung von *Exochorda racemosa* mit der zentralasiatischen Art *E. korolkowii* entstand um 1900 in Frankreich diese bis zu 3 m hohe Hybride, die in der zweiten Frühjahrshälfte an den Zweigspitzen längliche Büschel 3,5 cm breiter, weißer Blüten trägt. Die bis etwa 2 m hohe und ebenso breite **'The Bride'** ist mit ihrem gedrungenen, überhängenden Wuchs eine besonders anmutige Sorte. Im Frühjahr trägt sie unzählige große, weiße Blüten.

Exochorda racemosa

CHINESISCHE RADSPIERE, GROSSBLÜTIGE BLUMENSPIERE

Etwa 3 m hoch wird dieser in Nordchina heimische, seit langem auch in westlichen Gärten eingeführte, bei guter Pflege sehr attraktive Strauch mit seinen etwas sparrigen Zweigen und schmalen, bis 10 cm langen, blaßgrünen Blättern. Die nur 3,5 cm breiten Blüten mit schmalen Blütenblättern erscheinen im späten Frühjahr in lockeren, schlanken Trauben an den Spitzen der Zweige.

F

FABIANA

FALSCHE HEIDE

Diese aus den gemäßigten Zonen Südamerikas stammende Gattung heidekrautähnlicher Sträucher umfaßt 25 Arten. Kultiviert wird zumeist nur *Fabiana imbricata* wegen ihrer tiefgrünen Blätter und ihrer reinweißen Blüten. Die Gattung fällt vor allem wegen ihrer kleinen, schuppenartig um die Zweige angeordneten Blätter und der zahlreichen, röhrenartigen Blüten auf. **PFLEGE UND VERMEHRUNG:** Die frostempfindlichen Pflanzen sind nur für sehr geschützte Standorte oder Kübel geeignet. Sie benötigen viel Sonne und leicht lehmigen, gutdurchlässigen Boden. Werden sie auch im Sommer im Haus gehalten, muß reichlich gegossen werden. Die Vermehrung erfolgt durch Stecklinge im Sommer.

Fabiana imbricata

Ein aufrechtwachsender, oft ziemlich ausladender, bis zu 2,5 m hoher Strauch, dessen Äste dicht mit kleinen, schuppenartig angeordneten Blättern bedeckt sind. Im Sommer bringt er schlanke, röhrenförmige, weiße oder blaßrosa Blüten in großer Fülle hervor. Nach der Blüte zurückschneiden. ***Fabiana imbricata* f. *violacea*** hat waagerechte Äste und malvenfarbene Blüten.

FAGOPYRUM

BUCHWEIZEN

Diese kleine Gattung ein- oder mehrjähriger Stauden wird wegen ihrer aromatischen und sehr nahrhaften Samen angepflanzt, die zu Grütze oder Mehl verarbeitet werden können. Die Blätter sind wechselständig und die kleinen, weißen Blüten wachsen in Trauben oder Dolden. **PFLEGE UND VERMEHRUNG:** Buchweizen ist einjährig und wächst auch auf mageren Böden. Er reift in zwei Monaten heran und ermöglicht damit zwei Ernten pro Saison. Vermehrung durch Samen im Frühjahr und Sommer.

Fagopyrum esculentum

Syn. *Polygonum fagopyrum*

ECHTER BUCHWEIZEN

Diese einjährige, aus Nordasien stammende Art wird bis zu 1 m hoch. Sie hat rötliche Stengel und duftende, weiße oder rosa Blüten, aus denen sich später dreikantige, an Bucheckern erinnernde Früchte entwickeln, die von einer zähen, dunkelbraunen Rinde eingeschlossen sind.

FAGRAEA

Diese Gattung umfaßt etwa 35 Arten immergrüner Bäume und Sträucher, von denen letztere meist als Epiphyten leben. Sie sind im pazifischen Raum, in Ost- und Südostasien beheimatet. Die gegenständigen Blätter sind groß und lederartig; aus den in endständigen Blütenständen angeordneten, röhrenförmigen, duftenden Blüten entwickeln sich leuchtendbunte, beerenartige Früchte mit mehreren Samen. **PFLEGE UND VERMEHRUNG:** Die Pflanzen lassen sich im Freien nur unter tropischen Bedingungen kultivieren; in kälteren Regionen kann man sie ausschließlich in Kübeln oder im Gewächshaus halten. Sie bevorzugen leicht durchlässigen, sandigen Boden und sollten nicht direkt in der Sonne stehen werden. Vermehrung durch Samen oder Stecklinge im Frühjahr.

Fagus grandifolia

Fagus orientalis

Fagus grandifolia

Fagus sylvatica

Fabiana imbricata

Fagopyrum esculentum

Fagraea fragrans

Dieser in Indien und Südostasien beheimatete, vielstämmige Strauch oder einstämmige Baum wird bis zu 20 m groß und hat eine weitausladende Krone sowie lederartige, elliptische, bis zu 15 cm große Blätter. Im Sommer werden Blütenstände aus duftenden, langen, schlauchförmigen, zumeist weißen oder leicht cremefarbenen Blüten gebildet.

FAGUS

BUCHE

Zwar kommen diese langlebigen, bis zu 40 m hohen Laubbäume auch in Europa, Asien und Nordamerika vor, die meisten der zehn Arten stammen allerdings aus China und Japan. Sie besitzen häufig eine ausladende Krone und deutlich geaderte, elliptische Blätter, die glatte Rinde ist grau. Die Blattknospen sind braun geschuppt und spitz; im Frühjahr erscheinen neben den neuen Blättern einzelne kleine Dolden männlicher und weiblicher Blüten. Die kleinen, borstig behaarten Früchte platzen im Frühherbst auf und geben dreikantige, ölreiche Samen (Bucheckern) frei, eine wichtige Nahrungsquelle für viele Tiere. Zu einem vermehrten Auftreten der Bucheckern kommt es alle vier bis zehn Jahre. Das wertvolle Holz ist glattfaserig und gut zu bearbeiten. Es wird für Fußböden und Möbel sowie Küchengeräte verwendet. Mit einiger Wahrscheinlichkeit gehen übrigens die Begriffe Buch und Buchstabe auf diese Bäume zurück, da die Germanen Buchentafeln zum Einritzen ihrer Runen verwendeten.

PFLEGE UND VERMEHRUNG: Buchen sind winterhart. Sie benötigen durchlässige, tiefgründige Böden und müssen vor starkem Wind geschützt werden; Regionen mit warmen, langen Sommern werden bevorzugt. Arten mit purpurfarbenen Blättern sollten einen sonnigen Standort bekommen, gelbblättrige Arten benötigen etwas Schatten. Vermehrung durch Samen; einige Sorten müssen gepfropft werden. Buchen sind anfällig gegen Blattlausbefall und Mehltau.

Fagraea fragrans

Fagus grandifolia

Syn. *Fagus americana*

Diese aus dem Osten Amerikas, Kanadas und den Hochebenen Mexikos stammende Art hat einen langen, geraden Stamm und wird dort bis zu 25 m hoch. Ausgewachsene Bäumen bringen oft Ableger hervor. Die Blätter und die Bucheckern ähneln denen der europäischen Rotbuche. Die Art wird außerhalb Nordamerikas nur selten kultiviert.

Fagus orientalis

Diese Art bildete einst in Griechenland, der Türkei, dem Nordiran und im Kaukasus ausgedehnte Wälder und ersetzte in niedrigeren Höhen die Rotbuche. Sie ähnelt dieser Art, hat jedoch größere Blätter und liefert größere Bucheckern. In wärmeren Klimazonen wächst sie zu kräftigen Bäumen heran, die 20 m hoch und 15 m breit werden können.

Fagus sylvatica

ROTBUCHE

Diese bis zu 25 m hohe Art kommt überall in Europa und Westasien vor. Im Frühjahr erscheinen herabhängende, rundliche, gelbe männliche und grünliche weibliche Blütenstände. Viele Sorten wurden wegen ihrer Wuchsform, der besonders geformten Blätter und unterschiedlichen Farben ausgewählt, etwa **'Aspleniifolia'**, die schmale, tiefeingeschnittene Blätter hat, die etwas an Farnwedel erinnern, oder **'Dawyck'**, eine schmale, bis zu 15 m hohe, säulenartige Sorte mit dunkelvioletten Blättern. Bei der Hängebuche (**'Pendula'**) bilden die hängenden Äste eine pilzförmige Krone; die Blutbuche (***Fagus sylvatica* f. *purpurea;*** Syn. 'Atropunicea') ist eine Form mit rundlicher Krone, purpurgrünen Blättern, die sich später kupferfarben verfärben und die am besten in voller Sonne gedeiht. **'Riversii'** hat dunkelpurpurfarbene, **'Rohanii'** bräunlich-purpurfarbene, tiefeingeschnittene Blätter; **'Rotundifolia'** zeichnet sich durch einen starken, aufrechten Wuchs und kleine, rundliche Blätter aus, **'Tricolor'** (Syn. 'Roseomarginata') ist eine kleinere Sorte mit purpurfarbenen Blättern, die rosa- und cremefarben gerandet und gestreift sind; **'Zlatia'** hat zunächst

Fagus sylvatica 'Tricolor'

gelbe Blätter, die sich später mittel- bis dunkelgrün färben.

Fagus sylvatica 'Aspleniifolia'

Fagus sylvatica 'Pendula'

Fagus sylvatica 'Rotundifolia'

FALLOPIA

Syn. ***Bilderdykia, Reynoutria***

WINDENKNÖTERICH

Diese Gattung aus der nördlichen gemäßigten Zone besteht aus sieben Arten einjähriger Pflanzen oder mehrjähriger verholzter Stauden mit windenden oder überhängenden Trieben. Die weißlichen Blüten, die im Spätsommer oder Herbst an den ährenartigen Rispen erscheinen, entwickeln sich zu nußähnlichen Früchten. Die üppig austreibenden Pflanzen, die sich zum Bewachsen einer Laube oder eines alten Laubbaumes eignen, beginnen schnell alles zu überwuchern, so daß sie regelmäßig zurückgeschnitten werden müssen. **PFLEGE UND VERMEHRUNG:** Sie sind winterhart und wachsen in jeder normalen durchlässigen Gartenerde in voller Sonne oder im Halbschatten und benötigen viel Feuchtigkeit. Vermehrung durch Samen oder Teilung im Frühjahr; bei rankenden Arten auch durch Stecklinge.

Fallopia aubertii

Syn. ***Bilderdykia aubertii, Polygonum aubertii***

SILBERREGEN

Diese sommergrüne, üppigwachsende Kletterpflanze aus China wird bis zu 12 m hoch. Die Blätter sind breit herzförmig; im Sommer erscheinen Rispen aus kleinen, weißen bis grünen Blüten, die sich später rosa verfärben; die weißen Früchte werden im Herbst gebildet. Die Pflanzen müssen durch starkes Zurückschneiden gezähmt werden. Sie tolerieren auch basische Böden.

Fagus sylvatica f. *purpurea*

Fallopia baldschuanica

Syn. ***Bilderdykia baldschuanica, Polygonum baldschuanicum***

SCHLINGKNÖTERICH

Diese verholzte Schlingpflanze aus Zentralasien erreicht eine Höhe von 12 m oder mehr. Die dunkelgrünen, bis 10 cm langen Blätter sind herzförmig. Im Spätsommer und Herbst trägt sie hängende Rispen winziger, weißer, rosa überhauchter Blüten aus denen sich rötlich-weiße Früchte bilden.

Fagus sylvatica 'Zlatia'

Fallopia japonica

Syn. ***Polygonum cuspidatum, Reynoutria japonica***

Diese bis zu 3 m hohe, rhizombildende Kletterpflanze zeigt meist üppiges Wachstum. Sie hat elliptische bis breit eiförmige Blätter, die bis zu 15 cm lang werden. Im Spätsommer und Herbst erscheinen in den oberen Blattachseln weiße Blüten.

Fagus sylvatica 'Rohanii'

FALLUGIA

Diese Gattung umfaßt nur eine Art, den kleinen, sommergrünen Strauch aus den Wüstengebieten im Südwesten Nordamerikas, der wegen seiner ölhaltigen Samen auch wirtschaftlich genutzt wird. In Gärten hält man ihn hauptsächlich wegen seiner attraktiven Blätter und Fruchtbüschel. **PFLEGE UND VERMEHRUNG:** Die nicht völlig winterharten Pflanzen sollten einen sonnigen, geschützten Platz mit gutdurchlässigem Boden bekommen; außerdem benötigen sie meist einen Winterschutz. Vermehrung durch Samen oder Stecklinge.

Fallugia paradoxa

Der 2,5 m hohe Strauch hat schlanke Äste und eine sich abschälende, weiße Rinde. Die gefiederten, grünen Blätter sind an der Unterseite flaumig. Aus den einzelnen, weißen Blüten, die im Sommer an schlanken Stengeln wachsen, entwickeln sich lederartige Nüsse, an denen lange, purpurfarbene, fedrige Flughaare sitzen.

FARFUGIUM

Die beiden immergrünen Arten dieser Gattung werden hauptsächlich wegen ihrer großen, lederartigen Blätter und ihrer gelben Korbblüten angepflanzt. *Farfugium* eignet sich vor allem für das Bepflanzen von Kübeln.
PFLEGE UND VERMEHRUNG: Die nicht völlig winterharten Pflanzen gedeihen gut im Halbschatten in normaler, aber feuchter und durchlässiger Gartenerde. Vermehrung durch Samen im Frühling. Panaschierte Sorten werden im Frühjahr geteilt.

Farfugium japonicum

Syn. ***Farfugium tussilagineum, Ligularia tussilaginea***

Die in Japan heimische, horstbildende, bis zu 60 cm hohe Staude hat langstielige, glänzende, nierenförmige Blätter und noch längere, verzweigte Blütenstengel, die flaumig behaart im Herbst oder Frühwinter Blüten ausbilden. Die panaschierte Sorte **'Aureomaculatum'** hat gelbgefleckte Blätter.

Fallopia aubertii

Farfugium japonicum 'Aureomaculatum'

Fallugia paradoxa

Farfugium japonicum

F

Fascicularia bicolor

Fatsia japonica

Fatsia japonica

Fargesia nitida

FARGESIA

Dies ist ein immergrüner, büschelig wachsender Bambus aus China und dem Himalaja. Die vier Arten mit länglichen Blättern bilden ihre grasartigen Blüten nur, wenn sie ein hohes Alter erreicht haben.

PFLEGE UND VERMEHRUNG: Die winterharten bis bedingt winterharten Arten benötigen normale, feuchte Gartenerde und bevorzugen, je nach Art, Sonne oder Halbschatten. Es empfiehlt sich, die Pflanzen vor starkem und kaltem Wind zu schützen. Vermehrung durch Stecklinge oder Teilung im Frühjahr.

Fargesia murieliae

Syn. *Arundinaria murieliae, Fargesia spathacea*

Diese in China heimische, winterharte Art erreicht eine Höhe von 3,5 m oder mehr und hat leuchtendgrüne Blätter, die bis zu 10 cm lang werden. Das bei jungen Pflanzen gelblich-grüne Rohr verzweigt sich im ersten Jahr und wird im Alter gelb. Die Art läßt sich gut verwenden, wenn man hohe Pflanzen mit attraktiven Blättern und Stengeln benötigt.

Fargesia nitida

Syn. *Arundinaria nitida, Sinarundinaria nitida*

Der aus China stammende, langsamwachsende, winterharte Bambus wird bis zu 3,5 m hoch. Er hat schmale, spitze Blätter, purpurfarbenes Rohr und treibt nach dem ersten Jahr aus den Knoten mehrere Seitenzweige aus. Die unauffälligen Blüten erscheinen nur selten. *Fargesia nitida* wird gerne als Sichtschutz oder Hecke gepflanzt.

FASCICULARIA

Zu dieser Bromeliengattung gehören fünf Arten immergrüner, ausdauernder Pflanzen. Sie stammen alle aus Chile und werden wegen ihrer großen, in Rosetten angeordneten Blätter und ihrer ungewöhnlichen, langblühenden, blauen Blüten geschätzt, aus denen sich später mit Schuppen besetzte Früchte entwickeln.

PFLEGE UND VERMEHRUNG: Diese frostempfindlichen Pflanzen sind nur für Gewächshäuser geeignet. Während der Wachstumsperiode sollten sie mäßig, im Winter noch weniger gegossen werden. Die Vermehrung erfolgt durch Samen oder Teilung im Frühjahr bzw. Sommer.

Fascicularia bicolor

Syn. *Fascicularia andina*

Diese üppigwachsende Bromelie ist, wenn sie in voller Blüte steht, eine der attraktivsten, in Chile heimischen Pflanzen. Die dicht in einer großen Rosette angeordneten Blätter sind schmal, graugrün und haben einen gesägten Rand. Die inneren Blätter färben sich im Herbst feuerrot. Im Sommer werden Büschel aus röhrenförmigen, hellblauen Blüten gebildet.

× FATSHEDERA

EFEUARALIE

Bei dieser Kreuzung aus *Fatsia* und *Hedera* handelt es sich um immergrüne, aufrechte,

× *Fatshedera lizei*

manchmal kletternde Sträucher, die bis zu 2 m hoch werden können. Sie werden wegen ihrer hübschen Blätter gezogen, in unseren Breiten aber zumeist nur als Zimmer- oder Wintergartenpflanze. Die Efeuaralie hat fünf- bis siebenfach gelappte, glänzende dunkelgrüne Blätter und kleine, grünweiße, in Trauben angeordnete Blüten, die, wenn überhaupt, im Herbst erscheinen.

PFLEGE UND VERMEHRUNG: Die frostempfindlichen Pflanzen können im Sommer an einer schattigen Stelle eingepflanzt oder im Kübel an einen windgeschützten Platz gestellt werden. Topfpflanzen sollten nur mäßig gegossen werden; im Winter genügen Temperaturen zwischen 10 °C und 12 °C. Vermehrung durch Stecklinge im Sommer.

× *Fatshedera lizei*

Dieser bedingt winterharte, polsterbildende Strauch mit glänzenden, gelappten Blättern kann als Bodendecker verwendet, aber auch an einer Wand oder einem Baumstamm hochgezogen werden. Die Blätter der Sorte **'Variegata'** haben einen schmalen, cremeweißen Rand. Um buschigen Wuchs zu erreichen, müssen junge Pflanzen regelmäßig gestutzt werden.

FATSIA

Die zwei bis drei Arten immergrüner Sträucher oder kleiner Bäume dieser Gattung stammen aus Japan, Korea und Taiwan. Allerdings hat *Fatsia* dicke, aufrechte Stengel, kleine Zweige und tiefgelappte Blätter, die zudem noch größer als die des Efeus sind. Aus den rundlichen, in großen Rispen angeordneten, cremeweißen Blütenköpfen entwickeln sich später kleine schwarze Beeren.

PFLEGE UND VERMEHRUNG: *Fatsia*-Arten werden in Mitteleuropa zumeist als anspruchslose Zimmerpflanzen gehalten. Grünblättrige Sorten sollten einen kühlen, halbschattigen bis schattigen Platz bekommen, während die buntblättrigen etwas mehr Licht brauchen. Im Frühjahr und Sommer werden die Pflanzen kräftig gegossen und von Zeit zu Zeit auch gedüngt, im Winter muß man darauf achten, daß sie nicht zu warm stehen, da sonst leicht Krankheiten auftreten. Vermehrung durch Samen im Herbst oder Sommer oder durch Stecklinge im Sommer.

Fatsia japonica

Syn. *Aralia japonica, A. sieboldii*

ZIMMERARALIE

Dieser schöne Strauch oder kleine Baum wird 1,5–3,5 m hoch. Die glänzenden, handförmig gefächerten Blätter werden 30 cm breit, die Blüten erscheinen im Herbst. Wie alle *Fatsia*-Arten vertragen die Pflanzen keine direkte Sonne, zumeist auch keinen Zug. Die Blätter der Sorte **'Variegata'** haben weiße oder cremeweiße Flecken, vor allem an den Blattspitzen.

FAUCARIA

RACHENBLATT

Zu dieser Gattung gehören etwa 30 horstbildende, ungestielte, ausdauernde, sukkulente, in Südafrika heimische Arten. Die kurzen, dreieckigen Blätter sind ungewöhnlich fleischig und haben einen Rand mit spitzen Zähnen. Die großen gelben, rosafarbenen oder weißen Blüten öffnen sich von Sommer bis Herbst in der Nachmittagssonne.

PFLEGE UND VERMEHRUNG: *Faucaria*-Arten sind frostempfindlich und werden am besten als Zimmerpflanzen gehalten. Im Sommer kann man sie auch ins Freie stellen, im Winter sollten sie einen hellen Standort bekommen, wobei die Raumtemperatur nicht höher als 10 °C sein darf. Gegossen wird in dieser Zeit nur wenig. Die Vermehrung erfolgt durch Samen oder Stecklinge im Frühjahr oder Sommer.

Faucaria britteniae

Syn. *Faucaria grandis*

Die Blätter dieser Art sind fleischig, rautenförmig, grau-grün und gepunktet. Sie werden bis zu 5 cm lang, haben einen rötlichen Rand und feine, nach hinten gebogene Zähne. Die großen gelben Blüten, die an der Unterseite leicht violett-rosa sind, erscheinen von Spätsommer bis Herbst.

Faucaria tigrina

TIGERRACHEN

Diese sukkulente, bis zu 10 cm hohe und 20 cm breite Art läßt sich gut als Zimmerpflanze halten. Die dreieckigen, fleischigen Blätter sind weiß gefleckt, manchmal auch etwas rötlich überlaufen. An den Blatträndern sitzen bis zu zehn spitze Zähne. Im Herbst erscheinen große, tiefgelbe Blüten.

Faucaria britteniae

Faucaria tigrina

Fenestraria aurantiaca

FEIJOA

Diese aus dem subtropischen Brasilien und Argentinien stammende Gattung umfaßt zwei Arten immergrüner Sträucher, die bis zu 3,5 m hoch und genauso breit werden. Man pflanzt sie wegen ihrer hübschen, eßbaren, an Guaven erinnernden Früchte an, die nur nach heißen Sommern getragen und durch Herbstfröste leicht beschädigt werden. Die ovalen, glänzenden Blätter haben eine silbrige Unterseite.
PFLEGE UND VERMEHRUNG: Die Pflanzen sind frostempfindlich, so daß sie einen normalen mitteleuropäischen Winter nur in Kübeln oder Gewächshausern überstehen. Sie sollten in durchlässige, humusreiche Erde gepflanzt und während der Fruchtreife reichlich gegossen werden. Kübelpflanzen benötigen im Freien einen geschützten Standort. Die Pflanzen lassen sich recht leicht durch Samen oder Kopfstecklinge vermehren.

Feijoa sellowiana
Syn. *Acca sellowiana*

Diese Art kann durch entsprechenden Schnitt als einstämmiger kleiner Baum oder als Hecke gezogen werden. Die am frischen Austrieb gebildeten Blüten haben oben rote, unten weiße Blütenblätter und große, auffällige, dunkelrote Staubblätter. Die länglichen Früchte schmecken etwas streng und können roh gegessen oder zu Konfitüre verarbeitet werden.

FELICIA
KAPASTER

Diese von Südafrika bis zur Arabischen Halbinsel verbreitete Gattung besteht aus 80 Arten einjähriger, mehrjähriger und immergrüner Halbsträucher. Die üppigwachsenden Pflanzen mit ihren aromatischen Blättern blühen in ihrer Heimat nahezu das ganze Jahr über. Die blauen Strahlenblüten mit gelber Mitte bilden dort regelrechte Blütenmeere.
PFLEGE UND VERMEHRUNG: Die meisten Arten sind frostempfindlich, so daß sie im Winter, von klimatisch sehr günstigen Regionen einmal abgesehen, Schutz durch offene Frühbeete benötigen. Sicherer ist es allerdings, wenn man sie in Kübeln hält und im Sommer ins Freie bringt. Die Pflanzen benötigen viel Sonne, gutdurchlässige, humusreiche, mit Kies untermischte Erde und tolerieren keine Staunässe. Das Ausschneiden verwelkter Blüten verlängert die Blühperiode. Sparrige Triebe sollten regelmäßig zurückgeschnitten werden. Vermehrung durch Stecklinge im Spätsommer oder Herbst oder durch Samen im Frühjahr.

Feijoa sellowiana

Felicia aethiopica

Diese buschige, bis 60 cm hohe, immergrüne Pflanze hat kleine, glatte, verkehrt eiförmige, bis 2,5 cm lange Blätter. Im Sommer erscheinen an drüsig besetzten Stengeln einzelne blaue, 3,5 cm breite Blütenköpfe.

Felicia amelloides
KAPASTER

Dieser buschige, immergrüne, ausladende Halbstrauch wird bis zu 60 cm hoch und fast doppelt so breit. Er hat rundliche, glänzende, grüne Blätter und himmelblaue Strahlenblüten mit leuchtendgelber Mitte, die vom Frühjahr bis zum Herbst an langen Stengeln wachsen. Die Art ist frostempfindlich, so daß man sie in Kübeln halten oder als Einjährige anpflanzen sollte. Die Sorte **'Santa Anita'** hat große blaue Blüten; **'Alba'** ist eine weiße Art. ***Felicia pappei*** sieht aus wie eine Miniaturversion von *F. amelloides*. Sie wird bis zu 50 cm groß.

Felicia bergeriana

Diese polsterbildende, einjährige Pflanze hat haarige, lanzettliche, graugrüne Blätter und bringt über den Blättern ein Meer kobaltblauer, in der Mitte gelber Blütenköpfchen hervor. Da sie sich nur bei Sonne öffnen, sollte die Art einen sonnigen Platz bekommen. Die schnellwachsenden Pflanzen werden bis zu 15 cm hoch und breit. **'Variegata'** hat panaschierte Blätter und blaue Blüten.

Felicia echinata

Der rundliche, buschige Halbstrauch wird bis 60 cm hoch. Er hat länglich-ovale, manchmal gezähnte, zugespitzte, grau behaarte Blätter. Im Sommer bringt die Pflanze bis zu 3 cm große, fliederfarbene oder weiße Blütenköpfe hervor.

Felicia filifolia

Der reichverzweigte, bis zu 1 m hohe Halbstrauch hat wechselständige, an Nadeln erinnernde Blätter. Im Frühjahr erscheinen in den Blattachseln der Stengel viele malvenfarbene oder weiße Blütenköpfe.

Felicia aethiopica

Felicia fruticosa
Syn. *Aster fruticosus, Diplopappus fruticosus*

Diese buschige, mehrjährige und 0,5–1 m hohe Art hat kleine, linealische Blätter und bringt im Frühjahr und Frühsommer rosafarbene, weiße oder violette Blütenköpfe hervor. Die Pflanzen blühen sehr üppig und ungewöhnlich lang. Um kompakten Wuchs und eine reiche Knospenbildung zu erreichen, sollten die Pflanzen nach der Blüte zurückgeschnitten werden.

Felicia heterophylla

Diese polsterbildende, einjährige Pflanze aus Südafrika wird 50 cm hoch und breit. Sie hat lanzettförmige, grau-grüne Blätter und bringt im Sommer einzelne blaue Blütenköpfe hervor.

Felicia petiolata

Diese polsterbildende, kriechende, mehrjährige Staude, die bis 1 m breit werden kann, hat kleine, schwach gelappte Blätter und bildet im Sommer einzelne weiße bis violette Blütenköpfe.

FENESTRARIA
FENSTERBLATT

Diese in Namibia heimische, hervorragend an ihren steinigen Standort angepaßte Wüstenpflanze besteht aus einer oder zwei Arten kleiner, mehrjähriger Sukkulenten mit einer grundständigen Rosette und fleischigen Blättern, die an der Oberseite lichtdurchlässige Stellen (»Fenster«) besitzen; die Blüten sind hellgelb oder weiß und ähneln Korbblüten.
PFLEGE UND VERMEHRUNG: Fensterblätter können in Mitteleuropa nur als Zimmerpflanzen gehalten werden. Die Pflanzen werden in der Wachstumsperiode nur wenig, im Winter gar nicht gegossen. Im Sommer benötigen sie viel Sonne, im Winter sollte die Temperatur 6 °C nicht unterschreiten. Vermehrung durch Samen im Sommer oder Frühherbst, gut wachsende Exemplare können im Frühjahr oder Sommer geteilt werden.

Felicia heterophylla

Felicia amelloides

Fenestraria aurantiaca

Diese kleine, sukkulente Art bildet bis 5 cm hohe und 20 cm breite Horste aus runden bis fast dreieckigen, glatten, graugrünen etwa 3,5 cm langen Blättern. Die großen, leuchtendgelben Blüten erscheinen im Spätsommer oder Herbst.

FEROCACTUS
Syn. *Hamatocactus*
FEROKAKTUS

Die aus Nord- und Zentralamerika stammende Pflanze schützt sich durch 10 cm lange, kräftige, gelbe, rote, braune oder weiße Stacheln. Es gibt etwa 30 Arten dieser kugelförmigen Kakteen, die sich im Alter oft säulenförmig verlängern. Sie wachsen langsam und es kann 15 Jahre dauern, bevor sie blühen. Die Blüten sind normalerweise gelb, rot, orange oder braun. Die Pflanzen können, je nach Alter und Art zwischen 30 cm und 3 m hoch werden. Junge Exemplare sind ausgezeichnete Zimmerpflanzen.

Felicia petiolata

Felicia fruticosa

Felicia echinata

PLEGE UND VERMEHRUNG: Die Pflanzen benötigen einen sonnigen Platz und mineralreiche, durchlässige Erde. Außerdem sollte man für gute Luftzirkulation sorgen. Im Winter wird wenig gegossen. Vermehrung durch Aussaat im Frühling.

Ferocactus gracilis

Dieser aus dem Nordwesten Mexikos stammende, bis zu 3 m hohe, solitäre Kaktus wächst anfangs kugelförmig und wird später zumeist zylindrisch. Er hat 32 hervorstehende Rippen und an jeder Areole außen acht bis zwölf weiße, strahlenförmig angeordnete Stacheln, innen vier bis zwölf noch längere, die rot und gebogen sind. Im Sommer erscheinen die gelben, oft rötlich überlaufenen, glockenförmigen Blüten, aus denen sich später gelbe, fast quadratische Früchte entwickeln.

Ferocactus haematacanthus

Dieser aus Ostmexiko stammende Kaktus, der nicht mit der fast gleichnachmigen, aber besser bekannten nachfolgenden Art verwechselt werden sollte, wird 1,2 m hoch und 25 cm breit. Er hat kurze rötlich-braune Stacheln und bis zu 27 nicht ganz gerade verlaufende Rippen. Im Sommer erscheinen mittelgroße violette bis rosafarbene körbchenförmige Blüten, aus denen später schwachviolette Samen reifen.

Ferocactus hamatacanthus

Syn. *Hamatocactus hamatacanthus*

Diese mit spitzen Stacheln ausgestattete, in Mexiko und dem Südwesten der Vereinigten Staaten beheimatete Art wird bis zu 60 cm hoch und breit. Sie hat bis zu 17 hervorstehende Rippen und zahlreiche Areolen, bewehrt mit braunroten, an den Spitzen gelben und mit einem Haken versehenen Stacheln. Im Sommer oder Herbst werden einzelne, außen gelbe und innen rote Blüten gebildet, aus denen rundliche Früchte hervorgehen. Bei Pilzbefall verfärben sich die Areolen oft schwarz.

Ferocactus schwarzii

Dieser in Mexiko heimische, blaßgrüne Kaktus wird bis zu 60 cm hoch und 45 cm breit. Im Frühling treibt er große, gelbe, körbchenförmige Blüten aus, die im Sommer kugelförmige, rote Früchte hervorbringen. Die Pflanze hat 13 bis 19 Rippen, an deren Areolen etwa 5 cm lange, anfangs gelbe, später braune Stacheln sitzen.

Ferocactus stainesii

Syn. *Ferocactus pilosus*

In der freien Natur bildet diese Art dichte, ausgedehnte Horste, während Zimmerpflanzen eine meist deutlich geringere Wuchsfreudigkeit zeigen. Ältere Exemplare können auch als Topfpflanzen manchmal orangefarbene Blüten hervorbringen.

Ferocactus wislizenii

Diese Art aus dem Südwesten der USA und Mexiko hat bis zu 15 cm lange, mit einem Haken versehene Stacheln. Sie wird bis zu 1,5 m hoch und bringt im Frühjahr große, trichterförmige, orangefarbene oder gelbe Blüten hervor, aus denen sich im Sommer gelbe Früchte entwickeln. ***Ferocactus wislizenii* var. *herrerae*** hat 13 Rippen.

Ferocactus wislizenii

Ferocactus gracilis

Ferocactus haematacanthus

Ferocactus stainesii

Ferula communis

FERRARIA

Zu dieser Gattung gehören zehn Arten kleiner, mehrjähriger Stauden mit eigenartigen Blüten, die meist aus Südafrika stammen. Die Blüten bestehen aus drei langen und drei kurzen Blütenblättern mit stark gewellten Rändern; außerdem besitzen sie eine auffällige Fleckenzeichnung aus verschiedenen grauen bis purpur- oder schokoladenfarbenen Tönen und einen unangenehmen Geruch, der Fliegen zur Befruchtung anlockt. Die Pflanzen blühen nur einen Tag, wobei sich die Blüte nur bei gutem Wetter öffnet.
PFLEGE UND VERMEHRUNG: Die Arten sind nur bedingt winterhart, so daß man die Knollen im Hause überwintern sollte. Die Pflanzen benötigen gutdurchlässige, normale Gartenerde und einen sonnigen Platz. Die Vermehrung kann durch Aussaat im Herbst oder durch Teilung der Knollen im Spätsommer erfolgen.

Ferraria crispa

Diese sonderbar aussehende Pflanze aus Südafrika, die etwa 40 cm hoch wird, kann ihre Ruhephasen unter ungünstigen Bedingungen ein Jahr oder länger ausdehnen. Die unangenehm riechenden, tiefbraunen und hellgelben Blüten haben eine nur kurze Lebensdauer; die Knospenbildung zieht sich oft über längere Zeit hin.

FERULA

STECKENKRAUT

Diese von Zentralasien bis zum Mittelmeerraum verbreitete Gattung umfaßt etwa 70 Arten aromatischer, nicht verholzter Stauden mit feingefiederten Blättern und großen, rundlichen, grünlich-weißen oder gelben Blütendolden auf langen, verzweigten Stengeln. Die Pflanzen werden wegen ihrer interessanten Wuchsform gezogen und eignen sich ausgezeichnet für den Hintergrund einer Rabatte.
PFLEGE UND VERMEHRUNG: Diese nicht vollständig winterharten Pflanzen benötigen einen sonnigen Platz in gutdurchlässiger, normaler Gartenerde und im Winter eine schützende Abdeckung gegen Frost und zuviel Feuchtigkeit. Die Pflanzen sterben nach der Samenbildung oft ab. Vermehrung durch Aussaat im Spätsommer. Viele Arten sind anfällig für Blattlausbefall und Schneckenfraß.

Ferocactus schwarzii

Festuca amethystina 'Superba'

Ferula communis

RIESENFENCHEL

Diese große, robuste, bis zu 4,5 m hohe Staude findet man überall im Mittelmeerraum. Sie hat feingeschnittene Blätter und große, ein wenig an Petersilie erinnernde, gelbe Blütendolden, die im Frühsommer erscheinen. Die Einzelblüten bestehen aus fünf Blütenblättern. Bis die Pflanzen erstmals blühen, kann es Jahre dauern.

FESTUCA

SCHWINGEL

Diese weltweit in gemäßigten Zonen heimische Gattung besteht aus 300 bis 400 Arten horstbildender, mehrjähriger Gräser mit immergrünen, linealischen Blättern, die oft außerordentlich schmal und manchmal eingerollt sind. Vom Frühjahr bis in den Sommer werden in Rispen angeordnete, meist kleine und flache Blütenährchen gebildet. Manche Schwingelarten werden als Rasenpflanzen genutzt, andere verwendet man wegen ihrer grünblauen Blätter als Ziergräser.
PFLEGE UND VERMEHRUNG: Der Schwingel kann in jeder normalen, gutdurchlässigen Gartenerde angepflanzt werden. Er wächst am besten in voller Sonne, verträgt aber auch etwas Schatten sowie Trockenperioden und starken Frost. Vermehrung durch Aussaat im Frühjahr oder Herbst oder durch Teilung im Frühjahr. Die Gräser sind wenig anfällig für Krankheiten und Schädlingsbefall.

Festuca amethystina

REGENBOGENSCHWINGEL

Diese in den Alpen und Südeuropa heimische Art wurde nach ihren violett überhauchten Blütenähren benannt, die im späten Frühjahr und im Frühsommer erscheinen. Sie wird bis 45 cm hoch und bildet Horste aus dünnen, fast fadenförmigen, blau-grünen Halmen. **'Superba'** hat blaue Halme und amethystfarbene Blüten.

Festuca elatior

Diese aus Europa und Nordasien stammende Art bildet dichte Rasen, so daß sie sich für Sportfelder oder zur Erosionskontrolle eignet. Sie wird bis zu 1,2 m hoch; die Halme sind außerordentlich robust und die Pflanzen wachsen auch in verdichtetem Boden. Da die Art keine Ausläufer bildet, muß man sie für eine dichte Rasendecke sehr dicht aussäen.

Festuca eskia

Syn. *Festuca scoparia, F. varia* var. *scoparia*

Diese 15 cm hohe, 25 cm breite, aus den Pyrenäen stammende Art bildet attraktive Polster aus stacheligen, dunkelgrünen Blättern. Im Sommer werden schlanke, überhängende Blütenähren gebildet.

Festuca glauca

Syn. *Festuca ovina* var. *glauca*

BLAUSCHWINGEL

Dieses horstbildende, in Europa heimische Gras wird bis zu 30 cm hoch und breit. Die sehr schmalen Halme von silbrigweißer bis blaugrauer Färbung tragen im Sommer unscheinbare Blüten. Zu den zahlreichen Sorten gehören **'Blaufuchs'** mit leuchtendblauen Halmen, **'Blausilber'** mit silberblauen Halmen oder **'Elijah Blue'** mit etwas heller silberblauen Halmen. **'Seeigel'** bildet dichte, kompakte Horste aus weichen, silberblauen Halmen, **'Golden Toupee'** polsterförmige Horste aus leuchtendgrünen und gelben Halmen.

Festuca mairei

Festuca eskia

Festuca glauca 'Seeigel'

Festuca glauca 'Elijah Blue'

Festuca mairei

ATLASSCHWINGEL

Dieses marokkanische, horstbildende Gras hat grau-grüne, bis zu 60 cm lange, gesägte Blätter und schlanke, wenig verzweigte, bis zu 1,2 m hohe Blütenrispen.

Festuca ovina

SCHAFSCHWINGEL

Dieses in den kühleren gemäßigten Regionen heimische, bis zu 30 cm hohe Gras wächst auf sauren Sandböden und an Hängen. Es hat grüne bis graugrüne Halme; im Sommer erscheinen purpurfarbene Ährchen aus vier bis fünf Blüten. Es wird auch als Futtergras kultiviert. ***Festuca ovina* var. *novae-zelandiae*** (Syn. *F. novae-zelandiae*) hat sehr schmale Blätter bis 45 cm Länge und Ährchen mit fünf bis sieben Blüten.

Festuca rubra

ROTSCHWINGEL

Dieses in Europa heimische Wiesengras ist leicht an der roten oder leicht violetten

Festuca glauca

Festuca glauca 'Golden Toupee'

Festuca ovina var. *novae-zelandiae*

Festuca rubra var. *pruinosa*

Festuca vivipara

Blattscheide zu erkennen, von der die Basis des Stengels umgeben ist. Die Blätter sind schlank, drahtig, bis zu 15 cm lang und grün gefärbt, die purpurfarben überlaufenen Rispen werden an noch etwas längeren Halmen gebildet. Da die rhizombildende Art Trockenheit recht gut verträgt, eignet sie sich als pflegeleichte Rasenpflanze. **'Commutata'** ist eine horstbildende Sorte, die gut als hübscher Bodendecker angepflanzt werden kann. Sie wird aber auch häufig für Rasen verwendet. ***Festuca rubra* var. *pruinosa*** hat blaugrüne, oft weißlich schimmernde Blätter.

Festuca vivipara

Diese in Nordeuropa beheimatete, kleine, horstbildende Pflanze bildet dichte Polster aus biegsamen, sehr schmalen Halmen. An den Ährchen entwickeln sich statt der Blüten kleine Pflänzchen.

FICUS

FEIGENBAUM

Diese große Gattung besteht aus etwa 800 Arten immer- und sommergrüner Bäume, Sträucher oder Kletterpflanzen, die weltweit in den tropischen und subtropischen Regionen beheimatet sind. Zu ihnen gehört der Echte Feigenbaum, *Ficus carica*, der eßbare Früchte hervorbringt; die meisten Arten werden wegen ihrer dekorativen Blätter oder als Schattenspender angepflanzt. Die vielen winzigen Blüten sind in eine hohle Blütenstandsachse eingeschlossen, die sich bei weiblichen Blüten später fleischig verdickt und zusammen mit den einsamigen Nußfrüchten eine Scheinfrucht, die Feige, bildet. Oft fallen die Samen in die Äste anderer Bäume, wo die Pflanzen mit ihren Wurzeln den Boden zu erreichen versuchen und den Wirtsbaum zum Absterben bringen können.

PFLEGE UND VERMEHRUNG: Viele *Ficus*-Arten sind nur bedingt winterhart oder frostempflindlich, eignen sich in jungen Jahren aber hervorragend als Kübel- oder Zimmerpflanzen. Einige Arten, darunter auch die Echte Feige, können selbst in Mitteleuropa im Garten angepflanzt werden. Sie benötigen jedoch einen sonnigen Platz, beispielsweise vor einer Südwand und Winterschutz gegen zu starken Frost. Mit etwas Glück können dann nach einigen Jahren sogar frische Früchte geerntet werden. Topfpflanzen sollten nicht zu stark gegossen werden. Die Vermehrung erfolgt durch Aussaat oder Stecklinge.

Ficus cordata subsp. *salicifolia*

Ficus benjamina 'Exotica'

Ficus benghalensis

Ficus benjamina

Ficus aspera 'Parcellii'

Die Wildform dieser Art stammt von Inseln im Südwestpazifik. Der immergrüne Strauch oder kleine Baum hat große, ovale, dunkelgrüne Blätter, die weiß gefleckt und unterseits behaart sind. Als Zimmerpflanze kann er 3 m hoch werden. Die Sorte trägt rosa- bis violettfarbene Früchte.

Ficus aurea

Dieser von den Karibischen Inseln und aus Florida stammende Baum wird bis zu 18 m hoch und kann als Würgfeige wachsen. Er hat dicke, elliptische, bis zu 10 cm lange Blätter und trägt kleine, gelbe Feigen.

Ficus benghalensis

BANYANBAUM

Der Banyanbaum aus Südasien fällt wegen seiner von den Ästen herabhängenden Luftwurzeln auf, die schließlich Sekundärstämme bilden. Ein alter Baum kann so ausladend sein, daß ein ganzes Dorf unter ihm Platz findet, obwohl er nur etwa 20 m hoch wird. Der Banyan hat eine blaßgraue Rinde, große, glänzende, mittelgrüne, beim Austrieb bronzefarbene Blätter und trägt paarweise runde, rote Feigen.

Ficus benjamina

BENJAMIN-GUMMIBAUM, BENJAMIN-FICUS

Der Benjamin-Ficus, ein immergrüner Baum des tropischen Asien kann eine Höhe von 15 m und mit Hilfe stützender Luftwurzeln noch wesentlich breiter werden. Er hat gänzende, spitze, ovale Blätter, unscheinbare Früchte und ein weitausgreifendes Wurzelsystem. Diese Art und

Ficus aurea

ihre Kulturformen sind als Zimmerpflanzen beliebt. Im Sommer regelmäßig, in den kühleren Monaten weniger gießen. **'Exotica'** hat gedrehte Blattspitzen, **'Variegata'** sattgrüne, weiß panaschierte Blätter.

Ficus carica

ECHTER FEIGENBAUM

Die eßbare Feige mit ihren auffälligen, dreilappigen Blättern ist in der Türkei und Westasien beheimatet und wird schon seit Jahrtausenden kultiviert. Der kleine, sommergrüne Baum wird bis zu 9 m hoch und benötigt einen sonnigen Standort und ein warmes Klima mit trockenen Sommern. In Mitteleuropa ist sie nur in den wärmsten Gebieten einigermaßen winterhart.

Ficus cordata subsp. *salicifolia*

Dieser Strauch oder kleine Baum hat ledrige, ovale, bis zu 15 cm lange Blätter mit gerundetem oder herzförmigem Grund. Die reifen, kleinen Früchte sind leuchtendrot mit weißen Sprenkeln und wachsen einzeln oder paarweise in den Blattachseln. Im tropischen Afrika sind sie eine wichtige Nahrungsquelle für Vögel, Paviane und Affen.

Ficus dammaropsis

Dieser aus den Bergen Neuguineas stammende, kleine Baum wird bis zu 9 m hoch. Im Gegensatz zu den meisten Ficus-Arten ist er einstämmig und bildet weder Brett- noch Luftwurzeln. Die großen, groben, bis zu 60 cm langen Blätter sind tiefgewellt, oberseits dunkelgrün, unterseits blasser und manchmal rot geädert. Die großen Feigen werden reif dunkelviolett und sind von dachziegeligen Schuppen umhüllt.

Ficus aspera 'Parcellii'

Ficus deltoidea

Dieser langsamwachsende, immergrüne Strauch wird 6 m hoch. Er hat hellgrüne, breit löffelförmige Blätter mit rötlichbrauner Unterseite. Üppige, grünlichweiße, kleine Früchte, die orange und rot reifen, wachsen paarweise.

Ficus elastica

GUMMIBAUM

Dieser im tropischen Asien beheimatete Baum kann 30 m hoch werden und bildet im Alter riesige Luft- und hohe Brettwurzeln. Außerhalb der Tropen sieht man ihn meist als Topfpflanze. Die im Austrieb rosigen Blätter bilden einen attraktiven Kontrast zum tiefgrünen älteren Laub. Als Sorten genannt werden können **'Decora'** mit ihren austreibenden bronzefarbenen Blättern und die **'Doescheri'** mit geflammten, graugrünen und cremeweißen Blättern mit leicht rosafarbenen Blattrippen.

Ficus lyrata

Syn. *Ficus pandurata*

LEIER-GUMMIBAUM, LEIERBLATT-GUMMIBAUM

Auf eine Wuchshöhe von 30 m bringt es dieser ausladende, immergrüne Baum im

Ficus carica

Ficus dammaropsis

Ficus religiosa

Ficus elastica 'Decora'

tropischen Afrika. Seine breiten, geigenförmigen Blätter glänzen leuchtendgrün, sind stark geädert und werden bis zu 40 cm lang. Die Feigen des kleinwüchsig als Zimmerpflanze häufig gezogenen Baumes sind lang und grün.

Ficus macrophylla

Die Küstenregenwälder Ostaustraliens sind die Heimat dieses großen, ausladenden und immergrünen Baumes. Er wird etwa 40 m hoch und fast genauso breit und hat einen Stamm mit Brettwurzeln. Die Unterseiten der großen, lederartigen, dunkelgrünen Blätter sind rostfarben. Seine zahlreichen Feigenfrüchte sind im reifen Zustand rötlichbraun.

Ficus microcarpa

Syn. *Ficus retusa*

Ausgewachsen wird dieser große, immergrüne Baum 30 m hoch und kann dichte Vorhänge aus Luftwurzeln bilden. Die kleinen, spitzen, ovalen Blätter sitzen an aufsteigenden Ästen, die an der Spitze überhängen. Der in Australien heimische ***Ficus microcarpa* var. *hillii*** wird mit mehreren, ineinander verflochtenen Stämmen oder als einstämmige Pflanze in Töpfen gezogen. ***F. m.* var. *nitida*** hat dichte, aufrechte Zweige.

Ficus opposita

In den tropischen Regionen Nordaustraliens ist dieser große Strauch bzw. kleine, 9 m hohe Baum weit verbreitet. Die rauhe Oberfläche der mittelgrünen Blätter wurde von den Aborigines zum Abschleifen hölzerner Geräte verwendet. Die kleinen, eßbaren Früchte sind birnenförmig. Der Baum kann während der Trockenzeit sein gesamtes Laub abwerfen.

Ficus petiolaris

Dieser aus Mexiko stammende, unterschiedlich hoch wachsende Baum mit unterirdischen Ausläufern hat herzförmige, zartgrüne Blätter, die bis zu 10 cm lang werden und an der Oberseite oft rot geädert sind. Die Blätter sitzen an bis zu 10 cm langen Stielen. Die fast runden, flaumigen Feigen stehen paarweise zusammen und sind im reifen Zustand rosafarben oder weiß gefleckt.

Ficus pumila

Syn. *Ficus repens*

KLETTER-FICUS

In Japan, Vietnam und China beheimatet, klammert sich diese kräftige, immergrüne Kletterpflanze durch entlang den Trieben angeordnete Luftwurzeln fest. Die attraktiven, kleinen, leuchtendgrünen, herzförmigen jungen Blätter färben sich später bronzefarben. Um junge Blätter zu erhalten, sollte man die abstehenden, verholzten Äste entfernen. **'Minima'** hat kleinere, zierlichere Blätter und wuchert weniger üppig, **'Quercifolia'** hat gebuchtete Blätter, **'Variegata'** ist kräftiger und die Blätter sind weiß bis cremefarben panaschiert.

Ficus pumila 'Quercifolia'

Ficus petiolaris

Ficus opposita

Ficus religiosa

PEPULBAUM DER INDER, BOBAUM

Diese in Indien und Südostasien beheimatete Art ist dem Banyan ähnlich, wird jedoch nicht so groß. Sie hat eine offene Krone und pappelähnliche Blätter mit langen, fadenförmigen Blattspitzen und trägt kleine, violette Feigen. Unter einem Bobaum soll Buddha erleuchtet worden sein. Viele Bobäume stammen von dem Baum in Anaradhapura, Sri Lanka, ab, der im Jahre 288 v. Chr. gepflanzt worden sein soll.

Ficus rubiginosa

Diese salzresistente, in Australien heimische, immergrüne Pflanze wird 10–15 m hoch und fast genauso breit. Der Hauptstamm stützt sich auf Brettwurzeln, manchmal ergänzt um Luftwurzeln. Die Blattoberseite ist glänzenddunkelgrün, die Unterseite flaumig behaart und rostfarben. Im Herbst reifen kugelförmige, gelbe Früchte in Paaren. **'Variegata'** hat auffällig golden gezeichnete Blätter.

Ficus sur

Syn. *Ficus capensis*

In Afrika wird dieser halb-immergrüne bis immergrüne, weitverbreitete Baum bis zu 20 m hoch. Er trägt eine ausladende Krone mit jung rötlichbraunen, großen Blättern. Die eßbaren Früchte mit einem Durchmesser von 1 cm hängen in großen Rispen am Stamm und an den Ästen.

Ficus sycomorus

SYKOMORE, ESELSFEIGE

Dieser in Afrika weitverbreitete Baum hat eine große, ausladende Krone und einen sehr dicken Stamm mit schmalen Brett-

Ficus rubiginosa 'Variegata'

Ficus macrophylla

Ficus lyrata

wurzeln. Die großen Blätter sind etwas rauh und ganzrandig. Im Gegensatz zu anderen Feigen wachsen die Früchte büschelig an kurzen Zweigen am Stamm und an den Hauptästen. Die Feigen sind mit einem Durchmesser von 5 cm recht groß und im reifen Zustand gelblich-rot.

Ficus virens
WÜRGFEIGE

Dieser sommergrüne Baumwürger, der von Indien bis zu den Solomoninseln und Australien vorkommt, wächst oft zuerst epiphytisch, wird jedoch normalerweise als ein bis zu 15 m hoher, einstämmiger, breitkroniger Baum mit schweren Ästen gezogen. Er trägt pappelähnliche, 15 cm lange, spitzzulaufende Blätter. An den Astspitzen wachsen paarweise kleine, weiße Feigen mit roten Punkten.

FILIPENDULA
MÄDESÜSS

Zu dieser Gattung zählen zehn Arten sommergrüner, mehrjähriger Stauden aus den nördlichen gemäßigten Zonen. Alle außer *Filipendula vulgaris* wachsen ursprünglich an feuchten Standorten. Sie haben wechselständige, gefiederte Blätter und aufrechte Stiele mit großen, rispenartigen Trugdolden winziger Blüten mit fünf Blütenblättern und flaumigen Staubblättern. Ein Standort im hinteren Teil von Staudenrabatten oder am Wasser ist bestens geeignet. **PFLEGE UND VERMEHRUNG:** Pflanzen sollte man diese winterharten Pflanzen in Feuchtigkeit haltende, aber durchlässige Erde an sonnige oder halbschattige Plätze.

Ficus virens

F. rubra und *F. ulmaria* gedeihen gut an sumpfigen Standorten. Die Vermehrung erfolgt durch Samen oder Teilung im Frühjahr und Herbst.

Filipendula kamtschatica
Syn. *Filipendula camtschatica*

Diese im fernen Osten Sibiriens, in China und Japan vorkommende, beliebte Gartenpflanze wird bis zu 3 m hoch und hat handförmig gelappte Blätter. Vom Hochsommer bis zum Frühherbst trägt sie duftende, weiß oder rosa überlaufene Blüten in großen, flaumigen Blütenständen.

Filipendula purpurea
JAPANISCHES MÄDESÜSS

Diese aufrechte, horstbildende Staude stammt aus Japan, wird 1,2 m hoch und hat geteilte, gezähnte Blätter. Im Sommer blühen große Trugdolden, die aus vielen winzigen, purpurrot-violetten Blüten bestehen. Sie eignet sich zur Pflanzung nahe am Wasser. **'Elegans'** hat leichte, grünlichgelbe Belaubung und ***Filipendula purpurea* f. *albiflora*** weiße Blüten.

Filipendula rubra

Diese aus Nordamerika stammende, bis zu 2,5 m hohe Art wird wegen ihrer attraktiven, tiefzerteilten, farnartigen Belaubung und der auffallenden, langlebigen Blütenstände aus winzigen, pfirsichrosafarbenen Blüten gezogen. Die Blätter bleiben bis weit nach der Blüte schön. Die Pflanze steht gerne am Wasser und auf feuchten Wiesen. **'Venusta'** trägt sehr große Trugdolden dunkelrosafarbener Blüten.

Filipendula purpurea 'Elegans'

Ficus sur

Filipendula ulmaria 'Aurea'

Filipendula ulmaria 'Variegata'

Firmiana simplex

Filipendula vulgaris

Filipendula ulmaria
Syn. *Spiraea ulmaria*
ECHTES MÄDESÜSS

Diese in Europa und Westasien beheimatete, horstbildende Staude wird 1,8 m hoch. Die gefiederten, bis 30 cm langen Blätter teilen sich in scharfgezähnte, eiförmige Blättchen. Im Sommer erscheinen dichte, bis 25 cm breite Trugdolden mit cremeweißen Blüten. **'Aurea'** hat goldengrüne Blätter, die anfangs gelb sind; die Blätter von **'Variegata'** sind gelb gestreift und meist gefleckt.

Filipendula vulgaris
Syn. *Filipendula hexapetala*
KLEINES MÄDESÜSS

Diese aus Europa und Asien stammende Art wird etwa 60–90 cm hoch und hat fleischig verdickte Wurzeln. Sie wird wegen ihrer attraktiven, tiefeingeschnittenen, farnähnlichen Blätter und ihrer ansehnlichen, gedrängten Blütenstände winziger, weißer Blüten gezogen. Manche Gartenvarietäten sind rosafarben. Diese Art kann relativ trockene Bedingungen ertragen und benötigt eine gute Drainage.

FIRMIANA

Diese Gattung wurde nach Karl Josef von Firmian benannt, dem Schirmherrn des Botanischen Gartens in Padua (18. Jh.). Sie umfaßt neun Arten meist sommergrüner Bäume und Sträucher, die wegen ihrer attraktiven Blätter und als Schattenspender gezogen werden. Die Blätter sind ganzrandig oder handförmig gelappt. Aus kleinen, glockenförmigen Blüten entstehen papierene, blattartige Früchte. Der wunderschöne chinesische Sonnenschirmbaum, *Firmiana simplex*, ist weitverbreitet und in China sehr beliebt. Er wurde oft in Gärten von Gelehrten und Dichtern gepflanzt, die ihn zu ihrem Emblem machten.
PFLEGE UND VERMEHRUNG: Warmes, frostfreies Klima ist am besten geeignet. Die Pflanze steht bevorzugt in feuchter, aber durchlässiger, fruchtbarer Erde in voller Sonne oder im Halbschatten. In frostgefährdeten Gegenden wird sie in Töpfen gezogen und überwintert im Gewächshaus. Im Sommer viel gießen, zurückschneiden nur wenn nötig. Vermehrung durch reife Samen im Frühjahr.

Firmiana simplex
Syn. *Firmiana platanifolia*, *Sterculia platanifolia*
SONNENSCHIRMBAUM

Dieser sommergrüne, von Vietnam bis Japan vorkommende Baum wird etwa 15 m hoch und hat eine glatte, grüne Rinde, große, ahornähnliche Blätter und Blütenzweige mit kleinen, grünlichgelben Frühjahrsblüten. Interessant sind auch die rosa- bis goldfarbenen Früchte.

FITTONIA

Diese Gattung besteht aus zwei Arten immergrüner, mehrjähriger Kletterpflanzen der tropischen Regenwälder Südamerikas. Sie werden vor allem wegen ihrer gegenständigen, kurzstieligen Blätter mit leuchtendbunten Adern als Wintergarten- oder Zimmerpflanze gezogen. Manchmal blühen weiße bis rötlich-weiße, unscheinbare Blüten in kurzen Ähren. Im warmen, frostfreien Klima eignen sie sich ausgezeichnet als Bodendecker oder Einfassung.
PFLEGE UND VERMEHRUNG: Man sollte sie im Halbschatten in humusreiche, durchlässige Erde pflanzen und viel gießen. In Gegenden mit Temperaturen unter 15 °C muß sie im Haus in gute Pflanzerde gepflanzt und feuchtgehalten werden. Im Frühjahr unansehnliche Triebe zurückschneiden. Vermehrung durch Stecklinge oder Ableger im Sommer.

Fittonia verschaffeltii

Diese Art erreicht eine Höhe von 15 cm ohne Breitenbegrenzung. Die dunkelgrünen, ovalen Blätter haben auffällige rote Adern. Die bescheidenen Blüten erscheinen unregelmäßig und sollten dann entfernt werden. ***Fittonia verschaffeltii*** **var.** ***argyroneura*** (Syn. *F. argyroneura*), das Silbernetzblatt, hat wurzelnde Stengel und mittel- bis dunkelgrüne Blätter mit auffälligen weißen Adern.

FITZROYA

Diese Gattung, die nach dem Begleiter von Charles Darwin, Kapitän Robert Fitzroy, dem Fregattenkapitän der HMS Beagle, benannt ist, besteht nur aus einer Art, einer Konifere der Wälder der kühl-gemäßigten Zone Südchiles und Argentiniens. Ihr wertvolles, rötliches, gerade gemasertes Holz wird wegen seiner Stärke und Haltbarkeit hoch geschätzt. Wildwachsende Exemplare, von denen einige als bis zu 3000 Jahre alt gelten, erreichen eine stattliche Größe, während in Kultur selbst sehr alte Bäume selten höher als 15 m werden.
PFLEGE UND VERMEHRUNG: Die mäßig winterharte Art gedeiht am besten in fruchtbarer, feuchter, aber durchlässiger Erde in voller Sonne mit Schutz gegen kalten Wind. Vermehrung durch Samen im Frühjahr oder Stecklinge im Spätsommer oder Herbst.

Fitzroya cupressoides
Syn. *Fitzroya patagonica*

Dieser normalerweise straff aufrechte, einstämmige, immergrüne Baum hat eine faserige, rötliche Rinde und eher herabhängende Äste mit kleinen, wachholderähnlichen, länglichen Blättern, die zu dritt wirtelig stehen. Mit Beginn des Herbstes streuen die vielen kleinen, runden und schnellreifenden Zapfen ihre Samen aus.

FLINDERSIA

Diese nach dem Forscher Matthew Flinders benannte Gattung umfaßt 17 Arten immergrüner Bäume, von denen alle bis

Foeniculum vulgare 'Purpurascens'

Foeniculum vulgare

Fittonia verschaffeltii var. *argyroneura*

auf zwei vom australischen Festland stammen. Mehrere Arten werden wegen ihres Holzes geschätzt. Die attraktiven Blätter sind den von der Nordhalbkugel stammenden Eschen *(Fraxinus)* ähnlich, worauf sich australische Bezeichnungen einiger Arten beziehen. Die Blüten sind klein und weiß; kleine, scharfe Stacheln schützen oft die holzigen Früchte.
PFLEGE UND VERMEHRUNG: Alle Arten sind frostempfindlich und benötigen volle Sonne, feuchte, durchlässige Erde und regelmäßig Wasser. Vermehrung durch Samen im Frühjahr.

Flindersia australis

In den subtropischen Regenwäldern Ostaustraliens wird dieser immergrüne Baum bis zu 35 m hoch, die Kulturformen bleiben kleiner. Er bildet einen kräftigen Stamm mit schuppiger, brauner Rinde und einer dichten, reichverzweigten Krone. Die großen, gefiederten Blätter bestehen aus glänzendgrünen Blättchen. Im Frühjahr blühen kleine, weiße Blütenbüschel. Die großen Früchte haben fünf stachelige, bootförmige Segmente.

Flindersia maculosa

Dieser langsamwachsende, landeinwärts im Osten Australiens beheimatete Baum wird 15 m hoch. Die Zweige der symmetrischen Krone tragen zarte Blätter. Die junge Pflanze ist strauchartig, entwickelt jedoch einen geraden, schlanken Stamm mit cremefarbener, grau und weiß gefleckter Rinde. *Flindersia maculosa* trägt im Sommer üppige Rispen kleiner cremeweißer Blüten.

FOENICULUM
FENCHEL

Diese aus einer zwei- oder mehrjährigen Art bestehende Gattung wird wegen der gelben Blütendolden und der feingeschnittenen Blätter mit ihrem anisartigen Aroma gezogen. Stengel, Blätter und Sa-

Foeniculum vulgare var. *azoricum*

Fittonia verschaffeltii

Flindersia australis

Flindersia maculosa

men sind eßbar. Dunkelblättrige Sorten bilden einen attraktiven Kontrast im Kräutergarten oder in der Blumenrabatte.
PFLEGE UND VERMEHRUNG: Diese winterharte Pflanze sollte in fruchtbare, feuchte, aber durchlässige Erde an einen vollsonnigen Standort gepflanzt werden. Verblühte Blüten müssen entfernt werden, um Selbstaussaat zu vermeiden. Vermehrung durch Samen im Frühjahr oder Herbst.

Foeniculum vulgare
GARTENFENCHEL

Diese große, gefällige Staude wird bis zu 2 m hoch. Sie hat dicke, hohle Stengel und eine Vielzahl fedriger Blätter. Im Sommer blühen an großen, geraden Stielen flache Dolden aus gelben Blüten, die braune Samen hervorbringen. Die Blätter und die Samen schmecken stark nach Anis und werden zum Würzen von Fisch und anderen pikanten Gerichten verwendet. ***Foeniculum vulgare*** **var.** ***azoricum*** (Syn. *F. v.* var. *dulce*), der Gemüsefenchel, hat eine bleiche, eßbare »Knolle« aus verbreiterten Blattstielbasen. ***F. v.*** **subsp.** ***piperitum*** hat fleischige Blätter, deren Segmente weniger als 1 cm lang sind. Die seitlichen Blütendolden sind größer als die endständigen. **'Purpurascens'** hat feinzerteilte, jung bronze- bis violettfarbene Blätter.

FOKIENIA

Diese Koniferengattung besteht aus nur einer Art die 1908 in der Provinz Fokien (jetzt Fujian) in China entdeckt wurde. Mit ihrer dichten Belaubung aus flachen Zweigen mit schuppenförmigem Nadel-

Fitzroya cupressoides

werk wie auch ihren Zapfen ähnelt sie *Chamaecyparis*, ist aber größer.
PFLEGE UND VERMEHRUNG: Die Pflanze braucht feuchte, gutdurchlässige Erde und Sonne oder leichten Schatten. Vermehrung durch Samen oder kleine Stecklinge.

Fokienia hodginsii

Freiwachsend wird dieser normalerweise 3–6 m hohe, pyramidenförmige Baum bis zu 30 m hoch. Er hat hellolivgrüne Blätter und einen massiven Stamm. Die rötlichbraune Rinde löst sich in schmalen Streifen ab. Die fast kugelförmigen Zapfen erreichen bis zu 2,5 cm im Durchmesser.

FONTANESIA

Zu dieser aus China stammenden Gattung gehört nur eine Art, ein sommergrüner Busch, der eng mit dem Liguster verwandt ist und sich wie dieser als Heckenpflanze eignet. Aus den kleinen, rispig angeordneten, grünlich-weißen, vierteiligen Blüten

Forsythia × *intermedia* 'Spectabilis'

Forsythia × *intermedia* 'Lynwood'

Forsythia × *intermedia*

Forsythia suspensa

F. × *intermedia* 'Beatrix Farrand'

mit hervorstehenden Staubblättern entstehen flache, geflügelte Nüßchen.
PFLEGE UND VERMEHRUNG: Die winterharte Pflanze geheiht am besten in mäßig nährstoffreicher, durchlässiger Erde in voller Sonne oder im Halbschatten. Vermehrung durch Samen im Frühjahr oder durch Stecklinge im Spätsommer oder Herbst.

Fontanesia philliraeoides

Dieser dichte, ausladende, bis 1,5 m hohe Strauch hat mattgrüne, ovale bis lanzettliche, 10 cm lange Blätter mit feingezähnten Rändern. Im Frühsommer blühen grünlichweiße Blüten. ***Fontanesia philliraeoides* subsp. *fortunei*** trägt glänzende, glattrandige, lanzettliche Blätter und erreicht eine Höhe von 3 m oder mehr.

FORESTIERA

Diese aus Nord- und Zentralamerika stammende Gattung sommergrüner, manchmal immergrüner Sträucher und Bäume besteht aus etwa 20 Arten und ist, wie die *Fontanesia*, mit dem Liguster verwandt. Die schmalen, gegenständigen Blätter können ganzrandig oder schwach gezähnt sein. An vorjährigen Trieben blühen kleine, gelbliche Blüten, aus denen kleine. schwarze Steinfrüchte entstehen.
PFLEGE UND VERMEHRUNG: Meist wenig winterhart, gedeiht *Forestiera* am besten in feuchter, durchlässiger Erde in voller Sonne. Vermehrung durch reife Samen oder Stecklinge im Sommer.

Forestiera neomexicana

Dieser sommergrüne, 3 m hohe Strauch hat mattgrüne, ovale bis lanzettliche, 5 cm lange Blätter. Im Frühjahr blühen in den Achseln Büschel winziger, gelblichweißer Blüten. Die attraktiven schwarzen Früchte sind blau bereift. Die Art ist frostempfindlich und trockenheitsresistent.

FORSYTHIA

FORSYTHIE, GOLDGLÖCKCHEN

Seit sie im 19. Jahrhundert aus China und Japan in westliche Gärten eingeführt wurden, sind die sieben Forsythienarten auch bei uns sehr beliebte Sträucher, die wegen ihrer leuchtendgelben oder goldenen Blüten im Frühjahr geschätzt werden. Sie eignen sich auch ausgezeichnet als Schnittblumen. Forsythien sind sommergrün oder teilweise halb-immergrün und werden mittelgroß. Die weichholzigen Äste verzweigen sich vom Boden an. Die eher schmalen, stumpfgezähnten Blätter erscheinen nach den vierteiligen Blüten, die paar- oder büschelweise an den Knoten der Zweige blühen.
PFLEGE UND VERMEHRUNG: Forsythien sind winterfest und nicht sehr anspruchsvoll, was die Erde betrifft, Dünger und Kompost fördern allerdings das Wachstum. Sie bevorzugen einen sonnigen Standort. Für gute Blühergebnisse sind Wintertemperaturen deutlich unter dem Gefrierpunkt entscheidend. Rückschnitt nur durch Entfernung älterer Zweige. Vermehrung durch Stecklinge im Frühsommer.

Forsythia × *intermedia*

GARTENFORSYTHIE

Dieser ausladende, sommergrüne Strauch mit dunkelgrünen, lanzettlichen Blättern wird 2,5–3 m hoch und breiter. Die Kreuzung zwischen *Forsythia suspensa* und *F. viridissima*, wurde in Deutschland zum ersten Mal im Jahr 1885 schriftlich belegt. Zu den ausgezeichneten Kulturformen gehören **'Lynwood'** und **'Spectabilis'**. 1939 erzeugte Karl Sax in Massachusetts die erste künstlich tetraploide Forsythie (mit vierfachem Chromosomensatz), **'Arnold Giant'**, und züchtete daraufhin **'Beatrix Farrand'** und **'Karl Sax'**, die alle große, strahlendgoldene Blüten tragen.

Forsythia suspensa

HÄNGEFORSYTHIE

Diese aus China stammende, sommergrüne Art wurde in Japan mehrere Jahrhunderte lang kultiviert, bevor sie nach Europa kam. Der Strauch erreicht eine Höhe von 2,5–3 m oder mehr, wenn er abgestützt wird, und hat dichtstehende, schlanke, herabgebogene Zweige. Vom zeitigen bis mittleren Frühjahr sind die Zweige von goldenen Blüten mit schmalen Blütenblättern bedeckt.

Forsythia viridissima

Diese sommergrüne oder halb immergrüne Art aus China ist weder so groß noch so anmutig wie *Forsythia suspensa*. Sie wird 2–3 m hoch und hat dickere, steif aufrechtwachsende Zweige, an denen vom mittleren bis zum späten Frühjahr dicht an dicht gelbe Blüten erscheinen. Bevorzugt werden Kulturhybriden, zu denen auch **'Bronxensis'** gehört, eine kleinwüchsige, kaum mehr als 30 cm hohe Varietät mit blaßgelben Blüten.

Fokienia hodginsii

Forestiera neomexicana

Fokienia hodginsii

Fontanesia philliraeoides **subsp.** *fortunei*

Fothergilla major

Fothergilla gardenii

Fothergilla gardenii

FORTUNELLA
KUMQUAT

Der bekannte schottische Pflanzensammler Robert Fortune (1812–1880) führte die Kumquat in die Gewächshäuser Großbritanniens ein, wo sie seither prächtig gedeiht. Die Gattung umfaßt fünf immergrüne Sträucher oder kleine Bäume, von denen die meisten an der Verbindung zwischen Ast und Blatt einen kleinen Dorn haben. Die kompakten, kleinen Sträucher tragen im Frühjahr duftende, weiße Blüten, aus denen im Sommer bis Herbst kleine, eßbare, orangefarbene Früchte entstehen. Sie eignen sich gut als Topfpflanzen für kleine Gärten oder sonnige Terrassen. **PFLEGE UND VERMEHRUNG:** Kumquats sind frostempfindlich und benötigen einen Standort in voller Sonne und fruchtbare, feuchte, aber durchlässige Erde. Im Frühjahr düngen und während der Wachstumsperiode, insbesondere während die Früchte reifen, gießen. In Gegenden mit Frostgefahr in Töpfe pflanzen und im Gewächshaus überwintern. Vermehrung der Art durch Samen oder Stecklinge und der Varietäten durch Okulieren im Herbst oder Frühjahr.

Fortunella japonica

Diese aus China stammende Art, die 2,4–3,5 m hoch wird (bei Pflanzung im Topf bleibt sie kleiner), trägt dekorative, kleine, orange-goldene Früchte. Sie hängen relativ lange am Ast, sollten jedoch gepflückt werden, wenn sie reif sind, um das kräftige Wachstum der Pflanze zu erhalten.

FOTHERGILLA
FEDERBUSCHSTRAUCH

Die aus dem Südosten der Vereinigten Staaten stammende Gattung besteht aus zwei Arten sommergrüner Sträucher, die wegen ihrer Blüten im Frühjahr und ihrer herbstlichen Blattfärbung gezogen werden. Die duftenden Blüten, die keine Kronblätter haben, wachsen in aufrechten, konischen, bürstenförmigen Ähren mit auffälligen, cremeweißen Staubblättern. Die nach der Blüte austreibenden Blätter sind in etwa rautenförmig, stark gerippt und ähneln denen der Haselnuß. Im Austrieb leuchtendgrün, werden sie später dunkelgrün und entwickeln im Herbst intensive Gelb-, Orange- und Rottöne. **PFLEGE UND VERMEHRUNG:** Sie sind winterhart und gedeihen am besten in humusreicher, feuchter, aber durchlässiger, saurer Erde in Sonne oder leichtem Schatten und können nach der Blüte bei Bedarf zurückgeschnitten werden. Vermehrung durch Samen, Stecklinge oder Ableger.

Fothergilla gardenii
ZWERGFOTHERGILLA, ZWERGFEDERBUSCHSTRAUCH

Dieser kleine, buschige Strauch (60–90 cm) aus dem Küstentiefland der östlichen USA gedeiht in gemäßigtem Klima in feuchter, durchlässiger Erde. Im zeitigen Frühjahr blühen duftende, weiße, 3,5 cm große Blüten. Die anschließend austreibenden, 5–8 cm langen Blätter entwickeln eine leuchtende Herbstfärbung.

Fothergilla major
Syn. *Fothergilla monticola*
GROSSER FEDERBUSCHSTRAUCH

Dieser Strauch gedeiht besonders in kühlen, schattigen Bergregionen. Als die am besten bekannte Art dieser Gattung wird der Große Federbusch 2–3 m hoch und fast genauso breit. Im Frühjahr und Herbst erscheinen duftende, weiße Blütenbäusche. Die dunkelgrünen, unterseits bläulichen Blätter färben sich im Herbst leuchtendgelb, orange und rot.

FOUQUIERIA

Diese aus dem Südwesten der Vereinigten Staaten und Mexiko stammende Gattung besteht aus etwa zehn Arten verholzter, harziger, oft sukkulenter Sträucher mit aufrechten, schmalen, dornigen Trieben. Einige Arten werden bis zu 15 m groß und tragen kleine, hellgrüne, ovale Blätter. Ansehnliche, röhrenförmige Blüten erscheinen in endständigen Büscheln zumeist nach Regenfällen im Frühjahr; je nach Art sind sie rot, blaßviolett, cremefarben oder gelb. **PFLEGE UND VERMEHRUNG:** Diese frostempfindlichen Wüsten- oder Fast-Wüstenpflanzen benötigen einen sehr trockenen Winter, durchlässige Erde und einen Standort in voller Sonne. Vermehrung durch Samen oder Stecklinge von den kurzen Seitenzweigen im Frühjahr.

Fouquieria splendens
OCOTILLO

Diese Art treibt im Frühjahr für kurze Zeit Blätter und Blüten aus. Bei ausreichendem Regenfall blüht sie manchmal auch später. Die graugrünen, gerillten, dornigen Triebe werden bis zu 9 m hoch. Die 2,5 cm langen, roten, büscheligen Blüten haben auffällige Staubblätter.

FRAGARIA
ERDBEERE

Die etwa zwölf Arten dieser Gattung sind, mit Ausnahme einer südamerikanischen, in den gemäßigten Klimazonen der nördlichen Hemisphäre beheimatet. Es sind niedrigwachsende, kriechende oder horstige Stauden, die als dekorative Bodendecker und wegen ihrer fleischigen, roten Früchte gezogen werden. Die Blätter bestehen aus drei gezähnten Blättchen; die weißen oder rosafarbenen Blüten mit fünf Blütenblättern stehen in Trugdolden. Die Erdbeere selbst ist eine Scheinfrucht, die sich aus winzigen Nüßchen auf einem großen, fleischigen Blütenboden zusammensetzt. Moderne, robustere Erdbeerpflanzen können bis zu sechs Monate im Jahr Früchte tragen – in warmen Klimaregionen sogar das ganze Jahr über. **PFLEGE UND VERMEHRUNG:** Die winterharten Pflanzen kommen in Beete oder mit Stroh ausgelegte Töpfe in gutdurchlässige, saure Erde. Sie benötigen viel Sonne oder leichten Schatten und Windschutz. In kalten Klimazonen werden sie in Schlitze von Plastikfolie gepflanzt. Vermehrung durch Samen oder Ausläufer von Frühjahr bis Herbst. Nach einigen Jahren erfolgt eine Neupflanzung. Vor Schnecken, Erdbeerblattläusen und Vögeln schützen. In Gegenden mit hohem Regenfall können Pilzinfektionen ein Problem darstellen.

Fragaria × ananassa
GARTENERDBEERE, ANANASERDBEERE

Der Name *ananassa* bedeutet »mit Ananasaroma«, eine seltsame Beschreibung für die moderne, großfrüchtige Gartenerdbeere, die aus Kreuzungen amerikanischer Arten entstand. Die eiförmigen Blättchen sind oberseits blaulichgrün und unterseits weiß. Für verschiedene Klimabedingungen wurde eine große Anzahl von Kulturformen entwickelt.

Fragaria chiloensis
CHILEERDBEERE

Diese an den Küsten Nord- und Südamerikas wildwachsende Art ist ein Elternteil der modernen Erdbeere. Sie wird bis zu 30 cm hoch und 45 cm breit und vermehrt sich durch viele Ausläufer. Die 5 cm langen, dreiteiligen Blätter sind glänzend dunkelgrün, die Unterseite behaart.

Fragaria moschata
MOSCHUSERDBEERE

Diese in Europa wildwachsende Erdbeere hat nur wenige Ausläufer. Sie wird etwa 30 cm hoch und hat lederartige, runzelige Blätter mit seidigbehaarter Unterseite. Wie der botanische Name suggeriert, riechen die Früchte moschusartig. Die Früchte sind rötlich mit einem ausdauernden Blütenkelch. Zur Spitze der (Schein-) Frucht sind die Samen dichter gestellt.

Fragaria 'Pink Panda'

Diese raumgreifende, bodendeckende Staude wird bis zu 15 cm hoch. Sie wird wegen ihrer hübschen leuchtend rosafar-

Fortunella japonica

Fragaria chiloensis

Fragaria × ananassa

Fragaria chiloensis

Fragaria 'Pink Panda'

benen, bis zu 2,5 cm großen Blüten gezogen, die vom Spätfrühjahr bis zum Herbst blühen. Früchte sind selten.

Fragaria vesca
WALDERDBEERE

Vor der Kultivierung der Erdbeere, die im 16. Jahrhundert begann, wurde diese Art in den Wäldern Europas gesammelt. Es ist eine bis zu 30 cm hohe Staude von beträchtlichem Ausbreitungsdrang. **'Temptation'** und **'Sweetheart'** sind nur zwei der vielen beliebten Gartenformen. **'Semperflorens'** (Syn. *Fragaria alpina*) hat wenige Ausläufer und trägt vom Frühsommer bis zum Herbst kleine rote oder gelbe Früchte, die einen ziemlich strengen Geschmack haben.

FRAILEA

Zu dieser Gattung gehören etwa zehn bis fünfzehn kleine Kakteen, die in den Andenregionen Südamerikas von Kolumbien bis Argentinen, Südbrasilien und Uruguay vorkommen. Der Sproß ist kugelförmig bis kurz zylindrisch und selten größer als 10 cm. Seine Dornen, kurz bis lang und von unterschiedlicher Farbe, verteilen sich in sternförmigen Gruppen entlang der vertikalen Rippenkämme. Die im Verhältnis zur Pflanze recht großen, trichterförmigen Blüten erscheinen im Sommer nahe der Spitze der Pflanze, öffnen sich nachmittags bei ausreichender Sonne und sind blaß- bis tiefgelb. Diese Kakteen blühen bereits in jungen Jahren. Die Samen in den kleinen, borstigen Früchten können sich selbst bei ungeöffneten Blüten entwickeln.
PFLEGE UND VERMEHRUNG: Diese frostempfindlichen Pflanzen benötigen eine gutdurchlässige, grobkörnige Erdmischung mit hohem Humusanteil und gedeihen am besten im Halbschatten. Sie sollten im Haus in Töpfen bei relativ trockener Atmosphäre mit guter Belüftung und viel Licht gepflanzt werden. Die Vermehrung erfolgt durch Samen.

Frailea pygmaea
Syn. *Frailea pulcherrima*

Dieser kleine, hell grau-grüne, kugelförmige Kaktus ist in Uruquay und Argentinien beheimatet und hat kurze, weiße Dornen. Jeder Sproß wird 3,5 cm hoch und fast genauso breit. Im Frühjahr blühen gelbe Blüten, aus denen im Sommer runde Früchte werden.

Francoa sonchifolia

Franklinia altamaha

Franklinia alatamaha

FRANCOA

Die fünf Arten immergrüner, mehrjähriger Stauden, die zu dieser aus Chile stammenden Gattung gehören, werden wegen ihrer ansprechenden Blüten gezogen. Die Pflanzen tragen eine grundständige Rosette welliger, gebuchteter Blätter mit großem Endlappen. Im Sommer und Frühherbst blühen in endständigen, ährenähnlichen Trauben weiße, rosafarbene oder rote, glockenförmige Blüten mit fünf Blütenblättern, die am Grund dunkel gezeichnet sind.
PFLEGE UND VERMEHRUNG: Die Gattung ist überwiegend winterhart und auch als Topfpflanze für ein Kalthaus geeignet. Im Freien sollte man sie in humusreicher, feuchter, aber durchlässiger Erde an einen geschützten, sonnigen oder halbschattigen Standort pflanzen und im Winter nur wenig gießen. Vermehrung durch Samen oder Teilung im Frühjahr.

Francoa ramosa
Syn. *Francoa glabrata*

Diese Horststaude, die bis zu 1 m hoch und 30 cm breit wird, hat grob lanzettliche Grundblätter. Im Sommer erscheinen an verzweigten Stielen weiße, tiefrosa markierte Blüten.

Francoa sonchifolia

Diese bis zu 1 m hohe Art hat längliche bis ovale, wellige, dunkelgrüne Grundblätter. Von Sommer bis Frühherbst bilden aufrechte, wenig verzweigte Stiele blaßrosa Blüten, die innen tiefrosa gefleckt sind.

FRANKENIA

Die etwa 80 Arten dieser Gattung kommen weltweit in den subtropischen und gemäßigten Klimazonen einschließlich Europas und der Mittelmeerregion sowie in Kleinasien und Australien vor. Sie sind alle niedrige, manchmal niederliegende, immergrüne Sträucher oder Stauden, dicht bedeckt mit winzigen, grauen oder graugrünen Blättern. Abhängig von der Art blühen sie im Frühjahr oder Sommer, gelegentlich auch das ganze Jahr über. Die rosafarbenen, violetten oder weißen Blüten sind zwar klein und einfach, werden aber in großer Menge hervorgebracht. *Frankenia* kommt in trockenen, salzigen Gebieten, auf Küstendünen, in Salzsümpfen sowie an Binnen-Salzseen vor.
PFLEGE UND VERMEHRUNG: Wichtig sind volle Sonne und durchschnittliche Erde; ansonsten sind die Pflanzen anspruchslos und können auf vielen Böden, selbst in schweren Lehmböden wachsen. Sie sind attraktive Ergänzungen für Steingärten und können als Bodendecker an heißen Standorten gepflanzt werden. Sie sind auch als Topfpflanze geeignet. Einmal angewachsen benötigen sie wenig Wasser. Europäische Arten sind mäßig winterhart. Vermehrung durch Samen oder Teilung.

Frankenia laevis

Der niedrige, borstige Strauch wird meist kaum 20 cm groß und hat ein behaartes, rötlich-grünes, heidekrautartiges Blattwerk. Im Frühsommer blühen 6 mm kleine, rosafarbene Blüten. Der Strauch kommt vom Süden Englands bis zum Mittelmeerraum und in Westasien vor.

Frankenia thymifolia

Diese von Südwesteuropa bis Nordafrika verbreitete Pflanze ist ein dicht am Boden wachsender Strauch mit kleinen, steifen, behaarten Blättern und rosaroten Blüten.

FRANKLINIA

Diese nach Benjamin Franklin benannte Gattung, die nur aus einer Art besteht, starb als Wildpflanze schon kurz nach der Entdeckung um 1765 in Georgia, USA, durch die schnelle Ausbreitung der Siedlungen der Weißen und die Abholzung der Wälder aus. Der kleine, langsamwachsende und sommergrüne Baum bringt große weiße Blüten mit welligen Blütenblättern und einem zentralen Büschel goldener Staubblätter hervor. Die großen, holzigen Kapseln beherbergen je zwei flache Samen in fünf Fächern.
PFLEGE UND VERMEHRUNG: *Franklinia* ist winterhart und bevorzugt humusreiche, feuchte, aber durchlässige Erde und einen geschützten, warmen, sonnigen oder halbschattigen Standort. Sie blüht am besten in Klimazonen mit langen, heißen, feuchten Sommern. Vermehrung durch frische, reife Samen.

Franklinia altamaha

Der Name kommt vom Altamaha-Fluß in Georgia, USA, wo diese Art zuerst entdeckt wurde. Der kleine, ausladende Baum wird etwa 4,5–6 m hoch und hat oft mehrere Stämme. Die glänzenden, leuchtendgrünen Blätter färben sich im Herbst scharlachrot, und im Spätsommer und Frühherbst blühen 8 cm breite, duftende Blüten.

FRAXINUS
ESCHE

Diese Gattung umfaßt 65 Arten in der Mehrzahl sommergrüner, schnellwachsender Bäume, die überall in der nördlichen Hemisphäre – mit Ausnahme der kältesten Gegenden und der tropischen Tiefländer – vorkommen. Von anderen verholzten Mitgliedern der Familie *Oleaceae* (Ölbaumgewächse) unterscheidet sie sich durch gefiederte Blätter, kleine, unscheinbare Blüten meist ohne Blütenblätter und geflügelte, einsamige Früchte. Die Blumen- oder Mannaeschen (*Fraxinus ornus* und Verwandte) tragen auffälligere Blüten mit kleinen Blütenblättern in großen, endständigen Rispen an den Astspitzen. Einige größere Arten werden wegen ihres widerstandsfähigen, hellen Holzes geschätzt.
PFLEGE UND VERMEHRUNG: Eschen sind meist winterhart und können selbst unter trockenen Bedingungen überleben, gedeihen jedoch besonders gut in fruchtbarer, feuchter, aber durchlässiger Erde an geschützten Standorten. Sie werden gern als Straßen- oder Parkbäume gepflanzt. Vermehrung durch Samen im Herbst, von Kulturformen durch Veredeln auf Unterlagen der gleichen Art.

Fraxinus americana
WEISSESCHE

Diese in Nordamerika hochgeschätzte Esche ist im Osten der USA und im Südosten Kanadas heimisch. In der Natur wird sie etwa 25 m hoch mit einem langen, geraden Stamm, gefurchter, graubrauner Rin-

Fraxinus americana var. *juglandifolia*

Fraxinus americana

de und einer gewölbten Krone. Die gefiederten Blätter haben sieben bis neun große, dunkelgrüne und auf der Unterseite silberne Blättchen. Die unauffälligen Blüten erscheinen vor den Blättern. Die Herbstfärbung ist meist ein schönes Gelb. Es gibt Kulturformen, zu denen auch ***Fraxinus americana* var. *juglandifolia*** mit ihrem schlanken, säulenförmigen Wuchs gehört sowie **'Autumn Purple'**, deren Blätter sich im Herbst rötlich-violett färben.

Fraxinus angustifolia

Syn. *Fraxinus oxycarpa*

QUIRLESCHE, SCHMALBLATTESCHE

Diese mit *Fraxinus excelsior* verwandte Art hat ähnliche Blüten und Früchte, aber eine dunklere Borke. Sie erträgt semiaride Klimabedingungen und hat eine breit säulenartige bis gerundete Krone. Die Blätter der ***F. a.* subsp. *oxycarpa*** bestehen aus bis zu sieben Blättchen, die unter den Blattrippen behaart sind. **'Raywood'**, anscheinend ein Klon der Unterart *oxycarpa*, zeigt im Herbst rotviolette Blattfärbung.

Fraxinus excelsior

GEMEINE ESCHE

Diese bis zu 40 m hoch wachsende Art ist einer der größten sommergrünen Bäume Europas. Freistehend wird sie in der Regel etwa 15–18 m hoch und trägt eine breite Krone. Die dunkelgrünen Blätter fächern sich in neun bis elf schmale, gezähnte Blättchen auf, die sich im Herbst gelb verfärben. Im Winter entwickeln sich die samtschwarzen Knospen. Die Blätter von **'Aurea'** und die der kräftigeren **'Jaspidea'** sind im Sommer blaß gelblich-grün, werden im Herbst hingegen dunkler, und ihre Äste färben sich im Winter gelb. Die Zweige der **'Pendula'** hängen oft bis zum Boden herab.

Fraxinus excelsior 'Jaspidea'

Fraxinus americana 'Autumn Purple'

Fraxinus japonica

Fraxinus excelsior 'Pendula'

Fraxinus excelsior

Fraxinus latifolia

Fraxinus griffithii

Dieser immergrüne oder halb-immergrüne Baum aus Südostasien wird 12–18 m hoch, seinen Stamm umgibt eine graue Borke. Die Blattoberseiten sind blaßgrün, die Unterseiten silbrig, die jungen Sprosse braun, kantig und flaumig behaart. Im Frühjahr erscheinen weiße Blüten in langen Rispen an den Astspitzen. Der Baum bevorzugt trockene, warme Gegenden und tiefgründige Erde.

Fraxinus japonica

Syn. *Fraxinus koshiensis*

Dieser aus Japan stammende, sommergrüne Baum hat gefiederte Blätter aus bis zu neun eiförmig bis lanzettlichen, gezähnten Blättchen mit einer flaumigen Blattrippe. Blütenrispen erscheinen an Jungtrieben.

Fraxinus excelsior 'Aurea'

Fraxinus angustifolia subsp. *oxycarpa*

Fraxinus latifolia

Diese wegen ihres Holzes hochgeschätzte Art stammt aus den Wäldern an der Westküste Nordamerikas, wird bis zu 25 m hoch und erreicht einen Stammdurchmesser von 1 m. In Kultur wird sie jedoch meist nur halb so groß. Ihre nächste Verwandte ist *Fraxinus pennsylvanica*, von der sie sich durch ihre am Grunde nicht in den Stiel verschmälerten Blättchen unterscheidet.

Fraxinus mandshurica

Dieser buschige, sommergrüne, bis 30 m hohe Baum hat gefiederte, bis zu 40 cm lange Blätter, die aus bis zu elf lanzettlichen, gezähnten Blättchen bestehen, die auf beiden Seiten flaumig behaart sind und eingesenkte Adern ausbilden. Die Blüten erscheinen im Frühjahr vor den Blättern.

F

Fraxinus mandshurica

Fraxinus angustifolia 'Raywood'

Fraxinus pennsylvanica

Fraxinus tomentosa

Fraxinus ornus

Fraxinus quadrangulata

Fraxinus velutina

Fraxinus ornus
MANNAESCHE, BLUMENESCHE

Diese in Südeuropa und Kleinasien heimische, oft kultivierte Blumenesche ist ein 10–15 m hoher Baum mit runder Krone und einem kurzen, kannelierten Stamm mit glatter, grauer Rinde. Die Blätter haben fünf bis neun ovale, mattgrüne Blättchen, unterseits flaumig behaart. Im späten Frühjahr blühen überall in der Krone schäumende Rispen weißer Blüten, aus denen kleine, schmale Früchte entstehen.

Fraxinus pennsylvanica
ROTESCHE

Dies ist ein der *Fraxinus americana* ähnlicher, schnellwachsender, aus Nordamerika stammender Baum, der eine Höhe von 20 m und eine ähnliche Ausdehnung erreicht. Die grünen Blätter sind in fünf bis neun Blättchen aufgeteilt, die manchmal wie die Stiele behaart sind. Diese Art bevorzugt feuchte Erde. **'Summit'** hat einen aufrechten, zylindrischen Wuchs und seine Blätter färben sich im Herbst gelb; ***F. pennsylvanica*** **var.** ***subintegerrima*** hat lange, schmale, schwertförmige Blätter.

Fraxinus quadrangulata
BLAUESCHE

Diese aus dem Südosten und der Mitte der Vereinigten Staaten stammende Esche hat außergewöhnlich dauerhaftes Holz. Sie wird normalerweise 15–20 m hoch und trägt eine schlanke, aber offene, gerundete Krone. Den Stamm umgibt eine dünne, graue Rinde, die in große Schuppen aufbricht. Kennzeichnend sind die vierkantigen Zweige. Die Blätter bestehen aus sieben bis neun größeren Fiederblättern. Im Frühjahr öffnen sich Blüten mit violetten Staubblättern, bevor die Blätter austreiben.

Fraxinus tomentosa

Der sommergrüne, etwa 35 m hohe Baum ist am Fuß des Stammes knorrig verdickt. Die gefiederten, bis 45 cm langen Blätter haben bis zu neun lanzettliche, olivgrüne Fiederblätter, deren Unterseite blasser und flaumig behaart ist. Im Frühjahr blühen in gedrängten Rispen weiße Blüten, aus denen längliche, geflügelte Früchte werden. Er eignet sich gut als Schattenbaum und toleriert staunasse, sumpfige Standorte.

Fraxinus uhdei

Diese aus Mexiko und Zentralamerika stammende, immergrüne Art wird 25 m hoch oder höher und gedeiht besonders gut in warmen, feuchten Klimazonen. Die dunkelgrünen Blätter haben bis zu sieben sehr große Fiederblätter. Dichte Blütenstände tragen später geflügelte Früchte. Zu den Kulturformen gehört **'Majestic Beauty'**, ein kräftiger, größerer Baum mit einer runden Krone und tiefgrünen Blättern, und **'Tomlinson'**, ein kompakterer, aufrechter Baum, der 3,5 m hoch wird.

Fraxinus velutina

Diese aus dem Südwesten der Vereinigten Staaten und Mexiko stammende Art ist in

Fraxinus uhdei

heißen, trockenen Gegenden ein nützlicher Schattenspender. Der Baum wird über10 m hoch und hat eine silbriggraue Rinde und kleine Blätter, die aus drei bis fünf dicken, gräulichgrünen Fiederblättern bestehen. Die unauffälligen Blüten bringen keilförmige Früchte hervor, deren Spitzen eingekerbt sind. Die Fiederblätter von **'Modesto'** sind kleiner und flaumiger.

FREESIA
FREESIE

Es existieren etwa sechs Arten dieser südafrikanischen Knollenpflanze, die wegen ihrer leuchtenden, pokalförmigen, herrlich duftenden Blüten gezogen werden. Die Blüten der wildwachsenden Arten sind gelb, rosafarben oder violett, während die Farbpalette der Kreuzungen auf alle Farben einschließlich Reinweiß ausgedehnt wurde. Die schmalen, schwertförmigen Blätter stehen am Grunde fächerförmig zusammen. Freesien sind hervorragende Schnittblumen.

PFLEGE UND VERMEHRUNG: Freesien sind kaum winterhart, wachsen aber in Töpfen im Gewächshaus zufriedenstellend. Gepflanzt werden sie in voller Sonne in fruchtbare, feuchte aber durchlässige Erde. Während der Wachstumsperiode viel gießen, nach Ende der Blütezeit austrocknen lassen. Alle drei Jahre im Herbst teilen. Vermehrung durch Samen im Frühjahr oder durch Ableger im Herbst.

Freesia-Hybriden

Über 300 Hybriden wurden gezüchtet, die in einer breiten Palette leuchtender Farben vorkommen, wenn einige auch nicht mehr so intensiv duften. Die auffälligen Blüten wachsen auf drahtigen, gebogenen Stielen.

Freesia lactea
Syn. ***Freesia alba, F. refracta*** **var.** ***alba***

Diese weitverbreitet gezogene, starkduftende Art blüht im zeitigen Frühjahr. Die cremeweißen Blüten sind 5 cm lang und wachsen in lockeren Ähren. Schlanke, bajonettförmige Blätter umgeben drahtige, bis zu 30 cm lange Stiele.

FREMONTODENDRON
Syn. *Fremontia*

Die kleine Gattung besteht aus zwei Arten immergrüner oder halb-immergrüner Sträucher oder kleiner Bäume, die im Südwesten der Vereinigten Staaten und in Mexiko beheimatet sind. Die jungen Triebe sind filzig behaart, wie auch die gelappten Blätter auf ihrer blaßen Unterseite. Die fünf großen, goldenen »Blütenblätter« der kelchförmigen Blüten sind in Wirklichkeit

Freesia lactea

Freesia-Hybriden

Fritillaria acmopetala

Fritillaria glauca 'Goldilocks'

Kelchblätter. Die Gattung wurde nach dem Generalmajor John Charles Fremont (1813–1890), einem amerikanischen Entdecker und hervorragenden Amateuerbotaniker, benannt.
PFLEGE UND VERMEHRUNG: Diese mehr oder weniger winterharten Pflanzen wachsen an sonnigen Standorten in neutraler bis alkalischer, durchlässiger Erde; allerdings tendieren sie zur Kurzlebigkeit. Feuchtwarme Sommer sagen ihnen weniger zu. Vermehrung durch Samen im Frühjahr oder Stecklinge im Sommer.

Fremontodendron 'California Glory'

Fremontodendron californicum wurde mit der größer blühenden, aber weniger widerstandsfähigen *F. mexicanum* gekreuzt; die aus ihnen entstandene Hybride 'California Glory' ist widerstandsfähiger als beide Elternpflanzen. Ihre kelchförmigen, limonengelben Blüten sind rot überlaufen.

Fremontodendron californicum

Dies ist die am besten bekannte und widerstandsfähigste unter den Arten und kommt in Kalifornien entlang den Ausläufern der Sierra Nevada und in den Küstengebieten vor. Sie kann 9 m hoch werden, ist aber gewöhnlich ein dünner, krummer, 6 m hoher Strauch mit dunkelbrauner Rinde. Vom zeitigen bis späten Frühjahr blühen hintereinander 5 cm breite, goldene Blüten. ***Fremontodendron californicum* subsp. *decumbens*** hat ein zwergenhaftes Wachstum und orange-gelbe Blüten.

Fremontodendron mexicanum

Dieser aufrechte, lange blühende Strauch, der 6 m hoch wird, hat dickliche, 8 cm lange Blätter. Vom späten Frühjahr bis Mitte

Fritillaria camschatcensis

Fritillaria imperialis 'Lutea'

Herbst blühen tiefgoldene, fast orangefarbene Blüten.

Fremontodendron 'San Gabriel'

Dieser ausladende, runde, immergrüne Strauch hat runde, drei- oder fünflappige, dunkelgrüne Blätter. Im Sommer blühen schalenförmige, leuchtendgelbe Blüten mit langen, schlank zugespitzten Zipfeln.

FRITILLARIA

SCHACHBLUME, KAISERKRONE, FRITILLARIE

Zu dieser Zwiebelblumengattung, die mit den Lilien und Tulpen verwandt ist und in den gemäßigten Regionen der nördlichen Hemisphäre vorkommt, gehören etwa 100 Arten. Nach christlicher Überlieferung weigerten sich die Fritillarien, ihr Haupt vor dem Kruzifix zu neigen und müssen es deshalb aus Schande für immer gebeugt halten. In Kultur nicht einfach, sind ihre nickenden, glocken- oder kelchförmigen Blüten, die vor allem im Frühjahr blühen, der Mühe wert.

Fremontodendron 'San Gabriel'

PFLEGE UND VERMEHRUNG: Fritillarien sind meist recht winterhart und gedeihen am besten in Gegenden mit kalten Wintern. Die Zwiebeln sollte man im Frühherbst in reiche, organische, durchlässige Erde pflanzen, während der Wachstumsperiode viel gießen, nach der Blüte jedoch austrocknen lassen. In Gegenden mit viel Regen im Sommer die Zwiebeln vorsichtig aus der Erde nehmen, aber nur so lange wie nötig draußen lassen. Vermehrung durch Ableger im Sommer, die Horste jedoch mehrere Jahre ruhen lassen. Die Samen werden im Herbst ausgesät – bis zur Blüte dauert es vier bis fünf Jahre.

Fritillaria acmopetala

Diese bis 40 cm hohe Art stammt aus dem Südwesten der Türkei, Zypern, Syrien und dem Libanon, wo sie auch in Zedernwäldern vorkommt. Die Glocken haben drei grüne äußere und drei grüne innere, bräunlichviolett gesprenkelte Segmente. Die Innenseite der Glocke glänzt gelbgrün. Die Blätter sind matt graugrün.

Fritillaria affinis

Syn. *Fritillaria lanceolata*

Diese aus dem Nordwesten der USA stammende Art gehört zu den einfacher zu ziehenden Arten. Im Sommer, wenn die Zwiebeln ruhen, muß man sie trocken halten. Die Stengel werden bis zu 60 cm lang, tragen Wirtel breitlanzettlicher, blau-grüner Blätter und oben kelchförmige Blüten, die violett-braun und gelb gefleckt sind.

Fritillaria camschatcensis

Diese etwa 45 cm hohe Fritillarie kommt in der Natur sowohl im Nordwesten der Vereinigten Staaten als auch im Nordosten Asiens vor und wächst in feuchten, subalpinen Wiesen, in offenen Wäldern und auf dünnbegrasten Abhängen in Küstennähe. Die schlaff herabhängenden, halbgeschlossenen Blütenglocken blühen im Sommer und variieren zwischen kastanienbraun, violettgrün und schwarz.

F. californicum subsp. *decumbens*

Fremontodendron californicum

Fritillaria glauca

Diese niedrigwachsende, amerikanische Bergpflanze wird oft nur 8–10 cm hoch. Die Blütenköpfchen sind für eine Pflanze dieser Größe relativ groß und werden entweder als grünlich-gelb mit violett-brauner Zeichnung oder als violett-braun mit grünlich-gelber Zeichnung beschrieben. **'Goldilocks'** ist eine Gartenselektion, in der die gelbe Tönung vorherrscht.

Fritillaria imperialis

KAISERKRONE

Diese in der Türkei, dem Iran, Afghanistan und in Kaschmir beheimatete Art ist die größte der Fritillarien und von allen am leichtesten zu ziehen. Die belaubten, bis zu 1,5 m hohen Stiele tragen Wirtel lanzettlicher, blaßgrüner Blätter. Im späten Frühjahr und im Frühsommer blühen hängende Büschel von bis zu acht gelben, orangefarbenen oder roten, glockenförmigen Blüten, die einen unangenehmen Geruch haben. Die beliebte Gartenform **'Lutea'** trägt leuchtendgelbe Blüten.

Fremontodendron 'California Glory'

Fritillaria meleagris

SCHACHBLUME, KIEBITZEI

Diese in Europa wild vorkommende Art treibt im Frühjahr schlanke, bis zu 30 cm hohe Stiele, die je eine nickende, pokalförmige, weinrote, grüne oder weiße, gefleckte, 2,5 cm lange Blüte tragen. Am Stengel verteilt sitzen einige schlanke Blätter. Die Schachblume gedeiht unter Laubbäumen oder in Steingärten, wenn sie während des Wachstums reichlich Wasser bekommt.

Fritillaria messanensis

Syn. *Fritillaria oranensis*

Diese aus Griechenland stammende, seltene, aber leicht zu ziehende Art wird 30 cm groß. Im Frühjahr bringt sie braun-blaßgrüne, glockenförmige Blüten hervor.

Fritillaria michailovskyi

Diese 20 cm kleine Gebirgspflanze aus dem Nordwesten der Türkei trägt im Sommer kastanienbraune Blüten mit gelben Spitzen. Sie benötigt eine lockere, kiesige Erde.

Fritillaria pallidiflora

Diese im Nordwesten Chinas und Sibiriens beheimatete Fritillarie, die 40 cm hoch wird, kann leicht in torfiger Erde im Halbschatten gezogen werden. Die grau- oder blaugrünen Blätter sind breit, die glockigen Blüten blaß- oder leuchtendgelb.

Fritillaria persica

Diese aus dem Süden der Türkei stammende Art wird etwa 1 m hoch und hat entlang den Stengeln schlanke, lanzettliche Blätter. Im Frühjahr trägt sie Ähren von bis zu 25 nickenden, schmal glockenförmigen Blüten, deren Farbpalette von Dunkelviolett über Braun bis Schwarzviolett reicht.

Fritillaria pontica

Diese von Bulgarien bis zu den Bergen in der Türkei vorkommende Art wird 45 cm hoch und hat lanzettliche bis ovale, graugrüne Blätter. Die gewöhnlich grünen Blüten sind am Grund manchmal violett gefleckt. Wie *Fritillaria messanensis* und *F. strausii* ist sie wildwachsend recht selten.

Fritillaria meleagris

Fritillaria uva-vulpis

Fuchsia arborescens

Fritillaria strausii

Fritillaria pyrenaica

Diese elegante, bis zu 45 cm hohe Pflanze, die auf den subalpinen Wiesen Nordwestspaniens beheimatet ist, hat schlanke, wechselständige Blätter. Die kubischen Glocken sind braunviolett und außen gelb gesprenkelt. Die interessante Färbung kehrt sich auf der Innenseite der Glocke um. Die Pflanze braucht eine gute Drainage.

Fritillaria strausii

Das gesprenkelte Muster, das die Blüten zahlreicher Fritillarien kennzeichnet, ist bei *Fritillaria strausii* besonders auffällig: Schokoladen- und cremefarbene Flecken unterbrechen das Violett der Blütenblätter. Diese Art, benannt nach dem Botaniker H. Strauss (1850–1922), stammt aus der Türkei und wird etwa 25 cm hoch.

Fritillaria uva-vulpis

Syn. *Fritillaria assyriaca*

Der Name dieser kleinen Art bedeutet soviel wie »Fuchstraube«. In der Türkei, im Irak und in Iran, wo sie beheimatet ist, wächst sie häufig in Getreidefeldern. Im Frühjahr blüht sie grau-violett und golden. Die Pflanze wird 20 cm hoch und 5 cm breit.

Fritillaria verticillata

Diese 60 cm hohe *Fritillaria*, beheimatet in den Bergen Zentralasiens, hat schlanke, mittelgrüne Blätter, die in Wirteln am Stengel verteilt sind. Im Frühjahr trägt sie lockere Ähren von bis zu 15 breiten, weißen, glockenförmigen Blüten, die leicht grün gesprenkelt oder geädert sind.

Fritillaria pontica

Fritillaria messanensis

Fritillaria verticillata

FUCHSIA

FUCHSIE

Diese Gattung besteht aus etwa 100 Arten und Tausenden von Hybriden und Kulturformen, erhältlich in einer Vielfalt von Formen und einer wunderbaren Farbpalette von Rot-, Weiß-, Rosa- oder Violetttönen. Die Blütenhülle ist differenziert in eine lange oder kurze Röhre, farbige, abgespreizte Kelchblätter und vier breite Kronblätter. Es sind sommergrüne oder immergrüne Bäume, Sträucher oder Stauden. Die Gattung kommt nur in Süd- und Zentralamerika vor – mit Ausnahme von vier in Neuseeland und einer auf Tahiti beheimateten Art. Die meisten der großblütigen amerikanischen Arten kommen in regenreichen Gegenden vor und wachsen auch als Epiphyten oder auf Felsen. Die Wuchsform variiert von aufrechten Sträuchern bis zu ausladenden Büschen. Hängende Sorten eignen sich für Ampeln oder können zu hängenden Hochstämmen geformt werden. Aufrechte Arten können zu kompakten Büschen, Hochstämmen oder Spalieren gezogen werden.

PFLEGE UND VERMEHRUNG: Außer der mäßig winterharten *Fuchsia magellanica* sind alle Arten frostempfindlich. Sie benötigen feuchte, durchlässige, fruchtbare Erde, einen sonnigen oder halbschattigen Standort und Schutz vor heißen Winden und der Nachmittagssonne. Meist ist ein frühzeitiges Abknipsen und Beschneiden nach der Blüte günstig für Form und Blütenpracht. Vermehrung durch Samen oder Stecklinge. Auf Weiße Fliege, Spinnmilben, Rost und Grauschimmel ist zu achten.

Fuchsia arborescens

Syn. *Fuchsia arborea*

BAUMFUCHSIE, FLIEDERFUCHSIE

Dieser große, aufrechte, immergrüne Strauch aus Mexiko und Zentralamerika wird etwa 5,5 m hoch und hat schmale, elliptische, dunkelgrüne Blätter. Von Spätfrühling bis Frühherbst erscheinen aufrechte Büschel kleiner rosa-violettfarbener Blüten. Die Pflanze toleriert wärmeres Klima mehr als andere Arten, benötigt jedoch einen feuchten, geschützten Standort.

Fuchsia boliviana

Dieser in den Ausläufern der peruanischen Anden beheimatete Strauch oder kleine

Fuchsia campos-portoi

Fuchsia denticulata

Fuchsia magellanica 'Versicolor'

Fuchsia procumbens

Fuchsia paniculata

Baum, wird bis zu 3,5 m hoch. Die weichen, graugrünen Blätter sind manchmal rötlich geädert. Die langen scharlachroten Röhrenblüten wachsen in hängenden Dolden. Die Blüten der ***Fuchsia boliviana* var. *alba*** haben weiße Röhren, die Kelchblätter sind am Grund scharlachrot gezeichnet.

Fuchsia magellanica

Fuchsia campos-portoi

Dieser in Brasilien in Höhen über 2100 m wildwachsende Strauch hat kleine Blüten mit roten Röhren und Kelchblättern und violette Blütenblätter.

Fuchsia denticulata

In Peru und Bolivien heimisch, wird diese Fuchsie bis zu 2,5 m hoch und besitzt große, bis zu 15 cm lange Blätter. Die langen Röhrenblüten haben eine leuchtendrote Krone, die Spitzen der Kelchblätter sind cremefarben bis grün.

Fuchsia excorticata

Diese aus Neuseeland stammende Art, ein langsamwachsender Baum, der in der Natur eine Höhe von 12 m und einen Stammdurchmesser von über 60 cm erreicht, ist die größte der Gattung. In Kultur wird die Pflanze als Strauch normalerweise nur 3–4,5 m hoch. In kühlerem Klima ist sie laubwerfend. Die kleinen, grünlich-violetten oder mattroten Blüten sprießen oft direkt aus den Ästen.

Fuchsia magellanica 'Thompsonii'

Fuchsia boliviana

Fuchsia boliviana var. *alba*

Fuchsia fulgens

Dieser aufrechte, in Mexiko beheimatete Strauch wird 1,5 m hoch und hat ausladende Äste. Die ei- bis herzförmigen Blätter werden über 25 cm lang. Im Sommer erscheinen endständige, hängende Dolden schlanker, scharlachroter Blüten, deren Kelchblätter an den Spitzen grün sind.

Fuchsia magellanica

SCHARLACHFUCHSIE, FREILANDFUCHSIE

Dieser aus Chile und Argentinien stammende, kräftige, aufrechte Strauch wird bis zu 3 m hoch. Je drei der lanzettlichen bis eiförmigen Blätter sitzen in Wirteln um die Zweige. Die hängenden, roten Röhrenblüten mit roten Kelchblättern und violetten Blütenblättern erscheinen im Sommer über einen langen Zeitraum. Diese einzige in Mitteleuropa einigermaßen winterfeste Art kann zur Formerhaltung zurückgeschitten werden. **'Alba'** kann eine beträchtliche Höhe erreichen und trägt weiße Blüten. **'Thompsonii'** hat scharlachrote Röhren und Kelchblätter und zartviolette Blütenblätter, und obwohl die Blüten klein für diese Sorte sind, sind sie üppiger. **'Versicolor'** (Syn. 'Tricolor') hat graugrüne, jung rötliche Blätter mit weißgefleckten Rändern, wenn sie ausgewachsen sind. Die Blüten sind klein und dunkelrot.

Fuchsia paniculata

Die Blätter dieser in Südmexiko und Panama beheimateten, ungewöhnlichen

Fuchsia fulgens

Art gleichen denen der *Fuchsia magellanica,* jedoch sind die rosafarbenen Blüten sehr klein und blühen massenhaft in großen Rispen. Die runden, tiefviolettroten Beeren sind oft auffälliger als die Blüten.

Fuchsia procumbens

Dieser in Neuseeland beheimatete, niederliegende Zwergstrauch wird höchstens 15 cm hoch. Zwischen den kleinen, herzförmigen Blättern stehen aufrechte, violette und grüne Blüten mit orangefarbenen Spitzen. Die großen Beeren werden leuchtendrot. Die Pflanze eignet sich hervorragend als kräftiger Bodendecker oder als Ampelpflanze.

Fuchsia 'Blue Satin'

Fuchsia 'Cara Mia'

Fuchsia 'Bicentennial'

Fuchsia splendens

Dieser aufrechte Strauch hat zartgrüne Blätter und kleine, einfache Blüten mit breiten, orangefarbenen Röhren und kurzen, grünen Kelch- und Blütenblättern.

Fuchsia thymifolia

Dieser in Mexiko beheimatete, aufrechte, bis 1 m hohe Strauch hat schmale, gegenständige Blätter. Die kleinen Blüten haben eine weiße Röhre und rötlich-weiße Blütenblätter, die im Alter dunkler werden.

Fuchsia triphylla

Dieser immergrüne, aus der Karibik stammende Strauch wird 75 cm hoch und hat Paare oder Wirtel lanzettlicher Blätter mit violetter Unterseite. Die scharlachrot-orangenen Blüten haben schlanke, spitz-

Fuchsia 'Baby Blue Eyes'

zulaufende Röhren und kleine Blütenblätter. Sie wachsen in dichten, endständigen Büscheln. Die Farbe der Blätter ist am intensivsten, wenn die Pflanze in leichtem Schatten gepflanzt wird.

FUCHSIA-Hybriden

Syn. *Fuchsia* × *hybrida*

Unter diesem Namen werden Tausende moderne, großblühende Hybriden zusammengefaßt, die hauptsächlich von *Fuchsia magellanica* und *F. fulgens* abstammen. Die von *F. triphylla* abstammenden Arten haben schlanke, lange, röhrenförmige, einfache Blüten und die Blattunterseiten sind normalerweise leicht violett. Alle Kulturformen können in Töpfen, Ampeln oder im Sommer in den Garten gepflanzt werden. Arten mit einem aufrechten Wuchs lassen sich zu Hochstämmen ziehen, und die hängenden Kulturformen eignen sich gut für Ampeln oder Blumenkästen.

Fuchsia 'Beacon Rosa'

Fuchsia 'Annabel'

Der aufrechte, 60 cm hohe Strauch trägt reichlichgefüllte, weiße Blüten, die rosa gestreift sind.

Fuchsia 'Baby Blue Eyes'

Dieser aufrechte Strauch trägt üppig Blüten mit roten Röhren und Kelchblättern und violett-rosafarbenen Kronblättern. Er ist hervorragend als Topfpflanze geeignet.

Fuchsia 'Beacon Rosa'

Dieser aufrechte, kompakte Strauch, dessen dunkelgrüne Blätter gewellte Ränder haben, trägt einfache Blüten mit rosenroter Röhre und Kelchblättern und rosafarbenen, rotgeäderten Kronblättern.

Fuchsia 'Bicentennial'

Dieser Strauch wird bis zu 45 cm hoch und 60 cm breit. Die gefüllten Blüten haben eine weiße Röhre, orangefarbene Kelchblätter und eine tiefrote Krone.

Fuchsia 'Candy Bells'

Fuchsia 'Blue Satin'

Dieser reichblühende, hängende Strauch hat dunkelgrüne Blätter, gefüllte Blüten mit weißen Röhren und Kelchblättern und seidig blaue, am Grunde weiße Kronblätter. Er eignet sich besonders für Ampeln.

Fuchsia 'Brutus'

Kräftig, buschig und aufrechtstehend, eignet sich dieser Strauch gut als Hochstamm oder Gartenpflanze. Er hat mittelgrüne, dunkelgeäderte Blätter. 'Brutus' blüht üppig. Die einfachen Blüten bestehen aus einer kurzen, purpurroten Röhre mit zurückgebogenen Kelchblättern und dunkelvioletter, am Grunde karmesinroter Krone.

Fuchsia 'Candy Bells'

Dieser verzweigte Strauch hat kleine, glänzende, mittelgrüne Blätter mit gezähnten Rändern. Die kleinen, einfachen Blüten haben rosafarbene, wächserne Röhren und Kelchblätter und rosafarbene Kronblätter.

Fuchsia 'Cara Mia'

Dieser reichblühende, wüchsige, hängende Strauch hat halbgefüllte, mittelgroße Blüten mit zartrosa Röhre, zurückgebogenen Kelchblättern und tiefpurpurroten Kronblättern, die üppig entlang der Stiele blühen. Diese Art eignet sich gut als Topf- oder Ampelpflanze.

Fuchsia 'Celia Smedley'

Dieser aufrechte Strauch trägt zierliche, einfache oder halbgefüllte Blüten mit grünlich-weißer Röhre, blaßrosa Kelchblättern und roten Kronblättern. Er wird 75 cm hoch und breit.

Fuchsia 'Chillerton Beauty'

Fuchsia 'Chillerton Beauty'

Dieser aufrechte, buschige Strauch wird etwa 1 m hoch und hat kleine, glänzendgrüne Blätter. Die reichlich erscheinenden, kleinen, einfachen Blüten haben zartrosafarbene Röhren und Kelchblätter und violette, rosa geäderte Kronblätter.

Fuchsia 'Cloverdale Pearl'

Dies ist ein aufrechter, verzweigter Strauch mit mittelgroßen, einfachen Blüten mit weißer Röhre, rosafarbenen, zurückgebogenen Kelchblättern, die in weiß übergehen und grüne Spitzen haben, und weißer, rosafarben geäderter Krone. Er blüht reich und ist leicht in Form zu schneiden.

Fuchsia 'Dark Eyes'

Buschig, aufrecht und bis zu 60 cm hoch, trägt dieser Strauch mittelgroße, gefüllte Blüten mit dunkelroten Röhren und Kelchblättern und dunkelviolett-blauen Kronblättern.

Fuchsia 'Display'

Dieser starke, aufrechte, verzweigte Strauch wird bis zu 75 cm hoch. 'Display' hat mittelgroße, einfache, schalenförmige Blüten in Rosaschattierungen.

Fuchsia 'Dollar Princess'

Syn. *Fuchsia* 'Princess Dollar'

Dieser aufrechte, 45 cm hohe Strauch trägt kleine bis mittelgroße Blüten mit kirschroten Röhren und Kelchblättern und violetten Kronblättern, die zur Basis hin rosafarben werden.

Fuchsia 'Fanfare'

Diese Hybride ist eine kräftige, große, schnellwachsende Pflanze mit schlaff herabhängenden Stengeln und großen, dunkelgrünen Blättern. Die einfachen Blüten haben eine bis zu 8 cm lange, schlanke, dunkelrosafarbene Röhre, kurze, dunkelrosafarbene Kelchblätter und kurze, scharlachrote Kronblätter. Die Blüten erscheinen im Spätherbst und manchmal im Winter.

Fuchsia 'Flash'

Dies sit ein aufrechter, buschiger Strauch mit kleinen, fein gesägten und hellgrünen Blättern. **'Flash'** trägt reichlich einfache, kleine Blüten mit dunkelroter Röhre, relativ kurzen Kelchblättern und roter Krone.

Fuchsia 'Garden News'

Der reichblühende, aufrechte, bis 60 cm hohe Strauch trägt gefüllte, rosafarbene Blüten mit hellrosafarbenen Röhren und Kelchblättern.

Fuchsia 'Gartenmeister Bonstedt'

Diese kräftige Hybride von *Fuchsia triphylla* ist ein ausladender Strauch mit rot überlaufenen, bronzefarbenen Blättern. Die Blüten sind kräftig rot und langröhrig.

F

Fuchsia 'Flash'

Fuchsia 'Garden News'

Fuchsia 'Gartenmeister Bonstedt'

Fuchsia 'Cloverdale Pearl'

Fuchsia 'Dark Eyes'

Fuchsia 'Fanfare'

Fuchsia 'Display'

Fuchsia 'Dark Eyes'

Fuchsia 'Genii'

Dieser aufrechte, bis 1 m hohe und breite Strauch hat etwas grünlichgelbe Blätter und kleine, einfache Blüten mit dunkelrosafarbenen Röhren und Kelchblättern und violetten Kronblättern.

Fuchsia 'Golden Marinka'

Der kleine, überhängende Strauch wird bis zu 30 cm hoch und 45 cm breit. Seine goldgelb panaschierten Blätter sind rot geädert. Die reichlichen, einfachen, roten Blüten haben dunkelrote Kronblätter. Der Strauch ist hervorragend als Ampelpflanze geeignet.

Fuchsia 'Hidcote Beauty'

Dieser aufrechte Strauch wird 60 cm hoch und breit. Die einfachen Blüten haben cremeweiße Röhren und Kelchblätter und lachsfarbene Kronblätter.

Fuchsia 'Jack of Hearts'

Ein reichblühender, hängender Strauch mit mittelgrünen, gesägten Blättern. Die großen, gefüllten Blüten haben eine dicke, rosafarbene Röhre, die Kelchblätter sind rosa mit grünen Spitzen und die zahlreichen weißen Kronblätter haben einen rosafarbenen Schimmer. Er eignet sich gut als Ampelpflanze.

Fuchsia 'John Grooms'

Fuchsia 'Jack Shahan'

Der kräftige, rankende Strauch wird 45 cm hoch und 60 cm breit. Die großen, einfachen Blüten sind zart- bis dunkelrosa.

Fuchsia 'Joanne'

Dieser buschige, rankende Strauch hat mittelgrüne, bis zu 6 cm lange Blätter. Die einfachen Blüten haben kurze, dünne, rosafarbene Kelchblätter mit grünen Spitzen und rötlichvioletten Kronblättern. Sie eignet sich gut für Ampeln und kann auch zu einer kompakten Gartenpflanze zurechtgestutzt werden.

Fuchsia 'John Grooms'

Dieser kräftige, reichblühende, aufrechte Strauch hat gezähnte, smaragdgrüne Blätter. Die gefüllten Blüten haben eine kurze, grünlich-weiße Röhre, rosafarbene, gebogene Kelchblätter und violette Kronblätter.

Fuchsia 'Joy Patmore'

Fuchsia 'Joy Patmore'

Ein aufrechter, bis zu 45 cm hoher Strauch, der einfache Blüten mit wächsernen weißen Röhren und Kelchblättern und tiefkarmesinroten Kronblättern trägt.

Fuchsia 'La Campanella'

Dieser rankende, bis zu 30 cm hohe und 45 cm breite Strauch trägt kleine, halbgefüllte Blüten mit weißer Röhre und violetten Blütenblättern. 'La Campanella' blüht reichlich und eignet sich hervorragend als Ampelpflanze.

Fuchsia 'Lady Thumb'

Der aufrechte Strauch, bis zu 30 cm hoch, trägt eine Vielzahl kleiner, halbgefüllter Blüten mit dunkelrosafarbenen Röhren und Kelchblättern und weißen bis zartrosafarbenen Kronblättern. Er eignet sich gut als Topfpflanze.

Fuchsia 'Lena'

Dieser hängende, bis zu 60 cm hohe und 75 cm breite Strauch trägt einfache bis halbgefüllte Blüten, deren Röhren und Kelchblätter weiß sind, und dunkelrote Blütenblätter, die am Grunde heller sind. Wegen ihrer reichen Blüte ist 'Lena' eine beliebte Sorte.

Fuchsia 'Leonora'

Dieser kräftige, aufrechte Strauch wird bis zu 75 cm hoch. Die Kelchblätter der einfachen, rosafarbenen Blüten sind an den

Fuchsia 'Leonora'

Fuchsia 'La Campanella'

Fuchsia 'Hidcote Beauty'

Fuchsia 'Jack of Hearts'

Fuchsia 'Lord Byron'

Fuchsia 'Mrs Marshall'

Fuchsia 'Madeleine Sweeney'

Spitzen grün. Er eignet sich ausgezeichnet als Hochstamm.

Fuchsia 'Lisa'

'Lisa', niedrigwachsend und kompakt, trägt reichlich Blüten mit rosafarbenen Röhren und Kelchblättern und lavendelblauen Kronblättern.

Fuchsia 'Lord Byron'

Dieser reichblühende, aufrechte, buschige Strauch hat mittelgrüne, gesägte Blätter. Die einfachen, 8 cm langen Blüten haben eine kurze, dünne, kirschrote Röhre,

Fuchsia 'Mrs Popple'

scharlachrote Kelchblätter und rotgeäderte, dunkelviolette Kronblätter, die zur Basis hin blasser werden.

Fuchsia 'Madeleine Sweeney'

Dieser aufrechte Strauch hat gezähnte, smaragdgrüne Blätter und große, gefüllte Blüten mit leuchtendkirschroten Röhren und Kelchblättern und violetten Kronblättern.

Fuchsia 'Marcus Graham'

Dieser Strauch hat weit geöffnete, gefüllte Blüten mit zartrosafarbenen Kelchblättern und rötlich-rosafarbenen Kronblättern. Die Blüten sind sehr groß und auffällig.

Fuchsia 'Marin Glow'

'Marin Glow' ist ein wohlgeformter, aufrechter Busch, übersät von mittelgroßen einfachen Blüten mit wächsernen, weißen Röhren und Kelchblättern. Die kräftig violetten Kronblätter verfärben sich langsam dunkelrot. Der Strauch kann als Hochstamm gezogen werden.

Fuchsia 'Marinka'

Dieser hängende, 30 cm hohe und bis zu 60 cm breite Strauch trägt zahlreiche einfache, rote Blüten mit dunkler, roter Krone. Diese Hybride eignet sich hervorragend als Topfpflanze oder attraktive Ampelpflanze.

Fuchsia 'Orange Drops'

Fuchsia 'Marcus Graham'

Fuchsia 'Mrs Marshall'

Dies ist ein aufrechter, buschiger und reichblühender Strauch, übersät von einfachen Blüten mit cremeweißen Röhren und Kelchblättern sowie kirschroten Blütenblättern. 'Mrs Marshall' kann leicht als Hochstamm gezogen werden.

Fuchsia 'Mrs Popple'

Dieser kräftige, buschige Strauch, der etwa 1 m hoch und breit wird, hat einfache Blüten mit scharlachroten Röhren und Kelchblättern und violetten Kronblättern, die in der Mitte dunkelrosa sind.

Fuchsia 'Natasha Sinton'

Dieser sehr reichblühende, hängende Strauch hat gezähnte Blätter. Die mittelgroßen, gefüllten Blüten haben blaßrosafarbene Röhren, Kelch- und Kronblätter.

Fuchsia 'Nellie Nuttall'

Dies ist ein frühblühender, aufrechter Strauch, der etwa 45 cm hoch und breit wird. Die recht einfachen, auswärtsgewandten Blüten haben rote Röhren und Kelchblätter und rotgeäderte, weiße Kronblätter.

Fuchsia 'Marinka'

Fuchsia 'Natasha Sinton'

Fuchsia 'Orange Drops'

Dieser buschige, aufrechte oder etwas überhängende Strauch ist eine der schönsten orangeblühenden Fuchsien. Die einfachen Blüten haben hellorangefarbene Röhren und Kelchblätter und eine dunkler orangefarbene Krone.

Fuchsia 'Pacquesa'

Dieser aufrechte, reichblühende Strauch (bis zu 60 cm hoch) trägt große Blüten mit dunkelroter Röhre und roten, zurückgebogenen Kelchblättern. Die weißen Kronblätter sind rot geädert. Er kann buschig oder als Hochstamm gezogen werden.

Fuchsia 'Tango Queen'

Fuchsia, Kulturvarietät

Fuchsia 'Sealand Prince'

Fuchsia 'Swingtime'

Fuchsia 'Strawberry Sundae'

Fuchsia 'Phyllis'

Fuchsia 'Phyllis'

Dieser aufrechte, 1,5 m hohe Strauch trägt reichlich halbgefüllte, rosarote Blüten.

Fuchsia 'Riccartonii'

Syn. *Fuchsia magellanica* 'Riccartonii'

Die grünen Blätter dieses großen, aufrechten, bis zu 3 m hohen Strauches haben einen bronzefarbenen Ton. Die zahlreichen kleinen, einfachen Blüten haben rote Röhren und Kelchblätter und dunkelviolette Blütenblätter. In geschützten Gegenden ist die Sorte winterhart und kann als Hecke gezogen werden.

Fuchsia 'Rose of Castile'

Dieser große, aufrechte Strauch hat einfache Blüten mit weißen Röhren. Die Kelchblätter haben grüne Spitzen und die violetten Blütenblätter sind rosafarben gezeichnet. Sie kann gut als Hochstamm gezogen werden.

Fuchsia 'Royal Velvet'

Dieser kräftige, aufrechte Strauch erreicht eine Größe bis zu 75 cm. Die großen, gefüllten Blüten haben wächserne rote Röhren und rote, zurückgebogene Kelchblätter. Die Krone ist tiefviolett. Diese Varietät kann gut als Hochstamm gezogen werden.

Fuchsia 'Sealand Prince'

Sie ist ein aufrechter, buschige Strauch, der mittelgroße, einfache, glockenförmige Blüten trägt . Die Röhren und die langen, nach oben gebogenen Kelchblätter sind hellrot, die violetten Kronblätter verfärben sich nach und nach rötlich-violett. Wächst am besten freistehend.

Fuchsia 'Sierra Blue'

Dieser reichblühende, buschige, hängende Strauch trägt große, gefüllte Blüten. Deren Röhren und die etwas zurückgebogenen Kelchblätter sind weiß; die silber-blauen, rosafarben geäderten Kronblätter nehmen in der Spätblüte einen weichen Fliederton an.

Fuchsia 'Superstar'

Fuchsia 'Strawberry Sundae'

Dieser reichblühende, hängende Strauch schmückt sich mit großen, gefüllten Blüten mit breiten, rötlichgrünen Kelchblättern und rötlichfliederfarbenen Kronblättern. 'Strawberry Sundae' eignet sich hervorragend als Ampelpflanze.

Fuchsia 'Superstar'

Dieser aufrechte, starkverzweigte Strauch hat tiefgrüne Blätter und blaßviolette Blüten mit zurückgebogenen Kelchblättern.

Fuchsia 'Swingtime'

Dieser kräftige, bis zu 60 cm hohe Strauch hat mittelgroße bis große, gefüllte Blüten mit roten Röhren und Kelchblättern und cremeweiße, rotgeäderte Kronblätter. Wegen seiner ausladenden Wuchsform eignet er sich für Ampeln oder Blumenkästen.

Fuchsia 'Tango Queen'

Dieser hängende Strauch hat gezähnte Blätter und trägt mittelgroße, halbgefüllte Blüten mit zartrosafarbenen Röhren und Kelchblättern und violetten Kronblättern, die weiß geädert sind.

Fuchsia 'Royal Velvet'

Fuchsia 'Thalia'

Fuchsia, Kulturvarietät

Fuchsia 'Thalia'

Dieser aufrechte, buschige, bis 1 m hohe Strauch hat samtige, dunkelgrüne Blätter mit leicht violetter Unterseite. Die reichlichen kleinen, orangeroten Blüten haben sehr lange Röhren.

Fuchsia 'Tom Thumb'

Dieser kleine, aufrechte, buschige, bis 30 cm hohe Strauch trägt üppig kleine, einfache Blüten mit rötlichen Röhren und Kelchbättern und rötlich-violetten, rotgeäderten Kronblättern. Diese reichblühende Pflanze eignet sich gut als Miniatur-Hochstamm.

Fuchsia 'Vivienne Thompson'

Die halbgefüllten Blüten dieses aufrechten, verzweigten Strauches blühen über einen langen Zeitraum. Die Röhren und die stark zurückgebogenen Kelchblätter sind weiß mit rosafarbenen Adern am Grund. Sie kann als Busch oder Hochstamm gezogen werden und ist bei Beschattung relativ hitzetolerant.

Fuchsia 'Vivienne Thompson'

Fuchsia 'White Pixie'

Fuchsia 'Waltzing Matilda'

Dies ist ein hängender Strauch mit dunkelgrünen, an den Rändern feingezähnten Blättern. Die mittelgroßen, gefüllten Blüten sind zartrosa mit schwachen, dunkelrosafarbenen Adern. Die gewellten Kelchblätter haben grüne Spitzen.

Fuchsia 'Westminster Chimes'

Dieser kaskadenartig hängende Strauch mit mandelförmigen Blättern trägt reichlich ziemlich kleine, halbgefüllte Blüten. Die Röhre ist dunkelrosa und die ausgebreiteten, dunkelrosa Kelchblätter gehen in Zartrosa über. Die violettblauen Kronblätter verblassen nach und nach dunkelrot mit hellen Rosatönen an der Basis.

Fuchsia 'White Ann'
Syn. *Fuchsia* 'Heidi Weiss'

Dieser aufrechte, 60 cm hohe Strauch hat kleine, dunkelgrüne Blätter und gefüllte Blüten mit purpurroten Röhren und Kelchblättern und weiße, rotgeäderte Kronblätter.

Fuchsia 'White Pixie'

'White Pixie' ist ein aufrechter, buschiger und reichblühender Strauch mit gelblichgrünen, rotgeäderten Blättern und wird bis zu 1 m hoch. Die kleinen, einfachen Blüten haben kurze, rote Röhren sowie rote, zurückgebogene Kelchblätter und weiße Kronblätter mit roten Adern.

Fuchsia 'White Spider'

Fuchsia 'Waltzing Matilda'

Fuchsia 'White Spider'

Dieser kräftige, verzweigte Strauch trägt reichlich einfache, zartrosafarbene, rosageäderte Blüten mit rosafarbener Röhre. Er ist ausgezeichnet als Hochstamm zu ziehen.

FURCRAEA

Diese mit *Agave* eng verwandte Gattung besteht aus zwölf Arten ausdauernder Sukkulenten mit endständigen oder grundständigen Rosetten lanzettlicher, langer und fleischiger Blätter. Im Sommer treiben die Pflanzen große Rispen kurzröhriger Blüten aus. Zwischen den Blüten findet man oft Brutknospen. Diese Pflanzen sind in semiariden Gebieten der Karibischen Inseln sowie Mittel- und Südamerikas beheimatet. Sie sind nicht frosthart.

PFLEGE UND VERMEHRUNG: Sie verlangt volle Sonne und gute Drainage. Im Winter sollte man sie trocken halten. Sie gedeiht im Gewächshaus bei trockener Luft, guter Belüftung und sehr viel Licht in Töpfen. Vermehrung durch Samen im Frühjahr oder durch Teilung.

Furcraea foetida
Syn. *Furcraea gigantea*

Diese riesige Art ist die größte ihrer Gattung. Sie hat eine Rosette breit lanzettlicher, grüner Blätter, die am Grunde etwas bedornt sein können. Im Sommer blühen duftende, glockenförmige, grüne, in der Mitte weiße Blüten auf riesigen, bis zu 9 m hohen Rispen.

Furcraea selloa var. *marginata*

Die Blätter dieser Art werden 1 m oder länger. Sie haben eine scharfe Spitze und hellgelbe Ränder mit gebogenen, weit auseinanderstehenden Dornen. Die bis zu 6 m hohen Rispen tragen im Sommer schwach duftende, grünlich-weiße, glockenförmige Blüten.

Furcraea selloa var. *marginata*

Fuchsia 'Tom Thumb'

G

GAILLARDIA

KOKARDENBLUME

Diese aus etwa 30 Arten ein- und zweijähriger Kräuter und Stauden bestehende Gattung ist, mit Ausnahme zweier südamerikanischer Arten, in den USA beheimatet. Die Stauden eignen sich besonders für gemäßigte Klimagebiete. Die Blühperiode aller Arten dauert vomn Sommer bis zum ersten Frost. Die Blütenkörbchen sind entweder einfach, wie kleine Sonnenblumen, oder gefüllt, können bis zu 15 cm breit werden und leuchten in verschiedenen Gelb-, Orange- und Rottönen. Kokardenblumen sind ein farbenfroher Beitrag für Rabatten und eignen sich auch sehr gut als Schnittblumen.

PFLEGE UND VERMEHRUNG: Sie gehören zu den unempfindlichsten Gartenblumen und tolerieren extreme Hitze, Kälte, Trockenheit, starke Winde und magere Böden. Sie sind in voller Sonne in durchlässige Erde zu pflanzen und, falls nötig, abzustützen. In kühlen Klimazonen sollten die Pflanzen im Spätsommer stark zurückgeschnitten werden, so daß sich vor dem ersten Frost grundständige Überwinterungsknospen bilden. Die Vermehrung durch Samen erfolgt im Frühjahr oder Frühsommer, die der Stauden durch Teilung im Frühjahr.

Gaillardia × grandiflora, Kulturvarietät

Gaillardia × grandiflora, Kulturvarietät

Gaillardia amblyodon

Diese einjährige Art aus Texas wird 1 m hoch und genauso breit. Sie hat gräulichgrüne, längliche Blätter. Im Herbst erscheinen kastanienbraune Blütenkörbchen.

Gaillardia aristata

Diese auffällige Staude, die in den Prärien in der Mitte der USA beheimatet ist, wird 60 cm hoch und 45 cm breit und hat aromatische, gräuliche, flaumige Blätter, die manchmal flach gebuchtet oder tief zerteilt sind. Von Frühsommer bis Herbst blühen in großer Menge dekorative, große einzelne gelbe Köpfchen mit roter Mitte. Die Stauden sind winterhart, können jedoch vor allem an feuchten Standorten kurzlebig sein.

Gaillardia × grandiflora

Diese Hybriden aus *Gaillardia aristata* und *G. pulchella* sind die am häufigsten gepflanzten Kokardenblumen. Die Pflanzen bilden bis zu 1 m hohe und breite Horste aus schmalen, leicht gebuchteten, behaarten Blättern. Die im Durchmesser 8–10 cm großen Blütenköpfchen blühen in kräftigen Rot-, Gelb-, Orange- und Burgundertönen. Die Vermehrung erfolgt durch Teilung oder bei Namensorten durch Stecklinge. Die Strahlenblüten von **'Burgunder'** sind dunkel kastanienbraun; **'Dazzler'** hat leuchtend orangegelbe Blütenköpfchen mit kastanienbrauner Mitte; **'Kobold'** ist von kompaktem Wuchs, wird 30 cm hoch und hat sattrote Blüten mit gelben Spitzen.

Gaillardia pulchella

Diese einjährige oder selten kurzlebig mehrjährige, schnell- und aufrechtwachsende Pflanze wird 45–60 cm hoch und 30 cm breit und hat behaarte, lanzettliche, graugrüne Blätter. Die Strahlenblüten sind rot mit gelben Spitzen oder einheitlich rot oder gelb und gruppieren sich um eine kegelförmige, leicht violette Mittelscheibe. Wenn sie regelmäßig ausgeputzt wird, ist dies eine sehr lange blühende Sommerblume.

Gaillardia × grandiflora 'Kobold'

Gaillardia × grandiflora 'Kobold'

GALANTHUS

SCHNEEGLÖCKCHEN

Diese wohlbekannte, aus etwa 19 Arten kleiner Zwiebelpflanzen bestehende Gattung ist in Europa und Westasien heimisch. Kleine, weiße, nickende und manchmal wohlriechende Blüten erscheinen über den Blättern. Die drei inneren Blütenblätter sind viel kleiner als die drei äußeren und normalerweise grün gezeichnet. Sie sind das Charakteristikum dieser Gattung. Schneeglöckchen eignen sich zur Einbürgerung im Rasen oder in leicht schattigen Gehölzen. Sie gedeihen auch in Steingärten und sind ausgezeichnete Schnittblumen. Sie blühen im späten Winter als erste Frühjahrsboten.

PFLEGE UND VERMEHRUNG: Schneeglöckchen sind winterhart und gedeihen am besten in kühlem Klima. Pflanzen Sie sie in nährstoffreiche, feuchte, aber durchlässige Erde im Halbschatten, in sehr kalten Gegenden auch an vollsonnige Stellen. Während der Wachstumsperiode muß ausreichend Wasser vorhanden sein. Die Vermehrung erfolgt durch frische, reife Samen oder Teilung der Horste nach der Blüte, während die Pflanzen noch grün sind.

Galanthus elwesii

Die Türkei und der Balkan sind die Heimat dieser Art, die sich selbst vermehrt. Sie hat auffällige, graublaue Blätter, die am Grunde ineinandergefaltet sind, und nickende, weiße Blüten. Die inneren Blütenblätter weisen zwei grüne Punkte auf, die sich oft zu einer V-förmigen Markierung verbinden. Sie blüht im späten Winter und im Frühjahr und wird 25 cm hoch.

Galanthus ikariae

Diese in der Türkei und im Kaukasus beheimatete, 15 cm hohe Art, hat sattgrüne, bandförmige Blätter und zierliche, nickende, glockenförmige Blüten. Die äußeren Blütenblätter sind reinweiß, die inneren haben grüne Spitzen.

Galanthus nivalis 'Flore Pleno'

Galanthus nivalis

GEWÖHNLICHES SCHNEEGLÖCKCHEN

Diese häufig gezogene Art wird 15 cm hoch. Die aufrechten Blätter sind bläulichgrün. Jeder Stiel trägt im Spätwinter eine nickende, glockenförmige, 2,5 cm breite Blüte. Die Blütenblätter sind weiß, die inneren haben eine grüne Markierung an der Spitze. Neben der gefüllten **'Flore Pleno'** existieren viele weitere Sorten.

Galanthus plicatus

KRIMSCHNEEGLÖCKCHEN

Diese aus der Türkei und Osteuropa stammende Art wird bis zu 20 cm hoch und hat breit bandförmige, aufrechte, mattgrüne Blätter. Im Spätwinter und im frühen Frühjahr blühen weiße Blüten, die an der Spitze jedes inneren Blütenblattes einen grünen Fleck aufweisen. Die Blüten der ***Galanthus plicatus* subsp. *byzantinus*** unterscheiden sich durch zusätzliche grüne Markierungen am Grunde der inneren Blütenblätter.

GALAX

BRONZEBLATT

Eine schattenliebende Staude aus feuchten Wäldern im Südosten der USA ist die einzige Art dieser Gattung. Die Blätter sind zäh, glänzend, fast kreisrund und am Rand gezähnt und während der kälteren Monate bronzefarben. Im späten Frühjahr oder im Frühsommer erheben sich blattlose Blütenstiele weit über die Blätter, sie tragen kleine, reinweiße Blüten in Ähren.

PFLEGE UND VERMEHRUNG: Das Bronzeblatt bevorzugt Schatten oder Halbschatten in feuchter, aber durchlässiger, humusreicher Erde; basische Böden toleriert es nicht. Mit Mulch im Frühjahr oder Kompost können Sie den organischen Anteil hoch halten. Durch Herbstaussaat oder Teilung im zeitigen Frühjahr lassen sich die Pflanzen vermehren.

Galax urceolata

Syn. *Galax aphylla*

Diese 30–45 cm hohe, winterharte Staude breitet sich durch kriechende Rhizome aus und eignet sich gut als Bodendecker unter sommergrünen oder locker belaubten, immergrünen Bäumen. Mit ihrer geringen Höhe eignet sie sich ideal für Einfassungen an schattigen Stellen und auch zur Pflanzung an Teichen.

GALEGA

GEISSRAUTE

Diese Leguminosengattung umfaßt sechs Arten aus Südeuropa und Westasien stammender Stauden, die sich ausgezeichnet für Bauerngärten und Rabatten eignen. Sie bilden Büschel aufrechter Stiele, haben gefiederte, weiche, grüne Blätter und aufrechte Trauben kleiner Schmetterlingsblüten.

PFLEGE UND VERMEHRUNG: Sie sind winterhart und bevorzugen einen offenen, sonnigen oder halbschattigen Standort in jeder durchlässigen, feuchten Erde. Die Pflanzen benötigen eine Stütze. Verblühte Triebe werden ganz zurückgeschnitten. Die Vermehrung erfolgt durch Samen im Frühjahr oder Teilung im Spätherbst und Frühjahr.

Galega officinalis

Diese Art wird 1–1,5 m hoch und hat hellgrüne Blätter mit lanzettlichen Blättchen. Im Sommer blühen Ähren kleiner, mauve, rosa oder weißer Schmetterlingsblüten, aus denen gerade, lange, schmale Hülsen werden. Sie haben einen aufrechten Wuchs mit geraden Stielen.

Galega orientalis

Diese Staude wird etwa 1,2 m hoch und 60 cm breit und ist sehr ausbreitungsfreudig. Die Blättchen der weichen, gefiederten Blätter sind größer als die der *Galega officinalis.* Im späten Frühjahr blühen aufrechte Ähren violettblauer Schmetterlingsblüten mehrere Wochen lang.

GALIUM

LABKRAUT

Etwa 400 Arten einjähriger Kräuter und Stauden gehören zu der weltweit verbreiteten Gattung. Einige Arten sind Unkräuter. Labkräuter haben schwache Stiele und schmale, grüne Blätter in Wirteln. Viele Arten breiten sich durch schlanke, vielverzweigte Rhizome aus. Die kleinen, sternförmigen Blüten sind weiß, rosa oder gelb. **PFLEGE UND VERMEHRUNG:** Diese winterharten Pflanzen sollte man im Halbschatten in durchlässiger aber feuchter Erde pflanzen. Die Vermehrung erfolgt durch frische, reife Samen oder durch Teilung im frühen Frühjahr oder Herbst.

Galium aparine

KLEBKRAUT, KLETTENLABKRAUT

Der in Europa und den gemäßigten Regionen Asiens beheimatete, einjährige Spreizklimmer wird bis zu 1,5 m hoch. Er hat schlanke, lanzettliche, 2,5 cm lange Blätter mit bewimperten Rändern in bis zu achtteiligen Wirteln. Die Stiele und Blätter sind mit Haken bewehrt, die sich an Kleidung oder an nackter Haut ankletten. Im Frühjahr und Sommer blühen winzige weiße Blüten in Dreiergruppen. Die Pflanze hat einen aggressiven Ausbreitungsdrang.

Galium odoratum

Syn. ***Asperula odorata***

WALDMEISTER

Mit ihren quirlständigen Blättern bildet diese zarte europäische Staude ein wunderschönes Muster und überzieht den Boden mit einer dichten, etwa 30 cm hohen und um einiges breiteren Decke. Im späten Frühjahr erscheinen winzige, weiße Blüten in spärlich besetzten Dolden. Die frostharten Pflanzen werden traditionell zur Herstellung von Waldmeisterbowle mit Weißwein angesetzt.

Gardenia augusta

Galium verum

Galium verum

ECHTES LABKRAUT

Die wuchernde Staude, beheimatet im gemäßigten Eurasien und Nordamerika, wird 30 cm hoch und bis zu 1,2 m breit. Die linealen Blätter wachsen in Wirteln. Im Sommer und Frühherbst blühen winzige, leuchtendgelbe Blüten in dichten, endständigen Rispen.

GALTONIA

SOMMERHYAZINTHE

Südafrika ist die Heimat dieser aus vier Arten winterharter Zwiebelpflanzen bestehenden Gattung, die nach dem Wissenschaftler Francis Galton (1822–1911) benannt wurde. Sie blühen im Sommer und sind eng mit *Ornithogalum* verwandt, unterscheiden sich jedoch durch ihre eher glockenförmigen Blüten. Die halb aufrechten, bandförmigen Blätter bilden Rosetten. Die hängenden Trichterblüten wachsen in eleganten, großen Trauben. **PFLEGE UND VERMEHRUNG:** Sie brauchen volle Sonne und fruchtbare, durchlässige Erde; Winterfeuchtigkeit läßt sie verfaulen. Sie neigen zum Absterben im Winter und sollten daher ausgegraben und im Frühjahr wieder eingepflanzt werden. Die Vermehrung ist durch reife, frische Samen im Frühjahr oder durch Wurzeltriebe im Herbst oder Frühjahr möglich.

Galtonia candicans

RIESENHYAZINTHE

Diese Art wird bis zu 1,2 m hoch und hat fleischige, graugrüne Blätter. Die geraden Stiele tragen lockere Trauben mit bis zu 30 hängenden, glockenförmigen, weißen Blüten, die manchmal einen Grünton oder grüne Markierungen haben. Sie blühen im Hochsommer etwa sechs Wochen lang.

Galtonia viridiflora

Diese frostempfindliche Art hat lanzettliche, graugrüne Blätter und wird 1 m hoch. Im Spätsommer trägt sie nickende, trompetenförmige, zartgrüne Blüten.

Gardenia augusta 'Magnifica'

Galium odoratum

Galtonia candicans

GARCINIA

Etwa 200 Arten immergrüner Bäume oder Sträucher, die meist aus dem tropischen Asien und aus Afrika stammen, gehören zu dieser Gattung. Sie werden wegen ihrer dichten Belaubung und ihrer eßbaren Früchte gezogen. Die Mangustine, ***Garcinia mangostana,*** zählt zu den köstlichsten Früchten der Welt. Der gelbe Milchsaft einiger Arten wird zum Färben verwendet. **PFLEGE UND VERMEHRUNG:** Die Pflanze gedeiht im Halbschatten in feuchter, durchlässiger Erde bei regelmäßiger Bewässerung. Sie ist zweihäusig und männliche Bäume sind sehr selten, so daß die meisten Früchte ohne Befruchtung entstehen und keine Samen enthalten. Die Vermehrung durch Stecklinge oder durch Ableger ist schwierig und die Bäume tragen nur im Äquatorialklima Früchte.

Garcinia xanthochymus

Diese aus Nordindien und dem westlichen Himalaja stammende Art ist ein aufrechter, 12 m hoher Baum mit dichter, runder, niedriger Krone. Die glänzendgrünen, schmalen Blätter werden bis zu 45 cm lang. Der Baum trägt kleine, weiße Blüten und dunkelgelbe Früchte, aus deren Saft gelber Farbstoff gewonnen wird.

GARDENIA

GARDENIE

Gardenien sind weltweit als Gartenpflanzen in den warmen Klimazonen beliebt. Ihre weißen oder cremefarbenen Blüten duften überaus angenehm. Die immergrünen Sträucher oder kleinen Bäume haben glänzende, dunkelgrüne Blätter. Die Gattung umfaßt etwa 200 Arten, von denen die meisten in den tropischen Regionen Asiens oder in Südafrika beheimatet sind. **PFLEGE UND VERMEHRUNG:** Sie benötigen durchlässige, neutrale bis saure Erde und bevorzugen leichten Schatten. Durch reichliches Gießen in den wärmeren Monaten und regelmäßige Kompost- und Düngergaben wird die Blüte gefördert und

Galtonia candicans

Garcinia xanthochymus

Garcinia xanthochymus

die glänzenden, dunkelgrünen Blätter behalten ihre Farbe. Sie ertragen keinen Frost und lieben Feuchtigkeit. Daher werden sie in kühleren Klimazonen am besten in einem beheizten Gewächshaus gehalten. Gardenien können im Sommer leicht durch Stecklinge vermehrt werden.

Gardenia augusta

Syn. ***Gardenia florida, G. grandiflora, G. jasminoides***

Die englische Bezeichnung »Cape jasmine« bezieht sich auf das Kap der guten Hoffnung, das lange als Heimat dieses immergrünen Strauches galt, der in Wirklichkeit jedoch aus Südchina kommt. Auf diese mit ihren glänzenden Blättern am besten bekannte *Gardenia*-Art trifft man normalerweise in Form einer ihrer gefüllten Sorten, die alle weiße, stark duftende Blüten haben, die mit der Zeit hellgelb werden. Die bekannteste ist **'Florida'**, ein 1 m hoher Strauch mit knapp 10 cm breiten Blüten; **'Magnifica'** ist insgesamt größer, blüht jedoch nicht so reichlich, und **'Radicans'** ist ein fast niederliegender Strauch mit kleinen Blüten und Blättern. Die Pflanzen blühen ab dem späten Frühjahr über einen langen Zeitraum.

Gaultheria fragrantissima

G

Gardenia thunbergia

Gardenia thunbergia (Frucht)

Garrya elliptica

Gardenia thunbergia

Der aufrechte Strauch aus den feuchten Wäldern Südafrikas wird 3 m oder höher, genauso breit und hat aufrechte Äste. Die großen, duftenden, weißen Blüten öffnen sich im Frühsommer einzeln an den Astspitzen. Als Flachwurzler profitiert er von regelmäßigen Düngergaben, viel Wasser und jährlichem Mulchen mit Kompost.

Gardenia volkensii

Syn. *Gardenia spatulifolia*

Der in den südostafrikanischen Grasländern verbreitete, reichverzweigte, immergrüne Strauch oder kleine Baum wird bis 6 m hoch und trägt an den Zweigenden zu dritt zusammenstehende Blätter. Die einzeln stehenden, weißen Blüten erscheinen vom Spätwinter bis zum Frühsommer.

GARRYA

Garrya ist die einzige Gattung einer eigenen Familie und umfaßt etwa 13 Arten immergrüner Sträucher und kleiner Bäume, die im Westen der USA, in Mexiko und auf den Karibischen Inseln beheimatet sind. Sie werden wegen ihrer schönen Blätter und hängenden Blütenkätzchen kultiviert, die bei männlichen Pflanzen größer und attraktiver sind. Die gärtnerisch wichtigste Art ist *G. elliptica.*

PFLEGE UND VERMEHRUNG: Die langsamwachsenden Pflanzen benötigen gemäßigtes Klima, Schutz vor kalten Winden und bevorzugen einen Standort in voller Sonne oder im Halbschatten mit nährstoffreicher, durchlässiger Erde. Sie müssen kaum zurückgeschnitten werden. Umpflanzen sollte man vermeiden. Vermehrung durch Stecklinge im Sommer.

Garrya elliptica

Dieser dichte, buschige, aus Kalifornien und Oregon stammende Strauch wird 2,5–8 m hoch und breit und kann als Spalier gezogen werden. Er ist sehr frostempfindlich. Die Blätter sind ungefähr oval, dunkelgrün, lederartig und haben wellige Ränder. Vorhänge aus quastenartigen, creme- und matt rosafarbenen Kätzchen blühen von der Mitte des Winter bis zum zeitigen Frühjahr auf den männlichen Pflanzen, die normalerweise kultiviert werden. Die Sorte **'James Roof'** hat silberne Kätzchen mit goldenen Staubbeuteln.

GASTERIA

Gasteria, eine Gattung mehrjähriger, in Südafrika beheimateter Sukkulenten, ist eng mit *Aloe* verwandt. Sie wird wegen ihrer auffälligen Trauben schmal glockenförmiger Blüten und interessanten, zungenförmigen Blätter gezogen, die normalerweise weißliche Flecken oder warzige Beulen haben. Die Blätter bilden meist eine Rosette oder einen Fächer. Sie sind vor allem als Kübelpflanzen geeignet.

Gaultheria mucronata 'Bell's Seedling'

PFLEGE UND VERMEHRUNG: In winterkalten Gebieten müssen diese Pflanzen im Haus frostfrei überwintert werden. In gutdurchlässiger Erde in voller Sonne oder Halbschatten pflanzen. Vermehrung durch Blattstecklinge im Frühjahr oder Sommer oder durch Teilung.

Gasteria carinata var. *verrucosa*

Syn. *Gasteria verrucosa*

Die fächerförmige Sukkulente aus Südafrika wird bis 10 cm hoch und 30 cm breit. Die langen, spitzen Blätter sind dunkelgrün und mit weißen Beulen übersät. Sie haben nach innen gebogene Ränder und sind zweireihig angeordnet. Im Frühjahr wachsen aus ihrer Mitte Trauben röhriger orangefarbener und grüner Blüten.

GAULTHERIA

SCHEINBEERE, REBHUHNBEERE

Dr. Gaultier, ein Arzt des 18. Jahrhunderts, ist Namenspatron dieser Gattung, die aus etwa 170 Arten immergrüner Sträucher besteht. Sie sind in den feucht-gemäßigten Regionen der Welt verbreitet, man findet sie auch in höher gelegenen Regionen der Tropen. Die attraktiven glänzenden Blätter riechen beim Zerreiben aromatisch. Die rosafarbenen oder weißen Blüten sind normalerweise glocken- oder krugförmig. Die Früchte, strenggenommen Kapseln, sind beerenartig und aromatisch.

PFLEGE UND VERMEHRUNG: Die Arten sind kaum bis sehr winterhart, bevorzugen durchlässige, humusreiche, saure Erde und geschützte Standorte im Halbschatten. Vermehrung durch Samen im Herbst, Stecklinge im Sommer oder Abtrennung von Schößlingen im Herbst oder Frühjahr.

Gaultheria cuneata

Dieser aus China stammende, kompakte, bis zu 30 cm hohe Strauch hat steife Triebe und dunkelgrüne, ovale Blätter. Im späten Frühjahr und Frühsommer blühen weiße, krugförmige Blüten, aus denen bis zum Herbst weiße, runde Früchte entstehen.

Gaultheria procumbens

Gaultheria fragrantissima

Dieser dichte Strauch oder kleine Baum aus den Bergen Südasiens wird bis zu 3 m hoch. Die ledrigen, elliptischen, 10 cm langen Blätter riechen zerdrückt stark aromatisch. Im Frühjahr blühen weiße oder zart rosafarbene, glockenförmige, duftende Blüten an vorjährigen Trieben. Die runden Früchte sind im reifen Zustand mittel- oder zartblau.

Gaultheria mucronata

Syn. *Pernettya mucronata*

TORFMYRTE

Chile und Argentinien sind die Heimat des frostempfindlichen, mit seinen unterirdischen Ausläufern dichten Strauches. Er wird 1,5 m hoch und breit, hat dunkelgrüne, über 1 cm lange Blätter mit scharfen Spitzen. Die Dolden der zweihäusigen Pflanze bestehen aus weißen, hängenden Blüten, auf die fleischige, rötlich-violette Früchte folgen. Die Sorten sind u. a. **'Bell's Seedling'** mit altrosafarbenen Beeren; **'Mother of Pearl'** mit zart rosafarbenen Beeren; **'Mulberry Wine'** mit violetten und **'White Pearl'** mit weißen Beeren.

Gaultheria procumbens

NIEDERLIEGENDE REBHUHNBEERE

Der aus den Wäldern Nordostamerikas stammende, niedrige, frostharte Strauch wird nur 15 cm hoch, breitet sich jedoch durch seine kriechenden Stiele weit aus. Er hat 2,5 cm große, elliptische und glänzendgrüne Blätter. Im Sommer wachsen hängende, weiße Blüten, aus denen scharlachrote Beeren entstehen, die ihre Farbe bis in den Winter behalten. Aus der Pflanze wird ein aromatisches Öl gewonnen, das als Einreibemitttel verwendet wird.

Gaultheria pumila

Dieser niederliegende Strauch von der Südspitze Südamerikas und den Falklandinseln trägt kleine, ovale, fast zweireihig angeordnete, gedrängte Blätter. Aus den kleinen, weißen, glockenförmigen Blüten,

Gaultheria shallon

Gaultheria pumila var. *leucocarpa*

Gazania 'Double Orange'

Gazania 'Flore Pleno'

Gazania 'Gwen's Pink'

die einzeln in den Blattachseln erscheinen, entstehen weiße bis rötliche Früchte. Die Früchte der ***Gaultheria pumila*** **var.** ***leucocarpa*** aus Südchile sind weiß.

Gaultheria rupestris

Dieser in Neuseeland beheimatete, aufrechte, verzweigte Strauch wird knapp 2 m hoch und breit. Er trägt Dolden weißer Blüten zwischen länglichen, ledrigen Blättern, später saftige Beeren.

Gaultheria shallon

SHALLON-REBHUHNBEERE

Dieser aus Nordwestamerika stammende Strauch mit unterirdischen Ausläufern wird 1–3 m hoch und breit. Im Frühjahr blühen endständige Rispen kleiner, rötlich-weißer Maiglöckchenblüten, aus denen sich etwa 1 cm große, fleischige, violette Früchte entwickeln.

Gaultheria × *wisleyensis*

Syn. × *Gaulnettya wisleyensis*

In England aus *Gaultheria shallon* und *G. mucronata* gezüchtet, ist diese kräftige Hybride zwar variabel, wächst aber meist dicht und bleibt kleiner als 2 m. Sie hat schmale, ledrige Blätter und weiße Blüten. Die großen Gruppen dunkelroter Früchte bleiben bis in den Spätwinter erhalten. Mehrere Namensorten sind erhältlich.

GAURA

Diese aus Nordamerika stammende Gattung, die mit der Nachtkerze *(Oenothera)* verwandt ist, besteht aus etwa 20 Arten ein-, zwei- und mehrjähriger Kräuter und kleiner Sträucher. Trotz der auffälligen Blüten und des mit »prächtig« zu übersetzenden Gattungsnamens werden sie leicht lästig. Sie haben einfache, schmale Blätter und Trauben oder Rispen flacher, sternförmiger, weißer oder rosafarbener Blüten.
PFLEGE UND VERMEHRUNG: Sie bevorzugen volle Sonne und leichte, durchlässige Erde. Nach der Blüte sollten sie bis auf den Boden zurückgeschnitten werden. Vermehrung durch Samen im Herbst oder Frühjahr oder Stecklinge im Sommer.

Gaura lindheimeri

Diese in der Grenzregion zwischen den USA und Mexiko beheimatete, horstbildende, langblühende, 1,2 m hohe und 1 m breite Staude eignet sich gut für den Hintergrund einer gemischten Rabatte. Die locker verzweigten Stiele sind fein behaart. Vom Frühjahr bis zum Herbst erscheinen an langen Blütenzweigen rosafarbene Knospen, die sich zu wunderschönen weißen Blüten öffnen.

GAZANIA

GAZANIE

Diese im tropischen und südlichen Afrika beheimatete Gattung besteht aus etwa 16 Arten niedrigwachsender, einjähriger Kräuter und Stauden, die wegen ihrer leuchtenden, farbenfrohen Blüten gezogen werden. Der Name der Gattung ehrt Theodore of Gaza (1398–1478), einen Gelehrten des Mittelalters. Die Blätter sind ganzrandig oder tiefgebuchtet, lang und schmal. Die Blattoberseite ist oft dunkelgrün, die Unterseite weiß- oder silbergrau filzig. Bei manchen Arten sind die Blätter auf beiden Seiten silbrig behaart. Die Blütenköpfchen, die einzeln auf kurzen Stielen wachsen, blühen cremefarben bis gelb, golden, rosafarben, rot, gelbbraun, braun und in dazwischenliegenden Tönen und haben normalerweise am Grund der Blütenblätter kontrastierende Farbstreifen oder -flecken. Sie blühen vom zeitigen Frühjahr bis in den Sommer. Die meisten modernen Sorten sind Hybriden verschiedener südafrikanischer Arten. Sie sind kaum frosthart und eignen sich als Beetpflanzen, für Steingärten, als Topf- oder Kübelpflanzen und zur Hangbepflanzung. Zu den Sorten gehören die gefüllte **'Double Orange'**, mit großen orangefarbenen Blüten, die auf kurzen Stielen knapp über den Blättern stehen; **'Flore Pleno'** mit leuchtendgelben, gefüllten Blüten und **'Gwen's Pink'** mit lachsrosafarbenen, einfachen Blüten, die in der Mitte gelb und dunkelbraun umringt sind. Pflanzen der **Chansonette-Serie** sind kräftig, werden aber nur 20 cm hoch. Es gibt eine große Farbenvielfalt, die meisten Blüten haben eine kontrastierende dunkelfarbige Mitte.
PFLEGE UND VERMEHRUNG: Auch die Stauden werden in Mitteleuropa oft als Einjährige behandelt. Die Pflanzen benötigen einen sonnigen Standort mit sandigem, relativ trockenem, durchlässigem Boden, Kompostmulch und Wassergaben in Trockenperioden. Die Vermehrung erfolgt durch Teilung oder Stecklinge im Herbst oder durch Samen vom späten Winter bis zeitigen Frühjahr.

Gazania, Daybreak-Serie

Die Teppichstauden werden 20 cm hoch und breit. In kälteren Gegenden werden sie oft einjährig gezogen. Sie tragen große orangefarbene, gelbe, rosa und bronzefarbene Blütenkörbe. Im Gegensatz zu den meisten Gazanien bleiben die Blüten dieser Serie selbst bei bewölktem Himmel offen.

Gazania krebsiana

Diese aus Südafrika stammende Staude hat schlanke, lanzettliche Blätter mit glatter Oberfläche und weißflaumiger Unterseite. Die Farben der Blüten rangieren von Gelb bis Orangerot mit kontrastierenden dunkleren Farben um die Mitte.

Gazania rigens

Diese mehrjährige Art wird 30 cm hoch und etwa genauso breit. Die polsterbildende Pflanze hat gedrängte Rosetten meist ungebuchteter Blätter mit einer grünen Blattoberseite und einer weißlichen Blattunterseite. Die orangenen Blütenköpfchen haben am Grund der Blütenblätter einen Fleck in Form eines schwarzen Auges. Die Blätter von ***Gazania rigens*** **var.** ***leucolaena*** sind auf beiden Seiten silbriggrün und die Blüten sind gelb; ***G. r.*** **var.** ***uniflora*** hat kleinere, kurzstielige Blüten.

Gazania, Sunshine-Hybriden

Diese Polsterstauden können auch einjährig gezogen werden. Sie werden etwa 20 cm hoch und breit. Im Sommer blühen einzelne Blüten unterschiedlicher Farbe, deren Mitte normalerweise dunkler umringt ist.

GEISSORHIZA

Fast alle der etwa 70 Arten kleiner Zwiebelpflanzen dieser Gattung sind in den Winterregengebieten des südwestlichen Südafrika heimisch. Sie blühen im Frühjahr und ruhen vom späten Frühjahr bis Mitte Herbst. Dann treiben sie aus kleinen Knollen ein oder mehrere grasartige Blätter. Die Blüten auf einfachen oder verzweigten Stielen werden nur etwa 2,5 cm groß, sind aber außergewöhnlich schön.
PFLEGE UND VERMEHRUNG: Mitte Herbst werden die Samen oder Knollen in kleine Töpfe gesät bzw. gepflanzt. Die Samen keimen gut auf einer Mischung aus feinem Kies und Sand. Die Knollen dicht unter die Oberfläche setzen, bis zum Wachstumsbeginn kühl und leicht feucht halten und danach etwas mehr gießen. Vorsicht bei Düngern, die einen hohen Stickstoffanteil aufweisen. In winterkalten Gegenden sind die Pflanzen am besten im

Gazania rigens var. *leucolaena*

Gaultheria × *wisleyensis*

Gaura lindheimeri

Gazania Hybridvarietät

Gazania krebsiana

Gazania, Sunshine-Hybriden

G

Kalthaus zu ziehen. Bei Wachstumsbeginn im zeitigen Frühjahr blühen sie im Frühsommer. Nach der Blüte langsam weniger gießen und wenn die Pflanze gelb wird, diese austrocknen lassen. Getopfte Pflanzen können im Topf trocken übersommern.

Geissorhiza aspera

Diese noch etwas mehr Kälte vertragende, aber nicht frostharte Art belohnt den Gärtner mit Zweigen zierlicher, sternförmiger, glänzend blauvioletter Blüten, die in milden Klimazonen im Spätwinter oder zeitigen Frühjahr und in kühleren Gebieten etwas später blühen.

GELSEMIUM

Von den drei Arten immergrüner Schlinger, aus denen diese Gattung besteht, sind zwei im Süden der USA, eine der beiden auch in Zentralamerika beheimatet. Die dritte kommt aus Südostasien. Ihr Wachstum ist mäßig. Im Frühjahr blühen üppige, süßduftende, glockenförmige Blüten. In wintermilden Gebieten eignen sie sich gut als Bodendecker und zur Bepflanzung von Veranden und Pergolen. In kälteren Klimazonen können sie als Topfpflanzen im Gewächshaus oder Wintergarten gezogen werden, da sie sehr frostempfindlich sind. Alle Teile der Pflanze sind giftig, und Extrakte der asiatischen Art dienten als tödliches Gift. Im Garten sind die Pflanzen allerdings weniger gefährlich.

Gelsemium sempervirens

Genista falcata

Genista horrida

PFLEGE UND VERMEHRUNG: Sie benötigen fruchtbare durchlässige Erde, volle Sonne und Schutz vor trockenen Winden. Die Triebe benötigen manchmal eine Kletterhilfe und können nach der Blüte, wenn nötig, zurückgeschitten werden. Vermehrung durch Samen im Frühjahr oder durch Stecklinge im Sommer.

Gelsemium sempervirens

Diese Art hat glänzendgrüne Blätter und gelbe Trompetenblüten, die im Frühjahr und im Herbst jeweils mehrere Monate lang blühen. Sie erreicht schnell eine Höhe von 3 m, ohne dabei unansehnlich zu werden, und eignet sich zur Bepflanzung von Zäunen, Wänden oder einer Pergola.

GENISTA

Syn. *Chamaespartium, Teline*

GINSTER

Diese von Europa und dem Mittelmeerraum bis nach Westasien vorkommende Leguminosengattung besteht aus etwa 90 Arten sommer- und immergrüner Sträucher, die wegen ihrer üppigen, duftenden Schmetterlingsblüten gezogen werden. Viele Arten haben stark reduzierte Blätter, manche blühen an blattlosen, grünen Zweigen.

PFLEGE UND VERMEHRUNG: Sie gedeihen am besten in voller Sonne auf mageren, durchlässigen Böden und sollten nicht umgepflanzt werden. Die Frosthärte variiert von Art zu Art. Bevorzugt werden jedoch meist gemäßigte Klimazonen. Frostempfindliche Arten können in einem gut belüfteten Gewächshaus gezogen werden. Regelmäßiger Rückschnitt führt zu einer kompakten Wuchsform. Die Vermehrung erfolgt durch Samen im Frühjahr oder durch Stecklinge im Sommer.

Genista aetnensis

ÄTNAGINSTER

Dieser runde, hängende, sommergrüne und sehr frostempfindliche Strauch oder kleine Baum ist auf Sizilien und in Nordafrika beheimatet. Er wird 9 m hoch und breit und ist fast blattlos. Im Sommer ist er mit kleinen, goldgelben Blüten übersät.

Genista hispanica

Genista lydia

Genista lydia

Genista pilosa 'Vancouver Gold'

Genista × spachiana

Genista × spachiana 'Nana'

Genista falcata

SICHELGINSTER

Dieser aus Westspanien und Portugal stammende, aufrechte, sommergrüne Strauch, der 60 cm hoch wird, hat achselständige, 5 cm lange Dornen und kleine, schmale, elliptische Blätter. Die jungen Zweige und die Blattunterseiten sind seidig behaart. Im Frühjahr blühen dichte Büschel kleiner, gelber Schmetterlingsblüten.

Genista hispanica

SPANISCHER GINSTER

Dieser sommergrüne, frostempfindliche Zwergstrauch aus Südwesteuropa eignet sich hervorragend für Steingärten und trockene, sonnige Böschungen. Er hat wenige Blätter, aber viele Dornen, wird 80 cm hoch und 1,5 m breit. Im Frühjahr und Frühsommer ist er eine mit Büscheln kleiner, goldgelber Blüten bedeckte Kuppel.

Genista horrida

Dieser in den Pyrenäen beheimatete, dornige, kuppelförmige Strauch wird bis 60 cm hoch und trägt gegenständige, dreiteilige Blätter mit winzigen Blättchen. Gelbe, flaumige Schmetterlingsblüten blühen in endständigen Blütenköpfchen. Die länglichen Früchte sind ebenfalls flaumig.

Genista sagittalis

Genista × spachiana

Genista lydia

LYDISCHER GINSTER

Der Balkan ist die Heimat dieses hügelförmigen, sommergrünen Strauchs. Er wird 60–90 cm hoch und breit, hat gebogene Äste und blaugrüne Blätter. Im Frühsommer blühen üppige, gelbe Schmetterlingsblüten. Er ist winterhart und eignet sich hervorragend für Steingärten, Böschungen und Mauerkronen.

Genista pilosa

SANDGINSTER, HAARGINSTER

Diese sommergrüne, niederliegende bis aufrechte europäische Art wird 40 cm hoch und doppelt so breit. Sie ist winterhart und trägt kleine, lanzettliche, dunkelgrüne Blätter mit seidiger Unterseite. Im Frühsommer blühen üppige, kleine, leuchtendgelbe Schmetterlingsblüten. **'Vancouver Gold'** hat einen kuppelförmigen Wuchs, goldgelbe Blüten und wird 45 cm hoch.

Genista sagittalis

Syn. *Chamaespartium sagittale*

FLÜGELGINSTER

Dieser niederliegende europäische Strauch wird 15–30 cm hoch und bis zu 1 m breit. Er hat auffällig breit geflügelte Triebe und ist spärlich dunkelgrün belaubt. Im Frühsommer blühen dichte, endständige Trauben dunkelgelber Schmetterlingsblüten.

Gentiana acaulis

Gentiana andrewsii

Gentiana farreri

Gentiana 'Inverleith'

Genista × *spachiana*

Syn. *Cytisus fragrans, C. racemosus, Genista fragrans*

Dieser dichte, immergrüne Ginster ist eine Hybride aus *Genista canariensis* und *G. stenopetala*. Er ist nicht frosthart, toleriert jedoch trockene Winde und unfruchtbare Böden und wird schnell bis zu 2 m hoch. Die Oberseite der dunkelgrünen Blätter ist glänzend, die Unterseite matt und seidig. Im Winter und im Frühjahr blühen üppige, lange Trauben duftender, gelber Schmetterlingsblüten. **'Nana'** ist ähnlich, aber kleiner. Beide werden oft als blühende Topfpflanzen verkauft.

Genista stenopetala

Syn. *Cytisus stenopetalus, Teline stenopetala*

Von den Kanaren stammt diese nicht frostharte Art. Sie wird 3 m hoch und hat seidige Blätter. Im Frühjahr blühen Trauben süßduftender, leuchtendgelber Blüten.

Genista tenera

Dieser nicht frostharte Strauch mit anmutig gewölbten Zweigen von den Kanarischen Inseln und Madeira wird 3 m hoch und hat schmale, graugrüne Blätter. Im Sommer blühen dichte Büschel duftender, leuchtendgelber Schmetterlingsblüten. **'Golden Showers'** hat üppige, leuchtend goldgelbe Blüten.

Genista tinctoria

FÄRBERGINSTER

Von Europa bis Sibirien reicht das Verbreitungsgebiet dieses zähen, winterharten und sommergrünen Strauchs, der etwa 1 m hoch wird und als Heilkraut und zur Farbstoffgewinnung verwendet wurde. Die Unterseiten der 2,5 cm langen Blätter sind fein behaart. Er blüht goldgelb im Sommer, später als andere Ginsterarten. **'Flore Pleno'** (Syn. 'Plena') ist eine 30 cm hohe Zwergsorte mit gefüllten Blüten. **'Royal Gold'** hat goldgelbe Blüten in konischen, bis zu 8 cm langen Rispen.

Genista 'Yellow Imp'

'Yellow Imp' gehört zu einer Gruppe schöner Ginsterhybriden. Der ausladend wachsende Strauch wird 1,5–1,8 m hoch und blüht im späten Frühjahr. Die Blüten sind reingelb oder kastanienbraun oder cremefarben gezeichnet oder überlaufen.

GENTIANA

ENZIAN

Diese aus etwa 400 Arten bestehende Gattung ein-, zwei- und mehrjähriger Kräuter, von denen einige immergrün sind, kommt weltweit in Matten des Hochgebirges, teils auch in Wäldern vor. Die Blüten sind meist intensiv dunkel- oder himmelblau; allerdings gibt es auch weiße, cremefarbene, gelbe und sogar rote Blüten. Sie sind meist trompetenförmig und blühen vom Frühjahr bis zum Herbst. Sie sind für Steingärten und geneigte Anlagen geeignet.
PFLEGE UND VERMEHRUNG: Sie bevorzugen sonnige oder halbschattige Standorte und durchlässige, aber wasserhaltende, humusreiche Böden. Manche Arten kommen auf Kalksteinböden vor. Durch Teilung im Frühjahr oder durch frische Samen im Herbst können sie vermehrt werden. Die herbstblühenden Arten sollten alle drei Jahre im zeitigen Frühjahr geteilt und in frische Erde gepflanzt werden. Alle Arten sind winterhart.

Genista 'Yellow Imp'

Gentiana acaulis

Syn. *Gentiana excisa, G. kochiana*

STENGELLOSER ENZIAN

Die immergrüne Staude aus den Gebirgen Südeuropas bildet einen hübschen, 2,5 cm hohen Teppich aus gedrängten Blättern. Im Frühjahr und Frühsommer blühen die bekannten, relativ großen, leuchtendblauen Trompeten mit grün gesprenkeltem Schlund. *Gentiana acaulis* ist kalkfliehend. Leichter zu ziehen ist der oft unter diesem Namen erhältliche, kalkliebende *G. clusii*, dem die grünen Flecken fehlen.

Gentiana andrewsii

Diese Staude ist in feuchten Wiesen und Wäldern in Nordostamerika beheimatet. Die dunkelgrünen Blätter wachsen an 30–60 cm hohen Pflanzen von schmaler, gerader Wuchsform. Im Hochsommer erscheinen sich nicht öffnende, dunkel violettblaue Röhrenblüten.

Gentiana asclepiadea

SCHWALBENWURZENZIAN

Die überhängenden Stiele der Staude haben schlanke, spitze Blätter. Im Frühherbst erscheinen in den oberen Blattachseln viele violettblaue Blüten. Die Pflanze bildet lockere, 1 m hohe und 60 cm breite Horste.

Gentiana bellidifolia

Der »gänseblümchenblättrige« neuseeländische Enzian bildet weiße Blütenbüschel, ist variabel und wird bis 15 cm hoch. Die Blüten erscheinen im Sommer, die Blätter sind normalerweise braun überlaufen.

Gentiana dinarica

Diese aus Italien und vom Balkan stammende kleine Polsterstaude wird bis zu 15 cm hoch. Über der grundständigen Rosette etwas elliptischer, bis zu 4 cm langer Blätter erscheinen im Sommer auf etwa 10 cm langen Stielen einzelne, dunkelblaue, schmal glockenförmige Blüten.

Genista tinctoria (mit Samenhülsen)

Gentiana asclepiadea

Gentiana farreri

WELLENSITTICH-ENZIAN

Diese 10 cm hohe, halbimmergrüne Staude, beheimatet im Grenzgebiet zwischen China und Tibet, zählt zu den schönsten asiatischen Enzianen. Die kriechenden Stiele bilden aus kleinen, lanzettlichen Blättern lockere Rasen. Im Herbst blühen leuchtendblaue, trompetenförmige Blüten, die außen dunkel gestreift sind.

Gentiana 'Inverleith'

Diese robuste Hybride aus *Gentiana farreri* und *G. veitchiorum* hat kriechende Stiele mit lanzettlichen Blättern. Im Herbst blühen blaßblaue, trompetenförmige Blüten mit dunklen Streifen.

Gentiana lutea

GELBER ENZIAN

Diese robuste, aufrechte Horststaude aus den Gebirgen Europas hat gelbe Röhrenblüten, die im Sommer in Büscheln in den oberen Blattachseln erscheinen. Die Staude wird 1–2 m hoch und 60 cm breit und hat ovale, bis zu 30 cm lange blaugrüne Blätter. Die auch medizinisch wirksamen Wurzeln dieser kalkliebenden Art werden zur Herstellung von Enzianschnaps verwendet.

Gentiana bellidifolia

Gentiana dinarica

Gentiana paradoxa

Geranium 'Brookside'

G. cinereum subsp. *subcaulescens*

Geranium cinereum 'Ballerina'

Gentiana paradoxa

Die schöne Staude hat niederliegende Triebe mit lineal-lanzettlichen, spitzen, bis zu 5 cm langen Blättern. Die trompetenförmigen, leuchtendblauen Blüten sind im Schlund dunkelviolett-weiß gestreift.

Gentiana septemfida

SOMMERENZIAN

In den Bergen von West- und Zentralasien ist diese sonnenliebende Staude beheimatet. Sie wird 20 cm hoch und trägt gegenständige ovale Blätter. Im Sommer blühen sattblaue Blüten mit weißem Blütenschlund in endständigen Büscheln von bis zu acht Blüten.

Gentiana septemfida

Geranium goldmanii

G. cinereum subsp. *subcaulescens*

Gentiana sino-ornata

HERBSTENZIAN

Diese immergrüne, ausladende Staude stammt aus Westchina. Die dunkelblauen Trompetenblüten, die im Herbst erscheinen, sind am Grund blasser und haben violettblaue Streifen. Die Pflanze wird 5 cm hoch und 30 cm breit. **'Alba'** hat weiße Blüten.

Gentiana verna

FRÜHLINGSENZIAN, SCHUSTERNAGEL

In europäischen Gebirgen von Irland bis Rußland unregelmäßig verbreitet ist diese frühjahrsblühende, bis zu 5 cm hohe, oft kurzlebige Staude. Sie bildet kompakte Gruppen aus grundständigen Rosetten eiförmiger Blätter. Im Vorfrühling blühen auf kurzen, geraden Stielen leuchtendblaue Blüten mit weißem Schlund und ausgebreiteten Blütenblättern. **'Angulosa'** hat größere, robustere Blüten.

GERANIUM

STORCHSCHNABEL

Über 300 Arten ein-, zwei- oder mehrjähriger Storchschnäbel, von denen einige immergrün sind, kommen weltweit vor allem in den gemäßigten Klimazonen vor. Die langgestielten Blätter sind einigermaßen

Gentiana sino-ornata 'Alba'

rund, jedoch mehr oder minder stark handförmig gelappt. Sie bilden kleine, hübsche Büsche mit rosafarbenen bis blauen oder violetten und weißen fünfblättrigen Blüten. Die echte Gattung *Geranium*, wegen der Form der Früchte auch Storchschnabel genannt, wird oft mit *Pelargonium* verwechselt, deren Arten umgangssprachlich als »Geranien« bezeichnet werden. Radiärsymmetrische Blüten sind der Hauptunterschied zu den Pelargonien mit ihren zweiseitig symmetrisch geformten oder markierten Blüten. Die attraktiv blühenden Pflanzen sind in Steingärten, Rabatten und als Bodendecker geschätzt. Kompaktere Arten und Hybriden, wie **'Brookside'** und ***Geranium goldmanii*** eignen sich auch für Pflanzgefäße.

PFLEGE UND VERMEHRUNG: Die meisten Arten bevorzugen einen sonnigen Standort in feuchter, durchlässiger Erde, sind winterhart und sollten im Winter umgepflanzt werden. Ihre Vermehrung erfolgt durch Stecklinge im Sommer, Samen im Frühjahr oder Teilung im Herbst.

Geranium 'Ann Folkard'

Diese reichblühende, ausladende Staude wird 60 cm hoch und bis zu 1 m breit. Sie hat gebuchtete, leicht gelbliche grüne Blätter. Tiefrote, schalenförmige, schwarzgeäderte Blüten mit schwarzer Mitte blühen von Hochsommer bis Mitte Herbst.

Geranium × *cantabrigiense*

Diese Hybride zwischen *Geranium dalmaticum* und G. *macrorrhizum* wird bis zu 30 cm hoch und erreicht durch Ausläufer eine Ausdehnung bis zu 60 cm. Sie hat aromatische, grundständige Blätter und im Sommer violettrosa Blüten. **'Biokovo'** hat rosa überhauchte, weiße Blüten.

Geranium cinereum

Diese kleine, büschelige Staude aus Südeuropa wird bis zu 15 cm hoch und bildet eine grundständige Rosette weicher, tiefeingeschnittener Blätter. Im späten Frühjahr oder Frühsommer blühen schalenförmige, weiße oder zartrosa Blüten, die oft violette Adern aufweisen. **'Ballerina'** hat blaßviolette Blüten mit auffällig violetten Adern; die Blätter von ***Geranium cinereum* subsp. *subcaulescens*** sind von dunklerem Grün, ihre leuchtend tiefroten Blüten haben eine auffallende, schwarze Mitte.

Geranium × *cantabrigiense*

Gentiana verna 'Angulosa'

Geranium clarkei

Diese aus dem westlichen Himalaja stammende Staude wird bis zu 45 cm hoch, hat ausladende Stengel und tief unterteilte Blätter. Die im Sommer blühenden, schalenförmigen Blüten sind weiß oder violett mit rosafarbenen Adern. Die Blüten von **'Kashmir Purple'** sind fliederfarben-blau mit roten Adern.

Geranium dalmaticum

Gut für Steingärten geeignet ist diese Polsterstaude von den Küsten des Balkans. Sie wird 15 cm hoch, breitet sich langsam aus und hat glänzende, tief unterteilte Blätter. Langstielige Büschel rosafarbener Blüten zeigen sich vom Frühjahr bis zum Hochsommer über den Blättern. **'Album'** hat weiße Blüten.

Geranium endressii

Diese Rhizomstaude aus den Pyrenäen bildet bis zu 45 cm hohe und 60 cm breite Büsche. Die Blätter sind tief gebuchtet und gezähnt. Von Frühsommer bis zum Früh-

Geranium clarkei 'Kashmir Purple'

Geranium × *cantabrigiense*

Geranium erianthum

Geranium fremontii

Geranium himalayense

Geranium himalayense 'Gravetye'

Geranium himalayense 'Plenum'

herbst blühen zart rosafarbene Blüten, die nachdunkeln.

Geranium erianthum

Dies ist eine aus Nordasien und dem Nordwesten Amerikas stammende, büschelig wachsende Staude mit geraden, bis zu 60 cm langen Stielen. Die Blätter sind hellgrün, tief gebuchtet und gezähnt und haben eine schöne, satte Herbstfärbung. Im Frühsommer blühen Dolden schalenförmiger, violetter Blüten.

Geranium farreri

Zartrosa oder fliederfarbene Blüten mit schwarzen Staubbeuteln an aufrechten, wenig über 10 cm hohen, roten Blütenstielen schmücken im Hochsommer diese aus dem Nordwesten Chinas stammende Zwergstaude. Sie hat nierenförmige Blätter mit bis zu sieben Lappen.

Geranium fremontii

Diese büschelig wachsende, bis 45 cm hohe Staude ist in Nordamerika beheimatet. Sie hat hellgrüne, grobgezähnte, endständige Blätter deren Unterseiten klebrig sind. Von Frühsommer bis zum Frühherbst blühen flache, violettrosa Blüten.

Geranium himalayense
Syn. *Geranium grandiflorum*

Diese Staude mit Kissen aus feingeteilten Blättern, wird bis zu 45 cm hoch und 60 cm breit. Auf langen Stielen blühen im Sommer große, schalenförmige, violettblaue Blüten, die in der Mitte weiß sind. **'Gravetye'** (Syn. *Geranium grandiflorum* var. *alpinum*) hat fliederfarbene Blüten mit rötlicher Mitte. Im Herbst, bevor sie absterben, färben sich die Blätter gelblichrotbraun. **'Plenum'** (Syn. 'Birch Double') hat gefüllte, leicht violette Blüten mit dunkleren Adern.

Geranium ibericum

Diese büschelig wachsende Staude aus dem Kaukasus wird bis zu 45 cm hoch und breit. Sie hat herzförmige, behaarte Blätter und im Frühsommer blühen große Blütenzweige schalenförmiger, violetter Blüten mit schwachen, dunklen Adern.

Geranium incanum

Diese südafrikanische, immergrüne Staude wird bis zu 40 cm hoch und 1 m breit. Die scharf riechenden, gräulich-grünen Blätter sind fedrig und tief eingeschnitten. Die schalenförmigen, dunkelrosafarbenen Blüten haben dunklere Adern. Sie ist sehr frostempfindlich.

Geranium 'Johnson's Blue'

Diese Rhizomstaude ist wahrscheinlich eine Form von *Geranium himalayense*. Die Blätter sind tief unterteilt und den Sommer über blühen schalenförmige, lavendelblaue Blüten, die in der Mitte blaß sind.

Geranium lucidum

Sie besitzt eine ausladende Wuchsform und wird bis zu 50 cm hoch und bis zu 80 cm breit.

Geranium lucidum
GLÄNZENDER STORCHSCHNABEL

Diese weitverbreitete, einjährige, in Europa, Nordafrika und Asien vorkommende Pflanze hat rötliche, glatte Stiele und wird bis zu 45 cm hoch. Die etwas fleischigen, glänzenden, bis zu 5 cm breiten Blätter sind wenig tief eingeschnitten. Im Frühjahr und im Sommer blühen kleine dunkelrosafarbene Blüten.

Geranium macrorrhizum

An ihren schattigen Standorten in den Bergen Südeuropas bildet diese büschelig wachsende Staude oft große Kolonien. Die klebrigen, tief gebuchteten Blätter sind aromatisch und färben sich im Herbst oft rot oder bronzefarben. Im Frühjahr und Frühsommer erheben sich die Blüten auf 30 cm langen Stielen über den Blättern. Die Blütenfarben variieren von Rosa oder leicht Violett bis Reinweiß. Sie eignen sich ausgezeichnet als Bodendecker für einen trockenen, schattigen Standort. **'Album'** hat weiße Blütenblätter mit rötlichen Blütenkelchen; **'Ingwersen's Variety'** hat zart rosafarbene Blüten und glattere, glänzende Blätter. **'Spessart'** ist eine attraktive deutsche Sorte.

Geranium 'Johnson's Blue'

Geranium ibericum

G. macrorrhizum 'Ingwersen's Variety'

Geranium maculatum

Diese in den Wäldern im Osten Amerikas vorkommende Art eignet sich zur Gehölzunterpflanzung. Sie ist weniger auffällig und lockerer als andere Arten. Es ist eine büschelig aufrechte, bis zu 75 cm hohe Staude mit tief gebuchteten, glänzenden Blättern und schalenförmigen, fliederfarbenen Blüten mit einer weißen Mitte, die vom späten Frühjahr bis zum Hochsommer blühen.

Geranium maderense

Auf Madeira beheimatet, kurzlebig und nicht winterhart, wird diese Staude bis zu 1,5 m hoch. Die oft mehr als 30 cm breiten Blätter sind für die Gattung recht groß. Sie sind auffallend sternförmig geteilt und färben sich im Herbst rötlich. Vom Spätwinter bis zum Spätsommer blühen lange Rispen flacher, schalenförmiger, tiefroter Blüten, deren Mitte dunkler ist.

Geranium maderense

Geranium incanum

Geranium maculatum

G

Geranium × magnificum

Diese kräftige Gartenhybride aus *Geranium ibericum* und *G. platypetalum* entwickelt bis zu 60 cm hohe Büsche. Die behaarten, tiefeingeschnittenen Blätter färben sich im Herbst bunt. Im Hochsommer blühen dagegen üppig violettblaue, schalenförmige Blüten mit rötlichen Adern. Die Vermehrung erfolgt durch Teilung oder Stecklinge.

Geranium malviflorum

Diese aus Südspanien und Nordafrika stammende, nicht frostbeständige Knollenstaude wird bis zu 30 cm hoch und hat tiefeingeschnittene, dunkelgrüne Blätter. Im Frühjahr erscheinen violettblaue, rotgeäderte, schalenförmige Blüten. Sie blüht am besten auf mageren Böden; allerdings fördert fruchtbare Erde die Belaubung.

G

Geranium psilostemon

Geranium × oxonianum

Diese kräftige, aufrechte Hybride aus *Geranium endressii* und *G. versicolor* bildet bis zu 75 cm hohe Büsche. Die hellgrünen, runzeligen Blätter haben auffällige Adern. Vom späten Frühjahr bis Mitte Herbst blühen trichterförmige, leuchtend rosafarbene Blüten mit dunkleren Adern. **'Claridge Druce'** hat im Sommer mauverosafarbene, dunkler geäderte Blüten; **'Wargrave Pink'** blüht leuchtend rosafarben.

Geranium palmatum

Syn. *Geranium anemonifolium*

Diese buschige, aus Madeira stammende Staude ist eng mit *Geranium maderense* verwandt, hat ähnliche, über 30 cm breite Blätter und ist ebenfalls nicht frosthart. Den Sommer über erscheinen in langen, bis zu 1,2 m hohen Rispen üppige, leicht violettrosafarbene, schalenförmige Blüten.

Geranium phaeum

BRAUNER STORCHSCHNABEL

Diese aus Europa und Westrußland stammende Staude wird 75 cm hoch und 45 cm breit. Die mattgrünen Blätter sind gelappt. Im späten Frühjahr oder Frühsommer blühen dunkel braunviolette Blüten mit einem blassen Mittelring. **'Lily Lovell'** hat große, weiße Blüten; die Blüten von ***Geranium phaeum* var. *lividum*** sind blaßrosa oder fliederfarben, und die Blätter von **'Variegatum'** haben gelbe Ränder und rosafarbene Flecken.

Geranium malviflorum

Geranium × oxonianum

G. × oxonianum 'Claridge Druce'

G. × oxonianum 'Wargrave Pink'

Geranium platypetalum

Diese aus der Türkei und dem Kaukasus stammende, behaarte Staude bildet bis zu 45 cm hohe und breite Büsche. Die Blätter sind tief unterteilt und runzelig. Im Sommer blühen flache, schalenförmige, violettblaue, dunkel geäderte Blüten.

Geranium pratense

WIESENSTORCHSCHNABEL

Europa, Sibirien und China sind die Heimat dieser buschig wachsenden, bis zu 1 m hohen Art. Sie hat behaarte Stiele, die Blätter sind bis fast zum Blattspreitengrund gebuchtet und färben sich im Herbst bronzefarben. Im Sommer blühen schalenförmige, violettblaue Blüten an geraden, verzweigten Stielen. **'Plenum Violaceum'** (Syn. 'Flore Pleno') hat gefüllte, dunkel violettblaue Blüten.

Geranium psilostemon

Syn. *Geranium armenum*

Diese kräftige Staude wird 0,5–1,2 m hoch und bis zu 60 cm breit. Die gebuchteten, tiefgezähnten Blätter färben sich im Herbst in der Regel rötlich. Im Sommer blühen auffällige, große, schalenförmige und tiefrote Blüten mit einem schwarzen Auge.

Geranium renardii

Diese buschig wachsende, 30 cm hohe Staude entwickelt eine hügelige Wuchsform. Die Blätter sind gelappt, kreisrund, leicht runzelig und die Blattunterseite ist samtig. Im Frühsommer blühen schalenförmige, weiße Blüten mit kräftigviolетten Adern.

Geranium × riversleaianum 'Russell Prichard'

Diese Sorte ist eine Gartenhybride aus *Geranium endressii* und *G. traversii*. Die niedrige Büsche bildende Staude wird 30 cm hoch und hat silbrige, graugrüne, gezähnte

Geranium × magnificum

Geranium platypetalum

Geranium phaeum

Geranium phaeum

Geranium renardii

Geranium phaeum 'Lily Lovell'

Geranium phaeum var. *lividum*

Geranium phaeum 'Variegatum'

G. × riversleaianum 'Russell Prichard'

Blätter. Von Frühsommer bis Herbst blühen tiefrote, trichterförmige Blüten.

Geranium robertianum

STINKENDER STORCHSCHNABEL, RUPRECHTSKRAUT

Diese in der nördlichen Hemisphäre weitverbreitete, ein- oder zweijährige Art färbt sich am Jahresende ganz rot. Die traditionelle Verwendung wurde von der mittelalterlichen Formenlehre abgeleitet, wonach man die medizinischen Qualitäten einer Pflanze an ihren Äußerlichheiten erkennen kann – in diesem Fall für Blutkrankheiten. Die Pflanze hat farnartig gefiederte Blätter, die unangenehm riechen. Vom Sommer bis zum Herbst blühen kleine, sternförmige rosa- oder rosenfarbene Blüten. Die Art wird leicht durch Selbstaussaat lästig.

Geranium sanguineum

BLUTSTORCHSCHNABEL

Von der Blütenfarbe her ist diese europäische Art in der Regel weniger »blutig« als manch anderer Storchschnabel. Dieser ist eine niedrigwachsende, bis zu 20 cm hohe Rhizomstaude. Die dunkelgrünen Blätter sind mehrfach tief geteilt. Im Sommer blühen üppige, schalenförmige, leuchtend tiefrote Blüten mit ausgebuchteten Kronblättern. ***Geranium sanguineum* var. *striatum*** ist eine rosafarbene Varietät; **'Vision'** eine kompakte Form mit dunkelrosa Blüten.

Geranium sylvaticum

Geranium wallichianum 'Syabru'

Geranium sanguineum 'Vision'

Geranium sylvaticum 'Album'

Gerbera jamesonii, Kulturvarietät

Geranium sylvaticum

WALDSTORCHSCHNABEL

Diese aufrechte, büschelige Staude ist eine weitere bekannte europäische Art. Sie wird etwa 80 cm hoch und hat tief unterteilte, grundständige Blätter, aus denen vom späten Frühjahr bis zum Sommer verzweigte Stiele mit bläulich-violetten, schalenförmigen Blüten mit weißer Mitte wachsen. **'Album'** hat weiße Blüten; **'Mayflower'** satt violettblaue Blüten mit weißer Mitte.

Geranium traversii

Diese von den Küstenklippen der Chathaminseln südlich von Neuseeland stammende, nicht ganz winterharte Staude wird 15 cm hoch und bildet Büsche silbriger, graugrüner, gelappter Blätter. Die rosafarbenen oder manchmal weißen, schalenförmigen Blüten wachsen von Sommer bis Herbst an schlanken Stielen über den Blättern. ***Geranium traversii* var. *elegans*** ist die häufiger kultivierte Form; **'Seaspray'** hat kleine, zartrosa Blüten auf kurzen Stielen.

Geranium wallichianum

Diese aus dem Himalaja stammende, nicht ganz winterharte Staude wird 30 cm hoch und hat bis zu 1,2 m lange, niederliegende Zweige. Die gelappten und gezähnten Blätter sind auffällig geädert. Die violettblauen, schalenförmigen Blüten haben eine

Geranium sanguineum var. *striatum*

Geranium sylvaticum 'Mayflower'

Gerbera jamesonii, Kulturvarietät

Gerbera 'Brigadoon Red'

weiße Mitte und dunklere Adern und blühen vom Hochsommer bis Mitte Herbst. Die Blüten von **'Buxton's Variety'** (Syn. 'Buxton's Blue') sind von dunklerem Blau mit einer größeren, weißen Mitte. **'Syabru'** hat tiefrote Blüten mit dunkleren Adern und eine kleine, weiße Mitte.

GERBERA

Diese aus etwa 40 Arten mehrjähriger Stauden bestehende Gattung stammt aus Afrika, Madagaskar und Asien. Die auffälligen Blütenköpfe, die in fast jeder Farbe außer blau und violett blühen, wachsen auf 45 cm langen, kahlen Stielen. Carl von Linné benannte die Gattung zu Ehren von Traugott Gerber, einem deutschen Kollegen. In frostfreien Gebieten eignen sie sich ausgezeichnet für Steingärten. Nur eine Art, *Gerbera jamesonii*, wird, zusammen mit ihren zahlreichen Hybriden, kultiviert.

PFLEGE UND VERMEHRUNG: In heißen Gegenden benötigen sie volle Sonne bis Halbschatten und fruchtbare, kompostierte, durchlässige Erde. Im Sommer sollte man viel gießen. Gerberas eignen sich auch gut für Gewächshäuser. Sie benötigen viel Licht und müssen während der Wachstumperiode regelmäßig gegossen und gedüngt werden. Die Vermehrung erfolgt durch Samen im Herbst oder Vorfrühling, durch Stecklinge im Sommer oder durch Teilung vom späten Winter bis zum zeitigen Frühjahr.

Geranium traversii 'Seaspray'

Gerbera jamesonii, Kulturvarietät

Gerbera jamesonii

Diese in Südafrika beheimatete Art ist einer der dekorativsten Korbblütler und eine ausgezeichnete Schnittblume. Aus einer grundständigen Rosette tief gebuchteter, lanzettlicher Blätter wachsen einzelne, lange Stiele, die im Frühjahr und Sommer weiße, rosafarbene, gelbe, orangefarbene oder rote, bis zu 8 cm breite Blütenköpfchen tragen. Die moderne Floristengerbera stammt aus Kreuzungen zwischen *Gerbera jamesonii* und ***G. viridifolia,*** die in den tropischen Regionen Afrikas beheimatet ist. Bei einigen sind die Blütenköpfchen bis zu 30 cm breit und in einer breiten Farbpalette erhältlich. Es gibt auch gefüllte Sorten wie zum Beispiel **'Brigadoon Red'** sowie fedrige Formen.

G

Gillenia trifoliata

Gilia capitata

Gibbaeum gibbosum

Geum chiloense 'Lady Stratheden'

Geum triflorum

GEUM

NELKENWURZ

Diese Gattung von etwa 50 Stauden stammt aus den gemäßigten und kaltgemäßigten Zonen der nördlichen sowie der südlichen Hemisphäre. Die Pflanzen bilden grundständige Rosetten aus behaarten, gelappten Blättern. Vom späten Frühjahr bis zum Frühherbst blühen in großer Zahl rote, orange und gelbe Blüten mit herausragenden Staubblättern. In frostfreien Gebieten blühen sie fast das ganze Jahr über. Sie passen in Staudenrabatten und Steingärten, können jedoch viel Platz einnehmen.

PFLEGE UND VERMEHRUNG: Sie sind winterhart und bevorzugen einen sonnigen, offenen Standort in feuchter, durchlässiger Erde. Die Vermehrung erfolgt durch Samen im Herbst oder durch Teilung im Herbst oder Frühjahr.

Geum chiloense

Syn. *Geum quellyon*

Diese in Chile beheimatete Pflanze wird 60 cm hoch und etwa halb so breit und bildet grundständige Rosetten aus dunkelgrünen, gefiederten, bis zu 30 cm langen Blättern. Im Sommer blühen leuchtend scharlachrote, schalenförmige Blüten in endständigen Rispen. **'Lady Stratheden'** (Syn. 'Goldball') hat halbgefüllte, goldgelbe Blüten; **'Mrs. Bradshaw'** runde, halbgefüllte, scharlachrote Blüten.

Geum coccineum

Diese Staude aus Südosteuropa wird bis zu 50 cm hoch und hat weiche, behaarte, unregelmäßig gelappte, grundständige Blätter. Vom späten Frühjahr bis zum Spätsommer blühen an aufrechten, verzweigten Stielen offene, fünfblättrige, rote Blüten mit einem Büschel gelber Staubfäden. **'Werner Arends'** ist eine niedrigwachsende, bis 30 cm hohe Sorte und hat leuchtend orangefarbene Blüten. Früher kam es zu Verwechslungen zwischen Sorten dieser Art und ***Geum chiloense.***

Geum montanum

BERGNELKENWURZ, PETERSBART

Diese Staude aus süd- und zentraleuropäischen Gebirgen bildet bis zu 10 cm hohe und 30 cm breite Polster. Die grundständigen Blätter sind fiederteilig mit einem großen, runden Endlappen. Vom Frühjahr bis zum Frühsommer blühen goldgelbe Blüten einzeln an kurzen Stielen.

Geum reptans

KRIECHENDE NELKENWURZ

Diese oberirdisch kriechende Rhizomstaude aus Zentral- und Osteuropa wird 15 cm hoch und 20 cm breit. Die gefiederten Blätter mit den tiefgezähnten, runden Blättchen wachsen in Rosetten. Im Frühsommer blühen meist einzelne, leuchtendgelbe Blüten auf kurzen Stielen.

Geum rivale

BACHNELKENWURZ

Diese buschige europäische Staude wird bis zu 40 cm hoch und bildet eine grundständige Rosette aus behaarten, tief unterteilten, dunkelgrünen Blättern. Vom späten Frühjahr bis zum Hochsommer erscheinen nickende, glockenförmige, rosa- und orangefarbene Blüten auf rötlichen Stielen. **'Leonard's Variety'** (Syn. 'Leonardii') trägt im Sommer kupferrote Blüten.

Geum triflorum

Die im Norden der Vereinigten Staaten und in Kanada beheimatete *Geum triflorum* wird 30–45 cm hoch und hat gedrängte, regelmäßig fiederschnittige Blätter. Im Sommer trägt sie Blütentriebe mit nickenden, rötlich-weißen Blüten, die lange, vorstehende Griffel haben und aus denen bis zum Herbst auffällige, fedrige, rauchgraue Früchte entstehen.

GEVUINA

Diese Gattung besteht aus nur einer Art, einem immergrünen, in Chile beheimateten Baum, der mit *Lomatia* verwandt ist. Jung wächst der Baum schnell, der Jahrestrieb ist dicht mit rostfarbenen, filzigen Haaren bedeckt. In seiner Heimat werden die wie Haselnüsse schmeckenden, eßbaren Samen gesammelt.

PFLEGE UND VERMEHRUNG: Er benötigt ein mildes Klima mit kühlen, feuchten Sommern. Nicht winterhart, wird er an geschützten Standorten in tiefe, nährstoffreiche und durchlässige, aber nie austrocknende Erde gepflanzt. Die Vermehrung erfolgt durch frisch gesammelte Samen.

Gevuina avellana

Dieser mittelgroße, immergrüne Baum oder große Strauch wird bis zu 10 m hoch und etwa genauso breit. Die ledrigen Blätter sind einfach, manchmal auch doppelt gefiedert und haben bis zu 30 glänzende, gezähnte, ovale Blättchen. Im Sommer wachsen aus den Blattachseln aufrechte Ähren spinnwebartiger, weißer, cremeweißer oder grünlicher Blüten, aus denen längliche, kleine Früchte entstehen, die im reifen Zustand blauschwarz sind.

GIBBAEUM

Dies ist eine von vielen südafrikanischen Sukkulentengattungen aus der Familie der Mittagsblumengewächse. *Gibbaeum* besteht aus etwa 20 Arten, die alle in der westlichen Kapregion beheimatet sind. Obwohl in Form und Größe recht unterschiedlich, sind allen ungleich lange, gegenständige Blätter gemeinsam, die, zumindest teilweise, miteinander verwachsen sind. Das längere Blatt gleicht oft einer langen Nase und das kürzere darunter dem Kinn. Die Blüten, eine pro Blattpaar, sind ziemlich klein, weiß, rosafarben, rot oder leicht violett. Diese nicht winterharten Sukkulenten leben in extremen Wüsten, wo es nur im Winter etwas regnet.

PFLEGE UND VERMEHRUNG: Sie gedeihen am besten in einem kleinen Topf, der oben mit einer Kiesschicht versehen wird. Sehr wenig gießen und hell stellen. Vermehrung durch Samen oder Abtrennung von Ablegern im Frühjahr oder Sommer.

Gibbaeum gibbosum

Syn. *Gibbaeum marlothi, G. muirii, Mesembryanthemum gibbosum*

Diese klumpig wachsende Sukkulente wird gut 5 cm hoch und 5–15 cm breit. Die halbzylindrischen Blätter wachsen in Paaren, im Frühjahr und Sommer entfalten sich rosa- oder violettfarbene Blüten, die Blütenköpfen von Korbblütlern ähneln.

Gibbaeum velutinum

Diese teppichartig wachsende Sukkulente wird bis zu 10 cm hoch und wenig breiter. Sie hat ungleiche Paare graugrüner Blätter und trägt im Frühjahr rosa-, fliederfarbene oder weiße, bis zu 5 cm breite Blüten.

GILIA

Diese in gemäßigten Regionen im Westen Nord- und Südamerikas beheimatete Gattung besteht aus etwa 30 Arten ein-, zwei- oder mehrjähriger Kräuter. Sie gehören zur gleichen Familie wie der *Phlox (Polemoniaceae)*. Die grundständigen Blätter sind feinfedrig unterteilt. Im Frühjahr und im Sommer blühen oftmals dicht gedrängte, aufrechte Rispen trichter- oder trompetenförmiger Blüten.

PFLEGE UND VERMEHRUNG: Die Pflanzen bevorzugen ein Klima mit kühlen, nassen Wintern und heißen Sommern sowie einen Standort in voller Sonne in durchlässiger Erde. *Gilia* sind trockenheits- und hitzeempfindlich, welken schnell und müssen regelmäßig etwas gegossen werden. An windigen Standorten ist oft eine Stütze nötig. Vermehrung durch Samen im Frühjahr, sobald die Erde aufgewärmt ist, direkt am gewünschten Standort.

Gilia capitata

Diese an den Westküsten Kanadas, der Vereinigten Staaten und Mexikos beheimatete, aufrechte, verzweigte, einjährige Pflanze wird bis zu 60 cm hoch und hat mittelgrüne, gefiederte Blätter. Im Sommer und im Frühherbst erscheinen dicht an dicht (wie Nadelkissen) winzige, matt lavendelblaue Blüten. Die Pflanze eignet sich als Schnittblume und für Sommerblumenrabatten.

Gilia tricolor

Diese aus Kalifornien stammende, aufrechte und buschige Pflanze ist einjährig, wird bis zu 45 cm hoch und hat mittelgrüne, fein zerteilte Blätter. Vom späten Frühjahr bis zum Frühsommer blühen einzeln oder in Dolden gut 1 cm kleine, blaue Blüten mit violetten Flecken um die orangefarbene Mitte.

GILLENIA

DREIBLATTSPIERE

Diese zur Familie der Rosengewächse zählende Gattung besteht aus zwei Arten von Rhizomstauden aus den gemäßigten Regionen Nordamerikas. Sie wachsen buschig, haben aus drei Blättchen bestehende, sitzende Blätter und sternförmige, fünfblättrige Blüten. Nach der Blüte vergrößern sich die Kelchblätter und färben sich rot. Die Pflanzen sind an einem schattigen Standort leicht zu ziehen und eignen sich gut als Schnittblumen.

PFLEGE UND VERMEHRUNG: Sie sind winterhart und bevorzugen humusreiche, feuchte, aber durchlässige Erde und einen vorzugsweise halbschattigen Standort. Vermehrung durch Samen im Frühjahr oder Teilung im Frühjahr oder Herbst.

Gillenia trifoliata

Diese Art wird bis zu 1,2 m hoch und hat rötliche Triebe. Die bronzegrünen Blätter setzen sich aus drei ovalen, gezähnten Blättchen zusammen, von denen jedes etwa 10 cm lang ist. Den ganzen Sommer über blühen offene Rispen weißer oder blaß rosafarbener, sternförmiger Blüten.

Ginkgo biloba

Ginkgo biloba 'Fastigiata'

Ginkgo biloba

GINKGO

GINKGO

Die Ginkgoales erschienen erstmals im Perm (vor etwa 300 Mio. Jahren) und entfalteten sich schon während der Jura- and Kreidezeit. Vor etwa 100 Mio. Jahren begannen sie auszusterben, nur der Ginkgo in China überlebte. Er ist in seiner Wildform unbekannt und würde wohl nicht mehr existieren, wenn sich nicht alte Bäume in Tempelanlagen erhalten hätten und junge Bäume dort nachgepflanzt worden wären. Männliche Bäume tragen kleine Ähren mit Pollensäckchen, weibliche einzelne, nackte Samen (»Früchte«) mit öligem Fruchtfleisch um den großen Kern. **PFLEGE UND VERMEHRUNG:** Dieser Baum gemäßigter Klimazonen ist unempfindlich gegen Umweltverschmutzung und scheint alle ihn früher womöglich heimsuchenden Schädlinge überlebt zu haben. Er benötigt jedoch Schutz vor starkem Wind und gedeiht am besten in tiefer, fruchtbarer Erde. In Städten werden bevorzugt männliche Bäume gepflanzt, da die von den weiblichen Bäumen fallenden Früchte streng riechen. In China werden die weiblichen Bäume bevorzugt, da die Samen eßbar und nahrhaft sind. Der Baum trägt jedoch erst Früchte, wenn er mindestens 20 Jahre alt ist. Er wird durch Samen oder Herbststecklinge vermehrt.

Ginkgo biloba

GINKGOBAUM

Ginkgos werden mindestens 25 m hoch. Als junge Pflanzen wachsen sie aufrecht und breiten sich später bis zu 9 m oder mehr aus. Sie sind sommergrün, die 10 cm langen, mattgrünen, fächerförmigen Blätter färben sich im Herbst goldgelb. Wenn männliche und weibliche Bäume zusammen gepflanzt werden, entstehen im Spätsommer fleischige, pflaumenähnliche, orangebraune Früchte mit einem eßbaren Kern. **'Fastigiata'** ist eine schlanke, aufrechte Sorte, die bis zu 9 m hoch wird; **'Princeton Sentry'** ein männlicher Baum mit schmalem, aufrechtem Wuchs.

GLADIOLUS

Syn. *Acidanthera, Homoglossum*

GLADIOLE, SIEGWURZ

Afrika, Europa und der Nahe Osten sind die Heimat der aus etwa 180 Arten von Knollenstauden bestehenden Gattung. Die Arten mit den auffälligsten und farbenprächtigsten Blüten stammen meist aus Südafrika. Die schwertförmigen Blätter wachsen in fächerartigen Büscheln. Gartengladiolen sind oft großblütige Hybriden, die wegen ihrer auffälligen, trichterförmigen Blüten gezogen werden. Sie eignen sich auch als Schnittblumen. Die Pflanzen dieser Gattung variieren im Wuchs von sehr kleinen und manchmal duftenden Arten bis zu den spektakulären, farbenprächtigen Schnittsorten. Die drei wichtigsten Hybridgruppen sind **Grandiflorus, Primulinus** und **Nanus** (Butterfly). **PFLEGE UND VERMEHRUNG:** Die Sproßknollen werden 10 cm tief in durchlässige, sandige Erde an einem sonnigen Standort gesetzt – in kälteren Gegenden im zeitigen Frühjahr, in warmen Gegenden ab Herbst. Im Sommer gut gießen und welke Blütenstiele abschneiden. Schnittblumen werden beim Öffnen der unteren Blüten geschnitten. In kalten Klimazonen sollten die Knollen über den Winter ausgegraben und trocken gelagert werden, großblütige Sorten immer, vor allem in winternassen Gegenden. Vermehrung durch Samen oder Brutknollen im Frühjahr.

Gladiolus alatus

Diese kleine, kurzlebige, aus Südafrika stammende Art wird etwa 30 cm hoch und ist sehr frostempfindlich. Die Wildform ist sehr variabel und wurde deshalb in fünf Arten unterteilt, die sich durch Größe und Zeichnung der Blüten unterscheiden. Normalerweise sind die duftenden Blüten, bis zu zehn pro Ähre, rot bis orange und am Grund gelb. Sie blühen vom späten Winter bis zum Frühjahr, in kälteren Regionen später. Gute Drainage ist unbedingt notwendig. Diese Pflanze eignet sich für Steingärten. Die Blätter sterben im Sommer ab.

Gladiolus carneus

Gladiolus callianthus

Syn. *Acidanthera bicolor* var. *murieliae*

Die Blütenstengel dieser schönen, aus den Bergen Ostafrikas stammenden Art werden bis 1 m hoch. Die duftenden, weißen Blüten, von denen nur wenige an einem Stengel blühen, haben am Schlund oft einen matt tiefroten Fleck. Die im Herbst erscheinenden Blüten sind 5–8 cm breit und haben elegant zugespitze, ausgebreitete Blütenblätter und eine bis zu 15 cm lange Röhre. Im Winter sterben die Blätter ab.

Gladiolus cardinalis

Gladiolus cardinalis blüht im Sommer in gebogenen Ähren von bis zu acht trichterförmigen, roten Blüten mit weißen Markierungen auf den drei unteren Blütenblättern. Sie wird über 1 m hoch und 15 cm breit. In der Kapprovinz, wo diese farbenprächtige Art beheimatet ist, bildet sie dichte Bestände auf Felsvorsprüngen, z.B. neben Wasserfällen. Diese Art ist eine wichtige Elternart moderner Hybridgladiolen.

Gladiolus carneus

Syn. *Gladiolus blandus*

Diese wunderschöne, aus der westlichen Kapprovinz stammende, im Frühjahr blühende Art, hat gebogene Ähren weißer oder mauvefarbener, trichterförmiger Blüten mit violetten oder gelben Flecken. Die Pflanze wird 30–60 cm hoch und hat schmale Blätter, die im Sommer absterben.

Gladiolus × colvillei

Die zierliche *Gladiolus × colvillei* war die erste bekannte Gladiolenhybride. Sie entstand in England im Jahre 1823 als Kreuzung zwischen *G. cardinalis* und der cremefarbenen *G. tristis*. Im späten Frühjahr blühen bis zu zehn elegante, etwa 10 cm große, dunkelrosafarbene, gelbe oder weiße Blüten in bis zu 50 cm langen Ähren. **'The Bride'** hat weiße Blüten. Heutzutage gibt es eine Reihe weiterer Hybriden, die alle etwa 40 cm hoch werden und ähnlich gefleckte Blüten in Weiß- oder Rosatönen haben. **'Peach Blossom'** hat zart rosafarbene Blüten die mauve- oder violettfarben überzogen sind.

Gladiolus communis

Diese kräftige, aus Südeuropa stammende Art produziert vom Frühjahr bis zum Sommer Ähren rosafarbener Blüten, die weiß oder rot gestreift oder gefleckt sind. Sie wird bis zu 1 m hoch und hat sehr schmale, zähe Blätter. ***Gladiolus communis* subsp. *byzantinus*** (Syn. *G. byzantinus*) trägt vom späten Frühjahr bis zum Frühsommer bis zu 15 rosafarbene bis tiefrote Blüten. Alle Formen dieser Art sind weitgehend frosthart.

Gladiolus dalenii

Syn. *Gladiolus natalensis, G. primulinus, G. psittacinus, G. quartinianus*

Diese kräftige, sommerblühende Art ist in den tropischen Regionen Afrikas sowie in

Gladiolus communis subsp. *byzantinus*

Gladiolus, Grandiflorus, 'Red Majesty'

Gladiolus cardinalis

Glechoma hederacea

Glechoma hederacea 'Variegata'

Glaucidium palmatum var. *leucanthum*

Glaucium flavum

den sommerfeuchten Teilen Südafrikas weit verbreitet. Sie produziert bis zu 25 gelbe und orangene oder rote Blüten, deren obere kapuzenartige Blütenblätter oft rote Flecken aufweisen. Sie wird 1,5 m hoch, die Blätter sterben im Winter ab.

Gladiolus, Grandiflorus-Gruppe

Die bekannten großblütigen Hybriden produzieren im Sommer lange, dicht gedrängte Ähren etwa trichterförmiger Blüten. Die manchmal gekräuselten Blüten sitzen meist wechselständig und einseitswendig entlang den 1–1,5 m langen Stengeln. Für die normale Verwendung im Garten sind sie in der Regel zu anspruchsvoll, weil sie anfällig für Krankheiten und Schädlinge sind und eine Stütze brauchen. Sie werden daher vor allem für Ausstellungen oder als kommerzielle Schnittblumen gezogen. **'Green Woodpecker'** hat mittelgroße, gekräuselte, grünliche Blüten mit roter Markierung am Blütenschlund, **'Red Majesty'** gekräuselte, rote Blüten.

Gladiolus illyricus

Diese attraktive, frostharte Art kommt wild von Spanien bis zum Kaukasus vor. Sie hat schmale, graugrüne Blätter und trägt im Frühsommer lockere, bis zu 1 m lange Ähren mit 5 cm großen, tief rosaroten Blüten mit weißen Streifen auf den unteren Kronblättern.

Gladiolus imbricatus

WIESENSIEGWURZ

Diese vom Frühjahr bis zum Sommer blühende, winterharte Art aus Zentral- und Südeuropa hat dunkelrosa bis rotviolette Blüten. Die Blütenblätter weisen eine zentrale weiße, violett umrissene Markierung auf.

Gladiolus liliaceus

Diese nur selten kultivierte Art aus der westlichen Kapprovinz wird bis zu 60 cm hoch. Jeder Sproß hat nur drei sehr lange, schmale Blätter. Die stark duftenden Blüten, nur wenige pro Stengel, sind mattgelb mit braunen, rosafarbenen, roten oder violetten Flecken, sie werden nach Sonnenuntergang blau und nach Sonnenaufgang wieder gelb.

Gladiolus, Nanus-Gruppe

Sie sind auch als Miniatur- und Butterfly-Gladiolen bekannt, im weitesten Sinne gehört zu ihr auch die separat aufgeführte *Gladiolus × colvillei*. Die locker angeordneten, 30–50 cm langen Blütenähren tragen bis zu sieben oft gefleckte oder gekräuselte Blüten, die kleiner, aber hübscher als die der Grandiflorus-Gruppe sind.

Gladiolus, Primulinus-Gruppe

Diese Hybridgruppe hat eher kleine, oft gefleckte Blüten, die sich unregelmäßig an einem bis zu 60 cm langen Stengel verteilen. Jeder trägt bis zu 20 Blüten, die nie gekräuselt und deren obere Blütenblätter helmförmig sind. Sie blühen vom Früh- bis zum Spätsommer.

Gladiolus tristis

Im späten Winter oder zeitigen Frühjahr trägt jeder schlanke, 60 cm lange Stengel dieser Art bis zu sechs weiße, cremefarbene oder zartgelbe, bis zu 10 cm große Blüten, die ihren starker Duft nur nachts verströmen. Sie bevorzugt nährstoffreiche Erde, ist jedoch anpassungsfähig und unter günstigen Bedingungen sät sie sich selbst aus. Viele der im Frühjahr blühenden Hybriden stammen von dieser beliebten, jedoch frostempfindlichen Art ab.

GLAUCIDIUM

Diese aus dem Norden Japans stammende Gattung besteht aus nur einer Art – einer Rhizomstaude mit großen, violett bis fliederfarbenen, mohnartigen Blüten.
PFLEGE UND VERMEHRUNG: Sie bevorzugt halb- bis vollschattige Plätze und Windschutz sowie nährstoffreiche, torfige Erde, die feucht bleiben muß. Vermehrt werden die Pflanzen durch Samen im Frühjahr oder durch vorsichtige Teilung im zeitigen Frühjahr.

Glaucidium palmatum

Diese buschige Staude wird 40 cm hoch und breit. Die hellgrünen, runzligen Blätter sind fingerförmig gelappt und unregelmäßig gezähnt. Die großen, schalenförmigen, vierblättrigen, lila oder mauvefarbenen Blüten zeigen sich im Frühjahr und Frühsommer. ***Glaucidium palmatum* var. *leucanthum*** (Syn. 'Album') hat weiße Blüten.

GLAUCIUM

HORNMOHN

Dies ist eine der eigentümlichsten Gattungen von Mohngewächsen. Sie besteht aus 25 Arten ein-, zwei- oder mehrjähriger Kräuter, die mit Ausnahme einer bis zur Atlantikküste vorkommenden Art in den gemäßigten Regionen Asiens und dem Mittelmeergebiet zu Hause sind. Ihr typisches Merkmal ist die bis zu 30 cm lange, schmale Samenkapsel, die sich nach dem Abfallen der Blütenblätter schnell vergrößert. Auffällige gelbe, rote oder weiße Blüten, die normalerweise einen dunkleren Fleck am Grund jedes Blütenblattes aufweisen, blühen an den Enden der beblätterten Triebe.
PFLEGE UND VERMEHRUNG: Die Pflanzen sind ziemlich winterhart, bevorzugen einen sonnigen Standort in sandiger, durchlässiger Erde und werden durch Samen im Frühjahr oder Herbst vermehrt.

Glaucium corniculatum

Syn. *Glaucium phoeniceum*

ROTER HORNMOHN

Diese aus Europa und Südwestasien stammende, behaarte, ein- bis zweijährige Art hat eine grundständige Rosette fiederlappiger, silbergrauer Blätter. Sie wird bis zu 50 cm hoch und breit und trägt vom Sommer bis zum Frühherbst orangefarbene bis rote Blüten, die oft einen schwarzen Fleck am Grund der Blütenblätter haben. Die Blüten erscheinen meist knapp über den Blättern. Die Art wurde mit ***Glaucium grandiflorum*** aus Westasien verwechselt, deren Blüten größer und auffälliger sind.

Glaucium flavum

GELBER HORNMOHN

Diese in West- und Südeuropa sowie in Nordafrika beheimatete Art stammt aus Küstengebieten, ist aber heute auch anderswo eingebürgert. Die behaarte, kurzlebige Staude bildet eine grundständige Rosette fiederlappiger, graugrüner Blätter aus. Im Sommer bilden sich 10 cm große, goldgelbe oder orangefarbene Blüten.

GLECHOMA

GUNDERMANN

Diese Gattung besteht aus zwölf Arten kriechender Stauden, die fast überall in Europa vorkommen. Die Triebe wurzeln an den Knoten und bilden oft ausgedehnte Matten grobgezähnter, runder bis ovaler, behaarter Blätter. An kurzen, aufrechten Trieben stehen im Sommer Paare kleiner, zweilippiger Röhrenblüten in den Blattachseln. Sie eignen sich gut als teppichartige Bodendecker, sind aber etwas empfindlich und sollten daher nicht in vielbepflanzte Rabatten gebracht werden. Sie eignen sich auch für Kübel und Ampeln.
PFLEGE UND VERMEHRUNG: Sie bevorzugen volle Sonne oder Halbschatten und mäßig fruchtbare, feuchte, aber durchlässige Erde. Die Vermehrung erfolgt durch Stecklinge im späten Frühjahr oder durch Teilung im Frühjahr oder Herbst.

Gladiolus tristis

Gladiolus × colvillei 'Peach Blossom'

Gladiolus × colvillei 'The Bride'

Gladiolus cardinalis

Glechoma hederacea
GUNDERMANN, GUNDELREBE

Die Triebe dieser niederliegenden Art wurzeln oft an den Knoten und bilden 2 m oder größer werdende Matten. Zerrieben riecht sie etwas unangenehm. Die Blätter sind gegenständig, fast nierenförmig und gekerbt. Im späten Frühjahr und im Frühsommer blühen kleine violette Blüten in den oberen Blattachseln. Die weichen, hellgrünen Blätter der häufig gezogenen **'Variegata'** sind weiß marmoriert.

GLEDITSIA
LEDERHÜLSENBAUM, GLEDITSCHIE, FALSCHER CHRISTUSDORN

Diese in den gemäßigten und subtropischen Regionen Nord- und Südamerikas sowie in Teilen Afrikas und Asiens vorkommende Gattung besteht aus etwa 14 Arten sommergrüner, weit ausladender, normalerweise dorniger Bäume. Sie werden wegen ihres attraktiven Laubwerks und nicht zuletzt als Schattenspender gezogen. In Kultur sind sie anspruchslos. Sie haben einfach oder doppelt gefiederte Blätter, unauffällige Blüten und große, oft gedrehte, hängende Samenhülsen mit süßem, eßbarem Fruchtfleisch. Zur ähnlichen Gattung *Robinia* (Robinie, Falsche Akazie) besteht keine Verwandtschaft.
PFLEGE UND VERMEHRUNG: Gleditschien wachsen am besten in voller Sonne in nährstoffreicher Erde. Sie tolerieren Staunässe, wachsen schnell und sind meist winterhart; junge Pflanzen haben häufig Frostschutz nötig. Jungpflanzen werden einstämmig und geradschäftig erzogen, störende Dornen können dabei entfernt werden. Sorten werden durch Veredlung in Frühjahr und Sommer vermehrt, die Wildarten durch Samen im Herbst.

Gleditsia aquatica

Diese im Südosten der USA vorkommende Art liebt nasse Böden. In Texas wächst sie in Sümpfen, in Florida und North Carolina wird sie häufig kultiviert. Sie wird bis zu 20 m hoch und ist weniger dornig als die ähnliche *Gleditsia triacanthos.*

Gleditsia caspica
KASPISCHE GLEDITSCHIE

Dieser kleine, weit ausladende Baum aus dem Iran, Aserbaidschan und Georgien wird über 10 m hoch und hat lange Dornen am Stamm. Die glänzenden, gefiederten Blätter färben sich im Herbst gelb. Im Sommer blühen winzige, grüne Blüten in achselständigen, bis zu 10 cm langen Ähren. Später erscheinen gebogene und gedrehte Samenhülsen.

Gleditsia caspica

Gleditsia triacanthos 'Stevens'

Gleditsia triacanthos 'Shademaster'

Gleditsia triacanthos
AMERIKANISCHE GLEDITSCHIE, FALSCHER CHRISTUSDORN

Diese in den östlichen und zentralen Teilen der USA beheimatete, völlig winterharte Art wird bis zu 30 m hoch, hat eine offene, etwas trichterförmige Krone und einen dornigen Stamm. Die Blätter sind dunkelgrün und doppelt gefiedert. Im Herbst und im Winter hängen zahlreiche gedrehte, schwarze, bis zu 50 cm lange und 4 cm breite Hülsen von den Ästen. ***Gleditsia triancanthos* f. *inermis*** ist, wie die meisten modernen Sorten, dornenlos. **'Imperial'** hat runde Blätter und nur wenige Samenhülsen; der Jahrestrieb von **'Ruby Lace'** ist rötlich und färbt sich im Herbst matt bronzefarben; **'Shademaster'** wächst schnell und trägt eine breite, zugespitzer Krone und leuchtendgrünen Blättern; die dunkelgrünen Blätter von **'Skyline'** werden im Herbst goldgelb; **'Stevens'** lädt weit aus und die leuchtendgrünen Blätter färben sich im Herbst gelb. Die leuchtendgelben jungen Blätter von **'Sunburst'** werden im Sommer zartgrün.

GLOBBA

Etwa 70 Arten buschig wachsender Rhizomstauden, die sich über die feuchteren Regionen Südasiens und des Malaiischen Archipels verteilen, zählen zu dieser Gattung aus der Familie der Ingwergewächse. Der Name der Gattung stammt aus der malaiischen Landessprache. Die belaubten Triebe sind meist klein und schlank, die Blätter verschmälern sich an der Blattbasis in lange, dünne Stiele. Der endständige Blütenstand biegt sich in charakteristischer Weise nach unten und hat dachziegelige, bei manchen Arten große und bunte Tragblätter. Die Blüten, in schlanken Ähren zwischen diesen Tragblättern, sind kompliziert gebaut: Am Grund stehen kleine, ausladende Kelchblätter; die Blütenblätter sind zu einer sehr dünnen Röhre verwachsen, die wie ein Angelhaken gebogen und an der Spitze kurz gelappt ist; dort sind auch die Staubblätter sichtbar. Anstelle der unteren Blütenähren tragen viele Arten kleine Brutzwiebeln.
PFLEGE UND VERMEHRUNG: Die Pflanzen stehen am besten im Halbschatten in humusreicher, durchlässiger Erde und sollten im Winter trocken gehalten werden. Sie sind nicht winterhart und benötigen anhaltende Wärme und gefiltertes Licht. Im Winter, wenn die Blätter absterben, ruhen lassen. Vermehrung durch Teilung oder Pflanzung der Brutzwiebeln.

Gleditsia caspica

Gleditsia triacanthos 'Skyline'

Gleditsia triacanthos 'Shademaster'

Gleditsia triacanthos f. *inermis*

Globba winitii

Die thailändische Art hat große, lanzettliche, bis zu 80 cm lange Blätter mit herzförmigem Grund. Vom Herbst bis in den Winter erscheinen an hängende Trauben gelbe Röhrenblüten mit großen, dunkelrosafarbenen oder violetten Deckblättern.

Gleditsia triacanthos 'Sunburst'

GLOBULARIA
KUGELBLUME

Die etwa 20 Arten dieser Gattung sind meist immergrüne, polster- oder mattenbildende Stauden oder Zwergsträucher mit kompakten Blütenköpfchen aus winzigen Röhrenblüten in Blautönen. Viele eignen sich für Steingärten oder Tröge, wie z.B. die kissenbildende **'Hort's Variety'.** Die buschigen Zwergsträucher wie ***Globularia* × *indubia*** und ***G. sarcophylla*** wirken zwischen anderen kleinen Sträuchern oder vor niedrigen Mauern besonders attraktiv.
PFLEGE UND VERMEHRUNG: Viele kultivierte Arten sind mäßig winterhart. Am besten stehen sie in voller Sonne in durchlässiger Erde. Sie sollten sparsam gegossen und im Winter trocken gehalten werden. Vermehrung durch Samen im Herbst oder Teilung im Frühjahr und Frühsommer.

Gloriosa superba 'Rothschildiana'

Gloriosa superba 'Rothschildiana'

Globularia punctata

Globularia 'Hort's Variety'

Globularia × indubia

Globularia sarcophylla

Globularia cordifolia

Globularia gracilis

Globularia cordifolia

HERZBLÄTTRIGE KUGELBLUME

Der immergrüne Zwergstrauch aus Mittel- und Südeuropa hat kriechende, verholzte Triebe mit sehr kleinen, spatelförmigen Blättern. Vom späten Frühjahr bis zum Frühsommer blühen einzelne, kurzgestielte, blaue bis zart mauvefarbene Blütenköpfchen. Er bildet ein dichtes Polster oder eine hügelige Form aus, wird nur 2,5–12 cm hoch und breitet sich langsam aus. Mit etwas Reisigabdeckung ist er winterfest.

Globularia gracilis

Die dunkelgrünen, löffelförmigen Blätter der gedrängten, frostempfindlichen Staude wachsen an langen Stielen. Im Sommer blühen lavendelblaue Blütenköpfchen.

Globularia punctata

Syn. *Globularia aphyllanthes, G. wilkommii*

ECHTE KUGELBLUME

Diese in Europa beheimatete, frostharte Staude ohne Ausläufer wird 30 cm hoch und hat eine grundständige Rosette langstieliger, spatelförmiger Blätter. Im Sommer trägt sie indigoblaue Blütenköpfchen.

GLORIOSA

RUHMESKRONE, FLAMMENLILIE, KLETTERLILIE, TIGERKLAUE

Diese Gattung besteht aus einer variablen, kletternden Knollenpflanze aus Afrika und Westasien. Obgleich die Blüten mit ihren stark zurückgebogenen Blütenblättern einer Lilie ähnlich sind, ist die Gattung enger mit *Colchicum* (Herbstzeitlose) verwandt. Mit dieser haben sie den hochgiftigen Inhaltsstoff Colchicin gemeinsam. Mit ihren rankenden Blattspitzen klettern die Pflanzen über kleine Sträucher und hohes Gras. Sie werden wegen ihrer dekorativen, leuchtendbunten Blüten gezogen, die langlebige und attraktive Schnittblumen abgeben. Im Herbst bzw. in der tropischen Trockenzeit ziehen sie vollkommen ein.

PFLEGE UND VERMEHRUNG: Die Ruhmeskrone ist eine tropische Pflanze und gedeiht im Freien nur in frostfreiem, warmem Klima; in kalten Klimaregionen kann sie im Haus in Töpfen gezogen werden. Die Knollen werden im späten Frühjahr in nährstoffreiche, durchlässige Erde an einen vollsonnigen Standort gepflanzt. Sobald die Triebe in die Länge wachsen, wird gedüngt. Die Vermehrung erfolgt durch Samen und ruhende Knollen.

Gloriosa superba

Unter den geeigneten Bedingungen kann diese Art 1,5–2,5 m hoch klettern. Die leuchtendroten und goldenen Blüten ähneln in ihrer Form mit den zurückgebogenen, am Rand gewellten Blütenblättern und den auffälligen Staubblättern der Tigerlilie. Die roten, gelbgesäumten Blüten der **'Rothschildiana'** sind größer; **'Simplex'** hat ähnliche, aber kleinere, dunkelorange und gelbe Blüten.

GLOTTIPHYLLUM

60 Arten zwergiger Sukkulenten aus der Familie der Mittagsblumengewächse umfaßt diese in den trockenen Regionen der südafrikanischen Kapprovinz beheimatete Gattung. Der Name stammt aus dem Griechischen (*glotta* bedeutet »Zunge« und *phyllon* »Blatt«) und bezieht sich auf die Blattform dieser fast stengellosen, klumpig wachsenden Pflanzen. Die häufiger gezogenen Arten haben leuchtendgrüne, zweireihige Blätter und im Sommer korbblütenähnliche, gelbe Blüten. In milden Klimazonen sind sie in Steingärten oder Wüstengärten leicht zu ziehen. Allerdings sind ihre empfindlichen Blätter oft vernarbt und angefressen.

PFLEGE UND VERMEHRUNG: In warmen Regionen steht die Pflanze in grobkörniger, durchlässiger Erde in voller Sonne; in kälteren Gebieten wird sie im Gewächshaus in handelsüblicher Kakteenerde gezogen. Sie benötigt wenig Feuchtigkeit und ruht vom Herbst bis zum Spätwinter und ist anfällig für Schneckenfraß, Schmierläuse und Raupen. Die Vermehrung ist durch Samen oder Wurzelschnittlinge möglich.

Glottiphyllum cruciatum

Diese Art hat hellgrüne, halbzylindrische Blätter, die etwa 10 cm lang werden. Im Frühjahr erscheinen große, gelbe, korbblütenartige Blüten.

Glottiphyllum latum

Sichelförmige, 10 cm lange Blätter charakterisieren diese Art. Im späten Frühjahr blühen gelbe, korbblütenähnliche Blüten.

Glottiphyllum linguiforme

Diese Art wird 6 cm hoch und 30 cm breit. Sie hat nach innen gebogene, streifenförmige, leuchtendgrüne Blätter in zwei Reihen mit gerundeten Spitzen. Vom Herbst bis zum Spätwinter blühen tiefgelbe, korbblütenähnliche Blüten. Sie ist die am häu-

Glottiphyllum cruciatum

Glottiphyllum latum

figsten aufgeführte *Glottiphyllum*. Die meisten kräftigen Pflanzen in Kultur werden inzwischen als Hybriden angesehen.

GLYCERIA

SÜSSGRAS, SCHWADEN, MANNAGRAS

Etwa 16 Arten gehören zu dieser Wasser- und Wiesengräsergattung, die weltweit, hauptsächlich jedoch in der nördlichen Hemisphäre vorkommt. Es sind kräftig wachsende Pflanzen mit kriechenden Wurzelstöcken und flachen, saftigen Blattspreiten. Die grünlichen Ährchen stehen in mehr oder weniger schmalen Rispen. Der Gattungsname stammt vom dem griechischen Wort für »süß« und bezieht sich auf die süßschmeckenden Samenkörner einiger europäischer Arten. Auch die Bezeichnung »Mannagras« spielt auf diese Eigenschaft an. Abgesehen von der Verwendung als Futterpflanze können *Glyceria*-Arten als Wasserpflanzen in großen Teichen oder Seen gezogen werden. Ihre langen Rhizomen stabilisieren rutschgefährdete Böschungen, doch wird ihr dichtes Wachstum in Bewässerungskanälen manchmal zur Plage.
PFLEGE UND VERMEHRUNG: Dauernasse Böden mit voller Sonne oder Teichränder bis 15 cm Wassertiefe sind beste Standorte. Um die Ausbreitung zu begrenzen, empfiehlt sich die Pflanzung in Gefäße. Vermehrung durch Samen oder Ausläufer.

Glyceria maxima

Syn. *Glyceria aquatica*, *Poa aquatica*
WASSERSCHWADEN, RIESENSÜSSGRAS

Diese aus den gemäßigten Regionen Eurasiens stammende, frostharte Art, die sich durch Rhizome stark ausbreitet, hat bis zu 1 m hohe Stengel und flache, überhängende, 60 cm lange und knapp 2 cm breite Blätter. Im Spätsommer erscheinen Rispen grüner bis leicht violetter Ährchen. **'Variegata'** ist ein beliebtes Ziergras mit cremefarben- oder weißgestreiften Blättern, die jung manchmal rosa schimmern.

GLYCINE

Die Gattung besteht aus 18 Arten schlanker, windender oder kletternder, krautiger *Leguminosen*, die meist in Australien sowie in Ostasien und auf den pazifischen Inseln beheimatet sind. Sie haben wechselständige, aus drei Blättchen zusammengesetzte Blätter und Schmetterlingsblüten, aus denen schmale, längliche Samenhülsen entstehen. *Glycine max*, die Sojabohne, aus Asien wird als einzige Art kultiviert.
PFLEGE UND VERMEHRUNG: Die Sojabohne ist frostempfindlich und gedeiht am besten in den immerfeuchten Subtropen in fruchtbarer, durchlässiger Erde. Während der Trockenperioden muß sie ausreichend gewässert werden. Durch Samen wird sie vermehrt.

Glycine max

SOJABOHNE

Die Sojabohne ist eine alte chinesische Nutzpflanze und wird schon seit mindestens 5000 Jahren als Nahrungsmittel und Arznei verwendet. Der Ursprung der Pflanze ist nicht ganz klar, man nimmt aber an, daß sie von ***Glycine soja*** (Syn. *G. ussuriensis*), einer ostasiatischen Wildpflanze, abstammt. Die verzweigte, rankende Staude wird bis zu 1,8 m hoch. Die wechselständigen, dreiteiligen Blätter sind behaart. Im Sommer blühen weiße oder fliederfarbene Schmetterlingsblüten, aus denen behaarte Hülsen entstehen.

GLYCYRRHIZA

SÜSSHOLZ

Diese Gattung besteht aus etwa 20 Arten mehrjähriger *Leguminosen*, die in der Mittelmeerregion, Asien, Australien und dem amerikanischen Kontinent vorkommen. Sie haben gefiederte Blätter mit ovalen Blättchen und achselständige Ähren kleiner Schmetterlingsblüten. *Glycyrrhiza glabra* wird wegen ihrer weichen, faserigen Wurzeln gezogen, die als Aromastoff (Lakritze), für Süßwaren und Arznei verwendet werden. Das wild vorkommende Süßholz Nordamerikas ist ***G. lepidiota.***
PFLEGE UND VERMEHRUNG: Sie ist sehr frostempfindlich, bevorzugt volle Sonne und mag tiefe, humusreiche, durchlässige Erde und gleichmäßige Feuchtigkeit. Die Wurzeln werden im Herbst geerntet. Vermehrung durch im Frühjahr oder Herbst gesäte Samen oder Teilung im Vorfrühling.

Glycyrrhiza glabra

SÜSSHOLZ, LAKRITZE

Diese Staude, beheimatet in der Mittelmeerregion und in Westasien, hat kurze Triebe, die aus einem holzigen Wurzelstock sprießen. Die mittelgrünen Blätter sind gefiedert. Im Spätsommer erscheinen bläulich-violette und weiße Schmetterlingsblüten in kurzen, aufrechten Ähren. Süßholz wird 1 m hoch und breit.

GLYPTOSTROBUS

Eine sommergrüne Konifere, verwandt mit *Taxodium*, ist die einzige Art dieser Gattung, die vermutlich aus Süchina und Nordvietnam stammt. Die Wildvorkommen sind vermutlich ausgestorben. Die Art wird häufig zur Stabilisierung von Flußufern und Mauern in Reisfeldern in Ostasien angepflanzt. Das Laub ähnelt dem des *Metasequoia* (Urwelt-Mammutbaum), doch sind ihre Zapfen, in üppigen Büscheln wachsend, kleiner und weniger verholzt. Sie gedeiht am besten an wassergesättigten Standorten.
PFLEGE UND VERMEHRUNG: Diese sehr frostempfindliche Art gedeiht am besten in warmen, nassen Gebieten, in denen mindestens drei Monate lang feuchte Sommerhitze herrscht. Gepflanzt wird sie an vollsonnigem Standort in feuchte oder nasse Erde, vermehrt wird sie durch Samen oder durch Veredelung.

Glyptostrobus pensilis

Glyptostrobus pensilis

CHINESISCHE SUMPFZYPRESSE

Diese mittelgroße, aufrechte Konifere mit auffälliger, konischer Silhouette wird 25 m hoch. Sie hat attraktive Frühjahrstriebe und warme, rotbraune Herbstfarben. Der einstämmige Baum kann vielstämmig werden, wenn er durch Frost gelitten hat.

GOMPHRENA

KUGELAMARANT

Diese aus etwa 90 Arten niederliegender oder aufrechter, ein- oder mehrjähriger Kräuter bestehende Gattung kommt vorwiegend in Zentral- und Südamerika, aber auch in Australien vor. Sie hat gegenständige, oft behaarte Blätter und papierne Blüten, die endständig dicht gedrängt stehen. Vor dem völligen Öffnen gepflückt, eignen sich die Blüten als Trockenblumen.
PFLEGE UND VERMEHRUNG: Die nicht frostharten Arten benötigen Sonne, relativ fruchtbare, durchlässige Erde und während des Wachstums viel Wasser. Bei starker Hitze ist Mulchen vorteilhaft. Vermehrung durch Samen im zeitigen Frühjahr.

Gomphrena globosa

KUGELAMARANT

Diese buschige, einjährige, aus Südostasien stammende Pflanze, die bis zu 60 cm hoch wird, eignet sich gut als Beetpflanze. Sie hat ovale, behaarte Blätter. Im Sommer und Frühherbst erscheinen Blüten in Rosa-, Violett-, Gelb-, Orange- und Weißschattierungen. Die papiernen Blütenstände eignen sich als Trockenblumen: die Blütensprossen abschneiden, bevor sich die Blüten ganz öffnen, und kopfüber an kühlem, luftigem Platz trocknen.

GOODENIA

Australien ist die Heimat dieser aus etwa 170 Arten von Stauden oder Sträuchern bestehenden Gattung (drei Arten kommen bis nach Papua-Neuguinea und Indonesien vor). Die Wuchsform ist sehr unterschiedlich, aber meist sind es immergrüne Zwergstauden oder Halbsträucher, einige mit einer grundständigen Blattrosette. Die gut sichtbaren, meist leuchtendgelben Blüten haben fünf Blütenblätter, die sich wie die Finger einer Hand spreizen. Einige blühen in unterschiedlichen Rosa-, Mauve- oder Blauschattierungen. Nur wenige Arten sind in Kultur. Diese eignen sich aber gut als Bodendecker für Steingärten oder als Kübelpflanze.
PFLEGE UND VERMEHRUNG: Alle sind zumindest sehr frostempfindlich, benötigen in der Regel guten Wasserabzug und einen sonnigen oder halbschattigen Standort. Um einen kompakten Wuchs zu fördern, werden sie nach der Blüte zurückgeschnitten. Vermehrung duch Samen oder Stecklinge.

Goodenia macmillanii

Glycine max

G

Goodenia hederacea

Diese niederliegende, aus dem Osten Australiens stammende Staude bildet normalerweise eine feine Rosette spatelförmiger Blätter, aus denen borstige, niederliegende, manchmal wurzelnde Triebe sprießen. Zur Triebspitze hin werden die Blätter kleiner. Im Frühjahr und im Sommer wachsen aus ihren Achseln dünngestielte, gelbe Blüten. ***Goodenia hederacea* subsp. *alpina*** kommt in höher gelegenen Bergregionen vor. Diese Art ist niederliegend, ihre wurzelnden Stiele bilden bis zu 1 m breite Polster. Ihre Blätter sind dicker.

Goodenia macmillanii

Dieser kleine, ausläufertreibende Strauch kann bis zu 1 m hoch werden. Die grundständigen Blätter sind gefiedert und bis zu knapp 10 cm lang, die Stengelblätter gelappt. Die im Frühjahr und Sommer blühenden, duftenden, etwa 2,5 cm großen Blüten sind rosafarben mit violetten Streifen.

Glycyrrhiza glabra

Glottiphyllum linguiforme

Goodenia ovata

Der immergrüne Strauch aus den feuchten Regionen Ostaustraliens wird 1–1,2 m hoch. Im Frühjahr und Sommer blühen Büschel fächerförmiger, gelber Blüten. Die eiförmigen, leicht klebrigen, 10 cm langen Blätter sind leuchtendgrün und fein gezähnt. Er eignet sich als Bodendecker in schattigen Steingärten oder Abhängen. Von exponierten Küstenfelsen wurden niederliegende und halbniederliegende Formen eingeführt, die oft nur 15 cm hoch werden, sich jedoch kräftig ausbreiten.

GOODYERA

NETZBLATT

Der englische Botaniker John Goodyer ist Namensgeber dieser aus etwa 40 Arten bestehenden Orchideengattung. Die meisten wachsen auf Erdreich, aber einige kommen auch auf Felsen oder Bäumen vor. Außer in Afrika sind sie in allen wärmeren Gegenden der Welt zu finden. Die Pflanzen breiten sich durch kriechende Rhizome aus und haben Rosetten fleischiger, manchmal pelzig behaarter, oft farbig gemusterter Blätter. In langen Ähren blühen Dutzende kleiner bis mittelgroßer, kapuzenförmiger Blüten.

PFLEGE UND VERMEHRUNG: Netzblatt-Arten sind unterschiedlich winterhart, aber alle Arten überstehen zumindest leichten Frost. Die Pflanzen, die in flache Töpfe oder Schalen mit feuchtem, laubhaltigem Kompost oder ähnlicher, humusreicher Erde gepflanzt und im Garten in den Halbschatten gestellt werden, benötigen das ganze Jahr über Feuchtigkeit; doch sollten sie in den wärmeren Monaten mehr gegossen werden als im Winter. Von Frühjahrsmitte bis zum Spätsommer zwei- oder dreimal mit verdünntem, flüssigem organischem Dünger gießen und im Frühjahr Blattmulch um die Pflanzen verteilen. Vermehrung durch Teilung im Frühjahr.

Goodyera pubescens

Diese Art wird knapp 50 cm hoch und hat bläuliche, netzartig gemusterte Blätter. Sie blüht weiß im Sommer.

GORDONIA

Diese aus etwa 70 Arten immergrüner Bäume und Sträucher bestehende Gattung ist mit *Camellia* verwandt und mit Ausnahme einer nordamerikanischen Art in Südostasien beheimatet. Die beliebten Zierpflanzen gedeihen in warmen Klimazonen, haben glänzende, dunkelgrüne Blätter und bringen hübsche weiße, kamelienartige Blüten hervor.

Goodenia ovata

Gordonia axillaris

Graptopetalum bellum

Graptopetalum paraguayense

Gossypium sturtianum

PFLEGE UND VERMEHRUNG: Am besten gedeihen die Pflanzen, die ähnliche Bedingungen wie Kamelien schätzen, in Sonne oder Halbschatten in krümeliger, leicht saurer Erde, sie sollten regelmäßig gemulcht, gedüngt und gegossen werden, Kappen der Spitzen in den ersten Jahren verbessert den etwas offenen Wuchs. Vermehrung durch Samen im Herbst oder Frühjahr oder Stecklinge im Spätsommer.

Gordonia axillaris

Diese langsamwachsende, wunderschöne, immergrüne Art aus China hat eine gefleckte orange-braune Rinde und kann zu einem 8 m hohen und breiten Baum wachsen. Normalerweise bleibt sie ein großer Strauch. Sie ist nicht winterhart. Die Blätter sind dunkelgrün, glänzend und bis zu 15 cm lang. Abfallende Blätter färben sich erst scharlachrot. Die weißen Blüten sind 10 cm breit und haben breite, zerknitterte Blütenblätter und goldene Staubblätter.

Gordonia lasianthus

Diese Art aus dem Südosten der USA wird bis 25 m hoch und hat eine schmale Krone und gezähnte, glänzende Blätter. Im Sommer blühen duftende, weiße, schalenförmige, etwa 6 cm breite Blüten.

GOSSYPIUM

BAUMWOLLE

Weltweit verbreitet, jedoch in warmgemäßigten und tropischen Regionen beheimatet umfaßt diese Gattung 40 einjährige, zwergstrauchige und strauchige Arten. Am besten sind die vier oder fünf Arten bekannt, die kommerziell als Feldfrüchte (Baumwolle) angebaut werden. Die Blüten gleichen denen der engverwandten Gattung *Hibiscus*. Sie sind cremefarben, gelb oder rosérot und haben manchmal einen dunklen Fleck am Grund. Aus ihnen werden kugelige Hülsen, die in Baumwollfasern eingebettete, ölige Samen enthalten. Sie eignen sich am besten für relativ heißes, semiarides Klima.

PFLEGE UND VERMEHRUNG: *Gossypium*-Arten vertragen keinen Frost, benötigen lange, heiße Sommer und einen geschützten Standort in voller Sonne in feuchter, aber durchlässiger Erde. Vermehrung durch Samen oder Stecklinge.

Gossypium arboreum

Dieser große, bis zu 3,5 m hohe Strauch von aufrechtem, verzweigtem Wuchs ist eine der Arten, die kommerziell Baumwolle liefern. Die Blätter sind tief gelappt. Im Sommer blühen gelbe oder mattrote, hibiskusartige Blüten mit violetten Flecken am Grund. Manche Botaniker halten den Strauch für einen in Kultur entstandenen Abkömmling des afrikanischen *Gossypium herbaceum*.

Gossypium arboreum

Gossypium barbadense

Diese aufrechte, ein- oder mehrjährige, bis zu 1,5 m hohe Pflanze ist in Südamerika beheimatet, wurde aber schon früh in die Südstaaten der Vereinigten Staaten eingeführt. Sie ist immer noch einer der wichtigsten Baumwollieferanten. Sie hat rötliche Stengel und gelappte, bis zu 12 cm lange Blätter. Die weißen bis gelben Hibiskusblüten werden im Alter rosafarben und erscheinen hauptsächlich im Winter.

Gossypium herbaceum

Diese südafrikanische Art ist die traditionelle Baumwollpflanze Westasiens und Nordafrikas. Es ist eine ein- oder mehrjährige Pflanze, die bis zu 1,8 m hoch wird. Die Blätter sind behaart und gelappt, die gelben Blüten haben am Grund violette Flecken.

Gossypium sturtianum

Die Wappenblume des Northern Territory in Australien ist ein immergrüner Strauch, der bis knapp 2 m hoch und breit wird. Er hat ovale, graugrüne Blätter und wunderschöne, große, mauvefarbene Blüten mit überlappenden Blütenblättern, die am Grund dunkler sind. Da er mit sehr wenig Wasser auskommt, ist er gut als Zierpflanze für heiße Regionen geeignet. Er paßt sich jedoch auch Gegenden mit höherem Regenfall an und toleriert leichten Frost.

GRAPTOPETALUM

Diese aus etwa zwölf Arten mehrjähriger Sukkulenten bestehende, mit *Echeveria* verwandte Gattung ist in Mexiko und Arizona (USA) beheimatet. Meist trägt sie kurzgestielte Rosetten bläulich-grauer Blätter. Im Frühjahr oder Sommer blühen sternförmige oder röhrige Blüten. Da sie frostempfindlich sind, werden viele Arten als Zimmerpflanzen oder im Gewächshaus gezogen. In frostfreien Gebieten eignen sie sich für Stein- und Wüstengärten.

PFLEGE UND VERMEHRUNG: Die Pflanzen brauchen einen Standort in voller Sonne oder leichtem Schatten mit gutdurchlässiger Erde und werden durch Samen oder Stecklinge im Frühjahr oder Sommer vermehrt.

Graptopetalum bellum

Syn. *Tacitus bellus*

Diese erst kürzlich in Mexiko entdeckte kleine Sukkulente wurde wegen des auffälligen Größenunterschiedes zwischen den leuchtend rosafarbenen Blüten und der Miniaturblattrosette schnell beliebt. Die stengellosen Rosetten bestehen aus mattgrauen, dreieckigen Blättern, kaum größer als 2,5 cm. Dazwischen erscheinen von Frühjahr bis Sommer kurze Blütenzweige sternförmiger Blüten, von denen jede ebenfalls nur etwa 2,5 cm groß ist. Sie eignet sich hervorragend als Topfpflanze auf der Fensterbank.

Graptopetalum paraguayense
Syn. *Sedum weinbergii*

Entgegen dem Anschein des Artnamens stammt diese Pflanze nicht aus Paraguay, sondern aus Mexiko. Dichte Rosetten stumpf zugespitzter, dicker Blätter wachsen auf fleischigen, anfangs aufrechten, später übergebogenen Stielen. Die Blätter sind grau, rötlich überlaufen und silbrigblau bereift. Im Frühjahr erheben sich langblühende, auffällige Blütenzweige weißer, sternförmiger Blüten weit über die Rosette.

GRAPTOPHYLLUM

Diese Gattung immergrüner Sträucher aus der Familie der *Acanthaceae* besteht aus zehn Arten, beheimatet in den tropischen Regionen Australiens und der pazifischen Inseln. Vor allem wegen ihrer dekorativen Blätter, die oft bunt gezeichnet sind, werden sie für gewöhnlich als Zimmerpflanzen gezogen. Die zweilippigen Röhrenblüten erscheinen vor allem im späten Frühjahr und im Sommer.

PFLEGE UND VERMEHRUNG: Im Freiland benötigen sie ein tropisches Klima und einen Standort im Halbschatten in fruchtbarer, durchlässiger Erde. Frost ertragen sie nicht. Durch leichten Schnitt läßt sich verhindern, daß die Pflanzen unten kahl werden. Als Zimmerpflanze sollten sie regelmäßig gegossen, nur im Winter eher trocken gehalten werden. Die Vermehrung erfolgt durch Stecklinge im Frühjahr oder Sommer.

Graptophyllum pictum

Diese Art hat einen aufrechten, offenen Wuchs und wird bis zu 1,5 m hoch und halb so breit. Die Färbung der Blätter variiert, normal sind mittelgrüne, ovale Blätter mit cremefarbenen, zentralen Flecken. Im Frühjahr und Sommer blühen endständige Ähren violettroter Röhrenblüten. Die Blätter von **'Tricolor'** sind cremefarben und grün und, vor allem bei jungen Pflanzen, rosafarben überlaufen. **'Purpureum Variegatum'** ist ähnlich, aber violettrot statt rosa überlaufen.

GREENOVIA

Von den Kanarischen Inseln stammt diese Gattung mit ihren vier Arten mehrjähriger Sukkulenten. Mit ihren graublauen oder dunkelgrünen Blattrosetten gleichen sie der Hauswurz *(Sempervivum)*. Im Frühjahr erscheinen bis zu 40 kleine, gelbe Blüten pro Stengel. Die Pflanzen sind recht klein (durchschnittlich nur 2,5–5 cm).

PFLEGE UND VERMEHRUNG: Greenovien tolerieren leichten Frost, wenn sie trocken gehalten werden. Unter mitteleuropäischen Bedingungen sind es Gewächshauspflanzen, doch sollten sie während der heißesten Tageszeit kühl und schattig gehalten werden. In frostfreien Klimazonen können sie im vollen Schatten in gutdurchlässige, grobkörnige Erde mit einem hohen Anteil an Blattmulch gepflanzt werden und sollten von Mitte Herbst bis zum frühen Frühjahr regelmäßig gegossen werden, während des Sommers kaum oder gar nicht. Die Vermehrung erfolgt durch Samen oder Stecklinge.

Greenovia aizoon

Diese Art, die leicht zu ziehen ist und sich gut als Topfpflanze eignet, bildet eine Gruppe kleiner, dunkelgrüner Rosetten. Die abgestorbenen Blätter verbleiben am starkverzweigten Sproß. Der Blütentrieb wird etwa 15 cm hoch und endet in einem flachen Blütenstand kleiner, gelber Blüten.

GREVILLEA
SILBEREICHE, GREVILLEE

Diese Gattung besteht aus etwa 250 Arten immergrüner Sträucher und Bäume, die zur Familie der *Proteaceae* gehören. Gestalt, Belaubung und Blüten sind variabel. Die meisten Grevilleen sind in Australien beheimatet; einige Arten stammen von Neukaledonien und einige von Papua-Neuguinea. Die kleinen Blüten wachsen dicht gedrängt in Köpfen oder Ähren, ihr auffälligstes Merkmal sind die langen Griffel, die zuerst wie eine Haarnadel zurückgebogen sind und sich später strecken. Viele Arten sind anpassungsfähig und leicht zu ziehen. Sie haben eine lange Blütezeit und werden in der Natur von nektarsuchenden Vögeln aufgesucht. Die Blätter sind häufig tief zerteilt und können sehr dekorativ sein. Einige Arten werden sogar als Schnittgrün gezogen. In den letzten Jahrzehnten wurden, fast ausschließlich in Australien, Hunderte von Sorten gezüchtet. Viele davon sind außergewöhnlich reichblühend. Einige der schönsten Arten sind niedrigwachsend oder niederliegend und eignen sich ausgezeichnet als Topfpflanzen.

PFLEGE UND VERMEHRUNG: *Grevilleen* ertragen allenfalls schwache Fröste. Am besten gedeihen sie in durchlässigen, neutralen bis sauren Böden in voller Sonne. Schon früh entwickeln sich starke Wurzeln, die beim Umpflanzen nicht gestört werden sollten. Zur Förderung gesunder neuer Triebe und einer kompakten Form solllten strauchige Arten und Hybriden nach der Blüte zurückgeschnitten werden. Krankheiten treten kaum auf, höchstens Schildläuse und Blattfleckenkrankheit können ein Problem darstellen. Die Vermehrung erfolgt durch Samen im Frühjahr, durch Stecklinge im Spätsommer oder durch Veredlung gegen Wurzelfäule anfälliger Arten.

Grevillea annulifera

Diese buschige, bis zu 3 m hohe Art ist ein sehr seltener Strauch aus Westaustralien. Die gefiederten Blätter bestehen aus schmalen, spitzen Segmenten. Im Frühjahr blühen hoch über dem Blattwerk

Grevillea beadleana

starkduftende, fedrige, cremefarbene Blüten, die rot verwelken. Diese Pflanze wächst schlecht in Sommerregengebieten, daher wird sie auf robustere ostaustralische Arten veredelt.

Grevillea banksii
ROTBLÜHENDE SILBEREICHE

Diese nach Sir Joseph Banks benannte, subtropische, an der Ostküste Australiens vorkommende Art ist ein variabler Strauch oder auch kleiner, offen verzweigter Baum, der 2,5–9 m hoch wird. Es existieren von ihr auch nahezu niederliegende Küstenformen. Die graugrünen Blätter sind tief fiederschnittig, die Zweige enden in großen, zylindrischen, cremefarbenen, roten oder satt rosafarbenen Blütenköpfen, die im Frühjahr und Sommer üppig blühen.

Grevillea baueri

Dieser kleine, bis 1 m hohe Strauch hat dichtgedrängte ‚hellgrüne, längliche, bis 2,5 cm lange Blätter, die an den Jahrestrieben oftmals bronzefarben sind. Im Winter und im Frühjahr blühen dunkelrosa- und cremefarbene Blüten in dichten, runden Blütenköpfen an kurzen Zweigen. Diese Art erträgt leichten Frost und kann zu einer niedrigen Hecke geschnitten werden.

Grevillea baueri

Grevillea beadleana

Aus dem Hochland im Nordosten von New South Wales (Australien) stammt diese seltene Art, ein buschiger, bis zu 1,5 m hoher und etwa genauso breiter Strauch. Die tiefgelappten, dunkel graugrünen Blätter werden bis zu 5 cm lang und haben weiche Spitzen. Die Blattunterseite ist dicht behaart. Vom Frühjahr bis zum Herbst blühen über einen langen Zeitraum üppige, dunkelrote, bis 5 cm lange, zahnbürstenförmige Blütenköpfen. Diese Art toleriert leichten Frost und ist relativ langlebig.

Grevillea biternata

Dieser in den ersten Jahren schnellwachsende, in Westaustralien beheimatete, kräftige, niederliegende Strauch hat dichte, gedrängte Zweige und kleine Blätter, die tief in schmale Lappen zerteilt sind. Die Blütentriebe erreichen bis 2,5 m Höhe, sie tragen im Winter und im Frühjahr eine Vielzahl kleiner, duftender, weißer Blüten, die viele Insekten anziehen. Diese Art kommt natürlich in feuchten Mulden vor und ist resistent gegen Wurzelfäule.

Grevillea annulifera

Grevillea banksii

Grevillea 'Coconut Ice'

Grevillea 'Bonnie Prince Charlie'

Grevillea 'Boongala Spinebill'

Grevillea 'Bonnie Prince Charlie'

Klein, kompakt und bis zu 1 m hoch und etwa genauso breit, ist diese reichblühende Hybride als Kübelpflanze geeignet. Die Blattunterseite der dunkelgrünen, länglichen, bis 5 cm langen Blätter ist weißlich. Vom späten Winter bis zum Hochsommer hängen spinnenartige Büschel roter und gelber Blüten an den Zweigen.

Grevillea 'Boongala Spinebill'

Diese attraktive Sorte trägt fast das ganze Jahr über lange, dichte, zahnbürstenartige Köpfe dunkelroter Blüten. Der ausladende Strauch hat tiefgesägte, grüne Blätter, die an Jungtrieben rötlich sind. Er wird bis zu 2 m hoch und 3,5 m breit und ist bis zum Boden belaubt.

Grevillea 'Canberra Gem'
Syn. *Grevillea juniperina* 'Pink Pearl'

Dieser dichtbuschige Strauch wird bis zu 2,5 m hoch und mit seinen gedrängt wachsenden, aufrechten Trieben etwa genauso breit. Seine Blätter sind schmal, spitz und dunkelgrün. Vom Winter bis zum Spätsommer blühen unregelmäßig einzelne kleine Büschel leuchtend rosafarbener und roter Blüten. Diese Hybride aus *Grevillea juniperina* und *G. rosmarinifolia* verträgt relativ viel Frost. Sie kann stark geschnitten und daher als Hecke gezogen werden, ist allerdings nicht sehr langlebig.

Grevillea 'Clearview David'

Der aufrecht buschige Strauch, eine reichblühende Hybride, wird bis zu 3 m hoch und breit. Die gedrängten, nadelartigen, dunkelgrünen Blätter sind unten seidig behaart. Im Winter und im Frühjahr hängen üppige dunkelrote, spinnenförmige Blütenköpfe an den Zweigen. Die Sorte spricht gut auf regelmäßigen Rückschnitt an und eignet sich daher als Heckenpflanze. Sie erträgt leichte Fröste.

Grevillea 'Canberra Gem'

Grevillea 'Coconut Ice'

Diese attraktive Hybridsorte, ein ausladender, buschiger Strauch, ist der besser bekannten **'Robyn Gordon'** sehr ähnlich; allerdings stellen sich ihre großen Blütenköpfe creme- und blaß rosafarben dar. Die Pflanze blüht fast das ganze Jahr über.

Grevillea dimorpha

In den Sandsteinbergen im Westen von Viktoria (Australien) beheimatet, bevorzugt dieser bis zu 3 m hohe Strauch Halbschatten und erträgt leichten Frost. Seine steifen, langen, schmalen und ungeteilten Blätter sind dunkelgrün und haben eine seidig behaarte, weißliche Unterseite. Im Frühjahr und im Sommer tauchen üppige Mengen spinnenartiger Blütenköpfe an den Zweigspitzen den Strauch in ein leuchtendes Rot.

Grevillea fasciculata

Dieser aus dem Süden Westaustraliens stammende Strauch wird weniger als 1 m hoch und bis zu 2,5 m breit. Die kleinen dunkelgrünen, ungefähr elliptischen Blätter haben eine leicht filzige, hellbraune Unterseite. Im späten Winter und im Frühjahr erscheinen leuchtendrote, spinnenartige Blütenköpfe mit gelben Spitzen.

Grevillea × *gaudichaudii*

Diese Naturhybride aus ***Grevillea acantifolia*** und ***G. laurifolia*** hat sich als niederliegender Bodendecker in Kultur gut eingebürgert. Er wird bis über 3 m breit. Die unregelmäßig gelappten, bis zu 10 cm langen, dunkelgrünen Blätter sind während der kühleren Monate in Rottönen überlaufen. Von Frühjahr bis Herbst blühen üppige, dunkelrote, bürstenartige Blütenköpfe.

Grevillea 'Clearview David'

Grevillea glabrata

Diese schnellwachsende Art wird bis zu 3 m hoch und 3,5 m breit. Die graugrünen Blätter an den leicht hängenden Zweigen sind gelappt und stachelig. Fast das ganze Jahr über blühen zierliche, weiße, wohlriechende Blüten. Durch regelmäßigen Rückschnitt kann der Strauch kompakt gehalten werden.

Grevillea hilliana

In den Regenwäldern an der Ostküste Australiens erreicht dieser Baum 20 m Höhe oder sogar mehr. In Kultur wird er jedoch in der Regel kleiner und auch kompakter. Die Blätter junger Pflanzen sind glänzendgrün, tief gelappt und unterseits seidig behaart, an ausgewachsenen Pflanzen sind sie bis zu 20 cm lang, ungeteilt und wellig. Im späten Frühjahr oder Frühsommer tragen dichtgedrängte, bis zu 20 cm lange, zylindrische Ruten Hunderte kleiner, gekräuselter, grünlich-weißer Blüten.

Grevillea 'Honey Gem'

Diese Hybridsorte wird etwa 3,5 m hoch und knapp 2 m breit. Die großen, orangenen, bürstenartigen Blütenähren tragen fast das ganze Jahr über; die Hauptblütezeit ist jedoch im zeitigen Frühjahr. Die Blattunterseiten der fein zerteilten, dunkelgrünen Blätter, die bis zu 30 cm lang werden, sind silbrig.

Grevillea johnsonii

Der Name dieses dichten Strauchs, der in trockenen Tälern im Osten von New South Wales (Australien) beheimatet ist, ehrt den

Grevillea hilliana

Grevillea glabrata

Grevillea lanigera 'Mt. Tamboritha'

Grevillea juniperina

Grevillea lavandulacea 'Penola'

Grevillea johnsonii

früheren Direktor des Botanischen Gartens von Sydney, Dr. Lawrence Johnson, einen führenden Eukalyptus-Experten. Diese Art wird bis zu 4,5 m hoch und hat dunkelgrüne, bis zu 25 cm lange, sehr schmal gelappte Blätter. Das ganze Frühjahr über blühen aufrechte Büschel rosa- bis cremefarbener und orangeroter Blüten. Für einigermaßen frostsichere Gärten ist die Pflanze als Solitärgehölz wie auch als Sichtschutz geeignet.

Grevillea juniperina

Als eine der variabelsten Grevilleen wird diese Art, ein etwa 2 m hoher, halbniederliegender bis aufrechter, runder Strauch aus den gemäßigten Klimazonen Ostaustraliens, in vielen Formen und Sorten gezogen. Das Laub besteht aus leuchtendgrünen, nadelartigen, gedrängt stehenden Blättern. Vom späten Winter bis zum Frühsommer blühen üppige, scharlachrote bis orangene oder zartgelbe, spinnenartige Blütenköpfe. Die meisten ertragen leichten Frost und sind langlebig. ***Grevillea juniperina* f. *sulphurea*** (wird manchmal auch als **'Aurea'** verkauft) entwickelt einen aufrechten, bis über 1 m hohen Wuchs und zartgelbe Blüten. **'Molonglo'**, ein beliebter Bodendecker für große Flächen, ist eine halbniederliegende Sorte, die 80 cm hoch und knapp 2 m breit wird. Die sehr üppigen Blüten sind aprikosenfarben. **'Pink Lady'** ist ein niedriger und ausladender Strauch (60 cm hoch, 3 m breit) mit zartrosa Blüten, jedoch manchmal etwas blühfaul.

Grevillea lanigera

Diese in den Bergen im Südosten Australiens vorkommende Art hat schmale, gräuliche, pelzig behaarte Blätter. Vom späten Winter bis zum Frühjahr blühen rot und cremefarbene Blütenbüschel. Manche Formen sind niederliegend, andere werden bis zu 1 m hoch und breit. Sie gehört zu den frosthärtesten Arten der Gattung, ist aber auch noch als frostempfindlich einzustufen. Außerdem toleriert sie im Sommer keine Feuchtigkeit. **'Mt. Tamboritha'** ist eine beliebte, kleine, niederliegende Form mit weichen, graugrünen Blättern und rötlich-rosa- und cremefarbenen Blüten.

Grevillea lavandulacea

Extrem vielfältig ist diese attraktive Art, die im Westen Viktorias und angrenzenden Teilen Südaustraliens beheimatet ist. Man findet sie in Gestalt fast niederliegender Pflanzen bis zu buschigen, ausläufertreibenden Sträuchern, die bis zu 1 m hoch werden. Im Winter und im Frühjahr blühen kleine Büschel purpurroter bis rosa, manchmal auch weißer Blüten. Die schmalen, graugrünen Blätter sind normalerweise behaart. Sie erträgt leichten Frost genauso wie Trockenheit. Auf dem Markt sind etliche Formen und Sorten, darunter **'Penola'** mit weichen, grauen Blättern und üppigen, roten und cremefarbenen Blüten und **'Tanunda'** mit flaumigen, silbergrauen Blättern und großen Büscheln rötlich-mauvefarbener Blüten.

Grevillea longistyla × *johnsonii*

Diese kräftig wachsende, bisher unbenannte Hybride aus zwei eng verwandten ostaustralischen Arten wird etwa 4,5 m hoch. Die Blätter sind fein zerteilt. Vom späten Winter bis zum späten Frühjahr blühen unzählige, auffällige, blaß rosarote Blüten mit langen, roten Griffeln. Diese Grevillee schätzt warmes Klima.

Grevillea lavandulacea

G. longistyla × *johnsonii*

Grevillea 'Honey Gem'

Grevillea 'Robyn Gordon'

Grevillea 'Mason's Hybrid'

Grevillea 'Mason's Hybrid'
Syn. *Grevillea* 'Ned Kelly'

Dieser ausladende Strauch ist dem bekannten **'Robyn Gordon'** sehr ähnlich und hat dieselbe Abstammung. Er wird 1 m oder höher und hat dunkelgrüne, zerteilte Blätter. Orangerote Blütenähren blühen in Abständen über das ganze Jahr verteilt.

Grevillea oleoides

Dieser aufrechte Strauch, der oft unterirdische Ausläufer hat, ist in einem begrenzten Gebiet an der Küste von New South Wales in Australien beheimatet. Er wird bis zu 1,8 m hoch und hat ganzrandige, linealische, etwa 15 cm lange Blätter mit seidig behaarter Unterseite. Die leuchtend purpurroten Blüten wachsen in lockeren, spinnenartigen Blütenköpfchen vom Winter bis zum Frühsommer.

Grevillea 'Poorinda Constance'

Bis zu 3 m hoch und 4,5 m breit wird dieser buschige Strauch, eine Hybridsorte. Die Unterseite der kleinen, dunkelgrünen, länglichen Blätter ist seidig behaart. Vom Winter bis zum Frühsommer blühen leuchtend orangerote Blüten in endständigen Büscheln.

Grevillea 'Poorinda Queen'

Eine der ältesten bekannten Hybridsorten ist dieser große, ausladende Strauch – bis zu 2,5 m hoch und 3 m breit – mit glänzendgrünen, elliptischen, bis zu 3,5 cm langen Blättern mit seidiger Unterseite. Das ganze Frühjahr über und noch einmal im Herbst prangen Büschel hängender, aprikosenfarbener Blüten mit einem Rotstich. Der Strauch erträgt leichten Frost.

Grevillea 'Poorinda Royal Mantle'

Dieser niederliegende Strauch gleicht *Grevillea × gaudichaudii*. Er kann ein dichtes, bis zu 4,5 m breites Polster bilden. Das ganze Jahr über, jedoch vor allem im Frühjahr und im Sommer, blühen rote, zahnbürstenförmige Blütenköpfe. Die mattgrünen, bis zu 15 cm langen Blätter sind manchmal gelappt. Um einen hängenden Hochstamm zu ziehen, kann *Grevillea robusta* veredelt werden. Im übrigen handelt es sich um einen ausgezeichneten Bodendecker für große Flächen in warm-gemäßigtem Klima.

Grevillea 'Poorinda Royal Mantle'

Grevillea pteridifolia

In der Monsunregion im Norden Australiens weit verbreitet ist dieser vielgestaltige Strauch, der meist zu einem kleinen Baum mit aufrechtem, offenem Wuchs bis zu 4,5 m Höhe oder mehr heranwachsen kann. Die silbrigen Blätter sind farnartig fein zerteilt. Vom Herbst bis zum Frühjahr erscheinen lange, goldene Blütenköpfchen. Alle Formen ertragen keinerlei Frost und eignen sich daher nur für warm-gemäßigtes und tropisches Klima. Es gibt auch niederliegende Formen, die aus Küstengebieten stammen.

Grevillea robusta

Grevillea robusta
AUSTRALISCHE SILBEREICHE

Dieser Baum aus den subtropischen Regenwäldern der australischen Ostküste wird bis zu 30 m hoch und wird schon lange wegen seines Holzes geschätzt, das zur Möbelherstellung dient. Die farnartigen, unterseits silbrigen Blätter, werden teilweise abgeworfen, bevor sich der Baum im späten Frühjahr mit einer großen Anzahl langer, goldgelber Blütenstände bedeckt. Eingewachsene Pflanzen ertragen leichten Frost und relativ trockene Bedingungen – warme, trockene Sommer sind sogar fast unerläßlich zum Gedeihen.

Grevillea 'Robyn Gordon'

Dieser reichblühende Abkömmling von *Grevillea banksii* und ***G. bipinnatifida*** gilt allgemein als die schönste Hybride. Sie wächst zu einem dichten Strauch, der etwas mehr als 1 m hoch und knapp 2 m breit wird. Die olivgrünen Blätter sind im Austrieb gelblich-rotbraun und werden manchmal grau. Sie sind vielfach unterteilt und sehen, obwohl steif und stachelig, farnartig aus. Die zylindrischen, zartroten Blütenköpfe blühen fast das ganze Jahr über, vor allem jedoch im Frühjahr und im Herbst. Die Blätter können allergische Reaktionen auslösen.

Grevillea rosmarinifolia

Dieser dichte, ausladende, bis 2 m hohe Strauch, beheimatet in kühleren Regionen im Südosten Australiens, hat leuchtend

Grevillea oleoides

Greyia radlkoferi

grüne, nadelartige Blätter, die meist kleiner als 2,5 cm sind. Die hängenden, roten Blütenköpfe schmücken ihn vor allem vom frühen Winter bis zum späten Frühjahr. Die Art erträgt leichten Frost und läßt sich gut zur Hecke schneiden. **'Jenkinsii'** ist eine weniger stachelige, dekorative Sorte.

Grevillea thelemanniana

Niederliegend und ausladend oder aufrecht wachsend wird diese Art aus dem Südwesten Australiens bis zu 1 m hoch. Es gibt Formen mit grünen oder grauen Blättern. Die grünblättrige Form ist aufrechter und kompakter, während die niederliegende lange, liegende Triebe hat. Die wachsartigen, lachsroten, spinnenartigen Blütenköpfe blühen im Frühjahr und Sommer und manchmal nochmals im Spätherbst.

Grevillea victoriae

Diese vielgestaltige, in den Bergen im Südosten Australiens beheimatete Art wächst zu einem aufrechten, ausladenden Strauch, der bis zu 2 m hoch und bis zu 3 m breit wird. Die eiförmigen, graugrünen Blätter werden bis zu 15 cm lang und haben eine silbrige Unterseite. Hängende Büschel rostroter, spinnenartiger Blütenköpfe erscheinen im Frühjahr und nochmals im Spätsommer und Herbst. Die Art kommt in Höhenlagen bis 1800 m vor und erträgt daher ziemlich tiefe Temperaturen, muß aber als frostempfindlich gelten.

GREWIA

Zu dieser Gattung gehören über 150 Arten sommer- und immergrüner Bäume, Sträucher und Kletterpflanzen aus den tropischen und subtropischen Regionen Afrikas, Südasiens und Australiens. Jedoch nur die aus Südafrika stammende *Grewia occidentalis* wird häufiger kultiviert. Die Gattung wurde nach Nehemiah Grew benannt, einen einst berühmten Pflanzenzeichner. Die Pflanzen haben einfache, gezähnte Blätter und sternförmige, fünfblättrige Blüten, die einzeln oder in kleinen Gruppen in den Blattachseln erscheinen.
PFLEGE UND VERMEHRUNG: Die Arten sind zumeist nicht winterhart und benötigen einen geschützten, sonnigen Standort in durchlässiger, humusreicher Erde. Für eine kompakte Wuchsform ist regelmäßiger Rückschnitt erforderlich. Vermehrung durch Stecklinge oder Samen.

Greyia sutherlandii

Grewia flava

Dieser sommergrüne, bis 2 m hohe Strauch ist im südlichen Afrika in Sommerregengebieten beheimatet. Die jungen Zweige und Blätter sind gräulich behaart. Die zartgrünen Blätter haben feingezähnte Ränder und eine samtige Unterseite. Die sternförmigen, gelben Blüten haben auffällige, goldene Staubblätter. Die Frucht ist eine rötlich-braune, zweiteilige Beere.

Grewia occidentalis

Dieser anpassungsfähige, immergrüne Strauch ist im südlichen Afrika weit verbreitet. Er wird bis zu 3 m hoch und um einiges breiter und hat dunkelgrüne, ovale, gezähnte und ledrige Blätter. Im Frühjahr und im Sommer blühen sternförmige, mauve-rosafarbene, etwa 3,5 cm breite Blüten. Die Blüten scheinen zehnblättrig, weil die rosafarbenen Kelchblätter die gleiche Größe und Farbe haben wie die Blütenblätter. Die bräunlichen Beeren sind vierlappig.

GREYIA

HONIGBAUM

Die drei Arten immergrüner oder halbsommergrüner Sträucher und kleiner Bäume, die zu dieser südafrikanischen Gattung gehören, werden wegen ihrer attraktiven, flaschenbürstenartigen Blütenstände glockenförmiger Blüten mit hervorstehenden Staubblättern und ihrer prächtigen Blattfärbung im Herbst gezogen. Die Gattung wurde zu Ehren von Sir George Grey, Gouverneur der Kapkolonie im neunzehnten Jahrhundert, benannt. Nur eine Art, *Greyia sutherlandii*, ist öfter in Kultur, aber auch ***G. radlkoferi*** ist gelegentlich zu sehen.
PFLEGE UND VERMEHRUNG: Die kaum Frost ertragenden Pflanzen eignen sich am besten für warme, trockene Gebiete. Sie benötigen volle Sonne und fruchtbare, durchlässige Erde. Leichter Rückschnitt nach der Blüte erhält eine kompakte Wuchsform. Während des Wachstums reichlich gießen, weniger während der Ruheperiode im Winter. Vermehrung durch Samen im Frühjahr oder durch Stecklinge im Sommer.

Greyia sutherlandii

NATAL-FLASCHENBAUM, HONIGBAUM

Dieser kuppelförmige, spärlich verzweigte Strauch, beheimatet in den trockenen Hügelregionen Südafrikas, wird 3 m hoch oder höher. Die fast kreisrunden, leicht gezähnten Blätter färben sich im Herbst rot. Die Pflanze wird wegen der attraktiven, orangeroten Blüten gezogen, die im späten Winter und zeitigen Frühjahr in dichten, aus vielen kleinen Blüten mit hervorstehenden Staubblättern bestehenden Ähren an den Enden der kahlen Äste erscheinen.

GRINDELIA

GRINDELIE

Etwa 60 Arten einjähriger Kräuter, Stauden und Zwergsträucher umfaßt diese zur Korbblütlerfamilie gehörende Gattung aus den trockenen Gebieten Nord-, Süd- und Zentralamerikas. Die Pflanzen sind meist

G

Grevillea thelemanniana

Grevillea victoriae

Grewia occidentalis

Grevillea rosmarinifolia

von einem klebrigen, weißen Harz bedeckt und tragen gelbe, gänseblümchenartige Blüten. Auch die einfachen, manchmal ungestielten Blätter sind harzig.
PFLEGE UND VERMEHRUNG: Die Pflanzen gedeihen gut in magerer bis mäßig fruchtbarer, durchlässiger Erde in voller Sonne. Vermehrung durch Samen im Frühjahr oder Stecklinge im Sommer.

Grindelia stricta
PAZIFISCHE GRINDELIE

Diese leichten Frost ertragende, büschelig wachsende Staude stammt aus dem Westen Nordamerikas. Sie wird bis zu 1 m hoch, hat längliche, bis zu 25 cm lange Blätter und einzelne, von Sommer bis Frühherbst blühende, 5 cm große, gelbe Blütenkörbchen.

G

GRISELINIA

Nur die zwei aus Neuseeland stammenden Arten dieser noch mit weiteren vier Arten in Chile und Brasilien heimischen Gattung immergrüner Sträucher und Bäume sind in Kultur. Sie werden wegen ihrer Blätter und ihrer buschigen Wuchsform gezogen. Die zart grünlichen Blüten sind dagegen winzig und unauffällig. Weibliche Pflanzen tragen schwarze Beeren.
PFLEGE UND VERMEHRUNG: Sie ertragen nur leichten Frost, benötigen ein gemäßigtes Klima, durchlässige Erde und Sonnenschein. Da sie salzresistent sind, gedeihen sie auch in Küstennähe. Mit leichtem Schnitt sind sie als Heckenpflanzen geeignet. Sie werden durch Sommerstecklinge oder Samen vermehrt

Griselinia littoralis
KAPUKA

Dieser aus Neuseeland stammende, ausladende Baum oder Strauch wird 6–12 m hoch und hat dichte, leuchtendgrüne Blätter und gelbgrüne Blüten. Er widersteht salzigen Winden und trockenen Bedingungen. Obwohl er etwas Frost erträgt, schätzt er in kühleren Gegenden den Schutz einer Mauer. Hecken werden am besten im Sommer geschnitten. Die Blätter von **'Dixon's Cream'** haben cremeweiße Flecken, **'Variegata'** ist weiß panaschiert.

Griselinia lucida 'Variegata'

Griselinia lucida

Griselinia lucida
PUKA

Diese schnellwachsende Art aus Neuseeland ist ein wenig aufrechter und lockerer verzweigt als *Griselinia littoralis.* Sie wird bis zu 6 m hoch und hat größere, glänzendere, dunkelgrünere Blätter. Die Blätter der nicht frostharten **'Variegata'** sind cremefarben gezeichnet.

GUNNERA

Diese Gattung besteht aus etwa 45 Arten von Rhizomstauden, die aus den gemäßigten Regionen Afrikas, Australiens, Ozeaniens und Südamerikas stammen. Sie kommen an feuchten Standorten vor und variieren in der Größe von kleinen, polsterbildenden bis zu sehr großen Pflanzen mit vielleicht den größten Blättern überhaupt. Wegen dieser auffallenden Blätter werden sie gezogen, wenngleich einige Arten auch attraktive Blütenähren und Früchte haben.
PFLEGE UND VERMEHRUNG: Die meisten Arten bevorzugen einen vollsonnigen Standort in feuchter und nährstoffreicher, aber gut durchlüfteter Erde am Rande eines Teiches oder Baches. Man sollte sie vor allzu starker Sonne (die die Blätter verbrennt) und Wind, wie auch vor Schneckenfraß schützen. Die Vermehrung erfolgt durch Samen im Herbst oder Frühjahr oder durch Teilung im Vorfrühling.

Gunnera manicata

Griselinia littoralis

Gunnera magellanica

Diese aus dem Süden Südamerikas stammende, teppichbildende, frostempfindliche Rhizomstaude wird nur 15 cm hoch, aber über 30 cm breit. Sie hat gestielte, nierenförmige, gekerbte Blätter und im Sommer winzige, grüne Blüten in kurzen, runden Ähren.

Gunnera manicata
Syn. *Gunnera brasiliensis*

Beheimatet in den Sümpfen der Gebirge Brasiliens und Kolumbiens, gedeiht diese Riesenstaude am besten in sumpfigen Böden und wird deshalb normalerweise an Teichrändern gepflanzt. Die an knapp 2 m hohen, stacheligen Stielen wachsenden, riesigen Blätter entfalten sich im Frühjahr schnell bis zu einer Breite von 2,5 m. Im Sommer erscheinen in langen Ähren grünlich-rote Blüten. Die ruhenden Rhizome brauchen sehr guten Winterschutz, da sie frostempfindlich sind.

Gunnera perpensa

Diese seltene, aus Südafrika stammende Art ist sehr frostempfindlich. Sie kommt im Marschland und entlang von Bächen vor. Die Blätter ähneln dem Laub von Kür-

Gunnera manicata

Grindelia stricta

bissen und werden bis zu 30 cm breit, die nickenden Ähren winziger, rötlich-brauner Blüten bis zu 1 m hoch.

Gunnera prorepens

Diese kriechende, bodendeckende Art aus Neuseeland ist sehr frostempfindlich. Die Blätter sind nur 3,5 cm breit, violett überlaufen und gekerbt. Aus den unauffälligen Blüten entstehen winzige, rote Früchte.

Gunnera tinctoria
Syn. *Gunnera chilensis*

Die nach *Gunnera manicata* zweitgrößte Art stammt aus Chile, wächst langsamer und ist noch frostempfindlicher als diese. Die großen, herzförmigen, scharfgezähnten Blätter werden bis zu 1,5 m breit und wachsen an stacheligen, bis zu 1,5 langen Stielen. Die zahlreichen, winzigen, rostroten Blüten stehen in aufrechten, bis zu 60 cm hohen, zylindrischen Rispen. Im Sommer entstehen daraus runde, grüne, rot überlaufene Früchte.

GUZMANIA

Die 120 Arten dieser Gattung immergrüner, meist epiphytischer Bromeliengewächse haben trichterförmige Rosetten aus lanzettlichen Blättern. Die Blütenköpfchen der weißen oder gelben, röhrigen Blüten sind normalerweise von farbenprächtigen Hochblättern umgeben. Die Gattung stammt überwiegend aus Regenwäldern des tropischen Amerika mit entsprechenden klimatischen Bedürfnissen. **PFLEGE UND VERMEHRUNG:** Sie benötigen einen Standort im Halbschatten in durchlässiger Komposterde und sollten während der Wachstumsperiode mäßig, sonst weniger gegossen werden, die Blatttrichter sollten immer Wasser enthalten. Beim Eintopfen sollte man nur Platz für einen Jahrestrieb lassen, danach erneut umtopfen und nur während der Wachstumsperiode in den wärmeren Monaten düngen. Die Pflanzen eignen sich gut als Zimmer- oder Gewächshauspflanzen, wo sie viel indirektes Licht benötigen. Die Vermehrung erfolgt durch Samen oder Ableger im Frühjahr oder Sommer.

Guzmania lingulata

Diese wild von Honduras bis Bolivien vorkommende Art gehört zu den am häufigsten gezogenen Arten. Sie hat grundständige Rosetten bandförmiger, apfelgrüner Blätter und wird 30–50 cm hoch. Leuchtendbunte Hochblätter umgeben Büschel weißer bis gelber Röhrenblüten im Sommer. ***Guzmania lingulata* var. *minor*** wird bis zu 30 cm hoch und breit, hat cremegelbe Blüten, orangerote Hochblätter und ist leicht im Gewächshaus zu ziehen. **'Indiana'** hat aufrechte, goldgelbe Hochblätter mit orangeroten Spitzen.

Guzmania monostachia
Syn. *Guzmania tricolor, Renealma monostachia, Tillandsia monostachya*

Dieser auf dem amerikanischen Kontinent weitverbreitete Epiphyt mit dichten Rosetten wird bis zu 40 cm hoch und hat bandförmige, hellgrüne Blätter. Die zylindrische Blütenähre ist dreifarbig: Zuerst ist sie nur grün, dann wird die untere Hälfte rot oder schwarz gestreift und der obere Teil wird leuchtendrot mit schneeweißen Röhrenblüten.

Guzmania sanguinea
Syn. *Caraguata sanguinea, Tillandsia sanguinea*

Dieser Epiphyt mit grundständigen Rosetten wird bis zu 20 cm hoch und 8 cm breit. Die breitlanzettlichen Blätter, die anfangs rot getönt sind, bekommen nach und nach violettrote Flecken, die später dunkelrot werden. Im Sommer erscheint in der Blattrosette ein kompaktes Büschel gelber, von roten Hochblättern umgebener Röhrenblüten.

Guzmania 'Squarrosa'

Diese Sorte ist ein Epiphyt mit Büscheln von Rosetten farbenprächtiger, bronzefarbener Blätter, die bis zu 1 m lang werden. Der leuchtendrote Blütenstand wächst auf einem kurzen, aufrechten Stiel und die Blüten sind weiß.

GYMNOCALYCIUM

Diese in den subtropischen Regionen Südamerikas heimische Gattung besteht aus etwa 50 Arten niedriger, runder Kakteen mit flachen, teilweise spiraligen Rippen, die normalerweise unter jeder Areole einen Auswuchs tragen. Die Dornen sind leicht gebogen und eher spärlich. Die trichterförmigen Blüten sind, in Relation zur Größe der Pflanze, groß. Diese kleinen Kakteen eignen sich hervorragend als Zimmerpflanzen. In einigermaßen frostfreien Gebieten können sie auch im Freien gezogen werden.

PFLEGE UND VERMEHRUNG: Im Garten benötigen die Kakteen volle Sonne und magere, durchlässige Erde, im Haus hält man sie in Kakteenerde, stellt sie im Frühjahr und Sommer hell und gießt sie viel, hält sie im Winter jedoch trocken. Durch Samen im Frühjahr oder Ableger im Sommer lassen sie sich vermehren.

Gymnocalycium andreae

Dieser Gruppen bildende Kaktus aus Argentinien wird 5 cm hoch und 10 cm breit. Die grünblauen Stämme sind kugelförmig und haben acht Rippen. Die weißlichen Areolen tragen sieben gelbliche, strahlenförmige und drei zentrale, aufwärtsgebogene Dornen. Im Frühjahr und Sommer entfalten sich leuchtendgelbe, trompetenförmige Blüten auf der flachen Krone. Die Art benötigt volle Sonne.

Gymnocalycium baldianum

Dieser Kaktus hat einen grauen bis blaugrünen Stamm und Areolen mit fünf bis sieben cremeweißen, strahlenförmigen Dornen. Den ganzen Sommer über erscheinen 5 cm lange Blüten in Rottönen. Der Kaktus wird 10 cm hoch und breit.

Gymnocalycium denudatum

Dieser runde, Gruppen bildende Kaktus wird bis 10 cm hoch und 15 cm breit. Er hat einen dunkelgrünen Stamm und scharfe, eher spärliche, zurückgebogene Dornen. Im Frühjahr blühen weiße bis hellrosafarbene, röhrige Blüten, die bis zu 10 cm groß werden und aus denen längliche, grüne Früchte entstehen.

Gymnocalycium horstii

Merkmal dieser knapp 10 cm hohen und etwa ebenso breiten Kakteenart aus Brasilien sind hellgelbe Dornen und große, rosafarbene Blüten, die sich am besten in starkem Sonnenlicht entwickeln. Im Sommer wachsen ovale, grüne Früchte.

Gymnocalycium horstii

Gymnocalycium andreae

Guzmania lingulata 'Indiana'

Guzmania 'Squarrosa'

Gymnocalycium baldianum

Gunnera tinctoria

Guzmania lingulata

Gymnocalycium mihanovichii

Gymnocladus dioica

Gymnocladus dioica

Gymnostoma australianum

Gymnocalycium mihanovichii

Aus Paraguay stammt diese Art mit abgeflachten, gräulich-grünen, runden Sprossen (Durchmesser 5 cm). Diese haben acht Rippen mit horizontalen Furchen über und unter den Areolen, die kurze, bräunlich-gelbe Dornen tragen. Im Frühsommer blühen rosafarbene oder grünlich-gelbe Blüten. Einige beliebte Sorten haben verschieden gefärbte oder panaschierte Stämme. Einige haben kein Chlorophyll, weshalb sie ausschließlich auf normale grüne Kakteen veredelt wachsen können. Am bekanntesten ist der leuchtendrote **'Red Head'** (Syn. 'Hibotan'). Die Stämme von **'Variegatum'** entwickeln sich unregelmäßig rot und sind dazu bronzefarben gefleckt.

Gymnocalycium quehlianum

Dieser argentinische Kaktus wird 5 cm hoch und 10 cm breit. Der graugrüne Stamm hat bis zu 15 Rippen. Blaßbraune Dornen entwickeln sich in Wirteln, zentrale Dornen existieren jedoch nicht. Im Frühsommer entfalten sich weiße, trichterförmige Blüten mit rötlichem Schlund.

Gymnocalycium saglionis

Dieser im Nordwesten Argentiniens beheimatete, runde Kaktus wird bis zu 10 cm hoch und 30 cm breit. Der mittelgrüne Stamm hat 30 oder mehr Rippen mit auffälligen Tuberkeln. Rötlich-braune Dornen entwickeln sich in Wirteln um meist drei zentrale Dornen. Im Frühsommer blühen blaß rosafarbene bis weiße Blüten.

Gymnocalycium tillianum

Dieser gedrungene, argentinische Kaktus wird 10 cm hoch und 15 cm breit. Er hat lange, schwarzbraune Dornen und im Frühjahr rosafarbene Blüten, aus denen im Sommer kugelförmige Früchte werden.

GYMNOCARPIUM

Diese aus fünf Arten bestehende Gattung sommergrüner, bodendeckender Farne, die sich durch kriechende Rhizome ausbreiten, kommt in allen nördlichen Erdteilen vor. Sie sind attraktive, 30–40 cm hohe Farne mit im Umriß dreieckigen, blauen, grünen oder gelbgrünen Wedeln. Die Rhizome sind zäh und wuchern, die Pflanzen sollten nur dort gepflanzt werden, wo ihr Ausbreitungsdrang nicht zu lästig wird.

G. mihanovichii 'Variegatum'

PFLEGE UND VERMEHRUNG: Sie gedeihen am besten in vollem Schatten, tolerieren jedoch einige Stunden Sonnenschein am Tag. Die Farne benötigen feuchte, fruchtbare Erde mit einem hohen Anteil verrotteter organischer Bestandteile. Wenn ihr Feuchtigkeitsbedürfnis beachtet wird, eignen sie sich als Bodendecker unter Baumgruppen oder großen Sträuchern. Die im Handel erhältlichen Arten sind frosthart. Sie werden durch Aussaat der Sporen oder Teilung vermehrt.

Gymnocarpium dryopteris

EICHENFARN

Dieser in Europa, Asien und Nordamerika beheimatete, schöne Farn hat gelbliche, bis zu 40 cm lange Wedel. Er breitet sich mittels drahtiger, glänzendschwarzer, kriechender Rhizome aus. Die dreieckigen Wedel entrollen sich aus einer engen Kugel. **'Plumosum'** mit seinen größeren, dichteren Wedeln ist noch attraktiver.

GYMNOCLADUS

GEWEIHBAUM

Die vier sommergrünen Bäume dieser Gattung, die mit *Gleditsia* verwandt ist, sind in Nordamerika und Ostasien beheimatet. Auffällig sind ihre gewaltigen, schönen, doppelt gefiederten Blätter. Die kleinen, grünlich-weißen Blüten erscheinen nur bei langen Warmwetterperioden. Nur die weiblichen Bäume tragen Früchte.
PFLEGE UND VERMEHRUNG: Die aus kühl-gemäßigten Zonen stammenden Pflanzen benötigen volle Sonne und tiefe, durchlässige, fruchtbare Erde. Vermehrung durch Samen im Herbst.

Gymnocladus dioicus

GEWEIHBAUM

Dieser aus den feuchten Wäldern im Osten der Vereinigten Staaten stammende, langsamwachsende, frostharte Baum wird gut 20 m hoch und 15 m breit. Die großen, bis 1 m langen Fiederblätter sind jung rötlich-bronzefarben. Im Frühsommer erscheinen duftende, kleine, sternförmige, weiße Blüten, aus denen an weiblichen Pflanzen hängende, rötlich-braune, bis zu 25 cm lange Hülsen werden.

Gymnocalycium saglionis

GYMNOSTOMA

Diese Gattung besteht aus etwa 20 Arten attraktiver, zypressenartiger Bäume, die auf Inseln im südwestlichen Pazifik und dem Malaiischen Archipel vorkommen. Eine Art ist in Nordaustralien beheimatet. Es sind keine Koniferen, sondern enge Verwandte der Gattung *Casuarina*, zu der sie früher gezählt wurden. Von dieser und *Allocasuarina* unterscheiden sie sich dadurch, daß sie nur vier winzige Schuppenblätter an jedem Knoten der schlanken, nadelförmigen Triebe haben, sowie durch die langen »Schnäbel« an den zapfenartigen Früchten. Eine oder zwei Arten werden als Zier- und Schattenbäume in den asiatischen Feuchttropen gepflanzt, die australische Art ist schon öfter zu sehen.
PFLEGE UND VERMEHRUNG: Sie mögen geschützte, feuchte Standorte und tiefe, feuchte, humusreiche Erde und lassen sich durch Samen oder Stecklinge vermehren.

Gymnostoma australianum

Dies ist die einzige in Australien vorkommende Art dieser Gattung. Wild ist sie nur von einem hohen Granitberg nahe der Mündung des Flusses Daintree in Queensland bekannt. Sie kann zu einem kleinen, etwa 6 m hohen Baum mit buschiger Krone wachsen, wird normalerweise jedoch als konischer, 3 m hoher Strauch mit dichtem, grünem Laub gezogen.

GYNANDRIRIS

Diese aus neun Arten irisartiger Knollenpflanzen bestehende Gattung ist vorwiegend in Südafrika beheimatet, kommt aber auch im Mittelmeerraum und in Südwestasien vor. Die Pflanzen haben zwei schmale, rinnige, grundständige Blätter und produzieren nacheinander kurzlebige Blüten. Jede besteht aus drei langen, ausladenden äußeren und drei kleineren, aufrechten, inneren Blütenblättern.
PFLEGE UND VERMEHRUNG: Da sie aus Winterregengebieten stammen, benötigen sie einen im Sommer trockenen Standort in voller Sonne mit durchlässiger Erde und sind frostempfindlich. Vermehrung durch Samen oder Brutknöllchen.

Gynandriris sisyrinchium

Syn. *Iris sisyrinchium*

Diese aus dem Mittelmeerraum und Westasien stammende Art wird bis zu 20 cm hoch. Im Frühjahr erscheinen violett-

Gymnocalycium tillianum

Gypsophila paniculata 'Bristol Fairy'

Gymnostoma australianum

blaue, irisartige Blüten mit weißen, gelben oder orangenen Flecken auf den drei äußeren Blütenblättern. Sie öffnen sich am Nachmittag und sind Mitte des folgenden Tages schon verwelkt.

GYNURA

50 Arten immergrüner Stauden, Sträucher und Kletterpflanzen umfaßt diese mit *Senecio* verwandte Gattung, die aus tropischen Regionen Afrikas, Asiens und Australiens kommt. Geschätzt werden die Pflanzen wegen ihrer attraktiven Blätter und ihren farbenprächtigen, kleinen, zylindrischen Blütenköpfchen.

PFLEGE UND VERMEHRUNG: Sie sind nicht frosthart und können nur in tropischen und subtropischen Regionen im Freien gepflanzt werden, wo sie fruchtbare, durchlässige Erde und etwas Schatten benötigen. Im Haus werden sie in gute Blumenerde gesetzt und während des Wachstums feucht gehalten. Die Blätter sollte man nicht mit Wasser benetzen. Kletternde Arten brauchen eine Kletterhilfe. Die Spitzen für kompakten Wuchs regelmäßig zurückschneiden. Vermehrung durch Stecklinge im späten Frühjahr oder Sommer.

Gynura aurantiaca

Diese auf Java beheimatete, immergrüne Staude wird bis zu 60 cm hoch. Die schwachen, kletternden Triebe und die eiförmigen, gezähnten, bis zu 20 cm langen Blätter sind violett behaart. Vor allem im Winter blühen Büschel schmaler, orangegelber Blütenköpfchen. **'Purple Passion'** hat gestrecktere oder mehr hängende Triebe und stärker gezähnte Blätter mit rötlich-violett behaarter Unterseite.

GYPSOPHILA

SCHLEIERKRAUT

Die Gattung enthält über 100 Arten einjähriger Kräuter und Stauden, von den einige halbimmergrün sind. Sie sind in Europa, Asien und Nordafrika beheimatet und werden wegen ihrer üppigen, zierlichen, weißen oder rosafarbenen Blüten gezogen, die von Floristen gerne zusammen mit größeren Blumen oder Blättern verwendet werden.

PFLEGE UND VERMEHRUNG: Sie sind winterhart, schätzen einen sonnigen, windgeschützten Standort und tolerieren fast alle Böden; am besten gedeihen sie aber in tiefer, durchlässiger, mit Kompost oder Torf verbesserter Erde, sowie auf kalkigen Böden. Nach der Blüte sollten sie zur Förderung einer zweiten Blüte zurückschgeschnitten werden. Umpflanzen kann man sie im Winter, vermehren im Frühjahr (Aussaat) oder Sommer (Stecklinge).

Gypsophila paniculata 'Compacta Plena'

Gypsophila cerastioides

Diese im Himalaja beheimatete, polsterbildende Staude wird bis zu 10 cm hoch und doppelt so breit. Sie hat gräulich-grüne, grundständige Blätter. Üppige, weiße Blüten mit violetten Adern blühen vom späten Frühjahr bis zum Frühsommer.

Gypsophila elegans

Diese buschige, aufrechte, einjährige Pflanze wird bis zu 60 cm hoch und halb so breit. Im Garten bildet sie einen zarten, schönen Busch und trägt vom Sommer bis zum Frühherbst üppige, winzige, violettweiße Blüten in verzweigten Rispen. Die lanzettlichen Blätter sind gräulich-grün.

Gypsophila paniculata

RIESENSCHLEIERKRAUT

Diese oft kurzlebige Staude wird auch einjährig gezogen und hat kleine, dunkelgrüne Blätter und im Frühjahr üppige Rispen winziger, weißer Blüten. Sie wird etwa 1 m hoch und breit. **'Bristol Fairy'** hat gefüllte, weiße Blüten; **'Compacta Plena'** gefüllte, weiße oder rosafarbene Blüten.

Gypsophila repens

KRIECHENDES SCHLEIERKRAUT

Die Stiele dieser niederliegenden Staude bilden bis zu 20 cm hohe und 45 cm breite Matten. Sie hat schmale, bläulich-grüne Blätter. Im Sommer blühen Rispen sternförmiger, weißer, fliederfarbener oder blaßvioletter Blüten. Sie eignet sich zur Berankung von Felsen. Die üppigen Blüten von **'Dorothy Teacher'** sind hell rosafarben und altern dunkel rosafarben. **'Rosea'** hat dunkel rosafarbene Blüten.

Gypsophila 'Rosenschleier'

Diese Staude, eine Hybride aus *Gypsophila paniculata* und *G. repens* 'Rosea', trägt im Sommer eine Vielzahl winziger, etwa 1 cm großer, gefüllter Blüten, deren Weiß im Alter ins Rosafarbene übergeht. Die Blätter sind gräulich-grün. Sie wird knapp 50 cm hoch und bis zu 1 m breit.

Gypsophila repens 'Rosea'

Gypsophila paniculata

Gypsophila repens

H

HAAGEOCEREUS

Diese in Chile und Peru heimische Gattung zählt bis zu zehn Kakteenarten, die 2 m hoch und 3,5–10 cm dick werden können. Cremiggelbe bis rotbraune Dornen bedecken die gerippten, sich am Stock verzweigenden Stämme. Die Kakteen produzieren normalerweise erst nach vielen Jahren große, trichterförmige Blüten, die sich im Frühjahr entfalten und deren Farbe von Weiß bis Rot variiert. Aus den Blüten entstehen im Sommer runde, rote Früchte.
PFLEGE UND VERMEHRUNG: Diese nicht winterharten Kakteen gedeihen am besten in voller Sonne in durchlässiger Erde und werden durch Stecklinge oder Samen vermehrt. Sie sind anfällig für Schildläuse und Spinnmilben.

Haageocereus pseudoversicolor

Der säulenartige peruanische Kaktus ist mit gelbbraunen Dornen übersät. Er erreicht eine Höhe von 1,2 m, und die Stämme werden bis zu 10 cm dick. Im Frühjahr erscheinen weiße, röhrige Blüten, aus denen im Sommer grünrote Beeren werden.

Haageocereus pseudoversicolor

Haageocereus versicolor

In Kultur wächst dieser peruanische Kaktus in Gruppen von aufrechten zylindrischen Stämmen, die 1,5 m hoch sind und einen Durchmesser von knapp 8 cm haben. Die kompakten, flaumigen Stämme haben bis zu 20 flache Rippen, dicht bedeckt mit Areolen, die bis zu 30 goldfarbene bis gelb-rote Dornen in Büscheln tragen. Im Sommer erscheinen nachts lange, weiße, trompetenförmige Blüten.

HABERLEA

Von den mehr als 2000 Arten der großen afrikanischen Familie der Gesneriaceen sind nur wenige außerhalb der Tropen beheimatet, davon ein halbes Dutzend in Europa. Die europäischen Arten gehören zu den drei Gattungen *Ramonda, Jankaea* und *Haberlea* – mehrjährige Stauden, deren Areal auf kleine Vorkommen in den Pyrenäen und dem Balkan beschränkt ist. *Haberlea* besteht nur aus zwei in Bulgarien und dem Norden Griechenlands vorkommenden Arten. Die Rosettenpflanzen, die in Blattwerk und Blüten einigen kleineren *Streptocarpus*-Arten gleichen, wachsen auf Felsvorsprüngen und in Felsspalten.
PFLEGE UND VERMEHRUNG: Sie sind auf ein Klima mit warmen, trockenen Sommern und kühlen, nassen Wintern angewiesen, leiden jedoch unter Staunässe an den Wurzeln und sollten im Steingarten in Felsspalten mit gutem Wasserabfluß oder auf Steinmauern, im Gewächshaus für Hochgebirgspflanzen in einen Topf mit grobem Kies gepflanzt werden. Die Wurzeln sollten beschattet bleiben, während die Blätter etwas Sonne bekommen. Vermehrung durch Samen, durch Teilung der Rhizome oder durch Blattstecklinge.

Haberlea rhodopensis

Haemanthus coccineus

Habranthus brachyandrus

Habranthus robustus

Haberlea rhodopensis

Diese hübsche Pflanze wird nur 10–15 cm hoch und hat aus einem kurzen Rhizom wachsende, spatelförmige Blätter mit einem Bogenrand. Im Frühjahr und im Frühsommer produziert sie auf Stielen Dolden violetter, 2,5 cm großer Blüten, deren untere drei Blütenblätter viel größer als die beiden oberen sind. **'Virginalis'** ist eine rein weiß blühende Form.

HABRANTHUS

Es gibt etwa zehn *Habranthus* Arten, von denen die meisten in Süd- und Zentralamerika heimisch sind, eine kommt aus Texas. Die hübsch blühenden Pflanzen sind eng mit *Hippeastrum* und *Zephyranthes* verwandt. Sie haben streifenförmige, lineale Blätter, und vom Hochsommer bis zum Späterbst produzieren sie sukzessive, normalerweise nach Regenfall, krokusähnliche Blüten. Im späten Winter sterben die Pflanzen teils ab, sind aber selten komplett ruhend und sollten deshalb nicht trocken gelagert werden.
PFLEGE UND VERMEHRUNG: *Habranthus* Arten sind im allgemeinen nicht vollständig winterhart und bevorzugen volle Sonne und durchlässige, mäßig fruchtbare Erde. Sie eignen sich auch als Topfpflanzen. Vermehrt werden sie aus Samen oder durch Teilung der Brutzwiebeln (sollten sonst aber nicht gestört werden).

Habranthus brachyandrus

Diese reichblühenden Pflanzen produzieren den ganzen Sommer über elegante, trichterförmige Blüten, von denen zwei bis vier an einem Stengel wachsen. Die Blüten sind 6–10 cm lang, die Blütenblätter matt rosafarben und haben an der Basis eine dunkelrote Stelle. Jeder Stengel wird etwa 30 cm hoch. Die Blätter sind linealisch und wachsen zu dritt; während der Blüteperiode sind sie allerdings kaum sichtbar.

Habranthus robustus

Syn. *Habranthus tubispathus, Zephyranthes robusta*

Diese schöne, aus Brasilien und Argentinien stammende Pflanze trägt auf jedem der etwa 30 cm langen Stengel eine trompetenförmige, etwa 10 cm lange Blüte. Die im Sommer erscheinenden Blüten sind rosenrosafarben und verblühen oft weiß. Die glänzenden, grünen, grundständigen Blätter sind schmal und streifenförmig. Sie eignet sich gut als Topfpflanze für einen hellen, geschützten Standort.

HACQUETIA

Syn. *Dondia*

SCHAFTDOLDE

Zu dieser Gattung gehört nur eine winzige, mehrjährige, in Waldsteppen in Osteuropa beheimatete Staudenart. Sie wird höchstens 10 cm hoch und breitet sich sehr langsam zu einem kleinen Polster aus. Die Blüten erscheinen vor den Blättern im Frühjahr, und die Pflanze wird normalerweise in Steingärten oder kleinen Töpfen zusammen mit anderen alpinen Pflanzen gezogen. Damit sie gut gedeiht, benötigt sie kalte Winter.
PFLEGE UND VERMEHRUNG: Die Pflanzen sollten im Halbschatten in poröser, grobkörniger, kompostreicher Erde stehen, feucht gehalten und vom Erscheinen der Blütenknospen an bis zur Gelbfärbung der Blätter im Herbst reichlicher gegossen werden. Selten, da die Wurzeln nicht gestört werden sollten, kann man zur Vermehrung im späten Winter (bevor die Blütenknospen austreiben) die Gruppen teilen, oder man sät den Samen direkt nach der Reife aus.

Hacquetia epipactis

Syn. *Dondia epipactis*

Die stecknadelkopfgroßen, leuchtendgelben Blütendolden dieser Art sind von glänzenden, grünen Hüllblättern umgeben, durch die der Eindruck erweckt wird, daß es sich um eine außergewöhnliche leuchtendgrüne Blüte handelt. Sie wachsen im zeitigen Frühjahr direkt aus der Erde und werden von dreifach gebuchteten Blättern gefolgt. Dies ist eine besonders reizvolle Pflanze für kühlere Gegenden.

HAEMANTHUS

BLUTBLUME

Die etwa 20 Arten der Gattung *Haemanthus* sind bemerkenswerte, sommer- oder immergrüne, in Südafrika heimische Zwiebelpflanzen. Sie blühen vom Sommer bis zum Herbst auf kahlen, direkt aus den meist blattlosen Zwiebeln sprießenden Schäften. Obwohl die Blüten selbst weder besonders groß noch spektakulär sind, ist der Gesamtblütenstand durch becherförmige Hüllblätter auffällig. Die Blüten sind meist rot, was den Ursprung des lateinischen und des deutschen Namens erklärt. Viele der Arten, die früher zur *Haemanthus* gezählt wurden, werden inzwischen zur Gattung *Scadoxus* gestellt.
PFLEGE UND VERMEHRUNG: Im Herbst oder Frühjahr sollte man die Zwiebeln an halbschattigem Standort in lockere, aber kompostreiche, durchlässige Erde pflanzen, während der Wachstumsperiode gießen und düngen und die sommergrünen Arten während der Ruheperiode ganz trocken halten, die immergrünen Arten aber nicht austrocknen lassen. In Gegenden mit nassen Sommern oder in gut wasserversorgten Gärten empfiehlt es sich, sie in Töpfen zu halten und abzudecken, wenn die Blätter verwelken. In Gegenden mit Frostgefahr gehören sie im Winter ins Gewächshaus, benötigen aber nur soviel Wärme, daß sie nicht erfrieren. Die Pflanzen sollten mehrere Jahre nicht gestört werden; danach kann man sie durch kurze Seitentriebe oder durch Samen vermehren. Sie blühen erst nach mehreren Jahren.

Haemanthus albiflos

ELEFANTENOHR

Diese aus der südafrikanischen Kapprovinz stammende Art trägt im Sommer bizarre, rasierpinselartige, grünlich-weiße Blütenstände. Die großen, paarigen, immergrünen Blätter sind ledrig und an den Rändern fein behaart; sie werden leider oft durch Schneckenfraß beschädigt. Die Pflanzen werden bis zu 30 cm hoch.

Haemanthus coccineus
BLUTBLUME

Diese Art wird 40 cm hoch. Von Sommer bis Herbst tragen die stabilen, lila gefleckten Schäfte Dolden schlanker, leuchtendroter Blüten, die von scharlachroten bis rosafarbenen Hüllblättern umschlossen sind. Nach den Blüten treiben zwei auf dem Boden liegende, ovale, dunkelgrüne Blätter aus, deren Unterseite behaart ist.

Haemanthus deformis
Syn. *Haemanthus baurii*

Diese schöne Zwiebelpflanze aus Natal (Südafrika) wurde 1869 zum ersten Mal in die Kultur geholt. Sie hat breite, dunkelgrüne, bis zu 10 cm lange Blätter, im Frühjahr blühen unzählige, weiße Blüten auf einem 10 cm langen Stiel.

Haemanthus montanus

Diese sommergrüne Art ist auf den Hochebenen im Osten Südafrikas beheimatet. Im Frühjahr produziert die Zwiebelpflanze wohlriechende, weiße Blüten. Die aufrechten Blätter sind graugrün.

HAKEA

Die 130 Arten immergrüner Sträucher und kleiner Bäume, die zu dieser Gattung gehören, stammen aus Australien. Sie sind eng mit den *Grevilleas* verwandt und wie diese in ihrer Heimat beliebte Gartenpflanzen, obgleich die am leichtesten zu kultivierenden Arten nicht unbedingt die auffallendsten sind. Die Blattvarietäten reichen von nadelartig bis breit; allerdings sind die Blätter immer steif und ledrig. Die Blüten wachsen in kleinen Büscheln und die Tragblätter sind verholzte, teilweise recht große Hüllen. Die buschigen Arten eignen sich als Hecken, solche mit stacheligen Blättern sind undurchdringlich.
PFLEGE UND VERMEHRUNG: Sie sind schnellwachsend, aber nicht immer langlebig und bevorzugen – überwiegend nicht winterhart – Standorte mit milden Wintern, Sonnenschein und durchlässige Böden, für die keine Dünger mit hohem Phosphor-Anteil verwendet werden sollten. Feuchte Böden bringen die Gefahr von Wurzelfäulnis mit sich. Besonders die aus Westaustralien stammenden Arten gedeihen in Gegenden mit Regenfall im Sommer nur schwer. Vermehrung durch Samen oder Sommerstecklinge.

Haemanthus montanus

Hakea nitida

Hakea bucculenta

Dieser mittelgroße, westaustralische Strauch wird 6 m hoch und halb so breit. Die langen Blätter sind etwas stachelig, im Winter erscheinen prächtige Ähren voller nektarreicher, orangeroter Blüten. Diese Pflanze eignet sich für halbtrockene, warme Gegenden und übersteht mäßigen Frost. Sie ist relativ langlebig. Zur Erhaltung der kompakten Wuchsform sollte man sie leicht zurückschneiden.

Hakea eriantha

Dieser schlanke, schnellwachsende Strauch oder kleine Baum wird 4,5–8 m hoch und trägt im Frühjahr Büschel kleiner, weißer Blüten. Die schmalen, etwa 10 cm langen Blätter sind bei jungen Blättern oft rosafarben angehaucht.

Hakea laurina

Dieser aus Westaustralien stammende Strauch oder kleine Baum wird 6 m hoch und 3 m breit. Die langen, schmalen, ledrigen Blätter sind graugrün. Während des Winters und im Frühjahr erscheinen wohlriechende, ballförmige, purpurrote Blütenköpfchen mit langen, cremefarbenen Griffeln, die wie Nadeln von einem Nadelkissen hervorstehen. Diese *Hakea* eignet sich für Hecken und als Sichtschutz. Sie benötigt einen guten Wasserablauf. Wenn sie zu schnell wächst, wird sie leicht kopflastig und kann von starken Winden umgestürzt werden.

Hakea microcarpa

Aus den Bergen im Südosten Australiens stammend, ist dieser offene, runde Strauch die kältehärteste *Hakea.* Sie wird knapp 2 m hoch und breit. Die Form der grünen Blätter ist variabel, meist sind sie aber nadelspitz. Vom späten Winter bis in den Sommer erscheinen kleine, cremeweiße Blüten mit einem honigartigen Duft.

Haemanthus deformis

Hakea laurina

Hakea microcarpa

Hakea purpurea

Hakea nitida

Hakea nitida, eine der weniger bekannten Hakea-Arten, ist in Westaustralien beheimatet. Die vom späten Winter bis zum Frühjahr erscheinenden weißen Blüten sind zwischen den mattgrünen Blättern oft kaum zu sehen. Diese wohlproportionierte Pflanze mit aufrechter Wuchsform eignet sich gut als Heckenpflanze und wird 2,5 m hoch.

Hakea purpurea

Dieser kleine, dichte Strauch aus dem Süden von Queensland (Australien) wird etwa 1,5 m hoch. Die nadelförmigen Blätter werden bis zu 10 cm lang und im Winter und Frühjahr erscheinen Büschel leuchtendroter Blüten. Er bevorzugt ein trockenes Klima und sobald er sich eingewöhnt hat, widersteht er sowohl trockenen Bedingungen als auch mäßigem Frost.

Hakea salicifolia
Syn. *Hakea saligna*

Dieser Strauch aus Ostaustralien wird 6 m hoch. Im Austrieb sind die schmalen Blätter bronzerot. Im Frühjahr und im Herbst erscheinen zarte, cremeweiße Blüten in Büscheln, aus denen kleine, verholzte Früchte entstehen. Er wächst sowohl in feuchten Schluchten als auch auf flachen, trockenen Böden und ist so vielen Gartenbedingungen in warmen Klimazonen angepaßt. Er toleriert starken Wind und profitiert als Heckenpflanze vom Zurechtstutzen.

Hakea bucculenta

Hakea sericea

Dieser immergrüne, runde Strauch aus Ostaustralien wird 3–4,5 m hoch und 2–3,5 m breit. Im Herbst und Winter trägt er Büschel kleiner, duftender, weißer oder blaß rosafarbener Blüten. Aus den Pflanzen mit ihren nadelartigen Blättchen läßt sich eine einbruchssichere Hecke gestalten.

Hakea suaveolens
Syn. *Hakea drupacea*

Mit ihren scharfspitzigen, leuchtendgrünen Blättern eignet sich diese westaustralische *Hakea* gut als Heckenpflanze. Sie wird bis zu 6 m hoch und breit, kann jedoch so gestutzt werden, daß sie weniger als 3 m hoch wird. Die flaumigen, weißen und süß duftenden Blüten, die sich zwischen den Blättern verstecken, blühen im Herbst.

H

Hakea victoria

Halesia carolina

Halimium lasianthum

Halesia carolina

Hakonechloa macra 'Aureola'

Hakea victoria

Das Blattwerk dieses aufrechten, 3 m hohen Strauchs ist spektakulär. Die ledrigen Blätter sehen Jakobsmuscheln ähnlich und stellen eindrucksvolle Panaschierungen in Gelb- oder Orangeschattierungen auf graugrünem Hintergrund zur Schau. Die Blätter auf den lange blühenden Zweigen sind am farbigsten, während die Blüten in Blaßrosa unauffällig bleiben. Der Strauch läßt sich schwer vermehren und ziehen, da er ein trockenes Klima mit wenig Frost, sandigen (oder sehr durchlässigen) Boden und reichlich Sonnenschein benötigt.

HAKONECHLOA

Aus nur einer, in Japan heimischen Art besteht diese horstförmige, mehrjährige Grasgattung. Sie ist 30–45 cm hoch, ihre intensivgrünen Blätter färben sich im Herbst in kühleren Gegenden orangebronzefarben. Es gibt eine Anzahl attraktiver, kompakter, panaschierter Formen, die in leichtem Schatten am besten zur Geltung kommen.

PFLEGE UND VERMEHRUNG: Dieses winterharte Gras bevorzugt volle Sonne oder Halbschatten, braucht fruchtbare, humusreiche, feuchte, aber durchlässige Erde und läßt sich durch Samen oder Teilung der Kultivare vermehren.

Hakonechloa macra 'Aureola'

Als Einzelexemplar oder in Gruppen gepflanzt ist dieses Gras aus den Bergen Japans Blickfang des Gartens. Es ist mehrjährig und breitet sich nur langsam aus. Feine grüne Streifen liniieren die schmalen, 20 cm langen, leuchtendgelben Blätter, die im Herbst einen rosaroten Ton annehmen. Das Gras wird 60 cm hoch und eignet sich auch gut als Topfpflanze.

HALESIA

SCHNEEGLÖCKCHENBAUM

Diese aus fünf Arten sommergrüner Bäume und Sträucher bestehende Gattung kommt im Osten der USA und in China in fruchtbaren, feuchten Wäldern und am Rande von fließenden Gewässern vor. Beliebt sind sie vor allem wegen ihrer attraktiven, glockenförmigen Blüten, die sich in Büscheln öffnen, wenn sich die Blätter entfalten, sowie wegen der ungewöhnlichen, geflügelten Fruchtkapseln.

Halesia monticola

PFLEGE UND VERMEHRUNG: Diese aus kühl-gemäßigten Klimazonen stammenden Pflanzen bevorzugen einen geschützten Standort in Halbschatten bis voller Sonne und gedeihen am besten in durchlässiger, feuchter, neutraler bis saurer Erde. Vermehrung durch Samen im Herbst oder durch Weichholzstecklinge im Sommer. *Halesia*s werden kaum von Insekten und Krankheiten in Mitleidenschaft gezogen.

Halesia carolina

Syn. *Halesia tetraptera*

Dieser ausladende Zierbaum wird 8–12 m hoch und etwas breiter. Schon als junger Baum produziert er im Frühjahr üppige, herabhängende, glockenförmige, weiße oder rosafarben angehauchte Blüten. Daraus entstehen vierflügelige, grüne Früchte, die im reifen Zustand hellbraun sind. Die mittelgrünen Blätter sprießen flaumig und färben sich im Herbst gelb.

Halesia monticola

Dieser schnellwachsende 12–18 m hohe Baum ist größer als die anderen Arten. Im Frühjahr, bevor die Blätter austreiben, blühen üppige, hängende, glockenförmige, weiße Blüten und im Herbst reifen die charakteristischen, vierflügeligen Früchte. Die seltene ***Halesia monticola* var. *vestita* 'Rosea'** hat zartrosa Blüten und einen weißen Flaum auf dem Jahrestrieb.

× *HALIMIOCISTUS*

Dies ist eine kleine Gruppe intergenerischer Hybriden aus *Halimium* und *Cistus*, die sowohl in der Wildnis als auch als Züchtungen entstanden sind – relativ kleine, immergrüne Sträucher, die im Aussehen zwischen den Elternteilen stehen.

PFLEGE UND VERMEHRUNG: Sie mögen milde Winter, volle Sonne und durchlässige Böden und gedeihen besonders gut in warmen, trockenen Klimaten. Vermehrung durch Spitzenstecklinge im Sommer.

× *Halimiocistus sahucii*

Der niedrige, ausladende Strauch, ein in Südfrankreich wild vorkommender Hybrid aus *Halimium umbellatum* und *Cistus salviifolius*, wird 50–60 cm hoch und etwa 1 m breit. Die lanzettlichen, 2,5 cm langen Blätter sind von feinen Haaren überzogen. Im Sommer blühen viele reinweiße, 3 cm große Blüten.

× *Halimiocistus wintonensis*

Diese ungewöhnliche und schöne Pflanze entstand in der Gärtnerei Hillier's in England wahrscheinlich als Kreuzung aus *Halimium ocymoides* und *Cistus salviifolius*. Sie wird 60 cm hoch und hat gräuliche, lanzettliche Blätter. Vom späten Frühjahr bis zum Frühsommer erscheinen die im Durchmesser 5 cm großen Blüten mit weißen Kronblättern, die an der Basis einen purpurrot-rötlichbraunen Fleck mit gelben Streifen aufweisen. Die Pflanze ist mäßig winterhart.

HALIMIUM

Diese nützliche Gattung ist den beliebten *Cistus* und *Helianthemum* sehr ähnlich, einige Arten wurden ihnen sogar zugeordnet. Die aus etwa 14 Arten bestehende Gattung ist im Mittelmeerraum beheimatet. Es sind krautige, mehrjährige Stauden oder Zwergsträucher mit kleinen, schmalen Blättern und fünfteiligen, weißen oder gelben Blüten mit einem rötlichen, violetten oder braunen Fleck an der Basis der Kronblätter.

PFLEGE UND VERMEHRUNG: Die Pflanzen sind winterhart und bevorzugen einen Standort in voller Sonne und mäßig fruchtbarer, durchlässiger Erde. Sparsames Gießen und regelmäßiger Rückschnitt erhalten die Wuchsform und fördern die Blüte. Vermehrung durch Stecklinge.

Halimium lasianthum

Syn. *Halimium formosum*

Dieser bis 1 m hohe und bis zu 1,5 m ausladende, immergrüne Strauch kommt aus Spanien und Portugal. Sein Blattwerk ist graugrün, im Frühjahr und Sommer trägt er sattgelbe Blüten, von denen jedes Kronblatt einen zentralen, purpurroten Fleck aufweist. Obwohl winterhart, benötigt er in kälteren Gegenden Schutz.

Halimium ocymoides

Syn. *Cistus algarvensis, Helianthemum ocymoides*

Dieser hübsche, niedrige Strauch hat flaumige, graue Blätter und einzelne, leuchtendgelbe, rosenähnliche Blüten mit einem violetten Auge. An sonnigen Standorten blüht er fast das ganze Jahr über. **'Susan'** ist gedrungener und hat breitere Blätter. Die zahlreichen, einfachen oder halbgefüllten, leuchtendgelben Blüten haben einen dunkelviolettroten Blütengrund.

HALIMODENDRON

SALZSTRAUCH

Diese zu den Schmetterlingsblütlern gehörende Gattung besteht aus nur einer Art. Sie kommt im Südwesten Rußlands, in Sibirien und Zentral- und Südwestasien vor und wird wegen ihrer Blüten und der attraktiven Belaubung gezogen.

PFLEGE UND VERMEHRUNG: Der Salzstrauch benötigt durchlässige Erde und einen offenen, sonnigen Standort. Wie der Name anzeigt, toleriert er salzige Böden und muß nur während sehr trockener Bedingungen gegossen werden. Die Vermehrung erfolgt durch Samen, Stecklinge, durch Ableger oder Okulieren auf *Laburnum*-Unterlage.

Halimodendron halodendron

Halimodendron halodendron

Syn. *Halimodendron argenteum*

Dieser Strauch wird knapp 2 m hoch und hat sommergrüne, gefiederte Blätter, die aus zwei oder drei Paaren verkehrt lanzettförmiger, seidiger Blättchen und einem endständigen Blattdorn bestehen. Im Sommer blühen viele violett-rosafarbene Schmetterlingsblüten. ***Halimodendron halodendron* var. *purpureum*** trägt leuchtend rosarot-violette Blüten.

HALLERIA

Diese aus Afrika und Madagaskar stammende Gattung besteht aus etwa vier Arten immergrüner Sträucher oder kleiner Bäume. Sie tragen ovale, ganzrandige oder gesägte Blätter und trompeten- oder trichterförmige Blüten, die einzeln oder in endständigen Cymen erscheinen.

PFLEGE UND VERMEHRUNG: *Halleria*-Arten benötigen im allgemeinen ein warmes Klima, volle Sonne und lockere, fruchtbare Erde. Ihre Vermehrung erfolgt durch Samen oder Stecklinge.

Halleria lucida

Halleria lucida, die einzige häufig gezüchtete Art, ist ein vielverzweigter Strauch oder kleiner, bis 10 m hoher Baum, der im Süden und Osten Afrikas vorkommt, wo er in oder nahe von Wäldern auf Berghängen wächst. Die 2,5–10 cm langen Blätter sind eiförmig, und im Sommer blühen rote oder orangefarbene Röhrenblüten in achselständigen Büscheln, aus denen eßbare, dunkelviolette Beeren werden. Die Blüten erscheinen meist auf alten Zweigen. Das afrikanische Geißblatt toleriert tropische bis kühl temperierte Klimate.

HAMAMELIS

ZAUBERNUSS

Ostasien und Nordamerika sind die Heimat dieser Gattung, die fünf Arten sommergrüner Sträucher oder kleiner Bäume umfaßt. Sie werden wegen ihrer im Winter auf kahlen Stielen erscheinenden, wohlriechenden Blüten und der sich im Herbst gelb und rot mit Orangetönen färbenden Blätter geschätzt. Die kleinen Fruchtkapseln enthalten zwei schwarze Samen.

PFLEGE UND VERMEHRUNG: *Hamamelis* eignen sich für Gärten in kalt-gemäßigten Zonen und bevorzugen einen offenen, sonnigen Standort in fruchtbarer, frischer aber durchlässiger, lehmiger und saurer Erde. (Standorte im Halbschatten werden toleriert). Sorten können durch Aufpropfen im Winter, Achselstecklinge im Sommer oder Okulieren im Spätsommer vermehrt werden, die Arten auch durch Samen (aber es kann ein Jahr dauern, bis sie keimen). Die Pflanzen können für die durch einen Schlauchpilz verursachte Rotpustelkrankheit anfällig sein.

Halleria lucida

Hamamelis × intermedia

Der Name umfaßt von *Hamamelis japonica* und *H. mollis* abstammende Hybridkultivare sommergrüner Sträucher mit ovalen, 8–15 cm langen Blättern, die sich im Herbst schön verfärben. Im Winter erscheinen auf den kahlen Zweigen duftende Blüten deren Farbe, je nach Zuchtsorte, von Hellgelb bis Dunkelorange variiert. **'Arnold Promise'** hat leuchtendgelbe Blüten; **'Diane'** trägt im späten Winter duftende, spinnenartige, dunkelrote Blüten und große Blätter, die sich im Herbst rot und gelb färben; die Blüten von **'Jelena'** sind leuchtendorange, und **'Ruby Glow'** (Syn. *H. japonica* 'Rubra Superba') hat kupferrote Blüten und eine satte Herbstfärbung.

Hamamelis japonica

Dieser offene, aufrechte Strauch wird 3–4,5 m hoch und etwa genauso breit. Von der Mitte bis zum späten Winter erscheinen auf den kahlen Ästen Büschel duftender, gelber Blüten mit gedrehten Kronblättern. Die Blütenzweige werden oft zur Wohnungsdekoration verwendet. Die ovalen, mittelgrünen Blätter treiben im Frühjahr aus und färben sich im Herbst gelb.

Hamamelis mollis

Dieser aufrechte, offene Strauch hat außergewöhnlich duftende, goldgelbe Blüten, die auf den kahlen Ästen von Mitte Winter bis zum zeitigen Frühjahr erscheinen. Er wird 3–4,5 m hoch und breit. Die Oberseite der großen, dicken Blätter ist mittelgrün, die Unterseite flaumig behaart. Im Herbst färben sich die Blätter tief goldgelb. **'Coombe Wood'** hat etwas größere Blüten; **'Pallida'** dichte Büschel großer, süßduftender, schwefelgelber Blüten und im Herbst gelbe Blätter.

Hamamelis vernalis

Dieser aufrechte Strauch mit unterirdischen Ausläufern ist eine kleinere, etwa 2 m hohe und breite Art. Im Frühjahrentfalten sich verschwenderisch süß duftende, cremefarbene oder mattgelbe Blüten mit dunkelrotem Zentrum. Die Oberseite der nach der Blüte austreibenden Blätter ist grün; die Unterseite gräulich. Sie färben sich im Herbst gelb. Die austreibenden Blätter von **'Sandra'** sind violett und färben sich im Herbst orange, scharlachrot und rot. Sie hat leuchtendgelbe Blüten.

Hamamelis japonica

Hamamelis × intermedia 'Ruby Glow'

Hamamelis mollis

Hamamelis × intermedia 'Ruby Glow'

Hamamelis × intermedia 'Jelena'

Hamamelis vernalis

Hamamelis virginiana

Diese Zaubernuß wächst offen und aufrecht 3,5–6 m hoch und breit. Sie kann in jungen Jahren leicht in eine einstämmige, baumartige Form gezogen werden. Im Herbst, wenn die Blätter fallen, erscheinen kleine, duftende, lockenartige, gedrehte, gelbe Blüten. Die dunkelgrünen, breit ovalen Blätter färben sich im Herbst butterblumengelb.

HAMELIA

Die tropischen Regionen Amerikas sind Heimat dieser Gattung aus etwa 40 immergrünen Sträuchern und kleinen Bäumen, von denen nur wenige in tropischen und subtropischen Gärten vertreten sind. Den ganzen Sommer über blühen attraktive Blütenbüschel. Die Früchte sind giftig.
PFLEGE UND VERMEHRUNG: Sie bevorzugen nährstoffreiche Böden, leichten Schatten und viel Feuchtigkeit. Vermehrung durch Stecklinge im Sommer.

Hamelia patens

Dieser dichte, weichholzige Strauch wird etwa 3 m hoch. Die Blattunterseite der hellgrünen Blätter ist flaumig behaart und die leuchtend scharlachroten, röhrigen Blüten erscheinen in Büscheln an den Zweigenden. Aus den Blüten werden gelbgrüne, im reifen Zustand violettschwarze Beeren. Die Art ist nicht winterhart.

HAPLOPAPPUS

Zu dieser Korbblütlergattung gehören 160 Arten ein- und mehrjähriger Kräuter und Sträucher. Sie kommen an milden sonnigen, relativ trockenen Standorten auf dem amerikanischen Kontinent vor. In Gärten wachsen sie an trockenen Standorten, in Steingärten oder als Topfpflanzen.

Hardenbergia violacea

PFLEGE UND VERMEHRUNG: Die Pflanzen sind im allgemeinen nur sehr begrenzt winterhart; allerdings gibt es ein oder zwei winterharte Ausnahmen. Volle Sonneneinstrahlung ist erforderlich und in kälteren Gegenden schützt ein Standort an einer warmen Wand vor Frost. Sie stehen am besten in durchlässiger, sandiger oder grobkörniger Erde, die verrottete, organische Anteile enthält, aber nur wenig Mist oder Dünger. Man sollte gründlich, aber nicht häufig bewässern. Durch frische Samen oder in einer warmen, feuchten Umgebung wurzelnde Stecklinge werden sie vermehrt.

Haplopappus glutinosus

Syn. *Haplopappus coronopifolius*

Diese aus Argentinien und Chile stammende, büschelige mehrjährige Staude wird 20 cm hoch. Im Winter blühen über einen langen Zeitraum gelbe Blüten. Sie ist nicht winterhart.

HARDENBERGIA

Die vier Arten dieser australischen Schmetterlingsblütlergattung sind windende Kletterpflanzen mittlerer Größe. Die Blätter setzen sich normalerweise aus drei Blättchen mit engnetzigen Adern zusammen. In Australien sind sie wegen der Büschel ihrer kleinen violetten oder roafarbenen Blüten beliebt. Man findet sie gelegentlich auch außerhalb Australiens in Gegenden mit milden Wintern vor.
PFLEGE UND VERMEHRUNG: *Hardenbergias* bevorzugen feuchte, durchlässige, kalkfreie Böden. Sie wachsen in voller Sonne oder im Halbschatten und können im Frühjahr durch Samen vermehrt werden, die – zur Keimung vorher 24 Stunden eingeweicht – bei etwa 20 °C ausgesät werden. Auf Schildläuse sollte geachtet werden.

Hardenbergia violacea

Hardenbergia comptoniana

Hamelia patens

Hardenbergia comptoniana

Diese äußerst dekorative Art hat die richtige Größe zur Berankung von Zäunen oder Sträuchern. Die kleinen Blüten sind zartviolett oder fliederfarben; es gibt auch eine weiße Sorte. Sie Pflanze gedeiht am besten in Gegenden mit milden Wintern und blüht im Frühjahr.

Hardenbergia violacea

Syn. *Hardenbergia monophylla*

Diese wunderschöne, rankende Pflanze eignet sich als Bodendecker für Böschungen oder, mit Kletterhilfe, als Kletterpflanze. Sie übersteht trockene Bedingungen und leichten Frost und gedeiht in fast allen Böden mit gutem Wasserabfluß. Im Winter und im Frühjahr entwickelt sie Blütenzweige hübscher, violetter Schmetterlingsblüten. Es gibt auch eine rosablühende Form.

HARPEPHYLLUM

Diese Gattung besteht aus nur einer Art; einem schönen immergrünen Baum, der in subtropischen Klimaten als Schattenspender und wegen seiner eßbaren Früchte gezogen wird. Damit die weiblichen Bäume Früchte tragen, benötigt man männliche und weibliche Bäume. Er eignet sich gut als Straßenbaum, jedoch weniger für kleine Gärten, da es durch den dichten Schatten schwierig ist, andere Pflanzen unter ihm zu ziehen. Er ist keine Pflaume, aber mit der Cashew-Nuß und der Mango verwandt.
PFLEGE UND VERMEHRUNG: *Harpephyllum caffrum* toleriert verschiedene Böden in voller Sonne in frostfreien Gebieten. An kälteren Orten gedeiht er am besten im Gewächshaus. Vermehrung durch Samen oder Okulieren.

Harpephyllum caffrum

Hamelia patens

Hamamelis virginiana

Harpephyllum caffrum

Dieser dichte, breit kuppelförmige Baum wird 12 m hoch und etwa genauso breit. Er hat einen aufrechten, kurzen Stamm, die dunkelgrünen Fiederblätter ähneln denen der Eschen *(Fraxinus)*. An den Zweigspitzen erscheinen unauffällige, weißlich-grüne Blüten. Auf den befruchteten weiblichen Pflanzen werden aus den Blüten kleine, ovale, pflaumengroße Früchte, die im reifen Zustand orangerot sind. Sie schmecken sauer, lassen sich jedoch zu einer köstlichen Marmelade verarbeiten.

HATIORA

Syn. *Rhipsalidopsis*

KEULEN-BINSENKAKTUS

Diese in Brasilien beheimatete Gattung besteht aus zehn Arten epiphytischer oder auf dem Boden lebender verzweigter Kakteen. Sie eignen sich für Hängekörbe und haben hängende, zusammengewachsene Stämme und gelbe, rosa oder rote, trichterförmige Blüten, aus denen zartweiße oder gelbe Beeren entstehen.
PFLEGE UND VERMEHRUNG: Die frostempfindlichen Pflanzen stehen am besten in voller Sonne oder im Halbschatten in durchlässiger Erde. Wenn erforderlich, können sie zurückgeschnitten werden. Vermehrung durch Stecklinge oder Samen.

Hatiora gaertneri

Syn. *Rhipsalidopsis gaertneri, Schlumbergera gaertneri*

Dieser segmentierte, epiphytische Kaktus hat flache, dunkelgrüne, anfangs aufrechte Stämme, die sich schon bald unter ihrem eigenen Gewicht nach außen und unten biegen. Die Pflanze ist stachellos und trägt im Winter und im Frühjahr auffallende, leuchtend orange-scharlachrote Blüten.

Hatiora rosea

Syn. *Rhipsalidopsis rosea*

Diese Art ist der *Hatiora gaertneri* ähnlich, allerdings sind die segmentierten Triebe flach oder eckig und normalerweise rotrandig. Im zeitigen Frühjahr erscheinen an den Astenden sternförmige, mauve-rosafarbene Blüten. Sie ist im Süden Brasiliens beheimatet.

Hatiora salicornioides
Syn. *Hariota salicornioides*

Dieser kleine, ausdauernde, epiphytische Kaktus hat eine schmale, buschige Wuchsform und wird 40 cm hoch und breit. Die schlanken Stämmchen verzweigen sich in viele kleine, flaschenförmige Segmente. Im Frühjahr erscheinen winzige, dunkelgelbe Blüten an den geschwollenen Stielenden. Im Sommer werden die Pflanzen feucht gehalten, im Winter wenig gegossen.

HAWORTHIA

Diese Gattung besteht aus 150 ausdauernden südafrikanischen Sukkulenten, die *Aloen* ähneln, mit denen sie verwandt sind. Sie wachsen hauptsächlich in Gruppen, wo sie grundständige oder kurzstielige Rosetten entwickeln. Die kleinen Blätter variieren in der Form und können weiße Flecken oder dunkelgrüne, durchsichtige Streifen aufweisen. Im Sommer erscheinen Trauben unauffälliger weißer oder manchmal gelber Blüten mit sechs Kronblättern. **PFLEGE UND VERMEHRUNG:** Die frostempfindlichen Sukkulenten benötigen zum Erhalt ihrer Blätter einen halbschattigen Standort in sehr durchlässiger Erde. In den heißen Monaten leicht gießen; im Winter ganz trocken halten. Vermehrung vom Frühjahr bis zum Herbst durch Teilung oder kurze Seitentriebe.

Haworthia attenuata

Dieser immergrüne, gruppenbildende Sukkulent verdankt seinen englischen Namen »Zebra Plant« den weißen Streifen auf seinen dunkelgrünen, länglich dreieckigen Blättern. Im Frühjahr trägt er weiße, röhrenförmige Blüten.

Hatiora gaertneri

Hatiora rosea

Haworthia bolusii

Haworthia fasciata

Haworthia bolusii

Dieser ausgesprochen attraktive, 6 cm hohe und 10 cm breite Sukkulent, wächst als kompakte, stengellose Rosette. Die graugrünen Blätter sind lang zugespitzt und die Ränder sind von langen, silbernen Härchen gesäumt. Vom Frühjahr bis zum Herbst erscheinen schlanke Trauben weißer Blüten.

Haworthia coarctata
Syn. *Aloe coarctata*

Dieser kleine, immergrüne, 20 cm hohe Sukkulent wächst in einer dichten Rosettenform. Die weißgepunkteten, zugespitzten Blätter bilden eine dichte Spirale. Im Frühjahr erscheinen röhrenförmige Blüten, die bis zum Herbst erhalten bleiben.

Haworthia fasciata

Dieser fast stengellose Sukkulent wird wegen seiner interessanten, aufrecht in Rosetten wachsenden Blätter gezogen, die Reihen weißer Flecken auf den Blattunterseiten sichtbar werden lassen, wodurch ein ungewöhnlicher Grau-Weiß-Effekt entsteht. Im Frühsommer blühen winzige, weiße Blüten auf 40 cm hohen, kahlen Stengeln.

Hebe 'Alicia Amherst'

Hebe armstrongii

Hebe albicans

HEBE
STRAUCHVERONIKA

Einst umfaßte die große Gattung *Veronica* auch diese mehr als 100 vor allem strauchigen, aus Neuseeland und von den nahegelegenen Inseln sowie aus Chile stammenden, immergrünen Arten. Zu den *Hebe* gehören auch viele erstklassige Gartenpflanzen. Sie haben attraktive Blätter und oft auffällige, in den Blattachseln wachsende Blütenähren, wie z.B. ***Hebe* 'Wiri Joy'**, **'Autumn Beauty'** und **'Pamela Joy'**. Sie sind in zwei Hauptgruppen unterteilt: die breitblättrigen *Hebe* – schnellwachsende Sträucher mit üppigen Ähren kleiner, weißer bis rosafarbener, violetter und blauer Blüten, die vom Sommer bis zum Herbst über einen langen Zeitraum blühen – und eine zweite Gruppe mit kleinen Blättern, die ihnen das Aussehen zwergenhafter Koniferen geben. Sie haben weiße oder zart mauvefarbene Blüten. **PFLEGE UND VERMEHRUNG:** Die meisten Hebe eignen sich am besten für gemäßigte bis warme Standorte. In warmen Gegenden wachsen sie sowohl in der Sonne als auch im Schatten; in kühleren Klimazonen ist ein sonniger Standort nötig. Sie benötigen feuchte, aber durchlässige Böden, die breitblättrigen Arten profitieren von einem Rückschnitt nach der Blüte. Viele der kleinblättrigen *Hebe* sind Bergpflanzen und nur schwierig in tiefergelegenen Gegenden zu ziehen. Die Vermehrung erfolgt im Sommer durch Stecklinge.

Hebe albicans

Diese hübsche, winterharte Art wird etwa 45 cm hoch und breit und muß kaum gestutzt werden. Sie hat über 1 cm lange, blaugraue, mit einem feinen, gräulichen, traubenartigen Glanz überzogene Blätter, die dicht gedrängt am Sproß wachsen. Im Frühsommer erscheinen auf kurzen Ähren weiße Blüten mit violetten Staubbeuteln.

Hebe 'Alicia Amherst'
Syn. *Hebe veitchii*

Dieser robuste, winterharte Strauch wird etwa 1 m hoch und breit. Die mittel- bis dunkelgrünen Blätter sind etwa 10 cm lang. Vom Spätsommer bis zum Herbst erscheinen Trauben violett-veilchenblauer Blüten.

Hebe × andersonii

Dieser buschige, frostempfindliche Strauch mit dunkelgrünen Blättern wird etwa 2 m hoch und breit. Im Sommer trägt er dichte Ähren mit kleinen, fliederfarbenen Blüten.

Hebe armstrongii
Syn. *Hebe lycopodioides*

Vom Sommer bis zum frühen Winter schmückt sich dieser winterharte, runde, buschige Strauch, weniger als 1 m hoch und breit, mit dichten Büscheln winziger, vierzähliger, weißer Blüten. Diese kleinblättrige *Hebe* hat schmale, ovale, bronzefarben austreibende Blätter und auffallende, grüngoldene Zweige.

Hebe cupressoides 'Boughton Dome'

Hebe haastii

Hebe 'Hagley Park'

Hebe glaucophylla

Hebe cupressoides

Hebe × *franciscana* 'Blue Gem'

Hebe elliptica

Hebe diosmifolia

Hebe 'Autumn Glory'

Syn. *Hebe* 'Autumn Gem'

Dieser hübsche, kleine, winterharte Strauch wird 0,5–1,2 m hoch und hat dicke, glänzende, verkehrt eiförmige Blätter und rötlich-bronzefarbene Äste. Die in kurzen, dichten, achselständigen Trauben erscheinenden Blüten sind von einer schönen violettblauen Farbe und blühen im Spätsommer und Herbst. Die Sorte **'Autumn Beauty'** zeichnet sich durch längere, blaßblaue Blütenähren und längere Blätter aus.

Hebe cupressoides

Diese ungewöhnliche, dichtverzweigte *Hebe* stammt von der Südinsel Neuseelands und kann 1–2 m hoch und bis zu 3 m breit werden. Die winzigen, nur etwa 2 cm großen, wachsartigen, bläulich schimmernden Blätter erinnern an Zypressen. Im Sommer blühen kleine, blaß fliederfarbene Blüten, die weiß verblühen. Sie ist sowohl winterhart als auch längerer Trockenheit gegenüber resistent. Die Sorte **'Boughton Dome'** stellt eine Zwergform mit einer runderen Wuchsform dar, deren Blätter weniger wachsartig schimmern.

Hebe diosmifolia

Dieser dicht belaubte, verästelte Strauch wird 0,5 bis über 1 m hoch und um einiges breiter. Die in der Regel niederliegenden Zweige geben ihm eine stufige Gestalt. Die dunkelgrünen Bätter sind gut 1 cm lang. Vom Frühjahr bis zum Herbst erscheinen blaß mauvefarbene Blüten auf kurzen Ähren an den Zweigspitzen. Diese normalerweise kompakte Art muß nur maßvoll gestutzt werden, ist jedoch kurzlebig und sollte nach etwa zehn Jahren ersetzt werden.

Hebe 'Autumn Glory'

Hebe elliptica

Syn. *Hebe decussata*

Dieser attraktive Strauch kommt vor allem in Neuseeland vor; man kann ihn jedoch auch in Chile und auf den Falkland Inseln entdecken. Er bildet elliptische, etwa 2–3,5 cm lange Blätter und wächst normalerweise zu einem vielverzweigten, 2 m hohen Strauch heran, kann als kleiner Baum jedoch durchaus auch eine Höhe von 6 m erreichen. Die großen, duftenden Blüten sind weiß oder manchmal auch bläulich.

Hebe × *franciscana* 'Blue Gem'

Syn. *Hebe latifolia*

Vom Sommer bis zum frühen Winter trägt dieser winterharte, immergrüne und etwa 60 cm hohe und 1 m breite Busch seine dichten Ähren kleiner, violett-rosafarbener Blüten. Die länglichen, relativ dicht aneinanderliegenden Blätter sind mittelgrün.

Hebe 'Autumn Beauty'

Hebe glaucophylla

Dieser buschige, winterharte Strauch stammt von der Südinsel Neuseelands. Er wird gerade mal 1 m hoch und bildet schmale, bläuliche Blätter und kleine weiße Blüten.

Hebe 'Great Orme'

Dieser hübsche, niedrigwachsende, winterharte Strauch wird bis zu 1 m hoch. Die Blätter sind lanzettlich und die lieblichen, rosafarbenen Blüten, die weiß verblühen, erscheinen in langen Trauben.

Hebe haastii

Dieser niedrige, verholzte Strauch ist in den Bergen auf der Südinsel Neuseelands beheimatet und wird 30–60 cm hoch. Er hat breite, überlappende, 0,5–1 cm große Blätter; an den Zweigenden blühen im Spätsommer dichte Büschel weißer Blüten.

Hebe 'Hagley Park'

Syn. *Hebe* 'Lady Hagley'

Diese Kultursorte ist ein kleiner, niedrigwachsender Strauch. Seine elliptischen bis eiförmigen Blätter mit erhabener Mittelrippe sind schwarz umrandet. Die zierli-

Hebe 'Hartii'

Hebe leiophylla

Hebe macrocarpa var. *brevifolia*

Hebe ochracea 'James Stirling'

chen, pastellrosa Blüten erscheinen in offenen, luftigen Büscheln.

Hebe 'Hartii'

Dieser niederliegende, ausladende Strauch wird 10 cm hoch und bis zu 1 m breit. Die lanzettlichen, leuchtendgrünen, etwa 1 cm langen Blätter haben eine violette Tönung. Im Sommer trägt er viele zart mauvefarbene Blüten.

Hebe hulkeana

Dieser aufrechte, offene, winterharte Strauch trägt im Frühjahr und Frühsommer eine große Anzahl kleiner, blaß fliederfarbener Blüten. Die attraktiven, ovalen, gezähnten, glänzend-dunkelgrünen Blätter sind rot gerandet. Er wird etwa 1 m hoch und breit.

Hebe 'La Séduisante'

Syn. *Hebe speciosa* 'Ruddigore', *H. s.* 'Violacea'

Dieser niedrige, winterharte Strauch wird 1–2 m hoch und hat dicke, schmale, glänzendgrüne, etwa10 cm lange Blätter. Im Sommer und periodisch bis zum Spätherbst blühen 10 cm lange Ähren lilavioletter Blüten.

Hebe leiophylla

Die Südinsel Neuseelands ist die Heimat dieses 1–2 m hohen Strauches, dessen korrekter botanischer Name umstritten ist. Er hat schmale Blätter und ist im Spätsommer umhüllt von einer dichten Decke aus 10 cm langen Trauben weißer Blüten.

Hebe macrantha

Auch diese *Hebe* – ein Busch von 30–60 cm Höhe und 1 m Breite – stammt aus den Bergen auf der Südinsel Neuseelands. Die dicken, 2,5 cm großen Blätter sind elliptisch, und vom späten Frühjahr bis zum Frühherbst prangen große, weiße Blüten.

Hebe macrocarpa

Diese vom Norden der Nordinsel Neuseelands stammende *Hebe* ist ein massiver, bis zu 2,5 m hoher Strauch mit ledrigen, länglichen, dunkelgrünen, 6–12 cm langen Blättern. Vom Mittwinter bis zum Frühsommer treibt er 10 cm große, dichte Ähren mit weißen Blüten aus. Er toleriert Küstenbedingungen. Die dunkel violettblauen Blüten der **'Latisepala'** sind die dunkelsten aller *Hebe*-Arten. Die Blüten der ***Hebe macrocarpa* var. *brevifolia*** sind rötlichviolett und die Blätter kürzer.

Hebe menziesii

Syn. *Hebe divaricata*

Dieser mittelgroße, von der Südinsel Neuseelands stammende Strauch wird 3 m hoch. Wie *Hebe buxifolia* ist auch er möglicherweise nur eine weitere Form von *H. odora*. Er entwickelt abstehende, schmale Blätter und seitliche Blütenstände mit kleinen, weißen oder zart fliederfarbenen Blüten.

Hebe 'La Séduisante'

Hebe 'Midsummer Beauty'

Als eine der dankbarsten *Hebe*-Pflanzen verdient diese einen Platz in fast allen Gärten der gemäßigten Klimazonen. Die winterharte Pflanze wird bis zu 1,2 m hoch und etwa genauso breit. Die Blattunterseiten der grünen Blätter sind rot. Den ganzen Sommer über erscheinen lavendelblaue Blüten in langen Trauben.

Hebe ochracea

Diese winterharte, kleinblättrige Art mit olivgrünen bis goldbraunen Stämmen wird meist durch **'James Stirling'** repräsentiert, eine intensiv goldfarbene Sorte. Der Strauch wird etwa 50 cm hoch und doppelt so breit. Die Blütenstände aus etwa zehn weißen Blüten blühen in Kultur nur selten. Diese Art sollte möglichst nicht gestutzt werden, da dies zum teilweisen Absterben der Pflanze führen kann.

Hebe odora

Syn. *Hebe anomala*

Diese etwa 1,5 m hohe, winterharte, immergrüne Art aus Neuseeland hat dicht gedrängte, in einem symmetrischen Muster angeordnete, grüne Blätter. Im Sommer blühen Ähren weißer Blüten. In Gärtnereien wird sie manchmal als *Hebe buxifolia* bezeichnet.

Hebe 'Pamela Joy'

Der runde Strauch trägt seine lilavioletten Blüten in Ähren an den Zweigenden. Die mittelgrünen Blätter sind elliptisch.

Hebe pimeleoides

Diese reizende, winterharte, vielverzweigte *Hebe* ist in den trockenen Bergregionen östlich der Wasserscheide auf der Südinsel Neuseelands beheimatet. Sie wird 50 cm hoch und bis zu 1 m breit. Die kleinen, graugrünen Blätter wachsen auf violetten Zweigen und im Sommer trägt sie bis zu 2,5 cm lange, dunkelblaue Blütenähren.

Hebe pimeleoides

Hebe odora

Hebe odora

Hebe 'Pamela Joy'

Hebe pinguifolia

Dieser anpassungsfähige kleine Busch aus den trockenen Bergregionen der Südinsel Neuseelands wird bis zu 1 m hoch und breit. Die blaugrünen Blätter sind rot gerandet, und die weißen Blüten erscheinen in kleinen, dichten, endständigen Ähren. Er toleriert unterschiedliche Wachstumsbedingungen und ist frosthart. **'Pagei'** ist eine niedrige, ausladende Form mit kleinen, blaugrauen Blättern und vielen kleinen, weißen, im Frühjahr erscheinenden Blüten. Er ist gut für Steingärten geeignet.

Hebe propinqua

Der frostharte Zwergstrauch aus den Bergen der Südinsel Neuseelands bildet ein 1 m hohes und breites Kissen mit flacher Spitze, das in Kultur oft nicht größer als 30 cm wird. Er gleicht *Hebe cupressoides*, allerdings sind seine winzigen, dreieckigen Blätter von leuchtend-gelbgrüner Farbe. Die Blüten sind weiß.

Hebe speciosa

Hebe rakaiensis

Syn. ***Hebe subalpina***

An seinen heimischen Standorten auf der Südinsel Neuseelands erreicht dieser Strauch eine Höhe bis knapp 2 m, wird in Kultur jedoch etwa nur halb so hoch. Die kleinen, glänzenden, leuchtendgrünen Blätter sind elliptisch und bringen im Sommer kurze Trauben weißer Blüten hervor. Er eignet sich als Bodendecker oder als niedrige Hecke und ist winterhart.

Hebe ramosissima

Diese niederliegende *Hebe*, beheimatet auf dem Berg Tapuaenuku auf der Südinsel Neuseelands, bildet dichte Polster mit einem Durchmesser von 30 cm. Die Blätter sind verkehrt eiförmig und die endständigen Blütenähren tragen kleine weiße Blüten.

Hebe salicifolia

Dieser winterharte, ausladende, immergrüne, etwa 3 m hohe und breite Strauch ist auf der Südinsel Neuseelands und in Chile beheimatet und toleriert Umweltverschmutzung und salzige Winde. Mit seiner dichten Wuchsform eignet er sich gut als Sichtschutz. Die schmalen, wachsartigen Blätter werden bis zu 15 cm lang. In auffälligen, bis zu 20 cm langen Ähren erscheinen duftende, weiße, fliederfarben getönte Blüten.

Hebe speciosa

Dieser immergrüne, kompakte Strauch von brötchenförmiger Gestalt wird 0,5–1,5 m hoch und über 1 m breit. Die Blätter sind oval und glänzend. Vom Frühsommer bis zum Spätherbst blühen in endständigen Büschel rötlichviolette Blüten in verschwenderischer Fülle. Verglichen mit anderen *Hebe*-Arten neigt diese dazu, eher zu welken. Es gibt viele attraktive Sorten u.a. **'Variegata'** mit cremeweißen Blatträndern. Abhängig von der Sorte tolerieren alle zumindest leichten Frost.

Hebe 'Wiri Joy'

Hebe venustula

Hebe 'Wiri Mist'

Hebe propinqua

Hebe pinguifolia

Hebe salicifolia, Kulturvarietät

Hebe stricta

Wildwachsend kann diese variable, neuseeländische Art eine Höhe von über 3 m erreichen. Die lanzettlichen Blätter sind 15 cm lang; die weißen oder blaßbläulichen Blüten wachsen in Trauben. Auf dem Markt sind etliche Züchtungen.

Hebe venustula

Diese zähe, kleinblättrige *Hebe* wächst zu einem 1–1,2 m großen Ball aus Zweigen und Blättern heran. Die leicht gelblichgrünen Blätter wachsen auf biegsamen, aufrechten Ästen. Im Frühsommer erscheinen an den Zweigspitzen dieses reichlich blühenden Strauches lockere Büschel weißer, bis blaß mauvefarbener Blüten. Der Strauch sollte jedes Jahr nach der Blüte durch leichtes Stutzen wieder in Form gebracht werden.

Hebe salicifolia

Hebe 'Wiri Joy'

Dieser auffällige, runde Strauch ist eine großblühende Hybride mit glänzenden, länglichen Blättern. Im Sommer zieren ihn violett-rosafarbene Blüten.

Hebe 'Wiri Mist'

Dieser niedrigwachsende Strauch wird 50 cm hoch und doppelt so breit. Die dicken, grünen Blätter sind gelbrandig, und im späten Frühjahr überdecken ihn unzählige weiße Blüten.

HEDERA

EFEU

Es gibt etwa zehn Efeuarten, die in Europa, in gemäßigten Zonen Asiens, in Nordafrika, auf den Kanarischen Inseln und den Azoren heimisch sind. *Hedera helix*, in vielen Varietäten erhältlich, ist die bekannteste Art und die einzige, die auch als Zimmerpflanze gedeiht. Die immergrünen Kletterpflanzen mit ihren verholzten Stämmen eignen sich als Bodendecker, zur Berankung von Mauern und Zäunen, zur Bedeckung von Baumstümpfen und Bögen. Sie wachsen an Säulen und Pfeilern empor, umfassen Rabatten und ranken aus Pflanzcontainern oder als Zimmerpflanzen aus Töpfen. Efeu kann man als Formsträucher ziehen, indem man die Seitentriebe regelmäßig stutzt.

PFLEGE UND VERMEHRUNG: Efeu ist anpassungsfähig. Er wächst in Sonne oder Schatten in einem breiten Spektrum von Klimazonen und Böden. Regelmäßiges Zurückschneiden wird empfohlen, so daß die attraktiven, gelappten Blätter der vegetativen Triebe erhalten bleiben und keine Blüten produziert werden. Efeu läßt sich durch Stecklinge oder wurzelnde Stiele vermehren. Nutzt man den ausgewachsenen Jahrestrieb, der im Herbst kleine grüne Blüten hervorbringt, aus denen sich schwarze Beeren entwickeln, als Steckling, wächst dieser in Strauchform heran. Spinnmilben, Schild- und Blattläuse u.a. Ungeziefer können ihm zusetzen.

Hedera canariensis
KANARISCHER EFEU

Diese aus Tunesien und Algerien stammende Art entwickelt grüne, ledrige, dreilappige, bis zu 10 cm lange Blätter. Die Unterseite der jungen Blätter und die Äste sind rötlich behaart. Das Blattwerk der ausgezeichnet zur Bedeckung von Mauerbereichen oder Zäunen geeigneten Art erleidet leicht Frostschäden, erholt sich aber schnell wieder. **'Gloire de Marengo'** hat silbriggrüne Blätter mit cremeweißer Zeichnung, **'Ravensholst'** dunkelgrüne Blätter. Die Blätter der auffälligen **'Variegata'** sind in der Mitte dunkelgrün, gehen in Silbergrau über und sind cremefarben oder weiß gerandet.

Hedera colchica
KAUKASUS-EFEU

Diese frostharte, kräftige Kriechpflanze stammt aus dem Kaukasus. Die großen, herzförmigen Blätter sind meist gelappt. Sie bevorzugt einen Standort in feuchter, durchlässiger Erde. Die Stecklinge schlagen leicht Wurzeln. **'Dentata'** ist dicht belaubt. Die Blätter haben eine etwas blassere Farbe. **'Sulphur Heart'** gleicht der typischen Form, hat jedoch eine attraktive, gelbe Panaschierung auf den Blättern.

Hedera helix
EFEU

Diese äußerst frostharte, europäische Art bildet eine dichte, dunkelgrüne Decke. Im

Hedera hibernica 'Sarniensis'

Hedychium coccineum

Schatten, wo Gras schwierig gedeiht, verwendet man ihn oft als Bodendecker. Er eignet sich auch gut als Kletterpflanze an Mauern und zum Überwuchern von Palisadenzäunen. Allerdings besteht die Gefahr, daß er Holzteile oder Mauerwerk zerstört, wenn sie nicht stabil genug gebaut sind. Es gibt unzählige benannte Varietäten mit einer Bandbreite von Blattformen, von denen einige buntblättrig sind. Viele buntblättrige Efeusorten eignen sich als Zimmerpflanzen. **'Atropurpurea'** hat violette Stiele und die Blattfarbe wechselt im Winter von Grün zu Rötlich-Violett. **'Baltica'** ist eine Form aus Lettland, die sich vom normalen Efeu durch seine kleineren, tiefer eingeschnittenen Blätter mit blasseren Adern unterscheidet. **'Buttercup'** hat einen wunderschönen, goldfarbenen Jahrestrieb, der im Alter grün wird. **'Erecta'** ist eine japanische Form mit kräftigen Stämmen und grob dreieckigen, zugespitzten Blättern, die regelmäßig den Stamm entlang wachsen. **'Glazier'** hat graugrüne Blätter mit einer silbergrauen Panaschierung. **'Goldherz'** ist vielleicht die schönste der grün-goldfarbenen Sorten. **'Ivalace'** ist eine sehr attraktive, verzweigte rankende Pflanze, deren fünflappige Blätter einen spitzenartigen Rand haben. Die mit langen gewellten Blattlappen ausgestatteten Blätter von **'Manda's Crested'** wachsen auf aufrechten, roten Blattstielen, was sie ein wenig wie Seetang aussehen läßt. **'Pedata'** hat gestreckte Blattlappen und erhabene Adern. **'Pittsburgh'** (Syn. 'Hahn's Selfbranching') hat eng gedrängte, kleine,

Hedera colchica 'Sulphur Heart'

Hedera helix 'Goldheart'

Hedera helix 'Silver Queen'

dunkelgrüne, **'Silver Queen'** (Syn. 'Tricolor') flachlappige, dreieckige, graugrüne Blätter mit cremefarbenen Zeichnungen, die im Winter rosafarben getönt sind.

Hedera hibernica
Syn. *Hedera helix* subsp. *hibernica*

Diese wuchernde Kletterpflanze hat flach gelappte, dreieckige Blätter. **'Sarniensis'** ist mittelgrün mit helleren Adern.

HEDYCHIUM

Hedychium-Arten, wie Frangipani und *Hibiscus*, bilden üppiges Blattwerk, betörende Blüten und duften. Von den in Südasien beheimateten 40 *Hedychium*-Arten findet man viele in höher gelegenen Bergregionen, was ihre Toleranz für kühles Wetter zeigt. Einige erst kürzlich eingeführte Arten sind so widerstandsfähig, daß sie selbst in Gärten in gemäßigtem Klima gezogen werden können. Es sind mehrjährige, aus Rhizomen wachsende Stauden, die bis zu 2 m hohe und über 1 m breite Gruppen bilden. Im Sommer tragen sie Ähren oder Blütenköpfe duftender, lange vorhaltender Blüten, die sich als Schnittblumen eignen.

PFLEGE UND VERMEHRUNG: Sie bevorzugen humusreiche, feuchte, aber durchlässige Erde und einen halbschattigen Standort. Sie blühen im Sommer, und verblühte Triebe sollten jedes Jahr ausgeschnitten (oder für die Vase genutzt) werden, um das kräftige Wachstum zu fördern. Ihre Vermehrung erfolgt durch frische Samen oder durch Teilung.

Hedera helix 'Atropurpurea'

Hedychium coccineum

Diese aus dem Himalaja stammende Art bildet niedrige Gruppen mit ausladenden Stengeln und schmalen Blättern. Die aufrechten Ähren mit nur wenigen Blüten können bis zu 25 cm hoch werden. Sie variieren von zartem Korallenrot bis leuchtendem Rot; die exponierten Staubblätter sind immer rosafarben. Die Sorte **'Tara'** hat leuchtend-orangefarbene Blüten und ist winterhärter als die typische Form.

Hedychium coronarium

Im Sommer trägt diese indische Art dichte Ähren schmetterlingsartiger, seidigweißer Blüten mit pastellgelben Flecken und einem süßen Duft. Die lanzettlichen Blätter haben eine flaumig behaarte Unterseite. Sie wächst aufrecht bis zu 1,5 m hoch und 1 m breit, ist frostempfindlich und benötigt in kühlen Klimazonen den Schutz eines geheizten Gewächshauses.

Hedychium densiflorum

Die im Himalaja heimische, überraschend kältetolerante *Hedychium densiflorum* entwickelt sich zu einem dichten Gebüsch langer, belaubter Stengel, deren Spitzen sich im Spätsommer und im Herbst mit orangen oder gelborangen Blüten bedecken. Die lockeren Blütenähren von **'Stephen'** sind länger und haben einen stärkeren Orangeton.

H

Hedychium gardnerianum

Hedychium gardnerianum

Ebenfalls aus dem Himalaja stammt diese am häufigsten kultivierte Art, die bis zu 2,5 m hoch wird und lange, leuchtendgrüne, stengelumfassende Blätter trägt. Sie bevorzugt ein warmes Klima, kann jedoch auch in gemäßigten Zonen im Freien gehalten werden, da sie leichten, seltenen Frost übersteht. Zum Ende des Sommers erscheinen dichte Ähren duftender roter und blaßgelber Blüten. In manchen Regionen, wie z.B. im Norden Neuseelands, wird diese Art als Unkraut angesehen.

Hedychium greenei

Bis zu 2 m hoch wird diese auffällige Art aus Bhutan. Die Blätter sind 25 cm lang und 5 cm breit; die dichten Blütenähren tragen leuchtendrote Blüten. In den Blattachseln bilden sich manchmal Bulbillen.

HEDYOTIS

Dies ist eine aus großen, meist niedrigwachsenden, einjährigen Stauden sowie einigen weichholzigen Sträuchern und ein oder zwei Kletterpflanzen bestehende Gattung. Etwa 150 Arten sind bekannt, heimisch vor allem in den wärmen Regionen der Welt. Einige Botaniker schließen eine Gruppe nordamerikanischer Arten in die Gattung ein, die von anderen als eigene Gattung *Houstonia* aufgefaßt wird. Die nur manchmal in Gärten gepflanzten krautigen Arten sind kleine Pflanzen mit schwachen, oft kriechenden Stengeln und kleinen, schmalen sowie gegenständigen Blättern. Schlankstielige, kleine Blüten wachsen einzeln, in dichten Büscheln oder lockeren, kurzen Blütenzweigen in den Blattachseln. Jede Blüte hat eine Röhre und vier gespreizte, oft weiße Kronblätter. **PFLEGE UND VERMEHRUNG:** *Hedyotis*-Arten sind meist schnellwachsende, aber kurzlebige, anspruchslose Pflanzen, die Wärme, gute Erde und ausreichend Nässe im Sommer benötigen. Die klimatischen Bedürfnisse variieren je nach Herkunft. Vermehrung durch Samen oder Teilung.

Hedyotis michauxii

Syn. *Houstonia caerulea, Hedyotis caerulea*

Diese polsterbildende Pflanze mit dicht verzweigten, in der Erde wurzelnden Stengeln und kleinen, rundlichen Blättern stammt aus dem Südosten der USA. Im späten Frühjahr und im Frühsommer übersähen üppige, kleine, fast stengellose Blüten das Laubwerk. Jede Blüte hat vier himmelblaue, ein Kreuz bildende Kronblätter und eine cremegelbe Mitte.

HEDYSARUM

SÜSSKLEE

Über 100 Arten meist ein-, zwei- oder mehrjähriger Schmetterlingsblütler aus den gemäßigten Regionen der nördlichen Hemisphäre gehören zu dieser Gattung. Einige von ihnen sind weichholzige, sommergrüne Sträucher. Der Name ist latinisiertes Griechisch und geht auf die Antike zurück. *Hedy* bedeutet »süß« und bezieht sich auf den Blütenduft mancher Arten. Mit ihren gefiederten Blättern und schmalen, gedrängten Blütenähren erinnern sie an Wicken (*Vicia*), haben jedoch nicht die für diese Gattung typischen Ranken. Nur wenige Arten sind in Gärten bekannt und werden wegen ihrer kräftigen roten, rosafarbenen oder violetten Blüten geschätzt. Außer als Zierpflanzen werden manche Arten auch als Futterpflanzen gezogen. **PFLEGE UND VERMEHRUNG:** Alle Arten sind frosthart und benötigen einen sonnigen Standort in sandiger oder steiniger, basischer Erde mit gutem Wasserablauf. Im Frühjahr und Sommer sollte man regelmäßig gießen. Vermehrung durch Samen oder vorsichtige Teilung im Frühjahr.

Hedyscepe canterburyana

Hedysarum coronarium

ITALIENISCHER HAHNENKOPF

Dieser mehrjährige, etwa 1 m hohe und genauso breite Italienische Hahnenkopf ist wegen seiner duftenden, dunkelroten Blüten im Sommer beliebt. Die Blüten ziehen Bienen und den Nektar saugende Vögel an und werden vor dem Hintergrund der graugrünen, zusammengesetzten Blätter besonders betont.

HEDYSCEPE

Von der Palmengattung *Hedyscepe* existiert nur eine Art, die auf der Lord-Howe-Insel (vor der Ostküste Australiens) zu Hause ist. Der Name ist aus dem Griechischen abgeleitet und bedeutet so viel wie »angenehmer Schatten«. Die Pflanze kommt vor allem in Höhenlagen von 420–600 m vor.
PFLEGE UND VERMEHRUNG: Für warmgemäßigte Klimate eignen sich *Hedyscepe* gut als Topf- oder Kübelpflanzen, wachsen dann allerdings langsam. Sie bevorzugen volle Sonne oder Halbschatten und fruchtbare, humusreiche, feuchte, aber durchlässige Erde, sollten gegen Wind geschützt werden und lassen sich im Frühjahr durch Samen vermehren.

Hedyscepe canterburyana

Diese solitäre Federpalme wird etwa 9 m hoch, hat eine dicke und dichte Krone mit stark nach hinten gebogenen, dunkelgrünen Blattwedeln und einen silbrigen Kronenschaft. Aus den kleinen, cremegelben Blüten werden eigroße, dunkelrote Früchte, die auf kurzen Rispen unter dem Kronenschaft sitzen.

HELENIUM

SONNENBRAUT

Diese auf dem amerikanischen Kontinent heimische Gattung besteht aus etwa 40 Arten ein-, zwei- oder mehrjähriger Kräuter. Die mittelgrünen, wechselständigen, aufrechten Blätter sind oval bis lanzettlich. Die im Sommer erscheinenden Blütenkörbe haben gelbe, rotbraune oder orangefarbene Strahlenblüten und gelbe, gelbgrüne, rote oder braune Scheibenblüten. Die Blüten eignen sich gut für Blumenrabatten und sind ausgezeichnete Schnittblumen. **PFLEGE UND VERMEHRUNG:** Die frostharten Sonnenbraut-Arten sind in jedem gemäßigten Klima leicht zu ziehen, solange sie ausreichend Sonne bekommen. Die Erde sollte frisch und durchlässig sein. Zur Verlängerung der Blüteperiode werden die verwelkten Blüten regelmäßig entfernt. Man vermehrt die Pflanzen, indem man die alten Gruppen im Winter teilt oder durch Aussaat im Frühjahr oder Herbst.

Helenium amarum

Syn. *Helenium tenuifolium*

Diese stark riechende, einjährige Pflanze stammt aus dem Südosten der USA und wird 80 cm hoch. Sie produziert goldgelbe Strahlenblüten. Amerikanische Ureinwohner sollen die getrockneten und pulverisierten Blüten wie Schnupftabak geschnupft haben, wenn sie unter verstopften Nasennebenhöhlen litten.

Helenium autumnale

Diese mehrjährige Pflanze aus Nordamerika wird etwa 1,5 m hoch und blüht vom Spätsommer bis Mitte Herbst. Aus dieser

Helenium autumnale

Heliamphora heterodoxa

Helenium 'Moerheim Beauty'

Heliamphora nutans

Art entstanden etliche Gartenformen, deren Blütenfarbe von Gelb bis Kastanienbraun reicht; viele sind eine Mischung aus gelben und gelblich-rotbraunen Tönen.

Helenium bigelovii

Diese unverzweigte, mehrjährige Pflanze aus Kalifornien und Oregon (USA) wird etwa 1 m hoch. Die lanzettlichen Blätter werden bis zu 25 cm lang und im Sommer und Herbst blühen einzelne, 6 cm große, gelbstrahlige Blütenköpfchen mit einer gelben oder rötlichen Mitte. Es gibt eine Anzahl von Zuchtformen. Sie ist etwas frostempfindlich.

Helenium 'Moerheim Beauty'

Diese aufrechte, mehrjährige Staude hat satt orangerote Blütenköpfe mit auffälligen, schokoladenbraunen zentralen Scheibenblüten. Sie werden im Sommer und Frühherbst über den mittelgrünen Blättern getragen. Diese Art ist leicht zu ziehen und eignet sich als Farbtupfer für Rabatten und als Schnittblume. Die langsam wachsende, 1 m hohe und 60 cm breite Pflanze bevorzugt heiße Sommer.

HELIAMPHORA

SUMPFKRUG

Diese Gattung besteht aus sechs Arten rhizomtragender, fleischfressender Pflanzen, die mit den *Sarracenia*s verwandt und auf sehr niederschlagsreichen Bergen in Venezuela und Guyana beheimatet sind. Sie haben trichterförmige, grüne bis rötliche Blätter mit einer fast immer überhängenden, kleinen Kappe. Jedes Blatt verfügt über eine Nektar absondernde Drüse, mit der kleine Insekten für ihr letztes Mahl angezogen werden. Die bis zu 60 cm langen Blütenstiele tragen mehrere, feine weiße Blüten, die sich im Alter rosa färben.
PFLEGE UND VERMEHRUNG: Diese Pflanzen wachsen von Natur aus in nasser, torfiger Erde und gedeihen am besten in einem Topf in einer Mischung aus Torf, Sand und Torfmoos, der in einer Untertasse mit Wasser steht. Sie mögen warmfeuchtes Klima, nicht heißer als 30 °C, und tolerieren eine Mindesttemperatur von 5 °C. Vermehrung durch Samen oder Teilung der Rhizome im Frühjahr.

Heliamphora heterodoxa

Diese Art ist in den sumpfigen Bergen Venezuelas beheimatet und wird etwa 40 cm hoch. Die Trichter erreichen einen Durchmesser von 5 cm. Im frühen Winter erscheinen weiße bis rosafarbene Blüten. Es gibt eine Reihe von Formen.

Heliamphora nutans

Diese faszinierende Art hat grüne, grundständige, krugförmige, in der Mitte eingeschnürte Blätter mit roten Rändern. Sie wird 10–20 cm hoch und trägt auf 15–30 cm hohen Stielen große, nickende, weiße bis rosafarbene Blüten.

Helianthemum 'Fire King'

HELIANTHEMUM

SONNENRÖSCHEN

Helianthemum bedeutet »Blume des Sonnenscheins« – ein angemessener Name für eine Blume, die sich nur bei strahlendem Sonnenschein öffnet. Die mit *Cistus* verwandte Gattung besteht aus über 100 Arten, die auf felsigen und mit Gestrüpp bewachsenden Böden in gemäßigten Zonen weltweit verbreitet sind. Sonnenröschen sind kurzlebige, immer- oder halbimmergrüne Sträucher oder Halbsträucher mit silbrigem bis mittelgrünem Blattwerk. Es existieren viele Gartenformen mit meist niedriger, ausladender Wuchsform. Die 2,5 cm großen Blüten der Wildformen ähneln denen der Wildrosen. Die Blüten der Gartenformen sind weiß bis gelb, lachsrosa, rot und orange und einige Varietäten haben gefüllte Blüten.
PFLEGE UND VERMEHRUNG: In voller Sonne in grober Erde mit gutem Wasserabfluß pflanzen. In trockenen Perioden wird etwas Torf oder Kompost zugegeben. Zur Förderung einer zweiten Blüte im Herbst sollte man die verblühten Blüten zurückschneiden. Ihre Vermehrung erfolgt durch Samen oder Stecklinge. Die Kulturformen sollen etwas frostempfindlich sein.

Helianthemum apenninum

APENNINEN-SONNENRÖSCHEN

Helianthemum apenninum ist ein immergrüner, niedrigwachsender Strauch, der aus Süd- und Westeuropa und der Türkei stammt, wo er auf trockenen Abhängen wächst. Er wird 50 cm hoch und etwa genauso breit. Die variablen Blätter sind graugrün und flaumig behaart. Im Sommer blühen 2,5 cm große weiße Blüten mit einer gelben Mitte. Diese Art bevorzugt einen offenen, sonnigen Standort und toleriert sowohl trockene Bedingungen als auch leichten Frost.

Helianthemum 'Coppernob'

'Coppernob' ist ein reizender, kriechender Halbstrauch mit graugrünen Blättern und dunkelkupferroten Blüten mit bronzepurpurroter Mitte. Von Mitte Frühjahr bis zum Sommer blühen in dichter Folge kurzlebige Blüten.

Helianthemum 'Fire Dragon'

Syn. ***Helianthemum* 'Mrs Clay'**

Dies ist eines der schönsten Sonnenröschen. Scharlachrote Blüten erscheinen vom späten Frühjahr bis zum Sommer. Die Blätter sind von schöner, graugrüner Farbe. Es wird 30–50 cm hoch und 60 cm breit.

Helianthemum 'Fire King'

Diese Sorte ist der 'Fire Dragon' ähnlich, allerdings sind die Blüten intensiver orange. Die Pflanze bildet niedrige, ausladende Hügel graugrüner Blätter.

Helianthemum 'Jubilee'

Dies ist ein sehr hübscher, niedriger, nur 30 cm hoher und bis 50 cm breiter Strauch mit kleinen, dunkelgrünen Blättern. Vom Frühjahr bis zum Spätsommer trägt er gefüllte, blaßgelbe Blüten.

Helianthemum nummularium

GEMEINES SONNENRÖSCHEN

Von niederliegender Wuchsform ist diese variable Art, die in Europa und der Türkei beheimatet ist. Die Blätter sind grün bis gräulich und das Farbenspektrum der kleinen, üppigen Blüten variiert von Gelb oder Cremefarben bis Rosa und Orange. Die meisten normalerweise unter diesem Namen geführten Sorten sind tatsächlich Hybriden und werden hier separat aufgeführt.

Helianthemum 'Coppernob'

Helianthemum nummularium

H

Helianthemum 'Rhodanthe Carneum'
Syn. *Helianthemum* 'Wisley Pink'

Dieser Halbstrauch wird 30 cm hoch und breit und hat schmale, graue Blätter. Im Frühjahr und im Sommer erscheinen empfindliche, pastellrosa Blüten, die in der Mitte in Orange übergehen.

Helianthemum 'Wisley Primrose'

Der kräftige Halbstrauch hat schmale, graugrüne Blätter. Im Frühjahr und im Sommer trägt er blaßgelbe Blüten.

HELIANTHUS
SONNENBLUME, TOPINAMBUR

Zu dieser Gattung der Familie der Korbblütler gehört eine der weltweit wichtigsten Ölsamen-Pflanzen, die auch als Futterpflanze verwendet wird, sowie die eßbaren Knollen der Topinambur und viele Zierpflanzen. Die Gattung besteht aus etwa 70 Arten ein- und mehrjähriger Pflanzen, die alle auf dem amerikanischen Kontinent heimisch sind. Sie haben große, normalerweise goldgelbe Blütenköpfe (ähnlich aufgebaut wie Margeriten-Blütenköpfe), die von Sommer bis Herbst über einen langen Zeitraum blühen. Die Pflanzen haben haarige, oft klebrige Blätter und lange, rauhe Stiele.
PFLEGE UND VERMEHRUNG: Sie sind frosthart und bevorzugen volle Sonne und einen windgeschützten Standort in durchlässiger Erde. Zur Förderung der Blüte sollte man sie im Frühjahr düngen und bei Trockenheit reichlich gießen. Die mehrjährigen Arten sollten nach der Blüte bis zum Stock zurückgeschnitten werden. Vermehrung durch Samen oder Teilung im Herbst oder frühen Winter.

Helianthus maximilianii

Helianthus annuus
SONNENBLUME

Diese schnellwachsende, aufrechte, einjährige Art erreicht eine Höhe von 3 m oder mehr. Im Sommer blühen große Blütenköpfe – im Durchmesser etwa 30 cm – mit brauner Mitte und gelben Strahlenblüten. Die großen, langstieligen Pflanzen haben breite, mittelgrüne Blättern. Diese Art liefert einen der weltweit wichtigsten Ölsamen. Für kleine Gärten kann sie etwas zu groß sein, aber es wurden neue Varietäten gezüchtet, die nur etwa 2 m hoch werden, wie z.B. **'Herbstschönheit'** mit mittelgroßen, normalerweise bräunlichroten, dunkelroten, hell- oder goldgelben Blüten und **'Teddy Bear'**, eine kompakte Sorte mit gefüllten, dunkelgelben Blüten.

H. × multiflorus 'Triomphe de Gand'

Helianthus × multiflorus

Helianthus annuus

Helianthemum 'Rhodanthe Carneum'

Helichrysum argyrophyllum

Helianthus decapetalus

Diese kräftige, mehrjährige, aus der Mitte und dem Südosten der USA stammende Pflanze, wird bis 1,5 m hoch. Die lanzettlichen Blätter haben eine glatte Oberseite und eine haarige Unterseite. Die im Sommer und Herbst blühenden Blütenköpfchen mit einem Durchmesser bis zu 10 cm sind gelb mit einer gelbbraunen Mitte. **'Maximus'** ist eine beliebte Sorte.

Helianthus maximilianii

Diese mehrjährige Art, deren rauhe Stiele dicht mit spitzen, etwa 20 cm langen Blättern bedeckt sind, wird mindestens 3 m hoch. Im Sommer und im Herbst erscheinen 10–15 cm große, goldgelbe Blüten.

Helianthus × multiflorus

Diese Gruppe umfaßt mehrjährige, 2 m hohe und 1 m breite Pflanzen. Von Spätsommer bis Mitte Herbst erscheinen bis zu 15 cm große Blütenköpfchen. Beliebte Sorten sind u.a. **'Capenock Star'**, **'Loddon Gold'**, **'Soleil d'Or'** und **'Triomphe de Gand'**.

H. × multiflorus 'Loddon Gold'

Helianthus tuberosus

Helianthus salicifolius
Syn. *Helianthus orgyalis*

Diese aufrechte, mehrjährige, als Hintergrundpflanze geschätzte Art, wird bis zu 2 m hoch und trägt im Spätsommer oder Herbst einzelne, leuchtendgelbe, bis 10 cm breite Blütenköpfe auf verzweigten Stielen. Die satt dunkelgrünen, glänzenden Blätter ähneln Weidenblättern, und die Pflanze kommt gut zur Geltung, wenn sie zusammen mit spätblühenden blauen Astern oder Salbei gepflanzt wird.

Helianthus tuberosus
TOPINAMBUR, ERDBIRNE

Der Name »Topinambur« soll sich auf das französische *topinambeaux* gründen. Dieser Begriff leitet sich her von einem brasilianischen Indianerstamm, dessen Heimat irrtümlich auch als Herkunft des Topinamburs angesehen wurde. Diese Art ist in den USA und Kanada heimisch und wird manchmal als Unkraut angesehen. Sie breitet sich schnell aus und bildet ein Dickicht schlanker Stengel, die in kleinen, gelben Blütenköpfen enden. In einigen Regionen Europas wird sie als beliebtes Gemüse geschätzt. Weitgehend unbekannt ist jedoch, daß das in den Knollen enthaltene Kohlenhydrat Inulin vom menschlichen Verdauungssystem nicht verdaut wird und daher nur geringen Nährwert hat, allerdings beim Erhitzen unter Zugabe von leichten Säuren in verwertbaren Fruchtzucker zerfallen soll. Die amerikanischen Ureinwohner fermentierten die Knollen in Gruben und wandelten so das Inulin in verdaulichen Zucker um.

HELICHRYSUM
STROHBLUME

Bis vor kurzem wurde diese Gattung so weit gefaßt, daß sie etwa 500 Arten einjähriger Pflanzen, mehrjähriger Stauden sowie Sträucher umfaßte, von denen die meisten im südlichen Afrika, gefolgt von Australien, einige wenige im Mittelmeerraum, West- und Zentralasien und Neuseeland beheimatet sind. Sie gehören zur Korbblütlerfamilie und haben Blütenköpfchen ohne Strahlenblüten oder »Blütenblätter«, dafür aber papierartige, meist weißliche Hüllblätter, die im getrockneten Zustand lange haltbar sind und den Pflanzen den umgangssprachlichen Namen geben. Neueren botanischen Studien zufolge handelt es sich jedoch nicht um einen natürlichen Verwandtschaftskreis, weshalb inzwischen größere und kleinere Gruppen als eigene Gattungen abgespalten wurden. Zu den echten *Helichrysum*-Arten gehören die im Mittel-

Helichrysum bellidioides

meerraum und in Asien vorkommenden Arten und eine unbestimmte Anzahl aus dem südlichen Afrika. Einige bekannte ozeanische Arten wurden u.a. in die Gattungen *Bracteantha, Ozothamnus* und *Chrysocephalum* neu eingeordnet.

PFLEGE UND VERMEHRUNG: Die meisten Arten tolerieren leichten Frost und eignen sich am besten für milde Klimate mit wenig Feuchtigkeit im Sommer. Es gibt jedoch auch einige eher winterharte Arten. Sie sind meist Steingartenpflanzen und benötigen grobkörnige, durchlässige, nicht zu fruchtbare Erde und einen warmen, sonnigen Standort. Einige wenige, wie *Helichrysum petiolare* und *H. splendidum* eignen sich für Rabatten oder als Bodendecker. Vermehrung durch Samen, Stecklinge oder Rhizomabteilung.

Helichrysum argyrophyllum

Diese strauchige, mehrjährige Pflanze aus dem Osten Südafrikas wird 10 cm hoch und eignet sich als Bodendecker. Die Blätter sind silbrig und vom Sommer bis in den Winter blühen Büschel gelber Blüten, umgeben von hellen Hüllblättern.

Helichrysum bellidioides

Die frostempfindliche, niederliegende, mehrjährige Art ist in Neuseeland und auf den südlicheren subantarktischen Inseln beheimatet. Sie wird 15 cm hoch und bis zu 60 cm breit. Die 5 mm langen, löffelförmigen Blätter haben eine hellgrüne Oberseite und sind unten behaart. Wo sie den Boden berühren, wurzeln die Sprosse. Im Frühjahr und im Sommer blühen 2–3 cm große, weiße Strohblumen auf Stengeln.

Helichrysum italicum

Syn. *Helichrysum angustifolium*

Dieses hordenbildende, mehrjährige Kraut aus dem Mittelmeerraum wird 10–60 cm hoch und bis zu 1 m breit. Die grauen, flaumigen Blätter verströmen ein intensives Curryaroma. Die zarten, neuen Blätter können zum Würzen von Salat und Fleischgerichten verwendet werden. Vom Frühjahr bis zum Sommer wachsen winzige, dunkelgelbe Blütenköpfchen an langgestielten, endständigen Blütenständen.

Helichrysum milfordiae

Syn. *Helichrysum marginatum* hort.

Diese kissenartige, kriechende, mehrjährige Staude stammt aus den subalpinen Re-

Helichrysum splendidum

gionen Südafrikas und Lesothos, wo sie oft nur 5 cm hoch und 30 cm breit wird. Die gedrängten, winzigen Blätter sind graugrün. Sie eignet sich gut für Steingärten. Die Blütenköpfchen bestehen aus goldenen Scheiben und Trichtern schimmernder, fein zugespitzer, weißer Hüllblätter mit scharlachroter Unterseite. Die Blüten öffnen sich nur bei sonnigem Wetter.

Helichrysum petiolare

Syn. *Helichrysum petiolatum* hort.

Diese südafrikanische immergrüne Art ist eine ausgezeichnete Blattpflanze. Die grauen, herzförmigen Blätter und die Äste sind dicht behaart. Dieser ausgebreitet liegende Halbstrauch bildet dichte, 60 cm oder höhere und 2 m breite Hügel. Die neuen Triebe sprießen aus einem Netzwerk von Rhizomen. Er ist sowohl Sonne als auch Schatten sowie trockenen Bedingungen angepaßt. Die selten erscheinenden Blüten sind unscheinbar. Die Blätter von **'Limelight'** haben eine blaßgelbe oder grüne Farbe; **'Variegatum'** ist cremefarben panaschiert. Diese Sorten eignen sich eher für Schatten und sind in kalten Klimazonen ausgezeichnete Sommerpflanzen im Kübel, jedoch nicht winterhart.

Helichrysum retortum

Diese niederliegende Staude aus der Kapregion Südafrikas kann bis zu 20 cm hoch und 55 cm breit werden. Die gedrehten Stengel haben leuchtend-silbergraue Blätter und im Frühjahr erscheinen weiße, papierartige Blüten. Sie ist kaum winterhart.

Helichrysum splendidum

Syn. *Helichrysum alveolatum, H. trilineatum*

Die Berge Afrikas von Äthiopien bis zum Kap der Guten Hoffnung sind die Heimat dieses dichten, immergrünen Strauchs. Er wird 1,5 m hoch und breit. Die gedrängten, schmalen Blätter sind von weißen Haaren bedeckt. Von Sommer bis Herbst blühen üppige, kleine, goldgelbe Blütenköpfchen. Er ist winterhart und sollte zur Erhaltung seiner kompakten Form regelmäßig gestutzt werden.

HELICONIA

Diese in den tropischen Regionen Amerikas, Südostasiens und auf einigen pazifischen Inseln beheimateten, schönen, exotischen Pflanzen haben große Blätter und Ähren farbenprächtiger Deckblätter, die relativ unscheinbare Blüten umhüllen. Zu dieser Gattung, die mit den Bananen und Strelitzien verwandt ist, gehören etwa 100 immergrüne, mehrjährige Arten und Hybride. In großer Anzahl gepflanzt, bilden sie das ganze Jahr über einen farbenprächtigen Blickfang. Die Deckblätter können rot, gelb oder orange oder scharlachrot mit gelben und grünen Spitzen, lippenstiftrot und leuchtendgelb sein. Die löffelförmigen Blätter werden bis zu 2 m lang. *Heliconias* eignen sich auch als Schnittblumen.

PFLEGE UND VERMEHRUNG: Die Pflanzen gedeihen nur in warmen, tropischen Gärten mit einer Mindesttemperatur von 18 °C, benötigen an halbschattigen, sommerfeuchten Standorten humusreiche, durchlässige Erde und in der Wachstumsperiode gute Bewässerung. Zur Förderung neuer Triebe werden die abgestorbenen Blätter und Blüten entfernt. Wenn zur Vermehrung der Wurzelstock im Frühjahr geteilt wird, soll jeder Teil wenigstens zwei Triebe aufweisen. Auf Spinnmilben, Schnecken und Schildläuse ist zu achten.

Heliconia bihai

Syn. *Heliconia humilis, H. jacquinii*

Die großen Blätter dieser Art umgeben einen Blütenstiel mit zugespitzten, scharlachroten Deckblättern mit grünen Spitzen und unauffälligen, weißen Blüten. Dies ist die bekannteste Art und für Blumenarrangements beliebt.

Heliconia bihai

Helichrysum retortum

Helichrysum petiolare 'Limelight'

Helichrysum petiolare

Heliconia caribaea

Wie der Artname signalisiert, stammt diese Pflanze von den Karibischen Inseln. *Heliconia caribaea* wird bis zu 2,5 m hoch und 2 m breit und hat glänzende, dunkelgrüne, bananenartige Blätter. Der Blütenstand ist 1–1,5 m lang, und die weißen, unauffälligen Blüten liegen innerhalb roter oder gelber Blütenscheiden.

Heliconia collinsiana

Diese etwa 3,5 m hohe *Heliconia* bildet ein Dickicht dünner Stiele, von denen die hängenden Blüten in langen Fäden herabhängen. Die 20–25 cm langen Deckblätter sind leuchtendrot und umhüllen die goldgelben, wahren Blüten scheidenförmig. Die ganze Pflanze bedeckt ein puderiger, Flecken hinterlassender Flaum.

Heliconia latispatha

Diese große, kräftige, in den tropischen Regionen Amerikas weit verbreitete Pflanze benötigt viel Platz, um sich auszubreiten. Sie hat auffällige, rote, gelbe oder eine Kombination aus roten und gelben Deckblättern. Die Deckblätter erscheinen auf langen, aufrechten Stielen, die alle in verschiedene Richtungen zeigen.

Heliconia psittacorum

Diese vom Osten Brasiliens bis zu den Karibischen Inseln vorkommende Art eignet sich gut zur Massenpflanzung. Die langstieligen, lanzettlichen Blätter sind sattgrün. Schmale, rötliche, orangefarbene oder zartrote Deckblätter umhüllen im Sommer erscheinende gelbe oder rote Blüten mit grünen Spitzen. Die Pflanzen werden 1–1,5 m hoch.

Heliconia caribaea

Heliconia collinsiana

Heliconia stricta

Heliconia psittacorum

Heliconia rostrata

HÄNGENDE HUMMERSCHERE

Peru und Argentinien sind die Heimat dieser wohl auffälligsten *Heliconia*-Art. Sie hat eine große, hängende Kaskade scharlachroter Deckblätter mit gelben und grünen Spitzen. Sie wird 1–6 m hoch.

Heliconia stricta

HUMMERSCHERE

Diese südamerikanische Art wächst in bis zu 2 m hohen und 1,5 m breiten Gruppen. Die bananenartigen Blätter werden 2 m lang. Jeder Blütenstand hat rote oder orangefarbene, grün eingefaßte Deckblätter.

Heliconia wagneriana

Diese aus feucht-tropischen Regionen Zentralamerikas stammende *Heliconia* mit cremefarbenen, roten und grünen Deckblättern ist beeindruckend. Sie wird mindestens 3,5 m hoch. Die Blütezeit im Frühjahr ist für *Heliconias* recht kurz.

Helictotrichon sempervirens

Heliconia latispatha

Heliconia rostrata

Heliconia wagneriana

HELICTOTRICHON

STAUDENHAFER, WIESENHAFER

Die Gattung besteht aus etwa 50 Arten von Büschelgras aus dem gemäßigten Europa, Nordamerika und Westasien, von denen einige höher als 1 m werden. Die langen, schmalen Blätter können flach oder geknickt sein. Die im Sommer erscheinenden Blüten sind aufrecht oder gebogen. **PFLEGE UND VERMEHRUNG:** Alle Arten mögen durchlässige sandige oder steinige Erde und volle Sonne. In sehr kalten Klimazonen sollten sie im Spätherbst bis auf den Boden zurückgeschnitten werden und mit einer dicken Stroh- oder Adlerfarnschicht abgedeckt werden. In wärmeren Regionen werden sie im späten Winter bis auf den Boden zurückgeschnitten, um Platz für neue Triebe zu schaffen. Zur Vermehrung können eingebürgerte Gruppen im Frühjahr geteilt werden, oder man sät Samen vom letzten Sommer aus.

Helictotrichon sempervirens

Syn. *Avena candida, A. sempervirens*

BLAUSTRAHLHAFER

Dieses immergrüne, mehrjährige Gras aus Zentral- und Südwesteuropa ist das am häufigsten gepflanzte. Die gebogenen, blaugrauen Blätter werden etwa 1 m lang. Die haferartigen Sommerblüten erscheinen in herabhängenden Rispen auf bis zu 1,2 m hohen Stielen. Dieses winterharte Gras kommt besonders gut zur Geltung, wenn es mit kontrastierenden violetten und rosafarbenen, niedrigwachsenden Pflanzen gepflanzt wird.

HELIOPSIS

SONNENAUGE

Wie der Name *Heliopsis* andeutet (»der Sonnenblume gleich«), sehen diese mehrjährigen, in den Prärien Nordamerikas beheimateten Pflanzen wie Sonnenblumen aus, sind allerdings nicht so mächtig. Es gibt etwa zwölf Arten mit steifen, verzweigten Stielen und gezähnten, mittel- bis dunkelgrünen Blättern. Die solitären, meist gelben Blüten sind bis zu 10 cm groß und eignen sich gut als Schnittblumen.
PFLEGE UND VERMEHRUNG: Diese Pflanzen sind leicht zu ziehen und tolerieren für kurze Zeit selbst schlechte Bedingungen. Besonders gut gedeihen sie in fruchtbarer, feuchter, aber durchlässiger Erde an einem sonnigen Standort. Sie sind alle winterhart. Zur Verlängerung der Blüte sollte man die verwelkten Blüten regelmäßig abschneiden und die Pflanze nach der Blüteperiode bis auf den Boden zurückschneiden. Vermehrung durch Teilung oder Samen im Frühjahr oder Herbst oder Stecklinge im Frühjahr.

Heliopsis helianthoides

Diese Art wird 1,5 m hoch und 1 m breit. Sie hat grobe, haarige Blätter und im Sommer blühen goldgelbe Blüten. **'Patula'** hat halbgefüllte, orangefarbene Blüten. **'Light of Loddon'** hat grobe, haarige Blätter und starke Stiele mit im Spätsommer dahlienartigen, leuchtendgelben, gefüllten Blüten. Sie wird 1 m hoch und 60 cm breit.

HELIOTROPIUM

HELIOTROP, SONNENWENDE, VANILLEBLUME

Diese Gattung besteht aus über 250 Arten ein- und mehrjähriger Kräuter, Sträucher und Halbsträucher, die in fast allen wärmeren Regionen der Welt beheimatet sind. Die Blätter sind ungeteilt und meist wechselständig. Die im Sommer erscheinenden violetten, blauen, weißen oder gelben Blütenstände duften wunderbar und ziehen Schmetterlinge an. Die kleineren Arten eignen sich bestens als Topfpflanzen.
PFLEGE UND VERMEHRUNG: Heliotrope kommen sowohl in subtropischen als auch in kühleren, gemäßigten Klimazonen wild vor und variieren in Bezug auf ihre Winterhärte. Sie bevorzugen feuchte, durchlässige, mäßig fruchtbare Erde. Rückschnitt auf die Hälfte im zeitigen Frühjahr fördert die buschige Form. Die Vermehrung geschieht durch Aussaat im Frühjahr oder durch Stecklinge im Frühherbst.

H. helianthoides 'Light of Loddon'

Helleborus argutifolius

Heliotropium arborescens

Syn. *Heliotropium peruvianum*

Dieser attraktive, immergrüne Strauch aus den peruanischen Anden trägt vom späten Frühjahr bis zum Herbst Büschel violetter bis lavendelblauer Blüten. Er wird schnell 80 cm hoch und 1 m breit. Die dunkelgrünen, runzeligen Blätter sind bei **'Aurea'** golden bis zitronengelb und bei **'Lord Robert'** dunkel violettgrün. In kalten Klimazonen kann der nicht winterharte Strauch im Wintergarten oder in Sommerrabatten gepflanzt werden.

Heliotropium europaeum

EUROPÄISCHE SONNENWENDE

Diese aufrechte oder schlaffe, verzweigte, einjährige Pflanze kommt in Europa und Zentralasien vor und ist winterhart. Sie wird 50 cm hoch und hat behaarte, ovale, grüne Blätter. Im Frühjahr und im Herbst erscheinen kleine, weiße oder blaßviolette Blüten in sich gabelnden Wickeln.

HELLEBORUS

NIESWURZ

Diese in Teilen Europas und Westasiens beheimatete, frostharte Gattung besteht aus 15 Arten mehrjähriger oder immergrüner, im Winter und Frühjahr blühender Pflanzen. Sie tragen schöne weiße oder in Grün-, Rot- und Violettönen vorkommende, offene Blüten. Alle Arten sind giftig.
PFLEGE UND VERMEHRUNG: Im Halbschatten werden sie in feuchte, durchlässige, humusreiche Erde gepflanzt; im Sommer dürfen sie nicht ganz austrocknen. Auch auf Blattläuse sollte man achten. Wenn die Knospen sprießen, werden von den sommergrünen Arten die alten Blätter abgeschnitten, die Blütenstände werden entfernt, nachdem die Samen ausgefallen sind. Nach der Blüte empfiehlt sich eine Düngung mit Kompost oder Mist. Vermehrung durch Samen oder Teilung im Herbst oder zeitigen Frühjahr.

Heliotropium arborescens

Helleborus argutifolius

Helleborus foetidus

Helleborus lividus

Helleborus argutifolius

Syn. *Helleborus corsicus, H. lividus* subsp. *corsicus*

Die Blüten dieser sehr früh blühenden Art erscheinen im späten Winter und zu Beginn des Frühjahrs. Sie ist robust und immergrün und produziert Büschel becherförmiger, nickender, 5 cm breiter, grüner Blüten, die auf einem aufrechten Blütenstand über stacheligen, dunkelgrünen Blättern erscheinen. Sie wächst horstig und wird 60 cm hoch und 60–90 cm breit. Dies ist die am besten Sonne und Trockenheit tolerierende Art dieser Gattung.

Helleborus foetidus

STINKENDE NIESWURZ

Die attraktiven dunkelgrünen, geteilten Blätter dieser gruppenbildenden, mehrjährigen Pflanze sind immergrün. Im Winter oder frühen Frühjahr blühen auf kurzen Stielen Büschel blaßgrüner, glockenförmiger, rot eingefaßter Blüten. Etablierte Pflanzen säen sich oft selbst aus.

Helleborus lividus

Diese Art von den Inseln im westlichen Mittelmeerraum hat dunkel- oder blaugrüne Blätter. Vom Winter bis zum Frühjahr erscheinen schüsselförmige, cremegrüne Blüten. Wenn die Pflanze umgesetzt wird, etabliert sie sich nur langsam wieder.

Helleborus orientalis, Hybride

Helleborus niger

CHRISTROSE

Diese Art ist wegen ihrer weißen, zur Mitte des Winters blühenden und oft im Schnee erscheinenden Blüten beliebt. Zum Schutz vor dem Winterwetter empfiehlt es sich, die Pflanze mit einem Tuch abzudecken, bevor sich die Blüten öffnen. Die mittelgrünen, tiefgelappten Blätter sind immergrün. Sie bilden 30 cm hohe und 30–50 cm breite Hügel und benötigen gleichmäßige Feuchtigkeit.

Helleborus orientalis

Diese immergrüne, gruppenbildende Art aus Griechenland, der Türkei und dem Kaukasus ist die am häufigsten gezogene

Art. Sie wird 60 cm hoch und breit. Die großen, nickenden Blüten sind weiß, grün, rosa bis violett und weisen manchmal dunkle Flecken auf. Die Pflanze ist äußerst winterhart und blüht im Winter oder zeitigen Frühjahr. Das dichte Blattwerk verwelkt und kann vor der Blüte zurückgeschnitten werden.

Helleborus purpurascens

Diese selbst in kühlen Klimaten ab etwa Wintermitte blühende, winterharte, sommergrüne, mehrjährige Pflanze aus Osteuropa blüht, bevor die neuen Blätter austreiben. Die Pflanzen werden 30 cm hoch, und die Gruppen erreichen eine Ausbreitung von über 30 cm. Die Blätter sind gelappt und die Blüten eigenartig grau, grün und rosa gefärbt.

Helleborus 'Queen of the Night'

Diese Pflanze, wahrscheinlich eine Hybride aus *Helleborus orientalis* und *H. purpurascens*, produziert einfache, offene, bräunlich-violette Blüten.

Hemerocallis forrestii

Helleborus 'Queen of the Night'

HELONIAS

Nur eine in den Sümpfen und im Marschland im Osten der USA beheimatete Lilienart definiert diese mit *Veratrum* und *Narthecium* verwandte Gattung. Diese immergrüne, mehrjährige Staude hat ein kurzes, geschwollenes Rhizom, aus dem Büschel breit-schwertförmiger, eher schwacher und schlaffer Blätter austreiben. Durch kurze Seitentriebe können sich große Gruppen bilden. Aus der Mitte jedes Triebes sprießt ein kräftiger Blütentrieb, an dessen Spitze sich eine kurze, fast runde Blütenähre gedrängter, kleiner, violettrosa, sechsteiliger Blüten bildet. Die Früchte bestehen aus kleinen, viele Samen enthaltenden Kapseln, die sich öffnen.

PFLEGE UND VERMEHRUNG: *Helonias* wird meist von Sammlern und Enthusiasten von Sumpfgärten gezogen. Die Pflanzen sind in feuchten, torfigen Böden an geschützten Standorten leicht zu ziehen und relativ winterhart. Neue Pflanzen zieht man aus Samen oder abgetrennten Teilen.

Helonias bullata

Die Art kommt in einem begrenzten Gebiet im Osten der USA vom Süden des Staates New York bis North Carolina vor. Die glänzenden, etwas fleischigen Blätter werden bis zu 1 m lang und 5 cm breit, die dicken Blütenschäfte bis knapp 50 cm hoch. Sie enden in nadelkissenartigen, 2,5–10 cm großen Blütenständen dicht gedrängter, kleiner Blüten, die sich im späten Frühjahr bilden.

HELONIOPSIS

Diese mit *Helonias* eng verwandte Gattung (die Nachsilbe *opsis* weist auf die Ähnlichkeit hin), die auch von ähnlicher Wuchsform ist, kommt wild in Japan, Korea, Taiwan und Ostsibirien mit vier Arten vor. Sowohl ihre Blätter als auch ihre Blüten sind dekorativer und anmutiger als die von *Helonias*. Die hängenden, ledrigen Blätter verschmälern sich sowohl zur Basis als auch zur Spitze hin und können rosafarben oder grün marmoriert sein. Die sternförmigen Blüten sind größer als die von *Helonias*. Sie erscheinen in attraktiven hängenden, lockeren Blütenständen und blühen weiß, rosa, grüngelb oder violett.

PFLEGE UND VERMEHRUNG: *Heloniopsis*-Arten bevorzugen feuchte, torfige Erde an einem geschützten, schattigen Standort und tolerieren keine heißen, trockenen Bedingungen. Die Vermehrung erfolgt durch Samen oder durch Teilung.

Helleborus purpurascens

Helleborus orientalis

Heloniopsis orientalis

Sowohl Gestalt und Blätter als auch Blütengröße und -farbe dieser frostharten, 30–60 cm hohen Art sind recht variabel. Die breiten, lang zugespitzten Blätter sind graugrün, oft rot durchflutet und manchmal leicht gelbgrün gestreift. An den Schäften erscheinen wenige nickende, trichterförmige Blüten mit schmalen Kronblättern, die an den Enden am breitesten sind. Sie variieren von Weiß bis Mattrosa oder Grüngelb.

HEMEROCALLIS

TAGLILIE

Diese in den gemäßigten Klimazonen Ostasiens beheimateten, mehrjährigen Pflanzen, von denen einige halbimmergrün oder immergrün sind, werden wegen ihrer auffälligen, oft duftenden Blüten gezogen, die in einer großen Farbpalette vorkommen. Die einzelnen Blüten gehen für nur einen Tag auf, werden aber in großer Zahl auf robusten Stielen über den großen, grasartigen Blättern produziert und erscheinen vom Frühsommer bis zum Herbst. Die Blüten variieren von knapp 10–15 cm oder mehr und sind einfach oder gefüllt. Die Pflanzen werden zwischen 60 cm und 1 m hoch. Sie stehen gut in Rabatten mit Krautpflanzen oder zwischen Sträuchern.

PFLEGE UND VERMEHRUNG: Die meisten Taglilien sind genügsam, sie bevorzugen jedoch relativ nährstoffreiche, nicht austrocknende Erde und einen sonnigen Standort, wobei man darauf achten sollte, daß sie ihre Blüten der Sonne und dem Äquator zuwenden. Sie gedeihen auch im Halbschatten, wo die Farbe leuchtender ist. Im Frühjahr sollte man die Pflanzen auf Nackt- und Gehäuseschnecken absuchen; auch unter Blattläusen oder Spinnmilben können sie leiden. Alle drei oder vier Jahre, am besten im Herbst oder Frühjahr, kann man die Stöcke teilen. Aus Samen gezogene Sorten wachsen nicht sortenrein. Taglilien sind zumeist frosthart.

Hemerocallis aurantiaca

Diese Art bildet einen Horst langer, linealisch, etwa 60 cm hoher Blätter, deren orangefarbene Blüten auf den Schäften etwa 30 cm über die Blätter hinausragen. Man pflanzt sie am besten in Rabatten, zwischen Sträucher oder in große Kübel.

Hemerocallis forrestii

Diese vom Pflanzensammler George Forrest im Jahr 1906 in der Provinz Yünnan in China entdeckte Art wird 50 cm hoch, die immergrünen Blätter erreichen eine Länge von 30 cm. Die Blütenschäfte wachsen aus den äußeren Blättern und tragen fünf bis zehn gelbe, trichterförmige Blüten. Sie ist weniger winterhart als viele andere Arten.

Hemerocallis fulva

ROTGELBE TAGLILIE

Vom Hoch- bis zum Spätsommer bringt diese horstbildende Art, 1 m hoch und 80 cm breit, satt orangerote, trompetenförmige, 8–15 cm breite Blüten hervor. Diese Pflanze wird schon seit Jahrhunderten gezüchtet, und in China und Japan werden die Blütenknospen als Nahrungsmittel verkauft. Die 15 cm großen, gefüllten, orangefarbenen Blüten von **'Flore Pleno'** (Syn. 'Kwanzo') haben nach hinten gebogene äußere Abschnitte mit einem roten Auge. Ihnen ähnlich sind die Blüten von **'Kwanzo Variegata'**, deren Blätter jedoch weiß gerandet sind.

Hemerocallis-Hybriden

Fast alle kultivierten *Hemerocallis*-Arten haben ihren Teil zum breiten Spektrum der modernen Taglilien-Hybriden beigetragen. Die meisten wurden wegen ihrer Größe oder der Blütenstruktur und der satten oder zarten Farben, die oft ein Auge als Kontrast in der Mitte aufweisen, gezüchtet. Andere wurden wegen der vielen kleinen oder spinnenartigen Blüten gezüchtet, die außergewöhnlich elegant sein können. Gegenwärtig werden Sorten in vielen Farben mit breiten oder schmalen Kronabschnitten entwickelt. Sehr beliebt ist **'Stella d'Oro'**, deren goldgelbe Blüten einen fast kreisrunden Umriß aufweisen.

Hemerocallis fulva 'Flore Pleno'

Hemerocallis-Hybride 'Stella d'Oro'

Hemerocallis-Hybride 'Apricot Queen'

Hemerocallis-Hybride 'Chemistry'

Hemerocallis-Hybride 'Constant Eye'

Hemerocallis-Hybride 'Christmas Day'

Hemerocallis-Hybride 'Coquetry'

Hemerocallis-Hybride 'Custom Design'

Hemerocallis-Hybride 'Esau'

Hemerocallis-Hybride 'High Priestess'

Hemerocallis-Hybride 'Florisant Snow'

H.-Hybride 'Golden Wonder'

Hemerocallis-Hybride 'Holy Mackerel'

Hemerocallis-Hybride 'Memories'

Hemerocallis-Hybride 'Mama Joe'

H.-Hybride 'Russian Rhapsody'

Hemerocallis-Hybride 'Rose Tapestry'

Hemerocallis-Hybride 'Scarlet Pansy'

Hemerocallis-Hybride 'Velvet Shadow'

Hemerocallis-Hybride 'Wynnson'

Hemerocallis-Hybride 'So Excited'

Hemerocallis-Hybride 'Silver Threads'

Hemerocallis lilioasphodelus

Syn. *Hemerocallis flava*

GELBE TAGLILIE

Diese Art ist in ganz China beheimatet. Sie bildet große, ausladende Horste, deren Blätter bis 80 cm lang werden. Die zitronengelben Blüten duften süß und erscheinen in Büscheln aus drei bis neun Blüten.

HEMIANDRA

Die acht Arten dieser Gattung kommen nur in Westaustralien vor. Die oft niederliegenden, kleinen Sträucher sind mit der *Westringia* verwandt. Die roten, lila, rosa oder weißen Blüten sind zweilippig, die untere Lippe ist vergrößert und gepunktet. Die steifen, schmalen Blätter tragen oft stachelige Spitzen.

PFLEGE UND VERMEHRUNG: Sie benötigen sehr durchlässige, vorzugsweise sandige Erde und Sonne, tolerieren aber leichten Schatten. Sie bevorzugen trockene, gemäßigte Zonen und sollten sparsam gegossen werden. Zur Vermehrung nimmt man frische Samen oder Stecklinge.

Hemiandra pungens

Die dekorative und beliebte Art ist in ihrem natürlichen Verbreitungsgebiet, wo sie auf sandigen Böden wächst, variabel. Eine Anzahl niederliegender Formen wurden gezüchtet. Sie können bis zu 4 m breite Polster bilden und tragen weiße oder rosa Blüten mit dunklerem Blütenschlund. Die aufrechteren Formen können bis zu 1,5 m hoch werden. Alle Formen haben steife, zugespitzte und schmal-linealische bis lanzettliche Blätter. Niederliegende Formen werden zur Vorbeugung gegen Pilzkrankheiten am besten über eine Kiesschicht oder an einer Mauer herabwachsend gepflanzt. Diese Art ist nicht winterhart.

HEMIGRAPHIS

Es existieren mehr als 60 Arten dieser einjährigen und immergrünen, mehrjährigen Stauden, die zur Familie der *Acanthaceae* gehören und im tropischen Asien beheimatet sind. Sie eignen sich nur für subtropische und tropische Gärten, wo sie wegen ihrer attraktiven Blattformen und -farben als Bodendecker geschätzt werden. Die in endständigen Blütenständen erscheinenden Blüten sind eher unscheinbar.

PFLEGE UND VERMEHRUNG: *Hemigraphis*-Arten sind frostempfindlich, mögen viel Licht, jedoch keine direkte Sonne und feuchte, durchlässige Böden. Im Sommer müssen sie viel gegossen werden. Vermehrt werden sie über Stecklinge.

Hemigraphis alternata

Syn. *Hemigraphis colorata*

Diese kriechende oder rankende, mehrjährige Pflanze hat herzförmige oder eiängliche, tief gerunzelte, metallische, violettgrüne Blätter, deren Unterseiten und Stiele weinrot sind. Die weißen Sommerblüten sind unscheinbar. In warmen Klimazonen kann diese Pflanze als Bodendecker gepflanzt, in kühleren Regionen nur als Topfpflanze oder im Gewächshaus gezogen werden. Sie ist nicht winterhart.

HEMIONITIS

Es gibt sieben Arten dieser kleinen, terrestrischen, immergrünen Farne, die in tropischen Regionen Asiens und Amerikas vorkommen. Die Blätter sind gefingert, gefiedert oder pfeilförmig.

PFLEGE UND VERMEHRUNG: Alle Arten können leicht in Gewächshäusern oder, in frostfreien Gebieten, im Freien gezogen werden. Sie gedeihen am besten in warmen, feuchten Klimazonen und bevorzugen feuchte Erde, die zwischen dem Gießen fast austrocknen sollte. Sie tolerieren vollen Schatten und eignen sich hervorragend für Terrarien. Zur Vermehrung dienen Sporen oder Pflänzchen, die sich auf den Blattwedeln einiger Arten bilden.

Hemionitis arifolia

Dieser ungewöhnliche, zierliche Farn aus den tropischen Regionen Asiens besitzt zwei Blattwedeltypen: sterile, herzförmige, auf 5–10 cm langen Stielen und fertile, pfeilförmige, auf 30 cm langen Stielen.

HEMIPTELEA

Die einzige Art dieser Gattung, *Hemiptelea davidii*, ist ein dorniger, sommergrüner Baum der Ulmenfamilie *(Ulmaceae)*, der in Nordchina, der Mongolei und Korea beheimatet ist. Die elliptischen, mittel- bis dunkelgrünen Blätter weisen gezähnte Ränder auf. Auch wenn die Blüten und

Hemerocallis lilioasphodelus

Hemiandra pungens

Früchte unscheinbar sind, ist dies ein dichter, attraktiver Schattenbaum, der fast immer kleiner als 15 m ist.
PFLEGE UND VERMEHRUNG: In durchschnittlicher Gartenerde mit gutem Wasserablauf an einem offenen, sonnigen Standort pflanzen. Der Baum ist frosthart und läßt sich leicht durch im Frühjahr ausgesäte Samen ziehen.

Hemiptelea davidii

Die kräftigen Äste dieses kleinen Baumes sind mit langen, scharfen Dornen versehen, die denen des Weißdorn ähneln. Die ovalen Blätter sind nur 2,5–5 cm lang, und die Blattoberseiten sind mit kleinen, steifen Härchen versehen, die abfallen und kleine, dunkelgrüne Narben hinterlassen. Die nußartigen, zweikantigen Früchte sind leicht geflügelt und nur etwa 5 mm breit.

HEPATICA

LEBERBLÜMCHEN

Hepatica ist, wie die Blütenform andeutet, eng mit der *Anemone* verwandt. In Nordamerika, Europa und den gemäßigten Klimazonen Asiens sind zehn Arten kleiner, behaarter, im Frühjahr blühender, mehrjähriger Kräuter beheimatet. Die angenommene Ähnlichkeit der Blätter zur Leber gab ihnen sowohl ihren allgemein gebräuchlichen als auch ihren botanischen Namen (lateinisch *hepar* = »Leber«). Die Leber ist auch (neben den Atemwegen und Verdauungsorganen) das Anwendungsgebiet für Medikamente, die aus der Pflanze gewonnen werden. Es gibt mehrere Gartenvarietäten mit weißen, blauen oder violetten, manchmal gefüllten Blüten.
PFLEGE UND VERMEHRUNG: Leberblümchen kommen von Natur aus in Wäldern vor und bevorzugen daher Halbschatten und nährstoffreiche, feuchte, aber durchlässige Böden. Man vermehrt sie durch Samen oder, besonders bei den gefüllten Varietäten, durch Teilung.

Hepatica nobilis

Syn. ***Anemone hepatica, Hepatica triloba***

LEBERBLÜMCHEN

Die kleine, mehrjährige, frostharte Pflanze kommt in Wäldern in fast ganz Europa vor. Auf langen Stielen blühen einzelne, blaue, rosafarbene oder weiße, 1–3 cm große Blüten. Die immergrünen Blätter haben drei breite, gerundete Blattlappen; die Blattunterseite ist normalerweise violett. Obwohl die Pflanze giftig ist, wurde sie als Kräuterheilmittel für Husten und Bronchialbeschwerden angewandt.

HERACLEUM

BÄRENKLAU, HERKULESSTAUDE

Der botanische Name *Heracleum* stammt von Heracleon, dem altgriechischen Namen für diese Pflanze, die nach dem Helden Hercules benannt wurde. In Eurasien und Nordamerika kommen 60 bis 70 Arten dieser krautigen, zwei- und mehrjährigen Pflanzen vor. Die großen Blätter sind zusammengesetzt und die Doldenblüten blühen weiß oder rötlich, grünlich oder gelblich. ***Heracleum mantegazzianum,*** mit einer eindrucksvollen Erscheinungsform, wird als gefährliches Unkraut angesehen – Kontakt mit der Pflanze kann zu schwerer Hautrötung in Verbindung mit Lichtempfindlichkeit der Haut führen.
PFLEGE UND VERMEHRUNG: Sie bevorzugen volle Sonne und fruchtbare, durchlässige Böden. Einige Arten sind nützliche Ergänzungen im Garten und wirken besonders gut im Hintergrund krautiger Rabatten. Sie lassen sich leicht durch Samen vermehren und sind frosthart.

Heracleum spondylium

WIESENBÄRENKLAU

Diese Art, eine aufrechte, mehrjährige, 2 m hohe oder höhere und bis zu 1 m breite Pflanze ist in Europa, Asien und Nordamerika beheimatet. Sie hat große, gefiederte, 15–30 cm lange Blätter und im Sommer blühen große, rosafarbene oder weiße, 20 cm breite Blütendolden. Dies ist eine variable Art mit vielen Formen. Die Berührung mit dem Pflanzensaft oder den Blättern kann Dermatitis auslösen.

HERBERTIA

Sechs Arten sproßknolliger, mehrjähriger Pflanzen, beheimatet im Süden der USA, in Mexiko und gemäßigten Regionen Südamerikas, machen diese zur Irisfamilie gehörende Gattung aus. Sie wachsen in Regionen mit Regenfall im Sommer und produzieren irisartige Blüten in Blau-, Hellblau- und Purpurschattierungen. Die Blüten bestehen aus drei größeren äußeren und drei kleinen inneren Perigonblättern. Jede Blüte geht nur für einen Tag auf, aber die gedrängten Büschel produzieren über einen langen Zeitraum aufeinanderfolgende Blüten. Die Blätter sind linealisch und über ihre ganze Länge gefaltet. Die Pflanzen ruhen im Winter und blühen im Frühjahr und im Sommer.
PFLEGE UND VERMEHRUNG: Die Pflanzen überstehen meist mäßigen Frost und können leicht in voller Sonne in humusreichen, durchlässigen Böden gezogen werden. Die Vermehrung geschieht durch Aussaat im Herbst.

Herbertia drummondii

Syn. ***Alophia drummondii, Herbertia caerulea***

Diese sproßknollige Art stammt aus den Grasländern und Prärien im Süden von Texas (USA) und Mexiko. Die 15–30 cm langen, schwertförmig gefalteten Blätter ähneln denen der Iris. Die Schäfte werden bis zu 30 cm lang und tragen im Frühjahr und im Sommer kurzlebige, etwa 5 cm breite Blüten. Die äußeren Perigonblätter sind violettblau, die inneren oft weiß gefleckt. Die Art ist nicht winterhart.

HERITIERA

Zu dieser Gattung tropischer Bäume aus Afrika, Asien, Australien und von den pazifischen Inseln gehören über 30 Arten. Bekannt sind sie wegen ihres harten Holzes, ihren eindrucksvollen Brettwurzeln und den sonderbaren Blüten, deren Unterseite silbrig und reflektierend ist.
PFLEGE UND VERMEHRUNG: Die frostempfindlichen Pflanzen brauchen fruchtbare, durchlässige Erde und einen sonnigen Standort. In kühleren Klimazonen gehören sie ins geheizte Gewächshaus. Im Sommer brauchen sie viel, im Winter wenig Wasser. Neue Pflanzen werden aus frischen Samen gezogen.

Heritiera littoralis

Dieser an tropischen Küsten der alten Welt verbreitete, ausladende Baum wächst in Mangroven und Küstensümpfen. Ein Exemplar kann 20 m hoch und über 10 m breit werden. Die Blüten sind unscheinbar; die Brettwurzeln jedoch beeindruckend.

HERMANNIA

Diese Gattung immergrüner, mehrjähriger Stauden, Sträucher und Halbsträucher

H

Hemiptelea davidii

Hepatica nobilis

Heritiera littoralis

mit faserigen Stielen besteht aus über 100 Arten, die in tropischen und subtropischen Regionen, vor allem in Afrika, weit verbreitet sind. Über die Blattoberseite verteilen sich oft kleine Haarbüschel. Die meist gelben, orangefarbenen oder roten Blüten sind klein, aber farbenfroh, glockenförmig und haben fünf gedrehte Kronblätter. Sie erscheinen einzeln oder in kleinen Büscheln in den Blattachseln. Aus den Blüten entstehen kleine Fruchtkapseln.
PFLEGE UND VERMEHRUNG: Obgleich bisher in Gärten nur wenig bekannt, sind einige Arten in warmen Klimazonen dekorative Gartenpflanzen und können in kühleren Klimazonen auch im Gewächshaus gezogen werden. Sie benötigen warme, sonnige Standorte und sandige, durchlässige Böden. Während der Wachstumsperiode müssen sie im Sommer reichlich gegossen werden. Aus Samen oder Stecklingen zieht man neue Pflanzen.

Hermannia incana
Syn. *Hermannia candicans*

Dieser in der Kapprovinz in Südafrika beheimatete, aufrechte Strauch mit schlaksiger Wuchsform wird über 1 m hoch. Die kleinen, etwa 2,5 cm langen Blätter haben eine grüne Blattoberseite; die Blattunterseite ist mit filzigen, weißen Härchen bedeckt. Im Frühjahr und im Sommer erscheinen endständige Blütenzweige mit gut 1 cm langen, hängenden Blüten, deren Kronblätter gelb sind.

HERMODACTYLUS
WOLFSSCHWERTEL

Die Mittelmeerländer sind die Heimat der einzigen zu dieser Gattung krautiger, knolligwurzelnder, mehrjähriger Pflanzen gehörenden Art. Gezogen wird *Hermodactylus tuberosus* wegen seiner angenehm duftenden, irisartigen Blüten. Auf langen Stengeln wachsend, erscheinen sie in milden Klimazonen im späten Winter, in kühleren Regionen im Frühjahr. Die Blätter sind lang und schmal und die unregelmäßigen, zylindrischen Knollen kriechen, so daß es den Anschein hat, als ob sich die Pflanzen mit der Zeit bewegen.
PFLEGE UND VERMEHRUNG: Diese nicht ganz frostharte Pflanze steht am besten in voller Sonne in durchlässiger, vorzugsweise basischer Erde. Von etwa Mitte Herbst bis zum Frühjahr sollte sie feucht, im Sommer jedoch so trocken wie möglich gehalten werden, da dies ihre natürlichen Wachstumsbedingungen simuliert. Im Frühherbst werden die Knollen etwa 10 cm tief in die Erde gesetzt. Wenn die Blätter abgestorben sind, kann man die Pflanzen teilen oder sie im Frühjahr durch Samen vermehren. Für Regionen mit regnerischen und feuchten Sommern eignet sie sich nicht.

Hermodactylus tuberosus
Syn. *Iris tuberosa*

Dieser Verwandte der Iris hat eine ungewöhnliche grüngelbe und schwarzbraune Blütenfarbe. Die Stengel und blaugrünen Blätter werden bis zu 50 cm lang.

HERNANDIA

Diese kleine Gattung breitblättriger, immergrüner Bäume, die verstreut in den feuchten Tropen beheimatet sind, werden nur selten gezüchtet, aber einige Arten eignen sich durchaus als Zier- oder Schattenbäume. Sie haben große, oft herzförmige Blätter, Rispen mit zahlreichen kleinen Blüten und harte, nußartige Früchte, von denen jede von einer hohlen, rötlichen oder gelblichen Struktur verwachsener Deckblätter umschlossen ist, die auffallend und dekorativ sein können.
PFLEGE UND VERMEHRUNG: Diese Bäume können in feuchten, tropischen oder subtropischen Regionen leicht kultiviert werden. Ein geschützter Standort in tiefer, feuchter und durchlässiger Erde wird vorgezogen. Zur Vermehrung wird frischer Samen ausgebracht.

Heterocentron elegans

Hesperis matronalis, purpurne Sorte

Hermodactylus tuberosus

Hesperis matronalis, weiße Sorte

Hernandia bivalvis

Dieser wild seltene Baum – etwa 10 m hoch – ist heimisch in einem kleinen Gebiet Australiens und wurde als Zierbaum beliebt. Er hat eine kompakte Krone. Im späten Frühjahr trägt er knapp über dem Laubwerk viele Rispen cremefarbener Blüten, aus denen im Sommer und im Herbst orange bis rote, blasenartige, etwa 5 cm lange Früchte werden, die aus je zwei »Klappen« bestehen und eine große Nuß mit sehr öligem Fruchtfleisch enthalten.

HESPERALOE

Die aus drei Arten bestehende Gattung mehrjähriger Stauden – heimisch im Südwesten der USA und Norden Mexikos – ist eng mit *Yucca* verwandt; ihre Ähnlichkeit zur afrikanischen *Aloe* ist nur äußerlich. Die Pflanzen haben tief wurzelnde Wurzelstöcke mit zähen, grasartigen Blättern, deren Ränder eine faserige Struktur aufweisen. Einige Fasern lösen sich als gelockte, graue oder weiße Haare. Die in 1–2,5 m langen Blütenständen wachsenden mattrosa, roten und grünen Röhrenblüten sind mehr oder weniger hängend. Aus den Blüten entstehen Kapselfrüchte.
PFLEGE UND VERMEHRUNG: Die langlebigen, immergrünen Pflanzen, nicht voll frosthart, benötigen trockenes Klima und sehr offene, durchlässige Böden. Sie eignen sich am besten für Wüstengärten und können in feuchten Regionen in großen Sukkulentenhäusern gezogen werden. Sie werden normalerweise durch Samen vermehrt und blühen erst nach mehreren Jahren.

Hesperaloe funifera
Syn. *Agave funifera, Yucca funifera*

Diese kleine, aus Nordmexiko stammende Sukkulente zeichnet sich durch schmale, grüne Blätter aus. Vom Frühjahr bis zum Herbst blühen grünliche, glockenförmige, etwa 1 cm breite Blüten.

Hesperaloe parviflora
Syn. *Aloe yuccaefolia, Yucca parviflora*

Diese in Mexiko und Texas (USA) beheimatete Sukkulente trägt lange, schmale, grüne Blätter. Im Frühjahr blühen rötliche, 3,5 cm breite, glockenförmige Blüten.

HESPERIS
NACHTVIOLE

Die im Mittelmeerraum und in gemäßigten Klimazonen Asiens beheimatete Gattung besteht aus 60 Arten zweijähriger und krautiger, mehrjähriger Stauden, die mit den Levkojen (*Matthiola*) verwandt sind. Sie haben schmale, meist ungeteilte Blätter, die gezähnt oder zahnlos sind. Die auffallenden, rosafarbenen, violetten oder weißen Blüten, die in langen Trauben erscheinen, duften bei einigen Arten.
PFLEGE UND VERMEHRUNG: Die Arten können in gemäßigten Klimazonen leicht gezogen werden und bürgern sich ein; wohingegen manche Kultursorten teilweise schwierig zu ziehen sind. Sie sind winterhart und bevorzugen einen Standort in voller Sonne und feuchte, aber durchlässige, neutrale bis basische, nicht zu fruchtbare Böden. Vermehrt wird durch Samen oder Stecklinge. Die Pflanzen können unter Mehltau und Schneckenfraß leiden.

Hesperis matronalis
NACHTVIOLE

Die Nachtviole kommt von Europa bis Zentralasien vor und wird wegen ihrer an feuchten Abenden stark duftenden Blüten gezogen. Sie hat glatte, schmal ovale Blätter und im Sommer verzweigte Doldentrauben mit weißen bis fliederfarbenen Blüten. Die Pflanze wächst aufrecht 30–90 cm hoch und etwa 60 cm breit. Mit der Zeit verlieren die Pflanzen an Wuchskraft und sollten deshalb alle zwei bis drei Jahre erneuert werden.

HESPEROCALLIS

Die Gattung besteht aus nur einer Art, einer knollentragenden, im trockenen Südwesten der USA beheimateten Lilie. Aus der tief in der Erde liegenden Zwiebelknolle sprießt ein basaler Schopf langer, schlanker Blätter mit weißen, gewellten Rändern. Diese neigen dazu, sich auf den Boden zu legen. Die dicken, aufrechten Blütenstände tragen duftende, weiße Blüten, die auf jedem Blütenabschnitt einen zentralen grünen Streifen aufweisen.
PFLEGE UND VERMEHRUNG: Sie bevorzugen volle Sonne und grobkörnige, trockene Böden. Eine erfolgreiche Kultivierung setzt relativ warme, trockene Bedingungen voraus, und in kälteren, feuchteren Klimazonen können diese Pflanzen vermutlich nur in einem Kakteenhaus oder an einem sehr heißen, trockenen Standort an einer Mauer gezogen werden. Zur Vermehrung nimmt man Samen oder Brutzwiebeln.

Hesperocallis undulata

Diese im späten Frühjahr oder im Sommer blühende Lilie ist zum Zeitpunkt der Blüte normalerweise nicht höher als 30 cm. Die Blüten bilden einen Trichter von knapp 10 cm Durchmesser.

HETEROCENTRON
Syn. *Schizocentron*

Die aus Mittel- und Südamerika stammende, mit *Tibouchina* verwandte Gattung besteht aus 30 Arten strauchiger oder kriechender Pflanzen, die wegen ihrer auffälligen, von Sommer bis Winter erscheinenden vierteiligen, weißen, rosa- oder mauvefarbenen Blüten gezogen werden.
PFLEGE UND VERMEHRUNG: Diese Pflanzen gedeihen am besten in der Sonne oder im Halbschatten in durchlässiger Erde. Sie sind frostempfindlich und benötigen eine Mindesttemperatur von 5 °C. Man vermehrt sie durch Stecklinge im späten Winter oder zeitigen Frühjahr.

Heterocentron elegans
Syn. *Schizocentron elegans*

Die mittelamerikanische Art ist eine niederliegende, immergrüne, mehrjährige Staude. In warmen Klimazonen ist sie ein beliebter Bodendecker. Die rankenden Blätter sind dicht und mittelgrün, und im Sommer ist die Pflanze mit vielen leuchtenden, karminrot-violetten Blüten bedeckt. Die Pflanze wird 5 cm hoch.

Heterocentron macrostachyum
Syn. *Heterocentron roseum*

Dieser kleine, immergrüne, in Mexiko beheimatete Strauch hat schöne rot berande-

Heterocentron elegans

Heteromeles arbutifolia

te, kleine, behaarte, ovale Blätter. Im Herbst blühen Büschel kirschroter Blüten. Er wird 1 m hoch und bis zu 60 cm breit.

HETEROMELES

Ein immergrüner, großer Strauch oder kleiner Baum, der zur Familie der Rosengewächse gehört, ist die einzige Art dieser Gattung. Sein Name stammt von den griechischen Wörtern für »unterschiedlich« und »Apfelbaum«. Die in trockenen Regionen Kaliforniens (USA) beheimatete, bis knapp 10 m hohe Pflanze wird oft als Sichtschutz gepflanzt und kann zu einer hohen Hecke zurechtgestutzt, in jungen Jahren aber auch in die Form eines einstämmigen Baumes getrimmt werden.
PFLEGE UND VERMEHRUNG: Die Pflanze benötigt einen vollsonnigen oder halbschattigen Standort in mäßig fruchtbarer, durchlässiger Erde. Sie ist winterhart, benötigt in kühleren Regionen jedoch Schutz. Vermehrung durch Stecklinge im Sommer oder durch Samen im Herbst.

Heteromeles arbutifolia
Syn. *Photinia arbutifolia*

Dieser Strauch oder Baum hat dicke, ledrige, glänzende, dunkelgrüne Blätter, deren Ränder scharf gezähnt sind. Im Sommer erscheinen abgeflachte Blütenstände, denen leuchtendrote Beeren folgen. Diese bleiben lange erhalten, da sie am ursprünglichen Standort der Pflanze bis zum Winter nicht von Vögeln verzehrt werden.

HETEROTHECA

Diese aus 20 Arten ein- und mehrjähriger Pflanzen der Korbblütlerfamilie bestehende Gattung stammt aus dem Süden der USA und Mexiko. Die silbrigen oder grünen Blätter haben einen glatten Rand oder sind gezähnt und stehen basal gedrängt, hieraus sprießen auch die (meist) verzweigten Blütenstandszweige. Die Arten variieren in der Höhe zwischen 20 cm und 1,5 m.
PFLEGE UND VERMEHRUNG: Sie gedeihen am besten in trockener, sandiger oder steiniger Erde in voller Sonne. In Regionen mit Frost und Regen im Winter können die Wurzeln faulen und benötigen daher etwas Schutz. In Regionen mit milderen Wintern hat der Regen keine so negativen Auswirkungen, solange der Boden einen guten Wasserabfluß hat. Einjährige Arten werden durch im Frühjahr ausgesäte Samen vermehrt, mehrjährige Arten durch Teilung im Frühjahr.

Heterotheca villosa
Syn. *Chrysopsis villosa*
GOLDASTER

Diese variable, mehrjährige Staude aus Texas und Neumexiko (USA) ist manchmal von aufrechter, manchmal von kriechender Wuchsform. Die haarigen Blätter sind graugrün, und im Sommer und Herbst blühen 2,5 cm breite, goldgelbe Blütenköpfchen. An heißen, trockenen Standorten wird diese Art nur 20 cm hoch; in nährstoffreicher Erde mit regelmäßigen Wassergaben erreicht sie eine Höhe von 80 cm. Sie ist winterhart. **'San Bruno Mountain'** ist eine Form mit attraktiven Blättern und üppigen Blüten.

HEUCHERA

Zu dieser Gattung gehören etwa 55 Arten immergrüner und halbimmergrüner, mehrjähriger Stauden, die in Nordamerika und Mexiko beheimatet sind. Sie bilden Büschel rundlicher Blätter, die oft bronzefarben oder purpur getönt sind, und aus denen Stengel mit einer großen Anzahl zierlicher, nickender, weißer, purpurroter oder rosa Glockenblüten sprießen, die häufig lange blühen. Sie eignen sich gut als Bodendecker und als Waldpflanze, im Steingarten oder als Beeteinfassung.
PFLEGE UND VERMEHRUNG: Sie sind meist äußerst winterhart und gedeihen in voller Sonne oder im Halbschatten, bevorzugen durchlässige, grobkörnige, feuchtigkeitaufnehmende Erde. Arten werden durch Samen im Herbst oder durch Teilung im Frühjahr oder Herbst vermehrt, Sorten durch Teilung im Herbst oder zeitigen Frühjahr. Verblühte Blütentriebe entfernt man, etablierte Pflanzen teilt man alle drei oder vier Jahre.

H. villosa 'San Bruno Mountain'

Heuchera × *brizoides*

Diese Gruppe besteht aus komplexen Hybriden aus *Heuchera sanguinea* und mehreren anderen Arten. Die äußerst attraktiven Pflanzen produzieren rundliche, gelappte, hübsch marmorierte Blätter. Über diesen erheben sich lange, schlanke, gebogene Triebe mit zierlichen, glockenartigen Blüten in Weiß, wie bei **'June Bride'**, oder in Rosa- oder Rotschattierungen. Das Laub wird etwa 30 cm hoch und die Blütentriebe reichen nochmals mindestens 30 cm darüber hinaus.

Heuchera maxima

Diese in der Natur nur auf Inseln vor der südkalifornischen Küste vorkommende Art hat große, grobe, tiefgebuchtete und eingeschnittene Blätter. Auf dicken, kräftigen Stengeln erscheinen kleine, rötlichweiße Blüten. Sie gedeiht am besten in trockenem, leichtem Schatten und ist kaum winterhart.

Heuchera micrantha var. *diversifolia* 'Palace Purple'

Diese Sorte wird wegen ihrer violetten, fingerförmigen Blätter und der Rispen winzigkleiner, im Sommer erscheinender Blüten gezogen. Sie bildet ein etwa 50 cm hohes und breites Gebüsch. Die Blätter eignen sich zu Dekorationszwecken.

H. micrantha var. *d.* 'Palace Purple'

Heuchera maxima

Heuchera × *brizoides*

Heuchera × *brizoides* 'June Bride'

H

× *Heucherella tiarelloides*

Heuchera pilosissima

Heuchera sanguinea

Heuchera 'Pewter Veil'

Heuchera 'Pewter Veil'

Diese wunderschöne Hybride hat silbriggrüne Blätter mit einem konstrastierenden Netz dunkelgrüner Adern. Auf kräftigen, roten Stengeln erscheinen rosarote Blüten.

Heuchera pilosissima

Die kompakte, reichblühende, kalifornische Art hat gelappte und gezähnte Blätter. Im späten Frühjahr blühen auf langen Stengeln rosa oder weiße Blüten.

Heuchera sanguinea

Diese beliebte, in den USA von Arizona bis Texas beheimatete Art wird knapp 50 cm hoch und trägt Blütenstände scharlachroter oder korallenroter Blüten über den gezähnten, tiefgelappten Blättern. Englische und amerikanische Gärtner haben Sorten mit einer größeren Farbpalette – von Hellrosa bis Dunkelrot – gezüchtet, die auch etwas größere Blüten aufweisen, wie z.B. die Bressingham-Hybride.

Heuchera 'Taff's Joy'

Diese büschelig wachsende Hybride trägt im Frühsommer Rispen zierlicher, rosafarbener Blüten. Die Blätter sind creme- und rosafarben panaschiert.

Heuchera villosa

Diese aus den Bergen im Osten der USA stammende Art hat glänzende, bronzegrüne Blätter mit zugespitzten, dreieckigen Lappen. Die Blüten sind normalerweise weiß, können jedoch auch rosa sein.

× HEUCHERELLA

Diese Hybridgattung ist das Ergebnis einer Kreuzung aus *Heuchera* und *Tiarella*, die zur Familie der *Saxifragaceae* gehören. Es sind immergrüne, gruppenbildende oder bodendeckende, mehrjähriger Stauden mit langen Stengeln zierlicher, rosafarbener oder weißer Blüten, die ab dem späten Frühjahr über einen langen Zeitraum blühen. Die Blätter sind rundlich, gelappt und geädert. Die austreibenden Blätter sind bronzerot; im Sommer werden sie grün und im Herbst färben sie sich rötlich.
PFLEGE UND VERMEHRUNG: *Heucherellas* sind leicht zu ziehen und mögen Laubkompost enthaltende, nährstoffreiche, feuchte, aber durchlässige Böden. In Regionen mit milden Sommern ist ein Standort in voller Sonne am besten; in heißeren Gegenden ein Standort in leichtem Schatten. Sie gedeihen selbst in vollem Schatten. Die Vermehrung durch Teilung ist einfach und sollte am besten im Herbst oder Winter in milden, im Frühjahr in kälteren Regionen vorgenommen werden.

× *Heucherella tiarelloides*

Ausdauernd und mehrjährig, wird diese Pflanze, die sich durch oberirdisch kriechende Ausläufer ausbreitet, etwa 30 cm hoch; die Blütenstengel erheben sich um

Heuchera villosa

weitere 30–40 cm. Die gelappten Blätter sind gezähnt und bilden einen dichten, runden Teppich. Auf roten Stengeln erscheinen kleine, rosafarbene Blüten. Die zahlreichen Blüten der Sorte **'Bridget Bloom'** sind von zartem Pastellrosa.

HEVEA

Zu dieser tropischen amerikanischen Gattung gehören einschließlich des Gummibaums *Hevea brasiliensis*, des Hauptlieferanten des Naturkautschuks, neun Arten. Wie die anderen zur Familie der *Euphorbiaceae* gehörenden Arten, verfügen auch diese über einen milchigen Pflanzensaft. Die duftenden Blüten sind klein und blaßgelb, die zusammengesetzten Blätter bestehen aus drei großen Blättchen.
PFLEGE UND VERMEHRUNG: Tropische Hitze und Luftfeuchtigkeit sind Voraussetzungen für die Züchtung dieser Bäume, die bei uns aus diesen Gründen nur für große Gewächshäuser geeignet sind. Sie benötigen feuchte Erde mit gutem Wasserablauf und im Hochsommer Halbschatten. Frischen Samen nimmt man zur Vermehrung.

Hevea brasiliensis

PARAKAUTSCHUKBAUM

Am Amazonas und am Orinoco in Südamerika wird dieser Baum 40 m hoch, außerhalb seines Ursprungsgebiets jedoch selten höher als 20 m. Die dicken, ledrigen Blätter sind in drei Blättchen geteilt und die grünweißen, duftenden Blüten erscheinen vor oder mit dem neuen Jahrestrieb, der von auffälliger, bronzevioletter Farbe ist. Der Baum wird selten außerhalb kommerzieller Plantagen oder Botanischer Gärten gezogen.

Hevea brasiliensis

HIBBERTIA

Zu dieser Gattung immergrüner Sträucher und Kletterpflanzen mit hübschen gelben Blüten gehören mehr als 120 Arten, die fast alle aus Australien stammen. Sie sind als Guinea-Blumen bekannt, da ihre butterblumenartigen Blüten gelb wie eine goldene Guinea (Münze) leuchten. Sie sind mit *Dillenia* verwandt, und die Blüten sind sehr ähnlich, allerdings kleiner.
PFLEGE UND VERMEHRUNG: *Hibbertias* gedeihen in voller Sonne oder im Halbschatten, in jeder mäßig fruchtbaren, durchlässigen Erde und eignen sich auch für sandige Küstengärten, da sie Salzluft tolerieren. Sie sind jedoch kaum winterhart. Im Frühjahr werden sie leicht in Form geschnitten. Im Spätsommer zieht man aus Stecklingen neue Pflanzen. Im Winter besteht Gefahr von Grauschimmel.

Hibbertia cuneiformis

Syn. *Hibbertia obcuneata, H. tetrandra*

Der kleine bis mittelgroße Strauch stammt aus dem Südwesten Westaustraliens, wo er bis zu 3 m hoch und 2 m breit wird. Die 2,5 cm langen, leuchtendgrünen, länglichen, keilförmigen Blätter weisen zur Spitze hin einige Zähne auf. Vor allem im Frühjahr erscheinen 2,5–5 cm große, goldgelbe Blüten auf achselständigen Trieben.

Hibbertia procumbens

Dieser niederliegende Strauch hat im Sommer reichlich blühende, gelbe, 3,5 cm breite Blüten. Er wächst als Polster aus dünnen Zweigen mit schmalen Blättern, wird selten höher als 15 cm und eignet sich für Steingärten.

Hibbertia scandens

Die rankende Kletterpflanze kann 6 m hoch werden oder als wirksamer Bodendecker am Boden entlanggezogen werden. Die breiten Blätter sind dunkelgrün, ab Frühjahr und die wärmeren Monate über leuchten große, butterblumenartige, gelbe Blüten. Die Pflanze kommt besonders gut zur Geltung, wenn sie über eine Pergola oder einen Bogen gezogen wird.

HIBISCUS

EIBISCH

Wenn auch der Gattungsname die unzähligen Sorten von *Hibiscus rosa-sinensis* her-

Hibbertia cuneiformis

Hibiscus heterophyllus

Hibiscus cisplatinus

aufbeschwört, so ist diese aus etwa 220 Arten bestehende Gattung sehr mannigfaltig. Sie umfaßt sowohl immergrüne Sträucher und kleine Bäume, die in heißen Klimazonen beheimatet sind, als auch einige sommergrüne, in gemäßigten Klimazonen heimische Sträucher und einige einjährige Arten und mehrjährige Stauden. Die Blätter sind meist gezähnt oder gelappt, und die Blüten, die einzeln oder in endständigen Ähren erscheinen, haben einen Trichter aus fünf überlappenden Kronblättern und einem zentralen Säulchen verwachsener Staubblätter.

PFLEGE UND VERMEHRUNG: Die leicht zu ziehenden, strauchigen Arten gedeihen am besten an einem sonnigen Standort in leicht saurer, durchlässiger Erde. Während der Blüteperiode sollten sie regelmäßig gegossen und gedüngt, nach der Blüte zur Erhaltung der Form zurückgeschnitten werden. Die Vermehrung erfolgt je nach Art durch Samen, Stecklinge oder Teilung. Blattläuse, Schildläuse und Weiße Fliegen befallen die Pflanzen gerne. Die Sorten der *H. rosa-sinensis* eignen sich in kalten Klimazonen für Gewächshäuser, kompakte Sorten werden als Zimmerpflanzen immer beliebter.

Hibiscus arnottianus

Dieser Strauch mit einer variablen Größe bis etwa 5 m hat lange, mit mittelgrünen Blättern bedeckte, überhängende Zweige und leicht duftende, einzelne, weiße Blüten, deren fünf Kronblätter eine zentrale rote Säule umgeben. Dieser Strauch eignet sich für warme Klimazonen und einen Standort in voller Sonne. Er toleriert Vernachlässigung, spricht aber gut auf regelmäßiges Gießen und Düngen an. **'Wilder's White'** blüht reichlich und wird inzwischen als zu dieser Art und nicht mehr zu *Hibiscus rosa-sinensis* gehörig angesehen.

Hibiscus mutabilis

Hibiscus calyphyllus

Diese tropische afrikanische Art ist ein 1–2 m hoher Strauch mit etwa 10 cm großen Blüten, deren violettbraunes »Auge« mit den gelben Kronblättern kontrastiert.

Hibiscus cisplatinus

Dieser Strauch mit dornigen Zweigen und seltsamen Blüten mit rechteckigen Kronblättern wird mindestens 3 m hoch. Die großen Blüten sind rosa, und jedes Blütenblatt ist der Länge nach dunkelrosa geädert. Die dunkelgrünen Blätter sind bis zu 15 cm lang und in der Form variabel. Die Pflanze ist in Argentinien und Brasilien beheimatet und toleriert nur gelegentlichen, leichten Frost.

Hibiscus coccineus

Aus den Sümpfen von Georgia und Florida (USA) stammt diese große, mehrjährige Art mit auffällig geformten Kronblättern. Jedes Kronblatt verengt sich an der Basis zu einem schlanken, basalen Stiel. Die elegante, bis zu 20 cm breite Blüte weist die für viele Eibische typischen langen Säulchen aus Staubblättern auf, die Kopf und Rücken von Vögeln beim Blütenbesuch mit Pollen bestäuben.

Hibiscus insularis

Hibbertia scandens

Hibiscus heterophyllus

Der immergrüne, bis zu 6 m hohe Strauch hat schmale, stark geäderte Blätter mit gesägten Rändern oder tief dreilappige Blätter an den stärkeren Trieben. Im Sommer und Herbst erscheinen meist weiße oder rosafarbene, manchmal auch gelbe Blüten mit einer dunkleren Mitte. Die Blütenknospen und jungen Triebe sind roh und gekocht eßbar. Allerdings können die kleinen Stacheln auf den Stengeln und Blättern Hautreizungen hervorrufen.

Hibiscus insularis

Die auf der winzigen Phillip-Insel im südwestlichen Pazifik heimische Art ist dort fast ausgestorben. Der ausladende, 3,5 m hohe Strauch verzweigt sich in ein Gewirr verholzter Stämme, die eine verästelte Krone unterstützen. Die Blätter sind gezähnt, und die 5 cm großen Blüten erscheinen im Herbst und im Winter, sporadisch auch zu anderen Jahreszeiten. Die Blüten öffnen sich zitronengelb mit kastanienbrauner Mitte und altern matt rosafarben.

Hibiscus moscheutos

SUMPFEIBISCH

Diese in Nordamerika beheimatete, krautige, mehrjährige Pflanze wird 2,5 m hoch und 1–1,5 m breit. Im Spätsommer und im Herbst erscheinen auf robusten, unverzweigten Stengeln einzelne, stockmalvenartige, 10–20 cm breite Blüten. Die Farben variieren von Weiß bis Rosa; manche weisen dunklere Markierungen am Blütenschlund auf. Die Unterseite der großen, gezähnten Blätter ist weich behaart. Von dieser Art wurde eine Reihe niedriger wachsender Sorten mit sehr großen Blüten gezüchtet. Dazu gehört u.a. **'Southern Belle'**, deren rosarote Blüten einen Durchmesser bis zu 2,5 cm erreichen.

Hibiscus mutabilis

Dieser vielverzweigte Strauch oder kleine, sommergrüne Baum mit niedrig verzweigter Wuchsform stammt aus China und wird etwa 3,5 m hoch und fast genauso breit. Die im Herbst zwischen filzigen, vielfach gelappten Blättern erscheinenden großen Blüten, öffnen sich weiß und altern von Zart- zu Dunkelrosa. **'Plenus'** mit gefüllten Blüten ist die beliebteste Sorte.

Hibiscus moscheutos 'Southern Belle'

Hibiscus arnottianus

Hibiscus coccineus

Hibiscus calyphyllus

Hibiscus rosa-sinensis
CHINESISCHER ROSENEIBISCH

Diese Art, eine alte Hybride aus der Region des Indischen Ozeans, ist ein immergrüner Strauch mit glänzenden Blättern, der bis zu 4,5 m hoch und breit wird. Die blutroten Blüten erscheinen fast das ganze Jahr über. Die Art selbst findet man seltener als seine zahlreichen Gartensorten, von denen einige reine Züchtungen und andere, wie z.B. die Hawaiianischen Hybriden mit ihren riesigen Blüten, die Gene anderer Arten in sich tragen. Die Pflanzen werden 1–3 m hoch, die fünfteiligen Blüten können einfach, halbgefüllt und gefüllt sein. Die Farben reichen von Weiß über Rosa bis Rot. Die Hawaiianischen Hybriden sind auch in Gelb, Koralle oder Orange erhältlich, wobei die einzelnen Blüten oft zwei bis drei Farbschattierungen aufweisen. Die Blütengröße reicht von 10 cm bis zur Tellergröße einiger Hawaiianischer Hybriden. Jede Blüte öffnet sich nur für einen Tag: Sie öffnen sich am Morgen und verwelken am Abend, erscheinen jedoch in dichter Folge, solange es warm ist. Alle Sorten benötigen frostfreies Klima. Zu den Hybriden gehören u.a. **'Surfrider'** mit dunkel orangefarbenen Blüten mit einer roten Mitte; **'Fiesta'** mit dunkel aprikosenfarbenen Blüten, die eine rote und weiße Mitte aufweisen; **'Covakanic'**, dessen Blüten in Orange- und Aprikosentönen erscheinen sowie **'Apple Blossom'**, **'Cooperi'**, **'Madonna'** und **'Sabrina'**.

H. rosa-sinensis, Hawaiian. Hybride

Hibiscus rosa-sinensis, Hawaiian. Hybride

Hibiscus schizopetalus

Dieser immergrüne Strauch aus dem tropischen Afrika wird bis zu 3,5 m hoch. Die rundlichen, gezähnten Blätter sind dunkelgrün, und die scharlachroten, hängenden Blüten erscheinen auf langen Stielen. Die Kronblätter sind zurückgebogen und stark eingeschnitten, und die säulenartigen Staubblätter hängen wie an einem seidenen Faden. Die Pflanze muß nicht zurückgeschnitten werden, da die natürliche, etwas schlanke, hängende Wuchsform einen Teil ihrer Attraktivität ausmacht. Diese Art ist eng mit *Hibiscus rosa-sinensis* verwandt und kreuzt sich auch mit dieser.

Hibiscus syriacus
ROSENEIBISCH

Der am meisten winterharte Strauch dieser Gattung stammt aus den gemäßigten Zonen Asiens, wächst aufrecht 3,5 m hoch und 1–2 m breit und ist sommergrün (in wärmeren Klimazonen immergrün). Im Sommer erscheinen in den Blattachseln zahlreiche Blüten in Weiß-, Rosa-, Hellrot-, Mauve- und Violettblauschattierungen, einfach, halbgefüllt oder gefüllt und glockenförmig. Die kleinen Blätter sind unbehaart. In den ersten zwei Jahren kann er in Form gestutzt werden, die später

Hibiscus rosa-sinensis 'Covakanic'

Hibiscus syriacus 'Woodbridge'

Hibiscus syriacus, Kulturvarietät

Hibiscus schizopetalus

Hibiscus rosa-sinensis 'Surfrider'

Hibiscus syriacus 'Diana'

Hibiscus syriacus 'Blue Bird'

durch leichten Schnitt erhalten wird. Beliebte Sorten sind u.a. **'Ardens'**, deren große, mauvefarbene Blüten eine purpurrote Mitte aufweisen; **'Blue Bird'** mit einfachen, voilettblauen Blüten mit roter Mitte; **'Diana'** mit breiten, reinweißen Blüten und **'Woodbridge'** mit zweifach getönten, über 10 cm breiten, rosafarbenen Blüten.

Hibiscus tiliaceus

Der immergrüne Baum von den tropischen Küsten des Indischen und Pazifischen Ozeans wird 10 m hoch und breit. Die Blattunterseite der großen, herzförmigen, mittelgrünen Blätter ist weißlich. Die gelben Blüten mit einer großen purpurroten Mitte verblühen orangefarben. Es gibt Sorten mit violetten und panaschierten Blättern. Die Pflanze blüht fast das ganze Jahr über, vor allem jedoch im Sommer.

Hibiscus trionum
STUNDENEIBISCH

Dieses Unkraut kommt fast weltweit in Gärten und auf Brachland in allen warmen Klimazonen vor. Es ist ein Kraut oder Halbstrauch, ein- oder zweijährig, und wird 1 m hoch und 60 cm breit. Die behaarten Blätter sind meist tief gelappt, und die Lappen sind nochmals geteilt oder gezähnt. Im Sommer und Herbst erscheinen jeden Morgen kleine, blaßgelbe Blüten mit einer dunkel purpurroten, fast schwarzen Mitte. Die Pflanze sät sich selbst aus.

HIERACIUM
HABICHTSKRAUT

Diese Gattung kommt vor allem in den gemäßigten Zonen vor. Die mit dem Löwenzahn verwandte Gattung, bereitete wegen der im nacheiszeitlichen Europa und Nordasien bald entwickelten Formenvielfalt den Experten viel Kopfzerbrechen. Einige Botaniker behandelten die verschiedenen Formen als Arten, anderen galten sie als Klein- oder Unterarten. Gegenwärtig kann man etwa 250 Gruppen von ihnen unterscheiden. Es sind meist mehrjährige Pflanzen von denen die meisten klein und oft unkrautartig sind. Einige eignen sich als Zierpflanzen. Die Pflanzen haben oft eine starke Pfahlwurzel und eine Rosette basaler Blätter, aus denen ein oder mehrere Blütenschäfte austreiben, die jede ein löwenzahnartiges Blütenköpfchen aufweisen oder sich mit mehreren kleinen Blütenköpfchen verzweigen. Die Blütenfarbe ist meist Gelb, Orange oder Rot.

PFLEGE UND VERMEHRUNG: Die Arten mit attraktiverer Belaubung eignen sich gut als Steingartenpflanzen und gedeihen in durchlässiger, magerer Erde an einem sonnigen Standort. Sie werden über Samen oder Teilung der Wurzeln vermehrt.

Hibiscus tiliaceus, panasch. Sorte

Hibiscus tiliaceus

Hippeastrum 'Apple Blossom'

Hippeastrum 'Carnival'

Hieracium lanatum
WOLLIGES HABICHTSKRAUT

Diese mehrjährige Pflanze aus den Kalkgebirgen Frankreichs und Norditaliens hat auffallende, grob löffelförmige, 10–15 cm lange Blätter, die durch den Filz kurzer weißlicher Haare eine blaßgraue Farbe erhalten. Die Blütenschäfte verzweigen sich zu lockeren, bis 50 cm langen Rispen goldgelber, etwa 2,5 cm großer Blütenköpfchen, die sich im späten Frühjahr und im Frühsommer öffnen.

Hibiscus trionum

Hippeastrum 'Cocktail'

Hippeastrum 'Kalahari'

Hippeastrum 'Desert Dawn'

HIPPEASTRUM
RITTERSTERN, AMARYLLIS

Von spektakulärer Erscheinung, werden diese trompetenförmigen, in Südamerika heimischen, tropischen, lilienähnlichen Pflanzen aus der Familie der *Amaryllidaceae* weltweit als Topfpflanzen gezüchtet. Es gibt über 80 Arten, aber meist werden die intensiv gezüchteten Hybriden kultiviert. Diese wurden vor allem von den Holländern gezüchtet und sind als Holländische Hybriden bekannt. Zu ihnen zählen u.a. **'Apple Blossom'** und **'Cocktail'**. Andere auffallende Sorten sind z.B. **'Carnival'**, **'Desert Dawn'**, die wunderschöne rote **'Kalahari'** und **'Red Lion'**. Gärtnereien verwenden manchmal den alten Gattungsnamen *Amaryllis*. Die Blüten werden bis zu 30 cm breit und erscheinen noch vor den Blättern zu dritt bis viert am Ende langer, hohler Schäfte. Die Farbpalette reicht von Weiß, Rosa, Rot bis Rosa und Rot mit weißen Streifen. Amaryllis blühen normalerweise gegen Ende des Frühjahrs, aber in der nördlichen Hemisphäre können die Topfpflanzen dazu gebracht werden, außerhalb der Blüteperiode zu blühen und eignen sich als farbenfrohe Weihnachtsdekoration. Sie werden normalerweise 60 cm hoch und 30 cm breit.

PFLEGE UND VERMEHRUNG: In frostfreiem, warmem Klima können *Amaryllis* ins Freie gepflanzt werden, indem man die Zwiebeln im Herbst so setzt, daß nur die Spitze sichtbar bleibt. Die Pflanze benötigt durchlässige, nährstoffreiche Erde, die reich an organischen Stoffen ist, und sollte in der Sonne oder im Halbschatten stehen. Zur Wachstumsperiode wird sie gegossen und gedüngt. Wenn die Blätter abgefallen sind, läßt man die Zwiebel austrocknen. Vor Schnecken muß man sie schützen.

Hoheria populnea

Hoheria populnea

Hoheria sexstylosa

Hoheria lyallii

Hippeastrum 'Belinda'

'Belinda' hat breite, dunkel purpurrote Perigonblätter, die zur Basis hin scharlachrot werden.

Hippeastrum 'Christmas Gift'

Diese frühblühende Pflanze wird knapp 50 cm hoch. Die weißen, 15 cm großen Blüten erscheinen im frühen Winter.

Hippeastrum 'Orange Sovereign'

Diese mehrjährige Pflanze wird knapp 50 cm hoch und 30 cm breit. Im Winter entfalten sich große, orangerote Blüten.

Hippeastrum 'Picotee'

'Picotee' hat weiße, im Winter erscheinende 15 cm breite Blüten mit roten Rändern.

HIPPOPHAE

Die drei Arten dorniger, sommergrüner Sträucher und Bäume werden wegen ihrer Zähigkeit und ihrer auffälligen Beeren im Herbst geschätzt. Um Früchte zu tragen, müssen männliche und weibliche Pflanzen zusammen gepflanzt werden. Im Frühjahr erscheinen unscheinbare Blüten. Die Pflanzen sind in kalten Klimazonen Asiens, Nordeuropas und der Alpen beheimatet und kommen an der Küste oder an Flußufern und in sandigen Wäldern vor. Sie sind resistent gegen Wind und Salz und eignen sich als Hecken in Küstengebieten.
PFLEGE UND VERMEHRUNG: Sie wachsen am besten in voller Sonne und tolerieren trockene oder sehr sandige Böden. Durch Samen im Herbst oder durch Stecklinge im Sommer werden sie vermehrt.

Hippophaë rhamnoides
SANDDORN

Der buschige Strauch oder kleine Baum mit ausladender Wuchsform wird 6 m hoch und breit. Die Blattunterseite der schmalen, graugrünen Blätter ist blaß. Im Frühjahr, bevor die Blätter austreiben, erscheinen unscheinbare gelbliche Blütenbüschel. An den Trieben der weiblichen Pflanzen erscheinen orangefarbene Beeren in dichten Büscheln, die normalerweise über den Winter erhalten bleiben.

HOHERIA

Diese Gattung besteht aus fünf Arten immergrüner und sommergrüner Bäume, die aus den Wäldern Neuseelands stammen. Sie haben eine schlanke, aufrechte Wuchsform und werden wegen der im Sommer und Herbst erscheinenden weißen Blütenbüschel gezogen. Die Pflanzen werden 5–15 m hoch, und den Blüten folgen in der Regel die Fruchtkapseln.
PFLEGE UND VERMEHRUNG: Die nicht frostharten Pflanzen gedeihen am besten in warm-gemäßigten Klimazonen bei Sonne oder Halbschatten in fruchtbarer, durchlässiger Erde in Regionen mit viel Regenfall im Sommer. Die Pflanzen profitieren zur Erhaltung der Form und der üppigen Belaubung von einem jährlichen Rückschnitt der äußeren Zweige. Vermehrt werden sie durch Samen im Herbst oder durch Stecklinge im Sommer.

Hoheria lyallii
Syn. *Plagianthus lyallii*

Der sommergrüne Baum aus Neuseeland wird bis 6 m hoch. Er zeichnet sich durch eine dicke, faserige Rinde aus. Die 10 cm langen, gezähnten, länglichen Blätter sind graugrün, die Blattunterseite weiß-filzig. Im Spätsommer erscheinen duftende, weiße Blüten, aus denen ledrige, kapselartige Früchte entstehen. Die Art bevorzugt Sonne und humusreiche Erde und kann basische Böden tolerieren.

Hoheria populnea

Dieser schnellwachsende, immergrüne Baum bildet eine gut 5 m hohe, schmale Kuppel. Die glänzenden, gezähnten Blätter gleichen denen einer Pappel. Im Spätsommer und Frühherbst blühen an den jüngeren Trieben glänzendweiße, fünfzählige Blüten mit goldenen Staubblättern in dichten Büscheln. Aus den Blüten entstehen geflügelte Fruchtkapseln. Ausgewachsene Bäume haben eine auffällige, oft schuppige, blaßbraune und weiße Rinde.

Hoheria sexstylosa

Dieser immergrüne, etwa 5 m hohe Baum mit schmaler, konischer Wuchsform hat einen aufrechten Stamm und Hauptäste mit hängenden Ästchen. Die leuchtendgrünen, ovalen Blätter haben gezähnte Ränder. Im Spätsommer und im Herbst blühen üppige Büschel süßduftender, sternförmiger, weißer Blüten, aus denen kleine, braune, geflügelte Fruchtkapseln entstehen. In jungen Jahren ist die Pflanze buschig und hat tiefer gezähnte Blätter.

HOLBOELLIA

Holboellia, die aus fünf in China und dem Himalaja beheimateten Arten besteht, ist immergrün und rankt sich gerne in die Krone kleiner Bäume. Die zusammengesetzten Blätter bestehen aus drei oder mehr ledrigen Blättchen. Die Blüten sind weißlich oder violett. Die weiblichen Blüten erscheinen in kleinen Büscheln an der Basis des Jahrestriebs, die männlichen in kurzen, hängenden Blütenzweigen am Ende des Vorjahrestriebs. Schmale, fleischige Kelchblätter, deren Innenseite dunkler ist, bilden die bei manchen Pflanzen süßduftenden, glockenförmigen Blüten. Die violetten, pflaumengroßen Früchte enthalten schwarze Samen.
PFLEGE UND VERMEHRUNG: Die nicht vollständig frostharten Kletterpflanzen sind leicht zu ziehen. Sie benötigen volle Sonne oder Halbschatten in durchlässiger, fruchtbarer, humusreicher Erde. Das Problem bei etablierten Pflanzen könnte die Kontrolle des wuchernden Wachstums sein. Die Vermehrung erfolgt durch Samen oder Stecklinge oder durch Ableger.

Holboellia latifolia

Diese im Himalaja beheimatete Kletterpflanze rankt sich üppig über die Krone kleiner Bäume. Sie kann auch über ein Spalier, einen Pfahl oder über einen Baumstumpf gezogen werden. Die Blätter bestehen aus drei bis sieben ledrigen, 10 cm langen, länglichen Blättchen. Im Frühjahr erscheinen kleine, hängende Blütenzweige fleischiger, glockenförmiger Blüten. Die männlichen Blüten sind weiß, die größeren weiblichen Blüten grünlichweiß mit Violettönen. Die violetten, zylindrischen Früchte sind 5 cm lang und 2,5 cm breit.

HOLCUS
HONIGGRAS

Diese Gattung besteht aus acht Arten behaarter, ein- oder mehrjähriger Gräser aus Europa, den gemäßigten Zonen Asiens und Afrikas. Sie haben weiche, mittelgrüne oder blaugrüne Blätter und flache oder gefaltete Blattspreiten. Im Sommer erscheinen Rispen zweiblütiger Ährchen.
PFLEGE UND VERMEHRUNG: Wenngleich einige Arten in der Landschaftsgestaltung verwendet werden, werden sie nur selten gezogen. Einige wurden insbesondere auf Weiden zu Unkräutern und sollten deshalb nicht in der Nähe von Ackerland gepflanzt werden. Am besten kultiviert man sie in feuchter, nährstoffreicher Erde in voller Sonne. Sie sind winterhart. Vermehren kann man sie durch Teilung.

Holcus mollis 'Albovariegatus'

Holcus-Arten haben den Ruf, sich stark auszubreiten, was aber nicht auf diese panaschierte Form zutrifft. Sie wird etwa 40 cm hoch und kann, ungewöhnlich für ein Ziergras, zu einem Rasen gemäht werden. Wenn man sie wachsen läßt, sind die Blätter lang, schmal und attraktiv, da jede Spreite mit breiten, weißen Bändern berandet ist. Die fedrigen Blütenstände, die von der panaschierten Form nicht immer produziert werden, sind typisch für Gräser, allerdings nicht besonders auffällig.

HOLMSKIOLDIA

Diese aus zehn Arten immergrüner, sich ausbreitender Sträucher oder rankender Kletterpflanzen bestehende Gattung ist an Küstenregionen warmer Klimazonen vom Südosten Afrikas und Madagaskars bis Indien beheimatet. Sie sind schnellwachsend und eignen sich für tropische und subtropische Gärten. Die Blüten sind normalerweise trompetenförmig und haben einen korallenroten Kelch.
PFLEGE UND VERMEHRUNG: Ein Standort in voller Sonne in durchlässiger, fruchtbarer Erde ist am besten geeignet. Um die attraktiven, ungewöhnlichen Blüten von unten zu sehen, ist eine Pflanzun-

Holcus mollis 'Albovariegatus'

Holmskioldia sanguinea

terstützung notwendig. Vermehrt werden sie durch Steckling oder Samen im Sommer. In kühleren Klimazonen müssen sie im Gewächshaus gezogen werden.

Holmskioldia sanguinea

Die einmaligen Blüten sind die Hauptattraktion an diesem kletternden Strauch: Jede Blüte ist eine schmale, orange-scharlachrote Röhre mit einem breiten, kreisrunden Blütenkelch. Sie erscheinen im Sommer und im Herbst in dichten, endständigen Trugdolden. Die mittelgrünen, ovalen Blätter sind zugespitzt und leicht gesägt. Durch die rankenden Schäfte eignen sie sich gut als Spalierpflanze. Das wuchernde Wachstum sollte man durch Rückschnitt nach der Blüte eindämmen und die alten Schäfte entfernen. Es existieren auch gelbe und bronzefarben blühende Formen.

HOLODISCUS

Die etwa acht Mitglieder dieser Gattung aus der Familie der Rosengewächse sind vom Westen Nordamerikas über Mittelamerika bis nach Kolumbien heimisch. Beliebt sind die sommergrünen Sträucher wegen ihrer bauschigen Wuchsform und der großen Anzahl kleiner, normalerweise cremeweißer, in großen, hängenden Rispen erscheinender Blüten. Die oft behaarten Blätter sind rundlich oder spießförmig und manchmal gelappt oder gezähnt.
PFLEGE UND VERMEHRUNG: Die Pflanzen benötigen an einem vollsonnigen oder halbschattigen Standort tiefe, fruchtbare Erde, die viele organische Anteile enthält. Im Garten sollten sie zusammen mit anderen Sträuchern und Bäumen gepflanzt werden. Sie eignen sich gut als Sichtschutz, können aber auch als einzelne Zierexemplare stehen. Direkt nach der Blüte schneidet man sie zurück und entfernt etwa ein Viertel der ältesten Triebe über dem Boden. Zur Vermehrung nimmt man reife Samen oder Stecklinge von kräftigem einjährigem Holz; man kann auch Zweige auf dem Boden festpflocken und wurzeln lassen.

Holodiscus discolor
Syn. *Spiraea discolor*

Dieser wild von British Columbia in Kanada bis zum Süden Kaliforniens und Neumexikos (USA) vorkommende, attraktive Strauch variiert in der Höhe von 1,5–6 m und wird um einiges breiter. Die 10 cm langen Blätter sind gebuchtet, die Blattoberseite ist dunkelgrün, die Unterseite blasser bis weißlich. Im Sommer erscheinen an den Zweigenden Massen winziger, weißer Blüten in hängenden, bis zu 30 cm langen Blütenzweigen, wodurch ein schöner, schäumender Effekt erzielt wird. Sie kommt von Meereshöhe bis in Höhen von über 2100 m in den Rocky Mountains vor und ist entsprechend frosthart.

HOMALOCLADIUM
BANDBUSCH

Gelegentlich auch zur Gattung *Muehlenbeckia* gezählt, besteht diese Gattung aus einer Art, einem immergrünen Strauch, der von Inseln im westlichen Pazifischen Ozean stammt und manchmal in tropischen und subtropischen Gärten als Blattkontrast gezogen wird. Die Blätter fallen normalerweise schon kurz, nachdem sie ausgetrieben sind, ab. Was übrigbleibt, ist eine rundliche, verhedderte Masse flacher, gegliederter, leuchtendgrüner Zweige, die manchmal in Nachbarsträucher kriechen. Im Frühjahr erscheinen an den Zweigrändern unscheinbare grünliche Blüten.
PFLEGE UND VERMEHRUNG: In frostfreien und wärmeren Regionen wird der Bandbusch in Laubkompost enthaltende, nährstoffreiche Erde bei Sonne oder Halbschatten geflanzt. Er ist frostempfindlich. Man hält ihn gleichmäßig feucht, gießt ihn aber während der wärmeren Jahreszeit etwas mehr und während des Winters weniger. In Gegenden mit frostigen Wintern kann die Pflanze in einem geheizten Gewächshaus gezogen werden. Falls erforderlich, kann die Pflanze Mitte bis Ende Frühjahr zurückgeschnitten werden. Die Vermehrung erfolgt im Sommer durch Stecklinge. In warmen Klimazonen wurzeln diese leicht, in kühleren kann eine Bodenheizung notwendig sein.

Homalocladium platycladum
Syn. *Muehlenbeckia platyclada*

Die ursprüngliche Heimat des ungewöhnlichen Strauches ist unsicher. Er wird von Dorfbewohnern in Neuguinea und auf den Solomon-Inseln gezüchtet, scheint aber dort nicht wild vorzukommen. In Gärten wird er 1–1,5 m hoch und breit.

HOMERIA

Diese südafrikanische Gattung besteht aus 30 Arten knollentragender mehrjähriger Pflanzen. Die im Winter wachsenden und im Frühjahr blühenden, sommergrünen Pflanzen produzieren leuchtende, sternförmige Blüten in Orange-, Gelb- und Lachsrosaschattierungen. Die Blätter sind grasartig und die Knollen tragen eine auffallende braune, papierartige Scheide. Die meisten Arten, vor allem *Homeria collina* und *H. miniata*, haben den Ruf, giftig für das Vieh zu sein.
PFLEGE UND VERMEHRUNG: Bei richtigem Klima und entsprechenden Bedingungen (guter Wasserablauf, viel Sonne) gedeihen *Homeria*-Arten gut und können sich stark ausbreiten. Vier Arten wurden in Australien zu Unkräutern, weshalb sie außerhalb ihrer ursprünglichen Heimat nicht außerhalb des Siedlungsbereiches gepflanzt werden sollten. Da sie aus Regionen mit Regenfall im Winter stammen, bevorzugen sie trockene Sommer. Durch Samen oder Wurzeltriebe werden sie vermehrt.

Homeria collina

Homeria collina
Syn. *Homeria breyniana*

Diese leicht zu ziehenden Zwiebelpflanzen bilden im Frühjahr schöne lachsrosa oder gelbe Blüten. Jede Zwiebel produziert nur ein schmales Blatt, welches nach der Blüte schnell verwelkt. Die Stiele sind knapp 50 cm hoch, die Blüten 5 cm breit.

HOMORANTHUS

Mit sieben Arten ausladender oder bodendeckender Sträucher aus Australien gehört diese Gattung zur Familie der Myrtengewächse *(Myrtaceae)*. Die Pflanzen sind immergrün und haben winzige, heideartige Blätter und Büschel kleiner, meist gelblicher Blüten mit langen, herausragenden Griffeln. Die Stämme sind meist horizontal, was den Sträuchern ein niedriges, geschichtetes Erscheinungsbild gibt.
PFLEGE UND VERMEHRUNG: Sie wachsen am besten in durchlässiger, magerer bis fruchtbarer Erde. In feuchten Gebieten ist ein sonniger, offener Standort am besten, aber in warmen, trockenen Klimazonen empfiehlt sich etwas Schatten am Nachmittag. Die Pflanzen können zwar lange, trockene Perioden tolerieren, gedeihen aber besser, wenn sie regelmäßig gegossen werden. Man kann sie mit wenig Langzeitdünger mit niedrigem Phosporgehalt düngen und, wenn notwendig, leicht zurückschneiden.

Homoranthus flavescens

Diese Art wird 20–40 cm hoch, aber bis zu 1,5 m breit. Sie eignet sich vor allem für Böschungen mit gutem Wasserabfluß oder andere trockene, sonnige Bereiche als Bodendecker. Vom Frühjahr bis zum Sommer bedecken orangegelbe Blüten die flache Krone der Pflanze, die ohne Rückschnitt dicht und attraktiv bleibt.

HOODIA

Die mit *Stapelia* verwandten, etwa 20 Arten blattloser, mehrjähriger Sukkulenten stammen aus dem südlichen Afrika. Es sind ungewöhnliche Pflanzen, die aus einer Reihe kantiger, graugrüner Sprosse mit gezähnten Rändern bestehen, die mit kleinen, oft dornigen oder borstigen Warzen bedeckt sind. Die Sprosse werden 10–40 cm lang und haben einen Durchmesser von 2,5–10 cm. In den Furchen der Sprosse nahe den Spitzen entwickeln sich große, vielteilige, flache Blüten. Die Blüten kommen in einer großen Farbpalette vor und weisen oft kontrastierende Markierungen auf. In der Wildnis erscheinen sie nach Regenfall; in Kultur normalerweise Ende Frühjahr.
PFLEGE UND VERMEHRUNG: Als typische Wüstenpflanzen bevorzugen diese Sukkulenten grobkörnige, durchlässige Erde , einen Standort in voller Sonne und nur gelegentliches, aber reichliches Gie-

Homalocladium platycladum

Homalocladium platycladum

Homoranthus flavescens

H

ßen. Die Vermehrung erfolgt durch Samen; große Gruppen können auch vorsichtig geteilt werden. Die meisten Arten tolerieren kaum Frost.

Hoodia bainii

Dieser immergrüne Sukkulent ist in Südafrika beheimatet und hat einen zylindrischen Sproß mit spiralförmig angeordneten Warzen. Im Frühjahr erscheinen gelbe, 6 cm breite, glockenförmige Blüten.

HORDEUM

GERSTE

Hordeum ist eine aus etwa 20 Arten ein- und mehrjähriger Gräser bestehende Gattung, weltweit verbreitet in gemäßigten Klimaregionen. Sie haben flache oder gerollte, hell- bis mittelgrüne oder blaugrüne Blätter. Die Blüten können in Trockengestecken verwendet werden. Die Pflanzen sind freisamend und oft unkrautartig.

PFLEGE UND VERMEHRUNG: Die winterharten Gräser gedeihen in jedem gemäßigten Klima, bevorzugen durchlässige, fruchtbare Erde und einen sonnigen Standort. Einige Arten können wuchern.

Hordeum jubatum

MÄHNENGERSTE

Hordeum jubatum wächst dicht büschelig und hat hellgrüne, bis zu 15 cm lange Blätter. Die Stengel tragen im Hochsommer dichte, nickende, langgrannige, weiche Ähren. Dieses Ziergras sollte man an einen Standort pflanzen, an dem durchscheinendes Licht seine Anmut hervorheben kann.

Hordeum junceum

Diese 30–45 cm hohe Art eignet sich gut zur Pflanzung neben Blumen, da es seine Form beibehält. Im Sommer bis zum Herbst erscheinen fedrige Fruchtstände, die auch in getrocknetem Zustand ihre seidige Weichheit behalten.

Hordeum vulgare

SAATGERSTE

Das einjährige, 1 m hohe Gras wird als Getreide oder Futterpflanze angebaut. Gerste zählte schon immer zu den wichtigen Getreidearten, da sie in Regionen angebaut werden kann, die für Weizen, Mais und Reis zu kalt sind. Das Gras wird manchmal als Zierpflanze in Gärten gezogen, allerdings gibt es für diesen Zweck bessere und attraktivere Gräser. Als eine in der warmen Jahreszeit wachsende einjährige Pflanze läßt sie sich in fast allen Gebieten ziehen.

HORMINUM

DRACHENMAUL

Die einzige Art dieser Gattung, *Horminum pyrenaicum*, kommt auf felsigen Abhängen und Wiesen in den Pyrenäen und den Alpen vor. Die mehrjährige Pflanze bildet Rosetten glänzend dunkelgrüner, gezähnter, eiförmiger Blätter, aus denen Stengel mit röhren- oder glockenförmigen, zweilippigen Blüten sprießen.

PFLEGE UND VERMEHRUNG: Die Hochgebirgspflanze gedeiht am besten in Regionen mit milden Sommern und kühlen Sommernächten und benötigt torfige und durchlässige, aber nicht sehr nährstoffreiche Erde an einem Standort in voller Sonne. Man hält sie gleichmäßig feucht, düngt zum Beginn der Wachstumsperiode einmal mit einem Langzeitdünger und vermehrt sie durch im Herbst gesäte Samen, die niedrigen Wintertemperaturen ausgesetzt sind, oder man teilt etablierte Pflanzen im Frühjahr.

Horminum pyrenaicum

Die mehrjährige Pflanze bildet Rosetten mit 50 cm langen Stengeln. Im Frühsommer blühen Scheinquirle blauvioletter Blüten mit weiß gestreiftem Schlund.

Hornstedtia scyphifera

Hordeum jubatum

Hosta 'Birchwood Parky's Gold'

Hordeum vulgare

HORNSTEDTIA

Diese aus 60 Arten bestehende Gattung selten kultivierter, rhizombildender, mehrjähriger Pflanzen sind hauptsächlich in tropischen Regionen Asiens beheimatet; eine Art kommt auch in Nordaustralien vor. Sie gehört zur Familie der Ingwergewächse *(Zingiberaceae)*. Ihre aufrechten, fleischigen Scheinstengel werden über 5 m hoch. Die Blätter sind, typisch für diese Familie, groß und ungeteilt. Die Blüten wachsen, getrennt von den blättrigen Scheinstengeln, direkt aus den Rhizomen.

PFLEGE UND VERMEHRUNG: Diese frostempfindlichen Pflanzen stehen am besten in nährstoffreicher, feuchtigkeitaufnehmender, aber durchlässiger Erde an einem halbschattigen Standort. Die Pflanzen benötigen das ganze Jahr über viel Wasser sowie ein dunstiges, feuchtes Klima. Die Vermehrung erfolgt durch frische Samen oder durch Teilung etablierter Gruppen im zeitigen Frühjahr.

Hornstedtia scyphifera

Die in Malaysia wilde Art hat 4,5 m hohe Scheinstengel. Die Blütenbüschel sprießen direkt aus einem dicken Rhizom, umhüllt von einer pokalförmigen Scheide brauner Deckblätter mit kleinen, weißen Schuppen. Das lateinische *scyphifera* bedeutet »einen Pokal tragend« und bezieht sich auf diese Scheide. Die sich an der Spitze entwickelnden glänzendroten Blüten sind klein und röhrenförmig. Die Pflanze wächst im Unterwuchs von Regenwäldern.

HOSTA

FUNKIE

Die in Japan und China beheimateten 40 Arten dieser Gattung leicht zu ziehender, winterharter und mehrjähriger Pflanzen, werden wegen ihres dekorativen Laubwerks geschätzt. Sie tragen breite, schöne Blätter, die manchmal marmoriert oder weiß gefleckt bzw. blaugrün sind, auch Formen mit gelben Blättern gibt es. Sie gedeihen gut in großen Töpfen oder Übertöpfen und eignen sich auch als Bodendecker. Am Ufer von Lilienteichen oder in Sumpfgärten gepflanzt, wirken sie besonders exotisch. Bei warmem Wetter erscheinen knapp 50 cm hohe Stengel mit nickenden, glocken- oder trompetenförmigen Blüten in Weiß, Rosa oder Violett- und Blauschattierungen. Sowohl die Blätter als auch die Blüten sind für Blumengebinde beliebt.

PFLEGE UND VERMEHRUNG: Sie gedeihen an einem schattigen Standort in nährstoffreicher, feuchter, neutraler, durchlässiger Erde und sollten vor Schneckenfraß geschützt werden. Während der Wachstumsperiode brauchen sie regelmäßig Dünger. Neue Pflanzen sind im zeitigen Frühjahr durch Teilung zu gewinnen.

Hosta 'Birchwood Parky's Gold'

Syn. *Hosta* 'Golden Nakaiana'

Die großen Blätter dieser Hybride öffnen sich gelb, färben sich aber im Laufe des Sommers golden. Die kräftigwachsende Pflanze wird knapp 50 cm hoch, breitet sich langsam aus und bildet große Kolonien. Im späten Frühjahr oder Sommer öffnen sich mauvefarbene Blüten.

Hosta crispula

Hosta fortunei 'Albopicta'

Hosta fortunei 'Aureomarginata'

Hosta 'Gold Edger'

Hosta fortunei 'Albomarginata'

Hosta fortunei 'Aurea'

Hosta fortunei

Hosta crispula

Diese schöne Art hat gestreckte, lanzettliche, auffällig gefältelte, graugrüne Blätter mit cremeweißen Rändern. Im Frühsommer blühen blaß lavendelfarbene Blüten. Die Hauptattraktion dieser Pflanze sind jedoch ihre Blätter.

Hosta 'Eric Smith'

Diese Hybride hat große, rundliche Blätter mit blaugrüner Bereifung und gedeiht am besten in Regionen mit milden Sommern und kühlen Nächten.

Hosta fortunei

Kräftig wachsend und mehrjährig, war diese Pflanze Elternteil vieler Hybriden. Die eiförmigen oder breit lanzettlichen, matt mittelgrünen Blätter sind gefältelt und zugespitzt. Im Sommer erscheinen lange Blütenstengel, von denen lavendelfarbene Blüten hängen. Die Pflanzen werden etwa 50 cm hoch und fast doppelt so breit. Die Sorte **'Albomarginata'** hat graugrüne Blätter mit cremegelben bis weißen Rändern; die Blätter von **'Albopicta'** sind marmoriert oder unregelmäßig in zwei Grünschattierungen markiert; **'Aurea'** ist von leuchtendem Goldgrün und die Blätter von **'Aureomarginata'** sind gelb eingefaßt.

Hosta 'Gold Edger'

Hosta 'Gold Edger' bildet eine 30 cm hohe Hügelform aus breiten, gelbgrünen Blättern. Im Sommer blühen lange Trauben fast weißer Blüten.

Hosta 'Golden Sculpture'

Wie wattiert erscheinen die gelb und grün gefärbten Blätter dieser starkwüchsigen, großblättrigen Pflanze, die mit einer pudrigen Bereifung überzogen sind.

Hosta 'Golden Tiara'

'Golden Tiara' bildet eine dichte Hügelform mattgrüner Blätter, die goldgrün eingefaßt sind. Im Sommer erscheinen ungewöhnlich gestreifte, violette Blüten. Die kompakte Pflanze wird nur in Ausnahmefällen höher als 30 cm.

Hosta 'Golden Tiara'

Hosta 'Halcyon'

Die auffallenden graublauen Blätter geben 'Halcyon', vor allem wenn sie sich gegen grüne oder gelbe Blätter abheben, einen atemberaubenden Anblick. Im Sommer blühen matt mauvefarbene Blüten.

Hosta 'Golden Sculpture'

Hosta 'Eric Smith'

Hosta 'Halcyon'

Hosta 'June'

Hosta 'Pearl Lake'

H

Hosta 'Honeybells'

Hosta plantaginea

Hosta tokudama

Hosta tokudama 'Aureonebulosa'

Hosta lancifolia

Hosta 'Honeybells'

Die ovalen bis herzförmigen Blätter von 'Honeybells' sind etwa 25 cm lang und stark geädert. Die kurzlebigen, weißen Blüten, die sich aus mauvefarbenen Knospen öffnen, erscheinen im Spätsommer. Einige duften am Abend.

Hosta 'Hydon Sunset'

Die Blätter dieser Hybride öffnen sich limonengrün, altern jedoch gelb und bilden dichte Gruppen unterschiedlicher gelbgrüner Schattierungen. Die Blüten sind von einer dunklen lavendelvioletten Farbe.

Hosta 'June'

'June' hat ähnlich graublaue Blätter wie die Ausgangsform *Hosta* 'Halcyon'. Sie sind mit gelben und grünen Tupfen überzogen.

Hosta 'Krossa Regal'

Diese Hybride besitzt wunderschöne bereifte, graugrüne, nach oben gefaltete Blätter mit gewellten Rändern und auffälligen Falten.

Hosta lancifolia

Diese kleinblättrige Art wird etwa 50 cm hoch und 80 cm breit. Die schmalen, lanzettlichen Blätter sind glänzend mittelgrün. Im Spätsommer und Frühherbst blühen Trauben trompetenförmiger, blaß fliederfarbener Blüten.

Hosta 'Pearl Lake'

Die 10 cm langen Blätter dieser Hybride sind einheitlich graugrün mit einer leichten Bereifung. Die lavendelblauen Blüten sind auffällig.

Hosta plantaginea

Die wegen ihrer im Spätsommer auf 80 cm hohen Stengeln erscheinenden weißen, duftenden Blüten beliebte Art hat mittelgrüne Blätter und bildet 1 m breite Hügel.

Hosta sieboldiana

Diese robuste, gruppenbildende Pflanze wird 1 m hoch und 1,5 m breit. Die herzförmigen Blätter sind blaugrün. Im Frühsommer erscheinen Trauben mauvefarbener Knospen, die sich zu trompetenförmigen, weißen Blüten öffnen. Die gefälteten, blaugrünen Blätter von **'Frances Williams'** weisen gelbgrüne Ränder auf. Die Blätter von ***Hosta sieboldiana* var. *elegans*** sind ebenfalls herzförmig und gefältet.

Hosta tokudama

Diese in Japan beheimatete, sehr langsam wachsende, mehrjährige Pflanze trägt im Hochsommer über den becherförmigen, blauen Blättern Trauben trompetenförmiger, blaß mauvefarbener Blüten. Die Pflanze wird knapp 50 cm hoch und 80 cm breit. Mehrere Sorten sind erhältlich: Die Blätter von **'Aureonebulosa'** haben grüne und gelbe Tupfen; die Blätter von **'Flavocircinalis'** sind herzförmig mit cremefarbenen Rändern.

Hosta undulata

Die attraktive Pflanze hat cremeweiße, gewellte oder gedrehte Blätter, die an ihren

Hosta sieboldiana

Hosta 'Hydon Sunset'

Hosta 'Krossa Regal'

Hosta plantaginea

Hosta undulata

Rändern grüne Flecken oder Streifen aufweisen. Im Sommer blühen mauvefarbene Blüten auf langen Stengeln.

Hosta ventricosa

Diese aus China und Korea stammende Pflanze bildet ein Dickicht aus glänzenden, dunkelgrünen und breit herzförmigen Blättern mit starker Nervatur. Im Sommer erscheinen lange Stengel mit violetten Blüten.

HOTTONIA

WASSERFEDER

Diese Gattung besteht aus zwei Arten mehrjähriger Wasserpflanzen, die mit den Primeln verwandt sind und im Osten der USA, in Europa und Nordasien beheimatet sind. Im flachen Wasser oder im Uferschlamm bilden sie ein Polster kleiner Rosetten. Die Blätter sind schmal gefiedert; die Blätter der unter Wasser wachsenden Pflanzen sind feiner als die der am Ufer wachsenden. Jede Pflanze produziert unzählige aufrechte Blütenstengel. Fische laichen an der Pflanze.

PFLEGE UND VERMEHRUNG: *Hottonias* wachsen in stehendem oder langsam fließendem Wasser und eignen sich zur Sauerstoffanreicherung des Wassers. Damit die Stengel nicht lang und dünn werden, benötigt die Pflanze etwas Sonne. Aus Rhizomteilen gewinnt man neue Pflanzen. Sie sind winterhart, doch sollte der Teich oder das fließende Gewässer nicht vollständig durchfrieren. Wie alle Wasserpflanzen sollten sie nicht in Gewässern außerhalb ihrer natürlichen Verbreitung angesiedelt werden.

Hottonia palustris

WASSERFEDER

Weite Teile Europas sowie Nordasiens sind Heimat dieser hübschen Pflanze. Die zahlreichen Blütenstengel werden normalerweise etwa 60 cm hoch. An ihnen erscheinen weit auseinanderliegende Wirtel sternförmiger, bis zu 2,5 cm breiter, weißer bis lila Blüten mit gelber Mitte. ***Hottonia inflata*** ist eine kleine, nicht mehr als 20 cm hohe Pflanze. Ihre weißen Blüten sind kleiner als 1 cm.

HOUTTUYNIA

Die Gattung mit nur einer weitverzweigten, kriechenden, krautigen, mehrjährigen Art aus feuchten oder naßen, halb- oder ganzschattigen Regionen Ostasiens eignet sich als Bodendecker in feuchten, waldigen Gärten oder neben Teichen und kann auch in flachem Wasser oder sumpfigem Untergrund gezogen werden. Die Wildform hat dunkelgrüne, herzförmige, rot gerandete, grüne Blätter. Im Sommer trägt sie Ähren winziger, gelblicher Blüten mit vier weißen Tragblättern an der Basis jeder Ähre.

PFLEGE UND VERMEHRUNG: Die winterharte Pflanze wird in feuchte Erde gepflanzt, die reich an Laubkompost ist. In kühlerem Klima toleriert sie Sonne, aber in heißeren Regionen ist Schatten von Vorteil. In kalten Wintern wird das Wasser abgelassen oder man bedeckt die Wurzeln mit einer dicken Strohschicht. Vermehrt wird mit reifen Samen oder Stecklingen im Frühsommer, im Frühjahr kann man die Pflanzen auch teilen.

Houttuynia cordata

Houttuynia cordata

Die vom Himalaja bis Japan vorkommende, wasserliebende, sommergrüne, mehrjährige Pflanze eignet sich als Bodendecker, kann jedoch stark wuchern. Die kraftvolle Pflanze wird bis zu 30 cm hoch. Aus unterirdischen Ausläufern sprießen leuchtendrote, verzweigte Stengel mit aromatischen, grünen Blättern. Die beliebteste Form, **'Chameleon'** (Syn. 'Tricolor', 'Variegata'), ist auffallend rot, cremefarben, rosa und grün panaschiert.

HOVENIA

ROSINENBAUM

Die Gattung mit zwei Arten sommergrüner, asiatischer Bäume, von denen nur einer häufig kultiviert wird, hat kleine, duftende, gelbe Blüten und kleine, kugelförmige Kapselfrüchte mit verzweigten, dick und fleischig werdenden Stielen. Die Blätter sind gezähnt und oval bis herzförmig.

PFLEGE UND VERMEHRUNG: Die anmutigen Bäume für Gärten in gemäßigten Klimazonen bevorzugen einen Standort in voller Sonne in durchlässiger, fruchtbarer Erde. Gegen trockene Winde sollten sie geschützt werden. Die Vermehrung erfolgt durch frische Samen im Herbst oder durch Stecklinge im Sommer. Wo die Triebe noch nicht völlig verholzt sind, sollte man sie auf Korallenflecken überprüfen.

Hovenia dulcis

JAPANISCHER MAHAGONI

Der frostempfindliche Baum aus China und Japan wird 15 m hoch. Die großen, herzförmigen Blätter nehmen eine schöne Herbstfärbung an. Die in Trugdolden auf dicken Stielen erscheinenden Sommerblüten sind unscheinbar und duften leicht. Während die kleinen Kapselfrüchte reifen, werden die Stiele fleischig.

HOWEA

Syn. *Kentia*

HOWEAPALME, KENTIA

Diese Palmengattung besteht aus nur zwei Arten, die beide auf der Lord-Howe-Insel vor Ostaustralien beheimatet sind und häufig kultiviert werden. Sie haben anmutige, federartige Blattwedel auf langen, glatten Stielen und einen glatten, geringelten, unverzweigten Stamm. Die kleinen und fleischigen Blüten erscheinen in langen, gebogenen Blütenkolben, die aus den Blattbasen sprießen und zu kleinen, roten Früchten werden. Die Samen werden von den Bewohnern der Lord-Howe-Inseln erfolgreich exportiert.

PFLEGE UND VERMEHRUNG: Die Palmen sind frostempfindlich und benötigen feuchte Bedingungen sowie etwas Schatten, wenn sie im Freien gehalten werden sollen. Sie werden häufig als Zimmerpflanze gezogen und kommen mit weniger Licht und Hitze aus als die meisten anderen Palmen. Solange die Topferde durchlässig ist und etwas Humus enthält, können sie jahrelang im gleichen Topf bleiben. Während des Wachstums hält man sie im Halbschatten, vermehren kann man sie im Frühjahr durch Samen, die zur Keimung anhaltende Wärme brauchen.

Howea belmoreana

Diese Art, die weniger häufig kultiviert wird als *Howea forsteriana*, toleriert Vernachlässigung. Die schlanke Pflanze, im Freien bis 10 m hoch, hat einen geringelten Stamm und stark zurückgebogene, federförmige, mattgrüne Blattwedel. Die glänzenden, braunen bis roten Früchte entwickeln sich auf langen Blütenkolben.

Hovenia dulcis

Houttuynia cordata 'Chameleon'

Howea forsteriana

Die in freier Natur nur einzeln in Hainen vorkommende Art ist bei uns als Zimmerpflanze bekannt. In warmem Klima im Freien wird die langsamwachsende Palme mit schlankem Stamm bis 10 m hoch und kann Küstenbedingungen tolerieren. Sie wirkt am besten, wenn sie in Gruppen gepflanzt wird und sollte in jungen Jahren vor der Sonne geschützt und in trockenen Perioden ausreichend gegossen werden.

HOYA
WACHSBLUME

Diese Schlingpflanzen oder Wurzelkletterer mit wachsartigen Blättern aus Südostasien, Neuguinea und tropischen Regionen Australiens bilden im Sommer Trugdolden duftender, sternförmiger Blüten. Sie sind wachsartig und wirken wie Tortenverzierungen. Wenn die Pflanzen an einem Rahmen gezogen oder im Topf gehalten werden, blühen sie –erst nach Jahren – leichter. Es gibt etwa 200 Arten.
PFLEGE UND VERMEHRUNG: Am besten wachsen sie an einem hellen bis sehr hellen Standort mit gemäßigten Temperaturen und Feuchtigkeit, brauchen aber nur übliche, durchlässige Topferde. Zwischen dem Gießen läßt man die Oberfläche der Erde trocken werden. Da die neuen Blüten aus dem gleichen Blütenstandstrieb wie die alten sprießen, ist es am besten, die Pflanze nicht zurückzuschneiden. Durch halbverholzte Stecklinge kann man sie im Sommer vermehren. Bei der Wahl des Standortes sollte man beachten, daß von den Blüten klebriger Nektar tropft. Auch auf Schildläuse sollte man achten.

Hoya carnosa
WACHSBLUME

Die in Ostindien, Südchina und Myanmar heimische Schlingpflanze kann an einem kleinen Rahmen gezogen werden. Sie hat glänzend dunkelgrüne, ovale Blätter. Vom Sommer bis zum Herbst erscheinen sternförmige, duftende, weiße bis rosafarbene Blüten mit einer dunkelrosa Mitte. **'Compacta'** hat gedrehte, nach oben gefaltete Blätter, die der Pflanze eine eigenartig seilartige Erscheinungsform verleihen.

Hoya lanceolata subsp. *bella*
Syn. *Hoya bella*

Diese kompakte, strauchige Art aus dem Himalaja hat gebogene Stengel und leuchtendgrüne, schmale, lanzettliche Blätter. Sie kommt am besten in einem Hängekorb zur Geltung, wo die Sommerblüten bewundert werden können. In flachen Trugdolden hängen sternförmige, weiße Blüten mit roter oder rötlicher Mitte.

Hoya lanceolata subsp. *bella*

Hoya santos × cumingiana

Die Blütenstände der schönen Hybride sehen wie gezuckerte Sternschnuppen aus. Jede Blüte weist einen kleinen, rötlichen Stern an den nach hinten gebogenen, creme-beigefarbenen Kronblättern auf.

Hoya santos × cumingiana

Hoya serpens

Bei einigen *Hoya*-Arten sind die Blüten mit winzigen Härchen bedeckt, was ihnen ein weiches, flaumiges Aussehen verleiht. Dies gilt auch für *Hoya serpens*, einer eher seltenen Art aus Sikkim (Indien), deren Blüten gut 1 cm breit sind.

HUERNIA

Diese kleinen, gräulichen, immergrünen Sukkulenten sind in Süd- und Ostafrika beheimatet. Die Gattung besteht aus 60 bis 70 Arten. Die Pflanzen werden nicht höher als 15 cm und sind wegen ihrer leicht nach Aas riechenden, glockenförmigen, gefleckten, 3,5 cm breiten Blüten bekannt.
PFLEGE UND VERMEHRUNG: Alle Arten bevorzugen einen halbschattigen Standort und mäßig fruchtbare, sandige, sehr durchlässige Erde. Die Vermehrung erfolgt durch Samen oder Stecklinge. Sie sind anfällig für Raupen und Schildläuse.

Howea forsteriana

Hoya serpens

Hoya carnosa 'Compacta'

Hoya carnosa

Huernia zebrina

Diese in Südafrika beheimatete, kleine, immergrüne Art wird knapp 10 cm hoch. Die 3,5 cm breiten, grüngelben Blüten weisen enge, kastanienbraune Querstreifen auf.

HUMULUS

HOPFEN

Zwei Arten krautiger, mehrjähriger Schlingpflanzen aus nördlichen, gemäßigten Klimazonen gehören zu dieser Gattung und zur Familie der Hanfgewächse (*Cannabaceae*). Aus einem überwinternden Wurzelstock treiben sie einjährige, windende Triebe. Die Blätter sind gefingert oder herzförmig und die rauhen Stiele ohne Unterstützung niederliegend. Männliche und weibliche Blüten erscheinen auf separaten Pflanzen. Die Blütenstände und Früchte der *Humulus lupulus* verleihen weltweit dem Bier das bittere Aroma.

PFLEGE UND VERMEHRUNG: Hopfenpflanzen benötigen kühl-gemäßigte Klimazonen mit viel Feuchtigkeit im Frühjahr und einen warmen Sommer. Sie gedeihen am besten in tiefer, durchlässiger, lehmiger Erde. Nach dem Ende der Frostperiode im zeitigen Frühjahr werden sie gepflanzt. Vermehrung durch Samen oder durch Teilung im Frühjahr. Hopfen eignet sich als Sichtschutz. Die Pflanzen sind anfällig für verschiedene Pilzkrankheiten und werden bei trockenem Wetter auch von Blattläusen und Spinnmilben befallen.

Humulus lupulus

GEMEINER HOPFEN

Diese frostharte Art ist in Europa, Asien und Nordamerika beheimatet. Die amerikanische Sippe wird manchmal als *Humulus americanus* klassifiziert. Mit Hilfe ihrer rauhen Stengel kann sie sich – immer im Uhrzeigersinn – 9 m hoch ranken. Die mittelgrünen, herzförmigen oder gelappten Blätter sind bis zu 15 cm breit. Die kleinen, grüngelben männlichen und weiblichen Blüten erscheinen auf separaten Pflanzen – die männlichen in Rispen, die weiblichen in einem zapfenförmigen Büschel und von Schuppen bedeckt. Wegen der im Spätsommer erscheinenden weiblichen Blüten, einer wichtigen Zutat für das Bierbrauen, wird die Pflanze seit Jahrhunderten gezüchtet. **'Aureus'** hat gelbgrüne Blätter und eignet sich als Sichtschutz für Hütten und Zäune.

Humulus lupulus 'Aureus'

Humulus lupulus 'Aureus'

Humulus lupulus

HUNNEMANNIA

Die Gattung besteht aus einer in trockenen, hochgelegenen Regionen Mexikos vorkommenden Mohnart. Sie hat eine aufrechte Wuchsform und wird 60 cm hoch und 20 cm breit. Die dekorativen, länglichen, fein zerteilten Blätter sind blaugrün. Im Sommer und im Frühherbst blühen sattgelbe, leuchtende, einfache und halbgefüllte, 10 cm breite, mohnartige Blüten.

PFLEGE UND VERMEHRUNG: Sie gedeihen in voller Sonne in durchlässiger, sandiger oder steiniger Erde. Obgleich sie in ihrer Heimat mit sonnigen Wintertagen Frost überstehen, mögen sie keine kalten, nassen Winter. In Großbritannien und ähnlichen Klimazonen werden sie oft als einjährige Pflanzen gezogen und die Samen im späten Winter oder zeitigen Frühjahr ausgesät. Zur Verlängerung der Blüte putzt man sie regelmäßig aus. Bei Hitze brauchen sie reichliche Bewässerung.

Huernia zebrina

Hunnemannia fumariifolia

Hunnemannia fumariifolia

Diese mit dem Kalifornischen Kappenmohn (*Eschscholzia californica*) verwandte Pflanze gehört zu den schönsten gelb blühenden, mehrjährigen Stauden. In frostgefährdeten Gebieten wird sie als einjährige Pflanze gezogen.

HYACINTHOIDES

Syn. *Endymion*

HASENGLÖCKCHEN

Die winterharten, mehrjährigen europäischen Zwiebelpflanzen mit duftenden Blüten sind bei Gärtnern in gemäßigten Klimazonen weltweit beliebt. Die grundständigen Blätter sind streifenförmig bis lanzettlich; die Blüten meist blau oder weiß, manchmal auch rosafarben. Die etwa drei bis vier Arten gedeihen sowohl in einem Steingarten als auch unter sommergrünen Bäumen oder in Blumenrabatten.

PFLEGE UND VERMEHRUNG: Sie gedeihen am besten unter frischen, halbschattigen Bedingungen. Im Herbst werden die Zwiebeln in nährstoffreiche, feuchte Erde gepflanzt und nach dem Austreiben reichlich gegossen, bis die Blüten absterben. Sie vermehren sich leicht, sollten aber am besten einige Jahre ungestört gelassen werden und im Spätsommer geteilt werden.

Hyacinthoides hispanica

Syn. *Scilla hispanica, S. campanulata, Hyacinthus campanulatus, Endymion hispanica*

Hyacinthoides hispanica, die beliebte und einfach zu ziehende Art, wird etwa 30 cm hoch und blüht im Frühjahr. Die 2,5 cm breiten, nickenden, glockenförmigen Blüten sind lila bis blau, die leuchtendgrünen Blätter streifenförmig. **'Azalea'** ist eine kompakte, üppigblühende Form mit vielen kurzen, rosa-lila Blütentrauben. In kalten Lagen ist sie leicht frostempfindlich.

Hyacinthoides non-scripta

Syn. *Endymion non-scriptus, Scilla non-scripta*

Diese Pflanze blüht vom zeitigen Frühjahr bis zum Sommer. Die duftenden, halb hängenden, glockenförmigen, lavendelblauen, rosa oder weißen Blüten sind etwa 1 cm lang und hängen von einer Seite der

Hyacinthoides hispanica

Hyacinthoides non-scripta

Hyacinthoides hispanica 'Azalea'

Hyacinthus orientalis 'King of the Blues'

Hyacinthus orientalis 'Columbus'

Hyacinthus orientalis 'Lady Derby'

Hyacinthus orientalis

feinen, nickenden, bis zu 30 cm hohen Schäfte. Die schlanken, streifenartigen Blätter sind glänzendgrün.

HYACINTHUS

HYAZINTHE

Die aus Klein- und Zentralasien stammende Zwiebelpflanzengattung besteht aus drei Arten, die im Frühjahr blühen. Die Zwiebeln sind gedrungen und von fleischigen Schuppen umgeben. Die glänzendgrünen Blätter, die zugleich mit dem Blütenstand austreiben, sind schmal und streifenartig, während sich die Blüten auf einer kurzen Traube drängen. Die einzelnen Blüten sind entweder röhrenförmig oder stark zurückgebogen und süß und durchdringend parfümiert.

PFLEGE UND VERMEHRUNG: Im Herbst oder, in milden Klimazonen, Anfang Winter, werden die Zwiebeln etwa 10 cm tief gepflanzt und angegossen. In voller Sonne gedeihen sie am besten. In Klimazonen mit milden Wintern ist ein leicht schattiger Platz von Vorteil, um die Zwiebeln kühl zu halten. Nach der Blüte können die Zwiebeln an Ort und Stelle gelassen werden. Allerdings ist die Blüte im nächsten Jahr weniger üppig. Deshalb empfiehlt es sich, die Zwiebeln nach der Blüte auszugraben und im Herbst durch neue zu ersetzen.

Hyacinthus orientalis

Die vielen benannten Hyazintenvarietäten, die bei Gärtnern weltweit beliebt sind, sind Züchtungen von *Hyacinthus orientalis*, die ursprünglich aus dem Nahen Osten und dem Mittelmeerraum stammt. Die Wildform hat weniger Blüten und mehr Blätter als die gezüchteten Varietäten. Am Ende eines 30 cm hohen Schaftes findet sich eine gedrängte Blütentraube. Die Frühlingsblüten variieren stark in ihrer Farbe. **'King of the Blues'** ist eine sehr beliebte Sorte. Andere sind weiß, blaßgelb, rosa, rot oder violett. **'City of Haarlem'** produziert spät in der Saison eine Traube cremegelber Blüten. Die langen, röhrenförmigen Blüten von **'Columbus'** sind cremeweiß und haben keine zurückgebogenen Blütenabschnitte. Die Blüten von **'Lady Derby'** sind hell pastellrosa.

HYDRANGEA

HORTENSIE

Diese sommergrünen oder immergrünen Sträucher, Kletterpflanzen und kleinen Bäume kommen in den gemäßigten Klimazonen Asiens und Nord- und Südamerikas vor. Die meisten Arten haben große, ovale Blätter, deren Ränder gezähnt sind und einige entwickeln eine schöne Herbstfärbung. Die Blütenstände enthalten winzige, fruchtbare Blüten und auffällige, unfruchtbare Blüten mit vergrößerten vierteiligen Kelchen. Obwohl die meisten Arten Blütenrispen mit nur wenigen unfruchtbaren Blüten aufweisen, bestehen die Blütenstände vieler gezüchteter Typen fast nur aus unfruchtbaren Blüten. Dazu zählen die Züchtungen von *Hydrangea macrophylla*. Daneben existieren Zwischenformen mit einem Ring unfruchtbarer Blüten, die die fruchtbaren Blüten umgeben. Die Blütenfarbe kann mit dem Säuregehalt oder Alkaligehalt der Erde variieren: In saurer Erde sind sie blau, in basischer Erde rosa oder rot. Weiße Sorten verändern sich nicht. Bei einigen Sorten verblühen die alten Blüten, unabhängig von der Bodenart, in Grün- und Rosaschattierungen.

Hydrangea arborescens 'Annabelle'

PFLEGE UND VERMEHRUNG: Außer in kühlen, feuchten Klimazonen benötigen sie einen schattigen oder halbschattigen Standort, da sonst die Blätter und Blüten von der Sonne verbrannt werden. Die Erde sollte gleichmäßig feucht und humusreich, jedoch auch durchlässig sein. Direkt nach der Blüte sollten sie zurück- und die Zweige, die gerade geblüht haben, ausgeschnitten werden. Regelmäßige Untersuchung auf pudrigen Mehltau, Blattflecken, und Blattläuse, Schildläuse und Spinnmilben empfiehlt sich. Die Vermehrung kann durch Stecklinge oder Samen erfolgen.

Hydrangea arborescens

Der winterharte, schattenliebende Strauch aus dem Osten der USA wird 2–2,5 m hoch und um einiges breiter. Er bildet einen lockeren Hügel aus unterirdischen Ausläufern, die mit 15 cm langen, großen, ungeteilten, gezähnten Blättern bedeckt sind. Im späten Frühjahr und im Sommer erscheinen halbrunde Blütenstände kleiner, weißer Blüten, die grün altern. **'Grandiflora'** wird häufig verkauft, aber die verbesserte Sorte **'Annabelle'** hat größere, etwa zwei Wochen später blühende Blüten.

Hydrangea aspera

SAMTHORTENSIE, FELLHORTENSIE

Diese Art kommt in vielen Teilen Süd- und Ostasiens vor. In der Wildnis zeigt sie viele Variationen. In Kultur wird sie etwa 3 m

Hydrangea arborescens 'Grandiflora'

Hydrangea aspera

H. heteromalla 'Bretschneideri'

hoch und breit. Die 10–25 cm langen Blätter mit gesägten Rändern variieren von schmal bis oval. Die im Sommer erscheinenden, großen Blütenstände tragen einen Ring blasser unfruchtbarer Blüten und winzige, violettblaue fruchtbare Blüten. Die Blütenfarbe variiert nur wenig mit der Bodenart. Die Blütenstände der Villosa-Typen sind in der Mitte des Strauches blau oder violett; die äußeren Blütenstände sind größer und weiß. Die winterharten, bis zu 3 m hohen und breiten Sträucher sind sommergrün und von aufrechter Wuchsform.

Hydrangea heteromalla

Dieser sommergrüne Strauch aus dem Westen Chinas und Tibets wird etwa 3 m hoch. Er produziert viele aus dem Boden sprießende Stämme, die einen lockeren, runden Strauch bilden. Die Blätter sind breit lanzettlich oder schmal eiförmig, zugespitzt und an den Rändern gezähnt. Ein Büschel winziger fruchtbarer Blüten ist von größeren, auffälligeren unfruchtbaren, weißen oder rosafarbenen Blüten umgeben; die Blütezeit ist im Sommer. Die Sorte **'Bretschneideri'** ist strauchiger als die typische Form und hat schmalere Blätter, eine sich ablösende, rotbraune Rinde und flachere Blütenstände.

Hydrangea luteovenosa

Diese ungewöhnliche Hortensie aus dem Süden Japans ist ein Strauch mit halbniederliegender oder kriechender Wuchsform und sehr schlanken, schwachen Stämmen. Die Blätter sind kaum größer als 2,5 cm und gelb geädert oder gefleckt. Die Blütenrispen sind sehr unauffällig, weniger als 8 cm breit und weisen nur wenige, weiße, fruchtbare Blüten auf. Diese Pflanze kommt in Kultur nur selten vor.

Hydrangea luteovenosa

Hydrangea macrophylla

GARTENHORTENSIE

In ihrer typischen Wildform stammt diese Art aus Japan und kommt in Kultur nur selten vor. Der Name umfaßt auch eine große Gruppe von Gartenvarietäten, obgleich viele von ihnen wahrscheinlich als Hybride von *Hydrangea macrophylla* und *H. aspera* entstanden sind. Die als »Hortensien« (früher *H. hortensia*) bekannte Formengruppe hat Blütenstände mit dicht gedrängten unfruchtbaren Einzelblütchen. Eine kleinere Gruppe trägt nur einen Kreis unfruchtbarer Blüten um einen flachen Blütenstand winziger fruchtbarer Einzelblütchen wie z.B. **'Blue Sky'** und **'Blue Wave'**. Es gibt eine große Anzahl benannter Sorten. In der Größe rangieren sie zwischen weniger als 1 m hoch und breit bis doppelt so hoch und breit. Eine Regel besagt, je dunkler die Farbe, desto kleiner die Pflanze. **'Geoffrey Chadbund'** hat ebenfalls nur einen Ring unfruchtbarer Blüten mit satten, leuchtendroten Blüten; ebenso wie **'Libelle'**, die besonders große, reinweiße, unfruchtbare Blüten hat, die dem Blütenstand ein gedrängtes Aussehen verleihen; die Blüten von **'Altona'** variieren von dunklem Rosa bis Violettblau; **'Générale Vicomtesse de Vibraye'** trägt große rosafarbene oder blaßblaue Blütenrispen. **'Sir Joseph Banks'** blüht rosa. **'Lilacina'** hat rosa, manchmal purpurn überlaufene Blüten, wiederum eine Variante mit wenigen unfruchtbaren Blüten, ebenso wie die folgenden Formen: **'Shower'**, die elegante Blütenrispen leuchtend rosafarbener Blüten produziert; **'Sunset'** ist ein großer, kräftiger, oft über 1,5 m breiter Strauch mit vielen Blütenrispen scharlachroter Blüten; **'Taube'** ähnelt **'Sunset'**, allerdings bleibt sie kleiner, und die Blüten sind von zarterem Rosa; die Blüten von **'Veitchii'** öffnen sich weiß, färben sich aber im Alter pastellrosa.

H. m. 'Générale Vicomtesse de Vibraye'

Hydrangea macrophylla

Hydrangea macrophylla 'Blue Sky'

Hydrangea macrophylla 'Blue Wave'

Hydrangea macrophylla 'Altona'

Hydrangea macrophylla 'Libelle'

Hydrangea macrophylla 'Geoffrey Chadbund'

Hydrangea macrophylla 'Sir Joseph Banks'

Hydrangea macrophylla 'Lilacina'

Hydrangea macrophylla 'Shower'

Hydrangea macrophylla 'Sunset'

Hydrangea macrophylla 'Veitchii'

Hydrangea macrophylla 'Taube'

Hydrangea paniculata

Dieser sommergrüne Strauch aus China und Japan wird 5 m hoch, die breite, kuppelförmige Krone erreicht die gleiche Breite. Die großen, ovalen Blätter sind dunkelgrün und im Hochsommer trägt er kleine, cremefarbene fruchtbare Blüten und größere, flache, cremeweiße sterile Blüten, die sich im Alter rosaviolett färben. Um größere Blütenrispen zu erzielen, sollte man ihn im späten Winter oder Frühjahr stark zurückschneiden. **'Grandiflora'** wird häufig gezogen. **'Tardiva'** blüht im Herbst.

Hydrangea petiolaris

Syn. *Hydrangea anomala* subsp. *petiolaris*

Diese sommergrüne, selbstrankende Kletterpflanze aus Japan und dem Nordosten Asiens erreicht an einer Kletterhilfe eine Höhe von 15 m oder mehr und trägt im Sommer wunderschöne, abgeflachte Blütenstände mit kleinen, weißen Blüten. Die Blätter der winterharten Pflanze sind oval und fein gezähnt. Im Sommer sollte man sie regelmäßig gießen und vor der heißen Nachmittagssonne schützen, nach der Blüte zurückschneiden.

Hydrangea 'Preziosa'

Einige Experten halten diesen Strauch für eine Varietät von *Hydrangea macrophylla*. Er hat rötliche Blätter und große Blütenstände mit normalerweise rosa Blüten.

Hydrangea quercifolia

Dieser vor allem im Südosten des Mississippi-Deltas in den USA vorkommende, sommergrüne Strauch wird 2–2,5 m hoch und breitet sich durch Ausläufer 3,5 m oder mehr aus. Die tiefgelappten, dunkelgrünen Blätter färben sich im Herbst orange-scharlachrot. In den vom Hochsommer

Hydrangea paniculata 'Grandiflora'

Hydrangea paniculata

bis Mitte Herbst erscheinenden Blütenständen sitzen fruchtbare und unfruchtbarer Blüten. Die weißen unfruchtbaren Blüten können rosa und violettfarben verblühen. Diese Art gedeiht am besten in leichtem Schatten.

Hydrangea serrata

Ein Ring unfruchtbarer Blüten umgibt den inneren Ring fruchtbarer Blüten. Sie ist eng mit *Hydrangea macrophylla* verwandt und wird manchmal zu dieser als Unterart gestellt. Sie wächst zu einem runden, bis zu 1,5 m hohen und etwa genauso breiten Strauch. Die Blätter sind schmaler eiförmig als die der *H. macrophylla* und auffällig gezähnt. **'Bluebird'** mit breiten, flachen, fast den ganzen Sommer über erscheinenden Blütenrispen ist typisch für diese Art.

HYDROCLEYS

WASSERMOHN

Diese südamerikanische Gattung besteht aus neun Arten, von denen nur eine häufig gezüchtet wird. Es sind zarte, ein- und mehrjährige, flaches Wasser vorziehende ausläufertreibende Pflanzen. Den Namen »Wassermohn« verdankt sie der dreiteiligen, tiefgelben Blütenkrone mit einem Durchmesser von 5–8 cm, die den Blüten des Kalifornischen Mohns (*Eschscholzia californica*) ähnelt. Jede Blüte blüht nur einen Tag, aber sie erscheinen dicht aufeinander den ganzen Sommer über. Die glänzenden, mittelgrünen Blätter sind 2,5–8 cm breit und ähneln den Blättern der Seerose, allerdings sind sie kleiner.
PFLEGE UND VERMEHRUNG: Wassermohn gedeiht am besten in Teichen in warmen Klimazonen oder in im Winter geschützten Kübeln. Sie tolerieren keinen Frost, benötigen volle Sonne und flaches, bis 50 cm tiefes Wasser. Sie stehen in lehmigem Schlick, der mit Sand oder Kies abgedeckt ist. Die Vermehrung erfolgt im Frühjahr durch Teilung der Rhizome. Außerhalb ihrer Heimat sollte man sie nicht in die Nähe von Gewässern pflanzen.

Hydrocleys nymphoides

Diese sich schnell ausbreitende, mehrjährige Wasserpflanze wird sowohl in kalten wie in warmen Klimazonen gezogen und fühlt sich sowohl an sumpfigen Teichrändern als auch unter Wasser wohl. In Regionen mit Frost im Winter ruhen die Pflanzen ab Anfang Herbst und können ausgegraben und bis zum nächsten Frühjahr feucht gelagert werden. In subtropischen und tropischen Gärten bleibt sie immergrün.

HYDROCOTYLE

WASSERNABEL

Diese große und reichhaltige Gattung besteht aus über 100 Arten meist kriechender, mehrjähriger Pflanzen der Familie der Doldenblütler (*Apiaceae*), die sowohl in Sanddünen als auch in Sümpfen und von Meeresebene bis in alpinen Regionen vorkommen. Die rundlichen, oft fast kreisrunden Blätter sind nur bei einigen Arten tiefgelappt oder fingerförmig unterteilt. Die Blüten sind unauffällig. Einige Arten eignen sich zur Bindung von lockerer Erde oder Sand, andere als Bodendecker an schattigen oder feuchten Standorten.
PFLEGE UND VERMEHRUNG: Wassernabel sind an geeigneten Standorten leicht zu ziehen. Es gibt Arten für sonnige wie für schattige Standorte, und es gibt Arten für feuchte oder trockene Regionen. Die Vermehrung geschieht durch Samen oder Teilung. Die Winterhärte variiert, aber die meisten Arten tolerieren leichten Frost.

Hydrocotyle bonariensis

Diese bodendeckende, mehrjährige, ausläuferbildende Pflanze aus Südamerika hat sich in Dünen und sandiger Küstenerde an vielen Teilen der Welt eingebürgert. Die Blätter sind zäh, ledrig und fast kreisrund. Die unbedeutenden Blüten erscheinen in zusammengesetzten Dolden. Sie ist kaum winterhart.

HYDROPHYLLUM

WASSERBLATT

Als Unterwuchspflanzen kommen die acht Arten mehrjähriger Pflanzen dieser aus den USA und Kanada stammenden Gattung in feuchten Wäldern vor. Im Garten eignen sie sich als Bodendecker unter Bäumen oder an anderen schattigen Standorten. Die Pflanzen breiten sich durch kriechende Rhizome aus und haben mittelgroße bis große, gelappte Blätter. Die Blüten sind mauvefarben, violett oder weiß.

PFLEGE UND VERMEHRUNG: Die Pflanzen wachsen am besten in Laubkompost enthaltender oder humusreicher Erde, die gleichmäßig feucht, aber nicht durchgeweicht ist. Ein Standort in vollem Schatten oder Halbschatten ist für die Pflanzen geeignet, solange ihre weichen Blätter der Sonne während der heißesten Stunden am Tag nicht ausgesetzt sind. Sie können leicht von Samen im Frühjahr oder durch Teilung eingebürgerter Pflanzen im Herbst vermehrt werden.

Hydrophyllum virginianum

Nicht höher als 60 cm wird diese im Nordosten der USA und in Kanada beheimatete, frostharte Pflanze. Ihre fleischigen, zusammengesetzten Blätter bestehen aus fünf bis sieben länglichen Blättchen. Der aufrechte Blütenstengel endet in einer lockeren Traube violetter Blüten mit herausragenden Staubblättern.

Hydrocleys nymphoides

Hydrocotyle bonariensis

Hydrangea 'Preziosa'

Hydrangea quercifolia

Hydrangea serrata 'Bluebird'

Hydrangea paniculata 'Tardiva'

Hydrangea petiolaris

HYLOCEREUS

WALDCEREUS

Die Gattung aus 20 Arten kletternder, epiphytischer Kakteen stammt aus Mexiko und Teilen Mittelamerikas. Einige werden häufig als Pfropfunterlage verwendet. Die breit geflügelten oder abgeflachten Triebe werden 10 cm breit. Die großen Blüten, die sich im Frühjahr und im Sommer nachts öffnen, sind weiß und trichterförmig.
PFLEGE UND VERMEHRUNG: Die Kakteen brauchen einen sonnigen Standort (in kühleren Klimazonen im geheizten Gewächshaus) und durchlässige, saure Erde. Sie sind frostempfindlich und anfällig für Raupen und Schildläuse. Vermehrt werden sie durch Samen oder Stecklinge.

Hylocereus polyrhizus

Diese süd- und mittelamerikanische Art stammt aus Kolumbien und Panama. Die 3,5 cm dicken, rotgrünen Triebe tragen lange, hellbraune Dornen. Der Kaktus produziert große, cremefarbene Blüten, die sich aus roten Knospen entfalten.

Hymenocallis caribaea

Hylocereus undatus

Der tropische Kaktus unbekannter Herkunft entwickelt mehrere bis zu 4,5 m lange Triebe. Die leuchtendgrünen Triebe sind zwei- bis dreikantig und haben robuste, gewellte Ränder mit weit auseinanderliegenden Areolen mit einzelnen Dornen. Im späten Frühjahr oder Sommer blühen 30 cm große, cremeweiße, duftende Blüten. Aus diesen entstehen rote, eßbare, eiförmige Früchte. Die Art ist leicht zu kultivieren und rankt sich an Bäumen empor.

HYMENANTHERA

Zehn immergrüne Sträucher umfaßt diese Gattung. Sie kommen im Osten Australiens, auf den Norfolk Inseln und in Neuseeland vor und gehören zur Familie der Veilchengewächse *(Violaceae)*, aber man muß Fachwissen besitzen, um die Ähnlichkeit zu den Veilchen zu erkennen. Sie sind zweihäusig, d.h. es gibt separate männliche und weibliche Pflanzen. Die Blätter variieren beträchtlich in Größe und Form. Die Blüten sind klein und unscheinbar, und aus ihnen entstehen weiße, violette oder weißgefleckte violette Beeren. Aktuell herrscht die Meinung, daß *Hymenanthera* nicht von der Gattung *Melicytus* unterschieden werden kann und daß alle zu ihr gehörenden Arten in die letztgenannte Gattung übernommen werden sollten.
PFLEGE UND VERMEHRUNG: Die meisten Arten tolerieren gelegentlichen leichten Frost. Sie bevorzugen kühle, aber frostfreie Klimazonen und gedeihen besonders in Küstengärten. Jeder sonnige oder halbschattige Standort in durchlässiger Erde ist geeignet. Ein leichter Rückschnitt im späten Winter erhält die Form. Die Vermehrung erfolgt durch Stecklinge oder Samen.

Hymenocallis × festalis

Hylocereus undatus

Hymenanthera dentata

Syn. *Melicytus dentatus*

An seinem alpinen Standort wird dieser im Südosten Australiens beheimatete, variable Strauch nur 60 cm hoch, im Flachland 3,5 m. Er ist dornig und besitzt schmale, flach gezähnte Blätter. Im Frühjahr erscheinen an den Zweigen gelbe, duftende Blüten, aus denen kugelförmige, etwa 5 mm lange, violette Früchte entstehen.

HYMENOCALLIS

Syn. *Ismene*

Die ungewöhnlichen, schönen weißen Blüten dieser Pflanze ähneln – bis auf die zierlichen, spinnenartigen Blütenabschnitte, die die innere Nebenkrone umgeben – denen der Narzisse. Die in Mittel- und Südamerika beheimatete Gattung *Hymenocallis* besteht aus etwa 40 Arten. Einige sind immergrün und alle haben einen wunderbaren Duft.
PFLEGE UND VERMEHRUNG: Die meisten Arten sind tropische Pflanzen und bevorzugen warme, frostfreie Klimazonen. In kühleren Regionen benötigen sie den Schutz eines Gewächshauses. Sie können auch als Topfpflanzen gezogen werden. Im Winter werden die Zwiebeln in 15 cm tiefe, durchlässige Erde gepflanzt. Ein halbschattiger Standort eignet sich am besten. Die Pflanzen dürfen nie ganz austrocknen und brauchen während der Wachstumsphase regelmäßige Bewässerung. Ableger bilden sich schnell und sollten im Winter geteilt werden.

Hymenocallis caribaea

Diese immergrüne Art von den Karibischen Inseln hat streifenartige, bis zu 60 cm lange Blätter. Vom Sommer bis zum Herbst erscheinen große, etwa 15 cm breite Blüten mit langen, schmalen Blütenabschnitten, die wie weiße Spinnen aussehen, die sich auf glänzendgrünen Blättern niedergelassen haben.

Hymenocallis × festalis

Diese nicht winterharte Pflanze wird etwa 50 cm hoch. Die glänzendgrünen Blätter sind schlank und streifenartig. Jeder Schaft trägt bis zu fünf weiße, 10 cm breite Blüten. Der innere trompetenförmige Blütenhüllkreis ist von sechs schlanken, nach hinten gebogenen äußeren Blütenabschnitten umgeben.

Hymenanthera dentata

Hylocereus polyrhizus

Hymenocallis littoralis

Auf 80 cm hohen Schäften trägt die tropische, frostempfindliche Art weiße, trompetenförmige Blüten, umgeben von sechs fadenartigen Blütenabschnitten. Die streifenartigen Blätter sind leuchtendgrün.

Hymenocallis narcissiflora

Syn. *Ismene calathina*

Hymenocallis narcissiflora ist die am häufigsten gezogene Art und wird oft, wie *Gladiolus*, als Sommerzwiebel gepflanzt. Sie stammt aus den peruanischen Anden und ist in Gärten der südlichen Hemisphäre zu Hause. Die breiten, weißen Blüten mit breiten, nach hinten gebogenen, weißen Blütenabschnitten hinter dem grün getönten Blütenbecher sind sehr auffällig. Die Blüten erscheinen im Frühsommer.

HYMENOLEPIS

Syn. *Athanasia*

Nur eine der zehn Straucharten aus Südafrika, *Hymenolepis parviflora*, findet man in Gärten vor. Alle Arten haben wechselständige Blätter, aber die Form variiert beträchtlich von Art zu Art. Die winzigen, gelben Blüten erscheinen in Blütenrispen an den Zweigenden.
PFLEGE UND VERMEHRUNG: In durchschnittlicher, durchlässiger Gartenerde sind sie leicht zu ziehen. Ein Standort in voller Sonne eignet sich gut; in heißen Binnengegenden ist etwas Schatten vor der Mittagssonne angebracht. Von Mitte Herbst bis zum Frühjahr sollten die Pflanzen regelmäßig, im Sommer weniger gegossen werden. Sie sind nicht winterhart. Im Herbst vermehrt man sie durch Samen, ab Mitte Frühjahr durch Stecklinge.

Hymenolepis parviflora

Syn. *Athanasia parviflora*

Dieser ausladende, leicht verholzte Strauch stammt aus dem Südwesten der

Kapregion in Südafrika. Er wird 1,5–2,5 m hoch und trägt im Frühsommer kleine, goldgelbe Blütenköpfchen in großen, flachen Doldentrauben. Die Blätter sind nadelartig und fiederspaltig. Er toleriert leichten Frost. Regelmäßiger Rückschnitt erhält die Form.

HYMENOSPORUM

Ein immergrüner Baum, beheimatet im subtropischen Regenwald an der Ostküste Australiens und in Neuguinea, ist die einzige Art diese Gattung. Er hat auffällige Röhrenblüten und ovale bis längliche, glänzende Blätter. Der Name stammt aus dem Griechischen: – *hymen* bedeutet »Haut«, *sporos* »Samen« – und bezieht sich auf die geflügelten Samen.

PFLEGE UND VERMEHRUNG: Dieser relativ schnell wachsende Baum paßt sich den meisten Bodenarten an, bevorzugt aber feuchte, humusreiche Erde, wo er vor langen, trockenen Perioden geschützt ist. Er kommt am besten an einem geschützten, sonnigen Standort zur Blüte, toleriert jedoch etwas Schatten. Er ist leicht durch Samen oder Stecklinge zu vermehren.

Hymenosporum flavum

Dieser bis 10 m hohe Baum, der in seiner natürlichen Umgebung im Regenwald noch höher wird, hat einen geraden, glatten Stamm und eine offene, säulenartige Wuchsform. Die horizontalen Äste wachsen mit großem Abstand zueinander, und die dunkelgrünen, glänzenden Blätter erscheinen gedrängt an den Zweigenden. Im Frühjahr erscheinen üppige Büschel stark duftender, cremefarbener Blüten, die sich über einen Zeitraum von mehreren Tagen dunkel goldgelb färben. Aus den Blüten entstehen flache Samenkapseln mit kleinen, geflügelten Samen.

HYOPHORBE

Syn. *Mascarena*

In ihrer ursprünglichen Heimat, den tropischen Mascarene-Inseln im westlichen Indischen Ozean, ist diese aus fünf Arten ungewöhnlicher Palmen bestehende Gattung schon gefährdet. Es sind Palmen mit federartigen Wedeln mit Ringelungen am Stamm, die bei einigen Arten stark geschwollen sind. Aus den glatten Kronschäften sprießen relativ wenige robuste, stark zurückgebogene Blattwedel. Die verzweigten, besenartigen Blütenstände, von denen jeder Hunderte winziger Blüten trägt, verteilen sich kreisförmig um die Spitze des Stammes, wo der Kronschaft beginnt.

Hymenosporum flavum

Hypericum androsaemum

PFLEGE UND VERMEHRUNG: Diese frostempfindlichen Palmen bevorzugen tropische oder subtropische Klimazonen. In ihrer Ursprungsregion wachsen sie auf fruchtbaren, vulkanischen Böden, aber in Gärten gedeihen sie in jeder mäßig fruchtbaren, durchlässigen Erde. Sie bevorzugen volle Sonne, tolerieren jedoch Halbschatten. Vermehrt werden sie im Frühjahr durch Samen.

Hyophorbe lagenicaulis

Wegen ihres auffällig geschwollenen, flaschenförmigen Stammes ist diese langsamwachsende Palme wohl die beliebteste Art. Selbst ausgewachsene Exemplare haben normalerweise weniger als zehn Blattwedel, was der Palme eine attraktive und elegante Silhoutte verleiht. In der Wildnis ist diese Art fast ausgestorben, aber ihre Beliebtheit in tropischen Gärten sichert ihr Überleben.

HYPERICUM

JOHANNISKRAUT

Diese große und reichhaltige Gattung besteht aus 400 Arten einjähriger Kräuter, mehrjähriger Stauden, Sträucher und kleiner Bäume, die weltweit an den verschiedensten Standorten vorkommen. Einige sind immergrün, die meisten jedoch sommergrün. Sie werden wegen ihrer auffälligen gelbgetönten Blüten mit einem Zentrum voll auffälliger goldener Staubblätter gezogen. Die Arten rangieren von winzigen, mehrjährigen Stauden für Steingärten bis zu über 3 m hohen Exemplaren.

PFLEGE UND VERMEHRUNG: Die Pflanzen kommen meist in kühl-gemäßigten Klimazonen vor und bevorzugen volle Sonne, tolerieren jedoch etwas Schatten.

Hymenolepis parviflora

Hypericum beanii 'Gold Cup'

Hypericum cerastoides

Sie gedeihen am besten in fruchtbarer, durchlässiger Erde mit viel Wasser im späten Frühjahr und im Sommer. Nach der Blüte werden die Samenkapseln entfernt, zur Erhaltung der runden Wuchsform schneidet man die Pflanzen im Winter zurück. Sorten werden durch Stecklinge im Sommer vermehrt, Arten durch Samen im Herbst oder durch Stecklinge im Sommer. Einige Arten sind anfällig für Brand.

Hypericum androsaemum

MENSCHENBLUT

Der deutsche Name dieses weniger als 1 m hohen und etwas breiteren, buschigen und sommergrünen Strauchs bezieht sich auf die Farbe des Pflanzensaftes. Die auf beiden Seiten des Mittelmeers und bis Westasien beheimatete Pflanze hat eine dichte, belaubte Wuchsform; die vielen, von der Basis sprießenden rötlichen Stämmchen sind dicht mit breiten Blättern bedeckt. Im Sommer erscheinen 2,5 cm große, goldgelbe Blüten, die zu kreisrunden, roten, im reifen Zustand schwarzen, beerenartigen Kapseln werden.

Hypericum beanii

Diese variable Art, ein kräftiger, immergrüner Strauch aus China, kann 2 m hoch werden. Er hat dichte, überhängende Äste, die mittelgrünen Blätter sind normalerweise elliptisch, die Blattunterseiten etwas blasser. Im Sommer erscheinen große, sternförmige, goldgelbe Blüten mit auffälligen Staubblättern. Diese Art wird oft zur Befestigung von Böschungen verwendet. **'Gold Cup'** (Syn. *Hypericum × cyathiflorum* 'Gold Cup') wird bis zu 1,5 m hoch und produziert im Sommer goldgelbe, 5 cm breite, becherförmige Blüten.

Hyophorbe lagenicaulis

Hypericum calycinum

In gemäßigten Klimazonen ist diese türkische Art, ein niedrigwachsender, nur 40 cm hoher Halbstrauch, einer der besten Bodendecker. Er breitet sich schnell durch kriechende, ausläuferartige Stämmchen aus. Die im Hochsommer erscheinenden Blüten sind etwa von der Größe einer Rose und weisen lange Staubblätter auf. Er gedeiht auf fast jeder Art von Boden und kann auch im trockenen Schatten unter sommergrünen Bäumen stehen, doch blüht er an einem sonnigen Standort reichlicher.

Hypericum cerastoides

Syn. *Hypericum rhodoppeum*

Diese dichte, mehrjährige und winterharte Staude hat ovale, graugrüne Blätter; im späten Frühjahr und im Frühsommer blühen endständige Gruppen leuchtendgelber, becherförmiger Blüten. Sie hat eine aufrechte, leicht ausladende Wuchsform, wird 30 cm hoch und knapp 50 cm breit und eignet sich für Steingärten.

Hypericum kouytchense

Hypericum monogynum

Hypericum 'Hidcote'

Hypericum × moserianum 'Tricolor'

Hypericum frondosum

Dieser rundliche, sommergrüne Strauch aus den südöstlichen Staaten der USA wird gut 1 m hoch und etwa genauso breit. Die vielen Triebe sind aufrecht und dicht mit gebogenen, länglichen, blaugrünen Blättern mit einer pudrigen Bereifung bedeckt. Im Sommer erscheinen die auffälligen, leuchtendgelben Blüten. Die Sorte **'Sunburst'** ist eine deutliche Verbesserung der Art.

Hypericum 'Hidcote'

Dieser dichte Strauch wird etwa 1 m hoch und 1,5 m breit. Vom Hochsommer bis zum Frühherbst erscheinen becherförmige, etwa 5 cm große, goldgelbe Blüten. Die dunkelgrünen Blätter sind lanzettlich.

Hypericum kouytchense

Dieser breite, halbimmergrüne Strauch wird 1,5 m hoch und 2 m breit. Im Sommer erscheinen an den hängenden Zweigen viele goldgelbe, flache Blüten mit auffälligen langen Griffeln und Staubblättern.

Hypericum lancasteri

Dieser mindestens 1 m hohe und ebenso breite, sommergrüne Strauch stammt aus den Bergen im Südwesten Chinas und wurde von dem bekannten Pflanzensammler Roy Lancaster im Westen eingeführt. Er hat gerade Stengel, leicht blaugrüne Blätter und endständige Büschel sternförmiger Blüten mit auffälligen Staubblättern.

Hypericum monogynum
Syn. *Hypericum chinense*

Dieser langblühende, halbimmergrüne Strauch stammt aus China, Japan und Taiwan. Er wird 1,5 m hoch und bis 50 cm breit. Es existiert auch eine niedrigwachsende Form. Die Oberseite der dicken, rundlichen, ledrigen Blätter ist mittelgrün, die Unterseite blasser. Limonen- oder goldgelbe, sternförmige Sommerblüten, 5 cm breit, erscheinen gedrängt auf den äußeren Teilen der Pflanze. Aus den Blüten werden Kapselfrüchte.

Hypericum frondosum

Hypericum × moserianum

Diese Art trägt sternförmige, leuchtendgelbe Blüten. **'Tricolor'**, mit seinen grünen, creme- und rosafarbenen Blättern, ist einer der begehrtesten Sträucher mit panaschierten Blättern. Er wird 60–90 cm hoch und etwas breiter. Vom Sommer bis zum Herbst erscheinen weniger auffällige schüsselförmige Blüten.

Hypericum olympicum

Dieser niedrige, ausladende, sommergrüne Strauch, heimisch in Griechenland und der Türkei, wird 30 cm hoch. Er hat viele aufrechte, nach außen gebogene oder fast horizontale Zweige. Die 2,5 cm langen, graugrünen Blätter sind länglich. Im Sommer erscheinen üppige, recht große und auffällige Blüten.

Hypericum patulum

Dieser immergrüne und winterharte, aufrechte Strauch aus China schmückt sich im Sommer mit großen, goldgelben, aufrechten Blüten. Die dunkelgrünen Blätter sind oval und der Strauch wird 1–1,5 m hoch und breit.

Hypericum reptans

Ausladend und mattenbildend ist dieser sommergrüne, mindestens 1 m breite Strauch, der auf beiden Seiten des Himalaja beheimatete ist, ein guter Bodendecker. Die kleinen, dreieckigen oder ovalen Blätter sind graugrün. Im Sommer blühen reichliche fünfteilige, propellerförmige Blütenkronen. Sie erscheinen eher einzeln als büschelig, dafür zahlreiche zur gleichen Zeit.

Hypericum revolutum

Dieser etwa 2,5 m hohe, dichte, buschige Strauch aus dem Südosten Afrikas hat hängende Zweige. Die grünen, zugespitzten Blätter riechen nach Regen oder zerdrückt wie Curry. Die großen, leuchtendgelben Blüten mit ihren zahlreichen langen, goldenen Staubblättern sind an den Zweigenden in lockeren Gruppen zusammengefaßt. Dieser Strauch ist leicht zu ziehen und gedeiht am besten auf nährstoffreichen, durchlässigen Böden in voller Sonne.

Hypericum 'Rowallane'

Dieser halbimmergrüne, ausladende Strauch trägt vom Hochsommer bis in den Herbst hinein große, schüsselförmige, goldgelbe Blüten. Die ovalen Blätter sind

Hypericum lancasteri

Hypericum olympicum

Hypericum patulum

Hypericum 'Rowallane'

sattgrün. Er wird etwa 1,5 m hoch und ebenso breit.

HYPOESTES

Die Familie der Akanthusgewächse *(Acanthaceae)* schließt auch diese Gattung ein; sie besteht aus 40 Arten immergrüner, mehrjähriger Stauden, Sträucher und Halbsträucher aus Südafrika, Madagaskar und dem tropischen Asien; einige avancierten zu beliebten Zimmer- und Gartenpflanzen. Manche Arten, z.B. *Hypoestes phyllostachya,* haben gefleckte Blätter. Andere werden wegen ihrer hübschen Herbstblüten gezogen, die dicht gedrängt, büschelig an den oberen Ästen erscheinen.

PFLEGE UND VERMEHRUNG: Die Pflanzen stehen am besten in Sonne oder Halbschatten in durchlässiger, durchschnittlich fruchtbarer Erde. Im Sommer sollten sie mehr, im Herbst und Winter weniger gegossen werden. Die Pflanzen sind nicht sehr anspruchsvoll oder schwer zu ziehen, und in warmen Klimazonen mit regelmäßigen Regenfällen können sie mehr oder weniger sich selbst überlassen werden. In kalten Klimazonen im Haus oder Gewächshaus halten. Ihre Vermehrung erfolgt durch Zweigstecklinge im Sommer oder durch im Frühjahr gesäte Samen.

Hypoestes aristata

Syn. *Hypoestes antennifera*

Natal in Südafrika ist die Heimat dieses weichholzigen Strauches. Er wird etwa 1 m hoch und 60 cm breit. Im Spätherbst und bis in den Winter hinein trägt er üppige, endständige Blütenstände kleiner, röhrenförmiger, rosa bis violetter Blüten, die zwischen knapp 10 cm großen, mittelgrünen, ovalen Blättern erscheinen. Die Pflanze bevorzugt leichten Schatten und feuchte, durchlässige Erde.

Hypoestes phyllostachya

Syn. *Hypoestes sanguinolenta*

Ihre farbenprächtigen, karmesinrot und rosa gefleckten Blätter machen diese in Madagaskar beheimatete Pflanze zu einer beliebten Zimmerpflanze. Die kleinen, rosaBlüten dagegen sind unscheinbar. Obwohl sie bis zu 1 m hoch werden kann, sollte die Pflanze am besten auf eine Höhe von 30–50 cm zurückgeschnitten werden. Durchschnittliche Temperaturen und gefiltertes bis helles Licht führen zu den farbenprächtigsten Blättern. Zwischen den Wassergaben sollte man die Erde trocken werden lassen. Die Sorte **'Splash'** weist größere karmesinrosa Bereiche auf den Blättern auf, die oft mit den Flecken zusammenfließen.

HYPOXIS

Etwa 150 Arten mehrjähriger Pflanzen, heimisch in Afrika, Australien, dem tropischen Asien und Nordamerika gehören zu dieser Gattung. Die mehr oder weniger knollenartigen Rhizome produzieren Büschel grasartiger Blätter, die, je nach Art, 10–30 cm lang werden. Die Blätter sind manchmal gerippt und oft mit feinen Härchen bedeckt. Die im Hochsommer einzeln oder in lockeren Trauben auf den drahtigen Schäften erscheinenden, leuchtendgelben Blüten sind sternförmig und etwa 1–3,5 cm breit.

Hypericum phyllostachya

PFLEGE UND VERMEHRUNG: Die meisten Arten tolerieren nur leichten Frost. Bei den im Winter ruhenden Arten muß man darauf achten, daß die Erde nicht gefriert oder sehr naß wird. Die Pflanzen benötigten einen Standort, der mindestens den halben Tag über sonnig ist, und eine leichte, grobkörnige Erde mit gutem Wasserabfluß. Die Vermehrung geschieht durch Samen oder durch Teilung etablierter Gruppen.

Hypoxis hemerocallidea

Syn. *Hypoxis rooperi*

Diese in den Grassteppen Südafrikas beheimatete Art ist das auffälligste Mitglied der Gattung. Sie hat ein großes Rhizom, aus dem ausladende und tief gefurchte, bis zu 50 cm lange und 10 cm breite, sattgrüne Blätter sprießen. Den ganzen Sommer über erscheinen leuchtendgelbe Blüten gedrängt auf gebogenen, 50 cm hohen Schäften. Jede Blüte hat einen Durchmesser von 3,5 cm.

HYSSOPUS

YSOP

Ungefähr fünf Arten krautiger, mehrjähriger Stauden und Sträucher gehören zu dieser Gattung aromatischer, kulinarischer und heilender Kräuter aus der Familie der Lippenblütler *(Labiatae)*. Alle kommen in mageren Böden an der nördlichen Mittelmeerküste und in Kleinasien vor. Je nach Art variieren die grünen oder blaugrünen Blätter von linealisch bis eiförmig. Die kleinen, röhrigen Blüten haben herausragende Staubblätter; normalerweise blau, können die Blüten auch weiß oder rosa sein.

PFLEGE UND VERMEHRUNG: Alle Arten gedeihen am besten in voller Sonne und in krümeliger, fruchtbarer Lehmerde mit gutem Wasserablauf. Besonders im Herbst und Winter müssen sie ausreichend gegossen werden. Neue Pflanzen lassen sich aus im Frühsommer genommenen Stecklingen oder durch Aussaat im Herbst gewinnen.

Hyssopus officinalis

YSOP

Dieses buschige, mehrjährige Kraut wird 60 cm hoch und hat schmale, zugespitzte, dunkelgrüne Blätter. Im Spätsommer erscheinen Scheinähren kleiner, violettblauer Blüten, die Bienen und Schmetterlinge anziehen. Weiß- und rosablühende Formen sind ebenfalls erhältlich. Die Pflanze ist winterhart und in milden Klimazonen immergrün. In kühleren Gegenden kann sie im Winter herunterfrieren. Die leicht bitteren Blätter werden in kleinen Mengen zum Würzen von fettem Fleich und Fisch verwendet. Das aus den Blättern gewonnene ätherische Öl hat antiseptische Eigenschaften und wird in der Parfümherstellung verwendet.

Hyssopus officinalis

Hypericum reptans

I

IBERIS

SCHLEIFENBLUME, SCHNEEKISSEN

Diese Gattung besteht aus rund 50 Arten einjähriger oder ausdauernder, krautiger Pflanzen sowie immergrüner Halbsträucher, die meist aus Südeuropa, Nordafrika und Westasien stammen. Sie sind dekorativ und werden gern für Steingärten, Rabatten oder Beeteinfassungen verwendet. Die auffälligen weißen, roten oder purpurnen Blüten sind in zylindrischen Trauben oder in Doldentrauben angeordnet.
PFLEGE UND VERMEHRUNG: Die bedingt bis völlig winterharten Arten bevorzugen einen warmen, trockenen Standort und gutdurchlässigen, nicht zu schweren Boden, der mit etwa Kalk angereichert sein kann. Die Vermehrung erfolgt durch Aussaat im Frühjahr oder Herbst oder durch Stecklinge im Sommer. Die Pflanzen können sich unter günstigen Bedingungen auch langsam selbst vermehren.

Iberis amara

HYAZINTHENBLÜTIGE SCHLEIFENBLUME

Diese schnellwüchsige, aufrechte und buschige Pflanze ist in Europa heimisch. Die winterharte Pflanze hat lanzettförmige Blätter und wird 30 cm hoch und 15 cm breit. Sie bringt zu Beginn des Frühjahrs und im Sommer große Trauben kleiner, duftender, reinweißer Blüten hervor. Es gibt verschiedene Sorten, darunter diejenigen der **Hyazinthenblütigen Serie** mit großen, wohlriechenden Blüten in verschiedenen Rosatönen. Sie können als Schnittblumen verwendet werden.

Iberis amara, Kulturvarietät

Iberis gibraltarica

Diese üppige, einjährige, buschige Art aus Gibraltar und Südspanien erreicht eine Höhe von 30 cm. Sie hat schmale dunkelgrüne Blätter und bringt im Sommer Trauben rosafarbener oder weißer, leicht rot überlaufener Blüten hervor. Die Art ist nicht völlig winterhart und besonders anfällig ,wenn niedrige Temperaturen und übermäßige Nässe zusammen auftreten.

Iberis pruitii

Syn. *Iberis jordanii*

Diese mehrjährige Art, die oft auch als Einjährige angepflanzt wird, stammt aus dem Mittelmeerraum. Sie erreicht eine Höhe von rund 15 cm und eine Breite von 20 cm. *Iberis pruitii* hat leicht fleischige, dunkelgrüne, in Rosetten angeordnete Blätter und bringt im Sommer dichte Trauben lilafarbener bis weißer Blüten hervor. Sie ist winterhart, aber anfällig gegen Winternässe.

Iberis sempervirens

IMMERGRÜNE SCHLEIFENBLUME

Dieser kleine, immergrüne Halbstrauch aus Südeuropa eignet sich besonders gut für Steingärten. Er hat schmale, dunkelgrüne Blätter und geruchlose weißen Blüten, die im Frühjahr und Frühsommer erscheinen. Er ist winterhart und erreicht eine Höhe von 15–30 cm bei einer Breite von 45–60 cm. Die Sorte **'Snowflake'** ist mit glänzenden, dunkelgrünen Blättern und halbkugelförmigen, weißen Blütenköpfchen sehr dekorativ. Nach der Blüte sollte man die Pflanze zurückschneiden.

Iberis gibraltarica

Iberis sempervirens

Iberis pruitii

Idesia polycarpa

Idiospermum australiense

Iberis umbellata

Diese einjährige, aufrechtwachsende, buschige Art hat mittelgrüne, lanzettliche Blätter. Gegen Ende des Frühjahres und im Sommer bringt sie in flachen Dolden angeordnete, kleine flieder-, lila-, rosa- oder purpurfarbene bzw. karminrote oder weiße Blüten hervor. *Iberis umbellata* wird 15–30 cm hoch und 8 cm breit. Sie ist winterhart und eine gute Schnittblume. Die **Fairy-Serie** mit bis zu 20 cm hohen und breiten Pflanzen hat rosa, rote, purpurne oder weiße Blüten. Nach der Blüte sollte man sie zurückschneiden.

IDESIA

ORANGENKIRSCHE

Diese Gattung besteht aus nur einer sommergrünen Baumart. Sie ist in Mittel- und Westchina, Korea, Japan und auf den Nachbarinseln heimisch und wird vor allem wegen ihres hübschen Laubes und der attraktiven Früchte angepflanzt; außerdem eignet sich der Baum als dekorativer Schattenspender. Da die Pflanze zweihäusig ist, sind zur Bildung von Früchten männliche und weibliche Pflanzen erforderlich.
PFLEGE UND VERMEHRUNG: Die Pflanze kann in der Sonne oder im Halbschatten wachsen. Ideal ist ein Platz mit normaler, aber feuchter, gutdurchlässiger Gartenerde. Junge Bäume können so zurechtgeschnitten werden, daß nur eine wohlgeformte Krone gebildet wird. Die Vermehrung erfolgt durch Aussaat im Herbst oder Stecklinge im Sommer.

Idesia polycarpa

Dieser schnellwüchsige, hübsche Baum erreicht eine Höhe von 12 m und hat eine breit kegelförmige Krone mit bis zu 6 m Durchmesser. Die großen, herzförmigen, dunkelgrünen Blätter haben einen roten Stiel, die duftenden, grünlichen Blüten werden im Frühjahr und Sommer gebildet. *Idesia polycarpa* ist winterhart, in langen, warmen Sommern wachsen die Bäume besonders gut. Aus den weiblichen Blüten entwickeln sich etwa erbsengroße Früchte, die im Herbst eine dunkelrote Färbung annehmen und von Vögeln normalerweise verschmäht werden.

Idesia polycarpa

Idiospermum australiense

IDIOSPERMUM

1912 fand ein deutscher Botaniker in den Regenwäldern im Nordosten Queenslands eine neue Pflanze und nannte sie *Calycanthus australiensis*. Dies war der erste Nachweis der Gattung *Calycanthus* und der Familie *Calycanthaceae* in Australien mit einem ähnlichen Blütenaufbau wie bestimmte sommergrüne Sträucher der Gattung *Calycanthus* in Nordamerika. Allerdings brachte *C. australiensis* ziemlich einzigartige Früchte mit einem sehr großen, kugelförmigen Samen und einem Embryo mit drei bis vier keilförmigen Keimblattanlagen hervor, so daß ein australischer Botaniker die neue, monotypische Gattung *Idiospermum* aufstellte, die wohl zu einer der ursprünglichsten und primitivsten Familien der Blütenpflanzen gehört.
PFLEGE UND VERMEHRUNG: Die Art ist nicht winterhart, so daß sie nur als Kübelpflanze oder in Gewächshäusern gehalten werden kann, wo sie relativ feuchte Erde benötigt. Die Vermehrung erfolgt durch frischen Samen.

Idiospermum australiense

Die einzige Art der Gattung *Idiospermum* erreicht eine Höhe von 15 m, der Stamm einen Durchmesser bis zu 45 cm. Die Rinde ist dunkelgrau und leicht rauh. Die glänzenden, elliptischen Blätter sind bis zu 25 cm lang und 4 cm breit. Die im Durchmesser nur 2 cm großen Blüten, die einzeln an den Zweigen unterhalb der Blätter sitzen, sehen aus wie winzige Magnolienblüten mit burgunder- bis purpurfarbenen Blütenblättern. Die runden, braunen Früchte sind etwa 8 cm dick.

ILEX

STECHPALME

Die etwa 400 Arten immergrüner Laubbäume und Sträucher der Gattung kommen vorwiegend in der gemäßigten nördlichen Hemisphäre vor. Angepflanzt werden sie wegen ihrer attraktiven Blätter und ihrer kleinen, glänzenden, beerenartigen Scheinfrüchte. Aus Stechpalmen lassen sich sehr gut Hecken anlegen. Sie eignen sich aber auch für Beeteinfassungen oder als Kübelpflanzen. Damit Früchte gebildet

Ilex aquifolium 'Aurea Marginata'

Ilex aquifolium 'Silver Milkmaid'

I. aquifolium 'Pyramidalis Fructu Luteo'

Ilex aquifolium 'Pyramidalis'

werden, müssen männliche und weibliche Pflanzen vorhanden sein. Die roten, gelben oder schwarzen Beeren erscheinen im Sommer, Herbst oder Winter, nachdem zuvor kleine, unscheinbare grünlich-weiße Blüten gebildet wurden.

PFLEGE UND VERMEHRUNG: Die völlig bis teilweise winterharten Stechpalmen benötigen normale, gutdurchlässige Gartenerde, die mit etwas Humus angereichert und nicht zu trocken sein sollte. In kühleren Gegenden ist ein sonniger Platz anzuraten. In heißen, trockenen Sommern müssen die Pflanzen kräftig gegossen werden. Im Frühjahr sollte man die Pflanzen stutzen. Vermehrung durch Aussaat, Stecklinge oder Ableger.

Ilex × altaclerensis

Diese Gruppe immergrüner Stechpalmenhybriden, deren Angehörige eine Höhe von 15 m erreichen können, haben vielgestaltigere und zumeist größere Blätter, Blüten und Früchte als die Gewöhnliche Stechpalme *(Ilex aquifolium)*. Zu den zahlreichen Sorten gehört **'Belgica Aurea'** (Syn. 'Silver Sentinel'), ein aufrechter, dichter, weiblicher Baum, dessen graugrüne Blätter weniger stachelig sind und einen unregelmäßigen, gelben Rand aufweisen;

Ilex × altaclerensis 'Hendersonii'

Ilex × altaclerensis, Kulturvarietät

Ilex aquifolium

'Camelliifolia' ist ein ebenfalls weiblicher Baum mit leicht purpurrotem Blütenblattgrund und ebenso gefärbten Trieben und Blattstengeln, aber etwas größeren Beeren und längeren, nur schwach dornig gezähnten Blättern; **'Golden King'** ist ein winterharter weiblicher Strauch mit leuchtendgelb gerandeten Blättern, der sich für Heckenanpflanzungen eignet. **'Hendersonii'** ist eine kompakte weibliche Sorte mit besonders großen, roten Beeren und hellgrünem Laub; bei **'Hodginsii'** handelt es sich um einen robusten männlichen Baum mit dunkelroten Zweigen und glänzendem, tiefgrünem Laub; **'Lawsoniana'** ähnelt **'Golden King'**, hat aber ungeregelmäßig gelbgefleckte, kaum stachlige Blätter und bringt sehr viele Beeren hervor; **'Wilsonii'** ist ein nicht völlig winterharter weiblicher Baum, der eine Höhe von 6 m und eine Breite von 3,5 m erreichen kann. Man kann ihn als Solitärpflanze verwenden, seine breiten, stacheligen, dunkelgrünen Blätter sowie die zahlreichen großen, dunkelroten Früchte machen ihn aber auch zu einer hübschen Heckenpflanze.

Ilex × altaclerensis 'Lawsoniana'

Ilex × altaclerensis 'Wilsonii'

Ilex aquifolium 'Ferox Argentea'

Ilex × aquipernyi 'Meschick'

Ilex aquifolium 'Amber'

Ilex aquifolium 'Golden Queen'

Ilex aquifolium

GEWÖHNLICHE STECHPALME

Diese immergrüne, in Europa, Nordafrika und Westasien heimische Art bildet glänzende, dunkelgrüne Blätter mit dornig gezähntem Rand und leuchtendroten Winterbeeren. Sie erreicht eine Höhe von 12 m und kann 4,5 m breit werden. Zu den beliebtesten Sorten gehören **'Amber'** mit großen gelben und kaum stachligen Blättern, **'Angustifolia'** mit grünen oder purpurroten Zweigen, lanzettlichen, dunkelgrünen Blättern; **'Aurea Marginata'** ist eine kleine, strauchige, silberne Stechpalme mit stacheligen, breit gelbgerandeten Blättern und roten Beeren – sofern es sich um weibliche Pflanzen handelt; **'Ferox'** ist ein bis 6 m hoher männlicher Strauch mit dunkelroten Zweigen, bei dem nicht nur der Blattrand, sondern auch die Blattspreite dornenartige Auswüchse aufweist; **'Ferox Argentea'** sieht sehr ähnlich aus, allerdings haben die kleinen, dunkelgrünen Blätter einen cremefarbenen Rand; **'Golden Milkboy'** hat panaschierte, goldene Blätter; **'Golden Queen'** ist ein dichter männlicher Baum mit sehr stacheligen, mittelgrünen Blättern und einem breiten, goldgelben Blattrand; **'Handsworth New Silver'** ist ein weiblicher Strauch, dessen Blätter einen cremefarbenen Rand aufweisen und dessen Zweige dunkelrot sind; **'J.C. van Tol'** erreicht eine Höhe von etwa 4,5 m und hat grüne, fast ungestachelte Blätter und karminrote Früchte; **'Madame Briot'** ist ein weiblicher Strauch mit großen, stark stacheligen, breit goldgelbgerandeten Blättern und scharlachroten Beeren; bei **'Pyramidalis'** handelt es sich um einen reichlich scharlachrote Früchte tragenden weiblichen Baum, der jung kegelförmig ist, später aber mehr in die Breite wächst; **'Pyramidalis Fructu Luteo'** ähnelt der zuvor genannten Sorte, hat aber gelbe Früchte; **'Silver Milkmaid'** hat scharlachrote Früchte und goldgelbe Blätter mit einem grünen Rand. Allerdings nehmen die Blätter oft ihre ursprünglich grüne Farbe wieder an und müssen herausgeschnitten werden. **'Silver Queen'** ist ein männlicher Strauch, der jung rosafarbene Blätter hat, die sich mit zunehmendem Alter der Pflanze dunkelgrün bis fast schwarz verfärben.

Ilex × aquipernyi

Diese Hybride aus *Ilex aquifolium* und *I. pernyi* ist ein kleiner, immergrüner, ke-

Ilex cornuta

Ilex cornuta

Ilex decidua

Ilex glabra 'Compacta'

gelförmiger Baum. Er erreicht eine Höhe von 6 m bei einer Breite von 3,5 m, hat dunkelgrüne, stachelige Blätter und bringt rote Früchte hervor. Bei der Sorte **'Meschick'** sind die Blätter jung bronzefarben.

Ilex cornuta

Dieser nicht völlig winterharte, selbstfertile, dichte, rundliche Strauch aus China erreicht eine Höhe von 3,5 m bei einer Breite von 4,5 m. Die glänzenden Blätter sind fast rechteckig und nur teilweise stachelig. Die Beeren sind normalerweise weniger zahlreich als bei der Gewöhnlichen Stechpalme, dafür werden sie aber größer und den ganzen Sommer über gebildet. Der Strauch muß nach dem Einpflanzen kräftig gegossen werden.

Ilex crenata

Dieser weitgehend winterharte, immergrüne Strauch hat drahtige Zweige, kleine bogenförmige Blätter, blaßweiße Blüten und glänzende, schwarze Beeren. Man kann ihn für Hecken und zum Formieren verwenden. Zwar erreicht die Art eine maximale Höhe von 4,5 m und eine Breite von 3 m, bleibt in Kultur aber meist kleiner. Zu den zahlreichen Sorten gehören: **'Convexa'** mit fast ungestachelten, schwarzgrünen Blättern und purpurfarbenen Zweigen; **'Golden Gem'**, ein kompakter, selten blühender Strauch mit hellgelben Blättern; **'Green Lustre'**, ein kompakter männlicher Strauch, der keine Früchte hervorbringt; **'Helleri'**, ein weiblicher Strauch mit kaum stachligen Blättern und schwarzen Früchten, der bis zu 1,5 m hoch und breit wird; sowie **'Schwoebel's Compact'**, eine Sorte, die höchstens 1 m hoch wird. Grünblättrige oder panaschierte Sorten benötigen einen sonnigen Platz.

Ilex crenata 'Helleri'

Ilex crenata

Ilex crenata 'Golden Gem'

Ilex crenata 'Convexa'

Ilex decidua

Diese winterharte Pflanze aus dem Südosten der USA wird bis 3 m hoch. Der kleine, sommergrüne Baum besitzt einen kurzen, schlanken Stamm und eine nicht sehr ausladende, etwa pyramidenförmige Krone. Die Blätter sind gezähnt, die leuchtendorange oder rot gefärbten Beeren bleiben bis weit in den Winter hinein erhalten.

Ilex glabra

Dieser aufrechtwachsende Strauch erreicht eine Höhe von 3 m und hat schmale, dunkelgrüne Blätter. Aus den unscheinbaren weißen Blüten entwickeln sich glänzende, schwarze Früchte. Zu den Sorten gehören beispielsweise **'Compacta'** und **'Nordic'** – beides ideale Heckenpflanzen – sowie **'Ivory Queen'**, die auffällige weiße Beeren hervorbringt. Die Vermehrung erfolgt durch Samen; schneller und zuverlässiger ist die Vermehrung durch Stecklinge. Bei der flachwurzligen Art darf man keinesfalls die Wurzeln beschädigen.

Ilex × meserveae

Diese Gruppe von Hybriden entstammt einer Kreuzung aus *Ilex aquifolium* und *I. rugosa;* sie sind wegen ihrer blaugrünen Blätter, der purpurnen Blattstiele, der roten Beeren und ihrer Winterhärte beliebt. Die meisten Sorten, von denen **'Blue Girl'**, **'Blue Boy'** und **'Blue Angel'** am häufigsten im Handel erhältlich sind, haben eine dichte, pyramidenartige Form und lassen sich als hohe Hecke anpflanzen. Weitere Sorten sind **'Blue Prince'**, ein männlicher Baum mit glänzenden, leuchtendgrünen Blättern, der bis zu 3 m hoch wird und zumeist stark in die Breite wächst. Ferner gibt es noch **'Blue Princess'**, einen weiblichen Baum, der ebenfalls bis zu 3 m groß wird und sich durch besonders glänzende Blätter und zahlreiche rote Beeren auszeichnet.

Ilex mitis

Diese Art gehört zu den wenigen afrikanischen Stechpalmen und ist in feuchteren Wäldern Süd- und Ostafrikas nahezu allgegenwärtig. Sie kann über 9 m hoch werden und weist einen dicken Stamm und eine dichte Krone auf. Die Blätter sind glatt gerandet, etwa 8 mm lang und laufen am oberen Ende in eine feine Spitze aus. Die jungen Blätter und Zweige sind rot, aus den kleinen weißen Blüten entwickeln sich im Frühling und Sommer rote Beeren.

Ilex opaca

Dieser immergrüne Baum, der eine Höhe und Ausdehnung von 9 m erreicht, ist die

Ilex × meserveae 'Blue Angel'

Ilex opaca

bekannteste amerikanische Stechpalmenart. Die Blätter sind oberseits hellgrün, unterseits gelblich und haben einen stacheligen oder glatten Rand; die roten Beeren erscheinen im Winter. Der Baum bevorzugt einen sonnigen Platz auf saurem Boden.

Ilex paraguariensis

MATE-TEESTRAUCH

Dieser frostempfindliche, immergrüne Baum erreicht 6 m Höhe und 10 m Breite. Seine gekerbten Blätter sind dunkelgrün, die grünlich-weißen Blüten, die tiefrote Beeren hervorbringen, sitzen in den Blattachseln. In Südamerika, wo die Pflanze beheimatet ist, werden die getrockneten Bätter verwendet, um Mate-Tee, ein stark koffeinhaltiges Getränk, herzustellen.

Ilex pernyi

Dieser starkverzweigte, immergrüne Baum aus Zentral- und Westchina wurde nach dem französischen Missionar Paul Perny benannt. Er wird 9 m hoch und hat ungewöhnliche, etwa diamantförmige, dreiseitig bestachelte Blätter sowie ovale, rote Beeren; die Blüten sind gelblich. Diese Art ist ausgesprochen winterhart, verträgt aber keine Trockenheit, so daß sie im Sommer gut gegossen werden muß.

Ilex serrata

Dieser aus Japan stammende, winterharte, kompakte, immergrüne Strauch erreicht eine Höhe von 4,5 m, hat weitausladende Zweige, eiförmige Blätter, blaßrosa Blüten und bringt reichlich rote Beeren hervor. **'Sparkleberry'** ist eine kräftige Sorte, die aus einer Kreuzung von *Ilex serrata* und *I. verticillata* hervorgegangen ist. Es han-

Ilex × meserveae 'Blue Prince'

delt sich um einen weiblichen Strauch mit tiefgrünen Blättern und glänzendroten Beeren, der eine Höhe von 4,5 m erreicht.

Ilex verticillata

Dieser sommergrüne Strauch stammt aus den USA und wird 2 bis 3 m hoch und zwischen 1 und 3 m breit. Die gezähnten Blätter sind im Frühjahr zumeist purpurfarben überlaufen und verfärben sich im Herbst gelb. Die leuchtendroten Beeren bleiben relativ lange an den blattlosen Zweigen, oft bis zum nächsten Frühling; nasser Boden wird gut vertragen. Zu den vielen Sorten gehören **'Cacapon'**, ein weiblicher Strauch, der reichlich Beeren hervorbringt, wenn man ihn zusammen mit einer männlichen Pflanze wachsen läßt; **'Nana'** (Syn. 'Red Sprite') ist eine weibliche, zwergwüchsige Sorte, die nicht höher als 1,2 m und nicht breiter als 1,5 m wird; **'Winter Red'** ist eine besonders kräftige weibliche Pflanze mit einer Höhe und Breite von etwa 3 m sowie einer beträchtlichen Anzahl von leuchtendroten Beeren – allerdings nur, wenn ein männlicher Strauch in der Nähe vorhanden ist.

Ilex serrata

Ilex pernyi

Ilex vomitoria

Dieser immergrüne Baum aus dem Südosten der USA und Mexiko erreicht eine Höhe von 6 m, hat rote Beeren und leicht gezähnte, glänzende, dunkelgrüne Blätter. Die schnellwüchsige Sorte eignet sich gut für Hecken oder als Sichtschutz. Ihre Blätter enthalten eine Substanz, die Erbrechen auslöst und die die nordamerikanischen Indianer als Brechmittel verwendeten. Die Sorte **'Fructuluteo'** hat gelbe Früchte.

ILLICIUM

STERNANIS

Diese interessante Gattung ist in den gemäßigten bis subtropischen Regionen Ostasiens und Amerikas heimisch. Sie umfaßt rund 40 Sträucher und Bäume, die wegen ihrer hübschen Blätter und ihrer duftenden Blüten angepflanzt werden. Die Blüten erinnern an Magnolien, mit denen der Sternanis auch so nahe verwandt ist, daß man ihn einst der Familie *Magnoliacea* zurechnete. Aus den Blüten entwickeln sich auffällige, holzige Früchte, die wie achtzackige Sterne geformt sind, wobei jeder »Zacken« einen Samen enthält. Die Früchte und Blätter der größten Art, *Illicium verum*, enthalten Anis, der sich als Küchengewürz und zur Herstellung von Likören verwenden läßt. Der Name *Illicium* kommt aus dem Lateinischen und bedeutet »anlockend«, was sich auf den starken Anis- oder Weihrauchduft bezieht.

PFLEGE UND VERMEHRUNG: Im Frühjahr sollte man die Pflanzen stutzen, um unkontrolliertes Wachstum zu vermeiden. Die Vermehrung erfolgt durch Aussaat, Stecklinge oder Ableger. Zu achten ist auf Blattläuse.

Ilex verticillata 'Cacapon'

Ilex verticillata

Illicium anisatum
Syn. *Illicium religiosum*
JAPANISCHER STERNANIS

Diese frostempfindliche Art ist für ihre aromatische Rinde bekannt, die in Japan und China zur Gewinnung von Weihrauch verwendet wird. Sie wächst langsam und erreicht eine Höhe und Breite von 6 m; die Form ist konisch. Die seidelbastartigen Blätter sind aromatisch, glänzend und dunkelgrün. Zur Mitte des Frühjahrs bringt die Pflanze duftende, grünlich-gelbe Blüten mit vielen Blättern hervor. Die Früchte sind in größeren Mengen giftig, so daß man sie nicht in der Küche verwendet.

Illicium floridanum

Diese frostempfindliche, buschige, immergrüne Pflanze aus dem Südosten der USA wird bis zu 3 m hoch. Die tiefgrünen, ledrigen, lanzettlichen Blätter sind stark aromatisch, riechen allerdings nicht besonders angenehm. Die Art hat sternförmige, rote oder purpurrote, im späten Frühjahr und Frühsommer erscheinende Blüten mit zahlreichen, schmalen Blütenblättern.

I

Illicium verum
ECHTER STERNANIS

Bei dieser in China und Vietnam heimischen, frostempfindlichen Art handelt es sich um hübsche, immergrüne Bäume oder Sträucher, die eine Höhe bis zu 18 m und einer Breite von 7–12 m erreichen. Sie haben ledrige, dunkelgrüne, elliptische Blätter und duftende, weiße Blüten mit zahlreichen Blütenblättern, die im Frühjahr und Sommer erscheinen und innen normalerweise rot oder rosa überlaufen sind. Aus ihnen entwickeln sich auffällige, sternförmige Früchte, die als Gewürz oder auch als Ersatz für das teurere, echte Anisöl verwendet werden.

IMPATIENS
SPRINGKRAUT

Diese umfangreiche Gattung umfaßt etwa 850 Arten einjähriger oder mehrjähriger, immergrüner Pflanzen mit meist fleischigen Stengeln sowie Halbsträucher und ist vorwiegend in den subtropischen und tropischen Regionen Asiens und Afrikas verbreitet. Viele Arten eignen sich für farbenfrohe Beete mit Sommerblumen, aber auch als Topf- oder Balkonpflanzen. Es gibt die Pflanzen in einer großen Palette unterschiedlicher Blütenfarben, wobei viele Sorten in milderem Klima ausdauernd, in kühleren Regionen einjährig sind. **PFLEGE UND VERMEHRUNG:** Es gibt sowohl winterharte als auch frostempfindliche Arten, von denen die meisten am besten in der Sonne oder im Halbschatten angepflanzt werden; einige Arten können aber auch gut unter Bäumen wachsen. Sie bevorzugen feuchte, durchlässige Böden und benötigen oft Windschutz. Die häufig wuchernden Triebe sollten von Zeit zu Zeit gestutzt werden, um ein buschiges Wachstum und den Blütenreichtum zu verstärken. Die Vermehrung erfolgt durch Samen oder Stecklinge im Frühjahr oder Sommer.

Impatiens balfourii

Diese im Himalaja heimische, einjährige Pflanze erreicht eine Höhe von 60–90 cm und eine Breite von 30 cm. In wärmeren Regionen vermehren sich die Pflanzen durch Selbstaussaat und besiedeln oft weite Flächen; in unseren Breiten müssen sie jedes Frühjahr ausgesät werden. Die Blüten dieser Art bilden weiße und malvenfarbene Töne; die Blätter sind wechselständig, eiförmig bis elliptisch und zurückgebogen.

Impatiens pseudoviola

Impatiens pseudoviola 'Woodcote'

Impatiens balsamina
GARTENBALSAMINE

Diese aus Indien, China und Malaysia stammende Art ist eine aufrechte, einjährige Pflanze, die rasch zu einer Größe von 30–45 cm und einer Breite von 25 cm heranwächst. Sie hat leuchtendgrüne, lanzettliche Blätter und bringt den ganzen Sommer und Herbst über kleine, gespornte, zumeist gefüllte Blüten hervor. Es gibt viele Sorten mit Farben von Blutrot und Purpurrot über Rosa bis Weiß; einige sind gefleckt oder gestrichelt. *Impatiens balsamina* ist nicht völlig winterhart, so daß man sie als Einjährige verwendet, etwa in sonnigen Rabatten oder als Topfpflanze.

Impatiens capensis

Diese einjährige Pflanze aus dem Osten Nordamerikas wurde auch in Europa eingebürgert. Sie hat eiförmige, grobgezähnte Blätter, erreicht eine Höhe von 1,5 m und bildet den ganzen Sommer über gelb-orangefarbene, braungefleckte Blüten. Sie ist winterhart, so daß sie sich durch Selbstaussaat vermehren kann. Sie wuchert manchmal in unerwünschter Weise.

Illicium anisatum

Impatiens, Neuguinea-Hybride

Illicium floridanum

I., Neuguinea-Hybride *'Tango'*

I., Neuguinea-Hybride *'Concerto'*

Impatiens glandulifera
Syn. *Impatiens roylei*

Diese Pflanze stammt aus dem Himalaja, wurde mittlerweile aber auch in Teilen Europas und Nordamerikas eingebürgert. Es handelt sich um eine winterharte, einjährige Pflanze, die eine Höhe von 2 m erreicht und sich durch Selbstaussaat vermehren kann. Sie hat dicke, fleischige Stengel, besonders im unteren Teil, und bringt im Sommer massenweise Blüten hervor. Diese sind rosa bis purpurn, lila oder auch weiß mit geflecktem Inneren.

Impatiens mirabilis

Mirabilis bedeutet soviel wie wunderbar, und so ist diese Pflanze auch etwas anders als alle anderen Springkrautarten. Es handelt sich um eine eher unbekannte, aber auffällige, bis 3 m hohe Pflanze aus Malaysia, mit eigentümlich geformten, goldgelben Blüten, die im Sommer erscheinen und etwas an Orchideenblüten erinnern. Die Blätter sind oval und sitzen jeweils zu mehreren endständig an den Zweigen.

Impatiens, Neuguinea-Hybriden

Diese Züchtungen aus einer in Neuguinea heimischen Art sind schnellwüchsige, mehrjährige, frostempfindliche Pflanzen, die in kühleren Regionen zumeist als Einjährige genutzt werden. Sie erreichen eine Höhe und Breite von 30-45 cm, die Blätter sind oval, zugespitzt und normalerweise grün-bronze, können aber auch cremefarben, weiß oder gelb panaschiert sein. Die flachen, gespornten Blüten sind rosa, orange oder rot und weisen manchmal eine weiße Zeichnung auf. Bekannte Sorten sind **'Cheers'** mit ihren korallenfarbenen Blüten und gelben Blättern; **'Concerto'** mit rosa Blüten, deren Mitte deutlich rotgefärbt ist; **'Tango'** mit dunkelorangefarbenen Blüten und bronzefarbenen Blättern sowie **'Red Magic'** mit scharlachroten Blüten und rotbraunen Blättern. Alle bevorzugen sonnige Standorte, auch wenn sie beispielsweise auf einem Balkon oder einer Terrasse stehen oder als Zimmerpflanze gehalten werden.

Impatiens niamniamensis

Diese ungewöhnliche, frostanfällige, buschige Staude aus dem tropischen Ostafrika wird bis 1 m hoch. Die Blüten sind lang gespornt, wobei jeder einzelne Sporn unterschiedliche Farben haben kann; außerdem variiert die Farbe auch noch von Pflanze zu Pflanze. Die Färbung reicht von Rosa über Rot und Purpurfarben bis zu gelben Tönen, etwa bei der Sorte **'Congo Cockatoo'**.

Impatiens noli-tangere

RÜHRMICHNICHTAN, GROSSES SPRINGKRAUT, KRÄUTLEIN-RÜHR-MICH-NICHT-AN, WALD-SPRINGKRAUT

Diese einjährige Pflanze aus Europa und Asien wird bis 1,2 m hoch und etwa 1 m breit. Die Blütenkronblätter sind gelb, innen rot punktiert und zu je drei oder vier in Trauben angeordnet; die Blätter sind wechselständig mit grobgezähntem Rand.

Impatiens pseudoviola

Bei dieser Art aus Ostafrika handelt es sich um eine ausdauernde Pflanze mit etwas überhängenden Trieben und weißen, oft rosa überlaufenen Blütenblättern und rosa-violetten Streifen an den seitlichen Kronblättern. **'Woodcote'** ist eine strauchige Sorte mit blaßrosa bis violetten Blüten.

Impatiens repens

Diese immergrüne, kriechende Staude stammt aus Sri Lanka. Sie hat goldgelbe, helmförmige Blüten mit einem großen behaarten Sporn, die im Sommer erscheinen und sich gut gegen die kleinen, nierenförmigen Blätter mit den roten Blattstielen abheben. *Impatiens repens* ist nicht winterhart und erreicht eine Höhe von 5 cm. Diese Art eignet sich gut für Hängekörbe.

Impatiens sodenii

Syn. *Impatiens oliveri*

Diese robuste, üppigblühende Pflanze stammt aus dem tropischen Ostafrika. Der immergrüne Strauch wird etwa 1–2,5 m hoch und bis 60 cm breit. Die nicht winterharte Art bildet Quirle aus vier bis zehn wachsartigen, ovalen, hellgrünen Blättern mit einem gezähnten Rand. Die flachen, weiß bis blaßlila gefärbten Einzelblüten erscheinen im Herbst und im Winter.

Imperata cylindrica 'Rubra'

Impatiens usambarensis

Diese Art aus den afrikanischen Tropen verdankt ihren Namen den Usambara-Bergen, wo sie entdeckt wurde. Sie ist eng mit dem Fleißigen Lieschen verwandt und wurde zusammen mit dieser Art auch für viele Züchtungen benutzt. Die abgebildete *Impatiens usambarensis × walleriana* ist nur eine der zahlreichen Farbvarianten.

Impatiens walleriana

Syn. *Impatiens sultanii*

FLEISSIGES LIESCHEN

Diese sukkulente, immergrüne Staude aus den Tropen Ostafrikas hat weiche, fleischige, rötlich gestreifte Stengel und ovale, frischgrüne Blätter. Die flach gespornten Blüten können scharlach- bis rubinrot, rosa, orange oder fliederfarbenen sein, aber auch weiß oder mehrfarbig und werden vom späten Frühjahr bis zum Spätherbst gebildet. Von dieser nicht winterharten und daher meist einjährig kultivierten, raschwüchsigen Pflanze, die eine Höhe und Breite von 30–60 cm erreicht, existieren viele Sorten. Fleißige Lieschen müssen stets gut gegossen werden.

Imperata cylindrica 'Rubra'

Impatiens zombensis

Aus der Hochlandregion in Zomba und Malawi stammt diese strauchige Pflanze. Sie erreicht eine Höhe bis zu 1 m und hat purpurfarbene Blüten mit einem weißgepunkteten Rachen.

IMPERATA

Diese Gattung besteht aus einer Art, einem nicht völlig winterharten Gras mit unterirdischen Rhizomen, das wildwachsend von Ost- und Südasien bis nach Australien vorkommt. Die Wildform findet man in Gärten nur sehr selten, während Sorten mit bunten Blättern in wärmeren Regionen recht beliebte Gartenpflanzen sind.
PFLEGE UND VERMEHRUNG: Da die Pflanzen den mitteleuropäischen Winter normalerweise nicht überstehen, findet man dieses Gras bei uns kaum im Handel. In frostfreien Gebieten kann man es an einem sonnigen bis halbschattigen Platz mit humusreichem, feuchten, aber gutdurchlässigem Boden kultivieren. Vermehrung bei den Zuchtformen meist durch Teilung, bei der Wildform auch durch Samen.

Imperata cylindrica

Diese Pflanze bildet bis 80 cm hohe Horste aus schmalen Blättern; die etwa 5 cm langen Blütenstände aus silberweißen Ährchen erscheinen im Spätsommer. **'Rubra'** (Syn. 'Red Baron') hat aufrechte, mittelgrüne Blätter, deren Spitzen sich von Mitte bis Ende des Sommers blutrot verfärben. Bis zum Herbst werden die gesamten Blätter rot.

INCARVILLEA

FREILANDGLOXINIE

Diese Gattung aus der Familie der Bignoniengewächse (*Bignoniaceae*) besteht aus 14 Arten, die alle in Mittel- und Ostasien, einschließlich des Himalaja, heimisch sind. Sie eignen sich für Steingärten und Blumenrabatten, die größeren Arten kann man auch in Kräuterbeete setzen. Einige Arten sind einjährig, aber die in Gärten kultivierten sind zumeist ausdauernd. Merkwürdigerweise haben gerade kurzlebige Arten aus höheren Gebirgslagen die größten und exotischsten Blüten. Die Blüten sind zumeist rötlich oder rosa, in selteneren Fällen auch gelb oder weiß.
PFLEGE UND VERMEHRUNG: Die meisten *Incarvillea*-Arten sind winterhart, vertragen in dieser Zeit aber keine übermäßig feuchten oder gar staunassen Böden. Es empfiehlt sich, die Pflanzen in der kalten Jahreszeit mit Reisig oder Komposterde abzudecken. Die Pflanzen benötigen einen sonnigen Platz mit fruchtbarem, gutdurchlässigem Boden; die Vermehrung erfolgt durch Samen im Herbst oder Frühjahr. Man kann Freilandgloxinien im Frühjahr oder Herbst auch durch Teilung vermehren, doch vertragen größere Pflanzen eine solche Störung oft nur schlecht.

Impatiens repens

Impatiens zombensis

Impatiens walleriana

Impatiens usambarensis × walleriana

I

Incarvillea delavayi

Inula helenium

Incarvillea arguta

Diese winterharte Art aus dem Himalaja sowie West- und Südwestchina wird etwa 1 m hoch und 30 cm breit. Eher für Rabatten als für Steingärten geeignet, kann sie auch schon einmal in einer Mauerspalte wachsen. Sie blüht bereits im ersten Jahr nach der Aussaat und wird, obwohl eigentlich ausdauernd, häufig als Einjährige kultiviert. Ihre bis 3,5 cm langen trompetenförmigen Blüten, die im Sommer erscheinen, sind oft dunkelrosa, selten auch weiß.

Incarvillea delavayi

Diese horstbildende Staude mit fleischigen Wurzeln eignet sich gut für Steingärten und Rabatten. Sie hat farnartige, aufrechte Blätter und im Sommer große, trompetenförmige, purpurrosa Blüten. Die Art wird bis zu 60 cm hoch und halb so breit, zieht im Frühherbst aber ein. Sie ist weitgehend winterhart, sollte aber mit Mulch oder Komposterde abgedeckt werden.

INDIGOFERA
INDIGOSTRAUCH

Zu dieser großen, zur Familie der Leguminosen zählenden Gattung mit mehr als 700 Arten gehören einjährige und mehrjährige Stauden, Sträucher und Bäume. Die meisten stammen aus tropischen oder subtropischen Regionen, manche haben ihre Verbreitung auch in beiden Gebieten. In Gärten kultiviert werden zumeist Halbsträucher oder nicht allzu große, verholzte, sommergrüne Pflanzen mit kleinen gefiederten Blättern und in Rispen angeordneten, erbsenartigen Blüten, die für gewöhnlich im Sommer erscheinen.
PFLEGE UND VERMEHRUNG: Die Pflanzen sind, je nach Art, bedingt bis völlig winterhart und benötigen einen sonnigen Platz mit feuchtem, gutdurchlässigem Boden. Die Vermehrung erfolgt durch Stecklinge im Sommer oder Samen im Herbst.

Indigofera australis

Dieser elegante, in Australien heimische, glatte Strauch erreicht eine Höhe und Breite bis zu 2 m. Er hat blaugrau gefiederte Blätter und ist nicht völlig winterhart. Im Winter und Sommer bringt er längliche Köpfchen mit kleinen, rosa bis fliederfarbenen Blüten hervor, aus denen sich im Herbst braune Hülsen entwickeln.

Indigofera decora
Syn. *Indigofera incarnata*

Dieser sommergrüne, buschig wachsende Strauch aus China und Japan wird bis zu 60 cm hoch und etwa 1 m breit, in sehr milden Klimazonen kann er auch noch breiter werden. Die Art ist weitgehend winterhart, häufig frieren die Pflanzen zwar bis auf den Boden zurück, treiben im folgenden Frühjahr aber wieder aus. Die glänzend dunkelgrünen, gefiederten Blätter, bis zu 25 cm lang, setzen sich aus bis zu 15 kleinen, ovalen Fiedern zusammen. Die langen, an Glyzinien erinnernden Ähren mit malvenfarbenen, erbsenartigen Blüten prangen während des gesamten Sommers. 'Alba' hat weiße Blüten.

Indigofera heterantha
Syn. *Indigofera gerardiana*

Dieser elegante, sommergrüne Strauch mit überhängenden Zweigen wird 3 m hoch und breit. Seine fein gefiederten Blätter sind graugrün und bilden einen hübschen Kontrast zu den in kleinen Ähren

Incarvillea arguta

angeordneten, purpurrosa Blüten. Die Pflanze stammt aus dem nordwestlichen Himalaja und blüht von Frühsommer bis Frühherbst. Sie ist nicht völlig winterhart und benötigt einen sonnigen Standort.

Indigofera tinctoria

Schon seit der Antike wird diese sommergrüne, strauchig wachsende Staude kultiviert und gehandelt, denn aus ihren Blättern läßt sich der begehrte blaue Farbstoff extrahieren. Die aus etwa einem Dutzend Fiedern bestehenden Blätter sind oberseits glatt, unterseits behaart. Die typischen, erbsenartigen Blüten sind hübsch blau und rot gefärbt. In frostfreien Gegenden erreicht die Pflanze eine Höhe und Breite von etwa 2–2,5 m.

INDOCALAMUS

Die Gattung besteht aus etwa 20 Arten sich schnell ausbreitender, in Zentral- und Ostchina sowie Japan und Malaysia heimischer Bambuspflanzen. In ihrem Wachstum nicht eingeschränkt, überwuchern sie viele in der Nähe wachsende Pflanzen. Auffälligstes Merkmal sind die im Verhältnis zur Gesamtgröße der Pflanze sehr großen Blätter, deren Gewicht einzelne Pflanzen auch schon mal niederdrückt.
PFLEGE UND VERMEHRUNG: Die nicht völlig winterharten Pflanzen benötigen einen windgeschützten Platz im Halbschatten. Die Wurzeln sollten ständig feucht sein, sumpfigen oder staunassen Boden vertragen sie aber nicht. Auf fruchtbaren, humusreichen Böden breitet sich die Pflanze schnell aus. Vermehrung durch Teilung im Spätwinter oder im Vorfrühling, bevor neue Triebe gebildet werden.

Indocalamus tessellatus

Diese Art kann 2,5 m hoch werden, bleibt in Kultur aber zumeist kleiner. Sie bevorzugt einen offenen Standort, wo sie sich unter geeigneten Bedingungen schnell ausbreitet. Da ihre Blätter mit einer Länge von 60 cm außerordentlich schwer sind, sind die Blattstengel leicht gebogen. Für Bambusliebhaber mag diese Art von Interesse sein; für die meisten Gärten in wärmeren Regionen wuchert sie aber zu stark.

Indigofera australis

INULA
ALANT

Die etwa 90 Arten dieser Gattung größtenteils ausdauernder, krautiger Pflanzen aus der Familie der Korbblütler stammen aus Asien, Afrika und Europa. Die verschiedenen Arten sind von sehr unterschiedlicher Größe, angefangen bei winzigen, für Steingärten geeigneten Pflanzen bis hin zu riesigen Stauden, die über 3 m hoch werden können. Bei diesen Arten können auch die Blätter eine beachtliche Größe erreichen. *Inula*-Arten werden vor allem wegen ihrer hübschen, zumeist gelben Korbblüten kultiviert, einige bereits seit der Antike, und auch der Name *Inula* ist bereits seit der Römerzeit in Gebrauch.
PFLEGE UND VERMEHRUNG: Die völlig winterharten Pflanzen benötigen einen sonnigen bis halbschattigen Platz mit normaler, gutdurchlässiger Gartenerde. Größere Arten sollten etwas feuchter gehalten werden als kleinere. Bei starkem Frost sollte man die Pflanzen mit Laub oder Torfmull abdecken. Vermehrung durch Samen oder Teilung im Frühjahr oder Herbst.

Inula helenium
HELENENKRAUT, ECHTER ALANT

Diese Pflanze, die wohl aus Zentralasien stammt, findet man in vielen Teilen der Erde. Als eine der größten Arten erreicht sie eine Höhe bis 2,5 m und eine Breite von etwa 1 m. Da sie Rhizome bildet, gehört sie außerdem zu den Arten, die sich sehr stark ausbreiten können, so daß man sie mit Bedacht anpflanzen sollte. Die vergleichsweise kleinen Korbblüten erscheinen im Sommer. *Inula helenium* enthält ätherische Öle, Bitterstoffe und Inulin.

Indigofera decora

Indigofera decora 'Alba'

Iochroma fuchsioides

Iochroma grandiflorum

Iochroma cyaneum

Inula oculis-christi

Mit ihren fleischigen Wurzeln gerne wuchernd, wird diese hübsche, ausdauernde Pflanze bis 45 cm hoch und 60 cm breit. Ihre lanzettlichen, mittelgrünen Blätter sind behaart, im Sommer erscheinen zahlreiche große, gelbe Blütenköpfchen.

IOCHROMA

VEILCHENSTRAUCH

Die immergrünen, aufrechten Sträucher dieser Gattung gehören zur Familie der Nachtschattengewächse und stammen aus den tropischen und subtropischen Regionen Mittel- und Südamerikas. An ihren überhängenden Zweigen bringen sie den ganzen Sommer und Herbst über Trauben röhrenförmiger Blüten hervor, die blau, purpurfarben, rot oder weiß sein können. Der Veilchenstrauch wird hauptsächlich wegen seiner auffälligen Blüten kultiviert.
PFLEGE UND VERMEHRUNG: Da frostempfindlich (Mindesttemperatur 7–10 °C), werden sie bei uns zumeist als Kübelpflanzen kultiviert und müssen während der Wachstumsperiode reichlich gegossen werden, in der übrigen Zeit deutlich weniger. Junge Pflanzen kann man leicht zurückschneiden, damit sie buschiger werden; im Spätwinter schneidet man außerdem die abgeblühten Blütenstengel um die Hälfte zurück. Vermehrung durch Stecklinge im Sommer. Der Veilchenstrauch wird manchmal von der Weißen Fliege oder der Roten Spinne befallen.

Iochroma cyaneum

Syn. *Iochroma tubulosum, I. lanceolatum*

Dieser schnellwüchsige Strauch kann bis zu 3 m hoch und etwa 1,5 m breit werden. Er ist nicht winterhart, so daß er bei uns nur im Gewächshaus oder als Kübelpflanze kultiviert wird. Die Art hat graugrüne, filzige Blätter; im Sommer und Herbst werden Dolden aus dunkel purpurfarbenen oder blauen Blüten gebildet. Zu Beginn des Frühjahrs sollte man die Pflanzen durch Zurückschneiden in Form bringen.

Iochroma fuchsioides

Diese Art aus den Anden ähnelt *Iochroma cyaneum*, ihre Blüten sind jedoch scharlach- bis hellrot mit gelbem Rachen. *I. fuchsioides* ist nicht ganz so frostempfindlich wie viele andere Arten.

Iochroma grandiflorum

Dieser in Ecuador heimische Strauch oder kleine Baum erreicht eine Höhe von 3–6 m bei einer Breite von 2–3,5 m. Die weichen, dunkelgrünen, ovalen und spitz zulaufenden Blätter sind 20 cm lang und jung fein behaart. Im Spätsommer und Herbst bringt die Pflanze nickende, leuchtendpurpurne, röhrenförmige Blüten mit einer großen Öffnung hervor. Aus Ihnen entwickeln sich später beerenartige, purpurfarbene bis grüne Früchte.

IPHEION

STERNBLUME, FRÜHLINGSSTERN

Bei ihren so einfach gebauten, sternförmigen, hellblauen Blüten fällt es schwer zu glauben, daß die Wissenschaft rund 160 Jahre lang nicht in der Lage war zu entscheiden, wo diese kleinen, im Frühling blühenden Zwiebelgewächse aus Argentinien eigentlich eingeordnet werden müssen und wie ihr korrekter Name zu lauten hat. Seit sie im Jahre 1830 beschrieben wurde, hat man sie von einer Gattung in die andere geschoben, dann zu einer Unterart degradiert und ihr schließlich den Rang einer monotypischen Gattung zugewiesen. Dabei hat sie nicht weniger als acht unterschiedliche Gattungsnamen bekommen, so daß die Gärtner hatten kaum Zeit hatten, sich mit dem jeweils neuen Namen vertraut zu machen, bevor die Botaniker ihr wieder einen neuen gaben.
PFLEGE UND VERMEHRUNG: Die Pflanze ist zwar winterhart, sollte aber in Gegenden mit starkem Frost einen Winterschutz bekommen. Sie bevorzugt einen geschützten Platz im Halbschatten mit gutdurchlässigem Boden. Die Vermehrung erfolgt durch Brutzwiebeln im Spätsommer.

Ipheion uniflorum

Syn. *Brodiaea uniflora, Tristagma uniflorum, Triteleia uniflora*

Als eine der Zwiebelpflanzen mit der längsten Blütezeit bringt sie zwischen Spätwinter und Frühjahr mehrere Wochen lang stets neue, angenehm duftende Blüten an bis zu 10 cm langen Stengeln hervor. Diese sind zumeist blaßblau; es gibt aber auch Sorten mit weißen und purpurfarben Blüten. Die grasartigen Blätter verbreiten ein knoblauchartiges Aroma, wenn man sie zerstampft oder zerreibt.

IPOMOEA

Syn. *Calonyction, Mina, Pharbitis, Quamoclit*

PRUNKWINDE, PRACHTWINDE

Diese große Gattung mit etwa 300 Arten immergrüner Sträucher, Stauden oder einjähriger Pflanzen ist in den Tropen und anderen wärmeren Regionen weit verbreitet. Zu ihnen gehören unter anderem die Süßkartoffel oder Batate, aber auch einige der schönsten tropischen Kletterpflanzen. Die meisten Arten sind Schlinger und bringen zahlreiche trichterförmige Blüten hervor. Diese sind häufig sehr kurzlebig, so daß sie bereits nach einem Tag oder einer Nacht wieder verwelken, dafür werden aber ständig neue Blüten gebildet. Viele Prunkwinden eigenen sich zum Bepflanzen von Zäunen oder einer Pergola; man kann sie aber auch in Kübeln kultivieren.
PFLEGE UND VERMEHRUNG: Es gibt sowohl winterharte wie frostempfindliche Arten, von denen viele einjährig kultiviert werden. Sehr schnellwüchsig, werden sie in einer Vegetationsperiode oft mehrere Meter lang. Alle Prunkwinden benötigen einen sonnigen Standort und nicht zu nährstoffreichen, gutdurchlässigen Boden. Die Vermehrung erfolgt durch Samen oder Stecklinge im Frühjahr. Die Sämlinge können nach den Eisheiligen ins Freie gebracht werden.

Ipomoea alba

Syn. *Calonyction aculeatum, Ipomoea bona-nox*

Diese schnellwüchsige, ausdauernde, immergrüne und weichstengelige Kletterpflanze aus dem tropischen Amerika wird etwa 6 m hoch. Sie ist frostempfindlich, kann aber in kühleren Klimazonen mit warmen Sommern gut als Einjährige kultiviert werden.

Ipomoea batatas

SÜSSKARTOFFEL, BATATE

Diese ausdauernde Kletterpflanze aus Mittelamerika und von den Pazifischen Inseln hat Knollen mit weißem oder orangefarbenem Fleisch. Die Blätter sind ganzrandig, gezähnt oder gelappt, die trichterförmigen Blüten lavendel- bis hell purpurn, wobei die Innenseite des Trichters zumeist dunkler ist. Die Vermehrung erfolgt durch Stecklinge, die in lockere, gedüngte Erde eingepflanzt werden. Während des Wachstums der Knollen müssen die Pflanzen gut gegossen werden.

Ipomoea alba

Ipheion batatas

Ipheion uniflorum

Ipomoea cairica
Syn. *Ipomoea palmata*

Die ausdauernde, krautige Kletterpflanze ist in tropischen und subtropischen Gebieten Afrikas und Asiens heimisch. Sie besitzt unterirdische Knollen und wird 4,5 m hoch. Sie wird als Kletter- oder Kriechpflanze eingesetzt. Die trichterförmigen Blüten sind außen rot, purpurn oder weiß und innen zumeist purpurfarben.

Ipomoea hederacea
EFEUBLÄTTRIGE PRUNKWINDE

Diese einjährige Rank- und Kletterpflanze hat schlanke, behaarte Stengel und rundliche, dreilappige, an Efeu erinnernde Blätter. Sie erreicht eine Höhe von über 6 m und bringt im Sommer trichterförmige, blaue, violette oder weiße Blüten hervor.

Ipomoea horsfalliae

Diese in der Karibik und anderen tropischen Regionen heimische, wunderschöne immergrüne Kletterpflanze wird bis zu 3 m hoch. Bei einer Mindesttemperatur von 7–10 °C kann man sie nur als Kübel- oder Zimmerpflanze kultivieren. Vom Sommer bis in den Winter werden Büschel länglicher, röhrenförmiger, dunkelrosa oder rosa-purpurner Blüten gebildet.

Ipomoea indica
Syn. *Ipomoea acuminata, I. learii*

Unter geeigneten Bedingungen wuchert diese ausdauernde Kletterpflanze so stark, daß sie zu einer regelrechten Plage wird. Ganz anders verhält es sich in Mitteleuropa, wo Liebhaber dieser nicht winterharten Pflanze versuchen, sie als Einjährige zu kultivieren oder in Gewächshäusern zu halten. Ihre Blüten öffnen sich morgens mit einem kräftigen Blauton, um sich dann aber in der Hitze des Tages purpurn zu verfärben und abends schließlich zu verwelken. Neben der Wildform existieren weiße und rosafarbene Sorten.

Ipomoea horsfalliae

Ipomoea indica

Ipomoea × multifida

Ipomoea nil

Ipomoea cairica

Ipomoea lobata
Syn. *Ipomoea versicolor, Mina lobata, Quamoclit lobata*

Diese robuste, aber kurzlebige, sommer- oder halbimmergrüne Kletterpflanze aus Mexiko und Mittelamerika wird in Gärten häufig als Einjährige kultiviert. Die kleinen, in Trauben angeordneten, röhrenförmigen Blüten erscheinen vom Spätsommer bis in den Spätherbst hinein und sind zunächst dunkelrot, verfärben sich später aber dann orangefarben und schließlich cremefarben bis gelb. Die nicht völlig winterharte Pflanze mit dreilappigen, leuchtendgrünen Blättern kann mit Kletterhilfe etwa 4,5 m hoch werden.

Ipomoea × multifida
Syn. *Ipomoea × sloteri*

Die Hybride aus *Ipomoea coccinea* und *I. quamoclit* ist gärtnerischen Ursprungs. Die einjährige, frostempfindliche Kletterpflanze windet sich etwa 3 m hoch. Die Blätter sind mehrfach gelappt. Die vielen röhrenförmigen Blüten im Sommer sind karminrot mit weißem Schlund.

Ipomoea nil
Syn. *Ipomoea imperialis, Pharbitis nil*

Die kurzlebige Kletterpflanze wird meist einjährig gezogen. Sie ist nicht völlig winterhart und kann 3,5 m Höhe erreichen. Die Blattstiele sind behaart, die Blätter herzförmig; die trompetenförmigen Blüten werden vom Sommer bis in den Herbst hinein gebildet. **'Scarlett O'Hara'** ist eine hübsche Sorte mit tiefroten Blüten.

Ipomoea pes-caprae
Syn. *Ipomoea biloba*

Diese kriechende oder kletternde Staude hat Blüten mit einem Durchmesser von etwa 5 cm, die rosafarben bis hellpurpurn gefärbt sind, wobei der Schlund in der Regel etwas dunkler ist. Die Art kommt wildwachsend an tropischen Stränden der ganzen Welt vor. Der Name *pes-caprae* bedeutet »Ziegenfuß« und ist eine Anspielung auf die Form der Blätter.

Ipomoea purga
Syn. *Ipomoea jalapa, Convolvulus jalapa*

Auch diese nicht winterharte, immergrüne Kletterpflanze erreicht eine Höhe bis zu 3 m. Sie hat purpurrote Triebe und ovale Blätter. Die purpurrosa, trichterförmigen Blüten werden im Herbst gebildet.

Ipomoea pes-caprae

Ipomoea quamoclit
Syn. *Quamoclit pennata*

Mit ihren fein geteilten, kräftig grün gefärbten Blättern sieht diese einjährige Pflanze ganz anders aus als die übrigen Arten der Gattung. An einem warmen, geschützten Standort kann sie etwa 3,5 m hoch werden. Sie stammt aus dem tropischen Südamerika und hat vom Sommer bis in den Frühherbst hinein schmale, orangefarbene oder karminrote Blüten.

Ipomoea tricolor
Syn. *Ipomoea rubrocaerulea, I. violacea, Pharbitis tricolor*

Diese aus Mexiko stammende Staude wird in unseren Gärten zumeist als Einjährige gezogen. Sie kann eine Höhe bis zu 3 m und eine Breite von etwa 1,5 m erreichen und besitzt kordelartige, windende Triebe und herzförmige, hellgrüne Blätter. Vom Sommer bis in den Frühherbst erscheinen die großen (Durchmesser bis 15 cm), trichterförmigen blauen bis fliederfarbenen Blüten, die sich morgens öffnen und schon im Laufe des Tages verblühen. Die Sorte **'Heavenly Blue'** und die sehr ähnliche **'Clarke's Himmelblau'** werden besonders wegen ihrer auffälligen himmelblauen Blüten kultiviert.

IPOMOPSIS

Diese Gattung mit zwei- oder mehrjährigen Pflanzen gehört zur Familie der Sperrkrautgewächse (*Polemoniaceae*) und umfaßt 24 Arten, die, bis auf eine südargentinische Art, alle aus den USA stammen, wo sie von der pazifischen Küste bis nach Florida und South Carolina vorkommen. Die größeren Blätter sammeln sich in einer grundständigen Rosette, etwas kleinere Blätter sitzen an den Blütentrieben.
PFLEGE UND VERMEHRUNG: Bei uns werden die – bis auf wenige Arten nicht völlig winterharten – Pflanzen in Gärten kaum kultiviert, man kann sie aber in Wintergärten oder in Gewächshäusern ziehen. Sie benötigen kühle, luftige Bedingungen sowie viel Licht und fruchtbare, gutdurchlässige Erde. Die Vermehrung erfolgt durch Samen zu Beginn des Frühjahrs oder im Sommer bzw. durch Teilung bei den mehrjährigen Arten.

Ipomopsis aggregata
Syn. *Gilia aggregata*

Diese in den Gebirgen des westlichen Nordamerikas heimische, langsamwachsende, zweijährige Pflanze läßt sich in Gegenden mit nicht zu feuchten Sommern leicht in Gärten kultivieren. Sie hat schlanke, behaarte Stengel und wird etwa 1 m hoch und 30 cm breit. Die Blätter sind fein geteilt; die endständigen, trompetenförmigen, duftenden Blüten erscheinen im Sommer und sind normalerweise leuchtendrot, manchmal aber auch rosa, gelb, weiß oder rot und gelb gefleckt.

IRESINE

Diese zur Familie der Fuchsschwanzgewächse *(Amaranthaceae)* gehörende Gattung umfaßt etwa 80 in Costa Rica und

Australien heimische Arten. Es handelt es sich um ausdauernde Pflanzen, die jedoch oft als Einjährige kultiviert werden. Von ihrer Wuchsform her sind sie sehr unterschiedlich, es gibt sowohl aufrechtwachsende als auch kriechende Arten. In Gärten kultiviert man sie hauptsächlich wegen ihrer oft auffällig gefärbten Blätter, weniger wegen der unscheinbaren Blüten.
PFLEGE UND VERMEHRUNG: Diese nicht frostharten Pflanzen benötigen Temperaturen von mindestens 10–15 °C. Daher nutzt man sie als Topfpflanzen oder holt sie während des Winters ins Haus. Sie bevorzugen lehmigen, gutdurchlässigen Boden und müssen während der gesamten Wachstumsperiode gut gegossen werden. Damit ihre Blätter schön bunt bleiben, benötigen sie viel Licht. Die Spitzen sollten während der Wachstumsperiode eingekürzt werden, damit die Pflanze ihre buschige Form behält. Die Vermehrung erfolgt durch Stecklinge im Frühjahr.

Iresine herbstii

Syn. *Iresine reticulata*

Bei dieser aus Brasilien stammenden Art handelt es sich um eine dekorative Beet- oder Topfpflanze. Obwohl eigentlich ausdauernd, wird sie oft als Einjährige gezogen, von der man fürs nächste Jahr eingepflanzte Stecklinge im Gewächshaus überwintert. Sie kann eine Höhe bis zu 60 m und eine Breite von etwa 50 cm erreichen, bleibt als Einjährige aber normalerweise viel kleiner. Die Pflanze hat rote Blütenstengel und rundliche, purpurrote Blätter von mehr als 10 cm Länge, die an den Spitzen leicht eingekerbt sind und gelblich-rote Blattnerven besitzen. Die Farbpalette reicht von lebhaft grünen Blättern mit gelben Blattnerven bis zu Sorten wie **'Brilliantissima'** mit grünen und purpurfarbenen Blättern sowie rosaroten Blattnerven.

Ipomoea tricolor 'Heavenly Blue'

I. tricolor 'Clarke's Himmelblau'

IRIS

SCHWERTLILIE

Diese umfangreiche, nach der griechischen Göttin des Regenbogens (»Iris«) benannte und wegen ihrer schönen und auffälligen Blüten geschätzte Gattung mit mehr als 200 Arten und unzähligen Sorten stammt aus den gemäßigten Zonen der nördlichen Hemisphäre. Jede der Blüten hat sechs Blütenkronblätter: drei äußere, die sog. »Hängeblätter«, die bei einigen Arten auffällige Kämme oder Bärte tragen und drei innere, häufig aufrechtstehende »Domblätter«.

Man unterscheidet zwei Hauptgruppen: **Zwiebeliris** und **Rhizomiris.** Die letztgenannten haben schwertförmige Blätter, und es gibt unter ihnen einige immergrüne Arten. Die Rhizomiris lassen sich in drei weitere Gruppen unterteilen: die **Bartiris** mit »Bärten« aus bunten Haaren auf den Hängeblättern; die **bartlosen Irisformen,** denen diese Bärte fehlen und die **Evansia-Iris** oder **Kammiris,** die statt eines Bartes einen aufrechten Kamm besitzen.

Zu den Bartiris gehören beispielsweise die schönen **Oncocyclus-Iris** und **Regelia-Iris,** die aus dem östlichen Mittelmeerbereich und aus Zentralasien stammen und kalte Winter sowie heiße, trockene Sommer benötigen. Hybriden aus diesen beiden Gruppen nennt man **Regeliocyclus-Iris,** während Hybriden zwischen einer der beiden genannten Gruppen und anderen Bartiris normalerweise **Arilbred-Iris** heißen. Die meisten der Bartiris-Arten haben dicke, kriechende Rhizome und stammen hauptsächlich aus den gemäßigten Zonen Europas und Asiens. In dieser Gruppe existieren außerdem zahllose Sorten. Sowohl die Arten, als auch die Sorten lassen sich noch einmal in drei weitere Gruppen unterteilen, nämlich in die **zwergwüchsigen,** die **halbhohen** und die **hohen Bartiris.** Wie die Namen bereits signalisieren, ist für diese Einteilung hauptsächlich die Größe der Pflanze ausschlaggebend, wenn sie auch nicht das einzige Kriterium ist. Die hohen Formen mit Bart gehören zu den beliebtesten Schwertlilien, und in dieser Gruppe gibt es auch die meisten Sorten.

Die bartlosen Iris sind zumeist Pflanzen mit langen, schmalen Blättern. Zu ihnen gehören eine Reihe leicht zu erkennender Arten und Sorten. Am bekanntesten sind die **Japanischen Wasseriris** mit der großblütigen Sorte **'Kaempferi'**, die aus einer

Ipomoea tricolor 'Heavenly Blue'

Iresine herbstii 'Brilliantissima'

Iresine herbstii

Kreuzung mit *Iris ensata* stammt, die **Louisiana-Iris** aus dem Südosten der USA mit ihren Sorten, die **Pazifikküsten-Iris** von der Westküste Nordamerikas mit ihren vielen Sorten und die aus Europa und Asien stammenden **Spuria-Iris** und **Sibirischen Iris,** von denen es ebenfalls zahlreiche Arten und Sorten gibt.

Auch bei den Zwiebeliris unterscheiden wir drei Gruppen – **Juno-Iris, Reticulata-Iris** und **Xiphium-Iris.** Zu den erstgenannten Gruppen gehören sehr schöne, aber nicht einfach zu kultivierende Arten aus West- und Zentralasien. Die Arten der Xiphium-Iris stammen meist aus dem Mittelmeerraum und lassen sich leichter ziehen. Aus ihnen ist eine Gruppe von Zwiebeliris-Hybriden entstanden, zu denen beispielsweise die **Englische, Spanische** und **Holländische** Iris gehört. Im Handel sind letztere am häufigsten erhältlich.
PFLEGE UND VERMEHRUNG: Als Regel läßt sich festhalten: Rhizomiris-Pflanzen sind – mit Ausnahme der Kamm- oder Evansia-Iris – winterhart und bevorzugen einen sonnigen Platz; einige der bartlosen Schwertlilien bevorzugen sehr feuchten Boden. Die Zwiebeliris-Arten sind ebenfalls winterhart und benötigen während der Wachstumsperiode einen sonnigen Standort mit viel Feuchtigkeit, wogegen sie in der übrigen Zeit deutlich weniger Wasser brauchen. Zwiebeliris sind anfällig für Virusinfektionen und Blattläuse. Die Vermehrung der Schwertlilien erfolgt durch Teilung nach der Blüte im Spätsommer oder durch Samen im Herbst; Sorten werden stets durch Teilung vermehrt.

Iris aphylla

Syn. *Iris benacensis, I. bohemica, I. melzeri*

Diese in Mittel– und Osteuropa heimische Bartiris wird 15–30 cm hoch und hat breite Blätter und verzweigte Blütenstengel, die im späten Frühjahr und oft erneut im Herbst fünf Blüten hervorbringen. Die Farbpalette der Blüten reicht von hellem Purpur bis zu tiefblauem Violett. Die häufigste Farbe ist ein sattes Dunkelpurpur. Diese Bartiris verträgt Winternässe relativ gut, wenn der Boden gut durchlässig ist. Von ihr gibt es viele Varietäten.

Iris bakeriana

Diese Reticulata-Iris hat schmale, fast zylindrische Blätter, die zur Blütezeit sehr kurz sind, sich aber später noch verlängern. Im Spätwinter treibt die Pflanze einzelne, blaßblaue Blüten mit einem dunkelblauen Fleck an der Spitze und einer gefleckten, dunkelblauen Mitte hervor. Die winterharte Zwiebeliris wird bis zu 10 cm hoch und benötigt einen sonnigen Standort mit gutdurchlässigem Boden.

Iris bracteata

Iris cristata

Iris cristata 'Alba'

Iris danfordiae

Iris bracteata

Diese Schwertlilie stammt aus Oregon und wächst dort in trockenen Nadelwäldern. Die Blüten, die an bis zu 30 cm langen Stengeln gebildet werden, sind normalerweise cremefarben oder gelb, wobei die äußeren Hängeblätter leicht hervorstehende, rötliche Nerven aufweisen und die inneren Domblätter nach oben gerichtet sind. Obwohl weitgehend frosthart, ist die Art keinesfalls leicht zu kultivieren. Besonders ein Umpflanzen, aber auch eine Teilung ist oft nachteilig, so daß man die Art am besten aus Samen zieht.

Iris bucharica
Syn. *Iris orchiodes*

Diese zwiebelbildende Juno-Iris aus Zentralasien erreicht eine Höhe von 45 cm. Ihre Wuchsform ist recht untypisch, denn sie hat lange, schmale, stark gerillte, wechselständige Blätter, die sich etwas überdecken. Die bis 6 cm großen, duftenden Blüten, von denen im Frühjahr zwischen zwei bis sechs gebildet werden, können in der Färbung stark variieren. Dabei können sowohl Hänge- wie auch Domblätter weiß oder goldgelb gefärbt sein, oder die Domblätter sind weiß und die Hängeblätter gelb. Die Art benötigt einen nährstoffreichen Boden und breitet sich nur langsam aus. Obwohl sie leichter als andere Pflanzen dieser Gruppe zu kultivieren ist, muß man stets darauf achten, die dicken Seitenwurzeln beim Umpflanzen oder Teilen nicht zu beschädigen.

Iris cristata

Diese Kamm- oder Evansia-Iris ist im Südosten der USA beheimatet. Es handelt sich um eine kleine Pflanze, die kaum größer als 10–20 cm wird. Im Frühjahr bringt sie hellblaue bis lavendel- oder purpurfarbene Blüten hervor, die direkt oberhalb der Blätter sitzen. Jedes Hängeblatt hat einen weißen Fleck und einen orangefarbenen Kamm. Die Pflanze bevorzugt Halbschatten und feuchten Boden und eignet sich als Bodendecker. Sie vermehrt sich durch langsamwachsende Rhizome. Die Sorte **'Alba'** ist eine robuste Züchtung mit weißen Blüten.

Iris danfordiae

Diese zwiebelbildende Reticulata-Iris aus der Zentraltürkei hat schmale, rechteckige Blätter, die nach der Blütezeit noch wachsen. Sie bringt im Vorfrühling meist eine Einzelblüte mit grünen Flecken auf jedem Hängeblatt hervor; zahlreiche kleine Zwiebeln werden gebildet. Die Art, die eine Höhe von 5–10 cm erreicht, sollte tiefer eingepflanzt werden als andere *Iris*-Arten.

Iris douglasiana

Diese immergrüne, bartlose, rhizombildende Pazifikküsten-Iris, die in den Küstengebirgen Kaliforniens heimisch ist, erreicht eine Höhe von 25–75 cm. Ihre verzweigten Stengel bringen im Frühjahr eine bis drei Blüten hervor, deren Farbpalette von Dunkelpurpur bis zu fast Weiß reicht; die lederartigen, dunkelgrünen Blätter sind an der Basis bräunlich gefärbt.

Iris douglasiana

Iris ensata
Syn. *Iris kaempferi*
JAPANISCHE SUMPFIRIS, JAPANISCHE WASSERIRIS

Diese in Japan heimische und dort schon seit Jahrhunderten gezüchtete bartlose Iris erreicht eine Höhe bis zu 1 m. Sie bildet im Frühjahr und Frühsommer purpurne Blüten mit gelben Flecken auf jedem Hängeblatt; die Blätter weisen eine hervorstehende Mittelrippe auf. Die vielen bekannten Sorten haben riesige Blüten mit einem Durchmesser von 25 cm, die weiß, lavendelfarben, blau oder purpurn sein können, wobei oft zwei verschiedene Farbtöne kombiniert sind; außerdem existieren Zuchtformen mit gefüllten Blüten. Die Pflanzen bevorzugen Halbschatten und nährstoffreichen, sauren und feuchten oder sumpfigen Boden. Man kann sie auch in flaches Wasser setzen, wobei sie im Winter aber nicht völlig von Wasser bedeckt sein dürfen; die Blätter werden im Winter eingezogen. **'Exception'** hat besonders große Hängeblätter und dunkelpurpurne Blüten; **'Mystic Buddha'** hat purpurblaue Blüten mit einem roten Rand.

Iris foetidissima

Diese in Europa weitverbreitete, rhizombildende, bartlose Iris wächst in lichten Wäldern, unter Sträuchern und in Hecken. Sie erreicht eine Höhe von mindestens 75 cm und ist völlig winterhart. Die kleinen Blüten, die im späten Frühjahr gebildet werden, sind meist blaßgelb bis rehbraun oder purpurgrau und von braunen Blattnerven durchzogen. Im Winter brechen die großen Samenkapseln auf und geben zahlreiche orangefarbene, dekorative Samen frei. Sie kann an relativ trockenen, halbschattigen Plätzen wachsen, toleriert aber auch einen leicht sumpfigen Untergrund.

Iris ensata

Iris forrestii

Diese dekorative, bartlose, rhizombildende Sibirische Iris erreicht eine Höhe bis zu 40 cm. Sie stammt aus China und dem nördlichen Myanmar und ist leicht zu kultivieren, sofern sie einen sonnigen Platz mit feuchtem oder sumpfigem, möglichst kalkfreiem Boden bekommt; sie kann aber auch an Teichrändern wachsen. Ihre duftenden Blüten, die jeweils zu zweit an den Stengeln sitzen, sind hellgelb; die Hängeblätter sind mit schwarzen Linien und dunkelbraunen Flecken an den Blattadern gezeichnet. Die Domblätter wachsen aufrecht oder sind leicht eingerollt und gelegentlich bräunlich überlaufen.

Iris × *fulvala*

Bei dieser Pflanze handelt es sich um eine Hybride aus *Iris fulva* und *I. brevicaulis* (Syn. *I. lamancei*), die zu einer kleinen nordamerikanischen Gruppe bartloser Schwertlilien mit purpurroten Blüten gerechnet wird, zu der auch die Louisiana-Iris und ihre Verwandten gehören. Wie eine der Mutterpflanzen, *I. fulva*, bevorzugt sie einen sonnigen Standort. Die Pflanzen erreichen etwa eine Höhe von 75 cm.

Iris germanica
DEUTSCHE SCHWERTLILIE

Bei dieser Art handelt es sich wohl um die Ausgangsform der heutigen Bartschwertlilien. Sie ist leicht zu kultivieren, und breitet sich dank der kriechenden Rhizomen sehr schnell aus. Der dünne, verzweigte Blütenstengel bringt im Frühjahr bis zu sechs gelbbärtige, purpurblaue bis blauviolette Blüten hervor. ***Iris germanica* var. *biliottii*** (Syn. *I. biliottii*) findet man hauptsächlich in der türkischen Schwarzmeerregion. Sie

Iris ensata 'Exception'

Iris ensata, Kulturvarietät

Iris innominata

Iris × fulvala

erreicht eine Höhe von etwa 1 m und hat, ebenso wie *I. germanica,* duftende Blüten. Unterscheiden läßt sie sich anhand der rötlichen bis purpurfarbenen Hängeblätter und der eher blauen bis purpurfarbenen Domblätter sowie des weißen Bartes mit gelben Spitzen. Eine der Sorten von *I. germanica* ist **'Florentina'** mit weißen Blüten, die oft bläulich überlaufen sind und einen gelben Bart haben. Ihre Deckblätter sind braun. Sie wird wegen ihres Duftstoffes, der beim Trocknen frei wird, in Italien großflächig angepflanzt. Die frühblühende Sorte mag einen sonnigen Platz.

Iris graminea

Syn. *Iris colchica*

PFLAUMENIRIS

Diese bartlose Spuria-Iris mit kriechenden Rhizomen ist von Spanien bis Westrußland weit verbreitet und wächst für gewöhnlich im Halbschatten; im Garten pflanzt man sie am besten an einen feuchten, aber nicht sumpfigen Platz. Im Frühjahr erscheinen bis zu zehn duftende, etwa 8 cm große Blüten, die häufig durch die dichten, lanzettlichen Blätter verdeckt sind. Die sehr variable Blütenfarbe reicht von einem violetten Blau bis hin zu Purpurtönen, für gewöhnlich hat die Pflanze

Iris lactea

Iris japonica

aber weinrote Dom- und von Blattadern durchzogene, lila bis blaue Hängeblätter. Trotz der verdeckten kleinen Blüten ist sie ein schönes Objekt für einen feuchten Steingarten oder eine Beeteinfassung. Störungen verträgt sie nur schlecht.

Iris histrio

Diese schöne, zwiebelbildende Reticulata-Iris ist in der Türkei sowie in Syrien und im Libanon zu finden. Sie hat wohl die größten Blüten aller Schwertlilien, ist aber schwierig zu kultivieren, da sie leicht von Spätfrösten geschädigt wird und ihre Zwiebeln häufig in winzige, keimunfähige Teile zerfallen. Die Blüten, die im Spätwinter und zu Beginn des Frühjahrs gebildet werden, sind zunächst blau mit einem gelben Kamm, verblassen aber später, so daß sie in der Mitte fast weiß werden. Die Blätter sind im Querschnitt etwa rechteckig.

Iris histrioides

Diese mit *Iris histrio* verwandte, in der Türkei heimische Schwertlilie hat im Gegensatz zu dieser aber Blüten mit breiteren Kronblättern und Laubblätter, die höher sind als die Blüten (auch wenn sie meist noch nicht vorhanden sind, wenn die ersten Blüten im Vorfrühling erscheinen). Im Handel findet man meistens die große, dunkelviolett-blaue Sorte **'Major'.** Die Pflanze benötigt einen sonnigen Standort mit gutdurchlässigem Boden.

Iris innominata

Diese an der Nordwestküste der USA heimische, rhizombildende, bartlose Iris erreicht eine Größe von 15–25 cm; ihre immergrünen, schmalen, dunkelgrünen Blätter haben eine Länge bis zu 30 cm und sind an der Basis purpurn. Die unverzweigten Stengel bringen im Frühsommer ein oder zwei Blüten hervor, deren Farbskala von cremefarben über hellgelb und lavendel- bis zu purpurfarben reicht. Die Hängeblätter können von kastanienbraunen Blattadern durchzogen sein.

Iris germanica var. *biliottii*

Iris japonica

Syn. *Iris fimbriata*

Diese in Japan und im chinesischen Flachland vorkommende Kamm- oder Evansia-Iris erreicht eine Höhe von 45–80 cm, bildet große Büschel aus glänzenden Blättern und im Spätwinter und Frühjahr etwa 6 cm große, blaßblaue oder weiße Blüten, deren Hängeblätter eine violette Zeichnung um den orangefarbenen Kamm aufweisen. Die Pflanze mag einen geschützten, leicht schattigen Platz mit möglichst saurem Boden. Eine Varietät mit weißgestreiften Blättern blüht schlecht.

Iris kamaonensis

Diese dichte Bestände bildende Schwertlilie aus dem Himalaja gehört zu einer kleinen Gruppe von Bartiris-Arten, die nahe mit Oncocyclus- und Regelia-Iris-Arten verwandt sind. Ihre Blätter werden bis zu 45 cm lang; die duftenden, blaupurpurngestreiften Blüten, die etwa 5 cm groß werden, dunkel gefleckt sind und weiße Bärte mit gelben Spitzen haben, sitzen zwischen den Blättern versteckt. Die Art bevorzugt einen schattigen Platz mit feuchtem, aber gutdurchlässigem, sandigem Boden.

Iris lactea

Diese weitverbreitete Bartiris, die von Zentralrußland bis Korea und im Himalaja vorkommt, ist nahe mit *Iris ensata* verwandt. Sie hat feste, aufrechte, graugrüne, bis zu 5 cm breite Blätter, die die bis zu 30 cm großen Blütenähren überragen können. Die duftenden, hell lavendelfarbenen bis blauen, manchmal auch weißen Blüten erscheinen im Frühsommer. Die robuste Pflanze verträgt sowohl Frost als auch große Hitze, gehört aber zu den weniger spektakulären Arten.

Iris germanica

Iris germanica 'Florentina'

Iris laevigata

Japan ist die Heimat dieser rhizombildenden, bartlosen Art. Sie ähnelt *Iris ensata*, hat aber etwas kleinere Blüten, außerdem fehlt den Blättern die hervorstehende Mittelrippe. Die dünnen verzweigten Stengel bringen im Frühling und Frühsommer zwei bis vier purpurrote Blüten mit gelben Punkten hervor. Die Pflanze verträgt Sonne oder Halbschatten; der Boden sollte feucht sein. Sie kann auch ganzjährig in flachem Wasser wachsen. Sowohl *I. laevigata* als auch *I. ensata* tauchen oft in der traditionellen japanischen Malerei auf.

Iris latifolia
Syn. *Iris xiphioides*

Diese zwiebelbildende Xiphium-Iris, wegen ihrer großen Beliebtheit im England des 18. Jahrhunderts auch Englische Iris genannt, stammt aus Spanien. Sie erreicht eine Höhe von 75 cm und hat lanzettliche Blätter. Im Spätfrühjahr bringt sie vier purpurblaue oder weiße Blüten hervor, die sehr breite, oft geflügelte Hängeblätter haben und zumeist einen goldenen Fleck, der sich längs der Mitte hinzieht.

Iris orientalis

Iris lutescens
Syn. *Iris chamaeiris*

Bei dieser Art handelt es sich um eine variable, kleinwüchsige, rhizombildende Bartiris aus Südwesteuropa, die ein wenig an *Iris pumila* erinnert. Die Blätter der schnellwüchsigen Pflanze werden bis zu 30 cm lang und 1,2–2,5 cm breit. Die Blüten, die mit Beginn des Frühjahrs erscheinen, können gelb, blauviolett, weiß oder auch zweifarbig sein; der Bart ist stets gelb. Die dekorative Art ist leicht zu kultivieren, benötigt im Winter aber niedrige Temperaturen, um im Frühjahr kräftig zu blühen. **'Caerulea'** ist eine blaublühende Sorte.

Iris maackii

Diese weniger bekannte Art aus China ist mit *Iris laevigata* verwandt. Die Blüten sind etwa 5 cm groß und vollständig gelb. Ob die dekorative, bis zu 30 cm hohe Art auch in unseren Breiten vollständig winterhart ist, muß sich erst noch erweisen.

Iris milesii

Die aus dem Himalaja stammende Evansia-Iris gedeiht in sonnigen Beeten gut und vermehrt sich schnell. Sie hat dicke kriechende, leicht grünliche Rhizome, aus denen die dichtstehenden grünen Blätter herauswachsen, die eine Höhe von 60 cm erreichen. Die Blüten sind von einem hellen Lavendelblau, haben aber eine dunklere Zeichnung an den Hängeblättern und eine gelbe Zeichnung an der Innenseite.

Iris lutescens 'Caerulea'

Iris pseudacorus

Iris pseudacorus 'Variegata'

Iris missouriensis
Syn. *Iris tolmeiana*

Diese weitverbreitete rhizombildende, bartlose Iris findet man in den westlichen und mittleren Regionen der USA sowie von Mexiko bis in den Westen Kanadas. Es handelt sich um eine winterharte, unkomplizierte Art mit schlanken Blättern. Sie wird 75 cm hoch und muß bis zur Blütezeit häufig gegossen werden, danach dann deutlich weniger. Die sehr variable Blütenfärbung reicht von Hell- über Dunkelblau bis hin zu lavendelfarbenen Tönen, außerdem gibt es einige weiße Formen. Die Hängeblätter, die mit tiefpurpurnen Blattadern durchzogen sind, zeigen normalerweise eine gelbe Zeichnung.

Iris munzii

Eine der größten Schwertlilien aus der Gruppe der Pazifikküsten-Iris-Arten er-

Iris pallida

Iris missouriensis

Iris maackii

Iris pallida 'Variegata'

Iris munzii

reicht eine Höhe von 75 cm; die im Sommer gebildeten Blüten haben einen Durchmesser bis zu 8 cm. Die Blütenfarbe reicht von Hellblau über Lavendel bis hin zu einem dunklen Purpurrot; die Blattadern sind meist dunkler. Die Art ist bedingt winterhart.

Iris orientalis

Syn. *Iris ochroleuca*

Diese bis etwa 1 m hohe, rhizombildende, bartlose Iris aus Westasien hat mittelgrüne Blätter und weiße oder gelbe Blüten, die im Frühsommer gebildet werden; *Iris orientalis* var. *monnieri* ist eine vollständig gelbe Varietät. Obwohl diese Pflanzen normalerweise an sumpfigen Standorten wachsen, sind sie im Garten auch mit einem sonnigen, aber feuchten Platz mit nährstoffreichem Boden zufrieden.

Iris pallida

DALMATINISCHE IRIS

Diese Bartiris aus dem dalmatinischen Teil Kroatiens hat duftende, blaßblaue Blüten mit gelben Bärten, die im späten Frühjahr an den 1,2 m hohen Blütenstengeln gebildet werden. Die Sorte **'Variegata'** (Syn. 'Aurea Variegata') hat hübsche, graugrüne Blätter mit cremefarbenen Streifen.

Iris pseudacorus

GELBE SCHWERTLILIE

Diese robuste, bartlose Iris aus Europa hat hübsche, mittelgrüne Blätter und bringt zu Beginn des Frühjahrs zahlreiche leuchtendgelbe Blüten hervor, die von braunen oder violetten Blattadern durchzogen sind und einen dunkelgelben Fleck auf den Hängeblättern haben; die Blütenstengel sind bis 1 m hoch. Die Pflanzen bevorzugen einen Platz in flachem Wasser und nährstoffreiche Böden. Es empfiehlt sich, die Gelbe Schwertlilie im Herbst in einen Topf mit fruchtbarer Erde zu pflanzen und diesen dann an eine sonnige Stelle in einen Gartenteich zu stellen. Die Sorte **'Variegata'** entwickelt im Frühling grün-gelb gestreifte Blätter, die sich aber noch vor der Blüte einheitlich grün verfärben. Die Art ist nicht so robust wie viele andere Schwertlilien.

Iris setosa subsp. *canadensis*

Iris pumila 'Purpurea'

Iris reticulata 'Joyce'

Iris reticulata 'Edward'

Iris pumila

ZWERGBARTIRIS

Diese dekorative, aber hinsichtlich ihrer Ausprägung stark variierende, kleine Bartiris ist in ganz Mittel- und Osteuropa und der Türkei zu finden. Sie hat dicke fleischige Rhizome und wird auch zur Blütezeit kaum höher als 15 cm. Die Färbung der Blüten reicht von Weiß über Gelb, Purpur und Blau bis Violett; die Bärte sind gelb oder blau. Die Pflanze bevorzugt einen sonnigen Platz mit gutdurchlässigem, leicht alkalischen Boden. **'Purpurea'** ist eine dunkel purpurfarbene Sorte.

Iris reticulata

Auch diese Art aus der Kaukasusregion ist in ihrem Erscheinungsbild sehr variabel. Es handelt sich um eine zwiebelbildende Reticulata-Iris, die zur Blütezeit eine Höhe von 10 cm erreicht. Es gibt verschiedene Unterarten, die sich hauptsächlich durch die etwas abweichende Färbung der auffälligen, im weitesten Sinne blauen, wohlriechenden Blüten unterscheiden. Die Blätter sind vom Spätwinter bis zur Blütezeit zu Beginn des Frühjahrs sehr kurz und werden erst nach der Blüte länger. Sie sind im Querschnitt vierkantig und können, obwohl sie vor der Blütezeit oft kaum zu sehen sind, bei einigen Zuchtformen hinterher noch länger werden als die Blütentriebe. Die winterharten Pflanzen bevorzugen einen sonnigen Platz mit gutdurchlässigem Boden, man kann sie aber auch gut in Kübeln halten. Es gibt zahlreiche Sorten (die Art wird oft mit *Iris histrioides* gekreuzt), darunter **'Cantab'** mit sehr blassen, cambridgeblauen Blüten; **'Edward'** mit Blüten von einem dunklen Blau und orangefarbener Zeichnung; **'Gordon'** mit hellblauen Blüten und einem orangen Fleck auf weißem Hintergrund; **'Joyce'** mit lavendelblauen Dom- und himmelblauen Hängeblättern, die außerdem eine graubraune und gelbe Zeichnung aufweisen, sowie **'Purple Gem'** mit Blüten, die violette Domblätter und sehr dunkle blaue Hängeblätter mit hellpurpurnen und weißen Flecken haben.

Iris 'Roy Davidson'

Iris reticulata 'Gordon'

Iris reticulata 'Purple Gem'

Iris 'Roy Davidson'

Diese bartlose Iris ist eine Zuchtform, die von *Iris pseudacorus* abstammt und daher gut für einen sumpfigen Standort geeignet ist, sich im Garten aber normalerweise auch mit einem gut durchfeuchteten Boden begnügt. Sie erreicht eine Höhe von etwa 1 m und hat ebenso wie die Ausgangsform gelbe, etwa 10 cm große Blüten, die aber weniger schnell verwelken.

Iris setosa subsp. *canadensis*

Diese zu einer weitverbreiteten Art gehörende Unterart findet man von Neufundland bis Ontario (Kanada) und südlich bis nach Maine (USA). Sie kann bis zu 60 cm hoch werden, bleibt aber oftmals kleiner. Es handelt sich um eine bartlose Iris, die vom Ende des Frühjahrs bis in den Frühsommer hinein lavendelblaue Blüten hervorbringt. Die robuste, anspruchslose Pflanze eignet sich gut für Steingärten.

Iris sibirica
SIBIRISCHE SCHWERTLILIE

Das natürliche Verbreitungsgebiet dieser Art erstreckt sich quer durch die gemäßigten Zonen Europas und Asiens, von Frankreich bis zum Baikalsee. Die winterharten Pflanzen, die zu den beliebtesten bartlosen Schwertlilien zählen, bilden dichte Büschel aus schlanken, leuchtendgrünen Blättern, die eine Höhe bis zu 1,2 m erreichen. Am Ende des Frühjahrs oder im Frühsommer wachsen zwischen den Blättern die Blütenstengel heraus, an denen sich die blauen, purpurfarbenen oder weißen, oft mit dunkleren Adern durchzogenen Blüten mit ihren schmalen Kronblättern entwickeln. Die Pflanze mag Sonne oder Halbschatten mit mäßig feuchtem, nährstoffreichem Boden, der auch leicht sauer sein darf; an heißen Tagen muß reichlich gegossen werden. Einige der im Handel erhältlichen Sorten sind: **'Cleave Dodge'** mit mittelblauen Blüten; **'Perry's Blue'** mit kräftigblauen bis lilafarbenen Blüten, gelber Zeichnung sowie braunen, netzartigen Nerven an der Basis der Hängeblätter; **'Ruby'** mit purpurblauen Blüten; **'White Swirl'** mit reinweißen Blüten und abgerundeten, am Grunde gelben Kronblättern und **'Vi Luihn'** mit dunkelvioletten Blüten.

Iris tectorum

Diese Art, die ursprünglich aus China stammt, ist eine winterharte Kamm- oder Evansia-Iris mit dicken kriechenden Rhizomen und breiten, leuchtendgrünen Blättern, die in 30 cm langen Fächern angeordnet sind. Die Blüten werden im Frühjahr und Frühsommer gebildet und haben einen Durchmesser von etwa 10 cm. Sie sind von lila-blauer Farbe und weisen dunklere Adern und Flecken auf; außerdem hat jedes Hängeblatt einen weißen Kamm. Die Pflanze bevorzugt ein windgeschützten Platz im Halbschatten, wobei sie vor allem vor der Nachmittagssonne geschützt werden sollte. Eine weiße Sorte erhielt den Namen **'Alba'**.

Iris tenax
Syn. *Iris gormanii*

Diese bartlose Pazifikküsten-Iris aus Oregon und Washington erreicht eine Höhe bis zu 30 cm; die dunkelgrünen Blätter sind an der Unterseite rosa gefleckt. Die Pflanze blüht vom Frühjahr bis in den Sommer hinein; die Blüten sind etwa 9 cm groß und können von blauer, lavendelfarbener, gelber oder weißer Farbe sein und an den Hängeblättern oft eine gelbe oder weiße Musterung aufweisen. Die Art, die einen sonnigen oder halbschattigen Platz benötigt, ist relativ leicht zu kultivieren.

Iris tingitana

Diese robuste, zwiebelbildende Xiphium-Iris hat bis 15 cm breite, blaßblaue Blüten und silbergraue, lanzettliche Blätter. Diese werden im Herbst gebildet und leicht durch stärkeren Frost geschädigt, so daß man den Pflanzen einen möglichst geschützten Platz geben sollte. Die Pflanzen werden bis zu 75 cm hoch und bringen im Winter und zu Beginn des Frühlings etwa 10 cm große, hellblaue Blüten hervor. Sie werden in der gleichen Weise wie die Holländischen Hybriden gezogen, sind aber nicht ganz einfach zu kultivieren.

Iris tectorum

Iris tenax

Iris typhifolia

Iris typhifolia

Diese erst kürzlich beschriebene Art aus China ist mit *Iris sibirica* verwandt. Es handelt sich um eine nicht völlig frostharte Pflanze, die eine Höhe von 30 cm erreicht. Die Blüten, die im späten Frühjahr gebildet werden, sind für gewöhnlich von einem dunklen Violett.

Iris unguicularis
Syn. *Iris stylosa*

Bei dieser immergrünen, bartlosen Iris aus Nordafrika sind die Blüten in typischer Weise zwischen den Büscheln aus grasähnlichen, dunkelgrünen Blättern versteckt. Die Blüten, die an bis zu 20 cm langen Blütenstengeln sitzen, sind meist blaßblau, aber auch weiß oder dunkelblau; die Hängeblätter haben eine gelbe Mitte. Die Pflanze blüht von Herbst bis Frühjahr. Die Pflanze ist nicht völlig winterhart, so daß man sie an einen geschützten und sonnigen Platz mit leicht alkalischem Boden setzen sollte, etwa vor eine Süd- oder Westwand. Die Blüten kommen besser zur Geltung, wenn das dichte Laubwerk im Frühwinter zurückgeschnitten wird.

Iris versicolor

Diese robuste, bartlose Schwertlilie ist im östlichen Teil Nordamerikas heimisch und dort von Labrador bis Virginia zu finden. Sie wurde früher häufig von den Urein-

Iris sibirica 'Ruby'

Iris sibirica

Iris sibirica 'Perry's Blue'

Iris sibirica 'Vi Luihn'

Iris sibirica 'Cleave Dodge'

Iris, Arilbred-Hybride, 'Vera'

I., Bartiris-Hybride, 'Cannington Skies'

wohnern als Heilpflanze verwendet. Die Art erreicht eine Höhe von 75 cm; ihre im Frühjahr erscheinenden Blüten sind von violett-purpurner oder lavendelblauer Färbung. Auf jedem Hängeblatt gibt es eine purpurne Stelle mit weißen Blattnerven. Die Pflanzen sind winterhart und bevorzugen halbschattige Plätze mit feuchtem bis nassem Boden; man kann sie aber auch in flachen Gewässern anpflanzen.

Iris xiphium

Diese zwiebelbildende Xiphium-Iris aus dem westlichen Mittelmeergebiet ist die wichtigste Ausgangsart für die Spanischen und Holländischen Hybriden. Sie erreicht eine Höhe bis zu 75 cm und hat schmale, lanzettliche, mittelgrüne Blätter, die sich über den gesamten Blütenstengel verteilen. Die Blüten, die zu Beginn des Frühjahrs gebildet werden, können blau- bis malvenfarben, manchmal auch weiß oder gelb sein. Die Hängeblätter haben jeweils einen gelben oder orangefarbenen Fleck und sind nicht flügelförmig wie bei der Englischen Iris, die in erster Linie von der verwandten Art *I. latifolia* abstammt.

Iris, Arilbred-Hybriden

Diese eher uneinheitliche Gruppe von Hybriden stammt in erster Linie aus Züchtungen mit Oncocyclus-, Regelia- und Regeliocyclus-Bartiris-Arten; es gibt auch Zuchtformen, an denen andere Bartirisarten beteiligt sind. Die Sorte **'Vera'** hat schokoladenbraune Blüten mit purpurnen Flecken; die Bärte sind ebenfalls purpurn.

Iris, Bartiris-Hybriden

Diese im späten Frühjahr blühenden Schwertlilien mit einem Bart aus bunt gefärbten Härchen werden oft als *Iris germanica* oder *I. pallida* bezeichnet, obwohl es sich bei diesen beiden Arten nur um zwei der Ausgangsformen handelt. Bartiris-Hybriden haben dicke kriechende Rhizome, hübsche, schwertförmige, graue Blätter und Blütenstengel mit mehreren großen

Iris, Bartiris-Hybride, 'Sunny Dawn'

Iris, Bartiris-Hybride, 'Blue Shimmer'

I., Bartiris-Hybride, 'Supreme Sultan'

Blüten. Sie sind in fast allen Farben zu haben, von Rot einmal abgesehen, außerdem gibt es mehrfarbige Sorten, solche mit unterschiedlich gefärbten Dom- und Hängeblättern und reinweiße Zuchtformen mit einem breiten Farbband, das außen an der Blüte entlangläuft. Einige der neueren Züchtungen blühen sowohl im Frühling als auch im Spätsommer oder Herbst. Die Angehörigen der Gruppe mögen sonnige Plätze mit nährstoffreichem, leicht basischem, durchlässigem Boden. Sie sind sehr blühwillig, sofern im Sommer nicht zuviel gegossen wird. Die Hybriden werden in drei Gruppen eingeteilt:

– **zwergwüchsige** Zuchtformen, die 15–40 cm groß werden und früher blühen als die übrigen Gruppen;
– **halbhohe** Zuchtformen, die etwa 60 cm groß werden und etwa 14 Tage später blühen als die zwergwüchsigen (**'Sunny Dawn'** ist mit ihren gelben Blüten mit roten Bärten eine der typischen Sorten);
– schließlich noch die **hohen** Zuchtfor-

Iris, Bartiris-Hybride, 'Dancer's Veil'

Iris, Louisiana-Hybride, 'Light Beam'

I., Louisiana-Hybride, 'Sun and Sand'

I., Bartiris-Hybride, 'Orange Celebrity'

men, die als letzte blühen und eine Höhe von 1 m oder mehr erreichen. Typische Sorten sind **'Almaden'** mit weißen Dom- und burgunderroten Hängeblättern; **'Beyond'** mit creme- bis apricotfarbenen, rotblau gesäumten Blüten; **'Blue Shimmer'** mit weißen Blüten und lila bis blauer Zeichnung; die etwa 1 m große **'Dancer's Veil'** mit weißen, blauviolett gesäumten Blüten; **'Jelly Roll'** mit rosafarbenen Blüten und einem rotem Bart; **'Light Beam'** mit gelben Dom- und weißen, gelb gesäumten Hängeblättern sowie **'Orange Celebrity'**, eine Schwerlilie mit leuchtenden, aber zarten Farben wie Apricot und Rosa und unverkennbaren, flammend orangegefärbten Bärten. **'Blue-eyed Bru-nette'** hat kupferfarbene Domblätter und Hängeblätter, die jeweils einen blauen Flecken aufweisen; **'Cannington Skies'** besitzt mittelblaue Dom- und Hängeblätter; **'Early Light'** hat cremefarbene Domblätter mit zitronengelber Zeichnung, etwas dunklere Hängeblätter und gelbe Bärte; **'Supreme Sultan'** karamelfarbene Dom- und karmesinrote bis braune Hängeblätter.

Iris, Louisiana-Hybride, 'Art World'

Iris, Holländische Hybriden

Diese Schwertlilien aus der zwiebelbildenden Xiphium-Gruppe haben die Reinheit ihrer Farbgebung von einer ihrer Ausgangsformen, der nordafrikanischen *Iris tingitana*; die andere wichtige Ausgangsform, *I. xiphium*, tendiert ins Purpurne. Holländische Hybriden sind sehr leicht zu kultivieren. Sie bevorzugen einen sonnigen Platz mit gutdurchlässigem, leicht basischem Boden, wachsen aber zumeist auch auf sauren Böden. Die Farbpalette dieser Pflanzen reicht von Hellblau bis fast Violett. Zu den zahlreichen Sorten gehören: **'Blue Magic'**, deren Farbe in der Mitte dieser Farbskala liegt, und die purpurblaue **'Professor Blaauw'**, eine der in Gärten am meisten kultivierten Schwertlilien, benannt nach Professor A. H. Blaauw (1882–1942). Seinen Forschungen ist es zu verdanken, daß heute ganzjährig Blüten induziert werden können. Außerdem züchtete er die helle, fast türkisfarbene **'Wedgwood'**.

Iris, Louisiana-Hybride, 'Vermillion Treasure'

Iris, Louisiana-Hybriden

Zu den Ausgangsformen dieser farbenprächtigen Gruppe von Hybriden bartloser, rhizombildender Schwertlilien gehören *Iris fulva* und *I. brevicaulis*. Die Pflanzen haben lange, schmale Blätter, die dichte Horste bilden können, die man nach zwei bis drei Jahren teilen kann. Die Louisiana-Hybriden sind nicht völlig frosthart, so daß man sie selten im Handel findet. Es handelt sich eigentlich um Sumpf- oder Wasserschwertlilien, die man aber auch in eine normale Rabatte pflanzen kann. Am besten gedeihen sie an einem sonnigen Platz mit feuchtem bis sumpfigem, humusreichen Boden. Die

Iris, Holländische Hybride, 'Blue Magic'

Iris, Louisiana-Hybride, 'Insider'

I., Louisiana-Hybride, 'Exclusive Label'

Iris, Louisiana-Hybride, 'White City'

Iris, Holländische Hybride, 'Professor Blaauw'

I., Louisiana-Hybride, 'Guessing Game'

I., Louisiana-Hybride, 'Sierra Amarillo'

Pflanzen werden selten größer als 1 m, meist bleiben sie kleiner. Zu den gängigen Sorten gehören: **'Art World'** mit rosa-mauvefarbenen, schattierten Blüten; **'Bluebonnet Sue'** mit dunkelviolett-blauen Blüten; **'Designer's Dream'** mit hellbgelben Blüten, deren Kronblätter stark gewellt sind; **'Dural Dreamtime'** mit feinen weißen Blüten und grünen Adern; **'Exclusive Label'** mit dunkel burgunderfarbenen, gelbgesäumten Blüten; **'Guessing Game'** mit hell mauvefarbenen Blüten mit dunkleren violetten Adern sowie einer unregelmäßigen Zeichnung; **'Icarus'** mit leuchtendgelben Blüten; **'Insider'**, eine neue australische Hybride mit gelb abgesetzten, rötlich-braunen Dom- und rötlich-braunen, gelbgefleckten Hängeblättern sowie **'Vermilion Treasure'** mit rotvioletten Blüten und einer feinen gelben Zeichnung.

Iris, Spuria-Hybriden

Obwohl *Iris spuria* aus Nordafrika und Südfrankreich sowie *I. sibirica* aus Osteuropa und ihre nahen Verwandten an sich schon außerordentlich schöne Pflanzen

I., Louisiana-Hybride, 'Bluebonnet Sue'

sind, hat man versucht, sie durch Kreuzungen immer noch attraktiver zu machen. Die beliebtesten Hybriden haben viele, etwa 10 cm große Blüten, die im Frühsommer an bis zu 1,2 m langen Blütenstengeln gebildet werden. Die Farben liegen oft zwischen Weiß und Blau, es gibt aber auch gelbe und weiße Sorten. Alle bevorzugen Sonne und nährstoffreichen Boden und müssen während der Wachstumsphase und der Blütezeit kräftig gegossen werden.

ISATIS

WAID

Diese 30 Arten umfassende Gattung ein-, zwei- oder mehrjähriger Pflanzen ist in Südeuropa und Westasien weit verbreitet. Die Pflanzen haben am Grunde gestielte, längliche, blaugrüne Blätter mit einem gezähnten Rand, die oberen sind zumeist lanzettlich und ganzrandig. Die zahlreichen kleinen, vierzähligen Blüten sind in lockeren Rispen angeordnet. Sie sind für gewöhnlich gelb und gelten als beliebte Futterpflanzen für Bienen.

PFLEGE UND VERMEHRUNG: Die winterharten Pflanzen können an einem sonnigen Standort mit nicht zu nährstoffreichem, gutdurchlässigem Boden angepflanzt werden. Die Vermehrung erfolgt durch Samen im Frühjahr und Herbst.

Isatis tinctoria

FÄRBERWAID

Iris tinctoria ist eine der ältesten Pflanzen zur Gewinnung von Farbstoff in Europa und Asien und wurde besonders wegen ihres kostbaren blauen Farbstoffes geschätzt. Königin Elizabeth I. fand den ätzenden Geruch des fermentierten Farbstoffes so beleidigend für die Nase, daß sie die Produktion innerhalb von fünf Meilen rund um den Palast untersagte. Neuerdings wird die Art auch gern in Kräutergärten angepflanzt, wo sie sich gut als Hintergrundpflanze nutzen läßt. Der Färberwaid ist eine robuste aufrechte, zweijährige, sich selbstvermehrende Pflanze, die eine Höhe bis zu 1,2 m und eine Breite von 50 cm erreicht und im Frühjahr und Frühsommer viele leuchtendgelbe Blüten bildet.

ISOLEPIS

Die etwa 40 Arten von Riedgräsern umfassende Gattung ist in den gemäßigten Regionen und in den höheren Lagen der Tropen weit verbreitet. Sie hat grasähnliche Blätter und bringt in den wärmeren Monaten an schlanken Stengeln Blütenköpfchen aus unzähligen winzigen Einzelblüten hervor. Einige Arten sind winzige, polsterbildende Pflanzen, während andere etwa die Wuchsform von Binsen haben.

PFLEGE UND VERMEHRUNG: Die Arten dieser Gattung wachsen natürlicherweise zumeist auf feuchten Böden, etwa in Sümpfen oder Hochmooren. Im Garten setzt man sie am besten an einen sonnigen Platz mit feuchtem Boden; gut sind sie auch für Teichränder geeignet. Die anspruchslosen Pflanzen benötigen kaum Pflege. Die Vermehrung erfolgt durch Teilung im Frühjahr oder durch Aussaat; oft vermehren sich die Pflanzen aber auch von selbst, was zum Problem werden kann. Die meisten Arten vertragen leichte Fröste.

Isolepis cernua

Diese schnellwüchsige Pflanze, die eine Höhe von etwa 30 cm erreicht, stammt aus West- und Südeuropa sowie Nordafrika. Ihre drahtigen Blätter sind dunkelgrün, und grünlich sind auch die winzigen Blüten im Sommer. Aus ihnen entwickeln sich später weiche, bräunliche Früchte.

Isolepis nodosa

Syn. *Scirpus nodosus*

Aus den gemäßigteren Zonen der südlichen Hemisphäre stammt eine der robustesten *Isolepis*-Arten. Sie bildet dichte Horste aus aufrechten, unbeblätterten Halmen, die bis zu 1 m lang werden können. Die Blütenährchen sind zu einem dichten kugelförmigen Köpfchen vereinigt, wobei jedes Ährchen einen Durchmesser von etwa 1 cm hat. Die schnellwachsende, leicht zu kultivierende Pflanze verträgt salzige und staunasse Böden.

ISOPLEXIS

Die Gattung umfaßt nur drei gefährdete Arten immergrüner, weichholziger Sträucher oder Halbsträucher, die auf Madeira und den Kanarischen Inseln heimisch und mit dem Fingerhut *(Digitalis)* verwandt sind. Im Freien kann man sie nur in frostfreien Regionen anpflanzen.

PFLEGE UND VERMEHRUNG: Die anspruchslosen Pflanzen brauchen eine

Isolepis nodosa

Isatis tinctoria

Iris, Louisiana-Hybride, 'Impressioned'

Isoplexis canariensis

Isopogon anemonifolius

Isopogon dawsonii

Mindesttemperatur von etwa 7 °C, so daß man sie in Mitteleuropa nicht ganzjährig im Freien kultivieren kann. Im Kübel gezogen, brauchen sie Sonne oder Halbschatten, ausreichend Wasser und regelmäßige Entfernung welker Teile. Vermehrung durch Aussaat im Frühjahr oder im Sommer durch geschnittene Stecklinge.

Isoplexis canariensis
KANARISCHER FINGERHUT

Auf Teneriffa ist dieser aufrechte Strauch, der eine Höhe und Breite von 1,5 m erreicht, beheimatet. Die Blätter sind lang und schmal, lederartig und faltig. Die in aufrechten Ähren angeordneten röhrenförmigen Blüten werden hauptsächlich im Sommer gebildet. Sie sind orangegelb bis orangebraun, selten gelbbraun gefärbt.

ISOPOGON

Diese Gattung mit etwa 30 Arten immergrüner Sträucher aus Australien wird wegen ihrer dekorativen hellgrünen Blätter geschätzt, die tief eingeschnitten, hart und stachelig sind. Die runden Köpfchen aus duftenden weißen, cremefarbenen oder rosa Blüten werden im Frühjahr und Sommer gebildet. Die hübschen Pflanzen sind weniger verbreitet als ihre Verwandten, die *Grevillea*- und *Banksia*-Arten. Aus den Blüten entwickeln sich holzige, rundliche Fruchtstände, die ein wenig an kleine Kiefernzapfen erinnern. Diese sitzen zumeist

Isopogon anemonifolius

Itea virginica

auch dann noch an den nackten, aufrechten Stengeln, wenn Blüten und Blätter längst verwelkt sind.

PFLEGE UND VERMEHRUNG: Die nicht völlig frostharten Pflanzen sollten in einen Kübel mit gutdurchlässiger Erde gepflanzt werden und im Sommer einen sonnigen Platz im Freien bekommen. An heißen Tagen muß reichlich gegossen werden. Vermehrung durch Aussaat im Winter oder Stecklinge im Spätsommer und Herbst.

Isopogon anemonifolius

Diese aufrechte, buschige Art aus Ostaustralien erreicht normalerweise eine Höhe und Breite von etwa 2 m, es gibt aber auch niedrigere Zuchtformen. Die großen, rundlichen, cremefarbenen bis gelben Blütenköpfchen werden im Frühjahr gebildet. Aus ihnen entwickeln sich später die zapfenartigen Fruchtstände. Die Pflanze ist nicht völlig winterhart.

Isopogon dawsonii

Diese im südöstlichen Australien heimische dekorative Art findet man zumeist an Sandsteinböschungen oder auf Klippen. Es handelt sich um einen Strauch mit offener Wuchsform, der eine Größe bis zu 3 m erreichen kann und geteilte Blätter mit flachen Fiedern besitzt. Aus den in Köpfchen angeordneten, blaßgelben, oft rosa überlaufenen Blütenköpfchen entwickeln sich später silbergraue Fruchtstände.

Isopogon formosus

Bei dieser in den südlichen Regionen Westaustraliens heimischen Pflanze handelt es sich um eine sehr variable Art, die normalerweise aber eine buschige Wuchsform mit einer Höhe und Breite bis zu 1,5 m hat. Die dunkelgrünen Blätter sind gefiedert, die Blattfiedern hart und stachelig. Die dekorativen Blütenköpfchen aus rosafarbenen Blüten messen etwa 5 cm im

Isopogon formosus

Durchmesser und werden für gewöhnlich im Frühjahr gebildet.

ITEA
ROSMARINWEIDE

Die insgesamt 10 Arten dieser immergrünen oder sommergrünen Sträucher und Bäume kommen, bis auf eine nordamerikanische Art, alle in tropischen und gemäßigten Regionen Asiens vor. Kultiviert werden die Pflanzen hauptsächlich wegen ihrer auffälligen, duftenden Blüten, die im Herbst erscheinen. Die Rosmarinweide ist weitgehend winterhart, wobei man einige Arten aber möglichst vor eine warme West- oder Südwand setzen sollte, besonders in Gegenden mit starkem Frost.

PFLEGE UND VERMEHRUNG: Die Pflanze gedeiht nur auf sehr trockenem Boden, wobei ein Platz im Halbschatten bevorzugt wird, auch wenn sonnige Standorte oft toleriert werden. Die Vermehrung durch Aussaat ist möglich; einfacher ist aber die Anzucht mit Stecklingen oder Ablegern.

Itea ilicifolia

Dieser hübsche, buschige, immergrüne Strauch aus Westchina erreicht eine Höhe und Breite bis zu 3 m. Die Blätter, die an gebogenen Zweigen sitzen, erinnern an Stechpalmen, sind aber schmaler. Im Spätsommer oder Frühherbst werden längliche, kätzchenähnliche Blütenstände aus grünlichen oder cremefarbenen Blüten gebildet. Die Pflanzen wachsen am besten an einem halbschattigen Platz mit feuchtem, tiefem und nährstoffreichem Boden.

Itea virginica

Die bekannteste Art dieser Gattung ist ein sommergrüner Strauch aus Nordamerika mit aufrechter, schlanker Wuchsform. Er erreicht eine Höhe von 1–1,5 m und bringt im Sommer duftende, cremefarbene Blüten hervor, die in hängenden Trauben angeordnet sind. Seine fein gesägten, leuchtendgrünen Blätter fallen, teilweise rot verfärbt, im Frühwinter ab. Der völlig winterharte Strauch braucht viel Platz, damit er schön buschig wird. Bei Anzucht aus Samen ist Torferde zu empfehlen

IXIA
KLEBSCHWERTEL, MINIATURGLADIOLE, IXIE, AFRIKANISCHE KORNLILIE

Diese etwa 50 Arten umfassende Gattung ausdauernder Zwiebelpflanzen kommt nur in Regionen Südafrikas vor, in denen es im Winter regelmäßig regnet. Die Verwandten der Schwertlilien bringen im Frühjahr und Frühsommer viele herrliche, sternförmige Blüten an drahtigen Stengeln

Ixia maculata, Gartenform

Ixia viridiflora

hervor; die Blätter sind für gewöhnlich lang und schmal. Die größte Art erreicht eine Höhe von 60 cm.
PFLEGE UND VERMEHRUNG: Der Klebschwertel ist sehr empfindlich gegenüber zuviel Feuchtigkeit im Sommer. Man kann die Zwiebeln nach der Blüte und dem Einziehen der Blätter ausgraben und an einem trockenen Ort bei Temperaturen von etwa 20 °C lagern. Im November pflanzt man sie dann wieder ins Freie (etwa 10 cm tief) und deckt die Stelle, da die Pflanzen nicht völlig winterhart sind, gut mit Stroh ab (nicht mit Torf oder Laub, die zuviel Wasser aufnehmen). Der Winterschutz wird erst entfernt, wenn die Blätter im Frühjahr durch die Abdeckung wachsen. Die Pflanzen können auch in Kübeln kultiviert werden. Die Vermehrung erfolgt durch Brutzwiebeln, die man nach der Blüte entnimmt. Bei Anzucht mit Samen blühen die Pflanzen aber erst im dritten Jahr nach der Aussaat.

Ixia maculata

Diese beliebte Art hat drahtige Blütentriebe mit 45 cm Länge und einem Durchmesser von 3,5–5 cm. Die 5 cm großen Blüten mit brauner oder schwarzer Mitte und orangefarbenen bis gelben Kronblättern sitzen gedrängt an der Spitze der Stengel. Es gibt auch weiße, gelbe, rosa, orangefarbene oder rote Zuchtformen

Ixia paniculata
Syn. *Morphixia paniculata, Tritonia longiflora*

Die schlanken Blütentriebe dieser Art werden 60 cm lang und 25 cm breit. An ihnen sitzen cremefarbene oder blaßgelbe Blüten mit purpurnem bis schwarzem Fleck an der Basis. Die 5 cm großen Blüten wachsen im späten Frühjahr sternförmig und sind am Grund röhrenförmig verwachsen.

Ixia 'Uranus'

Dies ist nur eine von vielen Zuchtformen, von denen einige durch Kreuzung entstanden, andere durch Zuchtwahl. Die Blüten der Pflanzen sind zumeist kräftig dunkelgelb und haben eine rot-schwarze Mitte.

Ixia viridiflora

Diese Pflanze wird vor allem wegen ihrer sternförmigen, türkisfarbenen Blüten mit purpurfarbener bis schwarzer Mitte kultiviert. Die Blüten sind in einer Ähre angeordnet, die an bis zu einem 60 cm langen Stengel sitzt. Die schmalen Blätter entspringen meist der Basis des Stengels.

Ixora chinensis

IXORA

Diese große Gattung aus den tropischen Regionen Afrikas, Asiens und von den Pazifischen Inseln umfaßt etwa 400 Arten immergrüner Sträucher und kleiner Bäume mit glänzenden, dunkelgrünen Blättern. Viele bilden schöne Blütenköpfchen, die sich aus scharlachroten, orangefarbenen, gelben, rosafabenen oder weißen Einzelblüten zusammensetzen. Die Sträucher lassen sich in Containern anpflanzen. In wärmeren Regionen bieten sie als Hecken guten Sichtschutz.
PFLEGE UND VERMEHRUNG: *Ixora* sind nicht frosthart, so daß sie bei uns meist als Zimmerpflanzen kultiviert werden. Man stellt sie in ein Blumenfenster, das in der Vegetationsphase von März bis September keine direkte Sonne abbekommt, und bewegt sie nicht, da sie sonst die Blüten abwirft. Die Temperatur im Zimmer sollte nicht weit unter 20 °C absinken; eine hohe Luftfeuchtigkeit versucht man durch häufiges Sprühen zu gewährleisten. Als Substrat kann normale Blumenerde dienen, in der Wachstumszeit wird alle vierzehn Tage gedüngt. Die Vermehrung kann durch Stecklinge im Sommer oder durch Samen im Frühjahr erfolgen, ist aber schwierig.

Ixora chinensis

Dieser immergrüne Strauch wird etwa 1 m hoch und breit. Die aufrechten Zweige sind dicht mit spitzen, dunkelgrünen Blättern bewachsen; die in langen endständigen Trauben angeordneten, röhrenförmigen Blüten werden vom Frühling bis in den Herbst gebildet, wobei die Farbpalette von orange und gelb bis weiß und rosa reicht. **'Lutea'** hat gelbe Blüten, die orange-scharlachroten Blütenköpfe der Sorte **'Prince of Orange'** sind sehr groß und bedecken den Strauch im Sommer fast vollständig.

Ixora coccinea

Bei dieser immergrünen Pflanze aus dem tropischen Südostasien handelt es sich um einen hübschen rundlichen Strauch mit dunkelgrünen Blättern, der eine Höhe von etwa 1 m und eine Breite bis zu 1,5 m erreicht. Er bringt den ganzen Sommer über kleine, scharlachrote, röhrenförmige Blüten hervor, die in dichten, kugeligen, etwa 10 cm großen Blütenköpfchen angeordnet sind. Aus den Blüten entwickeln sich kirschgroße schwarze Früchte.

Ixora javanica
Syn. *Ixora amoena*

Dieser auf Java und der Malaiischen Halbinsel heimische, kleine und immergrüne Baum kann eine Höhe von etwa 4,5 m erreichen, wird in Gärten aber selten höher als 1,5 m. Die in dichten Köpfchen angeordneten, kleinen, röhrenförmigen Blüten sind meistens rot, es gibt aber auch orange- und rosafarbene Formen.

Ixora 'Sunkist'

Die Sorte **'Sunkist'** wird 60 cm groß, hat schmale, glänzendgrüne Blätter und Blütenköpfchen mit apricotfarbenen Einzelblüten, die später ziegelrot werden. Bei richtiger Pflege läßt sich die Zuchtform lange im Hause halten, dazu gehört auch, daß sie im Spätwinter oder nach der Blüte auf die Hälfte gestutzt wird. Vermehrung durch Stecklinge im Frühjahr.

Ixora coccinea

Ixora chinensis 'Prince of Orange'

Ixora 'Sunkist'

J K

JABOROSA

Diese Gattung umfaßt etwa 20 mit der Tomate verwandte Arten – kleinwüchsige Stauden aus den trockeneren Regionen Südamerikas. Die Blätter sind oval und können tief eingeschnitten oder gelappt sein, einige haben einen gezähnten Rand; die Blüten sind weiß, cremefarben oder gelb. In die Gärten hat nur eine Art Eingang gefunden, die als Bodendecker für sonnige Standorte mit gutdurchlässigem Boden verwendet wird.
PFLEGE UND VERMEHRUNG: Die nicht völlig winterharten Pflanzen sind bei uns selten im Handel. Man sollte dafür sorgen, daß keine Staunässe auftritt. Jedoch muß im Sommer regelmäßig gegossen werden. Vermehrung durch Aussaat im Frühjahr oder Teilung vorhandener Pflanzen im Spätwinter oder zu Frühjahrsbeginn.

Jaborosa integrifolia

Diese ausdauernde, nicht völlig winterharte Art stammt aus Brasilien, Uruguay und Argentinien, wo sie wild in den Pampas oder auf feuchten Wiesen vorkommt. Sie hat eine niederliegende Wuchsform, wird etwa 15 cm hoch und breitet sich durch unterirdische Rhizome aus, denen kurze, in Rosetten angeordnete, grüne Blätter an kurzen Stengeln entspringen. Die Blätter werden 20 cm lang; die sternförmigen grünlichweißen Blüten, die nachts duften, erscheinen im Spätherbst und halten sich oft bis in den Frühsommer. Die Art kann sich ungezügelt ausbreiten.

JACARANDA

JACARANDA

Diese Gattung besteht aus etwa 50 Arten mittelgroßer bis großer, sommer- oder immergrüner Bäume, die alle aus Brasilien und anderen Regionen des tropischen und subtropischen Südamerika stammen. Sie haben farnartige, doppelt gefiederte Blätter und glockenförmige, weiße, purpur- oder malvenfarbene bis blaue Blüten. Bekannt ist der Palisanderholzbaum (*Jacaranda mimosifolia*) mit malvenfarbenen bis blauen Blüten, der in den Tropen zu den beliebtesten Blütenbäumen gehört. Er liefert auch ein wertvolles, reich gemasertes Nutzholz. Verwendet wird jedoch vor allem das Holz der größeren, unauffälligen, weißblühenden Art ***J. filicifolia***, das als Brasilianische Jacaranda oder Veilchenholz bekannt ist.
PFLEGE UND VERMEHRUNG: Die nicht winterharten Bäume lassen sich bei uns nur als Zimmerpflanzen kultivieren. Allerdings blühen die Pflanzen meist erst, wenn sie für das Haus schon zu groß sind. Die in einen Topf gepflanzten Bäume sollten in der Vegetationsphase regelmäßig reichlich gegossen werden, sonst deutlich weniger. Die Vermehrung erfolgt durch Samen im Frühjahr oder Stecklinge im Sommer.

Jacaranda mimosifolia

Syn. ***Jacaranda acutifolia, J. ovalifolia***

PALISANDERHOLZBAUM

Der schnellwüchsige Laubbaum stammt von den Hochebenen Brasiliens, Paraguays und Argentiniens. Er wird 15 m hoch und 12 m breit und hat eine rundliche Krone. Die farnartigen Blätter sind doppelt gefiedert und haben zwölf oder mehr Fiederblättchen. Je nach Klima werden diese im Winter oder im zeitigen Frühjahr abgeworfen, um den zahlreichen, in Rispen angeordneten, trompetenförmigen Blüten Platz zu machen. Aus ihnen entwickeln sich flache, lederartige Kapseln. Die Temperatur des Raumes sollte auch im Winter nicht unter 16 °C fallen, außerdem müssen die Pflanzen reichlich gegossen und häufig gesprüht werden. Der Baum sollte alle 14 Tage gedüngt und vor Luftzug geschützt werden.

JACKSONIA

Diese Schmetterlingsblütler, heimisch in den Halbwüsten Australiens, umfassen an die 50 Arten aufrechter bis niederliegender, immergrüner Sträucher. Statt Blättern sind oft nur grüne Flachsprosse (*Kladodien*) vorhanden, die die Photosynthese besorgen. Einige Arten sind stachelig, andere dagegen unbewehrt. Die erbsenähnlichen Blüten sind rot, orange oder gelb.
PFLEGE UND VERMEHRUNG: *Jacksonia* sind nicht winterhart und nicht sehr dekorativ. Sie sollten unter trocken-heißen Bedingungen in durchlässigen, nährstoffarmen Boden gepflanzt werden. Vermehrung durch mit Heißwasser vorbehandelten Samen oder Stecklinge.

Jacksonia scoparia

Diese in den australischen Gebieten New South Wales und Queensland heimische Art wird 3 m hoch und 2 m breit und wirkt dank ihrer vielen verzweigten, überhängenden Zweige sehr elegant. Blätter tragen nur junge Pflanzen. Im Sommer tauchen die massenhaften kleinen, erbsenähnlichen Blüten die Sträucher in ein leuchtendes Gelb.

JASIONE

SANDGLÖCKCHEN, SANDKÖPFCHEN

Diese Gattung aus den gemäßigten Regionen Europas und der Mittelmeerregion umfaßt etwa 20 Arten ein-, zwei- oder mehrjähriger Pflanzen, deren Blätter grasartige Büschel bilden und die man meist auf Wiesen findet. Im Sommer werden kugelige, meist blaue Blütenköpfchen gebildet, die an Kornblumen erinnern. Sie sitzen an aufrechten, drahtigen Stengeln, die 10–40 cm Länge erreichen. Die größeren Arten haben oft breitere Blätter mit größeren Blüten. Gut geeignet für Steingärten.
PFLEGE UND VERMEHRUNG: Sandglöckchen lassen sich an einem sonnigen oder halbschattigen Platz mit sandiger, kalkarmer, durchlässiger Gartenerde ziehen. Die zwei- und mehrjährigen Arten sind winterhart. Vermehrung der ein- und zweijährigen Pflanzen durch Aussaat im Frühjahr; mehrjährige Pflanzen kann man aus Samen ziehen oder man teilt die Horste im Frühjahr.

Jasione laevis

Syn. ***Jasione perennis***

Die mehrjährige Art aus dem Mittelmeerraum wird 5–30 cm hoch und 10–20 cm breit. Sie hat schmale, längliche, graugrüne Blätter, die stark behaart, aber auch völlig kahl sein können. Im Frühsommer bringt die Pflanze zahlreiche blaue, kugelige Blütenköpfchen hervor, die allerdings nicht sehr lange erhalten bleiben. Die Art eignet sich besonders für Steingärten.

Jasione montana

Diese ein- oder zweijährige Art aus den europäischen Gebirgen erreicht eine Höhe von etwa 45 cm. Ihre blauen, manchmal auch weißen Blütenköpfchen erscheinen zwischen Juli und September. Sie mag keine Kalkböden und benötigt im Steingarten möglichst fruchtbare Gartenerde. Nicht so dekorativ wie viele ihrer Verwandten, ist sie im Handel nur selten zu finden.

JASMINUM

JASMIN

Der Name Jasmin wird meist mit einem süßlichen Duft in Verbindung gebracht, obwohl es in dieser großen Gattung von etwa 200 sommer- oder immergrüner Sträucher und Kletterpflanzen, die größtenteils aus Asien und Afrika stammen, auch viele Arten gibt, die der Nase kaum etwas bieten. Die Blätter sind einfach oder gefiedert; die Blüten weiß, gelb oder in selteneren Fällen auch rosarot. Die meisten kultivierten Arten sind Kletterpflanzen.
PFLEGE UND VERMEHRUNG: Einige Arten sind winterhart, andere lassen sich nur als Kübel- oder Zimmerpflanzen kultivieren. Im Freien wachsende Pflanzen setzt man am besten an einen sonnigen Standort mit fruchtbarer, feuchter, aber gutdurchlässiger Erde. Nach der Blütezeit muß zurückgeschnitten werden; Vermehrung erfolgt durch Stecklinge im Frühjahr.

Jasminum azoricum

Syn. ***Jasminum fluminense*** hort.

Diese hübsche, nicht winterharte, immergrüne Kletterpflanze stammt von den Azoren. Ihre Blätter sind sattgrün und bestehen aus drei Fiedern. Im Sommer werden rosafarbene Knospen gebildet, die Blüten sind weiß und von betörendem Duft. In Mitteleuropa lassen sich die Pflanzen oft nicht ganzjährig im Freien halten, sondern müssen geschützt überwintert werden. Wird die Art regelmäßig gestutzt, kann man sie auch in Strauchform gestalten.

Jasminum fruticans

Dieser große, nicht völlig winterharte, immergrüne Strauch stammt aus dem Mittelmeergebiet und Kleinasien. Er erreicht eine Höhe und Breite von etwa 3 m, kann aber auch größer werden, wenn er vor einer warmen Mauer gezogen wird. Seine Blätter sind leuchtend mittelgrün und setzen sich für gewöhnlich aus drei Fiedern zusammen. Die strahlendgelben, geruchlosen Blüten erscheinen vom Frühling bis in den Herbst, in Gegenden mit sehr mildem Klima selbst im Winter.

Jasminum humile

GELBER JASMIN

Dieser immergrüne und buschige Strauch erreicht eine Höhe von 3,5 m oder mehr und wird ebenso breit. Die bedingt winterharte Art trägt leuchtendgrüne Blätter und gelbe, oft duftende Blüten, die vom zeitigen Frühjahr bis in den Spätherbst gebildet werden und einen Durchmesser von etwa 1,2 cm erreichen können. Obwohl die Pflanze gelegentlich auch Italienischer Jasmin genannt wird, stammt sie eigentlich aus dem Nahen Osten, Myanmar und China, so daß der Name recht irreführend ist.

Jasminum humile

Jacaranda mimosifolia

Jacksonia scoparia

Jasminum azoricum

Jasminum fruticans

Jatropha integerrima

Die Sorte **'Revolutum'** hat größere Blätter und duftende Blüten mit einem Durchmesser bis zu 2,5 cm.

Jasminum mesnyi
Syn. *Jasminum primulinum*
PRIMELJASMIN

Dieser nicht völlig frostharte, immergrüne Strauch aus Westchina, der einen guten Winterschutz benötigt, erreicht eine Höhe und Beite von 2–3 m. Seine langen, gebogenen Triebe zeigen mit zunehmendem Alter eine wasserfontänenartige Wuchsform. Die dunkelgrünen Blätter setzen sich aus drei Fiedern zusammen; die leuchtendgelben, duftenden Blüten werden im Spätwinter und Frühjahr gebildet. Einige dünne Triebe sollte man regelmäßig entfernen, damit die Pflanzen nicht zu dicht werden.

Jasminum nitidum

Die schnellwüchsige, frostempfindliche, 3–6 m große Kletterpflanze mit glänzenden, ovalen Blättern benötigt subtropische Bedingungen. Die sternförmigen, weißen Blüten erscheinen vom Spätfrühjahr bis in den Spätsommer, sind 5 cm groß und duften süßlich.

Jasminum nudiflorum
WINTERJASMIN

Dieser sommergrüne Strauch aus China mit überhängenden Zweigen hat ovale, dunkelgrüne Blätter, wird 2–3 m hoch und ähnlich breit. Die nicht nur winterharte, sondern auch gegenüber Luftverschmutzung recht unempfindliche Art bringt im Winter und im zeitigen Frühjahr zahlreiche leuchtendgelbe Blüten hervor, die an langen, schlanken, blattlosen, grünen Trieben gebildet werden. Die Pflanzen bevorzugen einen sonnigen Platz mit gutdurchlässigem Boden.

Jasminum officinale
ECHTER JASMIN

Diese im 16. Jahrhundert aus China nach Europa eingeführte sommergrüne Art kann als Kletterpflanze gezogen, aber auch zu einem etwa 1–1,5 m großen, attraktiven Strauch getrimmt werden. Die dunkelgrünen Blätter bestehen aus sieben bis neun Fiedern; aus den dunkelrosa Knospen entfalten sich im Sommer und Herbst stark duftende, sternförmige, weiße Blüten. In Mitteleuropa ist die Art nicht frosthart, so daß sie nur als Zimmer- oder Kalthauspflanze kultiviert werden kann, im Kübel steht sie im Sommer gut auf einer sonnigen Terrasse. Das ätherische Öl dieses Jasmins wird zur Parfumherstellung verwendet sowie als Aromastoff, beispielsweise bei

Jatropha multifida

Maraschinokirschen. Rosablühende und Sorten mit panaschierten Blättern sind ebenfalls erhältlich.

Jasminum parkeri

Diese Hochgebirgsart aus Nordwestindien ist ein immergrüner Strauch, höchstens 30 cm groß und 45 cm breit. Die kleinen, meist nur spärlichen Blätter bestehen aus drei bis fünf Fiedern; die kleinen, gelben, geruchlosen Blüten werden im Sommer gebildet. Die winterharte Art eignet sich gut für einen sonnigen Steingarten.

Jasminum polyanthum

Diese robuste, immergrüne, strauchige, bis 6 m große Schlingpflanze aus China ist recht schnellwüchsig. Weil sie keinen stärkeren Frost verträgt, wird sie bei uns meist als Zimmerpflanze verwendet. Die rosa Knospen und duftenden, weißen Blüten erscheinen im Frühjahr. Wenn die Pflanzen zu groß werden, schneidet man sie, am besten nach der Blüte, zurück.

Jasminum rex

Diese kräftige, immergrüne, nicht winterharte Kletterpflanze aus Thailand hat dunkelgrüne, aus nur einer Fieder bestehende Blätter. Die weißen Blüten erscheinen im Sommer und werden 5 cm groß oder größer. Sie duften nicht, geben der Pflanze aber eine sehr dekorative Erscheinung.

Jasminum sambac

Diese etwas empfindliche und außerdem sehr frostanfällige, immergrüne Kletterpflanze erreicht eine Höhe bis zu 3 m. Sie hat große, glänzende, grüne Blätter und bringt den größten Teil des Jahres duftende, weiße Blüten hervor. In China verwendet man diese zum Parfümieren grünen Tees. *Jasminum sambac* wird leicht mit ***J. multiflorum*** verwechselt, das etwas dichter blüht. Die gefüllte Sorte namens **'Grand Duke of Tuscany'** wächst relativ langsam und wird nicht größer als etwa 2 m.

Jasminum mesnyi

Jasminum × stephanense

Diese immergrüne Hybride aus *Jasminum beesianum* und *J. officinale* ist eine Zuchtform, in Gebieten, wo beide Arten wild wachsen, soll sie aber auch in der freien Natur vorkommen. Die nicht völlig winterharten Pflanzen werden bis zu 6 m hoch und bringen im Sommer schwach duftende, blaßrosa Blüten hervor. Die behaarten Blätter sind graugrün und bestehen aus jeweils fünf Fiedern.

JATROPHA
PURGIERNUSS

Diese Gattung immergrüner oder sommergrüner Sträucher, kleiner Bäume und Stauden stammt aus den warm-gemäßigten und tropischen Regionen Asiens und Amerikas. Die Pflanzen enthalten Milchsaft und werden hauptsächlich wegen ihrer ungewöhnlich großen, tiefeingeschnittenen Blätter angepflanzt. Die oft nicht sehr auffälligen Blüten können gelb, purpurn oder scharlachrot sein, wobei männliche und weibliche Blüten normalerweise auf verschiedenen Pflanzen sitzen. Die Samen einiger Arten sind giftig. Obwohl die Gattung etwa 170 Arten umfaßt, kennt man die Pflanzen bei uns kaum.

PFLEGE UND VERMEHRUNG: In Mitteleuropa wird zumeist nur die Art ***Jatropha podagrica,*** die manchmal auch als »Rhabarber von Guatemala« im Handel ist, als Zimmerpflanze kultiviert. Sie braucht nicht viel Wasser, dafür aber eine relativ hohe Luftfeuchtigkeit und viel Wärme. Im Spätsommer werden zumeist die Blätter abgeworfen, in der nachfolgenden längeren Ruhephase wird kaum noch gegossen. Die Vermehrung erfolgt durch Samen oder Stecklinge im Frühjahr.

Jatropha integerrima
Syn. *Jatropha pandurata, J. pandurifolia*

Dieser in Costa Rica und Peru heimische, immergrüne Baum mit seiner schmalen Krone wird bis zu 6 m hoch und etwa 2 m breit, kann aber auch zu einem Strauch getrimmt werden. Seine glänzendgrünen Blätter sind zumeist ganzrandig; die trichterförmigen, leuchtendroten Blütenstände sitzen endständig an den Zweigen.

Jasminum polyanthum

Jasminum nitidum

Jatropha multifida

Dieser Strauch aus Mittelamerika wird bis 2 m hoch und hat große, eingeschnittene Blätter von 30 cm Breite. Die roten Blütenstände sitzen an langen, dünnen Trieben oberhalb der Blätter. Sämtliche Teile der Pflanze sind stark giftig. Bei uns sind die nicht winterharten Pflanzen, die sich auch nicht als Kübel- oder Zimmerpflanzen eignen, im Handel praktisch nie zu finden.

JEFFERSONIA
JEFFERSONIE, ZWILLINGSBLATT, HERBSTBLATTSCHALE

Diese nur zwei Arten umfassende Gattung mehrjähriger Pflanzen aus der Familie *Berberidaceae,* von denen die eine aus Nordamerika, die andere aus Nordostasien stammt, ist nach Thomas Jefferson, dem dritten Präsidenten der USA, benannt. Die recht dekorativen Waldpflanzen erinnern etwas an Leberblümchen und haben rundliche, mittelgrüne, zweilappige Blätter, denen sie auch ihren umgangssprachlichen Namen Zwillingsblatt verdanken.

PFLEGE UND VERMEHRUNG: Der normale Lebensraum der Jeffersonie ist der Wald, und einen Platz mit ähnlichen Be-

Jasminum multiflorum

Jasminum polyanthum

Jasminum × stephanense

Jubaea chilensis

Jovibarba hirta

Jeffersonia diphylla

Juglans ailantifolia

Jovibarba hirta

Juglans major

dingungen sollte man ihr auch im Garten geben, etwa einen kühlen, halbschattigen Standort mit humusreichem Boden, dem regelmäßig Laubkompost zugefügt wird. Die Vermehrung erfolgt für gewöhnlich durch Aussaat oder Teilung; man kann aber auch abgeschnittene Bodentriebe verwenden, die sich in einem Sand-Torf-Gemisch zumeist gut bewurzeln.

Jeffersonia diphylla

Diese Art stammt aus den Waldgebieten zwischen Ontario und Tennessee. Die eingeschnittenen, grauen Blätter sind 15 cm groß, die weißen, becherförmigen Blüten sind 2 cm groß. Sie werden zeitig im Frühjahr und im Frühsommer gebildet und haben heraushängende, gelbe Staubblätter. Die Pflanze wächst nach der Blüte noch kräftig weiter, so daß sie zur Zeit der Samenbildung 45 cm hoch und ähnlich breit werden kann. Eine Beschädigung der Wurzeln nehmen die Pflanzen sehr übel.

JOVELLANA

Diese kleine Gattung mit etwa sechs Arten von Stauden oder Halbsträuchern ist mit der Pantoffelblume *(Calceolaria)* verwandt, hat aber nicht deren beutelförmige Blüten. Eine *Jovellana*-Art stammt aus Neuseeland, die übrigen aus Südamerika. Die Blüten sind sehr ungewöhnlich, denn sie wirken wie eine Reihe offener Mäuler mit gefleckten Rachen. Im Handel ist zumeist nur *Jovellana violacea* zu finden.
PFLEGE UND VERMEHRUNG: Die nicht völlig winterharten Arten bevorzugen einen warmen, sonnigen Platz mit feuchtem Boden, an dem sie vor schwerem Frost geschützt sein sollten. Bei den strauchigen Arten erfolgt die Vermehrung meist durch Teilung im Frühjahr; die Pflanzen lassen sich aber auch aus Samen ziehen.

Jovellana violacea
Syn. *Calceolaria violacea*

Diese dekorative Art aus Chile hat brüchige, aufrechte Stengel mit kleinen, gezähnten oder gelappten, mittelgrünen Blättern. Die Pflanzen werden bis 1 m groß und können sich mit zunehmendem Alter durch ihre Ausläufer stark ausbreiten. Die kleinen, malvenfarbenen Blüten mit ihrem purpurn gefleckten und gelb gepunkteten Rachen erscheinen im Sommer. Alte Triebe sollten im Frühjahr entfernt werden.

JOVIBARBA

Die fünf Arten dieser kleinen Gattung immergrüner, sukkulenter Stauden bilden, ebenso wie die nahe verwandte Hauswurz *(Sempervivum)*, Blattrosetten aus, die – bei einigen Arten wunderschön gefärbt – den Hauptgrund für ihre Kultur in Gärten ausmachen. Alle Arten haben blaßgelbe, unauffällige Blüten; die Rosetten sterben nach der Blütezeit ab, aber es bleiben stets zahlreiche Ableger zurück.
PFLEGE UND VERMEHRUNG: Diese Pflanzen sind vollständig winterhart und brauchen lediglich einen sonnigen Platz mit durchlässigem, möglichst sandigem Boden, an dem keine Winternässe entstehen kann. Die Pflanzen eignen sich gut für Steingärten, Mauerspalten oder trockene Steinwälle mit kleinen Erdmulden. Die Vermehrung erfolgt durch Ableger im Sommer.

Jovibarba hirta
Syn. *Jovibarba globifera*

Die Rosetten dieser polsterbildenden Art werden etwa 5 cm groß. Wenn die Pflanzen austrocknen, rollen sich die Blätter ein, bei ausreichend Feuchtigkeit biegen sie sich nach außen. Die dickfleischigen Blätter sind mittelgrün und oft rötlich oder rotbraun überlaufen; im Sommer bringen die Pflanzen sternförmige Blüten hervor. ***Jovibarba hirta* subsp. *arenaria*** hat kleinere Rosetten, die oft nur 2,5 cm groß sind, und gelegentlich rote Blattspitzen.

JUBAEA
HONIGPALME

Diese Palmengattung besteht nur aus einer einzigen Art. In ihrem natürlichen Lebensraum an der chilenischen Küste ist sie selten geworden, da sie wegen ihres zuckerhaltigen Saftes, aus dem Palmwein oder -honig gemacht wird, abgeholzt wird.
PFLEGE UND VERMEHRUNG: Jung wächst die Pflanze meist nur langsam, erst wenn sich der Schaft ausgebildet hat, beschleunigt sich auch das Wachstum. Die Honigpalme benötigt Mindesttemperaturen von etwa 10 °C. Kübelpflanzen mögen einen sonnigen Platz, fruchtbaren und gutdurchlässigen Boden und dürfen – besonders im Winter – nicht zu kräftig gegossen werden. Da sich männliche und weibliche Blüten am gleichen Baum befinden, werden manchmal Samen gebildet. Dieser muß ausgesät werden, solange er noch frisch ist. Die Keimung dauert sechs bis fünfzehn Monate.

Jubaea chilensis
Syn. *Jubaea spectabilis*

Alte Exemplare dieser hübschen Art können bis zu 25 m groß werden. Die Palme hat einen dicken, zylindrischen, grauen Schaft und lange, gerade, tiefeingeschnittene Wedel. Die gelblichen Blüten erscheinen im Frühjahr; aus ihnen entwickeln sich später verholzte, gelbe Früchte, die wie kleine Kokosnüsse aussehen.

JUGLANS
WALNUSSBAUM

Die Gattung umfaßt 15 Arten sommergrüner Laubbäume, die vom Mittelmeergebiet bis zum Nahen Osten, in Ostasien sowie Nord- und Südamerika zu finden sind. Die Pflanzen werden wegen der hübschen Wuchsform und der eleganten, aromatischen Blätter angepflanzt; zudem bringen sie mit etwa zwölf Jahren eßbare Nüsse hervor. Bei vielen Arten läßt sich das Holz nutzen, etwa zur Herstellung von Möbeln. Die grünlichgelben männlichen Kätzchen und die unauffälligen, gelben weiblichen Blüten sitzen an einer Pflanze und erscheinen im Frühjahr vor den großen, gefiederten Blättern; später werden Nüsse mit einer harten Schale gebildet. Walnußbäume sind schöne Bäume für Parkanlagen und große Gärten.
PFLEGE UND VERMEHRUNG: Die Walnuß bevorzugt sonnige Standorte mit fruchtbarem, tiefgründigem, gutdurchlässigem Boden und muß regelmäßig gegossen werden. Die Pflanzen sind winterhart; junge Pflanzen und der neue Austrieb im Frühjahr können allerdings durch starken Frost geschädigt werden. Die Vermehrung erfolgt durch frische Samen im Herbst.

Juglans ailantifolia
Syn. *Juglans sieboldiana*
JAPANISCHE WALNUSS

Natürlich kommt diese Art an Bach- und Flußläufen in Japan vor. Die Bäume, die bis zu 15 m hoch werden, haben eine graubraune Rinde und lange, behaarte, dunkelgrüne Blätter mit an der Spitze gesägtem Rand. Die Kätzchen sind grün, die Frucht ist eine flache, braune, behaarte, eßbare Nuß mit giftiger Schale. Das Holz der Bäume wird für Schnitzereien verwendet.

Juglans cinerea
BUTTERNUSS

Diese in Wäldern und Flußtälern Nordamerikas vorkommende Art wird bis zu 18 m hoch. Sie hat eine graue, gefurchte Rinde; die dunkelgrünen, gefiederten Blätter werden bis 45 cm lang und sind beidseitig fein behaart. Aus den männlichen und weiblichen Blüten, die vom späten Frühjahr bis in den Frühsommer erscheinen, entwickeln sich später dichte Büschel aus zwei bis fünf, von einer klebrigen, grünen Hülle eingeschlossene, ölhaltige und eßbare Nüsse von süßem Geschmack. Die indianischen Ureinwohner Nordamerikas bereiten aus Teilen des Baumes Arzneimittel zu; im 19. Jahrhundert wurde aus der Butternuß ein Abführmittel hergestellt.

Juglans hindsii
Syn. *Juglans californica* var. *hindsii*

Dieser Baum aus Kalifornien wird bis zu 15 m hoch und bei ausreichend Platz oft ebenso breit. Seine Blätter, die aus bis zu 19 Fiederblättchen bestehen, haben eine Länge von bis 30 cm; die Früchte sind kugelförmig mit einem Durchmesser von etwa 2,5 cm. Sowohl Blätter als auch Früchte sind fein behaart.

Juglans major
Syn. *Juglans microcarpa* var. *major*

Dieser in Westtexas, New Mexiko, Arizona und Mexiko heimische Baum wird bis 15 m hoch. Seine dickschaligen, etwa 3,5 cm großen Nüsse sind von einer rostbraunen Hülle umgeben.

Juglans nigra
SCHWARZNUSS

Dieser schöne, schnellwachsende, winterharte Baum aus Mittel- und Ostamerika wird bis zu 30 m hoch und 25 m breit. Er

Juglans regia

Juglans regia

Juncus effusus 'Spiralis'

Juglans nigra

hat einen aufrechten Stamm und eine rundliche Krone. Im Frühjahr erscheinen mit den ersten Blättern grünlich-braune Kätzchen, aus denen sich eßbare Nüsse in einer grünen Hülle entwickeln. Die Art wird wegen ihrer Nüsse, aber auch wegen ihres dunklen Holzes geschätzt.

Juglans regia

WALNUSS

Dieser langsamwachsende Baum aus Südosteuropa und den gemäßigten Regionen Asiens wird etwa 9 m hoch. Er hat einen kräftigen Stamm, eine dichte Krone und eine glatte, hellgraue Rinde. Die jungen Blätter haben einen Bronzeton und sind oft leicht purpurfarben überlaufen; später verfärben sie sich grün. Im späten Frühjahr und Frühsommer erscheinen gelblichgrüne Blüten, die eßbare Nüsse hervorbringen. Diese sind zunächst von einer grünen Hülle umgeben, die aber später eintrocknet und abfällt. Das wertvolle Holz der Bäume wird gern für die Möbelherstellung verwendet. Sorten wie **'Wilson's Wonder'** bringen nach nur sieben Jahren Früchte hervor.

JUNCUS

BINSE

Diese Gattung umfaßt etwa 225 Arten grasähnlicher Pflanzen, die an feuchten bis sumpfigen Standorten auf der ganzen Erde vorkommen, wenn sie in den Tropen auch seltener sind. In Gärten finden sie nur wenig Verwendung, sie können sich aber zu einem unangenehmen Unkraut entwickeln, wenn sie einmal aus ihrem natürlichen Lebensraum eingewandert sind. Wenn man ein zu üppiges Wachstum verhindern kann, lassen sich Binsen gut an Teichufern anpflanzen.

PFLEGE UND VERMEHRUNG: An feuchten bis sumpfigen Standorten mit schwerem Lehmboden gedeihen die meisten Arten prächtig, manchmal zu gut. Die Vermehrung, besonders die der hier aufgeführten Sorten, erfolgt durch Teilung.

Juncus effusus

FLATTERBINSE

Der Lebensraum dieser immergrünen Art erstreckt sich von Europa bis Nordamerika. Sie erreicht eine Höhe bis zu 1 m. Sorten sind u. a. **'Aureus Striatus'** und **'Zerebrinus'**. Die Halme der nicht sehr großen **'Spiralis'** sind korkenzieherförmig gewunden. Alle Grundsprosse, die gerade Halme hervorbringen, müssen sofort entfernt werden, damit sich die Pflanze nicht zur Wildform zurückentwickelt.

JUNIPERUS

WACHOLDER

Diese langsamwüchsige, langlebige Nadelholzgattung mit etwa 50 Arten immergrüner Sträucher und Bäume kommt in der gesamten nördlichen Hemisphäre vor. Die Blätter sind bei jungen Pflanzen nadelförmig, später haben viele Arten nur noch kurze schuppenförmige Blätter, die zumeist eng am Blattstiel anliegen. Die aus einzelnen Schuppen bestehenden Samenzapfen sind schwarzblau oder rötlich und zumeist fleischig, so daß man sie auch als Beerenzapfen oder als Beeren bezeichnet. Die Wacholderbeeren einiger Arten werden verwendet, um Aromastoffe für Gin herzustellen; männliche und weibliche Samenzapfen sitzen meist auf getrennten Pflanzen. Das duftende, rosafarbene, zedernartige Holz ist weich, aber haltbar. Viele Wacholderarten werden auch als Heilpflanzen genutzt.

PFLEGE UND VERMEHRUNG: Der Wacholder gedeiht an sonnigen, halbschattigen und schattigen Plätzen und ist mit nahezu jedem gutdurchlässigen Boden zufrieden. Bei sehr sonnigen Standorten besteht die Gefahr, daß die Nadeln im Winter verbrennen. Man kann die Bäume stutzen, damit sie die Form behalten. Vermehrung durch Stecklinge im Sommer, auch durch Ableger oder Aussaat. Sorten werden normalerweise durch Pfropfung vermehrt.

Juniperus chinensis

CHINESISCHER WACHOLDER

Diese im Himalaja, in China, der Mongolei und Japan vorkommenden, winterharten, meist kegelförmigen Bäume werden bis zu 15 m hoch und 2–3 m breit; oft erreichen die Pflanzen aber auch nur Strauchhöhe. An ausgewachsenen Exemplaren findet man sowohl nadel-, als auch schuppenförmige Blätter; die Beerenzapfen sind fleischig und bläulichweiß. Die Sorte **'Aurea'** wird bis zu 11 m hoch und hat eine kegelförmige Wuchsform sowie weiche, goldgelbe Blätter; **'Blaauw'** wächst als junge Pflanze eher in die Breite, wird aber später zum aufrechten Strauch; **'Kaizuka'** ist ein etwa 6 m hoher, etwas bizarr wirkender Baum mit gedrehten Zweigen; **'Obelisk'** hat eine dekorative aufrechte Wuchsform, wird bis 3 m hoch und hat jung bläulichgrüne Blätter; **'Pyramidalis'** wird bis 4,5 m

J

Juncus, Kulturvarietät

Juncus, Kulturvarietät

Juniperus chinensis 'Blaauw'

Juniperus chinensis

Juniperus chinensis 'Aurea'

Juniperus chinensis 'Kaizuka'

groß, hat dichte, blaugrüne Blätter und eine säulenförmige Wuchsform; **'Variegata'** wird 6 m hoch und hat bläulichgrüne Blätter mit einer weißen Zeichnung.

Juniperus communis
GEMEINER WACHOLDER

Bei dieser in Europa, Nordamerika und Westasien heimischen Art handelt es sich um aufrechte, bis zu 6 m große Bäume oder ausladende Sträucher mit einer Höhe und Breite von etwa 3–4,5 m. Die Pflanzen haben eine rötlichbraune Rinde und graugrüne Blätter; die fleischigen, grünlichen Beeren brauchen zwei bis drei Jahre, bis sie sich schwarz verfärben und reif werden. Sie können dann als Aromastoff bei der Ginherstellung verwendet werden. Die Pflanzen sind grundsätzlich winterhart, auch wenn es bei einzelnen Unterarten oder Sorten Einschränkungen geben kann. Beliebte Sorten sind: **'Compressa'**, eine aufrechte Zwergform, bis zu 75 cm hoch, 15 cm breit, mit silbrigen Nadeln und geeignet für Steingärten; **'Depressa aurea'** ist eine etwa 60 cm hohe und bis 2 m breite Zwergform mit bronzefarbenen Blättern; **'Hibernica'** wird 3–4,5 m hoch und etwa 0,5–1 m breit, hat blaugrüne Blätter und wächst anfangs säulenförmig, wird später aber zumeist breiter und etwas kegelförmig; **'Hornibrookii'** ist ein schöner niederliegender Strauch mit graugrünen Blättern, der selten höher als 25 cm wird, dafür aber eine Breite von 1 m und mehr erreichen kann.

Juniperus conferta
UFERWACHOLDER

Dieser niederliegende, in die Breite wachsende Strauch aus Japan wird 15–30 cm hoch und dehnt sich über 2–2,5 m aus. Die weichen Nadeln sind oberseits hellgrün, unterseits dagegen blaugrün; die Beeren sind grünschwarz. Die Pflanzen vertragen salzige Seeluft sehr gut und sind außerdem schnellwüchsig, was sie in Küstengebieten zu erstklassigen Bodendeckern macht.

Juniperus davurica 'Expansa Aureovariegata'

Dieser sich rasch ausbreitende, völlig winterharte Bodendecker mit niederliegenden oder leicht aufsteigenden Zweigen kann 60 cm hoch und bis 1,5 m breit werden. Seine blaugrauen, schuppenartigen Blätter sind auffallend gelb gefleckt.

Juniperus deppeana var. *pachyphlaea*

Dieser kegelförmige Baum, der selten höher als 6 m und breiter als 1,5 m wird, hat eine spitz zulaufende Krone, silberblaue Blätter und eine rötlichbraune Rinde mit schachbrettartigem Muster. Der in Ausläufern höherer Gebirge im Südosten der Vereinigten Staaten und Mexiko heimische Baum bevorzugt trockenes, kühles Klima.

Juniperus conferta

J. davurica 'Expansa Aureovariegata'

Juniperus deppeana var. *pachyphlaea*

Juniperus communis

Juniperus communis 'Depressa Aurea'

Juniperus communis, Kulturvarietät

Juniperus horizontalis 'Bar Harbor'

Juniperus horizontalis 'Blue Chip'

Juniperus horizontalis 'Douglasii'

Juniperus horizontalis 'Glauca'

Juniperus 'Grey Owl'
Syn. *Juniperus virginiana* 'Grey Owl'

Dieser fächerförmig wachsende Strauch mit silbergrauen Blättern wird bis 1 m breit und etwa 2 m hoch. Er kommt am besten zur Geltung, wenn man ihn so anpflanzt, daß er sich fächerförmig über einen großen Felsen ausbreitet.

Juniperus horizontalis
KRIECHWACHOLDER

Dieser am Boden kriechende, kälteliebende Strauch aus den nördlichen Regionen Nordamerikas ist robust und wächst rasch in die Breite. Seine blaugrün oder grau beblätterten Zweige bilden eine dichte Matte, die eine Dicke bis zu 45 cm erreichen kann. Beliebte Sorten sind u. a. **'Bar Harbor'** mit graugrünen, im Winter malvenfarbenen Blättern; **'Blue Chip'** hat blaugrüne Blätter, **'Douglasii'** bläulichgrüne Blätter, die sich im Winter purpurn verfärben. Die niederliegende **'Glauca'** kann sich bis 2 m ausbreiten, wird aber nur etwa 5 cm hoch. Sie hat blaugraue Blätter, die im Winter oft leicht purpurn überlaufen sind. Eine Sorte mit sternförmigem Wuchs ist **'Plumosa'**, die etwa 3 m breit und bis 60 cm hoch wird; **'Wiltonii'** ist eine blaue Zuchtform mit ausladenden Zweigen.

Juniperus communis, Kulturvarietät

Juniperus horizontalis 'Wiltonii'

Juniperus × media

Die Hybriden dieser Gruppe stammen zumeist von *Juniperus chinensis* ab. Die völlig winterharten Pflanzen, die vor allem wegen ihrer Blätter angepflanzt werden, sind oft ausladende Sträucher, einige wachsen auch niederliegend. Ihre größtenteils schuppenartigen, graugrünen Blätter verbreiten beim Zerreiben einen unangenehmen Geruch, die Beeren sind weiß oder blauschwarz. Die Sorte **'Blaauw'** hat blaugrüne Blätter und erreicht eine Höhe und Breite von etwa 2 m; **'Gold Coast'**, der wohl schönste Strauch der Gruppe mit goldgelben Blättern, gibt einen schnellwüchsigen Bodendecker mit einer Höhe und Breite von 1 m ab; **'Dandelight'** wird 60 cm hoch, 2 m breit und hat in der Jugend goldgelbe, später aber gelbgrüne Blätter; **'Old Gold'**, eine Mutante von 'Pfitzeriana Aurea', eignet sich für Steingärten oder als bis 75 cm hoher und etwa 1,5 m breiter Bodendecker mit dekorativen goldgelben Blättern. **'Pfitzeriana'**, die bekannteste Sorte, wird bis zu 3 m hoch, 3–4,5 m breit und wächst pyramidenartig mit graugrünen, überhängenden Zweigen. **'Pfitzeriana Aurea'**, ein winterharter, stark verzweigter Strauch mit einer Höhe von 1 m bei einer Breite von 3 m,

Juniperus × *media* 'Gold Coast'

Juniperus × *media* 'Dandelight'

Juniperus × *media* 'Old Gold'

Juniperus × *media* 'Pfitzeriana'

Juniperus × *media* 'Plumosa Aurea'

J. × *media* 'Plumosa Aurea-Variegata'

eignet sich nur für Gärten mit viel Platz. **'Plumosa Aurea'** – mit gebogenen, an den Spitzen überhängenden Zweigen und grüngelben Blättern, die im Winter bronzefarben werden, kann 1 m hoch und etwa 2 m breit werden. **'Plumosa Aurea-Variegata',** bis zu 30 cm hoch und etwa 1 m breit, hat graue Blätter mit cremefarbener oder gelber Zeichnung.

Juniperus monosperma

Dieser Baum aus dem Südwesten der USA und Nordostmexiko wird 8–15 m hoch. Häufig findet man an älteren Exemplaren sowohl junge nadelförmige als auch ältere schuppenförmige Blätter, schließlich werden aber alle Nadeln durch Schuppenblätter ersetzt. Die Beeren sind bei der Reife graublau und enthalten lediglich einen Samen.

Juniperus rigida

Juniperus sabina

Juniperus monosperma

Juniperus occidentalis

Dieser in Nordamerika heimische Wacholder wird bis 12 m hoch, hat eine breite Krone und waagerechte, manchmal auch überhängende Zweige. Die schuppenartigen Blätter sind blaugrün.

Juniperus procumbens

Dieser niederliegende, strauchartig wachsende Wacholder, bis 75 cm hoch, 3–4,5 m breit, hat nadelartige, blaugrüne Blätter und braune oder schwarze Beeren. Seine dicken Zweige verlaufen parallel und zumeist sehr nah am Boden. Die Sorte **'Nana'** bildet dichte Polster. Sie erreicht eine Höhe von etwa 30 cm und eine Breite von 1,5 m, ist aber nicht so robust wie die Wildform.

Juniperus sabina 'Tamariscifolia'

Juniperus × *media* 'Pfitzeriana Aurea'

Juniperus procumbens

Juniperus procumbens 'Nana'

Juniperus recurva

HÄNGEWACHOLDER

Dieser in Myanmar, Südwestchina und im Himalaja heimische, völlig winterharte Strauch oder Baum wird bis zu 15 m hoch und etwa 4,5 m breit. Er hat ausladende Zweige und aromatische, graue oder blaugrüne, spitze, nach innen gekrümmte Nadeln. Die rötlichbraune Rinde löst sich in Streifen ab; seine glänzenden, kugel- oder eiförmigen Beeren sind olivbraun. Das aromatische Holz wurde in China unter anderem zur Herstellung von Särgen verwendet. Die Sorte ***Juniperus recurva* var. *coxa*** hat längere und schmalere Nadeln.

Juniperus rigida

NADELWACHOLDER

Dieser in kühleren Regionen Japans und Koreas heimische Baum kann eine Höhe von 6 m erreichen, bleibt im Garten aber meist kleiner und wächst strauchförmig. Er hat überhängende Zweige und nadelförmige Blätter mit weißem Streifen auf der Oberseite. Die Frucht verfärbt sich mit zunehmender Reife blauschwarz.

Juniperus recurva var. *coxii*

Juniperus sabina

SADEBAUM

Dieser ausladende Strauch aus den kühleren Regionen Europas und Asiens erreicht eine Höhe und Breite von 3–4,5 m. Er hat eine abblätternde, rötlichbraune Rinde und dunkelgrüne Blätter; die Beeren sind blauschwarz. Die Art bevorzugt kalkhaltigen Untergrund. **'Tamariscifolia'** wird etwa 1 m hoch und 1,5–3m breit und hat hell- oder blaugrüne Nadeln.

Juniperus thurifera

Juniperus squamata 'Blue Carpet'

Juniperus squamata 'Blue Star'

Juniperus virginiana

Juniperus virginiana 'Sulphur Spray'

Juniperus virginiana 'Glauca'

Juniperus scopulorum

Syn. *Juniperus virginiana scopulorum*

WESTLICHE ROTZEDER

Dieser aus kühleren Gebieten der USA stammende, 9–12 m hohe und etwa 3,5 m breite Baum hat eine runde Krone und schuppenartige, aromatische, grau- bis dunkelgrüne Blätter. Seine rötlichbraune Rinde schält sich an den Zweigen oft ab; die Beeren sind blau und fleischig. **'Blue Heaven'** ist eine silberblaue, kegelförmige Sorte, die bis zu 6 m hoch und 1,5 m breit wird und blaugrüne Blätter trägt; **'Skyrocket'** ist von schmaler, säulenförmiger Wuchsform, hat silbergraue Blätter und erreicht eine Höhe von 4,5 m.

Juniperus squamata

SCHUPPENWACHOLDER

Diese Art hat sehr dichte, nadelartige grüne oder blaugrüne Blätter; die Rinde ist rotbraun und schuppig, die Beeren sind schwarz und fleischig. **'Blue Carpet'** ist eine niederliegende Sorte mit blauen Nadeln, die eine Breite bis zu 1 m erreicht. **'Blue Star'** ist ein dichter, rundlicher Strauch mit blauen Blättern und wird etwa 50 cm hoch und 60 cm breit. **'Holger'**, ein hübscher Strauch, wächst bei einer Höhe von 60 cm sternförmig in eine Breite von etwa 2 m. Die stahlblauen Nadeln haben im Frühjahr oft attraktive goldgelbe Spitzen. **'Meyerii'** bildet ebenfalls stahlblaue, silbern überlaufene Nadeln. Diese Sorte erreicht eine Höhe und Breite von 4,5 m.

Juniperus thurifera

Dieser in Südostfrankreich, Spanien und dem nordwestafrikanischen Atlasgebirge heimische große Strauch oder Baum wird bis zu 18 m hoch. Er wächst jung kegelförmig, wird später aber ausladender. Die Zweige stehen, mit nach oben gebogenen Spitzen, waagerecht ab. Bei älteren Exemplaren liegen die schuppenförmigen Blätter eng an den Zweigen an.

Juniperus virginiana

ROTZEDER, VIRGINISCHER WACHOLDER

Diese in Amerika heimische Wacholderart ist mit einer Höhe von 15–20 m die größte, die normalerweise in Gärten angepflanzt wird. Sie hat eine kegel- oder säulenförmige Wuchsform und Schuppen- oder nadelartige Blätter. Die Beeren sind fleischig, braunviolett und oft blaugrün überlaufen. Das Holz wird gern zur Herstellung von Bleistiften verwendet (in ihrer Heimat heißt die Art auch »Bleistiftzeder«). Die säulenförmige **'Glauca'** mit blaugrünen Blättern wird bis zu 8 m hoch und etwa 2,5 m breit. **'Hetzii'** hat schichtweise angeordnete graugrüne Blätter und erreicht eine Höhe und Breite von 3–3,5 m; **'Sulphur Spray'** (Syn. *Juniperus chinensis* 'Sulphur Spray') ist eine beliebte Mutante von 'Hetzii' mit jung gelbgrünen und im Alter graugrünen Blättern.

JUSTICIA

Syn. *Adhatoda, Beloperone, Drejerella, Jacobinia, Libonia*

Diese etwa 420 Arten umfassende Gattung immergrüner Stauden und Sträucher stammt aus subtropischen und tropischen Regionen, in vielen Fällen aus Costa Rica. In diesen Gebieten werden die Pflanzen gerne in Gärten kultiviert. Die ungeteilten Blätter sind gegenständig; die in aufrechten, endständigen Ähren oder Trauben angeordneten, röhrenförmigen Blüten sind cremefarben, gelb, rosa, orange oder rot.

PFLEGE UND VERMEHRUNG: Bei uns lassen sich die frostempfindlichen Pflanzen nur in einem Gewächshaus oder in Kübeln kultivieren. Kübelpflanzen müssen in der Wachstumsphase reichlich, in der übrigen Zeit dagegen weniger gegossen werden. Werden sie im Sommer ins Freie gebracht, sollten sie einen windgeschützten, sonnigen bis halbschattigen Platz bekommen. Einige Arten müssen regelmäßig ausgelichtet werden; buschiges Wachstum kann man durch Abschneiden der Triebspitzen verstärken. Die Vermehrung erfolgt im Frühjahr durch Stecklinge.

Justicia adhatoda

Syn. *Adhatoda vasica*

Dieser aufrechte und immergrüne Strauch aus Sri Lanka und Indien kann bis zu 3 m hoch werden. Seine Blätter sind mittelgrün und bis zu 20 cm lang. Die im Sommer gebildeten Blüten sind weiß, haben eine gebogene Oberlippe und rote oder rosa bis purpurne Blattadern. Diese Pflanze wurde von den Einheimischen früher auch als Heilpflanze verwendet.

Justicia brandegeana

Syn. *Beloperone guttata, Drejerella guttata*

Die kleinen weißen Blüten des immergrünen, nicht völlig winterharten Strauches mit überhängenden Zweigen sind von gelben oder auch lachs- bzw. rosafarbenen Hochblättern umgeben. Er wird bis 1 m hoch, etwa 60 cm breit und blüht meist im Sommer. Die Temperatur sollte bei der Kultivierung nicht unter 10–15 °C fallen, die Pflanzen können aber leichten Frost bis etwa – 4 °C überstehen, wobei die Blattspitzen jedoch meist absterben. Obwohl die Sträucher nicht schnellwüchsig sind, sollte man sie öfter zurückschneiden.

Justicia carnea

Justicia californica

Syn. *Beloperone californica*

Justicia californica ist ein etwa 1,5 m hoher und breiter Strauch aus den Wüstengebieten im Südwesten der USA. Die Pflanzen tragen die längste Zeit des Jahres kein Laub, sondern beblättern sich nur nach größeren Regenfällen. Dafür sind die Zweige grün gefärbt und übernehmen in der übrigen Zeit die Funktion der Blätter. Im Frühling locken die unzähligen, kleinen, roten Blüten Kolibris an.

Justicia carnea

Syn. *Jacobinia carnea, J. pohliana*

Dieser hübsche, immergrüne, reichverzweigte Strauch bringt im Sommer und Herbst dichte, aufrechte Ähren aus weißen, rosa- oder purpurnen Blüten hervor. Er wird bis 1,5 m hoch, etwa 80 cm breit und hat spitz zulaufende, dunkelgrüne Blätter mit deutlicher Aderung. Die Art ist sehr frostempfindlich. Kübelpflanzen müssen gut gegossen werden, wenn sie ihre volle Größe erreichen sollen.

Justicia rizzinii

Syn. *Libonia floribunda, Jacobinia pauciflora*

Dieser dekorative Strauch aus Brasilien erreicht eine Höhe und Breite von etwa 60 cm. Er hat vergleichsweise kleine Blätter, die nur 25 cm lang werden, und bringt im Sommer und Herbst Blüten mit gelben Spitzen hervor. Die Sorte **'Firefly'**, die kaum von der Wildform zu unterscheiden ist, soll besonders üppig blühen.

Justicia spicigera

Syn. *Justicia ghiesbreghtiana*

Dieser aufrechte Strauch (etwa 2 m) ist in Mittelamerika heimisch. Die mittelgrünen Blätter sind oval und deutlich geädert. Die roten, röhrenförmigen, etwa 3,5 cm großen Blüten erscheinen während der gesamten Sommermonate in lockeren, endständigen Trauben.

KADSURA

KUGELFADEN

Diese in Asien heimische Gattung immergrüner Kletterpflanzen umfaßt etwa 22 Arten, die wegen ihrer hübschen Blätter,

Justicia brandegeana

der kleinen, duftenden Blüten und der roten Beeren sehr beliebt sind. Die Pflanzen sind allerdings zweihäusig, so daß zur Produktion von Beeren neben einer weiblichen auch eine männliche Pflanze gehört.
PFLEGE UND VERMEHRUNG: Der Kugelfaden ist nicht völlig winterhart, man stellt ihn am besten in einen Kübel mit einem Rankgerüst, der im Sommer auf der Terrasse oder dem Balkon steht. Die Pflanzen vertragen Sonne wie Halbschatten und bevorzugen etwas lehmige, nicht zu trockene Erde. Während der Wintermonate im Haus werden sie nur wenig gegossen. Die Vermehrung erfolgt in der Regel durch Stecklinge; sie ist auch durch Aussaat möglich, aber nicht zu empfehlen.

Kadsura japonica

Die immergrüne, windende Kletterpflanze wird vor allem wegen der im Herbst gebildeten, leuchtendroten Beeren geschätzt. Ihre dekorativen ovalen Blätter sind dunkelgrün; die schwach duftenden, cremefarbenen Blüten erscheinen im Sommer. Die nicht winterharte Pflanze kultiviert man am besten in einem Kübel und gibt ihr im Sommer einen halbschattigen Platz.

KAEMPFERIA

GEWÜRZLILIE

Die aus etwa 50 Arten bestehende Gattung mehrjähriger, knollenbildender Pflanzen, die bis zu 45 cm hoch werden, gehört zur Familie der Ingwergewächse *(Zingiberaceae)*. Ihr natürlicher Lebensraum sind die tropischen Wälder Asiens und Afrikas; in Gärten wird sie wegen der aromatischen Blätter und der hübschen Blüten kultiviert. Bestimmte Arten wurden als Gewürze verwendet; die Swazis benutzten die Rhizome als Mittel gegen die Malaria.
PFLEGE UND VERMEHRUNG: Die nicht winterharten Pflanzen benötigen tagsüber zwischen 20 und 30 °C, nachts möglichst nicht weniger als 15 °C. Während der Vegetationsphase und Blüte brauchen die Pflanzen einen hellen Platz (keine pralle Mittagssonne!) und hohe Luftfeuchtigkeit. Sie müssen regelmäßig gegossen und gedüngt werden; Vermehrung durch Teilung der Knollen im zeitigen Frühjahr.

Kaempferia rotunda

Die Art erreicht eine Höhe und Breite bis zu 30 cm. Noch vor Bildung der großen, weiß gezeichneten und unterseits purpurfarbenen Blätter erscheinen im Frühjahr Ähren aus ungestielten, weißen, purpurfarben gezeichneten und duftenden Blüten. Die Pflanze ist sehr frostempfindlich.

KALANCHOE

Die im subtropischen und tropischen Afrika und Madagaskar heimische, mit einigen Arten auch in Asien vertretene Gattung umfaßt etwa 150 Arten mit dickfleischigen Blättern. Die Pflanzen sind kleine Stauden, Halbsträucher oder fast baumgroße Sträucher. *Kalanchoe*-Arten können zwischen 15 cm und 3,5 m hoch werden und bringen im zeitigen Frühjahr weiße, gelbe, orangefarbene, bräunliche, rote oder purpurne, röhren- oder glockenförmige Blüten hervor, aus denen sich später kleine Samenkapseln entwickeln.
PFLEGE UND VERMEHRUNG: Die frostempfindlichen Pflanzen benötigen Mindesttemperaturen von 7–15 °C. Von Frühjahr bis Herbst sollten sie regelmäßig gegossen werden, im Winter sparsamer. Nach der Blüte benötigen viele Arten eine etwa vierwöchige Ruhezeit, danach werden sie bis auf wenige Triebe zurückgeschnitten und umgepflanzt. Einige Arten treiben am Blattrand »Kindel« aus, die zur Vermehrung dienen können, wie Stecklinge im Frühjahr/Herbst oder Samen.

Kalanchoe beharensis

Syn. *Kalanchoe vantieghemi*

Diese von Madagaskar stammende Sukkulente kann höher und breiter als 3,5 m werden. Sie besitzt olivgrüne, dreieckige bis lanzettliche Blätter mit einer weichen, samtig behaarten Oberfläche; die kleinen grünlichgelben Blüten erscheinen im Spätwinter bei Exemplaren, die eine Größe von mindestens 1 m haben.

Kalanchoe blossfeldiana

FLAMMENDES KÄTHCHEN

Diese kleine, buschige, frostempfindliche Art aus Afrika erreicht eine Höhe und Breite von 30 cm. Sie hat dunkelgrüne, rot gesäumte, gekerbte, fleischige Blätter und lange, verzweigte Blütenstengel, an denen die in Trugdolden angeordneten, kleinen, scharlachroten, röhrenförmigen Blüten sitzen, die vom Winter bis in den Frühsommer gebildet werden. Daneben existieren auch noch rosa, gelbe oder orangefarbene Sorten. Es darf nicht zu viel und nicht zu wenig gegossen werden, so daß man ein wenig herumexperimentieren muß.

Kalanchoe fedtschenkoi

Diese buschige, ausdauernde Sukkulente stammt von der Insel Madagaskar, wird etwa 30–45 cm breit und hoch und hat aufwärts gebogene Zweige, die an der Basis oft zahlreiche Luftwurzeln ausbilden. Die fleischigen, blaugrauen Blätter sind rund bis rautenförmig und haben eingekerbte Ränder, in denen sich oft neue Pflänzchen bilden. Die endständigen, orangeroten und glockenförmigen Blüten erscheinen im Spätwinter.

Kalanchoe grandiflora

Syn. *Kalanchoe nyikae*

Diese in Ostafrika heimische aufrechte Sukkulente wird am natürlichen Standort bis 1 m hoch. Die Blätter sind blaugrün und von ovaler Form. Im späten Frühjahr und Sommer werden kleine gelbe, röhrenförmige Blüten hervorgebracht.

K. blossfeldiana, Kulturvarietät

Kalanchoe pumila

Dieser sukkulente, kriechende Strauch ist auf Zentralmadagaskar heimisch und nur 10–20 cm hoch. Die grünen, eiförmigen Blätter kontrastieren mit den kleinen, rötlichvioletten, urnenförmigen Blüten, die im Spätwinter erscheinen. Die Pflanze kann im Sommer in eine Blumenampel gepflanzt werden.

Kalanchoe 'Tessa'

Bei dieser Zuchtform ungewisser Herkunft handelt es sich um eine hängende Sukkulente, die etwa 30 cm hoch und 60 cm breit werden kann. Ihre ovalen, mittelgrünen Blätter sind rot umrandet. Vom Spätwinter an erscheinen die Blüten. Orangefarben und röhrenförmig hängen sie in Trauben von den Zweigen herab.

Kalanchoe thyrsiflora

Diese in Südafrika heimische Art wird 60 cm hoch. Die runden, weißlichen Blätter, oft mit hellrotem Rand, sind bis 15 cm lang. *Kalanchoe thyrsiflora* stirbt ab, nachdem sie im Frühjahr ihre gelben, röhrenförmigen Blüten hervorgebracht hat.

Kalanchoe tomentosa

KATZENOHR

Diese aufrechte, strauchige Art aus Madagaskar wird bis zu 50 cm hoch und 20 cm breit. Ihre ovalen, graugrünen, mit weißen, samtigen Borsten bedeckten Blätter haben am Rand oft rostfarbene Flecken. Im zeitigen Frühjahr erscheinen gelblich-grüne, häufig purpurfarben überlaufene Blüten. In Kultur blüht die Art fast nie.

Kalanchoe 'Wendy'

Die Hybride bildet im Spätwinter in Rispen angeordnete, purpurrote, 3,5 cm große, glockenförmige Blüten mit einem zurückgebogenen gelben Rand. Der flachwachsende bis herabhängende Strauch wird 15 cm hoch und 60 cm breit. Die unregelmäßig gezähnten Blätter sind mittelgrün.

KALIMERIS

Die Gattung mehrjähriger Pflanzen aus China, Korea und Japan gehört zu den Korbblütlern. Die Blätter sind von Art zu Art unterschiedlich – rundlich oder lang und schmal, gezähnt oder eingeschnitten. Die Blüten, im Sommer und Herbst gebil-

Kalanchoe tomentosa

Kadsura japonica

Kalanchoe thyrsiflora

Kalanchoe blossfeldiana

Kalanchoe grandiflora

det, haben eine gelbe Mitte, die Zungenblüten sind weiß, malven- oder purpurfarben. Alle Arten werden 1–1,5 m hoch.
PFLEGE UND VERMEHRUNG: Die Pflanzen bevorzugen viel Sonne und sollten vor starkem Wind geschützt werden. Um eine kompakte Wuchsform und zahlreichere Blüten zu bekommen, sollte man besonders junge Pflanzen zurückschneiden, aber auch nach jeder Blüte kann die Pflanze leicht gestutzt werden. Nach etwa drei Jahren werden die Pflanzen oft unansehnlich und holzig. Zu diesem Zeitpunkt sollte man sich durch im Frühjahr geschnittene Stecklinge neue Pflanzen heranziehen. Die Arten vertragen Frost bis –20 °C.

Kalimeris incisa

Die in Nordostasien heimische, große Art bildet Büschel aus 10 cm langen, länglichen Blättern mit feingezähntem Rand. Im Sommer verstärkt sich das Wachstum, und es erscheinen Triebe mit kleinen purpurnen oder weißen Korbblüten.

Kalmia latifolia 'Ostbo Red'

KALMIA

LORBEERROSE, KALMIE

Diese Gattung aus Nordamerika umfaßt sehr schöne immergrüne Sträucher, die zumeist im Frühjahr blühen. Darunter ist auch der Berglorbeer *(Kalmia latifolia)*, mit zarten, blaßrosa Blüten. Die beiden häufigsten Arten bringen im späten Frühjahr und Frühsommer hübsche Blüten hervor, die sich aus Knospen entfalten, die aussehen, als seien sie vom Konditor gemacht. Die Blüten von *K. angustolia* sind deutlich kleiner als die von *K. latifolia*. Sechs Arten der Gattung gelten als giftig.
PFLEGE UND VERMEHRUNG: Diese winterharten Pflanzen bevorzugen einen halbschattigen Platz mit sandig-lehmigem oder auch torfig-feuchtem Boden. Kalk vertragen sie überhaupt nicht. Die Vermehrung erfolgt durch Aussaat im Frühjahr, wobei die Samen im Hause vorgezogen werden sollten, oder durch Stecklinge, die man im Sommer schneidet, aber erst im nächsten Frühjahr ins Freie pflanzt.

Kalmia angustifolia

Dieser offene Strauch, bis 1 m hoch und 1,2 m breit, kann zu einer hübschen, kompakten, buschigen Form für Steingärten oder Kübel getrimmt werden, indem man ihn nach der Blüte leicht zurückschneidet. Die Blätter sind 2,5–5 cm lang und leuchtendgrün bis blaugrün. Die meist rosaroten Blütenköpfchen erscheinen im späten Frühjahr und Frühsommer. In der Heimat USA nennt man sie auch »Schaflorbeer«, weil sich Schafe oft in den niedrigen, ausladenden Zweigen verfingen. Die Vermehrung erfolgt durch Absenker. ***Kalmia angustifolia* f. *rubra*** hat dunklere, fast rote Blüten.

Kalmia latifolia

Kalmia latifolia

Kalmia latifolia 'Ostbo Red'

Kalmiopsis leachiana

Kalmia latifolia

BERGLORBEER, LORBEERROSE

Obwohl die lederartigen, immergrünen Blätter recht dekorativ (und der Grund für den umgangssprachlichen Namen »Lorbeer«) sind, wird dieser Strauch vorwiegend wegen seiner Blüten angepflanzt, die im späten Frühjahr und Frühsommer erscheinen. Dabei werden zunächst Trauben auffälliger, leuchtend rosafarbener Knospen gebildet, aus denen sich später kleine, blaßrosafarbene Blüten entfalten, deren Staubgefäße wie die Rippen eines Regenschirmes angeordnet sind. Die Lorbeerrose wird normalerweise 1,5 m, manchmal aber auch mehr als doppelt so hoch und etwa ebenso breit. **'Ostbo Red'** ist eine Sorte mit dunkelrosa Blüten, die sich aus roten Knospen entwickeln; **'Carousel'** hat purpurngestreifte, weiße Blüten; und **'Elf'** ist eine rosablühende Zwergsorte.

Kalmia microphylla

Syn. *Kalmia polifolia* var. *microphylla*

Diesen immergrünen Strauch, der selten eine Höhe von 60 cm überschreitet, findet man von Alaska bis nach Kalifornien. Er wächst auf sumpfigem oder sehr feuchtem Boden. Obwohl nicht so auffällig wie einige seiner größeren Verwandten, kann er einem feuchten Steingarten einen dekorativen Akzent geben.

KALMIOPSIS

Wie eine Art Miniaturrhododendron erscheint diese einzige *Kalmiopsis*-Art, die in Oregon, USA, heimisch ist. Die kleinen, bis 2,5 cm langen, ovalen Blätter sind dunkelgrün und sitzen sehr dicht an drahtigen Zweigen. Im Frühjahr erscheinen in Trauben flache, fünfzählige Blüten mit hochstehenden Staubgefäßen und einem Durchmesser von knapp über 1 cm.

Kalmia angustifolia

Kalopanax septemlobus

Kalopanax septemlobus

PFLEGE UND VERMEHRUNG: Die winterharten Pflanzen eignen sich für Steingärten und sind leicht zu kultivieren, wenn sie einen feuchten, gutdurchlässigen, torfigen und möglichst sauren Boden im Halbschatten erhalten und vor heißer Sommersonne geschützt werden. Als Untergrund eignet sich eine Mischung aus Rhododendronerde und feinem Kies.

Kalmiopsis leachiana

Dieser elegant wirkende Zwergstrauch, selten höher als 30 cm, wächst in seiner Heimat Oregon normalerweise auf felsigem Untergrund und gehört dort zu den geschützten Arten. Seine winzigen Blätter sind leuchtendgrün und bilden einen hübschen Untergrund für die becherförmigen, rhododendronartigen Blüten. Die dekorative, wenn auch nicht sehr aufregende Pflanze findet vor allem bei Liebhabern frostharter Zwergsträucher ihre Freunde.

KALOPANAX

KRAFTWURZBAUM

Ein winterharter, sommergrüner Baum aus der Familie der Efeugewächse *(Araliaceae)*, heimisch in den Laubwäldern Ostasiens und Ostsibiriens, ist die einzige Art dieser Gattung. Man kultiviert ihn wegen seiner dekorativen Blätter und Früchte.
PFLEGE UND VERMEHRUNG: Der Kraftwurzbaum bevorzugt sonnige Standorte, wächst aber auch im Halbschatten. Junge Bäume sind oft frostempfindlich. Auf feuchtem, gutdurchlässigem und fruchtbarem Boden entwickelt sich der Baum zu einem guten Schattenspender. Er wird im Sommer durch Stecklinge oder im Herbst durch frisch geernteten Samen vermehrt.

Kalopanax septemlobus

Syn. *Kalopanax pictus*

Dieser Baum hat einen einzigen dicken Stamm, reichverzweigte Äste, eine rundliche Krone und erreicht in Gärten zumeist eine Höhe von 12–15 m. Bei ausgewachsenen Exemplaren bewehren zumeist kräftige Stacheln Stamm, starke Zweige sowie kleinere Äste. Die an Ahorn erinnernden Blätter sind für gewöhnlich von einem dunklen Grün und grob gelappt und können selbst bei sehr jungen Bäumen schon eine Größe von etwa 40 cm erreichen. Die weißen Blüten erscheinen im Sommer und sitzen sternförmig an den Enden der Zweige. Die kleinen blauschwarzen Früchte sind an der Spitze meist leicht gespalten.

KECKIELLA

Hauptverbreitungsgebiet dieser Gattung, die etwa sieben Arten umfaßt – früher wurden sie *Penstemon* zugeordnet –, ist Kalifornien, man findet sie aber auch in Arizona und Teilen Mexikos. Die Sträucher, die auch Vögel anlocken, werden gerne wegen ihrer leuchtend gefärbten, röhrenförmigen Blüten angepflanzt.
PFLEGE UND VERMEHRUNG: Die nicht winterharten Sträucher können nur in einem Gewächshaus oder im Kübel gehalten werden. Im Sommer müssen gerade Kübelpflanzen häufiger gegossen werden. Will man eine kompakte Wuchsform haben, sollte man regelmäßig zurückschneiden. Die Vermehrung erfolgt durch Samen oder Stecklinge.

Keckiella antirrhinoides var. *antirrhinoides*
Syn. *Penstemon antirrhinoides*

Der reichverzweigte Strauch erreicht eine Höhe von 1,5–2,5 m und eine noch größere Breite. Im Frühjahr entfalten sich aus scharlachroten Knospen leuchtendgelbe Blüten, die Löwenmäulchen ähneln. Die Art bevorzugt warme Standorte, auch wenn sie als Kübelpflanze gehalten wird.

Keckiella corymbosa
Syn. *Penstemon corymbosa*

Im Sommer trägt dieser ausladende, reichverzweigte Strauch, bis etwa 45 cm hoch und gut ebenso breit, unzählige weit geöffnete, röhrenförmige, scharlachrote Blüten. Er stammt aus dem Nordwesten und dem mittleren Teil Westkaliforniens, wo er hauptsächlich felsige Böschungen besiedelt. In wärmeren Gegenden eignet sich die Art gut für einen Steingarten, in Mitteleuropa muß man die nicht frostharte Art dagegen im Hause überwintern oder in einem Gewächshaus halten.

Kennedia rubicunda

Kerria japonica 'Pleniflora'

Kedrostis nana var. *zeyheri*

KEDROSTIS

Diese Gattung aus dem tropischen Afrika und Südindien umfaßt 23 Arten kletternder oder kriechender, sukkulenter Stauden. Die bis zu 1 m hohen Stengel sind an der Wurzel oft angeschwollen; die kleinen, grünen Blätter stehen fingerförmig von den Ästen ab. Im Frühjahr erscheinen kleine, grünlichweiße oder gelbe, schnabelförmige Blüten. Bei den meisten Arten sitzen männliche und weibliche Blüten an derselben Pflanze. Im Sommer folgen rötlich-orangefarbene Beeren.
PFLEGE UND VERMEHRUNG: Diese frostempfindlichen, Schildläuse anziehenden Pflanzen können nur in Kübeln oder in einem Gewächshaus kultiviert werden. Im Sommer muß regelmäßig gegossen werden. Vermehrung durch Samen im Frühjahr, bei einigen Arten durch Stecklinge.

Kedrostis nana var. *zeyheri*

Diese in Südafrika am Kap der Guten Hoffnung heimischen, sommergrünen Kletterpflanzen haben herzförmige, mittelgroße, hellgrüne Blätter. Ihre winzigen, grünlichen bis gelben Blüten erscheinen im Frühjahr; aus ihnen entwickeln sich im Sommer rote, eiförmige Früchte.

KENNEDIA

Diese australische Gattung, die 16 Arten immergrüner, verholzter, kriechender oder windender Kletterpflanzen umfaßt,

Kennedia nigricans

Kerria japonica 'Pleniflora'

Keckiella corymbosa

K. antirrhinoides var. *antirrhinoides*

wird wegen ihrer erbsenähnlichen Blüten kultiviert, die oft Vögel anlocken.
PFLEGE UND VERMEHRUNG: Die frostanfälligen Pflanzen benötigen eine Mindesttemperatur von 5 °C. Zieht man sie im Kübel, sollte man ihr früh eine kräftige Rankhilfe zur Verfügung stellen. Die Pflanzen können im Frühjahr oder nach der Blüte stark zurückgeschnitten werden; bis zur Bildung neuer Triebe muß gut gegossen werden. Vermehrung erfolgt durch eingeweichten Samen im Frühjahr oder Stecklinge im Sommer.

Kennedia nigricans
SCHWARZE BOHNE

Diese robuste, aber frostanfällige Kletterpflanze kann in kürzester Zeit eine Fläche von sechs Quadratmetern überwuchern. Ihre dunkelgrünen Blätter sind jeweils in drei Fiedern unterteilt; die ungewöhnlichen schwarzen und gelben erbsenähnlichen Blüten erscheinen im Frühjahr und Sommer. In wärmeren Gegenden eignet sich die Pflanze ausgezeichnet zum Bewachsen von Zäunen oder Lauben, in Mitteleuropa kann sie nur in Kübeln oder Gewächshäusern kultiviert werden.

Kennedia rubicunda

Diese robuste, schnellwachsende, immergrüne, aber nicht winterharte Art kann eine Höhe bis zu 3 m erreichen und wird vor allem wegen ihrer hübschen, korallroten Blüten kultiviert, die büschelweise im Frühjahr oder Sommer erscheinen.

KERRIA
KERRIE, RANUNKELSTRAUCH

Diese aus China und Japan stammende Gattung umfaßt nur eine einzige Art, nämlich einen sommergrünen Strauch mit zahlreichen aufrechten, dunkelgrünen Trieben. Die leuchtendgrünen Blätter sind bis 2,5 cm lang, von ovaler Form und scharf gezähnt. Die ungefüllten, leuchtend goldgelben Blüten erreichen einen Durchmesser von 5 cm.
PFLEGE UND VERMEHRUNG: Die sehr robuste, winterharte Pflanze wächst auf jedem feuchten, gutdurchlässigen Boden im Halbschatten. Nach der Blüte sollte regelmäßig ausgelichtet werden, damit die Sträucher ihre Wuchsform behalten und kräftig blühen. Vermehrung durch Wurzelausläufer oder Teilung im Herbst.

Kerria japonica

Die leuchtend goldgelben Blüten dieses Strauches, die im Frühjahr an den seitlichen, rutenartigen Zweigen gebildet werden, machen diese Pflanze zu einer guten Schnittblume. In Gärten findet man weniger die Wildform, sondern die Sorte **'Pleniflora'**, die gefüllte Blüten, etwas dunklere Blätter und eine aufrechtere Wuchsform hat und die schon seit über 50 Jahren in Europa kultiviert wird.

K

Kigelia africana

Kigelia africana

Kirengeshoma palmata

Kingia australis

Knightia excelsa

Knautia macedonica

KIGELIA

Ein in den Tropen und Subtropen heimischer Baum ist die einzige Art dieser afrikanischen Gattung. Die Blätter bestehen aus ovalen Fiedern, die großen, glockenförmigen und herabhängenden Blüten sind normalerweise orangefarben oder rot. Auffällig sind die großen, verholzten, wurstförmigen, glatten Früchte mit festem, faserigem Fruchtfleisch und vielen großen Samen.
PFLEGE UND VERMEHRUNG: Die frostempfindlichen Pflanzen benötigen eine Mindesttemperatur von etwa 15 °C. In Töpfen oder Kübeln kultiviert, dürfen sie nur mäßig, im Winter sogar nur spärlich gegossen werden. Die Vermehrung erfolgt durch Samen oder Stecklinge im Frühjahr.

Kigelia africana

Syn. *Kigelia pinnata*
LEBERWURSTBAUM

Der immergrüne Baum wird bis zu 12 m hoch. Er hat ausladende Äste und eine breite Krone; die Blätter werden 30 cm lang. Die Blüten, angeordnet in bis zu 2 m langen, weit herabhängenden Rispen, sind innen dunkelrot, außen hingegen heller gefärbt. Die hellbraunen, bis zu 45 cm langen, hartschaligen Früchte sind ungenießbar.

KINGIA

Die Regionen Südwestaustraliens mit regelmäßigen Niederschlägen sind die Heimat dieser lediglich eine Art umfassenden Gattung. Sie ist sehr langsamwüchsig. Das Alter sehr großer Exemplare wird auf tausend Jahre geschätzt.
PFLEGE UND VERMEHRUNG: Dieser nicht winterharte Baum bevorzugt sonnige bis halbschattige Standorte mit durchlässigen Lehmböden. Junge Pflanzen kann man in Kübel setzen, ein späteres Umpflanzen vertragen sie meist nicht. Die Vermehrung erfolgt durch Samen, deren Keimung bis zu sechs Monate dauern kann.

Kingia australis

Diese Pflanze kann 6 m hoch werden. Sie hat einen zylindrischen, auffällig gemusterten und teils von Blattbasen bedeckten Schaft, über dem sich ein kuppelförmiger Baldachin aus bis zu 60 cm langen Blättern wölbt. Die cremefarbenen Blüten sitzen in kugeligen Köpfchen an aufrechten Blütenstengeln, die sich ringförmig aus den oberen Blattständen erheben.

KIRENGESHOMA

WACHSGLOCKE

Die elegante Pflanze aus den kühlen Wäldern Japans und Koreas gehört zu einer Gattung mit nur einer Art. Die aufrechte Staude hat überhängende, meist schwarze Stengel mit großen, eingeschnittenen, hellgrünen Blättern und cremefarbenen Blüten, die im Sommer gebildet werden.
PFLEGE UND VERMEHRUNG: Die vollständig winterharte Staude sollte an einen leicht schattigen Platz mit fruchtbarem, humusreichem, kalkfreiem Boden gepflanzt werden, etwa zusammen mit Funkien und Tafelblatt-Arten. Vermehrung erfolgt durch Samen oder durch vorsichtige Teilung im Herbst oder Frühjahr.

Kirengeshoma palmata

Die immergrüne, aufrechte und buschige Staude mit rundlichen, eingeschnittenen Blättern bringt im Spätsommer/Herbst längliche, cremefarbene, röhrenförmige Blüten hervor, die an etwa 1 m langen, gebogenen Stengeln sitzen.

KLEINIA

Die Gattung sukkulenter Korbblütler umfaßt etwa 40 Arten, von denen einige auch den Kreuzkräutern *(Senecio)* zugerechnet werden. Die Pflanzen sind im tropischen und südlichen Afrika weit verbreitet. Meist wachsen sie jedoch strauchartig und haben ungeteilte, abgeplattete Blätter. Aus den kleinen, cremefarbenen Blütenköpfen bilden sich unzählige Samen mit flauschigen Anhängen, die der Wind aufgreift.
PFLEGE UND VERMEHRUNG: Zumeist frostempfindlich, eignen sich die Pflanzen ausschließlich für die Zimmerhaltung. Das ganze Jahr über sollte sparsam gegossen werden, und im Winter ist ein heller Platz in einem ungeheizten Raum (höchstens 12 °C) vorteilhaft. Die Vermehrung erfolgt durch Samen, Stecklinge oder Absenker.

Kleinia stapeliiformis

Syn. *Senecio stapeliiformis*

Diese mittelgroße Sukkulente stammt aus Südafrika und wird 20 cm hoch. Ihre roten, gänseblümchenähnlichen Blüten erreichen eine Größe von etwa 6 cm.

KNAUTIA

KNAUTIE

Die insgesamt 60 ein- oder mehrjährigen Arten dieser Gattung sind in Europa und Asien vom Mittelmeerraum bis nach Sibirien zu finden. Die Blüten ähneln denen der verwandten Gattung *Scabiosa*.
PFLEGE UND VERMEHRUNG: Diese auf Wiesen sowie in Hecken und lichten Wäldern wachsenden, winterharten Pflanzen bevorzugen einen sonnigen oder halbschattigen Platz. Auch wenn sie in ihrem natürlichen Lebensraum meist auf kalkhaltigem Boden vorkommen, kann man sie im Garten auch auf gutdurchlässigem Lehmuntergrund kultivieren. Größere Exemplare müssen aufgebunden werden. Vermehrung durch Samen im Herbst oder durch basale Stecklinge im Frühjahr.

Knautia arvensis

Syn. *Scabiosa arvensis*
ACKERWITWENBLUME

Diese in vielen Teilen Europas, dem Mittelmeergebiet und dem Kaukasus heimische, nach Nordamerika eingeschleppte Art eignet sich z. B. für eine Wiese mit Wildkräutern, wo sie sich normalerweise leicht selbst aussät und so verbreitet. Die aufrechten, verzweigten Stengel werden bis zu 1,5 m hoch; die Blätter sind schmal, oval und tief geteilt. Im Sommer und Herbst erscheinen nadelkissenartige, bläuliche bis purpurne Blütenköpfchen.

Knautia macedonica

Diese auffällige Art aus der mittleren Balkanregion und Rumänien eignet sich für eine Rabatte mit krautigen Arten. Sie ähnelt der Ackerwitwenblume, wird jedoch nur etwa 80 cm groß und hat hübsche, gefüllte, dunkelpurpurrote oder auch blaßrosa bzw. weiße Blüten.

KNIGHTIA

Die Gattung umfaßt nur drei Arten, zwei davon sind in Neukaledonien und eine *(Knightia excelsa)* in Neuseeland beheimatet. Die großen immergrünen Sträucher oder Bäume tragen ledrige Blätter, die einen glatten Rand haben oder grob gezähnt sind. Die einfachen Blüten werden von sehr schmalen Blütenblättern gebildet, die sich nach hinten rollen und vier Staubgefäße und den Griffel freigeben. Sie sitzen zu mehreren in Trauben und erscheinen von Spätfrühling bis Frühsommer.
PFLEGE UND VERMEHRUNG: Nur die Art aus Neuseeland ist ziemlich weit verbreitet. Sie hält leichten Frost bis –5°C aus und benötigt einen gutdurchlässigen Boden mit niedriger Phosphatkonzentration. Sie verträgt Trockenheit gut und bevorzugt ausreichende Sommerfeuchtigkeit. Die Vermehrung erfolgt durch Aussaat im Frühjahr oder durch junge Stecklinge.

Knightia excelsa

Dieser 9-25 m hohe Baum trägt grob gezähnte ledrige Blätter; der Austrieb ist rotbraun. Die duftenden, schlanken, röhrenförmigen tiefroten Blüten sitzen in dichten Trauben zusammen.

KNIPHOFIA

FACKELLILIE, RAKETENBLUME, TRITOME

68 Arten ausdauernder, teils immergrüner Pflanzen umfaßt diese in Süd- und Ostafrika heimische Gattung. Die aufrechten, horstbildenden Gewächse mit langen Blättern treiben im Sommer leuchtend gefärbte Blüten aus; einige Sorten blühen auch im Winter und im zeitigen Frühjahr. Ursprünglich waren die Blüten dieser Pflanzen feuerrot (daher »Fackellilie«), doch gibt es heute auch rosa-, orange- und gelbblühende Sorten. Diese unterscheiden sich außerdem oft sehr deutlich in der Größe, wobei die Skala von etwa 60 cm bis hin zu mannshohen Exemplaren reicht.
PFLEGE UND VERMEHRUNG: Die teils bis völlig winterharten Pflanzen benötigt einen sonnigen Platz mit durchlässigem Bo-

Kniphofia 'John Benary'

Kniphofia 'Gold Crest'

den und müssen im Sommer gut gegossen werden. Einige Arten benötigen Winterschutz für die Wurzeln. Die immergrünen Blatthorste bindet man im Winter zusammen. Nach etwa fünf Jahren sollte umgepflanzt werden. Vermehrung im Frühjahr durch Samen oder – bei Sorten ausschließlich – durch Teilung.

Kniphofia 'Atlanta'

'Atlanta' ist eine immergrüne, winterharte Staude. Sie wird etwa 1 m hoch und hat graugrüne Blätter und orangerote Blüten, die sich später gelblich verfärben.

Kniphofia caulescens

Diese majestätische, winterharte Pflanze stammt aus Höhenlagen bis zu 3000 m. Rostfarbene, 30 cm lange Blütenstengel bringen im Spätsommer und Herbst rosa oder korallenrote Blüten hervor; die schmalen Blätter sind blaugrün.

Kniphofia 'Cobra'

'Cobra' ist kompakt mit relativ kurzen Blütenstengeln und hellorangefarbenen Blüten, die später cremefarben werden.

Kniphofia ensifolia

Diese bedingt winterharte, immergrüne Staude bildet dichte Horste und kann bis zu 1,5 m hoch und 60 cm breit werden. Sie

Kniphofia 'Maid of Orleans'

Kniphofia 'Lemon Green'

hat mittelgrüne Blätter und zitronengelbe, an Fackeln erinnernde Blüten, die im Spätherbst und Winter erscheinen.

Kniphofia 'Erecta'

'Erecta' ist eine sommergrüne Sorte mit orangeroten Blüten, die nach oben gerichtet sind. Sie wird bis 1 m hoch und blüht vom Spätsommer bis in den Herbst.

Kniphofia 'Express'

Diese Hybride hat sich nach unten verbreiternde Blütenstände mit grünlichen bis gelben, an der Spitze roten Blüten.

Kniphofia 'Gold Crest'

Horste mit leuchtendgrünen, grasähnlichen Blättern und nicht sehr dichten Blütenständen zeichnen diese Sorte aus. Die zunächst orangefarbenen Blüten können im Alter leuchtendgelb werden.

Kniphofia 'John Benary'

Die Sorte 'John Benary' wird bis zu 1,5 m hoch und bildet lockere Blütenstände mit scharlachroten Blüten.

Kniphofia 'Atlanta'

Kniphofia 'Little Maid'

Kniphofia 'Lemon Green'

Diese Sorte hat gelblichgrüne Knospen, aus der sich später hellgelbe Blüten entfalten, die mit zunehmendem Alter eine kräftigere Färbung annehmen.

Kniphofia 'Little Maid'

'Little Maid' ist eine Zwergsorte, die eine Höhe von bis zu 60 cm erreicht. Ihre Blüten sind hellgelb. Die Wurzeln benötigen einen Winterschutz.

Kniphofia 'Maid of Orleans'

Winterhart und etwa 1 m hoch ist diese aufrechte Sorte mit riemenförmigen, grundständigen, bis 45 cm langen Blättern. Aus den dichtstehenden, in einer Traube versammelten gelben Knospen entfalten sich im Sommer cremefarbene bis gelbe Blüten.

Kniphofia × *praecox*

Diese beliebte Staude aus Südafrika erreicht zur Blütezeit eine Höhe bis zu 1,5 m. Ihre schlanken Blätter, bis zu 60 cm lang, sind tief eingeschnitten und haben einen gesägten Rand; die lebhaft rot- oder gelbgefärbten Blüten erscheinen im Frühsommer. Die sonnenliebende Pflanze kann auch längere Trockenphasen überdauern.

Kniphofia 'Royal Standard'

Diese aufrechte Staude wird 1,2 m hoch, etwa 60 cm breit, hat grasartige Blätter und endständige Blütenähren mit scharlachroten Knospen, aus denen sich im Spätsom-

Kniphofia 'Erecta'

Kniphofia caulescens

Kniphofia ensifolia

Kniphofia 'Cobra'

Kniphofia × *praecox*, Kulturvarietät

K

mer zitronengelbe Blüten entfalten. Nur bedingt winterhart, benötigt die Art Winterschutz, etwa in Form einer dicken Mulchschicht.

Kniphofia 'Samuel's Sensation'

Die bis zu 1,5 m große Art 'Samuel's Sensation' hat leuchtend orangefarbene Blüten. Mit zunehmendem Alter verblassen sie zu Gelb.

Kniphofia 'Star of Baden-Baden'

Mit zunehmendem Alter bildet diese Pflanze dichte Horste. Sie hat bis 1,5 m lange Blütenstiele mit Blütenköpfchen, die normalerweise leuchtendorange bis rot gefärbt sind, bei älteren Exemplaren aber auch gelblich verblaßt sein können.

Kniphofia 'Royal Standard'

Kniphofia triangularis

Syn. *Kniphofia galpinii* hort., *K. macowanii, K. nelsonii*

Diese aufrechte Staude aus Südafrika wird bis zu 1 m hoch, hat grasartige Grundblätter und drahtige Blütenstengel. Die Blüten sind von einem kräftigen Orange; mit zunehmendem Alter verfärben sie sich ins Gelbliche. Von dieser Art stammen wahrscheinlich die korallenfarbenen Farbtöne im Genpool der *Kniphofia*-Hybriden.

Kniphofia tuckii

Diese Art erinnert mit ihren weißen Blütenköpfchen und den roten Knospen an *Kniphofia ensifolia.* Sie kann über 1 m hoch werden.

Kniphofia 'Underway'

'Underway' hat hell blaugrüne Blätter und kleine Blütenköpfchen, die zunächst rostfarben bis orange sind, sich später aber zumeist hellgelb verfärben.

Kniphofia uvaria

Von dieser großen Staude, die 1 m hoch und bis 50 cm breit wird, stammen viele Sorten ab. Sie hat dicke, stark gefurchte Blätter; im Spätsommer und Herbst bildet sie dichte Rispen röhrenförmiger scharlachroter Blüten, die sich später orangegelb verfärben. Sie ist vollständig winterhart. ***Kniphofia uvaria* var. *maxima*** ist mit einer Höhe von knapp 2 m etwas größer. Sie hat außerdem größere, kräftig orangerote Blüten, die später leicht verblassen.

Kniphofia tuckii

Kniphofia 'Underway'

Kniphofia 'Star of Baden-Baden'

Kniphofia 'Winter Cheer'

Kniphofia 'Winter Cheer'

Syn. *Kniphofia* 'Zululandiae'

Diese immergrüne, aufrechte Staude wird bis zu 1,5 m hoch und etwa 1 m breit. Sie bringt ihre großen fackelartigen Blütenstände mit Blüten, die sich später gelb verfärben, zwar im Winter hervor, ist aber dennoch nicht völlig frosthart. Die grasähnlichen Blätter sind sehr schmal.

Kniphofia 'Yellow Hammer'

Unter den Sorten mit kurzer Wachstumsperiode gehört diese blaßgelbe Sorte zu den besten. Sie treibt im Sommer bis 1 m lange Blütenstengel aus; die Blüten sind sehr attraktiv, so daß man die Pflanzen auch gut als Schnittblume verwenden kann.

Kniphofia triangularis

Kniphofia uvaria var. *maxima*

Kniphofia 'Yellow Hammer'

Koelreuteria bipinnata

KOELREUTERIA

BLASENBAUM

Die drei Arten dieser kleinen, sommergrünen Bäume, die wegen ihrer Blätter, Blüten und der dekorativen Früchte angepflanzt werden, stammen aus Ostasien. Sie haben in pyramidenförmigen Rispen angeordnete, lange, becherförmige Blüten, aus denen sich später Früchte entwickeln.

PFLEGE UND VERMEHRUNG: Die frostempfindlichen (Mindesttemperatur etwa 10 °C) bis winterharten Pflanzen gedeihen am besten an einem sonnigen Platz mit fruchtbarem, durchlüftetem und durchlässigem Boden. Vermehrung durch Wurzelschnittlinge im Spätwinter oder durch Samen im Herbst. Wenn man die Pflanze in den ersten Jahren zurückschneidet, bildet sie einen einzigen Stamm aus.

Koelreuteria bipinnata

Mittel- und Westchina ist die Heimat des 9–15 m hohen Baumes mit breiter, kegeliger Krone. Die paarig gefiederten Blätter sind gelblich bis grün und färben sich im Herbst goldgelb. Die im Sommer erscheinenden, leuchtendgelben Blüten weisen an der Unterseite scharlachrote Flecken auf. Die Früchte sind erst grün, färben sich im Herbst rosa und im Winter bräunlich.

Koelreuteria elegans

Diese Art aus Taiwan stammt aus Regionen mit tropischem oder subtropischem Klima. Sie erreicht eine Höhe von bis zu 12 m und bildet eine flache Krone mit mittelgrünen, farnähnlichen, zusammengesetzten Blättern aus. Im Spätsommer und Herbst werden Rispen gelber Blüten gebildet, die sich zum Zweigende hin öffnen. Aus ihnen entwickeln sich später wie aufgeblasen wirkende Samen, die in drei rosa überlaufenen Segmente aufplatzen und sich im Winter braun verfärben.

Koelreuteria paniculata

Koelreuteria paniculata 'September'

Koelreuteria paniculata 'September'

Koelreuteria paniculata

In der Natur kann dieser langsamwachsende Baum 9–15 m hoch werden, bleibt in Gärten aber oftmals kleiner. Er hat eine relativ breite Krone und einen einzigen, manchmal verzweigten Hauptstamm. Die Rinde ist stark gefurcht, die Zweige hängen über. Die mittelgrünen Fiedern verfärben sich im Herbst goldgelb bis orange. Die in großen Trauben angeordneten, gelben Blüten entfalten sich im Sommer; aus ihnen entwickeln sich papierartige, blasenförmige, rosa bis braune Samen. Die Pflanzen bevorzugen alkalischen Boden. Die Sorte **'September'** (Syn. 'September Gold') ist sehr ähnlich, blüht allerdings später.

KOHLERIA

Diese attraktive Gattung aus der Familie *Gesneriaceae* umfaßt etwa 50 Arten rhizombildender Stauden oder Halbsträucher aus den tropischen Regionen Amerikas. Ihre röhrenförmigen, meist auffällig gefärbten Blüten sind oft leicht filzig und hängen einzeln oder in Trauben herab. Die gesamte Pflanze, die Blüten eingeschlossen, ist mit Borsten bedeckt.

PFLEGE UND VERMEHRUNG: Nicht winterhart, können die Pflanzen nur in beheizten Gewächshäusern oder im Hause kultiviert werden. Dabei sollte die Temperatur auch im Winter nicht unter 15 °C fallen. Während der kalten Jahreszeit sollte nur wenig gegossen werden, zu viel Wasser läßt die Wurzeln faulen. Vermehrung durch Rhizomteilung im Frühjahr, bei den strauchigen Arten auch durch Stecklinge.

Kohleria digitaliflora

Die Staude aus Kolumbien mit aufrechtem bis ausladendem Wuchs erreicht eine Höhe von 60 cm. Ihre nickenden, pelzigen, trompetenförmigen Blüten sind kräftig purpurn und erscheinen im Sommer und Herbst. Sie sind an den Enden leicht eingerollt; später strecken sie sich und zeigen dann ein grünlichweißes Inneres, das zahlreiche dunkelrote Flecken auflockern.

Kohleria eriantha

Die robuste, strauchige Staude wird etwa 1,2 m hoch. Sie hat unterirdische Rhizome; ihre Blätter sind lanzettlich und 1 cm lang. Die Pflanze bildet im Sommer herabhängende, trompetenförmige, orangerote Blüten, die einzeln stehen oder sich zu Dritt oder Viert gruppieren.

KOLKWITZIA

KOLKWITZIE

Zu dieser Gattung gehört nur ein einziger sommergrüner Strauch, der aus China stammt und in gemäßigten und kühlen Regionen wegen seiner Blütenfülle im Frühling gern kultiviert wird. Da er den Rest des Sommers für das Auge weniger zu bieten hat, sollte er mit später blühenden Pflanzen zusammengesetzt werden, die vom unscheinbaren Äußeren ablenken.

PFLEGE UND VERMEHRUNG: Die vollständig winterharten Pflanzen bevorzugen sonnige bis halbschattige Plätze mit fruchtbarem, gutdurchlässigem Boden. Nach der Blüte sollten alte oder schwache Triebe entfernt werden. Die Vermehrung erfolgt durch Stecklinge im Sommer.

Kohleria eriantha

Kolkwitzia amabilis

Dieser buschige Strauch bildet zahlreiche aufrechte, rohrartige Schäfte, die 3,5 m hoch werden können. An diesen sitzen kleine Seitenzweige mit gegenständig angeordneten, ovalen, dunkelgrünen Blättern von etwa 4 cm Länge. Zeitgleich mit Erscheinen der neuen Blätter öffnen sich im Frühjahr die blaßrosa, trompetenförmigen Blüten, die sich in dichten Trauben an den Zweigenden versammeln. Aus den Blüten entwickeln sich später kleine, stachlige Früchte. Die Sorte **'Pink Cloud'** bildet etwas größere, rosa Blüten.

KUNZEA

Diese australische Gattung aus der Familie *Myrtaceae* umfaßt 30 Arten immergrüner Sträucher mit kleinen, heideartigen Blättern, die beim Zerreiben einen unangenehmen Geruch freisetzen. Die kleinen Sträucher sind im Frühjahr über und über von Blüten bedeckt, die hauptsächlich aus dichten Staubgefäßbüscheln bestehen. Sie sind normalerweise weiß oder rosa, manchmal aber auch violett. *Kunzea baxteri* hat dagegen scharlachrote Blüten.

PFLEGE UND VERMEHRUNG: Die Arten sind nicht winterhart, sondern benötigen Temperaturen von mindestens 5 °C. Kultiviert man sie in Kübeln, darf nur mäßig gegossen werden. Als Standort eignet sich ein sonniger Platz mit leicht saurer bis neutraler Erde. Es empfiehlt sich, stets mehrere Exemplare zusammenzusetzen, da die Pflanzen dann am besten zur Wirkung kommen. Einige Arten können recht kurzlebig sein, regelmäßiges Beschneiden nach der Blüte verzögert den Verfall aber etwas. Die Vermehrung erfolgt durch Stecklinge im Spätsommer oder durch Samen im Frühjahr.

Kunzea baxteri

Dieser in Westaustralien heimische, immergrüne, rundliche Strauch, erreicht eine Höhe von 2,5 m oder mehr, hat kurze, drahtige Stengel und flaumige, scharlachrote Blütenköpfchen, die im Frühjahr und Frühsommer erscheinen. Die steifen, schmalen, zylindrischen und zugespitzten Blätter sind hellgrün, die kleinen Früchte rot. Sobald die Blütenköpfe verwelkt sind, sollte die Pflanze an den Spitzen leicht zurückgeschnitten werden.

Kunzea ericoides

Syn. *Leptospermum ericoides*

Dieser große Strauch oder kleine Baum ist in Teilen Neuseelands und Südostaustraliens zu Hause. Weil er sich mit seinen drahtigen Trieben und winzigen, schmalen, bronzefarbenen bis grünen Blättern vor allem auf Brachflächen schnell ausbreitet, gilt er auch als Unkraut. In Wahrheit ist er jedoch eine wertvolle Pionier- und Ammenpflanze und leistet wertvolle Dienste bei der Erneuerung von Wäldern. Seine cremefarbenen Blüten sind nicht nur eine wichtige Nahrungsquelle für nektarfressende Geckos, sondern wegen des Nektars, den Bienen zu Honig veredeln, auch bei Imkern beliebt.

Kunzea parvifolia

Dieser relativ ausladende Strauch aus den kühleren Bergregionen Südostaustraliens wird bis zu 1,5 m hoch und etwa 3 m hoch. Er hat einen ziemlich offene Wuchsform, kann aber, regelmäßig beschnitten, eine kompakte Gestalt erhalten. Die winzigen, an Heidepflanzen erinnernden Blätter sind jung behaart; im Spätfrühjahr und Frühsommer bringt der Strauch unzählige auffällige, violette, rundliche Blüten hervor, die an den Zweigenden sitzen.

Kunzea ericoides

Kunzea parvifolia

Kolkwitzia amabilis

Kolkwitzia amabilis 'Pink Cloud'

L

LABLAB
HELMBOHNE, FASELBOHNE

Diese nur eine Art umfassende Schmetterlingsgewächs-Gattung ist eine ausdauernde, kurzlebige Kletterpflanze, die aus Afrika stammt, inzwischen aber auch in anderen wärmeren Regionen angepflanzt wird. Die schnellwüchsige Pflanze hat dreiteilige Blätter und große Schmetterlingsblüten in lockeren Trauben. Die Hülsen sind abgeflacht und am Rand leicht gewellt. Sowohl Hülsen als auch Samen sind eßbar. Die Wurzeln sind dick und fleischig und ebenfalls zum Verzehr geeignet.
PFLEGE UND VERMEHRUNG: Die Helmbohne bevorzugt Sonne und leicht feuchten, aber gutdurchlässigen Boden. Da sie sehr frostempfindlich ist, kann man sie in kühleren Gegenden nur als Einjährige anpflanzen, wo sie nur in langen, warmen Sommern gut wächst. Die Vermehrung erfolgt durch Aussaat oder Stecklinge.

Lablab purpureus
Syn. *Lablab niger, Dolichos lablab*

Diese sehr hübsche Pflanze eignet sich gut zum Bewachsen von Gartenzäunen und Mauern. Ihre dicht mit etwa 10 cm großen und stark geäderten, rötlichen Blättern bewachsenen Stengel winden sich bis zu 6 m in die Höhe; im Sommer bildet die Pflanze aus duftenden, weißen und malvenfarbenen Blüten bis 15 cm große, lockere Trauben, an denen später auch die 15 cm langen, rötlichbraunen Hülsen erscheinen.

Lablab purpureus

+ *Laburnocytisus adamii*

+ LABURNOCYTISUS
GEISSKLEEBOHNENBAUM, ADAMS GOLDREGEN

Der kleine Baum gehört zu den bekanntesten Pfropfbastarden aus zwei verschiedenen Gattungen. Als man versuchte, einen Roten Zwergginster *(Cytisus purpureus)* auf den Stamm des verwandten Gemeinen Goldregens *(Laburnum anagyroides)* zu pfropfen, vereinigten sich die beiden Pflanzen zu einer kuriosen Hybride. Sie ist nicht sehr beständig, d.h., die Bäume können die goldfarbigen Blüten des Gewöhnlichen Goldregens, die purpurnen des Roten Zwergginsters und auch mischfarbige Bastardblüten hervorbringen.
PFLEGE UND VERMEHRUNG: Die Vermehrung erfolgt durch Aufpfropfen auf eine *Laburnum*-Unterlage. Die winterharte Pflanze gedeiht auf nahezu jedem Boden, bevorzugt aber einen sonnigen Platz.

+ *Laburnocytisus adamii*

Dieser bis zu 6 m hohe Strauch oder kleine Baum kann drei verschiedene Arten von überhängenden violetten, lachs- oder bronzefarbenen Blütentrauben haben. Die meisten ähneln dem Gemeinen Goldregen. Die Blätter bestehen aus drei, etwa 5 cm langen Fiederblättern.

LABURNUM
GOLDREGEN

Dieser Hülsenfrüchtler umfaßt nur zwei Arten. Die kleinen Laubbäume sind in Europa und Westasien heimisch. Die Blätter setzen sich aus drei Fiederblättern zusammen, größer und dünner als die anderer Ginsterarten. Aus den großen, hellgelben, erbsenartigen Blüten, die in dichten Trauben von den Zweigen herabhängen, entwickeln sich braune Hülsen. Alle Teile des Baums sind sehr giftig und sollten deshalb nur mir Handschuhen angefaßt werden.
PFLEGE UND VERMEHRUNG: Die aus kühleren Klimazonen stammende Pflanze bevorzugt Sonne und wächst auf fast jeder nicht zu nassen Gartenerde. Der Goldregen sollte in jungen Jahren auf Baumform getrimmt werden; Besitzer großer Gärten können sich »Goldregenbögen« schaffen, indem sie die Zweige parallel stehender Bäume über einem Gitter zusammenbinden. Es sollte auf in den Blättern nistende Insekten geachtet und junge Bäume sollten vor Schnecken geschützt werden. Vermehrung durch Aussaat im Herbst, bei Sorten durch Veredlung im Sommer.

Laburnum anagyroides

Laburnum × watereri 'Vossii'

Lachenalia aloides 'Quadricolor'

Laburnum alpinum
ALPENGOLDREGEN

Dieser in Süd- und Mitteleuropa heimische, recht ausladende Baum kann bis zu 8 m hoch werden. Im Frühjahr und Frühsommer werden 25–40 cm lange Trauben mit goldgelben Blüten gebildet, aus denen sich später braune Hülsen mit braunen Samen entwickeln. Die kräftiggrünen Blätter sind glatt und glänzen unterseits. Die anfangs glatte, dunkelgraue Rinde wird mit zunehmendem Alter oft rissig.

Laburnum anagyroides
GEMEINER GOLDREGEN

Dieser kleine Baum mit seinen ausladenden Zweigen stammt aus den höher gelegenen Regionen Mittel- und Südeuropas. Er erreicht eine Höhe und Breite von 8 m; die graugrünen Blätter sind an der Unterseite flaumig behaart. Im späten Frühjahr bzw. Frühsommer erscheinen die 15–25 cm langen, dichten, herabhängenden Blütentrauben, an denen sich später behaarte, braune Hülsen mit schwarzem Samen entwickeln. Die Sorte **'Aureum'** hat helle, gelblichgrüne Blätter.

Laburnum × watereri 'Vossii'

Lachenalia bulbifera

Laburnum × watereri

Diese aus einer Kreuzung von *Laburnum anagyroides* und *L. alpinum* entstandene Hybride ist der meistangepflanzte Goldregen. Der Baum wird annähernd so groß wie die Mutterpflanzen, hat dunkelgrüne, gefiederte Blätter und bringt zwischen spätem Frühjahr und Frühsommer 45 cm lange Trauben mit dichten, sattgelben Blüten hervor. Die in Baumschulen am häufigsten angebotene Sorte **'Vossii'** bringt 60 cm lange, aus vielen butterblumengelben Blüten zusammengesetzte Trauben hervor.

LACHENALIA
LACHNALIE, KAPHYAZINTHE

Diese Gattung umfaßt etwa 90 Arten, von denen die meisten aus Südafrika stammen. Die wunderschönen, frostempfindlichen Zwiebelgewächse hält man am besten in Töpfen. Zwischen den dichten, manchmal marmorierten Blättern sitzen die leuchtend gefärbten, herabhängenden Glockenblüten, die in kurzen Ähren mit geraden Stengeln angeordnet sind. Sie werden zwischen Januar und März gebildet.
PFLEGE UND VERMEHRUNG: Die Lachnalien ziehen nach der Blüte ihre Blätter ein. Danach sollte man die Töpfe kühl, aber hell stellen, wobei die Raumtemperatur 10 °C nicht übersteigen sollte. Dort läßt man sie, bis sich die ersten neuen Blätter zeigen. In der Zwischenzeit wird weder gegossen noch gedüngt. Zur Blütezeit sollten Lachnalien bei etwa 15 °C stehen, da sie dann auch länger blühen. Die Vermehrung erfolgt durch Brutzwiebeln im Herbst.

Lachenalia aloides
Syn. *Lachenalia tricolor*

Diese Art wird bis zu 30 cm hoch. Von Winter bis Frühjahr bilden die Pflanzen über den grünen oder rotbraun gesprenkelten Blättern ihre in Ähren angeordneten Glockenblüten. Diese sind normalerweise grünlichgelb bis goldgelb, können an der Spitze oder der Basis aber auch rote oder orangefarbene Schattierungen aufweisen. Es gibt von dieser Art verschiedene Formen und auch einige Sorten, etwa **'Quadricolor'**, eine sehr ungewöhnliche Pflanze, deren Blüten meist rötlichbraun, orange, gelb oder grün sind, selten auch in allen Regenbogenfarben schimmern.

Lachenalia bulbifera
Syn. *Lachenalia pendula*

Diese Art wird bis zu 25 cm hoch und bringt von Winter bis Frühjahr Ähren aus rosafarbenen, roten oder gelben Glockenblüten hervor, deren grüne bis violette Spitzen oft etwas ausgestellt sind.

Lachenalia orchioides var. *glaucina*
Syn. *Lachenalia glaucina*

Jede der 30 cm langen Blütenähren trägt etwa 25 glockenförmige, blaßblaue bis violette, duftende Blüten, die 2,5 cm groß sind. Die Blätter dieser Pflanze sind oft purpurn gefleckt.

LACTUCA
LATTICH

Diese etwa 100 Arten umfassende Gattung kommt vor allem in den gemäßigten Zonen Europas und Asiens vor. In ihr findet sich eine Reihe Wildkräuter und der nur als Kulturpflanze bekannte Salat oder Garten-Lattich *(Lactuca sativa)*, der bereits seit mehr als 5000 Jahren angebaut wird und wahrscheinlich vom Stachel-Lattich *(L. serriola)* abstammt. In der Gattung werden ein-, zwei- und mehrjährige Arten zusammengefaßt, die zwischen 10 und 180 cm groß werden können. Läßt man sie zur Blüte kommen, bilden sie lange Triebe mit kleinen, malvenfarbenen oder gelben Blüten, an denen man erkennt, daß die Pflanzen zur Familie der Korbblütler gehören. **PFLEGE UND VERMEHRUNG:** Die Pflanzen lassen sich leicht auf feuchten, aber gutdurchlässigen Böden anbauen, wobei sonnige oder halbschattige Standorte bevorzugt werden. Speziell die Samen oder Sämlinge der als Gemüse verwendeten Arten können zu fast jeder Jahreszeit ausgesät oder gesetzt werden. Werden Jungpflanzen bei größerer Hitze gepflanzt, muß der Platz zunächst beschattet werden, außerdem sollten sie von Zeit zu Zeit etwas Flüssigdünger bekommen. Die Vermehrung erfolgt durch Aussaat.

Lactuca sativa 'Black Seeded Simpson'

Lactuca sativa 'Bubbles'

Lactuca sativa 'Green Salad Bowl'

Lactuca sativa 'Lollo Rossa'

Lactuca sativa
SALAT

Diese grüne, einjährige Pflanze, die wegen ihrer saftigen, knackigen Blätter häufig angebaut wird, ist in vielerlei Formen und Geschmacksrichtungen erhältlich. Die bekanntesten Arten sind der herkömmliche Kopfsalat, der Eissalat, der Römische oder Spargelsalat mit seinen knackigen, aromatischen Blättern und der Schnittsalat, der keine Köpfe bildet. Von allen gibt es zahlreiche Sorten, darunter die Kopfsalate **'Maikönig'**, eine frühe Sorte mit rötlichen Blatträndern oder **'Attraktion'**, eine nicht ganz so frühe Sorte mit mittelgroßen Köpfen. Zu den Römischen Salaten gehören **'Bubbles'**, der einen süßen, nussigen Geschmack besitzt; **'Frisby'** mit dichten, hellgrünen, gekräuselten Blättern; **'Green Salad Bowl'** mit hellgrünen, blumigen Blättern, die den ganzen Sommer über geerntet werden können oder **'Black Seeded Simpson'** mit sehr hohem Vitamin-C-Gehalt. **'Lollo Bionda'** dagegen besitzt dekorative Blätter, so daß er auch als Zierpflanze verwendet werden kann. **'Lakeland'** ist eine hervorragende Eissalatsorte mit knackigen Blättern ähnlich wie **'Great Lakes'**; **'New Red Fire'** hat ein grünes Herz und rötlich-bronzefarbene Außenblätter. **'Lollo Rossa'** ist ein Schnittsalat mit rötlichvioletten, krausen Blättern, den man zu jeder Jahreszeit ernten kann; bei den **'Oak Leaf'**-Sorten (Eichblattsalat) handelt es sich um Schnittsalate, bei denen die schmalen Blätter fingerartig gelappt sind. Einer von ihnen ist **'Red Oak Leaf'** mit rötlichbraunen Blättern. Ebenfalls rötlichbraune Blätter hat **'Red Salad Bowl'**, die jedoch leicht bitter schmecken. **'Red Sails'** hat gewellte, dunkle, rötlich-bronzefarbene Blätter, kann lange genutzt werden und schießt nicht so leicht. **'Rouge d' Hiver'** ist eine in vielen Gegenden winterharte Sorte mit roten, glatten Blättern; **'Simpson Flute'** hat hellgrüne, krause Blätter; **'Target'** ist ein kohlkopfartiger Salat. Bei ***Lactuca sativa* var. *augustana*** (Syn .*L .s.* var. *asparagina*) sind sowohl der Stengel als auch die hellgrünen, krausen Blätter eßbar.

Lactuca sativa 'Frisby'

Lactuca sativa 'Lakeland'

Lactuca sativa ' New Red Fire'

Lactuca sativa 'Red Sails'

Lactuca sativa 'Simpson Flute'

Lactuca sativa 'Oak Leaf'-Sorte

Lactuca sativa 'Rouge d'Hiver'

Lactuca sativa 'Target'

LAELIA
LAELIE

Die in Mittel- und Südamerika sowie in Westindien heimischen Orchideen sind eng mit den Arten von *Cattleya* verwandt und ähneln diesen in Größe, Form und Farbe der Blüten. Viele der etwa 50 Arten und deren zahlreiche Hybriden sind attraktive, in der Regel epiphytisch lebende Orchideen, deren Pflege sich auf jeden Fall lohnt. Laelien bastardisieren sehr leicht mit *Cattleya*-Arten, wobei die Hybriden das farbenprächtigere Labellum sowie die schlankere Blütenform des *Cattleya*-Elternteils erhalten. Laelien blühen, je nach Art und Sorte, zwischen Herbst und Frühjahr. In der Regel sind die Blüten in kurzen Blütenständen angeordnet, nur bei einer Gruppe (früher unter dem Namen *Schomburgkia* bekannt) sind die Blütentriebe länger als 1 m. In großen Gewächshäusern bieten die Pflanzen ein herrliches Bild. **PFLEGE UND VERMEHRUNG:** Laelien sind Zimmerpflanzen, die keine allzu hohen Temperaturen benötigen (im Winter nicht mehr als 15 °C, besser sind 12 °C). Am besten gedeihen die Pflanzen in einem kleinen Topf mit Orchideenerde an einem hellen Standort; oft ist es nötig, die größer werdenden Orchideen an einem Stab zu befestigen. Einige Arten benötigen im Winter eine Trockenperiode. Sobald die ersten Triebe sichtbar sind, erfolgt die Vermehrung durch Teilung.

× *Laeliocattleya*-Hybride

Laelia anceps

Laelia anceps

Diese aus Mexiko stammende, mittelgroße Art wächst normalerweise epiphytisch auf Bäumen; manchmal findet man sie aber auch auf Felsen, wo sie dann oft der direkten Sonne ausgesetzt ist. Die Pseudobulben sind etwa 6 cm lang, haben einen Durchmesser von 2,5 cm und bringen zumeist nur ein lederartiges, rund 20 cm langes Blatt hervor. Im Winter werden an den bis 1 m langen Blütenstengeln jeweils mehrere, etwa 8 cm große, zartlila Blüten mit violetter Lippe gebildet. Es existieren einige Sorten, die wegen ihrer größeren oder schöneren Blüten gezüchtet werden.

Laelia cinnabarina

Diese kompakte, in Brasilien heimische Art wächst auf mittelgroßen Bäumen oder auf Felsen. Die zylindrischen, 10–20 cm langen Pseudobulben sitzen dicht zusammen; das einzige, leicht rötliche Blatt wird bis 15 cm lang. Im Sommer trägt die Pflanze für lange Zeit ein bis zwei Blüten mit einem Durchmesser von 6 cm. Nach der Blüte sollte man die Pflanze bis zum Austreiben neuer Triebe nur gießen, wenn die Pseudobulben zu schrumpfen beginnen.

Laelia gouldiana

Laelia 'Coronet'

Diese Sorte steht stellvertretend für eine Gruppe von Miniatur-Hybriden, die von *Laelia cinnabarina* abstammen, und hat 5 cm lange, zierliche Blütentriebe mit sattgelben oder orangefarbenen Blüten. Die Pflanzen werden ca. 25 cm hoch und wirken am attraktivsten, wenn sie in Gruppen angepflanzt werden, die dann im Frühjahr und Sommer eine große Anzahl von Blüten hervorbringen. Einige dieser kleinen Orchideen haben einen *Cattleya*-Elternteil, so daß sie offiziell unter dem Namen × *Laeliocattleya* geführt werden.

Laelia gouldiana

Die 10 cm großen, rosa- bis malvenfarbenen Blüten von *Laelia gouldiana* erscheinen Anfang des Winters und sehen als Farbtupfer in einer Vase zauberhaft aus. Die aus Mexiko stammende Art wird bis zu 1 m hoch. Einige Experten halten *L. gouldiana* für eine natürlich entstandene Kreuzung aus *L. anceps* und ***L. autumnalis***.

Laelia purpurata

Dieser Orchidee kommt die Ehre zu, zur Nationalblume Brasiliens auserkoren worden zu sein – und das in einem Land mit unzähligen wunderschönen Pflanzen. Die im Frühjahr erscheinenden herrlichen Blütenstände bilden bis zu 15 cm große Blüten, die sich aus weißen oder leicht malvenfarbenen Blütenblättern und einer tief-purpurfarbenen Lippe zusammensetzen. Diese Art wird am häufigsten für Kreuzungen mit *Cattleya*-Arten benutzt.

× *Laeliocattleya*-Hybride 'Chic Bonnet'

× *Laeliocattleya*-Hybride 'Orange Crush'

× *LAELIOCATTLEYA*

Laelien wurden am häufigsten mit *Cattleya*-Arten gekreuzt, wobei über 2000 Hybriden entstanden, die unter dem Namen *Laeliocattleya* zusammengefaßt werden. Diesen Namen erhalten alle Kreuzungen zwischen Arten der beiden Gattungen, einschließlich aller Rückkreuzungen und späteren Generationen. Die Pflanzen können zierliche oder auch riesige, farbenprächtige Blüten hervorbringen, die sie von ihren *Cattleya*-Eltern ererbt haben. Aus den Pseudobulben entwickelt sich ein einziges lanzettliches, lederartiges Blatt.
PFLEGE UND VERMEHRUNG: *Laeliocattleya*-Arten eignen sich gut für temperierte Gewächshäuser. Man pflanzt sie am besten in lockere Orchideenerde und stellt sie an einen hellen Platz ohne direkte Sonneneinstrahlung. Im Sommer sollte man die Pflanze viel, im Winter eher weniger gießen. Die Vermehrung erfolgt durch Teilung. Die Pflanzen sind anfällig für Spinnmilben, Blatt- und Schmierläuse.

× *Laeliocattleya*-Hybriden

Diese farbenprächtigen Hybriden sind oft sehr unterschiedlich groß und blühen in den verschiedensten Farben. Viele haben eine große, gewellte Lippe, die sich farblich vom Rest der Blüte abhebt. Die Hybriden blühen vorwiegend im Frühjahr und Sommer, manchmal auch das ganze Jahr hindurch. Da sie nicht so schnell verblühen, eignen sie sich auch gut für die Vase. Eine der vielen Sorten ist **'Chic Bonnet'** mit leuchtend rosafarbenen Blütenblättern und tiefroter Lippe oder **'Orange Crush'** mit durchgehend orangefarbenen, relativ engstehenden Blütenblättern.

LAGAROSTROBOS

Zu dieser mit *Podocarpus* und *Dacrydium* verwandten Gattung gehören zwei Arten immergrüner Koniferen, von denen eine in den kühlen und feuchten Wäldern Tasmaniens, die andere in Neuseeland beheimatet ist. Es sind langlebige Bäume mit feinen, zypressenartigen Blättern. Die samentragenden weiblichen Zapfen und die Pollen enthaltenden männlichen Blütenstände sind jeweils sehr klein und unauffällig und befinden sich auf unterschiedlichen Bäumen. Das fein gemaserte, duftende, blaßgelbe Holz wird gerne zum Drechseln oder im Schiffsbau verwendet.
PFLEGE UND VERMEHRUNG: Die Bäume stammen aus einer Region mit mildem Klima, relativ kühlen Sommern, hoher Luftfeuchtigkeit und häufigen Regenfällen zu jeder Jahreszeit, so daß sie als Freilandpflanze für unsere Breiten nur bedingt geeignet sind. Der Boden sollte tief, nährstoffreich, durchlässig und feucht sein. Die Bäume vertragen Schatten und brauchen Windschutz. Vermehrung durch Samen (falls erhältlich) oder Stecklinge.

Lagarostrobos franklinii
Syn. *Dacrydium franklinii*

Diese in Tasmanien heimische Art kann in kühlen Regenwäldern ihrer Heimat Tausende von Jahren alt werden. Allerdings ist sie aufgrund der intensiven Rodung heute recht selten geworden. Die meist leicht kegelförmigen Bäume wachsen extrem lang-

Lagarostrobos franklinii

Lagarostrobos franklinii

Lagunaria patersonia

Lagurus ovatus

sam und werden 15–25 m hoch; die schlanken, überhängenden Zweige sind mit kleinen, schuppenartigen, dunkelgrünen Blättern bedeckt; die Rinde ist glatt und silberfarben bis graubraun; im Herbst werden an den Zweigenden der weiblichen Bäume kleine, aufrechte Zapfen gebildet. Die Art eignet sich als Kübelpflanze.

LAGENARIA

FLASCHENFRUCHT

Zu dieser aus Südafrika stammenden Gattung gehören sechs Arten einjähriger oder mehrjähriger Kletterpflanzen mit weichen, behaarten Blättern, die beim Zerreiben unangenehm riechen, und großen, weißen Blüten. Die verschiedenen Arten bilden unterschiedlich geformte Flaschenkürbisse, die in der Regel nach ihrem Aussehen oder ihrer Verwendung benannt sind. Die jungen Kürbisse sind eßbar.
PFLEGE UND VERMEHRUNG: *Lagenaria*-Arten sind frostempfindlich und benötigen eine hohe Luftfeuchtigkeit, viel Wärme und viel Licht, so daß sie sich weder für die Freilandhaltung noch als Zimmerpflanze eignen. Bestäubt werden die Pflanzen in ihrer Heimat durch Fledermäuse.

Lagenaria siceraria

FLASCHENKÜRBIS, KALEBASSENBAUM

Diese einjährige Kletterpflanze wird bis zu 3 m hoch, hat behaarte, dunkelgrüne Blätter und bringt im Sommer weiße, glockenförmige Blüten hervor. Die jungen, oft recht unterschiedlich geformten Flaschenkürbisse sind eßbar; aus der harten Schale lassen sich Gefäße machen.

LAGERSTROEMIA

LAGERSTROEMIE, KRÄUSELMYRTE

Die etwa 50 Arten immergrüner, kleinerer oder größerer Laubbäume sind von Süd- und Ostasien bis Nordaustralien verbreitet, wo sie wegen ihrer oft auffälligen Blütenstände häufig auch angepflanzt werden. Die Blüten sind leicht an den fünf gestielten und am Rand gekräuselten Blütenblättern zu erkennen. Angeordnet sind die Blüten in langen, dichten Rispen, die an den Zweigenden sitzen. Der deutsche Name »Myrte« bezieht sich auf die enge Verwandtschaft mit den Myrten. Einige Arten haben eine schöne glatte, grüne, braune oder rötliche Rinde, andere liefern ein wertvolles Holz, das beispielsweise für den Schiffsbau verwendet wird.
PFLEGE UND VERMEHRUNG: Lagerstroemien können als Kübelpflanzen auf Terrassen oder im Garten wachsen. Im März sollten sie kräftig zurückgeschnitten und gedüngt werden, damit sie später im Jahr reichlich blühen. Die Pflanzen bevorzugen durchlässigen, humusreichen Boden, einen sonnigen Standort und sollten vor zu starkem Wind geschützt werden, da sonst die zarten Blüten zerstört werden. Die Vermehrung erfolgt im Sommer durch Stecklinge oder im Frühjahr durch Aussaat. Man sollte auf Mehltaubefall achten.

Lagerstroemia indica

Dieser Laubbaum, dessen eigentliche Herkunft man in China vermutet, wird ca. 8 m hoch, hat eine ausladende, kugelförmige Krone und eine glatte, beigefarbene, rotbraun gestreifte Rinde. Zwischen Mitt- und Spätsommer bringt die Art aus rosafarbenen bis tiefroten Blüten zusammengesetzte Rispen hervor. In kühlen Gegenden färben sich die kleinen, ovalen Blätter im Herbst goldfarben. Die Blüten sitzen an den Enden neuer Triebe und werden um so größer, je kräftiger die Triebe sind, so daß man durch Schneiden das Austreiben neuer Äste anregen sollte. Wird der Baum nicht gestutzt, verliert er seine Kugelform und bekommt eine unregelmäßige Form mit schmalerer Krone, was sehr hübsch aussehen kann. Bei der Sorte **'Petite Snow'** handelt es sich um einen kleinen Baum mit weißen Blüten, während die Sorte **'Ruby Lace'** gekräuselte, tiefrote Blüten hat. Bei einigen Sorten wie **'Eavesii'** mit ihren großen, offenen, malvenfarbenen Blüten oder **'Heliotrope Beauty'** mit ihren zartlila bis rosafarbenen Blüten nimmt man an, daß sie durch eine Kreuzung aus *Lagerstroemia indica* × *L. speciosa* entstanden sind, wobei das Produkt noch mit *L. indica* rückgekreuzt wurde. Einige amerikanische Sorten wie **'Natchez'** (cremefarbene Blüten), **'Seminole'** (rosa Blüten) oder **'Tuscarora'** (dunkelrote Blüten) sind Kreuzungen aus *L. indica* und ***L. fauriei***.

Lagerstroemia speciosa

Syn. ***Lagerstroemia flos-reginae***

Dieser aus den Dschungeln Indiens, Sri Lankas und Myanmars stammende Laubbaum erreicht wildwachsend eine Höhe von 25 m. Er besteht aus einem einzelnen Stamm und einer breiten Krone und hat lange, lederartige Blätter, die sich, bevor sie im Herbst abfallen, kupferrot färben. Zwischen Sommer und Herbst erscheinen die auffälligen Rispen mit großen rosa-, lila- oder lavendelfarbenen Blüten. Der glatte, graue Stamm ist unregelmäßig gefleckt und erscheint dadurch leicht gelblich.

Lagerstroemia indica

LAGUNARIA

Zu dieser Gattung, die mit dem Eibisch *(Hibiscus)* verwandt ist, gehört nur eine einzige Art, ein wohlproportionierter, dichter Laubbaum, der an der Ostküste Australiens sowie auf den Lord-Howe- und den Norfolk-Inseln wildwachsend vorkommt. Seine graugrünen Blätter scheinen wenig empfindlich gegenüber Salzwasser zu sein, so daß er in Küstengebieten gern angepflanzt wird. Seine Samenhülsen haben oft kleine nadelartige Anhänge, die unangenehme Hautverletzungen verursachen können.
PFLEGE UND VERMEHRUNG: Es handelt sich um eine sehr frostempfindliche Art (Mindesttemperatur 3–5 °C), die nur in Kübeln gehalten werden kann. Die Pflanzen müssen im Sommer reichlich, im Winter dagegen deutlich weniger gegossen werden; Vermehrung durch Aussaat.

Lagunaria patersonia

Syn. ***Hibiscus patersonius***

Dieser immergrüne, pyramidenförmige Baum wird 5–10 m hoch und hat leicht ovale, lederartige, grau behaarte Blätter. Die während des Sommers in den Blattachseln in verschwenderischer Fülle hervorgebrachten rosa bis beinahe violetten Blüten erinnern an Hibiskusblüten; die fünf leicht zurückgebogenen Blütenblätter sind ca. 5 cm lang und um mehrere, in der Mitte sitzende Staubblätter angeordnet. Die mit spitzen Borsten besetzten Samenhülsen enthalten leuchtend orangefarbene Samen.

Lagerstroemia indica 'Tuscarora'

Lagerstroemia indica

LAGURUS

HASENSCHWANZGRAS, SAMMETGRAS

Zu dieser Gattung gehört nur eine Art, ein einjähriges Gras, das meist im Mittelmeerraum auf steinigen und felsigen Standorten vorkommt. Das Gras bildet dünne, bis zu 25 cm lange Halme, die sich zwischen Spätwinter und Frühling für eine kurze Zeit grün verfärben, aber bald wieder hell goldbraun werden. Auffällig sind die vielen, weichen, flaumigen, an Hasenschwänze erinnernden Fruchtstände, die sich auf langen Stengeln knapp über den Halmen befinden. Sie bleiben noch erhalten, wenn die Halme längst vertrocknet sind, so daß sie sich für Trockensträuße eignen.
PFLEGE UND VERMEHRUNG: Die winterharten Pflanzen bevorzugen nicht allzu nährstoffreiche, durchlässige Böden und einen sehr sonnigen Standort. Die Vermehrung erfolgt durch Aussaat im März (im Hause) oder im Mai ins Freie.

Lagurus ovatus

HASENSCHWANZGRAS

Dieses dekorative Gras wird bis zu 55 cm hoch und bildet nur dann große Horste, wenn ausreichend Platz vorhanden ist und es gut gedüngt wird. Die länglichen bis eiförmigen, flaumigen Scheinähren sind erst zartgrün, manchmal auch lila überhaucht und werden später cremefarben. Die Blütezeit der Rispen liegt, je nach Aussaat, zwischen Mai und Juli.

Lagerstroemia speciosa

Lagerstroemia indica 'Seminole'

L. indica 'Heliotrope Beauty'

LAMARCKIA

Zu dieser Gattung gehört nur ein im Mittelmeergebiet heimisches, einjähriges Gras. Es bildet im Sommer kleine Horste aus breiten, zartgrünen Blättern und bürstenartigen Ähren mit dichten, kleinen, weichen Ährchen. Die Pflanze wurde inzwischen in viele warme Regionen der Erde eingeschleppt. Im Garten kann man sie in Blumenrabatten oder an trockenen Stellen pflanzen. Die Fruchtstände lassen sich für Trockensträuße verwenden.
PFLEGE UND VERMEHRUNG: Die Pflanze bevorzugt einen lockeren, sandigen, durchlässigen Boden und einen hellen, sonnigen Standort. Sie ist anspruchslos und blüht relativ schnell, wenn sie anfangs genug Wasser bekommt. Ihre Vermehrung erfolgt durch Aussaat ab Frühjahrsmitte.

Lamarckia aurea

Diese maximal 30 cm große Pflanze blüht bereits, wenn sie erst wenige Zentimeter groß ist. Die spärlichen und weit auseinander stehenden Blätter sind leicht gedreht; die Blütenähren sind zuerst zart silbergrün, später leicht gelblich und nehmen zum Schluß manchmal einen rötlichen Farbton an. Die Pflanze blüht zwischen Frühjahr und Frühsommer.

Lamarckia aurea

LAMIUM

Syn. *Galeobdolon, Lamiastrum*

TAUBNESSEL

Diese in Europa, Asien und Nordafrika heimische, mehr als 50 Arten umfassende Gattung ein- oder mehrjähriger, mit einem kriechenden Wurzelstock ausgestatteter Pflanzen gehört zur Familie der Lippenblütler. Einige Arten haben adstringierende Eigenschaften, andere dienen als Küchenkräuter, wieder andere als Zierpflanzen, und fast alle sind eine wichtige Nektarquelle für Bienen. Die gezähnten Blätter sind gegenständig und weisen oft eine graugrüne oder weiße Zeichnung auf. Die in kurzen Scheinquirlen angeordneten Blüten sind weiß, gelb, rosa- oder lilafarben und zweilippig, wobei die Oberlippe zumeist helmartig gewölbt ist.
PFLEGE UND VERMEHRUNG: Taubnesseln sind winterfest und wachsen auf fast jedem, auch feuchterem Boden. Weiße und purpurfarbene Arten sollten im Frühjahr gepflanzt werden und einen sonnigen Platz bekommen; Arten mit gelben Blüten setzt man am besten im Herbst an eine schattige Stelle. Da sie sich schnell ausbreiten, benötigen sie viel Raum. Vermehrung durch Teilung im zeitigen Frühjahr.

Lamium album

WEISSE TAUBNESSEL

Die Blätter dieser in Europa und Nordasien heimischen Art erinnern an die Kleine Brennessel *(Urtica urens)*. Die 30–60 cm hohe, aufrechte, mehrjährige Pflanze bildet zwischen Frühjahr und Frühherbst aus weißen Blüten bestehende Scheinwirtel; die jungen Blätter sind vitaminreich, so daß man sie im Frühjahr als Zutat für Salate und Gemüse verwenden kann. Im Garten läßt sich die Art gut als Bodendecker unter und zwischen Gehölzen nutzen.

Lamium album

Lamium galeobdolon 'Hermann's Pride'

Lamium maculatum 'Beacon's Silver'

Lamium maculatum 'Roseum'

Lamium galeobdolon

Syn. *Galeobdolon luteum, G. argentatum, Lamiastrum galeobdolon*

GOLDNESSEL

Bei dieser in Europa und Westasien heimischen Art wachsen sowohl die Rhizome als auch die Ausläufertriebe weit aus, so daß die Pflanze schnell dichte, etwa 30 cm hohe Bestände bildet, besonders an feuchten, schattigen Stellen unter Bäumen. Die Blätter weisen eine sehr variable silbergraue Zeichnung auf; die in Scheinähren angeordneten, leuchtendgelben, etwa 2 cm großen Blüten erscheinen im Sommer. Die Blätter der Sorte **'Florentinum'** haben eine silberne Zeichnung und färben sich im Winter rötlich. Die polsterbildende Sorte **'Hermann's Pride'** hat schmale, silbern gestreifte oder gefleckte Blätter.

Lamium galeobdolon 'Hermann's Pride'

Lamium garganicum

Diese Pflanze wurde nach dem Kap Gargano an der Adriaküste benannt. Allerdings kommt die Art nicht nur dort vor, sondern auch in der Türkei und im Irak. Es handelt sich um einen bis zu 50 cm hohen, ausdauernden Lippenblütler mit gezähnten, herzförmigen Blättern und roten, rosa oder purpurnen, seltener auch weißen Blüten, die im Sommer erscheinen.

Lamium maculatum

GEFLECKTE TAUBNESSEL

Die Wildform dieser mehrjährigen, in Europa und Westasien heimischen, aber auch nach Nordamerika verschleppten Pflanze kann zu einem argen Unkraut werden. Bezüglich der Wuchsform ist die Art sehr variabel, sie kann sowohl aufrecht wachsen und dann bis zu 60 cm hoch werden, aber auch deutlich kleiner bleiben und dann mehr in die Breite wachsen. Die gezähnten Blätter haben in der Mitte einen silbergrünen Fleck oder Streifen; im Frühjahr und Sommer erscheinen in Scheinquirlen angeordnete, zartrosa bis tiefrote Blüten. Für eine Bepflanzung im Garten sind besonders die gezüchteten Sorten geeignet, die

Lamium garganicum

Lamium maculatum 'White Nancy'

oft dichte Polster bilden und nicht höher als 15 cm werden. Die Sorte **'Pink Pewter'** hat silbrige Blätter, wodurch die schönen rosa Blüten erst richtig zur Geltung kommen; **'Beacon's Silver'** hat purpurfarbene Blüten und silbergrüne Blätter mit einem dunkelgrünen Rand; die Blätter der Sorte **'Roseum'** sind silbrig gestreift, die Blüten blaßlila; **'White Nancy'** hat dagegen silbriggrüne Blätter und weiße Blüten.

LAMPRANTHUS

MITTAGSBLUME, EISKRAUT

Diese in Südafrika heimische Gattung sukkulenter Pflanzen zählt mit leuchtendgelben, roten, rosa- oder orangefarbenen Blüten zu den schönsten Sukkulenten überhaupt. Die etwa 180 Arten sowie die vielen in Kultur entstandenen Sorten unterscheiden sich teils recht deutlich. So kriechen einige am Boden entlang, während andere buschige, kleine Sträucher bilden. Allen gemeinsam sind die paarweise angeordneten, im Schnitt dreieckigen bis beinahe kreisförmigen, fleischigen Blätter. Viele Mittagsblumen sind kurzlebig, andere vergeilen nach einigen Jahren oft sehr stark.
PFLEGE UND VERMEHRUNG: Die Pflanzen sind nicht winterhart, sondern benötigen warmes und frostfreies Klima, wobei 5 °C nicht unterschritten werden sollten. Am besten ist es, die Pflanzen nach dem letzten Frost in einem Topf oder Kübel ins Freie zu bringen und sie dort an einen sehr sonnigen Platz zu stellen. Zum Überwintern ist ein Wintergarten gut geeignet. Mittagsblumen mögen trockene Böden und vertragen viel Sonne. Haben sich die Pflanzen ausreichend bewurzelt, kommen sie mit dem normalen Niederschlag aus, müssen also nicht gegossen werden. Die Vermehrung erfolgt im Frühjahr durch Aussaat oder Stecklinge.

Lampranthus aurantiacus

Diese ca. 45 cm hohe und 75 cm breite Art hat kleine, graugrüne, zylindrische Blätter, die vorne spitz zulaufen. Im Sommer bringt die Pflanze eine Fülle lebhaft dunkel orangefarbener Blüten hervor, die in der Mitte einen purpurnen Fleck haben.

Lampranthus aureus

Dieser aufrechte, kleine Strauch erreicht eine Höhe von etwa 40 cm. Die blaugrünen Blätter werden ca. 5 cm lang und weisen kleine, durchscheinende Flecken auf. Im Sommer bringt die Pflanze in großer Fülle leuchtendgelbe oder orangefarbene, 6 cm große Blüten hervor.

Lampranthus blandus

Mit einer Höhe von 30–40 cm gehört dieser ausladende, bis ungefähr 1 m breite Strauch zu den größeren Arten. Er hat hell graugrüne Blätter und bringt im Frühjahr zahlreiche zart rosafarbene Blüten hervor. Diese setzen sich aus mehreren Reihen sehr engstehender Blütenblätter zusammen, so daß die Blüten oft wie halbgefüllt wirken. Die Pflanze benötigt viel Wärme, was bei der Platzwahl berücksichtigt werden muß.

Lampranthus coccineus

Bis auf die etwas kürzeren Blätter erinnert diese wunderschöne Pflanze an *L. aurantiacus.* Scheint im späten Frühjahr die Sonne auf die tief purpur-, rosa- oder orangefarben schimmernden Blüten, muß man vom Anblick der Pflanze regelrecht hingerissen sein. Die Art verträgt leichten Frost.

Lampranthus spectabilis

Diese bis 25 cm hohe, manchmal unkontrolliert in die Breite wachsende Art bringt im Frühjahr und Sommer große, aus leuchtenden, rosa bis violetten Blütenblättern zusammengesetzte Blüten hervor. Die Früchte sind eßbar.

Lantana montevidensis

Lantana camara 'Radiation'

Lampranthus-Hybride

Lampranthus veredenbergensis

Diese kompakte sukkulente Pflanze erreicht meist eine Ausdehnung bis zu 15 cm. Sie hat kleine, paarweise angeordnete, grüne Blätter und bringt im Frühjahr winzige, rosafarbene Blüten hervor.

LANTANA

WANDELRÖSCHEN

Die zur Familie der Eisenkrautgewächse *(Verbenaceae)* zählende Gattung umfaßt etwa 150 Arten immergrüner Stauden und Sträucher, die, mit Ausnahme einiger südafrikanischer Vertreter, aus den wärmeren Regionen Amerikas stammen. Einige von ihnen sind in den Tropen und Subtropen ein nicht besonders gern gesehenes Unkraut, so vor allem *Lantana camara*. Die Pflanzen haben rauhe, oft auch leicht stachlige Stengel und zumeist gegenständige Blätter, deren ebenfalls rauhe Oberfläche zahlreiche Blattnerven aufweist. Die vielen, in dichten Köpfchen zusammenstehenden, winzigen, knopfförmigen Blüten öffnen sich sukzessive von innen nach außen; bei älteren Blüten ändert sich die Färbung oft zum Rand hin; manchmal werden außerdem kleine Früchte gebildet, die ein wenig an Brombeeren erinnern.
PFLEGE UND VERMEHRUNG: Es handelt sich um frostempfindliche Pflanzen, die sich aber auch nicht besonders gut als reine Zimmerpflanzen halten lassen. Am besten ist es, die Wandelröschen in Kübel zu pflanzen und im Sommer auf die Terrasse oder den Balkon zu stellen. Die Überwinterung sollte in einem hellen Raum bei etwa 10 °C erfolgen. Die Pflanzen bevorzugen fruchtbaren, durchlässigen Boden und einen sonnigen Standort. Topfpflanzen sollten einmal jährlich, am besten im Frühjahr gedüngt werden; sobald sie ausgewachsen sind, muß gut gegossen werden. Durch das Stutzen der Spitzen junger Pflanzen wird ein buschiges Wachstum gefördert. Die Vermehrung erfolgt im Sommer durch Stecklinge. In der Regel werden die Pflanzen kaum von Schädlingen befallen, man sollte sie aber trotzdem regelmäßig auf Weiße Fliegen und Spinnmilben untersuchen.

Lantana camara 'Chelsea Gem'

Lampranthus aurantiacus

Lampranthus spectabilis

Lampranthus veredenbergensis

Lantana camara

Dieses Gewächs ist so eine Art Dr. Jekyll und Mr. Hyde der Pflanzenwelt: In den feuchtwarmen Gebieten der Erde ist sie nicht besonders gern gesehen, da sie sich wild wuchernd in Wäldern und auf Weideland ausbreitet und das Vieh vergiftet, in etwas kühleren, trockeneren Regionen ist sie hingegen als Zierpflanze sehr beliebt. Die »gespaltene Persönlichkeit« läßt sich auf die außerordentliche Vielgestaltigkeit dieser Art zurückführen, so daß einige Botaniker schon Bedenken angemeldet haben, ob es sich wirklich um nur eine Art handeln kann. Bei den kultivierten Sorten handelt es sich zumeist um 0,5–2 m hohe, rundliche oder auch in die Breite wachsende Sträucher. Die winzigen Blüten sind typischerweise cremefarben, gelb oder gelbrot, im Alter aber auch rosa, rotorange oder weiß. Die Pflanzen blühen über einen relativ langen Zeitraum, in der Regel zwischen Frühjahr und Herbst. Es gibt zahlreiche Sorten, deren Farben von den goldgelben, orangefarbenen oder roten Tönungen der Sorte **'Radiation'** über die gelbe Blütenfarbe der Sorte **'Drap d'Or'** bis zur weißen Färbung der Sorte **'Snowflake'** reicht. **'Chelsea Gem',** eine der ältesten Sorten, ist dagegen ein kompakter Strauch mit vielen orangefarbenen oder roten Blüten.

Lantana montevidensis

Syn. *Lantana sellowiana*

Diese Pflanze eignet sich dank ihrer niederliegenden, schlanken, weitverzweigten Stengel hervorragend als Bodendecker oder als niedrige Hecke. Die Pflanze wird 50–90 cm hoch und manchmal über 2 m breit, hat kleine, hübsche, dicht geäderte, dunkelgrüne Blätter. Sie bildet fast das ganze Jahr hindurch, vor allem aber im Sommer, leuchtend malvenfarbene bis rosa Blütenköpfchen mit gelber Mitte. Erst kürzlich wurde eine weiße Sorte gezüchtet, die besonders hübsch aussieht, wenn man sie neben eine rosafarbene pflanzt.

LAPAGERIA

LAPAGERIE

Der wissenschaftliche Namen dieser bemerkenswerten, nur eine Art umfassenden Gattung geht vermutlich auf die französische Kaiserin Josephine (geb. Tascher de La Pagerie, 1763–1814) zurück, die eine begeisterte Pflanzenliebhaberin war. Sie soll die Lapagerie auch zum ersten Mal in Europa gezüchtet haben, nachdem ein Botaniker der Kaiserin die Pflanze aus ihrem Ursprungsland Chile mit nach Frankreich gebracht hatte. Es handelt sich um einen nicht winterharten, windenden Kletterstrauch, der als nicht ganz pflegeleicht gilt. Hat sich die Pflanze jedoch erst einmal fest verwurzelt, wächst sie meist recht gut.
PFLEGE UND VERMEHRUNG: Am wichtigsten bei der Pflege dieser Zimmerpflanze ist eine relativ hohe Luftfeuchtigkeit und eine gleichmäßige Temperatur, die auch im Sommer nicht unter 6–10 °C fallen sollte. Größere Temperaturschwankungen werden nur sehr schlecht vertragen. Außerdem ist darauf zu achten, daß der Wurzelballen nie trocken wird. Die Vermehrung erfolgt durch Aussaat oder Stecklinge.

Lapageria rosea

Lapageria rosea 'Superba'

Larix potaninii

Larix decidua

Larix decidua

Larix gmelinii

Lapageria rosea

Die in Chile heimische Lapagerie ist die Nationalblume des Landes. Der schnellwachsende, windende Kletterstrauch bildet immergrüne, glänzende Blätter. Die zwischen dem Sommer und Spätherbst erscheinenden, glockenförmigen, zartrosa bis roten Blüten sind etwa 8 cm lang. An jedem Blütentrieb befinden sich jeweils zwei oder drei Blüten mit wachsartigen Blütenblättern. Die Pflanze kann eine Höhe bis zu 8 m erreichen; will man eine reichhaltige Blüte bekommen, läßt man sie am besten an einem Rankgerüst wachsen und nicht höher als 2,5 m werden. Die Sorte **'Superba'** hat einen schlanken Stengel, glänzende, hellgrüne Blätter und glockenförmige, tief rosarot gefärbte Blüten.

LARIX

LÄRCHE

Dieser in den Bergregionen der nördlichen Hemisphäre heimische, sommergrüne und schnellwachsende Nadelbaum hat zumeist eine anmutige Form. Sein Holz ist sehr hart und dauerhaft, seine Form kegelig, die Nadeln fallen im Herbst. Im Frühjahr werden gleichzeitig mit den neuen hellgrünen Nadeln herabhängende, gelbe, männliche Blüten und aufrechte, weibliche Zapfen gebildet, deren Schuppen sich im Sommer verhärten und die auch nach dem Ausstreuen der Samen auf dem Baum bleiben. Man unterscheidet neuerdings neun *Larix*-Arten (früher etwa 15).

PFLEGE UND VERMEHRUNG: Lärchen bevorzugen kühles bis kaltes Klima und gedeihen am besten in durchlässigem, lockerem oder steinigem Boden, der nicht zu feucht sein darf. Die Vermehrung erfolgt durch Aussaat. Man sollte die Pflanzen regelmäßig auf Lärchenkrebs und Lärchenminiermotten untersuchen.

Larix decidua

EUROPÄISCHE LÄRCHE

Der in den Bergen Mittel- und Südeuropas heimische Baum erreicht eine Höhe von 30 m; die Krone ist zuerst kegelförmig und wächst später mehr in die Breite. Die Äste mit den anmutig überhängenden Seitenzweigen stehen weit auseinander. Die weichen, hellgrünen Nadeln färben sich im Herbst gelb, um dann abzufallen. Die reifen Samenzapfen sind eiförmig, braun und stehen nach oben. Die graue Rinde, die sich mit zunehmendem Alter rotbraun verfärbt, wird oft rissig und blättert ab.

Larix gmelinii

DAHURISCHE LÄRCHE

Wildwachsend wird diese nordostasiatische Art bis zu 30 m hoch, in Gärten bleibt sie dagegen oft kleiner. Sie hat feinbehaarte Zweige, grüne Nadeln und eine dunkle, rötlichbraune Rinde, die oft schuppig abblättert. Die Zapfen sind zunächst rötlich, während der Samenreife färben sie sich über Dunkelrot zu Braun. Bei der in Sibirien und auf den Kurilen heimischen Varietät ***Larix gmelinii* var. *japonica*** handelt es sich ebenfalls um einen hochgewachsenen Baum, der selbst kälteste Winter übersteht. Seine Zweige sind dicht braun behaart, die Zapfen fast 2,5 cm lang.

Larix kaempferi

Syn. *Larix leptolepis*

JAPANISCHE LÄRCHE

Diese schnellwachsende japanische Art wird in Gärten angepflanzt oder als Nutzholz verwendet. Der breite, kegelförmige Baum wird bis 30 m hoch und 6 m breit. Er hat weiche, graue bis blaugrüne Nadeln; die Zapfen sind braun und rundlich, die Schuppen auffällig zurückgebogen. Die schuppig Rinde ist rötlichbraun, bei älteren Ästen auch orangerot.

Larix laricina

AMERIKANISCHE LÄRCHE

Bei diesem Baum handelt es sich um die am weitesten verbreitete Lärchenart Nordamerikas. Der Baum wird 20–25 m hoch und hat blaugrüne Nadeln, die sich im Herbst gelb färben. Die reifen Zapfen sind kleiner als die der anderen Lärchenarten und haben weniger und dünnere Schuppen. Die Rinde ist schuppig und rosafarben bis rötlichbraun.

Larix potaninii

Diese kompakte Lärche aus den kühlen Regionen Westchinas wird 18–20 m hoch. Sie ist der Europäischen Lärche sehr ähnlich und hat genau wie diese Nadeln, die an kräftigen Trieben sitzen und beim Zerreiben einen starken Geruch verströmen. Die Samenzapfen sind 5 cm lang; sie haben glänzende, braune Schuppen und sehr typische Anhänge. Die Rinde ist schuppig und dunkelrosa bis grau.

Lathraea clandestina

LATHRAEA

SCHUPPENWURZ

Der größte Teil dieser Pflanze gedeiht unter der Erde (griechisch *lathraios* = »verborgen«). Die sieben Arten dieser in Europa und Asien heimischen Gattung sind Parasiten, die kein Chlorophyll besitzen und anderen Bäumen und Sträuchern über die Wurzeln Nährstoffe entziehen. Die fleischigen, elfenbein- bis malvenfarbenen Schuppenblätter sitzen in vier Reihen auf unterirdischen Wurzelstöcken. Aus den fleischigen Blüten, die an aus der Erde hervorbrechenden Blütentrieben sitzen – den meist einzig sichtbaren Teilen der Pflanze – bilden sich kapselartige Früchte.

PFLEGE UND VERMEHRUNG: Die winterharten Pflanzen kann man unter Umständen nahe entsprechender Wirtsbäume, etwa einer Pappel, züchten, indem man die Samen dort nicht zu tief in den Boden bringt. Allerdings muß man oft bis zu 10 Jahre auf die Blütenstengel warten.

Lathraea clandestina

Dieser in Südwesteuropa heimische Parasit bringt in kurzstieligen Dolden angeordnete, purpurfarben behelmte Blüten hervor. Die weißen Schuppenblätter sind nierenförmig. Wirtspflanzen dieser Art sind etwa Pappeln, Weiden oder Erlen.

LATHYRUS

PLATTERBSE

Zu dieser eng mit den Erbsen *(Pisum)* und Wicken *(Vicia)* verwandten Gattung zählen mehr als 150 Arten ein- und mehr-

Larix kaempferi

Larix kaempferi

Lathyrus latifolius

Lathyrus nervosus

Lathyrus odoratus 'Esther Ranson'

jähriger Pflanzen, darunter viele rankende Kletterpflanzen und auch eßbare Arten. Die meisten sind in den gemäßigten Klimazonen der nördlichen Hemisphäre beheimatet, eine beträchtliche Anzahl stammt auch aus den Anden. Die Blätter sind gefiedert, wobei das oberste Blattpaar meist Ranken bildet. Die Schmetterlingsblüten können sich von rot über malvenfarben bis weiß und blau oder auch zartgelb bilden und entwickeln sich schließlich zu flachen Hülsen. *Lathyrus odoratus*, die Wohlriechende Wicke, hat ihren Platz in der Wissenschaftsgeschichte, da sie Gregor Mendel (1822–1884) für seine Kreuzungsexperimente verwendete, mit denen er den Grundstein für die heutige Genetik legte.
PFLEGE UND VERMEHRUNG: Die winterharten Pflanzen bevorzugen fruchtbaren, durchlässigen Boden und einen sonnigen Standort und sollten an Draht- oder Holzgestellen hochgezogen werden. Die Vermehrung einjähriger Pflanzen erfolgt im Frühsommer oder zum Herbstanfang durch Aussaat, die Vermehrung mehrjähriger Pflanzen durch Aussaat im Herbst oder Teilung im Frühjahr. Sie sind anfällig für Mehltau und Grauschimmel.

Lathyrus latifolius

STAUDENWICKE

Diese aus Chile stammende, mehrjährige, rankende Kletterpflanze wird bis zu 1,8 m hoch und bringt viele Stengel hervor, die

Lathyrus odoratus 'Apricot Sprite'

Lathyrus odoratus 'Elegance'

dicht mit Blättern besetzt sind. Im Frühjahr und Sommer erscheinen die rosa oder weißen Schmetterlingsblüten. Die zartgrünen Blätter bestehen aus eng zusammenstehenden Fiederblättern. Zur Zeit der Knospenbildung sollte die Pflanze regelmäßig gegossen und gedüngt werden.

Lathyrus nervosus

Syn. *Lathyrus magellanicus*

Die ausdauernde Kletterpflanze aus den gemäßigten Klimazonen Südamerikas wird bis zu 3 m hoch und hat geäderte, lederartige Blätter. Im Sommer erscheinen Trauben duftender, blauvioletter Blüten.

Lathyrus odoratus

WOHLRIECHENDE WICKE

Diese schnellwüchsige, einjährige, aus Italien stammende Pflanze wird in Gärten

Lathyrus odoratus 'Bandaid'

wegen der vielen duftenden Blüten angepflanzt. Von den 3,5 cm großen, weißen, creme-, lavendelfarbenen, blauen, rosa, rötlichbraunen oder scharlachroten Blüten sitzen immer mehrere an einem Stengel. Die Pflanzen blühen zwischen Winter und Frühsommer und eignen sich gut als Schnittblumen. Sie werden bis zu 1,8 m hoch, es gibt jedoch auch kleinwüchsige sowie nichtkletternde Sorten. Sie benötigen eine gute Rankhilfe und eignen sich optimal zum Hochziehen an sonnigen Wänden oder Zäunen. Es gibt auch eine Reihe sehr intensiv duftender, meist einfarbiger Sorten, etwa **'Apricot Sprite'**, deren apricotfarbene Blüten nach und nach verblassen, oder **'Bandaid'** mit zartrosa Blüten; **'Elegance'** mit reinweißen Blüten; **'Esther Ranson'** mit malvenfarbenen Blüten; **'Felicity Kendall'** mit dunkelrosa Blüten; **'Hampton Court'** mit purpur- bis malvenfarbenen Blüten; **'Katherine'** mit leuchtend rosaroten Blüten; **'Kiri Te Kanawa'** mit zartlila Blüten und **'Lucy'** mit apricotfarbenen Blüten. Sehr beliebt sind in letzter Zeit auch mehrfarbige Sorten, beispielsweise **'Carnival'**. Die strauchigen Sorten der **Knee-hi-Gruppe** mit ihren vielen Blüten, deren Farben von Weiß bis Rot oder Blau reichen, werden oft 60–70 cm hoch; die zur **Supersnoop-Gruppe** gehörenden Sorten haben keine Ranken, so daß sie meist als Sträucher verwendet werden.

LAURUS

LORBEERBAUM

Zu dieser Gattung gehören zwei Arten immergrüner Sträucher, die aus dem Mittelmeerraum, von den Kanarischen Inseln und den Azoren stammen. Am bekanntesten ist *Laurus nobilis*, der seit der Antike als Zierstrauch genutzt wird. Die sehr aromatischen Blätter werden getrocknet und auch als Gewürz eingesetzt (oft in Kräuter-

Lathyrus odoratus

Lathyrus odoratus 'Carnival'

Lathyrus odoratus 'Felicity Kendall'

Lathyrus odoratus 'Hampton Court'

Lathyrus odoratus 'Katherine'

Lathyrus odoratus 'Kiri Te Kanawa'

Lathyrus odoratus 'Lucy'

L. o., Supersnoop-G., Kulturvarietät

mischungen enthalten). Bei beiden Arten dieser Gattung handelt es sich um beliebte, immergrüne Topf- oder Kübelpflanzen, die sich auch für den Formschnitt eignen.
PFLEGE UND VERMEHRUNG: Die nicht völlig winterharten Arten benötigen einen sehr geschützten Platz in der Sonne oder im Halbschatten. Wer sichergehen will, pflanzt sie in einen Kübel und bringt sie im Winter in einen hellen Raum, in dem die Temperatur nicht unter 5 °C fällt. Die Vermehrung erfolgt im Herbst durch Aussaat oder im Sommer durch Stecklinge.

Laurus azorica
Syn. *Laurus canariensis*

Die bis zu 20 m hohen Bäume bilden Blüten mit vielen, etwa 1 cm langen Staubfäden; fünf bis neun Blüten bilden eine Dolde. Nach der Blüte entwickeln sich schwarze Beeren. Die immergrünen Blätter sind elliptisch und bis zu 15 cm lang.

Laurus nobilis
LORBEERBAUM

Dieser breite, kegelförmige Baum wird in der freien Natur bis zu 12 m hoch und 9 m breit, während angepflanzte Exemplare zumeist etwas kleiner bleiben. Die glänzenden, dunkelgrünen Blätter sind glatt und lederartig und dienten in der Antike zur Herstellung von Lorbeerkränzen, mit denen man die Sieger schmückte. Vom späten Frühjahr bis in den Frühsommer hinein trägt die Pflanze kleine, sternförmige, duftende Blüten, aus denen sich später kleine, runde, grüne Früchte entwickeln, die bei der Reife im Herbst eine tiefschwarzviolette Färbung annehmen. Bei der Sorte **'Aurea'** handelt es sich um einen Baum mit gelben Blättern; **'Saratoga'**-Pflanzen lassen sich besonders gut zu einstämmigen Bäumen trimmen.

LAVANDULA
LAVENDEL

Diese Lippenblütler sind immergrüne Sträucher und vom Mittelmeerraum über den Nahen Osten bis Indien verbreitet. Zur Gattung gehören etwa 25 Arten, von denen man einige in Südeuropa für die Parfümindustrie anbaut; die Sträucher werden aber auch wegen ihrer schönen, schmalen, duftenden, grauen Blätter geschätzt. Die meisten Arten sind 60–90 cm hoch und genauso breit. Die kleinen, malvenfarbenen oder bläulichvioletten, meist im Frühjahr erscheinenden Blüten sind in geraden, kurzen, gestielten Scheinähren angeordnet, die zwischen den Blättern heraussstehen. Auf dem Blütenboden befinden sich Öldrüsen, die das stark riechende Lavendelöl enthalten, das, zumeist durch Destillation, aus den Arten *Lavandula angustifolia* und *L. stoechas* gewonnen wird.
PFLEGE UND VERMEHRUNG: Die Pflanzen bevorzugen einen sehr sonnigen Standort und fruchtbaren, durchlässigen Boden. Die stärker verholzten Arten, etwa *L. dentata* eignen sich für niedrige Hecken. Damit sie in Form bleiben, sollten die Pflanzen nach der Blüte gestutzt werden. Nicht alle Arten sind winterfest, die meisten tolerieren aber leichten Frost, wenn sie bis zum Herbst ausreichend groß sind. Die Vermehrung erfolgt im Sommer durch Aussaat oder Stecklinge.

Lavandula dentata

Lavandula × intermedia 'Provence'

Laurus azorica

Laurus nobilis 'Saratoga'

Lavandula angustifolia 'Munstead'

Lavandula angustifolia
Syn. *Lavandula officinalis, L. spica, L. vera*
ECHTER LAVENDEL

Diese bekannteste Lavendelart, im Mittelmeergebiet heimisch, ist ein dichter, buschiger Halbstrauch. Er kann bis zu 1 m hoch werden, bleibt aber zumeist kleiner. Beliebt ist die Pflanze wegen ihrer langstieligen, duftenden, purpurfarbenen, in Scheinähren angeordneten Blüten, die im Sommer gebildet werden; die Blätter sind stark behaart und duften ebenfalls aromatisch. Die Blüten können leicht getrocknet und für Lavendelkissen und ähnliches verwendet werden. Der Echte Lavendel eignet sich als dekorative Hecke und sollte nach der Blüte gestutzt werden. Wichtige Sorten sind **'Munstead'** und die zwergwüchsige **'Hidcote'**. **'Alba'** wird bis 60 cm hoch und 1 m breit; ihre verholzten Stengel haben eine gelblichgraue Rinde, die Blätter sind graugrün, die weißen Blüten in Wirteln angeordnet. Die Sorte **'Jean Davis'** wird 40–50 cm hoch, hat schöne blaugrüne Blätter und große, weißrosa Blüten.

Laurus nobilis

Lavandula angustifolia 'Alba'

Lavandula dentata
FRANZÖSISCHER LAVENDEL

Die Art trägt vom Herbst bis ins späte Frühjahr dichte, weiche Scheinähren mit mauveblauen Blüten. Sie ist im westlichen Mittelmeerraum und auf den Atlantischen Inseln beheimatet und hat graugrüne, farnartige Blätter, die gezähnt oder gelappt sind. Der Strauch wird 1–1,2 m hoch und breit. Er ist nicht überall völlig winterhart, toleriert aber Trockenheit und paßt sich den meisten Böden an. Die Pflanze wird gern zur Einfassung von Wegen genutzt.

Lavandula × intermedia
ENGLISCHER LAVENDEL

Die in Kultur und wildwachsend auftretenden Bastarde aus *Lavandula angustifolia* und *L. latifolia* können in Größe und Form beachtlich voneinander abweichen. Nur wenige erreichen eine Höhe von etwa 1 m, bilden dafür aber oft dichte Blütenmeere. Die Sorte **'Provence'** hat grüne Blätter; die aus malvenroten Blüten zusammengesetzten Scheinähren sind von kleinen Tragblättern umgeben.

Lavandula latifolia
GROSSER SPEIK

Dieser Halbstrauch erinnert an *Lavandula angustifolia* und unterscheidet sich praktisch nur durch die etwas breiteren Blätter und die enger zusammenstehenden Tragblätter. Die Pflanzen können bis zu 1 m hoch und breit werden und bilden zumeist rundliche Horste. Sowohl die grauen Stengel, als auch die Blätter sind filzig behaart und wohlriechend; die ebenfalls stark duftenden, zartlila Blüten erscheinen im Sommer. Aufgrund ihrer kompakten Form eignen sie sich sehr gut als Topf- oder Kübelpflanzen und für niedrige Hecken.

Lavandula pinnata

Lavandula 'Sidonie'

Diese in Australien gezüchtete Sorte geht vermutlich auf ***Lavandula pinnata*** zurück. Der rundliche Strauch bildet graue, tiefeingeschnittene Blätter. Die vielen, aus den Blättern herausragenden Scheinähren sitzen auf ziemlich dünnen Stengeln und bringen zwischen Spätwinter und Frühlingsbeginn stark duftende, tiefblaue Blüten hervor. Die Pflanze wächst sehr schnell, ist jedoch ziemlich frostempfindlich, so daß man sie in Kübeln halten sollte.

Lavandula stoechas

SCHOPFLAVENDEL

Diese im westlichen Mittelmeerraum heimische, etwas frostempfindliche Art besitzt die schönsten Blüten aller Lavendel-Arten. Der etwa 50–75 cm hohe, hübsche Strauch hat schmale, nach Kiefern duftende, eng zusammenstehende, silbergraue Blätter. Vom Spätfrühjahr bis Sommer erscheinen die in Scheinähren angeordneten dunkelvioletten Blüten. An der Basis der

Lavandula latifolia

Lavandula stoechas 'Marshwood'

Lavandula stoechas subsp. *pedunculata*

Blütenstände sitzen verlängerte, rosafarbene bis violette Tragblätter unterschiedlicher Länge. Bei der Sorte **'Merle'** handelt es sich um einen kompakten Strauch mit tiefroten bis violetten Blütenköpfen und langen Tragblättern; **'Marshwood'** besitzt besonders viele und sehr lange blühende Scheinähren. ***Lavendula stoechas* subsp. *lusitanica*** hat sehr eng stehende Blätter und dunkelviolette Blüten mit helleren Tragblättern. Die in Spanien, Nordafrika und auf dem Balkan heimische Unterart ***L. s.* subsp. *pedunculata*** (Syn. *L. pedunculata*) wird 45–60 cm hoch. Die Blütenstengel stehen zu mehreren zusammen und erreichen eine Länge von 5–8 cm. Die Pflanze hat grünliche Blätter, die Scheinähren sind kurz und rundlich und, nachdem die Blüten abgefallen sind, hellgrün. Bei der aus Portugal stammenden Unterart ***L. s.* subsp. *luisieri*** handelt es sich um einen aufrechten Strauch mit grünen, teils auch leicht silbergrauen Blättern und großen lilafarbenen Blütenständen.

Lavandula stoechas 'Merle'

Lavandula stoechas subsp. *lusitanica*

Lavandula stoechas subsp. *luisieri*

Lavandula viridis

Lavandula viridis

Dieser aus Spanien, Portugal und Madeira stammende, aufrechte, buschige Strauch ist wohl die ungewöhnlichste Lavendel-Art. Es handelt sich um eine Pflanze mit grünen Blättern und sehr hellen Blüten, die in kurzstieligen Scheinähren angeordnet sind und in der zweiten Sommerhälfte blühen. Die Pflanze wird etwa 75 cm hoch. Die Blütenköpfe der Sorte **'Pippa White'** haben große Tragblätter.

LAVATERA

BUSCHMALVE

Diese eng mit den Malven verwandte Gattung umfaßt 25 Arten ein-, zwei- und mehrjähriger Pflanzen und weichholziger Halbsträucher oder Sträucher. Die Pflanzen kommen in Regionen mit gemäßigtem Klima vor, weit verbreitet sind sie im Mittelmeerraum und in Gebieten mit ähnlichen klimatischen Bedingungen; einige Arten wachsen bevorzugt an der Küste. Buschmalven werden besonders wegen ihrer hübschen, über einen langen Zeitraum gebildeten, malvenfarbenen Blüten kultiviert. Die Blätter sind ganzrandig oder handförmig geteilt und am Rand oft flaumig behaart. Weder die ausdauernden Arten noch die Sträucher sind sehr langlebig. **PFLEGE UND VERMEHRUNG:** Die bedingt bis völlig winterharten Pflanzen benötigen einen sonnigen Standort und normale, durchlässige Gartenerde. Nach der Blüte sollte man die Pflanzen zurückschneiden, um den Neuaustrieb und die Knospenbildung anzuregen. Die Vermehrung von krautigen Pflanzen sollte im Frühjahr oder Frühherbst durch Aussaat erfolgen; Sträucher vermehrt man im zeitigen Frühjahr oder im Sommer durch Stecklinge.

Lavandula stoechas

Lavandula viridis 'Pippa White'

Lavatera arborea
BAUMMALVE, BAUMFÖRMIGE STRAUCHPAPPEL

Diese einjährige, zweijährige oder kurzlebige mehrjährige, aus Westeuropa und dem Mittelmeerraum stammende Pflanze erreicht eine Höhe von 3 m und eine Breite von 1,5 m. Sie gedeiht in feuchtem, durchlässigem Boden und bevorzugt einen sonnigen Standort. Die Pflanze hat seidigbehaarte Blätter, rötlichviolette, hibiskusartige Blüten und ist kaum frosthart.

Lavatera assurgentiflora

Dieser auf den küstennah gelegenen Inseln Kaliforniens beheimatete, frostempfindliche und sommergrüne Strauch wird bis zu 6 m hoch. Die Pflanze trägt dichtes Laubwerk, wodurch im Extremfall sogar das Blütenwachstum behindert werden kann. Der Strauch toleriert trockene Bedingungen. Der graue Stamm der Pflanze trägt viele Äste, die unzähligen Blüten sind rotviolett.

Lavatera maritima

Lavatera 'Barnsley'

Dieser halb-immergrüne Strauch wird bis zu 2 m hoch und trägt im Sommer hellrosafarbene Blüten, die zur Mitte hin dunkler werden. Die Pflanze ist sehr frosthart.

Lavatera 'Bredon Springs'

Bei dieser 2 m hohen und breiten, kräftigen Sorte handelt es sich um einen halbjährig grünen Strauch mit graugrünen Blättern. Im Sommer trägt die Pflanze viele rosafarbene Blüten.

Lavatera 'Kew Rose'

Dieser mäßig frostharte Strauch trägt im Sommer hellrosafarbene Blüten, die auf zahlreichen langen Zweigen sitzen. Die Pflanze wird 2 m hoch und breit; sie trägt graugrüne Blätter.

Lavatera trimestris

Lavatera trimestris 'Mont Blanc'

Lavatera 'Kew Rose'

Lavatera 'Barnsley'

Lavatera maritima
Syn. *Lavatera bicolor*

Diese kräftige, aus dem westlichen Mittelmeerraum stammende Art ist v.a. wegen ihres graugrünen Laubwerks und ihrer beinahe das ganze Jahr hindurch sich öffnenden, malvenartigen Blüten bekannt. Die Blüten sind leicht lavendelfarben, zur Mitte hin lila. Der Strauch erreicht eine Höhe von 2 m, die Breite liegt sogar noch darüber. Die Pflanze ist relativ kurzlebig; Blütezeit ist im Frühjahr.

Lavatera 'Rosea'
Syn. *Lavatera olbia 'Rosea'*

Diese frostharte Sorte ist 2 m hoch und ebenso breit. Der halb-immergrüne Strauch trägt im Sommer für lange Zeit dunkelrosa Blüten.

Lavatera thuringiaca
THÜRINGER STRAUCHPAPPEL

Diese in Mittel- und Südosteuropa beheimatete, 1,5 m hohe, mehrjährige, kräftige Pflanze trägt den ganzen Sommer hindurch herrliche rosafarbene, malvenartige Blüten, die gut zu den sanftgrünen Blättern passen. Als farbenprächtige Hecke eignet sich die Pflanze gut zur Abgrenzung. Es existieren verschiedene Sorten in unterschiedlichen Farben.

Lavatera trimestris

Diese strauchartige, aus dem Mittelmeerraum stammende, einjährige Pflanze wird wegen ihrer samtigen, trompetenförmigen, weißen oder rosafarbenen Blüten angepflanzt. Diese sind 8 cm groß und blühen zwischen Sommer und Frühherbst. Das Wachstum der üppigen, kurzlebigen Blütenpracht wird durch regelmäßiges Beschneiden gefördert. Die einjährige Malve hat gerade Zweige und erreicht schnell

Lavatera thuringiaca

Lavatera 'Barnsley'

eine Höhe von 60 cm und eine Breite von 45 cm. Die Sorte **'Mont Blanc'** (Syn. *Lavatera* 'Mont Blanc') hat weiße, die Sorte **'Silver Cup'** dunkelrosa Blüten.

LAWSONIA
HENNA

Zu dieser mit *Lagerstroemia* verwandten Gattung zählt lediglich eine einzige Art eines variablen, immergrünen Strauches oder kleinen Baumes. Die in heißen, halbdürren Gebieten Nordafrikas und Südwestasiens weitverbreitete Pflanze wird dort wegen der roten Hennafarbe angebaut, die aus den Blättern gewonnen wird. In Indien verwenden Hindufrauen Henna, um damit ihre Handinnenflächen oder Fußsohlen für religiöse Zwecke zu färben.
PFLEGE UND VERMEHRUNG: Die Pflanze gedeiht in tropischem oder subtropischem Klima und bevorzugt einen sonnigen Standort sowie durchlässigen Boden. Durch vorsichtiges Beschneiden im späten Frühjahr wird das Laubwerk dichter. Die Vermehrung erfolgt im Herbst durch Aussaat oder Stecklinge.

Lawsonia inermis

Die Hennapflanze wird 3,5–8 m hoch. Die grauen Zweige tragen feine, silbrig graugrüne Blätter. Die kleinen, wohlriechenden, weißen, rosafarbenen oder roten Blüten stehen in endständigen Rispen. Die Früchte sind winzige Kapseln.

LAYIA

Diese zur Familie der Korbblütler gehörende Gattung umfaßt 15 Arten einjähriger Pflanzen, heimisch im Westen der USA. Die kleinen, buschigen Sträucher bilden schmale, gezähnte bzw. gelappte Blätter. Vom Frühjahr an trägt die Pflanze viele kleine, gelbe Blütenköpfchen.
PFLEGE UND VERMEHRUNG: Die nicht frostharte Pflanze gedeiht am besten an einem sonnigen Standort, in fruchtbarem, feuchtem und durchlässigem Boden. Der Samen sollte gegen Ende des Winters bzw. im Frühjahr gesät werden; die Setzlinge werden dann im Abstand von 45 cm gepflanzt und monatlich gedüngt. Die Wurzeln müssen feuchtgehalten werden.

Layia platyglossa

Diese kalifornische Art ist als einzige Art dieser Gattung öfter in Kultur. Sie hat feine grasartige Blätter und trägt während des

Sommers und im Herbst viele 5 cm große, goldgelbe Blütenköpfe; die Blütenblätter sind zur Spitze hin weiß. Sie ist sehr gut als Schnittblume geeignet.

LEDEBOURIA

16 Zwiebelpflanzen zählen zu dieser in Südafrika beheimateten Gattung, die eng mit der Gattung *Scilla* verwandt ist. Jede Zwiebel trägt zwischen ein und sieben engzusammenstehende Blätter, die bis zu 40 cm lang werden können und manchmal etwas fleischig sind. Die Blätter stellen oft den attraktivsten Teil der Pflanze dar; manche Arten tragen starkgeäderte Blätter, andere sind sehr schön grau oder rosafarben gezeichnet. Die Blüten, die bei wildwachsenden Pflanzen nach Regen oder im Spätsommer erscheinen, sind sehr klein und sitzen in Trauben mit bis zu 150 Blüten. Sie sind meist grau oder grün mit rosafarbener oder violetter Zeichnung.
PFLEGE UND VERMEHRUNG: Die aus Dürregebieten stammenden Pflanzen gedeihen in schotterigen, durchlässigen Böden und bevorzugen einen sonnigen Standort. Nur schwacher Frost wird toleriert, vorausgesetzt der Boden ist trocken und die Zwiebeln sind ausgereift. Vermehrung durch Aussaat oder Teilung großer Horste.

Ledebouria cooperi
Syn. *Scilla adlamii*

Diese Art wird meist 10 cm hoch und trägt blasse graugrüne, bräunlichviolett gestreifte Blätter. Die glockigen, grünen oder lilafarbenen Blüten sind 6 mm groß oder kleiner und sitzen in kurzen Ähren. Die Pflanze blüht im Sommer.

Ledebouria socialis
Syn. *Scilla violacea*

Diese kleine, immergrüne Zwiebelpflanze wird 5–10 cm hoch und bildet kompakte Horste. Die Pflanze hat graugrüne, gräulichviolett gesprenkelte Blätter; die glockigen, violettgrünen, über 6 mm großen Blüten sitzen auf kurzen Ähren und erscheinen im späten Frühjahr und Frühsommer.

LEDUM
PORST

Die vier zu dieser Gattung zählenden, buschigen, immergrünen Sträucher sehen aus wie kleine Exemplare des verwandten Rhododendron. Die Pflanzen sind in den gemäßigten, kühleren Regionen des Nordens bis in subarktische Gebiete verbreitet. Je nach Standort werden sie 0,5–2 m hoch. Im Frühjahr und Sommer tragen die Sträucher kleine fünfzählige, weiße Blüten mit herausragenden Staubblättern.

Ledum palustre

PFLEGE UND VERMEHRUNG: Die Pflanzen gedeihen in humusreichem, feuchtem, durchlässigem Boden und mögen Standorte im Schatten oder mit Morgensonne. Unter den breitblättrigen immergrünen Pflanzen zählen sie zu den frosthärtesten. Die Vermehrung erfolgt durch Aussaat, Teilung oder Ziehung von Absenkern.

Ledum groenlandicum
GRÖNLÄNDISCHER PORST

Dieser Porst ist einer der wenigen Sträucher, die in Grönland und im hohen Norden Amerikas gedeihen. Die Pflanze wird 1 m hoch und 1,2 m breit. Die drahtigen Äste und die Unterseite der 2,5–5 cm langen Blätter sind rotbraun behaart. Im Frühsommer treiben Blüten in endständigen Dolden. Die Blätter und Stiele dienen in der volkstümlichen Medizin zum Inhalieren oder als Insektenschutzmittel.

Ledum palustre
SUMPFPORST

Dieser immergrüne, aus Europa, Asien sowie dem äußersten Norden Nordamerikas stammende Strauch wird 1 m hoch und breit. Er wächst in Hochmooren, bevorzugt also feuchten Boden und einen schattigen Standort. Aus den vom Frühjahr bis in den Frühsommer blühenden weißen, creme- oder rosafarbenen Blüten entstehen kleine Fruchtkapseln. Die Pflanze hat narkotisierende Eigenschaften, und die lederartigen Blätter wurden in Deutschland auch Bier beigemengt. ***Ledum palustre* var. *diversipilosum*** trägt dichte weiße Blütenschirme.

LEIOPHYLLUM

Zu dieser Gattung zählt nur ein immergrüner Strauch, der im Westen der USA beheimatet ist. Die mit dem Rhododendron verwandte Pflanze ist niederliegend und eignet sich für Steingärten und Torfbeete. Die Blätter sind meist nicht größer als 1 cm. Im späten Frühjahr trägt der Strauch vielblättrige, endständige Blütenköpfe mit kleinen, hellrosafarbenen Blüten.
PFLEGE UND VERMEHRUNG: Die kleine Pflanze verfügt über ein ausgedehntes System feiner, haarähnlicher Wurzeln. Sie gedeiht in kühlem, feuchtem, humusreichem Boden, verträgt keine Wurzelstörung und bevorzugt einen Standort im Schatten oder mit Morgensonne. Die Pflanze ist frosthart. Die Vermehrung erfolgt durch Aussaat oder Stecklinge.

Leiophyllum buxifolium
SANDMYRTE

Der lateinische Name bedeutet «mit Buchsbaumblättern», und wenn der 45 cm hohe Strauch nicht gerade blüht, sieht er einem schönen Buchsbaum sehr ähnlich. Im Frühjahr trägt der Strauch jedoch herrliche Blüten. ***Leiophylllum buxifolium* var. *prostratum*** ist sehr ähnlich, hat jedoch rundliche, flaumige Blätter.

Ledum palustre var. *diversipilosum*

Ledum groenlandicum

L. buxifolium var. *prostratum*

LEMNA
WASSERLINSE

Diese 13 Arten kleiner Wasserpflanzen, die auf oder kurz unterhalb der Wasseroberfläche schwimmen, kommen wildwachsend beinahe in allen Teilen der Welt vor. Die ganze Pflanze besteht nur aus einem blattartigen eiförmigen »Glied«; die Knospen neuer Glieder entstehen an deren Grund. Die Pflanze breitet sich in großen Kolonien aus, die auf stillen Gewässern einen grünen Überzug bilden. Die blühenden Glieder tragen in seitlichen Taschen ein bis zwei winzige Blüten, die jedoch nur selten zu sehen sind. Jedes Glied hat nur eine einzige Wurzel. Die Wasserlinse dient als Nahrung für Fische, Enten und Vögel. Eine andere häufige Wasserlinsenart gehört nicht zur Gattung *Lemna*, sondern zu *Spirodela*. Man kann sie leicht unterscheiden, da die Glieder bei *Spirodela* mehrere Wurzeln haben.
PFLEGE UND VERMEHRUNG: Die Pflanzen benötigen viel Licht und können sich sehr schnell ausbreiten; sie formen in Teichen einen dicken grünen Teppich. Sie eignen sich gut als Aquariumspflanzen und tolerieren tropisch warme wie kalte Gewässer. Durch regelmäßiges Abschöpfen kann die Pflanze etwas ausgedünnt werden. Zur Vermehrung sollte man kleine Kolonien in stehende Gewässer geben, die nitratreich und leicht alkalisch sind.

Ledebouria cooperi

Lemna minor
KLEINE WASSERLINSE

Diese Art bildet oft große Kolonien an der Oberfläche von Standgewässern. Sie kann zur Kühlung des Wassers von in der Sonne gelegenen Teichen dienen, indem sie die Oberfläche des Teichs abdeckt. Die Pflanze hat glänzende, dünne Glieder, die manchmal leicht rötlich sind.

LENS
LINSE

Zu dieser Gattung zählen sechs einjährige Gemüsearten aus dem Mittelmeerraum, Asien und Afrika, einschließlich der *Lens culinaris*, einer der am längsten gezüchteten eßbaren Pflanzen – sie wurde im östlichen Mittelmeerraum bereits im Bronzezeitalter angepflanzt. Die zu den nahrhaftesten Hülsenfrüchten zählende Linse wird heute aufgrund ihrer eßbaren Samen in weiten Teilen der Erde angebaut. Bei Esaus »Rotem Gericht« handelte es sich wohl um Linsenbrei. Einige Arten dieser Gattung erinnern an Wicken (*Vicia*); sie tragen abgeflachte Hülsen mit zwei flachen, runden Samen.
PFLEGE UND VERMEHRUNG: Linsen sind nicht frosthart und sollten in kühleren Gegenden zu Beginn des Frühjahrs ge-

Lepidozamia peroffskyana

Leontopodium alpinum

Leptinella potentillina

pflanzt werden. Sie gedeihen in sandigem, durchlässigem Boden und bevorzugen einen sonnigen Standort. Die Vermehrung erfolgt durch Aussaat. Samen, der zur Aussaat im kommenden Jahr aufgehoben wird, hält sich bis dahin gut, wenn er in der eigenen Hülse aufbewahrt wird.

Lens culinaris

Syn. *Lens esculenta*

Diese einjährige Pflanze wird ca. 45 cm hoch und trägt Fiederblätter mit sechs Paar länglichen Fiedern, wobei die beiden oberen Fiedern zu Ranken umgebildet sind. Aus den blaßblauen Blüten entstehen leicht verdickte Hülsen mit zwei Samen. Nach der Ernte werden die Samen zuerst in der Hülse getrocknet, bevor sie gedroschen und enthülst werden.

LEONOTIS

Diese zur Familie der Lippenblütler gehörende Gattung umfaßt ca. 30 Arten einjähriger und zweijähriger Pflanzen sowie Sträucher und Halbsträucher. Mit Ausnahme einer Art, die bis ins tropische Asien und Amerika verbreitet ist, sind alle Arten in den tropischen Gebieten Afrikas oder in Südafrika beheimatet. Eine in vie-

Leonotis leonurus

L. ochroleucum var. *campestre*

len Ländern als Zierpflanze gezüchtete Art hat zweilippige, an der Außenseite dichtbehaarte Blüten. Der vierkantige Stengel trägt gegenständige Blätter.
PFLEGE UND VERMEHRUNG: Die Pflanze bevorzugt einen sonnigen Standort und nährstoffreichen, durchlässigen Boden; sie sollte nicht oft gegossen werden. Im Frühjahr können die Pflanzen stark zurückgeschnitten werden. Die Vermehrung erfolgt durch Aussaat im Frühjahr oder durch Weichholz-Stecklinge im Frühsommer.

Leonotis leonurus

LÖWENOHR

Diese ursprünglich in Südafrika beheimatete halb-immergrüne, strauchige Pflanze ist mittlerweile in allen Ländern mit warmem oder subtropischem Klima eingebürgert. Die auffallende Pflanze wird bis zu 2 m hoch; die langen, geraden Stengel tragen zwischen Spätsommer und Herbst Wirtel mit orangebraunen, pelzigen, röhrigen Blüten. Die Blätter sind lanzettlich und aromatisch. Die Pflanze toleriert Trockenheit, aber keinen Frost. Die Sorte **'Harrismith White'** trägt weiße Blüten.

LEONTOPODIUM

EDELWEISS

Diese in den Gebirgen Europas und der gemäßigten Klimazonen Asiens beheimatete Gattung umfaßt ca. 35 Arten kurzlebiger, flaumiger Stauden, die zur Familie der Korbblütler gehören. Ihr unverwechselbares Kennzeichen ist der Blütenkopf; die Mitte besteht aus ziemlich unauffälligen, cremefarbenen Röhrenblüten, die von einem Ring spitzer, ungleich langer Hüllblätter umgeben sind, die mehr oder weniger wollig behaart sind. Die einfachen, lanzettlichen Blätter sind auch mit weißen Haaren überzogen, welche die Pflanze vor

Leonotis leonurus

Kälte und zu starkem UV-Licht schützen. In kühlen Gegenden eignet sich das Edelweiß für Steingärten.
PFLEGE UND VERMEHRUNG: Die Pflanze bevorzugt einen sonnigen, bei wärmerem Klima halbschattigen Standort und durchlässigen Kiesboden. Sie ist sehr frosthart, muß im Winter aber vor Nässe geschützt werden. Vermehrung im Frühjahr durch frischen Samen oder Teilung.

Leontopodium alpinum

ALPENEDELWEISS

Das in der Schweiz sehr beliebte europäische Edelweiß wird oft als das Symbol der Alpen betrachtet. Es wird ca. 20 cm hoch und breit. Jeder der silbrigweißen Blütenköpfe mißt 5–8 cm, wobei die Hüllblätter so dick und filzig sind, daß sie wie Baumwollstreifen aussehen. Die Pflanze blüht im Frühjahr oder Frühsommer.

Leontopodium ochroleucum var. *campestre*

Syn. *Leontopodium palibinianum*

GARTENEDELWEISS

Die aus Asien stammende, locker horstige Staude wird 15–40 cm hoch. Ihre schönen gelblichen, beinahe weißen Hüllblätter umschließen die unauffälligen Röhrenblüten fast vollständig.

LEPIDOZAMIA

Zu dieser Palmfarngattung zählen vier Arten; zwei sind nur als Fossilien bekannt, die anderen beiden gedeihen in den feuchten Wäldern an der Ostküste Australiens. Die zu den größten Palmfarnen zählende Pflanze sieht einer Palme sehr ähnlich; der meist unverzweigte, gerade Stamm trägt dunkelgrüne, glänzende, gefiederte Wedel, die in jährlichen Wirteln erscheinen. Die Pflanze trägt immer nur drei bis fünf Wirteljahrgänge. Wie bei allen Palmfarnen befinden sich auch hier die männlichen (Pollen) und die weiblichen (Samen) Zapfen auf verschiedenen Pflanzen. Sie sitzen einzeln in der Mitte des Blattquirls und fallen bei dieser Gattung sehr groß aus. Die weiblichen Zapfen sind filzig braun behaart, die schmaleren männlichen sind grün und entlassen zur Blütezeit unzählige Pollen durch einen spiralförmigen Spalt.
PFLEGE UND VERMEHRUNG: Die attraktiven Topfpflanzen benötigen mäßig fruchtbaren, feuchten, aber durchlässigen Boden. Sie lassen sich einfach umpflanzen und gedeihen am besten im Schatten eines großen Baumes, da sich die Blätter in der Sonne oft gelb verfärben. Vermehrung durch Aussaat im Frühjahr oder Sommer.

Lepidozamia peroffskyana

Syn. *Macrozamia denisonii*

Die Pflanze stammt aus den subtropischen Regionen Ostaustraliens und wird manchmal über 8 m hoch. Kultiviert sieht man die Pflanze meist ohne oder nur mit einem sehr kurzen Stamm. Die glänzenden Wedel sind ca. 1,5 m lang; sie tragen gebogene, ca. 1 cm breite Fiedern. Die großen weiblichen Zapfen werden bis zu 75 cm lang. Eine andere Art, ***Lepidozamia hopei,*** die in den tropischen Regenwäldern von Queensland zu finden ist, wird über 20 m hoch und unterscheidet sich von der ersten Art durch ihre breiteren Blätter.

LEPTINELLA

LAUGENBLUME

Diese in Australien und Südamerika beheimatete Gattung gehört zur Familie der Korbblütler und umfaßt 30 Arten kriechender oder horstiger Stauden. Die Pflanzen sind in der Regel wohlriechend und tragen tiefgezähnte oder zerschlitzte, kleine Blätter, die der Pflanze ein farnkrautartiges Aussehen verleihen. Die kleinen Blütenköpfe haben keine Zungenblüten und sehen aus wie kleine runde Knöpfe. Blütezeit ist normalerweise der Sommer.
PFLEGE UND VERMEHRUNG: Die Pflanze bevorzugt einen sonnigen Standort und humusreichen Boden, der mit Kieseln oder Schotter aufgefüllt werden sollte, um den Boden durchlässig zu machen. Einige Arten wachsen in Spalten im Asphalt und tolerieren sogar leichten Tritt. Die meisten Arten sind frosthart. Vermehrung durch Aussaat oder Teilung.

Leptinella potentillina

Syn. *Cotula potentillina*

Diese in Neuseeland beheimatete Art bildet große Polster aus 10 cm langen, fiederspaltigen Blättern. Das Polster wird bis zu 20 cm hoch. Die Pflanze trägt im Sommer 1 cm große, weiße Blütenköpfe.

Leptinella squalida

Syn. *Cotula squalida*

Obwohl es sich bei dieser aus Neuseeland stammenden Art um eine unauffällige, polsterbildende Pflanze handelt, hat sie dennoch ihre Nische gefunden und dient als Grasersatz für Rasenflächen. Wird sie nicht abgemäht, wird sie bis zu 15 cm hoch. Die Blütenköpfe sind gelbgrün und kleiner als 6 mm. Die Art ist frosthart.

LEPTOSPERMUM

TEEBAUM

Diese zur Familie der Myrtengewächse gehörende Gattung immergrüner Sträucher oder kleiner Bäume ist nicht mit dem Tee *(Camellia sinensis)* verwandt. Die Pflanze trägt den Namen »Teebaum« weil Kapitän Cook und seine Mannschaft aus den aromatischen Blätter einen »Tee« brauten, um sich vor Skorbut zu schützen. Zu dieser Gattung zählen etwa 80 Arten, von welchen die meisten in Australien, eine oder zwei Arten aber auch in Neuseeland und eine Handvoll in den Bergen auf dem Malaiischen Archipel zu finden sind. Die meist aufrechten Pflanzen tragen kleine, manchmal stachelige Blätter und im Frühjahr bzw. Sommer fünfblättrige, wei-

Leptospermum laevigatum

Leptospermum petersonii

ße oder hellrosafarbene Blüten, aus denen kleine Kapseln entstehen, die feine, längliche Samen enthalten (*Leptospermum* bedeutet »länglicher Same«). Teebäume werden häufig in ihren Ursprungsländern kultiviert, aufgrund ihres schnellen Wachstums und ihrer anmutigen Erscheinung sind sie auch in Kalifornien beliebt. Einige winterharte Arten werden in Großbritannien auch im Freien angepflanzt. Es existieren viele in Kultur entstandene Varietäten; die meisten stammen von der rotblühenden, neuseeländischen *L. scoparium* ab. Einige Sorten haben gefüllte Blüten, deren Farbschattierung von Weiß bis Rot reicht.
PFLEGE UND VERMEHRUNG: Die Pflanzen bevorzugen mildes, kühles Klima. Sie gedeihen an einem sonnigen Standort in durchlässigem Boden. Einige Pflanzen tolerieren unfruchtbaren Boden, trockene Bedingungen oder Meeresluft. In kühleren Gegenden können die Pflanzen in Wintergärten oder im Sommer als Topfpflanze gezüchtet werden; sie sollten, wenn überhaupt, nur leicht beschnitten werden. Die Vermehrung erfolgt im Sommer durch Aussaat oder Stecklinge.

Leptospermum brevipes

Dieser auf den steinigen Hügeln Südostaustraliens beheimatete Strauch paßt sich vielen Böden an und toleriert auch trockene Bedingungen. Er wird bis zu 3,5 m hoch und breitet sich buschartig aus. Die weißen, 1 cm großen Blüten erscheinen zwischen Frühjahr und Frühsommer.

Leptospermum laevigatum

Dieser hohe, buschige Strauch oder kleine Baum wächst wild in den Dünen an der Ostküste Australiens und trägt im Frühjahr oder Frühsommer unzählige hübsche weiße Blüten. Die kleinen Blätter sind gräulich-grün und an den Spitzen gerundet. Die Pflanze wird ca. 6 m hoch und genauso breit. Der mit einer faserigen Borke umgebene Stamm wird im Alter knorrig und verbogen, besonders wenn er den

Leptospermum macrocarpum

salzhaltigen Küstenwinden ausgesetzt ist. Der Strauch zählt zu den besten Küstenschutzpflanzen; in Südafrika hat er sich als gefürchtetes Unkraut eingebürgert.

Leptospermum macrocarpum
Syn. *Leptospermum lanigerum* var. *macrocarpum*

Dieser Strauch wächst nur innerhalb eines kleinen Gebietes in der Nähe von Sydney in Australien. Die Pflanze wird meist zwischen 0,5 und 2 m hoch und verholzt stark. Sie paßt sich den meisten Böden und unterschiedlichen Klimabedingungen an. Die breiten Blätter sind violett-grün; der grünlichgelbe, bis zu 2 cm große Blütenboden glänzt vor Nektar und ist im Vergleich zu den runden, fleischfarbenen Blütenblättern überproportioniert. Die holzigen Kapseln sind dementsprechend groß. Die Pflanze kann beschnitten und sogar als Bonsai gezüchtet werden.

Leptospermum petersonii
Syn. *Leptospermum citratum*

Dieser frostempfindliche Strauch oder kleine Baum wächst an der subtropischen Ostküste Australiens und wird bis zu 7,5 m hoch. Die Äste stehen weit auseinander und hängen tief herab. Die engstehenden Blätter verströmen einen charakteristischen Zitronenduft, wenn sie beschädigt werden; neue Blätter sind rötlich bis bronzefarben. Die Pflanze wächst schnell, die herabhängenden Zweige tragen im Frühjahr und Frühsommer kleine weiße Blüten. Die Sorte **'White Swan'** wird 6 m hoch, trägt unzählige weiße Blüten und spricht gut auf die Beschneidung an.

Leptospermum scoparium 'Red Damask'

Leptospermum scoparium

Diese Art ist in ganz Neuseeland sowie im äußersten Südosten Australiens zu finden. Die Pflanze ist sehr anpassungsfähig und wird bis zu 3 m hoch. Sie wächst gerade und trägt kleine, breite, nadelartige Blätter sowie süßlichduftende, weiße oder hellrosa Blüten. Die zahlreichen, in Kultur entstandenen Varietäten wurden vorwiegend in Neuseeland gezüchtet. Zu den in Kultur entstandenen Varietäten gehören die Sorte **'Abundance'**, die im Winter lachsfarbene, gefüllte Blüten trägt, die Sorte **'Gaiety Girl'** mit ihren in der Mitte dunkelvioletten Blüten, die Sorte **'Keatleyi'** mit hellrosa Blüten, die sehr kleine Sorte **'Kiwi'** mit dunkelroten Blüten, die Sorte **'Pink Cascade'** mit horizontal verlaufenden Ästen und rosafarbenen Blüten, die Sorte **'Pink Pixie'** mit rosafarbenen Blüten, die Sorte **'Ray Williams'** mit weißen, rosafarben gestreiften Blüten, die in der Mitte dunkler sind, die Sorte **'Red Damask'** mit gefüllten, dunkelroten Blüten, die Sorte **'Ruby Glow'**, die dunkle Blätter und über den Winter und im Frühjahr gefüllte, dunkelrote Blüten trägt, sowie die Sorte **'Helene Strybing'**.

Leptospermum spectabile

Diese Art ist wie ihr Verwandter *Leptospermum macrocarpum* nur innerhalb eines kleinen Gebietes der australischen Blue Mountains zu finden, wo sie in sandigen Flußbetten wächst. Auffällig sind die blutrot gefärbten Blütenblätter ihrer mittelgroßen Blüten. Der Strauch wird 1–2,5 m hoch; die geraden Äste tragen lange, spitz zulaufende Blätter. Die Blüten sind ca. 2,5 cm groß, und ihre hellrosa Kelchblätter heben sich hübsch von den roten Blütenblättern ab. Der Strauch paßt sich den meisten Böden an und bevorzugt einen sonnigen oder halbschattigen Standort.

L. scoparium 'Pink Cascade'

Leptospermum scoparium 'Ruby Glow'

Leptospermum squarrosum
Syn. *Leptospermum persiciflorum*

Der hübsche, 2–3 m hohe, in New South Wales (Australien) beheimatete Strauch wächst wild in wenig entwässertem Torfboden; die in Kultur entstandenen Sorten bevorzugen jedoch einen durchlässigen Boden. Die Blätter sind mit denjenigen von *Leptospermum scoparium* beinahe identisch, die älteren und dickeren Äste der Pflanze tragen jedoch mehr Blüten, deren Farbe von Hell- bis Dunkelrosa reicht.

LESCHENAULTIA
Syn. *Lechenaultia*

Zu dieser Gattung gehören 26 Arten kleiner immergrüner Sträucher, Halbsträucher und mehrjähriger Pflanzen, die in Australien beheimatet sind: Die meisten Arten stammen aus dem südwestlichen Teil Australiens, wo sie in armem, sandigem Boden wachsen. Die dünnstieligen

L. scoparium 'Ray Williams'

Leptospermum scoparium 'Kiwi'

Leptospermum scoparium 'Gaiety Girl'

Pflanzen tragen kleine flache oder nadelförmige Blätter. Die Blüten bestehen aus fünf strahlenförmig angeordneten Blütenblättern, die in der Mitte glatt, am Rand gewellt und an der Spitze breit eingekerbt sind. Einige Blüten haben leuchtende Farben wie Blau, Gelb, Orange oder Rot.
PFLEGE UND VERMEHRUNG: Die Pflanzen sind schwierig zu ziehen, bei frostfreier Überwinterung, niedriger Luftfeuchtigkeit im Sommer und durchlässigen, sandigen Böden lohnt es sich aber, es zu versuchen. Sie bevorzugen einen sonnigen oder halbschattigen Standort und sollten regelmäßig sparsam gegossen werden. Topfpflanzen im Wachstum sollten mäßig, danach weniger gegossen werden. Die Vermehrung erfolgt im Frühjahr durch Aussaat oder im Sommer durch Stecklinge.

Leschenaultia biloba

Der aufrechte bzw. struppige Strauch zählt zu den Pflanzen mit den schönsten blauen Blüten. Er wird 60 cm hoch und breit, trägt kleine, weiche, gräulichgrüne Blätter und gegen Ende des Winters bis ins späte Frühjahr hinein gruppenweise endständige, hell- bis dunkelblau gefärbte Blüten. Die Blüten sind manchmal in der Mitte weiß oder sogar ganz weiß. Die Pflanze bevorzugt einen trockenen und sonnigen Standort. In Kultur entstandene Sorten sind relativ kurzlebig, da die Pflanze jedoch leicht durch Stecklinge vermehrt werden kann, können junge Pflanzen immer in Reserve gehalten werden. Überlange Zweige sollten nach der Blüte zurückgeschnitten werden.

Lespedeza thunbergii

Leschenaultia formosa

Dieser in den armen Böden des südlichen Westaustraliens wachsende Halbstrauch wird selten höher und breiter als 30 cm. Er trägt viele kleine, graugrüne Blätter, und die zwischen Winter und Frühjahr blühenden, tiefroten, orangefarbenen oder gelben Blüten sind oft so zahlreich, daß sie die Blätter fast verdecken. Die Pflanze bevorzugt warmes, trockenes Klima und einen sehr durchlässigen Kiesboden.

LESPEDEZA

Diese Hülsenfrüchtlergattung wurde 1790 nach dem damals in Florida ansässigen spanischen Gouverneur de Céspedes benannt, dessen Name der Botaniker Michaux falsch verstanden hatte. Die Gattung umfaßt etwa 40 Arten einjähriger, mehrjähriger und sommergrüner Sträucher und Halbsträucher, die auf der ganzen nördlichen Hemisphäre bis nach Südostasien und Australien beheimatet sind. Die Blätter bestehen aus drei Fiederblättern, die kleinen Schmetterlingsblüten sitzen auf langen Zweigen. Die Hülsen sind klein, enthalten nur einen Samen und fallen geschlossen ab. Einige Arten werden als Viehfutter oder Gründünger angebaut.
PFLEGE UND VERMEHRUNG: Die Pflanzen gedeihen an sonnigen Standorten in durchlässigem Boden. Sie bevorzugen wärmeres Klima. Sie sollten im Winter gut abgedeckt und im Frühjahr zurückgeschnitten werden. Vermehrung durch Aussaat, Stecklinge oder Teilung.

Lespedeza thunbergii

Leucadendron argenteum

Leucadendron eucalyptifolium

Leucadendron argenteum

Leschenaultia biloba

Leschenaultia formosa

Lespedeza thunbergii
BUSCHKLEE

Dieser aufrechte, offene Halbstrauch wird 1–2 m hoch und hat hellgrüne Blätter. Die herabhängenden Zweige tragen im Spätsommer rosalila Blüten, aus denen flache Samenhülsen entstehen. Die Sorte **'Alba'** trägt weiße Blüten.

LEUCADENDRON

Diese südafrikanische Gattung umfaßt 84 Arten von Sträuchern und kleinen Bäumen; die meisten wildwachsenden Arten sind auf den Westen der Kapprovinz beschränkt. Wo es Boden und Klima erlauben, werden die verschiedenen Arten gerne in Gärten angepflanzt und auch zur Schnittblumengewinnung kultiviert. Die einfachen, lederartigen Blätter sind in Größe und Form sehr unterschiedlich und manchmal von silberfarbenen Haaren bedeckt. Die kleinen Blüten sitzen in dichten, kugel- oder kegelförmigen Köpfen an den Enden der Äste; die Blütenköpfe sind oft von einem blütenartigen Kranz aus Hochblättern umgeben, die in Größe und Farbe sehr unterschiedlich sein können. Männliche und weibliche Blütenköpfe sitzen auf unterschiedlichen Pflanzen. Es wurden verschiedene Hybridsorten gezüchtet, viele davon für die Schnittblumenindustrie.
PFLEGE UND VERMEHRUNG: Die frostempfindlichen Pflanzen mögen einen sonnigen Standort und gutdurchlässigen, sandigen oder steinigen Boden, der mit Humus angereichert werden und wenig Phosphor und Stickstoff enthalten sollte. Topfpflanzen in der Wachstumsphase oft gegossen werden, danach weniger oft. Vermehrung durch Aussaat oder Stecklinge.

Leucadendron argenteum
SILBERBAUM

Hierbei handelt es sich um den seltensten und schönsten Baum Südafrikas, der wild nur an einigen Hängen des Tafelbergs vorkommt. Der 5–10 m hohe Baum trägt in seiner Jugend kaum Äste, bildet später jedoch eine dichte Krone. Die geraden Äste tragen große, spitze, graue Blätter, die von langen, seidigen Haaren überzogen sind und dem ganzen Baum somit ein silbrig schimmerndes Aussehen verleihen. Die Hochblätter, die die im Winter und Frühjahr erscheinenden, unauffälligen Blüten umgeben, unterscheiden sich kaum von den normalen Blättern. Die Vermehrung des Silberbaumes kann nur durch Aussaat erfolgen. Der Baum wächst schnell, ist in Kultur jedoch oft sehr kurzlebig. Die Pflanze toleriert keine Wurzelstörungen.

Leucadendron laureolum

Leucadendron comosum

Der in den südwestlichen Bergen der Kapprovinz beheimatete Strauch wird ca. 1,5 m hoch und etwa genauso breit. Die kleinen, eingerollten, bei männlichen Pflanzen beinahe nadelförmigen, bei weiblichen Pflanzen breiteren Blätter und die hellgrünen bzw. gelben Hochblätter, die die roten Blütenköpfe umgeben, haben dieselbe Struktur. Die Pflanze läßt sich sehr einfach durch Aussaat vermehren.

Leucadendron eucalyptifolium

Diese schnellwachsende Art ist auf tiefgründigen, sandigen Böden an der Küste der Kapprovinz häufig anzutreffen. Der aufrechte Strauch wird bis zu 4,5 m hoch und besteht aus einem einzigen Stamm mit einer dichten, buschigen Krone. Trotz seines Namens gleichen die schmalen Blätter des Strauchs nicht mehr denen eines Eukalyptusbaumes als die vieler anderer *Proteaceen*. Im Winter und Frühjahr trägt der Strauch viele kleine, gelblich-cremefarbene Blütenköpfe, die von langen, schmalen, hellgelben Hochblättern umgeben werden. Die einfach zu kultivierende Art wird auch gerne als Schnittblume verkauft.

Leucadendron laureolum

Die wild auf die Region Kapstadt beschränkte Art wird in vielen Teilen der Welt angepflanzt und diente zur Züchtung vieler Kulturformen. Der buschige Strauch wird 2 m hoch und hat lederige, längliche Blätter. Die becherförmig um die Blütenköpfe angeordneten Hochblätter sind normalerweise in der Mitte leicht gelblich und gehen am Rand in ein helles Grün über. Einige Sorten haben goldgelbe Deckblätter. Die Pflanze liebt Feuchtigkeit.

Leucadendron 'Safari Sunset'

Diese Hybride entstand in Neuseeland durch die Kreuzung von *Leucadendron salignum* und *L. laureolum* und wird dort häufig als Schnittblume gezogen. Der kräftige, aufrechte Strauch wird ca. 1,5 m hoch, trägt viele Äste und hat ein buschiges Aussehen. Die dunkelgrünen, länglichen Blätter gehen leicht ins Rötliche über, während die Blattstiele und Hochblätter in der Blütezeit zwischen Herbst und Winter tiefrot gefärbt sind. Im Verlauf der Blütezeit verfärben sich diese je nach Sonneneinstrahlung blaß- bis goldgelb.

Leucadendron salignum

Diese *Leucadendron laureolum* ähnliche und genauso häufig gezogene Art ist in der Kapprovinz wild jedoch weiter verbreitet und unterscheidet sich außerdem durch ihre rötlich getönten Blätter und rötlichen Knospen. Auch die Hochblätter sind an der Spitze rötlich, manchmal aber auch sattgelb und -grün. Es existieren auch Formen mit tiefroten Hochblättern. Diese sind weit nach außen gespreizt, besonders bei männlichen Pflanzen; weibliche Pflanzen riechen stark nach Hefe. Die Pflanzen dieser Art werden ca. 1 m hoch und haben aufrechte, verzweigte Äste.

Leucadendron 'Silvan Red'

Diese kräftige Hybridsorte hat dieselben Eltern wie die Sorte 'Safari Sunset' und ist dieser bis auf die schlankeren Äste und schmaleren Hochblätter, was Aussehen und Farbe betrifft, auch sehr ähnlich.

Leucadendron stelligerum

Diese bedrohte Art wächst wild nur bei Kap Agulhas (Nadelkap) am südlichsten Punkt Afrikas. Es handelt sich um einen 1,2–1,5 m hohen Strauch mit drahtig dünnen Ästen und schmalen 2,5 cm langen Blättern. Die cremefarbenen Hochblätter mit ihren roten Spitzen bilden um die kleinen Blütenköpfe herum einen sternförmigen Kelch. Die Pflanze blüht im Winter und riecht dann unangenehm.

Leucanthemum paludosum

Leucadendron 'Silvan Red'

Leucadendron salignum

Leucadendron strobilinum

Diese nur aus der Nähe Kapstadts bekannte, sehr hübsche Art ist als wildwachsende Pflanze bedroht. Der Strauch wird über 2 m hoch und trägt breite, eingerollte Blätter. Die im Frühjahr erscheinenden Blütenköpfe haben sehr breite, cremefarbene oder gelbe Hochblätter, die überlappend einen glatten Kelch um die fetten, kugeligen Blütenköpfe herum bilden. **'Waterlily'** ist der Name einer in Kultur ausgelesenen weiblichen Sorte mit großen Hochblättern, die ihre Farbe öfter wechseln: Sie sind anfangs hellgrün, werden zur Mitte hin später cremefarben, dann hellgelb und bekommen schließlich rote Ränder. Der Blütenkopf ist rötlichbraun.

Leucadendron tinctum

Leucadendron 'Safari Sunset'

Leucadendron strobilinum 'Waterlily'

Leucadendron tinctum

Die in den Hügeln und Bergen der südwestlichen Kapprovinz beheimatete Art wird 1,2 m hoch und fast genauso breit. Sowohl die männlichen als auch die weiblichen Blütenköpfe sind sehr hübsch. Die weiblichen sind dunkelrot, die männlichen gelb und beide sind von breiten, rötlichgelben Hochblättern umgeben. Aufgrund ihrer Schönheit und ihrer Robustheit gegenüber Wind und leichtem Frost ist die Art in Südafrika als Gartenpflanze beliebt.

LEUCANTHEMUM

MARGERITE, WUCHERBLUME

Zu dieser in Europa und in den gemäßigten Klimazonen Asiens beheimateten Gattung zählen etwa 25 Arten einjähriger oder mehrjähriger Pflanzen. Viele Botaniker ordneten die Pflanzen früher der Gattung *Chrysanthemum* zu, andere wiederum behandelten die Pflanzen schon immer als eigene Gattung. Es handelt sich hierbei um horstbildende Pflanzen mit verschieden gezähnten oder gebuchteten Blättern, die im Gegensatz zu anderen Chrysanthemenverwandten weder graubehaart noch aromatisch sind. Der beblätterte Stengel trägt auf langen Stielen sitzende Blütenkörbe mit weißen oder gelben Zungenblüten und gelben Röhrenblüten. Bei den meisten Arten dieser Gattung handelt es sich um widerstands- und anpassungsfähige Pflanzen.

PFLEGE UND VERMEHRUNG: Die Pflanzen sind weitgehend anspruchslos und gedeihen ausgezeichnet in mehrjährigen Rabatten- oder Gartenbeeten. Sie bevorzugen einen sonnigen Standort (oder Nachmittagssonne) und mäßig gedüngten, feuchten, durchlässigen Boden. Die Vermehrung erfolgt durch Aussaat, Stecklinge oder Teilung.

Leucadendron stelligerum

Leucanthemum paludosum

Syn. *Chrysanthemum paludosum*

Diese südeuropäische, einjährige Pflanze wird 15 cm hoch und trägt blaßgelbe oder weißlichgelbe Blüten. Die Sorte **'Show Star'** hat leuchtendgelbe Blüten und am Rand gewellte Blätter.

Leucanthemum × *superbum*

L. × *superbum* 'Wirral Pride'

Leucanthemum × *superbum* 'Tinkerbell'

Leucogenes grandiceps

Leucanthemum × *superbum*

Syn. *Chrysanthemum maximum* hort., *C.* × *superbum*

GARTEN-MARGERITE

Diese robuste Staude wird 60–90 cm hoch und breit; sie trägt große, weiße Blütenkörbe, die in der Mitte goldfarben sind. Die Blütenköpfchen haben einen Durchmesser von ca. 8 cm und erscheinen im Sommer oder Frühherbst hoch über den dunklen, glänzenden, gezähnten Blättern. Früher hielt man die Pflanze für identisch mit ***Leucanthemum maximum*** aus den Pyrenäen, heute gilt sie als Hybride aus dieser Art und der portugiesischen ***L. lacustre.*** Die ersten eingeschleppten Pflanzen wurden auf dem Mount Shasta im Staat Washington, USA, entdeckt, wo sie die Aufmerksamkeit des berühmten Pflanzenzüchters Luther Burbank auf sich zogen. Heutzutage existieren viele Sorten; alle haben weiße, gefüllte oder einfache Blüten mit teilweise am Rand ausgefransten Blütenblättern. Die Sorte **'Aglaia'** wird 30 cm hoch und trägt den ganzen Sommer hindurch halbgefüllte Blüten; die Sorte **'Esther Read'** wird bis zu 1 m hoch und trägt ebenfalls eine Vielzahl halbgefüllter Blüten; die Sorte **'Wirral Pride'** wird 75 cm hoch und hat gefüllte, weiße Blütenköpfe, während die gefüllten Blüten der Sorte **'Wirral Supreme'** an Anemonen erinnern. Bei den Sorten **'Tinkerbell'** und **'Snow Lady'** handelt es sich um Pflanzen mit einfachen Blüten.

Leucanthemum vulgare

Syn. *Chrysanthemum leucanthemum*

WIESEN-MARGERITE

Diese aus Europa und den gemäßigten Klimazonen Asiens stammende Pflanze sieht aus wie die kleinere Version der *Leucanthemum superbum,* obwohl die im Frühsommer erscheinenden, hübschen weißen Blütenköpfe nicht größer als 5 cm sind. Die horstbildende Staude wird bis zu 75 cm hoch; die Art hat sich inzwischen in Teilen Nordamerikas, Australien und Neuseeland eingebürgert.

LEUCHTENBERGIA

Zu dieser Gattung zählt nur eine einzige, aus dem Norden Mexikos stammende, sehr bemerkenswerte Kaktusart. Andere (z.B. *Mammillaria*) weisen mit knorrigen Warzen besetzte Rippen auf. Bei der *Leuchtenbergia* sind diese Strukturen extrem ausgeprägt, die länglichen und am Rand messerscharfen Warzen sehen aus wie die Blätter einer Miniaturagave und unterscheiden sich von dieser nur durch ein Büschel gedrehter Stacheln an ihrem Ende. An den Spitzen junger Warzen bilden sich im Sommer große, zitronengelbe Blüten, von denen nur jeweils eine blüht. **PFLEGE UND VERMEHRUNG:** Wie die meisten Kakteen gedeiht auch *Leuchtenbergia* in steinigem, gutdurchlässigem Boden und bevorzugt einen sonnigen Standort. Wird die Pflanze regelmäßig gegossen, wächst sie im Sommer recht schnell; im Winter sollte sie eher trocken gehalten werden. Unter Glas sollte die Temperatur 10 °C nicht unterschreiten, in Wüsten werden auch niedrigere Temperaturen toleriert. Vermehrung durch Aussaat.

Leucanthemum vulgare

Leuchtenbergia principis

Die jungen Pflanzen dieser Kaktusart sind etwa 20 cm hoch, wobei zuerst nur die Warzen sichtbar sind. Die älteren Warzen verdorren mit der Zeit und fallen ab. Dadurch wird der »Stamm« sichtbar, der bei sehr alten Pflanzen bis zu 60 cm hoch sein kann. Die glänzenden, gelben Blüten sind teilweise mehr als 5 cm groß und verströmen einen süßlichen Duft.

LEUCOCORYNE

Diese Zwiebelpflanzengattung umfaßt zwölf Arten, die aus Chile kommen und dort in Gegenden gedeihen, in denen es im Herbst, Winter und Frühjahr regnet, die Sommer jedoch heiß und trocken sind. Die Pflanze trägt im späten Winter und im Frühjahr Dolden duftender, blauer, weißer oder zartlila Blüten. Die linealen, grundständigen Blätter riechen knoblauchartig. **PFLEGE UND VERMEHRUNG:** Die frostempfindlichen Pflanzen gedeihen am besten an einem sonnigen Standort, in sehr durchlässiger Lehmerde. Während ihrer Sommerruhe sollten die Pflanzen ziemlich trocken gehalten werden. Das Wachstum beginnt mit der herbstlichen Regenzeit. Die Vermehrung erfolgt durch Aussaat reifen Samens oder durch Ableger.

Leucocoryne ixioides

Die Kultur dieser Art bedeutet für jeden Gärtner eine Art Glücksspiel: Im einen Jahr entwickelt die Pflanze eine wundervolle, üppige Blütenpracht, im anderen Jahr blüht sie gar nicht. Die Blüten sitzen in Büscheln an drahtigen, 45 cm langen Stengeln. Die 5 cm großen, süßlich duftenden, milchigblauen oder lilafarbenen Blüten sind zurückgebogen und sternförmig, außen blau und in der Mitte weiß; die gelben Staubbeutel ragen weit heraus. Die Blätter der Pflanze sind lang und schlank.

LEUCOGENES

NEUSEELAND-EDELWEISS

Zu dieser kleinen Gattung gehören drei oder vier Arten immergrüner, unten verholzter Zwergsträucher. Es sind Vettern der Strohblume. Obwohl die Pflanze nicht eng mit dem europäischen Edelweiß verwandt ist, ähnelt sie diesem, was ihr Vorkommen in den Bergen und die kleinen, pelzigen, weißen Blüten betrifft. Die Pflanze eignet sich bestens für Steingärten. **PFLEGE UND VERMEHRUNG:** Die in den Bergregionen Neuseelands beheimatete *Leucogenes* ist, anders als das in den Alpen beheimatete Edelweiß, für den Blütenansatz weniger auf kalte Winter angewiesen. Winternasse »Füße« sind der größte Feind der Pflanze, weshalb sie guten Wasserabzug benötigt. Sie sollte an einem sonnigen Standort, in Schotter- oder Torfböden gepflanzt werden. Vermehrung im späten Frühjahr und Frühsommer durch frischen, reifen Samen oder Stecklinge.

Leucogenes grandiceps

Leucogenes grandiceps hat filzige, weiße Hochblätter, die die goldgelben Blütenköpfe umschließen, und flaumige, silberfarbene Blätter. Die relativ dicht- und langsamwachsende Pflanze erreicht eine Höhe und Breite von 15 cm.

Leucogenes leontopodium

Diese Art wird 15 cm hoch und trägt silbrigweiße bis gelbe Blätter. Die kleinen, sternförmigen, flaumigen, gelben Blüten werden von dicken, filzigen, weißen Hochblättern umschlossen.

LEUCOJUM

KNOTENBLUME, MÄRZENBECHER

Diese Gattung besteht aus 10 Arten mehrjähriger Pflanzen, die in Nordafrika und Europa beheimatet sind. Die sich im Frühjahr und Herbst bildenden, herabhängenden, glockigen Blüten bestehen aus sechs Blütenblättern und stehen einzeln, zu

Leucogenes leontopodium

zweit oder dritt an der Spitze eines dünnen, bis zu 60 cm langen Stiels. Die mittel- bis dunkelgrünen Blätter sind schmal und bandförmig. Die Pflanzen bilden reichlich Brutzwiebeln, wodurch oft große Gruppen schön blühender Pflanzen entstehen.
PFLEGE UND VERMEHRUNG: Einige Arten bevorzugen einen halbschattigen Standort und feuchten Boden, während andere an sonnigen Standorten und in durchlässigem Boden am besten gedeihen. Die Blumenzwiebeln sollten im Spätsommer oder Frühherbst gepflanzt werden, die Teilung sollte nur bei Pflanzen erfolgen, die einige Blüten und viele Blätter tragen. Vermehrung im Frühjahr oder Frühherbst durch Ableger oder im Herbst durch Aussaat. Die genannten Arten sind frosthart.

Leucojum aestivum
SOMMERKNOTENBLUME

Diese zierliche Zwiebelpflanze stammt aus Europa und Westasien. Die wohlriechenden, weißen Blüten haben einen grünen Punkt an der Spitze jedes Blütenblattes; die Blüten sitzen zu mehreren auf 45 cm langen Stengeln. Die blaugrünen Blätter sind lang und schmal. Man sollte die frostharten, kleinen Zwiebeln am besten unter einem Laubbaum einpflanzen. ***Leucojum aestivum*** **var.** ***pulchellum*** kommt wild in Südeuropa und Westasien vor und wächst dort an Gewässern. Die 60 cm hohe Pflanze ist anspruchslos und wächst sowohl in der Sonne als auch im Schatten. Von den im späten Frühjahr und Frühsommer erscheinenden Blüten sitzen jeweils drei bis sechs auf einem Stengel; jede Blüte zieren sechs weiße, grüngefleckte, gleichlange Blütenblätter. Die in Horsten wachsenden länglichen Blätter sind für Vieh giftig.

Leucojum autumnale
HERBSTKNOTENBLUME

Jeweils zwei oder drei der zarten weißen, leicht ins Rosafarbene gehenden Blüten dieser Art sitzen auf einem dünnen, ca. 25 cm hohen Stiel. Die aufrechten, zarten grundständigen Blätter erscheinen nach der Blüte. Wie der umgangssprachliche und der wissenschaftliche Name besagen, blüht die Pflanze im Spätsommer oder Frühherbst. Die Zwiebeln sollten an einem sonnigen Standort 5 cm tief in durchlässigen Boden gepflanzt werden.

Leucojum vernum
FRÜHJAHRSKNOTENBLUME, MÄRZENBECHER

Diese in Mitteleuropa beheimatete und im späten Winter bzw. Vorfrühling blühende Pflanze wird 45 cm hoch. Bei ausreichend Feuchtigkeit breitet sie sich selbständig aus und wächst an sonnigen oder schattigen Standorten. Sommertrockenheit macht ihr nichts aus. Die Blätter sind länglich, die meist einzeln stehenden, glockigen Blüten haben weiße, gleichlange Blütenblätter mit einem grünen oder gelben Punkt.

LEUCOPHYLLUM

Zu dieser aus der westtexanischen und nordmexikanischen Chihuahuawüste stammenden Gattung zählen zwölf Arten langsamwachsender, niedriger, breiter, immergrüner Sträucher. Die Pflanzen haben weiche, graue Blätter.
PFLEGE UND VERMEHRUNG: Die Pflanzen bevorzugen einen sonnigen, geschützten und frostfreien Standort und sandigen, durchlässigen Boden. Vermehrung durch Aussaat oder Stecklinge.

Leucophyllum candidum

Dieser Wüstenstrauch wird 60–90 cm hoch und 1 m breit. Er bevorzugt einen halbschattigen Standort. Die Sorte **'Silver Cloud'** hat stachlige, silberfarbene Blätter und kleine, lila, glockige Blüten.

Leucophyllum frutescens
TEXAS RANGER, CENIZO

Diese Art verträgt innerhalb der Gattung noch am ehesten Frost. Die dichte, aufrechte Pflanze wird etwa 2–2,5 m hoch und beinahe genauso breit. Nach einem kräftigen Regen erscheinen rötliche bis lavendelfarbene Blüten. Die Pflanze ist sehr widerstandsfähig und toleriert trockene Bedingungen. Es gibt jetzt Sorten mit rosafarbenen, weißen oder lila Blüten, wobei die Pflanzen klein und kompakt oder groß und schlank sein können.

Leucophyllum laevigatum

Diese Wüstenpflanze bevorzugt trockene Bedingungen und einen sonnigen oder schattigen Standort. Sie trägt duftende, blaßblaue bis lavendelfarbene Blüten.

LEUCOPHYTA

Diese zu den Korbblütlern gehörende Gattung besteht aus einer einzigen Art, einem immergrünen Halbstrauch von der Südküste Australiens, der früher zur Gattung *Calocephalus* gehörte. Es handelt sich um eine starkverästelte, breitbuschige Pflanze mit kleinen schuppenförmigen Blättern. Alle Teile der Pflanze sind silbern behaart und reflektieren das Licht stark, selbst die kleinen knopfartigen Blütenköpfe, obwohl diese aus cremefarbenen Einzelblüten bestehen. Als Küstenpflanze ist *Leucophyta* überaus salzgischtresistent, paßt sich unter Veränderung der Wuchsform aber auch weniger extremen Bedingungen an.
PFLEGE UND VERMEHRUNG: Die Pflanze bevorzugt leichte, offene, mäßig fruchtbare Böden und braucht Sonne. Nach dem Anwachsen müssen die Pflanzen nur selten gegossen werden. Sie sind nicht besonders ausdauernd und neigen dazu, nach einigen Jahren unten abzufaulen. Vermehrung im Sommer durch Stecklinge.

Leucophyta brownii
Syn. *Calocephalus brownii*

Dieser in die Breite wachsende, dichte, runde Strauch mit seinen stark verzweigten, sibergrauen Ästen wird meist bis zu 1 m hoch, oft jedoch breiter. Im Sommer trägt die Pflanze cremeweiße Blütenköpfe, die als Knospen silberfarben erscheinen. Pflanzen aus Westaustralien haben längere, leicht zurückgebogene Blätter und wirken noch silbriger.

LEUCOSPERMUM

Diese Gattung wird leicht mit *Leucadendron*, einer anderen aus Südafrika stammenden und mit *Protea* verwandten Gattung verwechselt, bei genauerer Betrachtung sieht man jedoch, daß sich die Blütenköpfe der beiden Gattungen in ihrer Struktur erheblich unterscheiden. Die Gattung umfaßt etwa 50 Arten verholzter, immergrüner Sträucher, von denen die meisten wild im Westen der Kapprovinz vorkommen. Nur vier Arten kommen aus den östlichen Landesteilen, in denen im Sommer Regenzeit herrscht, eine Art kommt bis Zimbabwe vor. Im Gegensatz zu *Protea* und *Leucadendron* werden die endständigen Blütenköpfe nicht von auffälligen Hochblättern umgeben, sondern die Blüten selbst erregen hier die Aufmerksamkeit des Betrachters. Die engsitzenden Blüten haben lange, herausragende Griffel, die dem ganzen Blütenstand das Aussehen eines Nadelkissens verleihen. In Gegenden mit mildem Winter und einem trockenen, nicht zu heißen Sommer sind die lange und oft in den leuchtendsten Farben blühenden Pflanzen beliebte Schnittblumen. Die Blätter sind in der Regel steif und ledrig und an der Spitze oft gezähnt. Die Pflanzen werden häufig in Australien, Neuseeland und im Hochland von Hawaii gezogen, von wo aus sie in die Blumengeschäfte der USA exportiert werden; die Blumen für den europäischen Markt kommen aus Israel. Die Blumengeschäfte verkaufen die Pflanzen als »Proteas«, da der lange griechische Name, der »weißer Same« bedeutet, zu kompliziert wäre.
PFLEGE UND VERMEHRUNG: Es sind meist kompakte, attraktive, viele Blüten tragende Sträucher. Schnittblumengewinnung erhält sie in optimalem Zustand. Sie gedeihen in durchlässigem, leicht saurem Boden und bevorzugen einen sonnigen Standort in warmem bis gemäßigtem Klima mit niedriger Luftfeuchtigkeit während der Sommermonate. Die Vermehrung erfolgt durch Aussaat oder Stecklinge, nur die zweite Methode ist für die modernen, attraktiven Hybriden geeignet.

Leucojum aestivum

Leucophyta brownii

Leucophyllum frutescens

Leucojum aestivum var. *pulchellum*

Leucojum autumnale

Leucospermum cordifolium
Syn. *Leucospermum nutans*

Die 1–2 m hohe und 1 m breite Art hat mehrfach verzweigte, stämmige Äste, die graugrüne, sehr breite Blätter und endständige Blütenköpfe tragen. Die unverwechselbaren, kuppelförmigen Blütenstände blühen fast den ganzen Sommer hindurch in Gelb-, Orange- und Rottönen. Die Sorte **'Flame Spike'** hat tieforangerote Blütenköpfe. Die Sorte **'Red Sunset'** ist eine durch Kreuzung mit ***Leucospermum lineare*** erzeugte Hybride und trägt im Frühjahr rote und goldene Blüten.

Leucospermum erubescens

Die wild eher seltene Art wächst ausschließlich im östlich von Kapstadt gelegenen Langeberg-Gebiet und ist dort auf trockenen Felshügeln zu finden. Der steif aufrechtwachsende Strauch wird bis 2 m hoch und trägt schmale, stumpfe, an der Spitze gezähnte Blätter. Zwischen der zweiten Hälfte des Winters und dem Frühsommer trägt die Pflanze endständige Blütenköpfe, die erst honiggelb, später dunkelrosa sind. Dies ist nur eine von vielen schönen *Leucospermum*-Arten, die auf eine weitere gärtnerische Verbreitung warten.

Leucospermum mundii

Leucospermum oleifolium

Leucospermum reflexum

Leucospermum tottum 'Scarlet Ribbon'

Leucospermum reflexum var. *luteum*

Leucospermum grandiflorum

Leucospermum formosum

Die aus der südwestlichen Kapregion stammende Art ist eng mit der grünblättrigen ***Leucospermum catherinae*** verwandt und sieht ihr auch sehr ähnlich. Die Pflanze trägt behaarte, graugrüne Blätter und im Sommer halbkugelige Blütenköpfchen mit blaßorangegelben Griffeln.

Leucospermum glabrum

Der 3 m hohe Strauch trägt hellgrüne Blätter. Die Blüten haben hellrote Griffel und sind dunkelrot gebändert.

Leucospermum grandiflorum

Die in den Hügeln und Bergen der südöstlichen Kapregion beheimatete und 1,5 m hohe Art ist aufgrund ihrer ungewöhnlichen Blütenköpfe bemerkenswert. Die Blüten öffnen sich zwischen der zweiten Hälfte des Winters und dem Frühsommer. Die relativ wenigen Griffel ragen aufwärts und tragen an der Spitze rote Narben.

Leucospermum glabrum

Leucospermum erubescens

Leucospermum cordifolium

Leucospermum mundii

Diese Art stammt auch aus dem Langeberg-Gebiet und hat hellgrüne Blätter mit bis zu 17 Kerbzähnen an der Spitze. Die kleinen, bürstenartigen Blütenköpfe erscheinen zu mehreren an den Triebspitzen, sie sind anfangs blaßgelb, später goldbraun. Die Pflanze blüht ab der Mitte des Winters bis ins späte Frühjahr hinein.

Leucospermum oleifolium

Die Blütentrauben dieses 1–1,5 m hohen Strauchs sind anfangs blaßgelb, später orange und schließlich dunkelrot.

Leucospermum reflexum

Dieser aufrechte Strauch wird bis zu 3 m hoch und 2 m breit. Die kleinen, silberfarbenen Blätter sind relativ dicht an den Stengel angedrückt. Im Frühjahr und Sommer erscheint eine Vielzahl dunkelroter, gelbspitziger, zurückgebogener Blüten. ***Leucospermum reflexum* var. *luteum*** wird über 3,5 m hoch, trägt helle, graugrüne Blätter und hellgelbe Blüten.

Leucospermum formosum

L. cordifolium 'Flame Spike'

Leucospermum tottum

Leucospermum tottum
Syn. *Leucospermum gueinzii*

Dieser dichte Strauch wird 1,5 m hoch und breit. Die länglichen, graugrünen Blätter sind mit feinen, kurzen Härchen bedeckt. Die im Frühjahr und Sommer erscheinenden, gewölbten, 8–10 cm großen Blütenköpfe sind rosarot und tragen viele cremefarbene Griffel. Die Sorte **'Scarlet Ribbon'** trägt rosa Blüten mit gelben Griffeln und ist eine Kreuzung zwischen *Leucospermum tottum* und *L. glabrum*. Die Sorte **'Golden Star'**, eine Kreuzung zwischen *L. tottum* und *L. cordifolium*, hat hellgelbe Blüten, die auf langen, schlanken Stielen sitzen.

LEUCOTHOË

Zu dieser Gattung gehören ca. 50 Arten sommergrüner und immergrüner Sträucher, die mit der Gattung *Pieris* verwandt und in den kühlen bis warmen Klimazonen vom Süden der USA bis in die Bergregionen Südamerikas weit verbreitet sind. Einige Arten sind auch in Ostasien zu finden. Die Pflanzen haben einfache, wech-

selständige Blätter und tragen weiße oder rosafarbene Blüten in kurzen, achselständigen oder endständigen Ähren. Die Früchte sind kleine, vielsamige Kapseln.
PFLEGE UND VERMEHRUNG: Die Sträucher bevorzugen feuchten, sauren, durchlässigen Boden und einen geschützten, sonnigen oder halbschattigen Standort. Vermehrung erfolgt durch Aussaat, Stecklinge (auch Wurzelstecklinge) oder Teilung. Die beiden aufgeführten Arten sind weitgehend winterhart.

Leucothoë davisiae

Dieser in den USA beheimatete, immergrüne Strauch wird bis 1 m hoch und 1,5 m breit. Im Sommer trägt die Pflanze 15 cm lange Trauben weißer, glockiger Blüten. In der Wachstumsphase sollte der Strauch regelmäßig gegossen werden.

Leucothoë fontanesiana
Syn. *Leucothoë catesbaei*
LEUCOTHOE

Dieser im Südosten der USA beheimatete, immergrüne Strauch wird 1–1,5 m hoch. Die gebogenen Stengel tragen lederartige, langspitzige, dunkelgrüne Blätter und im Frühjahr herabhängende Ähren kleiner, glockiger, weißer oder leicht rosafarbener Blüten. **'Rainbow'** (oder 'Golden Rainbow') ist eine sehr beliebte Sorte mit creme- und rosafarben gefleckten Blättern.

LEVISTICUM
LIEBSTÖCKEL, MAGGIKRAUT

Diese Gattung beinhaltet nur eine einzige Art. Die hellgrüne Staude wird 2 m hoch und trägt sellerieähnliche, gefiederte Blätter mit keilförmigen Blättchen. Im Sommer trägt die Pflanze Dolden kleiner grünlichgelber Blüten. Nach deren Verblühen entstehen im Frühherbst gerippte, aromatische Samen. Beim Reiben verströmen die Blätter einen starken Geruch. Die vor allem als Küchenkraut angebaute Pflanze eignet sich aufgrund ihrer Größe auch für die hinteren Reihen einer Rabatte.

Lewisia columbiana

Levisticum officinale

PFLEGE UND VERMEHRUNG: Die frostharte Pflanze benötigt einen tiefen, humusreichen, durchlässigen Boden und bevorzugt einen sonnigen oder halbschattigen Standort. Der Boden sollte immer gleichmäßig feucht gehalten werden, besonders an sonnigen Standorten. Die Pflanze sollte vor starkem Wind geschützt werden. Die Vermehrung erfolgt im Frühjahr durch Teilung oder Aussaat.

Levisticum officinale

Die aus dem östlichen Mittelmeerraum stammende Art hat dunkelgrüne Blätter und einen dicken, geraden, hohlen Stengel.

LEWISIA
BITTERWURZEL

Diese Gattung, die nach ihrem Entdecker Meriwether Lewis (1774–1838) benannt wurde, umfaßt ca. 20 Arten kleiner Stauden mit langer Pfahlwurzel, ledrigen Blättern und sternförmigen Blüten, die alle aus den Rocky Mountains stammen. Die Wurzeln sind phantastische Überlebenskünstler: Es wird erzählt, daß ein Botaniker, der sich mit fünf Jahren zuvor getrockneten Exemplaren beschäftigte, bemerkte, daß eine der getrockneten Pflanzen versuchte zu wachsen. Er pflanzte sie ein, die Pflanze erholte sich prächtig und trug im darauffolgenden Sommer sogar ihre schönen, rosafarbenen Blüten. Lewisia-Hybriden wie z.B. **'Ben Chase'** haben im Sommer eine relativ lange Blütezeit und blühen dabei in den Farben Rosa, Weiß, Apricot, Rot oder Flammendrot.
PFLEGE UND VERMEHRUNG: In kühlem Klima bevorzugen die Pflanzen einen sonnigen, in wärmerem Klima einen halbschattigen Standort. Sie erfordern durchlässigen Boden, damit Winternässe den Wurzeln nichts anhaben kann. Die Vermehrung sommergrüner Pflanzen erfolgt im Frühjahr oder Herbst durch Aussaat, die Vermehrung immergrüner Arten erfolgt durch Aussaat im Frühjahr oder durch Ableger im Sommer.

Lewisia columbiana

Die aus der Columbia-River-Region stammende, immergrüne Art trägt schmale, fleischige, grundständige Blätter. Der Horst wird ca. 15 cm hoch und 20 cm breit. Im Sommer entstehen auf 30 cm langen Stengeln Blütenstände mit rosafarben geäderten, weißen oder blaßrosa Blüten.

Lewisia cotyledon

Lewisia cotyledon, Hybride

Lewisia cotyledon var. *howellii*

Lewisia cotyledon 'Pinkie'

Lewisia 'Ben Chase'

Leucothoë davisiae

Leucothoë fontanesiana

Leucothoë fontanesiana

Lewisia cotyledon

Diese immergrüne Pflanze läßt sich leicht kreuzen; sie trägt Rosetten fleischiger, gezähnter Blätter und auf den aufrechten Stengeln sitzen in Trauben weiße, gelbe, apricotfarbene, rosa oder lila Blüten. Die Pflanze wird 30 cm hoch. ***Lewisia cotyledon* var. *howellii*** erreicht eine Breite von 15 cm. Die Sorte **'Pinkie'** hat rosa Blüten, wird 2,5 cm hoch und 5 cm breit.

Lewisia rediviva

Der spezifische Beiname bedeutet »wieder zum Leben erweckt« und bezieht sich auf die Fähigkeit dieser rosettenbildenden Art, nach der Trocknung erneut aufzuleben. Die 5 cm hohe Pflanze hat Horste grasartiger, sommergrüner Blätter und rosa Blüten mit vielen Kronblättern. Es existiert auch eine Sorte mit weißen Blüten.

Liatris spicata 'Floristan Violett'

Liatris spicata

Liatris punctata

Liatris spicata 'Kobold'

Leycesteria formosa

Libertia peregrinans

Lewisia tweedyi

Lewisia tweedyi

Die 20 cm hohe und 30 cm breite, immergrüne Art hat sukkulente Sprosse, kleine fleischige Blätter und trägt von Frühjahr bis Sommer blaßrosa bis pfirsichrosafarbene, ausgebreitete Blüten.

LEYCESTERIA

Zu dieser Gattung zählen sechs sommergrüne bzw. halb-immergrüne, aus dem Westhimalaja oder -china stammende Sträucher. Sie haben überhängende, sich bewurzelnde, rohrartige Stengel und werden 1–2,5 m hoch. Die ovalen Blätter sind 5–20 cm lang, laufen spitz zu und sind am Rand fein gesägt. Sie stehen normalerweise paarig zusammen. Die kleinen, röhrenförmigen oder trompetenförmigen Blüten sitzen wirtelig in herabhängenden bzw. übergebogenen Trauben und werden teilweise durch die farbigen Tragblätter verdeckt. Da die Pflanzen über einen langen Zeitraum blühen und die weichen Beeren schnell reifen, kommt es vor, daß sie gleichzeitig Blüten und Früchte tragen.

PFLEGE UND VERMEHRUNG: Die Sträucher lassen sich leicht in jedem durchlässigen Boden kultivieren und bevorzugen Sonne oder Halbschatten. In kühlem, aber mild-feuchtem Klima können sich einige Arten in gestörten Wäldern als Unkräuter ausbreiten. Die meisten Arten sind frosthart. Vermehrung durch Aussaat oder durch bewurzelte Triebe.

Leycesteria formosa

Dieser im Himalaja heimische, sommergrüne Strauch ist 2,5 m hoch und 2 m breit. Die Pflanze hat verholzende Sprosse und trägt lilafarbene und weiße Blüten in durchblätterten Blütenständen sowie interessante, schwarzviolett gefärbte Beeren in einer violetten Blattscheide. Unter klimatisch günstigen Bedingungen kann sich die Pflanze unkrautartig vermehren.

LEYMUS

STRANDROGGEN

Diese 40 Arten umfassende Gattung ausläufertreibender Staudengräser ist in den gemäßigten Zonen der nördlichen Hemisphäre weit verbreitet, eine Art stammt aus Argentinien. Sie bilden Horste aufrechter, schmaler, oft eingerollter Blätter. Die Blätter der größten Art sind ca. 75 cm lang, ihre Blütenähren über 2 m hoch. Die trockenen Fruchtstände wirken im Winter sehr dekorativ.

PFLEGE UND VERMEHRUNG: Die Gräser lassen sich leicht in durchlässigem Boden ziehen und bevorzugen Sonne oder Halbschatten. Die Blätter können im Winter zurückgeschnitten werden, um die Horste unter Kontrolle zu behalten und das Wachstum neuer Triebe im Frühjahr zu fördern. Die verschiedenen Arten sind unterschiedlich frosthart, die meisten tolerieren jedoch starken Frost. Die Vermehrung erfolgt durch Aussaat oder Teilung.

Leymus arenarius

Syn. *Elymus arenarius*

STRANDROGGEN

Diese an den Küsten Europas und Nordasiens beheimatete Art wird 1,5 m hoch, bildet Horste und hat bläulichgraue Blätter. Das Gras kann als Rasen gemäht werden und eignet sich hervorragend zur Festigung von Dünen. Im Sommer erscheinen die Ährchen.

LIATRIS

PRACHTSCHARTE

Diese 40 Staudenarten kommen aus dem mittleren und östlichen Nordamerika. Im Sommer entwickeln sie an langen Stengeln zylindrische Ähren flaumig wirkender Blüten. Die Pflanzen gehören zwar zur Familie der Korbblütler, jedoch sind die ährigen Blütenstände mit sich von oben nach unten öffnenden Blütenköpfchen so untypisch, daß man die Verwandschaft äußerlich nur schwer erkennt.

PFLEGE UND VERMEHRUNG: Die sehr anspruchslosen Pflanzen gedeihen in jeder Art von Boden, tolerieren sehr feuchte Standorte in der Nähe von Flüssen und Bächen, fühlen sich jedoch in trockenem Klima am wohlsten. Sie eignen sich bestens für Einfassungen und brauchen wenig Pflege. Die Vermehrung erfolgt durch Aussaat oder Teilung alter Horste im Winter.

Liatris punctata

Diese von Ostkanada bis Neumexiko vorkommende Art wird fast 1 m hoch und trägt im Herbst lilafarbene oder weiße Blüten. Beschneidung verlängert die Blütezeit. Die Pflanze gedeiht am besten in fruchtbarem, durchlässigen Boden und eignet sich auch als Schnittblume.

Liatris spicata

Syn. *Liatris callilepis*

PRACHTSCHARTE

Bei dieser niedrigwachsenden Art handelt es sich um eine beliebte Schnittpflanze, die Schmetterlinge und Bienen gleichermaßen anzieht. Die Blüten sind in der Regel rotviolett, können manchmal aber auch rosa oder weiß sein. Im Spätsommer blühen auf den Ähren unzählige Blüten, so daß diese aussehen wie Staubwedel. Im Gegensatz zu den meisten anderen Blütenähren öffnen sich die Blüten bei dieser Pflanze von oben nach unten. Die 60 cm hohe Pflanze hat einen knollig verdickten Wurzelstock und grasartige, mittelgrüne Blätter in Horsten. **'Floristan'** ist eine 1,5 m hohe Samensorte, die in dunkelviolett und weiß erhältlich ist. Bei **'Kobold'** handelt es sich um eine 40 cm hohe Zwergsorte mit hellvioletten Blüten.

LIBERTIA

Diese 20 zur Familie der Schwertliliengewächse gehörenden Stauden tragen an ihren kurzen oder langen Rhizomen grasartige Blätter in Büscheln. Die Pflanzen sind auf beiden Seiten des Pazifischen Ozeans beheimatet: in Neuseeland, Australien, Neu Guinea und in den Anden Süd- und Mittelamerikas, wo sie nur in mildem Klima gut gedeihen . Sie haben aufrechte, drahtige Stiele, auf denen sich im Frühjahr und Sommer Büschel kleiner, weißer, irisähnlicher Blüten befinden.

PFLEGE UND VERMEHRUNG: Die mäßig frostharten Pflanzen bevorzugen geschützte, sonnige oder halbschattige Standorte in durchlässigem, torfigem Boden, der im Frühjahr und Sommer genug Feuchtigkeit enthalten muß. Die Vermehrung erfolgt im Frühjahr durch Teilung oder durch Aussaat im Frühjahr und Herbst. Einige Arten verwildern gern.

Libertia grandiflora

NEUSEELAND-IRIS

Diese einfach zu ziehende Rhizomstaude stammt aus Neuseeland und wird wegen ihrer dekorativen Blätter, Früchte und Blüten geschätzt. Die grasartigen, dunkelgrünen und an der Spitze braunen Blätter sind über 60 cm lang. Im Frühsommer trägt die Pflanze auf hohen, drahtigen, wenig verzweigten Stengeln zierliche, weiße Blüten, die im Herbst goldbraune Samenkapseln bilden. Die lockere Horste bildende Pflanze wird 1 m hoch und 60 cm breit.

Libertia ixioides

Die aus Neuseeland stammende, 20–40 cm hohe und breite Art hat dunkelgrüne Blätter und 30–60 cm hohe Blütentriebe mit büscheligen, weißen Blüten.

Libertia peregrinans

Bemerkenswert für diese neuseeländische Art sind ihre verzweigten Rhizome, die lockere Büschel schmaler, stark geäderter Blätter tragen, die sich im Herbst und Winter auffallend orangebraun verfärben. Die Pflanze wird 75 cm hoch, gedeiht in feuchtem, leicht saurem, durchlässigem Boden und bevorzugt Schatten oder Halbschatten. Der gelblich-bronzegrüne Blütensproß trägt weiße Blüten mit orangebraunen Staubbeuteln.

LIBOCEDRUS

Die zur Familie der Zypressengewächse gehörenden, immergrünen Bäume und

Sträucher stammen aus den regenreichen Gegenden Neuseelands und Neukaledoniens sowie aus den gemäßigten Zonen Südamerikas. Die sechs verschiedenen Arten dieser Gattung tragen kurze, nadelförmige junge und schuppenförmige ältere Blätter. Männliche und weibliche Zapfen befinden sich auf demselben Baum auf Kurztrieben in abgeflachten Blütenständen. Das angenehm duftende Holz wird beim Bau von Häusern und zur Herstellung von Bleistiften verwendet.
PFLEGE UND VERMEHRUNG: Die kaum frostharten Pflanzen gedeihen in relativ kühlem Klima und bevorzugen einen geschützten, sonnigen Standort sowie fruchtbaren, feuchten Boden. Vermehrung durch Aussaat oder Stecklinge. Die Pflanze ist anfällig für Trockenfäule.

Libocedrus plumosa

KAWAKA

Der aus Neuseeland stammende, schmal aufrechte Nadelbaum wächst sehr langsam und erreicht eine Höhe von 12 m und eine Breite von ca. 2,5 m. An flachen, farnartigen Zweigen trägt die Pflanze winzige, leuchtendgelbgrüne Schuppenblätter. Die Borke ist länglich schuppig, das Holz dunkelrot und schön gemasert. Der Baum eignet sich als Kübelpflanze.

LICUALA

Zu dieser Gattung gehören ca. 100 Arten von Fächerpalmen, die in den feuchten Tropengebieten Südostasiens, Australiens und Ozeaniens beheimatet sind. Ihre Wedel sind sehr unterschiedlich, die Formen reichen von kreis- bis farnförmig mit regelmäßig in Strahlen angeordneten Rippen und gezähnten Rändern. Bei den meisten Arten sind die Wedel durch Spalten in keilförmige Segmente eingeteilt, die alle unterschiedlich groß sein und verschieden viele Rippen haben können. Aus den Wedelachseln ragen schlanke Blütenrispen, die zahlreiche winzige, gelbliche Blüten tragen, aus denen kleine rote oder orangefarbene Beeren entstehen.
PFLEGE UND VERMEHRUNG: Die frostempfindlichen Pflanzen bevorzugen Halbschatten und sandigen, durchlässigen Boden. In Gegenden, in denen die Temperaturen unter 15 °C sinken, benötigen die meisten Arten ein Gewächshaus. Lediglich die australische ***Licuala ramsayi*** überlebt noch Temperaturen knapp über dem Gefrierpunkt. Die Vermehrung erfolgt durch Aussaat oder Schößlinge.

Licuala spinosa

Diese südostasiatische, immergrüne Art erreicht eine Höhe von 6 m und eine Breite von 3 m. Die schlanken Stengel stehen horstig beisammen, die Wedelsegmente sehen aus wie die Speichen eines 1 m großen Rades. Die gebogenen, 2,5 m langen Blütenstände tragen hellorangefarbene Beeren.

LIGULARIA

Zu dieser eng mit der Gattung *Senecio* verwandten Gattung gehören mindestens 150 Stauden, die vorwiegend in den gemäßigten Klimazonen Ostasiens beheimatet sind; einige wenige Arten sind jedoch auch in Nordasien und Europa zu finden. Die meisten Arten sind großblättrige, horstbildende Pflanzen, die in großen Trauben Blütenkörbe in Farbschattierungen von gelb bis orange tragen. Bei den in Kultur entstandenen Ligularien handelt es sich um prächtige, schnellwachsende Pflanzen, die am besten an feuchten, aber geschützten Standorten – z.B. Flußufern und Waldlichtungen – gedeihen und vorwiegend im Sommer und Frühherbst blühen. Das sich im Frühjahr bildende Laubwerk ist beinahe genauso dekorativ wie die Blüten.
PFLEGE UND VERMEHRUNG: Die frostharten Pflanzen gedeihen in feuchten, durchlässigen Böden und bevorzugen einen sonnigen oder halbschattigen Standort. Die Vermehrung erfolgt im Frühjahr durch Teilung oder durch Aussaat im Frühjahr und Herbst. Die Blätter werden gerne von Schnecken gefressen.

Ligularia dentata

Syn. *Ligularia clivorum, Senecio clivorum*

Diese in China und Japan heimische Art wird wegen ihrer auffälligen Blätter und Blütenköpfe gezogen. Die Pflanze wird 1,2 m hoch und 1 m breit. Sie trägt nierenförmige, langstielige, bräunlichgrüne Blätter und im Sommer Trauben mit 8 cm großen, orangegelben Blütenköpfchen an langen Stengeln. Die Pflanze wächst gut an Teichufern. **'Othello'** und **'Desdemona'** bilden stark bronze- und rötlichbraun getönte Blätter. **'Gregynog Gold'** hat runde, grüne Blätter und orangefarbene Blüten.

Ligularia przewalskii

Diese nordchinesische Art hat runde, tiefeingeschnittene, dunkelgrüne Blätter. Die Pflanze erreicht eine Höhe von 2 m; ab der Mitte des Sommers bis in den Spätsommer erscheinen die kleinen, gelben Blüten in langgezogenen Blütenständen.

Ligularia stenocephala

Diese aus Japan, China und Taiwan stammende Art wird bis zu 1,5 m hoch. Die dunkelvioletten Stengel tragen im Sommer schlanke Trauben gelber Blüten. Die Blätter sind dreieckig und gezähnt.

LIGUSTRUM

LIGUSTER

Die aus etwa 50 Arten bestehende Gattung umfaßt Sträucher und Bäume aus Asien, Europa und Nordafrika, die nicht nur in jeder Art von Boden an jedem beliebigen Standort anwachsen, sondern auch jedes Stutzen ohne Protest überstehen; einige Arten sind auch sehr dekorativ. Die immergünen bzw. sommergrünen Sträucher oder kleinen Bäume wachsen sehr schnell und tragen im Sommer viele kleine, weiße, teils wohlriechende Blüten. Aus den Blüten entstehen schwarze Beeren, die sich besonders schön gegen die goldfarben gesprenkelten Blätter der panaschierten Sorten abheben. Für Vögel sind die Beeren ein Festmahl, was leicht zu einer Überbevölkerung an Liguster führen kann. In einigen Landesteilen der USA, Australiens und Neuseelands haben sich eingebürgerte Ligusterarten zu gefürchteten Waldunkräutern entwickelt.
PFLEGE UND VERMEHRUNG: Die Pflanzen mögen einen sonnigen oder halbschattigen Standort und feuchten, durchlässigen Boden. Ihre Wurzeln sind sehr gierig, weshalb alle in ihrer unmittelbaren Umgebung wachsenden Pflanzen ein eher trauriges Bild abgeben. Liguster vermehrt sich fast zu einfach aus Samen im Herbst oder im Frühjahr, auch durch Teilung. Sorten müssen über Stecklinge vermehrt werden. Die Pflanzen sind anfällig für Schädlinge wie Blattläuse, Schildläuse und Blattminierer. Nicht alle Arten sind frosthart.

Ligustrum delavayanum

DELAVAYS LIGUSTER

Der aus China stammende Strauch wird 2 m hoch und 3 m breit. Schlanke Triebe tragen dunkelgrüne Blätter und weiße, violett überlaufene Blüten in endständigen Rispen. Die Art ist frostempfindlich.

Ligustrum ibota

GEWIMPERTER LIGUSTER

Dieser aus Japan stammende, buschige, sommergrüne Strauch wird 2 m hoch. Die glänzenden, grünen Blätter und jungen Triebe sind fein behaart. Im Sommer trägt die frostharte Pflanze weiße Blüten.

Ligularia stenocephala

Ligularia dentata

Ligularia dentata 'Desdemona'

Libocedrus plumosa

Ligustrum ibota

Licuala spinosa

Libocedrus plumosa

Ligustrum delavayanum

Ligustrum japonicum
JAPANISCHER LIGUSTER

Dieser buschige, immergrüne, nicht frosthart Strauch hat einen dichten Wuchs, wird bis 3 m hoch und 2,5 m breit. Die aus Asien stammende Pflanze trägt ovale, glänzende Blätter und ab der zweiten Hälfte des Sommers bis in den Frühherbst kegelförmige Blütenrispen, aus denen blauschwarze Beeren entstehen. Der Strauch eignet sich als Heckenpflanze. Die langsamwachsende Sorte **'Rotundifolium'** wächst sehr dicht und trägt dicke, rundliche Blätter.

Ligustrum lucidum
GLÄNZENDER LIGUSTER

Dieser aus China, Japan und Korea stammende, aufrechte, immergrüne, nicht frostharte Strauch wird 9 m hoch und 8 m breit. Die Pflanze hat lange, spitze, glänzende, dunkelgrüne Blätter und trägt zwischen Spätsommer und Frühherbst lange Rispen kleiner, cremeweißer Blüten. Die jüngeren Blätter der Sorte **'Tricolor'** sind rosafarben, die älteren Blätter gelb geflammt. Bei **'Excelsum Superbum'** handelt es sich um eine wüchsige Sorte mit tiefgelb panaschierten Blättern und kleinen weißen, zum Rand hin cremefarbenen Röhrenblüten. Obwohl die schwarzblauen Früchte giftig sind, werden sie in China zur Prävention von Knochenmarksschwund bei Chemotherapiepatienten oder zur Therapie von AIDS, Atemwegsinfekten, Parkinsonscher Krankheit und Hepatitis eingesetzt.

Ligustrum lucidum 'Tricolor'

Ligustrum obtusifolium

Dieser sommergrüne Strauch aus Japan erreicht eine Höhe von 3 m. Er hat anmutiges, mittelgrünes Laub und trägt im Sommer weiße Blüten. ***Ligustrum obtusifolium* var. *regulianum*** ist frosthart, verzweigt sich horizontal und erreicht eine Höhe von 1,5–2 m. Die Blätter der Pflanze können sich im Frühjahr und Herbst leicht violett verfärben; aus den weißen Blüten entstehen schwarze Beeren, die bis in den Winter hinein hängenbleiben.

Ligustrum ovalifolium
KALIFORNISCHER LIGUSTER

Obwohl dieser Strauch aus Japan stammt, hat er sich in den USA so eingebürgert, daß er unter dem Namen Kalifornischer Liguster bekannt ist. Von dem ca. 3,5 m hohen Strauch ist am häufigsten die panaschierte Sorte **'Aureum'** zu sehen. Die teils wintergrüne Pflanze ist dicht verzweigt und wird deshalb oft als Hecke angepflanzt. Nur in voller Sonne wird die Panaschierung voll ausgebildet. Grünblätterte Triebe müssen entfernt werden, da sie sonst leicht die Oberhand gewinnen.

Ligustrum quihoui

Dieser aus China stammende, immergrüne Strauch gehört mit seinen im Winter blühenden, 45 cm langen Rispen weißer Blüten zu den schönsten Arten dieser Gattung. Der Strauch trägt dunkelgrüne, ovale Blätter, wird 2,5 m hoch und 1,8 m breit.

Ligustrum sinense
CHINESISCHER LIGUSTER

Dieser aus China stammende, sommergrüne, buschige Strauch trägt mitten im Sommer duftende, weiße Blüten in großen Rispen zwischen der kleinen dunkelgrünen Belaubung. Den Blüten folgen kleine, blauschwarze Beeren. *Ligustrum sinense* ist frostempfindlich und wird bis 3,5 m hoch.

Ligustrum japonicum 'Rotundifolium'

Ligustrum quihoui

Ligustrum 'Vicaryi'

Die aufgrund ihrer festen, gelben Blätter beliebte Art hat eine von Natur aus trichterförmige Wuchsform und wird beinahe 3 m hoch und breit. Damit die Blätter eine schöne gelbe Farbe erhalten, muß die ansonsten anspruchslose Pflanze an einem sonnigen Standort stehen. Im Sommer trägt die Pflanze weiße Blütenrispen, aus denen blauschwarze Früchte entstehen.

Ligustrum vulgare
EUROPÄISCHER LIGUSTER

Dieser buschige, sommergrüne, in Europa, Nordafrika und den gemäßigten Klimazonen Asiens beheimatete Strauch wird bis zu 3 m hoch und breit. Die völlig winterharte Pflanze trägt dunkelgrüne, spitzzulaufende, ovale Blätter und ab der zweiten Hälfte des Sommers kleine, einen starken Duft verströmende, weiße Blüten in Rispen.

Ligustrum vulgare

LILIUM
LILIE

Viele Pflanzen werden als Lilien bezeichnet und damit zur Familie der Liliengewächse oder einer eng mit dieser verwandten Familie gerechnet. Genau betrachtet bedeutet dieses Wort jedoch, daß die Pflanze ein Mitglied der aus etwa 100 Arten von Zwiebelpflanzen bestehenden Gattung *Lilium* ist, die in den gemäßigten Klimazonen Eurasiens und Nordamerikas, und zwar vorwiegend in China und dem Himalaja beheimatet sind. Alle Arten wachsen aus unterirdischen Zwiebeln, die aus fleischigen Schuppen bestehen, die sich im Gegensatz zur klassischen Zwiebel aber nicht gegenseitig umschließen. Die langen Stengel tragen spiralförmig oder wirtelig angeordnete Blätter, die sehr unterschiedlich sein können; die Bandbreite reicht von schmal und grasähnlich bis sehr kurz und breit. Eine bis mehrere, sechszählige, aufrechte, nickende oder herabhängende Blüten mit oft stark zurückgebogenen Kronblättern (»Türkenbund«) bilden den endständigen Blütenstand.
Lilien vieler verschiedener Arten werden seit Jahrhunderten kultiviert und rufen viele religiöse und mystische Assoziationen hervor. *Lilium candidum*, die Madonnenlilie, war beispielsweise die Blume der Jungfrau Maria und wurde so zum Symbol für Reinheit. Im Mittelalter waren Lilien das Symbol für Frieden. In botanischer Hinsicht sind Lilien sehr vielfältig in Wuchsform und Fortpflanzungsweise sowie Form, Größe und Farbe ihrer Blüten. Die meisten Arten blühen im Sommer. Lilien wurden und werden vielfach gekreuzt.
PFLEGE UND VERMEHRUNG: Lilienzwiebeln haben im Gegensatz zu den Zwiebeln vieler anderer Gattungen keine Schutzhülle und sollten deshalb so wenig Zeit wie möglich außerhalb des Bodens verbringen. Die wichtigste Bedingung für das Gedeihen der Pflanzen ist gute Drainage. Einige Arten bevorzugen basischen Boden, andere sind Kalkflieher. Die meisten bevorzugen zwar einen sonnigen Standort, aber kühle Wurzeln, sie sollten deshalb ziemlich tief in die Erde gepflanzt werden (mindestens 10 cm Erde über der Zwiebel als grobe Richtschnur), besonders bei Arten, die am Stengel oberhalb der Zwiebel Wurzeln bilden. Viele kann man ungestört mehrere Jahre lang im Boden lassen, wo sie sich vermehren. Die Vermehrung der Lilien erfolgt durch Ableger der Hauptzwiebel, aus Zwiebelschuppen oder durch Sämlinge. Bei einigen Arten erfolgt die Vermehrung aber auch durch in Blattachseln wachsende Brutzwiebeln (Bulbillen).

Lilium auratum
GOLDBANDLILIE

Es gab eine Sensation, als diese prachtvolle Lilie das erste Mal im Jahre 1862 in England gezeigt wurde. Die ab- und auswärtsgewandten, pokalförmigen Blüten sind mit einem Durchmesser von 20–25 cm sehr groß und verströmen einen wundervoll würzigen Geruch. Das auf den weißen Blütenblättern erscheinende goldene Band kann sehr unterschiedlich ausfallen, manchmal sogar rot sein. Die Pflanze kann

Ligustrum lucidum 'Tricolor'

Ligustrum obtusifolium

bis zu 3 m hoch werden, ist meist aber kleiner. Kalkhaltigen Boden verträgt sie nicht. ***Lilium auratrum* var. *platyphyllum*** ist eine sehr kräftige Hybride mit einem tiefgelben Band in der Mitte jedes Blütenblatts. Sie verträgt mäßigen Frost.

Lilium × aurelianense

Bei dieser Pflanze handelt es sich um die ursprüngliche Kreuzung zwischen *Lilium henryi* und ***L. sargentiae.*** Wie die meisten Primärhybriden wurde auch sie inzwischen weitgehend durch später entstandene Kreuzungen verdrängt (siehe unten *Trompeten-* und *Aurelianense-*Hybriden).

Lilium bulbiferum

FEUERLILIE

Diese in Südeuropa beheimatete, winterharte Art trägt aufrechte, 10–15 cm große, orangefarbene bis feuerrote Blüten; der innere Teil der Blütenblätter ist dunkelbraun gefleckt. Die 1,2 m hohe Pflanze trägt an jedem Stengel 15–20 Blüten; in den Blattachseln am oberen Teil des Stengels bilden sich Brutzwiebeln (Bulbillen). Die Blätter sind kurz und dunkelgrün. Die aus Süddeutschland, Südfrankreich und Italien stammende Varietät ***Lilium bulbiferum* var. *croceum*** hat orangefarbene Blüten.

Lilium canadense

Die aus dem Osten Nordamerikas stammende, winterharte Pflanze war die erste amerikanische Lilie, die im Jahre 1800 nach England eingeführt wurde. Die anmutig ausgebreiteten, zitronengelben, glockigen Blüten (Durchmesser 8–10 cm) sind innen dunkelrot gesprenkelt. Die Pflanze bevorzugt einen leicht schattigen Standort und feuchten Boden. Die Varietät ***Lilium canadanse* var. *editorum*** hat rote Blüten und etwas breitere Blätter.

Lilium candidum

MADONNENLILIE

Bei dieser südeuropäischen, wundervoll duftenden Art handelt es sich wahrscheinlich um die am längsten kultivierte Lilie. Die Pflanze wird bis 2 m hoch und trägt im Sommer bis zu 20 trompetenförmige, dicht am Stengel sitzende Blüten. Die reinweißen Blütenblätter können 15 cm lang sein und sind leicht zurückgebogen. Die Zwiebel trägt grundständige Blätter, die im Winter nicht einziehen, einzelne Blätter finden sich auch am Stengel verteilt. Sie sollte nicht besonders tief gepflanzt werden, die Spitze der Zwiebel sollte sich fast auf Bodenhöhe befinden. Die Pflanze bevorzugt basischen Boden.

Lilium chalcedonicum

Diese aus Griechenland stammende Art wird seit sehr langer Zeit kultiviert. Der stark beblätterte Stengel wird 1,2 m hoch und trägt im Sommer bis zu zehn leuchtendrote, wie lackiert wirkende Türkenbundblüten. Die Pflanze bevorzugt einen sonnigen Standort und ist winterhart.

Lilium × dalhansonii

Hierbei handelt es sich um eine Kreuzung zwischen *Lilium hansonii* und *L. martagon* var. *cattaniae.* Im Hochsommer trägt die Pflanze bis zu 50 rotbraune bis gelborangefarbene Blüten mit gefleckten, berandeten Blütenblättern. Sie wird 1,5 m hoch.

Lilium candidum

Lilium davidii

Die aus Westchina stammende Art blüht im Spätsommer und trägt dabei bis zu 40 Türkenbundblüten pro Stengel. Die 8 cm großen Blüten sind orangerot und dicht mit erhabenen schwarzen Flecken bedeckt. Die bis zu 1,2 m langen Stengel sind dünn, aber kräftig. Typisch für diese Art ist die Verkürzung der Blätter von unten nach oben am Stengel. Die Pflanze ist stengelwurzelnd, frosthart und bevorzugt einen sonnigen Standort.

Lilium formosanum

Die aus Taiwan stammende Art wird bis zu 1,8 m hoch und blüht im Spätsommer. Die trompetenförmigen, duftenden Blüten haben zurückgebogene Blütenblätter, die innen weiß, außen rosa oder bräunlichviolett sind. Die bis zu 20 cm langen, schmalen und glänzenden Blätter können den Stengel ganz bedecken. Die Pflanze ist leicht aus Samen zu ziehen und frosthart.

Lilium hansonii

Der Stengel dieser auf einer Insel vor Korea heimischen Art trägt bis zu zwölf hängende, orangefarbene, braun gefleckte Blüten, deren Blütenblätter dicker sind als die der meisten anderen *Lilium*-Arten. Die Blätter sind quirlständig. Die frostharte Pflanze ist stengelwurzelnd und bevorzugt einen leicht schattigen Standort.

Lilium henryi

Die aus Zentralchina stammende Art wird in Kultur bis zu 3 m hoch, bleibt wild aber kleiner. Die Pflanze trägt im Sommer oft bis zu 40 orangefarbene Blüten mit karmesinroten Flecken auf zurückgebogenen Blütenblättern. Da die Pflanze stengelwurzelnd ist, sollte die große Zwiebel tief in den Boden gepflanzt werden. Zuviel Sonne kann die Blüten ausbleichen. Sonst ist die frostharte, außergewöhnlich wüchsige Pflanze klimatisch sehr anpassungsfähig.

Lilium humboldtii

Die Türkenbundblüten dieser aus Mittel- und Nordkalifornien stammenden Art können farblich sehr unterschiedlich ausfallen, sind in der Regel jedoch blaßorangefarben mit rotbraunen Punkten. Die Blüten sind 10 cm groß und pyramidenförmig angeordnet. Die Stengel sind 1,2 m hoch, die Blätter stehen entweder wirtelig oder zerstreut am Stengel. Die Pflanze bevorzugt einen schattigen Standort und ist frosthart.

Lilium martagon

Lilium formosanum

Lilium bulbiferum

Lilium × dalhansonii

Lilium lancifolium

Syn. ***Lilium tigrinum***

TIGERLILIE

Diese aus Japan, Korea und Ostchina stammende Art gehört zu den am längsten und häufigsten kultivierten Arten. Die 1,2 m hohe Pflanze trägt ab der zweiten Hälfte des Sommers bis in den Spätsommer viele hellorangefarbene, hängende, violett getigerte Blüten. Am schwarzen Stengel bilden sich viele dunkelviolette Brutknospen in Blattachseln. Die wüchsige Lilie gedeiht auch in armen Böden. In Japan und China werden die Zwiebeln und Knospen der Tigerlilie gegessen.

Lilium longiflorum

Im Sommer trägt die 1,2 m hohe, schöne weiße Lilie bis zu acht schlanke, trichterförmige, duftende, 15–20 cm lange Blüten. Die glänzenden Blätter der südjapanischen Art werden bis zu 20 cm lang und 2,5 cm breit. Nicht so winterhart wie andere Arten, erträgt sie warmes Klima besser.

Lilium mackliniae

Diese aus dem Nordosten Indiens stammende, vergleichsweise kleine Art trägt 5 cm große, nickende, rosafarbene Türkenbundblüten. Die 30–45 cm hohen Stengel tragen mitten im Sommer jeweils nur zwei bis drei Blüten.

Lilium martagon

TÜRKENBUNDLILIE

Diese Art ist in Europa, dem Norden Kleinasiens und sogar weiter östlich bis in die Mongolei hinein verbreitet. Die 1,8 m hohe Pflanze kann bis zu 50 Blüten tragen. Die herabhängenden Blüten sind in der

Lilium lancifolium

Regel cremefarben bis blaßlila mit dunkleren Flecken, es existieren jedoch auch Formen mit weinroten oder mahagonifarbenen Blüten. Die Lilie ist frosthart und gedeiht sowohl in der Sonne als auch im Schatten. Die Varietät ***Lilium martagon* var. *album*** trägt reinweiße Blüten.

Lilium monadelphum

Syn. ***Lilium szovitsianum***

Bei dieser aus dem Kaukasus stammenden, winterharten Art handelt es sich um eine frühblühende Pflanze. Die 1,2 m hohen Stengel tragen bis zu 40 wohlriechende, zitronengelbe Blüten mit dunklen Flecken am Rand der Blütenblätter; die Staubgefäße sind zu einer Röhre verwachsen. Die Blätter verteilen sich über die ganze Länge des Stengels. Die Pflanze bevorzugt einen eher schattigen Standort und ist empfindlich gegen Umpflanzen.

Lilium ocellatum

Syn. ***Lilium humboldtii* var. *ocellatum***

Die ehemals als Varietät von *Lilium humboldtii* geführte Art hat tief orangefarbene,

Lilium, Asiatische Hybride, 'Campfire'

Lilium pitkinense

Lilium pardalinum

stark rötlich-braun gefleckte Blüten. Die Flecken sind oftmals dunkelrot umrandet und können an der Spitze der Blütenblätter zusammenlaufen. Diese Art neigt mehr zur Ausbildung von Stengelwurzeln als *L. humboldtii* und ist deshalb einfacher zu kultivieren.

Lilium pardalinum

PANTHERLILIE

Die aus Kalifornien stammende Art kann bis zu 2,5 m hoch werden. Jede Pflanze trägt sechs bis zehn orangefarbene, rotbraun gesprenkelte Blüten. Im Sommer erscheinen hängende, teils duftende Blüten an zurückgebogenen Stielen. Die Blattstellung ist quirlständig, manchmal beinahe spiralig. Die frostharte Pflanze bevorzugt im Sommer einen schattigen Standort.

Lilium philippinense

Diese Art stammt aus den höheren Bergregionen der Nordphilippinen. *Lilium philippinense* wird etwa 1 m hoch und trägt im Spätsommer bis zu sechs wohlriechende, trichterförmige Blüten, die auf der Innenseite weiß, auf der Außenseite grün und rot getönt sind. Die 15 cm langen schmalen Blätter befinden sich zerstreut am Stengel. Die Pflanze ist nicht frosthart.

Lilium pitkinense

Diese in Sonoma County/Kalifornien beheimatete, frostharte Art erinnert an *Lilium pardalinum*. Die Pflanze trägt leuchtend orangerote Blüten, die schwarzviolett gesprenkelt sind und eine gelbe Zone aufweisen. Die Stengel sind 1 m hoch, die Blüten erscheinen im Hochsommer.

Lilium pumilum

Diese frostharte Art ist in Nordkorea, Sibirien und China heimisch. *Lilium pumilum* hat 2,5 cm große, nickende, zurückgebogene, rote Blüten mit einigen schwarzen Flecken. Im Sommer tragen die 45 cm hohen Stengel jeweils bis zu 20 Blüten. In der Mitte der starken, drahtigen Stengel sitzen Büschel grasartiger Blätter. Die Pflanze bevorzugt einen sonnigen Standort.

Lilium pyrenaicum

Die aus Spanien und dem Südwesten Frankreichs stammende Pflanze wird schon sehr lange kultiviert. Im Frühsommer trägt jeder der 1,2 m hohen Stengel bis zu 15 hängende, blaßgelbe, dunkel gefleckte Blüten. Sie haben einen Durchmesser von etwa 3,5 cm, die Blütenblätter sind stark zurückgebogen. In heißen Gegenden bevorzugt die frostharte Lilie einen etwas

L., Asiatische Hybride, 'Cinnamon'

schattigeren Standort, ist ansonsten aber recht anspruchslos.

Lilium regale

KÖNIGSLILIE

Bei dieser aus dem Westen Chinas stammenden Pflanze handelt es sich um eine der schönsten trompetenblütigen Arten. Die 2 m hohe Lilie trägt bis zu 30 Blüten. Die stark duftenden Blüten sind auf der Innenseite weiß mit gelbem Grund und auf der Außenseite leicht karmesinrot. Die Blütenblätter sind 15 cm lang und stehen normalerweise dicht zusammen. Die Blätter sind dunkelgrün und lanzettlich. Die stengelwurzelnde Pflanze bildet viele achselständige Brutkörper.

Lilium speciosum

PRACHTLILIE

Die 2 m hohe, aus Japan, Ostchina und Taiwan stammende Art trägt bis zu zwölf wohlriechende, hängende Blüten, deren Blütenblätter stark zurückgebogen sind, jedoch noch nicht ganz so stark wie beim Türkenbund. Es existieren viele verschiedene Formen in vielen verschiedenen Farben, von weiß bis purpurrot, manchmal sind die Blütenblätter auch gefleckt. Die Lilie trägt 15–20 cm lange und 5 cm breite Blätter; blüht spät zwischen Spätsommer und Frühherbst und ist mäßig frosthart. Die Varietät ***Lilium speciosum* var. *rubrum*** trägt dunkelrote Blüten und wird in dieser Form am häufigsten gezüchtet. Alle Formen sind stengelwurzelnd.

Lilium superbum

AMERIKANISCHE TÜRKENBUNDLILIE

Diese aus dem östlichen Teil der USA stammende und im Spätsommer blühende Art hat 3 m hohe Stengel und pyramidenförmige Blütenstände mit bis zu 40 hängenden Blüten. Die zurückgebogenen, orangefarbenen Blütenblätter sind zur Spitze hin rot, am Rand braun gesprenkelt. Die Blattstellung ist quirlständig.

Lilium regale

Lilium × *testaceum*

NANKINGLILIE, ISABELLILIE

Hier handelt es sich um eine Zufallskreuzung zwischen *Lilium candidum* und *L. chalcedonicum*, die zum erstenmal vor 100 Jahren in einem deutschen Garten gezüchtet wurde und damit die erste *Lilium*-Hybride war. Die Pflanze vereinigt beinahe alle Eigenschaften dieser zwei völlig unterschiedlichen Elternteile in sich; sie erreicht eine Höhe von 1,2–1,5 m und trägt aprikosengelbe, aufgebogene Blüten. Auch heute noch gilt diese Kreuzung als außergewöhnliche Gartenpflanze.

Lilium, Amerikanische Hybriden

Hierzu gehören alle durch Kreuzung mit amerikanischen Arten entstandenen Pflanzen einschließlich der beliebten Bellingham-Hybriden. Alle tragen Türkenbundblüten. **'Shuksan'** ist eine winterharte Sorte mit schönen rötlich-orange- bis goldfarbenen, 10–15 cm großen Blüten; die Blütenblätter sind dunkel gesprenkelt und zur Spitze hin dunkelrot gefärbt.

Lilium, Asiatische Hybriden

Diese aus verschiedenen mittel- und westasiatischen Arten gezüchteten Pflanzen stellen die größte Hybridengruppe innerhalb der Gattung dar. Die meisten der Schnitt- oder Topfsorten sowie die häufig gezüchteten Mid-Century-Hybriden zählen dazu. Allerdings duften die meisten zu dieser Gruppe zählenden Pflanzen nicht. Die Gruppe wurde in drei Untergruppen eingeteilt:

Aufwärts gerichtete Blüten: Diese Gruppe aufrechter, 75 cm hoher Pflanzen blüht normalerweise im Frühsommer. Als Beispiele wären hier zu nennen: **'Campfire'** mit ihren im Durchmesser 15 cm großen, dunkelroten, beinahe rostfarbenen Blüten, die bei künstlichem Licht leuchten; **'Cinnamon'** mit ihren cremefarbenen, braun gefleckten Blüten; **'Connecticut King'**, eine

Lilium ocellatum

Lilium speciosum

Lilium, Asiatische Hybride, 'Golden Pixie'

beliebte Sorte mit hellgelben, 20 cm großen Blüten, sowie **'Enchantment'**, eine der bekanntesten Lilienhybriden, mit bis zu zwanzig kapuzinerroten, dunkel rotbraun gefleckten und 15–20 cm großen Blüten. **'Golden Pixie'** bildet goldgelbe Blüten; **'Red Carpet'** ist eine schnellwachsende Sorte mit dunkelroten Blüten, die durch Kreuzung mit *Lilium pumilum* entstand; **'Roma'** bietet cremefarbene, in der Mitte leicht gesprenkelte Blüten und zitronengelbe Honigdrüsen; **'Sterling Star'** ist eine kompakte Pflanze mit weißen, 15 cm großen, braun gesprenkelten Blüten. Diese Pflanze gehörte zu den ersten weißen Hybriden dieser Gruppe.

Nach außen gerichtete Blüten: Auch bei dieser Gruppe handelt es sich um frühblühende Pflanzen mit aufrechter Wuchsform. Als Beispiel wäre hier die Hybride **'Connecticut Lemon Glow'** zu nennen, eine beliebte Schnitt- und Gartensorte mit hellgelben, ungefleckten Blüten und ziemlich kurzem Stengel.

Abwärts gerichtete Blüten: Zu dieser in der Regel etwas später als die anderen blühenden Gruppe gehört z.B. **'Citronella'**. Die Pflanze hat gelbe, schwarzviolett gefleckte Türkenbundblüten unterschiedlicher Farbintensität. Normalerweise befinden sich viele Blüten an einem Stengel. Eine weitere zu dieser Untergruppe zählende Pflanze ist **'Rosemary North'**, die zu einer Reihe von Dr. North am Scottish Crop Research Institute gezüchteten Asiatischen Hybriden mit gelbbraun bis orangefarbenen Blüten gehört. Alle von North gezüchteten Hybriden tragen mehr oder weniger herabhängende Blüten mit zurückgebogenen Blütenblättern und sind meist wohlriechend, was bei Asiatischen Hybriden selten der Fall ist.

Lilium, Candidum-Hybriden

Hierbei handelt es sich um eine durch Kreuzung mit *Lilium candidum* oder anderen europäischen Arten mit Ausnahme von *L. martagon* entstandene Gruppe. Die apricotfarbene ***L.*** × ***testaceum*** ist eine Hybride dieser Gruppe.

Lilium, Asiatische Hybride, 'Roma'

Lilium, Longiflorum-Hybriden

Als Abkömmlinge von *Lilium longiflorum* und *L. formosanum* haben diese Hybriden alle trompetenförmige Blüten. Die kleine Gruppe ist kaum winterhart und nicht sehr weit verbreitet.

Lilium, Martagon-Hybriden

Diese Hybriden sind Abkömmlinge von *Lilium martagon* und *L. hansonii*. Als Beispiele wären hier die Paisley-Hybriden zu nennen. Alle Hybriden haben Türkenbundblüten. **'Marhan'** ist eine Kreuzung zwischen *L. martagon* var. *album* und *L. hansonii;* die Pflanze ist kräftig und trägt hängende oder leicht nach außen gedrehte Blüten. Die Blütenblätter sind zurückgebogen, die malven- bis rosafarbenen Knospen öffnen sich zu goldbraunen, braun gesprenkelten Blüten. Die Spitzen der Blütenblätter sind rötlich-braun, verblassen jedoch bei starker Sonneneinstrahlung.

Lilium, Orientalische Hybriden

Diese aus ostasiatischen Arten wie *Lilium auratum*, *L. speciosum*, *L. henryi* und ***L. japonicum*** gezüchteten Hybriden vereinen die spektakulärsten Eigenschaften der Lilien in sich. Die spätblühenden Pflanzen können bei mehreren Blüten pro Stengel kopflastig werden und eine Stütze brauchen. Keine erträgt kalkhaltigen Boden, sie sind nur bei den milden Wintern im kü-

Lilium, Asiatische Hybride, 'Sterling Star'

Lilium, Asiatische Hybride, 'Red Carpet'

Lilium, Asiatische Hybride, 'Connecticut King'

stennahen Freiland ausdauernd. Sie wurden in vier Untergruppen eingeteilt:
Trompetenförmige Blüten: Von dieser Gruppe existieren derzeit keine verbreitet kultivierten Sorten.
Schalenförmige Blüten: Als Beispiele wären hier zu nennen: **'Carmen'** mit in der Mitte dunkelrosa, zum Rand hin etwas blasseren Blütenblättern; **'Esperanto'** mit

L., Orientalische Hybride, 'Stargazer'

rosa, orangegefleckten Blüten und einer gelben Mittelrippe; **'Evelina'** und **'Ghia'**, die sehr an **'Esperanto'** erinnern; **'Louvre'** mit cremerosafarbenen, dunkelrosa gesprenkelten Blüten und **'Stargazer'**, die meistkultivierte Lilie dieser Gruppe, deren Blüten aufwärts gerichtet sind. Die Pflanze hat dunkelrote, dunkel gesprenkelte, am Rand blassere Blütenblätter.
Ausgebreitete Blüten: Beispiele hierfür sind die Hybriden **'Acapulco'** mit leuchtend rosafarbenen Blüten und blumigen, dunkel gesprenkelten Blütenblättern; **'Capitol'** mit weißen Blüten; **'Imperial Silver'** mit langen, leuchtendweißen, 15–20 cm großen Blüten, die höchstens wenige, kleine, dunkelrote Flecken aufweisen; **'Jillian Wallace'**, deren 20 cm große Blüten rosa sind – die Blütenblätter sind dunkelrot gesprenkelt und zum Rand hin weiß. **'Laura Lee'** bildet dunkelrosa Blüten mit weißen Rändern und dunkelrosa Flecken; **'Maharajah'** ist eine gedrungene Sorte mit rosafarbenen Blüten in drei Farbnuancen und breiten Blättern; **'Mona Lisa'** ist dunkelrosa mit weißen Rändern, und bei **'Yasuko'** sind die violetten Flecken von *L. auratum*

L., Orientalische Hybride, 'Carmen'

L., Orientalische Hybride, 'Esperanto'

L., Orientalische Hybride, 'Evelina'

Lilium, Orientalische Hybride, 'Ghia'

Lilium, Orientalische Hybride, 'Acapulco'

L., Orientalische Hybride, 'Mona Lisa'

L., Orientalische Hybride, 'Maharajah'

und *L. speciosum* kaum noch vorhanden, dafür herrschen die weicheren Farbtöne von ***L. rubellum*** vor. Die im Durchmesser 2,5 cm großen Blüten dieser Pflanze verströmen einen leichten Duft.
Zurückgebogene Blüten: 'Shooting Star' ist eine Sorte mit kräftigem Stiel und 10 cm großen, kirschroten Blüten.

Lilium, Trompeten- und Aurelianische Hybriden

Diese meist stark duftende Art wurde von verschiedenen Lilien mit trompetenförmigen Blüten wie *Lilium regale*, *L. sulphureum* und *L. henryi* abgeleitet. Sie wurden in vier Untergruppen eingeteilt.
Trompetenförmige Blüten: 'Black Dragon' bildet rote, 20 cm große Knospen, aus denen bis zu 20 wohlriechende, innen weiße, außen rotbraune Blüten entstehen.

L., Orientalische Hybride, 'Louvre'

L., Orientalische Hybride, 'Capitol'

L., Orientalische Hybride, 'Yasuko'

L., Orientalische Hybride, 'Laura Lee'

Nach außen gerichtete Napfblüten: Weit ausgestellte Blüten, die farblich zwischen weiß, gelb, goldfarben und rötlich-orange variieren können, hat **'Hearts Desire'**.
Herabhängende Blüten: 'Thunderbolt' hat 20 cm große, orangefarbene Blüten.
Sternförmige Blüten: 'Sunburst' hat bis zu 20 cm große, gold- bzw. orangefarbene, rosa oder silberfarbene Blüten mit weit ausgestellten und leicht nach hinten umgebogenen Blütenblättern.

LIMNANTHES

SUMPFBLUME

Diese in Nordwestamerika heimischen, einjährigen Wiesenpflanzen zählen sieben Arten mit fünfblättrigen Schalenblüten und hellgrünen Blättern, die von Frühjahr bis Herbst farbige Akzente setzen.
PFLEGE UND VERMEHRUNG: Die Pflanzen bevorzugen feuchten Boden und einen sonnigen Standort, wobei die Wurzeln jedoch kühl bleiben sollten. Die Aussaat sollte im Herbst oder zu Beginn des Frühjahrs erfolgen, der Samen leicht abgedeckt werden. Eine versetzte Aussaat garantiert kontinuierliche Blütenpracht. Die Pflanzen eignen sich am besten für Steingärten und zur Einsäumung von Wegen und Straßen.

L., Orientalische Hybride, 'Imperial Silver'

Limnanthes douglasii

Diese reizende und zarte, 15 cm hohe Pflanze trägt blaßgrüne, farnartige Blätter und unzählige 2,5 cm große, zart duftende, in der Mitte goldfarbene, zum Rand hin weiß gefärbte Blüten. Es existiert auch eine Form mit rein goldfarbenen Blüten.

LIMONIUM

WIDERSTOSS, MEERLAVENDEL

Statice ist der veraltete botanische Name dieser 150 Arten umfassenden Gattung, die in den gemäßigten Klimazonen der Erde, vor allem aber in den Küsten- und Wüstenregionen des Mittelmeerraums, Zentralasiens und der Kanarischen Inseln beheimatet ist. Zu der Gattung zählen immer- und sommergrüne Halbsträucher sowie mehr-, zwei- und einjährige Pflanzen. Die zuletzt genannten werden oft zur Einfassung von Wegen verwendet und sind wegen ihrer bunten, papierartigen Blüten, die zu Dekorationszwecken getrocknet werden, sehr beliebt. Zum Trocknen sollten die Pflanzen nach dem Öffnen der Blüten geschnitten und dann mit dem Kopf nach unten an einem kühlen, luftigen Ort aufgehängt werden. Die beinahe stiellosen Blätter stehen in grundständigen Rosetten.
PFLEGE UND VERMEHRUNG: Staticen gedeihen gut an sonnigen Standorten, in durchlässigem, sandigem Boden. Im Frühjahr, während sich die Blüten entwikkeln, sollten die Pflanzen leicht gedüngt werden. Die Vermehrung erfolgt im Frühjahr durch Teilung, durch Aussaat zu Beginn des Frühjahrs bzw. im Herbst oder durch Wurzelschnittlinge gegen Ende des Winters. Die Pflanzen sollten im Winter oder zu Beginn des Frühjahrs umgesetzt werden.

Limonium brassicifolium

Limonium minutum

Limonium perezii

Limonium brassicifolium

Diese 20–45 cm hohe, auf den Kanarischen Inseln heimische, mehrjährige Art hat einen dicken, verholzten Stengel und trägt lilafarbene oder weiße, röhrenförmige Blüten. Sie ist nicht frosthart.

Limonium gmelinii

Diese robuste, winterharte, aus Osteuropa und Sibirien stammende Art wird bis zu 60 cm hoch und gedeiht an einem sonnigen Standort in tiefem, durchlässigem Boden. Sie trägt röhrenförmige lila Blüten.

Limonium latifolium

Syn. *Limonium platyphyllum*

Diese großblättrige, mehrjährige, osteuropäische Pflanze trägt im ganzen Sommer Büschel lavendelblauer oder weißer Blüten. Sie ist horstbildend und wird 60 cm hoch und 45 cm breit. Die getrockneten Blütenstiele sind sehr dekorativ.

Limonium minutum

Diese in die Breite wachsende mehrjährige, aus Südeuropa stammende Pflanze wird 10 cm hoch, eignet sich für Steingärten und ist nicht winterhart. Die kleinen Blätter und lila Blüten sind rosettenförmig angeordnet.

Limonium gmelinii

Limnanthes douglasii

Limonium perezii

Limonium perezii

Limonium perezii stammt von den Kanarischen Inseln; es handelt sich hierbei um eine Art mit mehr oder weniger strauchartiger Wuchsform und glänzenden Blättern. Die blattlosen Blütenstiele tragen viele kleine Blüten, deren weiße Blütenblätter weniger beeinduckend sind als die für lange Zeit erhalten bleibenden, tief malvenblauen Kelche. Die nicht winterfeste Pflanze wird 60 cm hoch und blüht im Sommer.

Limonium sinuatum

Syn. *Statice sinuata*

Diese aus dem Mittelmeerraum stammende, strauchartige, aufrechte, mehrjährige Pflanze wird fast immer einjährig gezogen. Die länglichen, stark gewellten Blätter stehen in dichten Rosetten; unzählige kleine, papierartige Blüten befinden sich auf geflügelten Stielen. Die langsamwachsende Pflanze erreicht eine Höhe von 45 cm und eine Breite von 30 cm; sie blüht im Sommer und Frühherbst. Von der beliebten Schnittblume sind Samensorten in allen möglichen Farben erhältlich. Als Petite-Bouquet-Serie werden 30 cm hohe Zwergpflanzen mit gold- bzw. zitronengelben, weißen, cremefarbenen, lachsfarbenen, violetten oder blauen Ährchen bezeichnet.

Limonium latifolium

Limonium sinuatum

L. sinuatum, Petite-Bouquet-Serie

LINARIA

LEINKRAUT

Diese 100 im Mittelmeerraum und in Westeuropa beheimateten Arten anpassungsfähiger ein-, zwei- und mehrjähriger Pflanzen haben sich bereits in vielen Ländern der Welt eingebürgert. Die 45 cm hohen Pflanzen tragen unzählige kleine, löwenmaulartige Blüten in vielen Farben. Der aufrechte Stengel trägt ungestielte, meist graugrüne Blätter. Leinkräuter eig-

Lindera obtusiloba

Linaria purpurea

Linaria vulgaris

Linaria purpurea 'Canon J. Went'

nen sich gut für Steingärten, Rabatten und Landhausgärten.

PFLEGE UND VERMEHRUNG: Die Pflanzen benötigen fruchtbaren, durchlässigen, vorzugsweise sandigen Boden, einen sonnigen Standort und sollten mäßig gegossen werden. Samen, der im Herbst oder zu Beginn des Frühjahrs ausgesät wird, keimt schon nach zwei Wochen. Setzlinge sollten im Abstand von 15 cm gepflanzt und von Unkraut freigehalten werden. Das Zurückschneiden nach der ersten Blüte fördert das Blütenwachstum.

Linaria alpina
ALPEN-LEINKRAUT

Diese aus Europa stammende, kriechende, frostharte Pflanze wird 8 cm hoch und 15 cm breit. Sie trägt violette, gelbe, weiße oder rosa Blüten und blaugrüne Blätter.

Linaria maroccana

Diese aus Marokko stammende und im Nordosten der USA eingebürgerte, schnellwachsende, buschige, einjährige Pflanze trägt im Frühjahr über einen langen Zeitraum gold-, rosa-, malven-, apricot-, cremefarbene, violette oder gelbe Blüten und eignet sich hervorragend als Beetpflanze. Sie hat lanzettliche, blaßgrüne Blätter und wird 10–15 cm hoch und 10 cm breit. **'Fairy Bouquet'** ist der Name einer Sorte mit gemischten Blütenfarben.

Linaria purpurea

Diese 1 m hohe, aus Europa stammende Staude ist bereits in einigen anderen Gebieten eingebürgert. Sie ist winterhart. Im Sommer trägt die Pflanze rötlich getönte, violette Blüten. Bei **'Canon J. Went'** handelt es sich um eine hochwachsende Sorte mit kleinen blaßrosa Blüten.

Linaria vulgaris
GEWÖHNLICHES LEINKRAUT

Diese 1 m hohe Staude wächst wild im Mittelmeerraum und vielen europäischen Ländern. Die Pflanze hat einen rotbraunen Stengel und trägt viele blaß blaugrüne Blätter sowie im Sommer und Herbst erscheinende gelbe Blüten. Die Art läßt sich aus Samen ziehen und breitet sich aus.

LINDELOFIA

Die Gattung *Lindelofia* umfaßt zwölf behaarte Arten aus Mittelasien und dem Himalaja. Die Pflanzen gedeihen in offenen, trockenen Gebieten mit mäßig fruchtbarem Boden. Die grundständigen, lanzettlichen Blätter sind 10 cm lang, die weiter oben am verzweigten Stengel sitzenden Blätter sind kleiner und rundlicher. Zwischen Frühjahr und Herbst trägt die Pflanze röhrenförmige, zweilippige, hellblaue oder violette Blüten.

Linaria alpina

PFLEGE UND VERMEHRUNG: Die Pflanzen bevorzugen Sonne bei sandigem oder kiesigem Boden. Der Boden sollte nicht ganz austrocknen; eine geringe Beigabe von kompostiertem Material kann hilfreich sein. In kalten Gebieten sollte man die Pflanzen im Winter dick mit Stroh abdecken. Die Vermehrung erfolgt gegen Ende des Winters durch Teilung.

Lindelofia longiflora
Syn. *Cynoglossum longiflorum*, *Lindelofia anchusiflora* of gardens, *L. spectabilis*

Enzianblaue Blüten zieren diese 60 cm hohe, horstbildende mehrjährige Pflanze mit den mittelgrünen Blättern. Die verzweigten Stengel tragen gegen Ende des Frühjahrs bzw. im Sommer trichterförmige, fünfteilige Blüten. Die Pflanzen eignen sich für naturnahe Pflanzungen in Steingärten oder bunten Rabatten.

LINDERA
FIEBERSTRAUCH

Die zur Familie der Lorbeergewächse gehörende Gattung besteht aus 80 Arten immer- und sommergrüner Bäume und Sträucher aus Ostasien und Nordamerika. Nur wenige, an kühlere Klimazonen angepaßte, sommergrüne Arten werden in Gärten kultiviert und wegen ihres Herbstlaubes sehr geschätzt. Die Blätter können sehr unterschiedlich aussehen, sind jedoch oft gelappt. Die männlichen und die weiblichen Blüten sind gelb und sitzen zu Beginn des Frühjahrs auf den kahlen Zweigen der zweihäusigen Pflanzen. Die Früchte sind rund und beerenartig.

PFLEGE UND VERMEHRUNG: *Lindera*-Arten gedeihen gut auf saurem, humosem Boden und bevorzugen Halbschatten. Sie ertragen zwar extreme Kälte, sollten aber vor Frühjahrsfrost geschützt werden. Die Vermehrung erfolgt durch Aussaat, wobei der Samen vom Fruchtfleisch befreit und frisch ausgesät werden sollte, oder im Spätsommer durch Stecklinge.

Lindera benzoin
WOHLRIECHENDER FIEBERSTRAUCH

Dieser frostharte, sommergrüne Strauch gedeiht in den feuchten Waldgebieten an der Ostküste Nordamerikas. Der rundliche Strauch wird bis 3 m hoch. Im Frühjahr wachsen Büschel gelbgrüner Blüten, die im Sommer zu roten Beeren werden. Die nicht gelappten Blätter werden im Herbst orange- bzw. goldfarben.

Lindera obtusiloba

Der aus Korea, China und Japan stammende Strauch oder kleine Baum kann bis zu 6 m hoch werden. Die meist dreilappigen Blätter werden im Herbst blaßgolden. Aus den gelbgrünen Blüten des Frühjahrs entwickeln sich schwarze, kugelige Früchte mit einem Durchmesser von 1 cm.

LINDERNIA
BÜCHSENKRAUT

Die in den meisten wärmeren Ländern beheimatete Gattung einjähriger und mehrjähriger Kräuter umfaßt etwa 50 Arten. Die mit dem Löwenmaul und dem Leinkraut verwandte Pflanze trägt farbenfrohe Blüten in aufrechten Trauben oder einzeln in den Blattachseln sitzend. Bei den Früchten handelt es sich um schmale Kapseln.

PFLEGE UND VERMEHRUNG: Die Pflanzen gedeihen gut in feuchten, manche sogar in fast sumpfigen Böden und bevorzugen einen sonnigen Standort. Die Vermehrung erfolgt durch frischen Samen.

Lindernia americana

Diese in Nordamerika heimische Art hat hellgrüne, rundliche, fleischige Blätter. Im Frühjahr erscheinen lange, röhrenförmige, veilchenartige Blüten, die in den Blattachseln sitzen. Sie ist nicht winterhart.

LINDHEIMERA

Diese Gattung umfaßt nur eine einjährige Art, die in kalkhaltigen Böden in Texas wächst. Die 60 cm hohe Pflanze mit gelben Blüten und hellgrünen, hochblattartigen Blättern eignet sich als Schnittblume.

PFLEGE UND VERMEHRUNG: Die Pflanze gedeiht in mäßig fruchtbarem, durchlässigem Boden und bevorzugt einen sonnigen Standort. Die Aussaat erfolgt direkt.

Lindheimera texana

Diese einjährige Pflanze ist wegen ihrer im Spätsommer und Herbst erscheinenden, zierlichen Blüten beliebt. Sie hat einen aufrechten, behaarten Stengel, der sich verzweigt, und zugespitzte ovale, gesägte, leuchtend grüne und behaarte Blätter.

Lindernia americana

Lindheimera texana

Linum capitatum

Linum campanulatum

LINNAEA
MOOSGLÖCKCHEN

Carl von Linné (18. Jh.; genannt Linnaeus) benannte alle zur damaligen Zeit bekannten Pflanzengattungen – diese sogar nach sich selbst. Bei der nur aus einer Art bestehenden Gattung handelt es sich um einen kriechenden immergrünen Strauch aus der nördlichen kühlen Klimazone bis in die Arktis. Die drahtigen Stengel bilden ein lockeres Polster mit gegenständigen, runden bis ovalen Blättern. In den Blattachseln entwickeln sich Blütenstiele mit je zwei hängenden, rosafarbenen, glockigen Blüten, die innen dunkelrosa gefleckt sind.
PFLEGE UND VERMEHRUNG: Wie bei einer aus dem Norden stammenden Pflanze zu erwarten, ist *Linnaea* sehr frosthart und empfindlich gegen höhere Temperaturen. Sie gedeiht an kühlen, feuchten Orten auf lockerem Torfboden und bevorzugt Halbschatten. Vermehrung durch Aussaat, Stecklinge oder bewurzelte Ausläufer.

Linnaea borealis
MOOSGLÖCKCHEN

Diese kleine, polsterbildende, mehrjährige Pflanze wird über 30 cm breit. Sie trägt 1 cm lange Blätter und im Sommer gleichgroße, wohlriechende, blaßrosa und weiße Blüten, die paarig an den 5–8 cm langen Stengeln sitzen.

LINUM
LEIN

Zu dieser Gattung zählen 200 Arten in gemäßigten Klimazonen weitverbreiteter ein-, zwei- und mehrjähriger Kräuter sowie Halbsträucher und Sträucher; einige sind immergrün. Verschiedene Arten sind aufgrund ihrer zahlreichen, fünfblättrigen, gelben, weißen, blauen, roten oder rosafarbenen Blüten sehr beliebt. Die Pflanzen eignen sich für Steingärten und Rabatten.
PFLEGE UND VERMEHRUNG: Die meisten Arten sind frosthart; einige brauchen Winterschutz. Die Pflanzen bevorzugen einen sonnigen Standort und humusreichen, durchlässigen Boden. Stauden sollten nach der Blütezeit stark zurückgeschnitten werden. Die Vermehrung krautiger Pflanzen erfolgt im Herbst durch Aussaat, Stauden können im Frühjahr bzw. Herbst, aber auch durch Teilung vermehrt werden. Die meisten Arten säen sich auch selbst aus. Die Umpflanzung sollte nur im Winterhalbjahr erfolgen.

Linum arboreum

Der in Griechenland und der Türkei beheimatete Strauch hat einen kräftigen, 30 cm hohen Stamm, 2,5 cm große, spatelförmige, quirlständige Blätter und kompakte, gelbe Blütenköpfchen. Er ist nur an günstigen Standorten winterhart.

Linum campanulatum

Diese kleine in Südeuropa beheimatete Staude erinnert an Sauerkleearten oder an das Schlafmützchen *(Eschscholzia californica)*. Sie trägt kleine, graublaue Blätter und im Sommer Köpfe mit drei bis fünf kleinen, gelben bis orangefarbenen Blüten.

Linum capitatum

Diese in Südeuropa und Kleinasien beheimatete Rhizomstaude wird ca. 45 cm hoch. Zwischen dichtstehenden Grundblättern wachsen beblätterte Blütenstiele mit jeweils fünf oder mehr Blüten empor.

Linum flavum

Diese europäische, 30–60 cm hohe, leicht verholzte, aufrechte Art hat dunkelgrüne, vorn spitze oder stumpfe, 2,5 cm lange Blätter. Die goldgelben, trompetenförmigen Blüten erscheinen im Sommer zu mehreren auf einem Stengel. **'Compactum'** ist eine 15–20 cm hohe Zwergsorte.

Linum 'Gemmell's Hybrid'

Diese halbimmergrüne Staude wird 15 cm hoch; sie trägt gräuliche, eiförmige Blätter und gelbe Blüten, die den ganzen Sommer hindurch sehr zahlreich blühen.

Linum grandiflorum

Diese aus Algerien stammende, einjährige Pflanze trägt kleine rundliche, rosa bis rote Blüten und lanzettliche, graugrüne Blätter. In kühlen Sommern blüht die Pflanze am schönsten; die kurze Blütezeit kann durch Aussaat auf mehrere Monate verlängert werden. Die schnellwachsende Pflanze hat einen schlanken, aufrechten Wuchs, wird 45 cm hoch und 15 cm breit. Die Sorte **'Rubrum'** hat dunklere, purpurrote Blüten.

Linum narbonense

Diese aus der Mittelmeerregion stammende Staude ist die schönste aller blau blühenden Leinarten. Bis 45 cm hohe und breite Horste tragen an schlanken Stielen dunkelblaue, trichterförmige Blüten, die im Sommer über viele Wochen blühen.

Linum perenne
Syn. *Linum sibiricum*

Die in Europa und den gemäßigten Klimazonen Asiens weitverbreitete, kräftige, aufrechte Staude hat eine wohlproportionierte, buschige Wuchsform; sie wird 60 cm hoch und 30 cm breit. Die schlanken Stiele tragen grasartige Blätter und im Sommer Büschel trichterförmiger, hellblauer Blüten. Bei **'Alba'** handelt es sich um eine Sorte mit weißen Blüten.

Linum usitatissimum
FLACHS, LEIN

Man nimmt heute an, daß diese wichtige Faserpflanze in Kultur entstanden ist und daß ihr wilder Vorfahre eventuell das aus dem Mittelmeerraum stammende **Linum bienne** ist. Die 1 m hohe, einjährige Pflanze trägt lavendelblaue, dunkel geaderte Blüten und wird aus Samen gezogen. Die Stengelfasern der Pflanze werden zur Leinenherstellung verwendet, aus dem Samen wird Leinöl gewonnen. Die Pflanze benötigt fruchtbaren, feuchten Boden in voller Sonne.

LIQUIDAMBAR
AMBERBAUM

Zu dieser Gattung gehören vier Arten sommergrüner Bäume, die aus der Türkei, Ostasien, Nordamerika und Mexiko stammen, zur Familie der Zaubernußgewächse gehören und aufgrund ihrer wohlproportionierten Form, hübschen Blätter und großartigen Herbstfarben kultiviert werden. Die Blätter der Bäume sind tief gelappt und erinnern an ein typisches Ahornblatt. Einige Arten produzieren einen harzigen Gummi namens Styrax, der zur Parfümierung von Seifen sowie als Mittel gegen Husten und einige Hautkrankheiten verwendet wird.
PFLEGE UND VERMEHRUNG: Die Bäume bevorzugen einen sonnigen oder halbschattigen Standort und fruchtbaren, tiefgründigen, lehmigen, im Frühjahr und Sommer ausreichend feuchten Boden; sie gedeihen nicht in flachgründigem Sandboden. Vermehrung im Frühjahr durch Okulation oder im Herbst durch Aussaat.

Liquidambar formosana

Diese aus Mittel- und Südostchina sowie von Taiwan stammende, breit-kegelförmige, frostempfindliche Art wird bis zu 12 m hoch und 10 m breit. Die Pflanze hat einen einzigen geraden Stamm, dessen waagerechte Äste große, dreilappige, gezähnte Blätter tragen, die zuerst bronzefarben, später dunkelgrün sind und sich im Herbst schließlich rot, gold oder lila verfärben. Die Rinde ist gräulich-weiß. Im Frühjahr erscheinen kleine, gelbgrüne Blüten, aus denen stachelige, kugelförmige Fruchtstände entstehen. Das Holz wird zur Herstellung von Teekisten verwendet.

Liquidambar orientalis
ORIENTALISCHER AMBERBAUM

Der breit-kegelförmige Baum aus der Südwesttürkei wird bis zu 6 m hoch und 3,5 m breit. Er trägt stumpf gelappte, glatte, mattgrüne Blätter, die sich im Herbst orangefarben bis rötlich verfärben. Zusammen mit den Blättern erscheinen im Frühjahr kleine, gelbgrüne Blüten, später kleine, braune, rundliche Früchte. Aus der Borke wird dickflüssiger, orangebrauner Styrax gewonnen. Der Baum ist sehr frostempfindlich.

Liquidambar styraciflua
AMERIKANISCHER AMBERBAUM

Dieser häufig kultivierte, winterharte Laubbaum stammt ursprünglich aus dem Osten der USA und Mexiko. Der Baum er-

Liquidambar formosana

Liquidambar orientalis

Linum narbonense

Linum usitatissimum

L

reicht eine Höhe von 25 m und eine Breite von 12 m. Die jungen Äste und Zweige haben oft charakteristische Korkrippen. Das Holz wird zur Herstellung von Möbeln verwendet. Die glänzend dunkelgrünen Blätter verfärben sich im Herbst orangefarben, rot oder lila. Im Frühjahr erscheinen kugelige Köpfchen kleiner gelbgrüner Blüten, gefolgt von stacheligen, runden Fruchtständen. Einige Sorten von *Liquidambar styraciflua* werden aufgrund ihrer bunten Herbstfarben sehr geschätzt. Zu ihnen zählen: **'Moraine'** und **'Burgundy'** (tief violettrot), **'Festival'**(rosa bis gelb), **'Palo Alto'** (orangerot), **'Rotundiloba'** (eine seltsame Sorte, deren Blätter – wie der Name schon sagt – extrem abgerundete Lappen haben), **'Variegata'** (gelb gestreift) und **'Worplesdon'** (violett bis orange-gelb).

LIRIODENDRON
TULPENBAUM

Einige Botaniker erkennen nur *Liriodendron tulipifera* als einzige Art der Gattung an und betrachten *L. chinense* als eine Varietät dieser Art. Ihre vierlappigen Blätter unterscheiden diese Pflanzen von allen anderen Bäumen: Sie sehen aus, als ob man die Spitze mit einer Schere abgeschnitten hätte. Auch die Blüten sind unverwechselbar, blaßgrün mit oranger Basis und mit zahlreichen Staubgefäßen. Sie sehen allerdings den Tulpen nicht sehr ähnlich, sondern eher ihren Vettern, den Magnolien. Bei beiden Arten handelt es sich um hübsche Bäume mit geradem Stamm und symmetrischer Krone; sie eignen sich jedoch nur für große Gärten, da sie mächtig sind und schnell wachsen.
PFLEGE UND VERMEHRUNG: Die Bäume bevorzugen ein gemäßigtes Klima und einen sonnigen oder halbschattigen Standort. Sie gedeihen in tiefgründigem, fruchtbarem, durchlässigem, leicht saurem Boden und werden durch Aussaat oder Veredlung vermehrt. Die Bäume lassen sich nur sehr schwer umpflanzen.

Liriodendron chinense
CHINESISCHER TULPENBAUM

Dieser aus China stammende Laubbaum ist die kleinere und dichtere der beiden Arten; er erreicht eine Höhe von 25 m und wird 12 m breit. Der schnellwachsende Baum hat einen breit-säulenförmigen Wuchs und trägt dunkelgrüne, gelappte Blätter, die sich im Herbst gelb verfärben. Die Blattunterseite ist behaart und graublau. Im Sommer erscheinen einzelne Blüten an den Enden der Triebe und werden von kegelförmigen, braunen Fruchttrauben, die nach der Reife zerfallen, gefolgt.

Liriodendron tulipifera
TULPENBAUM

Dieser im Osten der USA beheimatete Baum bevorzugt kühleres Klima, wird mindestens 30 m hoch und etwa 15 m breit. Der schnellwachsende, frostharte Baum wächst kegelförmig und trägt dunkelgrüne, gelappte Blätter, die sich im Herbst goldgelb verfärben. Aus den im Sommer erscheinenden Blüten entstehen kegelartige, braune Früchte. Das blasse Holz ist nicht besonders hart oder langlebig, jedoch ziemlich leicht und robust und wird deshalb oft zur Herstellung von Möbeln verwendet. **'Aureomarginatum'** hat grüne, zum Rand hin gelbe Blätter; **'Fastigiatum'** ist nur halb so groß und von säulenartigem Wuchs.

Liriodendron chinense

Liriodendron tulipifera

Liriodendron tulipifera

L. tulipifera 'Aureomarginatum'

Liquidambar styraciflua 'Worplesdon'

Liquidambar styraciflua 'Rotundiloba'

Liquidambar styraciflua 'Variegata'

Liquidambar styraciflua

Liquidambar styraciflua 'Variegata'

LIRIOPE

Zu dieser Gattung gehören fünf Arten horstbildender, immergrüner Rhizomstauden aus Vietnam, China, Taiwan und Japan. Die Blätter einiger Sorten sind so dunkel, quasi schwarz, daß sie nur schlecht abgebildet werden können. Einige Arten bilden keine Ausläufer, als Bodendecker müssen sie im Abstand von 15 cm gepflanzt werden. Die Blüten von *Liriope* sind weiß bis zartlila.

PFLEGE UND VERMEHRUNG: Die Pflanzen bevorzugen Sonne oder Halbschatten und durchlässigen Boden. Zu Beginn des Frühjahrs, bevor die neuen Blätter sprießen, sollten die alten Blätter entfernt werden. Vermehrung im Herbst durch Aussaat oder im Frühjahr durch Teilung.

Liriope muscari
Syn. *Liriope platyphylla, L. graminifolia*

Diese horstbildende, immergrüne, mehrjährige Pflanze eignet sich gut als Bodendecker oder zur Einfassung von Wegen. Sie hat grasartige, glänzend dunkelgrüne Blätter und trägt im Spätsommer aufrechte Ähren mit rundlichen, glockigen, lila Blüten. Die Pflanze wird 30–60 cm hoch und 45 cm breit. Die aus China und Japan stammende **'Lilac Beauty'** ist eine größere Sorte mit 2,5 cm breiten und 30–45 cm langen Blättern; die steifen zartlila Blüten ragen aus dem Blattwerk heraus. Die Sorte **'Majestic'** hat große blaulila Blüten. Bei **'Variegata'** handelt es sich um die am weitesten verbreitete panaschierte Sorte – die Blattränder sind cremefarben umrandet, die Pflanze trägt hübsche zartlila Blüten.

Liriope spicata
Syn. *Ophiopogon spicatus*

Zwischen den eng verwandten Gattungen *Liriope* und *Ophiopogon* ist die Trennung nicht immer klar: Es passiert, daß man die oben genannte immergrüne Art beim

Liriope muscari 'Variegata'

Liriope muscari

Liriope muscari 'Lilac Beauty'

Kauf unter beiden Namen angeboten bekommt. Die Pflanze trägt 25 cm große Büschel grasartiger, dunkelgrüner Blätter und gedeiht im hellen Schatten und an dunklen Standorten. Im Spätsommer erscheinen Ähren glockiger, blaß fliederfarbener Blüten. Bei der Sorte **'Silver Dragon'** handelt es sich um eine immergrüne, kriechende, mehrjährige Pflanze mit grasartigen, panaschierten, 45 cm langen Blättern; im Sommer trägt sie viele zartlila Blüten.

LITCHI

LITCHIBAUM

Zu dieser Gattung zählt nur ein einziger, aus Südchina und Südostasien stammender, immergrüner Baum, der in allen subtropischen Gebieten der Welt wegen seiner Blätter und seiner sehr schmackhaften Früchte angebaut wird.

PFLEGE UND VERMEHRUNG: Der Baum bevorzugt einen vollsonnigen Standort und sollte vor Wind und Kälte geschützt werden. Er ist nicht frosthart, gedeiht auf tiefgründigem, feuchtem Boden und sollte regelmäßig gegossen werden. Die Vermehrung erfolgt durch Aussaat im Sommer oder durch Okulation im Frühjahr. Die aus Samen gezogenen Bäume tragen nach etwa fünf Jahren die ersten Früchte.

Litchi chinensis

Der anmutige, schlanke Litchibaum wird 9 m hoch und 3–4,5 m breit. Die hellgrünen Blätter, die zu Anfang gold- oder rosafarben sind, bilden eine weit herunterreichende Krone. Im Frühjahr wachsen unzählige Büschel kleiner, blütenblattloser, grünlich-gelber Blüten, aus denen die hellroten, eßbaren Früchte mit braunem Samen und süßem, weißlichem Fruchtfleisch entstehen, das in Konsistenz und Geschmack an Weintrauben erinnert.

LITHOCARPUS

Zu dieser umfangreichen Gattung gehören 300 Arten aus Asien stammender, immergrüner Bäume und Sträucher sowie eine einzige in Kalifornien und Oregon beheimatete Art, *Lithocarpus densiflorus*. Vom Aussehen her erinnern die Pflanzen an eine Mischung aus Eiche und Eßkastanie. Ihre Blütentrauben sind denen der Eßkastanie sehr ähnlich und tragen Eicheln.

PFLEGE UND VERMEHRUNG: Die aufgrund ihres Laubwerks sehr beliebten Bäume gedeihen in kühleren Klimaten,

Lithocarpus densiflorus

Lithodora diffusa

bevorzugen Sonne oder Halbschatten und durchlässigen, neutralen bis sauren Boden. Junge Bäume sollten vor starkem Wind geschützt werden. Die Vermehrung erfolgt im Herbst durch Aussaat. Die Bäume lassen sich nur sehr schwer umpflanzen.

Lithocarpus densiflorus

Diese aus dem Westen der USA stammende Art wird bis zu 25 m oder mehr hoch. Die Blätter sind anfangs mit dickem, blaß orangefarbenem Filz überzogen, später jedoch glatt und glänzendgrün. Die kleinen blaßgelben, männlichen Blüten erscheinen in schmalen Kätzchen im Frühjahr, oft auch ein zweites Mal im Herbst. Die weiblichen Blüten und Eicheln, die erst im zweiten Jahr reifen, sitzen in dicken, steifen Ähren unter den männlichen Kätzchen.

Lithocarpus edulis

Dieser aus Japan stammende Baum oder Strauch wird in Kultur bis zu 9 m hoch und trägt oben glänzend gelbgrüne, unten graugrüne Blätter. Die Blüten sitzen je zu zweit oder dritt in einer kahlen Ähre.

LITHODORA

STEINSAME

Zu dieser Gattung gehören sieben Arten immergrüner, zwergwüchsiger Halbsträucher und Sträucher, die aus Europa, der Türkei und Nordafrika stammen und sich sehr gut für Steingärten eignen. Die meisten Arten bilden fünflappige, trichterförmige, intensivblaue Blüten, die in kleinen Gruppen an den Triebspitzen sitzen. Die dunkelgrünen Blätter sind behaart.

PFLEGE UND VERMEHRUNG: Die meisten Arten bevorzugen durchlässigen, alkalischen Boden an sonnigen Standorten. Sie sollten auch im Sommer nur wenig gegossen werden. Durch Schnitt nach der Blüte wird eine kompakte Wuchsform und dichter Blütenansatz im folgenden Jahr gefördert. Die Vermehrung erfolgt durch Stecklinge in torfig-sandigem Boden. Die Pflanzen sind etwas frostempfindlich.

Lithocarpus densiflorus

Lithodora diffusa 'Grace Ward'

Lithodora diffusa 'Heavenly Blue'

Lithodora 'Star'

Lithodora diffusa

Syn. *Lithospermum diffusum*

Dieser zierliche Halbstrauch wächst nur in kalkfreiem Boden. Die Pflanze wird 10–30 cm hoch, trägt viele leuchtendblaue Blütensterne und eignet sich hervorragend als Bodendecker oder für Steingärten. Bei der Sorte **'Grace Ward'** handelt es sich um einen immergrünen, halbniederliegenden Strauch, der 15–30 cm hoch und 30 cm breit wird. Die kriechenden Stengel tragen haarige, dunkelgrüne Blätter und unzählige trichterförmige, dunkelblaue Blüten. Die Sorte **'Heavenly Blue'** sieht ähnlich aus, ist jedoch etwas kompakter.

Lithodora oleifolia

Der immergrüne Strauch wird 15–20 cm hoch und 1 m breit. An gebogenen Stengeln gedeihen ovale, seidige Blätter und kleine, trichterförmige, hellblaue Blüten.

Lithodora 'Star'

Syn. *Lithospermum* 'Star'

Dieser Strauch wird 30 cm hoch und trägt sternförmige, zartlila Blüten mit violettem Streifen in der Mitte jedes Lappens.

LITHOPS

LEBENDE STEINE

Diese im trockenen Westen der südafrikanischen Kapprovinz und im angrenzenden Namibia beheimatete Gattung gehört zur Familie der Mittagsblumengewächse und umfaßt etwa 40 extreme Sukkulenten, die einzeln oder gruppenweise wachsen. Die Pflanzen bestehen aus paarig angeordneten, extrem fleischigen, aufrechten Blättern, die zu einem kleinen Zylinder oder einer Halbkugel zusammengewachsen sind. Aus einer Spalte auf deren Oberfläche

Litchi chinensis

entstehen neue Blattpaare sowie weiße oder gelbe Blüten, die an Korbblüten erinnern. Die Pflanzen sehen mit ihrer oftmals durchscheinenden Oberfläche aus wie glattpolierte Flußsteine, wodurch sich sowohl der Gattungs- als auch der umgangssprachliche Name erklären läßt.

PFLEGE UND VERMEHRUNG: Die frostempfindlichen Sukkulenten wachsen leicht, jedoch nur unter sehr trockenen Bedingungen. Sie verlangen kiesigen Boden und einen sonnigen Standort. Die Pflanzen sollten nur im Frühjahr gegossen werden. Die Vermehrung erfolgt im Sommer durch Aussaat oder die Teilung von Pflanzen; die abgetrennten Teile werden dann wie Stecklinge behandelt.

Lithops divergens

Bei dieser aus der Kapprovinz stammenden Art sind die Triebe tief in zwei halbzylindrische Blätter gespalten. Im Herbst trägt die Pflanze gelbe Blüten.

Livistona rotundifolia

Livistona australis

Lithops divergens

Livistona chinensis

Lobelia, **Kulturvarietät**

Lithops karasmontana subsp. *bella*

Syn. *Lithops bella*

Diese gruppenweise wachsende Pflanze entwickelt 3,5 cm hohe und 2,5 cm breite Sprossen, die aus gelblich-braunen, zusammengepreßten Blättern mit dunkelbraunen Linien auf dem gerundeten oberen Teil (Krone) bestehen. Vom Sommer an bis in den Herbst hinein erscheinen in den Spalten der Krone schneeweiße Blüten.

Lithops turbiniformis

Die faszinierende Pflanze bildet ovale kleine Gruppen paarig angeordneter Blätter mit einer Höhe von bis zu 2,5 cm und von orangebrauner Farbe. Ein ziemlich schmaler, dunkler braun gezeichneter Querspalt durchzieht die merkwürdig abgeplattete Oberseite. Aus weißen Knospen entwickeln sich 5 cm große, leuchtend gelbe Blüten.

LITTONIA

Zu dieser mit *Gloriosa* verwandten Gattung aus Süd- und Westafrika sowie von der Arabischen Halbinsel gehören acht Arten kletternder Zwiebelpflanzen, deren verlängerte Blattspitzen sich zu Ranken umgebildet haben. Zum Klettern benötigen sie ein Gitter oder einen Draht. Die hängenden, glockigen Blüten erscheinen im Sommer.

PFLEGE UND VERMEHRUNG: Die nicht winterharten Pflanzen gedeihen an einem sonnigen Standort auf feuchtem, torfigem, durchlässigem Lehmboden, dem etwas Sand und Laubstreukompost beigemengt sein sollte; sie müssen regelmäßig gegossen und besprüht werden. Ihre Vermehrung erfolgt durch Aussaat oder Teilung von Knollen.

Littonia modesta

Diese südafrikanische Art erreicht eine Höhe von 1,8 m, indem sie mit ihren Ranken an Pfosten oder anderen Pflanzen hinaufklettert. Im Sommer trägt die Pflanze viele 3,5 cm große, gelb-orangefarbene, glockige, nickende Blüten, die in den Blattachseln sitzen. Die glänzenden Blätter sind hellgrün.

LIVISTONA

Zu dieser Gattung zählen 30 Arten mittelgroßer bis großer Fächerpalmen; etwa die Hälfte dieser Pflanzen sind in Australien heimisch, der Rest auf dem Malaiischen Archipel und in Südasien; eine Art kommt auch in Oasen des südlichen Arabien und in Djibouti vor. Ein typisches Merkmal der meisten Arten sind die langen, beinahe runden, gefältelten, 1,5 m breiten Wedel, die einen dichten Schopf bilden. Die Stiele der Wedel sind in der Regel lang und mit spitzen Dornen gesäumt.

PFLEGE UND VERMEHRUNG: Obwohl diese Palmen in subtropischem, frostfreiem Klima am besten gedeihen, ertragen einige Arten Temperaturen bis –4 °C. Die langsamwachsenden Bäume bevorzugen tiefgründigen, sandigen Boden; sie tolerieren sonnige Standorte, tragen jedoch an leicht schattigen Stellen kräftigere, grünere Blätter. Sie eignen sich als Kübelpflanzen. Die Vermehrung erfolgt im Sommer durch Aussaat.

Livistona australis

AUSTRALISCHE FÄCHERPALME

Die an der Ostküste Australiens verbreitete Art gehört zu den größten der Gattung und erreicht wild eine Höhe von 25 m. Am schlanken braunen Stamm sind die Narben der abgefallenen Wedel sichtbar. Im Frühjahr sitzen kleine gelbe Blüten an langen Zweigen.

Livistona chinensis

Syn. *Livistona oliviformis*

CHINESISCHE FÄCHERPALME

Die auf den chinesischen Inseln bis in den Süden Chinas und in Japan beheimatete Palme wird 6–12 m hoch; in den Tropen wächst die Pflanze sehr schnell, im gemäßigten Klima eher langsam. Der Stamm hat eine rauhe Oberfläche, die großen Wedel sitzen auf relativ kurzen Stielen und bestehen aus sehr langen, dekorativ herabhängenden Segmenten. Die länglichen, 2 cm langen Früchte sind in reifem Zustand porzellanblau. Diese Palme zählt zu den frosthärtesten Arten und wurde im Süden Englands in geschützten Gärten gezogen. Sie gedeiht auch in Kübeln.

Livistona rotundifolia

Die von den Philippinen und aus Indonesien stammende attraktive Fächerpalme erreicht eine Höhe von 25 m. Sie gedeiht in den feuchten Böden der Tropen oder als Kübelpflanze und trägt kugelförmige, scharlachrote Früchte, die sich während des Reifens manchmal schwarz färben. Der Samen bleibt für längere Zeit lebensfähig, als dies bei anderen Palmen der Fall ist.

Livistona saribus

Syn. *Livistona cochinchinensis*

Diese aus dem tropischen Asien und vom Malaiischen Archipel stammende Fächerpalme wird bis zu 25 m hoch. Genau wie *Livistona chinensis* trägt sie große blaue Früchte und kleine Büschel gelber Blüten. Sie unterscheidet sich von dieser Art jedoch durch sehr lange, gebogene Dornen an den Wedelstielen junger Bäume.

Lithops turbiniformis

LOBELIA

LOBELIE

Zu dieser Gattung zählen 370 Arten einjähriger Kräuter, Stauden und Sträucher, die in gemäßigten Klimazonen, vor allem in Amerika und Afrika, sehr weit verbreitet sind. Die Gattung umfaßt Arten sehr unterschiedlicher Wuchsform, von niedrigen Bodendeckern bis hin zu großen Stauden und Sträuchern. Sie sind aufgrund ihrer dekorativen Blüten und hübschen Blätter sehr beliebt und eignen sich hervorragend für Rabatten und Steingärten oder als Topfpflanzen in stehenden und hängenden Kübeln. Einige Arten können auch in Naturgärten verwendet werden.

PFLEGE UND VERMEHRUNG: Die frostharten bis frostempfindlichen Pflanzen gedeihen am besten in durchlässigem, feuchtem, leichtem Lehmboden, der mit Viehdünger oder Kompost angereichert sein sollte. Die meisten Arten bevorzugen einen sonnigen oder halbschattigen Standort und sollten im Winter vor Feuchtigkeit geschützt werden. Nach der ersten Blüte sollte man die Pflanzen zurückschneiden, um das neuerliche Blütenwachstum anzuregen; während der Blütezeit sollten die Pflanzen einmal pro Woche Flüssigdünger erhalten. Die Vermehrung der Einjährigen erfolgt durch Frühjahrssaat, die der Stauden im Frühjahr oder Herbst durch Aussaat oder Teilung, die ihrer Sorten nur durch Teilung. Das Umsetzen der Pflanzen kann vom Spätherbst bis ins Frühjahr hinein erfolgen.

Lobelia alata

Die in den gemäßigten Teilen Australiens, Afrikas und Südamerikas heimische, schlanke, kriechende Art wird bis zu 40 cm hoch und 1 m breit; sie bildet ein Gewirr aus abgewinkelten Stielen und sehr schmalen Blättern. Im Sommer trägt die Pflanze kleine blaßblaue oder fliederfarbene Blüten. Sie gedeiht am besten in feuchtem Boden an einem sonnigen oder auch schattigen Standort, ist jedoch nicht frosthart.

Lobelia cardinalis

KARDINALSLOBELIE

Diese aus dem Osten Nordamerikas stammende Horststaude eignet sich zur Anpflanzung an feuchten Stellen, z.B. in der Nähe von Bächen und Teichen. Vom Spätsommer bis in den Herbst hinein trägt die Pflanze auf verzweigten Stielen grüne oder dunkle, bronze- bis lilafarbene Blätter und darüber Ähren mit strahlend scharlachroten Blüten . Sie wird 1 m hoch und 30 cm breit und braucht Winterschutz.

Littonia modesta

Lobelia laxiflora

Lobelia cardinalis

Lobelia erinus

BLAU-LOBELIE

Diese langsamwachsende, kompakte, einjährige Pflanze stammt aus Südafrika, wird 10–20 cm hoch, 10–15 cm breit und hat dichte, ovale bis lanzettliche Blätter. Vom Frühjahr bis zum Herbstanfang trägt die Pflanze kleine, zweilippige, rosaviolette Blüten. Bei den Sorten **'Cambridge Blue'** und **'Color Cascade'** handelt es sich um beliebte Hybriden; letztere trägt viele blaue, violette, rosafarbene oder weiße Blüten. **'Crystal Palace'** ist eine sehr kleine Sorte mit dichten Blättern, die in dunkel blauvioletten Blüten zu ersticken scheint.

Lobelia × *gerardii*

Hier handelt es sich um eine Hybride zwischen der nordamerikanischen *Lobelia cardinalis* und *L. siphilitica.* Diese robuste, mehrjährige Pflanze kann eine Höhe von 1,5 m erreichen. Die hübsche Gartenpflanze trägt rosa, lila oder rötliche Blüten. Die Sorte **'Vedrariensis'** ist am bekanntesten; sie trägt dunkelgrüne, lanzettliche Blätter und im Sommer Trauben lilablauer Blüten. Die Hybriden bevorzugen feuchten, aber durchlässigen Boden und einen sonnigen Standort. Sie sind etwas frostempfindlich.

Lobelia erinus 'Crystal Palace'

Lobelia membranacea 'Blue Carpet'

Lobelia siphilitica

Lobelia gibberoa

Diese außerordentlich große Lobelie stammt aus den Bergen Afrikas und kann bis zu 9 m hoch werden. Außerhalb ihrer Heimat ist die nicht ganz pflegeleichte und schwer zu kultivierende Pflanze nur sehr selten zu sehen.

Lobelia keniensis

Kilimandscharo, Kenia, Ruwenzori, Elgon – diese und andere in den tropischen Gebieten Ostafrikas gelegenen vulkanischen Gebirgsmassive mit einer Höhe von über 3000 m stellen die natürlichen Standorte der Riesenlobelien dar. Jedes Gebiet hat eigene Arten. Wie der Name vermuten läßt, stammt *Lobelia keniensis* vom Mount Kenya und tritt dort in großer Anzahl unterhalb der Schneegrenze auf, ist aber nicht frosthart.

Lobelia × *gerardii* 'Vedrariensis'

Lobelia × *gerardii*

Lobelia laxiflora

FACKEL-LOBELIE

Dieser aus Guatemala und Mexiko stammende, immergrüne Halbstrauch wird über 1 m hoch und 60 cm breit. Gebogene, belaubte Triebe tragen achselständige Büschel röhrenförmiger, roter und gelber Blüten auf schlanken Stielen. Die nicht frostharte Pflanze blüht in warmen Klimazonen fast das ganze Jahr hindurch. In kühleren Gegenden ist sie in Wintergärten zu sehen. Hochbeinigkeit kann durch Rückschnitt vermieden werden.

Lobelia membranacea

Diese nicht frostharte Teppichstaude ist im tropischen Australien beheimatet und wächst dort auf den Lichtungen des Regenwaldes. Die feinen, kriechenden Stengel bewurzeln sich. Die Pflanzen tragen kleine, dunkelgrüne Blätter und blaßblaue Blüten, die einzeln auf kurzen Blütenstielen sitzen und aus dem Blattwerk hervorragen. **'Blue Carpet'** lautet der Handelsname einer Sorte, die sich wenig von der Naturform unterscheidet, aber zahlreiche, zartblaue Blüten trägt. Sie gedeiht auf feuchtem, humusreichem Boden und sollte regelmäßig gegossen werden.

Lobelia 'Queen Victoria'

Vom Spätsommer bis in den Herbst hinein trägt diese frostempfindliche Horststaude Ähren blutroter Blüten auf verzweigten Stielen. Die Blätter der bis zu 1 m hohen und 30 cm breiten Pflanze sind tief violettrot.

Lobelia siphilitica

BLAUE KARDINALSLOBELIE

Die aus dem Osten der USA stammende, frostharte Staude trägt im Spätsommer und Herbst Trauben violettblauer Blüten. Die 60–90 cm hohe Pflanze gedeiht auf feuchtem, schwerem Boden. Die Art wurde zusammen mit anderen nordamerikanischen Lobelien früher als angeblich wirksames Medikament im Kampf gegen die Syphilis und andere Krankheiten eingesetzt. Sie hat stark toxische Eigenschaften.

Lobelia erinus 'Cambridge Blue'

Lobelia erinus

Lobelia gibberoa

Lobelia keniensis

Lobelia × speciosa

Hierbei handelt es sich um eine Gruppe frostharter Hybriden, die von den Arten *Lobelia cardinalis, L. splendens* und *L. siphilitica* abstammen und deren große rote, rosa-, malven- oder lilafarbene Blütenähren bemerkenswert sind.

Lobelia splendens

Syn. *Lobelia fulgens*

Die aus dem Süden der USA und aus Mexiko stammende *Lobelia splendens* trägt röhrenförmige, zweilippige, scharlachrote Blüten, die in einseitigen Trauben angeordnet sind. Die 1 m hohe Pflanze trägt lanzettliche Blätter, die manchmal leicht rötlich getönt sind. Sie ist frostempfindlich.

Lodoicea maldivica (Frucht)

Lodoicea maldivica

Lobelia tupa

Bei dieser kräftigen, aufrechten chilenischen Staude handelt es sich um eine ca. 2 m hohe Pflanze mit großen, gräulichgrünen Blättern. Im Spätsommer und Herbst tragen die Stengelspitzen aufrechte Trauben, an welchen viele röhrenförmige, zweilippige, scharlachrote Blüten sitzen.

LOBULARIA

SILBERKRAUT

Zu dieser Gattung gehören fünf zwergwüchsige Arten des Mittelmeerraums und der Kanarischen Inseln, die sich gut für Steingärten, Blumenkästen und Rabatten eignen. Die Gattung umfaßt ein- und mehrjährige Kräuter, die einjährigen werden jedoch häufiger angepflanzt. Im Sommer und Frühherbst tragen sie kompakte, endständige Trauben mit kleinen, vierblättrigen, wohlriechende Blüten.

PFLEGE UND VERMEHRUNG: Die Pflanzen bevorzugen einen sonnigen Standort und fruchtbaren, durchlässigen Boden. Das Entfernen verwelkter Blüten kann das Blütenwachstum fördern. Vermehrung durch Aussaat im Frühjahr, im Freien zwischen Spätfrühjahr und Herbst.

Lobularia maritima

Syn. *Alyssum maritimum*

DUFTSTEINRICH

Bei dieser schnell in die Breite wachsenden, einjährigen Pflanze handelt es sich um eine weithin beliebte, für Rabatten, Steingärten oder Blumenkästen geeignete

Lobularia maritima 'Violet Queen'

Lobelia × speciosa

Pflanze. Sie trägt vom Frühjahr bis in den Herbst hinein viele nach Honig duftende, vierblättrige, weiße Blüten. Die Pflanze ist auch mit flieder-, rosa- und lilafarbenen Blüten erhältlich. Der 8–30 cm hohe und 20–30 cm breite Duftsteinrich ist von niedriger, rundlicher, kompakter Wuchsform und hat lanzettliche, gräulichgrüne Blätter. Bei **'Violet Queen'** handelt es sich um die am dunkelsten gefärbte Sorte.

LODOICEA

SEYCHELLENNUSS

Zu dieser bemerkenswerten Palmengattung zählt eine einzige Art, die nur auf den kleinen Seychelleninseln Praslin und Curieuse im Indischen Ozean zu finden sind. Die Pflanze ist nicht eng mit der fiederblättrigen Kokospalme verwandt sondern vielmehr mit der afrikanischen Dumpalme *(Hyphaene);* genau wie diese hat sie massive Fächerwedel an der Spitze des bei *Lodoicea* unverzweigten, hohen Stammes. Sie ist berühmt als Pflanze mit den größten einsamigen Früchten, die mit ihrer seltsamen zweilappigen Form an ein großes Hinterteil erinnern. Die Früchte rollen die steilen Abhänge der Inseln hinunter und können vom Meer davongetragen werden – Jahrhunderte vor der Entdeckung dieser Palme hielt man die Früchte für Treibgut und sie waren Quelle einiger seltsamer Sagen. Bei der Keimung dieser Samen handelt es sich um einen bemerkenswerten Prozeß, bei dem sich über Monate hinweg ein 3,5 m langes, armdickes Keimblatt entwickelt, an dessen Spitze schließlich Wurzeln und Sproß entstehen.

PFLEGE UND VERMEHRUNG: Die Palme eignet sich als Gartenpflanze nur in feuchtem Tropenklima; sie benötigt einen sonnigen Standort sowie tiefgründigen, feuchten, fruchtbaren Lehmboden. Die Vermehrung erfolgt durch Aussaat; dafür müssen allerdings spezielle Bedingungen geschaffen werden, da der Samen zum Keimen beispielsweise Wärme und eine hohe Luftfeuchtigkeit benötigt.

Lobularia maritima

Lobularia maritima

Lobelia splendens

Lobelia tupa

Lodoicea maldivica

Die 30 m hohe Palme ist in vielen Botanischen Gärten zu sehen und trägt eine 45 cm lange Frucht, die 18 kg wiegt und an ein hölzernes Herz erinnert. Die meisten Samen stammen aus den wilden auf den Seychellen beheimateten Beständen; die Regierung verkauft die Samen zu sehr hohen Preisen an Touristen.

LOLIUM

LOLCH

Zu dieser eurasischen Gattung gehören acht Arten einjähriger oder mehrjähriger Gräser. Sie eignen sich nicht für dekorative Zwecke, werden jedoch oft zur Weidenutzung angesät und finden sich im Rasen, wo sie nicht immer willkommen sind. Charakteristisch sind abgeplattete, zweireihige, grüne Ähren. Die gegen Ende des Frühjahrs oder im Frühsommer freigesetzten Pollen sollen in manchen Ländern eine Hauptursache des Heuschnupfens sein.

PFLEGE UND VERMEHRUNG: Die anpassungsfähigen Gräser gedeihen in den meisten durchlässigen Böden, bevorzugen einen sonnigen Standort und gleichmäßige Feuchte. Sie werden durch Aussäen vermehrt.

Lolium perenne
DEUTSCHES WEIDELGRAS

Diese kurzlebige Horststaude stammt aus Europa, ist mittlerweile aber in die meisten Länder mit gemäßigtem Klima eingebürgert. Die Pflanze erreicht eine Höhe von 45 cm und eine Breite von 30 cm. Sie hat glatte, biegsame Halme, die sich beim Mähen gerne umlegen und danach wieder aufrichten. Die flachen Blattspreiten sind glänzend dunkelgrün. Gegen Ende des Frühjahrs und im Sommer erscheinen kleine Blüten in schmalen, 15 cm langen Ähren. Das derbe Gras muß regelmäßig gemäht werden und eignet sich eher für stark beanspruchte Flächen als für einen feinen Zierrasen.

LOMANDRA

Zu dieser Gattung grasartiger Rhizomstauden und Halbsträucher zählen 50 fast ausschließlich australische Arten. Ihre verwandtschaftlichen Beziehungen waren lange umstritten, so wurde die Gattung schon zu den Binsen- und Liliengewächsen gestellt. Heute bildet sie zusammen mit einigen ähnlichen australischen Gattungen eine eigene Familie. Die zähen, ledrigen Blätter sind flach, rinnig oder zylindrisch. Die meist cremefarbenen oder gelben, oft unscheinbaren männlichen und weiblichen Blüten sitzen auf verschiedenen Pflanzen.

PFLEGE UND VERMEHRUNG: Die nicht winterharten Pflanzen bevorzugen einen sonnigen Standort und durchlässigen, eher mageren Boden. Sie ertragen Trokkenheit. Vermehrung durch Aussaat oder Teilung.

Lomandra longifolia

Die an der Ostküste Australiens verbreitete 1 m hohe und 1,2 m breite Art bildet dichte Horste aus schmalen, streifenförmigen Blättern, die farblich zwischen dunkelgrün und leicht bläulich-grün liegen können. Die cremefarbenen oder gelben Blüten riechen stark nach Honig und stehen in dichten, abgeflachten Rispen mit vielen stachligen Deckblättern. Die erst neuerdings in Kultur weiter verbreitete Art wird in Australien für die Bepflanzung von Autobahnböschungen und -mittelstreifen sowie in Landschaftsparks verwendet, da die Pflanzen nach dem Anwurzeln nicht mehr gepflegt werden müssen.

Lonicera etrusca

Lomandra longifolia

Lomatia ferruginea

Lomatia silaifolia

Lonicera deflexicalyx

Lolium perenne

Lonicera × americana

LOMATIA

Diese zwölf Arten immergrüner Sträucher und Bäume sind beiderseits des Südpazifiks in Ostaustralien und Chile beheimatet und gehören zur Familie der Proteaceen. Sie haben ledrige Blätter, die gezähnt bis tief und fein zerschnitten sein können. Die Blüten erinnern mit ihren typischen feinen, gebogenen Blütenblättern und Griffeln an *Grevillea*. Bei den Früchten handelt es sich um hülsenartige, etwas verholzte Balgfrüchte.

PFLEGE UND VERMEHRUNG: In der Regel handelt es sich um Pflanzen für ein kühles, aber mildes und feuchtes Klima. Sie bevorzugen einen sonnigen oder halbschattigen Standort sowie sandigen, sauren, durchlässigen Boden, der vorzugsweise mit organischem Material angereichert sein sollte. Einige Arten widerstehen schwachem Frost, müssen jedoch vor kaltem Wind geschützt werden. Ihre Vermehrung erfolgt im Sommer durch Aussaat oder Stecklinge.

Lomatia ferruginea

Der aus dem Süden Chiles und Argentiniens stammende hohe Strauch bzw. kleine Baum erreicht eine Höhe von 9 m und ist oft vom Grund an aufrecht verzweigt. Die jungen Pflanzen sind mit einem braunen Haarfilz überzogen, die farnartig zerteilten Blätter setzen sich aus vielen olivgrünen Blättchen zusammen. Die im späten Winter sowie im Frühjahr erscheinenden Blüten sitzen in dichten Ähren in den Blattachseln; die Blütenblätter sind an der Basis rot und gehen zur Spitze hin in einen gelbgrünen Ton über.

Lomatia silaifolia

Der in den Küstenregionen Südostaustraliens wachsende, mehrstämmige Busch wächst aus einem holzigen Wurzelstock und erreicht eine Höhe von 1,5 m. Die Pflanze trägt 20 cm große, tief zerteilte und anfangs seidige Blätter. Im Sommer entstehen auffällige, lange, endständige Rispen mit weißen Blüten.

Lomatia tinctoria

Dieser aus Tasmanien stammende, niedrige Strauch ist von dichtem, ausläufertreibendem Wuchs. Die eher kleinen, graugrünen Blätter unterteilen sich in schmale Segmente. Im Sommer trägt der Strauch über dem Blattwerk cremefarbene Blüten. Die etwa 1 m hohe Pflanze ist leicht zu kultivieren, sie toleriert sowohl sonnige als auch einigermaßen schattige Standorte.

LONICERA
HECKENKIRSCHE, GEISSBLATT

Zu dieser auf der Nordhalbkugel weitverbreiteten Gattung gehören etwa 180 Arten immergrüner oder sommergrüner Sträucher und holziger Lianen. Die gegenständigen Blätter sind meist ganzrandig; die zweilippigen Blüten haben eine kurze oder lange, süßlich duftende und Nektar enthaltende Röhre. Viele Geißblattarten und auch deren Hybriden werden als Gartenpflanzen sehr geschätzt, da es sich hierbei um frostharte, langlebige und gesunde Pflanzen handelt, die ohne jährlichen Schnitt allerdings zu struppigem Wuchs neigen können. Die Sträucher eignen sich gut für Hecken, die Lianen kann man an Gittern, Wänden oder Zäunen hochwachsen lassen.

PFLEGE UND VERMEHRUNG: Die Pflanzen lassen sich leicht an sonnigen oder leicht schattigen Standorten ziehen und sind anspruchslos an den Boden. Viele sind für regelmäßigen Schnitt dankbar. Die Vermehrung erfolgt im Herbst oder Frühjahr durch Aussaat oder durch Stecklinge im Sommer bzw. Spätherbst. Sie sind anfällig für Blattläuse.

Lonicera × americana
ITALIENISCHES GEISSBLATT

Trotz ihres botanischen Namens handelt es sich bei dieser sommergrünen, frostempfindlichen Kletterpflanze um eine Hybride aus zwei europäischen Arten, *Lonicera caprifolium* und *L. etrusca*. Sie kann ungeschnitten bis zu 8 m Höhe erreichen, trägt ovale Blätter und Büschel stark duftender, gelber, rötlich getönter Blüten.

Lonicera caprifolium
JELÄNGERJELIEBER

Die in Südeuropa beheimatete, winterharte, bis 6 m hohe Art hat hellgrüne, ovale, spitz zulaufende Blätter, die am Grund zusammengewachsen sind. Im Frühjahr erscheinen stark duftende, gelbe, an der Außenseite leicht rosa getönte Blüten, aus denen orangefarbene Früchte entstehen, die viele Vögel anziehen.

Lonicera deflexicalyx

Diese frostharte, aus China und Tibet stammende Art ist ein 1,5 m hoher, sommergrüner Strauch mit 8 cm langen, violettroten Trieben, spitz-ovalen Blättern und paarweise auftretenden, kleinen, gelben Blüten. Aus den im Frühjahr und Sommer in den Blattachseln erscheinenden Blüten entwickeln sich kleine, rosafarbene Beeren.

Lonicera etrusca
ETRUSKISCHES GEISSBLATT

Dieser sommergrüne bis halbimmergrüne, sehr frostempfindliche Kletterer stammt aus dem Mittelmeerraum und wird knapp über 3,5 m hoch. Sie hat schlanke, verholzte Stengel, mattgrüne Blätter und röhrenförmige, wohlriechende, leicht rötlich getönte cremefarbene Blüten, die im Sommer erscheinen und aus denen kleine rote Beeren entstehen. Die Pflanzen sollten vor spätem Frost ge-

Lonicera × heckrottii

Lonicera korolkowii

Lonicera japonica

Lonicera henryi

Lonicera hispida var. *bracteata*

Lonicera fragrantissima

schützt werden. Die Sorte **'Superba'** trägt Büschel cremefarbener Blüten, die sich schließlich orange verfärben.

Lonicera fragrantissima
WOHLRIECHENDE HECKENKIRSCHE

Dieser aus China stammende, buschige, sommer- oder halbimmergrüne Strauch wird 1,8–2,5 m hoch und 3 m breit. Unter den strauchigen Arten duftet er am stärksten; im Winter und zu Beginn des Frühjahrs trägt er kurze, paarige, cremefarbene, manchmal auch karmesinrot gesprenkelte Blüten. Die Beeren sind dunkelrot. Die dunkelgrünen, ovalen Blätter erscheinen kurz nach der Blüte. Die Pflanze ist frostempfindlich.

Lonicera × heckrottii

Man nimmt an, daß diese sommergrüne, holzige Liane, die aufgrund ihrer bezaubernden Blütenfarben und der ungewöhnlich langen Blütezeit geschätzt wird, eine Kreuzung zwischen *Lonicera × americana* und *L. sempervirens* ist. Die Pflanze blüht vom Ende des Frühjahrs über den ganzen Sommer, manchmal ein zweites Mal im Herbst. Aus den leuchtend karmesinroten Knospen entwickeln sich Blüten mit gelb glänzendem Schlund und kräftig rosafarbener Außenseite. Die Früchte sind rot. Die Blätter sind anfangs rötlich-violett, später blaugrün glänzend. Die frostharte Pflanze erreicht eine Höhe von 3–6 m.

Lonicera henryi
HENRYS GEISSBLATT

Diese aus China stammende, winterharte Art hat kräftige, verholzte Stengel und klettert bis 10 m hoch. Sie trägt glänzendgrüne Blätter, die roten oder gelben röhrenförmigen Blüten erscheinen im Frühjahr oder Sommer und bringen purpurschwarze Beeren hervor.

Lonicera hildebrandiana
RIESEN-GEISSBLATT

Diese aus Südchina und Südostasien stammende, immergrüne oder halbimmergrüne Kletterpflanze wird etwa 10 m hoch und trägt große, glänzende Blätter an kräftigen Ranken. Sie hat lange, anfangs creme-, später orangefarbene Blüten (ca. 10 cm) mit gebogener Röhre und zurückgebogener Lippe. Die nicht frostharte Pflanze benötigt eine starke Stütze.

Lonicera hispida var. *bracteata*
STEIFHAARIGE HECKENKIRSCHE

Dieser sommergrüne, winterharte Strauch wird etwa 1,5 m hoch und genauso breit. Die aus Turkestan stammende Pflanze trägt 8 cm lange Blätter und trichterförmige, blaßgelbe, ca. 2,5 cm lange Blüten, aus denen hellrote Beeren entstehen.

Lonicera involucrata
BEHÜLLTE HECKENKIRSCHE

Der aus Nordamerika und Mexiko stammende, sommergrüne und winterharte Strauch trägt paarig stehende, röhrenförmige, rötlich-gelbe, etwa 1 cm lange Blüten. Diese sind an der Basis beinahe zusammengewachsen und von breiten grünen Deckblättern umgeben, die sich im Lauf der Zeit rötlich färben. Aus den Blüten entstehen runde, schwarze Beeren, die von roten Deckblättern umgeben sind.

Lonicera japonica
JAPANISCHES GEISSBLATT

Diese aus Ostasien stammende, bis zu 9 m hoch rankende Pflanze hat dunkelgrüne Blätter. Zwischen Spätsommer und Herbst erscheinen paarig angeordnete, duftende, weiße Blüten, die sich später gelb oder leicht lila färben und schwarze Beeren bilden. Die frostharte Art kann als Bodendecker oder zum Bewuchs von Zäunen nützlich sein. Die wenig frostharte Sorte **'Aurea-reticulata'** hat goldfarben geäderte Blätter und trägt nur wenige Blüten; die Sorte **'Halliana'** bildet hellgrüne, ovale Blätter und duftende, weiße Blüten.

Lonicera korolkowii
KOROLKOWS HECKENKIRSCHE

Dieser aus Turkistan stammende, sommergrüne Strauch wird 3 m hoch und breit. Er trägt bläulich-grüne, herzförmige Blätter sowie röhrenförmige, rötlich-rosafarbene Blüten, aus denen im Herbst rote Beeren entstehen. Die Vermehrung der winterharten Art erfolgt durch Stecklinge.

Lonicera ledebourii
Syn. *Lonicera involucrata* var. *ledebourii*
LEDEBOURS HECKENKIRSCHE

Der sommergrüne Strauch stammt aus Kalifornien; seine aufrechten Äste tragen im Frühsommer geruchlose, leuchtendgelbe oder orangefarbene Blüten, die paarig in den Blattachseln erscheinen. Die schwarzen Beeren sind von roten Deckblättern umgeben. Die winterharte Art kann übermannshoch werden, wenn sie nach der Blütezeit nicht geschnitten wird.

Lonicera maackii
MAACKS HECKENKIRSCHE

Dieser 4,5 m hohe, sommergrüne Strauch stammt aus China, Korea und Japan; er trägt weiße, duftende Blüten, die sich mit der Zeit gelb verfärben, sowie dunkelrote Früchte. Die winterharte Art kann aus Samen gezogen werden.

Lonicera myrtillus
HEIDELBEER-HECKENKIRSCHE

Dieser winterharte Strauch aus dem Himalaja wird 1 m hoch und trägt 2,5 cm lange, ovale Blätter. Die wohlriechenden weißen Blüten sind 6 mm lang, aus ihnen entstehen attraktive orangerote Früchte.

Lonicera nitida
IMMERGRÜNE STRAUCH-HECKENKIRSCHE

Der in den chinesischen Provinzen Yünnan und Szetschuan beheimatete, immergrüne Strauch ist die Heckenkirsche mit den kleinsten Blättern. Die nicht ganz winterharte Pflanze wächst buschig mit vielen 1 cm langen, ledrigen, dunkelgrünen Blättern. Es gibt auch Sorten mit goldfarbenen oder panaschierten Blättern, z. B. **'Aurea'**. Die kleinen, cremefarbenen Blüten erscheinen im Frühjahr und sind nicht besonders auffällig; die lila Früchte sieht man in Kultur eher selten. Der Strauch ist sehr schnittverträglich und wird deshalb auch oft als Heckenpflanze eingesetzt. Die Sorte **'Baggesen's Gold'** hat kleine, hellgelbe Blätter, unscheinbare, gelblich-grüne Blüten und malvenfarbene Früchte.

Lonicera oblongifolia

Dieser Strauch aus dem Nordosten Nordamerikas wird 1,5 m hoch, trägt gelblich-weiße Blüten und rote Früchte.

Lonicera periclymenum
WALDGEISSBLATT

Diese Art ist wegen ihres wunderbaren Duftes sehr beliebt. Es handelt sich um eine in Westeuropa heimische, kräftige, rankende, immergrüne Kletterpflanze, die

Lonicera nitida

Lonicera oblongifolia

Lonicera hildebrandiana

Lonicera maackii

L

Lonicera tatarica

Lonicera myrtillus

Lonicera × *tellmanniana*

Lonicera sempervirens 'Superba'

Lonicera quinquelocularis

im Sommer kleine weiße und cremefarbene, manchmal auch rosa- und cremefarbene Blüten trägt. Die Pflanze erreicht eine Höhe von 6 m, die roten Beeren sind roh giftig. Die Sorte **'Graham Thomas'** hat ovale bis längliche Blätter und wohlriechende weiße Blüten. **'Serotina'** trägt duftende, röhrenförmige, dunkellila Blüten mit rosafarbener Mitte.

Lonicera pileata
IMMERGRÜNE KRIECH-HECKENKIRSCHE

Dieser aus China stammende, immergrüne Strauch wird 60 cm hoch und 2,5 m breit. Die winterharte Pflanze trägt glänzende, dunkelgrüne Blätter und kleine, röhrenförmige, gelbe Blüten. Die Früchte bestehen aus kleinen lila Beeren.

Lonicera × *purpusii*

Diese sommergrüne oder halbimmergrüne Hybride trägt im Winter und bis ins Frühjahr kleine Büschel duftender, cremefarbener, kurzröhriger Blüten mit gelben Staubbeuteln. Die Beeren leuchten rot. Die frostharte Pflanze wächst buschig bis zu einer Höhe und Breite von 2 m. Die ovalen Blätter sind mittel- bis dunkelgrün.

Lonicera quinquelocularis
DURCHSICHTIGE HECKENKIRSCHE

Dieser aus dem Himalaja und aus China stammende, sommergrüne Strauch erreicht eine Höhe von 3,5 m. Die ovalen Blätter sind oben dunkelgrün und an der Unterseite grau. Die cremefarbenen Blüten der frostharten Art verfärben sich mit der Zeit gelb. Die ovalen Früchte sind von durchscheinend weißer Farbe.

Lonicera sempervirens
TROMPETEN-GEISSBLATT

Die aus dem Osten und Süden der USA stammende, holzige Liane hat paarig angeordnete, grau- bis blaugrüne Blätter, die – zumindest an den Enden der dünnen Stengel – tellerförmig verwachsen sind. Darüber wachsen Büschel langröhriger, orangefarbener bis roter Blüten, aus denen sich hellrote Früchte entwickeln . Die Blütenröhren sind innen hellgelb oder gelb-orangefarben. Die 3,5 m oder höhere, frostempfindliche Pflanze trägt bei mildem Klima das ganze Jahr hindurch Blätter, in kühleren Regionen nur im Sommer. Die Sorte **'Superba'** trägt leuchtend purpurrote Blüten; die der Sorte **'Sulphurea'** sind gelb.

Lonicera standishii
STANDISHS HECKENKIRSCHE

Dieser 2 m hohe, sommer- oder halbimmergrüne Strauch aus China hat eine sich abschälende Rinde, borstig behaarte, dunkelgrüne Blätter, duftende, cremefarbene Blüten, rote Beeren und ist winterhart.

Lonicera tatarica
TATARISCHE HECKENKIRSCHE

Dieser sommergrüne, mittelgroße Strauch kommt vom Kaukasus bis nach Mittelasien vor. Die frostharte Pflanze wird 3,5 m hoch und 3 m breit. Gegen Ende des Frühjahrs und im Frühsommer trägt sie neben dunkelgrünen Blättern trompetenförmige, weiße bis dunkelrosa Blüten, später rote Beeren. Die Sorte **'Arnold Red'** hat dunklere grüne Blätter und rote Blüten.

Lonicera × *tellmanniana*

Diese sommergrüne, frostempfindliche Hybride ist nahezu duftlos, gehört aber mit ihren orangefarbenen Blüten zu den farbenprächtigsten Geißblattarten. Die kräftige Kletterpflanze trägt rundliche Blätter und erreicht eine Höhe von 4,5 m.

Lonicera tragophylla

Die Blüten dieses zierlichen Elternteils von *Lonicera* × *tellmanniana* duften zwar nicht, machen diesen Nachteil aber durch die Größe und Leuchtkraft ihrer orangegelben bis roten Blütenblätter wieder wett. Die Früchte sind rot. Die schnellwachsende, sommergrüne Kletterpflanze stammt aus Zentralchina und blüht im Sommer.

Lonicera webbiana
WEBBS HECKENKIRSCHE

Dieser in Südosteuropa und im Himalaja beheimatete, sommergrüne Strauch wird 3 m hoch. Im Frühjahr werden die kleinen, grünlich-weißen Blüten teilweise von den 10 cm langen Blättern verdeckt. Die frostharte Art trägt rote Beeren.

Lonicera xylosteum
GEMEINE HECKENKIRSCHE

Der von Europa über den Kaukasus bis nach China und Sibirien beheimatete, dichte, sommergrüne, aufrechte Strauch wird etwa 3 m hoch und breit. Die winterharte Pflanze trägt graugrüne Blätter; gegen Ende des Frühjahrs und im Frühsommer erscheinen kleine, zweilippige, cremefarbene Blüten, die geruchlos sind und eher von Fliegen als von Hummeln bestäubt werden. Die roten Beeren im Herbst können recht dekorativ sein.

LOPHOCEREUS

Diese im Süden der USA bis hinunter nach Mexiko beheimatete Kakteengattung besteht aus zehn Arten mit in der Natur schlankem, 3–6 m hohem Stamm. Einige Botaniker zählen sie heute zur Gattung *Pachycereus*. Sie tragen rosafarbene, mittelgroße, trichterförmige Blüten, die sich im Frühjahr bei Nacht öffnen. Im Sommer bringen sie rote Beeren hervor.

PFLEGE UND VERMEHRUNG: Die Pflanzen bevorzugen Sonne und durchlässigen Boden. Sie sind nicht frosthart und werden durch Aussaat oder Stecklinge vermehrt. Der Kaktus ist anfällig für Schmierläuse.

Lophocereus schottii
Syn. *Pachycereus schottii*

Dieser Kaktus erreicht eine Höhe bis zu 4,5 m; der fahle bis hellgrüne Stamm neigt im Alter dazu, sich von unten her zu verzweigen. Der Stamm hat fünf bis sieben Rippen und unterschiedliche Areolen. Aus den oberen, blütentragenden Areolen sprießen borstige, graue Stacheln, die sich in Strahlen um einen zentralen Stachel anordnen. Die kleineren, nichtblühenden Areolen tragen bis zu zehn dichte, gräulich-schwarze Stacheln. Im Frühjahr und Sommer erscheinen kleine, röhrenförmige Blüten, die sich bei Nacht öffnen.

L

Lophocereus schottii

Lonicera periclymenum

Lonicera tragophylla

Lonicera webbiana

Lonicera × *purpusii*

Lonicera nitida 'Baggesen's Gold'

LOPHOMYRTUS

Lophomyrius wird auch zur Gattung *Myrtus* gerechnet; sie besteht aus zwei neuseeländischen Arten immergrüner Sträucher oder kleiner Bäume. Die Pflanzen werden wegen ihrer dekorativen Blätter, die sehr farbenprächtig und wohlriechend sein können, sowie wegen ihrer kleinen weißen Blüten und dunkelroten Beeren kultiviert.
PFLEGE UND VERMEHRUNG: Die nicht frostharten Pflanzen bevorzugen Sonne sowie durchlässigen, fruchtbaren Boden; in warmen Monaten sollten sie regelmäßig gegossen werden. Die Vermehrung der Arten erfolgt im Sommer durch Aussaat, die der Sorten durch Stecklinge.

Lophomyrtus bullata
Syn. *Myrtus bullata*

Diese Art erreicht eine Höhe von 8 m und bildet charakteristische, 2,5–5 cm lange, runzlige, ovale Blätter. Je nach Standort der Pflanze, ändert sich die Farbe ihrer Blätter; im Schatten sind sie dunkelgrün, in der Sonne entwickeln sich Lila- und Rottöne. Im Sommer erscheinen kleine, cremefarbene Blüten aus denen rötlich-violette Beeren entstehen. Die Sorte **'Variegatum'** hat cremefarben umrandete Blätter.

Lophomyrtus obcordata

Lophomyrtus bullata 'Variegatum'

Lophomyrtus × ralphii 'Variegata'

Lophomyrtus obcordata

Dieser aufrechte, buschige Strauch ist ca. 2 m hoch; die vielen weitverzweigten Äste tragen kleine, ausgerandete Blätter. Die jungen Blätter färben sich im Winter rötlich. Aus kleinen, weißen Sommerblüten entstehen rote, später schwarze Beeren.

Lophomyrtus × ralphii

Die vielen, natürlich aus den zwei Arten dieser Gattung entstandenen Hybriden werden unter dem Namen *Lophomyrtus × ralphii* zusammengefaßt. Zu den in Neuseeland verbreiteten Sorten gehören u.a. **'Purpurea'**, eine ca. 2 m hohe Sorte, die das ganze Jahr über runzlige oder wellige, dunkelviolette Blätter trägt; **'Lilliput'**, ein kompakter Zwergstrauch mit kleinen roten und grünen Blättern; **'Pixie'** mit rosaroten Blättern und **'Variegata'** mit abgerundeten, dunkelgrünen, cremefarben panaschierten Blättern. Die Sorten werden am besten im Frühherbst durch Stecklinge vom ausreifenden Trieb vermehrt.

LOPHOPHORA
PELLOTE, PEYOTL

Zu dieser Gattung gehören zwei langsamwachsende, mehrjährige Kakteen aus Mexiko und dem Süden der USA. Die stachellosen Kakteen haben bis zu zehn rundliche Rippen, die durch eine feine Furche voneinander getrennt sind, und sehen aus wie kleine bläuliche Klöße. Blühende Areolen tragen kurze weiße Haare. Vom Frühjahr bis in den Herbst hinein erscheinen an der Stammspitze kurzlebige, glockige Blüten. Die Gattung ist aufgrund ihres halluzinogenen Wirkstoffes Mescalin berühmt, der von den Ureinwohnern der USA und Mexikos für religiöse Zeremonien verwendet wurde. Die Analyse der chemischen Strukturen dieses Wirkstoffes führte zur Herstellung von LSD. In vielen Ländern sind die Kakteen heutzutage verboten.
PFLEGE UND VERMEHRUNG: Die nicht frostharten Kakteen bevorzugen Sonne und sehr durchlässigen Boden. Um Verfaulen zu vermeiden, sollte im Winter nicht gegossen werden. Vermehrung im Frühjahr oder Sommer durch Aussaat.

Lophophora williamsii
SCHNAPSKOPF

Der auf ein bestimmtes Gebiet beiderseits der texanisch-mexikanischen Grenze beschränkte, langsam einzeln wachsende oder sich in dichte Kolonien verzweigende, oben abgeflachte Kaktus wird bis zu 5 cm hoch. Aus der Mitte der Krone sprießen hübsche hellrosa Blüten. Die Pflanze enthält stark narkotisierende Wirkstoffe.

Lophomyrtus × ralphii 'Lilliput'

Lophophora williamsii

LOPHOSPERMUM

Diese in der Vergangenheit zu den Gattungen *Maurandya* bzw. *Asarina* zählende Gattung umfaßt acht Arten sommergrüner und immergrüner Lianen und Sträucher aus Nord- und Mittelamerika mit hübschen, weißen bis lilafarbenen, fingerhutartigen Blüten.
PFLEGE UND VERMEHRUNG: Die Pflanzen sind nicht frosthart. Sie bevorzugen einen sonnigen Standort in einigermaßen fruchtbarem, feuchtem, aber durchlässigem Boden und sollten im Sommer regelmäßig gegossen werden. Ihre Vermehrung erfolgt entweder im Frühjahr durch Aussaat oder im Spätsommer durch Stecklinge.

Lophospermum erubescens
Syn. *Asarina erubescens, Maurandya erubescens*

Die zierliche, immergrüne Kletterpflanze hat samtige, herzförmige Blätter und trägt im späten Frühjahr und im Frühsommer rosafarbene, röhrenförmige Blüten, die an Gloxinien erinnern. Die Stiele können bis 3 m hochranken. Die Pflanze eignet sich gut für Ampeln oder Blumenkästen.

LOPHOSTEMON

Die sechs Arten immergrüner Bäume dieser Gattung sind mit *Metrosideros* und *Tristania* verwandt und hauptsächlich im tropischen und subtropischen Australien sowie im Süden Neuguineas verbreitet. Nur die am weitesten nach Süden vordringende Pflanze, *Lophostemon confertus,* die zugleich auch die größte und schönste ist, wird häufig angepflanzt. Die Pflanzen tragen einfache, ledrige Blätter, die in Scheinwirteln wie bei *Rhododendron* angeordnet sind, und weiße bis cremefarbene Blüten mit fünf zart gefransten Blütenblättern. Die holzigen Samenkapseln ähneln denen von *Eucalyptus.*
PFLEGE UND VERMEHRUNG: Die frostempfindlichen Pflanzen benötigen feuchtes Klima mit regelmäßigen Regenfällen im Sommer. Sie bevorzugen einen sonnigen oder halbschattigen Standort in fruchtbarem, durchlässigem, neutralem bis saurem Boden. Sie werden im Frühjahr durch Aussaat oder im Sommer durch Stecklinge vermehrt.

Lophostemon confertus
Syn. *Tristania conferta*

In der Natur ist *Lophostemon confertus* ein großer, massiver Baum mit dichtem mittelgrünem Laub. Die glatte und leicht rosa getönte Rinde schält sich im Sommer ab, darunter wird die neue grünlich-cremefarbene Rinde sichtbar. Die weißen Blüten erscheinen sehr zahlreich, werden jedoch von den Blättern verdeckt. Der Baum erreicht eine Höhe von 30 m. Die Sorte **'Variegata'** hat Blätter, die in der Mitte cremefarben markiert sind, während die Blätter der Sorte **'Perth Gold'** zum Rand hin gelb gefärbt sind.

Lophostemon confertus

Lophostemon confertus

LOROPETALUM
RIEMENBLUME

Zu dieser aus dem Himalaja sowie aus China und Japan stammenden Gattung zählen vielleicht zwei oder drei Arten (oder eine einzige variable Art). Der Name leitet sich von dem griechischen Wort *loron* ab, was soviel wie »Lederriemen« oder »Riemen« bedeutet und sich auf die massenhaft im Frühjahr erscheinenden Blüten mit ihren gedrehten, cremefarbenen Blütenblättern bezieht.
PFLEGE UND VERMEHRUNG: Der Strauch verzweigt sich horizontal und eignet sich daher gut für Spaliere. Die Pflanze bevorzugt warmes bis gemäßigtes Klima und einen sonnigen oder halbschattigen Standort. Sie gedeiht in durchlässigen, leicht sauren Böden. Vermehrung im Sommer durch Stecklinge.

Loropetalum chinense

Der immergrüne, nicht winterharte Strauch wird 2 m hoch und hat waagerechte, oftmals sehr ausladende Zweige. Die kleinen, hübschen, ovalen Blätter sind mittel- bis dunkelgrün und bilden einen schönen Hintergrund für die wohlriechenden, hängenden Blüten. Die ansonsten anspruchslose Pflanze sollte regelmäßig gegossen und gedüngt werden. Die Sorte **'Burgundy'** hat dunkelgrüne, ovale Blätter und dunkelrosa Blüten in dichten Büscheln.

LOTUS

HORNKLEE

Zu dieser Gattung gehören 150 in allen gemäßigten Zonen der Welt beheimatete Leguminosen, darunter sommerblühende Einjährige, kurzlebige Stauden sowie sommergrüne, halbjährig grüne und immergrüne Halbsträucher. Die Pflanzen werden wegen des Laubs und der bunten Schmetterlingsblüten gezüchtet. Die Gattung ist nicht mit Wasserpflanzen (*Nelumbo* und *Nymphaea*) zu verwechseln, die unter dem Namen Lotos oder Lotus bekannt sind.
PFLEGE UND VERMEHRUNG: Die Gattung beinhaltet sowohl frostharte als auch frostempfindliche Arten. Die Pflanzen bevorzugen mäßig fruchtbaren, durchlässigen Boden und einen sonnigen Standort. Die Vermehrung erfolgt im Frühsommer durch Stecklinge oder im Herbst bzw. Frühjahr durch Aussaat.

Lotus berthelotii

Der auf den Kapverdischen und Kanarischen Inseln beheimatete, halbimmergrüne, kriechende Halbstrauch eignet sich für Ampeln. Die silbrig behaarte Pflanze trägt feine, nadelartige Blätter und im Frühjahr und Frühsommer Büschel 2,5 cm großer orangefarbener bis scharlachroter Blüten. Die Pflanze kann 20 cm hoch werden und ist nicht frosthart. Das Kappen der Spitzen junger Triebe fördert dichtere Belaubung.

Lotus maculatus

Diese von den Kanarischen Inseln stammende, nicht winterharte Kriechstaude wird 20 cm hoch, trägt silbrige, nadelartige Blätter und krallenartige, goldbraune Blüten. Die Sorte **'Gold Flame'** hat goldgelbe bis orangefarbene Blüten.

LUCULIA

Zu dieser Gattung gehören fünf Arten sommer- und immergrüner Sträucher und kleiner Bäume, die am Fuße des Himalaja wachsen. Von Gärtnern werden die anspruchsvollen Pflanzen wegen ihrer dekorativen, großen, spitz zulaufenden Blätter und der Büschel wohlriechender, rosafarbener oder weißer Blüten geschätzt.
PFLEGE UND VERMEHRUNG: Die nicht winterharten Pflanzen gedeihen in feuchtem, warmem bis gemäßigtem Klima. Sie benötigen sauren Boden und sehr guten Wasserabzug, andernfalls kommt es zur Wurzelfäule. Bei Rückschnitt nach der

Luma apiculata

Lotus maculatus 'Gold Flame'

Blüte erhält die Pflanze eine kompakte Wuchsform. Sie kann im mäßig geheizten Gewächshaus gezogen werden, dann verschiebt sich die Blütezeit vom Vorfrühling in den Sommer. Ihre Vermehrung erfolgt durch Aussaat oder Sommerstecklinge.

Luculia grandifolia

Syn. *Luculia tsetensis*

Dieser aus Bhutan stammende, sommergrüne, aufrechte, kräftige Strauch kann eine Höhe von 6 m und eine Breite von 1–2,5 m erreichen. Er trägt im Sommer endständige Büschel wohlriechender weißer Röhrenblüten und hat grüne, ovale Blätter mit roten Adern und Stielen.

Luculia gratissima

Der halb- oder immergrüne Strauch soll am natürlichen Standort im Osthimalaja bis 6 m hoch werden, begnügt sich in Kultur aber mit 2,5 m. Er wird wegen seiner schneeballartigen, wohlriechenden, rosafarbenen, 20 cm großen Blütenköpfe geschätzt, die ab Mitte Herbst bis zu Beginn des Winters erscheinen. Die Blätter sind bronzegrün, glatt und bis 25 cm lang.

Luculia intermedia

Dieser aus China und dem Himalaja stammende, schöne, immergrüne Strauch wird bis zu 3,5 m hoch und trägt duftende, blaßrosa Blüten.

LUFFA

SCHWAMMGURKE

Die zur Familie der Kürbisgewächse gehörende Gattung beinhaltet nur eine einzige rankende Art. Die Frucht wurde als Gemüse verzehrt; das getrocknete, aus Leitungsgewebe bestehende Innere wird als Stoßdämpfer in Schutzhelmen verwendet; die häufigste Verwendung findet die Pflanze jedoch als Luffa-Schwamm. Aus den Samen kann Öl gepreßt werden.
PFLEGE UND VERMEHRUNG: Die frostempfindliche Pflanze bevorzugt fruchtbaren, sandigen Boden und einen sonnigen

Luma apiculata

Lotus berthelotii

Loropetalum chinense 'Burgundy'

Luculia intermedia

Standort. Das Zurückschneiden der Pflanze fördert ihr Wachstum. Die Vermehrung erfolgt durch Aussaat.

Luffa cylindrica

Syn. *Luffa aegyptiaca*

Die einjährige, bis 3 m weit rankende *Luffa* aus Ägypten hat gelbe Röhrenblüten. Die keulenartige Früchte sind jung eßbar.

LUMA

Die Gattung besteht aus vier Arten immergrüner Sträucher und Bäume aus Argentinien und Chile, die mit der Gattung *Myrtus* verwandt sind. Die Pflanzen haben kleine, ledrige, spitz zulaufende, ovale, dunkelgrüne Blätter, die buschig wachsen. Die kleinen, cremefarben leuchtenden Blüten erscheinen zur Mitte des Sommers. Die dekorative rötlich-braune Rinde der meisten Arten erneuert sich einmal pro Jahr und weicht einer neuen, weißen bis rosafarbenen Rinde.
PFLEGE UND VERMEHRUNG: Obwohl es sich hier meist um strauchartige Pflanzen handelt, können ältere Exemplare Baumhöhe erreichen, was sich durch Zurückschneiden verhindern läßt. Einige Arten eignen sich als Heckenpflanze. Sie bevorzugen feuchten, durchlässigen Boden und einen sonnigen oder leicht schattigen Standort. Die Vermehrung erfolgt im Spätsommer durch Aussaat oder Stecklinge.

Loropetalum chinense

Loropetalum chinense 'Burgundy'

Luculia gratissima

Luma apiculata

Syn. *Myrtus luma, Eugenia apiculata*

Diese aufrechten, buschigen Sträucher oder kleinen Bäume werden wild ca. 15 m hoch, die Größe kann durch regelmäßiges Stutzen jedoch auf 3 m reduziert werden; die Pflanzen eignen sich dann gut als Hecke. Die kleinen Blätter sind aromatisch, die Rinde ist zimtbraun, bedeckt weißes Holz und löst sich ab. Ab Mitte des Sommers bis Mitte Herbst tragen die Pflanzen unzählige Blüten mit auffälligen Staubgefäßen. Bei den Früchten handelt es sich um dunkelviolette Beeren.

LUNARIA

SILBERLING

Diese mit den Levkojen (*Matthiola*) verwandte Gattung besteht aus drei Arten ein-, zwei- und mehrjähriger Kräuter. Die getrockneten Zweige des Silberlings werden schon seit dem 18. Jahrhundert für dekorative Zwecke verwendet.
PFLEGE UND VERMEHRUNG: Die Pflanzen bevorzugen einen sonnigen oder halbschattigen Standort auf fruchtbarem, feuchtem, dabei aber durchlässigem Boden. Die Vermehrung der Stauden erfolgt durch Aussaat oder auch Teilung im Herbst oder Frühjahr, die der zweijährigen Pflanzen erfolgt durch Aussaat. Sie verbreiten sich auch sehr leicht durch Selbstaussaat.

Lunaria annua

Lunaria rediviva

Lupinus hartwegii

Lupinus, Russell-Hybride

L., Russell-Hybride, 'Noble Maiden'

Lunaria annua
Syn. *Lunaria biennis*

Die aus Südeuropa stammende, schnellwachsende, zweijährige Pflanze wird aufgrund ihrer attraktiven Blüten und eigentümlichen Früchte gezüchtet. Sie trägt spitze, ovale, gesägte, hellgrüne Blätter; die im Frühjahr und Frühsommer erscheinenden Blütenstände setzen sich aus duftenden, vierblättrigen, rosaroten, weißen oder rötlich-violetten Blüten zusammen. Daraus entstehen runde Früchte mit silbrigen, durchscheinenden Scheidewänden. Die Pflanze ist von aufrechtem Wuchs und wird 75 cm hoch und 30 cm breit.

L

Lunaria rediviva
SILBERBLATT

Diese mehrjährige Pflanze wird bis zu 1 m hoch und 30 cm breit. Die haarigen Stiele tragen herzförmige Blätter und blaßlila Blüten, später silberne Früchte.

LUPINUS
LUPINE

Zu dieser Leguminosengattung gehören 200 Arten einjähriger Kräuter, Stauden sowie halb- und immergrüner Sträucher und Halbsträucher, die aus Nordamerika, Südeuropa und Nordafrika stammen. Die Pflanzen sind beliebt, da sie einfach zu kultivieren sind, schnell wachsen und lange, aufrechte Ähren mit auffälligen, blauen, violetten, weißen, gelben, roten, orange- oder rosafarbenen Schmetterlingsblüten tragen. Sie werden auch als Viehfutter oder – da sie Stickstoff binden – zur Gründüngung eingesetzt; die Samen einiger Arten sind eßbar. Sie tragen alle zusammengesetzte, gefingerte Blätter; jeweils fünf oder mehr Blättchen sitzen strahlenförmig auf einem Stiel.

PFLEGE UND VERMEHRUNG: Die meisten Lupinen bevorzugen feuchtkühle Winter und lange trockene Sommer. Sie gedeihen an sonnigen Orten in durchlässigem, mäßig fruchtbarem, leicht saurem, sandigem Boden. Während der Wachstumsperiode sollten die Pflanzen häufig gegossen und in trockenen Gebieten gemulcht werden. Verwelkte Blüten sollte man abschneiden, um die Lebensdauer zu verlängern und Selbstaussaat zu verhindern. Durch Unterpflügen der Pflanzen wird dem Boden Stickstoff zugeführt. Die Vermehrung erfolgt im Herbst durch Aussaat, die der Russell-Hybriden durch Teilung oder Stecklinge im Vorfrühling. Lupinen werden gern von Schnecken gefressen.

Lupinus albifrons var. *collinus*

Dieser immergrüne, nicht winterharte Halbstrauch aus den USA wird nur 10 cm hoch. Die Pflanze hat sieben bis zehn silberfarbene, seidige Blätter und trägt im Sommer violettrote oder blaue Blüten.

Lupinus arboreus
BAUMLUPINE

Der an der Küste Kaliforniens wachsende immergrüne oder halbimmergrüne, nicht frostharte Strauch erreicht eine Höhe von 2,5 m und eine Breite von 1 m oder mehr. Er trägt behaarte, graugrüne Blätter und viele kurze Ähren wohlriechender, in der Regel blaßgelber Blüten. Die Hülsen sind bis zu 8 cm lang.

Lupinus argenteus
SILBERLUPINE

Die im Westen der USA und in Kanada beheimatete, frosttolerante Staude wird nur 15–30 cm hoch; sie trägt silberfarbene Blätter, weiße, rosafarbene, blaue oder violette Blüten und behaarte, 2,5 cm lange Früchte.

Lupinus hartwegii

Diese aus Mexiko stammende, schnellwachsende, einjährige Pflanze ist von kompakter, aufrechter Wuchsform und wird 75 cm hoch und 40 cm breit. Sie hat behaarte dunkelgrüne Blätter; gegen Ende des Winters sowie im Frühjahr und Frühsommer erscheinen viele blaue, weiße oder rosa Blüten in schlanken Ähren.

Lupinus nanus

Diese einfach zu kultivierende, einjährige Pflanze aus Kalifornien erreicht eine Höhe von 45 cm. Sie trägt zahlreiche kurze Blütenähren mit hellblauen oder weiß gefleckten, lila Blüten.

Lupinus odoratus

Diese im Westen der USA weitverbreitete Lupine wird 1 m hoch und trägt goldfarbene, duftende Blüten.

Lupinus perennis

Diese im Osten sowie im Zentrum der USA beheimatete, frostertragende Staude wird 60 cm hoch und trägt blauweiße oder rosaweiße Blüten, die an 30 cm langen Trauben sitzen.

Lupinus, Russell-Hybriden

Der Gärtner George Russell züchtete Lupinen und selektierte über Jahre hinweg die besten Sämlinge freibestäubender Pflanzen der Art *Lupinus polyphyllus*. Um das Jahr 1937 kam eine farbprächtige Auswahl seiner Staudenlupinen auf den Markt und wurde schnell unter dem Namen **'Russell-Lupinen'** berühmt. Es dürfte sich hierbei um Hybriden handeln, deren anderer Elternteil die einjährige *L. hartwegii* ist. Die herrliche Gruppe schnellwachsender, im allgemeinen winterharter Lupinen trägt gegen Ende des Frühjahrs und im Sommer lange Ähren mit großen, farbintensiven, creme-, rosa-, orangefarbenen, blauen oder violetten, auch zweifarbigen Blüten. Die gefingerten, mittelgrünen Blätter bilden einen prachtvollen, 1 m hohen Horst. **'Noble Maiden'**, eine Pflanze aus der Band-of-Nobles-Serie, hat cremefarbene Blüten; die Sorte **'Polar Princess'** trägt weiße Blüten; die der Sorte **'Troop the Colour'** sind leuchtendrot. Es existieren auch Zwergsorten wie die 60 cm hohe Sorte **'Lulu'**.

L., Russell-Hybride, 'Troop the Colour'

Lupinus sparsiflorus

Die 20–40 cm hohe, einjährige *Lupinus sparsiflorus* stammt aus dem Westen der USA und aus Nordwestmexiko. Die Pflanze trägt hellblaue bis zartlila Blüten.

Lupinus succulentus

Die aus Südkalifornien und den angrenzenden Gebieten Mexikos stammende hübsche Art wird ca. 60 cm hoch, trägt silberfarbene, behaarte Blätter und dunkelblaue bis violette Blüten, die in der Mitte gelb gefärbt sind.

Lupinus texensis

Die buschige, einjährige Art wird 30 cm hoch. Sie hat hellgrüne, in fünf kleine Blättchen unterteilte und auf der Unterseite behaarte Blätter und trägt im späten Frühjahr dunkelblaue und weiße Blüten. Die einfach zu ziehende Pflanze gedeiht in armen Böden und kommt schnell zur Blüte. Es handelt sich hier um die Nationalblume des Staates Texas; nur dort gedeiht die Pflanze wild.

LUZULA
HAINSIMSE, MARBEL

Zu dieser Gattung der Familie der Binsengewächse gehören etwa 80 Arten der gemäßigten Zonen, sowohl der nördlichen als auch der südlichen Hemisphäre. Durch ihre grasartigen, flachen oder zusammengerollten Blätter, die am Rand lange seidige Haare tragen, unterscheiden sie sich von den Binsen der verwandten Gattung *Juncus*. Es handelt sich meist um immergrüne, horstbildende Stauden; einige bilden Ausläufer und können so lästig werden. Die drahtigen Blütenstiele überragen das Laub mit Büscheln kleiner, blaßgrauer bis goldbrauner Blüten, die manchmal leicht rosa

L., Russell-Hybride, 'Polar Princess'

Lupinus texensis

Lychnis viscaria 'Splendens Plena'

Luzula nivea

Lychnis chalcedonica

getönt sind. Es existieren auch Sorten mit panaschierten Blättern.
PFLEGE UND VERMEHRUNG: Die meisten Arten mögen feuchte Standorte, sind aber anspruchslos an Boden und Platz, solange sie nicht im tiefsten Schatten stehen. Die meisten Arten sind frosthart. Sie werden durch Aussaat oder Teilung vermehrt.

Luzula nivea
SCHNEEMARBEL

Diese langsamwachsende, immergrüne Staude stammt aus Mittel- und Südeuropa, wird 60 cm hoch und genauso breit, manchmal sogar noch breiter. Die Ränder der schmalen, grasartigen Blätter sind mit weißen Haaren besetzt, die dicht gebüschelten Blüten leuchtendweiß.

LYCASTE

Diese Orchideengattung besteht aus etwa 45 Epiphytenarten, die auf Bäumen und Felsen in den Bergen von Mexiko bis Peru beheimatet sind. Die Pseudobulben bilden mit zwei bis vier gefalteten Blättern kompakte Horste; viele Arten sind sommergrün. Die auffälligen Blüten sitzen einzeln oder auch zu zweit auf vielen kurzen Stielen, die am Grund der Pseudobulben entspringen. Die drei großen Kelchblätter bilden eine mehr oder weniger dreieckige Blütenform; die Kronblätter und die Lippe sind meist kleiner und anders gefärbt. Die Blüten können unterschiedliche Farben haben, orange und grünliche Gelbtöne sind am häufigsten, aber auch rosa, rote, grüne oder weiße Blüten kommen vor. Durch Kreuzung entstanden einige Hybriden wie **'Diana'** und **'Erin Harmony'**.
PFLEGE UND VERMEHRUNG: Die Orchideen bevorzugen kühles bis gemäßigtes Klima, wobei die Temperatur im Winter nicht unter 10 °C sinken sollte, außerdem ziemlich feine Orchideenerde sowie einen hellen, gutbelüfteten Standort. Während der Wachstumsperiode sollten die Pflanzen regelmäßig gegossen werden, wobei der Boden auch mal fast völlig austrocknen kann. Im Winter sollte man den Orchideen eine trockene Ruhephase gönnen. Ihre Vermehrung erfolgt durch Teilung.

Lycaste cruenta

Die Pseudobulben dieses aus Mittelamerika stammenden üppigen Blühers sind bis 10 cm lang und 5 cm dick; die Pflanze trägt mehrere 40 cm lange und 15 cm breite Blätter. Die Kronblätter und die Lippe der sonst grünlich-gelben, etwa 8 cm großen Blüten sind orangefarben und sitzen im Frühjahr einzeln auf 15 cm langen Stielen. Sie verströmen gegen Abend einen süßlichen, zimtartigen Duft. Eine Pflanze mit mehreren Pseudobulben kann 20 und mehr Blüten tragen; dies ist an den kleinen Pflanzen ein spektakulärer Anblick, da die Blätter dann schon abgefallen sind.

Lycaste skinneri
Syn. *Lycaste virginalis*

Hierbei handelt es sich um die Lycaste mit den größten und wohl schönsten Blüten. Die Pflanze ist in mittleren Höhenlagen in Mittelamerika beheimatet und wurde in Mexiko durch Sammeln beinahe ausgerottet. Die Pseudobulben sind bis zu 10 cm lang; sie tragen mehrere, breite, gefaltete, sommergrüne Blätter, die bis zu 75 cm lang sind. Die blaßrosa Blüten können einen Durchmesser von 15 cm haben und sitzen einzeln auf 30 cm langen Stielen. Die Pflanze blüht meist im Spätherbst und im Winter. Eine weiße Form dieser Art stellt die Nationalblume Guatemalas dar. ***Lycaste skinneri* × *dowiana*** hat Blüten mit rosa Kelchblättern, weißen Kronblättern und einer blaßrosa Lippe.

LYCHNIS
LICHTNELKE

Diese 15 bis 20 Arten zwei- und mehrjähriger Kräuter stammen aus den gemäßigten Breiten der nördlichen Erdhalbkugel und schließen einige Pflanzen ein, die bereits seit Jahrhunderten aufgrund ihrer Blüten in Kultur sind. Sie können im Sommer in allen Farbtönen von weiß über rosa bis orange und dunkelrot leuchten. Alle Arten haben fünfblättrige Blüten, die in vielen Fällen gekerbt, gegabelt oder zerschlitzt sind. Die Gattung ist mit *Silene* verwandt, wobei die Abgrenzung dieser beiden Gattungen schon oft verändert wurde, je nach wechselnder Meinung der Botaniker.
PFLEGE UND VERMEHRUNG: Die frostharten Pflanzen bevorzugen einen sonnigen Standort und im allgemeinen durchlässigen Boden. Alpine und montane Arten können empfindlich gegen zu starke Bodenerwärmung sein. Um die Blütezeit zu verlängern, sollte man bereits verwelkte Stiele regelmäßig entfernen. Die Vermehrung erfolgt im Herbst oder zu Beginn des Frühjahrs durch Teilung oder Aussaat. Einige Arten breiten sich selbst aus.

Lychnis alpina
ALPENPECHNELKE

Diese im Bergland der nördlichen Hemisphäre und in der Subarktis beheimatete Staude ist 15 cm hoch und trägt im Sommer rosaviolette Blüten mit krausen Blütenblättern über dunkelgrünen Blattrosetten.

Lychnis chalcedonica
BRENNENDE LIEBE

Diese aus Osteuropa stammende Staude wird von Gärtnern schon seit dem 17. Jahrhundert sehr geschätzt. Ihre Blüten sind leuchtend orangerot, so daß die Nachbarpflanzen mit viel Sorgfalt ausgewählt werden sollten. Die 1,2 m hohe Art blüht im Sommer nur über einen sehr kurzen Zeitraum. Es existieren Sorten mit weißen und rosafarbenen sowie mit gefüllten Blüten, diese sind jedoch recht selten.

Lycaste skinneri × *dowiana*

Lycaste 'Diana'

Lycaste 'Erin Harmony'

L

Lychnis coronaria
VEXIERNELKE

Diese auffällige, oft nur kurzlebige Horststaude wird 75 cm hoch und 45 cm breit. Sie trägt silbrigweiße, flaumige Blätter und weitverzweigte, graue Stiele, auf denen im Sommer große, dunkelrosa bis scharlachrote Blüten sitzen. **'Alba'** ist der Name einer Sorte mit weißen Blüten. Früher wurden die Blüten für Girlanden und Kränze verwendet. Die Pflanze erträgt Trockenheit, benötigt kaum Pflege oder Bewässerung und sät sich gern selbst aus.

Lychnis flos-jovis
JUPITERBLUME

Diese Alpenstaude erreicht eine Höhe von 45 cm. Aus einem grundständigen Blattbüschel erheben sich im Sommer hellrosa Blüten in Trugdolden. Die Blätter sind grau und flaumig.

Lychnis × haageana

Bei dieser aus ***Lychnis fulgens*** und ***L. sieboldii*** entstandenen Hybride handelt es sich um eine kurzlebige Horststaude mit einer Höhe von etwa 45 cm. Im Sommer trägt die Pflanze große weiße, lachsfarbene oder scharlachrote Blüten. Die schwachwüchsige Hybride muß durch regelmäßige Aussaat erhalten werden. Die auffallende **'Vesuvius'** trägt tiefbronzegrünes Laub und große, lebhaft orange gefärbte Blüten.

Lychnis coronaria 'Alba'

Lychnis viscaria
PECHNELKE

Diese Staude ist in Europa und Westasien verbreitet. Die dichte Horste bildende Pflanze wird 45 cm hoch und breit, hat bronzefarbene Stengel und schmale, dunkelgrüne Blätter mit klebrigen Haaren. Im Frühsommer erscheinen ährenartige Rispen malvenfarbener bis tiefroter Blüten. **'Splendens Plena'** (Syn. 'Flore Pleno') hat größere, hellrote, gefüllte Blüten.

LYCIUM
BOCKSDORN, TEUFELSZWIRN

Zu dieser Gattung gehören etwa 100 Arten aufrechter oder kletternder Sträucher, die in den suptropischen und gemäßigten Klimazonen der Erde verbreitet sind. Sie gehören zur Familie der Nachtschattengewächse und sind eng mit der Tollkirsche *(Atropa)* verwandt. Zur Gattung gehören sowohl sommer- als auch immergrüne Arten mit einfachen, elliptischen Blättern, die sich rosettenartig an Kurztrieben entlang der oftmals mit spitzen Dornen bewaffneten Zweige anordnen. Aus den kleinen, einzelnen oder büscheligen, glockigen Blüten entstehen eiförmige Beeren.
PFLEGE UND VERMEHRUNG: Die Pflanzen gedeihen an einem sonnigen Standort in armem, durchlässigem Boden. Die Arten sind unterschiedlich winterfest. Sie sind oft in Küstenregionen zu finden, tolerieren Gischt und salzhaltigen Boden. Abgestorbene Zweige sollten nach dem Winter entfernt werden. Sie lassen sich im Herbst durch Aussaat oder im Winter durch Stecklinge vermehren.

Lychnis coronaria

Lycium barbarum
Syn. *Lycium chinense, L. halimifolium*
BOCKSDORN

Von der variablen Art wurde eine in Kultur verbreitete Form früher unter dem Namen ***Lycium chinense*** geführt. Die aus China stammende Art wurde im 18. Jahrhundert nach Europa eingeführt; in England hielt man die Pflanze anfangs für die Teepflanze, der Irrtum wurde jedoch schnell aufgedeckt und die Pflanze wurde – vielleicht ironischerweise – als »Teebaum des Duke of Argyle« bezeichnet. Der sommergrüne Strauch wird 3,5 m hoch, hat wenig bedornte, gebogene Äste, hellgrüne oder gräuliche Blätter, 6 mm große, rosa- oder lilafarbene Blüten sowie orangerote, etwa 2 cm große Beeren.

LYCOPERSICON
TOMATE

Diese in Mittel- und Südamerika beheimatete Gattung besteht aus sieben Arten einjähriger und kurzlebiger, immergrüner Stauden, die eng mit der wesentlich größeren Gattung *Solanum* verwandt sind, zu der auch die Kartoffel und die Aubergine gehören. Die Tomate wurde zur Zeit der spanischen Eroberung von den Inkas in Ecuador und Peru sowie von den Azteken in Mexiko angebaut. Jahrhundertelang wurde sie von Europäern mißtrauisch beäugt, erst im frühen 19. Jahrhundert setzte sie sich auf der ganzen Welt als Gemüse durch. Der Name *Lycopersicon* (griech: »Wolfspfirsich«) bezog sich ursprünglich auf eine nicht verwandte Pflanze; Linné nannte die Tomate ***Solanum lycopersicum*** und der Name blieb haften.

Lycopersicon esculentum

Lycium barbarum

PFLEGE UND VERMEHRUNG: Tomaten benötigen eine lange, warme Wachstumsperiode; in kühleren Gegenden müssen die Setzlinge im Frühjahr unter Glas angezogen werden, damit sich im kurzen Sommer Früchte entwickeln können. Die Tomaten bevorzugen fruchtbaren, durchlässigen Boden an täglich wenigstens sechs Stunden voll besonnten Standorten. Zum Anbinden sollte man Stöcke bzw. Pfähle in den Boden stecken; besteht keine Frostgefahr mehr, pflanzt man die jungen Tomatenstöcke im Abstand von 60 cm. In kühleren Gegenden sollte man die Setzlinge anfangs noch durch eine Folie oder Glas schützen. Der Boden soll feucht, aber nicht zu naß sein und während der Wachstumsphase regelmäßig gedüngt werden. Tomaten sind anfällig für eine Reihe von Schädlingen und Krankheiten, darum ist die Züchtung einer krankheitsresistenten Pflanze ein oberstes Ziel der Züchter.

Lycopersicon esculentum
Syn. *Lycopersicon lycopersicum*

Diese 1,8 m hohe Pflanze hat einen weichen Stengel, einen starken Duft verströmende, tiefgelappte Blätter und gelbe Blüten, aus denen die weichen, saftigen Früchte entstehen. Die Früchte sind in der Regel rot oder gelb und unterscheiden sich, je nach Sorte, erheblich in Größe und Form. Zu den am weitesten verbreiteten und traditionellen roten Sorten gehören **'Beefsteak'**, eine hohe Pflanze mit großen roten Früchten, **'Grosse Lisse'**, mit großen weichen, sehr süßschmeckenden Früchten, und **'Rouge de Marmande'**, mit großen, gerippten Früchten. Die Sorte **'Yellow Pear'** bringt viele 5 cm große, goldgelbe, birnenförmige Früchte hervor. **'Red Pear'** ist dieser Sorte bis auf die roten Früchte sehr ähnlich. Längliche, in Italien sehr beliebte Roma-Tomaten sind die Sorten **'Super Roma'** und **'Plumito'**. Noch neu in westlichen Gärten sind schwarze osteuropäische Sorten, beispielsweise **'Black Russian'**. Cocktailtomaten werden manchmal mit dem Namen ***Lycopersicon esculentum* var. *cerasiforme*** bezeichnet; sie tragen kirschgroße, orangefarbene oder gelbe Früchte in dekorativen, bandförmigen Fruchtständen. Auch eine andere kleinfrüchtige Art, ***L. pimpinellifolium,*** wird gelegentlich angepflanzt und wurde neuerdings in Cocktailtomaten eingekreuzt.

LYCOPODIUM
BÄRLAPP

Diese in feuchteren Gebieten der ganzen Welt verbreitete Gattung umfaßt über 100 Arten. Zusammen mit Schachtelhalmgewächsen beherrschten die größeren Vorfahren dieser alten Pflanzengruppe vor ca. 250 Millionen Jahren die Vegetation. In ihrer Entwicklungsstufe werden Bärlappe zwischen Farnen und Moosen angesiedelt. In der Gattung gibt es kleine Moorpflanzen mit drahtigen Stengeln ebenso wie große Epiphyten, die vorhangartig auf den Ästen tropischer Regenwaldbäume wachsen. Alle haben schnurförmige Stiele mit überlappenden, hellgrünen oder goldgrünen, schuppenförmigen Blättern. Bärlappe vermehren sich über kleine Sporenkapseln zwischen den Schuppen zarter Zapfen.

PFLEGE UND VERMEHRUNG: Kultiviert – meist von Farnfreunden – werden nur die Epiphyten. In den Tropen bevorzugen diese Arten einen halbschattigen, dauerhaft feuchten Platz in einer Astgabel. Außerhalb der Tropen müssen die Pflanzen in einem feuchten Gewächshaus gehalten werden, wo sie zu gewaltigen hängenden Kaskaden heranwachsen können. Vorteilhaft ist ein Ort mit leichter Luftbewegung. Staunässe vertragen sie nicht. Die Vermehrung erfolgt durch Stecklinge oder durch Absenken fruchtender Stengelspitzen.

Lycopodium phlegmaria
HÄNGEBÄRLAPP

In tropischen Regenwäldern Asiens und des Südpazifik ist diese elegante Art weit verbreitet. Sie trägt charakteristische kleine, lackglänzende Blätter, die vierzeilig an den langen, hängenden Stengeln stehen. Bei dieser und vielen verwandten Arten verzweigt sich der Stengel am Ende in eine Gruppe feiner, länglicher, troddelartiger, grüner Sporenzapfen. Die Pflanzen bilden Massen hängender Triebe und eignen sich daher gut für Ampeln.

LYCORIS

Diese Gattung mit spinnenartigen Blüten besteht aus zehn bis zwölf Arten ostasiatischer Amaryllisgewächse, die den besser bekannten Nerinen sehr ähnlich, jedoch wesentlich robuster sind. Der Name stammt aus der römischen Geschichte – Lycoris, die für ihre Schönheit bekannt war, war eine Geliebte von Markus Antonius. Die streifenartigen Blätter der Zwiebelpflanzen sterben im Sommer ab und erscheinen nach der Blütezeit im Sommer oder Frühherbst neu. Auf glatten Stengeln wachsen Dolden trompetenförmiger Blüten mit schmalen, zurückgebogenen, am

Lygodium japonicum

Rand gewellten Blütenblättern und langen Staubgefäßen und Griffeln, die der Dolde ein spinnenartiges Aussehen verleihen.
PFLEGE UND VERMEHRUNG: Die Pflanzen bevorzugen Sonne und fruchtbaren, durchlässigen Boden. Sie sollten während der Wachstumsperiode im Winter kräftig gegossen werden, während der Ruhephase benötigen sie jedoch warme, trockene Bedingungen. Die Pflanzen sind nur mäßig frosthart und müssen vor kaltem Wind geschützt werden. Man sollte die Horste für einige Jahre ungestört lassen, bevor sie während der Ruhephase im Sommer geteilt werden. Die Vermehrung kann auch durch Aussaat erfolgen.

Lycoris aurea

Die in China und Japan beheimatete Pflanze wird bis zu 60 cm hoch und trägt im Sommer eine Dolde von vier bis fünf goldgelben Blüten. Diese sind 8 cm groß, haben schmale, zurückgebogene Kronblätter und

Lycoris radiata

lange, gerade Staubgefäße. Für Mitteleuropa ist die Art nicht ausreichend winterhart.

Lycoris radiata

Diese Art stammt aus China und Japan. Die Stengel sind 30–45 cm hoch und tragen im Spätsommer oder Frühherbst Dolden mit vier bis fünf rosaroten, 5–8 cm großen Blüten mit eingerollten Kronblättern und langen Staubgefäßen. Sie ist wohl ebenfalls nicht ausreichend winterhart.

Lycoris squamigera

Diese aus Japan stammende Pflanze wird 75 cm hoch. Im Spätsommer oder Frühherbst entstehen 6–8 duftende, trichterförmige, weiße Blüten mit gelbem Schlund und kürzeren Staubgefäßen als bei *Lycoris aurea*. Die Blüten erreichen einen Durchmesser von 10 cm. Sie braucht außerhalb des Weinbauklimas einen guten Winterschutz.

LYGODIUM
KLETTERFARN

Zu dieser Gattung gehören 35 bis 40 kletternde Farne, die in feuchtwarmen Klimazonen weit verbreitet sind. Sowohl die sommer- als auch die halbimmergrünen Arten haben weitverzweigte Rhizome. Die jungen Pflanzen tragen anfangs kurze, gefiederte Wedel, die jedoch bald von größeren abgelöst werden, die zu unbegrenztem Spitzenwachstum befähigt sind, Zweige und Sträucher umranken und eine große Blattmasse erzeugen können. Die Fiedern können fast rund oder länglich und gelappt sein; an den fruchtbaren Teilen der Wedel sind sie normalerweise eng kammartig gezähnt. In Teilen der Tropen werden die widerstandsfähigen »Stengel« zur Herstellung von Tauen, Netzen, Matten oder Körben verwendet.
PFLEGE UND VERMEHRUNG: Die nicht frostharten Pflanzen wachsen in feuchtem, humusreichem, torfigem Boden und mögen einen sonnigen oder halbschattigen Standort. Die Wedel brauchen eine Stütze, oder man läßt sie von Ampeln herunterhängen. Vermehrung im Frühjahr durch Teilung oder im Sommer durch Sporen.

Lygodium japonicum
JAPANISCHER KLETTERFARN

Diese sommergrüne Art ist in Asien von Japan bis in den Norden Australiens verbreitet. Die Pflanze kann über 3,5 m hoch werden, die Scheinwedel (bei denen es sich in Wirklichkeit um die Fiedern der Kletterwedel handelt) sind hellgrün und in viele lange, gezähnte, am Grund gelappte Fiederchen unterteilt. Sporentragende Blättchen sehen deutlich anders aus.

LYONIA
AMERIKANISCHE HEIDELBBERE, LYONIE

Diese mit *Pieris* und *Gaultheria* verwandte Gattung besteht aus 35 Arten sommer- und immergrüner Sträucher und kleiner Bäume und ist in Ost- und Südostasien, im östlichen Teil Nordamerikas sowie in Teilen der Karibik beheimatet. Die Blätter

L

Lycopodium phlegmaria

Lycopodium phlegmaria

Lyonothamnus floribundus subsp. *aspleniifolius*

L. floribundus subsp. *aspleniifolius*

sind meist spitz und haben an der Unterseite oft kleine Schuppen oder Flecken. Die weißen oder cremefarbenen Blüten sind zylindrisch oder glockig und hängen in der Regel in Trauben, die sich im Frühjahr aus den Blattachseln entwickeln.
PFLEGE UND VERMEHRUNG: Wie die meisten Heidekrautgewächse bevorzugt auch dieses feuchten, durchlässigen, humosen Boden ohne Kalk. Am besten gedeiht die Amerikanische Heidelbeere im Halbschatten. Die Arten sind unterschiedlich frosthart. Vermehrung durch Aussaat, durch Stecklinge oder durch Absenker.

Lyonia mariana
MARIEN-LYONIE

Dieser aus dem Osten der USA stammende, sommergrüne, frostharte Strauch wird 1,8 m hoch und 1,2 m breit. Sie trägt von Ende Frühjahr bis in den Sommer hinein Büschel 1 cm langer weißer oder rosa getönter, glockiger Blüten und zeigt eine rote Herbstfärbung. Die Pflanze wächst auch in sehr sumpfigem Boden.

LYONOTHAMNUS

Ein früher Einwohner von Los Angeles, W. S. Lyon, entdeckte im Jahre 1884 auf Santa Catalina Island, nahe der südkalifornischen Küste, diese aus einem einzigen immergrünen Baum bestehende Gattung. Der zweite Teil des Namens, *-thamnus*, stammt aus dem Griechischen und bedeutet »Strauch«, so daß man den gesamten Namen auch mit »Lyon-Strauch« übersetzen könnte. Es handelt sich um ein baumartiges Rosengewächs mit typischen Fiederblättern aus in der Regel gezähnten Blättchen und großen, endständigen Rispen kleiner weißer Blüten.
PFLEGE UND VERMEHRUNG: Die nicht frostharten Pflanzen erfordern fruchtbaren, durchlässigen Boden und brauchen Schutz vor kaltem, austrocknendem Wind. Es ist ein Baum für einen sonnigen oder halbschattigen Standort in warmem Klima. Die Vermehrung der Pflanze – im Herbst durch Aussaat oder im Sommer durch Stecklinge – ist nicht ganz einfach.

Lyonothamnus floribundus

Der schlanke Baum mit der schmalen Krone wird 15 m hoch und trägt eine attraktive rötlich-braune Rinde, die sich in Streifen ablöst. Die als typisch geltende Form, die womöglich aber nur altersbedingt ist, trägt einfache, nahezu ungezähnte Blätter. In der Regel ist aber ***Lyonothamnus floribundus* subsp. *aspleniifolius*** mit farnartig zusammengesetzten Blättern in Kultur, bei denen die schmalen Fiederblättchen in viele gleichmäßige, zugespitzte Lappen unterteilt sind. Die im Frühsommer erscheinenden Blüten, aus denen sich später braune Samenkapseln entwickeln, sind cremeweiß und sitzen in großen Trauben an den Astenden.

LYSICHITON
Syn. *Lysichitum*
SCHEINCALLA

Diese Gattung von Aronstabgewächsen umfaßt zwei Arten von Rhizomstauden, die aus dem Nordosten Asiens bzw. aus dem Westen Nordamerikas stammen. Die Pflanzen blühen im Frühjahr vor dem Laubaustrieb. Die spitzen, herzförmigen Blätter sitzen auf kräftigen Stielen und sind ziemlich lang, sie können manchmal 1,2 m messen. Die je nach Art weißen oder gelben Blütenscheiden sind ca. 40 cm lang und umschließen den Blütenkolben (Spadix) teilweise.
PFLEGE UND VERMEHRUNG: Bei den Scheincallas handelt es sich um frostharte Pflanzen kühler Klimazonen. Sie gedeihen in der Regel in feuchtem oder sumpfigem Boden und sollten deshalb am besten an Teich- oder Bachufern gepflanzt werden. Vermehrung durch Aussaat oder Teilung.

Lysichiton americanus
GELBE SCHEINCALLA

Wild ist diese Art von Alaska, über Nordkalifornien bis Montana zu finden. Die großen buttergelben Blütenscheiden erscheinen zur Mitte des Frühjahrs vor den Blättern, halten sich aber noch eine Weile und bilden dann einen auffälligen Kontrast zum Laub. Die Pflanze wird ca. 1 m hoch.

Lysichiton camtschatcensis
WEISSE SCHEINCALLA

Wie der Name schon sagt, stammt diese Art von der Halbinsel Kamtschatka, ist aber auch in anderen Teilen Sibiriens sowie in Japan beheimatet. Die Blüten sind geruchlos oder von süßlichem Duft, erscheinen zu Beginn des Frühjahrs noch vor den Blättern; die Pflanze wird etwa 60 cm hoch. Die auffällig geäderten Blätter werden bis zu 1 m lang.

LYSIMACHIA
FELBERICH, GILBWEIDERICH

Die in den gemäßigten und subtropischen Klimazonen der nördlichen Hemisphäre beheimatete Gattung gehört zur Familie der Primelgewächse und umfaßt etwa 150 Arten, von denen etwa 130 in China zu finden sind, einige weitere auch in Afrika, Australien und Südamerika. In ihrer Wuchsform sind die Pflanzen sehr unterschiedlich; es gibt niedrige, kriechende Pflanzen, aber auch prächtige, horstbildende Arten mit dichten, langen Blütenkerzen. Die fünfblättrigen Blüten sind meist gelb oder weiß, seltener rosa- oder lilafarben. Der botanische Name ist ein latinisiertes Wort aus dem Griechischen und bedeutet soviel wie »endende Zwietracht«. Warum die Pflanze diesen Namen trägt, ist allerdings unklar.
PFLEGE UND VERMEHRUNG: Die Pflanzen bevorzugen leicht sauren, humosen Boden und mehr oder weniger feuchte Bedingungen an einem sonnigen oder halbschattigen Standort. Bei einigen Arten handelt es sich um Sumpfpflanzen, die am besten an Teich- oder Flußufern gedeihen. Vermehrung durch Aussaat, Stecklinge oder Teilung.

Lysimachia nummularia 'Aurea'

Lysimachia ciliata

Bei dieser nordamerikanischen Art handelt es sich um eine 1 m hohe, aufrechte, frostharte Staude. Die bis zu 15 cm langen Blätter sitzen in bis zu vier Wirteln am Stengel. Während des ganzen Sommers erscheinen kleine gelbe, einzeln oder paarig sitzende Blüten in den oberen Blattachseln. ***Lysimachia ciliata* var. *purpurea*** hat rötlich-violettes Laub, das sich farblich schön von den gelben Blüten abhebt.

Lysimachia clethroides
JAPANISCHER FELBERICH

Diese aus China, Korea und Japan stammende, etwas behaarte Staude wird etwa 1 m hoch und bildet mit ihren aufrechten Stielen breite, vielblättrige Horste. Im Sommer erscheinen spitz zulaufende, endständige, anfangs nickende Ähren, die sich später aufrichten und dicht mit strahlendweißen Blüten besetzt sind. In strengen Wintern braucht die Pflanze Schutz.

Lysimachia ephemerum

Diese hübsche, aus Südwesteuropa stammende, im Sommer blühende Staude hat bis zu 1 m hohe Stengel, ziemlich dichtstehende, graugrüne Blätter und 1 cm große, leuchtendweiße Blüten in aufrechten, spitz zulaufenden, endständigen Ähren.

Lysimachia clethroides

Lysimachia vulgaris

Lysimachia nummularia

PFENNIGKRAUT

Diese in den meisten Teilen Europas, in der Türkei und im Kaukasus beheimatete, wüchsige Kriechstaude hat sich auch in weiten Teilen Nordamerikas eingebürgert. Von Naturheilkundigen wurden ihr verschiedene medizinische Eigenschaften zugeschrieben. Die niederliegenden Stengel wurzeln überall im feuchten Boden; sie bilden dabei dichte, schnell in die Breite wachsende, in der Regel nicht höher als 8 cm werdende Polster. Die gegenständigen Blätter sind beinahe rund, daher der lateinische Name *nummularia*, der soviel wie »münzartig« bedeutet, wie auch der deutsche Name Pfennigkraut. Die sattgelben Blütenschalen sind 2,5 cm groß und erscheinen fast den ganzen Sommer lang einzeln auf kurzen Stielen in den Blattachseln. Bei der Sorte **'Aurea'** handelt es sich um eine beliebte Form mit blaß gelbgrünen, im Schatten zitronengelben Blättern und Stengeln. Sowohl die grünen als auch die goldenen Formen erweisen sich als nützliche Bodendecker für feuchten bis sumpfigen Boden; sie sind frosthart und ertragen sogar leichten Tritt.

Lysimachia punctata

GOLDFELBERICH

Diese kräftige, frostharte Horststaude stammt aus Südeuropa und der Türkei. Die aufrechte Pflanze erreicht eine Höhe von 1 m und trägt breite, mittelgrüne Blätter. Jeweils vier Blätter sitzen an einem Wirtel und gehen am oberen Teil des Stengels, der im Sommer unzählige, leuchtendgelbe, 25 mm große Blüten trägt, in Blütentragblätter über. Der Goldfelberich wirkt am besten in größeren Gruppen. Er eignet sich für Beete und große Steingärten sowie zur Anpflanzung an Schwimmbecken oder Gewässern.

Lysimachia vulgaris

GEMEINER GILBWEIDERICH

Die winterharte Staude gedeiht wild in Europa und Westasien auf nassen Wiesen und in Flußauen. Sie hat kriechende Rhizome mit aufrechten, 1,2 m hohen oder sogar höheren Stengeln sowie breite, grüne, gegen- oder quirlständige Blätter. Die leuchtend goldgelben, 2 cm großen Blüten sitzen im Sommer in lockeren, endständigen Ähren.

LYTHRUM

WEIDERICH

Hier handelt es sich um eine Gattung einjähriger und ausdauernder Kräuter und Halbsträucher. Die langen, aufrechten Blütenähren einiger *Lythrum*-Arten sowie die Vorliebe für sumpfige Böden erinnern an die Gattung *Lysimachia*. Zu *Lythrum* zählen ca. 35 Arten aller Kontinente mit Ausnahme Südamerikas. Sie sind sehr unterschiedlich, es gibt kleine, kriechende Pflanzen, deren Stengel im Schlamm von Gräben wurzeln, aber auch etwa 2 m hohe Pflanzen mit rosa- oder lila-farbenen Blüten in auffälligen Ähren.

PFLEGE UND VERMEHRUNG: Solange ausreichende Feuchtigkeit gewährt wird, gedeihen die winterharten Pflanzen in allen Böden. Im Moor und in anderen Feuchtgebieten können sich die Pflanzen sogar invasionsartig ausbreiten. Die Vermehrung ist sehr einfach und geschieht durch Aussaat oder Teilung.

Lysimachia punctata

Lythrum salicaria

BLUTWEIDERICH

Diese aus Europa, Nordafrika und Westasien stammende Staude gedeiht auf feuchtem Boden und kann von dort bis in seichte Gewässerufer vordringen. Aus einem knotigen Rhizom entspringen aufrechte Stengel mit einer Höhe von 1–2 m, je nach Feuchtigkeit und Fruchtbarkeit des Bodens. Ab Mitte des Sommers bis in den Herbst hinein erscheinen rosa bis tiefrote Blüten in ansehnlichen, langen Blütenständen. Die Pflanze hat sich im Osten Nordamerikas weitgehend eingebürgert und ist hier mancherorts als aggressiver Neubürger gefürchtet, der die ursprüngliche Flora verdrängt. Blutweiderich wurde jahrhundertelang in der volkstümlichen Medizin eingesetzt: Sein Tannin hat koagulierende Eigenschaften und stillt daher den Blutfluß; auch zur Behandlung der Cholera wurde er eingesetzt. Es existiert eine Reihe von Gartenformen mit Blüten in Farben von sattem Rosarot bis Rosa, einige davon gefüllt. Die Blüten der Sorte **'Feuerkerze'** gehen mehr ins Rötliche.

Lythrum virgatum

RUTENWEIDERICH

Diese Art ist wild von Mitteleuropa über Asien bis nach Nordchina beheimatet. Es handelt sich um eine hübsche, kräftige Staude bis 2 m Höhe mit schönen rosaroten Blüten, die eher locker an aufrechten Ähren sitzen. Wie die ähnliche *Lythrum salicaria* ist auch diese Art in Nordamerika eingebürgert. Zu den verschiedenen Sorten zählen beispielsweise **'Morden Gleam'** mit dunkelroten Blüten; **'Morden Pink'** mit hübschen rosafarbenen Blüten und **'The Rocket'** mit violett getönten Blättern und satt malven- bis rosafarbenen Blüten.

Lythrum virgatum

Lythrum salicaria

M

MAACKIA

Acht Arten sommergrüner Sträucher und Bäume gehören zu dieser Gattung aus China und Ostindien. Die gefiederten Blätter setzen sich aus 7–13 schmalen Blättchen zusammen. Im Sommer sitzen in verzweigten Trauben erbsenartige Blüten, meist weiß, cremefarben oder gelb. Aus ihnen entstehen geflügelte, 5 cm große Hülsen. **PFLEGE UND VERMEHRUNG:** Sie gedeihen in durchlässiger, humusreicher Erde und an einem sonnigen oder halbschattigen Standort. Nach der Blütezeit sollten sie leicht zurückgeschnitten werden. Die meisten Arten sind sehr frosthart. Ihre Vermehrung erfolgt durch Aussaat im Herbst.

Maackia amurensis

AMUR MAACKIA

Dieser elegante Baum aus dem Nordosten Chinas hat eine hübsche, offene, ausladende Gestalt, wird bis 15 m hoch und etwa 9 m breit. Im Sommer trägt er aufrechte Blütenähren aus weißen bis cremegelben Blüten, aus denen Samenhülsen entstehen.

MACADAMIA

Diese aus Australien, Sulawesi (Celebes) in Indonesien und Neukaledonien stammende Gattung besteht aus elf Arten immergrüner Regenwaldbäume. Die lederartigen Blätter sitzen in der Regel zu dritt bis viert quirlständig an den Zweigen; sie sind ganzrandig oder gezähnt. Die Pflanzen tragen kleine Blüten, die an zylindrischen Ähren sitzen und Nüsse, bis zu deren Reifung etwa neun Monate vergehen. **PFLEGE UND VERMEHRUNG:** Die frostempfindlichen Bäume bevorzugen einen sonnigen Standort sowie fruchtbaren, feuchten, durchlässigen Boden und sollten oft gegossen werden. Blüten und Früchte tragen sie in den Tropen während des ganzen Jahres, in gemäßigten Klimazonen nur in den Sommermonaten. Üblicherweise trägt der Baum nach fünf Jahren die ersten Nüsse. Die beste Ernte erzielt man bei ausgesuchten Sorten, die in der Regel auf Sämlinge aufgepropft sind. Im Herbst vermehrt man Pflanzen durch reifen Samen.

Macadamia integrifolia

QUEENSLANDNUSS

Dieser nicht winterharte Baum, bis zu 2 m hoch und von sehr ausladender Gestalt, trägt quirlständig sitzende, lederartige, glänzende Blätter und 10 cm lange Rispen mit kleinen, cremeweißen Blüten, denen eßbare, runde, braune Nüsse folgen.

Macadamia tetraphylla

Bei genügend Platz entwickelt dieser über 1 m hohe Baum eine buschige Wuchsform. Er trägt herabhängende Ähren mit rosa oder weißen Blüten. Die gezähnten, dunkelgrünen Blätter sind eventuell stachlig. Die jungen Zweige sind anfangs rosarot, werden jedoch mit zunehmendem Alter dunkler. Der Baum ist nicht winterhart.

MACFADYENA

Syn. *Doxantha*

Zu der Gattung gehören drei oder vier Arten aus Mexiko und Uruguay stammender Kletterpflanzen. In subtropischem Klima können sich einige Arten unkrautartig vermehren. Die Blätter aus zwei gegenständigen Blättchen haben krallenartige Ranken, mit denen sie sich an allen erreichbaren Gegenständen festhalten. Die schönen, trompetenförmigen Blüten erscheinen im Frühjahr und Sommer sehr zahlreich. **PFLEGE UND VERMEHRUNG:** Die Pflanzen brauchen einen frostfreien, sonnigen Standort sowie feuchten, durchlässigen Boden. Während der Sommermonate sollten sie vor kaltem Wind geschützt und nicht zu häufig gegossen werden. Nach der Blütezeit sollten die Pflanzen zurückgeschnitten werden. Vermehrung erfolgt durch Aussaat, Stecklinge oder Absenker.

Macfadyena unguis–cati

Syn. *Bignonia tweediana*, *Doxantha unguis-cati*

Diese immergrüne Kletterpflanze wird wegen ihrer großen, hellgelben Blüten, die die Form einer flachen Trompete haben, gezüchtet. Sie haben einen Durchmesser von bis zu 10 cm und erscheinen gegen Ende des Frühjahrs sehr zahlreich; später entstehen daraus bohnenartige Samenhülsen. Die dreizackigen Ranken klammern sich wie kleine Klauen an allen Gegenständen fest; die Pflanze selbst wird 9 m hoch.

MACKAYA

Lediglich eine Art eines immergrünen Strauch, der zur *Akanthus*-Familie gehört, macht die *Mackaya*-Gattung aus. Die an Flußufern in den Wäldern Südafrikas wachsende Pflanze hat dunkelgrüne Blätter. Die kurzen Trauben aus hellrosa, trompetenförmigen Blüten, die aus fünf ausgestellten, dunkellila geäderten Kronblättern bestehen, machen die Pflanzen attraktiv. **PFLEGE UND VERMEHRUNG:** Um seine volle Blütenpracht entwickeln zu können, benötigt der frostempfindliche Strauch in warmen Klimazonen einen halbschattigen, in gemäßigten Klimazonen einen geschützten Standort sowie feuchten, durchlässigen, fruchtbaren Boden. Neue Pflanzen zieht man im Frühjahr bzw. Sommer aus Stecklingen oder Samen.

Mackaya bella

Dieser 2,5 m hohe Strauch ist anfangs von aufrechter Wuchsform und wächst später mehr in die Breite. Von Frühjahr bis Herbst trägt er Ähren aus fünf kronblättrigen, trichterförmigen, rosafarbenen, dunkel geäderten Blüten, die in wärmerem Klima bis in den Winter hinein blühen. Die Blätter sind glänzend, dunkelgrün und oval.

MACLEANIA

Zu dieser Gattung zählen 40 immergrüne Straucharten mit herabhängenden Zweigen aus Mittel– und Südamerika. Die einfachen, elliptischen, lederartigen Blätter sind 2,5–10 cm lang und anfangs oft rötlich getönt. Die hängenden, 2,5cm langen, röhrenförmigen Blüten sitzen zu zehnt in kleinen Gruppen oder Trauben. **PFLEGE UND VERMEHRUNG:** Sie benötigen eine Mindesttemperatur von 5 °C im Winter. Sie gedeihen in feuchtem, durchlässigem, humusreichem Boden und bevorzugen einen sonnigen oder halbschattigen Standort. Man vermehrt sie durch Aussaat oder Stecklinge.

Macleania insignis

In Mexiko, Honduras und Guatemala beheimatet, kann dieser ausladende Strauch 3,5 m hoch werden. Die orangefarbenen bis scharlachroten, röhrenförmigen, 3,5 cm großen Blüten erscheinen meist im Sommer. Aufgrund seines ausgedehnten Wuchses eignet sich der Strauch auch zur Abdeckung von Wänden oder Spalieren.

MACLEAYA

FEDERMOHN

Die Gattung besteht aus zwei Arten rhizomknollenbildender, mehrjähriger Pflanzen, die aus China und Japan stammen und nicht besonders an Mohngewächse erinnern, aber zur Täuschung kommt es, weil die röhrenförmigen Blüten nach dem Öffnen ihre Blätter verlieren. Die herzförmigen Blätter sind graugrün bis olivgrün. **PFLEGE UND VERMEHRUNG:** Die frostharten Pflanzen bevorzugen einen sonnigen Standort und mäßig fruchtbaren, feuchten, aber durchlässigen Boden. Sie sollten vor kaltem Wind geschützt werden. Ihre Vermehrung erfolgt durch Aussaat, Stecklinge oder Teilung.

Macleaya cordata

Syn. *Bocconia cordata*

Diese 1,5–2,5 m hohe, mehrjährige Pflanze hat große, abgerundete, stark geäderte, herzförmige, graugrüne Blätter, die sie zu einer der attraktivsten Pflanzen für Staudenrabatten machen. Im Sommer erscheinen große, federartige, endständige Blütenähren mit cremefarbenen, leicht rosa getönten Blüten. Wird die Pflanze abgeschnitten, sondert sie einen gelben Saft ab. Sie vermehrt sich durch Rhizome und kann sich unkrautartig ausbreiten.

Macleaya microcarpa

Weitgehend der *Macleaya cordata* sehr ähnlich, ist diese Art jedoch mit einer Höhe von etwa 2 m normalerweise etwas kleiner. Die Vermehrung mittels Ausläufer erfolgt bei dieser Art auch invasiver. Die Blüten sind beigefarben mit leicht rosafarbener Tönung. Die Blüten der Sorte **'Coral Plume'** sind intensiver rosa.

MACLURA

Syn. *Cudrania*

Zu dieser Gattung gehören 15 Arten laubwerfender und immergrüner, dorniger Bäume, Sträucher und Kletterpflanzen, die in den wärmeren Ländern der Welt weit verbreitet sind. Die meist grünen Blüten sitzen in Trauben oder Büscheln an der Pflanze. Sowohl die männlichen als auch die weiblichen Pflanzen tragen Blüten und beide sind nötig, wenn man Früchte ziehen will. Aus den Blüten der weiblichen Bäume entstehen zusammengesetzte Früchte. **PFLEGE UND VERMEHRUNG:** Die frostharten Pflanzen gedeihen am besten in voller Sonne und in Gegenden mit heißem Sommer; an den Boden stellen sie keine besonderen Ansprüche. Die Pflanzen haben ausladende Wurzeln und tolerieren extrem trockene Bedingungen. Ihre Vermehrung erfolgt im Herbst durch Aussaat oder im Sommer bzw. Spätwinter durch Stecklinge.

Maclura pomifera

OSAGEDORN

Der aus dem Süden der USA stammende, laubwerfende Baum wird bis 15 m hoch und 12 m breit. Er hat eine dunkelbraune, rissige Rinde und seine dornigen Äste bilden eine offene, unregelmäßige Krone mit ovalen, dunkelgrünen Blättern. Aus den im Sommer erscheinenden gelben Blüten entstehen runzlige, hellgrüne Früchte. Junge Pflanzen sind oft frostempfindlich.

Macfadyena unguis-cati

Mackaya bella

Macadamia tetraphylla

Macleaya cordata

M

Maclura pomifera

Macropiper excelsum

MACROPIPER

Diese Gattung besteht aus neun Arten immergrüner Sträucher oder kleiner Bäume aus dem südpazifischen Raum, wo sie in niedriggelegenen, feuchten Wäldern zu finden sind. Die großen, glatten Blätter sitzen wechselständig an den Zweigen und sind ganzrandig. Aus dem Laubwerk ragen fleischige, zylindrische Ähren heraus, an denen gelbe Blüten sitzen. Aus diesen entstehen kleine, runde, weiche Früchte. **PFLEGE UND VERMEHRUNG:** Die mäßig frostharten Pflanzen mögen durchlässigen, mäßig fruchtbaren Boden und einen halbschattigen Standort. In der Wachstumsphase sollte der Boden gleichmäßig feuchtgehalten eventuell auch gemulcht werden. Die Vermehrung geschieht in den kühleren Monaten durch Aussaat oder Stecklinge.

Macropiper excelsum
KAWA KAWA

Der 6 m hohe Strauch bzw. kleine Baum hat dunkelgrüne, herzförmige Blätter, gelbe Blüten und orangefarbene Früchte, die an Ähren sitzen. Er ist nicht frosthart.

MACROZAMIA

Zu dieser Gattung gehören 24 australische Arten aus der Familie der *Cycadaceae*. Am oberen Ende des Stammes befinden sich palmenartige, immergrüne Wedel, bis zu 2,5 m lang. Die Blattnarben der abgestorbenen Wedel überziehen die Rinde des Stammes. Die Pflanze trägt große, hellgrüne, ananasförmige, männliche und weibliche Zapfen; die reifen weiblichen Zapfen enthalten hellorangefarbene, rote oder gelbe Samen. Frisch sind die Kerne giftig. **PFLEGE UND VERMEHRUNG:** Die mäßig frostharten, bei uns nicht winterfesten Pflanzen gedeihen in gemäßigtem bis subtropischem Klima auf lockerem, durchlässigem Boden im Halbschatten. Man vermehrt sie durch die Aussaat des frischen Samens, der unter Umständen erst nach 18 Monaten keimt. In kühleren Gegenden wächst die Pflanze nur sehr langsam.

Macrozamia communis
BURRAWANG

Obwohl sich der Stamm in der Regel unterhalb der Erdoberfläche befindet, kann er bis zu 2 m hoch werden. Die Krone trägt bis zu 100 hellgrüne, 2 m lange, palmenartige Wedel. Die Pflanze trägt zahlreiche, 50 cm lange, männliche und weibliche Zapfen; die weiblichen Zapfen enthalten längliche, orangefarbene oder rote Samen. Umpflanzungen und leichter Frost werden toleriert. Winterhart ist die Pflanze jedoch nicht.

Macrozamia miquelii
ZAMIA

Nur in den Wäldern im südöstlichen Teil von Queensland in Australien ist diese *Cycadaceae* zu finden. Der Stamm wird 60 cm hoch, die dunkelgrünen, 1,5 m langen Wedel setzen sich aus vielen 25–40 cm langen, am Blattgrund weißen oder rötlichen Blättchen zusammen. Die faßförmigen weiblichen Zapfen sind 40 cm lang und enthalten längliche, orangefarbene oder rote Samen. Die männlichen Zapfen sind genauso groß, sind jedoch bananenförmig.

Macrozamia spiralis

Diese Art wird 1 m hoch und 2 m breit. Der sehr kurze und hauptsächlich unter der Erdoberfläche wachsende Stamm trägt rosettenförmig angeordnete, dunkelgrüne Wedel mit spiralförmig gewundener Mittelrippe und länglichen, lederartigen Blättchen. Auch sie ist nicht winterhart.

MAGNOLIA
MAGNOLIE

Benannt nach dem französischen Botaniker Pierre Magnol, besteht diese vielfältige Gattung aus 100 oder mehr Arten sommer- bzw. immergrüner Bäume und Sträucher aus Ostasien und Amerika. Die Blätter sind in der Regel oval und ganzrandig. Die normalerweise großen und wohlriechenden Einzelblüten haben verschiedene Farben (weiß, gelb, rosa oder lila) und Formen (von flach, beinahe untertassenähnlich, bis zu länglich und kelchartig). Die Früchte sind zapfenähnlich oder leicht zylindrisch. **PFLEGE UND VERMEHRUNG:** Magnolien brauchen tiefen, fruchtbaren, durchlässigen Boden. Einige Arten mögen alkalischen, andere mäßig sauren, humusreichen Boden. Die Wurzeln sind zart, weshalb Magnolien schwer umzupflanzen sind. Sie gedeihen in voller Sonne oder im Halbschatten und benötigen Schutz vor starkem oder salzhaltigem Wind. Die Blütenknospen sind frostempfindlich. Die Vermehrung erfolgt durch Stecklinge, im Herbst durch Samen, im Winter kann man pfropfen.

Macrozamia communis

Magnolia acuminata

Wildwachsend kann diese Pflanze, die prächtigste aller amerikanischen sommergrünen Magnolienarten, knapp 27 m hoch werden und entwickelt dabei eine ausladende, pyramidenartige Form. Die 25 cm langen, mittel- bis dunkelgrünen Blätter sind an der Unterseite flaumig behaart. Die tassenförmigen, leicht duftenden, grünlichgelben Einzelblüten bestehen aus aufrechten Kronblättern und erscheinen im Frühsommer. Die anfangs grüne, gurkenähnliche Frucht ist in reifem Zustand rot. Der Baum ist frosthart.

Magnolia campbellii

Diese aus dem Himalaja stammende, sommergrüne Art wird 25 m hoch und über 10 m breit. Die blattlosen Zweige tragen vom späten Winter an bis in die Mitte des Frühjahrs hinein zart duftende Blüten. Pflanzen, die aus Samen gezogen werden, bekommen erst nach 20 oder mehr Jahren die ersten Blüten. Die Sorte **'Alba'** hat reinweiße Blüten; **'Charles Raffill'** ist weiß und rosaviolett, **'Lanarth'** von einem etwas dunkleren Rosaviolett; ***Magnolia campbellii* subsp. *mollicomata*** trägt schon in zartem Alter die ersten Blüten. Die Art ist frostempfindlich.

Magnolia cylindrica

Dieser große, sommergrüne Strauch bzw. kleine Baum stammt aus dem Osten Chinas und erreicht eine Höhe und Breite von 6 m. Die Pflanze trägt 15 cm lange Blätter, die an der Oberfläche dunkelgrün, an der Unterseite etwas heller sind. Die tassenförmigen Blüten erscheinen im Frühjahr kurz vor oder gleichzeitig mit dem Austreiben der neuen Blätter. Die cremeweißen Kronblätter sind am Grund oft rosa getönt. Die Pflanze ist frosthart.

Magnolia delavayi

Die Blüten und Blätter dieser aus China stammenden, immergrünen Art sind sehr auffällig. Die beeindruckenden Blätter – hart, lederartig und mehr als 30 cm lang – sitzen in großen Rosetten an den Zweigen. Die geöffneten, tassenförmigen Blüten sind blaß gelbbraun und verströmen einen zarten Duft. Sie erscheinen im Spätsommer und sind sehr kurzlebig. *Magnolia delavayi* ist nicht frosthart und sollte in kühleren Regionen vor Frost geschützt werden.

Magnolia campbellii

Macrozamia miquelii

Magnolia denudata
Syn. *Magnolia conspicua, M. heptapeta*
YULAN-MAGNOLIE

In ihrer Heimat Zentralchina wurde die Yulan-Magnolie jahrhundertelang als Symbol der Reinheit betrachtet. Mit knapp 10 m Höhe und gleicher Breite ist der sommergrüne Baum relativ niedrig. Die unzähligen wohlriechenden, reinweißen Blüten öffnen sich zwischen Mitte und Ende Frühjahr noch vor Erscheinen der mittelgrünen Blätter. Rechteckige Zapfen enthalten die orangefarbenen Samen. *Magnolia denudata* ist eng mit *M. sprengeri* 'Diva', einer höheren, rosablühenden Art, verwandt. Diese Magnolie verträgt Frost.

Magnolia globosa

Dieser sommergrüne Strauch oder Baum wird über 6 m hoch und erheblich breiter. Die hübschen, 20 cm langen Blätter sind an

Magnolia acuminata

Magnolia campbellii 'Lanarth'

Magnolia denudata

M

Magnolia grandiflora

Magnolia liliiflora

Magnolia globosa

der Unterseite oft mit braunem Filz überzogen. Die im Sommer blühende Art trägt hängende, weiße, tassen- bis eiförmige Blüten mit burgunderfarbenen Staubblättern. Sie ist nicht winterhart.

Magnolia grandiflora
GROSSBLÜTIGE MAGNOLIE

Diese im Süden der USA beheimatete Art ist eine der wenigen immergrünen Magnolien, die kultiviert werden; der Baum trägt eine dichte, 18–25 m breite Krone aus dunkelgrünen Blättern, die unten rostfarben sind. Im Spätsommer erscheinen 25 cm große, tassenförmige, weiße oder cremefarbene Blüten, aus welchen rötlichbraune Zapfen entstehen. Die Pflanzen bevorzugen warme, feuchte Bedingungen, einige Sorten sind jedoch etwas frosthärter. Einige Pflanzen, wie die Sorte **'Exmouth'**, sind eher kegelförmig und tragen schon sehr früh duftende Blüten. Die Züchtung **'Edith Bogue'** ist für ihre Frosttoleranz berühmt. **'Little Gem'** ist eine halbzwergwüchsige Form, bei der die jüngeren Pflanzen bereits – wenn auch kleinere – Blüten tragen; nach 15 Jahren erreicht der Baum eine Höhe von 3,5 m. **'Russett'** ist aufgrund ihrer kompakten, aufrechten Wuchsform, der beigefarbenen, wildlederartigen Blattunterseite und der relativ großen, bis 30 cm messenden Blüten beliebt. Bei **'St Mary'** handelt es sich um eine langsamwachsende, kompakte Sorte mit unzähligen Blüten und grünen

Magnolia sieboldii

Magnolia liliiflora 'Nigra'

Blättern mit rostfarbener Unterseite. Diese Sorten sind frosthart.

Magnolia hypoleuca
Syn. *Magnolia obovata*

Aus Japan kommt diese schöne und seltene Magnolie. Wild erreicht der Baum eine Höhe von 30 m, in Kultur wird er allerdings selten höher als 10 m. Die mittelgrünen, spatelförmigen Blätter der sommergrünen Pflanze können gut 40 cm lang werden. Die 20 cm großen, tassenförmigen Blüten – cremefarben mit burgunderfarbenen Staubblättern und süßlich duftend – erscheinen im späten Frühjahr und im Frühsommer. Die Pflanze ist frosthart.

Magnolia kobus

Diese sommergrüne, kegelförmige, japanische Art wird bis etwa 10 m hoch, bleibt gezüchtet jedoch eher kleiner. Die aromatischen Blätter der Pflanze sind 20 cm lang und mittelgrün. Die Blüten erscheinen zu Beginn des Frühjahrs noch vor den Blättern, sie haben lange, schmale Kronblätter, am Grund manchmal rosa gesprenkelt. Diese Art ist *Magnolia stellata* sehr ähnlich, jedoch um einiges größer. Früher diente die frostharte Pflanze oft als Pfropfunterlage, weil sie jedoch zur Bildung von Seitentrieben und Ausläufern neigt, wird sie hierfür nicht mehr so häufig verwandt.

Magnolia liliiflora
Syn. *Magnolia quinquepeta*

Diese frostharte Art aus China ist ein sommergrüner, buschiger Strauch, 3 m hoch und 4,5 m breit. Die mittel- bis dunkelgrünen Blätter sind an der Unterseite flaumig behaart und laufen spitz zu. Ab Mitte des Frühjahrs bis zur Mitte des Sommers erscheinen zwischen den Blättern wohlriechende, schmale, leicht ins Violette gehende, rosa Blüten, die innen weißlich sind. Die Blüten der Sorte **'Nigra'** sind dunkelrot bis violett, blaßlila im Inneren. ***Magnolia lilliflora* × *stellata* 'Rosea'** entstand in den 50er Jahren in den USA.

Magnolia × *loebneri*

Als eine sommergrüne Kreuzung zwischen *Magnolia kobus* und einer rosafarbenen Sorte der Art *M. stellata* wird diese frostharte Pflanze 10 m hoch und 8 m breit. Die stumpfen Blätter sind dunkel- bis hellgrün. Die weißen bis rosafarbenen, sternförmigen Blüten öffnen sich im Frühjahr. **'Leonard Messel'** ist eine kompakte Sorte, die den ganzen Winter über sowie zu Beginn des Frühjahrs vor und nach dem Erscheinen der Blätter vielblättrige, zartlila bis rosafarbene Blüten trägt. **'Merrill'** schmückt sich mit weißen, zartrosa getönten Blüten.

Magnolia macrophylla

Dieser sommergrüne, amerikanische Baum wird 15 m hoch und ist von breiter, säulenartiger Wuchsform. Seine ziemlich dünnen, ovalen Blätter können bis 1 m lang werden. Die großen, wohlriechenden, tassenförmigen, cremeweißen bis gelblichen Blüten, deren Kronblätter am Grund rosa oder lilafarben getönt sind, erscheinen gleichzeitig mit den Blättern gegen Mitte des Sommers. Die Baum ist frosthart.

Magnolia officinalis

Magnolia hypoleuca sehr ähnlich, wird dieser 20 m hohe, sommergrüne Baum aus West- und Zentralchina wegen seiner kleineren und unregelmäßiger geformten Blätter jedoch weniger geschätzt als diese. Die Blüten sind beigefarben oder hellbraun und erscheinen gegen Mitte des Sommers. Sie verströmen einen starken Duft. Diese Magnolie ist sehr frostempfindlich.

Magnolia salicifolia

Der Baum trägt ziemlich schmale und für diese Gattung auch recht kleine Blätter – sie sind bis zu 15 cm lang und 5 cm breit. Der sehr zierliche, gewöhnlich kegelförmige, sommergrüne Baum stammt aus Japan. Er ist frosthart und kann 12 m hoch werden, ist in Kultur jedoch meist kleiner. Die feinen, schmalblättrigen, weißen Blüten erscheinen zu Beginn des Frühjahrs.

Magnolia × *soulangeana*

Magnolia × *soulangeana* 'Lennei'

Magnolia sargentiana var. *robusta*

Der nicht winterharte große Strauch bis mittelgroße Baum aus dem Westen Chinas wird 10 m hoch und breit. Wenn das Frühjahr naht, tragen die ausgewachsenen Pflanzen große, rosafarbene, seerosenähnliche Blüten. ***M. s.* var. *robusta*** ist eine Pflanze von kompaktem, buschigem Wuchs mit 30 cm großen Blüten.

Magnolia sieboldii

Zu einer Gruppe laubwerfender, sommerblühender Arten aus China gehört dieser kleine Baum bzw. große Strauch. Die hängenden Blüten unterscheiden sich von den im Frühjahr blühenden Arten, die aufrechte Blüten tragen. Die weißen Blüten duften. Die Pflanze ist frostempfindlich.

Magnolia × *soulangeana*

Diese frostharte, sommergrüne Kreuzung aus *Magnolia denudata* und *M. liliiflora* wurde zum ersten Mal um 1820 in Europa gezüchtet und ist heute durch eine Vielzahl von Sorten vertreten. Der aufrechte Baum wird knapp 10 m hoch, 5 m breit und hat normalerweise nur einen einzigen Stamm. Die dunkelgrünen Blätter laufen an der Basis spitz zu, die kurze Blattspitze ist abgerundet. Die tassen-, pokal- oder untertassenförmigen Blüten sind weiß, rosa oder intensiv purpurrosa, sie erscheinen ab Endes des Winters bis in die Mitte des Frühjahrs hinein, vor und nach dem Austreiben der Blätter. Die Blüten von **'Alexandrina'** sind innen weiß, außen rosa getönt; **'Brozzonii'** hat sehr große, weiße Blüten mit lila Grund. Zu den pokalförmigen Züchtungen gehören **'Lennei'** mit außen violettrosa, innen weißen bis blaßlila Blüten, **'Lennei Alba'** mit ihren reinweißen Blüten sowie **'Rustica Rubra'** mit ihren außen rosaroten und innen weißen und rosa Blüten.

Magnolia sprengeri

Gut 20 m hoch wird dieser aus Zentralchina stammende, sommergrüne und sehr

Magnolia × *soulangeana*

Magnolia × *soulangeana* 'Lennei Alba'

Mahonia fortunei

Mahonia aquifolium

frostempfindliche Baum, 10 m weit kann er ausladen. Die eng mit *Magnolia denudata* verwandte Art trägt während der ersten Hälfte des Frühjahrs große, schüsselförmige, wohlriechende, rosafarbene Blüten, die noch vor den ovalen, dunkelgrünen Blättern erscheinen. Zu den beliebten Sorten dieser Art zählen **'Wakehurst'** und **'Diva'**.

Magnolia stellata

Dieser vielverzweigte, kompakte, sommergrüne Strauch aus Japan erreicht eine Höhe und Breite von 3–4,5 m. Er trägt schmale, dunkelgrüne Blätter. Gegen Ende des Winters und zu Beginn des Frühjahrs erscheinen vor dem Austreiben der Blätter seidige Knospen, aus denen sich wohlriechende, sternförmige, reinweiße Blüten entwickeln. Bereits die jungen Sträucher tragen Blüten. Zu dieser Art gehören verschiedene rosablühende Sorten wie z.B. **'Rosea'**. **'Waterlily'** trägt die meisten, etwas größeren und aus mehr Blütenblättern bestehenden Blüten. Der Strauch ist frosthart.

Magnolia 'Susan'

Der aufrechte, sommergrüne und frostharte Strauch trägt duftende, rotviolette Blüten, deren Kronblätter kraus und auf der Innenseite heller sind. Er wird 3,5 m hoch.

Magnolia × *veitchii*

VEITCH-MAGNOLIE

Als Peter Veitch 1907 *Magnolia campbellii* mit *M. denudata* kreuzte, kreierte er diese frostempfindliche Hybride. Die ziemlich große Pflanze erreicht die Höhe von 30 m erst nach relativ langer Zeit. Aus dieser Kreuzung entstanden viele Sorten wie z.B.

Mahonia bealei

'Isca' mit weißen, am Grund rosa gefleckten Kronblättern und die Sorte **'Peter Veitch'**, mit leicht rosa, zur Spitze hin weißlich schattierten Kronblättern.

Magnolia virginiana

Dieser immergrüne oder halblaubwerfende Baum – in kühleren Gegenden auch ganz laubwerfend – aus dem Osten Amerikas erreicht als Gartenpflanze eine Höhe von 6 m. Im Sommer trägt er duftende, cremefarbene, pokalförmige Blüten, aus welchen 5 cm große, rote Früchte mit scharlachrotem Samen entstehen. Die Blätter sind kleiner als die der meisten anderen Magnolienarten. Der Baum ist frosthart.

Magnolia 'Wada's Memory'

Wahrscheinlich handelt es sich um eine Kreuzung zwischen *Magnolia kobus* und *M. salicifolia*. Die Kronblätter der wohlriechenden, weißen Blüten sind zwar schmal, jedoch größer als die der beiden Eltern. Der attraktive kleine Baum kann etwa 10 m hoch und 6 m breit werden. Er ist frosthart.

Magnolia wilsonii

Aus China stammt dieser ausladende, sommergrüne Strauch oder kleine Baum, gut 5 m hoch und genauso breit. Im späten Frühjahr und im Frühsommer hängen die duftenden, tassenförmigen, weißen Blüten mit ihren roten bis tiefroten Staubblättern an den gebogenen Ästen zwischen den schmalen, mittel- bis dunkelgrünen Blättern mit samtiger Unterseite hervor. Aus den Blüten entstehen rosafarbene Früchte, die, wenn sie reif sind, glänzenden, roten Samen enthalten. Die Pflanze toleriert alkalischen Boden und ist frostempfindlich.

MAHONIA

MAHONIE

Die 70 recht unterschiedlichen Arten dieser Gattung – immergrüne, niedrige bis hohe Sträucher – stammen aus Ostasien sowie aus Nord- und Mittelamerika. Die Pflanzen tragen schönes Laubwerk, oftmals duftende, gelbe Blüten, blauschwarze, dunkelrote oder lilafarbene Früchte sowie eine interessante Rinde; die Früchte der größeren Arten und Sorten sind in der Regel von einer weißen oder blaugrünen Wachsschicht überzogen. Die Beeren erinnern an Miniaturtrauben und lassen sich zu einer hervorragenden Marmelade verarbeiten. Die Sträucher eignen sich als Hecke, Windfang oder Bodendecker. Einige Botaniker zählen diese Pflanzen zur Gattung *Berberis*.

PFLEGE UND VERMEHRUNG: Die in kühlen Klimazonen gedeihenden, häufig frostharten Sträucher benötigen einen relativ sonnigen Standort und durchlässigen, fruchtbaren Boden, der regelmäßig gegossen werden sollte. In wärmeren Gegenden gedeihen die Pflanzen besser im Schatten oder Halbschatten. Ein Zurückschneiden ist nur selten erforderlich, alte oder abgestorbene Zweige können knapp über dem Boden abgeschnitten werden. Die Vermehrung der Pflanzen erfolgt durch Stecklinge, untere Seitentriebe oder Aussaat; die in Kultur entstandenen Sorten werden durch Stecklinge oder Seitentriebe vermehrt.

Mahonia aquifolium

Diese aus dem Westen Nordamerikas stammende, buschige Art wird 2 m hoch und genauso breit. Die 20 cm langen, dunkelgrünen, gefiederten Blätter setzen sich aus fünf bis neun stechpalmenartigen Blättchen zusammen, die in den kühleren Monaten einen leicht violetten Ton annehmen. Die in Büscheln sitzenden, hellgelben Blüten erscheinen im Frühjahr. **'Compacta'** ist von kompakterer Gestalt und wird nur etwa 1 m groß.

Mahonia bealei

Diese frostharte Art aus Westchina hat kurze und steife Blütenähren sowie sich oftmals überlappende Fiederblätter.

Mahonia fortunei

Dieser aufrechte Strauch wird etwa 2 m hoch. Seine mattgrünen Blätter setzen sich aus sieben oder mehr Fiederblättchen zusammen. Obwohl der Blattrand gezähnt ist, sind die Blätter nicht ganz so stachelig wie die anderer Mahonienarten. Die in der Regel gelben Blüten erscheinen im Spätherbst. Diese frostempfindliche Art ist eine der kleinsten der Gattung, weshalb sie sich gut für kleinere Gärten eignet.

Mahonia fremontii

Der im Südwesten der USA und in Mexiko beheimatete, ausladende Strauch erreicht eine Höhe von 3,5 m. Er trägt wachsartige, gelbgrüne Blätter, die sich aus stacheligen Fiederblättchen zusammensetzen sowie in Trauben sitzende, gelbe Blüten, die gegen Ende des Winters und zu Beginn des Frühjahrs erscheinen. Wird der Strauch gestutzt, so eignet er sich in Gegenden mit trockenem Klima hervorragend als attraktive Hecke. Er ist sehr frostempfindlich.

Mahonia 'Golden Abundance'

'Golden Abundance' ist eine aus verschiedenen *Mahonia*-Arten, einschließlich

Magnolia sprengeri 'Diva'

Magnolia wilsonii

Magnolia virginiana

Magnolia stellata

M

M. amplectans, M. aquifolium und *M. piperiana* bestehende Hybride. Der kräftige, aufrechte Strauch wird über 2 m hoch und breit. Er trägt lederartige, grüne Blätter und an langen Trauben sitzende, gelbe Blüten, aus denen lilafarbene Früchte entstehen. Die Pflanze ist an trockene, warme klimatische Bedingungen angepaßt und frosthart.

Mahonia haematocarpa
Syn. *Berberis haematocarpa*

Eng mit *Mahonia fremontii* verwandt, trägt auch dieser Strauch pflaumenfarbene Beeren, jedoch längere und dunklere Blätter. Er mag sonnigere Bedingungen als die anderen aus dem Südwesten der USA stammenden Arten und ist sehr frostempfindlich.

Mahonia japonica

Der aufrechte Strauch, 2 m hoch und 3 m breit, trägt dunkelgrüne Blätter, die sich aus zahlreichen stachligen Fiederblättchen zusammensetzen. Vom Herbst bis ins Frühjahr hinein tragen die langen, schlanken, herunterhängenden Blütentriebe duftende, gelbe Blüten, denen Früchte folgen. Die frostharte Pflanze bevorzugt Halbschatten.

Mahonia lomariifolia

Mahonia lomariifolia

Eine elegante Art ist diese chinesische Pflanze mit 3–4,5 m Höhe und 2–3 m Breite. Die langen, dunkelgrünen Blätter sitzen meist am Ende der bambusähnlichen Triebe und setzen sich aus schmalen, stachligen Fiederblättchen zusammen. Die aufrechten Trauben mit duftenden, hellgelben Blüten erscheinen zwischen Spätherbst und Winter; aus ihnen entstehen Früchte. Die Art ist frostempfindlich.

Mahonia × media

Diese frostharte Sorte ist eine Kreuzung aus *Mahonia japonica* und *M. lomariifolia*, die das schöne Blattwerk der letzteren mit der Widerstandsfähigkeit der ersten Sorte verbindet. Die Blüten von **'Charity'** sitzen in dichten Büscheln, die der Sorte **'Buckland'** in gebogenen Trauben.

Mahonia nervosa

Aus dem Nordwesten Amerikas stammt dieser frostharte Zwergstrauch, der eine Höhe von 0,6 m und eine Breite von 1 m erreicht. Die dunkelgrünen Blätter nehmen im Winter oft ein dunkles Burgunder an. Die gelben Blüten sitzen im Frühjahr an dichten, 20 cm langen Trauben, aus denen blauschwarze Beeren entstehen.

Mahonia nevinii

Der kleine, 2,5 m hohe, aufrechte Strauch aus Kalifornien trägt Blätter, die aus bis zu sieben schmalen, lanzettlichen, hübsch graublauen Fiederblättchen bestehen und auf der Unterseite weiß sind. Die in kleinen Büscheln sitzenden Blüten sind meist gelb; aus ihnen entstehen dunkelrote Beeren. Der Strauch ist sehr frostempfindlich.

Mahonia pinnata

Bei dieser mit *Mahonia aquifolium* verwandten Art handelt es sich um einen kräftigen, Seitentriebe ausbildenden Strauch mit stachelig gezähnten Blättchen, die im Sommer meist mattgrün sind, im Winter jedoch eine rötlichbraune bzw. rote Färbung annehmen. Die gegen Ende des Winters erscheinenden Blüten sind gelb und sitzen in dichten Büscheln; aus ihnen entstehen blauschwarze Beeren.

Mahonia repens

Aufgrund seiner kletternden Wuchsform und kaum 50 cm hoch eignet sich der aus dem Westen der USA stammende, frostharte Strauch vor allem auf unebenem, steinigem Untergrund hervorragend als Bodendecker. Seine wachsartig schimmernden, grünen Blätter bestehen aus stacheligen Fiederblättchen und nehmen in kälteren Wintern oftmals eine leicht rötliche Tönung an. Im Frühjahr erscheinen Büschel kleiner, wohlriechender, gelber Blüten, aus denen später die kugelförmigen Früchte entstehen.

MAIANTHEMUM
SCHATTENBLUME

Zu dieser Gattung gehören drei mehrjährige Arten, die Rhizome ausbilden und in den gemäßigten Klimazonen der nördlichen Hemisphäre beheimatet sind. Die herzförmigen Blätter erscheinen im Frühjahr nach der Ruhephase im Winter; nur wenige Blätter sitzen an drahtigen Stielen, an deren Ende sich auch die Ähren mit den kleinen, weißen, sternförmigen Blüten befinden. Aus den Blüten entstehen kleine, rote Beeren, die sehr auffällig sind.
PFLEGE UND VERMEHRUNG: Die äußerst frostharten Pflanzen gedeihen im Wald auf kühlem, feuchtem Boden, der reichhaltig mit Blatthumus angereichert ist; sie mögen Schatten. In lockerem Boden können sich die Rhizome schnell ausbreiten, die Pflanzen sich unkrautartig vermehren. Vermehrung erfolgt durch Aussaat oder Teilung.

Maianthemum bifolium

Hierbei handelt es sich um die am häufigsten gezüchtete Art dieser Gattung. Die zierliche Staude eignet sich an schattigen Stellen gut als Bodendecker mit kriechendem Wurzelstock, wie beim Maiglöckchen. Die im Frühjahr sprießende Pflanze trägt am Stengel zwei hübsche, hellgrüne, herzförmige Blätter. Dazwischen befinden sich weiße Blüten tragende Ähren, an denen später rote Beeren sitzen. Die 15 cm hohe Pflanze tritt häufig in großen Kolonien auf.

Maianthemum canadense

Dieser kräftige Bodendecker hat schlanke Stengel an denen sich im späten Frühjahr und im Frühsommer Ähren mit kleinen, weißen Blüten befinden, aus welchen rote Beeren entstehen. Die großen, ovalen Blätter mit gewelltem Blattrand sind grün und glänzen. Die Pflanze wird nur 10 cm hoch.

Maianthemum dilatatum

Diese niedere, nur 35 cm hohe, mehrjährige Pflanze trägt zwei herzförmige, 20 cm lange Blätter und kurze, endständige Ähren mit weißen Blüten, aus welchen rote Beeren entstehen.

MALCOLMIA

Zu dieser Gattung gehören 35 Arten buschiger bzw. niederliegender, ein- oder mehrjähriger Pflanzen, die im Mittelmeerraum beheimatet sind. Die kleinen, oft süß duftenden Blüten erscheinen zwischen Frühjahr und Herbst und setzen sich aus vier weißen, manchmal auch leicht rot oder lila getönten Kronblättern zusammen.
PFLEGE UND VERMEHRUNG: Die äußerst frostharten Pflanzen bevorzugen volle Sonne sowie durchlässigen, fruchtbaren Boden, der nicht zu sehr mit Nährstoffen angereichert sein sollte, da dies ein übermäßiges Blattwachstum auf Kosten der Blüten fördert. Die Pflanzen sind selbstverbreitend, im Frühjahr, Sommer oder Frühherbst kann man den Samen auch aussäen.

Malcolmia maritima

Diese langsamwachsende, einjährige Pflanze blüht bereits vier bis sechs Wochen nach der Aussaat. Sie trägt ovale, graugrüne Blätter und 2,5 cm große, duftende, rote, weiße, rosa- oder malvenfarbene Blüten. Sie ist von aufrechtem Wuchs und wird 20 cm hoch und 5–10 cm breit. Um eine lange Blütezeit zu gewährleisten, sollte der Samen in regelmäßigen Abständen ausgesät werden. Die Pflanze eignet sich hervorragend zur Einfassung von Wegen und läßt sich gut mit frühblühenden Blumenzwiebeln kombinieren. Sie ist frostempfindlich.

MALEPHORA

Diese südafrikanische Gattung besteht aus 15 Arten ausladender bzw. buschiger, mehrjähriger Pflanzen mit knorrigen Stengeln, mehr oder weniger sukkulenten, fleischigen, dreieckigen bis zylinderförmigen Blättern und blaugrauen Blüten. Die kleinen Blätter sind in der Regel weniger als 5 cm lang, bei Kälte oder Trockenheit können sie sich leicht rötlich verfärben. Vom Spätsommer bis zum Beginn des Winters erscheinen in den Blattachseln sowie an den Stengelspitzen hellgelbe, orangefarbene oder rote, an Körbchen erinnernde Blütenköpfchen.
PFLEGE UND VERMEHRUNG: Sie mögen lockeren, groben, durchlässigen Boden und sollten den Winter über nicht gegossen

Mahonia × media

Mahonia japonica

Mahonia nevinii

Mahonia repens

Malosma laurina

Malosma laurina

werden. Leichter Frost wird toleriert, andauernde Kälte oder Nässe rufen jedoch Fäulnis hervor. Zur Vermehrung bringt man den Samen aus oder bricht im Frühjahr oder Sommer einige fleischige Blätter ab und behandelt sie wie Stecklinge.

Malephora crocea

Die vom südafrikanischen Westkap stammende Sukkulente trägt mittelgroße, grüne Blätter und im Frühjahr gelbe Blüten. Die Pflanze wird 20 cm hoch.

Malephora lutea

Diese ausladende Pflanze stammt aus Südafrika und trägt gelbgrüne, 5 cm lange Blätter. Im Frühjahr erscheinen orangefarbene und gelbe, 2,5 cm große Blüten.

MALOSMA

Diese Gattung besteht nur aus einer Art, einem immergrünen Strauch bzw. kleinen Baum aus Kalifornien. In wärmeren Klimazonen ist die Pflanze aufgrund ihrer attraktiven Blätter und Blüten sowie wegen der in dekorativen Büscheln sitzenden, beerenartigen Früchte sehr beliebt.
PFLEGE UND VERMEHRUNG: Bei frostfreiem Klima benötigen die Pflanzen einen mäßig fruchtbaren, durchlässigen Boden in sonniger Lage. In der Wachstumsphase sollte häufig gegossen werden. In Gegenden mit Frost sollte man die Pflanzen in kalten oder beheizten Gewächshäusern züchten. Die Vermehrung erfolgt durch Aussaat oder Wurzelstecklinge.

Malosma laurina

Der 2–6 m hohe Strauch bzw. kleine Baum trägt wechselständige, eiförmige, leicht rötlich getönte Blätter mit weißem Rand. Im Frühjahr oder Frühsommer erscheinen kleine Blüten mit breiten Kronblättern, die an kompakten, pyramidenförmigen Büscheln sitzen. Aus ihnen entstehen später Büschel kleiner, weißer Beeren.

MALPIGHIA

Aufgrund der zarten Blüten und des attraktiven Laubwerks sind einige der 45 Arten dieser Gattung, zu der immergrüne Bäume und Sträucher gehören, die auf heißes Klima angewiesen sind, sehr beliebt. Die aus der Karibik sowie aus Mittel- und Südamerika stammenden Pflanzen tragen rosa oder rote Blüten mit fünf Kronblättern; sie sitzen auf schlanken Stielen und bringen eßbare, orangefarbene, rote oder violette Früchte hervor. Die lederartigen Blätter sind normalerweise gezähnt.
PFLEGE UND VERMEHRUNG: Die frostempfindlichen Pflanzen müssen regelmäßig gedüngt und gegossen werden. Sie gedeihen am besten an einem offenen, sonnigen Standort in durchlässiger, mäßig fruchtbarer, feuchter Erde. Will man eine kompaktere Form erhalten, stutzt man die Pflanze. Die Vermehrung nimmt man durch Samen oder Stecklinge vor.

Malpighia coccigera

Dieser schöne, kleine Strauch aus dem karibischen Raum wächst sehr langsam bis zu einer Höhe von 80 cm heran. Die Pflanze hat kleine, glänzende, stechpalmenartige Blätter und trägt im Sommer hübsche blaßrosa Blüten mit gefransten Kronblättern und goldfarbenen Staubblättern. Später bilden sich rote Beeren. In den Tropen eignet sich die bei uns nicht winterharte Pflanze hervorragend als niedrige Hecke.

Malpighia glabra

Der in den tropischen Klimazonen Amerikas beheimatete Strauch wird zwischen 1,5 m und 3 m hoch und hat ganzrandige Blätter. Im Sommer trägt die Pflanze kleine, in Büscheln sitzende, blaßrosa Blüten. Die roten, kirschgroßen Früchte sind zwar sauer, enthalten jedoch viel Vitamin C und werden sowohl zum Kochen als auch zur Herstellung von Gelees und Eingewecktem verwendet.

MALUS

APFELBAUM

Zu der aus dem gemäßigten Norden stammenden Gattung zählen 35 Arten sommergrüner und fruchttragender Bäume, darunter viele Varietäten des seit langer Zeit kultivierten eßbaren Apfels, der wohl aus der Kreuzung mehrerer Arten entstanden ist und meist den Namen *Malus × domestica* oder *M. pumila* trägt. Die Blätter sind einfach und gezähnt, manchmal auch gelappt; die in Büscheln sitzenden Blüten sind weiß, dunkelrosa oder dunkel rötlichviolett. Die Bäume werden aufgrund ihrer wohlproportionierten Wuchsform sowie der zarten Frühjahrsblüten sehr geschätzt.
PFLEGE UND VERMEHRUNG: Die frostharten Bäume mögen kühles, feuchtes Klima und volle Sonne (Halbschatten wird toleriert) und fruchtbaren, durchlässigen, lehmigen Boden. Bei jährlicher Düngung gedeihen die Bäume auch in unfruchtbareren Böden. Abgestorbene Äste sollten im Winter entfernt, die anderen Äste zur Erhaltung der Form zurückgeschnitten werden. Die Vermehrung erfolgt im Sommer durch Okulation, im Winter durch Pfropfung. Die Pflanzen sind anfällig für Blattläuse und Feuerbrand.

Malus × arnoldiana

Die aus *Malus baccata* und *M. floribunda* entstandene Hybride ist ein niedriger, ausladender Baum, der 6 m hoch, jedoch erheblich breiter ist. Er wächst nicht sehr üppig, die wenigen rosafarbenen Knospen, die sich zu gebrochenweißen Blüten entwickeln, sind jedoch sehr auffällig. Auch die über 1 cm dicken, rötlich getönten, gelbgrünen Früchte sind sehr attraktiv.

Malus × atrosanguinea

KARMESINROTER HOLZAPFEL

Diese Kreuzung zwischen *Malus halliana* und *M. sieboldii* hat ausladende, leicht herabhängende Triebe. Die Blütenfarbe ist ein kräftiges Rosa. Die Blätter sind glänzendgrün, die beinahe dunkelroten Blüten sind nach dem Öffnen rosarot; aus ihnen entstehen im Herbst rotgetönte, gelbe Früchte. Die Pflanze kann bis zu 6 m hoch und breit werden.

Malus baccata var. *mandschurica*

Diese zum Sibirischen Holzapfel zählende Sorte unterscheidet sich von dieser Art lediglich durch die etwas dürftiger gezähnten und an der Unterseite daunig behaarten Blätter. Sonst trägt auch diese Sorte unzählige weiße Blüten, aus denen die ziemlich kleinen, roten oder gelben und in der Regel etwa gut 1 cm großen Früchte entstehen. Die Pflanze kann eine Höhe und Breite von 15 m erreichen. Will man sie jedoch kleiner halten, kann man dies durch Stutzen erreichen.

Malus baccata var. mandschurica

Malus baccata var. mandschurica

Malpighia coccigera

Malpighia glabra

Malus × *domestica* 'Jonamac'

Malus × *domestica* 'Golden Delicious'

Malus × *domestica* 'Granny Smith'

Malus × *domestica* 'McIntosh Rogers'

Malus × *domestica* 'Delicious'

Malus × *domestica* 'Jonathan'

Malus × *domestica* 'Discovery'

Malus coronaria

Der kräftige Baum, 10 m hoch, trägt duftende, weiße Blüten und grüne, saure Holzäpfel. An den Trieben sitzen geringfügig gelappte, breite, kurze, hellgrüne Blätter.

Malus × *domestica*

KULTURAPFEL

Diese große Hybridengruppe umfaßt aufrechte und ausladende Bäume mit meist dunkler, graubrauner, schuppiger Rinde und grauen bis rötlichbraunen Zweigen. Die Bäume können 10 m hoch und 5 m breit werden. In der Regel sind die weißen Blüten leicht rosa getönt. Die saftigen, süßen Früchte sind grün oder gelb bis rot. Diese kultivierten Apfelbäume unterscheiden sich von den wilden Holzäpfeln *(Malus sylvestris)* durch ihre flaumig behaarten Triebe und saftigen Früchte. Apfelbäume sind nicht vollständig selbstbestäubend, um Früchte tragen zu können, muß deshalb eine andere Apfelbaumsorte in der Nähe wachsen. Vor dem Kauf von Apfelbaumpflanzen sollte man sich daher informieren, welche Sorten zur Bestäubung geeignet sind. Zu den vielen Sorten zählen **'Delicious'**, **'Discovery'**, **'Golden Delicious'**, **'Golden Harvest'**, **'Granny Smith'**, **'Gravenstein'**, **'Jonathan'** und **'McIntosh Rogers'**. Viele junge Varietäten werden aufgrund ihrer Widerstandsfähigkeit gegen Krankheiten gezüchtet. **'Gala'** ist eine kleine Dessertfrucht, die sich gut lagern läßt und bestens schmeckt; die Sorte **'Jonagold'** trägt große, gelbe, rot gestreifte Früchte, die knackig sind und sehr gut schmecken; **'Liberty'** ist ein sehr krankheitsresistenter Baum, der besonders viele gestreifte, rote Früchte mit blaßgelbem, knackigen Fruchtfleisch trägt.

Die oben genannten Varietäten werden zu kommerziellen Zwecken angebaut. Es existieren jedoch auch hervorragende ältere Apfelsorten, die zur Anpflanzung in kleineren Gärten geeignet sind. **'Adam's Pearman'** ist ein erstklassiger Dessertapfel mit goldgelbem, leicht hellrot getöntem Fruchtfleisch; **'Ashmead's Kernel'** ist ein aufrechter Baum mit ausladenden Ästen, grünlichgelben Früchten und süßem, weißem Fruchtfleisch; **'Blenheim Orange'** trägt gelbe Früchte, die auf einer Hälfte mattorangerot getönt sind; **'Bramley's Seedling'** trägt große, spätreifende Früchte, die sich zum Kochen eignen; **'Ellison's Orange'** überzeugt mit sehr schmackhaften, hellen, grünlichgelben Früchten mit weichem, saftigem Fruchtfleisch.

Es wurden auch einstämmige, säulenförmige Sorten gezüchtet, die sehr eng und platzsparend in Reihe gepflanzt werden können. Hierzu zählen auch die namhaften Varietäten **'Starkspur Compact Mac'** und **'Starkspur Supreme Red Delicious'**. Einige größere Sorten wie **'Jonamac'** können so gezogen werden, daß sie einen Bogen über einem Weg bilden.

Malus florentina

Syn. × *Malosorbus florentina*

Die norditalienische Art ist eine natürliche Kreuzung zwischen *Malus sylvestris* und *Sorbus torminalis*. Der kleine Baum mit der rundlichen Krone trägt weiße Blüten, aus denen sich hellrote Beeren entwickeln. Die Blätter sind gesägt und graugrün.

Malus floribunda

Dieser Baum ist Elternteil vieler Hybriden; er wird etwa 8 m hoch und trägt eine 10 m

Malus florentina

Malus × *domestica* 'Ashmead's Kernel'

Malus × *domestica* 'Ellison's Orange'

M. × *d.* 'Starkspur Supreme Red Delicious'

Malus × *domestica* 'Blenheim Orange'

Malus × *domestica* 'Bramley's Seedling'

M. × *d.* 'Starkspur Compact Mac'

Malus, Zier-Apfelbaum, 'Red Jade'

Malus pumila 'Dartmouth'

breite Krone aus gebogenen Ästen. An diesen sitzen rote Knospen, denen blaßrosa Blüten und erbsenförmige, rötlich getönte, gelbliche Früchte folgen. Der frostharte Baum stammt wahrscheinlich aus China und wurde in Japan eingebürgert.

Malus hupehensis

Syn. *Malus theifera*

HUPEH-APFELBAUM

Der kräftige, 10 m hohe und breite Apfelbaum mit den ausladenden Ästen stammt aus dem Himalaja und aus China. Die dunkelgrünen Blätter sind anfangs leicht violett getönt. Der Baum trägt rosa Knospen, aus welchen duftende, weiße Blüten entstehen. Die kleinen, anfangs gelben und orangefarbenen Früchte sind reif rot.

Malus ioensis

Der 6 m hohe und 8 m breite Laubbaum ist von strauchiger Wuchsform; die Blätter nehmen im Herbst eine schöne Tönung an. Gegen Ende des Frühjahrs trägt der Baum zahlreiche große, wohlriechende, blaßrosa Blüten. **'Plena'** trägt gefüllte Blüten, denen grüne Früchte folgen; **'Prariefire'** hat eine glänzende Rinde, rotviolette Einzelblüten und purpurrote Früchte.

Malus × *magdeburgensis*

Bei diesem buschigen Apfelbaum, der etwa 6 m hoch und breit wird, handelt es sich um eine Kreuzung zwischen *Malus pumila* und *M. spectabilis*, dem er ähnlicher ist. Er trägt dunkelgrüne Blätter. Aus den dunkelrosa, halbgefüllten Blüten entstehen über 1 cm große, gelbe Früchte.

Malus × *micromalus*

KLEINER APFELBAUM

Aus der Kreuzung zwischen *Malus baccata* und *M. spectabilis* entstand ein hübscher, kleiner, aufrechter Baum mit zahlreichen kleinen, dunkelrosa Blüten. Die leicht spitz zulaufenden Früchte sind rot oder gelb.

Malus, Zier-Apfelbäume

Hierzu zählen **'Beverly'**, ein 6 m hoher Baum mit ausladenden Ästen und weißen Einzelblüten und kleinen, hellroten Früchten; **'Butterball'**, ein bis zu 8 m hoher Baum mit rosa getönten, weißen Blüten und leuchtend orangegelben Früchten; **'Candied Apple'**, ein kleiner, breiter Baum mit rosafarbenen Blüten und roten Früchten; **'Dolgo'**, 12 m hoch mit weißen Blüten und violettroten Früchten; **'Golden Hornet'**, 8 m hoch, mit rosa überhauchten, weißen Blüten und eßbaren goldgelben Früchten; **'John Downie'**, ein kegelförmiger Baum mit rotgetönten, orangefarbenen Früchten; **'Katherine'**, mit halbgefüllten, rosa Blüten und tiefroten, leicht gelblich getönten Früchten; **'Naragansett'**, ein robuster, 4 m hoher Baum mit auffälligen, roten Knospen, weißen Einzelblüten und an herabhängenden Büscheln sitzenden, kirschroten Früchten; **'Pink Perfection'** mit gefüllten, blaßrosa und weißen Blüten; **'Prince Georges'** mit sterilen, duftenden, gefüllten, blaßrosa Blüten; **'Profusion'** mit unzähligen weinroten Blüten und rotvioletten Früchten; **'Radiant'**, ein 8 m hoher Baum mit tiefroten Knospen, dunkelrosafarbenen Einzelblüten und hellroten Früchten; **'Red Jade'**, 3,5 m hoch mit weißen bis leicht rosa getönten Blüten und glänzenden, roten Früchten und **'Strathmore'**, ein schmaler, bis 3 m hoher Baum mit duftenden, dunkelrosa Blüten und violetten Früchten.

Malus hupehensis

Malus floribunda

Malus × *purpurea* 'Aldenhamensis'

Malus pumila

Dieser Baum wird 3,5–4,5 m hoch und halb so breit. Er trägt lanzettliche Blätter mit gesägtem Blattrand sowie rosafarbene und weiße Blüten. Die kleinen, attraktiven Früchte eignen sich hervorragend für Apfelkompott und werden seit Generationen zur Herstellung von Gelees und Marmeladen verwendet. Die Sorte **'Dartmouth'** wächst offen ausladend bis zu 8 m hoch; aus den rosa Knospen entstehen weiße Blüten, denen große, dunkelrote Früchte folgen.

Malus × *purpurea*

Diese Hybridensträucher haben eine sehr dunkle, manchmal auch glänzende Rinde und bronzefarbene oder violettrote Blätter. Aus den großen, roten bis violettroten Blüten entstehen kleine Früchte von ähnlicher Farbe. Zu den in Kultur entstandenen Sorten gehören **'Aldenhamensis'**, ein bis 8 m hoher Baum mit ausladenden Ästen, halbgefüllten, weinroten Blüten und violettroten Früchten, sowie **'Eleyi'** mit lila Blättern, dunkelroten Blüten und violettroten Früchten.

Malus × *magdeburgensis*

M., Zier-Apfelbaum, 'Golden Hornet'

M., Zier-Apfelbaum, 'Butterball'

M., Zier-Apfelbaum, 'Pink Perfection'

Malus, Zier-Apfelbaum, 'Prince Georges'

Malus × robusta

Aus der Kreuzung zwischen *Malus baccata* und *M. prunifolia* entstanden, ist diese Hybride auch unter dem Namen Sibirischer Apfelbaum bekannt, wenn auch dieser Name völlig aus der Luft gegriffen zu sein scheint, denn die Pflanzen stammen nicht von dort. Die Sorten **'Yellow Siberian'** und **'Red Siberian'** trifft man sehr häufig an. Beide Sorten sind kräftige, kleine Bäume von ausladender Wuchsform; die knapp 10 m hohe und breite Pflanze trägt weiße, rosa getönte Blüten.

Malus sargentii

Der ausladende Strauch, 2,5–3 m hoch und 3,5–6 m breit, trägt ovale, dunkelgrüne Blätter mit gesägten Rändern, unzählige weiße Blüten und kleine, dunkelrote Früchte, die noch bis in den Winter hinein hängenbleiben. An einigen Ästen können sich Dornen befinden.

Malus sieboldii 'Gorgeous'

Diese Sorte, die den Namen ihres nicht eben bescheidenen Züchters trägt, hat grüne Blätter und rosa Knospen, aus denen erst weiße Blüten und später viele grün- bis dunkelrote Äpfel entstehen. Für Gelees und Eingewecktes ist diese Varietät sehr beliebt.

Malus sylvestris

WILDAPFEL, HOLZAPFEL

Bei dieser aus Europa stammenden Pflanze handelt es sich um einen Elternteil der Plantagenapfelbäume. Die Rinde des 9 m hohen und 3 m breiten Baumes mit abgerundeter Krone ist dunkel. Der Wildapfel trägt weiße, leicht rosa getönte Blätter, die gelben, leicht orangerot verfärbten Früchte sind zwar ziemlich sauer und bitter, eignen sich jedoch hervorragend zum Einwecken. Die Blattstiele können teilweise rot sein, einige Äste tragen eventuell Dornen.

Malus toringoides

Der chinesische, attraktive Baum hat weit ausladende Äste und erreicht eine Höhe von 8 m. Die unverwechselbaren Blätter, klein und schmal, sind oft zweifach oder dreifach gelappt. Aus den cremefarbenen Blüten entwickeln sich runde oder birnenförmige, rote und gelbe Früchte.

Malus transitoria

An *Malus toringoides* erinnernd, stammt diese elegante Art ebenfalls aus China, ist jedoch kleiner und schmaler und trägt kleinere, schmaler gelappte Blätter. Aus weißen Blüten entstehen runde, gelbe Früchte. Der Baum trägt dichtes Herbstlaub.

Malus tschonoskii

Die schnellwachsende, japanische Art wird 12 m hoch und 6 m breit. Der Baum trägt weiße, leicht rosa getönte Blüten, denen gelblichgrüne Früchte mit Rotstich folgen. Die mittelgrünen Blätter sind 10 cm lang. Im Herbst färbt sich das Laub leuchtendorange, -rot und burgunderfarben und bietet einen atemberaubenden Anblick.

Malus × zumi var. *calocarpa*

Diese Kreuzung zwischen *Malus baccata* var. *mandschurica* und *M. sieboldii* ist dem zuletzt genannten Elternteil sehr ähnlich. Der kleine Baum mit ausladendem Geäst trägt mittelgrüne Blätter, rosafarbene Knospen, aus welchen sich kleine, wohlriechende, weiße Blüten entwickeln und kleine, rote Früchte, die oft noch bis in den Winter am Baum hängen, vorausgesetzt sie wurden nicht von Vögeln gefressen.

Malus toringoides

Malus sieboldii 'Gorgeous'

Malus sargentii

Malva sylvestris

Malva moschata 'Alba'

MALVA

MALVE

Zu dieser Gattung gehören 30 Arten ein-, zwei- und mehrjähriger Pflanzen, die in Europa, Nordafrika und Asien beheimatet sind, in einigen Fällen jedoch auch in anderen Ländern eingebürgert wurden. Die Blüten der Pflanzen ähneln denen der verwandten Gattung *Lavatera*, sind jedoch etwas kleiner. Die weißen, blauen, rosa- oder lilafarbenen Einzelblüten setzen sich aus fünf Kronblättern zusammen. Obwohl nicht ganz so auffällig wie die Blüten der Gattung *Lavatera*, sehen sie in Rabatten oder wilden Gärten sehr hübsch aus.
PFLEGE UND VERMEHRUNG: Sie gedeihen an sonnigen Standorten in durchlässigen Böden; auf nicht allzu fruchtbaren Böden sind die frostharten Pflanzen langlebiger. Nach dem Verblühen der ersten Blüten sollten die Pflanzen zurückgeschnitten werden. Die Vermehrung erfolgt im Frühjahr durch Stecklinge oder Aussaat; mehrjährige Pflanzen sind oft selbstverbreitend. Im Frühjahr sollte man auf Rostpilz achten.

Malva alcea

SIGMARSKRAUT, ROSENPAPPEL

Diese kurzlebige, mehrjährige Art aus Südeuropa wird gut 1 m hoch und 60 cm breit. Die Blätter der Pflanze sind 30 cm breit und herzförmig mit gebogenem Rand. Je höher sich die Blätter am Stengel befinden, um so kleiner werden sie und um so gesägter ist der Blattrand. Die violettrosa Blüten erscheinen vom Sommer bis in den Herbst hinein. Die Pflanze ist frosthart.

Malva moschata

MOSCHUSMALVE

Die für wilde Gärten geeignete, mehrjährige Pflanze hat schmale, gelappte, unterteilte Blätter, deren Oberfläche klebrig und behaart ist und die beim Zermahlen einen moschus- bzw. käseartigen Geruch verströmen. Die aus Europa stammende, frostharte *Malva moschata* wächst buschig und weit ausladend bis etwa 1 m hoch und trägt im Sommer Ähren mit vielen rosa Blüten. Die weiße Sorte **'Alba'** ist ebenfalls sehr beliebt.

Malva sylvestris

ALGIERMALVE

Diese aufrechte, mehrjährige und frostharte Art wird bis 1 m hoch und manchmal nur zwei Jahre alt. Die mittel- bis dunkelgrünen Blätter der Pflanze sind breit, herzförmig bis abgerundet und leicht gelappt. Die Blüten erscheinen ab Frühjahrsende bis Mitte Herbst. Die Blüten der Wildformen sind rosa-malvenfarben und dunkelviolett geädert; die in Kultur entstandenen Sorten tragen reinweiße bis blaue oder dunkelviolette Blüten.

MALVASTRUM

Trockenere tropische und subtropische Regionen der Erde sind die Ursprungsgegenden dieser Gattung. Sie besteht aus 30 Arten, die meisten von ihnen Sträucher und ausladende bis aufrechte, immergrüne, mehrjährige Pflanzen. Sie tragen farbenprächtige, kleine Blüten, die wie Miniaturhibiskusblüten aussehen. Die Blätter sind bei den meisten Arten gelappt.
PFLEGE UND VERMEHRUNG: Sie gedeihen am besten auf sandigem oder steinigem, durchlässigem Boden bei voller Sonne. Sie müssen nicht oft gedüngt oder viel gegossen werden; konstante Feuchtigkeit im Boden während der warmen Monate garantiert jedoch ein üppigeres Wachstum. Die Arten sind unterschiedlich frosthart, einige tolerieren keinen Frost. Zu Beginn des Frühjahrs sollten die Pflanzen gestutzt werden; die Vermehrung erfolgt durch Aussaat im Frühjahr oder durch Weichholzstecklinge im Frühsommer.

Malvastrum lateritium

Aus Argentinien und Uruguay stammt diese langsamwachsende, mehrjährige Pflanze mit ausladenden Ästen und gelappten, 10 cm langen Blättern. Im Frühjahr und Sommer ist sie mit 5 cm großen Blüten übersät. Die Blüten sind rötlichgelb. Die 25 cm hohen und bis 2 m breiten Pflanzen sind sehr frostempfindlich.

MALVAVISCUS

BEERENMALVE

Die Gattung aus den tropischen Regionen Nord- und Südamerikas besteht aus drei Arten von weichhölzernen, frostempfindlichen, immergrünen Sträuchern und kleinen Bäumen. Die Pflanzen tragen herzförmige, hell- bis mittelgrüne Blätter und an langen Stielen sitzende, hibiskusartige, rote, rosafarbene oder weiße Blüten.
PFLEGE UND VERMEHRUNG: Die frostempfindlichen Pflanzen gedeihen in subtropischen, frostfreien Regionen. Sie benötigen durchlässigen, lehmigen Boden und im Sommer ausreichend Feuchtigkeit. Topfpflanzen sollten regelmäßig und viel gegossen werden. Damit die Pflanze ihre Form behält, sollten die blütentragenden Äste im Winter gestutzt werden. Die Vermehrung erfolgt im Spätsommer durch Aussaat oder Stecklinge.

Mammillaria bocasana

Mammillaria candida

Mammillaria carmenae

Mammillaria compressa

Mammillaria guelzowiana

Malvaviscus arboreus

Dieser rundliche nicht winterharte Strauch hat gesägte, hellgrüne, behaarte Blätter; er wird 3 m hoch und genauso breit. Von Sommer bis Herbst trägt er kleine, hellrote Blüten mit herausragenden Staubblättern.

Malvaviscus penduliflorus

Syn. ***Malvaviscus aboreus*** **var.** ***penduliflorus***

Der 3 m hohe und breite Strauch aus Mexiko bevorzugt warmes Klima. Er trägt große, mittelgrüne Blätter und 5–8 cm große, herabhängende, hellrote Blüten. Die Pflanze bevorzugt Sonne oder Halbschatten. Zu Beginn des Frühjahrs sollte man die in der vorhergehenden Saison entstandenen Triebe um die Hälfte zurückschneiden, wodurch das Blütenwachstum gefördert wird. Die Art ist nicht winterhart.

MAMMILLARIA

WARZENKAKTUS

Zu dieser Kakteengattung zählen 150 meist aus Mexiko stammende Zwergarten. Die kurzen, kugelförmigen, in Klumpen zusammensitzenden oder aufrechte Säulen bildenden Kakteen werden bis 30 cm hoch, an ihnen befinden sich erhabene, hornartige Warzen und flaumige Areolen. Im Frühjahr und Sommer erscheinen trichter- oder körbchenförmige Blüten, aus denen hellgrüne oder rötliche Früchte entstehen.
PFLEGE UND VERMEHRUNG: Die Kakteen benötigen einen sonnigen Standort, um ihre volle Blütenpracht entwickeln zu können. Die einfach zu züchtenden Pflanzen bevorzugen leichten, sandigen Boden und sollten in der Wachstumsphase gelegentlich gegossen werden. Die meisten Arten tolerieren Frost nur in ausgetrocknetem Zustand, bei uns sind sie nicht winterhart. Die Vermehrung erfolgt durch Aussaat im Frühjahr und Sommer oder durch Seitentriebe im Sommer.

Mammillaria bocasana

Die weißen, am Ende mit einem Häkchen versehenen Dornen dieses kugeligen Kaktus wurden in Mexiko als Angelhaken verwendet. Die 20–30 cm hohe Pflanze hat einen Durchmesser von 20 cm. Die weißen Blüten erscheinen im Frühjahr und Herbst, im Sommer folgen längliche, rote Beeren.

Mammillaria bombycina

SEIDIGE MAMMILLARIE

Dieser kugelige Kaktus aus Mexiko hat einen 20 cm hohen Stamm mit spiralig angeordneten Warzen mit zahlreichen Wirteln weißer Dornen und gelblichbraunen Dornen in der Mitte. An einem schönen, sonnigen Standort trägt der Kaktus vom Winter bis ins Frühjahr hinein violettrosa Blüten.

Mammillaria candida

Blaß, bläulichgrün und kugelförmig, 15 cm hoch und 20 cm breit ist dieser Kaktus aus Mexiko mit kurzen Dornen. Aus den im Frühjahr erscheinenden rosafarbenen Blüten entstehen im Sommer rote Beeren.

Mammillaria carmenae

Diese mexikanische Art besteht aus zahlreichen kugeligen Stämmen, die mit feinen, weißen bis gelbbraunen Dornen übersät sind; ein Polster enthält bis zu 100 Dornen. Die weißen bis blaßrosa Blüten erscheinen im Frühjahr und Sommer, aus ihnen entstehen später hellgrüne Früchte.

Mammillaria compressa

Mit seinen vielen neuen Trieben bildet dieser Kaktus nadelkissenartige Rasen oder Klumpen, die mit langen, weißen Dornen überzogen sind. Der Stamm der Pflanze ist hellbläulichgrün bis graugrün, die Köpfe der Wurzeltriebe können bis 20 cm hoch und 5–8 cm breit werden. Der Kaktus trägt im Frühjahr dunkelviolette Blüten, im Sommer große, rote Beeren.

Mammillaria deherdtiana

Die Dornen dieser aus Mexiko stammenden, kleinen, kugeligen, horstbildenden Kaktee sind anfangs hellgelb, später weiß mit roter Spitze. Jeder Austrieb wird 2,5 cm hoch und 5 cm breit. Im Frühjahr erscheinen rosafarbene, trichterförmige, 5 cm lange Blüten, denen im Sommer kleine, hellgrüne Früchte folgen.

Mammillaria deherdtiana

Mammillaria geminispina

Mammillaria elongata

VERLÄNGERTE MAMMILLARIE

Dieser zylinderförmige Kaktus mit gelben Dornen stammt aus Mexiko; aus der Basis ragen zahlreiche fingerartige Sprosse in verschiedenen Stärken. Im Frühjahr und Herbst erscheinen kleine, hellgelbe Blüten, die extrem langgezogene, kleine, rote Früchte hervorbringen.

Mammillaria geminispina

Durch Seitentriebe verbreitet sich dieser hellgrüne, mexikanische Kaktus selbst; dabei bildet er dornige, kugelförmige Klumpen. Im Frühjahr trägt der Kaktus cremefarbene Blüten, im Sommer rote Beeren.

Mammillaria guelzowiana

Diese Art trägt 5 cm große, fluoreszierend rosafarbene Blüten mit goldfarbenen Staubblättern; die Pflanze wird 10 cm groß und 8 cm breit. Sie ist schwer zu züchten und benötigt extreme Helligkeit.

Mammillaria haageana

Mammillaria haageana

Syn. ***Mammillaria elegans***

Ein einzelner, kugelförmiger Kaktus dieser mexikanischen Art erweitert sich nach und nach zu einem Konglomerat aus etwa 20 cm hohen und 10 cm breiten Kakteen. Der blaugrüne Sproß ist von jeweils vier schwarz gepunkteten mittleren Dornen und vielen kürzeren, weißen Dornen übersät. Im Frühjahr trägt der Kaktus kleine, leuchtendrote Blüten, die wie kleine Krönchen rund um die Spitze der Pflanze sitzen.

Malvaviscus arboreus

Malvaviscus arboreus

Mammillaria hahniana

Mammillaria microhelia

Mammillaria plumosa

Mammillaria hahniana

Weiße Haare und Dornen überziehen diesen hellgrünen Kaktus. Seine kugeligen Seitentriebe werden bis 10 cm stark. Im Frühjahr und Herbst trägt er attraktive violette Blüten, im Sommer rote Beeren.

Mammillaria lloydii

Der dunkelgrüne, kugelige Kaktus aus Mexiko hat attraktive rötlichbraune Dornen. Die weißen, körbchenförmigen Blüten erscheinen im Frühjahr, aus ihnen entstehen kleine, rosa Beeren.

Mammillaria microhelia

Der einzeln wachsende oder gruppenweise als Stachelhaufen auftretende Kaktus trägt viele cremefarbene Dornen, die sogar die kleinen, blaßgelben Blüten verdecken. Die dicken Sprosse sind zylindrisch und graugrün. Ist der Kaktus ausgewachsen, breitet er sich langsam durch Seitentriebe bis zu 40 cm aus. Er ist nicht winterhart.

Mammillaria pectinifera
Syn. *Solisia pectinata*

Blaßrosa mit einem blaßbraunen Mittelstreifen sitzen die hübschen Blüten rund um die Spitze des Sprosses wie ein Krönchen. Mit einem Durchmesser von 2,5 cm sind sie fast so groß wie der Sproß selbst.

Mammillaria lloydii

Mammillaria rhodantha 'Rubra'

Mammillaria plumosa
BEFIEDERTE MAMMILLARIE

Überzogen von federartigen äußeren Dornen, die aus behaarten Areolen hervorragen, bildet diese Art aus Mexiko mit ihren Stämmen eine filzige Haufenkolonie, bis 15 cm hoch und 40 cm breit. Im Winter erscheinen – bei den Zuchtformen selten – cremiggrüne, rosa oder gelbe Blüten. Der Kaktus mag fruchtbare, alkalische Böden.

Mammillaria prolifera

Dieser aus dem Südwesten der USA, dem Nordosten Mexikos und Westindien stammende Kugelkaktus ist selbstbefruchtend; er bildet Seitentriebe aus, die 6 cm hohe und 5 cm breite Polster bilden. Die cremeweißen Blüten erscheinen im Frühjahr, die kleinen, roten Beeren sind dagegen das ganze Jahr hindurch sichtbar.

Mammillaria rhodantha 'Rubra'

Jeder Austrieb der kugeligen, seitentriebebildenden und in Mexiko beheimateten Kaktee erreicht eine Höhe von 30 cm und einen Durchmesser von 10 cm. Die Pflanze trägt unzählige attraktive dunkelrote Dornen sowie rosafarbene, trichterförmige Blüten, die im Sommer blühen und aus welchen ovale, rote Früchte entstehen.

Mammillaria scrippsiana var. *rooksbiana*

Der 6 cm hohe, mexikanische Kaktus aus einem kugeligen, blaugrünem Sproß hat lange Dornen mit flaumig behaarten Achseln. Er bildet flächige oder haufenförmige Kolonien aus und trägt im Frühjahr trichterförmige, dunkelrosa Blüten.

Mammillaria sempervivi

Der dunkelblaugrüne, kugelige Kaktus hat rötliche Dornen. Mit einem Durchmesser von 8 cm trägt er im Frühjahr rosafarbene Blüten, im Sommer rote Früchte.

Mammillaria pectinifera

Mammillaria silvatica

Die zylindrischen Sprosse dieser klumpenbildenden Art sind 15–20 cm hoch. Rund um die Spitze befinden sich kleine, rosafarbene Blüten aus denen sich rosarote Früchte entwickeln.

Mammillaria zeilmanniana

Dieser Kaktus aus Mexiko hat einen kugelförmigen, 15 cm hohen Stamm und breitet sich in Kolonien aus, die einen Durchmesser von 30 cm haben. Er ist von braunen und weißen, strahlenförmig angeordneten Dornen mit einem rötlichbraunen Mitteldorn überzogen. Im Frühjahr erscheinen rund um die Spitze dunkelviolette Blüten.

MANDEVILLA
Syn. *Dipladenia*

Viele der aus Mittel- und Südamerika stammenden, schnellwachsenden Kletterpflanzen mit verholzten Stengeln kommen aus den Wäldern der Organ-Berge in der Nähe von Rio de Janeiro. *Mandevillas* tragen unzählige rosa oder weiße, trompetenförmige Blüten, die bei einigen Arten duften. Die Pflanzen wurden nach dem britischen Diplomaten und Gärtner Henry Mandeville (1773–1861) benannt.
PFLEGE UND VERMEHRUNG: Die tropischen Gewächse sind nur in großen Höhen zu finden; sie gedeihen in gemäßigtem, frostfreiem Klima und bevorzugen tiefen, fruchtbaren, durchlässigen Boden sowie Halbschatten während der Sommermonate. An heißen Tagen sollten die Pflanzen gut gewässert werden. In kühleren Gegenden empfiehlt sich die Kultur der nicht winterharten Pflanzen in Gewächshäusern. Man vermehrt sie durch Aussaat im Frühjahr oder Stecklinge im Frühjahr bzw. Sommer.

M. scrippsiana var. *rooksbiana*

Mammillaria silvatica

Mandevilla × amoena 'Alice du Pont'
Syn. *Mandevilla × amabilis* 'Alice du Pont', *Dipladenia* 'Alice du Pont'

Diese Kletterpflanze erreicht eine Höhe von 6–10 m (als Topfpflanze bleibt sie weitaus kleiner), trägt hübsche, ovale, glänzende Blätter und im Sommer über einen langen Zeitraum hinweg große, dunkelrosa Blüten, die in Büscheln sitzen. Die frostempfindliche Pflanze bevorzugt einen warmen, geschützten Standort, der über die Mittagszeit im Schatten liegen sollte.

Mandevilla laxa
Syn. *Mandevilla suaveolens*

Die teils über 6 m hohe, mäßig frostharte, rankende Pflanze aus Argentinien ist in kühleren Gegenden sommergrün. Im Sommer trägt sie viele weiße, duftende Blüten und eignet sich als Schnittblume. Zu Beginn des Frühjahrs kann sie stark zurückgeschnitten werden, was die Form erhält und das Wachstum anregt.

Mandevilla × amoena 'Alice du Pont'

Mammillaria zeilmanniana

Mammillaria sempervivi

Mandevilla sanderi
Syn. *Dipladenia sanderi*

Diese Pflanze liebt warmes, nahezu frostfreies Klima; sie klettert, indem sie sich bis 4,5 m hoch um ihre Stütze rankt. Die gut 5 cm langen Blätter der Pflanze sind sattgrün und glänzend. Die Wildformen tragen meist 8 cm große, rosa Blüten. **'My Fair Lady'** hat weiße, leicht rosa getönte Blüten; **'Red Riding Hood'** trägt ab dem späten Frühjahr bis in den Winter hinein viele hellrosa Blüten; **'Scarlet Pimpernel'**, eine dunkle Sorte mit scharlachroten Blüten und gelbem Schlund, blüht in wärmerem Klima das ganze Jahr hindurch.

Mandevilla splendens
Syn. *Dipladenia splendens*

Die immergrüne Art rankt 3 m hoch, hat grüne Blätter, die elliptisch bis rechteckig und 20 cm lang sind. Die rosa Blüten mit gelbem Zentrum erscheinen im Spätfrühling bis Frühsommer. Die brasilianische Art braucht Temperaturen über 10 °C.

MANDRAGORA
ALRAUNWURZEL

Die sechs Arten niedriger, mehrjähriger Pflanzen aus der Mittelmeerregion und dem Himalaja tragen im Frühjahr blaßblaue Blüten, aus denen gelbe Früchte entstehen. Die alten Griechen verwendeten die Wurzeln als Anästhetikum, um ihre seltsam gegabelte Form rankten sich viele Legenden. Die Pflanzen sehen aus wie der Körper eines Menschen und lassen männliche oder weibliche Gestalten assoziieren.
PFLEGE UND VERMEHRUNG: Alraunen mögen warmes Klima, gedeihen aber auch in kühlerem, wenn sie im Winter gemulcht werden. Sie sollten an einem sonnigen oder halbschattigen Standort in tief humusreiche, durchlässige Erde gepflanzt und nicht umgepflanzt werden. Man vermehrt sie durch Aussaat im Herbst oder durch Stecklinge im Winter. Die Pflanzen sollten regelmäßig nach Schnecken untersucht werden.

Mandragora officinarum

Diese am häufigsten kultivierte Art der Gattung wird 25 cm hoch und etwas breiter. Zu Beginn des Frühjahrs erscheinen zunächst die Blüten, danach folgen beinahe übergangslos die anfangs grünen, später gelben Beeren. Die Pflanze ist sehr frostempfindlich.

MANETTIA

Zu dieser Gattung zählen 80 Arten immergrüner, hauptsächlich kletternder Pflanzen, die wegen ihrer lebhaft gefärbten Blüten sehr geschätzt werden. Die dünnstengeligen, mäßig wachsenden Kletterpflanzen sind in den tropischen Regionen Amerikas beheimatet und eignen sich hervorragend zur Abdeckung von Pfosten oder Zäunen. In den von ihnen besiedelten Klimazonen tragen die Pflanzen das ganze Jahr hindurch orangefarbene bis rote Blüten.
PFLEGE UND VERMEHRUNG: In frostfreien Klimazonen bevorzugen die Pflanzen einen halbschattigen Standort mit durchlässigem Boden, andernorts können sie auch in einem beheizten Treibhaus gezüchtet werden. Man kann die Pflanzen an einem Gitter oder Drahtgeflecht hochklettern lassen. Die Vermehrung erfolgt durch Stecklinge im Sommer oder durch Aussaat im Herbst.

Manettia cordifolia

Der besser bekannten *Manettia luteorubra* ziemlich ähnlich, wird diese von Bolivien und Argentinien bis nach Peru verbreitete Art 2 m hoch und trägt leuchtendrote bis orangefarbene Blüten, deren Spitze in einigen Fällen gelb ist.

Manettia luteorubra
Syn. *Manettia bicolor, M. inflata*

Diese 2 m hohe, rankende Kletterpflanze trägt im Frühjahr und Sommer kleine, dekorative hellrote Blüten mit goldfarbenen Spitzen. Sie wirkt sehr hübsch, wenn man sie beispielsweise entlang einer Säule oder einem Gitter in die Höhe klettern oder aus einer Blumenampel heraushängen läßt. Die ursprünglich aus Südamerika stammende und bei uns nicht winterharte Pflanze gedeiht am besten in warmem Klima. Wird sie als Zimmerpflanze gezogen, sollte man einen sehr hellen Standort auswählen.

MANGIFERA
MANGOBAUM

Die immergrünen Bäume dieser aus Indien und Südostasien stammenden Gattung tragen dichte, glänzende, herabhängende Blätter, anfangs sind sie leicht rötlich getönt; man nimmt an, daß diese für Tropenbäume typische Eigenschaft die Blätter vor der Sonne und starken Regenfällen schützen. Die Steinfrüchte enthalten in ihrer Mitte einen großen Kern, der wiederum drei Embryonen enthält: die ersten beiden entstehen durch Bestäubung, der dritte wird vom Mutterbaum selbst gebildet. Werden die beiden ersten beim Keimen des Samens entfernt, entsteht aus dem dritten eine Kopie der Mutterpflanze. Dennoch werden die Sorten üblicherweise durch Pfropfung vermehrt.
PFLEGE UND VERMEHRUNG: Die bei uns nicht winterharten Bäume tolerieren subtropische Bedingungen, bevorzugen aber tropisches Monsunklima. Zur Blütezeit auftretende Regenfälle können die Blüten faulen lassen. Die Pflanzen sollten an einem sonnigen Standort in tiefe, fruchtbare Erde gepflanzt und vor starkem Wind geschützt werden. Schon im zarten Alter werden die Bäume gestutzt, damit sich nur ein einziger Stamm entwickelt. Außer durch Pfropfung können die Pflanzen vom Sommer bis zum Herbst auch durch reifen Samen vermehrt werden. Sie sind anfällig für Taufliegen und Pilzinfektionen.

Mandevilla sanderi 'My Fair Lady'

Mangifera caesia

In tropischen Regionen dient der attraktive Baum als Zierpflanze. Er kann 35 m hoch werden; bei ausgewachsenen Exemplaren ist der Stamm oft von einer hübschen, rissigen, graubraunen Rinde überzogen. Die elliptischen, rauhen, gelbbraunen Früchte sind 20 cm lang und 10 cm breit.

Mangifera indica
MANGOBAUM

Der Mangobaum kann eine Höhe und Breite von 25 m erreichen, obwohl die durch Pfropfung entstandenen Bäume in der Regel kleiner sind. Die kleinen, grünlichen Frühjahrsblüten sitzen an langen Zweigen. Die Früchte sehen aus wie riesige Pfirsiche, ihre Haut ist jedoch glatt und verfärbt sich mit zunehmender Reife orangefarben oder rot. Die Früchte der aus Sämlingen gezüchteten Bäume sind häufig pelzig behaart, was bei der Saftgewinnung Schwierigkeiten bereitet; außerdem haben sie oft einen bitteren Nachgeschmack. Die gezüchteten Sorten tragen die besseren und süßeren Früchte; sie haben einen glatten Kern. **'Alphonso'** gilt gemeinhin als die beste Sorte.

MANGLIETIA

Zu dieser eng mit *Magnolia* verwandten Gattung zählen 25 Arten ausladender, immergrüner Bäume und Sträucher, die in wilder Form von Südostasien über den Himalaja bis in den südlichen Teil Chinas verbreitet sind. Die länglich-ovalen Blätter sind an der Oberfläche glänzend, an der Unterseite blaugrün. Die im Frühjahr erscheinenden Blüten unterscheiden sich nur unwesentlich von denen der Magnolie. Die im Durchmesser etwa 10 cm großen Blüten sitzen aufrecht an den Ästen und können in Farben von Weiß bis hin zu verschiedenen Rosa- oder Malventönen auftreten.
PFLEGE UND VERMEHRUNG: Die meisten Arten tolerieren nur leichten Frost und gedeihen am besten in warmem, frostfreiem Klima mit regelmäßigen Regenfällen. Der ideale Boden ist feucht, humusreich und durchlässig, der pH-Wert ist neutral bis leicht sauer. Die Vermehrung erfolgt durch Aussaat oder Stecklinge.

Mangifera indica

Mangifera caesia

Mandragora officinarum

Manettia luteorubra

Mandevilla × *amoena* 'Alice du Pont'

M

Manglietia insignis

Dieser aus dem Himalaja, Westchina und Nordvietnam stammende, attraktive immergrüne Baum ist eine anfangs aufrechte, kegelförmige Pflanze, die immer ausladendere Äste bekommt und bei einer Höhe von 12 m schließlich eine Breite von 4,5 m erreicht. Die lederartigen Blätter, bis 20 cm lang, sind anfangs behaart, später sattgrün und glänzend. Die im Frühjahr erscheinenden kelchförmigen Blüten können weißlich, rötlich oder leicht rosa getönt sein. Der Baum ist nicht winterhart.

MANIHOT

Zu der Gattung zählen 100 Bäume und Sträucher mit attraktivem Laubwerk, beheimatet in den tropischen und gemäßigten Zonen Amerikas. Einige Arten dienen als Nahrungsmittel. Die wechselständigen Blätter sind drei- bis neunfach gelappt, die Blüten sitzen in Trauben oder Rispen.
PFLEGE UND VERMEHRUNG: Während des Wachstums benötigen die bei uns nicht winterharten Pflanzen feuchtwarmes Klima, danach sollte eine Trockenperiode folgen. Gut durchlässige Böden sind nötig. Die Vermehrung erfolgt durch Stecklinge.

Manihot esculenta

Syn. *Manihot utilissima*
MANIOK, CASSAVA

Die variable Art ist eine 1–3 m hohe, strauchige, mehrjährige Pflanze mit gelappten Blättern, die sich aus bis neun lanzettlichen Fiederblättchen zusammensetzen. Die Wurzeln können über 1 m lang werden. Das aus den knolligen Wurzeln gewonnene Maniokmehl wird für Suppen und Pudding, als Konservierungsmittel für Fleisch und Saucen sowie als Klebstoff verwendet.

Manglietia insignis

MARANTA

32 Arten immergrüner, rhizomebildender, mehrjähriger Pflanzen aus den tropischen Wäldern Mittel- und Südamerikas bilden die Gattung. Neben den hübsch gezeichneten Blättern sind die Pflanzen dafür bekannt, nachts eine »Schlafhaltung« einzunehmen, indem sich die bei Tag ausgebreiteten Blätter senkrecht stellen. *Maranta arundinacea* – auch als »Pfeilwurz« bekannt – ist ein wichtiges Nahrungsmittel.
PFLEGE UND VERMEHRUNG: Außer in tropischen Klimazonen, der Heimat dieser Pflanzen, werden sie auch in Gewächshäusern angepflanzt oder als Zimmerpflanzen gezüchtet. Sie mögen feuchte Bedingungen und helles Licht ohne direkte Sonne. In den Tropen eignen sie sich als Bodendecker unter Bäumen. Die Vermehrung erfolgt in der Regel durch Teilung oder Wurzelstecklinge.

Maranta leuconeura

Die nicht winterharte Art präsentiert fast alle Formen mit den schönsten Blättern dieser Gattung. Die Pflanze wird 30 cm hoch und breit, im Sommer trägt sie weiße Blüten an schlanken Ähren, die an einigen Stellen beblättert sind. Die dunkelgrünen Blätter sind etwa 15 cm lang. Sie sind silber- oder rosafarben geädert, die Unterseite kann violett oder graugrün sein. Die Blätter von **'Erythroneura'** sind samtig und von einem sehr dunklen Schwarzgrün mit einem hellgrünen Streifen entlang der Mittelrippe. Die Blätter sind hellrosa geädert, die Unterseite ist dunkelrot. **'Kerchoviana'** trägt ovale, hellgrüne Blätter mit grünen oder braunen Flecken auf beiden Seiten der Mittelrippe; die weißen bis malvenfarbenen Blüten erscheinen periodisch.

Maranta leuconeura 'Erythroneura'

Maranta leuconeura 'Kerchoviana'

Manihot esculenta

Margyricarpus pinnatus

Markhamia zanzibarica

Markhamia lutea

MARGYRICARPUS

Nur eine Art konstituiert die chilenische Gattung; der Bodendecker oder kleine Strauch wird 30 cm hoch und 1,5 m breit. Die hellgrünen, nadelförmigen Blätter sind abgeflacht, gut 1 cm lang und sitzen in festem Abstand büschelweise an den drahtigen, braunen Ästen. Im Frühjahr erscheinen winzige, fadenförmige, grüne Blüten. Auffälliger sind die nachfolgenden, über 1 cm großen Beeren; sie sind weiß mit einem leichten Stich ins Violette und, da für Vögel unattraktiv, bis tief in den Winter hinein an der Pflanze zu sehen.
PFLEGE UND VERMEHRUNG: *Margyricarpus pinnatus* kann leicht auf gut drainierten Böden, in der Sonne oder im Halbschatten gezogen werden. Im Winter verträgt sie Frost bis – 7 °C, aber keine nassen Böden. Sie eignet sich zur Bepflanzung trockener Böschungen. Vermehrt wird sie durch Stecklinge, Ableger oder Aussaat.

Margyricarpus pinnatus

Syn. *Margyricarpus setosus*

Die 1 m breite Pflanze eignet sich fast das ganze Jahr über als unauffälliger Bodendecker. Ihre kleinen Blätter sind mittelgrün, die kleinen, grünen Blüten beinahe unsichtbar. Zu Herbstbeginn erscheinen fast erbsengroße, weiße, perlenartige Beeren.

MARKHAMIA

Hauptsächlich aus den tropischen Regionen Afrikas und Asiens stammen die etwa 13 Arten der Gattung – kleine bis mittelgroße Bäume mit hübschen Blüten; in Regionen mit ähnlichen klimatischen Bedingungen kommen sie auch in Zuchtform vor. In kühleren Gegenden werden die Pflanzen dagegen nur selten in Gewächshäusern gezüchtet, da sie als Topfpflanzen nicht besonders viele Blüten tragen.
PFLEGE UND VERMEHRUNG: Durchlässiger, feuchter Boden und Sonne sind die einzigen Bedingungen, die diese attraktive Pflanze stellt, außer daß sie nicht winterhart ist. Wird sie in kühlen Gegenden in einem Gewächshaus gezogen, sollte man sie lieber in einer Rabatte als in einem Topf anpflanzen. Außerdem wird es notwendig sein, die Pflanze ab und zu zurückzuschneiden, es sei denn, das Gewächshaus ist sehr groß. Ihre Vermehrung erfolgt durch Aussaat im Frühjahr oder durch Stecklinge.

Markhamia lutea

Syn. *Markhamia platycalyx*

Diese zentralafrikanische Art ist ein knapp 10 m hoher Baum mit ausladenden Ästen, dessen Blätter in 7–13 grüne Fiederblättchen unterteilt sind. Die 2,5 cm großen Blüten sind kelchförmig und gelb, der Schlund ist rot geädert.

Markhamia lutea

Markhamia zanzibarica

Dieser südafrikanische Baum mit kurzem Stamm wird 6–8 m hoch. Seine 40 cm langen, zusammengesetzten Blätter sind in drei bis fünf leicht glänzende Fiederblättchen unterteilt. Die glockigen, gelappten, 5 cm großen Blüten sind blaßgelb, an der Außenseite rot und am Schlund rötlichbraun gefleckt. Die spiralförmigen Kapseln sind grau gefleckt und bis 60 cm lang.

MARRUBIUM

ANDORN

Zu dieser Gattung gehören etwa 40 Arten aromatischer, mehrjähriger Kräuter. Die in den gemäßigten Klimazonen Europas und Asiens beheimateten Pflanzen sind oft an Straßenrändern und auf Brachflächen zu finden. *Marrubium* zählt zur Familie der Lippenblütler; charakteristisch sind die vierkantigen, verzweigten Stengel und die gegenständigen, gezähnten, ovalen Blätter, die mit weichen Härchen überzogen und auffällig geädert sind. Die kleinen Blüten sitzen quirlständig in den Blattachseln.
PFLEGE UND VERMEHRUNG: Die frostharten Pflanzen mögen einen sonnigen Standort und nährstoffarmen, durchlässigen Boden. Obwohl sie anspruchslos sind, sollte man darauf achten, sie nicht in allzu fruchtbarem Boden zu züchten, und sie vor austrocknenden Winden schützen. In der Mitte des Frühjahrs werden sie durch Wurzelteilung oder gegen Ende des Frühjahrs durch Aussaat wermehrt.

Marrubium kotschyi

Syn. *Marrubium astracanicum*

Die aus Kurdistan und dem Irak stammende Pflanze, 40 cm hoch, trägt elliptische, gezähnte Blätter, im Sommer erscheinen an Wirteln sitzende, rötlichviolette Blüten. Sie ist frostempfindlich.

Marrubium supinum

Die Art aus den Bergregionen Zentral- und Südspaniens wird knapp 50 cm hoch, trägt nierenförmige, gezähnte Blätter und im Sommer rosa- oder lilafarbene Blüten. Auch sie ist frostempfindlich.

Marrubium vulgare

GEMEINER ANDORN

Diese Art stammt aus Europa und Nordasien, wurde jedoch in vielen Ländern eingebürgert und wächst in den USA mittlerweile auch wild. Die bis 50 cm hohe Pflanze hat flaumig behaarte, herzförmige Blätter und vom zweiten Jahr an kleine, weiße Blüten, die in Büscheln sitzen und ab der Mitte des Sommers bis in den Frühherbst hinein erscheinen. Auf die einst sehr beliebte Heilpflanze wird auch heute noch manchmal zurückgegriffen; sie dient hauptsächlich als Hustenmittel und ist frosthart.

MARSILEA

KLEEFARN

Der Kleefarn stammt aus den warmen bis gemäßigten Klimazonen Europas und Nordasiens sowie aus den tropischen Gebieten Westafrikas, dem Osten der USA und aus Australien. Die Gattung umfaßt etwa 65 Arten oft attraktiver Wasser- und Landpflanzen, die wie Kleepflanzen aussehen, aber zur Familie der Farnpflanzen gehören. Die Rhizome befinden sich unter Wasser, die Blätter oberhalb der Wasseroberfläche. In gemäßigtem bis tropischem Klima vermehren sich die Pflanzen invasionsartig und ihr Ausmerzen ist nahezu unmöglich.

PFLEGE UND VERMEHRUNG: Die meisten Arten sind frostempfindlich oder nur mäßig frosthart. Vorwiegend handelt es sich entweder um Wasserpflanzen oder um Uferpflanzen, die sich für die schlammigen Ecken von Teichen, Tümpeln oder Seen

Marrubium kotschyi

Marrubium supinum

Marrubium vulgare

eignen. Sie gedeihen in fruchtbarem Boden oder leicht saurem Wasser an sonnigen Standorten. Am einfachsten lassen sie sich durch die Teilung von Rhizomen vermehren.

Marsilea drummondii

Die in Australien heimische Pflanze dient den Aborigines als Nahrungsmittel; aus den zermahlenen harten Sporenbehältern gewinnen sie eine Art Mehl. Die vierteiligen Fiederblättchen sind farnartig geformt. Die Blattstiele, die normalerweise 30 cm lang sind, können in tieferem Wasser jedoch auch erheblich länger werden. Die Pflanze ist nicht winterhart.

MARTYNIA

Eine einzige Art gehört zu dieser Gattung, eine einjährige Kletterpflanze mit großen, 30 cm breiten, dreieckigen (pappelartigen) Blättern, die aus Mittelamerika und der Karibik stammt. *Martynia annua* wird wegen ihrer Samenhülsen gezüchtet, die, in jungem und zartem Zustand gepflückt, wie Essiggurken eingelegt werden können. Die Hülsen sind im Durchmesser etwa 2,5 cm breit und 10–15 cm lang; über die Hälfte der Länge sind sie schnabelförmig gekrümmt. Die Hülsen entwickeln sich aus orchideenartigen Blüten. Da die Pflanze sehr attraktiv ist, wird sie nicht nur als Nutz-, sondern oft auch als reine Zierpflanze gezüchtet.

Marsilea drummondii

Masdevallia coccinea

PFLEGE UND VERMEHRUNG: Sie sollte an einem warmen, sonnigen Standort mit feuchtem, wasserdurchlässigem Boden gepflanzt werden, der mit organischen Materialien angereichert sein sollte. Sobald keine Frostgefahr mehr besteht, kann man den Samen aussäen.

Martynia annua

Während des Sommers trägt diese frostempfindliche Kletterpflanze hübsche, cremeweiße Blüten mit violetten Kronlappen, die gelb bis rot gefleckt sind. Die Pflanze bevorzugt einen sonnigen Standort und kann, entsprechend gestützt, 1–2 m hoch werden. Sie hat sich mittlerweile in vielen tropischen Ländern eingebürgert. Bei uns ist sie nicht winterhart.

MASDEVALLIA

Diese in kühlen Klimazonen gedeihenden, immergrünen, epiphytischen oder terrestrischen Orchideen aus den Bergregionen Südamerikas tragen vom Winter bis ins Frühjahr gut 5 cm große Blüten. Da die Kronblätter und das Labellum sehr klein sind, bilden die Kelchblätter eine dreieckige Blüte, die an einem schlanken, 40 cm langen, nur weiter unten beblätterten Stengel sitzt. Fällt Licht auf die Kelchblätter, glitzern diese vielfarbig; dieser Effekt tritt zwar auch bei den weißen Sorten auf, wirkt jedoch bei den roten und orangefarbenen Blüten besonders beeindruckend. Es existieren einige Kreuzungen mit gelben und intensivrosafarbenen Blüten.

PFLEGE UND VERMEHRUNG: *Masdevallias* wachsen wild in den Nebelwäldern hoher tropischer Gebirge und passen sich in Klimazonen mit jahreszeitlichem Wechsel nur schlecht an. Außerhalb ihrer natürlichen Umgebung sollte man sie in einem Gewächshaus mit gleichbleibender Temperatur und Frischluftzufuhr ziehen. Im Winter sollten sie keine Ruhephase haben, und die Temperaturen sollten nicht bis auf den Gefrierpunkt sinken. Die Vermehrung erfolgt nach der Blütezeit durch Teilung.

Masdevallia coccinea 'Splendens'

Masdevallia coccinea

In den Anden Kolumbiens und Perus siedelt die schöne Pflanze in großen Gruppen. Ihre Stengel sind 5 cm, die Blätter 15–20 cm lang und 3,5 cm breit. Die großen Blüten im Frühjahr und Sommer können weiß, gelb, violett oder rot sein. **'Splendens'** ist eine Sorte mit leuchtendroten Blüten.

Masdevallia-Hybriden

Kreuzungen zwischen *Masdevallias* und anderen Orchideen sind sehr beliebt. Bei einigen Sorten handelt es sich um selektierte *Masdevallia*-Formen, bei vielen jedoch um Hybriden. Als Beispiele für solche Sorten wären zu nennen: **'Ayabacora'**, die dunkelrote Kelchblätter mit langen, fadenförmigen Spitzen hat; **'Circe San Barbara'** mit orangeroten, in der Mitte goldgelben Kelchblättern, die an der Spitze ebenfalls fadenförmig zulaufen, sowie **'Southern Son'**, bei der nur das obere Kelchblatt der hellorangefarbenen Blüten fadenförmig zuläuft. Sie alle sind nicht winterhart.

MATRICARIA

KAMILLE

Zu der viel beschriebenen Gattung aromatischer, einjähriger Kräuter zählen fünf verschiedene Arten, die alle in den gemäßigten Klimazonen der nördlichen Hemisphäre beheimatet sind. Die Pflanzen haben fein eingeschnittene Blätter, die sich in zahlreiche lineale Fiederblättchen unterteilen,

Masdevallia-Hybride

Masdevallia-Hybride 'Ayabacora'

M.-Hybride 'Circe San Barbara'

Masdevallia-Hybride 'Southern Son'

Matthiola incana

Matricaria recutita

Matucana weberbaueri f. *flammea*

Maurandya barclayana

und tragen von Frühjahr bis Spätsommer endständige, weiße Blütenköpfchen. Sie eignen sich für Stein– und Kräutergärten wie als Rabattenpflanzen, manche auch als Schnittblumen; die Art *Matricaria recutita* wird als Heilpflanze sehr geschätzt. **PFLEGE UND VERMEHRUNG:** Die frostharten Pflanzen bevorzugen einen wasserdurchlässigen, leicht sandigen Boden in Sonne. Vermehrung erfolgt durch Samen.

Matricaria recutita

Syn. *Matricaria chamomilla*

ECHTE KAMILLE

Die aromatische, einjährige Pflanze besteht aus einem 60 cm langen Stengel, fiederteiligen, hellgrünen Blättern und weißen Blütenköpfchen mit goldener Mitte. Die Blüten erscheinen im Sommer und Herbst und können, wenn sie ganz geöffnet sind, auch geerntet und getrocknet werden. Die Anwendungsgebiete sind dieselben wie die der *Chamaeleum nobile*, der Römischen Kamille. Die Pflanze ist frosthart.

MATTEUCCIA

Die gemäßigten Klimazonen Nordamerikas, Europas und Ostasiens sind die Heimat dieser Gattung von vier sommergrünen Farnen. Mit ihren langen, sterilen Wedeln, die später von kleineren, überwinternden, fruchtbaren Wedeln abgelöst werden, bilden sie attraktive Gartenpflanzen. **PFLEGE UND VERMEHRUNG:** Die beeindruckenden, frostharten Farne bevorzugen einen feuchten, nicht zu nassen Boden mit neutralem oder leicht saurem pH-Wert. Der Humusgehalt sollte mit abgestorbenen Blättern verbessert, die Pflanzen vor direkter Sonnenbestrahlung geschützt werden, da die Wedel verbrennen können. Die Vermehrung erfolgt im Winter durch Teilung bewurzelter Horste. Die Pflanzen können zwar auch durch Sporen vermehrt werden, aber das ist ein sehr langwieriges Geschäft.

Matteuccia struthiopteris

Syn. *Matteuccia pensylvanica*

STRAUSSENFARN

Dieser aus der gemäßigten nördlichen Hemisphäre stammende, rhizomebildende Farn besteht aus 0,5–1,5 m hohen, sterilen, büscheligen Wedeln. Einzelne, ausdauernde, fruchtbare Wedel ragen im Winter malerisch hervor. Die frostharte Pflanze breitet sich manchmal aggressiv aus.

Matteuccia struthiopteris

MATTHIOLA

LEVKOJE

Nur wenige der 55 Arten ein-, zwei- oder mehrjähriger, halbstrauchartiger Pflanzen werden in Gärten gezüchtet. Ausnahmen bilden die bei Nacht duftende Levkoje *Matthiola longipetala* subsp. *bicornis* sowie die verschiedenen Sorten der Levkojenart *M. incana*, die in vielen Formen mit gefüllten und einzelnen Blüten auftritt. Die Blätter der aus Europa, Nordafrika, Mittel- und Südwestasien stammenden Pflanzen sind meist graugrün, die duftenden Blüten erscheinen zwischen Frühjahr und Herbst. Die Pflanzen eignen sich als Beet- und Schnittpflanzen, sind jedoch für Schädlinge und Krankheiten wie Mehltau, Kohlhernie und Kohlwurzelfliege anfällig. **PFLEGE UND VERMEHRUNG:** Levkojen bevorzugen einen sonnigen Standort und feuchten, aber durchlässigen, neutralen oder sauren Boden. Die Pflanzen sollten vor starkem Wind geschützt werden, einige der höheren und die kopflastigen Sorten mit den gefüllten Blüten sollten abgestützt werden. Die Vermehrung der bei Nacht duftenden Levkojen erfolgt durch Aussaat in situ, die der verschiedenen Sorten der *M. incana* im Frühjahr durch Aussaat. Dabei wird der Samen in kleine Schälchen ausgesät und später in Beete verpflanzt.

Matthiola incana

Die zweijährige oder kurzlebig-mehrjährige Pflanze macht sich als Einjährige am besten. Von buschigem Wuchs, wird sie 60 cm hoch und 30 cm breit. Die frostharte Pflanze hat lanzettliche, graugrüne Blätter und trägt im Frühjahr 8–15 cm lange Ähren, an denen malvenfarbene Blüten sitzen. Von dieser Art sind viele Sorten und Varietäten erhältlich, von denen die besten einen hohen Anteil an gefüllten Blüten garantieren. **'Mammoth Column'** wird 80 cm hoch und trägt im Frühjahr nur eine 30–40 cm lange Ähre, an der duftende Blüten in verschiedenen oder nur in einer einzigen Farbe sitzen. Die Art ist frosthart.

Matthiola longipetala subsp. *bicornis*

Syn. *Matthiola bicornis*

Diese aufrechte, verzweigte, einjährige Pflanze erreicht eine Höhe von 40 cm; wird sie im Frühjahr mit einigem Abstand regelmäßig ausgesät, trägt sie den ganzen Sommer über bis in den Herbst hinein rosa–, lila– oder malvenfarbene Blüten. Obwohl die Blüten nicht besonders auffällig sind, verströmen sie bei Nacht einen starken, süßen Duft. Die Pflanze verträgt Frost.

MATUCANA

Peru ist die Heimat dieser Kakteengattung, die aus 20 meist kugelförmigen Arten besteht. Die Kakteen werden maximal 60 cm hoch und 15 cm breit. Die meisten Arten tragen viele dichte Dornen und trichterförmige Frühjahrsblüten in Farbvarianten von Gelb über Orangerot bis Violett. Im Sommer folgen runde, grünliche Früchte. **PFLEGE UND VERMEHRUNG:** Die mäßig frostharten Kakteen bevorzugen einen sonnigen Standort und durchlässigen Boden. Ihre Vermehrung erfolgt durch Aussaat. Die Pflanzen sind anfällig für Wurzelschmierläuse und Spinnmilben.

Matucana weberbaueri f. *flammea*

Der Kaktus wird 10 cm hoch und trägt rötlichbraune Dornen. Im Frühjahr erscheinen 5 cm große, gelbe und orangefarbene, trichterförmige Blüten.

MAURANDYA

Die zwei Arten anmutiger Kletterpflanzen aus Mexiko und Mittelamerika ranken sich an Sträuchern, kleinen Bäumen oder Zäunen empor. Die nicht besonders frostharten Pflanzen können in frostfreien oder tropischen Klimazonen gezüchtet werden, wo sie praktisch das ganze Jahr hindurch blühen können. In kühleren Gegenden sollte man sie wie einjährige Pflanzen behandeln. Die Blätter der Pflanzen sind zartgrün, die Blüten röhrenförmig. **PFLEGE UND VERMEHRUNG:** Sie bevorzugen warmes Klima, feuchten, aber nicht allzu nassen Boden und einen sonnigen Standort. Die Vermehrung erfolgt im Frühjahr durch Aussaat oder Stecklinge.

Maurandya barclayana

Syn. *Asarina barclayana*

Diese hübsche, freiblühende Kletterpflanze kann sich mit der richtigen Abstützung 4,5 m emporranken. Ihre zartgrünen Blätter sind leicht gelappt, die 3,5 cm langen, röhrenförmigen Blüten können weiß, rosa oder von einem dunklen Lila sein, der Schlund ist meist blasser gefärbt. Die Pflanze ist nicht winterhart.

MAXILLARIA

Maxillaria gehört zu den größten Orchideengattungen und enthält zwischen 250 und 700 Arten, die von Mexiko und Florida bis in den Norden Argentiniens verbreitet sind. Beinahe alle Pflanzen sind immergrüne Epiphyten oder Felsenpflanzen. Die meist kurzen Pseudobulben tragen ein einziges, riemenartiges, ledriges Blatt, obwohl es auch Pflanzen gibt, deren Blätter einem kriechenden Rhizom entspringen oder an kurzen, geraden Stielen sitzen. Die einzelnen, kurzgestielten Blüten sprießen aus dem unteren Teil der Pseudobulbe (bei Arten ohne Pseudobulbe sitzen sie in den Blattachseln); bei einigen Arten entstehen aus einer Pseudobulbe mehrere Blüten. Jede Blüte hat drei dominante, fleischige, breite Kelchblätter, die zwei Kronblätter sowie das Labellum sind in der Regel wesentlich kleiner und biegen sich nach vorne

Mazus pumilio

Maytenus boaria

über. Die Blüten sind meist rot, gelb, lila- oder orangefarben.

PFLEGE UND VERMEHRUNG: Einige Arten benötigen anhaltende Wärme und Feuchtigkeit, andere tolerieren gemäßigte Temperaturen, aber keinen Frost. Beim Eintopfen der Pflanzen sollte man normale Orchideenerde verwenden. Sie sollten das ganze Jahr hindurch feucht gehalten, im Sommer jedoch etwas mehr gegossen und mit verdünntem Flüssigdünger versorgt werden. Die Pflanzen bevorzugen helles Licht, jedoch keine direkte Sonnenbestrahlung und tolerieren keine Wurzelstörungen. Man vermehrt sie durch Teilung.

Maxillaria picta

Die aus dem Südosten Brasiliens stammende Art bevorzugt kühleres Klima und eignet sich in Gegenden mit warmem bis gemäßigtem Klima auch sehr gut als Gartenpflanze, ist bei uns jedoch nicht winterhart. Die Pflanze bildet dichte Gruppen kleiner Pseudobulben, hat etwa 20 cm lange Blätter und trägt im Spätherbst und Winter viele wohlriechende, kleine, gelbe Blüten; sie sitzen auf kurzen Stielen, die aus dem unteren Teil der Pseudobulbe sprießen. Bei der Züchtung kommt es oft zu Verwechslungen mit der sehr ähnlichen ***Maxillaria porphyrostele.***

Maxillaria sanderiana

Diese Art stammt aus den niedrigeren Bergregionen Perus und Ecuadors und trägt die wahrscheinlich auffälligsten Blüten dieser Gattung. Die Pflanzen bilden große, dichte Gruppen aus abgeflachten Pseudobulben, die jeweils ein einziges, 40 cm langes Blatt tragen. Die einzeln auftretenden, wohlriechenden Blüten sind im Durchmesser etwa 10 cm groß; sie sind reinweiß, nur der untere Teil der Kron- und Kelchblätter ist kräftig rot gesprenkelt.

Mazus reptans

Maytenus boaria

MAYTENUS

Diese Gattung besteht aus über 225 Arten immergrüner Bäume und Sträucher, meist aus Südamerika und der Karibik. Sie tragen variable, wechselständige Blätter und kleine, stern- oder röhrenförmige Blüten. Einige strauchige Arten präsentieren im Herbst dekorative rote oder gelbe Samenhülsen.

PFLEGE UND VERMEHRUNG: Damit die sehr frostharten bis frostempfindlichen Pflanzen blühen, benötigen sie einen langen und heißen Sommer. Sie gedeihen auf fruchtbarem, feuchtem, durchlässigem Boden und mögen einen sonnigen Standort. Vermehrt werden sie durch Aussaat im Herbst oder durch Stecklinge im Sommer.

Maytenus boaria

Mit seinen anmutig nach unten hängenden Ästen sieht dieser 10–15 m hohe und beinahe ebenso breite Baum wie eine Trauerweide aus. Seine glänzendgrünen und fein gesägten Blätter hängen an schlanken Trieben. Im Frühjahr erscheinen büschelweise unauffällige sternförmige, weiße und leicht grün getönte Blüten. Aus diesen entstehen später rote und gelbe Samenhülsen. Der Baum ist sehr frostempfindlich.

MAZUS

Die aus 30 Arten bestehende Gattung stammt aus den feuchten Gebieten im Flachland oder den Bergregionen des Himalajas, Chinas, Japans, Südostasiens, Australiens oder Neuseelands. Verschiedene Arten sind einjährig, die Gartenpflanzen sind mehrjährig. Sie wachsen dicht am Boden und wurzeln an den Knoten.

PFLEGE UND VERMEHRUNG: Die meisten Arten sind frosttolerant und gedeihen in fruchtbarer, feuchter, durchlässiger Erde an einem sonnigen Standort. Die Vermehrung erfolgt durch Teilung zum Ende des Winters oder zu Frühjahrsbeginn.

Mazus pumilio

Die fast vollständig niederliegende Pflanze mit 5 cm langen, spatelförmigen Blättern aus Australien treibt im Sommer Blüten, die blau mit gelbem Schlund sind; einzige Ausnahme hiervon ist **'Albus'** mit weißen Blüten. Wie *Mazus radicans* eignen auch sie sich für Steingärten und zur Begrünung von Zwischenräumen zwischen Pflastersteinen. Die Art ist frostempfindlich.

Mazus radicans

Diese niederliegende, teppichbildende, mehrjährige Pflanze stammt aus Neuseeland und hat kurze, aufrechte Stengel. Die Äste tragen eiförmige bis lineare Blätter, die an der Unterseite oft flaumig behaart sind. Im Sommer erscheinen bläulichviolette bis rosafarbene oder weiße, fünffach gelappte, zylindrische Blüten mit gelber Mitte. Daraus entwickeln sich die eiförmigen Samenhülsen, die viele Samen enthalten. *Mazus radicans* ist frosthart.

Mazus reptans

Die Stengel dieser aus dem Himalaja stammenden, teppichbildenden, mehrjährigen Pflanze tragen 2,5 cm lange, hellgrüne Blätter. Im Frühjahr erscheinen lavendelfarbene Blüten mit weißen und gelben Flecken, die auf kurzen Blütenstielen sitzen. Die nur 5 cm hohe, aber mehr als 30 cm breite Pflanze breitet sich oft invasionsartig neben Rasenflächen aus, wirkt allerdings sehr attraktiv und toleriert leichten Fußgängerverkehr. Die Pflanze ist frostempfindlich.

MECONOPSIS
SCHEINMOHN

Zu der Gattung gehören 45 Arten ein-, zwei- und kurzlebig-mehrjähriger Pflanzen, die meist aus dem Himalaja stammen. Den Blüten mit papierartigen Kronblättern folgen nach dem Verwelken die Früchte. Die behaarten Blätter sind entweder einfach oder gefiedert.

PFLEGE UND VERMEHRUNG: Die meist frostharten Pflanzen gedeihen auf nicht allzu nassem, kalkfreiem, humusreichem Boden und mögen einen kühlen, halb- oder vollständig schattigen Standort. Aus im Spätsommer gelegtem Samen lassen sich neue Pflanzen ziehen.

Meconopsis betonicifolia
Syn. *Meconopsis baileyi*

Die Waldpflanze trägt im Frühjahr und Frühsommer himmelblaue, 5–10 cm große, samtige Blüten mit gelben Staubblättern. Die länglichen, mittelgrünen Blätter erscheinen in grundständigen Rosetten. Die 1,5 m hohe und 50 cm breite Pflanze blüht erst im zweiten Jahr und stirbt im Winter ab. Sie ist frostempfindlich.

Meconopsis cambrica
KAMBRISCHER SCHEINMOHN

Die europäische Art hat leicht behaarte, tief geteilte, mittelgrüne Blätter in Form von grundständigen Rosetten. Ab Mitte des Frühjahrs bis in den Herbst hinein trägt die Pflanze zitronengelbe oder orangefarbene Blüten. Sie wird 30–50 cm hoch und 30 cm breit. Obwohl kurzlebig, verbreitet sich die Pflanze unter den richtigen Bedingungen selbständig. Kambrischer Scheinmohn ist frosthart.

Meconopsis grandis
GROSSER SCHEINMOHN

Obwohl ausdauernder und von tiefblauer Farbe, ist dieser Mohn weniger bekannt als *Meconopsis betonicifolia.* Die gezähnten, sommergrünen Blätter sind rotbraun bzw. rostfarben behaart und wachsen in Rosetten. Die im Frühsommer erscheinenden leuchtenden Blüten können 15 cm groß sein und sitzen auf 1 m hohen Stengeln. Der Große Scheinmohn ist frosthart.

Meconopsis grandis

Meconopsis cambrica

Meconopsis betonicifolia

Meconopsis horridula

Sie gilt als monokarpisch (blüht einmal und stirbt dann ab), doch kann diese aus dem Westen Nepals und aus China stammende Pflanze auch als kurzlebig-mehrjährige Pflanze auftreten. Die Blätter, Stengel und selbst die Knospen sind mit Stacheln überzogen. Die Anhängsel der Pflanze können gelb bis violett sein. Jeder der 1 m hohen Stengel trägt in der ersten Hälfte des Sommers mehrere tassenförmige Blüten. Diese sind in der Regel tiefblau und knapp 10 cm breit. Die Pflanze ist frosthart.

Meconopsis integrifolia

Die aus Tibet und Myanmar stammende Art ist eine monokarpische, frostempfindliche Pflanze. Sie wird 1 m hoch und trägt gegen Ende des Frühjahrs und im Frühsommer hellgelbe oder weiße, mohnartige Blüten. Die lanzettlichen Blätter und die Stengel sind von gelben Haaren besetzt.

Meconopsis pseudointegrifolia

Wie der Name vermuten läßt, ähnelt diese Art der *Meconopsis integrifolia* sehr; die Blüten der *M. pseudointegrifolria*, die sich an der Spitze des kräftigen Stengels befinden, richten sich jedoch nach unten. Die im späten Frühjahr und im Frühsommer erscheinenden Blüten sind zartgelb und haben auffällige goldgelbe Staubblättern. Die Pflanze ist von feinen, goldbraunen Härchen überzogen. Sie ist frostempfindlich.

Meconopsis pseudointegrifolia

Meconopsis × sheldonii 'Slieve Donard'

Megaskepasma erythrochlamys

Meconopsis quintuplinervia

Diese aus Tibet und China stammende, mehrjährige Pflanze breitet sich unter idealen kühlen und feuchten Bedingungen langsam zu einem großen Teppich aus. Goldfarbene Borsten überziehen die rosettenförmig angeordneten, lanzettlichen und mittel- bis dunkelgrünen Blätter. Im Sommer erscheinen zart lavendelfarbene Einzelblüten. Die Art ist sehr frostempfindlich.

Meconopsis × sheldonii

Die Kreuzung aus *Meconopsis betonicifolia* und *M. grandis* ist eine rosettenbildende, behaarte, mehrjährige Pflanzen mit 30 cm langen Blättern. Unter günstigen Bedingungen können die frostharten Pflanzen 1,5 m hoch werden. Die blauen Blüten erscheinen vom späten Frühjahr bis in den Frühsommer hinein. **'Slieve Donard'** ist eine 1 m hohe Pflanze mit leuchtendblauen Blüten und spitz zulaufenden Blättern.

MEDICAGO

SCHNECKENKLEE

Zu dieser Gattung gehören 50 bis 60 verschiedene Arten einjähriger und zweijähriger Pflanzen sowie kleiner Sträucher aus Europa, Afrika und Asien. In Größe und Form sehr unterschiedlich, tragen alle Pflanzen fein behaarte, dreiteilige Blätter, die hellgrün bis silbergrau sein können. Bis zu 50 der meist gelben Blüten sitzen an einer Traube. Sie erscheinen im Sommer. *Medicago sativa* ist eine Futterpflanze.
PFLEGE UND VERMEHRUNG: Die meisten Arten lassen sich an einem sonnigen Standort in durchlässigem Boden einfach züchten. Im Sommer sollte man die Pflanzen regelmäßig gießen. Ihre Wurzeln können Stickstoff aus der Luft aufnehmen, so daß der Boden nicht besonders nährstoffreich zu sein braucht. Die Arten sind unterschiedlich winterhart. Die Vermehrung erfolgt durch Aussaat, bei mehrjährigen Pflanzen durch Teilung oder Stecklinge.

Medicago sativa

Megaskepasma erythrochlamys

Melaleuca argentea

Melaleuca argentea

Medicago sativa

LUZERNE

Zur Familie der Leguminosen gehört diese mehrjährige, kleeartige, europäische Pflanze mit Pfahlwurzeln und Büscheln violetter Blüten. Seit Urzeiten dient sie als Viehfutter, heute werden auch die keimenden Samen verzehrt. Die Keimlinge mit den winzigen Trieben haben ein erbsenartiges Aroma und eignen sich für Salate oder kleine Snacks. Die Luzerne ist frosthart.

MEDINILLA

Die Gattung besteht aus 150 Arten immergrüner Sträucher und Kletterpflanzen – darunter einige Epiphyten –, die aus Südostasien, von den pazifischen Inseln und aus den Tropen Afrikas stammen. Die Arten sind unterschiedlich groß, die beliebtesten erreichen eine Höhe von 1,5–3 m. Die lederartigen, ovalen, dunkelgrünen Blätter sind stark geädert. Die normalerweise rosa Blüten sitzen in hängenden Rispen an den Astenden. Sie sind sehr klein, bieten jedoch in Kombination mit den großen, bunten Ästen einen herrlichen Anblick.
PFLEGE UND VERMEHRUNG: Die meisten Arten gedeihen nur in den Tropen. Sie können bei mindestens 18 °C als Gewächshauspflanzen gezogen werden. Sie brauchen feuchten, wasserdurchlässigen, humusreichen Boden und sollten während der Wachstumsphase regelmäßig gewässert und gedüngt werden. Sie werden durch Aussaat oder Stecklinge vermehrt.

Medinilla magnifica

In seiner Heimat, den Philippinen, tritt dieser aufrechte, bis 2 m hohe Strauch meist als Epiphyte auf. Seine Zweige können gerippt oder geflügelt sein, die glänzenden, grünen Blätter sind 30 cm lang und blaß geädert. Das ganze Frühjahr und den Sommer hindurch trägt *Medinilla magnifica* kleine, rosafarbene Blüten, die an knapp 50 cm langen, herabhängenden Rispen sitzen und mit ihren großen, rosafarbenen Tragblättern besonders auffällig sind.

MEGASKEPASMA

Zu dieser aus Venezuela stammenden Gattung zählt nur eine Art, ein breit ausladender Strauch, der heißes Klima bevorzugt und aufgrund seiner roten Blüten gezüchtet wird. Die bis 3 m hohe Pflanze trägt einfache, ganzrandige Blätter.
PFLEGE UND VERMEHRUNG: Er sollte an einem sonnigen oder halbschattigen Standort in leichten, feuchten, durchlässigen und mit organischen Materialien angereichertem Boden gepflanzt und regelmäßig versorgt werden. Man sollte auf Schnecken achten. Vermehrung ist durch Aussaat oder Stecklinge möglich.

Megaskepasma erythrochlamys

Die ovalen Blätter dieses immergrünen Strauchs sind bis 30 cm lang und auffällig geädert. Die Pflanze ist von ausladendem Wuchs, im Sommer tragen über das Blattwerk herausragende Zweige bis zu 30 cm lange Ähren mit dunkelroten Blüten.

MELALEUCA

MYRTENHEIDE

Die immergrünen Bäume und Sträucher der großen Gattung stammen aus Australien, Papua-Neuguinea, Indonesien und von der Küste Südostasiens. Bei einigen Arten schält sich eine hübsche papierartige Rinde in Stücken vom Stamm. Die Pflanzen tragen viele flaschenbürstenartige Blütenstände mit auffälligen Staubblättern; der Nektar dient Vögeln und kleinen Tieren als Nahrung. Die kleinen, lederartigen Blätter sind entweder zylindrisch oder flach.
PFLEGE UND VERMEHRUNG: Die anpassungsfähigen Pflanzen tolerieren nasse und sumpfige Bedingungen (bevorzugen aber durchlässigen Boden), Verschmutzung, salzigen Wind oder salzhaltigen Boden. Obwohl sie warmes Klima mögen, tolerieren sie an einem sonnigen Standort leichten Frost, sind aber bei uns nicht winterhart. Die Vermehrung erfolgt durch Aussaat oder Stecklinge, die zu Beginn der jeweiligen Wachstumsperiode entnommen werden sollten. Die strauchigen Arten sollten nach der Hauptblütezeit leicht zurückgeschnitten werden. *Melaleucas* sind sehr krankheits- und schädlingsresistent.

Melaleuca alternifolia

TEEBAUM

Der aus den küstennahen Sümpfen im subtropischen Osten Australiens stammende hohe Strauch oder kleine, buschige Baum erreicht eine Höhe von 10 m und hat linealische, 3,5 cm lange Blätter. Diese enthalten ätherische Öle, die auch industriell verwertet werden. Anfang bis Mitte des Sommers trägt die Pflanze, die am besten in warmem Klima gedeiht, weiße Blüten. Da sie auch stark zurückgeschnitten werden kann, eignet sie sich als Hecken- oder Mauerpflanze.

Melaleuca argentea

Mit seinen hängenden, ausladenden Ästen erreicht dieser Baum eine Höhe von 25 m und eine Breite von knapp 10 m. Er trägt eine hübsche, papierartige Rinde und schmale, 10 cm lange, silbriggrüne Blätter. Im Winter und Frühjahr erscheinen Ähren mit cremefarbenen Blüten.

Melaleuca armillaris

Dieser 10 m hohe, kleine bis mittelgroße Baum mit ausladender Krone trägt dunkelgrüne, nadelförmige Blätter. Aus den meist rosafarbenen oder roten Knospen entstehen im Frühjahr und Sommer weiße Blüten, die an 5 cm langen, zylindrischen Ähren sitzen. Die graue, gefurchte Rinde schält sich in Streifen vom Stamm. Die Pflanze paßt sich vielerlei Böden an.

Melaleuca linariifolia

Melaleuca linariifolia

Melaleuca nesophila

Melaleuca erubescens

Melaleuca bracteata

Dieser 10 m hohe Baum trägt eine graue, gefurchte Rinde und graue bis dunkelgrüne Blätter. Im Sommer befinden sich an den Astenden cremeweiße Blüten. Der Baum paßt sich an verschiedene klimatische Bedingungen und Böden an. Folgende Sorten eignen sich für warme Klimazonen: **'Revolution Gold'** mit rotem Stamm und goldfarbenen Blättern, **'Revolution Green'**, ein 3,5 m hoher Baum mit hellgrünem Laub, und **'Golden Gem'**, 2 m hoch.

Melaleuca capitata

Der buschige Strauch wird etwa 2 m hoch und breit. Er trägt dunkelgrüne, linealische, 2,5 cm große und spitz zulaufende Blätter. Die endständigen, dichten, runden und cremefarbenen Blütenstände erscheinen Ende des Frühjahrs und im Sommer.

Melaleuca erubescens
Syn. *Melaleuca diosmatifolia*

Dieser dichte, aufrechte Strauch wird etwa 3 m hoch und trägt gut 1 cm kleine, schmale und dicht beieinander sitzende, rundliche Blätter. Die 5 cm großen, lilafarbenen Blüten erscheinen im Sommer.

Melaleuca incana

Melaleuca thymifolia

Melaleuca armillaris

Melaleuca bracteata

Melaleuca hypericifolia
JOHANNISKRAUTBLÄTTRIGE MYRTENHEIDE

Rundlich und weitverzweigt, erreicht dieser Strauch eine Höhe von 4,50 m. Er trägt längliche bis elliptische, mittel- bis blaßgrüne Blätter. An flaschenbürstenartigen Ähren erscheinen im Sommer die mit einem 2,5 cm langen Büschel blaßroter Staubblätter ausgestatteten Blüten.

Melaleuca incana
GRAUE MYRTENHEIDE

Dieser 3 m hohe und 2 m breite, ausladende Strauch hat meistens einen niedrigverzweigten Stamm. Die schlanken, gebogenen Äste tragen schmale, behaarte Blätter; sie sind zuerst rötlichgrün, später graugrün mit rotem Rand und im Winter schließlich gräulichviolett. Die cremegelben Blütenähren erscheinen im Frühjahr. Die Pflanze toleriert beinahe jeden Boden.

Melaleuca leucadendra
KAJEPUTBAUM

Zwischen Nordaustralien und Ostindonesien ist diese Baumart überall zu finden. Sie hat eine blasse und schwammartige Rinde und trägt eine hohe, offene Krone mit herabhängenden Äste. Sie wird 20 m hoch und 10 m breit und trägt schmale, dunkelgrüne, 15 cm lange Blätter. Im Sommer und Herbst erscheinen krause, cremeweiße, wohlriechende Blütenähren. Der Baum gedeiht auf Böden, die mit Wasser vollgesogen sind. Das aus den Blättern gewonnene Cajeput-Öl wird in der Medizin eingesetzt.

Melaleuca linariifolia
LEINKRAUTBLÄTTRIGE MYRTENHEIDE

Der deutsche Name dieses schnellwachsenden, 10 m hohen Baumes mit ausladender Krone und der weißen, papierartigen Rinde läßt sich auf seine Blätter zurückführen. Gegen Ende des Frühjahrs bis in den Sommer hinein trägt der Baum endständige, kurze, weiße Blütenähren. Die Wildform gedeiht in der Nähe von Sümpfen, im Gar-

Melaleuca capitata

Melaleuca hypericifolia

ten angepflanzt toleriert die Pflanze jedoch fast alle Arten von Böden. Aus den Blättern werden ätherische Öle gewonnen. **'Snowstorm'** ist ein etwa 2 m hoher Baum, der besonders viele Blüten trägt.

Melaleuca nesophila
Syn. *Melaleuca nesophylla*

Dieser buschige Strauch trägt bürstenartige Blütenstände mit malvenfarbenen Staubblättern, die eine goldfarbene Spitze haben. Sie bleichen mit der Zeit aus und werden schließlich weiß, der Strauch sieht dann sehr bunt aus. Die schmalen, ovalen Blätter sind glatt und graugrün. Der Strauch wird 3 m hoch und 2 m breit.

Melaleuca quinquenervia

Als bekannteste Art aus der Gruppe der Myrtenheiden ist diese ein in warmen Klimazonen beliebter Straßen- und Parkbaum. Umweltschützer haben veranlaßt, daß der Baum in den Everglades in Florida eingebürgert wurde. Die ursprünglich an der Ostküste Australiens und Neukaledoniens beheimatete Pflanze gedeiht meist in Sumpfgebieten, paßt sich aber in kultivierter Form auch recht trockenen Böden an. Die cremefarbene Rinde ist sehr dick und papierartig, die Blätter sind steif und flach. Die weißen Blüten erscheinen im Frühjahr, sporadisch auch zu anderen Jahreszeiten. Der Baum wird 20 m hoch.

Melaleuca thymifolia

Dieser aufrechte oder ausladende Strauch, bis 1 m hoch, trägt kleine, blaugrüne Blätter, die beim Zerreiben würzig duften. Gegen Ende des Frühjahrs bis zum Herbst erscheinen blaß- bis leuchtendviolette Blüten mit eingerollten Staubblättern. Die Pflanze toleriert fast alle Böden, benötigt jedoch extrem viel Feuchtigkeit und einen sonnigen Standort. Sie ist, wie alle Myrtenheiden, nicht winterhart.

Melaleuca quinquenervia

Melia azedarach

Melianthus major

Melaleuca viridiflora

Der bis 30 m hohe Baum gedeiht auf staufeuchten Böden, wächst locker und krumm und trägt eine papierartige Rinde. Die Blätter werden 10 cm lang und 5 cm breit. Die flaschenbürstenartigen Blütenähren sind meist grünlich-cremefarben, aber auch rosafarben und rot. Die Blüten dienen Fledermäusen und nektarfressenden Vögeln als Nahrung.

MELAMPODIUM

Diese Korblütlergattung ist in allen wärmeren Gebieten Amerikas beheimatet. Zu ihr zählen etwa 37 Arten einjähriger und ausdauernder Pflanzen sowie bis 1 m hohe Halbsträucher. Ihre Strahlenblüten sind weiß oder zitronengelb, in der Mitte gelb.
PFLEGE UND VERMEHRUNG: Die Pflanzen tolerieren recht trockene Bedingungen und blühen über längere Zeit auch auf sehr schlechten Böden, werden aber trotzdem nur eher selten kultiviert. Sie eignen sich ideal zur Begrünung sonnenbeschienener Böschungen oder für Steingärten, solange genügend Erde für die tiefen Pfahlwurzeln vorhanden ist. Die Pflanzen nehmen Störungen übel. Die Vermehrung erfolgt durch Aussaat.

Melaleuca quinquenervia

Melia azedarach

Melampodium leucanthum

Dieser Halbstrauch wird 60 cm hoch und breit. Er trägt schmale, 5 cm lange Blätter, die ganzrandig oder sechslappig sein können. Die 3,5 cm großen, cremefarbenen Blüten erscheinen vom Frühjahr bis zum Herbst. Die Pflanze ist frosthart.

MELASTOMA

SCHWARZMUND

Diese tropische Gattung besteht aus 70 Arten immergrüner Sträucher und kleiner Bäume, deren große, glatte Blätter auffällig geädert sind. Die endständigen weißen, rosa oder violetten Blüten blühen in tropischen Klimazonen praktisch das ganze Jahr hindurch, in subtropischen dagegen nur im Sommer. Aus ihnen entstehen später fleischige Beeren.
PFLEGE UND VERMEHRUNG: Die frostempfindlichen Pflanzen benötigen einen sonnigen oder halbschattigen Standort und fruchtbaren, durchlässigen Boden. Sie können gegen Ende des Winters zurückgeschnitten werden. Die Vermehrung erfolgt durch Stecklinge, die im Frühjahr oder Sommer entnommen werden.

Melastoma affine

Syn. *Melastoma denticulatum*, *M. polyanthum*

Der tropische Strauch aus Südostasien und Australien wird 1,5–2,5 m hoch. Die hellgrünen Blätter haben eine rauhe Oberfläche und drei bis fünf Blattadern. Ihre knapp 10 cm großen, malvenfarbenen oder seltener auch weißen Blüten erscheinen in endständigen Büscheln. Die Blüten sind kurzlebig, die Pflanzen blühen aber fast das ganze Jahr hindurch, am schönsten im Sommer; aus diesen entstehen später eßbare, lila Beeren. Diese Art wurde oft mit *Melastoma malabathricum* verwechselt.

Melastoma affine

Melastoma malabathricum

Dieser asiatische tropische Strauch trägt tiefsitzende Äste mit großen, glatten Blättern. Die unzähligen Büschel auffälliger flacher, 10 cm großer, malvenfarbener Blüten, die oft mit denen der Gattung *Tibouchina* verwechselt werden, erscheinen im Sommer und Herbst. Die rötlichen Beeren werden in Indien und Südostasien schon seit langem in der Medizin eingesetzt.

MELIA

ZEDRACH

Eine einzige, sehr variable, sommergrüne Baumart gehört zu dieser Gattung, heimisch von Asien über den Irak bis nach Japan und Australien. In der Mitte der Samen befindet sich ein Loch, durch das sie sich wie eine Perlenkette aufreihen lassen. Die Bäume mit gefiederten oder doppelt gefiederten Blättern wurden früher im südlichen Italien zur Herstellung von Rosenkränzen kultiviert.
PFLEGE UND VERMEHRUNG: Die nicht winterharte Pflanze gedeiht in warmen Regionen und toleriert trockenen, nährstoffarmen Boden. In trockenen Gegenden gehört der Baum zu den beliebtesten Straßenbepflanzungen. Neue Pflanzen zieht man aus Samen.

Melia azedarach

Syn. *Melia azedarach var. australasica*

Dieser schnellwachsende, ausladende Baum wird 9 m hoch. Die ersten Blätter erscheinen gegen Ende des Frühjahrs oder im Frühsommer zusammen mit großen Blütenzweigen, an denen kleine, zartduftende, fliederfarbene Blüten sitzen; aus diesen entstehen in Trauben sitzende, blaßorange- oder cremefarbene Beeren, die auch nach dem Abfallen der Blätter noch hängenbleiben und von denen jede einen einzigen, holzigen Samen enthält. Die für Menschen giftigen Beeren dienen den Vögeln als Nahrung. Die Sorte **'Umbraculiformis'** sieht mit ihrer sonderbaren, aber dennoch attraktiven Wuchsform aus wie ein umgestülpter Regenschirm.

MELIANTHUS

Sechs südafrikanische Arten konstituieren diese Gattung. Obwohl Sträucher, sollte man sie aufgrund ihrer staksigen Wuchsform stark zurückschneiden und wieder von neuem austreiben lassen, vor allem die prachtvolle Art *Melianthus major*. Die Pflanzen werden zwar hauptsächlich wegen ihres Laubwerks kultiviert, aber auch die in Trauben sitzenden, bräunlichen Blüten mit den roten Tragblättern sind sehr attraktiv und dienen nektarfressenden Vögeln als Nahrung. Den Blüten folgen papierartige Samenkapseln.
PFLEGE UND VERMEHRUNG: Die Pflanzen sollten an einem sonnigen oder halbschattigen Standort, in feuchter, durchlässiger, fruchtbarer Erde gezogen werden. Nicht frosthart, werden sie bei uns im Kalthaus überwintert. Die Vermehrung erfolgt durch Aussaat oder Stecklinge im Winter.

Melianthus major

HONIGSTRAUCH

Dieser sich niederlegende Halbstrauch wird 2–3 m hoch und breit. Die Pflanze ist wegen ihres üppigen Laubwerks und der im Frühjahr und Sommer erscheinenden und in endständigen Trauben sitzenden, bräunlichroten, röhrenförmigen Blüten sehr begehrt. Die Blätter bestehen aus blaugrauen, gesägten Fiederblättchen. Wird sie zu Beginn des Frühjahrs stark zurückgeschnitten, bleibt die Pflanze kompakt, trägt aber weniger Blüten. Verletzte Blätter riechen unangenehm.

Melianthus minor

Kleiner und weniger dekorativ als *Melianthus major*, wird die Pflanze bis 2 m hoch, hat graugrüne Blätter und trägt 40 cm lange, bräunlichrote Blütentrauben.

MELICA

PERLGRAS

Zu dieser Gattung gehören 75 Arten mehrjähriger Gräser, die in den meisten Ländern mit gemäßigtem Klima beheimatet sind. Die meisten Arten werden 0,5–1,5 m hoch und bilden mit ihren überhängenden Blättern und kräftigen Halmen Horste. Im Sommer erscheinen rosa oder lila Blütenstände in zumeist aufrechten Scheinähren oder Rispen mit nickenden oder herabhängenden Ährchen. Kultiviert werden auch einige Arten mit panaschierten Blättern und ungewöhnlichen Blüten.
PFLEGE UND VERMEHRUNG: Die ziemlich frostharten *Melicas* gedeihen auf jeder Art von fruchtbarem, durchlässigem Boden und bevorzugen einen sonnigen oder nur leicht schattigen Standort. Im Herbst vermehrt man sie durch Samen.

Melica altissima

HOHES PERLGRAS

Dieses elegante, büschelige Ziergras trägt mittelgrüne, 20 cm lange, rauhe Blätter. Die überhängenden Ährchen der Wildformen sind grün, die der gezüchteten Pflanzen können unterschiedliche Farben haben: **'Alba'** trägt blasse Blätter und grünlich-weiße Ährchen, die von **'Atropurpurea'** sind purpurn. Die Pflanze ist frosthart.

Melica uniflora

Die bis 60 cm große Pflanze bildet lockere Büschel aus grünen, haarigen Blättern. Die kleinen, rötlichbraunen Ährchen stehen in lockeren Rispen. *Melica uniflora* ist wild von Europa bis nach Kleinasien verbreitet. Die frostharte Sorte **'Variegata'** trägt weißgestreifte Blätter und dunklere Blüten.

MELICOPE

Diese Gattung aus dem tropischen Asien und Australien umfaßt 150 Arten immergrüner Sträucher und kleiner Bäume. Die

gegen- oder wechselständigen Blätter sind ungeteilt oder dreiteilig und mit Drüsen übersät. Die herunterhängenden Samen sind von intensiver Farbe.
PFLEGE UND VERMEHRUNG: Die frostempfindlichen Pflanzen bevorzugen durchlässigen, aber feuchten und sauren Boden und tolerieren kräftiges Stutzen. Durch Samen oder Sommerstecklinge kann man sie vermehren.

Melicope elleryana

Die knapp 10 cm langen Blätter dieses 25 m hohen, schnellwachsenden Baumes bestehen aus drei dunkelgrünen, glänzenden, ovalen Fiederblättchen. Wegen seiner im Sommer und Frühherbst erscheinenden auffälligen Büschel rosafarbener Blüten wird er in subtropischen Regionen oft als Zierbaum gepflanzt.

MELINIS

Diese Gattung mit 15 Arten einjähriger oder kurzlebig-mehrjähriger Gräser aus den Savannen der tropischen Gebiete Afrikas und Südostasiens formt meist Horste aus fadenartigen Blättern und trägt vom Sommer bis zum Herbst Rispen aus weißen oder silberrosa Ährchen.
PFLEGE UND VERMEHRUNG: Die nicht frostharten Pflanzen gedeihen in jeder Art von fruchtbarem, durchlässigem Boden und bevorzugen einen sonnigen oder nur leicht schattigen Standort. Die Vermehrung erfolgt durch Aussaat oder Teilung.

Melinis repens
Syn. *Rhynchelytrum repens*

Als einzige kultivierte Art der Gattung wirkt das horstbildende Gras in einem Waldlebensraum oder als Topfpflanze attraktiv. Die über 1 m hohe Pflanze hat frischgrüne, flache Blätter, die 30 cm lang sein können. Die ab Mitte des Sommers bis zum Frühherbst entstehenden Blütenstengel tragen silbrigrosa Ährchen, die sich mit der Zeit weiß verfärben.

MELISSA
MELISSE

Mit drei Arten mehrjähriger, krautiger Pflanzen ist diese Gattung von Europa bis nach Mittelasien verbreitet. Die krausen, ei- oder herzförmigen Blätter sitzen gegenständig an den Stengeln und duften bei Berührung zitronenartig. Die in den Blattachseln sitzenden weißen oder gelblichen Blütenähren erscheinen im Sommer. Die dekorativen Grünpflanzen eignen sich gut zur Anpflanzung in Kräutergärten oder zur Einsäumung von Wegen, sehen aber auch neben Farnen oder als Topfpflanzen sehr hübsch aus.
PFLEGE UND VERMEHRUNG: Die äußerst frostharten Pflanzen mögen einen sonnigen, in heißen Sommern auch leicht schattigen Standort. Am besten gedeihen sie in leicht feuchter, durchlässiger Erde. Aus Samen lassen sich neue Pflanzen ziehen, bei panaschierten Sorten teilt man die Wurzeln oder wählt Frühjahrsstecklinge.

Melissa officinalis
ZITRONENMELISSE

Die aus Südeuropa stammende mehrjährige Pflanze wird 60 cm hoch und wird wegen ihrer frisch nach Zitronen duftenden und schmeckenden Blätter gezüchtet. Die kleinen, weißen Blüten erscheinen im Sommer und locken Bienen in den Garten, die die Pflanzen bestäuben. Die sich schnell ausbreitende Zitronenmelisse stirbt im Winter ab, beginnt jedoch im Frühjahr wieder zu sprießen. Die Blätter werden aufgrund ihrer beruhigenden Wirkung (als Kräutertee) bei nervösen Beschwerden geschätzt. Sie verleihen Fruchtsalaten, Marmeladen, Eistee oder anderen sommerlichen Getränken einen leicht zitronenartigen Geschmack und können beim Kochen als Ersatz für Zitronenschalen verwendet werden.

MELOCACTUS
MELONENKAKTUS

Ihre Herkunft aus den tropischen Gebieten Amerikas und ihre meist kugelförmige, unverzweigte Gestalt bei einer Höhe von selten über 1 m kennzeichnen die 30 Kakteenarten dieser Gattung. Die Pflanzen sind dunkelgrün, gerippt und mit gefährlich gebogenen Dornen ausgerüstet. Aus den kleinen, weißen, roten, rosa- oder lilafarbenen röhrenförmigen Blüten entstehen 1–2,5 cm große, beerenartige Früchte. Das auffällige scheibenartige Cephalium an der Stammspitze ist dichtfilzig behaart und oftmals fleischfarben.
PFLEGE UND VERMEHRUNG: Die Kakteen sollten an einer sonnigen Stelle in schottriger, durchlässiger Erde und im Sommer sehr warm und feucht, im Winter trocken und nicht unter 8 °C gehalten werden. Durch Aussaat im Frühjahr werden sie vermehrt.

Melocactus matanzanus

Dieser Kaktus wird 10 cm hoch und etwas breiter. Bei der ausgewachsenen Pflanze wachsen vom Frühjahr bis zum Herbst aus dem Cephalium rosafarbene, mittelgroße Blüten und schmale, rote Früchte.

Melocactus salvadorensis

Der 10 cm hohe und 15 cm breite Kaktus ist von Brasilien bis El Salvador verbreitet. Vom Frühjahr bis zum Herbst erscheinen rote Blüten und längliche, rosa Früchte.

MENISPERMUM
MONDSAME

Von den zwei Kletterpflanzenarten dieser Gattung stammt die eine aus dem östlichen Teil Nordamerikas, die andere aus Ostasien. Sie ranken oft gut 5 m hoch. Ihre bis zu 20 cm langen Blätter sind leicht herzförmig und manchmal schwach gelappt; sie haben eine dunkelgrüne Oberfläche, die Unterseite ist etwas heller und bei jungen Blättern flaumig behaart. Im Frühjahr entstehen in den Blattachseln Trauben kleiner, gelbgrüner Blüten. Ihnen folgen in weintraubenartigen Gruppen etwa 1 cm große, giftige Früchte, die für Kinder sogar tödlich sein können.
PFLEGE UND VERMEHRUNG: Die vornehmlich in sommergrünen Wäldern auftretenden Kletterpflanzen können leicht in jeder Art von humusreichem und durchlässigem Boden gezogen werden. Die äußerst frostharten Pflanzen bevorzugen einen sonnigen oder halbschattigen Standort. Neue Pflanzen zieht man aus Samen, Stecklingen oder Absenkern.

Menispermum canadense

Diese üppige, ausläuferbildende Kletterpflanze hat oft ausdauernde Triebe, in sehr kalten Wintern können diese jedoch absterben. Die Pflanze erreicht eine Höhe von 5 m und trägt unauffällige, gelbgrüne Blüten. Stehen männliche und weibliche Pflanzen zusammen, entstehen aus den weiblichen Blüten glänzende, schwarze Früchte mit halbmondförmigen Samen.

MENTHA
MINZE

Diese Gattung besteht aus 25 verschiedenen Arten aromatischer, mehrjähriger Kräuter aus Europa, Asien und Afrika. Die meisten der teils immergrünen, teils auch halbjährig grünen Pflanzen werden aufgrund ihres Duftes, viele aber auch wegen ihres Geschmackes oder ihrer dekorativen Eigenschaften gezüchtet. Einige Arten eignen sich hervorragend als Bodendecker. Ihre Größe reicht von kleinen, kriechenden Typen bis hin zu buschigen Pflanzen, die Geschmacksnoten lassen sich als von erfrischend bis sehr intensiv definieren.
PFLEGE UND VERMEHRUNG: Die meisten Arten sind sehr frosthart, benötigen Sonnenschein, fruchtbaren Boden und sehr viel Feuchtigkeit (dabei ist schlechte Drainage überhaupt kein Problem). Will man verhindern, daß sie sich durch ihre Ausläufer invasionsartig vermehren, sollte man die Pflanzen in großen Töpfen züchten; sie müssen regelmäßig gegossen und jährlich umgepflanzt werden. Durch Aussaat oder Wurzelteilung vermehrt man sie im Frühjahr oder Herbst.

Mentha aquatica
WASSERMINZE

Die aromatische, feinbehaarte Pflanze erreicht eine Höhe von 1 m und trägt kurzgestielte, lanzettliche bis ovale Blätter mit gesägtem Rand. Die kleinen Büschel fliederfarbener Blüten erscheinen vom Sommer bis zum Spätherbst an den Spitzen der Stengel oder sitzen quirlständig in den oberen Blattachseln.

Mentha arvensis
ACKERMINZE

Aufrecht – bis 60 cm hoch –, behaart und mehrjährig, besiedelt die Ackerminze beinahe in ganz Europa feuchte Gebiete. Die lanzettlichen Blätter sind leicht gezähnt. Die fliederfarbenen Blüten sitzen ab Mitte des Sommers bis zum Herbst quirlständig in den Blattachseln. Die Pflanze kann Milch vor dem Gerinnen bewahren und wurde früher zu diesem Zweck kultiviert.

Melicope elleryana

Melicope elleryana

Melissa officinalis

Mentha arvensis

Mentha × piperita
PFEFFERMINZE

Diese ausläufertreibende mehrjährige Pflanze wird 60 cm hoch und ist wegen ihrer aromatischen Blätter sehr beliebt. Die den Rhizomen entsprießenden Stengel bilden einen breiten Teppich aus ovalen, gezähnten, mittelgrünen und rötlichgrünen Blättern. Im Frühjahr erscheinen violette Blüten. ***Mentha × piperita* f. *citrata*** (Eau de Cologne-Minze) hat ein bitteres Aroma und ist deshalb für die Küche ungeeignet. Gezüchtet wird die ebenso wie die anderen genannten Minzen frostharte Pflanze wegen ihres unverwechselbaren Dufts.

Mentha pulegium
POLEIMINZE

Mit ihren ausläufertreibenden Stengeln bildet diese aus Asien und Europa stammende Art 10 cm hohe und bis 50 cm breite Flecken mit elliptischen, graugrünen, behaarten Blättern. Im Sommer und Herbst trägt die Pflanze aufrechte Blütenstände mit quirlständig sitzenden, weißen, blaßlila oder mattrosavioletten Blüten. In Böden, die zum Austrocknen neigen, sollte die Pflanze im Schatten stehen. Niederliegende Zwergsorten eignen sich für Blumenampeln. Die frostharte Poleiminze ist als Heilpflanze zur Behandlung von Erkältungen, Kopfschmerzen und Hauterkrankungen bekannt.

Mentha requienii
Syn. *Mentha corsica*
KORSISCHE MINZE

Diese halbimmergrüne, kriechende Pflanze wird nur 1 cm hoch, trägt runde, blaßgrüne Blätter mit Pfefferminzaroma und im Sommer hellviolette, kleine Blüten.Die Pflanze bevorzugt einen schattigen Standort. Sie toleriert leichten Fußgängerverkehr und eignet sich gut als Begrünung zwischen Plastersteinen. Sie verbreitet sich durch Samen leicht selbst, ist aber gut zu kontrollieren. Nicht ganz winterhart, toleriert sie nur milde Winter.

Mentha spicata
GRÜNE MINZE

Die 60 cm hohe Minze mit den dunklen, glatten oder krausen Blättern gedeiht an einem sonnigen oder halbschattigen Standort. Sie wird für Minzsaucen und Minzmarmelade verwendet und dient als Garnierung für Fruchtdrinks und Desserts. Da sie sich unkrautartig vermehren kann, sollte die frostharte Pflanze in Blumentöpfen gezüchtet werden.

Mentha suaveolens
Syn. *Mentha rotundifolia* hort.
RUNDBLÄTTRIGE MINZE

Kräftig und mehrjährig, wird diese Pflanze bis 1 m hoch und trägt behaarte, graugrüne, nach Äpfeln duftende Blätter. Die Pflanzen sollten in Töpfen angepflanzt werden und keinen Kontakt zum Boden haben, da ihre Vermehrung schwer unter Kontrolle zu halten ist. In strengen Wintern ist sie nicht ganz frosthart.

Mentha × villosa f. *alopecuroides*

Bei dieser Minze handelt es sich um eine Hybride zwischen *Mentha spicata* und *M. suaveolens.* Die ovalen oder abgerundeten, mittelgrünen Blätter der bis 1 m hohen Pflanze, verströmen einen starken Minzduft. Im Herbst sitzen rosafarbene Blüten an dichten Scheinähren. Die Minze eignet sich hervorragend für kulinarische Zwecke. In warmen bis gemäßigten Klimazonen wächst die winterharte Pflanze auch im Winter weiter.

MENTZELIA

Diese Gattung besteht aus etwa 60 Arten ein- bis mehrjähriger Kräuter und Sträucher und ist in vielen Gegenden im Südwesten der USA, in Mexiko und in der Karibik verbreitet. Die unterschiedlichen Arten erreichen eine Höhe von 60 cm–1,2 m. Die Blätter sind einfach oder grob gezähnt, die grundständigen und jungen Blätter sind oft weißlichgrün. Die Blätter und Stengel sind fein behaart. Die im Sommer erscheinenden Blüten mancher Arten öffnen sich nur nachts; die in einigen Fällen wohlriechenden Blüten sind fünfteilig, normalerweise leuchtendgelb und haben – je nach Art – einen Durchmesser von 2,5–10 cm. **PFLEGE UND VERMEHRUNG:** Die Pflanzen bevorzugen Sonne, leichten, durchlässigen Boden und sollten im Sommer gelegentlich gegossen werden. Die aus dem Südwesten der USA stammenden Arten tolerieren sandige oder salzhaltige Tonerde. Die Arten sind unterschiedlich frosthart. Die Vermehrung der ein- bis zweijährigen Pflanzen erfolgt durch Aussaat, die der mehrjährigen und strauchartigen Pflanzen durch Aussaat oder Stecklinge.

Mentha suaveolens

Mentzelia laevicaulis

Diese ausdauernde Pflanze aus dem Südwesten der USA erreicht eine Höhe von 1,2 m. Die Pflanze hat einen weißen Stengel und gezähnte Blätter. Im Sommer erscheinen 10 cm große, blaßgelbe Blüten, die sich am Morgen öffnen.

Mentzelia lindleyi
Syn. *Bartonia aurea*

Die einjährige Pflanze aus Kalifornien wird 80 cm hoch. Sie trägt 15 cm lange, mittel- bis graugrüne Blätter, im Sommer erscheinen 10 cm große, bei Nacht duftende, leuchtendgelbe Blüten. Die Kronblätter sind am Grund leicht orangefarben. Im Frühjahr sät man direkt ins Freie aus.

MENYANTHES

Verbreitet in weiten Teilen Europas, Nordasiens und Nordamerikas besteht diese Gattung aus nur einer Art – einer Wasser- bzw. Uferpflanze mit über 1 m langen, kriechenden Rhizomen. Die Inuit gewinnen aus ihr Mehl, in Skandinavien wurden die Blätter zum Bierbrauen verwendet. **PFLEGE UND VERMEHRUNG:** Die frostharte Pflanze gedeiht im Schlamm oder am Rand von Gewässern. Die Vermehrung geschieht im Frühjahr durch Aussaat in feuchte Erde oder bewurzelte Rhizome.

Mentha × villosa f. *alopecuroides*

Menyanthes trifoliata

Menyanthes trifoliata
FIEBERKLEE, BITTERKLEE

Die attraktiven Blätter dieser Pflanzen sind in drei sattgrüne Teilblättchen unterteilt, die an dunklen Stengeln sitzen. Aus rosa Knospen entstehen kleine, weiße, gefranste Blüten, die in aufrechten Trauben sitzen. Die etwa 30 cm hohe Pflanze dehnt sich im Wasser relativ weit aus.

MENZIESIA

Diese Gattung erfaßt sieben sommergrüne Straucharten aus den kühleren Klimazonen Nordamerikas und Ostasiens. Die Pflanzen werden 30 cm – 2,5 m hoch und sind in der Regel von aufrechter Wuchsform. Ihre selten mehr als 5 cm langen, ovalen Blätter sitzen – wie die 5–10 mm großen, herabhängenden, röhrenförmigen Glockenblüten – in Büscheln an den Astenden. Besonders die jungen Blätter sind fein bzw. daunig behaart. Die Blüten treten in Farbschattierungen von Cremefarben über Rot bis Rosa oder Lila auf. **PFLEGE UND VERMEHRUNG:** Genau wie andere zur Familie der Heidekrautgewächse gehörende Pflanzen bevorzugt auch *Menziesia* feuchten, humusreichen, durchlässigen und sauren Boden. In kühleren Gegenden setzt man die frostharten Pflanzen an eine sonnige Stelle, sonst in Nachmittagsschatten, und vermehrt sie durch Samen oder Stecklinge, die im späten Frühjahr genommen werden.

Menziesia ciliicalyx

Bei dieser japanischen Art handelt es sich um eine 1 m hohe Pflanze von großem Charme und leiser Eleganz. Ihre kleinen Blätter sitzen in endständigen Büscheln an den etagenartig stehenden Ästen. Gegen Ende des Frühjahrs und im Frühsommer erscheinen herabhängende, rosaviolette Blüten, die in Büscheln an den Ästen sitzen. Die Blätter verfärben sich gelb, bevor sie abfallen.

Mentha × piperita

Mentha × piperita f. *citrata*

Mentha pulegium

Mentha pulegium

Mentha spicata

MERREMIA

Eng mit *Ipomoea* (Prunkwinde) verwandt, unterscheidet sich diese aus 70 Arten bestehende Gattung von jener nur durch die unterschiedliche Pollenkornstruktur. Die in den Tropen beheimateten Arten sind zumeist krautige oder holzige Kletterpflanzen. Die Blätter können ganzrandig oder gelappt sein oder sich aus bis zu sieben Teilblättchen zusammensetzen. Die trichterförmigen Blüten sind weiß, gelb oder violett.

PFLEGE UND VERMEHRUNG: Die zumeist kräftigen Kletterpflanzen bevorzugen ein frostfreies Klima und einen sonnigen Standort, gedeihen in fruchtbarer, feuchter, aber durchlässiger Erde und sollten vor kaltem Wind geschützt werden. Im Frühjahr sät man den Samen aus.

Merremia tuberosa
Syn. *Ipomoea tuberosa*

Diese aus Mexiko und den tropischen Regionen Südamerikas stammende holzige Kletterpflanze kann unter guten klimatischen Bedingungen und bei richtiger Abstützung eine Höhe von 20 m erreichen. Ihre Blätter sind tief siebenlappig, die gelben Blüten erscheinen im Sommer. Aus diesen entstehen ballförmige, braune, holzige Samenkapseln, von holzartigen Kelchblättern umgeben.

MERTENSIA

Zu der Gattung gehören 50 Arten krautiger, ausdauernder Pflanzen, beheimatet in den kühleren nördlichen Klimaten der Erde. Die Blätter sind in der Regel lanzettlich und behaart. Im Frühjahr erscheinen endständige Trauben mit röhrenförmigen, normalerweise blauen Blüten.

PFLEGE UND VERMEHRUNG: Als kleine Hochgebirgspflanzen eignen sich einige Arten hervorragend für kühle Steingärten, andere sind etwas größer und deshalb ideal für Rabatten und waldähnliche Gärten. Alle bevorzugen einen sonnigen Standort und feuchten, aufnahmefähigen, allerdings gut durchlässigen Boden. Alle Arten sind winterhart. Die Vermehrung erfolgt durch Aussaat, bei einigen Arten durch vorsichtige Teilung. Die Pflanzen werden gerne von Schnecken gefressen.

Mertensia ciliata

Diese 60 cm hohe Pflanze aus dem Westen der USA trägt lanzettliche, bläulich-grüne Blätter. Im späten Frühjahr bis Sommer erscheinen knapp 1 cm lange, nickende, blaue, trompetenförmige Blüten.

Mertensia pulmonarioides
Syn. *Mertensia virginica*

Bei dieser in den kühleren Gegenden Nordamerikas beheimateten Staude handelt es sich um eine der schönsten blauen Frühjahrsblumen. Die Pflanze trägt glatte, längliche, zartblaugrüne Blätter und an jedem Stengel Büschel von mindestens 20 tiefblauen, röhrenförmigen, etwa 2,5 cm langen Blüten. Die knapp 50 cm hohe und breite Pflanze steht am besten in Waldgebieten oder an Flußufern und sieht in einem Beet neben Osterglocken und Bukettnarzissen besonders hübsch aus. Nach dem Blühen zieht die Pflanze ein.

MERYTA

Die etwa 30 Arten immergrüner, großblättriger Sträucher und Bäume dieser von den pazifischen Inseln stammenden Gattung tragen ungeteilte, ovale, glänzende, lederartige Blätter, bis 50 cm lang. Sie sitzen in Büscheln an den Astenden, wodurch der Baum seine rundliche Krone erhält. Manchmal sind auch Sorten mit panaschierten Blättern erhältlich. Weder die im Frühjahr erscheinenden und in Rispen sitzenden kleinen, grünlichweißen Blüten noch die nachfolgenden, 1 cm großen, schwarzen Früchte sind auffällig.

PFLEGE UND VERMEHRUNG: Die Pflanzen gedeihen auf feuchtem, humusreichem, durchlässigem Boden und bevorzugen einen leicht- bis halbschattigen Standort. Da die Arten keinen Frost tolerieren, sollte man sie als Gewächshaus- oder Zimmerpflanzen in Töpfen züchten. Die Vermehrung erfolgt durch Aussaat oder – schwieriger – durch Stecklinge.

Meryta sinclairii

In wilder Form gedeiht dieser Baum nur auf kleinen Inselgruppen im Norden Neuseelands. Der sehr hübsche, kleine, knapp 10 m hohe Baum mit runder Krone eignet sich nur in frostfreien Klimazonen fürs Freie. Die sehr breiten, glänzendgrünen, paddelförmigen Blätter können 60 cm lang und 20 cm breit werden.

MESEMBRYANTHEMUM
MITTAGSBLUME

Die einst viel umfangreichere Gattung, zu der die meisten der kleinen Sukkulenten aus dieser Verwandtschaft gehörten, besteht heute nur noch aus wenigen Arten kriechender oder niederliegender, ein- oder zweijähriger Pflanzen aus Südafrika. Diese zeichnen sich durch Blätter aus, an deren Oberfläche sich glitzernde, aufgequollene Zellen befinden, die den Pflanzen ein kristallines Aussehen verleihen. Die kleinen Blüten sind weiß, rosa oder rot, sehr selten auch gelb.

PFLEGE UND VERMEHRUNG: Mesembryanthemen tolerieren kaum Frost. Sie

Meryta sinclairii

benötigen sehr leichten Boden und einen sonnigen Standort. Durch Aussaat im Frühjahr lassen sie sich vermehren.

Mesembryanthemum crystallinum
EISPFLANZE

Die Art, eine einjährige, sich teppichartig ausbreitende Sukkulente, wird 10 cm hoch. Sie trägt dichte, flache Blätter mit gewelltem Rand. Sowohl die sich an der Oberfläche befindenden kleinen, glänzenden Papillen (Drüsen) als auch die Blütenstiele und Kelche glitzern in der Sonne. Die 2,5 cm großen Blüten mit den schmalen Kronblättern erscheinen im Sommer in Dreier- bis Fünfergruppen.

MESPILUS
MISPEL

Seit Hunderten von Jahren wird die aus Europa und Südwestasien stammende Art, die einzige der Gattung, kultiviert. Der sommergrüne, manchmal dornige Baum wird wegen seiner braunen Früchte angebaut, die bis weit in den Herbst hinein am Baum verbleiben und erst nach längerem Liegen oder nach Einwirkung von Frost eßbar sind. Die großen, behaarten Blätter bilden ein dichtes Blätterdach.

PFLEGE UND VERMEHRUNG: Der langsamwachsende, frostharte Baum toleriert keine Umpflanzung, benötigt ein gemäßigtes Klima sowie durchlässigen Boden und sollte vor starkem Wind wie vor Austrocknen geschützt werden. Um ihre

Merremia tuberosa

Form zu behalten, sollte die Pflanze zu Beginn des Winters leicht zurückgeschnitten werden. Die Vermehrung erfolgt durch Aussaat oder Veredelung.

Mespilus germanica

Im Frühsommer trägt dieser knapp 10 m hohe Baum große, geruchlose Einzelblüten; die knorrigen Äste verleihen selbst jungen Pflanzen ein betagtes Aussehen. Die dunkelgrünen Blätter verfärben sich im Herbst rostfarben.

METASEQUOIA
METASEQUOIA

Bis zum Zweiten Weltkrieg war *Metasequoia glyptostroboides*, die einzige Art die-

Mespilus germanica

Mespilus germanica

M

Metrosideros excelsus

Metrosideros excelsus 'Variegata'

Metrosideros excelsus

Metrosideros carmineus

M. kermadecensis 'Variegatus'

ser Gattung, nur als fossile Konifere bekannt. Dann wurde im Westen Chinas ein lebender Baumbestand entdeckt. Der schnellwachsende, sehr widerstandsfähige Nadelbaum gehört zu den wenigen sommergrünen Koniferen und ist aufgrund seiner herbstlichen gold- und rostfarbenen Nadeln bemerkenswert.

PFLEGE UND VERMEHRUNG: Die Pflanze bevorzugt einen sonnigen Standort, tiefen, fruchtbaren Boden und ergiebige Regenfälle während der Sommermonate. Sie ist frosthart, sollte aber vor starkem Wind geschützt werden. Ihre Vermehrung erfolgt durch Aussaat oder den Seitentrieben entnommene Stecklinge.

Metasequoia glyptostroboides

Der wegen seiner kegelförmigen Wuchsform und seiner im Frühjahr und Sommer hellgrünen Nadeln beliebte Baum wächst unter günstigen Bedingungen schnell bis zu einer Höhe von 60 m heran. Bei älteren Bäumen verfärbt sich die rissige und anfangs rötliche Rinde zuerst dunkelbraun, später grau. Die Pflanze kann zu einer hohen Hecke zurechtgestutzt werden.

METROSIDEROS

EISENHOLZBAUM

Zu dieser 50 Arten umfassenden Gattung aus dem Südpazifik gehören nicht nur Bäume, sondern auch Sträucher oder Kletterlianen. Verschiedene Arten spielen besonders in Neuseeland eine große Rolle, da sie Rata (das von den Maoris sehr geschätzte und für Skulpturen verwendete, harte, dunkelrote Holz) liefern und dort überall vorkommen. Sie tragen lederartige, immergrüne Blätter und rote (manchmal auch gelbe) Sommerblüten, deren Schönheit, genau wie beim verwandten australischen *Eucalyptus,* auf die langen, farbigen Staubgefäße zurückzuführen ist.

PFLEGE UND VERMEHRUNG: Die kaum frostharten Pflanzen gedeihen am besten in subtropischem oder warmem Klima. Sie bevorzugen einen sonnigen oder leicht schattigen Standort und fruchtbaren, durchlässigen Boden. Die strauchigen Arten eignen sich hervorragend als Kübelpflanzen. Im Frühjahr können die Pflanzen durch Aussaat, im Sommer durch Stecklinge vermehrt werden.

Metrosideros carmineus

AKAKURA

Diese neuseeländische immergrüne Kletterpflanze blüht erst, wenn sich stützende Seitenäste gebildet haben. Durch die Vermehrung ausgewachsener Hölzer entstehen kleine Büsche, die sich ideal für Steingärten eignen. Die frostempfindlichen Pflanzen gedeihen am besten auf feuchtem Boden an einem halbschattigen Standort.

Metrosideros excelsus

Syn. *Metrosideros tomentosus*

POHUTUKAWA

Anfangs stellt sich diese Art als Strauch mit ausladenden Ästen dar, im Laufe der Zeit bildet sich jedoch ein kräftiger Stamm mit einem schirmförmigen Blätterdach aus, so daß die Pflanze als Baum eine Höhe von über 10 m erreichen kann. Die länglichen Blätter sind an der Oberfläche dunkelgrün, an der Unterseite grau und filzig behaart. Die purpurroten Staubgefäße ragen aus den Blüten heraus, die in warmen Klimazonen gegen Ende des Frühjahrs bis zur Mitte des Sommers erscheinen. **'Variegata'** ist mit ihren cremegelb umrandeten Blättern sehr beliebt.

Metrosideros kermadecensis

KERMADEC POHUTUKAWA

Obwohl insgesamt *Metrosideros excelsus* sehr ähnlich, sind die Blätter dieser Art etwas kleiner und ovaler, auch die Blütezeit hält meist etwas länger an. Beide Pflanzen haben etwa dieselbe Größe, die Sorten mit den panaschierten Blättern trifft man bei diesem Baum allerdings häufiger an. **'Variegatus'** ist über viele Jahre ein hübscher Strauch, der gut 5 m hoch wird; seine graugrünen Blätter sind unregelmäßig cremegelb umrandet. Die Blätter der Sorte **'Sunninghill'** tragen eine zur Mitte hin verlaufende cremegelbe Markierung.

Metrosideros robustus

NÖRDLICHER RATA

Die Wildformen dieses langsamwachsenden, über 20 m hohen Baumes, heimisch in Neuseeland, sind oft von Epiphyten übersät und beginnen ihr eigenes Leben

Metasequoia glyptostroboides

Metrosideros robustus

Metasequoia glyptostroboides

Michelia champaca

Michelia figo

auch oft selbst als Epiphyt, der schließlich Wurzeln in den Boden austreibt. Im Sommer trägt die Pflanze orangerote Blüten.

Metrosideros umbellatus

SÜDLICHER RATA

Ohne ganz so hoch zu wachsen, ist diese Art, die auch noch in den höher gelegenen Bergregionen zu finden ist, ähnlich der vorigen. Gegen Ende des Frühjahrs bis in den Herbst hinein trägt die Pflanze unzählige tiefscharlachrote Blüten, die als Charakteristikum der Buschlandschaft im Süden der Neuseeländischen Alpen gelten. Der Baum wächst sehr langsam.

MEUM

BÄRWURZ

Diese in West- und Mitteleuropa beheimatete Gattung besteht aus einer Art: einer 60 cm hohen und bis 30 cm breiten, horstbildenden, krautigen, mehrjährigen Pflanze mit attraktivem Blattwerk und weißen Blütendolden, die im Sommer erscheinen.
PFLEGE UND VERMEHRUNG: In mehrjährigen Rabatten oder wilden Gärten angepflanzt, sieht die Pflanze sehr schön aus. Sie ist einfach zu kultivieren und gedeiht auf jeder Art von durchlässigem, aber feuchtem Boden. Außerdem bevorzugt sie einen sonnigen Standort. Unter optimalen Bedingungen vermehrt sich die frostharte Pflanze auch selbständig. Andernfalls sät man frischen Samen aus.

Meum athamanticum

Das Schönste an dieser Pflanze sind ihre mittelgrünen, grundständigen Blätter, die aromatisch sind. Im Frühsommer erscheinen in Dolden nach und nach kleine, weiße oder leicht purpurstichige Blüten.

MICHAUXIA

Diese Gattung besteht aus sieben Arten schnellwachsender, zwei- bis mehrjähriger Pflanzen aus dem östlichen Mittelmeerraum und Westasien. Die beeindruckenden Pflanzen mit teils zurückgebogenen Blüten gehören zur Familie der Glockenblumengewächse, ihre Arten erreichen oft eine Höhe von 1,5 m oder mehr. Die behaarten Blätter sitzen in grundständigen Rosetten und sind immer gelappt oder gezähnt. Die Blüten erscheinen an hohen, verzweigten, beblätterten Stengeln.
PFLEGE UND VERMEHRUNG: Die frostharten Pflanzen benötigen einen sonnigen Standort und müssen vor starkem Wind geschützt werden. Der Boden sollte sehr gut drainiert sein, mäßig fruchtbarer Boden ist ausreichend. Aus Samen gezüchtete Pflanzen brauchen zwei bis drei Jahre, bis sie blühen und sterben kurz danach ab. In Gegenden mit sehr kalten Wintern sollten sie im Spätherbst mit Stroh gemulcht werden. Die Vermehrung erfolgt im Frühjahr durch Aussaat direkt in den Boden.

Metrosideros umbellatus

Michelia doltsopa

Michauxia tchihatchewii

Die türkische Staude wird 2 m hoch. Die 20 cm langen, gezähnten Blätter sitzen in grundständigen Rosetten. Im Sommer sprießt aus jeder ein verzweigter Stengel hervor, an dem zahlreiche Blüten mit langen, weißen Kronblättern sitzen. Die eindrucksvolle Pflanze eignet sich für die hinteren Reihen von Rabatten und sieht in Gruppen besonders hübsch aus.

MICHELIA

Die eng mit den Magnolien verwandten 45 oder mehr *Michelia*-Arten sind in den tropischen und subtropischen Gebieten Asiens beheimatet, einige wenige sind auch in kühleren Gebieten am Fuße des Himalajas zu finden. Ein Großteil der Sträucher oder kräftigen Bäume ist immergrün, viele von ihnen tragen intensiv duftende Blüten. Einige Arten werden aufgrund des duftenden Öls, das für Kosmetika aus den Blüten gewonnen wird, in großen Teilen Indiens angebaut.
PFLEGE UND VERMEHRUNG: Die Pflanzen bevorzugen frostfreies Klima, einen sonnigen oder halbschattigen Standort und humusreichen, durchlässigen, neutralen oder sauren Boden; sie lassen sich nur ungern umpflanzen. Ihre Vermehrung erfolgt durch Aussaat im Herbst bzw. Frühjahr oder durch Stecklinge im Sommer.

Metrosideros umbellatus

Michelia champaca

CHAMPAKA

In seiner Heimat – niedere Regionen des Himalaja – wächst der kegelförmige Baum 30 m, in Kultur kaum ein Drittel so hoch. Die schlanken, mittelgrünen Blätter hängen von den horizontal verlaufenden Ästen herunter. Im Spätsommer erscheinen an den Astenden aufrechtsitzende Blüten mit becherförmigen, cremeorangefarbenen, duftenden Blüten, die von Kelchblättern umgeben sind.

Michelia doltsopa

Dieser 10 m hohe Baum aus dem östlichen Himalajagebiet ist als junge Pflanze von schlanker Wuchsform, entwickelt aber mit zunehmendem Alter eine breitere Krone. Die großen, wohlriechenden, weißen Blüten erscheinen gegen Ende des Winters und zu Beginn des Frühjahrs in den Achseln der gräulichgrünen Blätter. **'Silver Cloud'** wurde aufgrund ihrer unglaublich vielen Blüten selektiert, ist sonst aber mit der typischen Art identisch.

Michelia figo

SYN. *Magnolia fuscata, Michelia fuscata*

BANANENSTRAUCH

Der langsamwachsende, kompakte Strauch aus dem Westen Chinas, der 3 m hoch wird, trägt kleine, glänzende, dunkelgrüne Blätter und winzige, lilagestreifte, cremefarbene Blüten, die im Frühjahr erscheinen und einen starken bananenähnlichen Duft verströmen. Rückschnitt der Pflanze regt das Blütenwachstum an.

Meum athamanticum

Michelia yunnanensis

Im Frühjahr trägt dieser 4,5 m hohe Baum braune Knospen, die sich zu wohlriechenden Büscheln cremefarbener Blüten mit gelben Staubgefäßen entwickeln. Werden die Pflanzen vor starkem Wind geschützt, gedeihen sie auch in kühleren Klimazonen. Der langsamwachsende Baum eignet sich für kleine Gärten oder als Containerpflanze und sollte zur Wachstumsperiode regelmäßig gewässert werden.

MICROBIOTA

Diese Gattung aus nur einer Art, einer immergrünen Zwergkonifere, eignet sich als Bodendecker, kann einzeln stehen oder auch mit anderen niederen Koniferen bzw. mit Heidekraut angepflanzt werden.

PFLEGE UND VERMEHRUNG: Die frostharten Pflanzen gedeihen am besten auf lockerem, durchlässigem Boden, tolerieren jedoch extreme Temperaturen und große Höhen. Man sollte die Konifere nur stutzen, wenn unbedingt notwendig, und dann auch nur die neuen Triebe. Die Vermehrung erfolgt durch Aussaat oder den Triebspitzen entnommene Stecklinge.

Microbiota decussata

45 cm hoch und bis zu 3 m breit wird diese sibirische Konifere. Ihre Äste tragen flache Zweige mit schuppenförmigen, gelblichgrünen (im Winter bronzefarbenen) Blättern. Die runden Zapfen sind blaßbraun und enthalten je einen fruchtbaren Samen.

MICROSORUM

Zu dieser Gattung zählen 40 verschiedene Farnarten – kriechende oder kletternde, Pflanzen mit Rhizomen und Epiphyten, die vor allem aus Afrika, Asien, Australien und Polynesien kommen. Die Wedel sind mal ungeteilt und ganzrandig, mal tief gelappt, ledrig und lanzettlich.

PFLEGE UND VERMEHRUNG: Wie viele Farnarten bevorzugen auch diese Pflanzen feuchten, durchlässigen Boden, kühles Klima und einen schattigen Standort. Die meisten Arten sind nicht frosthart und können in kalten Klimazonen nur in Gewächshäusern gezüchtet werden. Man kann die Pflanzen an einem Baumstamm emporwachsen lassen oder in Blumenampeln züchten, die dann völlig unter der Pflanze verschwinden. Man vermehrt sie durch die Teilung bewurzelter Rhizome.

Microsorum howeanum

Syn. *Phymatosorus pustulatus* subsp. *howensis*

Die auf der Insel Lord Howe an der Ostküste Australiens heimische Art hat lederartige, langstielige, fiederlappige Wedel mit breiten, spitz zulaufenden Lappen und ist heute oft unter ihrem Synonym zu finden.

Microsorum howeanum

Millettia grandis

Microbiota decussata

Michelia yunnanensis

Microsorum scolopendrium

Syn. *Phymatosorus scolopendria*

Die Art trägt breite, zungenförmige, hellgrüne Wedel, die eingeschnitten sind; diese treiben aus sich ausbreitenden Rhizomen.

MILIUM

FLATTERGRAS

Sechs Arten einjähriger bzw. mehrjähriger Gräser aus Europa, Asien und dem östlichen Nordamerika bilden diese Gattung. Alle Gräser der Gattung, v. a. panaschierte Sorten, gelten wegen der hübschen Ährchen und Blätter als Zierpflanzen.

PFLEGE UND VERMEHRUNG: Die frosttoleranten Gräser sind einfach zu züchten, sie bevorzugen einen halbschattigen Standort und feuchtigkeitsspeichernden Boden. Die Vermehrung erfolgt im Frühjahr durch Teilung oder Aussaat. Die unten aufgeführten goldfarbenen Sorten sind sortenrein, solange sie nicht neben der grünen Wildform gepflanzt werden.

Milium effusum 'Aureum'

WALD-FLATTERGRAS

Dieses immergrüne, büschelbildende, mehrjährige Gras – 0,6–1 m hoch und 30 cm breit – wird wegen seiner gelben Blätter und Blüten gezüchtet und eignet sich gut für mehrjährige Rabatten und Wassergärten oder als Bodendecker. Die flachen Blätter sind im Frühjahr goldgelb und verfärben sich im Sommer gelblichgrün. Die in Rispen stehenden grünlichgelben Ährchen erscheinen im Sommer; getrocknet lassen sie sich für Gestecke verwenden. Die Pflanze samt sich selbst aus.

MILLA

Die zu dieser Gattung gehörenden sechs Arten von Zwiebelpflanzen stammen aus dem Süden der USA, Mexiko und Mittelamerika. Die Pflanzen tragen überhängende, blaugrüne, grasartige Blätter, die 60 cm lang werden können, und bilden Gruppen mit einem Durchmesser von 1 m oder mehr. Im Frühjahr entwickelt sich aus jeder Zwiebel ein drahtiger Schaft, der 3,5 cm große, glocken- oder trichterförmige Blüten trägt.

PFLEGE UND VERMEHRUNG: Die Pflanzen gedeihen leicht auf jeder Art von durchlässigem Boden und bevorzugen einen sonnigen Standort. Diese Zwiebelpflanzen sind frosthart, solange der Frost sich nur an der Oberfläche des Bodens breit macht und nicht der ganze Boden bis zur Zwiebel gefroren ist. Man vermehrt die Pflanze durch Aussaat oder Teilung von Gruppen.

Milium effusum 'Aureum'

Milla biflora

Diese aus Mexiko, dem Süden der USA und Mittelamerika stammende Pflanze von nur eingeschränktem »Gartenwert« trägt in grundständigen Büscheln angeordnete, schmale, mittelgrüne Blätter, zwischen welchen vom Sommer bis zum Herbst die Blütenschäfte hervorschauen. Die Blüten bestehen aus sechs breiten, oft weißen oder flieder- bzw. rosafarben getönten Kronblättern; bis zu acht Blüten sitzen an einer Dolde. Die Kronblätter tragen in der Mitte meist einen grünen Streifen.

MILLETTIA

Mehr als 90 Arten von Kletterpflanzen, Sträuchern und Bäumen, vorwiegend tropische Pflanzen, erfaßt diese Hülsenfrüchtlergattung. Sowohl die immer- als auch die sommergrünen Arten gedeihen in warmen und feuchten Gebieten, wo sie aufgrund ihrer großen, gefiederten Blätter und der in Büscheln sitzenden Schmetterlingsblüten geschätzt werden.

PFLEGE UND VERMEHRUNG: Die frostempfindlichen Pflanzen bevorzugen feuchten, durchlässigen Boden und einen sonnigen Standort. Die Pflanzen sollten nur gestutzt werden, um ihre Form zu behalten. Die Vermehrung nimmt man durch Aussaat reifen Samens vor.

Millettia grandis

Syn. *Millettia caffra*

Der beliebte Baum wächst in warmen, feuchten Gebieten; seine dichte, immergrüne Krone besteht aus langen, glänzenden Blättern, die sich aus bis zu 15 Paaren von Fiederblättchen zusammensetzen. Die ersten Äste des 10 m hohen Baumes befinden sich in Kopfhöhe. Gegen Ende des Frühjahrs ragen rosaviolette Blütenstände aus den Blättern hervor. Sind sie verblüht, entstehen flache, pelzige Fruchthülsen.

Millettia megasperma

Diese schnellwachsende, 10 m hohe Kletterpflanze, heimisch in den feuchten Wäldern der subtropischen Gebiete Australiens, trägt glänzende, gefiederte Blätter, die sich aus 7 bis 13 länglichen Fiederblättchen zusammensetzen. Im Winter und Frühjahr erscheinen große, herabhängende Rispen violetter Schmetterlingsblüten, aus denen 15 cm lange, pelzige, verholzte Hülsen mit großen, braunen Samen entstehen. Die Pflanzen benötigen eine stabile Kletterhilfe und viel Platz.

MILTONIOPSIS

Diese Gattung wurde für eine Gruppe von Orchideen geschaffen, die immer noch als *Miltonias* bezeichnet werden; dazu gehören etwa fünf verschiedene südamerikanische Arten, wobei die Hybriden häufiger kultiviert werden. Die Pflanzen erinnern mit flachen, beinahe kreisrunden und kräftig gezeichneten Blüten an Stiefmütterchen, sind jedoch mit einem Durchmesser bis zu 15 cm wesentlich größer und von den Farben her kräftiger. Sie erscheinen leuchtend in den Farben Gelb, Weiß, Rot und sind oft braun, lila oder goldfarben gezeichnet; viele verströmen einen süßlichen Duft. Die gruppenbildenden Pflanzen haben runde Pseudobulben und

Miltoniopsis-Hybride Bel Royal

M.-Hybride Charlotte's Delight

Miltoniopsis-Hybride × *Miltassia* Anne Warne 'Alii'

M.-Hybride Hudson Bay 'Judith'

Miltoniopsis-Hybride Sao Paulo

Miltoniopsis-Hybride Anjou 'Red Mask'

blaßgrüne, streifenartige Blätter. Die in kleinen Büscheln sitzenden Blüten erscheinen zwischen Frühjahr und Herbst. Viele Pflanzen blühen zweimal.
PFLEGE UND VERMEHRUNG: Die Pflanzen lieben offenen Kompostboden und einen schattigen Standort. In tropischen und subtropischen Klimazonen gedeihen sie im Freien, in anderen Gegenden in Gewächshäusern. Im Gegensatz zu anderen Orchideen legen die Pflanzen im Winter keine Ruhephase ein. Die Vermehrung erfolgt nach der Blütezeit durch Teilung.

Miltoniopsis-Hybride Rozel

Miltoniopsis-Hybriden

Aus der Kreuzung zwischen den Gattungen *Miltonia, Miltoniopsis, Odontoglossum, Oncidium, Cochlioda* und *Brassia* entstanden zahlreiche intergenerische Hybriden. Die meisten Pflanzen des Tribus *Oncidiinae* sind kreuzungsfähig. Die Hybriden tragen Namen wie *Miltonidium, Odontonia, Miltonioda* und *Miltassia.* Unter der Vielzahl der durch die Kreuzungen entstandenen Sorten und Farben ist auch eine Gruppe, die aus der Kreuzung zwischen *Miltoniopsis phalaenopsis* mit anderen Arten resultiert. Meist handelt es sich um Arten, die in kühlen Klimazonen gedeihen und einen schattigen, feuchten Standort benötigen. Zu den Hybriden zählen **Anjou 'Red Mask'**, dunkelrot mit goldgelber Mitte und dunkler Zeichnung; **Bel Royal**, purpurrot mit weißem Rand; **Charlotte's Delight**, weiß mit großer Unterlippe und purpurroter Zeichnung; **Grouville**, dunkel violettrosa mit feinem, weißen Rand, dunkleren Zeichnungen und goldfarbener Mitte; **Hudson Bay 'Judith'**, dunkelrosa mit weiß umrandeter, roter Mitte; **Sao Paulo** mit relativ schmalen, hellrosa Kronblättern, großer dunkelrosa Lippe und dunkler Mitte sowie **Rozel** mit kleinen, roten Kronblättern und großer, rot geäderter Lippe mit rosafarbenem Rand. Wie für *Miltonia* × *Brassia* Hybriden typisch, trägt auch × ***Miltassia* Anne Warne 'Alii'** streifenförmige Blätter. Die tiefrote Blüte hat einen dunkleren Schlund und ist gelb gezeichnet.

Miltoniopsis-Hybride Grouville

Miltoniopsis phalaenopsis

Syn. *Miltonia phalaenopsis*

Diese in Kolumbien beheimatete Art ist dort in Höhen von 1200–1500 m zu finden. Die etwa 3,5 cm langen Pseudobulben sind eiförmig, seitlich zusammengedrückt und tragen nur ein einziges, schmales, streifenartiges, 10–20 cm langes Blatt. Der aus drei bis fünf gut 5 cm großen Blüten bestehende Blütenstand ist kürzer als die Blätter.

MIMETES

Zur Familie der *Proteaceae* gehören die elf südafrikanischen, immergrünen Sträucher dieser kleinen Gattung. Nur wenig verzweigt, tragen die Sträucher viele lanzett- bis eiförmige Blätter; die an den Zweigenden sitzenden Blätter sind oft leuchtend gefärbt, zwischen ihnen schauen die Blüten hervor. Die meisten Arten dieser Gattung gedeihen auf offenem Heideland in phosphorarmem Boden.

Mimetes cucullatus

PFLEGE UND VERMEHRUNG: *Mimetes* gedeihen in mediterranem Klima mit leichten Frösten und mögen einen sonnigen Standort sowie durchlässigen und nährstoffarmen Boden. Bei längerer Feuchtigkeit drohen die Blütenstände zu verfaulen. Die Vermehrung erfolgt durch reifen Samen. Setzlinge sollten sofort einzeln in Töpfe eingepflanzt werden, da sie jede Wurzelstörung verübeln.

Mimetes cucullatus

Dieser hübsche, 1,5 m hohe Strauch stammt aus der Kapregion Südafrikas. Ab Mitte des Winters bis in den Frühsommer hinein trägt die Pflanze hellrote, gelbe und weiße Blütenstände. Sie bevorzugen sumpfigen, leicht sauren Boden und einen sonnigen Standort.

Mimetes fimbrifolius

Mimulus cardinalis

Mimetes fimbrifolius

Die Pflanze erinnert an *Mimetes cucullatus;* sie ist zwar nicht ganz so bunt, dafür aber größer und kräftiger. Die Pflanze wird etwa 2,5 m hoch und etwas breiter.

MIMOSA

SINNPFLANZE, MIMOSE

Diese mit der *Acacia* verwandte Gattung besteht aus 480 Arten einjähriger und ausdauernder Pflanzen, Sträucher und kleiner Bäume. Die meisten stammen aus Amerika und wachsen in Lebensräumen vom Regenwald bis zur trockenen Savanne. Die meist dornigen Stengel tragen doppelt gefiederte Blätter; die vier- bzw. fünfteiligen Kronen mit den langen Staubgefäßen erscheinen in rundlichen Blütenständen. **PFLEGE UND VERMEHRUNG:** Die frostempfindlichen Pflanzen bevorzugen einen sonnigen Standort und mäßig fruchtbaren, durchlässigen Boden. Sie sollten während des Wachstums gut gegossen werden, im Winter eher sparsam. Die Vermehrung erfolgt durch Aussaat oder Setzlinge.

Mimosa pudica

SCHAMHAFTE SINNPFLANZE

Der brasilianische, kurzlebige, immergrüne Halbstrauch wird meist wie eine einjährige Pflanze behandelt. Werden die farnartigen Blätter berührt, schließen sie

Mimulus aurantiacus

sich und hängen herab, öffnen sich jedoch innerhalb von ein paar Minuten wieder. Die stacheligen Stengel tragen im Sommer kleine, flaumige, rosa Blütenköpfchen. Die etwa 1 m hohe Pflanze vermehrt sich in manchen Gegenden unkrautartig.

MIMULUS

Syn. *Diplacus*

GAUKLERBLUME, AFFENBLUME

Die 180 Arten einjähriger bzw. ausdauernder Pflanzen und Sträucher zeichnen sich durch röhrenförmige, oftmals sonderbar gefleckte bzw. gesprenkelte Blüten mit ausgestellten Mündern aus. Die Blüten können von Braun bis Orange, Gelb, Rot, Rosa oder Purpurn getönt sein. Die Pflanzen stammen größtenteils von der kühlen Pazifikküste Chiles und der USA, weshalb die meisten Arten sich für sumpfige Gärten oder feuchte Standorte eignen. Andere Arten eignen sich wiederum für Steingärten. **PFLEGE UND VERMEHRUNG:** Die Pflanzen sollten an einem sonnigen oder halbschattigen Standort auf nassem oder feuchtem Boden gezüchtet werden. Die Vermehrung mehrjähriger Pflanzen erfolgt durch Teilung im Frühjahr, die von einjährigen Pflanzen durch Aussaat im Herbst oder zu Beginn des Frühjahrs.

Mimulus 'Andean Nymph'

Bei dieser sich ausbreitenden, krautigen, mehrjährigen, 20 cm hohen und mindestens 30 cm breiten Pflanze handelt es sich wahrscheinlich um eine Kreuzung zwischen *Mimulus luteus* und *M. guttatus.* Die Pflanze trägt im Sommer über einen langen Zeitraum hinweg zartrosa Trompetenblüten mit weißen Flecken.

Mimulus guttatus

Mimulus aurantiacus

Syn. *Diplacus aurantiacus, D. glutinosus, Mimulus glutinosus*

Nordamerika ist die Heimat dieses kaum frostharten, immergrünen Strauchs. Im Frühjahr und Sommer trägt die 1 m hohe und breite Pflanze purpurrote oder gelborangefarbene Blüten. Die glänzenden, lanzettlichen und sattgrünen Blätter sind an den Rändern leicht nach innen gerollt.

Mimulus bifidus

Der 80 cm hohe Strauch trägt klebrige, elliptische bis längliche, gesägte Blätter, etwa 5 cm lang. Im Frühjahr und Sommer erscheinen blaßgelbe Blüten. Die nicht frostharte Pflanze stammt aus Kalifornien.

Mimulus cardinalis

Die aus dem Südwesten der USA und aus Mexiko stammende Staude wird mindestens 1 m hoch und 30 cm breit. Sie hat scharf gezähnte, haarige, mittelgrüne Blätter und trägt den ganzen Sommer hindurch bis zum Herbst in Trauben sitzende, scharlachrote Blüten mit gelbem Schlund. Die an Fluß- und Teichufern wachsende Pflanze sollte an einer geschützten Stelle stehen, da sie bei zuviel Regen und Wind sich niederzulegen beginnt.

Mimulus guttatus

Syn. *Mimulus langsdorfii*

GELBE GAUKLERBLUME

Diese kräftige, sehr frostharte Staude wächst an feuchten bis nassen Stellen und bürgerte sich auch in anderen, weit von der natürlichen Heimat – dem gesamten nordamerikanischen Kontinent – entfernten Gebieten ein. Die etwa 30 cm hohe und breite Flecken bildende Pflanze trägt im Sommer hellgelbe, braunrot gesprenkelte Blüten.

Mimulus × hybridus, Kulturvarietät

Mimulus × hybridus

Bei diesen beliebten und aus der Kreuzung zwischen Mimulus *guttatus* und *M. luteus* hervorgegangenen Hybriden erscheinen die trichterförmigen, bis 5 cm großen Blüten mit der weit auseinanderstehenden Unter- und Oberlippe in verschiedenen Farben und sind rot gesprenkelt bzw. gepunktet. Obwohl es sich um relativ frostharte, mehrjährige Pflanzen handelt, werden sie wie einjährige behandelt, da sie in der heißen Sonne schnell unansehnlich und nach einigen Monaten struppig werden. **'Ruiter's Hybrid'** trägt orangefarbene Blüten mit gewellten Rändern.

Mimulus lewisii

Die aufrechte Staude trägt im Sommer rosaviolette bis rosarote Trompetenblüten mit weißem Schlund. Die glatten, behaarten, mittelgrünen und klebrigen Blätter sind knapp 10 cm lang. Die frostharte Pflanze wird 60 cm hoch und mindestens 45 cm breit.

Mimulus longiflorus

Diese – nicht frostharte – strauchige Art aus Kalifornien und dem Nordwesten Mexikos wird etwa 1 m hoch und breit und trägt klebrige, bis 10 cm lange, mittelgrüne Blätter. Die im Frühjahr und Sommer erscheinenden Blüten können cremefarben, gelb, orange oder dunkelrot sein.

Mimulus luteus

Die ausläufertreibende Staude wird oft nur als einjährige Pflanze kultiviert. Sie trägt viele gelbe Blüten, die im Sommer aus mittelgrünen Blättern hervorschauen. Die 30 cm hohe und breite Pflanze ist relativ frosthart und gedeiht an einem halbschattigen Standort in feuchtem Boden.

Mimulus longiflorus

Mimulus × hybridus 'Ruiter's Hybrid'

Mimulus moschatus

Mimulus luteus

Mimulus moschatus

MOSCHUS-GAUKLERBLUME

Früher wurde diese kleine, kriechende und wasserliebende Art wegen ihres Moschusduftes gezüchtet, seit einiger Zeit treten aber seltsamerweise nur noch geruchlose Typen auf. Die mehrjährige, sehr frostharte Pflanze wird 15-30 cm hoch und breit. Vom Sommer bis zum Herbst trägt sie blaßgelbe, leicht braun gefleckte Blüten.

Mimulus 'Whitecroft Scarlet'

Syn. ***Mimulus cupreus*** **'Whitecroft Scarlet'**

Diese Selektion mit leuchtend-scharlachroten Blüten wird etwa 10 cm hoch und 15 cm breit. Die Pflanze blüht ab spätem Frühjahr den ganzen Sommer hindurch. Da sie recht kurzlebig ist, sollten regelmäßig Stecklinge entnommen werden.

MINUARTIA

MIERE

In den gemäßigten und arktischen Regionen der nördlichen Hemisphäre weit verbreitet, erfaßt diese eng mit *Cerastium* verwandte Gattung etwa 100 Arten meist mehrjähriger Pflanzen; es gibt auch einige einjährige, die im Gartenbau jedoch keine große Rolle spielen. Die Pflanzen bilden dichte Polster und eignen sich hervorragend für Steingärten.

PFLEGE UND VERMEHRUNG: Die äußerst frostharten Pflanzen können in gemäßigten bis kalten Klimazonen sehr einfach kultiviert werden; sie bevorzugen dabei einen sonnigen Standort und feuchten Boden, in dem die Wurzeln sich unter Steinen oder Felsen verstecken können, um kühl zu bleiben. Die Vermehrung erfolgt am einfachsten durch Teilung, aber auch durch Stecklinge oder Samen.

Minuartia recurva

KRUMMBLATT-MIERE

In den Bergregionen Süd- und Mitteleuropas beheimatet, bildet *Minuartia recurva* hübsche, dichte Büschel kleiner, haariger Blätter, aus denen im Sommer weiße Blüten auf gut 1 cm langen Stengeln herausragen. An jedem Stengel befinden sich in der Regel zwischen zwei und acht Blüten, es können aber durchaus auch Einzelblüten auftreten.

Mirabilis jalapa

MIRABILIS

WUNDERBLUME

Die aus dem tropischen Amerika stammende Gattung besteht aus etwa 50 Arten einjähriger Pflanzen und Stauden, die sich als attraktive Gartenpflanzen eignen. Einige Arten können sich stark vermehren und sind aufgrund ihrer tiefen Wurzeln schwer auszurotten. Die Blüten erscheinen oft in leuchtenden Farben. Die meisten Pflanzen verströmen einen angenehmen Duft.

PFLEGE UND VERMEHRUNG: In frostfreien und trockenen, tropischen Klimaten sind die Pflanzen einfach zu kultivieren, wenn sie Sonne und einen durchlässigen Boden erhalten. In kühleren Gegenden können die Knollen mehrjähriger Pflanzen über den Winter aus dem Boden genommen und im Keller gelagert werden. Die Vermehrung nimmt man durch Aussaat oder Teilung der Knollen vor.

Mirabilis jalapa

WUNDERBLUME

Beliebt ist diese buschige Knollenstaude wegen ihrer duftenden, trompetenförmigen, purpurroten, rosa, weißen oder gelben Blüten, die ab dem späten Nachmittag bis zum Morgengrauen geöffnet sind. Die Pflanze eignet sich als Topf- oder Beetpflanze oder auch als niedrige Hecke. Sie blüht während des Sommers, wird 1 m hoch und 60–80 cm breit.

Mirabilis multiflora

Die mehrjährige Art ist eine weitverzweigte, 1 m hohe Pflanze mit eiförmigen Blättern. Die im Sommer erscheinenden rosa bis lila, trompetenförmigen Blüten sind 5 cm lang und haben tiefrote Tragblätter. ***Mirabilis multiflora*** **var.** ***pubescens*** unterscheidet sich durch klebrige und mit kurzen Härchen überzogene Blätter von der typischen Form mit glatten Blättern.

MISCANTHUS

CHINASCHILF

Die Gattung aus 20 Arten von Ziergräsern, ist von Afrika bis Ostasien heimisch. Die kleine Horste bildende Pflanze trägt aufrechte, schilfähnliche Stengel und schmale, überhängende Blätter. Die meisten Arten sind Gräser mit einer Höhe von 3,5 m oder mehr. Die im Spätsommer und Herbst erscheinenden Blütenstände sitzen an den Stengelenden und besitzen hübsche, flaumige Flughaare. Die anspruchsvollen Pflanzen, die auch dekorative Schnittpflanzen abgeben, eignen sich für mehrjährige Rabatten oder als Uferpflanzen.

PFLEGE UND VERMEHRUNG: Die mäßig frostharten Gräser bevorzugen einen sonnigen Standort und feuchten, aber durchlässigen Boden. Nach Ende des Winters, wenn die abgestorbenen Stengel umknicken, sollte die Pflanze bis auf Bodenhöhe zurückgeschnitten werden. Die Vermehrung erfolgt durch die Teilung größerer Horste gegen Ende des Winters.

Miscanthus sacchariflorus

SILBERFAHNENGRAS

Das robuste, horstbildende, sommergrüne Gras kann über 2,5 m hoch und halb so breit werden. Die Pflanze trägt hellgrüne Blätter mit weißer Mittelrippe. Im Spätsommer erscheinen in flaumigen Rispen sitzende, silbrig schimmernde, blaßgrüne Ährchen. Die Pflanze stammt aus Asien, wurde aber mittlerweile auch in Nordamerika eingebürgert. An einer geschützten Stelle ist die Pflanze frosthart.

Mirabilis multiflora var. *pubescens*

Minuartia recurva

Miscanthus sinensis

CHINASCHILF

Die Wildform der asiatischen Art bildet Horste, die bis 3,5 m hoch werden können. Chinaschilf ist das wohl schönste aller Ziergräser. Die Blätter mit der weißen Mittelrippe sterben im Winter ab und nehmen dabei eine sanft strohfarbene Färbung an. Die Blütenstände sind meist hellgrau mit lilabraunem Hauch. Die bis 1,3 m hohe **'Gracillimus'** trägt schöne gebogene Blätter mit weißer Mittelrippe. **'Kleine Fontaine'** hat gebogene Blätter und blüht in der ersten Hälfte des Sommers. **'Morning Light'** ist **'Gracillimus'** sehr ähnlich und trägt Blätter mit silberfarben panaschierten Rändern. **'Silberfeder'**, bis 2,5 m hoch, trägt im Herbst unzählige offene, silbrig schimmernde rosa Ährchen auf schlanken, aufrechten Stengeln. **'Variegatus'** trägt cremeweiße Blätter mit blaßgrünen Bändern. **'Yaku Jima'** ist eine etwa 80 cm hohe Zwergform mit schmalen, überhängenden Blättern. Bei **'Zebrinus'** handelt es sich um eine hochgewachsene Varietät mit goldfarben gestreiften Blättern, was der Pflanze auch den deutschen Namen Zebragras einbrachte. Unter einer Laubdecke sind die Pflanzen frosthart.

MITCHELLA

REBHUHNBEERE

Diese Gattung besteht aus zwei Arten immergrüner Stauden: die eine stammt aus Nordamerika, die andere aus Japan und Südkorea. Die Pflanzen ranken sich am Boden entlang und haben glänzende, tiefgrüne, ovale Blätter, die bis 2,5 cm lang werden können. Im Frühjahr tragen sie gut 1 cm lange, paarig angeordnete, vierlappige, trichterförmige Blüten. Die Blüten der amerikanischen Art sind weiß, die der asiatischen rosa. Den Blüten folgen etwa gleich große, zweilappige, weiße oder rote Beeren, die eher aussehen wie zwei miteinander verschmolzene Beeren.
PFLEGE UND VERMEHRUNG: Die frostharten Pflanzen benötigen feuchten, durchlässigen Boden und einen sonnigen oder halbschattigen Standort. Ihre Vermehrung erfolgt durch Aussaat, Abtrennung bewurzelter Triebe oder Stecklinge.

Miscanthus sinensis 'Variegatus'

Miscanthus sinensis 'Zebrinus'

Miscanthus sinensis 'Kleine Fontaine'

Miscanthus sinensis 'Gracillimus'

Mitchella repens

REBHUHNBEERE

Diese nordamerikanische Pflanze bildet ein niederliegendes Polster aus dunkelgrünen, weiß geäderten, 2 cm langen Blättern. Ihre im Frühsommer erscheinenden kleinen, weißen Blüten sind oft rosafarben getönt; aus diesen entstehen später hellrote Beeren. Die Pflanze bevorzugt sauren Boden und benötigt viel Feuchtigkeit.

MITELLA

Zwanzig Arten rhizometreibender Stauden umfaßt diese aus Nordamerika und Nordostasien stammende Gattung. Die mit *Heuchera* und *Tiarella* verwandten und diesen ähnlichen Pflanzen bilden Gruppen von leicht herzförmigen, geringfügig gelappten und fein behaarten Blättern, zwischen 1 cm und 10 cm groß. Aus ihnen ragen im Frühjahr auf aufrechten Stengeln Trauben von bis zu 60 kleinen Blüten hervor – grün, weiß oder rosa.
PFLEGE UND VERMEHRUNG: Die in Wäldern heimischen Pflanzen bevorzugen feuchten, durchlässigen, humusreichen Boden und einen sonnigen oder halbschattigen Standort. Sie tolerieren keine längere Trockenheit, überleben jedoch bei Temperaturen bis –23°C. Die Vermehrung erfolgt im Winter oder zu Beginn des Frühjahrs durch Aussaat oder Teilung.

Mitella breweri

Bei dieser nordamerikanischen Art handelt es sich um eine zierliche, gruppenbildende Pflanze mit hübschen, etwa 10 cm langen, hellgrünen und leicht behaarten Blättern. Aus den dichten Blättern ragen die auf schlanken, aufrechten Stengeln sitzenden, kleinen, grünen Blüten heraus, die einen sehr attraktiven Anblick bieten. An einem halbschattigen Standort in feuchtem Boden breiten sich die bis 15 cm hohen Pflanzen von selbst aus und eignen sich gut als Bodendecker.

Miscanthus sinensis 'Morning Light'

Mitraria coccinea

MITRARIA

Ein immergrüner, kletternder Halbstrauch aus dem Süden Chiles und aus Argentinien repräsentiert diese Gattung als einzige Art. An drahtigen Ästen befinden sich spitz zulaufende, elliptische Blätter mit gezähnten Rändern. Sie sind 2,5 cm lang und entlang ihrer Mittelrippe und dem Blattstiel behaart. Gegen Ende des Frühjahrs bis zum Herbst erscheinen 3,5 cm große, orangerote, röhrenförmige Blüten mit fünf Kronabschnitten. Den Blüten folgen gut 1 cm große, fleischige, beerenartige Früchte.
PFLEGE UND VERMEHRUNG: Die nicht frostharte Kletterpflanze ist einfach – bei uns im Kalthaus – zu kultivieren. Sie sollte in kühle, feuchte, humusreiche und torfige Erde gepflanzt werden. Die Blätter tolerieren direkte Sonneneinstrahlung, was auch den Blüten zugute kommt, solange die Wurzeln kühl bleiben; sollte dies nicht der Fall sein, eignet sich ein halbschattiger Standort besser. Vermehren kann man sie durch Aussaat, Absenker oder Stecklinge.

Mitraria coccinea

Der attraktive Halbstrauch trägt stark glänzende, grüne Blätter und blüht über eine ganze Saison. Die Pflanze kann sich über den Boden und über Böschungen ranken, von einer Blumenampel herunterhängen oder an einem Zaun mittels Gitter oder Maschendraht entlangwachsen. Ihre Sprosse erreichen eine Länge von gut 2 m.

MOLINERIA

Verbreitet von Indien bis nach Australien, besteht diese kleine, tropische Gattung aus sieben Arten lilienartiger Stauden. Sie bilden unterirdische Ausläufer, tragen palmwedelartige Blätter und treiben kurze Büschel gelber Blüten aus, die sich nahe am Boden befinden. Nur *Molineria capitulata*, wird gemeinhin kultiviert und ist wegen ihres äußerst dekorativen Laubwerks sehr beliebt. Die frostempfindlichen Pflanzen eignen sich gut als Zimmerpflanzen.

PFLEGE UND VERMEHRUNG: Die in tropischen, subtropischen und warmen Regionen gedeihende *Molineria* bevorzugt fruchtbaren, feuchten Boden und einen schattigen oder sonnigen Standort. Die Vermehrung erfolgt durch Teilung oder die Aussaat frischen Samens.

Molineria capitulata

Syn. *Curculigo recurvata, C. capitulata*

Geschützte Schluchten tropischer asiatischer Regenwälder sind das Herkunftsgebiet dieser breite Horste bildenden, mehrjährigen Pflanze. Bei einer Höhe von 1 m trägt sie ebenso lange, gefältelte, hellgrüne Blätter. Die hellgelben Blüten sitzen an einer dichten Ähre, die sich aus der Blattbasis entwickelt. Den vom Sommer bis zum Herbst erscheinenden Blüten folgen rundliche, sukkulente Früchte.

MOLINIA

PFEIFFENGRAS

Zu der Gräsergattung gehören nur zwei oder drei Arten, deren Wildformen nicht als Zierpflanzen geeignet sind; die wilden Pflanzen dienen oft sogar als Wirt für den Mutterkornpilz, der viele Gräser und Getreidearten befällt. Die aus Eurasien stammenden Pflanzen werden selten höher als 1,2 m, die kultivierten Sorten sind oft sogar kleiner. Einige Sorten tragen attraktive violette Ährchen.

Molineria capitulata

Moltkia doerfleri

PFLEGE UND VERMEHRUNG: Die frostharten Gräser gedeihen auf feuchtem, neutralem bis saurem Boden an einem sonnigen Standort. Besonders effektvoll wirken sie an den Ufern von Gewässern oder zwischen großen Felsen in Steingärten. Die Vermehrung erfolgt im Frühjahr durch Aussaat oder durch die Teilung von Kulturformen bzw. buntbeblätterten Sorten.

Molinia caerulea

PFEIFFENGRAS, BESENRIED

Als attraktives Gartengras bildet das aus den sauren Heideländern Europas und Südwest- und Nordasiens stammende, büschelige, mehrjährige Gras während der Blütezeit knapp 50 cm hohe Horste. Es hat breite, flache, mittelgrüne Blätter und trägt im Sommer in Rispen sitzende, violette Ährchen. **'Variegata'** ist eine kompakte, 60 cm hohe Sorte mit cremefarben gestreiften Blättern und violetten Ährchen.

MOLTKIA

Diese aus sechs Arten bestehende Gattung – Halbsträucher, die auf steinigen und sonnigen Berghängen gedeihen – kommt aus Norditalien, Nordgriechenland und Südwestasien. Die Pflanzen tragen lanzettliche, behaarte, mittel- bis dunkelgrüne Blätter. Ihre meist röhrenförmig herabhängenden Blüten erscheinen in Blau-, Lila- und manchmal auch Gelbtönen. Die attraktiven Pflanzen eignen sich als Bodendecker für Steingärten.

PFLEGE UND VERMEHRUNG: Sie bevorzugen einen sonnigen Standort und alkalischen, durchlässigen Boden, besonders im Winter. Da sich einige Arten invasiv vermehren, sind sie besser im wilderen Teil des Gartens aufgehoben. Die Vermehrung erfolgt durch Aussaat oder Stecklinge, bei den verholzten Arten durch Absenker.

Molinia caerulea 'Variegata'

Monarda citriodora

Moltkia doerfleri

Syn. *Lithospermum doerfleri*

Die 50 cm hohe und breite Art aus Albanien bildet Ausläufer; an den unverzweigten, aufrechten Stengeln befinden sich gegen Ende des Frühjahrs bis zur Sommermitte dunkelviolette Blüten, die in herabhängenden, kurzen Wickeln sitzen. Die Pflanze (mit unklarer Winterhärte) kann sich im Garten stark ausbreiten.

Moltkia × intermedia

Die aus *Moltkia petraea* und *M. suffruticosa* hervorgegangene Hybride erinnert mehr an die letztere. Der attraktive brötchenförmige Halbstrauch wird 30 cm hoch und breit und trägt herabhängende, trichterförmige, tiefblaue Blüten, die etwa 1 cm lang sind und deren Knospen leicht rosa getönt sein können.

MOLUCCELLA

Das Verbreitungsgebiet der vier Arten reicht von Nordwestindien bis in den östlichen Mittelmeerraum hinein. Von den einjährigen und kurzlebigmehrjährigen Stauden werden in der Regel nur die zuerst genannten kultiviert. Die 1 m hohen, aufrechten und verzweigten Pflanzen tragen gezähnte Blätter und kleine, weiße, wohlriechende Blüten. *Moluccellas* werden aber hauptsächlich wegen ihrer großen, grünen Kelche gezüchtet; sie eignen sich als attraktive Gartenpflanzen oder auch als frische oder trockene Schnittblumen.

PFLEGE UND VERMEHRUNG: Die kaum frostharten Pflanzen bevorzugen einen sonnigen Standort und mäßig fruchtbaren, frischen, aber durchlässigen Boden. Durch Aussaat werden sie vermehrt.

Moluccella laevis

MUSCHELBLUME

Die sommerblühende, einjährige Pflanze aus der Türkei, Syrien und dem Kaukasus wird aufgrund ihrer Blütenquirle mit muschelartigen, apfelgrünen Kelchen kultiviert, die für frische oder getrocknete Blumengestecke sehr gefragt sind; die kleinen, weißen Blüten sind dagegen unauffällig. Die rundlichen Blätter sind blaßgrün. Die Pflanze erreicht sehr schnell eine Höhe von 1 m und eine Breite von 30 cm und ist von aufrechter, verzweigter Wuchsform.

MONARDA

INDIANERNESSEL, MONARDE

Diese Gattung besteht aus 15 Arten ausdauernder oder einjähriger Pflanzen aus Nordamerika mit grünen, manchmal violett getönten, geäderten, aromatischen Blättern. Die Pflanzen werden auch für die Aromatisierung verschiedener Tees und für Mischungen verwendet. Die Pflanzen können aus nur einem Stengel bestehen oder leicht verzweigt sein; ab der Mitte des Sommers bis zum Frühherbst tragen sie zweilippige, röhrenförmige Blüten.

PFLEGE UND VERMEHRUNG: Die sehr frostharten Pflanzen bevorzugen einen sonnigen Standort auf durchlässigem Boden. Die einjährigen Pflanzen gedeihen am besten auf sandigem Boden. Stauden brauchen feuchten Boden und sollten gegebenenfalls gut mit Stallmist oder Kompost gedüngt werden. Einjährige Pflanzen werden direkt an ihrem endgültigen Standort ausgesät, die ausdauernden Pflanzen teilt man am besten, wenn man weitere Pflanzen ziehen will.

Monarda citriodora

Die gebogenen, röhrenförmigen Blüten dieser 60 cm hohen, einjährigen Art verströmen einen angenehmen Duft; sie sind normalerweise weiß, rosa oder lila und haben einen haarigen Schlund.

Monarda didyma

Monstera deliciosa

Montanoa bipinnatifida

Monarda didyma

Mit ihren im Spätsommer erscheinenden weißen, rosa oder roten Blüten zählt die Pflanze zu den auffälligsten aller kulinarischen Kräuter. Die jungen Blätter können für Salate oder lindernde Tees verwendet werden oder als Füllung für verschiedene Bratengerichte dienen. Die Pflanze erreicht eine Höhe von 1 m und mehr. **'Aquarius'** trägt tief-purpurlila Blüten mit purpurgrünen Tragblättern. **'Cambridge Scarlet'** ist eine kräftige, 1 m hohe, mehrjährige Pflanze mit dunkelgrünen Blättern, die beim Zerreißen oder Zerstößeln einen zitronenartigen Duft verströmen. **'Croftway Pink'** wird 80 cm hoch und trägt ab der zweiten Hälfte des Sommers bis zum Frühherbst rosarote Blüten.

Monarda fistulosa

In wilder Form erreicht die aus dem Osten Nordamerikas stammende Pflanze eine Höhe von 1,2 m, wird jedoch nur weniger als halb so breit. Aus der natürlichen, oft auch in Gärten entstandenen Kreuzung mit *Monarda didyma* gingen eine Reihe von Hybriden hervor. Die im Spätsommer und zu Herbstbeginn erscheinenden Blü-

Monarda didyma 'Aquarius'

Monopsis lutea

ten sind meist hellviolett oder blaßrosa und haben violett getönte Tragblätter.

Monarda 'Mahogany'

Als eine der oben erwähnten Hybriden zwischen *Monarda didyma* und *M. fistulosa* trägt die bis 1 m hohe Pflanze ab der zweiten Hälfte des Sommers bis weit in den Herbst hinein hübsche, weinrote oder lila Blüten.

Monarda punctata

Je nach Sorte kann diese abwechslungsreiche Art als ein-, zwei- oder mehrjährige Variante auftreten. Die Pflanzen werden in der Regel 1 m hoch; sie tragen gelbe oder rosafarbene, violett gepunktete Blüten.

MONARDELLA

Etwa 20 Arten bilden die Gattung einjähriger und ausdauernder Pflanzen aus dem Westen Nordamerikas. Diese werden aufgrund ihrer aromatischen Blätter gezüchtet, die auch zur Herstellung von Kräutertees dienen. Die zweilippigen, röhrenförmigen Blüten sitzen in endständigen Quirlen und sind meist rot, rosa oder violett. **PFLEGE UND VERMEHRUNG:** Die meisten Pflanzen brauchen einen sonnigen Standort und extrem durchlässigen Boden; sie eignen sich für Steingärten, kleinere Arten wirken auch als Topfpflanzen im Kalthaus attraktiv. Die höheren Pflanzen können in die vorderen Reihen sonnig und trocken gelegener Rabatten gepflanzt werden. Sie sind mäßig frosthart, verübeln jedoch winterliche Feuchtigkeit. Neue Pflanzen lassen sich durch Aussaat, bei mehrjährigen Arten auch durch Stecklinge oder durch Teilung gewinnen.

Monardella macrantha

Die ausläuferbildende, rankende und mehrjährige Pflanze wird 15 cm hoch, 20 cm breit und trägt behaarte, mittelgrüne Blätter. Mitte des Sommers erscheinen in Quirlen orangerote, 1 cm lange Blüten mit violetten Tragblättern.

Monarda 'Mahogany'

Monardella villosa

Niederliegend und ausläuferbildend trägt diese mehrjährige, 10-60 cm hohe Pflanze verholzte Stengel. Die Blüten der Pflanze sind normalerweise blaßrosa bis rosarot.

MONOPSIS

Heimisch in den tropischen und südlichen Regionen Afrikas, besteht diese Gattung aus 18 Arten einjähriger Pflanzen, die den einjährigen Lobelien sehr ähnlich sehen. Genau wie diese eignen sie sich auch für die Randbepflanzung von Blumenbeeten. Die röhrenförmigen Blüten mit spreizenden Kronzipfeln erscheinen in der Regel in Blau- oder Gelbtönen. An der Oberseite ist die Röhre bis zum Grund gespalten. **PFLEGE UND VERMEHRUNG:** Die Pflanzen gedeihen am besten an einem sonnigen oder halbschattigen Standort auf durchlässigem, mäßig fruchtbarem Boden. Die Vermehrung erfolgt durch Aussaat an Ort und Stelle oder unter Glas, die Setzlinge werden ins Freie umgepflanzt, sobald die Frostgefahr gebannt ist.

Monopsis lutea

Diese ausgedehnte, liegende Pflanze hat drahtige, 30 cm lange Stengel und bewurzelt sich manchmal an den unteren Knoten. Die wechselständigen Blätter haben gezähnte Ränder. Im Frühjahr und Sommer befinden sich hellgelbe Blüten an den Stengelspitzen. Die Art eignet sich als Hängepflanze für Steingärten oder Mauern.

MONSTERA

Zu dieser Gattung gehören 25 Arten immergrüner, tropischer Kletterpflanzen mit meist langen Luftwurzeln. Oftmals handelt es sich auch um Epiphyten oder Pflanzen, die sich beim Erklimmen von Waldbäumen zu solchen entwickeln. Das Laubwerk besteht aus Jugend- und Altersblättern: Die Blätter der jungen Pflanze sind in der Regel kleiner und ungeteilt, sie schmiegen sich oft flach an den Stamm der Wirtspflanze; die Blätter der älteren Pflanze sind deutlich größer und oftmals durchlöchert. Die Blütenkolben sind von einer 50 cm langen Spatha (Hochblatt) umgeben, die manchmal nicht beständig ist und weiß oder grünlich-cremefarben ist. Die Früchte verfärben sich mit zunehmender Reife weiß und sind bei manchen Arten eßbar. Die Pflanzen stammen aus den tropischen Regionen Amerikas und der Karibik. **PFLEGE UND VERMEHRUNG:** Sie klettern in tropischen Gebieten an Bäumen empor, die 20 m hoch werden können, in allen anderen Klimaten werden sie als Zimmerpflanzen gezüchtet. Die Pflanzen bevorzugen einen halbschattigen Standort und humusreichen, feuchten, durchlässigen Boden. Reifer Samen, Stecklinge oder Absenker können zur Vermehrung dienen.

Monardella macrantha

Monstera deliciosa

FENSTERBLATT

Die aus der Karibik und den tropischen Regionen Amerikas stammende Pflanze hat riesige, glänzende, durchlöcherte und eingeschnittene Blätter, die an dicken Stengeln mit Luftwurzeln sitzen. Ausgewachsene Pflanzen tragen eine dicke Spatha, aus denen süßliche, genießbare Früchte entstehen, die ein ganzes Jahr benötigen, um zu reifen und dies auch nur in freier Natur. Außer in sehr kühlen Räumen läßt sich die Pflanze überall sehr einfach halten.

MONTANOA

Zu der auffälligen Gattung aus 25 Arten großer, immergrüner Korbblütler aus den tropischen Regionen Amerikas gehören auch Sträucher, die eine Höhe von 6 m erreichen und wie krautige Pflanzen behandelt werden können. Die Blätter der meisten Arten sind eingekerbt, was die Pflanzen als Strauchhecke besonders attraktiv aussehen läßt. Die Korbblüten können weiß, cremefarben, rosa oder violett sein. **PFLEGE UND VERMEHRUNG:** Da sie frostempfindlich sind, blühen sie an einem sonnigen Standort besonders üppig, Voraussetzung dafür ist ein durchlässiger, humusreicher und gut gewässerter Boden. Nach der Blütezeit sollten die Pflanzen stark gestutzt werden. Die Vermehrung erfolgt durch Aussaat oder Wurzelstecklinge.

Montanoa arborescens

Der vielstämmige Strauch wird über 3,5 m hoch und trägt ovale, schwach gezähnte Blätter. Im Winter erscheinen in Büscheln auftretende, kleine, weiße Korbblüten.

Montanoa bipinnatifida

Die 5 m hohe Art trägt große, zartgrüne, tief fiederspaltige Blätter und stammt aus

Monardella villosa

Morina longifolia

Mittelamerika. Im Spätherbst und im Winter trägt sie Büschel weißer Korbblüten, die an langen Asttrieben sitzen. Die Triebe werden gerne spröde, weshalb die Pflanze an geschützter Stelle stehen sollte.

Montanoa grandiflora

Der mittelamerikanische Strauch besitzt einen dicken, schaftartigen, 3,5 m hohen Stamm. Aus den großen, tief eingeschnittenen Blättern ragen im Herbst und Winter große, wohlriechende, weiße Korbblüten mit gelber Mitte hervor.

MORAEA

Von den 120 Arten dieser hauptsächlich in Südafrika heimischen Gattung schöner irisähnlicher und ausdauernder Knollenpflanzen werden nur die wenigsten kultiviert. Die Blüten vergehen oft bereits nach einigen Tagen; die Arten unterscheiden sich stark in Größe, Blütezeit und Farben. **PFLEGE UND VERMEHRUNG:** Die Knollen der frostempfindlichen Pflanzen sollten an einen sonnigen Standort gepflanzt, in warmen Gegenden aber vor der heißen Nachmittagssonne geschützt werden. Die Pflanzen bevorzugen ziemlich fruchtbaren und durchlässigen Boden. Während der Wachstumsperiode sollten sie häufig gegossen, im Ruhezustand aber trockengehalten werden. Die Vermehrung erfolgt während des Ruhezustands durch Seitentriebe, andernfalls durch Aussaat.

Moraea neopavonia

Die attraktive Art, bis 50 cm hoch, bringt im Frühjahr 5 cm große Blüten hervor, die aus drei großen, äußeren und drei kürzeren inneren Blütenabschnitten bestehen. Die äußeren Blütenblätter sind weiß oder orangefarben und jedes einzelne trägt ein hellblaues, schwarz umrandetes »Pfauenauge«. Die Blätter der frostempfindlichen Pflanze sind lang und schmal.

Moraea spathulata
Syn. *Moraea spathacea*

Diese Art, etwa 1,20 m hoch, trägt lange, robuste, streifenförmige Blätter, die sich normalerweise auf den Boden legen. Die bis 10 cm großen, hellgelben, irisähnlichen Blüten erscheinen im Frühjahr.

MORINA

Vier Arten stachliger, rosettiger Stauden versammelt diese kleine Gattung. Bis sie zu blühen beginnen, sehen die Pflanzen wie Disteln aus. Doch tragen die hohen Blütenähren andere Blüten – sie sind lang, röhrenförmig und gebogen und werden,

Moraea spathulata

quirlständig sitzend, von stachligen Blättern getragen. Die kältetoleranten, mehrjährigen Pflanzen aus den Bergregionen Osteuropas und des Himalajas eignen sich gut für Blumenrabatten. **PFLEGE UND VERMEHRUNG:** Sie bevorzugen einen sonnigen Standort und sehr durchlässigen, mit Humus angereicherten Boden. Vermehrt werden sie durch Samen oder Wurzelstecklinge. Besonders im Winter vertragen sie keine Dauernässe und sind dann auch von oben abzudecken.

Morina longifolia
KARDENDISTEL

Die Blätter der bis 1,5 m hohen Pflanze sind meist grundständig und stachelig. Die reinweißen Blüten nehmen mit der Zeit eine kirschrote Farbe an; nach der Bestäubung treten beide Farben gleichzeitig auf. Die Blüten werden von bronzefarben getönten, stacheligen Tragblättern gestützt.

MORINGA

Die aus den heißeren und trockeneren Regionen Westasiens und Nordostafrikas stammende Gattung umfaßt 14 Arten kleiner, sommergrüner Bäume mit korkartiger Rinde, attraktiven Blättern und duftenden Blüten. Die Früchte bestehen aus hülsenähnlichen Kapseln. Die Pflanzen sind ideal für sonnige, geschützte Gärten. **PFLEGE UND VERMEHRUNG:** Die Arten tolerieren beinahe jeden Boden, bevorzugen jedoch einen sonnigen Standort. Sie sollten regelmäßig gegossen und vor Wind und Frost geschützt werden; in kühleren Gegenden können sie in Gewächshäusern gezüchtet werden. Die Vermehrung erfolgt durch Aussaat oder Stecklinge.

Moringa oleifera

Dieser knapp 10 m hohe und 3 m breite Baum trägt große, vielfach geteilte Blätter, Zweige voller weißer und goldfarbener, nach Honig duftender Frühjahrsblüten und bis 50 cm große, hellgrüne Früchte.

Morus alba 'Pendula'

MORUS
MAULBEERBAUM

Etwa zehn Arten sommergrüner Sträucher und Bäume zählen zu dieser Gattung, die in der nördlichen Hemisphäre, vor allem in Ostasien, beheimatet ist. Die Pflanzen tragen breite, leicht herzförmige Blätter mit dicht gezähnten Rändern und unauffällige, grünliche, männliche und weibliche Blüten, die getrennt auf kurzen Kätzchen sitzen. Auf den weiblichen erscheinen die winzigen, eng zusammengepackten Früchte als eine einzige Sammelfrucht, die Maulbeere. Die Blätter von Keimlingen können tief gelappt sein. **PFLEGE UND VERMEHRUNG:** Die recht anspruchslosen Pflanzen gedeihen am besten auf fruchtbarem, durchlässigem Boden an einem sonnigen, geschützten Standort. Die Vermehrung erfolgt im Winter durch Stecklinge, die auch aus ziemlich großen Ästen bestehen können.

Morus alba
Syn. *Morus bombycis*
WEISSER MAULBEERBAUM

Auf diesem kräftigen Baum mit den niedrig ansetzenden Ästen beruht die chinesische und japanische Seidenindustrie. Der Baum wird 12 m hoch, hat eine weit ausladende Krone und ziemlich weit herabhängende, kleinere Äste. Die Blätter haben einen frischen, grünen bis gelben Farbton, sind stark geädert und gezähnt. Die gummiartigen Früchte sind zylindrisch, auch lanzettlich und können in verschiedenen Farbtönen von Weiß über Rosa bis Rot oder Schwarzviolett auftreten. Bei **'Fruitless'** handelt es sich um einen schnellwachsenden, 20 m hohen, sterilen Klon, der sich sehr gut als Futter für die Seidenspinnerraupe eignet. **'Pendula'** lautet der Name einer pilzförmigen Trauerform, die auf

Morus nigra

Morus alba

Hochstämme aufgepfropft wird, um eine gewisse Höhe zu erreichen. **'Stribling'** (Syn. 'Striblingii') ist ebenfalls steril, da sie ihre männlichen Blüten sehr früh verliert.

Morus nigra
SCHWARZER MAULBEERBAUM

Bei dieser wegen ihrer Früchte angebauten Pflanze handelt es sich um die gemeine, in Großbritannien und dem nördlichen Europa angepflanzte Maulbeere, von der man annimmt, daß sie aus China oder Zentralasien stammt. Sie erinnert an *Morus alba*, hat aber einen dickeren Stamm, eine kompaktere Krone und dunklere, an der Unterseite behaarte Blätter mit abgerundet gezähnten Rändern. Die Früchte sind dunkelrot oder schwarz und schmecken süß. Die Pflanze ist etwas frostempfindlich.

Morus rubra
ROTER MAULBEERBAUM

Die rubinroten Früchte dieses nordamerikanischen Maulbeerbaums sind relativ geschmacksneutral; der hauptsächlich aufgrund seiner Wuchsform kultivierte *Morus rubra* erreicht in ausgewachsenem Zustand eine Höhe von 20 m; der gewundene Stamm verleiht der Pflanze ein groteskes Aussehen. Der etwas frostempfindliche Baum mit ausladender Krone trägt gesägte, herzförmige, oberseits rauhe Blätter.

MUCUNA

Zu dieser Schmetterlingsblütlergattung gehören 100 Arten rankender, krautiger oder einen verholzten Stengel tragender, immergrüner Kletterpflanzen sowie Sträucher, heimisch in den tropischen und subtropischen Regionen. Die *Mucunas* tragen Schmetterlingsblüten, die an herabhängenden Zweigen sitzen und dünnhäutige Hülsen haben, deren Haare Hautrei-

Morus rubra

Morus alba

zungen verursachen. Nur eine Art der Gattungen hebt sich als Zierpflanze hervor.

PFLEGE UND VERMEHRUNG: In den Tropen gedeihen die *Mucunas* sehr üppig, in kühleren Gegenden werden sie in Gewächshäusern kultiviert. Ihre Wurzeln sollten sich im Schatten befinden, im übrigen mögen die Pflanzen durchlässigen, humusreichen Boden. Vermehrt werden sie durch Aussaat im Sommer oder durch im Spätsommer gezogene Absenker.

Mucuna bennettii

Die Blätter dieser schnellwachsenden Kletterpflanze bestehen aus drei ovalen Fiederblättchen; im Sommer trägt die Pflanze orange-scharlachrote Schmetterlingsblüten, die an großen, herabhängenden Büscheln sitzen. Die kälteempfindliche Pflanze wächst nur unter Klimabedingungen, die denen ihrer Heimat Papua-Neuguinea entsprechen, und sollte während des Wachstums reichlich gewässert werden.

MUEHLENBECKIA

Diese Gattung besteht aus 20 seltsamen Arten, die hauptsächlich in Südamerika, Papua-Neuguinea, Australien und Neuseeland gedeihen. Bei einigen Arten handelt es sich um kleine alpine, polsterbildende Pflanzen, bei anderen um kräftige, rankende Pflanzen mit vielen dunklen Stengeln und kleinen, leicht bronzefarben getönten Blättern. Eine in Form geschnittene *Muehlenbeckia*, die einen Maschenzaun entlangklettert, sieht aus wie ein schöner goldener Vorhang. Die Pflanzen sind in der Regel zweihäusig, d.h. es gibt männliche und weibliche Pflanzen; die an weiblichen Pflanzen sitzenden Früchte sind normalerweise weiß mit sichtbarem, dunkelbraunem Samen.

PFLEGE UND VERMEHRUNG: Die teilweise frostharten Pflanzen bevorzugen einen sonnigen Standort (mit Mittagsschatten) sowie mäßig fruchtbaren, feuchten, durchlässigen Boden. Ihre Vermehrung erfolgt durch Aussaat, Sommerstecklinge oder durch bereits bewurzelte Absenker.

Muhlenbergia pubescens

Muhlenbergia rigens

Muehlenbeckia astonii

Muehlenbeckia axillaris

Mucuna bennettii

Muehlenbeckia astonii

Die in der freien Natur sehr selten gewordene neuseeländische Art wächst wild an exponierten, windigen Standorten – ein sehr kompakter, oftmals nahezu blattloser Busch mit wirren, kreuz und quer verlaufenden Zweigen sowie unauffälligen Blüten und Früchten. Kultivierte Exemplare neigen oft zu einer offenen und dürren Wuchsform, durch die der wilde Charakter, und damit das Hauptmerkmal der Pflanze, allerdings zerstört wird.

Muehlenbeckia axillaris

Dieser kleine, sommergrüne, niederliegende bzw. kriechende Strauch bildet Polster, die mehr als 1 m breit sein können. Ihre schwarzen oder goldbraunen Stengel tragen kleine, dunkelgrüne Blätter mit grauer Unterseite. Den kleinen, gelblichen Sommerblüten folgen schwarz glänzende Früchte. Die Pflanze ist winterhart.

Muehlenbeckia complexa

Diese neuseeländische Art eignet sich für den Formschnitt. Die halbimmergrüne Pflanze erreicht bei richtiger Abstützung eine Höhe von knapp 5 m und trägt kugelige, wachsartige, weiße Beeren mit schwarzem Samen. Unter günstigen klimatischen Bedingungen kann sich die Pflanze unkrautartig vermehren. In Europa muß man sie im Kalthaus halten.

MUHLENBERGIA

Diese Gattung mit etwa 150 Arten horstiger oder rhizomatöser einjähriger oder ausdauernder Gräser stammt aus Mexiko, dem südlichen Teil Nordamerikas und Asien. Die niedrigen oder mittelmäßig hohen Pflanzen mit den schlanken Halmen tragen flache oder zusammengerollte, fadenartige Blätter. Die im Spätsommer an den Stengelenden sitzenden Blütenstände bestehen aus Büscheln von Ährchen.

Muehlenbeckia complexa

Muhlenbergia racemosa

PFLEGE UND VERMEHRUNG: Die kaum frostharten Gräser bevorzugen einen sonnigen oder halbschattigen Standort und mäßig fruchtbaren, feuchten, durchlässigen Boden. In Gegenden mit Frostgefahr sollten sie in Töpfe gepflanzt im Gewächshaus überwintern und erst im Sommer nach draußen gestellt werden. Ihre Vermehrung erfolgt durch Aussaat.

Muhlenbergia dumosa

Das 1–3 m hohe, mehrjährige Gras sieht mit den robusten Halmen aus wie ein Minibambus. Die zusammengerollten Blätter sind oft weniger als 5 cm lang; im Spätsommer erscheinen zahlreiche Blütenstände mit zahlreichen nickenden Ährchen. Die natürliche Heimat der Pflanze reicht vom Süden Arizonas bis nach Mexiko.

Muhlenbergia pubescens

Dieses 1 m hohe, horstbildende, mehrjährige Gras hat flache, überhängende, bläulichgrüne Blätter. Im Sommer erscheinen zahlreiche graubraune Ährchen.

Muhlenbergia racemosa

Dieses 1 m hohe, mehrjährige Gras hat kriechende Rhizome, aufrechte Halme und flache, 15 cm lange Blätter. Die dicken, 15 cm langen, oftmals violetten Blütenstände erscheinen im Spätsommer.

Muhlenbergia rigens

Einen attraktiven Effekt erhalten die kleine Horste durch die überhängenden, bis 1,5 m hohen, schlanken Halme. Die 60 cm langen Blütenstände setzen sich aus vielen kleinen, blaßgrauen Ährchen zusammen.

MUNDULEA

Bis auf eine in den Tropen Afrikas und Westasiens und eine andere in Südafrika

Musa velutina

Musa velutina

Musa × paradisiaca

Musa × paradisiaca

beheimatete Art stammen alle der 15 meistens immergrünen Sträucher oder kleinen Bäume dieser Schmetterlingsblütlergattung aus Madagaskar. Ihre gefiederten Blätter setzen sich aus vielen kleinen Fiederblättchen zusammen; die auffälligen lilablauen Schmetterlingsblüten sitzen in Büscheln an den Enden der Zweige.
PFLEGE UND VERMEHRUNG: Die nicht winterharten Pflanzen gedeihen gut im Halbschatten großer Bäume in durchlässigem, humusreichem Boden. Um die Form zu behalten, sollten die Pflanzen leicht zurückgeschnitten werden. Die Vermehrung erfolgt durch Samen, der vor der Aussaat in heißem Wasser eingeweicht wird oder durch Achselstecklinge bzw. Stecklinge, die Seitentrieben entnommen wurden.

Mundulea sericea

Dieser langsamwachsende Strauch, die einzige Pflanze dieser Gattung aus Südafrika, wird 3 m hoch; seine jungen Blätter sind zäh und biegsam. Die Pflanze trägt unzählige lilablaue Schmetterlingsblüten mit 10 cm langen, spitz zulaufenden, samtig behaarten Samenhülsen.

MURRAYA
ORANGENRAUTE

Diese kleine, mit *Citrus* verwandte Gattung stammt aus Indien und Südostasien. Die immergrünen Bäume und Sträucher tragen aromatische Blätter und attraktive cremeweiße Blüten, die an die Blüten der Orange erinnern und oft einen starken Duft verströmen. Die Früchte bestehen aus kleinen, ovalen Beeren.
PFLEGE UND VERMEHRUNG: Die Arten gedeihen in warmen, frostfreien Klimazonen und bevorzugen einen sonnigen oder halbschattigen Standort mit humusreichem, feuchtem, aber durchlässigem Boden. In kühleren Gegenden sollten die Pflanzen vor Frost geschützt werden. Durch frühzeitiges Beschneiden entsteht ein von unten herauf dicht verzweigter Strauch, der die Form behält, wenn er nach der Blütezeit gestutzt wird. Die Vermehrung erfolgt durch Samen oder Stecklinge.

Murraya koenigii

Die Blätter dieser Art werden für indische Currys und andere würzige Gerichte verwendet. Der vom indischen Subkontinent stammende, aromatische Strauch erreicht eine Höhe von etwa 3 m. Aus dem frischgrünen Laubwerk ragen im Sommer an losen Zweigen sitzende, kleine, wohlriechende, cremeweiße Blüten hervor, die später kleine, schwarze Früchte ergeben.

Murraya paniculata
Syn. *Murraya exotica*
FALSCHER JASMIN

Der im tropischen Asien weit verbreitete, kompakte, rundliche und bis 3 m hohe Strauch ist dicht mit glänzenden, dunkelgrünen Blättchen übersät. Die kleinen, cremeweißen, wohlriechenden Blüten sitzen in dichten Büscheln an den Astenden; sie erscheinen erstmals im Frühjahr, danach immer in zeitlichen Abständen. Nach jeder Blüte können rote Beeren entstehen.

MUSA
BANANE

Die aus Südostasien stammenden Bananen werden heute in den tropischen Ländern der ganzen Welt gezüchtet. Beinahe alle der eßbaren Varietäten, einschließlich der roten und grünen Früchte, enthalten überhaupt keinen Samen. *Musa textilis*, die Hanf-Banane, bringt kräftige Fasern hervor, bekannt als Manilahanf. Die Blüten sitzen an großen, endständigen Trauben, die je nach Art aufrecht am Ast sitzen oder herunterhängen, große, leicht violette Tragblätter umgeben die Knospen. Die weiblichen Blüten befinden sich an der Basis der Trauben, die männlichen weiter oben. Aufgrund der seit 3000 Jahren andauernden Züchtung und Bastardisierung und da die Hybriden einfach zu vermehren bzw. zu klonen sind, ist eine Klassifizierung der Gattung schwer. Obwohl die Pflanzen oft baumhoch werden, handelt es sich um riesige, krautige Stauden; jeder »Stamm« besteht aus der Basis mehrerer Blätter und stirbt ab, sobald der Blütentrieb erscheint und Früchte hervorbringt.
PFLEGE UND VERMEHRUNG: Bananen sind nicht winterhart. Einige kleinere Arten können in gemäßigten Klimaten als Zimmerpflanzen oder in Gewächshäusern gezüchtet werden. Bananen benötigen fruchtbaren, feuchten Boden und einen sonnigen Standort und sollten vor Wind geschützt werden. Die Vermehrung erfolgt durch reifen Samen oder bei Arten mit Wurzelschößlingen durch Teilung.

Musa acuminata
BANANE

Man nimmt an, daß es sich bei dieser Art um einen Elternteil der meisten eßbaren Bananen handelt. Die Pflanze bildet eine Gruppe aus mehreren falschen Stämmen, die über 5 m hoch werden können und an dem sich lange, überhängende Blätter sowie eine herabhängende Blütentraube mit mattrötlichen Deckblättern befinden. Die Früchte sind lang und gebogen, die der kultivierten Sorten samenlos. Die Sorte **'Dwarf Cavendish'** wird nur 2–3 m hoch und trägt kurze, breite Blätter.

Musa ornata

Die aus Bangladesch und Myanmar stammende Art trägt gelbe Blüten, die an aufrechten Trauben sitzen und von rosafarbenen Deckblättern umgeben sind. Die 3 m hohe Pflanze besteht zu zwei Dritteln aus mittelgrünen und entlang der Mittelrippe rot getönten Blättern. Die gedrängten, schlanken, falschen Stämme sind wachsartig und blaßgrün mit schwarzen Flecken.

Musa × paradisiaca
ESSBANANE

Diese Sorte enthält die Gene von *Musa acuminata* und *M. balbisiana*. Die 10 m hohen Pflanzen blühen oft und tragen bereits nach 18 Monaten die ersten Früchte. Die bis 5 m hohe Sorte **'Lady Finger'** toleriert kühlere Temperaturen.

Musa uranoscopus
Syn. *Musa coccinea*

Der Pseudostamm der indochinesischen Art ist bei jungen Pflanzen hübsch glänzend-rotgrün. Die 80 cm langen und 30 cm breiten Blätter sind oben hellgrün und an der Unterseite wachsartig. Die aufrechte Blütentraube wird von 15 cm auf 10 cm großen, tief- bis scharlachroten Deckblättern umgeben, die jeweils von zwei kleinen Blüten begleitet werden. Die 10 cm langen Früchte sind reif gelbbraun.

Musa velutina

Bananenblüten werden meist mehr wegen ihrer seltsamen Form als aufgrund ihrer Schönheit bewundert. Diese Zwergart wird nicht höher als 2 m, trägt gelbe Blüten, die durch die roten Deckblätter betont werden und kleine, samtige, rote Bananen. Sind die Früchte reif, geben die Schalen das Fruchtfleisch von selbst frei.

MUSCARI
TRAUBENHYAZINTHE

Die 30 Arten dieser Gattung stammen aus der Mittelmeerregion und aus Westasien. Da die sommerliche Ruhephase der Pflanze kurz ist, erscheinen die Blätter bald nach deren Pflanzung. Die im Frühjahr erscheinenden weintraubenartigen, hellblauen, blaßblauen, blaßgelben oder weißen Blüten sitzen in 10 cm langen Trauben.
PFLEGE UND VERMEHRUNG: Die frostharten Pflanzen bevorzugen kühleres Klima. Sie sehen am besten aus, wenn sie in Gruppen von mehreren Pflanzen stehen und benötigen fruchtbaren, durchlässigen Boden. Die Zwiebeln sollten im Herbst an einem sonnigen oder halbschattigen Standort eingepflanzt, in wärmeren Gegenden jedoch vor zu heißer Sonne geschützt werden. Die sich schnell vermehrenden Pflanzen tun dies gegenseitig, weshalb man sie am besten für einige Jahre ungestört läßt. Stehen sie irgendwann zu dicht, sollten die Zwiebeln geteilt werden. Die Pflanzen können auch durch Aussaat gezogen werden.

Murraya koenigii

Murraya paniculata

Muscari botryoides

Muscari azureum 'Album'

Muscari botryoides 'Album'

Muscari armeniacum
BALKAN-TRAUBENHYAZINTHE

Die 20 cm hohe und 5 cm breite *Muscari armeniacum* ist eine der beliebtesten Frühjahrszwiebelpflanzen. Ihre Blüten können blau oder weiß sein. Es gibt mehrere namhafte Sorten, wobei es sich bei der zart nach Moschus duftenden **'Heavenly Blue'** wohl um die bekannteste handeln dürfte; sie wird allerdings oft der Art *Muscari botryoides* zugeordnet. **'Blue Spike'** trägt in 20 cm langen Trauben sitzende, rundliche, glockige, gefüllte Blüten, diese sind blau mit weißem Rand.

Muscari aucheri
Syn. *Muscari tubergenianum*

Die Blätter dieser sehr häufig kultivierten, anspruchslosen und freiblühenden Art sind in der Phase nach der Blüte hübscher als die der meisten anderen *Muscari*-Arten. Die blaß-türkisblauen Knospen sind sehr attraktiv, später stellen die blassen, noch ungeöffneten Blüten einen hübschen Kontrast zu den dunkleren, bereits geöffneten Glocken dar. Die Pflanzen werden 20 cm hoch.

Muscari armeniacum 'Heavenly Blue'

Muscari armeniacum

Muscari azureum

Die von den Bergwiesen der Nordwesttürkei stammende Pflanze gedeiht in anderen Gegenden unter ähnlich feuchten Bedingungen. Ihre Vermehrung kann sehr langwierig sein und unter längeren trockenen Bedingungen fehlschlagen. Die Pflanze trägt himmelblaue Einzelblüten, wobei die unten am Schaft befindlichen Blüten dunkler sind als die weiter oben sitzenden. Die kleine Pflanze sieht zur Blütezeit sehr hübsch aus, danach ist sie nur noch ein Durcheinander aus üppigem Laubwerk. Die 20 cm hohe Sorte **'Album'** blüht weiß.

Muscari botryoides
KLEINE TRAUBENHYAZINTHE, KLEINES TRÄUBEL

Die Art aus Mittel- und Südosteuropa, etwa 20 cm hoch, trägt halbaufrechte, oberseits rinnige, mittelgrüne Blätter und kugelige, hellblaue Blüten mit weißem, verengtem Schlund. **'Album'** bringt Trauben wohlriechender, weißer Blüten hervor.

Muscari comosum
Syn. *Leopoldia comosa*
SCHOPF-TRAUBENHYAZINTHE

Die Schopf-Traubenhyazinthe ist eine seltsame, aber attraktive Art aus Nordamerika sowie Süd- und Mitteleuropa. An den Blütenschäften der etwa 60 cm hohen Pflanze befinden sich sowohl fruchtbare als auch sterile Blüten. Die sterilen sitzen ganz oben am Stengel und bestehen aus feinen, blauen Troddeln. Die weiter unten sitzenden, fruchtbaren Blüten sind urnenförmig und cremebraun; ihr Schlund ist verengt. Die Sorte **'Plumosum'** (Syn. 'Monstrosum') trägt streifenförmige Blätter und seltsame Blüten, deren Abschnitte so lang sind, daß die Blütenstände aussehen wie ein fliederfarbener Federbusch.

Muscari comosum

Muscari neglectum

Muscari macrocarpum
Syn. *Muscari moschatum* var. *flavum*, *M. muscarimi* var. *flavum*

Diese in Griechenland und der Westtürkei heimische Art bildet violettbraune Knospen, die sich zu zart gelbgrünen Blüten öffnen, die auf 15 cm hohen Schäften sitzen. Die Blätter sind graugrün. Um im nächsten Frühjahr wieder üppige Blüten zu tragen, benötigt die Pflanze zur Ruhe im Sommer heißes, trockenes Klima.

Muscari neglectum
Syn. *Muscari racemosum*
ÜBERSEHENE TRAUBENHYAZINTHE

Aus Europa, Nordafrika und Südwestasien stammt diese variable Art. Die kleinen, urnenförmigen Blüten sind tiefblau bis blauschwarz mit weißem Schlund, die aufrechten oder abstehenden Blätter hellgrün, an der Basis manchmal rot gefleckt.

MUSSAENDA

Die aus 100 Arten bestehende Gattung immergrüner Sträucher, Halbsträucher und Kletterpflanzen stammt aus Afrika, Asien und von den pazifischen Inseln; da sie das ganze Jahr hindurch blühen, werden die Pflanzen in allen tropischen und subtropischen Regionen der Welt kultiviert. Das besondere an den kleinen Blüten sind nicht so sehr ihre roten oder gelben Kronblätter, sondern ist ihr einzelnes Kelchblatt, das ähnlich einem Tragblatt stark vergrößert ist und weiß, rot oder rosa sein kann. Die Sträucher tragen hellgrüne Blätter und sind attraktiv; um sie kompakt und nicht höher als 1–1,5 m zu halten, sollten sie regelmäßig zurückgeschnitten werden. **PFLEGE UND VERMEHRUNG:** Die frostempfindlichen Pflanzen bevorzugen einen sonnigen oder halbschattigen Standort sowie fruchtbaren, durchlässigen Boden. Man vermehrt sie durch Aussaat oder Stecklinge im Frühjahr. Spinnmilben können ein Problem darstellen.

Mussaenda erythrophylla

Mussaenda 'Aurorae'
Syn. *Mussaenda phillippica* 'Aurorae'

Die strauchartige Hybride trägt immergrüne, rundliche, 15 cm lange Blätter. Weiße, knapp 10 cm lange Deckblätter umgeben die kleinen, trompetenförmigen, hell-goldgelben Blüten. Die Blütenbüschel erscheinen hauptsächlich im Sommer, in wärmeren Gegenden blüht die Pflanze dagegen das ganze Jahr hindurch.

Mussaenda erythrophylla

In den Tropen West- und Zentralafrikas heimisch, klettert der rankende, holzige Strauch mit seinen schlanken, kräftigen Stengeln bis 2 m hoch. Die Pflanze trägt große, rundliche, hellgrüne Blätter, überzogen von einem Flaum seidiger Härchen. Im Spätsommer erscheinen Büschel cremegelber Blüten mit rotem, filzig behaartem Zentrum, die von knapp 10 cm langen, blutroten Tragblättern begleitet sind.

Mussaenda frondosa

Der aus Indien stammende Strauch erreicht eine Höhe von knapp 2 m. Im Sommer erscheinen zwischen den blaßgrünen, ovalen Blättern orangegelbe, röhrenförmige, in Büscheln auftretende Blüten mit

Mussaenda philippica

Mussaenda philippica

Myoporum laetum

Myoporum parvifolium

Myoporum floribundum

Myoporum floribundum

großen, weißen Tragblättern; aus den Blüten entstehen später Beeren. Der aufrechte, verzweigte Stamm öffnet sich in eine strauchartige Krone.

Mussaenda philippica

Bei diesen mutmaßlichen Hybriden sitzen die Blütenbüschel enger aneinander als bei anderen Arten, weshalb die meist rosa »Deckblätter« aussehen wie große, vielteilige Blüten. Zu den Sorten gehören **'Dona Luz'**, eine rosa Sorte mit roten Rändern, und die blaßrosa und purpurrote **'Queen Sirikit'**. Die Pflanzen könnten aus der Kreuzung von *Mussaenda erythrophylla* und *M. frondosa* entstanden sein.

MUTISIA

Die ungewöhnlichen Kletterpflanzen und Sträucher stammen aus Südamerika. Die am häufigsten kultivierten Pflanzen der 60 Arten umfassenden Gattung könnte man als kletternde Margeriten beschreiben. Einige Pflanzen tragen gefiederte Blätter, andere elliptische, herzförmige oder linealische. Die Arten mit gelappten Blättern tragen manchmal Stacheln an den Spitzen der Lappen. An der Unterseite der Blätter befinden sich oftmals dicht anhaftende Haare oder Schuppen; die kletternden Arten bilden oft Ranken aus den Blattspitzen. Auch die Blüten sind sehr unterschiedlich: die kleineren erinnern an Margeriten, die größeren eher an Dahlien. Sie erscheinen während der Wachstumsperiode in allen möglichen Farben.

PFLEGE UND VERMEHRUNG: Nur wenige Arten tolerieren Temperaturen von wenigen Grad Celsius, in Mitteleuropa ist keine Art winterhart. Die Pflanzen mögen feuchten, durchlässigen Boden und einen sonnigen oder halbschattigen Standort und sollten während der Wachstumsperiode regelmäßig gegossen werden. In den meisten Fällen ist die Vermehrung schwierig, es sei denn, man kommt an frischen Samen; andernfalls erfolgt die Vermehrung durch Stecklinge oder Absenker.

Mutisia decurrens

Bei dieser aus Chile und Argentinien stammenden Art handelt es sich um eine Ausläufer bildende Kletterpflanze mit wenig verzweigten Stengeln, die mit der richtigen Abstützung bis zu 3 m hoch klettern kann. Die schmalen Blätter sind teils gezähnt und enden in Ranken, mit deren Hilfe die Pflanze klettert. Die großen hellorangefarbenen Körbchen können 15 cm breit sein, sie erscheinen meist im Sommer.

MYOPORUM

Der Name dieser Gattung setzt sich aus dem griechischen *myo* (eng) und dem lateinischen Wort *porum* (Pore) zusammen und bezieht sich auf die große Anzahl von Drüsen oder transparenten Stellen auf der Blattoberfläche. Die etwa 30 Arten immergrüner Bäume und Sträucher, beheimatet in weiten Teilen der südlichen Erdhalbkugel, werden bis 10 m hoch und tragen kleine, meist weiße Blüten. Aus den Pflanzen entstehen schnellwachsende Hecken, sie eignen sich auch besonders für Gegenden mit salzhaltigen Winden.

PFLEGE UND VERMEHRUNG: Die frostempfindlichen Pflanzen bevorzugen einen sonnigen Standort und durchlässigen Boden jeder Art. Um einen dichten Windfang zu bilden, müssen die Pflanzen gestutzt werden, auch wenn dies auf Kosten der attraktiven Früchte geschieht, die auf die Blüten folgen. Zur Vermehrung wählt man Samen oder Stecklinge.

Myoporum floribundum

Dieser kleine bis mittelgroße, kurzlebige Strauch wird 3 m hoch und breit, seine schlanken, hängenden Äste tragen lange, schmale Blätter. Im Frühjahr und Frühsommer ist die Pflanze mit kleinen, weißen, stark duftenden Blüten übersät.

Myoporum insulare

Diese 1-6 m hohe Art trägt an ihren ausladenden, aufrechten Ästen fleischige, dunkelgrüne Blätter mit gezähnten Rändern. Die kleinen, weißen, lila gefleckten Blüten sitzen in Büscheln an den Astenden. Aus ihnen entstehen sukkulente, lila gestreifte, weiße Früchte. Die Pflanzen dieser Art sind sehr anpassungsfähig und überstehen sogar feuchte Phasen in schweren Böden.

Myoporum laetum

Die 4–10 m hohen, windresistenten, kleinen Bäume aus Neuseeland tragen mittelgrüne, bis 10 cm lange, an der Spitze leicht gezähnte Blätter, an den Astenden befindliche, klebrige Triebe, kleine, weiße, großzügig lila gepunktete Blüten und rötlichbraune Früchte. Der Baum läßt sich gut stutzen, an exponierten Stellen bestimmt der Wind seine Form.

Myoporum parvifolium

Der aus dem südlichen und westlichen Teil Australiens stammende, ausladende bis niederliegende Strauch wird 15 cm hoch und 80 cm breit. Im Sommer erscheinen weiße, röhrenförmige, nach Honig duftende Blüten, denen violette, kugelförmige Früchte folgen. Die halbsukkulenten Blätter sind schmal, stumpf und dick.

MYOSOTIDIUM

RIESEN-VERGISSMEINNICHT

Obwohl die Chatham-Inseln östlich von Neuseeland liegen, vermittelt dieses Vergißmeinnicht einen Eindruck davon, wie die antarktische Flora beschaffen gewesen sein könnte, bevor der Kontinent sich zum Südpol bewegt hat. Der wissenschaftliche Name der einzigen Art dieser Gattung, *Myosotidium hortensia*, betont die enge Verwandschaft der Pflanze zum echten Vergißmeinnicht, *Myosotis*.

PFLEGE UND VERMEHRUNG: Die Anweisungen, die die Pflanze bei ihrer Einfuhr nach England im Jahre 1858 begleiteten, besagten, daß man sie an einen kühlen, feuchten Ort pflanzen und zweimal pro Jahr mit verrottetem Fisch mulchen solle, eine Praxis, die sich glücklicherweise bald als unnötig erwies. Die salztolerante, aber kaum winterharte Pflanze bevorzugt einen halbschattigen Standort und humusreichen, feuchten Boden. Die Vermehrung erfolgt durch Teilung im Frühjahr bzw. Aussaat im Sommer oder Herbst. Hat die Pflanze einmal Wurzeln geschlagen, bürgert sie sich selbständig ein und sollte nicht mehr gestört werden.

Myosotidium hortensia

Bei dieser immergrünen, horstbildenden Staude handelt es sich mit einer Höhe und Breite von 60 cm um den Riesen der Vergißmeinnicht-Verwandtschaft. Die Pflanze bildet einen Pulk aus großen, glänzenden, sattgrünen, gefältelten Blättern; im Frühjahr und Sommer trägt sie in großen Büscheln sitzende, hell-violettblaue Blüten, die zum Rand hin etwas blasser sind und auf hohen Stengeln sitzen. Es gibt auch eine weißblütige Sorte.

MYOSOTIS

VERGISSMEINNICHT

Der griechische Name *Myosotis* bedeutet »Mauseohr« und bezieht sich auf die zugespitzten Blätter, während der deutsche Name darauf hinweist, daß die Blüten als Symbol der Liebe und Erinnerung gelten. Obwohl 34 der etwa 50 einjährigen und ausdauernden Arten dieser Gattung in Neuseeland heimisch sind, kommen die am meistkultivierten aus den gemäßigten Regionen Europas, Asiens und Amerikas. Die blauen (manchmal auch rosafarbenen oder weißen) Blüten erscheinen im Frühjahr. Die meisten Arten eignen sich für Steingärten und Rabatten oder als Bodendecker unter Bäumen und Sträuchern; z.T verwelken sie nach der Blüte.

PFLEGE UND VERMEHRUNG: Die hier aufgeführten frostharten Pflanzen bevorzugen halbschattige Standorte bzw. sonnige, von größeren Pflanzen geschützte Stellen und einen fruchtbaren, durchlässigen Boden. Sie werden nur selten von Schädlingen und Krankheiten befallen und sollten vor der Blütezeit gedüngt werden. Ihre Vermehrung erfolgt durch Aussaat im Herbst. Haben sich die Pflanzen erst einmal etabliert, sind sie selbstverbreitend.

Myosotidium hortensia

Myosotidium hortensia

M

Myosotis alpestris
ALPEN-VERGISSMEINNICHT

Die europäische, kurzlebige Staude, die meist als Ein- oder Zweijährige kultiviert wird, bildet 10–15 cm hohe und breite Horste. Gegen Ende des Frühjahrs und im Frühsommer trägt die Pflanze in Büscheln auftretende, hellblaue, rosafarbene oder weiße Blüten mit cremegelben Augen.

Myosotis colensoi

Das Vergißmeinnicht aus Neuseeland paßt sich Bedingungen von Gärten bestens an. Es trägt behaarte, gräulichgrüne bis silbrige Blätter, gegen Ende des Frühjahrs und im Sommer erscheinen weiße Blüten. Es bildet 5 cm hohe und 30 cm breite Horste.

Myosotis scorpioides
Syn. ***Myosotis palustris***
SUMPF-VERGISSMEINNICHT

Die aus Nordamerika und Eurasien stammende, sommer- bis halbimmergrüne, mehrjährige Pflanze gedeiht in sumpfiger Umgebung oder in sehr seichtem Wasser. Sie wird 30 cm hoch und breit und trägt den Sommer hindurch blaue Blüten mit gelben, rosafarbenen oder weißen Augen.

Myosotis sylvatica
WALD-VERGISSMEINNICHT

Diese europäische, zweijährige bzw. kurzlebigmehrjährige Pflanze wird wegen ihrer im Frühjahr und Frühsommer erscheinenden, lavendelblauen Blüten und gelben Augen in der Regel jedoch nur als einjährige Pflanze kultiviert. Die Pflanze bildet einen 50 cm hohen und 30 cm breiten Hügel aus Blättern und höheren Stengeln, die sich mit der Öffnung der Knospen auseinanderrollen. Es existieren viele namhafte Züchtungen, einige sind etwas kompakter, andere rosafarben oder weiß. Die Sorte **'Blue Ball'** trägt kleine, tiefblaue Blüten und eignet sich gut als Randbegrenzung.

Myosotis sylvatica **'Blue Ball'**

Myosotis sylvatica

Myrica californica

MYRICA
GAGEL

Die Gattung Myrica besteht aus 50 Arten immergrüner oder sommergrüner Sträucher und Bäume, die in der ganzen Welt verbreitet sind und eine Höhe zwischen 1,5 m und 30 m erreichen. Ihre Früchte bestehen aus bläulichschwarzen Beeren. Gegen Ende des Frühjahrs erscheinen kleine Blüten; beide Geschlechter sitzen auf derselben Pflanze, die männlichen Blüten an länglichen Kätzchen, die weiblichen in kugelförmigen Büscheln.
PFLEGE UND VERMEHRUNG: Die frostharten bis frostempfindlichen Pflanzen mögen halbschattige Standorte, gedeihen aber nicht auf alkalischen oder kalkhaltigen Böden und sollten niemals austrocknen. Aus Samen, Stecklingen oder Absenkern lassen sich neue Pflanzen ziehen.

Myrica californica

Der immergrüne, 8 m hohe und nicht ganz so breite Strauch oder Baum von der Westküste der USA trägt dunkelgrüne Blätter und wächst aufrecht, es sei denn, er wurde durch starke Küstenwinde geschoren.

Myrica cerifera

Im Südosten Nordamerikas heimisch, bevorzugt dieser immergrüne, 10 m hohe Strauch sumpfigen, torfigen Boden und steht gerne im Schatten höherer Bäume. Er trägt schmale, glänzende, dunkelgrüne Blätter mit ungewöhnlich flaumig behaarter Unterseite. Den goldbraunen Kätzchen folgen Früchte, deren Wachsüberzug zur Herstellung von Kerzen verwendet wird.

Myrica cerifera

Myrica californica

Myosotis alpestris

Myrica gale
GAGELSTRAUCH

Der aus Europa, Nordasien und Nordamerika stammende, aufrechte, sommergrüne Strauch wird 1,5 m hoch und breit. Er trägt ovale Blätter, die an der Oberfläche dunkelgrün, auf der Unterseite blasser sind. Die an dichten Ähren sitzenden Früchte sind grünlichgelb. Der kompakte Strauch eignet sich in feuchten, torfigen Gegenden als nützliche Hecke.

Myrica pennsylvanica

Wie *Myrica cerasifera* stammt diese Art von der nordamerikanischen Ostküste, wo sie Sanddünen besiedelt. Der sommergrüne Strauch wird 3 m hoch und breit. Das Wachs auf den Beeren liefert Duftstoffe für Myrtenwachskerzen. Die Pflanze vermehrt sich langsam durch Ausläufer.

MYRIOPHYLLUM
TAUSENDBLATT

Die Gattung besteht aus 45 Arten – meist ein- und mehrjährige Wasserpflanzen, die auf der ganzen Welt verbreitet sind. Ihre Wurzeln verankern sich im Bodenschlick von Teichen oder langsam fließenden Gewässern. Da ihre drahtigen Stengel länger werden, erreichen die Pflanzen bald die Wasseroberfläche, auf der sie treiben und Überwasserblätter bilden. Die unter der Wasseroberfläche befindlichen Blätter sind sehr fein geteilt, federartig und sitzen quirlständig am Stengel, die der Überwasserblätter sind dagegen oft ungeteilt und schmal. An der Spitze der Überwassertriebe erscheinen im Sommer normalerweise Ähren mit winzigen Blüten.
PFLEGE UND VERMEHRUNG: Bei passendem Klima ist die Pflege und Vermehrung dieser Pflanzen nicht schwierig. Solange noch Boden vorhanden ist, in dem die Wurzeln treiben können, werden sie gedeihen. Die Pflanzen bevorzugen Sonne, tolerieren aber auch Halbschatten. Die einzelnen Arten sind unterschiedlich winterhart. Die Vermehrung erfolgt durch das Abtrennen bewurzelter Teile vom Stengel.

Myriophyllum aquaticum
Syn. ***Myriophyllum brasiliense, M. proserpinacoides***
PAPAGEIENFEDER

Diese mehrjährige Art kommt wild in Australien, Neuseeland und Südamerika vor; ihr 2 m langen Stengel ragen mit ihren Spitzen oft weit aus dem Wasser heraus.

Myriophyllum aquaticum

Myristica fragrans

Die fein zerteilten Blätter erscheinen unter Wasser gelbgrün, oberhalb der Wasseroberfläche blaugrün. Im Sommer erscheinen zwischen den unter Wasser befindlichen Blättern kleine, leuchtend-gelbgrüne Blüten. Die Pflanze ist nicht frosthart.

Myriophyllum verticillatum
QUIRL-TAUSENDBLATT

Europa, Asien und Nordamerika sind die Heimat dieser mehrjährigen, frostharten Wasserpflanze. Sie hat normalerweise 1 m lange, unverzweigte Stengel. Die hellgelben Blüten sitzen an 15 cm langen Ähren knapp über der Wasseroberfläche.

MYRISTICA

Die aus den Tropen Asiens, Australiens und der pazifischen Inseln stammende Gattung besteht aus 80 Arten tropischer, immergrüner Bäume, die bis 30 m hoch werden. Nur die Blüten der weiblichen Bäume bringen die großen, sukkulenten Früchte hervor, dies allerdings mehrmals pro Jahr. Die Unterseite der Blätter sind in der Regel wachsartig und weiß.
PFLEGE UND VERMEHRUNG: Sie müssen, vor Frost und Trockenheit geschützt, in fruchtbare, feuchte, durchlässige Erde gepflanzt werden. Sie benötigen einen heißen, feuchten Standort, der vor direkter Sonne, starkem Wind und Verschmutzung geschützt sein sollte. Die Vermehrung erfolgt durch Aussaat bzw. Stecklinge oder Veredelung im Frühjahr und Herbst.

Myristica fragrans
MUSKATNUSSBAUM

Die Frucht des indonesischen Baumes ist die Muskatnuß, die zu kommerziellen Zwecken hauptsächlich in Indonesien und Grenada angebaut wird. Der schlanke, immergrüne Baum erreicht eine Höhe von 15 m, trägt unverwechselbare ausladende Äste, eine glatte, graue Rinde, aromatische Blätter und kleine, blaßgelbe Blüten. Die reifen Muskatnüsse sind fleischige, birnenförmige, leuchtend-scharlachrote Kapseln.

MYROXYLON

Die zwei oder drei den Tropen Amerikas entstammenden *Myroxylon*-Arten sind ausladende, immergrüne Bäume, die aufgrund ihrer attraktiven Blätter und weißen Blüten gezüchtet werden. Die gefiederten Blätter sind glänzendgrün, die Früchte bestehen aus zweiflügeligen Hülsen und erscheinen im Spätsommer sehr zahlreich.
PFLEGE UND VERMEHRUNG: Sie benötigen feuchten, fruchtbaren Boden, viel Wärme und Feuchtigkeit. Sie sollten während des Wachstums gut gewässert werden. Vermehren kann man sie durch abgeschälte Samen oder durch Stecklinge.

Myroxylon balsamum

Weiße, schmetterlingsartige, duftende Blüten schmücken die aus Venezuela stammende Pflanze, die in feuchtheißer Umgebung gedeiht. Die glänzenden Blätter bestehen aus bis zu 13 länglichen, wechselständigen Blättchen, die Samenhülsen sind 8 cm lang. Die Varietät ***Myroxylon balsamum*** var. ***pereirae*** (Syn. *M. pereirae*) unterscheidet sich durch ihre kleinen Fiederblättchen und sich verjüngende Früchte.

MYRRHIS

SÜSSDOLDE, MYRRHENKERBEL

Nur eine attraktive, langlebige, mehrjährige Art macht diese Gattung aus, die zur Familie der Doldenblütler gehört und aus Südeuropa stammt. Die Pflanze trägt aromatische, farnartige Blätter, im Frühsommer erscheinen an Blütendolden duftende, cremeweiße Blüten, aus denen sich später gerippte, glänzendbraune Samen mit sehr kurzer Keimfähigkeit entwickeln. Die Blätter und Samen haben einen leicht anisartigen Geschmack und eignen sich beim Einkochen von Früchten als Zuckerersatz oder als Zusatz bei Fruchtsäften.
PFLEGE UND VERMEHRUNG: Die frostharten Pflanzen bevorzugen einen halbschattigen Standort und durchlässigen, fruchtbaren Boden. Die Vermehrung erfolgt durch Aussähen frischen Samens im Herbst bzw. Frühjahr oder durch Teilung im Herbst bzw. zu Beginn des Frühjahrs.

Myrrhis odorata

Diese anmutige, 2 m hohe Staude eignet sich für die hinteren Reihen eines Kräutergartens oder einer gemischten Blumenrabatte. Sie toleriert Schatten und kann auch unter Bäumen gepflanzt werden. Die Pflanze ist selbstverbreitend, robustere Setzlinge können umgepflanzt werden.

Myroxylon balsamum

MYRSINE

Bei den fünf Arten immergrüner Sträucher oder kleiner Bäume mit unauffälligen Blüten sitzen die männlichen und weiblichen Blüten auf getrennten Pflanzen. Sind beide Geschlechter vorhanden, entstehen attraktive Beeren. Die hübschen Blätter sitzen wechselständig am Stengel und können linear, lanzettlich oder rundlich sein. Die Gattung findet man in Afrika, auf den Azoren, im Himalaja und in China. Manchmal ist die Gattung *Rapanea* mit *Myrsine* gekreuzt - mit über 150 Arten.
PFLEGE UND VERMEHRUNG: Die Arten sind kaum frosthart. Sie gedeihen an einem sonnigen oder halbschattigen Standort und sind nicht besonders anspruchsvoll, wachsen jedoch nicht auf flachem, trockenem Boden. Sie können durch Samen gezogen werden; Pflanzen, bei denen das Geschlecht bekannt ist, sollten jedoch durch Stecklinge vermehrt werden.

Myrsine africana

Obwohl der botanische Name eine afrikanische Herkunft vermuten läßt, stammt diese Art auch aus dem Himalajagebiet und aus China. Der langsamwachsende, aufrechte, 1–2,5 m hohe und 80 cm breite Laubstrauch trägt aromatische, 2 cm lange, glänzende, dunkelgrüne Blätter und 5 mm große, blaßblaue Beeren.

MYRSIPHYLLUM

Die Gattung umfaßt einige windende, rhizomatöse Arten. Die Pflanzen haben drahtige, teils stachlige Stengel und sehr reduzierte, schuppenartige Blätter. Die fleischig-grünen, 3,5 cm langen Gebilde sehen zwar aus wie Blätter, tatsächlich handelt es sich jedoch um Kladodien (sehr kleine blattartige Zweige). Nach den kleinen, unauffälligen Blüten erscheinen rote Beeren.
PFLEGE UND VERMEHRUNG: Die nicht frostharten Pflanzen können in Gegenden mit kalten Wintern als Zimmerpflanzen kultiviert werden und machen sich gut in Blütengestecken. Sie sollten in feuchte, humusreiche Erde an einer halbschattigen Stelle gepflanzt werden. Neue Pflanzen gewinnt man durch Samen oder durch Teilen des Wurzelstocks im Frühjahr.

Myrsiphyllum asparagoides

Syn. *Asparagus medeoloides, Medeola asparagusoides*

Die aus Südafrika stammende kletternde, windende Pflanze erreicht eine Höhe von etwa 1,5 m. Sie trägt zahlreiche hellgrüne, ovale bis spitz zulaufende, herzförmige Kladodien. Die Sorte **'Myrtifolius'** wächst kompakt und niederliegend.

Myroxylon balsamum

Myrrhis odorata

Myrsine africana

Myrtus communis

Myrtus communis

MYRTILLOCACTUS

HEIDELBEERKAKTUS

Die vier Kakteenarten aus Mexiko und Guatemala sind ziemlich buschige Pflanzen, die auch eine baumartige Form einnehmen können. Der dornige, verzweigte Stamm weist wenige Rippen auf und ist in der Regel hellgrün oder blaugrün. Bis zu neun Blüten sitzen in einem Büschel an der Pflanze; sie entstehen aus schwarzen, flaumigen Schöpfen, auch Areolen genannt. Die trichterförmigen Blüten sind selten länger als 2,5 cm und etwa halb so breit. Ihnen folgen fleischige Früchte.
PFLEGE UND VERMEHRUNG: Die Pflanzen tolerieren sehr leichten Frost und gedeihen am besten in warmem, trockenem Klima und durchlässigem Schotterboden; sie bevorzugen einen sonnigen oder am Morgen schattigen Standort. Während der Wachstumsphase sollten sie gegossen, im Winter trockengehalten werden. Vermehren lassen sie sich durch Aussaat oder Wurzel- bzw. Stammstecklinge.

Myrtillocactus cochal

Der verzweigte, baumartige Kaktus aus dem Nordwesten Mexikos wird 1 m hoch und halb so breit. Der dicke, grüne Stamm ist flach gefurcht und trägt graue oder schwarze Dornen, die in Büscheln zu viert oder fünft sitzen. Die weißen oder zartgelben Blüten im Frühsommer sind leicht grün oder violett getönt und 2,5 cm groß.

Myrtillocactus geometrizans

Der bläulichgrüne, baumartige Kaktus stammt aus Zentralmexiko, wird 4,5 m hoch, 3 m breit und ist stark verzweigt. Im Frühjahr und Sommer erscheinen grünlichweiße Blüten und purpurne Früchte.

MYRTUS

MYRTE

Botaniker teilen die auf der südlichen Erdhalbkugel wachsenden Myrten in mehrere Gattungen ein, darunter *Lophomyrtus*, *Luma* und *Ugni*; die verbliebene Gattung

Myrtus communis 'Microphylla'

Myrtus besteht nur noch aus zwei im Mittelmeerraum beheimatete Arten – dichte, immergrüne Sträucher mit kleinen, dunkelgrünen, spitz zulaufenden Blättern und weißen, sternförmigen Blüten, die im Frühjahr erscheinen und aus denen schwärzlichviolette Beeren entstehen.
PFLEGE UND VERMEHRUNG: Brautmyrten mögen feuchten, durchlässigen Boden und Sonne oder leichten Schatten. Durch Zurückschneiden bleibt die kompakte Form erhalten. Die Myrten eignen sich als Hecke oder Containerpflanzen und können zu einer Kugel- oder Pyramidenform gestutzt werden. In kühlen Gegenden sollte man Containerpflanzen im Winter ins Haus holen. Die Vermehrung erfolgt durch Stecklinge oder Aussaat.

Myrtus communis

BRAUTMYRTE

Der 3 m hohe, aufrechte Strauch trägt im Frühjahr duftende, weiße Blüten, aus denen eßbare Beeren entstehen; diese sind reif blauschwarz und zart weißlich bereift. Werden die Blätter verletzt, verströmen auch diese einen intensiven Duft. Es existieren Sorten wie z. B. **'Compacta'**, eine Zwergsorte mit kleinen Blättern, **'Flore Pleno'** mit gefüllten, weißen Blüten, **'Microphylla'** mit kleinen Blättern und Blüten, **'Variegata'** mit weiß umrandeten Blättern und **'Tarentina'** mit cremeweißen Blüten und nadelförmigen Blättern.

NO

NANDINA

HIMMELSBAMBUS

Diese aus Japan und China stammende Gattung besteht aus nur einer Art. Ungeachtet ihres bambusartigen Habitus und der eleganten Blätter handelt es sich um ein Berberitzengewächs. Es bildet Büsche aus dünnen, aufrechten Trieben und trägt im Sommer weiße Blüten und im Herbst rote Beeren. Für die Entwicklung der Beeren der zweihäusigen Art sind Pflanzen beider Geschlechter erforderlich; es gibt aber auch zwittrige Sorten. Während der wissenschaftliche Name der Gattung eine Verballhornung des japanischen Namens *nanten* ist, bezieht sich der deutsche Name auf die östliche Tradition, die Pflanzen in Tempelgärten zu ziehen. Auch an weniger heiligen Orten ist die Pflanze sehr beliebt. **PFLEGE UND VERMEHRUNG:** Die sehr frostempfindlichen Pflanzen bevorzugen einen leicht schattigen Standort, fruchtbaren Boden und warm-gemäßigtes bis subtropisches Klima. Zu lang gewordene Triebe werden im Frühjahr herausgeschnitten. Die Vermehrung erfolgt durch Aussaat oder Stecklinge im Sommer.

Narcissus, Kl. 3, 'Amore'

Narcissus, Kl. 1, 'Las Vegas'

Nandina domestica

Dieser Strauch hat straff aufrechte, rohrartige Stengel und wird 2 m hoch. Die immergrünen Blätter sind in der Regel doppelt gefiedert und setzen sich aus vielen, 2,5 cm großen, elliptischen Blättchen zusammen. Die jungen Blätter sind rot, verfärben sich dann grün und nehmen, sobald die Kälte einsetzt, einen intensiven Gelb-, Orange- oder Rotton an. Die kleinen, weißen Blüten erscheinen im Sommer in endständigen Rispen. Bei der verbreiteten Zwergsorte **'Nana'** (auch unter 'Compacta' oder 'Pygmaea' bekannt) handelt es sich um einen rundlichen, 50 cm hohen und breiten Strauch, dessen Blätter sich im Herbst bzw. Winter oft tiefrot oder scharlachrot verfärben. Die Sorte **'Firepower'** ist von der Form her ähnlich, trägt im Winter jedoch rosa bzw. rote Blätter. **'Harbor Dwarf'** kann 60 cm hoch werden, breitet sich über Rhizome stark aus und eignet sich daher gut als Bodendecker; **'Richmond'**, eine in Neuseeland gezüchtete Zwittersorte mit vielen in dichten Trauben sitzenden Früchten, ist zur Bestäubung auf keine andere Pflanze angewiesen. **'Umpqua Chief'** ist kräftig, 1,5–2 m hoch und im Winter hübsch gefärbt.

NARCISSUS

NARZISSE

Die Zwiebelpflanzen dieser aus Europa, Asien und Nordafrika stammenden Gattung sind einfach zu kultivieren, vermehren sich reichlich und blühen Jahr für Jahr. Es existieren etwa 50 Wildarten, hauptsächlich aus dem Mittelmeerraum. Tausende von Sorten wurden benannt und auf zwölf Klassen (Divisionen) aufgeteilt. Die wichtigsten sind: Trompetennarzissen oder Osterglocken (Klasse 1), deren Trompeten so lang wie die äußeren Blütenblätter (Perianth) sind; großkronige Narzissen (Klasse 2), deren Trompeten (Kronen) um ein bis zwei Drittel größer sind; kleinkronige Narzissen (Klasse 3), deren Trompeten weniger als ein Drittel so lang sind wie das Perianth; gefüllte Narzissen (Klasse 4) mit gefüllten Blüten, von denen jeweils eine oder mehrere auf einem Stengel sitzen. Die Klassen 5 bis 9 umfassen Hybriden und Sorten der wichtigen Wildarten *Narcissus triandrus, N. cyclamineus, N. jonquilla, N. tazetta* (Straußnarzissen) und *N. poeticus* (Dichternarzissen). Die Klasse 10 umfaßt die Wildarten; Klasse 11 die Narzissen mit gespaltener Krone und Klasse 12 die Narzissen, die keiner der anderen Klassen zugeordnet werden können, z.B. die *N. bulbocodium*-Hybriden. Die Blütenfarbe variiert meist zwischen weiß und gelb, es gibt aber auch Sorten mit gelben, roten, orange– oder rosafarbenen Trompeten. **PFLEGE UND VERMEHRUNG:** Narzissen sind frosthart, nur die Tazetten (Klasse 8) tolerieren höchstens leichten Frost. Sie sollten im Herbst 10–15 cm tief in fruchtbaren, durchlässigen Boden gepflanzt werden; in der Regel bevorzugen die Pflanzen einen sonnigen Standort. Sie brauchen während der Wachstumsphase ausreichend, nach dem Vertrocknen der Blätter überhaupt kein Wasser mehr. Verblühte Blüten werden abgeschnitten. Die Horste vermehren sich selbst und sollten einige Jahre nicht gestört werden, später kann man sie im Herbst ausgraben und teilen.

Nandina domestica 'Richmond'

Nandina domestica

Narcissus, Kl. 2, 'Fortune'

Narcissus, Kl. 2, 'Ambergate'

Narcissus, Kl. 2, Kulturvarietät

Narcissus, Trompetennarzissen (Klasse 1)

Diese Pflanzen mit den großen Einzelblüten, langen Trompeten – unter den großkronigen Narzissen – mit der frühesten Blütezeit sind die bekannten Osterglocken, die vorwiegend von der Wildart *Narcissus pseudonarcissus* abstammen. Es existieren unzählige Namensorten, ganz gelbe, ganz weiße, weiße mit gelber Trompete und weiße mit blaßrosa Trompete. Die 1899 gezüchtete, goldfarbene **'King Alfred'** ist die klassische Sorte. **'Arctic Gold'** und **'Kingscourt'** haben tief goldgelbe Blüten, **'Spellbinder'** schwefelgelbe. Die Sorten **'Las Vegas'** und **'Ptolemy'** haben ein weißes Perianth und gelbe Trompeten, die Blüten der **'Empress of Ireland'** sind ganz weiß. **'Dutch Master'**, 45–60 cm hoch, trägt gegen Mitte des Frühjahrs 10 cm große, goldfarbene Blüten. Die Zwergsorte **'Little Gem'** mit 5 cm großen, goldenen Blüten ist nur 15 cm hoch; **'Rijnveld's Early Sensation'** wurde preisgekrönt, blüht früh und erreicht eine Höhe von 30 cm.

Narcissus, Großkronige Narzissen (Klasse 2)

Diese große Klasse blüht ein bis zwei Wochen später als die Trompetennarzissen und umfaßt viele Namensorten. Die Pflanzen entstanden hauptsächlich aus der Kreuzung zwischen *Narcissus poeticus* × *pseudonarcissus* (auch *N.* × *incomparabilis*). Die meisten der beliebten Sorten mit weißem Perianth und rosa Trompeten gehören hierher; es gibt jedoch auch viele andere mit weißen oder gelben Perianthien und weißen, gelben, orangefarbenen oder roten Trompeten. **'Exotic Pink'** und **'Passionale'** haben rosa Trompeten, bei **'Ambergate'** und **'Fortune'** sind sie leuchtendorange. Bei **'Ice Follies'** sind sowohl das Perianth als auch die Trompete weiß.

Narcissus, Kleinkronige Narzissen (Klasse 3)

Die Pflanzen dieser ebenfalls sortenreichen Klasse sind von ähnlicher Abstammung wie die der Klasse 2 und sehen den Trompeten- und großkronigen Narzissen bis auf die kleineren Kronen sehr ähnlich. Sie blühen zur selben Zeit wie die großkronigen Sorten. **'Merlin'** trägt Blüten mit reinweißem Perianth und blaßgelber Krone; **'Amore'** hat ein weißes Perianth und eine dottergelbe Trompete mit orangefarbenem Rand; die Blüten der **'St Keverne'** sind ganz weiß.

Narcissus, Gefüllte Narzissen (Klasse 4)

Diese alten Narzissen tragen eine große einzelne oder mehrere kleinere Blüten. Sowohl die Perianthsegmente als auch die Kronen, oft auch beides, können verdoppelt sein. Die Pflanzen sind weniger beliebt als viele andere, da sie ziemlich spät blühen und ihre Knospen sich nicht richtig öffnen, falls die Pflanze in der Wachstumsphase unter Trockenheit gelitten hat. Die Sorte **'Acropolis'** hat reinweiße Segmente und eine orangerote Krone; **'Tahiti'** ein gelbes Perianth mit einer orangefarbenen

Krone; **'Unique'** besitzt ein weißes Perianth und gewellte, gelbe Kronensegmente.

Narcissus, Triandrus-Narzissen (Klasse 5)

Diese spanische Art ist die Quelle der Gartenformen und wird selten kultiviert. Alle Sorten tragen nickende Blüten, eine Krone mit geradem Rand und zurückgeschlagene Blütenblätter. Normalerweise sitzen mehrere Blüten auf einem Stengel. Die Pflanzen sind 15–45 cm hoch. Die Sorte **'Hawera'** hat gelbe Blüten, **'Thalia'** drei oder mehr Blüten mit blaßgelbem Perianth und einen weißen Kelch pro Stengel.

Narcissus, Cyclamineus-Narzissen (Klasse 6)

Die 40 cm hohen Hybriden zeigen die typischen Merkmale von *Narcissus cyclamineus.* Ihre Trompeten sind länger als die der Art *N. triandrus,* ihre Blütenblätter schmal und stark zurückgeschlagen. Die Pflanzen blühen früh bis sehr früh. Bekannte Hybriden sind **'February Gold'**, eine frühblühende Sorte, die schnell Fuß faßt; ihre ausdauernden Einzelblüten haben ein gelbes Perianth und eine dunklere Trompete. **'Dove Wings'** hat kleine Blüten mit weißen Perianthblättern und primelgelben Trompeten. **'Tête-à-Tête'** ist eine

Narcissus, Kl. 8, 'Geranium'

Narcissus, Kl. 8, 'Geranium'

Narcissus, Kl. 8, 'Erlicheer'

Narcissus, Kl. 4, 'Acropolis'

frühblühende Sorte mit vielen ausdauernden Blüten aus einem goldgelben Perianth und einer dunkleren Krone. **'Charity May'** trägt ausdauernde, lebhaftgelbe Blüten.

Narcissus, Jonquilla-Narzissen (Klasse 7)

Diese Narzissen haben die Merkmale der aus Südeuropa und Nordafrika stammenden Jonquille, *Narcissus jonquilla,* übernommen, d.h. sie verströmen einen angenehmen Duft und ihre Kronen sind kürzer als das flache Perianth. Auf dem Stengel, der 40 cm hoch werden kann, sitzen oftmals zwei oder mehr Blüten. **'Suzy'** blüht Mitte des Frühjahrs mit zwei oder mehr wohlriechenden Blüten auf kräftigem Stengel; das Perianth ist goldfarben, die Trompete dunkelorange. Die Stengel von **'Stratosphere'** tragen jeweils drei Blüten, wobei die Krone etwas tiefer goldgelb ist als die Perianthsegmente. Die Sorte **'Trevithian'** blüht zu Beginn des Frühjahrs und trägt dabei bis zu drei große, rundliche, primelgelbe Blüten pro Trieb. Die Blüten der Sorte **'Sweetness'** sind kräftig goldgelb mit spitzen Perianthsegmenten.

Narcissus, Tazetta-Narzissen (Klasse 8)

Diese süßduftenden Narzissen blühen zwischen Herbst und Frühjahr; die 40 cm hohen Stengel tragen viele Blüten. Die kleine, gerade Krone ist von breiten, oft-

Narcissus, Kl. 8, 'Avalanche'

Narcissus, Kl. 8, 'Silver Chimes'

Narcissus, Kl. 4, 'Tahiti'

Narcissus, Kl. 4, 'Unique'

mals krausen Perianthsegmenten umgeben. Die Klasse kann weiter unterteilt werden und zwar in *Narcissus tazetta*-ähnliche Pflanzen und solche, die aus der Kreuzung zwischen *N. tazetta* und *N. poeticus* entstanden sind (*Poetaz-Narzissen*). **'Avalanche'** trägt 15 weiße Blüten mit zartgelber Krone pro Stengel, **'Erlicheer'** gefüllte Blüten in Büscheln, die so perfekt aussehen (und beinahe so süß duften) wie Gardenien. **'Geranium'** hat eine dunkel orangefarbene Krone und ein weißes Perianth, während die Kronen bei **'Minnow'** zitronengelb, die Blütenblätter hellgelb sind. Die Sorte **'Silver Chimes'** trägt cremeweiße Blüten, und auch **'Soleil d'Or'** ist sehr hübsch.

Narcissus, Poeticus-Narzissen, Dichternarzissen (Klasse 9)

Die Pflanzen dieser Klasse blühen zwischen Frühjahrsende und Frühsommer

Narcissus, Kl. 8, 'Soleil d'Or'

Narcissus, Kl. 7, 'Suzy'

Narcissus, Kl. 9, 'Cantabile'

und tragen die Merkmale der aus Südeuropa stammenden Art *Narcissus poeticus.* Die 45 cm hohen Pflanzen tragen jeweils eine, manchmal auch zwei Blüten pro Stengel. Das Perianth ist weiß, die kleine Krone hat oft einen krausen, roten oder orangefarbenen Rand. **'Actaea'** trägt im späten Frühjahr wohlriechende Blüten mit flacher, gelber, orangefarben umrandeter Krone. **'Cantabile'** ist komplett weiß.

Narcissus, Wildarten und ihre Sorten (Klasse 10)

In dieser Klasse werden normalerweise die Wildnarzissen zusammengefaßt, in diesem Buch werden sie jedoch separat aufgelistet. Hier verbleiben daher nur einige Primärhybriden und Sorten. ***Narcissus* × *odorus*** ist eine alte Hybride mit 5 cm großen, wohlriechenden, hellgelben Blüten. **'Rugulosus'** ist ziemlich robust und trägt bis zu vier Blüten je Stengel.

N

Narcissus, Narzissen mit gespaltener Krone (Klasse 11)

Typisches Merkmal dieser Narzissen sind die mindestens bis zu einem Drittel ihrer Länge eingeschnittenen Kronen (Trompeten). Die Ränder der gespaltenen Krone sind nach hinten zum Perianth umgebogen und manchmal kraus. Alle blühen im Frühjahr. Die Sorte **'Baccarat'** ist gelb, **'Ahoy'**, **'Cassata'** und **'Pink Pageant'** haben zartgelbe Kronen und breite, weiße Perianthsegmente. Die Sorten **'Orangery'** und **'Pick Up'** haben orangefarbene Kronen und weiße Perianthien.

Narcissus bulbocodium

REIFROCKNARZISSE

Die im westlichen Mittelmeerraum weitverbreitete Art wird 15 cm hoch und ist vielgestaltig. Die hellgelben Blüten mit der langen Trompete und den stark zurückgebogenen, normalerweise unauffälligen Perianthsegmenten erscheinen im Frühjahr.

Narcissus papyraceus

Diese frostempfindliche Art wurde zu den Tazetta-Narzissen (Klasse 8) gezählt, doch weiß man heute, daß die Pflanze wild im westlichen Mittelmeerraum vorkommt. Sie wird 40 cm hoch, die weißen, duftenden Blüten haben spitze Perianthsegmente, die Krone ist kraus und die Staubgefäße orangegelb. Die von Winterende bis zum Frühjahr blühende Pflanze eignet sich in kiesgefüllten Schalen hervorragend für die Treiberei als Zimmerpflanze; in China wird mit ihr das neue Jahr gefeiert.

Narcissus pseudonarcissus

TROMPETENNARZISSE, OSTERGLOCKE

Diese sehr variable Art kommt in Westeuropa außer auf den Britischen Inseln vor. Die Pflanze trägt im Frühjahr nickende, gelbe Trompetenblüten mit cremefarbenem Perianth und hat aufrechte, bandförmige Blätter. Die Art bürgert sich leicht ein.

Narcissus bulbocodium

Narcissus papyraceus

Narcissus, Kl. 1, 'Chivalry'

Narcissus, Kl. 2, 'Bantam'

Narcissus, Kl. 1, 'Golden Lion'

Narcissus, Kl. 1, 'Irish Luck'

Narcissus, Kl. 1, 'Golden Riot'

N

Narcissus, Kl. 2, 'Flower Record'

Narcissus, Kl. 2, 'Charter'

Narcissus, Kl. 2, 'Craigie Warren'

Narcissus, Kl. 2, 'Easter Bonnet'

Narcissus, Kl. 2, 'Elysian Fields'

Narcissus, Kl. 2, 'Galway'

Narcissus, Kl. 2, 'Holiday Fashion'

Narcissus, Kl. 3, 'Blarney'

Narcissus, Kl. 2, 'Pipe Major'

Narcissus, Kl. 2, 'Stromboli'

Narcissus, Kl. 4, 'Gay Time'

Narcissus, Kl. 3, 'Whitbourne'

Narcissus, Kl. 3, 'Rob Roy'

Narcissus, Kl. 3, 'Eminent'

Narcissus, Kl. 4, 'Obdam'

Narcissus, Kl. 4, 'Pink Pageant'

Narcissus, Kl. 11, 'Palmares'

Narcissus, Kl. 8, 'St Agnes'

Narcissus, Kl. 10, 'Magnificum'

Narcissus, Kl. 11, 'Tiri Tomba'

Nauclea orientalis

Nassella trichotoma

Nectaroscordum siculum

N. siculum subsp. *bulgaricum*

NASSELLA

Die aus mehrjährigen Gräsern bestehende Gattung *Nassella* ist mit *Stipa* verwandt; die 15 Arten stammen aus Südamerika, die meisten davon aus den Anden. Die Horstgräser haben feine, fadenförmige Blätter und zarte, ziemlich unauffällige Rispen. Die wenigen Ährchen tragen jeweils eine lange, feine Granne. Mindestens eine Art wird schon auf der Nordhemisphäre als Ziergras gezogen, man sollte aber bedenken, daß die Pflanzen dieser Gattung sich unkrautartig ausbreiten können.
PFLEGE UND VERMEHRUNG: Sie stellen ähnliche Ansprüche wie andere Horstgräser, bevorzugen also einen sonnigen Standort und trockenen, durchlässigen, mäßig fruchtbaren Boden. Die Blätter sterben beim ersten Winterfrost ab; die Pflanze sollte bis knapp über dem Boden zurückgeschnitten werden, bevor sich im Frühjahr die neuen Triebe entwickeln. Die Vermehrung erfolgt durch Aussaat.

Nassella trichotoma

Das aus Argentinien und einigen angrenzenden Ländern stammende, frostempfindliche Gras bildet 60 cm hohe Horste aus sehr feinen, grünen Blättern, die sich etwas rauh anfühlen. Gegen Ende des Frühjahrs und im Sommer bilden sich zahlreiche, dünne Rispen mit zarten Ährchen, die kaum das Laub überragen. Reife Rispen brechen ab und können vom Wind erstaunlich weit verblasen werden, wobei sie die Samen ausstreuen. Die Art ist ein gefürchtetes Unkraut, das sich auf den Weiden der USA, Australiens und Neuseelands ausbreitet, für Vieh ungenießbar ist und nützlichere Gräser verdrängt.

NASTURTIUM

BRUNNENKRESSE

Die Gattung enthält sechs Arten. Die am häufigsten gezogene ist *Nasturtium officinale*, eine Wasserpflanze mit dunkelgrünen Blättern aus rundlichen Fiedern. An den Stengelknoten befinden sich weiße Wurzeln. Die ursprünglich aus Feuchtgebieten Europas und Nordasiens stammende Pflanze ist heute ein lästiges Unkraut in den Flüssen Nordamerikas und in den gemäßigten Klimaregionen der südlichen Hemisphäre. Brunnenkresse wird gerne als Salat gegessen oder in asiatischen Gerichten gekocht und ist reich an Vitaminen und Mineralstoffen, wirkt verdauungsanregend und hemmt Kopfschmerzen.
PFLEGE UND VERMEHRUNG: Brunnenkresse gedeiht in sauberen, fließenden Gewässern oder muß reichlich gewässert werden, um gut zu gedeihen. Alte Waschtröge eignen sich zur Anpflanzung, da man das alte Wasser einfach ablaufen lassen und gegen neues austauschen kann. Die Pflanzen bevorzugen im Garten feuchte, schattige Ecken oder Teiche. Die Pflanzen müssen regelmäßig und ständig gegossen und die Triebe für einen dichten Wuchs gekappt werden. Stecklinge sollten zu Beginn des Herbstes im Abstand von 10 cm in gut gedüngtem Boden gepflanzt werden; man kann auch Samen säen.

Nasturtium officinale

Syn. *Rorippa nasturtium-aquaticum*
ECHTE BRUNNENKRESSE

Die Art hat 80 cm lange, kriechende Triebe mit aufsteigenden Spitzen. Die in Trauben angeordneten weißen Blüten sollten zugunsten des vegetativen Wachstums entfernt werden, sobald sie sich zeigen.

NAUCLEA

Der Name dieser etwa zehn Arten umfassenden Gattung wurde von den griechischen Wörtern *naus* (Schiff) und *kleio* (schließen) abgeleitet, da die Samen an einen Schiffsrumpf erinnern. Die immergrünen Sträucher und Bäume sind in den tropischen Regionen Afrikas, Asiens, Australiens und Polynesiens beheimatet und haben glatte, lederartige Blätter. In wärmeren Regionen werden die Pflanzen aufgrund ihrer wohlriechenden Blüten und eßbaren, roten Früchte gezogen.
PFLEGE UND VERMEHRUNG: Sie benötigen diffuses Licht und feuchten Boden, der mit organischem Material angereichert sein sollte; sie eignen sich gut zur Befestigung von Flußufern. Die Vermehrung erfolgt durch Aussaat oder Stecklinge, geschnitten gegen Ende des Sommers.

Nauclea orientalis

Der weitverbreitete, etwa 15 m hohe Baum ist von kegelförmiger Gestalt und hat ausladende Äste. Die Rinde ist tief zerfurcht, die herzförmigen Blätter werden bis 25 cm lang. Bei zu trockenem Boden kann der Baum seine Blätter verlieren. Gegen Ende des Frühjahrs und im Sommer erscheinen in Büscheln attraktive, gelbe Blüten.

NAUTILOCALYX

Diese Gattung besteht aus 38 Arten immergrüner Stauden und Halbsträucher, die 50 cm hohe und 1 m breite, ausladende Horste bilden und in den meisten tropischen Gebieten Amerikas beheimatet sind. An den meist sukkulenten Trieben sitzen gegenständige, fleischige, ovale Blätter, die 1–5 cm lang sind. Die jungen Blätter sind oft bronzefarben und behalten in der Sonne auch ausgewachsen eine rote Tönung, bei einigen Arten sind sie an der Oberfläche runzlig oder unterseits behaart. Die 2,5–5 cm langen, röhrigen Blüten erscheinen die ganze Vegetationsperiode hindurch als kleine Büschel in den Blattachseln. Die Blüten sind meist weiß bis cremefarben mit violetter Zeichnung.
PFLEGE UND VERMEHRUNG: Sie ertragen keinen Frost, lassen sich aber in humusreichem, feuchtem, durchlässigem Boden im Halbschatten einfach ziehen. Sie sind ausgezeichnete Gewächshauspflanzen. Die Vermehrung erfolgt durch Aussaat, Veredlung oder Stecklinge.

Nautilocalyx lynchii

Die kolumbianische Art ist in kühleren Gegenden als Zimmerpflanze beliebt. In feuchteren, frostfreien Gegenden wächst sie im Garten. Sie wird 60 cm hoch, trägt glänzend dunkelgrüne oder rötlichviolette, fleischige, runzlige Blätter und unauffällige, aber interessante, röhrige, cremefarbene und rote Blüten; die Blütenblätter sind auf der Innenseite violett getupft.

NECTAROSCORDUM

Die aus Teilen Südeuropas, Westasiens und dem Iran stammende Gattung aus drei Arten von Zwiebelpflanzen ist mit *Allium* (Lauch) eng verwandt; alle Teile der Pflanze verströmen verletzt einen starken Zwiebelgeruch. Die graugrünen, bandförmigen Blätter, die sich im Frühjahr aus den einzelnen Zwiebeln entwickeln, sterben zur Blütezeit oder kurz danach ab. Die gegen Ende des Frühjahrs erscheinenden Blüten sitzen auf unverzweigten Stengeln. Sie sehen nicht nur in Kräuterrabatten, sondern auch in Blumenarrangements hübsch aus.
PFLEGE UND VERMEHRUNG: Die Pflanzen lassen sich leicht ansiedeln, neigen aber bei ausreichender Besonnung oft zu lästiger Ausbreitung, weswegen der Standort sorgfältig gewählt werden sollte. Die Pflanzen bevorzugen krümeligen, durchlässigen Boden und einen sonnigen oder halbschattigen Standort. Die Vermehrung kann durch Aussaat im Frühjahr oder durch Brutzwiebeln erfolgen.

Nectaroscordum siculum

Syn. *Allium siculum*

Wild wachsen diese Pflanzen spärlich an feuchten, schattigen Standorten, im Garten können sie sich dagegen invasionsartig vermehren. Die Blütendolden sitzen auf nackten, aufrechten, 80 cm hohen Stengeln und sind anfangs ganz in eine Hülle eingeschlossen. Die Farbe der hängenden, glockigen Blüten variiert zwischen beige, fleischfarben und rot mit grüner bis braungrüner Zeichnung. ***Nectaroscordum siculum*** **subsp.** ***bulgaricum*** trägt elegante, hängende, glockige, blaßrosa Blüten, die leicht violett und grün überlaufen sind.

NELUMBO

LOTOSBLUME

Zwei Arten sommergrüner Wasserstauden, heimisch in Nordamerika, Asien und Australien, machen diese Gattung aus. Lotusblumen erinnern an Seerosen, unterscheiden sich von diesen jedoch durch hochragende, makellose Blätter und Blüten. Die Blätter sind wachsartig, fast rund und schildförmig, die wohlriechenden Einzelblüten langgestielt. Ungeschnittene Blüten entwickeln sich zu dekorativen

Nelumbo lutea

Nelumbo nucifera

Nematanthus gregarius

Früchten; in getrockneter Form eignen sie sich für die Binderei.
PFLEGE UND VERMEHRUNG: Einige Sorten der Art *Nelumbo nucifera* aus den Tropen ertragen kaum Frost. *N. lutea* gilt dagegen als härter. Beide mögen einen offenen, sonnigen Standort in 60 cm tiefem Wasser. Sie sollten in große, mit schwerer Lehmerde gefüllte Töpfe gepflanzt und dann im Wasser versenkt werden. Die Vermehrung erfolgt im Frühjahr durch Aussaat oder Teilung.

Nelumbo lutea
AMERIKANISCHE LOTOSBLUME

Die Blätter dieser für größere Gewässer geeigneten Art mit einem Durchmesser von 60 cm ragen 2 m über die Wasseroberfläche. Den blaßgelben, 25 cm großen Blüten, die im Sommer einzeln langgestielt erscheinen, folgen attraktive Früchte.

Nelumbo nucifera
INDISCHE LOTOSBLUME

Die Blätter der indischen Lotosblume befinden sich 2 m oder höher über der Wasseroberfläche. Die 25 cm großen, wohlriechenden, rosafarbenen oder weißen Blüten heben sich über die großen, schildförmigen, blaßgrünen Blätter empor. Die kräftige, aus Asien und Nordaustralien stammende Pflanze gedeiht gut in größeren Teichen. Buddha wird oft in der Mitte einer solchen Lotosblüte dargestellt.

NEMATANTHUS

Die 30 Arten immergrüner Halbsträucher stammen aus den tropischen Gebieten Südamerikas und gedeihen in frostfreien Gegenden mit hoher Luftfeuchtigkeit in Gärten, in kühleren Gegenden als Zimmer- oder Treibhauspflanze. Die rankenden, dichtbeblätterten Stengel werden von röhrigen, gelben, orange-, rosa- oder lilafarbenen Blüten geziert.
PFLEGE UND VERMEHRUNG: Die im tropischen Regenwald gedeihenden Pflanzen benötigen während ihrer Wachstumsperiode indirektes Sonnenlicht und hohe Luftfeuchtigkeit. Wegen ihrer flachstreichenden Faserwurzeln werden sie am besten in große, flache Töpfen in wasserhaltende, aber durchlässige Topferde gepflanzt und sollten nicht allzuoft umgetopft werden. Sie sind anfällig für Schmierläuse, Spinnmilben, Weiße Fliegen und Schildläuse. Man vermehrt sie durch Triebstecklinge.

Nematanthus gregarius
Syn. *Hypocyrta radicans, Nematanthus radicans*

Diese relativ einfach zu haltende Kletterpflanze wird meist im Topf gezogen; sie stammt aus Brasilien und ist dicht glänzend dunkelgrün belaubt. Die dunkelgelben oder orangefarbenen Blüten wirken wie aufgeblasen und blühen das ganze Jahr hindurch, wenn die Pflanze nicht zu häufig umgetopft wird. Sie bevorzugt einen hellen Standort mit kühler Morgensonne. Die nötige Feuchte von Boden und Luft erreicht man, indem der Topf auf einen mit Kieselsteinen und Wasser gefüllten Untersetzer gestellt oder die Pflanze regelmäßig besprüht wird.

NEMESIA

Diese Gattung stammt aus Südafrika und beinhaltet 50 Arten einjähriger und mehrjähriger Kräuter und Halbsträucher. Die Blütezeit dieser Pflanzen ist nur sehr kurz, sie können aber durch starken Rückschnitt gegen Ende der Blütezeit zu erneuter Blüte gebracht werden. Die auffälligen, trompetenförmigen, zweilippigen Blüten stehen einzeln in den oberen Blattachseln oder in endständigen Rispen. Die einfachen Blätter sind gegenständig angeordnet.
PFLEGE UND VERMEHRUNG: Die Pflanzen benötigen einen geschützten, sonnigen Standort und fruchtbaren, durchlässigen Boden. Tropisch-feuchtheißes Klima ertragen sie nicht. Für eine buschige Wuchsform sollten die Triebe junger Pflanzen abgezwickt werden. Neue Pflanzen lassen sich durch Aussaat im Frühherbst gewinnen, in kühlen Gegenden besser zu Beginn des Frühjahrs.

Nemesia strumosa 'Prince of Orange'

Nemesia strumosa 'Red and White'

Nemesia caerulea
Syn. *Nemesia fruticans*

Unter günstigen Bedingungen kann diese sehr frostempfindliche Staude eine Höhe von 60 cm erreichen. Die an der Basis leicht verholzende Pflanze geht dann etwas in die Breite. An den aufrechten Stengeln sitzen kleine, mittelgrüne Blätter und endständige Büschel von zartrosa, fliederfarbenen oder blauen Blüten. Die Sorte **'Elliott's Variety'** trägt viele leuchtend malvenblaue Blüten mit weißem Auge.

Nemesia strumosa

Farbenprächtig, schnellwachsend und buschig ist die Einjährige als Beetpflanze sehr beliebt. Sie trägt lanzettliche, blaßgrüne, auffällig gezähnte Blätter, wird 20–30 cm hoch und 25 cm breit. Im Frühjahr erscheinen gelbe, weiße, rote oder orangefarbene Blüten, die in kurzen, endständigen Trauben sitzen. Die kompakte, etwa 20 cm hohe **'Blue Gem'** bringt kleine, blaue Blüten hervor. Die Sorte **'Prince of Orange'** wird ebenfalls 20 cm hoch, trägt jedoch orangefarbene Blüten mit purpurnen Adern. Die Blüten der Sorte **'Red and White'** sind auffällig zweifarbig, die obere Lippe ist hellrot, die untere weiß.

Nemesia caerulea 'Elliot's Variety'

Nemesia caerulea

Nemesia strumosa

N

NEMOPHILA

Diese Gattung aus elf Arten einjähriger Pflanzen ist aufgrund ihrer leuchtenden, fünfblättrigen Blüten beliebt. Die Pflanzen stammen ursprünglich aus dem Westen der USA und eignen sich sehr gut für Rabatten oder Blumenkästen. Die zwischen Frühjahr und Sommer erscheinenden farbenprächtigen Blüten können in verschiedenen Blautönen auftreten.
PFLEGE UND VERMEHRUNG: Die schnellwachsenden Einjährigen gedeihen am besten an einem sonnigen oder halbschattigen Standort in krümeligem, feuchtigkeithaltendem Boden. Wegen der weichen Blätter sollten sie windgeschützt gepflanzt werden. Regelmäßiges Gießen verlängert die Blütezeit. Die Pflanze ist anfällig für Blattläuse; ihre Vermehrung erfolgt im Herbst durch Aussaat an Ort und Stelle.

Nemophila maculata

Diese 30 cm hohe Pflanze besitzt geäderte, weiße Blütenblätter mit dunkelviolettem Fleck an der Spitze. Mit ihren zahllosen Blüten über farnartigem Laub, die im Sommer über einen sehr langen Zeitraum hinweg blühen, werden sie gern flächig eingesetzt.

Nemophila menziesii
Syn. *Nemophila insignis*

Diese entzückende, 15–25 cm hoch und breit wachsende Einjährige, eine kalifornische Wildart, eignet sich gut als Bodendecker unter verschiedenen Sträuchern (z.B. Rosen), aber auch für Steingärten und Umrandungen; besonders hübsch wirkt sie zusammen mit Frühjahrs-Zwiebelblumen. Die Pflanze trägt kleine, schalenförmige, saphirblaue Blüten mit deutlich gegen das Blau abgegrenzter, weißer Mitte. Die zierlichen Blätter sind gesägt. Die Pflanzen lassen sich nicht gerne umpflanzen und tolerieren keine Hitze.

NEODYPSIS

Die aus Madagaskar stammenden Fiederpalmen sind eng mit der Gattung *Dypsis* verwandt; neueren Studien zufolge könnten sie dieser auch zugeordnet werden. Nur eine einzige Art dieser Gattung wird öfter kultiviert und aufgrund ihrer eleganten Wedel geschätzt, die sehr auffällig dreizeilig angeordnet sind; sie haben einen scheidigen, im Querschnitt dreieckigen Blattgrund. Der Stamm ist kurz und kräftig und trägt rundherum die Narben abgefallener Wedel. Zwischen den Wedelbasen stehen kurze Rispen kleiner, cremefarbener Blüten. Sie entwickeln sich zu kleinen, ovalen, in Kultur seltenen Früchten.
PFLEGE UND VERMEHRUNG: Die Palmen benötigen frostfreies, tropisches oder subtropisches Klima, haben sich aber bei ausreichender Bodenfeuchte als erstaunlich hart gegen trockene Bedingungen und exponierte Standorte erwiesen. Sie sollten an einer sonnigen Stelle in fruchtbarem Boden gepflanzt und im Sommer viel gegossen werden. Eine Vermehrung kann nur durch Aussaat erfolgen.

Neodypsis decaryi
DREIECKSPALME

Der Stamm dieser Palme wird selten höher als 2 m; ihre etwa 3,5 m langen Wedel mit elegant übergebogenen Spitzen und den sehr schmalen, zweizeilig angeordneten Fiedern bilden eine trichterförmige Krone. Die untersten Fiedern sind stark riemenartig verlängert und herabhängend. Die Wedel sind blaß gräulichgrün, ihre breite Basis ist von dichtem, blaugrauem, leicht rostrot getöntem Filz überzogen.

Neodypsis decaryi

Neomarica northiana

Nemophila menziesii

NEOMARICA

Bei den 15 mit Iris verwandten Arten dieser Gattung handelt es sich um Stauden aus den tropischen Regionen Amerikas und aus Westafrika. Die bandförmigen Blätter erheben sich fächerförmig aus grundständigen Rhizomen und werden bis zu 1 m lang. Die Blütenstiele tragen unzählige, kurzlebige Blüten. Diese bestehen aus drei typischen äußeren Blütenblättern von sehr intensiver Farbe und drei interessant gezeichneten inneren Segmenten.
PFLEGE UND VERMEHRUNG: Die Pflanzen sind einfach zu ziehen, aber nicht winterhart. Sie sollten an einem halbschattigen oder sonnigen Standort in durchlässigen, humusreichen Boden gepflanzt werden. Im Sommer sollte man die Pflanzen viel gießen und den Boden auch im Winter nicht austrocknen lassen. Umpflanzen kann man zwischen Spätherbst und Frühjahrsbeginn, die Vermehrung erfolgt im Frühjahr durch die Teilung von Rhizomen oder durch Aussaat.

Neomarica caerulea

Die aus Brasilien stammende Art bringt zahllose Blüten hervor; die Pflanze eignet sich jedoch nicht als Schnittblume und wird daher vor allem als Gartenstaude gezogen. Sie trägt große, aufrechte, schwertförmige Blätter und viele dreieckige, himmelblaue Blüten, die in der Mitte weiß, gelb und braun gezeichnet sind. Die Blüten sind kurzlebig, erscheinen aber im Sommer über einen langen Zeitraum hinweg. Die Pflanzen werden 1–1,5 m breit.

Neomarica northiana

Die aus Brasilien stammende Pflanze mit bis 60 cm langen, stark gerippten Blättern wird gerne in Gärten in warmen Klimazonen gepflanzt. Im Frühjahr und Sommer blühen sie über einen langen Zeitraum hinweg mit mehreren wohlriechenden, mehrfarbigen Blüten pro Stengel. Die Blüten sind weiß mit purpurroten Flecken und violettblauer Streifenzeichnung.

NEOPAXIA
Syn. *Claytonia, Montia*

Zu dieser Gattung gehört nur eine Art, eine niedrig und breit wachsende Staude auf feuchten bis nassen Böden. Sie kommt auch in flachen Gewässern vor und stammt aus Hochlagen Australiens und Neuseelands. Die Pflanze ist nicht einfach zu ziehen, dürfte erfahrene Alpinenfreunde aber nicht vor unlösbare Probleme stellen. Sie trägt lange, schmale, sukkulente Blätter; die fünfblättrigen, weißen oder zartrosa Blüten erscheinen im Sommer.

Nemophila maculata

PFLEGE UND VERMEHRUNG: Die am besten im Hochland oder kühleren Klimazonen gedeihenden, frostharten Pflanzen bevorzugen torfige Erde, die zwischen Mitte Frühjahr und Mitte Herbst permanent feucht, im Winter etwas trockener gehalten werden sollte. Die Vermehrung erfolgt im Herbst durch Aussaat oder Teilung.

Neopaxia australasica

Von den zwei Formen der Art stammt eine aus Hochgebirgsregionen, die andere aus niedrigeren Höhen. Die Hochgebirgsform wächst mattenförmig und kompakter. Sie hat gräuliche Blätter und trägt im Sommer einfache, weiße Blüten. Die andere Form hat längere und schmalere, dunkelgrüne Blätter und blüht etwas weniger üppig.

NEOPORTERIA

Die etwa 25 Arten dieser Kakteengattung stammen aus dem Westen Südamerikas. Es sind kleine, kugelförmige bis kurz säulenartige Pflanzen mit vielen Rippen, die in Tuberkel unterteilt sein können. Aus den engstehenden Areolen sprießen radiäre Dornen. Die mittelgroßen Blüten erscheinen in prächtigen Rosa-, Rot-, Orange- oder Gelbtönen und sitzen in der Regel in Büscheln an der Spitze der Pflanze.
PFLEGE UND VERMEHRUNG: Die meisten Arten tolerieren bei trockenem Klima ganz leichten Frost. Als Zimmerpflanzen benötigen sie starkes Licht; sie gedeihen in normaler Kakteenerde und sollten den Winter über kühl und trocken gehalten werden. Durch Aussaat im Frühjahr oder Sommer gewinnt man neue Pflanzen.

Neoporteria chilensis
Syn. *Neochilenia chilensis*

Der grünliche, kugelige Kaktus stammt aus Chile und wird mit der Zeit 15 cm hoch und 10 cm breit. Er hat eng zusammenstehende, grüne Rippen und zahlreiche 2 cm lange, weiße Dornen. Im Frühjahr und Sommer erscheinen mittelgroße, blaßrote, trichterförmige Blüten. Die roten Früchte sind höchstens 2,5 cm lang.

NEOREGELIA

Die etwa 70 Arten dieser Gattung stammloser Bromeliengewächse unterscheiden sich in Größe, Textur und Farbe sehr voneinander. Die südamerikanische Gattung wurde nach Edward von Regel benannt, Leiter des Botanischen Gartens von St. Petersburg in Rußland. Zur Blütezeit nimmt die Rosettenmitte vieler Arten einen leuchtenden Rosa-, Lila- oder Rotton an. Die Blüten können blau oder weiß sein. Die Grundfarbe der stacheligen Blätter variiert zwischen grün und braun, sie können gestreift, gefleckt oder marmoriert sein. Die Blätter bilden eine trichterige Rosette mit einem Durchmesser von 15 cm bis 1,5 m.
PFLEGE UND VERMEHRUNG: Neoregelias bevorzugen durchlässigen Boden und schätzen kein allzu starkes Licht, brauchen jedoch etwas direkte Sonne, um ihre Farbe beizubehalten. Die Pflanzen mögen hohe Luftfeuchtigkeit und einen gut belüfteten Standort im Topf oder als Ampelpflanze bei ausreichender Wärme im Winter. Die Zisternen dürfen nicht austrocknen. Ableger können zur Vermehrung dienen.

Neoregelia carolinae

Mit ihrer ausladenden, 40–60 cm großen Rosette aus hell olivgrünen, bandförmigen, sägezähnigen Blättern ist diese Art die am häufigsten gezogene dieser Gattung. Kurz vor der Blüte, die zu jeder Jahreszeit stattfinden kann, verfärben sich die jüngsten und am weitesten innen gelegenen Blätter tiefrot. Die unauffälligen, blauvioletten Blüten werden von purpurroten Hochblättern umgeben. Die Sorte **'Fendleri'** hat hellgrüne Blätter, die hübsch cremefarben umrandet sind. ***Neoregelia carolinae × concentrica,*** eine bisher unbenannte Kreuzung zwischen zwei der farbenprächtigsten Arten, trägt panaschierte Blätter wie einige Sorten von *N. carolinae,* kombiniert mit den violetten Blattspitzen der Art *N. concentrica.* Die Sorte **'Tricolor'** wird häufiger gezogen als die Art selbst; die Pflanze trägt cremefarben gestreifte Blätter, die inneren Blätter nehmen einen kräftigen karmesinroten Farbton an, bevor die violetten Blüten erscheinen und sich die ganze Pflanze rosa verfärbt. **'Tricolor Perfecta'** ist eine kälteempfindliche Sorte.

Neoregelia chlorosticta

Syn. *Neoregelia sarmentosa* var. *chlorosticta*

Diese brasilianische Art zeichnet sich durch ihre grün, lila und braun gefleckten Blätter aus. Die weißen Blüten sitzen auf 2,5 cm kurzen Stielen.

Neoregelia concentrica

Diese brasilianische Art hat flach trichterförmige, 70–90 cm große Rosetten. Die breiten, ledrigen Blätter verfärben sich zur Mitte hin tiefpurpurn, wenn sich die Blütenknospen bilden. Die Blüten sind blau. **'Aztec'** ist wohl hybriden Ursprungs, zeigt jedoch starke Merkmale dieser Art; ihre Blätter sind stark dunkelviolett gefleckt.

Neoregelia concentrica 'Aztec'

Neoregelia chlorosticta

Nepenthes maxima

Neoregelia marmorata

Die 40–60 cm großen Rosetten dieser Art sind rötlichbraun gefleckt, die blaßgrünen Blätter werden zur Spitze hin rot. Die weißen Blüten erscheinen vom Frühjahr bis zum Sommer.

NEPENTHES

KANNENSTRAUCH

Von allen fleischfressenden Pflanzen lassen sich diese wahrscheinlich am einfachsten ziehen. Die Gattung umfaßt fast 70 Arten, die meist aus Indonesien und den tropischen Regionen Asiens stammen, darunter auch einige 20 m Höhe erreichende Kletterpflanzen; da die Pflanzen eine Vorliebe für Sumpfgebiete haben, müssen sie jedoch auch oft ohne Stütze zurechtkommen. Einige Arten wachsen in niedrigen Höhenlagen, andere im tropischen Hochland. Sie tragen unauffällige, violette oder bräunliche Blüten, die an Ähren zwischen den oberen Blättern sitzen. Die Blätter enden oft in hängenden, farbigen »Kannen«, deren Deckel auffällig rostfarben, grün oder sogar rot und rosa getönt sind. Sie locken Insekten an, die in der Flüssigkeit in der »Kanne« ertrinken und sodann von der Pflanze als Nahrung aufgenommen werden.

PFLEGE UND VERMEHRUNG: Die Pflanzen benötigen eine hohe Luftfeuchtigkeit, einen halbschattigen Standort und feuchten, fruchtbaren Boden. Die Arten des tropischen Tieflands benötigen höhere Temperaturen (Tiefsttemperatur im Winter 18 °C) als diejenigen aus tropischen Höhenlagen (Tiefsttemperatur im Winter 10 °C). Die Vermehrung erfolgt durch Aussaat im Frühjahr oder durch Triebstecklinge im Frühjahr bzw. Sommer; Abmoosen kann erfolgversprechender sein.

Neoregelia carolinae 'Tricolor Perfecta'

Nepenthes rafflesiana

Nepenthes × coccinea

Nepenthes × coccinea

Die aus der Kreuzung zweier hoher Kletterpflanzen hervorgegangene Gartenhybride trägt bis zu 15 cm lange Kannen. Diese sind gelbgrün mit violettroten Streifen und Flecken.

Nepenthes maxima

Wie der Name vermuten läßt, sind die Kannen dieser Art besonders groß, sie messen manchmal bis zu 20 cm. Da die Pflanzen aus dem Hochland Indonesiens und Neuguineas stammen, sind ihre Temperaturansprüche geringer als bei Tieflandarten.

Nepenthes rafflesiana

Diese Art klettert mit Hilfe langer Ranken bis zu 9 m hoch und toleriert in Kultur auch starken Rückschnitt. Die oft bis zu 15 cm langen, eleganten, grünen Kannen mit dem stark gefleckten und gerippten Schlund verbergen sich zwischen den großen Blättern.

Neoregelia carolinae 'Fendleri'

Neoregelia carolinae × concentrica

NEPETA

KATZENMINZE

Mehr als 200 Staudenarten umfaßt diese große Gattung, die in weiten Teilen Eurasiens und Nordafrikas sowie in Gebirgen des tropischen Afrika heimisch ist. Einige Arten, von denen viele in Staudenrabatten, als Randbepflanzung oder als Bodendecker gepflanzt werden, haben stark aromatische, silbergraue Blätter und sind von kompakter Wuchsform, andere sind eher hochwüchsig und brauchen deshalb eventuell eine Stütze. Die besten Gartenformen stammen aus Hybridzuchten.

PFLEGE UND VERMEHRUNG: Die Pflanzen benötigen durchlässigen Boden und einen sonnigen Standort. Einige der wüch-

N

Nepeta × faassenii

Nepeta × faassenii 'Dropmore Blue'

Nepeta cataria

sigen, krautigen Arten eignen sich aufgrund ihrer Tendenz, andere Pflanzen zu überwuchern, gut als Bodendecker. Ihre Ausbreitung kann durch leichten Schnitt während des Wachstums jedoch etwas eingedämmt werden; durch regelmäßiges Stutzen einmal pro Jahr behält die Pflanze ihre Form. Die Vermehrung erfolgt durch Teilung, Aussaat oder Stecklinge.

Nepeta cataria

KATZENMINZE

Die europäische Katzenminze, eine frostharte Staude mit verzweigten, aufrechten Trieben, die bis 1 m lang werden können, hat aromatische, graugrüne Blätter und trägt ab Ende des Frühjahrs bis zum Herbst quirlständige, weiße Blüten. Die Pflanze wirkt anziehend auf Katzen, die sich in sie hineinlegen, in ihr spielen oder sie manchmal sogar ausgraben. Einem aus den Blättern hergestellten Tee wird entspannende Wirkung nachgesagt.

Nepeta clarkei

Die aus Pakistan und Kaschmir stammende, kälteharte Art bildet bis 80 cm hohe Büsche. Ihre Blätter sind grün, an den aufrechten Blütentrieben sitzen unzählige lilablaue Blüten, von denen jede einen weißen Fleck auf der Unterlippe trägt.

Nepeta × faassenii

BLAUMINZE

Diese kleinbuschige Horststaude eignet sich sehr gut zur Abgrenzung verschiedener starker Farben in Strauch- oder Blumenrabatten; sehr hübsch wirkt die Pflanze auch als Randbegrünung oder im Ensemble mit Steinen, sei es als Mauerpflan-

Nepeta × faassenii 'Walker's Blue'

Nepeta clarkei

ze, neben gepflasterten Wegen oder in Steingärten. Der Busch wächst ziemlich in die Breite und trägt gräulichgrüne Blätter, die beim Zerreiben aromatisch riechen. Die zahlreichen Blütentriebe tragen den ganzen Sommer über Hunderte von kleinen, violettblauen Blüten. Die Pflanze wird 50 cm hoch und breit. Es gibt zahlreiche verschiedene Sorten so z.B. **'Dropmore Blue'** mit aufrechten, großen Scheinähren aus lavendelblauen Blüten und **'Six Hills Giant'**, eine robuste, etwa 50 cm hohe Pflanze mit grauen Blättern und großen Scheinähren mit lavendelblauen Blüten, die den ganzen Sommer hindurch blühen, falls man sie regelmäßig ausputzt. Die Blätter und Blüten von **'Walker's Blue'** sind feiner als die der anderen Hybriden.

Nepeta nervosa

Diese hübsche, buschige Art erreicht eine Höhe von 60 cm. Sie trägt lange, schmale, tief geäderte Blätter und Scheinähren, dicht besetzt mit violettblauen Blüten; im Ursprungsland Kaschmir gibt es gelegentlich auch gelbblühende Formen.

Nepeta racemosa

Syn. *Nepeta mussinii*

Die aus dem Kaukasus und dem Norden Irans stammende Art ist in den Gärten meist als *Nepeta mussinii* bekannt. Bei vielen der unter diesem Namen verkauften Pflanzen handelt es sich jedoch in Wirklichkeit um die Hybride *N.× faassenii*. Die Staude wird 30 cm hoch; sie trägt graugrüne, dicht behaarte Blätter und lavendelblaue Sommerblüten, die an langen Rispen sitzen. **'Blue Wonder'** ist eine buschige Form, die sehr viele violettblaue Blüten trägt. **'Snowflake'** hat reinweiße Blüten.

Nepeta tuberosa

Bei dieser aus Portugal, Spanien und Sizilien stammenden Pflanze handelt es sich um eine der wenigen Nepetas mit Wurzelknollen; im Gegensatz zu vielen anderen Pflanzen dieser Gattung ist diese Art eher in wärmeren Gegenden zu Hause und dementsprechend sehr frostempfindlich. Die 1 m hohen, aufrechten Stengel tragen rötlichviolette Blüten.

NEPHELIUM

Die mit dem Litchibaum (*Litchi chinensis*) verwandte südostasiatische Gattung besteht aus etwa 35 Arten immergrüner Bäume mit ausladender, dicht beblätterter Krone. Einige Arten werden aufgrund ihrer süßschmeckenden Früchte in subtropischen und tropischen Regionen angebaut. **PFLEGE UND VERMEHRUNG:** Sie tolerieren keine niedrigen Temperaturen; sie benötigen tropisches Klima mit regelmäßigen Regenfällen während des ganzen Jahres. Wichtig sind ein sonniger Standort und fruchtbarer, durchlässiger Boden, der mit viel Kompost und verfaultem Stallmist angereichert werden sollte. Die Düngung mit Stallmist sollte jährlich erfolgen. Die Vermehrung kann durch Aussaat erfolgen, Namensorten werden veredelt.

Nepeta × faassenii 'Six Hills Giant'

Nepeta nervosa

Nepeta racemosa 'Blue Wonder'

Nepeta racemosa 'Snowflake'

Nepeta tuberosa

Nephelium lappaceum

RAMBUTAN

Dieser Baum wird 5 m hoch und trägt im Frühjahr Büschel weißer Blüten, im Sommer orangerote Früchte. Die zu den süßesten und delikatesten tropischen Früchten zählende Rambutanfrucht ist den Litschis sehr ähnlich, das von einer weichen, stacheligen Haut überzogene, durchsichtige Fruchtfleisch aber noch schmackhafter.

NEPHROLEPIS

Die in den Tropen und Subtropen oft am Rande der Regenwälder oder in offenen Wäldern gedeihende Gattung besteht aus 30 Arten nicht winterharter, immer- oder halbimmergrüner Farne mit kurzen, aufrechten Rhizomen und Wedeln, die eine Art Fischgrätmuster bilden. Diese können aufrecht, waagerecht oder hängend sein.

PFLEGE UND VERMEHRUNG: Für Farne sind diese Pflanzen, was Trockenheit betrifft, extrem tolerant. Sie wachsen schnell, wenn sie genug Platz haben und in feuchter, mit Kompost angereicherter Erde stehen. Sie eignen sich gut als Zimmerpflanzen, sollten an einem warmen Standort jedoch viel gegossen werden. Die Vermehrung erfolgt durch Sporen, Gewebekulturen oder Teilung.

Nepeta racemosa

Nephrolepis cordifolia

Der auf Felsen am Rande von Regenwäldern beheimatete, schnellwachsende Farn kann an ziemlich trockenen und dunklen Standorten ebenso wie in voller Sonne überleben. In Kultur ist er sehr widerstandsfähig und kann sich stark ausbreiten. Die Wedel werden bis 1 m lang. **'Plumosa'** ist eine langsamwachsende Sorte mit gelappten Fiedern.

Nephrolepis exaltata

Dieser immergrüne Farn wird nicht ganz so häufig gezogen wie seine zahlreichen Sorten, deren Blätter üppiger, manchmal auch spitzenartig oder leicht gelblich sind. Bis über 1 m hoch und breit, machen sich die Pflanzen mit ihren aufrechten, lanzettlichen, blaßgrünen Wedeln mit drahtigen Stengeln in Ampeln sehr dekorativ.

NEPTUNIA

Viele Arten der Gattung staudiger Schmetterlingsblütler gedeihen am Rande langsamfließender tropischer Gewässer. Andere bevorzugen trockene Standorte. Die niederliegenden Pflanzen bilden tiefe Pfahlwurzeln, so daß die Zweige im Wasser fluten können. Sie lassen sich auch in Aquarien oder Becken im Warmhaus ziehen. Einige Arten klappen bei Berührung ihre Blätter zusammen.

PFLEGE UND VERMEHRUNG: In tropischen Gegenden sind die Pflanzen einfach zu ziehen, doch muß man sie am Wuchern hindern. In kühleren Zonen können sie bei genügend Wärme und Feuchtigkeit in Töpfen oder in Aquarien teils untergetaucht gezogen werden. Die Vermehrung erfolgt durch Aussaat oder das Abtrennen bewurzelter Schwimmtriebe.

Neptunia oleracea

Diese Art sollte man am besten am Ufer langsamfließender Gewässer oder von Teichen anpflanzen, so daß die oft bis 1,5 m langen Triebe darin treiben können. Diese entwickeln im Wasser oft schwammartiges Gewebe und lösen sich von der Mutterpflanze. Die Blätter sind fein zerteilt, die rundlichen Blütenstände grün.

NERINE

GUERNSEYLILIE

Die etwa 30 *Nerine*-Arten werden wegen ihrer Blütendolden mit hübschen, schmalblättrigen, trompetenförmigen, rosa, roten oder weißen Blüten gezogen. Die südafrikanischen Pflanzen blühen im Herbst, normalerweise vor dem Erscheinen der Blätter. Einige der Arten sind immergrün, andere ziehen im Sommer ein; sie können bis 60 cm hoch und 30 cm breit werden. Die Wildarten sind sehr variabel und kreuzen sich im Garten leicht untereinander, so daß sie manchmal nicht leicht zu erkennen sind. Sie eignen sich gut als Kübelpflanzen und können während der Blütezeit ins Zimmer gestellt werden.

PFLEGE UND VERMEHRUNG: Die Zwiebeln sollten an einem sonnigen Standort in durchlässigen, sandigen Boden gepflanzt werden. Während der Wachstumsphase sollte man die Pflanzen viel gießen, im Sommer während des Ruhezustands aber austrocknen lassen. Reichliche Niederschläge im Sommer oder schwerere Fröste werden schlecht vertragen, selbst die härteren Arten sind sehr frostempfindlich. Die Vermehrung erfolgt durch Aussaat oder im Herbst durch Ableger. Die Pflanzen benötigen manchmal mehrere Jahre bis zur ersten Blüte und schätzen Umpflanzen nicht.

Nephrolepis cordifolia

Nephelium lappaceum

Nerine bowdenii

Diese Art hat einen kräftigen, 60 cm hohen Stengel mit bis zu zwölf Blüten. Die krausen Blütenblätter sind zurückgebogen und haben einen karmesinroten Längsstreifen. Es ist die einzige Art, die bei gutem Winterschutz in Mitteleuropa im Freien gezogen werden kann. Es gibt auch eine weiße Sorte.

Nerine filifolia

Diese Pflanze erreicht eine Höhe von 25 cm und trägt ein 10 cm großes Dolden rosaroter Blüten mit schlanken, zurückgebogenen Blütenblättern. Die Blätter sind grasartig und beinahe immergrün.

Nerium oleander 'Album'

Nerine flexuosa
Syn. *Nerine pulchella*

Bei dieser Art trägt der kräftige Stengel ein Büschel aus bis zu 15 rosa Blüten mit schmalen, zurückgebogenen Blütenblättern und dunkelrosa Mittelader. Die schmalen, bandförmigen Blätter erscheinen vor den Blüten. **'Alba'** ist der Name einer weißen Sorte.

Nerine fothergillii
Syn. *Nerine curvifolia*

Diese Staude trägt scharlachrote. spinnenartige Blüten in endständigen Dolden mit sechs großen Blütenblättern. Die Pflanze wird 50 cm hoch und 30 cm breit.

Nerine sarniensis
ROTE NERINE

Mit ihren an kräftigen, 60 cm hohen Stengeln sitzenden Blütendolden, die bis zu 20 hellrote, 10 cm große Blüten mit stark zurückgebogenen Kronblättern und hervorstehenden Staubgefäßen versammeln, ist die Rote Nerine eine sehr attraktive Pflanze. Die bandförmigen Blätter erscheinen in der Regel erst nach der Blütezeit.

Nerine undulata
Syn. *Nerine crispa*

Die immergrüne Zwiebelpflanze stammt aus der östlichen Kapregion Südafrikas, wo der meiste Regen im Sommer fällt. Die Pflanzen werden 20–50 cm hoch. Die als Büschel auf kräftigen, kahlen Stengeln sitzenden zartrosa Blüten mit gewellten Blütenblättern erscheinen im Herbst. Die Art toleriert Temperaturen um die 0 °C.

NERIUM
OLEANDER

Diese kleine Gattung besteht aus ein oder zwei Arten immergrüner Sträucher, die vom Mittelmeergebiet bis nach Indien vorkommen. Sie tragen leuchtende Blüten mit fünf breiten Blütenblättern. Die Samenhülsen sind bohnenartig und enthalten Samen mit fedrigen Flughaaren. Die Blätter sind schmal-lanzettlich und ledrig. In Kultur sind meist Sorten von *Nerium oleander*. Alle Oleanderarten sind giftig und schmecken so bitter, daß sie nicht einmal von Ziegen gefressen werden.
PFLEGE UND VERMEHRUNG: Die Sträucher sollten an einem sonnigen Standort in durchlässigen Boden gepflanzt werden. Unansehnlich gewordene Pflanzen können im Frühjahr durch auch starken Rückschnitt wieder in Form gebracht werden. In kühleren Gebieten werden Oleander gern in Kübeln gezogen und im Haus überwintert. Ihre Vermehrung erfolgt durch Aussaat im Frühjahr oder durch Stecklinge im Sommer.

Nerium oleander
OLEANDER

Je nach Sorte erreichen die Pflanzen eine Höhe von 2–3,5 m. Bei Verwendung als Heckenpflanze sollte man für eine einheitliche Erscheinung diese unterschiedlichen Wuchsformen bedenken. Die Blüten sind einfach oder gefüllt, einige Sorten haben panaschierte Blätter. Beliebte Sorten sind: **'Album'** mit einfachen, weißen Blüten, die in der Mitte cremefarben sind; **'Little Red'** mit einfachen, roten Blüten; **'Luteum Plenum'** mit cremegelben, gefüllten Blüten; die relativ kleine Sorte **'Mrs. Fred Roeding'** mit ihren lachsfarbenen, gefüllten Blüten; die nur 1–2 m hohe **'Petite Pink'** mit einfachen, blaßrosa Blüten; **'Punctatum'**, eine kräftige Pflanze mit einfachen, blaßrosa Blüten; **'Splendens Variegatum'** mit panaschierten, goldgrünen Blättern und rosafarbenen, gefüllten Blüten, die auf den Elternteil **'Splendens'** zurückgehen; **'Algiers'** mit den dunkelrotesten Blüten überhaupt und **'Madonna Grandiflora'**, eine Sorte mit weißen, gefüllten Blüten. Die **Sorte 'Casablanca'** (Syn. 'Monica') hat einfache, sehr blaßrosa, beinahe weiße Blüten.

NERTERA

Diese hübschen Stauden wachsen niederliegend oder kletternd; sie sind in verschiedenen kühlfeuchten Klimazonen zu Hause, darunter Neuseeland, Südaustralien und die Anden in Mittel- und Südamerika. Die Gattung umfaßt 15 verschiedene Arten, die mit ihren moosartigen Blättern kleine Matten oder Hügel bilden. Gärtner sind aber vor allem an den perlenartigen

Nerium oleander 'Punctatum'

Nerine flexuosa 'Alba'

Nerine sarniensis

Nerine filifolia

Nerine bowdenii

N

Nerium oleander 'Algiers'

N. oleander 'Madonna Grandiflora'

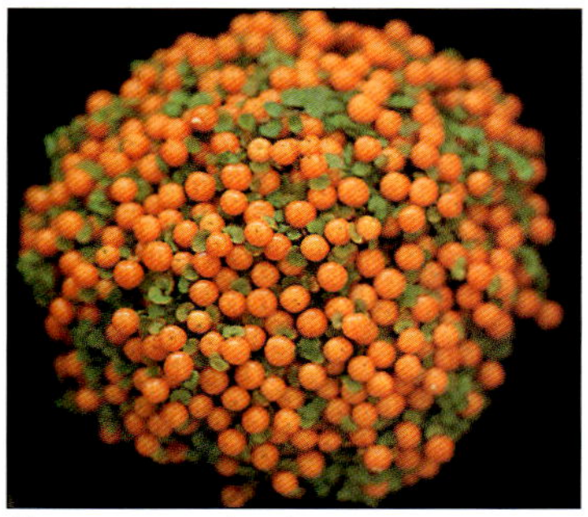

Nertera granadensis

Neviusia alabamensis

Früchten interessiert. Einige Arten eignen sich ausgezeichnet fürs Alpinenhaus oder in Gegenden mit nur seltenen, leichten Frösten auch für Steingärten.
PFLEGE UND VERMEHRUNG: Sie gedeihen an kühlen, geschützten, halbschattigen Standorten auf feuchtem, durchlässigem, sandigem Boden. In Trögen kann dies simuliert werden. Die Pflanzen sollten im Sommer gut gegossen, im Winter jedoch trockener gehalten werden. Im Frühjahr vermehrt man sie durch Teilung, Aussaat oder Spitzenstecklinge.

Nertera granadensis
Syn. *Nertera depressa*
KORALLENBEERE

Diese polsterbildende Art wird hauptsächlich wegen ihrer im Herbst erscheinenden, unzähligen, kugeligen, orangefarbenen oder roten, perlenartigen Beeren gezogen. Die Pflanze wird gut 1 cm hoch, 10 cm breit und bildet kompakte Polster aus winzigen, hellgrünen Blättern und im Sommer erscheinenden, winzigen, grünlichweißen Blüten. Es existiert auch eine Form mit violett überlaufenen Blättern.

NEVIUSIA
SCHNEELOCKE

Die aus zwei Arten bestehende Gattung ist auf den Felsen über dem Black Warrior-Fluß in Alabama (USA) beheimatet. Die zur Familie der Rosengewächse zählende Pflanze ist frosthart und wird wegen ihrer schönen Frühjahrsblüten bewundert.
PFLEGE UND VERMEHRUNG: Sie mag fruchtbaren, durchlässigen Boden und sollte in trockenen Perioden zusätzlich gewässert werden. Nach der Blüte kann altes Holz bis zur untersten Knospe herausgeschnitten werden. Die Vermehrung erfolgt durch Teilung, Stecklinge oder Aussaat.

Neviusia alabamensis
SCHNEELOCKE

Dieser sommergrüne Strauch erreicht eine Höhe von 1,5 m und treibt viele Ausläufer. Die Art benötigt deswegen genügend Platz. Die im Frühjahr erscheinenden Blüten mit den auffälligen, gespreizten Staubgefäßen sind am Naturstandort reinweiß, in Kultur aber meist cremeweiß, wenn sie nicht unter Glas gezogen werden.

NICOTIANA
TABAK

Die 67 Arten ein-, zwei- und mehrjähriger Kräuter und Sträucher der Gattung stammen aus Amerika und Australien. Dazu gehört auch die Tabakpflanze. Die älteren Gartenformen wurden wegen des Dufts ihrer sich normalerweise nachts öffnenden Warmwetterblüten gezogen; die Blüten neuerer Sorten bleiben den ganzen Tag über offen, duften aber nicht mehr so stark. Sie eignen sich auch als Schnittblumen, sind jedoch etwas klebrig.
PFLEGE UND VERMEHRUNG: Kaum oder nicht frosthart, mögen sie Sonne oder Halbschatten und fruchtbaren, durchlässig-feuchten Boden. Mit dem Frühjahr erfolgt die Aussaat. Schnecken und Raupen befallen die Pflanzen gerne.

Nicotiana alata
Syn. *Nicotiana affinis*

Die kurzlebige, frostempfindlich Staude, 1 m hoch und 30 cm breit, wird oft einjährig gezogen. Die ovalen Blätter bilden erst eine grundständige Rosette. Während des ganzen Sommers bis in den Frühherbst hinein erscheinen in Büscheln attraktive Stieltellerblüten in weißen, rosaroten bis roten Farben. Sie öffnen sich abends und erfüllen den Garten in warmen, windstillen Nächten mit einem angenehmen Duft.

Nicotiana bigelovii
Syn. *Nicotiana quadrivalvis*

Diese einjährige kalifornische Art wird 2 m hoch. Die Trauben weißer, grünlich überlaufener Blüten verströmen einen ziemlich unangenehmen Geruch.

Nicotiana glauca
BLAUGRÜNER TABAK

Dieser weichholzige Strauch von der Gestalt eines kleinen Baumes wird etwa 2 m hoch. Er hat große, graugrüne Blätter und Blütenstände grünlich-cremegelber, röhriger Blüten. Die ursprünglich aus Bolivien und Argentinien stammende, sehr frostempfindliche Pflanze ist mittlerweile in weiten Teilen der USA wie auch des Mittelmeergebiets eingebürgert.

Nicotiana langsdorfii

Diese einjährige Art wird bis 1,5 m hoch und trägt an aufrechten, verzweigten Trieben während der Sommermonate unzählige zierliche, limonengrüne Röhrenblüten. Werden einige der verwelkten Blüten stehengelassen, können sich die extrem kleinen Samen unter günstigen Bedingungen selbst aussäen.

Nicotiana langsdorfii

Nicotiana glauca

Nicotiana alata

Nicotiana sylvestris

Nicotiana × sanderae 'Falling Star'

Nicotiana tabacum

Nicotiana rustica
BAUERNTABAK

Die aus Südamerika stammende Pflanze mit aufrechten, ausladenden Zweigen und großen grünen Blättern erreicht eine Höhe von 1 m. Die weißen Röhrenblüten haben einen leichten Stich ins Rosafarbene und stehen in endständigen Rispen.

Nicotiana × sanderae

Die langsamwachsende, buschige, einjährige Pflanze wird 40 cm hoch und halb so breit. Im Sommer und Frühherbst trägt sie lange, trompetenförmige, weiße, rosa, rote, hellrote oder violette Blüten. Die Blüten bleiben tagsüber geöffnet, fangen aber erst abends an zu duften. Aus dieser Gartenhybride entstanden viele Sorten wie z. B. **'Lime Green'**, die im Sommer über lange Zeit unzählige leuchtend limonengrüne Blüten trägt. Die Blüten von **'Falling Star'** können blaß- bis dunkelrosa sein.

Nicotiana sylvestris

Dies ist eine der wenigen sommerblühenden Einjährigen für schattige Standorte. Sie gehört zu den größeren Pflanzen der Gattung, ihre Blüten bleiben auch im tiefen Schatten oder an bewölkten Tagen geöffnet. Sie werden 1,5 m hoch oder höher und tragen prächtig blühende Stengel, die sich über die üppigen, großen, hellgrünen, saftigen Blätter erheben. Die langen, weißen Röhrenblüten verströmen an warmen Sommerabenden einen besonders intensiven Duft und sollten deshalb an einer Stelle gepflanzt werden, wo man diesen auch genießen kann.

Nicotiana tabacum
TABAK

Die Blüten der kommerziell genutzten Tabakpflanze sind recht ansehnlich; außerdem verbreiten sie einen angenehmen, wenn auch nur schwachen Duft. Sie sind nur 2,5 cm klein und sitzen an der Spitze der mannshohen Pflanze mit den derben Blättern. Für den Ziergarten ist die Pflanze kaum dekorativ genug, sie wird meist wegen ihrer Blätter gezogen. Es wurden zwar Sorten speziell zur Herstellung von Zigaretten-, Zigarren- und Pfeifentabak gezüchtet, eigentlich bestimmt aber die Weise, wie die Blätter verarbeitet werden, deren letztendliche Verwendung.

NIDULARIUM

Der Name dieser Gattung von Bromeliengewächsen aus dem Osten Brasiliens wurde von dem lateinischen Wort *nidulus* (»kleines Nest«) abgeleitet. Entsprechend haben die meisten der 46 Arten Blütenstände, die sich in das »Nest« der Rosette schmiegen. Die Blüten sind rot bis weiß.
PFLEGE UND VERMEHRUNG: Die nicht frostharten Pflanzen gedeihen am besten in feuchter, fruchtbarer Erde. Sie mögen Wärme und einen halbschattigen bis schattigen Standort, brauchen aber für gute Belaubung und Blütenansatz trotzdem viel Licht. Außerdem benötigen sie regelmäßige Bewässerung, ihre Zisternen sollten vom Frühjahr bis zum Ende des Sommers mit Wasser gefüllt bleiben. Die Vermehrung erfolgt durch Ableger oder Samen.

Nidularium fulgens

Die sehr an Vertreter der Gattung *Neoregelia* erinnernde Art trägt bandförmige, sägezähnige, glänzende, gelbgrüne Blätter mit dunkelgrünen Flecken, die in dichten Rosetten angeordnet sind. Scharlachrote Hochblätter umgeben die hauptsächlich im Sommer erscheinenden weißen und violetten Blüten.

Nidularium innocentii

Die Rosette dieser stammlosen Bromelie kann bis 60 cm breit werden. Die Blätter sind oben dunkelgrün bis rötlichbraun und unterseits braunviolett. Die weißen Blüten stehen über rotbraunen Hochblättern.

Nidularium purpureum

Die Rosette dieser Art hat einen Durchmesser von 60 cm. Die Blätter sind knapp 50 cm lang und tragen am Rand kleine Stacheln. Die Blätter sind oberseits mattgrün bis violett, unten violettbraun. Die Blüten werden 5 cm lang, es gibt rote und weiße Varietäten.

NIEREMBERGIA

Die zur Familie der Nachtschattengewächse gehörende Gattung umfaßt 23 Arten einjähriger und mehrjähriger Kräuter und Halbsträucher, die sich hervorragend für Rabatten oder Nischen in Steingärten eignen. Hier wird der Ausbreitungsdrang von Arten wie *Nierembergia repens* einigermaßen im Zaume gehalten. Die Pflanzen haben meist zarte Blätter und sind an feuchten, sonnigen Stellen in den gemäßigteren Regionen Südamerikas zu finden. Die Pflanzen können in verschiedenen Farben auftreten, wobei die beliebtesten Gartenpflanzen weiße oder blauviolette, offenschalige Blüten tragen.

Nidularium innocentii

PFLEGE UND VERMEHRUNG: Die Pflanzen benötigen guten Gartenboden und einen sonnigen Standort; um die Blütezeit zu verlängern, sollten sie gut gegossen und gedüngt werden. In kühleren Gegenden werden die Stauden oft einjährig gezogen, in gemäßigteren Klimazonen können sie dagegen im Freien überwintern. Die Vermehrung erfolgt bei einjährigen Pflanzen durch Aussaat, bei Stauden durch Teilung im Frühjahr, bei Halbsträuchern durch Stecklinge im Spätsommer.

Nierembergia caerulea 'Purple Robe'
Syn. *Nierembergia hippomanica*

Diese kleine, buschige Staude, 15–20 cm hoch und breit, wird am besten einjährig gezogen und eignet sich hervorragend als Einfassung sowie für Massenpflanzung in Rabatten, für Steingärten und Blumenkästen. Im Sommer und Frühherbst erscheinen viele dunkelbläulich-violette Blüten mit gelbem Schlund. Die stark verzweigten, dünnen, steif aufrechten Triebe tragen schmal-lanzettliche, dunkelgrüne, leicht behaarte Blätter. Die Pflanze sollte nach der Blüte zurückgeschnitten werden. ***Nierembergia caerulea* var. *violacea*** ist ähnlich, hat jedoch längere Blätter.

Nierembergia repens
Syn. *Nierembergia rivularis*
WEISSBECHER

Diese 5 cm hohe, sehr frostempfindliche Staude breitet sich mit unterirdischen Rhizomen recht kräftig aus und eignet sich für Steingärten oder zur Anpflanzung in Töpfen. Die kleinen, spatelförmigen, hellgrünen Blätter werden im Sommer von unzähligen offenen, weißen Einzelblüten mit goldfarbener Mitte zugedeckt.

Nierembergia repens

NIGELLA

SCHWARZKÜMMEL

Die Gattung besteht aus etwa 15 Arten einjähriger Pflanzen aus dem Mittelmeerraum und Westasien. Die Pflanzen haben eine lange Geschichte in der Volksmedizin. Mit ihren attraktiven Blüten eignen sie sich auch gut als Schnittblumen. Die dekorativen Samenhülsen behalten lange Zeit ihre Form und sind deshalb sehr beliebt für Blumengestecke.
PFLEGE UND VERMEHRUNG: *Nigella*-Sämlinge lassen sich nur äußerst ungern umpflanzen. Werden die Pflanzen aber gleich an Ort und Stelle gesät (im Herbst oder im Frühjahr) und läßt man einige von ihnen bis zur Samenreife stehen, können sie sich dort über Jahre hinweg halten. Sie bevorzugen einen sonnigen Standort und fruchtbaren, durchlässigen Boden; wird der Samen nicht benötigt, sollte man die abgestorbenen Blüten abschneiden, um die Blütezeit zu verlängern.

Nigella damascena

BRAUT-IN-HAAREN, JUNGFER-IM-GRÜNEN

Diese einjährige Pflanze, aufrecht und schnell zu 60 cm Höhe und 20 cm Breite heranwachsend, wird aufgrund ihrer attraktiven Blüten gezogen. Die im Frühjahr und im Frühsommer erscheinenden, vielblättrigen, gespornten Blüten sind blaß- bis lilablau oder weiß und halb im hellgrünen, federigen Laub versteckt. Die rundlichen Samenhülsen sind zuerst grün, in reifem Zustand braun. Die Sorte **'Miss Jekyll'** trägt gefüllte blaue Blüten.

Nigella sativa

SCHWARZKÜMMEL

Schon von den Römern wurde diese Art wegen ihrer pechschwarzen Samen gezogen, die – so wurde es beschrieben – wie Erdbeeren mit Pfeffer schmecken. Schwarzkümmel wird im Nahen Osten auch heute noch als Gewürz verwendet. Die Pflanze wird 60 cm hoch; sie trägt kleine, weißliche Blüten.

NOLANA

Die in Chile, Peru und auf den Galapagosinseln beheimatete Gattung besteht aus 18 Arten einjähriger und mehrjähriger Kräuter und Halbsträucher. Die meisten wachsen buschig bis halbkletternd und werden kaum höher als 20 cm, aber 50 cm breit oder breiter. Die hellgrünen, elliptischen, 2,5–5 cm langen Blätter können leicht sukkulent sein. Die langröhrigen Glockenblüten – weiß bis violett mit gelbem Schlund und mit einem Durchmesser bis 3,5 cm – erscheinen die ganze Saison hindurch und stehen einzeln oder in kleinen Büscheln in den Blattachseln nahe der Stengelspitze.
PFLEGE UND VERMEHRUNG: Die Pflanzen bevorzugen humusreichen, durchlässigen Boden und einen sonnigen oder halbschattigen Standort. Die halbrankenden Arten gedeihen auch ausgezeichnet in Ampeln. Damit die buschige Wuchsform erhalten bleibt, sollten die Triebe ab und zu geköpft werden. Die Pflanzen tolerieren nur sehr leichten Frost. Durch Samen, Ableger oder Spitzenstecklinge werden sie vermehrt.

Nolana paradoxa

Diese einjährige Pflanze ist von niedriger, kriechender Wuchsform und eignet sich hervorragend als bunter Bodendecker an einem offenen, sonnigen Standort, für Ampeln oder als Topfpflanze. Die nur 25 cm hohe und 40 cm breite Pflanze trägt im Sommer unzählige trompetenförmige, blauviolette Blüten mit ausgeprägtem weißem Schlund. Es gibt viele Hybriden, z.B. **'Blue Bird'** mit tiefblauen Blüten und weißem Schlund.

NOLINA

Die mit *Yucca* verwandten immergrünen Stauden, Sträucher oder kleinen Bäume dieser Gattung haben sich an ihre trockene Umgebung im Süden der USA und in Mexiko angepaßt. Einige Arten haben eine dicke, korkige Rinde am stark verdickten Grund des sich nach oben verjüngenden Stamms und tragen lange, schmale, oft hängende Blätter. Die meisten Arten blühen erst als erwachsene Pflanzen mit unverwechselbaren, langen Rispen. Einige bekannte Arten, die früher zur Gattung *Nolina* zählten, werden heute zur Gattung *Beaucarnea* gestellt.
PFLEGE UND VERMEHRUNG: Die Pflanzen benötigen durchlässigen Boden und sollten während der Wintermonate trockengehalten werden. Im Sommer schätzen sie aber durchaus regelmäßiges Gießen. In frostfreien Regionen können die Pflanzen im Freien gezogen werden, verlangen in Gegenden mit kälteren Wintern jedoch ein Gewächshaus. Die Vermehrung erfolgt durch Aussaat oder Ableger, die im Frühjahr abgenommen werden.

Nolina longifolia

Syn. *Dasylirion longifolium*

Ausgewachsen kann diese Art 2 m hoch sein. Dünne, dunkelgrüne Blätter hängen in dichten Rosetten anmutig von den zahlreichen kurzen Zweigen. Die 2 m lange Rispe besteht aus vielen kleinen, weißen Einzelblüten.

Nolina parryi

Diese bis 3 m hohe Art ist eine sehr auffällige Pflanze. In endständigen Rosetten ragen Massen steifer Blätter mit gesägten Rändern auf und bleiben, nachdem sie abgestorben sind, oft am Stamm hängen, wenn sie nicht – problemlos – abgeschnitten werden.

NOMOCHARIS

Der wissenschaftliche Name dieser Gattung ist treffend aus den griechischen Worten für »Weide« und »Liebreiz« zusammengesetzt, und man kann sich gut vorstellen, wie die Pflanzen auf Wiesen und an Waldrändern der Gebirge Nordindiens, Tibets und Westchinas wachsen. Die sieben Arten von Zwiebelstauden tragen flache bis glockige, weiße, rosa oder blaßgelbe Blüten, die oft violett gesprenkelt sind.
PFLEGE UND VERMEHRUNG: Die Pflanzen bevorzugen sauren Waldboden und einen halbschattigen Standort. Sie verlangen durchlässigen Boden und gleichbleibend kühlfeuchtes, gemäßigtes Klima. Sie können durch Teilung oder Aussaat vermehrt werden; die aus Samen gezogenen Pflanzen blühen allerdings oft erst nach vier Jahren. Ausgewachsene Pflanzen können sehr teuer sein.

Nolana paradoxa

Nomocharis aperta

Diese Art kann 80 cm hoch werden; der Haupttrieb trägt bis zur Spitze quirlständige, hellgrüne Blätter; aus den oberen Blattachseln treten abgeflachte, bis 10 cm große Blüten hervor. Sie sind blaßrosa bis rot mit dunkelroten und rötlichbraunen Flecken.

Nomocharis pardanthina

Syn. *Nomocharis mairei*

Der schlanke Sproß dieser Art wird etwa 1 m lang, trägt quirlständige Blätter und im Sommer bis zu zwölf nickende, 10 cm große Blüten. Sie sind weiß bis rosa und purpurrot gefleckt.

NOPALXOCHIA

Diese eng mit der Gattung *Epiphyllum* verwandte Gattung besteht aus vier Arten epiphytischer, ausdauernder Kakteen aus Mittelamerika. Die Arten haben flache, bandförmige, unbedornte Triebe mit stark gewellten Rändern. Daraus sprießen rosarote Blüten, die nach drei bis vier Tagen mitsamt dem Trieb absterben. Die roten Früchte haben von geleeartigem Fruchtfleisch umgebene Samen.
PFLEGE UND VERMEHRUNG: Die nicht frostharten Pflanzen wachsen problemlos,

Nomocharis aperta

Nomocharis pardanthina

Nigella damascena

N

solange die Temperaturen nicht unter 5 °C sinken; sie mögen porösen, fruchtbaren Boden und einen halbschattigen Standort. Aus Stecklingen können im Frühjahr und Sommer neue Pflanzen gezogen werden.

Nopalxochia phyllanthoides

Dieser Kaktus wird 60 cm hoch und 1 m breit. Der zylindrische Stamm trägt leuchtendgrüne, hängende Triebe mit gewellten Rändern. Im Frühjahr erscheinen zahlreiche rosarote Blüten mit röhrigem Stiel. Die Art selbst wird oft mit der Sorte **'Deutsche Kaiserin'** verwechselt, die heute zur Hybridgattung × *Epicactus* gerechnet wird.

NOTHOFAGUS

SCHEINBUCHE, SÜDBUCHE

Diese Gattung ist auf der Südhemisphäre von Südamerika bis in den Südosten Australiens verbreitet und besteht aus über 25 Arten immer- und sommergrüner, schnellwachsender Bäume mit dunkelgrünen, oft gesägten Blättern. Die Blätter einiger sommergrüner Arten verfärben sich im Herbst kräftig bronzefarben. Die kleinen Früchte enthalten je drei dreieckige Samen.

PFLEGE UND VERMEHRUNG: Südbuchen wachsen bei unterschiedlichen klimatischen Bedingungen, brauchen aber Schutz vor starkem Wind. Sie bevorzugen sauren, tiefgründigen Boden für ihr ausgedehntes Wurzelsystem, sollten einen sonnigen Standort bekommen und jung viel gegossen werden. Sämlinge sollten noch sehr jung ins Freie gesetzt und danach nicht mehr umgepflanzt werden. Man vermehrt die Pflanzen durch Stecklinge im Sommer bzw. Aussaat im Herbst.

Nothofagus fusca

Nothofagus antarctica

SCHEINBUCHE

Dieser sommergrüne Baum oder große, vieltriebige Strauch stammt aus den kühlen, regenreichen Wäldern im äußersten Süden Chiles und Argentiniens und ist die einzige in mitteleuropäischen Gärten öfter zu sehende Art der Gattung. Wild sind ältere Pflanzen mit einer Höhe bis zu 30 m bekannt, Gartenformen dürften jedoch selten höher als 9 m werden. Die Wuchsform reicht von breitkegelförmiger bis zu unregelmäßig drehwüchsiger Gestalt. Die Blüten des langsamwachsenden, frostempfindlichen Baumes sind unauffällig, die Blätter mit den gesägten, welligen Rändern verfärben sich im Herbst, bevor sie abfallen, buttergelb.

Nothofagus cunninghamii

TASMANISCHE SÜDBUCHE

Dieser prachtvolle Baum wird in den kühlen Gebirgen Südaustraliens 45 m hoch. Der immergrüne Baum ist einer der am schnellsten wachsenden Pflanzen der Gattung, der aufgrund seines rötlichen Holzes geschätzt wird. Die kleinen, dreieckigen, gezähnten Blätter sitzen an fächerförmig angeordneten Zweigen; die jungen Blätter haben im Frühjahr einen kräftig bronzefarbenen Ton. Im Frühsommer erscheinen kleine Kätzchenblüten.

Nothofagus fusca

NEUSEELÄNDISCHE ROTBUCHE

Dieser attraktive, aufrechte, immergrüne Baum hat eine kuppelförmige Krone und erreicht in Kultur durchschnittlich eine Höhe von 6–12 m, während wilde Bäume 35 m hoch werden können. Die eiförmigen, grob gesägten Blätter werden bis zu 5 cm lang; die jungen Blätter verfärben sich bei kühlerem Wetter rötlich-bronzefarben. Den kleinen, grünen Blüten folgen Samenhülsen mit je drei kantigen Samen.

Nopalxochia phyllanthoides

Nothofagus fusca

Nothofagus menziesii

Nothofagus moorei

Nothofagus menziesii

NEUSEELÄNDISCHE SILBERBUCHE

Diese wegen ihrer schönen silberfarbenen Rinde gerühmte, immergrüne neuseeländische Art trägt viele kleine Blätter mit grob gesägten Rändern. Der 20 m hohe Baum benötigt viel Sonne und Schutz vor starkem Wind. Die Blüten erscheinen im Sommer in Form kleiner Kätzchen.

Nothofagus moorei

AUSTRALISCHE SÜDBUCHE

Der immergrüne australische Baum mag einen halbschattigen, frostfreien Standort, an dem seine Wurzeln auch in Trockenperioden feucht bleiben. Der Baum wird 20 m hoch und trägt eine breite Krone. Die gesägten, spitz ovalen Blätter werden 10 cm lang. Den wuchtigen Stamm ziert eine braune, schuppige Rinde. Die kleinen Blüten erscheinen im Frühsommer.

Nothofagus obliqua

PELLIN

Diese sommergrüne Art stammt aus Chile und Argentinien. Der 50 m hohe und 6 m breite Baum eignet sich für kühlere Regionen. Aufgrund seiner tiefgezähnt en Blätter und der attraktiven, hängenden Wuchsform gehört er zu den beliebtesten Scheinbuchen in Kultur. Die Blätter mit der charakteristisch schrägen Blattbasis nehmen im Herbst einen kräftig orangerötlichen Farbton an. Wegen seines Holzes und des überdurchschnittlich schnellen Wachstums wird der Baum heute als Forstbaum gezogen.

Nothofagus cunninghamii

Nothofagus obliqua

Nothofagus procera

Nothofagus procera

RAULI

Der an feuchten Hängen in den chilenischen Anden gedeihende Baum liefert mit das beste Holz dieser Gattung und gehört auch zu den am schnellsten wachsenden Arten. Von allen in gemäßigten Klimazonen beheimateten Südbuchen trägt dieser Baum die längsten Blätter; sie sind stark geädert, 10–15 cm lang und nehmen im Herbst einen hübschen, rostfarbenen Farbton an. Auf Luftverschmutzung reagiert die Pflanze empfindlich.

Nothofagus solandri

SCHWARZE SÜDBUCHE

Der 20 m hohe, immergrüne Baum aus Neuseeland trägt gut 1 cm lange Blätter, die dicht an fächerförmig angeordneten Zweigen sitzen. Die Jungtriebe sind weich und flaumig behaart. Im Frühjahr taucht eine Unmenge kleiner, rötlichbrauner Blüten mit vielen Pollen vollblühende Bäume in einen rötlichen Schimmer. ***Nothofagus solandri* var. *cliffortioides*** hat gedrehte und schärfer zugespitzte Blätter.

NOTOSPARTIUM

Drei Arten mittelgroßer, ginsterartiger Sträucher umfaßt diese Gattung. Die Pflanzen, die 3 m hoch und 2 m breit werden, sind in Neuseeland beheimatet, aber aufgrund ihrer vielen hübschen Schmetterlingsblüten, die Mitte des Sommers erscheinen, und ihrer anmutig gebogenen, im ausgewachsenen Stadium blattlosen Äste mittlerweile auch in anderen wintermilden Gegenden sehr beliebt.
PFLEGE UND VERMEHRUNG: Die Pflanzen gedeihen in jeder Art von durchlässigem Boden, benötigen für die Blüte jedoch einen sonnigen Standort. Die Vermehrung erfolgt durch Aussaat im Herbst oder durch Stecklinge im Spätsommer.

Notospartium carmichaeliae

Dieser sommergrüne, aufrechte, schlanke Strauch mit flachen Trieben, trägt nur als junge Pflanze Blätter. Mitte des Frühjahrs ist er von zartlila Blüten überzogen, die überall an den Ästen erscheinen. Wird die Pflanze vor Wind geschützt, blüht sie bei warmem Wetter über viele Wochen hinweg.

NUPHAR

MUMMEL, TEICHROSE

Diese Seerosengewächse aus den gemäßigten Klimazonen der nördlichen Hemisphäre besteht aus 25 Arten mehrjähriger Wasserpflanzen mit kriechenden Rhizomen und großen, teils untergetauchten, teils schwimmenden Blättern. Die zumeist gelben oder grünen Blüten überragen mit ihren Stielen die Wasseroberfläche.
PFLEGE UND VERMEHRUNG: Die Pflanzen stellen ähnliche Anforderungen wie die frostharten Arten der Gattung *Nymphaea*, blühen aber im Gegensatz zu diesen auch im Schatten und eignen sich sogar zum Teil zur Anpflanzung in langsam fließenden Gewässern. Sie sollten in Töpfe mit fruchtbarer Erde eingepflanzt und dann – je nach Art – etwa 60 cm tief im Wasser versenkt werden. Man vermehrt sie durch Teilung, am besten im Frühjahr.

Nuphar lutea

GELBE TEICHROSE, SEEKANDEL, MUMMEL

Das Verbreitungsgebiet dieser wüchsigen, frostharten Art reicht vom Osten der USA und von den Karibischen Inseln über große Teile Eurasiens bis nach Nordafrika. Die Pflanzen gedeihen in tiefem Wasser und tragen große, kreisrunde Blätter, die in

Nuphar polysepala

Nothofagus solandri

seichtem Wasser über den Wasserspiegel ragen, in tieferen Teichen jedoch an der Oberfläche schwimmen. Die knapp oberhalb der Wasseroberfläche sitzenden, satt gelborangefarbenen Blüten verströmen im Sommer einen charakteristischen Duft.

Nuphar polysepala

Diese frostharte Art stammt aus den USA, hat grünliche, violettbraun überlaufene Blüten und große, runde Schwimmblätter mit typisch V-förmig gekerbter Spreite.

NUXIA

Afrika, Madagaskar und die Maskarenen sind die Heimat dieser etwa 15 Arten immergrüner Bäume und Sträucher. Die ungeteilten Blätter sind in Dreierwirteln, selten auch wechsel- oder gegenständig angeordnet. Die glatten oder behaarten, klebrigen Blätter können gezähnt oder gelappt sein, die Ränder sind gewellt oder ganzrandig. Die kleinen, endständigen Blüten duften süß. Die Fruchtkapseln enthalten viele kleine Samen.
PFLEGE UND VERMEHRUNG: Sie schätzen fruchtbaren, humusreichen Boden und ein großes Pflanzloch. Die schnellwachsenden Pflanzen benötigen viel Sonne und frostfreie Überwinterung. Da die Anzucht aus Samen nicht ganz einfach ist, sollten die Pflanzen am besten durch Stecklinge vermehrt werden.

Nuxia floribunda

Dieser dekorative, rundkronige Baum wird knapp 10 m hoch und 3,5 m breit. Die glänzenden Blätter sind ungeteilt, länglich und 15 cm lang. Zwischen Herbst und Frühjahr trägt der Baum bis 30 cm lange Büschel wohlriechender, cremeweißer Blüten, die der Pflanze zu einer leicht verschwommenen, beinahe spitzenartigen Silhouette verhelfen.

Notospartium carmichaeliae

Nothofagus solandri

Nuxia floribunda

NUYTSIA

Nur eine einzige westaustralische Art konstituiert diese nach dem holländischen Navigator Pieter Nuyts benannte Gattung. Der Strauch oder kleine Baum schmarotzt an den Wurzeln verschiedener Gräser.
PFLEGE UND VERMEHRUNG: Was ihre Wirtspflanze angeht, scheint die *Nuytsia* in Kultur nicht besonders wählerisch zu sein, solange der Erde ein Büschel Gras hinzugefügt wird und sie einen sonnigen Standort erhält. Der Samen keimt leicht. Zusammen mit der anfänglichen Wirtspflanze sollten die Sämlinge bald in die Nähe eines weiteren, ähnlichen Wirtes ausgepflanzt werden.

Nuytsia floribunda

Diese immergrüne, 10 m hohe Art trägt weitverzweigte Äste und schlanke, knapp 10 cm lange Blätter. Während der Sommermonate bietet die Pflanze durch die orangegelben und nach Honig duftenden Blüten in länglichen Büscheln im vorderen Bereich der Äste einen prachtvollen Anblick. Da die Pflanzen wild an eher feuch-

Nuytsia floribunda

ten Standorten gedeihen, sollten sie im Garten viel gegossen werden; dies gilt insbesondere für junge Pflanzen.

NYMPHAEA

SEEROSE

Auf der ganzen Welt verbreitet, besteht diese nach der griechischen Göttin Nymphe benannte Gattung aus 50 Arten sommer- und immergrüner Wasserpflanzen mit fleischigen Wurzeln. Die Pflanzen werden aufgrund ihrer runden, am Blattgrund tief gekerbten Schwimmblätter und der attraktiven, großen Blüten gezogen, die in den Farbtönen Weiß, Cremefarben, Leuchtendgelb, Orange, Rosa, Tiefrot, Blau und Purpur erscheinen können. Es gibt nachtblühende und wohlriechende, sowohl frostharte als auch tropische Arten und Sorten. Die beerenartigen Früchte reifen unter Wasser.

Nymphaea, H-Hybride, 'Lucida'

Nymphaea, H-H., 'Atropurpurea'

Nymphaea gigantea

Nymphaea capensis

PFLEGE UND VERMEHRUNG: Frostharte Seerosen und ihre Hybriden (H-Hybriden) gedeihen in den meisten Klimazonen und blühen den ganzen Sommer über reichlich. Blüten und Blätter schwimmen auf der Wasseroberfläche; abgestorbene Blätter sollten entfernt werden. Alle drei oder vier Jahre sollten die Rhizome im Frühjahr oder Sommer geteilt und wieder eingepflanzt werden. Tropische Seerosen und ihre Hybriden (Tt- und Tn-Hybriden) benötigen einen sehr warmen, sonnigen, frostfreien Standort. Sie blühen ab Mitte des Sommers bis in den Herbst hinein; die großen, wohlriechenden Blüten überragen die Wasseroberfläche. In kühleren Gegenden müssen ihre Knollen im Winter aus dem Wasser genommen und frostfrei in feuchtem Sand gelagert werden. Alle Arten brauchen stehendes Wasser und jährliche Düngung, da sie Starkzehrer sind. Die Vermehrung erfolgt durch Aussaat oder Teilung im Frühjahr oder Frühherbst. Man sollte die Pflanzen regelmäßig nach Insekten, vor allem nach Blattläusen untersuchen; im Teich gehaltene Goldfische fressen die meisten Schädlinge ab.

Nymphaea alba

WEISSE SEEROSE

Diese sommergrüne, frostharte Art aus Europa, Nordafrika und Asien trägt dunkelgrüne Blätter und wohlriechende, halbgefüllte, 10–20 cm große, weiße Blüten mit goldfarbener Mitte. Eine Pflanze erreicht ohne weiteres 3 m im Durchmesser.

Nymphaea caerulea

Syn. ***Nymphaea nouchali* var. *caerulea***

BLAUE ÄGYPTISCHE LOTOSBLUME

Diese Seerose ist in Afrika weit verbreitet und hat 40 cm große Schwimmblätter mit gezähnten Rändern. Die tagsüber offenen, blaßblauen Blüten erheben sich ein gutes Stück über die Wasseroberfläche und haben zugespitzte, an ihrem Grund blassere Blütenblätter und gelbe Staubgefäße.

Nymphaea candida

KLEINE SEEROSE

Für Miniaturteiche eignet sich diese eng mit *Nymphaea alba* verwandte Zwergart aus Nordeuropa und Asien besonders gut. Sie trägt kleine, reinweiße Blüten, die einen Durchmesser von etwa 10 cm haben. Die Blattlappen überdecken sich. Eine günstige Wassertiefe ist 15–25 cm.

Nymphaea capensis

BLAUE KAPSEEROSE

Die hellblaue, duftende, tagsüber geöffnete Seerose stammt aus Süd- und Ostafrika; sie hat 40 cm große Schwimmblätter, die jung unterseits violett gefleckt sind. Ihre spitzen Blütenblätter überlappen sich.

Nymphaea, H-Hybride, 'Attraction'

Nymphaea gigantea

RIESENSEEROSE

Mehr als 60 cm breit werden die Blätter der aus den tropischen Regionen Australiens und Neuguineas stammenden Pflanze. Die bei Tag geöffneten, 30 cm großen Blüten sind himmelblau bis blauviolett.

Nymphaea, winterharte Hybriden (H-Hybriden)

Diese frostharten, farbenprächtigen Hybriden entstanden durch die Kreuzung mehrerer europäischer und nordamerikanischer Arten, vorwiegend *Nymphaea alba*, *N. odorata* und *N. mexicana*. Die bei Tag geöffneten Blüten sind 10–15 cm groß, erscheinen meist in Weiß-, Gelb-, Rosa- oder Rottönen und schwimmen auf der Wasseroberfläche bzw. überragen sie knapp. **'Atropurpurea'** hat rötlichviolette Blätter, die farblich auf die dunkelroten, weit geöffneten Blüten mit goldfarbenen Staubgefäßen abgestimmt sind. **'Attraction'** gedeiht in ziemlich tiefem Wasser, die purpurroten Blüten mit den hübsch kontrastierenden weißen Kelchblättern nehmen mit der Zeit einen tiefen Granatton an. **'Aurora'** ist kleiner und wird nur etwa 70 cm breit, ihre olivgrünen Blätter sind violett gesprenkelt; die halbgefüllten Blüten, 5 cm groß, sternförmig und anfangs cremefarben, verfärben sich später über Gelb und Orange bis Blutrot. **'Escarboucle'**, eine lange blühende Sorte, trägt sehr viele, weinrote Blüten mit stark kontrastierenden, goldfarbenen Staubgefäßen. **'Formosa'** ist ein dankbarer Blüher mit großen Blüten, die nach dem Öffnen erst zartrosa sind, mit der Zeit aber dunkler werden. Bei **'Gladstoniana'** handelt es sich um eine besonders frostharte und robuste Pflanze, deren dunkelrote Blätter einen großen Kontrast zu den sehr großen, reinweißen Blüten mit den dicken, nach innen umgebogenen Blütenblättern darstellen. **'Gonnère'**, einst als **'Snowball'** bekannt, ist eine Hybride von mäßiger Ausdehnung mit halbgefüllten oder gefüllten, reinweißen Blüten. **'James Brydon'** blüht auch im Halbschatten, die wohlriechenden Blüten sind rosa. **'Lucida'** hat große, grüne Blätter und attraktive, tiefrote, 12–15 cm große Blüten mit etwas blasseren Außenblättern. **'Mme Wilfon Gonnère'** trägt 15 cm große Blüten in zwei verschiedenen Rosatönen; die anfangs rötlichen Blätter verfärben sich später hellgrün. **'Rose Arey'** bringt dunkelrosa, süßduftende Blüten hervor; die anfangs rötlichvioletten Blätter nehmen später einen rötlichgrünen Farbton an. Die kompakte **'Paul Hariot'** eignet sich für kleine und mittelgroße Teiche; die Blätter sind rötlichbraun gestreift, die Blüten anfangs blaß pfirsichfarben und später tief kupferrot. Die kompakten **Laydeckeri-Hybriden** tragen sehr viele Blüten, aber vergleichsweise wenige Blätter. Sie breiten sich etwa 60 cm aus und können in verschiedenen Farbtönen von zartem Rosarot über Dunkelrosa bis hin zu Rosapurpur blühen. **'Fulgens'** hat sternförmige, halbgefüllte, purpurrote bis tiefrote Blüten. Die um 1880 von M. Latour-Marliac gezüchteten **Marliacea-Hybriden** sind sehr elegante frostharte Seerosen mit dunkelgrünen Blättern und im Sommer sternförmigen, halbgefüllten Blüten mit goldfarbener Mitte, knapp über der Wasseroberfläche. **'Albida'** ist schnell wachsend und hat viele weiße Blüten. Auch **'Chromatella'** blüht reich, selbst im Halbschatten; die Blüten sind cremegelb, die Blätter bronzefarben gezeichnet.

Nymphaea, H-Hybride, 'Albida'

Nymphaea lotus

WEISSE ÄGYPTISCHE LOTOSBLUME

Diese robuste, aber nicht frostharte Pflanze stammt aus Ägypten und den tropischen und südöstlichen Gebieten Afrikas; ihre großen Blätter bilden den Hintergrund für die aus dem Wasser herausragenden, schwach duftenden, weißen Blüten, die einen Durchmesser von 25 cm haben; sie öffnen sich nachts und schließen sich gegen Mittag des folgenden Tages.

Nymphaea nouchali

Die Blüte der tropischen Art, verbreitet von Südasien bis in den Norden Australiens, ist die Nationalblume von Bangladesch. Sie wird sowohl dort als auch in Indien für die Herstellung von Parfum und Kosmetika verwendet. Die Seerose hat auf oder knapp über der Wasseroberfläche nur 10–15 cm große Schwimmblätter und 10 cm große Blüten; sie sind blau, rosa oder weiß und öffnen sich im Laufe des Tages. Zwischen den maximal zehn zugespitzten Blütenblättern und den gelben Staubgefäßen befindet sich ein charakteristischer Spalt.

Nymphaea, H-Hybride, 'Formosa'

Nymphaea, Tt-H., 'Margaret Randig'

Nymphaea, Tt-H., 'St Louis Gold'

N., Tn-H., 'Emily Grant Hutchings'

Nymphaea, Tn-H., 'H. T. Haarstick'

Nymphaea, Tt-H., 'Pink Platter'

Nymphaea, Tt-H., 'Director Moore'

Nymphaea, Tt-H., 'Blue Beauty'

Nymphaea, Tt-H., 'St Louis'

Nymphaea nouchali

Nymphaea odorata

WOHLRIECHENDE SEEROSE

Die aus dem Norden sowie aus den tropischen Regionen Amerikas stammende, gut 1 m breite Pflanze hat weiße, namentlich wohlriechende, vielblättrige, etwa 10 cm große Blüten, die im Sommer tagsüber geöffnet sind. Die Blätter sind dick, glänzend und mittelgrün.

Nymphaea tetragona 'Helvola'

Diese kleinste Zwergseerose trägt zartgelbe, sternförmige, halbgefüllte Blüten, die nur 5–8 cm groß sind. Auch die dunkel olivgrünen, rötlichbraun gefleckten Blätter sind sehr hübsch. In den gemäßigten Zonen der nördlichen Hemisphäre ist die Art weit verbreitet. Die Wassertiefe sollte höchstens 25 cm betragen.

Nymphaea, Tropische tagblühende Hybriden (Tt-Hybriden)

Tropische Hybriden können bei Tag oder Nacht geöffnete Blüten haben. Bei **'Blue Beauty'** handelt es sich um eine sommer- oder immergrüne, tagblühende Seerose mit großen, braun gefleckten, dunkelgrünen Blättern mit rötlicher Unterseite; die Blüten der bis 2,5 m breiten Pflanze sind rundlich, halbgefüllt, dunkel violettblau mit gelber Mitte und haben einen Durchmesser von 30 cm. **'Director Moore'**, eine andere tagblühende Hybride, deren violette Staubgefäße über einer gelben Mitte von tiefblauen Blütenblättern umgeben sind, hält als Schnittblume ziemlich lang. **'Margaret Randig'** hat purpurn gefleckte Blätter und duftende, große, offene, himmelblaue Blüten mit gelber Mitte und an der Spitze blauen Staubgefäßen. Hellgrüne, dunkelbraun gefleckte Blätter harmonisieren mit den offenen, zartrosa Blüten von **'Pink Platter'**; die Blüten von **'St. Louis'** sind wohlriechend und blaßgelb. **'St. Louis Gold'** treibt viele tiefgoldene Blüten und eignet sich für kleinere Teiche und Tröge.

Nymphaea, Tropische nachtblühende Hybriden (Tn-Hybriden)

Unter den nachtblühenden Hybriden sind die langstieligen Sorten **'H. T. Haarstick'** und **'Wood's White Knight'** bemerkenswert. Die zuerst genannte trägt dunkelrote Blüten über tief kupferroten Blättern mit stark gesägten Rändern, während sich die cremeweißen Blüten der anderen über ebenfalls gesägten, mittelgrünen Blättern befinden. Die riesigen, dunkelrosa Blüten der Sorte **'Emily Grant Hutchings'** können einen Durchmesser von 30 cm erreichen.

Nymphaea, Tt-H., 'Isabelle Pring'

Nymphaea, Tt-H., 'Bob Trickett'

Nymphaea, Tt-H., 'William B. Shaw'

N., H-Hybride, 'Caroliniana Perfecta'

N., H-Hybride, 'Colonel Welch'

Nymphaea, H-Hybride, 'Colossea'

Nymphaea, H-Hybride, 'Rosea'

NYMPHOIDES

SEEKANNE

Die 20 Arten von Rhizom-Wasserpflanzen erinnern an Miniaturseerosen und sind auf der ganzen Welt verbreitet. Ihre Rhizome und Wurzeln befinden sich auf dem Grund des Teichs, während die langgestielten ovalen, runden oder nierenförmigen Blätter an der Wasseroberfläche schwimmen. Die Blätter haben einen Durchmesser von 2,5–15 cm, sind olivgrün und in der Regel leicht glänzend, manchmal auch violett gesprenkelt. Die 1–2,5 cm großen Blüten sind weiß oder gelb und haben fünf oft gefranste Kronblätter; sie erscheinen im Sommer knapp oberhalb des Laubs. **PFLEGE UND VERMEHRUNG:** Man pflanzt sie auf dem Grund eines 10–50 cm tiefen Gewässers in der Sonne oder im Halbschatten. Da ihre Ausläufer bis 2 m lang werden, sollte die Pflanzen genug Platz haben. Die Vermehrung erfolgt durch Teilung des Rhizoms gegen Winterende oder zu Beginn des Frühjahrs.

Nymphoides indica

INDISCHE SEEKANNE

Mit eigenen Unterarten auf jedem Kontinent sind diese Pflanzen in den tropischen Regionen auf der ganzen Welt beheimatet. Die nicht frostharten Stauden tragen 5–20 cm große, runde Blätter mit herzförmigem Grund. Die weißen Blüten haben eine gelbe Mitte, die Ränder der Blütenblätter sind charakteristisch gefranst.

Nymphoides peltata

HEIMISCHE SEEKANNE

Diese ist in weiten Teilen Eurasiens und Japans heimische, frostharte Art hat kleine, herzförmige Unterwasserblätter, hellgrüne Schwimmblätter mit rötlicher Unterseite und leuchtend goldgelbe Blüten.

Nyssa sylvatica

Nymphoides indica

NYSSA

TUPELOBAUM

Die aus Südasien und Nordamerika stammende Gattung wurde nach der Wassernymphe Nyssa benannt, da die Bäume das ganze Jahr hindurch eine angemessene Wasserversorgung benötigen. Die schnellwachsenden und windfesten Bäume sollten nach der Pflanzung in Ruhe gelassen werden. Sie sind von kegelförmiger Gestalt und erreichen eine Höhe von etwa 35 m. Im Sommer erscheinen kleine Büschel grünlichweißer Blüten; diesen folgen leuchtende, dunkelpurpurne Beeren, die bis 2,5 cm lang sind und im Kontrast zu den dann sehr bunten Blättern stehen. Nur wenige Bäume ziehen so viel Aufmerksamkeit auf sich wie diese Pflanzen mit ihrem wunderschönen roten, karmesinroten, gelben und orangefarbenen Herbstlaub. **PFLEGE UND VERMEHRUNG:** Die Bäume benötigen fruchtbaren, feuchten, aber durchlässigen, neutralen bis sauren Boden, einen sonnigen oder halbschattigen Standort sowie gemäßigtes Klima. Herausgeschnitten werden nur abgestorbene oder zu dicht stehende Äste. Neue Pflanzen lassen sich aus im Sommer geschnittenen Stecklingen oder durch im Herbst ausgebrachten Samen gewinnen.

Nyssa aquatica

WASSER-TUPELOBAUM

Die Art mit kräftigem Stamm und Brettwurzeln wächst meist in Sümpfen oder seichten Gewässern. Die rautenförmigen, grünen Blätter sind 25 cm lang. Bienenhonig aus dem Nektar von Tupelobäumen hat einen unverwechselbar köstlichen Geschmack. Der pyramidenförmige Baum wird unter optimalen Bedingungen 35 m hoch, sein Holz ist von großer Bedeutung.

Nyssa sinensis

CHINESISCHER TUPELOBAUM

Die Art ist etwas kleiner als der Schwarze Tupelobaum; ausgewachsen erreicht er eine Höhe von 10–15 m. Er trägt ausladende Äste und schmal ovale, spitze Blätter, die im Frühjahr rötlich sind und sich im Herbst leuchtendrot und gelb verfärben.

Nyssa sylvatica

Nymphoides peltata

Ochna serrulata

Nyssa sylvatica

SCHWARZER TUPELOBAUM

Dieser elegante, in Sümpfen wachsende Baum zählt zu den dekorativsten und nützlichsten aller sommergrünen Pflanzen. Die glänzenden, 10 cm langen Blätter sind oberhalb der Mitte am breitesten und erst dunkel- oder gelblichgrün, nehmen im Herbst jedoch einen leuchtendroten Farbton an, der oft ins Orange oder Gelbe geht. Der 20 m hohe, säulen- bis kegelförmige Baum hat eine bräunlichgraue Rinde, die bei ausgewachsenen Exemplaren in große Platten aufbricht.

OCHNA

Die etwa 90 Arten immer- und sommergrüner Bäume und Sträucher kommen wild in den tropischen und subtropischen Regionen Afrikas und Asiens vor. Die oft feingezähnten Blätter können gegen Ende des Winters oder im Frühjahr vorübergehend abfallen, die neuen Blätter sind anfangs durchscheinend bronzefarben. Die meist gelben Blüten stehen in dichten Büscheln. Die grünen bis schwarzen Steinfrüchte enthalten jeweils einen Samen und stehen oberhalb der vergrößerten roten Kelche und Blütenstandsachsen. **PFLEGE UND VERMEHRUNG:** Die nicht winterharten Pflanzen gedeihen in der Sonne auf jedem fruchtbaren, feuchten, aber durchlässigen Boden. Im Frühjahr empfiehlt sich ein Rückschnitt. Die Vermehrung erfolgt durch Aussaat im Frühjahr oder durch Stecklinge im Sommer.

Ochna pulchra

Die Savannen im Norden Südafrikas und Simbabwe sind die Heimat dieses hübschen, laubwerfenden Baumes. Er wird 6 m hoch, hat einen kräftigen Stamm und elegant ausladende Äste. Im Frühjahr und Sommer erscheinen die goldgelben Blüten in Büscheln mit den neuen, bronzeroten Blättern; im Sommer folgen rote und schwarze Früchte. Ausgewachsene Bäume haben eine cremeweiße Rinde mit sich ablösenden, braunen Platten.

Ochna serrulata

Der südafrikanische, offen wachsende Strauch wird 2,5 m hoch und trägt schmale, mittelgrüne Blätter. Auf die im Frühjahr erscheinenden, buttergelben Blüten folgen im Sommer rote und schwarze Früchte. Da Vögel die Samen weit verbreiten, hat sich die Pflanze in wärmeren Gegenden oft zu einem aggressiven Neubürger entwickelt.

Ocimum tenuiflorum

Ocimum basilicum

OCIMUM

BASILIKUM

Zu dieser Gattung gehören 35 Arten frostempfindlicher, einjähriger Kräuter, Stauden und Sträucher aus den tropischen Regionen Asiens und Afrikas. Aufgrund der sehr aromatischen Blätter, die für medizinische Zwecke oder auch als Speisegewürz verwendet werden, wird Basilikum heute in vielen Ländern der Welt gezogen. Die Blätter sind meist oval und gegenständig, die kleinen Blüten stehen im Spätsommer in vielen Quirlen an den Stengelenden. **PFLEGE UND VERMEHRUNG:** Sie mögen einen geschützten, warmen, sonnigen Standort und feuchten, aber durchlässigen Boden. Um vorzeitigen Samenansatz zu verhindern und das buschige Wachstum der Pflanzen zu fördern, sollte man sie regelmäßig zurückschneiden. Zur Mitte des Frühjahrs erfolgt die Aussaat. Basilikum braucht Schutz vor Spätfrost sowie vor Insekten und Schnecken.

Ocimum basilicum

BASILIKUM

Die aus dem tropischen Asien stammende Pflanze stellt mit ihren Sorten das normalerweise gezogene und verwendete Basilikum. Die beliebten Kräuter werden besonders in der mediterranen Küche verwendet. Frische Basilikumblätter sind am besten; für den Winter sollte man Blätter einfrieren, da sie beim Trocknen viel Aroma verlieren. Die Pflanze ist einjährig, wird bis 45 cm hoch und trägt hellgrüne, ovale Blätter von herrlich würzigem Duft. Die kleinen, weißen Blüten erscheinen im

Spätsommer in vielen Quirlen übereinander im oberen Stengelbereich. Es gibt einige Varietäten, darunter eine kompakte kleinblättrige sowie eine mit salatartig krausen Blättern und die schöne Sorte **'Dark Opal'** mit dunkelvioletten Trieben und Blättern. Es existieren auch staudige Formen, die jedoch weniger aromatisch sind. Die Zwergsorte **'Minimum'** hat sehr kleine Blätter und dient in der griechisch-orthodoxen Kirche als Weihwasserwedel. Als einjähriges Gartenkraut eignet sich Basilikum auch für kühlere Gegenden.

Ocimum tenuiflorum

Syn. *Ocimum sanctum*

Das aus Indien stammende aromatische Kraut spielt in der hinduistischen Religion eine wichtige Rolle. Die kurzlebige Staude stirbt oberirdisch regelmäßig bis auf ein paar verholzte Stengel ab. An den aufrechten Trieben der etwa 1 m hohen Pflanze befinden sich ovale, gezähnte Blätter. Die kleinen, nicht besonders auffälligen Blüten stehen in einer Scheinähre an der Stengelspitze. Die nicht frostharte Pflanze wird in kühleren Gegenden einjährig gezogen.

× ODONTIODA

Diese Hybridgattung aus den beiden eng verwandten Orchideengattungen *Odontoglossum* und *Cochlioda* besteht aus immergrünen Epiphyten mit eiförmigen Pseudobulben, die jeweils zwei schmale, bandförmige, 25 cm lange Blätter tragen. Aus den Pseudobulben entspringen im Frühjahr, in wärmeren Regionen zu anderen Jahreszeiten, lange Stengel mit 10 bis 20 sternförmigen, rosafarbenen, roten, gelben, gefleckten oder gemusterten Blüten. **PFLEGE UND VERMEHRUNG:** In frostfreien oder nahezu frostfreien Klimazonen können sie das ganze Jahr über im Freien gehalten werden, sonst brauchen sie ein kühles, frostfreies Gewächshaus. In jedem Fall sollte man die Pflanzen in feiner Orchideenerde ziehen; im Winter werden sie relativ trocken gehalten und sobald der Sommer naht wieder mehr gegossen. Im Sommer gedeihen die Pflanzen am besten an halbschattigen Standorten, im Winter bevorzugen sie etwas mehr Sonne.

× *Odontioda Heatonensis*

Sie war eine der ersten Kreuzungen der Hybridgattung × *Odontioda*. Diese einfach zu ziehende Pflanze steht auf langen Trieben, bringt rot gefleckte rosa Blüten hervor und toleriert ganz geringen Frost.

× ODONTOCIDIUM

Die hybride Orchideengattung kam durch die Kreuzung von Vertretern der verwandten südamerikanischen Gattungen *Odontoglossum* und *Oncidium* zustande. Alle haben eiförmige Pseudobulben mit zwei schmalen, bandförmigen Blättern. Die Pflanzen entwickeln – in wärmeren Gegenden mehrmals pro Jahr, in kühleren üblicherweise im Frühjahr – lange Triebe mit mindestens einem Dutzend sternförmiger Blüten mit auffälliger Lippe. Die Blüten sind rot bis gelb und in der Regel gefleckt oder gemustert.
PFLEGE UND VERMEHRUNG: Diese Orchideen bevorzugen ein kühles Klima und können im tropischen Hochland, in subtropischen oder gemäßigten Gebieten im Freien gezogen werden. In kälteren Gebieten werden die Pflanzen frostfrei in Gewächshäusern gezogen. Sie schätzen feine Orchideenerde und werden im Sommer viel, im Winter weniger gegossen. Im Sommer gedeihen die Pflanzen am besten im lichten Baumschatten, im Winter tolerieren sie etwas mehr Sonne.

× *Odontocidium* 'Susan Kaufmann'

Diese Hybride trägt Blüten in den typischen Farben der Gattung. Die Blüten sind ziemlich klein, erscheinen jedoch sehr zahlreich.

ODONTOGLOSSUM

Etwa 200 aus Mittel- und Südamerika stammende, zumeist epiphytische Arten umfaßt diese Gattung. Die Pflanzen werden aufgrund ihrer auf langen Stengeln sitzenden, gekräuselten Blüten, die in den wundervollsten Farben und Zeichnungen auftreten, bewundert. Sie haben eiförmige Pseudobulben, an deren Basis die Blütenstengel entspringen. Je nach Art liegt die Blütezeit zwischen Frühjahrsbeginn und Herbst. Die Gattung ist eng mit *Oncidium* verwandt. Andererseits werden einige der bekannteren *Odontoglossum*-Arten inzwischen den Gattungen *Lemboglossum* und *Rossioglossum* zugeteilt.
PFLEGE UND VERMEHRUNG: Die meisten Arten sind einfach zu ziehen, sie bevorzugen meist kühles, frostfreies Klima und benötigen dieselbe Pflege wie andere Orchideenarten – grobes Substrat, im Sommer viel Wasser und leichten Schatten. Im Unterschied zu Cattleyen benötigen sie nicht unbedingt eine Ruhephase während der Wintermonate, sollten allerdings in diesem Zeitraum auch nicht zuviel gegossen werden. Nach der Blütezeit können die Pflanzen geteilt werden.

Odontoglossum crispum

Die Epiphyten aus dem Hochland Kolumbiens sind eine variable Art mit vielen Namensorten. Sie wird zur Kreuzung neuer Hybriden verwendet. Die Pseudobulben sind 10 cm lang und tragen zwei bandförmige, 40 cm lange und 3,5 cm breite Blätter. Die übergebogenen oder hängenden Blütenstände bestehen aus 8 bis 25 auffälligen, 6–10 cm großen Blüten. Die Blütezeit dauert vom Herbst bis in den Winter.

Odontoglossum-Hybriden

In der Gattung *Odontoglossum* entstanden Tausende von farbenprächtigen Hybriden, die sich für die Gewächshauskultur eignen. Aber auch viele andere Gattungen werden bei der Züchtung einbezogen, beispielsweise *Cochlioda* (× *Odontioda*), *Oncidium* (× *Odontocidium*) und *Miltonia* (× *Odontonia*). Nahezu alle diese Hybriden bevorzugen kühles Klima und stellen dieselben Ansprüche wie *Odontoglossum*. Die Sorte **'La Houge Bie'** ist aufgrund ihrer sehr breiten, sich überlappenden Blütenblätter, die die Blüte voll und rund erscheinen lassen, bemerkenswert. Die extravagante Sorte **'Samares'** ist ein anderes schönes Beispiel. Ihre reinweißen Blütenblätter sind an den Rändern wellig kraus und mit je einem blutroten Fleck verziert.

OENANTHE

WASSERFENCHEL, PFERDESAAT, REBENDOLDE

Die zur Familie der Doldenblütler zählende Gattung ist in der nördlichen Hemisphäre und im tropischen Afrika verbreitet; sie besteht aus etwa 30 Arten von Stauden oder kurzlebigen Kräutern, die hauptsächlich an feuchten Standorten, wie z.B. Sümpfen und Überschwemmungswiesen, gedeihen. Die winzigen, weißen Blüten stehen in Dolden zusammen, die Blätter sind mehrfach fein gefiedert. Einige Arten sind giftig.
PFLEGE UND VERMEHRUNG: Die Pflanzen lassen sich im Naturgarten ansiedeln; sie benötigen feuchten, fruchtbaren Boden und gedeihen sowohl im Schatten als auch in der Sonne. Die Vermehrung kann durch Aussaat, Spitzenstecklinge, Teilung oder Ableger erfolgen.

Oenanthe crocata

Mit der Pflanzung dieser europäischen Art sollte man vorsichtig sein, da sie extrem giftig ist und für Vieh sehr gefährlich sein kann. Die 1,5 m hohe Pflanze ist von robuster, ausladender Wuchsform und verströmt einen sehr starken Geruch. Im Winter erscheinen endständige, weiße Blütendolden.

Oenanthe javanica

Syn. *Oenanthe japonica*

Die aus dem Osten und Süden Asiens stammende, nicht winterharte Art trägt sellerieartige Blätter mit kleinen, gezähnten Fiedern; die Pflanze wird als Blattgemüse gezogen und normalerweise mit Reis gegessen. Sie erreicht eine Höhe von 40 cm und blüht im Spätsommer.

OENOTHERA

NACHTKERZE

Die aus den gemäßigten Zonen Nord- und Südamerikas stammende, mittlerweile aber auch in vielen anderen Ländern eingebürgerte Gattung besteht aus über 120 Arten ein-, zwei- und mehrjähriger Kräuter. Die während des Sommers erscheinenden kurzlebigen Blüten bestehen aus vier zarten, normalerweise gelben, manchmal auch rosa, roten oder weißen Blütenblättern und einer langen, basalen Röhre. Die meisten Arten werden durch nachtaktive Insekten bestäubt und duften auch nur nachts, einige öffnen tagsüber nicht ein-

Oenanthe crocata

O.-Hybride, 'La Houge Bie'

Odontoglossum-Hybride, 'Samares'

× *Odontioda* Heatonensis

× *Odontocidium* Susan Kaufmann

O

mal ihre Blüten. Aus den kleinen Samen wird Nachtkerzenöl gewonnen; es enthält bestimmte Fettsäuren, die, in Maßen genossen, gesundheitsfördernd sein sollen.
PFLEGE UND VERMEHRUNG: Die meist frostharten Pflanzen gedeihen am besten auf durchlässigem, sandigem Boden an einem offenen, sonnigen Standort. Sie tolerieren Trockenheit. Die Vermehrung erfolgt durch Aussaat oder Teilung im Frühjahr bzw. Herbst oder gegen Ende des Frühjahrs durch krautige Stecklinge.

Oenothera biennis
GEMEINE NACHTKERZE, RAPONTIKAWURZEL

Diese auffällige, aufrechte, behaarte, zweijährige Pflanze trägt große, wohlriechende, gelbe Blüten in großen Ähren, die sich am Abend öffnen und vor dem Mittag des nächsten Tages bereits verwelkt sind. Die schnellwachsende Pflanze erreicht eine Höhe von 1,50 m.

Oenothera caespitosa

Die stengellose Horststaude trägt mittelgrüne, manchmal gezähnte Blätter. Die Blüten öffnen sich im Sommer bei Sonnenuntergang; sie sind wohlriechend, weiß und verfärben sich rosa. Die frostharte, aber ziemlich kurzlebige Pflanze eignet sich für Steingärten. Sie wird 10 cm hoch und 20 cm breit.

Oenothera drummondii

Diese von der texanischen Küste bis in den Nordwesten Mexikos beheimatete Art wird in der Regel einjährig gezogen, ist ursprünglich aber zwei- bis mehrjährig. Sie hat weiche, behaarte, längliche bis lanzettliche Blätter und sehr dekorative, hellgelbe Blüten, die sich am Abend öffnen. Die in die Breite gehende Pflanze kann 30–60 cm hoch werden. Sie gedeiht am Strand oder anderen sandigen Standorten und ist mittlerweile auch in vielen anderen Ländern eingebürgert.

Oenothera elata subsp. *hookeri*

Etwa 2 m hoch wird diese frostempfindliche, zwei- oder mehrjährige Art aus dem Westen Nordamerikas. Die aufrechte Pflanze trägt im Sommer zitronengelbe bis goldfarbene Blüten, die sich im Laufe der Zeit rotorange verfärben; sie öffnen sich erst bei Sonnenuntergang.

Oenothera erythrosepala
ROTKELCHIGE NACHTKERZE

Diese hübsche, nordamerikanische Staude hat aufrechte, gut 1 m hohe Stengel mit großen, rauhen Blättern. Die Blüten haben auffällig rötliche Kelchblätter und große, blaßgelbe Kronblätter, die sich rötlich verfärben, bevor sie am Nachmittag bereits wieder zu welken beginnen. Die anspruchslose Pflanze paßt sich fast allen Bedingungen an und toleriert Trockenheit und Frost.

Oenothera biennis

Oenothera elata subsp. *hookeri*

Oenothera speciosa 'Siskiyou'

Oenothera stricta

Oenothera macrocarpa

Oenothera odorata

Oenothera speciosa 'Rosea'

Oenothera speciosa 'Rosea'

Oenothera fruticosa

Diese zwei- oder mehrjährige Art stammt aus dem Osten Nordamerikas; die bis 1 m hohe Pflanze hat einen rötlichen, aufrechten, verzweigten Stengel mit schmalen Blättern. Die sattgelben, 2,5–5 cm großen Blüten öffnen sich bei Tag. ***Oenothera fruticosa* subsp. *glauca*** hat breitere, weniger behaarte Blätter, die anfangs rötlich getönt sind. Die Sorte **'Fyrverker'** trägt gelbe Blüten, die aus roten Knospen entstehen.

Oenothera macrocarpa
Syn. *Oenothera missouriensis*
MISSOURI-NACHTKERZE

Diese niederliegende, frostharte Staude trägt schmal-lanzettliche Blätter. Die im Sommer erscheinenden, 10 cm großen, zitronengelben Blüten öffnen sich nachts. Die Pflanze wird lediglich 15 cm hoch, aber 60 cm breit oder breiter; die Blüten sitzen einzeln zwischen den Blättern.

Oenothera odorata

Diese frostempfindliche Staude stammt aus Südamerika und wurde im Jahre 1790 von Sir Joseph Banks nach England eingeführt. Sie hat aufrechte, rötliche Stengel und eine grundständige Rosette aus schmalen Blättern. Die wohlriechenden, gelben Blüten erscheinen im Sommer, verfärben sich mit der Zeit rot und öffnen sich bei Einbruch der Dunkelheit. Die Pflanze wird 60–90 cm hoch und 30 cm breit.

Oenothera speciosa 'Rosea'

Oenothera rosea

Unzählige, rosa bis rötliche, 2,5 cm große Blüten, die sich bei Tag öffnen, besitzt die zierliche, doch robuste *Oenothera rosea*. Die frostharte Art stammt aus Nordmexiko und der südlichen Mitte der USA.

Oenothera speciosa

Diese kurzlebige, einigermaßen frostharte Rhizomstaude stammt aus dem Süden der USA und Mexiko; sie trägt Ähren mit unzähligen, wohlriechenden, schalenförmigen, leicht rosa getönten weißen Blüten, die im Sommer täglich neu erblühen. Bei sehr heißem oder kaltem Wetter verfärben sich die kleinen Blätter rot. Die Horststaude wird 40–60 cm hoch und 50 cm breit. Die Sorte **'Rosea'** (auch als 'Childsii' oder *Oenothera berlandieri* bekannt) ist etwas niedriger; die in der Mitte gelben Blüten sind rosarot umrandet und geädert. Die Sorte **'Siskiyou'** ist vom Aussehen sehr ähnlich, hat jedoch größere Blüten. Die rosa Sorten werden oft mit *O. rosea* verwechselt, die jedoch kleinere Blüten trägt.

Oenothera stricta

Diese südamerikanische Art erinnert stark an *Oenothera odorata*, der goldgelbe Farbton der Blüten ist jedoch etwas intensiver.

OLDENBURGIA

Zu dieser südafrikanischen Gattung zählen nur vier Arten langsamwachsender, immergrüner Sträucher und Stauden aus der Familie der Korbblütler. Die derben Pflanzen werden eher aufgrund der interessanten Blätter und der unregelmäßigen, malerischen Wuchsform als wegen ihrer flaumigen Blütenköpfchen gezogen, die an Disteln erinnern.
PFLEGE UND VERMEHRUNG: Die Pflanzen bevorzugen einen sonnigen Standort und gedeihen am besten auf einigermaßen fruchtbarem, wasserspeicherndem, aber durchlässigem Boden. Sie tolerieren bei guter Drainage auch weniger fruchtbaren Boden, sind jedoch nicht frosthart. Die

O

Vermehrung erfolgt durch Aussaat sofort nach der Samenreife.

Oldenburgia grandis
Syn. *Oldenburgia arbuscula*

Der immergrüne Strauch hat aufrechte, kaum verzweigte Triebe und ovale, glänzendgrüne Blätter mit auffälliger Mittelrippe. Die 10 cm großen Blütenköpfchen haben violette und weiße Strahlenblüten. Die Pflanze wird 2 m hoch und breit.

OLEA
ÖLBAUM, OLIVE

Diese Gattung umfaßt etwa 20 Arten langlebiger, immergrüner Bäume aus Afrika, Asien und Australasien. Die Pflanzen tragen ledrige, schmale bis breite Blätter, sehr kleine, weißliche Blüten und Steinfrüchte. Die wichtigste Art ist der gewöhnliche Ölbaum *(Olea europaea)* mit seinen Sorten, die Olivenöl liefern. Schon im Altertum wurde dieser Baum im Mittelmeerraum aufgrund seiner nahrhaften, ölhaltigen Früchte gezogen. Diese sind allerdings zu bitter, um sie frisch essen zu können; sie müssen deshalb, bevor sie in ihrem eigenen Öl eingelegt oder anderweitig konserviert werden, erst einmal mit Natronlauge behandelt werden. Das Holz des Olivenbaumes eignet sich zum Schnitzen und Drechseln und ist deshalb hochgeschätzt. **PFLEGE UND VERMEHRUNG:** Die Pflanzen benötigen ein allgemein frostfreies Klima; der Winter sollte für zufriedenstellenden Blütenansatz aber dennoch kühl sein, die Sommer dagegen lang und heiß, damit die Früchte sich entwickeln können. Obwohl Olivenbäume auch auf unfruchtbarem Boden gedeihen, fällt die Ernte besser aus, wenn die Pflanzen auf durchlässigem, fruchtbarem Lehmboden gezogen werden, der während der Entwicklung der Früchte ausreichend Feuchtigkeit bietet. Die Vermehrung erfolgt im Herbst durch Aussaat, im Winter durch Stecklinge oder Ableger.

Olea europaea
ÖLBAUM, OLIVENBAUM

Der Ölbaum ist im Mittelmeergebiet, in Afrika, Arabien und im Himalajagebiet weit verbreitet. Man nimmt an, daß die Kulturform ***Olea europaea* subsp. *europaea*** sich vor Tausenden von Jahren aus einer Pflanze mit kleineren Früchten entwickelt hat. Der nur langsam wachsende Baum erreicht schließlich eine Höhe von 10 m; als Ausgleich dafür, daß die Pflanze frühestens nach zehn Jahren in voller Blüte steht, ist sie sehr langlebig. Mit ihrer malerischen Wuchsform, der groben, grauen Rinde und den graugrünen, auf der Unterseite silberfarbenen Blättern bietet die Pflanze einen sehr schönen Anblick. ***O. e.* subsp. *africana*** trägt erbsengroße, schwarze Früchte und glänzende, dunkelgrüne, unterseits braune Blätter. Der hübsche, kleine Baum mit dickem, knorrigem Stamm kann sich selbst so schnell verbreiten, daß er in subtropischen Gebieten ein Problemunkraut sein kann.

OLEARIA

Die aus Australien und Neuseeland stammende Korbblütlergattung umfaßt etwa 130 Arten immergrüner Sträucher und

Olea europaea subsp. *europaea*

Olea europaea subsp. *europaea*

Olea europaea subsp. *africana*

kleiner Bäume. Sie blühen zwischen Frühjahr und Herbst weiß, blau, violett, rosa, creme- oder lavendelfarben. **PFLEGE UND VERMEHRUNG:** *Olearia*-Arten benötigen einen sonnigen Standort und fruchtbaren, durchlässigen Boden. Viele sind robust gegenüber Salz, Wind und Luftverschmutzung. Mit ihrem dichten Laub eignen sich viele gut als Hecke; sie werden dann nach der Blüte stark zurückgeschnitten, um das Wachstum anzuregen. Fast alle sind sehr frostempfindlich und daher in Mitteleuropa nur als Kübelpflanze oder im Kalthaus zu halten. Vermehren kann man sie durch Aussaat oder Stecklinge im Sommer.

Olearia arborescens

Im Sommer trägt dieser weitverzweigte, ausladende, baumartige Strauch weiße Blütenkörbchen in endständigen Rispen. Der 5 m hohe und 3 m breite Strauch hat ovale, gesägte Blätter.

Olearia argophylla

Der Stamm dieser Art hat einen starken moschusartigen Duft und kann über 15 m hoch und dabei 1 m dick werden kann. Die Äste setzen sehr tief an. Die großen Blätter sind an der Unterseite silberfarben. Die kleinen Blütenköpfchen

Olearia argophylla

Oldenburgia grandis

sind cremeweiß und sitzen in langen, endständigen Büscheln. Er schätzt Halbschatten.

Olearia avicenniifolia
AKEAKE

Diese Art bevorzugt durchlässigen Boden und sollte während trockener Perioden konstant feucht gehalten werden. Die gebogenen Äste der 3,5 m hohen Pflanze sitzen an einem aufrechten Stamm. Die Blätter sind intensiv grün und unterseits weißflaumig behaart. Die Pflanze trägt unzählige, wohlriechende, weiße Blütenköpfchen. Ausputzen verlängert die Blütezeit im Sommer.

Olearia cheesemanii

Dieser immergrüne, breitwüchsige Strauch oder kleine Baum gedeiht in Neuseeland an Flußufern; die vieltriebige Pflanze trägt rundliche, glänzendgrüne Blätter, die an der Unterseite flaumig behaart sind. Mitte des Frühjahrs ist die

Olearia phlogopappa

Olearia paniculata

Olearia ilicifolia

Olearia cheesemanii

Olearia macrodonta

ganze Pflanze in weiße Blütenköpfchen gehüllt. Diese Art bevorzugt feuchten Boden und sollte etwas geschützt stehen; sie toleriert keine Trockenheit, jedoch etwas mehr Frost als andere. Die Pflanze wird 3 m hoch und 2 m breit.

Olearia ilicifolia

HAKEKE

Der botanische Name dieser Art bezieht sich auf die Ähnlichkeit der Blätter mit denjenigen der Stechpalme, *Ilex aquifolium*. Der 3 m hohe Strauch hat eine rundliche Krone und steife, matte, gräulichgrüne Blätter mit gewellten Rändern. Es handelt sich um eine der wenigen Arten dieser Gattung, deren weiße Blüten duften. Die Pflanze bevorzugt leichten Boden und einen geschützten Standort.

Olearia macrodonta

Dieser neuseeländische Strauch hat 5–10 cm lange, leicht glänzende, stechpalmenartige Blätter. Sie sind oberseits dunkelgrün, unterseits gräulichweiß behaart. Ab Frühsommer trägt der Strauch unzählige weiße Blütenköpfchen mit gelber Mitte. In Kultur erreicht er eine Höhe von etwa 2 m und kann erforderlichenfalls nach der Blüte in Form geschnitten werden.

Olearia × *mollis* 'Zennorensis'

Die aus den Arten *Olearia ilicifolia* und *O. laeunesa* entstandene Hybride wird 2 m hoch und trägt im Frühjahr viele Büschel weißer Blüten. Ihre schmalen, dunkel olivgrünen Blätter sind unterseits weiß-wollig behaart.

Olearia nummulariifolia

Olearia nummulariifolia stammt aus subalpinen Lagen Neuseelands und zeichnet sich durch ihre winzigen Blätter aus, die oberseits dunkelgrün und unterseits dicht weiß oder gelblich behaart sind. Im Sommer trägt die Pflanze wohlriechende, cremefarbene bis blaßgelbe, einzelne Blütenköpfchen. Sie erreicht eine Höhe von 3 m und ist von dichter, vieltriebiger Gestalt. Bei ***Olearia nummulariifolia* var. *cymbifolia*** handelt es sich um eine Form mit etwas größeren Blättern, deren Ränder so weit nach unten umgerollt sind, daß sie sich fast berühren.

Olearia paniculata

AKIRAHO

Diese Art kann bis zu 6 m hoch werden, ist aber häufiger als etwa halb so hoher Strauch zu sehen. Die Pflanze trägt eine grob gefurchte Rinde und blaß gelbgrüne Blätter mit gewellten Rändern; die bis 5 cm langen Blätter haben eine gräulichweiße Unterseite. Im Herbst erscheinen in Büscheln cremeweiße Blütenköpfchen, die zwar keine auffälligen Zungenblüten haben, dafür aber angenehm duften. Die Art gedeiht noch an exponierteren Stellen an der Küste und eignet sich auch für Schnitthecken.

Olearia phlogopappa

Syn. *Olearia gunniana*

Dieser 2–3 m hohe, aufrechte Strauch trägt im späten Frühjahr zahlreiche weiße, bis 2,5 cm große Blütenköpfchen. Es existieren auch einige Sorten mit mauveblauen oder leicht purpurnen Blüten. Die länglichen, gesägten Blätter sind gräulichgrün und weniger als 5 cm lang. Er kann sehr »hochbeinig« werden, dem läßt sich jedoch durch kräftigen Schnitt vorbeugen.

Olearia pimeleoides

Dieser immergrüne australische Strauch hat aufrechte Triebe und ist dicht verzweigt. Die Blätter sind sehr klein, graugrün und rundlich. Die einzelnstehenden, reinweißen Blütenköpfchen haben relativ wenige Zungenblüten und erscheinen im Frühjahr sehr zahlreich. Die Pflanze wird 1,5 m hoch und 2 m breit.

Olearia × *scilloniensis*

Olearia pimeleoides

Olearia × *scilloniensis*

Diese dichte, aufrechte bis rundliche Hybride entstand auf Tresco (Scilly-Inseln, Großbritannien) als Kreuzung der beiden südostaustralischen Arten ***Olearia lirata*** und *O. phlogopappa*. Die kleinen weißen Blüten der 2 m hohen und breiten Pflanze erscheinen im Frühjahr.

Olearia semidentata

Dieser 3,5 m hohe, rundliche Strauch stammt von den Chatham-Inseln östlich von Neuseeland. Er trägt einzelne Blütenköpfchen mit purpurner Mitte und fliederfarbenen Zungenblüten sowie kleine, lanzettliche, graugrüne und weiß-filzige Blätter.

Olearia 'Talbot de Malahide'

Die Hybride von *Olearia avicenniifolia* wird manchmal unter dem Namen *O. albida* verkauft; es handelt sich dabei um einen bis zu 3 m hohen und 4,5 m breiten, buschigen Strauch. Er hat dunkelgrüne, ledrige, ovale Blätter mit silberfarbener Unterseite. Die wohlriechenden, cremeweißen Blütenköpfchen erscheinen im Spätsommer in großen, auffälligen Büscheln. Von allen Pflanzen dieser Gattung eignet sich diese mit am besten für Küstengebiete kühlerer Klimazonen.

Olearia tomentosa

Die ziemlich kurzlebige Art ist normalerweise kleiner als 1 m und hat krause, olivgrüne Blätter. Im Frühjahr und Sommer

Olearia × *scilloniensis*

Omphalodes cappadocica

trägt die Pflanze anmutige, aufrechte Rispen mit weißen bis malvenblauen Blütenköpfchen, deren Zungenblüten auf der Unterseite dunkler sind.

Olearia traversii

Die von den Chatham-Inseln vor der Ostküste Neuseelands stammende Art hat eine blasse, zerfurchte Rinde. Die 5 cm großen, ovalen Blätter sind oberseits tiefgrün und glänzend, auf der Unterseite fein gräulich-weiß behaart. Die Pflanze kann 5 m hoch werden, ist jedoch oft als etwa 2 m hohe Schnitthecke zu sehen, da sie sich dazu – vor allem in Küstenregionen – besonders gut eignet. Trotz der zahlreichen, cremefarbenen Blütenköpfchen, die im Sommer erscheinen, wird die Pflanze vor allem wegen ihrer Blätter geschätzt.

OLNEYA

Ein kleiner, dorniger, immergrüner Baum, heimisch in den Wüstenregionen im südwestlichen Teil Nordamerikas, ist die einzige Art dieser Gattung. Er hat fein gefiederte Blätter und achselständige, kurze Trauben hell rosafarbener Schmetterlingsblüten.

PFLEGE UND VERMEHRUNG: Die Pflanzen gedeihen in jeder Art von mäßig fruchtbarem, sehr durchlässigem Boden und bevorzugen einen sonnigen Standort. Sie tolerieren höchstens gelegentlichen leichten Frost. Wild kommt die Pflanze in Wüstentälern vor, wo die Wurzeln noch Grundwasser erreichen. Die Vermehrung erfolgt durch Aussaat.

Olneya tesota

Der zähe, immergrüne Baum besitzt sehr schweres Kernholz. Der 8–9 m hohe Baum mit der rundlichen Krone erlebt seinen Höhepunkt im Frühsommer, wenn er von den gut 1 cm langen, lavendelrosa Blüten bedeckt ist. Die Blätter fallen kurz nach der Blütezeit ab, werden jedoch schnell durch neue ersetzt.

OMALANTHUS

Die aus Australien und den asiatischen Tropen stammenden, immergrünen Sträucher und kleinen Bäume werden aufgrund ihrer herzförmigen Blätter, die sich im Laufe der Zeit nacheinander leuchtendrot verfärben, gezogen. Die winzigen, gelblichen Blüten sitzen in quastenähnlichen, endständigen Büscheln und haben

Omphalodes cappadocica

keine Blütenkronblätter. In wärmeren Gebieten der Ostküste Australiens keimen die Pflanzen oft spontan in Gärten in der Nähe von Buschland.

PFLEGE UND VERMEHRUNG: Die Pflanzen sind nicht langlebig, haben sich aber in der Regel nach fünf Jahren schon wieder selbst ausgesät. Sie bevorzugen einen schattigen Standort und feuchten, durchlässigen Boden. Falls notwendig sollten die Pflanzen in Form geschnitten werden; wo sie sich nicht von selbst einstellen, können sie aus Samen oder Stecklingen gezogen werden.

Omalanthus populifolius

Dieser große Strauch oder kleine Baum erreicht mit seinen aufrechten Trieben schnell eine Höhe von 3,5 m und wird erst mit der Zeit ausladender und rundlich. Die herzförmigen Blätter werden etwa 10 cm groß. Blütezeit ist Frühjahr bis Sommer, die Früchte sind kleine, violette Kapseln. Die Art ist eine dankbare Zimmerpflanze.

OMPHALODES

GEDENKEMEIN

Die aus Europa, Asien und Mexiko stammende Gattung besteht aus 28 Arten immergrüner oder halbimmergrüner einjähriger Kräuter oder Stauden, die an Vergißmeinnicht erinnern. Sie eignen sich hervorragend als Bodendecker und passen auch in Steingärten.

PFLEGE UND VERMEHRUNG: Die überwiegend frostharten Pflanzen bevorzugen einen schattigen oder halbschattigen Standort und einen feuchten, aber durchlässigen Boden (einzige Ausnahme: *Omphalodes linifolia*, diese Pflanze bevorzugt einen sonnigen Standort). Die Vermehrung erfolgt durch Aussaat im Frühjahr oder durch Teilung im Herbst.

Olearia traversii

Omphalodes cappadocica

Diese Staude stammt aus der Türkei und breitet sich mit unterirdischen Kriechtrieben aus. Im Frühjahr trägt sie zahlreiche Zweige mit flachen, leuchtend violettblauen Blüten, die über die grundständigen Büschel aus dichtbehaarten, ovalen bis herzförmigen Blättern emporragen. Die weitgehend frostharte Pflanze wird 15–20 cm groß und 25 cm breit. **'Cherry Ingram'** ist eine kräftige, schnellwachsende Sorte, die eine Höhe von 25 cm erreicht und violettblaue Blüten trägt. **'Starry Eyes'** hat relativ große Blüten; die blauen Blütenblätter sind weiß umrandet, wodurch die Blüten wie Sterne aussehen.

Omphalodes linifolia

Die recht schnell wachsende einjährige Pflanze stammt aus Südwesteuropa und trägt lanzettliche, aufrechte, graugrüne Blätter. Im Sommer erscheinen unzählige, sehr kleine, schwach duftende, weiße, manchmal leicht bläulich getönte Blüten. Die Pflanze wird 15–30 cm hoch und 25 cm breit.

Omphalodes verna

GEDENKEMEIN

Diese halbimmergrüne Pflanze gedeiht an schattigen Standorten. Im Frühjahr erscheinen lange, locker mit flachen, leuchtendblauen, weiß geäugten Blüten besetzte Triebe. Die Pflanze treibt herzförmige, mittelgrüne Blätter in Büscheln und erreicht eine Höhe und Breite von 20 cm.

ONCIDIUM

Über 450 Arten repräsentiert diese große und variable Orchideengattung aus Mittel- und Südamerika, die mit den Gattungen *Odontoglossum* und *Miltonia* verwandt ist und mit diesen auch gekreuzt werden kann. Daraus resultieren Hybridgattungen wie *Odontocidium* und Mehrgattungshybriden wie *Wilsonara*. Bei den kultivierten Arten handelt es sich in der Regel um Epiphyten, die je nach Art (oder Elternteilen) kühles, gemäßigtes oder warmes Klima bevorzugen.

PFLEGE UND VERMEHRUNG: Alle Pflanzen bevorzugen leichten Schatten, eine nur kurze Winterruhe, lockere, grobe Orchideenerde und viel Feuchtigkeit; die meisten reagieren jedoch sehr empfindlich auf zu starkes Gießen. Wild wachsen sie gern etwas an ihrem Wirtsbaum empor, deshalb werden sie vorteilhafterweise mit einem Stammstück eines Baumfarns zusammen getopft, an dem sie hochklettern können. In den feuchten Subtropen können einige Arten einfach im Freien auf Stämmen und Ästen von Bäumen mit korkiger Rinde, wie beispielsweise Jacarandas, gezogen werden. Im Frühjahr kann man weitere Pflanzen durch Teilung gewinnen.

O. cappadocica 'Cherry Ingram'

Omphalodes cappadocica 'Starry Eyes'

Olearia tomentosa

Oncidium varicosum

Die aus Brasilien stammende Art ist der typische Vertreter einer großen Gruppe mit kleinen Blüten an großen, verzweigten Blütenständen. Das auffälligste Merkmal jeder Blüte ist ihre leuchtendgelbe Lippe (Labellum), die anderen Blütenteile sind klein und bräunlich. Die Blütezeit dauert von Frühjahr bis Herbst. Die Pflanzen sind bei Floristen sehr beliebt, da sich die Blütenstände geschnitten wochenlang halten.

ONCOBA

Die Heimat dieser aus langsamwachsenden, dornigen, immergrünen Bäumen bestehenden Gattung liegt im tropischen und südlichen Afrika. Einige Arten können wild 20 m hoch werden, im Garten werden sie dagegen meist nur 6 m hoch. Sie werden außerhalb ihrer Heimat nur selten gezogen, finden sich aber gelegentlich in subtropischen Botanischen Gärten und sind durchaus attraktiv. Die Blüten sind weiß, gelb oder hellrot, die Früchte rund und kürbisartig.

PFLEGE UND VERMEHRUNG: Die Bäume sollten vor starkem Wind geschützt werden, benötigen zum Blühen einen warmen, sonnigen Standort und sind entsprechend ihrer Herkunft nicht frosthart. Sie bevorzugen feuchten, durchlässigen Boden, der gut gemulcht sein sollte. Die Vermehrung erfolgt durch Aussaat oder Stecklinge im Sommer und Herbst.

Oncoba spinosa

Die aus Südostafrika stammende Art hat große, kamelienartige, wohlriechende, weiße Blüten mit auffälligen, gelben Staubgefäßen und glänzende, gesägte Blätter. Sowohl die Blüten als auch die Wurzeln dieses Baumes werden in Afrika zu medizinischen Zwecken verwendet. Die goldgelben, 5 cm großen Früchte enthalten eßbares, allerdings nicht besonders schmackhaftes Fruchtfleisch. Die harten Schalen halten unendlich lange und werden deshalb zur Herstellung von Rasseln und Tabatieren verwendet. Stamm und Äste sind mit 5 cm langen Dornen bestückt.

ONIXOTIS

Diese Gattung enthält zwei Arten südafrikanischer Zwiebelpflanzen, die im Winter wachsen und zu Beginn des Frühjahrs blühen; an jedem Trieb befinden sich ein oder zwei aufrechte, binsenartige, 50 cm lange Blätter. Die Blütenstengel entspringen den scheidigen Blattbasen und tragen gegen Ende des Winters bzw. zu Beginn des Frühjahrs über längere Zeit viele sternförmige Blüten.

Onopordum acanthium

Oncidium varicosum

Onixotis triquetra

Oncoba spinosa

PFLEGE UND VERMEHRUNG: Die Zwiebeln sollten im Herbst in Töpfe oder Beete gesetzt werden. In der Natur findet man sie oft an saisonal feuchten bis nassen Standorten, deshalb sollte man darauf achten, die Zwiebeln ab dem Wachstumsbeginn bis zum Ende der Blütezeit gut zu wässern. Topfpflanzen sollten in einem ständig wassergefüllten Untersetzer stehen. Die Pflanze benötigt einen sonnigen Standort; sie toleriert nur gelegentlichen leichten Frost und muß daher in kalten Gegenden im Kalthaus gezogen werden. Im Sommer sollte man die Zwiebeln so trocken wie möglich halten; Topfpflanzen können während dieser Zeit im Topf bleiben, sollten aber nicht gegossen werden.

Onixotis triquetra

Als großer Busch im Topf wirkt diese beliebte Art dekorativ. Auch für den feuchten Boden an Teichufern stellt die Pflanze eine gute Wahl dar, die Zwiebeln müssen aber nach der Blüte trocken werden. Die Blüten sind sternförmig, weiß und haben in der Regel eine rötlich braune Mitte, es gibt aber auch eine reinweiße Form.

ONOCLEA

PERLFARN

Die einzige Art der Gattung ist ein sommergrüner Farn aus dem östlichen Teil Nordamerikas und den gemäßigten Zonen Ostasiens. Unter feuchten Bedingungen bildet die Pflanze sehr schnell Kolonien. Aus kriechenden Rhizomen entstehen im Frühjahr viele langstielige sterile Wedel, die aus breiten, dünnen Segmenten bestehen. Später entstehen feiner unterteilte, sporentragende (fertile) Wedel.

PFLEGE UND VERMEHRUNG: Der frostharte Farn gedeiht sowohl an sonnigen als auch an schattigen Standorten in feuchtem, fruchtbarem, saurem Boden. Die Wedel sterben mit dem ersten Frost ab und können dann entfernt werden. Die Vermehrung erfolgt im Herbst oder Winter mit Hilfe reifer Sporen bzw. durch Teilung.

Onoclea sensibilis

Dieser sommergrüne, wasserliebende Farn breitet sich schnell aus. Die doppelt gefiederten sterilen Wedel sind groß und breit, die fruchtbaren sehen aus wie eine Sammlung grüner Kügelchen an einem Stiel.

ONOPORDUM

Syn. *Onopordon*

ESELSDISTEL

Die in Europa, Nordafrika und Westasien heimische Gattung besteht aus etwa 40 Arten großer, zweijähriger Disteln. Sie haben eine grundständige Rosette aus großen, graugrünen, mehr oder weniger filzig behaarten Blättern, tief gezähnt und sehr stachelig. Die Blütenköpfchen haben die typische runde Distelform mit einem dichten Büschel violetter Blüten an der Oberseite und sind von dornigen Hüllblättern umgeben. Die Blütenköpfchen erscheinen im Hochsommer oben an verzweigten Stengeln. Zum Herbst hin vertrocknen die Pflanzen und streuen flaumige Samen aus. Im ersten Jahr sind die Disteln dekorative Blattpflanzen mit nur vereinzelten Blüten. Im zweiten Jahr wachsen sie sehr schnell in die Höhe. Sie werden bis zu 3 m hoch.

PFLEGE UND VERMEHRUNG: Eselsdisteln lassen sich in jeder Art von durchlässigem Boden einfach ziehen; sie bevorzugen Sonne und sollten vor starkem Wind geschützt werden. Sie säen sich leicht selbst aus und sind frosthart.

Oncoba spinosa

Onopordum acanthium

ESELSDISTEL

Diese europäische und westasiatische Art soll für das Wappen des schottischen Königshauses Modell gestanden haben. Die vielästige Pflanze hat dicke, flaumig behaarte und stachelig geflügelte Triebe. Die großen Blätter sind ebenfalls flaumig und haben gewellte, sehr stachelige Ränder. Die violetten Blüten erscheinen im Spätsommer und Herbst. Die Pflanze wird bis zu 3 m hoch und 2 m breit.

ONOSMA

LOTWURZ, GOLDTROPFEN

150 Arten zweijähriger bis ausdauernder Kräuter und Halbsträucher gehören zu dieser Gattung, die mit dem Beinwell *(Symphytum)* verwandt sind und wegen ihrer anmutig hängenden, röhrigen Blüten gezogen werden. Sie haben Büschel länglicher, von ziemlich harten, stacheligen Haaren bedeckter Blätter. Die überwiegend aus dem östlichen Mittelmeerraum stammenden Pflanzen eignen sich besonders für Steingärten und Böschungen.

PFLEGE UND VERMEHRUNG: Die Pflanzen benötigen einen vollsonnigen Standort. Gegen Stau– und teils auch gegen Winternässe empfindlich, verlangen sie durchlässigen Boden. Die Vermehrung kann im Sommer durch Stecklinge, im Herbst durch Aussaat erfolgen.

Onosma alborosea

Feine Haare, die Hautreizungen hervorrufen können, überziehen diese Staude. Die hängenden Blüten sind anfangs weiß und färben sich später rosa; sie blühen lange im Sommer. Die niederliegende Pflanze wird 15–30 cm hoch und 20 cm breit.

Onosma tauricum

GOLDTROPFEN

Die 30 cm hohe Staude trägt nickende Ähren mit hellgelben Blüten. Die aufrechten Stengel sind kaum verzweigt; die Blattunterseiten sind kurz behaart.

ONYCHIUM

KLAUENFARN

Diese Gattung aus etwa sechs kleinen Farnarten mit spitzenartigen Blättern

stammt aus den tropischen und subtropischen Regionen Asiens und Afrikas. Die Pflanzen tragen dreieckige, zerteilte Wedel. Die hübschen Farne eignen sich als Bodendecker für feuchte, leicht schattige Stellen.
PFLEGE UND VERMEHRUNG: Die Pflanzen brauchen nahezu frostfreies Klima. Sie wachsen auf feuchtem Laubhumusboden an einem halbschattigen Standort. In nicht frostfreien Gegenden können die Farne als Topfpflanzen im Gewächshaus gezogen werden. Sobald das Wetter etwas wärmer wird, sollten sie mehr, im Winter wieder weniger gegossen werden.

Onychium japonicum

Der niedrige Farn aus Japan hat weiche, dreieckige, 5 cm lange Wedel. Seine dünnen Rhizome kriechen nahe der Erdoberfläche und ermöglichen ihm eine manchmal erstaunliche Ausbreitung. Er ist in frostfreien Gärten am besten in einem großen, flachen Topf zu halten.

OPHIOPOGON

SCHLANGENBART

50 Arten immergrüner Stauden aus Ostasien bilden diese Gattung von Liliengewächsen, die mit den Maiglöckchen (*Convallaria*) verwandt sind. Geschätzt werden sie vor allem wegen ihrer grasartigen Blätter, die aus unterirdischen Rhizomen entspringen und attraktive, langlebige Büschel bilden. Die kleinen Sommerblüten können in verschiedenen Farben von Weiß über Blau bis Violett erscheinen. Die beerenartigen Früchte enthalten jeweils einen Samen. Die anspruchslosen Pflanzen sind extrem langlebig und eignen sich hervorragend als Bodendecker, die das Wachstum von Unkräutern unterdrücken.
PFLEGE UND VERMEHRUNG: Die meisten Pflanzen dieser Gattung sind ziemlich frosthart und gedeihen sowohl an sonnigen als auch an schattigen Standorten auf feuchtem, durchlässigem Boden. Um eine schnelle Bodendeckung zu erreichen, wird im Abstand von 20 cm gepflanzt. Zur Vermehrung teilt man im Frühjahr die Horste oder sät im Herbst den Samen.

Ophiopogon jaburan

Diese japanische Art aus lockeren, spreizenden Büscheln tiefgrüner, gut 1 cm breiter Blätter kann in frostarmen Regionen als Bodendecker an schattigen Plätzen oder unter sommergrünen Bäumen verwendet werden. Sie ist unter mitteleuropäischen Bedingungen aber eher eine Topf- und Kalthauspflanze. Sie wird bis zu 60 cm hoch und benötigt auch im Haus einen schattigen Standort. Im Frühsommer erscheinen Triebe mit hängenden, weißen Glockenblüten. Die Früchte sind tiefblaue Beeren. **'Vittatus'** (Syn. 'Variegatus') hat cremefarben oder buttergelb gestreifte Blätter und wird häufiger gezogen als die reingrüne Stammform.

Ophiopogon japonicus

Syn. *Liriope japonica*

ZWERGLILIENRASEN

Diese feinblättrige Art aus Japan und Korea ist weitgehend frosthart. Ihre dunkelgrünen, übergebogenen Blätter stehen an unterirdischen Rhizomen und bilden dichte, weiche, bis 20 cm hohe Matten. Im Hochsommer verstecken sich blaßviolette Blüten zwischen den Blättern; diesen folgen hellblaue, erbsengroße Früchte. Die Sorte **'Kyoto Dwarf'** ist nur 5–10 cm hoch und hat entsprechend kurze Blätter.

Ophiopogon planiscapus 'Nigrescens'

Syn. *Ophiopogon planiscapus* 'Ebony Night'

Diese japanische Sorte wird wegen ihrer unverwechselbaren, schwarzvioletten, ziemlich steifen, 5 mm breiten Blätter gezogen, die langsamwachsende, lockere Horste bilden. Sie muß als frostempfindlich gelten. Die fliederfarbenen Blüten sitzen im Sommer in Büscheln an den Blütentrieben; die Früchte sind schwarz. Die Pflanze wird 25 cm hoch und 30 cm breit.

OPHRYS

RAGWURZ

Die aus 30 Orchideenarten bestehende Gattung ist in Europa, Nordafrika und Westasien heimisch. Sie haben Wurzelknollen und eine grundständige Rosette aus ovalen Blättern, aus der sich aufrechte, je nach Art bis zu 60 cm hohe Blütenstände erheben. Die Blüten sind selten größer als 2,5 cm; die Lippe (Labellum) ist oft mindestens genauso groß wie der Rest der Blüte. Die Blüten sind meist grün, gelb oder rosafarben, die Lippe ist meist dunkler.
PFLEGE UND VERMEHRUNG: Die Pflanzen sind sehr schwer zu ziehen; am erfolgversprechendsten ist mit Kalkschotter versetzter, humusarmer, durchlässiger Boden an einem halbschattigen Standort. Zur Vermehrung sät man am besten den Samen in sterile Schalen oder verwendet Gewebekulturen. Es gibt einige weitgehend frostharte Arten aus Mitteleuropa und zahlreiche mediterrane von unterschiedlicher Winterhärte.

Ophrys apifera

BIENENRAGWURZ, BIENENORCHIS

Die von Großbritannien und Mitteleuropa über den Mittelmeerraum bis nach Nordafrika verbreitete Orchidee wächst in Magerrasen und an Waldrändern. Die 20–45 cm hohen Pflanzen tragen 5–10 breite, lanzettliche Blätter; die Blütenstände bestehen aus zwei bis zehn 2,5 cm großen Blüten. Die Pflanze blüht im Frühjahr und Sommer.

OPHTHALMOPHYLLUM

Die etwa 20 Arten der Gattung *Ophthalmophyllum* werden oft der Gattung *Conophytum* zugeordnet; es sind Zwergsukkulenten aus den trockenen Regionen Südwestafrikas. Die Pflanzen sehen der Gattung *Lithops* sehr ähnlich, die verwachsenen Blattpaare erwecken bis auf die an der Spitze befindlichen, durchsichtigen »Fenster«, durch die Licht in das photosynthetische Gewebe der Pflanze dringt, den Anschein von Kieselsteinen.
PFLEGE UND VERMEHRUNG: Die Pflanzen bevorzugen grusigen, sehr durchlässigen Boden und einen sonnigen Standort. In kühleren Gegenden sollten die nicht frostharten Pflanzen im Winter nicht gegossen werden; erst mit dem Erscheinen der neuen Blätter werden die Pflanzen wieder gegossen, aber auch dann nur sparsam. Die Vermehrung geschieht durch Aussaat oder die Teilung von Kolonien.

Ophthalmophyllum longum

Syn. *Conophytum longum*

Diese winzige Sukkulente aus einem südwestafrikanischen Wüstengebiet besitzt 35 cm hohe und 2,5 cm breite, bräunlichgrüne Blattpaare mit durchsichtigen, dunkelgrünen Spitzen. Im Frühjahr trägt die Pflanze weiße Blüten.

OPLISMENUS

Die sechs Arten dieser Gräsergattung gedeihen an schattigen Stellen in den tropischen und subtropischen Regionen der Welt. Der Gattungsname wurde von dem griechischen Wort *hoplismos* abgeleitet, was soviel wie »bewaffnet« bedeutet und sich auf die borstigen Spitzen der Ährchen bezieht. Die schnellwachsenden Kletterpflanzen haben drahtige Triebe, die an den Knoten wurzeln, und kürzere und breitere Blätter als andere Gräser. Sie eignen sich für Ampeln und Blumenkästen.
PFLEGE UND VERMEHRUNG: Die frostempfindlichen Gräser mögen durchlässigen, mäßig feuchten Boden. Sie sprechen gut auf Flüssigdünger und hohe Luftfeuchtigkeit an und gedeihen an einem geschützten Standort in der Sonne oder im Schatten. Für eine mehr buschige Gestalt werden die Spitzen der Pflanze gelegentlich gestutzt. Die Vermehrung erfolgt durch Aussaat, Stecklinge oder Teilung.

Oplismenus hirtellus

In den Tropen ist dieses immergrüne, mehrjährige Gras mit dünnen Stengeln weit verbreitet. Die lanzettlichen Blätter haben gewellte Ränder. Die Pflanze blüht im Frühjahr und Sommer, gedeiht bevorzugt im Halbschatten und kann 20 cm hoch werden. Am beliebtesten ist **'Variegatus'** mit weißgestreiften, oft rosa Blättern.

OPUNTIA

OPUNTIE, FEIGENKAKTUS

Zu dieser größten und am weitesten verbreiteten Kakteengattung gehören mehr als 200 Arten, heimisch vom Süden Kanadas bis beinahe Feuerland, auf den Karibischen und den Galapagos-Inseln. Von kleinen Kakteen mit knolligen Wurzeln bis hin zu über 9 m hohen Bäumen nehmen sie die unterschiedlichste Gestalt an. Die Triebe sind in regelmäßigen Abständen verengt und in Glieder unterteilt, die entweder breit und flach oder zylindrisch sein

Onosma tauricum

Ophiopogon japonicus 'Kyoto Dwarf'

Ophiopogon japonicus

Ophiopogon planiscapus 'Nigrescens'

O

können und manchmal von Warzen bedeckt sind. Alle haben kleine, fleischige Blätter an den Triebspitzen, die in der Regel bald wieder abfallen. Den normalerweise gelben oder roten, manchmal recht auffälligen Blüten folgen eßbare Früchte (Kaktusfeigen) in den Farben Grün, Gelb oder Rot. In einigen wärmeren Ländern haben sich manche Arten eingebürgert und zu sehr aggressiven Unkräutern entwickelt.

PFLEGE UND VERMEHRUNG: Die Pflanzen gedeihen unter heißen, trockenen Bedingungen auf mäßig fruchtbarem, schotterigem, humusreichem, durchlässigem Boden und bevorzugen einen sonnigen Standort. Viele Arten sind im Haus auch mit suboptimalen Bedingungen zufrieden und wenig pflegeaufwendig. Die aufgeführten Arten sind nicht frosthart, in Spezialgärtnereien gibt es jedoch auch einige Zwergarten, die an wintertrockenen Plätzen voll frosthart sind. Ihre Vermehrung erfolgt im Frühjahr bzw. Sommer durch Aussaat oder abgetrennte Glieder. Bestimmte Arten dürfen in einigen Ländern nicht gepflanzt werden.

Opuntia bigelovii

Die länglichen Glieder der 1–1,5 m hohen Sträucher sind dicht mit tückischen, gelben Dornen überzogen. Der aus dem südlichen Kalifornien, Arizona und Baja California stammende Kaktus trägt blaßgrüne bis gelbe, fliederfarben gestreifte Blüten.

Opuntia ficus-indica

FEIGENOPUNTIE

Die ursprünglich aus Mexiko stammende Art wird in vielen Mittelmeerländern sowie in Indien wegen ihrer schmackhaften Früchte seit Jahrhunderten angebaut. Die Äste der 3–5,5 m hohen und breiten Pflanze bestehen aus flachen, ovalen Gliedern, die beinahe die Größe eines Tennisschlägers haben können und im Sommer attraktive, gelbe Blüten tragen. Die Früchte, mit einem Durchmesser von 5–8 cm, sind oval und rot oder orangefarben; die Stachelborsten müssen vor dem Genuß des weißen, süßen Fruchtfleisches vorsichtig (mit Handschuhen) entfernt werden. Es existieren auch stachellose Sorten, die jedoch nicht ganz so süß sein sollen wie die pieksenden Exemplare.

Opuntia imbricata

Opuntia macrocentra

Opuntia macrocentra

Opuntia marnieriana

Opuntia imbricata

Der aus Mexiko und dem Südwesten der USA stammende Kaktus wird bis 3 m hoch und wächst baumartig. Die Pflanze besitzt lange, zylindrische Glieder mit sehr auffälligen Warzen und ca. 2,5 cm langen, bräunlichweißen Dornen. Auf die gelblichen, rosafarbenen oder roten Blüten folgen rundliche, stachellose, gelbe Früchte.

Opuntia macrocentra

Syn. *Opuntia violacea* var. *macrocentra*

Dieser niedrige Kaktus stammt aus dem Süden der USA und aus Mexiko; seine 15 cm breiten, leicht violett gefärbten Glieder sind beinahe rund und mit fast schwarzen Dornen übersät, die bis zu 6 cm lang sein können. Die zwischen 0,5 und 12 m hohe Pflanze kommt aus sehr heißen, trockenen Gegenden und benötigt deshalb einen vollsonnigen Standort. Auf die im Sommer erscheinenden mittelgroßen, gelben Blüten folgen im Spätsommer und Herbst violette Früchte.

Opuntia marnieriana

Die aus Mexiko stammende Art wurde nach dem Pflanzensammler Juan Marnier-Lapostelle benannt, dessen Familie den Likör Grand Marnier kreierte. Der niedrige Strauch hat bläulichgrüne, flache Glieder. Im Sommer erscheinen 8 cm große, orangerote, trichterförmige Blüten. Im Spätsommer und Herbst folgen große, violette Früchte.

Opuntia microdasys

Die dichtstehenden Äste dieser kleinen, nur etwa 60 cm hohen mexikanischen

Opuntia bigelovii

Kakteenart bestehen aus flachen, blassen bis mittelgrünen Gliedern, die dicht mit kleinen Büscheln winziger, goldfarbener Dornen übersät sind. Im Frühjahr und Sommer entstehen an jedem der 8–12 cm breiten Glieder etwa 5 cm große, hellgelbe Blüten. Diesen folgen – bei kultivierten Pflanzen allerdings seltener – rötliche, mehr als 2,5 cm große Früchte. Die Varietät ***Opuntia microdasys* var. *albispina*** trägt dunkler grüne Glieder mit büscheligen, weißen Dornen. Auch die Blüten sind im Farbton etwas blasser. Beide Pflanzen werden oft als Topfpflanzen gezogen, obwohl die Dornen schon bei der leisesten Berührung in der Haut steckenbleiben.

Opuntia stricta

Syn. *Opuntia inermis*

Die ursprünglich aus der Karibik stammende, große Kolonien bildende Art besteht aus blaßgrünen, dünnen, länglichen,

Opuntia microdasys var. *albispina*

Opuntia microdasys

O

10–20 cm langen Gliedern. Den im Sommer erscheinenden gelben, trichterförmigen Blüten folgen violette Früchte. Die Pflanzen sind ziemlich breitwüchsig, sie verzweigen sich bereits an der Basis und werden normalerweise nicht höher als 1 m. Abgefallene Glieder schlagen überall rasch Wurzeln.

Opuntia tunicata

Die aus Mexiko und dem Südwesten der USA stammende Art erinnert an *Opuntia bigelovii*; die zylindrischen Glieder des 60 cm hohen Kaktus sind dicht mit langen Dornen bedeckt, die von papierartigen, gelblichen Scheiden umgeben sind. Im Sommer erscheinen schalenförmige, ca. 6 cm lange Blüten; die grünen, rundlichen Früchte bleiben bis zum Herbst hängen.

Opuntia verschaffeltii

Nur etwa 15 cm hoch wird diese Zwergopuntie aus Bolivien und Argentinien. Sie hat eine unregelmäßige, ausladende Wuchsform mit Ästen aus weniger als 3,5 cm langen, kugeligen Gliedern, die in Kultur oft länglich werden. Die Pflanzen tragen fleischige, schmale Blätter, die nicht unbedingt abfallen müssen, und wenige lange Dornen. Vom Frühjahr bis zum Sommer erscheinen kelchförmige, rote oder orangefarbene, im Verhältnis zu den kleinen Gliedern stark überproportionierte Blüten; diesen folgen runde, stachellose, rote Früchte.

Opuntia vestita

Diese ungewöhnliche Art stammt aus Bolivien und kann in der Regel nur in speziellen Kakteensammlungen bewundert werden. Die nur etwa 45 cm hohe Pflanze besteht aus ca. 2,5 cm dicken, ungegliederten Trieben, die mit langen, weißen Haaren bedeckt sind und lange, fleischige Blätter tragen, die nicht unbedingt abfallen müssen. Im Sommer erscheinen dunkelrote, etwa 3,5 cm große Blüten.

Opuntia vulgaris

Opuntia vulgaris

Opuntia vulgaris

Der aus Brasilien, Uruguay und Argentinien stammende aufrechte Strauch oder kleine, bis 6 m hohe Baum mit länglichen, dünnen, glänzendgrünen, spärlich gelblichbraun bedornten Gliedern wurde früher oft als Wirtspflanze für Cochenilleschildläuse gezogen, aus denen roter Farbstoff hergestellt wurde. Die 8 cm großen Blüten sind goldgelb, manchmal auch leicht rötlich gefärbt und erscheinen vom Sommer bis zum Herbst.

Opuntia tunicata

Opuntia vestita

ORBEA

Die aus etwa 20 Arten eigentümlicher, kriechender Sukkulenten bestehende Gattung ist eng mit *Stapelia* verwandt und ihre Arten wurden schon oft zu dieser gestellt. Die Pflanzen sind in den trockeneren Regionen Süd- und Ostafrikas heimisch und bilden in der Regel Horste aus blattlosen, aufrechten Sprossen mit kammförmig angeordneten, weichen, fleischigen Dornen. Alle Arten führen Milchsaft. Im Sommer und Frühherbst erscheinen flache, sternförmige, gepunktete oder anderweitig gemusterte Blüten, die leicht nach Aas riechen, um damit Fliegen anzulocken, die die Pflanzen bestäuben.

PFLEGE UND VERMEHRUNG: Die Pflanzen gedeihen an einem sonnigen Standort in sandiger oder schotteriger, sehr durchlässiger Erde. In Gegenden mit sehr heißen, trockenen Sommern bevorzugen sie am Nachmittag leichten Schatten. Sie benötigen das ganze Jahr über nicht viel Wasser, im Winter nur sehr wenig. Die Pflanzen sind nicht frosthart und müssen in kühleren Klimazonen deshalb im Haus bzw. Gewächshaus gezogen werden. Die Vermehrung erfolgt durch Stecklinge, die man einige Tage lang trocknen läßt und dann in Sand setzt.

Orbea variegata

Orbea variegata
Syn. *Stapelia variegata*

Die wegen ihrer seltsamen Blüten gezogene südafrikanische Sukkulente hat vielverzweigte, fingerförmige, 8 cm hohe, kriechende Stengel mit hochgebogenen Spitzen; diese sind oft violett gezeichnet und haben in vier Reihen angeordnete, spitz zulaufende Warzen. Vom Sommer bis zum Herbst erscheinen seesternförmige Einzelblüten mit einem kaleidoskopartigen rötlichbraunen, gelben und violetten Muster.

ORBIGNYA
BABASSUPALME, COHUNEPALME

Die aus den tropischen Regionen Amerikas stammende Gattung gedeiht wild in feuchten Tropenwäldern sowie an eher offenen Standorten in Gegenden mit häufigen Regenfällen und oft auch einer ausgeprägten Trockenzeit. Einige Arten sind von wirtschaftlicher Bedeutung; das Öl ihrer Kerne wird zur Herstellung von Seife und Margarine verwendet. Die stattlichen, langsamwachsenden Palmen haben riesige, aufrechte bis gebogene, gefiederte Wedel und benötigen viele Jahre, bis sie mit dem Stammwachstum beginnen.

PFLEGE UND VERMEHRUNG: Die Pflanzen benötigen tropische Bedingungen mit hoher Luftfeuchtigkeit sowie feuchten, durchlässigen Boden; sie sprechen gut auf Flüssigdüngung an. Ihre Vermehrung erfolgt durch Aussaat.

Orbignya cohune

Orbignya cohune
COHUNEPALME

Die aus Mittelamerika stammende Palme hat einen kräftigen Stamm und wird 15 m hoch. Die gefiederten Wedel mit dunkelgrünen Fiedern werden bis 9 m lang. Die 1,5 m langen Blütenstände bestehen aus Tausenden von cremefarbenen Blüten. Die 8 cm langen Früchte enthalten das industriell genutzte Cohune-Öl.

ORCHIS
KNABENKRAUT

Die Naturheilkundigen des Mittelalters sahen eine Ähnlichkeit zwischen den paarigen Knollen dieser in Europa verbreiteten Pflanzen und den Hoden einiger Tiere, da-

Orchis militaris

Oreocereus celsianus

Origanum 'Barbara Tingey'

Origanum calcaratum

her auch der Name *Orchis* (griechisch für »Hoden«); aus diesem Gattungsnamen leitet sich auch der Name der umfangreichen Pflanzenfamilie der *Orchidaceae* ab. Die Gattung *Orchis* besteht aus 35 Arten sommergrüner Erdorchideen mit kräftigen Blättern; im Frühsommer erscheinen lange Ähren mit kleinen tiefroten oder weißen Blüten. Viele frühere Arten dieser Gattung werden heute der Gattung *Dactylorhiza* zugeordnet.
PFLEGE UND VERMEHRUNG: Die Pflanzen bevorzugen einen sonnigen bis halbschattigen Standort und tiefgründigen, anlehmigen Boden. Sie reagieren empfindlich auf Störungen, weshalb Umpflanzungen am besten im Herbst, nach dem Ende der Vegetationsperiode, erfolgen sollten. Man vermehrt sie durch Teilung.

Orchis mascula
STATTLICHES KNABENKRAUT

Diese etwa 45 cm hohe Art ist in Europa weit verbreitet, die Pflanze gedeiht in Magerrasen, lichten Wäldern und an Waldrändern. Sie trägt glänzende, zungenförmige Blätter, die etwa 8–15 cm lang und von vielen dunkelvioletten Flecken übersät sind. Der Blütenstand besteht aus bis zu 20 etwa 2,5 cm langen Blüten, die einen Geruch verströmen, der an Katzenurin erinnert. Die relativ häufige Art blüht im Frühjahr und Frühsommer.

Orchis militaris
HELMKNABENKRAUT

Diese etwa 45 cm hohe Art ist über weite Teile Europas hinaus bis in den Kaukasus und nach Rußland hinein verbreitet. Aus den Knollen entwickeln sich ungefleckte, etwa 10–15 cm lange Blätter sowie ein Blütenstand aus vielen rosavioletten und weißen, etwa 2,5 cm langen Blüten. Die Pflanzen erblühen im Frühjahr und Sommer.

OREOCEREUS
Syn. ***Borzicactus***

Diese Gattung besteht aus sechs Arten kleiner bis mittelgroßer Kakteen, die aus den Anden stammen. Der Name *Oreocereus* setzt sich aus der Bezeichnung *Cereus* (»Kaktus«) und dem griechischen *oros* (»Berg«) zusammen. Die Pflanzen verzweigen sich hauptsächlich an der Basis, die Rippen sind manchmal in kleine Tuberkel gegliedert, die spärlich oder auch dicht bedornt und manchmal auch lang weiß- bis dicht wollhaarig sind. Die schmalen, trompetenförmigen Blüten sind meist rot oder rosa und erscheinen an einer Seite des oberen Stammabschnitts.
PFLEGE UND VERMEHRUNG: Die Kakteen benötigen einen sonnigen Standort sowie mäßig fruchtbaren, humusreichen, sehr durchlässigen Boden. Sie sollten im Frühjahr und Sommer viel, zu anderen Jahreszeiten nur wenig gegossen werden. Die größeren Arten werden bei zu schnellem Wachstum instabil und sind dann nicht mehr standfest. Die Vermehrung der nicht frostharten Pflanzen erfolgt im Frühjahr oder Sommer aus Samen.

Oreocereus celsianus
Syn. ***Borzicactus celsianus, Pilocereus celsianus***

Der aus den bolivianischen und nordargentinischen Anden stammende, langsamwachsende Kaktus kann 1,5 m hoch werden. Die aufrechten Stämme haben 10 bis 18 Rippen und tragen rostfarbene Dornen; den oberen Teil verschleiern weiße Haare. Ältere Pflanzen tragen im Sommer rötlich-rosafarbene Blüten, die sich bei Nacht schließen.

Origanum dictamnus

ORIGANUM
Syn. ***Majorana***
DOST

Diese Stauden und Halbsträucher stammen aus Europa, dem Mittelmeerraum und den gemäßigten Klimazonen Asiens. Die zur Familie der Lippenblütler zählenden Pflanzen haben aromatische Blätter und gestielte Blütenstände aus kleinen, röhrigen Blüten und vielen mehr oder weniger dachziegeligen Tragblättern. Einige Arten dienen als Küchenkräuter, andere werden wegen ihrer dekorativen, rosafarbenen Blütenstände gezogen. Die Pflanzen wachsen mit gebogenen Stengeln oder niederliegend aus kräftigen, auch wuchernden Rhizomen und eignen sich zum Überwachsen von Felsen, Böschungen und Mauern.
PFLEGE UND VERMEHRUNG: Die Pflanzen bevorzugen sonnige Standorte und mäßig fruchtbaren, durchlässigen Boden. Rückschnitt der starkwüchsigen Pflanzen ist jederzeit möglich. Die Vermehrung erfolgt durch Aussaat im Frühjahr oder durch Teilung im Herbst bzw. Frühjahr.

Origanum amanum

Die aus dem östlichen Mittelmeerraum stammende niedrige, immergrüne Staude ist von runder, kompakter Wuchsform. Die langröhrigen, rosafarbenen oder weißen Blüten erscheinen im Frühjahr und Sommer oberhalb der kleinen, herzförmigen, blaßgrünen Blätter. Die 15–20 cm hohe und breite Pflanze wirkt sehr hübsch in Steingärten; bei trockenem Stand ist sie einigermaßen frosthart.

Origanum 'Barbara Tingey'

Bei dieser vermutlich aus einer Kreuzung entstandenen Sorte handelt es sich um einen kleinen Halbstrauch mit runden, filzig behaarten, bläulichen Blättern und rötlichvioletter Unterseite. Im Sommer erscheinen rosafarbene Blüten, die von anfangs grünen, später violettrosa Tragblättern umgeben werden. Die Pflanze wird 10–15 cm hoch und über 25 cm breit.

Origanum calcaratum

Diese dichte Staude hat herzförmige bis beinahe runde Blätter mit weißwolliger Behaarung, die die Pflanze während der sehr heißen und trockenen Sommermonate auf den Ägäischen Inseln, wo sie heimisch ist, vor zu hohem Wasserverlust schützt. Die kleinen rosafarbenen Blüten erscheinen im Sommer, die Pflanze wird aber meist wegen ihrer Blätter gezogen.

Origanum dictamnus
DIPTAMDOST

Aromatische Blätter, grauweiß behaart, bedecken die gebogenen Äste dieses halbniederliegenden Zwergstrauchs. Die violettrosa Blütenstände erscheinen im Sommer und Herbst und haben aufgeblasene, violett getönte Tragblätter. Die aus Kreta stammende, sehr frostempfindliche Pflanze eignet sich für Blumenkästen, -ampeln und -töpfe. Sie wird 15–30 cm hoch und 40 cm breit.

Origanum × *hybridum*

Diese Hybride ist aus der Kreuzung zwischen *Origanum dictamnus* und *O. sipyleum* entstanden. Die Sorte **'Santa Cruz'** trägt dunkelviolette Blüten hoch über den Blättern. Sie hält mit etwas Winterschutz bei trockenem Stand auch mitteleuropäische Winter aus.

Origanum 'Kent Beauty'

Dieser niederliegende Halbstrauch mit kurzen, gebogenen Trieben wird aufgrund seiner hübschen, beinahe runden Blütenstände gezogen, die aus röhrigen, blaßrosa Blüten bestehen und zwischen den altrosa und blaßgrünen Tragblättern hervorschauen. Die unbehaarten, sehr blaßgrünen Blätter haben eine fast runde Form. Ihre Wuchsform prädestiniert die 15–20 cm hohe Pflanze für eine Mauerkrone oder das Fensterbrett.

Origanum laevigatum

Diese wüchsige, hübsche, frostharte Art breitet sich mit holzigen Rhizomen aus. Sie ist sehr dicht belaubt und hat knapp 50–60 cm hohe Blütentriebe. Winzige Blüten mit violetten Tragblättern bilden den ganzen Sommer über eine fliederfarbene Wolke, die Nektar für Bienen und Schmetterlinge bereithält. Die für die Zwischen-

Origanum × *hybridum* 'Santa Cruz'

Origanum laevigatum

Ornithogalum montanum

Ornithogalum arabicum

pflanzung in Rabatte und Kräutergarten geeignete Pflanze sieht auch getrocknet sehr hübsch in Blumengestecken aus. Die Blüten der erst kürzlich entstandenen Sorten **'Hopleys'** und **'Herrenhausen'** haben etwas sattere Farbtöne.

Origanum libanoticum

Die aus dem Libanon stammende 60 cm hohe Art trägt im Sommer nickende Ähren mit ziemlich großen, rosafarbenen Blüten, umgeben von mattrosa Tragblättern. Sie ist sehr frostempfindlich.

Origanum majorana

Syn. ***Majorana hortensis, Origanum hortensis***

MAJORAN

Die aromatische, bis 60 cm hohe Pflanze stammt aus dem Mittelmeerraum, wird aber aufgrund ihrer aromatischen, graugrünen Blätter schon seit langer Zeit auch im restlichen Europa gezogen. Die winzigen, weißen Blüten sitzen an eng zusammenstehenden Tragblättern. Die Blätter werden frisch oder getrocknet zum Würzen von Speisen verwendet und sollen verdauungsfördernd sein.

Origanum onites

Syn. ***Majorana onites***

FRANZÖSISCHER MAJORAN

Der aromatische, etwa 45 cm hohe und rundliche Strauch besteht aus drahtigen, behaarten Stengeln mit hellgrünen, herzförmigen Blättern. Die weißen oder blaßrosa Blüten sitzen im Spätsommer büschelweise an den Zweigenden. Das beliebte, ursprünglich aus Sizilien stammende Kraut wird in der mediterranen Küche viel verwendet. Die größere Sorte **'Aureum'** trägt goldgrüne Blätter und rosa Blüten.

Origanum pulchellum

Diese südwestasiatische, frostempfindliche Art erinnert an *Origanum dictamnus* und trägt rosafarbene Blüten; die Blätter sind aber kleiner und weniger behaart.

Origanum rotundifolium

Diese sehr frostempfindliche Art stammt aus der Türkei und dem Kaukasus; der 30 cm hohe Halbstrauch breitet sich mit Hilfe von Rhizomen aus und trägt kleine, rundliche, grüne Blätter. Im Spätsommer und Frühherbst erscheinen nickende Blütenstände mit weißen oder blaßrosa Blüten, umgeben von aufgeblasenen blaßgrünen Tragblättern.

Origanum vulgare

WILDER DOST, OREGANO, WILDER MAJORAN

Der wilde Dost hat einen etwas schärferen, intensiveren Geschmack als Majoran. Die stark wuchernde Pflanze erreicht eine Höhe von 60 cm, hat dunkelgrüne, ovale Blätter und trägt im Sommer kleine, weiße oder rosafarbene Blüten. Die Blätter werden frisch oder getrocknet für viele mediterrane Gerichte verwendet, in Italien für Pizza und Pastagerichte. **'Aureum'** wuchert nicht ganz so stark und trägt helle, grünlich-goldfarbene Blätter. Bei **'Thumble's Variety'** handelt es sich um eine niedere, buschige Sorte mit gelbgrünen Blättern.

ORNITHOGALUM

MILCHSTERN

Diese große Gattung enthält etwa 80 Arten afrikanischer, europäischer und westasiatischer Zwiebelpflanzen, die zwischen Frühjahr und Sommer blühen. Die stern- bis kelchförmigen, meist weißen, manchmal duftenden Blüten sitzen auf kurzen oder längeren Blütenstielen. Die Blätter sind alle grundständig und tragen manchmal einen silbernen Streifen in der Mitte. Ihr Saft kann Hautreizungen hervorrufen.

PFLEGE UND VERMEHRUNG: Die Pflanzen sind einfach zu ziehen. Die Zwiebeln sollten im Herbst in durchlässigen Boden gepflanzt werden. Sie bevorzugen einen sonnigen Standort, sollten in wärmeren Gegenden jedoch im Halbschatten stehen. Bis zum Absterben der Blätter brauchen die Pflanzen genügend Wasser, während des Ruhezustands jedoch Trockenheit. Nicht frostharte Arten sollte man im Winter aus dem Boden nehmen. Die Pflanzen vermehren sich reichlich; die Horste sollte man alle zwei oder drei Jahre teilen, damit sie nicht zu dicht werden. Die Vermehrung kann auch durch Aussaat im Herbst bzw. Frühjahr erfolgen.

Origanum vulgare 'Thumble's Variety'

Ornithogalum arabicum

Die im Frühsommer blühende Art bringt mit die schönsten Blüten dieser Gattung hervor. Jede Pflanze trägt etwa 15 wohlriechende, weiße, bis 5 cm große Blüten mit einem großen, schwarzen Fruchtknoten in der Mitte. Die grundständigen, bandförmigen Blätter sind etwa 2,5 cm breit. Die bis 50 cm hohen Pflanzen sind nicht winterhart. Sie werden oft als Topfpflanzen gezogen, da man ihren klimatischen Anforderungen somit eher gerecht werden kann.

Ornithogalum montanum

Diese Art gedeiht in Südeuropa und Südwestasien auf offenen, grasigen Hängen. Gartenpflanzen blühen im Frühjahr und tragen dabei unzählige, langlebige, weiße, sternförmige Blüten. Jedes Blütenblatt trägt auf der Rückseite einen hübschen grünen Streifen. Damit die Pflanze den Winter gut übersteht, muß der Boden sehr durchlässig sein. Die oft nur kurzlebige Pflanze erreicht eine Höhe von 20 cm.

Ornithogalum nutans

NICKENDER MILCHSTERN

Die im April und Mai blühende Pflanze stammt aus Südeuropa und Westasien und gedeiht dort im Ödland. Sie bevorzugt einen halbschattigen Standort sowie nährstoffarmen, durchlässigen Boden und kann bei entsprechenden Bedingungen verwildern. Die nickenden Blüten mit den zurückgebogenen grünen und weißen Blütenblättern haben einen charakteristischen Silberglanz. Die sattgrünen, gefurchten Blätter sind in lockeren Rosetten angeordnet. Die Art wird 30–60 cm hoch.

Ornithogalum saundersiae

Die südafrikanische Art ist eine der größten Pflanzen dieser Gattung. Der blattlose Stengel erreicht eine Höhe von 1,5 m und trägt an der Spitze einen flachen Blütenstand aus wachsartigen, sternförmigen, 2,5 cm großen, cremeweißen Blüten mit schwarzer oder grüner Mitte. Die grundständigen, bandförmigen Blätter sind 5 cm breit. Die Pflanzen sind nicht frosthart.

Origanum libanoticum

Origanum vulgare

Origanum rotundifolium

Origanum vulgare 'Aureum'

Ornithogalum thyrsoides
CHINCHERINCHEE

Dies ist eine südafrikanische Art mit grundständigen, bandförmigen Blättern. Die attraktivste, nicht frostharte Pflanze dieser Gattung trägt dichte Büschel mit bis zu 20 stern- bis kelchförmigen, weißen Blüten, die an etwa 45 cm langen Ähren sitzen. Als Schnittblumen lassen sie sich sehr gut färben und halten selbst ohne Wasser oft wochenlang.

Ornithogalum umbellatum
STERN VON BETHLEHEM, DOLDENMILCHSTERN

Die Blätter dieser frostharten, horstbildenden und ausbreitungsfreudigen Zwiebelstaude sind mittelgrün mit weißem Streifen in der Mitte. Die weißen, grün gestreiften Blüten sitzen in lockeren Büscheln an der Spitze der 30 cm hohen, aufrechten Stengel; sie erscheinen im April oder Mai und öffnen sich nur bei Sonnenschein.

ORONTIUM
GOLDKEULE

Diese nur aus einer einzigen Art bestehende Gattung ist ein Mitglied der Familie der Aronstabgewächse aus dem Osten der USA. Die mehrjährige Wasserpflanze hat dicke Rhizome und breite, spatelförmige Blätter; der langgestielte, aus winzigen Blüten bestehende Blütenkolben (Spadix) ist von einer häutigen Blütenscheide (Spatha) umgeben, die sehr früh abfällt. **PFLEGE UND VERMEHRUNG:** Die nicht völlig frostharte Pflanze kann in Teichen oder langsam fließenden Gewässern überwintern, die tiefer als 15 cm sind und nicht bis zum Grund durchfrieren. Die Wurzeln brauchen Erde, entweder als Schlick am Grund des Teiches oder in besonderen Töpfen. An einem Standort mit viel Sonne oder morgendlichem Schatten entwickeln sich die Blätter am besten. Vermehrung gegen Winterende, unmittelbar nach dem Ruhezustand durch Teilung der Rhizome.

Orontium aquaticum

Diese Art hat einfache, ledrige, bis 25 cm lange Blätter, die untergetaucht oder schwimmend sein können oder aus dem Wasser herausragen. Die Oberseite der Blätter ist blaugrün und schimmert metallisch, die Unterseite violett. Die kurzlebigen Blütenähren erscheinen im Sommer; die papierartige Spatha ist unbedeutend und fällt schnell ab, der hellgelbe, etwa 15 cm lange Spadix ist langgestielt und wird über der Wasseroberfläche getragen.

ORPHIUM

Nur eine einzige in Südafrika heimische Art umfaßt diese zur Familie der Enziangewächse gehörende Gattung. Der immergrüne Strauch hat weiche Triebe und ist meist nur kurzlebig. Die Pflanze trägt blaßgrüne, ganzrandige Blätter und hübsche Blüten, die aus fünf glänzenden, leicht klebrigen Blütenblättern bestehen und in Büscheln an den Zweigenden sitzen. **PFLEGE UND VERMEHRUNG:** Aufgrund ihrer im Sommer für lange Zeit erscheinenden Blüten wird die Pflanze gerne in subtropischen Gärten gezogen. Sie bevorzugt einen sonnigen, frostfreien Standort und durchlässigen, ausreichend feuchten Boden. Um eine buschige Wuchsform zu erzielen, ist Rückschnitt im Frühjahr vorteilhaft. Ihre Vermehrung erfolgt im Spätsommer durch Stecklinge.

Orthophytum navioides

Orthophytum gurkenii

Ornithogalum umbellatum

Orphium frutescens

Orphium frutescens

Dieser bis 60 cm hohe, aufrechte Strauch trägt gegen die Triebspitzen gerichtet ab Ende des Frühjahrs den Sommer hindurch 2,5 cm große, rosaviolette Blüten.

ORTHOPHYTUM

Diese Gattung von Bromeliengewächsen stammt aus dem Osten Brasiliens und besteht aus etwa 17 Arten, die alle terrestrisch leben, sich mittels Ausläufer ausbreiten, manchmal riesige Polster bilden und deren stachelige Blätter rosettenförmig angeordnet sind. Die Blütentriebe können weit über die Blattrosette emporragen und interessante, breite Hochblätter tragen, die Blüten können aber auch in stengellosen Büscheln in der Mitte der Rosette sitzen. **PFLEGE UND VERMEHRUNG:** Die nicht frostharten Pflanzen benötigen fruchtbaren, durchlässigen Boden und einen sonnigen Standort. Während der Wachstumsperiode sollten die Pflanzen mäßig, im Winter überhaupt nicht gegossen werden. Die Vermehrung erfolgt zu Beginn des Frühjahrs durch Aussaat.

Orthophytum gurkenii

Das Bromeliengewächs hat violett-bronzefarbene Blätter mit Querstreifen aus silberfarbenen Schuppen. Am aufrechten Blütentrieb befinden sich laubartige Hochblätter; die Basis der oberen Hochblätter ist leuchtendgrün wie die röhrigen Blüten.

Orthophytum navioides

Die in Felsspalten gedeihende Art hat lange, schmale Blätter, deren Ränder mit zarten Stacheln übersät sind. Die weißen Blüten erscheinen in halbkugelförmigen Büscheln in der Mitte der Rosette, wobei sich die inneren Blätter während der Blütezeit tief rötlichviolett verfärben. Die einfach zu ziehende Pflanze benötigt viel Licht.

ORTHROSANTHUS

Die sieben Arten dieser zur Familie der Schwertliliengewächse gehörenden Gattung sind in den Bergen Mittel- und Südamerikas sowie in den Sandebenen Südaustraliens heimisch. Die grasähnlichen

Orthrosanthus multiflorus

Orthrosanthus multiflorus

Stauden haben kurze, holzige Rhizome und flache Fächer aus schwertförmigen, bis 50 cm langen Blättern. Die sechsblättrigen, 5 cm großen, blauen oder gelben Blüten öffnen sich im Frühjahr und Sommer. Die Blüten sitzen in Büscheln zu zweit bis acht auf drahtigen Stengeln.
PFLEGE UND VERMEHRUNG: Die Pflanzen bevorzugen feuchten, durchlässigen Boden und Sonne oder Halbschatten. Leichter Frost wird toleriert, aber die *Orthrosanthus*-Arten gedeihen am besten in mildem, frostfreiem Klima. Die Pflanzen sind oft kurzlebig. Gegen Ende des Winters können sie durch Aussaat oder Teilung der Rhizome vermehrt werden.

Orthrosanthus multiflorus

Diese aufrechte, büschelige Pflanze aus dem Südwesten Australiens trägt schmale, grasähnliche Blätter und im Frühjahr sternförmige, blaue Blüten in Ähren. Die Pflanze wird 60 cm hoch und 30 cm breit.

ORYZA

REIS

Der Reis *(Oryza sativa)* ist eine von etwa 20 Arten der im Wasser oder Sumpf lebenden einjährigen oder mehrjährigen Gräser dieser Gattung, die wild in den wärmeren Gebieten Afrikas, Asiens und Australiens auftreten. Ihre zusammengedrückten Ährchen sind in lockeren Rispen angeordnet und liefern reif eßbare Körner. Beim Reis handelt es sich um die einzige domestizierte Art dieser Gattung, die in China schon seit etwa 5000 Jahren angebaut wird.
PFLEGE UND VERMEHRUNG: Reis benötigt eine lange, heiße Wachstumsperiode und reichlich Wasser. Der Samen wird zunächst in Anzuchtbeete oder -schalen ausgesät, die 15 cm hohen Setzlinge werden dann im Frühjahr in gut gedüngte Terrassen bzw. Reisfelder umgepflanzt, die während der sommerlichen Wachstumsperiode die meiste Zeit etwa 5–10 cm hoch überschwemmt sein müssen. Als Zierpflanze kann Reis im Wasser in Töpfen an einem sonnigen Standort gezogen werden. Bergreis wird »trocken« gezogen, Voraussetzung sind jedoch starke Niederschläge.

Oryza sativa

Dieses einjährige Gras erreicht eine Höhe von etwa 1 m; die Pflanze hat lange, flache Blätter und Blütenährchen, aus denen gelbe oder braune Samen entstehen. Die Sorte **'Nigrescens'** ist eine Zierform mit violetten Blättern.

OSBECKIA

Die 40 bis 60 Arten immergrüner Stauden, Halbsträucher und Sträucher gedeihen wild in den wärmeren Gegenden Asiens, Afrikas und Australiens. Sie gehören zur Familie der Schwarzmundgewächse. Die Blüten – im Frühjahr und Sommer über lange Zeit zu sehen – sind leuchtend gefärbt: rosafarben, violett oder rot.
PFLEGE UND VERMEHRUNG: In den Tropen und Subtropen lassen sich die Pflanzen an sonnigen Standorten sehr einfach ziehen. Der Boden sollte leicht, krümelig und durchlässig sein. Die Pflanzen mögen weder Trockenheit noch Frost. Für dichten Wuchs sollten sie im Winter leicht

Oryza sativa

zurückgeschnitten werden. Man vermehrt sie, indem man im Frühjahr die krautigen Spitzenstecklinge unter feuchten Bedingungen, am besten im Gewächshaus, in einer Sand-Torf-Mischung anzieht.

Osbeckia stellata

Der südostasiatische Strauch hat aufrechte, reichverzweigte Äste und lange, schmale Blätter. Die flieder- bis rosafarbenen Blüten erscheinen im Frühjahr und Sommer sehr zahlreich. Die Pflanze benötigt im Garten einen geschützten, schattigen Standort und wird bis 2 m hoch.

OSCULARIA

Die aus nur zwei – in Südafrika beheimateten – Arten bestehende Gattung zählt zur großen, sukkulenten Familie der Mittagsblumengewächse. Einige Experten ordnen die Pflanzen der Gattung *Lampranthus* zu. Im Frühjahr und Frühsommer bilden die niedrigen Büsche dichte Blütenteppiche. Sowohl die Blüten als auch die Blätter sind sehr dekorativ; die kleinen Blüten verströmen einen angenehmen Duft.
PFLEGE UND VERMEHRUNG: Die nicht frostharten Pflanzen bevorzugen einen sonnigen oder halbschattigen Standort und durchlässigen Boden. Sie lassen sich im Frühjahr relativ einfach durch Stecklinge oder auch durch die Aussaat reifen Samens vermehren.

Oscularia caulescens

Syn. *Lampranthus deltoides*

Die immergrüne Sukkulente stammt aus der Kapregion Südafrikas; die sich ausbreitende Pflanze hat kleine, gräuliche Blätter. Die kleinen, gelben, körbchenartigen Blüten erscheinen im Frühjahr sehr zahlreich.

OSMANTHUS

Syn. *Siphonosmanthus*

DUFTBLÜTE

Bis auf eine einzige im Kaukasus heimische Pflanze stammen alle der etwa 30 Arten dieser aus immergrünen Sträuchern und Bäumen bestehenden Gattung aus dem Himalaja, aus China und Japan. Einige Arten werden aufgrund ihres Blütenduftes sehr geschätzt. Die weißen oder cremefarbenen Blüten der meisten Arten sind unauffällig, verströmen jedoch einen an Jasmin oder Gardenien erinnernden Duft. Viele chinesische Arten haben längere, röhrige Blüten, die auch dekorativer sind.

Osmanthus delavayi

Osbeckia stellata

Osmanthus × fortunei

Die Pflanzen wachsen langsam und erreichen manchmal eine Höhe von 15 m. Die dicken, starren Blätter können am Rand kräftig bis hakenstachelig gezähnt sein.
PFLEGE UND VERMEHRUNG: Die frostempfindlichen bzw. nicht frostharten Pflanzen sollten nach der Blütezeit zurückgeschnitten werden, um eine kompakte Form zu erhalten. Sie bevorzugen fruchtbaren, durchlässigen Boden und einen geschützten Standort in der Sonne bzw. im Halbschatten. Durch Aussaat, Stecklinge oder Absenker werden sie vermehrt.

Osmanthus × burkwoodii

Syn. × *Osmarea burkwoodii*

BURKWOODS DUFTBLÜTE

Die Hybride zwischen *Osmanthus delavayi* und ***O. decorus*** wird knapp 2 m hoch und wegen ihrer unzähligen kleinen, sehr stark duftenden Blüten, die in der zweiten Frühjahrshälfte erscheinen, gezogen. Die frostempfindliche Pflanze ist von dichter, rundlicher Wuchsform und trägt glänzende, dunkelgrüne Blätter.

Osmanthus delavayi

Syn. *Siphonosmanthus delavayi*

DELAVAYS DUFTBLÜTE

Diese frostempfindliche Art erreicht eine Höhe und Breite von 2 m. Die gesägten, ovalen, dunkelgrünen Blätter sind 2,5 cm lang und stehen an übergebogenen Ästen. Die weißen, röhrigen, 1 cm langen Blüten erscheinen im Sommer zahlreich in den Blattachseln und an den Astenden.

Osmanthus fragrans

Osmanthus × fortunei

Dieser aus einer Kreuzung zwischen *Osmanthus fragrans* und *O. heterophyllus* hervorgegangene aufrechte Strauch hat kleine, wohlriechende Blüten und unregelmäßig gezähnte Blätter. Die weißen Blütenbüschel der 3 m hohen und breiten Pflanze erscheinen bei mildem Klima sporadisch fast während des ganzen Jahres.

Osmanthus fragrans

Diese Pflanze ist meist als etwa 3 m hoher Strauch zu sehen, kann aber auch als kleiner Baum oder sogar im Kübel gezogen werden. Die breiten, sattgrünen Blätter dienen als Hintergrund für die aus sehr kleinen, cremeweißen oder gelben Blüten bestehenden Büschel, die im vorderen Teil der Äste erscheinen. Die Blüten treten in mehreren Schüben zwischen Frühjahr und Herbst auf. ***Osmanthus fragrans* f. *aurantiacus*** hat matt orangefarbene Blüten.

O

Osmanthus heterophyllus 'Variegatus'

Osmanthus serrulatus 'Variegatus'

Osteospermum 'Whirligig'

Osmanthus heterophyllus
Syn. ***Osmanthus ilicifolius***
STACHELBLÄTTRIGE DUFTBLÜTE

Der aus Japan und Taiwan stammende, frostempfindliche Strauch trägt recht variabel geformte Blätter, von denen einige durchgehend gezähnt sind wie bei der Stechpalme, andere dagegen nur an der Spitze. Der etwa 5 m hohe und breite Strauch wird manchmal auch als Hecke gezogen. Im Frühsommer trägt die Pflanze wenige, recht unauffällige weiße Blüten. Die Blätter der Sorte **'Gulftide'** sind sehr stachelig. **'Purpureus'** hat dunkelviolette Blätter, **'Variegatus'** dagegen unregelmäßig weiß umrandete.

Osmanthus serrulatus

Der aus dem Westen Chinas stammende immergrüne Strauch hat aufrechte Äste und schmale, ovale Blätter, die – zumindest anfangs – dicht und stachelig gezähnt sind. Die Blüten der etwa 3 m hohen Pflanze sind klein, weiß und wohlriechend.

OSMUNDA
KÖNIGSFARN

Diese Gattung besteht aus etwa zwölf Arten großer, sommergrüner Farne, die wild

Osteomeles schweriniae

Osteospermum ecklonis 'Starshine'

in Amerika, Europa und Asien in der Nähe von Gewässern gedeihen. Die aufrechten Wedel bilden dichte Büsche, die sich im Herbst gelb oder goldbraun verfärben. Die sporentragenden Wedel (oder Wedelteile bei manchen Arten) sehen deutlich anders aus, da die grünen Fiedern durch rötlichbraune Sporenstände ersetzt sind. Die stark verfilzten Wurzeln von *Osmunda regalis* werden unter anderem als Pflanzmaterial für Orchideen verwendet.
PFLEGE UND VERMEHRUNG: Die frostharten Farne benötigen (mit Ausnahme von *Osmunda regalis*, der Sonne bei sehr feuchtem Stand toleriert) einen schattigen Standort und feuchten, fruchtbaren, humusreichen Boden. Die Vermehrung erfolgt durch Teilung im Herbst oder Winter oder durch Sporen, sobald diese reif sind.

Osmunda cinnamomea
ZIMTFARN

Diese Art gedeiht in Asien und Amerika in feuchten Bergregionen der Tropen und in gemäßigten Regionen. Die Pflanze besteht aus starren, aufrechten Büscheln anmutig gebogener, 1,2 m hoher Wedel, die sich aus den Triebköpfen an kräftigen Rhizomen entwickeln. Die sterilen Wedel sind bläu-

Osmunda regalis

lichgrün, die kleineren fruchtbaren dagegen zimtbraun und bilden sich im Sommer in der Mitte der Blatttrichter. Obwohl der Farn nur langsam Wurzeln schlägt und wächst, ist er sehr langlebig.

Osmunda claytonia
KRONENFARN, TEUFELSFARN, DUNKLER MÜNZROLLENFARN

Dieser aus Nordamerika und dem gemäßigten Ostasien stammende Farn erinnert an den Zimtfarn, hat aber wesentlich breitere, blaßgrüne Fiedern. Die fruchtbaren Wedel tragen neben fertilen auch sterile Abschnitte. Mit der Reife fallen die fruchtbaren Segmente Mitte des Sommers ab. Die schneckenförmig eingerollten jungen Farnblätter der etwa 1,5 m hohen Pflanze sind mit rosabraunen Haaren bedeckt.

Osmunda regalis
KÖNIGSFARN

Die größte Art dieser Gattung stammt aus Asien, Amerika und Europa. Die bis 2 m hohe Pflanze hat lange, doppelt gefiederte Wedel. Da sie normalerweise in größeren Gruppen in Sümpfen und an anderen nassen Standorten gedeiht, eignet sie sich gut für Sumpfgärten. Die inneren Wedel sind in einen sterilen, beblätterten unteren Abschnitt und in einen sporentragenden oberen Abschnitt unterteilt.

OSTEOMELES

Diese mit *Sorbus* verwandte Gattung besteht aus drei Arten immergrüner, halbimmergrüner oder sommergrüner Sträucher, deren Verbreitung ungewöhnlich ist: Sie treten in China, Japan und auf den Pazifischen Inseln von den Philippinen bis nach Hawaii und Neuseeland auf. Die Pflanzen können eine Höhe von 3 m erreichen, werden aber meist nur 1 m hoch; sie haben kleine, gefiederte Blätter, die aus vielen runden Fiederblättchen bestehen. Die weißen, leicht duftenden Blüten sitzen in Büscheln an den Astenden. Sie erscheinen ab der Mitte des Frühjahrs bis zum Frühsommer, später folgen kleine braune oder schwarze Früchte.
PFLEGE UND VERMEHRUNG: Die Pflanzen wachsen leicht in jeder Art von fruchtbarem, durchlässigem Boden an einem sonnigen oder halbschattigen Standort, sind jedoch sehr frostempfindlich. Die Vermehrung erfolgt im Sommer durch Aussaat oder Stecklinge.

Osteomeles schweriniae

Dieser sommergrüne oder halbimmergrüne, 1,5 m hohe und 3 m breite Strauch stammt aus dem Südwesten Chinas und trägt im Frühsommer Büschel kleiner, weißer Blüten; diesen folgen rote Früchte, die sich mit der Zeit blauschwarz verfärben. An den übergebogenen Zweigen befinden sich Blätter, die aus zwei Reihen dunkelgrüner, etwa 5 mm langer Fiedern bestehen. Der Strauch bevorzugt einen sonnigen Standort.

OSTEOSPERMUM

Diese Gattung ist mit *Dimorphotheca* verwandt und besteht aus etwa 70 Arten immergrüner Sträucher, Halbsträucher und einjähriger Pflanzen, die hauptsächlich aus Südafrika stammen. Sie haben unregelmäßig gezähnte Blätter und tragen unzählige große Blütenkörbchen, die weiß, rosa, violett oder rötlich sein können. Die widerstandsfähigen Pflanzen eignen sich für Steingärten, trockene Böschungen oder Beete vor Strauchrabatten, besonders auch als zeitweiliger Lückenfüller.
PFLEGE UND VERMEHRUNG: Die in der Regel sehr frostempfindlichen Pflanzen gedeihen am besten auf offenem, durchlässigem Boden mittlerer Fruchtbarkeit. Ein offener, sonniger Standort ist wichtig. Leichtes Stutzen nach der Blütezeit hält die Pflanzen in Form und verlängert ihre Lebensdauer. Die Vermehrung erfolgt durch Stecklinge von nichtblühenden Trieben oder durch Aussaat im Sommer.

Osteospermum 'Buttermilk'

Die Blütenköpfchen dieses aufrechten Strauchs sind blaßgelb mit dunklerer Mitte; sie erscheinen ab der zweiten Hälfte des Sommers bis zum Herbst. Die 60 cm hohe Pflanze wächst buschig und hat graugrüne Blätter.

Osteospermum 'Cannington Roy'

Bei dieser Sorte handelt es sich um eine am Grund verholzende Staude von beinahe niederliegender Wuchsform, die ab Ende des Frühjahrs bis zum Herbst viele auffällige Körbchenblüten trägt. Jedes Körbchen ist 10 cm groß, die anfangs weißen Blütenblätter mit der violetten Spitze verfärben sich im Laufe der Zeit malvenfarben.

Osteospermum ecklonis
Syn. ***Dimorphotheca ecklonis***

Der aus der östlichen Kapprovinz stammende Strauch ist von variabler Gestalt. So existieren einige aufrechte, bis 1,5 m hohe, aber auch niedrigere und ausladendere oder sogar halbniederliegende Sorten. Gegen Ende des Frühjahrs bis zum Herbst erscheinen zahlreiche, knapp 10 cm große, strahlendweiße Körbchenblüten mit tiefrötlichvioletter Mitte; Die Unterseite der Zungenblüten ist bläulich-malvenfarben gestreift. Bei der Sorte **'Starshine'** handelt es sich um eine kompaktere Pflanze mit weißen Blüten und etwas blauerer Mitte.

Osteospermum fruticosum
Syn. ***Dimorphotheca fruticosa***

Die im südlichen Teil Südafrikas weitverbreitete Staude deckt mit ihren niederliegenden oder rankenden Stengeln große

Ostrya virginiana

Flächen ab. Die unzähligen sehr blassen, fliederfarbenen Körbchen befinden sich auf langen Stengeln bis zu 30 cm über dem Boden. Die Blütezeit erreicht ihren Höhepunkt im Winter, die Pflanze trägt aber das ganze Jahr hindurch Blüten. Es sind Sorten mit reinweißen, burgunderfarbenen und violetten Blüten erhältlich.

Osteospermum jucundum

Syn. ***Dimorphotheca barberae* hort., *Osteospermum barberae***

Diese halbniederliegende Staude stammt aus den Bergen und dem Grasland im Inneren Südafrikas; die Pflanze bildet einen flachen Busch, der oft nicht höher als 20 cm und bis zu 1 m breit ist. Sie trägt im Herbst, Winter und Frühjahr unzählige violettrosa Körbchen mit dunklerer Mitte. An bewölkten Tagen schließen sich die Blüten.

Osteospermum 'Pink Whirls'

Die Zungenblüten von einigen Blütenköpfchen dieser neuen, rosablühenden Sorte weisen eine leichte Einschnürung auf, andere Blütenköpfchen wiederum sind eher normal gestaltet. Die Pflanze wird etwa 50 cm hoch und 1 m breit.

Osteospermum 'Whirligig'

Syn. ***Osteospermum* 'Starry Eyes'**

Diese bizarre Sorte ist eng mit *Osteospermum ecklonis* verwandt und kann dieser Art evtl. sogar zugerechnet werden. Die oben weißen und unten graublauen Zungenblüten haben in der Mitte zusammengedrückte Ränder, während ihre Spitze flach bleibt. Die etwa 60 cm hohe Pflanze ist von locker ausladender Wuchsform.

OSTROWSKIA

PRACHTGLOCKE

Diese Gattung mit nur einer Art, eine hohe Staude mit Pfahlwurzel aus Mittelasien, ist eng mit *Campanula* verwandt. Die Blätter sitzen in Wirteln an den dicken, unverzweigten Stengeln. Die Blütenglocken sind sehr groß mit fünf bis neun Zipfeln.
PFLEGE UND VERMEHRUNG: Die Pflanzen sind wärmebedürftig und spätfrostgefährdet, sie verlangen einen sonnigen Standort und leichten, durchlässigen Boden, der mit gut verfaultem Mist angereichert sein sollte. Nach der Blüte sollte man die Pflanzen trocken werden lassen und den ganzen Winter trocken halten. Sie reagieren empfindlich auf Störungen und lassen sich einfach durch Aussaat vermehren.

Ostrya carpinifolia

Ostrowskia magnifica

Aus dem Wurzelstock dieser Art entstehen wenige sehr kräftige, unverzweigte, 1–2 m hohe Stengel, an welchen sich einfache, blaugrüne, bis 15 cm lange Blätter befinden. An der Spitze jedes Stengels sitzen selten mehr als vier bis sechs der glockigen Blüten; diese können jedoch 15 cm groß werden und blaßblau bis dunkelblau sein.

OSTRYA

HOPFENBUCHE

Diese Gattung umfaßt zehn verschiedene Arten von Laubbäumen, heimisch in den gemäßigten Zonen der nördlichen Hemisphäre. Die mit der Hainbuche *(Carpinus)* verwandten Pflanzen haben ähnlich gezähnte, spitze, auffällig geäderte Blätter. Im Frühjahr kontrastieren die gelben männlichen Kätzchen sehr schön mit den hellgrünen jungen Blättern; ihnen folgen im Sommer die kürzeren fruchtenden Kätzchen, wobei jedes der Nüßchen wie beim Hopfen *(Humulus)* von einem aufgeblasenen Tragblatt eingeschlossen wird, daher auch der deutsche Name. Hopfenbuchen wachsen anfangs oft sehr langsam, entwickeln sich jedoch zu Bäumen mit hübscher Herbstfärbung.
PFLEGE UND VERMEHRUNG: Die frostharten Bäume benötigen einen geschützten, sonnigen oder halbschattigen Standort und fruchtbaren, durchlässigen Boden. Schnitt ist höchstens zur Entfernung von Totholz angebracht. Die Vermehrung erfolgt durch Aussaat im Frühjahr.

Ostrya carpinifolia

GEMEINE HOPFENBUCHE

Die Hopfenbuche aus Südeuropa und der Türkei ist ein kompakter, knapp 20 m hoher Baum mit kegelförmiger Krone. Die gezähnten, dunkelgrünen Blätter verfärben sich vor dem Abfallen gelb und heben sich dann sehr hübsch von der glatten, grauen Rinde am Stamm ab. Die fruchtenden Kätzchen sind hängend, creme- bis strohfarben und etwa 5 cm lang.

Otacanthus caeruleus

Ostrya virginiana

AMERIKANISCHE HOPFENBUCHE

Der außerhalb seiner Heimat im östlichen Teil Nordamerikas kaum verbreitete Baum ist *Ostrya carpinifolia* bis auf die dunkelbraune Rinde sehr ähnlich. Die gesägten, dunkelgrünen Blätter sind 10 cm lang und verfärben sich im Herbst sattgelb.

OTACANTHUS

Die vier Arten dieser aus immergrünen, weichholzigen Sträuchern bestehenden Gattung stammen alle aus Brasilien. Sie gehören zur Familie der Rachenblütler *(Scrophulariaceae)*, wie auch Fingerhut und Löwenmaul. Der Schlund der Blüte ist ähnlich geschlossen wie beim Löwenmaul.
PFLEGE UND VERMEHRUNG: Die nicht winterharten Pflanzen lassen sich in wärmeren Klimazonen leicht im Freien ziehen; sie gedeihen in jeder Art von feuchtem, einigermaßen fruchtbarem und durchlässigem Boden und bevorzugen einen geschützten, sonnigen Standort. In kühleren Gegenden hält man die Pflanzen entweder in einem sonnigen Wintergarten oder pflanzt sie erst im späten Frühjahr ins Freie. Man vermehrt sie durch Stecklinge.

Otacanthus caeruleus

Dieser 1 m hohe Strauch trägt beinahe das ganze Jahr über violettblaue Blüten. Seine zahlreichen dünnen, aufrechten Triebe enden in einer kurzen Blütenähre mit Tragblättern. Die Blüten haben eine 2,5 cm lange, schlanke, gebogene Röhre und zwei etwa 2 cm große, gespreizte Lippen.

Osteospermum 'Pink Whirls'

OTANTHUS

FILZBLUME

Zu dieser Gattung zählt nur eine einzige Art, eine niedrige Rhizomstaude von den Küsten Westeuropas und des Mittelmeerraums. Sie ist mit der Gattung *Achillea* (Schafgarbe) verwandt, ihre Blätter sind aber weder gezähnt noch geteilt und die Blütenköpfchen haben keine Zungenblüten. Stengel, Blätter und die Außenseite der Blütenköpfchen sind mit einem weißen Haarfilz überzogen.
PFLEGE UND VERMEHRUNG: Obwohl das Filzkraut kaum gezogen wird, handelt es sich um eine interessante Pflanze für Steingärten und trockene Böschungen, die sich auch für andere exponierte Stellen, insbesondere in Küstengegenden, eignet. Sie mag sandigen, trockenen Boden sowie einen sonnigen Standort und toleriert keine längeren Nässeperioden. Vermehrung durch Aussaat, Stecklinge oder Teilung.

Otanthus maritimus

STRANDFILZBLUME

Die büschelige Kriechstaude mit aufrechten Stengeln und kleinen, spatelförmigen

Osteospermum jucundum

Osteospermum fruticosum, Kulturvarietät

Blättern erreicht eine Höhe von 50 cm. Im Spätsommer und Frühherbst erscheinen flache Trugdolden matt orangegelber Blütenkörbchen. Sie ist sehr frostempfindlich.

OTHONNA

150 Arten von Stauden, Halbsträuchern und kleinen Sträuchern aus Afrika bilden diese Gattung. Viele haben sukkulente Blätter, Stengel oder Wurzelstöcke. Form, Größe und Struktur der Blätter kann sehr unterschiedlich sein. Alle Arten haben Blütenkörbchen, ähnlich der Gattung *Senecio*. Die Blüten sind meist gelb.
PFLEGE UND VERMEHRUNG: Die stark sukkulenten Arten sollten in kiesigen, sehr gut durchlässigen Böden an sonniger Stelle gepflanzt und nach der Blütezeit sowie während der Wintermonate trocken gehalten werden. Manche robustere Arten können in milden, wintertrockenen Gebieten im Freien gezogen werden und eignen sich als Bodendecker und für Steingärten; sie tolerieren leichten Frost. Vermehrung durch Aussaat oder Stecklinge. Sukkulente Arten lassen sich auch durch Blattstecklinge vermehren; neue Triebe entstehen am Stiel der abgetrennten Blätter.

Othonna capensis
Syn. *Othonna crassifolia*

Die aus der südafrikanischen Kapprovinz stammende kriechende, nicht winterharte Sukkulente wird kaum höher als 15 cm, breitet sich jedoch über große Flächen aus oder wächst hängend in Ampeln. Die zylindrischen, blaßgrünen Blätter sind etwa 2,5 cm lang; im Sommer erscheinen unzählige kleine, gelbe Blütenköpfchen, die auf kurzen, schlanken Stengeln sitzen.

Othonna cheirifolia

Othonna cheirifolia

Der aus Algerien und Tunesien stammende buschige, immergrüne Strauch trägt löffelförmige, etwas fleischige, graugrüne Blätter, die knapp 10 cm lang sind. Die hellgelben Blütenköpfchen stehen im Frühsommer einzeln auf aufrechten Stengeln. Die niedrige, aber ausladende Pflanze erreicht eine Höhe von 20–30 cm.

OXALIS
SAUERKLEE

Diese Gattung besteht aus etwa 500 Arten. Es sind Stauden mit Knollen, Rhizomen oder Faserwurzeln sowie einige kleine, zarte Sträucher. Die Gattung ist über die ganze Welt verbreitet, die meisten *Oxalis*-Arten stammen jedoch aus Südafrika und Südamerika. Einige sind lästige Unkräuter, die meisten der hier aufgezählten Arten sind in ihrem Wachstum jedoch etwas zurückhaltender und vertragen sich gut mit anderen Pflanzen. Die zusammengesetzten Blätter bestehen aus drei oder mehr herzförmigen oder tiefer zweifach gelappten Fiedern, die handförmig angeordnet sind (wie beim Klee). Die trichterförmigen Blüten sind meist rosafarben, weiß oder gelb und sitzen in doldenartigen Büscheln auf schlanken Stielen.
PFLEGE UND VERMEHRUNG: Die meisten Arten haben Knollen und vermehren sich reichlich. Sie gedeihen an sonnigen oder halbschattigen Standorten und mögen gemulchten, durchlässigen Boden bei mäßiger Wasserversorgung. Vermehrung durch Teilung oder Aussaat im Herbst.

Oxalis adenophylla

Oxalis massoniana

Oxalis oregana

Oxalis acetosella
WALDSAUERKLEE

Die in den gemäßigten Klimazonen Nordamerikas sowie in Eurasien heimische, zarte, frostharte Staude ist von kriechender, niederliegender Wuchsform und trägt im Frühjahr und Frühsommer nickende, weiße, violett geäderte Blüten. Die Waldpflanze gedeiht in kühlem, feuchtem Boden oftmals an sehr schattigen Stellen. Die bescheidene, hübsche Pflanze wird kaum höher als 10 cm. Manchmal werden rosablühende Sorten gezogen.

Oxalis adenophylla

Diese Art stammt aus den südlichen Anden. Sie hat einen knolligen Wurzelstock und bildet ein kleines, 10 cm hohes Büschel aus Blättern mit bis zu zwölf zweilappigen Fiedern. Die für Steingärten geeignete, frostharte Pflanze trägt ab Ende des Frühjahrs bis zum Frühsommer offene, violettrosa Blüten mit dunklerer Mitte.

Oxalis articulata

Die aus Paraguay stammende, sehr frostempfindliche Art hat zahlreiche fleischige, raupenartige Rhizome, die Störungen gerne ausnutzen, um sich auszubreiten. In einigen milderen, feuchteren Klimazonen stellt die Pflanze dadurch ein mäßig lästiges Unkraut dar. Die dreifach gelappten Blätter sind am Rand behaart und lang gestielt; die rosaroten Blüten überragen im Sommer und Herbst in dichten, auffälligen Büscheln die Blätter.

Oxalis citrina

Diese reizende kleine Pflanze stammt aus den kühleren Regionen Südafrikas und Amerikas und trägt die leuchtendsten goldgelben Blüten aller Pflanzen dieser Gattung; Sammler seltener Knollenpflanzen schätzen die zwischen Frühjahr und Frühsommer blühende, sehr frostempfindliche Pflanze sehr.

Oxalis citrina

Oxalis hirta

Oxalis enneaphylla

Die Staude aus Feuerland und von den Falklandinseln trägt Büschel fleischiger, behaarter, blaugrauer Blätter, die aus bis zu 20 gefalteten Fiedern bestehen. Die 10 cm hohe Pflanze trägt außerdem wohlriechende, große, weiße bis dunkel rosarote Blüten, die ab Ende des Frühjahrs bis zum Frühsommer erscheinen. Die Pflanze breitet sich langsam mit Hilfe schuppiger Rhizome aus. Sie ähnelt *Oxalis adenophylla* und ist etwas weniger hart als diese.

Oxalis hirta

Diese nicht frostharte Staude aus der Kapprovinz im Westen Südafrikas ist eine Knollenpflanze mit verlängerten, dicht gedrängten, etwa 20 cm langen Trieben. Die buschige Pflanze mit den krausen Blättern ist im Herbst und Winter wochenlang in 2 cm große, dunkelrosa Blüten mit gelbem Schlund gehüllt.

Oxalis 'Ione Hecker'

Diese vermutlich nicht ganz winterharte Pflanze soll als Hybride zwischen den südamerikanischen Arten *Oxalis enneaphylla* und ***O. laciniata*** entstanden sein; die im Sommer blühende Pflanze trägt trichterförmige, fliederfarbene bis blaue Blüten, die dunkler geädert sind. Der kleine Busch wird nur 5 cm hoch und 5–8 cm breit und trägt graue Blätter.

Oxalis massoniana

Ihre orangefarbenen Blüten heben *Oxalis massoniana* hervor. Die Pflanze aus Südafrika wurde nach Francis Masson benannt, der Ende des 18. Jhs. in Südafrika bedeutende Sammlungen erstellte.

Oxalis oregana

OREGON-SAUERKLEE

Die aus dem Westen der USA und aus Kanada stammende Art breitet sich mittels kriechender Rhizome aus und bildet dichte Matten in feuchten, schattigen Wäldern. Die 25 cm hohe Pflanze trägt 2,5 cm lange, breit herzförmige, dunkelgrüne Fiedern. Rosarote bis weiße Blüten sitzen zwischen Frühjahr und Herbst auf einzelnen Stengeln. Die Pflanze ähnelt *Oxalis acetosella*, ist aber größer und wird nicht so hart.

Oxalis pes-caprae

NICKENDER SAUERKLEE

In frostfreien Klimazonen übernimmt diese südafrikanische Art leicht das Regiment über den Garten. Die stengellose Knollenstaude wird knapp 50 cm hoch und hat Büschel gedrängter, aufrechter oder ausladender, hellgrüner Blätter an langen Stielen. Im Frühjahr oder Frühsommer erscheinen unzählige hellgelbe Blüten auf hohen Blütenstengeln.

Oxalis purpurea

Syn. *Oxalis variabilis*

Die südafrikanische Art ist eine der hübschesten Pflanzen dieser Gattung; sie trägt große rosarote, violette oder weiße Blüten mit zartgelbem Schlund. Aus den Knollen entspringen Kleeblätter, die einen 10 cm hohen Busch bilden; die sattgrünen Fiedern sind unterseits violett. Die Blüten erscheinen vom Spätherbst bis zum Beginn des Frühjahrs. Die Pflanze breitet sich langsam aus, ist jedoch nicht invasiv.

Oxalis tetraphylla

Syn. *Oxalis deppei*

GLÜCKSKLEE

Bei dieser mexikanischen Art handelt es sich um eine büschelig wachsende Knollenstaude. Die gedrängten Blätter bestehen in der Regel aus vier dreieckigen, bis 6 cm langen Fiedern mit einem dunkelvioletten Fleck am Grund, der bei der Sorte **'Iron Cross'** noch auffälliger ist. Die trichterförmigen, tief rötlichen bis rosafarbenen Blüten mit gelbem Schlund erscheinen im Frühjahr und Sommer in lockeren Blütenständen. Die 15 cm hohe und genauso breite Pflanze ist sehr frostempfindlich.

Oxalis tuberosa

OCA

Diese Art aus den nördlichen Anden ist nach der Kartoffel das wichtigste Wurzelgemüse in den kühleren Regionen Südamerikas. Ihre durchscheinenden Knollen können einen Durchmesser von 5 cm haben; sie sind rund oder länglich und können weiß bis gelb, rosafarben oder dunkel gestreift sein, wobei allerdings nur die Sorte mit den weißen Knollen blüht. Über dem Boden bildet die Pflanze ein Gewirr dünner Stengel mit grünen, dreispitzigen Blättern; die kleinen Blüten sind gelb. Die Art ist frostempfindlich.

OXYDENDRUM

SAUERBAUM

Der sommergrüne Baum, die einzige Art dieser Gattung, stammt aus dem Osten der USA und wird aufgrund seines Herbstlaubs und seiner Blüten gezogen. Die wechselständigen Blätter sind fein gezähnt; die wohlriechenden, kleinen, krugförmigen Blüten bilden hängende, endständige Rispen. Der Name dieser mit *Pieris* verwandten Gattung bezieht sich auf die sauer schmeckenden Blätter.

PFLEGE UND VERMEHRUNG: Für eine schöne Herbstfärbung sollte der Baum an einen offenen, sonnigen oder halbschattigen, feuchten Standort gepflanzt werden. Nach der Blütezeit kann gelegentliches Düngen mit Eisen und/oder Ammonium erforderlich sein. Die Vermehrung erfolgt durch Stecklinge im Sommer oder durch Aussaat im Herbst.

Oxydendrum arboreum

Diese in kühlen Klimazonen gedeihende, frostharte Art ist ein kleiner 6–12 m hoher Baum mit schlankem Stamm und pyramidenförmiger Krone, der eher Frost als Trockenheit toleriert. Die kleinen weißen, maiglöckchenartigen Blüten erscheinen im Spätsommer manchmal vor, manchmal aber auch gleichzeitig mit der scharlachroten Herbstfärbung.

OXYTROPIS

SPITZKIEL

Diese Gattung besteht aus 300 Stauden aus der Familie der Schmetterlingsblütler. Sie ist mit der noch größeren Gattung *Astragalus* verwandt und in den gemäßigten Klimazonen der nördlichen Hemisphäre ähnlich weit verbreitet. Die gefiederten Blätter bestehen aus meist schmalen, häufig seidig behaarten Fiedern, oft in einer grundständigen Rosette. Die kleinen Schmetterlingsblüten sitzen dicht gedrängt in kurzen Ähren, diese sind oft lang gestielt. Die Pflanzen gedeihen vorwiegend in kühlem, ziemlich trockenem Klima und bevorzugen durchlässigen Grus- oder Sandboden. Einige Arten sind giftig und können bei Rindern und Pferden zum Wahnsinn führen.

PFLEGE UND VERMEHRUNG: Gute Drainage ist für die Entwicklung der Pflanzen sehr wichtig; sie sollten deshalb am Hang oder in drainierten Hochbeeten gepflanzt werden. Viel Sonne und ein kalter Winter sind ebenfalls wichtig; bei regnerischen Wintern brauchen die Pflanzen ein Gewächshaus, da sie in der Regel keine feuchte Kälte ertragen. Die Pflanzen sollten im Frühjahr ausgesät und sobald wie möglich einzeln in Töpfe umgesetzt werden.

Oxytropis campestris

Die in den kälteren Regionen der Nordhemisphäre heimische, frostharte Art trägt pelzig behaarte, etwa 15 cm lange Blätter in lockeren Rosetten. Im Sommer wachsen etwa 30 cm hohe Blütentriebe mit mehr als einem Dutzend blaßgelber, manchmal auch blaßvioletter Blüten.

OZOTHAMNUS

Diese Gattung besteht aus etwa 50 Arten immergrüner Sträucher aus Australien und Neuseeland, die bis vor kurzem noch alle zur Gattung *Helichrysum* gezählt wurden. Ihre Blätter sind aromatisch, die einiger Arten sogar ziemlich harzig und klebrig, meist klein und haben eine weißliche Unterseite. Einige Arten tragen nur kleine Schuppenblätter. Die winzigen Blütenköpfchen sind von weißen oder gelblichen, papierartigen Hüllblättern umgeben und oft in Massen zu großen, flachen oder gewölbten Blütenständen vereinigt.

PFLEGE UND VERMEHRUNG: Einige kleinere Arten eignen sich für Steingärten. Sie mögen sehr durchlässigen Boden und sollten vor kalten Winden geschützt werden. Die Winterhärte ist allgemein gering. Zu hoch aufgeschossene Pflanzen werden vor dem Austreiben im Frühjahr zurückgeschnitten. Die Vermehrung erfolgt durch Stecklinge im Sommer.

Ozothamnus hookeri

Syn. *Helichrysum hookeri*

Der aus Tasmanien und den kühleren Teilen Südostaustraliens stammende Strauch ist von kompaktem Habitus; er wird 1 m hoch und 60 cm breit. Im Sommer erscheinen in Büscheln weiße Blütenköpfchen mit grünlichgelben Hüllblättern. Die kleinen, dunkelgrünen Schuppenblätter sind etwas zypressenartig.

Ozothamnus ledifolius

Syn. *Helichrysum ledifolium*

Die aus den tasmanischen Bergen stammende Art trägt kleine, weiße Blütenköpfchen, die im Frühsommer aus rötlichen Knospen entstehen. Die kleinen, stumpfen Blätter sind oberseits dunkelgrün, unterseits gelb und drängen sich an gelblichen Zweigen. Die 1 m hohe und breite Pflanze ist von hübscher, rundlicher Gestalt. Um den Duft der süßlich duftenden Blätter voll auskosten zu können, sollte die Pflanze an einem geschützten Standort stehen. Die Blätter sind extrem harzhaltig und daher leicht entzündlich, sie werden in Tasmanien als Anzünder verwendet.

Oxalis pes-caprae

Oxalis purpurea

Oxalis tuberosa

Ozothamnus ledifolius

Oxalis tetraphylla 'Iron Cross'

Oxydendrum arboreum

O

P

PACHIRA

Die aus dem tropischen Amerika stammende Gattung besteht aus 24 Arten immergrüner und sommergrüner Bäume, die knapp 3 m hoch werden können. Wegen ihrer großen, zusammengesetzten Blätter und der Blüten, denen holzige Früchte folgen, werden die Pflanzen gerne gezogen. Die mit vielen hervorstehenden Staubgefäßen versehenen Blüten erscheinen das ganze Jahr hindurch, wobei jede einzelne aber nur kurz blüht. Die Bäume eignen sich hervorragend als Bonsai- oder Kübelpflanzen.
PFLEGE UND VERMEHRUNG: Die nicht frostharten Pflanzen benötigen feuchten Boden, Sonne und gedeihen vorzugsweise in den Tropen. Vermehrung im Spätsommer durch Aussaat oder Stecklinge.

Pachira aquatica

Dieser immergrüne Baum kann zwischen 4 und 20 m hoch werden. Die Früchte von *Pachira aquatica* können geröstet und verzehrt werden. Die zusammengesetzten Blätter dieser Art bestehen aus bis zu neun etwa 30 cm langen Fiedern; die grünlichen oder cremefarbenen Blüten haben Staubgefäße mit einer roten Spitze, die an Rasierpinsel erinnern. Die großen, braunen Früchte sind 30 cm lang, rundlich und haben einen Durchmesser von 15 cm. Der Baum eignet sich für sumpfige Standorte.

Pachira aquatica

PACHYCEREUS

Die aus den Halbwüsten der USA und Mexikos stammende Gattung umfaßt etwa neun Kakteenarten mit einem einzelnen oder mehreren hohen Stämmen, die entlang ihrer Rippen mit filzigen Areolen besetzt sind. Jede Areole trägt kleine radiäre und längere, bei größeren Arten bis zu 10 cm lange, zentrale Dornen. Aus filzigen Knospen an der Stammspitze entstehen cremefarbene oder rote, trichter-, glocken- oder röhrenförmige Blüten mit vielen leicht hervorstehenden Staubbeuteln.
PFLEGE UND VERMEHRUNG: Die Pflanzen bevorzugen einen sonnigen Standort und leichten, schotterigen, sehr durchlässigen Boden. Alle Arten vertragen keinen länger anhaltenden Frost. Übermäßige Feuchtigkeit während der Wintermonate kann zu Fäulnis führen. Vermehrung durch Aussaat. Einige Arten bilden kammförmige Triebe, die auf normale Stämme veredelt werden.

Pachycereus marginatus
Syn. *Stenocereus marginatus, Lemaireocereus marginatus*
ORGELPFEIFENKAKTUS

Die vielen vertikalen Stämme dieses malerischen, aus Mexiko stammenden Kaktus entwickeln sich aus einem kurzen Grundstamm. Die Pflanze kann knapp 8 m hoch werden. Die matt gelblichgrünen Stämme, bis zu 15 cm dick, haben fünf bis sieben breite Rippen. Am oberen Stammabschnitt befinden sich kurze Dornen, die früh abfallen, so daß nur noch die kleinen, pelzigen Areolen übrigbleiben, die so eng aufeinandersitzen, daß sie ein gleichmäßiges Band entlang der Rippenkante bilden. Im Sommer erscheinen kleine, cremerosa Blüten entlang der Rippen der gesamten Pflanze; diese entwickeln sich Jahr für Jahr aus demselben Areolenband.

PACHYPHYTUM

Diese Sukkulentengattung besteht aus 12 Arten zumeist mittelgroßer Pflanzen (bis 60 cm hoch und breit) und stammt aus Mexiko. Die fleischigen Blätter bilden manchmal ungestielte Rosetten und können, je nach Art, grün, blau oder rotviolett sein. Den im Frühjahr, Sommer oder Herbst erscheinenden tagblühenden, hängenden Blüten folgen winzige Samenkapseln. Einige Arten wachsen sehr langsam.
PFLEGE UND VERMEHRUNG: Die nicht frostharten Pflanzen benötigen einen sonnigen Standort, der während der heißesten Stunden des Tages etwas im Schatten liegen sollte. Sie bevorzugen mäßig fruchtbaren, durchlässigen Boden. Vermehrung durch Aussaat oder Stecklinge.

Pachyphytum fittkaui

Diese immergrüne Sukkulente mit überhängendem Habitus wird 50 cm hoch; die Triebe neigen sich zu Boden und erreichen kriechend eine Länge von 1 m. Die Pflanze trägt grüne, schmale bis ovale, 10 cm lange Blätter; im Frühjahr und Sommer erscheinen kleine, dunkelrosa Blüten.

Pachyphytum oviferum
MONDSTEIN

Diese hübsche, mehrjährige Sukkulente (10 cm hoch und 30 cm breit) bildet Kolonien und besteht aus stengellosen Rosetten aufgeblasener, löffelförmiger, blaugrüner Blätter, die weißlichrot bemehlt sind. Vor Beginn des Frühjahrs erscheinen tief rotorangefarbene oder blaßgrüne Blüten in hängenden, kurzgestielten Büscheln.

PACHYPODIUM

Die 17 aus Madagaskar und Südafrika stammenden Arten sind aufrechte, sukkulente, bis 6 m hohe Sträucher. Sie wachsen häufig als einzelne fleischige, mit scharfen Dornen bedeckte Stämme, manchmal mit zwei bis drei Hauptästen; oft biegt sich die ganze Pflanze in Richtung Sonne. Die Blätter befinden sich an der Spitze der Pflanze. Im Sommer erscheinen weiße oder rote Blüten. Die Sukkulenten blühen erst, wenn sie eine Höhe von 1 m erreicht haben, was zehn Jahre oder länger dauern kann.
PFLEGE UND VERMEHRUNG: Als echte Tropenpflanzen ertragen die Arten keinen Frost; sie benötigen einen sonnigen Standort und porösen Boden. In kühleren Gegenden können die Sukkulenten als Topfpflanzen gezogen werden. Sie sollten nur im beblätterten Zustand gegossen werden. Man vermehrt sie durch Samen im Frühjahr oder Sommer.

Pachypodium baronii var. *windsori*

Diese attraktive Zwergart besteht aus einem beinahe kugelförmigen Stamm und kurzen, dornigen Ästen. Die unverwechselbaren Blüten sind scharlachrot und haben ein weißes Auge.

Pachypodium lamerei
DICKFUSS

Die bis 6 m hohe Pflanze, die bekannteste Art dieser Gattung, hat einen dornigen, kaktusähnlichen Stamm und entwickelt viele Triebe, die sich nach jeder Blüte weiter verzweigen. An den Triebspitzen wachsen lange, schmale Blätter, die am Ende des Sommers abfallen. Ausgewachsene Pflanzen tragen im Sommer wohlriechende, weiße Blüten mit gelber Mitte.

Pachypodium namaquanum

Diese baumartige Sukkulente stammt aus Südwestafrika und erreicht eine Höhe von 1–2 m. Unzählige lange, braune Dornen befinden sich auf spiralförmig den Stamm umlaufenden Rippen. Lange, schmale, grüne Blätter stehen in Büscheln an der Spitze der Pflanze. Im Frühjahr erscheinen rötlichbraune, trichterförmige Blüten.

PACHYRHIZUS

Diese Gattung aus den tropischen Regionen Amerikas besteht aus sechs Arten krautiger, windender Hülsenfrüchtler mit knolligen Wurzeln. Die Pflanzen tragen dreigeteilte Blätter und 15–20 cm lange Trauben mit weißen oder tiefvioletten Schmetterlingsblüten, die im Sommer erscheinen und denen bis zu 30 cm lange, flache Samenhülsen folgen. Die Wurzeln einiger Arten gelten in ihren Heimatländern und in vielen anderen tropischen Gebieten als wichtiges Gemüse.
PFLEGE UND VERMEHRUNG: Die Pflanzen benötigen fruchtbaren, feuchten, durchlässigen Boden an einem sonnigen Standort; sie müssen vor Frost geschützt werden. Sie wachsen schnell und brauchen als Kletterpflanzen eine solide Stütze. In sommerwarmen Gegenden werden sie einjährig gezogen. Bis zur Reife benötigen die Knollen vier bis sieben Monate. Ihre Vermehrung erfolgt durch Samen.

Pachyrhizus tuberosus
YAMSBOHNE

Die aus dem Amazonasbecken stammende Schlingpflanze, die sich 6 m hoch ranken kann, wird in Mittelamerika und im Süden der USA aufgrund ihrer eßbaren Knollen gezogen. Die 1–2,5 cm großen Blüten sind weißlich-violett und haben einen grünen Fleck an der Fahnenbasis.

PACHYSANDRA
YSANDER, DICKMANN

Die vier Halbsträucherarten dieser Gattung aus China, Japan und dem Südosten der USA sind immergrün oder halbimmer-

Pachyphytum fittkaui

Pachyphytum oviferum

Pachycereus marginatus

Pachypodium namaquanum

Pachypodium lamerei

grün. Da sie zäh sind und an trockenen, schattigen Stellen gedeihen, werden sie oft an schattigen Standorten als Bodendecker gepflanzt. Sie bilden Matten oder Büschel aus fleischigen Trieben, an deren Spitzen gehäuft 5–10 cm lange, dunkelgrüne, gezähnte, längliche Blätter stehen. Im Frühjahr erscheinen kleine Ähren mit winzigen, wohlriechenden, cremefarbenen Blüten.
PFLEGE UND VERMEHRUNG: Alle Arten sind frosthart und gedeihen auf nahezu jedem einigermaßen kalkarmen Boden an sonnigen bis halbschattigen Standorten. Je mehr sie der Sonne ausgesetzt sind, umso mehr Wasser benötigen sie. Die Pflanzen werden durch schon bewurzelte Seitentriebe oder durch Stecklinge vermehrt.

Pachysandra procumbens
AMERIKANISCHER YSANDER

Dieser halbimmergrüne, aus dem Osten der USA stammende, horstbildende Bodendecker wächst langsamer als die häufigere *Pachysandra terminalis* und ist auch weniger ausbreitungsfreudig. Zu Beginn des Frühjahrs, noch vor dem Austreiben der neuen Blätter, erscheinen aufrechte, creme- oder rosafarbene Blütenstände.

Pachysandra terminalis
JAPANISCHER YSANDER

Diese kriechende, immergrüne, mehrjährige Pflanze aus Japan trägt lederartige, eiförmige Blätter mit an der Spitze gezähntem Rand, sie stehen büschelartig an kurzen Trieben. Im April erscheinen endständige Ähren kleiner, weißer Blüten, die oft leicht rosafarben oder violett getönt sind. Die völlig frostharte, 10 cm hohe Pflanze eignet sich mit ihren Ausläufern gut als Bodendecker. 'Variegata' hat cremefarben, graugrün und grün panaschierte Blätter.

PACHYSTACHYS
DICKÄHRE

Diese zwölf Arten immergrüner Stauden und kleiner Sträucher dieser Gattung aus den tropischen Regionen Mittel- und Südamerikas und den Karibischen Inseln, erreichen eine Höhe bis 2 m. Sie werden wegen der gelben und roten Blütenstände gezogen. Die aufrechten Pflanzen haben große, hellgrüne Blätter sowie gelbe Deckblätter, die die weißen Blüten beinahe verdecken. Diese halten nur wenige Tage, die Deckblätter wochenlang.
PFLEGE UND VERMEHRUNG: Die Pflanzen benötigen frostfreies und zumindest warm-gemäßigtes Klima, gedeihen jedoch bevorzugt in subtropischem Klima, an einem sonnigen Standort, in feuchter, aber durchlässiger Erde. Zimmerpflanzen be-

Pachysandra procumbens

Pachystachys lutea

vorzugen warme, helle, feuchte Bedingungen. Kalte Zugluft im Winter läßt die Blätter abfallen. Man vermehrt sie durch Samen oder Stecklinge.

Pachystachys lutea
GELBE DICKÄHRE, GELBER ZIMMERHOPFEN

Diese kleine, strauchige Pflanze bildet ein Büschel aufrechter Triebe, an deren Spitze sich jeweils eine »Kerze« aus leuchtend goldgelben Deckblättern befindet. Die darin enthaltenen cremeweißen Blüten erscheinen erst, wenn die Deckblätter voll entwickelt sind. Die bis 15 cm langen Laubblätter sind von tiefem, mattem Grün, sie sind lanzettlich und auffällig geädert. Die Pflanze ist als Zimmerpflanze weit verbreitet; sie blüht den ganzen Sommer über und kann in wärmeren Gegenden auch einjährig gezogen werden.

PACHYSTEGIA

Einige Botaniker ordnen die Arten der Gattung *Olearia* zu, andere meinen, die Gattung bestehe aus bis zu fünf verschiedenen Arten, und wieder andere halten alle für eine einzige, sehr variable Art. Die großen, dicken, ledrigen Blätter haben eine wachsartig glänzende Oberseite, die Unterseite ist filzig behaart. Die auffälligen, weißen Blütenkörbchen erscheinen im Sommer und entwickeln sich zu rundlichen, braunen Samenköpfchen.
PFLEGE UND VERMEHRUNG: Die sehr frostempfindlichen Pflanzen gedeihen in jeder Art von durchlässigem Boden; sie bevorzugen einen sonnigen oder halbschattigen Standort und sind ausgezeichnet für exponierte Küstengärten geeignet. Vermehrung durch Aussaat oder Stecklinge.

Pachystegia insignis
Syn. *Olearia insignis*

Dieser immergrüne Strauch kann zwischen 30 cm und 1,5 m hoch und 1 m breit werden. Im Sommer erscheinen weiße Blütenköpfchen mit goldgelben Scheibenblüten. Die knapp 10–20 cm langen Blätter

Pachystegia insignis

Pachystachys lutea

Pachysandra terminalis

Pachysandra terminalis 'Variegata'

sind oberseits dunkelgrün und glänzend, unterseits mit weißen oder beigefarbenen, filzigen Haaren bedeckt.

× PACHYVERIA

Die Hybridgattung enthält rosettige Sukkulenten aus der Kreuzung der mexikanischen Gattungen *Echeveria* und *Pachyphytum*. Die 5–10 cm langen, fleischigen, spatelförmigen Blätter sind in der Regel spitz, grau bis hellgrün, oft mehlig bereift und entwickeln in der Sonne rötlichviolette Töne. Gegen Ende des Frühjahrs erscheinen zwischen 1 cm und 4 cm lange, röhrige, orangefarbene, leicht rötlichgelbe oder violette Blüten; bis zu drei Blüten sitzen an einem aufrechten Stengel.
PFLEGE UND VERMEHRUNG: Die Pflanzen mögen leichten, schotterigen, durchlässigen Boden und Sonne. Sie tolerieren gelegentlichen leichten Frost, faulen jedoch unter kalten, feuchten Bedingungen. Vermehrung durch Abtrennen bewurzelter Rosetten oder durch Blattstecklinge.

× *Pachyveria glauca*

Diese Hybride wird 30 cm hoch und trägt blaugraue, schmale, 6 cm lange Blätter mit roter Spitze. Die Pflanze ist aus *Pachyphytum compactum* und *Echeveria glauca* hervorgegangen. Im Frühjahr erscheinen sternförmige, hängende, gelbe Blüten.

PAEONIA
PÄONIE, PFINGSTROSE

Diese Gattung besteht aus 33 Arten sehr schöner Stauden und Sträucher, die – bis auf zwei von der Westküste Nordamerikas – aus den gemäßigten Klimazonen Eurasiens stammen. Alle Päonien sind sommergrün, haben langlebige, ziemlich holzige Wurzelstöcke mit verdickten Wurzeln und tragen große, zusammengesetzte Blätter, deren Fiedern normalerweise gezähnt oder gelappt sind. Die Blüten sind groß und rosenartig, in ihrer Mitte befinden sich viele kurze Staubgefäße, die beinahe die zwei bis fünf großen Fruchtknoten verdecken. Sie entwickeln sich zu kurzen Hülsen und enthalten große Samen. Die Blüten erscheinen meist in Rosa- oder Rottönen, es existieren jedoch auch Arten mit weißen und gelben Blüten. Es handelt sich meist um krautige Pflanzen, die im Herbst ganz einziehen; es gibt jedoch auch eine kleine Gruppe chinesischer Arten, bekannt als »Strauch-« oder »Baumpäonien«, deren bis etwa 2,5 m lange Triebe verholzen. Die Sorten dieser Gruppe tragen die größten und prächtigsten Blüten aller Pfingstrosen, sie sind zumeist gefüllt, manchmal bis über 20 cm groß und besitzen schön gerüschte oder gekräuselte Kronblätter.
PFLEGE UND VERMEHRUNG: Die meisten Päonien brauchen eine kalte Ruhezeit im Winter, die für die Bildung von Blütenknospen erforderlich ist; junge Blätter und Blütenknospen können andererseits durch Spätfrost geschädigt werden. Die Pflanzen bevorzugen einen geschützten Standort in vollem oder auch leicht gefiltertem Sonnenlicht; der Boden sollte jedoch kühl und feucht sein. Mit dem Austrieb werden die Pflanzen gemulcht und mit gut verrotte-

Paeonia bakeri

Paeonia delavayi

Paeonia lactiflora, Hybride

Paeonia lactiflora 'Beacon Flame'

Paeonia lactiflora 'Bowl of Beauty'

Paeonia lactiflora 'Cora Stubbs'

Paeonia lactiflora 'Kelway's Glorious'

Paeonia lactiflora 'President Roosevelt'

Paeonia lactiflora, Hybride

tem Mist gedüngt. Störungen im Wurzelraum sind tunlichst zu vermeiden. Sie werden – bis auf die Herausnahme zu schwacher Seitentriebe – nicht geschnitten. Die Vermehrung erfolgt durch Samen im Herbst, bei Namensorten durch Teilung. Die Sorten der Strauchpäonien werden am besten durch Ableger vermehrt, da diese aber selten gebildet werden, sind wurzelechte Pflanzen teuer. Eine schnellere und billigere Methode ist die Veredlung auf krautige Arten; die daraus entstehenden Pflanzen sind allerdings oft kurzlebig.

Paeonia bakeri

Diese frostharte Art erreicht eine Höhe von 60 cm; die Blätter sind doppelt dreiteilig gefiedert, die Fiedern etwa 10 cm lang, auf der Oberseite dunkelgrün und unterseits blaugrün. Die über 10 cm großen Blüten öffnen sich gegen Ende des Frühjahrs; sie bestehen aus rundlichen, violettroten Blütenblättern und hellen, goldfarbenen Staubgefäßen.

Paeonia cambessedesii

MALLORCA-PFINGSTROSE

Die von den Balearen stammende, sehr frostempfindliche Staude wird bis 50 cm hoch; Blätter und Stengel sind ziemlich klebrig. Die dunkelgrünen, oberseits rötlich überlaufenen, unterseits violetten Blätter sind bis 25 cm lang, die Fiedern ganzrandig und 10 cm lang. Gegen Ende des Frühjahrs erscheinen 10 cm große, dunkelrosa Blüten.

Paeonia delavayi

DELAVAYS PFINGSTROSE

Diese chinesische Art zählt zu den am weitesten verbreiteten und auch am einfachsten zu ziehenden Strauchpäonien. Die bis 2 m hohe Pflanze trägt zu Beginn des Frühjahrs hellrote bis tief schwarzrote Blüten, die zusammen mit den hellgrünen Blättern erscheinen.

Paeonia lactiflora-Hybriden

EDELPÄONIEN

Diese winterharten chinesischen Staudenpäonien stammen hauptsächlich von der Art *Paeonia lactiflora* ab; die Pflanzen tragen hübsche, im Frühjahr zuerst rötlichbraun gefärbte Blätter und normalerweise wohlriechende Blüten in vielen verschiedenen Farben und Formen. **'Beacon Flame'** hat tiefrote, halbgefüllte Blüten. **'Bowl of Beauty'** wird 1 m hoch und trägt ab Ende des Frühjahrs bis in den Hochsommer mit verbreiterten, cremeweißen Staubblättern gefüllte, rosafarbene Blüten. Die satt apricotfarbenen Knospen der Sorte **'Coral Charm'** erblühen zart orangerosa; die Blüten von **'Cora Stubbs'** bestehen aus breiten Außenblättern und kleineren, helleren Innenblättern; **'Duchesse de Nemours'** ist ziemlich hoch und trägt wohlriechende, weiße bis zartgelbe Blüten mit krausen, einwärtsgebogenen Blütenblättern; **'Félix Crousse'** hat dunkelrosa, gefüllte Blüten mit roter Mitte; **'Festiva Maxima'** trägt große, gefüllte und wohlriechende Blüten, weiß mit roten Flecken und krausen Blütenblättern; **'Inspecteur Lavergne'** ist eine spätblühende Sorte mit gefüllten, roten Blüten; **'Kelway's Glorious'** trägt äußerst wohlriechende, cremeweiße, gefüllte Blüten; **'Miss America'** hat große, ebenfalls sehr gut duftende, weiße Blüten mit goldfarbenen Staubgefäßen; **'Monsieur Jules Elie'** trägt sehr dunkle, kirschrosafarbene Einzelblüten; **'President Roosevelt'** ist üppig und gefüllt; **'Sarah Bernhardt'** trägt wohlriechende, gefüllte, rosarote Blüten mit silberfarbenem Rand; **'Whitleyi Major'** elfenbeinfarbene, ungefüllte Blüten mit gelben Staubgefäßen.

Paeonia lutea

GELBE STRAUCHPÄONIE

Dieser Strauch aus China wurde im 19. Jahrhundert im Westen eingeführt. Die 1,5 m hohe und breite Pflanze trägt im Juni gelbe, 15 cm große, ungefüllte Blüten. Die dunkelgrünen Blätter sind stark fiederig zerteilt. ***Paeonia lutea* var. *ludlowii*** erreicht eine Höhe von 2,5 m und trägt gegen Ende des Frühjahrs hellgelbe Blüten.

Paeonia mascula

KORALLENPFINGSTROSE, GROSSBLÄTTRIGE PFINGSTROSE

Vom nordwestlichen Balkan bis in den Himalaja hinein verbreitet, ist diese winterharte Staude sehr variabel. Die Pflanze hat normalerweise kräftige, 25–60 cm hohe Stengel. Die Blätter können sehr unterschiedlich ausfallen, manche Sorten haben

Paeonia lactiflora 'Moonstone'

Paeonia lactiflora 'Scarlett O'Hara'

Paeonia lutea var. *ludlowii*

Paeonia lutea

Paeonia lactiflora 'Yangfeichuyu'

Paeonia mlokosewitschii

Paeonia officinalis 'Rosea'

Paeonia officinalis

Paeonia officinalis 'Rubra Plena'

breite, andere schmale Fiedern, einige gesägte Ränder. Die dunkelrosa, roten oder weißen Blüten sind über 10 cm groß und öffnen sich sehr früh.

Paeonia mlokosewitschii

GELBE KAUKASUS-PFINGSTROSE

Ab Ende des Frühjahrs bis zur Mitte des Sommers trägt diese Art große, offene, blaßgelbe bis leuchtendgelbe Blüten über unterseits behaarten und an den Rändern manchmal violett getönten Blättern. Die aufrechte Staude wird 80 cm hoch und breit; sie bevorzugt Halbschatten und ist frosthart. Wenn die Samenhülsen aufspringen, kommen schwarze Samen auf rotem Untergrund zum Vorschein.

Paeonia mollis

Bei dieser Pflanze von unbekannter Herkunft dürfte es sich eher um eine Gartensorte als um eine eigenständige Art handeln. Die bis 50 cm hohe, krautige Päonie hat doppelt dreiteilig gefiederte Blätter mit gelappten, bis 10 cm langen Fiedern. Die 10 cm großen, dunkelrosa oder weißen Blüten öffnen sich im Frühsommer.

Paeonia officinalis

BAUERNPFINGSTROSE

Die aus Europa stammende Staude wird 60 cm hoch und breit. Vom Frühjahr bis Mitte des Sommers trägt sie violette oder rote, rosenähnliche, ungefüllte Blüten. Die Pflanze ist giftig und wurde auch medizinisch verwendet. **'Rubra Plena'** hat stark gefüllte, mittelrote Blüten. Die kompaktere Sorte **'China Rose'** trägt dunklere, grüne Blätter und lachsrosa Blüten mit gelborangefarbenen Staubbeuteln. **'Rosea'** hat dunkelrosa Blüten.

Paeonia peregrina

Die aus Südeuropa stammende, winterharte Staude wird 50 cm hoch, hat klebrige Stengel und aus 15 bis 17 Fiedern bestehende Blätter, die blaugrün getönt sind. Gegen Ende des Frühjahrs erscheinen schalenförmige, 10 cm große, dunkelrote Blüten mit goldfarbenen Staubbeuteln. Die Sorte **'Sunshine'** (Syn. 'Otto Froebel') blüht früh und hat leuchtende, dunkle, orangerote Blüten.

Paeonia suffruticosa

STRAUCHPÄONIE

Der ursprünglich aus China stammende, hübsche, sommergrüne Strauch wurde mit so viel Begeisterung in die Gärten umgepflanzt, daß er in der Natur wahrscheinlich ausgestorben ist. Die 1–2 m hohe Pflanze trägt im Frühjahr sehr große, einfache oder gefüllte, schalenförmige Blüten. Je nach Varietät können die Blüten weiß, rosafarben, rot oder gelb sein und sitzen zwischen den schönen, großen, mittelgrünen Blättern. Die Unterart ***Paeonia suffruticosa* subsp. *rockii*** hat halbgefüllte, weiße Blüten mit einem rötlichbraunen Fleck an der Basis jedes Blütenblattes.

PALIURUS

STECHDORN, CHRISTDORN

Diese Gattung mit acht Arten sommer- oder immergrüner, dorniger Sträucher bzw. Bäume aus dem Mittelmeerraum kann über 6 m hoch werden. Wegen ihrer Dornen wurden die Sträucher oft als Hecke gepflanzt. Die Blätter sind oval und glänzendgrün. Die gelblichgrünen, sternförmigen Blüten erscheinen im Sommer, die Früchte sind klein und geflügelt.

PFLEGE UND VERMEHRUNG: Die Pflanzen benötigen einen sonnigen Standort und durchlässigen, fruchtbaren Boden. Vermehrung durch Stecklinge im Spätsommer oder durch Aussaat im Herbst.

Paeonia mollis

Paliurus spina-christi

CHRISTDORN

Der Christdorn kann als kleiner Baum gezogen werden, ist aber meist als sommergrüner, hoher Strauch oder als Heckenpflanze zu sehen. Seine Äste, die paarweise angeordnete, lange Dornen tragen, stellen ein ausgezeichnetes Hindernis dar. Die Zweige wachsen anfangs aufrecht, später biegen sie sich über und verzweigen sich. Kleinen, gelben Blüten folgen dekorative Früchte. Die Blätter verfärben sich sattgelb, bevor sie in den kühleren Monaten abfallen. Die Art ist sehr frostempfindlich.

PANAX

KRAFTWURZ, GINSENG

Diese Gattung besteht aus etwa fünf Staudenarten, zwei davon werden als Nutzpflanzen gezogen. Der Ginseng *(Panax ginseng)* wird in China und Korea seit Jahrhunderten als Heilpflanze verwendet. Der amerikanische Ginseng (*P. quinquefolius*) hat ähnliche Eigenschaften wie die asiatische Art; beide sind von süßlich aromatischem Geschmack. Das Kostbare der Pflanze sind ihre Wurzeln: Sie werden je nach Alter, Farbe und ihrer unverwechselbaren, menschenähnlichen Form bewertet – je älter die Wurzel und je menschenähnlicher, desto wertvoller ist sie.

PFLEGE UND VERMEHRUNG: Die Pflanzen benötigen humusreichen, durchlässigen Boden. Da es sich um Waldpflanzen handelt, sollte der Standort der Pflanze vor allem während der Sommermonate genug Schatten bieten. Auch ausreichende Luftbewegung sollte gewährleistet sein. Ginseng kann durch frischen Samen oder Teilung vermehrt werden.

Paliurus spina-christi

Paeonia suffruticosa, Kulturvarietät

Panax ginseng

Syn. ***Panax pseudoginseng***

GINSENG

Die frostharte Staude aus dem Nordosten Chinas und Korea wird 20 cm hoch. Die dunkelgrünen Blätter setzen sich aus fünf gezähnten Fiedern zusammen. Die kleinen, grünlichweißen Blüten haben fünf Blütenblätter und erscheinen im Spätsommer; im Herbst folgen hellrote Beeren.

PANCRATIUM

PANKRAZLILIE

Die Gattung besteht aus etwa 16 Arten Zwiebelstauden von den Kanarischen Inseln, aus Westafrika, den tropischen Regionen Asiens sowie von den Küsten des Mittelmeers. Die Trompete entwickelt sich aus der Basis der Staubgefäße und bleibt mit den Staubgefäßen verbunden, so daß diese aus dem gesägten Rand der Trompete zu wachsen scheinen. Die Blüten sind fast immer weiß (nie dunkler als cremefarben) und stehen in Büscheln an der Spitze nackter Stengel, die sich aus der Zwiebel entwickeln.

PFLEGE UND VERMEHRUNG: Die Küstenpflanzen gedeihen an einem sonnigen Standort auf sandigem, absolut durchlässigem Boden. Sie sollten im Sommer trocken gehalten werden. Ihre Vermehrung erfolgt durch Aussaat oder Ableger.

Pancratium maritimum

DÜNEN-TRICHTERNARZISSE, PANKRAZLILIE

Im Spätsommer trägt diese sehr frostempfindliche Art süßlich duftende Blütendolden. Eingewachsene, dichte Horste der langhalsigen Zwiebeln blühen besonders üppig. Die Pflanze kann 30 cm hoch und breit werden.

Pancratium maritimum

Paeonia suffruticosa subsp. *rockii*

Pandanus tectorius

Panicum virgatum

PANDANUS
SCHRAUBENBAUM

Diese Gattung aus Ostafrika, Malaysia, Australien und der Pazifikregion umfaßt etwa 600 Arten, darunter einige Zierbäume, die sich für Küstengärten oder nasse Standorte in frostfreien Klimazonen eignen. Einige der palmenartigen, immergrünen Pflanzen erreichen eine Höhe von 15 m oder mehr. Die schwertförmigen, langen und schmalen, grünen Blätter mit den stacheligen Rändern sind spiralförmig an den Triebenden angeordnet. Die weißen Blüten sind sehr klein, die 30 cm großen, ananasähnlichen Früchte Ansammlungen rötlicher oder gelber Beeren.
PFLEGE UND VERMEHRUNG: Sie benötigen tropisches oder subtropisches Klima, Sonne oder Halbschatten und feuchten, durchlässigen Boden. Junge Pflanzen können im Zimmer oder Gewächshaus gezogen werden, wenn sie genügend kalkarmes Wasser erhalten. Abgestorbene/beschädigte Blätter entfernen. Vermehrung durch Aussaat (Samen 24 Std. einweichen) oder Abtrennung bewurzelter Schößlinge.

Pandanus odoratissimus

Die in den tropischen Gebieten Asiens und der Pazifikregion heimische Art wird bis 6 m hoch und trägt lange, schlanke Blätter, die mit spitzen Stacheln besetzt sind. Die langen Luftwurzeln bilden einen kräftigen Stammanlauf. Die männlichen Bäume tragen auffällige, weiße Hochblätter im Blütenstand, weibliche Bäume ananasähnliche Früchte. Die Blüten und Blätter männlicher Bäume sind eßbar.

Pandanus tectorius
PANDANG

Diese Art gedeiht an den Küsten rund um den westlichen Pazifik, wird 10 m hoch, aber oftmals breiter. Das Gewicht seiner Äste wird dann durch kräftige Luftwurzeln abgestützt. Die Blätter sind an den Rändern sowie auf der Unterseite der Mittelrippe mit langen Stacheln versehen.

Pandorea jasminoides

Papaver alpinum

PANDOREA

Die aus etwa sechs Arten windender Kletterpflanzen bestehende Gattung stammt aus Australien, vom Malaiischen Archipel und aus Neukaledonien. Die Pflanzen werden wegen ihrer auffälligen, lange blühenden, röhren-, glocken- oder trompetenförmigen Blüten gezogen und eignen sich für Lauben oder Gitter. Sie sind dicht dunkelgrün und lederig mit gefiederten Blättern belaubt und so auch außerhalb der Blütezeit sehr hübsch anzusehen.
PFLEGE UND VERMEHRUNG: Die nicht frostharten Pflanzen sind ideal für warme und tropische Klimazonen; sie benötigen durchlässigen, humusreichen Boden sowie reichlich Feuchtigkeit und gedeihen am besten an sonnigen, geschützten Standorten. In Mitteleuropa sind es Kalthauspflanzen. Vermehrung durch frischen Samen im Frühjahr oder Stecklinge, die das ganze Jahr über entnommen werden können.

Pandorea jasminoides
Syn. *Bignonia jasminoides*, *Tecoma jasminoides*

Diese australische Kletterpflanze wird 5 m hoch und trägt dunkelgrüne, glänzende Blätter. Zwischen Frühjahr und Herbst erscheinen blaßrosa Trompetenblüten mit karmesinrotem Schlund. **'Lady Di'** trägt weiße Blüten mit gelbem Schlund.

Pandorea pandorana
Syn. *Bignonia pandorana*, *Tecoma australis*
WONGA-WONGA

Aus Australien stammt diese robuste, holzige Kletterpflanze. Sie wird bis 6 m hoch

Pandorea pandorana

und trägt im Frühjahr und Sommer viele auffällige, röhrige Blüten, cremeweiß und mit rötlichem Schlund.

PANICUM
HIRSE

Etwa 470 Arten ein- und mehrjähriger, in den Tropen und den warmen Zonen der nördlichen Hemisphäre heimische Gräser umfaßt diese Gattung. Bei einigen Arten handelt es sich um Kulturpflanzen, bei anderen um Ziergräser oder Unkraut. Die zwischen 60 cm und 3 m hohen Gräser bilden feinhalmige Büsche und haben lange, schmale Blätter, die anfangs fein behaart sind. Im Sommer erscheinen aufrechte bis nickende, lockere Rispen, bis zu 50 cm lang und oft bronzefarben oder rot überlaufen.
PFLEGE UND VERMEHRUNG: Die Pflanzen können leicht in jeder Art von feuchtem, durchlässigem Boden an einem sonnigen Standort gezogen werden. Die als Stauden erhältlichen Arten sind meist winterhart. Ihre Vermehrung erfolgt durch Aussaat, bei Sorten durch Teilung.

Panicum virgatum
RUTENHIRSE

Die von Mittelamerika bis Südkanada heimische, bis 2 m hohe Staude bildet Horste aus blaugrünen bis violettgrünen Halmen, an denen sich klebrige, hellgrüne, bis 60 cm lange Blätter befinden. Ab Spätsommer entfalten sich die starren, bis 50 cm langen Rispen. Im Herbst verfärben sich die Blätter gelb, die Ährchen entwickeln einen roten bis bronzefarbenen Farbton. **'Heavy Metal'** hat aufrechte, blaugrüne Blätter, die sich im Herbst gelb verfärben. Die rotgrünen Blätter von **'Rubrum'** werden im Herbst hellrot.

PAPAVER
MOHN

Die etwa 50 einjährigen, zweijährigen und staudigen Arten dieser Gattung stammen aus den gemäßigten Zonen Eurasiens und

Papaver atlanticum

Afrikas, einige auch aus dem Osten der USA. Die sehr beliebten Beetpflanzen haben schalenförmige Blüten und nickende Knospen, die sich beim Öffnen himmelwärts drehen. Der Mohn teilt seinen deutschen Namen mit eng verwandten Pflanzen wie dem Hornmohn *(Glaucium)* und dem Kappenmohn *(Eschscholzia)*.
PFLEGE UND VERMEHRUNG: Mohnpflanzen sind meist frosthart, ihr Standort sollte nur wenig oder überhaupt nicht im Schatten liegen sowie tiefen, feuchten, durchlässigen Boden aufweisen. Die Aussaat sollte im Frühjahr oder Herbst erfolgen; viele Pflanzen sind selbstaussäend.

Papaver alpinum
ALPENMOHN

Diese büschelig wachsende, halbimmergrüne und kurzlebige Alpenstaude ähnelt dem Islandmohn, wird aber nur 20 cm hoch und 10 cm breit und hat hübsche, gräuliche Blätter. Im Sommer trägt sie weiße oder gelbe Blüten; sie bevorzugt leicht kalkhaltige Böden und eignet sich für Böschungen und Steingärten.

Papaver atlanticum

Die aus Marokko stammende Staude besteht aus einem verholzten Rhizom und 15 cm langen, flaumig behaarten Blättern mit gesägten Rändern. Die blaß orangefarbenen bis roten, etwa 10 cm großen Blüten sitzen auf bis 50 cm hohen Stengeln und öffnen sich im Sommer. Die halbgefüllte Sorte **'Flore Semi-Pleno'** ist etwas kürzer gestielt als die Art.

Papaver bracteatum

Diese vom Kaukasus bis in den Himalaja hinein heimische, sommerblühende Staude ist *Papaver orientale* sehr ähnlich. Sie hat 1 m hohe Blütenstengel und bis etwa 50 cm lange, gefiederte Blätter. Sowohl die Blätter als auch die Stengel sind weiß behaart. Die 10 cm großen Blüten sind meist rot mit violettem Zentrum.

Papaver commutatum

Diese einjährige Art kann im Garten so zahlreich angepflanzt werden, daß man sich an ein impressionistisches Gemälde erinnert fühlt. Die hellroten Blüten sitzen auf behaarten Stengeln und erscheinen im Sommer für nur drei Wochen.

Papaver nudicaule
ISLANDMOHN

Diese büschelig wachsende, aus den nördlichen Teilen Nordamerikas und Asiens stammende Staude wird beinahe immer

Papaver atlanticum 'Flore Semi-Pleno'

Papaver commutatum

Papaver rhoeas, Shirley-Serie

Papaver bracteatum

Papaver orientale

nur ein- bis zweijährig gezogen. Sie eignet sich für Steingärten und als Schnittblume. Im Winter und Frühjahr erscheinen große, duftende, weiße, gelbe, orange- oder rosafarbene Blüten mit knittrigen Kronblättern; die Laubblätter sind blaßgrün, die Stengel behaart und blattlos. Die Pflanze wird 30–60 cm hoch und 15–20 cm breit.

Papaver orientale

TÜRKISCHER MOHN

Im Sommer trägt die aus Vorderasien stammende Staude auffällige rosa und rote Blüten, die mit einem Durchmesser von 10 cm so groß sind wie bei Päonien. Die Sorten können gefüllt sein, sind in vielen Farben erhältlich und haben meist einen dunklen Fleck am Grund jeden Blütenblatts. Die behaarte Pflanze hat lanzettliche, bläulichgrüne Blätter und ist oft nicht besonders standfest. Je nach Sorte kann sie 40 cm bis 1 m hoch werden. **'Cedric Morris'** ist eine großblütige Sorte mit einem Blütendurchmesser bis 15 cm; die rosa Blüten haben krausgewellte Blütenblätter mit dunklem Fleck am Grund. **'Mrs Perry'** trägt große, korallenrote Blüten.

Papaver rhoeas

KLATSCHMOHN

Die schalenförmigen Blüten dieser bekannten schnellwachsenden, einjährigen Pflanze aus Europa und Kleinasien sind zart und scharlachrot. Die Sorten der **Shirley-Serie** sind in Rot, Rosa, Weiß oder auch zweifarbig erhältlich; das »Herz« ihrer Blüten ist im Gegensatz zum wilden Klatschmohn, in dessen Blütenmitte sich ein schwarzes Kreuz befindet, eher blaß. Die gelappten Blätter sind hellgrün. Die Pflanze wird 60 cm hoch und 30 cm breit. Es existieren auch Sorten mit gefüllten Blüten. **'Mother of Pearl'** trägt graue, rosafarbene oder blauviolette Blüten.

Papaver somniferum

SCHLAFMOHN

Die gräulichgrünen Blätter dieser aus dem Nahen Osten stammenden, schnellwachsenden, einjährigen Pflanze sind elliptisch und am Rand gesägt. Im Sommer erscheinen weiße, rosafarbene, rote oder violette, bei Gartensorten oft gefüllte Blüten. Der Schlafmohn wird als Ölsaat und auch wegen seines Milchsafts angebaut, der zur Herstellung von Opium und davon abgeleiteter Drogen verwendet wird. Die Blüten der Sorte **'Hungarian Blue'** sind farblich intensiver als bei der Wildform.

PAPHIOPEDILUM

VENUSSCHUH

Diese Orchideengattung ist von Indien bis nach Südostasien, einschließlich Südchina, den Philippinen und Neuguinea verbreitet. Die Pflanzen wachsen terrestrisch in mittleren Höhenlagen in tiefschattigen Regenwäldern oder im Laubkompost an Felsen, manchmal auch epiphytisch. Sie sind normalerweise von kompakter Wuchsform und bestehen aus fleischigen Wurzeln, wenigen großen, oft gefleckten Blättern und einem Blütenstand aus einer oder mehreren großen Blüten mit charakteristisch schuhförmiger Lippe. Die Gattung besteht aus etwa 60 Arten.
PFLEGE UND VERMEHRUNG: Je nach Herkunft stellen die Pflanzen unterschiedliche Ansprüche, die meisten sind jedoch gut bei mittleren Temperaturen und Halbschatten im Zimmer oder Gewächshaus zu halten. Sie sollten in durchlässigem Substrat gezogen und das ganze Jahr hindurch gleichmäßig feucht gehalten werden. Da die Pflanzen sich nur schwer aus Samen ziehen lassen, sind viele Arten in der Natur durch exzessives Sammeln bedroht. Die Vermehrung erfolgt durch Teilung.

Paphiopedilum callosum

Diese attraktive Art erreicht eine Höhe von etwa 50 cm und ist im Tiefland Thailands, der Malaiischen Halbinsel, in Laos und Kambodscha heimisch. Die Pflanze trägt drei bis fünf 10–20 cm lange und 2,5–5 cm breite Blätter, die auf der Oberseite leicht gefleckt sind. Der im Sommer erscheinende Blütenstand besteht aus einer auffälligen, etwa 10 cm großen, langlebigen Blüte. Die Art benötigt warmen Stand.

Paphiopedilum insigne

In Nepal und Nordindien gedeiht diese wüchsige Orchidee in 2000 m Höhe in kalkhaltigem Boden. Sie wird etwa 30–50 cm hoch und bildet oft große Horste. Die wenigen bandförmigen Blätter werden bis 40 cm lang und 2,5 cm breit. Der 30 cm lange Blütenstand trägt zwischen Herbst und Winter eine oder zwei glänzende, 10–15 cm große Blüten. Von dieser Art stammen viele der modernen Hybriden ab. Namensorten gibt es in Farbkombinationen von Grün, Rostfarben, Cremefarben und Weiß sowie mit verschiedenen Mustern und Zeichnungen.

Paphiopedilum lawrenceanum

Diese etwa 40 cm hohe Pflanze gedeiht im Tiefland Borneos und ist dort in tiefgründiger Laubstreu der Regenwälder oder auf

Paphiopedilum insigne

Paphiopedilum callosum

Papaver somniferum

Papaver somniferum 'Hungarian Blue'

Papaver rhoeas 'Mother of Pearl'

Papaver rhoeas, Shirley-Serie

Papaver nudicaule

bemoosten Kalkfelsen zu finden. Die Pflanze trägt fünf bis sechs dunkelgrüne, bis 20 cm lange und 5 cm breite Blätter. Der bis zu 30 cm lange Blütentrieb trägt im Frühjahr und Frühsommer eine einzige etwa 10 cm große Blüte.

Paphiopedilum malipoense

Diese Art gehört zu einer erst kürzlich entdeckten Artengruppe aus Südwestchina, die in mittleren Höhenlagen in Felsspalten wächst. Die Pflanze trägt sieben oder acht gefleckte Blätter, die 10–20 cm lang und 2,5–5 cm breit sind. Die Blüten stehen einzeln, sind knapp 10 cm groß und haben eine auffällige, etwa 5 cm lange Lippe.

Paphiopedilum rothschildianum

Diese große, horstbildende Art ist nur auf dem Kinabalu, einem Berg auf Borneo, zu finden und gedeiht dort in niedrigen Höhenlagen auf dem Boden oder auf Felsvorsprüngen. Sie kommt oder kam überhaupt nur an zwei Plätzen vor und gilt als eine der bedrohtesten Orchideenarten der Welt. Die Pflanze trägt mehrere bandförmige, bis 60 cm lange und 5 cm breite Blätter. Der im Frühjahr erscheinende, bis 50 cm lange Blütenstand besteht aus zwei bis vier Blüten, die einen Durchmesser von 30 cm haben. Es ist mehr Licht als bei anderen Arten der Gattung erforderlich.

Paphiopedilum superbiens
Syn. *Paphiopedilum curtisii*

Diese Art kommt auf der Insel Sumatra in Höhen zwischen 900 m und 1300 m vor und wächst terrestrisch in Nadelwäldern. Die Pflanze trägt vier bis fünf hell- und dunkelgrün gesprenkelte, 15–25 cm lange und 3,5–6 cm breite Blätter. Die Blüten erscheinen im Sommer einzeln an bis 30 cm hohen Trieben und sind 6–8 cm groß.

P.-Hybride King Arthur 'Burgoyne'

Paphiopedilum-Hybride Grande Jersey

Paphiopedilum-Hybriden

Es wurden Tausende von Hybriden gezüchtet, wobei besonderes Augenmerk auf eine rundere Blütenform gelegt wurde. Weitere Zuchtziele waren Wüchsigkeit, Blütengröße und interessante Farbkombinationen. Viele dieser Pflanzen blühen mehrmals pro Jahr. Ein anderer Zuchttrend ist die Erzielung neuer Gestalten, wobei Größe und runde Form der Blüten eine geringere Rolle spielen. In der Gattung *Paphiopedilum* sind mehr Hybriden registriert worden als in jeder anderen Orchideengattung. Daran waren etwa 25 Ausgangsarten beteiligt. Nicht alle Versuche haben zu Verbesserungen gegenüber den Wildarten geführt, obwohl es einige herausragende Ausnahmen gibt. **King Arthur 'Burgoyne',** eine typische Hybride, zeigt den Einfluß der Art *P. insigne*; die Pflanze trägt bis auf die weiße Spitze des breiten oberen Kronblattes komplett kupferrote Blüten. Bei **Grande Jersey** handelt es sich um eine Hybride, die aus der kleinen Gruppe von Arten mit sehr langen, verdrehten Kronblättern hervorging; einige der Pflanzen tragen mehr als eine Blüte pro Stengel, so auch diese Hybriden.

PARADISEA
PARADIESLILIE

Diese Gattung besteht aus zwei Arten von Rhizomstauden aus den Gebirgen Südeuropas. Die Pflanzen bilden kleine Horste aus gras- bis bandförmigen, hellgrünen

Paphiopedilum superbiens

Paphiopedilum rothschildianum

Paphiopedilum malipoense

Paphiopedilum lawrenceanum

P.-H. 'Broadwoodwidger' × 'Momag'

Paphiopedilum-Hybride Ernest Reed

P.-Hybride Copperspice 'Vulcano'

P.-Hybride Chouvetti 'Van Dyke'

Blättern; gegen Ende des Frühjahrs erscheinen aufrechte Trauben mit sechsblättrigen, trichterförmigen bis glockigen, weißen Blüten, die eine Länge von etwa 4 cm haben. Je nach Art erreichen die Blütenstengel eine Höhe zwischen 30 cm und 1,5 m und tragen zwischen vier und 25 Blüten.
PFLEGE UND VERMEHRUNG: Beide Arten sind frosthart und gedeihen bevorzugt in feuchtem, humusreichem Boden und an einem sonnigen Standort, sind allerdings nicht immer leicht zu ziehen. Im Sommer sollten sie nicht ganz austrocknen. Die Vermehrung erfolgt durch Aussaat oder die Teilung gut eingewachsener Horste.

Paradisea liliastrum

Im Frühsommer trägt diese Art 30–60 cm hohe Trauben mit 2,5–5 cm langen wohlriechenden, weißen, trichterförmigen Blüten. Die bandförmigen, gräulichgrünen Blätter sind in einer grundständigen Rosette angeordnet.

PARAHEBE

Diese Gattung besteht aus 30 Arten, die bis auf wenige Ausnahmen aus Neuguinea und Australien neuseeländischer Herkunft sind. Viele Arten, die vorher ebenfalls hierher gehörten, werden jetzt der Gattung *Derwentia* zugeordnet. Die dichten, immergrünen Halbsträucher sind von niedriger, ausladender Wuchsform und eignen sich daher gut zur Randbepflanzung von Rabatten oder für Steingärten in wintermilden Gebieten. Die Blätter sind meist klein, rund und gezähnt; zusammen mit den drahtigen Stengeln bilden sie ein dichtes Polster. Die Blütenstände stehen im Frühjahr und Sommer über dem Laub und bestehen aus kleinen, weißen, blauen, rosa- oder malvenfarbenen Blüten.
PFLEGE UND VERMEHRUNG: Die sehr frostempfindlichen Pflanzen bevorzugen

Parahebe × bidwillii

einen sonnigen Standort und gute Drainage. Die meisten Arten gedeihen am besten in humusreichem Boden, einige bevorzugen aber auch Schotterboden. Viele Pflanzen bilden Wurzeln, wenn die Stengel den Boden berühren; sie können auch durch Aussaat bzw. Stecklinge vermehrt werden.

Parahebe × bidwillii

Die aus zwei neuseeländischen Arten (*Parahebe decora* und *P. lyallii*) hervorgegangene polsterbildende Hybride wird 15 cm hoch und hat drahtige Stengel, an denen 1 cm lange Blätter sitzen. Im Sommer trägt sie 20 cm lange Rispen mit kleinen, fliederfarben geäderten, weißen Blüten.

Parahebe catarractae

Hier handelt es sich um die wohl dekorativste Art dieser Gattung; die Pflanze ist anfangs eher breitwüchsig, wächst dann aber in die Höhe. Im Frühjahr erscheinen kleine, weiße, trichterförmige Blüten, die leicht violett getönt sind, in Trauben zwischen den ovalen, gesägten Blättern. Die Pflanze wird 30 cm hoch und breit.

Parahebe linifolia

Bei dieser neuseeländischen Art handelt es sich um einen 20 cm hohen Halbstrauch mit drahtigen Stengeln. Die Pflanze kann rundlich oder auch breitwüchsig sein und trägt etwa 1 cm lange, leicht gezähnte Blätter. Im Sommer erscheinen kleine, weiße bis rosafarbene Blüten in Trauben.

P.-Hybride 'Iolanthe' × 'Daiboth'

Paphiopedilum-Hybride Pinocchio

Paphiopedilum-Hybride 'Burnea'

Paphiopedilum-Hybride 'Western Port'

Parahebe linifolia

Parahebe lyallii

Dieser halbimmergrüne, niederliegende Strauch stammt aus Neuseeland, wird 15 cm hoch und bis zu 25 cm breit. Im Frühsommer trägt die Pflanze endständige Ähren aus kleinen, weißen oder rosafarbenen Blüten zwischen ovalen, gesägten, ledrigen, grünen Blättern.

PARASERIANTHES

Zu dieser Gattung gehören vier Arten, die früher zu *Albizia* gerechnet wurden. Sie kommen in Australien und den nördlich davon gelegenen Inseln vor. Alle haben doppelt gefiederte Blätter mit kleinen Fiedern und mimosenartige Blütenstände in dichten Ähren. Die größeren tropischen Arten liefern Brenn- und Nutzholz. *Paraserianthes lophantha* wird in frostfreien Gebieten Australiens als schnellwüchsiger Gartenbaum gepflanzt.
PFLEGE UND VERMEHRUNG: *P. lophantha* stellt, was den Boden betrifft, keine großen Ansprüche und kann sowohl im Schatten als auch in der Sonne gepflanzt werden. In kühleren Gegenden eignet er sich für Treibhäuser. Die Pflanzen keimen schneller, wenn man den harten Samen, der in langen, flachen Hülsen eingeschlossen ist, vorsichtig anritzt oder anfeilt, bevor man ihn im Herbst sät.

Paraserianthes lophantha

Syn. *Albizia lophantha*
FEDERBUSCH-ALBIZIE

Der nicht frostharte Baum erreicht schnell eine Höhe von 8 m und blüht im Winter und Frühjahr. In wärmeren Zonen kann er schon im ersten Sommer 3,5 m hoch werden und als einjährige Pflanze blühen. Die Art ist fast immergrün, die hellgrünen Fiederblätter falten sich abends zusammen.

Paraserianthes lophantha

PARIS

Syn. *Daiswa*
EINBEERE

Zwanzig Arten von Rhizomstauden gehören zu dieser Gattung. Sie ist eng mit *Trillium* verwandt. Die von Europa bis nach Ostasien heimischen Pflanzen wachsen gruppenweise; ihre 2,5–10 cm langen, lanzettlichen Blätter sitzen in einem Quirl zu vier bis zwölf an der Spitze der bis zu 1 m langen Stengel. Im Frühjahr und Sommer erscheinen an den Stengelspitzen einzeln stehende Blüten aus vier bis sechs Blüten- und Kelchblättern, die normalerweise grün oder gelbgrün sind.
PFLEGE UND VERMEHRUNG: Die Pflanzen bevorzugen kühlen, feuchten Waldboden und einen halbschattigen Standort. Die meisten Arten sind wüchsig, aber mehr oder weniger frostempfindlich. Die Vermehrung erfolgt durch Aussaat oder die Teilung gut eingewachsener Pflanzen. Eine Teilung sollte allerdings nur alle drei bis vier Jahre erfolgen, da die Pflanzen sonst zu sehr geschwächt werden.

Paris japonica

Paris quadrifolia

Paris lanceolata

Paris polyphylla var. *yunnanensis*

Paris polyphylla

Paris japonica
Syn. *Kinugasa japonica*

An den 80 cm hohen Stengeln der frostempfindlichen japanischen Art sitzt ein Quirl 20–30 cm langer, elliptischer Blätter. Die Blüten stehen einzeln auf 2,5–10 cm langen Stielen darüber; sie bestehen aus den bis zu 5 cm langen, weißen Kelchblättern. Die Kronblätter sind entweder sehr klein oder gar nicht vorhanden. Den Blüten folgen kleine, fleischige, rote Früchte.

Paris lanceolata

Diese frostempfindliche Art hat lange, schmale Blätter, die einen typischen »Kragen« um den Stengel bilden. An der Stengelspitze befindet sich eine Blüte mit goldfarbenen Staubbeuteln und fadenförmigen Blütenblättern.

Paris polyphylla
Syn. *Daiswa polyphylla*

Diese chinesische Art erreicht eine Höhe von 1 m und trägt 15 cm lange Blätter. Die Kronblätter sind sehr schmal, beinahe fadenförmig, bis 10 cm lang und eher unauffällig, die Blüten sind gelbgrün mit violetter Mitte und brauner Narbe. Die Früchte sind rot. Bei ***Paris polyphylla* var. *yunnanensis* f. *alba*** handelt es sich um eine weiße Form mit etwas breiteren Blütenblättern.

Paris quadrifolia
Syn. *Paris tetraphylla*
EINBEERE

Diese frostharte Art aus Eurasien wird 40 cm hoch und trägt gegen Ende des Frühjahrs sternförmige, grüne Blüten. Die mittelgrünen Blätter sind 5–15 cm lang.

PARKINSONIA

Die Gattung besteht aus zwei Arten dorniger Laubbäume und -sträucher, die aus den subtropischen und tropischen Regionen Amerikas bzw. Afrikas stammen. An einem sonnigen Standort können sie eine Höhe von 10 m erreichen. Die Blätter sind gefiedert, die kleinen Fiedern jedoch sehr kurzlebig, weshalb beinahe das ganze Jahr hindurch nur die schlanken Triebe und die Blattrippen vorhanden sind. Die im Frühjahr erscheinenden zarten, goldfarbenen Blüten wirken davor sehr effektvoll. Die Früchte sind bräunliche Hülsen.
PFLEGE UND VERMEHRUNG: Die nicht frostharten, sehr trockenheits- und hitzetoleranten Pflanzen bevorzugen Sonne und fruchtbaren, durchlässigen Boden. Im Winter sollten sie ziemlich trocken gehalten werden. Im Frühjahr gesäter Samen keimt schnell, wenn er angeritzt wird.

Parkinsonia aculeata
JERUSALEMSDORN

Die in den wärmeren und trockeneren Gebieten Amerikas heimische Art ist mittlerweile auch in anderen Regionen mit ähnlichem Klima eingebürgert und kann dort zum Unkraut werden. Der anmutige Strauch oder kleine Baum erreicht eine Höhe zwischen 3 m und 8 m und hat eine schirmförmige Krone und hängende Zweige, an denen sich kleine Dornen befinden. Die gefiederten Blätter bestehen aus einem flachen, grünen Blattstiel (Rhachis), der auch noch hängenbleibt, nachdem die rundlichen Fiedern abgefallen sind. Im Frühjahr und Sommer trägt die Pflanze kurze Blütenstände mit 2,5 cm großen, duftenden, goldfarbenen Blüten. Sie kann auch als Hecke gepflanzt werden.

PARNASSIA
HERZBLATT

Diese Gattung besteht aus etwa 15 Arten von Stauden, die in weiten Teilen der gemäßigten nördlichen Breiten heimisch sind. Die Pflanzen tragen langgestielte, nierenförmige bis fast runde, 2,5–10 cm lange Blätter, angeordnet in grundständigen Rosetten. Die drahtigen Blütentriebe werden bis 60 cm lang und tragen im Sommer eine einzige 2,5–3,5 cm große Blüte aus fünf Blütenblättern über einem Hochblatt.
PFLEGE UND VERMEHRUNG: Die Pflanzen sollten an einem sonnigen oder halbschattigen Standort in feuchten, durchlässigen Boden gepflanzt werden; sie dürfen im Sommer nicht austrocknen. Einige Arten sind sehr schwer zu ziehen und gedeihen nur in natürlichen Feuchtwiesen oder in nassem Torfboden. Alle Arten sind frosthart. Die Vermehrung erfolgt durch Aussaat im Herbst oder durch sehr vorsichtiges Teilen etablierter Horste.

Parnassia grandifolia

Diese Art aus der Mitte und dem Südosten der USA wird 60 cm hoch. Sie trägt rundliche, 3,5–10 cm lange Blätter an 3,5–15 cm langen Trieben. Die Blüten sind weiß.

Parnassia palustris
SUMPFHERZBLATT

Diese auch in Mitteleuropa heimische Art wird 20 cm hoch, 10 cm breit und trägt 3,5 cm lange, hell- bis mittelgrüne Blätter. Von Sommer bis Herbst erscheinen weiße Schalenblüten mit dunklerer Äderung.

PAROCHETUS
BLAUKLEE

Nur eine einzige Art umfaßt diese Gattung: eine niederliegende Staude mit kleeähnlichen, dreiteiligen Blättern, die sich aus gut 1 cm langen Fiedern zusammensetzen. Die Pflanzen gedeihen wild in Gebirgen des tropischen Afrika und Asien und sehen beinahe während des gesamten Jahres aus wie ein kleiner Kleebusch. Je nach Klima sind sie zwischen Spätsommer und Winter jedoch von 1–2,5 cm großen, hellblauen Schmetterlingsblüten bedeckt, die einzeln oder paarweise erscheinen.
PFLEGE UND VERMEHRUNG: Die Pflanze eignet sich hervorragend für Steingärten, fürs Alpinhaus oder als etwas ungewöhnliches Objekt für Ampeln. Sie bevorzugt feuchten, humusreichen Boden und einen sonnigen oder halbschattigen Standort. Sie erträgt nur sehr leichten Frost, kann sich unter günstigen Bedingungen jedoch schnell ausbreiten. Vermehrt wird sie durch Aussaat oder Teilung.

Parochetus communis

Die in Mosambik und von Südwestchina, Südostasien über den Himalaja bis nach Sri Lanka hinein verbreitete, sommergrüne Art wird 10 cm hoch und 30 cm breit. Die Blüten erscheinen den ganzen Spätsommer und Herbst hindurch.

Parkinsonia aculeata

Parkinsonia aculeata

Parnassia grandifolia

PARODIA

Syn. *Eriocactus, Notocactus, Wigginsia*

Die etwa 50 Arten dieser Kakteengattung stammen hauptsächlich aus den äquatornahen Gebirgen Südamerikas; ihr Habitus reicht von einzeln stehenden, kugelförmigen Gestalten bis hin zu dichten Kolonien aus kurzen, zylindrischen Stämmen. Die Stämme sind gerippt und weisen Querreihen hervorstehender Warzen mit behaarten Areolen auf, aus denen gebogene Dornen in leuchtenden Farben sprießen. Aus der Krone entwickeln sich schon bei recht jungen Pflanzen rote, gelbe und orangefarbene, trompetenförmige Blüten.

PFLEGE UND VERMEHRUNG: Die nicht frostharten Pflanzen bevorzugen einen sonnigen, in der Mittagshitze etwas geschützten Standort. Sie sind einfach zu ziehen, bevorzugen meist durchlässigen Boden und sollten während der Sommermonate viel, im Winter überhaupt nicht gegossen werden. Die Vermehrung erfolgt durch Aussaat im Frühjahr oder durch Stecklinge im Sommer.

Parodia chrysacanthion

Der kleine, kugelförmige Kaktus stammt aus dem Norden Argentiniens, wird knapp 4 cm hoch und 10 cm breit. Seine sattgelben, trichterförmigen Blüten zeigen sich während der wärmeren Monate, die cremefarbenen Früchte im Herbst.

Parodia concinna

Syn. *Notocactus apricus, N. concinnus*

Der aus Brasilien und Uruguay stammende kugelige Kaktus wird gut 5 cm hoch und 10 cm breit. Während der Sommermonate dominieren die großen, gelben, trichterförmigen Blüten und grünen, kugelförmigen Früchte.

Parodia formosa

Die Blüten dieser südamerikanischen Pflanze sind nicht ganz so prächtig wie die der anderen Arten dieser Gattung. Sie sind orangefarben und fallen im Vergleich zum Stamm, der einen Durchmesser von 30 cm hat, eher klein aus. Aufgrund ihrer spiralförmig verlaufenden Rippen und der kurzen, weißen Dornen ist die Pflanze aber trotzdem erwähnenswert.

Parodia graessneri

Syn. *Notocactus graessneri*

Diese Art ähnelt sehr *Parodia haselbergii* und stammt ebenfalls aus dem Süden Brasiliens, hat einen kugeligen, dunkelgrünen

Parochetus communis

Stamm und gelbliche, bis 2,5 cm lange Dornen. Die 2,5 cm großen, gelbgrünen Blüten erscheinen im Frühjahr. Der Kaktus wird 15 cm hoch und breit.

Parodia grossei

Syn. *Notocactus grossei, N. schumanniana*

Der aus Paraguay stammende Kaktus ist eine der größeren Pflanzen dieser Gattung; der dunkelgrüne Stamm wird 1 m hoch. An der Krone sprießen im Sommer trichterförmige, 3,5 cm große, gelbe Blüten; diesen folgen runde, grüne Früchte.

Parodia haselbergii

Syn. *Notocactus haselbergii*

Diese Art stammt aus dem Süden Brasiliens und besteht in der Regel aus einem einzigen Stamm mit einem Durchmesser von 15 cm und 30 bis 60 oder mehr Rippen. Eine Warze trägt bis zu 60 gut 1 cm lange, weiße oder gelbliche Dornen. Im Winter und Frühjahr trägt der Stamm etwa 1 cm lange, orangerote Blüten.

Parodia herteri

Syn. *Notocactus herteri*

Dieser blaßgrüne Kaktus stammt aus Uruguay, wird etwa 50 cm hoch und 15 cm breit. Er trägt rötlichbraune Dornen, die in Büscheln aus den erhabenen Rippen ragen. Die im Sommer erscheinenden, trichterförmigen Blüten sind rot und haben einen gelblichen Schlund, die kugeligen Früchte mit einem Durchmesser von 3,5 cm sind dagegen grün.

Parodia chrysacanthion

Parodia grossei

Parodia leninghausii

Syn. *Eriocactus leninghausii, Notocactus leninghausii*

Dieser grüne Kaktus ist anfangs kugelförmig, nimmt aber später eine säulenartige Form an. Er trägt blaßgelbe Dornen, wird 1 m hoch und 10 cm breit. Im Sommer erscheinen 5 cm große, sattgelbe Blüten und grüne, kugelförmige Früchte.

Parodia magnifica

Syn. *Notocactus magnificus*

Dieser rundliche Kaktus stammt aus Brasilien, wächst meist in Kolonien und hat einen blaugrünen Stamm. Die Pflanze wird 1 m hoch und 15 cm breit. Im Sommer erscheinen 5 cm große, gelbe, trichterförmige Blüten und rundliche, grüne Früchte.

Parodia mammulosa

Syn. *Notocactus mammulosus*

Dieser kleine, kugelförmige Kaktus wird maximal 10 cm hoch und 6 cm breit. Im Sommer erscheint an der Spitze des dunkelgrünen Stammes ein Büschel gelber, trichterförmiger Blüten.

Parodia microsperma

Syn. *Parodia sanguiniflora*

Der aus dem Norden Argentiniens stammende grüne Kaktus ist anfangs kugelförmig, nimmt später jedoch eine zylindrische Form mit einem Durchmesser von maximal 5 cm an. Im Sommer sitzt in der Krone ein Büschel blutroter Blüten.

Parodia scopa

Syn. *Notocactus scopa*

Der Stamm dieses aus dem Süden Brasiliens und aus Uruguay stammenden Kaktus

Parodia haselbergii

Parodia leninghausii

Parodia herteri

Parodia magnifica

Parodia graessneri

ist dicht mit weißen Dornen besetzt. Die Pflanze wird 15 cm hoch und 10 cm breit; im Sommer erscheinen gelbe, trichterförmige Blüten.

PARONYCHIA

MAUERMIERE

Diese weitverbreitete Gattung besteht aus etwa 50 Arten normalerweise polster- oder mattenbildender, einjähriger Kräuter oder Stauden. Die meisten sind im Mittelmeerraum heimisch, haben drahtige Stengel und kleine, linealische bis rundliche, gegenständige Blätter. Die winzigen Blütenstände bedecken die Pflanzen im Frühsommer ganz mit ihren glänzendsilbrigen Hochblättern.

PFLEGE UND VERMEHRUNG: Die Pflanzen bevorzugen durchlässigen Boden und einen sonnigen Standort; sie eignen sich besonders gut für Steingärten und Alpinhäuser. Die genannten Arten sind frosthart, leiden jedoch unter nasser Kälte. Ihre Vermehrung erfolgt durch Aussaat, Ableger oder Teilung.

Parodia microsperma

Parrotia persica

Paronychia argentea

Die aus dem Mittelmeergebiet stammende Art bildet ein Polster aus drahtigen Stengeln mit rundlichen Blättern. Im Sommer ist die Pflanze in kleine, mattgelbe Blütenstände gehüllt, die teilweise von den silbernen Hochblättern verdeckt werden.

Paronychia capitata

Diese mediterrane Art ist *Paronychia argentea* sehr ähnlich. Die Blätter sind jedoch eher linealisch bis lanzettlich als rundlich, auch die silbernen Deckblätter sind etwas heller.

PARROTIA

EISENHOLZ

Diese Gattung stammt aus dem Iran und dem Kaukasus und wurde nach dem deutschen Botaniker F. W. Parrot benannt. Sie besteht aus einer einzigen Baumart, die wegen ihrer kräftigen Herbstfarben und ungewöhnlichen Blüten gerne gepflanzt wird. Die kronblattlosen Blüten bestehen aus aufrechten, drahtigen, dunkelroten

Parodia scopa

Parthenocissus henryana

Staubgefäßen, umgeben von braunen Hüllblättern. Sie erscheinen zu Beginn des Frühjahrs noch vor den Blättern, die etwa 10 cm lang sind und gewellte Ränder haben. Ältere Pflanzen haben eine schuppig abblätternde Borke.

PFLEGE UND VERMEHRUNG: Die Art ist kalkverträglich, soll aber bei leicht saurem Boden die schönste Herbstfärbung bekommen. Der winterharte Baum gedeiht am besten in gemäßigtem Klima, an einem sonnigen Standort und in fruchtbarem Boden. Die Vermehrung erfolgt durch krautige Stecklinge im Sommer oder durch Aussaat im Herbst – die Keimung kann bis zu 18 Monate dauern.

Parrotia persica

Dieser Laubbaum mit ausladenden Ästen, kurzem Stamm und schuppiger Rinde kann in der Natur 12 m hoch werden; im Garten wird er dagegen selten höher als 10 m. Im Herbst nehmen die etwa rhombischen Blätter prächtige gelbe, orangefarbene oder dunkelrote Farbtöne an.

PARTHENOCISSUS

JUNGFERNREBE

Diese zehn Arten attraktiver Kletterpflanzen stammen aus Nordamerika und Asien und haben sommergrüne, hübsch eingeschnittene Blätter; die Blätter einiger Arten nehmen im Herbst prächtige Farbtöne an. Die Pflanzen klettern mit Hilfe kleiner

Parrotia persica

Paronychia capitata

Parthenocissus tricuspidata

Haftscheiben an den Ranken; sie eignen sich so zur Begrünung von Fassaden und Mauern.

PFLEGE UND VERMEHRUNG: Die frostharten Pflanzen gedeihen am besten in humusreichem, durchlässigem Boden an einem vor heißem Wind geschützten Standort, der von gefiltertem Sonnenlicht beschienen wird. Die Vermehrung erfolgt durch Stecklinge gegen Ende des Winters oder zu Beginn des Frühjahrs.

Parthenocissus henryana

Die aus China stammende Art klettert bis auf eine Höhe und Breite von knapp 10 m. Sie ist nicht so frosthart wie die beiden folgenden. Die Blätter setzen sich aus drei bis fünf Fiedern zusammen, die 5–10 cm lang, oberseits dunkelgrün und silberfarben geädert, unterseits violett sind. Im Herbst verfärben sich die Blätter rot. Am schönsten ist das Laub im Frühjahr, da es sich oft im Halbschatten schöner entwickelt.

Parthenocissus quinquefolia

Syn. *Ampelopsis quinquefolia*, *Vitis quinquefolia*

WILDER WEIN

Diese hohe Kletterpflanze aus dem Osten Nordamerikas erreicht eine Höhe von 15 m oder mehr. Die hübschen, zusammengesetzten Blätter bestehen aus fünf Fiedern. Die Pflanze stellt im Sommer eine attraktive, grüne Wandbedeckung dar, die sich im Herbst leuchtendrot färbt.

Parthenocissus tricuspidata

DREISPITZIGE JUNGFERNREBE

Die ideal zur Abdeckung großer Wände geeignete Pflanze erreicht eine Höhe von 20 m. Die dreilappigen, 20 cm großen Blätter nehmen im Herbst auffällige rote oder violette Farbtöne an; die kleinen Blüten sind grünlichgelb. Die kleinen Blätter der Sorte **'Veitchii'** (Syn. *Ampelopsis veitchii*) sind anfangs violett.

PASSIFLORA

Syn. *Tacsonia*

PASSIONSBLUME, MARACUJA, GRANADILLA

Diese Gattung besteht aus über 400 Arten meist immergrüner oder halbimmergrüner, rankender Kletterpflanzen, heimisch in den tropischen Regionen Südamerikas. Die Pflanzen werden aufgrund ihrer dekorativen Blüten und saftigen Früchte (Passi-

onsfrüchte) gezogen. Je nach Art sind die Blüten blaßrosa bis dunkelrot, die Früchte blaßgelb bis violettschwarz. Beispiele für schöne Hybriden sind die tiefrote **'Coral Seas'** und **'Lilac Lady'** (Syn. 'Lavender Lady') mit zarten, hellen, fliederfarbenen Blüten, die an der Spitze weiß werden.
PFLEGE UND VERMEHRUNG: Die nicht frostharten Kletterpflanzen eignen sich am besten für wärmere Gegenden. Sie bevorzugen fruchtbaren, durchlässigen Boden sowie einen sonnigen Standort und brauchen eine Kletterhilfe. Im Sommer sollten die Pflanzen regelmäßig gegossen werden. Zu üppige oder verwilderte Pflanzen werden im Frühjahr geschnitten. Vermehrung durch Aussaat im Frühjahr oder durch Stecklinge bzw. Absenker im Sommer. Die Pflanzen sind anfällig für Nematoden.

Passiflora × *alato-caerulea*

Hierbei handelt es sich um eine Hybride, die aus der Kreuzung zwischen *Passiflora alata* und *P. caerulea* hervorgegangen ist und dreilappige, abgerundete Blätter trägt. Die 10 cm großen Blüten sind außen rötlichviolett und weiß, innen ganz weiß.

Passiflora × *allardii*

CAMBRIDGE-PASSIONSBLUME

Die aus der Kreuzung zwischen *Passiflora caerulea* **'Constance Elliot'** und *P. quadrangularis* entstandene Hybride wurde 1907 in Cambridge gezüchtet. Die Pflanze trägt dreilappige Blätter und etwa 10 cm große Blüten. Sie sind weiß mit rosa Tönung und haben tiefblaue Staubfäden, die

Passiflora × *exoniensis*

Passiflora caerulea 'Constance Elliot'

Passiflora 'Lilac Lady'

sich stark gegen die Blütenblätter abheben. Die Pflanzen blühen im Spätsommer.

Passiflora antioquiensis

Syn. *Tacsonia van-volxemii*

ROTE BANANEN-PASSIONSBLUME

Diese schnellwachsende Pflanze aus Kolumbien trägt dreilappige, ovale bis lanzettliche Blätter, die 15 cm lang sind. Junge Blätter sind flaumig und unterseits filzig behaart. Im Sommer erscheinen hängende, hellrote, 15 cm große Blüten. Diesen folgen elliptische, eßbare, gelbe Früchte.

Passiflora aurantia

Die aus Australien stammende Art trägt dreilappige, bis 10 cm lange Blätter. Die 10 cm großen Blüten sind anfangs blaßrosa, die Kelchblätter färben sich mit der Zeit

Passiflora coccinea

Passiflora 'Coral Seas'

Passiflora × *allardii*

orangerot, die Blütenblätter orangefarben bis ziegelrot, die Staubfäden dunkelrot.

Passiflora caerulea

BLAUE PASSIONSBLUME

Im Sommer trägt diese schnellwachsende, 10 m hohe, immergrüne oder halbimmergrüne Kletterpflanze hübsche Blüten mit weißlichen Hüllblättern und blau oder violett gestreiften Staubgefäßen. Die eiförmigen, gelben Früchte sind zwar eßbar, aber wenig schmackhaft. Auch diese Art, die von allen am meisten Kälte verträgt, gilt noch als sehr frostempfindlich. **'Constance Elliot'** hat weiße Blüten.

Passiflora × *caeruleoracemosa* 'Eynsford Gem'

Syn. *Passiflora* **'Eynsford Gem'**

Diese aus *Passiflora caerulea* und *P. racemosa* hervorgegangene Hybride trägt fünflappige, blaugrüne Blätter und 10 cm große malvenrosa Blüten mit weißen Filamenten.

Passiflora coccinea

ROTE PASSIONSBLUME

Diese robuste, immergrüne Kletterpflanze erreicht mit ihren verholzenden Stengeln eine Höhe von 3,5 m. Die Pflanze wird wegen der im Sommer und Herbst zwischen den großen, dunkelgrünen, krausgewellten Blättern erscheinenden großen, leuchtend scharlachroten Blüten mit der roten, rosafarbenen und weißen Krone gerne gezogen.

Passiflora caerulea

P. × *caeruleoracemosa* 'Eynsford Gem'

Passiflora edulis

PURPURGRANADILLA, MARACUJA

Sowohl wegen ihrer glänzenden, hellgrünen Blätter und den violettweißen Blüten als auch ihrer schmackhaften Früchte wegen gezogen, wird diese Art 4,5 m hoch und trägt weiße, unterseits grüne Blüten. Man sollte die Pflanze über eine Laube oder ein Gitter klettern lassen und ab und zu stutzen, damit sie nicht zu sehr wuchert, was den Insektenbefall fördern kann. Die Früchte werden geerntet, sobald ihre Haut sich violett verfärbt hat, aber noch glatt ist; gegessen werden sie erst, wenn ihre Haut runzelig ist. Die Art ist selbstbefruchtend.

Passiflora × *exoniensis*

Passiflora antioquiensis und *P. mollissima* sind die Elternteile dieser Hybride. Sie trägt breite, dreilappige, behaarte Blätter und bis 15 cm große, hängende Blüten, die außen rot und innen rosa sind.

P

Paulownia tomentosa

Paulownia tomentosa

Passiflora laurifolia
GELBE GRANADILLA

Die Pflanze, im Norden Südamerikas und auf den Karibischen Inseln verbreitet, trägt 10 cm lange, ovale Blätter und ebenso große Blüten. Die Kelchblätter sind innen rot, außen grün. Die Blütenblätter gleicher Farbe sind rot, blau oder weiß gestreift. Den Blüten im Sommer folgen 10 cm lange, eiförmige, gelbe Früchte.

Passiflora manicata

Die Art aus Kolumbien und Peru trägt dreilappige, 10 cm lange Blätter, die an der Unterseite filzig behaart sind. Die hellroten Blüten sind glockig und relativ klein; die Innenseite ist blau und weiß. Den Blüten folgen 5 cm lange, grüne Früchte.

Passiflora mollissima
Syn. *Tacsonia mollissima*
CURUBA, BANANEN-PASSIONSBLUME

Diese attraktive, schnellwachsende Kletterpflanze gedeiht in etwas kühleren Klimazonen, ähnlich wie *Passiflora caerulea*; sie trägt rosafarbene Blüten und lange, goldgelbe Früchte. Damit Früchte und Blüten am besten zur Geltung kommen, sollte man die Pflanze an einer Stütze entlang ranken lassen. Sie trägt in der Regel viele Früchte. Die Kletterpflanze kann sich unkrautartig ausbreiten.

Passiflora quadrangularis
RIESENGRANADILLA, KÖNIGSGRANADILLA

Diese kräftige Kletterpflanze, die 15 m oder höher werden kann, hat hellgrüne, ovale Blätter und trägt ab der Mitte des Sommers bis zum Herbst große, dunkelrote Blüten, die einen Ring purpurner Staubgefäße aufweisen. Die 30 cm langen, länglichen bis ovalen Früchte haben eine gelbliche Schale und süßes Fruchtfleisch. Damit sich die Früchte entwickeln können, benötigt die Pflanze sowohl hohe Temperaturen als auch hohe Luftfeuchtigkeit.

Passiflora racemosa
ROTE PASSIONSBLUME

Die brasilianische Art mit dreilappigen, 10 cm langen Blättern schmückt sich mit 30 cm langen, hängenden Trauben voll hellroter oder weißer Blüten. Die äußeren Staubgefäße sind weiß mit purpurnen Streifen, die inneren kurz und rot.

Passiflora vitifolia

Die im Frühjahr und Sommer blühende Art stammt aus Mittel- und Südamerika, trägt 15 cm große, dreilappige Blätter mit glänzender Ober- und behaarter Unterseite. Die bis zu 10 cm großen Blüten sind hellrot oder dunkelorange und haben rote oder gelbe Filamente (Staubgefäße). Die Früchte sind eßbar.

PASTINACA
PASTINAK

Paulownia fortunei

Pastinaca sativa

Diese Gattung umfaßt 14 Arten zweijähriger bis ausdauernder, in ganz Eurasien heimischer Kräuter. Nur eine davon wird angebaut: Pastinak mit ihrer fleischigen, weißen Rübenwurzel. Sie trägt meist gefiederte Blätter und gelbe Blütendolden.
PFLEGE UND VERMEHRUNG: Die Pflanze bevorzugt einen sonnigen Standort und durchlässigen, tiefgründigen, krümeligen, steinfreien Boden, der gut durchgearbeitet sein sollte. Unfruchtbarer Boden kann mit Hilfe von Kompost verbessert werden, es sollte allerdings kein frischer Mist verwendet werden. Die Vermehrung erfolgt durch Aussaat im Frühjahr. Die Pflanzen sind anfällig für Schnecken und Schadinsekten.

Pastinaca sativa
ECHTER PASTINAK

Dieses widerstandsfähige Wurzelgemüse ist nahrhaft, süß und kann in warmen Klimazonen das ganze Jahr hindurch, in kühlen Klimazonen ab Mitte des Frühjahrs gezogen werden. Die zweijährige Pflanze wird 1 m hoch, trägt 10–30 cm lange, gefiederte Blätter und blüht im Sommer. Die Rüben werden geerntet, sobald die Blätter sich gelb verfärben.

PAULOWNIA

Diese Gattung mit 17 Laubbaumarten stammt aus Ostasien. Einige schnellwachsende Arten erreichen im ersten Jahr eine Höhe von 2,5 m und werden 15 m hoch. Durch ihre großen, herzförmigen Blätter spenden die Bäume guten Schatten. Im Herbst erscheinen hübsche Knospen, die sich im Frühjahr zu der fingerhutähnlichen Blütentraube entwickeln; danach folgen die Blätter. Die Früchte sind Kapseln, die geflügelte Samen enthalten.
PFLEGE UND VERMEHRUNG: Die frostempfindlichen Bäume gedeihen am besten auf durchlässigem, fruchtbarem Boden, der im Sommer sehr feucht sein sollte; die Pflanzen sollten vor starkem Wind geschützt werden. Die Vermehrung erfolgt durch Aussaat oder Wurzelschnittlinge im Spätsommer oder Winter.

Paulownia fortunei

Dieser ausladende Baum erreicht eine Höhe von 12 m und hat breite, ovale, mittelgrüne Blätter, die 15–20 cm lang sind und deren Mittelrippe und größere Adern auf der behaarten Unterseite erkennbar sind. Die Blätter verfärben sich im Herbst sattgelb, bevor sie abfallen. Im Frühjahr erscheinen in Büscheln duftende, 10 cm lange, glockige Blüten, die creme- bis blaß malvenfarben sind und einen cremefarbenen, violett gefleckten Schlund haben.

Paulownia tomentosa
Syn. *Paulownia imperialis*
KAISER-PAULOWNIE, BLAUGLÖCKCHENBAUM

Der Baum, bis 12 m hoch und breit, wird wegen seiner großen, gegenständigen, herzförmigen, bis zu 30 cm breiten Blätter und der aufrechten, duftenden, blaßviolet-

Passiflora laurifolia

Passiflora manicata

Passiflora mollissima

Passiflora quadrangularis

P

ten Blütentrauben gezogen. Er gedeiht in kühleren und auch wärmeren Klimazonen; die Blütenknospen sind frostempfindlich. Wird der Baum jeden Winter bis fast auf den Boden zurückgeschnitten, bildet er etwa 3 m lange Triebe mit riesigen Blättern, blüht aber nicht.

PAVONIA

Diese Gattung besteht aus etwa 150 Arten von Stauden, Halbsträuchern und Sträuchern und ist in den tropischen und subtropischen Regionen der Welt, vorwiegend aber in Amerika heimisch. Die Pflanzen haben in der Regel aufrechte, rohrartige Triebe, an denen einfache, ovale, manchmal auch gelappte Blätter sitzen, die zwischen 2,5 und 25 cm lang sein können. Die Blüten sitzen meist einzeln in den Blattachseln. Die Blütenhülle umgibt die zu einer Säule verwachsenen Staubgefäße. Die Blüte erinnert an Hibiskus, der zur selben Familie der Malvengewächse gehört.
PFLEGE UND VERMEHRUNG: Die meisten Arten sind einfach zu ziehen, wenn man sie in warmem, frostfreiem Klima in feuchten, durchlässigen Boden pflanzt. Sie mögen einen sonnigen oder halbschattigen Standort. Vermehrung durch Aussaat im Frühjahr oder Stecklinge im Sommer.

Pavonia × *gledhillii*
Syn. *Pavonia intermedia* hort.

Aus den brasilianischen *Pavonia makoyana* × *P. multiflora* hervorgegangen, ist die Hybride wohl die beliebteste Pflanze der Gattung, aus der mehrere Sorten entstanden sind. Der 2 m hohe Strauch trägt elliptische bis lanzettliche, 15 cm lange Blätter mit gesägtem Rand. Die hellrosafarbenen, sternförmigen Einzelblüten werden bis 3,5 cm groß. Die säulenartig verwachsenen Staubgefäße tragen graublaue Pollen. **'Kermesina'** ist eine Zwergsorte mit leuchtend- bis karmesinroten Blüten. **'Rosea'** trägt dunkelrosafarbene Blüten.

Pavonia lasiopetala

Dieser 1–1,2 m hohe, relativ widerstandsfähige Strauch aus Südamerika schmückt sich während der wärmeren Monate mit hellrosa, 2,5–5 cm großen Blüten.

PAXISTIMA
Syn. *Pachystima*

Diese Gattung umfaßt zwei Arten immergrüner Zwergsträucher aus Nordamerika. Sie haben schlanke, vierkantige Stengel mit korkiger Rinde mit kleinen Warzen. Die ovalen bis linealischen Blätter sind ledrig mit gesägten Rändern. Die kleinen, vierblättrigen Blüten sitzen im Frühjahr und Sommer einzeln in den Blattachseln; diesen folgen zweiklappige Samenkapseln.
PFLEGE UND VERMEHRUNG: Sie wachsen leicht in durchlässigem Boden bei Sonne oder Halbschatten und mögen im Sommer feuchte Bedingungen. Sie sind frosthart und lassen sich auch als niedrige Hecke ziehen. Vermehrung durch Aussaat, Stecklinge oder bewurzelte Ableger.

Paxistima canbyi
Syn. *Canbya paxistima*, *Pachystima canbyi*

Diese niedrige, buschige und anpassungsfähige Pflanze mit schmalen, immergrünen Blättern stammt aus den Bergen von Virginia (USA) und wird gerne als Bodendecker gezogen.; die Blüten und Früchte sind eher unscheinbar. Die Pflanze wird 30 cm hoch und 1–1,5 m breit.

Paxistima myrtifolia

Häufig anzutreffen ist diese ausladende, weitverzweigte Art im Westen Nordamerikas. Die etwa 1 m hohe Pflanze trägt fein gesägte, glänzendgrüne, runde Blätter, bis 3,5 cm lang, und winzige, rot getönte Blüten, die sich im Frühjahr öffnen.

PEDILANTHUS

Diese sukkulente Gattung aus der Karibik, dem Süden der USA und dem Norden Südamerikas umfaßt etwa 14 Arten buschiger, bis 2,5 m hoher und 1,5 m breiter Pflanzen. Die Arten unterscheiden sich v. a. durch ihre grünweißen Blüten, die im Sommer und Herbst erscheinen und von Hüllblättern in der Gestalt eines Vogelkopfs oder Schuhs umgeben sind. Die Blätter sind grün oder panaschiert.
PFLEGE UND VERMEHRUNG: In Mitteleuropa sind es Warmhauspflanzen. Sie bevorzugen durchlässigen Boden und einen halbschattigen Standort. Vermehrt werden sie durch Stecklinge.

Pedilanthus bracteatus
Syn. *Euphorbia bracteata*

Dieser immergrüne Strauch stammt aus Mexiko und wird 3 m hoch. Die langen, grünen Blätter sind eiförmig bis lanzettlich und werden 15 cm lang. Die kleinen, grünen Blüten erscheinen im Sommer.

Pedilanthus tithymaloides
SCHUHBLÜTE

Diese bis 2 m hohe, langsamwachsende Sukkulente stammt von den Karibischen Inseln und war im 19. Jahrhundert in Großbritannien eine beliebte Gewächshauspflanze. Die fleischigen, aufrechten Stengel wechseln an jedem Knoten die Wuchsrichtung. Die mittelgrünen Blätter sitzen in zwei Reihen am Stengel. Panaschierte Sorten sind sehr beliebt. Die kleinen, scharlachroten Blüten werden von auffälligen, roten Hüllblättern umgeben; Zimmerpflanzen blühen selten. Verletzte Triebe sondern giftigen Milchsaft ab.

PELARGONIUM
PELARGONIE, GERANIE

Die wohlbekannten Hybridpelargonien werden oft als »Geranien« bezeichnet, sollten jedoch nicht mit den Arten der Gattung *Geranium*, die zur selben Familie gehört, verwechselt werden. Die Gattung *Pelargonium* besteht aus etwa 280 Arten, von denen die meisten in Südafrika und dem benachbarten Namibia, einige wenige aber auch in anderen Teilen der Welt, vornehmlich der südlichen Hemisphäre heimisch sind. Bei den Pelargonien handelt es sich zwar meist um weichholzige Sträucher oder Halbsträucher, es gibt aber auch einige Stauden und sogar einjährige Arten; eine große, aber relativ unbekannte Artengruppe stellen die Pflanzen mit sukkulenten Stengeln, Blättern oder Wurzeln dar, die von Sukkulentenliebhabern gezogen werden. Die Blätter der Pelargonien sind

Pedilanthus tithymaloides

oft genauso lang wie breit und je nach Art verschiedenartig gezähnt, gekerbt, gelappt oder zerschnitten. Die zumeist aromatischen Blätter enthalten eine breite Palette ätherischer Öle, sie können auch harzartige Tropfen absondern, so daß sie sich leicht klebrig anfühlen. Die Blüten der wilden Arten haben zwei obere Blütenblätter, die sich durch eine andere Farbe oder Zeichnung von den drei unteren Blütenblättern abheben; dieses charakteristische Merkmal unterscheidet Pelargonien von echten Geranien. Ein anderes Unterscheidungsmerkmal sind die fedrigen Flughaare der Samen, die aussehen wie Federkrönchen.

Nur wenige Gruppen von Hybridpelargonien sind als Garten- oder Zimmerpflanzen verbreitet; sie wurden im frühen 19. Jahrhundert aus einer kleinen Anzahl südafrikanischer Straucharten gezogen. Die gewöhnlichen Garten- und Topf-»Geranien«, früher unter dem botanischen Namen *Pelargonium* × *hortorum* zusammengefaßt, werden **Zonale-Hybriden** genannt. Diese haben beinahe kreisrunde Blätter mit gekerbten Rändern, die oftmals hufeisenförmige, braune, rote oder violette Zonen aufweisen und beinahe das ganze Jahr hindurch blühen. Diese Gruppe hat die größte Anzahl an Sorten hervorgebracht; erst kürzlich wurden einige sehr attraktive Untergruppen gezüchtet. Eine ähnliche Gruppe stellen die **Hängepelargonien** mit ihrer überhängenden Wuchsform und den fleischigeren, etwas spitzer gelappten Blättern dar. Diese Pflanzen, ebenso Objekt intensiver Züchtungsarbeit, nähern sich in einigen charakteristischen Eigenschaften den Zonale-Pelargonien immer mehr an. Eine weitere größere Gruppe stellen die **Edelpelargonien** dar, die manchmal auch als *Pelargonium* Grandiflorum-Hybriden oder *Pelargonium* × *domesticum* bekannt sind; die Pflanzen haben verholzende Stengel sowie scharf gezähnte und gefaltete Blätter, die großen Blüten erscheinen in verschiedenen bunten Farben und Mustern. Es existieren aber auch noch einige kleinere Hybridgruppen, die aufgrund ihrer Blüten gezogen werden;

Pavonia lasiopetala

als wichtigste Gruppen wären hier die **Unique-** und die **Engelspelargonien** zu nennen. Außerdem gibt es noch eine große, umfangreiche Gruppe, die hauptsächlich wegen ihrer Blätter gezogen wird und unter dem Namen **Duftpelargonien** bekannt ist. Die meist strauchigen Pflanzen haben in der Regel tiefgelappte bzw. zerschnittene Blätter, die - je nach Sorte - beim Reiben eine Vielfalt von Düften verströmen. Die Gruppe enthält Arten und Hybriden; einige Pflanzen tragen hübsche Blüten. Einige davon werden kommerziell gezogen, um aus ihnen »Geranienöl« zu gewinnen, das zur Herstellung von Parfums dient.
PFLEGE UND VERMEHRUNG: Die nicht frostharten Pflanzen werden oft wie einjährige Pflanzen behandelt und eignen sich in kühleren Klimazonen für Sommerblumenbeete. In wärmeren Gegenden, in denen es viele Stunden am Tag hell ist, blühen die Pflanzen beinahe das ganze Jahr hindurch, reagieren allerdings empfindlich auf extreme Hitze und Feuchtigkeit. Sie werden in Töpfe oder Beete gepflanzt; der Standort sollte sonnig, der Boden leicht, durchlässig und neutral sein. Topfpflanzen sollten regelmäßig gedüngt und ausgeputzt werden. Übergießen ist zu vermeiden. Vor allem die Zonale-Pelargonien faulen unten, wenn der Boden zu feucht ist; allerdings bewurzeln sich die Stengel weiter oben neu (wobei jedoch schwächere Pflanzen entstehen). Die Vermehrung erfolgt durch krautige Stecklinge zwischen Frühjahr und Herbst.

P

Pelargonium alternans

Diese halbsukkulente Art hält während der Trockenzeit eine strikte Ruhephase ein. An der Spitze der kurzen, verholzten Stengel befinden sich kleine, fein zerteilte Blätter. Die Blüten treten in Büscheln aus bis zu vier Blüten auf und sind weiß oder rosa. Die Pflanze sollte nicht zu stark gegossen oder gedüngt werden, da sie sonst zu langgliedrig und lax wird.

Pelargonium, Engelshybriden

Diese kleine Hybridengruppe wurde um 1930 in London gezüchtet, ein Elternteil war *Pelargonium crispum*. Die kleinen Pflanzen werden selten höher als 25 cm und haben gezähnte, krausgewellte Blätter; die Blüten sind verhältnismäßig groß und oft sehr hübsch gezeichnet, ähnlich wie Edelpelargonien. Typische Sorten sind **'Captain Starlight'** und **'Roller's Echo'**.

Pelargonium australe

Diese Staude ist im Süden Australiens weit verbreitet und dort oft auf Klippen oder in Sanddünen zu finden. Der etwa 30 cm

Pelargonium alternans

Pelargonium crispum

Pelargonium cucullatum

hohe Busch trägt blaßgrüne, langgestielte Blätter, die ziemlich behaart und flach gelappt sind. Zwischen Frühjahr und Frühherbst erscheinen kleine, rosa Blüten in dichten Blütenköpfchen.

Pelargonium betulinum

Diese strauchförmige, südafrikanische Art wird 60 cm hoch, kann bei feuchten Bedingungen aber sehr breit werden. Sie trägt kleine, beinahe unbehaarte, ovale Blätter mit gezähnten Rändern. Die leicht blaugrünen Blätter verfärben sich unter sehr sonnigen oder kühlen Bedingungen an den Rändern leicht rot. Die rosa oder lila, manchmal auch weißen Blüten sind 2,5 cm groß und erscheinen in Büscheln von drei bis vier Blüten.

Pelargonium crispum

ZITRONENPELARGONIE

Diese typische Art stammt aus der Kapprovinz in Südafrika. Der aufrechte, wenig verzweigte Strauch wird 1 m hoch; an den aufrechten Stengeln sitzen gleichmäßig aufgereihte, kleine, gelappte Blätter mit krausgewellten Rändern, die beim Reiben nach Zitrone duften. Die zerstreuten rosafarbenen Blüten wirken bei einem Durchmesser von bis zu 2,5 cm verhältnismäßig groß und sind dunkler gezeichnet. **'Variegatum'** ist eine häufig gezogene Pflanze mit cremefarben umrandeten Blättern. Die kräftigere Sorte **'Prince Rupert'** hat große Blätter.

Pelargonium crispum 'Variegatum'

Pelargonium, Angel Hybrid, 'Roller's Echo'

Pelargonium cucullatum

Wie viele andere bemerkenswerte Arten ist auch diese wild nur im Südwesten der südafrikanischen Kapprovinz zu finden. Der sehr attraktive Strauch, der einen Elternteil der Edelpelargonien-Hybriden abgibt, wird etwa 1 m hoch; die flaumigen, graugrünen Blätter sind scharf gezähnt, gelappt und leicht schalenförmig. Im Frühjahr und Sommer erscheinen in Büscheln rötlich-malvenfarbene Blüten, die dunkler geädert sind und einen Durchmesser von bis zu 5 cm haben.

Pelargonium echinatum

Syn. *Pelargonium reniforme*

Die trockenen Regionen im Norden der südafrikanischen Kapprovinz sind die Heimat dieser ungewöhnlichen Art mit knolligen Wurzeln und einem geschwollenen Stengel mit mehreren gräulichen, stacheligen Ästen. Die Pflanze wird höchstens 50 cm hoch. Zum Ende der Wachstumsperiode fallen die leicht nierenförmigen, seicht gelappten Blätter ab und hinterlassen nackte Äste. Gegen Ende des Winters bis zum Frühsommer erscheinen weiße, rosa-, malven- oder lilafarbene Blüten; die oberen Blütenblätter haben oft einen herzförmigen, roten Fleck. Nachdem die Blätter gelb werden, sollte die Pflanze drei Monate lang wenig gegossen werden.

Pelargonium, Angel Hybrid, 'Captain Starlight'

Pelargonium betulinum

Pelargonium australe

Pelargonium grandicalcaratum

Diese Art stammt aus den Halbwüsten der südafrikanischen Kapprovinz und Namibias und wird nur selten gezogen. Der etwa 50 cm hohe, sommergrüne Strauch trägt nach Pfeffer riechende, fleischige, dreilappige, etwa 1 cm lange Blätter. Die Blüten haben einen 1 cm langen, röhrenartigen Schlund, der genau wie Kelch und Stengel leicht rot getönt ist. Die kleinen, malvenfarbenen Blüten mit der violetten Zeichnung öffnen sich nie vollständig; die oberen Blütenblätter rollen sich nach innen, während die unteren Blätter übereinandergefaltet sind.

Pelargonium graveolens

ROSENPELARGONIE, ZITRONENDUFTPELARGONIE

Die tiefgelappten, pelzig behaarten Blätter dieser Art verströmen beim Reiben ein intensives Aroma nach Zitrusfrüchten. Die strauchige Pflanze wird 30–60 cm hoch und breit. Die kleinen Blüten sind rosarot, die unteren Blütenblätter haben einen violetten Fleck.

Pelargonium, Hängepelargonien-Hybriden

Diese Hybriden wurden hauptsächlich von der südafrikanischen Art *Pelargonium peltatum* abgeleitet, die von kletternder oder rankender Wuchsform ist und fleischige, unbehaarte Blätter mit zugespitzten Lappen sowie kleine, rosafarbene Blüten trägt. Die vielen verschiedenen Sorten behalten diese Blattmerkmale bei, haben jedoch größere Blüten in auffälligen, langgestielten Blütenköpfchen, die oft gefüllt sind und in vielerlei Farben auftreten können. Die einfach zu ziehenden Pflanzen tolerieren feuchtere Bedingungen als die Zonale-Pelargonien und eignen sich beson-

Pelargonium, Hp.-H., 'Blooming Gem'

P., Hp.-H., 'Laced Red Cascade'

Pelargonium, Hängepelargonien-Hybride, 'Harlequin Mahogany'

Pelargonium, Hp.-H., 'Lilac Cascade'

Pelargonium, Hp.-H., 'Chic'

ders gut für Ampeln, Blumenkästen und zur Pflanzung auf Mauerkronen. Neueste Züchtungen erbrachten Pflanzen mit panaschierten Blättern oder auch Kompakt- bzw. Miniaturpflanzen. Durch die Hybridisierung von Hänge- und Zonale-Pelargonien entstanden Pflanzen mit Blättern wie die zuerst genannten und Blüten, die an letztere erinnern. Die beliebte Sorte **'Amethyst'** trägt dichte Büschel halbgefüllter, rosavioletter Blüten. **'Blooming Gem'** hat hellrosa Blüten.

Die **Cascade-Serie** besteht aus Miniatur-Hängepelargonien mit kleinen Blättern und unzähligen kleinen Blüten; zu dieser Serie gehört **'Laced Red Cascade'** mit roten Blüten, **'Lilac Cascade'** mit fliederrosa Blüten, **'Chic'** mit dunkelrosa, gefüllten Blüten sowie **'Crocetta'** mit rot umrandeten, halbgefüllten, weißen Blüten. **'Galilee'**, eine der bekanntesten hängenden Sorten, ist von kompaktem Wuchs, die Blätter können cremefarben oder cremefarben und rosa panaschiert sein; die unzähligen gefüllten Blüten sind fleischfarben. Die Blüten von **'Harlequin Mahogany'** sind aufgrund eines Virus, der mit den Samen übertragen wird, weiß panaschiert; dadurch kam eine Vielzahl von Farbkombinationen, von rosa-weiß bis rot-weiß zustande. **'Mutzel'** trägt hellrote Blüten und blaßgrüne, panaschierte Blätter.

Pelargonium, Hp.-H., 'Crocetta'

Pelargonium, Hp.-H., 'Galilee'

Pelargonium, Hp.-H., 'Mutzel'

Pelargonium graveolens

Pelargonium odoratissimum

Pelargonium magenteum

Syn. *Pelargonium rhodanthum*

Diese Pflanze wird mit ihren verholzten Trieben etwa 1 m hoch und trägt behaarte, rundliche bis nierenförmige, graugrüne Blätter, die mehr als 1 cm groß sind. Jeweils drei bis neun der 5 cm großen Blüten sitzen in einem Büschel; die Blüten sind hellrosa mit dunklerer Mitte. In der Medizin wird die Pflanze bei Darmbeschwerden eingesetzt.

Pelargonium 'Mrs Taylor'

Diese aus *Pelargonium ignescens* hervorgegangene Hybride oder Sorte trägt tief zerteilte, gelappte Blätter von durchdringendem Geruch sowie leuchtend scharlachrote Blüten.

Pelargonium × *nervosum*

Diese Hybride trägt kleine, dunkelgrüne, gelappte, leicht gekrauste Blätter mit gezähntem Rand, die stark nach Limonen duften. Die etwa 40 cm hohe Pflanze ist von aufrechter, aber kompakter Statur. Jeweils drei bis sieben der dunkel geäderten, dunkelrosa Blüten stehen in einem Büschel zusammen.

Pelargonium odoratissimum

ZITRONENPELARGONIE

Die kleinen, leicht herzförmigen, gelappten, graugrünen Blätter dieser sehr buschigen und weitverzweigten Pelargonie verströmen einen starken, süßen Zitrus- oder Apfelduft. Die Pflanze wird 30 cm hoch und breit. Die oberen Blütenblätter der kleinen, weißen Blüten sind manchmal rot geädert. In wärmeren Klimazonen blüht die Pflanze beinahe das ganze Jahr über, reagiert aber empfindlich auf feuchte Hitze.

Pelargonium grandicalcaratum

Pelargonium magenteum

Pelargonium 'Mrs Taylor'

P

Pelargonium peltatum

Pelargonium quercifolium

Pelargonium, G.-H., 'Lord Bute'

P., G.-H., 'Lyewood Bonanza'

Pelargonium, Grandiflorum-Hybride, 'Rosmaroy'

P., G.-H., 'Monkwood Bonanza'

Pelargonium, G.-H., 'Morwenna'

Pelargonium, G.-H., 'Rembrandt'

Pelargonium, G.-H., 'Spot-on-Bonanza'

Pelargonium, G.-H., 'Parisienne'

Pelargonium, G.-H., 'Vicky Clare'

Pelargonium peltatum

HÄNGEPELARGONIE

Die in den Küstenregionen der südafrikanischen Kapprovinz heimische Art hat bis zu 1 m lange, rankende oder kriechende Triebe. Die hellgrünen, 10 cm großen Blätter sind fünflappig. Die Blütenblätter sind bei der Wildform blaßrosa und schmal; Hauptblütezeit ist Frühjahr und Sommer. Hängepelargonien-Hybriden sind hauptsächlich aus dieser Art hervorgegangen.

Pelargonium quercifolium

EICHENBLATT-PELARGONIE

Dieser aufrechte Strauch wird etwa 1,5 m hoch. Wie der Name anzeigt, erinnern die aromatischen Blätter, die tief gelappt, dunkelgrün und gesägt sind, ein wenig an Eichenblätter. Blätter und Stengel sind klebrig und äußerst aromatisch. Die beiden oberen Blütenblätter der rosavioletten Blüten sind dunkler gezeichnet.

Pelargonium, Grandiflorum-Hybriden

EDELPELARGONIEN

Aufgrund ihrer außergewöhnlich großen Blüten eignen sich diese Hybriden zur Ausstellung bei Blumenschauen, für Wintergärten oder auch zum Verkauf als blühende Topfpflanzen. Ursprünglich wurde die Pflanze von der südafrikanischen, malvenfarbenen Art *Pelargonium cucullatum* abgeleitet, durch Kreuzungen mit *P. fulgidum*, *P. angulosum* und *P. grandiflorum* entstanden auch Hybriden mit roten, violetten und weißen Blüten. Die etwa 60 cm hohen Sträucher haben starke, verholzte Stengel und steife, gefältelte, stark gezähnte Blätter. Gegen Ende des Frühjahrs und im Sommer erscheinen in Büscheln große, weit geöffnete, oft gefleckte oder zweifarbige Blüten. In kühleren Gegenden werden die Pflanzen auch im Gewächshaus gezogen. Um die kompakte Wuchsform zu erhalten, werden die Pflanzen nach der Blüte stark zurückgeschnitten. **'Grand Slam'** wächst kompakt und trägt viele dunkelrosarote, leicht lachsfarben getönte Blüten mit dunklerer Zeichnung und kleiner, weißer Mitte. **'Kimono'** ist hellrosa mit dunklerer Zeichnung und weißer Mitte. **'Lord Bute'** blüht schwarzrot mit helleren Rändern. Die oberen Blütenblätter der weißen Sorte **'Lyewood Bonanza'** sind apricotrosa gezeichnet. **'Monkwood Bonanza'** ist blaß pastellrosa mit dunklerer Zeichnung. **'Morwenna'** (Syn. 'Morweena') trägt dunkle, rötlichbraune Blüten, die schon beinahe ins Schwarze gehen. Die oberen Blütenblätter der malvenfarbenen Sorte **'Parisienne'** sind schwärzlichviolett gezeichnet. **'Rembrandt'** trägt mit die größten und buntesten Blüten – die 10 cm großen Blüten sind dunkelviolett und haben lavendelfarbene, krause Ränder. **'Rosmaroy'** trägt hellrosa Blüten mit rötlicher Zeichnung. Die weißen oder blaßrosa Blüten der Sorte **'Spot-on-Bonanza'** sind apricotfarben gefleckt. **'Vicky Clare'** trägt bunte Blüten mit dunkelviolettroten oberen und rosa gezeichneten unteren Blütenblättern; ihre Ränder sind weiß. Die Blüten von **'White Glory'** sind reinweiß. Die obere Hälfte der Blütenblätter von **'Starlight Magic'** ist samtig violettrosa, die untere Hälfte ist etwas blasser.

Pelargonium, G.-H., 'White Glory'

Pelargonium, G.-H., 'Kimono'

Pelargonium, G.-H., 'Starlight Magic'

Pelargonium 'Splendide'

Pelargonium 'Pretty Lady'

P., Duft-Hybride, 'Fragrans'

Pelargonium rodneyanum

Die südostaustralische Art gedeiht auf heißen, trockenen Felsköpfen. Die dichtrasige Pflanze wird bis 20 cm hoch, hat knollige Wurzeln und trägt langgestielte, herzförmige, grüne Blätter mit gezähnten Rändern. Das ganze Frühjahr und den Sommer hindurch erscheinen Büschel kleiner, tiefroter Blüten. Die Pflanze eignet sich für Steingärten, benötigt sehr durchlässigen Boden und Wärme, zum Beispiel zwischen von der Sonne erwärmten Felsbrocken.

Pelargonium, Duft-Hybriden

Diese vielfältige Hybridgruppe ist aus wenigen südafrikanischen Wildarten hervorgegangen. Viele Pflanzen sind Primärhybriden, deren Ursprung bis ins frühe 19. Jahrhundert zurückreicht. Die Blätter der zumeist kräftigen, dichtverzweigten Sträucher mit seicht- bis tiefgelappten oder eingeschnittenen Blättern, die oft stark behaart sind, enthalten ätherische Öle, die nach Pfefferminze, Eukalyptus, Zitrone, Gewürznelken, Anis, Apfel, Rosen oder sogar Kokosnuß duften. Oft genügt schon ein heißer Tag, damit die Blätter ihr Aroma entfalten, am stärksten duften sie jedoch, wenn sie gerieben oder beschädigt werden. Einige Pflanzen tragen auffällige Blüten, bei anderen sind sie hübsch, aber klein. **'Fragrans'** (Apfelpelargonie) ist ein buschiger, vielverzweigter Strauch, der 30 cm hoch und breit wird. Die kleinen, herzförmigen, gelappten, graugrünen Blätter verströmen einen stark würzigen Geruch, der an grüne Äpfel erinnert. Die Blüten sind klein und weiß, die oberen Blütenblätter manchmal rot geädert. Die kräftige Sorte **'Mabel Grey'** trägt nach Zitronen duftende, rauhe Blätter mit gesägten Rändern sowie blaßviolette, rot gezeichnete Blüten. Sie gilt als die Pelargonie mit dem stärksten Duft und wird 40 cm hoch.

Pelargonium 'Splendide'

Die südafrikanischen Arten *Pelargonium tricolor* und *P. ovale* gelten als Elternteile dieser halbstrauchigen, 15–30 cm hohen Hybride. Sie wird oft als *P. tricolor* **'Arborea'** verkauft; die Pflanze hat knotige, verholzende Stengel und gezähnte, langgestielte, ovale, behaarte, graugrüne Blätter. An den Blütenstengeln befinden sich Büschel aus jeweils zwei oder drei zweifarbigen Blüten; die oberen, roten Blütenblätter sind am Grund dunkelviolett, die unteren Blütenblätter sind etwa 4 cm groß und reinweiß. Bei **'Pretty Lady'** handelt es sich um eine ähnliche Sorte.

Pelargonium tomentosum
PFEFFERMINZ-PELARGONIE

Die großen, blaßgrünen, samtigen Blätter dieser weichstengeligen Pelargonie verströmen einen starken Pfefferminzgeruch; die Pflanze stammt aus dem Südwesten der südafrikanischen Kapprovinz. Die winzigen, violett geäderten, weißen Blüten erscheinen in Büscheln. Die 60 cm hohe, breitwüchsige oder überhängende Pflanze toleriert Schatten, gedeiht aber an windgeschützten Stellen auch in der Sonne. Falls es nötig sein sollte, kann das Wachstum der Pflanze durch Ausknipsen der neuen Triebe eingeschränkt werden; ältere Pflanze werden besser ersetzt.

Pelargonium tricolor

Bei dieser Art handelt es sich um einen breiten, etwa 30 cm hohen Strauch mit drahtigen Stengeln. Die Pflanze trägt schmale, behaarte, graugrüne Blätter, die am Rand wenige tiefe Zähne aufweisen und selten länger als 4 cm werden. Die 4 cm großen Blüten erinnern an Veilchen; die oberen Blütenblätter sind rot mit schwarzem Grund, die unteren weiß.

Pelargonium, Unique-Hybriden

Die Entstehung dieser kleinen Hybridengruppe, bei deren einem Elternteil es sich um die Art *Pelargonium fulgidum* handeln soll, reicht bis ins frühe 19. Jahrhundert zurück. In den letzten Jahren ist das Interesse an diesen Hybriden wieder neu erwacht und neue Sorten wurden gezüchtet. Die aufrechten, strauchigen, etwa 50 cm hohen Pflanzen tragen scharf gezähnte Blätter, die einen starken, moschusartigen Duft verströmen. Die Blütenstände bestehen aus ziemlich großen Blüten, deren obere Blütenblätter ähnlich wie bei manchen Edelpelargonien gezeichnet sind. Typisch ist die Sorte **'Paton's Unique'** mit fruchtigen, nach Verbenen duftenden Blättern und rosaroten, einfachen Blüten, die über einen langen Zeitraum hinweg blühen. **'Scarlet Pet'** trägt recht auffällige, 2,5 cm große, rote Blüten; die aus bis zu zwölf Blüten bestehenden Dolden blühen fast das ganze Jahr über. Die Pflanze wird 40 cm hoch und um einiges breiter und eignet sich in Gegenden mit trockenem Sommerklima als kniehoher Bodendecker.

Pelargonium tomentosum

Pelargonium xerophyton

Dieser steif aufrechte Strauch wird selten höher als 50 cm, hat jedoch sehr dicke, ziemlich verholzte Stengel, an welchen dornförmige, ausdauernde Nebenblätter sitzen. Die Pflanze stammt aus Halbwüsten im Nordwesten der südafrikanischen Kapprovinz sowie in Namibia und gedeiht dort normalerweise im Schutz von Felsen oder kleinen Bäumen. Die 1 cm großen, blaugrünen, fast runden Blätter haben schwach gezähnte Ränder. Die 4 cm großen Blüten sind weiß mit roten Flecken und schmalen oberen Blütenblättern.

Pelargonium zonale

Diese südafrikanische Art, bekannt hauptsächlich wegen ihres Beitrags als Elternteil der *Pelargonium*-Zonale-Hybriden, ist selten in Gärten zu sehen.

Pelargonium, Zonale-Hybriden
ZONALE-PELARGONIEN

Diese große Hybridengruppe, zusammengefaßt unter dem Namen *Pelargonium* × *hortorum*, ging hauptsächlich aus *Pelargonium inquinans* hervor, einer Art, die wild im Südosten Südafrikas vorkommt, aber auch aus anderen Arten wie *P. zonale* und *P. frutetorum*. Die kompakten und meist weniger als 60 cm hohen Pflanzen haben sukkulente, grüne bis blaß bronzefarbene Stengel und runde bis nierenförmige, gewellte Blätter mit dunkler Blattzone. Die dicht in langgestielten Dolden sitzenden Blüten können einfach oder gefüllt auftreten; sie blühen in leuchtenden Farben über einen langen Zeitraum hinweg. Obwohl es sich bei den Zonale-Pelargonien um Sträucher handelt, können diese auch wie einjährige Beetpflanzen behandelt werden. Neben der großen Anzahl typischer Sorten existieren auch einige besondere Untergruppen. Die Blätter der **Variegata-** oder **Blattschmuck-Sorten** sind oft rot, violett, orange oder gelb gebändert bzw. gefleckt; manchmal sind auch alle Farben gleichzeitig vorhanden. Die **Miniatur-** und **Zwergsorten** sind sehr kompakte Pflanzen mit manchmal sehr kleinen und oft violett

P., Unique-Hybride, 'Scarlet Pet'

Pelargonium xerophyton

Pelargonium zonale

getönten Blättern; die Blüten variieren, einige Sorten, von denen einige wegen der Dominanz eines Elternteils als **Frutetorums** bezeichnet werden, haben sehr schmale Blütenblätter. Bei den **Stellars** handelt es sich um eine beliebte Gruppe mit schmalen, zugespitzten, manchmal unverwechselbar gegabelten Blütenblättern; die Blüten in vielerlei Farben sind einfach oder gefüllt. Die **Formosums** haben sehr schmale Blütenblätter und stark gelappte Blätter. Bei den **Rosebuds** handelt es sich um einen charakteristischen Typ mit gefüllten Blüten, die aussehen wie eine Miniatur-Rosenknospe. **Kaktusblütige** tragen Blüten mit zusammengerollten Blütenblättern, die an kaktusblütige Dahlien erinnern. Eine andere neuere Entwicklung sind Zonale-Pelargonien, die als Samen, normalerweise in gemischten Farben, erhältlich sind. Nachfolgend werden nur einige von den Tausenden verschiedener erhältlicher Zonale-Sorten aufgezählt. **'Caroline Schmidt'** (Syn. 'Wilhelm Langguth') ist kompakt und hat blasse, hellgrüne, weiß umrandete Blättern und hellrote, gefüllte Blüten. **'Dolly Varden'**, eine Blattschmucksorte mit auffälligen, creme-, bronzefarbenen und grünen Blättern, hat rote, einfache Blüten. Die aufrechte **'Flower of Spring'** trägt cremefarben umrandete Blätter und zinnoberrote, einfache Blüten. Die Zwergsorte **'Francis Parrett'** trägt sattgrüne Blätter und aus gefüllten, fuchsienroten Blüten bestehende Dolden. Die Zwergsorte **'Frank Headley'** weist cremefarben umrandete Blätter und zartrosa, einfache Blüten auf. **'Irene'**, nach der eine ganze Hybridgruppe benannt ist, hat rote, halbgefüllte Blüten und deutlich zonierte, flaumige, grüne Blätter. Bei **'Mr. Henry Cox'** (Syn. 'Mrs. Henry Cox') handelt es sich um eine Blattschmuck-Sorte mit dunkel gefleckten, goldfarben umrandeten, leicht rot getönten Blättern und hell rosafarbenen, einfachen Blüten mit dunkler Mitte. Die Blätter von **'Mrs Parker'** sind graugrün, weiß umrandet mit dunklerer Blattzeichnung und haben dunkelrosa, gefüllte Blüten in dichten Blütenständen. **'Orange Ricard'** ist kompakt mit dichten Dolden aus orangeroten Blüten. **'Apple Blossom Rosebud'**, eine der beliebtesten Rosebud-Zonalen mit hellgrünen, nur wenig gefleckten Blättern, blüht weiß oder weißrosa. **'Gemini'** ist eine Stellar-Sorte, mit rosa Blüten mit weißer Mitte. Die Zwergsorte aus der Frutetorum-Gruppe, **'The Boar'**, trägt kleine, lachsfarbene Blüten und rundliche, gezähnte Blätter.

P., Zonale-Hybride, 'Caroline Schmidt'

Pelargonium, Z.-H., Kulturvarietät

P., Zonale-Hybride, 'Flower of Spring'

P., Zonale-Hybride, 'Frank Headley'

P., Zonale-Hybride, 'Mrs Parker'

Pellaea falcata

Pellaea rotundifolia

Pelecyphora aselliformis

PELECYPHORA

ASSELKAKTUS

Diese unverwechselbare mexikanische Kakteengattung besteht aus zwei Arten. Die kleinen Pflanzen verlieren mit der Zeit oft ihre Dornen. Ähnlich wie die Mammillarien hat auch *Pelecyphora* abstehende, in diesem Fall aber abgeflachte Tuberkel, die bei der einen Art vertikal, bei der anderen horizontal verlaufen. Die rosa oder weißen Blüten sehen beinahe aus wie Miniatur-Seerosen; sie erscheinen im Sommer an der Spitze der Pflanzen.

PFLEGE UND VERMEHRUNG: Sie wachsen in Wüsten gut getarnt zwischen Felsen und Steinen und sind in Kultur sehr selten. Sie benötigen einen sonnigen Standort und normale Kakteenerde. Die Vermehrung durch Aussaat ist nicht sehr einfach.

Pelecyphora aselliformis

Die mexikanische Art besteht entweder nur aus einem einzigen oder aus mehreren Stämmen mit einen Durchmesser bis 5 cm. Die eng zusammenstehenden, abgeflachten, vertikal verlaufenden Warzen tragen hübsche, kammartig aufgereihte, kurze, weiße Dornen. Die violettrosa Blüten erscheinen im Sommer.

PELLAEA

Diese Farngattung ist in tropischen bis warmen Klimazonen weit verbreitet und beinhaltet etwa 80 Arten. Die kriechenden, normalerweise immergrünen Rhizompflanzen haben in der Regel gefiederte Wedel, die in vielerlei Formen auftreten können. Die braunen, schuppigen Rhizome kriechen am Boden entlang oder in Felsspalten. Die oft ledrigen, aufrechten Wedel werden selten länger als 50 cm.

PFLEGE UND VERMEHRUNG: Die Arten tolerieren im allgemeinen recht viel Sonne, solange sie nicht austrocknen. Sie gedeihen in ziemlich unfruchtbaren Böden und oft auch an exponierten Stellen oder in harten Lehmböden, die für die meisten Farne nicht geeignet wären. Die Vermehrung erfolgt durch das Abtrennen bewurzelter Rhizomstücke.

Pellaea falcata

AUSTRALISCHER KLIPPENFARN

Die von Indien bis nach Australien verbreitete Art trägt 30–40 cm lange Wedel mit 2,5–5 cm langen Fiedern. Die oberseits dunkelgrünen, unterseits bräunlichen Wedel sind 5–15 cm lang gestielt.

Pellaea rotundifolia

Die ursprünglich aus Australien und Neuseeland stammende Art ist als Topfpflanze beliebt. Der kleine, dunkelgrüne, bodendeckende Farn gedeiht in feuchten und auch trockenen, offenen Wäldern. Er hat gefiederte Wedel mit sattgrünen, glänzenden, runden Fiedern und langen, kriechenden Rhizomen, schätzt etwas gedämpftes Licht und Schutz vor Wind.

Pellaea viridis

Syn. ***Pellaea adiantoides***

GRÜNER KLIPPENFARN

Diese afrikanische Art trägt mit die längsten Wedel dieser Gattung; sie sind hellgrün, sehr breit, über 60 cm lang und 30 cm lang gestielt.

PELTARIA

Aus dem Nahen Osten und aus Zentralasien stammen die sieben Arten aromatischer Stauden mit klebrigen Stengeln, aus denen diese Gattung besteht. Die Pflanzen bilden ein Büschel aus grundständigen Blättern, aus dem sich ein kräftiger, aufrechter Blütentrieb mit einem großen Blütenstand kleiner, weißer Blüten entwickelt. Die Blütezeit ist Frühjahr bis Sommer.

PFLEGE UND VERMEHRUNG: Die zur Familie der Kreuzblütler gehörenden Pflanzen gedeihen in leicht alkalischem, durch-

Pennisetum alopecuroides

Pennisetum alopecuroides 'Moudry'

Pennisetum alopecuroides 'Moudry'

lässigem Boden und bevorzugen einen sonnigen Standort. Die frostharten Pflanzen können geteilt werden, Aussaat ist aber die verläßlichere Vermehrungsmethode.

Peltaria turkmena

Diese zentralasiatische Art hat bis 80 cm hohe Blütenstände und ganzrandige bis leicht gezähnte Blätter.

PELTOPHORUM

Die 15 immergrünen Baumarten aus der Familie der Hülsenfrüchtler sind in den tropischen Regionen der Welt heimisch und werden wegen des dichten Schattens, den sie spenden, gezogen. Wild können einige Arten eine Höhe von 30 m erreichen, die kultivierten Pflanzen werden jedoch meist nur 20 m hoch. Die farnartigen Blätter sind glänzendgrün und setzen sich aus bis zu 2,5 cm langen Fiedern zusammen. Im Sommer erscheinen beeindruckende, wohlriechende, gelbe Blütenstände. Die Früchte sind lange, braune Hülsen.
PFLEGE UND VERMEHRUNG: Die Tropenbäume, die keinen Frost vertragen, bevorzugen fruchtbaren, feuchten, durchlässigen Boden und einen geschützten, halbschattigen Standort; werden die Pflanzen regelmäßig gegossen, können sie auch in der Sonne stehen. Vermehrung durch eingeweichte oder eingeritzte Samen oder Stecklinge während der Regenzeit.

Peltophorum africanum

Die aus den tropischen und subtropischen Regionen Afrikas stammende Art wird über 10 m hoch. Im Sommer erscheinen endständige Rispen blaßgelber Blüten.

Peltophorum pterocarpum

Syn. ***Peltophorum ferrugineum, P. inerme***
GELBER FLAMMENBAUM, GELBER FLAMBOYANT

Diese 20 m hohe Art mit 8 m breiter Krone ist ein guter Schattenbaum für tropische Gärten. Im Frühsommer entstehen aus Rispen leuchtend rostroter Knospen stark duftende Blüten mit knitterigen Blütenblättern. Diesen folgen viele rostrote, abgeflachte Samenhülsen, die bis zur nächsten Blüte am Baum verbleiben.

Peltaria turkmena

Peltophorum pterocarpum

PENNISETUM

LAMPENPUTZERGRAS

Etwa 80 Arten horstbildender oder ausläufertreibender, ein- oder mehrjähriger Gräser umfaßt diese Gattung. Meist werden die Pflanzen, heimisch in tropischen, subtropischen oder warmen Regionen, wegen ihrer bürstenartigen Blütenstände gezogen, die im Sommer und Herbst erscheinen und sowohl frisch als auch getrocknet für Blumengebinde verwendet werden. Die Blätter sind meist flach.
PFLEGE UND VERMEHRUNG: Es gibt frostharte und nicht frostharte Arten, die letzteren werden oft einjährig gezogen. Alle bevorzugen einen sonnigen Standort sowie gutdurchlässigen Boden. Abgestorbene Blätter können im Winterhalbjahr abgeschnitten werden. Die Vermehrung erfolgt durch Samen zu Beginn des Frühjahrs oder durch Teilung gegen Ende des Frühjahrs bzw. im Frühsommer.

Pennisetum alopecuroides

Syn. ***Pennisetum compressum***
FEDERBORSTENGRAS, AUSTRALISCHES LAMPENPUTZERGRAS

Dieses in der Regel frostharte Staudengras stammt aus Asien und einigen Teilen Australiens; die dichte Horste bildende Pflanze trägt mittel- bis dunkelgrüne Blätter, die 60 cm lang werden können. Zwischen Sommer und Herbst erscheinen gelbgrüne bis dunkelviolette, borstige, ährenartige Rispen. Die kleinere Sorte **'Hameln'** wird bis 50 cm hoch, blüht im Frühsommer und trägt weiße, grünlich getönte Ährchen. **'Moudry'** ist eine niedrigere Pflanze mit großen, sattgrünen Blättern und violetten bis schwarzen Rispen.

Pennisetum clandestinum

KIKUYU-GRAS

Aus dem ostafrikanischen Hochland stammend ist diese Art den anderen dieser Gattung so unähnlich, daß nur ein auf Gräser spezialisierter Botaniker in der Lage ist, die Übereinstimmungen zu entdecken. Die Pflanze hat sowohl unterirdische als auch an der Erdoberfläche verlaufende Rhizome, die eine dichte, widerstandsfähige, leicht gelblichgrüne Grasnarbe bilden. Die Blüten werden beinahe komplett von der scheidigen Blattbasis verdeckt (daher auch der Name *clandestinum*) und lassen sich nur anhand der im Sommer für kurze Zeit sichtbaren, sehr feinen und ziemlich langen, weißen Griffel und Staubgefäße erahnen. Bei den meisten Pflanzen ist entweder nur der männliche oder der weibliche Teil fruchtbar, es wurden aber auch Zwittersorten entwickelt. Ungemäht kann das Gras 80 cm hohe Horste bilden.

P. setaceum 'Burgundy Giant'

Pennisetum setaceum

Pennisetum orientale

Die in Zentral- und Südwestasien heimische Art ist eine sommergrüne, frostharte Staude, die dichte Horste aus 10–20 cm langen Blättern bildet. Daraus entwickeln sich 1 m hohe, fedrige Ähren von einem attraktiven, silberrosa Farbton. Gartenformen sind oft kleiner als die Wildform.

Pennisetum setaceum

Syn. ***Pennisetum ruppellii***
AFRIKANISCHES LAMPENPUTZERGRAS

Das sommergrüne, mehrjährige Gras aus den tropischen Regionen Afrikas bildet Büschel von 1 m Höhe und 50 cm Breite und ist nicht frosthart. Die Pflanze hat raue Halme und lange, schmale Blätter. Im Sommer erscheinen gebogene, kupferfarbene Ährenrispen mit bärtigen Borsten, die ihr ein bürstenartiges Aussehen verleihen und bis zum Winter erhalten bleiben. Das Gras eignet sich als Blickfang in Rabatten. In wärmeren Klimazonen ist die Pflanze selbstverbreitend und kann sich schnell zu Unkraut entwickeln. **'Burgundy Giant'** wird gut 1 m hoch und trägt violettrote Blätter. **'Rubrum'** ist eine hochwüchsige Sorte mit bronzefarbenen Blättern und violettroten Blütenständen.

Pennisetum setaceum 'Rubrum'

Pennisetum villosum

Die sommergrüne Staude aus den Bergen des tropischen Afrika wird in kühleren Klimazonen auch einjährig gezogen. Sie bildet einen lockeren Horst aus 15 cm langen Blättern und trägt 60 cm lange, weiße bis bräunliche, fedrige Blütenrispen.

PENSTEMON

BARTFADEN

Diese große Gattung besteht aus 250 Arten sommer-, immer- oder halbimmergrüner Halbsträucher und Stauden, die überwiegend aus Mittel- und Nordamerika stammen. Die Blätter stehen gegenständig oder in Quirlen. Die Blüten sind zweilippig mit zweilappiger Ober- und dreilappiger Unterlippe. Wegen ihrer weißen, blauen, roten oder zweifarbigen Blüten werden die Hybriden gerne gepflanzt. Höhere Sorten eignen sich für Rabatten, sollten aber geschützt stehen; niedrige Sorten eignen sich für formale Beetpflanzungen. **'Bev Jensen'** ist eine rote Hybride, **'Holly's White'** wird in den USA am häufigsten gezogen.

Penstemon 'Andenken an Friedrich Hahn'

Penstemon cardwellii

Penstemon 'Cherry Ripe'

Penstemon 'Connie's Pink'

PFLEGE UND VERMEHRUNG: Die nicht frostharten bis frostharten Pflanzen gedeihen am besten in fruchtbarer, durchlässiger Erde an einem sonnigen Standort. Nach der Blüte werden sie stark zurückgeschnitten. Vermehrung durch Aussaat im Frühjahr oder Herbst, durch Teilung im Frühjahr oder durch Stecklinge von nichtblühenden Trieben im Sommer. Für Sorten eignet sich nur letztgenannte Methode.

Penstemon ambiguus

Der aus der Mitte und dem Südwesten der USA und Mexiko stammende Strauch erreicht eine Höhe von 60 cm und trägt schmale, 1–5 cm lange Blätter und lockere Blütenstände mit anfangs rosaroten, später weißen Blüten. Er blüht von Frühsommer bis Herbst und gilt als frosthart.

Penstemon 'Andenken an Friedrich Hahn'

Syn. *Penstemon* 'Garnet'

Diese frostempfindliche Staude wird 75 cm hoch, 60 cm breit und trägt ab der zweiten Hälfte des Sommers bis zum Herbst dunkelrosa Blüten.

Penstemon 'Apple Blossom'

Die schmalblättrige Sorte erreicht eine Höhe von nur 60 cm und gilt als sehr frostempfindlich. Die Blüten sind blaßrosa mit weißem Schlund.

Penstemon barbatus

Syn. *Chelone barbata*

Die scharlachroten Blüten dieser halbimmergrünen, winterschutzbedürftigen Staude sind röhrig und zweilippig. Die blühenden Rispen erscheinen ab der zweiten Hälfte des Sommers bis zum Frühherbst über den schmalen, lanzettlichen, grünen Blättern. Die Pflanze wird bis zu 1 m hoch und 30 cm breit.

Penstemon 'Beech Park'

Syn. *Penstemon* 'Barbara Barker'

Die nach dem Garten von David Shackleton in der Nähe von Dublin benannten frostempfindlichen, mehrjährigen Hybriden tragen rosafarbene Blüten mit weißem Schlund. Wenngleich ihr Züchter sie nicht als besonders hochrangig einstufte, so handelt es sich doch um eine üppig blühende Sorte, deren Blüten ab der Mitte des Sommers bis zum Herbst erscheinen.

Penstemon 'Blue of Zurich'

Syn. Penstemon *'Züriblau'*

Diese 45 cm hohe Sorte trägt besonders leuchtende blaue Blüten und ist winterschutzbedürftig.

Penstemon campanulatus

Diese halbimmergrüne, etwas winterschutzbedürftige Staude stammt aus Mexiko und Guatemala; sie wird 30–60 cm hoch und trägt schmale, gesägte, knapp 10 cm lange Blätter. Die trichterförmigen

Penstemon digitalis

bis glockigen Blüten sind purpurrot bis violett und bilden einen lockeren Blütenstand. Sie erscheinen ab dem Frühsommer.

Penstemon cardwellii

Dieser frostharte, immergrüne Halbstrauch stammt aus dem Nordwesten der USA und bildet breite, 10–20 cm hohe Horste aus 1–5 cm langen, elliptischen Blättern mit gesägten Rändern. Die 2,5–3,5 cm langen, hellvioletten Blüten erscheinen im Sommer.

Penstemon centranthifolius

Die zwischen 30 cm und über 1 m hohe, mehrjährige Art stammt aus Kalifornien (USA) und Baja California (Mexiko); die Pflanze hat 3,5–10 cm lange, lanzettliche Blätter und 2,5–3,5 cm große, scharlachrote Blüten. Die Blütezeit beginnt im Frühsommer.

Penstemon 'Cherry Ripe'

Die über 1 m hohe Hybride hat schmale Blüten in einem warmen, roten Farbton, die auf drahtigen Stengeln sitzen.

Penstemon 'Blue of Zurich'

Penstemon 'Bev Jensen'

Penstemon digitalis 'Husker's Red'

Penstemon 'Chester Scarlet'

Ab Mitte des Sommers bis zum Herbst trägt diese 60 cm hohe Staude röhrige, hellrote Blüten. Die Pflanze ist sehr frostempfindlich.

Penstemon 'Connie's Pink'

Diese über 1 m hohe Hybride hat sehr zarte, behaarte Stengel. Die Blüten sind rosarot und ziemlich schmal.

Penstemon davidsonii

An der Westküste der USA heimisch, erinnert dieser immergrüne Halbstrauch an *Penstemon menziesii*, allerdings sind die Blätter nicht gesägt. Die etwas frostempfindliche, rasig wachsende Art trägt 1–4 cm lange, violette Blüten.

Penstemon digitalis

Die aus dem Osten Nordamerikas stammende, frostharte Staude erscheint normalerweise mit weißen oder blaß fliederfarbenen Blüten; beide Varianten sind nicht besonders aufregend. Bemerkenswert ist dagegen die Sorte **'Husker's Red'** mit dunkel rötlichvioletten Blättern. Die

Penstemon campanulatus

Penstemon barbatus

Penstemon 'Evelyn'

Penstemon glaber

robuste Pflanze wird 80 cm hoch und 60 cm breit.

Penstemon 'Evelyn'

Bis 80 cm hoch wird diese mehrjährige Hybride mit sehr schmalen Blättern und unzähligen blaßrosa, leicht gebogenen Blüten. Die Pflanze wurde in der berühmten Slieve Donard-Baumschule in Nordirland gezüchtet und ist frostempfindlich.

Penstemon 'Firebird'

Syn. 'Schoenholzen'

Diese Sorte erreicht eine Höhe von knapp 80 cm und trägt leuchtend orangerote Blüten.

Penstemon glaber

Die aus Wyoming stammende frostharte Staude hat eine verholzte Basis und wird 60 cm hoch. Die Blätter sind 3,5–10 cm lang und lanzettlich. Der etwa 25 cm lange Blütenstand besteht aus 2,5–3,5 cm großen Blüten, die an der Basis violettrot und an der Spitze weiß sind. Die Blütezeit beginnt im Spätsommer.

Penstemon × gloxinioides

Der Name bezieht sich auf eine Gruppe von Hybriden, die Mitte des 19. Jahrhunderts aus den Arten ***Penstemon cobaea*** und ***P. hartwegii*** abgeleitet wurden. Die Blüten, zwischen tiefrot und rosa und mit weißem Schlund, gehören zu den größten und auffälligsten dieser Gattung. Da die Hybriden jedoch oft nur kurzlebig und kälteempfindlicher sind als andere Arten und Sorten, ist ihre Popularität etwas gesunken.

Penstemon heterophyllus

Der aus Kalifornien stammende Halbstrauch wird knapp 50 cm hoch und blüht

Penstemon 'Firebird'

im Sommer. Die Blätter sind 2,5–5 cm lang, lanzettlich und leicht blaugrün. Die 2,5–3,5 cm langen Blüten erscheinen in unterschiedlichen Farbtönen von dunklem Violettrosa bis beinahe Blau. ***Penstemon heterophyllus*** **subsp.** ***purdyi*** (Syn. *P. h.* 'Blue Bedder') ist ein halbimmergrüner Strauch mit blauen, röhrigen Blüten und blaßgrünen Blättern.

Penstemon 'Hidcote Pink'

Die über 1 m hohe, Staude trägt schmale, graugrüne Blätter und rosarote Blüten mit dunkelrosa Streifen. Die Pflanze ist frostempfindlich.

Penstemon hirsutus

Die aus dem Nordosten und der Mitte der USA stammende Art wird 60 cm hoch und hat behaarte Stengel mit ziemlich schmalen, dunkelgrünen Blättern. Die im Sommer gedrängt an der Stengelspitze sitzenden Blüten sind außen blaßviolett und mit feinen, krausen Haaren bedeckt, der Schlund ist weiß. ***Penstemon hirsutus*** **var.** ***pygmaeus*** ist eine lockerrasige, maximal 10 cm hohe Pflanze mit kurzen, ausladenden Blütenstielen und violett getönten Blättern; für Steingärten ist die Pflanze sehr beliebt. Etwas Winterschutz ist erforderlich.

Penstemon isophyllus

Der aus Mexiko stammende, bis 80 cm hohe, immergrüne Halbstrauch trägt sehr typische schmale Blüten. Diese sind bis zu 5 cm lang mit blaßrosa oder cremefarbenem Schlund und tiefroten Kronlappen. Die knapp 4 cm langen Blätter sind lanzettlich und ziemlich dick. Die Pflanze ist nicht frosthart.

Penstemon 'Pennington Gem'

Penstemon menziesii

Dieser kleine, polsterbildende, halbimmergrüne Halbstrauch stammt aus dem Westen Nordamerikas und trägt gut 1 cm lange Blätter mit fein gesägten Rändern. Im Sommer ist die Pflanze in 2,5–3,5 cm lange, violette Blüten gehüllt. Der etwas winterschutzbedürftige Halbstrauch eignet sich hervorragend für Steingärten, er ist kalkfliehend.

Penstemon 'Midnight'

Diese etwa 1 m hohe Sorte trägt große Blätter und dunkel violettblaue Blüten.

Penstemon newberryi

Der aus dem Südwesten Nordamerikas stammende, ziemlich stark verholzte, immergrüne Halbstrauch bildet 15–30 cm hohe Polster. Die elliptischen, 2,5–3,5 cm langen Blätter haben fein gesägte Ränder. Die rosenroten Blüten sind etwa 2,5 cm lang und erscheinen gegen Ende des Frühjahrs und im Sommer. Die Pflanze ist winterschutzbedürftig.

Penstemon parryi

Diese 30–60 cm hohe Art stammt aus dem Süden Arizonas und bildet Horste aus aufrechten Stengeln, an denen spatelförmige, 5–10 cm lange, blaugrüne Blätter sitzen. Die im Frühjahr erscheinenden Blüten sind gut 2 cm lang, kirschrot bis tiefrot, trichterförmig und haben große Lappen.

Penstemon × gloxinioides

Penstemon 'Pennington Gem'

Diese etwa 80 cm hohe Staude trägt dunkelrosa Blüten mit einigen dunkelroten Streifen und weißem Schlund.

Penstemon pinifolius

Dieser lebhafte immergrüne Halbstrauch eignet sich vorzüglich für Steingärten mit durchlässigem Boden. Die einigermaßen frostharte Pflanze stammt aus dem Süd-

Penstemon hirsutus var. *pygmaeus*

Penstemon 'Hidcote Pink'

Penstemon heterophyllus

westen der USA und aus Mexiko, verträgt Hitze und benötigt außer dem normalen Regenwasser wenig Wasser. Die fast während des gesamten Sommers erscheinenden Blüten sind normalerweise zweilippig und leuchtend orangerot. Die Pflanze trägt nadelartige Blätter.

Penstemon 'Rubicundus'

Die breiten, hellroten Blüten mit reinweißem Schlund gehören zu den größten aller Hybriden dieser Gattung. Die Pflanze, nicht mit *Penstemon rubicundus* zu verwechseln, wird gut 1 m hoch und ist ziemlich frosthart.

Penstemon rupicola

Dieser ebenfalls an der Westküste der USA heimische Halbstrauch bildet ganz niedrige Polster und ist immergrün. Die 1–2,5 cm langen Blätter haben feingezähnte Ränder. Die bis knapp 4 cm langen, dunkelrosa Blüten erscheinen ab Frühjahrsende. Die Pflanze ist frosthart.

Penstemon scouleri

Syn. *Penstemon fruticosus* subsp. *scouleri*

Der aus dem Westen Nordamerikas stammende, immergrüne Strauch bildet dichte Horste aus bis knapp 50 cm hohen Stengeln. Die lanzettlichen Blätter glänzen leicht und haben gesägte Ränder. Die lavendelblauen bis violetten Blüten sind 3,5–15 cm lang und erscheinen im Sommer. Winterschutz ist erforderlich.

Penstemon serrulatus

Der von Oregon bis in den Süden Alaskas heimische, 30–80 cm hohe, frostharte Halbstrauch hat gesägte, breit lanzettliche, 2,5–10 cm lange Blätter. Die in dichten Büscheln sitzenden Blüten sind etwa 2 cm lang, röhrig bis glockig, dunkelblau bis violett und erscheinen ab dem Spätsommer.

Penstemon 'Sour Grapes'

Diese großblättrige Staude trägt rötlich-violette, leicht grünlich überlaufene Blüten, die ab der zweiten Hälfte des Sommers bis zum Herbst in dichten Büscheln erscheinen. Die frostempfindliche Pflanze wird 60 cm hoch und an die 50 cm breit.

Penstemon spectabilis

Diese frostempfindliche kalifornische Art hat aufrechte, über 1 m hohe Stengel und etwa 10 cm lange, manchmal blaugrün getönte Blätter mit grob gesägten Rändern. Die etwa 3,5 cm langen Blüten haben einen weiten Schlund; sie erscheinen im Frühsommer, sind lavendelfarben und innen weiß, die Lappen sind blau.

Penstemon pinifolius

Penstemon 'White Bedder'

Pentas lanceolata

Penstemon serrulatus

Penstemon 'Thorn'

Penstemon 'Stapleford Gem'

Die frostempfindliche, 1 m hohe Staude trägt leuchtend violettrosa Blüten. Je nach Witterung und pH-Wert des Bodens kann die Farbe etwas unterschiedlich ausfallen.

Penstemon 'Thorn'

Diese Hybride wird bis zu 1 m hoch und trägt schmale, rosa und weiße Blüten.

Penstemon 'White Bedder'

Syn. *Penstemon* 'Burford White', *P.* 'Royal White', *P.* 'Snow Storm'

Diese frostempfindliche, 80 cm hohe Staude trägt weiße, blaßgelblich-cremefarben überlaufene, manchmal auch blaßrosa getönte Blüten. Die Knospen sind oft leicht rosafarben.

PENTAPHRAGMA

Diese Gattung besteht aus etwa 25 Arten, die aus den Regenwäldern Südostasiens stammen und mit den Glockenblumen (*Campanula*) verwandt sind, was man den Pflanzen nicht unbedingt ansieht. Die immergrünen Stauden haben fleischige, kriechende Stengel, breite, einfache, am Stengelgrund oft einseitswendige Blätter und ziemlich unscheinbare Blüten in dichten Büscheln in den Blattachseln. Die Blätter einiger Arten werden von Einheimischen gesammelt und als Gemüse verzehrt.

PFLEGE UND VERMEHRUNG: Die Pflanzen werden meist nur in Botanischen Gärten gezogen und gedeihen außerhalb der feuchten Tropen nur im Warmhaus.

Pentaphragma horsfieldii

Penstemon 'Stapleford Gem'

Pentaphragma horsfieldii

Die aus Java, Sumatra und von der Malaiischen Halbinsel stammende, niedrige Pflanze hat kriechende Stengel und breite, stark geäderte, grüne Blätter. Die dicht gebüschelten, kleinen Blüten sind fleischig, scheibenförmig und anfangs cremefarben, verfärben sich jedoch später grün.

PENTAS

Diese Gattung besteht aus etwa 40 Arten zweijähriger Kräuter, Stauden und Halbsträucher aus dem tropischen Afrika und Arabien. Sie tragen hellgrüne, lanzettliche, 10–20 cm lange Blätter und sind manchmal mit feinem Flaum bedeckt. Die kleinen, sternförmigen, langröhrigen Blüten erscheinen während der wärmeren Monate und drängen sich in abgeflachten Rispen. Sie sind meist hellrosa, aber auch rot, violett oder weiß.

PFLEGE UND VERMEHRUNG: Die Pflanzen sind nicht frosthart und eignen sich nur bei sehr mildem Klima fürs Freiland, lassen sich aber gut als Zimmerpflanzen ziehen; die neuen Zwergsorten werden wie Einjährige behandelt. Die Pflanzen benötigen feuchten, durchlässigen Boden, einen sonnigen oder halbschattigen Standort, werden bei Bedarf ausgeputzt und sollten regelmäßig gestutzt werden. Ausgewachsene Pflanzen sollte man regelmäßig wässern. Die Vermehrung erfolgt durch Aussaat im Frühjahr oder durch krautige Stecklinge im Sommer. Die Pflanzen sind anfällig für Blattläuse und Rote Spinne.

Pentas lanceolata

Syn. *Pentas carnea*

PENTE, STERN VON ÄGYPTEN

Dieser aufrechte, wildwuchernde Strauch wird zwischen 60 cm und 1 m hoch und etwas breiter. Die Pflanze wird wegen der im Frühjahr und Sommer zwischen den hellgrünen, behaarten Blättern erscheinenden Doldenrispen gezogen, die aus röhrigen, roten, rosa, violetten oder weißen Blüten bestehen.

PEPEROMIA

PEPEROMIE, ZWERGPFEFFER

Diese Gattung stammt aus den tropischen und subtropischen Regionen und besteht aus etwa 1000 Arten immergrüner oder sukkulenter Stauden. Die für Terrarien und Schalen geeigneten Pflanzen tragen hübsche, fleischige und normalerweise langgestielte Blätter. Im Spätsommer erscheinen Ähren an langen Stengeln, an denen winzige, grünlichweiße Blüten sitzen. **PFLEGE UND VERMEHRUNG:** Die nicht frostharten Pflanzen eignen sich gut als Zimmerpflanzen. Sie mögen Helligkeit, aber kein direktes Sonnenlicht und benötigen im Sommer hohe Luftfeuchtigkeit. Bei wärmerem Wetter sollte man die Pflanzen feucht, aber nicht naß halten. Die Blätter bekommen leicht Wasserflecken. Im Winter läßt man die Pflanzen zwischen dem Gießen etwas abtrocknen. Im Frühjahr und Sommer sollte man einmal monatlich mit halber Konzentration flüssig düngen. Peperomien lassen sich im Frühjahr bzw. Sommer durch Blatt- oder Triebstecklinge vermehren und sollten jährlich umgetopft werden. Man muß auf Schmierläuse, Spinnmilben und weiße Fliege achten.

Peperomia argyreia

SILBERBLATT-PEPEROMIE

Diese vom Norden Südamerikas bis nach Brasilien heimische, kompakte, beinahe stengellose Staude trägt in Rosetten angeordnete, glänzende, rundliche, etwa 10 cm lange, graugestreifte Blätter, die auf langen, roten Stielen sitzen. Die Blütenähren sind klein, überragen jedoch die Blätter.

Peperomia caperata

GERUNZELTE PEPEROMIE

Diese Staude trägt ovale, stark gerunzelte und geäderte, herzförmige, dunkelgrüne,

Peperomia argyreia

Pericallis × hybrida

unterseits blaßgrüne Blätter, die einen Durchmesser von etwa 3,5 cm haben und auf leicht rosa Stengeln sitzen. Unregelmäßig erscheinen Büschel weißer Blütenähren. Die Blätter von **'Silver Ripples'** sind silbergrau gezeichnet.

Peperomia obtusifolia

Hier handelt es sich um eine buschige Staude mit fleischigen Blättern und ge legentlich erscheinenden, aus winzigen Blüten bestehenden Ähren. Die einheitlich grüne, hübsche Art wird 30 cm hoch. Verbreiteter sind die panaschierten Sorten, deren Blätter graugrün und creme- bzw. goldfarben marmoriert sind. Die Pflanzen benötigen Helligkeit, aber kein direktes Sonnenlicht. Unansehnliche Pflanzen können zurückgeschnitten werden.

Peperomia scandens

Bei dieser Art handelt es sich um eine rankende Staude mit über 60 cm langen Trieben. Die Blätter sind knapp 10 cm lang, fast genauso breit und sitzen auf 3,5 cm langen Stengeln. Die Pflanze trägt grüne Blütenähren; sie wird als Zimmerpflanze normalerweise an einem Drahtgestell bzw. einem moosumwickelten Stamm gezogen.

Peperomia 'Sweetheart'

Ihren herzförmigen Blättern verdankt diese Hybrid-Peperomie ihren Namen. Bis auf die silbernen Zeichnungen auf den Blättern sieht ihr die ***Peperomia marmorata***, die Silberherz-Peperomie, sehr ähnlich. Beide sind größer als *P. caperata.*

PERESKIA

Ungewöhnlicherweise sind die 16 Kakteenarten dieser Gattung beblättert. Bei den meisten Arten, die in Amerika, vom Süden Mexikos bis nach Brasilien, heimisch sind, handelt es sich um Sträucher mit dornigen Stengeln oder um kleine Bäume, aber auch einige Kletterpflanzen sind darunter. Die 3,5–25 cm langen Blätter sind im allgemeinen elliptisch, spitz und oft ziemlich fleischig. Im Frühjahr und Sommer entfalten sich die flaumig behaarten Knospen zu Blüten in unterschiedlichen Farben. Sie stehen einzeln oder in Büscheln und haben einen Durchmesser von 1–6 cm. Später erscheinen beerenartige Früchte.
PFLEGE UND VERMEHRUNG: Die Pflanzen bevorzugen leichten, durchlässigen Boden und einen sonnigen oder morgens beschatteten Standort; während des Winters sollten sie trocken gehalten werden. Die meisten Arten tolerieren keinerlei Frost. Die Vermehrung erfolgt durch Aussaat oder Stecklinge.

Peperomia caperata

Pericallis × hybrida

Pericallis × hybrida

Pericallis × hybrida (Zwergform)

Pereskia grandifolia

Dieser brasilianische Strauch oder kleine Baum wird 4,5 m hoch oder höher. Er trägt schmale, 20 cm lange Blätter und 1–4 cm lange Dornen. In den wärmeren Monaten trägt die Pflanze große Büschel rosa bis violettrosa Blüten.

Peperomia caperata 'Silver Ripples'

PERICALLIS

CINERARIE

Diese Gattung, eng verwandt mit *Senecio,* umfaßt etwa 15 Stauden- und Halbstraucherarten. Die Pflanzen sind auf den in mittleren Breitengraden gelegenen Inseln im Atlantik, hauptsächlich auf den Kanaren, heimisch. Von den Kulturpflanzen ist *Pericallis × hybrida* am bekanntesten; die Wildformen sind nicht ganz so reizvoll. Die Blätter, die bei den Stauden in grundständigen Rosetten stehen können, sind in der Regel oval bis lanzettlich, 5–15 cm lang, haben fein gesägte Ränder und sind mit kleinen Haaren bedeckt. Die 1–5 cm großen Blütenkörbchen sind normalerweise rosa, malvenfarben oder violett und bilden locker ebensträußige Blütenstände. **PFLEGE UND VERMEHRUNG:** Sie wachsen in feuchtem, durchlässigem Boden an einem halbschattigen oder schattigen Standort. Frost wird kaum vertragen. Wichtig sind die Gärtner-Cinerarien als winterblühende Zimmerpflanzen. Je nach Wachstumsform erfolgt die Vermehrung durch Aussaat, Stecklinge oder Teilung.

Pericallis × hybrida

Syn. *Senecio cruentus,*
S. × hybrida

GÄRTNER-CINERARIE

Diese Hybride wird 30 cm hoch und breit. Sie kann als Blütenstaude an halbschattigen Standorten in Blumenkästen bzw. Kübeln, auf dem Balkon oder als Zimmerpflanze Verwendung finden. Die Blütenkörbchen können rosa, rot, violett, purpurrot oder weiß sein, die ursprüngliche Farbe ist blau. Die Pflanzen tolerieren Hitze, salzhaltige Luft und nährstoffarmen Boden, leiden jedoch bei zu hoher Luftfeuchtigkeit oder übermäßiger Nässe.

P

Perovskia abrotanoides

Perovskia 'Hybrida'

Pericallis lanata

Pericallis lanata
Syn. *Senecio heritieri*

Dieser 1 m hohe Halbstrauch stammt von Teneriffa hat biegsame, aufrechte oder ausladende Triebe. Die behaarten und bis zu 15 cm langen Blätter sind in der Regel oval und fein gezähnt, setzen sich manchmal aber auch aus fünf bis sieben Lappen zusammen. Die weißen und violetten, bis 3,5 cm großen, süßlich duftenden Blütenkörbchen können einzeln oder in lockeren Scheindolden erscheinen.

PERILLA

Von den sechs Arten einjähriger Pflanzen dieser Gattung, verbreitet von Indien bis nach Japan, wird eine als Salatgewürz oder Blattpflanze in Beeten gezogen. Die Pflanzen tragen glänzende, stark geäderte, gezähnte, dunkelgrüne, ovale Blätter, die bis 15 cm lang werden können. Die vielen Sorten haben meist rote, verschieden geformte Blätter, die zur Garnierung und Abrundung von Speisen verwendet werden. Die ährenartigen Blütenstände sind bis 10 cm lang und tragen kleine, weiße Blüten; Gartenformen läßt man meist nicht zur Blüte kommen, um Selbstaussaat zu vermeiden und das Leben der Pflanze zu verlängern.
PFLEGE UND VERMEHRUNG: Die Pflanzen bevorzugen feuchten, durchlässigen Boden und einen sonnigen oder halbschattigen Standort. Die Jungpflanzen tolerieren leichten Frost und können daher schon relativ früh ausgepflanzt werden. Ihre Vermehrung erfolgt durch Aussaat.

Perovskia atriplicifolia

Persea americana

Perilla frutescens
CHISO, SHISO

Diese vom Himalaja bis nach Ostasien heimische Art wird in der Regel als einjährige Sommerpflanze behandelt und erreicht eine Höhe von 1–1,5 m. Die etwas über 10 cm langen Blätter erinnern an die der Gattung *Coleus*, sie haben tief gesägte Ränder und sind manchmal violett gefleckt. Der Blütentrieb ist etwa 10 cm lang, die kleinen Sommerblüten sind weiß oder rötlich getönt. Die Blätter dienen als Gewürz in japanischen Gerichten und werden auch zu Heilzwecken eingesetzt.

PERIPLOCA
BAUMSCHLINGE

Diese Gattung besteht aus etwa 11 Arten von manchmal kletternden, immergrünen bzw. sommergrünen Sträuchern mit klebrigen Trieben und Blättern. Einige der vom Mittelmeerraum bis Ostasien und in den tropischen Regionen Afrikas heimischen Arten werden als Heilpflanzen verwendet. Die Blätter sind normalerweise dunkelgrün, oval bis lanzettlich und 2–10 cm lang. Die sternförmigen Blüten sind außen gelbgrün, innen rötlichbraun bis dunkelviolett. Den Blüten folgen bohnenartige Balgfrüchte.
PFLEGE UND VERMEHRUNG: Viele Arten stammen aus den Tropen, einige sind jedoch recht frosthart. Sie bevorzugen feuchten, durchlässigen Boden, einen sonnigen oder halbschattigen Standort und können recht starkwüchsig sein. Die Vermehrung erfolgt im Frühjahr durch Aussaat oder durch Stecklinge im Sommer.

Periploca sepium

Periploca sepium
CHINESISCHE BAUMSCHLINGE

Die aus China und Taiwan stammende sommergrüne, frostharte Art klettert bis auf eine Höhe von 4,5 m. Die Pflanze trägt kurzgestielte, 5–10 cm große Blätter; die gegen Ende des Frühjahrs erscheinenden Blütenstände bestehen nur aus wenigen, 1 cm großen Blüten. Wurzeln und Rinde werden zur Behandlung von Gelenkrheumatismus und bei Verletzungen verwandt.

PEROVSKIA

Die sieben Arten von sommergrünen Halbsträuchern dieser Gattung stammen aus Westasien und dem Himalaja, haben grauweiße Stengel und aromatische, anfangs graufilzige Blätter. Im Laufe der Zeit verlieren die tiefgelappten, 5–10 cm langen Blätter die filzigen Haare und nehmen eine graugrüne Farbe an. Die Pflanzen bilden ausgedehnte Büsche, werden 1–1,5 m hoch und tragen im Spätsommer 30–50 cm lange, aus kleinen, violettblauen Blüten bestehende endständige Rispen.
PFLEGE UND VERMEHRUNG: Die frostharten Pflanzen lassen sich sehr einfach in jeder Art von durchlässigem, ziemlich trockenem Boden an einer sonnigen Stelle ziehen. Zur Begrenzung ihres Wachstums kann man sie neben einem Weg, einer Mauer oder am Rand einer Rabatte pflanzen. Schwächere Pflanzen können leicht überwuchert werden. Die Vermehrung erfolgt durch Aussaat oder Stecklinge von nicht blühenden Trieben.

Perovskia abrotanoides

Afghanistan und der westliche Himalaja sind die Heimat der 1 m hohen Art; sie trägt 10 cm lange, tiefeingeschnittene, ovale, graugrüne Blätter. Die kleinen, röhrigen, violetten bis rosa Blüten erscheinen in Wirteln zu viert bis sechst in 40 cm langen Rispen. Die Pflanze blüht im Spätsommer.

Perovskia atriplicifolia

Die glatten, graugrünen Blätter dieser hohen, robusten Art harmonieren sehr hübsch mit den blassen, lavendelblauen Blütenrispen, die im Spätsommer und Herbst erscheinen. Die langlebigen, aufrechten Pflanzen werden 1,5 m hoch und etwa 1 m breit.

Perovskia 'Blue Spire'

Diese aufrechte Hybride erreicht eine Höhe von gut 1 m und trägt tiefeingeschnittene, beinahe gefiederte Blätter. Die großen, aus lavendelblauen Blüten bestehenden Rispen erscheinen im Spätsommer und Frühherbst.

Perovskia 'Hybrida'

Die aus der Kreuzung zwischen *Perovskia abrotanoides* und *P. atriplicifolia* hervorgegangene Hybride erreicht eine Höhe von über 1 m und hat tiefeingeschnittene, graugrüne, 5 cm lange Blätter. Die dunklen, lavendelblauen Blüten sitzen in 40 cm langen Rispen.

PERSEA

Hauptsächlich aus den tropischen Regionen Mittel- und Südamerikas, zum Teil aber auch aus Asien stammen die zu dieser Gattung zählenden etwa 150 Arten immergrüner Bäume und Sträucher; eine Art, *Persea indica*, stammt von den Azoren und den Kanarischen Inseln. Das bekannteste Mitglied dieser Gattung ist der Avocado. Die Bäume tragen dunkelgrüne, elliptische Blätter und unauffällige, eingeschlechtliche Blüten. Die Früchte sind die bekannten, großen, birnenförmigen Avocados mit rauher Oberfläche und sehr hohem Fettgehalt.
PFLEGE UND VERMEHRUNG: Die nicht frostharten, schnellwachsenden Pflanzen sind zwar selbstbefruchtend, doch werden für eine gute Ernte trotzdem mindestens zwei Bäume benötigt. Die Pflanzen benötigen fruchtbaren Boden, eine perfekte Drainage und viel Feuchtigkeit; sie bevorzugen einen mäßig sonnigen, windgeschützten Standort. Fruchtsorten vermehrt man durch Stecklinge oder Veredlung. Da die großen Samen sehr leicht keimen, ist diese Vermehrungsweise bei Hobbygärtnern besonders beliebt.

Persea americana
Syn. *Persea gratissima*
AVOCADO

Diese Art kann bis 20 m hoch werden. Ihre kleinen, grünlichen Blüten sitzen in den Blattachseln, diesen folgen birnenförmige, nahrhafte, grüne oder schwarze Früchte. Der Stamm ist normalerweise aufrecht. Der Avocado toleriert weder Frost noch Trockenheit. Es existieren viele Namensorten mit unterschiedlichem Habitus und verschiedenen Ansprüchen.

Persea indica

Dieser Baum wird 20 m hoch und kann sehr alt werden; er trägt 10–20 cm lange, ledrige, dunkelgrüne Blätter. Die Blüten sind klein und gelbgrün und stehen in

Persicaria affinis

Persicaria affinis 'Donald Lowndes'

15 cm langen Rispen. Die birnenförmigen Früchte sind reif blauschwarz.

PERSICARIA

Syn. *Aconogonon, Bistorta, Tovara*

KNÖTERICH

Diese Gattung besteht aus 50 bis 80 Arten immergrüner, halbimmergrüner oder sommergrüner Stauden, einjähriger Kräuter und Halbsträucher, die früher der Gattung *Polygonum* zugeordnet waren. Die Gattung ist in den meisten Teilen der Welt heimisch; die Pflanzen haben kräftige, drahtige Stengel und rundliche, lanzettliche oder herzförmige und je nach Art zwischen 3,5 und 25 cm lange Blätter. Die Blätter sind oft violettgrau gezeichnet und können sich im Herbst leicht rot oder golden verfärben. Die kleinen, normalerweise rosa- oder cremefarbenen Blüten sitzen in manchmal recht auffälligen Rispen oder Ähren in den Blattachseln oder an den Stengelspitzen.

PFLEGE UND VERMEHRUNG: Die meist wüchsigen und frostharten Arten lassen sich einfach in jeder Art von durchlässigem Boden an einem sonnigen oder halbschattigen Standort ziehen; einige sind so wüchsig, daß sie lästige Unkräuter darstellen. Die schneller wachsenden Arten sollten deshalb in Töpfe gepflanzt werden. Die Vermehrung erfolgt durch Aussaat im Frühjahr oder durch Teilung im Frühjahr bzw. Herbst.

Persicaria affinis

Syn. *Polygonum affine*

SCHNECKENKNÖTERICH

Die kleinen, glänzendgrünen, lanzettlichen Blätter dieser immergrünen Staude verfärben sich im Winter bronzefarben. Die ausbreitungsfreudige Pflanze bildet ein 30 cm hohes Polster. Im Spätsommer

Persicaria affinis 'Superba'

und Herbst erscheinen kleine, rote Blüten in dichten Ähren. **'Darjeeling Red'** wächst etwas kompakter mit Blättern, die sich im Herbst hellrot färben. Bei **'Donald Lowndes'** handelt es sich ebenfalls um eine kompakte Sorte mit lachsfarbenen Blüten, die sich mit der Zeit dunkelrosa verfärben. **'Superba'** (Syn. *Persicaria affinis* 'Superbum') ist eine starkwüchsige Sorte mit braun schimmerndem Herbstlaub und rosafarbenen bis roten Blüten.

Persicaria amplexicaulis

Syn. *Bistorta amplexicaulis, Polygonum amplexicaule*

KERZENKNÖTERICH

Diese horstbildende, halbimmergrüne Staude aus dem Himalaja trägt ovale bis herzförmige Blätter und wird über 1 m hoch. Üppig erscheinen vom Sommer bis zum Herbst aus kleinen, tiefroten Blüten bestehende Ähren. Bei *Persicaria amplexicaulis* **'Firetail'** (Syn. 'Speciosum') handelt es sich um eine niedrigere Sorte mit leuchtend karmesinroten Blüten.

Persicaria bistorta

Syn. *Polygonum bistorta*

WIESENKNÖTERICH

Der bekannte Wiesenknöterich ist eine von Europa bis nach Westasien heimische, wüchsige Staude mit schwerem Wurzelstock. Die Pflanzen werden bis knapp 1 m hoch. Ihre länglichen Blätter haben gewellte Ränder und sind 10–20 cm lang. Die weißen und rosa Blüten erscheinen im Sommer. **'Superba'** (Syn. *Polygonum bistorta* 'Superbum') ist eine hohe Sorte mit dichten, rosa Blütenähren.

Persicaria amplexicaulis 'Firetail'

Persicaria campanulata

Syn. *Polygonum campanulatum*

Bei dieser aus dem Himalaja stammenden Art handelt es sich um eine ausladende Horststaude mit unverzweigten, drahtigen Stengeln. Die 3,5–10 cm langen, lanzettlichen Blätter sind oberseits hellgrün, die Unterseite ist blaßgrau bis rosafarben. Die aufstrebenden Blütenstiele sind zwischen 60 cm und gut 1 m lang und tragen ab dem Spätsommer rosa oder weiße Blüten. Die aufrechte Sorte **'Rosenrot'** trägt dunkelrosa Blüten.

Persicaria capitata

Syn. *Polygonum capitatum*

Die aus dem Himalaja stammende, ziemlich schnellwachsende und ausbreitungsfreudige, immergrüne oder sommergrüne Staude bildet Polster, die normalerweise 15 cm hoch sind. Die 2,5–5 cm langen, hellgrünen Blätter tragen auf der Oberfläche eine leicht violette, V-förmige Zeichnung. Die rosafarbenen Blüten bilden kleine, kugelförmige Köpfchen.

Persicaria filiformis

Syn. *Polygonum filiforme*

Die gut 1 m hohe Pflanze stammt aus Japan, dem Himalaja und dem Nordosten der USA. Die etwa 10–15 cm langen, elliptischen Blätter sind von kurzen, harten Haaren bedeckt und weisen oft schokoladenbraune Flecken auf. Die Blütenähren sind schlank, die grünweißen oder blaßrosa Sommerblüten sind nicht besonders eindrucksvoll.

Persicaria campanulata 'Rosenrot'

Persicaria campanulata

Persicaria bistorta 'Superba'

Persicaria capitata

Persicaria filiformis

P

Persicaria macrophylla
Syn. *Polygonum macrophyllum*
ÄHRENKNÖTERICH

Die aus dem Himalaja und dem Westen Chinas stammende, halbimmergrüne Staude wird selten höher als 15 cm, trägt jedoch bis 10 cm lange Blätter; diese bilden ein grundständiges, sich ziemlich langsam ausbreitendes Büschel. Die rosa oder roten Blüten erscheinen im Sommer.

Persicaria maculosa
Syn. *Polygonum persicaria*
FLOHKNÖTERICH

Die in Europa und den gemäßigten Klimazonen Asiens weitverbreitete, einjährige Art von aufrechtem bis niederliegendem Wuchs ist als Ackerunkraut bekannt. Die lanzettlichen, mittelgrünen Blätter tragen in der Mitte einen dunklen Fleck, die kleinen, rosafarbenen Blüten erscheinen im Sommer und Herbst.

Persicaria macrophylla

Persicaria orientalis

Persoonia pinifolia

Persicaria odorata
Syn. *Polygonum odoratum*

Diese nicht frostharte Staude stammt aus Südostasien und wird 30 cm hoch; längere Triebe hängen über und bewurzeln sich an der Spitze. Die Blätter verströmen einen durchdringenden, mit einem Hauch von Curry durchsetzten Minzgeruch und werden als Küchenkräuter verwendet. In kühleren Gegenden kann die Pflanze einjährig gezogen werden.

Persicaria orientalis
Syn. *Polygonum orientale*
ORIENTKNÖTERICH

Die aus dem Osten und Südosten Asiens sowie aus Australien stammende, einjährige Art erreicht eine Höhe von 1,5 m. Die großen, bis zu 20 cm langen Blätter bilden in etwa eine längliche Herzform. Die im Spätsommer erscheinenden Blüten sind hellrosa bis violettrosa oder weiß und sitzen in großen, überhängenden Ähren.

Persicaria vacciniifolia
Syn. *Polygonum vacciniifolium*
HEIDELBEERKNÖTERICH

Diese kriechende, halbimmergrüne Staude stammt aus der Himalajaregion und hat verholzte, anfangs rötliche Stengel. Die Pflanze kann 2 m breit werden und ist winterschutzbedürftig. Die dunkelgrünen Blätter werden bis 2,5 cm lang. Vom Spätsommer bis weit in den Herbst hinein ist der Blatteppich von 2,5–10 cm langen, aufrechten, hellrosa Blütenähren bedeckt.

Persicaria vacciniifolia

Petrea volubilis

Petroselinum crispum

Persicaria virginiana
Syn. *Polygonum virginianum*

Die Staude aus Japan, dem Himalaja und aus dem Nordosten der USA wird gut 1 m hoch und trägt klebrige, behaarte Blätter. Die grünlichweißen, rosafarben getönten Blütenähren erscheinen zwischen Sommer und Frühherbst. Die Sorte **'Painter's Palette'** trägt grün und goldfarben panaschierte Blätter mit braunen Zeichnungen.

PERSOONIA

Die Gattung gehört zur Familie der Silberbaumgewächse *(Proteaceae)* und besteht aus etwa 60 Arten immergrüner Sträucher. Einige sind von niederliegender Wuchsform, die meisten jedoch bis zu 4,5 m hohe Sträucher oder kleine Bäume. Den gelben, vierblättrigen Blüten folgen fleischige Beeren, die zwar eßbar sind, aber ziemlich adstringierend wirken.

PFLEGE UND VERMEHRUNG: Die Pflanzen gedeihen am besten an einem sonnigen Standort auf durchlässigem, sandigem Boden. Größere Pflanzen dürfen nicht mehr umgepflanzt werden. Sie lassen sich nur sehr schwer vermehren; manchmal keimt frisch geernteter Samen, der vor der Aussaat 24 Stunden lang in warmem Wasser eingeweicht werden sollte. Mit größerem Aufwand gelingt auch die Vermehrung durch krautige Stecklinge.

Persoonia pinifolia

Merkmale dieses nichtwinterharten ostaustralischen Strauchs sind weiche und zarte, hellgrüne, kiefernnadelartige Blätter und lange, übergebogene Triebe. Er wird 3,5 m hoch und fast ebenso breit. Den ganzen Sommer und Herbst über blühen große, endständige Büschel kleiner, goldgelber Blüten. Die kleinen, fleischigen, grünen Beeren nehmen im Winter einen attraktiven roten bis violetten Farbton an.

PETREA

Diese Gattung aus Mexiko sowie den tropischen Regionen Amerikas besteht aus etwa 30 Arten sommer- oder halbimmergrüner Kletterpflanzen, Sträucher und kleiner Bäume. Die Blätter sind meist von breitelliptischer Form, 15–20 cm lang, dunkelgrün und gezähnt; die Blattoberfläche ist manchmal klebrig oder fein behaart. Gegen Ende des Frühjahrs erscheinen 15–60 cm lange Blütenstände. Die meisten Arten haben blaue oder violette Blüten, es existieren aber auch malvenfarbene und weiße Arten. Den Blüten folgen kleine Steinfrüchte.

PFLEGE UND VERMEHRUNG: Die meisten Arten sind nicht frosthart, einige tolerieren jedoch leichten Frost. Die Pflanzen gedeihen am besten in leichtem, durchlässigem Boden an einem sonnigen Standort. Die Vermehrung erfolgt durch Aussaat, häufiger durch Stecklinge.

Petroselinum crispum var. *neapolitanum*

Petrea volubilis
PURPURKRANZ

Die buschige, immergrüne Kletterpflanze mit verholztem Stengel aus Mittelamerika und von den Karibischen Inseln wird wegen ihrer sternförmigen, violetten Blütentrauben gezogen. Diese erscheinen vom späten Winter bis zum Spätsommer zwischen den einfachen, elliptischen, rauhen Blättern. Die Pflanze wird 6 m hoch oder höher und braucht eine Kletterhilfe.

PETROSELINUM
PETERSILIE

Drei Arten zweijähriger Kräuter mit langem Wurzelstock und einer Rosette aus hellgrünen, stark gefiederten Blättern mit gezähnten Fiedern machen diese Gattung aus. Im zweiten Jahr erscheinen sehr kleine, blaßgrünlichgelbe Blüten in flachen Dolden; diesen folgen kleine, hellbraune Samen. Die seit Tausenden von Jahren gezogene Petersilie eignet sich als dekorative Blattpflanze, aber auch für Rabatten zusammen mit bunten Einjahresblumen. Als Küchengewürz läßt sich die Petersilie auch sehr gut in Töpfen ziehen.

PFLEGE UND VERMEHRUNG: Die frostharten Pflanzen gedeihen am besten in warmem Klima an einem sonnigen oder leicht schattigen Standort. Die Pflanzen bevorzugen feuchten, durchlässigen Boden und sollten regelmäßig gedüngt werden. Die Vermehrung erfolgt durch Aussaat vom Frühjahr bis zum Spätsommer; bei größerer Winterkälte können die Sämlinge auch im Haus angezogen werden. Bis zum Keimen des Samens können sechs Wochen vergehen; manchmal ist es hilfreich, den Samen vor der Aussaat über Nacht in warmem Wasser einzuweichen.

Petroselinum crispum
GARTENPETERSILIE

Diese büschelig wachsende Art wird 70 cm hoch und 60 cm breit, trägt dreieckige Blätter und winzige, sternförmige Blüten. Für bestes Aroma werden die Blätter vor der Blüte geerntet. Am häufigsten verwendet werden krausblättrige Sorten und die stärkere, glattblättrige italienische oder französische Petersilie, ***Petroselinum crispum*** **var.** ***neapolitanum.***

PETUNIA

PETUNIE

Petunien sind Verwandte des Tabaks *(Nicotiana)*: Die Blätter beider Gattungen haben dieselben narkotisierenden Wirkungen und gehören zur selben Familie der Nachtschattengewächse *(Solanaceae)*. Die Gattung besteht aus etwa 35 Arten ein-, zweijähriger oder ausdauernd strauchartiger Kräuter aus den wärmeren Regionen Südamerikas. Die seit Menschengedenken gezogenen Pflanzen haben dunkelgrüne, behaarte, ganzrandige Blätter und trompetenförmige, weiße, violette, rote, blaue, rosafarbene oder bunte Blüten. Interessanterweise scheinen sich die Züchter immer nur auf eine Hybridkombination (*Petunia × hybrida*) konzentriert zu haben.

PFLEGE UND VERMEHRUNG: Bei den Gartenpetunien handelt es sich um nicht frostharte Pflanzen, die immer einjährig gezogen werden und weltweit als Beet- und Topfpflanzen, für Blumenkästen und Ampeln sehr beliebt sind. Die ziemlich schnellwachsenden Pflanzen bevorzugen durchlässigen, fruchtbaren Boden und einen sonnigen Standort; sie gedeihen in heißen Sommern und brauchen Windschutz. Die Blüten einiger größerer Grandiflora-Hybriden können bei Regen leiden, andere, vor allem die Multiflora-Hybriden, sind hier etwas resistenter. Die Aussaat sollte zu Beginn des Frühjahrs unter Glas erfolgen, gekaufte Setzlinge werden im Frühsommer gepflanzt. Bis zur Entwicklung der vollen Blüte sollten Petunien einmal monatlich gedüngt werden. Um die Bildung neuer Triebe zu fördern, sollten die Pflanzen kräftig gestutzt und verwelkte Blüten regelmäßig abgeknipst werden. Sie sind anfällig für die Mosaikkrankheit und die Tomatenwelke.

Petunia × hybrida 'Shihi Purple'

Petunia × hybrida

Die Gartenpetunien gelten als Abkömmlinge der Kreuzung zwischen der weißen ***Petunia axillaris*** und der rosa- bis violettblühenden *Petunia integrifolia*; schon Mitte des 19. Jahrhunderts waren die Pflanzen in Europa als einjährige Sommerblumen gut bekannt. Schon früh wurden die Gartenpetunien in vier verschiedene Sortengruppen eingeteilt und mit lateinischen Namen bedacht; diese Klassifikation hat auch heute noch ihre Gültigkeit. Die zwei wichtigsten Gruppen stellen die **Grandiflora**- und **Multiflora**-Petunien dar; die ausgewachsenen Pflanzen beider Gruppen sind etwa 30 cm hoch. Die Blüten der Grandiflora-Gruppe sind sehr groß, flach und befinden sich vereinzelt an den relativ langtriebigen Pflanzen; die Multifloras sind dagegen etwas kompakter und tragen dichter stehende, dafür etwas kleinere Blüten. Die **Nana Compacta**-Petunien sind in der Regel weniger als 15 cm hoch, kompakt und tragen unzählige kleine Blüten. Die **Pendula**-Petunien haben niederliegende oder hängende Triebe und werden hauptsächlich in Ampeln gezogen. Am beliebtesten sind heute die Grandiflora-Petunien mit erstaunlichen neuen F1-Hybriden; diese Gruppe ist aber auch weniger regenfest und anfällig für Botrytis. Zu dieser Gruppe gehören auch die **Kaskaden**- und **Superkaskaden**-Petunien (oder **Magic**-Petunien) in vielerlei Farben, mit eher einzelnen Blüten und hängenden Trieben (geeignet für Ampeln). Die Sorte **'Giants of California'** trägt nicht ganz so viele Blüten, die einzelnen weißen, rosa- oder malvenfarbenen Blüten sind jedoch sehr groß und haben gekräuselte Ränder. Zu den Multifloras gehören die **Plum**-Petunien mit wunderbar geäderten Blüten und die **Bonanza**-Serie mit krausen, trompetenförmigen, gefüllten Blüten, die in vielerlei Farben auftreten können. Die **Celebrity**-Serie ist auch in vielen verschiedenen Farbtönen erhältlich; ihre Sorten, wie **'Pink Morn'**, treten meist in Pastelltönen auf und lassen sich durch ihren hellen Schlund unterscheiden. Die **Madness**-Petunien haben kleine, einfarbige Blüten. **'Purple Wave'** ist eine Samensorte mit unzähligen, einfarbig rotvioletten Blüten; die Pflanzen wachsen kaskadenförmig hängend und erinnern an die vegetativ vermehrten **'Colorwave'**-Petunien.

Petunia × hybrida 'Frenzy Rose'

Petunia × hybrida 'Pink Vein'

Petunia × hybrida 'Pink Flamingo'

Petunia, Celebrity-Serie, 'Pink Morn'

Petunia integrifolia

Petunia × hybrida, Kulturvarietät

Petunia integrifolia

Syn. *Petunia violacea*

Diese argentinische Art, manchmal als **'Burgundy Pet'** gehandelt, ist ein kurzlebiger, ausladender Strauch mit unzähligen, kleinen, rosavioletten Blüten mit dunklem Schlund. Die gut wetterfeste und krankheitsresistente Art wird immer öfter bei der Hybridisierung eingesetzt. Auch üppig blühende Sorten, die erst seit kurzem unter dem Namen **Million Bells** erhältlich sind, kann man dieser Art zurechnen.

Petunia × hybrida 'Flamingo'

PHACELIA

BÜSCHELSCHÖN

150 Arten einjähriger und zweijähriger Kräuter und Stauden aus Amerika umfaßt diese Gattung. Die Pflanzen sind zwischen 15 cm und 1,5 m groß, die jungen Triebe und Blätter sind manchmal flaumig behaart, die Blätter oft gezähnt oder gelappt bis beinahe gefiedert. Alle blühen mit endständigen Blütenständen aus kleinen, fünfblättrigen Blüten. Die Blüten sind blau bis violett und in der Mitte oft weiß und können sehr auffällig sein. ***Phacelia bolanderi*** trägt zart fliederfarbene Blüten.

PFLEGE UND VERMEHRUNG: Die meisten Arten lassen sich sehr leicht auf leichtem, aber feuchtem, durchlässigem Boden

Phacelia bolanderi

Phalaenopsis amabilis

Phaius tankervilleae

an einem sonnigen Standort ziehen. Man vermehrt die ein- und zweijährigen Arten durch Samen, die Stauden auch durch Stecklinge.

Phacelia campanularia

Die Blüten dieser schnellwachsenden, einjährigen Pflanze sind blau und glockenförmig, erscheinen von Frühjahr bis Frühsommer und haben einen Durchmesser von 2,5 cm. Die buschige, weitverzweigte Pflanze wirkt sehr hübsch in Steingärten oder Rabatten; sie wird 20–50 cm hoch und trägt dunkelgrüne, gesägte Blätter.

Phacelia grandiflora

Diese einjährige Art stammt aus Südkalifornien, wird 1 m hoch und trägt bis 20 cm lange, elliptische, gesägt-gelappte Blätter. Die 3,5 cm großen Blüten sind malvenfarben bis weiß.

Phacelia tanacetifolia

Die von Kalifornien bis nach Mexiko heimische, einjährige Art wird von Bio-Gärtnern verwendet, um Schwebfliegen anzuziehen und so die Blattläuse in Schach zu halten. Sie ist auch eine gute Bienenfutterpflanze. Sie wird 15–120 cm hoch und

Phacelia grandiflora

Phalaenopsis amabilis

trägt sattgrüne, gelappte, längliche Blätter. Die dunkelblauen, 1 cm großen Blüten öffnen sich den ganzen Sommer hindurch.

PHAEDRANASSA

Diese Gattung besteht aus etwa sechs Arten von Zwiebelblumen aus der nördlichen Andenregion. Die Pflanzen tragen bandförmige, knapp 50 cm lange Blätter. Im Frühjahr und Sommer entwickeln sich Blütentriebe, die je nach Art 30–90 cm hoch sein können, mit einem aus 6–17 hängenden, 2,5–6 cm langen, röhrigen, breitgelappten Blüten bestehenden endständigen Blütenstand; die Blüten erinnern an manche Fuchsien und setzen sich meist aus roten Röhren mit grünen Lappen oder umgekehrt zusammen.
PFLEGE UND VERMEHRUNG: Die großen Zwiebeln sollten knapp unter die Erdoberfläche gesetzt werden, wobei der Hals leicht herausschauen kann, in feuchten Gegenden auch noch etwas höher. Die sehr frostempfindlichen Pflanzen gedeihen am besten in mildem Klima an einem sonnigen oder halbschattigen Standort. Die Vermehrung erfolgt durch reifen Samen oder durch in der Ruhezeit abgenommene Brutzwiebeln.

Phaedranassa carnioli

Die in den wärmeren Regionen Südamerikas heimische Pflanze hat 60 cm hohe Stengel und trägt sechs bis zehn 5 cm lange, rote Blüten, die zur Spitze hin grün und gelb sind. Die Pflanze blüht im Frühjahr und Sommer.

PHAENOCOMA

Ein aus Südafrika stammender, ausladender Strauch aus der Familie der Korbblütler ist die einzige Art dieser Gattung. Bei seinen halbsukkulenten Blättern handelt es sich eher um kleine, aus den Stengeln hervortretende Knoten; diese sind, genau wie die Stengel, hellgrün bis silbergrau. Hauptmerkmal der Pflanze sind aber die unzähligen 3,5 cm großen, rosafarbenen

Phaenocoma prolifera

Blütenköpfchen mit papierartigen Zungenblüten. Einzelne Köpfchen erscheinen das ganze Jahr hindurch, die Hauptblütezeit beginnt jedoch gegen Ende des Winters und endet mit dem Ende des Frühjahrs.
PFLEGE UND VERMEHRUNG: Die nicht frostharten Pflanzen gedeihen auf leichtem, durchlässigem, kalkfreiem Boden an einem sonnigen Standort. Pflanzen, die bis zum Herbst gut verholzt sind und bei welchen der Boden im Winter keine Staunässe enthält, tolerieren leichten Frost. Vermehrung durch Aussaat oder kleine Stecklinge.

Phaenocoma prolifera

Dieser hübsche, kleine Strauch wird etwa 60 cm hoch und doppelt so breit. An einem warmen, sonnigen Standort trägt die Pflanze über einen langen Zeitraum hinweg viele rosa, strohblumenartige Blüten.

PHAIUS

Bei den 30 Arten dieser Gattung handelt es sich um immergrüne bzw. sommergrüne, terrestrische und epiphytische Orchideen, die aus Australien, Indonesien, Asien, Afrika, Madagaskar und von den pazifischen Inseln stammen. Die Pflanzen werden aufgrund ihrer schönen und farbenprächtigen Blüten in reichblütigen Trauben gezogen. Die mittelgrünen, wechselständigen Blätter sind elliptisch oder lanzettlich.
PFLEGE UND VERMEHRUNG: Die nicht frostharten Orchideen benötigen einen hellen (im Winter sogar sehr hellen) Standort sowie fruchtbaren, konstant feuchten Laubmullboden. Da die Wurzeln sehr ausgedehnt sein können, benötigt die Pflanze genügend Platz zum Wachsen. Ihre Vermehrung erfolgt durch Aussaat.

Phaius tankervilleae

Diese große, terrestrische Art ist von Indien über Südostasien bis nach Neuguinea und Australien heimisch und gedeiht meist unter feuchten bis sumpfigen Bedingungen an einem sonnigen oder halbschattigen Standort. Die Pflanzen werden bis 1 m hoch, haben eine gedrungene, gut 5 cm lange Pseudobulbe und mehrere dünne, gefältelte, bis 1 m lange und 20 cm breite Blätter. Der aufrechte Blütenstand ist 1–2 m hoch und trägt bis zu 20 Blüten, die etwa 10 cm lang und innen bräunlichrot sind; es gibt auch gelbe Sorten. Die Blüten erscheinen im Frühjahr.

PHALAENOPSIS

MALAIENBLUME

Die pastellfarbenen, breitblättrigen Blüten mit der kompliziert geformten Lippe der beinahe 50 Arten dieser aus Asien, Neuguinea und Australien stammenden Orchideen-Gattung erinnern an Schmetterlinge. Die Pflanzen bilden keine Pseudobulben; die einheitlich grünen oder auch gefleckten Blätter wachsen an einem kurzen Stamm. Darüber erheben sich die Blütentriebe in elegantem Schwung. Sie können 60 cm lang werden und tragen bis zu 20 wohlgeformte, maximal 10 cm große Blüten. Die Blüten sind meist strahlendweiß, manchmal auch blaßrosa und erscheinen beinahe während des ganzen Jahres.
PFLEGE UND VERMEHRUNG: Die Pflanzen der Gattung *Phalaenopsis* benötigen tropisches oder subtropisches Klima. In kühleren Gegenden gedeihen sie im gut belüfteten Warmhaus oder als Zimmerpflanzen. Sie müssen hell, aber nicht sonnig stehen, verlangen konstante Feuchtigkeit und gutdurchlässige Orchideenerde. Manchmal wachsen die Wurzeln über den Rand des Topfes hinaus, diese sollten nicht entfernt werden. Für Zimmerpflanzen ist ausreichend feuchte Luft wichtig. Vermehrung durch Teilung im Frühjahr.

Phalaenopsis amabilis

Dieser attraktive, kleine Epiphyt oder Felsbewohner gedeiht in tropisch feuchten Tieflandregionen Südostasiens und Australiens. Der kurze Stengel trägt zwei bis fünf hängende, fleischige, 40 cm lange und 11 cm breite Blätter. An den verzweigten, 1 m langen, übergebogenen bis hängenden Blütenständen erscheinen im Frühjahr und Sommer 5 bis 25 Blüten, die einen Durchmesser von 10 cm haben können. Bei den meisten Hybriden hat diese großblütige Pflanze wesentlichen Anteil.

Phalaenopsis equestris

Syn. *Phalaenopsis rosea*

Dieser kleine Epiphyt gedeiht auf den Philippinen und in Taiwan in niedrigen Höhenlagen. Die Pflanze trägt zwischen zwei und fünf längliche, 20 cm lange und 5 cm breite Blätter. Der einfache oder verzweigte, etwa 30 cm lange, übergebogene Blütenstand trägt im Herbst und Winter 10–15 Blüten, die einen Durchmesser von 2,5 cm haben. An den alten Blütenständen entstehen regelmäßig Jungpflänzchen, die sich zur Vermehrung eignen.

Phalaenopsis gigantea

Die große, aus Borneo stammende Art erhielt ihren Namen aufgrund der bis 50 cm langen und 20 cm breiten, fleischigen, hängenden Blätter. Sie wächst im Unterwuchs tropischer Bergregenwälder in niedrigen Höhenlagen. Die Pflanze ist wild sehr selten und stark durch illegales Sammeln gefährdet. Der hängende Blütenstand ist bis 40 cm lang und trägt viele fleischige, etwa 5 cm große Blüten. Die langsamwachsende Art ist am besten auf Holz oder in einem Hängekorb zu ziehen. Die Blüten erscheinen das ganze Jahr hindurch.

Phalaenopsis-Hybriden

Aus den Arten der Gattung sind Tausende von Hybriden hervorgegangen. Die Züchter sind bemüht, blütenreichere Pflanzen mit größeren, besser abgerundeten Blüten, aufrechte Blütenstände und farbenprächtige Kombinationen sowie gestreifte Blü-

Phalaenopsis sanderiana

Phalaris arundinacea var. *picta*

Phaseolus coccineus

Phaseolus coccineus 'Achievement'

ten zu züchten. Die meisten Hybriden sind weiß oder rosa und in der Schnittblumenproduktion sehr beliebt. Bemerkenswerte Beispiele sind die reinweiße **Alice Gloria 'Cecil Park'**, **Bill Smoothey** mit rosa, weißrandigen Blüten, **'Carmela's Stripe'** mit auffälligen hellrosa, dunkelrot geäderten Blütenblättern und roter Lippe, **Hiramatsua 'Ching Hua'** mit dunkelrosa Blütenblättern, **Longwood Gardens**, weiß mit bräunlichgelber Lippe, und **Plantation Imp 'Moonglow'** mit weißlichgelben, rosaorange quergestreiften Blütenblättern und rosaorangefarbener Lippe. Einige der aus *Phalaenopsis equestris* hervorgegangenen Hybriden tragen viele kleinere Blüten an verzweigten Blütenständen.

Phalaenopsis sanderiana

Syn. *Phalaenopsis amabilis* var. *sanderiana*, *P. aphrodite* var. *sanderiana*

Das Tiefland der Philippinen ist die einzige Herkunftsregion dieser kompakten Pflanze mit großen Blüten, die im Spätsommer erscheinen. Sie hat zwei oder drei bis 25 cm lange und 10 cm breite, hängende Blätter, die unterseits violett gezeichnet sind. Der manchmal verzweigte Blütenstand ist etwa 60 cm lang und trägt mehrere, etwa 10 cm große, rosa und weiß schattierte Blüten.

Phalaenopsis schilleriana

Dieser robuste Epiphyt gedeiht auf den Philippinen in niedrigen Höhenlagen. Die zwei oder drei Blätter sind auf der Oberseite auffällig silberfarben und dunkelgrün, unterseits violett gesprenkelt. Die fleischigen, hängenden Blätter sind etwa 40 cm lang und 10 cm breit. Der verzweigte, gebogene und mit der Zeit hängende Blütenstand trägt bis zu 25 Blüten, die einen Durchmesser von 10 cm haben.

P.-Hybride Alice Gloria 'Cecil Park'

PHALARIS

GLANZGRAS

Die 15 Arten einjähriger und staudiger Gräser der Gattung sind in vielen gemäßigten Regionen der Nordhemisphäre sowie in Südamerika heimisch und gedeihen dort an feuchten Stellen, an Ufern oder sogar im seichten Wasser. Die Pflanzen bilden dichte Büsche aus ziemlich breit beblätterten Halmen. Sie werden 1,2–1,5 m hoch und tragen knäuelige Rispen.

PFLEGE UND VERMEHRUNG: Obwohl die meisten Arten feuchte Bedingungen bevorzugen, gedeihen die Pflanzen auf fast allen Böden, solange sie im Sommer nicht ganz austrocknen. Die grünblättrigen Wildarten bevorzugen einen sonnigen oder halbschattigen Standort, panaschierte Sorten sollten am besten an sonniger Stelle gezogen werden, da die Blätter sonst leicht vergrünen. Die meisten Arten sind sehr frosthart. Durch Aussaat oder Teilung kann man sie vermehren.

P.-Hybride 'Carmela's Stripe'

Phalaris arundinacea var. *picta*

MILITZ, ROHRGLANZGRAS

Dieses mit langen Ausläufern stark wuchernde Staudengras bildet dichte Büsche. Die schilfartigen Blätter sind weiß gestreift. Im Sommer erscheinen endständige Rispen aus leicht violetten oder blaßgrünen Ährchen an kräftigen, aufrechten Halmen. Die in Nordamerika und Europa heimische Art kann eine Höhe von 2 m erreichen, die Gartenfomen bleiben aber meist niedriger.

PHASEOLUS

BOHNE

Eine große Rolle als Grundnahrungsmittel spielt diese aus den warmen und tropischen Regionen Amerikas stammende Gattung. Sie umfaßt etwa 36 einjährige und mehrjährige Arten, von denen viele auch im Garten gezogen werden. Die windenden Kletterpflanzen tragen dünne, meist hellgrüne, dreiteilige Blätter. Den aus weißen, gelben, roten oder violetten Blüten bestehenden Blütentrauben folgen lange, schmale Samenhülsen. Bei einigen Arten sind die ganzen Hülsen als grüne Bohnen zum Verzehr geeignet, bei anderen nur die darin enthaltenen Samen.

PFLEGE UND VERMEHRUNG: Bohnen benötigen für ihr Wachstum eine lange, warme Vegetationsperiode, viel Sonne und ausreichend Feuchtigkeit. Sie bevorzugen humusreichen aber leichten, durchlässigen Boden. Einige Arten machen sich auch gut in Blumenbeeten oder Töpfen. Die Vermehrung erfolgt durch Aussaat im Herbst bzw. Frühjahr. Auf Schnecken achten.

Phaseolus coccineus

FEUERBOHNE, PRUNKBOHNE

Von dieser kräftigen Kletterpflanze existieren unterschiedliche Sorten, die 3,5 m hoch ranken. Die Pflanzen gedeihen an einem geschützten Standort. Der Samen wird im Frühjahr 5 cm tief und im Abstand von 30 cm ausgebracht. Die Hülsen werden bei etwa 15 cm Länge geerntet. Feuerbohnen werden meist einjährig gezogen, es handelt sich jedoch eigentlich um (nichtwinterharte) Stauden, allerdings tragen sie im ersten Jahr am besten. Die Sorte **'Achievement'** hat größere Blätter, das Blütenschiffchen ist orangefarben.

P.-Hybride 'Longwood Gardens'

Phalaenopsis-Hybride 'Bill Smoothey'

P.-Hybride Plantation Imp 'Moonglow'

Phalaenopsis-Hybride Hiramatsua 'Ching Hua'

Phaseolus lunatus
MONDBOHNE, LIMABOHNE

Dieser Schlinger stammt ursprünglich aus Mittel- und Südamerika, wird aber wegen seiner dicken, weißen Bohnenkerne, die frisch oder getrocknet verzehrt werden, in vielen tropischen und subtropischen Ländern angebaut. Die Staude wird meist einjährig gezogen. Sie benötigt zwar ein wärmeres Klima als die Stangenbohne, stellt aber sonst dieselben Ansprüche.

Phaseolus vulgaris
STANGENBOHNE, BUSCHBOHNE

Diese wichtigste Art für grüne wie auch getrocknete Bohnen gilt als Kulturform der aus den nördlichen Anden stammenden Art ***Phaseolus aborigineus*** und wurde dort schon in präkolumbischer Zeit weitverbreitet angebaut. Die einjährige Art variiert sehr in ihrer Wuchsform wie in der Gestalt von Hülsen und Samen. Ursprünglich eine Kletterpflanze, sind viele Sorten »Buschbohnen«, die sich besser für die maschinelle Ernte eignen. Die Sorten können in zwei Gruppen geteilt werden, deren eine nur wegen der Samen angebaut, die andere als »grüne Bohnen« geerntet wird (einige eignen sich auch für beide Zwecke). Die Hülsen können unterschiedlich lang, rundlich oder flach, cremefarben bis gelb, grün, blaugrün, rot oder violett sein; die Farbvielfalt der Samen ist beinahe genauso groß. Beliebt sind folgende Sorten grüner Bohnen: **'Tendercrop'**, eine Buschbohne mit geraden, grünen, fadenlosen Hülsen, **'Blue Lake'**, eine Stangenbohne mit sehr dicken, langen, zarten, leicht bläulichgrünen Hülsen; **'Kentucky Wonder Wax'**, eine Stangenbohne mit großen, goldgelben Hülsen und **'Royal Burgundy'**, eine Buschbohne mit gebogenen, dunkelvioletten Hülsen und rötlichen Blättern.

Phaseolus vulgaris

PHELLODENDRON
KORKBAUM

Die zehn Arten eleganter, schlanker, sommergrüner Bäume stammen aus Ostasien, werden 15 m hoch, 3,5 m breit und benötigen wenig Pflege. Die glänzenden, hellgrünen, gefiederten Blätter nehmen im Herbst einen satten Gelbton an. Gegen Ende des Frühjahrs oder im Frühsommer erscheinen kleine, gelblichgrüne Blüten, denen brombeerartige Früchte folgen.

PFLEGE UND VERMEHRUNG: Die sehr widerstandsfähigen Bäume tolerieren Frost und starke Sonnenbestrahlung, sollten jedoch etwas windgeschützt stehen. Am besten wachsen sie an einem sonnigen Standort mit fruchtbarem, durchlässigem Boden. Die Vermehrung erfolgt durch Aussaat im Frühjahr bzw. durch Stecklinge, Veredelung oder Absenker im Sommer.

Phellodendron amurense
AMUR-KORKBAUM

Bei dem ursprünglich aus China und Japan stammenden Baum handelt es sich um die in Kultur am weitesten verbreitete Art dieser Gattung. Der deutsche Name bezieht sich auf die korkige Rinde der älteren Äste. Der bis 12 m hohe Baum bevorzugt einen humusreichen Boden, der während des Sommers feucht sein sollte. Die hellgrünen Blätter bestehen aus fünf bis elf Fiedern mit abgerundeter Basis und verströmen ein durchdringendes Aroma. Aus den fünfblättrigen Blüten – männliche und weibliche Blüten sitzen jeweils auf separaten Bäumen – entstehen Beeren, die in dichten Büscheln aus den Blättern herausragen.

Phellodendron lavallei
Syn. *Phellodendron amurense* 'Lavallei'

Die aus Mitteljapan stammende Art erreicht eine Höhe von knapp 10 m und hat eine dicke, korkige Rinde; die jungen Triebe sind rostrot. Die 20–40 cm langen Blätter setzen sich aus 5–13 Fiedern zusammen, von denen jede etwa 10 cm lang, gelbgrün und unterseits leicht behaart ist. Die Pflanze blüht im Sommer.

Phellodendron sachalinense

Philadelphus 'Natchez'

Philadelphus 'Belle Etoile'

Philadelphus coronarius 'Aureus'

Philadelphus coronarius

Phellodendron sachalinense
Syn. *Phellodendron amurense* var. *sachalinense*
SACHALIN-KORKBAUM

Dieser 8 m hohe Baum aus Nordostasien hat eine dünne, dunkelbraune Rinde, die im Gegensatz zum deutschen Namen der Pflanze nicht korkig ist wie die Rinde anderer *Phellodendron*-Arten. Die jungen Triebe sind rostrot, die bis zu 30 cm langen Blätter bestehen aus sieben bis elf Fiedern. Diese sind auf der Oberseite dunkelgrün, unterseits blaugrün.

PHILADELPHUS
PFEIFENSTRAUCH, FALSCHER JASMIN, SOMMERJASMIN

Diese Gattung besteht aus 60 Arten sommergrüner Sträucher aus den gemäßigten Regionen der Nordhemisphäre, vorwiegend aus Ostasien und Nordamerika. Die kultivierten Arten werden 3 m hoch und breit und haben hellgrüne, leicht elliptische, knapp 10 cm lange Blätter. Die gegen Ende des Frühjahrs und im Frühsommer blühenden Pflanzen tragen vierblättrige, weiße oder cremefarbene Blüten in lockeren Büscheln. Der Blütenduft erinnert an Orangenblüten. ***Philadelphus* 'Miniature Snowflake'** ist eine aus **'Snowflake'** hervorgegangene Zwergsorte. **'Natchez'** ist eine andere häufig gezogene Sorte.

PFLEGE UND VERMEHRUNG: Die mit wenigen Ausnahmen frostharten Pflanzen wachsen sehr leicht in feuchter, durchlässiger Erde an sonnigen oder leicht schattigen Standorten. Nach der Blüte ist Rückschnitt möglich. Oft werden die Pflanzen für freiwachsende Hecken verwendet. Die Vermehrung erfolgt durch Aussaat oder im Sommer durch Stecklinge.

Phellodendron lavallei

Philadelphus 'Beauclerk'

Diese Hybride ist aus der Kreuzung zwischen *Philadelphus* × *lemoinei* und ***P. coulteri*** hervorgegangen. Die etwa 2 m hohe Pflanze hat eine dunkle, sich abschälende Rinde und 2,5–3,5 cm lange, leicht behaarte Blätter. Die einzeln oder in Dreier- bzw. Fünfergruppen auftretenden Blüten sind 2,5–3,5 cm groß und weiß mit kleiner, purpurner Mitte.

Philadelphus 'Belle Etoile'

'Belle Etoile' ist eine relativ schmale, 2 m hohe Art, deren Stengel an der Spitze übergebogen sind. Gegen Ende des Frühjahrs und im Frühsommer erscheinen sternförmige, 5 cm große, weiße Blüten, die in der Mitte einen kleinen, roten Fleck aufweisen.

Philadelphus coronarius
EUROPÄISCHER PFEIFENSTRAUCH

Die Art aus Südeuropa und Kleinasien wird 2 m hoch und trägt sehr stark duftende, 3 cm große, weiße Blüten. Die ovalen, hellgrünen Blätter sind unterseits leicht behaart. Die Blätter der Sorte **'Aureus'** sind im Austrieb hellgelb, **'Variegatus'** trägt weiße Blüten und weiß umrandete Blätter.

Philadelphus × *lemoinei*
Syn. *Philadelphus* 'Lemoinei'

Der französische Pflanzenzüchter Lémoine, dem wir auch viele Hortensien- und Fliedersorten verdanken, kreierte in den späten 80er Jahren des 19. Jahrhunderts diese Kreuzung zwischen *Philadelphus coronarius* und *P. microphyllus*. Die 2,5 cm großen Blüten sind weiß, verströmen einen starken Duft und erscheinen meist in Büscheln mit bis zu sieben Blüten.

- Philadelphus
- Pfeifenstrauch
- falscher Jasmin
- Zimmetrösli

Philadelphus lewisii
OREGON-PFEIFENSTRAUCH

Die Staatsblume von Idaho stammt natürlich aus den USA. Die Pflanze trägt cremefarbene Blüten (Durchmesser bis zu 5 cm) in Büscheln, die meist Mitte des Frühjahrs, gelegentlich aber auch in den wärmeren Monaten erscheinen. Die 3 m hohen Sträucher vertragen gut einen Rückschnitt nach der Blüte. Sie gedeihen am besten im Halbschatten und tolerieren keine längeren Trockenperioden. Die etwa 1 m hohe Zwergsorte ***Philadelphus lewisii* subsp. *californicus* 'Miniature Schmidt'** ist von schmaler Wuchsform mit weißen, wohlriechenden, gefüllten Blüten.

Philadelphus 'Manteau d'Hermine'

Dieser kompakte Strauch trägt kleine Blätter und 2,5 cm große, cremefarbene, gefüllte Blüten, die sich im Sommer aus rosaroten Blüten entwickeln. Die Pflanze wird 80 cm hoch und 1,5 m breit.

Philadelphus mexicanus
MEXIKANISCHER PFEIFENSTRAUCH

Der aus Mexiko stammende, immergrüne Strauch trägt sehr stark duftende, cremefarbene Einzelblüten, die zwischen den ovalen, grünen Blättern sitzen. Die nicht frostharte Pflanze wird 3–6 m hoch und 2 m breit; sie bevorzugt einen halbschattigen, geschützten Standort.

Philadelphus microphyllus
KLEINBLÄTTRIGER PFEIFENSTRAUCH

Diese aufrechte Art aus dem Südwesten der USA wird bis 1 m hoch und breit und trägt eine dunkle, sich abschälende Rinde. Die im Sommer erscheinenden Blüten sind schneeweiß und duften stark.

Philadelphus pendulifolius

Bei dieser 2,5 m hohen und breiten Pflanze handelt es sich wohl eher um eine Hybride als um eine echte Art. Ihre schalenförmigen, weißen Blüten sitzen in Trauben.

Philadelphus pendulifolius

Philadelphus × lemoinei

Philadelphus 'Sybille'

Eher breitwüchsig ist diese gut 1 m hohe Sorte. Sie trägt weiße, 5 cm große Einzelblüten, die in der Mitte manchmal einen kleinen, blaßvioletten Fleck aufweisen.

Philadelphus 'Virginal'

Dieser kräftige, aufrechte Strauch erreicht eine Höhe und Breite von knapp 3 m. Ab dem Ende des Frühjahrs bis zum Frühsommer sitzen zwischen den dunkelgrünen, ovalen Blättern große, wohlriechende, halbgefüllte Blüten.

PHILESIA

Ein immergrüner Strauch aus dem Süden Chiles ist die einzige Art dieser Gattung. Wildpflanzen wachsen manchmal als Spreizklimmer, was in Kultur kaum vorkommt. Die Pflanze trägt 1–3,5 cm lange, lanzettliche Blätter. Die röhrigen bis glockigen, gut 5 cm langen Blüten erscheinen im Spätsommer.
PFLEGE UND VERMEHRUNG: Die Pflanze eignet sich für kühle, feuchte, weitgehend frostfreie Gärten. Sie mag humusreichen, feuchten, durchlässigen Boden und einen sonnigen oder halbschattigen Standort. Die Pflanze toleriert Temperaturen von bis zu −10 °C, wiederholter Frost führt allerdings zu Schäden, früher Frost hat weniger Blüten zur Folge. Die Vermehrung erfolgt durch Stecklinge oder Ableger.

Philesia magellanica

Diese aufrechte Art aus Chile wird aufgrund ihrer wunderschönen, purpurrosa Blüten gezogen, die ab Mitte des Sommers bis zum Herbst erscheinen. Die dunkelgrünen, schmalen Blätter sind unterseits bläulichweiß. Die Pflanze wird 1 m hoch und doppelt so breit.

PHILLYREA
STEINLINDE

Die eng mit *Osmanthus* verwandte und dieser auch sehr ähnliche Gattung besteht aus vier immergrünen Straucharten, heimisch im Mittelmeerraum und im Nahen Osten. Die Sträucher erreichen je nach Art eine Höhe zwischen 3 und 9 m und tragen kleine, ledrige Blätter, teils mit gesägten Rändern. Die Blüten, sehr klein und duftend, sind weiß bis grünlich-cremefarben, sitzen in Trauben in den Blattachseln und öffnen sich im Frühjahr. Ihnen folgen blauschwarze Steinfrüchte.
PFLEGE UND VERMEHRUNG: Die sehr frostempfindlichen Pflanzen wachsen gut in feuchter, durchlässiger Erde an einem sonnigen oder halbschattigen Standort. Sie sind zäh und anpassungsfähig und tolerieren etabliert auch trockene Bedingungen. Sie vertragen regelmäßigen Schnitt und eignen sich deshalb auch für Hecken. Sie werden durch Stecklinge vermehrt.

Philadelphus lewisii

Philadelphus 'Virginal'

Philesia magellanica

Phillyrea angustifolia

Phillyrea latifolia 'Spinosa'

Phillyrea angustifolia
SCHMALBLÄTTRIGE STEINLINDE

Diese Art aus dem westlichen Teil des Mittelmeergebiets erinnert mit ihren schmalen, lanzettlichen, bis 10 cm langen Blättern und den im Frühjahr erscheinenden, aus kleinen grünlich-cremefarbenen Blüten bestehenden Dolden an den Ölbaum. Die Pflanze entwickelt sich zu einem dichten Strauch mit einer Höhe von 3 m.

Phillyrea latifolia 'Spinosa'
BREITBLÄTTRIGE STEINLINDE

Diese ungewöhnliche Sorte trägt stachelig gezähnte, ovale Blätter. Sie ist sonst der Art, aus der sie hervorging, sehr ähnlich und wächst, falls sie nicht zurückgeschnitten wird, zu einem kleinen Baum. Obwohl sie wild oft auf kalkhaltigen Böden zu finden ist, gedeiht sie als Gartenpflanze unter normalen Bedingungen.

PHILODENDRON

Diese Gattung besteht aus bis zu 500 Arten und schließt Zimmerpflanzen ebenso ein wie Sträucher und kleine Bäume. Sie stammen aus den tropischen Regionen Amerikas sowie von den Karibischen Inseln und sind zumeist epiphytische, immergrüne Kletter- und Kriechpflanzen mit Luftwurzeln; einige sind eher zierlich, andere groß und stattlich. Die Pflanzen sind wegen ihrer üppigen, oft bizarr geformten oder tiefgelappten Blätter bekannt, die meist einheitlich grün, manchmal aber auch hübsch weiß, rosa oder rot gezeichnet sind. Die blattlosen Blüten sind eher unauffällig. Alle Teile der Pflanze sind giftig.
PFLEGE UND VERMEHRUNG: Um im Freien zu gedeihen, benötigen alle Arten viel Feuchtigkeit und tropisches oder subtropisches Klima. Sie bevorzugen einen geschützten, schattigen Standort sowie durchlässigen, humusreichen Boden. Zimmerpflanzen sollten regelmäßig gegossen und gedüngt werden; in den kühleren Monaten benötigen die Pflanzen weniger Wasser. Vermehrung durch Stecklinge im Frühjahr oder durch Aussaat.

Philodendron bipinnatifidum

Philodendron bipennifolium
Syn. *Philodendron panduriforme*
GEIGENBLATT-PHILODENDRON

Die dekorative Kletterpflanze hält sich mit ihren Luftwurzeln an jeder geeigneten Unterlage fest. Sie trägt geigenförmige und gelappte, hellgrüne Blätter, bevorzugt einen mittelmäßig hellen Standort und wird in einem großen Topf 2–3 m hoch. Sie kann zurückgeschnitten werden.

Philodendron bipinnatifidum
Syn. *Philodendron selloum*
BAUM-PHILODENDRON

Die aufrechte, brasilianische Art wird 3 m hoch. Sie ist aufgrund ihrer glänzenden, ovalen, dunkelgrünen Blätter bekannt, die 40–60 cm lang und vielfach gelappt sind. Bei einigen Hybriden können die Blätter dreimal so lang werden. Die Blüten sind weiß oder grünlich. Die Blattform kann unterschiedlich ausfallen, im allgemeinen ist sie jedoch unregelmäßig gelappt.

Phlomis chrysophylla

Phlomis tuberosa

Phlomis grandiflora

Philodendron erubescens

Phlomis fruticosa

Philodendron erubescens
ROTBLÄTTRIGER PHILODENDRON

Die Stengel und die neuen Triebe dieser kolumbianischen Kletterpflanze sind purpurrot. Die Blätter sind mehr als 40 cm lang, länglich herz- oder pfeilförmig, oben glänzend dunkelgrün und unten violett. Die Pflanze wird meist als Zimmer- oder Gewächshauspflanze gezogen und braucht eine Kletterhilfe. Die Sorte **'Burgundy'** hat 30 cm lange, rot getönte Blätter mit roten Adern und violettroten Stengeln.

Philodendron scandens subsp. *oxycardium*
Syn. ***Philodendron oxycardium***
KLETTERNDER PHILODENDRON

Diese beliebte, schnellwachsende Kletterpflanze aus Mexiko mit glänzend sattgrünen, herzförmigen Blättern kann einen Stamm hinauf- wie hinunterwachsen. Die jungen Blätter sind goldbraun. Die Luftwurzeln der rankenden Stengel halten sich an verschiedenen Unterlagen fest.

PHLEBODIUM

Die Gattung mit 10 Arten ausladender Farne aus dem tropischen Amerika hat fleischige, 2,5 cm dicke, bei jungen Pflanzen von goldfarbenen Schuppen umhüllte Rhizome, die sich über den Boden ausbreiten oder an Baumstämmen und Felsen emporklettern. Die ledrigen Wedel sind oft über 1 m lang und können einfach, oval und ganzrandig oder fiederspaltig sein (bis zur Mittelrippe eingeschnitten, aber ohne ausgeprägte Fiedern); die Lappenspitzen selbst können wieder gelappt sein.
PFLEGE UND VERMEHRUNG: Die tropischen Farne tolerieren zwar keinen Frost, benötigen aber deshalb nicht unbedingt höhere Temperaturen; sie gedeihen an geschützten Stellen, in feuchtem, durchlässigem Boden, etwa im Schatten immergrüner Bäume. Vermehrung durch die Entnahme kleiner, bewurzelter Rhizomstücke.

Phlebodium aureum
Syn. ***Polypodium aureum***
HASENFUSS-FARN

Die kriechenden Rhizome des immergrünen Farns sind von goldfarbenen Schuppen umgeben. Die mittelgrünen Wedel tragen unterseits orangegelbe Sporenbehälter. Die 1,5 m hohe und 60 cm breite Pflanze eignet sich bestens für Ampeln.

PHLOMIS
BRANDKRAUT, STRAUCHNESSEL

Vom Mittelmeerraum bis nach China heimisch sind die etwa 100 Arten von Stauden und Halbsträuchern dieser Gattung. Die Blätter sind meist über 10 cm lang, gegenständig und dicht filzhaarig. Die röhrigen Blüten bilden Scheinquirle. Sie sind zweilippig, wobei sich die Oberlippe helmförmig über die Unterlippe biegt. Je nach Art bilden zwei bis 40 Blüten einen Scheinquirl; die Blüten sind normalerweise gelb, rosa, violett, creme- oder malvenfarben.
PFLEGE UND VERMEHRUNG: Die einzelnen Arten sind unterschiedlich frosthart. Solche mit stark filzigen Blättern leiden bei länger andauerndem, nassem Wetter und sollten deshalb an luftigen Stellen gezogen werden, wo die Blätter nach dem Regen schnell wieder trocknen. Die Pflanzen bevorzugen feuchten, durchlässigen Boden und einen sonnigen oder halbschattigen Standort. Vermehrung durch Aussaat, kleine Stecklinge von nicht blühenden Trieben oder, falls möglich, auch durch Teilung.

Phlomis chrysophylla

Der libanesische, 1 m hohe, immergrüne Halbstrauch trägt breite, elliptische, 5 cm lange Blätter, die jung von einem goldfarbenen Flaum bedeckt sind, der später gelblichgrau verblaßt. Die Blüten sind hell goldgelb und erscheinen im Sommer. Die Pflanze erinnert an die Art *Phlomis fruticosa*, ist aber noch weniger winterhart.

Phlomis fruticosa
BRANDKRAUT, FILZKRAUT

Dieser immergrüne, frostempfindliche Strauch aus Südeuropa ist wegen der schönen, gelben, quirlständigen Blüten beliebt; diese erscheinen im Sommer zwischen den ovalen, runzeligen und filzig behaarten, grünen Blättern. Die Pflanze toleriert Küstenstandorte und wird 80 cm hoch und breit. Um die hübsche Wuchsform zu erhalten, sollte der Strauch im Herbst um etwa die Hälfte zurückgeschnitten werden.

Phlomis grandiflora

Diese Art ist *Phlomis fruticosa* sehr ähnlich, trägt jedoch grünere und weniger wollige Blätter; auch die gelben Blüten sitzen dichter gedrängt in eher kugelförmigen Blütenständen, und die Winterhärte ist etwas geringer, die Wuchsform weniger ansehnlich.

Phlomis italica

Dieser 30 cm hohe, immergrüne, sehr frostempfindliche Strauch gedeiht auf den Balearen. Er trägt 5 cm lange, lanzettliche, oft seicht gezähnte, dicht weißfilzige Blätter. Jeweils sechs der 2,5 cm langen, rosa- bis fliederfarbenen Blüten bilden einen der weit auseinanderstehenden Scheinquirle; die Blüten erscheinen im Spätsommer.

Phlomis russeliana

Die syrische, leicht zu ziehende, frostempfindliche Staude gedeiht in jedem gewöhnlichen Boden, benötigt aber viel Sonne. Die großen, herzförmigen, grünen Blätter bilden einen guten Bodendecker; die Pflanze bildet 30 cm hohe und bis 60 cm breite Horste. Im Sommer sprießen kräftige, 1 m hohe Stengel, an deren Spitze mehrere Wirtel buttergelber Blüten erscheinen.

Phlomis russeliana

Phlomis samia

Die in Nordamerika, Griechenland und auf dem Balkan heimische, frostempfindliche Staude wird 1 m hoch und trägt langgestielte, 10–25 cm lange Blätter mit gezähnten Rändern. Die Blätter sind anfangs filzig, später nur noch leicht behaart. Bis zu 20 der rosa bis blaßpurpurnen, 3,5 cm langen Blüten sitzen in einem Büschel; sie erscheinen gegen Ende des Frühjahrs.

Phlomis tuberosa
KNOLLEN-BRANDKRAUT

Die 1,5 m hohe Art ist vom Südosten Europas bis nach Mittelasien verbreitet. Sie hat kleine Wurzelknollen und trägt längliche, herzförmige, bis 25 cm lange Blätter mit gezähnten Rändern. Diese sind nicht filzig behaart, sondern mit feinen Härchen bedeckt. Die im Sommer erscheinenden rosa bis violetten Blüten sind zwar recht klein, fallen aber trotzdem auf, da sich bis zu 40 Blüten an einem Wirtel befinden.

PHLOX
FLAMMENBLUME, PHLOX

Über 60 Arten immergrüner bzw. halbimmergrüner einjähriger Kräuter und Stauden sind in dieser Gattung versammelt. Die meist aus Nordamerika stammenden Pflanzen werden wegen ihrer unzähligen, duftenden Blüten und der symmetrischen Blütenstände gezogen. Die leuchtend gefärbten, auffälligen Pflanzen werden gerne in Beete und Rabatten gesetzt. Bei ***Phlox purpurea* × *lutea*** handelt es sich um eine farbenprächtige Hybride, die dunkelrosa Blüten mit blaßgelber Mitte trägt.
PFLEGE UND VERMEHRUNG: Die hochwüchsigen Stauden lassen sich in gemäßigten Klimazonen leicht ziehen, brauchen während der Wachstumsperiode aber viel Wasser. Sie sind wie die Polsterphloxe weitgehend winterhart. Die einjährigen Arten gedeihen beinahe in allen Klimazonen, von den Tropen bis in die kältesten Regionen. Die Pflanzen benötigen fruchtbaren, durchlässigen, feuchten Boden und einen sonnigen oder halbschattigen Standort. Sie sind anfällig für rote Spinnmilben, Stengelälchen und Mehltau. Vermehrung durch Aussaat, Stecklinge oder Teilung.

Phlox adsurgens

Diese niederliegende bis kissenförmige Staude stammt aus Oregon und Nordkali-

Phlox purpurea × lutea

Phlox bifida 'Petticoat'

Phlox drummondii

fornien. Die rundlichen, glänzenden Blätter sind etwa 2 cm lang und leicht behaart. Gegen Ende des Frühjahrs erscheinen Zweige mit hellrosa, bis 2,5 cm großen Blüten. Die Pflanze mag einen kühlen, leicht schattigen Standort, besonders im Winter. An den schlaffen Stengeln der beliebten Sorte **'Wagon Wheel'** sitzen große Blüten mit bandförmigen Blütenblättern.

Phlox bifida

SANDPHLOX

Diese niedrige, buschige Staude stammt aus der Mitte der USA und trägt schmale, behaarte Blätter, die bis 5 cm lang sind. Die Blütenstände bestehen aus sechs bis neun, etwa 1 cm großen, malvenfarbenen bis weißen, leicht duftenden Blüten. Die Pflanze blüht im Frühjahr. **'Petticoat'** ist eine beliebte Sorte mit vielen blaß fliederfarbenen Blüten.

Phlox caespitosa

Diese kleine Art stammt aus dem Westen der USA. Die kleinen, sich überlappenden Blätter bilden ein dichtes, bis 25 cm hohes Polster. Die weißen bis blaßblauen Blüten sind etwa 1 cm groß.

Phlox carolina

DICKBLATT-PHLOX

Die aus der Mitte und dem Osten der USA stammende Staude wird etwa 1 m hoch. Sie trägt ziemlich dicke, glänzende, schmale Blätter, die 15 cm lang sein können. Die etwa 2,5 cm großen, violettrosa oder weißen Blüten mit dem blaßrosa bis tiefroten Auge öffnen sich sehr früh. Die auffälligen Blütenstände sind bis 40 cm lang.

Phlox 'Chattahoochee'

Diese Hybride (wahrscheinlich ***Phlox divaricata* subsp. *laphamii* × *P. pilosa***) bildet mit ihren etwa 20 cm langen, gebogenen Stengeln ein Polster. Feine Härchen bedecken die schmalen Blätter. Gegen Ende des Frühjahrs erscheinen zahlreiche leuchtendviolette Blüten mit roter Mitte.

Phlox douglasii 'Rosea'

Phlox drummondii 'Sternenzauber'

Phlox divaricata

BLAUER POLSTERPHLOX

Diese Staude ist von Quebec (Kanada) bis in die Mitte bzw. den Süden der USA verbreitet. Die beblätterten Stengel sind 30 cm lang und entwickeln sich aus überdauernden Kriechtrieben. Die ovalen Blätter sind etwa 5 cm lang. Die blauen, lavendelfarbenen oder weißen Blüten im Frühjahr sind bis 3,5 cm groß, duften leicht und sammeln sich in lockeren Büscheln.

Phlox douglasii

Die Wildformen der immergrünen Polsterstaude sind in den USA von Washington bis nach Kalifornien heimisch. Die Pflanze trägt weiße, lavendelblaue oder rosafarbene Blüten und wird 20 cm hoch. **'Boothman's Variety'** ist eine Zwergsorte mit lavendelfarbenen Blüten mit blauem Zentrum. **'Crackerjack'** ist eine kompakte Sorte mit purpur- bis tiefroten Blüten. **'Red Admiral'** heißt eine schnellwachsende, aber dennoch kompakte Sorte mit karminroten Blüten. **'Rosea'** bildet hübsche Polster mit silbrigrosa Blüten. **'Waterloo'** hat dunkel purpurrote Blüten.

Phlox drummondii

EINJAHRSPHLOX, FLAMMENBLUME

Diese einjährige Pflanze wächst schnell zu einer buschigen, 40 cm hohen und etwa halb so breiten Pflanze heran. Im Sommer und Herbst trägt sie dicht gebüschelte,

Phlox caespitosa

Phlox douglasii 'Waterloo'

kleine, flache Blüten mit fünf roten, rosa-, lila- oder cremefarbenen Blütenblättern. Die Blätter sind lanzettlich und hellgrün. Zu den Sorten gehört **'Sternenzauber'** (Syn. 'Twinkle') mit ihren aus zugespitzten Blütenblättern bestehenden sternförmigen Blüten sowie einige bis 10 cm hohe Zwergsorten.

Phlox maculata

WIESENPHLOX

Diese Staude wird 1 m hoch und trägt Mitte des Sommers wohlriechende, weiße, rosa oder violette Blüten. **'Alpha'** ist etwa 80 cm hoch und blüht dunkelrosa. **'Miss Lingard'**, ebenfalls etwa 1 m hoch, schmückt sich mit wohlriechenden, weißen Blüten, die in der Mitte manchmal einen rosa Ring haben. **'Omega'** ist etwa 80 cm hoch und trägt wohlriechende, weiße Blüten mit fliederfarbener Mitte.

Phlox nana

Die 10–15 cm hohe, sehr frostempfindliche Polsterstaude stammt aus dem Südwesten der USA und trägt 1–5 cm lange, lanzettliche Blätter. Die violettrosa Blüten erscheinen im Frühjahr und sind etwas größer als 1 cm.

Phlox paniculata

STAUDENPHLOX

Im Sommer trägt die bekannte winterharte Staude, die eine Höhe von über 1 m

Phlox paniculata

Phlox maculata 'Alpha'

erreicht, über einen langen Zeitraum hinweg endständige, aus kleinen, fünfzähligen Blüten bestehende Rispen. Je nach Sorte geht die Farbe der Blüten von Violett und Rot über verschiedene Rosatöne bis Weiß. **'Amethyst'** hat violette Blüten. **'Brigadier'** trägt dunkelgrüne Blätter und rosa, leicht orange getönte Blüten. Die rosa Blüten von **'Bright Eyes'** besitzen ein rotes Auge. **'Eventide'** hat helle, malvenfarbene oder lavendelblaue, **'Fujiyama'** weiße Blüten auf etwa 80 cm hohen Stengeln. Die Sorte **'Graf Zeppelin'** trägt weiße Blüten mit rosaroter Mitte; **'Mother of Pearl'** blüht weiß bis blaßrosa. **'Prince of Orange'** trägt rosafarbene, stark orange getönte Blüten auf bis zu 1 m hohen Stengeln. Bei **'Prospero'** handelt es sich um eine preisgekrönte, 1 m hohe Sorte mit malvenfarbenen, weiß umrandeten Blüten. **'Sir John Falstaff'** blüht lachsfarben, **'Snow Hare'** schneeweiß. Die reinweißen Blüten von **'White Admiral'** sitzen auf etwa 1 m hohen Trieben, die der Sorte **'Windsor'** sind dunkelrosa.

Phlox pilosa subsp. *ozarkana*

Diese Unterart der Polsterstaude ist in den Vereinigten Staaten weit verbreitet; die 60 cm hohe Pflanze trägt lanzettliche, etwa 15 cm lange Blätter. Die im Frühjahr erscheinenden 2,5 cm großen, weißen, violetten oder rosafarbenen Blüten sitzen an großen Rispen.

Phlox paniculata 'Mother of Pearl'

Phlox paniculata 'Graf Zeppelin'

Phlox maculata 'Omega'

P

Phoenix canariensis

Phoenix canariensis

Phoenix reclinata

Phlox pilosa subsp. *ozarkana*

Phlox subulata

Phlox subulata 'Greencourt Purple'

Phlox subulata 'McDaniel's Cushion'

Phlox subulata 'Marjorie'

Phlox × procumbens 'Millstream'

'Millstream' ist von sehr kompakter Wuchsform, trägt dunkelgrüne Blätter und dunkle, lavendelrosa Blüten. Die Pflanze wird 10 cm hoch und 30 cm breit.

Phlox stolonifera

An schattigen Standorten eignet sich die aus den Waldgebieten im Südosten Nordamerikas stammende Kriechpflanze hervorragend als Bodendecker. Die niedrigen, aus dunkelgrünen, immergrünen Blättern bestehenden Polster breiten sich mittels Rhizomen aus. Die rosa, blauen oder weißen Frühjahrsblüten ragen auf 30 cm hohen Blütentrieben über die Blätter empor. In kühlen Gegenden toleriert die Pflanze Sonne, sonst bevorzugt sie einen schattigen Standort und Waldboden. Die hübsche, kompakte Sorte **'Blue Ridge'** trägt leicht glänzende Blätter und leuchtend taubenblaue Blüten.

Phlox subulata

MOOSPHLOX, POLSTERPHLOX

Das ganze Frühjahr hindurch trägt diese niederliegende, alpine Staude unzählige endständige, 2,5 cm große, sternförmige Blüten, die blau, malvenfarben, karmesinrot, rosa oder weiß sein können; die spreizenden Blütenblätter sind gekerbt. Die kleinen Blätter bilden einen dichten Laubteppich, der bis 10 cm hoch wird. Die frostharte, immergrüne Pflanze eignet sich für sonnige Steingärten. **'Greencourt Purple'** ist aufgrund ihrer kräftigen Farben bemerkenswert; die Pflanze bevorzugt einen schattigen Standort. **'McDaniel's Cushion'** (Syn. 'Daniel's Cushion') sollte am besten in kleinen Gruppen zwischen Sträuchern oder höheren Stauden gepflanzt werden. Bei **'Maischnee'** handelt es sich um eine schöne, schneeweiße Sorte. **'Marjorie'** hat leuchtende, dunkelrosa Blüten, während die großen Polster von **'Oakington Blue Eyes'** von hellblauen Blüten bedeckt sind.

PHOENIX

DATTELPALME, PHÖNIXPALME

17 sehr unterschiedliche Arten immergrüner Palmen aus dem subtropischen und tropischen Asien und Afrika sowie von den Kanarischen Inseln sammeln sich in dieser Gattung. Einige stellen eine wichtige Nahrungsquelle dar (Datteln sowie der aus den Datteln gewonnene Palmzucker), andere sind als Zimmerpflanzen oder Alleebäume beliebt. Es gibt Arten mit nur einem Stamm, aber auch solche, die Horste aus mehreren Stämmen bilden. Die langen Wedel sind an der Basis mit starren, scharfen Stacheln versehen und bilden eine dichte Krone. Die kleinen, gelben Blüten wachsen in Rispen. *Phoenix* ist der alte griechische Name der Dattelpalme.
PFLEGE UND VERMEHRUNG: Damit es zur Bestäubung kommt, müssen männliche und weibliche Pflanzen vorhanden sein. Die nicht frostharten Pflanzen bevorzugen einen sonnigen Standort, tolerieren aber auch Halbschatten, heißen Wind und nährstoffarmen Boden, solange dieser durchlässig ist. Hybridbildungen zwischen den einzelnen Arten sind häufig. Verdorrte Wedel sollten abgeschnitten werden. Vermehrung durch Aussaat im Frühjahr.

Phoenix canariensis

KANARISCHE DATTELPALME, PHÖNIXPALME

Diese massive Palme stammt von den Kanarischen Inseln, wird 15 m hoch und bis 10 m breit. Der kräftige Stamm hat einen Durchmesser von 1 m; an diesem befinden sich übergebogene, dunkelgrüne, bis 3,5 m lange Wedel. Im Sommer erscheinen kleine, gelbe Blüten in hängenden Rispen; diesen folgen ungenießbare, orangegelbe, eichelartige Früchte. Um ihre auffallend symmetrische Form voll entfalten zu können, benötigt diese Palme viel Platz.

Phoenix dactylifera

DATTELPALME

Die aus dem Nahen Osten und aus Nordafrika stammende Pflanze ist dort seit über 5000 Jahren in Kultur. Dattelpalmen werden bis zu 30 m hoch und 6 m breit. Der Stamm ist schlanker als bei *Phoenix canariensis*. Die Wedel sind leicht gräulich getönt; die inneren Wedel stehen relativ aufrecht, die äußeren biegen sich nach unten um, so daß eine rundliche Krone entsteht. Die 2,5–8 cm langen Datteln sind zylindrisch und frisch gelblich.

Phoenix reclinata

SENEGAL-DATTELPALME

Diese afrikanische Art bleibt kleiner als *Phoenix canariensis* und *P. dactylifera*, die Pflanze erreicht nur eine Höhe von 6–10 m. Ihr unverwechselbares Merkmal sind die mehrfachen Stämme, die sich aus der Mitte anmutig nach außen emporbiegen. Die kleinen Früchte sind gelb bis rot.

Phoenix roebelenii

ZWERGDATTELPALME

Die aus Laos stammende Palme eignet sich in heißen Klimazonen als Gartenpflanze und kann auch als Kübel- oder Zimmerpflanze gehalten werden. Die 3 m hohe und ähnlich breite Pflanze wirkt durch ihre dunkelgrünen, gebogenen Wedel sehr elegant. Der kurze, schlanke Stamm ist rauh, da die Basis abgestorbener Wedel am Baum verbleibt. Bei den Früchten handelt es sich um kleine, schwarze, eiförmige Steinfrüchte.

Phlox stolonifera

Phlox stolonifera 'Blue Ridge'

Phoenix rupicola

Phoenix roebelenii

Phoenix rupicola

INDISCHE DATTELPALME

Die aus Nordindien stammende Art hat einen schlanken, 8 m hohen Stamm, an dessen Spitze sich eine Krone aus anmutig gebogenen, ziemlich glänzenden, etwa 2,5 m langen Wedeln befindet. Den gelben Blüten in Rispen folgen kleine, dunkelrote Früchte. Da die Palme sehr schnell wächst und auch sehr groß wird, sollte sie am besten im Freien gezogen werden, sie eignet sich aber auch ausgezeichnet als Gewächshauspflanze.

PHORMIUM

NEUSEELÄNDER FLACHS

Die zwei verschiedenen Arten großer, horstbildender Pflanzen dieser Gattung stammen aus Neuseeland und werden wegen ihrer steif aufrechten bis übergebogenen Blätter geschätzt. Sie sind groß (1–2 m lang) und gestreift und können dunkelgrün bis grüngelb sein. Es existieren aber auch zahlreiche Sorten mit panaschiertem oder leuchtendbuntem Laub. Die im Sommer erscheinenden Blüten werden in Neuseeland von Vögeln besucht. Die Fasern wurden früher kommerziell genutzt, werden heute aber fast nur noch im traditionellen Maori-Kunsthandwerk eingesetzt.

PFLEGE UND VERMEHRUNG: Der relativ anspruchslose, jedoch sehr frostempfindliche Neuseeländer Flachs eignet sich hervorragend als Topfpflanze, kann aber in milderen Klimazonen auch im Garten gepflanzt werden. Die Pflanzen reagieren gut auf häufiges Gießen und permanent feuchte Bedingungen. Die Vermehrung erfolgt im Frühjahr durch Aussaat oder Teilung.

Phormium 'Apricot Queen'

Phormium cookianum 'Maori Maiden'

Phormium 'Apricot Queen'

Diese Sorte trägt dunkelgrüne, übergebogene, über 1 m lange Blätter, die apricotfarben gestreift und bronzefarben umrandet sind. Die jungen Blätter sind cremegelb.

Phormium cookianum

Syn. *Phormium colensoi*

Die Blätter dieser Art sind 0,6– 1,5 m lang und 6 cm breit. Die gelben bis rotbraunen Blüten sind in der Mitte gelb; sie überragen auf starren, aufrechten Stengeln die Blätter. Die Sorte **'Dark Delight'** trägt dunkle, weinrote, über 1 m lange Blätter. **'Duet'** ist eine 30 cm hohe Zwergsorte mit cremefarbenen und grünen Blättern. **'Maori Maiden'** (Syn. 'Rainbow Maiden') ist eine aufrechte Sorte mit 1 m langen, bronzefarbenen, rot gestreiften Blättern. **'Sundowner'** hat extrem große, manchmal bis zu 2 m lange, cremefarbene Blätter mit violetter Mitte und cremefarbenen Rändern. Bei **'Tricolor'** handelt es sich um eine immergrüne, aufrechte Staude mit kräftigen, stacheligen, hübsch rot, gelb oder grün gestreiften Blättern und röhrigen, blassen, gelblichgrünen Blüten in Rispen.

Phormium 'Dawn'

Die steifen, schwertförmigen, dunkelgrünen Blätter dieser Sorte tragen rote, gelbe, bronze-, lachs- oder rosafarbene Längsstreifen. Im Sommer erscheinen die in Rispen versammelten röhrigen, mattroten Blüten auf kurzen, grünen Stengeln.

Phormium-Hybriden

Die erst kürzlich kreierte Sorte **'Rainbow Warrior'** bildet einen üppigen Horst aus langen, gebogenen bzw. überhängenden, vorwiegend rosaroten und unregelmäßig bronzegrün gestreiften Blättern.

Phormium cookianum 'Tricolor'

Phormium-Hybride 'Rainbow Warrior'

Phormium cookianum

Phormium cookianum 'Sundowner'

Phormium cookianum 'Duet'

Phormium 'Sea Jade'

Die dunkelgrünen Blätter der bis 1 m hohen Art haben eine dunkel rötlichbraune bis bronzefarbene Mittelrippe.

Phormium tenax

Diese Art ist etwas größer und robuster als *Phormium cookianum*. Sie trägt olivgrüne, bandförmige, 2–3 m lange Blätter, die Horste mit einem Durchmesser von 2 m bilden. Die Pflanze gedeiht gut in Meeresnähe. Die aus *P. tenax* und *P. cookianum* hervorgegangenen Hybriden sind oft kompakter als ihre Elternteile; der Farbton ihrer Blätter erstreckt sich von Bronzefarben oder Violett bis hin zu Rosa- oder Lachsfarben. Die Blätter können zwei- oder mehrfarbig längsgestreift sein. **'Bronze Baby'** hat breite und spitze, faserige, kupfern getönte Blätter. Im Sommer entwickelt sich aus der Horstbasis ein kräftiger Stengel, an dem röhrige, bronzerote Blüten sitzen. **'Dazzler'** trägt rote, pflaumenviolett umrandete Blätter. **'Purpureum'** hat steife, zugespitzte, pflaumenviolette bis dunkel kupferfarbene Blätter; im Sommer erscheinen rötliche Blüten auf violettblauen Stielen. **'Variegatum'** trägt gelblich-cremefarben und weiß gestreifte Blätter, die 1,5 m langen Blätter der Sorte **'Maori Chief'** sind grün und rosarot gestreift. **'Tom Thumb'** hat 60 cm lange, grüne, bronzefarben umrandete Blätter. **'Coffee'** ist ebenfalls eine beliebte Sorte.

Phormium 'Sea Jade'

Phormium tenax

Phormium tenax

Phormium tenax 'Variegatum'

Phormium tenax 'Coffee'

PHOTINIA

GLANZMISPEL

Die 60 Arten immergrüner oder sommergrüner Sträucher und kleiner Bäume wachsen in der Regel sehr schnell und stammen aus dem Himalaja sowie aus dem Osten und Südosten Asiens. Die Pflanzen sind aufgrund ihrer jung leuchtenden Blätter, die sommergrünen Arten auch wegen ihrer Herbstfärbung sehr beliebt. Die glänzenden Blätter sind wechselständig. Den meist weißen Blüten folgen rote oder dunkelblaue Beeren.

PFLEGE UND VERMEHRUNG: Sie bevorzugen einen sonnigen oder halbschattigen, windgeschützten Standort und fruchtbaren, durchlässigen Boden. Sie eignen sich gut für Hecken. Rückschnitt fördert buschigen Wuchs und Neutrieb. Vermehrung im Sommer durch Aussaat bzw. Stecklinge oder Veredlung auf Weißdorn oder Quitte.

Photinia × *fraseri*

Photinia × *fraseri* 'Red Robin'

Photinia × *fraseri* 'Robusta'

Photinia beauverdiana var. *notabilis*

Diese Varietät ist ein großblättriger, sommergrüner Strauch oder kleiner Baum aus dem Westen Chinas. Sie erreicht eine Höhe von 9 m und trägt bis zu 15 cm lange, lanzettliche Blätter mit feingezähntem Rand. Gegen Ende des Frühjahrs erscheinen cremefarbene, etwa 5 cm große Blütenstände. Die Art gilt als winterhart.

Photinia davidsoniae

Der nicht winterharte, immergrüne Strauch oder Baum aus Zentralchina erreicht eine Höhe von 12 m; die jungen Triebe sind flaumig behaart und mit kleinen Dornen besetzt. Die 8–15 cm langen, elliptischen Blätter sind oben glänzend dunkelgrün, unterseits heller. Die gegen Ende des Frühjahrs erscheinenden Blütenstände sind ebenfalls flaumig behaart.

Photinia × *fraseri*

Die jungen Blätter dieses sehr frostempfindlichen, immergrünen Strauchs sind hell- über bronze- bis hin zu violettrot. Die ausgewachsenen Blätter sind glänzendgrün. Bei **'Red Robin'** sind die jungen Blätter leuchtendrot, bei **'Robusta'** (Syn. *Photinia robusta*, *P. glabra* 'Robusta') kupferrot und sehr auffällig. Die meisten der unterschiedlich hohen Sorten erreichen eine Höhe von 3–3,5 m.

Photinia glabra

Der etwa 3 m hohe, immergrüne Strauch wird oft als Hecke gepflanzt. Rückschnitt führt jedesmal zum Erscheinen neuer junger, rötlich-bronzefarbener Blätter. Die älteren Blätter sind glänzendgrün. Die im Frühjahr erscheinenden breiten, weißen Blütendolden verleihen der Pflanze einen attraktiven, rauchigen Effekt; den Blüten folgen blauschwarze Beeren. Nur bei kurzen Wintern ist die Pflanze hart, auf länger andauernde Kälte reagiert sie empfindlich. Die jungen Blätter der Sorte **'Rubens'** haben die Farbe von rotem Siegellack.

Photinia serratifolia

Syn. *Photinia serrulata*

KAHLE GLANZMISPEL

Dieser sehr frostempfindliche, immergrüne Strauch oder kleine Baum stammt aus China; er wird 6 m hoch und hat eine buschige Krone, kann aber auch kleiner gehalten und als Schnitthecke gezogen werden. Die glänzenden, ovalen Blätter sind groß, gesägt und im Frühjahr bronzefarben getönt. Den kleinen, weißen Blüten im Frühjahr folgen kleine, rote Früchte.

Photinia davidsoniae

Photinia beauverdiana var. *notabilis*

Photinia glabra 'Rubens'

Photinia villosa

Syn. *Pourthiaea villosa*

WARZIGE GLANZMISPEL

Der aus Japan, Korea und China stammende, sommergrüne, aufrechte Strauch oder kleine Baum wird 4,5 m hoch und hat eine buschige Krone. Diese Art ist frosthart. Den weißen Frühjahrsblüten folgen rote Früchte, die an diejenigen des Weißdorns erinnern. Die ovalen Blätter sind gesägt und leicht flaumig behaart; anfangs leicht bronzefarben und dann glänzend dunkelgrün, nehmen sie im Herbst einen scharlachroten bis orangefarbenen Ton an. Sie sind 5–8 cm lang. Die Blütenstände haben einen Durchmesser von 5 cm. Die koreanische Form ***Photinia villosa* f. *maximowicziana*** trägt gelbes Herbstlaub.

PHRAGMIPEDIUM

FRAUENSCHUH

Diese Gattung besteht aus 15 bis 20 Arten von epiphytischen und terrestrischen Orchideen, die aus Mittel- und Südamerika sowie aus Mexiko stammen. Ähnlich wie *Paphiopedilum* haben auch diese Orchideen eine pantoffelförmige Lippe, die Blätter sind jedoch zahlreicher, schmal bandförmig und 20–30 cm lang. An aufrechten Stengeln erscheinen die Blüten einzeln oder in kleinen Gruppen, meist weiß oder gelbgrün mit rosafarbener Tönung und violetten Sprenkeln. Die Blütenblätter sind schmal und überhängend mit einem kapuzenartigen oberen Kronblatt.

PFLEGE UND VERMEHRUNG: Die Temperaturen sollten im Winter bei den an kühleres Klima angepaßten Pflanzen nicht unter 10°–15 °C, bei den tropischen Arten nicht unter 18 °C sinken. Die Pflanzen bevorzugen lockeres, sehr durchlässiges Substrat und einen leicht schattigen Standort. Nach dem Ende der Blütezeit benötigt die Pflanze etwas mehr Licht. Sie sollte nie vollständig austrocknen, muß im Winter aber nicht so oft gegossen werden. Die Vermehrung erfolgt durch Teilung direkt nach der Blütezeit oder durch Aussaat.

Photinia villosa

Phragmites australis

Phygelius × rectus

Phragmipedium caudatum

Diese Art ist von Kolumbien bis nach Bolivien verbreitet und gedeiht dort in mittleren bis hohen Lagen auf Felsen, auch in voller Sonne. Die vielen bandförmigen, bis 60 cm langen Blätter stehen – zweizeilig fächerförmig – an kurzen Stämmen. Der 60 cm hohe Blütenstand trägt bis zu sechs große Blüten mit bis 50 cm langen Blütenblättern. Die Art benötigt ein gutdurchlässiges Substrat und starkes indirektes Licht.

PHRAGMITES

SCHILF, SCHILFROHR

Nach neueren Untersuchungen besteht diese Schilfgattung aus drei fast weltweit verbreiteten Arten großer Rhizomgräser mit kräftigen, aufrechten, bis etwa 3–3,5 m hohen Halmen. Sie haben flache, lange Grasblätter. Im Sommer und Herbst erscheinen große, violettbraune, fedrige Rispen. Im Winter bleiben nur die hellbraunen Halme stehen, die Blätter fallen ab.

PFLEGE UND VERMEHRUNG: Von gemäßigten Klimazonen bis in die Tropen ist das Schilf in Feuchtwiesen, vor allem aber in stehenden Gewässern zu finden; es gedeiht aber auch in normalem Gartenboden, solange dieser im Sommer nicht vollständig austrocknet. Die völlig frostharten, sehr stark wuchernden Pflanzen bevorzugen einen sonnigen Standort. Die Vermehrung erfolgt durch Aussaat oder Teilung.

Phragmites australis

Syn. *Phragmites communis*

SCHILF, SCHILFROHR

Diese bekannte Art hat etwa 3,5 m hohe Halme und überhängende, 50 cm lange und 5 cm breite, blaugrüne Blätter. Die fedrigen Blütenrispen sind bis 50 cm lang und leicht überhängend, anfangs braunviolett, im Winter braun. **'Humilis'** wird etwa 1 m hoch. **'Rubra'** trägt rötlich getönte Blütenrispen, **'Variegatus'** gelbgestreifte Blätter, die Farbe verblaßt aber mit der Zeit. ***Phragmites australis* subsp. *altissimus*** erreicht eine Höhe von 6 m.

Phuopsis stylosa

Phygelius aequalis 'Yellow Trumpet'

Phygelius × rectus 'African Queen'

Phygelius × rectus 'Pink Elf'

PHUOPSIS

Nur eine Art definiert diese Gattung, eine kleine, horst- oder mattenbildende, stark wuchernde Staude aus dem Kaukasus und Nordiran. Die quirlständigen Blätter erinnern an den verwandten Waldmeister (*Galium odoratum*), sie sind klein und schmal. Die Pflanze wird etwa 15–20 cm hoch. Die im Sommer erscheinenden Blütendolden bestehen aus 30 bis 50 hellrosa Blüten, 1 cm langen, fünfzipfligen Röhren mit herausragendem Griffel.

PFLEGE UND VERMEHRUNG: Die weitgehend frostharte Pflanze gedeiht am besten in schotterigem, humusreichem, feuchtem Boden an einem sonnigen oder halbschattigen Standort. Vermehrung durch Aussaat, Stecklinge von nicht blühenden Trieben oder durch Teilung.

Phuopsis stylosa

Diese anmutige, kleine Pflanze eignet sich gut für Bereiche des Steingartens, wo sie keine kleineren Nachbarn überwuchern kann. Wenn man die rosafarbenen Blütendolden regelmäßig ausputzt, dauert die Blütezeit bis weit in den Herbst hinein.

PHYGELIUS

KAPFUCHSIE

Die beiden eher mit *Penstemon* und *Antirrhinum* (Löwenmaul) als mit *Fuchsia* verwandten Arten sind aufrechte, immergrüne Sträucher, Halbsträucher oder – bei kälteren Wintern – Stauden vom Kap der Guten Hoffnung in Südafrika. Die für Steingärten geeigneten Pflanzen werden 1 m hoch und 50 cm breit. Die hübschen, meist roten Blüten erscheinen im Sommer zwischen dunkelgrünen, ovalen Blättern.

PFLEGE UND VERMEHRUNG: Die Pflanzen gedeihen am besten an einem sonnigen oder halbschattigen Standort auf fruchtbarem, durchlässigem, nicht allzu trockenem Boden. Sie sind winterhart im Weinbauklima, sonst ist etwas Winterschutz nötig. Die Vermehrung erfolgt durch Stecklinge im Sommer.

Phygelius aequalis

Diese ausläufertreibende Art erreicht eine Höhe von 1 m, trägt dunkelgrüne Blätter und blaßrosa Blüten. Die Sorte **'Yellow Trumpet'** trägt blaßgrüne Blätter und cremegelbe Blüten.

Phygelius capensis

Wuchernd und ausläufertreibend, kann dieser Halbstrauch oder Strauch gut 1 m hoch und mehr als doppelt so breit werden. Die Pflanze trägt knapp 10 cm lange, lanzettliche Blätter und wird hauptsächlich aufgrund ihrer zart orangerosa, hängenden, röhrigen Blüten gezogen.

Phygelius × rectus

Für Gärten sind diese aus *Phygelius aequalis* und *P. capensis* hervorgegangenen Hybriden ideal, da sich in ihnen die üppige Blütenpracht und die Robustheit der Elternteile in einer kompakten und kaum wuchernden Pflanze mit langen Blütentrieben vereinigen. **'African Queen'** trägt beinahe geradröhrige, hängende, hellrote Blüten mit orangeroten Lappen. Die Zwergsorte **'Pink Elf'** trägt rot gelappte, blaßrosa Blüten; die Blütenstände sind zwar schütter, dafür ist die Blütezeit lang.

PHYLA

Diese Gattung besteht aus etwa 15 Arten ausladender oder polsterbildender Stauden aus Mittel- und Südamerika. Die 2,5–8 cm langen, ovalen bis lanzettlichen

P

Phylica plumosa

Phylica plumosa

Phyla nodiflora

Phyllanthus acidus

Blätter stehen in lockeren Rosetten oder Quirlen, sind oft seicht gezähnt und mit feinen Haaren bedeckt. Während der wärmeren Monate erscheinen flache oder rundliche, aus einfachen, vierblättrigen, weißen, fliederfarbenen oder violetten Blüten bestehende Blütenbüschel.
PFLEGE UND VERMEHRUNG: Die meisten Arten sind sehr frostempfindliche Pflanzen, die sonst aber relativ einfach zu ziehen sind. Sie bevorzugen feuchten, durchlässigen Boden und einen sonnigen oder halbschattigen Standort. Durch Samen oder Teilung lassen sie sich im Frühjahr oder Herbst vermehren.

Phyla nodiflora
Syn. *Lippia nodiflora, L. repens*

Diese weitverbreitete tropische bis subtropische Staude bildet einen dichten Blatteppich, so daß sie oft als Rasenersatz gezogen wird. Sie trägt 2,5 cm lange, graugrüne Blätter und 10–2,5 cm große, lila Blütenbüschel. Die Blüten locken Bienen an, können aber auch abgemäht werden.

PHYLICA
KAPMYRTE

Diese Gattung aus etwa 150 Arten immergrüner Sträucher stammt aus Südafrika, den vorgelagerten Inseln sowie der Inselgruppe Tristan da Cunha. Sie tragen hellgrüne, schmale Blätter und kleine Blüten, die oft von Hüllblättern oder Haaren verdeckt sind. Die Triebe, Blätter und Hüllblätter sind alle fein silbrig behaart. Die Blütenstände werden getrocknet oder frisch für die Blumenbinderei verwendet.
PFLEGE UND VERMEHRUNG: Die Pflanzen gedeihen nur in warmen Klimazonen und benötigen einen sonnigen Standort sowie sauren Boden. Sie tolerieren hohe Luftfeuchtigkeit, leiden aber unter längeren Regenfällen, die zum Verfilzen und Verfaulen der behaarten Blätter führen. Die Pflanzen gedeihen besonders gut in Küstenregionen. Für Schnittblumen ist kaum Rückschnitt nötig, sonst erfolgt ein leichter Rückschnitt nach der Blüte. Vermehrung durch Aussaat im Frühjahr oder durch Stecklinge im Sommer.

Phylica plumosa
Syn. *Phylica pubescens*
SÜDAFRIKANISCHER FEDERKOPF

Feine, flaumige Härchen bedecken diesen 1–2 m hohen, nicht frostharten südafrikanischen Strauch; selbst die Blütenstände sind behaart. Die 2,5 cm langen, schmalen, dunkelgrünen Blätter haben zurückgerollte Ränder. Sie sind sehr weich, stehen aber sparrig ab. Die Hüllblätter sehen aus wie behaarte, cremefarbene Gänseblümchen. Sie erscheinen zu Winteranfang und eignen sich als Schnittblumen.

PHYLLANTHUS

Diese Gattung besteht aus etwa 650 Arten immer- bzw. sommergrüner Kräuter, Sträucher und Bäume aus den tropischen und subtropischen Regionen der Welt. Die ungestielten Blätter haben jung oft einen leichten Rotstich und sitzen zweizeilig an den Ästen. Im Frühjahr und Sommer erscheinen rote oder gelbgrüne, kronblattlose Blüten. Einige Arten tragen Kladodien statt richtigen Blättern; diese werden von kleinen Blüten umsäumt, wodurch der Anschein entsteht, daß die Blätter blühen. Die kleinen, erbsengroßen Früchte der meisten Arten sind ungenießbar, einige Arten tragen jedoch stachelbeerähnliche Früchte, die gekocht schmackhaft sind.

PFLEGE UND VERMEHRUNG: Sie mögen fruchtbaren, sandigen, durchlässigen Boden und viel Wasser. In heißen Klimazonen gedeihen sie gut in Küstennähe. Vermehrung durch Samen oder Stecklinge.

Phyllanthus acidus
STACHELBEERBAUM

Der Stachelbeerbaum aus Indien und Madagaskar ist die einzige häufig angebaute Art dieser Gattung. Sie erreicht schnell eine Höhe von 9 m und eine Breite von 3 m und trägt blaßgrüne, beinahe stengellose Blätter. Im Frühjahr erscheinen dichte Büschel kleiner, roter Blüten; diesen folgen im Spätsommer gedrängte Rispen gerippter, hellgelber, 2,5 cm langer Früchte.

× PHYLLIOPSIS

Die nordamerikanischen Heidekrautgewächse *Phyllodoce breweri* und *Kalmiopsis leachiana* sind die Elternteile der Hybridgattung. Sie besteht aus niedrigen, immergrünen Sträuchern mit dunkelbrauner Rinde und 1–2,5 cm langen, dunkelgrünen Blättern und glockigen Blüten.
PFLEGE UND VERMEHRUNG: Sie bevorzugen feuchten, humusreichen, durchlässigen Boden und Halbschatten. Die frostharten Pflanzen eignen sich für feuchte, schattige Steingärten oder als Kübelpflanzen fürs Alpinenhaus. Vermehrung durch kleine Spitzenstecklinge oder Ableger.

× *Phylliopsis hillieri*

Der 30 cm hohe Strauch trägt im Frühjahr aus winzigen, fünflappigen, rotvioletten Blüten bestehende Trauben. **'Coppelia'** schmückt sich mit relativ großen, offenen, lavendelrosa Blüten. **'Pinocchio'** ist eine kompakte Sorte mit kleinen, glänzenden Blättern und hellrosa Blütenständen.

PHYLLOCLADUS
BLATTEIBE

Diese Gattung besteht aus fünf Arten immergrüner Koniferen, die von der Südhemisphäre stammen. Die höheren Arten können über 20 m hoch werden; es existieren aber auch einige niedrigere, mehr strauchige, die nur 2 m erreichen und auch vorzüglich als Bonsai gezogen werden können. Die aufrechten Stämme tragen waagerechte Äste, an welchen sich bräunlichgrüne, flache Phyllokladien (blattähnliche Kurztriebe) befinden, die sich im Winter manchmal dunkler verfärben. Die männlichen Zapfen erscheinen in endständigen Büscheln, die weiblichen Zapfen sitzen dagegen an der Basis der »Blätter«.
PFLEGE UND VERMEHRUNG: Die Koniferen sind empfindlich, was trockene Bedingungen betrifft, und sehr frostempfindlich. Sie gedeihen am besten in gut zersetzter, feuchter Erde an einem sonnigen oder halbschattigen und vor starkem Wind geschützten Standort. Vermehrung durch Aussaat oder Stecklinge.

Phyllocladus aspleniifolius

Die von Tasmanien stammende, 15 m hohe, langsamwachsende Konifere trägt

× *Phylliopsis hillieri* 'Coppelia'

Phyllocladus aspleniifolius

× *Phylliopsis hillieri* 'Pinocchio'

Phyllocladus trichomanoides

eigenwilliges Laub: Die auffälligen, rautenförmigen, dicken Klododien (modifizierte Zweige) sind bis 10 cm lang und immergrün, die richtigen Blätter auf kleine Schuppen reduziert und sommergrün.

Phyllocladus trichomanoides

TANEKAHA

In ihrer Heimat kann diese symmetrische, neuseeländische Konifere eine Höhe von 15–20 m erreichen, in Kultur wird sie kaum höher als 6 m und halb so breit mit waagerechten Zweigen. Die Belaubung, also die Phyllokladien, erinnern an Frauenhaarfarn. Die Pflanze mag feuchtkühles Klima und eignet sich wegen ihres langsamen Wachstums auch für kleine Gärten.

PHYLLODOCE

BLAUHEIDE, MOOSHEIDE

Diese Gattung besteht aus acht Arten kleiner, immergrüner Heidekräuter aus den arktischen und alpinen Regionen der Nordhemisphäre. Die Pflanzen haben drahtige Triebe und steife, schmale, ledrige, weniger als 2,5 cm lange Blätter mit feingezähnten Rändern und flaumig behaarter Unterseite. Die nickenden, glockigen, fünflappigen Blüten sitzen zwischen Frühjahr und Frühsommer in kleinen Trauben an den Stengelspitzen.
PFLEGE UND VERMEHRUNG: Die zierlichen, kleinen Sträucher sind sehr kältehart, leiden jedoch unter heißen, trockenen Bedingungen. Sie bevorzugen kalkfreien, kühlen, feuchten, durchlässigen, humusreichen Boden, der im Sommer nicht ganz austrocknen sollte, und einen leicht schattigen Standort. Man kann sie durch Samen vermehren, aber auch durch Ableger oder kleine Stecklinge von der Spitze nicht blühender Stengel.

Phyllodoce caerulea

BLÄULICHE MOOSHEIDE

Die in Asien, Europa und in den USA heimische Art erreicht eine Höhe von etwa 30 cm. Die Pflanze kann von aufrechter oder ausladender Wuchsform sein und trägt 1 cm lange Blätter. Die gegen Ende des Frühjahrs einzeln oder in Dreier- bzw. Vierergruppen auftretenden Blüten sind lila bis violettrosa.

Phyllodoce empetriformis

KRÄHENBEERBLÄTTRIGE MOOSHEIDE

Diese Art stammt von der Westküste Nordamerikas; der matten- oder polsterbildende Strauch wird 10–30 cm hoch und trägt etwa 1 cm lange Blätter. Im Frühjahr und Sommer hüllt sich die Pflanze in eine Decke kleiner, rosaroter Blüten.

Phyllodoce empetriformis

Phyllodoce nipponica

JAPANISCHE MOOSHEIDE

Der aus dem nördlichen Teil Japans stammende 20 cm hohe Strauch hat drahtige Stengel und 1 cm lange Blätter. Im Frühjahr und Sommer erscheinen aus drei bis sieben Blüten bestehende rosarote oder weiße Blütenstände.

PHYLLOSTACHYS

Diese Gattung besteht aus 80 mittelgroßen bis großen, immergrünen Bambusarten aus Asien, die sich mit ihren Rhizomen stark ausdehnen können. Sie werden wegen ihrer dekorativen Blätter und anmutigen Wuchsform gezogen und können schöne Haine bilden. Sie können auch zur Bodenbefestigung verwendet werden. Die Halme verholzen. Die unscheinbaren Blüten erscheinen erst nach vielen Jahren; wie die meisten anderen Bambusgattungen sterben die Pflanzen danach ab.
PFLEGE UND VERMEHRUNG: Die Pflanzen gedeihen in gemäßigten Klimazonen an wärmebegünstigten Standorten, wobei der Boden nicht allzu trocken sein sollte. Sie sind auch als Kübelpflanzen geeignet. Vermehrung durch Aussaat im Frühjahr oder Herbst oder Teilung im Frühjahr.

Phyllostachys aurea

GOLDROHRBAMBUS

Diese Art hat steife, aufrechte, 2–10 m hohe Halme mit am Grund stark verkürzten Internodien. Die ausläufertreibende Pflanze bildet schnell große Horste, eignet sich daher als Sichtschutz oder Hecke und erträgt Temperaturen bis etwa –20 °C.

Phyllostachys bambusoides

MADAKE

Die aus China und Japan stammende Art wird 20 m hoch und ist einfach zu ziehen, aber sehr frostempflindlich. Die großen Blätter und dickwandigen Halme sind anfangs grün. Die jungen Triebe sind eßbar und erscheinen gegen Ende des Frühjahrs. Sorten sind **'Allgold'** (Syn. 'Holochrysa'), eine etwas kleinere Pflanze mit offenerer Wuchsform und goldgelben, oft grün gestreiften Halmen; **'Castillonis'** hat grün gefurchte Halme und **'Castillonis Inversa'** grüne, gelb gefurchte Halme.

Phyllostachys aurea

Phyllostachys nigra

SCHWARZROHRBAMBUS

Die schlanken Rohre dieser etwa 6 m hohen, mehr oder weniger frostempfindlichen Art haben leicht verdickte Knoten; sie sind anfangs grün und verfärben sich im zweiten Jahr schwarz. Die grünen Blätter sind lang, dünn und spitz. In kühlen Klimazonen ist Schutz vor kaltem Wind ratsam, bei mildem Klima eher Schutz des Gartens vor dem starken Ausbreitungsdrang dieser Art. ***Phyllostachys nigra*** **var.** ***henonis*** trägt üppige, saftige, dunkle Blätter und gelbbraune Halme.

Phyllostachys viridiglaucescens

Die aus dem Osten Chinas stammende, ziemlich frostharte Art kann eine Höhe von über 10 m erreichen, ist in der Regel jedoch kleiner; die glatten Halme sind an der Basis oft leicht gebogen. Sie sind weiß bemehlt, die Blattscheiden sind rauh. Die bis 20 cm langen Blätter sitzen sehr dicht an den Halmen und verhüllen diese.

PHYMOSIA

Die acht Arten immergrüner Sträucher und kleiner Bäume dieser Gattung stammen aus Mexiko und Guatemala sowie von den Karibischen Inseln. Die 20–25 cm breiten, handförmigen Blätter aus fünf bis sieben Lappen haben gesägte oder gezähnte Ränder. Die Blüten stehen in kleinen Büscheln in den Blattachseln nahe der Stengelspitze. Die 2,5–8 cm großen Blüten sind normalerweise rosafarben oder rot, manchmal weiß geädert.
PFLEGE UND VERMEHRUNG: Die weitgehend tropischen Pflanzen tolerieren keinen Frost. Sie mögen feuchten, durchlässigen Boden, gut bewurzelte Pflanzen vertragen aber auch trockene Bedingungen. Der Standort sollte sonnig oder halbschattig sein. Aus Samen oder Stecklingen lassen sich neue Pflanzen ziehen.

Phymosia umbellata

Die bis zu 6 m hohe, mexikanische Art trägt 20 cm breite Blätter und 3,5 cm große, dunkelrosa Blüten. Durch Schnitt können die jungen Pflanzen zu einem vieltriebigen Strauch oder zu einem einstämmigen kleinen Baum erzogen werden.

PHYSALIS

LAMPIONBLUME

Etwa 80 Arten einjähriger Kräuter und Stauden, weit verbreitet in Amerika, machen diese Gattung aus. Die meisten Arten bilden Büsche aus aufrechten, beblätterten, 60 cm bis doppelt so hohen Stengeln.

Phyllostachys bambusoides

Phyllostachys nigra

Phymosia umbellata

Die Blattform ist variabel, meist jedoch lanzettlich, oval oder dreieckig (wie bei Pappeln). Die Blätter sind oft gelappt oder flach gezähnt. Aus kleinen, meist weißen oder gelben, violett gefleckten Blüten entstehen gelbe, orangefarbene oder rote Beerenfrüchte. Die oft eßbaren Früchte sind reif, wenn die Kelche trocken werden.
PFLEGE UND VERMEHRUNG: Die einzelnen Arten sind unterschiedlich frosthart, alle bevorzugen feuchten, durchlässigen Boden und einen sonnigen oder halbschattigen Standort. Die Vermehrung erfolgt durch Aussaat oder Teilung.

Physalis alkekengi
LAMPIONBLUME, BLASENKIRSCHE

Diese 60 cm hohe Staude ist in Südeuropa und in Japan heimisch. Am bemerkenswertesten ist der leuchtend orangefarbene Kelch, der die reifenden Früchte umgibt wie ein Lampion (daher auch der deutsche Name). Die schmalen, 10 cm langen Blätter sind mittelgrün. Die Blüten sind klein und weiß mit gelber Mitte. Die fruchttragenden Stengel werden oft für Blumengestecke, getrocknet auch als winterliche Dekoration verwendet. ***Physalis alkekengi* var. *franchetii*** wird bis 1 m hoch.

Physocarpus opulifolius

Physalis ixocarpa
TOMATILLO, MEXIKANISCHE HÜLSENTOMATE

In Mexiko wird die ein- oder mehrjährige, gut 1 m hohe Pflanze aufgrund ihrer eßbaren Beeren kommerziell gezogen. Die großen, grünlichgelben Früchte sind von papierartigen, violett geäderten Hüllen umgeben.

Physalis peruviana
KAP-STACHELBEERE

Diese mehrjährige, südamerikanische Art wird etwa 1 m hoch. Die aufgrund ihrer hellgelben bis violetten, eßbaren Beeren gezogene Pflanze wird oft einjährig angebaut. Die ovalen bis herzförmigen Blätter werden bis zu 10 cm lang. Die gelb gefleckten, violetten Blüten sind 1 cm groß und werden schnell von den Kelchen eingeschlossen.

Physocarpus monogynus

Physalis alkekengi var. *franchetii*

Physostegia virginiana 'Summer Spire'

Physostegia virginiana

PHYSOCARPUS
BLASENSPIERE

Wegen ihrer Blüten und ihres attraktiven Laubs sind die etwa zwölf verschiedenen Arten von sommergrünen, asiatischen und nordamerikanischen Sträuchern sehr beliebt, während die Früchte nicht eßbar sind. Wildpflanzen werden höchstens 3 m hoch. Die gelappten und gesägten Blätter haben hervortretende Adern und färben sich im Herbst trübgelb. Die im Frühjahr oder Frühsommer erscheinenden fünfzähligen, weißen oder rosafarbenen Blüten sind in hübschen Büscheln geordnet.
PFLEGE UND VERMEHRUNG: Sie benötigen fruchtbaren, durchlässigen Boden und Sonne. In gemäßigten Klimazonen lassen sich die Pflanzen relativ einfach ziehen, nehmen jedoch stärker kalkhaltigen Boden und Trockenheit übel. Die aufgeführten Arten sind frosthart. Zu dicht gewordene Pflanzen werden nach der Blütezeit durch Entfernen einiger älterer Triebe ausgelichtet. Vermehrung durch Aussaat oder halbreife Stecklinge im Sommer.

Physocarpus capitatus

Dieser aufrechte Strauch aus dem Westen Nordamerikas hat bis zu 8 cm breite Blätter, behaart, tief gelappt und gesägt. In der zweiten Frühjahrshälfte erscheinen winzige, cremefarbene Blüten, gedrängt in 10 cm großen, flach trugdoldigen Blütenständen.

Physocarpus monogynus
COLORADO-BLASENSPIERE

Die aus den zentralen USA stammende Art erreicht eine Höhe von etwa 1-2 m und hat übergebogene, ausladende Äste. Die neuen Triebe sind hellbraun, klebrig und oft fein behaart; die jungen Blätter hellgrün. Die 5 cm breiten Blätter sind drei- bis fünffach gelappt und gesägt. Gegen Ende des Frühjahrs erscheinen flache, aus weißen Blüten bestehende, 5 cm große Trugdolden.

Physocarpus opulifolius
VIRGINIA-BLASENSPIERE

Der Strauch aus dem Osten der USA mit gebogener Wuchsform wird 1,5–3 m breit und hoch. Die gelblichgrünen, herzförmigen Blätter passen gut zu den weißen Blüten mit rosa Spitzen, die im Frühsommer am schönsten blühen. Die rötlichen Hülsen enthalten gelbe Samen und stehen im Kontrast zum hellen Herbstlaub und der dunkelbraunen, sich schichtweise ablösenden Rinde. **'Aureus'** trägt leuchtende, grünlichgelbe Blätter und weiße Blüten. **'Dart's Gold'** wird 1 m hoch und trägt leuchtend goldfarbene Blätter und weiße, rosa überhauchte Blüten.

PHYSOSTEGIA
GELENKBLUME

Der deutsche Name bezieht sich auf die Fähigkeit der zwölf Arten dieser nordamerikanische Gattung, sich hin- und herzubiegen, ohne sich in die Ausgangsposition zurückzubewegen. Die kräftigen, schnellwachsenden Rhizomstauden bilden im Frühjahr schnell niedrige Büsche aus unverzweigten, aufrechten Stengeln, an denen lanzettliche, gezähnte Blätter sitzen. Die Pflanzen werden 0,5–2 m hoch, die Blätter sind 5–15 cm lang. Bis zum Hochsommer haben sich an der Stengelspitze Blütenähren entwickelt. Die Blüten, 1 cm lang, sind röhrig bis glockig mit zwei oberen und drei unteren Lappen und von

Physalis peruviana

lavendelfarben bis rosa, violett oder weiß gefärbt.

PFLEGE UND VERMEHRUNG: Die winterharten, anspruchslosen Pflanzen mögen feuchten, durchlässigen Boden und Sonne oder Halbschatten. Vermehrung durch Aussaat, Stecklinge oder Teilung.

Physostegia virginiana

Die aus dem östlichen und zentralen Teil Nordamerikas stammende Staude mit auffälligen röhrigen und zweilippigen Blüten, die im Spätsommer in aufrechten, endständigen Blütenähren sitzen, wird 1 m hoch und eignet sich hervorragend für gemischte Rabatten. Es gibt blaßrosa, magentarote (**'Vivid'**) und weiße (**'Summer Snow'**) Sorten. **'Summer Spire'** ist etwa 60 cm hoch und trägt dunkelrosa Blüten.

Phytolacca dioica

PHYTEUMA

TEUFELSKRALLE

An ihren ungewöhnlichen Blütenständen kann man die etwa 40 Arten kleiner bis mittelgroßer Stauden dieser eurasischen Gattung sofort erkennen. Sie erreichen eine Höhe von 10–80 cm. Die grundständigen Blätter, oft scharf gezähnt, sind meist herzförmig, die oberen oval oder lanzettlich. Die Blüten bilden rundliche oder langgestreckte Ähren; die Einzelblüte ist röhrig, aus der kaum geöffneten Spitze ragt der Griffel hervor. Die Blütenfarben reichen von Grünlichweiß über Lavendelfarben und Blau bis Dunkelviolett.

PFLEGE UND VERMEHRUNG: Die kleinen, alpinen Arten bevorzugen leichten, schotterigen Boden, der mit Humus angereichert sein sollte; sie eignen sich fürs Alpinenhaus. Die größeren Arten gedeihen in Staudenrabatten, wobei man allerdings darauf achten sollte, daß sie nicht von kräftigeren Pflanzen überwuchert werden. Der Standort sollte halbschattig oder schattig sein. Alle sind winterhart. Die Vermehrung erfolgt durch Aussaat oder, wenn möglich, auch durch Teilung.

Phytolacca americana

Phyteuma comosum

Syn. ***Physoplexis comosa***

SCHOPFTEUFELSKRALLE

Diese kleine Felsspaltenpflanze aus den europäischen Alpen wird selten höher als 10 cm. Sie trägt gezähnte, herzförmige Blätter und violettblaue, rundliche Ähren. Die bei den Freunden alpiner Stauden sehr beliebte Pflanze benötigt schotterigen Boden mit Kalk und reichlich Humus.

Phyteuma spicatum

ÄHRIGE TEUFELSKRALLE

Diese europäische Art wird bis zu 80 cm hoch und eignet sich als Gartenpflanze. Die grundständigen Blätter sind herzförmig, gezähnt und etwa 10 cm lang, die Stengelblätter eher oval und weniger scharf gezähnt. Unter den dichten Blütenähren befinden sich schmale, grüne Hochblätter. Die Blüten sind weiß, selten cremefarben oder blau.

Phytolacca americana

Phyteuma comosum

Phytolacca polyandra

PHYTOLACCA

KERMESBEERE

Die 35 Arten aus den warmen und tropischen Gebieten Amerikas, Afrikas und Asiens schließen Stauden, Sträucher und immergrüne, bis zu 15 m hohe Bäume ein. Sie werden wegen ihrer hübschen Erscheinung und ihrer dekorativen, oft aber giftigen, runden Beeren geschätzt. Die Blätter können recht groß sein, haben bunte Stiele und zeigen oft attraktive Herbstfarben. Die kleinen Blüten sind weiß und in Trauben oder Rispen angeordnet.

PFLEGE UND VERMEHRUNG: Die Pflanzen bevorzugen fruchtbaren Boden und einen geschützten, sonnigen oder halbschattigen Standort; sie benötigen ausreichend Feuchtigkeit. Vermehrung durch Aussaat im Frühjahr oder Herbst.

Phytolacca americana

AMERIKANISCHE KERMESBEERE

Der Weichholzstrauch aus Nordamerika wächst meist staudig. Den weißen Blüten im Sommer folgen im Herbst violettblaue Beeren. Alle Teile der Pflanze sind giftig.

Phytolacca dioica

ZWEIHÄUSIGE KERMESBEERE, BELLA SOMBRA

Dieser schnellwachsende, zweihäusige Baum aus Südamerika wird 15 m hoch und 3 m breit. Er wird gerne als Schattenspender gepflanzt, hat ein flaches Wurzelsystem, einen kräftigen, unten knollig verdickten Stamm und eine dichte Krone aus elliptischen bis ovalen, zugespitzten Blättern. Den weißen Blüten folgen (bei weiblichen Pflanzen) gelbe, fleischige Beeren.

Phyteuma spicatum

Phytolacca polyandra

Syn. ***Phytolacca clavigera***

CHINESISCHE KERMESBEERE

Diese frostharte, südwestchinesische Art ist eine verzweigte, 1,5 m hohe, strauchartige Staude. Sie hat ovale bis lanzettliche, 15 cm lange Blätter mit gewelltem Rand und aufrechte, 15 cm lange Blütentrauben aus kleinen, kronblattlosen, rosa Blüten. Mit zunehmender Reife der etwa 1 cm großen, schwarzen Beeren erreicht die Traube eine Länge von 30 cm.

PICEA

FICHTE

Die Heimat der 30 bis 40 Arten immergrüner Nadelhölzer sind die gemäßigten Regionen der Nordhalbkugel mit tiefen, feuchten, aber durchlässigen sowie nährstoffreichen und sauren Böden. Die robusten, schmalen, kegelförmigen, manchmal auch säulenartig wachsenden Bäume mit ihren kurzen, waagerechten oder aufwärts gerichteten Ästen werden bis zu 70 m hoch und halten selbst starken Winden stand. Die leuchtendgrünen bis bläulichen Nadeln sitzen schraubig angeordnet an den Zweigen.

Im Unterschied zu den oberflächlich ähnlichen Tannen *(Abies)* haben Fichten große, nach unten hängende Zapfen. Einige Sorten eignen sich aufgrund ihres langsamen Wachstums und ihres knorrigen Wuchses als Bonsaipflanzen, kriechende Sorten kann man als Bodendecker verwenden. Die Bäume liefern wertvolles Nutzholz, aus dem Harz läßt sich Terpentin herstellen.

Picea abies 'Conica'

PFLEGE UND VERMEHRUNG: Fichten pflanzt man an einem möglichst sonnigen Platz mit tiefem, feuchtem, neutralem bis saurem, gutdurchlässigem Boden. Vermehrung durch Samen oder Stecklinge im Herbst oder durch Pfropfung. Ausgewachsene Fichten überstehen ein Umpflanzen normalerweise nicht. Stärkere Luftverschmutzung schadet ihrem Wachstum, und zum Teil sind sie anfällig für Befall durch Blattläuse, die Rote Spinne oder für Pilzinfektionen.

Picea abies

Picea abies 'Pumila Glauca'

Picea abies

Syn. *Picea excelsa*

GEMEINE FICHTE, ROTFICHTE, PECHTANNE

Der traditionelle europäische Weihnachtsbaum stammt aus Skandinavien und wird fast 60 m hoch; die Zuchtformen sind durchwegs kleiner. Der gerade Stamm hat eine orangebraune, später rötliche Rinde, die sich in Schuppen ablöst. Die Nadeln sind dunkelgrün und eckig, die anfangs aufgerichteten, später herabhängenden bis 20 cm langen Zapfen rötlich und zigarrenförmig. Strauchige Zwergformen werden meist aus Hexenbesen gezüchtet, den Zweigwucherungen, die Fichten gelegentlich ausbilden. Bekannte Sorten sind: die bis zu 4,5 m hohe **'Conica'** mit breiter, kegelförmiger Krone; **'Maxwellii'**, eine kompakte, niedrige Sorte, die sich für Steingärten und Rabatten eignet; die niederliegend bis aufrechtwachsende Zwergform **'Pumila Glauca'** mit blaugrünen Nadeln; die langsamwachsende Zwergfichte **'Pygmaea'**; **'Reflexa'**, ein hübscher, niederliegender Strauch mit überhängenden Ästen, der auch am Stock hochgezogen werden kann; **'Inversa'**, ein breiter Strauch mit hängenden Zweigen; **'Little Gem'**, ein langsamwachsender Zwergstrauch mit flacher Krone sowie die zwergwüchsige **'Nidiformis'** mit ihren aufwärts gerichteten und dann nach außen gekrümmten Ästen, die eine nestartige Höhlung bilden.

Picea abies 'Maxwellii'

Picea abies 'Pygmaea'

Picea abies 'Reflexa'

Picea abies 'Little Gem'

Picea breweriana

SISKIYOUFICHTE

Die bis zu 1 m langen Triebe dieser nordamerikanischen Art mit ihren flachen, blaugrünen Nadeln hängen wie Gardinen von den waagerechten Ästen herab. Die hellbraunen Zapfen werden bis zu 10 cm lang. Mit seinem kräftigen Stamm wird der Baum zuweilen über 30 m hoch. Bei ausreichend Platz wächst die Art breit und kegelförmig, in Konkurrenz mit anderen Bäumen ist der Wuchs oft schmal.

Picea engelmannii

ENGELMANNFICHTE

Die langsamwachsende, zuweilen über 45 m hohe Fichte ist einer der kältebeständigsten immergrünen Bäume und gedeiht auch auf nährstoffarmen Böden. Die dichte, bis zu 4,5 m breite Krone ist pyramidenförmig, die spitzen, grauen bis stahlblauen

P

Picea abies

Picea breweriana

Picea engelmannii

Picea glauca var. *albertiana* 'Conica'

Picea glauca var. *albertiana* 'Conica'

Picea omorika × *breweriana*

Picea omorika

Nadeln sind vierkantig und bis zu 2,5 cm lang, die zylindrischen Zapfen grün und mit einer violetten Schattierung.

Picea glauca

SCHIMMELFICHTE, WEISSFICHTE, BALSAMFICHTE

Aus Kanada stammt dieser langsamwachsende Baum, der 25 m hoch werden kann. Sein Holz dient als Rohstoff für die Papierindustrie. Im Frühjahr treiben hellgrüne herabhängenden Triebe mit duftenden, vierkantigen, bis zu 1 cm langen Nadeln aus. Die Zapfen sind klein und schmal. **'Echiniformis'** ist eine flachköpfige, rundliche, recht stachlige Zwergform. Die in Kanada heimische zwergwüchsige ***Picea glauca* var. *albertiana* 'Conica'** (Zuckerhutfichte) wird zumeist als kleiner, kegelförmiger, bis 1 m hoher Strauch mit dichtem, hellgrünem Nadelkleid gezogen, kann aber im Alter durchaus eine Höhe bis zu 3 m erreichen.

Picea orientalis 'Atrovirens'

Picea koyamai

KOYAMAFICHTE, KOREANISCHE FICHTE

Der im Nordosten Asiens heimische Baum, dessen graubraune Rinde sich in kleinen Schuppen oder Streifen abschält, kann über 20 m hoch werden. Die bis zu 1 cm langen, blau- bis graugrünen Nadeln bilden eine dichte, kegelförmige Krone. Die zylindrischen Zapfen sind 5–10 cm lang und im reifen Zustand braun.

Picea mariana

SCHWARZFICHTE

20 m hoch wird diese aus den USA stammende Fichtenart mit ihrer 4,5 m hohen, pyramidenförmigen Krone aus quirlständig angeordneten Ästen mit stumpfen, blaugrünen Nadeln. Die 3,5 cm langen, violettbraunen Zapfen können bis zu 30 Jahre am Baum hängen. Die Pflanze liebt sumpfige Böden und gedeiht nur in offenen, sonnigen Lagen. **'Nana'** ist eine langsamwachsende Zwergform.

Picea obovata

SIBIRISCHE FICHTE, ALTAIFICHTE

Der völlig winterharte Baum wird bis zu 60 m hoch. Die aufrecht und reich verzweigte Krone mit den dunkelgrünen Nadeln trägt längliche, braune, bis zu 20 cm lange Zapfen. Die im Frühjahr gebildeten, rosaroten männlichen Blütenstände gehören zu den hübschesten aller Fichtenarten.

Picea orientalis

Picea obovata

Picea mariana 'Nana'

Picea omorika

OMORIKAFICHTE, SERBISCHE FICHTE

Herabhängende Zweige und eine schmale, spitzzulaufende Krone, flache, hellgrüne Nadeln mit stumpfer Spitze und gräulicher Unterseite sowie dunkelrote, später tiefbraune Zapfen kennzeichnen den in Serbien und Bosnien heimischen, zuweilen über 30 m hohen Baum. Da er auf kalkhaltigen wie auf sauren Böden gedeiht und die Luftverschmutzung in den Städten gut verträgt, ist er für größere Stadtgärten die beste Wahl. Eine Kreuzung zweier beliebter Fichtenarten ist ***Picea omorika* × *breweriana*.**

Picea koyamai

Picea orientalis

KAUKASUSFICHTE, MORGENLÄNDISCHE FICHTE, SAPINDUSFICHTE

Die dicht herabhängenden Äste der in ihrer türkischen und kaukasischen Heimat über 30 m hohen, langsamwachsenden Fichte beginnen knapp über dem Erdboden. Die kurzen Nadeln sind leuchtendgrün, die im Frühjahr erscheinenden männlichen Blütenstände ziegelrot, die 8 cm langen weiblichen dunkelrot bis violett. Der Baum bevorzugt geschützte Standorte. Die Sorte **'Atrovirens'** hat dichte grüne Nadeln, die sich im Frühsommer goldgelb färben. **'Aurea'** trägt als junge Pflanze goldgelbe, später grüne Nadeln.

Picea pungens

Picea pungens 'Conica'

Picea pungens 'Glauca'

Picea pungens 'Hoopsii'

Picea pungens 'Iseli Fastigiate'

Picea pungens 'Pendens'

Picea pungens 'Royal Blue'

Picea pungens 'Viridis'

Picea pungens

STECHFICHTE, COLORADOFICHTE, BLAUFICHTE

Die winterharte, in freier Natur zuweilen über 30 m hohe, in Gärten aber meist weit kleiner bleibende Fichte stammt von der Westküste der USA. Der pyramidenförmige Baum hat bläulich-grüne, kräftige, spitze Nadeln und eine graue Rinde. Die Art benötigt einen regelmäßigen Schnitt, damit neue Triebe gebildet werden. Zu den zahlreichen Sorten gehören: **'Aurea'** mit ihren goldenen Nadeln; die bläulich-weiße Nadeln bildende **'Caerulea'**; die kegelförmige **'Conica'**; die weitverbreitete **'Glauca'**, deren junge Nadeln auffallend stahlblau gefärbt sind; **'Globosa'**, eine rundliche Zwergform mit hübschen, bläulichen Nadeln, die ihre endgültige Höhe von 60 cm erst nach mehr als zehn Jahren erreicht; **'Hoopsii'** mit noch intensiver blau gefärbten Nadeln; **'Iseli Fastigiate'** mit aufwärts gerichteten Äste und sehr spitzen Nadeln; **'Koster'** mit anfänglich silbrigdunkelblauen, später grünen Nadeln, spiralig angeordneten Ästen und zylinderförmigen, etwa 4 cm langen Zapfen; die niederliegende, blaue **'Pendens'**; **'Royal Blue'**, eine weitere blau gefärbte Sorte; die aus den Niederlanden stammende **'Moerheimii'** mit besonders langen, silbrigblauen Nadeln und schließlich **'Viridis'** mit ihrem dunkelgrünen Nadelkleid.

Picea sitchensis

SITKAFICHTE

Der schnellwüchsige, bis zu 45 m hohe Baum mit heller Rinde ist eine der wenigen Fichten, die ein Umpflanzen im jugendlichen Alter überstehen. Er bevorzugt feuchte Böden und muß auch im Sommer ausreichend Wasser bekommen. Die pyramidenförmige Krone mit den quirlständigen Ästen und den flachen, blaugrauen Nadeln wird mit zunehmendem Alter breiter. Die 10 cm langen Zapfen sind mit dünnen Schuppen bedeckt und setzen an warmen Frühjahrstagen die geflügelten Samen frei. Das Holz der Sitkafichte ist nicht sehr fest.

Picea smithiana

HIMALAJAFICHTE, MORINDAFICHTE

Kennzeichnend für den von Nepal bis Afghanistan vorkommenden Baum sind die zierlichen, kaskadenartig herabhängenden Triebe. Die dünnen, vierkantigen, dunkelgrünen Nadeln werden bis zu 3,5 cm lang, die grünen, später glänzendbraunen Zapfen bis zu 20 cm. Sie wachsen oft an der Spitze der Zweige, was den Bäumen einen zusätzlichen Reiz verleiht.

Picea sitchensis

PIERIS

LAVENDELHEIDE

Sieben Arten immergrüner Sträucher und kleiner Bäume aus Nordamerika, Ostasien und dem Himalaja gehören zu dieser Gattung. Die Sträucher werden selten höher als 3,5 m und sind wegen ihres zierlichen Wuchses und ihrer hübschen Blüten und Blätter beliebt. Die Blütenknospen werden bereits im Herbst angelegt und entfalten sich im nächsten Frühjahr zu kleinen, in Rispen angeordneten, glockenförmigen, wachsartigen, zumeist weißen Blüten. **PFLEGE UND VERMEHRUNG:** Fast alle Arten sind winterhart. Sie bevorzugen feuchte, mit Torf angereicherte, saure Böden und Halbschatten. An exponierten Orten kann Winterschutz nötig sein. Vermehrung durch Samen im Frühjahr, Stecklinge im Sommer oder Absenker.

Pieris 'Forest Flame'

Der bis zu 3,5 m hohe und etwa halb so breite Strauch trägt im Frühjahr endständige Blütenrispen mit weißen Blüten. Seinen Namen verdankt er den Blättern, die zunächst leuchtendrot sind, dann rosa, danach weiß und schließlich dunkelgrün.

Pieris formosa

Der aus China stammende, dichte Strauch ist mit bis zu 3,5 m Höhe einer der größten der Gattung. Er trägt lederartige, glänzend dunkelgrüne Blätter und entwickelt im Frühjahr zahlreiche Rispen mit kleinen, weißen Blüten. Er ist winterhart, aber empfindlich gegen Trockenheit. ***Pieris formosa* var. *forrestii*** (Syn. *Pieris forrestii*) ist mit einer Höhe und Breite von je 2 m meist kleiner und hat perlweiße Blüten sowie rote Blätter, die mit dem scharlachrot-bronzefarbenen Neuaustrieb kontrastieren. ***P. f.* var. *forrestii* 'Wakehurst'** wird mit bis zu 4,5 m Höhe größer und bringt große Rispen mit weißen Blüten hervor. Der rote Neuaustrieb wird später rosa und schließlich grün. Die Varietät sollte einen Winterschutz bekommen.

Pieris japonica

JAPANISCHE LAVENDELHEIDE

Im heimischen Japan kann der Strauch bis zu 3,5 m hoch werden, als Gartenpflanze ist er aber selten größer als 2 m. Seine spitzen, elliptischen, bis zu 10 cm langen Blät-

Picea smithiana

Pieris formosa var. *forrestii*

Pieris formosa var. *forrestii*

Pieris japonica 'Variegata'

Pieris 'Forest Flame'

Pieris japonica

Pieris japonica 'Tickled Pink'

Pieris japonica 'Bert Chandler'

ter sind anfangs kupferrot, später tiefgrün, die zeitig im Frühjahr erscheinenden, in Rispen angeordneten Blüten weiß und glockenförmig. Zu den zahlreichen Sorten gehören: **'Bert Chandler'** mit rosa und cremefarbenem Neuaustrieb; **'Christmas Cheer'** mit früh erscheinenden blaßrosa Blüten; die hellrosa blühende **'Flamingo'**; **'Mountain Fire'** mit leuchtendrotem Neuaustrieb und weißen Blüten; **'Purity'** mit großen, reinweißen Blüten; die kräftige, spätblühende **'Red Mill'**; **'Tickled Pink'** mit hellrotem Neuaustrieb und blaßrosa bis rosa getönten Blüten und schließlich **'Variegata'**, deren Blätter einen cremefarbenen Rand haben.

PILEA

KANONIERBLUME, KANONIERPFLANZE, KANONENBLUME, SCHLEUDERBLUME

Etwa 600 ein- und mehrjährige Arten gehören zu dieser überall in den Tropen verbreiteten Gattung. Sie wachsen teils kriechend, teils aufrecht und sind meist klein; nur wenige werden bis zu 2 m hoch. Die Blätter sind rundlich, oval, lanzettlich oder herzförmig; einige Arten tragen sehr kleine Blätter, die fast wie Moosblättchen aussehen. Die winzigen, cremefarbenen bis rosa Blüten sind oft kaum auszumachen. Aus ihnen entwickeln sich bei einigen Arten nach der Blüte Hülsen, aus denen die Samen in die Umgebung katapultiert werden.

PFLEGE UND VERMEHRUNG: Die sehr frostempfindlichen Kanonierblumen sind beliebte Zimmerpflanzen. Sie benötigen – auch im Winter – eine feuchtwarme Umgebung, so daß sie sich gut für Terrarien und beheizte Gewächshäuser eignen. Stehen die Pflanzen im Winter zu kühl, bekommen sie schwarze Flecken. Vermehrung durch Samen, Stecklinge oder Teilung.

Pilea cadierei

KANONIERBLUME

Die in Vietnam heimische, mehrjährige, 45 cm hohe und reichverzweigte Pflanze ist eine sehr beliebte Zimmerpflanze. Ihre Blätter sind 8 cm lang, lanzettlich und tiefgrün mit metallisch-silbernen Streifen. In den Blattachseln sitzen winzige, unauffällige, cremefarbene Blüten.

Pilea involucrata

EINGEHÜLLTE KANONIERBLUME

Die kriechende, gelegentlich bis zu 30 cm hohe Pflanze stammt aus Mittel- und Südamerika. Ihre behaarten, gezähnten, bis 6 cm langen, ovalen Blätter entwickeln eine gewellte Oberfläche und sind meist rötlichviolett mit bronze- und silberfarbener Zeichnung. Es gibt verschiedene Sorten mit unterschiedlich großen, verschieden gefärbten und geformten Blättern.

Pilea involucrata

Pieris japonica 'Red Mill'

Pieris japonica 'Mountain Fire'

Pieris japonica 'Christmas Cheer'

Pilea nummulariifolia

Pileostegia viburnoides

Pilosella laticeps

Pimelea spectabilis

Pilosocereus palmeri

Pilea microphylla

KLEINBLÄTTRIGE KANONIERBLUME, ARTILLERIEPFLANZE

Bei dieser von Mexiko bis Brasilien verbreiteten, einjährigen oder kurzlebigen mehrjährigen Art ist das Ausschleudern der Samen bei Berührung spektakulär. Die zarte, bis zu 30 cm hohe Pflanze hat eng zusammenstehende Stengel, die dicht mit winzigen, moosähnlichen, grünen Blättern besetzt sind. Gut gedeiht sie unter feuchtwarmen Bedingungen im Terrarium.

Pilea nummulariifolia

MÜNZENBLÄTTRIGE KANONIERBLUME

Die fadenartig kriechende, mehrjährige Pflanze aus dem tropischen Südamerika und der Karibik mit 2,5 cm langen, gezähnten Blättern trägt im Sommer in den Blattachseln und an den Spitzen der Stengel kleine, cremefarbene Blüten. Sie eignet sich zum Bepflanzen von Hängekörben.

PILEOSTEGIA

Vier immergrüne, in Ostasien heimische Sträucher umfaßt diese Gattung kriechender oder kletternder Pflanzen. Sie ähneln den Arten der verwandten *Hydrangea* und *Schizophragma*, haben aber ausschließlich fruchtbare, cremeweiße, winzige Blüten, die im Spätsommer in 15 cm breiten Rispen gebildet werden. Mit ihren Kletterwurzeln erreichen die Pflanzen Höhen bis zu 9 m. Die 5–15 m langen, tiefgrün glänzenden Blätter sind lederartig und auf der Unterseite stark geadert.

PFLEGE UND VERMEHRUNG: Die Pflanzen gedeihen auf jedem feuchten, humusreichen, durchlässigen Boden im Schatten oder Halbschatten. Starken Frost vertragen sie nicht, treiben aber bei ausreichendem Winterschutz oft wieder neu aus. Vermehrung durch Samen oder Stecklinge.

Pileostegia viburnoides

Die in Indien, China und Taiwan heimische Pflanze hat längliche bis lanzettliche, 10–15 m lange, jung leicht filzige Blätter und große Blütenrispen mit weißen oder cremefarbenen Blüten, die einen reizvollen Kontrast zum dunklen Blattwerk bilden, so daß man die Art zum Aufhellen schattiger Ecken anpflanzen kann.

PILOSELLA

Rund 20 kleine, rosettenbildende, löwenzahnartige, mehrjährige Arten aus Europa, Asien und Nordafrika gehören zu dieser Gattung. Zumindest eine von ihnen, ***Pilosella aurantiaca***, ist in den westlichen USA und in Neuseeland ein gefürchtetes Unkraut. Die einfachen, behaarten, länglichen, lanzettlichen oder spatelförmigen, grundständigen Blätter werden je nach Art 2,5–20 cm lang. Die kleinen, lockeren, gelben oder orangefarbenen Blütenkörbe sitzen an bis zu 60 cm hohen, drahtigen Stengeln. Die meisten Arten blühen den ganzen Sommer hindurch.

PFLEGE UND VERMEHRUNG: Die nicht völlig winterharten Pflanzen benötigen einen sonnigen, geschützten Platz und normale, durchlässige Gartenerde. Unter geeigneten Bedingungen muß kaum etwas zu ihrer Vermehrung unternommen werden, da sie sich zumeist von selbst ausbreiten. Die Vermehrung kann aber auch durch Samen oder Teilung erfolgen.

Pilosella laticeps

Die Bezeichnung *laticeps* (deutsch »breitköpfig«) spielt auf die auffälligen goldenen Blütenköpfe an, die größer sind als die der meisten anderen *Pilosella*-Arten. Die Pflanzen mit ihren spatelförmigen, oberseits glänzend dunkelgrünen, unterseits weißlichen Blättern bilden Bestände von mehr als 60 cm Durchmesser und eignen sich daher gut für Steingärten oder als Bodendecker.

PILOSOCEREUS

Die im mittleren und nördlichen Südamerika und in der Karibik heimische Gattung umfaßt 45 Arten großer, meist bläulicher, am Scheitel mit wolligen Stacheln besetzter säulenförmiger Kakteen. In große Kübel gepflanzt, können sie das Erscheinungsbild eines Gartens sehr bereichern. Die nachts geöffneten, trichterförmigen, stark duftenden Blüten sind von Art zu Art unterschiedlich gefärbt und blühen nur 25 Stunden. Aus ihnen entwickeln sich später die violett oder grün gefärbten Früchte.

PFLEGE UND VERMEHRUNG: Die frostempfindlichen Kakteen benötigen viel Sonne und mit Sand gemischte Erde. Im Frühjahr und Sommer müssen sie reichlich gegossen werden, im Herbst und Winter dagegen weniger. Die Vermehrung erfolgt durch Aussaat im Frühjahr.

Pilosocereus palmeri

Syn. *Pilosocerus leucocephalus*

Der aufrechte, säulenförmige, aus Mexiko stammende Kaktus wird 3–6 m hoch und kann einen Durchmesser von bis zu 1 m erreichen. Sein silbrigblaugrüner Stamm bildet oft Seitentriebe und ist auffällig gerippt. Die Spitzen sind mit Areolen bedeckt, aus denen strahlenförmig lange, weiße Stacheln wachsen; weitere Areolen mit braunen Stacheln sitzen auf den Rippen. An größeren Exemplaren entwickeln sich am Scheitel oft glänzende, rosa Blüten.

PIMELEA

GLANZSTRAUCH

Die 80 in Asien und Australien heimischen Arten immergrüner Sträucher gehören zur selben Familie wie der Seidelbast. Einige Arten werden bis zu 2 m hoch, die meisten sind kleiner. Besonders reizvoll sind die endständigen weißen, gelben, rosa oder violetten Blütenköpfe, die oft von vorstehenden, farbigen Hochblättern umgeben sind. Die Einzelblüten sind röhrenförmig und sehen aus wie kleine Sterne.

PFLEGE UND VERMEHRUNG: Die Pflanzen gedeihen am besten in hellem Sonnenlicht in durchlässigem, humosem Boden. Sie vertragen keinen Kalk und kaum Frost. Nach der Blüte sollten die Spitzen leicht gestutzt werden. Die Vermehrung erfolgt im Frühjahr durch Samen oder im Spätsommer durch Stecklinge. Größere Exemplare sind meist nicht umzupflanzen.

Pimelea ferruginea

Der kompakte und reichverzweigte, 1 m hohe und breite Strauch stammt aus Westaustralien. Winzige, gegenständig-ovale Blätter wachsen gedrängt an den Trieben. Sie sind hellgrün auf der Ober- und graugrün auf der Unterseite. Im Frühjahr erscheinen dichte, runde Blütenköpfe in Rosatönen mit einem Durchmesser bis zu 35 mm. Die Blüten von **'Magenta Mist'** sind matt hellviolett gefärbt.

Pimelea prostrata

Der niedrige Strauch aus Neuseeland mit seinen graugrünen, ledrigen Blättern trägt im Sommer eine Fülle duftender weißer bis rosafarbener Blütenköpfe, an deren Stelle später winzige Früchte treten. Er wird 20 cm hoch und 45 cm breit und ist weniger frostempfindlich als andere Arten.

Pimelea spectabilis

Aus Westaustralien stammt der aufrechte, bis zu 1,2 m hohe Strauch. Die jung klebrigen Triebe sind mit 3,5 cm langen, schmalen, auf der Unterseite blaugrünen Blättern umhüllt. Die im Frühsommer auftretenden, großen Blüten stehen in bis zu 8 cm breiten Blütenköpfen zusammen und sind in Gelb- und Rosatönen gefärbt.

PIMENTA

PIMENTBAUM

Die fünf Arten immergrüner Bäume aus der Familie der Myrtengewächse sind in den Tropen Amerikas und der Karibik beheimatet. Sie riechen aromatisch und haben bis zu 20 cm lange, tiefgrüne, ledrige, glänzende Blätter und fadenförmige, cremefarbene Blüten, die an Rispen an den Zweigspitzen wachsen. Jeder Baum trägt Blüten beiderlei Geschlechts, doch ist nur ein Geschlecht fruchtbar, so daß die Pflanzen männlich oder weiblich sind. Die winzigen beerenähnlichen Früchte produzieren wichtige Gewürze und Aromastoffe.

PFLEGE UND VERMEHRUNG: Die tropischen Bäume mögen ein warmes, feuchtes

Pimelea ferruginea

Pimelea ferruginea **'Magenta Mist'**

Klima und nach Möglichkeit feuchten, durchlässigen, humusreichen Boden; in der Natur wachsen sie oft auf Kalkböden. Junge Bäume schätzen einen schattigen Standort. Da sich das Geschlecht zunächst nicht bestimmen läßt, sollte man stets mehrere Setzlinge pflanzen, um einen fruchtenden Baum zu erhalten.

Pimenta dioica

PIMENTBAUM, NELKENPFEFFER

Der aus Jamaika stammende, 12 m hohe, immergrüne Baum hat 15 cm lange, längliche bis elliptische, tiefgrün glänzende Blätter mit hervortretender Äderung auf den Blattunterseiten. Zerreibt man sie, sondern sie einen gewürznelkenähnlichen Geruch ab. Im Frühjahr und Sommer trägt der Baum kleine, fadenförmige, weiß-grüne Blüten und später 6 mm große, dunkelbraune Früchte, die stark duften und nach Zimt, Muskat und Gewürznelken schmekken. Sie sind das wichtigste Gewürz der karibischen Küche, werden aber auch zur Parfümherstellung genutzt.

Pimenta officinalis

JAMAIKAPFEFFER, NELKENPFEFFER, NELKENPFEFFERBAUM, PIMENTBAUM

Die Pflanze hat Ähnlichkeit mit *Pimenta dioica*, ist jedoch kleiner, und ihre Früchte sind schärfer. Sie finden Verwendung als Gewürz, in Duftmischungen und bei der Produktion aromatherapeutischer Öle.

PIMPINELLA

BIBERNELLE, PIMPINELLE

Die ca. 150 ein- oder mehrjährigen Kräuter dieser Gattung sind in Eurasien, Afrika und Südamerika heimisch. Sie haben ungeteilte oder gefiederte Blätter und zierliche, sternförmige Blüten in schirmartigen Dolden, an deren Stelle später kleine ovale Früchte treten. *Pimpinella anisum* wurde wegen medizinischer und geschmacklicher Qualitäten seiner Samen im Mittelmeerraum schon vor Jahrtausenden angebaut.
PFLEGE UND VERMEHRUNG: Alle Arten sind frostbeständig und gedeihen gut an sonnigen, geschützten Standorten, vorzugsweise auf feuchtem, durchlässigem, fruchtbarem Untergrund. Vermehrung durch frische Samen in der zweiten Frühjahrshälfte. Die Samen können direkt in die Gartenerde gesät werden und keimen innerhalb von drei Wochen.

Pimpinella anisum

ANIS

Die aus dem östlichen Mittelmeerraum stammende, wohlriechende, einjährige Pflanze mit ihren leuchtendgrünen, farnähnlichen Blättern wird bis zu 60 cm hoch. Im Hochsommer trägt sie Blütendolden mit winzigen, weißen Blüten. Die hellbraunen Samen werden als Gewürz verwendet. Es empfiehlt sich, die ganzen Pflanzen im Herbst zu schneiden und an einer warmen, dunklen Stelle aufzuhängen, bis die Samen getrocknet sind.

Pimpinella saxifraga

KLEINE BIBERNELLE, STEINBIBERNELLE, BOCKSPETERSILIE

Etwa 1 m hoch wird diese dunkelgrüne Staude. Die Blätter gliedern sich in bis zu acht tiefeingeschnittene, ovale Fiedern. Im Sommer entwickeln sich winzige weiße Blüten mit eingekerbten Blütenblättern in flachen Dolden. Die lange, dünne Wurzel wird in der Medizin als schleimlösendes und harntreibendes Mittel eingesetzt.

PINANGA

PINANGPALME

Die meisten der 120 Arten dieser Gattung stammen aus den Regenwäldern Borneos, Javas, Sumatras und der Malaiischen Halbinsel, doch sind einige auch am Fuß des Himalaja, in Südchina und auf Neuguinea heimisch. Ihre Wuchsform variiert von mittelgroßen Bäumen mit einzelnem Stamm und langen, federartigen Wedeln bis zu winzigen, mehrstämmigen Pflanzen im Unterholz mit kleinen, oft ungegliederten und blaßgrün marmorierten Blattwedeln; manche Arten besitzen auch gar keinen oberirdischen Stamm. Die Basis der Blattwedel bildet meist einen glatten Kronenschaft am oberen Ende des Stammes. Unmittelbar darunter wachsen Blütenrispen mit kleinen, cremefarbenen Blüten und später orangefarbene, rote oder schwarze Früchte mit einzelnen Samen von unterschiedlicher Form und Größe.
PFLEGE UND VERMEHRUNG: Außerhalb der Tropen gedeihen die Palmen nur in Wintergärten und Gewächshäusern mit hoher Luftfeuchtigkeit, die im Winter beheizt sind. Kleinere Arten verlangen Schatten und eine dicke, stets feuchte Humusschicht. Vermehrung durch frische Samen.

Pinanga coronata

Syn. *Pinanga kuhlii*

Die mittelgroße, auf Java und Sumatra heimische Palme ist die am weitesten verbreitete der Gattung. Ihre bambusähnlichen, grünen Stämme wachsen in dichten Büscheln, sind weniger als 5 cm dick, in Kultur meist niedriger als 3 m und haben lange, elfenbein- bis blaß orangefarbene Kronenschäfte. Die eleganten Blattwedel sind in wenige, unterschiedlich breite Segmente zerteilt. Die Blütenstände setzen sich aus zweizeiligen Ähren mit weißen Blüten zusammen, an deren Stelle später erst rote, dann schwarze Früchte treten.

PINELLIA

Die sechs Stauden dieser Gattung stammen aus Ostasien. Die 3,5–20 cm langen, grundständigen Blätter haben dünne Stengel und sind je nach Art ungeteilt oval oder gefiedert. Die Blüten ähneln denen des Aronstabs und haben meist eine violett geäderte, grüne Spatha und einen gelbgrünen Spadix. Sie überragen die Blätter an Stengeln mit kleinen Blättern, in deren Achseln sich oft Bulbillen entwickeln.
PFLEGE UND VERMEHRUNG: Die winterharten Pflanzen lieben feuchten, durchlässigen Boden und einen Standort im Halbschatten. Ihre Vermehrung erfolgt durch Samen oder Wurzeltriebe oder durch Teilung zu Beginn des Frühjahrs.

Pinguicula moranensis

Pinellia ternata

Die wegen ihrer interessanten Blüten und ihrer in drei Segmente gespaltenen, breiten Blätter beliebte Pflanze trägt im Spätsommer blaßgrüne, an der Spitze gekräuselte Spathen auf einem blattlosen Stengel. Sie ist frostbeständig, gedeiht am besten im Schatten auf saurem, humusreichem Boden und ist stets ausreichend zu gießen, vor allem während des Wachstums.

PINGUICULA

FETTKRAUT

Zu dieser Gattung gehören etwa 45 Arten fleischfressender Stauden. Die grundständigen Blattrosetten mit 2,5–6 cm langen, spitzen, ovalen Blättern entwickeln sich aus Knospen, die den Winter überdauern. Auf der klebrigen Oberfläche der dickfleischigen Blätter fangen sich Insekten, die zunächst mit einer Substanz in der Haut der Blätter betäubt, von den sich einrollenden Blatträndern festgehalten und dann mit Hilfe eines Sekrets verdaut werden. Im Sommer entwickeln sich 2,5–6 cm lange, meist violette Blüten mit langen Spornen auf 5–30 cm langen Stengeln.
PFLEGE UND VERMEHRUNG: Außerhalb ihrer natürlichen Standorte sind diese Sumpfpflanzen schwer zu halten. In Glasbehältern und Terrarien kann sich die notwendige Feuchtigkeit entwickeln, doch ist es schwierig, den Boden feucht zu halten, ohne daß er modert. Die Arten sind unterschiedlich frostbeständig. Vermehrung durch Samen oder durch Teilung.

Pinguicula grandiflora

Die in Westeuropa und auf den Britischen Inseln heimische, winterharte Art hat 3,5–5 cm lange, gelbgrüne Blätter und, wie der Name sagt, auffällig große Blüten. Sie messen etwa 2,5 cm im Durchmesser und sind violett oder rosa mit weißem Schlund; auf jeder Blattrosette wächst eine Blüte auf einem 15 cm langen Stengel.

Pinguicula moranensis

Kennzeichen der in Mexiko beheimateten, nicht winterharten Art sind die 5–10 cm langen abgerundeten Blätter und die 3,5–5 cm breiten karmesinroten oder rosa Blüten mit rotem Schlund auf 10–20 cm langen Stengeln.

Pinguicula vulgaris

GEMEINES FETTKRAUT, BLAUES FETTKRAUT

Diese frostharte europäische Wildpflanze hat relativ kleine, weniger als 5 cm lange Blätter, dafür aber mit bis zu 20 cm Länge recht hohe Stengel. Die Blüten messen etwa 2,5 cm im Durchmesser und sind veilchenblau mit weißem Blütenschlund.

PINUS

KIEFER, FÖHRE

Die vielleicht wichtigste Gattung der *Koniferen* (Nadelhölzer) umfaßt etwa 120 Arten immergrüner Bäume, die in den meisten Regionen der nördlichen Hemisphäre von Nordskandinavien und Alaska bis nach Sumatra verbreitet sind – in Afrika allerdings nur im äußersten Norden des Kontinents. Die größte Artenvielfalt findet sich im Hochland von Mexiko, im Süden der USA und in China, die bekanntesten Arten jedoch – wie die im nördlichen Eurasien heimische Waldkiefer (*Pinus sylvestris*) – stammen aus nördlichen Regionen. Die meisten Kiefern sind mittelgroße bis große

Pinanga coronata

Pimpinella anisum

Waldbäume, nur wenige sind klein und buschig, doch gibt es unter den Wildformen keine echten Sträucher – sieht man von Exemplaren ab, die unter dem Einfluß extremer Umweltbedingungen verkrüppelt sind. Hauptmerkmal der Kiefern sind die büschelförmig angeordneten Nadeln, deren Anzahl pro Büschel bei den Pflanzen einer Art weitgehend konstant ist – meist sind es zwei bis sieben. Jeder Baum trägt sowohl männliche Pollen- als auch weibliche Samenzapfen. Die zahlreichen Kiefernarten gliedern sich in zwei Gruppen, die *Haploxylonten* oder *Strobus*-Kiefern mit meist fünf Nadeln pro Büschel und nicht verholzten Zapfenschuppen, zu denen einige der höchsten Nadelbäume wie z.B. *P. strobus* gehören, und die *Diploxylonten* oder Pinus-Kiefern mit meist zwei bis vier Nadeln pro Büschel und verholzten Zapfenschuppen, bei denen die Samen mindestens zwei Jahre am Zapfen reifen und zu denen die meisten Arten, u.a. *P. sylvestris* und *P. radiata* sowie fast alle tropischen und subtropischen Kiefern gehören. Viele der wichtigsten Forstbäume vor allem der kühl-gemäßigten und subarktischen Regionen sind Kiefern; ihr Holz ist ein vielfältig verwendeter Rohstoff, z.B. für den Häuserbau und einen Großteil der weltweiten Papierproduktion. Früher wurden auch ihre aromatischen Harze (Pech) und Terpentinöle genutzt, die heute weitgehend von Erdölprodukten verdrängt sind. In einigen Ländern sind die Samen mancher Arten als Pinienkerne oder Zirbelnüsse ein wichtiges Nahrungsmittel. Auch die Rinde, früher in den Sägemühlen als Abfall behandelt, findet seit einigen Jahren Verwendung im Gartenbau als Bestandteil von Substraten sowie als Mulch. Zwergsorten z.B. von *P. sylvestris*, *P. thunbergii*, *P. strobus* und *P. mugo*, die in Kübeln oder Steingärten wachsen können, eignen sich für Gärten am besten. Viele Kiefern lassen sich auch als Bonsaipflanzen ziehen. Als Christbaum kann man sie für Jahre im Kübel halten.

Pinus aristata

PFLEGE UND VERMEHRUNG: Die meisten Kiefernarten sind windfest und gedeihen unter sehr unterschiedlichen Bedingungen, auch auf wenig fruchtbaren Böden, doch gibt es für jede Art ein optimales Klima, und entsprechend sind sie unterschiedlich kälte- bzw. hitzeempfindlich. Auf ärmeren Böden benötigen sie zur Aufnahme der Nährstoffe zuweilen die Symbiose mit einem Bodenpilz, der in ihrer Heimat bereits im Boden lebt; ansonsten genügt es oft, die Erde mit einigen verrottenden Nadeln aus einem Kiefernwald anzureichern. In der Regel verlangen Kiefern einen durchlässigen Untergrund und leiden unter Bodenstörungen. Sie werden fast ausschließlich durch Samen vermehrt, einige Sorten zuweilen auch durch Veredlung. Stecklinge bewurzeln sich fast nie.

Pinus aristata
GRANNENKIEFER, BORSTENKIEFER, FUCHSSCHWANZKIEFER

Der langsamwachsende, langlebige, nordamerikanische Baum, der über 10 m hoch werden kann, hat 5 cm lange, dunkelgrüne Nadeln mit kleinen Harzflecken, die sich in Fünferbüscheln dicht an die Triebe schmiegen, und 10 cm lange, glänzende Zapfen. In Gärten wächst er oft dicht und buschig und sorgt so auf unkomplizierte Weise für Windschutz. Er ist frosthart.

Pinus canariensis

Pinus caribaea

Pinus ayacahuite

Pinus armandii
ARMANDKIEFER, ARMANDS KIEFER

Der in China und Taiwan heimische, frostempfindliche Baum kann über 18 m hoch werden und hat ausladende Äste, bis zu 15 cm lange, zu fünft wachsende, grüne Nadeln und ebenso lange Zapfen, die paarweise oder in Dreiergruppen angeordnet sind. Trockenheit verträgt er schlecht.

Pinus ayacahuite
MEXIKANISCHE WEISSKIEFER, MEXIKANISCHE WEYMOUTHSKIEFER

Kennzeichen dieser bis über 30 m hohen Kiefer sind die symmetrische Wuchsform, die in Fünferbüscheln wachsenden, 15 cm langen, bläulich-grünen Nadeln und 30 cm lange Zapfen mit langflügeligen Samen. Sie stammt aus Mexiko und Guatemala und leidet unter starker Luftverschmutzung kaum, ist jedoch nicht frosthart.

Pinus bungeana
BUNGEKIEFER, TEMPELKIEFER

Aus China stammt dieser Baum, der bis zu 30 m hoch wird; in Kultur bleibt er kleiner. Er verzweigt sich von unten an und kann auch als mehrstämmiger Strauch gezogen werden. Die in Dreierbüscheln wachsenden Nadeln sind 8 cm lang und dunkelgrün, die einzeln oder paarweise angeordneten Zapfen klein, rund und blaßbraun. Die glatte Rinde schuppt sich wie bei Platanen dünn ab und läßt den Stamm bunt erscheinen. Der Baum verträgt jeden Frost.

Pinus canariensis
KANARISCHE KIEFER

Der mäßig schnell wachsende, weit ausladende, bis zu 25 m hohe Baum von den

Pinus cembra

Pinus bungeana

Pinus bungeana

Kanarischen Inseln ist relativ unempfindlich gegen Trockenheit, dafür aber nicht frosthart. Er gedeiht am besten in offenen, sonnigen Lagen mit nährstoffreichen, feuchten, aber durchlässigen Böden. Die Rinde des aufrechten Stammes wird im Alter rötlich-braun und rissig, die sehr dicht gedrängt in Dreierbüscheln wachsenden, 30 cm langen Nadeln sind grasgrün, die 20 cm langen Zapfen oval und braun.

Pinus caribaea
KARIBISCHE KIEFER, KARIBENKIEFER

Die in Mittelamerika heimische Kiefer mit ihrer offenen, breiten, runden Krone und der grauen bis braunen, in großen Platten abblätternden Rinde wird bis zu 30 m hoch und hat 30 cm lange, in Dreier- bis Fünferbüscheln wachsende, tiefgrüne Nadeln und glänzend rostbraune Zapfen. Sie liefert Holz und Terpentin und ist ihrer Herkunft entsprechend nicht winterhart. Die von den Bahamas stammende Varietät ***Pinus caribaea* var. *bahamensis*** wird etwa 20 m hoch, die schnellwachsende ***P. c.* var. *hondurensis*** aus Honduras erreicht 45 m.

Pinus cembra
ZIRBELKIEFER, ZIRBEL, ZIRBE, ARVE, ARBE

Die wegen ihrer gefälligen, kegelförmigen Gestalt und ihrer dichtstehenden, langlebigen Nadeln beliebte, frostharte Kiefer ist in den Alpen, in Mitteleuropa und Sibirien heimisch, wo sie bis zu 25 m hoch wird. Sie ist zäh und wird selten krank, leidet jedoch unter Trockenheit. Ihre 15 cm langen, in Fünferbüscheln wachsenden Nadeln sind glänzend dunkelgrün, die 8 cm langen Zapfen anfangs purpurrot, später bläulich-dunkelbraun. Die Samen sind eßbar.

Pinus densiflora 'Oculus Draconis'

Pinus cembroides

MEXIKANISCHE KIEFER, MEXIKANISCHE NUSSKIEFER

Der langsamwachsende, kompakte, buschige Baum aus Mexiko und dem Südwesten der USA mit silbergrauer Rinde kann über 8 m hoch werden und verträgt sowohl Trockenheit als auch Wind. Er treibt viele kurze, orangebraune Zweige, hat kurze Nadeln und – passend zur runden Baumkrone – kurze, runde Zapfen mit flügellosen Samen.

Pinus contorta

DREHKIEFER, KÜSTENKIEFER

Die von der Westküste Nordamerikas stammende, frostharte Kiefer wächst anfangs rasch bis auf eine Höhe von 9 m heran, treibt dann waagerechte Äste aus und wächst langsam weiter bis zu einer Höhe von 20 m. Sie hat 5 cm lange, paarweise wachsende, dunkelgrüne Nadeln und kleine, gelbbraune Zapfen, läßt sich leicht beschneiden und eignet sich gut als Gartenbaum. ***Pinus contorta* var. *latifolia*,** die Murray- oder Lodgepolekiefer, ist in ihrer Heimat in den Rocky Mountains ein aufrechter, bis zu 25 m hoher Baum, in Kultur jedoch niedrig und buschig. Sie hat 5–8 cm lange, paarweise wachsende, gelblich-grüne Nadeln und kleine, ovale Zapfen, deren feine Samen vom Wind verbreitet werden.

Pinus cembroides

Pinus contorta var. *latifolia*

Pinus densiflora 'Umbraculifera'

Pinus densiflora 'Tanyosho Nana'

Pinus coulteri

COULTERS KIEFER

Diese kalifornische Art gedeiht auf fast allen Böden und verträgt Hitze, Wind und Trockenheit, aber keinen Frost. Sie wächst relativ rasch zu einem buschigen Baum von 30 m Höhe heran und hat bis zu 30 cm lange, hübsche, feste, in Dreierbüscheln wachsende, bläulich-grüne Nadeln und stachlige, braune Zapfen, die bis zu 40 cm lang werden und 2,5 kg wiegen können.

Pinus coulteri

Pinus densiflora

Pinus densiflora 'Pendula'

Pinus elliottii

Pinus densiflora

JAPANISCHE ROTKIEFER

In ihrer japanischen Heimat, wo ihr Holz als Bauholz vielfach genutzt wird, wird die gewunden wachsende, frostharte Kiefer mit ihrer typisch roten Rinde bis zu 30 m hoch; Pflanzen in Kultur sind häufig mehrstämmig und wachsen langsamer. Sie lassen sich gut beschneiden und sind beliebte Bonsaipflanzen. Die eiförmigen, gelb-purpurnen Zapfen heben sich deutlich gegen die 10 cm langen leuchtendgrünen Nadeln ab. Zu den zahlreichen Sorten gehören: **'Tanyosho Nana'**; die sehr langsamwachsende, mehrstämmige, bis zu 4,5 m hohe **'Umbraculifera'** mit schirmartiger Krone und schuppiger, orangeroter Rinde; **'Oculus Draconis'** (»Drachenauge«) mit gelbgebänderten Nadeln, sowie die kräftige, halbliegende **'Pendula'**, deren hängende Äste am besten an Gewässerufern oder Böschungen zur Geltung kommen.

Pinus coulteri

Pinus elliottii

Pinus edulis

NUSSKIEFER

Der im Südwesten der USA heimische, bis zu 15 m hohe Baum mit dichter, kuppelförmiger Krone und silbergrauer, schuppiger Rinde hat 3,5 cm lange, paarweise wachsende, feste, dunkelgrüne Nadeln und kleine, hellbraune Zapfen. Er gedeiht am besten in heißen, trockenen Gegenden.

Pinus elliottii

AMERIKANISCHE PITCHPINE, ELLIOTTS KIEFER

Aus dem Südosten der USA stammt dieser schnellwachsende, pyramidenförmige Baum mit schmalen, 10 cm langen, in Zweier- oder Dreierbüscheln wachsenden, tiefgrünen Nadeln und 15 cm langen Zapfen, deren Schuppen scharfe Stacheln tragen. Er gedeiht auf fast allen Böden, ist aber nicht frosthart.

P

Pinus halepensis

Pinus jeffreyi

Pinus engelmannii

Pinus montezumae

Pinus engelmannii

ENGELMANNKIEFER, ENGELMANNS KIEFER, APACHENKIEFER

Kennzeichen des im Südwesten der USA und in Mexiko heimischen, 30 m hohen, nicht frostharten Baumes sind die stark gefurchte, dunkelbraune Rinde, die mehr als 30 cm langen, in Dreier- oder Viererbüscheln wachsenden, hell- oder olivgrünen Nadeln und die 10–20 cm langen, gelbbraunen Zapfen.

Pinus halepensis

ALEPPOKIEFER, SEEKIEFER, STRANDKIEFER

Die schnellwachsende, 15 m hohe Kiefer aus dem östlichen Mittelmeerraum mit charakteristischem Wuchs und ausladender Krone ist besonders widerstandsfähig gegen Trockenheit und generell sehr robust, aber nicht frosthart. Sie hat 10 cm lange, meist paarweise wachsende, weiche, hellgrüne Nadeln, 8–10 cm lange rötlichbraune Zapfen und eine in jungen Jahren aschgraue, später rötlichbraune Rinde.

Pinus jeffreyi

JEFFREYS KIEFER, JEFFREYKIEFER

Bis zu 60 m hoch wird diese schlanke, kegelförmige Kiefer aus dem Westen Nordamerikas; in rauhem Klima bleibt sie oft zwergwüchsig. Sie hat 20 cm lange, dicke, aromatische, bläulich-grüne Nadeln und 30 cm lange Zapfen mit oft aufgebogener Spitze. Die rissige, rötlichdunkelbraune Rinde schält sich schuppig ab; die darunterliegende neue Rinde ist dann wesentlich heller. Der frostharte Baum ist anfällig für *Elytroderma deformans*, eine Krankheit, die zur Bildung von Hexenbesen führt.

Pinus monophylla

Pinus koraiensis

Pinus monticola

Pinus kesiya

Der nicht frostharte, 30 m hohe Baum mit dicker, rissiger Rinde ist von Nordindien über Südostasien bis zu den Philippinen verbreitet. Er hat 15–25 cm lange, in Dreierbüscheln wachsende, graugrüne Nadeln und 5–10 cm lange, dunkelbraune Zapfen.

Pinus koraiensis

KOREANISCHE KIEFER, KOREAKIEFER

Der aus Korea, Japan und der Mandschurei stammende Baum mit runder Spitze wird in Kultur 15 m hoch. Er ist frosthart und zäh und schätzt durchlässige Böden. Seine in Fünferbüscheln wachsenden Nadeln sind bis 10 cm lang und bläulich-dunkelgrün, die Zapfen werden bis 15 cm lang. Die Rinde ist graubraun und rauh.

Pinus monophylla

NUSSKIEFER, ARIZONAKIEFER, EINBLÄTTRIGE KIEFER

Die aus dem Westen Nordamerikas stammende, frostempfindliche Kiefer wächst in Kultur von einem schmalen Bäumchen zu einem zähen, meist mehrstämmigen, 8 m hohen Baum mit runder Spitze und gekrümmtem Stamm heran. Sie hat 5 cm lange, feste, stechende, einzeln wachsende Nadeln und verholzte, kugelige, braune Zapfen von 5 cm Durchmesser, deren Kerne eßbar sind, und ist widerstandsfähig gegen Trockenheit.

Pinus montezumae

MONTEZUMAKIEFER

30 m hoch wird diese schnellwachsende, nicht frostharte Kiefer aus Mexiko und Guatemala. Als junger Baum hat sie eine säulenförmige Krone, deren Spitze sich später rundet. Sie hat eine stark gefurchte, rötlichdunkelbraune bis nahezu schwarze Rinde, 15–30 cm lange, in Fünferbüscheln wachsende, herabhängende, leicht bläulich-grüne Nadeln und bis zu 25 cm lange, lederfarbene Zapfen.

Pinus monticola

WESTAMERIKANISCHE WEYMOUTHSKIEFER, WESTLICHE WEYMOUTHSKIEFER

Der aus dem Westen der USA stammende frostharte Baum erreicht eine Höhe von 60 m. Das älteste bekannte Exemplar ist 500 Jahre alt. Die aufwärtsgerichteten Zweige tragen 10 cm lange, bläulich-grüne Nadeln in dichten Fünferbüscheln; an ihren Spitzen sitzen bis zu 20 cm lange, spitze, dunkelrötliche Zapfen. Im Nordwesten der USA wird die Art oft vom Blasenrost, einem kiefernspezifischen Pilz, befallen.

Pinus mugo

BERGKIEFER, BERGFÖHRE, MOORKIEFER, LATSCHE, LATSCHENKIEFER, LEGFÖHRE, KRUMMHOLZKIEFER

In seiner Heimat, den Gebirgen Europas, wird der kleine, langsamwachsende Baum

Pinus mugo 'Mops'

Pinus kesiya

Pinus nigra var. *maritima*

Pinus nigra

Pinus nigra

3,5 m hoch. Er sieht meist wie sturmgepeitscht aus und eignet sich gut für Steingärten sowie als Bonsaipflanze. Hitze und Trockenheit verträgt er schlecht. Die 5 cm langen, leuchtendgrünen Nadelpaare entwickeln sich aus harzigen Knospen, die 2–5 cm langen Zapfen sind oval und dunkelbraun. Sorten sind **'Aurea'** mit goldenen Nadeln, die im Alter 2 m hohe und etwa ebenso breite, langsamwachsende **'Gnom'**, ein dichter Busch, dessen weißliche Jungtriebe sich gegen die schwarzgrünen älteren Zweige abheben, sowie die in zehn Jahren nur 0,3 m Höhe erreichende **'Mops'**. Die Zwergbergkiefer ***Pinus mugo* var. *pumilio*** wächst in zehn Jahren bis auf eine Höhe von 75 cm heran .

Pinus muricata

STACHELKIEFER, BISCHOFSKIEFER

Die anfangs dichte, kompakte Kiefer aus Kalifornien entwickelt sich im Laufe ihres Wachstums zu einem 20–30 m hohen Baum von offenem, unregelmäßigem Wuchs. Sie hat eine rissige, rötlichdunkelbraune Rinde, 10–15 cm lange, hellgrüne Nadeln in Paaren und 5–10 cm lange, leicht glänzende Zapfen. Am besten gedeiht die nicht winterharte Art in Meeresnähe.

Pinus nigra

SCHWARZKIEFER, SCHWARZFÖHRE

In seiner südeuropäischen Heimat wird dieser frostharte Baum bis über 35 m hoch, in Kultur jedoch selten höher als 15 m. Er ist von kegelförmigem, offenem Wuchs und hat einen weißlich-braunen Stamm, Äste in Quirlen und eine dichte Krone mit 15 cm langen, dunkelgrünen Nadelpaaren sowie 8 cm lange Zapfen. Auf Kalk- und Lehmböden gedeiht er gut. ***Pinus nigra* var. *maritima*** stammt aus

Pinus oaxacana

Korsika und ist ebenfalls frosthart. Sie wächst langsamer und hat eine dichtere Krone, bis über 15 cm lange, gewundene, graugrüne Nadelpaare, eine rissige Rinde und einen sehr geraden Stamm, dessen Holz als Bauholz dient.

Pinus oaxacana

Der von Südost-Mexiko bis Honduras verbreitete, frostempfindliche Baum mit runder Krone und dicker, rissiger Rinde wird etwa 30 m hoch. Er hat 20–30 cm lange, in Fünferbüscheln wachsende, herabhängende, graugrüne Nadeln und bis zu 15 cm lange, dunkelbraune Zapfen.

Pinus palustris

SUMPFKIEFER, PITCHPINE, PARKETTKIEFER, ECHTE PECHKIEFER

30 m hoch wird diese im Osten und in der Mitte der USA heimische Kiefer mit ihrer offenen Krone, die frosthart ist, aber starken Wind und Trockenheit schlecht verträgt. Ihre stumpfen, bis zu 18 cm langen bläulich-grünen Nadeln wachsen in Dreierbüscheln; die 15–25 cm langen rötlichbraunen Zapfen tragen Dornen auf den Schuppen und bleiben bis zu zwanzig Jahre am Baum hängen.

Pinus parviflora 'Glauca'

Pinus pinaster

Pinus parviflora

MÄDCHENKIEFER

Die pyramidenförmige Kiefer wird in ihrer japanischen Heimat bis zu 25 m hoch und etwa ebenso breit; angepflanzt erreicht sie meist nur eine Höhe von 12 m. Die nur 3,5 cm langen Nadeln gehören zu den kürzesten aller Kiefernarten. Langsames Wachstum und dichtes, bläulich-grünes Nadelwerk machen den frostharten Baum zu einer sehr beliebten Bonsai- oder Kübelpflanze. Sorten sind die aufrechte **'Brevifolia'** mit lockerer Benadelung, die sehr langsamwachsende, bis zu 1,5 m hohe **'Glauca'** mit blauen, auf der Innenseite blau-weiß gebänderten Nadeln und die nur 75 cm hohe Zwergform **'Adcock's Dwarf'**.

Pinus patula

JELECOTEKIEFER, MEXIKANISCHE KIEFER

Diese breitkronige Kiefer mit langen, schlanken, hängenden Nadeln ist nicht frosthart. Sie wächst langsam, verzweigt sich von unten an und wird 15 m hoch und 4,5 m breit. Die 20 cm langen, in Dreierbüscheln wachsenden Nadeln sind weich und blaß- bis graugrün, die ovalen Zapfen 10 cm lang.

Pinus parviflora 'Brevifolia'

Pinus pinaster

STRANDKIEFER, STERNKIEFER, MEERKIEFER, IGELFÖHRE, SEEFÖHRE, SEEKIEFER, BORDEAUXKIEFER

Die aus dem Mittelmeerraum stammende, schnellwachsende Kiefer wird 30 m hoch. Sie hat eine stark gefurchte, leuchtend rötlich-braune Rinde, bis zu 25 cm lange, paarweise wachsende, glänzende Nadeln und teils mehr als 15 cm lange, ovale, kräftig braune Zapfen, die jahrelang am Baum hängen, ohne sich zu öffnen. Trockenheit oder Frost verträgt sie nicht; sie schätzt Standorte in Meeresnähe, dort ist sie ein guter Windschutz und liefert Nutzholz.

Pinus pinea

PINIE, ITALIENISCHE STEINKIEFER, SCHIRMKIEFER

Der in Südeuropa und der Türkei heimische, nicht frostharte Baum wird in freier Natur bis zu 25 m hoch und trägt eine abgeflachte Krone auf einem geraden, oft geneigten Stamm mit gefurchter, rötlichgrauer Rinde. Die harten, paarweise wachsenden Nadeln sind 10–20 cm lang und leuchtendgrün, die kugelförmigen Zapfen glänzendbraun; ihre eßbaren Samen sind als Pinienkerne bekannt. Pinien sind, einmal etabliert, sehr widerstandsfähig, auch gegen Trockenheit und Hitze.

Pinus pinea

Pinus patula

Pinus strobus 'Nana'

Pinus strobus 'Radiata'

Pinus strobus 'Prostrata'

Pinus roxburghii

Pinus ponderosa
GELBKIEFER, GOLDKIEFER

In ihrer Heimat im Westen Nordamerikas ist diese frostharte Kiefer ein weitverbreiteter Holzlieferant und wird bis zu 60 m hoch; Exemplare in Kultur sind in der Regel kleiner. Sie trägt dunkelbraune Zapfen und bis zu 25 cm lange, in Dreierbüscheln wachsende, dunkelgrüne Nadeln. Die Rinde zeigt ein stark gefurchtes Mosaik breiter, glatter gelblich- und rötlich-brauner sowie rosa getönter grauer Platten.

Pinus pseudostrobus

Der von Mexiko bis Honduras verbreitete Baum wird über 30 m hoch und hat eine dichte, runde Krone, Äste in Quirlen sowie eine glatte, gelbgraue Rinde, 15–25 cm lange, in Fünferbüscheln wachsende, leuchtend blaugrüne Nadeln und 8–15 cm lange Zapfen.

Pinus radiata
Syn. ***Pinus insignis***
MONTEREYKIEFER

Als junger Baum pyramiden-, später eher säulenförmig, wird diese schnellwachsende Kiefer über 30 m hoch. Sie stammt aus Kalifornien, wird aber vor allem in anderen Gebieten, z.B. Australien und Neuseeland, zur Holzgewinnung genutzt. Am besten gedeiht sie auf wasserdurchlässigem Boden; extreme Trockenheit, Hitze und Frost verträgt sie nicht, starke Stürme können sie fällen. Die 10–15 cm langen Nadeln sind tiefgrün, die Rinde gräulichbraun, die 10–15 cm langen Zapfen hellbraun. Die Sorte **'Aurea'** mit ihren goldenen, im Winter besonders attraktiven Nadeln ist etwas kleiner. Sie neigt dazu, in die grüne Normalform zurückzuschlagen.

Pinus roxburghii
EMODIKIEFER, CHIRKIEFER

In seiner Heimat am Fuße des Himalaja wird dieser Baum bis zu 45 m hoch und 4,5 m breit; in Kultur ist er etwas kleiner. Er ist anfangs schlank, entwickelt später eine runde Krone und hat eine hellbraun und gräulich gesprenkelte Rinde, 30 cm lange, in Dreierbüscheln wachsende, herabhängende, hellgrüne Nadeln und ovale, 20 cm lange Zapfen mit zurückgebogenen Schuppen. Große Trockenheit verträgt er nicht.

Pinus radiata

Pinus pseudostrobus

Pinus × *sondereggeri*

Im Südosten der USA wächst diese natürliche Hybride von *Pinus palustris* und ***P. taeda***, die bis zu 30 m hoch wird. Sie hat eine leuchtend rotbraune Rinde, lederfarbene Jungtriebe und etwa 30 cm lange, in Dreierbüscheln wachsende, hellgrüne Nadeln.

Pinus strobus
WEYMOUTHSKIEFER, STROBE

Die in freier Natur 60 m, in Kultur weniger als 25 m hohe Kiefer mit stark gefurchter, gräulichbrauner Rinde, Ästen in Quirlen und kegelförmiger, später abgeflachter Krone stammt aus dem Osten Nordamerikas, wo sie wegen ihres Holzes besonders geschätzt wird. Ihre feinen, 10 cm langen, weichen bläulich-grünen Nadeln wachsen in Fünferbüscheln, die spitzen Zapfen stehen an den Enden der Zweige in Büscheln zusammen und produzieren große Mengen weißen Harzes. Sie ist winterhart und wächst in unverschmutzter Luft relativ schnell, ist aber sehr empfindlich gegen Trockenheit und Wind. Sorten sind **'Fastigiata'** mit kräftiggrünen Trieben an aufwärtsgerichteten Ästen; die runde Zwergform **'Nana'** mit dichter Benadelung, die die Zweige vollständig verbirgt; die niedrige, kriechende, in der Mitte bis zu 45 cm hohe **'Prostrata'** sowie die Zwergform **'Radiata'**, die einen langsam in die Breite wachsenden Hügel von bis zu 60 cm Höhe bildet.

Pinus sylvestris
GEMEINE KIEFER, FÖHRE, WALDKIEFER, FACKELBAUM

Diese Kiefer ist überall von Mittel- und Nordeuropa bis Westasien und als einzige Art auch in Großbritannien heimisch. Der schnellwachsende, oft forstlich angepflanzte, völlig winterharte Baum wird 30 m hoch, hat eine runde Krone und gedeiht gut auf nährstoffarmen, sandigen Böden. Die Rinde ist orangerot, die gewundenen, 8 cm langen, paarweise wachsenden Nadeln bläulich-grün. Sorten sind: **'Aurea'** mit ihren besonders im Winter und bei jungen Trieben golden getönten Nadeln; die sehr langsamwachsende, in 25 Jahren etwa 0,5 m erreichende Zwergform **'Beuvronensis'** mit einem dichten Nadelkleid aus hellen, blaugrünen Nadeln; die kleine, pyramidenförmige **'Moseri'** mit gelben Nadeln und schließlich die zwergwüchsige, pro Jahr nur 5–

Pinus strobus

Pinus strobus 'Fastigiata'

Pinus radiata 'Aurea'

Pinus × *sondereggeri*

Pinus torreyana

8 cm wachsende **'Watereri'** mit blauen Nadeln – eine ideale Pflanze für Steingärten oder Zwergkoniferensammlungen. Die Zwergsorten eignen sich gut als Kübelpflanzen.

Pinus thunbergii

Syn. *Pinus thunbergiana*

JAPANISCHE SCHWARZKIEFER

In Japan, wo sie als Zierpflanze weit verbreitet ist, ist diese winterharte Kiefer mit ihrer zerklüfteten, rötlichschwarzen Rinde, den dicken, paarweise wachsenden Nadeln, den auffälligen weißen Knospen und einem Gewirr unregelmäßiger, waagerechter Äste bei Künstlern wie bei Bonsaimeistern seit Jahrhunderten beliebt. Sie verträgt jeden Schnitt und eignet sich auch gut als Kübelpflanze; unbeschnitten wird sie 35 m hoch. **'Nishiki'** ist eine als Bonsai beliebte, knorrige Zwergsorte mit korkiger Rinde.

Pinus torreyana

TORREYS KIEFER, SOLEDADKIEFER

15 m hoch wird diese schnellwachsende südkalifornische Kiefernart mit offener, unregelmäßiger, breiter Krone, 20–30 cm langen, in Fünferbüscheln wachsenden, graugrünen Nadeln und 10–15 cm langen, dunkelbraunen Zapfen. Sie gedeiht unter sehr unterschiedlichen Bedingungen, ist aber nicht frosthart. Windgepeitschte Küstenformen sehen besonders attraktiv aus.

Pinus wallichiana

TRÄNENKIEFER, HIMALAJAKIEFER

Der kegelförmige Zierbaum mit breiter Basis, eleganten, langen Ästen mit 15–20 cm langen ,graugrünen, hängenden Nadeln und auffälligen, 30 cm langen Zapfen kommt freistehend auf großen Rasenflächen besonders gut zur Geltung. Auf tiefen, feuchten Böden wird er bis zu 45 m hoch und ist wenig anfällig gegen Kälte und Krankheiten.

PIPER

PFEFFER

Über tausend Sträucher, Kletterpflanzen und Bäume unterschiedlicher Größe und Gestalt gehören zu dieser überall in den Tropen beheimateten Gattung. Sie liefern Pfeffer und Kawa, riechen vielfach aromatisch und haben ganzrandige, meist tief-

Pinus wallichiana

grüne, oft herzförmige oder lanzettliche Blätter. Die winzigen, cremefarbenen oder grünen Blüten wachsen in kurzen, gelblichen Ähren in den Blattachseln. An ihre Stelle treten nach der Blüte kleine grüne, später rote Früchte.

PFLEGE UND VERMEHRUNG: Alle Arten benötigen ein warmes Klima, feuchten, humusreichen Boden und vertragen keinen Frost. Sie gedeihen in der Sonne wie im Schatten und können unter günstigen Bedingungen sehr kräftig werden. Vermehrung je nach Art durch Samen, Stecklinge, Absenker oder Teilung.

Piper betle

BETELPFEFFER, BETEL, BETELPFLANZE, KAUPFEFFER

Die von Indien bis zur Malaiischen Halbinsel verbreitete, 4,5 m hohe Pflanze klettert mit Hilfe von Adventivwurzeln. Ihre herzförmigen, 10–15 cm langen und 8 cm breiten Blätter werden in ihrer Heimat zusammen mit den Nüssen der Betelnußpalme *(Areca catechu)* gekaut. Die Blütenähre wird bis zu 15 cm lang und entwickelt eine große Anzahl roter Früchte.

Pinus sylvestris

Pinus thunbergii **'Nishiki'**

Piper cubeba

KUBEBENPFEFFER, CUBEBAFRUCHT, SCHWANZPFEFFER

3 m hoch klettert diese in Indonesien heimische Pflanze mit bis zu 15 cm langen herzförmigen bis lanzettlichen Blättern und 10 cm langer Blütenähre. Die rotbraunen Früchte werden getrocknet, gemahlen und zu Duft- und Würzstoffen verarbeitet sowie in der indonesischen Küche als Gewürz verwandt.

Piper methysticum

KAWAPFEFFER, RAUSCHPFEFFER, KAWASTRAUCH, AWAPFEFFER

Dieser Kletterstrauch entwickelt herzförmige Blätter und kurze, zylindrische Blütenähren mit kleinen Blüten, an deren Stelle später kleine runde Früchte treten. Aus dem oberen Teil der Wurzel wird auf den Inseln des Südpazifik ein bitteres, berauschendes Getränk gebraut, das vor bedeutsamen religiösen Zeremonien getrunken wird.

Piper nigrum

SCHWARZER PFEFFER, ECHTER PFEFFER, PFEFFERSTRAUCH

Das heute wahrscheinlich am weitesten verbreitete Gewürz der Welt wird von diesem ziemlich kräftigen, bis über 6 m hohen Kletterstrauch produziert. Er entwickelt glänzende, ovale Blätter mit hervortretenden Adern und im Sommer unscheinbare Blüten in langen, schmalen Blütenähren. An ihre Stelle treten dann kugelförmige, rote Früchte, erstmals im Alter von etwa zwei bis fünf Jahren und unter günstigen Bedingungen 40 Jahre lang.

Pinus sylvestris **'Moseri'**

Pinus thunbergii

Piper ornatum

Die bis zu 4,5 m hohe Pflanze von der indonesischen Insel Celebes (Sulawesi) ist ein wuchernder Strauch mit zähen Stengeln, die am Boden kriechen und auch etwas in die Höhe ranken. Die Oberseite der herzförmigen, 10 cm langen und fast ebenso breiten Blätter ist grün, rosa und silbrig gemustert, die Unterseite lebhaft purpurrot.

PIPTANTHUS

Nur zwei Arten gehören zu dieser in China und im Himalaja heimischen Gattung immergrüner Sträucher, die etwas an Goldregen *(Laburnum)* erinnern. Sie haben bis zu 4,5 m hohe, hohle, graugrüne Triebe und aus drei bis zu 15 cm langen Fiedern zusammengesetzte Blätter. Im Frühjahr und Sommer entwickeln sie in

Piper ornatum

Piper betle

Pistia stratiotes

Piptanthus tomentosus

Piptanthus tomentosus

Pisonia umbellifera 'Variegata'

den Blattachseln und an den Triebspitzen 15 cm lange Blütentrauben mit Schmetterlingsblüten.
PFLEGE UND VERMEHRUNG: Beide Arten überstehen zwar leichten Frost, verlieren aber bei anhaltender Kälte viele Blätter und sind nicht winterhart. Sie gedeihen in feuchtem, humusreichem, durchlässigem Boden in der Sonne oder im Halbschatten. Ihre Vermehrung erfolgt durch Samen oder kleine Spitzenstecklinge.

Piptanthus nepalensis
Syn. *Piptanthus laburnifolius*

Kennzeichen dieser Pflanze sind leuchtendgrüne und spärlich behaarte Blätter mit bis zu 10 cm langen Fiedern und leuchtendgelbe, gelegentlich lila gefleckte Blüten, die sich meist im Frühsommer öffnen; einige Blüten trägt die Pflanze jedoch fast immer. Jungtriebe sind flaumig behaart.

Piptanthus tomentosus

Die im Südwesten Chinas heimische, bis zu 2,5 m hohe und 2 m breite Pflanze blüht vom späten Frühjahr an. Sie wird jedoch vor allem wegen ihres Laubs gezogen, das – besonders dicht an der Blattunterseite – fein seidig behaart ist.

PISONIA
Syn. *Heimerliodendron*

Die 35 schnellwachsenden immergrünen Sträucher, Kletterpflanzen und kleinen Bäume der Gattung sind vor allem in den tropischen und subtropischen Regionen Amerikas sowie in Nordaustralien und Malaysia zu finden. Ihre großen, ovalen Blätter ähneln denen des Gummibaums *(Ficus elastica);* Sorten sind oft buntblättrig. Auf die unauffälligen, rispig angeordneten, kleinen, grünlichen Blüten folgen sehr klebrige Früchte, an denen Insekten und sogar kleine Vögel haftenbleiben. Ein Zweck dieses Vorgangs ist nicht bekannt.
PFLEGE UND VERMEHRUNG: Die Pflanzen benötigen nährstoffreichen, wasserdurchlässigen Boden und einen Standort in der Sonne oder im Halbschatten. Sie ertragen keinen Frost, eignen sich daher als Kübel-, z.T. auch als Zimmerpflanzen, und werden aus Samen oder – wie die buntblättrigen Sorten – aus Stecklingen vermehrt.

Pisonia grandis

Der bis zu 9 m hohe Baum mit seinen teilweise über 30 cm langen, blaßgrünen Blättern hat einen weichen, schwammartigen Stamm, der sich fast vom Erdboden an zu einer breiten, offenen Krone verzweigt, und trägt im Spätsommer grünliche Blüten.

Pisonia umbellifera

Aus dem Gebiet des westlichen Pazifik stammt dieser aufrechtwachsende, bis zu 4,5 m hohe und 3 m breite, reichverzweigte Strauch. Er hat große, elliptische, glänzendgrüne Blätter und trägt unscheinbare Blüten sowie das ganze Jahr über sehr klebrige, purpurfarbene Früchte. Die im gemäßigten Ostaustralien und Neuseeland heimischen Bäume gelten heute unter dem Namen *Pisonia brunoniana* (Syn. *Heimerliodendron brunonianum*) als eigenständige Art. **'Variegata'** hat 30–40 cm lange, blaß- bis dunkelgrün und cremeweiß getönte Blätter sowie kleine, grünliche Blüten.

Pistacia chinensis

PISTACIA
PISTAZIE

Neun Arten sommer- wie immergrüner Bäume und Sträucher gehören zu dieser in den warm-gemäßigten Regionen der nördlichen Hemisphäre heimischen Gattung; darunter sind der eßbare Früchte tragende Pistazienbaum, sommergrüne Zierpflanzen mit bunter Herbstfärbung und Pflanzen, die ihrer Öle und Harze wegen kultiviert werden. Die größten Arten werden bis zu 25 m hoch. Pistazien haben zusammengesetzte Blätter mit einer meist geraden Anzahl von Fiedern. Männliche und weibliche Blüten wachsen auf verschiedenen Pflanzen und sind in der Regel unauffällig. Die weiblichen Pflanzen tragen im Herbst und im frühen Winter Büschel kleiner Beeren oder fleischige Früchte.
PFLEGE UND VERMEHRUNG: Am besten gedeihen die Pflanzen auf wasserdurchlässigem Boden in hellem Sonnenlicht. Vermehrung durch Aussaat von Samen im Herbst und Winter sowie durch Okulieren oder Pfropfung.

Pistacia chinensis
CHINESISCHE PISTAZIE

Die sommergrüne, oft zweistämmige, in Gärten bis zu 8 m hohe Pflanze ist ein idealer Straßenbaum, unter dessen Blätterdach schattenliebende Sträucher gut gedeihen. Sie hat aus bis zu zehn Fiederpaaren zusammengesetzte, glänzendgrüne Blätter, die sich im Herbst gelb, orange und scharlachrot färben. An die Stelle der an Rispen wachsenden, unscheinbaren Blüten treten im Sommer kleine, kugelige, rote Samenkapseln, die im Herbst blau werden und Vögel anziehen. Die Art gilt als frosthart.

Pistacia vera
ECHTE PISTAZIE, PISTAZIENBAUM, MASTIXBAUM, PIMPERNUSS

Der bis zu 9 m hohe und ebenso breite sommergrüne, nicht frostharte Baum stammt aus Westasien und dem Nahen Osten, wird aber in vielen gemäßigten Regionen kultiviert. Seine im Herbst rotgolden gefärbten Blätter setzen sich aus bis zu fünf Paaren ovaler Fiedern zusammen. Männliche und weibliche Blüten sind rot und wachsen auf verschiedenen Bäumen. Damit die ovalen, fleischigen rötlichen Nüsse mit ihrem grünen oder gelben Kern wachsen, muß auch ein männlicher Baum vorhanden sein. Für gute Erträge sind milde bis relativ kalte Winter und heiße, trockene Sommer erforderlich.

PISTIA
WASSERSALAT, MUSCHELBLUME, PISTIE

Die einzige Art der Gattung ist eine in den Tropen weitverbreitete, in manchen Gegenden als schädliches Unkraut geltende, mehrjährige Wasserpflanze. Der Name 'Wassersalat' paßt zu den 15 cm breiten, schwimmenden Rosetten salatähnlich gerippter, keilförmiger, blaugrüner Blätter, deren schwammartige Basis sie an der Wasseroberfläche treiben läßt. Feine Wurzeln an der Unterseite der durch Ausläufer verbundenen, aber auch einzeln lebensfähigen Rosetten nehmen die Nährstoffe direkt aus dem Wasser auf. Der aronstabähnliche, unauffällige Blütenstand ist von einer blattartigen Spatha umschlossen.
PFLEGE UND VERMEHRUNG: In subtropisch bis tropisch warmer Umgebung gedeiht die nicht frostharte Pflanze in jedem Teich, aber auch in langsam fließenden Gewässern. Hier vermehrt sie sich in der Regel selbst, oft so stark, daß sie ganze Gewässer verstopfen.

Pistia stratiotes
WASSERSALAT, WASSERKOHL, MUSCHELBLUME, MUSCHELPFLANZE

In ruhigen Gewässern siedelt sich diese Pflanze sehr schnell an und kann einen kleinen Teich schnell mit ihren großen Büscheln verfilzter Rosetten zuwuchern. Zwar reichert sie das Wasser nicht mit Sauerstoff an, doch kühlen ihre schattenspendenden Blätter das Gewässer ab, und ihre Wurzeln dienen Fischen als Nahrung.

PISUM
ERBSE

Nur zwei Arten umfaßt die aus dem östlichen Mittelmeergebiet stammende Gattung, die wilde Erbse und die Gartenerbse, *Pisum sativum,* deren zarte grüne Schoten seit mehr als 5000 Jahren zur menschlichen Nahrung gehören. Sie kann rankend oder als Zwergform wachsen. Zu den vielen Sorten gehören auch die Zuckererbsen mit ihren zarten, süßen, eßbaren Schoten.
PFLEGE UND VERMEHRUNG: Erbsen benötigen einen sonnigen Standort auf wasserdurchlässigem, kalk- und dolomithaltigem, vor der Aussaat gedüngtem Boden. Der Ertrag der Zwergsorten steigt, wenn man sie an niedrigen Drahtgerüsten zieht. Vermehrung durch Samen. Im Gegensatz zu jungen Pflanzen sind Blüten und Schoten frostempfindlich, was bei der Wahl des Aussaatzeitpunkts berücksichtigt werden muß. Erbsen sind anfällig für Echten und Falschen Mehltau und Milben.

Pisum sativum
ERBSE, SAATERBSE

Die bis zu 2 m hohen, einjährigen Pflanzen haben verzweigte Ranken, ein bis vier Blattfiederpaare und bis zu 3 cm breite, weiße Blüten, z.T. mit violetter Zeichnung.

Pisum sativum, Kulturvarietät

Sie werden im Abstand von 5 cm in 10 cm voneinander entfernten Reihen gepflanzt und erhalten Kletterreiser, wenn sie etwa 8 cm hoch gewachsen sind. Sie sind von Unkraut freizuhalten und bei Trockenheit zu gießen. Die unteren Schoten reifen zuerst. Verbreitete Sorten sind **'Alderman'**, **'Snow Flake'** und **'Sugar Bon'**. Die Zuckererbse, ***Pisum sativum* var. *macrocarpum*,** liebt mildes Klima und feuchten Sandboden. Ihre Samen werden nach Ende der Frostperiode 5 cm tief gesät, die Schoten sollten unreif geerntet werden; für kletternde Sorten empfiehlt sich ein Spalier.

PITCAIRNIA

Die zur Familie der Bromeliaceen gehörende Gattung stammt aus Mittel- und Südamerika und der Karibik. Die meisten der 260 im Wuchs sehr verschiedenen Arten wachsen auf der Erde oder auf Felsen, doch gibt es auch Epiphyten. Sie bilden Horste grasartiger Blätter und tragen Ähren unterschiedlich gefärbter Röhrenblüten mit zurückgebogenen Blütenblättern. In den kalten Monaten benötigen sie eine Ruhephase und sehr wenig Wasser.
PFLEGE UND VERMEHRUNG: Die immergrünen Arten gedeihen am besten im Halbschatten, andere in sonniger Lage; alle schätzen durchlässige Böden. Die laubabwerfenden Pflanzen der Gattung benötigen viel Wasser und Dünger, sobald die ersten neuen Triebe erscheinen. Alle Arten sind frostempfindlich. Vermehrung durch Samen oder durch Teilung der Rhizome.

Pitcairnia flammea

Auf Granitfelsen der Berge um Rio de Janeiro wurde diese Pflanze entdeckt. Sie trägt im Frühjahr rote und weiße Blüten und ist kälteempfindlich.

Pitcairnia ringens

Kennzeichen der an Trockenheit angepaßten Pflanze sind unterirdische Vegetationspunkte, von denen sich dünne Büschel kurzer, schmal-lanzettlicher Blätter und in die Breite wachsende, etwa 45 cm hohe Ähren mit bis zu 5 cm großen, scharlachroten Blüten entwickeln.

PITTOSPORUM

KLEBSAME

Rund 200 immergrüne Bäume und Sträucher umfaßt diese in den Tropen und Sub-

Pitcairnia ringens

tropen Asiens, Afrikas, Australiens und Ozeaniens heimische Gattung. Bei entsprechend milden Wintern können sie sowohl als Solitärsträucher wie auch als Schutzhecken gepflanzt werden. Die Blätter wachsen wechsel- oder quirlständig; das Blattwerk einiger Arten wird in der Blumenbinderei verwandt. Auf die duftenden Blüten folgen später Früchte mit in einer harten Kapsel eingeschlossenen, runden, von einer klebrigen Hülle umgebenen Samen.
PFLEGE UND VERMEHRUNG: Die Pflanzen benötigen einen geschützten Standort in der Sonne oder im Halbschatten und gedeihen am besten in fruchtbarem, durchlässigem, im Sommer feucht gehaltenem Boden. Einige Arten ertragen zwar schwachen Frost, aber kein mitteleuropäisches Klima. Vermehrung durch Samen im Herbst oder Frühjahr oder durch Stecklinge von den Triebspitzen im Sommer.

Pittosporum crassifolium

Aus Neuseeland stammt diese bis zu 8 m hohe und 3 m breite Pflanze mit Einzelstamm, niedrig ansetzenden Ästen und gewölbter Krone. Ihre länglichen bis ovalen, 8 cm langen Blätter sind dunkelgrün und ledrig mit filziger, gräulich-weißer Blattunterseite. Im Frühjahr trägt die Pflanze Büschel sternförmiger, duftender, rötlich-violetter Blüten, später dann bis zu 2,5 cm lange, ovale, fleischige, grünlich-weiße Früchte. Sie ist nicht trockenheitsempfindlich, paßt sich den meisten Böden an, benötigt aber einen offenen, sonnigen Standort. **'Variegatum'** hat grau- bis leuchtendgrüne Blätter mit unregelmäßigem cremefarbenem Rand.

Pittosporum eugenioides

Die aus Neuseeland stammende Pflanze mit dichtem Laub und glatter blaßgrauer Rinde ist anfangs pyramidenförmig, wird dann bis zu 12 m hoch und hat ovale, glänzend dunkelgrüne Blätter mit gewelltem Rand, die zerrieben nach Zitrusfrüchten duften. Im Frühjahr entwickeln sich endständige Büschel kleiner, sternförmiger, honigduftender, gelber Blüten, später große Büschel ovaler, grüner Früchte, die den Winter überdauern. Die Pflanze gedeiht in offener, sonniger Lage auf fast allen Böden und läßt sich wie ihre Sorten gut zur Hecke stutzen. **'Variegatum'** wird 2,5–4,5 m hoch und hat graugrüne, an den Rändern weiß gefleckte Blätter.

Pittosporum crassifolium 'Variegatum'

Pittosporum 'Garnettii'

Die 2,5–3 m hohe Kulturhybride wird oft der Art *Pittosporum tenuifolium* zugerechnet. Sie hat bis zu 5 cm lange, abgerundete, cremefarben und grün gescheckte Blätter, die sich bei Kälte rosa verfärben.

Pittosporum napaulense

Bis zu 6 m hoch wird dieser Strauch oder kleine Baum aus Indien, Bhutan und Nepal. Er trägt an den Spitzen seiner Zweige 8–20 cm lange, elliptische, ledrige Blätter sowie vom späten Frühjahr an süßduftende, gelbe Blüten in Rispen.

Pittosporum eugenioides

Pittosporum crassifolium

Pittosporum phillyraeoides

Syn. *Pittosporum phylliraeoides*

Hängende Zweige, zierlicher Wuchs und eine offene Krone kennzeichnen den im Inneren Australiens verbreiteten, bis zu 8 m hohen Baum. Er hat bis zu 10 cm lange, lanzettliche, glänzend dunkelgrüne Blätter und trägt im Frühjahr und Sommer an den Spitzen der Zweige einzeln oder in kleinen Büscheln wachsende, cremegelbe Blüten, später dann 2,5 cm lange, ovale, fleischige Früchte. Sie sind anfangs gelb, danach rötlich-braun und platzen dann auf, so daß das gelbe Innere mit den roten Samen sichtbar wird. Die Aborigines verwandten diese zu medizinischen Zwecken bei Schmerzen und Krämpfen.

Pittosporum rhombifolium

Die steil aufwärtsgerichteten Äste des bis zu 25 m hohen Baumes aus dem ostaustra-

Pittosporum napaulense

Pittosporum eugenioides 'Variegatum'

Pittosporum phillyraeoides

lischen Regenwald bilden eine dichte pyramidenförmige Krone. Sie tragen 10 cm lange, rhombische, ledrige, glänzendgrüne Blätter mit gezähntem Rand, im Frühjahr Büschel sternförmiger, cremeweißer Blüten und im Herbst und Winter zahlreiche runde, leuchtend orangefarbene Früchte von 1 cm Durchmesser, die beim Aufplatzen klebrige, schwarze Samen freisetzen. Der Baum liebt schwere lehmige Böden.

Pittosporum tenuifolium

SCHMALBLÄTTRIGER KLEBSAME

Der als junge Pflanze säulenförmige, später rundere und bis zu 9 m hohe neuseeländische Baum mit schwarzer Rinde, schwarzen Zweigen und 8 cm langen, länglichen, blaßgrünen Blättern trägt im späten Frühjahr kleine dunkelbraune, nachts nach Honig duftende Blüten, später runde, anfangs grüne, im Spätsommer fast schwarze Früchte. Er verträgt starken Schnitt und gedeiht am besten in offener, sonniger Lage. Sorten sind **'Silver Magic'** mit kleinen silbergrauen, besonders im Winter leicht rosa getönten Blättern; die meist weniger als 1 m hohe **'Tom Thumb'**, deren violett-bronzefarbene Blätter am Rand gewellt sind. **'Variegatum'** siehe *Pittosporum* 'Variegatum'.

Pittosporum rhombifolium

Pittosporum tobira

Pittosporum tobira

CHINESISCHER KLEBSAME, PECHSAME

Aus Japan und China stammt dieser bis zu 2,5 m hohe Strauch. Er hat 10 cm lange, ovale bis längliche, quirlständig wachsende, glänzendgrüne Blätter, trägt im späten Frühjahr und im Sommer sternförmige, nach Orangenblüten duftende, cremefarbene Blüten und gedeiht in offener, sonniger Lage. **'Wheeler's Dwarf'** ist bis zu 60 cm hoch und hügelförmig; die Blätter von **'Variegatum'** kennzeichnet ein unregelmäßiger silbrigweißer Rand.

Pittosporum undulatum

5–12 m hoch wird diese australische Pflanze mit ihrem dichten Blattgewölbe aus lanzettlichen, gekerbten, grünen Blättern. Sie trägt im Frühjahr üppige Büschel glockenförmiger, cremeweißer Blüten, später dann gelbbraune Früchte und erträgt leichten Frost. Anfällig ist sie für Schildläuse und Rußpilze. **'Sunburst'** ist eine weithin beliebte Sorte.

Pittosporum tobira 'Wheeler's Dwarf'

Pittosporum tobira 'Variegatum'

Pittosporum tenuifolium 'Variegatum'

Pittosporum tenuifolium 'Tom Thumb'

Pittosporum 'Variegatum'

Syn. *Pittosporum* 'Silver Queen'

Die 3,5–4,5 m hohe Pflanze gilt vielfach als Sorte von *Pittosporum tenuifolium*, doch ist ihr Ursprung bis heute unklar, so daß sie besser als Hybride einzuordnen ist. Ihre Blätter haben einen schmalen, cremefarbenen, fast weißen Rand, der fedrig wirkt.

PITYROGRAMMA

GOLDFARN, SILBERFARN

Die rund 40 immergrünen Farne dieser Gattung stammen aus Nord- und Südamerika und Afrika. Einige Arten sind als Neubürger inzwischen über weite Teile der Tropen verschleppt. Ihre kurzen, kriechenden Rhizome können bis auf eine Höhe von 60–90 cm klettern. Die an zähen, dunklen Stielen sitzenden, feinzerteilten Wedel sind bis zu 75 cm lang und meist tiefgrün auf der Ober-, silbrigweiß oder gelb auf der Unterseite. Fruchtende Pflanzen produzieren große Mengen an Sporen.

PFLEGE UND VERMEHRUNG: Die Farne gedeihen problemlos auf kühlem, feuchtem, humusreichem Boden im Halbschatten. Die meisten Arten sind auf die Tropen beschränkt, einige nordamerikanische vertragen aber leichten Frost. Sie lassen sich durch Sporen oder auch durch Abbrechen von bewurzelten Rhizomstücken vermehren.

Pityrogramma calomelanos

SILBERFARN

Die in den amerikanischen Tropen heimische Art ist heute in fast allen tropischen Gebieten der Welt verbreitet. Ihre an 20–45 cm langen, tiefbraunen Stielen wachsenden, 60 cm langen Blattwedel sind fein gegliedert und unterseits silbern bemehlt.

Pittosporum undulatum 'Sunburst'

Pittosporum tenuifolium 'Silver Magic'

PLAGIANTHUS

Plagianthus regius, einer der wenigen aus Neuseeland stammenden, laubwerfenden Bäume, und der bis zu 2 m hohe und ebenso breite Strauch ***Plagianthus divaricatus*** sind die beiden Arten dieser Gattung. Die zähen, anpassungsfähigen Pflanzen haben hellolivgrüne Blätter mit gesägtem Rand und im Sommer grünlichweiße Blüten.

PFLEGE UND VERMEHRUNG: Junge Exemplare werden in feuchten, durchlässigen Boden im Halbschatten angepflanzt. Die Vermehrung erfolgt durch Samen, bei männlichen Klonen durch Stecklinge.

Plagianthus regius

Syn. *Plagianthus betulinus*

In seiner Jugend wächst der bis zu 12 m hohe, frostempfindliche Baum, sich strauchartig verzweigend, erst einmal in die Breite. Er hat 10 cm lange Blätter und eine feintexturierte Innenrinde. Die Art ist zweihäusig. Sowohl die männlichen als auch die weiblichen Blütenrispen sind

Pityrogramma calomelanos

P

gelblich- oder grünlichweiß, doch sind die männlichen Blüten etwas größer und dekorativer.

PLANCHONIA

Die aus den Monsungebieten Australiens und Neuguineas stammenden, halb-immergrünen Bäume dieser Gattung sind von aufrechtem Wuchs, werden bis zu 6 m hoch, haben einen mit korkiger Rinde bedeckten Stamm und 10 cm lange, runde Blätter. Im Sommer tragen sie an den Spitzen der Zweige große, blaßgrüne Blüten. Die eßbaren Früchte erinnern an grüne Eier.

PFLEGE UND VERMEHRUNG: In sonnigen, ganz frostfreien Lagen gedeihen die Bäume bei gleichmäßiger Feuchte auf armen Böden. Vermehrung durch Samen oder Stecklinge.

Planchonia careya

Die runden, an langen Stielen sitzenden Blätter des kleinen, locker gewachsenen Baumes, der sich gut für tropische Gärten eignet, sind anfangs blaßgrün, verfärben sich später leuchtendorange und fallen in der Trockenzeit ab. Im Winter und Frühjahr trägt der Baum Blüten mit langen weißen, an der Basis scharlachrot gefleckten Staubgefäßen, die sich morgens öffnen und nachmittags meist abfallen.

PLANTAGO

WEGERICH, WEGEBREIT, WEGTRITT

Rund 200 Arten ein- und zweijähriger Kräuter, Stauden und Sträucher gehören zu dieser weltweit verbreiteten Gattung. Einige von ihnen gelten als Unkraut. Die im wesentlichen grundständigen, oft leicht behaarten Blätter bilden Büschel lockerer Rosetten; sie haben kräftige Stiele, sind oval bis spatelförmig und bei Sonne oder Kälte oft violett überlaufen. Die Blüten

Plagianthus regius

Planchonia careya

Platanus × acerifolia

sind klein, aber auffällig, da sie in langgestielten Ähren über den Blättern wachsen.

PFLEGE UND VERMEHRUNG: Die anspruchslosen Wegeriche können sich meist sehr rasch und unangenehm ausbreiten; einige großblättrige Arten werden jedoch gern in Rabatten gepflanzt. Am besten gedeihen sie auf grundfeuchten, an der Oberfläche aber trockenen, durchlässigen Böden in der Sonne oder im Halbschatten. Vermehrung durch Samen oder Teilung im Frühjahr.

Plantago lanceolata

SPITZWEGERICH

Die zwei- oder mehrjährige, europäische Wildpflanze ist ein auf ungenutzten Flächen sehr häufiges Unkraut. Die 5–35 cm langen Blätter sind schmal, lanzettlich, ganzrandig oder schwach gezähnt, oft beiderseits etwas behaart und bilden dichtgedrängte Rosetten. Auf einem bis zu 60 cm hohen Stengel sitzt die 2,5–5 cm lange, kurzzylindrische Blütenähre mit winzigen Blüten. Die weiß panaschierte **'Marginata'** ist gelegentlich in Kultur.

Plantago psyllium

FLOHKRAUT, PSYLLIENKRAUT

Aus dem Mittelmeerraum stammt diese einjährige Pflanze mit Büscheln schmaler, 5–15 cm langer Blätter, deren Ränder manchmal fein gezähnt sind. Die behaarten Blütenstengel werden bis zu 60 cm hoch und tragen eiförmige Blütenköpfchen mit weißen bis blaßgrünen Blüten. Die Spelzen werden als Appetitzügler verwandt und haben keinen Nährwert.

PLATANUS

PLATANE

Sechs Arten großer, kräftiger, sommergrüner Bäume mit ausladender Krone aus Eurasien, Nordamerika und Mexiko gehören zu dieser Gattung. Dazu gehören einige der größten Schattenbäume für sommertrockene Gebiete. Sie sind als Straßenbäume weit verbreitet. Charakteristisch ist die

Plantago lanceolata

Platanus × acerifolia

gefleckte Rinde, die im Winter abblättert. Die großen, fünffach gelappten Blätter ähneln denen des Ahorns; die Blüten sind unscheinbar. Im Winter hängen die Samen in braunen Kugeln an den Bäumen.

PFLEGE UND VERMEHRUNG: Die Bäume gedeihen auf tiefen, nährstoffreichen, durchlässigen Böden in sonniger Lage und lassen sich auch umpflanzen. Die meisten Arten vertragen starken Rückschnitt, Luftverschmutzung und eine Überpflasterung ihres Wurzeltellers. Vermehrung durch Samen, Stecklinge oder Absenker.

Platanus × acerifolia

Syn. ***Platanus × hispanica, P. × hybrida***

AHORNBLÄTTRIGE PLATANE, STRAUCHPLATANE, GEWÖHNLICHE PLATANE, SPANISCHE PLATANE

Die als Straßenbaum verbreitete, schnellwachsende, frostharte, bis zu 35 m hohe Hybride mit grau-, braun- und weißgeflecktem, aufrechtem Stamm erträgt auch sehr ungünstige Bedingungen und ist resistent gegen Pilzbefall der Blätter. Ihre Wurzeln können Straßenpflaster und Asphalt heben, die großen, ledrigen, kräftiggrünen Blätter kleine Abflüsse verstopfen.

Platanus occidentalis

AMERIKANISCHE PLATANE, SYKOMORE, ABENDLÄNDISCHE PLATANE, KLEIDERBAUM

Bis zu 45 m hoch wird dieser große, frostharte Baum mit seiner breiten, offenen Krone. Er hat leuchtendgrüne, gezähnte, bis zu 25 cm breite Blätter und eine cremeweiße, bei älteren Bäumen in Bodennähe dunkelbraune Rinde. Er schätzt kalte

Platanus orientalis

Winter und heiße Sommer. Das Laub ist anfällig für Pilzerkrankungen. Das Holz dient in den USA für Möbel und als Feuerholz.

Platanus orientalis

ORIENTALISCHE PLATANE, MORGENLÄNDISCHE PLATANE

Der von der Türkei bis in den westlichen Himalaja verbreitete, frostempfindliche, bis zu 30 m hohe Baum mit seinen ausladenden Ästen hat einen relativ kurzen, kräftigen Stamm mit grauer bis grünlichweißer Rinde, die plattig abblättert, und tiefeingeschnittenes Laub mit fünf bis sieben schmalen, spitzen Blattlappen. Drei bis fünf runde, braune Samenköpfchen hängen wie Perlen an einem Faden. Der Baum ist in Südeuropa, Australien und Südafrika für Alleen beliebt. Verlängerte, schmale, tiefeingeschnittene Blattlappen kennzeichnen die Sorte **'Digitata'**.

Platycladus orientalis 'Aurea Nana'

Platycladus orientalis 'Green Cone'

Platycladus orientalis 'Aurea Nana'

Platanus racemosa

TRAUBIGE PLATANE

Der schnellwachsende, bis über 30 m hohe Baum aus den Bergen Kaliforniens mit etwa 15 m breiter Krone, kräftigem, geradem, anfangs hellem Stamm und grünen, an der flaumigen Unterseite weißlichen Blättern gedeiht in Gegenden mit langen, kalten Wintern nicht, da er frostempfindlich ist. Auf die grünlichen, in Büscheln herabhängenden Blüten folgen zwei bis sieben ährige Samenköpfchen pro Stiel. **'Wrightii'** ist eine wenig veränderte Sorte mit glatten Samenköpfchen.

PLATYCERIUM

GEWEIHFARN, BREITHORNFARN, HIRSCHFARN

Die 15 epiphytischen Farne dieser Gattung sind in den Tropen und Subtropen Afrikas, Südostasiens und Australiens weit verbreitet. Einige Arten ertragen kühle Temperaturen. Sie haben bis zu 2,5 m lange, hängende, geteilte, sporentragende Wedel und werden wegen ihrer Schönheit geschätzt.
PFLEGE UND VERMEHRUNG: Die nicht winterharten Geweihfarne setzt man als

Platycladus orientalis 'Filiformis Erecta'

Platycladus orientalis 'Hillieri'

Epiphyten in einen Korb oder bindet sie auf ein Brett. Die unfruchtbaren Mantelblätter fangen dort Blatt- und anderes Pflanzenmaterial ein, in das dann die Wurzeln hineinwachsen. Die Pflanzen sind von unten her feucht zu halten und flüssig zu düngen. Auf Befall durch Käfer- und Mottenlarven ist zu achten. Vermehrung durch Teilung im Frühjahr.

Platycerium bifurcatum

GEWEIHFARN

Der in Papua-Neuguinea, Neukaledonien und im Nordosten Australiens heimische Farn ist leicht zu ziehen. Er wird bis zu 1 m hoch und ebenso breit.

Platycerium superbum

Syn. *Platycerium grande*

GEWEIHFARN

In den Regenwäldern siedelt sich der Farn auf Bäumen an und wird dort bis zu 2 m hoch und ebenso breit, so daß er gelegentlich durch das eigene Gewicht herabfällt. In einem Farnhaus kann er etwa die Hälfte seiner natürlichen Größe erreichen.

PLATYCLADUS

ORIENTALISCHER LEBENSBAUM, MORGENLÄNDISCHER LEBENSBAUM

Die einzige Art der in China und Korea heimischen Gattung, eine schlanke, kegelförmige, immergrüne Konifere mit flachen, fächerartigen Trieben, deren winzige, schuppenförmige, aromatisch riechende Nadelschuppen die Zweige dicht umschließen, wird häufig auch der verwandten Gattung *Thuja* zugerechnet. Geschätzt werden vor allem die zahlreichen kleinen bis zwergwüchsigen Kultursorten, zierli-

Platycladus orientalis

che, kegelförmige oder rundliche Sträucher in großer Formenvielfalt, deren Nadeln oft mit den Jahreszeiten den Farbton wechseln. Da die Pflanzen vom Erdboden an alle ihre Äste behalten, eignen sie sich vorzüglich als Hecken, Windschutz, Steingarten- oder Kübelpflanzen. Die weiblichen Bäume tragen kleine, aufrechte, fleischige, anfangs wachsblaue, später braune Zapfen mit überlappenden Schuppen. Die Pflanze erträgt wärmeres Klima als viele andere Koniferen.
PFLEGE UND VERMEHRUNG: Am besten gedeiht der Baum in windgeschützter, aber sonniger Lage; auch ein Standort im Halbschatten schadet ihm nicht. Der Boden sollte feucht und durchlässig sein. Im Frühjahr kann die Pflanze bei Bedarf etwas in Form geschnitten werden. Vermehrung durch Aussaat im Frühjahr oder durch Stecklinge in den kühleren Monaten.

Platycladus orientalis

Syn. *Thuja orientalis, Biota orientalis*

ORIENTALISCHER LEBENSBAUM, MORGENLÄNDISCHER LEBENSBAUM, CHINESISCHE THUJA

Der dichtverzweigte Strauch oder Baum ist jung kegel- bis säulenförmig, als älterer, bis zu 12 m hoher Baum entwickelt er dann eine gewölbte Krone aus aufwärtsgerichteten Ästen über einem kurzen Stamm. Einige kleinere Sorten wachsen symmetrisch mit sehr dichten, krausen Nadelschuppen, andere eher unregelmäßig. Typisches Merkmal ist die flächig vertikale Anordnung der Zweige. Einige Zwergformen behalten die unregelmäßige Jugendbenadelung. **'Aurea Nana'** ist rundlich mit goldfarbigen Nadeln und wird selten mehr als 1 m groß. **'Blue Cone'** wächst kegelförmig aufrecht mit dichter, blaugrüner Benadelung. Die zierliche, einer breiten Säule ähnliche, 2,5 m hohe **'Elegantissima'** hat gelbe, im Winter goldene Spitzen an den jungen Trieben. **'Filiformis Erecta'** wird 1,5–2 m hoch mit fadenförmiger, etwas hängender Bezweigung und flach anliegenden Nadeln. **'Green Cone'** ist von

Platanus racemosa

ähnlicher Gestalt wie **'Blue Cone'**, aber mit grünen Nadeln. **'Hillieri'** ist rund und zwergwüchsig, **'Raffles'** niedrig und rundlich mit dichtem, leuchtendgelbem Nadelkleid. 1–1,5 m hoch wird die stachlig aussehende, aber weiche **'Rosedalis'**.

PLATYCODON

BALLONBLUME

Einzige Art der in Ost- und Nordostasien heimischen Gattung ist eine Staude mit rübenartig verdickter Wurzel und bis zu 75 cm hohen Blütenstengeln. Im Frühjahr bildet sie einen Horst 5–8 cm langer, gezähnter, elliptischer bis lanzettlicher, hellblaugrüner Blätter. Von Mittsommer an wachsen beblätterte Blütenstengel, die Köpfe mit aufgeblähten Knospen tragen. Diese öffnen sich zu bis zu 5 cm breiten, glockenförmigen, weißen, rosa, blauen oder violetten Blüten.
PFLEGE UND VERMEHRUNG: Die frostbeständige Pflanze gedeiht problemlos in durchlässigen Böden in sonniger Lage, faßt aber oft erst nach einigen Jahren Fuß. Vermehrung durch Samen oder Teilung, letztere aber nicht regelmäßig, da die Pflanze auf die Störung empfindlich reagiert.

Platycodon grandiflorus

GROSSBLÄTTRIGE BALLONBLUME, BALLONGLOCKENBLUME, BREITGLOCKE, PLATTGLOCKE

Die ballonförmigen Knospen dieser Blume öffnen sich im Sommer zu glockenförmigen, blauen, violetten, rosa oder weißen Blüten mit fünf Blütenblättern. Die gesägten, elliptischen, silbrig-blau getönten Blätter bilden einen zierlichen, bis zu 60 cm hohen und 30 cm breiten Horst. **'Fuji Blue'** ist eine sehr aufrechte, bis zu 75 cm hohe Sorte mit blauen Blüten. Die Ende des 19. Jahrhunderts eingeführte ***Platycodon grandiflorus* var. *mariesii*** ist etwas kompakter als die Art. Sie wird nur 45 cm hoch und hat glänzende, lanzettliche Blätter.

Platycodon grandiflorus 'Fuji Blue'

Platycodon grandiflorus, Kulturvarietät

P

Plecostachys serpyllifolia

Plectranthus argentatus

Plectranthus ciliatus

PLATYSTEMON

BREITFADEN

Eine einjährige Pflanze bildet diese in Kalifornien heimische Gattung. Sie wird 30 cm hoch, wächst aufrecht oder ausgebreitet und trägt entlang der Stengel etwa 8 cm lange, schmale, nahezu stiellose, graugrüne Blätter, die denen der Kornblume ähneln. Diese reichen etwa 5–8 cm an die 1 cm breiten, cremefarbenen Blüten heran, die an Mohn erinnern.

PFLEGE UND VERMEHRUNG: In Rabatten und Gefäßen in sonniger Lage und mit lockerem, durchlässigem, gelegentlich gewässertem Boden gedeiht die einjährige Pflanze problemlos. Sie ist sehr frostempfindlich. Für eine frühe Blüte ist eine rechtzeitige Anzucht erforderlich.

Platystemon californicus

Die einjährige Pflanze eignet sich zusammen mit dem verwandten Kalifornischen Mohn *(Eschscholzia californica)* für einen Wildpflanzengarten, wo sie sich durch Selbstaussaat über längere Zeit halten kann. Sie harmoniert gut mit Rittersporn, Kornblumen und *Nemesia.*

PLECOSTACHYS

Zu der in Südafrika heimischen Gattung gehören zwei spärlich verzweigte, bis zu 1,5 m hohe, oft aber wesentlich kleinere Halbsträucher. Charakteristisch sind die kleinen, runden, meist weniger als 2,5 cm langen Blätter, die auf der Oberseite mit klebrigen, weißen Härchen bewachsen und auf der Unterseite dicht weißfilzig sind. Im Frühjahr und wenn es nach längerer Trockenheit regnet, öffnen sich kleine, gelbe Blütenkörbchen.

PFLEGE UND VERMEHRUNG: Die Pflanzen gedeihen auf leichtem, sandigem, sehr durchlässigem Boden in sonniger Lage. Sie vertragen zwar schwache Fröste, können jedoch bei anhaltender, feuchter Kälte verfaulen. Die Vermehrung erfolgt durch Samen oder kleine Stecklinge.

Plecostachys serpyllifolia

Der breit hügelig wachsende Halbstrauch mit filzigen Stielen und winzigen, silbriggrauen Blättern wurde früher der Gattung *Helichrysum* zugerechnet. Trotz seiner unscheinbaren Blüten geben ihm Belaubung und Wuchs eine attraktive Gestalt, geeignet für Blumenkästen oder Kübel in kühleren Regionen.

PLECTRANTHUS

HARFENSTRAUCH, HAHNENSPORN, MOTTENPFLANZE, MOTTENKÖNIG

Mehr als 350 Sträucher, Stauden und Einjährige aus Afrika, Asien und Australien gehören zu dieser Gattung. Einige der meist nicht winterharten Arten werden als Zimmerpflanzen gezogen, andere als Gartenkräuter. Sie haben meist sukkulente oder halbsukkulente Stengel, ovale bis herzförmige, Blätter und Lippenblüten in das Laub überragenden Blütenähren.

PFLEGE UND VERMEHRUNG: Am besten gedeihen sie auf feuchtem Boden im Halbschatten. Trockenheit schadet ihnen. Die Vermehrung erfolgt durch Samen, Stecklinge oder Ableger, die von vielen expansiven Arten gebildet werden.

Plectranthus ecklonii

Plectranthus argentatus

Der niederliegende Strauch aus Australien erreicht eine Höhe von 1 m. Er hat 5–10 cm lange, ovale Blätter mit feingezähnten Rändern sowie je neun bis elf blaue und weiße Blüten in 30 cm langen Ähren. Die Zweige und Blätter sind silbrig behaart.

Plectranthus australis

In einer Ampel wirkt diese bis zu 20 cm hohe, wuchsfreudige Zimmerpflanze mit ihren dickfleischigen, gekerbten, glänzendgrünen Blättern und den Blütenzweigen mit lila und weißen Lippenblüten sehr attraktiv. Sie gedeiht, wenn sie zumindest zeitweise von der Sonne beschienen und reichlich gewässert wird. Zurückschneiden der Spitzen hält die Pflanze in Form.

Plectranthus ciliatus

Aus Südafrika stammt diese immergrüne Staude, deren verzweigte, kriechende Stengel mit ihren aufwärtsgerichteten Enden etwa 45 cm hoch werden. Ihre oberseits bronzefarbengrünen, unterseits dunkelvioletten Blätter sind am Rand fein gezähnt, die Spitzen der Zähnchen mit weichen Borsten besetzt. Im Sommer und Herbst trägt die Pflanze kurze Blütenzweige mit blaßvioletten Lippenblüten.

Plectranthus ecklonii

Unter günstigen Bedingungen, vorzugsweise in geschützter, nur wenig beschatteter Lage, wird dieser südafrikanische Strauch bis zu 2 m hoch. Er hat große, auf der Oberseite stark geäderte, tiefgrüne Blätter, die sich zum Stiel hin verjüngen; die röhrenförmigen, violetten Blüten erscheinen im Herbst in aufrechten, endständigen Rispen, und zwar besonders üppig, wenn die Pflanze zu Beginn des Frühjahrs kräftig zurückgeschnitten wurde.

Plectranthus madagascariensis

Die Staude aus Madagaskar und dem südlichen Afrika wird etwa 60 cm hoch. Mit ihren sukkulenten Trieben, die sich bewurzeln, wächst sie sehr in die Breite. Sie hat 5 cm lange, dickfleischige, gezähnte, auf der Unterseite leicht filzige Blätter und je drei bis acht weiße oder violette Blüten.

Plectranthus neochilus

Die von Südostafrika bis Südarabien verbreitete, polsterbildende Pflanze gehört zu einer Gruppe von Arten um *Plectranthus caninus.* Sie verträgt Trockenperioden und entwickelt fleischige, nach Moschus riechende Blätter sowie hell lavendelfarbene Blüten in kurzen, dichten Ähren, an deren Enden purpurne Tragblätter sitzen, die abfallen, wenn die Blüten sich öffnen.

Plectranthus neochilus

Plectranthus oertendahlii

Die reichverzweigte, halbsukkulente, südafrikanische Staude ist eine beliebte Zimmerpflanze. Sie hat 5 cm lange, gezähnte, leuchtendgrüne Blätter mit silberner Äderung und violetten Blattunterseiten und je sechs 1 cm lange, rosa bis malvenfarbige Blüten in einfachen Ähren.

Plectranthus saccatus

Aus Südafrika stammt dieser 1,2 m hohe Strauch mit weichen, violett überlaufenen Stengeln und bis zu 3 cm langen, halbsukkulenten Blätter mit wenigen, großen Zähnen am Blattrand. Seine Blüten wachsen allein oder in Zweier- oder Dreierbüscheln in 10 cm langen Ähren.

Plectranthus thyrsoideus

Syn. *Coleus thyrsoideus*

Mit einer Höhe von 1 m und einer Breite von 60 cm ist diese schnellwachsende, buschige Staude größer als die meisten ihrer Gattung. Sie hat ovale, mittelgrüne Blätter mit gesägtem Rand und trägt im Winter leuchtendblaue Lippenblüten in Rispen.

Plectranthus verticillatus

Das besondere Kennzeichen der niedrigen, kriechenden, halbsukkulenten Staude aus dem südlichen Afrika sind seine bis zu mehr als 1 m langen, klebrigen, fein behaarten Stengel, 5 cm lange, runde, ebenfalls fein behaarte Blätter mit gezähntem

Plectranthus saccatus

Plectranthus ciliatus

P

Rand und rötlichen Blattunterseiten sowie seine relativ großen, weißen Blüten mit violetten Flecken.

PLEIOBLASTUS

Etwa 20 meist zwergwüchsige bis mittelgroße, selten über 3 m hohe Bambusarten mit Rhizomen umfaßt diese in China und Japan heimische Gattung. Sie haben schlanke, hohle Triebe, auffällige, häufig borstige Blattscheiden und schmale, meist weniger als 20 cm lange, oft streifig panaschierte Blätter. Einige Arten verbreiten sich relativ rasch und verdrängen dabei auch andere Pflanzen.

PFLEGE UND VERMEHRUNG: Die aufgeführten Arten sind weitgehend frosthart und lassen sich unkompliziert ziehen. Sie gedeihen auf lockeren, feuchten, durchlässigen Böden in der Sonne oder im Halbschatten und sind im Sommer ausreichend zu wässern. Die Vermehrung erfolgt durch Teilung.

Pleioblastus auricomus

Die 1,5 m hohe Pflanze mit 10–20 cm langen, leuchtendgelben, grün gestreiften Blättern und violett getönten Blattscheiden stammt aus Japan. Feiner Flaum bedeckt Blätter und Blattscheiden.

Pleioblastus auricomus

Pleioblastus pygmaeus

Syn. *Arundinaria pygmaea, Sasa pygmaea*
ZWERGBAMBUS

Dieser immergrüne Bambus kann zur Bodenbefestigung gepflanzt werden. Ohne Rückschnitt wächst das (bei den meisten gängigen Sorten panaschierte) dunkelgrüne Blattwerk bis auf eine Höhe von 45 cm. Durch Rückschnitt fast bis zum Boden zu Beginn des Frühjahrs erzielt man üppig belaubte Neutriebe.

Pleioblastus variegatus

Ebenso wie zahlreiche andere Arten der Gattung kommt auch diese Pflanze nicht wildwachsend vor, sondern ist nur aus der Kultur bekannt. An ihren weiß bepuderten, 75 cm langen Trieben sitzen mit 10–20 cm Länge verhältnismäßig große, tiefgrüne Blätter mit variablen cremefarbenen Streifen. Die Innenseiten der Blattscheiden sind violett, die Außenseiten flaumig behaart.

Pleioblastus variegatus

PLEIONE

PLEIONE, TIBETORCHIDEE

Ost- und Südasien sind die Heimat der etwa 16 bis 20 Zwergorchideen dieser Gattung. Sie sind teils Epiphyten, teils terrestrisch und haben kugel- oder flaschenförmige, gedrängte Pseudobulben sowie ein oder zwei Blätter. Die auffälligen großen Blüten entwickeln sich aus der Basis der Pseudobulben zugleich mit den neuen Trieben.

PFLEGE UND VERMEHRUNG: Die meist als Topfpflanzen in einer für Orchideen geeigneten Erdmischung gezogenen Orchideen bevorzugen ein mildes, kühlgemäßigtes Klima, Schutz vor Nässe im Winter und einen Standort im Halbschatten. Die Vermehrung erfolgt durch Teilung.

Pleione bulbocodioides

Pleione, Shantung-Hybride

Pleione bulbocodioides

Syn. *Pleione formosana, Pleione pricei*

In ihrer Heimat in Südchina, Taiwan und Myanmar wächst diese Pflanze auf Bäumen oder Felsen in mittleren bis großen Höhen in feuchten Wäldern. Die birnenförmigen, im Durchmesser 2,5 cm großen Pseudobulben stehen gruppenweise zusammen und tragen ein einzelnes, 15 cm langes und 5 cm breites Blatt. Mit Beginn des Frühjahrs entwickeln sich hübsche, 8 cm breite Blüten und in der Folge neue Blätter. Die Blüten von ***Pleione bulbocodioides* var. *alba*** (Syn. *P. formosana* 'Alba') sind weiß.

Pleione hookeriana

In den Gebirgsregionen des Himalaja sowie in Myanmar, Südchina und Laos ist die kleine Orchidee als Epiphyt oder auf moosbedeckten Felsen anzutreffen. Ihre einzeln stehenden, ovalen, etwa 3,5 cm langen Pseudobulben tragen ein 5–8 cm langes und 2,5 cm breites Blatt, das im Herbst abfällt. An einem bis zu 10 cm langen Stiel entwickelt sich im Frühjahr oder Sommer eine einzelne, etwa 5 cm breite Blüte.

Pleione, Shantung-Hybriden

Die Shantung-Hybriden gehören zu den beliebtesten der relativ neuen Pleione-Hybriden. Die verschiedenen Klone unterscheiden sich etwas im Farbton ihrer cremefarbenen bis blaßrosa Blüten. Die nach einer neuseeländischen Botanikerin benannte **'Muriel Fisher'** ist nur in geschützter Lage einigermaßen frostbeständig, am besten auf großzügig mit Laubmull oder Kompost angereichertem Boden.

Pleione bulbocodioides var. *alba*

Pleione Vesuvius

Pleione Vesuvius

Der Hybridschwarm soll aus einer Kreuzung zwischen *Pleione bulbocodioides* und der Naturhybride *P.* × *confusa* entstanden sein. Ihre relativ hohen Blütenstengel tragen meist zwei große, leuchtend purpurrosa Blüten mit blaß orangefarbener, am Rand stark gekräuselter und dicht mit roten Flecken besetzter Lippe.

Pleione yunnanensis

In einer Höhe von 1200–2800 m wächst diese Orchidee in der chinesischen Provinz Yünnan. Ihre gedrängten, kugelförmigen Pseudobulben von 2,5 cm Durchmesser tragen ein einzelnes Blatt. Die grundständigen Blütenstände mit einer einzelnen, etwa 10 cm breiten Blüte werden bis zu 15 cm hoch. Die Pflanze blüht im Frühjahr oder Sommer im blattlosen Zustand.

PLEIOSPILOS

Geschickt tarnen sich die in den sehr trockenen Regionen Südafrikas heimischen Sukkulenten dieser Gattung als Steine, um sich vor Feinden zu schützen. Alle vier Arten haben kompakt angeordnete, fleischigen Kieseln oder Granitstücken ähnliche Blätter. Im Frühherbst wächst aus jedem Blätterpaar eine lachsrosa oder weiße Blüte hervor. Die Pflanzen werden kaum höher als 10 cm, die Horste bis zu 20 cm breit.

PFLEGE UND VERMEHRUNG: Die Pflanzen gedeihen am besten in warmem Klima, vertragen aber auch gelegentliche leichte Fröste. Sie schätzen einen sonnigen Standort auf sehr durchlässigem Boden und lassen sich durch Samen oder Wurzeltriebe im Frühjahr oder Sommer vermehren.

Pleiospilos bolusii

Die 10 cm große, immergrüne Sukkulente aus der südafrikanischen Kapprovinz hat 5–8 cm lange, grüne Blätter. Im Frühjahr und Sommer entwickelt sie bis zu 8 cm breite, goldgelbe Blüten.

Pleiospilos nelii

Ebenfalls aus der südafrikanischen Kapprovinz stammt diese Pflanze, die wie ein Haufen kleiner Steine aussieht, bevor im Spätsommer und Frühherbst bis zu 8 cm hohe und 15 cm breite, blaßgelbe Blüten erscheinen.

PLUMBAGO

BLEIWURZ

Diese Gattung umfaßt etwa 10 bis 15 in warm-gemäßigten bis tropischen Regionen heimische ein- oder mehrjährige Kräuter und teilweise klimmende, immergrüne Sträucher. Sie entwickeln wechselständige Blätter und an der Spitze der gebogenen Zweige zahlreiche blaue, weiße oder rote, kurzgestielte Blüten, die je fünf Blütenblätter an langer, schlanker Röhre zählen.

PFLEGE UND VERMEHRUNG: Die Pflanzen gedeihen am besten in warmem Klima, in frostgefährdeten Gebieten sollte man sie in einem leicht beheizten Gewächshaus ziehen. Sie benötigen wasserdurchlässigen, eventuell mit etwas Humus

Plumbago auriculata

angereicherten Boden. Eingewöhnte Pflanzen vertragen Trockenheit, für guten Blütenansatz muß der Boden im Sommer jedoch feucht gehalten werden. Ein Rückschnitt gegen Ende des Winters unterstützt die Bildung neuer Triebe und Blüten. Die Vermehrung erfolgt entweder in den wärmeren Monaten durch krautige oder im Herbst durch halbverholzte Stecklinge.

Plumbago auriculata

Syn. *Plumbago capensis*

KAPBLEIWURZ, KAPLANDBLEIWURZ, SÜDAFRIKANISCHE BLEIWURZ, BLEIWURZ

Die aus Südafrika stammende, relativ schnell wachsende Pflanze wird bis zu 2 m hoch und ebenso breit, hat 5 cm lange, längliche, blaßgrüne Blätter und trägt in den wärmeren Monaten eine Vielzahl himmelblauer Blüten. Sie bildet vom Grund reichlich Neutriebe und wächst als Spreizklimmer gern an einer Stütze oder an einem anderen Strauch in die Höhe. Auch als freiwachsende oder Schnitthecke kann sie Verwendung finden. Die Sorte **'Alba'** entwickelt reinweiße, die weniger empfindliche **'Royal Cape'** blaue Blüten.

Plumbago indica

Syn. *Plumbago rosea*

Die aus Indien stammende Pflanze ist kleiner und frostempfindlicher als die Kapbleiwurz *(Plumbago auriculata)*, aber eine erstklassige Topfpflanze für einen leicht schattigen Standort im temperierten Gewächshaus. Sie hat attraktive, leuchtendrosa Blüten.

PLUMERIA

FRANGIPANI

Der Name der acht meist sommergrünen, für ihre stark duftenden Blüten bekannten Sträucher und Bäume dieser mittelamerikanischen Gattung dient dem Gedenken an den französischen Botaniker Charles Plumier, der im 17. Jahrhundert zahlreiche tropische Pflanzen beschrieb. Die Bäume werden bis zu 9 m hoch, sind aber meist wesentlich kleiner. Ihre fleischigen Zweige enthalten giftigen Milchsaft. Die endständigen, in der Regel weißen Blüten entwickeln sich in den Tropen noch vor den Blättern und blühen fast das ganze Jahr; in subtropischen Gebieten bilden sie sich im Frühjahr nach den Blättern und blühen bis zum nächsten Winter. Die in Kultur seltenen Früchte setzen sich aus zwei ledrigen Bälgen zusammen. Frangipani sind meist in Hybridformen erhältlich.

PFLEGE UND VERMEHRUNG: In den kühleren Regionen verlangen diese Sträucher und Bäume ein Gewächshaus. Im Freien schätzen sie einen sonnigen Standort auf mäßig nährstoffreichem, durchlässigem Boden. Die Vermehrung erfolgt durch zuvor einige Wochen lang getrocknete Stecklinge zu Beginn des Frühjahrs.

Pleiospilos bolusii

Plumbago auriculata 'Royal Cape'

Plumbago indica

Plumeria obtusa

Der bis zu 8 m hohe Baum ist, anders als die meisten Vertreter der Gattung, in seiner tropischen Heimat zuverlässig immergrün. Er gedeiht auch in frostfreien subtropischen Gegenden, jedoch nur in geschützter Lage und bei konstanter Bewässerung. Die etwa 15 cm langen Blätter sind breit und stumpf, die duftenden Blüten cremeweiß und in der Mitte leuchtendgelb. **'Singapore White'** gehört mit seinen eleganten, runden Blüten und seinem weichen Duft zu den attraktivsten Pflanzen der Gattung.

Pleiospilos nelii

Plumeria rubra 'Golden Kiss'

Plumeria obtusa 'Singapore White'

Plumeria rubra

Plumeria rubra

ROTE FRANGIPANI

Der weitverbreitete sommergrüne Strauch oder kleine Baum mit breiter, gerundeter Krone wird bis zu 8 m hoch. Seine blaßrosa bis karmesinroten Blüten sind als Blumenschmuck überaus beliebt. Noch häufiger anzutreffen ist ***Plumeria rubra* var. *acutifolia*** mit cremeweißen, zuweilen rosa getönten, in der Mitte tiefgelben Blüten. **'Golden Kiss'** trägt große Köpfe mit goldgelben, am Rand der Blütenblätter leicht aprikosenfarben getönten Blüten.

POA

RISPENGRAS, VIEHGRAS, ANGERGRAS, RISPE

Zu den rund 500 in den gemäßigten Zonen weitverbreiteten, meist mehrjährigen Grasarten dieser Gattung gehören sowohl Unkräuter als auch landwirtschaftliche Nutzpflanzen und Ziergräser für Sportplätze und Rasenflächen. Sie haben dünne, aber kräftige, meist weniger als 1 m hohe Halme sowie schmale, meist hell- oder blaugrüne, am Grund oft verdickte und verwachsene Blätter und tragen über die ganze Wachstumsperiode kurze Rispen, häufig von der gleichen Farbe wie die Blätter, zuweilen aber auch rot, braun oder violett überlaufen.

PFLEGE UND VERMEHRUNG: In der Sonne und im Halbschatten gedeihen die Gräser problemlos auf jedem wasser-

Plumeria rubra var. *acutifolia*

Podalyria calyptrata

Poa labillardieri

Podocarpus elatus

durchlässigen Gartenboden. Die meisten Arten sind mehr oder weniger frosthart. Vermehrung durch Samen oder Teilung.

Poa labillardieri

Diese in Australien heimische, nicht frostbeständige Grasart hat bis zu 1 m hohe Halme, schmale, 30 cm lange, graugrüne Blätter und violett überlaufene Blütenährchen.

Poa pratensis

WIESENRISPENGRAS, WIESENRISPE, GEMEINES ANGERGRAS, WIESENGRAS

Das aus Mitteleuropa stammende, ausdauernde, frostharte Gras kann vor allem in kühleren Regionen einen attraktiven, blaugrünen Rasen bilden, verträgt aber starke Belastung durch Sport und Spiel ebensowenig wie lange Trockenheit. Ungemäht wird es bis zu 15 cm hoch und ebenso breit. Es hat weiche, aufrechte Halme, kleine, flache, spitze Blätter und trägt von Frühjahr bis Mittsommer ausgebreitete Rispen. Anfällig ist es für Befall durch Rostpilze und andere Krankheiten, in heißen Sommern z.B. durch Fusariose.

PODALYRIA

Rund 25 immergrüne Sträucher und kleine Bäume aus den Winterregengebieten des südlichen Afrika umfaßt diese Gattung. Ihre 3,5 cm langen, ovalen Blätter sind sehr fein behaart, was ihnen einen silbrigen Glanz verleiht. Sie blühen je nach Art zu unterschiedlichen Zeitpunkten; meist aber öffnen sich die duftenden Büschel malvenfarbener oder weißer Blüten, die denen der Gartenwicke ähneln, sehr zeitig im Frühjahr.

Podalyria calyptrata

PFLEGE UND VERMEHRUNG: Die Pflanzen, die auch in Meeresnähe gedeihen, schätzen leichten, durchlässigen Boden in sonniger Lage. Die Vermehrung erfolgt durch Samen oder Stecklinge im Sommer oder durch Ableger. Werden die Sträucher nach der Blüte leicht gestutzt, bleiben sie kompakt.

Podalyria calyptrata

Der kleine Baum von eher lockerem Wuchs wird etwa 3,5 m hoch, die Krone beinahe ebenso breit. Er hat silbergraue Blätter und trägt eine Vielzahl rosafarbener Frühjahrsblüten. Die Art ist unter frostfreien Bedingungen anspruchslos.

PODOCARPUS

STEINEIBE, FUSSFRUCHTBAUM, STIELFRUCHTEIBE, GELBHOLZ

Zu den rund 100 relativ schnell wachsenden, immergrünen Nadelhölzern dieser überall in den feuchten Tropen und in der südlichen Hemisphäre, aber auch in Japan und Mexiko verbreiteten Gattung gehören sowohl 1 m hohe Bodendecker als auch 45 m hohe Bäume mit flachen, meist schmalen, spiralförmig angeordneten Nadelblättern. Sie haben eine leichte Ähnlichkeit mit Eiben (*Taxus*) und sind wegen ihres dichten Wuchses und ihrer attraktiven Gestalt beliebt. Die männlichen Pflanzen tragen kätzchenartige, gelbe Pollenzapfen, die weiblichen nackte Samen an kurzen Stielen, die sich zu fleischigen, beerenartigen, blauschwarzen bis roten »Früchten« entwickeln, die den volkstümlichen Namen erklären. Das weiche Holz einiger Arten wird genutzt.
PFLEGE UND VERMEHRUNG: Die Pflanzen gedeihen je nach Art eher in der Sonne oder im Halbschatten, am besten jedoch in warm-gemäßigtem Klima, da fast alle kaum Frost vertragen. In kühleren Regionen lassen sie sich auch als Zimmerpflanzen ziehen. Gestutzt werden sollten sie nur für Hecken. Die Vermehrung erfolgt durch Samen oder Stecklinge.

Podocarpus elatus

In seiner ostaustralischen Heimat erreicht dieser Baum mit seiner breiten Krone eine Höhe bis zu 35 m, bleibt aber niedriger, wenn er als Schattenbaum angepflanzt oder zur Hecke geschnitten wird. Er hat eine schuppige, dunkelbraune Borke, 10 cm lange, schmale und sehr spitze, glänzend dunkelgrüne Nadeln sowie eßbare, schwarze bis purpurfarbene Früchte von 2,5 cm Durchmesser. Er verträgt leichten Frost und ist in Trockenperioden zu wässern.

Podocarpus hallii

Dieser aus Neuseeland stammende Baum ähnelt in vielem dem Totarabaum *(Podocarpus totara)*, hat aber größere Nadeln und eine dünne, papierartige Rinde. Die beiden Arten sind teilweise schwer zu unterscheiden, zumal es wohl auch Hybriden gibt.

Podocarpus henkelii

Aus Südafrika stammt diese Pflanze mit hängenden Ästen und Blättern. Letztere stehen einzeln, sind oft gekrümmt und werden etwa 15 cm lang. Die runden Früchte messen etwa 1 cm im Durchmesser und sind wächsern grün.

Podocarpus latifolius

BREITBLÄTTRIGE STEINEIBE

In den Wäldern des südlichen Afrika wird der aufrechtwachsende Baum zuweilen über 35 m hoch, in Kultur jedoch selten höher als 15 m. Erwachsene Bäume haben eine längsgefurchte, sich in langen, streifigen Fetzen ablösende Borke und tragen die Blätter in Büscheln an den Spitzen der Zweige. Männliche Pflanzen entwickeln etwa 3,5 cm lange, blaßrosa Zapfen, weibliche hingegen blaue bis purpurfarbene Früchte.

Podocarpus latifolius

Podocarpus lawrencii

Syn. *Podocarpus alpinus*

ALPENSTEINEIBE

Der eher langsam wachsende Strauch oder kleine Baum aus Australien erreicht im Gebirge eine Höhe von 60 cm, in tiefer gelegenen Wäldern wird er bis zu 8 m hoch. Er hat einen knorrigen, gewundenen Stamm und kleine gräulich-grüne Nadeln, die mit den fleischigen roten Beeren kontrastieren. Die Art verträgt Fröste bis etwa –15 °C, benötigt jedoch einen sonnigen Standort. Sie ist als Kübelpflanze geeignet.

Podocarpus macrophyllus

GROSSBLÄTTRIGE STEINEIBE, BUDDHISTENEIBE

Die ähnlich wie die vorgenannte Art kältebeständige, in ihrer Heimat bis etwa 20 m hohe und 3,5 m breite Pflanze aus den Bergen Japans und Chinas mit 15 cm langen, dicken, dunkelgrünen Blättern und kleinen schwarzen Beeren wird mit Vorliebe in japanischen Tempelgärten angepflanzt und eignet sich auch als Kübelpflanze. Sie schätzt feuchten, nährstoffreichen Boden und läßt sich gut zu einer dichten Hecke schneiden. Die mit ihren fast senkrechten Ästen streng aufrechtwachsende **'Maki'** wird selten größer als ein Strauch.

Podocarpus matudae var. *reichii*

Vom Nordosten Mexikos bis nach Costa Rica ist dieser bis zu 30 m hohe Baum mit 10 cm langen Blättern und rotbraunen Steinfrüchten verbreitet. Er entwickelt oft mehrere, besonders kräftige Stämme, deren Blätter 15 cm lang sind.

Podocarpus henkelii

Podocarpus lawrencii

Podocarpus macrophyllus

Podocarpus neriifolius

Im warmen Klima seiner Heimat auf Borneo und Neuguinea wird der Baum über 18 m hoch. Kennzeichen sind die bis zu 15 cm langen, dünnen, auffällig glänzenden, dunkelgrünen Blätter mit hervortretenden Mittelnerven, die kätzchenartigen, bei männlichen Pflanzen braunen, bei weiblichen grünen Blüten und die kleinen, ovalen, fleischigen, grünen Beeren.

Podocarpus rumphii

Der bis 9 m hohe Baum stammt aus den Bergwäldern der Philippinen, Ostindonesiens und Neuguineas. Er hat bis 25 cm lange, schmale, tiefgrüne Blätter, die fast senkrecht von den Zweigen herabhängen und viele Jahre am Baum verbleiben. Die Samen sitzen an kurzen Stielen. In seiner Jugend wächst der Baum relativ langsam und eignet sich auch als Kübelpflanze.

Podocarpus salignus

WEIDENARTIGE STEINEIBE

Seine bis zu 15 cm langen, glänzend blaugrünen Blätter, die denen einer Weide ähneln, haben dem aus Chile stammenden Baum seinen Namen gegeben. Er wird etwa 20 m hoch und trägt eine buschige, säulenförmige Krone auf einem Stamm mit rauher, orangebrauner Rinde. Er ist empfindlich gegen Austrocknen und sollte daher in Kultur gemulcht werden.

Podocarpus totara

TOTARA

Mit 30 m Höhe ist dieser in Neuseeland heimische Baum, der deutlich älter als 200 Jahre werden kann, eine der größten Steineiben. Das Holz seines bis zu 3 m dicken Stammes ist ein wertvolles Nutzholz. Er hat dichtstehende, feste, scharf zugespitzte bronze-grüne Nadeln und eine anfangs rötlich-braune Rinde, die später gräulich-braun wird und sich in Streifen abschält. Die runden, karmesinroten Früchte von etwa 1 cm Durchmesser sitzen an roten Stielen. Die pyramidenförmige Sorte **'Aureus'** wird bis 5 m hoch und hat zierlichere Äste sowie goldgelbe Blätter. Bei geringem Platzangebot kann sie entsprechend zurückgeschnitten werden.

PODOPHYLLUM

MAIAPFEL, FUSSBLATT

Die neun Stauden dieser Gattung aus dem östlichen Nordamerika, Ostasien und

Podocarpus macrophyllus 'Maki'

dem Himalaja ähneln *Trillium*, gehören aber zur Familie der Berberitzengewächse. Aus ihren kräftigen Rhizomen sprießen zu Beginn des Frühjahrs große, schildförmige, geteilte Blätter von bis zu 30 cm Durchmesser, deren breite Abschnitte oft gelappt und am Rand gezähnt sind. Bald nach dem Laub erscheinen becherförmige, aufrechte, etwa 5 cm breite Blüten mit sechs bis neun weißen oder rosa Blütenblättern, die rote Beeren von 5 cm Durchmesser hervorbringen.
PFLEGE UND VERMEHRUNG: Es handelt sich um echte Waldstauden, die einen Standort im Halbschatten auf feuchtem, durchlässigem, humusreichem Boden schätzen. Die meisten Arten vertragen auch starke Fröste, solange der Wurzelstock geschützt ist. Die Vermehrung erfolgt durch Samen oder Teilung.

Podophyllum peltatum

ENTENFUSS, FUSSBLATT, MAIAPFEL, AMERIKANISCHES FUSSBLATT, SCHILDFÖRMIGES FUSSBLATT

Die im Osten Nordamerikas heimische Wildstaude wächst unter sommergrünen Waldbäumen und erscheint vor dem Austrieb der Bäume. Unter den stark gelappten, schildförmigen, etwa 30 cm langen Blättern sind die cremeweißen, rosenähnlichen Blüten fast verborgen. Später erscheinen eßbare Früchte. Als üppig wuchernder Bodendecker eignet sich die Pflanze kaum für kleine Gärten. Durch Teilung der Rhizome zu Beginn des Frühjahrs läßt sie sich vermehren.

PODRANEA

Die in Südafrika heimische Gattung umfaßt zwei immergrüne, den ganzen Sommer hindurch üppig blühende Klettersträucher mit trompetenförmigen, rosa oder lila Blüten. Sie wurden früher zur Gattung *Bignonia* gestellt und sind mit der australischen *Pandorea* verwandt.
PFLEGE UND VERMEHRUNG: Die subtropischen Pflanzen schätzen ein warmes, frostfreies Klima. Sie gedeihen auf fruchtbaren, feuchten, durchlässigen Böden im Halbschatten und benötigen während der Wachstumsperiode reichlich Wasser. Ausreichend stabil gestützt, können sie rasch einen Zaun oder eine Pergola mit ihren Trieben bedecken. Bei zu dichter Belaubung ist im Winter und zu Beginn des Sommers Rückschnitt möglich. Vermehrung durch Stecklinge im Sommer, durch Samen im Frühjahr.

Podranea ricasoliana

Syn. *Bignonia rosea, Pandorea ricasoliana, Tecoma ricasoliana*

ROSA TROMPETENWEIN

Der bis in eine Höhe von 3,5 m kletternde Schlinger hat einen ledrigen Stamm und zerteilte, dunkelgrüne Blätter mit bis zu elf feingesägten, lanzettlichen bis rundlichen Fiedern. Die in endständigen Rispen wachsenden, trichterförmigen, hellrosa Blüten mit roter Zeichnung blühen von Frühjahr bis Herbst.

POGOSTEMON

Die aus den Tropen Ostasiens stammenden Sträucher sind für ihr in Parfüms und für Aromatherapien verwandtes Patschuliöl bekannt. Sie haben aufrechte Zweige, nesselartige, große, ungefähr herzförmige, etwas gelappte Blätter und tragen weiße, hellviolette oder rosa Blüten in Scheinwirteln, wie sie für die Familie der Lippenblütler typisch sind.
PFLEGE UND VERMEHRUNG: Als tropische Pflanzen benötigen die Sträucher eine warme, frostfreie Umgebung. Vermehrt durch Samen oder Stecklinge, gedeihen sie am besten auf feuchtem, durchlässigem, humusreichem Boden in der Sonne oder im Halbschatten.

Pogostemon cablin

PATSCHULIPFLANZE, PATSCHULI, POGOSTEMON

Die am häufigsten kultivierte Pflanze der Gattung mit schmalen Blättern und dünnen Trieben ist in Indonesien, Malaysia und auf den Philippinen heimisch. Sie blüht nur selten, produziert nur selten Samen und wird meist durch Stecklinge vermehrt. Die verwandte Art *Pogostemon heyneanus* hat glatte Stengel und leicht

Podranea ricasoliana

Podocarpus totara

Podophyllum peltatum

Podocarpus matudae var. *reichii*

Podocarpus rumphii

Podocarpus salignus

bronzefarbene neue Triebe, blüht verläßlich und gilt als mäßiger Ersatz für *P. cablin*.

POLEMONIUM

JAKOBSLEITER, HIMMELSLEITER, SPERRKRAUT

Die rund 25 ein- und mehrjährigen Pflanzen dieser Gattung sind in den kalten und gemäßigten Regionen der nördlichen Hemisphäre verbreitet. Aus einem Busch weicher, farnartig gefiederter, leuchtendgrüner Blätter entspringt der aufrechte Stengel. Er trägt an der Spitze einen Kopf kurzer, röhren-, glocken- oder trichterförmiger, meist weißer oder aber blau oder rosa getönter Blüten. Die Pflanzen entwickeln sich nach der Winterruhe rasch und blühen schon im Frühsommer.
PFLEGE UND VERMEHRUNG: Die meisten Arten sind frostbeständig und gedeihen gut auf feuchtem, durchlässigem Boden in der Sonne oder im Halbschatten. Vermehrung der einjährigen Arten aus Samen, die der Stauden auch durch Stecklinge von jungen Trieben oder durch Teilung; manche Arten sind selbstverbreitend.

Polemonium boreale

Die nördlich der arktischen Baumgrenze beheimatete Zwergstaude hat grundständige Blätter mit 13 bis 23 Blattfiedern von etwa 1 cm Länge, 8–30 cm lange Blütenstengel und 1 cm lange, blaue bis violette Blüten. Sie ist für Steingärten oder Alpinentröge geeignet.

Pogostemon heyneanus

Polemonium 'Brise d'Anjou'

Polemonium 'Brise d'Anjou'

Der genaue Ursprung dieser Sorte ist zwar unbekannt, doch steht sie eindeutig *Polemonium caeruleum* nahe. Sie besitzt hübsch panaschierte Blätter, deren Fiedern rundum einen schmalen, gelben Streifen tragen.

Polemonium caeruleum

BLAUE HIMMELSLEITER, JAKOBSLEITER, BLAUES SPERRKRAUT

Diese horstbildende, bis zu 60 cm hohe und ebenso breite Staude mit aufrechtem hohlem Stengel stammt aus den kühlgemäßigten Regionen Europas. Ihre glockenförmigen Blüten stehen in Büscheln über den Blättern, deren lanzettliche Fiedern paarweise wie Sprossen einer Leiter angeordnet sind. Zur Blütezeit im Sommer bilden die gelblich-orangefarbenen Staubgefäße einen reizvollen Kontrast zu den blauen Blütenblättern.

Polemonium delicatum

Die in der Westhälfte der USA heimische Pflanze eignet sich vorzüglich für Steingärten. Sie hat weniger als 10 cm lange Blätter mit fünf bis elf Fiedern von 1–3 cm Länge; die blauen bis veilchenfarbenen Blüten blühen im Sommer.

Polemonium pulcherrimum

Die Blätter dieser Staude aus dem Nordwesten Nordamerikas bestehen aus bis zu 37 Fiedern von 3 cm Länge. Ihre etwa 1 cm langen, weißen, blaß- oder veilchenblauen, im Inneren gelben Blüten öffnen sich im späten Frühjahr und im Sommer.

Polemonium reptans

Aus dem Osten der USA stammt diese große Staude, deren aus sieben bis 19 Fiedern zusammengesetzte Blätter einen 30–60 cm hohen Horst bilden. Die mit 1–2,5 cm Durchmesser relativ großen, leuchtendblauen Blüten sitzen in eher lockeren Blütenständen. Einige niedrige und kriechende Formen sind als Sorten erhältlich.

Polemonium boreale

Polemonium caeruleum

Polemonium delicatum

Polemonium 'Sapphire'

Die horstige Kulturform stammt wahrscheinlich von *Polemonium reptans* ab. Sie hat 30–40 cm hohe Blütenstengel und etwa 1 cm breite, hellblaue Blüten.

POLIANTHES

TUBEROSE

Die meisten der etwa 13 Horststauden dieser Gattung stammen aus Mexiko. Sie benötigen viel Sonne und sind empfindlich gegen Trockenheit und Frost. Bei den Arten in Kultur, darunter der seit Jahrhunderten als Schnittblume gezüchteten und zur Parfümherstellung genutzten Tuberose *(Polianthes tuberosa)*, bilden die Blätter eine grundständige Rosette; die Blüten sitzen oben an geraden, aufrechten Stengeln.
PFLEGE UND VERMEHRUNG: Die Pflanzen gedeihen in guter, lehmiger, durchlässiger, während der Wachstumsphase im Sommer ausreichend feuchter Gartenerde in offener Lage. Einmal jährlich sollten die Horste aufgenommen und die großen abgeblühten Zwiebeln entfernt werden, da sie nur einmal blühen. Vermehrung durch Samen.

Polianthes tuberosa

TUBEROSE

Auf einem bis zu 1 m hohen Stengel trägt diese Pflanze im Sommer und Herbst eine Ähre mit Büscheln sternförmiger, süßduftender, cremeweißer Röhrenblüten. Die Blätter sind schmal bandförmig. Verbreiteter als die ursprüngliche Art ist heute die gefüllte Sorte **'The Pearl'**.

POLYALTHIA

Kennzeichen der tropischen Bäume dieser Gattung sind große, elliptische bis lanzettliche, glänzende Blätter und gelbgrüne Blüten mit schmalen Blütenblättern, die denen der Sternmagnolie *(Magnolia stellata)* ähneln. An ihre Stelle treten später Büschel eiförmiger Früchte.
PFLEGE UND VERMEHRUNG: Die zähen und anpassungsfähigen, aber frostempfindlichen Pflanzen schätzen feuchten, durchlässigen Boden; junge Pflanzen benötigen überdies genügend Schatten. Vermehrung durch Samen oder Stecklinge.

Polemonium 'Sapphire'

Polyalthia longifolia

Polyalthia longifolia

In den asiatischen Tropen, besonders in den Monsungebieten Thailands und Südindiens ist der aus Ceylon stammende, bis etwa 15 m hohe, auffällig schmale, kegel- bis säulen-, manchmal fast pfahlförmige Baum ein beliebter Park- und Alleebaum. Ein Vorhang langer, am Rand leicht gewellter Blätter läßt nur die Stammbasis frei; das Laub ist anfangs gelblich, dann bronzefarben-grün und schließlich glänzendgrün gefärbt. In der Regenzeit im Sommer entwickeln sich unter den Blättern verborgene kleine, grünliche Blüten. Die kleinen pflaumenförmigen Früchte werden z.B. von Flughunden gefressen.

POLYARRHENA

Die eng mit der bekannteren *Felicia* verwandte Gattung umfaßt vier Halbsträucher und Stauden, alle beheimatet im Südwesten der Kapprovinz in Südafrika. Sie haben kleine gezähnte Blätter und tragen an den Spitzen der Zweige einzelne Blütenkörbe mit oberseits weiß oder violett getönten, unterseits matt rötlichen Zungenblüten.
PFLEGE UND VERMEHRUNG: Die nicht frostharten Pflanzen, die durch Samen oder Stecklinge vermehrt werden, benötigen einen warmen, sonnigen Standort auf durchlässigem, nicht zu fettem Boden. Nach der Blüte kann man sie bei Bedarf vorsichtig zurückschneiden.

Polyarrhena reflexa

Die bis zu 1 m hohe Pflanze mit lanzettlichen, leicht eingerollten Blättern ist ein etwas formlos wachsender Halbstrauch. Im Sommer trägt er oben weiße oder auch rosa getönte, unten rote, kleine. margeritenähnliche Blüten.

POLYGALA

KREUZBLUME, MILCHBLUME, RAMSEL, KREUZBLÜMCHEN

Von den über 500 in allen wärmeren Regionen beheimateten, einjährigen Pflanzen, Stauden und Sträuchern dieser Gattung sind nur wenige in Kultur. Einige Arten dienten im antiken Griechenland stillenden Müttern zur Anregung der Muttermilchsekretion. Die in Trauben wachsenden Blüten mit zwei vergrößerten, blütenblattähnlichen, rosa-violetten Kelchblättern, den sog. Flügeln, erinnern an die der Schmetterlingsblütler. Ein typisches Merkmal der Polygala-Blüte ist das fransige Anhängsel des unteren Kronblatts. Die Frucht ist eine zweikammrige Schote.
PFLEGE UND VERMEHRUNG: Die Pflanzen gedeihen auf lockerem, durchlässigem Boden in der Sonne oder im Halbschatten und eignen sich auch als Topfpflanzen. Für einen dichten Wuchs sollte man lange Triebe nach der Blüte stutzen. Vermehrung im Frühjahr und Frühsommer durch Samen, im Spätsommer durch Stecklinge.

Polygala calcarea

KALKKREUZBLUME

Die kriechende westeuropäische Staude mit kleinen, schmalen Blättern und zähen Stengeln wächst zu einem 20 cm hohen, frostharten Strauch heran. Je sechs bis zwanzig blaue oder weiße, bei **'Lillet'** leuchtendblaue Blüten sitzen in Trauben.

Polygala chamaebuxus

ZWERGBUCHS, BUCHSKREUZBLUME, ALPENZWERGBUCHS, BUCHSBLÄTTRIGE KREUZBLUME

Aus den Gebirgen Europas stammt dieser bis zu 20 cm hohe und 40 cm breite winterharte, immergrüne Strauch mit winzigen, ovalen, dunkelgrünen Blättern. Im Frühjahr und Frühsommer trägt er Trauben kleiner, gelber und weißer Blüten. Bei ***Polygala chamaebuxus*** **var. *grandiflora*** sind die Blüten größer und erinnern stärker an Schmetterlingsblüten. Sie haben gelbe Blüten- und purpurne Kelchblätter.

Polygala × *dalmaisiana*

Syn. ***Polygala myrtifolia* var. *grandiflora*** × ***Polygala oppositifolia* var. *cordata***

In wärmeren Regionen blüht diese nicht frostharte Hybride der Arten *Polygala myrtifolia* und ***P. oppositifolia***, ein 1–1,5 m hoher und ebenso breiter, in Bodennähe zuweilen kahler Strauch mit schmalen hellgrünen Blättern und magentaroten Blüten, fast das ganze Jahr. Durch Beschneiden der Triebe läßt sich ein dichterer Wuchs erreichen.

Polygala myrtifolia

Der bis 2 m hohe, aufrechte und immergrüne Strauch aus Südafrika gedeiht am besten in subtropischen Gebieten, verträgt aber auch leichte Fröste. Unter zusagenden Bedingungen kann er sich einbürgern und aggressiv ausbreiten. Seine zahlreichen, reichverzweigten Äste sind dicht mit runden bis ovalen, weichen, mattgrünen Blättern bedeckt und tragen an den Spitzen ab dem Spätwinter monatelang große Büschel grünlich-weißer, violett überhauchter Blüten.

Polygala virgata

Dieser schnellwachsende, bis zu 2 m hohe, windresistente Strauch von lockerem Wuchs hat wechselständige schmale, lanzettliche, bis zu 5 cm lange ungeteilte Blätter und bringt zierliche Büschel dunkelrosa- bis purpurfarbener Blüten mit flügelförmigen Kelchblättern hervor. Er sät sich selbst aus, so daß schon nach der ersten Blüte neben einer Pflanze oft kleine Tochterpflanzen erscheinen, die sich problemlos umsetzen lassen.

POLYGONATUM

SALOMONSSIEGEL, WEISSWURZ

Die etwa 30 Waldstauden dieser Gattung sind überall in den gemäßigten Zonen der nördlichen Hemisphäre verbreitet und wegen ihres frischen Grüns und ihrer zarten, weißen Blüten beliebt. Der Name rührt wohl von der Ähnlichkeit der nach dem Absterben der Blütenstengel im Herbst auf den kriechenden Rhizomen sichtbaren Narben mit einem sechszackigen Stern her, der als Zeichen der Könige David und Salomo gilt. Salomo soll auch die der Pflanze zugeschriebene wundheilende Wirkung entdeckt haben. Destillierter Saft aus den Rhizomen wird noch heute in der Kosmetikindustrie verwandt.
PFLEGE UND VERMEHRUNG: Die Pflanzen benötigen einen schattigen Standort auf nährstoffreichem, feuchtem Boden. Mit Eintritt der Winterruhe können sie ganz zurückgeschnitten werden. Vermehrung durch Samen oder Teilung der Rhizome im Frühjahr oder Herbst.

Polyarrhena reflexa

Polygala calcarea

Polygala chamaebuxus

Polygala × *dalmaisiana*

Polygala × *dalmaisiana*

Polygala virgata

Polygonatum falcatum

Polygonatum multiflorum

Polygonatum × *hybridum*

Polygonatum biflorum

Die winterharte, verholzende Knollenpflanze stammt aus dem Süden Kanadas und dem Osten der USA. An ihren gebogenen Trieben hängen unter den bläulichgrünen Blättern zahlreiche röhrenförmige, leicht duftende, weiße Blüten mit grünen Spitzen. Sie wird bis zu 1 m hoch und zuweilen mehrere Meter breit.

Polygonatum falcatum

Mit ihren bis zu 1 m langen, rot überlaufenen Trieben und den langen, schmalen Blättern ist die aus Japan und Korea stammende frostharte Pflanze weniger attraktiv als andere ihrer Gattung. Ihre meist kleinen Blüten wachsen in der Regel einzeln, nicht in Büscheln.

Polygonatum × *hybridum*

Die an kühle bis kalte Klimate angepaßte Hybride trägt im Frühjahr hängende, röhrenförmige, weiße Blüten mit grünen Spitzen in den Blattachseln ihrer 1 m langen, übergebogenen Triebe. Sie läßt sich nur selten durch Samen vermehren.

Polygonatum multiflorum

VIELBLÜTIGE WEISSWURZ, VIELBLÜTIGES SALOMONSSIEGEL, VIELBLÜTIGE MAIBLUME, ITALIENISCHE MAIBLUME

Große, breite, aufwärtsgerichtete Blätter an 1 m langen, gebogenen Trieben und in Zweier- bis Fünferbüscheln wachsende, cremefarbene Blüten mit grünen Spitzen sind die Kennzeichen dieser Pflanze. Sie entwickelt kräftige Rhizome, wächst in der Natur mit Vorliebe auf Kalksteinböden, gedeiht aber auch auf anderem Untergrund, zuweilen so gut, daß sie lästig wird.

Polygonatum odoratum

ECHTES SALOMONSSIEGEL, WEISSWURZ, GEMEINE WEISSWURZ, SIEGELWURZ, WOHLRIECHENDE WEISSWURZ, GELENKWURZ

Die in Europa, Rußland, Japan und im Kaukasus heimische, bis zu 1 m hohe Staude trägt zwei Reihen langer, haarloser Blätter und vom Ende des Frühjahrs bis in den Frühsommer duftende, röhrenförmige, weiße Blüten mit grünen Spitzen. Die später erscheinenden runden Früchte sind schwarz.

Polygonatum odoratum

Polystichum munitum

Polystichum proliferum

Polystichum retrorsopaleaceum

POLYPODIUM

TÜPFELFARN, ENGELSÜSS

Etwa 75 Farne mit schuppigen, rotbraunen, kriechenden Rhizomen – teils Epiphyten, teils auf der Erde oder auf Felsen wachsend – gehören zu der vor allem in den gemäßigten Zonen der nördlichen Hemisphäre weitverbreiteten Gattung. Sie tragen an langen Stielen einfach oder doppelt gefiederte, meist weniger als 75 cm lange, hell- bis mittelgrüne Wedel. Sie neigen zur Ausbildung von Kamm- oder anderen ungewöhnlichen Formen und waren aus diesem Grund im 19. Jahrhundert unter Sammlern besonders beliebt.

PFLEGE UND VERMEHRUNG: Die je nach Art unterschiedlich frostbeständigen Farne, die durch Teilung oder Sporen vermehrt werden, gedeihen problemlos auf feuchten, durchlässigen Böden im Halbschatten. Zusätzlicher Humus fördert üppiges Laub.

Polypodium californicum

Der immergrüne, teilweise epiphytische, sehr frostempfindliche Farn aus Kalifornien wächst auch auf humusreichem Boden an Felskanten. Niedrige, kriechende Rhizome treiben die tiefeingeschnittenen, bis zu 30 cm hohen Blattwedel aus. Die optimalen Pflanzplätze sind mit Humus gefüllte Felsspalten; in Trockenperioden benötigt die Pflanze ausreichend Wasser.

Polypodium scouleri

Zäh und Sonne ertragend, aber nicht frosthart ist dieser von der Westküste Nordamerikas stammende Farn mit ledrigen, etwa 40 cm langen Blattwedeln, die an festen, 10 cm langen Stielen sitzen und aus bis zu 14 Paaren zäher Fiederblätter bestehen.

Polypodium virginianum

Der im östlichen und zentralen Nordamerika heimische, mäßig winterharte und immergrüne Farn mit kriechenden Rhizomen wächst in Kolonien auf Felsen, in Felsspalten und an Böschungen in Waldgebieten. Er hat bis zu 40 cm lange, tiefeingeschnittene, ledrige, glänzendgrüne Blattwedel. Massen leuchtend orangefarbener Sporen sind entlang der Mittelnerven der Blattlappen in Reihen angeordnet.

Polypodium vulgare

ENGELSÜSS, GEMEINER TÜPFELFARN, WILDES SÜSSHOLZ, SÜSSWURZ, SÜSSFARN

Kennzeichen des in Nordamerika, Europa, Afrika und Asien weitverbreiteten Farns sind ein relativ dickes, über Felsen und Baumstämme oder am Erdboden kriechendes Rhizom, rund 30 cm lange immergrüne Wedel an etwa ebenso langen festen Stengeln und zuweilen gezähnte, später teilweise auch kammartige Blattfiedern. Sorten mit kammförmigen Wedeln wie **'Bifidum'** und **'Cristatum'** werden sowohl in Töpfen als auch im Garten gezogen.

POLYSCIAS

FIEDERARALIE

Aus den Tropen Asiens, Australiens und Ozeaniens stammen die rund 100 in ihrer Heimat wegen der hübschen, aromatischen Blätter als markante Zierpflanzen oder auch als Hecken beliebten immergrünen Sträucher und Bäume dieser Gattung; in gemäßigten Regionen eignen sie sich als Zimmerpflanzen. Sie haben meist gefiederte Blätter, mit zwei oder mehr Fiederpaaren, und kleine Blüten in verzweigten, bis zu 60 cm langen Rispen.

PFLEGE UND VERMEHRUNG: Die nicht winterharten Pflanzen benötigen viel Wasser unter warm-gemäßigten bis tropischen Bedingungen und schätzen einen Standort auf humusreichem, durchlässigem Boden im Halbschatten. Geschoßte Triebe sollte man im Frühjahr zurückschneiden. Vermehrung im Frühjahr durch Samen, im Sommer durch Stecklinge.

Polyscias filicifolia

Der auf den pazifischen Inseln heimische bis zu 4,5 m hohe und 2 m breite Strauch hat bis zu 30 cm lange, tiefeingeschnittene, leuchtendgrüne Blätter mit vorstehenden violetten Blattadern. Die junge Pflanze ist attraktiv, ausufernder Wuchs macht sie später etwas struppig.

Polyscias fruticosa

Der wahrscheinlich aus der westlichen Pazifikregion stammende 8 m hohe Strauch oder kleine Baum hat einfach bis dreifach gefiederte, feinzerteilte, bis zu 80 cm lange, leuchtendgrüne, oft rot überlaufene Blätter und trägt endständige, 15–20 cm lange Rispen mit winzigen, cremefarbenen Einzelblüten. Besonders elegant ist er als ein- oder mehrtriebiger Hochstamm.

Polyscias guilfoylei

Aus Polynesien stammt dieser bis zu 6 m hohe, spärlich verzweigte Strauch mit farnartigen, bis zu 45 cm breiten, dunkelgrünen Blättern. Am Rand gliedern sie sich in weiß gefärbte, gesägte Fiedern auf.

Polyscias scutellaria

Dieser bis zu 4,5 m hohe und 2 m breite, reichverzweigte Strauch trägt runde, glänzendgrüne Blätter mit hervortretendem Mittelnerv und 60 cm lange Blütenrispen.

POLYSTICHUM

SCHILDFARN, PUNKTFARN

Die 200 am Boden oder auf Felsen lebenden Farne dieser Gattung mit teils einfach bandförmigen, teils gefiederten Wedeln sind in allen Regionen und Klimazonen der Welt zu finden; einige Arten sind beliebte Zierpflanzen. Ihren deutschen Namen verdanken sie einem brüchigen, schildförmigen Schleier über den Sporenkapseln.

PFLEGE UND VERMEHRUNG: Schildfarne lieben Schatten oder Halbschatten und fruchtbare, humusreiche, durchlässige Böden. Die Spitzen der Wedel tragen oft zahlreiche Brutknospen. Daraus können Jungpflanzen gezogen werden. Sonst erfolgt die Vermehrung im Sommer durch Sporen, im Frühjahr durch Teilung der Rhizome.

Polystichum acrostichoides

WEIHNACHTSFARN, DOLCHFARN

Dieser winterharte Waldbodenfarn aus Nordamerika entwickelt sich aus langsam in die Breite wachsenden, an den Spitzen aufwärts gerichteten Rhizomen. Gern siedelt er zwischen niedrigen bis mittelgroßen Sträuchern. Die immergrünen, 30–90 cm hohen, ledrigen, gefiederten, glänzend dunkelgrünen Wedel sind im Frühjahr silbrig-weiß.

Polystichum aculeatum

GELAPPTER SCHILDFARN, DORNIGER SCHILDFARN, STACHELFARN

Kurze, schuppige, braune Stiele und feste, leicht gebogene, 30–75 cm lange, glänzende, tiefgrüne Wedel kennzeichnen diesen horstbildenden, winterharten, etwa 60 cm hohen, europäischen Farn; junge Triebe sind leicht gelblich. Er ist zäh und anspruchslos und wächst gern unter Bäumen oder an Gewässerufern.

Polystichum munitum

SCHWERTFARN

Der in feuchten Nadelwäldern an den Küsten Nordamerikas heimische Farn eignet sich für kühle, schattige, feuchte Gärten mit humusreichem Boden. Er hat Ähnlichkeit mit *Polystichum acrostichoides*, ist aber viel größer. Die fruchtbaren der 1–1,5 m langen dimorphen Blattwedel wachsen aufrecht und sind außen um die unfruchtbaren gruppiert. Etwas Winterschutz ist erforderlich.

Polystichum proliferum

Der bis zu 1 m hohe, winterharte Farn aus Südostaustralien, nicht zu verwechseln mit ***Polystichum-setiferum*-'Proliferum'**-Sorten, ist einer der langlebigsten und pflegeleichtesten der Gattung. Er gedeiht sowohl auf Erdboden wie als Kübelpflanze.

Polystichum retrorsopaleaceum

Der attraktive japanische Farn mit kompaktem Rhizom und Rosetten gebogener, gefiederter, apfelgrüner Wedel wird bis zu 60 cm hoch und über 60 cm breit. Er ist sehr frostempfindlich. Die Fiedern erster Ordnung gliedern sich in zierliche, längliche Segmente; der Mittelstiel jeder Fieder ist von braunen Schuppen umhüllt.

Polystichum richardii

Syn. *Polystichum vestitum* var. *richardii*

Aus Neuseeland und Fidschi stammt dieser robuste, variable und anpassungsfähige Farn, der auf nährstoffarmem Boden und in der Sonne wie im Schatten gedeiht, aber keinen Frost verträgt. Er hat einen gedrungenen, aufrechten Stamm und bis zu 30 cm lange, verholzte, tiefgrüne, auf den Blattunterseiten hellere Blattwedel mit bläulichen bis gelbgrünen Blattfiedern.

Polystichum setiferum

WEICHER SCHILDFARN

Bis zu 1,2 m lang werden die weichen, doppelt gefiederten, leuchtendgrünen Wedel dieses in europäischen Wäldern heimischen Farns. Er ist leicht zu ziehen und deshalb oft in Gärten zu finden. Die Sproßspitze und die Wedelstiele sind mit großen braunen Schuppen bedeckt. Bei **'Divisilobum Densum Erectum'** sind die Fiedern selbst nochmals doppelt gefiedert, so daß die Wedel wie eine dichte Feder erscheinen, bei **'Plumosum Bevis'** sind sie durch Zwischenräume getrennt und wachsen an verlängerten, an den Spitzen zuweilen kammartigen Wedeln.

POMADERRIS

Von den 50 immergrünen Sträuchern und kleinen Bäumen dieser in Australien und Neuseeland heimischen Gattung werden nur wenige kultiviert. Sie haben behaarte, wechselständige, grüne Blätter, ebenfalls behaarte Triebe und sind im späten Frühjahr mit zahllosen federartigen Büscheln kleiner, cremefarbener, gelber oder blaßgrüner Blüten bedeckt.

Polystichum setiferum

Pomaderris aspera

Pomaderris prunifolia

PFLEGE UND VERMEHRUNG: Die Pflanzen benötigen einen geschützten Standort mit durchlässigem, z.T. sogar kiesigem Boden. Durch Rückschnitte behalten die sehr frostempfindlichen Gewächshauspflanzen eine kompakte Form. Vermehrung durch Samen oder Stecklinge.

Pomaderris apetala

Der aufrechte, bis zu 4,5 m hohe und 2 m breite, immergrüne Strauch wird vor allem wegen seiner großen, runzligen Blätter mit erhabenen Adern gezogen. Die langgestreckten Büschel grüner Blüten im Frühjahr sind weniger auffällig.

Pomaderris aspera

Bis zu 4,5 m hoch und etwa halb so breit wird dieser locker wachsende Strauch, der an schattigen Gewässerrändern in Australien zu Hause ist. Er hat 10 cm lange, ovale, auffällig geäderte Blätter und trägt im Frühjahr große, federige Büschel winziger, grünlich-weißer Blüten. Trockenheit verträgt er schlecht.

Pomaderris kumeraho

Die Maoris nutzten diesen neuseeländischen Strauch zur Behandlung von Asthma und anderen Krankheiten des Brustraums. Er wird 3 m hoch und bis zu 2 m breit und trägt 10 cm lange, ovale, gerunzelte, auf der Unterseite dicht behaarte, bläulich-grüne Blätter sowie zu Beginn des Frühjahrs eine große Zahl winziger gelber Blüten in Büscheln von bis zu 20 cm Durchmesser.

Pomaderris prunifolia

Felsige Hügel im Südosten Australiens sind die Heimat dieses aufrechten, locker gewachsenen, bis zu 3 m hohen Strauchs, dessen junge Triebe dicht rostbraun behaart sind. Die 2,5–5 cm langen, elliptischen, glänzenden Blätter sind auf der Oberseite tiefgrün mit eingesenktem Mittelnerv und auf der Unterseite von einem Filz bräunlicher Härchen bedeckt. Im Frühjahr trägt der Strauch eine Unzahl cremefarbener Blüten in kleinen, dichten Büscheln. Neuerdings gibt es auch eine niederliegende Sorte.

PONCIRUS

BITTERORANGE

Die eng mit *Citrus* verwandte Gattung umfaßt nur eine Art, einen kleinen, schnellwachsenden Laubbaum aus China und Korea, der vor allem als Unterlage bei der Veredlung von Orangen und anderen Zitrusfrüchten dient, aber auch als Dornenhecke gepflanzt werden kann. Attraktiv ist er zur Zeit der Blüte und mehr noch im Winter ohne Blätter.

PFLEGE UND VERMEHRUNG: Der frostempfindliche Baum mag sonnige, windgeschützte Standorte auf fruchtbarem, durchlässigem Boden. Die Vermehrung erfolgt durch Samen oder Stecklinge im Sommer.

Poncirus trifoliata

Poncirus trifoliata

BITTERORANGE, DREIBLÄTTRIGE ZITRONE, DREIBLATTZITRONE

Abgeflachte Triebe, lange, kräftige Dornen und dreigeteilte Blätter kennzeichnen diesen Baum. Teilweise noch vor dem Laubaustrieb im Frühjahr öffnen sich duftende weiße Blüten mit fünf Blütenblättern, auf die später wohlriechende, aber nicht eßbare, gelbe Früchte folgen. Als Heckenpflanze ist *Poncirus* im Frühsommer zurückzuschneiden.

PONTEDERIA

PONTEDERIE, WASSERHYAZINTHE, SUMPFKOHL, HECHTKRAUT

Etwa fünf mehrjährige Wasserpflanzen aus flachen Gewässern in Nord- und Südamerika gehören zu dieser Gattung. Sie haben charakteristische, lanzettliche Blätter und meist blaue, glockenförmige Blüten in endständigen Ähren. Der Name erinnert an den italienischen Botaniker Giulio Pontedera (1688–1757).

PFLEGE UND VERMEHRUNG: Die Pflanze gedeiht problemlos in fast allen Klimazonen, am besten in bis 25 cm tiefem Wasser in sonniger Lage. Zurückschneiden sollte man nur abgeblühte Blütenstengel, an deren Stelle sich dann von Frühjahr bis Herbst neue Blütenstände entwickeln. Die Vermehrung kann durch Samen oder durch Teilung im Frühjahr erfolgen.

Pontederia cordata

Poncirus trifoliata

Pontederia cordata

HERZFÖRMIGE PONTEDERIE, HECHTKRAUT

Die im Osten Nordamerikas heimische winterharte, in Ufernähe wachsende Wasserpflanze wird bis zu 75 cm hoch und 45 cm breit. Sie hat zugespitzte, herzförmige, glänzend dunkelgrüne Blätter und trägt im Sommer tiefblaue Blüten in dichten, endständigen Ähren.

POPULUS

PAPPEL, ALBER, SAARBAUM

Die etwa 35 schnellwachsenden Laubbäume dieser Gattung aus den gemäßigten Zonen der nördlichen Hemisphäre sind in vielen Parks, Gärten und Alleen zu finden und werden oft als Windschutz angepflanzt. Ihr weiches, weißes Holz dient zur Herstellung von Streichhölzern und Kisten. Die Blüten erscheinen getrennt an männlichen und weiblichen Bäumen in hängenden Kätzchen vor dem Laubaustrieb im späten Winter und zu Beginn des Frühjahrs. Das Laub sitzt an langen, biegsamen Stielen und färbt sich bei vielen Arten im Herbst gelb oder golden. Kapseln mit behaarten Samen sind die Früchte. Pappeln werden oft nur etwa 60 Jahre alt.

PFLEGE UND VERMEHRUNG: Die Bäume gedeihen auf tiefen, feuchten, durchlässigen, fruchtbaren Böden in sonniger Lage; Trockenheit schätzen die meisten nicht. Viele Arten haben aggressive Wurzeln, die Abflüsse und Wege beschädigen können, und eignen sich daher nicht für kleine Gärten. Vermehrung durch Stecklinge im Winter; manche Arten entwickeln reichlich Wurzelbrut.

Pomaderris kumeraho

P

Populus alba

SILBERPAPPEL, WEISSPAPPEL

Der in Europa und Vorderasien heimische, bis zu 25 m hohe, frostharte Baum mit gräulich-weißer Rinde und drei- bis fünffach gelappten, auf der Unterseite weißfilzig behaarten Blättern, die im Wind silbern erscheinen und sich im Herbst golden verfärben, verträgt Trockenheit, salzige Winde und nährstoffarme, alkalische Böden. Da er Wurzelbrut bildet, eignet er sich eher für große Freiflächen. Sorten sind die kegelförmige **'Pyramidalis'** und **'Richardii'** mit gelblichen Blättern.

Populus × canescens

GRAUPAPPEL

Die über 30 m hohe Naturhybride aus Silberpappel *(Populus alba)* und Zitterpappel *(P. tremula)* mit runder Krone und rauher, gräulich-gelber Rinde stammt aus Mitteleuropa, Rußland und dem Iran. Ihre herzförmigen, etwa 10 cm langen Blätter ähneln denen der Silberpappel.

Populus deltoides

AMERIKANISCHE SCHWARZPAPPEL, KANADISCHE SCHWARZPAPPEL, KANADAPAPPEL

Der aufrechte, bis zu 30 m hohe Baum aus dem östlichen Nordamerika mit seiner relativ breiten Krone bildet seltener Wurzelbrut als andere Pappeln. Er entwickelt eine graue, stark runzlige Rinde und dreieckige, bis zu 20 cm lange, grobgezähnte, glänzendgrüne Blätter sowie lange, gelbe und rote Kätzchen; seine Samen umgibt ein üppiger Flaum. Zwar ist er zäh und an die extremen Bedingungen eines Kontinentalklimas angepaßt, zugleich aber windbruchgefährdet und relativ kurzlebig. ***Populus deltoides* var. *monilifera*,** die sog. Rosenkranzpappel, hat etwas kleinere Blätter mit deutlicher abgegrenzten Zähnen.

Populus fremontii

FREMONTS PAPPEL

Aus dem Westen der USA stammt dieser schnellwachsende, bis etwa 30 m hohe Baum mit schmaler, abgerundeter Krone.

Populus nigra

Populus lasiocarpa

Er hat 6 cm lange, dreieckige, im Herbst gelb gefärbte Blätter sowie gelbe Kätzchen, paßt sich an fast alle Böden an und ist widerstandsfähig gegen Trockenheit.

Populus deltoides

Populus lasiocarpa

CHINESISCHE PAPPEL, GROSSBLÄTTRIGE PAPPEL, HAARFRUCHTPAPPEL

Der meist in großen Gärten und Parks zu findende, frostharte Baum wächst langsamer als die meisten Pappeln und bildet nur selten Wurzelbrut. Er wird in der Regel etwa 10 m hoch, doch gibt es auch größere Exemplare. Im Frühjahr trägt er dicke gelbe Kätzchenblüten. Seine großen, ledrigen, oben hellgrünen, unten silbrigen Blätter sind rot geädert und sitzen an roten Stielen; unter dem Einfluß heißer Winde können sie sich verformen.

Populus tremula

Populus maximowiczii

MAXIMOWICZS PAPPEL

Über 30 m hoch wird dieser in Japan, Korea und Nordostchina heimische Baum mit breiter Krone und tiefgefurchter grauer Rinde. Seine jungen Triebe sind rot und fein behaart, die 10 cm langen Blätter am Rand gezähnt und auf der Unterseite blaßgrün. Ihre Oberfläche ist etwas gerunzelt und leicht behaart.

Populus deltoides

Populus maximowiczii

Populus nigra

SCHWARZPAPPEL, FELDPAPPEL, PAPPELWEIDE, SAARBAUM, SAARBUCHE

Mit einer Höhe von 30 m und seiner Neigung zur Ausbildung von Wurzelbrut ist dieser Baum für kleine Gärten ungeeignet. Er hat eine stark gefurchte, dunkle Rinde, große, rautenförmige, anfangs bronzefarbene, später hellgrüne, im Herbst gelbe Blätter mit dünnen Stielen, die beim leichtesten Wind in Bewegung geraten. Die männlichen Bäume tragen im Winter schwarze Kätzchen. Unter den zahlreichen Sorten ist die schnellwachsende, säulenförmig-schmale, ausschließlich männliche **'Italica'** (Syn. *Populus pyramidalis*), die Pyramidenpappel, am bekanntesten.

Populus alba 'Pyramidalis'

Populus tremula

ZITTERPAPPEL, ESPE, ASPE, ZITTERESPE, PAPPELESPE

Der kräftige, breit ausladende, bis etwa 15 m hohe, europäische Baum ist an kühlere Regionen angepaßt. Seine runden, gezähnten, anfangs bronzefarben-roten, später graugrünen, im Herbst dann gelben Blätter wachsen an dünnen, flachen Stielen und geraten beim leichtesten Windhauch zitternd und raschelnd in Bewegung. Gegen Ende des Winters trägt der Baum lange, graue Kätzchen. Die Bildung von Wurzelbrut ist nur durch permanentes Abmähen einzudämmen.

Populus tremuloides

AMERIKANISCHE ZITTERPAPPEL

In freier Lage als Hain gepflanzt, wirkt dieser breit ausladende, frostharte, schnellwachsende, bis zu 15 m hohe Baum aus dem westlichen Nordamerika am attraktivsten. Seine Rinde ist glatt und grau mit silbriger Zeichnung. Die kleinen, feingezähnten, glänzendgrünen, im Herbst golden gefärbten Blätter sind ähnlich beweglich wie die der europäischen Zitterpappel.

Populus trichocarpa
WESTLICHE BALSAMPAPPEL, HAARFRÜCHTIGE BALSAMPAPPEL, BALSAMPAPPEL

Der im Westen der USA heimische, dichtwüchsige, kegelförmige, bis zu 30 m hohe, meist aber niedrigere Baum zeichnet sich durch den besonderen Duft seines jungen Holzes aus. Er hat ovale, glänzend dunkelgrüne, auf der Unterseite weiße, im Herbst gelbe Blätter. Seewind verträgt er problemlos. Er ist winterhart, aber zuweilen anfällig für Baumkrebs.

Populus yunnanensis
YÜNNANPAPPEL

Der bis zu 25 m hohe Baum aus der südchinesischen Provinz Yünnan hat rote Zweige und 15 cm lange, dreieckige, leuchtendgrüne Blätter mit rötlichen Stielen und Mittelnerven und weißlichen Blattunterseiten. Er bildet seltener Wurzelbrut aus und verträgt Wärme und Trockenheit besser als die meisten anderen Pappelarten. Auch paßt er sich an zahlreiche Bodentypen an und ist widerstandsfähig gegen den sog. Pappelrost, eine Krankheit, die zu frühzeitigem Blattfall führt.

PORTEA

Die in Brasilien heimische Gattung umfaßt sieben terrestrisch oder auf Felsen lebende Bromeliaceen, in der Regel große, zwischen 75 cm und – zur Blütezeit – etwa 2 m hohe Rosettenstauden, deren grüne Blätter kräftige Stacheln tragen.
PFLEGE UND VERMEHRUNG: Die Pflanzen schätzen helles Licht und Wärme und gedeihen auf humusreichem Boden. Einige Arten sind kälteempfindlich. Vermehrung durch Wurzelsprosse oder Samen.

Portea petropolitana
Syn. *Aechmea petropolitana, Portea gardneri, Streptocalyx podantha*

Mit 1 m Höhe während der Blüte gehört die stammlose Pflanze zu den größeren der Gattung. Sie hat dicke Blätter mit zahlreichen Stacheln und schmale, 3,5 cm lange, blau-violette Blüten an aufrechten, bis zu 40 cm langen Blütenständen.

PORTULACA
PORTULAK, BURZELKRAUT, BURZEL, KREUSSEL, BÜRGELKRAUT

Rund 100 in warmen, trockenen Regionen heimische, ein- oder mehrjährige Halbsukkulenten gehören zu dieser Gattung.

Populus tremuloides

Portulaca oleracea

Kultiviert werden sie vor allem wegen ihrer kelchförmigen, rosenähnlichen, weißen, gelben, aprikosenfarbenen, rosa, violetten oder scharlachroten Blüten; verschiedenfarbig – weiß bis grün oder rot – sind aber auch die fleischigen Blätter.
PFLEGE UND VERMEHRUNG: Die einjährigen Pflanzen gedeihen in allen Klimazonen. Nach den letzten Frösten kann man sie ins Freie pflanzen. Sie benötigen viel Sonne, durchlässigen Boden und nur gelegentlich Wasser. Anfällig sind sie für Blattläuse. Vermehrt werden sie im Frühjahr durch Samen, im Sommer durch Stecklinge.

Portulaca grandiflora
PORTULAKRÖSCHEN, GROSSBLÜTIGER PORTULAK

Die in Südamerika heimische, bis zu 20 cm hohe und 15 cm breite Pflanze ist eine der wenigen einjährigen Sukkulenten. Ihre fleischigen, kleinen, lanzettlichen, leuchtendgrünen Blätter sind wie Perlen an den rötlichen Stengeln aufgereiht. Die großen, offenen, meist gefüllten, bis zu 10 cm breiten, leuchtendgelb, rosa, rot oder orange gefärbten Blüten blühen im Sommer. Die Pflanze eignet sich als Bodendecker, aber auch für Steingärten oder Rabatten.

Portulaca oleracea
PORTULAK, GEMEINER PORTULAK, GARTENPORTULAK, KOHLPORTULAK, GELBER PORTULAK, GEMÜSEPORTULAK

Die seit Jahrhunderten als Salatgemüse bekannte, als vitaminreich geschätzte, einjährige Pflanze ist aus der Gattung schon am längsten in Kultur. Mit ihren wuchernden Kriechtrieben und den kleinen, fleischigen Blättern ist sie wenig attraktiv und gilt in warmen Regionen oft als Unkraut.

PORTULACARIA
STRAUCHPORTULAK

Einzige Art dieser Gattung ist ein sukkulenter, immergrüner Strauch mit vielen, oft waagerechten oder gewundenen Zwei-

Populus trichocarpa

Portulaca grandiflora

Portulacaria afra

Portulacaria afra 'Variegata'

gen. Er wird bis zu 3,5 m hoch und wirkt stets wie ein kleiner Krüppelbaum. In seiner Heimat, den trockenen Gebieten Südafrikas, trägt er winzige Büschel rosafarbener Blüten, auf die kleine, rötliche, dreieckige Beeren folgen, und dient als Nahrung für Vieh und Wild, weshalb er im Englischen auch als »Elefantenfutter« bezeichnet wird.
PFLEGE UND VERMEHRUNG: Der an viele Bodentypen und Klimazonen anpassungsfähige Strauch verträgt Sonne, Schatten, Trockenheit und Seeklima, aber nur sehr leichte Fröste. Besonders im Winter sollte er trocken gehalten werden. Vermehrung durch Samen, im Sommer auch durch Stecklinge.

Portulacaria afra
STRAUCHPORTULAK, PORTULAKARIE, SPECKBAUM

An den rötlichen Zweigen des genügsamen, als Kübel- oder auch Bonsaipflanze geeigneten Strauches wachsen gegenständige, runde bis ovale, seidig-glatte, lindgrüne Blätter von 1 cm Durchmesser, die ohne Stiele direkt am Stamm oder an den kurzen, dornähnlichen Zweigen sitzen. Die Pflanzen blühen und fruchten selten in Kultur. **'Tricolor'** hat grün, cremefarben und rosa getönte Blätter, **'Variegata'** weiße Blattränder.

POTAMOGETON
LAICHKRAUT, SAMTKRAUT

Beinahe weltweit verbreitet ist diese Gattung, der 80 bis 100 mehrjährige Wasserpflanzen angehören. Sie haben am Boden des Gewässers verankerte Wurzeln und je nach Art verschieden große und geformte, meist schmale und elliptische, hell olivgrüne, zuweilen von der Sonne rot getönte Blätter, die teils unter Wasser, teils an der Wasseroberfläche wachsen. Die winzigen weißen oder cremefarbenen Blüten sitzen unter oder über Wasser an kurzen Blütenähren.
PFLEGE UND VERMEHRUNG: Die Pflanzen gedeihen in jedem sonnig gelegenen ruhigen Gewässer, in dem die Wurzeln Erde finden. Die benötigte Wassertiefe variiert von Art zu Art, ebenso die Frostbeständigkeit. Die Vermehrung erfolgt durch Stecklinge im späten Frühjahr und im Frühsommer.

Potamogeton crispus
KRAUSES LAICHKRAUT

Die bronzefarben-grünen Blätter der in Europa heimischen und auch in den USA eingebürgerten, winterharten Pflanze wachsen untergetaucht und werden bis zu 15 cm lang. Sie sind anfangs flach und am Rand gezähnt, später kraus und eingerollt.

Potamogeton natans
SCHWIMMENDES LAICHKRAUT

An der Wasseroberfläche und darunter wachsen die Blätter der in Europa und im Norden der USA heimischen, frostharten Pflanze. Erstere sind kurz, letztere 10–15 cm lang mit gleichlangen Stengeln.

Potentilla anserina

Potentilla cuneata

Potentilla fruticosa

Potentilla fruticosa 'Tangerine'

Potentilla fruticosa 'Goldstar'

Potentilla fruticosa 'Maanleys'

Potentilla fruticosa 'Red Ace'

POTENTILLA

FINGERKRAUT, FINGERSTRAUCH

Die rund 500 meist staudigen, z.T. auch ein- oder zweijährigen Pflanzen und sommergrünen Sträucher dieser Gattung stammen zumeist aus den gemäßigten bis kühlen Regionen der nördlichen Hemisphäre. Sie werden zwischen 2,5 cm und 45 cm hoch, haben oft fünfteilige Blätter (daher der Name »Fingerkraut«) und tragen im Frühjahr und Sommer üppige Büschel kräftig gefärbter, runder Blüten von 2,5 cm Durchmesser. Einige Arten gelten als Heilpflanzen, darunter eine, deren Wurzelrinde Blutungen stoppen soll. **PFLEGE UND VERMEHRUNG:** Die Pflanzen benötigen fruchtbaren, durchlässigen Boden und gedeihen auch auf Lehmböden. In gemäßigten Zonen brauchen sie viel Sonne, doch bleichen vor allem rötliche Sorten bei starkem Sonnenlicht leicht aus. Die aufgeführten Arten sind alle winterhart. Vermehren lassen sie sich am besten durch Teilung im Frühjahr, Stecklinge im Sommer (bei Sträuchern), Samen im Herbst.

Potentilla alba

WEISSES FINGERKRAUT, SEIDENFINGERKRAUT, SILBERKRAUT

Die niedrige, europäische Kriechstaude wird selten höher als 10 cm. Sie hat handförmige, grundständige Blätter mit fünf bis zu 6 cm langen Fiedern und in Zweier- bis Fünferbüscheln angeordnete, 2,5 cm breite, weiße Blüten. Junge Triebe sind mit einer dichten Schicht feiner, silbriger Härchen bedeckt.

Potentilla anserina

GÄNSEFINGERKRAUT, GÄNSEKOHL, GÄNSERICH, GRENSING

Die bis zu 20 cm hohe niederliegende Staude ist fast überall in der nördlichen Hemisphäre heimisch. Ihre langen, gefiederten, oberseits grünen, unterseits silbrigen Blätter stehen in Rosetten an langen Ausläufern. Im Frühjahr trägt sie gelbe Blüten mit fünf Blütenblättern an schlanken Stengeln. Sie ist ein guter Bodendecker für sonnige Böschungen, neigt aber zu übermäßig starker Verbreitung.

Potentilla atrosanguinea

Bis zu 1 m lange Blütenstengel bildet die aus dem Himalaja stammende Pflanze. Sie hat dreigeteilte, mit silbrigen Härchen bedeckte Blätter mit 5–8 cm langen Fiedern sowie in kleinen Büscheln wachsende, bis zu 3,5 cm breite, blutrote Blüten. **'Etna'** ist niedriger und hat silbrige Blätter.

Potentilla aurea

GOLDFINGERKRAUT, GOLDGELBES FINGERKRAUT

Alpen und Pyrenäen sind die Heimat dieser bis 30 cm breiten, niederliegenden Staude mit in fünf kleine Fiedern geteilten Blättern. Sie blüht nicht sehr üppig, doch sind ihre vom Frühsommer an in lockeren Büscheln erscheinenden, kleinen, goldgelben Blüten besonders hübsch.

Potentilla cuneata

Die im Himalaja heimische Mattenstaude mit verholzender Basis hat bis zu 15 cm lange, dreigeteilte Blätter. Die 2,5 cm breiten, leuchtendgelben Blüten wachsen nicht in Büscheln, sondern einzeln.

Potentilla fruticosa

STRAUCHFINGERKRAUT, GEMEINER FINGERSTRAUCH, GELBER FINGERSTRAUCH, STRAUCHIGES FINGERKRAUT, STRAUCHGÄNSERICH

Über 1 m hoch und breit wird der in vielen gemäßigten Regionen der nördlichen Hemisphäre heimische, sommergrüne und dichte Strauch mit flachen, handförmigen, mittelgrünen Blättern aus fünf bis sieben schmalen, elliptischen Fiedern. Die im Gartenbau vorwiegend eingesetzten Sorten tragen von Frühsommer bis Herbst 2,5 cm breite Blüten in den Farbtönen Weiß, Gelb und Orange; letztere verfärben sich im Sonnenlicht oft lachsrosa. **'Tangerine'** hat gold-orangefarbene Blüten; **'Goldstar'** ist ein aufrechter Strauch mit großen, tiefgelben Blüten; die bis 1,2 m hohe **'Maanleys'** hat blaugrüne Blätter und blaßgelbe Blüten; niedrig, oft struppig und kurzlebig ist **'Red Ace'** mit kleinen Blättern und leuchtend orangeroten Blüten; **'Abbotswood'** ist ein in die Breite wachsender, 60 cm hoher Strauch mit weißen Blüten; die bis zu 60 cm hohe **'Beesii'** hat silbrige Blätter und leuchtendgelbe Blüten; der 1 m hohe Strauch **'Daydawn'** trägt lachsrosa Blüten; **'Elizabeth'** ist ein dichter, buschiger, 1 m hoher Strauch und blüht leuchtendgelb; die niedrige **'Goldfinger'** hat schmale, leuchtendgrüne Blätter und strahlendgelbe Blüten; bis zu 1 m hoch und 1,5 m breit wird **'Primrose Beauty'** mit blaßgelben Blüten, die denen einer kleinen Wildrose ähneln.

Potentilla 'Gibson's Scarlet'

Die bis zu 45 cm hohe und ebenso breite Staude mit etwas schlaffen Stengeln ist eine der im Sommer blühenden Hybriden ihrer Gattung. Sie hat dreiteilige, mattgrüne Blätter und rote Blüten.

Potentilla megalantha

Aus Japan stammt diese 30 cm breite Staude mit ihren unterseits behaarten, dreigeteilten Blättern. Im Sommer trägt sie 3,5 cm breite, leuchtendgelbe Einzelblüten.

Potentilla 'Monsieur Rouillard'

Schalenförmige, gefüllte Blüten in tiefroten Farbtönen sind die Kennzeichen dieser 45 cm hohen und ebenso breiten Horststaude. Ihre dunkelgrünen Blätter ähneln denen von Erdbeeren.

Potentilla nepalensis

An den verzweigten Stengeln dieser im Himalaja heimischen, bis über 30 cm hohen und doppelt so breiten mehrjährigen Pflanze blüht den Sommer hindurch eine Unzahl rosa oder aprikosenfarben getönter, in der Mitte kirschroter Blüten. Die leuchtendgrünen Blätter ähneln denen der Erdbeerpflanze. Die 45 cm hohe **'Miss Willmott'** hat tief kirschrote Blüten.

Potentilla fruticosa 'Beesii'

Potentilla fruticosa 'Elizabeth'

Potentilla fruticosa 'Goldfinger'

Potentilla fruticosa 'Primrose Beauty'

Potentilla nepalensis

Potentilla nepalensis 'Miss Willmott'

Potentilla neumanniana

Potentilla × tonguei

Potentilla neumanniana

Syn. *Potentilla verna*

FRÜHLINGSFINGERKRAUT

Bis zu 10 cm hoch wird diese Polsterstaude. Ihre bis zu 2,5 cm breiten, goldgelben Blüten öffnen sich im Frühjahr.

Potentilla recta

HOHES FINGERKRAUT, AUFRECHTES FINGERKRAUT

Diese Staude hat behaarte, bis zu 45 cm lange Stengel, handförmige Blätter mit fünf bis sieben 3,5 cm langen Fiedern. Die etwa 2,5 cm breiten, leuchtendgelben Blüten geben vom Frühsommer an ein üppiges Bild ab.

Potentilla sterilis

ERDBEERFINGERKRAUT, ERDBEERBLÄTTRIGES FINGERKRAUT

Diese europäische Wildstaude ist in Wäldern, Gebüschen und an deren Rändern bis in große Höhen heimisch. Mit ihren dreigeteilten, tiefgrünen Blättern und den kleinen weißen Blüten hat sie große Ähnlichkeit mit der Gartenerdbeere, ist aber kleiner und produziert keine eßbaren Früchte.

Potentilla × tonguei

Die niederliegende Staude mit überaus attraktiven Blättern, die im Sommer zahlreiche rötlich-orangefarbene, 2,5 cm breite Blüten trägt, ist eine Hybride aus *Potentilla nepalensis* und der in Europa heimischen ***P. anglica***, dem Gestreckten Fingerkraut. Sie blüht besonders üppig, wenn abgeblühte Blütenstengel entfernt werden.

Potentilla 'William Rollison'

Die halbgefüllten, orangeroten Blüten dieser Staude blühen im Sommer. Sie wird bis zu 45 cm hoch und 60 cm breit.

PRATIA

Die eng mit *Lobelia* verwandte Gattung umfaßt 20 immergrüne Stauden aus Afrika, Asien, Südamerika, Australien und Neuseeland mit reichverzweigten Stengeln und kleinen, gezähnten Blättern. Auf ihre zahlreichen, sternförmigen Blüten folgen nach der Blüte kugelförmige Beeren. Die oft teppichartige Polster bildenden Pflanzen eignen sich vorzüglich für Steingärten, neigen aber zum üppigen Wuchern.

PFLEGE UND VERMEHRUNG: Die meist winterharten, aber schutzbedürftigen Pflanzen schätzen meist einen Standort im Sonnenlicht oder Halbschatten auf feuchtem, durchlässigem Boden. Während der Vegetationsperiode sind sie großzügig, im Winter sparsam zu wässern. Die Vermehrung erfolgt durch Teilung oder Samen im Herbst.

Pratia angulata

Die in Neuseeland heimische Kriechstaude mit breiten, runden, grobgesägten und tiefgrünen Blättern trägt im Frühjahr in den Blattachseln sternförmige, weiße, violett geäderte Blüten, im Herbst kugelförmige, rötlich-violette Beeren. Sie verträgt starkes Sonnenlicht und schätzt einen feuchten Standort.

Pratia nummularia

Diese Pflanze trägt kleine, runde bis herzförmige, gezähnte Blätter und weniger als 1 cm breite, cremiggelbe, rosa oder hellviolette Blüten mit violetter Unterlippe, die rote Beeren hervorbringen. Sie stammt aus Asien.

Pratia pedunculata

Ein guter Bodendecker ist diese winterharte, niederliegende Staude mit kleinen Blättern. Die Triebe bewurzeln sich an den Knoten. Im Frühjahr und Frühsommer trägt sie viele sternförmige, meist mittelblaue bis weiße, manchmal auch violette Blüten mit fünf Blütenblättern. An ihre Stelle treten bald nach der Blüte kleine Beeren.

Pratia perpusilla

Die Artbezeichnung der an den Küsten Neuseelands heimischen, sehr frostempfindlichen Pflanze bedeutet »äußerst klein«. Sie hat sehr dünne, schwache, sich an den Knoten bewurzelnde, niederliegende Triebe, wenig mehr als 3 mm lange, schmale, gezähnte, leicht behaarte Blätter und 6 mm lange, weiße Blüten, die an überaus schlanken Stielen unmittelbar über den Blättern sitzen.

Pratia puberula

Aus Tasmanien stammt dieser niederliegende, nicht winterharte Bodendecker mit winzigen, blaßblauen oder weißen Blüten, der in Kultur selten Früchte trägt. Er verbreitet sich mit seinen wurzelnden Trieben oft sehr stark und kann dabei andere Pflanzen verdrängen.

PRIMULA

SCHLÜSSELBLUME, PRIMEL, HIMMELSSCHLÜSSELCHEN, HIMMELSSCHLÜSSEL

Rund 400 Stauden gehören zu dieser vielgestaltigen, beliebten Gattung. Ihr Verbreitungsgebiet umfaßt sämtliche gemäßigten Regionen der nördlichen Hemisphäre mit Schwerpunkt in China und im Himalaja sowie Gebirge in den Tropen und erstreckt sich im Süden bis Neuguinea. In der Regel haben sie Rhizome, die jedoch bei einigen kurzlebigen Arten (z.B. bei *Primula malacoides*, der Fliederprimel) schwach entwickelt sind. Die größtenteils gezähnten oder gekerbten, nach vorn breiter werdenden Blätter stehen meist gedrängt in einem grundständigen Schopf oder einer Rosette. Die Blüten wachsen häufig in mehreren Wirteln übereinander oder in einfachen Dolden, bei manchen Arten auch in einem endständigen Blütenkopf oder einer kurzen Ähre, bei einigen anderen schließlich ragen sie einzeln oder in kleinen Gruppen an kurzen Stengeln über die Blätter. Form, Größe und Farbe der Blüten unterscheiden sich stark, obwohl grundsätzlich alle Arten Röhrenblüten mit mindestens fünf an den Spitzen oft eingekerbten Blütenblättern haben, die sich zu einem Trichter oder einer Scheibe öffnen.

PFLEGE UND VERMEHRUNG: Die Pflanzen benötigen einen fruchtbaren, durchlässigen Boden, Halbschatten und viel Wasser, doch sind die zahlreichen Arten an verschiedene Standorte angepaßt. Abgeblühte Blütenköpfe und alte Blätter sollten nach der Blüte entfernt werden. Die Vermehrung erfolgt im Frühjahr, Frühsommer und Herbst durch Samen oder auch durch Teilung oder Wurzelschnittlinge.

Primula allionii

Diese niedrige, 10–15 cm hohe und etwa 20 cm breite, immergrüne, winterharte Staude ist in den französischen und italienischen Seealpen heimisch. Im Winter und zu Beginn des Frühjahrs trägt sie bis zu fünf weiße, rosa oder auch roséfarbene Blüten von 2,5 cm Durchmesser an kurzen Stengeln. Die klebrigen, graugrünen, deutlich gezähnten und behaarten Blätter wachsen in einer grundständigen Rosette.

Primula alpicola

Kühle und regnerische Gebiete in den Bergen Tibets sind die Heimat dieser 45–60 cm hohen und etwas mehr als halb so breiten, winterharten Staude. Ihre etwa 10 cm langen, rundlichen, gezähnten Blätter sind rosettenförmig angeordnet; die an graubemehlten Stengeln in einer hängenden Dolde wachsenden, stieltellerförmigen, weißen, gelben oder violetten Blüten blühen im Sommer.

Primula auricula

ALPENAURIKEL, AURIKEL, ECHTE AURIKEL, GAMSBLUME, BÄROHR

In der Natur trägt die zentraleuropäische Gebirgsstaude mit den typisch ohrenförmigen Blättern (daher auch der Name –

Pratia pedunculata

Pratia perpusilla

Pratia angulata

Pratia nummularia

auricula bedeutet »kleines Ohr«) im Frühjahr gelbe Blüten. Die winterharten Gartensorten blühen in vielen verschiedenen Farben. Zur Mitte des 18. Jahrhunderts wurden Mutanten mit blaßgrünen bis grauen, auch fast schwarzen, in der Mitte weißbemehlten Blüten erzielt. Sie haben heute nur noch wenige Liebhaber.

Primula beesiana

Diese winterharte Etagenprimel aus dem Westen Chinas hat zugespitzte, gezähnte, einschließlich Stielen bis zu 15 cm lange Blätter und fünf bis sieben Wirtel rötlichvioletter, in der Mitte gelber Blüten an bis zu 60 cm langen Blütenstengeln. Obwohl sie keine echte Sumpfpflanze ist, benötigen ihre tiefreichenden Wurzeln ausgesprochen viel Feuchtigkeit.

Primula bulleyana

Dies ist eine weitere winterharte Etagenprimel, die im Winter vollständig einzieht. Sie hat – abgesehen von den rötlichen Mittelnerven ihrer Blätter und den orangegelben Blüten – große Ähnlichkeit mit ***Primula beesiana*** und stammt wie diese aus Westchina. **'Ceperley Hybrid'** blüht gelb, orange und rosa.

Primula capitata subsp. *mooreana*

Diese in Nordindien heimische Kopfprimel trägt trommelschlegelförmige Blütendolden mit veilchenfarbenen Blüten an 30 cm langen Stengeln. Von ***Primula capitata*** unterscheidet sie sich durch die etwas andere Form und die weißbemehlte Unterseite der bis 15 cm langen Blätter.

Primula auricula

Primula beesiana

Primula bulleyana 'Ceperley Hybrid'

Primula cockburniana

Primula denticulata

Primula cockburniana

Weniger robust als andere Etagenprimeln, dafür aber besonders lebhaft gefärbt ist diese in China heimische winterharte Art. Sie hat vergleichsweise wenige, gezähnte Blätter von 15 cm Länge und trägt ihre orangeroten Blüten in drei bis fünf Wirteln an 30–40 cm langen Stengeln.

Primula denticulata

KUGELPRIMEL, GEZÄHNELTE PRIMEL

Die hübsche, gutwüchsige, frostharte Staude aus dem Himalaja wird bis 30 cm hoch und ebenso breit. Sie hat breitlanzettliche, mittelgrüne Blätter mit gezähntem Rand und trägt in der ersten Frühjahrshälfte offene rosa, violette oder lila Blüten mit gelber Mitte in endständigen Kugeln an dicken, behaarten Stengeln. Bei ***Primula denticulata* subsp. *alba*** sind die Stengel etwas kürzer und die Blüten weiß.

Primula elatior

HOHE SCHLÜSSELBLUME, WALDSCHLÜSSELBLUME, GROSSE SCHLÜSSELBLUME, WALDPRIMEL, HOHE PRIMEL

Diese frostharte, europäische Staude hat 5–20 cm lange Blätter mit fein behaarten Blattunterseiten. Ihre relativ großen, langröhrigen, gelb bis orangegelb gefärbten Blüten erreichen eine Breite bis zu 2,5 cm und sitzen an langen, 10–30 cm hohen Stengeln.

Primula capitata subsp. *mooreana*

Primula florindae

Primula flaccida

Diese in China heimische Art hat 10–20 cm lange, gezähnte Blätter und bis zu 40 cm hohe Blütenstengel. Die trichterförmigen, lavendel- bis veilchenfarbenen Blüten sind abwärts gerichtet und wachsen in kegelförmigen Ähren.

Primula florindae

Bis zu 60 leuchtendgelbe Blüten hängen im Frühjahr wie kleine Glocken in einer Dolde über breiten, gezähnten Blättern von mittelgrüner Tönung. Die Staude, die eine Höhe von 60–90 cm erreicht, braucht ausreichend Feuchtigkeit und gedeiht deshalb am besten in der Nähe eines Gewässers.

Primula bulleyana

Primula, Polyanthus-Gruppe

Primula forrestii

Mit ihren verholzten Rhizomen wächst die in China heimische Art vorwiegend in Kalkfelsspalten. Sie entwickelt etwa 3,5–8 cm lange, gezähnte, auf der Unterseite bemehlte Blätter und Dolden leuchtendgelber Blüten an 15–20 cm langen Stengeln.

Primula frondosa

Vom Balkan stammt diese frostharte Staude mit 10 cm langen, gezähnten, unterseits bemehlten Blättern. An 5–15 cm langen Stengeln wachsen teils nur eine, manchmal aber auch bis zu 30 lila bis violette, in der Mitte gelbe Blüten von etwa 1 cm Durchmesser.

Primula japonica

JAPANISCHE PRIMEL

Mit ihren blaßgrünen, elliptischen, deutlich gesägten Blättern bildet diese winterharte Staude bis zu 60 cm hohe und etwa 50 cm breite Horste. Im Frühjahr und Frühsommer trägt sie von violett über karmesinrot und rosa bis nahezu weiß leuchtende, meist andersfarbig geäugte Blüten etagenförmig an langen, robusten Stengeln. Am besten gedeiht sie an feuchten Standorten. Die Blüten der Sorte **'Postford White'** sind weiß und abgeflacht.

Primula forrestii

Primula japonica

Primula poissonii

Primula, Polyanthus-Gruppe

Primula juliae

TEPPICHPRIMEL

Von dieser rosettigen, winterharten Miniaturprimel aus dem Kaukasus stammen eine Reihe von Gartensorten ab. Sie hat 10 cm lange, dunkelgrüne Blätter und leuchtendviolette, in der Mitte gelbe Blüten.

Primula malacoides

Primula obconica

Primula, Polyanthus-Gruppe

Primula × *kewensis*

Außer in frostfreien Gebieten wird diese Hybride meist im Gewächshaus gezogen. Sie entwickelt bis zu 20 cm lange, grobgezähnte, oft bemehlte Blätter und trägt, vor allem im Winter und Frühjahr, goldgelbe Blüten in Wirteln an 30–50 cm langen Stengeln.

Primula malacoides

FLIEDERPRIMEL, BRAUTPRIMEL

Die frostempfindliche, bis über 30 cm hohe und ebenso breite, teils einjährig gezogene Staude stammt aus China. Der aufrechte Stengel und die ovalen, hellgrünen Blätter sind behaart. Ihre überaus zahlreichen kleinen, offenen, manchmal gefüllten weiß bis rosa oder magentarot gefärbten Blüten sind spiralförmig angeordnet.

Primula marginata

Die Heimat der kleinen horstbildenden und frostharten Art, von der es viele Sorten gibt, sind die Cottischen Alpen zwischen Frankreich und Italien. Sie hat etwa 1–10 cm lange, bemehlte, gezähnte Blätter und jeweils zwei bis zwanzig leicht duftende lila, hellviolette oder rosafarbene, in der Mitte weiße Blüten an 2,5–10 cm langen Stengeln.

Primula obconica

BECHERPRIMEL, GIFTPRIMEL, VERKEHRTKEGELFÖRMIGE SCHLÜSSELBLUME

Die in China heimische, bis zu 30 cm hohe und ebenso breite, sehr frostempfindliche Staude trägt im Winter und Frühjahr dichte Dolden flacher, 2,5 cm breiter, in der Mitte gelber Blüten in Farbtönen von Weiß über Rosa bis Violett. Sie hat aufrechte, behaarte Stengel und elliptische, gesägte, hellgrüne Blätter.

Primula poissonii

Aus China stammt diese spätblühende, zuweilen etwas karg wirkende Blume mit offenen Rosetten 15–20 cm langer, blaugrüner Blätter und bis zu 45 cm langen Blütenstengeln, an denen zwei bis sechs Wirtel aus tief rosafarbenen bis karmesinroten, in der Mitte gelb gefärbten Blüten sitzen. Die Art benötigt sehr viel Feuchtigkeit.

Primula polyneura

Primula, Polyanthus-Gruppe

Syn. *Primula* × *polyantha*

Diese winterharten Stauden werden seit dem 17. Jahrhundert gezogen, z.T. auch einjährig. Unter der Bezeichnung können Kreuzungen zwischen *Primula vulgaris*, *P. elatior* und *P. veris* geführt werden. Sie werden 30 cm hoch, ebenso breit und tragen von Winter bis Frühjahr dichte Dolden großer, flacher, duftender Blüten in allen Farben außer Grün.

Primula polyneura

Charakteristisch für diese in China heimische, frostharte Art sind rundliche, hellgrüne Blätter, die, weich behaart, an 5–25 cm langen zähen Stielen sitzen, und tiefrosa bis rötlich-violette Blüten in ein, zwei oder mehreren Wirteln an 20–45 cm langen Stengeln.

Primula prolifera

Die auffallende, etwas empfindliche, winterharte Etagenprimel ist im östlichen Himalaja sowie in Indonesien beheimatet. Sie hat grobgezähnte, bis zu 40 cm lange Blätter und bis zu 20 Wirtel duftender, goldgelber Blüten an bis zu 1 m langen Stengeln.

Primula pulverulenta

Die in China heimische, winterharte Etagenprimel hat etwa 30 cm lange, gerunzelte und tiefgrüne Blätter sowie 2,5 cm breite, weiße, rosa oder rote, in der Mitte deutlich anders gefärbte Blüten. Sie wachsen in Wirteln an 1 m hohen, weißbemehlten Stengeln.

P

Primula pulverulenta

Primula sieboldii

Primula sinopurpurea

Primula veris

Primula vialii

Primula 'Wanda'

Primula vulgaris

Primula vulgaris 'Gigha White'

Primula rosea
ROSENPRIMEL

Teilweise noch vor dem Laubaustrieb im Frühjahr beendet diese kleine Art aus dem Himalaja mit der Blüte ihre Winterruhe. Die leuchtend rosafarbenen, in der Mitte gelben Blüten werden in Vierer- bis Zwölferbüscheln an kurzen Stengeln enwickelt; die ganzrandigen, leuchtendgrünen Blätter werden 15–20 cm lang. Die frostharte Pflanze verlangt feuchte Standorte.

Primula sieboldii

Diese frostharte Art aus dem nordwestlichen Asien und Japan besitzt große, gekerbte, 15–20 cm lange Blätter und Blütenköpfe mit sechs bis zwanzig weißen, rosa oder violetten Blüten auf 10–40 cm langen Stengeln. Vorwiegend aus Japan stammt eine Reihe von Gartensorten.

Primula sinopurpurea

Diese spätblühende, chinesische Art ist winterhart. Sie hat auffällig schmale, fast ganzrandige und 5–30 cm lange, leuchtendgrüne Blätter und rosa-violette Blüten. Sie entwickeln sich, wenn die Stengel etwa 30 cm hoch sind, doch können diese bis zur Samenreife etwa 75 cm hoch werden.

Primula suffrutescens

Aus Kalifornien stammt diese Blume mit verholzten Rhizomen und kleinen, spatelförmigen, gezähnten, selten mehr als 3,5 cm langen Blättern. An ihren 5–10 cm langen Blütenstengeln sitzen je zwei bis zehn rosarote oder hellviolette, in der Mitte gelbe Blüten.

Primula veris
ECHTE SCHLÜSSELBLUME, WIESENSCHLÜSSELBLUME, DUFTENDE SCHLÜSSELBLUME, FRÜHLINGSSCHLÜSSELBLUME, HIMMELSSCHLÜSSEL

Etwas später als die Kissenprimel blüht diese willig wachsende, in Wiesen und lichten Wäldern Europas heimische Wildstaude. An den süßduftenden, in einer 15 cm lang gestielten Dolde stehenden goldgelben Blüten ist sie leicht zu erkennen.

Primula vialii
ORCHIDEENPRIMEL

Anders als sonst in dieser Gattung üblich trägt diese 60 cm hohe, winterharte Staude aus der chinesischen Provinz Yünnan ihre Blüten in kurzen Ähren. Ihre üppig sprießenden Blätter sind leuchtendgrün, die Blüten als Knospen karmesinrot, später dann violett, so daß die Blütenstände stets zweifarbig erscheinen. Die Blume benötigt kühle, feuchte Bedingungen.

Primula vulgaris
KISSENPRIMEL, ERDSCHLÜSSELBLUME, STENGELLOSE PRIMEL, SCHAFTLOSE SCHLÜSSELBLUME, STENGELLOSE SCHLÜSSELBLUME

Die in europäischen Wäldern wild wachsende, mit bis zu 20 cm Höhe eher niedrige, frostharte Art schätzt auch in Kultur eine kühle, feuchte Umgebung. Im Frühjahr entwickelt sie einen Blütenteppich aus leuchtend gefärbten, flachen Blüten, die einzeln an behaarten Stengeln über den Rosetten runzliger, lanzettlicher, gesägter Blätter sitzen. Sie sind bei der Wildform blaßgelb mit dunkler Mitte, bei den Gartenformen in fast allen Farben anzutreffen. Blüten und Blätter sind eßbar. **'Gigha White'** hat weiße, in der Mitte gelbe Blüten.

Primula 'Wanda'

Die leicht zu ziehende, kleine, horstbildende Pflanze zieht im Winter weitgehend ein und beginnt im Frühjahr zeitig zu blühen, während zugleich die stark gerunzelten, etwa 10 cm langen tiefgrünen Blätter sprießen. Die magentaroten bis violetten, in der Mitte gelben Blüten wachsen an kurzen Stengeln.

PRINSEPIA
DORNENKIRSCHE, DORNKIRSCHE

Die zur Familie der Rosengewächse gehörenden, vom Himalaja bis Nordchina und Taiwan verbreiteten drei oder vier sommergrünen Sträucher dieser Gattung haben gebogene Triebe mit sich abschälender, graubrauner Rinde und kurzen Dornen. Im Frühjahr tragen sie entlang der ganzen Triebe kleine, weiße oder gelbe Blüten mit fünf Blütenblättern und goldenen Staubbeuteln, nach der Blüte rötlich-violette, kirschenähnliche Früchte von etwa 1 cm Durchmesser.

PFLEGE UND VERMEHRUNG: Die zähen, winterharten Sträucher gedeihen auf jedem wasserdurchlässigen Boden in der Sonne oder im Halbschatten. An ihren Dornen kann man sich leicht kratzen. Die Vermehrung erfolgt durch Samen oder Stecklinge.

Prinsepia uniflora

Prinsepia uniflora
CHINESISCHE DORNKIRSCHE

Der knapp 2 m hohe Strauch mit seinen schmalen und 6 cm langen, leuchtendgrünen Blättern stammt aus China. An seinen dornenbewehrten, übergebogenen, aber steifen Zweigen blühen im Frühjahr zahllose kleine, weiße Blüten mit je fünf Blütenblättern, gefolgt von kirschähnlichen, purpurroten bis schwarzen Früchten.

PRITCHARDIA
PRITCHARDIE

Zu dieser auf Hawaii und den Fidschi- sowie anderen Pazifikinseln heimischen Gattung gehören etwa 37 bis über 20 m hohe Fächerpalmen mit großen, flachen, etwa bis zur Hälfte geteilten Wedeln. Der gerade Stamm ist unten glatt, im oberen Drittel oft mit dürren Blättern oder ihren Resten bedeckt. Verzweigte Blütenstände mit kleinen, creme- bis orangefarbenen Blüten, später mit kleinen, schwarzen Früchten, entspringen am Grunde der Krone.

PFLEGE UND VERMEHRUNG: Die tropischen Palmen verlangen ein warmes, feuchtes Klima, humusreichen, durchlässigen Boden und besonders als junge Pflanzen leichten Schatten. Bei Temperaturen unter 10 °C leiden sie Schaden. Vermehrung durch Samen.

Pritchardia pacifica

Die attraktive Fächerpalme fiel der Wissenschaft zuerst auf den Fidschi-Inseln auf, wurde dorthin aber möglicherweise aus Tonga eingeführt. Ihre eindrucksvoll üppige Krone besteht aus großen, gefalteten, nur wenig zerteilten Wedeln, die bis zu 1,5 m Durchmesser erreichen. Die Blütenstände sind kürzer als bei den meisten anderen Pritchardien, ragen nicht über die Blattwedel hinaus und tragen an den Spitzen dichte Büschel gelber Blüten. Die Früchte sind relativ klein, rund und schwarz. Der Baum ist unter tropischen

Pritchardia pacifica

Bedingungen in Kultur unkompliziert und wächst rasch.

PROBOSCIDEA

GEMSHORN, PROBOSZIDEA

Die Heimat der neun teils ein-, teils mehrjährigen Kräuter dieser Gattung erstreckt sich von Südamerika bis in die Südhälfte der USA. Sie haben rundliche, herz- oder nierenförmige Blätter und trompetenförmige, fünffach gelappte, meist etwa 5 cm lange Blüten mit einer auffälligen gelben Zeichnung auf den unteren Lappen. Die bis zu 15 cm langen Früchte sind eigentümlich hornförmig gekrümmt.

PFLEGE UND VERMEHRUNG: Diese überwiegend subtropischen Pflanzen verlangen bei kühlerem Klima ein leicht geheiztes Gewächshaus. Im Freien schätzen sie einen sonnigen Standort auf relativ leichtem, feuchtem, aber gutdurchlässigem Boden. Die Vermehrung erfolgt durch Samen.

Proboscidea fragrans

WOHLRIECHENDES GEMSHORN

Diese einjährige mexikanische Pflanze kennzeichnen vor allem duftende, langgestielte Blüten, veilchenfarben bis magentarot, oft violett gefleckt und mit einem gelben Streifen auf den unteren Blütenlappen.

Proboscidea louisianica

Die im Süden der USA sowie in Mexiko heimische, einjährige Pflanze wird rund 40 cm groß und ist eine hübsche Topfpflanze. Sie hat bis zu 20 cm lange, herzförmige Blätter und duftende, blaßrosa, creme- oder veilchenfarbene Blüten mit gelbem Schlund und violetten Flecken.

PROIPHYS

Syn. *Eurycles*

Die drei Stauden dieser Gattung stammen aus Australien und Südostasien. Sie gehören zu den erstaunlich wenigen Zwiebelpflanzen des fünften Kontinents. Obwohl sie mit ihren nahezu immergrünen, glänzenden Blättern und den im Frühsommer erscheinenden, in Büscheln an 45 cm langen Stielen getragenen weißen Blüten sehr attraktiv sind, sind sie selbst in ihrer Heimat nur selten in Kultur.

PFLEGE UND VERMEHRUNG: Die tropischen bis subtropischen Pflanzen gedeihen ausgezeichnet als Topfpflanzen im Gewächshaus. Sie schätzen einen leicht schattigen Standort bei feuchtem, durchlässigem Boden und werden durch Samen oder Ableger vermehrt.

Proiphys amboinensis

Syn. *Eurycles amboinensis, Eurycles sylvestris*

Die herzförmigen, glänzenden, fast immergrünen Blätter dieses Liliengewächses sind fast so attraktiv wie die weißen Blüten. Trotzdem ist sie in Kultur nur selten anzutreffen.

Proiphys cunninghamii

Die Kennzeichen dieser Pflanze sind vor allem ihre ovalen, bis zu 25 cm langen Blätter an 10–25 cm langen Stielen und Blütendolden mit je fünf bis zwölf trichterförmigen, weißen Blüten an bis zu 75 cm hohen Stengeln. Sie stammt aus den australischen Bundesstaaten Queensland und New South Wales.

PROSOPIS

MESQUITEBAUM, MESQUITESTRAUCH, SCHRAUBENBOHNE, ALGARROBO

Die zu den Hülsenfrüchtlern gehörende, in den wärmeren Regionen Amerikas sowie in Südwestasien und Afrika heimische Gattung, die als typisch für den Südwesten der USA gilt, umfaßt etwa 44 teils sommer-, teils immergrüne Halbsträucher, Sträucher und Bäume. Mit ihrem überaus üppigen, farnähnlichen Laub fallen sie in ihrer oftmals dürren Umgebung besonders auf. Sie haben dornige Stämme und cremefarben-grüne bis gelbe Schmetterlingsblüten in ährenartigen Blütentrauben. Diese stehen in den Blattachseln. Später erscheinen bohnenartige Hülsenfrüchte.

PFLEGE UND VERMEHRUNG: Die meisten Arten ertragen nur leichtesten Frost und schätzen eine warme, trockene Umgebung, einen sonnigen Standort sowie leichten, durchlässigen, in der Tiefe feuchten Boden. Längere Trockenperioden und alkalische Böden schaden ihnen nicht. Die Vermehrung erfolgt durch Samen oder Stecklinge.

Prosopis glandulosa

Mit seinem niedrigen, breiten Blätterdach ist der selten mehr als 9 m hohe und etwa ebenso breite, sommergrüne Baum in Trockengebieten ein wichtiger Schattenspender für Innenhöfe und Gärten. Seine dornigen Stämme legen einen gewissen Abstand nahe. Die zierlichen Fiederblätter lassen die Krone besonders fein strukturiert erscheinen. Im Frühjahr trägt der Baum zahllose, gelbe Blüten in flaumig wirkenden Blütenähren, die die Bienen anziehen.

Prosopis pubescens

Der 9 m hohe Strauch ist im Südwesten der USA und im Nordwesten Mexikos zuhause. Er hat zweigeteilte, in je fünf bis neun Blattfiederpaare gegliederte Blätter und trägt an seinen Zweigen dolchartige bis 10 cm lange Dornen sowie flaumige gelbe Blüten, später 5 cm lange, gelbliche Hülsenfrüchte.

Proboscidea louisianica

Prosopis velutina

Der überaus dornige Baum wird 4,5–9 m hoch und bis zu 12 m breit. Seine Zweige sind etwas schwerer als bei den meisten Pflanzen der Gattung.

PROSTANTHERA

Die 50 immergrünen Sträucher dieser in Australien heimischen Gattung tragen im Frühjahr und Sommer zweilippige Trompetenblüten in verschiedenen Farben mit aufrechter, haubenförmiger, zweilappiger Oberlippe und breiterer, dreilappiger Unterlippe. Die Früchte sind eigentlich kleine Nüßchen. Auf den Blättern befinden sich zahlreiche Drüsen, die beim Zerreiben einen minzeähnlichen Geruch ausströmen.

PFLEGE UND VERMEHRUNG: Die nicht winterharten Pflanzen gedeihen nur in warmem Klima, vorzugsweise in sonniger, windgeschützter Lage auf sehr durchlässigem, während der Vegetationsperiode ausreichend feuchtem Boden. Nach der Blüte sollten sie zurückgeschnitten werden. Einige Arten sind bekannt für plötzliches Absterben auch bei sorgfältigster Pflege. Die Vermehrung erfolgt durch Samen oder durch Stecklinge im Sommer, bei einigen schwierigen Arten auch durch Veredelung.

Prostanthera caerulea

Dieser im Osten Australiens heimische aufrechte, dicht mit bis zu 5 cm langen, lanzettlichen, gezähnten, dunkelgrünen Blättern belaubte Strauch wird mehr als 2,5 m hoch und etwa 1 m breit. Im Frühjahr trägt er blaue bis veilchenfarbene Blüten in prachtvollen Büscheln bis zu 10 cm Durchmesser. Er bevorzugt leichten Schatten und mittlere bis schwere Böden.

Prosopis glandulosa

Prostanthera cuneata

Dieser kompakte, bis zu 1 m hohe und über 1,5 m breite Strauch aus dem Südosten Australiens entwickelt rundliche, weiche, aromatisch riechende und dunkelgrüne, rundliche Blätter von etwa 1 cm Durchmesser. Er trägt im Sommer relativ kleine, üppige Büschel weißer bis hellvioletter Blüten mit violetten Flecken im Schlund. Er gedeiht am besten auf mittleren bis schweren Böden und ist im Sommer feucht zu halten.

Prostanthera lasianthos

Aus dem Osten Australiens stammt dieser ziemlich schnell wachsende, nur ganz leichten Frost ertragende, große Strauch oder kleine Baum mit seiner breiten, lockeren Krone auf einem kräftigen kurzen Stamm, der 4,5–9 m hoch wird. Von Frühjahr bis Mittsommer tragen seine Blütenzweige leicht duftende, weiße, rosa oder hellblau schattierte, im Schlund violett und orange gefleckte Blüten. Die lanzettlichen Blätter werden bis etwa 10 cm lang.

Prostanthera nivea

Weiße Blüten und leuchtendgrüne Blätter kennzeichnen die bis zu 3 m hohe strau-

Proiphys amboinensis

Prostanthera cuneata

Prostanthera lasianthos

Prostanthera ovalifolia

Prostanthera sieberi

chige Art. ***Prostanthera nivea* var. *induta*** trägt im Frühjahr und Sommer Trauben lilafarbener Blüten und hat silbrig-grüne Blätter.

Prostanthera ovalifolia

Der auffällige, aber kurzlebige bis 2 m hohe Strauch oder kleine Baum ist teils aufrecht und dicht, teils breiter gewachsen. Im Frühjahr trägt er relativ große Blütenzweige mit zahlreichen violetten Blüten. Die schmalen, ovalen, bis 1 cm langen Blätter sind oberseits dunkel-, unterseits gräulich-grün und duften – ebenso wie auch seine Triebe – stark aromatisch.

Prostanthera rotundifolia

Mit seiner buschigen Krone wird dieser Strauch etwa 2 m hoch und erreicht eine Breite von 1,5 m. Er ist dicht belaubt mit ovalen bis nahezu runden, ganzrandigen, stark aromatischen, dunkelgrünen Blättern von 1 cm Durchmesser und trägt große, teils kompakte, teils lockere Büschel lilafarbener oder hellvioletter, manchmal weißlicher Blüten. Bei der ge-

Prostanthera rotundifolia var. *rosea*

wöhnlich etwas kompakter wachsenden ***Prostanthera rotundifolia* var. *rosea*** sind die Blüten rosa-hellviolett bis tiefrosa gefärbt.

Prostanthera sieberi

Dieser etwa 2 m hohe Strauch mit 2,5 cm langen, gezähnten Blättern trägt seine violetten bis hellvioletten Blüten in Vierer- bis Achterbüscheln. Er stammt aus dem Südosten Australiens.

PROTASPARAGUS

Syn. *Asparagus*

Diese aus dem südlichen Afrika stammenden Knollenstauden wurden lange Zeit der aus Rhizomen wachsenden Gattung *Asparagus* zugerechnet, gelten aber heute – wenn auch unter Experten nicht unumstritten – als eigenständige Gattung. Mit ihrem farnartigen Blattwerk sind die manchmal auch kletternden oder strauchartigen Arten in warm-gemäßigten bis tropischen Zonen als Gartenpflanzen, in anderen Regionen in Gewächshäusern verbreitet. Die Triebe sind oft mit kleinen, sehr spitzen Dornen versehen. Die winzigen, weißen, cremefarbenen oder grünen Blüten sind recht unauffällig, die roten oder schwarzen Beeren dagegen oft attraktiver.

PFLEGE UND VERMEHRUNG: Die nicht frostharten Pflanzen sind vor allem als Zimmerpflanzen äußerst anspruchslos. Im Freien gedeihen sie auf feuchtem, durchlässigem, humusreichem Boden in der Sonne oder im Halbschatten. Die Vermehrung erfolgt durch Samen oder auch Teilung; sind die abgetrennten Teile jedoch zu klein geraten, erholen sie sich nur langsam.

Prostanthera nivea var. *induta*

Protasparagus densiflorus

Syn. *Asparagus densiflorus*

SPRENGERS SPARGEL

Diese in Südafrika heimische Art ist vor allem als Zimmerpflanze verbreitet und erträgt Temperaturen bis etwa –4 °C. Ihre fast schon nadelartig schmalen, leuchtendgrünen Blätter sitzen an Büscheln 60–90 cm langer, zäher, dorniger Triebe. Auf die duftenden, kleinen weißen Blüten folgen leuchtendrote Beeren. Die meist aufrechten Triebe der Sorte **'Myersii'** sind besonders dicht mit Blättern bewachsen und wie ein Fuchsschwanz geformt. Die Sorte **'Sprengeri'** wächst dagegen ausgebreitet mit leuchtendgrünen Blättern und vielen kleinen, stark duftenden, weißen Blüten, die später von roten Beeren abgelöst werden.

Protasparagus plumosus

Syn. *Asparagus plumosus, Asparagus setaceus*

FEDERSPARGEL, ZIERSPARGEL

Mit seinen winzigen Blattsegmenten wirkt der schlanke Kletterstrauch besonders farnähnlich. Er wächst sehr leicht an einem hellen Ort, darf aber nicht austrocknen. Für guten Neutrieb sollten alte, zu Beginn des Frühjahrs auch überlange Triebe ganz entfernt werden. Die Pflanze hat rasiermesserscharfe Dornen mit Widerhaken.

PROTEA

SILBERBAUM, SCHIMMERBAUM, WUNDERFICHTE

Die 115 meist 1–3 m hohen Sträucher und kleinen Bäume dieser immergrünen, afrikanischen Gattung sind wegen ihrer prachtvollen Blütenköpfe besonders für die Schnittblumengewinnung sehr beliebt. Ihre ledrigen, grünen Blätter sind am Rand oft behaart oder gewellt; die behaarten Blüten wachsen in großer Zahl und Dichte in charakteristischen kegelförmigen Blütenköpfen, umgeben von leuchtendroten, gelben, karmesinroten, silberweißen, weißen, orange- oder rosafarbenen Hüllblättern.

PFLEGE UND VERMEHRUNG: Die oft schwer zu kultivierenden, nicht frostharten Pflanzen schätzen offene, sonnige Standorte mit leichtem, gewöhnlich saurem, gutdurchlässigem Boden. Als Jungpflanzen sind sie besonders frostempfindlich. Zur Unterdrückung von Unkraut ist Mulchen sinnvoll; ein Rückschnitt nach der Blüte erhält die Form und regt das Wachstum neuer Triebe an. Die Vermehrung erfolgt im Sommer durch Samen oder Stecklinge, sonst auch durch Veredelung.

Protea aristata

Mit einer Höhe von 2,5 m und einer Breite von 3 m ist die langsamwachsende Pflanze mit 8 cm langen, kräftiggrünen, schwarz bespitzten Blättern ein kompakter, runder Strauch. An den Zweigspitzen öffnen sich von Früh- bis Mittsommer 10–15 cm lange und 10 cm breite, kelchförmige Blütenköpfe mit einem Kegel behaarter, dunkel rosafarbener Blüten, umgeben von roten bis tief rosafarbenen Deckblättern.

Protea aurea

Die vorwiegend an feuchtkühlen Abhängen im Südwesten der südafrikanischen Kapprovinz heimische, bis zu 4,5 m hohe, in Kultur meist weniger als halb so große, attraktive Pflanze hat einen Hauptstamm mit aufrechten Zweigen, breite, an der Basis herzförmige Blätter und federballför-

Protasparagus densiflorus 'Sprengeri'

Protea aristata

Protasparagus densiflorus 'Myersii'

Protea aurea

Protea cynaroides

Protea aurea subsp. *potsbergensis*

mige Blütenköpfe mit einem Trichter cremefarben-grüner bis karmesinroter Deckblätter und einem darüber hinausragenden breiten Büschel langer, gerader Griffel von gleicher Farbe. Noch hübscher ist die Unterart *Protea aurea* subsp. *potsbergensis* mit breiteren, leicht silbrigen Blättern und silbrig-blaßrosa oder grünlich-weißen Blütenköpfen. Wildwachsend kommt sie noch an der südafrikanischen Küste vor, ist dort aber in ihrem Bestand stark gefährdet.

Protea 'Clark's Red'

Diese ganzjährig zuverlässig blühende, bis zu etwa 2,5 m große Hybride zwischen ***Protea repens*** und ***Protea aurea*** mit ihren schmal trichterförmigen, roten Blütenköpfen ist eine in Neuseeland entstandene Züchtung. Sie ist eine der – besonders gegen Hitze – widerstandsfähigsten Pflanzen der Gattung und ausgezeichnet für die Gewinnung von Schnittblumen geeignet.

Protea compacta

Der steif aufrechte, eine Höhe bis zu 3 m erreichende, spärlich verzweigte Strauch trägt vom Spätherbst bis zum Beginn des Frühjahrs zarte, mit 10–15 cm Länge und 8–10 cm Durchmesser fast längliche, becherförmige Blütenköpfe mit samtigen Hüllblättern in kräftigen Rosatönen mit silbrigem Rand; die Blüten selbst sind blasser gefärbt. Die ungestielten, länglichen bis breit lanzettförmigen, bis zu 15 cm langen Blätter sind anfangs flaumig behaart, später kahl. Die kompakte, besonders reich blühende Sorte **'Pink Velvet'** hat langgestielte, rosa Blütenköpfe.

Protea cynaroides

Südafrikas Wappenblume wird bis zu 1,5 m hoch und hat mehrere in die Breite wachsende Äste sowie große, flach schalenförmige Blütenköpfe von bis zu 30 cm Durchmesser mit auseinanderstehenden, spitzen und flaumig behaarten, rosa Hüllblättern, in deren Mitte sich von Winter bis Frühjahr ein Komplex rosafarbener Blüten mit weißen Härchen aufwölbt. Die ovalen, 15 cm langen, ledrigen, glänzendgrünen Blätter sitzen an einem langen roten Stiel.

Protea eximia

Protea eximia

Syn. *Protea latifolia*

Bis zu 5 m hoch wird dieser dichte, aufrechte, wenig verzweigte Strauch mit seinen ovalen bis herzförmigen silbrig- bis violett-grünen Blättern. Deutlich oberhalb des Laubs wachsen die 10–15 cm langen und 8–10 cm breiten Blütenköpfe mit ihren langen, löffelförmigen Hüllblättern, die einen Kegel behaarter, rosafarbener Blüten mit violetter Spitze umschließen. Der Höhepunkt der Blütezeit ist in der Regel das Frühjahr, bei der sehr üppig blühenden Sorte **'Sylvia'** mit ihren tiefrosa bis roten Blüten dagegen der Sommer.

Protea grandiceps

Tiefrosa-pfirsichfarbene bis scharlachrote Hüllblätter mit rötlich-weißen Härchen am Blattrand, die die auffälligen weißen Staubgefäße der in der Mitte liegenden Blüten schützen, sind die auffälligen Kennzeichen dieser nur langsam wachsenden, bis zu 1,5 m hohen und ebenso breiten Pflanze mit ihren großen, bis zu 15 cm breiten Blütenköpfen. Die 10 cm langen, ovalen Blätter sind matt gräulichgrün gefärbt.

Protea 'Kurrajong Rose'

Diese in Australien gezüchtete Hybride aus *Protea magnifica* und ***P. burchellii*** erreicht eine Höhe von mindestens 2 m und bildet leuchtendrote, in der Mitte etwas dunklere, leicht silbrig glänzende Blütenköpfe.

Protea longifolia

In der Natur ist dieser kleine, eher in die Breite wachsende, bis zu 1,5 m hohe Strauch mit 15 cm langen, schmalen, aufwärtsgerichteten Blättern nur in den Winterregengebieten des südlichen Afrika anzutreffen. Er trägt vom Herbst bis zum späten Frühjahr 8–15 cm lange und 5–10 cm breite Blütenköpfe mit spitzen, cremefarbenen, grün oder gelb überlaufenen Hüllblättern. Sie umschließen flaumige weiße Blüten. Die Blüten im Zen-

Protea grandiceps

Protea compacta 'Pink Velvet'

Protea compacta

trum sind schwarz und kegelförmig emporgehoben.

Protea magnifica

Der vielgestaltige, meist 2,5 m hohe und fast ebenso breite Strauch hat schmale, 10–15 cm lange grau- bis blaugrüne Blätter und trägt im Frühjahr prachtvolle, etwa 15 cm lange flaumige Blütenköpfe mit hellrosa bis cremefarben getönten Hüllblättern und vielen, an den Spitzen schwarz gefärbten Blüten.

Protea neriifolia

Die oft kultivierte Pflanze mit schmalen, bis zu 15 cm langen, anfangs fein filzhaarigen Blättern trägt von Herbst bis Frühjahr endständige, aufrechte, kelchförmige, 10 cm lange Blütenköpfe mit einem Kegel filziger Blüten, umgeben von sich dachziegelig überlappenden, dunkel rosaroten Hüllblättern mit schwarz bewimperter Spitze. Es gibt Formen mit bleicheren oder dunkleren, in einem Fall auch grünlich-weißen Blüten.

Protea obtusifolia

Der über 3 m hohe Strauch mit bis zu 15 cm langen Blättern gedeiht im Unterschied zu anderen Arten der Gattung auch auf Kalkböden. Er trägt im Winter und Frühjahr grünlich-cremefarbene bis blaßrosa Blüten mit roten Spitzen.

Protea 'Pink Ice'

Die rosa Blütenköpfe dieses bis zu 3 m hohen und 2 m breiten immergrünen Strauchs, einer Hybride aus ***Protea susannae*** und *P. neriifolia*, liefern die meistverkauften Schnittblumen der Gattung. Er blüht im Herbst und Winter, und seine Blüten ähneln denen von *P. neriifolia*, doch sind die Hüllblätter nicht von schwarzen Härchen gesäumt.

Protea neriifolia

Protea longifolia

Protea 'Pink Ice'

Protea sulphurea

Protea repens

HONIGSILBERBAUM, ZUCKERBUSCH

Der aufrechte, reichverzweigte, rundliche, bis zu 3 m hohe und ebenso breite Strauch ist eine der am leichtesten zu kultivierenden Arten der Gattung. Er hat 5–15 cm lange, schmal-längliche bis lanzettliche, mittelgrüne, an den Spitzen bläuliche Blätter und trägt zwischen Frühherbst und dem Ende des Winters umgekehrtkegelförmige Köpfe von 10 cm Durchmesser mit glänzenden, klebrigen, cremeweißen bis karmesinroten oder aber weißen und an den Spitzen bonbonrosafarbenen Hüllblättern um einen offenen Kegel flaumiger weißer Blüten. **'Guerna'**, eine bereits seit langem kultivierte Sorte, trägt im Sommer große, aufrechte und tiefrote Blüten.

Protea scolymocephala

Die Küstenebenen des südlichen Afrika sind die Heimat dieses kleinen, bis zu 1 m hohen, außerordentlich reich verzweigten und belaubten Strauches mit schmalen Blättern. Die zarten Blütenköpfe, die teilweise sogar vom Laub überdeckt werden, sind cremefarben bis grünlich und erreichen etwa 5 cm im Durchmesser mit schalenförmig angeordneten Hüllblättern. Dieser windfeste Strauch braucht Sandboden.

Protea sulphurea

Die Kombination von blaugrünen Blättern und cremefarbenen bis blaßrosa Blütenköpfen macht die weniger als 1 m hohe, in die Breite wachsende Pflanze zu einem attraktiven kleinen Strauch. Trotz ihrer Qualitäten ist sie jedoch nur wenig verbreitet.

PRUMNOPITYS

Die mit den Steineiben *(Podocarpus)* verwandte Gattung umfaßt zehn immergrüne, bis über 15 m hohe Nadelgehölze aus Südamerika, Neuseeland, Neukaledonien und Nordostaustralien mit schmalen, etwa 1–2,5 cm langen, oft leicht gewundenen Nadelblättern, die in zwei Reihen wachsen und denen der Eibe ähneln. Die 1–3,5 cm langen, schmalen und zylindrischen männlichen Zapfen erscheinen im Frühjahr; die kleineren weiblichen Zapfen entwickeln sich zu Büscheln kleiner roter, violetter oder schwarzer Steinfrüchte.

Protea repens

PFLEGE UND VERMEHRUNG: Die frostempfindlichen Koniferen schätzen tiefe, feuchte, humusreiche Böden in leicht schattiger und – im Jugendalter – geschützter Lage und werden durch Samen oder Stecklinge vermehrt.

Prumnopitys elegans

Die zierlichen Nadeln der eleganten, kompakt pyramidenförmigen, 3,5 m hohen Konifere aus Chile ähneln denen der Eibe. Sie sind schmal, kräftig grün gefärbt und wachsen gegenständig an dünnen grünen Zweigen. Die attraktiven runden roten Früchte haben Ähnlichkeit mit Pflaumen. Der Baum liefert zudem wertvolles Nutzholz.

Prumnopitys ferruginea

Aus Neuseeland stammt dieser bis zu 25 m hohe und 5 m breite Baum mit nahezu schwarzer, deutlich gekerbter Rinde, dessen dunkelgrüne Nadeln in zwei Reihen an dünnen Ästchen sitzen. Seine bis zu 2,5 cm breiten, fleischigen, leuchtendroten Beeren sind anfangs mit einem wachsartigen Überzug bedeckt, riechen nach Terpentin und werden gern von Vögeln gefressen, sind für den Menschen aber giftig. Er gedeiht am besten auf gut mit Kompost angereicherten Böden.

PRUNELLA

BRAUNELLE, BRUNELLE

Diese Gattung umfaßt sieben halbimmergrüne Stauden aus Europa, Asien, Nordafrika und Nordamerika. Sie bilden niedrige, kriechende Matten mit gegenständigen, eiförmigen bis länglichen, manchmal stark gelappten Blättern. An aufrechten Blütenstengeln sitzen Ähren mit zweilippigen Röhrenblüten in Weiß, Rosa oder Violett.

PFLEGE UND VERMEHRUNG: Die winterharten Pflanzen breiten sich meist mit kriechenden, sich an den Knoten rasch bewurzelnden Trieben aus und sind so vorzügliche Bodendecker für große Flächen. Sie gedeihen auf feuchtem, durchlässigem Boden in der Sonne oder im Halbschatten. Vermehrung durch Samen oder Teilung im Frühjahr oder Herbst.

Prunella grandiflora

GROSSE BRAUNELLE, GROSSE BRUNELLE, GROSSBLÜTIGE BRAUNELLE, GROSSBLBLÜTIGE BRUNELLE

Die besonders als Bodendecker für Steingärten geeignete europäische Pflanze wird 45 cm hoch und etwa ebenso breit. In aufrechten Ähren überragen ihre zweilippigen, violetten Blüten das Laub. Die Blüten der Sorte **'Loveliness'** sind sanft hellviolett gefärbt.

Prunella laciniata

WEISSE BRAUNELLE, WEISSE BRUNELLE, GESCHLITZTBLÄTTRIGE BRAUNELLE

Die bis etwa 30 cm hohe, lockerwüchsige Staude ist dicht mit feinen Härchen bedeckt. Ihre attraktiven bis etwa 10 cm langen Blätter sind stark gelappt; im Sommer erscheinen gelblich-weiße, gelegentlich auch violette oder rosafarbene Blüten in dichten, aufrechten Ähren.

Prumnopitys ferruginea

Prunella vulgaris

KLEINE BRAUNELLE, KLEINE BRUNELLE, HALSKRAUT, GUTHEIL

Behaarte ovale bis rautenförmige Blätter und purpurne Blüten, die im Mittsommer in großer Zahl an kurzen, zylindrischen, endständigen Blütenköpfen wachsen, kennzeichnen die fast überall in Europa auf Wiesen und Brachflächen zu findende kriechende Mattenstaude. Alle Bestandteile werden von Kräuterheilkundlern als Medizin genutzt, insbesondere zur Behandlung von Halsschmerzen und Entzündungen im Mund.

PRUNUS

PFLAUME, KIRSCHE, PFIRSICH, MANDEL, APRIKOSE, ZWETSCHGE

Zu der vor allem in der nördlichen Hemisphäre verbreiteten Gattung gehören sowohl Bäume mit eßbaren Steinfrüchten wie Kirschen, Pflaumen, Aprikosen, Pfirsiche, Nektarinen und Mandeln als auch wegen ihrer hübschen Blüten gepflanzte Ziergehölze. Die Bäume erreichen im Durchschnitt eine Höhe von 4,5 m, doch werden einige Arten auch 30 m hoch; ferner gibt es auch strauchige Arten. Die bekannteren Arten sind vorwiegend sommergrüne Frühjahrsblüher. Sie haben einfache, häufig gesägte und im Herbst oft attraktiv verfärbte Blätter und duftende, weiße oder rosa Blüten mit fünf Blütenblättern sowie oftmals eine interessante Rinde. Allen Arten gemeinsam sind die fleischigen Früchte mit einem einzelnen harten Kern. Kirsch- und Pflaumenbäume liefern darüber hinaus wertvolles Nutzholz.

Die 430 Arten der Gattung verteilen sich auf fünf bzw. sechs leicht unterscheidbare Untergattungen, die in einigen Ländern als eigenständige Gattungen gelten. Die Untergattung *Prunus* umfaßt alle Pflaumen; *Armeniaca* – z.T. nicht als eigene Untergattung angesehen, sondern der vorigen zugerechnet – Aprikosen; *Amygdalus* Pfirsiche, Nektarinen, Mandeln und einige Zierpflanzen mit stiellosen Blüten und porigen Steinen; *Cerasus* Kirschen und Blütenkirschen mit wenigblütigen Dolden; *Padus* die vor allem in Nordamerika heimischen Traubenkirschen mit kleinen Blüten in langen Trauben und *Laurocerasus* die immergrünen Pflanzen wie den Kirschlorbeer und seine Verwandten sowie zahlreiche Bäume der tropischen Regenwälder Asiens und Amerikas, deren Blüten ebenfalls in Trauben angeordnet sind.

PFLEGE UND VERMEHRUNG: Die Pflanzen gedeihen am besten auf feuchtem,

Prunella grandiflora

Prunella laciniata

Prunella vulgaris

durchlässigem Boden in sonniger, der Blüten wegen vor starken Winden geschützter Lage. Junge Bäume können durch Stickstoffdüngung sehr gefördert werden. Viele der Obstbäume können als Spalier gezogen werden. Die Vermehrung erfolgt durch Samen oder durch Veredelung, letzteres besonders für Sorten. Die Anfälligkeit für Krankheiten und Schädlinge ist lokal verschieden.

Prunus × amygdalopersica

MANDELPFIRSICH

Die bis zu 6 m hohe, frostharte Hybride zwischen Pfirsich und Mandelbaum mit ihrer breit ausladenden Krone ist besonders wegen ihrer großen, tiefrosa Blüten mit vorstehenden purpurroten Staubgefäßen beliebt, die am Ende des Winters oder zu Frühjahrsbeginn an den noch kahlen Ästen erscheinen. Ihre grünen Früchte sind ungenießbar. Wie der Mandelbaum ist sie an ein trockenes Klima angepaßt, aber anfällig für den Blattkräuselpilz. Ein Rückschnitt sollte noch während der Blüte erfolgen. **'Pollardii'**, der Klon der Ursprungshybride, hat besonders leuchtend rosafarbene Blüten.

Prunus armeniaca

APRIKOSE, MARILLE, APRIKOSENBAUM

Der wahrscheinlich aus Nordchina und der Mongolei stammende, winterharte Baum wurde vor über tausend Jahren in den Nahen Osten und von dort nach Europa eingeführt. Er wird maximal 8 m hoch und hat rötliche Zweige sowie glatte, herzförmige, etwa 8 cm lange Blätter; der Stamm wird im Alter knorrig. Zu Beginn des Frühjahrs vor dem Laubaustrieb trägt der Baum weiße oder blaßrosa Blüten, später gelb-orangefarbene Früchte mit glattem, abgeflachtem Stein, der sich leicht vom umgebenden Fruchtfleisch ablöst. Die Ernte wird ergiebiger, wenn die Zweige nach der Blüte mäßig beschnitten werden.

Prunus avium

SÜSSKIRSCHE, VOGELKIRSCHE, WALDKIRSCHE, KIRSCHBAUM, BAUERNKIRSCHE, WEICHSELBAUM

Der in Europa und Westasien heimische, voll winterharte Baum mit rundlicher Krone und kräftigem, geradem Stamm, Stammpflanze aller Süßkirschensorten, wird knapp 20 m hoch. Die gebänderte Rinde ist rötlich-braun, die bis zu 15 cm langen, spitzen, dunkelgrünen Blätter verfärben sich im Herbst rot, karmesinrot und gelb. Noch vor den Blättern erscheinen im Frühjahr zahlreiche weiße Blüten an den Ästen. Die Früchte sind schwarzrot, bei wildwachsenden Bäumen süß oder leicht bitter, aber nicht sauer. Die meisten Kultursorten sind selbststeril, so daß in der Regel Bäume von wenigstens zwei verschiedenen Klonen für die Ausbildung von Früchten vorhanden sein müssen. Wegen der Anfälligkeit des Holzes für Pilze sollten die Bäume weder im Winter noch bei feuchtem Wetter beschnitten werden. Die Ziersorte **'Plena'** hat hängende, gefüllte, weiße Blüten.

Prunus × blireana

Diese winterharte Hybride ist zu Anfang des 20. Jahrhunderts aus einer Kreuzung zwischen der Schneeaprikose (*Prunus*

P

Prunus × blireana

Prunus campanulata

Prunus cerasoides

mume) und der Blutpflaume (*P. cerasifera* 'Pissardii') hervorgegangen. Sie ist ein bis etwa 3,5 m hoher, rundlicher Strauch mit schlanken, gebogenen Zweigen und relativ dünnen, purpurroten Blättern, die sich im Herbst goldbraun verfärben. Zu Beginn des Frühjahrs entwickeln sich zahlreiche wohlriechende, gefüllte, blaß rosarote Blüten.

Prunus campanulata

Taiwan, Südchina und die Ryukyu-Inseln sind die Heimat dieses bis zu 9 m hohen, in Kultur meist niedrigeren, vasenförmig wachsenden Baumes. Er ist frostempfindlich und schätzt ein warm-gemäßigtes Klima. In wärmeren Regionen blüht er in der zweiten Winterhälfte, in kühleren zu Beginn des Frühjahrs. Büschel glockenförmiger, in der Regel leuchtend karminroter Blüten schmücken dann die noch kahlen Äste. Die Blätter verfärben sich im Herbst bronzefarben-rot. Wie die meisten Kirschbäume schätzt er Rückschnitt nicht.

Prunus caroliniana

Aus feuchten, fruchtbaren Tallagen im Südosten der USA stammt dieser bis etwa 9 m hohe, immergrüne Baum mit buschiger Krone, ein Verwandter des Kirschlorbeers *(Prunus laurocerasus)*, dessen glänzend dunkelgrüne Blätter wie die anderer Lorbeerkirschen blausäurehaltig und damit giftig, jedoch kleiner, dünner und nicht oder nur wenig gezähnt sind. Im Spätwinter und zu Frühjahrsbeginn trägt er in den Blattachseln kurze Ähren winziger, weißer Blüten, später saftige schwarze Früchte von 1 cm Durchmesser, die im Spätherbst reifen und den Winter überdauern. Er verträgt starken Schnitt und eignet sich als Heckenpflanze. **'Bright 'n' Tight'** ist kompakter und hat glänzendgrüne Blätter.

Prunus cerasifera

KIRSCHPFLAUME, MYROBALANE, TÜRKISCHE KIRSCHE

Der in Kleinasien und im Kaukasus heimische, aufrechte, buschige, dornenlose Baum wird seit Jahrhunderten auch in Europa kultiviert. Er wird bis etwa 9 m hoch, hat eher kleine, leicht bronzefarben getönte Blätter, verträgt längere Trockenheitsperioden und trägt an den noch kahlen Zweigen – in kühleren Regionen im Frühjahr, in wärmeren im Spätwinter – zahlreiche kleine, weiße Blüten, im Sommer dann eßbare rote Früchte von bis zu 3 cm Durchmesser. Unter den zahlreichen Sorten sind Bäume mit dunkelvioletten Blättern am beliebtesten. Zu ihnen gehören u.a. die amerikanischen Sorten **'Newport'** und **'Thundercloud'** sowie **'Nigra'**, deren Blätter im Spätsommer fast schwarz werden. Sie ist kleiner als die Stammart und trägt im Frühjahr einzelne blaßrosa Blüten mit roten Kelchen und Staubgefäßen, auf die eßbare, aber saure kirschgroße Früchte folgen. Stammpflanze der violettblättrigen Sorten ist **'Pissardii'** (Syn. **'Atropurpurea'**), die Blutpflaume, deren anfangs tiefrote Blätter sich im Spätsommer dunkelviolett färben, wohingegen die rosafarbenen Blütenknospen weiß erblühen. M. Pissard, Gärtner des persischen Hofes, sandte die Pflanze 1880 nach Frankreich. Aus Australien stammt dagegen die etwa 3,5 m hohe **'Elvins'** (Syn. *Prunus* 'Elvins'), deren gebogene Äste ab der Frühjahrsmitte zahlreiche weiße, leicht rosa getönte Blüten tragen.

Prunus cerasoides

Der hübsche, in seiner Heimat im Westen Chinas und im östlichen Himalaja bis zu 8 m hohe Baum hat eine glänzend gräulich-braune Rinde und ledrige, scharfgezähnte Blätter. Seine rosaroten, als Knospen tiefrosa gefärbten Blüten blühen im späten Frühjahr. Kultiviert wird der Baum seit 1931.

Prunus cerasus

SAUERKIRSCHE

Der Ursprung dieser europäischen und westasiatischen Obstkirschen konnte bis

Prunus cerasifera 'Nigra'

Prunus cerasifera 'Elvins'

Prunus cerasifera, Kulturvarietät

Prunus glandulosa 'Sinensis'

heute nicht ermittelt werden, ihre botanische Identität wurde unter Experten kontrovers diskutiert. So sind die unter *Prunus cerasus* zusammengefaßten Bäume zwar kleiner und buschiger als die Süßkirsche (*P. avium*), haben saure Früchte und bilden Wurzelbrut, stammen aber möglicherweise dennoch von derselben Art ab wie jene. Sie sind selbstbefruchtend, so daß auch ein einzeln stehender Baum Früchte tragen kann. Bekannte Sorten sind ***P. c.* var. *austera*,** die Morelle, an deren hängenden Ästen schwärzliche Früchte mit purpurrotem Saft wachsen, ***P. c.* var. *caproniana*,** die Amarelle, mit roten Früchten, deren Saft klar ist, und ***P. c.* var. *marasca*,** die dalmatinische Maraskakirsche, deren kleine schwärzliche Früchte unter dem Namen Maraschinokirschen bekannt sind.

Prunus × *cistena*

Eine violettblättrige Form von *Prunus cerasifera* und die amerikanische Sandkirsche (***P. pumila***) sind die Stammpflanzen dieser frostharten Hybride. Sie ist ein bis zu 2,5 m hoher Strauch mit eher schwachem Stamm und weniger als 6 cm langen, rotbraunen Blättern, der im Frühjahr einzeln oder paarweise wachsende, weiße Blüten entwickelt. Im Sommer bringt er dann kleine, dunkelviolette Früchte hervor.

Prunus × *domestica*

PFLAUME, ECHTE PFLAUME, ZWETSCHGE, HAUSPFLAUME, BAUERNPFLAUME, ZWETSCHE

Der kräftige, bis über 9 m hohe europäische Pflaumenbaum mit seiner dichten Krone aus starken Ästen und Zweigen, die als junge Triebe zuweilen Dornen tragen, ist wahrscheinlich eine sehr alte Hybride, zu deren Vorfahren Schlehe (*Prunus spinosa*) und Kirschpflaume (*P. cerasifera*) gehören. Die zahlreichen Sorten werden zumeist wegen ihrer süßen Früchte, einige aber auch als Zierpflanzen kultiviert. Sie tragen im Frühjahr zahlreiche kleine Büschel weißer Blüten, im Sommer kugelige bis leicht längliche, 3–8 cm lange Früchte mit gelber, roter oder blauschwarzer Haut und grünem oder gelbem Fruchtfleisch, die weniger saftig sind als die rotfleischigen Früchte der Dreiblütigen Pflaume (***P. salicina***); besonders schmackhaft sind die süß-saftigen, bernsteingelben und rotgefleckten Früchte

Prunus dulcis

von **'Coe's Golden Drop'**; andere eignen sich auch zum Einkochen und als Dörrobst. ***P. domestica* subsp. *insititia*,** die Krieche oder Haferpflaume, ist stärker bedornt und gedeiht in Gegenden, die für andere Sorten zu kalt sind. Ihre kleinen, schwarzvioletten Früchte mit sehr saurem Fruchtfleisch finden für Marmeladen und Gelees Verwendung.

Prunus dulcis

Syn. ***Prunus amygdalus***

MANDELBAUM, MANDEL, ECHTER MANDELBAUM, ECHTE MANDEL

Der wohl aus dem östlichen Mittelmeerraum stammende Baum, der für eine ergiebige Ernte heiße, trockene Sommer und kühle Winter benötigt, ist eng mit dem Pfirsichbaum verwandt, wird meist über 6 m hoch und mäßig breit. An den noch blattlosen Ästen blühen im Spätwinter oder zu Frühjahrsbeginn Fünfer- und Sechserbüschel ungestielter, rosafarbener Blüten, auf die im Sommer flache, pelzige, einem getrockneten kleinen Pfirsich ähnelnde Früchte folgen; sie trocknen ein, platzen auf und setzen einen Stein mit dünner Schale frei, der den Mandelkern enthält. Der als junge Pflanze frostempfindliche Baum gedeiht nur auf salzfreien, durchlässigen Böden. Da er nicht selbstbefruchtend ist, sind stets zwei gleichzeitig blühende Sorten erforderlich, um Früchte ernten zu können. Anfällig ist er für die Schrotschußkrankheit, die violette Flecken auf den Früchten verursacht und den Kern schädigt. Durch geeigneten Schnitt gibt man ihm eine offen vasenförmige Gestalt mit drei bis vier kräftigen Ästen.

Prunus glandulosa

DRÜSENKIRSCHE, GEFÜLLTE JAPANISCHE MANDELKIRSCHE

China und Japan sind die Heimat des bis zu 1,5 m hohen, auffälligen sommergrünen Strauches, der einer Gruppe zwergwüchsiger Pflanzen aus der Untergattung *Cerasus* mit einigen Merkmalen von *Amygdalus* angehört. Er hat zähe dünne Zweige, kleine Blätter und trägt vom späten Frühjahr an entlang der Zweige zahlreiche weiße bis blaßrosa Blüten. Die eßbaren, aber sauren Früchte sind dunkelrot und etwa halb so groß wie Kirschen. Nach der Blüte wird der winterharte Strauch zumeist bis in Bodennähe zurückgeschnitten, so daß sich eine Vielzahl kräftiger, senkrechter Triebe entwickelt, die im nächsten Frühjahr üppig blühen. Sorten mit gefüllten Blüten sind die rosa blühende **'Sinensis'** (Syn. 'Rosa Plena') und die weißblühende **'Alba Plena'**.

Prunus ilicifolia

STECHPALMENBLÄTTRIGER KIRSCHBAUM

Die aus den Küstengebirgen Kaliforniens stammende, in der Natur bis über 8 m hohe Pflanze aus der Untergattung der Lorbeerkirschen ist in Kultur meist ein dichter, hügelförmiger Strauch von 2,5–3,5 m Höhe. Ihre 2,5–5 cm langen, dicken, glänzendgrünen Blätter haben dornige Zähne wie die der Stechpalme. Im Sommer trägt sie weiße Blüten in bis zu 8 cm langen, schmalen Ähren, später kleine, runde, tief rotviolette Früchte. Der als gut angewachsene Pflanze gegen Hitze und Trockenheit resistente, aber sehr frostempfindliche Strauch eignet sich in entsprechend milden Gebieten vorzüglich als Hecke oder Windschutz und nimmt nur bei sorgsamem Beschneiden die Gestalt eines Baumes an.

Prunus incisa

MÄRZKIRSCHE

Der bis zu 9 m hohe Kirschbaum aus Japan verdankt seinen lateinischen Namen – »incisa« bedeutet »eingeschnitten« – entweder den scharfgezähnten Rändern der ovalen, anfangs rötlichen, im Sommer grünen, im Herbst schließlich orangeroten Blätter oder aber den eingekerbten Blütenblättern der – als Knospen rosafarbenen – weißen oder blaß rosafarbenen Blüten, die zu Frühjahrsbeginn an den noch blattlosen Ästen sprießen. Die Sorte **'Praecox'** blüht bereits im frühen Winter.

Prunus laurocerasus

Prunus laurocerasus

KIRSCHLORBEER, LORBEERKIRSCHE, GEMEINE LORBEERKIRSCHE

Wie der Name andeutet, hat der unbeschnitten bis zu 15 m hohe, oft als Hecke gepflanzte Strauch große Ähnlichkeit mit dem Lorbeerbaum (*Laurus nobilis*) und wird vor allem wegen seiner etwa 15 cm langen, glänzenden leuchtendgrünen Blätter oft mit diesem verwechselt. Seine Heimat sind der Balkan, die Türkei und die Ufer des Kaspischen Meeres; seit dem 16. Jahrhundert wird er in Westeuropa gepflanzt. Er ist eine der zähesten immergrünen Pflanzen und gedeiht auch auf alkalischen Böden sowie an eher schattigen Stellen. In der zweiten Frühjahrshälfte trägt er kleine, süßduftende weiße Blüten in aufrechten Trauben, an deren Stelle später rote Beeren treten, die sich im Herbst schwarz färben. Sorten sind **'Otto Luyken'**, eine 1–1,2 m hohe und 1,5 m breite, üppigblühende Zwergform, und die meist weniger als 1 m hohe und mehr als 3,5 m breite **'Zabeliana'** mit waagrecht wachsenden Ästen und schmalen, weidenähnlichen Blättern.

Prunus ilicifolia

Prunus cerasus var. *austera*

P

Prunus lusitanica

PORTUGIESISCHER KIRSCHLORBEER, PORTUGIESISCHE LORBEERKIRSCHE, IBERISCHE LORBEERKIRSCHE

Dieser in Spanien und Portugal heimische, bis zu 12 m hohe, immergrüne, große Strauch oder kleine Baum zählt zu den engen Verwandten des Kirschlorbeers und wird vorwiegend als Hecke oder Windschutz gepflanzt, ist aber auch eine attraktive, trockenheitsbeständige, allerdings sehr frostempfindliche Zierpflanze. Er bildet länglich-spitze, bis über 10 cm lange, auf den Unterseiten gelbgrüne Blätter mit gezähnten Rändern und entwickelt im Frühsommer zahlreiche hängende Ähren kleiner, weißer Blüten. An die Blüte anschließend wachsen rote Beeren, die sich im Herbst schwarz färben.

Prunus lyonii

Prunus maackii

Prunus lusitanica* subsp. *azorica wird meist nur 4,5 m hoch und bildet etwas kleinere Blätter und kürzere Blütenähren.

Prunus lyonii

Die Inseln vor der Küste Südkaliforniens sind die Heimat dieses buschigen, bis zu 8 m hohen, sehr frostempfindlichen Baumes. Er besitzt schmale, etwa 5 cm lange, teilweise gezähnte Blätter, die anders als die des nahe verwandten *Prunus ilicifolia* nicht mit Stacheln bewehrt sind. Die relativ kleinen, weißen Blüten in kurzen Ähren blühen im Frühjahr, später gefolgt von etwa 2,5 cm langen, rotschwarzen Früchten.

Prunus maackii

AMURKIRSCHE, MANDSCHURISCHER KIRSCHBAUM, AMURTRAUBENKIRSCHE

Bis zu 15 m hoch wird dieser in Korea, Nordostchina und Ostsibirien heimische Kirschbaum, der Merkmale der Traubenkirschen (Untergattung *Padus*) wie der Lorbeerkirschen (Untergattung *Laurocerasus*) aufweist und daher verwandtschaftlich nicht eindeutig einzuordnen ist. Seine kleinen, weißen Blüten wachsen in kurzen, dichten Ähren an den Spitzen der Vorjahrestriebe, gefolgt von winzigen, trockenen, schwarzen Früchten. Die 8–10 cm langen, anfangs flaumig behaarten Blätter verfärben sich im Herbst oft sehr hübsch.

Prunus mume 'Pendula'

Prunus lusitanica

Prunus maritima

STRANDPFLAUME

Der 2 m hohe, struppige Strauch mit 6 cm langen, unterseits behaarten, tiefgrünen Blättern stammt aus dem Osten der USA, wo er auf Sand- und Kiesböden in Küstennähe wächst, und dient in Küstenregionen als Schutz gegen Wind und Erosion. Auf die 1 cm breiten, in Zweier- bis Dreierbüscheln wachsenden, blaßrosa Blüten folgen nach der Blüte schmackhafte kleine, rotviolette Früchte.

Prunus mume

JAPANISCHE APRIKOSE, MUMEBAUM, SCHNEEAPRIKOSE

Eng verwandt mit dem Aprikosenbaum ist dieser in China heimische, dort und in Japan seit Jahrhunderten auch als Bonsai kultivierte, frostempfindliche, 4,5–9 m hohe Baum mit rundlicher Krone und bis zu 10 cm langen, sehr spitzen Blättern, der zur Stammpflanze Hunderter von Kultursorten – Obstbäumen wie Zierpflanzen – geworden ist. Im Frühjahr trägt er Büschel von 2,5 cm breiten, duftenden, weißen bis tief rosafarbenen Blüten, ein beliebtes Objekt der ostasiatischen Malerei. Die aprikosenähnlichen Früchte sind gelblich. **'Alboplena'** hat gefüllte, weiße Blüten; **'Benichidori'** blüht spät mit gefüllten, rosa Blüten; **'Pendula'** hat hängende Äste und **'Geisha'** halbgefüllte, tiefrosa Blüten.

Prunus 'Okame'

Die attraktive Hybride ist eine Kreuzung aus ***Prunus campanulata*** und *P. incisa*. Sie wird bis etwa 8 m hoch, hat dunkelgrüne Blätter, die sich im Herbst leuchtendorange färben, und trägt im Frühjahr zahlreiche rosarote Knospen, aus denen sich leuchtend rosafarbene Blüten entwickeln.

Prunus padus

TRAUBENKIRSCHE, AHLKIRSCHE, GEMEINE TRAUBENKIRSCHE, SUMPFKIRSCHE, AHLBAUM, ELSE, KITSCHBAUM

Wild wird dieser Baum aus den gemäßigten Zonen Eurasiens bis zu 15 m hoch, in Gärten meist kleiner. Er hat 10 cm lange, feinbehaarte Blätter mit gesägten Rändern, die sich im Herbst oft orange verfärben, 1 cm breite, weiße Blüten in knapp über 10 cm langen Trauben sowie erbsengroße, von Vögeln geschätzte, schwarze Früchte. Die Sorte **'Watereri'** ist sehr attraktiv und bildet 20 cm lange Blütentrauben.

Prunus 'Okame'

Prunus mume 'Geisha'

Prunus sargentii

Prunus persica
PFIRSICHBAUM, PFIRSICH

Dieser wahrscheinlich aus China stammende, bis über 3,5 m hohe Baum, ist als Obstbaum eine der wichtigsten Arten der Gattung und wurde nach Meinung von Experten vor mehr als tausend Jahren im Mittelmeerraum eingebürgert. Zu Beginn des Frühjahrs – in wärmeren Gebieten schon im Spätwinter – ist er mit rosaroten Blüten übersät; die schmalen, 6 cm langen, mittelgrünen Blätter entwickeln sich interessanterweise erst später. Im Mittsommer folgen dann die schmackhaften, mit samtigem Flaum bedeckten blaß- bis hellrosa, gelb oder scharlachrot gefärbten Früchte mit porigem, stark gefurchtem Kern. Die zahlreichen Sorten umfassen sowohl Obstbäume als auch Zierpflanzen, wobei auch erstere oft sehr attraktive Blüten haben, während die Früchte der letzteren in der Regel klein, hart und kaum genießbar sind. Zu den ihrer Blüten wegen kultivierten Sorten gehören: **'Alba Plena'** mit gefüllten weißen Blüten; **'Klara Meyer'** mit gefüllten pfirsichrosa Blüten und krausen Blütenblättern; **'Magnifica'**, deren Zweige zu Beginn des Frühjahrs mit tief karmesinroten Blüten bewachsen sind; sowie **'Versicolor'**, bei der dieselbe Pflanze sowohl weiße wie blaßrosafarbene Blüten mit unregelmäßigen roten Streifen trägt. ***Prunus persica* var. *nectarina***, die Nektarine, unterscheidet sich vom Pfirsichbaum vor allem durch die meist kleineren Früchte mit glatter Schale. Aus den Sämlingen ihrer verschiedenen Sorten entwickeln sich in der Regel Pfirsichbäume mit »normalen«, flaumig behaarten Früchten.

Prunus persica

Prunus salicifolia
MEXIKANISCHE KIRSCHE

Aus den Hochländern Mittelamerikas und des nördlichen Südamerika stammt dieser bis zu 12 m hohe, mit ***Prunus serotina*** verwandte Baum aus der Untergattung der Traubenkirschen. Er hat bis zu 10 cm lange ledrige Blätter mit feingesägten Rändern, 1 cm breite weiße Blüten an lockeren Blütentrauben sowie eßbare kleine rote bis schwärzliche Früchte.

Prunus sargentii
SACHALINKIRSCHE, SARGENTS KIRSCHE

Der in Japan, Korea und Ostsibirien heimische, bis zu 25 m hohe Kirschbaum mit dunkel kastanienbrauner Rinde ist eine der größten japanischen Zierkirschen. Rosafarbene Blüten mit dunkleren Staubgefäßen bedecken um die Mitte des Frühjahrs seine Zweige. Zur gleichen Zeit entwickeln sich die länglichen, spitzen, bis zu 12 cm langen Blätter, die sich im Herbst orange und rot verfärben und den Baum insgesamt rötlich-bronzefarben erscheinen lassen. Er ist empfindlich gegen Luftbelastung, aber winterhart.

Prunus persica 'Versicolor'

Prunus, Sato-Zakura-Gruppe, 'Shirotae'

P., Sato-Zakura Gruppe, 'Seykiyama'

P., S.-Z.-Gruppe,'Cheal's Weeping'

Prunus, Sato-Zakura-Gruppe

Die wichtigste Gruppe japanischer Zierkirschen stammt in der Regel von der Japanischen Blütenkirsche *(Prunus serrulata)* ab, wenn auch wohl in ihren Merkmalen vielfach beeinflußt durch Kreuzung mit verwandten Arten. Kennzeichen der meist kleinen bis mittelgroßen, frostharten Bäume sind große Blätter mit feiner, ebenmäßiger, an den Spitzen borstenartiger Zähnung sowie lockere Dolden mit auffälligen, gezähnten Hüllblättern an der Basis und meist über 3,5 cm messenden Blüten. In kühleren Regionen gehören sie zu den beliebtesten frühjahrsblühenden Bäumen; für eine ergiebige Blütenpracht benötigen sie milde Sommer und ausreichend Regen. Sie stammen zumeist aus Japan und unterscheiden sich in Größe und Wuchsform, in Farbe, Gestalt und Größe der Blüten sowie in der Farbe der jungen Blätter, die entweder zur Zeit der Blüte oder kurz danach sprießen. Bei den Namen herrscht zum Teil noch große Verwirrung. Die schmale, bis zu 9 m hohe **'Amanogawa'** hat duftende, halbgefüllte, weiße bis rosa-perlmuttfarbene Blüten. Die gefüllten, violett-rosafarbenen Blüten der kräftigen, bis zu 12 m hohen **'Sekiyama'** (Syn. 'Kanzan') blühen um die Frühjahrsmitte. **'Cheal's Weeping'** (Syn. 'Kikushidare') dagegen blüht früh und trägt gefüllte, tiefrosa Blüten an hängenden Zweigen. **'Shirotae'** (Syn. 'Mount Fuji') hat ausladende, ebenfalls hängende Zweige, grüne, an den Rändern spitzentragende Blätter, die zu Frühjahrsbeginn sprießen und im Herbst orangerot wer-

Prunus persica 'Klara Meyer'

Prunus, Sato-Zakura-Gruppe, 'Taihaku'

Prunus, Sato-Zakura-Gruppe, 'Takasago'

Prunus, Sato-Zakura-Gruppe, 'Ukon'

den; um die Frühjahrsmitte trägt sie zahlreiche z.T. halbgefüllte, duftende, weiße Blüten. Die breite, bis zu 4,5 m hohe **'Okumiyako'** (Syn. 'Shimidsu-Sakura') treibt im späten Frühjahr rosa getönte Blütenknospen, die zu großen, gefransten und gefüllten, weißen Blüten werden; ihre Blätter färben sich im Herbst orange und rot. **'Pink Perfection'** ist ein kräftiger Baum mit Büscheln großer, gefüllter, tief rosafarbener Blüten, die sich aus roten Knospen entwickeln. Auch die bis zu 6 m hohe, spät blühende **'Shirofugen'** ist von kräftigem Wuchs; ihre Blätter sind anfangs kupferfarben, die in Büscheln wachsenden Blüten als Knospen purpurrosa, dann weiß und später wieder purpurrosa. **'Shogetsu'** ist ein 4,5 m hoher, spät blühender Baum mit ausladenden Ästen, gebogenen Zweigen und großen Büscheln gefüllter oder halbgefüllter, blaß rosafarbener, in der Mitte weißer Blüten. Kräftig und breit ist die bis über 6 m hohe **'Taihaku'**, die um die Frühjahrsmitte große, weiße Blüten sowie bronzefarben-rote junge Blätter trägt, die sich später dunkelgrün färben. **'Takasago'** mit ihren duftenden, rosa Blüten wird vielfach als Hybride angesehen, zu deren Stammpflanzen die Yoshinokirsche *(Prunus × yedoensis)* gehört. Die aufrechte, bis zu 9 m hohe **'Ukon'** schließlich trägt um die Frühjahrsmitte große, grünlich-cremefarbene, leicht rosa getönte Blüten.

Prunus serotina

Prunus, Sato-Zakura-Gruppe, 'Okumiyako'

P., Sato-Zakura-Gruppe, 'Shirofugen'

Prunus serotina

SPÄTBLÜHENDE TRAUBENKIRSCHE, SPÄTE TRAUBENKIRSCHE

Der in Kultur selten über 15 m hohe, schnellwachsende, frostharte Baum aus der Untergattung der Traubenkirschen erreicht in seiner Heimat in der Osthälfte Nordamerikas oft eine Höhe von über 30 m; sein Holz wird in der Möbeltischlerei geschätzt. Er hat eine dunkelbraune Rinde und spitze, bis zu 15 cm lange Blätter, die mit ihrem oft flaumig behaarten Mittelnerv grün sind und sich im Herbst gelb und hell scharlachrot verfärben. Im späten Frühjahr trägt der Baum kleine, duftende, weiße Blüten an hängenden, bis zu 15 cm langen Blütenähren, im Sommer erbsengroße, schwarze Früchte, die von Vögeln gefressen werden. Die Art ist in Europa in vielen Wäldern eingebürgert.

Prunus serrula

TIBETKIRSCHE, MAHAGONIKIRSCHE

Der bis zu 15 m hohe, wegen seiner glänzend mahagoniroten Rinde beliebte, winterharte Baum aus dem Westen Chinas gedeiht am besten in kühlen Regionen. Er hat eine elegant gerundete Krone und trägt im Frühjahr Büschel kleiner, weißer Blüten. Zur gleichen Zeit sprießen die neuen Blätter, die sich dunkelgrün, im Herbst dann gelb färben. Die runden, roten bis schwarzen Früchte sind sehr klein.

Prunus serrulata

Prunus, Sato-Zakura-Gruppe

Prunus × subhirtella 'Pendula'

Prunus serrulata
JAPANISCHE KIRSCHE, GESÄGTBLÄTTRIGE KIRSCHE, NELKENKIRSCHE, GRANNENKIRSCHE

Der breite, etwa 9 m hohe Kirschbaum aus China gilt als Stammpflanze der meisten japanischen Zierkirschen, besonders der Sato-Zakura-Gruppe, deren Blätter den seinen sehr ähneln, obwohl diese nicht so borstenartig gezähnt sind. Seine rosa getönten weißen Blüten entwickeln sich gleichzeitig mit oder auch bereits vor den neuen Blättern in der zweiten Frühjahrshälfte.

Prunus spinosa
SCHLEHE, SCHLEHDORN, SCHWARZDORN, DORNSCHLEHE, STECHDORN

Der 3,5–4,5 m hohe dornige Strauch oder kleine Baum mit 5 cm langen, gezähnten Blättern aus der Untergattung der Pflaumen ist in allen gemäßigten Zonen Eurasiens sowie in Nordafrika zu Hause. An noch kahlen Zweigen trägt er zu Beginn des Frühjahrs zahlreiche meist einzeln, z.T. auch paarweise wachsende, kleine, weiße Blüten, auf die im Sommer 1 cm dicke, pflaumenartige Früchte folgen.

Prunus × subhirtella
HIGANKIRSCHE, FRÜHJAHRSKIRSCHE, BERGKIRSCHE

Die bis 9 m hohe, frostharte Zierkirsche, Stammpflanze vieler Sorten, gilt als Hybride. Sie stammt aus Japan und gedeiht in kühleren Regionen, ist aber oft kurzlebig. Zeitig im Frühjahr trägt sie blaß rosafarbene Blüten; im Herbst verfärben sich ihre spitzen dunkelgrünen Blätter gelb. Die 4,5 m hohe **'Autumnalis'** blüht mit Unterbrechungen vom Spätherbst bis ins Frühjahr und hat weiße, als Knospen rosafarbene Blüten. **'Autumnalis Rosea'** ist ihr ähnlich, blüht aber blaßrosa. Die meist als Hochstamm veredelte **'Pendula'** hat hängende Äste und trägt vom späten Winter bis zum Frühjahr zahlreiche kleine, fünfzählige, blaßrosa Blüten, gefolgt von kleinen, braunroten Früchten. Kräftiger rosa sind die Blüten bei der im Frühjahr blühenden **'Pendula Rubra'**. Die bis etwa 8 m hohe **'Accolade'**, deren halbgefüllte, blaßrosa Blüten sich zu Frühjahrsbeginn aus kräftig rosafarbenen Knospen entwickeln, ist eine Hybride von Higan- und Sachalinkirsche *(Prunus sargentii)*. **'Hally Jolivette'**, entstanden aus einer Rückkreuzung der Hybride *P. × subhirtella × yedoensis* mit *P. × subhirtella*, ist ein 2,5–4,5 m hoher und breiter Strauch mit aufrechten, rötlichen Zweigen, der im Frühjahr gefüllte, weiße Blüten trägt, die aus rosa Knospen hervorgehen.

Prunus tenella
ZWERGMANDEL, STRAUCHMANDEL, ZWERGMANDELBAUM, KALMÜCKENNUSS

Osteuropa und die Region um das Kaspische Meer sind die Heimat dieses vasenförmigen, bis etwa 1,5 m hohen Strauches, eines zwergwüchsigen Verwandten von Mandel und Pfirsich. An seinen schmalen Zweigen blühen im Frühjahr zahlreiche, stiellose, leuchtend rosafarbene Blüten; erst danach sprießen die schmalen, 8 cm langen, glänzenden Blätter. Der Strauch darf nicht austrocknen, ist aber sehr frostbeständig und eignet sich als Kübelpflanze, wenn er alle zwei Jahre umgetopft und an den Wurzeln beschnitten wird. Wird er nach der Blüte bis in Bodennähe zurückgeschnitten, entwickelt er im Sommer dichtstehende neue Triebe. Die Sorte **'Fire Hill'** hat aufrechte Zweige.

Prunus × yedoensis

Prunus × yedoensis 'Shidare Yoshino'

Prunus virginiana
VIRGINISCHE ODER ROTE TRAUBENKIRSCHE

Dieser frostharte meist 3,5–4,5 m hohe Strauch, zuweilen aber auch bis zu 9 m hohe Baum gilt in seiner Heimat in der Osthälfte Nordamerikas vielerorts beinahe als Landplage, da seine Samen von Vögeln fast überall verbreitet werden. Er hat 8 cm lange, feingezähnte Blätter und trägt in der ersten Frühjahrshälfte kleine, weiße Blüten an bis zu 15 cm langen, dichten Blütenähren, an deren Stelle später erbsengroße, dunkelrote Früchte treten, die sauer sind und adstringierend wirken.

Prunus × yedoensis
JAPANISCHE BLÜTENKIRSCHE, TOKIOKIRSCHE, YOSHINOKIRSCHE

Wie andere japanische Zierkirschen gilt auch dieser schnellwachsende, bis zu 9 m hohe und ebenso breite Baum als Hybride, wahrscheinlich von ***Prunus speciosa*** und *P. × subhirtella*, der Higankirsche. Er wird gern auf Rasenflächen und in Alleen gepflanzt und prägt so z.B. das Bild der US-amerikanischen Hauptstadt Washington. Seine zahlreichen weißen oder blaßrosa Blüten öffnen sich meist vor dem Austrieb der 10 cm langen, tiefgrünen, im Herbst besonders attraktiv gefärbten Blätter. Zu den Sorten gehören **'Ivensii'** mit hängenden gebogenen Zweigen, **'Akebono'** mit rosa Blüten und **'Shidare Yoshino'** mit hängenden Zweigen und vielen weißen Blüten.

Prunus × subhirtella 'Accolade'

PSEUDERANTHEMUM

Die 60 zwischen 30 cm und 1,5 m hohen Stauden, Halbsträucher und Sträucher dieser Gattung sind in allen tropischen Regionen zu Hause. Wegen ihrer ungewöhnlichen Blätter und der auffälligen Blütenähren mit rosa, rot und magentarot gefleckten weißen Blüten werden sie gern kultiviert.

Prunus × subhirtella

P

PFLEGE UND VERMEHRUNG: Die nicht winterharten Pflanzen gedeihen am besten und blühen am üppigsten auf feuchten, durchlässigen, mit Kompost angereicherten Böden. Kappen der Spitzen sorgt für buschigeren Wuchs, falls erforderlich kann im Frühjahr auch stark zurückgeschnitten werden. Vermehrung ganzjährig durch Samen oder Teilung.

Pseuderanthemum reticulatum

Der in Vanuatu im Pazifik heimische, bis zu 1 m hohe und ebenso breite Strauch wächst bei tropischer Hitze in windgeschützter Lage. Seine auffälligen, bis zu 15 cm langen, ovalen Blätter sind grün bis schwarzviolett mit einem Netz goldener Adern und haben gewellte Ränder. Weiße Röhrenblüten, in der Mitte kirschrot gefleckt, erscheinen in endständigen Rispen.

PSEUDOCYDONIA

Einzige Art der Gattung ist ein kleiner sommer- oder halb-immergrüner Baum, der mit der Quitte *(Cydonia oblonga)* verwandt und ihr entsprechend ähnlich ist. Er hat ovale, glänzendgrüne, unterseits behaarte Blätter und trägt im Frühjahr einzelnstehende, 2,5 cm breite, blaßrosa Blüten, gefolgt von großen, 10–15 cm langen, angenehm duftenden Früchten, die eßbar, aber weniger schmackhaft sind als echte Quitten. Zusammen mit den sich rot und gelb verfärbenden Blättern verleihen sie dem Baum im Herbst ein farbenprächtiges Aussehen.
PFLEGE UND VERMEHRUNG: Der winterharte, im Sommer aber wärmebedürftige Baum gedeiht auf fast allen wasserdurchlässigen Böden, am besten in sonniger Lage, so daß Blätter und Früchte sich kräftig färben. Vermehrung durch Samen, Stecklinge oder Veredlung.

Pseudocydonia sinensis

Syn. *Cydonia sinensis*
CHINESISCHE QUITTE, HOLZQUITTE

Dieser Baum zeichnet sich durch eine teils graue, teils cremefarbene Rinde aus, die sich stückweise abschält und dort frischgrün nachwächst. Die anfangs flaumig behaarten Zweige sind beim erwachsenen Baum glatt und glänzend.

PSEUDOLARIX

GOLDLÄRCHE, SCHEINLÄRCHE

Zu der in China heimischen Gattung gehört nur ein langsamwachsender, in der Natur bis zu 35 m, in Kultur selten über 20 m hoher sommergrüner Nadelbaum, der mit seinen ausladenden Ästen fast genauso breit wie hoch wird. Von der Lärche

Pseudolarix amabilis

(Larix) unterscheiden ihn vor allem die spitzen Zapfenschuppen. Die männlichen Zapfen stehen in Büscheln zusammen, die weiblichen einzeln, ihre Schuppen spreizen sich und fallen dann ab.
PFLEGE UND VERMEHRUNG: Der Baum benötigt einen hellen, windgeschützten Standort auf feuchtem, tiefem, nährstoffreichem, durchlässigem und saurem Boden. Vermehrung durch Samen.

Pseudolarix amabilis

Pseudolarix amabilis

Syn. *Pseudolarix kaempferi*
GOLDLÄRCHE, CHINESISCHE GOLDLÄRCHE, SCHEINLÄRCHE, BASTARDLÄRCHE

Die waagrechten Äste des auch als Bonsaipflanze geeigneten Baumes bilden eine breite kegelförmige Krone. Er hat eine tiefgefurchte und schuppige, rötlichbraune Rinde und schlanke Zweige mit dünnen, weichen, rosettenförmig angeordneten Nadeln, die blaßgrün, unterseits bläulich sind und sich goldgelb verfärben, bevor sie abfallen. Auf die kätzchenartigen Blüten folgen anfangs grüne, später gelbe Zapfen, die lange am Baum hängen.

Pseudocydonia sinensis

Pseudopanax crassifolius

Pseuderanthemum reticulatum

PSEUDOPANAX

Syn. *Neopanax, Nothopanax*

Die meisten der 12 bis 20 immergrünen Baum- und Straucharten dieser Gattung sind in Neuseeland heimisch; je eine Art kommt in Tasmanien, Neukaledonien und Chile vor. Sie haben anfangs einfache, später gefiederte Blätter und tragen im Sommer unauffällige fünfzählige, grünliche Blüten, gefolgt von Büscheln kleiner Beeren. Die wegen ihrer attraktiven Blätter und Früchte beliebten Pflanzen eignen sich als Kübel- wie als Zimmerpflanzen.
PFLEGE UND VERMEHRUNG: Die an ein warmes Klima gewöhnten, nicht frostbeständigen Pflanzen gedeihen auf durchlässigen, organisch gedüngten Böden in der Sonne oder im Halbschatten und lassen sich durch Samen oder im Sommer geschnittene Stecklinge vermehren.

Pseudopanax arboreus

Syn. *Neopanax arboreus, Nothopanax arboreus*

Der 6 m hohe neuseeländische Baum bildet eine gewölbte Krone, kurze, dicke Äste und große, glänzende, in fünf bis sieben je 15–20 cm langen Fiedern gegliederte, tiefgrüne Blätter. Auf die duftenden, kleinen grünen Blüten folgen nach der Blüte Büschel kugeliger, schwarzvioletter Früchte.

Pseudopanax crassifolius

Diese bis 9 m hohe neuseeländische Art verändert sich im Lauf ihres Wachstums sehr stark. Sie hat jung einen einzelnen Stamm von bis etwa 2,5 m Höhe und oben glänzendgrüne, unten purpurfarbene Blätter, die – steif und schwertartig schmal – bis zu 1 m lang werden und feingesägte Ränder und eine rötliche Mittelader haben. Ältere Pflanzen bilden eine verzweigte, runde Krone, während sich die Blätter in 30 cm lange, ledrige Fiedern mit grōber gezähnten Rändern gliedern. An weiblichen Pflanzen entwickeln sich hübsche kleine, schwarze Früchte.

Pseudopanax ferox

Drei verschiedene Typen von Jugendblättern folgen an diesem Baum aufeinander, bevor sich die endgültige Belaubung entwickelt. Besonders auffällig ist die erste Generation – schmale, bis zu 45 cm lange, scharf gezähnte Blätter, die wie kleine asiatische Schwerter wirken und in Winkeln von 30° bis 60° an den kerzengeraden, bis zu 3,5 m hohen Stämmen hängen. Hat der Baum seine endgültige Höhe von 8 m erreicht, sind die Blätter kleiner, breiter, abgerundet und ganzrandig.

Pseudopanax laetus

Der jung gerne als Kübelpflanze gezogene Baum wird bis zu 6 m hoch und eignet sich dann eher als Gartenpflanze, die – bei frostfreiem Klima – ihrer Umgebung eine tropische Note verleiht. Er hat üppige, handförmig geteilte Blätter mit fünf bis sieben bis zu 25 cm langen Fiedern, die als

Knospen an den purpurfarbenen jungen Zweigen in Gallert eingeschlossen sind. Die großen Blütenköpfe mit kleinen, grünen Blüten tragen später kleine, purpurrote Samenkapseln.

Pseudopanax lessonii

Bis zu 6 m hoch wird dieser reichverzweigte, schlanke Strauch oder kleine Baum, der sich als Kübelpflanze eignet und auch windfest ist. Er ist üppig ledrig grün, in warmen Wintern z.T. bronzefarben bis violett belaubt. Die Blätter gliedern sich in drei bis fünf ovale bis lanzettliche, bis zu 10 cm lange Fiedern.

Pseudopanax lessonii, Hybriden

Die meist aus Kreuzungen zwischen *Pseudopanax crassifolius* und *P. lessonii* entstandenen Hybriden sind in Neuseeland weitverbreitet und haben hier *P. l.* in vielen Gärten verdrängt. Einige Sorten tragen gefiederte Blätter mit unterschiedlich breiten, oft purpurnen Fiedern, während bei anderen die Blätter nur breit-rundlich gelappt sind. Bei einigen Sorten sind die Blätter gelb panaschiert. Die mehrstämmige **'Cyril Watson'** hat dreifach gelappte, ledrige Blätter mit hellen Blattadern.

PSEUDOSASA

Drei bis sechs zwischen etwa 2 m und 12 m hohe immergrüne Bambusarten umfaßt diese in Ostasien heimische Gattung. Während sich in warmen, feuchten Gebieten ihre kriechenden Rhizome aggressiv ausbreiten, bilden sie in Gegenden mit kalten Wintern lediglich Horste. Die Blätter sind 8–30 cm lang, schmallanzettlich und leuchtendgrün. Die aufrechten, schmalen und mehlig-weißen Stämme tragen an den Knoten borstige Blattscheiden. Kräftig und rasch wachsend, eignen sich die Pflanzen als Heckenpflanzen.
PFLEGE UND VERMEHRUNG: Die frostempfindlichen Pflanzen gedeihen problemlos auf allen feuchten, durchlässigen Böden in der Sonne oder im Halbschatten. Die Vermehrung erfolgt durch Teilung.

Pseudosasa japonica

METAKEBAMBUS

Dieser Bambus stammt aus Japan; seine Stämme sind 3–6 m hoch, aber weniger als

Pseudotsuga menziesii

Pseudopanax laetus

2,5 cm dick; die 20–40 cm langen Blätter sind unterseits über etwa zwei Drittel der Länge blaugrün. In Regionen mit milden Wintern breitet er sich oft sehr stark und schwer kontrollierbar aus.

PSEUDOTSUGA

DOUGLASIE, DOUGLASTANNE, DOUGLASFICHTE

Die sechs bis acht attraktiven, breit pyramidenförmigen Bäume dieser Gattung mit ihren zylindrischen Stämmen gehören zu den höchsten Koniferen, erreichen außerhalb ihrer Heimat in Nordamerika, Mexiko, China, Taiwan und Japan aber nur selten ihre maximale Höhe von etwa 90 m. Ihre grünen Nadeln mit zwei weißen Streifen auf der Unterseite sind weich und flach und laufen spitz zu. Die hängenden Zapfen mit spitzen Samenschuppen werden 5 cm lang und erst nach einem Jahr reif.
PFLEGE UND VERMEHRUNG: Die sehr frostbeständigen Bäume gedeihen am besten auf tiefen, kühlen Böden in offenen, sonnigen Lagen. Vermehrung durch Samen oder Pfropfung.

Pseudotsuga menziesii

Syn. *Pseudotsuga douglasii, P. taxifolia*

DOUGLASIE, DOUGLASTANNE, DOUGLASFICHTE, DUFTFICHTE

Rasch wachsend und bis zu 90 m hoch, ist dieser bis zu 400 Jahre alt werdende Nadelbaum in Nordamerika ein wichtiger Nutzholzlieferant. Er hat einen massiven Stamm mit dicker, korkiger, dunkel rötlich-brauner Rinde. Die Zweige sind dicht mit weichen, duftenden, bläulich-grünen Nadeln besetzt. An ihren aufwärts gebogenen Spitzen bilden sich im Winter weinrote Triebknospen, die sich im Frühjahr ap-

Pseudowintera colorata

Pseudopanax lessonii, Hybride 'Cyril Watson'

Pseudopanax lessonii, Hybriden

Pseudosasa japonica

felgrün entfalten. Die hängenden Zapfen finden sich an über 20jährigen Bäumen.

PSEUDOWINTERA

Diese Gattung umfaßt drei Arten immergrüner, etwa 2–2,5 m hoher Sträucher. Eine Art kann jedoch im Alter auch zu einem kleinen Baum auswachsen. Beliebt sind sie vor allem wegen ihrer runden, bunten Blätter, deren cremeweiß-grünliche Grundfarbe rote, violette und orangene Flecken durchbrechen, während die Unterseiten oft silbrig sind. Sie sind 5 cm lang, 3,5 cm breit, ledrig und aromatisch. Auf die unscheinbaren kleinen, cremefarbenen Blüten folgen große, schwarze Beeren.
PFLEGE UND VERMEHRUNG: Die sehr frostempfindlichen, farbenprächtigen Pflanzen schätzen feuchte, durchlässige Böden in der Sonne oder auch im Halbschatten. Sie vermehren sich durch Samen, doch sollten von besonders attraktiven Exemplaren Stecklinge gezogen werden.

Pseudowintera colorata

Syn. *Drimys colorata*

Gelbgrüne, scharlachrot gemusterte, im Winter violett verfärbte Blätter mit silbrigen Blattunterseiten machen diesen breit gewachsenen, buschigen, 1–2 m hohen und 1,5 m breiten Strauch zu einer beliebten Zierpflanze. Im Frühjahr und Sommer trägt er grünliche Blüten, an deren Stelle später schwarze Früchte treten.

PSIDIUM

GUAYAVE, GUAJAVE, GUAVE

Die etwa hundert bis zu 9 m hohen immergrünen Bäume und Sträucher dieser Gattung, deren aus dem Griechischen stammender botanischer Name »Granatapfel« bedeutet, stammen aus Mittel- und Südamerika und werden sowohl wegen ihrer attraktiven, einfachen, gegenständigen Blätter und meist großen, in Büscheln wachsenden, fünfzähligen Blüten als auch wegen der Früchte – kugel- bis birnenförmige Beeren mit roter oder gelber Schale – kultiviert. Sie werden meist zu Gelee und Saft verarbeitet, in den subtropischen Ländern auch als Frischobst gehandelt.
PFLEGE UND VERMEHRUNG: Die Pflanzen gedeihen in warmem bis heißem Klima auf feuchten, durchlässigen und nährstoffreichen Böden in geschützten Lagen. Vermehrung durch Samen oder Stecklinge, Absenker oder auch Veredelung.

Psidium cattleianum

ERDBEERGUAYAVE, PURPURGUAYAVE

Der bis zu 6 m hohe Strauch mit aufrechtem Stamm und glatter, attraktiv gefleck-

Psychopsis, Hybride

Psidium cattleianum

ter Rinde verdankt seinen deutschen Namen den tiefroten bis purpurfarbenen, 2,5 cm dicken Früchten. Er hat 10 cm lange, rundliche, ledrige und glänzendgrüne Blätter, eine 3,5 m breite Krone und 2,5 cm breite Einzelblüten. ***Psidium cattleianum*** **var. *littorale*** hat gelbe, die Sorte **'Lucidum'** süße purpurfarbene Früchte.

Psidium guajava

GUAYAVE, GUAVA, GUAYABE, GROSSE GELBE GUAYAVE

Seiner nahrhaften Früchte wegen wird der bis zu 9 m hohe Baum mit buschiger Krone und schuppiger, grünlicher Rinde in allen tropischen und subtropischen Regionen angebaut. Die 15 cm langen, ledrigen Blätter sind auf den Unterseiten behaart und haben hervortretende Adern. Im Frühjahr erscheinen in den Blattachseln Blüten, später runde, 8 cm

Psidium guajava

dicke Früchte mit gelber Schale und rosa Fruchtfleisch.

PSILOTUM

GABELBLATT

Die beiden in den Tropen und Subtropen weitverbreiteten, teils epiphytischen, teils terrestrischen, urtümlichen Pflanzen dieser Gattung sind entfernt mit den Bärlappen verwandt. Da sie keine Blätter haben, sind sie für die Photosynthese auf ihre reichverzweigten, grünen Stengel angewiesen, mit denen sie sich – wurzellos – in Spalten und Furchen verankern. Sie werden 60–75 cm groß und ähneln – abgesehen von den knospenartigen Sporenkapseln an den Triebspitzen – kleinen Ginsterbüscheln mit zähen Stielen.

PFLEGE UND VERMEHRUNG: Die nicht frostharten Pflanzen benötigen zumindest zeitweise eine sehr hohe Luftfeuchtigkeit und gedeihen in gemäßigten und kühlen Regionen nur im Gewächshaus, vorzugsweise in der Sonne oder im Halbschatten. Mit kleinen Pflöcken oder Draht können sie an ihrem Standort befestigt

Psidium cattleianum

werden. Die Vermehrung erfolgt durch Teilung.

Psilotum nudum

Mit ihren zähen Stengeln wächst die bis etwa 60 cm große, buschige Pflanze meist aufrecht, gelegentlich aber auch hängend. An den Spitzen ihrer hellen, gelblich- bis olivgrünen Stengel mit bronzefarbenem Zuwachs bilden sich Sporenkapseln, die aufplatzen und weiße Sporen freisetzen.

PSORALEA

HARZKLEE, DRÜSENKLEE

Die in Amerika, Südafrika und im Mittelmeergebiet heimische Gattung umfaßt etwa 130 Sträucher und Stauden mit leuchtendgrünen, meist dreigeteilten, z.T. auch feingegliederten Blättern. Sie haben Schmetterlingsblüten in meist endständigen Ähren oder Trauben, in der Regel weiß und blau oder ganz weiß gefärbt.

PFLEGE UND VERMEHRUNG: Die meisten Arten in Kultur sind ziemlich frostempfindlich, gedeihen aber sonst problemlos auf allen leichten, durchlässigen Böden in sonnigen Lagen. Vermehren lassen sie sich durch Samen oder Stecklinge; unter günstigen klimatischen Bedingungen säen sie sich auch selbst aus.

Psoralea pinnata

Die in Südafrika beheimatete immergrüne Pflanze wird bis etwa 3 m hoch und ist dicht belaubt, wobei die leuchtendgrünen, nadelartigen Blätter weich und biegsam sind. Im Frühjahr trägt sie endständige Büschel aus süßduftenden, blauweißen Schmetterlingsblüten. Sie schätzt ein mildes Küstenklima, verträgt aber Temperaturen bis –4 °C.

Psilotum nudum

PSYCHOPSIS

Die etwa fünf in den Tiefland-Regenwäldern von Costa Rica bis Peru anzutreffenden immergrünen Orchideen wurden lange der Gattung *Oncidium* zugerechnet. Sie haben gestauchte Pseudobulben, die je ein grün geflecktes, rötlich-braunes Blatt tragen und aus deren Basis die Blütenstände emporwachsen, an deren Spitze sich nacheinander je eine Blüte öffnet.

PFLEGE UND VERMEHRUNG: Die Pflanzen gedeihen im temperierten oder warmen Gewächshaus in durchlässigem Substrat als Topfpflanzen oder auf Borke aufgebunden. Sie sind anfällig sowohl für Blattläuse als auch für Schildläuse und Spinnmilben. Die Vermehrung erfolgt durch Teilung.

Psychopsis papilio

Syn. *Oncidium papilio*

SCHMETTERLINGSORCHIDEE

Die von Westindien bis in den Nordwesten Südamerikas verbreitete, epiphytische Orchidee hat Gruppen seitlich gestauchter, etwa 2,5–5 cm langer Pseudobulben mit je einem bis zu 20 cm langen und 5 cm breiten, olivgrünen Blatt mit roten oder violetten Flecken. Die bis zu 1 m langen Blütenstände mit jeweils einer, etwa 10 cm großen Blüte erscheinen einzeln nacheinander.

PSYCHOTRIA

BRECHSTRAUCH, BRECHWURZEL

Mehr als 500 Bäume, Sträucher und Stauden gehören zu dieser in den Tropen und Subtropen weitverbreiteten Gattung. Sie haben große, 15–30 cm lange, meist elliptische bis lanzettliche, ledrige, z.T. feinbehaarte Blätter mit je zwei blattartigen Nebenblättern an der Basis, die im Verlauf des Wachstums abgeworfen werden, sowie winzige, meist weiße oder cremefarbene Blüten in auffälligen Rispen. Der Blüte folgen gut 1 cm dicke Beerenfrüchte, die gelb, rot, blau, violett oder schwarz sind. Die von einigen Arten produzierten tryptaminähnlichen Stoffe werden als Betäubungs- und Heilmittel verwandt.

PFLEGE UND VERMEHRUNG: Die Pflanzen sind durchweg nicht frosthart. Kleinere Arten lassen sich im Gewächshaus ziehen. Sie gedeihen auf feuchten, durchlässigen und humusreichen Böden in der Sonne oder im Halbschatten und werden durch Samen oder Stecklinge vermehrt.

Psychotria capensis

Der bis etwa 8 m hohe Baum mit elliptischen, 15 cm langen, glänzenden, ledrigen

Psoralea pinnata

Pteris tricolor

Pteris umbrosa

Blättern stammt aus Südafrika. Auf die kleinen cremefarbenen bis gelben Blüten in 15 cm langen Blütenrispen folgen rote Früchte, die sich später schwarz färben.

PSYLLIOSTACHYS

Kennzeichen der sechs bis acht einjährigen, bis zu 40 cm hohen, früher den Staticen (Gattung *Limonium*) zugerechneten Pflanzen aus Zentral- und Vorderasien sind ein Horst grundständiger, z.T. behaarter und häufig tief fiederschnittiger Blätter sowie aufrechte, spärlich verzweigte Ähren, die – besetzt mit winzigen, papierdünnen Blüten in Weiß, Rosa oder Hellviolett – bei Blumenarrangements oder als Trockenblumen beliebt sind.
PFLEGE UND VERMEHRUNG: Die Pflanzen gedeihen auf feuchten, durchlässigen Böden in sonniger Lage. Nach der Blüte sollen sie trocken stehen. Vermehrt werden sie durch Samen.

Psylliostachys suworowii
Syn. *Limonium suworowii*

Die in Zentralasien, Iran und Afghanistan heimische Pflanze hat 5–15 cm lange, klebrige Blätter und vergleichsweise große Blüten an 15 cm langen, geschwungenen Blütenähren.

PTELEA

LEDERSTRAUCH, LEDERBAUM, KLEESTRAUCH, KLEEULME

Aus den kühleren Regionen Nordamerikas stammen die elf langsamwachsenden, bis zu 8 m hohen, sommergrünen kleinen Bäume oder großen Sträucher dieser Gattung. Die in drei längliche Fiedern gegliederten, im Herbst goldgelb gefärbten Blätter enthalten wie die der verwandten Gattung *Citrus* (Zitrone, Orange) Öldrüsen, die beim Zerreiben der Blätter aromatisch duften. Die ebenfalls duftenden, kleinen, grünlich-weißen Blüten erscheinen vom späten Frühjahr bis zum Frühsommer.
PFLEGE UND VERMEHRUNG: Die Pflanzen schätzen schattige Standorte auf gut gewässertem, durchlässigem Boden. Die Vermehrung erfolgt im Herbst durch Samen, im Frühjahr durch Ableger oder Veredelung.

Ptelea trifoliata
LEDERSTRAUCH, KLEESTRAUCH, HOPFENBAUM, KLEEBAUM, DREIBLÄTTRIGE LEDERBLUME, HOPFENSTRAUCH

Im Schatten größerer Bäume kann dieser winterharte Baum bis zu 8 m hoch werden, wenn er in wärmeren Monaten zur Erhaltung der Bodenfeuchtigkeit ausreichend gemulcht wird. Er hat eine kräftigbraune Rinde, ovale, bis zu 10 cm lange, dunkelgrüne Fiederblättchen und ist in kühl-gemäßigten Regionen eine attraktive Zierpflanze. Die gelblichen Blätter der Sorte **'Aurea'** färben sich später lindgrün.

PTERIS

SAUMFARN

Die 280 attraktiven sommer-, immer- oder halbimmergrünen Farne dieser Gattung sind an den schattigen, feuchten Ufern von Wasserläufen in tropischen und subtropischen Regenwäldern zu Hause, wachsen aber auch in besonnten Felsspalten. Sie haben Wedel mit eng beieinanderliegenden Fiederblättern, an deren Rändern sich die Sporen befinden.

Psychotria capensis

PFLEGE UND VERMEHRUNG: Die recht anpassungsfähigen, in der Regel nicht winterharten Farne benötigen zu Beginn der Vegetationsperiode viel Wasser und sollten nicht im direkten Sonnenlicht stehen. Oft werden sie als Zimmerpflanzen gehalten. Besonders an den Blattstielen ist auf Blattlausbefall zu achten. Die Vermehrung erfolgt vorzugsweise durch Sporen oder Teilung.

Pteris cretica
KRETISCHER SAUMFARN

Der buschige, dabei aber zierliche, bis zu 45 cm hohe, immergrüne Farn stellt eine attraktive Zimmerpflanze dar. Die bekannteste seiner vielen Sorten ist **'Albolineata'** mit fast grauen, weiß panaschierten Blättern.

Pteris ensiformis

Nur 30 cm hoch wird dieser zierliche Farn mit teils einfach, teils doppelt gefiederten kleinen Wedeln, deren schmale Segmente an den Spitzen abgerundet sind. Er schätzt ein warmes Klima und erträgt keinen Frost. Es gibt panaschierte Sorten.

Pteris tricolor

Dieser bis zu 60 cm hohe, immergrüne Farn stammt aus Malaysia. Seine bis zu 60 cm langen, gefiederten Wedel sind anfangs purpurrot und färben sich später mittelgrün.

Pteris umbrosa

Mit seinen kriechenden Rhizomen breitet sich dieser australische Farn oft sehr rasch aus und kann so große Flächen besiedeln. Er hat 30–60 cm lange Wedel an 10–30 cm langen Stielen und ist nicht frosthart.

Pteris vittata

Der außer in Amerika weltweit in tropischen und gemäßigten Zonen verbreitete immergrüne, nicht winterharte Farn hat breite, bis zu 1 m lange Wedel mit braunen Schuppen. Er bildet dichte Horste. Die Art hat die unangenehme Tendenz, sich einzubürgern und rasch auszubreiten.

PTEROCARPUS

FLÜGELFRUCHTBAUM, SANDELHOLZBAUM, DRACHENBAUM

Etwa 20 Bäume und Kletterpflanzen mit großen, gefiederten, in der Trockenzeit meist abfallenden Blättern umfaßt diese in den Tropen sowie in Südafrika weitverbreitete, zur Familie der Hülsenfrüchtler gehörende Gattung. An ihren noch kahlen Zweigen öffnen sich duftende, kleine,

Ptelea trifoliata

Psylliostachys suworowii

P

leuchtendgelb und orange getönte Schmetterlingsblüten in Trauben. Später erscheinen runde Samenhülsen, die bei einigen Arten flügelartig verbreitert sind und nicht wie bei anderen Leguminosen aufplatzen, um die Samen freizusetzen.
PFLEGE UND VERMEHRUNG: Die nicht frostharten tropischen Pflanzen brauchen feuchte, durchlässige Böden und Sonne. Ihre Vermehrung erfolgt durch Samen und Stecklinge.

Pterocarpus rohrii

Sommergrüne Tiefland-Regenwälder von Costa Rica bis Peru sind die Heimat dieses bis über 9 m hohen Baumes. Er hat eine breit ausladende Krone, deren äußere Zweige locker überhängen, breit gefiederte tiefgrüne Blätter sowie hübsche Blütenzweige mit kleinen Schmetterlingsblüten. Die ziemlich holzigen Samenhülsen sind fast kreisrund und mit etwa 10 cm Durchmesser für die Gattung recht groß.

PTEROCARYA

FLÜGELNUSS

Die rund zehn sommergrünen Bäume dieser Gattung mit attraktiven Blättern und hängenden Blütenständen sind vom Kaukasus bis China verbreitet. Sie werden bis über 30 m hoch und haben breit ausladende, dichtbelaubte Kronen. Die leuchtendgrünen Blätter sind in meist über 10 cm lange Fiedern gegliedert. Charakteristisch sind die im Frühjahr erscheinenden, bis zu 45 cm langen, gelblich-grünen Blütenkätzchen, die sich zu auffälligen, bis zu 45 cm langen, bänderartigen Ketten von Nüßchen entwickeln, die von den Zweigen hängen.
PFLEGE UND VERMEHRUNG: Die überwiegend frostbeständigen Bäume schätzen tiefe, feuchte, durchlässige, nährstoffreiche Böden in sonniger Lage. Die Vermehrung erfolgt im Sommer durch Stecklinge, im Herbst durch Wurzelbrut oder Samen.

Pterocarpus rohrii

Pterocarpus rohrii

Pterocarya stenoptera var. *brevialata*

Pterocarya carpinifolia

Der Name dieses Baumes – *carpinifolia* bedeutet »hainbuchenblättrig« – verweist auf die auffällige Äderung seiner Blattfiedern. Allerdings haben Hainbuchen *(Carpinus)* ungeteilte, nicht gefiederte Blätter. Ansonsten hat der Baum große Ähnlichkeit mit der Kaukasischen Flügelnuß *(P. fraxinifolia)*.

Pterocarya fraxinifolia

KAUKASISCHE FLÜGELNUSS, ESCHENBLÄTTRIGE FLÜGELNUSS

Der rasch wachsende, bis zu 30 m hohe Baum, dessen breite Krone dicht mit gefiederten Blättern belaubt ist, gedeiht an geschützten Standorten und eignet sich als Schattenbaum für große Gärten oder Parks, am besten in Gewässernähe. Auf die langen, hängenden, grünlich-goldgelben Kätzchenblüten folgen geflügelte Früchte in kettenartig hängenden Fruchtständen.

Pterocarya carpinifolia

Pterocarya stenoptera

CHINESISCHE FLÜGELNUSS

Gut 20 m hoch wird dieser chinesische Baum, dessen junge Triebe und Blätter mit feinem Flaum bedeckt sind. Die bis zu 40 cm langen Blätter gliedern sich in bis zu 23 Fiedern. Die Blütenkätzchen sind mindestens ebenso lang wie die Blätter. ***Pterocarya stenoptera* var. *brevialata*** hat kurzgeflügelte Früchte.

PTEROCELTIS

FLÜGELZÜRGEL

Einzige Pflanze der mit den Zürgelbäumen ***(Celtis)*** verwandten Gattung ist ein in Nord- und Mittelchina heimischer, 9 m hoher, sommergrüner Baum mit runder Krone und schuppiger, gräulicher Rinde. Die 3,5–10 cm langen, ovalen bis lanzettlichen, unterseits leicht flaumighaarigen Blätter haben feingesägte Ränder und eine deutliche Äderung. Im Herbst verfärben sie sich schwach gelb und orange.
PFLEGE UND VERMEHRUNG: Der zähe, anpassungsfähige, bis mindestens –20 °C frostbeständige Baum benötigt als junge Pflanze Windschutz und Halbschatten. Er gedeiht auf allen feuchten, durchlässigen Böden. Vermehrung durch Samen, Stecklinge oder Pfropfung.

Pteroceltis tatarinowii

Der besonders zur Anpflanzung in Parks sowie auf Spiel- und Sportplätzen geeignete Baum trägt unscheinbare, nach Geschlecht getrennte Blüten. An ihre Stelle treten dann geflügelte, bis zu 2,5 cm breite Früchte, die denen von Platanen ähneln.

PTEROCEPHALUS

FLÜGELKOPF

Die im Mittelmeerraum sowie in Zentral- und Ostasien heimische Gattung umfaßt 25 Sträucher, Halbsträucher, Stauden und einjährige Kräuter. Kultiviert werden vor allem polsterbildende Arten mit 3,5 cm langen, behaarten, silbergrauen Blättern mit gewellten Rändern. Vom späten Frühjahr an bilden sich 2,5 cm breite Blütenköpfe mit rosafarbenen Blüten, die denen von Skabiosen ähneln, an 5 cm langen Stengeln unmittelbar oberhalb der Blätter.
PFLEGE UND VERMEHRUNG: Die meist in Steingärten gezogenen Pflanzen schätzen durchlässige, leicht dolomithaltige Kalksteinböden in sehr sonnigen Lagen, gedeihen aber auch auf Trockenmauern.

Pterocarya fraxinifolia

Einjährige Arten werden durch Samen vermehrt, die anderen durch Samen oder Stecklinge.

Pterocephalus perennis

Die etwa 10 cm hohe und 30 cm breite, polsterbildende Staude mit 3,5 cm langen, wenig gezähnten, graugrünen Blättern stammt aus Griechenland. Vom späten Frühjahr an trägt sie zahlreiche 2,5 cm breite, dunkel rosafarbene Blütenköpfe an kurzen Stengeln. Sie eignet sich vorzüglich zur Anpflanzung in Steingärten mit leicht dolomithaltigen Kalksteinböden und braucht etwas Winterschutz.

PTEROSTYLIS

GRÜNKAPPE

Die Gattung umfaßt mindestens 60 kleine, meist in offenen Saisonwäldern in niedrigen bis mittleren Lagen mit gemäßigten Temperaturen wachsende Erdorchideen aus Australien, Neuseeland, Neukaledonien und Neuguinea. Sie bestehen aus einer unterirdischen Knolle, einer Blattrosette und einem meist in der Mitte der Blattrosette entspringenden Blütenstand. Die beiden seitlichen Kelchblätter sind miteinander verwachsen. Die seitlichen Kronblätter bilden mit dem rückseitigen Kelchblatt eine oft durchscheinende Haube. Die Lippe springt bei Berührung in diese Haube zurück. Die meisten Arten verlieren in der Trockenzeit ihre Blätter.
PFLEGE UND VERMEHRUNG: In temperierter bis kühler, weitgehend frostfreier Umgebung gedeihen die attraktiv blühenden Pflanzen im Halbschatten auf einem durchlässigen Untergrund aus kompostierter Kiefernrinde, fein zerkleinerter

Holzkohle, Lauberde und grobkörnigem Sand. Im Anschluß an eine Ruheperiode ohne Wasserzufuhr – je nach Herkunftsregion im Sommer oder im Winter – können sie umgetopft und geteilt werden. Bei guter Pflege sind sie hochinteressante Topfpflanzen mit attraktiven Blüten.

Pterostylis baptistii

Die größte Pflanze der Gattung ist eine kleine Erdorchidee, die in den feuchten, offenen Wäldern und am Rande der Regenwälder an der Ostküste Australiens große Kolonien bildet. Sie hat bis zu 10 cm lange und 2,5 cm breite, fein strukturierte, rosettenförmig angeordnete Blätter und einen bis zu 40 cm hohen Blütenstand mit einer 3,5–6 cm langen Einzelblüte. Die Blütezeit variiert von Ort zu Ort, liegt jedoch meist im Herbst.

Pterostylis obtusa

Aus dem Südosten Australiens stammt diese kleine Erdorchidee mit fein strukturierten, etwa 2,5 cm langen und halb so breiten Rosettenblättern sowie einer etwa 2,5 cm langen Einzelblüte an einem 20 cm hohen Blütenstand. Sie blüht im Herbst.

Pterostylis taurus

Syn. *Pterostylis ophioglossa* var. *fusca*

Im Nordosten Australiens wächst die kleine, koloniebildende Erdorchidee in niederen bis mittleren Lagen, oft an sonnigen Standorten und in Gebieten mit jahreszeitlich wechselndem Klima. Sie hat eine Rosette aus 2,5–3,5 cm langen, 1–2,5 cm breiten Blättern und einen 10–25 cm hohen Blütenstand mit 10–2,5 cm langer Einzelblüte. Blütezeit ist im Herbst.

Pterostylis baptistii

Pterostylis obtusa

Pterostyrax hispida

Pterostylis taurus

PTEROSTYRAX

FLÜGELSTORAX

Vier sommergrüne, bis zu 15 m hohe und gut 10 m breite Bäume und Sträucher gehören zu dieser in Asien heimischen Gattung. Sie haben schlanke Zweige, meist über 15 cm lange, ovale, leuchtendgrüne Blätter mit gesägtem Rand und bis zu 25 cm lange, hängende Blütenstände mit flaumig wirkenden, cremeweißen Blüten. Die Früchte sind borstige Samenkapseln. **PFLEGE UND VERMEHRUNG:** Die nützlichen Schattenbäume gedeihen auf tiefen, feuchten, durchlässigen Böden in der Sonne oder im Halbschatten und sind winterhart. Schnitt ist höchstens gelegentlich zur Formerhaltung nötig. Vermehren lassen sie sich durch Ableger, in den kühleren Monaten auch durch Samen, im Sommer durch Stecklinge.

Pterostyrax hispida

BORSTIGER FLÜGELSTORAX, FLÜGELSTORAX

Bis zu 15 m hoch wird der in China und Japan heimische Baum mit dichter Krone aus ovalen, am Grunde verschmälerten, kräftig grünen, unterseits flaumig behaarten Blättern. Im Sommer trägt er duftende, weiße Blüten an hängenden Blütenzweigen; im Frühherbst folgen zehnfach gerippte, pelzige graue Früchte, die im Winter an den kahlen Zweigen verbleiben.

Pterostyrax hispida

PTILOTUS

HAARSCHÖPFCHEN

Etwa 100 einjährige Kräuter, Stauden und Halbsträucher gehören zu dieser in Asien und Australien heimischen Gattung. Sie haben ungestielte, vielfach dicke und schwere, meist rot überlaufene Blätter, oft mit gewellten Rändern. Die winzigen, in der Regel grün, rosa oder violett gefärbten Blüten wachsen in borstig behaarten, bis zu 15 cm langen Blütenähren. **PFLEGE UND VERMEHRUNG:** Die nicht frostharten Pflanzen gedeihen problemlos auf allen wasserdurchlässigen Böden in sonnigen Lagen. Einjährige Arten werden durch Samen vermehrt, Stauden und Sträucher durch Samen oder Stecklinge.

Ptilotus exaltatus

HAARSCHÖPFCHEN

Die im Inneren Australiens beheimatete 60–90 cm hohe und 60 cm breite Staude trägt ihre lilagrauen bis dunkel rosafarbenen Blüten in fedrigen, zylindrischen Büscheln an aufrechten Stengeln über den lanzettlichen, graugrünen Blättern. Sie blüht vom Winter bis in den Spätsommer.

Ptilotus manglesii

30 cm hoch wird die niederliegende, kurzlebige australische Staude; Gartensorten sind oft nur einjährig. Vom späten Winter bis zum Frühsommer ist die Art dicht mit rosafarbenen bis violetten Blüten in rundlichen, 10 cm breiten Blütenähren bedeckt. Die 8 cm langen, grundständigen Blätter sind oval, die oberen schmaler.

Ptilotus manglesii

PTYCHOSPERMA

FALTENSAMENPALME

Nordaustralien, Neuguinea und die Pazifischen Inseln sind die Heimat der 30 einzelstämmigen bis vieltriebigen, bis zu 9 m hohen Fiederpalmen dieser Gattung mit schlanken, aufrechten Stämmen und einer bis zu 3,5 m breiten Krone aus gefiederten, dunkelgrünen Blättern. Die gelben oder cremefarbenen Blüten wachsen in großen, verzweigten Blütenständen. Die Beeren sind rot, orangefarben oder schwarz. **PFLEGE UND VERMEHRUNG:** Die tropischen Bäume benötigen viel Sonne und Luftfeuchtigkeit und einen stets feuchten, durchlässigen Boden. Die Keimung der Samen kann sich Monate hinauszögern.

P

Pulmonaria officinalis **'Sissinghurst White'**

Pulmonaria saccharata

Pulmonaria saccharata **'Highdown'**

Ptychosperma macarthurii

Die horstbildende, bis zu 9 m hohe Palme mit ihren bis zu 1,5 m langen, großen Blättern, deren Fiedern an den Spitzen wie zerkaut wirken, eignet sich besonders als Untergehölz in einem aus verschiedenen Bäumen bestehenden Palmenhain, aber auch als Kübelpflanze. Ihre gelblichen Blüten, gefolgt von roten Beeren, wachsen an langen, hängenden Blütenzweigen. Die Wedel sollten nicht gestutzt werden.

PULMONARIA

LUNGENKRAUT

Der Name der 14 Rhizomstauden dieser eurasischen Gattung erinnert an die frühere Verwendung als Heilpflanzen. Die bekannteren Arten sind meist 15–25 cm hohe und über 60 cm breite Kräuter mit einfachen ovalen bis lanzettlichen, meist borstig behaarten und oft silberweiß gefleckten Blättern. Die Blütenknospen öffnen sich sehr zeitig im Frühjahr als tiefblaue, rosafarbene oder weiße Blüten.
PFLEGE UND VERMEHRUNG: Die winterharten Waldkräuter gedeihen problemlos auf kühlen, feuchten, humusreichen Böden im Halbschatten. Vermehrung durch Samen, Stecklinge oder Teilung.

Pulmonaria angustifolia

SCHMALBLÄTTRIGES LUNGENKRAUT, BLAUES LUNGENKRAUT

Das ganze Frühjahr hindurch zeigt diese Art dunkelblaue, teilweise rosa schattierte Blüten über grundständigen Rosetten mittelgrüner Blätter. Die Röhrenblüten haben eine fünflappige Krone. Die sommergrüne, winterharte Staude wird 25–30 cm hoch und ebenso breit. Die Sorte **'Blaues Meer'** blüht üppiger und hat größere, strahlendblaue Blüten.

Pulmonaria 'Blue Ensign'

Bis zu 30 cm hoch wird diese Pflanze. Sie hat große, leuchtendblaue Blüten.

Pulmonaria longifolia 'Roy Davidson'

Die von der beliebten Sorte **'Bertram Anderson'** abstammende Pflanze hat breit bandförmige, bis zu 45 cm lange, intensiv silberweiß gefleckte Blätter. Ihre hellblauen Blüten verfärben sich zum Ende der Blütezeit rosa.

Pulmonaria 'Mawson's Blue'

Syn. *Pulmonaria* 'Mawson's Variety'

Die tiefblauen Blüten der sommergrünen Staude wachsen an borstigen Blütenstengeln. Sie wird bis zu 40 cm hoch und 45 cm breit und hat schmale, 30 cm lange Blätter ohne silbrige Flecken.

Pulmonaria officinalis

ECHTES LUNGENKRAUT, GEMEINES LUNGENKRAUT, GEFLECKTES LUNGENKRAUT, BUNTES LUNGENKRAUT, HIRSCHMANGOLD, HIRSCHKOHL

Diese immergrüne Staude mit 10–15 cm langen, weiß gefleckten Blättern und tiefblauen Blüten an bis zu 30 cm hohen Stengeln gilt als Heilmittel gegen Bronchitis und andere Krankheiten der Atemwege. Sie ist aber auch eine hübsche Zierpflanze. Die bis zu 30 cm hohe, frühblühende Sorte **'Sissinghurst White'** hat große Blätter und weiße Blüten, die sich, anders als bei vielen anderen Lungenkrautarten, am Ende der Blütezeit nicht rosa verfärben.

Pulmonaria **'Mawson's Blue'**

Pulmonaria rubra

Diese immergrüne Staude bildet bis zu 45 cm lange, gering behaarte, selten gefleckte Blätter, mit feinen Borsten besetzte Blütenstengel und violette bis blaue, bei einigen Sorten fast rote Blüten. Es gibt auch rosa- und weißblühende Sorten.

Pulmonaria saccharata

Die immergrüne Staude mit 25 cm langen, behaarten, gefleckten Blättern ist Stammpflanze vieler Sorten mit weißen, rosa und blauen Blüten in allen Schattierungen. Zu ihnen gehören die 30 cm hohe **'Highdown'** mit silbrigen Blättern und hängenden Büscheln tiefblauer Blüten sowie die **Argentea-Varietäten** mit silbernen Blättern und roten bis violetten Blüten.

Pulmonaria vallarsae

In ihrer italienischen Heimat wächst diese Staude auf felsigen Böden an Wasserläufen im Gebirge, in sonnigen oder halbschattigen Lagen. Über einem bis zu 30 cm hohen und doppelt so breiten Horst behaarter, gefleckter Blätter trägt sie im Frühjahr Büschel rötlich-veilchenfarbener, sich schon bald violett umfärbender Blüten an behaarten, klebrigen Stengeln. Die preisgekrönte Hybride **'Margery Fish'** hat silberne Blätter mit gefleckten Rändern und rosa-veilchenfarbene Blüten.

PULSATILLA

KUHSCHELLE, KÜCHENSCHELLE

Die 30 im Frühjahr blühenden, sommergrünen Stauden dieser in Eurasien und Nordamerika heimischen Gattung wurden lange der verwandten, ähnlich aussehenden Gattung *Anemone* zugerechnet. Sie bilden Horste aus rosettenförmigen, farnartigen Blättern, die wie die Blütenstengel silbergrau behaart sind. Die Blüten sind weiß, rosa, violett oder rot.
PFLEGE UND VERMEHRUNG: Die meist in Steingärten kultivierten, aber auch für Rabatten oder Pflanztröge geeigneten, winterharten Pflanzen schätzen feuchte Kies- und Geröllböden in der Sonne oder im Halbschatten und werden durch Samen oder Teilung vermehrt.

Pulsatilla albana

Diese Art hat stark unterteilte, intensiv behaarte grundständige Blätter. Ihre an 20 cm langen Stengeln nickenden, glockenförmigen, gelben Blüten sind außen samtig behaart. Sie stammt aus dem Kaukasus und der nordöstlichen Türkei.

Pulsatilla alpina

WEISSE KUHSCHELLE, WEISSE KÜCHENSCHELLE, WEISSE ALPENKUHSCHELLE, WEISSE ALPENKÜCHENSCHELLE

Die auf kalkigen Böden wachsende Blume ist eine Unterart der Alpenkuhschelle oder Alpenküchenschelle aus Südeuropa und dem Kaukasus. Ihre 5 cm breiten, weißen Blüten wachsen an 45 cm hohen Stengeln. ***Pulsatilla alpina* subsp. *apiifolia*** hat gelbe Blüten und wächst oft auf leicht sauren Böden.

Pulsatilla bungeana

Nur 5 cm hoch werden die Blütenstengel dieser kleinen sibirischen Pflanze. Ihre nach oben geöffneten, glockenförmigen, zu Beginn der Blütezeit veilchenblauen Blüten sind über 1 cm breit.

Pulsatilla vulgaris **'Rubra'**

Pulsatilla alpina

Pulsatilla bungeana

Pulsatilla halleri

STEIRISCHE ODER HALLERKUHSCHELLE, STEIRISCHE ODER HALLERKÜCHENSCHELLE

Die in Süd- und Osteuropa sowie im Kaukasus verbreitete Pflanze ist gänzlich mit feinen Härchen bewachsen; am dichtesten behaart sind die hellgrünen neuen Triebe. Die violett-rosafarbenen bis violetten Blütenknospen öffnen sich – meist noch bevor sich die Blätter entfalten – zu weißen, lavendelfarbenen oder violetten Blüten.

Pulsatilla montana

BERGKUHSCHELLE, BERGKÜCHENSCHELLE

Rumänien, Bulgarien und die Schweiz sind die Heimat der Gebirgspflanze mit 3,5 cm breiten, glockenförmigen, tiefblauen bis violetten Blüten an 15 cm langen Stengeln, die nach der Blüte weiterwachsen und letztlich eine Höhe von 45 cm erreichen, wenn die Samen reifen. Die Blätter sind in drei Fiedern unterteilt, diese wiederum in bis zu 150 feinste Blattlappen.

Pulsatilla patens

FINGERKUH- ODER FINGERKÜCHENSCHELLE, HEIDEKUH- ODER HEIDEKÜCHENSCHELLE, AUSGEBREITETE KUH- ODER KÜCHENSCHELLE

Die ledrigen Blätter der von Nordeuropa über Rußland und Sibirien bis ins westliche Nordamerika verbreiteten Pflanze sind weniger fein gegliedert als bei den meisten anderen Arten ihrer Gattung. Die lavendelfarbenen, außen weißen oder blaßgelben Blüten sind bis zu 10 cm breit und wachsen an 8–15 cm langen Stengeln.

Pulsatilla vernalis

FRÜHLINGSKUH-, FRÜHLINGSKÜCHENSCHELLE

Die nach der Gemeinen Kuh- oder Küchenschelle *(Pulsatilla vulgaris)* meistkultivierte Pflanze der Gattung ist über das gesamte Europa bis nach Sibirien verbreitet. Sie hat in nahezu liegenden Rosetten wachsende, stark behaarte und gefiederte Blätter, blaugrüne Stengel und Knospen sowie weiße oder rosa getönte, anfangs hängende, dann aufgerichtete Blüten.

Pulsatilla vulgaris

Syn. *Anemone pulsatilla, A. vulgaris*

GEMEINE ODER ECHTE KUHSCHELLE, GEMEINE ODER ECHTE KÜCHENSCHELLE, WIESENANEMONE

Sonnig gelegene Steingärten sind ein guter Standort für diese bis zu 25 cm hohe und ebenso breite europäische Pflanze mit fein gefiederten, stark behaarten, blaßgrünen Blättern. Im Frühjahr trägt sie nickende, sechszählige Blüten, deren gelbe Blütenorgane deutlich mit den weißen, rosafarbenen, roten oder violetten Blütenblättern

Pulsatilla montana

kontrastieren. Sorten sind **'Alba'**, deren weiße Blüten Schutz vor Sonne und Frost benötigen, die üppigblühende **'Rode Klokke'** (Syn. 'Rote Glocke') mit dunkelroten Blüten sowie die purpur- oder rostrot blühende **'Rubra'**.

PUNICA

GRANATAPFELBAUM, GRANATBAUM

Die im Mittelmeerraum und in Südasien heimische Gattung umfaßt nur zwei sommergrüne Sträucher oder Bäume mit gegenständigen, ganzrandigen Blättern und trompetenförmigen, leuchtendroten Blüten. Kultiviert wird nur der wegen seiner eßbaren Früchte geschätzte Granatapfelbaum ***(Punica granatum)***.

PFLEGE UND VERMEHRUNG: Die nicht winterharten Bäume gedeihen in tropischem oder gemäßigtem Klima, am besten auf tiefen, durchlässigen Böden in geschützten, sonnigen Lagen und eignen sich als Kübelpflanzen. Die roten oder orangefarbenen Früchte reifen in Gegenden mit heißen Sommern. Die Vermehrung erfolgt durch Wurzelbrut, im Frühjahr durch Samen, im Sommer durch Stecklinge.

Punica granatum

GRANATAPFELBAUM, GRANATAPFEL, GRANATBAUM, MARGARANT

Die 4,5 m hohe und 3 m breite Pflanze mit ihren an der Spitze stumpfen, 10 cm langen, glänzenden Blättern trägt im Frühjahr und Sommer an den Zweigenden große, trichterförmige, achtzählige, orangerote Blüten, gefolgt von den apfelähnlichen, anfangs grünen, später orangeroten Früchten, unter deren dicker Schale sich zahllose von süßem, rötlichem Fruchtfleisch umgebene Samen befinden. Die vielen Sorten haben rote, rosa oder weiße Blüten und sehr süße bis saure Früchte. Die Zwergform ***Punica granatum* var. *nana*** mit ihren orangeroten Einzelblüten und kleinen Früchten wird nur etwa 1 m hoch. Kommerziell kultiviert

Punica granatum

wird **'Wonderful'** mit großen Früchten und gefüllten, orangeroten Blüten.

PUSCHKINIA

PUSCHKINIE, KEGELBLUME

Einzige Pflanze der Gattung ist eine von Kleinasien bis in den Iran sowie im Libanon verbreitete, einer kleinen Hyazinthe oder einem Blaustern *(Scilla)* ähnliche Zwiebelblume. Sie hat bandförmige Blätter, bis zu 20 cm hohe Blütenstengel und 1 cm große, blaßblaue Blüten mit dunkleren Streifen.

PFLEGE UND VERMEHRUNG: Die zähe, kleine Zwiebelpflanze bevorzugt kalte Winter und kühle Sommer und faßt unter günstigen Bedingungen auf durchlässigen Böden in sonnigen Lagen sehr rasch Fuß. Sie eignet sich ausgezeichnet zur Anpflanzung in Steingärten ebenso wie als Topfpflanze. Vermehrung durch Samen oder Teilung älterer, eingewachsener Horste.

Puschkinia scilloides

Syn. *Puschkinia libanotica, P. sicula*

Die hyazinthenähnliche, 10–20 cm hohe, intensiv duftende Zwiebelpflanze mit zwei grundständigen, halb aufgerichteten, bandförmigen, mittelgrünen Blättern trägt im Frühjahr bis zu 20 sternförmige, blaßblaue Blüten mit dunklem Mittelstrich in einer dichten Traube.

Pulsatilla vulgaris 'Alba'

Pulsatilla vulgaris

Punica granatum var. *nana*

Punica granatum

PUTORIA

Drei dichte, zwergwüchsige, immergrüne Sträucher mit kleinen, ledrigen Blättern gehören zu dieser im Mittelmeerraum heimischen Gattung. An den Spitzen ihrer Zweige wachsen von der Frühjahrsmitte an kleine Büschel winziger, rosafarbener Blüten, gefolgt von anfangs dunkelroten, später schwarzen Beeren. Die Blätter riechen beim Zerreiben unangenehm.
PFLEGE UND VERMEHRUNG: Der sehr frostempfindliche, sonst aber anspruchslose Strauch ist nicht häufig in Kultur. Er gedeiht am besten auf feuchtem, durchlässigem Boden in voller Sonne. Seine Vermehrung erfolgt am besten durch Samen oder auch Stecklinge.

Putoria calabrica

Mit seinen fast der Erde angedrückten, sich ausbreitenden Polstern ist dieser Strauch für das Alpinenhaus geeignet. Er hat ledrige Blätter, die – elliptisch bis lanzettlich – weniger als 2,5 cm lang sind, und leuchtend rosafarbene, etwa einen halben Zentimeter lange Blüten.

PUYA

Die in Südamerika heimische Gattung umfaßt 170 terrestrische Bromeliaceen, darunter die mit etwa 6 m Höhe größten Vertreter dieser Familie überhaupt. Ihre oft hohlstieligen, steil aufragenden Blätter bilden eine grundständige Rosette. Die großen Blüten – blau, violett oder gelb – wachsen in unverzweigten Ähren oder dichten Rispen. Die Kapselfrüchte enthalten geflügelte Samen.
PFLEGE UND VERMEHRUNG: Die in kühleren Regionen auf ein Gewächshaus angewiesenen Pflanzen gedeihen in den meisten durchlässigen Böden, am besten in sonniger Lage. Ihre Blattränder sind mit scharfen Dornen bewehrt. Beschädigte Blätter können herausgeschnitten werden. Die Vermehrung kann durch Samen oder auch durch die Abtrennung von Ablegern erfolgen.

Puya alpestris

Puya alpestris

Die in Süd- und Mittelchile heimische Pflanze wird 1,2–1,5 m hoch und hat 60 cm lange, in dichten Rosetten wachsende Blätter mit dornenbesetzten Rändern. Aus ihrer Mitte erheben sich pyramidenförmige Blütenstände an kräftigen Stengeln mit röhrenförmigen, blaugrünen Blüten. Bei den im Handel als *Puya alpestris* erhältlichen Pflanzen handelt es sich in den meisten Fällen um Exemplare von *P. berteroniana.*

Puya berteroniana

An niederliegenden Trieben trägt diese aus Chile stammende Pflanze etwa 1 m lange, bandförmige und gebogene, blaugrüne Blätter in Rosetten. Im Sommer wachsen metallisch blaue Blüten mit lebhaft orangefarbenen Staubgefäßen in 2–3 m hohen, langgestielten Blütenrispen. Nach der Blüte stirbt die Rosette ab, die Pflanze wächst aus Seitentrieben weiter. Mit gemulchter Erde kann ein Austrocknen der empfindlichen Wurzeln vermieden werden.

Puya alpestris

Puya berteroniana

Putoria calabrica

Puya chilensis

Bis zu 3 m hoch werden die Blütenstände der grünlich- bis leuchtendgelb blühenden chilenischen Pflanze. Die Dornen an den Blatträndern sind weniger scharf als bei anderen Arten der Gattung.

Puya mirabilis

Argentinien und Bolivien sind die Heimat dieser Pflanze mit 60–75 cm langen, silbrig-braunen, am Rand fein bedornten Blättern. Die Blüten sind grün bis weiß, die Blütenstände erreichen etwa 1,5 m Höhe.

Puya raimondii

Die in Peru heimische Pflanze wird 1–2 m groß und trägt lange, sehr steife, in dichten Rosetten wachsende Blätter, deren Ränder mehr als 1 cm lange Dornen mit tückischen Widerhaken besitzen. Ihre gelbgrünen Blüten treiben an bis zu 2,5 m hohen Stengeln aus.

PYCNANTHEMUM

BERGMINZE, DICKBLUME

Die etwa 20 aromatischen Stauden dieser Gattung riechen und schmecken ähnlich wie die verwandte Minze. In ihrer nordamerikanischen Heimat, wo sie häufig im Grasland und auf leicht bewaldeten Flächen in regenreicheren Gebieten anzutreffen sind, bilden sie vieltriebige, bis zu 1,5 m hohe Büsche. Sie haben leicht behaarte, z.T. gezähnte Blätter von unterschiedlicher Form und ähnlich wie auch die Minzen hübsche, dafür aber wenig auffällige, weiß oder leicht rosa gefärbte Blüten.
PFLEGE UND VERMEHRUNG: Die Pflanzen gedeihen auf nährstoffreichen, nachhaltig feuchten, mit organischem Material angereicherten Böden in der Sonne oder im Halbschatten. Bei Temperaturen unter –7 °C sollten die Wurzeln mit Stroh abgedeckt werden. Die Vermehrung erfolgt durch Samen oder Teilung.

Putoria calabrica

Puya mirabilis

Pycnanthemum pilosum

Aus der Osthälfte der USA stammt diese aufrechtwachsende, 1–1,5 m hohe, winterharte Pflanze mit spießförmigen, auf den Unterseiten behaarten, auf den Oberseiten meist glatten Blättern. Sie trägt endständige, verzweigte Blütenstände mit blaßrosa Blüten.

PYCNOSORUS

Die sechs ein- und mehrjährigen Kräuter dieser australischen Korbblütlergattung wurden lange der Gattung *Craspedia* zugerechnet. An der Spitze ihrer meist vom Grund an verzweigten Blütenstengel wachsen eindrucksvolle kugelige bis eiförmige Blütenköpfe, die dicht mit winzigen zitronen- bis goldgelben Einzelblüten besetzt sind. Die Triebe sind weißfilzig, die schmalen Blätter grau behaart. Die Pflanzen haben noch eine Zukunft für die Blumenbinderei, für den Garten sind sie aber nicht ausreichend standfest und dadurch leicht unansehnlich.
PFLEGE UND VERMEHRUNG: Alle der sehr frostempfindlichen Arten eignen sich in kühleren Regionen als einjährige Massenpflanzen für Beete und Rabatten. Sie gedeihen auf allen normalen, einige sogar auf stark vernäßten Gartenböden. Ihre Vermehrung erfolgt durch Samen oder Stecklinge.

Pycnosorus chrysanthus

Syn. *Craspedia chrysantha*

Die im Osten Australiens heimische, kurzlebige, schopfförmige Staude erträgt sehr feuchte Böden. Sie hat silbrige Blätter und etwa 1 cm breite, leuchtendgelbe Blütenköpfe.

Pycnosorus globosus

Syn. *Craspedia globosa*

Tiefgelbe Blütenköpfe von 2,5 cm Durchmesser sind das Kennzeichen dieser schopfförmigen südostaustralischen Pflanze, die sich ideal als Schnittblume eignet. Ihre Blätter erhalten durch eine dichte Behaarung silbrigen Glanz.

PYCNOSTACHYS

Die im südlichen Afrika beheimatete Gattung umfaßt rund 40 verholzende, immergrüne Stauden und Sträucher. Sie werden bis zu 2 m hoch und haben schmale, bis zu 30 cm lange Blätter. Im

Pycnostachys urticifolia

Pycnosorus globosus

Spätsommer tragen sie kobaltblaue Blüten in oft über 10 cm langen Ähren.
PFLEGE UND VERMEHRUNG: Die in kühleren Gegenden auf ein Gewächshaus angewiesenen Pflanzen benötigen einen sonnigen, geschützten Standort auf feuchtem, gutdurchlässigem Boden. Nach der Blüte empfiehlt sich ein Rückschnitt. Ihre Vermehrung erfolgt am besten im Frühjahr durch Samen oder Stecklinge.

Pycnostachys urticifolia

Bis zu 1,5 m hoch wird diese an ein warmgemäßigtes oder tropisches Klima gewöhnte, vieltriebige, strauchartige Pflanze mit 10 cm langen, tiefeingeschnittenen und gezähnten, ovalen Blättern. Im Sommer erscheinen hornförmige, 10 cm lange Blütenköpfe mit königsblauen Blüten.

PYRACANTHA
FEUERDORN

Immergrüne Blätter und die im Herbst und Winter überaus zahlreichen eßbaren, aber geschmacksneutralen, von Vögeln geschätzten, leuchtendroten, gelben oder orangefarbenen Beeren machen die sieben bis zu 6 m großen Sträucher dieser Gattung aus dem Mittelmeerraum und den gemäßigten Zonen Asiens zu beliebten Zierpflanzen. Sie haben dornige Triebe, meist glänzendgrüne Blätter und tragen im Frühjahr Büschel kleiner, weißer Blüten an Kurztrieben entlang der Zweige.
PFLEGE UND VERMEHRUNG: Die an ein gemäßigtes Klima gewöhnten Pflanzen gedeihen auf unterschiedlichen Böden, benötigen aber für ein üppiges Beerenwachstum Sonne und ausreichend Wasser. Unter günstigen Bedingungen fassen sie rasch Fuß. Sie können als Spalier gezogen oder als dichte, ungeschnittene Hecke oder Windschutz gepflanzt werden. Anfällig sind sie für Feuerbrand und Schorf. Beim oft erforderlichen Rückschnitt sollte bedacht werden, daß erst die zweijährigen Triebe blühen und fruchten. Die Vermehrung erfolgt durch Samen oder Stecklinge.

Pyracantha angustifolia
SCHMALBLÄTTRIGER FEUERDORN

Aus dem Westen Chinas stammt dieser dichte, bis über 3 m hohe und ebenso breite, in Mitteleuropa wohl nicht ausreichend winterharte Strauch mit 5 cm langen, schmalen, länglichen, auf den Unterseiten mit grauem Flaum bedeckten Blättern, die an den Blütenzweigen in Rosetten, an neuen Trieben spiralförmig angeordnet sind. Vom späten Frühjahr bis zum Frühsommer trägt er Büschel kleiner, weißer Blüten. Die gelben oder orangefarbenen Beeren mit mehligem Fruchtfleisch überdauern einen Großteil des Winters.

Pyracantha coccinea
GEMEINER FEUERDORN, FEUERDORN, MITTELMEERFEUERDORN

Feuerrote, winzigen Äpfeln ähnelnde Beeren kennzeichnen diesen bis zu 4,5 m hohen und mit seinen gebogenen Zweigen bis zu 2 m breiten, winterharten Strauch aus Südeuropa, Kleinasien und dem Kaukasus. In kühleren Regionen nehmen sie wie die schmalen, bis zu 3,5 cm langen, an schlanken Stielen sitzenden Blätter eine dunklere Färbung an. Junge Triebe und Blätter sind mit feinem Flaum bedeckt. Zu den Sorten gehören die leuchtend orangerote Beeren tragende 'Kasan', die kräftige, im 19. Jahrhundert in Frankreich entstandene 'Lalandei', deren aufrechte Zweige üppig mit orangeroten Beeren bestanden sind, sowie 'Fructo Luteo' mit anfangs leuchtendgelben, später dann goldgelben Beeren.

Pyracantha rogersiana

Pyracantha crenatoserrata
Syn. *Pyracantha fortuneana*

Der sehr dicht belaubte und frostempfindliche, bis zu 3,5 m hohe und ebenso breite Strauch ist in Zentral- und Westchina beheimatet. Mit seinen relativ breiten, unbehaarten, glänzenden und tiefgrünen Blättern und den anfangs orangefarbenen, später karminroten Beeren wirkt er besonders eindrucksvoll als Spalier vor einer Ziegelmauer. Die Sorte **'Gold Rush'** entwickelt hellere, orangegelbe Beeren

Pyracantha crenatoserrata 'Gold Rush'

Pyracantha crenatoserrata

Pyracantha coccinea 'Lalandei'

Pyracantha crenulata
Syn. *Crataegus crenulata*

Der schnell- und aufrechtwachsende, kräftige, bis 3,5 m hohe und ebenso breite Strauch aus Nepal und China hat schmale, stumpfe und glänzendgrüne Blätter. Im Frühsommer trägt er zahlreiche offene, weiße Blüten, auf die eine Fülle kleiner, dunkelroter Beeren folgt. Die Pflanze ist mäßig winterhart.

Pyracantha koidzumii

Unregelmäßiger wachsend als andere Feuerdornarten und empfindlicher gegen Rückschnitt, eignet sich diese Pflanze vor allem zur Anpflanzung an Böschungen sowie als Sicht- und Windschutz. Die üppig mit roten Beeren bewachsene Varietät **'Santa Cruz'** läßt sich auf eine Höhe von unter 1 m beschränken und ist ein guter Bodendecker.

Pyracantha 'Mohave'

Pyracantha 'Mohave'

Bis zu 3,5 m hoch wird dieser buschige Strauch. Er hat dunkelgrüne Blätter, kleine, weiße Blüten und orangerote Beeren, die lange an den Zweigen bleiben.

Pyracantha 'Orange Glow'

Die leuchtend orangefarbenen Beeren dieser aufrechtwachsenden Zuchtform werden besonders von Vögeln geschätzt. Sie wird bis zu 3 m hoch und eignet sich als Spalierpflanze.

Pyracantha 'Red Elf'

Der hügelartig wachsende, besonders kompakte Strauch trägt an seinen Zweigen tiefgrüne Blätter und zahlreiche leuchtendrote Beeren.

Pyracantha rogersiana

Der reichblühende, im Frühjahr sehr attraktive Strauch aus China wird über 2 m hoch und hat 2,5–3,5 cm lange Blätter sowie leuchtendgelbe bis orangerote Beeren. Junge Triebe sind mit einem hellen Flaum bedeckt; später färben sie sich rotbraun.

Pyracantha 'Soleil d'Or'

Die zahlreichen goldgelben Beeren dieses 3–3,5 m hohen und 2,5 m breiten, dornigen Strauches bilden vom Spätsommer bis in den Herbst hinein einen reizvollen Kontrast zu den blanken, dunkelgrünen Blättern. An den dornenbewachsenen Zweigen öffnen sich am Ende des Frühjahrs oder im Frühsommer kleine, weiße Blüten.

Pyrostegia venusta

Pyrostegia venusta

Pyracantha × *watereri*

Eine Kreuzung von ***Pyracantha atalantioides,*** dem Chinafeuerdorn, und *P. rogersiana* ist dieser bis zu 2,5 m hohe, dicht belaubte Strauch. Er trägt zahlreiche orangefarbene Beeren.

PYROSTEGIA

Die in den wärmeren Regionen Süd- und Mittelamerikas heimische Gattung umfaßt drei oder vier kräftige Kletterpflanzen mit knapp 10 cm langen, paarweise wachsenden, mittelgrünen Blättern und bis zu 5 cm langen, weit geöffneten und trompetenförmigen, orangeroten Blüten. Je 15 bis 20 wachsen in Büscheln, öffnen sich je nach Klima zwischen Winteranfang und Frühjahrsmitte und blühen mehrere Monate lang.

PFLEGE UND VERMEHRUNG: Die tropischen und subtropischen Pflanzen benötigen ein warmes, weitgehend frostfreies Klima und schätzen feuchte, durchlässige Böden im Sonnenlicht. Ihre Vermehrung erfolgt normalerweise durch Stecklinge, aber auch durch Samen.

Pyrostegia venusta
Syn. *Pyrostegia ignea, Bignonia venusta*

In warmen Ländern erreicht diese südamerikanische Rankenpflanze z.T. eine Höhe von über 10 m. Gezüchtet wird sie vor allem wegen ihrer im Herbst, Winter oder Frühjahr blühenden orangegoldenen Blüten, die sich nur in vollem Sonnenlicht gut entwickeln. Sie benötigt im Sommer viel Wasser und wirkt am hübschesten, wenn die Blüten frei von einer stabilen Pergola oder einem Torbogen herabhängen.

Pyrrosia lingua

PYRROSIA
SCHNEEFARN

Rund 100 teils epiphytische, teils terrestrische Farne mit verzweigten Rhizomen, die über den Boden und Felsen kriechen und kurze Entfernungen auch kletternd überwinden, gehören zu dieser in den Tropen und Subtropen weitverbreiteten Gattung. Sie können große Horste bilden und haben ungeteilte, blattartige, auf der Oberseite mit mehlig-feinen Schuppen versehene, unterseits flaumig behaarte, ledrige Blattwedel, die je nach Art zwischen 15 und 45 cm lang sind.

PFLEGE UND VERMEHRUNG: Die sehr frostempfindlichen Farne wachsen in der Natur oft teppichartig in den Wäldern der warmen Klimate. Sie gedeihen recht problemlos auf fruchtbaren, durchlässigen Böden im Halbschatten. Neue Pflanzen gewinnt man durch Teilung.

Pyrrosia lingua

Der in China, Japan und Taiwan heimische Farn mit kriechenden Rhizomen trägt auf 5 cm langen Stielen 30 cm lange, ungeteilte Blattwedel, die bei den zahlreichen Kulturformen oft ungewöhnlich geformt oder gemustert sind.

PYRUS
BIRNBAUM, BIRNE

Die etwa 30 langsamwachsenden, teilweise bis zu 25 m hohen, meist aber kleineren

Pyracantha crenulata

Pyracantha 'Orange Glow'

P

sommer- oder halbimmergrünen Bäume dieser Gattung aus den gemäßigten Zonen Eurasiens und Nordafrikas sind Verwandte des Apfelbaums *(Malus)* und werden seit Jahrhunderten ihrer körnigen, süßen und saftigen, nicht immer birnenförmigen gelblich-grünen Früchte wegen gezüchtet. Attraktiv sind außerdem die gleichzeitig mit den Blättern oder kurz zuvor sprießenden Büschel duftender weißer, z.T. rosa getönter, fünfzähliger Blüten sowie an sonnigen Standorten die herbstlichen Farben der schmalen bis rundlichen, glänzenden Blätter.

PFLEGE UND VERMEHRUNG: Die Bäume benötigen wenig Feuchtigkeit und gedeihen am besten in kühl-gemäßigtem Klima – auch in Küstenregionen – auf schweren, sandigen, durchlässigen Lehmböden in sonnigen Lagen. Um Früchte ernten zu können, ist Kreuzbestäubung erforderlich. Durch Rückschnitte um die Wende vom Winter zum Frühjahr werden beschädigte Äste beseitigt und die Wuchsform verbessert. Man vermehrt sie durch Samen oder Pfropfung.

Pyrus calleryana
CHINESISCHE BIRNE

Der zur Zierde gezüchtete, attraktiv geformte, bis 20 m hohe halbimmergrüne chinesische Baum mit breiter Krone ist resistent gegen Feuerbrand, verträgt Hitze, Trockenheit, Wind und schlechte Böden und eignet sich damit ideal als – wenn auch eher kurzlebiger – Straßenbaum. Zeitig im Frühjahr trägt er auffällige Büschel weißer Blüten, oft gefolgt von kleinen, nicht eßbaren, braunen Früchten. Die knapp 10 cm langen gräulichgrünen Blätter färben sich im Spätherbst gelb, orange, rot oder purpur- bis weinrot und fallen

Pyrus kawakamii

Pyrus calleryana

Pyrus communis 'Packham's Triumph'

erst spät ab. Kulturvarietäten sind die anspruchslose, üppig blühende Sorte **'Bradford'**, die pyramidenförmige, dornenlose **'Aristocrat'** mit gelben bis roten Früchten und glänzenden, gewelltrandigen, im Herbst feuerroten Blättern sowie die dornige **'Chanticleer'** mit schmaler Krone und rötlichem bis rotem Herbstlaub.

Pyrus communis
BIRNBAUM, GEMEINE BIRNE, GARTENBIRNE, WILDBIRNE, HOLZBIRNE, WILDER BIRNBAUM

Der langlebige, bis zu 15 m hohe Baum der Wildbirne, Stammpflanze vieler Zuchtformen, wird vor allem wegen seiner weißrosa Einzelblüten mit ihren roten Staubgefäßen kultiviert. Er hat kurze, ohne Blüten z.T. wenig attraktive Zweige, eine dunkelgraue oder -braune, in kleine Plättchen zerfallende Rinde, ledrige, dunkelgrüne Blätter mit langen Stielen und gesägten Rändern und trägt bis zu 5 cm lange, anfangs grünliche, später gelbe, meist grobkörnige, fade schmeckende Früchte. Besser und süßer sind die Früchte der Kultursorten, die geerntet werden sollten, bevor sie gänzlich reif sind. Die weitverbreitete **'Beurre Bosc'** verspricht eine ergiebige Ernte großer, weicher, süßer, zum Backen geeigneter Birnen mit brauner Schale. Die seit dem Mittelalter gezüchtete **'Bon Chrétien'**, Stammpflanze der **Williams-Birnen**, hat mittelgroße, saftige, würzige Früchte; in Nordamerika, Australien und Neuseeland heißen sie **Bartlett**-Birnen (wie z.B. die rotschalige **'Red Bartlett'**) und werden meist eingemacht. **'Packham's Triumph'** ist eine australische Züchtung mit großen, süßen und grünen Früchten. Die frühblühende europäische **'Conference'** liefert die besten Früchte nach einer

Pyrus ussuriensis

Pyrus communis 'Beurre Bosc'

Pyrus communis

Kreuzbestäubung. Früchte reifen in der Mitte des Herbstes.

Pyrus kawakamii

Aus Japan stammt dieser zierliche, bis 10 m hohe und ebenso breite immergrüne Baum mit leicht hängenden Zweigen, der sich gut als Spalierpflanze eignet. Er trägt im späten Winter zahlreiche weiße Blüten, die sich reizvoll von den glänzendgrünen Blättern abheben, später winzige, harte Früchte. Anfällig ist er für Feuerbrand.

Pyrus pyrifolia
SANDBIRNE, CHINESISCHE BIRNE, CHINABIRNE

Bis zu 15 m hoch wird dieser in China und Japan seit Jahrhunderten gezüchtete und seiner Schönheit wie seiner Früchte wegen beliebte kompakte Baum. Seine kleinen Blüten sprießen kurz vor oder gleichzeitig mit den länglichen, scharf gezähnten, anfangs glänzendgrünen, im Herbst orangebronzefarben verfärbten Blättern. Die kleinen, runden, braunen Früchte sind hart und grobkörnig. Unter dem Namen ***Pyrus pyrifolia* var. *culta*** werden die gezüchteten Sorten mit größeren, eßbaren Früchten, wie z.B. die Nashi-Birnen, zusammengefaßt. **'Kosui'** ist eine japanische Züchtung mit kugelförmigen, rotbraunen Früchten.

Pyrus salicifolia
WEIDENBLÄTTRIGE BIRNE, WEIDENBIRNE, WEIDENBLÄTTRIGER BIRNBAUM

Der als Zierpflanze beliebte, bis etwa 8 m hohe, frostharte Baum mit zierlichen, gebogenen Zweigen und weidenartigem

Pyrus salicifolia 'Pendula'

Pyrus salicifolia

Laub stammt aus dem Kaukasus und dem Iran. Die langen, silbergrauen Blätter sind anfangs samtig behaart, die kleinen, cremeweißen Blüten unter den Blättern fast verborgen. Im Herbst reifen kleine, birnenförmige, braune Früchte. Noch beliebter als die Stammform ist die ähnlich frostharte, weidenähnliche Varietät **'Pendula'** mit ihren eher kleinen Blättern.

Pyrus ussuriensis
AMURBIRNE, USSURIBIRNE, CHINESISCHE BIRNE

Der mit bis zu 20 m Höhe größte Birnbaum ist breit und pyramidenförmig und eignet sich besonders gut als Straßenbaum. Im Frühjahr sind seine Zweige mit duftenden, kleinen, weißen Blüten bedeckt, auf die später kleine, gelbbraune Früchte folgen. Die fast herzförmigen, bis zu 10 cm breiten Blätter sind blank und dunkelgrün und färben sich im Herbst leuchtend- oder korallenrot.

Q R

QUERCUS

EICHE, EICHENBAUM

Zu den rund 600 meist sehr langlebigen, sommer-, immer- oder halbimmergrünen Pflanzen der Gattung gehören 1 m hohe Sträucher ebenso wie 35 m hohe Bäume, deren hartes Holz seit Jahrtausenden geschätzt wird. Sie stammen meist aus den gemäßigten Regionen, einige aber auch aus tropischen und subtropischen Gegenden Mexikos, Südostasiens oder Neuguineas. Die meist gelappten und ledrigen, bei einigen Arten dünnen und glänzenden Blätter bilden eine dichte Krone, die Insekten, Vögeln und Kleintieren Lebensraum bietet. Bei einigen sommergrünen Arten sind die Blätter, die einen guten Kompost für säureliebende Pflanzen liefern, vor dem Laubfall attraktiv verfärbt. Eichen der Untergattung *Lepidobalanus* haben rundliche Blattlappen und eßbare, innerhalb eines Jahres reife Eicheln, bei der Untergattung *Erythrobalanus* sind die Blattlappen spitz und die erst nach zwei Jahren reifen Eicheln zu bitter zum Verzehr. Die im Frühjahr blühenden männlichen Blüten erscheinen als gelbe Kätzchen, die weiblichen Blüten sind grünlich und unauffällig.

PFLEGE UND VERMEHRUNG: Die wenig anspruchsvollen, mit ihren ausgedehnten Wurzelsystemen aber gegen Umpflanzungen empfindlichen Pflanzen schätzen tiefe, frische, durchlässige Böden, oft in sonniger Lage, z.T. aber auch – zumindest als junge Pflanzen – im Halbschatten. Anfällig sind sie für Wurzelpilz und Blattläuse, in feuchten Gebieten auch für Eichenwickler. Rückschnitte nur zur Entfernung beschädigter Äste. Vermehrung durch frische Samen, im Spätwinter kurz vor dem Erscheinen der Knospen auch durch Pfropfung.

Quercus acutissima

Quercus acutissima

Syn. *Quercus serrata*

SPITZEICHE

Der aus China, Japan und Korea stammende, langsamwachsende, sommergrüne Baum, der auf Kalkböden schlecht gedeiht, wird selten bis zu 15 m hoch. Er trägt im Frühjahr hübsche, lange Kätzchenblüten und behält seine schmalen, 15 cm langen, glänzendgrünen, im Herbst gelb verfärbten Blätter mit regelmäßig gesägten Rändern, die denen von Echten Kastanien ähneln und von denen der alte botanische Name *Quercus serrata* stammt, bis weit in den Winter. Der Baum ist frosthart.

Quercus cerris

Quercus coccinea

Quercus agrifolia

KALIFORNISCHE STEINEICHE, SPITZBLÄTTRIGE EICHE

Harte, immergrüne Blätter mit stacheliger Zahnung, relativ große, bis zu 2,5 cm lange Eicheln, eine schwarze Rinde und eine unregelmäßig gewachsene Krone sind die Kennzeichen dieses bis zu 20 m hohen Baumes, der große Trockenheit im Sommer und nur wenig Feuchtigkeit verträgt und sich schwer umpflanzen läßt. In seiner kalifornischen Heimat stehen alte Exemplare unter Naturschutz. Er ist sehr frostempfindlich.

Quercus alba

Quercus alba

WEISSEICHE, AMERIKANISCHE WEISSEICHE

Als eine der stattlichsten amerikanischen Eichen wird dieser sommergrüne Baum mit schuppiger, gefurchter und hell aschgrauer Rinde bis zu 30 m hoch und etwa ebenso breit. Er trägt längliche, gelappte, bis zu 20 cm lange Blätter, die sich im Herbst purpurrot färben, und produziert kleine Eicheln. Besonders im Osten Nordamerikas ist der frostharte Baum ein wichtiger Bestandteil der Mischwälder; das Holz hat große Bedeutung als Nutzholz.

Quercus bicolor

Quercus bicolor

ZWEIFARBIGE EICHE

Der im Osten der USA heimische, bis zu 20 m hohe, sommergrüne und frostharte Baum fällt besonders als junge Pflanze durch seine sich flockig abschälende Rinde auf. Er hat eine runde Krone aus leicht gelappten, glänzendgrünen, auf den Unterseiten zuweilen weißen, flaumig behaarten Blättern sowie paarweise wachsende, kleine Eicheln.

Quercus canariensis

Quercus canariensis

Syn. *Quercus lusitanica, Quercus mirbeckii*

KANARISCHE EICHE

Nordafrika, Spanien und Portugal sind die Heimat dieses schnellwachsenden, bis zu 12 m hohen, sommer- oder halbimmergrünen Baumes mit spitzen, langen Eicheln, dessen 10 cm lange, grobgezähnt e Blätter sich im Herbst gelblichbraun verfärben, aber bis in den Winter an den Zweigen bleiben. Bis auf seine etwas größeren Blätter hat er große Ähnlichkeit mit der Stieleiche, ist aber widerstandsfähiger gegen Trockenheit, obwohl er in echten Trockengebieten nicht gedeiht, und frostempfindlich. In der Natur wächst er meist in Flußtälern.

Quercus castaneifolia

Quercus castaneifolia

KASTANIENBLÄTTRIGE EICHE

Der im Iran und im Kaukasus heimische, mit seiner breiten Krone bis zu 30 m hohe, sommergrüne Baum, dessen bis zu 15 cm lange, schmal zugespitzte, scharf gezähnte Blätter mit parallelen Blattadern denen der Eßkastanie ähneln, ist ein enger Verwandter der Zerreiche. Die Varietät **'Green Spire'** ist schmal und kegelförmig und erreicht eine Höhe von etwa 9 m. Diese Art ist frosthart.

Quercus cerris

ZERREICHE, ZIRNEICHE

Mit einer Höhe von 35 m ist der in Mittel- und Südeuropa sowie Kleinasien heimische Baum einer der größten der Gattung. Er hat einen kräftigen Stamm, eine rauhe und tief gefurchte, dunkle Rinde und schmale, bis zu 10 cm lange, unregelmäßig gezähnte, graugrüne Blätter. Die in schuppigen Bechern sitzenden Eicheln reifen nach zwei Jahren. Der Baum gedeiht auch in Küstennähe und auf basischen Böden, erreicht dort aber selten seine volle Größe. Er ist etwas frostempfindlich.

Quercus chrysolepis

GOLDSCHUPPIGE EICHE

Ein kurzer Stamm, eine breit ausladende Krone und glänzend-dunkelgrüne, bis zu 10 cm lange Blätter sind die Kennzeichen dieses bis zu 20 m hohen, immergrünen und etwas frostempfindlichen Baumes aus Oregon und Kalifornien von der Westküste der USA. Seine Eicheln sitzen in mit gelben Härchen bewachsenen Bechern.

Quercus coccinea

SCHARLACHEICHE

Der im Osten Nordamerikas heimische, bis zu 25 m hohe, sommergrüne und frostharte Baum mit starkem Stamm und hängenden Zweigen hat 15 cm lange, stark gelappte, glänzendgrüne Blätter mit borstigen Blattspitzen, die sich in einem kühlen, trockenen Herbst leuchtend scharlachrot färben und lange an den Zweigen bleiben. Seine graue Rinde wird mit den Jahren zunehmend dunkler. Da er auch in umweltbelasteter Umgebung gedeiht, eignet er sich besonders als Stadtbaum. Die Varietät **'Splendens'** zeichnet sich durch tiefrotes Herbstlaub aus.

Quercus dentata
JAPANISCHE KAISEREICHE

Mit seiner bis zu 12 m breiten, dicht mit großen, bei jungen Bäumen bis zu 30 cm langen, grob gelappten Blättern bewachsenen Krone aus starken Ästen wird dieser sommergrüne ostasiatische Baum bis zu 15 m hoch. Er gedeiht am besten auf sauren Böden und ist leicht frostempfindlich.

Quercus douglasii
BLAUEICHE

Anpassungsfähig, kälte- und trockenheitsbeständig, gedeiht dieser sommergrüne kalifornische Baum auf unterschiedlichen Böden an vielen Standorten auch in kühlen und gemäßigten Klimazonen. Er ist aufrecht gewachsen und wird in der Natur bis zu 15 m, in Kultur meist nur bis 9 m hoch und 3 m breit. Seine länglichen bis verkehrt eilanzettlich geformten Blätter sind bis 10 cm lang, halb so breit und leicht gelappt mit gewelltem Rand und flaumig behaartem Mittelnerv; von blaugrüner Farbe, sind sie oberseits dunkler als unterseits. Die kleinen, eiförmigen Eicheln stehen einzeln, sind bis 2,5 cm lang und – wie auch die jungen Triebe – flaumig behaart.

Quercus faginea
Syn. *Quercus lusitanica*

Der in Südeuropa heimische, sommergrüne Baum wird 10–20 m hoch, gedeiht auch in trockener Umgebung, ist jedoch frostempfindlich. Die auf den Unterseiten grauen und behaarten, gesägten Blätter sind klein und unterschiedlich geformt, die Eicheln lang und schlank.

Quercus falcata
Syn. *Quercus digitata, Q. cuneata, Q. trilobata*
SUMPFROTEICHE

Aus dem Südosten der USA stammt dieser zuweilen über 25 m hohe, sommergrüne Baum mit breiter, rundlicher Krone und behaarten, rostbraunen jungen Trieben, der am besten an trockenen Standorten gedeiht. Seine länglichen, in bis zu drei Blattlappenpaare gegliederten Blätter sind 20 cm lang, oberseits glänzend dunkelgrün, unterseits grau und flaumig behaart und ganzrandig oder leicht gezähnt. Er ist frosthart.

Quercus gambelii
Syn. *Quercus utahensis*

In der Natur bildet diese strauchige Pflanze ein 5–9 m hohes Dickicht, das vielen Tieren Unterschlupf und Nahrung bietet. Durch gezieltes Beschneiden läßt sich jedoch die Gestalt eines kleinen Baumes gewinnen. In den Ausläufern der Rocky Mountains im Westen der USA beheimatet und an das trockene Gebirgsklima angepaßt, ist diese Eichenart frosthart. Das sommergrüne Laubwerk besteht aus Blättern, die sich in tiefe rundliche Blattlappen aufgliedern.

Quercus garryana
OREGONEICHE

Angepaßt an die meisten Bodentypen und unempfindlich gegen Trockenheit und Frost, wird dieser sommergrüne Baum aus dem Nordwesten Nordamerikas mit aufrechtem Stamm und dichter, breiter Krone bis zu 30 m hoch, wächst aber im Gebirge oft eher strauchartig. Seine länglichen bis ovalen, bis zu 15 cm langen, fast bis zur Mittelader gelappten Blätter sind auf der Oberseite glänzendgrün, auf der Unterseite heller und flaumig behaart und haben behaarte Stiele; die jungen Triebe sind orange und mit flaumigen Härchen bewachsen. Die Eicheln wachsen in ebenfalls behaarten Bechern.

Quercus × *hispanica* 'Lucombeana'

Die Hybride von Zerreiche *(Quercus cerris)* und Korkeiche *(Q. suber)* ist ein bis zu 20 m hoher und etwa halb so breiter halbimmergrüner Baum mit korkartiger Rinde und breit ausladender, kegelförmiger Krone. Die ovalen bis länglichen, auf jeder Seite mit sechs bis neun dreieckigen Zähnen besetzten Blätter sind auf der Oberseite glänzendgrün, auf der Unterseite grau und flaumig behaart. Die Eicheln sind etwa zur Hälfte von Bechern umschlossen.

Quercus ilex
STEINEICHE, ILEXEICHE

Bis zu 25 m hoch wird dieser entlang den Mittelmeerküsten Südeuropas und Nordafrikas heimische, immergrüne Baum, der auch in ungeschützten Lagen (z.B. an der Küste) gut gedeiht und sich dort als Windschutz eignet. Seine runde Krone ist dicht mit ovalen, oben glänzend-dunkelgrünen, unten weißen, flaumig behaarten Blättern bewachsen, die bei jungen Bäumen gezähnt sind und denen der Stechpalme ähneln, später aber ganzrandig werden.

Quercus kelloggii

In seiner Heimat in den Bergen Kaliforniens und Oregons ist dieser sommergrüne Baum im Herbst einer der farbenprächtigsten einheimischen Bäume. Er wird in der Natur bis zu 25 m hoch, bleibt in Kultur aber meist kleiner. Am besten gedeiht er auf durchlässigen Böden in sonnigen Lagen. Die Blätter ähneln mit ihren spitzen Blattlappen denen der ostamerikanischen Eichen. Er ist etwas frostempfindlich.

Quercus leucotrichophora
Syn. *Quercus incana*
GRAUEICHE

Der bis etwa 20 m hohe, immergrüne Baum mit aufrechtem Stamm und schuppiger Rinde, die sich oft in großen Stücken abschält, wächst in seiner Heimat im Himalaja in Gemeinschaft mit der Baumalpenrose *(Rhododendron arboreum)*. Seine kleinen, 6–30 mm langen Eicheln sind zur Hälfte von Bechern umschlossen. Die länglichen bis lanzettförmigen, etwa 10 cm langen Blätter mit gesägtem Rand sind im ausgewachsenen Stadium oberseits tiefgrün, unterseits gräulich und flaumig behaart. Auch der silbrig-rosafarbene Zuwachs trägt einen dichten Haarflaum. Diese Art ist sehr frostempfindlich.

Quercus lobata
Syn. *Quercus hindsii*

Rund 30 m hoch und etwa 10 m breit wird dieser sommergrüne kalifornische Baum mit Zentralstamm, herabhängenden Zweigen und grauen, flaumig behaarten jungen Trieben. Er ist anpassungsfähig und gedeiht in warmen wie in kühleren Regionen, benötigt aber im Sommer viel Wasser und ist nicht frosthart. Seine länglichen bis ovalen, 8 cm langen Blätter – oberseits dunkelgrün und mit Sternhaaren bewachsen, unterseits gräulich und flaumig behaart – haben fünf bis sechs abgerundete Blattlappenpaare. Die knapp 3 cm langen Eicheln wachsen teils einzeln, teils paarweise.

Quercus macrocarpa

Vom mittleren Westen der USA bis zu den Appalachen erstreckt sich die Heimat dieses etwa 20–25 m hohen, sommergrünen Baumes mit tief gefurchter und schuppiger, hellbrauner Rinde und länglichen, tiefgelappten, bis zu 25 cm langen blanken Blättern, die sich im Herbst gelblich-braun färben. Die Eicheln sitzen in großen Bechern mit moosartigem Saum. Der Baum ist frosthart.

Quercus mongolica
MONGOLISCHE EICHE

Der auffallende, bis zu 30 m hohe, sommergrüne Baum stammt aus Japan und Nordostasien und ist frosthart. Seine bis 20 cm langen, grob, aber regelmäßig gezähnten, auf den Unterseiten mit hellem Flaum bedeckten Blätter wachsen in Büscheln an den Zweigenden. Die Eicheln sind kegelförmig.

Quercus muehlenbergii

Dieser bis zu 30 m hohe, sommergrüne Baum mit gräulicher rissiger Rinde stammt aus dem Osten der USA und dem Gebiet um die Großen Seen und ist entsprechend frosthart. Sein Laubwerk besteht aus schmal elliptischen bis länglichen, 15 cm langen und 5 cm breiten Blättern mit umgebogenen, grob und tief gesägten Rändern, gelblichen Blattstielen und glänzendgrünen und dunkelgelben Ober- und hellenn behaarten Unterseiten.

Quercus myrtifolia

Klein und strauchartig ist dieser immergrüne Baum mit hellgrauer, gemusterter Rinde. Er hat elliptische bis längliche, 2,5–5 cm lange, zuweilen eingerollte, glänzend-dunkelgrüne Blätter mit z.T. borstigen Spitzen sowie paarweise wachsende, nur 1 cm breite, stiellose Eicheln. Diese Eiche stammt aus den Küstenregionen im Südosten der USA von South Carolina bis Florida und ist daher sehr frostempfindlich.

Quercus kelloggii

Quercus ilex

Quercus lobata

Quercus dentata

Quercus falcata

Q

Quercus palustris

Quercus nigra

Quercus robur 'Concordia'

Quercus phellos

Quercus nigra

Auf feuchten Böden gedeiht dieser bis zu 15 m hohe, meist sommergrüne nordamerikanische Baum mit runder Krone. Seine oberseits bläulich-, unterseits glänzendgrünen Blätter sind 8 cm lang und zur Spitze hin verbreitert. Der Baum ist frosthart.

Quercus palustris

SUMPFEICHE

Der bis zu 25 m hohe Baum mit flachen Wurzeln, glattem, grauem Stamm und unten leicht herabhängenden, zum Baumwipfel hin waagerechten Ästen stammt aus dem Osten und der Mitte der USA. Er gedeiht auch auf trockenem, sandigem Untergrund, am besten aber auf auch im Sommer feuchten, tiefen Schwemmlandböden. Seine 10 cm langen, in lange, spitze Blattlappen unterteilten Blätter sind glänzendgrün und färben sich im Herbst karmesinrot, bleiben aber bis in den Winter an den Zweigen. Die Pflanze ist frosthart.

Quercus petraea

Syn. *Quercus sessiliflora*

TRAUBENEICHE, STEINEICHE

Über 30 m hoch wird dieser in Mittel- und Südosteuropa sowie Westasien heimische, eng mit der Stieleiche (*Quercus robur*) verwandte, sommergrüne Baum der Untergattung *Lepidobalanus*. Er hat glänzendgrüne, leicht ledrige Blätter mit fünf bis acht abgerundeten Blattlappen und eine gefurchte, gräuliche Rinde. Mit seinem bis in die breite Krone hinein dicken und kräftigen Stamm ist der frostharte Baum in Europa ein wichtiger Nutzholzlieferant.

Quercus phellos

WEIDENEICHE

Der im Osten der USA südlich des Staates New York heimische, bis etwa 20 m hohe attraktive, sommergrüne Baum, schätzt feuchte Böden und eignet sich gut als Schattenbaum. Seine schmalen, bis zu 10 cm langen, hellgrün glänzenden Blätter, die sich im Herbst leuchtendorange färben, sind im Unterschied zu denen der meisten Eichen nicht gelappt und ähneln denen von Weiden. Der Baum ist frosthart.

Quercus prinus

Wie viele andere Eichen, stammt auch dieser bis zu 30 m hohe, tiefe, feuchte Böden liebende, sommergrüne Baum mit offener Krone aus dem Osten der USA. Er hat ovale Eicheln und flach und grobgezähnt e, bis zu 15 cm lange, auf den Oberseiten dunkelgrün glänzende, auf den Unterseiten blaßgraue, behaarte Blätter, die sich im Herbst leuchtendgelb färben. Als Lieferant von Holz und Tannin ist der frostharte Baum wirtschaftlich bedeutsam.

Quercus robur

Quercus robur 'Fastigiata'

Quercus robur

STIELEICHE

Die Eiche wird bis zu 35 m hoch und 600–700 Jahre alt. Mit ihrem kräftigen Stamm, der in Einzelfällen einen Umfang von über 20 m erreicht, ist sie ein wertvoller europäischer Nutzholzbaum. Ihre ausladenden Zweige mit dichtem Laubwerk aus 10 cm langen Blättern, die bis weit in den Herbst hinein dunkelgrün bleiben, bevor sie abgeworfen werden, machen sie zu einem guten Schattenbaum. **'Fastigiata'**, die Säulen- oder Pyramideneiche, ist schmal und aufrecht gewachsen, **'Concordia'**, die Goldeiche, rundlich und etwa 9 m hoch. Stieleichen sind winterfest.

Quercus rubra

Syn. *Quercus borealis*

ROTEICHE, AMERIKANISCHE ROTEICHE

Mit seiner breiten Krone aus starken Ästen wird der im Osten Nordamerikas heimische, relativ schnellwüchsige, kräftige und sommergrüne Baum bis zu 27 m hoch. Er hat eine blanke, graue und flachfurchige Rinde, die sich im Lauf der Jahre dunkelbraun färbt, bis zu 20 cm lange, mattgrüne, im Herbst scharlachrot sowie in Rot- und Brauntönen gefärbte Blätter mit spitzen Blattlappen und große, in flachen Bechern wachsende Eicheln. Am besten gedeiht die winterfeste Pflanze in der Sonne oder im Halbschatten. Bei der Varietät **'Aurea'** sind die jungen Blätter leuchtendgelb.

Quercus salicina

Aus Japan stammt dieser bis zu 20 m hohe, immergrüne und nicht frostharte Baum mit schlanken, gräulichbraunen Zweigen, lanzettförmigen, glattrandigen, bis zu 10 cm langen, oberseits glänzendgrünen, unterseits weißen Blättern und zwei Jahre lang reifenden Eicheln. Wegen der Ähnlichkeit der Blätter wird er oft mit ***Quercus bambusifolia*** verwechselt, wegen der Ähnlichkeit der Eicheln mit ***Quercus myrsinifolia***, der Myrtenblättrigen Eiche.

Quercus shumardii

Attraktive, 15 cm lange, stark gelappte Blätter, die sich im Herbst rot oder goldbraun verfärben, sind das Kennzeichen

Quercus shumardii

Quercus salicina

Quercus rubra

Quercus rubra 'Aurea'

Quercus tomentella

Quercus virginiana

dieses bis 25 m hohen, sommergrünen Baumes aus dem Südosten der USA. Er hat große Ähnlichkeit mit der Roteiche (*Quercus rubra*), benötigt aber ein wärmeres Klima und verträgt feuchtere Böden.

Quercus suber

KORKEICHE

Die dicke und gefurchte graue Rinde dieses v.a. in Spanien und Portugal heimischen, aber auch in anderen Mittelmeerländern verbreiteten, 20 m hohen, immergrünen Baumes mit 15 m breiter Krone und kurzem, stämmigem, oft gewundenem, knorrigem Stamm bildet den Rohstoff für Kork. Seine ovalen, knapp 10 cm langen, leicht gezähnten Blätter sind auf der Oberseite glänzend und dunkelgrün, auf der Unterseite silbrig, die einzeln oder paarweise wachsenden, im reifen Stadium schokoladenbraunen Eicheln zu einem Drittel lose von Bechern umschlossen. Der Baum ist nicht winterhart.

Quercus tomentella

Kalifornien, die Halbinsel Baja California, und die vorgelagerten Inseln sind die Heimat dieses 10–20 m hohen, immergrünen Baumes. Er hat schmale, bis zu 8 cm lange, häufig eingerollte Blätter mit glatter Oberseite und erhabenen Blattadern auf der behaarten Unterseite. Die Eicheln sind zu einem Viertel von Bechern umschlossen, deren Schuppen in flaumige Härchen gebettet sind. Er ist nicht winterhart.

Quercus velutina

FÄRBEREICHE

Der bis zu 30 m hohe, frostharte, sommergrüne Baum stammt aus dem Osten Nordamerikas, wird aber heute auch in Europa angepflanzt. Aus seiner gelben Außenrinde wird Tannin gewonnen, aus der Innenrinde gelber Farbstoff. Seine bis zu 30 cm langen, gelappten, glänzend-dunkelgrünen und auf der Unterseite behaarten Blätter entsprießen Knospen; die Eicheln werden halb von Bechern umschlossen.

Quercus velutina

Quercus virginiana

Syn. *Quercus virens*

VIRGINIAEICHE

Mit waagerecht ausladenden Ästen und der dichten, breit gewölbten Krone wird der im Südosten und an der Golfküste der USA heimische, immergrüne und frostempfindliche Baum 12–25 m hoch. Seine länglichen bis rundlichen, bis zu 10 cm langen Blätter sind dunkelgrün, unterseits flaumig-weiß behaart. Anders als bei den meisten Eichen der Untergattung *Erythrobalanus* reifen die kleinen, einzeln, zu zweit oder zu dritt stehenden Eicheln innerhalb eines Jahres und nehmen dabei eine tiefdunkelbraune Farbe an.

Quercus wislizenii

Der bis zu 25 m hohe, immergrüne, frostempfindliche Baum aus Kalifornien zeichnet sich durch eine rundliche Krone, eine gefurchte, schwarz bis rot gefärbte Rinde und feste, flaumig behaarte junge Zweige aus. Die bis zu 10 cm langen, gezähnten oder ganzrandigen, glänzendgrünen Blätter ähneln denen von Stechpalmen. Die Eicheln wachsen in Bechern.

QUESNELIA

Die 15 stengellosen, immergrünen, mehrjährigen *Bromeliaceen* dieser Gattung leben in ihrer brasilianischen Heimat auf gewachsenem Fels. Einige existieren auch epiphytisch. Sie haben eine Rosette lanzettlicher, steifer, stachliger Blätter und aufrechte oder hängende Blütenstände mit röhren- oder eiförmigen, von auffälligen Deckblättern getragenen Blüten.

PFLEGE UND VERMEHRUNG: Die frostempfindlichen Pflanzen können in kühleren Regionen nur in Gewächshäusern bei Temperaturen über 13 °C überleben und schätzen einen Standort im Halbschatten auf grobkörnigem, humusreichem Boden, der feucht und durchlässig sein sollte. Sie sind mäßig, im Winter nur sehr sparsam zu wässern. Durch Samen oder Wurzelsprosse werden sie vermehrt.

Quercus wislizenii

Quesnelia liboniana

Marineblaue Blüten mit orangeroten Kelchblättern sind das Kennzeichen dieser bis zu 75 cm hohen, stengellosen Pflanze. Ihre hellgrünen Blätter tragen auf den Unterseiten graue Schuppen, an den Blatträndern Stacheln und bilden eine röhrenförmige Rosette.

QUILLAJA

SEIFENBAUM, QUILLAJABAUM

Die etwa drei immergrünen Sträucher und Bäume dieser Gattung aus dem Süden Südamerikas haben dicke, ledrige, glänzende Blätter und tragen im Frühjahr große, weiße, in der Mitte violette Blüten. Einzige Art in Kultur ist der Chilenische Seifenbaum (*Quillaja saponaria*), der gelegentlich als Nutzpflanze angebaut wird.

PFLEGE UND VERMEHRUNG: Sie benötigen feuchte, durchlässige Böden in halbschattigen, windgeschützten Lagen. Beschnitten eignen sie sich auch als Heckenpflanzen. Sie sind nicht winterhart. Vermehrung durch Samen oder Stecklinge.

Quillaja saponaria

CHILENISCHER SEIFENBAUM, SEIFENBAUM, QUILLAJABAUM, SEIFENSPIERE

Herausragendes Merkmal des in Chile und Peru heimischen, bis zu 20 m hohen Baumes ist die dicke und rauhe dunkle Rinde, die das seifenähnliche Saponin enthält. An den schmalen, herabhängenden Zweigen wachsen dicke, ledrige, glänzendgrüne Blätter mit kurzen Stielen. Die geruchlosen, fünfzähligen, grünlichweißen Blüten blühen im Frühjahr, gefolgt von sich sternförmig öffnenden Kapselfrüchten.

Quisqualis indica

QUISQUALIS

FADENRÖHRE, WUNDERSTRAUCH, SONDERLING

Der botanische Name dieser Gattung, die 16 immergrüne Sträucher und rankende Kletterpflanzen aus Afrika und dem tropischen Asien umfaßt, läßt sich mit »Was ist das?« übersetzen und spielt auf die erstaunlich unterschiedlichen Wuchsformen der Pflanzen an. Sie haben einfache, gegenständige Blätter sowie Rispen oder Trauben kleiner, röhrenförmiger, fünfzähliger Blüten.

PFLEGE UND VERMEHRUNG: Diese frostempfindlichen Pflanzen schätzen humusreiche und feuchte, durchlässige Böden in sonnigen oder halbschattigen Lagen. Ihre Stengel benötigen z.T. eine Stütze. Üppig wuchernde Triebe können im Frühjahr gestutzt werden. Durch Samen, Stecklinge oder Absenker lassen sie sich vermehren.

Quisqualis indica

INDISCHE QUISQUALIS, WUNDERSTRAUCH

In ihrer tropischen Heimat wird diese kräftige, immergrüne Kriechpflanze bis zu 20 m lang. Sie benötigt eine robuste Stütze und eignet sich als Bewuchs für Zäune, Mauern und Pergolen, ist jedoch nicht winterhart. Ihre besonders nachts stark duftenden Blüten sind anfangs weiß und färben sich im Lauf des Sommers erst rosa, dann rot. Alte Triebe werden im Frühjahr entfernt, abgeblühte Blüten im Herbst.

Quesnelia liboniana

Quercus suber

Q

RADERMACHERA

Rund 15 immergrüne Bäume und Sträucher gehören zu dieser Gattung. In ihrer tropischen und subtropischen asiatischen Heimat wachsen sie im Freien und beeindrucken außer mit ihrem attraktiven Laub, das die doppelt gefiederten Blätter bilden, mit leuchtendgelb, -rosa, -orange oder -weiß gefärbten, röhren- bis trompetenförmigen Blüten, die meist duften und sich z.T. nur nachts öffnen. In kühleren Breiten werden manche Arten als grüne Topfpflanzen gezüchtet.

PFLEGE UND VERMEHRUNG: Die Pflanzen gedeihen auf fruchtbaren, durchlässigen Böden in der Sonne oder im Halbschatten und benötigen einen Windschutz sowie während der Vegetationsperiode regelmäßig Wasser. Rückschnitte sorgen für einen gepflegten Wuchs. Die Vermehrung erfolgt durch Samen oder Stecklinge.

Radermachera sinica

Aus den Tropen Südchinas stammt diese bis zu 10 m hohe Pflanze mit doppelt gefiederten, bis zu 1 m langen, glänzend-dunkelgrünen Blättern, deren Blattfiedern bis zu 5 cm lang sind. Ausgewachsene Pflanzen tragen im Frühjahr und Sommer an den Zweigspitzen oder in den Blattachseln trompetenförmige weiße oder gelbe Blüten an großen Blütenrispen, gefolgt von bis zu 40 cm langen Kapselfrüchten.

RAFFLESIA

RAFFLESIE, RIESENBLUME

Die etwa 14 parasitischen Arten dieser Gattung, denen meist bestimmte Kletterpflanzen der Gattungen *Cissus* und *Tetrastigma* als Wirte dienen, sind noch wenig erforscht, da sich vor allem die Blüten nicht zum Studium konservieren lassen und nur vor Ort untersucht werden können. Ihr Name erinnert an die wissenschaftlichen Verdienste des Gründers von Singapur, Thomas S. Raffles (1781–1826).

PFLEGE UND VERMEHRUNG: Von einer erfolgreichen Züchtung der extrem anspruchsvollen Pflanzen ist nichts bekannt.

Rafflesia arnoldii

RIESENRAFFLESIE, SUMATRARIESENBLUME

Die größte Art der Gattung mit der größten Blüte aller Pflanzen überhaupt wurde noch nie mit Erfolg gezüchtet. Oberirdisch sichtbar ist nur die Blüte, die als fußballgroße Knospe aus den Wurzeltrieben der Wirtspflanze hervorgeht und sich als bis zu 1 m breite, dunkelgelb, cremefarben und mahagonirot gefleckte Einzelblüte öffnet. In der Mitte der fünf Kronblätter befindet sich eine Scheibe mit einem kreisrunden Loch, in dem die Staubgefäße und Stempel sitzen. Die Blüte riecht nach verwesendem Fleisch und zieht auf diese Weise Fliegen an, die für die Bestäubung sorgen.

RAMONDA

RAMONDIE

Die in Spanien, in den Pyrenäen und auf dem Balkan heimische Gattung umfaßt drei immergrüne, mehrjährige Pflanzen. Sie haben Rosetten behaarter, meist gerunzelter Blätter mit gezähnten, gewellten Rändern sowie farbenprächtige, vier- bis fünfzählige Blüten, die im späten Frühjahr und im Frühsommer blühen, und gedeihen in Steingärten oder Mauerspalten.

PFLEGE UND VERMEHRUNG: Die Pflanzen schätzen Halbschatten auf humusreichem, sehr durchlässigem Boden. Werden die Blätter zu sehr gewässert, können sie im Zentrum der Rosetten verfaulen. Vermehrung durch Samen oder Stecklinge.

Radermachera sinica

Rafflesia arnoldii

Radermachera sinica

Ramonda nathaliae

Ranunculus asiaticus

R. asiaticus, **Bloomingdale-Hybride**

Ramonda myconi

Syn. *Ramonda pyrenaica*

FELSENTELLER

An den verzweigten, rötlichbraunen Stengeln der 8–10 cm hohen und ebenso breiten, frostharten, immergrünen Pflanze sitzen flache, fünfzählige, weiße, rosa, blaue, lavendelfarbene oder violette Blüten mit spitzen, gelben Staubbeuteln, die denen von Usambaraveilchen ähneln. Ihre Heimat sind die Gebirge Südwesteuropas.

Ramonda nathaliae

Die flachen vierzähligen, dunkelvioletten, in der Mitte orangegelben Blüten der kleinen, frostharten Gebirgspflanze wachsen an Blütenrispen. Sie wird bis zu 10 cm hoch und ebenso breit und hat bis zu 5 cm lange mittel- bis dunkelgrüne, auf der Oberseite wenig, auf der Unterseite stärker behaarte Blätter.

RANUNCULUS

HAHNENFUSS, BUTTERBLUME, RANUNKEL

Diese Gattung, deren botanischer Name sich wegen der Vorliebe einiger Arten für Sümpfe oder flaches Wasser vom lateinischen Wort für »Frosch« ableitet, ist in den gemäßigten Zonen der Erde fast überall verbreitet und umfaßt rund 400 ein- und mehrjährige Pflanzen, darunter zwei bekannte Heilpflanzen, die zur Behandlung von Arthritis, Ischias, Rheuma, Warzen und Hautkrankheiten dienen. Gezüchtet werden sie vor allem wegen ihrer napf- oder becherförmigen, fünfzähligen, gelben, weißen, roten, orange- oder rosafarbenen Blüten.

PFLEGE UND VERMEHRUNG: Die meisten Arten sind frostbeständig und gedeihen problemlos in der Sonne wie im Schatten auf durchlässigen Böden in kühler, feuchter Umgebung. Während der Vegetationsperiode benötigen sie viel Wasser, nach der Blüte können sie dann austrocknen. Anfällig sind sie für Mehltau und Blattläuse, aber auch Schnecken lieben ihre Blätter. Ihre Vermehrung erfolgt im Frühjahr oder Herbst durch die Aussaat frischen Samens oder Teilung der Pflanze.

Ranunculus acris **'Flore Pleno'**

R. asiaticus, **Bloomingdale-Hybride**

Ranunculus aconitifolius

EISENHUT-HAHNENFUSS

Die teils einfachen, teils gefüllten, reinweißen Blüten dieser bis zu 60 cm hohen und 45 cm breiten süd- und mitteleuropäischen Pflanze, die mehrjährig und winterhart ist, sitzen endständig an kräftigen, verzweigten Stengeln und blühen von Frühjahr bis Sommer. Die dunkelgrünen Blätter sind drei- bis fünflappig und haben gesägte Ränder. Die Varietät **'Flore Pleno'**, der Silberhahnenfuß, zeichnet sich durch langlebige, gefüllte, weiße Blüten aus.

Ranunculus acris

SCHARFER HAHNENFUSS, BUTTERBLUME

Die in Europa und Westasien heimische, horstbildende Pflanze – mehrjährig und frosthart – wird 20–90 cm hoch, hat zähe Stengel, handförmig gelappte Blätter und trägt im Mitsommer tellerförmige, leuchtendgelbe Blüten an verzweigten Stengeln. Die Blütenrosetten von **'Flore Pleno'** sind goldgelb und gefüllt.

Ranunculus anemoneus

Einziger bekannter Fundort dieser bis zu 45 cm hohen und 60 cm breiten, immergrünen, mehrjährigen Pflanze ist Australiens höchster Berg, der Mount Kosciuszko. Die etwas frostempfindliche Art hat große, ovale, eingeschnittene, tiefgrüne Blätter und trägt im Frühjahr und Sommer große, weiße, in der Mitte goldgelbe Blüten mit zahlreichen Perigonblättern.

Ranunculus asiaticus

GARTENRANUNKEL, RANUNKEL

Die nicht winterharte, mehrjährige Stammpflanze vieler Hybriden und Kulturvarietäten stammt aus dem Mittelmeerraum. An ihren 40 cm langen Stengeln trägt sie im Frühjahr viele einfache oder gefüllte Blüten in verschiedenen Farben wie Gelb, Orange, Rot, Rosa und Weiß. Die 20 cm großen Bloomingdale-Hybriden werden als Topfpflanzen gezogen.

Ranunculus bulbosus
KNOLLIGER HAHNENFUSS

Die verdickte Stengelbasis ist das Kennzeichen dieser bis zu 40 cm hohen, in Europa, Nordafrika und im Kaukasus heimischen, mehrjährigen, frostharten Pflanze. Sie hat dunkelgrüne Blätter und trägt im Frühjahr und Sommer beckenförmige, tiefgelbe Blüten auf verzweigten Blütenstielen.

Ranunculus cortusifolius

Madeira, die Azoren und die Kanarischen Inseln sind die Heimat dieser Pflanze. An ihren bis zu 1,2 m hohen Stengeln trägt sie reduzierte Blätter und Doldentrauben mit zahlreichen 5 cm breiten, leuchtendgelben Blüten. Die grundständigen Blätter sind dick, rund, ledrig, gezähnt und leicht gelappt. Die Pflanze ist nicht winterhart.

Ranunculus ficaria
SCHARBOCKSKRAUT, FEIGWURZ

5 cm hoch wird diese mehrjährige Pflanze aus Europa, Südwestasien und Nordwestafrika mit glänzendgrünen, silbrig oder goldfarben gezeichneten Blättern, die im Frühjahr absterben, nachdem sich die einfachen, becherförmigen, leuchtendgelben Blüten öffnen. Die Kulturvarietät **'Albus'** hat cremeweiß glänzende, **'Brazen Hussy'** blanke, goldgelbe Blüten, die auf den Unterseiten der Perigonblätter bronzefarben getönt sind, sowie bronzegrüne Blätter.

Ranunculus gramineus
GRASBLÄTTRIGER HAHNENFUSS

Die kompakte, horstbildende, mehrjährige Pflanze aus Südwesteuropa mit behaarten,

Ranunculus cortusifolius

R. ficaria (orangefarbige Sorte)

Ranunculus lyallii

bläulichgrünen Blättern wird 45 cm hoch. Sie wächst auf nährstoffreichen, eher trockenen Böden und trägt im späten Frühjahr und Frühsommer becherförmige, gelbe Blüten. Sie ist frostempfindlich.

Ranunculus lyallii

Die mäßig winterharte, z.T. schwer zu züchtende, mehrjährige Pflanze stammt von den subalpinen Regionen der Südinsel Neuseelands. Sie wird bis zu 1 m hoch, hat bis zu 20 cm breite, seerosenähnliche, ledrige, tiefgrün glänzende Blätter und trägt im Sommer becherförmige, glänzendweiße Blüten an verzweigten hohen Stengeln. Mehrere Pflanzen bilden oft ein dichtes Dickicht.

Ranunculus montanus 'Molten Gold'
BERG-HAHNENFUSS

Nur 15 cm hoch und 10 cm breit wird diese kompakte, horstbildende, frostharte und mehrjährige Pflanze. Sie hat rundliche, dreilappige Blätter und trägt im Frühsommer leicht becherförmige, glänzendgoldgelbe Blüten.

Ranunculus repens
KRIECHENDER HAHNENFUSS

An kriechenden Stengeln trägt die in Europa, Asien und Afrika heimische, bis 30 cm hohe, mehrjährige Pflanze dreilappige, im oberen Bereich ganzrandige, schmale Blätter. Die offenen, glänzendgelben Blüten erscheinen im Frühjahr und Sommer. Die aufrechtwachsende Varietät **'Pleniflorus'** wird bis zu 60 cm hoch und hat gefüllte gelbe Blüten. Die Art ist frosthart.

RAOULIA
RAOULIE

Die etwa 20 nur in Neuseeland heimischen, immergrünen Halbsträucher und Stauden dieser Gattung bilden niedrige, langsamwachsende Polster flaumig behaarter Blätter und tragen im Sommer kleine, papierartige, weiße oder blaßgelbe

Ranunculus gramineus

Ranunculus repens

Raoulia australis

Raoulia eximia

Korbblüten. Sie eignen sich als Grünpflanzen für Steingärten und Hochbeete.
PFLEGE UND VERMEHRUNG: Die frostempfindlichen Pflanzen schätzen ein kühlgemäßigtes Klima und saure, feuchte, durchlässige Böden in sonnigen, im Winter vor Regen geschützten Lagen, da sie sonst verfaulen. In wärmeren Regionen gedeihen sie besser im Halbschatten. Sie werden durch frische Samen oder Teilung im Frühjahr vermehrt.

Raoulia australis
Syn. *Raoulia lutescens*
SCHAFPFLANZE

Mit ihren silbrigen Blättern bildet die kriechende, 25 cm breite, mehrjährige neuseeländische Pflanze ein teppichartig dichtes, 1 cm hohes Pflanzenpolster. Sie trägt im Sommer winzige Blütenköpfe mit gelben Blüten und eignet sich besonders zur Anpflanzung in Steingärten.

Raoulia eximia

Die nur 5 cm hohe, mehrjährige Pflanze ist gänzlich mit grauen Härchen bedeckt und bildet feste, kleine Hügel von 1 m Durchmesser. Im späten Frühjahr oder im Sommer trägt sie gelblichweiße Blütenköpfe.

Raoulia haastii

Nur 1 cm hoch und 30 cm breit wird diese mehrjährige Pflanze, deren samtige, blaßgrüne Blätter zu einem dichten Polster verwoben sind. Die gelben Blütenköpfe öffnen sich im Frühjahr.

Raoulia hookeri

Die polsterbildende, bis zu 60 cm breite neuseeländische Pflanze gedeiht am besten in einem Gewächshaus für Gebirgspflanzen, in Gegenden mit trockenen Wintern, aber auch in Steingärten. Ihre winzigen,

Raoulia haastii

silbergrauen Blätter wachsen in dichten Rosetten. Im Sommer ist sie mit Büscheln cremefarbener Hüllblätter bewachsen, in denen die gelben Blüten verborgen sind.

RAPHANUS
RETTICH, HEDERICH

Gekocht verzehrt (Winterrettiche) oder zu Salat, Rohkost oder eingelegtem Gemüse verarbeitet (Sommerrettiche), gehören die verschiedenen Sorten der drei Arten umfassenden, weltweit verbreiteten Gattung seit Jahrtausenden zur menschlichen Nahrung. Ihre verdickten Wurzeln sind kugelig, länglich, zylindrisch oder wie Kegel geformt; die Farbe ihrer – z.T. auch zweifarbigen – Außenhaut variiert von Weiß über Rosa, Rot und Violett bis Schwarz.
PFLEGE UND VERMEHRUNG: Rettiche gedeihen am besten in bröckligen, durchlässigen, Feuchtigkeit speichernden Böden. Sommerrettiche werden den Sommer hindurch im Abstand von 14 Tagen in 30 cm voneinander entfernten Reihen direkt in den Boden gesät, später ausgedünnt und in wärmeren Gebieten nach vier, in kühleren nach sieben Wochen geerntet. Sie benötigen etwas Schatten und bei großer Hitze reichlich Wasser. Die im Winter rei-

Raphanus sativus

Ravenala madagascariensis

Rebutia arenacea

Rauvolfia caffra

fenden Sorten werden im Spätsommer oder Herbst ausgesät und können nach etwa 60 Tagen geerntet werden. Bleiben die Wurzeln zu lange im Boden, werden sie holzig. Junge Blätter müssen vor Vögeln geschützt werden.

Raphanus sativus

RETTICH, GARTENRETTICH, RADIES, RADI, ÖLRETTICH, MONATSRETTICH

Die in China heimische, bis zu 1 m hohe und 45 cm breite, einjährige Pflanze hat einen aufrechten, hohlen Stamm, rauhe und wechselständige Blätter sowie vierzählige, in verzweigten Büscheln wachsende, weiße oder lila Blüten mit deutlich sichtbarer Äderung. Beliebte Kulturvarietäten sind **'Rex'** und **'Tarzan F1'**.

RATIBIDA

Die in Mexiko und Nordamerika heimische Gattung umfaßt fünf oder sechs teils zwei-, teils mehrjährige Pflanzen mit aufrechten Stengeln und gefiederten, wechselständigen Blättern. Mit ihren Korbblüten eignen sie sich ideal für Wildblumengärten, sind aber auch als Schnittblumen beliebt.

PFLEGE UND VERMEHRUNG: Die frostharten und auch gegen Trockenheit wenig empfindlichen Blumen schätzen mäßig fruchtbare, fast trockene, sehr durchlässige Böden in sonniger Lage. Die Vermehrung erfolgt durch Samen oder Teilung.

Ratibida columnifera

Bis zu 75 cm hoch und 30 cm breit wird diese aufrechtwachsende, mehrjährige Pflanze mit behaarten, bis zu 15 cm langen, gräulichgrünen Blättern. Ihre Blütenköpfe mit zurückgebogenen, gelben Zungenblüten und langen, grünen bis braunen Röhrenblüten blühen von Sommer bis Herbst.

Ratibida pinnata

Die großen Ebenen der Mitte Nordamerikas sind die Heimat der aufrechten, reichverzweigten, bis zu 1,2 m hohen, mehrjährigen Pflanze mit gezähnten, blaugrünen Blättern. Im Sommer und Herbst trägt sie leuchtendgelbe Blütenköpfe.

RAUVOLFIA

Über 50 Bäume und Sträucher gehören zu dieser in den Tropen beiderseits des Äquators verbreiteten Gattung, deren Name an den deutschen Arzt Leonhart Rauwolf erinnert, der im 16. Jahrhundert als Heilpflanzensammler weite Reisen unternahm. Sie haben große, glänzende, zu dritt oder zu fünft in Wirteln angeordnete Blätter und endständige, weiße oder grünliche Blüten, an deren Stelle später einen oder zwei Samen enthaltende Beeren treten. Verschiedene Teile der Pflanzen und auch der wäßrige oder milchigweiße Saft dienten früher als Beruhigungs-, Abführ- und Heilmittel, zur Behandlung von Wunden, Schlangenbissen und Malaria, als Aphrodisiakum und als Gift.

PFLEGE UND VERMEHRUNG: Die Pflanzen schätzen tiefe, nährstoffreiche, gut gewässerte Böden in sonnigen Lagen. Vermehrung durch Samen oder Stecklinge.

Rauvolfia caffra

Der schnellwachsende, bis zu 12 m hohe Baum mit senkrechtem, bis zu 1,5 m dickem Einzelstamm, breiter, runder Krone und leicht herabhängenden, bis zu 20 cm langen glänzend-dunkelgrünen Blättern ist im tropischen und südlichen Afrika beheimatet. Seine cremefarbene bis graue oder dunkelbraune, teils glatte, teils korkartige Rinde enthält das zur Herstellung von Beruhigungsmitteln verwandte Reserpin. Im Sommer trägt er duftende, weiße Blüten, gefolgt von kleinen, glänzendschwarzen Früchten, die für Vögel und Affen unschädlich, für Menschen aber giftig sind. Die Pflanze ist nicht winterhart.

RAVENALA

BAUM DER REISENDEN

Die ursprünglich nur in Madagaskar anzutreffende, heute überall in den Tropen verbreitete Gattung gehört zu einer sehr beeindruckenden Pflanzenfamilie, den Bananengewächsen *(Musaceae)*. Sie umfaßt nur eine Art, einen immergrünen Baum mit riesigen, paddelähnlichen, langstieligen Blättern, die denen der Bananen *(Musa)* ähneln, sich aber von der Basis an fächerartig verbreitern und besonders im leichten Wind sehr attraktiv wirken, im Alter allerdings oft fransig werden.

PFLEGE UND VERMEHRUNG: Der Baum benötigt ein heißes Klima, feuchten, durchlässigen, nährstoffreichen Boden und einen sonnigen, vor starken Winden geschützten Standort. Man vermehrt die Pflanze durch Abtrennung von Schößlingen, im Frühjahr auch durch Samen.

Ravenala madagascariensis

BAUM DER REISENDEN, QUELLENBAUM

Wie ein breiter Fächer präsentiert sich dieser 9 m hohe Baum, dessen Stamm in die scheidenförmig umhüllte Basis der dicht übereinanderliegenden, langen Blattstiele gipfelt, an denen in zwei gegenständigen Reihen die bis zu 3 m langen, hellgrünen Blätter sitzen. Im Sommer erscheinen an der Basis der Blätter Büschel weißer Blüten. Der Baum ist nicht winterhart.

REBUTIA

Diese in Südamerika heimische Gattung umfaßt rund 40 sehr kleine, in der Regel in Büscheln wachsende, halbkugelige bis aufrecht zylindrische Kakteen. Sie entwickeln an der Stammbasis kleine, rundliche Sprosse, aus denen nach ein oder zwei Jahren Blütenknospen hervorgehen, die sich gegen Ende des Frühjahrs oder im Frühsommer als große rote, gelbe, violette, rosa, orangefarbene oder auch weiße Blüten öffnen.

PFLEGE UND VERMEHRUNG: Die nicht winterharten Kakteen brauchen viel Sonne und schätzen mäßig fruchtbare, sehr durchlässige Böden. Wasser benötigen sie nur, solange sie knospen oder blühen. Ihre Vermehrung erfolgt durch Samen oder Stecklinge im Frühjahr oder Sommer.

Rebutia albiflora

Der bis 10 cm hohe, mit weißen Stacheln besetzte Kaktus stammt aus Bolivien. Er wächst in Büscheln und trägt von Frühjahr bis Herbst viele attraktive, 2,5 cm breite, röhrenförmige, weiße Blüten.

Rebutia arenacea

Nur 3,5 cm hoch und 5 cm breit wird dieser winzige, mit weißen Stacheln bedeckte, polsterbildende Kaktus. Seine großen, gelb-orangefarbenen Blüten öffnen sich im Frühjahr und Sommer und blühen etwa eine Woche lang.

Rebutia aureiflora

Aus Argentinien stammt dieser durchschnittlich 5 cm hohe, haufenbildende Kaktus, dessen grünvioletter Schaft seitlich mit kleinen Warzenreihen sowie mit strahlenförmigen und mittelständigen, harten, bräunlichweißen Stacheln bedeckt ist. Im späten Frühjahr trägt er rund um die Basis zahlreiche gelbe, zuweilen auch violette, innen weiße Blüten.

Rebutia cupperiana

Dieser bis zu 15 cm hohe Kaktus besteht aus Büscheln purpurgrüner Kugelstämme, deren harte, dunkelbraune Stacheln 2,5 cm lang sind und zu mehreren zusammenstehen. Die trompetenförmigen Blüten leuchten dunkelrot.

Rebutia deminuta

Der kleine, bis zu 10 cm hohe und 6 cm breite, in Büscheln wachsende, dunkelgrüne Kaktus stammt aus Argentinien. Seine hübschen, trichterförmigen, roten und orangefarbenen Blüten wachsen an der Basis rund um den Pflanzenkörper und blühen im Sommer etwa eine Woche lang.

Rebutia espinosae

Der kugelige Kaktus mit sternförmig angeordneten, glatten Stacheln trägt im Sommer ein Büschel blaß rosafarbener Blüten. Er stammt aus Bolivien.

Rebutia famatinensis

Wurzelknollen und ein gedrungener zylindrischer, an der Spitze leicht abgeflachter

Rebutia aureiflora

Rebutia cupperiana

R

Rebutia espinosae

Rebutia fiebrigii

Rebutia fulviseta

Rebutia residua

Stamm kennzeichnen diesen im Westen Argentiniens heimischen Kaktus. Er hat weiche, haarähnliche, weniger als 6 mm lange, weiße Stacheln und etwa 2,5 cm lange, innen orangegelbe Blüten mit violetten Kronblättern, die sich aus filzig behaarten Knospen entwickeln.

Rebutia fiebrigii
Syn. *Rebutia muscula*

Dicht mit samtigen, kurzen, weißen Stacheln und kleinen, hellgrünen Warzen bedeckt ist der Pflanzenkörper dieses kugelförmigen, haufenbildenden Kaktus aus Argentinien. Er wird bis zu 15 cm breit und ist tiefgrün. Die leuchtend orangefarbenen Blüten erscheinen vom späten Frühjahr bis zum Frühsommer.

Rebutia fulviseta

Nur 1 cm hoch und ebenso breit wird dieser winzige, dunkelgrüne bolivianische Kaktus. Im Frühjahr und Sommer trägt er trichterförmige, rote und violette Blüten, gefolgt von kleinen, runden Früchten.

Rebutia hoffmannii

Der bis 5 cm hohe und 3,5 cm breite, haufenbildende, graugrüne Kaktus stammt aus Argentinien. Im Sommer trägt er an der Basis rund um den Stamm trichterförmige, orangefarbene Blüten.

Rebutia krainziana

Mit seinen leuchtendroten, trompetenförmigen Blüten gilt der in Büscheln wachsende, wahrscheinlich aus einer Hybridzüchtung hervorgegangene Kaktus als der hübscheste der Gattung. Seine Stämmchen messen bis zu 5 cm im Durchmesser und gliedern sich in 20 oder mehr spiralförmig angeordnete Rippen und weiße Areolen mit weißen Stacheln.

Rebutia marsoneri

Bis zu 5 cm hoch und ebenso breit wird dieser dunkelgrüne argentinische Kaktus. Er wächst in Büscheln, ist spiralförmig mit kleinen Warzen bewachsen und im Sommer vollständig mit großen, trichterförmigen, gelben Blüten bedeckt.

Rebutia minuscula
Syn. *Rebutia violaciflora*

Dieser gelbgrüne und kugelige Kaktus aus dem Norden Argentiniens ist mit 2,5 cm langen, goldgelben Stacheln besetzt. Im Sommer trägt er große, trichterförmige, rote und violette Blüten.

Rebutia nivea

Der rund 5 cm hohe und ebenso breite, in Büscheln wachsende Kaktus stammt aus Bolivien. Er hat weiche, weiße Stacheln und trägt im Sommer am Boden rund um die Stammbasis trichterförmige, orangerote, gelb getönte Blüten.

Rebutia pseudodeminuta

Der beliebte Miniaturkaktus aus Argentinien und Bolivien präsentiert sich als Büschel 10 cm hoher und 3,5 cm dicker Stämmchen mit hellen Stacheln. Im Frühsommer verschwindet der Pflanzenkörper unter scharlachroten, bei einigen Sorten gelben Blüten mit hervortretenden, goldenen Staubgefäßen.

Rebutia residua

Aus Bolivien stammt dieser bis etwa 5 cm hohe und ebenso breite, horstbildende

Rebutia senilis

Kaktus. Seine 2,5 cm breiten, trichterförmigen, leuchtend orangefarbenen bis scharlachroten Blüten öffnen sich im Sommer und blühen etwa eine Woche lang.

Rebutia senilis

Der 6 cm breite Stamm dieses horstbildenden Kaktus ist dicht mit einem Geflecht weicher, weißer Stacheln bedeckt. Im Frühjahr trägt er trompetenförmige, 5 cm breite, rote, gelbe, rosa oder orangefarbene Blüten.

Rebutia tarvitensis

Rund 3,5 cm breit wird dieser kugelförmige Kaktus, der in Bolivien heimisch ist. Seine großen, trichterförmigen, purpurroten Blüten blühen im Frühjahr und Sommer.

Rebutia verticillacantha var. *aureiflora*
Syn. *Sulcorebutia verticillacantha* var. *aureiflora*

Dieser in Bolivien heimische Kaktus wird bis zu 5 cm hoch und 3,5 cm breit. Im Sommer ist er von einem Kranz trichterförmiger, leuchtendgelber Blüten umgeben.

REHMANNIA

Die acht oder neun in China heimischen, mehrjährigen Pflanzen dieser Gattung werden teils wie Fingerhut und Löwenmaul der Familie der Rachenblütler zugerechnet, teils wie Gloxinie und Usambaraveilchen der Familie der Gesneriaceen, denn ihre attraktiven, in zarten Farben – meist in hellen Rosatönen – blühenden, zweilippigen Blüten mit ihren rosa und goldgelben Schlünden vereinen Merkmale von Fingerhut, Löwenmaul und Gloxinie. Die Blätter wachsen in grundständigen Rosetten und sind groß, länglich, geädert und behaart.

PFLEGE UND VERMEHRUNG: In warmgemäßigten Regionen gedeihen die Pflanzen auf laub- und nährstoffreichen Böden in geschützten, sonnigen Lagen, in kühleren Gebieten nur in einem leicht beheizten Gewächshaus. Sie werden häufig von Schnecken befallen. Sie werden im Winter durch Samen, im Spätherbst durch Stecklinge vermehrt.

Rehmannia elata
Syn. *Rehmannia angulata* hort.

Die bekannteste Gartenpflanze der Gattung stammt aus den Bergen Chinas. Sie wird bis zu 1 m hoch und trägt im Sommer und Herbst leicht nickende, röhrenförmige, leuchtend rosafarbene Blüten. Für eine mehrjährige Pflanze ist sie eher kurzlebig und wird daher meist als zweijährige Pflanze gezogen.

Rehmannia elata

Rebutia nivea

Rebutia tarvitensis

Rebutia krainziana

Rehmannia glutinosa

Die hängenden, röhrenförmigen Blüten dieser bis zu 30 cm hohen und ebenso breiten nordchinesischen Pflanze haben violett geäderte, rötlichbraune Kronblätter sowie gelbe Blütenlippen und blühen von Frühjahr bis Sommer. Deutlich geädert sind auch die mittelgrünen, leicht rot getönten Blätter.

REINECKEA

Die mit dem Schlangenbart *(Ophiopogon)* verwandte Gattung umfaßt nur eine Art, eine immergrüne, mehrjährige Pflanze mit Rhizomen, überhängenden, glänzendgrünen Blättern und kleinen, duftenden Blüten. Ihre Heimat sind Japan und China.
PFLEGE UND VERMEHRUNG: Die oft von Schnecken befallene, frostempfindliche Pflanze gedeiht auf feuchten, durchlässigen, humusreichen Böden im Halbschatten. Die Vermehrung erfolgt durch Samen oder Teilung der Rhizome.

Reineckea carnea

Die fast becherförmigen, bis zu 1 cm breiten, weißen oder rosa Blüten der bis zu 20 cm hohen und 40 cm breiten Pflanze blühen im späten Frühjahr. Nach einem warmen Sommer bilden sich im Herbst runde Beeren.

Reseda odorata

Reineckea carnea

Renanthera monachica

REINWARDTIA

Trichterförmige, fünfzählige Blüten kennzeichnen die einzige Art dieser Gattung, einen immergrünen Strauch aus den Bergen Südasiens mit teils gezähnten, teils ganzrandigen wechselständigen Blättern. Verwandt ist er mit dem Lein *(Linum)*.
PFLEGE UND VERMEHRUNG: Die nicht winterharte Pflanze gedeiht in kühlen Regionen am besten in Gewächshäusern und Wintergärten, im Freien auf fruchtbaren, feuchten, durchlässigen Böden in sonnigen Lagen. Während des Wachstums ist sie ausgiebig, sonst eher sparsam zu wässern. Vermehrt wird sie durch Samen oder Stecklinge.

Reinwardtia indica

Syn. *Reinwardtia trigyna, Linum trigynum* hort.

Der bis etwa 1 m hohe Strauch blüht im Winter und trägt dann 2,5 cm breite goldgelbe Blüten mit je fünf sich deckenden Kronblättern, die einen weit geöffneten Trichter bilden. Die 8 cm langen Blätter sind oval und leuchtendgrün.

RENANTHERA

Die rund 15 meist großen, kletternden oder rankenden Orchideen dieser Gattung, die oft mit denen der Gattungen *Vanda, Phalaenopsis, Vandopsis* und *Euanthe* gekreuzt werden, haben zweireihig mit Blättern bewachsene Stengel und tragen oft rote, z.T. auch gelbe oder orangefarbene Blüten an großen, verzweigten Blütenständen im oberen Drittel der Stengel. Ihre Heimat sind Tieflandregionen in Südostasien, Nordostindien, Südchina, Indonesien, Neuguinea und auf den Philippinen.

Reinwardtia indica

Renanthera storiei

Reseda luteola

PFLEGE UND VERMEHRUNG: Die in den Tropen auf sonnig gelegenen Hochbeeten gezogenen Orchideen benötigen Raum zum Klettern, eine grobkörnige, durchlässige Bodenmischung, ein gleichmäßig warmes Klima und das ganze Jahr über viel Licht und genügend Wasser. Sie werden durch Teilung vermehrt.

Renanthera monachica

Mit ihren 45–90 cm langen Stengeln ist diese Pflanze kompakter als die meisten ihrer Gattung und eine der wenigen, die sich als Topfpflanze eignet. Sie hat 5–15 cm lange, fleischige, dunkelgrüne Blätter und trägt im Winter und Frühjahr zahlreiche langlebige, etwa 2,5 cm breite Blüten an verzweigten, 20 cm langen Blütenständen.

Renanthera storiei

Die philippinische, teils terrestrische, teils epiphytische, große, kletternde Orchidee, Stammpflanze vieler Hybriden, wächst in ihrer Heimat in niedrigen Höhenlagen in der Sonne oder im Schatten. Die mit 10–15 cm langen, fleischigen Blättern belaubten Stengel werden bis 4,5 m, der waagerecht wachsende, verzweigte Blütenstand mit seinen zahlreichen langlebigen, 5–8 cm langen Blüten bis zu 1 m lang.

RESEDA

RESEDE, WAU

Die rund 60 in Asien, Afrika und Europa heimischen, aufrechten oder niederliegenden, reichverzweigten ein- und mehrjährigen Pflanzen dieser Gattung tragen von Frühjahr bis Herbst sternförmige, grünlichweiße oder -gelbe, von Bienen sehr geschätzte Blüten an ährenähnlichen Blütentrauben. Früher lieferten sie begehrte Rohstoffe für die Parfümherstellung, und bis heute werden sie in Frankreich wegen ihrer ätherischen Öle gezüchtet.
PFLEGE UND VERMEHRUNG: Die Pflanzen gedeihen auf fruchtbaren, durchlässigen, vorzugsweise basischen Böden in der Sonne oder im Halbschatten. Werden verwelkte Blüten abgeköpft, verlängert sich die Blütezeit. Die Vermehrung erfolgt im Spätwinter durch Samen.

Reseda alba

WEISSE RESEDA, WEISSE RESEDE

Die Weiße Reseda wächst aufrecht etwa 70–90 cm hoch, ist ein- oder mehrjährig und trägt tiefeingeschnittene, 15 cm lange, zugespitzte, schmal-ovale Blätter. An den 20–60 cm langen, aufrechten Blütentrauben öffnen sich im Sommer 6 mm lange, weiße bis cremefarbene Blüten. Die sehr frostempfindliche Art aus dem Mittelmeerraum ist heute weit verbreitet.

Retama monosperma

Reseda luteola

FÄRBERWAU, FÄRBERRESEDE

Der aus dieser aus Europa und Zentralasien stammenden, zwei- oder mehrjährigen, kurzlebigen Pflanze gewonnene gelbe Farbstoff wurde lange Zeit für Malerfarben sowie zur Färbung von Textilien verwandt. Sie wird 1 m hoch, hat schmale, leuchtendgrüne Blätter und besteht zur Hälfte aus schmalen, z.T. verzweigten Blütenähren mit Wirteln blaßgelber bis gelbgrüner Blüten, die im zweiten Jahr blühen, nachdem sich im ersten Jahr vor allem die große Pfahlwurzel entwickelt hat.

Reseda odorata

GARTENRESEDA, GARTENRESEDE, WOHLRIECHENDE RESEDE

Die aus Nordafrika stammende, mäßig schnellwachsende, einjährige Pflanze ist vor allem für den starken Duft ihrer unauffällig kleinen, grünlichen, leicht rot getönten Blüten mit dunkel orangefarbenen Staubgefäßen bekannt, die vom Sommer bis zum Frühherbst an kegelförmigen Blütenköpfen blühen. Sie wird bis zu 60 cm hoch und etwa halb so breit.

RETAMA

RETAMASTRAUCH

Die eng mit den Ginstern (*Genista*) verwandte Gattung umfaßt etwa vier im Mittelmeerraum, auf den Kanarischen Inseln und in Westasien heimische, zierliche, bis zu 1,5 m hohe, sommergrüne Sträucher, deren kleine, mittelgrüne Blätter nur wenige Tage an den Zweigen bleiben. Zur Blütezeit im Frühling sind sie mit unzähligen weißen oder gelben Schmetterlingsblüten bedeckt. An deren Stelle treten nach der Blüte kleine, erbsenähnliche, z.T. flaumig behaarte Samenhülsen.
PFLEGE UND VERMEHRUNG: Die Sträucher gedeihen in vielen Klimazonen auf mäßig fruchtbaren, durchlässigen Böden in sonnigen Lagen, sind aber empfindlich gegen Feuchtigkeit. Rückschnitte nach der Blüte halten sie buschig. Im Frühjahr vermehrt man sie durch Samen, im Sommer durch Stecklinge.

Retama monosperma
Syn. *Genista monosperma*

Wie alle Ginsterarten ist dieser Strauch vor allem wegen seiner süßduftenden, weißen Blüten an den kahlen, locker vom kurzen Stamm herabhängenden, silbriggrünen Zweige beliebt. In windgeschützten Lagen halten sich die Blüten des sehr frostempfindlichen Strauchs oft lange Zeit.

RHABDOTHAMNUS

Einzige Art der mit den Usambaraveilchen verwandten Gattung ist ein schlanker, reichverzweigter, immergrüner Strauch aus Neuseeland mit rauhen, behaarten Blättern und an günstigen Standorten das ganze Jahr über erscheinenden, röhrigen Blüten.

PFLEGE UND VERMEHRUNG: Der nicht winterharte Strauch schätzt einen offen gelegenen und humusreichen, leicht beschatteten Standort. Häufige Rückschnitte halten ihn buschig. Die Vermehrung erfolgt durch Samen oder Stecklinge.

Rhabdothamnus solandri

Die kleinen, birkenlaubähnlichen Blätter dieses bis zu knapp 2 m hohen und ebenso breiten Strauches haben grob gesägte Ränder und dunkle Blattadern. Die kleinen, schmalen und röhrigen Blüten mit verwachsenen Kronblättern sind orange bis orangerot mit violetten Schlünden und roter Äderung.

RHAMNUS
Syn. *Frangula*

KREUZDORN, FAULBAUM

Die 125 sommer- oder immergrünen Sträucher und kleinen Bäume der Gattung vertragen Trockenheit und salzhaltige Luft und sind v. a. in der nördlichen Hemisphäre verbreitet. Sie haben eine dunkle Rinde und einfache, oft gesägte, grüne Blätter. Unscheinbaren, in Büscheln wachsenden Blüten folgen fleischige, erbsengroße Beerenfrüchte, die von Vögeln geschätzt werden. Aus der Rinde einiger der oft dornigen Sträucher wird das harntreibende Cascara sagrada gewonnen.

PFLEGE UND VERMEHRUNG: Die vielseitigen Pflanzen mögen mäßig fruchtbare, durchlässige Böden und viel Sonne; in warmen Regionen ziehen sie Halbschatten vor. Sommergrüne Arten vermehren sich durch Samen, immergrüne durch im Sommer gezogene Stecklinge.

Rhaphiolepis × delacourii

Rhaphiolepis × delacourii 'Enchantress'

Rhamnus californica 'Curly'

Rhamnus a. 'Argenteovariegatus'

Rhabdothamnus solandri

Rhamnus alaternus

IMMERGRÜNER KREUZDORN, ALATERNBAUM

In seiner Heimat im Mittelmeerraum ist der schnellwachsende, bis zu 4,5 m große, immergrüne Strauch für seine Widerstandsfähigkeit gegen Trockenheit und Umweltverschmutzung (nicht gegen Dauerfrost) beliebt, doch verbreitet er sich oft sehr stark und verdrängt andere Pflanzen. Seine dornigen Zweige sind dicht mit glänzend-dunkelgrünen Blättern bewachsen, die die winzigen, für viele Insekten attraktiven, grünlichgelben Blüten fast verbergen. Die Beeren sind schwarzviolett. Die hübsche, wenig frostbeständige Varietät **'Argenteovariegatus'** hat grau marmorierte Blätter mit cremeweißen Rändern.

Rhamnus californica
Syn. *Frangula californica*

Der immergrüne oder halbimmergrüne, frostempfindliche Strauch aus dem Westen Nordamerikas hat feingezähnt e, bis zu 5 cm lange, ovale Blätter mit zwölf Blattaderpaaren, grünliche Blüten, die Honigbienen anziehen, und anfangs rote, später schwarze Früchte. Er wird bis zu 3,5 m hoch und fast ebenso breit. Die Früchte der Varietäten **'Eve Case'**, **'Sea View'** und **'Curly'** sind besonders aromatisch.

Rhamnus cathartica

ECHTER KREUZDORN

Bis zu 6 m hoch und 4,5 m breit wird dieser in Europa, Asien und Nordwestafrika heimische, sommergrüne Dornenstrauch mit glänzendgrünen, im Herbst gelb gefärbten Blättern. Er trägt im Frühjahr und Sommer gelblichgrüne Blüten, gefolgt von roten, später schwarzen Früchten. Die Pflanze ist winterhart.

Rhaphiolepis indica

Rhamnus californica

Rhamnus frangula
Syn. *Frangula alnus*

FAULBAUM, PULVERHOLZ

Dieser etwa 3–4,5 m hohe, sommergrüne, frostharte Strauch aus Europa, Kleinasien und Nordafrika trägt ovale, bis 8 cm lange, glänzendgrüne Blätter. Aus unscheinbaren, grünen Blüten entwickeln sich 1 cm dicke, erst rote, später schwarze Früchte. Die aufrechtwachsende Kulturvarietät **'Tall Hedge'** wird maximal 1 m breit.

Rhamnus purshiana
Syn. *Frangula purshiana*

AMERIKANISCHER FAULBAUM

Aus der rötlichbraunen Rinde des 8 m hohen und mindestens 3 m breiten, sommergrünen Strauches aus dem Westen der USA wird das harntreibende Mittel Cascara sagrada gewonnen. Er ist frostempfindlich und benötigt – mehr als andere Sträucher seiner Gattung – einen offenen, sonnigen Standort und während Trockenperioden reichlich Wasser. Nach Erscheinen der grünlichen Blütenbüschel sprießen seine länglichen, 20 cm langen, feingezähnt en und unterseits flaumig behaarten Blätter mit hervortretenden Blattadern.

RHAPHIOLEPIS
Syn. *Raphiolepis*

Die neun Arten dieser im subtropischen Ost- und Südostasien heimischen Gattung sind zähe, langsam und meist stärker in die Breite als in die Höhe wachsende, immergrüne Sträucher. Sie tragen längliche, bis zu 8 cm lange und 4 cm breite, ledrige, dunkelgrüne, auf den Unterseiten hellere Blätter. Die duftenden, fünfzähligen Blüten versammeln sich in meist deutlich von den Blättern entfernt stehenden, endständigen Büscheln und sind weiß oder rosa; ihnen folgen blauschwarze Beerenfrüchte.

PFLEGE UND VERMEHRUNG: Die kaum winterharten Sträucher gedeihen auf sandigen, durchlässigen, organisch gedüngten Böden in sonnigen Lagen; in heißen Klimazonen schätzen sie einen Standort im Halbschatten, in Küstenregionen eine geschützte Position. Zur Vermehrung dienen Samen, Stecklinge oder Absenker.

Rhaphiolepis × delacourii

Der bis 2 m hohe und ebenso breite, rundliche, immergrüne Strauch mit ovalen, ledrigen, an den Spitzen gezähnten Blättern wird wegen seiner rosa roten, im Frühsommer aufgehenden Blüten gezüchtet, auf die im Winter blauschwarze Beeren folgen. Kulturvarietäten sind die dunkelrosa blühende **'Cootes Crimson'**, die kompakte, rosarote **'Enchantress'** und die kompakte **'Springtime'** mit großen, rosa Blüten und rosa- und bronzefarbenen jungen Trieben.

Rhaphiolepis indica

Aus Südchina stammt dieser 2,5 m hohe und ebenso breite Strauch, der im Spätwinter und im Frühjahr knapp 10 cm lange Büschel duftender, sternförmiger Blüten trägt, die weiß oder leicht rosa getönt sind und lange, rosa Staubgefäße besitzen. Seine lanzettlichen, glänzenden, dunkelgrünen Blätter haben gesägte Ränder; die Beeren sind bläulichschwarz.

R

Rhaphiolepis umbellata

Rhaphiolepis umbellata

Rhaphithamnus spinosus

Rhapidophyllum hystrix

Rhapis excelsa

Rhaphiolepis umbellata

Paddelförmige, in jungem Zustand behaarte Blätter mit glattem Rand kennzeichnen diesen dichten, rundlichen, 2 m hohen Strauch aus Japan und Korea, der sich an das Klima in Küstennähe angepaßt hat. Duftende, weiße Blütenbüschel überdecken den Strauch im Sommer, in warmen Regionen gelegentlich auch den längsten Teil des Jahres über. Die blauschwarzen Beeren überdauern bis in den Winter.

RHAPHITHAMNUS

Die ungewöhnliche Gattung aus der Familie der Eisenkrautgewächse umfaßt zwei Arten immergrüner Sträucher oder kleiner Bäume aus den gemäßigten Regionen Südamerikas. Entlang den dornenbewehrten Stämmen und in den Blattachseln sitzen in kleinen Büschel die Blüten, denen kleine, beerenähnliche Früchte folgen.
PFLEGE UND VERMEHRUNG: Anpassungsfähig, aber nicht winterhart schätzen sie feuchte, durchlässige Böden und Sonne. Sind sie an einen Standort gewöhnt, vertragen sie auch Trockenheit. Vermehrung durch Samen oder Stecklinge.

Rhaphithamnus spinosus

Der über 6 m hohe Strauch mit einfachen, elliptischen, ledrigen, glänzendgrünen Blättern und 3,5 cm langen Dornen trägt seine hellvioletten Blüten in den Blattachseln. An ihre Stelle treten nach der Blüte veilchenblaue, 1 cm große Früchte.

RHAPIDOPHYLLUM

NADELPALME

Einzige Art dieser Gattung ist eine im Südosten der USA heimische Palme mit einem dichten, niedrigen Horst fächerartiger Blattwedel. Ihre winzigen Blüten wachsen in dichten Büscheln; die bis zu 2,5 cm langen Früchte sind oval und behaart.
PFLEGE UND VERMEHRUNG: Die anpassungsfähige Palme gedeiht auch in Regionen, die für andere Palmenarten zu kühl sind, ist bei uns jedoch nicht winterhart. Sie schätzt halbschattige, feuchte, großzügig mit organischem Material angereicherte Böden und kann durch Schößlinge oder durch Samen vermehrt werden, die jedoch erst nach etwa sechs Monaten keimen.

Rhapidophyllum hystrix

Den Namen 'Nadelpalme' verdankt diese dicht am Boden wachsende Palme den zahlreichen langen, schwarzen Dornen, die sich zwischen ihren 75 cm breiten, deutlich in zwölf oder mehr Abschnitte unterteilten, oben bläulichgrünen, unten silbrigen Blattwedeln verbergen. Ihre dreizähligen Blüten sind dunkelrot.

RHAPIS

RUTENPALME, STECKENPALME

Die etwa zwölf von Südchina bis Thailand verbreiteten Palmen dieser Gattung bilden niedrige Horste und haben bambusähnliche, in Gruppen wachsende Stämme mit kleinen, fächerartigen, tiefeingeschnittenen Blattwedeln. Neuen Zuwachs an den Stämmen bedeckt ein Geflecht von Fasern, das sich aus der Basis der Blattwedel entwickelt. Die gelben männlichen und weiblichen Blüten wachsen an verschiedenen Bäumen. Die Früchte sind kleine Beeren, die nur einen Samen enthalten.
PFLEGE UND VERMEHRUNG: Die frostempfindlichen, feuchte, nährstoffreiche Böden und Halbschatten liebenden Palmen werden oft in Kübeln gezogen, in kühleren Regionen nur als Zimmerpflanzen. In warmen, feuchten Gebieten eignen sie sich auch als Heckenpflanzen. Man vermehrt sie für gewöhnlich, indem man die Horste teilt, aber auch durch Samen.

Rhapis excelsa

Die mehrstämmige, langsam wachsende und einen dichten, bis zu 4,5 m hohen Busch bildende südchinesische Palme trägt zwischen den hell- bis kräftiggrünen, in fünf bis acht feste, handförmige Segmente geteilten Blattwedeln im Sommer winzige, beckenförmige, cremeweiße Blüten an kleinen Rispen. Im Freien gedeiht sie nur in warmen Regionen, doch schadet zu starkes Sonnenlicht den Blättern.

RHEUM

RHABARBER

Zu den 50 mehrjährigen Pflanzen der Gattung gehören der Speiserhabarber ebenso wie mehrere Zierpflanzen, die ihrer auffälligen Erscheinung und ihrer großen, grobgezähnten, grundständigen Blätter mit hervortretender Äderung wegen gezüchtet werden. Sie wachsen aus Rhizomen und tragen im Sommer winzige, sternförmige Blüten, gefolgt von geflügelten Früchten. Ihre Heimat erstreckt sich von Osteuropa über Zentralasien bis nach China.
PFLEGE UND VERMEHRUNG: Die winterharten Pflanzen schätzen tiefe und feuchte, humusreiche Böden in sonnigen oder halbschattigen Lagen. Anfällig sind sie für Wurzelhalsfäule und Befall durch Schnecken. Ihre Vermehrung erfolgt durch Samen oder Teilung.

Rheum × cultorum

Syn. ***Rheum × hybridum, R. rhabarbarum***

GARTENRHABARBER, SPEISERHABARBER, GEMEINER RHABARBER

Die zähe und kräftige, mehrjährige, ihrer eßbaren Blattstiele wegen gezüchtete Pflanze ist eine Hybride des Rhapontiks *(Rheum rhaponticum)*. Aus den verholzten Rhizomen wachsen im Frühjahr relativ schnell die großen, giftigen Blätter mit ihren anfangs grünen, später roten und dann erst eßbaren Stielen hervor. Die bis zu 1,5 m hohen Blütenstiele, an denen Blütenköpfe mit cremefarbenen, rot getönten Blüten sitzen, werden in Kultur meist entfernt. Die Pflanze gedeiht auf fruchtbaren, phosphorreichen Böden und läßt sich durch Teilung der Wurzeln züchten.

Rheum officinale

CHINESISCHER RHABARBER, MEDIZINALRHABARBER

Bis zu 3 m hoch wird diese in Westchina und Tibet heimische Pflanze mit runden bis nierenförmigen, 75 cm breiten, fünflappigen Blättern, die im Sommer große, verzweigte Blütenköpfe mit weißen bis grünlichweißen Blüten trägt.

Rheum palmatum

HANDFÖRMIGER RHABARBER, TANGUTISCHER RHABARBER

Tiefgrüne Blätter und kleine, dunkelrote bis cremefarben-grüne, im Frühsommer blühende Blüten kennzeichnen diese bis zu 2,5 m hohe und 2 m breite Pflanze. Die Varietät **'Atrosanguineum'** hat dunkel rosafarbene Blüten und karmesinrote Blätter, die sich später dunkelgrün verfärben.

RHIPSALIS

RUTENKAKTUS, BINSENKAKTUS, KORALLENKAKTUS

Bis auf die in Afrika und Sri Lanka heimische *Rhipsalis baccifera*, stammen die 40 bis 50 meist im späten Winter oder zu Frühjahrsbeginn blühenden epiphytischen Kakteen dieser Gattung aus Mittel- und Südamerika. Mit ihren hängenden, röhren- oder blattförmigen Blättern eignen sie sich ideal zur Anpflanzung in Hängekörben. Auf die sehr kleinen und offenen, weißen oder blaßrosa Blüten folgen weiße, schwarze oder rosa Beeren.
PFLEGE UND VERMEHRUNG: Die frostempfindlichen Kakteen gedeihen bestens in feuchtwarmer, schattiger Umgebung. Feuchte Luft ist wichtiger als feuchter Boden, der jedoch nie ganz austrocknen sollte. Vermehrung durch Samen oder Wurzelstecklinge von Teilen des Stammes.

Rheum officinale

Rheum × cultorum

Rheum palmatum 'Atrosanguineum'

Rhodiola rosea

Rhodiola stephanii

Rhodochiton atrosanguineus

Rhipsalis cereuscula

Die zylindrischen, grünen Stämme dieses 60 cm hohen, hängend wachsenden Kaktus aus Brasilien und Argentinien werden bis zu 30 cm lang. Im Frühjahr trägt er sternförmige, weiße Blüten, auf die am Ende des Frühjahrs und im Sommer die Früchte folgen.

Rhipsalis paradoxa

Der epiphytische südamerikanische Kaktus wächst zunächst bis zu einer Höhe von 1 m und verzweigt sich dann in mehrere kriechende, kettenähnliche Stämme, an deren Rändern von Winter bis Frühjahr kleine, trompetenförmige, weiße Blüten erscheinen, denen kugelige, harzige Früchte folgen. Im Herbst benötigt er eine Trockenperiode.

RHODANTHE

Die 40 aufrechtwachsenden ein- und mehrjährigen Pflanzen und Halbsträucher dieser Gattung aus den trockenen Regionen Australiens werden heute meist der Gattung der Sonnenflügel (*Helipterum*) zugerechnet. Ihre ganzjährig blühenden rosa, gelben oder weißen Korbblüten öffnen sich im Sommer und sind als Schnitt- wie als Trockenblumen begehrt. Die mittel- bis graugrünen Blätter sind wechselständig angeordnet.

PFLEGE UND VERMEHRUNG: Die nicht winterharten Pflanzen schätzen nährstoffarme, durchlässige Böden und viel Sonne. Die Blütenköpfe trocknen am besten kopfüber aufgehängt an einer dunklen, kühlen Stelle. Sie werden durch Samen vermehrt.

Rhodanthe anthemoides

Syn. *Helipterum anthemoides*

Diese mehrjährige Pflanze mit zähen Stengeln und kleinen, gräulichen Blättern ist im Südosten Australiens heimisch, wächst haufenförmig und wird 20 cm hoch und 30 cm breit. Ihre 2,5 cm breiten, papierartigen Korbblüten erscheinen meist ganzjährig.

Rhodanthe chlorocephala subsp. *rosea*

Syn. *Helipterum roseum, Acroclinium roseum*

Die als Schnittblume in großem Umfang gezüchtete einjährige Pflanze aus dem Südwesten Australiens wird bis zu 60 cm hoch und 15 cm breit. Die in der Mitte gelben Blütenköpfe mit weißen bis blaßrosa Hüllblättern schließen sich bei bewölktem Himmel.

Rhodanthe manglesii

Syn. *Helipterum manglesii*

ROSENIMMORTELLE, SONNENFLÜGEL, MANGLES' RUHRKRAUT

Die bekannteste und meistgezüchtete Pflanze der Gattung stammt aus Westaustralien. Sie ist einjährig, wächst aufrecht etwa 30 bis knapp 50 cm hoch und trägt zugespitzte, graugrüne Blätter. Ihre zarten Blüten, die nach einem Regenguß teppichartig den Wüstenboden bedecken, sind anfangs tiefrosa, werden dann immer blasser und schließlich weiß, so daß eine Pflanze oft von verschieden intensiv gefärbten Blütenköpfen geschmückt wird.

Rhodanthe 'Paper Star'

Die halbniederliegende Kulturvarietät stammt wahrscheinlich von *Rhodanthe anthemoides* ab. Während sie als Gartenblume lange und eindrucksvoll blüht, ist sie als Schnittblume eher kurzlebig.

RHODIOLA

ROSENWURZ

Die rund 50 in der nördlichen Hemisphäre weitverbreiteten, mehrjährigen Arten dieser Gattung ähneln denen der Gattung *Hylotelephium* und den Fetthennen (*Sedum*). Ihre zahlreichen, verdickten Stiele wachsen aus Rhizomen und sind mit einfachen, oft gezähnten, fleischigen, graugrünen Blättern bewachsen. Die sternförmigen, gelben, roten oder orangefarbenen, zuweilen auch grünen oder weißen Blüten wachsen in dichten, runden Blütenköpfen.

Rhodiola heterodonta

PFLEGE UND VERMEHRUNG: Die meist sehr winterharten und anspruchslosen Pflanzen gedeihen auf im Sommer feuchten, im Winter aber nicht sumpfigen Böden – z.B. in einem sonnig gelegenen Steingarten. Anfällig sind sie für Blattläuse. Man kann sie vermehren, indem man Stecklinge von jungen Trieben setzt oder die Pflanzen im Frühjahr teilt.

Rhodiola heterodonta

Syn. *Sedum heterodontum*

Diese bis zu 40 cm hohe und ebenso breite Pflanze aus Afghanistan, dem Himalaja und Tibet bildet Horste aus dicken, nicht verzweigten Stielen, die aus Rhizomen wachsen. Sie tragen ovale, gezähnte, blaugrüne Blätter und von Frühjahr bis Frühsommer flache Blütenköpfe mit gelben bis orangeroten oder grünlichen Blüten.

Rhodiola kirilowii

Syn. *Sedum kirilowii*

Aus den massiven, verzweigten Rhizomen der von Zentralasien bis in die Mongolei verbreiteten Pflanze wachsen kräftige, aufrechte, bis zu 30 cm hohe Stiele. Die gelbgrünen bis rostroten Blüten öffnen sich vom Frühsommer an.

Rhodiola purpureoviridis

Syn. *Sedum purpureoviride*

Die dichtwachsende Pflanze hat rundliche, eiförmige, an den Rändern gezähnte und dicht behaarte Blätter und bis knapp 50 cm hohe Blütenstengel, die im Frühsommer hell grüngelbe Blüten tragen. Sie stammt aus Westchina und Tibet.

Rhodiola rosea

Syn. Sedum roseum

ROSENWURZ

Ihren Namen verdankt diese sehr gesellige, horstbildende, 30 cm hohe und ebenso breite, in den gemäßigten Zonen der nördlichen Hemisphäre weitverbreitete Pflanze dem Geruch ihrer fleischigen Wurzeln, die als Rohstoff zur Parfümherstellung dienen. Sie hat fleischige, elliptische Blätter mit gesägten Rändern und trägt im späten Frühjahr oder im Frühsommer dicht gedrängt stehende rosa Blütenknospen, die sich als kleine, sternförmige, blaßviolette, grüne oder gelbe Blüten öffnen.

Rhodiola stephanii

Syn. *Sedum stephanii*

Aus Ostsibirien stammt diese Pflanze. Sie wächst aus Rhizomen, hat gezähnte, leuchtend gelbgrüne Blätter, bis zu 25 cm lange, verzweigte Blütenstengel, an denen sich im Sommer cremeweiße Blüten öffnen.

RHODOCHITON

Die drei immergrünen mexikanischen Kletterpflanzenarten dieser Gattung werden vor allem wegen ihrer hängenden Blüten mit langen, fünfzipfligen Blütenröhren gezüchtet. Sie haben Blattranken und blühen besonders in frostgefährdeten Regionen am besten, wenn sie als einjährige Pflanzen gezüchtet werden.

PFLEGE UND VERMEHRUNG: Die Pflanzen schätzen feuchte, durchlässige und humusreiche Böden in sonnigen Lagen und lassen sich an Zäunen und Gattern, aber auch als Bodendecker ziehen. Vermehren kann man sie durch Samen im Frühjahr.

Rhodochiton atrosanguineus

Syn. *Rhodochiton volubile*

Die oft als einjährige Pflanze gezüchtete, bis zu 3 m hohe, windende Kletterpflanze blüht vom späten Frühjahr bis zum Spätherbst und hat ei- bis herzförmige Blätter mit leicht behaarten Rändern und windenden Stielen. Die langen, fingerähnlichen, dunkelvioletten Blütenröhren ragen aus einem glockenförmigen, rötlichviolett getönten Kelch.

Rhodiola purpureoviridis

Rhodanthe chlorocephala subsp. *rosea*

Rhodiola kirilowii

Rhodanthe 'Paper Star'

RHODODENDRON

Syn. *Azalea*

RHODODENDRON, ALPENROSE, AZALEE

Etwa 800 immergrüne, halbimmergrüne und sommergrüne verholzte Sträucher und Bäume gehören zu dieser spektakulären Gattung. Sie stammen hauptsächlich aus der nördlichen Hemisphäre, besonders aus Südchina und der Himalaja-Region; etliche Arten sind aber auch in Nordamerika, Japan und Südostasien heimisch. Außerdem gibt es einen in Neuguinea und Nordostaustralien verbreiteten, tropischen Zweig der Gattung, dessen Arten bei uns aber kaum zu finden sind. Kultiviert werden Rhododendren vor allem wegen ihrer zumeist sehr zahlreichen, normalerweise in Doldentrauben an den Zweigenden wachsenden, manchmal duftenden Blüten, von denen die kleinsten etwa fingerhutgroß, die größten um 20 cm lang sein können. Als Blütenfarbe kommen fast alle Schattierungen außer reinem Blau vor; viele Rhododendren haben auch mehrfarbige Blüten, darunter häufig solche mit geflecktem Schlund. Die Blüten werden normalerweise zwischen Spätwinter und Frühsommer gebildet. Ähnlich variabel wie die Form der fünf- oder mehrzähligen, entweder flachen, aber auch trichter-, glocken- oder trompetenförmigen Blüten ist auch die Größe der Pflanzen, unter denen es kleine, fast kriechende Arten gibt, aber auch über 15 m hohe Bäume. Ihre hübschen Blätter sind zumeist relativ breit, häufig elliptisch geformt und bei den immergrünen Arten dick, manchmal lederartig und häufig glänzend und dunkelgrün; sommergrüne und halbimmergrüne Rhododendren tragen dagegen oft behaarte und ebenfalls dunkelgrüne Blätter. Im Herbst verfärben sich die Blätter vieler Arten zudem sehr hübsch. Auch ihre Größe ist von Art zu Art sehr unterschiedlich. So gibt es alpine Arten, deren Blätter nicht größer als 2,5 cm werden, während die von Pflanzen aus Regionen mit mildem, niederschlagsreichem Klima über 60 cm lang werden können.

Botaniker unterteilen die Gattung in Arten mit und ohne Drüsenschuppen auf den Blättern, wobei diese Schuppen allerdings nicht immer leicht zu erkennen sind. Gärtner benutzen dagegen in der Regel die Unterteilung in sommer- oder immergrüne, zumeist größere, oft strauchartig wachsende »echte« Rhododendren sowie die normalerweise kleineren, sommergrünen »Azaleen«, zu denen häufig auch noch die immergrünen, kleinblättrigen Zwergformen gerechnet werden. Durch Zucht sind zu den ursprünglich rund 800 Arten zahllose Kulturformen hinzugekommen, wodurch der Überblick weiter erschwert wird. Deshalb sind die Hybriden in zusätzliche Gruppen und diese wiederum in kleinere Untergruppen unterteilt, die Pflanzen von ähnlichem Aussehen oder ähnlicher Abstammung zusammenfassen.

PFLEGE UND VERMEHRUNG: Entsprechend ihrer Herkunft unterscheiden sich die zahlreichen Rhododendren in Winterhärte und bevorzugten Wachstumsbedingungen naturgemäß sehr stark; relativ ähnlich sind sie sich dagegen bei den Kulturbedingungen. Das liegt vor allem daran, daß Rhododendren, anders als die meisten übrigen Pflanzen, die Nährstoffe nicht nur über feine Haarwurzeln an den Wurzelspitzen aufnehmen, sondern über den gesamten Wurzelballen, der ausschließlich aus feinen Haarwurzeln besteht. Das Fehlen von langen Pfahlwurzeln oder eines auswuchernden Wurzelsystems macht Rhododendren zu idealen Kübelpflanzen, die sich leicht umtopfen lassen. Wird nicht regelmäßig gegossen, trocknen die feinen Wurzeln allerdings leicht aus, während sie bei ständiger Nässe faulen. Die zarten Wurzeln benötigen lockeren, gut durchlüfteten, möglichst sauren und humusreichen Boden, der Feuchtigkeit gut speichern kann. Außerdem sollte regelmäßig gemulcht werden, damit die dicht unter der Bodenoberfläche befindlichen Wurzeln geschützt sind. Bei feuchtem oder alkalischem Untergrund empfiehlt es sich, die Rhododendren in ein erhöhtes, mit einer speziellen Kompostmischung aufgefülltes Beet zu pflanzen. Die meisten *Rhododendron*-Arten stammen aus Waldgebieten und bevorzugen daher halbschattige, zumindest aber vor der heißen Mittagsonne und vor starkem Wind geschützte Plätze. Bis auf einen leichten Rückschnitt nach der Blüte benötigen sie nur wenig Pflege, und sie sind kaum anfällig für Krankheiten und Schädlinge. Vor allem immergrüne Azaleen leiden außerdem häufig an der Ohrläppchenkrankheit, einer Pilzinfektion der Blätter. Größere Rhododendren lassen sich gut unter Bäumen anpflanzen oder als einzelne Schauobjekte verwenden; wer will, kann mit ihnen aber auch eine Hecken gestalten. Die kleineren Formen pflanzt man am besten als Bodendecker oder setzt sie in Steingärten; Azaleen werden in der Regel als Topfpflanzen gezogen, die im Sommer ins Freie gebracht werden können. Nur wenige Arten sind für unsere Breiten ausreichend frosthart. Rhododendren werden durch Aussaat oder Stecklinge vermehrt; bei kriechenden Formen ist auch eine Teilung möglich.

Rhododendron brookeanum

Rhododendron ciliicalyx

Rhododendron argyrophyllum

Rhododendron aurigeranum

Rhododendron arboreum

RHODODENDRON, ARTEN

Im Grunde lohnt sich die Kultur fast aller Rhododendren, auch wenn einige aufgrund ihrer weniger attraktiven Wuchsform und ihrer oft unkontrollierten Ausbreitung als Gartenpflanzen nicht ganz so beliebt sind. Im folgenden werden einige der wichtigsten Arten vorgestellt. Sofern nicht anders angegeben, handelt es sich um immergrüne, winterharte Pflanzen.

Rhododendron arboreum

BAUMARTIGE ALPENROSE, BAUMALPENROSE

Dieser bis 30 m hohe Baum kommt wildwachsend von Nordindien bis Südchina vor. In Kultur wird er kaum größer als etwa 12 m und hat dann zumeist auch eine eher schmale, zylindrische Krone. Die Art wird seit langem kultiviert und gilt als Mutterpflanze vieler Sorten. Sie hat bis zu 20 cm lange, lederartige, bronzefarbene bis grüne, auf der Unterseite weißliche oder rostbraune Blätter. Die in rundlichen Blütenständen angeordneten, 15 bis 20 roten, weißen oder dunkelrosa glockenförmigen Blüten öffnen sich im zeitigen Frühjahr.

Rhododendron argyrophyllum

SILBERBLÄTTRIGER RHODODENDRON

Der große Strauch oder kleine Baum aus der chinesischen Provinz Szetschuan wird nicht nur wegen seiner Blüten, sondern auch wegen seiner attraktiven, schmalen, bis knapp 8 cm langen, glänzenden, dunkelgrünen, auf der Unterseite weiß geschuppten Blätter kultiviert. Die etwa 5 cm langen, weißen, teils rosa überlaufenen oder violett gefleckten, glockenförmigen Blüten öffnen sich im zeitigen Frühjahr.

Rhododendron augustinii

Diese Art aus Südchina und Tibet wurde 1886 erstmals beschrieben. Zumeist handelt es sich um bis zu 1,5 m hohe Sträucher, die Pflanzen können aber auch bis zu knapp 10 m hohen Bäumen heranwachsen. Die Art hat 3–10 cm lange bronzefarbene bis grüne, im Winter dunklere Blätter und ist von Frühjahrsmitte an dicht mit Büscheln von jeweils zwei bis sechs weit offenen, etwa 4 cm großen, blauen oder blauvioletten, trichterförmigen Blüten bedeckt. ***Rhododendron augustinii* subsp. *chasmanthum*** blüht hellviolett und erreicht auch in Kultur zumeist Baumgröße.

Rhododendron aurigeranum

Waldlichtungen, felsiges Gelände und grasbedeckte Hänge in mittleren Höhenlagen sind der bevorzugte Standort dieses bis zu 2,5 m hohen, nicht winterharten Rhododendrons aus Neuguinea, den man selten im Handel findet. Seine trichterförmigen Blüten sind orange bis orangegelb.

Rhododendron brookeanum

Diese nicht winterharte Art aus Malaysia und Indonesien kommt in niederen Lagen epiphytisch auf Mangroven und anderen Bäumen vor, während sie in größeren Höhen (bis etwa 1400 m) auf dem Boden wächst. Sie wird 2–5 m hoch und hat duftende orangefarbene, orangerosa oder rote, in der Mitte weiße bis goldgelbe, trichterförmige Blüten. Die Blüten der Sorte **'Titan'** verblassen oft zu Hellrosa.

Rhododendron calendulaceum

FLAMMENAZALEE, RINGELBLUMENAZALEE

Die im Südosten der USA heimische, sommergrüne Azalee ist ein ausladender Strauch von etwa 3,5 m Höhe und Breite. Ihre je nach Ort, Klima und Jahreszeit roten bis orangefarbenen, selten gelben Blüten wachsen in fünf- bis siebenblütigen Doldentrauben und öffnen sich im späten Frühjahr. Sie ist die Mutterpflanze vieler orange bis feuerrot blühender Azaleen.

Rhododendron callimorphum

Der Name dieses rundlichen, etwa 0,5–2 m hohen Strauches aus der südchinesischen Provinz Yünnan und Nordost-Myanmar – übersetzt »von lieblicher Gestalt« – beschreibt sehr treffend seine attraktive Wuchsform. Er hat hübsche, mittelgroße, glänzende, dunkelgrüne Blätter. Die von Frühjahrsmitte an erscheinenden glockenförmigen Blüten, weiß bis rosarot, zuweilen auch violett gefleckt, stehen jeweils in Gruppen zu fünft bis acht zusammen.

Rhododendron campylogynum

Der kleinblättrige, zwergwüchsige Strauch, zwischen 15 cm und 120 cm hoch, ist von Nordindien über Myanmar bis Südchina verbreitet und eignet sich besonders für Steingärten oder Gewächshäuser mit Gebirgspflanzen. In Farbtönen von Cremeweiß über Rosa, Rot, Weinrot und Violett bis Schwarzviolett erscheinen von Mitte des Frühjahrs an winzige Blüten, die, weit geöffnet und glockenförmig, an Fingerhüte erinnern.

Rhododendron calendulaceum

Rhododendron ciliatum

Rhododendron catawbiense

CATAWBA-RHODODENDRON, CATAWBA-ALPENROSE

Dieser Strauch aus dem Osten der USA wird 3 m hoch und bildet mit glänzend-dunkelgrünen Blättern oft ein dichtes Gewirr. Die in Doldentrauben angeordneten, bis zu 20 becherförmigen, weißen, rosaroten oder lilavioletten Blüten erscheinen im späten Frühjahr. **'Album'** hat rosa Blütenknospen, denen weiße Blüten folgen.

Rhododendron ciliatum

Aus dem Himalaja stammt dieser kompakte, 1-2 m hohe Strauch mit 5–8 cm langen, glänzenden, dunkelgrünen Blättern und sich abschälender, rotbrauner Rinde. Er ist leicht zu kultivieren und wächst auch auf leicht alkalischen Böden. Die weißen, oft rosarot überlaufenen, glockenförmigen Blüten erscheinen zeitig im Frühjahr.

Rhododendron ciliicalyx

Der in Westchina heimische, rundliche Strauch wächst schnell zu einer Größe von 1,5–3 m heran. Seine elliptischen, bis 10 cm langen Blätter sind auf der Unterseite mit braunen Schuppen besetzt. Die knapp 10 cm langen, manchmal zart duftenden, weißen oder leicht rosa überlaufenen Blüten wachsen in Dreierbüscheln und öffnen sich zu Beginn des Frühjahrs.

Rhododendron cinnabarinum

Der 1,5–6 m hohe, duftende, aufrechte Strauch oder kleine Baum aus dem Himalaja und dem Norden Myanmars hat eine sich abschälende Rinde, attraktive schmalovale, dunkel- bis blaugrüne Blätter und hängende, 5 cm große, meist orangefarbene, oft auch rote, rosa, gelbe, aprikosenfarbene oder mehrfarbige röhrenförmige Blüten, die in drei- bis fünfblütigen Doldentrauben angeordnet sind und sich zur

Rhododendron catawbiense

Rhododendron degronianum

Rhododendron campylogynum

Rhododendron davidsonianum

Frühjahrsmitte öffnen. Die aprikosenfarbenen Blüten von ***Rhododendron cinnabarinum*** **subsp.** ***cinnabarinum*** **'Mount Everest'** öffnen sich etwas weiter.

Rhododendron dauricum

DAHURISCHE AZALEE, DAHURISCHER RHODODENDRON, DAHURISCHE ALPENROSE

Oft schon in der zweiten Winterhälfte und damit früher als bei anderen winterharten Rhododendren öffnen sich die 1–2,5 cmm langen, trichterförmigen, rotvioletten, violetten, rosa oder weißen Blüten dieses 0,5–1,5 m hohen, halbimmergrünen Strauches aus dem ost- und nordostasiatischen Raum. Die 4 cm langen, mit Schuppen besetzten, dunkelgrünen Blätter verfärben sich zum Winter hin bronzefarben.

Rhododendron davidsonianum

Der aufrechte, 1–6 m hohe, winterharte Strauch stammt aus Westchina. Seine lanzettlichen, gut 5 cm langen Blätter sind auf der Oberseite dunkelgrün und auf der Unterseite mit Schuppen bedeckt. Die in zwei- bis sechsblütigen Doldentrauben angeordneten, 5 cm großen, trichterförmigen Blüten sind meist weiß oder weißlich-rosa, manchmal jedoch auch rosa oder lavendelfarben, oder sie haben eine grüne bzw. rote Zeichnung.

Rhododendron decorum

Westchina, der Norden Myanmars und Laos sind die Heimat dieses 1–6 m hohen Strauches. Seine bis 15 cm großen, länglichen bis lanzettlichen Blätter sind oberseits mittel-, unterseits hellgrün; die duftenden etwa 10 cm großen, trichterförmigen Blüten, weiß bis rosafarben, häufig grün überlaufen bzw. grün, ockergelb oder

Rhododendron decorum

rot gefleckt, stehen zu acht bis vierzehn in lockeren Doldentrauben.

Rhododendron degronianum

JAPANISCHER RHODODENDRON

Dieser kompakte, 1–3 m hohe, dicht belaubte, immergrüne Strauch stammt aus Japan. Er hat längliche, glänzende, dunkelgrüne Blätter, die am Rand etwas eingerollt sind. Die etwa 6 cm großen, rosa bis hellroten, trichterförmigen Blüten sind auffällig gefleckt, zuweilen auch dunkel gestreift und stehen in zehn- bis zwölfblütigen Doldentrauben zusammen.

Rhododendron edgeworthii

Der bis zu 3 m hohe, duftende Strauch aus der Himalaja-Region ist nicht sehr robust und auch nicht völlig winterhart, so daß man ihn selten im Handel findet. Seine lanzettlichen, gut 5 cm langen, dunkelgrünen Blätter sind dicht beschuppt; die etwa 10 cm großen, weißen, normalerweise rosa überlaufenen, trichterförmigen Blüten erscheinen zur Frühjahrsmitte.

R

Rhododendron javanicum

Rhododendron elliottii

Rhododendron fastigiatum

Rhododendron fortunei subsp. *fortunei*

Rhododendron elliottii

Der in Nordindien in mittleren Höhen vorkommende, nicht völlig winterharte Strauch wird 2–8 m hoch und hat glänzende, dunkelgrüne, 10 cm lange Blätter. Seine 5 cm großen, roten Blüten öffnen sich zur Frühjahrsmitte, haben Staubbeutel mit weißen Spitzen und ordnen sich in bis zu zehnblütigen Doldentrauben an.

Rhododendron fastigiatum

AUFSTREBENDER RHODODENDRON

In seiner heimischen Provinz Yünnan ist dieser 40–70 cm große alpine Strauch in Höhen von bis zu 4500 m anzutreffen. Daher eignet er sich gut für Steingärten oder alpine Gewächshäuser. Seine drahtigen Triebe sind dicht mit etwa 1 cm langen, blaugrauen Blättern besetzt; die zahlreichen violetten oder lavendelfarbenen Blüten erscheinen zur Frühjahrsmitte.

Rhododendron ferrugineum

ALPENROSE, ROSTBLÄTTRIGE ALPENROSE, BERGROSE, SCHNEEROSE, DONNERROSE

Der 60–150 cm hohe Strauch aus den Alpen und den Pyrenäen ist einer der wenigen europäischen Rhododendren und wird schon seit Anfang des 18. Jahrhunderts kultiviert. Er hat 2–4 cm lange, dunkelgrüne, auf der Unterseite rostbraun beschuppte Blätter und bringt zur Frühjahrsmitte röhren- bis glockenförmige, etwa 2 cm große, hell karmesinrote oder weiße, in sechs- bis achtblütigen Doldentrauben angeordnete Blüten hervor.

Rhododendron forrestii

Der bei Rhododendronzüchtern beliebte, selten über 15 cm hohe, teppichbildende, nicht völlig winterharte Zwergstrauch ist in seiner Heimat in Myanmar, Tibet und der chinesischen Provinz Yünnan bis in Höhen von 4500 m anzutreffen. Er hat rundliche, 2–8 cm lange, dunkelgrüne Blätter und bringt zu Beginn des Frühjahrs einzelne oder paarweise angeordnete, bis 4 cm große, wachsartige, leuchtendrote, glockenförmige Blüten hervor.

Rhododendron fortunei

Mattgrüne, ovale, bis zu 20 cm lange Blätter und große rundliche Doldentrauben mit duftenden, 20 cm großen, anfangs rosa, später weißen, zur Frühjahrsmitte erscheinenden Blüten kennzeichnen diesen zwischen 1 m und 9 m hohen Strauch oder kleinen Baum aus China, der für die Zucht vieler Gartenhybriden verwendet wurde. ***Rhododendron fortunei* subsp. *fortunei*** hat hellrosa bis lavendelfarbene Blüten und rotviolette Blattstengel; die Blüten von ***R. f.* subsp. *discolor*** haben im Schlund einen gelbgrünen Fleck.

Rhododendron griersonianum

Auch dieser in Westchina und Nord-Myanmar heimische, 1,5–3 m hohe Strauch ist eine wichtige Mutterpflanze vieler Hybriden. Er hat lanzettliche, bis zu 20 cm lange, hellgrüne Blätter, die wie die Blattstengel und jungen Triebe mit Borsten bedeckt sind. Seine bis knapp 10 cm großen, trichterförmigen Blüten sind in bis zu zwölfblütigen Doldentrauben angeordnet und ungewöhnlich rosa-orangerot gefärbt, manchmal auch dunkel gefleckt.

Rhododendron griffithianum

Die in der Himalaja-Region heimische Mutterpflanze zahlreicher Hybriden ist ein 2–9 m hoher Strauch oder Baum mit länglichen, 10–30 cm großen, glänzendgrünen Blättern. Seine duftenden, knapp 10 cm großen, weißen bis rosaroten, z.T. grün gefleckten Blüten mit auffälligen Kelchblättern sind in vier- bis fünfblütigen Doldentrauben angeordnet.

Rhododendron hanceanum

Dieser 40–180 cm hohe, nicht allzu dichte Strauch aus der chinesischen Provinz Szetschuan hat lanzettliche, bis zu 10 cm lange Blätter. Zur Frühjahrsmitte bringt er duftende, 2,5 cm große, gelbe bis cremefarbene, trichterförmige, in Doldentrauben angeordnete Blüten hervor. Die kompaktere Sorte **'Nanum'** blüht leuchtendgelb.

Rhododendron indicum

INDISCHE AZALEE, INDISCHE ALPENROSE

Diese bis etwa 2 m hohe, immergrüne japanische Azalee darf nicht mit den Indica-Azaleen verwechselt werden. Die Art hat schmal lanzettliche, knapp 4 cm lange Blätter und bringt zur Frühjahrsmitte weit geöffnete rosa- bis lachsfarbene, kirschrote oder weiße trichterförmige Blüten hervor. Die Sorte **'Balsaminiflorum'** hat drahtige, dicht beblätterte Stengel und gefüllte orangerosa Blüten.

Rhododendron irroratum

In ihrer Heimat China, Vietnam, Laos und Indonesien wird diese Art bis zu 10 m hoch; in Kultur bleibt sie zumeist deutlich kleiner. Die Pflanzen haben elliptische, 10–15 cm lange, hellgrüne Blätter und bringen zu Frühjahrsbeginn in fünfzehnblütigen Doldentrauben angeordnete, 5 cm große, glockenförmige Blüten hervor, weiß, cremefarben oder rosa mit rotvioletten Flecken. Die weißlichen Blüten der Sorte **'Spatter Paint'** haben einen rosa Rand und zahlreiche rotviolette Flecken.

Rhododendron jasminiflorum

Dieser auf der Malaiischen Halbinsel heimische, nicht winterharte Rhododendron kann das ganze Jahr hindurch blühen. Er wird bis zu 2,5 m hoch und hat 5 cm lange, in Dreier- bis Fünferwirteln angeordnete, glänzendgrüne Blätter. Die fünf- bis achtblütigen Doldentrauben bestehen aus duftenden, weißen, röhrenförmigen Blüten.

Rhododendron griffithianum

Rhododendron javanicum

Indonesien und Malaysia sind die Heimat dieses nicht winterharten, 2–3,5 m hohen, epiphytisch oder auf dem Boden wachsenden Rhododendrons mit ovalen, bis zu 20 cm langen Blättern. Seine knapp 4 cm großen, trichterförmigen und häufig duftenden Blüten sind orangefarben bis orangerosa oder rot und besitzen eine gelbe oder cremefarbene Mitte; sie haben gelappte Kronblätter und sind in lockeren Doldentrauben angeordnet.

Rhododendron johnstoneanum

Der in seiner nordindischen Heimat auch epiphytisch wachsende, 2–5 m hohe Strauch hat behaarte, elliptische, bis 10 cm lange Blätter und duftende, etwa 10 cm große, cremeweiße oder blaßgelbe, zuweilen rot oder gelb gefleckte trichterförmige Blüten zu Frühjahrsbeginn. Die Blüten der Sorte **'Double Diamond'** sind gefüllt, cremegelb und oft dunkel gezeichnet.

Rhododendron kaempferi

KAEMPFERS AZALEE

Ihre Frosthärte macht diese 1–3 m hohe immergrüne, bei großer Kälte allerdings fast völlig blattlose Azalee aus Japan zu ei-

Rhododendron jasminiflorum

Rhododendron hanceanum 'Nanum'

Rhododendron johnstoneanum

Rhododendron litiense

ner wichtigen Pflanze für die Zucht. Sie hat behaarte, elliptische, 3,5 cm lange Blätter und bringt im Frühjahr rote bis orangerosa, weiße, zuweilen violett oder rot gefleckte trichterförmige Blüten hervor.

Rhododendron keiskei

KEISUKES RHODODENDRON, JAPANISCHER SCHNEERHODODENDRON

Dieser variable Strauch aus Japan mit lanzettförmigen, 2–10 cm langen, jung bronzefarben bis grünen Blättern wird 30 cm bis 3 m hoch. Seine 2–4 cm großen, hell- bis leuchtendgelben, trichterförmigen Blüten öffnen sich zeitig im Frühjahr. ***Rhododendron keiskei* var. *cordifolia* 'Yaku Fairy'** ist ein fast kriechender, dicht beblätterter Rhododendron mit leuchtendgelben Blüten; die jungen Triebe sind rötlich.

Rhododendron kiusianum

KYUSHUAZALEE

Von der japanischen Insel Kyushu stammt diese knapp 1 m große, immergrüne, rundliche Azalee mit behaarten, 1 cm langen, violettgrünen, im Winter dunkleren Blättern. Zur Frühjahrsmitte ist sie dicht mit winzigen, violetten, rosa oder weißen Blüten übersät. Sie gehört zu den Mutterpflanzen der Kurume-Azaleen wie **'Hinode'** mit leuchtendroten und **'Komokulshan'** mit weißen oder hellrosa, an der Spitze der Kronblätter dunkleren Blüten.

Rhododendron laetum

Elliptische, 10 cm lange Blätter und oft duftende, ungefähr 5 cm große, normalerweise dunkelgelbe, zuweilen aber auch rosa, orange oder rot überlaufene, trichterförmige Blüten sind die Hauptmerkmale dieses bis 1,5 m hohen, frostempfindlichen Rhododendrons aus Neuguinea.

Rhododendron leucaspis

Der bis etwa 1 m hohe Strauch aus dem Westen Chinas hat borstige, 2–4 cm lange,

Rhododendron kiusianum

blaugrüne Blätter und flache, bis 3 cm große Blüten; sie sind weiß, oft leicht rosa überlaufen mit braunen Staubbeuteln.

Rhododendron litiense

Dieser 1 m große Strauch aus Westchina wird durch die wachsartige, blaugrüne Unterseite der länglichen, oberseits mattgrünen Blätter gekennzeichnet. Seine glockenförmigen und etwa 5 cm breiten gelben Blüten sind in sechs- bis achtblütigen Doldentrauben angeordnet.

Rhododendron lochiae

Der nicht winterharte Rhododendron ist der einzige in Australien heimische Vertreter der Gattung. Er wird bis 2 m hoch und hat ovale, knapp 10 cm lange Blätter. Die 4 cm großen, röhrenförmigen Blüten mit breit gelappten Kronblättern sind dunkelrot und stehen in zwei- bis siebenblütigen Doldentrauben.

Rhododendron luteum

PONTISCHE AZALEE, GELBE ALPENROSE

Von Osteuropa bis zum Kaukasus erstreckt sich die Heimat dieser bis knapp 4 m hohen sommergrünen Azalee. Sie hat lanzettliche, 5–10 cm lange, borstige Blätter. In Doldentrauben sitzen bis zu zwölf süß duftende, leuchtendgelbe, bis 4 cm große Trichterblüten mit schmaler Röhre.

Rhododendron macabeanum

Bis zu 15 m hoch wird dieser nordindische Baum mit stark geäderten, 50 cm langen, lederartigen, dunkelgrünen Blättern, die auf der Unterseite behaart sind. Die rundlichen Doldentrauben bilden sich im zeitigen Frühjahr aus. Sie setzen sich aus bis zu zwanzig glockenförmigen, 5–8 cm großen, hellgelben Blüten zusammen, die einen violetten Fleck an der Basis haben.

Rhododendron maddenii

Dieser nicht allzu dichte, 1–2,5 m hohe, nicht winterharte Strauch mit oft langen,

Rhododendron lochiae

spärlich belaubten Trieben kommt in einem Gebiet vor, das sich vom Himalaja bis nach Vietnam erstreckt. Er wächst oft epiphytisch, hat schuppige, etwa 15 cm lange, bronzefarbene bis grüne Blätter und duftende, ungefähr 10 cm große, weiße, oft auch rosa überlaufene, röhrenförmige Blüten mit gelbem Fleck an der Basis. Die frostempfindliche Unterart ***Rhododendron maddenii* subsp. *crassum*** hat größere Blätter; die Blüten der bis zu 4,5 m hohen Unterart ***R. m.* subsp. *maddenii*** sind normalerweise hellgelb und oft rosa getönt.

Rhododendron maximum

RIESENRHODODENDRON

Aus dem Osten Nordamerikas stammt dieser 1–4,5 m hohe Strauch oder kleine Baum mit leicht behaarten, elliptischen, bis 15 cm langen Blättern. Relativ spät erst erscheinen seine bis 3 cm großen, glockenförmigen Blüten; sie sind weiß bis dunkelrosa und grün gefleckt und in fünfzehn- bis zwanzigblütigen Doldentrauben versammelt.

Rhododendron molle

CHINESISCHE AZALEE, JAPANISCHE AZALEE

Die in Ost- und Zentralchina heimische, sommergrüne Azalee wird 1–2 m hoch und bringt zur Frühjahrsmitte etwa 5 cm große, gelbe oder orangefarbene, trichterförmige Blüten hervor, die sich dicht in großen Doldentrauben drängen und manchmal duften. Aus Japan stammt ***Rhododendron molle* subsp. *japonicum*** (Syn. *R. japonicum*), ein 1–3 m hoher Strauch mit leuchtenden roten, orangeroten, rosa oder gelben Blüten und farbenprächtigem

Rhododendron luteum

Herbstlaub. Aus Kreuzungen mit dieser Unterart sind viele sommergrüne Sorten hervorgegangen.

Rhododendron mucronulatum

STACHELSPITZIGE AZALEE

Dieser sommergrüne Strauch stammt aus Japan und Nordostasien. Er kann 1,5–2,5 m hoch werden, hat mit Schuppen besetzte, lanzettliche, etwa 10 cm lange Blätter und bringt vom Spätwinter an bis zu 4 cm große, rosa bis violette trichterförmige Blüten hervor. Einige von dieser Art abstammende Sorten sind zwergwüchsig. Bei **'Cornell Pink'** erscheinen die rein rosafarbenen Blüten besonders früh und die Blätter verfärben sich im Herbst gelborange; ***Rhododendron mucronulatum* var. *taquetii*** ist eine fast niederliegend wachsende Varietät aus Korea, die ebenfalls sehr früh blüht.

Rhododendron molle subsp. *japonicum*

Rhododendron macabeanum

Rhododendron laetum

R

Rhododendron nakaharai

Die Azalee aus Taiwan wird selten höher als 30 cm und eignet sich gut als Bodendecker, z. B. in einem Steingarten, aber auch als Bonsaipflanze. Ihre elliptischen, behaarten Blätter sind 2,5 cm lang, ebenso wie die orangeroten, trichterförmigen Blüten, die im Frühsommer erscheinen. Die dicht beblätterte, niederliegende Sorte **'Mount Seven Star'** zeichnet sich durch große, dunkel-orangerote Blüten aus.

Rhododendron nuttallii

Aus dem Himalaja stammt der 2,5–10 m hohe, nicht völlig winterharte Strauch oder kleine Baum mit bis zu 30 cm langen Blättern. Drei- bis siebenblütige Doldentrauben präsentieren seine duftenden, 10–15 cm großen, cremeweißen Blüten. Sie erscheinen im Frühjahr zusammen mit den rot überlaufenen Blättern.

Rhododendron occidentale
WESTLICHE AZALEE

Leicht behaarte, elliptische, etwa 10 cm lange Blätter und duftende, bis 8 cm große trichterförmige Blüten, die in bis zu zwölfblütigen Doldentrauben angeordnet sind, kennzeichnen diese sommergrüne, winterharte Azalee aus dem Westen der USA. Die Blüten sind meist weiß oder blaßrosa mit einem gelben bis bräunlichen basalen Fleck, können aber auch rot, gelb oder orange-rosa sein. Die Blüten von **'Leonard Frisbie'** sind größer, gekräuselt und weißlich bis rosa mit gelbem Fleck an der Basis.

Rhododendron nakaharai

Rhododendron ponticum
PONTISCHER RHODODENDRON, PONTISCHE ALPENROSE, GELBE ALPENROSE

Der in Europa und Vorderasien heimische, 2–6 m hohe Strauch hat längliche bis lanzettliche, 20 cm lange, dunkelgrün glänzende Blätter und bringt im Frühjahr bis zu 5 cm große Blüten hervor, angeordnet in zehn- bis fünfzehnblütigen Doldentrauben. Die Blüten sind violett, lavendelfarben oder rosa, selten braun oder rosaweißlich und oft gelb, ockergelb oder braun gefleckt. Die Blätter von **'Variegatum'** sind dunkelgrün mit cremefarbenem Rand.

Rhododendron prunifolium

Die roten bis orangeroten oder gelben, in vier- bis fünfblütigen Doldentrauben angeordneten Blüten dieses sommergrünen Strauches aus dem Südosten der USA erscheinen später als bei anderen Azaleen. Die Pflanze wird 2–5 m hoch, hat schmale, ovale, 10–15 cm lange Blätter und gedeiht auch an relativ schattigen Standorten.

Rhododendron russatum
RÖTLICHER RHODODENDRON

Dieser buschig oder auch aufrecht wachsende Strauch aus den Gebirgen Westchinas wird 40–180 cm hoch. Er hat schmal elliptische, bis 3,5 cm lange, schuppige Blätter und 2,5 cm große, indigoblaue, violette, rosarote oder weiße, trichterförmige Blüten, die in vier-bis zehnblütigen Doldentrauben zusammensitzen.

Rhododendron saluenense

Rhododendron saluenense

Der in Westchina und im Norden Myanmars heimische, vielstämmige, sich leicht ausbreitende, 0,5–1,5 m hohe Strauch ist an seinen ausladenden Zweigen dicht bewachsen mit duftenden, rundlichen, 1–4 cm langen, dunkelgrünen, im Winter violett verfärbten Blättern, die am Rand behaart sind. Die flachen, 1–4 cm großen, rosafarbenen bis dunkelvioletten, oft karmesinrot gefleckten Blüten, die in zwei- bis fünfblütigen Doldentrauben angeordnet sind, öffnen sich zeitig im Frühjahr.

Rhododendron schlippenbachii
SCHLIPPENBACHS AZALEE

Aus Korea, der Mandschurei und dem Südosten Sibiriens stammt dieser sommergrüne, 2–4,5 m hohe Strauch mit 10–15 cm langen, in Fünferwirteln wachsenden Blättern. Die Art gedeiht am besten im Halbschatten und bringt zur Frühjahrsmitte knapp 10 cm große, in der Regel leicht duftende, weißlich-rosafarbene bis rosarote, oft braun gefleckte Blüten hervor, die in drei- bis sechsblütigen Doldentrauben versammelt sind.

Rhododendron sinogrande

Rhododendron trichostomum

Rhododendron simsii

Diese in Südchina und im nördlichen Südostasien zu findende Art ist die wichtigste Mutterpflanze der immergrünen Indica-Azaleen. Der 1–2,5 m hohe, nicht völlig winterharte Strauch trägt elliptische, 2,5–3 cm lange Blätter; in zwei- bis sechsblütigen Doldentrauben sitzen gut 5 cm große, trichterförmige Blüten.

Rhododendron sinogrande

Der bis 9 m hohe, nicht völlig winterharte Strauch aus regenreichen Regionen des Himalaja-Gebietes wird wegen seiner bis zu 1 m langen Blätter geschätzt. Meist bleiben die Blätter, die deutlich geädert und filzig braun bis ledergelb behaart sind, jedoch erheblich kleiner. Die runden Doldentrauben setzen sich aus zwanzig oder mehr, bis 10 cm großen, cremefarbenen bis hellgelben, an der Basis karmesinroten, glockenförmigen Blüten zusammen, die im zeitigen Frühjahr erscheinen.

Rhododendron thomsonii

60 cm–6 m hoch wird diese im Himalaja und Westchina heimische Pflanze mit ovalen, 10 cm langen Blättern und sich schälender, rotbrauner Rinde. Ihre meist blutroten, z.T. auch rosafarbenen und karmesinrot gefleckten Blüten sind in zehn- bis zwölfblütigen Doldentrauben angeordnet und öffnen sich zu Frühjahrsbeginn. Ältere Exemplare blühen üppiger.

Rhododendron trichostomum

Der 70–150 cm hohe, winterharte Strauch aus Westchina trägt an seinen zahlreichen Zweigen schmale, schuppige, bis zu 2,5 cm

Rhododendron nuttallii

Rhododendron occidentale

Rhododendron prunifolium

Rhododendron ponticum

lange, olivgrüne Blätter; zur Frühjahrsmitte erscheinen die bis zu 16 weißen oder rosa trichterförmigen Blüten, 1–2,5 cm groß, und bilden runde Doldentrauben.

Rhododendron wardii
WARDS RHODODENDRON

Dieser variable, 1–8 m hohe, in Westchina heimische Strauch hat 10 cm lange, dunkelgrüne Blätter; die schalenförmigen, in sieben- bis vierzehnblütigen Doldentrauben angeordneten, im Frühjahr erscheinenden Blüten sind weiß bis hellgelb, oder karmesinrot gefleckt. Von ***Rhododendron wardii* var. *wardii*** stammen viele Hybriden ab. Er hat leuchtendgelbe Blüten.

Rhododendron williamsianum
WILLIAMS' RHODODENDRON

5 cm lange, mattgrüne Blätter bilden einen hübschen Kontrast zum bronzefarbenen Neuaustrieb dieses 60–150 cm hohen Strauchs aus der Provinz Szetschuan. Die 5 cm großen, zu zweit oder zu dritt zusammenwachsenden, rosa bis rosaroten, z.T. dunkel gefleckten, glockenförmigen Blüten erscheinen zur Frühjahrsmitte.

Rhododendron yakushimanum
YAKUSHIMA-RHODODENDRON

Von der japanischen Insel Yakushima stammt dieser dichte, abgeflacht-kugelig wachsende, 1–2,5 m hohe, winterharte Strauch. Er hat etwa 1 cm lange, lederartige, dunkelgrüne, dicht braunfilzig behaarte Blätter mit eingerolltem Rand. Die bis zu zehn weißen oder blaßrosa, in runden Doldentrauben angeordneten Blüten entfalten sich zeitig im Jahr aus dunkleren Knospen. Die hellrosa blühende, kuppelförmig wachsende Sorte **'Exbury Form'** hat dunkelgrüne, dicht filzig behaarte Blätter und hellrosa Blüten. **'Koichiro Wada'** sieht ähnlich aus, hat aber weiße Blüten, die sich aus rosa Knospen entfalten.

Rhododendron yedoense var. *poukhanense*

Der in Korea heimische Strauch gehört zu den frosthärtesten immergrünen Azaleen und wird daher oft zur Züchtung winterharter Hybriden verwendet. Allerdings verliert er bei großer Kälte häufig einen Teil seiner lanzettlichen, knapp 10 cm langen, leicht behaarten Blätter. Die Pflanzen werden bis zu 1,5 m hoch und haben zart duftende, ungefähr 5 cm große, dunkelrosa bis lilafarbene, trichterförmige Blüten.

Rhododendron yunnanense
YÜNNAN-RHODODENDRON

Myanmar und Westchina sind die Heimat dieses winterharten, aufrechten und 1,5–5 m hohen Strauchs mit borstigen, schmal elliptischen und bis zu 10 cm langen Blättern. Die zahlreichen, trichterförmigen und weit geöffneten Blüten, bis 3,5 cm groß und weiß, rosa- oder lavendelfarben, erscheinen Mitte des Frühjahrs in drei- bis fünfblütigen Doldentrauben.

Rhododendron zoelleri

Dieser in Indonesien, Neuguinea und auf den Molukken heimische, frostempfindliche Rhododendron kann bis zu 6 m hoch werden, bleibt jedoch mit 1–2 m in der Regel deutlich kleiner. Bei Züchtern ist er besonders wegen seiner leuchtendgelben bis orangefarbenen, trompetenförmigen Blüten beliebt.

Rhododendron wardii var. *wardii*

Rhododendron williamsianum

Rhododendron yunnanense

Rhododendron yakushimanum

Rhododendron zoelleri

Rhododendron 'Annie E. Endtz'

Rhododendron, Kulturvarietät

RHODODENDRON, HYBRIDEN

Anders als bei den Azaleen werden die Sorten bei den »echten« Rhododendren meist nicht in Gruppen zusammengefaßt, auch wenn es Gemeinsamkeiten gibt, die eine Gruppenbildung zulassen würden. So haben im Gebirge heimische Rhododendren oft eine besonders kompakte Wuchsform, kleine Blätter und zahlreiche winzige Blüten, in Gebieten mit hohen Niederschlagsraten sind zumeist großblättrige heimisch, und auch die Sorten mit duftenden Blüten ähneln einander oft sehr stark. In der Zucht werden allerdings häufig bestimmte Sippen unter einer gemeinsamen Bezeichnung geführt, die sich zumeist am Namen der wichtigeren der Elternpflanzen orientiert. Beispiele dafür sind die *Yakushimanum*-, *Williamsianum*- oder *Griersonianum*-Hybriden, die den Ursprungspflanzen zumeist in der Wuchsform und im Aussehen der Blätter ähneln, aber oft unterschiedliche Blüten haben. Da Rhododendren sehr alt werden können und dabei ständig weiter wachsen, werden bei den einzelnen Beschreibungen der Hybriden keine genauen Größenangaben gemacht. Weniger als 50 cm hohe Sorten werden als zwergwüchsig bezeichnet, bis zu 1 m hohe als klein, 1–2,5 m hohe als mittelgroß, die übrigen als groß – alte Exemplare können sehr groß werden. Bezüglich der Blütezeit sind im folgenden mit »Saisonmitte« die ersten sechs Wochen nach Frühlingsanfang (Ende März) gemeint, eine frühe Blütezeit ist die Spanne davor, eine späte mehr als sechs Wochen nach Frühlingsanfang. Wenn nicht anders angegeben, handelt es sich um winterharte Pflanzen.

Rhododendron 'Alice'

Rhododendron 'Alice'

Diese *Griffithianum*-Hybride mit 15 cm langen Blättern wächst im Laufe der Zeit zu einer großen Pflanze heran. Ihre zur Saisonmitte gebildeten, leuchtend rosafarbenen, in der Mitte helleren Blüten sind in großen Doldentrauben angeordnet.

Rhododendron 'Alison Johnstone'

Schmal und aufrecht wächst dieser mittelgroße, buschige Strauch mit rundlichen, blaugrünen Blättern. Seine in kleinen Büscheln angeordneten, gelblich bis rosa gefärbten, trichterförmigen Blüten erscheinen zur Saisonmitte oder etwas früher.

Rhododendron 'Anna-Rose Whitney'

Der große, spätblühende Strauch hat ovale, 15–20 cm lange, mittelgrüne Blätter und etwa 10 cm große, dunkelrosa Blüten in bis zu zwölfblütigen Doldentrauben.

Rhododendron 'Annie E. Endtz'

Diesen mittelgroßen Strauch, der von der Sorte 'Pink Pearl' abstammt, gibt es seit 1939. Er hat breite Blätter mit einer wachsartigen Oberfläche und gekräuselte, kurz nach der Saisonmitte erscheinende, rosa Blüten in runden Doldentrauben.

Rhododendron 'Arthur J. Ivens'

Die kleine *Williamsianum*-Hybride hat eine kompakte, rundliche Wuchsform und kleine ovale Blättern. Ihre zur Saisonmitte oder früher erscheinenden glockenförmigen Blüten sind dunkelrosa und in offenen Doldentrauben angeordnet.

R

Rhododendron 'Blue Boy'

Rhododendron 'Billy Budd'

Rhododendron 'Blue Peter'

Rhododendron 'Britannia'

Rhododendron 'Babylon'

Mittelgroß und von dichter, rundlicher Wuchsform ist dieser frühblühende Strauch mit schmalen, 10–15 cm langen, dunkelgrünen Blättern und kegelförmigen Doldentrauben von je neun bis fünfzehn blaßrosa, trichterförmigen Blüten mit braunem Schlund.

Rhododendron 'Betty'

Dieser große, dicht mit mittelgrünen Blättern bewachsene Strauch bringt zur Saisonmitte kegelförmige Doldentrauben mit dunkelrosa Blüten hervor.

Rhododendron 'Gibraltar'

Rhododendron 'Brickdust'

Rhododendron 'Bibiani'

Eine der Elternpflanzen der frühblühenden Sorte ist *Rhododendron arboreum*. Die Hybride hat 10–15 cm lange, dunkelgrüne, geäderte Blätter und 5 cm große, dunkelrote, glockenförmige Blüten, die sich in elf- bis fünfzehnblütigen Doldentrauben versammeln. Sehr ähnliche Blüten hat die von ihr abstammende Sorte **'Gibraltar'**.

Rhododendron 'Billy Budd'

Dieser kleine Strauch hat elliptische, leicht filzig behaarte Blätter und bringt zur Saisonmitte zehn bis zwölf wachsartige, leuchtendrote Blüten hervor, die flache Doldentrauben bilden.

Rhododendron 'Blue Boy'

Schmale, 10–15 cm lange, dunkelgrüne Blätter und dichte, rundliche Doldentrauben mit bis zu 20 veilchenblauen, dunkel gefleckten, etwa 5 cm großen und trichterförmigen Blüten sind die Kennzeichen dieses mittelgroßen Strauches.

Rhododendron 'Blue Peter'

Dieser 1933 in der englischen Baumschule Waterer gezüchtete, zur Saisonmitte blühende Strauch stammt wahrscheinlich von *Rhododendron ponticum* ab. Er hat glänzende, dunkelgrüne Blätter und gekräuselte, in Doldentrauben angeordnete, lavendelblaue Blüten mit einem auffälligen schwarzroten Fleck.

Rhododendron 'Arthur J. Ivens'

Rhododendron 'Bibiani'

Rhododendron 'Brickdust'

Wie die meisten *Williamsianum*-Hybriden zeigt dieser kleine Strauch mit runden, etwa 5 cm langen Blättern eine kompakte, rundliche Wuchsform. Zur Saisonmitte erscheinen, in lockeren Doldentrauben angeordnet, zahlreiche dunkel orangefarbene, glockenförmige Blüten.

Rhododendron 'Britannia'

Der mittelgroße Strauch mit schmalen, 10–15 cm langen, manchmal etwas herabhängenden, hellgrünen Blättern bringt zur Saisonmitte oder auch etwas später leuchtend scharlachrote Blüten hervor, die in großen Doldentrauben angeordnet sind.

Rhododendron 'Bruce Brechtbill'

Von seinen in kegelförmigen Doldentrauben angeordneten, gelb-rosa überlaufenen Blüten abgesehen, hat der zur Saisonmitte oder früher blühende, mittelgroße Strauch große Ähnlichkeit mit der Sorte 'Unique', einer seiner Ausgangspflanzen. Die Blätter sind relativ dick, länglich und dunkelgrün.

Rhododendron 'Bruce Brechtbill'

Rhododendron 'Betty'

Rhododendron 'Cherry Custard'

Orangerote Knospen und in flachen, zehn- bis zwölfblütigen Doldentrauben versammelte gelbe Blüten sowie schmale, spitze und elliptische Blätter zeigen, daß die fast niederliegend wachsende, aus Kanada stammende Sorte von 'Fabia' abstammt.

Rhododendron 'Christmas Cheer'

Diese *Rhododendron caucasicum*-Hybride mit elliptischen, 5–10 cm langen, mittelgrünen Blättern und in fünf- bis elfblütigen Doldentrauben angeordneten, weißen oder hellrosa, als Knospen dunkleren Blüten, ist eine der am frühesten blühenden *Rhododendron*-Sorten. Leider werden die Blüten leicht durch Spätfröste zerstört.

Rhododendron 'Cinnkeys'

Rhododendron cinnabarinum und ***R. keysii*** sind die Elternpflanzen dieser 1926 gezüchteten Pflanze mit ovalen, glänzenden, mittelgrünen Blättern und auffällig wachsartigen, roten, an der Spitze zumeist gelben, röhrenförmigen Blüten.

Rhododendron 'Cornubia'

Der frühblühende, große, nicht völlig winterharte Strauch stammt von *Rhodo-*

Rhododendron 'Cinnkeys'

Rhododendron 'Cherry Custard'

R

R. 'Countess of Haddington'

Rhododendron 'Crest'

Rhododendron 'Dido'

Rhododendron 'Eldorado'

dendron arboreum ab. Er hat gekräuselte, 15 cm lange, mittelgrüne Blätter und bildet attraktive leuchtendrote, trichterförmige Blüten, die in sieben- bis elfblütigen Doldentrauben angeordnet sind. Die Blüten werden oft durch Spätfröste zerstört.

Rhododendron 'Countess of Haddington'

Diese 1862 gezüchtete, mittelgroße Sorte ist ein wohlgeformter, allerdings nicht völlig winterharter Strauch. Er hat bis 10 cm lange, leicht glänzende, bronzegrüne Blätter und große, in Dreier- bis Fünfergruppen zusammenwachsende, weißliche, oft rosa überlaufene, glockenförmige Blüten.

Rhododendron 'Crest'

Der 1953 in England gezüchtete mittelgroße, nicht allzu dicht wachsende Strauch ist eine der ersten Sorten, bei der zur Zucht nicht *Rhododendron burmanicum*, sondern *R. wardii* verwendet wurde, um Frosthärte und gelbe Blüten zu kombinieren. Die Pflanzen haben bronzefarbene bis grüne Blätter und blühen zur Saisonmitte.

Rhododendron 'Dido'

1934 in England gezüchtet, wurde dieser bis zu 1 m hohe Strauch weniger als Gartenpflanze, sondern vor allem für die Zucht weiterer Sorten verwendet. Eine davon ist 'Lem's Cameo', die in der neueren amerikanischen Rhododendronzucht eine wichtige Rolle gespielt hat. Die Pflanzen haben rundliche, hellgrüne Blätter und in offenen Doldentrauben angeordnete, trompetenförmige, orange- bis rosafarbene, in der Mitte gelbe Blüten.

Rhododendron 'Dora Amateis'

Dieser kleine Strauch mit duftenden, elliptischen, anfangs bronzefarbenen, später dunkelgrünen, spitz zulaufenden Blättern gehört zu den wenigen Hybriden, die von ***Rhododendron minus*** abstammen. Zu Frühjahrsbeginn verschwinden die Blätter fast völlig unter der weißen Pracht der trichterförmigen, in Dreier- bis Sechserbüscheln wachsenden Blüten.

Rhododendron 'Eldorado'

Der frühblühende, mittelgroße, nicht besonders dichte Strauch mit kleinen, schuppenbesetzten, dunkel olivgrünen Blättern stammt von *Rhododendron johnstoneanum* ab. Seine etwa 5 cm großen, leuchtendgelben, trichterförmigen Blüten sind in Zweier- bis Dreierbüscheln angeordnet. Die Sorte ist nicht völlig winterhart.

Rhododendron 'Elisabeth Hobbie'

Die kleine, von *Rhododendron forrestii* abstammende Sorte hat rundliche, bis 5 cm lange, dunkelgrüne Blätter. Die Stengel und der jährliche Neuaustrieb sind rötlich überlaufen; die in Fünfer- bis Siebenerbüscheln wachsenden, glockenförmigen Blüten sind ebenfalls rot. Die Pflanzen blühen zur Saisonmitte.

Rhododendron 'Elisabeth Hobbie'

Rhododendron Fabia 'Roman Pottery'

Rhododendron 'Elizabeth'

Mittelgroß, mit offener Wuchsform und schmalen, spitzen, 8–10 cm langen Blättern, läßt diese Hybride ihre Abstammung von *Rhododendron griersonianum* erkennen. Ihre knapp 10 cm breiten, leuchtendrot gefärbten, trichterförmigen Blüten öffnen sich zur Saisonmitte und bilden sechs- bis achtblütige Doldentrauben.

Rhododendron 'Fabia'

Diese Hybride und ihre Schwesterpflanzen, eine Kreuzung von *Rhododendron dichroanthum* mit *R. griersonianum*, haben für die Zucht neuer winterharter Sorten mit gelben bis orangefarbenen Blüten eine wichtige Rolle gespielt. Die zur Saisonmitte blühenden, bis 1 m hohen und etwas breiteren Pflanzen haben spitz zulaufende, bis 10 cm lange, elliptische Blätter und glockenförmige Blüten in weichen Orangetönen, die in offenen, drei- bis siebenblütigen Doldentrauben zusammenstehen. Sehr ungewöhnliche terrakottafarbene Blüten hat die Sorte **'Roman Pottery'**.

Rhododendron 'Fastuosum Flore Pleno'

Dieser zur Saisonmitte oder später blühende, große Strauch mit 10–15 cm langen, mittelgrünen Blättern ist einer der wenigen »echten« Rhododendren mit halbgefüllten Blüten. Seine dunkel lavendelfarbenen Blüten, versammelt in sieben- bis fünfzehnblütigen Doldentrauben, weisen eine grünlichgelbe Zeichnung auf.

Rhododendron 'Fastuosum Flore Pleno'

Rhododendron 'Fragrantissimum'

Schon vor 1868 entstanden, ist diese mittelgroße, nicht allzu dicht wachsende, zur Saisonmitte blühende Hybride, die von *Rhododendron edgeworthii* abstammt, bis heute eine beliebte Pflanze. Geschätzt wird sie wegen ihrer großen, duftenden, trichterförmigen Blüten, die, weißlich bis rosafarben, offene drei- bis siebenblütige Doldentrauben bilden. Die Blätter sind spitz, 10 cm lang und grünlich bis bronzefarben. Sie ist nicht völlig winterhart.

Rhododendron 'Frank Baum'

Der Autor des Buches »Der Zauberer von Oz« ist Namensgeber dieser 1969 gezüchteten, spätblühenden amerikanischen Hybride. Sie hat dicke, dunkelgrüne Blätter mit rötlichen Stengeln und gelbe, in der Mitte korallenrote Blüten in zehn- bis vierzehnblütigen Doldentrauben.

Rhododendron 'Frank Baum'

Rhododendron 'Fragrantissimum'

Rhododendron 'Elizabeth'

R

Rhododendron 'Furnivall's Daughter'

Große, glänzendgrüne Blätter und leuchtende, rosafarbene, in langen Doldentrauben angeordnete Blüten mit einem dunklen Fleck kennzeichnen diesen robusten, mittelgroßen bis großen Strauch. Er blüht zur Saisonmitte oder auch etwas später.

Rhododendron 'George's Delight'

Der ungewöhnlich gefärbte, dichte, kleine Strauch mit glänzenden, mittelgrünen Blättern ist ein typisches Beispiel für eine moderne *Rhododendron*-Hybride. Seine zur Saisonmitte blühenden, zartgelben oder cremefarbenen Blüten mit rosafarbenem Rand sind in auffälligen rundlichen Doldentrauben versammelt.

Rhododendron 'Golden Wit'

Der kleine, etwas ausladende, zur Saisonmitte blühende Strauch hat rundliche, bis 5 cm lange, glänzendgrüne Blätter und zart goldgelbe, rot oder rotbraun gezeichnete, glockenförmige Blüten, von denen bis zu neun in lockeren Büscheln zusammenwachsen.

Rhododendron 'Good News'

Die vielen leuchtendroten, zu zwölf- bis fünfzehnblütigen Doldentrauben zusammenstehenden Blütenknospen dieses mittelgroßen Strauches öffnen sich im späten Frühjahr zu karmesinroten, trichterförmigen Blüten. Die jung hellgrünen Blätter sind anfangs beiderseits, später nur noch auf der Unterseite braunfilzig behaart.

Rhododendron 'Furnivall's Daughter'

Rhododendron 'Grumpy'

Rhododendron 'George's Delight'

Rhododendron 'Good News'

Rhododendron 'Golden Wit'

Rhododendron 'Hydon Dawn'

Rhododendron 'Grumpy'

Der kleine bis mittelgroße, zur Saisonmitte blühende Strauch mit dunkelgrünen Blättern und cremefarbenen bis hellgelben, zumeist rosa überlaufenen, in rundlichen Doldentrauben angeordneten Blüten ist eine Sorte, die von *Rhododendron yakushimanum* abstammt.

Rhododendron 'Halopeanum'
Syn. *Rhododendron* 'White Pearl'

Obwohl es inzwischen neuere und hübschere Sorten gibt, ist dieser schnellwachsende, große Strauch mit dunkelgrünen Blättern immer noch sehr beliebt, denn er ist sehr robust. Seine in langen, kegelförmigen Doldentrauben angeordneten, erst blaßrosa, später aber verblassenden Blüten werden zur Saisonmitte gebildet.

Rhododendron 'Honeymoon'

Der mittelgroße, dicht mit dicken, dunkelgrünen Blättern bewachsene Strauch mit rundlicher Wuchsform ist leicht als Hybride von *Rhododendron wardii* zu erkennen. Die zartgelben, oft leicht orange überlaufenen Blüten sind in flachen, bis zu fünfzehnblütigen Doldentrauben angeordnet und erscheinen zur Saisonmitte.

Rhododendron 'Hotei'

Dieser kleine bis mittelgroße Strauch mit rundlichen, etwa 10 cm langen Blättern spielt eine wichtige Rolle bei der Zucht winterharter, gelbblühender Rhododendren. Die in rundlichen, bis zu zwölfblütigen Doldentrauben angeordneten, leuchtendgelb gefärbten, glockenförmigen Blüten erscheinen zur Saisonmitte.

Rhododendron 'Halopeanum'

Rhododendron 'Honeymoon'

Rhododendron 'Impi'

Rhododendron 'Irene Stead'

Rhododendron 'Hydon Dawn'

Wie die bekanntere Sorte **'Hydon Hunter'** stammt auch dieser kleine, rundliche, zur Saisonmitte blühende Strauch von *Rhododendron yakushimanum* ab. Er hat glänzende, leuchtendgrüne Blätter und kleine, runde Doldentrauben mit rosa Blüten, die am Rand etwas heller sind.

Rhododendron 'Impi'

Die dunkelgrünen Blätter dieses mittelgroßen Strauches bilden einen reizvollen Kontrast zu den in kleinen, runden Doldentrauben zusammenstehenden, dunkel purpurroten Blüten. Die Sorte blüht zur Saisonmitte oder später.

Rhododendron 'Irene Stead'

Mit seinen 20 cm langen, mittelgrünen Blättern und den zur Saisonmitte blühenden, leicht wachsartigen, hellrosa oder weißen Blüten in großen, kegelförmigen Doldentrauben, hat der in Neuseeland gezüchtete große Strauch große Ähnlichkeit mit den verwandten 'Loderi'-Hybriden.

Rhododendron 'Jingle Bells'

Diese mit 'Fabia' verwandte Hybride ist ein zierlicher, kleiner Strauch mit dichtem Laubwerk aus schmalen, etwa 10 cm langen, dunkelgrünen Blättern. Aus orangeroten Knospen erscheinen zur Saisonmitte orangefarbene, später gelblich verblassende, glockenförmige Blüten in zahlreichen fünf- bis neunblütigen Doldentrauben.

Rhododendron 'Max Sye'

Rhododendron 'Kubla Khan'

Diese mittelgroße Hybride zeichnet sich durch leuchtendgrüne Blätter und auffällige Blüten mit großen, wie übergestülpt wirkenden Kelchblättern aus. Die Blüten erscheinen zur Saisonmitte und halten sich länger, wenn es nicht zu warm ist. Ihre Farbe ist eine Kombination aus Rot, Rosa und Orange auf cremefarbenem Grund.

Rhododendron 'Lemon Lodge'

Bei dieser Hybride, die von *Rhododendron wardii* abstammt und in Neuseeland gezüchtet wurde, handelt es sich um einen mittelgroßen bis großen, zur Saisonmitte

Rhododendron 'Jingle Bells'

Rhododendron 'Kubla Khan'

Rhododendron 'Lem's Aurora'

Rhododendron 'Lem's Monarch'

Rhododendron 'Lem's Cameo'

blühenden Strauch mit charakteristisch wachsartigen, ovalen, etwa 10 cm langen, leuchtenden, hell- bis mittelgrünen Blättern. Die pastellgelben Blüten sind in relativ flachen Doldentrauben angeordnet.

Rhododendron 'Lem's Aurora'

Der kompakte, kleine bis mittelgroße Strauch hat etwa 10 cm lange, dunkelgrüne Blätter und bringt zur Saisonmitte runde Doldentrauben mit karmesinroten, in der Mitte hellgelben Blüten mit gleichfarbigen Kelchblättern hervor.

Rhododendron 'Lem's Cameo'

Der mittelgroße, zur Saisonmitte blühende Strauch mit rundlicher Wuchsform hat 10 cm lange, glänzend dunkelgrüne Blätter. Der Neuaustrieb ist bronzefarben; die trichterförmigen, pfirsichrosa Blüten werden zum Rand hin dunkler und weisen einen basalen rosa Fleck auf; sie sammeln sich in bis zu 20-blütigen Doldentrauben.

Rhododendron 'Lemon Lodge'

Rhododendron 'May Day'

Rhododendron 'Loder's White'

Rhododendron Loderi 'King George'

Rhododendron Loderi 'Sir Edmond'

Rhododendron 'Lem's Monarch'

Das dichte Laubwerk dieses großen Strauches besteht aus rundlichen, bis zu 20 cm langen, glänzend mittelgrünen Blättern. Seine in 9- bis 15-blütigen Doldentrauben angeordneten, trichterförmigen Blüten sind weiß bis hellrosa und an den Rändern dunkelrosa bis karmesinrot.

Rhododendron Loderi

Unter diesem Namen werden viele Hybriden zusammengefaßt, die um 1900 aus Kreuzungen von *Rhododendron griffithianum* und *R. fortunei* entstanden. Die einander stark ähnelnden, besonders zur Blütezeit eindrucksvollen, sehr großen, oft baumähnlichen Pflanzen haben 15–20 cm lange, mittel- bis bläulichgrüne Blätter sowie trichterförmige, weiße bis rosa Blüten, die in großen Doldentrauben angeordnet sind. Die weißen Blüten von **'King George'** entwickeln sich aus rosa Knospen; **'Sir Edmond'** hat sehr große, hellrosa, **'Sir Joseph Hooker'** hell- bis mittelrosa Blüten.

Rhododendron 'Loder's White'

Dieser mittelgroße, zur Saisonmitte blühende Strauch mit bis 15 cm langen, glänzendgrünen Blättern und weißen, sich aus rosa Knospen entfaltenden und in großen, aufrechten Doldentrauben angeordneten Blüten ähnelt den Loderi-Hybriden, ist aber früher entstanden.

Rhododendron 'Mariloo'

Diese Pflanze trägt rundliche, behaarte, bis 15 cm lange, grün bis bronzefarbene Blätter; die glockenförmigen und hellgelben, als Knospen gelbgrünen Blüten erscheinen zur Saisonmitte in großen Doldentrauben. Der Neuaustrieb der Sorte wird oft durch Spätfröste geschädigt.

Rhododendron 'Mariloo'

Rhododendron 'Max Sye'

Der nicht allzu dichte, mittelgroße Strauch mit schmalen, bis zu 15 cm langen, dunkelgrünen Blättern bringt zur Saisonmitte rote, mit einem dunklen Fleck gezeichnete Blüten hervor, die in runden Doldentrauben angeordnet sind.

Rhododendron 'May Day'

Kräftig, klein und rundlich ist dieser gern in die Breite wachsende, zur Saisonmitte oder früher blühende Strauch mit bis 10 cm langen, dunkelgrünen und unterseits hellbraun behaarten Blättern. Die leuchtendroten bis orangeroten, glockenförmigen Blüten sammeln sich in fünf- bis neunblütigen Doldentrauben.

Rhododendron 'Oklahoma'

Rhododendron 'Moonwax'

Rhododendron 'Moonstone'

Rhododendron 'Moonstone'

Diese Hybride trägt rundliche, 5–10 cm lange, mittelgrüne Blätter und grünlich-weiße bis hell cremefarbene, glockenförmige Blüten, die in leicht herabhängenden Dreier- bis Fünferbüscheln zusammenwachsen und zu Frühjahrsbeginn blühen.

Rhododendron 'Moonwax'

Der mittelgroße Strauch mit schmalen, ovalen, etwa 15 cm langen Blättern bringt zur Saisonmitte schwach duftende, wachsartige, cremefarbene Blüten hervor, die in großen, bis zu zwölfblütigen Doldentrauben zusammenstehen.

Rhododendron 'Mrs Charles E. Pearson'

Dank ihrer Robustheit und üppigen Blütenpracht und aufgrund ihrer Winterhärte ist diese alte Hybride, die auch in der Sonne wachsen kann, auch heute noch sehr beliebt. Sie ist groß – ältere Exemplare

Rhododendron 'Mrs G. W. Leak'

wachsen oft zu kleinen Bäumen heran – und hat ovale, 10–20 cm lange, dunkelgrüne Blätter und hellrosa, trichterförmige Blüten mit dunkler Zeichnung, die 13- bis 18-blütige Doldentrauben bilden.

Rhododendron 'Mrs G. W. Leak'

Hellrosa, rötlich gefleckte, trichterförmige Blüten machen diesen mittelgroßen bis großen Strauch unverwechselbar. Die Blüten finden sich in aufrechten, neun- bis zwölfblütigen Doldentrauben zusammen und blühen zur Saisonmitte, manchmal auch früher. Die 10–15 cm langen, mittelgrünen Blätter sind oft sehr klebrig, besonders kurz nachdem sie sich entfaltet haben.

Rhododendron 'Nancy Evans'

'Hotei' und 'Lem's Cameo' sind die Elternpflanzen dieser, nicht zuletzt wegen ihrer bronzegrünen, jung rötlichen, 5–10 cm langen Blätter ungewöhnlichen, kompakten, kleinen bis mittelgroßen Hybride. Aus den orangefarbenen Blütenknospen, die in 15- bis 20-blütigen Doldentrauben angeordnet sind, entfalten sich später goldgelbe, glockenförmige Blüten, deren Kelchblätter wie übergestülpt wirken.

Rhododendron 'Olin O. Dobbs'

Rhododendron Naomi 'Pink Beauty'

Rhododendron 'Mrs Charles E. Pearson'

Rhododendron 'Naomi'

Diese von der Familie Rothschild gezüchtete Gruppe von Hybriden enthält einige attraktive Pflanzen, die aber nur selten zur Züchtung neuer Sorten verwendet wurden. Zumeist handelt es sich um große, zur Saisonmitte blühende Sträucher, die dicht mit 10–20 cm langen, bläulichen bis mittelgrünen Blättern bewachsen sind und wachsartige, porzellanfarbene bis rosa getönte Blüten hervorbringen, die in großen Doldentrauben angeordnet sind. **'Nautilus'** hat rosa, orange überlaufene Blüten mit grünem Schlund und sehr attraktive Blätter; **'Pink Beauty'** blüht rosa.

Rhododendron 'Percy Wiseman'

Rhododendron 'Nancy Evans'

Rhododendron 'Oklahoma'

Dieser mittelgroße, spätblühende Strauch ist nicht völlig winterhart. Er hat schmale, etwas herabhängende, mittelgrüne Blätter. Bis zu 22 der großen, karmesinroten, dunkel gefleckten Blüten mit schwarzen Staubbeuteln und einer schwarzen Narbe stehen in Doldentrauben zusammen.

Rhododendron 'Olin O. Dobbs'

Die mittelgroße Hybride mit glänzenden, 15 cm langen, dunkelgrünen Blättern ist wegen ihrer großen, wachsartigen, rotvioletten und trichterförmigen Blüten beliebt. Diese sind in 11- bis 15-blütigen, kegelförmigen Doldentrauben angeordnet und blühen zur Saisonmitte.

Rhododendron 'Patty Bee'

Diese hübsche, zwergwüchsige Hybride mit 1–3,5 cm langen, elliptischen, dunkelgrünen Blättern und einer rundlichen Wuchsform eignet sich sehr gut für Steingärten und Kübel. Zur Saisonmitte oder etwas früher ist sie dicht mit 5 cm breiten, in Sechserbüscheln wachsenden, zartgelben, trichterförmigen Blüten bedeckt.

Rhododendron 'Percy Wiseman'

Diese Sorte ist hervorgegangen aus einer Kreuzung von *Rhododrendron yakushimanum* und **'Fabia Tangerine'**. Sie ist schmal bis mittelgroß, dicht gewachsen und hat schmale, 5–10 cm lange, dunkelgrüne, jung leicht filzig behaarte Blätter. Die 13- bis 15-blütigen Doldentrauben mit blaßrosa, am Schlund gelblichen Blüten entstehen zur Saisonmitte.

Rhododendron 'Pineapple Delight'

Klein bis mittelgroß und von rundlicher Wuchsform ist dieser mit etwas runzligen, bis zu 10 cm langen, dunkelgrünen Blät-

Rhododendron 'Patty Bee'

Rhododendron 'Pineapple Delight'

Rhododendron 'Pink Gin'

Rhododendron 'Point Defiance'

Rhododendron 'Purple Heart'

R. 'Professor Hugo de Vries'

Rhododendron 'President Roosevelt'

tern bewachsene Strauch. Seine in 12- bis 14-blütigen Doldentrauben angeordneten, bis zu 10 cm großen, trichterförmigen Blüten sind leuchtendgelb, dunkeln aber mit zunehmendem Alter etwas nach.

Rhododendron 'Pink Gin'

Der mittelgroße, zur Saisonmitte blühende Strauch hat 5–10 cm lange dunkelgrüne Blätter, die leicht blau- bis grünfilzig behaart sind. Die hellpurpur- bis rosafarbenen, in der Mitte oft zu orangerosa verblassenden, trichterförmigen Blüten bilden vier- bis fünfblütige Doldentrauben.

Rhododendron 'Pink Pearl'

Die große, rosa blühende Hybride aus dem 19. Jahrhundert gilt immer noch als Standard zum Vergleich mit Neuzüchtungen. Sie hat große, mittelgrüne Blätter; zur Saisonmitte erscheinen in 11- bis 15-blütigen Doldentrauben trichterförmige Blüten, die als Knospen kräftig, später verblassend rosafarben sind.

Rhododendron 'Point Defiance'

Dieser große Strauch stammt von den gleichen Eltern ab wie der sehr ähnliche 'Lem's Monarch' (**'Anna'** × **'Marinus Koster'**). Er hat rundliche, 15–20 cm lange Blätter und in etwa 17-blütigen aufrechten Doldentrauben angeordnete, weiße, leicht rot überlaufene Blüten mit einem roten bis dunkelrosa Rand.

Rhododendron 'President Roosevelt'

Diese alte, mittelgroße, frühblühende Hybride mit weißen, am Rand roten Blüten, die sich in fünf- bis elf-blütigen, kegelförmigen Doldentrauben sammeln, ist eine der wenigen Arten mit panaschierten Blättern. Diese sind dunkelgrün mit gelber Zeichnung und werden 10–15 cm lang.

Rhododendron 'Professor Hugo de Vries'

Von 'Pink Pearl', einer seiner Elternpflanzen, unterscheidet sich dieser große, zur Saisonmitte oder etwas später blühende Strauch mit bis zu 20 cm langen Blättern durch die dunkler rosa gefärbten, in großen aufrechten Doldentrauben angeordneten Blüten.

Rhododendron 'Ptarmigan'

Zwergwüchsig und stark in die Breite wachsend, ist dieser zur Saisonmitte oder etwas früher blühende Strauch gut an das Leben im Gebirge angepaßt. Er hat schuppige, 2,5 cm lange Blätter und gleichgroße, offene in Zweier- oder Dreierbüscheln angeordnete, weiße, trichterförmige Blüten.

Rhododendron 'Rainbow'

Rhododendron 'Purple Heart'

Der in der Wuchs- und Blattform einer seiner Elternpflanzen ('Purple Splendour') sehr ähnliche Strauch bringt zur Saisonmitte violette bis veilchenfarbene Blüten mit einem gelbgrünen Schlund hervor, die aufrechte, kegelförmige, sechs- bis elfblütige Doldentrauben bilden.

Rhododendron 'Purple Splendour'

Bis heute gehört die schon vor 1900 gezüchtete, von *Rhododendron ponticum* abstammende Hybride zu den schönsten violetten Sorten. Sie hat bis 15 cm lange, glänzende, dunkelgrüne Blätter und zur Saisonmitte oder später blühende, kräftig violett gefärbte Blüten mit einer nahezu schwarzen Zeichnung; sie stehen in 7- bis 14-blütigen Doldentrauben zusammen.

Rhododendron 'Queen Elizabeth II.'

Dieser mittelgroße bis große, zur Saisonmitte blühende Strauch hat etwa zwölf zartgelbe, über 10 cm große, in Doldentrauben angeordnete trichterförmige Blüten sowie relativ schmale, bis zu 15 cm lange, dunkelgrüne Blätter.

Rhododendron 'Queen Nefertiti'

Dieser mittelgroße, zur Saisonmitte blühende, relativ ausladende Strauch mit leuchtendgrünen Blättern zeigt zumeist eine rundliche Wuchsform. Seine in etwa zwölfblütigen Doldentrauben angeordneten rosa Blüten sind hell gefleckt und haben einen dunklen Rand.

Rhododendron 'Rainbow'

Die durch ihr eigenes Gewicht oft herabhängenden, weißen, am Rand dunkelrosa gefärbten, in großen Doldentrauben versammelten Blüten des hohen, aufrechten Strauches, die zur Saisonmitte blühen, ähneln denen von 'Lem's Monarch' und 'Point Defiance'. Die glänzenden Blätter sind eher schmal und 15–20 cm lang.

Rhododendron 'Romany Chai'

Diese Sorte, deren Name »Zigeunerkinder« bedeutet, ist die einzige etwas bekanntere Pflanze aus einer größeren Gruppe von Hybriden. Die aufrechtwachsenden, mittelgroßen bis großen Sträucher mit großen, dunkelgrünen Blättern und zur Saisonmitte blühenden, braun getüpfelten, in lockeren Blütenständen angeordneten, orangeroten Blüten sind vor allem deswegen recht beliebt, weil sie auch gut in der Sonne wachsen können. **'Empire Day'** ist eine rot blühende Sorte.

Rhododendron 'Queen Elizabeth II'

Rhododendron 'Queen Nefertiti'

Rhododendron 'Purple Splendour'

R

Rhododendron 'Rubicon'

Rhododendron 'Seta'

Rhododendron 'Rubicon'

Dieser mittelgroße, zur Saisonmitte oder früher blühende Strauch hat viele dichte, runzlige, bis zu 10 cm lange, glänzende, grüne Blätter. Seine attraktiven, dunkelroten und trichterförmigen Blüten bilden zu je neunt bis siebzehnt eine Doldentraube.

Rhododendron 'Ruby Hart'

Der Neuaustrieb dieses kleinen Strauches mit rundlichen, 5 cm langen, dunkelgrünen Blättern ist oft rötlich. Die zur Saisonmitte oder früher gebildeten, geöffneten, 5 cm großen, dunkelroten, in fünf- bis siebenblütigen Doldentrauben angeordneten Blüten haben große Ähnlichkeit mit 'Elisabeth Hobbie' und 'Scarlet Wonder'.

Rhododendron 'Sappho'

Diese schon vor 1847 entstandene große Sorte ist auch heute noch unverwechselbar. Zwar ähnelt sie außerhalb der Blütezeit anderen großen Rhododendren, läßt sich aber während der Blüte leicht unterscheiden, denn sie besitzt einmalige, in aufrechten, kegelförmigen, fünf- bis elfblütigen Doldentrauben angeordnete, trichterförmige, weiße Blüten mit einem großen, deutlich abgesetzten, schwärzlichvioletten Fleck.

Rhododendron 'Scarlet Wonder'

Diese gern in die Breite wachsende, von *Rhododendron forrestii* abstammende Hybride gehört zu den besten kleinen Rhododendren. Sie ist dicht mit rundlichen, etwa 5 cm langen, dunkelgrünen Blättern besetzt und bringt zur Frühjahrsmitte zahlreiche dunkelrote und glockenförmige Blüten hervor, die offene Vierer- bis Siebenerbüschel bilden.

Rhododendron 'Seta'

Bei diesem nicht allzu dichten, mittelgroßen Strauch handelt es sich um einen der am frühesten blühenden Rhododendren. Er hat spitze, etwa 5 cm lange, leicht blaugrüne Blätter und kleine Büschel aus glocken- bis röhrenförmigen, weißlichrosa, am Rand dunkleren Blüten.

Rhododendron 'Snow Lady'

Zwergwüchsig bis mittelgroß ist dieser zeitig im Frühjahr blühende, gegen Spätfröste ziemlich empfindliche Strauch, der sowohl durch seine hübschen Blätter als auch

Rhododendron 'Ruby Hart'

Rhododendron 'Sappho'

durch seine attraktiven Blüten auffällt. Die Blätter sind rundlich, etwa 3,5 cm lang, glänzendgrün und fein filzig behaart; die bis zu 5 cm großen und weiß bis cremefarbenen, trichterförmigen Blüten duften leicht und stehen in lockeren Büscheln.

Rhododendron 'Sonata'

Der mittelgroße, eher in die Breite wachsende, dicht mit schmalen, dunkelgrünen Blättern bewachsene Strauch zeichnet sich besonders durch die ungewöhnliche Färbung seiner spätblühenden, in runden Doldentrauben angeordneten Blüten aus. Sie sind orangerot und am Rand lavendelfarben bis hell rotviolett.

Rhododendron 'Susan'

Seit seiner Züchtung um 1930 gehört dieser mittelgroße bis große Strauch zu den überaus beliebten Sorten. Seine prächtigen, bis 15 cm langen, dunkelgrünen Blätter sind leicht filzig behaart; die zur Saisonmitte blühenden, trichterförmigen Blüten sind lavendelfarben, dunkel gefleckt und gruppieren sich zu fünf- bis elfzähligen Bütenständen.

Rhododendron 'Ted's Orchid Sunset'

Bei dieser in jeder Hinsicht attraktiven Hybride handelt es sich um einen mittelgroßen Strauch mit mattgrünen, bis zu 15 cm langen Blättern und bronzefarbenem

Rhododendron 'Susan'

Neuaustrieb. Ihre 10 cm großen, dunkelrosa bis lavendelfarbenen, zumeist leicht orange überlaufenden, in sieben- bis elfblütigen Doldentrauben angeordneten Blüten, die im Schlund eine orange-bronzefarbene Zeichnung aufweisen, öffnen sich zur Saisonmitte.

Rhododendron 'The Honourable Jean-Marie de Montague'

Der hübsche und bei der Züchtung neuer Hybriden oft eingesetzte Strauch hat wahrscheinlich den längsten Namen aller *Rhododendron*-Sorten. Er besitzt schmale, leicht herabhängende, bis zu 15 cm lange, tief-dunkelgrüne Blätter und blutrote, trichterförmige Blüten, die sich in 10- bis 14-blütigen Doldentrauben sammeln. Sie blühen zur Saisonmitte und gelten als Standard für rotblühende Rhododendronsorten.

Rhododendron 'Too Bee'

Der zwergwüchsige Strauch mit kleinen, dunkelgrünen Blättern und zahlreichen fingerhutgroßen, zur Saisonmitte blühenden, außen dunkelrosa, innen rosa bis aprikosenfarbenen Blüten ist eine überaus attraktive Pflanze für Steingärten und zum Bepflanzen von Kübeln. Er stammt von 'Patty Bee' ab.

Rhododendron 'Trude Webster'

Dieser eindrucksvolle, große Strauch trägt ein dichtes Laubwerk aus rundlichen, bis zu 20 cm langen, fleischigen, mittelgrünen Blättern. Diese sind allerdings zur Saisonmitte oft völlig von den großen, rosafarbenen Blüten verdeckt, die riesige, 15- bis 20-blütige Doldentrauben bilden.

Rhododendron 'Unique'

Zwar gilt der Farbwechsel der Blüten dieses zur Saisonmitte oder früher blühenden mittelgroßen Strauches heute nicht mehr als so ungewöhnlich wie bei seiner Einführung um 1930, doch ist diese Sorte

Rhododendron 'Too Bee'

Rhododendron 'Ted's Orchid Sunset'

Rhododendron 'Vintage Rose'

Rhododendron 'Virginia Richards'

Rhododendron 'Wonder'

Rhododendron 'Whitney's Orange'

Rhododendron 'Winsome'

nach wie vor sehr attraktiv. Die Pflanzen haben rundliche, bis 10 cm lange, glänzende Blätter, leuchtendrosa Knospen und anfangs hellgelbe, später cremefarbene, trichterförmige Blüten, die sich zu 11- bis 15-blütigen Doldentrauben gruppieren.

Rhododendron 'Van Nes Sensation'

Dieser großer Strauch trägt glänzende, mittelgrüne, über 15 cm lange Blätter. Zur Saisonmitte entfalten sich in sieben- bis elfzähligen Doldentrauben aus rosa Knospen große, schwach duftende, weiße Blüten, die zumeist rosa überlaufen sind.

Rhododendron 'Vintage Rose'

Diese mittelgroße, gern in die Breite wachsende Hybride stammt von *Rhododendron yakushimanum* ab. Sie hat etwa 10 cm lange Blätter und bis zu 6 cm große, weiße, zumeist rosa überlaufene Blüten mit einem dunkleren Schlund sowie einigen roten Flecken. Die Blüten bilden kompakte, rundliche Doldentrauben und öffnen sich zur Saisonmitte.

Rhododendron 'Virginia Richards'

Dies Hybride ist ein attraktiver, kleiner bis mittelgroßer Strauch mit spitzen, elliptischen, etwa 10 cm langen, mittelgrünen Blättern. Er bildet orangefarbene, in 9- bis 13-blütigen Doldentrauben angeordnete Blütenknospen, die sich zur Frühjahrsmitte zu orange-aprikosenfarbenen, rot gefleckten, in der Mitte zart orange-cremefarbenen Blüten entfalten.

Rhododendron 'Whitney's Orange'

Der mittelgroße, nicht allzu dichte, zur Saisonmitte oder später blühende Strauch hat trichterförmige, rosa-orangefarbene, in der Mitte gelbe Blüten, die in lockeren Blütenständen angeordnet sind. Seine Blätter sind schmal, bis 10 cm lang, leuchtendgrün und am Rand etwas eingerollt.

Rhododendron 'Winsome'

An dem kleinen bis mittelgroßen Strauch mit spitzen, etwa 8 cm langen, dunkelgrünen, hellgelb filzig behaarten Blättern hat man das ganze Jahr über seine Freude. Zur Saisonmitte oder früher ist die gesamte Pflanze dicht mit dunkelrosa, glockenförmigen Blüten übersät, die in Büscheln zu fünft bis neunt zusammenstehen.

Rhododendron 'Wonder'

Die aufrechte, etwa 1 m hohe Hybride stammt von **'Tortoiseshell'** ab, die von Slocock in den vierziger Jahren gezüchtet wurde. Sie hat schmale, 10–15 cm lange Blätter und in lockeren Büscheln angeordnete, in reizvoller Mischung aus Blaßorange und Lachsrosa gefärbte Blüten.

Rhododendron 'Yaku Prince'

Die kleine, kompakte Hybride, die von *Rhododendron yakushimanum* abstammt, hat 10 cm lange, dunkelgrüne, gelbbraun behaarte Blätter und hellrosa, rot gefleckte, in 10- bis 14-blütigen Doldentrauben angeordnete, trichterförmige Blüten, die sich zur Saisonmitte oder später öffnen.

Rhododendron 'Yellow Petticoats'

Klein bis mittelgroß und dicht mit dunkelgrünen, bis 10 cm langen Blättern bewachsen ist dieser Strauch, der einen sehr gut durchlässigen Boden benötigt. Seine zur Saisonmitte blühenden, leicht gekräuselten, leuchtendgelben, trichterförmigen Blüten bilden 9- bis 13-zählige Blütenstände.

R., Kulturvarietät, 'Mrs E. C. Stirling'

RHODODENDRON, tropische Hybriden

Es gibt etwa 250 Arten tropischer Rhododendren, bei denen es sich meist um Epiphyten aus niederschlagsreichen Gebieten handelt. Ihr Vorkommen beschränkt sich fast ausschließlich auf eine Region, die von Südostasien über Borneo und Neuguinea bis in den Nordosten Australiens reicht. Diese Rhododendren haben oft eine ziemlich unregelmäßige und wenig attraktive Wuchsform, bringen aber farbenprächtige, häufig duftende Blüten hervor, von denen normalerweise fünf bis neun zu lockeren Blütenständen zusammenwachsen. Die Blüten erscheinen das ganze Jahr über, doch liegt der Höhepunkt der Blüte im Spätsommer und Herbst. Viele Pflanzen stammen aus Gebirgsregionen und vertragen zwar auch längere kühle Perioden, sind aber in der Regel nicht völlig winterhart. Daher lassen sie sich in kühleren Klimaten nur als Kübelpflanzen in einer grobkörnigen, mit Humus angereicherten Bodenmischung kultivieren, wobei sie gelegentlich mit Flüssigdünger versorgt werden müssen. Steht ein Gewächshaus zur Verfügung, pflanzt man sie am besten in ein großes Beet, da Kübel oft zu schnell austrocknen und wegen der Kopflastigkeit der Pflanzen leicht umfallen.

Rhododendron, Kulturvarietät, 'Alarm'

R., Kulturvarietät, 'Cynthia'

R., Kulturvarietät, 'Chelsea Seventy'

Rhododendron, Kulturvarietät, 'Lavender Girl'

Rhododendron 'Gilded Sunrise'

Rhododendron 'George Budgen'

Rhododendron 'Pink Delight'

Rhododendron 'Candy'

Rhododendron 'Candy'

Rhododendron jasminiflorum sehr ähnlich, zeichnet sich dieser hübsche Strauch durch rundliche, mittelgrüne Blätter und trichterförmige, blaßrosa Blüten aus.

Rhododendron 'Flamenco Dancer'

Die geöffneten, trichterförmigen Blüten dieser aufrechten, von *Rhododendron aurigeranum* und ***R. macgregoriae*** abstammenden Hybride sind leuchtendgelb. Ihre Blätter sind elliptisch und etwa 10 cm lang.

Rhododendron 'George Budgen'

Diese Hybride aus *Rhododendron laetum* und *R. zoelleri* ist ein aufrechter Strauch mit 10 cm langen, dunkelgrünen Blättern und leuchtend goldgelben, trichterförmigen Blüten, die in fünfblütigen Doldentrauben zusammenstehen. Die Pflanze verträgt gelegentliche ganz leichte Fröste.

Rhododendron 'Gilded Sunrise'

Kennzeichen der aufrecht, aber nicht allzu dicht wachsenden Hybride, einer Kreuzung von *Rhododendron aurigeranum* und *R. laetum*, sind leuchtende, goldgelbe, im Lauf der Zeit nachdunkelnde, trichterförmige Blüten.

Rhododendron 'Pink Delight'

Aus dieser alten Hybride unbekannter Abstammung sind einige neuere Sorten hervorgegangen: aufrechte, nicht besonders dichte Pflanzen mit leuchtendrosa Blüten.

Rhododendron 'Simbu Sunset'

Wie viele andere gelb und orange blühende tropische Rhododendron-Hybriden ist auch diese kompakte Pflanze eine Kreuzung aus *Rhododendron laetum* und *R. zoelleri*. Die großen röhrenförmigen, 5-lappigen Blüten sind im unteren Teil orange, haben eine gelbe Mitte und etwas dunkler orangefarbene Loben. Die Stengel des Neuaustriebs sind rot.

RHODODENDRON, SOMMERGRÜNE AZALEEN

Sommergrüne Azaleen blühen an sonnigen Standorten am üppigsten, ihre Blüten sind vorwiegend gelb und orange und sie verlieren im Winter alle Blätter, die sich zuvor aber oft noch sehr hübsch verfärben. Die meisten Sorten sind außerordentlich winterhart. Nach ihrer Abstammung werden sie in Gruppen eingeteilt, von denen die wichtigsten hier vorgestellt werden.

Rhododendron, Genter Hybriden

Das belgische Gent war im frühen 19. Jahrhundert das Zentrum der Azaleenzüchtung. Ausgangspflanzen der ersten Hybriden waren ***Rhododendron nudiflorum***, ***R. viscosum***, *R. calendulaceum* und *R. luteum*. Aus einer Kreuzung von *R. molle* und *R. viscosum* entstanden die **Viscosepalum-Hybriden,** die man heute nicht mehr sehr häufig findet. In den 50er Jahren des 19. Jhs. folgten die gefüllten Genter oder **Rustica-Hybriden,** 1890 die ebenfalls gefüllten **Rustica-Flore-Pleno-Hybriden.** Genter Hybriden sind zumeist große, spätblühende Pflanzen mit kleinen, in großen Blütenständen angeordneten, oft duftenden Blüten. Auf dem Höhepunkt ihrer Beliebtheit gab es über 500 Sorten, die jedoch heute weitgehend von neueren Züchtungen verdrängt wurden. Am bekanntesten sind: **'Coccinea Speciosa',** deren leuchtende, orange-rosafarbene Blüten einen auffälligen orangefarbenen Fleck aufweisen; **'Daviesii',** eine große, aufrechte, spätblühende Viscosepalum-Hybride mit duftenden, weißen bis hellgelben Blüten; **'Nancy Waterer'** mit duftenden, großen, leuchtendgelben Blüten, die im späten Frühjahr gebildet werden; **'Narcissiflora',** eine große, aufrechte, im Spätfrühjahr blühende Sorte mit duftenden, kleinen, gefüllten, hellgelben Blüten; **'Norma',** eine Rustica-Flore-Pleno-Hybride mit kleinen, gefüllten, orangeroten und rosa gerandeten Blüten; **'Phebe'** (Syn. 'Phoebe'), ebenfalls eine Rustica-Flore-Pleno-Hybride mit gefüllten, gelben Blüten; sowie **'Vulcan',** ein aufrechter Strauch mit dunkelroten Blüten, die einen orangegelben Fleck aufweisen.

R., Genter Hybride, 'Narcissiflora'

Rhododendron, Mollis-Azaleen

Die Mollis-Azaleen entstanden Ende der 60er Jahre des 19. Jahrhunderts in Belgien und Holland aus Genter Hybriden und wurden in den folgenden Jahrzehnten weiter veredelt. Sie ähneln zumeist *Rhododendron molle* und weniger einer Genter Hybride, und in einigen Fällen sind es vermutlich keine Hybriden, sondern eher abweichende Formen von ***R. molle*** **var.** ***japonicum.*** Die meist über 2 m großen Pflanzen bilden zur Frühjahrsmitte ungefüllte Blüten, die meist leuchtendgelb, -orange oder -rot gefärbt und größer sind als die der Genter Hybriden. Da die Vermehrung durch Stecklinge nicht ganz einfach ist, findet man ein reichhaltiges Angebot an Sämlingspflanzen im Handel. Diese sind in ihrer Blütenfarbe aber nicht immer einheitlich, so daß es sicherer ist, nur Pflanzen zu kaufen, die bereits blühen. **'Anthony Koster'** hat leuchtendgelbe Blüten mit einem orangefarbenen Fleck; **'Apple Blossom'** hat hellrosa Blüten, die später verblassen; **'Christopher Wren'** hat große, gelbe Blüten mit einem orangefarbenen Fleck; **'Dr. M. Oosthoek'** (Syn. 'Mevrouw van Krugten') hat große, orangerote Blüten mit einem ebenfalls hell orangefarbenen Fleck; **'Floradora'** hat leuchtend orangefarbene Blüten mit einem roten Fleck; **'J. C. van Tol'** hat rosa bis aprikosenfarbene Blüten mit einem orangefarbenen Fleck; **'Orange Glow',** die von 'J. C. van Tol' abstammt, hat aprikosenfarbene Blüten mit orangefarbenem Fleck; **'Spek's Orange',** eine eher kleine Sorte, hat sehr große, in bis zu neunblütigen Doldentrauben angeordnete, rote Blüten mit einem orangefarbenen Fleck; **'Winston Churchill'** hat orangerote Blüten mit einem roten Fleck.

Rhododendron, Occidentale-Azaleen

Rhododendron occidentale, eine sommergrüne Azalee von der Westküste der USA, die 1827 entdeckt und rund 25 Jahre später

Rhododendron, Occidentale-Azalee, 'Exquisita'

Rhododendron, Knap-Hill-Azalee, 'Homebush'

erstmals zur Zucht von Hybriden eingesetzt wurde, gab dieser Gruppe den Namen. Die Pflanzen wachsen zumeist recht langsam, werden aber oft sehr groß, und einige Sorten gehören zu den wohlriechendsten Azaleen. Es handelt sich um Azaleen mit bis zu 10 cm großen, weißen oder rosafarbenen, zur Frühjahrsmitte erscheinenden Blüten, deren Schlund oft eine auffällige, goldgelbe Zeichnung aufweist. **'Delicatissima'** hat duftende, cremeweiße, rosa überlaufene Blüten mit einem gelben Fleck, **'Exquisita'** stark duftende, gekräuselte, weißlichrosa Blüten mit einem orangegelben Fleck, **'Magnifica'** violettrote Blüten mit goldgelbem Fleck.

Rhododendron, Knap-Hill-, Exbury- und Ilam-Azaleen

Die zumeist großen, unterschiedlich winterharten Hybriden mit lebhaft gefärbten, ungefüllten Blüten sind die am häufigsten gezogenen sommergrünen Azaleen. Ihre Entwicklung begann um 1870 in Anthony Waterers Knap-Hill-Nurseries in England. Die Elternpflanzen waren Genter Hybriden, die Waterer mehrmals kreuzte, um dann nur die besten der entstandenen Hybriden für die Weiterzucht zu verwenden. Er benannte nur eine seiner Pflanzen – 'Nancy Waterer' (offiziell eine Genter Hybride) –, und erst als 1924 die Sunningdale-Baumschulen die Sämlinge übernahmen, gelangten die Azaleen auch in den Handel. In Exbury züchtete Lionel de Rothschild aus ihnen die sogenannten Exbury-Hybriden. Die erste von ihnen war die 1934 eingeführte 'Hotspur'. Leider ging diese Sammlung im Zweiten Weltkrieg weitgehend verloren, und bis in die 50er Jahre kamen nur wenige neue Sorten in den Umlauf. Erst Edgar Stead aus Ilam in Neuseeland und nach ihm J. S. Yeates entwickelten diese Azaleen dann durch Kreuzung mit Genter- und Knap-Hill-Hybriden weiter. Bekannte Knap-Hill-Hybriden sind: **'Chaffinch'**, eine variable Sorte mit rosa Blüten; **'Homebush'** mit halbgefüllten, purpurroten Blüten sowie **'Persil'**, deren weiße Blüten einen zartgelben Fleck aufweisen. Exbury-Hybriden sind: **'Brazil'**, die leuchtendorange blüht; **'Cannon's Double'**, eine kleine Pflanze mit gefüllten hellgelben und cremefarbenen Blüten; **'Cecile'**, deren rote Blüten einen orangegelben Fleck aufweisen; **'Gallipoli'** mit rosaaprikosenfarbenen Blüten und einem orangefarbenen Fleck; **'Gibraltar'**, die von Mitte des Frühjahrs an leuchtend orangerote Blüten bildet; **'Hotspur'**, die schon erwähnte älteste Sorte mit orangeroten Blüten; **'Klondyke'** mit leuchtend orangefarbenen Blüten, die einen orangegelben Fleck besitzen; sowie **'Strawberry Ice'**, deren gelbliche, zumeist leicht rosa überlaufene Blüten einen orangefarbenen Fleck haben. Zu den Ilam-Hybriden gehören: **'Carmen'** (Syn. 'Ilam Carmen'), eine früh blühende Sorte, deren aprikosenfarbene Blüten einen orangegelben Fleck aufweisen; **'Louie Williams'** (Syn. 'Ilam Louis Williams') mit großen hellrosa und zartgelben Blüten und einem orangefarbenen Fleck; **'Maori'**, eine kleine Pflanze mit leuchtend orangeroten Blüten, die in großen Doldentrauben angeordnet sind; **'Ming'**, die sehr früh blüht und deren große, orangefarbene Blüten einen gelben Fleck besitzen; **'Red Rag'** mit leicht gekräuselten, leuchtend orangeroten Blüten; sowie **'Yellow Giant'** (Syn. 'Ilam Yellow Giant') mit großen, leuchtendgelben Blüten.

Rhododendron, Weitere Gruppen

An sommergrünen Azaleen haben sich viele Züchter versucht, insbesondere in den USA. Die meisten unterscheiden sich aber nur wenig von den Sorten der bereits erwähnten Gruppen und sind in der Regel auch nur regional verbreitet. Die bekanntesten unter ihnen sind vermutlich die Girard- und die Carlson-Hybriden.

RHODODENDRON, IMMERGRÜNE AZALEEN

Anders als ihr Name vermuten läßt, sind die meist kleinen bis mittelgroßen, im fortgeschritteneren Alter bis zu 2 m hohen Azaleen, die ursprünglich aus Japan, China, Korea und den kühleren Gebieten Südostasiens stammen, nicht immer-, sondern nur halbimmergrün. Im Lauf des Jahres werden zwei unterschiedliche Typen von Blättern gebildet: Im Frühjahr sind es weichere, oft große Blätter, die im Herbst abgeworfen werden; die im Spätsommer erscheinenden zäheren, oft lederartigen Blätter überdauern den Winter. Auch diese Hybriden werden aufgrund ihrer Abstammung in Gruppen eingeteilt, von denen die wichtigsten hier vorgestellt werden.

1. *Rhododendron,* Indica-Azaleen

Die ersten Indica-Hybriden wurden Mitte des 19. Jahrhunderts in Belgien als Zimmerpflanzen gezüchtet. Ihre wichtigste Ausgangspflanze ist die oft zweifarbige blütenbildende, südostasiatische Art *Rhododendron simsii*, die auch als Zimmerpflanze häufig blüht, zumeist im Winter. Die Indica-Azaleen gehören zu den farbenprächtigsten Azaleen mit sehr unterschiedlichen, normalerweise gekräuselten, gefüllten und mehrfarbigen Blüten. Viele Sorten vertragen allerdings keine Temperaturen unter –7 °C, so daß man sie nur als Zimmerpflanzen halten kann. Mit Ausnahme einiger Sorten, die sogar über 1,5 m groß werden können, werden sie nur etwa 60 cm hoch und 1 m breit. Die Indica-Azaleen lassen sich in weitere Untergruppen – z.B. die Kerrigan- oder Rutherford-Hybriden – aufteilen, wobei viele aber nur so wenig abweichende Merkmale aufweisen, daß ihnen geringe Bedeutung zukommt.

Rhododendron, Exbury-Azalee, 'Klondyke'

Rhododendron, Ilam-Azalee, 'Louie Williams'

1a. *Rhododendron,* Belgische Indica-Azaleen

'Albert Elizabeth' ist eine frühblühende Sorte mit halbgefüllten, weißen, rosa gerandeten Blüten. **'Anniversary Joy'** blüht früh oder zur Saisonmitte und hat variable, meist halbgefüllte, blaßrosa, z.T. dunkler schattierte Blüten mit einem ebenfalls dunkleren Rand. **'Bertina'** besitzt zahlreiche ungefüllte, zartrosa, gelblich überlaufene Blüten, blüht früh und wird oft unter Glas vorgetrieben. **'Centenary Heritage'** blüht zur Saisonmitte und hat halbgefüllte leuchtend rosarote Blüten. **'Charly'**, eine als Jungpflanze empfindliche, aber zur Blütezeit sehr eindrucksvolle Mutante von 'Lucie', blüht sehr früh und hat purpurrote Blüten. **'Comptesse de Kerchove'**, ein frühblühender, niedriger, winterharter Strauch mit hellgrünen Blättern, hat gefüllte, rosa bis aprikosenfarbene, orangerosa überlaufene Blüten. **'Deutsche Perle'** blüht sehr früh, hat gefüllte weiße Blüten und behält ihre kompakte Form, wenn sie jedes Jahr zurückgeschnitten wird. **'Elsa Kaerger'** entwickelt zur Saisonmitte oder früher halbgefüllte, dunkel orangerot gefärbte Blüten. Die frühblühende **'Gerhardt Nicolai'** hat große, gefüllte oder halbgefüllte rosa Blüten. Sie ist jung frostempfindlich, außerdem werden die Blätter leicht durch direkte Sonneneinstrahlung geschädigt. **'Goyet'** wird bis zu 1 m hoch, blüht zu Frühjahrsbeginn und hat große, gefüllte, dunkelrote, zumeist gekräuselte Blüten. **'Hexe'** ist winterhart, blüht zur Saisonmitte und hat zahlreiche kleine, leicht gekräuselte, violettrote Blüten mit übergestülpten Kelchblättern sowie dunkelgrüne Blätter. **'Inga'** ist von kompakter Wuchsform, benötigt als Jungpflanze einen geschützten Standort, blüht sehr früh und üppig und hat gefüllte rosa Blüten mit weißem Rand. Die winterharte **'James Belton'** ist relativ groß, blüht zur Saisonmitte und hat ungefüllte, hellrosa, in der Mitte dunklere Blüten. **'Koli'**, eine kompakte, oft unter Glas vorgezogene Sorte, bildet zur Saisonmitte halbgefüllte, violettrosa Blüten. **'Leopold Astrid'** ist jung frostempfindlich, blüht zu Frühjahrsbeginn und hat hübsche Blätter sowie attraktive gefüllte, weiße Blüten mit rotem Rand. **'Little Girl'**, ein kompakter, jung etwas frostempfindlicher, zur Saisonmitte üppig blühender Strauch, hat gekräuselte, hellrosa Blüten mit übergestülpten Kelchblättern. Die violettrote **'Lucie'** wird oft im Gewächshaus vorgezogen, ist jung frostempfindlich, blüht sehr früh und zumeist recht üppig. **'Madame Alfred Sander'**, ein kompakter winterharter Strauch mit dunklen Blättern, blüht ebenfalls früh und üppig und hat attraktive, gefüllte, rosa bis purpurfarbene Blüten. **'Melodie'** ist eine große, aber kompakte Sorte, blüht zur Saisonmitte und hat einfache bis halbgefüllte, rosa Blüten mit einem roten Fleck. Die kompakte, winterharte **'Mrs Gerard Kint'** (Syn. 'Mevrouw Gerard Kint') blüht früh oder zur Saisonmitte und hat einfache bis halbgefüllte, weißliche Blüten mit breitem rotem Rand. **'My Fair Lady'** (Syn. 'Miss California'), ein hübscher, kompakter, frühblühender Strauch, hat gefüllte, rosa Blüten mit weißem Rand. **'Only One Earth'**, benannt nach dem Motto der Stockholmer Weltkonferenz von 1972, blüht zur Saisonmitte und hat halbgefüllte, rosa bis purpurfarbene Blüten. **'Paul Schaeme'**, eine alte, oft zur Züchtung neuerer Sorten eingesetzte Hybride, bringt zu Frühjahrsbeginn zahlreiche gefüllte, rote Blüten hervor. **'Pink Ice'** ist winterhart, blüht früh und hat halbgefüllte, hellrosa, mit einzelnen dunkleren Flecken und Streifen gezeichnete Blüten. **'Pink Ruffles'** ist von kompakter Wuchsform, kann im Gewächshaus vorgetrieben werden und hat frühblühende, gefüllte, gekräuselte hellrosa Blüten mit einem weißen Rand. **'Red Poppy'**, winterhart und von aufrechter Wuchsform, ist mit ihren auffälligen, Mohnblüten nicht unähnlichen, einfachen bis halbgefüllten, dunkelroten Blüten eine der am frühesten blühenden Azaleen. **'Red Wings'** ist ein winterharter, besonders als Jungpflanze schnell und vor allem in die Breite wachsender Strauch. Er blüht zu Frühjahrsbeginn und hat violettrote Blü-

R., Belg. Indica-Azalee, 'Red Wings'

R., Belg. Indica-Azalee, 'Koli'

Rhododendron, Belgische Indica-Azalee, 'Bertina'

R., Belg. Indica-Azalee, K.-Varietät

R., B. Indica-Azalee, 'Southern Aurora'

R., Belg. Indica-Azalee, 'Stella Maris'

R., Belg. Indica-A., 'Silver Anniversary'

R., Belg. Indica-Azalee, Kulturvarietät

R., Belg. Indica-Azalee, Kulturvarietät

ten mit übergestülpten Kelchblättern. **'Rosa Belton'** ist winterhart, blüht früh und üppig und hat einfache, weiße Blüten mit einem breiten, lavendelfarbenen Rand sowie behaarte, hellgrüne Blätter. **'Rosali'** gehört mit ihren zur Saisonmitte blühenden, halbgefüllten, violettroten Blüten zu den vergleichsweise spät blühenden Sorten derjenigen Azaleen, die man vortreiben kann. **'Rosina'** (Syn. 'Nelly Kelly') ist eine schnellwachsende Pflanze, die von Frühjahrsbeginn an gefüllte, blaßrosa Blüten bildet; **'Lavender Rosina'** ist eine hellviolett blühende Mutante. **'Silver Anniversary'** ist jung frostempfindlich. Sie gehört zu den größeren, aufrechtwachsenden Sorten und hat gekräuselte, hellrosa Blüten mit einem dunkleren Rand sowie übergestülpten Kelchblättern. **'South Seas'** ist ein kompakter, zu Frühjahrsbeginn blühender Strauch mit halbgefüllten, violettrosa Blüten, der auch vorgetrieben werden kann. **'Southern Aurora'** bildet mit ihren einzigartigen Blüten – gefüllt, weiß, auffällig orangerot überlaufen und gerandet – einen hübschen Blickfang. **'Stella Maris'**, eine 'Rosali'-Mutante, hat eine kompakte Wuchsform, ist jung frostempfindlich, blüht zur Saisonmitte und hat halbgefüllte, weiße Blüten mit einem violettroten Fleck. **'The Teacher'** ist jung ebenfalls frostempfindlich, blüht früh und hat gefüllte, weiße, rosarot überlaufene Blüten mit ebenfalls rosaroten Rändern. **'Violacea'** mit aufrechter Wuchsform entwickelt sich zu einem großen, breiten Strauch und bringt zu Frühjahrsbeginn halbgefüllte, magentarot-violette Blüten hervor. Sie sollte bereits als Jungpflanze regelmäßig gestutzt werden.

1b. *Rhododendron,* Southern-Indica-Azaleen

Bald nachdem die Belgischen Indica-Azaleen Einzug in europäische Gärten gehalten hatten, gelangten sie auch in die USA. Im Norden konnten sie nur als Zimmerpflanzen gehalten werden, im Süden aber auch im Freien, so daß sie in großer Zahl angepflanzt wurden. Dadurch kam es im Laufe der Zeit zu natürlichen Bastardierungen. Einige dieser Sämlinge wurden weiter kultiviert und als neue Varietäten in den Handel gebracht. Die Southern-Indica-Azaleen sind eine Mischung aus alten Belgischen Hybriden, den Nachkommen der von selbst entstandenen Sämlinge und speziell gezüchteten neuen Sorten. Sie sind meist weniger empfindlich gegen direkte Sonneneinstrahlung, aber auch gegen Kälte und werden größer als die Belgischen Indica-Azaleen. **'Alphonse Anderson'**

R., S.-I.-Azalee, 'Alphonse Anderson'

R., Kerrigan-Indica-Azalee, 'Gay Paree'

(Syn. 'George Lindley Taber') wird 1,5–2 m hoch, blüht zur Saisonmitte und hat große, ungefüllte, weiße, meist rosa überlaufene Blüten mit einem rosafarbenen Fleck im Schlund. **'Fielder's White'** ist ein bis zu 2,5 m hoher Busch, der außerdem sehr in die Breite wächst. Er hat schmale, hellgrüne Blätter und zur Frühjahrsmitte erscheinende duftende, ungefüllte, weiße Blüten mit zitronengelbem Schlund. Die Sorte läßt sich gut als Hintergrund- oder Füllpflanze einsetzen; Triebe mit malvenfarbenen Blüten sollten entfernt werden, da diese sonst schnell überhand nehmen. **'Mardi Gras'** ist niedrig, hat eine buschige Wuchsform, wird 60 cm hoch, 1 m breit und bildet zur Saisonmitte oder früher halbgefüllte, orange-rosa Blüten mit einem breiten, weißen Rand. **'Modele'** ist ein zur Saisonmitte üppig blühender, rund 80 cm hoher und ungefähr 1 m breiter Strauch mit gefüllten, violettroten Blüten.

1c. *Rhododendron,* Rutherford-Indica-Azaleen

Die in den zwanziger Jahren von Bobbink und Atkins in East Rutherford im US-Bundesstaat New Jersey gezüchteten Hybriden werden – ähnlich wie die Belgischen Indica-Hybriden – zumeist unter Glas vorgetrieben. **'Alaska'** wird 1 m hoch und etwa ebenso breit, blüht früh und hat weiße Blüten mit einem hellgrünen Fleck. Diese können recht unterschiedlich aussehen. So bildet ein und dieselbe Pflanze oft ungefüllte, halbgefüllte und gefüllte Blüten. **'Dorothy Gish'**, ein attraktiver, kompakter, rund 60 cm hoher und etwa 1 m breiter Strauch, blüht zur Saisonmitte und hat gekräuselte, orangerosa Blüten mit einem dunkleren Fleck und übergestülpten Kelchblättern. **'Purity'** wird bis 1 m hoch, blüht früh oder zur Saisonmitte und hat

R., S.-I.-Azalee, 'Fielder's White'

R., Mucronatum-Hybride, 'Alba Magnifica'

R., K.-I.-Azalee, 'Bride's Bouquet'

R., M.-Hybride, 'Magnifica Rosea'

R., R.-I.-Azalee, 'White Gish'

R., R.-I.-Azalee, 'Rose Queen'

gefüllte, weiße Blüten sowie dunkelgrüne Blätter. **'Rose King'** ist eine dunkelrosa blühende Mutante von **'Rose Queen'**, einem gern in die Breite wachsenden, bis etwa 60 cm hohen Strauch, der zu Frühjahrsbeginn halbgefüllte, rosa Blüten mit einer dunkleren Zeichnung hervorbringt. **'Tickled Pink'** ist eine Mutante von 'Purity' mit hellrosa, weiß gerandeten Blüten, denen die Kelchblätter übergestülpt sind. **'White Gish'** (Syn. 'Dorothy White Gish') hat weiße Blüten mit ebenfalls übergestülpten Kelchblättern.

1d. *Rhododendron,* Kerrigan-Indica-Azaleen

Die seit den 50er Jahren in den USA für Gewächshäuser gezüchteten, jung zumeist frostempfindlichen Hybriden mit auffälligen Blüten, stammen ebenfalls von den Belgischen Indica-Azaleen ab. **'Bride's Bouquet'** wird etwa 1 m hoch und bringt zur Saisonmitte hübsche gefüllte, rosenknospenähnliche, weiße Blüten mit grünlicher Zeichnung im Schlund hervor. Die Blüten halten sich nur länger, wenn die Pflanzen nicht in der prallen Sonne wachsen. **'Gay Paree'** wird ungefähr 1 m hoch, blüht zur Saisonmitte und hat auffällige, halbgefüllte, weiße Blüten mit einem dunkelrosa Rand. **'Ripples'** ist eine rund 60 cm hohe und 1 m breite, von Frühjahrsbeginn an sehr üppig blühende Sorte mit gefüllten, gekräuselten, dunkel violettrosa Blüten. Die Pflanzen vertragen auch Sonne.

1e. *Rhododendron,* Indicum- und Mucronatum-Hybriden

Wenn man *Rhododendron indicum* mit *R. simsii* kreuzt, bekommt man Indicum-Hybriden. Zu ihnen gehört die rund 1 m hohe und 1,5 m breite **'Alba Magna'** mit frühblühenden, duftenden, weißen, im Schlund grün gezeichneten Blüten. Mucronatum-Hybriden, die meist klebrige, hellgrüne Blätter und duftende, weiße oder hellviolette Blüten haben, lassen dagegen die Abstammung von ***R. ripense*** erkennen (die zweite Ausgangspflanze ist vermutlich *R. indicum*). Zu ihnen gehören die bis etwa 1,5 m hohe und ebenso breite **'Alba Magnifica'**, die zur Saisonmitte zart duftende, ungefüllte, weiße Blüten mit gelber Zeichnung bildet, sowie die ähnlich große **'Magnifica Rosea'** (Syn. 'Magnifica'), deren duftende, ungefüllte, rosafarbene bis hellviolette Blüten ebenfalls zur Saisonmitte erscheinen.

R

Rhododendron, Kurume-Azalee, 'Hinode-giri'

R., Kurume-Azalee, 'Addy Wery'

R., Kurume-Azalee, 'Fairy Queen'

R., Kurume-Azalee, 'Hatsu Giri'

2. *Rhododendron*, Kurume-Azaleen

Kurume, eine Stadt auf der südjapanischen Insel Kyushu, war lange ein wichtiges Zentrum der Azaleenzucht. 1919 erhielt der bekannte Pflanzensammler Ernest Wilson bei einem dortigen Besuch Exemplare von 50 unterschiedlichen Hybriden, die als *Wilson's Fifty* in westliche Baumschulen und Gärtnereien Eingang fanden. Später kamen weitere Hybriden hinzu. Die Pflanzen zeigen deutlich den Einfluß von *Rhododendron kiusianum*, einer auf dem Berg Kirishima natürlich vorkommenden Art. Es handelt sich um dichte Azaleen mit sehr kompakter Wuchsform, kleinen Blättern und sehr zahlreichen, relativ früh erscheinenden kleinen Blüten mit übergestülpten, oft kronblattartigen Kelchblättern, die wie eine zweite Blütenkrone wirken. Die meisten Sorten bevorzugen sonnige oder halbschattige Standorte; ein Rückschnitt nach der Blüte wirkt sich zumeist positiv aus. **'Addy Wery'** wird bis etwa 1,5 m hoch und hat ungefüllte, orangerote Blüten sowie bronzefarbenes Herbstlaub. **'Christmas Cheer'** (Syn. 'Ima Shojo'), die Nr. 36 aus *Wilson's Fifty*, ist ein kompakter Strauch mit rundlichen, kleinen leuchtendgrünen Blättern und einer Fülle winziger kirschroter Blüten mit übergestülpten Kelchblättern. Wenn er regelmäßig zurückgeschnitten wird, erreicht er eine Größe von etwa 1 m, andernfalls wird er auch über 2 m hoch. **'Fairy Queen'** (Syn. 'Aioi'), die Nr. 43 aus *Wilson's Fifty*, ist ein kompakter, bis etwa 1 m hoher und ebenso breiter Strauch mit hellrosa bis aprikosenfarbenen Blüten, die oft einen roten Fleck aufweisen und übergestülpte Kelchblätter haben. **'Hatsu Giri'** ist ein aufrechter, stark verzweigter, bis etwa 1 m hoher Strauch mit purpurroten, vereinzelt auch rosa gefleckten Blüten. **'Hino Crimson'**, ein robuster, bis zu 1,5 m hoher Strauch, blüht besonders spät und hat glänzendgrünes Winterlaub sowie ungefüllte, rosarote Blüten. Bei **'Hinode-giri'**, der Nr. 42 aus *Wilson's Fifty*, handelt es sich um eine bis zu 1,5 m hohe, sehr dichte und stark beblätterte Pflanze, die eine Vielzahl winziger, ungefüllter, kirschroter Blüten hervorbringt. **'Hinomayo'** (Syn. 'Hinomoyo') ist ein kräftiger, aufrechter, manchmal über 2 m hoher Strauch mit einfachen violettrosa Blüten. Bei **'Iroha Yama'** (Syn. 'Dainty') – Nr. 8 der *Wilson's Fifty* – handelt es sich um einen kompakten, etwa 1 m hohen Strauch mit kleinen, rundlichen, leuchtendgrünen Blättern und ungefüllten, weißen Blüten mit einem rosa bis aprikosenfarbenen Rand. **'Kirin'** (Syn. 'Coral Bells'), *Wilson's Fifty* Nr. 22, gehört nicht nur zu den besten Kurume-Azaleen, sondern ist vermutlich die wohl beliebteste Azalee überhaupt. Der Strauch mit dichtem, üppigem Laubwerk aus rundlichen, leuchtendgrünen, im Winter bronzefarbenen Blättern wird bei regelmäßigem Schnitt bis zu 1 m, sonst auch bis zu 2 m hoch und bringt zeitig im Frühjahr eine Vielzahl zart-pastellrosa Blüten mit übergestülpten Kelchblättern hervor. **'Kiritsubo'** (Syn. 'Twilight') – Nr. 24 aus *Wilson's Fifty* – ist ein kräftiger, aufrechtwachsender, getrimmt bis etwa 1 m, sonst auch 2 m hoher Strauch mit ungefüllten, leuchtend purpurroten Blüten. **'Mother's Day'** (Syn. 'Muttertag') wird oft unter Glas vorgetrieben. Der dichte, bis zu 1 m hohen Strauch besitzt eine kompakte Wuchsform, seine kirschroten Blüten mit ihren übergestülpten Kelchblättern sehen halbgefüllt aus. Er kann wie eine Indica-Azalee kultiviert werden. **'Osaraku'** (Syn. 'Penelope'), Nr. 17 aus *Wilson's Fifty*, ist eine dichtwachsende, stark verzweigte Sorte, die bis zu 1,5 m hoch wird und winzige Blätter sowie ungefüllte Blüten in weißlich-hellvioletten Farbtönen bildet. **'Red Robin'** (Syn. 'Waka Kayede'), die Nr. 38 aus *Wilson's Fifty*, wächst eher niedrig (1 m) und in die Breite (1,5 m) und entwickelt zur Frühjahrsmitte ungefüllte, leuchtend orangerote Blüten. **'Sui Yohi'** (Syn. 'Sprite') – die Nr. 10 aus *Wilson's Fifty* – wird 2 m hoch, ist frostempfindlich und hat zarte, ungefüllte, weißlich-blaßrosa Blüten. **'Venus'** gehört zu den relativ alten Sander-Forster-Azaleen. Diese Kreuzung aus Indica- und Kurume-Hybriden wird den Kurume-Azaleen zugerechnet. Sie wird 2 m hoch und bringt viele kleine, rötliche Blüten hervor. **'Ward's Ruby'** gilt als die immergrüne Azalee mit den am dunkelsten roten Blüten. Die aufrechte, stark verzweigte, 1,5 m hohe, frostempfindliche Pflanze hat kleine, ungefüllte, intensiv gefärbte Blüten.

R., Kurume-Azalee, 'Osaraku'

Rhododendron, Kurume-A., 'Hinomayo'

Rhododendron, Kurume-A., 'Kiritsubo'

R., Kurume-Azalee, 'Venus'

Rhododendron, Kurume-Azalee, 'Kirin'

Rhododendron, Kaempferi-Azalee, 'John Cairns'

R., Gable-Hybride, 'Lorna'

2a. *Rhododendron*, Amoenum-Kurume-Azaleen

Bekannteste Pflanze dieser den Kurume-Azaleen sehr ähnlichen Gruppe ist **'Amoena'**, die früher auch unter dem Artnamen ***Rhododendron obtusum*** geführt wurde, jedoch, wie man heute weiß, eine von ***R. sataense***, *R. kiusianum* und *R. kaempferi* abstammende Hybride ist. Es handelt sich um eine, nur dem Namen nach immergrüne Azalee, die aber sehr robust ist und sich auch für exponierte Standorte und als Heckenpflanze eignet. Sie kann bis zu 2,5 m hoch werden und bringt zeitig im Frühjahr eine Vielzahl winziger, violetter Blüten mit übergestülpten Kelchblättern hervor. **'Princess Maude'** ist ein bis zu 2,5 m hoher, stark verzweigter Strauch, der zu Frühjahrsbeginn kleine, leuchtend dunkelrosa Blüten hervorbringt. Werden Jungpflanzen regelmäßig geschnitten, erhält man recht attraktive Azaleen.

Rhododendron, Vuykianum-Hybride, 'Palestrina'

3. *Rhododendron*, Kaempferi-Azaleen

Die zumeist winterharten, immergrünen Hybriden dieser Gruppe stammen zum größten Teil aus den USA und aus Holland. Es handelt sich um Kreuzungen aus *Rhododendron kaempferi* und *R. yedoense*, die beide Frost bis zu –20 °C vertragen. Wie ihre Elternpflanzen verlieren sie allerdings bei großer Kälte fast alle ihre im Winter oft rötlich gefärbten Blätter. Lange Zeit wurden diese Azaleen hauptsächlich wegen ihrer Frosthärte kultiviert, inzwischen gibt es aber auch neuere Sorten mit sehr schönen Blüten. Bei **'Double Beauty'** handelt es sich um einen bis 80 cm hohen und etwa 1 m breiten Strauch mit hellgrünen Blättern, der zu Frühjahrsbeginn hellrosa Blüten mit übergestülpten Kelchblättern hervorbringt. **'Johanna'** ist eine schnellwachsende Sorte, die 2 m hoch wird, zur Saisonmitte ungefüllte bis halb-

R., Vuyk.-Hybride, 'Vuyk's Scarlet'

R., Kaempferi-Azalee, 'Double Beauty'

gefüllte, dunkelrote Blüten hervorbringt, und deren Blätter sich im Herbst und Winter leuchtend violettrot verfärben. **'John Cairns'** ist eine aufrechte, bis 2 m hohe, stark verzweigte Sorte mit kleinen, ungefüllten, leuchtend orangeroten Blüten.

3a. *Rhododendron*, Vuykianum-Hybriden

Diese den echten Kaempferi-Azaleen sehr ähnlichen Hybriden entstanden 1921 in der Baumschule Vuyk Van Nes im niederländischen Boskoop. **'Palestrina'** ist ein kompakter, üppig blühender, etwa 1 m hoher Strauch mit leuchtendgrünen Blättern und ungefüllten, weißen bis cremefarbenen, gelbgrün gefleckten Blüten. **'Queen Wilhelmina'**, ein großer, bis zu 2 m hoher und 2,5 m breiter Strauch mit langen, lanzettlichen Blättern blüht spät und hat große, ungefüllte, orangerote Blüten mit einem schwarzroten Fleck. **'Vuyk's Rosy Red'** und **'Vuyk's Scarlet'** sind einander sehr ähnlich. Sie sind eindrucksvolle, relativ anspruchslose, bis zu 1 m hohe und 1,5 m breite immergrüne Pflanzen, die zeitig im Frühjahr eine Vielzahl großer, ungefüllter Blüten hervorbringen. Die erstgenannte der beiden Sorten wächst weniger dicht und hat kirschrote Blüten, die andere ist kompakter und blüht leuchtend rot. Sie brauchen einen sehr geschützten Platz.

3b. *Rhododendron*, Gable-Hybriden

Diese Hybriden wurden von Joseph Gable im US-Bundesstaat Pennsylvania gezüchtet, wobei vor allem auf Frosthärte Wert gelegt wurde. Unter ihnen gibt es auch einige sehr attraktive Sorten mit gefüllten Blüten, etwa die zur Saisonmitte blühende **'Lorna'**, ein robuster, farbenprächtiger, bis zu 1,5 m hoher Strauch mit gefüllten, leuchtendrosa Blüten **'Purple Splendor'**, ein ausladender, bis zu 1 m hoher und 1,5 m breiter Strauch mit schmalen Blättern und gekräuselten, hellvioletten Blüten sowie übergestülpten Kelchblättern oder **'Rosebud'**, eine Sorte, die bis auf ihren niedrigeren, kompakten Wuchs und die dunkleren Blüten große Ähnlichkeit mit 'Lorna' hat.

R., Vuyk.-Hybride, 'Vuyk's Rosy Red'

R., A.-K.-Azalee, 'Amoena'

Rhododendron, Amoenum-Kurume-Azalee, 'Princess Maude'

3c. *Rhododendron*, Girard-Hybriden

Die kompakten Hybriden wurden vom Ende der 40er Jahre an von Peter Girard in Ohio gezüchtet. Zu ihnen gehören die zur Saisonmitte blühende **'Girard's Border Gem'**, ein 40 cm hoher und 60 cm breiter Strauch mit kleinen Blättern und ungefüllten dunkelrosa Blüten sowie **'Girard's Chiara'**, die 50 cm hoch und ebenso breit wird und gekräuselte, kirschrote Blüten mit einem rötlichen Fleck und übergestülpten Kelchblättern bildet.

3d. *Rhododendron*, Shammarello-Hybriden

Diese robusten Sträucher stammen oft von Gable-Hybriden ab. Zu ihnen gehören die kräftige, gern in die Breite wachsende, bis etwa 1 m hohe und 1,5 m breite, zeitig im Frühjahr blühende Sorte **'Desiree'** mit ungefüllten, gekräuselten, weißen Blüten sowie die bis zu 3 m hohe, zur Saisonmitte blühende **'Elsie Lee'** mit halbgefüllten bis gefüllten Blüten von ungewöhnlicher hellvioletter Farbe und dunkler Zeichnung.

4. *Rhododendron*, Satsuki-Azaleen

Viele Gärtner halten die seit längerem im Westen erhältlichen Kurume-Azaleen für die traditionellen japanischen Azaleen, aber tatsächlich sind in Japan die erst seit den 50er Jahren auch im Ausland stärker verbreiteten Satsuki-Azaleen weitaus beliebter. Der Name der meist kleinen, gern in die Breite wachsenden, bis etwa –12 °C frostharten Hybriden bedeutet »fünfter Monat« und gibt einen Hinweis auf die Blütezeit der recht variablen Pflanzen, die relativ empfindlich gegen eine direkte Sonneneinstrahlung sind. Sie haben große, ungefüllte Blüten, die oft an ein und derselben Pflanze eine unterschiedliche Form und Farbe haben können. **'Benigasa'** (Syn. 'Red Umbrella') wird bis zu 50 cm hoch und 1 m breit, hat rundliche, dunkelgrüne Blätter und bringt vom späten Frühjahr an große, ungefüllte, für diese Gruppe relativ kräftig orangerot gefärbte Blüten hervor. **'Chinzan'** (Syn. 'Rare Mountain') ist ein niedriger, gern in die Breite wachsender Strauch, bis zu 30 cm hoch und etwa 1 m breit. Er hat kleine Blätter und bildet zur Saisonmitte ungefüllte leuchtendrosa Blüten mit einem dunkleren Fleck. **'Daishuhai'** (Syn. 'Great Vermilion Cup') wird bis zu 60 cm hoch und etwa 1 m breit. Er hat zwar eine weniger dichte Wuchsform als andere Satsuki-Azaleen, wirkt aber nicht sparrig. Die weißen Blüten sind ungefüllt, die Spitzen der Kronblätter rosa. Die Gruppe der **Gumpo**-Hybriden umfaßt einige zwergwüchsige, selten über 30 cm hohe und bis zu 60 cm breite Sträucher, die gut für Steingärten geeignet sind und mit ihren zur Saisonmitte oder später blühenden ungefüllten Blüten zu den am üppigsten blühenden Azaleen gehören. Zu ihnen zählen: **'Fancy'**, die hellrosa Blüten mit einem weißen Rand und rosafarbener Zeichnung bildet; **'Light Pink'** mit hellrosa Blüten, die eine dunkelrosa Zeichnung aufweisen; **'Salmon'** mit gekräuselten, lachsrosa Blüten sowie **'White'** mit besonders zahlreichen, stark gekräuselten, weißen Blüten. **'Hitoya no Haru'** (Syn. 'Glory of Spring'), eine auffällige, etwa 50 cm hohe und 1 m breite Pflanze mit glänzenden Blättern, ist mit ihren sehr attraktiven großen, ungefüllten, rosa bis lavendelfarbenen Blüten eine der am spätesten blühenden Azaleen. **'Issho No Haru'** (Syn. 'Spring of a Lifetime') wird ungefähr 40 cm hoch und 60 cm breit und bringt im späten Frühjahr große, ungefüllte, pastellrosa Blüten mit einzelnen violetten Tupfern hervor. **'Shiko'** (Syn. 'Purple Light') wird bis zu 40 cm hoch und 1 m breit, blüht zur Saisonmitte oder später und besitzt große, ungefüllte, sehr vielfältige rosa bis lavendelfarbene Blüten, die in der Regel eine weiße oder violette Zeichnung aufweisen. **'Shugetsu'** (Syn. 'Autumn Moon'), ein bis zu 60 cm hoher und 1 m breiter, zur Saisonmitte oder später blühender Strauch, hat große, ungefüllte, weiße Blüten mit violettem Rand. Die Blüten einer Pflanze weisen in vielen Fällen eine unterschiedliche Färbung und Zeichnung auf.

5. *Rhododendron*, Gruppenhybriden

Die hier aufgeführten Untergruppen umfassen sowohl Hybriden, die durch Kreuzung von Sorten aus verschiedenen Gruppen entstanden sind, als auch solche, die von neu eingekreuzten Arten abstammen.

R., Shammarello-Hybride, 'Elsie Lee'

Rhododendron, Satsuki-Azalee, 'Daishuhai'

R., Satsuki-Azalee, 'Chinzan'

R., Satsuki-Azalee, 'Hitoya No Haru'

R., Satsuki-Azalee, 'Issho No Haru'

Rhododendron, Girard-Hybride, 'Girard's Chiara'

Rhododendron, Satsuki-Azalee, 'Shiko'

R., Satsuki-Azalee, 'Shugetsu'

R

Rhododendron, August-Kehr-Hybride, 'Anna Kehr'

5a. *Rhododendron,* Glenn-Dale-Hybriden

1935 begann B. Y. Morrison, ein Beamter des US-Landwirtschaftsministeriums in Glenn Dale (Maryland), mit der Züchtung von Azaleen. Er wollte verschiedenfarbige, winterharte, möglichst zur Saisonmitte blühende Sorten schaffen, die damals recht selten waren. Zehn Jahre lang wurden Tausende von Klonen kultiviert und untersucht, von denen zwischen 1947 und 1952 etwa 440 in den Handel gebracht wurden, die allerdings heute kaum noch jemand kennt. **'Ben Morrison'**, eine bis 1,5 m hohe und etwa 2 m breite Sorte, blüht zur Saisonmitte und hat auffällige, ungefüllte, rostrote Blüten mit dunkler Zeichnung und einem weißen Rand. Sie wurde von Morrison gezüchtet, aber erst nach seinem Tod offiziell eingeführt und nach ihm benannt. **'Festive'** wird bis zu 2 m hoch, blüht früh und hat ungefüllte, weiße Blüten mit violetten Flecken und Streifen. **'Glacier'** ist eine schnellwachsende, aufrechte, bis 2 m hohe Sorte, die zur Saisonmitte oder früher blüht und ungefüllte, weiße, hellgrün überlaufene Blüten hat. **'Martha Hitchcock'**, ein zäher, kräftiger, bis 1 m hoher und etwa 2 m breiter Strauch, bringt zur Saisonmitte große, ungefüllte, weiße Blüten mit einem breiten rosa- bis purpurfarbenen Rand hervor. **'Vespers'** ist ein kräftiger, frühblühender, bis zu 1,5 m hoher Strauch, dessen einfache bis halbgefüllte, weiße Blüten eine grüne Zeichnung und einzelne rosa Tupfer aufweisen.

5b. *Rhododendron,* Back-Acres-Hybriden

Diese kompakten Hybriden wurden von Ben Morrison nach seiner Pensionierung gezüchtet. Zu ihnen gehören: **'Debonaire'**, eine zur Saisonmitte blühende, bis 1 m hohe Pflanze mit ungefüllten, rosa, in der Mitte helleren und am Rand dunkleren Blüten; **'Fire Magic'**, die etwa 1 m hoch wird, zur Saisonmitte blüht und gefüllte, rötlich bis aprikosenfarbene, rot gefleckte Blüten bildet; **'Hearthglow'**, eine ungefähr 1 m hohe Sorte, deren gefüllte, kamelienähnliche Blüten, die – rosa und rötlich-orange überlaufen – zur Saisonmitte oder später blühen, sowie **'Miss Jane'**, ein kompakter, 60 cm hoher und 1 m breiter, spät-

R., A.-K.-Hybride ,'White Rosebud'

blühender Strauch, dessen gefüllte, weiße Blüten einen dunkelrosa Rand haben und sich im Schatten länger halten.

5c. *Rhododendron,* August-Kehr-Hybriden

Diese Hybriden stammen von Dr. August Kehr, der wie Morrison Beamter des US-Landwirtschaftsministeriums war. Von den zahlreichen von ihm gezüchteten Pflanzen brachte er nur einige der frosthärtesten und schönsten Sorten in Umlauf. Diese stellen unter den immergrünen Azaleen aber die wohl gelungenste Verbindung von Winterhärte und attraktiven gefüllten Blüten dar. **'Anna Kehr'** braucht einige Zeit um anzuwachsen und muß als Jungpflanze regelmäßig gestutzt werden. Geschieht das, wächst sie zu einem hübschen, bis zu 80 cm hohen und 60 cm breiten Strauch mit zur Saisonmitte blühenden, gefüllten, dunkelrosa Blüten heran. **'White Rosebud'**, die nicht allzu empfindlich gegen Sonneneinstrahlung ist, wird etwa 1 m hoch und ungefähr ebenso breit, blüht zur Saisonmitte und hat gefüllte, weiße Blüten mit einem grün gefärbten Schlund.

5d. *Rhododendron,* Greenwood-Hybriden

Die in Oregon aus Kurume-, Glenn-Dale- und Gable-Hybriden gezüchteten winterharten, meist kompakten Sorten eignen sich zur Kultivierung in kühleren Regionen. Von der Saisonmitte an blühende Sorten sind: **'Greenwood Orange'**, eine nicht allzu dichte, 1 m hohe Hybride mit vielen kleinen, gefüllten, orangeroten Blüten, die jung regelmäßig zurückgeschnitten werden muß, damit sie eine attraktive Wuchsform bekommt; **'Royal Robe'**, eine kompakte, 40 cm hohe und 60 cm breite Sorte von rundlicher Wuchsform und hellvioletten Blüten mit übergestülpten Kelchblättern, gut geeignet für Steingärten sowie **'Tenino'**, die bis zu 40 cm hoch und etwa 1 m breit wird und rosaviolette Blüten mit übergestülpten Kelchblättern besitzt.

R., Greenwood-Hybride, 'Royal Robe'

R., Glenn-Dale-Hybride, 'Ben Morrison'

R., Glenn-Dale-Hybride, 'Festive'

R., G.-D.-Hybride, 'Martha Hitchcock'

Rhododendron, Back-Acres-Hybride, 'Miss Jane'

Rhododendron, Back-Acres-Hybride, 'Fire Magic'

Rhododendron, Harris-Hybride, 'Frosted Orange'

Rhododendron, Harris-Hybride, 'Miss Suzie'

R., Nuccio-Hybride, 'Happy Days'

R., Harris-Hybride, 'Gloria Still'

R., Nuccio-Hybride, 'Purple Glitters'

5e. *Rhododendron,* Harris-Hybriden

Die von James Harris seit 1970 gezüchteten, üppig blühenden Hybriden sind kompakt und nach einer Eingewöhnungsphase winterhart. **'Fascination'** wird 1 m hoch und hat ungefüllte, in der Mitte weiße oder blaßrosa Blüten mit dunkelrotem Rand. **'Frosted Orange'** ist ein 80 cm hoher und 1 m breiter, verzweigter Strauch, der einen schattigen Platz benötigt, wenn sich die spät erscheinenden, weißen Blüten mit breitem, orange überlaufenem Rand länger halten sollen. **'Gloria Still'** ist eine kompakte, sich langsam ausbreitende Pflanze von 80 cm Höhe und 1 m Breite mit weißlichen bis rosa Blüten, die große Büschel bilden. **'Miss Suzie'** ist ein kompakter, 60 cm hoher Strauch, der zur Saisonmitte leuchtendrote Blüten mit übergestülpten Kelchblättern hervorbringt.

5f. *Rhododendron,* North-Tisbury-Hybriden

Mit *Rhododendron nakaharai* wurde eine neue Gruppe bodendeckender Azaleen in den Handel aufgenommen, die auch in Hängekörben gepflanzt werden können. Die kriechenden oder niedrigen Pflanzen mit rundlicher Wuchsform sind sowohl ihrer Blüten wie ihrer Wuchsform wegen beliebt. Zu ihnen gehören: **'Pink Pancake'**, eine fast niederliegend wachsende, bis etwa 1 m breite, spätblühende Sorte mit kleinen rosa oder rot gezeichneten Blüten, die sich ausgezeichnet für Steingärten oder Hängekörbe eignet; **'Red Fountain'**, eine bis etwa 1 m breite Pflanze, die im Frühjahr ungefüllte, rote Blüten hervorbringt und am besten an Böschungen oder in Hängekörben zur Geltung kommt; sowie **'Susannah Hill'**, eine bis 30 cm hohe und etwa 1 m breite Sorte mit roten Blüten und übergestülpten Kelchblättern, die sich auch für sonnige Standorte eignet.

5g. *Rhododendron,* Nuccio-Hybriden

Die durch die Zucht von Kamelien bekannte kalifornische Familie Nuccio hat sich auch mit der Azaleenzucht beschäftigt. Dabei wurden Hybriden aus verschiedensten Gruppen verwendet, wodurch sich die entstandenen Sorten in Größe, Blütentyp und Frostbeständigkeit stark unterscheiden. **'Bit of Sunshine'** ist ein 1 m hoher und ebenso breiter Strauch, der an Kurume-Azaleen erinnert und zu Frühjahrsbeginn zahlreiche rosarote Blüten mit übergestülpten Kelchblättern hervorbringt; **'Happy Days'** ist eine bis zu 75 cm hohe, jung frostempfindliche Sorte, die zeitig im Frühjahr langlebige, gefüllte, rosenknospenähnliche, violette Blüten hervorbringt; **'Purple Glitters'**, ein aufrechter, etwa 1,5 m hoher, an eine Kurume-Azalee erinnernder Strauch, der zu Frühjahrsbeginn eine Fülle ungefüllter, rosa bis purpurner Blüten hervorbringt; sowie **'Rose Glitters'**, eine kirschrot blühende Sorte.

5h. *Rhododendron,* Robin-Hill-Hybriden

Diese Hybriden wurden von 1937 bis 1981 von Robert Gartrell aus New Jersey gezüchtet. Aus 20 000 Pflanzen suchte er 69 zumeist mittelgroße, relativ frostharte Sorten heraus und brachte sie in Umlauf. Dazu gehören: **'Betty Ann Voss'**, eine robuste, in die Breite wachsende, spätblühende, bis 50 cm hohe und etwa 1 m breite Pflanze mit glänzenden Blättern und leuchtendrosa, durch die übergestülpten Kelchblätter wie halbgefüllt wirkenden Blüten; **'Early Beni'**, ein 60–80 cm hoher, zeitig im Frühjahr blühender Strauch von rundlicher Wuchsform und mit halbgefüllten, dunkel orangeroten Blüten, der auch in der Sonne gedeiht; **'Lady Louise'**, ein ausladender, bis 80 cm hoher Strauch mit bronzefarbenem Herbstlaub und zur Saisonmitte blühenden, halbgefüllten bis gefüllten, rosa bis aprikosenfarbenen, rötlich gezeichneten Blüten; **'Nancy of Robin Hill'**, eine bis zu 60 cm hohe, buschige Sorte, die zur Frühjahrsmitte blüht und halbgefüllte, hellrosa Blüten mit dunklerer Zeichnung besitzt; **'Watchet'**, eine zwergwüchsige Sorte, die 40 cm hoch und bis 60 cm breit werden kann und zur Frühjahrsmitte ungefüllte, rosa Blüten mit weißem Schlund bildet; **'White Moon'**, eine bis 40 cm hohe, gern in die Breite wachsende Pflanze, die an eine Satsuki-Azalee erinnert. Die ungefüllten, weißen, manchmal unregelmäßig rosa gefleckten Blüten sind empfindlich gegen direkte Sonneneinstrahlung.

R., R.-Hill-Hybride, 'Betty Ann Voss'

Rhododendron, Robin-Hill-Hybride, 'Nancy of Robin Hill'

RHODOHYPOXIS

Vier bis sechs farbenkräftige, kleine Knollenstaudenarten aus den Drakensbergen in Südafrika umfaßt diese Gattung. In Kultur mit einigen Sorten ist jedoch nur *Rhodohypoxis baurii*. Sie hat grasartige, rinnige Blätter und im Sommer mehrere Monate lang weiße, rosa, rote oder violette Blüten an kurzen Stielen. Bei der Vermehrung über Samen bleibt die Blütenfarbe nicht rein erhalten.
PFLEGE UND VERMEHRUNG: Die Pflanzen gedeihen in gemäßigten Regionen, in denen die Wurzelknollen nicht durch Bodenfröste gefährdet sind. Sie schätzen fruchtbare, humusreiche, durchlässige, im Sommer feuchte, im Winter keinesfalls nasse Böden in sonnigen Lagen. Ihre Vermehrung erfolgt im Frühjahr durch Samen oder Teilung.

Rhodohypoxis baurii

Aus den Wurzelknollen der knapp 10 cm großen, dichte Horste bildenden Gebirgspflanze treiben grasartige, leicht behaarte Blätter und von Juni bis August sternförmige, bis 10 cm breite Blüten in verschiedenen Farbtönen von Weiß über Rosa bis Dunkelrot. Die mittleren drei Blütenblätter schließen sich schützend über dem Blüteninneren, springen aber auf, wenn sich ein Insekt zur Bestäubung niederläßt.

RHODOLEIA

Der südostasiatischen Gattung wird meist nur eine von Südchina bis Java verbreitete, variable Art zugerechnet, die auch schon in bis zu sieben Arten aufgeteilt wurde. Es sind kleine, immergrüne Bäume mit wechselständigen, ledrigen, auf den Unterseiten wachsartigen Blättern. Im Frühjahr tragen sie in den Blattachseln hängende Büschel rosaroter Blüten mit farbigen Hüllblättern, aus denen sich später Kapselfrüchte entwickeln.
PFLEGE UND VERMEHRUNG: Die nicht frostharten Pflanzen benötigen leichte, etwas saure, durchlässige, humusreiche Böden und einen sonnigen oder halbschattigen, windgeschützten Standort. Man vermehrt sie im Frühjahr durch Samen, im Winter durch Stecklinge.

Rhodoleia championii
ROSE VON HONGKONG

Bis zu 6 m hoch wird dieser Baum, dessen dunkelgrüne, dicke und stumpfe, 15 cm lange Blätter mit cremefarbenem Mittelnerv und rosa Blattstielen an den Zweigenden besonders dicht wachsen. Je fünf bis zehn glockenförmige, rosarote Blüten mit einer 5 cm breiten Hülle rosafarbener bis karmesinroter Hochblätter hängen in Büscheln von den Zweigen herab.

RHODOPHIALA

Die in Südamerika heimische Gattung umfaßt 35 Knollenstauden-Arten mit mittelgrünen Blättern und im Sommer und Herbst Dolden trichterförmiger Blüten. Eng verwandt sind sie mit dem Rotterstern *(Hippeastrum)*.
PFLEGE UND VERMEHRUNG: Die nicht frostharten Pflanzen schätzen mäßig fruchtbare, durchlässige Böden in sonniger Lage. In milderen Gebieten können sie u. U. unter einer dicken Streudecke im Freien aushalten. Man kann sie durch Samen oder Ableger vermehren.

Rhodophiala bifida
Syn. *Hippeastrum bifidum*

Argentinien und Uruguay sind die Heimat dieser bis zu 30 cm hohen und 10 cm breiten Pflanze, deren leuchtend dunkelroten, 5 cm lange Blüten im Frühjahr noch vor den Blättern erscheinen.

Rhodophiala bifurcata

Bis zu sechs trompetenförmige, 5 cm lange, dunkelrote, zuweilen auch gelbe oder leuchtendrote Blüten trägt diese Pflanze im Sommer an einem 30 cm langen Stengel. Die schlanken, bandförmigen, blaugrünen Blätter entwickeln sich erst nach den Blüten.

RHODOSPHAERA

Nur eine Art, ein zweihäusiger, immergrüner kleiner Baum aus den Tropen und Subtropen Nordostaustraliens gehört zu der eng mit den Sumachen *(Rhus)* verwandten Gattung. Er hat ledrige, in vier bis zwölf Fiederpaare gegliederte Blätter mit bis zu 10 cm langen Fiedern, die winzige, weiche, abstehende Härchen tragen. An einem dichten, verzweigten Blütenstand erscheinen im Frühjahr die fünfzähligen, roten Blüten. Die Früchte sind einsamige Beeren.
PFLEGE UND VERMEHRUNG: Der Baum gedeiht in subtropischem Klima auf durchlässigen, in Trockenperioden gewässerten Böden in der Sonne oder im Halbschatten. Durch frische Samen oder Stecklinge im Herbst lassen sie sich vermehren.

Rhodosphaera rhodanthema

Am Naturstandort wird dieser buschige Baum über 10 m hoch und liefert ein attraktives, gelbes Nutzholz. Seine rauhe, graubraune Rinde löst sich in dicken, plattigen Schuppen ab. Die 40 cm langen Blätter sind auf der Oberseite glänzend dunkelgrün und gewellt, auf der Unterseite heller. Die glänzenden, braunen Früchte bleiben lange an den Zweigen hängen.

RHODOTYPOS
SCHEINKERRIE, KAIMANSTRAUCH, SCHNEEKERRIE, JAMBUKISTRAUCH

Einzige Art der eng mit *Kerria* verwandten Gattung ist ein 4,5 m hoher, sommergrüner Strauch aus China und Japan mit weichen, mittelgrünen Blättern und einfachen, 5 cm breiten, weißen Blüten, gefolgt von erbsenförmigen, 6–12 mm dicken glänzendschwarzen Beeren, die zunächst von den Kelchblättern umschlossen sind. Wenn diese verwelken, liegen die Beeren frei, ziehen aber keine Vögel an und überdauern bis in den Winter.
PFLEGE UND VERMEHRUNG: Die winterharte Pflanze gedeiht problemlos auf jedem sonnig oder halbschattig gelegenen Untergrund. Die Vermehrung erfolgt durch Stecklinge, Samen oder Absenker.

Rhodotypos scandens
KAIMANSTRAUCH, SCHEINKERRIE

Der aufrecht oder leicht überhängend wachsende Strauch hat scharf gezähnte, jung besonders hübsche Blätter. Im späten Frühjahr und im Frühsommer trägt er flach schalenförmige, einfache, vierzählige Blüten.

RHOICISSUS

Die zwölf Kletersträucher dieser Gattung aus dem tropischen und südlichen Afrika haben einfache oder in bis zu fünf Blattfiedern gegliederte, bis zu 20 cm breite, anfangs rot getönte Blätter und wie andere Pflanzen aus der Familie der Rebengewächse *(Vitaceae)* unscheinbare Blüten, gefolgt von Büscheln tiefroter Beeren. Sie klettern mit Hilfe von Ranken.
PFLEGE UND VERMEHRUNG: Die nicht frostharten Pflanzen schätzen feuchte, durchlässige Böden in sonniger Lage. In kühleren Gegenden (mit Temperaturen unter 7 °C) gedeihen sie nur im Haus. Sie werden durch Samen, Stecklinge oder Absenker vermehrt.

Rhoicissus capensis
KAPWEIN, KÖNIGSWEIN

Bis zu 4,5 m hoch klettert diese kräftige Pflanze mit ihren zähen Stengeln. Sie hat große, ei- bis herzförmige, glänzendgrüne Blätter und unscheinbare Blüten, gefolgt von eßbaren rötlichvioletten Beeren.

Rhoicissus rhomboidea

Die in Südafrika heimische Pflanze wird oft mit der viel gezogenen Rautenblättrigen Klimme *(Cissus rhombifolia)* aus dem tropischen Amerika verwechselt, von der sie sich durch ihre unverzweigten Ranken unterscheidet. Beide Pflanzen sind von kompakt-buschigem Habitus, haben jung rostbraun behaarte Triebe, und ihre Blätter gliedern sich in je drei rautenförmige Blattfiedern.

Rhoicissus tomentosa

Dicht belaubt mit ungeteilten, dunkelgrünen Blättern mit leicht gezähntem, halbkreisförmigem äußerem Rand, ist diese in Südafrika weitverbreitete, kräftige Pflanze, die mit ihren holzigen Stengeln 5 m hoch klettert, durch Rückschnitte aber kleiner gehalten werden kann. Im Herbst und Winter trägt sie violettbraune Beeren.

RHOPALOSTYLIS
NIKAUPALME

Neuseeland und seine nördlichen Nachbarinseln sind die Heimat der drei Arten dieser Gattung. An ihrer Stammspitze tragen sie einen verdickten Kronenschaft aus den untersten Abschnitten der schräg aufrechten, gefiederten Wedel. Die Blüten wachsen in einer Rispe unter den Blättern. Die Früchte sind rot und beerenartig.
PFLEGE UND VERMEHRUNG: Die Pflanzen benötigen einen geschützten, sonnigen Standort auf feuchtem, durchlässigem, nicht zu schwerem, möglichst mit organischem Material angereichertem Boden in frostfreiem Klima. Frische Samen dienen im Frühjahr zur Vermehrung.

Rhodohypoxis baurii

Rhodophiala bifida

Rhodotypos scandens

Rhodoleia championii

Rhodosphaera rhodanthema

Rhopalostylis baueri
NORFOLKPALME

Der graue, in schmale Ringe gegliederte Stamm dieser Palme wächst über 10 m hoch und trägt eine ausladende Krone aus bis 4 m langen, anfangs rötlich getönten Wedeln. Ihr charakteristischer Kronenschaft ist stämmig und blaßgrün, die Früchte sind klein und leicht kegelförmig.

Rhopalostylis sapida
NIKAUPALME

Die am weitesten südlich beheimatete Palme aus Neuseeland hat einen kräftigen, bis 10 m hohen Stamm, einen an der Basis bauchigen, glänzendgrünen Kronenschaft und viele Wedel, die sich in lanzettliche, 1 m lange Blattfiedern mit kurzen Stielen gliedern. Die cremefarbenen bis hellvioletten Blüten wachsen in 30 cm langen Büscheln unterhalb des Kronenschafts.

RHUS
SUMACH, ESSIGBAUM

Rund 200 Arten oft zweihäusiger, sommer- und immergrüner Sträucher, Bäume und Kletterpflanzen aus vielen Teilen der Welt umfaßt diese vielfältige Gattung. Eine Gruppe giftiger, allergische Reaktionen hervorrufender Bäume und Sträucher wird heute als eigenständige Gattung *Toxicodendron* ausgegliedert. Einige sommergrüne Arten verfärben sich im Herbst leuchtendrot, violett, orange, gelb oder bronzefarben; andere tragen rötliche oder bräunliche Früchte mit samtiger Haut. Manche der immergrünen Arten aus dem südlichen Afrika und Kalifornien vertragen immerhin leichte Fröste. Viele sind unempfindlich gegen Luftverschmutzung. **PFLEGE UND VERMEHRUNG:** Die Pflanzen gedeihen auf mäßig fruchtbaren, feuchten, durchlässigen Böden in sonnigen, windgeschützten Lagen. Die immergrünen Arten sind nicht winterhart. Vermehrung durch Samen, Stecklinge oder abgetrennte Wurzelschößlinge.

Rhopalostylis sapida

Rhus aromatica
DUFTENDER SUMACH

Der bis zu 1 m hohe und 1,5 m breite, frostharte, niederliegende, sommergrüne Strauch aus dem Osten der USA trägt seine winzigen, gelben Blüten in Ähren an noch kahlen Stengeln. Erst danach sprießen die tiefgrünen, flaumig behaarten und grobgezähnten Blätter; sie sind wohlriechend und verfärben sich im Herbst auffällig orange und violett. An die Stelle der Blüten treten im Mittsommer kleine Beeren. Die duftenden Blüten der besonders niedrigen Sorte **'Gro-Low'** sind etwas dunkler gelb gefärbt.

Rhus chinensis
GALLENSUMACH, CHINESISCHER SUMACH

Mit seiner breiten Krone wird dieser sommergrüne, frostempfindliche ostasiatische Strauch oder kleine Baum über 6 m hoch. Gezogen wird er v. a. wegen der Herbstfärbung. Seine Blätter sind gefiedert mit geflügelten Stielen, die Fiedern leicht gezähnt. Im Spätsommer trägt er Büschel weißlicher Blüten, gefolgt von flaumig behaarten, roten Beeren. Besonders farbenprächtig ist das Herbstlaub von **'September Beauty'**.

Rhus aromatica

Rhus glabra

Rhus copallina
KOPALLSUMACH, KOPALSUMACH

Aus dem Nordosten Nordamerikas stammt dieser aufrechte, bis zu 1,5 m hohe, sommergrüne Strauch, dessen glänzende, dunkelgrüne Blätter sich im Herbst violettrot verfärben. Von Mitte des Sommers bis Herbstbeginn trägt er dichte Büschel winziger, grünlichgelber Blüten, gefolgt von eiförmigen leuchtendroten Früchten.

Rhus copallina

Rhus aromatica 'Gro-Low'

Rhus glabra
SCHARLACHSUMACH, GLATTBLÄTTRIGER SUMACH, KAHLER SUMACH

Die rötlichvioletten Triebe dieses buschigen, sommergrünen und frostharten Strauchs aus Nordamerika und Mexiko sind bläulichweiß bereift. Das Laub ist tief blaugrün, im Herbst rot. Im Sommer bilden sich grünlichrote Blüten in Rispen, auf die bei weiblichen Pflanzen behaarte rötliche Früchte folgen.

Rhus integrifolia

Der bis 9 m hohe, immergrüne Strauch oder kleine Baum aus Südkalifornien trägt elliptische, 5 cm lange Blätter sowie im Frühjahr weiße oder rosa Blüten.

Rhopalostylis sapida

Rhus chinensis 'September Beauty'

Rhus lancea

Aus Südafrika stammt dieser schnellwachsende, nicht frostharte, bis zu 6 m hohe, trockenheitsbeständige Strauch oder Baum. Er hat eine rissige, sehr dunkle Rinde und gekrümmte, hängende Zweige. Die in Dreierbüscheln wachsenden, schmalen Blätter gliedern sich in 15 cm lange Fiedern. Im Spätsommer bilden sich gelbliche Blütenbüschel, danach gelblichbraune Früchte.

Rhus laurina

Syn. *Malosma laurina*

Der schnellwachsende, nicht frostharte Strauch wird 3–6 m hoch und hat kleine, cremeweiße Blüten, aus denen sich die von Vögeln geschätzten, weißen Früchte entwickeln. Seine Heimat sind Süd- und Niederkalifornien.

Rhus microphylla

Meist immergrün, verliert der bei ausreichender Feuchtigkeit 2–8 m hohe, reichverzweigte Strauch oder kleine Baum aus dem trockenen Südwesten der USA in kälteren Wintern und z.T. auch bei großer Dürre seine – zuvor herbstlich verfärbten – Blätter. Im Frühjahr trägt er weiße Blüten, im Sommer leuchtend orangerote Früchte, die verschiedenen Tieren als Nahrung dienen.

Rhus ovata

Der als erwachsene Pflanze sehr trockenheitsbeständige, 3–4 m hohe und ebenso breite immergrüne Strauch aus Südkalifornien eignet sich in frostfreien Gebieten als Sichtschutz. Er hat zähe, ledrige, ovale Blätter und trägt im Spätwinter Büschel winziger weißer und rosafarbener Blüten. Aus seinen wie gezuckert wirkenden Früchten wird ein erfrischendes, limonadenähnliches Getränk gewonnen.

Rhus ovata

Rhus pendulina

Syn. *Rhus viminalis*

Mit seiner üppigen Krone aus lanzettlichen, in Dreierbüscheln wachsenden, kleinen Blättern ähnelt der 4,5 m hohe, wind- und trockenheitsbeständige, immergrüne Baum aus Südafrika, der auch in mildem Küstenklima gedeiht, in vielem einer Weide. Sein Stamm und die Äste sind gräulichrotbraun. Weibliche Pflanzen tragen im Sommer winzige, blaßgrüne Blüten, gefolgt von Früchten, die kleinen Mangos ähneln. Zur Vermehrung genügt es, einen Zweig in den Boden zu stecken.

Rhus typhina

Syn. *Rhus hirta*

HIRSCHKOLBENSUMACH, ESSIGBAUM

Teils mit einem schlanken geraden Stamm, teils mit einem Dickicht mehrerer Stämme präsentiert sich dieser bis zu 5 m hohe und 4 m breite, sommergrüne Strauch oder kleine Baum aus dem Osten Nordamerikas. Er findet sich oft in Gärten, wo er durch starkes Wuchern sehr lästig werden kann, hat eine prachtvolle Herbstfärbung, gelblichgrüne Blütenbüschel und trägt seine samtigroten Früchte in auffälligen Kolben. **'Dissecta'** hat tiefeingeschnittene, farnartige Blätter und behält ihre dunklen Früchte bis in den Winter.

RHYNCHOLAELIA

Die beiden Orchideenarten dieser Gattung sind in den Wäldern Mittelamerikas in niedrigen bis mittleren Höhenlagen zu Hause. Aus ihren zylindrischen oder keulenförmigen Pseudobulben wächst jeweils ein Blatt, an der Spitze eines Stengels eine große, einzelne Blüte. Beide Arten wurden zur Hybridzucht mit *Laelia, Cattleya* und anderen Gattungen verwendet.

PFLEGE UND VERMEHRUNG: Die epiphytischen Pflanzen gedeihen am besten in Orchideensubstrat an hellen, aber vor der Sonnenhitze geschützten Orten. Im Sommer benötigen sie reichlich, im Winter eher wenig Wasser. Durch Teilung kann man sie vermehren.

Rhus pendulina

Rhus lancea

Rhus typhina

Ribes alpinum

Rhyncholaelia digbyana

Syn. *Brassavola digbyana*

Die hübsche, sehr anspruchsvolle, einer großen, einblättrigen *Cattleya* ähnelnde mittelamerikanische Orchidee ist für die Orchideenzucht von großer Bedeutung. Im Sommer wächst aus ihren Pseudobulben jeweils eine zitronenähnlich duftende, 15 cm breite, blaßgrüne oder hellrosa Blüte mit großer, stark gefranster Unterlippe. Da die Gattung den heutigen Namen erst 1971 erhielt, werden aus der Kreuzung mit *Cattleya*-Orchideen entstandene Hybriden, die heute wohl weiter verbreitet sind als reine *Cattleya*-Hybriden, nach wie vor als *Brassocattleya* bezeichnet.

RIBES

JOHANNISBEERE, STACHELBEERE, JOHANNISBEERSTRAUCH

Die rund 150 teils sommer-, teils immergrünen, bis 3 m hohen Zier- und Beerensträucherarten aus den kühl-gemäßigten Regionen der nördlichen Hemisphäre haben lange, übergebogene, z.T. dornige Triebe, oft rötlichbraune Zweige und gelappte, teils gezähnte, unterseits oft flaumige, mittelgrüne Blätter, die sich vor dem Laubfall oft rot oder orange verfärben. Im Spätwinter oder zu Frühjahrsbeginn tragen sie viele z.T. duftende, grünliche, gelbe, rote oder rosa Blüten. Ihre teils borstigen weißen, scharlachroten, violetten, grünen oder schwarzen Beeren sind meist eßbar.

PFLEGE UND VERMEHRUNG: Die meist winterharten Sträucher benötigen feuchte, nährstoffreiche Böden und Sonne oder Halbschatten. In den USA werden einige Arten vom Blasenrost befallen. Vermehrung durch Samen oder Stecklinge.

Ribes alpinum

BERGJOHANNISBEERE, ALPENJOHANNISBEERE

Der dichte, reichverzweigte, etwa 2 m hohe und ebenso breite, hübsche und sommergrüne Strauch, verbreitet von Nordeuropa bis Rußland, ist recht anpassungsfähig und gedeiht auch an dunklen Standorten. An seinen glatten, hellgrauen Trieben trägt er rundliche, drei- bis fünffach gelappte Blätter mit gesägten Rändern. Auf die in Siebener- bis Fünfzehnerbüscheln wachsenden, blaß grünlichgelben Blüten folgen – wenn Pflanzen beiderlei Geschlechts zusammenstehen – große Mengen scharlachroter Beeren.

Ribes fasciculatum

DOLDENJOHANNISBEERE

Auf guten Böden und in sonnigen Lagen wird dieser sommergrüne Strauch aus Korea und Japan etwa 1,5 m hoch und 2 m breit. Er hat glatte Zweige und dunkelgrüne Blätter mit gesägten Rändern und trägt im Frühsommer cremegelbe Blütenbüschel. Die scharlachroten Beeren entwickeln sich nur, wenn sowohl männliche wie weibliche Pflanzen vorhanden sind.

Richea dracophylla

Ribes odoratum

Ribes nigrum

SCHWARZE JOHANNISBEERE, AHLBEERE, GICHTBEERE

Der in Europa und den gemäßigten Zonen Asiens heimische, bis zu 2 m hohe Strauch trägt grünlichweiße Blüten und schwarze, süße Früchte und gedeiht gut bei Düngung mit Pottasche und Stickstoff. Anfällig ist er für Milben, Maden des Johannisbeerglasflüglers und Blattfleckenkrankheit. Die Beeren sind reif, wenn die ersten fast abfallen. Ältere Triebe werden im Winter herausgeschnitten. Eine sehr ergiebige Ernte und große Beeren liefern **'Ben Lomond'**, deren Früchte erst spät reifen, und **'Jet'**, deren Beeren besonders dunkel sind.

Ribes odoratum

Syn. *Ribes aureum* hort.

WOHLRIECHENDE JOHANNISBEERE

Aus dem Mittleren Westen der USA stammt dieser breite, 2,5 m hohe, dornenlose Strauch mit glänzenden, dreifach gelappten, duftenden, im Herbst attraktiv verfärbten Blättern. Auf die großen, grünlich-gelben Blüten in hängenden Rispen folgen nach der Blüte schwarze Beeren.

Ribes sanguineum

Ribes sanguineum

BLUTJOHANNISBEERE, BLUTROTE JOHANNISBEERE, ROTBLÜHENDE JOHANNISBEERE

Der dornenlose, sommergrüne Strauch aus dem Westen Nordamerikas trägt an 3,5 m langen Trieben wohlriechende gelappte Blätter, im Frühjahr dunkelrosa oder rote Blüten in mehr oder weniger überhängenden Trauben und im Sommer bläulich-schwarze Beeren. Sorten sind: die karmesinrot blühende **'King Edward VII'**; die rosa blühende **'Brocklebankii'** mit goldenen Blättern; die weiß blühende **'Tydeman's White'**; die hellweiße Blütenbüschel tragende **'White Icicle'** sowie die üppig blühende **'Pulborough Scarlet'** mit tiefroten Blüten. Die Varietät ***Ribes sanguineum* var. *glutinosum*** hat besonders spärlich behaarte Blätter und hängende Büschel rosafarbener Blüten; die in sonnigen Lagen auf dem Fremont Peak in Kalifornien entdeckte **'Barrie Coate'** hängende Büschel tief rosaroter Blüten. Die trichterförmig wachsende **'Spring Showers'** zeichnet sich durch flaumig behaarte, leuchtendgrüne Blätter und hängende Büschel rosafarbener Blüten aus.

Ribes uva-crispa

Ribes speciosum

FUCHSIENBLÜTIGE JOHANNISBEERE

Der dornige, buschige, bis 2 m hohe und ebenso breite, sommergrüne Strauch aus Kalifornien ist frostempfindlich und trägt im Spätwinter schmale, herabhängende, rote Blüten mit langen, roten Staubgefäßen, gefolgt von kugeligen, roten Früchten. Die ovalen, drei- bis fünffach gelappten Blätter sind glänzendgrün, junge Triebe rot.

Ribes sylvestre

Syn. *Ribes rubrum, R. sativum*

ROTE JOHANNISBEERE, WEISSE JOHANNISBEERE, RIBISL, KOSTBEERE

Der in Westeuropa und Großbritannien heimische, bis knapp 2 m hohe, sommergrüne Strauch hat 6 cm lange, gelappte, unterseits helle Blätter. Im Frühjahr trägt er Trauben kleiner Blüten, gefolgt von Büscheln kleiner, runder, saftiger, aber saurer, roter oder hell bernsteinfarbener (»weißer«) Beeren, die frisch wie eingekocht sehr schmackhaft sind. Bekannte Sorten sind z.B. **'Viking'**; die kräftige, offen gewachsene **'Jonkheer van Tets'**, deren Blüten und rote Beeren sich sehr früh entwickeln; die kräftige, dichte, krankheitsresistente **'Red Lake'** mit früh reifenden kleinen, dunkelroten Beeren sowie **'White Grape'** mit großen Büscheln blaßrosagelblicher Früchte.

Ribes uva-crispa

Syn. *Ribes grossularia*

STACHELBEERE, STICKELBEERE

Rund 1 m hoch wird dieser dornige sommergrüne Strauch aus Mitteleuropa und Nordamerika mit aufrechten Trieben. Auf die rosa getönten, grünen Blüten folgen – in frostfreien Gegenden selten – grünliche Früchte mit weichen Borsten. Die in Wuchsform und Größe sehr unterschiedlichen Sorten tragen grüne, grün-rotbraune oder gelbgrüne Früchte. Zu ihnen gehören: **'Careless'**, ein breitwüchsiger Strauch mit wenigen Dornen und länglichen, milden, gelben Früchten; **'Invicta'** (Syn. 'Malling Invict') mit zahlreichen früh reifenden, großen, gelben Früchten; **'Leveller'**, eine kräftige Sorte mit schmackhaften Früchten; sowie **'Whinham's Industry'**, ein langsam wachsender Strauch mit einer großen Zahl wohlschmeckender, runder, gelber Früchte mit violettroten Borsten. Die Früchte der wenig bestachelten ***Ribes uva-crispa* var. *reclinatum*** sind rund bis länglich und im reifen Zustand oft rot oder gelb.

Ribes sylvestre

RICHEA

TASMANISCHER KERZENBUSCH

Zehn der zwölf selten gezogenen, aber gut für Kübel geeigneten immergrünen Arten dieser Gattung aus der Familie der *Epacridaceae* sind wild nur auf Tasmanien anzutreffen. Die meisten Arten sind buschige Sträucher, doch werden einige bis zu 15 m hoch. Sie haben bandförmige, zwischen 1 cm und über 1 m lange Blätter und tragen im Sommer dichte, aufrechte Kerzen rosa- oder cremefarbener, weißer oder gelber Blüten über den Blättern.

PFLEGE UND VERMEHRUNG: Für eine attraktive Blüte benötigen die Pflanzen humusreiche, feuchte, durchlässige, vorzugsweise saure Böden in sonnen- und windgeschützter Lage. Abgeblühte Blütenstände sind im Frühherbst zu entfernen, und einmal jährlich sollte eine Schicht or-

Ribes sylvestre 'Viking'

ganischen Mulchs aufgetragen werden. Die Vermehrung erfolgt durch Samen im Herbst oder durch Stecklinge im Sommer.

Richea dracophylla

Bis zu knapp 5 m hoch wird diese aufrechte, wenig verzweigte tasmanische Pflanze. Ihre schmalen, bis zu 20 cm langen Blätter stehen gedrängt an den Zweigenden. Im Sommer trägt sie weiße oder rosa Blüten mit purpurroten Tragblättern in endständigen Blütenähren.

Richea pandanifolia

In seiner tasmanischen Heimat wird dieser Strauch teilweise 15 m hoch, ist meist jedoch erheblich kleiner. Er verzweigt sich erst nach Jahren und trägt fein zugespitzte, bis zu 1 m lange Blätter mit wachsartigen Rändern sowie im Sommer winzige, becherförmige, weiße oder rosa Blüten, die in Büscheln entlang der Zweige wachsen.

RICINUS

RIZINUS, WUNDERBAUM, PALMA CHRISTI

Ein schnellwachsender, baumartiger, seiner Blätter wegen sehr beliebter Strauch ist die einzige Art dieser vermutlich in Nordostafrika und Südwestasien heimischen Gattung. Im Sommer trägt er kleine becherförmige Blüten in Ähren. Alle Teile der Pflanze, besonders die Samen, sind sehr giftig, für Kinder sogar lebensgefährlich. Das Öl seiner Samen wird nach Erhit-

Robinia pseudoacacia 'Tortuosa'

Ricinus communis 'Carmencita'

zung und Reinigung medizinisch verwendet.

PFLEGE UND VERMEHRUNG: Die nicht frostbeständige Pflanze schätzt fruchtbare, humusreiche, durchlässige Böden in sonniger Lage und benötigt zuweilen eine Stütze. Sie wird durch Samen vermehrt.

Ricinus communis

Aus den Samen der meist einjährig gezogenen, schnellwachsenden, bis zu 3,5 m hohen Pflanze, die in warmen Ländern oft unkrautartig verbreitet ist, wird das als Abführmittel weltbekannte Rizinusöl gewonnen. Auf die im Sommer blühenden filzartigen Büschel roter und grünlicher Blüten folgen runde stachlige Samenkapseln. Die großen, glänzenden Blätter sind in elliptische Blattlappen unterteilt. Bis zu 3 m hoch wird die Sorte **'Carmencita'** mit bronzefarben-roten Blättern und roten weiblichen Blüten.

ROBINIA

ROBINIE, SCHEINAKAZIE, FALSCHE AKAZIE, HEUSCHRECKENBAUM

Die in den Vereinigten Staaten heimische Gattung aus der Familie der Hülsenfrüchtler umfaßt 20 schnellwachsende, auch noch bei Luftverschmutzung gedeihende Arten sommergrüner Sträucher und Bäume. Einige werden 25 m hoch, viele jedoch nur bis zu 2 m. Sie breiten sich meist selbständig durch Wurzelschößlinge oder Samen aus und tragen im Frühjahr duftende,

Robinia pseudoacacia 'Umbraculifera'

Robinia pseudoacacia 'Frisia'

Robinia × *slavinii* 'Hillieri'

Robinia pseudoacacia 'Rozynskiana'

weiße, rosa oder violette Blüten an hängenden Blütenzweigen. Ihre im Herbst z.T. cremegelb gefärbten Blätter, an deren Basis meist zwei Dornen wachsen, gliedern sich in kleine, ovale Blattfiedern. Die Früchte sind flache, maximal 10 cm lange Samenkapseln. Kleine Sorten werden oft so gepfropft, daß sich ein schopfartiger Hochstamm bildet.

PFLEGE UND VERMEHRUNG: Die Pflanzen vertragen nährstoffarme Böden in sonniger Lage und sind im allgemeinen winterhart. Vermehren kann man sie durch angeritzte Samen, Stecklinge, Wurzelschößlinge oder Teilung. Sorten werden veredelt.

Robinia × *ambigua* 'Idaho'

Von *Robinia pseudoacacia* unterscheidet sich die aus einer Kreuzung mit *R. viscosa* entstandene Hybride sowohl durch ihre duftenden, dunkel rötlichvioletten Blüten als auch durch ihre Größe. Sie wird selten höher als 10 m und verträgt Hitze, Trockenheit und schlechte Böden.

Robinia hispida

BORSTIGE ROBINIE, ROSENROTE ROBINIE

Trockenwälder und Hartlaubgehölze im Südosten der USA sind die Heimat dieses unter günstigen Bedingungen bis zu 2 m hohen, sommergrünen Strauches mit langen, farnartig gefiederten, saftiggrünen Blättern. Seine aufrechtwachsenden Triebe tragen braune Borsten. Werden sie auf Stämme von *Robinia pseudoacacia* veredelt, entsteht ein kleiner, rundkroniger Baum. Auf die rosaroten Schmetterlingsblüten folgen im Sommer borstige, bis zu 10 cm lange Samenhülsen. Bei ***Robinia hispida* var. *kelseyi*** (Syn. *Robinia kelseyi*), der Allegheny-Robinie, sind nur die Achsen der Blütentrauben und die Blütenstiele mit Borsten bedeckt, die Blüten glänzend rosarot.

Robinia pseudoacacia

GEMEINE ROBINIE, WEISSE ROBINIE, SILBERREGEN, FALSCHE AKAZIE, SCHEINAKAZIE

Dornige Zweige, eine dunkle, tief gefurchte Rinde und farnartig gefiederte, im Herbst gelb verfärbte Blätter mit bis zu 23 Fiedern sind Kennzeichen dieses schnellwachsenden, 25 m hohen Baumes. Im Mai und Juni trägt er duftende Schmetterlingsblüten, gefolgt von rötlichbraunen Samenhülsen mit nierenförmigen, schwarzen Samen. Kleinere, meist weniger als 10 m hohe Sorten sind die dornenlose **'Frisia'** mit goldgelben Blättern; **'Rozynskiana'**, ein großer Strauch oder kleiner Baum mit hängenden Zweigen und Blättern; **'Tortuosa'** mit kurzen, gewundenen Zweigen sowie **'Umbraculifera'**, die dornenlose, selten blühende Kugelakazie.

Robinia × *slavinii* 'Hillieri'

Mit seiner kompakten, runden Krone eignet sich dieser kleine Baum vorzüglich für große Kübel oder kleine Gärten. Seine duftenden, rosa-lavendelfarbenen Blüten erscheinen vom Frühsommer an.

Rodgersia aesculifolia

Rodgersia aesculifolia

Rodgersia sambucifolia

Rodgersia pinnata

Robinia viscosa

KLEBRIGE ROBINIE, KLEBAKAZIE

Der über 10 m hohe Baum, eine der dekorativsten Pflanzen der Gattung, wird nur selten gepflanzt. Er hat klebrige, drüsige junge Triebe, glatte, dornenlose Zweige, die die dunkle Färbung des Stamms annehmen, und 10 cm lange, blaß rosarote Blüten mit gelben Flecken, die in Büscheln wachsen und Bienen anziehen. Die Blätter verfärben sich im Herbst goldgelb.

RODGERSIA

SCHAUBLATT, BRONZEBLATT, SCHMUCKBLATT

Die sechs feuchtigkeitsliebenden Staudenarten dieser Gattung stammen aus Myanmar, China, Korea und Japan. Von Mitte bis Ende des Sommers tragen sie hübsche Blütenbüschel von flaumigem Aussehen, werden aber vor allem ihrer eindrucksvollen Blätter wegen gezogen, die sich Mitte des Frühjahrs fächerartig an kräftigen Stielen entfalten.

PFLEGE UND VERMEHRUNG: Ideal geeignet sind die frostharten Pflanzen für Moorbeete oder Teichränder, vorzugsweise in windgeschützter, sonniger oder halbschattiger Lage, da starker Wind die Blätter schädigt. Vermehrung im Frühjahr durch Teilung, im Herbst durch Samen.

Rodgersia aesculifolia

Die gelappten, 25 cm breiten Blätter dieser chinesischen Pflanze sitzen an behaarten Stielen und bilden einen 60 cm hohen und ebenso breiten Horst. Die sternförmigen, kleinen, cremefarbenen oder blaßrosa Blüten wachsen in großen kegelförmigen Rispen an kräftigen, gut 1 m hohen Stengeln.

Rodgersia pinnata

Diese gut 1 m hohe und 80 cm breite Pflanze bildet einen Horst kräftiger, paarweise wachsender, dunkelgrüner Blätter über dicken Rhizomen. Im Sommer trägt sie an der Spitze rötlichgrüner Stengel sternförmige, gelblichweiße, rosa oder rote Blüten an Rispen. **'Superba'** hat purpurbronzefarbene Blätter und leuchtend rosafarbene Blüten.

Rodgersia podophylla

Die gut 1 m hohe und bis 80 cm breite Rhizomstaude hat kupferrot überlaufene grüne Blätter mit fünf bis neun Fiedern sowie sternförmige, cremefarbene Blüten in mehrfach verzweigten Rispen. Sie gedeiht am besten an halbschattig gelegenen Teichrändern oder im Schatten .

Rodgersia sambucifolia

Aus Westchina stammt diese horstbildende, bis zu 1 m hohe und ebenso breite Rhizomstaude mit smaragdgrünen, z.T. bronzefarben überlaufenen, in große Fiedern gegliederten Blättern. Die cremeweißen Blüten öffnen sich im Sommer an Blütenzweigen oberhalb der Blätter.

ROHDEA

Einzige Art der in Japan und Südwestchina heimischen Gattung ist eine kleine Waldstaude, die dem verwandten Maiglöckchen *(Convallaria majalis)* und dem Schneeglöckchen *(Galanthus)* ähnelt. Aus ihren Rhizomen sprießen im Frühjahr Rosetten fleischiger, schwertförmiger, tiefgrüner Blätter, aus deren Mitte eine Blütenähre mit weißen Glockenblüten wächst. Den Blüten folgen gelbe oder rote Beeren.

PFLEGE UND VERMEHRUNG: Die mäßig winterharte, bei geeignetem Klima leicht einzubürgernde Waldstaude schätzt kühle, feuchte, humusreiche Böden in halbschattiger oder schattiger Lage. Vermehrung durch Samen oder Teilung im Spätwinter.

Rohdea japonica

Die hübsche Pflanze gedeiht am besten im Schatten sommergrüner Bäume und bildet dort rasch einen Horst tiefgrüner, 20–50 cm langer Blätter. Ihre kleinen, etwa 1 cm langen, weißen Blüten wachsen in knapp 10 cm langen Ähren und bilden einen reizvollen Kontrast zu den dunklen Blättern. In Japan gibt es zahlreiche Sorten mit gelb oder weiß gestreiften Blättern, die bei Sammlern sehr beliebt sind.

ROLDANA

Die 48 großen teils einjährigen, teils ausdauernden Kräuter- und Halbsträucherarten dieser Korbblütlergattung stammen aus Mittelamerika. Sie haben schlanke Triebe, wechselständige Blätter und Rispen mit fünf bis 45 Blütenkörbchen.

PFLEGE UND VERMEHRUNG: Die nicht frostharten Pflanzen schätzen feuchte, durchlässige, mäßig fruchtbare Böden und volle Sonne. Durch Aussaat, Stecklinge oder Teilung lassen sie sich vermehren.

Roldana petasitis

Syn. *Senecio petasitis*

Rund 2 m hoch wird dieser von Mexiko bis Nicaragua verbreitete Halbstrauch mit schwachen Trieben und großen, in mindestens sieben breite, stumpfe Blattlappen gegliederten Blättern. Die Blütenkörbchen mit je etwa sechs Zungenblüten wachsen in Rispen.

ROMANZOFFIA

ROMANZOFFIE

Vier kleine polster- oder mattenbildende Staudenarten mit knollenartig verdickten Wurzeln und ledrigen, rundlichen oder nierenförmigen, meist gelappten, selten mehr als 5 cm langen, tiefgrünen Blättern umfaßt diese im Westen Nordamerikas und auf den Aleuten heimische Gattung. Über den Blättern tragen sie im späten Frühjahr oder im Frühsommer Blütenstände mit kleinen weißen bis blaßvioletten Glockenblüten an kurzen Stielen.

PFLEGE UND VERMEHRUNG: Die an ein kühles Klima gewöhnten Pflanzen schätzen feuchte, durchlässige, humusreiche Böden in zumindest nachmittags schattiger Lage, z.B. in schattigen Steingärten oder unter Laubbäumen. Sommerliche Hitze und Trockenheit vertragen sie schlecht. Man vermehrt sie durch Samen oder Teilung zu Beginn des Frühjahrs.

Romanzoffia sitchensis

Kennzeichen der von Alaska bis Montana verbreiteten, haufenförmig wachsenden, 10 cm hohen Pflanze sind die stark gelappten, nierenförmigen, 2–4 cm langen dunkelgrünen Blätter und die sehr kleinen, weißen, an der Basis der Blütenblätter gelben Blüten, die in verzweigten, 15 cm langen Trauben an bis zu 30 cm langen Stengeln wachsen.

ROMNEYA

KALIFORNISCHER BAUMMOHN

Die in Nordamerika und Mexiko heimische Gattung umfaßt zwei staudige bis halbstrauchige, sommergrüne Arten mit wechselständigen, blaugrünen Blättern. Die mohnähnlichen, sechszähligen Blüten mit glänzendgelben Staubgefäßen blühen im Sommer.

PFLEGE UND VERMEHRUNG: Die Pflanzen gedeihen auf fruchtbarem, durchlässigem Boden in warmen, sonnigen Lagen.

Roldana petasitis

Rondeletia amoena

Sie fassen schwer Fuß, können sich dann aber z.T. sehr stark verbreiten. Empfindlich reagieren sie auf Umpflanzungen. In mitteleuropäischen Wintern benötigen die Wurzeln eine gute, kälte- und nässesichere Abdeckung. Die Vermehrung erfolgt durch Samen oder Stecklinge.

Romneya coulteri

Große mohnähnliche, süßduftende, weiße Blüten mit flaumig wirkenden Staubgefäßen sind das Kennzeichen dieser frostempfindlichen kalifornischen Art, die bis zu 2,5 m hoch und 1 m breit wird. Ihre silbriggrünen Blätter sind stark eingeschnitten und tragen an den Rändern einzelne Härchen. ***Romneya coulteri* var. *trichocalyx*** zeichnet sich durch spitze, relativ borstige Kelchblätter aus.

ROMULEA

Rund 80 Knollenstaudenarten aus dem Mittelmeerraum sowie Nord- und Südafrika umfaßt diese Gattung, deren Name an Romulus, den legendären Gründer Roms, erinnert. Ihre linealischen Blätter ähneln denen von Krokussen, doch fehlt ihnen der auffällige Mittelstreifen. Die als Gartenpflanzen gängigen Arten blühen im Frühjahr oder Sommer und haben sternförmige, nur bei Sonnenschein geöffnete Blüten mit samtig schimmernden, z.T. weißen, oft aber grellfarbigen Blütenblättern.
PFLEGE UND VERMEHRUNG: Die meist sehr frost- und während des Wachstums auch sehr trockenheitsempfindlichen Pflanzen schätzen einen offenen Standort im Garten oder in Gefäßen und breiten sich unter günstigen Bedingungen zuweilen sehr stark aus. Während der Vegetationsperiode sind sie zu wässern, während der Ruhephase trockenzuhalten. In sommernassen Gebieten werden die Knollen rechtzeitig ausgegraben. Vermehrung durch Samen oder Teilung gut eingewachsener Horste.

Romulea bulbocodium
SCHEINKROKUS

Diese in Südeuropa und Nordafrika heimische, sehr zierliche, winterschutzbedürftige Pflanze eignet sich vorzüglich zur Anpflanzung in einem Steingarten. An ihren feinen, bis zu 10 cm hohen Stengeln trägt sie im Frühjahr bis zu sechs trompetenförmige, aufwärts gerichtete, 5 cm breite, in der Regel veilchenfarbene und in der Mitte weiß bis gelb gefärbte Blüten, die sich abends und an trüben Tagen schließen.

RONDELETIA
RONDELETIE

Aus der Karibik und den amerikanischen Tropen stammen die 125 bis 150 Arten auffälliger immergrüner Bäume und Sträucher dieser Gattung. Davon sind nur drei in Kultur verbreitet, die in warmen Gegenden bis zu 10 m hoch werden. Sie haben zähe, stark geäderte, ganzjährig attraktive Blätter und tragen im Frühjahr und Sommer end- oder achselständige Büschel gelber, weißer oder rosafarbener Blüten, deren Nektar blütenbesuchende Vögel anzieht. Die Früchte sind kleine Samenkapseln.
PFLEGE UND VERMEHRUNG: Die Tropenpflanzen gedeihen in durchlässigen, leicht sauren, mit organischem Material gedüngten Böden in der Sonne oder im Halbschatten. Als Topfpflanzen benötigen sie während der Vegetationsperiode viel Wasser. Alte Blütentriebe werden zeitig im Frühjahr zurückgeschnitten. Neue Pflanzen kann man aus Stecklingen, im Frühjahr auch aus Samen ziehen.

Rondeletia amoena

Der aufrechte, reichverzweigte, bis zu 3 m hohe und 2 m breite mittelamerikanische Strauch ist für seine dichten, runden Büschel duftender, rosafarbener Blüten beliebt, die sich im Frühjahr öffnen. Seine ovalen, dunkelgrünen Blätter sind bis zu 15 cm lang.

Rondeletia odorata

Bis zu 3 m hoch wird dieser buschige Strauch aus Panama und Kuba mit seinen flaumig behaarten Trieben. Seine Blätter haben gewellte Ränder und sind auf der Oberseite dunkel-, auf der Unterseite blaßgrün gefärbt. Die wohlriechenden, roten oder orangefarbenen, im Schlund gelben Röhrenblüten blühen erst im Herbst.

Rondeletia strigosa

Aus Guatemala stammt der über 1 m hohe, immergrüne Strauch. Seine gebogenen, rutenartigen Zweige entspringen am Boden und tragen kleine, am Grund breite, lang zugespitzte Blätter, zumeist in Dreierwirteln. Das auffällige goldgelbe »Auge« der in Dreier- bis Fünferbüscheln an den Zweigenden wachsenden 20 cm breiten, tief karmesinroten Blüten ist von einem erhöhten Saum eingefaßt. Die Pflanze blüht den Sommer und Herbst hindurch, in wärmeren Regionen fast das ganze Jahr.

ROSA
ROSE

Geschätzt ihrer Schönheit, ihres Duftes und zuweilen auch ihrer Früchte wegen, stehen die 150 Rosenarten und ihre zahllosen Hybriden seit jeher bei Gärtnern und Züchtern im Mittelpunkt des Interesses. In früherer Zeit dienten sie auch als Heilpflanzen, doch selbst im Mittelalter, als Pflanzen fast nur ihres Nutzens wegen gezogen wurden, schätzte man einige Rosenarten allein als Zierde. Als Sträucher oder Spreizklimmer finden sie sich fast überall in der nördlichen Hemisphäre, vor allem in den gemäßigten Regionen. Sie sind fast durchweg sommergrün, und auch die sog. immer- oder halbimmergrünen Rosen verlieren in kalten Wintern fast alle Blätter. Die kleinsten Arten sind weniger als 60 cm hohe Sträucher, die größten können sich als mächtige Kletterbüsche über 30 m weit ausladen wie *Rosa gigantea.* Sie haben dreigeteilte oder gefiederte, leuchtend- bis fast schwärzlichgrüne, z.T. auch blau überlaufene Blätter mit feingezähnten Fiedern und meist übergebogene, stachelige Triebe, die jung, wie die jungen Blätter, oft rot sind. Die Stacheln von Zuchtformen sind meist an der Basis breit mit zurückgebogener Spitze; viele Wildrosen haben viele feine statt wenige große Stacheln oder beide Stacheltypen zusammen. Die gefüllten oder halbgefüllten Blüten vieler Gartenrosen sind das Ergebnis einer intensiven Hybridzüchtung, denn Wildrosen und ihre weniger hochgezüchteten Sorten haben meist einfache, in der Regel fünfzählige Blüten in unterschiedlichen Farben, wenn auch längst nicht in gleicher Vielfalt wie die Hybriden, die in allen Farben außer in echtem Blau blühen. Vor allem Wildrosen und ungefüllte Hybriden tragen die bekannten leuchtendroten oder -orangefarbenen Hagebutten, die im Spätsommer und Herbst in vielen Fällen ähnlich attraktiv sind wie zuvor die Blüten.
PFLEGE UND VERMEHRUNG: Die mehr oder weniger winterharten, kräftigen, sehr zähen Pflanzen haben zwar eine Vorliebe für lehmige Böden und bestimmte klimatische Bedingungen und sind für einige Krankheiten und Schädlinge anfällig, bei richtiger Vorbereitung und Kultur aber auch sehr anpassungsfähig. Sie schätzen ein gemäßigtes Klima mit mindestens zwei kalten Monaten, um Winterruhe zu halten

Rondeletia strigosa

Romneya coulteri

R

und Knospen zu bilden. Auf Frost sind sie nicht angewiesen, doch helfen leichte bis mäßige Fröste, überwinternde Schädlinge abzutöten. Die Verwendung erstreckt sich von Wildgehölzen über gemischte Rabatten bis zu reinen Rosenbeeten. Kleinere und Zwergrosen lassen sich mit einjährigen und Stauden kombinieren und eignen sich ideal als freiwachsende Einfassung von Wegen und Beeten, bodendeckende Rosen als Bewuchs für Böschungen und Mauern, und Kletterrosen sind eine hübsche, duftende Verzierung für Zäune, Schuppen, alte Bäume, Torbögen und Torpfosten. Kleine Strauchrosen und zwergwüchsige Kletter- und Rankrosen lassen sich bei regelmäßiger Düngung und Wässerung auch problemlos in Kübeln ziehen. Unter mitteleuropäischen Bedingungen ist bei Beetrosen und anderen frostempfindlichen Arten Schutz vor Wintersonne mittels einer Abdeckung aus Fichtenreisig oder dergleichen angebracht.

Standort und Pflanzung: Für ein gesundes Wachstum und eine üppige Blüte benötigen Rosen einen luftigen, aber vor starkem Wind geschützten, zumindest halbtags sonnigen Standort auf schwach saurem, Feuchtigkeit speicherndem, aber durchlässigem Boden in nicht allzu dichter Nähe großer Sträucher und Bäume. Im Schatten gibt es Pilzprobleme, schwache Blüte und Vergeilung, auch zu wenig Belüftung fördert Pilzerkrankungen. In der Regel werden Rosen etwa anderthalbmal so hoch wie breit. Große Sträucher benötigen mehr Platz als kleine, Kletterrosen ein Gerüst oder ähnliches, und große Sträucher sollten kleinere Pflanzen nicht überschatten; zum Schnitt, und falls Spritzen nötig wird, ist ein Zugang notwendig. Vor der Pflanzung schneidet man beschädigte Triebe und Wurzeln ab und schneidet generell Wurzeln und Triebe zurück. Am Hauptstamm sucht man die durch einen Farbwechsel erkennbare Veredlungsstelle, bis zu der die Rose auch zuvor gepflanzt war und bis zu der sie wieder eingepflanzt wird. Man gräbt das Pflanzloch so groß und tief, daß sich die Wurzeln rasch in lockerer Erde entwickeln können, setzt die Pflanze hinein, breitet die Wurzeln aus, streut etwas leichten Dünger über die ausgehobene Erde und prüft die Pflanztiefe. Dann füllt man das Loch und drückt die Erde höchstens vorsichtig an. Kletterstützen werden, um nicht nachträglich die Wurzeln zu beschädigen, vor dem Pflanzen eingesetzt. Zum Schluß wird gründlich angegossen und gemulcht.

Schnitt: Rückschnitt fördert das Wachstum neuer Triebe, verjüngt die Pflanze, verbessert ihre Wuchsform und sorgt für Lichteinfall ins Innere und damit für gleichmäßigen Wuchs. Ein starker Rückschnitt ergibt kräftige Stiele mit weniger, aber größeren Blüten, vorsichtiger Schnitt führt zu buschigerem Wuchs und mehr, aber kleineren Blüten. Traditionell werden Rosen auf außen gelegene Triebknospen geschnitten, was zu einem vasenförmigen Wuchs führt, aber neuere Forschungen zeigen, daß auch ein weniger striktes Schnittreglement gedeihlich ist, das sich auf Erziehungsschnitte und das Entfernen alter und beschädigter Triebe beschränkt. Meist werden Rosen während der Winterruhe beschnitten, doch lassen sie sich problemlos auch im Sommer stutzen und ausdünnen, zumal bei kleinen Pflanzen mit feinen, verzweigten Trieben ein sorgsamer Rückschnitt sehr aufwendig ist.

Rosa banksiae var. *banksiae*

Rosa banksiae var. *normalis* 'Lutea'

Rosa bracteata

Schädlinge und Krankheiten: Gute Belüftung, günstige Wachstumsbedingungen und nicht zu dichter Stand tragen zur Vermeidung von Problemen bei. Sollten dennoch welche auftreten, sind rasches Erkennen und Eingreifen entscheidend. Blattläuse, Thrips und Milben sind relativ leicht zu bekämpfen, Schäden bei Pilzbefall schwerer. Mehltau und Sternrußtau führen zu vorzeitigem Blattfall und allgemeiner Schwächung der Pflanze, der sich schnell ausbreitende Rosenrost, der zuweilen auch den Winter überlebt, zu völligem Blattverlust. Auch bei bester Pflege können Krankheiten und Schädlinge und damit die Notwendigkeit einer chemischen Bekämpfung nie ganz verhindert werden.

Vermehrung: Zwar lassen sich Rosen durch Stecklinge vermehren, doch gedeihen viele Sorten auf den eigenen Wurzeln nicht gut, außerdem können lästige Wurzelschößlinge entstehen. Daher werden die meisten Hybriden auf kräftige, gesunde Unterlagen veredelt, die kaum Schößlinge bilden. Die Vermehrung aus Samen, der vor der Aussaat acht bis zwölf Wochen stratifiziert werden muß, beschränkt sich auf Wildrosen und die Züchtung neuer Sorten.

WILDROSEN UND IHRE SORTEN

Obwohl die vor über 35 Millionen Jahren entstandenen Rosen erst seit 2700 Jahren gezüchtet werden, haben sie auf dem Weg von Wildsträuchern zu modernen Sorten doch eine sehr weitgehende Entwicklung durchlaufen. Von den vier Hauptgruppen der Gattung – *Hulthemia, Hesperhodos, Platyrhodon* und *Rosa* – umfassen die ersten drei nur fünf Arten; alle anderen gehören zu den zehn Sektionen von *Rosa*. Bei der Züchtung wurden Arten fast aller Gruppen und Sektionen eingesetzt, doch nur wenige gewannen größere Bedeutung. Neben diesen Hybriden, die den größten Teil der Gartenrosen ausmachen, werden auch einige Wildrosen gezogen, die sich durch ihren eher unregelmäßigen Wuchs, kleinere Arten auch durch starke Bestachelung, meist sehr von modernen Hybriden unterscheiden. Ihre Blüten sind in der Regel klein, ungefüllt und blühen nur kurze Zeit im späten Frühjahr. Dafür sind Wildrosen meist zäh und anpassungsfähig, widerstehen Schädlingen und Krankheiten und tragen vom Spätsommer an dekorative Hagebutten.

Rosa chinensis 'Viridiflora'

Rosa banksiae

BANKSROSE, BANKSIAROSE

Bis zu 12 m hoch und etwa halb so breit wird diese stachellose, frostempfindliche Kletterrose, die im Frühjahr Büschel gefüllter, weißer Blüten aufweist. Die immergrüne ***Rosa banksiae* var. *banksiae*** (Syn. *Rosa banksiae* 'Alba Plena') und die in Zentral- und Westchina heimische, bis zu 3,5 m hohe und ebenso breite ***R. b.* var. *normalis* 'Lutea'** haben beide lange, übergebogene, rutenartige und stachellose Triebe. Die Stiele der ersteren, weitgehend krankheitsresistenten Sorte tragen je drei bis fünf kleine, schmale, spitze, glatte, ledrige, dunkelgrüne Blätter sowie im Frühjahr Dreier- bis Siebenerbüschel süßduftender, gefüllter, weißer Blüten, auf die nur selten die kleinen, mattroten Hagebutten folgen; die Triebe von 'Lutea' besitzen je drei bis sieben immergrüne, kleine, schmale, ledrige und dunkelgrüne Blätter sowie im Frühjahr ebenfalls duftende und in Dreier- bis Siebenerbüscheln versammelte, einfache Blüten, die jedoch gelb sind und sich durch hervortretende Staubgefäße auszeichnen.

Rosa bracteata

Die 1793 aus China nach England eingeführte bis zu 6 m hohe, immergrüne, frostempfindliche Kletterpflanze unterscheidet sich von anderen Rosen durch die abgerundete Spitze ihrer kleinen, glänzenden, dunkelgrünen Blätter. Ihre jungen Triebe tragen weiche, graubraune Härchen, rote Borsten und zwei gekrümmte Stacheln pro Knoten. Die einzeln oder in Büscheln wachsenden, fünfzähligen, weißen Blüten mit hervortretenden orangegelben Staubgefäßen blühen vom späten Frühjahr bis zum Herbst. Die Hagebutten sind rund und rot.

Rosa chinensis 'Viridiflora'

GRÜNE ROSE, CHINAROSE

Die reichverzweigte, stachlige Kletterrose mit glatten, mittelgrünen Blättern wurde wahrscheinlich schon 1743 in England gezüchtet. Aus ihren in Dreier- bis Siebenerbüscheln wachsenden kleinen, ovalen, blaugrünen Blütenknospen entwickeln sich eigentümliche Blüten mit etwa 35 langen, dünnen Hüllblättern, rötlichbraun gestreiften, hellgrünen Blütenblättern und behaartem, rötlichbraunem Blüteninneren.

Rosa davidii var. *elongata*

Starke, gerade, glatte Triebe mit wenigen, geraden Stacheln und kleinen, breiten, ovalen, glatten, dunkelgrünen Blättern sind Kennzeichen dieses bis etwa 3 m hohen, offen wachsenden Strauches. Seine in Dreier- bis Siebenerbüscheln angeordneten etwa 6 cm breiten, rosa Blüten mit langen Kelchblättern und hervortretenden, goldgelben Staubgefäßen erblühen im

Rosa foetida

Frühjahr. Die Früchte sind länglich und orangerot.

Rosa ecae

Syn. *Rosa xanthina* var. *ecae*

Wild von Pakistan bis Nordchina verbreitet und bis zu 1,5 m hoch, ist dieser dichte, reichverzweigte, frostempfindliche Strauch in Kultur meist größer. Seine braunen, gestreckten Triebe tragen gerade, flache Stacheln, kleine, elliptische, farnartige Blätter und an jedem Knoten eine kleine, fünfzählige, goldgelbe Einzelblüte. Die Hagebutten sind oval und rotbraun. Die bis zu 2 m hohe **'Golden Chersonese'** trägt goldgelbe Blüten mit sich überlappenden Blütenblättern und hervortretenden, goldgelben Staubgefäßen.

Rosa elegantula 'Persetosa'

Syn. *Rosa farrari* 'Persetosa'

Bis zu 2 m hoch und doppelt so breit wird dieser Strauch, den hellbraune Triebe mit haarähnlichen Stacheln wie bemoost erscheinen lassen. Ein zierliches Aussehen verleihen ihm die farnartig fein in sieben bis neun Fiedern gegliederten Blätter. Im Frühjahr trägt er lilarosa Blüten von etwa 1 cm Durchmesser, später zahlreiche, orangerote, länglich flaschenförmige Hagebutten.

Rosa filipes 'Kiftsgate'

Diese äußerst kräftige, frostharte Kletterrose kann bis zu 15 m hoch werden, faßt aber neugepflanzt nur langsam Fuß. Ihre rötlich überlaufenen jungen Triebe tragen zahlreiche gekrümmte Stacheln sowie kupferrot überlaufene, glänzende, mittelgrüne Blätter und wachsen bis zu 6 m in einer Saison. Im Herbst nehmen die Blätter einen rotbraunen Farbton an. Die großen Doldentrauben von etwa 30 cm Durchmesser mit über 80 einfachen, weißen und duftenden Blüten erscheinen im Frühjahr. Die Hagebutten sind orangerot und rund.

Rosa foetida

Syn. *Rosa lutea*

FUCHSROSE, GELBE ROSE, WANZENROSE, KAPUZINERROSE

Glatte junge Triebe, verholzte rötlichbraune, im höheren Alter zunehmend silbriggraue Zweige mit zahlreichen schmalen, geraden Stacheln, gräulich bis matt hellgrüne Blätter sowie im Frühjahr goldgelb blühende Einzelblüten mit hervortretenden Staubgefäßen kennzeichnen diesen bis zu 2,5 m hohen, intensiv duftenden, für Sternrußtau anfälligen Strauch. Die dünnen Blütenblätter von **'Bicolor'** (Syn. *Rosa lutea punicea*), der Kapuzinerrose, sind innen rot und außen goldgelb, wobei die gelbe Farbe nach innen durchscheint. Kennzeichen von **'Persiana'** sind stark gefüllte, spreizend schalenförmige, vergleichsweise helle gelbe Blüten.

Rosa filipes 'Kiftsgate'

Rosa gallica

Syn. *Rosa provincialis*

ESSIGROSE, ZUCKERROSE, SAMTROSE, GALLISCHE ROSE, PROVENCEROSE

Wahrscheinlich seit über 500 Jahren ist der etwa 80 cm hohe, breitwüchsige europäische Vorfahr der Gartenrosen bereits in Kultur. Er hat meist reichlich bestacheltes älteres Holz und glatte, ovale bläulichgrüne Blätter, oft mit gerundeter Spitze. Die süßduftenden, fünfzähligen, rosafarbenen, in der Mitte helleren Blüten mit goldgelben Staubgefäßen blühen im Frühjahr; die Hagebutten sind oval bis rund. Die Pflanze bildet Wurzelschößlinge aus und ist resistent gegen Krankheiten wie Sternrußtau.

Rosa gigantea

RIESENBLÜTIGE ROSE

Bis zu 15 m hoch wird diese kräftige, nicht frostharte Kletterpflanze mit starken, gekrümmten Stacheln und glatten, ovalen, dunkelgrünen Fiederblättern mit rötlichen Stielen. Die zart nach Tee duftenden, großen, weißen Blüten sind als Knospen blaß aprikosenfarben, hoch und schmal.

Rosa glauca

Syn. *Rosa rubrifolia*

ROTBLÄTTRIGE ROSE, HECHTROSE, BLAUGRÜNE ROSE, BEREIFTE ROSE

Ein auffälliger Strauch ist diese bis etwa 4,5 m hohe mitteleuropäische, frostharte Rose mit purpurrotem Holz und übergebogenen Trieben. Die Fiedern sind länglich schmal und grau bis purpurfarben. Die zart duftenden, rosafarbenen, in der Mitte helleren Blüten mit goldgelben Staubgefäßen blühen im Frühjahr in Vierer- bis Sechserbüscheln. Die ovalen, bräunlichroten Früchte werden etwa 2,5 cm lang.

Rosa glauca

Rosa holodonta

Übergebogene, rötlichbraune Triebe mit wenigen, geraden Stacheln, gerunzelte dunkelgrüne Blätter, die sich mit dem Alter zunehmend rötlichbraun färben, sowie tief-rosarote Blüten mit hervortretenden Staubgefäßen und orangerote, länglich-flaschenförmig gestaltete Hagebutten sind die Kennzeichen dieses aufrechten, bis zu 3 m hohen und 2 m breiten Strauches. Er blüht im Frühjahr.

Rosa laevigata

Syn. *Rosa sinica* 'Alba'

CHEROKEEROSE

An den anfangs grünen, im Alter silbriggrauen Trieben der kräftigen, bis zu etwa 6 m hohen Kletterpflanze wachsen zahlreiche gekrümmte Stacheln. Ihre ovalen, kleinen Fiedern, glatt und glänzend hellgrün, sind lang zugespitzt. Die großen, zart duftenden Blüten erscheinen im Spätwinter; sie sind einfach und weiß und besitzen hervortretende, goldgelbe Staubgefäße.

Rosa gigantea

Rosa × *macrantha*

Der wüchsige, 1,5 m hohe und 2 m breite Strauch, dessen übergebogene Stiele zahlreiche Stacheln tragen, wurde etwa um 1880 gezüchtet. Er hat mittelgrüne, in fünf runde, knapp 4 cm lange Fiedern gegliederte Blätter, lieblich duftende, in Dreier- bis Fünferbüscheln wachsende einfache rosa-cremefarbene, im Lauf der Zeit zunehmend weißliche Blüten mit auffälligen Staubgefäßen sowie orangefarbene Hagebutten.

Rosa macrophylla

Aus dem Himalaja stammt dieser große, wüchsige, bis zu 4,5 m hohe, stachellose Strauch mit mittelgrünen Blättern an tiefroten bis violetten Stielen. Im späten Frühjahr trägt er zarte, süßduftende, zartrosa Blüten mit goldgelben Staubgefäßen, gefolgt von großen, bis 8 cm langen, fla-

Rosa gallica

Rosa laevigata

R

schenförmigen, scharlachroten Hagebutten.

Rosa majalis
Syn. *Rosa cinnamomea*

ZIMTROSE, MAIROSE, MAIENRÖSLEIN

Der aufrechte, bis zu 2 m hohe, frostharte, in Europa und Westasien heimische Strauch, dessen dünne, hellgrüne, im höheren Alter rötlichbraun getönte Triebe mit leicht gekrümmten Stacheln und Borsten bewachsen sind, wird seit über 400 Jahren kultiviert. Seine ovalen Blätter sind graugrün; im Frühjahr erscheinen einzeln oder in Dreierbüscheln duftende, einfache und attraktive rosa Blüten.

Rosa moschata
MOSCHUSROSE, MONATSROSE, BISAMROSE, SPANISCHE BÜSCHELROSE

Teils als Strauch, teils als robuste Kletterpflanze erreicht diese frostempfindliche Rose eine Höhe von 3–9 m. Sie hat glatte Zweige mit sehr wenigen Stacheln, oberseits glatte, unterseits flaumig behaarte Blätter mit je sieben ovalen Fiedern sowie im Spätsommer anfangs cremefarbene, später eher weiße, einfache Blüten in lockeren Doldentrauben, gefolgt von behaarten, ovalen Hagebutten.

Rosa moyesii
MANDARINROSE, BLUTROSE

Bis zu 3 m hoch wird diese robuste und frostharte aufrechte Rose aus Westchina. An ihren oft zahlreichen, bei erwachsenen Pflanzen gelbbraunen Zweigen mit geraden Stacheln trägt sie glatte, ovale, kleine Blattfiedern. Im Frühjahr erscheinen einzeln oder in Zweier- bis Viererbüscheln duftende, weinrote Blüten mit goldgelben Staubbeuteln, gefolgt von zahlreichen orangeroten, länglich flaschenförmigen Hagebutten. Kompakter und buschiger ist **'Highdownensis'**, sie hat einfache kirsch- bis karmesinrote Blüten in auffälligen Büscheln.

Rosa nitida
GLANZBLÄTTRIGE ROSE, GLANZROSE

Der bis etwa 1 m hohe, frostharte Strauch aus dem Osten Nordamerikas hat dünne, aufrechte, dunkelgrüne Triebe mit gelbbraunen Borsten und wenigen, geraden Stacheln sowie kleine und schmale, elliptische Blattfiedern, blank dunkelgrün, im Herbst tief karmesinrot. Er bildet viele Ausläufer und trägt im Frühsommer duftende, tief-rosarote Blüten einzeln oder in Dreier- bis Fünferbüscheln, gefolgt von runden, glänzendroten Hagebutten.

Rosa pimpinellifolia
Syn. *Rosa spinosissima*

BIBERNELLROSE, DÜNENROSE, STACHELROSE, GRATRÖSCHEN

Als niedriges, bis zu 1 m hohes Dickicht gänzlich mit Borsten und Stacheln bedeckter Triebe präsentiert sich dieser frostharte Strauch, dessen kleine, glatte, farnartige Blätter sich im Herbst attraktiv verfärben. Er bildet reichlich Wurzelschößlinge und trägt von Frühjahr bis Frühsommer zahlreiche einfache, oft rosa überlaufene cremeweiße Blüten mit goldgelben Staubgefäßen. Ähnlich attraktiv sind die runden, purpurnen bis schwarzglänzenden Hagebutten. Die Varietät **'Altaica'** (Syn. *Rosa pimpinellifolia* 'Grandiflora', *R. spinosissima* 'Altaica') wird bis zu 2 m hoch und hat duftende, große, elfenbeinfarbene Blüten; sie sind leicht blaßgelb und bringen runde Hagebutten hervor, die dunkelbraun bis schwarz glänzen.

Rosa moschata

Rosa rugosa

Rosa roxburghii 'Plena'

Rosa nitida

Rosa roxburghii 'Plena'
Syn. *Rosa roxburghii*

IGELROSE

Dieser bis zu 2 m hohe und breite Strauch bringt zahlreiche, aufrechte und silbrigbraune Triebe hervor, die mit scharfen, geraden, an den Knoten paarweise sitzenden Stacheln besetzt sind und deren abblätternde Rinde stechend riecht. Sie tragen hübsche mittelgrüne Blätter und zurückgebogene, flache, üppig gefüllte Blüten mit über 80 weißen bis tief-mauverosa Blütenblättern. Die Pflanze bildet Ausläufer und ist frosthart.

Rosa rugosa
KARTOFFELROSE

Bis zu 2,5 m hoch wird dieser große Strauch mit kräftigen, stacheligen Trieben und glänzenden, runzligen, leuchtendgrünen, im Herbst hübsch verfärbten Blättern. Er bildet mit zahlreichen Wurzelschößlingen dichte Gestrüppe und trägt den Sommer hindurch stark duftende, große rosa-purpurfarbene bis violett-karmesinrote Blüten, einzeln oder in Dreierbüscheln. Später zieren ihn große, etwas abgeflachte, rote Hagebutten. ***Rosa rugosa* var. *alba*** hat weiße, nach außen hin blaßrosa überlaufene Blüten.

R. s. subsp. *omeiensis* f. *pteracantha*

Rosa moyesii

Rosa sericea subsp. *omeiensis* f. *pteracantha*
Syn. *Rosa omeiensis* f. *pteracantha*

STACHELDRAHTROSE

Die starken Triebe des bis zu 3 m hohen Strauches werden mit ihren rotflügeligen Stacheln oft in Blumenarrangements verwandt. Jung sind sie graugrün, rötlich getönt und oft behaart. Die vierzähligen, weißen Blüten wachsen einzeln an den Knoten, die Hagebutten sind oval und rot.

Rosa setigera
PRÄRIEROSE

Anfangs hellgrüne, später rote Triebe mit roten Stacheln an den Knoten und meist dreiteilige Blätter mit breiten, runzligen und lang zugespitzten Fiedern, glänzend dunkelgrün mit roten Blattstielen, kennzeichnen diese frostharte Kletterrose, die an einer Stütze 4,5–6 m hoch wird. Ihre duftenden, karmesinroten Blüten, deren Farbe zur Mitte hin ins Weiße übergeht, blühen im Frühsommer in Büscheln.

Rosa villosa 'Duplex'
Syn. *Rosa* 'Wolley-Dod', *Rosa pomifera* 'Duplex'

GEFÜLLTE APFELROSE

Der bis zu 3 m hohe und 4,5 m breite Strauch hat übergebogene, geradstachelige silbrig-graugrüne, im höheren Alter rötlichbraune Triebe. Die Blätter sind gräulichgrün, die zart duftenden und halbgefüllte Blüten rosarot mit weichen, gelben Staubgefäßen; ihnen folgen flaschenförmige Hagebutten, behaart und rot.

Rosa wichuraiana
WICHURAS ROSE, KLETTERROSE, HALBIMMERGRÜNE KLETTERROSE

Kennzeichen dieser weitgehend frostharten, niederliegenden oder kletternden

Pflanze sind biegsame, glatte, bis zu 3 m lange, grüne Zweige; an ihnen sitzen gekrümmte, an jungen Trieben rote Stacheln und glatte, glänzendgrüne Blätter. Im Frühsommer – in kühleren Regionen später – öffnen sich nacheinander die lockeren drei- bis fünfzehnblütigen Doldentrauben mit fünfzähligen, weißen Blüten mit goldgelben Staubgefäßen. Die Hagebutten sind klein und orangerot.

Rosa willmottiae
WILLMOTTS ROSE

Der bis 3 m hohe, zierliche Strauch mit blaßviolettem Austrieb hat braunrote Zweige, die feine, gerade Stacheln tragen sowie dünne, zart duftende, hell graugrüne Blätter und im Sommer duftende, lilarosa Blüten mit gelben Staubgefäßen. Ihnen folgen leuchtendrote, flaschenförmige Hagebutten, die reif abfallen.

Rosa woodsii var. *fendleri*
WOODS ROSE

Der aufrechte und 2 m hohe, frostharte Strauch stammt aus Nordamerika und wird seit 1888 kultiviert. Seine übergebogenen Triebe mit gräulichgrünem bis hellbraunem, rötlich getöntem Holz tragen kleine, längliche, mittelgrüne Blattfiedern und an den Knoten breite, flache Stacheln. Die blaßlila-rosa Blüten mit gelben Staubgefäßen wachsen in Dreierbüscheln. Die runden Hagebutten sind orangerot.

Rosa xanthina
GOLDGELBE ROSE

Der gut 1–3,5 m hohe, winterharte Strauch aus Nordchina und Korea gilt vielfach eher als verwilderte Gartenrose denn als echte Wildrose. Wegen der Vielfalt verschiedener Blätter und Blüten unterscheidet man mehrere Formen. Als typisch gelten kleine, gezähnte, sieben- bis zwölffach gefiederte, unterseits behaarte Blätter und einmal im Frühsommer aufgehende 5 cm breite, halbgefüllte, leuchtendgelbe Blüten. Als Stammpflanze der verschiedenen Formen kann die erst nach *Rosa xanthina* beschriebene kräftige ***R. xanthina* f. *spontanea*** mit ihren einfachen Blüten angesehen werden. Haarlose Blattstiele und ebenfalls einfache Blüten hat ***R. xanthina* f. *hugonis*** (Syn. *R. hugonis*), die Chinesische Goldrose. Eine Hybride dieser beiden Formen ist **'Canary Bird'**, sie hat große Ähnlichkeit mit *R. xanthina* f. *spontanea*, blüht aber reicher und gilt als beste Gartenform.

ALTE ROSEN

Schon um 2000 v. Chr. dienten Rosen bei den Sumerern im heutigen Irak zur Herstellung von Rosenwasser, Parfüms und anderen Duftstoffen. Über ausgedehnte Rosenpflanzungen in den kaiserlichen Gärten Chinas berichtet schon Konfuzius, (551–479 v. Chr.), und auch alte europäische Hochkulturen wie die Römer bauten Rosen in großen Mengen als Nutzpflanzen an, vermutlich Sorten der als Wildrose von Frankreich bis zum Kaukasus verbreiteten Essigrose *(Rosa gallica)*. Zwischen 1200 und 1700 wurden mehrere andere Rosenarten in Kultur genommen, die ersten Hybridgruppen entstanden. Als Stammeltern der meisten frühen europäischen Gartenrosen gelten die wegen ihres Dufts, ihrer oft gefüllten Blüten und ihrer langen, bis in den Herbst dauernden Blütezeit geschätzten Damaszenerrosen und die beiden Farbformen von *R. foetida* (die gelbe Fuchsrose und die zweifarbige Kapuzinerrose, *R. foetida* 'Bicolor'). Andere Züchtungen wie Alba-, Centifolia-, Moos- und Portlandrosen stellten meist nur Variationen dieser Entwicklung dar. Das änderte sich mit der 1752 nach Europa eingeführten ***R. chinensis***, der Bengalrose, der rund 40 Jahre später Hybriden dieser mit *R. gigantea* folgten. Ihr Einfluß wurde zu Anfang des 19. Jahrhunderts deutlich, als mit den Bourbonrosen die erste Gruppe kompakter, öfter blühender Hybriden entstand. Schon bald kamen Portland- und öfter blühende Damaszenerrosen – Strauchrosen wie alle bisher genannten Gruppen – sowie die kletternden Noisetterosen hinzu. Die letzte Gruppe dieser Linie waren die aus mehrfachen Kreuzungen zwischen Bourbon-, Portland-, Gallica- und Chinarosen entstandenen Remontantrosen, die zu den bei weitem beliebtesten Rosen des 19. Jahrhunderts wurden. Eine andere Entwicklungslinie führte von der Bengalrose zu den Teerosen, die ihre heutige Bedeutung allerdings weniger ihrer – durchaus gegebenen – eigenen Attraktivität als den aus ihnen und den Remontantrosen entwickelten neuen Hybridgruppen verdanken, die seither im Mittelpunkt der Rosenzüchtung stehen: den Teehybriden und den Floribundarosen.

Bei dieser leicht zu überblickenden Entwicklung der Hauptstränge der Rosenzüchtung können einige Nebenlinien leicht aus dem Blickfeld geraten, die sich in das allgemeine Schema nicht einordnen lassen und weder alte noch moderne Rosen sind. Einige von ihnen sind recht primitiv, aber keine Wildrosen. Zu ihnen gehören die Kletterrosen und die Pimpinellifoliarosen, die am Ende dieses Abschnitts vorgestellt werden.

1. Gallicarosen

Diese kompakten, einmalblühenden Rosen erfreuen sich heute neuer Beliebtheit und sind daher weit verbreitet. Sie bilden Wurzelschößlinge, gelten als frosthart und haben duftende, zuweilen zweifarbige, einfache, halbgefüllte oder (z.T. sehr üppig) gefüllte Blüten in Farbtönen von Weiß über Rosa bis Rot. Die halbgefüllte, tiefrosafarbene **'Officinalis'** (die Apothekerrose) wurde im 13. Jahrhundert von Kreuzfahrern nach Frankreich eingeführt; ihre zweifarbige Variation **'Rosa Mundi'** (Syn. 'Versicolor') mit weißen und tiefrosa Feldern und Streifen auf den Blüten entstand Ende des 16. Jahrhunderts. **'Anaïs Ségales'** ist ein kleiner Strauch mit gefüllten, tiefrosa Blüten; **'Charles de Mills'** (Syn. 'Bizarre Triomphant') hat stark duftende, flache, gefüllte, violettrote Blüten; **'Complicata'** blüht mit schlichten, aber sehr hübschen, einfachen, rosafarbenen, in der Mitte weißen Blüten. Eine späte Sorte ist **'Ipsilanté'** mit gefüllten rosa Blüten; **'Tuscany Superb'** hat kleine, zart duftende, gefüllte, rote Blüten. **'Empress Josephine'** (Syn. 'L'Impératrice') ist ein kompakter Strauch mit großen, schwach duftenden Blüten in Rosatönen.

Rosa, A.R., Gallica, 'Officinalis'

Rosa, A.R., Gallica, 'Rosa Mundi'

Rosa, A.R., Gallica, 'Anaïs Ségales'

Rosa, A.R., Gallica, 'Complicata'

Rosa, A.R., Gallica, 'Ipsilanté'

Rosa, A.R., Gallica, 'Charles de Mills'

R., A.R., Gallica, 'Empress Josephine'

Rosa, A.R., Gallicarose, Kulturvarietät

Rosa willmottiae

Rosa woodsii var. *fendleri*

R

Rosa, Alte Rose, Gallica, 'Belle de Crécy'

Rosa, Alte Rose, Damaszener, 'Rose de Rescht'

R., A.R., Gall., 'Duchesse de Montebello'

Rosa, A.R., Gallica, 'Hippolyte'

Rosa, Alte Rose, Damaszener, 'Trigintipetala'

Rosa, A.R., Gallica, 'The Bishop'

R., A.R., Damaszener, 'Omar Khayyám'

2. Damaszenerrosen

Die einmalblühende Sommer-Damaszenerrose *Rosa gallica* × *R. phoenicea* und die öfter blühende Herbst-Damaszenerrose *R. gallica* × *R. moschata* waren die ersten echten Hybridrosen. Die aus ihnen entwickelten Sorten ähneln den Gallicarosen, sind aber meist etwas größer und nicht ganz so frosthart. Dazu gehören: **'Trigintipetala'** (Syn. 'Kazanlik', 'Kazanluk'), die Ölrose, ein 2 m hoher Strauch mit locker gefüllten, stark duftenden, rosa Blüten, die lange Zeit zur Gewinnung von Rosenöl kultiviert wurden; **'Ispahan'** (Syn. 'Pompon des Princes'), eine vor 1832 gezüchtete duftende, gefüllte, zartrosa Sorte; **'Omar Khayyám'**, gezüchtet 1893, mit stark duftenden, gefüllten, rosa Blüten; **'Rose de Rescht'**, eine modernere Sorte mit gefüllten, dunkel rosavioletten Blüten, sowie **'York and Lancaster'** (Syn. 'Versicolor'), die vor 1551 entstandene York-und-Lancaster-Rose mit locker gefüllten, unterschiedlich rosa getönten weißen Blüten. Unter den Namen **'Quatre Saisons'** und **'Autumn Damask'** wird die rosa blühende ursprüngliche Herbst-Damaszenerrose gehandelt.

R., A.R., Damas., 'York and Lancaster'

Rosa, Alte Rose, Damaszener, 'Ispahan'

R., A.R., Damaszener, 'Quatre Saisons'

Rosa, A.R., Damaszener, 'Mme Hardy'

Rosa, A.R., Damaszener, 'Botzaris'

R., A.R., Centifolia 'Petite de Hollande'

Rosa, Alte Rose, Damaszener, 'Blush Damask'

Rosa, Alte Rose, Centifolia, 'Bullata'

3. Centifoliarosen

Die Abkömmlinge der frostharten Zentifolie, Kohl- oder Provencerose entstanden gegen Ende des 16. Jahrhunderts in Frankreich, und besonders im Holland des 17. Jahrhunderts wurden viele Sorten dieser Gruppe gezüchtet. Der Name (»hundertblütig«) spielt auf die außerordentlich reich gefüllten, von ihrem eigenen Gewicht in vielen Fällen abwärtsgebeugten Blüten der in der Regel kompakten Sträucher an. Die Ausgangspflanze **'Centifolia'** (Syn. *Rosa centifolia*), ist durch ihre intensiv duftenden, leuchtendrosa Blüten gekennzeichnet. Die Sorte **'Petite de Hollande'** (Syn. 'Pompon des Dames') ist ein kleiner Strauch mit einer Fülle stark duftender, rosa Blüten. **'Bullata'** zeichnet sich durch ihre gerunzelten, bei der noch jungen Pflanze rot getönten Blätter aus und besitzt duftende, rosa Blüten.

Rosa, Alte Rose, Centifolia, 'Centifolia'

Rosa, Alte Rose, Centifolia, 'Fantin-Latour'

Rosa, Alte Rose, Centifolia, 'De Meaux'

4. Moosrosen

Rosa **'Chapeau de Napoléon'** (Syn. 'Cristata', 'Crested Moss') und **'Muscosa'** (Syn. *R. centifolia* 'Muscosa') sind beliebte Centifoliarosen mit duftenden, gefüllten, rosa Blüten, die als Knospen moosartig mit Stieldrüsen bedeckt sind. Sie sind die Stammpflanzen und somit sozusagen selbst die ersten Sorten der im 18. und 19. Jahrhundert populären Gruppe der Moosrosen, von denen hunderte Sorten gezüchtet wurden. Bis auf wenige erhältliche Sorten wie die dunkel violettrote **'Capitaine John Ingram'** und die ungewöhnlich duftende, blaßrosa **'Alfred de Dalmas'** (Syn. 'Mousseline') sind sie heute verschwunden.

5. Albarosen

Die möglicherweise von den Römern nach Britannien eingeführte *Rosa* × *alba*, die Weiße Rose, ist vermutlich die Wappenrose des Hauses York und bekannt aus den englischen Rosenkriegen. Sie ist die Stammpflanze zahlreicher Sorten mit angenehm duftenden, hellen Blüten und bläulichen Blättern, darunter u. a.: **'Alba Maxima'**, die Jakobiterrose, ein bis zu 2,5 m hoher Strauch mit gefüllten, weißen Blüten; **'Félicité Parmentier'**, gezüchtet 1834, eine 1,5 m hohe Pflanze mit rosa Knospen, die sich zu Damaszener-ähnlichen gefüllten, weißen Blüten öffnen; **'Great Maiden's Blush'**, eine seit dem 15. Jahrhundert bekannte 2,5 m hohe Hybride mit süßduftenden, zartrosa Blüten; und **'Mme. Plantier'**, ein 2–3,5 m hoch kletternder Strauch mit cremefarbenen, später zunehmend weißlichen Blüten.

Rosa, A.R., Alba, 'Alba Maxima'

Rosa, A.R., Alba, 'Félicité Parmentier'

R., A.R., Moos, 'Chapeau de Napoléon'

R., A.R., Moos, 'Capitaine John Ingram'

Rosa, Alte Rose, Alba, 'Königin von Dänemark'

Rosa, A.R., Moos, 'Alfred de Dalmas'

Rosa, A.R., Moos, 'Henri Martin'

Rosa, Alte Rose, Alba, 'Great Maiden's Blush'

Rosa, Ate Rose, Moos 'Muscosa'

R., A.R., Moos, 'Mme Louis Lévêque'

Rosa, A.R., Moos, 'Soupert et Notting'

R., A.R., Alba, 'Pompon Blanc Parfait'

6. Chinarosen

Zusammen mit den Teerosen stellen die ursprünglich aus China stammenden Hybriden ein Zwischenstadium auf dem Weg vom alten Typus der Centifoliarosen zu den modernen Sorten mit spitzer Knospe dar, wie z.B. den Teehybriden. Sie sind das Ergebnis zahlreicher Kreuzungen zwischen verschiedenen Wildrosen und frühen Hybriden und daher außerordentlich vielfältig. Einige frühe Sorten waren Kletterpflanzen, was sich in der Wuchsform von Sträuchern wie der bis 2,5 m hohen Hybride **'Mutabilis'** (Syn. 'Tipo Ideale') widerspiegelt, deren hellgelb-orangefarbene Blüten sich später karmesinrot färben. Andere Sorten wie beispielsweise **'Hermosa'** (Syn. 'Armosa') mit duftenden, gefüllten, rosa Blüten werden etwa 1 m hoch.

7. Teerosen

Die weiß, rosa und gelb blühenden Sorten der Hybride ***Rosa* × *odorata*** (*R. gigantea* x *R. chinensis*), der Teerose, verdanken ihren Namen ihrem würzigen Duft. Trotz ihrer Empfindlichkeit waren sie zur Biedermeierzeit sehr beliebt; größere und kletternde Sorten werden heute wieder vermehrt gezogen. Dazu gehören: **'Archiduc Joseph'** (Syn. 'Monsieur Tillier') mit lachsrosa-rosarot gefüllten Blüten; **'Devoniensis'**, auch als Kletterpflanze erhältlich, mit gefüllten, cremegelben Blüten; **'Lady Hillingdon'**, eine kletternde Sorte mit locker gefüllten goldgelben Blüten; **'Papa Gontier'** mit halbgefüllten, tiefrosa bis roten Blüten; sowie **'Souvenir d'un Ami'** mit stark duftenden, gefüllten, lachsrosa bis rosaroten, ledergelb überlaufenen Blüten. Besonders beliebte kletternde Teerosen sind **'Gloire de Dijon'** (Syn. 'Old Glory Rose') und **'Juane Desprez'** (Syn. 'Desprez á Fleur Jaune'), beide mit gefüllten, zartgelben Blüten.

Rosa, A.R., Tee, 'Lady Hillingdon'

Rosa, Alte Rose, Tee, 'Papa Gontier'

Rosa, Alte Rose, Tee, 'Gloire de Dijon'

Rosa, A.R., Tee, 'Lady Mary Fitzwilliam'

Rosa, Alte Rose, China, 'Mutabilis'

Rosa, Alte Rose, Tee, 'Anna Olivier'

Rosa, A.R., Tee, 'Lorraine Lee'

Rosa, Alte Rose, China, 'Mutabilis'

Rosa, Alte Rose, China, 'Echo'

Rosa, A.R., Tee, 'Archiduc Joseph'

Rosa, Alte Rose, Tee, 'Devoniensis'

Rosa, Alte Rose, Tee, 'Souvenir d'un Ami'

R., A.R., Portld., 'Comte de Chambord'

Rosa, A.R., Bourbon, 'Boule de Neige'

R., A.R., Bourbon, 'Bourbon Queen'

R., A.R., Bourb., 'Honorine de Brabant'

Rosa, Alte Rose, Bourbon, 'Souvenir de la Malmaison'

Rosa, Alte Rose, Bourbon, 'Souvenir de St Anne's'

Rosa, Alte Rose, Bourbon, 'Zéphirine Drouhin'

Rosa, Alte Rose, Bourbon, 'Mme Isaac Pereire'

8. Portlandrosen

Die im späten 18. Jahrhundert in England entwickelten, nach der 2. Herzogin von Portland benannten Rosen stammen von einer Kreuzung aus Herbstdamaszenerrose und *Rosa gallica* **'Officinalis'**, der Apothekerrose ab. Bis auf wenige Ausnahmen wie die süßduftende, gefüllte, rosa blühende **'Comte de Chambord'** sind sie kaum noch in Kultur, doch haben sie als Elternteil der Remontantrosen Bedeutung erlangt.

9. Bourbonrosen

Aus einer Zufallskreuzung zwischen Bengalrose *(Rosa chinensis)* und einer Herbstdamaszenerrose auf der Île de Bourbon (heute Réunion), deren Samen nach Frankreich geschickt und dort mit Gallica- und Damaszenerrosen gekreuzt wurde, entstand diese noch heute weitverbreitete Hybridengruppe mit stark duftenden Blüten und langer Blütezeit. Zu ihnen gehören: **'Boule de Neige'**, deren rote Knospen zu gefüllten, weißen Blüten werden; **'Bourbon Queen'**, ein bis zu 2,5 m hoher Strauch mit gefüllten, hellrosa Blüten in großer Zahl; **'Prince Charles'** mit gefüllten, tief-violettroten Blüten; **'Souvenir de la Malmaison'**, ein kleiner Strauch mit langer Blühdauer und gefüllten, sehr hellen rosa Blüten sowie **'Souvenir de St Anne's'**, eine 1950 eingeführte Variation der letzteren mit einfachen bis halbgefüllten Blüten. Als kletternde Sorte sei schließlich noch **'Zéphirine Drouhin'** mit ihren gefüllten, tiefrosa Blüten genannt.

R., A.R., Bourbon, 'La Reine Victoria'

R., A.R., Bourb., 'Variegata di Bologna'

R

Rosa, Alte Rose, Bourbon, 'Commandant Beaurepaire'

R., A.R., Noisette, 'Alister Stella Gray'

R., A.R., Nois., 'Champney's Pink Cluster'

Rosa, Alte Rose, Noisette, 'Autumnalis'

Rosa, A.R., Bourbon, 'Prince Charles'

10. Noisetterosen

Die erste in den USA entstandene Hybridengruppe entwickelte sich aus einer Kreuzung zwischen Moschusrose *(Rosa moschata)* und der Chinarose **'Parson's Pink China'** (Syn. 'Old Blush') im Jahre 1802 und wurde nach dem Züchter Philippe Noisette benannt. Die Pflanzen sind meist kräftige Sträucher oder Kletterrosen mit Büscheln eher kleiner Blüten in gelben oder rosa Pastelltönen. Wachsender Beliebtheit erfreuen sich heute die kletternden Sorten. **'Alister Stella Gray'** hat duftende, gefüllte, hell goldgelbe Blüten, **'Lamarque'** (Syn. 'Thé Maréchal') duftende, gefüllte, blaßgelbe Blüten, die sich mit der Zeit cremegelb färben, und **'Mme. Alfred Carriére'** große, gefüllte, rosa überhauchte weiße Blüten.

Rosa, Alte Rose, Noisette, 'Lamarque'

Rosa, Alte Rose, Noisette, 'Mme Alfred Carriére'

11. Boursaultrosen

Auch diese heute seltenen Hybriden, meist große Sträucher oder halbkletternde Sorten, entstanden Anfang des 19. Jahrhunderts, wahrscheinlich aus einer Kreuzung zwischen ***Rosa blanda,*** der Labradorrose, und *R. chinensis.* Typisch ist **'Amadis'**, eine kräftige Pflanze mit fast stachellosen, etwa 4 m langen Stielen, tiefgrünen Blättern und gefüllten roten Blüten.

12. Remontantrosen

Von ihrer Züchtung im Jahre 1835 an rund 70 Jahre lang überaus beliebt, sind heute nur noch wenige dieser aus Portland- und Chinarosen entwickelten öfterblühenden Hybriden erhalten, doch hat die neue, aus Remontantrosen entwickelte **Explorer-Serie** aus Kanada bei Rosenfreunden Aufmerksamkeit erregt. Die robusten Sträucher wachsen gedrungen und eher unelegant, tragen aber große, meist gefüllte, intensiv duftende Blüten. Zu ihnen gehören: **'Baron Girod de l'Ain'** mit roten, weiß

Rosa, A.R., Boursault, 'Amadis'

geränderten Blüten; **'Baronne Prévost'**, ein ganz winterharter aufrechter Strauch mit duftenden, tiefrosa Blüten; **'Champion of the World'** mit tiefrosa Blüten und sehr früher Blütezeit; **'Ferdinand Pichard'** mit zweifarbigen, weiß und tiefrosa gestreiften Blüten sowie **'Mrs John Laing'**, ein kleiner Strauch mit duftenden, zartrosa Blüten, die wie die Blüten aller genannten Sorten gefüllt sind.

Rosa, Alte Rose, Remontant, 'Fisher and Holmes'

Rosa, Alte Rose, Remontant, 'Mrs John Laing'

Rosa, A.R., Rem., 'Baronne Prévost'

R., A.R., Rem., 'Champion of the World'

Rosa, Alte Rose, Remontant, 'Baron Girod de l'Ain'

Rosa, Alte Rose, Remontant, 'Ferdinand Pichard'

Rosa, Alte Rose, Remontant, 'Hugh Dickson'

Rosa, Alte Rose, Remontant, 'Le Havre'

Rosa, Alte Kletterrose, 'Sombreuil'

Rosa, Alte Kletterrose, 'Rambling Rector'

Rosa, Alte Kletterrose, 'Alchemist'

Rosa, Alte Kletterrose, 'Sander's White'

Rosa, Alte Kletterrose, 'Wedding Day'

R

13. Alte Kletterrosen

Viele Wildrosen wachsen mehr oder weniger kletternd, so daß es naheläg, Gartenrosen zu entwickeln, die die Kraft und den kletternden Wuchs wilder Rosen mit dem Farbenreichtum der Hybriden verbinden. Unter den alten Rosen gibt es nur wenige echte Kletterrosen, immerhin aber einige sehr große Sträucher, die kletternd gezogen werden können. Am bekanntesten sind vielleicht **'Sombreuil'**, eine kletternde Teerose, und **'Zephyrine Drouhin'**, eine kletternde Bourbonrose. Es gibt auch neue

Rosa, Alte Kletterrose, 'Düsterlohe'

Rosa, Alte Kletterrose, 'Albertine'

Rosa, Alte Kletterrose, 'Veilchenblau'

Rosa, Alte Kletterrose, 'Excelsa'

Rosa, Alte Kletterrose, 'Phyllis Bide'

Rosa, Alte Kletterrose, 'Albéric Barbier'

Rosa, Alte Kletterrose, 'Blush Rambler'

Züchtungen »alter« Kletterrosen, etwa **'Alchemist'**. Bei alten Kletterrosen unterscheidet man zwischen »Rambler« und »Climber«. Erstere regenerieren sich mit starken Trieben von der Basis, blühen voll schon im zweiten Jahr, lassen jedoch nach wenigen Jahren in der Blühkraft wieder nach und werden dann ganz herausgeschnitten, während »Climbers« ein langlebiges, verzweigtes Triebsystem aufbauen, so wie auch moderne Kletterosen. **'Albéric Barbier'** wird bis zu 6 m hoch und hat halbgefüllte, cremefarbene Blüten. **'Albertine'**, ebenfalls 6 m hoch, trägt gefüllte, zart rosa-aprikosenfarbene Blüten in Massen während der kurzen Blütezeit. **'Félicité et Perpétue'**, eine fast immergrüne Sorte, wird etwa 6 m hoch und trägt Büschel kleiner, gefüllter, cremefarbener Blüten. **'New Dawn'** ist öfter blühend, mit halbgefüllten

R., A. Kletterrose, 'Félicité et Perpétue'

Rosa, Alte Kletterrose, 'Paul Transon'

R., A.R., Scotch, 'Irish Rich Marbled'

Rosa, A.R., Scotch, 'William III'

bis gefüllten, rosafarbenen, später weißlichen Blüten. Sie gehört schon zu den modernen Kletterrosen. **'Veilchenblau'** schließlich hat fast keine Stacheln und trägt Büschel kleiner Blüten in einem ungewöhnlichen purpurnen Farbton.

14. Pimpinellifolia- und Rubiginosarosen (Scotch)

Die auch wild vielgestaltige Bibernellrose (*Rosa pimpinellifolia*) ist – wie *R. rubiginosa*, die Schottische Zaunrose – Stammpflanze einiger ausgezeichneter Sorten, niedriger, stachelreicher, Ausläufer treibender, sehr blütenreicher Sträucher. Die auffälligste von ihnen ist wohl **'Irish Rich Marbled'** mit ihren gefüllten, rosa und weiß gestreiften und gefleckten Blüten. Andere wie die gefüllte, blaßrosa **'Stanwell Perpetual'** lassen den Einfluß auch anderer Stammpflanzen erkennen, u.a. von Damaszenerrosen und ***R. pendulina***, der Alpenheckenrose.

MODERNE ROSEN

Im Vergleich mit den gesunden, kräftigen Remontantrosen wirkten Teerosen stets recht dünn und schwächlich, doch hatten sie hübsche Knospen und Blüten in zartgelben Farbtönen, die den Remontantrosen fehlten. Aus der Kreuzung der beiden Gruppen entstand 1867 die erste Teehybride, **'La France'**, eine gefüllte, zartrosa Blume. Zwar waren die neuen Rosen nicht auf Anhieb beliebt, doch gilt ihre Entwicklung heute als der entscheidende Einschnitt zwischen alten und modernen Gartenrosen. Ihre führende Rolle erhielten sie mit der Einbeziehung der gefüllten, leuchtendgelb blühenden ***Rosa foetida* var. *persiana*** in das Zuchtprogramm durch den Franzosen Pernet-Ducher. Doch waren die frühen Sorten lange Zeit für europäische Gärten sehr empfindlich, bis in den 40er Jahren *R. wichuraiana* eingekreuzt wurde. Der Beginn der Züchtung moderner Rosen im Jahre 1867 bedeutete im übrigen keinesfalls das Ende der Alten Rosen. Neue Züchtungen, z.B. aus der Gruppe der Tee- oder der Remontantrosen, gelten ungeachtet ihres Entstehungsdatums weiterhin als Alte Rosen.

1. Beetrosen

Die wichtigsten und in den Gärten meistverbreiteten modernen Rosen sind die Beetrosen. Sie werden in Teehybriden (Edelrosen), Floribunda- und Polyantharosen unterteilt. Durch vielfältige Kreuzungen sind besonders die ersten beiden Gruppen heute schwer zu unterscheiden. So haben einige Teehybriden größere Blütenstände als manche Floribundarosen und umgekehrt einige Floribundarosen größere Blüten als Teehybriden. In den USA werden die Zwischenformen oft als **Grandiflora-Rosen** klassifiziert, ein Begriff, der sich außerhalb Amerikas nicht durchgesetzt hat.

Teehybriden (Edelrosen)

Die meistgezogene Gruppe der modernen Rosen mit Hunderten von Sorten gilt zugleich auch als die »klassische«. Ihre hübschen, einzeln oder in Dreier- oder Vierergruppen wachsenden Blüten erreichen je nach Klima eine Größe von 10–20 cm und wachsen auf eine Höhe von 1–1,5 m heran. Zu ihnen gehören: **'Aotearoa'** (Syn. 'New Zealand') mit großen, stark duftenden, gefüllten und blaßrosa Blüten; **'Big Purple'** (Syn. 'Nuit d'Orient'), ein kompakter Strauch mit gefüllten violetten Blüten; **'Deep Secret'** (Syn. 'Mildred Scheel') mit gefüllten, sehr dunklen, roten Blüten; **'Elina'** (Syn. 'Peaudouce') mit hübschen cremefarbenen, später weißlichen Blüten; **'First Love'** (Syn. 'Premier Amour') mit locker gefüllten, zart rosa-aprikosenfarbenen Blüten; **'Duftwolke'** (Syn. 'Fragrant Cloud', 'Nuage Parfumée') mit duftenden, leuchtend orangeroten Blüten; **'Ingrid Bergman'** mit kompakten gefüllten, tiefroten Blüten an langen Stengeln; **'Just Joey'** mit ockergelben bis hell orangegelben Blüten; **'Loving Memory'** (Syn. 'Burgund '81', 'Red Cedar'), der Idealtyp einer langstieligen roten Rose; **'Pascali'**, ein mittelgroßer Strauch mit weißen Blüten; **'Gloria Dei'** (Syn. 'Gloria', 'Peace', 'Mme. A. Meilland') mit blaßgelben, goldenen getönten, rosa umrandeten Blüten; **'Royal Dane'** (Syn. 'Troika'), von deren anfangs rosafarbenen Blütenblättern sich die meisten ockergelb verfärben; **'Savoy Hotel'**, ein kompakter Strauch mit gefüllten, hellrosa Blüten; **'Super Star'** (Syn. 'Tropicana') mit duftenden, orangeroten Blüten; und **'Die Welt'** (Syn. 'The World') mit gelben, orange getönten, zart orangefarben umrandeten Blüten. Weitere Teehybriden sind **'Mainzer Fastnacht'** (Syn. 'Blue Monday', 'Blue Moon', 'Sissi'), violettrosa; **'Esmeralda'** (Syn. 'Keepsake'), rosa; **'Granada'** (Syn. 'Donatella'), rot; **'Caribia'** (Syn. 'Harry Wheatcroft'), rotorange und goldgelb gestreift; **'Helmut Schmidt'** (Syn. 'Simba'), kräftiggelb; **'Kronenbourg'** (Syn. 'Flaming Peace'), scharlachrot und goldgelb, später violettrosa und cremefarben; **'Landora'** (Syn. 'Sunblest'), leuchtendgelb; **'Maria Callas'** (Syn. 'Miss All-American Beauty'), kräftigrosa; **'Paul Shirville'** (Syn. 'Heart Throb'), blaßrosa-aprikosenfarben; **'Polarstern'** (Syn. 'Polar Star'), in der Mitte gelb, nach außen hin cremeweiß; **'Red Star'** (Syn. 'Precious Platinum', 'Opa Potschke'), blutrot; **'Virgo'** (Syn. 'Virgo Liberation'), weiß; **'Whisky'** (Syn. 'Whisky Mac'), rosagelb.

Rosa, Moderne Rose, Teehybride, 'Aotearoa'

Rosa, M.R., Teehybride, 'Aotearoa'

Rosa, M.R., Teehybride, 'Elina'

Rosa, Moderne Rose, Teehybride, 'First Love'

Rosa, M.R., Teehybride, 'Big Purple'

Rosa, M.R., Teehybride, 'Deep Secret'

Rosa, Moderne Rose, Teehybride, 'Just Joey'

Rosa, Moderne Rose, Teehybride, 'Ingrid Bergman'

Rosa, M.R., Teehybride, 'Pascali'

R., MR, Teehybride, 'Royal Dane'

Rosa, Moderne Rose, Teehybride, 'Duftwolke'

Rosa, Moderne Rose, Teehybride, 'Loving Memory'

Rosa, M.R., Teehybride, 'Gloria Dei'

R., M.R., Tee, 'Mainzer Fastnacht'

Rosa, M.R., Teehybride, 'Esmeralda'

Rosa, M.R., Teehybride, 'Granada'

Rosa, Moderne Rose, Teehybride, 'Die Welt'

Rosa, M.R., Teehybride, 'Maria Callas'

Rosa, M.R., Teehybride, 'Paul Shirville'

Rosa, Moderne Rose, Teehybride, 'Helmut Schmidt'

R., M.R., Teehybride, 'Helmut Schmidt'

R., M.R., Teehybride, 'Caribia'

Rosa, Moderne Rose, Teehybride, 'Red Star'

Rosa, Moderne Rose, Teehybride, 'Kronenbourg'

Rosa, M.R., Teehybride, 'Landora'

Rosa, M.R., Teehybride, 'Polarstern'

Rosa, M.R., Teehybride, 'Virgo'

Rosa, M.R., Teehybride, 'Brandy'

Rosa, Moderne Rose, Teehybride, 'Whisky'

Rosa, Moderne Rose, Teehybride, 'Alexander'

R., M.R., Teehybride, 'Charles de Gaulle'

R., M.R., Teehybride, 'Double Delight'

Rosa, Moderne Rose, Teehybride, 'Irish Elegance'

Rosa, Moderne Rose, Teehybride, 'Julia's Rose'

R., M.R., Teehybride, 'Ena Harkness'

R., M.R., Tee, 'Michèle Meilland'

R., M.R., Teehybride, 'Mister Lincoln'

R., M.R., Tee, 'Mrs Herbert Stevens'

Rosa, Moderne Rose, Teehybride, 'Remember Me'

Rosa, Moderne Rose, Teehybride, 'Mme Caroline Testout'

Rosa, Moderne Rose, Teehybride, 'Pristine'

Rosa, Moderne Rose, Teehybride, 'Olympiad'

Rosa, Moderne Rose, Teehybride, 'Pink Panther'

R

Rosa, Moderne Rose, Teehybride, 'Tequila Sunrise'

Rosa, Moderne Rose, Teehybride, 'Silver Jubilee'

Polyantharosen

Die kompakten Hybriden dieser Gruppe tragen kleine Blüten in großen Büscheln. Sie entstanden durch Kreuzung von Zwergformen von ***Rosa multiflora*** (Syn. *R. polyantha*), der Büschelrose, mit zwergwüchsigen Chinarosen oder kleinen Teehybriden. **'Paquerette'**, die erste Sorte, eine niedrige Pflanze mit Büscheln kleiner gefüllter, weißer Blüten, wurde 1875, kurz nach den ersten Teehybriden, eingeführt. Bis heute werden immer wieder neue Züchtungen vorgestellt. **'Cécile Brünner'** hat gefüllte, blaßrosa Blüten. **'Perle d'Or'** wächst unregelmäßig wuchernd und hat gefüllte, rosa-ockergelbe Blüten. **'Strawberry Ice'**, ein kompakter Strauch, trägt gefüllte, weiße und kirschrote Blüten. **'The Fairy'**, mit gefüllten, rosa Blüten, kann als Strauch wie als kleine Kletterrose gezogen werden. **'Red Yesterday'** (Syn. 'Red Ballerina', 'Marjorie Fair') trägt karminrote und weiße Blüten in üppigen Blütenständen.

Rosa, M.R., Teehybride, 'Sheer Bliss'

R., M.R., Tee, 'Susan Hampshire'

Rosa, M.R., Polyantha, 'Red Yesterday'

Rosa, M.R., Polyantha, 'Perle d'Or'

Rosa, M.R., Polyantha, 'The Fairy'

Rosa, M.R., Teehybride, 'Sutter's Gold'

Rosa, Moderne Rose, Polyantha, 'Strawberry Ice'

Rosa, Moderne Rose, Polyantha, 'Cécile Brünner'

R., M.R., Floribunda, 'Amber Queen'

Rosa, M.R., Floribunda, 'Arthur Bell'

Rosa, M.R., Floribunda, 'Iceberg'

R., M.R., Floribunda, 'Irish Wonder'

Floribundarosen

Die Polyantharosen waren zwar außerordentlich erfolgreich, doch entwickeln sie in vielen Fällen nur kleine und weniger elegante Blüten. Der dänische Züchter Poulsen kreuzte sie daher mit Teehybriden und brachte so die Floribundarosen hervor, die dadurch gekennzeichnet sind, daß sie an jedem Stengel mehrere, oft ausgesprochen farbintensive Blüten tragen. Zu ihnen gehören u. a. folgende Sorten: **'Amber Queen'**, ein kompakter Strauch mit goldgelben Blüten; **'Arthur Bell'**, die Stammpflanze mehrerer anderer Hybriden mit leuchtendgelben Blüten; **'Auckland Metro'** (Syn. 'Precious Michelle') mit weißen, in der Knospe blaßrosa gefärbten Blüten; **'Bonfire Night'** (Syn. 'Bonfire') mit halbgefüllten Blüten in einer Mischung aus Gelb, Orange und Rot; **'Irish Wonder'** (Syn. 'Evelyn Fison') mit dichten Büscheln leuchtendroter Blüten; **'Friesia'** (Syn. 'Sunsprite', 'Korresia') mit intensiv duftenden, gefüllten, kräftiggelben Blüten; **'Gold Medal'** mit leuchtendgelben, als Knospen orange-bernsteinfarbenen Blüten; **'Iceberg'** mit lange blühenden Büscheln reinweißer Blüten; **'Jacqueline du Pré'**, deren halbgefüllte, weiße Blüten rote Staubbeutel besitzen; **'Margaret Merril'** mit großen, halbgefüllten, weißen Blüten; **'Matangi'**, **'Old Master'** und **'Priscilla Burton'**, deren zweifarbige, tiefrosa, orangerote und weiße Blüten wie handgemalt wirken; **'Playboy'** (Syn. 'Cheerio') mit einfachen bis halbgefüllten, orangefarbenen, in der Mitte goldgelben Blüten; **'Radox Bouquet'** (Syn. 'Rosika') mit angenehm duftenden, gefüllten, rosa Blüten; **'Raspberry Ice'** (Syn. 'Hannah Gordon', 'Tabriz'), eine kompakte Pflanze mit lang blühenden, weißen und tiefrosa Blüten; **'Sexy Rexy'**, die vom Frühjahr bis in den Herbst in gefüllte, hellrosa Blüten eingehüllt ist; **'Trumpeter'** mit wetterbeständigen, roten Blüten und tiefgrünen Blättern. Weitere Floribundarosen blühen in folgenden Farben: **'Color Break'** (Syn. 'Brown Velvet') leuchtendrot; **'Edelweiß'** (Syn. 'Snowline') weiß; **'Elmshorn'** (Syn. 'Elmsham') rosarot; **'Lavaglut'** (Syn. 'Lavaglow', 'Intrigue') karmesinrot; **'Sonia Meilland'** (Syn. 'Sonia', 'Sweet Promise') rosa-aprikosenfarben und schließlich **'Zonta Rose'** (Syn. 'Princess Alice') goldgelb.

Rosa, M.R., Floribunda, 'Friesia'

R., M.R., Floribunda, 'Auckland Metro'

Rosa, Moderne Rose, Floribunda, 'Bonfire Night'

Rosa, Moderne Rose, Floribunda, 'Gold Medal'

Rosa, Moderne Rose, Floribunda, 'Jacqueline du Pré'

R., M.R., Floribunda, 'Margaret Merril'

Rosa, M.R., Floribunda, 'Matangi'

Rosa, M.R., Floribunda, 'Edelweiss'

Rosa, M.R., Floribunda, 'Color Break'

Rosa, Moderne Rose, Floribunda, 'Playboy'

Rosa, M.R., Floribunda, 'Sexy Rexy'

Rosa, M.R., Floribunda, 'Trumpeter'

R., M.R., Floribunda, 'Radox Bouquet'

Rosa, M.R., Floribunda, 'Zonta Rose'

Rosa, Moderne Rose, Floribunda, 'Elmshorn'

Rosa, Moderne Rose, Floribunda, 'Old Master'

Rosa, Moderne Rose, Floribunda, 'Raspberry Ice'

Rosa, Moderne Rose, Floribunda, 'Burma Star'

Rosa, Moderne Rose, Floribunda, 'Europeana'

R., M.R., Floribunda, 'Carefree Beauty'

Rosa, M.R., Floribunda, 'Escapade'

Rosa, M.R., Floribunda, 'French Lace'

R., M.R., Floribunda, 'Madam President'

Rosa, Moderne Rose, Floribunda, 'Eyepaint'

Rosa, Moderne Rose, Floribunda, 'Old Port'

Rosa, M.R., Floribunda, 'Lavaglut'

R., M.R., Floribunda, 'Sonia Meilland'

R., M.R., Floribunda, 'Lilli Marlene'

Rosa, M.R., Floribunda, 'Pink Parfait'

Rosa, Moderne Rose, Floribunda, 'Ripples'

Rosa, Moderne Rose, Moschus, 'Francis E. Lester'

R., M.R., Floribunda, 'Regensberg'

R., M.R., Floribunda, 'Rock 'n' Roll'

Rosa, M.R., Moschus, 'Sally Holmes'

Rosa, Moderne Rose, Moschus, 'Pax'

R., M.R., Floribunda, 'Queen Elizabeth'

R., M.R., Moschus, 'Autumn Delight'

Rosa, M.R., Moschus, 'Penelope'

Rosa, M.R., Moschus, 'Buff Beauty'

2. Strauchrosen

Größer und kräftiger, oft breiter gewachsen und auch schwerer zu klassifizieren als die Beetrosen sind diese in Farbe und Duft recht unterschiedlichen Hybriden. Da sie leicht zu ziehen sind, sind sie bei Anfängern ebenso beliebt wie bei Fachleuten.

Moschushybriden

Die ersten dieser kräftigen Rosen, die z.B. um eine Säule herum gezogen werden können und deren attraktive Blüten die ganze Saison über erscheinen, wurden 1913 von J. H. Pemberton eingeführt. **'Autumn Delight'** trägt, anders als der Name vermuten läßt, die meisten ihrer creme-, als Knospen bernsteinfarbenen Blüten im Sommer. **'Buff Beauty'** hat duftende, anfangs zartgelbe, später cremefarbene Blüten. **'Lavender Lassie'** trägt duftende, kleine, gefüllte, rosa Blüten in Büscheln. **'Penelope'** hat einfache bis halbgefüllte, zartgelbe Blüten. **'Sally Holmes'** ist ein breiter Strauch mit mehrmals blühenden einfachen bis halbgefüllten, blaßrosa-aprikosenfarbenen Blüten.

Rosa, Moderne Rose, Moschus, 'Erfurt'

Rosa, Moderne Rose, Moschus, 'Felicia'

R., M.R., Rugosa, 'B. D. de Coubert'

Rosa, Moderne Rose, Rugosa, 'Pink Grootendorst'

Rosa, M.R., Rugosa, 'Delicata'

Rugosa-Hybriden

Mit ihrer Stammpflanze, der Kartoffelrose (*Rosa rugosa*), haben die meisten dieser großen, buschigen, bis 2 m hohen Sträucher, die sich gut beschneiden lassen, das dichte, üppige Blattwerk sowie Robustheit und Widerstandsfähigkeit gegen Krankheiten gemein. Viele tragen nach der Blüte zahlreiche leuchtend orangerote Hagebutten. Genannt seien: **'Blanc Double de Coubert'** mit mehrmals blühenden duftenden, halbgefüllten bis gefüllten, weißen Blüten; **'Delicata'** mit halbgefüllten, rosa Blüten; **'Fimbriata'** (Syn. 'Phoebe's Frilled Pink', 'Dianthiflora') mit kleinen, halbgefüllten, weißen bis blaßrosa Blüten, deren Blütenblätter gefranste Ränder haben; **'Frau Dagmar Hastrup'** (Syn. 'Frau Dagmar Hartopp') mit großen, einfachen, rosa Blüten und leuchtendroten Hagebutten; **'Pink Grootendorst'**, deren leuchtendrosa Blüten denen von 'Fimbriata' ähneln; **'Roseraie de l'Haÿ'** ein stacheliger Strauch mit halbgefüllten, tiefrosa Blüten; sowie **'Sarah van Fleet'**, ein großer, stachliger Strauch mit langlebigen, duftenden, gefüllten, rosa Blüten.

Rosa, M.R., Rugosa, 'Fimbriata'

R., M.R., Rugosa, 'Frau Dagmar Hastrup'

Rosa, Moderne Rose, Rugosa, 'Agnes'

Rosa, M.R., Rugosa, 'Roseraie de l'Haÿ'

Rosa, M.R., Rugosa, 'Sarah van Fleet'

Rosa, M.R., Rugosa, 'Parfum de l'Haÿ'

Englische Rosen

Der Züchter David Austin entwickelte diese Rosen, um den Duft und Charme Alter mit der Robustheit und Farbenpracht Moderner Rosen und ihrer Fähigkeit zu mehrmaliger Blüte zu verbinden. **'Abraham Darby'** wird als Strauch oder Kletterrose gezogen und hat große, Centifolia-ähnliche, rosa-bernsteinfarbene Blüten. **'Charles Austin'** hat große, duftende Blüten in einer Mischung aus Gelb, Rosa und einem zarten Aprikosenton, ihre Variante **'Yellow Charles Austin'** reingelbe Blüten. **'Constance Spry'** wächst als einmalblühender Strauch oder als Kletterrose und trägt große, rosa Blüten. **'Gertrude Jekyll'** ist offen gewachsen und hat stark duftende tiefrosa Blüten. **'Graham Thomas'** trägt ihre stark duftenden, gelben Blüten über lange Zeit. **'Mary Rose'**, eine besonders intensiv duftende Sorte, trägt tief rosafarbene, später zunehmend hellere Blüten. **'Winchester Cathedral'** ist ein kompakter Strauch mit Büscheln kleiner, weißer Blüten. **'Wise Portia'** schließlich bleibt niedrig und hat stark duftende, violettrote Blüten.

Rosa, Moderne Rose, Englisch, 'Abraham Darby'

Rosa, Moderne Rose, Englisch, 'Yellow Charles Austin'

Rosa, Moderne Rose, Englisch, 'Constance Spry'

Rosa, M.R., Englisch, 'Gertrude Jekyll'

R., M.R., Engl., 'Winchester Cathedral'

Rosa, M.R., Englisch, 'Mary Rose'

Rosa, M.R., Englisch, 'The Miller'

Rosa, Moderne Rose, Englisch, 'Graham Thomas'

Rosa, M.R., Englisch, 'Windrush'

Rosa, M.R., Englisch, 'Perdita'

Rosa, Moderne Rose, Englisch, 'Queen Nefertiti'

Rosa, M.R., Englisch, 'Leander'

Rosa, M.R., Englisch, 'Othello'

Rosa, Moderne Rose, Englisch, 'Wise Portia'

Nicht klassifizierte moderne Strauchrosen

Diese Gruppe ist, wie der Name schon schließen läßt, wenig einheitlich, da sie einfach die Rosen enthält, die nicht in die vorgenannten Kategorien passen. Fast allen ist aber gemeinsam, daß sie relativ starkwüchsig sind. **'Fritz Nobis'** ist ein knapp 2 m hoher Strauch mit Büscheln halbgefüllter, blaßrosa bis weißer Blüten. **'Nevada'** wird 3 m hoch und trägt eine Unzahl einfacher, cremefarbener Blüten, oft mit rosa Hauch. **'Robusta'** wird oft als Kletterpflanze gezogen und hat einfache, glutrote Blüten. **'Sadler's Wells'** blüht lange und hat rötliche, zur Mitte hin rosa gefärbte Blüten. **'Sparrieshoop'** blüht sehr üppig und trägt seine einfachen, rosafarbenen, in der Mitte weißen Blüten in Büscheln.

Rosa, Moderne Rose, Nicht Klassifiziert, 'Sadler's Wells'

Rosa, M.R., N. K., 'Nevada'

Rosa, M.R., N. K., 'Fritz Nobis'

Rosa, M.R., N. K., 'Robusta'

Rosa, M.R., N. K., 'Sparrieshoop'

Rosa, Moderne Rose, Nicht Klassifiziert, 'Bonn'

R., M.R.,M. K., 'Dortmund'

Rosa, M.R., N. K., 'Golden Wings'

Rosa, Moderne Rose, N. K., 'Marguerite Hilling'

Rosa, Moderne Rose, Bodendeckerrose, 'White Meidiland'

R

Rosa, Moderne Rose, Moderne Kletterrose, 'Compassion'

Rosa, Moderne Rose, Bodendeckerrose, 'Snow Carpet'

Rosa, M.R., M.K., 'America'

R., M.R., M.K., 'Climbing Shot Silk'

Rosa, M.R., M.K., 'Casino'

Rosa, M.R., M.K., 'Joseph's Coat'

R., M.K., 'Climbing Étoile de Hollande'

Rosa, M.R., M.K., 'Maigold'

R., M.R., Bodendecker., 'Flower Carpet'

R., M.K., 'Mme Grégoire Staechelin'

R., M.R., Bodendecker., 'Sea Foam'

R., M.R., Bodendecker., 'Sea Foam'

3. Bodendeckerrosen

Die aus einer Fülle verschiedener Ausgangspflanzen entwickelten, meist überaus starkwüchsigen und vielfach in Blättern und Blüten den Miniaturrosen ähnlichen Hybriden sind oft imstande, große Flächen zu bedecken. Sie gewinnen in den letzten Jahren zunehmend an Bedeutung. Einige Sorten sind allerdings eher spärlich verzweigt und dadurch als Bodendecker im engeren Sinn nicht so gut geeignet. **'Flower Carpet'** ist eine dicht belaubte, in mildem Klima fast immergrüne Sorte mit halbgefüllten, tiefrosa Blüten. **'Sea Foam'** wächst nicht besonders dicht und hat gefüllte, blaßrosa Blüten, die weiß verblühen. **'Snow Carpet'** wird oft als Miniaturrose klassifiziert und hat zahlreiche kleine, gefüllte, weiße Blüten.

4. Moderne Kletterrosen

Die modernen Kletterrosen stammen teilweise von Beetrosen ab und tragen dann den gleichen Namen mit dem Zusatz »Climbing« (»kletternd«). Wie bei Strauchrosen gibt es einmal und öfter blühende Sorten. Kletterrosen werden an Drähten oder Spalieren vor Mauern oder an Klettergerüsten gezogen.

Die Blüten dieser Rosen ähneln denen der verwandten Strauchrosen. Einmalblühende Sorten können durch sorgfältiges Ausputzen unter Umständen zu einem zweiten Flor angeregt werden; bei den guten öfter blühenden Sorten ist das kaum erforderlich. Um die starkwüchsigen Jahrestriebe vor Windschäden und Abknicken durch das eigene Gewicht zu bewahren, werden sie im Sommer angebunden. Der Gruppe gehören u.a. an: **'Bantry Bay'** mit zahlreichen halbgefüllten, leuchtendrosa Blüten; **'Casino'** mit gefüllten, leuchtendgelben Blüten; die öfter blühende **'Compassion'** (Syn. 'Belle de Londres') mit locker gefüllten, rosa-aprikosenfarbenen, innen gelben Blüten; **'Climbing Étoile de Hollande'** mit halbgefüllten roten Blüten; **'Climbing Iceberg'** (Syn. 'Fée de Neiges') mit lange blühenden reinweißen Blüten; **'Climbing Peace'**, ein

Rosa, M.R., M.K., 'Bantry Bay'

R., M.R., M.K., 'Parkdirektor Riggers'

Rosa, M.R., Moderne Kletterrose, 'Dublin Bay'

Rosa, M.R., M.K., 'Golden Showers'

Rosa, M.R., M.K., 'Climbing Iceberg'

Rosa, M.R., Moderne Kletterrose, 'Gold Bunny'

2,5–3 m hoch kletternder Sproß der Teehybride 'Gloria Dei' (Syn. 'Peace'); **'Dublin Bay'** mit kleinen, halbgefüllten bis gefüllten, tiefroten Blüten; die lange und reich blühende **'Golden Showers'** mit kleinen und leicht duftenden, halbgefüllten, gelben Blüten; **'Maigold'** mit zahlreichen halbgefüllten, lebhaft goldgelben Blüten; **'Mme Grégoire Staechelin'** (Syn. 'Spanish Beauty') mit dunkelrosa Blüten; und schließlich die öfter blühende **'Parkdirektor Riggers'**, eine mittelstark wachsende Sorte mit halbgefüllten, leuchtendroten Blüten.

5. Miniaturrosen oder Zwergbengalrosen

Zwar haben Miniaturrosen durchweg kleine Blüten, doch sind die Pflanzen selbst nicht immer zwergwüchsig. Einige erreichen eine Höhe von 60–90 cm. Andere werden als Hochstämme veredelt, so daß überhängende Formen entstehen. Sogar einige kletternde Sorten finden sich in dieser Gruppe. Erwähnt seien hier: **'Anita Charles'** mit gefüllten, tiefrosa, nach außen bernsteinfarbenen Blüten; **'Baby Darling'** mit gefüllten, rosa-aprikosenfarbenen, in der Knospe besonders hübschen Blüten; **'Cheers'** mit gefüllten, bräunlichroten, nach außen helleren Blüten; **'Gold Coin'** mit runden, goldgelben Blüten; **'Green Ice'** mit anfangs weißen, später rot gezeichneten grünen Blüten; **'Jeanne Lajoie'**, ein hoher Strauch mit gefüllten, leuchtendrosa Blüten, der auch als Kletterrose gezogen werden kann; **'Lavender Jewel'** mit dichten Büscheln üppig gefüllter, rosa-lavendelfarbener Blüten; **'Magic Carousel'** mit gefüllten, weißen bis blaßrosa Blüten mit breitem rosa Rand; **'Mary Marshall'** mit gefüllten Blüten aus korallenrosa, außen rosagelblichen Blütenblättern; **'Orange Honey'** mit gefüllten, leuchtend orangefarbenen, in der Mitte oft helleren Blüten. **'Rainbow's End'** mit goldgelben, an den Spitzen und z.T. auch am Rand roten Blüten; **'Red Cascade'**, eine kriechende Sorte mit halbgefüllten bis gefüllten, tiefroten Blüten; sowie **'Rise 'n' Shine'**, eine außerordentlich beliebte Miniaturrose mit gefüllten, goldgelben Blüten. Die winzigen, dafür aber perfekt geformten, rosa Blütenknospen von **'Si'** sind die kleinsten Rosenblüten überhaupt.

R., M.R., Miniaturrose, 'Anita Charles'

R., M.R., Miniaturrose, 'Baby Darling'

Rosa, M.R., Miniaturrose, 'Gold Coin'

Rosa, M.R., M.K., 'Altissimo'

Rosa, M.R., M.K., 'Clair Matin'

R

Rosa, M.R., Miniaturrose, 'Green Ice'

R., M.R., Miniaturrose, 'Jeanne Lajoie'

R., M.R., Miniatur, 'Orange Honey'

R., M.R., Miniatur, 'Rise 'n' Shine'

R., M.R., Miniatur, 'Magic Carousel'

R., M.R., Miniatur, 'Mary Marshall'

Rosa, M.R., Miniaturrose, 'Si'

Rosa, M.R., Miniatur, 'Gold Fever'

Rosa, Moderne Rose, Miniaturrose, 'Lavender Jewel'

R., M.R., Miniatur, 'Jean Kenneally'

Rosa, M.R., Miniaturrose, 'Little Girl'

Rosa, M.R., Miniaturrose, 'Popcorn'

Rosa, M.R., Miniatu., 'Tom Thumb'

R

Rosa, Moderne Rose, Miniaturrose, 'Rainbow's End'

Rosa, Moderne Rose, Miniaturrose, 'Loving Touch'

ROSCOEA

SCHEINORCHIS, INGWERORCHIDEE

Die 18 Knollenstaudenarten dieser Gattung aus China und dem Himalaja sind Verwandte des Ingwers *(Zingiber)*, erinnern aber eher an eine Schwertlilie. Sie haben aufrechte, lanzettliche Blätter. Gezogen werden sie wegen ihrer orchideenähnlichen Blüten mit breit zweilappiger Lippe, einem helmförmigen oberen sowie zwei schmaleren seitlichen Blütenblättern. Am besten eignen sie sich für sonnige Rabatten sowie für Stein- und Waldgärten.
PFLEGE UND VERMEHRUNG: Die Pflanzen schätzen kühle, fruchtbare, humusreiche, durchlässige, im Sommer feuchte Böden in Sonne oder Halbschatten. Im Winter werden die eingezogenen Pflanzen mit einer dicken Mulchschicht aus Laub oder verrottetem Kompost abgedeckt und sind dann frosthart. Ihre Vermehrung erfolgt durch Samen oder Teilung.

Roscoea cautleoides

Diese Pflanze aus China wird bis zu 25 cm hoch und 15 cm breit. Sie hat lanzettliche, glänzende Blätter, die an der Basis tütenförmig zu einem Scheinstamm zusammengerollt sind. Ihre gelben oder orangefarbenen Blüten treiben im Sommer.

Roscoea cautleoides

Roscoea humeana

Die kräftiggrünen Blätter der bis zu 25 cm hohen und 20 cm breiten Pflanze bilden mit ihrem Blattgrund eine stammartige Blattscheide. Im Sommer trägt sie bis zu zehn langröhrige, violette Blüten.

Roscoea purpurea

Aus dem Himalaja stammt diese bis 40 cm hohe und 20 cm breite Pflanze mit langen, spitzen Blättern mit tütenförmigem Blattgrund, der (wie bei den anderen Arten) einen Scheinstamm bildet. Die im Sommer blühenden Blüten sind violett, zuweilen auch weiß oder zweifarbig.

ROSMARINUS

ROSMARIN

Als einzige Art dieser Gattung gilt im allgemeinen ein kleiner, selten über 1,2 m hoher Strauch aus dem Mittelmeerraum mit nadelartig schmalen, aromatischen, dunkelgrünen Blättern und kurzen Büscheln blauer Blüten, der wegen seines Dufts, aber auch als Heil- und Gewürzpflanze seit Jahrhunderten geschätzt und kultiviert wird.
PFLEGE UND VERMEHRUNG: Rosmarin wird als Einzelbusch oder als niedrige Hekke gezogen. Er gedeiht gut in nährstoffarmen Böden, wenn sie durchlässig sind, in sonniger Lage. Nur in den mildesten Lagen Mitteleuropas ist er winterhart, sonst wird er hell und kühl, aber frostfrei überwintert. Regelmäßiger Rückschnitt sorgt für kompakten Wuchs und regt die Bildung neuer Triebe an. Vermehrung durch Samen oder Stecklinge im Sommer.

Rosmarinus officinalis

ROSMARIN

Als Küchenkraut weitverbreitet, eignet sich dieser aufrechte Strauch mit seinen starken, verholzten Zweigen und der dichten Belaubung aus schmalen, 2,5 cm langen, tiefgrünen Blättern und den zahlreichen von Herbst bis Frühjahr blühenden lavendel- bis tiefblauen Blüten durchaus auch als Zierpflanze. Zu den vielen Namensorten gehören die blaublühende **'Benenden Blue'**; die niedrige, kriechende, blaublühende **'Huntingdon Carpet'**; die aufrechte, zartrosa blühende **'Majorca Pink'**; die bis knapp 2 m hohe, starkwüchsige **'Miss Jessop's Upright'**; die kriechende **'Prostratus'** (Syn. *Rosmarinus lavandulaceus* hort.), besonders schön auf Mauerkronen und an Böschungen; sowie **'Tuscan Blue'** mit dunkelblauen Blüten.

Rosmarinus officinalis

R. officinalis 'Huntingdon Carpet'

Rosmarinus officinalis 'Prostratus'

ROSSIOGLOSSUM

Sechs epiphytische Orchideenarten gehören zu dieser mittelamerikanischen Gattung. Sie bilden Büschel abgeflachter, ovaler, 10 cm langer Pseudobulben, von denen die rund 40 cm langen und 5 cm breiten blaugrünen Blätter emporwachsen. Ihre Blüten ähneln denen von *Odontoglossum*, sind aber mit 15 cm Durchmesser größer. Die Farbe ist meist gelb bis ockergelb mit roten bis braunen Streifen. Sie blühen im Herbst und Winter mit bis zu acht Blüten in einer bis 30 cm langen Traube.
PFLEGE UND VERMEHRUNG: In frostfreien Gegenden können die Orchideen bei Temperaturen um 10 °C auch im Freien überwintern. Sie gedeihen im Schatten in lockerem, grobem, sehr wasserdurchlässigem Substrat und sollten während der Wachstumsperiode mit verdünntem Flüssigdünger versorgt werden. Neue Pflanzen gewinnt man durch Teilung großer Exemplare oder durch Samen, was jedoch Spezialkenntnisse erfordert.

Rossioglossum grande

Syn. *Odontoglossum grande*

TIGERORCHIDEE, GROSSE ZAHNZUNGE

Die Blüten der bis zu 40 cm hohen, immergrünen Orchidee aus Mexiko und Guatemala erscheinen in aufrechten Trauben im Herbst. Sie sind kräftiggelb gefärbt mit starker kastanienbrauner Zeichnung und roten, braunen oder gelben Flecken. Ihre steifen, breit ovalen, grünen Blätter werden 20 cm lang.

ROSULARIA

DICKRÖSCHEN

Von der Iberischen Halbinsel über Nordafrika bis hin zum Himalaja erstreckt sich das Verbreitungsgebiet dieser rund 25 Sukkulentenarten umfassenden Gattung. Sie ähneln der Hauswurz *(Sempervivum)* mit ihren flachen Rosetten gekielter oder spatelförmiger, je nach Art 2,5–15 cm langer Blätter. Die trichterförmigen, kleinen Blüten wachsen in ansehnlichen Rispen und sind meist weiß, rosa oder gelb.
PFLEGE UND VERMEHRUNG: Die meisten Arten gedeihen leicht in durchlässigen Kiesböden an sonnigen Standorten. Während des Wachstums benötigen sie Wasser, sind sonst aber wenig trockenheits-, im Winter ziemlich feuchtigkeitsempfindlich. Die Vermehrung erfolgt durch Samen, Stecklinge oder Seitenrosetten, die wie Stecklinge behandelt werden.

Rosularia sedoides

Aus dem südlichen Himalaja stammt diese frostempfindliche Pflanze, deren rundliche, 2,5 cm lange, behaarte, nicht immer sukkulente Blätter beim Zerreiben einen harzigen, kiefernartigen Geruch absondern. Die 5 mm breiten, weißen bis grünlichen Blüten stehen in kurzen Trauben.

ROTHMANNIA

Rund 30 Arten teils mehrstämmiger, bis zu 4,5 m hoher, immergrüner Sträucher und kleiner Bäume umfaßt diese Gattung aus dem tropischen und südlichen Afrika, die früher der ähnlich aussehenden Gattung *Gardenia* zugerechnet wurde. Ihre gegenständigen Blätter sind lanzettlich oder oval, bis zu 15 cm lang und glänzendgrün. Die ungestielten, stark duftenden, glokkenförmigen Blüten erscheinen von Frühjahr bis Sommer. Die Früchte sind rundlich und fleischig.
PFLEGE UND VERMEHRUNG: Die nicht frostharten Pflanzen benötigen einen geschützten sonnigen oder halbschattigen Standort, am besten mit durchlässigem, neutralem bis leicht saurem, mit organischem Material angereichertem Boden. Die Vermehrung erfolgt im Frühjahr aus Samen, im Sommer aus Stecklingen.

Rothmannia capensis

Die schnellwachsende, in Kultur bis zu 4,5 m hohe südafrikanische Pflanze hat 10 cm lange, ledrige Blätter mit leicht gewellten Rändern; die Rinde hat eine graubraune Außen- und eine rosa Innenrinde. Die 10 cm langen Blüten sind gelb bis cremefarben mit rötlichen Flecken im Schlund.

Rothmannia capensis

Rothmannia globosa

Der bis zu 3,5 m hohe Strauch oder kleine Baum aus Südafrika mit dunkler Rinde trägt im Frühjahr in den Blattachseln oder an den Zweigspitzen viele cremeweiße, im Schlund oft gelbliche, wie Gardenien riechende Blüten. Die 2,5 cm dicken Früchte sind reif bräunlichschwarz.

Rothmannia globosa

ROYSTONEA

KÖNIGSPALME

Die zehn Palmenarten der nach dem US-General Roy Stone benannten Gattung stammen aus der Karibik und werden häu-

Roystonea elata

Rubus 'Navajo'

Rubus 'Benenden'

fig als stattliche Allee- oder Parkbäume gepflanzt. Mit ihren aufrechten, hellbraunen Einzelstämmen können sie fast 40 m hoch werden, sind aber meist um einiges kleiner. Ihre Wedel werden etwa 5 m lang und knapp 2 m breit. Die kleinen, weißen Blüten wachsen an ginsterartigen Rispen. Die Frucht ist eine dunkelviolette Beere.
PFLEGE UND VERMEHRUNG: Die Bäume benötigen ein tropisches oder subtropisches Klima, feuchten, durchlässigen, nährstoffreichen Boden und viel Sonne. Im Haus können sie anfällig für Spinnmilben und Schildläuse sein. Die Vermehrung erfolgt durch Samen im Frühjahr.

Roystonea elata

Von der folgenden Art unterscheidet sich der in Südflorida heimische Baum im wesentlichen nur durch die unauffällige Äderung der Blattfiedern.

Roystonea regia
KUBANISCHE KÖNIGSPALME

Als erwachsener Baum ist diese Palme mit geradem Stamm 30 m hoch. Ihre gut 5 m langen Wedel gliedern sich in schmale, tiefgrüne Fiedern. Kleine, weiße Blüten wachsen büschelweise in den bis zu 1 m langen, hängenden Blütenrispen. Die Früchte sind dunkelviolette Beeren von 2,5 cm Durchmesser.

RUBIA
RÖTE, KRAPP

Die etwa 60 Kriech- und Kletterpflanzenarten dieser Gattung sind in Europa, Asien und Afrika verbreitet. Sie haben schwache, kantige, oft rauhe oder stachlige Stengel und gegenständige oder in Viererwirteln wachsende Blätter; durch die blattähnlichen Nebenblätter wird der Eindruck vielblättriger Wirtel erreicht. Die Stielteller-blüten wachsen in kleinen, end- oder achselständigen Büscheln, die Früchte sind fleischig, rötlichbraun oder schwarz und beerenartig.
PFLEGE UND VERMEHRUNG: Die mehr oder minder winterharten, primär als Färbepflanzen, z.T. aber auch als Heilkräuter kultivierten Pflanzen gedeihen in tiefgründigen, durchlässigen Böden in sonniger oder halbschattiger Lage. Sie werden durch Samen im Frühjahr vermehrt oder

Roystonea regia

durch Teilung des kriechenden Wurzelstocks nach der Blüte.

Rubia peregrina
KLETTENKRAPP, LEVANTINISCHE KRAPPWURZEL

Mit seinen im oberen Teil rauhen bis stachligen Stengeln wird dieser kletternde oder kriechende Strauch gut 1 m hoch. Seine ledrigen Blätter sind oben glatt, am Rand und unten auf den Blattadern mit Stacheln besetzt. Im Sommer trägt er zahllose gelbgrüne Blüten in end- oder achselständigen Büscheln.

Rubia tinctoria
KRAPP, ECHTE FÄRBERRÖTE

Bis etwa 1 m hoch wird diese traditionelle Färbepflanze. Ihre länglichen oder lanzettlichen, knapp 10 cm langen Blätter tragen an den Rändern und Unterseiten Stacheln. Die kleinen, sternförmigen, gelben Blüten öffnen sich im Sommer. Der aus den Wurzeln zweijähriger Pflanzen gewonnene Farbstoff ist – je nach der verwendeten Beize – rot, rosa, violett, orange oder braun.

RUBUS
HIMBEERE, BROMBEERE, STEINBEERE

Mehr als 250 Arten sommer- und immergrüner, teilweise kletternder Sträucher umfaßt diese nahezu weltweit verbreitete Gattung von winzigen Pflanzen, wie der Moltebeere (*Rubus chamaemorus*), bis zu 3,5 m hohen, scharf bestachelten Sträuchern und Lianen. Sie haben mehr oder weniger rutenförmige Triebe und meist drei- bis siebenteilige, handförmige oder gefiederte, unterseits filzig-behaarte Blätter. Die Blüten (und später die Früchte) stehen an kurzen Seitentrieben an den zweijährigen Trieben; sie sind weiß, rosa oder violett. Oft erinnern sie an ungefüllte, kleine Rosenblüten, z.B. bei *R.* 'Navajo'. Die Früchte sind süß und saftig und gewöhnlich rot oder schwarz.
PFLEGE UND VERMEHRUNG: Die in der Regel winterharten Pflanzen schätzen feuchte, durchlässige, einigermaßen fruchtbare Böden in sonniger Lage. Einige Arten fassen sehr rasch Fuß, sie können sich dann sehr stark ausbreiten. Abgeerntete Triebe werden bis zum Boden zurückgeschnitten. Im Winter werden sie durch Teilung von Wurzelstöcken vermehrt, sonst durch Samen, Stecklinge oder Wurzelschößlinge.

Rubus 'Benenden'

Unbewehrte, übergebogene Triebe mit sich abschälender Rinde und gelappte, tiefgrüne Blätter sind die Kennzeichen dieses bis zu 3 m hohen und ebenso breiten, sommergrünen Strauches. Seine großen, weißen Blüten treiben im späten Frühjahr und im Frühsommer.

Rubus chamaemorus
MOLTEBEERE, KRANICHBEERE

Aus arktischen und subarktischen Regionen stammt diese bis etwa 25 cm hohe, kriechende Staude mit weißen Blüten und süßen, eßbaren, gelblichen bis roten Beeren, die im Herbst reifen und roh verzehrt, eingemacht oder zu Süßigkeiten und Essig verarbeitet werden.

Rubus cockburnianus
TANGUTISCHE HIMBEERE

Eßbar, aber geschmacklos sind die schwarzen Beeren dieses bis zu 2,5 m hohen und ebenso breiten chinesischen Strauches. Seine violetten Blüten erscheinen im Sommer in Trauben. Die eiförmigen Blätter sind oberseits tiefgrün, unterseits weißfilzig.

Rubus deliciosus
COLORADOHIMBEERE

Der im Westen der USA heimische und 3 m hohe, sommergrüne Strauch ist besonders in den Rocky Mountains verbreitet. Er hat unbewehrte Triebe mit sich abschälender Rinde, rundliche oder nierenförmige, drei- bis fünflappige, knapp 8 cm breite Blätter und trägt im Frühjahr 5 cm breite, weiße Blüten. Die Früchte sind violettrot.

Rubus fruticosus
BROMBEERE

Über 2000, sich nur in Einzelheiten unterscheidende Kleinarten umfaßt diese in Wäldern und Hecken weitverbreitete

Rubus deliciosus

Rubus fruticosus

Rubus idaeus

Rubus idaeus 'Killarney'

Sammelart aus den nördlicheren Teilen Europas. Die stachligen, übergebogenen Triebe der Gartenbrombeere erreichen rund 3 m Länge. Sie tragen drei- bis fünfteilige Blätter, 2,5 cm breite, weiße oder rosa Blüten und schmackhafte, schwarze Beeren mit violettem Saft. **'Himalayan Giant'** (Syn. 'Himalaja') ist sehr starkwüchsig mit mittelgroßen, dunklen Beeren und langer Fruchtzeit; **'Loch Ness'** hat unbewehrte, halbaufrechte Triebe.

Rubus idaeus

HIMBEERE

Der vor allem in den kühleren Teilen der nördlichen Hemisphäre verbreitete 1,5 m hohe und ebenso breite sommergrüne Strauch mit glatten, unterschiedlich stachligen, rötlichbraunen Trieben und gefiederten Blättern aus 10 cm langen, gesägten Fiedern trägt seine kleinen, fünfzähligen, weißen Blüten an Seitentrieben der vorjährigen Triebe. Die fleischigen, aromatischen Beeren sind meist rot, selten weiß oder gelblich. Zu den zahlreichen Kultursorten gehören die leicht zu ziehende, öfter tragende **'Autumn Bliss'** mit mittelgroßen, roten Beeren; **'Taylor'** mit langen, starken Trieben und spät reifenden mittelgroßen, leuchtendroten Früchten, sowie **'Killarney'** und **'Glen May'**, deren aromatische Beeren im Frühsommer reifen.

Rubus × *loganobaccus*

LOGANBEERE, BOYSENBEERE

Bis zu 4,5 m hoch wird dieser immergrüne Strauch mit aufrechten Trieben, breiten, eiförmigen, auf den Unterseiten weißen Blättern und weißen Blüten in stachligen Doldentrauben. **'Boysen'** (Syn. *Rubus* 'Boysen'), die Boysenbeere, ist eine üppig wuchernde Pflanze mit langen, rutenartigen, teils bestachelten, teils glatten Trieben und großen, violettroten Beeren, die in sechs Wochen reifen. **'Logan'** (Syn. *Rubus* 'Logan'), die Loganbeere, ist eine angeblich 1881 im Garten des Richters Logan in Kalifornien entstandene Kreuzung aus Brombeere und Himbeere, deren saure, karmesinrote Beeren sich besonders zum Einkochen eignen.

Rubus occidentalis

SCHWARZE HIMBEERE

Der in Nordamerika heimische, aufrechte, bis zu 2,5 m hohe Strauch, Stammpflanze vieler Kultursorten, hat übergebogene, stachlige, rutenartige Triebe. Wo die Triebspitzen wieder die Erde berühren, wurzeln sie ein. Die Blätter sind dreiteilig, die Blättchen gesägt und von unten weißlich. Aus den kleinen, weißen Blüten in dichten Büscheln entwickeln sich meist schwarze, gelegentlich auch goldene Beeren. Besonders ausdauernde, ergiebige Sorten sind **'Black Hawk'** und **'Jewel'**.

Rubus odoratus

WOHLRIECHENDE HIMBEERE, ZIMTHIMBEERE

Dieser wüchsige, sommergrüne Strauch aus dem Osten Nordamerikas bildet Dickichte mit seinen bis 2 m hohen, unbewehrten Trieben, deren Rinde sich ablöst. Die Blätter sind samtig dunkelgrün und erinnern an Reben. Die duftenden Blüten – rosarot, zuweilen auch weiß – blühen die gesamte warme Jahreszeit über. Die roten Früchte sind geschmacklos.

Rubus parviflorus

NUTKAHIMBEERE

Über 4,5 m hoch wird dieser sommergrüne Strauch aus Nordamerika und Nordmexiko mit seinen aufrechten, nicht bestachelten, jedoch jung feinbehaarten Trieben mit abblätternder Rinde. Die großen, nierenförmigen Blätter sind gelappt und bis zu 20 cm breit. Die 5 cm breiten Blüten wachsen in Trauben, die Früchte sind rot.

Rubus pentalobus

Syn. *Rubus calycinoides*

KRIECHHIMBEERE

Die Triebe des in Taiwan heimischen, immergrünen, etwa 10 cm hohen und bis zu 1 m breiten Kriechstrauchs bewurzeln sich rasch. Die glänzenden, dunkelgrünen, unten weißlichen Blätter sind auf der Oberseite stark geädert. Im Mittsommer blühen kleine, weiße, erdbeerähnliche Blüten. Die Art ist frostempfindlich.

Rubus spectabilis

LACHSHIMBEERE, PRÄCHTIGE HIMBEERE

Aus dem Westen Nordamerikas stammt dieser 2 m hohe, sommergrüne Strauch, dessen aufrechte, klebrige Triebe feine Stacheln tragen. Die bis zu 15 cm breiten Blätter gliedern sich in drei ovale Fiedern. Auf die bis zu 3,5 cm breiten, rosa bis blaßvioletten Blüten folgen hell orangefarbene Früchte.

Rubus thibetanus

TIBETHIMBEERE

Die Triebe dieses bis zu 2,5 m hohen und etwa ebenso breiten, sommergrünen Strauches aus dem Westen Chinas sind im Winter jung bräunlichviolett und weiß bereift. Von der Mitte bis zum Ende des Sommers trägt er kleine, rosa Blüten, denen schwarze Früchte folgen. Die farnartigen Blätter sind auf der Oberseite glänzendgrün, auf der Unterseite weißlich.

Rubus xanthocarpus

Hierbei handelt es sich um einen etwa 45–60 cm hohen Strauch mit stachligen Trieben, der aus dem Westen Chinas stammt. Seine Blätter gliedern sich in drei bis fünf ovale bis lanzettliche, gut 5 cm lange Fiedern. Die in kleinen Büscheln wachsenden weißen Blüten messen weniger als 2,5 cm im Durchmesser. Die glänzenden Früchte sind über 1 cm dick und goldgelb.

RUDBECKIA

SONNENHUT, RUDBECKIE

Rund 15 Arten ein- und zweijähriger Kräuter sowie Stauden gehören zu dieser nordamerikanischen Gattung. Sie sind zwischen 60 cm und 3 m hoch und haben farbenfrohe Blütenkörbchen mit kegelförmig emporgewölbter Mitte. Die Zungenblüten der einfachen, halbgefüllten oder gefüllten Blütenköpfchen blühen in der Regel in Gelbtönen, die kegelige Mitte ist dagegen grün, rost-

Rudbeckia, Kulturvarietät

Rubus pentalobus

Rubus odoratus

Rubus occidentalis

Rudbeckia hirta, Kulturvarietät

Rudbeckia fulgida var. *speciosa*

Rudbeckia hirta 'Irish Eyes'

R. fulgida var. *sullivantii* 'Goldsturm'

braun, violett oder schwarz. Einige Arten und Sorten eignen sich vorzüglich zum Schnitt.

PFLEGE UND VERMEHRUNG: Die winterharten Pflanzen bevorzugen lehmige, feuchtigkeitspeichernde Böden in sonniger oder halbschattiger Lage. Einige Arten und Sorten sind anfällig für Blattläuse. Durch Samen oder Teilung im Frühjahr oder Herbst lassen sie sich vermehren.

Rudbeckia fulgida

Aus den Rhizomen der bis 1 m hohen Staude wachsen verzweigte Triebe mit leicht behaarten, deutlich geäderten, mittelgrünen Blättern und orangegelben, in der Mitte dunkelbraunen Körbchenblüten. Die reich blühende ***Rudbeckia fulgida* var. *deamii*** hat stark behaarte Stengel, ***R. f.* var. *speciosa*** eilanzettliche Grund- und gezähnte Stengelblätter, die 60 cm hohe ***R. f.* var. *sullivantii* 'Goldsturm'** (Syn. *Rudbeckia* 'Goldsturm') zahlreiche gedrängte Stengel mit schmal lanzettlichen Blättern.

Rudbeckia hirta

RAUHHAARIGER SONNENHUT, RAUHER SONNENHUT

Leuchtendgelbe Blütenköpfchen mit purpurbrauner Mitte und lanzettliche und behaarte, mittelgrüne Blätter kennzeichnen diese 30–90 cm hohe und 30 cm breite Zweijahrespflanze oder kurzlebige Staude. Sorten sind z.B. **'Irish Eyes'** mit auffällig olivgrüner Mitte und **'Marmalade'** mit großen Blütenköpfchen und orange-goldgelben Strahlenblüten. Zwergwüchsige, meist einjährig gezogene Sorten wie **'Becky Mixed'** sind oft in einer Farbpalette von Rot über Orange bis Zitronengelb erhältlich.

Rudbeckia laciniata

SCHLITZBLÄTTRIGER SONNENHUT

Bis zu 3 m, meist aber nur 2 m hoch wird diese hübsche Staude, deren Blüten durch die hängenden Zungenblüten ungezwungen elegant wirken. Bekannte Sorten sind die auffällige, oft etwas schlaff wirkende, gefüllte **'Goldball'** (Syn. 'Golden Glow') und die bis etwa 80 cm hohe **'Goldquelle'** mit großen und gefüllten leuchtendgelben Blüten.

RUELLIA

Syn. *Stephanophysum, Arrhostoxylum*

RUELLIE, RUDEL

Die etwa 150 Arten immergrüner Sträucher, Halbsträucher und Stauden dieser großen Gattung stammen aus den Tropen und Subtropen Amerikas, einige Exemplare auch aus gemäßigten Zonen in Nordamerika. Sie besitzen längliche bis lanzettliche, bis zu 15 cm lange, ganzrandige Blätter, meist rote, rosa oder blaue Trichterblüten in dichten, endständigen Rispen.

PFLEGE UND VERMEHRUNG: Die recht trockenheitsbeständigen Pflanzen gedeihen auf fruchtbaren, humusreichen, feuchten Böden in sonniger oder halbschattiger Lage, z.B. an trockenen Orten unter Bäumen. In kühleren Regionen sind es Zimmer- oder Gewächshauspflanzen. Im Frühjahr oder Frühsommer zieht man neue Pflanzen aus Stecklingen oder Samen.

Ruellia devosiana

Der bis 50 cm hohe, dicht mit feinen Härchen bedeckte Halbstrauch aus Brasilien hat lanzettliche, etwa 10 cm lange, auf den Oberseiten blaß geäderte, tiefgrüne und auf den Unterseiten violettrote Blätter. Seine 3,5–5 cm langen Trichterblüten wachsen einzeln in den Blattachseln und sind lavendelblau, leicht weißlich getönt und violett geädert.

Ruellia elegans

Aus Brasilien stammt diese buschige, bis zu 60 cm hohe und ebenso breite Pflanze mit spitzen, ovalen Blättern, die im Sommer Büschel roter Röhrenblüten mit großen Kronlappen trägt. Ein regelmäßiger Rückschnitt im Frühjahr hält die Pflanze kompakt und regt das Wachstum neuer Triebe an.

Ruellia graecizans

Syn. *Ruellia amoena*

Dichtbuschig und breitwüchsig ist dieser 60 cm hohe südamerikanische Halbstrauch. Er hat schmale, bis zu 20 cm lange, unbehaarte Blätter und trägt seine 2,5 cm langen, leuchtendroten Trichterblüten in kleinen Büscheln in den Blattachseln.

Ruellia macrantha

Die großen, trompetenförmigen, knapp 10 cm langen und dunkel geäderten, tiefrosa Blüten dieser bis 2 m hohen und 50 cm breiten brasilianischen Pflanze blühen im Herbst und Winter. Um Weihnachten stehen sie in voller Blüte.

RUMEX

AMPFER

Die vor allem in den gemäßigten Zonen der nördlichen Hemisphäre heimischen rund 200 Arten ein-, zwei- oder mehrjähriger Kräuter dieser Gattung mit tiefer Pfahlwurzel sind heute in vielen Teilen der Welt verbreitet und teilweise lästige Unkräuter. Die aufrechten Pflanzen haben meist eine grundständige Rosette einfacher Blätter und mehr oder weniger viele Stengelblätter. Ihre Blüten wachsen in Wirteln in verzweigten Blütenständen. Die kleinen Früchte sind oval und spitz. Einige Arten werden wegen ihrer hübschen Blätter oder als Gemüsepflanzen kultiviert.

PFLEGE UND VERMEHRUNG: Die frostbeständigen Pflanzen gedeihen zumeist auf mäßig fruchtbaren, durchlässigen Böden in sonniger Lage. Junge Pflanzen sind vor Schnecken zu schützen. Die Vermehrung erfolgt durch Samen im Frühjahr oder Teilung im Herbst.

Rumex acetosa

Syn. *Acetosa sagittata*

GROSSER SAUERAMPFER

Wie Pfeilspitzen stehen die leuchtendgrünen Blätter dieser schnellwachsenden, winterharten Staude empor. Im Frühsommer erscheinen ihre in Wirteln angeordneten erst grünen, dann roten Blüten. Die säuerlich schmeckenden Blätter werden

Rudbeckia laciniata

Rudbeckia laciniata 'Goldquelle'

Rumex acetosa

Rumex scutatus

zu Salat verarbeitet oder auch als Gemüse verzehrt.

Rumex alpinus

ALPENAMPFER, MÖNCHSRHABARBER, PLOTSCHE, BLACKE

Aus den Rhizomen dieser in den Gebirgen Europas heimischen, breitwüchsigen Staude wachsen bis zu 1,5 m hohe, rot überlaufene Blütenstengel. Die breiten, gewellten, bis zu 40 cm langen Blätter bilden ein dichtes, grundständiges Büschel.

Rumex hymenosepalus

CANAIGREWURZEL

Aus dem Westen der USA stammt diese 1 m hohe Staude mit spindelförmigen Wurzeln. Ihre länglichen bis lanzettlichen, bis zu 30 cm langen Blätter sind gewellt oder gekräuselt und haben kurze Stiele.

Rumex scutatus

SCHILDAMPFER

Die blaßgrünen, ovalen Blätter dieser niedrigen Staude wurden früher wie Spinat als Gemüse verzehrt, eignen sich mit ihrem sauren Geschmack aber eher für Salate, Soßen oder Suppen. Die in ihnen enthaltene Oxalsäure wirkt in großen Mengen giftig. Die Samen werden im Frühjahr ausgesät oder abgetrennte Pflanzenstücke im Abstand von 30 cm eingepflanzt. Die grünlichen Blüten werden entfernt, um das Wachstum neuer Triebe zu fördern.

RUSCHIA

Die in Südafrika und Namibia heimische Gattung umfaßt rund 350 Arten sukkulenter Stauden und kleiner Sträucher, die an ihren drahtigen Stielen trockene Reste welken Laubs und nur an den Spitzen lebende Blätter tragen. Diese sind fleischig und graugrün, meist weniger als 2,5 cm lang, teils zylindrisch, teils gekielt mit Zähnen

Russelia equisetiformis

oder Höckern und entwickeln in der Sonne zuweilen eine rosa oder rote Tönung. Die 2,5–3,5 cm breiten Blüten sind in der Regel weiß, rosa oder violett, selten auch gelb und erinnern an die Körbchen von Korbblütlern. In der Wüste blühen sie nach Regenfällen, sonst im Frühsommer.

PFLEGE UND VERMEHRUNG: Die Pflanzen gedeihen auf leichten, kiesigen, sehr durchlässigen Böden in sonniger oder nur morgens schattiger Lage. Einige Arten vertragen leichte Fröste, doch bei nasser Kälte verfaulen sie. Die Vermehrung erfolgt durch Samen, Stecklinge von den Blattstielen oder Absenker.

Ruschia lineolata

Nur 5 cm hoch wird diese immergrüne Sukkulente aus der südafrikanischen Kapprovinz. Sie hat winzige, im Querschnitt dreieckige, grüne Blätter und trägt im Sommer große, violette Blüten.

RUSCUS

MÄUSEDORN

Sechs immergrüne, ihrer Blätter wie ihrer Früchte wegen gezogene Straucharten gehören zu dieser im Mittelmeerraum sowie auf Madeira und den Azoren heimischen Gattung. Was wie Blätter aussieht, sind abgeflachte Triebe, die die winzigen sternförmigen, grünen bis grünlichweißen Blüten und auch die auffälligen, roten Früchte tragen. Letztere bilden sich nur, wenn sowohl männliche als auch weibliche Pflanzen vorhanden sind.

PFLEGE UND VERMEHRUNG: Die genügsamen Pflanzen gedeihen auf jedem nicht zu feuchten Boden in der Sonne oder im Halbschatten. Durch Samen oder Teilung werden sie vermehrt.

Ruscus aculeatus

STECHENDER MÄUSEDORN, DORNMYRTE

Der zähe, aufrechte, reich verzweigte und immergrüne Halbstrauch stammt aus Nordafrika. Er ist sehr frostempfindlich und wird bis 80 cm hoch und 1 m breit. Die »Blätter« haben stechende Spitzen. In ihrer Mitte wachsen im Frühjahr die Blüten und danach die leuchtendroten Beeren. Metzgern dienten die Zweigbüschel früher zum Säubern ihrer Hackblöcke (daher der englische Name *butcher's broom*, »Metzgerginster«).

RUSSELIA

Die etwa 50 Arten sommer- oder immergrüner Sträucher und Halbsträucher dieser Gattung haben auffällige rote, rosa oder weiße Röhrenblüten und tragen ihre schuppenförmigen Blätter an hängenden Trieben. Ihre Heimat sind Mittelamerika und die Karibik.

PFLEGE UND VERMEHRUNG: Die nicht frostharten Pflanzen gedeihen auf leichten, durchlässigen, humusreichen Böden in der Sonne. Zur Vermehrung nimmt man Stecklinge oder Ableger.

Russelia equisetiformis

Syn. *Russelia juncea*

RUSSELIE

Der knapp 1 m hohe und breite mexikanische Halbstrauch mit drahtigen, fast blattlosen grünen Trieben ist ziemlich raschwüchsig. Er verträgt auch Meeresluft. Beliebt ist er für seine ganzjährig in Büscheln zwischen den winzigen, grünen Blättern erscheinenden roten Blüten.

RUTA

RAUTE

Acht Arten Halbsträucher, Sträucher und Stauden mit aromatischen, fiederschnittigen, hübschen, blaugrauen Blättern und kleinen, gelben Blüten in endständigen Blütenständen gehören zu dieser Gattung. Sie werden gern als niedrige Hecke gepflanzt und kommen besonders unter hohen Rosensträuchern gut zur Geltung. Die Blätter dienen als Gewürz und werden zu Heilzwecken oder zur Abwehr von Insekten genutzt. An heißen Tagen können sie bei intensiverer Berührung Hautausschlag verursachen.

PFLEGE UND VERMEHRUNG: Die winterharten, wärmebedürftigen Pflanzen schätzen leicht alkalische, durchlässige Böden in sonniger Lage. Ein Rückschnitt nach der Blüte sorgt für kompakten Wuchs. Vermehrt wird die Raute im Frühjahr durch Teilung, im Spätsommer durch Triebstecklinge.

Ruta graveolens

WEINRAUTE

In der Vergangenheit als eines der klassischen krankheitsabwehrenden Bitterkräuter kultiviert, dient dieser winterharte, etwa 60 cm hohe und immergrüne Strauch mit seinen hübschen, spitzenartigen und graugrünen Blättern und den im Sommer blühenden Büscheln kleiner, gelbgrüner Blüten, die sich zu attraktiven Sträußen binden lassen, heute in der Regel nur noch als dekorative Zierpflanze. Die früher zu Heilmitteln verarbeiteten Blätter sind in größeren Mengen und während der Schwangerschaft nicht ungefährlich für die Gesundheit.

Ruta graveolens

Ruschia lineolata

Ruscus aculeatus

Ruellia macrantha

S

SABAL

PALMETTOPALME

Die 14 Arten dieser Fächerpalme sind im Südosten der USA und auf den Karibischen Inseln heimisch. Ihr Stamm ist meist lang und aufrecht, bei manchen aber auch sehr kurz. Die fächerförmigen Wedel sind tief und gleichmäßig geschlitzt. Zwischen den Wedeln bilden sich lange Rispen mit winzigen, weißen Blüten aus, deren Stengel an der Basis von röhrenförmigen Tragblättern umgeben sind. Die rundlichen Beerenfrüchte sind annähernd birnenförmig. Kariben verwenden die Palmwedel traditionell für Hüttendächer; aus dem Mark einiger Arten bereitet man Palmherzensalat.

PFLEGE UND VERMEHRUNG: Die Palmen benötigen sehr warmes, feuchtes oder trockenes Klima, so daß man sie nur in Kübeln oder Gewächshäusern halten kann. Im Freien sollte man ihnen einen windgeschützten, sonnigen Platz geben. Die Vermehrung erfolgt durch Samen.

Sagina subulata

Sabal mexicana

TEXANISCHE PALMETTOPALME

Eine langsamwachsende Fächerpalmenart aus Mexiko und dem südlichen Texas, die 9–15 m hoch wird. Sie wirft ihre Wedel vollständig ab und bildet so einen schlanken, makellosen Stamm aus.

Sabal minor

Diese strauchartige Palme aus dem Südosten der USA wird bis zu 2 m hoch und breitet sich bis zu knapp 1 m aus. Der Stamm wächst gewöhnlich unterirdisch, ragt aber manchmal auch ein kurzes Stück aus dem Boden hervor. Die Blattkrone bildet sich auf Bodenhöhe aus. Die harten, ziemlich flachen Wedel sind grün bis bläulichgrün, gerippt und gleichmäßig geschlitzt. Die schlanken, aufrechten Rispen mit ihren kleinen, weißen, zart duftenden Blüten sitzen hoch über den Wedeln. Die kleinen Früchte sind glänzendschwarz.

Sabal palmetto

PALMETTOPALME

Diese Art ist im Südosten der USA, auf Kuba und den Bahamas heimisch. Sie gedeiht in sumpfigen Küstenregionen und kann bis zu 25 m hoch werden. Der kräftige Stamm ist an früheren Blattansätzen vernarbt. Die gedrehten Wedel, auf der Oberseite dunkelgrün, unterseits gräulich, werden bis zu 2 m lang, sind zur Blattachse hin bis zu einer Tiefe von zwei Dritteln geschlitzt und an den Spitzen gespalten. Aus den in langen, verzweigten Trauben angeordneten, kleinen weißlichen Blüten gehen schwarze Beerenfrüchte hervor.

Sagittaria sagittifolia

Saccharum ravennae

Sabal minor

Sabal palmetto

SACCHARUM

ZUCKERROHR

Diese Gattung umfaßt etwa 35 Arten ausdauernder Gräser mit langen, dicken, gegliederten Halmen. Sie wachsen vorwiegend in tropischen und subtropischen Regionen und dort nicht selten in Flußebenen. Die Blätter sind flach, die verzweigten, gefiederten Blütenstände sitzen am oberen Ende der Halme. Den Garten schmücken sie als imposante, große Zierpflanzen mit zarten, endständigen Blüten. Das Stengelmark von ***Saccharum arundinaceum*** wird zur Papierherstellung verwendet.

PFLEGE UND VERMEHRUNG: Zuckerrohrarten lassen sich nur in tropischen Regionen im Freien anpflanzen; in gemäßigten Klimazonen benötigen sie dagegen eine entsprechend geschützte Umgebung, in der Regel ein Gewächshaus. Die Vermehrung erfolgt zumeist durch Stecklinge.

Saccharum officinarum

ZUCKERROHR

Die kräftigen Halme dieser Art erreichen eine Länge von 6 m. Sie sind 5 cm dick und sehr saftreich. Ihre lanzettlichen Blätter werden bis zu 2 m lang und 6 cm breit und haben einen rauhen Rand. Die bis zu 1 m langen Blütenrispen sind schlank und gebogen. Jedes einzelne Ährchen ist 3 mm lang und von langen, seidigen Härchen umschlossen. Neben der Zuckerrübe ist die Art der wichtigste Rohstoff der kommerziellen Zuckergewinnung und Hauptanbauprodukt vieler tropischer Länder.

Saccharum ravennae

Syn. *Erianthus ravennae*

SEIDENGRAS

Diese Art besitzt kräftige, glatte Halme von bis zu 2 m Länge, an denen lange, lineale, flaumigweiße Blätter sitzen. Die Blütenrispen des nordafrikanischen Grases bilden sich an bis zu 3 m langen Halmen.

SAGINA

MASTKRAUT, SONNENMOOS

Es gibt über 20 Arten dieser kleinen, ein- oder mehrjährigen Bodendecker aus den gemäßigten nördlichen Klimazonen und einigen tropischen Bergregionen. Die linealen Blätter bilden eine zentrale Blattrosette, aus der die verzweigten Blütenstengel herausragen. Die vier- oder fünfblättrigen Blüten sind klein und weiß.

PFLEGE UND VERMEHRUNG: Die winterharten Pflanzen benötigen feuchten, durchlässigen Boden und Sonne oder Halbschatten. Vermehrung im Herbst durch Samen, im Frühjahr durch Teilung.

Sabal palmetto

Sagina subulata

STERNMOOS

Diese Pflanze ist besonders wegen ihres dichten Wuchses beliebt. Die kurzen Seitentriebe verwurzeln sich von selbst, und ihre 6 mm langen, leuchtendgrünen Blätter bilden kompakte Polster. Vom späten Frühjahr bis zum Sommer erscheinen die weiße Blüten. Die Blätter der Sorte **'Aurea'** sind gelbgrün gefärbt. Sowohl Art als auch Sorte eignen sich besonders für Steingärten und Beetumrandungen.

SAGITTARIA

PFEILKRAUT

Etwa 20 Arten mehrjähriger Wasserpflanzen aus gemäßigtem und tropischem Klima gehören zu dieser Gattung. Sie können völlig oder teilweise untergetaucht wachsen; einige Arten bilden Knollenrhizome. Die Luftblätter sind meist 25–30 cm lang und lineal bis oval, bei manchen Arten aber auch wie Pfeilspitzen geformt; die Wasserblätter sind zumeist bandförmig. Mit den Blattstielen werden sie bis zu 1,2 m lang und können regelrechte Unterwasserweiden bilden. Im Sommer erscheinen schöne dreiteilige, weiße Blüten mit rotvioletten Punkten. Sie sind 1–5 cm breit und sitzen an verzweigten Stengeln oberhalb der Blätter.

PFLEGE UND VERMEHRUNG: Die mit Teilen des Pflanzenkörpers aus dem Wasser ragenden Arten werden gerne zum Bepflanzen von Teichen verwendet. Alle Arten bilden Wurzeln und benötigen stark lehmhaltigen Untergrund sowie einen sonnigen bis halbschattigen Platz. Nicht alle sind winterhart. Völlig untergetaucht lebende Arten findet man manchmal in Aquarien. Vermehrung durch Samen oder Teilung der Wurzeln bzw. Knollen.

Sagittaria graminea

Den Knollenrhizomen dieser mehrjährigen Art entspringen Stengel, die bis zu 1 m lang werden können. Die Luftblätter sind lineal bis oval und an der Basis gelegentlich gelappt, die Blüten weiß und etwa 1 cm breit, wobei die weiblichen Blüten an längeren Stengeln sitzen. Die Art stammt von der Ostküste der USA und aus Kuba, wurde inzwischen aber auch nach Panama eingeschleppt.

Sagittaria lancifolia

Diese Art kommt von North Carolina bis zum nördlichen Südamerika und auf den Karibischen Inseln vor. Die lederartigen, hellgrünen, ovalen, linealen oder elliptischen und bis zu 40 cm langen Blätter wachsen vorwiegend außerhalb des Wassers. Die Pflanze wird bis 2 m hoch. Die weißen Blüten von etwa 5 cm Durchmesser sind in Wirteln angeordnet. Eine größere Sorte ist **'Gigantea'**; die Blätter und Blüten von **'Rubra'** sind rötlich überhaucht.

Sagittaria sagittifolia

SPITZES PFEILKRAUT, ECHTES PFEILKRAUT

Eine in Europa und Asien weitverbreitete Art. Wegen ihres eßbaren Knollenrhizoms wird sie in Asien häufig in Reisfeldern angepflanzt, in Europa findet man sie in Teichen oder Aquarien. Das Spitze Pfeilkraut ähnelt *Sagittaria lancifolia*, allerdings haben die Blätter eine attraktivere, pfeilförmige Gestalt, so daß es besonders gern in Teichen angepflanzt wird. Die Blüten sind kleiner (Durchmesser etwa 2,5 cm), weiß und mit rotvioletten Punkten an der Basis. Die Sorte **'Flore Pleno'** hat gefüllte Blüten.

SAINTPAULIA

USAMBARAVEILCHEN

Die Usambaraveilchen stammen aus Ostafrika, wo sie im späten 19. Jahrhundert von Baron von Saint-Paul erstmals gesammelt und nach Europa gebracht wurden. Es gibt 20 Arten und einige Tausend Sorten dieser kleinen, immergrünen, nicht winterharten Pflanzen, die dank ihrer attraktiven Blätter, kompakten Wuchsform, langer Blütezeit und der vielen verschiedenen Blütenfarben zu den beliebtesten Zimmerpflanzen gehören. Bekannte Sorten sind **'Chimera Monique'** mit rotvioletten und weißen Blüten, **'Chimera Myrte'** mit tiefroten und weißen Blüten, **'Nada'** mit weißen Blüten,und die intensiv rot blühende **'Ramona'**. Die Blüten sind fünflappig, die fleischigen Blätter meistens behaart.

PFLEGE UND VERMEHRUNG: Bei richtiger Pflege lassen sich Usambaraveilchen viel problemloser halten als oft behauptet. Empfehlenswert ist spezielle Erde, die man im Handel erhält. Konstante Temperaturen, mäßiges Gießen und helles, aber indirektes Licht verlängern die Blütezeit. Zum Gießen sollte man kalkfreies, lauwarmes Wasser verwenden, wobei die Blätter möglichst nicht benetzt werden sollten, da sie sonst braune Flecken bekommen. Die Erde darf zwischendurch etwas austrocknen. Am schönsten blühen Usambaraveilchen in kleineren Töpfen; umgetopft werden sollte, wenn die Pflanzen kaum noch Knospen ansetzen. Die Vermehrung erfolgt durch Blattstecklinge, die sich in Wasser oder in einem mit Kieselsteinen bedeckten Sand-Torf-Gemisch bewurzeln. Usambaraveilchen sind anfällig für die Weiße Fliege, Schildläuse und Mehltau.

Saintpaulia 'Chimera Myrthe'

Saintpaulia 'Chimera Monique'

Saintpaulia 'Nada'

Saintpaulia 'Ramona'

Saintpaulia, Kulturvarietät

Saintpaulia magungensis

Salix babylonica

Salix alba var. *sericea*

Salix alba 'Vitellina'

Saintpaulia confusa

Diese Art aus den Bergen Tansanias wird bis 10 cm hoch und hat schlanke, aufrechte Stengel. Die kreisrunden, behaarten Blätter sind dunkelgrün; die blauvioletten Blüten haben gelbe Staubbeutel und wachsen fast immer zu viert zusammen.

Saintpaulia ionantha

USAMBARAVEILCHEN

Diese Art aus Tansania hat am Grunde röhrenförmige, blauviolette Blüten, die sich an Stengeln oberhalb der Blätter ausbilden. Die oberseits mittelgrünen, unterseits rotgrünen Blätter sind rundlich, gekerbt, dickfleischig und behaart. Im Handel gibt es heute mehrere Tausend, recht unterschiedliche Sorten, deren Blüten einfach oder gefüllt sein können; einige erreichen Blütendurchmesser bis zu 3,5 cm. Das Farbenspektrum reicht von Weiß über Hellrosa, Scharlach- oder Dunkelrot und Blau bis Rotviolett.

Saintpaulia magungensis

Aus Tansania stammt diese Pflanze mit rotvioletten Blüten bis zu 2 cm Durchmesser, die zu zweit oder viert direkt über den Blättern sitzen. Die verzweigten Stengel sind 15 cm lang und besitzen Blätter mit bis zu 5 cm langen Blattstielen. Die ovalen oder runden Blätter mit welligem Rand sind etwa 6 cm breit und auf der Oberseite kurz oder lang behaart.

Saintpaulia, kleine und niederliegende Hybriden

Es gibt eine Reihe von Kreuzungen zwischen *Saintpaulia ionantha* und weniger bekannten Arten. Diese bilden zumeist kleine, kompakte Rosetten von weniger als 8 cm Durchmesser; niederliegende Hybriden können bis zu 10 cm lange Triebe entwickeln. Die Blätter und Blüten sind zumeist relativ klein und manchmal eher glockenförmig als ausladend. Man sagt den kleinen Formen nach, sie seien leichter zu halten als die größeren.

SALIX

WEIDE

Zu dieser Gattung gehören über 300 Arten sommergrüner Bäume, Sträucher und Halbsträucher – vorwiegend heimisch in den kalten und gemäßigten Klimazonen der nördlichen Hemisphäre. Die schnellwüchsigen, aber auch relativ kurzlebigen Bäume wurden früher wegen ihrer biegsamen Zweige angepflanzt, die zur Herstellung von Flechtwerk (z.B. Weidenkörben) dienten. Außerdem festigen Weiden mit kräftigen und verzweigten Wurzeln das Erdreich. Aus der Rinde wurde einst Aspirin gewonnen. Die Blätter der Weiden sind meist hellgrün, schmal und lanzettlich. Ihre zu flaumigen Kätzchen versammelten Blüten sind bei manchen Arten besonders auffällig und erscheinen schon vor oder gleichzeitig mit den neuen Blättern. Männliche und weibliche Weidenkätzchen sitzen meist an verschiedenen Bäumen.

PFLEGE UND VERMEHRUNG: Die winterharten Pflanzen gedeihen am besten in feuchtem Boden bei Sonne oder Halbschatten. Die Vermehrung erfolgt im Sommer oder Winter durch Aussaat, Stecklinge oder Absenker. Viele Weiden sind anfällig für Schädlinge wie Raupen, Blattläuse und Gallmilben, aber auch für Pilzbefall.

Salix alba

SILBERWEIDE

Dieser anpassungsfähige Baum aus Europa, Nordafrika und Zentralasien kann bis 25 m hoch werden. Die aufrechten Zweige hängen an den Spitzen leicht über; die schmalen Blätter sind bis 8 cm lang, leuchtendgrün gefärbt und unterseits seidig behaart. Silberweiden stellen einen guten Windschutz dar, ihre Wurzeln breiten sich jedoch schnell aus. Beliebte Sorten sind **'Britzensis'** (Syn. 'Chermesina') mit leuchtendroten Trieben und **'Chrysostela'** mit gelben, an der Spitze orangefarbenen Trieben. Die Blätter von ***Salix alba* var. *caerulea*** sind blaugrün gefärbt, ***S. a.* var. *sericea*** hat silberfarbenes Laub; **'Vitellina'**, die Dotterweide, zeigt leuchtendgelbe Neuaustriebe.

S

Salix fragilis

Salix babylonica

Salix apoda

S. babylonica var. *pekinensis* 'Tortuosa'

Salix apoda

Dieser niederliegende Strauch aus Osteuropa und der Kaukasusregion wird etwa 20 cm hoch und erreicht eine Breite von 60 cm. Die spitzen, ovalen Blätter von 6 cm Länge sind in der Jugend hell behaart, später dunkelgrün gefärbt. Im zeitigen Frühjahr entfalten sich die rötlichbraunen Knospen und geben bis zu 2,5 cm lange, silbergraue, pelzige Kätzchen frei. Die Art ist eine sehr attraktive Steingartenpflanze, die größer wird als die zumeist kümmerwüchsigen arktischen Weiden.

Salix babylonica

TRAUERWEIDE

Diese chinesische Art mit dichtem Laub und nach unten hängenden Zweigen, die oft bis zum Boden reichen, ist vermutlich die verbreitetste und beliebteste der heute angepflanzten Weiden. Sie erreicht eine

Salix helvetica

Höhe und Breite von etwa 15 m. Die schmalen, hellgrünen Blätter sind 8–15 cm lang, die Kätzchen unauffällig. Die Sorte **'Crispa'** hat gedrehte Blätter und einen dichteren Wuchs; die leuchtendgrünen lanzettlichen und gesägten Blätter von ***Salix babylonica* var. *pekinensis*** 'Tortuosa' verfärben sich im Herbst gelb.

Salix 'Blanda'

Eine Sorte mit hängenden Zweigen und lanzettlichen, bläulichen Blättern bis zu 15 cm Länge. Die Bäume wachsen relativ schnell zu einer Höhe und Breite von 12 m heran.

Salix × *boydii*

ZWERGWEIDE

Diese Kreuzung aus ***Salix lapponum*** und *S. reticulata* wächst nur langsam und wird gerade einmal 30 cm hoch. Die knorrigen und behaarten Stämme mit den runden, gräulichen Blättern vermitteln ein wenig den Eindruck uralter Gewächse. Für Gärten oder als Bonsaibaum gleichermaßen geeignet.

Salix × *boydii*

Salix caprea

SALWEIDE

Dieser in Europa und Nordostasien heimische Strauch oder Baum mit dichtem Wuchs wird 3–9 m hoch. Die Blätter sind 5–10 cm lang, oberseits mittelgrün, unterseits dagegen grau behaart. Vor den Blättern erscheinen im Frühling die Kätzchen; bei männlichen Pflanzen sind sie groß mit gelben Staubgefäßen, bei weiblichen seidig und silbergrau. Diese Art gedeiht vor allem in sumpfigen Gebieten und an Wasserläufen. In kleineren Gärten kann die starke Wurzelbildung zu einem Problem werden. Die Sorte **'Kilmarnock'** ist eine Trauerweide mit drahtigen, herabhängenden Zweigen, die meist in einer Höhe von 1,8 m gepfropft wird. Gelbe und braune Triebe bilden eine dichte Krone.

Salix chilensis

Syn. **Salix humboldtiana**

Diese immergrüne Weide kommt wildwachsend in den wärmeren Regionen Chiles und anderen Teilen Mittel- und Südamerikas vor. Sie wird bis zu 15 m hoch und weist meist mehrere Stämme auf. Die zahlreichen nach oben gerichteten Zweige geben ihr oft eine etwas säulenförmige Gestalt. Aus den kräftigen, biegsamen Zweigen fertigt man Korbmöbel. Die leuchtendgrünen, wachsartigen Blätter sind 10–15 cm lang, schmal bis lanzettlich und ähneln denen der Trauerweide. Besonders junge Pflanzen sind frostempfindlich und benötigen entsprechenden Winterschutz.

Salix cinerea

Diese Weidenart aus Europa und Asien wächst zu einem großen Strauch oder kleinen Baum von bis zu 4,5 m Höhe heran. Die 8 cm langen Blätter haben einen gewellten Rand und eine gräuliche Unterseite. Die Zweige sind ebenfalls gräulich und behaart. Die seidigen Kätzchen erscheinen im zeitigen Frühjahr schon vor den Blättern. Es werden gelb, weiß oder rot panaschierte Sorten angeboten.

Salix caprea

Salix elaeagnos

Syn. *Salix incana*

LAVENDELWEIDE

Dieser Baum stammt aus den Gebirgsregionen Mitteleuropas, der Türkei und Südwestasiens. Er erreicht eine Höhe von 3 m. Seine schmalen Blätter können 15 cm lang werden; auf der Unterseite sind sie weiß, am Rand eingerollt. Die Lavendelweide weist einen dichten Wuchs auf und hat schlanke, rotbraune Äste. Die Kätzchen erscheinen vor oder gleichzeitig mit den Blättern.

Salix fragilis

KNACKWEIDE, BRUCHWEIDE

Diese schnellwachsende Art aus Europa und Nordwestasien kann bis zu 15 m hoch werden und hat eine reichverzweigte, breite Krone. Die gezähnten, bis zu 15 cm langen Blätter verfärben sich im Herbst gelb. Aus dem Holz wurde früher Holzkohle hergestellt. Die anspruchslose Knackweide breitet sich zumeist von selbst aus. Es gibt mehrere Sorten. Der deutsche Name verweist darauf, daß die Zweige an der Ansatzstelle leicht abbrechen.

Salix gracilistyla

Bei dieser aus Ostasien stammenden Art handelt es sich um kräftige Sträucher bis zu 3 m Höhe. Die etwa 10 cm langen, lanzettlichen Blätter sind jung grau und behaart, später wird die Oberseite glatt und glänzend. Die seidigen, grauen, bis zu 5 cm langen Kätzchen bilden sich im Frühjahr noch vor den Blättern aus. Die Sorte **'Melanostachys'** hat fast schwarze Kätzchen und leuchtendrote Staubbeutel.

Salix hastata

SPIESSWEIDE

Aus Europa und Asien stammt dieser dichte Strauch von etwa 1 m Höhe. Seine Zweige sind meist rotviolett. Die 2,5–8 cm langen Blätter haben deutlich sichtbare Blattadern. Ihre Oberseite ist grün gefärbt, die Unterseite flaumig behaart; die Form variiert von elliptisch bis lanzettlich. Die Kätzchen erscheinen im Frühling vor oder zusammen mit den Blättern. **'Wehrhahnii'** (Zierweide) hat violettrote Zweige und silbergraue Kätzchen, die sich bei der Reife durch die Pollenmassen gelb verfärben.

Salix helvetica

STRAUCHWEIDE, SCHWEIZER WEIDE

Bei dieser Art handelt es sich um stark verzweigte, dichte Sträucher aus den europäischen Alpen, die bis zu 1,5 m hoch werden. Junge Zweige, Blätter und Weidenkätzchen weisen einen zarten, grauen Flaum auf.

Salix caprea 'Kilmarnock'

Salix integra 'Hakuro-nishki'

Salix lindleyana

Die schmalen, silbrigen Blätter verfärben sich im Laufe der Zeit auf der Oberseite graugrün, bleiben auf der Unterseite jedoch weiß. Die Kätzchen kommen im Frühjahr zeitgleich mit den Blättern.

Salix integra

Dieser aufrechtwachsende Strauch wird bis zu 3 m hoch. Mit seinen rotvioletten Zweigen ähnelt er *Salix purpurea*. Die 10 cm langen Blätter sind auf der Oberseite weißlich, auf der Unterseite mittelgrün. Die Sorte **'Hakuro-nishki'** (Syn. 'Alba Maculata') hat gefleckte Blätter und rosa Zweigspitzen.

Salix koriyanagi
Syn. *Salix* 'Fuji Koriyanagi'

Dieser bis zu 4,5 m hohe Strauch stammt aus Japan und Korea. Er ähnelt *Salix purpurea*. Seine Rinde ist grau; die gegenständigen Blätter, etwa 1 cm breit und relativ dick, sind auf der Oberseite dunkelgrün, auf der Unterseite blaugrün gefärbt.

Salix lanata
WOLLIGE WEIDE

Der Strauch aus Nordeuropa wird bis 1 m hoch, wächst langsam und wird im Alter meist recht knorrig. Die silbergrauen, rundlichen Blätter sind bis zu 5 cm lang und werden später oft faltig und verfärben sich auf der Oberseite grünlich. Die aufrechtstehenden, gelblichgrünen Kätzchen erscheinen im Frühjahr nach den Blättern.

Salix lindleyana
Syn. *Salix hylematica* hort., *S. nepalensis*

Die Art aus dem Himalaja wird nur 3,5 cm hoch, breitet sich aber bis zu 60 cm aus. Sie hat glänzende, grüne Blätter sowie rosafarbene männliche oder winzige weibliche Kätzchen, die im Frühjahr zusammen mit den Blättern erscheinen.

Salix magnifica

Dieser aus China stammende große Strauch oder kleine Baum wird bis zu 6 m hoch. Seine kleinen Zweige sind zunächst

Salix lanata

violett, werden mit der Zeit aber rötlich. Die ovalen, etwa 25 cm langen und 10 cm breiten, rotadrigen Blätter, die an Magnolienblätter erinnern, sind oberseits graugrün, unterseits weißlich gefärbt. Die bis zu 20 cm langen Kätzchen bilden sich im Frühjahr zusammen mit den Blättern.

Salix purpurea
PURPURWEIDE

Diese in Europa, Nordafrika, Zentralasien und Japan beheimatete Art wird etwa 4,5 m hoch. Die Kätzchen können eine deutliche rotviolette Färbung haben. Die Unterseiten der silbergrauen Blätter wie auch die Stengel zeigen oft einen zarten Purpurschimmer. Die sehr kompakte Sorte **'Nana'** wird bis 1 m hoch und besitzt schlanke Triebe sowie graugrüne Blätter.

Salix reticulata
NETZWEIDE

Diese niederliegende Weide stammt aus Nordeuropa, Nordamerika und Nordasien. Sie wird nur etwa 8 cm hoch und bildet mit ihren vielen Zweigen zumeist ein dichtes Polster. Die oberseits dunkelgrünen, unterseits weißlichen, kreisrunden Blätter haben einen Durchmesser von 1–3,5 cm, die Kätzchen werden 1–3 cm groß. Die Art ist kalkliebend.

Salix × *rubens*
Syn. *Salix* × *viridis*

Diese mitteleuropäische Kreuzung aus *Salix alba* und *S. fragilis* kann eine Höhe von 9 m erreichen. Ihre dunkeloliv gefärbten Zweige sind meist gelb oder rot überlaufen. Die lanzettlichen Blätter sind 8–15 cm, die Kätzchen 2,5–6 cm lang. Bei der Sorte **'Basfordiana'** ist die Färbung etwas intensiver.

Salix viminalis
KORBWEIDE, HANFWEIDE

Dieser kräftige, kleine Baum wird bis zu 6 m hoch. Junge Pflanzen haben lange, gerade und biegsame Zweige, die zunächst grau, später auch oliv bis gelblich sind. Die langen und schmalen, mattgrünen Blätter sind unterseits silbrig behaart. Noch vor den Blättern erscheinen die Kätzchen. Heimisch ist die Art in Europa und Nordwestasien; wie der Name verrät, wird sie seit langem zur Korbherstellung angepflanzt.

Salix purpurea 'Nana'

SALPIGLOSSIS
TROMPETENZUNGE, BROKATBLUME

Diese Pflanzen aus der südlichen Andenregion findet man in unseren Gärten nur selten, denn sie gelten als schwierig. Die herrlichen, reichlichblühenden Sommerblumen erinnern ein wenig an Petunien, mit denen sie verwandt sind. Es gibt die Pflanzen in verschiedenen, leuchtenden Rottönen, aber auch in Orange, Blau, Rotviolett und Weiß. Alle Blüten sind stark geadert und weisen zumeist eine feine, goldgelbe Zeichnung auf. Zur Gattung gehören auch ausdauernde Arten, in Gärten ist aber meist die einjährige *Salpiglossis sinuata* zu finden.

PFLEGE UND VERMEHRUNG: Die Pflanzen benötigen gutdurchlässigen Boden und einen geschützten, sonnigen Platz. Welke Blüten sollten regelmäßig entfernt werden. Trompetenzungen sät man am besten zwischen Mitte April und Mai direkt in den Garten aus, da die Sämlinge das Umpflanzen oft nicht vertragen. Die Pflanzen sind anfällig für Blattlausbefall.

Salpiglossis sinuata
TROMPETENZUNGE

Diese einjährige Pflanze aus Peru und Argentinien blüht vom Sommer bis zum Frühherbst in leuchtenden Farben wie Rot, Orange, Gelb, Blau und Rotviolett. Die etwa 5 cm großen Blüten sind stark geädert und sehen aus wie kleine Trompeten. Die lanzettlichen Blätter sind hellgrün. Die Pflanzen, die man gut zwischen Stauden aussäen kann, werden schnell 45–60 cm hoch und über 40 cm breit.

SALVIA
SALBEI

Salvia ist mit 900 Arten ein- oder mehrjähriger Pflanzen sowie Halbsträuchern und Sträuchern die größte Gattung aus der Familie der Lippenblütler. Mit Ausnahme der tropischen Regenwälder und sehr kalter Regionen wächst Salbei fast überall. Typisch für alle Arten ist die röhrenförmige, zweilippige Blüte. Die untere Lippe ist flach, die obere zumeist wie ein Helm geformt. Der Kelch, ebenfalls zweilippig, ist oft auffällig gefärbt. Die Blüten können von unterschiedlichster Farbe sein, etwa strahlendblau oder leuchtendrot, seltener auch gelb. Viele der oft wunderschönen Salbeiarten werden als attraktive Zierpflanzen im Garten angepflanzt, solche mit aromatischen Blättern sind begehrte Küchenkräuter. Der Gattungsname stammt aus römischer Zeit. Er leitet sich vom lateinischen Wort *salvus* ab (»sicher« oder »wohl«) und spielt auf die Heilwirkung des Echten Salbei (*Salvia officinalis*) an.

PFLEGE UND VERMEHRUNG: Viele Salbeiarten sind winterhart, einige aber auch frostempfindlich, wie die meisten der mexikanischen und südamerikanischen Sträucher. Salbei bevorzugt sonnige Plätze mit durchlässigem Boden; im Sommer muß regelmäßig gegossen werden. Die

Salix reticulata

Salpiglossis sinuata

S

Vermehrung erfolgt durch Aussaat im Frühjahr oder durch Stecklinge im Frühsommer. Viele Arten werden gern von Schnecken und Raupen befallen.

Salvia africana-lutea

Syn. *Salvia aurea*

Dieser bis 2 m hohe Salbei ist in der Kapregion Südafrikas heimisch. Er gehört zu den langlebigsten Arten, hat besonders stark verholzte, ausladende Zweige und außergewöhnlich gefärbte Blüten. Die grauen Blätter sind dichtwollig behaart. Im Frühjahr und Sommer bringt er unzählige Blüten hervor, die an Papageienschnäbel erinnern. Sie sind 3,5 cm lang und anfänglich gelblichweiß, bekommen aber bald einen rostbraunen Farbton und eine verdorrt wirkende, pergamentartige Struktur. Diese Art verträgt auch rauhes Küstenklima und zieht Vögel an.

Salvia apiana

Den botanischen Namen dieser bemerkenswerten Pflanze kann man wörtlich mit »Bienensalbei« übersetzen (lateinisch *apis* heißt »Biene«), und in ihrer Heimat Süd- und Niederkalifornien liefert sie auch reichlich Nektar für die Honigproduktion. Der bis zu 1,5 m hohe Strauch mit drahtigen, meist stark verholzten Zweigen und dichtem Laub hat lange, spitz zulaufende Blätter, die aromatisch und dicht silbrigweiß behaart sind. Die schöne Pflanze benötigt trockene, heiße Sommer, um sich voll entwickeln zu können. Von Sommer bis Herbst bringt sie zahlreiche kleine, weiße oder hellviolette Blüten hervor. Diese sind in verzweigten Rispen angeordnet, die etwa 1 m über das Laub hinausragen.

Salvia argentea

SILBERBLATTSALBEI

Der Silberblattsalbei ist eine zweijährige oder auch kurzlebige mehrjährige Pflanze aus Südeuropa und Nordafrika. Er besitzt große, silbrig behaarte Blätter. Diese bilden eine grundständige Rosette, die sich im Herbst und Winter bis zu 1 m ausbreitet. Im Frühjahr und Sommer erscheinen 1 m hohe Rispen mit kleinen, weißen Blüten. Das attraktive Laub bleibt länger erhalten, wenn man die Blütenknospen entfernt. Alle zwei bis drei Jahre sollte sich die Pflanze selbst aussäen können, damit sich neue Sämlinge entwickeln.

Salvia austriaca

Aus Osteuropa stammt dieser Salbei. Er gehört zu der großen Gruppe winterharter, mehrjähriger Arten mit einer grundständigen Rosette aus dichtgeäderten und grobgezähnten oder gelappten Blättern. Die in langen, aufrechten Ähren angeordneten Blüten sind eher klein, blaßgelb, quirlständig und haben hervorstehende Staubblätter. Die im Sommer gebildeten Blütenähren sind etwa 1 m lang. Die gestielten Blätter können über 30 cm lang werden.

Salvia azurea

Die mehrjährige, recht variable Salbeiart stammt aus dem Südosten der USA. Sie besitzt unterirdische Rhizome, denen dichtstehende, schlanke Stengel von 1–1,5 m Länge entspringen. Die gegenständigen, schmalen Blätter sind graugrün. Von Sommer bis Herbst bildet sie an den Zweigspitzen lange Ähren mit hellblauen Blüten aus. Am häufigsten wird die Varietät ***Salvia azurea* var. *grandiflora*** mit 2,5 cm langen, auffälliger gefärbten Blüten kultiviert. Es gibt auch weißblühende Zuchtformen.

Salvia argentea

Salvia africana-lutea

Salvia austriaca

Salvia blepharophylla

Salvia chamaedryoides

Salvia chiapensis

Salvia blepharophylla

Diese mexikanische Art ist ein ausdauernder Halbstrauch und ähnelt den bekannteren Arten *Salvia greggii* und *S. microphylla.* Sie breitet sich durch kriechende Rhizome aus, wird etwa 40 cm hoch und geringfügig breiter. Das Laub ist intensiv grün. Von Sommer bis Herbst bringt sie leuchtendrote Blüten mit blasseren, orange- oder rosafarbenen Flecken hervor. Sie bevorzugt Halbschatten und feuchten Boden.

Salvia buchananii

In einem Garten in Mexico City entdeckte man diesen mehrjährigen Salbei mit relativ großen Blüten. Er wurde nach England gebracht und 1963 nach seinem Entdecker benannt. Wildwachsende Exemplare hat man bisher noch nicht gefunden. Er wird 30–60 cm hoch und kaum breiter, verzweigt sich an der Basis in mehrere, nicht allzu feste Stengel und hat glänzendes, tiefgrünes Laub. Die etwa 5 cm großen, nickenden, roten Blüten werden von Sommer bis Herbst gebildet, in mildem Klima sogar fast ganzjährig. Sie sind an der Außenseite behaart und sitzen in kleinen Gruppen an den Stielen. Die Art benötigt einen windgeschützten, halbschattigen Platz.

Salvia cacaliifolia

Dies ist eine außergewöhnliche Salbeiart aus den Hochlandregionen Mexikos, Guatemalas und Honduras. Ihr botanischer Name verweist auf die Ähnlichkeit der Blätter mit denen von *Cacalia* – einer Gattung, die mit *Senecio* verwandt ist. Die Stengel des mehrjährigen, bis 1 m hohen Salbeis entspringen einem kriechenden Wurzelstock. Die gegenständigen, glänzenden Blätter sind leuchtendgrün und mit ihrer dreieckigen, spitz zulaufenden Form ebenso breit wie lang. Von Sommer bis Herbst bringt die Art eine Vielzahl kleiner, tiefblauer Blüten an verzweigten Ähren hervor.

Salvia chamaedryoides

Diese kleinblättrige, mehrjährige Art aus Texas und Mexiko eignet sich gut für Steingärten, denn sie ist vielfach verzweigt und besitzt eine kompakte Form. Sie wird 30 cm hoch und 60 cm breit. Das Laub ist graublau. Im Sommer bildet sie eine Fülle kleiner, kräftig blauvioletter Blüten aus.

Salvia clevelandii

Salvia chamelaeagnea

Es ist ein 1,5 m hoher Strauch aus Südafrika mit weichen, graugrünen Blättern und hübschen, endständigen, blauvioletten oder weißen Blüten. Vom Hochsommer bis zum frühen Winter blüht er üppig, danach sollte er kräftig zurückgeschnitten werden. Er bevorzugt einen sonnigen Platz und leichte Erde.

Salvia chiapensis

In gemäßigtem Klima blüht dieser 1 m hohe Strauch aus Mexiko ganzjährig. Die glatten, dunkelgrünen Blätter sitzen an schnellwachsenden Zweigen, die auch die bis 1 cm großen, bräunlichen bis rosafarbenen Blüten hervorbringen. Damit er seine Form behält, muß man den Strauch ab und zu zurückschneiden, auch wenn damit einige Blüten geopfert werden müssen. Im Halbschatten gedeiht er am besten.

Salvia clevelandii

Dieser Salbeistrauch wächst im trockenen Buschland Kaliforniens, wo seine aromatischen Blüten und Blätter der Luft einen ganz eigenen Duft verleihen. Er sieht aus wie ein kleiner graugüner Hügel und erreicht eine Höhe und Breite von 1–1,5 m. Die zarten, gestielten, blauvioletten Blüten von etwa 30–60 cm Größe sitzen oberhalb der Blätter. **'Winifred Gilman'** hat eine kompaktere Form und annähernd bläuliche Blüten.

Salvia coccinea

Dies ist eine kompakte, strauchige, mehrjährige, aber meist nur kurzlebige Art aus Südamerika, die in kälteren Regionen nur einjährig kultiviert werden kann. Sie hat kleine, mittelgrüne Blätter und bringt von Frühsommer bis Spätherbst unzählige leuchtendrote Blüten hervor. Sie wächst am besten an einem sonnigen Platz; im Halbschatten und vor Frost geschützt, kann sie aber ein oder zwei Winter überstehen. Es gibt verschiedene Sorten, z.B. solche mit weißen, wunderschönen lachs- oder zweifarbigen Blüten. **'Coral Nymph'** hat einen kompakten Wuchs und korallenrote Blüten; **'Lady in Red'** mit leuchtendroten Blüten ist ebenfalls sehr kompakt und wird nur knapp 40 cm hoch.

Salvia columbariae

Viele Salbeiarten besitzen eher unauffällige Blüten und ziehen die zur Bestäubung

Salvia confertiflora

Salvia coccinea 'Coral Nymph'

notwendigen Insekten durch farbige Hochblätter an. Hierzu zählt auch diese einjährige Art aus Kalifornien von etwa 30 cm Höhe. Die sommerliche Blütezeit kann man verlängern, indem man die Pflanze regelmäßig ausputzt.

Salvia confertiflora

Diese mehrjährige Pflanze aus Brasilien kann bis zu 2 m hoch werden. Ihre relativ großen, ovalen Blätter sind bis zu 20 cm breit, mittelgrün und auf der Unterseite behaart. Von Spätsommer bis Herbst bringt sie unverzweigte Blütenähren von etwa 30 cm Länge hervor; die Blüten selbst sind rot mit tiefroten Kelchen.

Salvia darcyi

Es handelt sich um eine seltene, ausdauernde Art aus den hochgelegenen Gebirgsregionen im Nordosten Mexikos, die erst in jüngerer Zeit entdeckt wurde. Ihren Namen erhielt sie erst 1994, obwohl man sie in den USA schon seit fünf Jahren kultivierte. Sie wird etwa 1 m hoch und erinnert ein wenig an *Salvia coccinea*. Ihre kräftigrot gefärbten Blüten sind jedoch größer (etwa 3,5 cm lang) und sitzen dichter und reichhaltiger an den aufrechten Rispen. Die Pflanzen blühen vom Sommer bis zum Frühherbst und ziehen im Winter ein. Auf humusreichem Boden und wenn im Sommer ausreichend gegossen wird, läßt sich diese außergewöhnliche Art problemlos kultivieren.

Salvia discolor

Heimisch ist diese relativ kleine, mehrjährige Staude, die nur 45–90 cm hoch wird, in Peru. Ihre Zweige sind weiß behaart, die dicken Blätter oberseits grün, unterseits weiß gefärbt. Weiße Kelchblätter umgeben die etwa 2,5 cm großen, tiefblauen Blüten.

Salvia viridis

Salvia dolomitica

Diese Salbeiart aus Südafrika findet man immer noch selten im Handel. Sie besitzt graugrünes Laub, wird etwa 1,2 m hoch und breitet sich langsam durch Rhizome aus. Im Frühjahr bringt sie dunkle, rosaviolette Blüten hervor; die Blütenkelche sind rotviolett und bleiben auch dann noch erhalten, wenn die Blüten bereits einige Zeit abgefallen sind.

Salvia dominica

Diese Art ist ein aromatisch duftender Strauch von 1 m Höhe aus Israel, Syrien und dem Libanon. Die behaarten, länglichen Blätter sind 5 cm lang und gewellt. Seine vielen weißen Blüten sind oft gelblich überlaufen und weisen eine braune Zeichnung auf. Bei der Fruchtreife vergrößert sich der klebrige Kelch.

Salvia dorisiana

Dieser bemerkenswerte Salbei aus Honduras verträgt Schatten und wird vor allem wegen seiner Blütezeit von Spätherbst bis Winter geschätzt. Es handelt sich um einen stark verästelten Strauch von etwa 2 m Höhe und 1 m Breite mit großen, leuchtendgrünen, herzförmigen Blättern, die beim Zerreiben intensiv nach Ananas duften. Die großen, rosaroten Blüten sitzen zu jeweils viert bis acht an den Blütenstengeln.

Salvia dorri

Diese immergrüne Art stammt aus dem Südwesten Amerikas, wird nur 60–90 cm hoch und besitzt attraktives silbriges Laub. Von Frühjahr bis Frühsommer werden dichte, weiche Bälle aus blauen und rotvioletten Blüten ausgebildet. Die Art eignet sich ausgezeichnet für einen Wüstengarten, verträgt Sonne ebenso wie Halbschatten. Soll die Blütezeit verlängert werden, muß die Pflanze gelegentlich gegossen werden.

Salvia elegans

Diese luftige Salbeiart mit ausgeprägtem Ananasaroma stammt aus Mexiko und Guatemala. Als mehrjährige Staude oder Halbstrauch kann sie in milderem Klima bis 2 m hoch werden. Kultiviert wird sie vor allem wegen ihrer zartgrünen Blätter. Von Spätsommer bis Herbst bringt sie kleine, quirlständige, leuchtendrote Blüten hervor. Die frischen Blätter verwendet man in kleinen Mengen für Obstsalate, kühlende Getränke und Tees. Die schmackhaften Blüten sind eine farbenfrohe und aromatische Zutat für Nachspeisen und Salate. Die blühfreudigere **'Salvia rutilans'** bringt – in milderen Regionen bis in den Winter hinein – größere, leuchtendrote Blüten hervor, die Nektarvögel ganz besonders zu schätzen wissen.

Salvia farinacea

MEHLIGER SALBEI

In kälteren Regionen wird diese Art aus Texas und Mexiko einjährig gezogen, wobei man sie am besten in großen Gruppen anpflanzt; in wärmeren Regionen kann sie auch mehrjährig kultiviert werden. Pflanzt man sie an einen halbschattigen Platz, geschützt vor der heißen Mittagssonne, und schneidet sie im Herbst stark zurück, wird sie sogar bis zu fünf Jahre alt. Sie wird 60–90 cm hoch und bringt intensiv blauviolette, an Lavendel erinnernde Blüten an schlanken Stengeln hervor, die auch als Schnittblumen Verwendung finden. Zu den bekannteren Sorten gehören **'Blue Bedder'**, **'Strata'** mit weißen und blauen Blüten sowie **'Victoria'** mit tiefblauen Blüten.

Salvia forsskaolii

Syn. *Salvia forskaohlei*

Die sehr variable Staude aus Südosteuropa hat leicht behaarte, grundständige Blätter. Die kleinen Blüten sitzen einzeln an den bis 80 cm langen Stengeln. Ihre Färbung variiert von violett bis rosarot, die Unterlippe ist weiß oder gelb gezeichnet. Die Staude gehört zu den nicht ganz so frostempfindlichen Arten, bevorzugt aber eher trockene Winter.

Salvia fulgens

Aus Mexiko stammt dieser mehrjährige, bis zu 80 cm hoch wachsende Halbstrauch. Seine ovalen, herzförmigen Blätter sind knapp 10 cm lang und auf der Unterseite weiß und filzig behaart. Die auffälligen, roten Blüten werden im Sommer gebildet; sie sind bis zu 5 cm lang und ebenfalls behaart.

Salvia farinacea 'Strata'

Salvia forsskaolii

Salvia elegans 'Scarlet Pineapple'

Salvia darcyi

Salvia dolomitica

Salvia elegans

Salvia gesneriiflora

Diese aufrechtwachsende Staude aus Kolumbien und Mexiko wird gewöhnlich etwa 60 cm hoch, soll aber sogar eine Höhe bis zu 8 m erreichen können. Ihre ovalen oder herzförmigen Blätter sind etwa 10 cm lang, leuchtendgrün und fein behaart. Von Frühling bis Herbst bringt sie große, orangerote, bis 5 cm große Blüten hervor, die auch attraktiv genug für nektarfressende Vögel sind. Vor Beginn des Winters muß sie leicht zurückgeschnitten werden.

Salvia greggii

Der Strauch von 1–1,2 m Höhe ist in Texas und Mexiko heimisch. In trockenen Regionen Kaliforniens und dem Südwesten der USA ist er eine beliebte, blühfreudige Gartenpflanze. Die Blätter sind klein und aromatisch. Darüber sitzen an schlanken Stengeln breitlippige Blüten von unterschiedlicher Färbung: rot, orange, lachsfarben, rosa, blaßgelb, weiß oder mehrfarbig. Sie werden in Küstenregionen von Frühjahr bis Herbst, in Wüstengegenden von Herbst bis Winter ausgebildet. Von der Art existieren viele Zuchtformen.

Salvia gesneriiflora

Salvia guaranitica

Salvia guaranitica

Diese mehrjährige, hochwüchsige Art aus Brasilien, Uruguay und Argentinien sollte man mit Bedacht anpflanzen. Denn nach zwei oder drei Jahren kann sie zu wuchern beginnen und weniger robuste Pflanzen verdrängen. Die blauvioletten Blüten sitzen an kräftigen, bis 2 m langen Stengeln und erscheinen vom Hochsommer bis in den Spätherbst hinein. Bekannte Sorten sind **'Argentine Skies'** mit blaßblauen Blüten sowie die dunkelviolett blühende **'Purple Splendour'**.

Salvia indica

Diese Pflanze, heimisch im Nahen Osten, entwickelt sich zu einem aufrechten, bis 1,5 m hohen Strauch mit herzförmigen, behaarten Blättern von etwa 30 cm Länge. Von Frühling bis Sommer bringt sie unzählige weiße, blaue oder hellviolette Blüten mit bis zu 1 cm langen, u-förmigen Kelchen.

Salvia involucrata

Diese hübsche, große Staude wirft ihre Blätter in Regionen mit mildem Klima nicht ab, man sollte sie aber dennoch jedes Jahr bis zum Boden zurückschneiden, um die Blütenbildung zu fördern. Die Art stammt aus den zentralen Bergregionen Mexikos, hat aufrechte, rohrartige Stengel von etwa 1,5 m Länge und Breite sowie langstielige Blätter, die oft rot geädert sind. Die lockeren Blütenähren enden in großen, malvenfarbenen bis roten Hochblättern. Sie werden nach und nach abgeworfen, um die in Dreiergruppen angeordneten Blüten von gleicher oder etwas intensiverer Färbung freizugeben. Diese sind jeweils bis zu 5 cm lang und röhrenförmig, aber in der Mitte verdickt; die kleine Oberlippe ist samtig behaart. Diese Art blüht von Sommer bis Herbst, bevorzugt einen sonnigen Platz und durchlässigen humusreichen Boden. Eine bekannte Sorte ist **'Bethellii'**, die für Kulturzwecke besser geeigenet ist als die Wildform.

Salvia guaranitica 'Purple Splendour'

Salvia involucrata 'Bethellii'

Salvia indica

Salvia jurisicii

Die hübsche Salbeiart aus Makedonien und Serbien zeichnet sich durch ihre eigentümlichen, farnähnlichen Blätter aus, die intensiv silbriggrau gefärbt sind und fast flach auf dem Boden liegen. An weichen, bis 20 cm langen Stielen sitzen Blüten von zartvioletter oder weißer Färbung. Diese ideale Steingartenpflanze benötigt grobkörnige, gutdurchlässige Erde.

Salvia leucantha

Ein verholzter Halbstrauch aus Mexiko und den tropischen Regionen Mittelamerikas, den man wegen seiner dauerhaften Blütenpracht gern kultiviert. Die behaarten, purpurfarbenen bis weißen Blüten sitzen an langen, gebogenen Ähren und die zarten, graugrünen Blätter sind das ganze Jahr hindurch ein attraktiver Blickfang.

Salvia greggii

Salvia leucantha

Salvia microphylla var. neurepia

Die Pflanze erreicht eine Höhe und Breite von 1–1,2 m und wird in Gegenden mit milden Wintern oft als Hecke gepflanzt. Die anspruchslose Pflanze bevorzugt Sonne sowie lockeren Boden und muß gelegentlich gegossen werden.

Salvia mellifera

Dieser 1–2 m hohe, verholzte Strauch aus Kalifornien hat lanzettförmige, bis zu 6 cm lange Blätter mit behaarter Unterseite. Die Blüten sind weiß, blau oder hellviolett und werden bis etwa 1 cm groß.

Salvia mexicana

Der große, etwas kugelig wachsende Strauch wird bis zu 3,5 m hoch, erreicht in Kultur aber meist nur die halbe Höhe und Breite. Er hat eine verholzte Basis mit vielen, stark verästelten Trieben und hübschen blaugrünen, herzförmigen Blättern. Die endständigen Blüten variieren in der Färbung zwischen Blau und Rotviolett. Eine interessante Sorte ist **'Limelight'** mit leuchtendgrünen Kelchblättern, die im Sommer ausgebildet werden und sich bis in den Herbst hinein halten, und nach und nach erscheinenden, blauvioletten Blüten. Kultiviert wird die Art, die nur leicht zurückgeschnitten werden muß, am besten an einem sonnigen oder halbschattigen Platz.

Salvia microphylla

Syn. *Salvia grahamii*

Dieser kleinblättrige, kugelförmige Strauch mit kreisrunden Blättern bringt von Frühjahr bis Winter eine Vielzahl roter Blüten hervor. ***Salvia microphylla* var. *neurepia*** hat größere Blätter und stärker rot gefärbte Blüten, blüht dafür aber nicht so lange. Angeboten werden viele verschiedenfarbige Sorten, darunter einige wunderschöne Hybriden wie ***S. microphylla* × *greggii*.**

S

Salvia muelleri

Dieser seltene Halbstrauch, der nur in einer Bergregion im Nordosten Mexikos vorkommt, ist mit *Salvia greggii* verwandt. Er wird 80 cm hoch, und seine schmalen, glänzendgrünen Blätter bilden ein dichtes Laubwerk, aus dem schlanke Ähren mit purpurfarbenen, zweilippigen weniger als 2,5 cm langen Blüten hervorschauen. Er benötigt einen sonnigen Platz mit durchlässigem Boden und ist relativ unempfindlich gegenüber größerer Hitze.

Salvia multicaulis

Dieser niedrige Strauch oder Bodendecker aus Südwestasien besitzt aufrechte, behaarte Stengel von etwa 50 cm Länge und weißlich-filzige, meist grundständige Blätter, die etwa 40 cm lang und gewellt sind. Seine behaarten Kelche sind leuchtendgrün oder rotviolett, die 2 cm langen Blüten violett oder weiß. Die Pflanze blüht von Frühjahr bis Sommer und benötigt in Kultur einen sonnigen Platz.

Salvia nemorosa

Syn. *Salvia virgata* var. *nemorosa*

WALDSALBEI

Viele schlanke, aufrechte Ähren mit rosafarbenen bis rotvioletten oder weißen Blüten werden im Sommer von dieser hübschen horstbildenden, mehrjährigen Art gebildet. Sie ist winterhart, hat grobe, elliptisch geformte Blätter und wird bis 1 m hoch und halb so breit. In Europa und Zentralasien ist sie weit verbreitet.

Salvia officinalis

GARTENSALBEI, ECHTER SALBEI

Die Heimat des Gartensalbei ist Spanien, Nordafrika und der Balkan. Die dekorative Pflanze – frosthart und mehrjährig – wird 80 cm hoch und breit. Sie trägt ovale, behaarte, graugrüne Blätter; im Sommer erscheinen kleine, bläulichrote Blütentrauben. Die kulinarischen Vorzüge des Echten Salbei sind bekannt; legendär ist er seit Jahrhunderten für echte wie angedichtete

Salvia officinalis 'Icterina'

Salvia officinalis 'Purpurascens'

Heilwirkungen. **'Purpurascens'** hat graugrüne, purpurn überlaufene Blätter und hellrote Blüten; **'Tricolor'** fällt durch die Kombination grüner, gelblichweißer und dunkelroter Blätter auf; **'Icterina'** hat goldgelbe und grüne Blätter und der niedrige, großblättrige **'Berggarten'** blüht blau.

Salvia patens

Die mehrjährige, aufrechtwachsende, verzweigte Staude aus Mexiko bildet Wurzelknollen. Die quirlständigen Blüten sind leuchtendblau, die ovalen Blätter mittelgrün. Es gibt hellblaue und weiße Sorten. Sie wird 60 cm hoch und 45 cm breit.

Salvia pratensis

WIESENSALBEI

Dieser kräftige, robuste und winterharte Salbei aus Europa und Marokko hat ovale

Salvia greggii

Salvia multicaulis

Salvia nemorosa

Salvia prunelloides

Salvia puberula

Salvia officinalis

Salvia officinalis 'Tricolor'

bis längliche, grundständige Blätter und kleinere Blätter an den bis 1 m langen Blütentrieben. Kultiviert werden normalerweise Pflanzen mit rotvioletten Blüten, es gibt aber auch andersfarbige Sorten, etwa die weiß bis hellblau blühende **'Haematodes'**, die rosa bis violette **'Rosea'** und die rötliche **'Rubicunda'**.

Salvia prunelloides

Aus Mexiko stammt diese niedrige Staude mit Wurzelknollen. An den wenigen behaarten Zweigen sitzen schmale, bis zu 8 cm lange Blätter; aus den seidigen Kelchen schauen leuchtendblaue, bis zu 2 cm lange Blüten heraus. Dank ihrer Blütezeit von Spätsommer bis Herbst ist sie eine beliebte Gartenpflanze.

Salvia puberula

Diese mehrjährige Art ist eng mit *Salvia involucrata* verwandt, der sie auch in Größe und Wuchs ähnelt. Außerdem stammt sie aus denselben Bergregionen Mexikos. Die langen, spitz zulaufenden Blätter sind allerdings etwas stärker behaart und die sehr ähnlichen Blüten kräftiger rot gefärbt. Außerdem ist der Blütenstand kürzer. Diese hübsche Zierpflanze blüht meist im Herbst und wurd zunächst im Süden der USA kultiviert.

Salvia purpurea

Der große Strauch aus Mexiko und Guatemala wird bis zu 3 m hoch. Er hat glatte

Salvia pratensis

Zweige und ovale, 10 cm lange Blätter. Die dichten Blütenköpfe bestehen aus behaarten, rotvioletten Kelchen und 2,5 cm langen, rotvioletten oder rosa Blüten.

Salvia raemeriana

Es ist eine kleine, mehrjährige, etwa 60 cm große Art mit herzförmigen, gewellten und gezähnten Blättern, die bis zu 30 cm lang werden. Die Färbung der behaarten Kelche variiert zwischen Grün und Rotviolett, die bis 3 cm langen Blüten sind fein behaart und rot. Blütezeit dieser texanischen Pflanze ist der Sommer.

Salvia regla

Dieser 1,8 m hohe Strauch stammt aus Texas und Mexiko. An den vielen, dicht ste-

Salvia splendens 'Salsa Burgundy'

Salvia sclarea

Salvia spathacea

Salvia splendens 'Van Houttei'

henden, glatten Zweige sitzen nierenförmige Blätter, die einen Durchmesser von etwa 5 cm haben. Die im Herbst erscheinenden, etwa 5 cm großen Blüten sind nicht sehr zahlreich, dafür mit ihren behaarten, roten Blütenblättern und den 5–20 mm großen, roten Kelchen aber sehr attraktiv.

Salvia sclarea

MUSKATELLERSALBEI

Heimisch ist diese zweijährige, aufrechte Art in Südeuropa und Syrien. Sie erreicht schnell eine Höhe von 1 m und bringt im Sommer lange endständige Ähren mit röhrenförmigen, grünlichweißen Blüten hervor, die oft purpurfarben überlaufen sind; die samtigen Blätter sind herzförmig. *Salvia sclarea* var. *turkestanica* hat rote Stengel und weiße, rosa gefleckte Blüten.

Salvia sinaloensis

Die mehrjährige Staude aus Mexiko wird 20–30 cm hoch. Ihre behaarten Stengel sind oft rotviolett überlaufen; die elliptischen Blätter sind fein gezähnt und bis zu 6 cm lang. An kleinen behaarten Kelchen sitzen 2 cm lange, tiefblaue Blüten mit weißen Flecken auf der Unterlippe.

Salvia spathacea

Die verholzte, mehrjährige Art mit behaarten Stengeln bis zu 1 m Länge stammt aus Kalifornien. Die Blätter haben eine weißlich-filzige Unterseite und sind oval, herz- oder pfeilförmig. Oberhalb der Blätter sitzen zahlreiche rote Blüten.

Salvia × *sylvestris* 'Blauhügel'

Salvia × *sylvestris* 'Wesuwe'

Salvia × *sylvestris* 'Mainacht'

Salvia splendens

PRACHTSALBEI

Diese Art aus Brasilien ist nicht winterhart, so daß man sie normalerweise nur einjährig kultiviert. Die in dichten, endständigen Ähren angeordneten roten Blüten werden vom Sommer bis zum frühen Herbst gebildet; die elliptischen Blätter sind gezähnt. Die Pflanze erreicht eine Höhe und Breite von 1–1,2 m. Die Sorte **'Salsa Burgundy'** hat kräftig burgunderrote Blüten; **'Van Houttei'** dunkelrote Kelche und große hellrote Blüten. Beide Sorten bevorzugen Halbschatten.

Salvia × *superba*

Diese Kreuzung zwischen *Salvia* × *sylvestris* und ***S. villicaulis*** ist eine verzweigte, mehrjährige, horstbildende Pflanze mit aufrechtem Wuchs, die von Sommer bis Frühherbst rotviolette Blütentrauben hervorbringt. Sie erreicht eine Höhe von etwa 1 m; ihre lanzettförmigen, gebogenen, mittelgrünen Blätter werden bis 10 cm lang und sind auf der Unterseite behaart.

Salvia × *sylvestris*

Diese stark beblätterte, mehrjährige Art von 30–90 cm Höhe ist eine Kreuzung zwischen *Salvia pratensis* und *S. nemorosa.* Ihre länglichen, herzförmigen Blätter sind behaart und 5–10 cm lang; die im Sommer erscheinenden Blütenstände sind verzweigt und rotviolett. Heimisch ist sie in Westasien und Europa, in Nordamerika wurde sie eingebürgert. Es gibt zahlreiche Zuchtformen, deren Ursprung oft nicht ganz geklärt ist. Bekannte Sorten sind die kompakte **'Blauhügel'** mit blauen, **'Ostfriesland'** mit kräftig rotvioletten, die kleinere **'Mainacht'** mit fast schwarzen und die **'Wesuwe'** mit dunkelvioletten, bereits früh im Jahr aufgehenden Blüten.

Salvia taraxacifolia

Die mehrjährige Staude aus Marokko mit aufrechten Stengeln wird nur etwa 50 cm

Salvia × *sylvestris* 'Ostfriesland'

hoch. Ihre farnartigen, in einer Rosette angeordneten Blätter haben eine weiße Unterseite; von Frühling bis Sommer werden weiße oder hellrosa Blüten mit rotviolett gesprenkelter Oberlippe und einem gelblichen Fleck auf der Unterlippe hervorgebracht. Die Blüten werden 3 cm lang.

Salvia tiliifolia

Diese schlanke, mehrjährige Art hat besonders aufrechte, verzweigte Stengel von bis zu 1 m Länge und kreisrunde, 2,5–8 cm lange Blätter, die sich etwas rauh anfühlen. Die relativ kleinen Blüten sind kaum länger als die Kelche und können weiß, blau oder hellviolett sein. Heimisch ist die Art in Mexiko und den Tropen Südamerikas.

Salvia uliginosa
SUMPFSALBEI

Diese mehrjährige, aufrechte, verzweigte Art aus Südamerika bringt im Sommer leuchtendblaue Blütentrauben hervor. Die elliptischen bis lanzettlichen Blätter sind gezähnt, bis zu 8 cm lang und glatt oder nur schwach behaart. Mit ihren schlanken, gebogenen Zweigen erreicht die Pflanze eine Größe von 1–1,8 m. Sie wird wegen ihrer hübschen blauen Blüten häufig kultiviert, kann in nährstoffreicher oder feuchter Erde jedoch stark wuchern.

Salvia viridis

Eine aufrechtwachsende, ein- bis zweijährige Pflanze mit ovalen oder länglichen Blättern von bis zu 5 cm Größe. Die Blüten sind weiß, hell- oder rotviolett, etwa 1 cm lang und sitzen in grünen oder rotvioletten Kelchen. Die Art stammt aus der Mittelmeerregion und blüht im Sommer. Es gibt mehrere andersfarbige Sorten.

SALVINIA
SCHWIMMFARN

Diese Gattung umfaßt etwa 10 Arten von Schwimmfarnen, die in den Tropen der nördlichen Hemisphäre und in Südamerika weit verbreitet sind. Echte Wurzeln fehlen; deren Funktion wird von unter Wasser wachsenden, stark zerschlitzten Blättern übernommen. An ihnen bilden sich die Sporen, die bei der Reife herabsinken und sich dann wie normale Farnsporen weiterentwickeln.

Salvia taraxacifolia

Salvia tiliifolia

Salvinia auriculata

PFLEGE UND VERMEHRUNG: Die Schwimmfarne lassen sich leicht kultivieren, sterben im Winter aber oft ab. Mit dem Temperaturanstieg im Frühjahr entwickeln sich aus den herabgesunkenen Sporen zumeist neue Pflanzen. Sie bevorzugen stehende Gewässer mit viel Sonne. Die Vermehrung erfolgt durch Teilung im Frühjahr oder Sommer.

Salvinia auriculata

Diese Art stammt aus der Region um den Golf von Mexiko und aus dem Norden Argentiniens. Die herzförmigen Blätter sind bis zu 2 cm lang, dunkelgrün und sitzen paarweise an den Stengeln. Die Pflanzen benötigen eine Mindesttemperatur von 10–15 °C.

SAMBUCUS
HOLUNDER

Zu dieser Gattung gehören über 25 Arten sommergrüner Sträucher und Bäume mit weichem Holz, die in den gemäßigten Zonen der Erde weit verbreitet sind. Da sie oft stark wuchern, werden die meisten Arten nur selten kultiviert, abgesehen von denen, die eßbare Blüten und Beeren sowie attraktives Laub und hübsche Blüten haben. Die Blätter sind meist gefiedert; im Spätfrühjahr/Frühsommer erscheinen große, verzweigte, leuchtende Blütenstände mit winzigen, weißen oder gelblichweißen Blüten, aus denen sich später Büschel schwarzvioletter, blauer oder roter Beeren entwickeln.

PFLEGE UND VERMEHRUNG: Holunder ist nicht sehr anspruchsvoll, so daß man ihn an sonnigen wie schattigen Plätzen mit jedem Boden kultivieren kann, der einigermaßen gut durchlässig und nährstoffreich ist. Ältere Triebe sollten zurückgeschnitten, jüngere um die Hälfte gekürzt werden. Die Vermehrung erfolgt im Herbst durch Samen bzw. durch Stecklinge im Sommer oder Winter.

Salvia uliginosa

Sambucus canadensis

Sambucus australasica

Sambucus australasica

Dieser bis 3 m hohe Strauch, der ein wenig wie ein Farn aussieht, stammt aus dem Osten Australiens (von Queensland bis Victoria), wo er an Fluß- und Bachläufen wächst. Die hellgelben Blüten werden von Frühjahr bis Sommer gebildet; aus ihnen entwickeln sich später gelblichweiße, durchscheinende, beerenähnliche Früchte von bis zu 1 cm Durchmesser.

Sambucus caerulea
Syn. *Sambucus mexicana*

Dieser kleine, sommergrüne Baum aus dem Norden und Westen Nordamerikas ist besonders in Kalifornien recht häufig zu finden. Er erreicht eine Höhe von 3–15 m. Seine Blätter setzen sich meist aus sieben Fiederblättern zusammen; die in flachen Dolden angeordneten, gelblichweißen Blüten erscheinen im Frühsommer. Die eßbaren Früchte sind schwarz, wirken jedoch durch einen puderartigen Überzug zumeist blau. Diese Art wird hauptsächlich wegen der schmackhaften Beeren kultiviert, die vor dem Verzehr allerdings gekocht werden müssen.

Sambucus canadensis 'York'

Sambucus callicarpa

Der Strauch aus dem Westen der USA wird bis 3 m hoch. Seine Blätter bestehen aus gesägten Fiederblättern, die 5–10 cm lang sind und einen behaarten Mittelnerv haben. Aus den im Sommer erscheinenden, gelblichweißen Blütenköpfchen, die bis zu 10 cm groß sind, entwickeln sich im Herbst auffällige, leuchtendrote Früchte.

Sambucus canadensis
KANADISCHER HOLUNDER

Ein aufrechter, sommergrüner Strauch aus dem Nordosten Nordamerikas. Die schnellwachsende Art mit weichen, markhaltigen Zweigen wird bis zu 3 m hoch und breit. Die zusammengesetzten Blätter bestehen aus fünf bis elf Fiederblättern; die winzigen, weißen, sternförmigen Blüten, die in 20 cm breiten Dolden angeordnet sind, werden im Frühjahr gebildet. Aus ihnen entwickeln sich später schwarzviolette Beeren. 'Aurea' hat goldgelbe Blätter und rote Beeren. 'York' wurde 1964 in den USA gezüchtet und gilt als eine der besten Sorten. Der Strauch benötigt zur Fruchtbildung eine Fremdbestäubung.

S

Sambucus ebulus
ZWERGHOLUNDER, ATTICH

Aus Europa, Nordafrika, der Türkei und dem Iran stammt diese Staude, die bis zu 1,5 m hoch wird und kräftige, unterirdisch kriechende Triebe hat. Ihre Fiederblätter sind elliptisch, gezähnt und behaart. Im Sommer bringt die Pflanze bis 10 cm große, weiße bis rosa Blütenköpfchen hervor, aus denen sich schwarze Früchte entwickeln.

Sambucus javanica subsp. *chinensis*

Dieser nicht allzu dichte Strauch aus Japan, Taiwan und Südostasien hat aufrechte, bis zu 2,5 m lange Zweige und jeweils zwei bis sechs gegenständige, lanzettförmige Fiederblätter, die bis zu 20 cm lang werden. Aus den flachen, gelblichweißen Trugdolden entwickeln sich schwarze Früchte.

Sambucus nigra
SCHWARZER HOLUNDER, FLIEDERBEERSTRAUCH

Kultiviert wird diese Art, die sich stark ausbreiten kann, wegen ihrer großen, im Frühling ausgebildeten Trugdolden mit winzigen weißen Blüten. Der sommergrüne, bis 6 m hohe Strauch oder kleine Baum ist in Europa, Nordafrika und Westasien beheimatet. Die gefiederten Blätter bestehen aus fünf bis neun tiefgrünen, gesägten Fiedern. Aus den Beeren kann man Gelees, Saft und Wein herstellen, aus den Blüten Tee. **'Aurea'** hat gelblichweiße, sternförmige, duftende Blüten und goldgelbe Blätter; die Blätter von **'Laciniata'** sind unregelmäßig fein eingeschnitten.

Sambucus racemosa
TRAUBENHOLUNDER, ROTER HOLUNDER

Der Strauch oder kleine Baum wird etwa 3 m hoch und bekommt im Alter eine korkartige Rinde. Seine ovalen oder elliptischen Fiederblätter (jeweils fünf) sind 5–10 cm lang und scharf gezähnt. Die gelblichweißen Blütendolden stehen in eiförmigen Rispen und werden bis zu 20 cm groß. In Kultur entwickeln sich die roten Früchte nur selten. **'Plumosa Aurea'** hat eingeschnittene, goldgelbe Blätter und gelbliche Blüten; **'Tenuifolia'** hat leicht gebogene Zweige mit farnähnlichen Blättern.

SANCHEZIA

Die etwa 20 Arten aus Mittel- und Südamerika sind große, frostempfindliche Stauden, Sträucher und Kletterpflanzen mit gegenständigen, ungeteilten Blättern und röhrenförmigen, fünfzähligen Blüten in Gelb, Orange, Rot oder Rotviolett.
PFLEGE UND VERMEHRUNG: Die nicht winterharten Arten benötigen eine Mindesttemperatur von 15 °C. Sie müssen zur Wachstumsphase gut gegossen werden, zudem kann man die Spitzen abschneiden, damit sie sich verzweigen. Vermehrung durch Stecklinge im Frühjahr oder Sommer. Auf Schildlausbefall achten.

Sanchezia speciosa
Syn. *Sanchezia nobilis*

Die Art bringt im Sommer Blüten mit gelben Kronblättern, roten Tragblättern und rotvioletten Stielen hervor. Die glänzenden Blätter des aufrechten, immergrünen Strauchs haben weiße oder gelbe Adern.

Sambucus javanica subsp. *chinensis*

Sandersonia aurantiaca

Sanchezia speciosa

Sanguisorba canadensis

SANDERSONIA

Die einzige Art dieser Gattung aus Südafrika kann man wildwachsend nur noch selten finden, sie wird jedoch häufig als Schnittblume für den Handel oder im Garten angepflanzt. An den Stengeln, die unterirdischen Knollen entspringen, sitzen nicht nur die leuchtendgrünen Blätter, sondern auch die auffälligen gelb- bis orangefarbenen, laternenförmigen Blüten.
PFLEGE UND VERMEHRUNG: Die frostempfindlichen Pflanzen blühen im Sommer und brauchen eine winterliche Ruhephase. Während des Wachstums sollte man sie düngen und regelmäßig gießen, im Winter dagegen eher trocken halten. Sie benötigen eine Kletterhilfe (z.B. ein Drahtgeflecht oder einige Stöcke), um sich schön zu entwickeln. Die Vermehrung erfolgt durch Samen oder Teilung.

Sandersonia aurantiaca

Diese schöne, mehrjährige, im Hochsommer blühende Kletterpflanze hat schlanke, etwa 75 cm lange Triebe. An den Spitzen der gerippten Blätter sitzen oft Ranken, mit denen sich die Pflanzen an Kletterhilfen festhalten. Die nickenden, bis 3,5 cm langen, gelben bis orangefarbenen Blüten sitzen in den Blattachseln und erinnern in der Form an chinesische Laternen.

SANGUINARIA
BLUTWURZ

Diese Gattung besteht aus nur einer mehrjährigen Art, einer hauptsächlich in den Wäldern im Osten der USA weitverbreiteten, niedrigen, krautigen Pflanze. Man kultiviert sie vorwiegend wegen der becherförmigen Blüten, die im Frühjahr erscheinen.
PFLEGE UND VERMEHRUNG: Die Blutwurz bevorzugt sandige, toleriert aber auch lehmige, nicht zu feuchte Erde. Ideal ist ein sonniger oder halbschattiger Platz unter sommergrünen Bäumen. Die Vermehrung erfolgt durch Teilung im Spätsommer nach Absterben der Blätter.

Sanguinaria canadensis

Sambucus nigra

Sambucus nigra 'Aurea'

Sanguinaria canadensis

Die einzige Art der Gattung hat einen horizontalen Wurzelstock. Aus den Knospen entwickeln sich an einem 15 cm langen Stiel herzförmige, bis 30 cm große Blätter mit gekerbtem Rand. Die einzeln stehenden Blüten werden 10 cm groß und bestehen aus acht bis zwölf Kronblättern sowie mehreren gelben Staubbeuteln. Sie bilden sich im Frühjahr, bevor sich die Blätter ganz entfaltet haben, und halten sich etwa drei Wochen. ***Sanguinaria canadensis* var. *grandiflora*** hat etwas größere Blüten; die gefüllten Blüten von **'Flore Pleno'** haben zahlreichere, aber schmalere Kronblätter.

SANGUISORBA
Syn. *Poterium*
WIESENKNOPF

Die etwa 18 Arten findet man in den nördlichen gemäßigten Zonen – rhizombildende Stauden oder kleine Sträucher mit groben, farnartigen Blättern. Die fertilen männlichen und weiblichen Teile befinden sich meist in der unteren Hälfte.
PFLEGE UND VERMEHRUNG: Die Pflanzen bevorzugen einen sonnigen oder halbschattigen Platz mit relativ nährstoffreichem, feuchtem, aber gutdurchlässigem Boden, der auch im Sommer nicht austrocknen sollte. Die Vermehrung erfolgt durch Samen oder Teilung.

Sanguisorba canadensis

Heimisch ist diese kräftige, mehrjährige Art im Osten Nordamerikas. Sie bevorzugt Sonne und feuchten Boden. Ihre hübschen gefiederten Blätter bilden einen Horst von etwa 50 cm Breite; oberhalb der Blätter erscheinen im Spätsommer unzählige weiße Blüten. Die Art wird knapp 2 m hoch.

Sanguisorba minor
Syn. *Poterium sanguisorba*
PIMPERNELL

An den Blattspindeln der niedrigwachsenden, bis 60 cm hohen Staude sitzen jeweils sechs bis zehn kreisrunde, gezähnte Blättchen. Die weißen, endständigen, länglichen Blütenstände sind etwa 2,5 cm lang. Die oberen Blüten sind weiblich, die unteren männlich, in der Mitte kommen beide Geschlechter vor. Die Staude wächst in Europa, Westasien und Nordafrika in trockenen, felsigen Gegenden, oft auf Kalk. Die Art wird gern in Kräutergärten gezogen. Die frischen Blätter eignen sich für Suppen, Salate und gekühlte Getränke.

Sanguisorba officinalis
GROSSER WIESENKNOPF

Den kriechenden Wurzelstöcken dieser mehrjährigen Staude entspringen aufrechte, manchmal rötliche Stengel bis zu 1,2 m Länge. Die großen, grundständigen Blätter bestehen aus vielen, bis 5 cm langen Blättchen. Von Sommer bis Herbst erscheinen die 2 cm langen, dunkel rotvioletten Blüten. Die Art stammt aus China, Japan, Nordamerika und Westeuropa.

SANSEVIERIA
BOGENHANF

Die 60 Arten dieser Gattung, unter denen es beliebte, unverwüstliche Zimmerpflanzen gibt, stammen aus Indien, Indonesien und Afrika. Man zieht sie vor allem wegen ihrer biegsamen, gezeichneten, 30–60 cm langen Blätter. Unter günstigen Bedingungen erscheinen im späten Frühjahr an langen Stengeln grünlichweiße, zart duftende Blüten. Aus den Fasern der Pflanzen stellte man in Afrika Bogensehnen her.
PFLEGE UND VERMEHRUNG: Bogenhanfarten sind beliebte Zimmerpflanzen, denen auch die trockene Luft zentral geheizter Räume nichts ausmacht. Am besten hält man sie bei Temperaturen um 20 °C und gießt sie im Sommer regelmäßig. Zuviel Feuchtigkeit läßt allerdings die Wurzeln und die Blätter an der Basis verfaulen, so daß man die Blumenerde mit Sand untermischen sollte. Die Vermehrung erfolgt durch Blattstecklinge oder Teilung im Frühjahr oder Sommer.

Santolina c. 'Lemon Queen'

Sansevieria pearsonii

Sansevieria pearsonii

Bei dieser Art besteht der mittlere Blattfächer aus drei bis fünf Blättern von bis zu 1 m Länge. Sie sind dunkelgrün gefleckt, zylindrisch und haben eine weiße Spitze. Die Blüten duften ähnlich wie Akazien.

Sansevieria trifasciata
SCHWIEGERMUTTERZUNGE

Diese Art aus Nigeria bildet eine Rosette aus steifen, lanzettlichen, 0,5–1,2 m langen und mindestens 5 cm breiten, dunkelgrünen Blättern, die graugrün und gelb gezeichnet sind. Die in Trauben angeordneten, röhrenförmigen Blüten werden bei Zimmerpflanzen nur selten gebildet. **'Golden Hahnii'** hat breite Blätter mit vertikalen, goldgelben Streifen; die Blätter von **'Hahnii'** sind sehr spitz und hellgrün oder weiß gestreift; **'Laurentii'** hat schmale, aufrechte Blätter mit breiten gelben Rändern.

SANTALUM
SANDELHOLZBAUM

Die neun Arten immergrüner Bäume und Sträucher stammen aus trockenen Regionen in Südostasien, Australien und im Pazifik. Als Halbparasiten nehmen sie ihre Nährstoffe über die Wurzeln anderer Pflanzen auf und gelten daher als schwer kultivierbar. Einige Sorten mit eßbaren Beeren eignen sich für den Anbau in warmen, trockenen Gegenden. Das Holz von *Santalum album* wird für edle Möbelstücke verwendet, oder man stellt ein Duftöl daraus her.

Santolina chamaecyparissus

Santalum acuminatum

Sanguisorba minor

Sansevieria trifasciata 'Laurentii'

PFLEGE UND VERMEHRUNG: Wegen der erwähnten halbparasitischen Lebensweise des Sandelholzbaumes ist eine Kultivierung nicht möglich.

Santalum acuminatum

Der kleine Baum aus dem trockenen Inneren Australiens wird 3–6 m hoch. Die herabhängenden, ledrigen Blätter sind graugrün; von Frühjahr bis Sommer erscheinen kleine, grünlichweiße, vierzählige Blüten. Nach etwa vier Jahren bringt er leuchtendrote, fleischige Früchte hervor, die an Pflaumen erinnern. Aus ihnen läßt sich Marmelade herstellen. Die eßbaren Kerne sind ölhaltig und sehr nahrhaft.

Santalum album
SANDELHOLZBAUM

Aus dem duftenden Holz dieses kleinen, 4,5 m hohen Baums gewinnt man Sandelöl. Die elliptischen Blätter sind 3,5–6 cm lang und auf der Unterseite blasser und etwas spröde. Die rötlichen Blüten sind in Rispen angeordnet; aus ihnen entwickeln sich später schwarze, kirschgroße Früchte. Die Art stammt vermutlich ursprünglich aus Malaysia, kommt heute aber auch in anderen tropischen Regionen Asiens vor. Aus dem weißen oder gelben Holz fertigt man vielerorts Schmuck und Kästchen.

SANTOLINA
HEILIGENKRAUT

Die kleinen, aromatischen, immergrünen 18 Arten der Gattung stammen aus dem Mittelmeerraum. Angebaut werden sie wegen der duftenden, meist silbergrauen Blätter und der zierlichen, gelben Blütenköpfchen. Sie eignen sich zur Bepflanzung von Hängen und als Bodendecker.
PFLEGE UND VERMEHRUNG: Das Heiligenkraut ist nicht völlig winterhart und friert daher im Winter völlig zurück. Meist treibt es im nächsten Jahr aber wieder aus. Bei starkem Frost sollte man es mit Fichtenzweigen abdecken. Es benötigt einen sonnigen Platz mit gut durchlässigem Boden. Bei zu starker Nässe fault es oft. Vermehrung durch Stecklinge im Sommer.

Santolina chamaecyparissus
ZYPRESSENKRAUT

Der niedrige, aromatische Strauch ist in den Küstenregionen des Mittelmeeres heimisch, wo er bis zu 50 cm hoch und doppelt so breit wird. An den langen Stengeln werden im Sommer leuchtendgelbe, kreisrunde Blütenköpfchen hervorgebracht, die zwischen länglichen, gräulichgrünen gefiederten Blättern sitzen. **'Lemon Queen'** ist eine kompakte Sorte, die bis 60 cm breit wird und zitronengelb blüht.

S

Santolina rosmarinifolia

Santolina pinnata subsp. *neapolitana*

Santolina pinnata

Der 50–80 cm hohe Strauch aus Italien besitzt eingeschnittene, grüne Blätter und bringt im Sommer gelblichweiße Blüten hervor. ***Santolina pinnata* subsp. *neapolitana*** ist kleiner, hat graugrünes Laub und gelbe Blüten; ***S. p.* subsp. *neapolitana* 'Sulphurea'** besitzt schöne zartgelbe Blüten.

Santolina rosmarinifolia

Syn. *Santolina virens*

HEILIGENKRAUT

Heimisch ist diese Art mit grünen, eingeschnittenen, fadenartigen bis 3,5 cm langen Blättern in Spanien, Portugal und Südfrankreich. Die Art ist von dichtem, buschigem Wuchs, erreicht eine Höhe von 60 cm und breitet sich etwa 1 m aus. Die Blüten von **'Morning Mist'** sind goldgelb, die von **'Primrose Gem'** etwa blasser gelb.

SANVITALIA

HUSARENKNOPF

Aus Mexiko und dem Südwesten der USA stammen die sieben Arten ein- oder mehrjähriger, kurzlebiger Korbblütler-Stauden. Die gegenständigen Blätter sind oval, die kleinen, weißen oder gelben Blüten haben eine schwarzviolette oder weiße Mitte. Als Bodendecker eignet sich *Sanvitalia* für Steingärten, aber auch für Blumenampeln. **PFLEGE UND VERMEHRUNG:** Die Pflanzen werden einjährig aus Samen gezogen, am besten an einem sonnigen Ort mit humusreichem, durchlässigem Boden. Man kann sie aussäen oder in kleinen Töpfen vorziehen und dann auspflanzen, wobei die Wurzeln unverletzt bleiben müssen.

Sanvitalia procumbens

Die in Mexiko heimische, einjährige Art bringt im Sommer unzählige leuchtendgelbe, bis 2,5 cm breite Körbchen hervor,

Sapium sebiferum

S. rosmarinifolia 'Morning Mist'

deren Mitte fast schwarz ist. Die niederliegende Pflanze mit mittelgrünen, ovalen Blättern wird bis 20 cm hoch und kann sich etwa 40 cm ausbreiten.

SAPINDUS

Dieser Gattung gehören etwa 13 Arten immer- oder sommergrüner Bäume, Sträucher und Kletterpflanzen an, die in Gärten selten sind. Sie stammen aus den Tropen, Subtropen und den warm-gemäßigten Zonen der Erde. Kultiviert werden sie als Schattenspender oder wegen ihrer beerenähnlichen, ungenießbaren Früchte, die eine Substanz namens Saponin enthalten, die im Wasser schäumt, so daß man die Beeren als Seifenersatz verwendet. Die Blätter sind gefiedert; die kleinen, im Sommer gebildeten, fünfzähligen Blüten haben herausragende, behaarte Staubgefäße und können weiß, gelb oder orange sein. **PFLEGE UND VERMEHRUNG:** Die Pflanzen sind nicht winterhart und in Mitteleuropa praktisch nie im Handel erhältlich.

Sapindus drummondii

Heimisch ist der sommergrüne Baum in trockenen Regionen im Süden der USA und in Mexiko. Er erreicht eine Höhe von 15 m; mit seinen gefiederten Blättern, die aus bis zu 18 Fiederblättern bestehen (jeweils bis 10 cm lang), bildet er eine ausladende Krone. Die gelblichweißen, sommerlichen Blüten erscheinen in Büscheln an den Zweigenden. Die kleinen Früchte sind zunächst gelb, zur Reifezeit schwarz.

SAPIUM

Diese Gattung immer- oder sommergrüner Bäume und Sträucher stammt aus den warmen Klimazonen von Ostasien bis zu den amerikanischen Tropen. Wie andere Wolfsmilchgewächse enthalten sie einen

Sanvitalia procumbens

Milchsaft, der für Mensch und Tier giftig ist und durch Trocknen fest wird. Von einigen südamerikanischen Arten wurde er zur Gummiherstellung genutzt. Die Blätter sind wechselständig, die in Ähren angeordneten Blüten unscheinbar; die Früchte sind von einer härteren Schale umgeben. **PFLEGE UND VERMEHRUNG:** Die Pflanzen sind nicht winterhart, sondern benötigen eine Mindesttemperatur von 5 °C. Kübelpflanzen müssen in der Wachstumsphase reichlich, sonst eher sparsam gegossen werden. Die Vermehrung erfolgt durch frischen Samen im Frühjahr oder durch Stecklinge im Sommer.

Sapium sebiferum

CHINESISCHER TALGBAUM

Der schnellwachsende Baum mit ausladender Krone wird 6–12 m hoch, stammt aus wärmeren Regionen Chinas und Japans und wird als einzige Art häufiger kultiviert. In heißem Klima wirft er seine Blätter teils ab, in kühleren Gegenden ist er sommergrün. Die leuchtendgrünen, herzförmigen bis ovalen und spitzen Blätter bekommen im Herbst – sogar in frostfreien Gegenden – eine wunderschöne gelbe, orangefarbene, rote oder rotviolette Färbung. Im späten Frühjahr bildet der Baum an den Zweigspitzen Ähren aus winzigen, grünlichgelben Blüten. Die im Herbst reifenden, dreisamigen Früchte sind mit einer weißen Wachsschicht bedeckt.

SAPONARIA

SEIFENKRAUT

Der umgangssprachliche Name dieser Gattung, die aus etwa 20 ein- oder mehrjährigen Arten besteht, kommt daher, daß die Wurzeln zum Wäschewaschen benutzt wurden. Diese enthalten das Glycosid Saponin, das sich zum Lösen von Fett und Schmutz eignet. Da es außerdem ungiftig ist, wurde es auch Bier zugesetzt, um schöne Schaumkronen zu erzeugen. Die Pflanzen eignen sich gut für Steingärten sowie zum Bewuchs von Hängen oder Mauern.

Saponaria ocymoides

PFLEGE UND VERMEHRUNG: Die frostharten Pflanzen benötigen Sonne und gutdurchlässigen Boden. Vermehrung durch Samen im Frühjahr oder Herbst bzw. durch Stecklinge im Frühsommer.

Saponaria 'Bressingham'

Diese mehrjährige Art wächst zu einem luftigen Bodendecker mit kleinen, ovalen Blättern (knapp 10 cm lang und etwa ebenso breit) heran und bringt den ganzen Sommer hindurch oberhalb der Blätter kräftig rosafarbene Blütenköpfe hervor.

Saponaria ocymoides

Dieser alpine, mehrjährige Bodendecker aus Europa bildet mit seinen behaarten, ovalen Blättern ein dichtes Polster. Vom späten Frühjahr bis zum Frühsommer bringt er eine Fülle endständiger Blütenstände hervor. Die kleinen, flachen Blüten sind rosa bis tiefrot.

Saponaria officinalis

ECHTES SEIFENKRAUT

Die rosafarbenen Blüten dieser Art sitzen an 60 cm langen Stengeln und sind zwar nicht übermäßig attraktiv, aber im Sommer doch ein hübscher Blickfang; die ovalen Blätter sind glatt und mittelgrün. Es handelt sich um eine liebenswert altmodische Pflanze für den Bauerngarten, die keine besonderen Bedingungen benötigt, sich aber schnell ausbreiten und benachbarte Pflanzen überwachsen kann.

Saponaria × *olivana*

Die Art ist ein dichter, kompakter Bodendecker von etwa 10 cm Höhe mit einer Vielzahl sommerlicher, hellrosa Blüten. Er benötigt gutdurchlässigen Boden.

SARACA

Die Gattung umfaßt 71 Arten, zumeist kleiner, immergrüner Bäume aus den Tro-

Saponaria officinalis

Saponaria × *olivana*

Sarcococca ruscifolia

Sarcobatus vermiculatus

pen Südostasiens, wo sie als Unterholz in Wäldern wachsen. Man kultiviert sie wegen der dichten, auffälligen Blütenstände und des attraktiven Laubs. Die gefiederten Blätter sind jung oft weich und bräunlichrot, verfärben sich später aber grünlich. Die Blüten haben keine richtigen Kronblätter, sondern einen leuchtend gefärbten, röhrenförmigen Kelch mit vier bis fünf flachen Kelchblättern und langen, herausragenden Staubgefäßen. Gebildet werden sie an älteren Zweigen; die Früchte sind schmale, längliche Hülsen.
PFLEGE UND VERMEHRUNG: Die sehr frostempfindlichen Pflanzen benötigen feuchtwarmes Klima, so daß man sie bei uns nur in entsprechend temperierten Gewächshäusern kultivieren kann. Die Vermehrung erfolgt durch Samen im Herbst oder Winter.

Saraca indica

Die bekannteste Art der Gattung ist ein aufrechter, bis zu 9 m hoher, immergrüner Baum aus Indien und von der Malaiischen Halbinsel. Die langen, glänzenden, zusammengesetzten Blätter haben drei bis sechs Fiederblattpaare, die anfänglich weich und rötlich sind. Der Baum bringt fast ganzjährig, vorwiegend jedoch im Sommer, dichte Blütenstände mit gelborange bis rot gefärbten Blüten mit auffällig langen, dunkelroten Staubgefäßen hervor. Die später gebildeten Hülsen sind kräftig rotviolett.

SARCOBATUS

Die einzige Art der Gattung, die zur Familie der Rosengewächse gehört, stammt aus dem Westen Nordamerikas. Es handelt sich um einen kugeligen, ausladenden Strauch mit stacheligen Zweigspitzen und fleischigen Blättern. Die männlichen Blüten sitzen in dichten Ähren, die weiblichen, deren Kelche zu pergamentartigen Scheiben von etwa 1 cm Durchmesser vergrößert sind, an den Zweigenden.
PFLEGE UND VERMEHRUNG: In der Sonne gedeiht die Art auf fast jedem Boden, wenn er nur gut durchlässig ist. Die Vermehrung erfolgt durch Samen.

Sarcobatus vermiculatus

Die dichte, buschige Art wird bis zu 2 m hoch und noch etwas breiter. Die überhängenden Zweige zeigen einen weißlichen Neuaustrieb; die bis zu 3,5 cm langen Blätter sind dünn und grau. Die vergrößerten, pergamentartigen Scheiben der weiblichen Blütenkelche sind in Reihen (etwa 2,5 cm lang) an den Zweigenden zu finden.

SARCOCOCCA

SCHLEIMBEERE, FLEISCHBEERE

Zu dieser Gattung gehören elf Arten immergrüner Sträucher aus Indien, China und Südostasien mit drahtigen Zweigen. Die elliptischen Blätter sind glänzend-dunkelgrün, die kleinen, weißen bis rosa Blüten wirken eher unscheinbar, verströmen jedoch einen süßlichen Duft. Auffällig sind die später gebildeten Beeren.
PFLEGE UND VERMEHRUNG: Schleimbeeren blühen zwar im Winter, sind bei uns aber meist nicht frosthart genug, ohne entsprechenden Winterschutz überleben zu können. Sie sollten einen geschützten, warmen, halbschattigen Platz mit fruchtbarem, humusreichem, durchlässigem Boden bekommen. Vermehrung im Herbst durch Samen oder im Sommer durch Stecklinge. Schädlingsbefall ist selten.

Sarcococca confusa

Sarcococca confusa

Der Ursprung der Art ist möglicherweise China. Die dichtwachsende Pflanze mit zahlreichen grundständigen, grünen Zweigen erreicht ihre maximale Höhe von knapp 2 m zumeist nur langsam. Die glatten, glänzenden Blätter sind dunkelgrün und 3,5–5 cm lang. Die kleinen, weißen Blüten erscheinen im späten Herbst und im Winter; die sich daraus entwickelnden glänzenden Beeren sind schwarz.

Sarcococca hookeriana

Die rhizombildende, horstbildende Art aus dem Himalaja hat aufrechte bis leicht überhängende Zweige. Sie bringt im Winter gelblichweiße Blüten mit rosa Staubbeuteln hervor; die Beeren sind schwarz. ***Sarcococca hookeriana*** var. ***digyna*** hat männliche Blüten mit gelblichweißen Staubbeuteln und schlanke Blätter. ***S. h.*** var. ***humilis*** ist ein niedriger, immergrüner Strauch mit winzigen weißen, duftenden Blüten und eine ideale Schattenpflanze.

Sarcococca hookeriana

Sarcococca hookeriana var. *humilis*

Sarcococca ruscifolia

Diese am häufigsten gezogene Art der Gattung stammt aus Zentralchina. Sie ist von aufrechtem, leicht überhängendem Wuchs und erreicht eine Höhe und Breite von etwa 1 m. Die weißen Blüten werden im Winter gebildet; aus ihnen entwickeln sich später leuchtendrote Beeren. Die Blätter sind oval und auf der Oberseite tiefgrün, auf der Unterseite blasser gefärbt. ***Sarcococca ruscifolia*** var. ***chinensis*** hat lanzett- bis eiförmige Blätter.

SARMIENTA

Die einzige Art der Gattung aus Südchile ist eine immergrüne Kriech- oder Kletterpflanze mit dünnen Trieben und fleischigen Blättern. Die gestielten, röhrenförmigen Blüten sitzen in den Blattachseln. Sie sind in der Mitte verdickt, verjüngen sich zur Öffnung hin und haben fünf kleine, lappig verbreiterte Kronblätter.
PFLEGE UND VERMEHRUNG: Die winterharten Pflanzen benötigen durchlässi-

Saraca indica

S

gen, torfhaltigen Boden, einen windgeschützten, schattigen Platz und reichlich Wasser. Vermehrung durch Samen im Frühjahr oder Stecklinge im Spätsommer.

Sarmienta scandens
Syn. *Sarmienta repens*

Die glatten, verkehrt eiförmigen bis elliptischen, 2,5 cm langen Blätter der mehrjährigen Kletterpflanze mit dünnen Trieben sind an der Spitze gezähnt. Die vielen Blüten sitzen an dünnen Stengeln, die leuchtendrot gefärbt und etwa 2 cm lang sind.

SARRACENIA
SCHLAUCHPFLANZE

Diese Gattung besteht aus etwa acht fleischfressenden, immergrünen oder mehrjährigen Arten aus dem Osten Nordamerikas. Sie sind zwar in einem großen Gebiet verbreitet, wachsen jedoch nur im Torfmoor oder an grasbewachsenen Teichrändern. Alle Arten tragen ungewöhnliche, vielzählige Blüten, deren Griffel eine Art Schirm bilden, der die Staubgefäße schützt. Die Blüten sind meist rotviolett, grünlichgelb oder mehrfarbig. Von gleicher Färbung und beinahe ebenso dekorativ sind die schlauchartigen Blätter. Insekten werden von den farbigen Blättern angezogen, gleiten dann an den glatten Seitenrändern ab, ertrinken in dem Regenwasser, das sich am Boden angesammelt hat und werden schließlich verdaut.
PFLEGE UND VERMEHRUNG: Die frostempfindlichen Pflanzen können nur im Haus oder, noch besser, in einem speziellen Gewächshaus (Kalthaus) kultiviert werden. Sie benötigen saure Erde und sollten mit kalkfreiem Wasser gegossen werden. Sie brauchen Sonne und müssen im Winter feuchtkühl stehen. Vermehrung durch Samen oder Teilung im Frühjahr.

Sarracenia alata

Die Art aus dem Süden der USA hat gelblichgrüne, trompetenförmige Blätter von über 1 m Länge. Der obere Teil der Blätter sowie die anschließenden Teile sind oft mattrot gefärbt. Die nickenden Blüten sind grünlichgelb und etwa 5 cm groß. Sie werden im Frühjahr gebildet.

Sarracenia flava
GELBE SCHLAUCHPFLANZE

Die Blätter dieser Art sind zylindrisch, bis 1,2 m lang und gelblichgrün mit deutlicher roter Zeichnung sowie einer kapuzenförmigen Spitze. Sie sondern Nektar ab, der ebenso wie die leuchtenden Farben Insekten anzieht. Die stark duftenden, gelben oder grünlichgelben Blüten erscheinen an langen Stengeln vom späten Frühjahr bis zum Sommer.

Sarmienta scandens

Sasa veitchii

Sarracenia leucophylla

Sassafras albidum

Sarracenia alata

Sarracenia leucophylla
Syn. *Sarracenia drummondii*

Diese immergrüne, mehrjährige Art bringt im Frühjahr rotviolette Blüten hervor. Sie hat aufrechte, schlanke, bis zu 1,2 m lange Blätter mit schmalen Flügeln und aufrechten Deckeln mit gewelltem Rand. Meist sind sie weiß mit rotvioletter Netzzeichnung und an der Basis einfarbig grün.

Sarracenia × mitchelliana

Die Kreuzung zwischen *Sarracenia leucophylla* und *S. purpurea* hat aufrechte oder niederliegende, trichterförmige Blätter von bis zu 45 cm Länge. An der Basis sind sie olivgrün, verfärben sich aber nach oben dunkelrot. Der Rand ist stark gewellt und steht nach oben ab. Die im Frühjahr gebildeten Blüten sind groß und dunkelrot

Sarracenia purpurea

Diese Art kommt im Osten Nordamerikas vor. Sie wird 15 cm hoch; ihre Blätter sind an der grundständigen Rosette schlank, verdicken sich nach oben jedoch schnell. Gewöhnlich haben sie eine grüne Färbung mit rotviolettem Schimmer und einen nach oben stehenden Deckel. Die Blüten erscheinen im Frühjahr; sie sind rotviolett oder grünlich-rotviolett und werden bis zu 6 cm groß. In Europa wurde die Art eingebürgert, vor allem in Irland.

SASA
BAMBUSGRAS, ZWERGBAMBUS, ROHRGRAS, BLATTBAMBUS

Die 40 bis 50 kleinen bis mittelgroßen, rhizombildenden, verholzten Bambusarten dieser Gattung stammen aus Ostasien und sind eng mit der Gattung *Sasaella* verwandt. Unterhalb der Knoten sind die glatten, zylindrischen Bambusrohre weißlich und wachsartig bereift. Im Winter wirken sie oft wie panaschiert, da die großen, gezähnten Blätter am Rande vergilben.
PFLEGE UND VERMEHRUNG: Die Pflanzen benötigen Halbschatten und nährstoffreichen, feuchten, aber gutdurchlässigen Boden. Im Winter sollten sie einen Schutz bekommen. Vermehrung durch Samen im Herbst oder Teilung im Frühjahr.

Sasa palmata
Syn. *Arundinaria palmata*

Diese ausladende, immergrüne Bambusart aus Japan wird bis 2 m hoch. Die Blüten sind unscheinbar, doch mit ihren breiten, kräftiggrünen Blättern setzt diese Grünpflanze in Staudenbeeten und Steingärten elegante Akzente. Die rotviolett gestreiften, hohlen Stengel bringen an den Knoten Seitentriebe hervor.

Sasa veitchii
Syn. *Arundinaria veitchii, Sasa albomarginata*

Dies ist eine japanische Bambusart von etwa 2 m Höhe und variierender Breite. Ihre 25 cm langen Blätter verfärben sich an den Rändern oft weiß. Die Stengel, die sich an jedem Knoten verzweigen, sind meist rotviolett gefärbt und unterhalb der Knoten weißlich bereift.

SASAELLA

Diese Gattung, eng mit *Sasa* verwandt, umfaßt zwölf Bambusarten, die aus Japan stammen. Die aufrechten Stengel sind an den Knoten verdickt. Wegen ihres ausgedehnten Systems unterirdischer Rhizome eignen sich die Pflanzen hervorragend zur Hangbepflanzung, wo sie Bodenerosionen verhindern können.
PFLEGE UND VERMEHRUNG: Die Pflanzen benötigen grobkörnigen, nährstoffreichen Boden mit gut abgelagertem organischem Material und außerdem viel Wasser. Zu empfehlen ist ein halbschattiger Platz, auch wenn die Pflanzen in der Sonne wachsen können, wo die dünnen Blätter aber leicht vergilben. Die Arten sind relativ frosthart, sollten allerdings einen Winterschutz bekommen. Ihre Vermehrung erfolgt durch Teilung.

Sasaella masumuneana
Syn. *Arundinaria purpurea*

Die Art wird etwa 2 m hoch und wächst meist im Halbschatten an Waldrändern. Ihre Blätter sind 20 cm lang und 5 cm breit. Die aufrechten Stengel sind schlank und von schöner rötlicher Färbung.

SASSAFRAS
FENCHELHOLZBAUM

Nur drei Arten großer, sommergrüner Bäume aus China, Nordamerika und Taiwan gehören zu dieser kleinen Gattung von Lorbeergewächsen. Alle Teile der Bäume haben einen aromatischen Duft, der Insekten abschreckt. Die wechselständigen Blätter sind ganzrandig oder gelappt, aber man findet auch beide Formen an einer Pflanze. Die ein- oder zweigeschlechtlichen, meist grünlichgelben Blüten haben keine Kronblätter. Sie erscheinen in Büscheln im Frühjahr, etwa gleichzeitig mit den Blättern. Die ungenießbaren Früchte sind oval und schwarzblau.

PFLEGE UND VERMEHRUNG: Der Fenchelholzbaum benötigt einen sonnigen Platz mit nährstoffreichem, durchlässigem, saurem Boden und Winterschutz. Die Vermehrung erfolgt durch Samen oder Schößlinge im Herbst oder durch Wurzelstecklinge im Winter.

Sassafras albidum

Der schöne Baum aus den Wäldern an der Ostküste Nordamerikas kann 20 m hoch werden; seine bis zu 10 cm langen Blätter sind manchmal gelappt, oberseits glänzendgrün, unterseits blasser. Im Herbst verfärben sie sich hübsch orange oder rot. Unscheinbar sind die kleinen, grünlichgelben Blüten, die im Frühjahr gebildet werden; die Früchte sind schwarzblau.

SATUREJA

BOHNENKRAUT

Die Gattung umfaßt 30 Arten ein- oder mehrjähriger, halbimmergrüner Stauden und Halbsträucher aus der nördlichen Hemisphäre, die besonders für Steingärten oder trockene Hänge geeignet sind. Die Griechen und Römer schätzten die Pflanze wegen ihres erfrischenden Geschmacks. Die Blätter sind stark aromatisch; die röhrenförmigen, ungestielten, zweilippigen Blüten, die Bienen und andere Insekten anziehen, erscheinen im Sommer. Für diese Pflanze gibt es viele kulinarische Verwendungsmöglichkeiten.

PFLEGE UND VERMEHRUNG: Die winterharten Pflanzen mögen einen sonnigen Platz und durchlässigen Boden. Vermehrung durch Samen im Winter oder Frühjahr, bzw. durch Stecklinge im Sommer.

Satureja douglasii

Syn. *Micromeria chamissonis*

Diese mehrjährige Art mit schlanken Trieben findet man in einem Gebiet von Kalifornien bis nach British Columbia (Kanada). Wo ihre Zweige den Boden berühren, bewurzeln sie sich meist schnell. Die Staude, etwa 30 cm hoch und 1 m breit, besitzt nach Minze duftende, kreisrunde Blätter mit einem Durchmesser von etwa 2,5 cm. Von Frühjahr bis Herbst bringt sie kleine weiße oder rosa bis violette Blüten hervor.

Satureja hortensis

EINFACHES BOHNENKRAUT

Dies ist eine buschige, einjährige, etwa 40 cm hohe Art mit schmalen, dunkelgrünen Blättern. Im Spätsommer bringt sie hellviolette Blüten hervor; die Blätter haben einen süßlich-würzigen Geschmack, der an Thymian erinnert. Die Pflanze ist ein traditionelles Würzmittel für Bohnengerichte, aber auch für Essig, Salatdressings und Butter.

Satureja montana

WINTERBOHNENKRAUT

Dieser Halbstrauch von etwa 45 cm Höhe hat dunkelgrüne, spitze Blätter und kleine, weiße Blüten, die rosa gefleckt im Sommer gebildet werden. Bei starkem Frost braucht die Pflanze Winterschutz; regelmäßiges Stutzen begünstigt das Wachstum und verhindert kahle Triebe. Das Winterbohnenkraut eignet sich gut für Rabatten und wird oft kultiviert, um Bienen anzulocken. Mit den Blättern, die schärfer und pfeffriger sind als beim Einfachen Bohnenkraut, kann man Braten würzen.

SAUROMATUM

Diese Gattung besteht aus nur zwei mehrjährigen, knollenbildenden Arten, die in der Himalaja-Region und in Afrika heimisch sind. Das einzelne Blatt entwickelt sich aus einer fest verschlossenen, glänzenden Knospe; die männlichen und weiblichen Blüten sitzen an einer Spatha und sind durch einen sterilen Bereich getrennt.

PFLEGE UND VERMEHRUNG: Die frostempfindlichen Arten sollten als Zimmerpflanzen gehalten oder nur im Sommer ins Freie ausgepflanzt werden. Sie benötigen lehmhaltige, nährstoffreiche Erde und sollten alle vier Wochen gedüngt werden. Vermehrung durch Nebenknollen.

Sauromatum venosum

Syn. *Sauromatum guttatum*

EIDECHSENWURZ

Ein wenig erinnert diese eigentümliche Zwiebelpflanze aus dem Himalaja an Arten der Gattung *Dracunculus*, die ähnliche Blätter und vergleichbare gelbe, aronstabartige Blüten haben. Diese sind rotviolett gefleckt, etwa 30 cm lang und verbreiten nach dem Öffnen kurzzeitig einen fauligen Geruch. Das einzige, etwas rundliche, etwa 40 cm große Blatt erscheint nach der Blüte. Die Art, die man zumeist als Zimmerpflanze kultiviert, wird bis 45 cm hoch.

SAUSSUREA

Diese Gattung besteht aus etwa 300 mehrjährigen Arten, die in Europa, Asien und Nordamerika vorkommen, sich aber nicht besonders gut als Gartenpflanzen eignen. Einige Arten aus dem Himalaja haben sich den rauhen Bedingungen durch eine dichte Behaarung bemerkenswert gut angepaßt. Die Pflanzen besitzen einfache, gegenständige Blätter; die Blütenstände sind in Rosetten angeordnet und sterben nach der Samenreife ab.

PFLEGE UND VERMEHRUNG: Die Pflanzen gedeihen am besten an sonnigen Plätzen in humusreichem, feuchtem, aber gutdurchlässigem Boden. Während sie in der Wachstumsphase reichlich gegossen werden müssen, schadet ihnen Winterfeuchtigkeit. Die Vermehrung erfolgt durch Samen oder Teilung.

Saussurea stella

Diese Pflanze kommt an bis zu 4000 m hoch gelegenen, feuchten und sumpfigen, grasbewachsenen Standorten im Himalaja vor. Sie hat 20 cm lange, dunkelgrüne Blätter, die in einer flachen Rosette angeordnet sind und in deren Mitte die rotvioletten Blütenköpfchen erscheinen.

Satureja montana

SAXEGOTHAEA

Botanisch ist die einzige Koniferenart dieser Gattung sehr interessant, da sie als Verbindungsglied zwischen den Eiben, Steineiben und Kiefern gilt. Die meisten Botaniker ordnen sie der Familie der Eibengewächse *(Taxaceae)* zu, die ähnliche Nadeln haben. *Saxegothaea* stammt aus kühlen und feuchten Regionen in Südchile und Argentinien, wo man ihr leicht zu bearbeitendes Holz für Schreinerarbeiten verwendet.

PFLEGE UND VERMEHRUNG: Die Pflanze ist winterhart und bevorzugt einen sonnigen oder halbschattigen Platz mit relativ nährstoffhaltigem, gutdurchlässigem Boden. Die Vermehrung erfolgt durch Stecklinge.

Saxegothaea conspicua

Der langsamwachsende Nadelbaum kann über 20 m hoch werden. In wärmeren Gegenden bekommt er zumeist eine schöne Kegelform, in kühleren wächst er da gegen eher säulenförmig und buschig. Die dunkelgrünen, nadelartigen Blätter sind gut 1 cm lang und in Quirlen angeordnet. Im Gegensatz zu anderen Koniferen sind die Zapfen fleischig, blaugrün überlaufen und an der Spitze stachelig.

SAXIFRAGA

STEINBRECH

Blüten und Blätter dieser ein-, zwei- oder mehrjährigen Pflanzen sind gleichermaßen attraktiv. Die Gattung umfaßt etwa 440, meist immergrüne Arten, die vorwiegend in den gemäßigten Zonen sowie den alpinen und subarktischen Regionen der nördlichen Hemisphäre vorkommen. Für den Garten wurden jedoch viele Sorten gezüchtet, von denen sich viele sehr gut für Steingärten und als Bodendecker eignen. Die Blüten sind meist weiß und gelegentlich rosa gepunktet, man kann aber auch andere Farben bekommen. Der deutsche Name spielt, ebenso wie der lateinische Gattungsname, auf die kräftigen Wurzeln oder auf die gepriesene Heilwirkung bei Gallensteinen an.

PFLEGE UND VERMEHRUNG: Je nach Art werden verschiedene Boden- und Lichtverhältnisse benötigt, und unterschiedlich ist auch die Frostempfindlichkeit. Im Herbst können sie durch Samen, im Winter durch Teilung oder Ableger vermehrt werden.

Saxifraga × *anglica* 'Cranbourne'

Es handelt sich um polsterbildende, sehr winterfeste, mehrjährige Pflanzen mit Rosetten aus dunkelgrünen, linealischen Blättern und kräftig rotvioletten, bis 5 mm großen, becherförmigen Blüten, die an kurzen, etwa 5 cm langen Stengeln sitzen und im Frühling gebildet werden. Die Art benötigt einen sonnigen Platz, beispielsweise in einem Steingarten.

Saussurea stella

Saxegothaea conspicua

Saxifraga × apiculata

Diese mehrjährige Pflanze, eine Hybride aus ***Saxifraga marginata*** und ***S. sancta***, bildet dichte, bis 10 cm hohe Rosetten aus kleinen, lanzettlichen Blättern und bringt dichte Büschel kleiner, gelber Blüten hervor. Die Sorte **'Alba'** blüht weiß; **'Gregor Mendel'** hat zarte, zitronengelbe Blüten. Daneben gibt es noch weitere Zuchtformen, deren Blätter oft weiße Auflagerungen zeigen. Sie benötigen einen gewissen Schutz vor Hitze und vertragen keine Trockenheit.

Saxifraga 'Apple Blossom'

Die Herkunft dieses kugelig wachsenden Steinbrechs, der knapp 10 cm hoch wird und sich etwa 60 cm ausbreiten kann, ist unbekannt. Die gezähnten, ovalen, grünen Blätter bilden ein dichtes Polster, darüber sitzen die etwa 1 cm langen, hellrosa Blütenknospen, die sich von Frühjahr bis Sommer zu weißen Blüten öffnen.

Saxifraga 'Apple Blossom'

Saxifraga bronchialis subsp. *vespertina*

Saxifraga exarata subsp. *moschata*

Saxifraga longifolia

Saxifraga bronchialis

Diese Pflanze aus Nordamerika und Asien bildet bis zu 20 cm hohe Horste aus steifen, linealischen Blättern von etwa 1 cm Länge. Die Blüten sind gelblichweiß mit roten Punkten. ***Saxifraga bronchialis* subsp. *vespertina*** stammt aus China, Sibirien und der Mongolei. Die Unterart hat grünlichweiße Blüten mit rosaroten Punkten.

Saxifraga burseriana

Diese langsamwachsende, immergrüne, mehrjährige Staude aus den östlichen Alpen hat eine verholzte Basis und bildet mit ihren gräulichgrünen bis silbrigen Blättern dichte, kugelförmige Polster aus; die einzelnen, roten Blüten sitzen an 5 cm langen Stengeln. Die Pflanze braucht einen sonnigen Platz und relativ nährstoffreichen, gutdurchlässigen Boden. Außergewöhnlich ist die Sorte **'Gloria'** mit größeren, weißen, im Zentrum gelben Blüten, die an leuchtendroten Stengeln sitzen.

Saxifraga callosa

Diese Art aus dem Nordosten Spaniens und den südwestlichen Alpen bildet Rosetten aus langen, schmalen Blättern. Ebenfalls beblättert sind die bis zu 20 cm langen Blütentriebe, wobei diese Blätter kürzer sind. Überhängende Rispen versammeln die kleinen, weißen Blüten; die Blätter sondern kalkartige Ausscheidungen ab, die sich auf der Oberfläche ablagern.

Saxifraga cochlearis 'Minor'

Die Blätter dieser kleinen, kugeligen Pflanze scheiden, selbst auf sehr saurem Boden, stark kalkhaltige Substanzen aus, so daß sie zumeist vollkommen silberweiß gefärbt sind. Je 10 bis 15 kleine, weiße Blüten sitzen an 10–15 cm langen Stengeln. Die Pflanze eignet sich gut für Steingärten.

Saxifraga exarata subsp. *moschata*

Syn. *Saxifraga moschata*

Dies iste ine hübsche, polsterbildende Pflanze aus Europa mit flaumig behaarten Blättern. Die Blüten mit runden Kronblättern, deren Färbung von Weiß oder Zartgelb über Rosa bis zu kräftigem Rot reicht, sitzen an etwa 10 cm langen Stengeln. Die Pflege der Pflanze ist nicht ganz einfach. Für ein gesundes Wachstum benötigt sie ein richtiges Verhältnis von Sonne und feuchtem Boden, der besonders im Winter gut durchlässig sein muß.

Saxifraga federici-augusti subsp. *grisebachii*

Diese Art hat löffelförmige, silbergraue Blätter und rote Blüten, die an gebogenen Stengeln sitzen. Sie ist auf dem Balkan heimisch, kann eine Höhe von bis zu 10 cm erreichen und benötigt viel Sonne und gutdurchlässigen, basischen Boden. **'Wisley Variety'** bringt im Frühjahr dichte Rispen dunkelroter Blüten hervor.

Saxifraga ferdinandi-coburgi

Diese Art aus Nordgriechendland, Ostbulgarien und dem Osten Makedoniens besteht aus kleinen, vielblättrigen Blattrosetten. Die relativ großen, gelben Blüten sitzen an beblätterten, etwa 10 cm langen Stengeln. Die Art ist völlig winterhart.

Saxifraga fortunei

Diese halbimmergrüne oder krautige, winterharte Pflanze aus Japan hat fleischige, grünliche oder braune Blätter, die unterseits zumeist rot sind und in einer Rosette von etwa 30 cm Höhe angeordnet sind. Im Herbst erscheinen Dutzende winziger, weißer Blüten mit vier gleich großen und einem verlängerten Kronblatt.

Saxifraga × irvingii

Diese Kreuzung zwischen *Saxifraga burseriana* und ***S. lilacina*** scheint sich in Gärten entwickelt zu haben. Die dichte, polsterbildende Pflanze mit kleinen Rosetten aus winzigen, graugrünen Blättern produziert etwa 2,5 cm große, ungestielte Blüten in Rosa oder Hellviolett. Im Handel sind viele Sorten, z.B. **'Jenkinsiae'**, die von lockerem Wuchs ist und zartrosa Blüten hat.

Saxifraga longifolia

Diese Art bildet dichte Rosetten aus langen, schmalen Blättern mit starken Kalkauflagerungen an den Rändern. Im Frühjahr bringt sie winzige, weiße Blüten mit rundlichen Kronblättern hervor, die in einer einzelnen, bis 50 cm langen Rispe angeordnet sind. Leider sterben die Blattrosetten nach der Blüte ab, ohne neue zu bilden. Man muß die Pflanzen also aus Samen neu heranziehen. Besonders schön ist die Sorte **'Tumbling Waters'**.

Saxifraga × apiculata, Kulturvarietät

Saxifraga paniculata

Syn. *Saxifraga aizoon*

TRAUBENSTEINBRECH

Diese immergrüne, mehrjährige Art aus Mitteleuropa bringt im Sommer endständige Büschel fünfzähliger, weißer Blüten an aufrechten Stengeln hervor, die oft rotviolett gepunktet sind. Es gibt aber auch andere Färbungen, etwa ein helles Rosa und Gelbtöne. Die bläulichgrünen Blätter bilden am Grunde der Blütenstengel eine Rosette. *Saxifraga paniculata* erreicht in Höhe und Breite 20–25 cm. Die Art braucht einen sonnigen Platz und gutdurchlässigen, basischen Boden. Es gibt zahlreiche Sorten, deren Blüten in Größe und Farbe (Weiß bis Gelb) variieren und die unterschiedlich große Blätter sowie unterschiedlich geformte Rosetten haben. **'Rosea'** blüht leuchtendrosa; **'Minima'** besitzt sehr kleine Blätter und Blüten. ***S. p.* var. *baldensis*** hat sehr kleine Blattrosetten und rot überlaufene Blütenstengel.

Saxifraga rotundifolia

RUNDBLÄTTRIGER STEINBRECH

Diese Art aus dem Südwesten Frankreichs und der nördlichen Türkei besitzt dicke Rhizome. Ihre rundlichen Blätter bilden eine offene Rosette; die weißen Blüten sitzen an einem bis zu 25 cm langen, spärlich beblätterten Stengel. Sie sind häufig rotviolett gepunktet und in der Mitte gelblich gefärbt. Am besten gedeiht die Art auf feuchtem Boden im Halbschatten.

Saxifraga 'Ruth Draper'

Ruth Draper war in den 30er Jahre eine beliebte britische Schauspielerin und berühmt für den Satz: »Sie hätten meinen Garten letzte Woche sehen sollen.« Diese Pflanze ist eine hübsche, bis 5 cm große, moosartige Steinbrechart, die einen feuchten, halbschattigen Platz bevorzugt. Im zeitigen Frühjahr bringt sie große, becherförmige, rosaviolette Blüten hervor.

Saxifraga sempervivum

Diese immergrüne, mehrjährige Art vom Balkan und aus dem Nordwesten der Türkei bildet lockere Polster. Ihre kurzen Blätter haben nur schwache Kalkauflagerungen. An den etwa 10 cm langen, dicht beblätterten Blütenstengeln sitzen Rispen mit 15 bis 20 winzigen, rotvioletten Blüten. Die Pflanzen benötigen einen sonnigen Platz und gutdurchlässigen Boden.

Saxifraga stolonifera

Syn. *Saxifraga sarmentosa*

JUDENBART

Charakteristisch für diese ausdauernde ostasiatische Art sind die geranienähnlichen Blätter. Sie sind rund, glänzend-olivgrün mit silbrigen Adern, unterseits rosaviolett. Zarte Rispen tragen im Frühjahr und Frühsommer weiße Blüten an dün-

S

Saxifraga rotundifolia

nen, aufrechten Stengeln. Jeweils eines der Kronblätter ist größer als die anderen vier. Die nicht völlig winterharte Pflanze wird normalerweise als Zimmerpflanze kultiviert. Sie kann 15–20 cm groß werden und breitet sich mittels Ausläufern bis zu 30 cm aus. **'Tricolor'** hat tiefeingeschnittene, grüne Blätter mit rot-weißer Zeichnung.

Saxifraga umbrosa

Diese Art aus den Pyrenäen hat graugrüne Blätter, die eine breite Rosette bilden; die kleinen, weißen Blüten sitzen an bis 20 cm langen Stengeln. Die Pflanze bevorzugt humusreichen Boden und einen sonnigen, in wärmeren Gegenden auch halbschattigen Platz. Vom späten Frühjahr bis zum Frühsommer bringt sie viele Blüten hervor. Es gibt auch hellrosa blühende Sorten.

Saxifraga × urbium

Die mehrjährige Hybride aus ***Saxifraga spathularis*** und *S. umbrosa* bringt von

Saxifraga paniculata 'Rosea'

Saxifraga stolonifera 'Tricolor'

Saxifraga 'Ruth Draper'

Saxifraga stolonifera

Saxifraga sempervivum

Saxifraga umbrosa

Frühjahr bis Hochsommer rosa Blüten an 20–30 cm langen Stengeln hervor. Sie eignet sich gut für Rabatten und benötigt viel Sonne, in heißeren Gegenden sollte man sie jedoch in den Halbschatten pflanzen.

SCABIOSA

SKABIOSE, WITWENBLUME

Diese Gattung mit etwa 80 ein-, zwei- oder mehrjährigen Arten ist in den gemäßigten Regionen weit verbreitet. Ihre langgestielten, nach Honig duftenden Blütenköpfchen eignen sich gut als Schnittblumen. Sie bestehen aus zahlreichen Einzelblüten mit herausragenden Staubgefäßen, die das Köpfchen wie Nadelkissen aussehen lassen. Die Färbung der Blüten reicht von Weiß, Gelb, Rot und Blau bis Rotviolett. **PFLEGE UND VERMEHRUNG:** Die meisten Arten sind winterhart und benötigen

Scabiosa anthemifolia

einen sonnigen Standort sowie basischen Boden. Die Vermehrung einjähriger Arten erfolgt durch Samen im Frühjahr; ausdauernde Arten werden im Sommer durch Stecklinge, im Herbst durch Samen oder im Vorfrühling durch Teilung vermehrt.

Scabiosa africana

Diese dunkelrot blühende, ausdauernde Art stammt aus Südafrika. Sie hat längliche

Saxifraga paniculata var. *baldensis*

Blätter; die Blütenstengel werden bis zu 1 m lang. Die Blütenköpfchen sind ungefähr 3,5 cm groß.

Scabiosa anthemifolia

Diese einjährige oder kurzlebig mehrjährige Art aus Südafrika hat gebogene, bis 80 cm lange Stengel. An diesen sitzen die gut 5 cm großen Blütenköpfchen, die dunkelrot, violett oder rosa gefärbt sind.

Scabiosa atropurpurea

Die buschige, zweijährige oder kurzlebig ausdauernde Art aus Südeuropa blüht von Sommer bis in den Frühherbst hinein, sofern man die Blütenköpfchen nach dem Verwelken regelmäßig entfernt. Die kegelförmigen, duftenden Blütenköpfchen sind etwa 5 cm groß und meistens leuchtendrot, können aber auch weiß, rosa, rotviolett oder blau sein. Die Größe der Pflanzen variiert zwischen 40 cm bei zwergwüchsigen und bis zu 1 m bei größeren Sorten. Die winterharte Art hat gelappte, lanzettliche Blätter.

Saxifraga paniculata

S

Scabiosa caucasica 'Staefa'

Scabiosa caucasica

Scabiosa caucasica 'Mrs Isaac House'

Scabiosa caucasica

Diese als Schnittblume und Rabattenstaude beliebte ausdauernde Art bringt im Sommer große gekräuselte Blütenköpfchen hervor. Diese sind rosa, rot, rotviolett oder blau und sehen in der Mitte wie ein Nadelkissen aus. Die buschige Pflanze mit gelappten, mittelgrünen Blättern wird 40–60 cm hoch und etwa ebenso breit. **'Clive Greaves'** blüht hellviolett bis blau; **'Staefa'** ist von kräftigem Wuchs und hat blaue Blüten, **'Mrs. Isaac House'** blüht gelblichweiß.

S

Scabiosa columbaria

Die zwei- oder mehrjährige Art wird 60 cm hoch und kann sich bis zu 1 m ausbreiten. An schlanken, aufrechten und behaarten Stengeln erscheinen von Sommer bis Herbst etwa 3,5 cm große, rötliche bis bläulich-violette Blütenköpfchen. Die dichtere und nicht so große **'Butterfly Blue'** hat fein geteilte Blätter und bringt über einen langen Zeitraum blauviolette Blüten mit herausragenden Staubfäden hervor.

Scabiosa farinosa

Dieser Strauch wird bis 1 m hoch. Er hat glatte, dunkelgrüne Blätter; kleine dunkelrote Blütenköpfchen sitzen an bis zu 10 cm langen Stengeln.

Scabiosa ochroleuca

An etwa 80 cm langen Stengeln erscheinen vom Sommer bis in den Herbst hinein leuchtendgelbe, 5 cm große Blütenköpfchen. Die Pflanze stammt ursprünglich aus Europa und Westasien.

SCADOXUS

Die neun Arten dieser Gattung aus Afrika und von der arabischen Halbinsel sind mit der Blutblume *(Haemanthus)* verwandt. Beide haben sehr ähnliche, große, dicke Blumenzwiebeln, die dicht unter der Erdoberfläche wachsen, und beide blühen bereits, wenn die Blätter noch nicht ausgetrieben wurden. Die Blüten von *Scadoxus*

Scadoxus multiflorus

Scabiosa columbaria 'Butterfly Blue'

erscheinen bereits im Frühjahr, während Blutblumen erst im Sommer blühen.
PFLEGE UND VERMEHRUNG: Die nicht winterharten Pflanzen aus gemäßigten und subtropischen Zonen lassen sich nur im Hause oder in einem Gewächshaus kultivieren. Sie benötigen einen sonnigen oder halbschattigen Platz und humusreichen, gutdurchlässigen Boden. Im Winter wird wenig gegossen, während der Vegetationsphase mehr. Vermehrung durch Samen oder Brutzwiebeln im Frühjahr.

Scadoxus multiflorus
Syn. *Haemanthus multiflorus*

Diese Zwiebelpflanze blüht von Frühjahr bis Sommer. Ihre lanzettlichen, halb aufrecht wachsenden Blätter bilden eine grundständige Rosette; die bis zu 100 leuchtendroten, sternförmigen Blüten sind in einer rundlichen Dolde angeordnet, die an einem 45 cm langen Stengel sitzt. Die robuste Unterart ***Scadoxus multiflorus* subsp. *katherinae*** bringt im Frühjahr und Sommer bis zu 200 Blüten hervor; ***S. m.* subsp. *multiflorus*** hat dagegen röhrenfömige, bis 2 cm lange Blüten.

Scadoxus puniceus
Syn. *Haemanthus magnificus*, *H. natalensis*

Ost- und Südafrika sind die Heimat dieser Pflanze. Im Frühjahr sprießen gefleckte Stengel, an denen unzählige orangefarbene und rote Blüten sitzen, die von roten Hochblättern eingeschlossen sind. Die hübsche Zimmerpflanze wird etwa 45 cm hoch.

SCAEVOLA

Diese Gattung aus Australien und von den pazifischen Inseln umfaßt 96 Arten zumeist immergrüner Stauden, Sträucher, Halbsträucher und kleiner Bäume, die in der Regel aus gemäßigten, selten auch aus tropischen und subtropischen Zonen stammen. Einige bodendeckende Arten haben sich als anpassungsfähige Gartenpflanzen erwiesen, die auch in Küstenregionen kultiviert werden können. Meist haben sie fleischige Blätter, die oft behaart und gelegentlich auch stark fleischig sind; sie sitzen an kräftigen, manchmal etwas brüchigen Stengeln. Die unzähligen fächerförmigen Blüten – weiß bis blau, dunkelrot oder purpurfarben – sind normalerweise relativ klein (1–2,5 cm), halten sich dafür aber recht lange.
PFLEGE UND VERMEHRUNG: Die Pflanzen sind nicht winterhart, eignen sich aber auch nicht besonders gut als Zimmer- oder Kübelpflanzen, so daß man sie bei uns praktisch nie im Handel findet. Vermehren lassen sie sich durch Samen oder Stecklinge im Frühling oder Sommer.

Scaevola aemula
Syn. *Scaevola humilis*

Die mehrjährige, krautige Pflanze mit ihren dicken, grobgezähnten, dunkelgrünen Blättern ist ein Bodendecker von nur etwa 45 cm Höhe und Breite. Vom zeitigen Frühjahr bis zum Spätsommer entfalten sich relativ große, blauviolette Blüten mit einem gelben Schlund an Ähren, die sich bei Bildung neuer Blüten ständig verlängern. Heimisch in den sandigen Küstenregionen Australiens, verträgt diese Art Trockenheit und salzige Meeresgischt, aber nur sehr leichten Frost. **'Blue Wonder'** bringt fast ohne Unterbrechung unzählige hellviolette bis blaue Blüten hervor.

Scadoxus multiflorus subsp. *katherinae*

Schefflera actinophylla

Schefflera arboricola

Schefflera arboricola 'Samoa Snow'

Scaevola 'Blue Fandango'

Die nicht winterharte Sorte ist ein dichter Strauch (60 cm hoch und breit) mit aufrechten, seltener auch überhängenden Zweigen; die weichen, behaarten Blätter sind unregelmäßig gelappt oder haben einen gesägten Rand. Die Art bringt fast ganzjährig blauviolette Blütenähren hervor, die sie zu einer beliebten Garten- oder Kübelpflanze machen, und bevorzugt sonnige oder halbschattige Standorte mit gutdurchlässigem Boden. Zu den Elternpflanzen dieser Sorte gehört **'Diamond Head'**.

Scaevola crassifolia

Die Heimat dieses sich kräftig ausbreitenden, lichten Strauchs, der bis 1 m hoch und nur geringfügig breiter wird, sind sandige Standorte an der Küste und im Inneren des warm-gemäßigten Westaustraliens. Die Blätter sind dick und haben einen gesägten Rand, die endständigen Blütenähren hellblau bis dunkelrot.

Scaevola 'Mauve Clusters'

Diese nicht völlig frostharte, sich schnell ausbreitende, mehrjährige Art blüht zwischen Frühjahr und Sommer. Die unzähligen kleinen, dunkelroten Blüten heben sich gegen das leuchtendgrüne Laub ab. Sie wächst niedrig, wird aber bis 2 m breit.

Scaevola taccada

Syn. *Scaevola sericea*

Dies sit eine der wenigen Arten, die auch außerhalb Australiens vorkommt, nämlich an tropischen Stränden und auf Atollen im Pazifik und im Indischen Ozean. Der attraktive, immergrüne Strauch wird bis zu 1,5 m hoch und etwa genauso breit. Seine leuchtendgrünen Blätter sind bis 10 cm lang. Fast das ganze Jahr hindurch bilden sich an den Zweigspitzen kleine, weiße Blüten mit rotvioletten Streifen; die kleinen, fleischigen Beeren sind blauviolett.

SCHEFFLERA

Syn. *Brassaia, Dizygotheca, Heptapleurum*

STRAHLENARALIE, LACKBLATT

Fast alle tropischen und subtropischen Zonen der Erde beherbergen zahlreiche der über 700 Arten kleiner Bäume, Sträucher und Kletterpflanzen, die dieser Gattung angehören. Die zusammengesetzten Blätter bestehen aus gleich großen Fiedern, die strahlenförmig am Ende der langen Stengel sitzen. An verzweigten Ähren sitzen kleine Blüten. Die sich später entwickelnden kleinen Beeren sind relativ fleischig. In ihrem natürlichen Verbreitungsgebiet, den Regenwäldern, wachsen viele Arten epiphytisch auf Bäumen, Klippen oder in Felsspalten. In kühleren Regionen werden einige Arten wegen der attraktiven Blätter als Zimmerpflanzen kultiviert.

PFLEGE UND VERMEHRUNG: Nicht winterhart, werden die meisten Aralienarten bei uns nur als Zimmerpflanzen gezogen. Weitgehend durchgesetzt hat sich *Schefflera actinophylla*, die auch in Kübeln noch die stattliche Höhe von 1,5 m erreichen kann. Die Temperaturen sollten im Sommer zwischen 15 und 20 °C liegen, im Winter möglichst unter 15 °C. Bringt man sie in den Sommermonaten nach draußen, benötigt die Pflanze einen geschützten Platz. In dieser Zeit wird sie regelmäßig gegossen und gedüngt, im Winter bekommt sie deutlich weniger Wasser. Vermehrung durch frischen Samen im Sommer.

Scaevola taccada

Schefflera actinophylla

Syn. *Brassaia actinophylla*

STRAHLENARALIE

Ihre Blätter erinnern an Regenschirme und bestehen aus 7 bis 15 hellgrünen, glänzenden Fiedern von etwa 40 cm Länge. Mit ihren vielen aufrechten Stämmen und der dichten, bis 6 m breiten Krone kann sie in den heimischen Regenwäldern Nordaustraliens und Neuguineas bis 40 m hoch werden, bleibt in Kultur aber deutlich kleiner. Vom Spätsommer bis zum zeitigen Frühjahr erscheinen zahlreiche strahlenförmig angeordnete Blütenähren mit roten Stengeln an den oberen Zweigen der Pflanze. Die einzelnen nektarreichen Blüten sind rot und haben gelblich-weiße Staubgefäße. Aus ihnen entwickeln sich später rötliche, fleischige Beeren.

Schefflera arboricola

Dieser Strauch kommt nur auf Taiwan vor. Mit 2–4,5 m Höhe ist er die kleinere Version von *Schefflera actinophylla*. Seine vielen Zweige breiten sich häufig schon in Bodennähe aus, und wer möchte, kann ihn relativ leicht zu einer Kugelform trimmen. Die Blätter bestehen aus 5–10 um den Stengel angeordneten Fiedern, die etwa 15 cm lang sind. Von Frühjahr bis Sommer erscheinen an den Zweigenden unzählige grünlichgelbe Blüten. Aus ihnen entstehen später orangefarbene Früchte, die bei der Reife rotviolett werden. **'Renate'** und **'Samoa Snow'** haben panaschierte Blätter.

Schefflera digitata

Diese Art ist als einzige der Gattung in Neuseeland heimisch. Sie besitzt kräftiggrüne Blätter, unterteilt in 5–10 ovale Fiedern. Im Frühjahr trägt sie winzige, grünliche Blüten, aus denen sich im Herbst dunkelviolette Früchte entwickeln.

Schefflera elegantissima

Syn. *Aralia elegantissima, Dizygotheca elegantissima*

Diese elegante, aufrechtwachsende Art aus Neukaledonien wird als Zimmerpflanze bis 2 m hoch, in der Natur sogar bis 15 m. Junge Pflanzen haben grünlich-bronzefarbene Blätter, die aus 7–10 schmalen, fingerartigen Fiedern mit feingezähntem Rand bestehen. Bei den älteren Exemplaren werden sie glänzend dunkelgrün.

Scaevola 'Mauve Clusters'

Scaevola aemula

Scaevola aemula 'Blue Wonder'

Scaevola 'Diamond Head'

S

SCHIMA

Diese Gattung besteht aus unterschiedlich ausgeprägten Formen einer variablen Art *(Schima wallichii)* aus Süd- und Südostasien. Der immergrüne Baum oder große Strauch wird vorzugsweise wegen seiner spiralförmigen, glänzenden Blätter und der im Sommer erscheinenden, kamelienartigen Blüten kultiviert.
PFLEGE UND VERMEHRUNG: Die Pflanzen benötigen eine Mindesttemperatur von etwa 3 °C. Kübelpflanzen werden in der Wachstumsperiode reichlich gegossen, in der übrigen Zeit deutlich weniger. Vermehrung durch Samen oder Stecklinge.

Schima wallichii

Diese Art, bis zu 9 m hoch, hat elliptische, knapp 10–25 cm lange, schwach gezähnte Blätter. Anfänglich rötlichviolett, werden sie später dunkelgrün mit blaugrüner Unterseite. Die Blüten sitzen in den Blattachseln und an den Zweigenden. Sie erscheinen zunächst als leuchtendrote Knospen, aus denen sich bald darauf bis zu 6 cm große, weiße bis blaßrote Blüten mit fünf bis sechs Kronblättern und herausragenden goldgelben Staubgefäßen entfalten.

SCHINUS

PFEFFERBAUM

Diese Gattung aus Mittel- und Südamerika besteht aus 30 Arten immergrüner Sträucher und Bäume. Sie werden wegen ihrer eleganten Wuchsform kultiviert, aber auch weil sie Trockenheit sehr gut vertragen. Ihre Blätter sind meist mehrfach gefiedert, können aber auch ungeteilt sein; die winzigen männlichen und weiblichen Blüten sitzen in Büscheln zusammen. Es gibt sowohl einhäusige als auch zweihäusige Arten; die weiblichen Blüten bringen attraktive, runde Beeren hervor.
PFLEGE UND VERMEHRUNG: Die nicht winterharten Pflanzen (Mindesttemperatur ca. 5 °C) müssen bei uns im Wintergarten oder im Kübel gehalten werden. Die Vermehrung erfolgt durch frische Samen im Frühjahr oder Stecklinge im Sommer.

Schinus molle var. *areira*

Syn. *Schinus areira*

PERUANISCHER PFEFFERBAUM

Dieser schnellwachsende Baum mit eleganten, herabhängenden Blättern und Zweigen bekommt im Alter einen knorrigen, 9–15 m hohen Stamm. Die dunkelgrünen, glänzenden, harzigen Blätter sind bis 15 cm lang und bestehen aus 10 bis 18 kleinen, spitz zulaufenden, paarigen Fiedern. Zerreibt man sie, duften sie aromatisch. Vom späten Frühjahr bis zum Frühsommer bilden sich herabhängende Büschel mit winzigen, gelblichweißen Blüten, aus denen sich leicht giftige, dekorative, rötliche Beeren mit pfeffrigem Geschmack entwickeln.

Schinus terebinthifolius

BRASILIANISCHER PFEFFERBAUM

Dies ist ein etwa 9 m hoher Baum mit runder Krone und grünlich-bronzefarbenen, gefiederten Blättern, die meist aus sieben Fiedern bestehen. Die in herabhängenden Rispen angeordneten, winzigen, gelblichweißen Blüten werden im Sommer gebildet; aus ihnen entwickeln sich später kleine grüne Beeren, die sich bei der Reife im Winter röten. Regelmäßig beschnittene Bäume sind in frostfreien Regionen hervorragende Schattenspender.

Schinus molle var. *areira*

Schizanthus hookeri

Schinus terebinthifolius

Schizanthus × wisetonensis

SCHIZACHYRIUM

Zu dieser Gattung gehören über 100 Arten sommergrüner, ausdauernder Gräser, die weltweit verbreitet sind. Sie bringen einen einzelnen Blütenstand mit gestielten Ährchen hervor; die Blätter färben sich im Herbst bronze- bis kastanienbraun.
PFLEGE UND VERMEHRUNG: Die winterharten Pflanzen bevorzugen Sonne und relativ nährstoffreichen, gutdurchlässigen Boden. Alte Halme sollte man im Winter abschneiden. Die Blütenstände eignen sich für Trockenblumensträuße. Die Vermehrung erfolgt durch Teilung im Frühjahr oder Samen im Herbst.

Schizachyrium scoparium

Das robuste Gras stammt aus Nordamerika. Es bildet ausdauernde Horste mit etwa 1 m langen Halmen und grünen oder blaugrünen Blättern, die oft bronzefarben oder rotviolett überlaufen sind.

SCHIZANTHUS

SPALTBLUME, SCHMETTERLINGSBLUME

Ihren deutschen Namen verdanken die 12 bis 15 Arten einjähriger Pflanzen aus den Bergregionen Chiles ihren mehrfach aufgespaltenen Blüten. Sie erinnern an Orchideen, doch ist die Gattung mit den Petunien verwandt. Die Färbung der Blüten reicht von Rosa und Rot über Violett bis Weiß; der Schlund ist zumeist goldgelb gefleckt. Die Arten werden etwa 1 m hoch und 30 cm breit. Für die Kultur in Gärten wurden zahlreiche Sorten gezüchtet, die von Frühjahr bis Sommer blühen.
PFLEGE UND VERMEHRUNG: Die subtropischen Bergpflanzen vertragen weder extreme Hitze noch Kälte. In Mitteleuropa werden sie zumeist einjährig kultiviert – zwar häufig in Schalen oder Blumenkästen, aber auch am Rand von Rabatten. Sie brauchen viel Sonne, nährstoffreichen, gutdurchlässigen Boden und müssen bei trockener oder heißer Witterung kräftig gegossen werden. Vermehrung durch Samen im Sommer oder Herbst.

Schizanthus hookeri

Diese Art erreicht eine Höhe von knapp 50 cm, hat geteilte Blätter und große rosa, violette oder rotviolette Blüten mit gelb gefleckter Oberlippe.

Schizanthus pinnatus

Dieser bis 60 cm hohe und etwa 30 cm breite Strauch ist wegen seiner exotischen Blüten und der hellgrünen, farnartigen Blätter beliebt. Die an Orchideen erinnernden Blüten gibt es in den unterschiedlichsten Färbungen, angefangen bei Weiß über Rosa und kräftiges Rot bis Rotviolett.

Schizanthus × wisetonensis

Die aufrechtwachsende Art bringt von Frühjahr bis Sommer röhren- bis glockenförmige, zweilippige, weiße, blaue, rosa oder rötlichbraune Blüten hervor, die oft gelb gefleckt sind. Sie hat lanzettliche, hellgrüne Blätter und wird bis 50 cm hoch sowie etwa 30 cm breit. Die meisten Sorten für den Garten stammen von dieser Art ab.

SCHIZOLOBIUM

Die zwei großen, immer- oder sommergrünen Arten dieser Gattung stammen aus dem tropischen Südamerika. Man schätzt sie wegen ihrer großen, stark gefiederten, wechselständigen Blätter und der schönen goldgelben Blüten im Frühjahr.
PFLEGE UND VERMEHRUNG: Bei uns nicht winterhart und nicht besonders gut als Kübelpflanzen geeignet, findet man sie kaum im Handel. Wer sie dennoch kultiviert, sollte reichlich gießen und für Schutz vor Wind sorgen. Vermehrung durch Samen im Spätsommer oder Herbst.

Schizolobium parahybum

Dieser schlanke Baum ist in den Tropen Brasiliens heimisch, wo er schnell bis zu 30 m hoch werden kann. Er hat eine lichte Wuchsform und große, farnartige Blätter, die bis zu 1,2 m lang werden und in dichten Quirlen an den Zweigenden sitzen. Junge Bäume bilden erst ab etwa 6 m Höhe Äste aus. Die Blätter werden im Spätwinter abgeworfen; im Spätfrühjahr ist der Baum mit großen Büscheln goldgelber Blüten übersät. Die sich daraus entwickelnden Früchte enthalten jeweils einen Samen.

SCHIZOPHRAGMA

Vom Himalaja bis nach Japan und Taiwan reicht der heimatliche Einzugsbereich der

beiden Arten verholzter, sommergrüner Kletter- oder Kriechpflanzen der Gattung. Sie klettern mit Hilfe starker Luftwurzeln; ihre gegenständigen, langgestielten Blätter sind oval und manchmal gezähnt. Die kleinen Blüten erscheinen in Gruppen in abgeflachten Köpfen und sind umgeben von einem Ring großer weißer Hochblätter, die wie Blütenblätter aussehen.
PFLEGE UND VERMEHRUNG: Die recht winterharten Pflanzen brauchen einen sonnigen oder halbschattigen Platz mit relativ nährstoffreichem und feuchtem, aber gutdurchlässigem Humusboden. Vermehrung durch Stecklinge.

Schizophragma hydrangeoides

Diese kräftige Kletterpflanze aus Japan und Korea wird nicht selten bis 9 m hoch, eignet sich also gut zum Bewachsen einer Pergola oder einer hohen Mauer. Im Sommer erscheinen die großen, abgeflachten Blütenköpfe mit sehr kleinen, weißen Blüten, 30 cm breit und von dekorativen weißen Hochblättern umgeben Die attraktiven dunkelgrünen, gezähnten Blätter sind bis 10 cm lang und sitzen an grünen Stielen. **'Roseum'** hat rote Blattstiele und rot getönte Kelchblätter.

Schizophragma integrifolium

Diese Kletterpflanze aus China wird etwa 9 m hoch. Ihre Blätter sind 10–20 cm lang, oval oder herzförmig und oft leicht gezähnt. Im Sommer bringt sie weiße Blütenköpfe von 20–30 cm Größe hervor.

SCHIZOSTYLIS

SPALTGRIFFEL

Diese Gattung aus der Familie der Schwertliliengewächse *(Iridaceae)* besteht aus nur einer einzigen, rhizombildenden und ausdauernden Art. Sie ist in Südafrika weit verbreitet, wo man sie vor allem an

Schizostylis coccinea 'Mrs Hegarty'

Schizostylis coccinea 'Sunrise'

Schlumbergera 'Santa Cruz'

Flußufern findet. Mit den sechszähligen, rosafarbenen oder roten, schalenförmigen Blüten, endständig an langen Stengeln sitzend, geben sie schöne Schnittblumen ab.
PFLEGE UND VERMEHRUNG: Die nicht winterharten Pflanzen werden etwa von Mai bis September in den Garten ausgepflanzt und verbringen den Winter dann in einem ungeheizten, hellen Zimmer. Im Freien benötigen sie Halbschatten mit nährstoffreichem, feuchtem, aber gutdurchlässigem Boden. Vermehrung etwa alle zwei bis drei Jahre durch Teilung des Rhizoms oder durch Samen im Frühjahr.

Schizostylis coccinea

SPALTGRIFFEL

Längere Trockenheit verträgt die variable Art nicht. Die schwertförmigen, grünen Blätter werden unansehnlich, wenn man die Pflanze nicht häufig zurückschneidet und vor Fransenflüglern *(Thrips)* und Schneckenfraß schützt. Man schätzt die Art wegen ihrer feuerroten Blüten, die von Spätsommer bis Herbst erscheinen. Die zierliche Pflanze wird bis 60 cm hoch und breitet sich etwa 30 cm aus. Im Handel gibt es Sorten wie die rosafarbene **'Mrs Hegarty'**; die lachsfarbene **'Sunrise'** und die rötliche **'Grandiflora'** (Syn. 'Gigantea', 'Major'). **'Viscountess Byng'** hat hellrosa Blüten mit schmalen Kronblättern.

SCHLUMBERGERA

WEIHNACHTSKAKTUS

Es gehören sechs als Zimmerpflanzen verbreitete Kakteenarten zu dieser Gattung, die alle aus dem Südosten Brasiliens stammen. Sie haben flache, stachellose, herabhängende Triebe, die am Rand gekerbt, oft auch gezähnt sind. Die meisten der Pflanzen, die im Handel angeboten werden, sind Zuchtformen. Die leuchtend hellrosa, orange-, violett-, rot- oder weißgefärbten Blüten haben eine attraktive, asymmetrische Form. Oft zieht man sie in Hängekör-

Schizostylis coccinea 'Grandiflora'

Schlumbergera-Hybriden

Schizostylis coccinea 'Viscountess Byng'

Schizostylis coccinea 'Grandiflora'

ben, doch handelt es sich nicht um richtige Hängepflanzen; in einem hohen Topf machen sie sich am besten.
PFLEGE UND VERMEHRUNG: *Schlumbergera*-Arten sind nicht winterhart, so daß sie bei uns nur als Zimmerpflanzen kultiviert werden. Sie benötigen im Hause einen hellen, warmen Platz (aber kein Südfenster) und sollten des öfteren gesprüht werden. Nach der Knospenbildung sollte man sie nicht mehr verrücken, da sie sonst oft die Knospen abwerfen. Die Vermehrung erfolgt durch Stecklinge im Frühjahr oder Frühsommer.

Schlumbergera × buckleyi

ECHTER WEIHNACHTSKAKTUS

Diese sich reich verzweigende, epiphytische Hybride hat aufrechte Triebe, die bei älteren Pflanzen auch überhängen können. Sie setzen sich aus flachen, rechteckigen Gliedern und zylindrischen Zwischenstücken zusammen, deren Ränder oft eingekerbt sind. Von Herbst bis Winter bringen die Pflanzen an den Spitzen der Triebe zylindrische Blüten hervor.

Schlumbergera 'Santa Cruz'

Eine moderne Sorte mit auffälligen orangeroten Blüten. Sie wurde in Kalifornien gezüchtet und dort 1989 auch vorgestellt.

Schlumbergera truncata

Syn. *Zygocactus truncatus*

GLIEDERKAKTUS

Diese Art aus dem Südosten Brasiliens bringt von Spätherbst bis Winter kräftig rosafarbene, rote, orangefarbene oder weiße Blüten von bis zu 10 cm Länge hervor. Sie erreicht eine Höhe bis zu 30 cm; die leuchtendgrünen Triebe haben am Rand auffällige, zahnartige Kerben.

SCHOENOPLECTUS

Die Gattung besteht aus etwa 80 Arten immergrüner, rhizombildender, ein- oder mehrjähriger, weitverbreiteter Uferpflanzen. Meist besitzen sie sehr feine, dunkelgrüne, 1,5–3,5 m lange, unbeblätterte Halme, die an Schilf erinnern. Diese wachsen aufrecht, sind in der Regel recht biegsam, zylindrisch oder dreikantig und bilden Horste, die denen bestimmter Schachtelhalme *(Equisetum)* nicht unähnlich sind. Die meist rotbraunen Blütenähren erscheinen im Sommer.
PFLEGE UND VERMEHRUNG: Zwar lassen sich diese Pflanzen notfalls auch in feuchter Gartenerde kultivieren, doch am besten gedeihen sie an einem nassen, sonnigen Standort, beispielsweise an einem Teich- oder Bachrand. Manche Arten wuchern und sollten daher mit Bedacht angepflanzt werden; fast alle sind frosthart (bis etwa −15 °C). Die Vermehrung erfolgt durch Samen oder Teilung.

Schoenoplectus lacustris subsp. *tabernaemontani* 'Zebrinus'

Syn. *Scirpus lacustris* subsp. *tabernaemontani* 'Zebrinus'

Diese immergrüne, ausdauernde Art hat weiß gestreifte, unbeblätterte Halme. Sie wird bis 1,2 m hoch und etwa 60 cm breit und bringt im Sommer braune Ährchen hervor.

Schotia brachypetala

Schotia brachypetala

Sciadopitys verticillata

Schoenoplectus validus

Diese Art aus Nordamerika hat kräftige Rhizome und 0,5–2,5 m lange und etwa 0,5–2,5 cm dicke Halme.

SCHOTIA

Vier oder fünf Arten immer- oder sommergrüner Sträucher und kleiner Bäume, heimisch in Zentral- und Südafrika, gehören zu dieser Gattung. Die wechselständigen Blätter setzen sich aus einer geraden Anzahl von Fiedern zusammen; die länglichen, lederartigen Früchte enthalten viel Protein.
PFLEGE UND VERMEHRUNG: Klimabedingt lassen sie sich bei uns nicht im Freien kultivieren und sind kaum erhältlich.

Schotia brachypetala

Dieser große Strauch oder sommergrüne Baum wird 9–15 m hoch. Er wirft im

Sciadopitys verticillata

Frühjahr fast alle Blätter ab, um dann Büschel tiefroter Blüten mit winzigen, borstenartigen Kronblättern und hervorstehenden roten Staubgefäßen zu präsentieren. Aus den Blüten tropft meist reichlich Nektar, der von Vögeln geschätzt wird, denn er vergärt in der Sonne und hat dann eine berauschende Wirkung. Die Blätter sind glänzendgrün und bestehen aus vier bis fünf ovalen bis länglichen, paarigen Fiedern; die Früchte sind bis zu 10 cm lang.

SCIADOPITYS

JAPANISCHE SCHIRMTANNE

Eine außergewöhnliche und schöne Konifere aus Japan ist die einzige Art dieser Gattung. Der aufrechte, kegelförmige Baum wird über 30 m hoch, wächst allerdings sehr langsam. Er läßt sich lange Zeit in einem Kübel halten und wird daher oft als Bonsai gezogen.
PFLEGE UND VERMEHRUNG: Jungpflanzen müssen im Winter vor der Sonne und vor zu starkem Wind geschützt werden. In späteren Jahren ist der Baum robuster. Der Boden sollte möglichst kalkarm sein; die Vermehrung erfolgt durch Samen.

Sciadopitys verticillata

Bei den Blättern dieser Art handelt es sich um dunkelgrüne, flache, bis 15 cm lange Doppelnadeln. Quirlförmig um die Triebe angeordnet erinnern sie ein wenig an Schirmgestänge. Die Wuchsform des Baumes ist kegelförmig, die Rinde zumeist röt-

Schoenoplectus validus

lichbraun. Die Zapfen werden 10 cm lang und reifen innerhalb von zwei Jahren.

SCILLA

BLAUSTERN

Diese Gattung mehrjähriger Zwiebelpflanzen aus Europa, Asien und Afrika umfaßt etwa 90 Arten. Sie bringen im Frühjahr endständige Trauben meist kleiner, blauer, sternförmiger Blüten hervor; es gibt sie auch in Rosa, Rotviolett und Weiß. Die Pflanzen werden 5–50 cm hoch; die grundständigen Blätter sind lang und schmal. Blausterne wirken hübsch unter Büschen und Bäumen oder im Rasen.
PFLEGE UND VERMEHRUNG: Es gibt viele winterharte, aber auch einige frostempfindliche Arten. Meist breiten sich die Pflanzen in einem Beet oder im Rasen schnell aus. Gesetzt werden sollten sie im Herbst an einen sonnigen bis halbschattigen Platz in herkömmliche Gartenerde. Vermehrung durch Brutzwiebelchen, besonders bei Zuchtformen; Wildformen kann man auch aussäen.

Scilla bifolia

ZWEIBLÄTTRIGER BLAUSTERN

Bei dieser Art sprießt im Frühjahr eine einseitige Ähre mit bis zu 20 sternförmigen, sechszähligen, blau, rosa oder weiß gefärbten Blüten. Die schmalen, langen und dunkelgrünen Blätter werden zur Spitze hin breiter; normalerweise erreicht die Pflanze eine Höhe bis zu 15 cm und eine Breite von etwa 5 cm.

Scilla hyacinthoides

Diese im Mittelmeerraum heimische Pflanze besitzt zehn bis zwölf Blätter mit borstigen Rändern. Sie sind jeweils etwa knapp 50 cm lang und bis zu 3,5 cm breit. Die zahlreichen im Sommer erscheinenden, hellvioletten bis blauen Blüten bilden eine aufrechte Ähre von bis zu 1 m Länge und etwa 5 cm Breite.

Scilla litardierei

Aus Kroatien und Serbien stammt diese Art, die eine Höhe von 25 cm erreicht. Ihre drei bis sechs dünnen, gebogenen Blätter können bis 30 cm lang werden; die Blütenstände bestehen aus etwa 16 blauen Blüten, bei der Varietät ***Scilla litardierei* var. *hoogiana*** sind es sogar bis zu 36.

Scilla mischtschenkoana

Syn. *Scilla tubergeniana*

Diese im Vorfrühling blühende Art stammt aus dem Nordwesten des Iran sowie aus Georgien, Armenien und Aserbaidschan. Ihre hellblauen bis weißen, dunkler geaderten Blüten sitzen an aufrechten, endständigen Ähren; die langen, schmalen, streifenförmigen Blätter sind mittelgrün. Die Art wird zumeist nicht größer als 10 cm.

Scilla peruviana

PERUANISCHER BLAUSTERN

Diese Pflanze ist in Südwesteuropa und Nordwestafrika heimisch. Im Sommer erscheinen an etwa 30 cm langen Stengeln dichte Büschel von bis zu 50 sternförmigen Blüten. Diese sind bis 2,5 cm groß und zu-

Scilla litardierei var. *hoogiana*

Scilla peruviana 'Alba'

Scilla peruviana

Scrophularia nodosa

Scutellaria costaricana

meist blau, manchmal aber auch weiß oder rotviolett. Die streifenförmigen, glänzenden Blätter sind dunkel- bis olivgrün. Die Sorte **'Alba'** trägt weiße Blüten.

Scilla siberica
BLAUSTERNCHEN

Hat sich diese sibirische Art einmal ausgebreitet, lassen die Massen blauer Blütentrauben ein ganzes Beet intensiv blau erstrahlen. Die Blüten erscheinen meist schon im zeitigen Frühjahr an bis zu 15 cm langen Stengeln; die Blätter werden bald nach der Blüte eingezogen. Die Art breitet sich durch Brutzwiebelchen oder durch Samen ziemlich schnell aus. Auch andere Farbtöne sind erhältlich.

Scilla verna

Die stumpfen, konkaven Blätter dieser Art aus Westeuropa werden bis zu 20 cm lang und erscheinen bereits vor den jeweils sechs bis zwölf Blüten. Die Blütenstände sind zwar nicht so lang wie die Blätter, kommen aber dennoch recht gut zur Geltung, da sich die Blätter nach unten biegen.

SCLERANTHUS

Die Gattung besteht aus zehn Arten kleiner, ein- oder mehrjähriger Pflanzen und ist in den gemäßigten Zonen der nördlichen und südlichen Hemisphäre – mit Ausnahme Nordamerikas – weit verbreitet. Sie besitzen dichtgedrängte, kleine, schmale Blätter und winzige weiße oder grünlichgelbe Blüten. Der Blütenkelch bleibt oft sehr lange Zeit an der Pflanze.
PFLEGE UND VERMEHRUNG: Die Pflanzen mögen einen sonnigen Standort, der mittags im Schatten liegen sollte, sowie sandigen, gutdurchlässigen Boden. Im Winter müssen sie vor länger anhaltendem Frost und vor Feuchtigkeit geschützt werden. Die Vermehrung erfolgt durch Samen, Stecklinge oder durch Teilung.

Scleranthus biflorus

Diese polsterbildende Art ist in den alpinen Regionen Australiens, Neuseelands und Südamerikas heimisch. Sie wird 15 cm hoch und breitet sich langsam bis zu 60 cm aus; im Sommer erscheinen winzige Blüten. Wegen ihrer leuchtendgrünen Polster sind sie in manchen Ländern sehr beliebte Garten- und Kübelpflanzen, die an einem sonnigen Platz mit feuchtem Boden über viele Jahre hinweg problemlos gedeihen. In Mitteleuropa sind sie kaum zu finden.

SCOLOPIA
TOLLKRAUT

Diese Gattung umfaßt etwa 37 Arten von Bäumen und Sträuchern aus den tropischen und subtropischen Regionen Südafrikas, Asiens und Australiens. Die mitunter stacheligen Pflanzen haben einfache, wechselständige Blätter und kleine Blüten, die in unverzweigten, länglichen Ähren zumeist an den Zweigenden sitzen. Die fleischigen, beerenartigen Früchte enthalten zwei bis vier Samen.
PFLEGE UND VERMEHRUNG: Die Pflanzen gedeihen am besten an einem sonnigen Platz mit feuchtem, aber gutdurchlässigem Boden. Nicht alle Arten sind winterhart. Die Vermehrung erfolgt durch frische Samen oder Stecklinge.

Scolopia braunii

Aus den Waldregionen im Osten Australiens stammt dieser aufrechte, bis zu 15 m hohe Baum. Er besitzt eine dichte Krone mit glatten, glänzendgrünen Blättern, die manchmal gezähnt sind und knapp 10 cm lang werden; junge Blätter sind zumeist rautenförmig. Aus den in Ähren angeordneten, gelblichweißen Blüten entwickeln sich später etwa 1 cm große, kugelförmige, schwarze, rote oder gelbe Früchte. Man kann den Baum in der Größe stark zurückschneiden, aber auch im Kübeln ziehen und dann im Hause halten.

SCROPHULARIA
BRAUNWURZ

Diese Gattung umfaßt etwa 200 Arten Stauden und Halbsträucher, die in den gemäßigten nördlichen Regionen weit verbreitet sind. Die meisten der sehr variablen Arten haben fleischige Stengel und oft sehr große, kreuzweise gegenständige, einfache, gelappte oder fiederteilige Blätter mit manchmal gezähntem Rand. Die Blütenstände sitzen an den Enden der Triebe, die manchmal den Blattachseln entsprießen. Die eher unscheinbaren, oft in Rispen angeordneten Blüten sind meist mattrot, braun oder rotviolett.
PFLEGE UND VERMEHRUNG: Die widerstandsfähigen und frostharten, hauptsächlich wegen ihrer hübschen Blätter kultivierten Arten setzt man gewöhnlich in Rabatten oder unter Bäume. Sie brauchen feuchten, gutdurchlässigen Boden und Sonne oder Halbschatten. Manche tolerieren sogar relativ nassen Boden, andere benötigen Kalk. Die Vermehrung erfolgt durch Samen oder Teilung.

Scrophularia auriculata
WASSERBRAUNWURZ

Die mehrjährige, westeuropäische Sumpfpflanze wird bis 90 cm hoch, hat gegenständige Blätter und grüne Blüten mit rotvioletter Oberlippe. **'Variegata'** hat grüne Blätter mit gelblichweißer Zeichnung.

Scrophularia nodosa
KNOTIGE BRAUNWURZ

Diese mehrjährige Art aus Europa wird bis zu 1,5 m hoch. Ihre Blüten, die im Sommer gebildet werden, ähneln denen von *Scrophularia auriculata.*

SCUTELLARIA
HELMKRAUT

Der Gattungsname stammt vom lateinischen Wort *scutella* ab, was soviel wie »kleine Schüssel« bedeutet und sich auf eine hohle runde Schuppe an der Oberlippe des Kelches bezieht. Es gibt etwa 300 Arten; viele von ihnen sind im Sommer blühende, rhizombildende Stauden, andere sind einjährig; in einigen Fällen handelt es sich auch um Halbsträucher. Zu finden sind die Pflanzen hauptsächlich in den gemäßigten Zonen der nördlichen Hemisphäre.
PFLEGE UND VERMEHRUNG: Die je nach Art winterharten oder auch frostempfindlichen Pflanzen benötigen einen sonnigen Platz mit normaler, gutdurchlässiger Gartenerde. Gegossen wird nur bei sehr großer Trockenheit und auch dann nur mäßig. Die Vermehrung erfolgt durch Teilung im Winter oder frischen Samen im Herbst. Stecklinge schneidet man im Sommer.

Scutellaria costaricana

Dies ist eine aufrechte mehrjährige, bis zu 1 m hohe Art mit dunklen, rotvioletten Stengeln. Ihre Blätter sind schlank und oval; die gut 5 cm langen, röhrenförmigen Blüten sind orangerot mit goldgelber Lippe. Die Pflanzen stammen aus Costa Rica.

Scleranthus biflorus

Scolopia braunii

Scilla verna

Scutellaria incana

Diese kugelig wachsende, mehrjährige Art von bis zu 1,2 m Höhe hat gesägte, ovale Blätter und bringt im Sommer Rispen graublauer Blüten hervor. Schneidet man sie nach der Blüte zurück, kann sie im Herbst ein weiteres Mal blühen. Im Nordosten der USA ist die Art weit verbreitet.

Scutellaria indica

Die aufrechte Art wird etwa 30 cm hoch, hat ovale, helle, graugrüne Blätter und dichte, aus blaugrauen, röhrenförmigen Einzelblüten zusammengesetzte Köpfchen. Die niedrigere, horstbildende Varietät ***Scutellaria indica* var. *parvifolia*** (Syn. *S. i. japonica*) wird bis 10 cm hoch. Sie bringt im späten Frühjahr dichte Köpfchen aus blaugrauen und gelblichweißen, röhrenförmigen Blüten hervor. Entfernt man diese, sobald sie verblüht sind, erscheinen im Spätsommer erneut Blüten.

Scutellaria incana

Scutellaria orientalis

Diese sich schnell ausbreitende Staude mit behaarten, ovalen, hellgrünen Blättern bringt an jedem graugrünen Stengel vier bis sechs, aus goldgelben Blüten mit braunen Lippen zusammengesetzte Blütenstände hervor. Die Art aus Südeuropa und Zentralasien eignet sich als Bodendecker.

SECHIUM

CHAYOTE

Die sechs bis acht Arten der Gattung sind in den Tropen Amerikas heimisch und gehören zur selben Familie wie der Kürbis. Die kräftigen, rankenden Pflanzen sind mehrjährig und haben leuchtendgrüne, bis 25 cm lange, herzförmige Blätter. Da ihre Ranken sich fast überall festhalten, brauchen sie sehr viel Platz. Die großen behaarten, grünen Früchte kann man kochen oder backen, jedoch nicht zu lange, da sie sonst den Geschmack verlieren. Die alte Kulturpflanze wurde schon von den Azteken kultiviert und wird wegen ihrer stärkereichen Knollen auch heute noch in vielen wärmeren Regionen angebaut.

Scutellaria indica var. *parvifolia*

Sedum baileyi

Sedum anglicum

PFLEGE UND VERMEHRUNG: Die Pflanzen sind nicht winterhart, so daß sie unseren Winter im Freien nicht überstehen. Wer sie in Kübeln zieht, sollte in der Vegetationsperiode reichlich gießen. Die Blüten öffnen sich erst nach etwa zwölf Stunden Tageslicht. Vermehrung durch Samen, Stecklinge oder Einpflanzen der Früchte.

Sechium edule

CHAYOTE, XUXU, CHOCHO, CHRISTOFINE

Diese kletterfreudige Art hat verdickte Knollen und drei- bis fünffach gelappte, ganz fein gezähnte Blätter. Die in langen Trauben angeordneten männlichen Blüten sind hellgelb, die weiblichen schimmern grünlich. Die Früchte reifen im Sommer.

SEDUM

FETTHENNE, MAUERPFEFFER

Die Gattung umfaßt etwa 400 Arten ein-, zwei- oder mehrjähriger, schnellwachsender, sukkulenter krautiger Pflanzen sowie Halbsträucher und Sträucher, heimisch in der nördlichen Hemisphäre. Es gibt polsterbildende und aufrechte Arten, die bis zu 1 m hoch werden können. Ihre fleischigen Blätter können röhrenförmig, lanzettlich, eiförmig oder elliptisch sein; die fünfzähligen Blüten sitzen endständig an den Trieben. Die Pflanzen eignen sich hervorragend für Kübel oder Hängekörbe.
PFLEGE UND VERMEHRUNG: Es gibt sowohl frostempfindliche wie auch winterharte Arten. Freilandarten wachsen in nahezu jedem Boden, bevorzugen aber sonnige Plätze mit nährstoffreicher, gutdurchlässiger Erde. Die Vermehrung der Stauden sowie Sträucher und Halbsträucher erfolgt im Frühjahr oder Herbst durch Samen, oder von Frühjahr bis Sommer durch Teilung (Bodendecker) bzw. Stecklinge (Stauden und Halbsträucher).

Sedum acre

SCHARFER MAUERPFEFFER

Diese kleine, ausdauernde, winterharte Art aus Europa, der Türkei und Nordafrika

Sedum cauticola

Sedum dendroideum

gehört zu den widerstandsfähigsten aller Sukkulenten. Die gesamte Pflanze ist nur etwa 3,5 cm hoch und sieht mit ihren leuchtendgrünen Blättern wie ein üppiges Mooskissen aus, so daß sie in Gärten gern zwischen Steine oder in Mauerspalten gesetzt wird. Im Frühjahr ist sie dann übersät von unzähligen, winzigen, gelben Blüten.

Sedum aizoon

Beheimatet ist diese winterharte Pflanze in Sibirien, China und Japan. Im Gegensatz zu anderen Sukkulenten ist sie nicht immergrün, sondern zieht jeden Winter ein und bildet dann im nächsten Frühjahr wieder bis 50 cm lange Triebe, an denen die fleischigen Blätter sitzen und im Sommer die gelben Blüten gebildet werden. Es gibt auch rotblühende Sorten.

Sedum album

WEISSER MAUERPFEFFER

Diese recht variable, häufig kultivierte Art stammt aus Europa, Nordafrika und Westasien. Die polsterbildende Pflanze hat 8–20 cm lange, beiderseits gewölbte, rundliche bis längliche Blätter; außerdem gibt es Sorten mit sehr kleinen Blättern. Im Sommer erscheinen weiße Blüten, es gibt auch rosa oder grünlich blühende Zuchtformen.

Sedum allantoides

Diese mehrjährige Sukkulente stammt aus Mexiko. Sie hat mittelgroße, eiförmige Blätter und bringt im Frühjahr kleine grünlichweiße, an Gänseblümchen erinnernde Blüten hervor.

Sedum anglicum

Die kleine, polsterbildende Pflanze aus Westeuropa besitzt winzige, beiderseits gewölbte Blätter. Die weißen oder rosa Blüten bilden sich im Sommer an 2,5–15 cm langen Stengeln.

Sedum baileyi

Diese mehrjährige, sukkulente Art aus China hat ei- bis löffelförmige Blätter und sternförmige gelbe Blüten.

Sedum cauticola

Syn. ***Hylotelephium cauticola***

Diese kriechende, flach wurzelnde, ausdauernde Art stammt aus dem Norden Japans. Ihr Name bedeutet soviel wie »Felsen- oder Klippenbewohner«, denn auf Felsen findet sie ihre idealen Wachstumsbedingungen. Die Pflanze wird knapp 10 cm hoch und bringt bis 1 cm große, sternförmige, rosarote Blüten hervor. Im Winter stirbt sie bis auf die Wurzeln ab.

Sedum hidakanum

Sedum dasyphyllum

Diese kriechende, flach wurzelnde und behaarte Pflanze wird knapp 10 cm hoch und bringt im Sommer weiße Blüten mit einem rosafarbenen Rand hervor. Heimisch ist sie in Südeuropa und Nordafrika.

Sedum dendroideum

Der mexikanische Strauch wird 20 cm hoch. Er besitzt keulenförmige Blätter und bildet im Frühjahr gelbe Blütenköpfchen.

Sedum ewersii

Syn. *Hylotelephium ewersii*

Diese bis 30 cm hohe, winterharte Pflanze aus dem nördlichen Himalaja, der Mongolei, Zentralasien und China hat verzweigte, sich flach ausbreitende Triebe mit ovalen, etwa 2,5 cm langen, graugrünen Blättern. Die rosa Blüten halten sich vom späten Frühjahr bis zum frühen Herbst.

Sedum forsterianum

Bei dieser Art handelt es sich um eine aus Westeuropa stammende grüne, polsterbildende Staude, deren flache Blätter Rosetten bilden; die Blütentriebe, an denen im Sommer die gelben Blüten erscheinen, sind unbeblättert.

Sedum 'Herbstfreude'

Sedum ewersii

Sedum lucidum

Sedum kamtschaticum

Sedum 'Herbstfreude'

Syn. *Hylotelephium 'Herbstfreude'*

Die kleine, mattenbildende Pflanze wird 60 cm hoch. Ihre fleischigen Blätter sind gezähnt; im Herbst erscheinen rosa Blütenköpfe, die sich später rot färben. Im Winter friert sie bis auf die Wurzeln zurück.

Sedum hidakanum

Diese mehrjährige Sukkulente aus Japan wird bis 6 cm hoch und bildet große Polster. Ihre kleinen graugrünen Blätter sind oval geformt; die weißen, sternförmigen Blüten erscheinen im Sommer.

Sedum kamtschaticum

Syn. *Hylotelephium pluricaule*

Diese polsterbildende, halbimmergrüne und ausdauernde Art aus Nordchina, Ostsibirien und Japan wird 10–20 cm hoch und entwickelt etwa 2,5 cm lange, grüne Blätter, die an der Spitze grob gezähnt sind; die gelben Blüten erscheinen im Sommer. Die Sorte **'Variegatum'** hat weiß gerandete Blätter; **'Weihenstephaner Gold'** zeigt eine stärker kriechende Wuchsform und hat goldgelbe Blüten, die sich mit zunehmendem Alter orange verfärben.

Sedum 'Herbstfreude'

Sedum forsterianum

Sedum rubrotinctum

S. k. 'Weihenstephaner Gold'

Sedum lucidum

Dieser in Mexiko heimische, nicht winterharte Strauch erreicht eine Höhe von etwa 45 cm. Er hat leuchtendgrüne, elliptische Blätter von bis zu 5 cm Länge und weiße Blütenköpfchen.

Sedum morganianum

Auch diese in wärmeren Ländern recht beliebte, bei uns aber nicht winterharte, ausdauernde und immergrüne, bis 30 cm große Art stammt aus Mexiko. Sie ist vielfach verzweigt, wobei die jüngeren Triebe zunächst eine aufrechte, kompakte Wuchsform zeigen, mit zunehmender Länge jedoch immer stärker überhängen. Die Triebe sind dicht mit zahlreichen blaugrünen, lanzettlichen, ineinander verschachtelten Blättern bedeckt; im Sommer werden endständige Trauben aus rosaroten, sternförmigen Blüten gebildet. Die Art ist eine ideale Pflanze für eine Zimmerampel, sollte aber nicht zuviel bewegt werden, da die Blätter sonst leicht abfallen.

Sedum morganianum

Sedum pachyphyllum

SCHNAPSNASE

Dieser Strauch aus Mexiko wird 30 cm hoch. Er besitzt knollige, löffelförmige oder dreieckige Blätter, die etwa 8 cm lang werden und eine rote Spitze haben. Die gelben Blüten erscheinen im Frühjahr.

Sedum rubrotinctum

Dieser kleine, immergrüne Halbstrauch von etwa 25 cm Höhe bringt im Winter gelbe Blüten hervor. Seine vielen schlanken Triebe verzweigen sich schnell und breiten sich stark aus. An ihnen sitzen leuchtendgrüne, fleischige, eiförmige Blätter in traubenartigen Büscheln, die sich in sehr trockenen Regionen schnell rot und gelb verfärben. In kühlfeuchtem Klima behalten die Blätter dagegen ihren grünen Glanz.

Sedum 'Ruby Glow'

Diese Hybride aus *Sedum cauticolum* und *S. telephium* ist eine sommergrüne Staude von kräftigem Wuchs, die etwa 25 cm hoch wird. Vom Hochsommer bis zum frühen Herbst erscheinen einzelne Büschel sternförmiger, rubinroter Blüten.

Sedum rupestre

Syn. *Sedum reflexum*

Die polsterbildende, immergrüne Staude wird bis 10 cm hoch und hat zylindrische Blätter. Sie stammt aus Mittel- und Westeuropa und produziert vom späten Frühjahr bis zum Frühsommer gelbe Blüten.

Sedum spectabile

Sedum spectabile

Sedum spectabile 'Brilliant'

Sedum spectabile

Sedum spectabile 'Stardust'

Sedum spathulifolium 'Cape Blanco'

Sedum spathulifolium 'Purpureum'

Sedum spurium

Sedum spurium 'Schorbuser Blut'

Sedum spathulifolium

Die immergrüne, ausdauernde Art bildet mit ihren 10 cm hohen Blattrosetten dichte Matten. Ihre rundlichen Blätter sind grün oder grau und bronzerot überlaufen. Im Sommer erscheinen sternförmige, gelbe Blüten an kurzen Stielen. **'Cape Blanco'** ist eine sehr kompakte Sorte mit silbergrünen, oft rotviolett überlaufenden Blättern; sie verträgt auch Halbschatten. Die Blätter von **'Purpureum'** sind rotviolett.

Sedum spectabile

Syn. *Hylotelephium spectabile*

Die löffelförmigen, fleischigen, graugrünen Blätter dieser ausdauernden Art aus China und Korea sitzen büschelweise an den aufrechten, verzweigten Trieben. Im Spätsommer erscheinen die flachen Köpfchen aus kleinen rosafarbenen, sternförmigen Blüten, die viele Schmetterlinge anlocken. Die Art erreicht eine Höhe und Breite von etwa 50 cm und verträgt Trockenheit ebenso wie Frost. Die Sorte **'Brilliant'** produziert unzählige leuchtendrosarote Blütenköpfe; **'Stardust'** hat leuchtendgrüne Blätter.

Sedum spurium

Diese im Sommer blühende, immergrüne ausdauernde Art aus der Türkei und dem Nordiran bringt große, runde Blütenköpfe mit kleinen Blüten hervor, die weiß bis rotviolett sind. Die Triebe mit gesägten Blättern bilden große, bis 10 cm hohe Matten, so daß sich die Art als Bodendecker für Uferzonen und Hänge eignet. **'Schorbuser Blut'** ist eine kriechende Sorte mit dunkelvioletten Blättern und rotvioletten Blüten; **'Sunset Cloud'** blüht rosaorange. ***Sedum stoloniferum*** ähnelt *S. spurium*, hat jedoch niederliegende Triebe und rosa Blüten.

Sedum telephium subsp. *maximum*

Syn. *Hylotelephium telephium*

Die ausdauernde Art aus Osteuropa und Asien hat 30–60 cm lange, rote Triebe. Die länglichen Blätter sind 2,5–10 cm groß und ungestielt. Die rotvioletten Blüten erscheinen im Spätsommer.

SELAGINELLA

MOOSFARN, SCHUPPENGRÜN, MOOSKRAUT

Etwa 700 immergrüne, rhizombildende, ausdauernde Arten, die wegen ihrer attraktiven, verzweigten Blätter kultiviert werden, gehören zu dieser Gattung, die hauptsächlich in tropischen und warmgemäßigten Regionen vorkommt. Viele Arten eignen sich als Hängepflanzen oder, in kühleren Gegenden, auch als Topfpflanzen für ein Gewächshaus.
PFLEGE UND VERMEHRUNG: Die größtenteils frostempfindlichen Arten sollten in Torferde gepflanzt, möglichst mit kalkfreiem Wasser gegossen werden und an einem halbschattigen, luftigen Standort stehen. Im Sommer sollte häufig gesprüht werden. Die Vermehrung erfolgt durch Sporen oder Teilung.

Selaginella kraussiana

Die kriechenden, verzweigten Triebe dieser frostempfindlichen Art aus Südafrika und von den Azoren haben sehr feine, leuchtendgrüne, stark zerteilte Wedel. Es existieren auch zwergwüchsige sowie abweichend gefärbte Sorten, etwa die goldgelbe **'Aurea'** oder die grün und gelb gezeichnete **'Variegata'**.

Selaginella martensii

An den etwa 15 cm hohen, kriechenden Trieben dieser Art aus Mittelamerika, von der es auch einige panaschierte Sorten gibt, sitzen leuchtendgrüne, sich überlappende Blätter. Die Triebe bewurzeln sich normalerweise an den Knoten.

Selaginella uncinata

Diese außergewöhnliche Art aus China hat mittelgrüne Blätter, die sich mit der Zeit aber verfärben und dann gelblichrosa oder violett sind und einen strahlendblauen Schimmer haben. Die Triebe der ausdau-

Selaginella kraussiana

Sedum stoloniferum

Sedum telephium subsp. *maximum*

Selaginella martensii

ernden, kriechenden Pflanze sind fast unbeblättert und stark verzweigt. Sie wird nur 5 cm hoch, breitet sich jedoch stark aus und ist eine wunderschöne Hängepflanze.

Selaginella willdenovii

Diese Kletterpflanze aus Südchina, Indonesien und dem Himalaja wird bis 6 m hoch. Sie verzweigt sich bereits an der Basis und besitzt blaugrüne oder grünliche bis bronzefarbene, ovale Blätter.

SELENICEREUS

SCHLANGENCEREUS, MONDKAKTUS, SCHLANGENKAKTUS

Die etwa 20 Arten dieser Gattung – kletternde oder zwischen Felsen wachsende Kakteen mit schlanken, rippigen Trieben und kleinen Stacheln – stammen aus den amerikanischen Tropen und der Karibik. Die großen weißen oder roten Blüten öffnen sich oft nur während der Nacht.
PFLEGE UND VERMEHRUNG: Die frostempfindlichen Pflanzen dürfen nicht sonnig stehen und benötigen nährstoffreiche und feuchte, gutdurchlässige Erde. Vermehrung durch Samen oder Stecklinge.

Selenicereus grandiflorus

KÖNIGIN DER NACHT

Dieser kletternde, aus Mexiko und Westindien stammende Kaktus wird bis zu 3 m hoch. Er wird vor allem wegen seiner bis 30 cm großen, leuchtendweißen Blüten kultiviert, denen er auch seinen deutschen Namen verdankt, denn diese öffnen sich nur nachts und verströmen dann einen süßlichen Duft. Die kräftig blaugrün gefärbten, schlanken Triebe wachsen schnell, sind reich verzweigt und haben nadelartige, kurze, gelbe Stachel.

SELLIERA

Die Arten der kleinen Gattung mit immergrünen, ausdauernden, kriechenden Pflanzen mit fleischigen Blättern stammen aus Australien, Neuseeland und Chile. Ihre etwa 2,5 cm langen Blätter sitzen an niederliegenden, bewurzelten Trieben; die oft weißen Blüten haben schmale, manchmal aber auch rundliche Kronblätter. Aus ihnen entwickeln sich später kleine Früchte mit zahlreichen Samen. Blätter und Früchte färben sich in der Sonne oft rötlich.
PFLEGE UND VERMEHRUNG: Es handelt sich um anspruchslose Pflanzen für einen Hochgebirgs- oder Steingarten, die aber leider bei uns nicht völlig winterhart sind, so daß man sie selten im Handel findet. Vermehrung durch Samen oder Teilung.

Selliera radicans

Diese Art ist die am häufigsten kultivierte der Gattung, zu erkennen an ihren flachen, spatelförmigen Blättern und den Blüten mit fünf weißen Kronblättern, die alle im unteren Bereich der Blüte sitzen. Die Blütezeit fällt in die wärmeren Sommermonate; die bis 5 mm langen, fleischigen, grünen, oft rötlich überlaufenen Früchte entwickeln sich im Herbst.

SEMELE

Die einzige Art dieser Gattung ist eine große, immergrüne Kletterpflanze von den Kanarischen Inseln und aus dem westlichen Mittelmeerraum, die während einer Wachstumsperiode 4–10 m groß wird. Junge Exemplare haben windende Triebe, die später gerade und steif werden und sich dann auch verzweigen. Die Blätter sitzen als kleine Schuppen an den Zweigen, während stachelige, 2–8 cm lange, dunkelgrüne Flachsprosse (Kladodien) die Funktion der Blätter übernehmen. Die winzigen, gelblichweißen Blüten wachsen einzeln oder in Büscheln am Rand der Flachsprosse; aus ihnen entwickeln sich später etwa 1 cm große, orangefarbene Beeren.
PFLEGE UND VERMEHRUNG: Nicht völlig frosthart, kann die üppigwachsende Kletterpflanze bei uns nicht im Freien überwintern. Auch als Kübel- oder Gewächshauspflanze benötigt sie eine stabile Kletterhilfe. Durch Aussaat oder Teilung kann sie vermehrt werden.

Semele androgyna

Da sie auch im Winter eine Mindesttemperatur von 5 °C benötigt, kann man diese Art nur in wärmeren Regionen im Freien ziehen. Unter geeigneten Bedingungen kann sie bis zu 18 m hoch werden. Ihre Blätter sind oval, bis zu 10 cm lang und etwas lederartig. Die ersten Blüten erscheinen, wenn die Pflanze etwa ein Jahr alt ist.

SEMIAQUILEGIA

Diese Gattung umfaßt sieben ausdauernde Arten. Im Gegensatz zur sehr ähnlichen Gattung Akelei *(Aquilegia)* sind ihre Blüten nicht gespornt. Die Pflanzen werden 30–50 cm hoch und haben stark zerteilte, grundständige Blätter von 5–30 cm Länge, die zumeist rotviolett überlaufen sind. Die langstieligen, nickenden, bis 2,5 cm großen Blüten erscheinen vom Frühjahr bis in den Sommer hinein.
PFLEGE UND VERMEHRUNG: Die Pflanzen bevorzugen feuchten, gutdurchlässigen Humusboden und benötigen Schutz vor der heißen Mittagssonne. Sie sind frosthart (bis mindestens –15 °C) und trotz ihrer Anfälligkeit für Blattläuse leicht zu kultivieren. Vermehrung durch Samen im Herbst oder Teilung größerer Pflanzen.

Semiaquilegia ecalcarata

Diese ausdauernde Art aus Westchina wird bis knapp 50 cm hoch und hat rotviolette bis dunkelgrüne, farnartige Blätter. Die nickenden Blütenköpfe setzen sich aus fünf bis acht zierlichen, dunkelroten oder rotvioletten Blüten zusammen.

SEMIARUNDINARIA

Diese Gattung besteht aus 10 bis 20 hohen, langsamwachsenden Bambusarten aus China und Japan. In wärmeren Regionen breiten sich die Rhizome stärker aus als in kühleren Gegenden. Die jungen Triebe der lichten, horstbildenden Pflanzen sind violett, werden aber später zartgrün und zeigen dann einen rotvioletten oder bräunlichen Schimmer.
PFLEGE UND VERMEHRUNG: Die zum Teil winterharten Pflanzen können in der Sonne oder im Schatten wachsen und bevorzugen – im Garten wie im Kübel – feuchte, humusreiche Erde. Die Vermehrung erfolgt durch Teilung.

Semiarundinaria fastuosa

Die langen, hohlen Triebe dieser Art werden 3–12 m hoch, haben dabei aber einen Durchmesser von nur 1–6 cm. Sie sind rotviolett bis braun gezeichnet und unterhalb der Knoten oft weiß bepudert. Die grünen Blätter werden bis zu 20 cm lang und sitzen im oberen Teil der Triebe. Die winterharte Art ist im Süden Japans heimisch, wo sie auch als Zierpflanze kultiviert wird.

SEMPERVIVUM

HAUSWURZ

Diese Gattung mit etwa 40 immergrünen, ausdauernden, sukkulenten Arten ist in Europa und Westasien heimisch. Fast alle produzieren kleine gelbe, rosa oder weiße sternförmige Blüten, doch die eigentliche Besonderheit der Pflanzen sind ihre schönen, symmetrischen Blattrosetten, die sich zu dichten Polstern ausbreiten und sie zum idealen Bewuchs für Steingärten, Mauern und Hänge machen. Wie alle Sukkulenten vertragen sie Trockenheit sehr gut. Ihren Namen verdanken sie einem alten römischen Aberglauben, demzufolge Hexen mit ihrem Besen nicht auf einem Dach landen können, auf dem die Hauswurz wächst.
PFLEGE UND VERMEHRUNG: Die Pflanzen brauchen Sonne und sandigen, gutdurchlässigen Boden. Sie beginnen erst nach einigen Jahren zu blühen. Nach der Blüte sterben die Rosetten ab, hinterlassen jedoch zahlreiche Nebenrosetten, aus denen wieder vollständige Pflanzen heranwachsen.

Sempervivum arachnoideum

SPINNWEB-HAUSWURZ

Dem Geflecht weißer Härchen, das die Rosetten aus grünen, dreieckigen Blättern bedeckt, verdankt diese Art aus den europäischen Alpen ihren Namen. Sie wird knapp 10 cm hoch und 30 cm breit und bringt den ganzen Sommer hindurch endständige rosa bis rote Blütenbüschel hervor.

Sempervivum ciliosum

Diese Art aus Bulgarien, dem Nordwesten Griechenlands und dem früheren Jugoslawien bildet 2–5 cm große Rosetten aus graugrünen, behaarten Blättern. Aus deren Mitte wachsen im Sommer bis 10 cm lange Stengel mit grünlichgelben Blüten.

Sempervivum arachnoideum

Sempervivum ciliosum

S

Sempervivum × fauconnetti

Diese kleine, rosettenbildende Hybride breitet sich nur 5 cm aus. Charakteristisch sind die spinnwebartigen Härchen, von denen sie bedeckt ist. Im Frühjahr erscheinen rosafarbene, sternförmige Blüten.

Sempervivum × funckii

Die etwas über 3 cm breiten Rosetten dieser Pflanze bestehen aus Blättern mit behaarten Rändern. Die rosa bis rotvioletten Blüten werden im Sommer an bis zu 20 cm langen Stengeln gebildet.

Sempervivum tectorum

DACHWURZ

Die in Rosetten angeordneten Blätter dieser Art haben rötliche Spitzen oder sind manchmal auch vollkommen rot gefärbt. Ihre Blüten, die im Sommer erscheinen, sind rotviolett bis rosarot und sitzen in einseitigen, endständigen Blütenständen an bis zu 30 cm langen Stengeln; die Pflanzen selbst werden 10–15 cm hoch und bis zu 50 cm breit. Auf der Haut zerquetschte Blätter haben eine kühlende Wirkung und sollen lindernd bei Verbrennungen, Insektenstichen, Hautbeschwerden und Fieber wirken. **'Commander Hay'** ist eine Sorte mit großen rot oder grün gefärbten Blattrosetten; die Blätter von **'Purple Beauty'** sind dunkelviolett; **'Magnificum'** hat große Rosetten und blüht rosa.

Senecio articulatus

Sempervivum × fauconnetti

Sempervivum × funckii

Sempervivum tectorum 'Purple Beauty'

SENECIO

KREUZKRAUT, GREISKRAUT

Zu dieser großen Gattung recht robuster Pflanzen gehören einige tausend Arten, die weltweit verbreitet sind – ein-, zwei- oder mehrjährige Pflanzen bzw. immergrüne Halbsträucher und Sträucher sowie Kletterpflanzen; einige Arten sind sukkulent. Die Blütenköpchen, zumeist gelb, manchmal auch rot, orange, blau oder rotviolett, sitzen in kleinen oder auch größeren Büscheln am oberen Teil der Pflanzen. Manche Kreuzkräuter enthalten Alkaloide, die für Menschen und Tiere giftig sind.

PFLEGE UND VERMEHRUNG: Die je nach Art winterharten oder frostempfindlichen Pflanzen benötigen einen sonnigen Platz mit relativ nährstoffreichem, gutdurchlässigem Boden. Regelmäßiges Schneiden fördert eine buschige Wuchsform. Die Vermehrung von Sträuchern erfolgt im Sommer durch Stecklinge; zweijährige Arten werden im Herbst durch Samen vermehrt, ausdauernde im Frühjahr durch Teilung.

Senecio elegans

Senecio arborescens

Diese tropische Art mit einem dicken Stamm und großen Blättern kann baumhoch werden. Sie kommt in höhergelegenen Regenwäldern Costa Ricas vor, wo sie gern auf Lichtungen wächst und dann eine Höhe von 6 m erreichen kann. Im Sommer produziert sie unzählige kleine, gelbe Blütenköpfchen, die sehr aromatisch duften.

Senecio articulatus

Syn. *Kleinia articulata*

Beheimatet ist diese mehrjährige Sukkulente von bis zu 60 cm Höhe in Südafrika. Ihre zahlreichen, grau gefleckten Stengel sind oft hohl und haben relativ schwache Knoten; die endständigen, gelbweißen Blütenköpfchen erscheinen von Frühjahr bis Sommer. Die nicht winterharte Art ist eine gute Pflanze für Kübel oder große Töpfe.

Senecio cineraria

Syn. *Cineraria maritima, Senecio candicans, S. maritimus*

Der immergrüne, blühende Halbstrauch oder Strauch von bis zu 60 cm Höhe und Breite läßt sich auf unterschiedlichste Weise kultivieren: in halbschattigen Beeten, zwischen anderen Sträuchern, auf dem Fensterbrett, in Balkonkästen oder in einem geschützten Innenhof. Die Körbchenblüten sind grünlichgelb. *Senecio cineraria* ist nicht völlig winterhart und verträgt auch keine übermäßige Feuchtigkeit oder starken Regen, dafür aber Hitze und salzige Luft. **'Silver Dust'** hat vielfach zerteilte, silberweiße Blätter.

Senecio macroglossus

Senecio cineraria

Senecio arborescens

Senecio confusus

Syn. *Pseudogynoxys chenopodioides*

Die Blütenbüschel dieser Art erstrahlen den ganzen Sommer hindurch in den leuchtendsten Farben. Der buschige, immergrüne Schlingstrauch wird bis zu 6 m hoch und hat dicke, gezähnte, mittelgrüne Blätter. Heimisch ist die Art in bestimmten Regionen Mexikos und Honduras'.

Senecio elegans

Diese behaarte, nicht völlig frostharte, einjährige Art aus Südafrika ist von aufrechtem Wuchs und wird bis 60 cm hoch. An den verzweigten Stengeln sitzen bis zu 8 cm lange, dunkelgrüne Blätter, die ganzrandig bis gefiedert sein können. Von Frühjahr bis Sommer erscheinen rosa bis violette Korbblüten in endständigen, kuppelförmigen Blütenständen.

Senecio macroglossus

KAPEFEU

Diese immergrüne Kletterpflanze hat glatte, pfeilförmige Blätter von bis zu 6 cm

Länge. Im Sommer produziert sie lockere Trauben aus hellgelben Körbchen. Beheimatet ist die Art in Südafrika, Mosambik und Simbabwe. Die Sorte **'Variegatus'** hat grüne Blätter mit einer cremefarbenen Zeichnung.

Senecio rowleyanus

Die ausdauernden, sukkulenten Pflanzen haben kriechende oder hängende, zumeist eine dichte Matte bildende Triebe, die sich an den Knoten bewurzeln. Die Blätter sind kugelförmig und haben einen Durchmesser von etwa 6 mm; ihre weißen, etwa 1 cm großen Blütenköpfchen werden im Sommer an gut 3 cm langen Stengeln gebildet. Die Art stammt aus Südafrika und ist mit ihren langen herabhängenden Trieben und grauen, perlschnurartigen Blättern eine beliebte Zimmerpflanze.

Senecio serpens

Die zylindrischen, blaugrünen Blätter dieser strauchigen, ausdauernden Sukkulente von etwa 30 cm Höhe verzweigen sich an der Basis. Die Art bildet im Sommer weiße Blüten und stammt aus Südafrika.

Senecio tamoides

Der immergrüne, nicht winterharte Baum aus Europa wird bis 6 m hoch und ungefähr 3 m breit. Er besitzt einen aufrechten, schlanken, verzweigten Stamm und leuchtendgrüne Blätter. Die weißen Korbblüten erscheinen erst im Herbst und Winter.

Senecio vira-vira

Syn. ***Senecio leucostachys***

Diese Art aus Argentinien hat weiche, silbergraue Blätter. Es handelt sich um einen schwach verzweigten Halbstrauch von 60 cm Höhe, der dicht mit weißen Härchen bedeckt ist. Seine 5 cm langen, leicht

Senna alata

pelzigen Blätter sind in schmale Loben zerschnitten; die weißen, an Gänseblümchen erinnernden Blütenköpfchen haben eine goldgelbe Mitte und erscheinen im Sommer oberhalb der Blätter.

SENNA

Diese große Gattung umfaßt 260 Arten schnellwachsender, meist immergrüner Sträucher sowie krautige Stauden und kleinere Bäume, von denen einige als Heilpflanzen verwendet werden. Die früher in der Gattung *Cassia* geführten Pflanzen sind in wärmeren Regionen heimisch, meist in Nord- und Südamerika, Afrika und Australien. Man zieht sie wegen der an Butterblumen erinnernden Blüten, die zumeist goldgelb, manchmal aber auch rosa sind. Ihre zusammengesetzten Blätter sind paarig gefiedert; die langen Hülsenfrüchte sind flach oder rundlich.

PFLEGE UND VERMEHRUNG: Die nicht winterharten Pflanzen können in Kübeln kultiviert oder im Sommer in den Garten

Senna aciphylla

Senna artemisioides

ausgepflanzt werden. Sie mögen lockeren, durchlässigen Boden an einem sonnigen, windgeschützten Platz. Um sie dicht zu halten, sollten sie nach der Blüte leicht zurückgeschnitten werden. Vermehrung durch Samen (vorher 24 Stunden in warmem Wasser einweichen) oder Stecklinge.

Senna aciphylla

Syn. ***Cassia aciphylla***

Diese strauchige Art stammt aus dem Osten Australiens. Sie bildet dichte »Hügel« aus Blättern, die bis 1,5 m hoch und etwa ebenso breit werden können. Die einzelnen Blätter sind weniger als 5 cm lang und setzen sich aus fünf bis zwölf paarigen Fiedern zusammen. Die aus zwei bis vier Einzelblüten bestehenden Blütenstände erscheinen sporadisch im späten Frühjahr.

Senna alata

Syn. ***Cassia alata***

Der schnellwachsende, immergrüne, tropische Strauch wird 2–9 m hoch und 4,5 m breit. Seine großen Blätter setzen sich aus bis zu 14 Fiedern zusammen; die becherförmigen, in aufrechten Ähren angeordneten Blüten erscheinen im Sommer. Die geflügelten Hülsenfrüchte sind 15 cm lang. Die Pflanzen enthalten Chrysophansäure (Chrysarobin), die zur Behandlung einiger Hautkrankheiten verwendet wird.

Senna artemisioides

Syn. ***Cassia artemisioides***

Dieser dichte, kugelförmige, immergrüne Strauch, der nur in den trockenen Regionen Südaustraliens vorkommt, wird etwa

Senna didymobotrya

2 m hoch. Seine 5 cm langen, silbergrauen Blätter bestehen aus drei bis acht schmalen, paarigen Fiedern und sind dicht mit winzigen, seidigen Härchen bedeckt. Von Winter bis Frühsommer werden leuchtendgelbe Blüten mit sich deutlich abhebenden braunen Staubbeuteln gebildet. Die flachen Hülsenfrüchte sind bei der Reife dunkelbraun.

Senna corymbosa

Syn. ***Cassia corymbosa***

Im Herbst ist dieser schnellwachsende Strauch aus Uruguay, Argentinien und dem Süden der USA dicht mit leuchtendgelben Blütenbüscheln übersät. Die hellgrün belaubte Art erreicht eine Höhe von 2,5 m und wird etwa 2 m breit.

Senna didymobotrya

Syn. ***Cassia didymobotrya***

Dieser immergrüne Strauch stammt aus den afrikanischen Tropen. Er wird bis zu 3 m hoch, hat eine rundliche Krone und einen kurzen Stamm. Sowohl die 30–50 cm langen Blätter als auch die Zweige sind mit feinen, flaumigen Härchen bedeckt. Zerreibt man das Laub, verbreitet es einen unangenehmen Geruch. Nahezu das ganze Jahr über werden an den Enden der Triebe aufrechte, 30 cm lange Ähren mit gelben Blüten gebildet, die sich aus schwärzlichbraunen Knospen entwickeln. Die Früchte sind lang und flach.

Senecio rowleyanus

Senecio serpens

Senecio cineraria

Senecio cineraria

Senna multiglandulosa
Syn. *Cassia tomentosa*

Dies ist ein weitverbreiteter, variabler und krautiger Strauch oder kleiner Baum aus Mittel- und Südamerika, dem Süden der USA, Ostaustralien, Indien und Südafrika, zwischen ein und sechs Meter hoch. Die jungen Äste sind flaumig behaart und werden im Alter bräunlich-dunkelgrau. Die Blätter sind bis zu 20 cm lang und bestehen aus etwa acht gegenständigen, scharf zugespitzten Fiedern. Bis zu 20 gelbe Blüten von knapp 2 cm Breite bilden einen Blütenstand. Die 15 cm langen Samenhülsen sind schwarz, zart behaart und hängen senkrecht herab.

Senna multijuga
Syn. *Cassia multijuga*

Der schnellwachsende, immergrüne Baum aus Mittel- und Südamerika wird 8 m hoch und hat eine runde Krone mit hübschen Blättern aus 10 bis 15 Fiederblattpaaren. Im Spätsommer treibt er goldgelbe Blüten in großen, endständigen Rispen und nachfolgend lange Samenhülsen.

Senna occidentalis

Dieser dichte Strauch hat einen eher unangenehmen Geruch. Er stammt aus den Tropen Afrikas, aus Südasien, Nordaustralien und von den pazifischen Inseln bis Hawaii. Meist wird er 1,5 m hoch, hat gefiederte Blätter und einen intensiv rosafarbenen Blütenkelch. Die Blüten sind gelb.

Sequoia sempervirens

Sequoia sempervirens 'Adpressa'

Sequoia sempervirens

Senna pendula

Der Strauch oder kleine Baum erreicht eine Höhe von 2–3 m und breitet sich mit seinem üppigen immergrünen Laub bis zu 2,5 m aus. Seine leuchtendgelben Blüten erscheinen im Herbst in großen Büscheln. Die Früchte sind zylindrische Hülsen. Diese dekorative, schnellwachsende Pflanze der Subtropen ist kurzlebig, sät sich meist selbst aus und kann dadurch lästig werden. In kühlen Zonen eignet sie sich gut für ein temperiertes Gewächshaus.

Senna phyllodinea

Der silbergraue Strauch von 1–4,5 m Höhe stammt aus dem Landesinneren Australiens. Die Blätter sind zu 5 cm langen Phyllodien reduziert. Von Sommer bis Herbst werden gelbe Blütenbüschel ausgebildet.

Senna siamea

Dieser locker verzweigte Baum, der aus Indonesien und von der Malaiischen Halbinsel stammt, erreicht schnell eine Höhe von etwa 8 m und eine Breite von 6 m. Er bildet filzige Blattstiele mit bis zu zwölf ovalen Fiederblattpaaren. Seine gelben Blüten stehen in dichten Köpfen.

Senna sophera
Syn. *Cassia sophera*

Der buschige Strauch aus Australien, Mittelamerika und den Tropen Afrikas wird 2 m hoch. Die Blätter sind vier- bis achtfach gefiedert. Die Blütenköpfchen bestehen aus wenigen leuchtendgelben Blüten.

Senna spectabilis
Syn. *Cassia spectabilis*

Die Wuchsform dieser immergrünen Art aus Mittel- und Südamerika variiert stark: zwischen einem 2 m hohen Strauch und einem bis über 20 m hohen Baum. Am häufigsten kommt die Art als kleiner Baum mit farnartigen Blätter vor, die bis zu 50 cm lang und anfänglich flaumig behaart sind. Im Sommer trägt er leuchtendgelbe Blüten in Büscheln und nachfolgend bis zu 30 cm lange Fruchthülsen.

Senna multijuga

Senna pendula

SEQUOIA
MAMMUTBAUM, REDWOOD, KÜSTENSEQUOIE

Diese Gattung besteht aus nur einer Art, doch handelt es sich um den höchsten Baum der Erde: Die Küstensequoie wird etwa 110 m hoch. Die Art ist äußerst langlebig – manche Exemplare sollen etwa 3500 Jahre alt sein. Die immergrüne Konifere ist an der Westküste der USA, von Monterey in Kalifornien bis zum Süden Oregons heimisch. Da ihr Holz sehr geschätzt wird, brauchten die bedeutendsten Vorkommen staatlichen Schutz, zum Beispiel als Nationalparks.

PFLEGE UND VERMEHRUNG: Der Baum übersteht unterschiedlichstes Klima; größere Kälte schädigt zunächst das Laub, erst dann die Pflanze selbst. Die schnellwachsenden jungen Bäume brauchen viel Wasser, mögen Sonne oder Halbschatten und tiefen, durchlässigen Boden. Schößlinge sollten sofort entfernt werden, Rückschnitt wird generell toleriert. Vermehrung durch Samen oder Stecklinge. Als eine von wenigen Koniferen treibt diese aus dem abgesägten Baumstumpf neu aus.

Sequoia sempervirens

Dieser kegelförmige, einstämmige Baum hat leuchtendgrüne, flache Nadeln von bis zu 2,5 cm Länge. Sie sitzen horizontal an kleinen, seitlichen Zweigen; die Hauptäste hängen leicht herab. Der Baum,vor allem seine rotbraune, faserige Borke, verströmt ein harziges, an Kiefernholz erinnerndes Aroma. Sie ist sehr dick und hat tiefe, parallele, vertikal verlaufende Risse. **'Adpressa'** ist eine Zwergform, die für viele Jahre nur 1 m hoch und 2 m breit bleibt, alte Exemplare sind 6 m hoch; **'Aptos Blue'** hat blau-

Senna sophera

Senna phyllodinea

grünes Laub und leicht überhängende Zweigspitzen; das tiefgrüne, harte Laub von **'Los Altos'** sitzt an gebogenen Zweigen; **'Santa Cruz'** schließlich hat blaßgrünes, zartes, leicht hängendes Laub.

SEQUOIADENDRON

(RIESEN-)MAMMUTBAUM, RIESENSEQUOIA

Aus der Sierra Nevada in Kalifornien stammt die einzige Art dieser Gattung – ein echter Baumriese. Zwar wird er nicht so hoch wie die Redwood *(Sequoia sempervirens)*, ist jedoch von viel gedrungenerem Wuchs und besitzt das größte Holzvolumen aller Baumarten. Der ebenfalls sehr langlebige Baum beeindruckt in großen Parks und Gärten. Seinen riesigen Stamm umgibt eine rauhe, rötlichbraune Rinde mit tiefen Rissen.
PFLEGE UND VERMEHRUNG: Bäume dieser Größe brauchen festen Boden unter den Füßen: Man pflanzt sie in tiefen, durchlässigen Boden an einen freien, sonnigen Platz. Junge Exemplare brauchen viel Wasser. Sie sind frostbeständig, vertragen aber keine Trockenheit. Vermehrt werden sie durch Samen oder Stecklinge.

Sequoiadendron giganteum

Syn. *Sequoia gigantea, Wellingtonia gigantea*

Diese Konifere kann eine Höhe von 90 m erreichen, ihr einzelner Stamm hat an der Basis einen Durchmesser von bis zu 12 m. Der aufrechte, kegelförmige Baum besitzt tiefgrünes, leicht stachliges Laub, das an Zypressen erinnert. Im Sequoia-Nationalpark in Kalifornien soll ein Exemplar dieser Art 3800 Jahre alt sein. **'Pendulum'** hat hängende Seitenzweige.

SERENOA

Diese Gattung besteht aus nur einer Palmenart, die im Südosten der USA wild wächst. Diese immergrüne Fächerpalme hat kriechende, selten auch kurze aufrechte Stengel. In ihrer natürlichen Umgebung bildet sie ausgedehnte Kolonien.
PFLEGE UND VERMEHRUNG: Sie bevorzugt Sonne oder Halbschatten und verträgt keinen Frost. Am besten gedeiht sie auf durchlässigem Boden und toleriert einen windigen Standort an der Küste ebenso wie sumpfigen Boden. Vermehrung durch Samen oder Schößlinge.

Serenoa repens

Diese Palme hat meist niederliegende oder kriechende Stengel. Sie wird 60–90 cm hoch und doppelt so breit, treibt manchmal aber auch einen aufrechten, 3 m hohen Stengel. Die fächerförmigen Wedel stehen steif nach oben und können grün, bläulichgrün und sogar silbrig sein. Jedes Blatt ist etwa 40–80 cm breit und in ungefähr 20 bandförmige Segmente unterteilt. Die Blattstiele sind am Rand gezähnt. Im Sommer erscheinen, zwischen dem Laub versteckt, duftende, gelblichweiße Blüten. Die eiförmigen Früchte werden mit der Reife fast schwarz.

SERIPHIDIUM

Diese Gattung umfaßt etwa 130 Arten ein- oder mehrjähriger Kräuter oder Halbsträucher aus den trockenen Regionen der nördlichen Hemisphäre. Die meisten wurden früher zur Gattung *Artemisia* gestellt. Meist zieht man sie wegen der aromatischen, unterteilten, silbrigen oder grauen Blätter; die Blüten sind eher unscheinbar.
PFLEGE UND VERMEHRUNG: Die wenig bis äußerst frostbeständigen Pflanzen mögen Sonne und kargen bis mäßig nährstoffreichen, trockenen, sehr durchlässigen Boden. Durch Samen oder Stecklinge lassen sie sich vermehren.

Seriphidium tridentatum

Syn. *Artemisia tridentata*

NORDAMERIKANISCHER BEIFUSS

Eine immergrüne, frostempfindliche Staude oder ein sich ausbreitender Halbstrauch aus den Bergregionen und Beckenlandschaften im Westen Nordamerikas. Die Höhe variiert zwischen 0,5 und 3 m. Die silbrigen, scharf aromatischen Blätter sind dreispitzig. Unauffällig sind die federigen, gräulichweißen oder gelben Blüten.

SERISSA

Einzige Art der Gattung ist ein immergrüner, 45 cm hoher Strauch mit dicken, ovalen Blättern. Man zieht ihn wegen des hübschen Wuchses und der langen Blütezeit.
PFLEGE UND VERMEHRUNG: Geeignet für Sonne und mäßig nährstoffreichen, feuchten, aber durchlässigen Boden in frostfreien Gegenden, man kann ihn auch im Zimmer oder Gewächshaus ziehen. Er braucht genügend Licht und Feuchtigkeit und wird durch Stecklinge oder Ableger vermehrt.

Serissa foetida

Syn. *Serissa japonica*

Aus Südostasien stammt diese Art mit kleinen, ovalen, tiefgrünen Blättern, die zerrieben schlecht riechen. Von Frühjahr bis Herbst treibt sie vier- bis fünflappige, trichterförmige, weiße Blüten. Manche Sorten haben gefüllte Blüten oder panaschierte Blätter. **'Pink Snow Rose'** hat hellrosa Blüten und weiß geränderte Blätter.

SERRURIA

Serruria gehört zur Familie der Proteusgewächse (*Proteaceae*) und umfaßt etwa 55 Arten immergrüner Sträucher aus der südwestlichen Kapregion Südafrikas. Sie reichen von niederliegenden Sträuchern bis zu 1,5 m hohen Pflanzen, deren farnartige Blätter sich in zahlreiche feine Segmente unterteilen. Die Blütenköpfe sind von kronenblattartigen Hochblättern umgeben, die oft den auffälligsten Teil des Blütenstandes darstellen. Diese Blütenköpfe können einzeln oder in Büscheln an den Zweigenden sitzen. Manchen Arten verleihen die unzähligen zentralen Staubgefäße ein charakteristisches federartiges Aussehen. Die Früchte sind behaarte, kleine, harte Nüsse.
PFLEGE UND VERMEHRUNG: Sie gedeihen nur in warmem Klima auf durchlässigem Sandboden, brauchen einen sonnigen Platz und wachsen schneller als viele andere Proteusgewächse. Vermehrung am besten durch Samen oder Stecklinge.

Serruria florida

Der schlanke, etwa 1 m hohe Strauch wird nur selten wild gefunden, ist wegen der sich lange haltenden, zarten weißen bis hellrosa Blütenköpfe jedoch sehr beliebt. Diese sind 5 cm breit und bestehen aus auffälligen breiten, pergamentartigen, gelblichweißen Hochblättern, mit rosa, selten grünem Schimmer. Sie sitzen um einen zentralen Schopf federartiger, silbrigweißer bis rosa Blüten und werden von Winter bis Frühjahr in Büscheln zu drei bis fünf ausgebildet. Die zarten, farnartigen Blätter sind in nadelfeine Segmente unterteilt. **'Sugar 'n 'spice'** hat weiße, rosarot überlaufene Hochblätter, die um die unzähligen zentralen, hellrosa Blüten sitzen.

SESAMUM

SESAM

Die Gattung umfaßt etwa 15 Arten einjähriger Pflanzen aus Afrika und den Tropen Asiens mit einfachen oder handförmig geteilten Blättern. Ihre zweilippigen, röhrigen Blüten sind weiß, rosa, rot oder rotviolett. Die länglichen Fruchtkapseln enthalten unzählige Samen. Die Kulturpflanze Sesam *(Sesamum orientale)* baut man vorwiegend wegen des Samens an, der zur Verfeinerung von Brot, Kuchen und Plätzchen und zur Gewinnung von Sesamöl dient. In den Küchen Asiens und des Nahen Ostens verwendet man die ganzen Samen in großen Mengen. Die nußähnliche Paste Tahin aus gemahlenem Sesamsamen gehört in viele libanesische Speisen.
PFLEGE UND VERMEHRUNG: Damit die Samen ausreifen können, benötigen die Pflanzen warmes Klima. Die Wachstumsperiode sollte bei heißem Wetter 90 bis 120 Tage betragen. Ideal sind mäßig nährstoffreicher Boden und Sonne. Vermehrung durch Samen.

Sesamum orientale

Syn. *Sesamum indicum*

SESAM

Diese aufrechtwachsende, einjährige Art wird etwa 80 cm hoch. Sie hat dunkelgrüne, lanzettliche Blätter und achselständige, rosa oder weiße, röhrige Blüten. Die Samen erntet man im Herbst, ehe sie vollständig austrocknen und zu Boden fallen.

Serenoa repens

Serruria florida

Seriphidium tridentatum

Sequoiadendron giganteum

Sequoiadendron giganteum

S

SESELI
SESEL, BERGFENCHEL

Die zwei- oder mehrjährigen Kräuter aus Europa, Zentralasien und vom Kaukasus eignen sich gut für Wildstaudenpflanzungen. Sie sind nicht sehr verbreitet, mit ihrem zarten, spitzenartigen Laub und den runden Dolden winziger, meist weißer Blüten jedoch durchaus gartenwürdig. Die über 60 Arten variieren in der Größe zwischen 0,2 und 1,5 m.

PFLEGE UND VERMEHRUNG: Diese Gattung ist nicht sehr anspruchsvoll, sie benötigt nur Sonne und durchlässigen Boden. Eingewachsene Pflanzen vertragen auch lange Trockenheit, gedeihen bei ausreichend Wasser jedoch am besten. Sie sind frostbeständig und lassen sich problemlos aus Samen ziehen: Im Herbst oder Frühjahr werden sie ausgesät, ausgewachsene Pflanzen kann man im späten Winter teilen.

Seseli dichotomum

Diese sommerblühende Staude aus dem Kaukasus besitzt weichhaarige, doppelt gefiederte Blätter bis zu 15 cm Länge. Die weißen Blüten sitzen in rundlichen Dolden an den Zweigspitzen.

Sesleria albicans

Sesleria autumnalis

Shepherdia argentea

Setaria palmifolia

Seseli gummiferum

Heimisch ist diese Staude in den Küstenregionen des Schwarzen und Ägäischen Meers. Sie wird 1–1,2 m hoch und treibt mehrere kräftige, steife Stengel. Schon das Laub ist ein attraktiver Blickfang: Die Blätter sind weißlichgrau, gelappt und behaart. Im Sommer ist sie mit weißen oder rosaroten Blütendolden übersät. Die Artbezeichnung *gummiferum* verweist auf den gummiartigen Saft der Pflanze.

SESLERIA
BLAUGRAS, KOPFGRAS

Aus den Bergregionen Europas stammen die 33 Arten dieser Gattung. Man zieht sie gern wegen des dichten Laubs aus schmalen Blättern und der dichten, ährenartigen Rispen. Am schönsten wirken die immergrünen, mehrjährigen Gräser in gemischten Rabatten, Steingärten oder Wildstaudenpflanzungen.

PFLEGE UND VERMEHRUNG: Die frostbeständigen Pflanzen bevorzugen Sonne oder leichten Schatten und mäßig nährstoffreichen, durchlässigen Boden, der neutral bis leicht basisch ist. Die Vermehrung erfolgt durch Samen oder Teilung.

Sesleria albicans
Syn. *Sesleria caerulea* subsp. *calcarea*
BLAUGRAS

Diese kräftige Art bildet kleine, dichte Horste blaugrüner Blätter, die 30 cm lang sind und eine glänzend-tiefgrüne Unterseite haben. Sie wird 30 cm hoch und 25 cm breit. Von Frühjahr bis Frühsommer treibt sie blau- bis rotviolette Blütenrispen.

Sesleria autumnalis

Dieses Horstgras bildet etwa 30 cm hohe, leuchtendgrüne Horste schmaler Blätter mit leicht gelbem Schimmer. Vom Spätsommer bis zum Frühherbst erscheinen zwischen dem Laub die schmalen, knapp 10 cm langen, silbrigweißen Blütenrispen.

SETARIA
BORSTENHIRSE, KOLBENHIRSE

Mehrere hundert ein- und mehrjährige Gräserarten umfaßt diese in den tropischen, subtropischen und warm-gemäßigten Zonen weitverbreitete Gattung. Einige einjährige Arten sind Ackerunkräuter der gemäßigten Zonen. Sie variieren zwischen 0,6 und 3 m Höhe und haben kräftige, aufrechte Stengel mit sehr schmalen, tiefgrünen Blättern. Der deutsche Name leitet sich von den steifborstigen, etwas an Flaschenbürsten erinnernden Blütenständen her, die sich im Sommer entwickeln. Die größeren Ziergräser sind ein guter Windschutz.

PFLEGE UND VERMEHRUNG: Sie gedeihen in relativ feuchtem, durchlässigem Boden in der Sonne. Die Frostbeständigkeit ist von Art zu Art unterschiedlich. Einjährige Arten werden durch Samen vermehrt, mehrjährige ebenfalls durch Teilung.

Setaria palmifolia

Aus den Tropen Asiens stammt dieses hohe, derbe, mehrjährige Gras, das aus einem Horst starker, aufrechter Halme von bis zu 2 m Höhe besteht. Die Blätter sind gefaltet, bis zu 50 cm lang, gut 5 cm breit und manchmal gestreift. Die Rispen werden bis zu 40 cm lang.

SHEPHERDIA
BÜFFELBEERE

Die drei immer- oder sommergrünen Straucharten dieser nordamerikanischen Gattung gedeihen auch in trockenen, steinigen Gegenden. Ihre winzigen, röhrigen Blüten stehen in Ähren oder Trauben. Erst nach ihnen erscheinen einfache, gegenständige Blätter. Nach der Blüte tragen weibliche Pflanzen rundliche, rote oder gelblichrote Früchte.

PFLEGE UND VERMEHRUNG: Diese frostbeständigen Pflanzen bevorzugen Sonne und mäßig nährstoffreichen, durchlässigen Boden. Die Früchte werden nur ausgebildet, wenn man männliche und weibliche Pflanzen zusammen zieht. Die Vermehrung erfolgt durch Samen oder Teilung.

Shepherdia argentea

Shepherdia argentea

Der dichte Strauch wird 3,5 m hoch, hat dornige Zweige und intensivsilberne, längliche Blätter. Auf die kleinen, gelben Blüten folgen einzeln oder in Büscheln glänzende, leuchtendrote, eßbare Früchte, die sich zu Gelee verarbeiten lassen. Es gibt auch eine Form mit gelben Früchten (***Shepherdia argentea* f. *xanthocarpa***). Diese unverwüstliche Art zieht man auch als Heckenpflanze.

SHIBATAEA

Es handelt sich um eine Gattung mit acht immergrünen Bambusarten aus China und Japan. Sie wachsen horstartig, haben aber unterirdische Rhizome, die nicht wuchern. Sie variieren zwischen 0,6 und 2 m Höhe und haben sehr dünne, belaubte Halme, die auf einer Seite etwas abgeflacht sind. Die Blätter sind 5–15 cm lang, bis zu 2,5 cm breit und haben keine Blattscheide. Die Stengelspitzen hängen über.

PFLEGE UND VERMEHRUNG: Sie gedeihen in feuchtem, durchlässigem, kalkfreiem Boden, in der Sonne wie im Schatten. Die meisten Arten sind frostbeständig (bis mindestens –12 °C) und an exponierter Stelle schöne wogende Bodendecker, dürfen aber nicht austrocknen. Durch Teilung können sie jederzeit vermehrt werden.

Shibataea kumasasa

Diese in Japan heimische kleine Bambusart wird 2 m hoch und verträgt niedrige Temperaturen (bis –12 °C) sehr gut. Sie ist von dicht buschigem Wuchs, ihre langstieligen, dunkelgrünen Blätter sind kurz und breit.

SHORTIA

Aus Ostasien und Nordamerika stammen die sechs Arten dieser immergrünen Stauden mit kriechenden Wurzeln. Ihre langstieligen, relativ glänzenden Blätter sind rund oder herzförmig und bilden eine Rosette. Die meist nickenden Blüten können weiß, blau oder rosa sein und erscheinen einzeln oder in kleinen Köpfen.

PFLEGE UND VERMEHRUNG: Sie brauchen einen voll beschatteten Platz und feuchten, aber durchlässigen, kalkfreien Humusboden. Vermehrung durch Teilung oder bewurzelte Ausläufer.

Shortia galacifolia

Die eher runden Blätter dieser Staude aus dem Osten der USA sind 5 cm breit, glänzendgrün und gezähnt. Im Winter verfärben sie sich bronzefarben. Einzelne weiße oder blaue Blüten sitzen an 10 cm langen Stielen und sind jeweils 2,5 cm breit. Diese Art ist mit leichtem Winterschutz einigermaßen frosthart.

Shortia soldanelloides

Diese kissenbildende Staude aus Japan entwickelt kreisrunde, grobgezähnte Blätter von 5 cm Breite. Intensiv rosafarbene, weiße oder bläuliche Blüten werden in Gruppen zu vier bis sechs an bis zu 10 cm langen Stielen ausgebildet. Sie sind jeweils 2,5 cm breit und haben fransenartige Blütenblätter. Die Blätter von ***Shortia soldanelloides* var. *ilicifolia*** sind sparsam grob gezähnt.

S

SIDALCEA

PRÄRIEMALVE, DOPPELMALVE, SCHMUCKMALVE

Die 20 bis 25 aufrechten, ein- oder mehrjährigen Kräuter dieser Gattung findet man im Westen der USA: auf offenem Weideland ebenso wie in Bergwäldern. Sie haben gelappte, kreisrunde Blätter. Die rosa, rotvioletten oder weißen seidigen Blüten sind langlebige Schnittblumen.
PFLEGE UND VERMEHRUNG: Sie bevorzugen kühle Sommer, milde Winter und guten, tiefen, Feuchtigkeit speichernden Boden. In heißem Klima vertragen sie leichten Schatten. Nach der Blüte zurückgeschnitten, blühen sie erneut üppig. Vermehrung durch Samen oder Teilung.

Sidalcea campestris

Die frostempfindliche Staude mit behaarten Stengeln wird bis 2 m hoch. Ihre hellrosa oder weißen Blüten sind 10 cm breit. Sie stammt aus dem Nordwesten der USA.

Sidalcea malviflora

Es handelt sich um eine aufrechte, ziemlich frostharte Staude von 1,2 m Höhe mit sich ausbreitenden Faserwurzeln und gelappten Blättern. Von Frühjahr bis Sommer treibt sie lockere Köpfchen mit rosa oder weißen, malvenähnlichen Blüten. Sie stammt aus den westlichen Staaten der USA. Die meisten unter diesem Namen zusammengefaßten Sorten gelten heute als Kreuzungen mit anderen Arten.

Sidalcea 'Rose Queen'

Syn. *Sidalcea malviflora* 'Rose Queen'

Die frostbeständige Staude treibt im Sommer Ähren mit großen, rosafarbenen, schalenförmigen Blüten. Ihre geteilten Blätter bilden einen grundständigen Horst von 60 cm Breite; die Gesamthöhe beträgt 1,2 m. Besonders hohe Pflanzen muß man mitunter abstützen. Die ähnliche **'William Smith'** wird nur 1 m hoch und treibt Blüten in zwei verschiedenen Rosatönen.

SIDERITIS

GLIEDKRAUT

Zu dieser Gattung gehören über 100 Arten, unter ihnen immergrüne Halbsträucher und Sträucher, einjährige Kräuter und Stauden. Sie vertragen viel Trockenheit und werden wegen ihres weißen, oft aromatischen Laubs – filzige oder behaarte, gegenständige Blätter – gepflanzt. Im Sommer erscheinen Ähren mit becher- oder röhrenförmigen, zweilippigen Blüten.
PFLEGE UND VERMEHRUNG: Sie sind bedingt frostbeständig bis nicht frosthart und bevorzugen Sonne und durchlässigen, fruchtbaren Boden. Vermehrung durch Samen, Stecklinge oder Teilung.

Sideroxylon inerme

Sideritis candicans

Der 1 m hohe Strauch stammt von Madeira und ist daher nicht frosthart. Er besitzt weiße Zweige und Blätter und behaarte, gelbe Blüten mit weißen oder braunen Zipfeln, die an 30 cm langen Blütentrieben sitzen.

SIDEROXYLON

Die immergrünen Bäume dieser afrikanischen Gattung werden wegen ihres Holzes angepflanzt, das man vielerorts für Schmuckschnitzereien verwendet. Die Stämme der eleganten hohen Bäume mit runzeliger, korkiger, gefleckter Rinde sind an der Basis verdickt, ihre jungen Zweige mit typischen kleinen, pickelartigen Schwellungen besetzt. Die dicken, harten Blätter sind oval. Von Frühjahr bis Herbst erscheinen weiße, becherförmige, zart duftende Blüten; sie sitzen in Büscheln zu zwei bis sechs an behaarten Stielen. Das Fleisch der sukkulenten, pflaumenähnlichen Beeren ist, zu Marmelade verarbeitet, eßbar.
PFLEGE UND VERMEHRUNG: Die Pflanzen bevorzugen lockeren, durchlässigen Boden und einen geschützten, sonnigen bis halbschattigen Standort und lassen sich durch Samen, Stecklinge oder Absenker vermehren.

Sideroxylon inerme

Sidalcea campestris

Sidalcea malviflora

Sideroxylon inerme

Dieser eher kleine, dicht belaubte Baum wird 9 m hoch. Er ist an der Ostküste Südafrikas heimisch – von der südwestlichen Kapregion bis zum Zulu-Land. Die glänzendgrünen, ovalen Blätter haben abgerundete Spitzen. Aus beschädigten Blättern und Zweigen tritt milchiger Saft aus. Der schöne Laubbaum, eine Bereicherung für den Garten, gedeiht an einem sonnigen Platz und toleriert Wind und Küstenklima, jedoch keinen Frost.

SILENE

LEIMKRAUT

Über 500 Arten ein- und zweijähriger Kräuter sowie sommer- und immergrüner Stauden zählen zu dieser Gattung. Sie haben zahlreiche kleine, elliptische, oft seidenhaarige Blätter und im Sommer fünfblättrige Blüten mit mehr oder weniger aufgeblasenen Kelchen. Einige eignen sich als Topfpflanzen, andere sind schöne Polsterstauden. Viele der eher als Unkräuter bekannten Arten öffnen ihre hübschen Blüten nur nachts, während sich tagsüber nur welke Blütenblätter zeigen. Manche sondern an den Trieben eine leimartige Flüssigkeit ab, daher auch der deutsche Name.
PFLEGE UND VERMEHRUNG: Die überwiegend frostbeständigen Pflanzen sind in den gemäßigten und kalten Zonen der nördlichen Hemisphäre weit verbreitet. Sie mögen fruchtbaren, durchlässigen Boden sowie Sonne oder Halbschatten und werden durch Samen (im Frühjahr und Frühherbst) oder Stecklinge (im Frühjahr) vermehrt.

Sidalcea 'Rose Queen'

Shortia soldanelloides var. *ilicifolia*

Silene armeria

Silene coeli-rosa

Silene fimbriata

Silene acaulis

STENGELLOSES LEIMKRAUT

Diese kissenbildende, immergrüne Staude stammt aus subarktischen Regionen und Gebirgen in Europa, Asien und Nordamerika und erreicht eine Höhe von nur 5 cm. Sie besitzt unzählige kleine Blätter. Im Sommer treibt sie kurzgestielte, rosa Blüten, die in Kultur jedoch oft nur spärlich erscheinen.

Silene armeria

MORGENRÖSCHEN, GARTENLEIMKRAUT

Diese europäische ein- oder zweijährige Art hat rosafarbene, glockenförmige Blüten mit ausgerandeten Kronblättern. Sie wird 30 cm hoch und 15 cm breit. An den schlanken, aufrechten und verzweigten Stengeln sitzen linealische Blätter.

Silene caroliniana

Die 20 cm hohe Staude ist vom Grund an verzweigt und treibt im Sommer rosa Blüten. Sie stammt aus dem Osten und den zentralen Regionen der USA.

Silene laciniata

Silene coeli-rosa

Syn. *Agrostemma coeli-rosa, Lychnis coeli-rosa, Viscaria elegans*

HIMMELSRÖSCHEN

Die aufrechte, einjährige Art aus dem Mittelmeerraum treibt im Sommer rosa bis rotviolette Blüten. Ihre lanzettlichen, grünen Blätter sind gräulich bereift. Sie wird schnell 45 cm hoch und 15 cm breit.

Silene fimbriata

Diese behaarte Staude aus der Türkei wird 60 cm hoch und hat aufrechte, gegenständig beblätterte Stengel und lockere Knäuel mit großen, weißen Blüten und dauerhafte hellgrüne, aufgeblasene Kelche.

Silene keiskei var. *minor*

Die immergrüne Staude aus Japan wird 10 cm hoch und 20 cm breit. Sie hat schlanke Stengel mit behaarten, dunkelgrünen Blättern und treibt im Spätsommer kleine Sprosse mit tiefrosa Blüten.

Silene laciniata

Diese 1 m hohe Staude ist in Kalifornien und dem Norden Mexikos heimisch. Sie schmückt sich mit kleinen Blütenständen aus leuchtendroten Blüten.

Silene pendula 'Compacta'

Silene acaulis

Silene latifolia

Syn. *Silene alba*

WEISSE LICHTNELKE

Dies ist eine in Europa weitverbreitete, manchmal nur kurzlebige Staude, die nachts einen angenehmen Duft verströmt. Sie wird 1 m hoch. An den schlanken, verzweigten Stengeln treibt sie von Frühjahr bis Sommer weiße Blüten mit fünf tief geteilten Blütenblättern. Ihr Laub ist klebrig und behaart. In Nordamerika hat sich diese Art als Ackerunkraut eingebürgert.

Silene pendula

HÄNGENDES LEIMKRAUT

Diese relativ schnellwachsende, buschige, einjährige Art stammt aus dem Mittelmeerraum und treibt von Sommer bis Frühherbst Büschel mit hellrosa Blüten. Sie hat ovale, behaarte, mittelgrüne Blätter und wird etwa 20 cm hoch und breit; **'Compacta'** ist eine Sorte mit dichtem Wuchs, die nur halb so hoch wird.

Silene schafta

Aus Westasien kommt diese behaarte, büschelige, halbimmergrüne Staude. Von Spätsommer bis Herbst erscheinen die intensiv-rotvioletten Blüten an 25 cm hohen Stengeln.

Silene vulgaris

Silene vulgaris

AUFGEBLASENES LEIMKRAUT, TAUBENKROPF

Die Staude hat bis zu 60 cm hohe Stengel, ovale Blätter und einzelne oder zu mehreren zusammenstehende weiße Blüten mit zweispaltigen Kronblättern. Heimisch ist sie in ganz Nordafrika, Europa und den gemäßigten Zonen Asiens. Bei den meisten als *Silene vulgaris* angebotenen Pflanzen handelt es sich eigentlich um *S. uniflora*.

Silene vulgaris subsp. *maritima*

Syn. *Silene uniflora*

Diese tiefwurzelnde Staude treibt im Frühjahr oder Sommer an verzweigten Stengeln unzählige weiße Blüten, die an Quasten erinnern. Ihre grünlichen Kelche sind ballonartig aufgetrieben, die lanzettlichen Blätter gräulich bereift. Sie wird 20 cm hoch und ebenso breit und eignet sich als Mauerbewuchs, Topfpflanze und für Blumenbeete. An den Klippen europäischer Küstengebiete wächst sie wild. **'Flore Pleno'** hat gefüllte Blüten mit tiefeingeschnittenen Blättern.

S. v. subsp. *maritima*, Kulturvarietät

S. v. subsp. *maritima* 'Flore Pleno'

Silene keiskei var. *minor*

Sisyrinchium graminoides

SILYBUM

Diese Gattung aus dem Mittelmeerraum, Südwesteuropa, Zentralasien und Afrika umfaßt zwei aufrechte, ein- oder zweijährige Arten. Man zieht sie wegen der Rosetten sehr stacheliger, glänzend-dunkelgrüner Blätter und der einzelnen, runden, rosavioletten Blütenköpfe. Um diese sitzt ein dorniger Hüllkelch.
PFLEGE UND VERMEHRUNG: Sie bevorzugen Sonne und kargen bis mäßig fruchtbaren, durchlässigen Boden und werden durch Samen vermehrt. Auf Schneckenbefall ist zu achten.

Silybum marianum
MARIENDISTEL

Das dunkelgrüne, weiß gezeichnete Laub dieser zweijährigen, frostempfindlichen Distel hat zahlreiche Stacheln und bildet eine Rosette aus eingeschnittenen Blättern. An einzelnen Stielen von bis zu 1,2 m Höhe bildet sie im Sommer des zweiten Jahres einen Blütenstand aus. In Kalifornien und der argentinischen Pampa bürgerte sie sich ein.

SIMMONDSIA
JOJOBASTRAUCH

Ein immergrüner Strauch, der in den trockenen, frostfreien Regionen im Südwesten der USA und in Mexiko (trotz des Artnamens *chinensis*) wild wächst, ist die einzige Art dieser Gattung. Männliche und weibliche Blüten sitzen an separaten Pflanzen – die männlichen in Büscheln, die weiblichen einzeln. Der Jojobastrauch

Sisyrinchium idahoense

hat eine gewisse Bedeutung erlangt, denn das Öl seiner Kapseln wird als Ersatz für Walfischtran für unterschiedlichste Produkte, häufig für Kosmetikartikel, verwendet.
PFLEGE UND VERMEHRUNG: Der Strauch braucht warmes bis heißes, frostfreies Klima und gedeiht in der Sonne in jedem durchlässigen Boden. Er wird durch Samen oder Stecklinge vermehrt.

Simmondsia chinensis

Der aufrechte Strauch mit starren Zweigen wird 2,5 m hoch. Seine ledrigen, mattgrünen Blätter – sie haben fast keine Stiele – sind länglich bis oval und gegenständig. Im Sommer treibt er kurzstielige Blüten, im Frühjahr folgen dann ledrige, nußähnliche Kapseln.

SINNINGIA

Die Gattung umfaßt etwa 40 Knollenstauden, sommer- oder immergrüne Sträucher aus Mittel- und Südamerika, darunter die Gloxinie als bekannte Zimmerpflanze . Die bis zu 10 cm breiten Blüten sind leuchtend gefärbt: blau, violett, rosa oder rot. Ihr Schlund ist meist weiß oder in der heller schattierten Hauptfarbe gesprenkelt, die Blütenblätter haben helle oder weiße Ränder. Die beeindruckenden Topfpflanzen treiben aus der Mitte einer rauh-samtigen Blattrosette wenigstens 20 Blüten. Für den Garten sind sie auch in den Tropen ungeeignet, da sich die Glockenblüten mit Regenwasser füllen und abbrechen.
PFLEGE UND VERMEHRUNG: Die Pflanzen bevorzugen feuchten Torfboden, feuchte Luft und einen hellen Platz, aber keine direkte Sonne. Die Blätter sterben nach der Blüte ab, die Knollen können dann trocken und frostfrei gelagert werden. Vermehrung durch Samen im Frühjahr oder Triebstecklinge im späten Frühjahr oder Sommer.

Sinningia speciosa
GLOXINIE

Diese Staude aus Brasilien ist wegen ihrer großen, glockenförmigen Blüten sehr beliebt. Diese sind weiß, rot, blau, rotviolett und pastellfarben und entfalten sich im Sommer. Mit ihren langen, samtigen, fast grundständigen Blättern wird die Pflanze 30 cm hoch und ebenso breit. Die **Fyfiana-Gruppe** hat unterschiedlich gefärbte, große, offene, die **Maxima-Gruppe** nickende Blüten.

SISYRINCHIUM
BINSENLILIE

Die aus Nord- und Südamerika stammenden Pflanzen können bis zur völligen Erschöpfung blühen. Zu der Gattung gehören 90 wenig bis ganz frostbeständige einjährige Kräuter oder Rhizomstauden. Die schmalen Blätter der Sämlinge können leicht für Gras gehalten werden.
PFLEGE UND VERMEHRUNG: Sie brauchen mageren bis mäßig fruchtbaren, feuchten, aber durchlässigen Boden, tolerieren Halbschatten, bevorzugen jedoch Sonne. Verbreitung durch Selbstaussaat oder Vermehrung durch Teilung im Spätsommer.

Sisyrinchium bellum

Diese 45 cm hohe, sehr frostempfindliche Staude bildet ein Büschel linealischer Blätter und trägt an verzweigten Stengeln violette, selten weiße Blüten. Die Art stammt aus Kalifornien.

Sisyrinchium californicum

Diese kurzlebige, halb immergrüne Staude entwickelt geflügelte Stengel von knapp 40 cm Höhe, die im Sommer gelbe Blüten tragen. Ihre Blätter sind schwertförmig und graugrün gefärbt. Die Staude ist im Westen Nordamerikas heimisch und recht frosthart.

Sisyrinchium graminoides
Syn. *Sisyrinchium angustifolium*

Die halbimmergrüne, winterharte Staude aus dem Südosten der USA wird 50 cm hoch. Im Sommer bringt sie endständige Büschel mit kleinen, hell- bis dunkelvioletten Blüten hervor, die etwas an Iris erinnern. Sie haben einen gelben Schlund und sind gut 10 cm breit. Die Stengel sind flach und geflügelt.

Sisyrinchium idahoense

Geflügelte, unverzweigte Stengel von 45 cm Höhe zeichnen diese halbimmergrüne, frostharte Staude aus dem Westen der USA aus. Die violetten (in seltenen Fällen auch weißen) Blüten sind im Zentrum gelb.

Simmondsia chinensis

Silybum marianum

Sinningia speciosa

Sinningia speciosa

Sisyrinchium striatum
Syn. ***Phaiophleps nigricans***
GESTREIFTE BINSENLILIE

Die länglichen, schmalen und schwertförmigen Blätter dieser frostbeständigen, immergrünen Staude sind graugrün gefärbt. Im Sommer erscheinen gelblichweiße Blüten mit rotvioletten Streifen. Diese Art, die in Chile und Argentinien heimisch ist, wird 45–60 cm hoch und 30 cm breit. Es gibt auch eine schöne panaschierte Form.

SKIMMIA
SKIMMIE

Diese Gattung ist in Südostasien weit verbreitet: vom Himalaja bis nach Ostsibirien, Japan, Taiwan und zu den Philippinen. Zu ihr gehören vier Arten immergrüner Sträucher und Bäume mit glänzend-tiefgrünen, ovalen Blättern, die 10–15 cm lang und etwa halb so breit sind. Ab spätem Winter tragen sie kleine, sternförmige, weiße oder gelblichweiße Blüten in dichten, kegelförmigen Rispen. Nachfolgend werden je nach Art rote oder schwarze Beeren ausgebildet. Die meisten Arten benötigen zur Fruchtbildung männliche und weibliche Pflanzen.

PFLEGE UND VERMEHRUNG: Die Skimmien brauchen Schatten oder Halbschatten und gedeihen bestens in der Nachbarschaft von Rhododendren und Azaleen. Wie diese bevorzugen sie feuchten, durchlässigen Humusboden. Ihre Vermehrung erfolgt durch Samen im Herbst oder in den meisten Fällen durch Stecklinge im Spätsommer.

Skimmia japonica

Skimmia japonica
JAPANISCHE SKIMMIE

Der frostbeständige Strauch aus Japan, China und Südostasien wird etwa 6 m hoch und ebenso breit. Seine 10 cm langen, ovalen Blätter sind glänzend, tiefgrün und ledrig. Im Frühjahr treibt er endständige Büschel mit zart duftenden, gelblichweißen Blüten hervor. Damit er – leuchtendrote und gut 1 cm lange – Beeren tragen kann, sind männliche und weibliche Pflanzen erforderlich. **'Rubella'** hat Blätter mit roten Rändern und dunkelrote Blütenknospen. ***Skimmia japonica*** **subsp.** ***reevesiana*** **'Robert Fortune'** ist eine zwittrige Form mit hellgrünen, dunkelgrün geränderten Blättern.

SLOANEA

Die 120 attraktiven, hohen, immer- oder sommergrünen Baumarten stammen aus Regenwäldern fast aller tropischen Regionen der Erde. Sie sind von aufrechtem, geradem Wuchs, entwickeln ausladende Kronen und Brettwurzeln. Die dunkelgrünen, bis zu 30 cm langen Blätter sind gesägt; die in Büscheln ausgebildeten, meist weißen Blüten haben breite, fleischige Kronblätter. Nachfolgend erscheinen kapselartige Beeren mit fleischiger Hülle, die von Vögeln gefressen werden. Die hübschen verholzten, stacheligen Fruchtstände werden gerne Trockengestecken beigefügt.

PFLEGE UND VERMEHRUNG: Die Pflanzen brauchen frostfreies Klima, viel Wasser und in der Jugend einen geschützten Platz. Geeignet ist fruchtbarer, feuchter, aber durchlässiger Humusboden. Die Vermehrung erfolgt durch Stecklinge oder Samen im Frühjahr.

Sloanea woollsii

Dieser hohe Baum subtropischer Regenwälder wird in der Natur 45 m, in Kultur etwa halb so hoch. Sein wuchtiger Stamm mit Brettwurzeln und runzeliger, graubrauner Rinde kann einen Durchmesser von 2,5 m haben. Die langen, glänzend-dunkelgrünen Blätter sind eiförmig, auffallend geädert und gezähnt. Im Frühjahr treiben in den Blattachseln Büschel samtiger, weißer Blüten aus. Die nachfolgenden stacheligen, hellbraunen Kapselfrüchte enthalten je zwei Samen.

Sisyrinchium striatum

Sloanea woollsii

SMILACINA
SCHATTENBLUME, FALSCHES SALOMONSSIEGEL

Die 25 Arten der Gattung wachsen in Nord- und Mittelamerika sowie vielen gemäßigten und subtropischen Gebieten Asiens. Der Gattungsname dieser schönen mehrjährigen Pflanzen mit fedrigen, weißen Blütenständen im Frühsommer bedeutet »wie eine *Smilax*« und bezieht sich auf eine eng verwandte Gattung, die fast nur in den Tropen wächst. Ihr deutscher Name deutet an, daß ihre Rhizome mit einer anderen verwandten Pflanze, dem Salomonssiegel *(Polygonatum odoratum)*, verwechselt werden können. Doch im Gegensatz zu *Smilax* und dem »echten« Salomonssiegel nutzt man die *Smilacina*-Arten nicht medizinisch. Schnell koloniebildend, schmücken sie Gärten mit üppigem Laub und hübschen Blüten.

PFLEGE UND VERMEHRUNG: Diese frostbeständigen Pflanzen bevorzugen Schatten und neutralen bis sauren, feuchten, aber gutdurchlässigen Humusboden. Die Vermehrung erfolgt durch Samen im Herbst oder Teilung im Herbst oder Frühjahr.

Smilacina racemosa

Diese nordamerikanische und mexikanische Art bringt über den kräftiggrünen, elliptischen Blättern von Frühjahr bis Hochsommer federige Blütenstände mit weißen, nach Zitrone duftenden Blüten hervor. Ihnen folgen rote, fleischige Früchte. Die Pflanze wird etwa 1 m hoch und 60 cm breit.

Smilacina stellata

Diese in Nordamerika und Mexiko heimische Art besitzt 60 cm lange Stengel mit lanzettlichen, 15 cm langen, gefalteten Blättern, die auf der Unterseite behaart sind. Bis zu 20 weiße Blüten drängen sich in dem 5 cm breiten Blütenstand. Die Beeren sind anfänglich grün mit schwarzen Streifen, werden aber später schwarzrot.

SMILAX
STECHWINDE

Fast 200 Arten sommer- oder immergrüner Klettersträucher und Stauden bilden diese Gattung, die in tropischen und gemäßigten Gebieten weltweit vorkommt. Sie sind variabel, haben aber meist kleine, elliptische Blätter und in Trauben ausgebildete, winzige, weiße, manchmal duftende Blüten. Die Triebe ändern gewöhnlich nach jedem Blattknoten die Richtung des Wuchses (Zickzack-Muster) und haben oft kleine Wiederhaken oder Stacheln als Kletterhilfen. Aus den weiblichen Blüten entwickeln sich etwa 5 mm breite, rote, schwarzblaue oder schwarze Beeren. Die Hauptzierde der *Smilax*-Arten ist das dichte, hellgrüne Laub.

PFLEGE UND VERMEHRUNG: Die Pflanzen brauchen feuchten, durchlässigen Boden und Sonne oder Halbschatten. Die Frosthärte variiert je nach Art stark. Durch Samen, Ableger, halbreife Stecklinge oder Teilung großer Pflanzen lassen sie sich vermehren.

Smilax china

Dies ist eine sommergrüne Kletterpflanze aus China, Korea und Japan, die eine

Smilacina racemosa

Similacina stellata

S

Höhe von 4,5 m erreichen kann und einigen Frost erträgt. Sie besitzt ovale, bis knapp 10 cm breite Blätter und treibt im Frühjahr kleine, gelbgrüne Bütendolden. Nach der Blüte tragen weibliche Pflanzen rote Beeren.

Smilax glyciphylla

Die wüchsige, nicht winterharte Kletterpflanze wächst in feuchten Wäldern und am Rand von Regenwäldern in New South Wales in Australien. Ihre harten Blätter mit drei Blattadern sind oberseits grün, unterseits gräulich. Ganzjährig erscheinen an Büscheln kleine, weiße, grüne oder rosa Blüten. Vögel schätzen die schwarzen Beeren.

SMITHIANTHA

TEMPELGLOCKE

Mit ihren fleischigen Blattrosetten sind die vier kleinen Rhizomstauden dieser – in Mexiko und Guatemala heimischen – Gattung dem Usambaraveilchen *(Saintpaulia)* sehr ähnlich und mit ihm auch tatsächlich verwandt. Ihre gezähnten Blätter sind tiefgrün, gelegentlich rot oder rotviolett gesprenkelt, rund bis herzförmig und dicht zart samtig behaart. Die röhren- bis trompetenförmigen Blüten haben ausgebreitete Zipfel. Sie sind 1–3,5 cm lang, leuchtendrosa, orange, rot oder weiß und innen meist gelb gefleckt. Die Blütenstengel können 60 cm hoch werden.

PFLEGE UND VERMEHRUNG: Man zieht sie in feuchtem, aber gutdurchlässigem Humusboden im leichten Schatten. Im Winter benötigen sie eine Temperatur von mindestens 15 °C; außerhalb der Tropen zieht man sie deshalb in der Regel als Zimmerpflanzen. Sie werden durch Samen, Stecklinge oder Teilung der Rhizome vermehrt.

Smithiantha cinnabarina

Die tiefgrünen Blätter dieser Art sind mit feinen, rotbraunen Haaren bedeckt, die besonders das Laub junger Pflanzen sehr samtig und gänzlich rotbraun erscheinen lassen. Die roten Blüten sitzen an bis zu 60 cm hohen Stengeln.

Solanum mauritianum

Solanum jasminoides 'Album'

Solanum jasminoides 'Album'

SOLANDRA

GOLDKELCH

Der Name dieser Gattung, die acht Arten immergrüner Kettersträucher umfaßt, ehrt den schwedischen Botaniker D.C. Solander (1736–82), einen Schüler von Linné. Sie sind in den Tropen Amerikas heimisch und beliebt wegen ihrer großen, trompetenförmigen, duftenden Blüten und ihres glänzenden, ledrigen Laubs.

PFLEGE UND VERMEHRUNG: Die frostempfindlichen Pflanzen gedeihen in warmem Klima, in kalten Gegenden muß man sie im Gewächshaus ziehen. Sie benötigen Sonne, fruchtbaren, durchlässigen Boden und während des Wachstums viel Wasser. Nach der Blüte sollte man auslichten. Vermehrung durch Stecklinge im Sommer.

Solandra maxima

Syn. *Solandra nitida*

Dieser üppige Schlingstrauch aus Mexiko, Mittelamerika, Kolumbien und Venezuela beeindruckt mit seinen riesigen Ausmaßen und großen Blüten. Er wird über 10 m hoch und braucht viel Platz und eine stabile Kletterhilfe. Von Frühjahr bis Sommer entfalten sich die gelben Blüten (25 cm breit), deren Blätter auf der Innenseite jeweils einen rotvioletten Streifen haben. Die Pflanze toleriert Wind, Trockenheit und auch salzige Meeresluft.

SOLANUM

Syn. *Lycianthes*

NACHTSCHATTEN, KARTOFFEL, AUBERGINE

Die Gattung umfaßt über 1400 Arten, zu denen Bäume, Sträucher, ein- und zweijährige Kräuter, Stauden und Kletterpflanzen mit unterschiedlicher Heimat zählen. Sie können sommer-, halbimmer- oder immergrün sein. Wichtige Nahrungspflanzen wie Kartoffel oder Aubergine gehören zu der Gattung, doch viele Arten sind äußerst giftig. Einige zieht man wegen ihrer Blüten und Früchte als Zierpflanzen. Die Blätter sind wechselständig, die Blüten stehen einzeln oder in Büscheln. Sie sind stern- bis glockenförmig und weiß, gelb, blau oder rotviolett gefärbt. Die Beerenfrüchte enthalten zahlreiche Samen.

PFLEGE UND VERMEHRUNG: Die Pflanzen haben unterschiedliche Ansprüche, bevorzugen aber meist Sonne und fruchtbaren, durchlässigen Boden. Im Frühjahr werden sie für gewöhnlich durch Samen, im Sommer durch Stecklinge vermehrt. Sie sind anfällig für Spinnmilben, Weiße Fliege und Blattläuse.

Solandra maxima

Solanum crispum

Solanum aviculare

Solanum aviculare

Heimisch ist dieser immergrüne, schnellwachsende, kurzlebige und nicht frostharte Strauch in Australien und Neuseeland. Er wird 3–3,5 m hoch, und sein aufrechter Stamm hat ausladende Äste, die eine breite Krone bilden. Die großen, bläulich- bis dunkelgrünen Blätter sind oval bis lanzettlich und oft tief gelappt. Von Frühjahr bis Sommer erscheinen an den Zweigspitzen große Büschel sternförmiger, rotvioletter Blüten von 3,5 cm Breite. Die ovalen Beeren sind etwa 2,5 cm lang, hängen an dünnen Stielen und ändern mit der Reifung ihre Farbe: von Grün über Gelb zu Rot.

Solanum crispum

Dies ist eine halbimmer- oder immergrüne Kletterpflanze aus Chile, die 6 m hoch wird und sehr frostempfindlich ist. Ihre gewellten Blätter sind oval oder herzförmig, bis zu 10 cm lang und fein behaart. Zuerst erscheinen Knäuel mit hell blauvioletten, duftenden Blüten, später gut 5 mm breite, weiße Früchte. **'Glasnevin'** ist eine kräftige Sorte mit tiefblauen Blüten.

Solanum dulcamara

BITTERSÜSS, BITTERSÜSSER NACHTSCHATTEN

Diese giftige, manchmal kletternde, winterharte Pflanze stammt aus Europa und Asien, in Nordamerika ist sie eingebürgert. Sie kann 4,5 m hoch werden; ihre Blätter können ungeteilt oder tief gelappt sein. Die Blüten sind hellviolett bis blau, die leuchtendroten Früchte oval oder kugelig.

Solanum jasminoides

JASMINÄHNLICHER NACHTSCHATTEN

Aus Brasilien stammt diese schnellwachsende halb- oder immergrüne Kletterpflanze von 6 m Höhe. Sie treibt von Sommer bis Herbst auffällige hellblaue Blütenbüschel und nachfolgend kleine, rotviolette Beeren. Die nicht frostbeständige Pflanze kann in kühlen Gegenden im Herbst eingetopft werden und unter Glas überwintern. **'Album'** hat weiße Blüten.

Solanum mammosum

Diese tropische Art ist als Staude oder Zwergstrauch in Mittelamerika heimisch und erreicht etwa 1,2 m Höhe. Ihre Triebe sind kantig und stachelig, die Blätter groß und behaart. Sie treibt eher kleine, weiße Blüten. Die auffälligen gelben oder orangefarbenen Früchte sind etwa 5 cm lang und ähneln mit ihrer aufgeblähten, in der Mitte manchmal dünneren Form dem Euter einer Kuh. Zweige mit Früchten dienen, von den Blättern befreit, oft als Zimmerschmuck; sie halten sich mehrere Wochen.

Solanum mauritianum

Der Strauch oder kleine Baum ist in Argentinien heimisch. Er wird bis zu 4,5 m hoch und hat graugrüne, behaarte Zweige. Seine ovalen, bis zu 30 cm langen Blätter sind zart behaart, die Blüten sind blau. Die Früchte – behaarte, gelbe Kugeln von gut 1 cm Durchmesser – erscheinen in Büscheln.

S

Solanum rantonnetii

Solanum nigrum

Solanum pyracanthum

Solanum rantonnetii

Solanum melongena

EIERFRUCHT, AUBERGINE

Diese einjährige tropische Gemüsepflanze aus Asien bringt die bekannten, großen, violetten Früchte hervor und ist mit Kartoffel und Tomate verwandt. Sie benötigt warmes Klima und nur wenig Feuchtigkeit. *Solanum melongena* hat aufrechte, mitunter stachelige Stengel, ovale Blätter und hellblaue oder intensiv rotviolette Blüten. Man erntet die Früchte, wenn sie auf Druck leicht nachgeben.

Solanum nigrum

SCHWARZER NACHTSCHATTEN

Die äußerst variable, einjährige Art hat reichverzweigte, bis zu 60 cm lange Triebe. An ihnen sitzen ovale bis lanzettliche Blätter, weiße Blüten und gelbe oder schwarze Beeren. Sie stammt aus Europa und Asien und ist in Nordamerika und Australien eingebürgert.

Solanum pseudocapsicum

KORALLENSTRAUCH

Diese nicht frostharte, immergrüne Art aus dem Mittelmeerraum treibt im Sommer sternförmige, weiße Blüten und nachfolgend giftige, kleine, rote Beeren. Sie wächst eher langsam zu einem buschigen Strauch (etwa 1,2 m hoch und breit) mit samtigen Blättern. Am besten zieht man sie als einjährige Pflanze, die dann etwa 60 cm hoch wird. Es gibt mehrere Sorten mit unterschiedlich gefärbten Früchten. Die Art ist mit Kartoffel, Aubergine und Tomate sowie einigen eher ungenießbaren Pflanzen verwandt.

Solanum pyracanthum

Diese nicht frostharte Staude aus den Tropen Afrikas wird 1,5 m hoch. Ihre gelappten Blätter haben eine bestachelte Mittelader. Die Blüten sind violett.

Solanum rantonnetii

Syn. *Lycianthes rantonnetii*

BLAUER KARTOFFELSTRAUCH

Dieser südamerikanische Strauch ist mit der Kartoffel verwandt und mit ihrer langen Blütezeit ideal für Gärten in warmem, weitgehend frostfreiem Klima. Einfache grüne Blätter bedecken die Zweige und sind ein schöner Hintergrund für die im Sommer üppig erscheinenden, blauvioletten Blüten. Man kann die Pflanze als 2–2,5 m hohen Strauch oder an Lauben oder Spalieren bis mindestens 3,5 m Höhe ziehen. **'Royal Robe'** blüht intensiver rotviolett, in Gegenden mit milden Wintern nahezu ganzjährig.

Solanum tuberosum

Solanum seaforthianum

Dies ist eine auffällige, immergrüne Kletterpflanze mit schlanken Trieben, die 6 m hoch wird. Im Sommer bringt sie große, nickende Büschel blauvioletter Blüten mit gelben Staubgefäßen hervor. Danach erscheinen kleine, rote Beeren. Die nicht frostharte Art stammt aus Südamerika.

Solanum tuberosum

KARTOFFEL

Beheimatet ist die Kartoffel, eines der beliebtesten Gemüse, in Südamerika. Die an sich mehrjährige Pflanze wird bis zu 80 cm hoch und 50 cm breit. Sie hat aufrechte, behaarte, grüne Stengel und große (bis zu 40 cm), dunkelgrüne Blätter mit drei oder fünf Paaren herzförmiger Fiedern. Die weißen oder hellvioletten Blüten erscheinen in nickenden Büscheln.

Solanum wendlandii

Eine robuste – jedoch nicht frostharte –, 6 m hohe, immergrüne oder halbimmergrüne Kletterpflanze aus Costa Rica mit vereinzelten hakigen Stacheln. Ihre 20 cm langen, sehr variablen Blätter können einfach oder geteilt sein. Die hängenden Büschel mit hellvioletten Blüten sind bis zu 15 cm breit und erscheinen im Sommer.

SOLDANELLA

ALPENGLÖCKCHEN, TRODDELBLUME

Die eleganten Alpenglöckchen sind mit der Primel verwandt. Sie stammen aus europäischen Gebirgen und blühen im Frühjahr. Es gibt zehn immergrüne, staudige Arten, die sich relativ ähnlich sind. In der Natur und im Garten entstehen immer wieder Hybridformen zum Ärger all jener, die die Pflanzen genau unterscheiden wollen. Diese guten Steingarten- oder Kübelpflanzen haben nickende bis hängende, rotviolette bis weiße Blüten und ledrige Blätter.

PFLEGE UND VERMEHRUNG: Die Pflanzen sind frostbeständig, doch sind die Blüten spätfrostgefährdet. Die genannten Arten wachsen im Halbschatten auf durchlässigem Torfboden. Die Vermehrung erfolgt durch Samen im Frühjahr, im Spätsommer durch Teilung. Auf Schneckenbefall ist zu achten.

Soldanella alpina

Diese büschelig wachsende Art stammt aus einem Gebiet von den Pyrenäen bis zu den Tiroler Alpen und wird 15 cm hoch. Sie hat grüne Blättertuffs, und ihre nickenden und gefransten Blütenglocken sind hellviolett mit schönem rot geflecktem Schlund.

Soldanella carpatica

Diese alpine, rosetten- oder horstbildende Art entwickelt fast kreisrunde, 5 cm breite, dunkelgrüne Blätter mit rotvioletter Unterseite. Die violetten Blüten kommen zu Frühjahrsbeginn hervor, sind gut 1 cm breit und gefranst. Bis zu fünf Blüten hängen an einem Trieb. Die reich blühende Pflanze wird bis zu 15 cm hoch und ebenso breit.

Solanum pseudocapsicum

Solanum wendlandii

Solidago 'Goldenmosa'

Solidago 'Golden Wings'

Soleirolia soleirolii 'Aurea'

Soldanella montana

Diese kugelige, etwa 30 cm hohe Art stammt aus den Alpen, zieht alpine Wälder jedoch den hochgelegenen, kahlen Felsregionen vor. Im zeitigen Frühjahr, oft noch vor der Schneeschmelze erheben sich die langen, hängenden, gefranste Blütenglocken von blauvioletter Färbung. Die kreisrunden Blätter sind schwach gezähnt.

SOLEIROLIA

BUBIKÖPFCHEN, HELXINE

Die einzige Art der Gattung stammt von den westlichen Mittelmeerinseln: eine immergrüne Staude mit polsterbildenden, zarten kleinen Blättern, die fein verzweigt ist und sich an den Knoten bewurzelt. Sie verträgt unterschiedlichste klimatische Bedingungen.

PFLEGE UND VERMEHRUNG: Sie bevorzugt durchlässigen, feuchten Boden, in heißem Klima leichten Schatten. Die Vermehrung erfolgt durch Teilung im Frühjahr.

Soleirolia soleirolii

Syn. *Helxine soleirolii*

Die nicht ganz frostharte Kriechpflanze hat kleine, runde Blätter und winzige, weiße, rosa getönte Blüten, die einzeln in den Blattachseln erscheinen. Sie wird 5 cm hoch und schmückt als Ampelpflanze oder im Topf. Sonst kann ihr Wuchern lästig werden. **'Aurea'** hat gelbgrünes Laub.

SOLENOSTEMON

BUNTNESSEL, COLEUS

Die Gattung umfaßt 60 Arten niedriger, buschiger Stauden aus den Tropen Afrikas und Asiens. Häufig sind sie behaart und haben buntgescheckte, oft gezähnte Blätter, die an den vierkantigen Stengeln gegenständig angeordnet sind. Die kleinen Blüten haben eine verlängerte Unterlippe.

PFLEGE UND VERMEHRUNG: Sie ertragen keinen Frost und gedeihen in mildem Klima bei genügend Feuchtigkeit im Sommer und Schutz vor heißer Sonne. Sie bevorzugen feuchten, aber durchlässigen Humusboden. Für einen buschigen Wuchs muß man regelmäßig die Spitzen kappen. Man vermehrt sie durch Samen oder Stecklinge.

Solenostemon amboinicus

Syn. *Coleus amboinicus, Plectranthus amboinicus*

Man vermutet, daß diese kurzlebige Kriechstaude in den Tropen Asiens heimisch ist. Doch nachdem sie schon so lange kultiviert wird, ist ihre tatsächliche Heimat unbekannt. Die hellgrünen, flaumigen, eher fleischigen Blätter sind gegenständig, fast rund und gekerbt. Wegen des angenehm würzigen Aromas werden sie auch als Küchenkraut verwendet. Die weißen Blüten sind eher unauffällig und werden in Kultur nicht immer ausgebildet. Die Pflanze erreicht knapp 30 cm Höhe; die sich ausbreitenden, schwachen, fleischigen Triebe bewurzeln sich.

Solenostemon scutellarioides

Syn. *Coleus blumei* var. *verschaffeltii, C. scutellarioides*

BUNTNESSEL

Diese buschige, schnellwachsende Staude aus Südostasien zieht man in gemäßigten Zonen als einjährige Pflanze. Die Färbung ihrer ovalen, spitz zulaufenden Blätter mit gesägtem Rand ist eine leuchtende Mischung aus Rosa, Grün, Rot und Gelb. Sie wird 60 cm hoch und 30 cm breit.

SOLIDAGO

GOLDRUTE

Die Goldruten sind eine Gattung von etwa 100 Staudenarten mit verholzter Basis. Fast alle sind in den Wiesen und Prärien Nordamerikas heimisch, einige in Südamerika und Eurasien. Verwandt sind sie mit den Astern und blühen, genau wie diese, im Herbst, doch sehen sie mit ihren viel kleineren, leuchtendgelben Blüten ganz anders aus. Die meisten Arten wuchern so stark, daß sie sich selbst für einen Naturgarten nicht empfehlen, jedoch lohnt sich die Kultur bei manchen wegen der großen Blütenstände. Es gibt auch sehr schöne Hybriden.

PFLEGE UND VERMEHRUNG: Diese frostbeständigen Pflanzen gedeihen in Sonne oder Schatten und fruchtbarem, durchlässigem Boden. Die meisten Arten säen sich selbst aus, sonst lassen sie sich auch durch Teilung im Herbst oder Frühjahr vermehren.

Solidago 'Baby Gold'

Solidago 'Baby Gold'

Syn. *Solidago* 'Golden Baby'

Einige Gartenhybriden sind wegen ihrer leuchtenden Färbung im Frühherbst bemerkenswert: Diese ist eine aufrechte Pflanze mit federigen goldgelben Blütenähren. Sie wird 1 m hoch und hat lanzettliche grüne Blätter.

Solidago canadensis

KANADISCHE GOLDRUTE

Diese sehr wüchsige Art erreicht eine Höhe von etwa 1,5 m. Ihre Blätter, von denen die größten in der Mitte des Stengels sitzen, können eine Länge bis zu 10 cm erreichen. Von Spätsommer bis Herbst wachsen pyramidenförmige gelbe Blütenköpfchen. Die Kanadische Goldrute stammt aus Nordamerika, ist aber in Europa seit längerem eingebürgert.

Soldanella montana

Solidago 'Goldenmosa'

Die Hybride entwickelt sich zu einer kompakten, buschigen Pflanze von 80 cm Höhe und 50 cm Breite. Ihre leuchtendgelben Blütenköpfchen werden von Spätsommer bis Herbst in Rispen ausgebildet.

Solidago 'Golden Wings'

Die Staude wird 1,5 m hoch und 1 m breit. Sie hat flaumige, lanzettliche Blätter mit gesägtem Rand und treibt früh im Herbst federige Rispen mit kleinen, leuchtendgelben Blütenköpfchen.

Solidago sphacelata

Diese Art wird 60–90 cm hoch und besitzt gesägte, herzförmige Blätter. Sie ist stark horstbildend, wuchert aber nicht. An schmalen, gebogenen Stengeln trägt sie ab Spätsommer gelbe Blütenköpfchen.

Solidago sphacelata

Solenostemon amboinicus

Solenostemon scutellarioides, Kulturvarietäten

S

Sollya heterophylla

Solidago virgaurea

Sophora japonica mit Samenhülsen

Solidago virgaurea
GEMEINE GOLDRUTE

Dies ist eine 1 m hohe Pflanze, die von Sommer bis Herbst dichte, gelbe Blütenknäuel trägt. ***Solidago virgaurea* subsp. *minuta*** wird 10 cm hoch und stammt aus Japan.

× *SOLIDASTER*

Diese Kreuzung zweier Gattungen, zwischen *Solidago canadensis* und ***Aster ptarmicoides***, wurde 1910 als Spontankreuzung in einer französischen Gärtnerei entdeckt. Man zieht sie wegen ihrer Blütenkörbchen, die Gänseblümchen ähneln und in großer Zahl von Hochsommer bis Herbst erscheinen.
PFLEGE UND VERMEHRUNG: Die frostharten Pflanzen bevorzugen Sonne und mäßig fruchtbaren, durchlässigen Boden. Ihre Vermehrung erfolgt durch Teilung oder Abtrennung bewurzelter Triebe.

× *Solidaster luteus*
Syn. *Aster luteus* × *Solidaster hybridus*

Wenn sich die Blüten dieser Staude im Hochsommer öffnen, sind sie anfangs einheitlich goldgelb. Doch verfärben sich die Zungenblüten bald zu einem hellen Gelbton. Die Blütenkörbchen sitzen in flachen, 10 cm breiten Rispen an flaumigen Stengeln, die sich zur Spitze verzweigen, die schmalen Blätter sind mittelgrün. Die Staude wird 1 m hoch und 30 cm breit.

SOLLYA

Die Gattung aus Westaustralien besteht aus drei kleinen, immergrünen, kletternden Arten mit schmalen, dünnen ganzrandigen Blättern. An den Zweigspitzen erscheinen lockere kleine Büschel mit kleinen, fünfblättrigen, glockenförmigen Blüten.
PFLEGE UND VERMEHRUNG: Sie brauchen fruchtbaren, feuchten, aber durchlässigen Humusboden und Sonne, müssen aber vor der Mittagssonne geschützt werden und ertragen keinen Frost. Im Frühjahr werden sie durch Samen vermehrt, im späten Frühjahr oder Frühsommer durch Stecklinge.

Sollya heterophylla

Die zierlichen Glockenblüten dieser Art aus Westaustralien werden von Frühjahr bis Herbst hervorgebracht. Meist sind sie blau, doch gibt es auch Sorten mit weißen und rosa Blüten. Nach der Blüte entwickeln sich dekorative dunkelblaue Früchte von gut 1 cm Länge. Die Art wird knapp 2 m hoch und hat schmale, lanzettliche oder ovale Blätter.

SONERILA

Von diesen immergrünen Stauden und kleinen Sträuchern aus Südostasien und China sind über 175 Arten bekannt. Ihre stacheligen Blätter sind oval, oft gezähnt,

Sophora japonica 'Pendula'

haben drei bis fünf Adern und dunkelgrüne Flecken. Die Blüten können stern- bis becherförmig sein und erscheinen in Trauben oder ebensträußigen Rispen.
PFLEGE UND VERMEHRUNG: Außerhalb der Tropen zieht man sie gewöhnlich in Gewächshäusern. Im Freien brauchen sie leichten Schatten und feuchten, durchlässigen Humusboden. Vermehrung durch Stecklinge.

Sonerila margaritacea

Diese 25 cm hohe Pflanze stammt aus Malaysia und Java. Die übergebogenen oder hängenden Triebe sind leuchtendrot, die Blätter glänzend-dunkelgrün und haben zwischen den Blattadern weiße Flecken. Auf der Unterseite sind die Adern rotviolett. Acht bis zehn rosa Blüten stehen in bis zu 2 cm breiten Köpfchen zusammen.

SOPHORA
SCHNURBAUM

Die Leguminosen-Gattung umfaßt etwa 50 Arten sommer- und immergrüner Bäume, Sträucher und Stauden, die in den wärmeren Regionen der Erde weit verbreitet sind. Alle haben gefiederte Blätter und kurze Trauben mit meist gelblichen, gräulichblauen oder hellvioletten Schmetterlingsblüten. Ihre Hülsen sind zwischen den Samen verengt und öffnen sich oft erst spät; die sehr harten, wächsernen Samen halten sich lange und sind wasserabweisend. Interessant ist eine Gruppe verwandter Arten, die einige Botaniker lieber als separate Gattung behandeln würden: *Edwardsia*-Arten sind in den südlichen Ozeanen auf kleineren Inseln, wie Mauritius, Oster- und Gough-Insel, ebenso verbreitet wie etwa in Neuseeland, auf Hawaii und im äußersten Süden Südamerikas. Typus dieser Arten ist *Sophora tetraptera* aus Neuseeland mit großen, gelben Blüten und Samenhülsen mit vier leicht durchscheinenden Flügeln. Ihre Samen weisen Salzwasser ab und sollen sich über die südlichen Ozeane verbreitet haben. In ihrer jeweils neuen Heimat haben sie sich dann geringfügig verändert.
PFLEGE UND VERMEHRUNG: Sie gedeihen unter verschiedensten Bedingungen. Sie können als Schattenspender, in kleinen Hainen oder für die Einzelstellung verwendet werden. Meist brauchen sie feuchten, durchlässigen Boden und Sonne oder Halbschatten. Ihre Vermehrung erfolgt durch Samen oder Stecklinge.

Sophora microphylla

Sophora japonica
JAPANISCHER SCHNURBAUM, PAGODENBAUM

Trotz des Namens ist dieser sommergrüne Baum in Zentralchina und Korea beheimatet. Er wird etwa 30 m hoch. Die hellgrünen, gefiederten Blätter sind 20 cm lang, die gelblichweißen oder seltener hellrosa Blüten erscheinen in langen Rispen. Danach entwickeln sich wie Perlenketten erscheinende Gliederhülsen. **'Pendula'** pfropft man oft auf 2,5 m hohe Unterlagen und erhält so eine kleine Trauerform. Aufgrund ihrer Frosthärte ist diese Art für mitteleuropäische Gärten geeignet.

Sophora microphylla

Die immergrüne Art aus Neuseeland wird 3–6 m hoch. Ihre herabhängenden, ineinandergreifenden, drahtigen Zweige bilden eine breite, kugelige Krone. Viele der farnartigen Blätter werden im späten Winter vor der Blüte abgeworfen. Die Blüten sind gelb bis orange, meist jedoch intensiv gelb gefärbt, 3,5 cm lang und werden in dichten Büscheln vom späten Winter bis frühen Sommer ausgebildet. Die Hülsenfrüchte sind 15 cm lang. ***Sophora microphylla* var. *longicarinata*** blüht leuchtendgelb und hat kleinere, zahlreichere Fiederblätter. **'Golden Shower'** ist ein symmetrisch wachsender Baum mit stark hängenden äußeren Zweigen und goldgelben Blüten.

Sophora prostrata

Man schätzt diese Art aus Neuseeland wegen der hellgelben Blütenbüschel, die im Sommer zwischen kleinen, ovalen, gefiederten Blättern erscheinen. Der sehr frostempfindliche, vielfach verzweigte, niederliegende oder buschige, halbimmergrüne Strauch wird maximal 1,8 m hoch und breit. **'Little Baby'** mit sehr kleinen Blättern und stark winkliger Verzweigung blüht im zeitigen Frühjahr gelb.

Sophora microphylla

× *Sophrolaeliocattleya*-Hybride Jannine Louise 'Orange Glow'

Sorbaria kirilowii

Sorbaria kirilowii

Sophora secundiflora

Dieser große Strauch ist in Texas beheimatet und im ganzen Südwesten der USA wegen seines immergrünen Laubs und der duftenden Blüten beliebt. Meist hat er zahlreiche Stämme, wird 3–9 m hoch und breitet sich 3 m aus. Seine Blätter sind in viele kreisrunde Fiedern unterteilt. Die rotvioletten Blüten ähneln denen des Blauregens und duften fruchtig süß.

Sophora tetraptera

Dieser üppig blühende, normalerweise immergrüne Baum ist Neuseelands Wappenpflanze. Er stammt von der Nordinsel und kann 9 m hoch werden, ist aber meist kleiner. Die Zweige ausgewachsener Exemplare hängen etwas herab und greifen dabei leicht ineinander. Die Blätter bestehen aus 20 bis 30 kleinen, graugrünen Fiederpaaren. Im Frühjahr erscheinen unzählige hell- bis goldgelbe, etwa 3,5 cm lange Blüten in auffälligen hängenden Büscheln. Die schmalen Hülsenfrüchte werden mit der Reife dunkelgrau.

Sophora tomentosa

Diese tropische Art der vorwiegend in gemäßigten Zonen vorkommenden Gattung ist ein großer, sich ausbreitender Strauch oder kleiner Baum von 3 m Höhe. Sie ist in tropischen Küstenregionen verbreitet und dort eine lohnende, ungewöhnlich gefärbte Gartenpflanze: Die Blätter sind silbergrau, die Blüten grünlich-zitronengelb.

× *SOPHROCATTLEYA*

Dieser Name umfaßt alle Kreuzungen zwischen den Orchideengattungen *Sophronitis* und *Cattleya* sowie alle daraus entstandenen Nachkommen und Rückkreuzungen. Meist haben sie etwas kleinere Blüten als durchschnittliche *Cattleya*-Arten oder × *Laeliocattleya*-Hybriden. *Sophronitis* ist nicht nur für die kleinere Größe verantwortlich, sondern auch für die leuchtenden Rot- und Orangetöne, die starke Tendenz zu einheitlicher Färbung und die eher flache Blütenform mit kleiner Lippe. × *Sophrolaeliocattleya* ist der entsprechende Name für trigenerische Kreuzungen zwischen *Sophronitis, Laelia* und *Cattleya*, die *Sophrocattleya* sehr ähnlich sind; der Einfluß von *Laelia* zeigt sich kaum. Weitere Kreuzungen mit *Rhyncolaelia*, also zwischen vier Gattungen, werden mit × ***Potinara*** bezeichnet, nach der heutigen Konvention, daß die Namen multigenerischer Hybriden auf *-ara* enden.

PFLEGE UND VERMEHRUNG: Die Hybriden benötigen etwa die gleichen Bedingungen wie *Cattleya*-Arten aus kühleren Regionen. Nur während der Ruhephase im Winter brauchen sie vielleicht etwas mehr Wasser. Vermehrung durch Teilung; für den kommerziellen Anbau jedoch meist durch Sämlinge oder Meristemklone.

× *Sophrocattleya* und × *Sophrolaeliocattleya*-Hybriden

Die Gene der leuchtend gefärbten *Sophronitis coccinea* haben diese Hybriden am meisten beeinflußt. Die ersten Kreuzungen entstanden bereits 1886 in England; × ***Sophrocattleya* Batemaniana** wird auch heute noch kultiviert. Seit damals sind Tausende von Hybriden registriert worden, und die Anzahl der *Sophrolaeliocattleya*-Sorten übertrifft die von *Sophrocattleya* heute bei weitem. Typische neue Hybriden sind × ***Sophrolaeliocattleya* Jannine Louise 'Orange Glow'** mit orangegelben Blüten, die an den gekräuselten Rändern rötlich getönt sind, und × ***Sophrolaeliocattleya* Jewel Box 'Scheherazade'**, eine kompakte Pflanze mit strahlendroten Blütenbüscheln.

Sophora prostrata 'Little Baby'

SOPHRONITIS

Die Gattung aus dem Osten Brasiliens und aus Paraguay umfaßt acht Orchideenarten, kleine Baum- oder Felsbewohner, Pflanzen mit kleinen Pseudobulben und je einem fleischigen Blatt. Die sehr auffälligen Blüten sind rot oder violett.

PFLEGE UND VERMEHRUNG: Diese Pflanzen brauchen leichten Schatten. Man zieht sie im temperierten Gewächshaus, aufgebunden auf Rinde oder in grober Orchideenerde, läßt sie in der kühleren Ruhezeit vor dem nächsten Gießen abtrocknen und vermehrt sie durch Teilung. Erforderlich ist eine regelmäßige Kontrolle auf Befall durch Spinnmilben, Blatt- und Schmierläuse.

Sophronitis coccinea

Syn. *Sophronitis grandiflora*

Dieser zierliche, horstbildende Epiphyt aus Brasilien hat dunkelgrüne Blätter. Im Frühjahr schmücken ihn wunderschön geformte, 3,5 cm breite Blüten. Sie können rosa, orange, rot oder violett sein, doch werden die leuchtendroten Sorten am meisten bewundert: Wegen der schönen Färbung wurden sie mit *Cattleya*-Arten gekreuzt. Die Art wird 5 cm hoch.

Sophora tetraptera

SORBARIA

FIEDERSPIERE

Die zehn Straucharten der Gattung stammen aus den kühlen bis kalten Bergregionen Asiens. Sie sind sommergrün, haben gefiederte Blätter mit gesägten Blättchen und Beerenfrüchte. Die kleinen, weißen, sternförmigen Blüten erscheinen meist in großen, endständigen Rispen, haben einen becherförmigen Kelch, fünf zurückgebogene Blätter und viele vorstehende Staubgefäße.

PFLEGE UND VERMEHRUNG: Sie gedeihen in der Sonne in nährstoffreichem, ausreichend feuchtem Boden. Im Winter muß man sie stutzen, ältere Stämme falls nötig, entfernen. Die Vermehrung erfolgt durch Samen oder Stecklinge im späten Winter oder Sommer und durch Teilung im Frühjahr. Meist werden reichlich Ausläufer gebildet.

Sorbaria kirilowii

Syn. *Sorbaria arborea, Spiraea arborea*

Dieser große, sich ausbreitende Strauch aus China und Tibet wird 6 m hoch. Er besitzt rohrartige Stämme und ist frosthart. Die Blätter sind aus bis zu 17 langen, schmalen Fiedern zusammengesetzt. Die Blüten stehen in 30 cm langen, aufrechten Rispen. Jungtriebe sind oft stark behaart.

Sophora tomentosa

× *Sophrolaeliocattleya*-Hybride Jewel Box 'Scheherazade'

Sorbaria tomentosa

Der frostempfindliche Baum aus dem Himalaja besitzt sich weit abspreizende Äste und wird 6 m hoch. Die Blätter bestehen aus bis zu 20 gesägten, lanzettlichen Fiedern, die Blütenrispen werden bis zu 40 cm breit. ***Sorbaria tomentosa*** **var.** ***angustifolia*** aus Afghanistan und Nepal hat braunviolette Äste.

SORBUS

EBERESCHE, VOGELBEERBAUM

Die Gattung umfaßt 100 Arten sommergrüner Bäume und Sträucher aus den kühlen Zonen der nördlichen Hemisphäre. Man zieht sie wegen des Laubs, der dekorativen Früchte und des Holzes. Meist haben sie gefiederte Blätter. Im Frühjahr tragen sie endständige Büschel mit kleinen, gelblichweißen Blüten, die oft etwas unangenehm riechen. Zum Herbst entwickeln sich auffällige Beeren. Einige Arten haben attraktives Herbstlaub.

Sorbus aucuparia

Sorbus aria

PFLEGE UND VERMEHRUNG: Ebereschen gedeihen in der Sonne wie im Halbschatten auf durchlässigem, fruchtbarem Boden und sind recht unempfindlich gegen Winterkälte. Die Vermehrung kann durch stratifizierte Samen erfolgen, bei Sorten normalerweise durch Veredlung. Sie sind anfällig für Feuerbrand.

Sorbus americana

AMERIKANISCHE EBERESCHE, KANADA-EBERESCHE

Dies ist ein kräftiger Baum aus dem Osten Nordamerikas. Er wird 9 m hoch und hat aufsteigende, rötliche Äste mit roten, klebrigen Knospen. Seine gefiederten Blätter sind leuchtendgrün und verfärben sich im Herbst goldgelb. Er trägt dichte Büschel mit roten Beeren.

Sorbus aria

MEHLBEERE

Diese europäische Art ist ein 9 m hoher Baum mit 4 cm langen, grobgezähnten, einfachen Blättern mit filziger Unterseite. Das Herbstlaub erstrahlt in Orange- und Gelbtönen. Die 1 cm dicken Beeren sind rot. Diese widerstandsfähige Art toleriert Kalk, Küstenluft und Luftverschmutzung. **'Aurea'** hat hell gelblichgrüne, **'Chrysophylla'** gelbe Blätter; das junge Laub von **'Lutescens'** ist gelbgrün; Blätter und Beeren von **'Majestica'** sind größer als bei anderen Sorten; **'Theophrasta'** hat orange Beeren und glänzendgrünes Laub.

Sorbus aucuparia

EBERESCHE, VOGELBEERBAUM

Diese am meisten verbreitete Baumart der Gattung wird im Garten etwa 15 m hoch,

Sorbus aria 'Theophrasta'

Sorbaria tomentosa var. *angustifolia*

Sorbus commixta

wild in den Wäldern Europas und Asiens deutlich höher. Die Blätter bestehen aus 11 bis 15 kleinen, gezähnten Fiedern und verfärben sich im Herbst goldgelb. Nach den weißen Blüten im Frühjahr entwickeln sich leuchtendrote Beeren. **'Asplenifolia'** hat sehr fein geschnittene Blätter; die großen Beeren von **'Edulis'** werden eingekocht und zu Marmelade verarbeitet; **'Fructu Luteo'** hat orangegelbe Beeren; **'Pendula'** hat eine hängende, **'Sheerwater Seedling'** eine schmal aufrechte Form; die Beeren von **'Xanthocarpa'** sind gelb.

Sorbus cashmiriana

KASCHMIR-EBERESCHE

Heimisch ist dieser ausladende Baum im westlichen Himalaja. Er kann eine Höhe von 8 m erreichen, ist jedoch oft kleiner. Die mittelgrünen Blätter bestehen aus 17 bis 19 elliptischen Fiedern mit graugrüner Unterseite. Im Frühsommer treibt er hängende, weiße bis hellrosa Blütenbüschel. Die gut 1 cm großen, kugelförmigen, weißen Früchte halten sich bis in den Winter.

Sorbus chamaemespilus

ZWERGMEHLBEERE

Dieser Strauch aus Mitteleuropa wird etwa 3 m hoch. Seine feingezähnten, einfachen, ledrigen Blätter sind auf der Oberseite grün, unterseits gelbgrün. Die jungen Triebe sind meist behaart. Nach den rosa Blütenständen entwickeln sich dicht gedrängte Büschel kleiner, leuchtendroter Beeren.

Sorbus cashmiriana

Sorbus commixta

Sorbus commixta

JAPAN-EBERESCHE

Dies ist ein aufrechter Baum von mindestens 4,5–8 m Höhe. Man schätzt seine schönen gefiederten Blätter mit glänzend-dunkelgrüner Oberseite und graugrüner Unterseite (im Herbst erstrahlen sie in Orange- und Rottönen) sowie die unzähligen Büschel leuchtendroter Beeren im Sommer. Die Winterknospen sind ungewöhnlich klebrig. **'Embley'** hat leuchtendrote Blätter und trägt reichlich Beeren.

Sorbus domestica

SPEIERLING, SPERBE

Dieser 20 m hohe, ausladende Baum ist in Süd- und Osteuropa sowie Nordafrika heimisch. Seine Rinde ist rissig, die Blätter bestehen aus 13 bis 21 gezähnten Fiedern. Die 2,5 cm langen, bräunlichgrünen Früchte mit rosa Schimmer sind leicht birnenförmig und können vollreif verzehrt werden.

Sorbus forrestii

Der ausladende, frostempfindliche Baum aus China erreicht in Höhe und Breite 6 m. Er besitzt sehr große, weiße Beeren, die sich im Herbst ausbilden und bis zur Mitte des Winters halten.

Sorbus hupehensis

HUPEH-EBERESCHE

Heimisch ist dieser hohe, kräftige Baum in Zentralchina. Seine blaugrünen, gefiederten Blätter bestehen aus 9 bis 17 Fiedern. Die Herbstfärbung des Laubs reicht von

Sorbus megalocarpa

Orange über Rot bis zu Rotviolett. Die gestielten Beeren sind weiß mit rosafarbenem Schimmer.

Sorbus hybrida 'Gibbsii'

Der kleine Baum wird 9 m hoch und entwickelt eine sehr kompakte, ausladende Krone. Die Früchte dieser Kreuzung zwischen *Sorbus aria* und *S. aucuparia* sind tiefrot.

Sorbus prattii var. *subarachnoidea*

Sorbus 'Joseph Rock'

Die Abstammung dieses kräftigen, aufrechten Baums aus Ostasien ist unbekannt. Er wird etwa 10 m hoch. Seine Blätter bestehen aus 15 bis 21 scharf gezähnten Fiedern mit intensiven Herbstfärbungen: rot, orange und rotviolett. Er trägt große Büschel mit leuchtendgelben Beeren.

Sorbus megalocarpa

Diesen außergewöhnlichen Baum findet man selten in Kultur. In seiner natürlichen Umgebung in China und im Himalaja wird er etwa 8 m hoch. Er hat große, eiförmige, leuchtendgrüne Blätter mit doppelt gesägtem Rand; die flaumigen, gelblichweißen Blütenbüschel werden im Spätwinter vor den Blättern an den Zweigspitzen ausgebildet. Die Blüten haben einen eher stechenden Geruch. Die braunen, eiförmigen Früchte sind mit 2,5 cm ungewöhnlich groß für die Gattung.

Sorbus domestica

Sorbus forrestii

Sorbus hupehensis

Sorbus hybrida 'Gibbsii'

Sorbus pluripinnata

Sorbus 'Joseph Rock'

Sorbus pluripinnata

Es handelt sich um einen großen Strauch oder kleinen Baum aus China von 6 m Höhe. Seine jungen Triebe und Blätter sind graufilzig, das Herbstlaub nimmt eine rötlichviolette Färbung an. Nach den weißen Blüten erscheinen rote Früchte.

Sorbus pohuashanensis 'Pagoda Red

Sorbus reducta

Sorbus pohuashanensis

Diese bis über 20 m hohe Art ist in den Bergregionen Nordchinas beheimatet und eng verwandt mit der europäischen Eberesche *(Sorbus aucuparia)*. Ihre gefiederten Blätter sind bis zu 20 cm lang, oberseits grün, unterseits blaugrün und behaart. Die jungen Triebe und Blütenknospen sind gleichfalls behaart. Die glänzendroten Früchte sitzen wie die flachen Blütenbüschel über dem Laub. Besonders schöne Früchte bildet die Sorte **'Pagoda Red'**.

Sorbus prattii

Aus Westchina stammt dieser 8 m hohe Baum mit auf der Unterseite behaarten Fiederblättchen. Die Blätter von *Sorbus prattii* var. *subarachnoidea* sind rotbraun behaart. Beide tragen weiße Früchte.

Sorbus reducta

Der kleine Strauch aus Westchina von 1,5 m Höhe bildet mit seinen Ausläufern ein dichtes Gestrüpp. Die elliptischen Fiedern der Blätter werden im Herbst rotbraun bis rotviolett. Die wenigen Blüten sind weiß, die nachfolgenden Früchte weiß oder rot. **'Gnome'** hat eine kleinere, dichtere Form.

S

Sparaxis tricolor

Sorbus scopulina

Sorbus vilmorinii

Sorbus sargentiana
SARGENTS EBERESCHE

Dieser Baum aus Westchina hat starre Äste und wird 9 m hoch. Im Winter trägt er intensivrote Knospen. Seine gesägten Blattfiedern verfärben sich im Herbst rot. Aus den behaarten Blütenköpfen von 15 cm Breite entwickeln sich große, runde Büschel mit kleinen, roten Früchten.

Sorbus scalaris

Der kleine, ausladende Baum aus China wird 9 m hoch. Seine dunkelgrünen, eher glänzenden Blätter haben eine grauflaumige Unterseite und werden im Herbst rotviolett. Die roten Früchte stehen in flachen Scheindolden.

Sorbus scopulina

Der knapp 2 m hohe, straff aufrechte Strauch ist in den Rocky Mountains in den USA heimisch. Er hat glatte, gesägte Blattfiedern. Nach den großen Blütenköpfen entwickeln sich dichte Büschel mit roten Beeren.

Sorbus torminalis
ELSBEERE

Diese Art mit runder Krone aus Mitteleuropa und dem Mittelmeerraum wird 15 m hoch. Die jungen Zweige sind filzig, die Form der Blätter erinnert etwas an Ahorn. Sie sind glänzend-dunkelgrün mit flaumig weißer Unterseite und werden im Herbst bräunlichgelb. Rötlichbraune Früchte erscheinen nach den weißen Blüten.

Sorbus thibetica

Dieser Baum wird mit seinen steif aufrechten Ästen gut 20 m hoch. Die gerippten, grauen Blätter sind auf der Unterseite leicht behaart, anfänglich ganz flaumig. Die gelben Beeren haben graue Flecken. **'Jon Mitchell'** ist ein schnellwachsender Baum mit schmaler Krone, die im Alter rund wird. Die großen, runden Blätter sind auf der Unterseite weiß und flaumig, die Beeren gelbbraun.

Sorbus vilmorinii
ROSAFRÜCHTIGE EBERESCHE, VILMORINS EBERESCHE

Der Strauch oder kleine Baum aus China wird 6 m hoch und 4–5 m breit. Seine Knospen und Triebe sind flaumig und rötlichbraun. Die vielen Fiederblättchen haben eine gräuliche Unterseite und verfärben sich im Herbst rot und rotviolett. Nach den weißen Blüten erscheinen hängende Büschel mit rötlichen Beeren, die sich weißlichrosa verfärben.

SPARAXIS
FRANSENSCHWERTEL

Eine Gattung mit sechs sommergrünen Knollenstauden aus Südafrika. Von Frühjahr bis Sommer bringen sie lockere Ähren mit etwa fünf becherförmigen, leuchtend gefärbten Blüten hervor, die sich für Hochbeete und Rabatten eignen. Die lanzettlichen, gerippten Blätter bilden einen aufrechten, grundständigen Fächer.
PFLEGE UND VERMEHRUNG: Man zieht sie in mäßig fruchtbarem, durchlässigem Boden windgeschützt in der Sonne. In Mitteleuropa gedeihen sie fast nur im Gewächshaus. Vermehrung durch Samen.

Sparaxis elegans

Diese Art bringt zwei bis fünf unverzweigte, 30 cm hohe Stengel pro Knolle hervor. Die Blüten haben gelbe Röhren mit zinnoberroten Kronzipfeln, die sich rosa verfärben und an der Basis einen violetten Streifen aufweisen.

Sparaxis tricolor

Im Frühjahr trägt diese aus Südafrika stammende Art an 30 cm langen, drahtigen, überhängenden Stengeln jeweils eine Ähre mit bis zu fünf trichter- oder sternförmigen Blüten. Diese sind 5 cm lang, rosarot oder orange und haben meist ein gelbes Zentrum mit schwarzem Rand. Nachts und bei trübem Wetter schließen sie sich. Die steifen Blätter sind lanzettlich. ***Sparaxis tricolor* subsp. *blanda*** ist eine schöne weißblühende Sorte.

SPARMANNIA

Diese kleine Gattung von drei bis sieben Arten immergrüner Bäume und Sträucher ist im tropischen und gemäßigten Südafrika und auf Madagaskar heimisch. Triebe und Blätter sind zart behaart. Die weichen Blätter mit gezähnten Rändern können gelappt sein. Die Blüten sitzen in attraktiven langstieligen Büscheln in Nähe der Triebspitzen oder in den Blattachseln. Die Früchte sind stachelige Kapseln.
PFLEGE UND VERMEHRUNG: Sie brauchen Sonne, Schutz vor Wind und Frost sowie durchlässigen, mit organischem Material angereicherten Boden, der während der Wachstumsphase feucht sein muß. In kühleren Gegenden zieht man diese Pflanzen oft im Gewächshaus. Sie werden durch Stecklinge im späten Frühjahr vermehrt.

Sparmannia africana
ZIMMERLINDE

Der schnellwachsende Strauch oder kleine Baum wird 6 m hoch und treibt Büschel auffälliger, weißer Blüten mit vorstehenden rotvioletten und goldgelben Staubgefäßen. Hauptblütezeit ist Winter bis zeitiges Frühjahr, doch treibt die Art fast ganzjährig einige Blüten. Die großen Blätter können oval bis herzförmig und spitz zulaufend sein oder haben mehrere fingerartige Lappen. Die aufrechten, verholzten Triebe sind vielfach verzweigt. Die Früchte sind kugelig. **'Flore Pleno'** bildet gefüllte Blüten.

SPARTIUM
BINSENGINSTER, SPANISCHER GINSTER

Ein sommergrüner, fast blattloser Strauch ist die einzige Art dieser Gattung aus dem Mittelmeerraum; er ist aber auch in einigen Gegenden mit ähnlichem Klima eingebürgert. Aus den Blüten wird ein gelber Farbstoff gewonnen.
PFLEGE UND VERMEHRUNG: Diese anpassungsfähige, jedoch sehr frostempfindliche Pflanze gedeiht am besten in der Sonne auf durchlässiger Erde, die leicht mit organischem Material angereichert wurde. Kompakten Wuchs erzielt man durch Stutzen nach der Blüte, Nachkommen durch Samen oder Stecklinge.

Spartium junceum

Unzählige große, goldgelbe und duftende Blüten, die in lockeren, 45 cm langen Trauben an den Zweigspitzen sitzen, schmücken diesen Strauch vom Frühjahr bis zum Sommer. Die blaugrünen, lanzettlichen bis linealischen Blätter (bis zu 2,5 cm lang) wachsen nur an jungen Trieben und fallen im Hochsommer ab. Der Binsenginster ist ein buschiger Strauch von 2–3 m Höhe. Bei älteren Exemplaren biegen sich die Triebe nach unten. Die fla-

Sparmannia africana 'Flore Pleno'

Spartium junceum

Sorbus sargentiana

S

Spathiphyllum 'Mauna Loa'

Spathiphyllum wallisii

chen, silbrigen Hülsen werden mit der Reife braun.

SPATHIPHYLLUM

BLATTFAHNE, SCHEIDENBLATT

Fast alle 36 Arten dieser Gattung immergrüner Rhizomstauden stammen aus den Tropen Amerikas, einige aus Malaysia. Ihre üppig ausgebildeten, dunkelgrünen, ovalen Blätter stehen aufrecht oder sind leicht gebogen. Die schönen weißen, gelblichen oder grünen Blüten erinnern an die des Aronstabs und blühen auch im Zimmer regelmäßig. In einer NASA-Studie über schadstoffbelastete Gebäude gehörten Spathiphyllum-Arten zu den zehn Pflanzen, die Büroluft am besten »reinigen«.
PFLEGE UND VERMEHRUNG: Die Pflanzen werden in lockerer, poröser Topferde gezogen. Vom Frühjahr bis in den Sommer erhalten sie alle vier bis sechs Wochen etwas Flüssigdünger. Für die benötigte Luftfeuchtigkeit werden sie regelmäßig auf ein Tablett mit Kieselsteinen und Wasser gestellt oder besprüht. Die Erde soll feucht, aber nicht naß sein und im Winter leicht austrocknen. Die Blattfahne sollte man gut beschatten, zu starkes Licht läßt das Laub gelb werden; von Schädlingen wird es kaum befallen. Zur Vermehrung werden die Pflanzen im Frühjahr oder Sommer geteilt.

Spathiphyllum floribundum

Diese büschelige, kurzstielige Staude treibt regelmäßig Blütenstände aus einer schmal-ovalen, weißen Spatha und einem grünen und weißen Spadix. Sie wird 30 cm hoch und hat dichte, lange, lanzettliche, glänzendgrüne Blätter von 15 cm Länge.

Spathiphyllum 'Sensation'

Spathiphyllum 'Mauna Loa'

Die ledrigen, lanzettlichen, glänzendgrünen Blätter dieser Staude werden bis zu 30 cm lang. Der regelmäßig erscheinende Blütenstand ist von einer ovalen, weißen Spatha umhüllt, die sich mit der Zeit grün verfärbt. Unter zahlreichen Sorten mit großen Blüten ist dies die bekannteste; andere sind die kleinere **'Clevelandii'** und **'Aztec'**.

Spathiphyllum 'Sensation'

Diese größte *Spathiphyllum*-Sorte hat dunkelgrünes Laub mit erhabenen Adern und große, schön geformte Blütenstände mit weißer Spatha. Auch ohne Blüten handelt es sich um eine sehr attraktive Pflanze.

Spathiphyllum wallisii

Diese Zwergart mit dichten, glänzendgrünen, lanzettlichen Blättern an rohrartigen Stengeln wird 30 cm hoch. Eine weiße Spatha umschließt winzige, gelblichweiße, duftende Blüten, die dicht in einer aufrechten Ähre (Spadix) sitzen. Mit der Zeit verfärben sie sich grün.

SPATHODEA

AFRIKANISCHER TULPENBAUM

Im tropischen und subtropischen Afrika wächst die einzige immergrüne Baumart dieser Gattung wild. In den Tropen sieht man sie häufig als Alleebaum und eindrucksvolle Zierpflanze mit ihren großen, becherförmigen, orangefarbenen oder roten Blüten in dichten, endständigen Büscheln. Die großen, gefiederten Blätter sind tiefgrün, die Früchte längliche Kapseln. Die Knospen versprühen eine Flüssigkeit, wenn man sie zusammenpreßt.
PFLEGE UND VERMEHRUNG: Der für frostfreie Regionen geeignete Baum braucht nährstoffreichen, durchlässigen Boden, Sonne und Schutz vor Wind. Seine Vermehrung erfolgt meist durch Samen.

Spathodea campanulata

Dieser beeindruckende, schnellwachsende Baum wird etwa 25 m hoch. Von Frühjahr bis Sommer trägt er große, flache Büschel samtiger, braungrüner Knospen und große, nektarreiche, orangerote Blüten mit gelben, gekräuselten Rändern. Die jungen Blätter sind bronzefarben, werden mit der Zeit aber glänzend-tiefgrün. Die Früchte sind 20 cm lang.

SPATHOGLOTTIS

Die etwa 40 Arten dieser Orchideengattung kommen von Indien über Südostasien bis zu den Philippinen, Neuguinea, Australien und den pazifischen Inseln vor, wo sie meist in niedriger bis mittlerer Höhenlage wachsen. In der Regel tragen sie ein Büschel kugelförmiger Pseudobulben mit mehreren langen, breiten, gefalteten Blättern. An grundständigen Blütentrieben öffnen sich nach und nach mehrere große Blüten in Rotviolett-, Gelb- und Weißtönen.
PFLEGE UND VERMEHRUNG: Je nach Art müssen die Pflanzen in einem warmen oder temperierten Gewächshaus gehalten werden. Sie brauchen durchlässigen Boden von etwa gleicher Qualität wie die *Cymbidium*-Arten, reichlich Feuchtigkeit und zum Blühen meist viel Licht. In den Tropen pflanzt man sie häufig in Blumenbeete.

Spathodea campanulata

Spathodea campanulata

S

Spathoglottis plicata

Diese mittelgroße bis große, terrestrische Orchidee ist von Indien bis Tonga und nördlich der Philippinen heimisch. Sie wächst vorzugsweise im Tiefland in Feuchtgebieten. Ihre eiförmigen Pseudobulben sind etwa 5 cm breit, die gefalteten Blätter 45–90 cm lang und 2,5–6 cm breit. Die Blütenstände von 45–90 cm Höhe bringen drei bis sehr viel mehr Blüten von variabler Größe bis zu 3,5 cm Breite hervor. Sie erscheinen das ganze Jahr hindurch, besonders aber von Frühjahr bis Sommer.

SPEIRANTHA

Diese Gattung mit nur einer *Convallaria* (Maiglöckchen) verwandten Staude hat dicke, kriechende Rhizome, eine grundständige Rosette ungestielter Blätter und weiße Blüten.

PFLEGE UND VERMEHRUNG: Sie mag Halbschatten und mäßig fruchtbaren, feuchten Humusboden mit Laubstreu. Vermehrt wird sie durch reifen Samen oder Teilung.

Speirantha convallarioides

Speirantha convallarioides

Die Blätter dieser Art sind 15 cm lang, 3 cm breit und zu einer stumpfen Spitze verjüngt. Von Frühjahr bis Sommer werden an 10 cm langen Stengeln lockere Trauben mit 25 weißen Blüten ausgebildet. Diese Schattenpflanze stammt aus China.

SPHAERALCEA

KUGELMALVE, WÜSTENMALVE

60 Arten ein- und mehrjähriger, strauchartiger Kräuter sowie sommer- und immergrüner Halbsträucher und Sträucher umfaßt diese in äußerst trockenen Gegenden Amerikas und Südafrikas heimische Gattung. Die runden oder lanzettlichen Blätter können gelappt sein. Mit sehr langer Blütezeit erscheinen Büschel weißer, rosa, hellvioletter, roter, gelber oder orangefarbener Blüten.

PFLEGE UND VERMEHRUNG: Die Pflanzen brauchen mäßig fruchtbaren, durchlässigen Boden und Sonne und lassen sich durch Samen, Stecklinge oder Teilung vermehren.

Sphaeralcea ambigua

Die verholzende, winterharte, im Südwesten der USA und in Mexiko heimische Staude wird 1 m hoch und hat weiße oder gelbe, filzige Stengel. Die Blätter sind rund und dick, die orangefarbenen Blüten bis zu 2 cm breit.

Spiraea cantoniensis

Spathoglottis plicata

Spinacia oleracea

SPINACIA

SPINAT

Spinat fand zum ersten Mal im 7. Jahrhundert in China Erwähnung; im 11. Jahrhundert gelangte er dann nach Spanien und von dort nach ganz Europa. Die Gattung umfaßt drei Arten schnellwachsender einjähriger Pflanzen mit zarten, intensivgrünen Blättern. Junge Blätter werden roh als Salat oder gegart als Gemüse verzehrt. Es werden traditionell zwei Arten von Spinat angebaut: der kaum frostharte Sommerspinat mit glatten Samen und der frostbeständige Winterspinat mit stacheligen Samen, der meist mehr gelappte Blätter hat. Die Blüten sind unauffällig.

PFLEGE UND VERMEHRUNG: Spinat entwickelt eine lange Pfahlwurzel und bevorzugt tiefen, nährstoffreichen, durchlässigen Boden. Er gedeiht am besten im kühleren Frühjahr und Herbst und muß vor Raupenbefall und Mehltau geschützt werden. Die Pflänzchen brauchen einen Abstand von 25 cm. Der Boden muß unkrautfrei sein und gut gewässert werden, damit die Pflanzen nicht schießen. Die ersten Blätter werden nach acht Wochen geerntet. Spinat wird durch Samen vermehrt.

Spinacia oleracea

GEMÜSESPINAT

Diese Art aus dem Nahen Osten bevorzugt kühles Klima und läßt sich mitunter nicht so leicht anbauen. Ihre Stengel sind bis zu 1 m hoch, die leuchtendgrünen Blätter ganzrandig oder auch gezähnt. Die kleinen Blüten werden eingeschlechtig gebildet.

SPIRAEA

SPIERSTRAUCH

Die Gattung umfaßt 80 Arten sommer- oder halbimmergrüner Sträucher, hauptsächlich aus Europa, Asien, Nordamerika und Mexiko. Man schätzt sie wegen ihrer Blüten im Frühjahr und Sommer und wegen der Färbung des Herbstlaubs. Die drahtigen Zweige sind mit dichten, schmalen, gezähnten Blättern bedeckt und stehen in dichten Gruppen beisammen. Sie gehören zur Familie der Rosengewächse. Unter dem Vergrößerungsglas ähneln die Blüten winzigen Rosen, was aber in der Masse der Blüten in jedem Büschel untergeht.

Spiraea densiflora subsp. *splendens*

PFLEGE UND VERMEHRUNG: Die anpassungsfähigen Pflanzen gedeihen in gemäßigtem Klima in fast allen Gärten, bevorzugen aber warme Sommer. Sie mögen feuchten, durchlässigen Boden und einen beschatteten Platz: vor allem in Gegenden mit heißen Sommern, damit die Sonne das Laub nicht verbrennt. Manche werden nach der Blüte zurückgeschnitten. Die Vermehrung erfolgt durch Stecklinge im Sommer. Die genannten Arten sind winterhart, falls nichts anderes vermerkt ist.

Spiraea 'Arguta'

SCHNEESPIERE, BRAUTSPIERE, SILBERSPIERE

Dieser dicht kugelförmige, sommergrüne Strauch wird etwa 2,5 m hoch. Seine schlanken, gebogenen Zweige tragen im Frühjahr unzählige kleine Büschel mit weißen Blüten.

Spiraea cantoniensis

KANTON-SPIERSTRAUCH

Der sommer- oder halbimmergrüne, frostempfindliche Strauch ist während der Blütezeit im Frühjahr besonders schön: Dichte, runde, 5 cm breite Büschel mit kleinen, weißen, fünfblättrigen Blüten bedecken die rötlichen, elegant gebogenen Zweige. Die schmalen Blätter haben eine dunkelgrüne Oberseite, die Unterseite ist blaugrün. Die 1–2 m hohe Art aus China ist eine gute Heckenpflanze und von allen Arten am besten für warm-gemäßigte Regionen geeignet.

Spiraea densiflora

Dieser bis zu 2,5 m hohe Strauch aus dem Nordwesten der USA, der in unseren Breiten aber meist nur bis 60 cm groß wird, hat gezähnte, elliptische Blätter und treibt im Sommer unzählige kleine, rosa Blüten. ***Spiraea densiflora* subsp. *splendens*** blüht gelblichweiß.

Spiraea douglasii

OREGON-SPIERSTRAUCH

Von Nordkalifornien bis Alaska wächst dieser aufrechte, sommergrüne Strauch wild. Er wird knapp 2 m hoch und fast genauso breit. Seine länglichen Blätter haben eine dunkelgrüne Oberseite, die Unterseite ist samtig weiß. Im Sommer sitzen an den Zweigspitzen zylindrische, rosarote Blütenbüschel von etwa 20 cm Länge. Man stutzt ihn, falls nötig, im zeitigen Frühjahr, denn die Blüten sitzen an den neuen Trieben.

Spiraea japonica

Dieser niedrigwachsende, kugelige, sommergrüne Strauch blüht vom späten Frühjahr bis zum Hochsommer in rosaroten bis roten Farbtönen. Er erreicht in Höhe und Breite etwa 2 m. Die gelblich und rosa gescheckten jungen Blätter werden mit der Zeit grün. Er ist die am schönsten belaubte Art der Gattung, und es existieren viele verschiedene Sorten, u.a. **'Little Princess'** von 1 m Höhe; **'Anthony Waterer'**, die am häufigsten kultivierte Sorte; **'Goldflame'**, beliebt wegen ihrer bronzefarbenen jungen, später goldgelben Triebe; **'Nyewoods'** mit kleinen Blättern und dunkelrosa Blüten; **'Shirobana'** mit rosa und weißen Blüten sowie die

Spiraea japonica 'Anthony Waterer'

Spiraea japonica 'Goldflame'

kompaktere, nicht mehr als 50 cm hohe **'Nana'** (Syn. 'Alpina').

Spiraea myrtilloides
Syn. *Spiraea virgata*

Der sommergrüne Strauch aus West- und Zentralchina wird etwa 2 m hoch. Er besitzt sehr kleine, ovale Blätter, die meist nur 5–10 mm lang und stark gezähnt sind. Im Frühsommer bedecken knopfähnliche, kaum 2,5 cm breite Doldenrispen mit unzähligen weißen Blüten die Zweige. Die Art wird nur selten gezogen.

Spiraea prunifolia 'Plena'

Spiraea nervosa

Diese Art hat breit ovale Blätter und treibt von Frühjahr bis Sommer eine Vielzahl weißer Blüten. Sie stammt aus China und Japan.

Spiraea nipponica

Der aufrechte oder breitwachsende, sommergrüne Strauch aus Japan wird 2 m hoch und ebenso breit. Seine abgerundeten Blätter sind fein gesägt. Im Frühsommer treibt er viele hübsche Doldenrispen mit weißen Blüten. **'Snowmound'** ist eine besonders kräftige Sorte.

Spiraea nipponica

Spiraea nipponica 'Snowmound'

Spiraea myrtilloides

Spiraea japonica 'Shirobana'

Spiraea japonica 'Nana'

Spiraea prunifolia
PFLAUMEN-SPIERSTRAUCH

Der sommergrüne Strauch aus China, Taiwan und Japan wird bis zu 2 m hoch. Weiße, fünfblättrige Blüten mit grünem Zentrum sitzen zu dritt bis sechst in kleinen Büscheln an den hängenden Zweigen. Sie erscheinen im zeitigen Frühjahr noch vor den Blättern, die sich im Herbst rot verfärben. Die einzige häufiger gezogene Form ist **'Plena'** mit gefüllten Blüten.

Spiraea × *schinabeckii*

Die knapp 2 m hohe Hybride zwischen ***Spiraea chamaedryfolia*** und ***S. trilobata*** hat intensivgelbe junge Triebe und 5 cm lange, runde Blätter mit gesägten Rändern. Im Sommer blüht sie weiß.

Spiraea thunbergii
THUNBERGS SPIERSTRAUCH

Der Thunbergs Spierstrauch ist in China heimisch, wird aber seit langem auch in Japan kultiviert. Er wird bis zu 1,5 m hoch und etwa 2 m breit und bringt im zeitigen Frühjahr an relativ dünnen Stielen entlang den schlanken, drahtigen und übergebogenen Zweigen kleine, weiße Blüten hervor. Die lanzettlichen, fein gesägten Blätter sind hellgrün. In mildem Klima sind sie manchmal ganzjährig zu sehen, in kühleren Gegenden verfärben sie sich in der Regel rosa und orange, ehe sie abfallen.

Spiraea × *schinabeckii*

Spiraea japonica

Spiraea × *vanhouttei*
BELGISCHER SPIERSTRAUCH

Im Frühjahr trägt der kompakte, sommergrüne Strauch dichte, weiße Blütenbüschel zwischen den dunkelgrünen, rautenförmigen Blättern. Er erreicht eine Höhe von 2 m und breitet sich 1,5 m aus.

SPOROBOLUS
VILFAGRAS

Diese Gattung umfaßt 100 Arten weltweitverbreiteter, ein- und mehrjähriger Gräser. Sie bilden schöne Horste mit lockeren oder dichten Rispen. Jedes Ährchen besitzt nur eine Blüte.

PFLEGE UND VERMEHRUNG: Sie gedeihen in der Sonne in jedem durchlässigen Boden, sind frosthart und werden durch Samen an Ort und Stelle vermehrt.

Sporobolus airoides

Dieses zierliche Gras ist in Nordamerika weit verbreitet. Seine blühende Rispe verzweigt sich in haarfeine Stiele, an denen jeweils ein winziges Ährchen sitzt. Die Ährchen erinnern an den Blütenstand der Gattung *Aira* (daher auch der Artname).

Sporobolus heterolepis

Die Art ist im zentralen Nordamerika heimisch, von langsamem Wuchs und hat sehr feines, an Haar erinnerndes Laub, das sich elegant im Wind wiegt. Sie bekommt eine 30 cm hohe, runde Form und wird wegen des besonderen Laubs geschätzt.

SPREKELIA

JAKOBSLILIE

Eine horstbildende Zwiebelstaude aus Mexiko und Guatemala ist die einzige Art dieser Gattung. Aus der Mitte ihrer bandförmigen Blätter erscheint ein Stengel mit einer einzelnen roten, selten weißen Blüte, die mit ihren sechs Kronblättern an eine Orchidee erinnert.
PFLEGE UND VERMEHRUNG: Die nicht frostharte Staude braucht Sonne und mäßig fruchtbaren, durchlässigen Boden. Der obere Teil der Zwiebel muß aus der Erde herausschauen. Die Jakobslilie wird durch die Abtrennung von Brutzwiebeln im Herbst vermehrt.

Stachys coccinea

Stachys byzantina 'Primrose Heron'

Stachys byzantina

Sporobolus airoides

Sprekelia formosissima

Diese schöne Zwiebelstaude wird bis etwa 50 cm hoch und treibt im Sommer leuchtendrote, 15 cm lange Blüten, die dem roten Kreuz des spanischen Ordens von St. Jakob von Calatrava ähneln (daher auch der deutsche Name). Die unteren drei Blütenblätter bilden eine offene Röhre, die oberen sind nach oben und außen gebogen. Die grünen Blätter sind bandförmig.

Stachys byzantina 'Silver Carpet'

Stachys byzantina 'Cotton Boll'

Sporobolus heterolepis

Stachys byzantina 'Big Ears'

STACHYS

ZIEST

Diese Gattung von Lippenblütlern umfaßt über 300 Arten einjähriger Kräuter und Stauden und immergrüner Sträucher. Früher zog man sie in Kräutergärten, da vielen von ihnen Heilwirkungen nachgesagt wurden. Sie stammen meist aus nördlichen gemäßigten Regionen. Viele Arten sind aromatisch, die meisten ziehen Bienen und Schmetterlinge an. Ihre röhrigen, zweilippigen Blüten sind rotviolett, rot, rosa, gelb oder weiß.
PFLEGE UND VERMEHRUNG: Sämtliche genannten Arten bevorzugen durchlässigen, mäßig fruchtbaren Boden und Sonne. Sie sind frosthart. Vermehrt werden sie durch Samen, Stecklinge oder Teilung.

Stachys affinis

KNOLLENZIEST, JAPANISCHE KARTOFFEL

Die aufrechte, behaarte Staude kann bis zu 50 cm hoch werden. Ihre vielen schlanken Knollen sitzen dicht unter der Erde. Die ovalen Blätter sind abgerundet, die Blüten weiß oder hellrot. In Ostasien wird sie wegen der eßbaren Knollen kultiviert.

Stachys byzantina

Syn. *Stachys lanata, S. olympica*

WOLLZIEST, ESELSOHREN

Diese Staude verdankt ihren lanzettlichen, weißflaumigen Blättern, die an die Hörorgane des störrischen Lasttieres erinnern, einen ihrer deutschen Namen. Bei kaltem, feuchtem oder nassem Wetter werden sie jedoch breiig. Die Art eignet sich gut als Bodendecker und Rabattenpflanze, wird 30–50 cm hoch und 60 cm breit. Im Sommer entwickelt sie dunkelrosarote Blüten. **'Silver Carpet'** blüht selten und bleibt kompakter als andere Arten; die Blüten von **'Cotton Boll'** (Syn. 'Sheila McQueen') sehen aus wie Baumwollbällchen; **'Primrose Heron'** hat gelblichgrüne Blätter und **'Big Ears'** (Syn. 'Countess Helen von Stein') ist eine große Sorte mit großen, rotvioletten Blütenähren.

Sprekelia formosissima

Stachys macrantha

Stachys coccinea

Diese langblühende Staude ist im Südwesten der USA und in Mexiko beheimatet. Sie hat rote Blüten, doch bekommt man jetzt auch schon rosa und weiße Sorten. Kolibris werden von den Blüten unwiderstehlich angezogen. Die Blütezeit der Pflanzen von 30–90 cm Höhe und knapp 50 cm Breite dauert von Frühjahr bis Herbst.

Stachys macrantha

Dies ist eine Staude mit aufrechten Stengeln von bis zu 60 cm Höhe, die von Frühsommer bis Frühherbst Blütenstände mit helmförmigen, rosavioletten Blüten tragen. Die langen, grundständigen Blätter sind herzförmig, runzelig und rauh behaart.

Stachys officinalis

HEILZIEST, BETONIE

Diese aufrechte Staude aus Europa wird 1 m hoch. Ihre grundständigen Rosettenblätter sind länglich oder herzförmig. Die rotvioletten Blüten stehen in dichten

S

Scheinähren; es gibt auch schon weiße und rosa Sorten.

STACHYTARPHETA

Die über 60 Arten einjähriger Kräuter, Stauden und Sträucher dieser Gattung stammen aus Mittel- und Südamerika, Südostasien und von den pazifischen Inseln. Die Blätter sind meist gezähnt und runzelig. Endständige Ähren tragen weiße, rote, rotviolette oder blaue Blüten.
PFLEGE UND VERMEHRUNG: Die Blüten wiegen den etwas unkrautartigen Wuchs der Pflanzen auf. Sie mögen fruchtbaren, durchlässigen Boden, aber keine direkte Sonne. Stutzt man junge Pflanzen, werden sie buschiger. Man sollte auf Befall von Weißer Fliege achten und kann die Pflanzen durch Samen oder Stecklinge vermehren.

Stachytarpheta mutabilis

Dieser Strauch von bis zu 2,5 m Höhe hat an fünfkantigen, behaarten Zweigen kleine Blätter mit rauher Ober- und weichfilziger Unterseite. Auffällig große, rote Blüten sitzen an 60 cm langen Stengeln; mit der Zeit verfärben sie sich rosa. Der Strauch stammt aus Mittel- und Südamerika.

STACHYURUS

PERLSCHWEIF

Zu der Gattung gehören etwa sechs sommer- oder halbimmergrüne Strauch- und Baumarten aus dem Himalaja und Ostasien. Sie ähneln Zaubernuß und *Corylopsis*, gehören aber zu einer anderen Familie. Die Pflanzen sind nicht besonders ansehnlich, *Stachyurus praecox* ist allerdings relativ weit verbreitet. Die Blütezeit dauert vom späten Winter bis zum oder kurz vor Austrieb der Blätter im zeitigen Frühjahr. Weißliche bis hellgelbe Blüten sitzen in hängenden Trauben an den Triebknospen. Die Blätter sind breit lanzettlich.
PFLEGE UND VERMEHRUNG: Sie sind frostempfindlich und gedeihen in möglichst durchlässiger, saurer Humuserde in der Sonne oder im Halbschatten. Vermehrung meist durch Samen oder Stecklinge im Sommer.

Stachyurus praecox

JAPANISCHER PERLSCHWEIF

Dies ist ein sommergrüner Strauch aus Japan bis zu 2 m Höhe und Breite. Man schätzt ihn wegen der frühen Blüte. Ele-

Stanhopea tigrina

gant in bis etwa 10 cm langen Trauben hängende Knospen erscheinen im Herbst an den kahlen Zweigen. Im späten Winter oder zeitigen Frühjahr öffnen sich die kleinen, hellgelben Blüten. Die Blätter sind bis zu 15 cm lang und sitzen an etwas etagenförmig angeordneten, rötlichbraunen Zweigen.

STANHOPEA

Die 30 Epiphytenarten dieser Orchideengattung aus Südamerika blühen auf typische Weise: Die Knospen wachsen nach unten zwischen den Wurzeln durch, so daß die Blüten unterhalb der Pflanze hängen. Darum kann man diese nur in Hängekörben, nicht aber in Töpfen ziehen. Von der *Stanhopea*, die zum ersten Mal in Kew Gardens (um 1820) in einem normalen Topf gezogen wurde, wird berichtet, zunächst seien keine Blüten zu sehen gewesen. Als einem unvorsichtigen Gärtner eines Tages jedoch der Topf zerbrach, entdeckte er die Knospen. Die immergrünen Blätter sind breit und glänzend. Besonders auffällig sind die ungewöhnlich geformten, wächsernen Blüten. Sie erscheinen im Sommer, sind eher kurzlebig und duften süßlich.
PFLEGE UND VERMEHRUNG: In warmem, frostfreiem Klima gedeihen sie beschattet sehr gut im Freien, müssen in kühleren Regionen aber ins Gewächshaus. Im Winter sollte man sie trocken werden lassen. Im Frühjahr teilt man sie, wenn man sie vermehren will.

Stanhopea tigrina

Der mehrjährige Epiphyt hat einen hängenden Stengel und ein einzelnes, aufrechtes grünes Blatt. Die gelben Blüten mit weißer, wächserner Lippe und roten, weiß gefleckten Kelchblättern hängen in Trauben herab. Er verträgt weder Trockenheit noch Frost und wird 45 cm hoch.

Stachyurus praecox

Stapelia gigantea

Stanhopea wardii

Diese Art treibt im Sommer 10 cm breite, ungewöhnliche goldgelbe Blüten mit roten Flecken. Sie erinnern leicht an einen Frosch, stehen in Trauben und duften stark nach Schokolade und Vanille. Die ovalen, etwas steifen Blätter sind bis zu 20 cm lang, die Pflanze selbst wird 45 cm hoch.

STAPELIA

AASBLUME, KOKARDENBLUME

Die 45 Arten dieser Gattung, *die* Aasblumen schlechthin, sind mehrjährige Sukkulenten aus Südafrika, die im Wuchs an Kakteen erinnern, aber keine Stacheln haben. Die geöffneten Blüten besitzen eine breite, elegant symmetrische Sternform. Sie werden von Fliegen bestäubt, die sie mit verfaultem Fleisch verwechseln. Stapelien ziehen diese Fliegen sowohl durch den fauligen Geruch ihrer Blüten wie auch deren Färbung an. Sie variiert zwischen rot, braun und rotviolett, meist in marmorierten Mustern, gelegentlich mit weißlichen Streifen – wie fettes Fleisch. Manchmal werden die Fliegen so gut getäuscht, daß sie ihre Eier auf den Blüten ablegen und die geschlüpften Larven auf der Scheinnahrung verhungern müssen. Es gibt mehrere Hybriden und Sorten, manche mit rosa und gelblich schimmernden Triebspitzen.
PFLEGE UND VERMEHRUNG: Die frostempfindlichen Arten brauchen Sonne oder Halbschatten und mäßig fruchtbaren, sehr durchlässigen Boden. Die Vermehrung erfolgt im Sommer durch Samen oder Stecklinge.

Stapelia gigantea

Trotz des Artnamens, der »riesig« bedeutet, handelt es sich um eine eher mittelgroße, höchstens 20 cm hohe Pflanze. Den Namen verdankt sie ihren großen Blüten, die mit 30 cm Breite die größten der Gattung sind. Sie sind sternförmig, gelbbraun mit roten Zeichnungen und haben weiß behaarte, zurückgebogene Ränder.

Stapelia leendertziae

Diese Art wird 30 cm hoch und hat viele schlanke, aufrechte, vierkantige Stengel mit gekerbten oder geflügelten Rändern. Im Sommer treibt sie an etwa 5 cm langen

Stapelia gigantea

Röhren behaarte, intensiv rotviolette, glockenförmige Blüten.

STAPHYLEA

PIMPERNUSS, BLASENSTRAUCH, KLAPPERNUSS

Die Gattung umfaßt elf Arten zäher, sommergrüner Sträucher oder kleiner Bäume aus feuchten Wäldern der nördlichen gemäßigten Regionen. Sie haben drei bis sieben gezähnte Fiederblätter und weiße oder rosa getönte, endständige Blütenknäuel.
PFLEGE UND VERMEHRUNG: Sie sind frostbeständig, mögen Sonne oder Halbschatten und feuchten, durchlässigen Boden. Nach langen, heißen Sommern blühen sie am üppigsten. Vermehrt werden sie durch Stecklinge im Winter oder durch Samen (manche müssen nach zwölf Wochen Wärme genauso lange kühl gehalten werden).

Staphylea colchica

KOLCHISCHE PIMPERNUSS

Der aufrechte Strauch vom Kaukasus wird 3 m hoch und ebenso breit. Von Frühjahr bis Frühsommer treibt er zierliche, aufrechte, trompetenförmige Blüten, die an Narzissen erinnern. Sie sitzen zwischen gesägten, dreiteiligen Blättern. Danach erscheinen aufgeblähte, hellgrüne Hülsen.

Staphylea trifolia

DREIBLÄTTRIGE PIMPERNUSS, AMERIKANISCHE PIMPERNUSS

Dieser Strauch aus dem Osten der USA wird 4,5 m hoch und hat bis zu 10 cm lange, elliptische, feingezähnte Blätter. Die elfenbeinweißen Blüten erscheinen im Frühjahr in etwa 5 cm langen, hängenden Rispen.

Stenocarpus sinuatus

Steirodiscus tagetes

Steirodiscus tagetes 'Gold Rush'

STAUNTONIA

Die Gattung umfaßt 16 Arten immer- oder halbimmergrüner Kletterpflanzen aus Ostasien und Japan. Sie haben gefingerte Blätter mit drei bis sieben mittelgrünen Blättchen (5–10 cm lang). Im Frühjahr erscheinen Büschel nach Rosen duftender, becherförmiger Blüten, im Hochsommer die Früchte. Sie sind eiförmig und grün, werden mit der Reife rotviolett und enthalten eßbares, mildes Fruchtfleisch.
PFLEGE UND VERMEHRUNG: Sie brauchen kühlen, feuchten, humusreichen Boden und Halbschatten oder Morgensonne. Die verbreiteten Arten sind frostempfindlich, ertragen aber immerhin Temperaturen bis –10 °C. Die Vermehrung durch Samen ist einfach, aber langwierig. Andere Methoden sind schwierig, Ableger sind vielleicht am verläßlichsten.

Stauntonia hexaphylla

Stauntonia hexaphylla

Diese Kletterpflanze aus Korea und Japan kann 9 m hoch werden und besitzt ledrige Einzelblätter. Ihre duftenden Blüten sind 2 cm lang und weiß mit violettem Schimmer. Die eßbaren, rotvioletten Beeren sind 2,5–5 cm lang.

STEIRODISCUS

Fünf einjährige Arten umfaßt diese Gattung aus Südafrika mit spiralförmig angeordneten, gezähnten Blättern. Im Sommer erscheinen gelbe oder orange Blütenkörbchen.
PFLEGE UND VERMEHRUNG: Sie mögen durchlässigen Humusboden. Vermehrung durch Samen oder Stecklinge.

Steirodiscus tagetes

Diese Art erreicht eine Höhe von 30 cm, hat drahtige, verzweigte Triebe und 5 cm lange, geteilte Blätter. Die leuchtendgelben oder orangefarbenen Blüten sind 2 cm breit. **'Golden Rush'** ist eine größere, gelbe Sorte.

STELLARIA

STERNMIERE, STERNKRAUT

Die wohl über 120 ein- und mehrjährigen Kräuter dieser Gattung findet man in den meisten gemäßigten Regionen der Erde. Die verzweigten Stengel sind relativ brüchig. Einige Arten gelten als Unkraut, andere als Zierpflanzen. Die meist einzelnen Blüten sind fünfblättrig und weiß. Nachfolgend entwickeln sich winzige Kapseln mit vielen Samen.
PFLEGE UND VERMEHRUNG: Sie bevorzugen Sonne und nährstoffreichen, feuchten, leicht sauren Boden und werden durch Samen vermehrt.

Stenotaphrum secundatum

Stellaria holostea

GROSSE STERNMIERE

Stellaria holostea ist eine Staude aus Europa, Nordafrika und Westasien mit weichen, bis 60 cm langen Stengeln. Die lang zugespitzten Blätter haben grobe Ränder. Im Frühjahr erscheinen große, weiße Blüten mit geteilten Blütenblättern.

STENOCACTUS

Diese Gattung umfaßt etwa zehn Kaktusarten, die in Mexiko heimisch sind. Sie haben einen oder eine Gruppe von Trieben. Diese können kugelförmig oder kurz und zylindrisch sein und werden kaum höher als 15 cm. Meist sind sie blaugrün und stark gerippt. An den Rippen sitzen bedornte Areolen, je nach Art können es drei bis 27 Dornen von 2,5 cm Länge sein. Von Frühjahr bis Sommer tragen die Triebspitzen Büschel mit kurzen, trichterförmigen Blüten. Sie sind gelb, rosa oder rotviolett und haben eine Länge und Breite von 1–3,5 cm.
PFLEGE UND VERMEHRUNG: Sie brauchen durchlässigen, sandigen Boden und Sonne. Meist tolerieren sie leichten Frost, aber nehmen Kälte und Nässe übel. Vermehrung durch Samen oder Ableger.

Stenocactus obvallatus

Syn. *Echinofossulocactus pentacanthus, E. violaciflorus*

Heimisch ist dieser gräuliche bis blaugrüne Kugelkaktus in Mexiko. Er erreicht eine Höhe von 10 cm und wird 15 cm breit. Seine Dornen sind graubraun; im Frühjahr entfalten sich einzelne, gelbe oder hellrosa Blüten mit rotviolett gestreiften Blütenblättern.

STENOCARPUS

Australien, Malaysia und Neukaledonien ist die Heimat dieser Gattung mit 22 immergrünen Strauch- und Baumarten (Familie der *Proteaceae*). Sie tragen Dolden gelblichweißer bis roter Röhrenblüten mit knopfförmigen Narben, die aus einem Schlitz der Kronröhre ragen. Die Blätter sind gegenständig und ungeteilt.
PFLEGE UND VERMEHRUNG: Die Pflanzen brauchen Sonne und fruchtbaren, durchlässigen Boden, im Sommer reichlich Wasser, im Winter weniger. Mit Samen im Frühjahr oder Stecklingen im Sommer können sie vermehrt werden.

Stenocarpus sinuatus

Der schöne, aber langsamwachsende Baum ist in den Regenwäldern der warmen Ostküste Australiens heimisch und kann etwa 10 bis über 20 m hoch werden. Er hat einen aufrechten, dicken Stamm mit dunkelbrauner Rinde, sein Laub bildet eine dichte Krone. Die glänzend-dunkelgrünen Blätter sind bis zu 30 cm lang. Seine interessanten kegelförmigen Knospen öffnen sich zu gewundenen Blüten bis zu 10 cm Breite. Sie sind orange bis rot und sitzen in Dolden wie Speichen an einem Rad. Die holzigen, ovalen Früchte sind 5–10 cm lang.

STENOCEREUS

Die baumähnlichen Säulenkakteen stammen aus Mexiko, Kuba, Westindien und Venezuela. Die Gattung umfaßt 25 Arten, von denen einige sehr schöne Blüten treiben. Diese sind meist weiß und becherförmig und sitzen im Frühjahr oder Sommer an den Spitzen der blaugrünen Triebe. Mit dem giftigen Saft von ***Stenocereus gummosus*** wurden in Nordmexiko Fische betäubt: Man warf die Triebe einfach ins Wasser.
PFLEGE UND VERMEHRUNG: Sie ertragen keinen Frost, brauchen Wärme, sehr durchlässigen Humusboden und Sonne. Durch Samen (im Frühjahr) oder Stecklinge (im Sommer) vermehrt man sie. Während der Blüte sollte auf Befall von Blatt- und Schildläusen geachtet werden.

Stenocereus beneckei

Syn. *Hertrichocereus beneckei*

Dieser interessante Kaktus aus Westmexiko wird nur 1–2 m hoch. Er ist vom Grund an verzweigt. Oft fallen die Triebe älterer Exemplare um. Diese Triebe haben sieben bis neun breite, runde Rippen von denen stumpfe Tuberkel mit kurzen, schwärzlichen Dornen abstehen. Jüngere Teile der Triebe sind auffällig blaugrün. Im Sommer öffnen sich nachts weiße oder rosa schimmernde, bis zu 8 cm lange Blüten.

STENOTAPHRUM

Die Gattung aus tropischen und subtropischen Regionen umfaßt sechs ein- und mehrjährige Grasarten, deren Halme sich an den Knoten bewurzeln. Die Blätter sind flach, kurz und gefaltet und sitzen aufrecht an den Halmen. Grünlichbraune Ährchen erscheinen in achsel- oder endständigen Rispen.
PFLEGE UND VERMEHRUNG: Sie brauchen Sonne, fruchtbaren, feuchten, durchlässigen Boden und ertragen keinen Frost. Vermehrung durch Stecklinge oder Teilung.

Stenotaphrum secundatum

ST.-AUGUSTIN-GRAS

In wärmerem Klima ergibt dieses ausbreitungsfreudige Staudengras mit breiten Blättern einen schönen Rasen – vor allem an der Küste, da es salzige Meeresluft gut verträgt. Die Art ist dunkelgrün und bildet Polster, indem sie sich an den Knoten der Ausläufer bewurzelt und schnell ausbreitet. Ohne Rückschnitt kann sie 15 cm hoch werden. **'Variegatum'** hat hellgrüne Blätter mit weißen Streifen.

Steriphoma paradoxum

STEPHANANDRA

KRANZSPIERE

Die vier sommergrünen Straucharten dieser Gattung aus Ostasien sind mit *Spiraea* verwandt und tolerieren ähnlich niedrige Temperaturen. Die gezähnten, gelappten und mittelgrünen Blätter werden im Herbst orange und goldgelb und sind sehr attraktiv, ebenso wie die winterkahlen, bräunlichen Zweige. Im Sommer erscheinen weiche Rispen winziger, sternförmiger, weißer oder grünlicher Blüten mit vielen Staubgefäßen.

PFLEGE UND VERMEHRUNG: Die Arten gedeihen in der Sonne oder im Halbschatten, bevorzugen nährstoffreichen, feuchten Lehmboden und können im Winter in Form geschnitten werden. Die Vermehrung erfolgt durch Stecklinge oder Teilung im Herbst.

Stephanandra incisa

LAPPIGE KRANZSPIERE, KLEINE KRANZSPIERE

Dieser in Japan, Korea und Taiwan wildwachsende Strauch wird etwa 2 m hoch und ebenso breit. Der feingliedrige Strauch hat elegant gebogene Zweige mit rautenförmigen, tiefgezähnten Blättern. Im Sommer treibt er winzige, grünlichweiße Blüten. Er ist nicht sehr anspruchsvoll. Die Zwergform **'Crispa'** hat etwas krause Blätter.

Stephanandra tanakae

GROSSE KRANZSPIERE

Geschätzt wird dieser Strauch aus Japan wegen seiner dekorativ gebogenen Zweige und der attraktiven Blätter. Er erreicht eine Höhe und Breite von etwa 3 m. Die Blätter der Pflanze sind 5–10 cm lang und haben schwach gezähnte, lang zugespitzte Lappen. Das junge Laub ist rosabraun. Die winzigen, weißen Blüten werden im Sommer ausgebildet.

STEPHANOTIS

KRANZSCHLINGE

Dies ist eine Gattung von fünf bis 15 Arten windender, holziger Kletterpflanzen aus den Tropen und Subtropen Afrikas, Madagaskars und Asiens. Sie werden 3–6 m hoch und haben drahtige Triebe mit gegenständigen, wächsernen, tiefgrünen Blättern von 10–15 cm Länge. Das Laub ist sehr attraktiv, doch am reizvollsten sind die duftenden Blüten. Ab Frühsommer erscheinen sie in Büscheln von meist vier weißen, hängenden, bis zu 6 cm langen Röhrenblüten mit ausgebreiteten Lappen.

PFLEGE UND VERMEHRUNG: Die Pflanzen brauchen mäßig fruchtbaren, feuchten, aber durchlässigen Humusboden und leichten Schatten zum Schutz der Blüten. Bei weniger als 15 °C sollten die Pflanzen im Zimmer oder Gewächshaus gezogen werden. Die Triebe brauchen Kletterhilfen und können im Frühjahr gekürzt und ausgelichtet werden. Durch im Sommer ausgebrachte Samen oder Stecklinge lassen sie sich vermehren.

Stephanotis floribunda

Diese immergrüne Kletterart aus Madagaskar kann bis zu 3 m hoch und breit werden. Ihr angenehmer Blütenduft und ihre attraktiven wächsernen, tiefgrünen Blattpaare machen sie zu einer beliebten Zuchtpflanze. Von Frühjahr bis Herbst trägt sie Büschel von jeweils etwa vier weißen Blüten.

STERCULIA

Diese Gattung umfaßt 200 sommer- oder immergrüne Baumarten, die als Zierpflanzen oder Schattenspender gezogen werden. Sie haben große, einfache oder gelappte Blätter und Blüten ohne Krone, aber meist mit farbigem Kelch. Bemerkenswert ist ihre Fruchtbildung: Bald nach der Bestäubung öffnen sich die Fruchtblätter, so daß die Samen sich »nackt« entwickeln, d.h. sie sind der Luft ausgesetzt. Die Fruchtblätter sind eher ledrig und weich.

Stephanotis floribunda

PFLEGE UND VERMEHRUNG: Sie ertragen praktisch keinerlei Frost, bevorzugen Sonne und durchlässigen Lehmboden, brauchen regelmäßig Wasser und Schutz vor kaltem Wind. Falls nötig, kann man sie stutzen. Vermehrung durch Samen im Spätherbst oder Winter.

Sterculia coccinea

Syn. *Sterculia hamiltonii*

Diese schöne Art aus Südostasien besitzt einfache, elliptische Blätter mit gegliederten Stielen. Die Fruchtblätter sind leuchtendrot.

STERIPHOMA

Es handelt sich um eine Gattung aus den amerikanischen Tropen mit acht immergrünen Straucharten. Bemerkenswert sind die sehr langen, hängenden Staubgefäße der Blüten. Die einfachen Blätter sind ledrig. An den Zweigen sitzen endständige, aufrechte Blütenzweige. Sehr viel kürzer als die Staubgefäße sind die fünf Kronblätter der Blüten. Wie bei anderen Kaperngewächsen ist der Fruchtknoten (nach der Bestäubung entwickelt er sich zur Frucht) vom Rest der Blüte durch einen langen Stiel getrennt. Man sieht die dekorativen Arten als Zierpflanzen manchmal in tropischen Gärten oder, in kühlerem Klima, in wohltemperierten Gewächshäusern Botanischer Gärten.

PFLEGE UND VERMEHRUNG: Diese Tropenpflanzen brauchen ein frostfreies Klima, feuchte Sommer, Windschutz und Sonne oder Halbschatten. Der Boden muß ausreichend feucht sein. Die Vermehrung erfolgt durch Samen oder Stecklinge.

Steriphoma paradoxum

Steriphoma paradoxum ist während der Blütezeit besonders schön. Heimisch ist der etwa 3 m hohe Strauch in Mittelamerika, dem Norden Südamerikas und von Guatemala bis Kolumbien; er wächst in mittlerer Höhenlage. An den jungen Trieben ist er rotbraun behaart. Seine glänzenden Blätter sind elliptisch, spitz zulaufend und tiefgrün. Die Blütenknospen bedeckt ein Flaum hell rotbrauner Härchen, die kurzen Blütenblätter und die knapp 10 cm langen Staubgefäße sind hell- bis gelbrosa.

STERNBERGIA

GEWITTERBLUME, STERNBERGIE, GOLDKROKUS

Benannt nach dem österreichischen Botaniker Graf Kaspar von Sternberg (1761–1838), einem Gründer des Nationalmuseums von Prag, umfaßt diese Gattung acht von Italien bis zum Iran heimische Zwiebelstauden. Im Frühjahr oder Herbst treiben sie große Blüten. Sie sind mit den Narzissen verwandt, und ihre Zwiebeln ähneln in der Tat kleinen Narzissenzwiebeln.

PFLEGE UND VERMEHRUNG: Sie brauchen einen heißen, sonnigen Platz, in kühleren Gebieten etwa vor einer besonnten Mauer, und durchlässigen Boden. Hier bilden sie ungestört kleine Horste. Die Vermehrung erfolgt durch Teilung im Frühjahr oder Herbst.

Sternbergia candida

Diese frostempfindliche Art bringt im Frühjahr duftende, trichterförmige, weiße Blüten an blattlosen Stengeln hervor. Sie wird 20 cm hoch und hat bandförmige, halbaufrechte, gräulichgrüne Blätter.

Stephanandra incisa

Stephanandra tanakae

Sterculia coccinea

S

Sternbergia lutea

Diese schöne Art ist im Mittelmeerraum heimisch. Im Herbst erscheinen leuchtendgelbe, 5 cm lange Blüten an 15 cm langen Trieben. Ihre schlanken Blätter sind bandförmig. Sie ist einigermaßen frosthart und braucht während der Ruhephase im Sommer Wärme und Trockenheit. In Gegenden mit feuchten Sommern zieht man sie am besten im Topf, sonst ist sie eine hervorragende Steingartenpflanze.

STEWARTIA

Syn. ***Stuartia***

SCHEINKAMELIE

Diese Gattung aus Ostasien und Nordamerika besteht aus 15 bis 20 sommer- und immergrünen kleinen Baum- und Straucharten, die eng mit den Kamelien verwandt sind. Ihre Blüten sehen aus wie kleine Kamelienblüten, sind gewöhnlich weiß, knapp 10 cm breit und haben hervorstehende Staubgefäße. Die elliptischen, 5–15 cm langen Blätter bekommen im Herbst oft leuchtende Orange- und Rotfärbungen.

PFLEGE UND VERMEHRUNG: *Stewartia*-Arten gedeihen am besten in feuchtem, durchlässigem, leicht saurem Humusboden und werden im Herbst durch Samen, im Sommer durch Stecklinge vermehrt.

Stewartia malacodendron

Diese Art ist im Südosten der USA heimisch und entwickelt sich meist zu einem 6 m hohen und 3 m breiten Strauch, kann aber auch eine Höhe von 9 m erreichen. Seine sich ab Frühsommer entfaltenden Blüten haben rotviolette Staubgefäße. Das Herbstlaub ist rötlichviolett. Für reichliche Blütenbildung braucht die Art warme Sommer.

Stewartia monadelpha

Diese Art aus Korea kann ein über 20 m hoher Baum werden, entwickelt sich in Kultur aber meist zu einem großen Strauch. Ihre glatte Rinde löst sich in kleinen Stückchen ab. Die Adern auf der Blattunterseite sind seidig behaart. Die Herbstfärbung ist leuchtendrot. Die weißen Blüten sind 5 cm breit und haben rotviolette Staubgefäße.

Stewartia ovata

Syn. ***Stuartia ovata, S. pentagyna***

Der kleine Baum aus Nordamerika wächst langsam bis zu einer Höhe von 6 m heran.

Stewartia pseudocamellia var. *koreana*

Stewartia pseudocamellia

Stewartia pseudocamellia

Stewartia monadelpha

Stewartia sinensis

Seine mittelgrünen, ovalen Blätter mit flaumiger Unterseite verfärben sich im frühen Herbst gelb. Becherförmige, weiße Blüten mit orangegelbem Zentrum erscheinen im Hochsommer. ***Stewartia ovata* var. *grandiflora*** entwickelt 10 cm breite, weiße Blüten mit rotvioletten Staubgefäßen: Sie ähneln damit großen Kamelien.

Stewartia pseudocamellia

Syn. ***Stuartia pseudocamellia***

Die in Japan (außer Hokkaido) und Korea heimische Art erreicht wildwachsend eine Höhe von gut 20 m, ist in Kultur jedoch meist nur ein bis 6 m hoher Baum. Vom späten Frühjahr bis zum Frühsommer trägt der Baum weiße Blüten. Danach entwickeln sich kleine, kugelige, nußähnliche Samenkapseln – ab Hochsommer sein hervorstechendes Merkmal. Er hat eine schöne sich ablösende Rinde und gelbes, oranges und rotes Herbstlaub. ***Stewartia pseudocamellia* var. *koreana*** (Syn. *Stewartia koreana*) unterscheidet sich kaum von den typischen japanischen Pflanzen, abgesehen davon, daß sich die Blütenblätter weiter öffnen, die jungen Blätter nicht so seidig und generell breiter sind.

Stewartia sinensis

Syn. ***Stuartia sinensis***

Vom späten Frühjahr bis zum Sommer treibt der 9 m hoher Baum aus China duftende, kleine, weiße Blüten von etwa 5 cm Breite. Die sich ablösende Rinde hat einen warmen, rötlichbraunen bis violetten Farbton, das Herbstlaub ist dagegen leuchtendrot.

STICHERUS

Diese Gattung umfaßt etwa 100 Arten aus den Tropen und gemäßigten Zonen der südlichen Hemisphäre. Es handelt sich um kräftige, große Kolonien bildende Farne an Flußläufen und in Feuchtgebieten. Ihre schmalen, linealischen Blattsegmente sitzen gedrängt und verleihen den Pflanzen ein schirmartiges Aussehen.

PFLEGE UND VERMEHRUNG: Die sehr frostempfindlichen Farne brauchen einen geschützten, beschatteten Platz und feuchten, kühlen Boden. Vermehrung durch Teilung.

Sticherus tener

Dies ist ein dichtwachsender Farn mit rauhen, braun schuppigen, kriechenden Rhizomen. Die aufrechten Wedel sitzen an bis zu 2 m langen, verlängerten Trieben. Die schmalen Fiederblättchen sind bis zu 3,5 cm lang und drängen sich an einer

Sticherus tener

Stigmaphyllon ciliatum

mattgrünen Blattrippe. Die Farne können am Ufer großer Gewässer oder im feuchtschattigen Unterholz spektakulär aussehen. Sie wachsen in den kühleren Gegenden im Südosten Australiens und in Tasmanien wild.

STIGMAPHYLLON

An den über 110 Arten dieser Gattung – nicht frostharte Kettersträucher aus den Tropen Nord- und Südamerikas und von den Karibischen Inseln – schätzt man vor allem ihre schönen Blätter und gelben Blüten.

PFLEGE UND VERMEHRUNG: Für Gewächshäuser wachsen die Arten meist zu stark, doch starker Rückschnitt kann dies ausgleichen. Im Freien bevorzugen sie Sonne und fruchtbaren, feuchten Boden. Die Triebe brauchen eine Kletterhilfe. Durch Stecklinge oder Ableger können die Pflanzen vermehrt werden.

Stigmaphyllon ciliatum

Diese schlanke Schlingpflanze hat ovale Blätter von knapp 8 cm Länge. Sie sind herzförmig, gezähnt und langgestielt. Intensivgelbe, flach ausgebreitete Blüten sitzen zu dritt bis sechst in Gruppen. Die Art stammt von den Küstenregionen Mittel- und Südamerikas.

STIPA

Syn. ***Achnatherum***

PFRIEMENGRAS, FEDERGRAS

Diese weitverbreitete Gattung besteht aus 300 Arten mehr oder weniger frostbeständiger, horstwüchsiger Staudengräser. Bemerkenswert sind die großen, federigen Rispen an langen Halmen. Die einblütigen Ährchen dieser lockeren Rispen entwickeln lange Borsten oder Grannen, die manchmal bis zu 10 cm lang werden können und dieser Gattung ihren speziellen

Stipa calamagrostis

Charakter verleihen. Die Blätter sind schmal. Die größeren Arten mit ihren über 2 m hohen Rispen zieht man in der Regel als Solitärpflanzen an exponierter Stelle, ohne daß sie andere Pflanzen verdrängen.

PFLEGE UND VERMEHRUNG: Die Pflanzen dieser Gattung brauchen durchlässigen Boden und einen sonnigen Standort. Vermehrt werden sie durch Samen im Frühjahr oder Herbst oder Teilung im späten Frühjahr.

Stipa arundinacea

Dieses immergrüne, sehr frostempfindliche Horstgras aus Neuseeland wird wegen des attraktiven Laubs und der Blüten gezogen. Die Blätter sind lang, schmal und dunkelgrün mit orangefarbenem Schimmer und färben sich im Winter kräftig bräunlichorange. Im Sommer sprießen zahlreiche gebogene Stengel mit flaumig wirkenden, rosavioletten Rispen, die wie eine Art Glorienschein die Pflanze umgeben. Sie wird 1 m hoch und etwas breiter.

Stipa tenacissima

Stipa barbata

REIHERFEDERGRAS

Bis zu 60 cm breit wird diese europäische, horstbildende Art. Ihre übergebogenen Blätter sind auf der Unterseite behaart, die Rispen schmal. Die langen, silbrig behaarten Grannen werden 40 cm lang. Sie ist wärmebedürftig.

Stipa calamagrostis

RÄNKGRAS, SILBERÄHRENGRAS

Dieses stark wachsende Horstgras aus Süd- und Mitteleuropa wird etwa 1,2 m hoch. Seine Blätter sind bis zu 30 cm lang. Die lockeren Rispen, etwa 80 cm lang, setzen sich aus rotvioletten Ährchen mit gut 1 cm langen, gebogenen Grannen zusammen.

Stipa gigantea

RIESENFEDERGRAS

Als Einzelpflanze kommt diese immer- oder halbimmergrüne, horstbildende Art aus Spanien und Portugal am eindrucksvollsten zur Geltung. Sie ist langlebig und hat schmale, bis zu 80 cm lange Blätter. Im Sommer erscheinen an den aufrechten Halmen borstenartig begrannte, silbrig-violette Ährchen in großen, offenen Rispen, die 20 cm lang werden können. Sie halten sich bis in den Winter und werden dann goldgelb. Zum Trocknen schneidet man die blühenden Halme im Hochsommer ab. Das Riesenfedergras ist wärmebedürftig.

Stipa splendens

Stipa barbata

Stipa gigantea

Stipa pennata

FEDERGRAS, MÄDCHENHAARGRAS

Diese frostbeständige Art aus Südeuropa und Asien hat zierliche Rispen. An ihren silbrigen Ährchen sitzen lange Grannen und hängende, goldgelbe Staubgefäße. Die Pflanze wird etwa 0,5 m hoch, ungefähr ebenso lang werden die schmalen Blätter.

Stipa pulchra

Die 1 m hohen Halme dieser Art aus dem Westen der USA haben lange, schmale Blätter. Die lockeren, offenen Rispen bestehen aus schlanken, sich ausbreitenden Zweigen mit rotviolett reifenden Ährchen.

Stipa ramosissima

Mit ihren schlanken, bambusähnlichen Halmen und weichen, tiefgrünen Blättern wird diese immergrüne Gräserart aus dem Osten Australiens knapp 2–2,5 m hoch und breit. Horste bildend treibt sie von Frühjahr bis Sommer dünne Rispen mit federartigen, hellgrünen Ährchen.

Stipa ramosissima

Stipa splendens

Mittelasien, Rußland und Chile sind die Heimat dieser horstbildenden, etwa 2,5 m hohen Gräserart. Sie hat kräftige Halme und rauhe Blätter. Die lockeren Rispen mit weißen bis rotvioletten Ährchen erscheinen im Sommer.

Stipa tenacissima

ESPARTOGRAS

Dieses sehr frostempfindliche Gras aus Spanien und Nordafrika besitzt kräftige Fasern, die im 19. Jahrhundert gerne zur Papier-, Seile- und Mattenherstellung verwendet wurden. Aus den dichten Büscheln feiner, glatter Blätter mit eingerollten Rändern erheben sich etwa 2 m hohe Halme.

S

Strelitzia juncea

Stipa tenuissima

Stipa tirsa

Stipa tenuissima

Aus Texas, Mexiko und Argentinien stammt dieses sehr frostempfindliche Gras. Es bildet große Büschel schlanker, bis zu 60 cm langer Halme, während ihre dünnen, drahtigen und nach oben eingerollten Blätter 30 cm oder länger werden. Die nickenden Rispen sind schmal und weich, die Grannen etwa 5 cm lang.

Stipa tirsa

Die Blätter dieses Grases aus Süd- und Mitteleuropa werden bis zu 1 m lang. An kräftigen Halmen sitzen kompakte Rispen mit 5 cm langen, behaarten Grannen.

STOKESIA

KORNBLUMENASTER

Diese Gattung mit nur einer mehrjährigen Art aus dem Südosten der USA wurde nach dem Engländer Dr. Jonathan Stokes (1755–1831) benannt. Sie gehört zu den schönsten spätblühenden Stauden und wird etwa 50 cm hoch. Werden die abgestorbenen Blütenstiele gleich entfernt, treibt sie von Spätsommer bis Herbst Blüten, die sich auch ausgezeichnet zum Schnitt eignen.

PFLEGE UND VERMEHRUNG: Sie benötigt Sonne und fruchtbaren, durchlässigen Boden. Ihre Vermehrung erfolgt durch Samen im Herbst oder Teilung im Frühjahr.

Stokesia laevis

Syn. *Stokesia cyanea*

Die frostbeständige Staude hat immergrüne Rosetten mit lanzettlichen, ganzrandigen Blättern. Die blauvioletten Blüten sehen – Kornblumen ähnlich – struppig aus und sitzen an aufrechten, verzweigten Stengeln.

STRELITZIA

PARADIESVOGELBLUME, STRELITZIE

Die fünf staudigen Arten der Gattung treiben exotische Blütenstände, die einem Vogelkopf ähneln: Mehrere Blüten erheben sich aus einem länglichen Hochblatt. Strelitzien bilden mit ihren spektakulären, immergrünen, an Bananenstauden erinnernden Blättern große Horste. In Südafrika wachsen sie wild, werden in warmen Zonen jedoch weltweit gezogen; in kühleren Gegenden sind sie schöne Gewächshauspflanzen. Sie tragen Kapselfrüchte.

PFLEGE UND VERMEHRUNG: Sie brauchen Sonne oder Halbschatten und bevorzugen durchlässigen, mit organischem Material angereicherten Boden und in den kühleren Monaten eher Trockenheit. Zur Vermehrung kann man – außer durch Samen oder Ableger im Frühjahr – die Pflanzen teilen, was aber nicht einfach ist, weil sie sehr dichte Horste und Wurzeln haben.

Strelitzia juncea

Syn. *Strelitzia reginae* var. *juncea*

Botaniker haben sich lange darüber gestritten, ob man diese Pflanze als eigene Art oder als Varietät von *Strelitzia reginae* behandeln sollte. Im Aussehen unterscheidet sie sich jedoch deutlich: Sie hat lange, aufrechte, binsenartige Blattstiele von etwa 2 m Höhe ohne Blattspreite. Die Blütenstände entsprechen denen von *S. reginae*, doch sind ihre Stengel viel kürzer als die Blätter.

Strelitzia reginae 'Mandela's Gold'

Strelitzia nicolai

NATALSTRELITZIE

Die baumhohe Art hat aufrechte, verholzte Stengel (bis 6 m hoch), die sich aus einem über 3,5 m breiten Horst erheben. An langen Stielen sitzen dunkelgrüne, über 1,5 m lange Blätter. Im Sommer erscheinen die bemerkenswerten Blüten in den Blattachseln im oberen Teil der Pflanze. Es öffnen sich immer nur einige der grünlichblauen und weißen Blüten auf einmal; das Hochblatt ist rötlichbraun.

Strelitzia reginae

PARADIESVOGELBLUME

Die leuchtend-orangefarbenen und blauen Blüten der buschgroßen Art sitzen in einem spitz zulaufenden, grünen Hochblatt mit roten Rändern. Hauptblütezeit ist von Frühjahr bis Sommer. Die aufrechte, horstbildende Art wird 2 m hoch und über 1 m breit. Ihre gräulichgrünen, löffelförmigen Blätter und glatten Blütenstengel entwickeln sich aus unterirdischen Trieben. **'Mandela's Gold'** blüht gelborange und blauviolett.

STREPTOCARPUS

DREHFRUCHT

In drei Hauptgruppen gliedert sich diese Gattung, bestehend aus 130 Arten ein- und mehrjähriger Kräuter und (selten) Halbsträucher aus den Tropen Afrikas, Madagaskar, Thailand, China und Indonesien: strauchige Arten von kräftigem Wuchs, rosettenbildende Pflanzen und Arten mit nur einem sehr großen Blatt, das 1 m lang wird. Alle haben fünflappige Stieltellerblüten und behaarte, geäderte, krause Blätter.

PFLEGE UND VERMEHRUNG: Sie bevorzugen Halbschatten und feuchten, durchlässigen Humusboden. Frost ertragen sie nicht. Vermehrung durch Samen, Stecklinge oder Teilung.

Streptocarpus rexii

Die gebogenen, welligen und behaarten Blätter dieser mehrjährigen, rosettenbildenden Art aus Südafrika sind etwa 30 cm lang und 5 cm breit. An bis zu sechs Stielen von 20 cm Länge sitzen große, weiße, dunkelrote oder bläuliche, 10 cm breite Blüten.

Strelitzia nicolai

Strelitzia reginae

Streptocarpus-Hybride 'Ruby'

Streptocarpus-Hybride 'Bethan'

Streptocarpus-Hybride 'Blue Heaven'

Streptocarpus-Hybride 'Gloria'

Streptocarpus-Hybriden

Die meisten *Streptocarpus*-Hybriden haben *Streptocarpus rexii* als wichtigen Elternteil. Gewöhnlich bilden die Pflanzen Rosetten und haben große, trompetenförmige Blüten in leuchtenden Farben und mit weißem Schlund. **'Bethan'** treibt unzählige hell- bis rotviolette Blüten; **'Blue Heaven'** blüht mittelblau bis hellviolett; **'Falling Stars'** hat viele kleine, hellblaue bis hellviolette Blüten; die Blüten von **'Gloria'** sind rosa; **'Ruby'** blüht leuchtendrot und **'Susan'** hat tiefrote Blüten mit gelbem Schlund.

STREPTOSOLEN

Aus nur einer locker kletternden Strauchart besteht diese Gattung, sie kommt in den nördlichen Anden vor, hat einfache, gegenständige Blätter und wird hauptsächlich wegen der leuchtend gefärbten Büschel langröhriger, trichterförmiger Blüten gezogen.
PFLEGE UND VERMEHRUNG: Die nicht winterharte Pflanze braucht Sonne, Windschutz und leichten, durchlässigen Boden, angereichert mit organischem Material. In den wärmeren Monaten ist genügend Feuchtigkeit wichtig. Leichter Rückschnitt nach der Blüte fördert dichten Wuchs. Zur Vermehrung wählt man im Sommer am besten Stecklinge.

Streptosolen jamesonii
Syn. *Browallia jamesonii*

Der schnellwachsende, immergrüne Strauch, dessen Zweige sich unter der Last der vielen Blüten überbiegen, wird 2 m hoch. Hauptblütezeit ist von Frühjahr bis Sommer, doch blüht die Art – leuchtend-orange – das ganze Jahr hindurch. An den Zweigspitzen stehen dichte Büschel aus Blüten, die an dünnen Stielen sitzen und am Grund eine gedrehte Röhre bilden. Die hübschen, ovalen Blätter besitzen eine glänzend-dunkelgrüne Oberseite und hellere Unterseite. Laub und Blüten sind sehr fein behaart, die Früchte sind kleine Kapseln.

STROBILANTHES

Die Gattung besteht aus über 250 Arten immer- oder sommergrüner Stauden und Sträucher aus Asien und Madagaskar mit weichen Zweigen und gegenständigen Blättern. Die röhrenförmigen Blüten mit fünf ungleichen Lappen erscheinen in kompakten Köpfen, Ähren oder Rispen.
PFLEGE UND VERMEHRUNG: Sie ertragen keinen Frost, mögen Sonne bis Halbschatten und fruchtbaren, durchlässigen Boden und werden durch Samen oder Stecklinge vermehrt.

Strobilanthes dyerianus

Der immergrüne Strauch aus Myanmar hat weiche Zweige und wird 1,2 m hoch. Er besitzt lanzettliche, gezähnte Blätter, die bis 15 cm lang werden und unterseits rotviolett, oberseits grünviolett sind. Die trichterförmigen Blüten sind hellblau und 3 cm lang.

STROMANTHE

Dreizehn immergrüne Rhizomstaudenarten aus der Familie der Pfeilwurzgewächse *(Maranthaceae)* aus Mittelamerika und dem Süden Brasiliens konstituieren diese Gattung. Oft entwickeln sie kurze Stämme oder kräftige, stammartige Stengel. Die Blätter, anfänglich in den scheidigen Blattgrund eingeschlossen, sind oval, stark geädert und je nach Art 10–50 cm lang. Sie haben eine meist dunkelgrüne Ober- und rotviolette Unterseite. Im Sommer erscheinen Blütenstände mit kleinen, weißen, rosa oder blaßvioletten Blüten, die von mitunter leuchtend gefärbten Hochblättern umschlossen werden. Danach entwickeln sich kleine, gefurchte Früchte.
PFLEGE UND VERMEHRUNG: Sie schätzen feuchten, durchlässigen Humusboden und leichten bis Halbschatten. Sie vertragen keinen Frost und mögen feuchtes, mildes Klima. Durch Samen oder Teilung (falls möglich) oder durch Abtrennen bewurzelter Ableger werden sie vermehrt.

Streptocarpus-Hybride 'Susan'

Stromanthe sanguinea

Die aufrechte Art aus Brasilien wird 1,5 m hoch. Ihre länglichen, knapp 50 cm langen Blätter haben eine dunkelgrüne Ober- und rotviolette Unterseite. Die Blattscheiden sind pergamentartig, breit und rosa oder rot. Sie bildet Rispen aus, die weiße Blüten mit roten Hochblättern und orangeroten Kelchen tragen.

STROMBOCACTUS

Diese Gattung besteht nur aus einer Kaktusart aus dem Osten Mexikos. Nach den Blüten im Sommer entwickeln sich trockene Früchte mit kleinen Samen.
PFLEGE UND VERMEHRUNG: Sie braucht leichten, sehr gut durchlässigen, grusigen Boden und Trockenheit im Winter, verträgt ganz leichten Frost, beginnt aber bei nasser Kälte leicht zu faulen. Die Vermehrung erfolgt durch Samen oder Ableger, die sich allerdings selten bilden.

Stromanthe sanguinea

Strombocactus disciformis

Dieser Kaktus sieht sehr ungewöhnlich aus: Er ähnelt einem knubbligen Kiefernzapfen, wird 2,5–10 cm hoch, 3,5–15 cm breit und hat kleine Dornen. Die kugelförmige oder leicht abgeplattete Pflanze ist graugrün bis blaßbraun, die schwachen Dornen sind gut 1 cm lang. Die gedrungenen, weißen oder hellgelben Blüten entwickeln sich meist zu dritt an der Triebspitze. Sie sind breit, trichterförmig, etwa 3,5 cm lang und ebenso breit.

STRONGYLODON

Tropische Regionen Südostasiens und der pazifischen Inseln sind die Heimat der Gattung. Sie besteht aus 20 Arten immergrüner Sträucher oder holziger Kletterpflanzen mit Schmetterlingsblüten in langen Trauben – blaugrün, blau, rot oder orange. Die dreiteiligen Blätter haben lanzettliche oder abgerundete Einzelblätter.
PFLEGE UND VERMEHRUNG: Die Pflanzen ertragen keinen Frost. Sie bevorzugen Sonne oder Halbschatten und fruchtbaren Humusboden. Durch Samen, Triebstecklinge oder Abmoosen lassen sie sich vermehren.

Strongylodon macrobotrys
JADEWEIN

Man schätzt diese große Kletterpflanze, die 20 m hoch werden kann, wegen der spektakulären, hängenden Blütentrauben von

Streptosolen jamesonii

Streptocarpus-Hybride 'Falling Stars'

Stylophorum diphyllum

Styrax japonicus

Strophanthus gratus

Stylidium graminifolium

Styrax obassia

Styrax obassia

Sutera cordata

etwa 50 cm Länge. Damit sie mit ihrer ungewöhnlichen, blaugrünen Farbe genügend zur Geltung kommen, sollte man die auf den Philippinen heimische Art z.B. an einer Pergola ziehen.

STROPHANTHUS

Diese tropische Gattung aus Südafrika und Asien besteht aus 38, oft kletternden, Straucharten. Sie haben gegen- oder quirlständige Blätter mit hervortretenden Adern. Die auffälligen, meist zweifarbigen Blüten (weiß, gelb, orange, rot oder rotviolett) haben oft lang ausgezogene, verdrehte Lappen.
PFLEGE UND VERMEHRUNG: Sie ertragen keinen Frost, brauchen einen geschützten, halbschattigen Platz und fruchtbaren, feuchten, durchlässigen Humusboden. Die Vermehrung erfolgt mittels Samen oder Stecklingen.

Strophanthus gratus

Diese Kletterpflanze aus Westafrika wird 8 m hoch. Ihre olivgrünen Blätter haben erhabene Adern und einen roten Stiel. Die weißen, rosa schimmernden Blüten sind 5 cm lang mit 3,5 cm breiten, nicht verlängerten Lappen und werden später gelb.

STYLIDIUM

Dies ist eine Gattung mit etwa 140 Arten ein- und mehrjähriger Kräuter und Halbsträucher, die in den meisten Fällen aus Australien, zum Teil auch aus Südostasien stammen. Die Blätter sind entweder grasartig und grundständig oder kurz und schmal und sitzen an drahtigen Zweigen. Es gibt horstige und strauchige Arten und zumindest eine niedrigwachsende Kletterpflanze. Alle treiben kleine, weiße, rosa oder gelbe Blüten, die Lobelien ähneln. Jede Blüte besitzt einen beweglichen Griffel, der umklappt, um Blütenstaub von Insekten aufzunehmen.
PFLEGE UND VERMEHRUNG: Die tropischen Pflanzen tolerieren höchstens ganz leichten Frost. Man zieht sie in durchlässigem Humusboden an einem leicht sonnigen Platz, am besten im Gewächshaus, und vermehrt sie durch Samen, Stecklinge oder Teilung.

Stylidium graminifolium

Diese variable Art kommt im Osten Australiens von der Küste bis ins hohe Bergland vor. Mit ihren grasähnlichen Blättern bildet sie Horste, die von mehreren 30–90 cm hohen Blütentrieben überragt werden. Die Blüten sind traubig angeordnet und öffnen sich nach und nach, ihre Färbungen reichen von Hellrosa bis zum Rotviolett der Formen aus dem höheren Bergland.

STYLOPHORUM
SCHÖLLKRAUTMOHN

Die Gattung umfaßt drei mohnartige Staudenarten aus Ostasien und dem Osten Nordamerikas. Das Laub ist tief gelappt, die grundständigen Blätter langgestielt und knapp 50 cm lang, die Stengelblätter dagegen kleiner und kürzer gestielt. Einfache vierblättrige, leuchtendgelbe Blüten von bis zu 5 cm Breite erscheinen im Frühjahr und Sommer in Dolden nur wenig über dem Laub.
PFLEGE UND VERMEHRUNG: Ideal sind kühler, feuchter Humusboden und leichter Schatten unter Bäumen. Bei gelegentlichem Gießen kann man sie aber auch in Rabatten in der Sonne ziehen. Sie werden durch Samen vermehrt oder indem man größere Horste im späten Winter teilt.

Stylophorum diphyllum

Die behaarten Pflanzen erreichen eine Höhe von 30 cm und haben tiefgezähnte Blätter. Die einfachen Blütenstengel tragen oben mehrere Blätter, darüber gelbe Blüten von 5 cm Breite. Die Art stammt aus dem Osten der USA.

STYRAX
STORAXBAUM

In Amerika und Ostasien ist diese Gattung mit etwa 100 sommer- und immergrünen Strauch- und kleinen Baumarten, von denen eine in Europa heimisch ist, weit verbreitet. Mehrere sommergrüne Arten aus kühl-gemäßigten Regionen zieht man wegen des hübschen Wuchses und der schönen, leicht hängenden Blütenzweige, die im Frühjahr am vorjährigen Holz erscheinen. Die Blüten sind klein, weiß und glockenförmig.
PFLEGE UND VERMEHRUNG: Sie brauchen kühlen, feuchten, kalkfreien und durchlässigen Boden und werden meist durch stratifizierten Samen im Herbst oder auch durch Stecklinge im Sommer vermehrt.

Styrax japonica
JAPANISCHER STORAXBAUM

Diese Art ist in Japan, Korea und China beheimatet, wird etwa 8 m hoch und blüht ab Mitte Frühjahr. Die Zweige sind meist horizontal gestellt, was zu einem etwas etagenförmigen Wuchs führt, und von ziemlich schmalen, 8 cm langen, glänzenden, tiefgrünen Blättern bedeckt. Am besten gedeiht die Art leicht geschützt vor der heißen Mittagssonne.

Styrax obassia
OBASSIA-STORAXBAUM

Heimisch ist diese Art, die eine Höhe von 9 m erreicht, in Japan, Korea und Nordchina. Ihre Blüten sind nicht so stark hängend wie bei anderen Arten, haben aber einen zarten Duft. Die großen, tiefgrünen, rundlichen Blätter sind bis zu 20 cm lang und auf der Unterseite mit einem weißlichen Flaum bedeckt. Auch das Laub dieser Art ist sehr zierend.

Styrax officinalis
STORAXBAUM

Der sommergrüne, nicht frostharte Strauch oder kleine Baum wird 6 m hoch und stammt aus Südwestasien und dem Südosten Europas. Die schlanken, anfänglich filzigen Zweige verkahlen später. Die herzförmigen Blätter sind etwa 5 cm lang und breit und anfänglich ebenfalls weißfilzig. Im Sommer erscheinen an den Zweigspitzen Gruppen von drei bis acht hängenden Blüten. ***Styrax officinalis* var. *californicum*** hat glattere Blätter.

SUTERA
Syn. *Bacopa*

Diese Gattung umfaßt 130 Arten einjähriger Kräuter, Stauden und kleiner Sträucher aus Südafrika. Die gegenständigen oder in Büscheln ausgebildeten Blätter sind einfach oder gelappt. Die weißen, rosa, hell- oder rotvioletten Blüten sind end- oder achselständig oder beides. Die kompakten Pflanzen eignen sich in mildem Klima für den Garten, manche auch ausgezeichnet für Ampeln.
PFLEGE UND VERMEHRUNG: Sie sind nicht frosthart, mögen Sonne und durchlässigen, fruchtbaren Boden. Vermehrt werden sie durch Stecklinge (im Sommer), Samen oder Teilung.

Sutera cordata

Der 60 cm hohe, verholzende Strauch mit gegenständigen, gestreckt herzförmigen Blättern bringt von Sommer bis Herbst endständige, weiße Blüten hervor. Im Handel wird er meist als *Bacopa* 'Snow Flake' angeboten.

Sutera grandiflora

Diese am Grunde verholzende Staude wird 1 m hoch, hat behaarte Zweige und gegenständige, behaarte, gezähnte Blätter. Viele blaß- bis rotviolette Blüten erscheinen von Sommer bis Herbst. Die Sorte mit den hellsten Blüten wird als **'Pink Domino'** angeboten.

SUTHERLANDIA

Die gefiederten Blätter der fünf kleinen, immergrünen Straucharten aus Südafrika, die zu dieser Gattung zählen, sind zart graugrün gefärbt und leicht bis stark behaart. Die Schmetterlingsblüten erscheinen in kleinen Büscheln.
PFLEGE UND VERMEHRUNG: Regelmäßiges Gießen fördert den Wuchs und die Blütenbildung. Sie sind nicht frosthart, vertragen aber Wind, mögen Sonne

Swainsona formosa

und eignen sich gut für Steingärten, wo sie an den Boden kaum Ansprüche stellen. Zur Kontrolle ihrer im Alter etwas unansehnlicher werdenden Erscheinung sollten sie nach der Blüte zurückgeschnitten werden. Man vermehrt sie durch Samen im Frühjahr oder durch Stecklinge im Sommer.

Sutherlandia frutescens

Dieser Strauch mit weichem Holz stammt aus den trockeneren Regionen Südafrikas und wird 1,5 m hoch und ebenso breit. Die zusammengesetzten Blätter sind in kleine, ovale Blättchen unterteilt und verleihen der Pflanze anmutigen Reiz. Die auffälligen Blüten, hängend und korallenrot, werden vom späten Winter bis zum Sommer ausgebildet. Die hellgrünen, wie aufgeblasen scheinenden Schoten sind oft zusammen mit den Blüten zu sehen, was besonders dekorativ wirkt.

SWAINSONA

Diese Gattung mit etwa 50 Arten ein- und mehrjähriger, kriechender Kräuter und Halbsträucher stammt vor allem aus Australien, zum Teil aus Neuseeland. Die meisten Arten wachsen in trockenen, einige in feuchteren und kühleren Regionen. Ihre Blättchen sind meist grau bis graugrün, die Schmetterlingsblüten erscheinen in verlängerten Trauben und variieren farblich zwischen Weiß, Blau, Mauve und Leuchtendrot.
PFLEGE UND VERMEHRUNG: Die Pflanzen ertragen kaum Frost und mögen Sonne sowie mäßig fruchtbaren, sehr durchlässigen Boden. Die Vermehrung erfolgt durch Samen oder Stecklinge.

Swainsona formosa
Syn. *Clianthus dampieri, C. formosus*

Es ist eine langsamwachsende, einjährige Kriechpflanze aus dem trockenen Landesinneren Australiens. Im Frühjahr treibt sie ungewöhnlich große, auffällig leuchtendrote Blüten mit schwarzem Fleck. Die kleinen Blätter sind grau. Sie wird 15 cm hoch und 1 m breit.

Swainsona galegifolia

In Australien wächst diese giftige, immergrüne Staude in den Staaten New South Wales und Queensland wild. Aus den zerdrückten Blättern sollen die Aborigines einen Breiumschlag gegen Schwellungen und Quetschungen herstellen. Diese hell- bis dunkelgrünen Blätter bestehen aus etwa zwölf schmalen, elliptischen Fiedern. Von Frühjahr bis Sommer erscheinen die Blüten in dichten, endständigen Knäuel. Sie sind meist rosa, rotviolett, dunkelrot oder weiß.

SWIETENIA
MAHAGONIBAUM

Die kleine Gattung besteht aus immer- oder halbimmergrünen Bäumen von hohem, aufrechtem Wuchs aus den tropischen Wäldern Mittelamerikas und der Karibischen Inseln. Sie liefern das bekannte, äußerst wertvolle Möbelholz, das sehr homogen und feinporig ist und bei der Lagerung einen warmen, rötlichen Braunton bekommt. Die großen, gefiederten Blätter bestehen aus glatten, glänzenden Fiedern. Eher unbedeutend sind die kleinen, grünlichgelben Blüten. Die großen, holzigen Kapselfrüchte enthalten geflügelte Samen.
PFLEGE UND VERMEHRUNG: Sie brauchen tiefen, fruchtbaren Boden und viel Regen. In den Subtropen mit deutlichen Jahreszeiten werden die Blätter im Herbst goldgelb und fallen überwiegend ab. Die Bäume werden durch Samen oder Stecklinge im Spätsommer vermehrt.

Swietenia macrophylla

Dieser schöne Baum liefert ein weltweit sehr begehrtes Möbelholz, das europäische Tischler im 17. Jahrhundert kennenlernten. In den heimischen Wäldern wird der Baum mit seinem geraden Stamm über 45 m hoch; in Kultur – als Schatten- oder Alleebaum – bleibt er meist kleiner. Die zusammengesetzten Blätter sind 40 cm lang, die braunen, holzigen Früchte etwa 15 cm.

Swietenia mahagoni
ECHTER MAHAGONIBAUM

Dieser Baum ist zwar auch sehr majestätisch, doch im ganzen kleiner als *Swietenia macrophylla*: Er wird 20 m hoch, die gefiederten Blätter sind 10–20 cm lang und die Früchte 10 cm breit. In den Tropen pflanzt man ihn häufig als Schattenspender und Alleebaum.

SYAGRUS
Syn. *Arecastrum*

Die etwa 32 Palmenarten dieser Gattung stammen aus den trockeneren Gebieten der Tropen und Subtropen Südamerikas. Der glatte Stamm ist horizontal gefurcht; die Krone besteht aus gefiederten, am Grunde von Fasern umgebenen Wedeln. Die Blattstiele sind in der Regel glatt, manchmal am Rand bestachelt. Eine große Rispe mit separaten männlichen und weiblichen Blüten entspringt aus einer großen, spindelförmigen Hochblattscheide, die zwischen den Blättern hervorragt. Das Fleisch der Steinfrüchte ist faserig. Mehrere nützliche Arten dienen zur Palmölgewinnung.
PFLEGE UND VERMEHRUNG: Die Pflanzen brauchen fruchtbaren, feuchten, durchlässigen Boden in Sonne oder Halbschatten, ertragen keinen Frost und sollten im Winter nur falls nötig gegossen werden. Sie werden durch Samen im Frühjahr vermehrt.

Syagrus comosa

Diese Palme entwickelt einen Einzelstamm oder eine Gruppe dünner Stämme von 10 cm Durchmesser und wird 6 m hoch. Die Blätter sind bis zu 1,2 m lang und haben auf jeder Seite bis zu 80 Fiedern (in Paaren oder zu vieren). Die verzweigten Blütenrispen können 25 cm lang werden.

Syagrus romanzoffiana
Syn. *Arecastrum romanzoffiana, Cocos plumosa*
ROMANZOFFIANISCHE KOKOSPALME

Der schlank aufrechte, glatte und graue Stamm dieser schnellwachsenden Art wird etwa 20 m hoch, die Krone hat übergebogene, federartige Blätter. Diese sind grün, messen bis zu 4,50 m und haben lange Fiedern, die sich in mehreren Ebenen rund um die Mittelrippe anordnen. Eher unauffällig sind die kleinen Blüten. Die dicken, fleischigen, orangeroten Beerenfrüchte (bis zu 2,5 cm lang) kann man essen; sie ziehen Fledermäuse und Insekten an.

SYMPHORICARPOS
SCHNEEBEERE, KNALLERBSENSTRAUCH

Bis auf eine seltene Art, die aus China stammt, sind die schätzungsweise 17 sommergrünen, eng mit *Lonicera* verwandten Strauchanten dieser Gattung in Nordamerika heimisch. Sie entwickeln elliptische bis nahezu kreisrunde Blätter und bringen im Frühjahr sehr kleine, becherförmige, rosa oder weiße Blüten hervor. Man zieht sie vorwiegend wegen der zahlreichen, charakteristischen Beeren, denen die Gattung ihren deutschen Namen zu verdanken hat und die im Winter deutlich sichtbar an den dann kahlen Zweigen hängen.
PFLEGE UND VERMEHRUNG: Schneebeeren lassen sich in jedem nicht zu trockenen, durchlässigen Boden in der Sonne oder im Halbschatten leicht ziehen und sind frosthart. Die Vermehrung erfolgt meist durch holzige Stecklinge im Winter. Sie vertragen Schatten, verschmutzte Luft und eignen sich für Stadtgärten.

Symphoricarpos albus
GEMEINE SCHNEEBEERE

Heimisch ist diese Art im Osten der Rocky Mountains, von Colorado bis Quebec: ein Strauch von 2 m Höhe und Breite mit drahtigen Trieben und vielen Ausläufern. Im Frühjahr treibt er kleine Blüten und nachfolgend Büsche mit 1 cm breiten, weißen Beeren, die das Laub lange überdauern und das typische Merkmal

Swietenia macrophylla

Syagrus comosa

Sutherlandia frutescens

Swietenia mahagoni

dieses Strauchs sind. *Symphoricarpos albus* var. *laevigatus* entwickelt rosa oder weiße Blüten und große, weiße Früchte.

Symphoricarpos × *chenaultii*

Diese Hybride ist ein übergebogen wachsender, vielfach verzweigter Strauch, der im Frühjahr rosa Blüten treibt und nachfolgend weiße, rosa überlaufene Früchte. Er erreicht 1–2 m Höhe. Die Sorte **'Hancock'** bleibt etwas niedriger und ist ein guter, dabei aber außerordentlich ausbreitungsfreudiger Bodendecker im Schatten.

Symphoricarpos × *doorenbosii*

Dieser kräftige, vielfach verzweigte Strauch wird etwa 2 m hoch. Er kann eine beträchtliche Breite erreichen. Die Blätter sind kreisrund bis oval, etwa 5 cm lang und dunkelgrün mit hellerer Unterseite. Im Sommer sprießen Zweige, an denen sich kleine, weiße oder rosaweiße, becherförmige Blüten ausbilden. Im Herbst folgen Büschel weißer Beeren mit rosa Schimmer, die jeweils etwa 1 cm breit sind. **'Magic Berry'** ist eine kleinere, kompaktere Sorte mit unzähligen rötlichvioletten Früchten; **'White Hedge'** hat aufrechte Zweige und eine Vielzahl weißer Beeren.

Symphoricarpos microphyllus

Die jungen Triebe des 2 m hoch aufragenden Strauchs sind filzig, seine ovalen Blätter 3 cm lang. Im Sommer treibt er weiße Blüten und nachfolgend kleine, weiße, rosa überlaufene Früchte. Die Art stammt aus Mexiko und ist nicht frosthart.

Symphoricarpos orbiculatus

KORALLENBEERE

Dieser kräftige und anpassungsfähige Strauch aus den Vereinigten Staaten und Mexiko wird bis zu 2 m hoch und etwa ebenso breit. Er ist von sehr dichtem, verzweigtem Wuchs und besitzt ovale, etwa 3,5 cm lange Blätter. Die ungewöhnlich kleinen Früchte sind nur knapp 5 mm breit, aber auffällig leuchtendrosa und sehr zahlreich, besonders nach einem heißen Sommer. Sie bleiben bis weit in den Winter erhalten.

SYMPHYANDRA

STEINGLOCKE

Die in Asien von Korea bis zum östlichen Mittelmeer und Kaukasus heimische Gattung umfaßt etwa zwölf kurzlebige Staudenarten, die meist als zweijährige Pflanzen gezogen werden. Sie haben langstielige, behaarte Blätter sowie mehr oder weniger glockenförmige Blüten und eignen sich bestens für große Steingärten oder Böschungen.

PFLEGE UND VERMEHRUNG: Die frostbeständigen Pflanzen brauchen Sonne oder leichten Schatten und fruchtbaren, durchlässigen Boden. Nach der Blüte sterben sie oft ab. Man kann sie durch Samen vermehren.

Symphyandra hofmannii

Diese bezaubernde, reichblühende Pflanze aus Bosnien und Herzegowina wird 60 cm hoch und etwa halb so breit. Sie bildet eine Rosette runder bis spießförmiger, gezähnter Blätter von jeweils 15 cm Länge. Im Sommer hängen an den Spitzen der hohen, blattreichen Stengel gelblichweiße Blüten.

Symphytum caucasicum

Symphyandra wanneri

Syn. *Campanula wanneri*

Heimisch ist diese behaarte Staude in den Gebirgszügen des Balkan. Ihre gezähnten, lanzettlichen Blätter fühlen sich rauh an, erreichen eine Länge von 10–12 cm und bilden grundständige Rosetten. Im Sommer entwickeln sich Rispen mit vielen hängenden, blauvioletten Blüten. Die Pflanze wird im ganzen etwa 30 cm hoch und ebenso breit.

SYMPHYTUM

BEINWELL

Feuchtschattige Gebiete in Europa, Nordafrika und Westasien sind die Heimat dieser Gattung, die aus 25 bis 35 behaarten Staudenarten besteht. Sie wachsen äußerst schnell und können im Garten lästig werden. Die wechselständigen Blätter sind an der Basis der Pflanze relativ dicht. Rosa, blaue, weiße oder gelbliche Röhrenblüten mit jeweils fünf dreieckigen Lappen erscheinen in kurzen Wickeln an verzweigten Trieben.

PFLEGE UND VERMEHRUNG: Die Staudenarten gedeihen in Sonne oder Halbschatten in feuchtem, lockerem, gedüngtem Boden und sind frosthart. Vermehrt werden sie durch Samen, Stecklinge oder Teilung.

Symphytum asperum

KOMFREY, RAUHER BEINWELL

Diese Staude aus Europa, der Türkei und dem Iran bildet sehr dicke Wurzeln und ovale, herzförmige oder auch längliche Blätter, die stachelig behaart sind. Ihre Blütenstengel, bis zu 1,5 m hoch, sind locker verzweigt und leicht behaart. Gut 1 cm lange Blüten sitzen in dichten Wickeln anfänglich rosarot, verfärben sie sich mit zunehmendem Alter hellviolett oder blau. Die Art ist in Nordamerika eingebürgert, wo man sie als Futterpflanze angebaut hat.

Symphytum asperum

Symphytum caucasicum

Diese kleinere, weich behaarte, verzweigte Staude wird etwa 60 cm hoch. Ihre Blätter sind oval bis länglich, bis zu 20 cm lang, auf beiden Seiten behaart und am Stengel kurz herablaufend. Die Blüten sind in endständigen, paarigen Wickeln angeordnet, anfänglich rot, später blau und knapp 2 cm lang. Heimisch ist die Art im Kaukasus und im Iran.

Symphytum 'Goldsmith'

Syn. *Symphytum* 'Jubilee'

Die Sorte 'Goldsmith' wird 30 cm hoch, ihre Blätter haben hell- bis goldgelbe Ränder und Flecken. Die Blüten sind blau, rosa oder weiß.

Symphytum 'Hidcote Blue'

Diese Hybridform wird nur knapp 50 cm hoch, ist jedoch eine sich kräftig ausbreitende Pflanze. Ihre Blüten sind hellblau und weiß.

Symphytum ibericum

Syn. *Symphytum grandiflorum* hort.

Die kriechenden Rhizome dieser Art aus Osteuropa und der Türkei bringen schlaffe, behaarte Stengel von bis zu 40 cm Länge hervor. Die gestielten Blätter, auch sie behaart, sind oval oder elliptisch. Zahlreiche hellgelbe Blüten bilden dichtgedrängte Wickel.

Symphytum officinale

BEINWELL

Die robuste, horstbildende Art aus Europa und Westasien wird 1,5 m hoch, hat große, lanzettliche Blätter und entwickelt vom späten Frühjahr bis in den Sommer Büschel mit hübschen weißen, rosa oder violetten, hängenden Blüten. Sie kann wuchern und andere Pflanzen verdrängen. Verwelkte Blätter werden zum Mulchen verwendet und fördern die Zersetzung im Kompost. Sie sind reich an Stickstoff und Mineralien. Im Mittelalter diente Beinwell als Heilmittel bei Knochenbrüchen (daher der deutsche Name); beim Verzehr größerer Mengen wirkt er etwas giftig.

Symphytum tuberosum

KNOTEN-BEINWELL

Die dichten, kräftigen und kriechenden Rhizome dieser Art aus Europa und der Türkei treiben 60 cm lange, behaarte Stengel mit langgestielten, länglichen Blättern.

Symphytum officinale

Symphytum 'Goldsmith'

Symphoricarpos orbiculatus

Symphytum × *uplandicum* 'Variegatum'

Symphoricarpos × *chenaultii*

Ein Blütenwickel enthält acht bis 16 hellgelbe Blüten.

Symphytum × uplandicum

KOMFREY, FUTTER-BEINWELL

Die rauh behaarte, mehrjährige Hybride ist eine Kreuzung zwischen *Symphytum asperum* und *S. officinale* und wird 2 m hoch. An den Stengeln sitzen längliche, beidseitig behaarte, kurz herablaufende Blätter. Die knapp 2 cm langen Blüten sind anfangs rötlich, werden dann rotviolett oder blau. **'Variegatum'** hat attraktiv cremefarben panaschierte Blätter, aber schwach gefärbte Blüten, die oft entfernt werden.

SYMPLOCARPUS

STINKKOHL

Nur eine sommergrüne Staudenart, heimisch in feuchten Wäldern in Nordostasien und im Nordosten Amerikas, macht diese Gattung aus. Ihre tiefverwurzelten Rhizome entwickeln nach der Blüte einen Horst großer, ovaler Blätter. Sie sind etwa 50 cm lang, dunkelgrün, glatt und weich. Die Blätter riechen beim Zerreiben unangenehm.

PFLEGE UND VERMEHRUNG: Sie mögen Sonne wie Schatten und guten, feuchten bis nassen Boden. Die Vermehrung erfolgt durch Samen.

Symplocarpus foetidus

Die 15 cm langen Blüten dieser winterharten Staude erscheinen im späten Winter und Frühjahr an der Erdoberfläche und werden vor den Blättern ausgebildet. Sie sind braunviolett, grünlichgelb gefleckt, eiförmig und haben sich verjüngende, nach innen gebogene Spitzen. Der Spadix kann seine Temperatur gegenüber der Umgebung um bis zu 30 °C erhöhen und so Frostschäden vermeiden.

SYNADENIUM

Diese Gattung mit etwa 20 immergrünen Strauch- oder kleinen Baumarten stammt aus den Tropen und Subtropen Afrikas und von den Maskarenen-Inseln. Sie ist eng mit *Euphorbia* verwandt und unterscheidet sich nur in Einzelheiten der Blüten. Blüten und Hochblätter sind grünlichgelb und recht attraktiv, doch der eigentliche Reiz der Pflanzen liegt im glänzenden Laub: Oft ist es ledrig und erstrahlt in intensiven Rot- und Dunkelgrüntönen. Die 10–20 cm langen Blätter sind annähernd oval. Alle Teile der Pflanzen enthalten einen ätzenden, sehr giftigen Milchsaft.

PFLEGE UND VERMEHRUNG: Sie tolerieren meist nur leichten Frost, mögen warmtrockenes Klima und lockeren, durchlässigen Boden und Sonne. Sie werden durch Samen oder Stecklinge vermehrt.

Synadenium compactum

Syn. *Synadenium grantii* hort.

Der Strauch oder kleine Baum von 6 m Höhe und mehr aus Ostafrika trägt ovale, 20 cm lange und glänzende, dunkelgrüne Blätter, die manchmal rotviolett gefleckt sind. Ihre auffällige Mittelrippe kann auf der Unterseite gekielt sein. Die Blüten sind grünlichgelb, manchmal rot überlaufen.

Syringa laciniata

SYNCARPIA

Diese Gattung umfaßt zwei große, immergrüne Baumarten aus den Küstenwäldern Ostaustraliens. Sie ähneln der verwandten Gattung *Eucalyptus*, sind von hohem, aufrechtem Wuchs mit kuppelförmiger Krone und dicker, faseriger Rinde. In Australien dienen sie der Holzwirtschaft. Ihr homogenes Hartholz hat einen hohen Silikatgehalt und ist dadurch besonders widerstandsfähig gegen Bohrmuscheln. Das Holz von ***Syncarpia hillii,*** einem Endemiten der Fraser-Insel vor der Küste Queenslands, wurde im letzten Jahrhundert für die Konstruktion des Suezkanals und weltweit zum Bau von Kaianlagen verwendet.

PFLEGE UND VERMEHRUNG: Die Baumarten brauchen frostfreies Klima, Sonne oder Halbschatten, durchlässigen Boden und regelmäßigen Niederschlag. Man vermehrt sie mittels Samen im Herbst.

Syncarpia glomulifera

Diese Baumart schätzt man in den Subtropen der USA, Afrikas und Australiens als Schattenspender und wegen des haltbaren, rötlichen Holzes. Der Baum wird in seiner Heimat 60 m hoch. Der Stamm mit rotbrauner, stark rissiger Rinde ist gerade; die Blätter sind mittelgrün, auf der helleren Unterseite behaart und duften zerrieben aromatisch. Kleine, gelblichweiße Blüten mit langen Staubgefäßen erscheinen von Frühjahr bis Sommer in flaumigen, kugeligen Blütenständen. Die holzigen Früchte sind zu einer stacheligen Kugel verwachsen.

SYNGONIUM

PURPURTÜTE, FUSSBLATT

Es gibt etwa 33 Arten dieser robusten, immergrünen, epiphytischen oder terrestrischen Kletterpflanzen aus den Tropen Amerikas. Ihre langgestielten, gelappten Blätter enthalten Milchsaft. Vorwiegend zieht man sie in Töpfen als Kletterpflanzen oder in Ampeln, wo nur die einfachen jungen oder gelappten Blätter zu sehen sind: Blüten erscheinen in Kultur selten und können rot, orange, grün oder weiß sein.

PFLEGE UND VERMEHRUNG: Die Pflanzen brauchen Schutz vor direkter Sonne und eine Temperatur von mindestens 15 °C. Die nährstoffreiche Erde sollte vor dem nächsten Gießen austrocknen. Kappen der Spitzen fördert kompakten Wuchs. Ihre Vermehrung erfolgt durch Stecklinge.

Syncarpia glomulifera

Syncarpia glomulifera

S. podophyllum, Kulturvarietät

Syringa josikaea

Syngonium podophyllum

Syn. *Nephthytis triphylla* hort.

Das hübsche Laub dieser kletternden oder kriechenden Pflanze erinnert stark an den verwandten Philodendron. Ungewöhnlich ist die sich mit der Zeit verändernde Blattform: jung sind sie spießförmig, im Alter in sieben bis neun glänzende Fiedern bei 30 cm Länge zerteilt. Es gibt mehrere Sorten mit weißlich oder rosa panaschierten Blättern.

SYRINGA

FLIEDER

Am Flieder schätzt man die aufrechten bis überhängenden, mehr oder weniger lockeren Rispen kleiner, stark duftender Blüten. Ab Mai erscheinen sie und variieren zwischen Weiß, Hellgelb, Rosa, Rot und Rotviolett. Die meisten Sorten der verbreiteten Gartenpflanze *Syringa vulgaris* züchtete man im späten 19. und frühen 20. Jahrhundert in Frankreich, doch erscheinen auch heute noch gelegentlich neue Entwicklungen; nicht alle duften. Die Gattung umfaßt etwa 20 Arten sommergrüner Sträucher und Bäume aus Europa und Nordostasien. Die meisten werden etwa 2,5 m hoch und 2 m breit. Die gegenständig angeordneten Blätter bekommen im Herbst manchmal eine schöne Färbung.

PFLEGE UND VERMEHRUNG: Flieder bevorzugt feuchten, durchlässigen Humusboden und Sonne oder leichten Schatten. Der gegebenenfalls erforderliche Rückschnitt wird am besten sofort nach der Blüte ausgeführt. Die Pflanzen der Arten vermehrt man durch Samen oder Stecklinge, der Sorten meist durch Veredlung, aber auch durch Stecklinge. Ältere Pflanzen treiben Schößlinge, die man ebenfalls zur Vermehrung verwenden kann. Alle Arten sind frosthart.

Syringa × hyacinthiflora

Diese Sorten sind durch die Kreuzung zwischen *Syringa oblata* und *S. vulgaris* entstanden. Ursprünglich züchtete man sie in Frankreich, später entstanden bei W. B. Clarke in Kalifornien zahlreiche der heutigen Hybriden. Sie blühen meist früher als die Sorten von *S. vulgaris;* bei ähnlichem Äußeren duften sie nicht so stark. Die Blätter sind, wie bei *S. oblata,* jung bronzefarben, im Herbst dagegen rotviolett. **'Alice Eastwood'** hat rosa Knospen und gefüllte, lilarosa Blüten. **'Asessippi'** treibt früh viele duftende, blaß lavendelfarbene Blüten. **'Blue Hyacinth'** hat rundliche, lavendelblaue Rispen. **'Clarke's Giant'** hat lange Rispen mit rotvioletten Knospen und blauvioletten Blüten. **'Esther Stanley'** mit lilarosa Knospen blüht rosa. **'Missimo'** treibt sehr große, rotviolette Blüten in großen, lockeren Rispen. Die aufrechte, wüchsige **'Pocahontas'** blüht rotviolett.

Syringa × josiflexa

Die hängenden Blütenrispen dieser Kreuzung zwischen *Syringa josikaea* und ***S. komarowii*** **subsp.** ***reflexa*** gibt es in unterschiedlichen Faben. **'Bellicent'** hat große, intensivrosa Rispen.

Syringa josikaea

UNGARISCHER FLIEDER

Der aufrechte, 3,5 m hohe Strauch hat steife, warzige Zweige. Die Blätter sind oberseits glänzend und unterseits grau mit filzig behaarten Adern. Im Sommer treibt die Art lilapurpurne Blüten in aufrechten, lockeren Rispen.

S

S. pubescens subsp. *patula* 'Miss Kim'

Syringa vulgaris

Syringa × *persica* 'Alba'

Syringa yunnanensis

Syringa meyeri 'Superba'

S. vulgaris 'Andenken an Ludwig Späth'

Syringa vulgaris 'Mme F. Morel'

Syringa vulgaris 'Vestale'

Syringa meyeri 'Palibin'

Syringa vulgaris 'Charles Joly'

Syringa vulgaris 'Katherine Havemeyer'

Syringa vulgaris 'Mme Lemoine'

Syringa oblata var. *alba*

Syringa villosa

Syringa reticulata

Syringa laciniata

Dieser anmutige Strauch mit hübschen eingeschnittenen, drei- bis neunfach gelappten Blättern treibt Mitte Frühjahr kleine, 10 cm lange Rispen mit hellvioletten Blüten. Er erreicht eine Höhe von 2 m und wird 3 m breit.

Syringa meyeri

MEYERS FLIEDER

Aus China stammt dieser kleine, in die Breite gehende Strauch von etwa 2 m Höhe. Seine Blätter sind elliptisch geformt und im Frühjahr entwickelt er intensiv rotviolette Blüten in dichtgedrängten Rispen. **'Palibin'** ist eine relativ langsamwachsende Zwergform mit dichten Büscheln violetter bis rosaroter Blüten. **'Superba'** besitzt dunkelrosa Blüten, die mit der Zeit verblassen. Ihre langgezogene Blütezeit dauert von der Mitte des Frühjahrs bis in den Hochsommer. Sämtliche Formen von *Syringa meyeri* blühen im Herbst nach.

Syringa oblata

RUNDBLÄTTRIGER FLIEDER

Der rundblättrige Flieder ist ein 3,5 m hoher Strauch aus China mit nieren- oder herzförmigen Blättern bis zu 10 cm Länge. Die hellvioletten Blüten werden in dichten, bis zu 15 cm langen Rispen ausgebildet. Diese Art treibt als erste im Jahr Blüten und zeigt als einzige eine gute Herbstfärbung. Die Varietät ***Syringa oblata* var. *alba*** ist an ihren weißen Blüten und kleineren Blättern erkennbar.

Syringa patula

AUSLADENDER FLIEDER

Dieser hübsche Strauch wird etwa 3 m hoch, besitzt eine runde, sich ausbreitende Krone und purpurn überlaufene Zweige. Die Blätter sind leicht behaart und samtig grün, auf der Unterseite heller. Im späten Frühjahr entwickelt er endständige Rispen von außen roten, innen weißen Blüten.

Syringa × *persica*

PERSISCHER FLIEDER

Man hält diese Hybride für eine Kreuzung zwischen *Syringa laciniata* und ***S. afghanica*** oder eine beständig gewordene Jugendform von *S. laciniata*. Es ist ein sommergrüner, kompakt buschiger Strauch von knapp 2 m Höhe und Breite, der vermutlich aus Afghanistan stammt. Zwischen schmalen, dunkelgrünen, zugespitzten Blättern treibt er im Frühjahr viele Rispen mit kleinen, wunderbar duftenden Blüten. **'Alba'** hat zierliche, süßduftende, weiße Blüten.

Syringa pubescens subsp. *patula* 'Miss Kim'

Syn. ***Syringa patula* 'Miss Kim'**

Syringa pubescens subsp. *patula* 'Miss Kim' ist ein besonders schöner, kompakter

Flieder, der auch durch seine späte Blütezeit auffällt. Er hat relativ große Blätter und duftende Blüten von hellvioletter bis rosa Färbung. In Höhe und Breite erreicht er 2–2,5 m. Allerdings wächst er langsam und behält für einige Jahre nur eine Höhe von 1–1,2 m.

Syringa reflexa
BOGENFLIEDER

Heimisch ist diese Art in der Provinz Hubei in Zentralchina. Sie wird 3,5 m hoch und treibt ab spätem Frühjahr zahlreiche 20 cm lange, überhängende, leuchtendrosa Blütenrispen. Die zugespitzten, elliptischen Blätter sind bis zu 20 cm lang. Es ist eine bemerkenswert schöne Art, die sich vom Gemeinen Gartenflieder deutlich unterscheidet. Aus ihr sind in Kanada einige Hybriden entstanden, die man unter dem Namen *Syringa* × *prestoniae* kennt.

Syringa reticulata
JAPANISCHER FLIEDER

Dieser Flieder aus Japan entwickelt verhältnismäßig kleine Blüten. Doch erscheinen sie im Frühjahr in wunderschönen Rispen an den Zweigspitzen. Sie duften süßlich, heben sich äußerst attraktiv von dem dunkelgrünen Laub ab und sind hervorragend zum Schnitt geeignet. Obwohl diese Art ein gedrungener Baum von 9 m Höhe mit breiter Krone werden kann, sieht man sie in der Regel als großen Strauch.

Syringa villosa
ZOTTIGER FLIEDER

Der kompakte Strauch aus Nordchina mit großen, endständigen, rosafarbenen Rispen und großen, dunkelgrünen, ovalen Blättern wird 3,5 m hoch und ebenso breit.

Syringa vulgaris
GEMEINER FLIEDER

Zu dieser Art gehören die meisten verbreiteten Gartensorten. Sie ist in Südosteuropa beheimatet, wird etwa 6 m hoch und hat zugespitzte, ovale oder herzförmige Blätter, bis zu 10 cm lang. Die stark duftenden, weißen oder blaßlila Blüten bilden dichte, pyramidenförmige Rispen. **'Andenken an Ludwig Späth'** treibt zur normalen Fliederzeit große, einzelne, intensiv rotviolette Rispen; **'Aurea'** hat gelblichgrüne Blätter und dunkellila Blüten; **'Charles Joly'** hat gefüllte, rötlichviolette, stark duftende Blüten und ist von kräftigem, aufrechtem Wuchs; **'Congo'** treibt dunkelviolette Blüten; **'Edith Cavell'** blüht weiß, **'Firmament'** hellblau; **'Katherine Havemeyer'** hat große Rispen, die Knospen sind blauviolett, die Blüten lilarosa und gefüllt; **'Lavender Lady'** blüht mauvefarben, **'Maréchal Foch'** rosaviolett; **'Miss Ellen Willmott'** hat gefüllte, weiße Blüten und grün überlaufene Knospen; **'Mme Antoine Buchner'** blüht hell lilarosa, **'Mme F. Morel'** rosaviolett; **'Mme Lemoine'**, ein kompakter, reichblühender Strauch, treibt gefüllte, weiße Blüten in mittelgroßen, festen Rispen; **'Mrs Edward Harding'** hat große Rispen mit gefüllten, rötlichvioletten Blüten; **'President Lincoln'** blüht hellblau; **'Président Poincaré'**, 1913 von Lemoine eingeführt, hat große Rispen mit gefüllten, lilaroten Blüten; **'Primrose'** ist ein kompakter Strauch mit frühen, hellgelben, zarten Blüten; **'Souvenir d'Alice Harding'** treibt im Sommer kleine, weiße Blütenrispen; **'Vestale'** blüht rein weiß; **'Volcan'** hat leuchtendviolette und **'William Robinson'** purpurviolette Rispen.

Syringa yunnanensis
YUNNAN-FLIEDER

Dieser aufrechte, 3 m hohe Strauch besitzt rötlichgrüne, filzig behaarte Jungtriebe und elliptische, 8 cm lange Blätter. Die perlmuttrosa Blüten erscheinen im Frühsommer in endständigen Rispen von etwa 15 cm Länge. Er stammt aus der Provinz Yunnan in China.

SYZYGIUM
KIRSCHMYRTE

Früher ordnete man diese 400 bis 500 Arten immergrüner Bäume und Sträucher der Gattung *Eugenia* zu. Sie wachsen in den tropischen und subtropischen Regenwäldern in Südostasien, Australien und Afrika und haben attraktive Blätter, Blüten und eßbare Beeren. Diese sind weiß, rosa, rot oder rotviolett und reifen vom Spätsommer bis Herbst. Die neuen Triebe im Frühjahr heben sich oft mit roten, rosa oder kupferfarbenen Tönen vom glänzendgrünen, dichten Blätterdach ab. Von Frühjahr bis Sommer erscheinen die meist kleinen Blüten mit hervorstehenden, weißen bis roten Staubgefäßen, die ihnen ein flaumiges Aussehen verleihen.

PFLEGE UND VERMEHRUNG: Sie brauchen Sonne oder Halbschatten und tiefen, feuchten, durchlässigen Humusboden. Am besten gedeihen sie in warmem, fast ganz frostfreiem Klima. Falls nötig, können sie zurückgeschnitten werden. Frischer Samen im Frühjahr oder Stecklinge im Sommer dienen der Vermehrung.

Syzygium aromaticum
GEWÜRZNELKENBAUM

Die in der Küche verwendeten Gewürznelken sind die getrockneten Blütenknospen dieses kleinen, kegelförmigen, 15 m hohen Baums von den Molukken. Er wird heute vielerorts kultiviert. Seine elliptischen Blätter mit dunkelgrüner Ober- und hellerer Unterseite sind mit Drüsen besetzt und bis zu 10 cm lang. Er bringt Gruppen von je drei duftenden, rosagelben Blüten hervor, die sich dunkler verfärben, und hat elliptische, rotviolette Beeren.

Syzygium wilsonii

Syzygium jambos
Syn. *Eugenia jambos*
ROSENAPFEL

Dieser Baum wird 9–12 m hoch und hat eine rundliche Krone. Beheimatet ist er in Südostasien. Seine Blätter sind glänzenddunkelgrün. Die flaumigen, grünlichweißen Blüten stehen in großen, runden Büscheln. Die eßbaren, weißlichrosa bis gelben, duftenden Früchte schmecken nach Rosenwasser.

Syzygium luehmannii
Syn. *Eugenia luehmannii*

Dieser in den heimischen Regenwäldern Ostaustraliens recht große Baum wird in Kultur meist nur etwa 6 m hoch. Er hat einen Stamm mit Brettwurzeln, bis zur Erde hängende Äste und eine kuppelförmige Krone. In warmem bis heißem Klima ist er ein attraktiver Schattenbaum, kann aber auch als Hecke gezogen werden. Die ovalen bis lanzettlichen Blätter mit erhabener Mittelrippe glänzen stark. Junge Triebe sind rosa bis rot. Im Sommer trägt er Büschel gelblichweißer Blüten und später birnenförmige Früchte.

Syzygium malaccense
APFEL-JAMBUSE

Der Stamm des 25 m hohen Baums von der Malaiischen Halbinsel hat eine faserige, rotbraune, schuppige Rinde und Brettwurzeln. Die elliptischen Blätter sind 15 cm lang. Weißliche oder rotviolette Blüten erscheinen in Büscheln. Die 2,5 cm langen Früchte sind rot oder rosa, werden mit der Reife aber dunkelviolett.

Syzygium paniculatum
Syn. *Eugenia paniculata*

Der kleine bis mittelgroße Baum aus Australien mit unregelmäßiger, dicht belaubter Krone kann 20 m hoch werden. Seine Blätter sind glänzendgrün, jung bräunlich-kupferfarben, variieren in der Form zwischen oval und rundlich und sitzen an rötlichen Stielen. Vor allem im späten Frühjahr bringt er duftende, gelblichweiße, 1 cm breite Blüten in dichten Büscheln hervor. Die dekorativen Früchte sind rosaviolett, oval bis rundlich und bis zu 2,5 cm lang. Im Südosten und -westen der USA wird diese Art als Hecke gezogen.

Syzygium wilsonii

Dieser Strauch aus Australien wird 2 m hoch und breit, an einem feuchten, beschatteten Platz sogar noch größer. Die glatten, dunkelgrünen Blätter variieren zwischen lanzettlicher und mehr rundlicher Form, sind 10–15 cm lang und sitzen oft an gedrehten Stielen. Das junge Laub ist orangerot bis rot gefärbt. Die Blüten haben unauffällige Kronblätter, aber schöne rote Staubgefäße. Sie erscheinen von Frühjahr bis Sommer in dichten Büscheln an den Spitzen der übergebogenen Zweige. Die weißen Beeren sind rund bis oval.

Syzygium malaccense

Syzygium paniculatum

Syzygium jambos

Syzygium luehmannii

S

T

TABEBUIA

Einige der etwa 100 Arten dieser Gattung aus tropischen Regionen in der Karibik und Amerikas schätzt man wegen des haltbaren Holzes (Ipé-Holz). Die Sträucher oder Bäume, die sich auch als Schattenspender eignen, tragen hübsche Blüten und Blätter. Diese sind oft gezähnt, können ungeteilt, aber auch fingerförmig gefiedert (mit drei bis sieben Fiedern) sein. Viele Arten werfen während der Trockenzeit ihr Laub ab, manche sind nahezu immergrün. Die trompeten- bis glockenförmigen Blüten können weiß, gelb, rosa, rot oder rotviolett sein. Sie sind in Büscheln an den Zweigenden angeordnet und erscheinen meist erst, nachdem die Blätter abgefallen sind, also zwischen Spätwinter und Frühjahr. Ihnen folgen Hülsenfrüchte.
PFLEGE UND VERMEHRUNG: Die Pflanzen sind frostempfindlich (Mindesttemperatur 17 °C). Kübelpflanzen benötigen einen sonnigen und, wegen der großen Blüten, windgeschützten Platz sowie gutdurchlässigen Boden. Die Vermehrung erfolgt durch Samen, Ableger oder Stecklinge; Sorten werden zumeist gepfropft.

Tabebuia chrysantha

Tabebuia impetiginosa

Tabebuia chrysotricha

Tabebuia chrysantha

Dieser sommergrüne Baum stammt aus Venezuela, wird bis 6 m hoch und bildet mit seinen schlanken Ästen eine lichte Krone; die Blätter setzen sich aus fünf behaarten, fingerförmigen Fiedern zusammen. Die Art bringt eine Vielzahl grünlichgelber, trompetenförmiger Blüten von knapp 10 cm Länge hervor, die vom Spätwinter bis ins Frühjahr in großen Blütenbüschel an den Enden der unbeblätterten Zweige erscheinen. Die Früchte sind leicht behaart.

Tabebuia chrysotricha

GOLDTROMPETENBAUM

Heimisch ist dieser sommergrüne Baum von 9–15 m Höhe und etwa 8 m Breite in Mittelamerika. Er hat eine ausladende Krone, und seine Zweige, Früchte, Blüten- und Blattstiele sowie die Unterseiten der Blätter sind bräunlich behaart. Die langgestielten, dunkelgrünen Blätter bestehen in der Regel aus drei bis fünf ovalen bis länglichen Fiedern. Vom Spätwinter bis zum zeitigen Frühjahr ist die Krone mit dichten Büscheln aus etwa 5 cm großen, trompetenförmigen Blüten übersät. Diese haben leuchtendgelbe, gekräuselte Kronblätter, der Schlund ist goldbraun behaart und weist eine bräunliche Zeichnung auf. Die Früchte sind goldbraun.

Tabebuia heterophylla

Diese besonders prächtige Art aus Brasilien bringt an den unbeblätterten Zweigen in großen, herabhängenden, lockeren Büscheln eine Fülle von leicht gelblich-weißen bis tiefrosa Blüten hervor. Sehr geschätzt wird auch das Holz der Pflanze, und manche halten sie sogar für ein wirksames Heilmittel gegen Syphillis.

Tabebuia impetiginosa 'Pink Cloud'

Tabebuia pallida

Tagetes 'Disco Orange'

Tabebuia impetiginosa

Syn. ***Tabebuia, T. avellanedae, T. heptaphylla***

Dieser hübsche, sommergrüne Baum hat eine aufrechtere Wuchsform als *Tabebuia chrysotricha* und wird mindestens 15 m hoch. Er besitzt eine rundliche, stark verzweigte Krone, und sowohl die Zweige, die Blattstiele, die Blätter selbst als auch die Früchte sind dicht bräunlich behaart. Die dunkelgrünen Blätter setzen sich aus drei bis fünf ovalen bis länglichen Fiedern zusammen. Im Frühjahr verlieren die Bäume ihr Laub, dafür erscheinen beeindruckende Büschel rosaroter oder rosavioletter, trompetenförmiger Blüten. **'Pink Cloud'** ist eine von mehreren sehr schönen Sorten.

Tabebuia pallida

Dieser kleine Baum, der auf den Karibischen Inseln und in Mittelamerika vorkommt, ist immergrün oder wirft kurzzeitig das Laub ab. Er wird etwa 1 m hoch und besitzt meist einen geraden Stamm und eine lichte, rundliche Krone. Allerdings gibt es auch Abweichungen von dieser Wuchsform. Die Blätter setzen sich aus ein, drei oder fünf Fiedern zusammen, die jeweils eine hervorstehende, gelbe Mittelrippe aufweisen. Die in endständigen Büscheln angeordneten rosavioletten, am Rand oft helleren Blüten werden zumeist vom Hoch- bis zum Spätsommer gebildet; vereinzelte Blüten können aber auch zu anderen Zeiten erscheinen.

TABERNAEMONTANA

Diese in den Tropen und Subtropen weitverbreitete Gattung umfaßt etwa 100 Arten immergrüner Sträucher und kleiner Bäume. Einige haben ähnliche Blätter und Blüten wie Gardenien, unterscheiden sich von diesen jedoch durch ihren Milchsaft. Die dunkelgrünen Blätter sind annähernd oval, die trichterförmigen Blüten normalerweise weiß. In wärmeren Regionen werden sie oft als Hecken gepflanzt.
PFLEGE UND VERMEHRUNG: Die Pflanzen benötigen feuchten, durchlässigen Humusboden sowie einen geschützten, sonnigen oder halbschattigen Platz. Fast alle Arten sind frostempfindlich. Die Vermehrung der Arten erfolgt durch Aussaat, der Sorten durch Stecklinge.

Tabernaemontana divaricata

Syn. ***Ervatamia divaricata, E. coronaria***

Diese stark verzweigten und dicht belaubten Sträucher stammen aus einem Gebiet, das sich von Nordindien bis zur Provinz Yünnan in China und dem Norden Thailands erstreckt. Sie werden etwa 2 m hoch; die lederartigen Blätter sind bis zu 10 cm lang. In den wärmeren Monaten erscheinen weiße, röhrenförmige Blüten, die sich in endständigen Büscheln sammeln und abends besonders stark duften. **'Flore Pleno'** hat gefüllte Blüten und wird häufiger kultiviert als die Wildform. Die sehr schönen Sträucher eignen sich hervorragend für das Bepflanzen von Kübeln und können durch Beschneiden leicht in eine schöne Form gebracht werden.

Tagetes lemmonii

Tacca integrifolia

TACCA

Diese Gattung, die zehn ausdauernde, rhizombildende Arten umfaßt, ist in den Tropen Südostasiens und Afrikas weit verbreitet. Die Pflanzen haben grundständige Blätter, aus denen ein langer Schaft mit ungewöhnlichen, fast bizarr wirkenden, grünlichen bis gelben Blüten und fadenförmigen Hochblättern herauswächst. In ihrer Heimat werden einige Arten wegen der stark stärkehaltigen Knollen als Nutzpflanzen kultiviert.
PFLEGE UND VERMEHRUNG: Die Pflanzen sind nicht winterhart (Mindesttemperatur etwa 18 °C) und benötigen eine hohe Luftfeuchtigkeit, so daß sie sich bei uns nur in einem speziellen Gewächshaus kultivieren lassen. Dort benötigen sie torfhaltigen Boden und einen halbschattigen Platz; im Sommer müssen sie kräftig gegossen werden, im Winter sollten sie fast austrocknen. Man kann sie vermehren, indem man die Rhizome teilt oder Samen, falls erhältlich, im Frühjahr aussät.

Tacca integrifolia

Heimisch ist diese aufrechtwachsende Art in Südostasien und einem Gebiet von Ostindien bis Südchina. Sie hat lanzettliche Blätter bis zu 60 cm Länge; im Sommer treiben Scheindolden mit bis zu 30 Blüten aus, die eine rotviolette bis braune Färbung haben und von vier grünen bis rotvioletten Hochblättern umgeben sind. Aus den Blüten hängen bis zu 20 cm lange Staubfäden heraus.

TAGETES

STUDENTENBLUME, SAMMETBLUME, TOTENBLUME

Nachdem diese einjährigen Pflanzen im 16. Jahrhundert entdeckt wurden, waren sie in europäischen Gärten zunächst noch sehr selten zu finden; heute gehören sie dagegen zu den bekanntesten Sommerblumen und eignen sich sowohl für Beete und Balkonkästen, wie auch als Schnittblumen. Die einfachen oder gefüllten Blüten sind in leuchtenden Orange-, Gelb- Rot- oder Brauntönen gefärbt und bilden einen hübschen Kontrast zu den dunkelgrünen Blättern. Einige der etwa 50 Arten besitzen etwas unangenehm riechende Blätter, etwa ***Tagetes minuta.*** Ihre Wurzeln sollen eine Substanz absondern, die verhindern, daß sich Schädlinge im Boden ausbreiten – ein weiterer Grund für ihre Beliebtheit.
PFLEGE UND VERMEHRUNG: Studentenblumen können ab etwa Mitte Mai in den Garten ausgepflanzt werden, wo sie einen sonnigen Platz mit fruchtbarem, gutdurchlässigem Boden benötigen. Durch regelmäßiges Entfernen welker Blüten kann die Blütezeit verlängert werden. Die Vermehrung erfolgt durch Aussaat im März auf dem Fensterbrett oder ab Mitte Mai im Freien. Die Pflanzen sind anfällig für Schneckenbefall und Grauschimmel.

Tagetes 'Disco Orange'

Wie der Name bereits vermuten läßt, wurde 'Disco Orange' in den 70er Jahren gezüchtet. Es handelt sich um eine niedrige Sorte, die man am besten in den Vordergrund eines Sommerbeetes setzt. Die einzelnen, sehr langlebigen Blütenköpfchen erscheinen vom späten Frühjahr bis in den Frühherbst hinein.

Tagetes erecta

Diese verzweigten, aufrechtwachsenden, buschigen, einjährigen Pflanzen aus Mexiko erreichen eine Höhe von 50–100 cm und eine Breite von etwa 50 cm. Ihre aromatischen, glänzend dunkelgrünen Blätter haben einen tiefeingeschnittenen Rand; die Blütenköpfchen, die bis 10 cm groß werden können, erscheinen im Sommer und Frühherbst und sind orange und gelb. Die Art wird auch als Küchen- und Heilkraut verwendet. **'Crackerjack'** hat gefüllte Blütenköpfchen und wird 60 cm hoch.

Tagetes lemmonii

Diese ungewöhnliche, bei uns kaum kultivierte Art aus Arizona und den angrenzenden Gebieten Mexikos ist eine 1–1,5 m hohe, strauchartig wachsende Pflanze mit hellgrünen, gefiederten Blättern, die beim Zerreiben duften. Die kleinen, goldgelben Blütenköpfchen werden meist im Herbst und Winter gebildet, wenn die Pflanze im Frühsommer zurückgeschnitten wurde, manchmal auch fast ganzjährig. Die frostempfindliche Art benötigt einen geschützten, sonnigen Platz.

Tagetes patula

Tagetes lucida

Etwa 60 cm hoch wird diese Art mit aufrechten Stengeln und linealischen, nach Anis duftenden Blättern. Die goldgelben Blütenköpfchen erscheinen im Sommer an den Spitzen der Stengel und blühen, wenn man die welken Köpfchen regelmäßig entfernt, bis zum Herbst. Manchmal nutzt man die Pflanzen, die bereits den Azteken zur Herstellung eines kakaoähnlichen Getränks (*chocólatl*) diente, auch als Küchen- und Heilkraut.

Tagetes patula

Diese schnellwachsende, buschige, einjährige Pflanze von bis zu 30 cm Höhe und Breite aus Mexiko gelangte über Südfrankreich ins übrige Europa. Von Sommer bis Frühherbst bringt sie gefüllte, an Nelken erinnernde Blütenköpfchen hervor, die rot, gelb und orange gefärbt sind; die aromatischen Blätter sind dunkelgrün. **'Dainty Marietta'** ist eine reingelbe Sorte mit ungefüllten Blütenköpfchen. **'Naughty Marietta'** hat ungefüllte, goldgelbe Blütenköpfchen, deren Kronblätter an der Basis eine rotbraune Zeichnung aufweisen. Die großen, rotbraunen Blüten von **'Honeycomb'** haben einen goldgelben Rand.

Tagetes tenuifolia

Noch feinere Blätter als andere Studentenblumen hat diese Art. Sie wird nur 20 cm hoch und breit und eignet sich für Beeteinfassungen. Auch ihre zartgelben und orangefarbenen Blüten, die im Sommer und Frühherbst erscheinen, sind kleiner. **'Tangerine Gem'** bringt ungefüllte, leuchtendorange gefärbte Blütenköpfchen hervor.

TAIWANIA

Diese selten kultivierte Gattung immergrüner Koniferen aus Myanmar, China und Taiwan umfaßt nur zwei, möglicherweise auch drei Arten, die eng mit *Cryptomeria* verwandt sind. Die Blätter sind jung schmal, graugrün und fast nadelartig, ältere Blätter sind zumeist deutlich kürzer; die Samen sitzen in zylindrischen, verholzten Zapfen. In China wurde das Holz dieser Bäume jahrhundertelang zur Herstellung von Särgen verwendet. In der Natur sind die Pflanzen inzwischen fast ausgestorben.
PFLEGE UND VERMEHRUNG: Die nicht völlig winterharten Pflanzen mögen einen sonnigen Standort mir feuchtem, aber gutdurchlässigem Boden. Die Vermehrung erfolgt durch Samen oder Stecklinge.

Taiwania cryptomerioides

Wildwachsend wird diese stattliche, kegelförmige Konifere 60 m hoch und kann dann einen Stammdurchmesser bis zu 6 m erreichen. Bereits die noch säulenartig wachsenden jungen Bäume sind sehr robust und haben elegant überhängende Zweige mit blaugrünen Blättern. Die Blätter sind jung steif, spitz, schmal, gut 1 cm lang und sitzen in abgeplatteten Reihen seitlich an den Zweigen. Die nicht einmal halb so langen älteren Blätter sind weicher, dreieckig und liegen den Zweigen fest an. Die kleinen, zylindrischen, braunen Zapfen sitzen endständig an den Spitzen der gebogenen Zweige.

Talauma hodgsonii

Tagetes tenuifolia

TALAUMA

Diese Gattung mit etwa 40 immergrünen Baumarten ist in Mittelamerika und den subtropischen Regionen Asiens weit verbreitet. Von den eng verwandten Magnolien unterscheiden sie sich in erster Linie durch die Art der Samenfreisetzung. Von den Azteken wurden einige *Talauma*-Arten als Heilpflanzen verwendet.
PFLEGE UND VERMEHRUNG: Die Pflanzen werden nicht oft kultiviert. Sie benötigen feuchten Humusboden und einen sonnigen oder halbschattigen Platz. Alle Arten sind frostempfindlich.

Talauma hodgsonii

Diese Art aus Nepal besitzt lederartige, stark geaderte Blätter; der Neuaustrieb ist rötlich überlaufen.

TALINUM

Die etwa 50 ein- oder mehrjährigen Arten dieser Gattung sind in den Tropen und Subtropen weit verbreitet. Die Pflanzen werden zumeist nicht höher als 60 cm und haben breite, etwas fleischige, grundständige Blätter, deren Form von lanzettlich bis fast rund variiert; im oberen Teil der Stengel sind die Blätter schmaler, manchmal sogar nadelartig. Viele Arten bilden kräftige, knollige Wurzeln. Die in endständigen Büscheln angeordneten Blüten – winzig, gelb, rot, rosa oder rotviolett – erscheinen im Sommer. Aus ihnen entwickeln sich später kleine, grüne Früchte, die oft von einer leuchtend gefärbten (meist rosa oder rotvioletten), pergamentartigen Hülle umgeben sind. Die Pflanzen werden meist in Steingärten, Kübeln, Gewächshäusern oder als Zimmerpflanzen kultiviert; einige Arten sind aber auch eßbar und werden als Gemüse oder Viehfutter verwendet.
PFLEGE UND VERMEHRUNG: Die meist frostempfindlichen Arten werden bei uns oft als Zimmerpflanzen kultiviert. Nach Möglichkeit sollten die Pflanzen einen hellen Platz bekommen, an dem es auch im Winter nicht zu kalt wird, beispielsweise in einem Wintergarten. Im Sommer wird mäßig gegossen, im Winter fast gar nicht. Die Vermehrung erfolgt durch Aussaat im Herbst oder durch Stecklinge.

Taiwania cryptomerioides

Taiwania cryptomerioides

Talinum paniculatum

Die frostempfindliche, aufrechte Staude erreicht eine Höhe und Breite von ungefähr 60 cm. Ihre Blätter sind elliptisch bis oval; im Sommer bringt sie große Büschel gelblicher bis roter Blüten hervor.

TAMARINDUS

TAMARINDE

Ein großer, langsamwachsender, immergrüner Baum aus Ostafrika, der inzwischen aber auch in vielen Regionen Ostasiens eingebürgert wurde. Er ist die einzige Art dieser zur Familie der Hülsenfrüchtler gehörenden Gattung. Man schätzt ihn als Schattenspender und Alleebaum, aber mehr noch wegen der bohnenähnlichen Hülsen, die außer den großen Samen auch noch ein eßbares, süßes und faseriges

Tamarindus indica

Tamarindus indica

Tamarix parviflora

Fruchtfleisch enthalten. Das Fleisch verarbeitet man zu einem süßsauren Sirup, der die Basis vieler erfrischender Getränke im Nahen Osten ist, aber auch ein Bestandteil der Worcestershire-Sauce und eine häufige Zutat in den Küchen Asiens.
PFLEGE UND VERMEHRUNG: Die Bäume benötigen eine Mindesttemperatur von 16–18°C, so daß sie bei uns nicht im Freien überwintern können. Bei einer Kultur in einem Kübel darf das Gefäß nicht zu klein gewählt werden, da sich die Wurzeln stark ausbreiten können. Durch Samen, Stecklinge oder Abmoosen im Frühjahr läßt sich die Tamarinde vermehren.

Tamarindus indica

Dieser hübsche Baum, bis 20 m hoch, hat eine breite Krone und dichtes Laub; die rauhe Rinde seines kurzen Stammes ist braun. An den hellbraunen, schlanken Zweigen sitzen leuchtendgrüne Blätter mit länglichen bis elliptischen Fiedern. Die in kleinen Trauben angeordneten, hell orangefarbenen bis gelben oder weißlichen, rot geäderten Blüten erscheinen im Sommer zwischen dem Laub. Aus ihnen entwickeln sich später bis 20 cm lange, grüne Hülsen, die bei der Reife dunkelbraun werden und eine brüchige Schale bekommen.

Tamarix tetrandra

Tamarix aphylla

TAMARIX
TAMARISKE

Bei den etwa 50 Arten dieser in Südeuropa, Nordafrika und den gemäßigten Regionen Asiens heimischen Gattung, die häufig in ausgetrockneten Flußbetten und sogar auf salzigen Böden wachsen, handelt es sich um robuste Sträucher oder kleine, sommergrüne Bäume. Sie haben einen nur kurzen Stamm und überhängende Zweige, an denen zahlreiche winzige, schuppenartige Blätter mit Salzdrüsen sitzen. Die kleinen, weißen oder rosa Blüten sind in zahlreichen schlanken Trauben angeordnet; die Früchte sind kapselförmig.
PFLEGE UND VERMEHRUNG: Die beliebten Zierpflanzen sind mit den unterschiedlichsten Böden und Klimabedingungen zufrieden; außerdem vertragen sie salzige Luft und längere Trockenperioden. Die meisten Arten sind winterhart, wobei man sich aber sicherheitshalber für spät blühende Arten entscheiden sollte, damit die Blüten nicht geschädigt werden. Als Standort eignet sich ein sonniger Platz mit fruchtbarem, gutdurchlässigem Sandboden; nach der Blüte kann zurückgeschnitten werden. Beim Pflanzen muß der Boden gut eingeschlämmt werden. Vermehrt wird durch Samen oder Steckhölzer im Winter bzw. halbreife Stecklinge im Frühjahr oder Herbst.

Tamarix aphylla
Syn. *Tamarix articulata*

Der kräftige, winterharte, immergrüne Baum mit schlanken, grauen, überhängenden Zweigen wird bis zu 10 m hoch und etwa 8 m breit. Er hat einen kurzen, grauen Stamm, eine ausladende Krone und graugrüne, linealische Blätter; die winzigen, weißen oder hellrosa Blüten werden im Sommer und Herbst gebildet. Die Art, die sich an Flußläufen in warmen, trockenen Regionen oft so stark ausbreitet, daß sie in Teilen der USA und Australiens größere Probleme verursacht, kann gut dazu verwendet werden, sandige Böden zu befestigen.

Tamarix chinensis
Syn. *Tamarix japonica, T. plumosa*

Diese sommergrüne Art gedeiht in Regionen mit mildem Klima am besten. Sie verträgt zwar auch Hitze und Trockenheit, benötigt dann aber stets ausreichend Feuchtigkeit im Wurzelbereich. Der elegante Strauch mit aufrechtwachsendem Stamm und leicht überhängenden Zweigen wird etwa 3,5 m hoch. Die unzähligen winzigen, hellrosa Blüten erscheinen im Spätsommer und können sich mehrere Monate lang halten; die kleinen, linealischen Blätter hängen leicht herab.

Tamarix gallica

Dieser winterharte, sommergrüne, unregelmäßig verzweigte, gern in die Breite wachsende Strauch stammt von den Kanarischen Inseln und aus Sizilien. Er wird bis 3,5 m hoch und etwa 6 m breit. Im Sommer erscheinen zwischen den winzigen, blaugrünen Blättern sternförmige, rosa Blüten in endständigen Trauben.

Tamarix parviflora
Syn. *Tamarix tetrandra* var. *purpurea*

Der kleine, sommergrüne, winterharte Baum mit ausladender Krone verträgt Trockenheit nur schlecht. Er wird etwa 4,5 m hoch und bietet besonders im Frühjahr, wenn er mit winzigen, hellrosa Blüten übersät ist, einen sehr hübschen Anblick. Die Blüten, die in kleinen Rispen angeordnet sind, sitzen an den Trieben des Vorjahres. Die gezähnten, kleinen, schmalen und mittelgrünen Blätter verfärben sich im Herbst orangerot. Der Baum wird oft mit der sehr ähnlichen Art *Tamarix gallica* verwechselt.

Tamarix ramosissima
Syn. *Tamarix pentandra*

Diese außerordentlich winterharte Art ist vermutlich die am häufigsten kultivierte Tamariske. Der elegante, sommergrüne Strauch stammt aus einem Gebiet, das sich von Osteuropa bis nach Mittelasien erstreckt und wird etwa 4,5 m hoch und 3 m breit. Er hat winzige, blaugrüne Blätter, die Äste und Zweige sind dunkel rotbraun. Von Spätsommer bis Frühherbst erscheinen bis zu 15 cm lange, federartige Büschel mit unzähligen kleinen, rosa Blüten. **'Pink Cascade'** ist eine robuste Sorte mit leuchtend rosaroten Blüten.

Tamarix ramosissima

Tamarix tetrandra

Diese Art wird 3 m hoch, hat gebogene, bräunlich bis rotviolette Triebe und nadelähnliche Blätter. Im Frühjahr erscheinen an den Trieben des Vorjahres Trauben mit vierblättrigen, rosa Blüten.

TANACETUM
Syn. *Pyrethrum*

Der antiken griechischen Sage zufolge erlangte Ganymed nach dem Genuß eines Trunks, der aus dem Rainfarn – einer der Arten dieser Gattung – hergestellt worden war, seine Unsterblichkeit. Es handelt sich um rhizombildende, ausdauernde, zur Familie der Korbblütler gehörende Pflanzen, die, obwohl sie selbst bei äußerlicher Anwendung mitunter Vergiftungen hervorrufen, früher häufig zur Behandlung von Menstruationsbeschwerden, Hysterie, Hautproblemen, Verstauchungen, Quetschungen und Rheuma angewendet wurden. Die etwa 70 Arten der Gattung, die in die verwandtschaftliche Nähe der Chrysanthemen gehört, kommen nur in den gemäßigten Breiten der nördlichen Hemisphäre vor. Als Gartenblumen werden sie nicht nur wegen der hübschen Körbchenblüten geschätzt, sondern auch wegen ihrer äußerst attraktiven, in der Regel fein zerteilten Blätter, die oft weiß behaart sind und bei vielen Arten aromatisch duften.
PFLEGE UND VERMEHRUNG: Die meisten Arten sind winterhart und bevorzugen einen sonnigen Platz mit gut durchlässigem, nicht zu feuchtem Boden, weshalb die Pflanzen nur mäßig gegossen werden dürfen. Ein zweite Blüte kann durch Abschneiden welker Blüten angeregt werden. Die Pflanzen breiten sich schnell aus, so daß benachbarte Gewächse leicht überwuchert werden. Die Vermehrung erfolgt durch Teilung im Frühjahr oder Aussaat im späten Winter oder zeitigen Frühjahr.

Tanacetum argenteum
Syn. *Achillea argentea*

Die normalerweise immergrüne, völlig winterharte Staude breitet sich polsterartig aus. Sie erreicht eine Höhe von bis zu 25 cm und eine Breite von etwa 20 cm und wird vor allem wegen ihrer feinen, silbergrünen Blätter geschätzt. Im Sommer bringt sie zahlreiche kleine, weiße Körbchenblüten hervor.

Tamarix ramosissima

Tanacetum argenteum

Tanacetum balsamita var. *tomentosum*

Tanacetum coccineum

Tanacetum corymbosum

Tanacetum haradjanii

Tanacetum balsamita

Syn. ***Balsamita major, Chrysanthemum balsamita***

MARIENBLATT

Diese robuste, winterharte Staude mit ihren kräftigen, rhizombildenden Wurzeln neigt ein wenig zum Wuchern. Sie wird bis 1,5 m hoch und bringt im Spätsommer weiße Blütenköpfchen mit leuchtendgelben Scheibenblüten hervor. Die Blätter kann man in kleinen Mengen in Salaten nutzen und zum Würzen von Fleisch und Gemüse verwenden; früher dienten sie außerdem als Bierwürze. Daneben haben sie eine antiseptische Wirkung. Die Blätter von ***Tanacetum balsamita* var. *tomentosum*** sind unterseits dicht fein behaart und verbreiten einen strengen Kampfergeruch.

Tanacetum cinerariifolium

Syn. ***Chrysanthemum cinerariifolium, Pyrethrum cinerariifolium***

DALMATINISCHE INSEKTENBLUME

Diese winterharte Art wird etwa 80 cm hoch und bis zu 30 cm breit. Sie besitzt schlanke, graue, behaarte Stengel und fein zerteilte, graugrüne Blätter. Die einzelnen, weißen bis rosa Blütenköpfchen mit auffälligen gelben Scheibenblüten erscheinen vom Frühsommer bis in den Frühherbst hinein. Die getrockneten, pulverisierten Blütenköpfchen werden oft zu handelsüblichen Insektiziden verarbeitet.

Tanacetum coccineum

Syn. ***Chrysanthemum coccineum, Pyrethrum roseum***

Diese winterharte, aufrechte Staude hat dunkelgrüne, fein zerteilte, duftende Blätter. Ihre einfachen, manchmal auch gefüllten, langgestielten Blütenköpfchen, die im späten Frühjahr bis Frühsommer gebildet werden, können rosa, rot, rotviolett oder weiß sein. Die Art wird 60–90 cm hoch und 50 cm breit. **'Brenda'** hat auffällige blaurote Blüten. **'Eileen May Robinson'** gehört zu den schönsten Sorten mit ungefüllten, rosa Blüten. **'James Kelway'** aus Westasien blüht leuchtend rosarot.

Tanacetum corymbosum

Diese dichtwachsende, horstbildende Art aus Süd- und Mitteleuropa sowie Zentralrußland erreicht eine Höhe bis zu 1 m und wird etwa 30 cm breit. Sie besitzt fein zerteilte Blätter und weiße Blüten.

Tanacetum haradjanii

Syn. ***Chrysanthemum haradjanii***

Diese verholzte, immergrüne Staude aus Syrien und der Türkei wird 25–40 cm hoch und breit. Die teppichbildende, nicht völlig winterharte Pflanze hat eine Pfahlwurzel und lanzettliche, silbergraue, stark zerteilte Blätter. Die in endständigen Büscheln wachsenden, leuchtendgelben Blütenköpfchen werden im Sommer gebildet. Die Art eignet sich für Steingärten.

Tanacetum niveum

Tanacetum niveum

Diese attraktive Art mit zerteilten, graugrünen Blättern wird etwa 60 cm hoch und bis zu 1 m breit. Im Hochsommer bringt sie eine Vielzahl weißer Blütenköpfchen mit gelber Mitte hervor. Die Pflanzen breiten sich häufig von selbst aus.

Tanacetum parthenium

Syn. ***Chrysanthemum parthenium***

Diese Art gehört zu den aromatischen Gewächsen, die eine lange Geschichte als Heilpflanze aufweisen. So wurde sie bei Fieber und Schüttelfrost eingesetzt, aber auch als Gegenmittel bei übermäßigem Opiumgenuß. Heute erfreut man sich im Sommer eher an ihren hübschen Blütenbüscheln mit einfachen oder gefüllten, etwa 1 cm großen, langlebigen Körbchen, die weiße Scheibenblüten und eine gelbe Mitte haben. Die winterharten Pflanzen mit gelbgrünen, bis 10 cm langen Blättern werden bis etwa 60 cm hoch und 50 cm breit, sind jedoch sehr kurzlebig, so daß man sie jedes Frühjahr neu aussät. **'Aureum'** hat leuchtend goldgelbe Blätter. Die zwergwüchsige **'Golden Moss'** wird nur 15 cm hoch und breit. Sie hat goldgelbe, moosartige Blätter und dient oft als Beeteinfassung. **'Snowball'** hat quastenartige Blüten und wird bis zu 30 cm hoch.

Tanacetum ptarmiciflorum

Syn. ***Chrysanthemum ptarmiciflorum***

Die buschige Staude von den Kanarischen Inseln hat eine verholzte Pfahlwurzel und silberne, lanzettliche, stark zerteilte Blätter. Sie ist nicht winterhart, eignet sich in wärmeren Regionen aber gut als Steingartenpflanze, da sie höchstens 40 cm hoch und etwa ebenso breit wird. Im Sommer bringt sie in dichten, endständigen Büscheln weiße Blütenköpfchen hervor.

Tanacetum vulgare

RAINFARN

Diese robuste, stark aromatische, bis zu 1,5 m hohe Pflanze ist in Europa heimisch. Da sie einen kriechenden Wurzelstock hat, breitet sie sich bei guten Bedingungen übermäßig stark aus, so daß eine Kontrolle erforderlich wird. Im zeitigen Frühjahr entspringen dem Wurzelstock hohe Stengel mit dunkelgrünen, fein fiederteiligen Blättern; die Büschel mit endständigen, leuchtend goldgelben knopfartigen Blüten erscheinen von Spätsommer bis in den Herbst. Mit Rainfarn lassen sich Insekten abschrecken, vor allem Fliegen und Ameisen, aber auch Bienen

Tanacetum parthenium 'Golden Moss'

Tanacetum parthenium

TAPEINOCHILOS

Die etwa 15 Arten dieser Gattung, heimisch von Südostasien bis Nordaustralien, kommen hauptsächlich in Wäldern vor. Es handelt sich um tropische Pflanzen, die, ähnlich wie *Costus*- und *Heliconia*-Arten, nicht so sehr durch ihre eher unscheinbaren Blüten beeindrucken, sondern durch die strahlend gefärbten Hüllblätter, von denen die Blüten eingehüllt sind.

PFLEGE UND VERMEHRUNG: Alle Arten sind frostempfindlich (Mindesttemperatur etwa 18 °C) und brauchen außerdem eine hohe Luftfeuchtigkeit, so daß sie in unseren Breiten am besten in einem speziellen Gewächshaus kultiviert werden. Mit sehr viel Mühe ist auch die Pflege in Töpfen möglich. Die Vermehrung erfolgt durch Samen oder Teilung im Frühjahr. Topfpflanzen sind häufig anfällig für die Rote Spinne.

Tanacetum ptarmiciflorum

Tanacetum parthenium 'Snowball'

Tanacetum parthenium 'Aureum'

T

Tapeinochilos ananassae
Syn. *Tapeinochilos queenslandiae*

Wie der Artname bereits vermuten läßt, erinnert diese Art an eine rotviolett gefärbte Ananas, der allerdings der dunkelgrüne Schopf an der Spitze fehlt. Ihre Blütenähre, die an einem blattlosen Trieb sitzt, erhebt sich etwa 40 cm hoch über den Boden, wird aber zumeist von erheblich längeren, beblätterten Trieben überragt. Die kleinen, gelben Röhrenblüten sind fast vollständig von rotvioletten Hochblättern eingeschlossen. Heimisch ist die Art auf Neuguinea, in Nordaustralien und auch im Osten Indonesiens.

TARAXACUM
LÖWENZAHN, KUHBLUME, PUSTEBLUME

Bei dieser allseits bekannten Gattung gibt es unter Botanikern immer wieder größere Diskussionen über die tatsächliche Anzahl der Arten. Einige behaupten, es seien nur 60, andere sprechen von mehreren hundert. Dann zählen sie aber viele unbedeutende Kleinarten mit, die sich nur sehr wenig voneinander unterscheiden und sich häufig durch eine sogenannte Apomixis vermehren, also durch eine Fortpflanzung, bei der es nicht zur Verschmelzung verschiedenartiger Geschlechtszellen kommt. Bei den meisten Arten handelt es sich um ausdauernde Pflanzen mit einer dicken Pfahlwurzel, einige sind auch zweijährig. Die kräftigen, grünen, grobgezähnten oder fiederteiligen Blätter sitzen in einer grundständigen Rosette, aus der die hohlen, unverzweigten Stengel hervorragen, an denen die Blütenköpfchen sitzen, die aus-

Tapeinochilos ananassae

Tasmannia lanceolata

schließlich aus schmalen Zungenblüten bestehen. Bei Verletzung sondern alle Pflanzenteile einen weißen Milchsaft ab. Viele Arten, besonders *Taraxum officinale*, deren Blätter den Bitterstoff Taraxacin enthalten, dienten lange Zeit als Heilpflanzen, etwa bei der Behandlung von Gallen- und Magenleiden. Außerdem wurden ihre blanchierten Blätter und ihre in Scheiben geschnittenen Wurzeln in Salaten verwendet, während man die Wurzeln als Kaffee-Ersatz nutzte. In Rußland entdeckte man, daß die dort heimische Art ***T. koksaghyz*** genügend Milchsaft zur Gummiherstellung enthält, so daß man sie im Zweiten Weltkrieg in größerem Maßstab anbaute.
PFLEGE UND VERMEHRUNG: Der Löwenzahn wird bei uns nicht als Zierpflanze kultiviert, sondern gilt in Gärten eher als ungeliebtes Unkraut.

Taraxacum officinale
GEMEINER LÖWENZAHN, KUHBLUME

Die bekannte, in Europa heimische Pflanze ist heute, mit Ausnahme der Tropen, fast überall auf der Erde verbreitet. Ihre sehr variabel gestalteten Blätter können einen glatten, aber auch tiefeingeschnittenen Rand haben; die Blütenstengel werden bis zu 30 cm hoch und tragen fast ganzjährig leuchtend goldgelbe, bis zu 3,5 cm große Blütenköpfchen. Im Winter friert die Pflanze zurück. Aus den Blüten stellt man Erfrischungsgetränke sowie Bier und Wein her. Die Pflanze hat eine harntreibende Wirkung – daher der französische Name *pissenlit* (»Bettnässer«).

TASMANNIA

Diese Gattung mit etwa einem Dutzend Arten immergrüner, mittelgroßer Sträucher oder kleiner Bäume sind in einem Gebiet heimisch, das von Malaysia bis

Taxodium ascendens

Taxodium ascendens 'Nutans'

Taxodium mucronatum

Taxodium distichum

Ostaustralien und Tasmanien reicht. Die Botaniker sind sich nicht ganz einig, ob man dieser Gattung einen eigenständigen Rang zuerkennen oder die Arten der sehr ähnlichen Gattung *Drimys* zuordnen sollte. Die Blüten sind normalerweise weiß bis cremefarben; die schwarzen bis dunkelrotvioletten Früchte haben einen scharfen Geschmack. Die Blätter sind glänzend und dunkelgrün, die Zweige rötlich.
PFLEGE UND VERMEHRUNG: Die nicht völlig winterharten Pflanzen benötigen einen geschützten, sonnigen Platz, etwa vor einer West- oder Südwand, und gutdurchlässigen, sandigen Boden. Vermehrt werden sie durch Stecklinge im Sommer.

Tasmannia lanceolata
Syn. *Drimys lanceolata*
BERGPFEFFER

Der rundliche, immergrüne Strauch aus dem Südosten Australiens wird bis 2 m hoch und etwa ebenso breit. Die elliptischen Blätter sind ungefähr 5 cm lang. Aus den im Sommer erscheinenden cremefarbenen Blüten entwickeln sich später schwarze Früchte, die manchmal zum Würzen verwendet werden.

TAXODIUM
SUMPFZYPRESSE, SUMPFEIBE

Diese kleine Gattung sommergrüner oder halbimmergrüner Koniferen umfaßt drei in Nordamerika und Teilen Mexikos heimische Arten, die dort vorzugsweise an Flußläufen und Seeufern wachsen. Der Gattungsname erklärt sich durch die oberflächliche Ähnlichkeit der Blätter mit denen der Eibe *(Taxus)*. Die Arten entwickeln große, ausladende Äste und werfen im Herbst ihre Blätter ab, zusammen mit den Kurztrieben, an den sie gebildet werden. Zuvor verfärben sich die Blätter aber noch kupferbraun. Die männlichen, den Pollen enthaltende Zapfen sind winzig, die weiblichen kugelig und bis zu 2,5 cm groß. Das Holz der Bäume ist weich, aber sehr dauerhaft, so daß es manchmal als Bauholz verwendet wird.
PFLEGE UND VERMEHRUNG: Die Bäume bevorzugen einen sonnigen, jedoch möglichst sumpfigen Platz und wachsen sogar in flachem Wasser. Normalerweise kann man sie aber auch in herkömmliche Gartenerde pflanzen, sofern diese ausreichend tief und feucht genug ist. Die Vermehrung erfolgt durch Samen oder Stecklinge.

Taxodium distichum

Taxodium ascendens

Diese Art kommt hauptsächlich in den sandigen Küstenregionen im Osten der USA vor, wo sie normalerweise in Flußniederungen und Sümpfen wächst. In Kultur wird der schlanke, kegelförmige Baum bis 20 m hoch. Seine Blätter sitzen spiralförmig an den aufrechten Kurztrieben. Der Neuaustrieb im Frühjahr ist leuchtendgrün, im Herbst verfärben sich die Blätter braun; die kleinen Zapfen sitzen an den Zweigenden. Der Baum kann gut an Flußläufe oder See- und Teichufer gepflanzt werden. Die Triebe von **'Nutans'** wachsen anfangs aufrecht, beginnen im Laufe der Zeit jedoch herabzuhängen.

Taxodium distichum
SUMPFZYPRESSE

Dieser schnellwachsende Baum aus den Sumpfgebieten im Südosten der USA wird in der Natur bis 35 m, in Kultur 25 m hoch. Auffällig sind die tief gefurchte, faserige, rötlichbraune Rinde und die wulstigen Wurzelknie. Diese Knie sind waagerechte, verholzte Auswüchse, die von den Wurzeln gebildet werden, falls die Pflanze im Wasser steht. Man vermutet, daß sie der Luftversorgung der Wurzeln dienen, wenn diese sich unter Wasser befinden. Die kleinen, hellgrünen Blätter sind schmal und spitz, im Herbst verfärben sie sich zunächst rostrot und dann goldbraun. Die harzigen, runden, rotvioletten Zapfen sind 2,5 cm breit.

Taxodium mucronatum
MEXIKANISCHE SUMPFZYPRESSE

Dieser Baum aus Mexiko und dem Südwesten von Texas wirft nur in kühleren Regionen im Herbst die Blätter ab. Er erreicht eine Höhe von mindestens 30 m, hat einen mächtigen Stamm und weit ausladende

Taxus cuspidata

Äste. Die Blätter gleichen denen von *Taxodium distichum*, die Zapfen sind dagegen weniger auffällig. Im mexikanischen Hochland gibt es einige riesige Exemplare, im Dorf Santa Maria del Tule wächst eines mit einem Durchmesser von etwa 14 m. Es ist wohl eintausend Jahre alt.

TAXUS

EIBE

Die immergrünen Koniferen der kleinen, in den kühleren Regionen der nördlichen Hemisphäre heimischen Gattung wachsen langsam, sind aber sehr langlebig. Die jung kegelförmigen Bäume entwickeln im Laufe von Jahrhunderten eine kuppelförmige Krone und einen wuchtigen Stamm mit rot- oder graubrauner Rinde, die sich dünn abschält. Ihre flachen, grünen Blätter sind kurz, nadelartig und sehr spitz. Die männlichen und weiblichen Blüten werden im Frühjahr an verschiedenen Bäumen gebildet. Alle Teile, bis auf die leuchtendroten, fleischigen Samenmäntel der weiblichen Bäume, sind giftig für Mensch und Tier. Mit Eiben lassen sich hervorragend dichte Hecken pflanzen, außerdem kann man sie gut als hübsche Formbäume zurechtschneiden.
PFLEGE UND VERMEHRUNG: Die Pflanzen sind völlig winterhart und begnügen sich mit fast jeder Art von Boden. Bevorzugt wird allerdings kalkhaltige, nährstoffreiche Erde. Die beste Zeit zum Beschneiden von Eibenhecken sind Juni und Juli; die Vermehrung erfolgt durch Samen, Stecklinge oder Pfropfen.

Taxus baccata

GEMEINE EIBE

Dieser dichte, dunkle Baum aus Westasien, Nordafrika und Europa spielte viele Jahrhunderte lang nicht nur im religiösen Leben vieler Völker eine wichtige Rolle, sondern auch im täglichen Gebrauch. So wurden aus seinem Holz einst Langbögen gefertigt, und ein Sud aus seinen Blättern diente als Gift für Speerspitzen. Am besten wächst die Art an einem hellen Platz mit feuchtem, basischem Boden. Der dunkle, aufrechte Stamm wird im Alter sehr dick, die Blätter sind dunkelgrün. Männliche Bäume bilden schuppige Zapfen, weibliche becherförmige, leuchtend rote Beeren, die einen giftigen Samen enthalten. Alte Exemplare können bis zu 15 m hoch werden, Sorten sind generell etwas kleiner. **'Aurea'** hat zunächst goldgelbe Blätter, die im zweiten Jahr aber grün werden. **'Dovastoniana'** besitzt typische, weit waagerecht abstehende Äste, von denen die Seitenzweige mähnenartig herabhängen; meist

Taxus cuspidata 'Densiformis'

sind die Bäume weiblich. **'Dovastoniana Aurea'** ist von ähnlichem Wuchs, doch haben die Blätter einen leuchtendgelben Rand. **'Fastigiata'** wächst säulenförmig; **'Repandens'** bleibt sehr niedrig, wird dafür aber sehr breit. Die langsamwachsende Sorte **'Semperaurea'** hat eine breitbuschige Wuchsform und aufrechtstehende Äste. Die Blätter sind goldgelb, verblassen im Alter aber zumeist zu einem rötlichen Gelb.

Taxus brevifolia

PAZIFISCHE EIBE

Heimisch in Nordamerika vom Südosten Alaskas bis nach Kalifornien und zu den Rocky Mountains, wird diese Art bis 15 m hoch, etwa 1 m breit und hat eine kegelförmige, lichte Krone mit schlanken, überhängenden Zweigen. Die schuppige Rinde ist rotviolett; die Blätter sind lineal bis lanzettlich. Alle Teile dieses nur sehr selten kultivierten Baums sind giftig. Seine Rinde dient zur Herstellung des Medikamentes Taxol, das zur Krebsbehandlung eingesetzt wird, vor allem bei Eierstocktumoren.

Taxus cuspidata

JAPANISCHE EIBE

Diese Art wächst schneller als *Taxus baccata* und die von ihr abstammenden Sorten sind weniger frostempfindlich als die Zuchtformen der Gemeinen Eibe und unempfindlich gegen Luftverschmutzung, so daß man sie auch in Städten anpflanzen kann. Die großen Sträucher oder kleinen Bäume von mindestens 4,5 m Höhe und Breite haben einen aufrechten Stamm mit graubrauner Rinde. Die kleinen, schmalen Blätter, V-förmig an den Zweigen aufgereiht, sind oberseits mattgrün, unterseits heller. Die langsamwachsende, kompakte **'Aurescens'** hat jung kräftiggelbe Blätter, die im zweiten Jahr allerdings grün werden. Ähnlich kompakt, aber von kugeliger Wuchsform ist die dichte, zwergwüchsige **'Densiformis'**, die nur 1 m hoch wird.

Taxus × media 'Everlow'

Taxus × media

Zu *Taxus × media* gehören Hybriden einer Kreuzung zwischen der Gemeinen und der Japanischen Eibe. Die männliche **'Brownii'** und **'Everlow'** wachsen kugelförmig und werden bis 2,5 m hoch und breit, lassen sich durch Stutzen aber kleiner halten. **'Hatfield'** ist eine in die Breite wachsende, aufrechte männliche Sorte; die aufrechte weibliche **'Hicksii'** hat eine schmalere Wuchsform. Beide eignen sich als Hecke.

TECOMA

Syn. *Stenolobium*

Diese Gattung mit etwa zwölf meist immergrüner Arten von Sträuchern und kleinen Bäumen stammt aus Mittel- und Südamerika. Sie sind eng mit den Gattungen *Tecomaria* und *Tabebuia* verwandt, und bis vor kurzem wurden die afrikanischen *Tecomaria*-Arten auch noch in der Gattung *Tecoma* geführt. Die Pflanzen bilden vom Frühjahr bis in den Herbst Büschel aus auffälligen gelben bis orangefarbenen, röhren- oder trompetenförmigen Blüten. Die Blätter sind einfach oder zusammengesetzt (stets mit einer ungeraden Anzahl von Fiederblättern).
PFLEGE UND VERMEHRUNG: Die Arten sind nicht winterhart (Mindesttemperatur 10–15 °C), sie eignen sich nur für Kübelhaltung. Sie brauchen im Sommer einen windgeschützten Platz in der Sonne und dürfen nicht zu stark gegossen werden. Vermehrung durch Samen im Frühjahr oder Stecklinge im Sommer. Achten sollte man auf Befall durch die Rote Spinne.

Tecoma stans

Syn. *Bignonia stans, Stenolobium stans*

Der immergrüne Strauch oder kleine Baum wird 4,5–6 m hoch, kann aber nach der Blüte stark zurückgeschnitten werden, damit er buschiger wächst. Seine Blätter setzen sich aus fünf bis sieben Fiedern zusammen, die 6–8 cm lang sind und einen gesägten Rand haben. Die leuchtendgelben, trompetenförmigen, bis 5 cm großen, endständigen Blüten haben eine sehr lange Blütezeit, die vom Frühsommer bis zum Spätherbst dauern kann. Die Früchte sind etwa 20 cm lange Hülsen, die bei der Reife braun werden.

Taxus baccata 'Dovastoniana'

Taxus baccata

TECOMANTHE

Diese Gattung mit fünf immergrünen, kletternden Arten stammt aus Australien, Neuseeland, Papua-Neuguinea und Malaysia. Man kultiviert sie wegen ihrer auffälligen, in sehr üppigen, großen Dolden stehenden Blüten.
PFLEGE UND VERMEHRUNG: Die Arten sind nicht frosthart, sondern benötigen Temperaturen, die auch im Winter nicht unter 10 °C absinken sollten. Daher ist ein Wintergarten oder ein Gewächshaus am besten für die Kultur geeignet. Werden sie im Sommer ins Freie gebracht, benötigen sie einen schattigen Platz. Die kletternden Triebe sollten man abstützen und eventuell im Frühjahr ausdünnen. Neue Pflanzen

Tecoma stans

Taxus baccata 'Repandens'

Taxus baccata 'Fastigiata'

zieht man im Frühjahr aus Samen oder im Sommer aus Stecklingen.

Tecomanthe speciosa

Die kräftige Kletterpflanze wird über 9 m hoch. Ihre zusammengesetzten Blätter bestehen aus bis zu fünf Fiedern; im Herbst erscheinen zahlreiche weißliche, grünlich überlaufende Blüten, die an einen Fingerhut erinnern. Diese Art benötigt ganzjährig eine Temperatur von über 10 °C und im Sommer Schutz vor der Sonne. Zu dichte Triebe werden im Frühjahr ausgelichtet. Alle Pflanzen, die heute kultiviert werden, gehen auf eine einzige Wildpflanze zurück, die auf den Three Kings Islands nördlich von Neuseeland gefunden wurde.

TECOMARIA

Diese Gattung mit nur einer Art, einer recht variablen, kletternden, immergrünen Schlingpflanze ist im Süden und Osten Afrikas heimisch. Die Büschel trompetenförmiger Blüten, die gelb, orange oder leuchtendrot sein können, werden an den Spitzen der Triebe gebildet; die gefiederten Blätter mit einer ungeraden Anzahl von Fiedern sind gegenständig oder in Dreierwirteln angeordnet. Die Früchte sind längliche, schmale Hülsen.
PFLEGE UND VERMEHRUNG: Die frostempfindlichen Pflanzen (Mindesttemperatur 10 °C) müssen im Winter ins Haus geholt werden oder ganzjährig in einem Wintergarten oder Gewächshaus kultiviert werden. Zu dichte Pflanzen können im Frühjahr ausgedünnt werden; während der wärmeren Monate muß kräftig gegossen werden, im Winter deutlich weniger. Die Vermehrung erfolgt durch Samen im Frühjahr oder Stecklinge im Sommer.

Tecomaria capensis

Telanthophora grandifolia

Tecomaria capensis

Syn. *Tecoma capensis*

Dieser nicht winterharte, kletternde Strauch wird zwischen 4,5 m und 8 m hoch. Seine schlanken Triebe bewurzeln sich an den Stellen, wo sie den Boden berühren, oft von selbst, so daß die Pflanzen sich manchmal stark ausbreiten. Die glänzenden, grünen Blätter sind bis zu 15 cm lang und setzen sich aus fünf bis neun runden bis ovalen Fiedern zusammen, die einen gesägten Rand haben. Die orange- bis leuchtendrot gefärbten, bis 5 cm großen, röhrenförmigen Blüten, die sich in kurzen Ähren sammeln, erscheinen von spätem Frühjahr bis in den Spätsommer hinein. **'Aurea'** blüht gelb.

TECOPHILAEA

Diese Gattung aus den Bergregionen Chiles umfaßt zwei sehr seltene, im Frühjahr aus einem Wurzelstock treibende Arten, von denen eine praktisch nie kultiviert wird. Ihre schönen trichterförmigen Blüten, die farblich variieren können, sind im oberen Teil flach ausgebreitet. Normalerweise besitzen die Pflanzen nicht mehr als drei grundständige Blätter, die die Stengelbasis teilweise umhüllen.
PFLEGE UND VERMEHRUNG: Die winterharten Pflanzen benötigen einen sonnigen Platz und gutdurchlässigen Boden. Wegen ihrer Seltenheit werden sie aber fast nie im Freien kultiviert, sondern in Kalthäusern. Die Knollen werden den Sommer über aus der Erde genommen, trocken gehalten und im Herbst wieder eingepflanzt. Die Vermehrung erfolgt durch Samen oder Nebenknollen im Frühjahr.

Tecophilaea cyanocrocus

ENZIANKROKUS

Man vermutet, daß diese Art in der Natur inzwischen ausgestorben ist. Sie wird 10–15 cm hoch und bringt an jedem Stengel ein bis zwei duftende Blüten hervor, etwa 5 cm groß und tiefblau mit weißem Schlund. Die an der Basis sehr schmalen Blätter umhüllen den unteren Teil des Stengels. ***Tecophilaea cyanocrocus* var. *leichtlinii*** hat etwas hellere Blüten mit einer auffälligen weißen Zeichnung in der Mitte. Man findet auch reinweiße Sorten.

TECTONA

Diese schnellwachsenden, sommergrünen Bäume aus den Tropen Indiens und den Monsunwäldern Südostasiens haben eine hohe, majestätische Wuchsform und einen normalerweise sehr geraden Stamm. Die Gattung umfaßt drei Arten, von denen *Tectona grandis* wegen ihres wertvollen Holzes auch von wirtschaftlicher Bedeutung ist. In den Tropen Asiens wurden die Bäume vielerorts angepflanzt, so daß man sie dort jetzt oft als Schattenspender in Parks und Gärten findet. Die Pflanzen haben recht hübsche große Blätter und rotviolette, runde Früchte.
PFLEGE UND VERMEHRUNG: Alle Arten sind frostempfindlich und brauchen feuchtwarmes, tropisches Klima, so daß sie für eine Kultur in Mitteleuropa denkbar ungeeignet sind. Die Vermehrung erfolgt durch Samen oder Stecklinge.

Tecophilaea cyanocrocus

Telopea 'Starburst'

Tectona grandis

TEAKBAUM

Seit dem frühen 19. Jahrhundert haben besonders die Engländer das Holz dieser schönen Bäume genutzt, etwa für den Schiffsbau und zur Herstellung eleganter Möbel, und auch heute gelten Teakholzmöbel noch als qualitativ besonders hochwertig. Teakbäume können bis zu 25 m hoch werden und haben große, rundliche bis ovale, etwa 60 cm lange Blätter mit gewelltem Rand und erhabenen Blattadern. Die bläulichweißen, in großen, aufrechten Rispen angeordneten Blüten erscheinen im Sommer; die fleischigen Beerenfrüchte ähneln Pflaumen.

TELANTHOPHORA

Diese Gattung umfaßt 14 Arten von Sträuchern und kleinen Bäumen. Sie stammen aus Mittelamerika und wurden früher auch zur Gattung *Senecio* gerechnet. Die Pflanzen haben aufrechte, kaum verzweigte, fein behaarte Äste; ihre meist großen, gelappten oder gezähnten Blätter sind ebenfalls fein behaart. Die Körbchen sitzen in großen Trauben an der Spitze der Triebe und öffnen sich erst spät im Jahr.
PFLEGE UND VERMEHRUNG: Die nicht winterharten Arten benötigen, wenn sie blühen sollen, ganzjährig über 10 °C. Wichtig für ihre Kultur ist außerdem gutdurchlässiger Boden; die Vermehrung erfolgt in der Regel durch Aussaat.

Tellima grandiflora

Telopea 'Sunflower'

Telanthophora grandifolia

Syn. *Senecio grandifolius*

Der Strauch erreicht eine Höhe und Breite von 4,5–6 m. Seine rotvioletten, samtigen Knospen sind ebenso attraktiv wie die gelben Blütenköpfchen, die vom Winter bis zum Frühjahr gebildet werden. Besonders beeindruckend sind aber auch die 20–45 cm langen Blätter dieser Art.

TELLIMA

FALSCHE ALRAUNWURZEL

Nordamerika ist die Heimat dieser Gattung, die nur aus einer Art immergrüner Stauden besteht. Sie lassen sich gut als Bodendecker verwenden und können sowohl im Halbschatten unter Bäumen als auch an einem sonnigeren Platz unter Sträuchern angepflanzt werden.
PFLEGE UND VERMEHRUNG: Die völlig winterharten Pflanzen mögen gutdurchlässige Erde. Sie werden durch Teilung im Frühjahr oder Samen im Herbst vermehrt.

Tellima grandiflora

Diese horstbildende, halbimmergrüne Staude hat herzförmige, grüne, rotviolett überlaufene Blätter; im Frühjahr erscheinen oberhalb der Blätter an etwa 60 cm langen Stengeln die in Trauben angeordneten, kleinen, cremefarbenen Glockenblüten. Die Sorte **'Rubra'** (Syn. 'Purpurea') hat rötlichviolette, dunkelgrün unterlegte Blätter und cremefarbene, rosa überlaufene Blüten. Man kann sie gut als Bodendecker nutzen, etwa unter Bäumen.

TELOPEA

Diese robusten, immergrünen Sträucher und kleinen Bäume sind in den lichten Wäldern im Südosten Australiens und in Tasmanien heimisch. Es gibt nur vier Arten, aber außerdem noch einige attraktive Sorten, z.B. **'Starburst'** und **'Sunflower'**. Im Frühjahr erscheinen an den Enden der Triebe auffällige, von hübschen, roten Hochblättern eingefaßte, dichte Blütenstände mit röhrenförmigen Blüten. Die lederartigen, grünen, langgestielten Blätter sitzen gegenständig an den verholzten Trieben; bei den Früchten handelt es sich um lederartige Hülsen.

PFLEGE UND VERMEHRUNG: Die Pflanzen, die einen gutdurchlässigen, sandigen, nicht allzu fruchtbaren, sauren Boden benötigen, sind nicht ganz einfach zu kultivieren, denn sie sind nicht völlig winterhart, recht anfällig für Stengel- oder Wurzelfäule, und brauchen unbedingt einen windgeschützten Platz in der Sonne oder im Halbschatten. Werden sie nach der Blüte regelmäßig zurückgeschnitten, wachsen sie schön buschig. Die Vermehrung nimmt man am besten durch Stecklinge im Frühjahr oder durch Pfropfen vor.

Telopea oreades

Diese Art, die v. a. in kühlen Bergwäldern vorkommt, hat eine schlanke, aufrechte, schön verzweigte Wuchsform und eine relativ lichte Krone. Bei älteren Bäumen lassen sich ein oder mehrere Haupttriebe ausmachen und dazu viele kürzere Stämme. Die Pflanzen können 6–8 m hoch werden und bringen zwischen Frühjahr und Frühsommer leuchtendrote Blüten hervor, die sich in 10 cm großen Blütenständen gruppieren und von hellroten bis grünen, ovalen bis länglichen Hochblättern umgeben sind. Daneben gibt es auch eine seltene weißblühende Sorte. Die Früchte sind längliche, spitz zulaufende Hülsen.

Telopea 'Shady Lady'

Dieser immergrüne Strauch wächst relativ schnell zu einer Höhe und Breite von etwa 3 m heran. Im Frühjahr bringt er – oft zwischen den dunkelgrünen, ovalen Blättern verborgen – rote Blütenstände von bis zu 15 cm Größe hervor, die an den Spitzen der aufrechten Triebe sitzen. Die Hybride, eine außergewöhnlich schöne Schnittblume, ist ebenso wie die ähnlich aussehende **'Starflower'**, eine Kreuzung zwischen *Telopea speciosissima* und *T. oreades*.

Telopea speciosissima

Diese Art hat längliche bis keilförmige, zumeist gesägte Blätter und wunderschöne leuchtend dunkelrote Blüten, die im Frühjahr und Frühsommer erscheinen und in großen, kugeligen Köpfen von 10–15 cm Größe sitzen, umgeben von ebenfalls leuchtendroten, nicht immer gleichmäßig großen Hochblättern. Der robuste, kräftige Strauch wird bis zu 3 m hoch und etwa 2 m breit; die Früchte sind braun. **'Sunflare'** hat besonders große, auffällige Hoch-

Terminalia brassii

Telopea 'Shady Lady'

blätter und weniger stark aufgewölbte Blüten. **'Wirrimbirra White'** besitzt gelblichweiße Blüten und ebenfalls gelblichweiße bis grünliche Hochblätter.

Telopea truncata

Dieser große, immergrüne Strauch aus den kühlen, feuchten Bergregionen Tasmaniens wird bis zu 4,5 m hoch und ebenso breit. Die roten Blütenköpfe erscheinen im späten Frühjahr, sind 5 cm groß und flacher als bei vielen anderen Arten. Die dunkelgrünen, schmalen Blätter sind bis zu 10 cm lang und laufen spitz zu.

TEMPLETONIA

Die Gattung aus den Wüsten Westaustraliens umfaßt elf strauchige und halbstrauchige, immergrüne Arten, von denen einige dornige Zweige haben. Die häufig kultivierten Arten erreichen eine Höhe und Breite von etwa 2 m und haben einfache, blaugrüne, längliche Blätter von 1–3,5 cm Länge. Ihre meist leuchtend- oder mattroten, 2,5 cm großen Schmetterlingsblüten erscheinen vom Winter bis ins Frühjahr. Sie sitzen einzeln in den Blattachseln oder wachsen in Büscheln an den Zweigenden.
PFLEGE UND VERMEHRUNG: Die Pflanzen sind nicht winterhart (Mindesttemperatur etwa 8 °C). Topfpflanzen werden während der Vegetationsperiode mäßig, in der Ruhezeit noch weniger gegossen. Die Erde sollte etwas alkalisch sein. Für eine hübschere Form kann nach der Blüte zurückgeschnitten werden. Die Vermehrung erfolgt durch Samen im Frühjahr oder Stecklinge im Sommer.

Templetonia retusa

Dieser rundliche, aufrechte, immergrüne Strauch wird etwa 2 m hoch und kann sich bis zu 3 m ausbreiten. Seine ovalen bis länglichen Blätter sind grau bis leuchtendgrün, ledrig und an der Spitze etwas eingedellt. Im Winter und zeitigen Frühjahr bringen die Pflanzen große, rote Blüten

Tephrosia grandiflora

Telopea speciosissima

Telopea oreades

Telopea speciosissima 'Sunflare'

mit zurückgebogener Fahne hervor; manchmal können die Blüten auch weiß oder ganz bis teilweise gelb sein.

TEPHROSIA

Die etwa 300 Arten dieser großen Gattung meist immergrüner Sträucher sind in den Tropen und Subtropen weit verbreitet. Alle haben wechselständige Blätter und in endständigen Trauben angeordnete Blüten, die normalerweise im Frühjahr und Sommer gebildet werden.
PFLEGE UND VERMEHRUNG: Die Pflanzen vertragen Trockenheit und wachsen auf fast jedem Boden, vorausgesetzt er ist im Winter nicht zu feucht. Die Frosthärte hängt von der jeweiligen Art ab.

Tephrosia grandiflora

Der aufrechte Strauch aus Südafrika wird bis zu 2 m hoch. Seine 5–10 cm langen, unterseits behaarten Blätter setzen sich aus 11 bis 15 Fiedern zusammen. Die rotvioletten bis dunkelrosa Blüten stehen in Büscheln zusammen, die Knospen sind von breiten Hochblättern eingeschlossen.

TERMINALIA
ALMEND

Diese Gattung besteht aus etwa 200 Arten immer- und sommergrüner Bäume, die aus den tropischen und subtropischen Regionen Asiens, Australiens und dem Süden Afrikas stammen. Die Bäume haben normalerweise eine gefurchte Rinde und oft etagenartig angeordnete Äste; die Blätter sind in der Regel groß und ledrig. Die fünfzähligen, grünlichweißen Blüten sind klein und unscheinbar und in Ähren oder Büscheln angeordnet. Die gelben, dunkelro-

T. speciosissima 'Wirrimbirra White'

ten oder schwarzen Steinfrüchte sind oft kielförmig oder geflügelt und manchmal eßbar, sollen aber, in größeren Mengen genossen, berauschend wirken.
PFLEGE UND VERMEHRUNG: Die Pflanzen sind frostempfindlich (Mindesttemperatur etwa 16 °C), so daß sie nur in Kübeln gehalten werden können. Dann sollten sie im Sommer aber nur mäßig und im Winter kaum gegossen werden. Man vermehrt sie durch Aussaat im Frühjahr.

Terminalia brassii

Dieser hohe, hübsche Baum hat glänzende, mittelgrüne, eiförmige Blätter. In den Tropen und Subtropen wird er v. a. als Schattenspender geschätzt. Auf den Salomon-Inseln kultiviert man ihn aber auch als schnellwachsenden Plantagenbaum.

Terminalia catappa
KATAPPENBAUM, BADAM

Dieser attraktive, bis etwa 20 m hohe Baum hat etagenförmig angeordnete Äste und eine sehr ausladende Krone, oft doppelt so breit wie hoch. Die Blätter mit erha-

T

Terminalia catappa

Tetradium daniellii

Tetradium daniellii

benen Adern sind breit und oval, jung glänzend und grün; mit zunehmendem Alter verfärben sie sich über Leuchtendorange zu Rot. Sie können das ganze Jahr über abfallen, ohne daß der Baum ganz kahl wird. Die unscheinbaren weißen Blüten, die in Ähren an den Zweigenden angeordnet sind, erscheinen von Sommer bis Herbst. Aus ihnen entwickeln sich später gelbe, bei der Reife rötlich überlaufene Früchte. In deren faserigem Fleisch sitzen mandelähnliche Samen mit einem Kern, den man roh oder geröstet essen kann.

TERNSTROEMIA

81 der 84 Arten dieser Gattung sind in den amerikanischen Tropen heimisch, zwei in den Tropen Afrikas, eine in Ostasien. Die immergrünen Sträucher oder kleinen Bäume sind mit den Kamelien verwandt. Die kleinen Blüten sitzen meist einzeln an den Trieben; in selteneren Fällen sammeln sie sich auch in kleinen Büscheln. Aus ihnen entwickeln sich fleischige Früchte.
PFLEGE UND VERMEHRUNG: Die Arten, zumeist nicht völlig winterhart, bevorzu-

Ternstroemia gymnanthera

Ternstroemia gymnanthera

gen durchlässigen, leicht sauren Boden. Kübelpflanzen müssen im Sommer reichlich, sonst nur mäßig gegossen werden. Falls nötig kann im Frühjahr zurückgeschnitten werden. Die Vermehrung erfolgt durch frische Samen oder halbreife Stecklinge im Herbst.

Ternstroemia gymnanthera
Syn. ***Ternstroemia japonica***

Dieser attraktive Strauch oder kleine Baum aus einer Region von Japan bis Südwestchina gehört zu den wenigen kultivierten Arten. Er wird bis 4,5 m hoch; die rundliche Krone kann etwa 2,5 m breit werden. Die ovalen, spitzen, glänzenden, jung kupferroten, später grünen Blätter sind dick und sitzen spiralförmig an den Zweigen. Die weißen, duftenden Blüten, angeordnet in Dreierbüscheln, erscheinen im Spätfrühjahr und Frühsommer. Aus ihnen entwickeln sich leuchtendrote Beeren.

TETRADENIA
Syn. ***Iboza, Moschosma***

Diese Gattung aus der Familie der Lippenblütler umfaßt neun sommer- oder halbsommergrüne Straucharten aus Afrika und Madagaskar. Sie haben weiche Triebe, kultiviert werden sie hauptsächlich wegen der zahlreichen kleinen, süßduftenden Blüten und der aromatischen Blätter.
PFLEGE UND VERMEHRUNG: Die nicht völlig winterharten Pflanzen benötigen, wenn sie im Sommer im Freien gehalten werden, einen windgeschützten, aber sonnigen Platz und bevorzugen lockeren, gutdurchlässigen Lehmboden. Während der Vegetationsperiode muß kräftig gegossen werden, im Winter dagegen nur mäßig.

Tetradenia riparia

Man kann einmal im Jahr (nach der Blüte) kräftig zurückschneiden und im Frühjahr aus Stecklingen Nachkömmlinge ziehen.

Tetradenia riparia
Syn. ***Iboza riparia, Moschosma riparia***

Der aufrechte, nicht winterharte Strauch aus Südafrika wird bis 2,5 m hoch und 1,5 m breit. Seine gezähnten, samtigen, zartgrünen Blätter duften beim Zerreiben. Im Winter und zeitigen Frühjahr erscheinen an den Zweigenden lange, duftende Büschel aus winzigen, hellrosa bis blauroten Blüten mit roten Staubgefäßen.

TETRADIUM

Diese Gattung mit neun Arten kleiner, sommergrüner Bäume stammt aus Ostasien. Kultiviert werden sie hauptsächlich wegen ihrer gefiederten Blätter, deren Fiedern kleine, durchscheinende, ölige Kammern aufweisen, so daß die Blätter bei Zerreiben leicht aromatisch duften. Die Blüten, wie später auch die bei einigen Arten giftigen Früchte, sitzen normalerweise in Viererbüscheln an den Enden junger Triebe. ***Tetradium ruticarpum*** wird schon seit der Han-Dynastie (206 v.Chr. – 220 n.Chr.) in der chinesischen Heilkunde verwendet.
PFLEGE UND VERMEHRUNG: Die Pflanzen bevorzugen einen sonnigen bis halbschattigen Platz mit tiefem, fruchtbarem, nicht zu trockenem, aber gutdurchlässigem Boden. Sie benötigen Winterschutz, denn vor allem der Neuaustrieb wird leicht durch Spätfröste geschädigt. Die Vermehrung erfolgt durch Samen im Herbst oder Stecklinge im Spätwinter.

Tetradium daniellii
Syn. ***Euodia daniellii***

Dieser Baum, der aus den Bergwäldern Nordchinas und Koreas stammt, wird bis zu 15 m hoch und bildet eine Krone mit ausladenden, nach oben gerichteten Ästen. Die 30 cm langen, glänzenden Blätter setzen sich aus fünf bis elf eiförmigen, sehr spitz zulaufenden Fiedern zusammen, die oberseits dunkelgrün, unterseits dagegen blaugrün und behaart sind. Die kleinen, weißen, duftenden Blüten, die zu mehreren zusammen wachsen, erscheinen im Spätsommer. Aus ihnen entwickeln sich im Herbst kleine, schnabelförmige, schwarzrote Hülsen.

Tetragonia tetragonioides

TETRAGONIA

Diese Gattung, die mit den Mittagsblumen *(Mesembryanthemum)* verwandt ist, umfaßt etwa 50 Arten, die aus der südlichen Hemisphäre stammen. Es handelt sich um ein- oder mehrjährige Pflanzen oder kleine Sträucher mit flachen, fleischigen Blättern und achselständigen, einzelnen oder in bis zu Fünferbüscheln angeordneten, grünen oder gelben Blüten. Bei vielen Arten sind die spinatähnlichen Blätter eßbar.
PFLEGE UND VERMEHRUNG: Viele der leicht zu kultivierenden, aber zumeist nicht völlig winterharten Pflanzen wuchern etwas – besonders dann, wenn sie ideale Bedingungen vorfinden, etwa einen sonnigen Platz mit Humusboden und viel Feuchtigkeit im Sommer.

Tetragonia tetragonioides
Syn. ***Tetragonia expansa***
NEUSEELANDSPINAT

Sir Joseph Banks brachte diese mehrjährige, eßbare Pflanze im 18. Jahrhundert aus Neuseeland nach England, von wo aus sie ins übrige Europa und in die USA gelangte. Die weichblättrige, oft nahezu niederliegend wachsende Pflanze wird bis zu 30 cm hoch und breitet sich bis zu 1 m weit aus. Die über Nacht eingeweichten Samen werden im Frühjahr ausgesät. Gegossen wird regelmäßig, geerntet nach Bedarf.

TETRAPANAX
REISPAPIERBAUM

Zu dieser Gattung wird meist nur eine immergrüne Art gerechnet, die in Taiwan heimisch ist. Möglicherweise gibt es aber noch eine weitere, auf den japanischen Ryukyu-Inseln vorkommende Art. Die ausläuferbildenden Sträucher oder kleinen Bäume haben Stämme mit weißem Mark, das zur Herstellung von feinem Reispapier verwendet wird.
PFLEGE UND VERMEHRUNG: Die nicht völlig winterharten Pflanzen benötigen einen geschützten, hellen Platz mit gutdurchlässigem Boden. Kübelpflanzen müssen im Sommer reichlich, im Winter dagegen eher sparsam gegossen werden. Überlange Zweige können im Winter bis auf den Boden zurückgeschnitten werden; alte Blätter und verwelkte Blüten sollte man regelmäßig entfernen. Neue Pflanzen

Tetrapanax papyrifer

Teucrium marum

zieht man aus Samen, Ausläufern oder Stecklingen im zeitigen Frühjahr.

Tetrapanax papyrifer

Syn. *Aralia papyrifera, Fatsia papyrifera*

Der robuste Strauch, bis zu 6 m hoch und breit, bringt zahlreiche Ausläufer hervor. Die großen, schirmartigen, vielfach gelappten Blätter haben eine glänzende, mittelgrüne Ober- und behaarte Unterseite. Große Rispen versammeln die cremefarbenen, weichen, ballähnlichen Blütenstände, die im Herbst erscheinen und später schwarze Beeren hervorbringen. **'Variegata'** hat gelbliche bis weiße Blätter, die oft grünlich überlaufen sind.

TETRASTIGMA

90 Arten rankender Schlingpflanzen aus den Tropen Asiens bis Nordaustraliens umfaßt diese Gattung. Sie sind mit dem Wein *(Vitis)* verwandt und bilden ähnliche Fruchtstände mit etwa kirschgroßen Beeren, die sich aus grünen, oft zart duftenden Blüten entwickeln. Die Blätter setzen sich meist aus drei bis sieben gezähnten Fiedern zusammen.

PFLEGE UND VERMEHRUNG: Die Arten sind in der Regel frostempfindlich (Mindesttemperatur etwa 15 °C), so daß sie bei uns zumeist als Zimmerpflanzen kultiviert werden. Sie vertragen trockene Luft gut, müssen aber während der Wachstumsphase regelmäßig gegossen und wöchentlich gedüngt werden; im Winter werden die Wassergaben deutlich reduziert. Neue Triebe bindet man am besten an eine Kletterhilfe; es sollte regelmäßig zurückgeschnitten werden. Die Vermehrung erfolgt durch Aussaat oder Stecklinge.

Tetrastigma voinierianum

Syn. *Cissus voinierana, Vitis voinierana*

TONKINGWEIN, KASTANIENWEIN

Die immergrüne Kletterpflanze aus Indochina besitzt dicke Triebe, die mehrere Meter lang werden können, und spiralförmige Ranken. Die handförmigen Blätter setzen sich aus fünf glänzenden, grünen, bis zu 20 cm langen Fiedern zusammen, die eine dichtbehaarte Unterseite und einen gesägten Rand aufweisen. Im Sommer erscheinen unscheinbare gelbgrüne Blüten. Die Art bevorzugt Halbschatten.

TETRATHECA

Heimat dieser Gattung ist Australien. Sie umfaßt 39 Arten immergrüner, ein wenig an Heidepflanzen erinnernder Sträucher mit hübschen nickenden, vierzähligen Blüten. Diese sind rosa, blaurot oder rotviolett mit einer schwarzen Mitte und sit-

Teucrium polium 'Aureum'

zen an schlanken, roten Stengeln. Es gibt auch seltene weiße Sorten.

PFLEGE UND VERMEHRUNG: Die Pflanzen sind nicht völlig winterhart, so daß man sie bei uns nur selten findet. Kann man ihnen frostfreie Bedingungen bieten, sollte man sie an einen halbschattigen Platz in lockeren, gutdurchlässigen, kalkfreien Boden pflanzen. Man vermehrt sie durch Samen im Frühjahr oder durch Stecklinge im Spätsommer/Herbst.

Tetratheca ciliata

Dieser kompakte, immergrüne Strauch ist im Süden und Südosten Australiens heimisch. Er erreicht eine Höhe und Breite von etwa 1 m; die jeweils drei rundlichen Blätter sitzen in Wirteln an den schlanken Zweigen. Im Winter und Frühjahr erscheinen an dünnen, roten Trieben schöne rosaviolette Blüten mit einer schwarzen Mitte. Es gibt auch weißblühende Sorten.

TEUCRIUM

GAMANDER

Diese Gattung mit etwa 100 Arten, die v. a. im Mittelmeerraum vorkommen, gehört zur Familie der Lippenblütler. Die immer- und sommergrünen Sträucher, Halbsträucher und Stauden haben zweilippige Blüten und aromatische Blätter und werden gern zur Einfassung von Beeten, in Stein- oder Heidegärten verwendet.

PFLEGE UND VERMEHRUNG: Die einzelnen Arten, die bedingt bis völlig winterhart sind, mögen Sonne und lockeren, gutdurchlässigen Boden. Niedrige Arten bevorzugen karge Böden. Die Vermehrung kann durch Samen im Frühjahr erfolgen. Sträucher und Halbsträucher werden aber v. a. durch Stecklinge im Sommer vermehrt, Stauden im Herbst durch Teilung.

Teucrium chamaedrys

EDELGAMANDER

Dieser winterharte, immergrüne alpine Halbstrauch aus Europa und Südwestasien wird 30–60 cm hoch und breitet sich über 60–90 cm aus. Er bildet gezähnte, eiförmige Blätter. Die Art eignet sich zum Bepflanzen von Mauern oder zur Einfassung von Beeten. Im Sommer und Herbst bringt sie in Ähren versammelte, hell bis leuchtend rosaviolette Blüten hervor. **'Prostratum'** ist eine niederliegend wachsende Sorte.

Teucrium cossonii

Diese Art wird nicht sehr hoch, kann dafür aber kräftig in die Breite wachsen. Sie hat rundliche, dunkelrosa Blütenstände; die schmalen, graugrünen Blätter erinnern ein wenig an die einiger Lavendelarten.

Teucrium fruticans

Die nicht völlig winterharte Art aus dem Mittelmeerraum wird 1–2,5 m hoch und kann etwa ebenso breit werden. Ihre attraktiven blauen, röhrenförmigen, zweilippigen Blüten erscheinen im Frühjahr zwischen den aromatischen, ovalen, silbergrauen Blättern. Die Art läßt sich beispielsweise als hübsche kleine Hecke pflanzen, wächst aber auch gut in Küstengärten. Um den Neuaustrieb zu fördern, sollte man verwelkte Blüten abschneiden. Die ebenfalls frostempfindliche **'Azureum'** hat dunklere Blüten.

Teucrium marum

AMBERKRAUT, KATZENKRAUT

Dieser ebenfalls nicht völlig winterharte Strauch von etwa 30 cm Höhe und einer Breite von bis zu 60 cm besitzt silbergraue Blätter und bringt im Frühsommer rote bis rotviolette Blüten hervor, die an Trieben oberhalb der Blätter gebildet werden. Die Art zieht Katzen an, was auch ihren deutschen Namen erklärt.

Teucrium polium

Dieser sommergrüne, nicht völlig winterharte Halbstrauch bildet kleine, 2,5–5 cm hohe Horste. Seine schmalen, grauen, filzig behaarten Blätter haben einen gewellten Rand; die endständigen, weißen bis gelben oder auch rosavioletten Blütenstände werden im Sommer gebildet. Die Blätter von **'Aureum'** sind weißgelb gerandet.

Teucrium scorodonia

SALBEI-GAMANDER

An Salbei erinnert dieser ausdauernde Halbstrauch, der in Süd- und Westdeutschland auch wild wächst. Er wird 60 cm hoch, hat kantige Stengel und gegenständige, graugrüne Blätter und bringt kleine, in Scheinähren angeordnete, grünlichgelbe Blüten hervor. Die Pflanzen riechen leicht nach Knoblauch und wurden auch schon als Hopfenersatz beim Brauen und als Heilpflanze verwendet.

Teucrium chamaedrys

Tetrastigma voinierianum

THALIA

Diese sieben amerikanischen Arten sommergrüner, mehrjähriger Randwasserpflanzen wurden nach dem Botaniker J. Thal (1542–1583) benannt. Kultiviert werden die Pflanzen wegen ihrer in Ähren angeordneten röhrenförmigen Blüten und der ovalen, blaugrünen Blätter.

PFLEGE UND VERMEHRUNG: Die frostempfindlichen Pflanzen (Mindesttemperatur etwa 7 °C) kultiviert man am besten an einem sonnigen Standort in Behältern mit fruchtbarem Lehmboden oder humusreichem Schlamm und bis zu 50 cm tiefem Wasser. Welke Blätter sollten regelmäßig entfernt werden; man vermehrt sie durch Samen oder Teilung im Frühjahr.

Thalia dealbata

Diese sommergrüne, mehrjährige Randwasserpflanze aus dem Südosten Nordamerikas wird bis 2 m hoch und mindestens 60 cm breit. Ein mehligweißer Überzug bedeckt die relativ breiten, elliptisch bis lanzettlich geformten Blätter. Die aufrechten Stengel sind unverzweigt; die violetten, wachsartigen Blüten mit sechs röhrenartig verwachsenen Kronblättern bilden lange Ähren. Aus ihnen entwickeln sich später sehr dekorative Samenstände.

Thalia dealbata

Teucrium cossonii

Tetratheca ciliata

T

Thevetia peruviana

Thevetia thevetioides

THALICTRUM

WIESENRAUTE

Wildwachsend findet man die über 300 Arten dieser Gattung in den gemäßigten Regionen der nördlichen Hemisphäre und außerdem in Südamerika, Südafrika sowie auf Neuguinea. Es handelt sich um Stauden, deren schlanke, aufrechte Triebe oft umeinander gewunden sind. Sie werden wegen ihrer hübschen flaumigen Blüten kultiviert und machen sich gut als Hintergrundpflanzen. Die Blätter sind fein unterteilt; die Blüten, die keine Kronblätter besitzen, dafür aber Büschel von Staubgefäßen und vier oder fünf Kelchblätter, erscheinen im Frühjahr und im Sommer.
PFLEGE UND VERMEHRUNG: Die winterharten Pflanzen benötigen einen sonnigen oder halbschattigen Platz mit gutdurchlässigem Boden; einige Arten brauchen relativ kühle, feuchte Bedingungen. Die Vermehrung erfolgt durch frische Samen im Herbst oder Teilung im Frühjahr.

Thalictrum aquilegiifolium

AMSTELRAUTE

Diese Staude aus Europa und Asien wird 1 m hoch und 45 cm breit; im Sommer erscheinen an kräftigen Stengeln flaumige, rosa, hellviolette oder grünlichweiße Blüten. Die graugrünen Blätter, die an die Blätter bestimmter Akeleiarten erinnern, bestehen aus drei bis sieben kleinen, elliptischen Fiedern mit gezähntem Rand.

Thalictrum aquilegiifolium

Thalictrum delavayi

Syn. *Thalictrum dipterocarpum* hort.

Die Blütenstände dieser schönen, horstbildenden Staude aus Westchina sind weniger flaumig als bei anderen Arten. Die Blütezeit der zahlreichen, in lockeren Rispen angeordneten nickenden, hellvioletten Blüten mit heraushängenden, gelben Staubgefäßen ist Mitte bis Ende des Sommers. Die sehr fein geteilten, mittelgrünen Blätter lassen die Pflanzen zierlicher wirken als sie in Wahrheit sind. Diese Art wird bis 1,2 m hoch und etwa 60 cm breit. **'Hewitt´s Double'** hat rundliche, gefüllte, malvenfarbene Blüten.

Thalictrum kiusianum

Diese polsterbildende Staude wird bis 15 cm hoch und breitet sich etwa 30 cm aus. Sie hat kleine, farnartige, dreilappige Blätter und bringt von Frühjahr bis Sommer winzige, rotviolette Blüten hervor. Daneben gibt es auch eine weißblühende Form. Die Art bevorzugt Schatten und feuchten, sandigen Torfboden; besonders gut geeignet ist sie für Sumpfbeete und Steingärten.

Thalictrum rochebrunianum

Diese sehr große Art aus Japan kann bei ausreichend feuchtem Boden und Sonne 2–2,5 m hoch oder höher werden. Die winzigen, hellvioletten Blüten werden von Spätsommer bis Frühherbst in großen, aufgelockerten Blütenständen gebildet.

THELOCACTUS

Bei den 13 Arten dieser Gattung handelt es sich um runde bis säulenförmige Kakteen aus Texas und Mexiko. Sie tragen lange, gebogene oder gerade Dornen, die bei einigen Arten sehr zahlreich sind, bei anderen nur einzeln stehen. Die Pflanzen werden etwa 20 cm hoch, können aber bis 40 cm breit werden. Ihre trichterförmigen, abgeflachten Blüten sind weiß, gelb oder rosa, die Sprosse grün oder metallisch grau.

Thalictrum delavayi

Thalictrum kiusianum

Thelocactus bicolor

Theobroma cacao

PFLEGE UND VERMEHRUNG: Die frostempfindlichen Kakteen benötigen einen sonnigen Platz mit mineralreichem, gutdurchlässigem Boden. Bei zuviel Feuchtigkeit faulen sie. Die Vermehrung erfolgt in der Regel durch Aussaat, bei einigen Arten auch durch Seitensprosse oder Ableger.

Thelocactus bicolor

Syn. *Ferocactus bicolor*

ZWEIFARBIGER THELOCACTUS

Dieser Kaktus wird etwa 20 cm hoch und ebenso breit. Er hat einen unverzweigten, kugel- bis säulenförmigen Sproß; auf den über zehn Rippen sitzen hervorstehende Areolen mit vier längeren, gelben Mittel- und mehreren zweifarbigen (gelbroten) Radiärdornen. Die rosavioletten, gut 5 cm langen, röhrenförmigen Blüten erscheinen an der Spitze der Sprosse.

Thelocactus setispinus

Diese Art hat kugelige bis zylindrische Sprosse, von denen bei älteren Exemplaren oft mehrere vorhanden sind. Auf den Rippen sitzen Areolen mit bis zu zwölf Dornen von je 5–10 cm Länge, wobei die Mitteldornen gelb sind, die radiären rot. Die gelben Blüten mit rotem Schlund erscheinen zwischen Sommer und Herbst.

THEOBROMA

KAKAOBAUM

Der Name dieser Gattung, die aus 20 Arten immergrüner Bäume aus den Tropen Amerikas besteht, leitet sich von *theos* (»Gott«) und *broma* (»Speise«) ab und bezieht auf sich auf die Kakaobohnen, also die Samen von *Theobroma cacao*. Die Bäume, die als Unterholz in Wäldern wachsen, haben ganzrandige, gegenständige Blätter und zwittrige, fünfzählige Blüten, die direkt am Stamm und an den Ästen sitzen.
PFLEGE UND VERMEHRUNG: Kakaobäume benötigen hohe Temperaturen (20–25 °C) und eine hohe Luftfeuchtigkeit, so daß ihre Haltung als Zimmerpflanzen einiges an Aufwand erfordert. Die Vermehrung erfolgt durch Samen im Herbst oder durch Stecklinge.

Theobroma cacao

KAKAOBAUM

In den heimischen tropischen Regenwäldern wird dieser aufrechte Baum etwa 10 m hoch; in Plantagen hält man ihn kleiner, um die Ernte zu erleichtern. Die spitzen, glänzendgrünen Blätter sind bis zu 25 cm lang und ledrig. Die kleinen, weißlichen bis gelben Blüten werden im Frühjahr direkt am Stamm und an den größeren Ästen gebildet. Aus ihnen entwickeln sich die Früchte – große, gerippte Kapseln von etwa 30 cm Länge und 20 cm Breite, die reif leuchtend rotbraun sind. Aus den Samen stellt man Kakao und Schokolade her.

THERMOPSIS

FUCHSBOHNE

Diese Gattung mit etwa 20 rhizombildenden, ausdauernden Arten, die ein wenig an Lupinen erinnern, stammt aus Nordamerika und dem Nordosten Asiens. Einige werden wegen ihrer hübschen großen Trauben aus gelben, manchmal auch rotvioletten Schmetterlingsblüten kultiviert; die Blätter sind dreizählig.
PFLEGE UND VERMEHRUNG: Die robusten, völlig winterharten Pflanzen bevorzugen einen sonnigen Platz mit fruchtbarem, lockerem Boden. Die Vermehrung erfolgt durch Teilung in der Ruhephase (schwierig), oder durch Samen im Herbst oder Frühjahr.

Thermopsis macrophylla

Diese Art aus dem Westen der USA wird 30 cm–2 m hoch und hat geteilte Blätter mit elliptischen Fiedern, deren Unterseite behaart ist. Die gelben, in Trauben angeordneten Blüten sitzen an den Zweigenden.

Thermopsis villosa

Diese Art aus dem Südosten der USA wird bis 1,5 m hoch. Sie hat elliptische, blaugrüne Blätter mit leicht flaumig behaarter Unterseite. Von Frühjahr bis Sommer erscheinen gelbe Blüten in lockeren Ähren.

THESPESIA

Die 17 Arten immergrüner Sträucher oder kleiner Bäume dieser tropischen Gattung sind mit dem Eibisch *(Hibiscus)* verwandt. Ihre Blätter können oval, herz- oder handförmig (mit bis zu neun Lappen) sein; einige Arten sondern durch Drüsen in Nähe der Mittelrippe einen klebrigen Nektar ab, bei anderen sind die Blätter auf der Unterseite dicht mit Schuppen besetzt. Die langgestielten, meist glockenförmigen, fünfzähligen Blüten, die gelb oder orange sind und eine rote oder rotviolette Mitte aufweisen, sitzen einzeln oder in Büscheln in den Blattachseln. Aus dem dunkelroten Holz werden Gebrauchsgegenstände gemacht.
PFLEGE UND VERMEHRUNG: Die tropischen Pflanzen benötigen warme, frostfreie Bedingungen (Mindesttemperatur etwa 16 °C). Kübelpflanzen werden im Sommer reichlich, in der übrigen Zeit mäßig gegossen. Die Vermehrung erfolgt durch Aussaat im Frühjahr oder durch halbreife Stecklinge im Sommer.

T

Thespesia populnea

In tropischen Küstenregionen kommt dieser immergrüne Baum fast weltweit vor. Er kann über 10 m hoch und etwa 3–6 m breit werden, hat herzförmige Blätter und becherförmige, gelbe Blüten, die periodisch das ganze Jahr über erscheinen. Jede Blüte hat ein rotbraunes »Auge«, das sich im Laufe der Zeit rotviolett verfärbt.

THEVETIA

Mit acht Arten immergrüner Bäume und Sträucher aus den Tropen Amerikas präsentiert sich diese mit dem Oleander (*Nerium*) verwandte Gattung. Alle Teile der Pflanzen sind sehr giftig, insbesondere ihr Milchsaft. Die hübschen, meist gelben, trichterförmigen Blüten erscheinen zumeist im Sommer in Büscheln an den Enden der Triebe. Die Früchte sind beerenähnlich; die Blätter sitzen spiralförmig an den Zweigen.

PFLEGE UND VERMEHRUNG: Die Pflanzen sind nicht winterhart (Mindesttemperatur etwa 16 °C), so daß sie normalerweise als Kübelpflanzen gehalten werden. Diese gießt man im Sommer nur mäßig und im Winter noch weniger. Im Winter können die Pflanzen außerdem etwas gestutzt werden, damit sie buschiger wachsen. Die Vermehrung erfolgt durch Aussaat im Frühjahr oder Stecklinge im Sommer.

Thevetia peruviana

Syn. *Thevetia neriifolia*

Dieser Baum mit kuppelförmiger Krone wird knapp 10 m hoch. Seine langen, lanzettlichen Blätter – hart, glänzend, dunkelgrün – haben ganz kurze Stiele, während die gelben bis hell orangefarbenen, zart duftenden, etwa 5 cm großen Blüten langgestielt sind. In ihrer Heimat blühen die Bäume mit kurzen Unterbrechungen fast ganzjährig, in kühleren Regionen nur im Sommer. Die ungewöhnlichen fleischigen, rundlichen Steinfrüchte, die ausgeprägte Furchen aufweisen, sind anfänglich grün, werden aber später rot, schließlich schwarz. Obwohl sehr giftig, gelten sie in ihrer Heimat als Glücksbringer.

Thladiantha dubia

Thryptomene calycina

Thevetia thevetioides

Diese Art, deren aufrechtwachsende, aber nicht sehr kräftige Triebe eine ungleichmäßige Krone bilden, wird bis 4,5 m hoch. Die spitz zulaufenden, deutlich geaderten Blätter sind schmal-lanzettlich, bis 10 cm lang und gut 1 cm breit. Ihre etwa 8 cm großen, orange bis gelb gefärbten Blüten sind weiter geöffnet als bei *Thevetia peruviana;* die Früchte sind grün.

THLADIANTHA

QUETSCHBLUME

Bei den 23 Arten der Gattung aus Ostasien und Afrika handelt es sich um ein- oder mehrjährige, rankende Kletterpflanzen mit einfachen, ovalen oder dreizähligen Blättern. Die gelben, glockenförmigen Blüten erscheinen einzeln oder in kleinen Büscheln; aus ihnen entwickeln sich später kleine, gerippte Früchte.

PFLEGE UND VERMEHRUNG: Die meisten Arten sind nicht völlig winterhart. Sie mögen einen sonnigen Platz mit feuchtem, humusreichem Boden; die Vermehrung erfolgt durch Aussaat, Stecklinge oder auch Ableger.

Thladiantha dubia

Diese Art gehört zu den robusten Mitgliedern der Gattung. Sie stammt aus Korea und Nordwestchina, blüht im Sommer und klettert mit Hilfe von Ranken. Die 5–10 cm langen Blätter sind herzförmig.

THRYPTOMENE

Verholzte, immergrüne Sträucher mit drahtigen Trieben, etwa 40 Arten, umfaßt diese in Australien heimische Gattung. Nur wenige werden kultiviert. Die Pflanzen werden bis 1,5 m hoch und etwa ebenso breit und haben winzige, an Heidekraut erinnernde, grüne Blätter, die beim Zerreiben aromatisch duften. Die zahlreichen kleinen Blüten sind sternförmig.

PFLEGE UND VERMEHRUNG: Die meisten Arten eignen sich als Schnittblumen, und da die Pflanzen regelmäßig zurückgeschnitten werden müssen, kann man das Angenehme mit dem Nützlichen verbinden. Allerdings sind die Arten nicht völlig winterhart, so daß sie nicht ganzjährig im Freien gezogen werden können. Die Vermehrung erfolgt durch Stecklinge.

Thryptomene calycina

Da diese Art schöne Schnittblumen liefert, wird sie in Regionen mit milderem Klima gern kultiviert. Sie hat leicht spitz zulaufende Blätter und weiße, im Zentrum dunkle Blüten, die im Winter und Frühjahr in großer Fülle erscheinen. Eine Besonderheit von *Thryptomene calycina* ist, daß die fünf Kelchblätter in Größe, Form und Farbe mit den fünf Kronblättern übereinstimmen. Von der Art gibt es mehrere Sorten.

Thryptomene saxicola

Thuja occidentalis 'Micky'

Thuja occidentalis 'Lutea Nana'

Thuja occidentalis 'Rheingold'

Thuja occidentalis 'Smaragd'

Thryptomene saxicola

Syn. Thryptomene 'Paynei'

Diese Art hat leicht überhängende Triebe, rundliche Blätter und hellrosa oder weiße Blüten, die hauptsächlich im Winter und Frühjahr erscheinen. Die hübsche, kompakte Pflanze wird selten höher als etwa 1 m und bis zu 1,5 m breit. Nach der Blüte muß man sie nur wenig zurückschneiden.

THUJA

LEBENSBAUM

Fünf Arten gehören zu dieser kleinen Koniferengattung aus den kühl-gemäßigten, niederschlagsreichen Regionen Nordostasiens und Nordamerikas. Einige von ihnen sind wertvolle Holzlieferanten. Die Sträucher oder säulen- bis pyramidenförmigen Bäume mit aufrechten, geraden Stämmen und tief gefurchter, faseriger Rinde haben schuppenartige, oft abgeflachte Blätter; die eiförmigen, zunächst grünen, später braunen Zapfen setzen sich aus überlappenden Schuppen zusammen und sind für die oft großen Bäume erstaunlich klein (höchstens 1 cm lang). Außerdem gibt es zwergförmige Sorten, die zum Teil nur knapp 40 cm hoch werden und sich daher hervorragend als Steingartenpflanzen oder für die Kübelhaltung eignen. Hierbei handelt es sich zumeist um Jugendformen.

PFLEGE UND VERMEHRUNG: Die Pflanzen sind völlig winterhart und stellen kaum Ansprüche an den Boden, sofern dieser gut durchlässig ist. Die meisten Arten bevorzugen einen sonnigen Standort, dürfen aber nicht zu trocken stehen. Die Vermehrung erfolgt durch Aussaat oder Stecklinge im Winter.

Thuja occidentalis

Thuja occidentalis

ABENDLÄNDISCHER LEBENSBAUM

Diese Art mit pyramidenförmiger Krone wird bis 15 m hoch und hat eine attraktive rötlichbraune, sich schälende Rinde. Ihre dichten, gelbgrünen, d[illegible]isigen Blätter mit bläulicher Unterseite sitzen an flachen, sich ausbreitenden, kleinen Zweigen und werden im Herbst bronzefarben. Die winzigen, gelbgrünen Zapfen verfärben sich bei der Reife braun. Es gibt über 140 Kulturformen – von zwergwüchsigen Sträuchern bis zu großen Bäumen. **'Ericoides'** ist ein dichter, bis zu 50 cm hoher Strauch mit weichem, in der Jugend bronzefarbenem Laub, das sich später grünlichbraun verfärbt. **'Lutea'** kann im Laufe von zehn Jahren 2,5 m hoch werden; im Winter werden ihre Blätter goldbraun. **'Lutea Nana'** ist ein kleiner, kegelförmiger, dichter Strauch mit Blättern, die im Winter goldgelb werden; die Blätter von **'Micky'** sind grün. Die 80 cm hohe und etwa 1,5 m breite **'Rheingold'** bekommt eine sehr ausladende Krone; die Blätter sind im Winter goldbraun. **'Smaragd'**, eine Sorte, aus der sich gut eine dichte, bis 2 m hohe Hecke anpflanzen läßt, hat eine kompakte, pyramidenförmige Wuchsform. Ihre Blätter sind ganzjährig leuchtend grün gefärbt.

Thuja plicata 'Zebrina'

Thuja plicata

Thuja plicata

RIESENLEBENSBAUM

Diese schnellwachsende Konifere wird in Kultur bis 25 m hoch, kann in ihrem natürlichen Lebensraum aber noch sehr viel größer werden. Sie wird seit langem wegen ihres haltbaren und vielseitig verwendbaren Holzes angepflanzt. Ihre Wuchsform ist zunächst kegelförmig, später eher säulenförmig mit bis zum Boden herabhängenden Ästen. Zerreibt man die bräunlichgrünen Blätter, duften sie nach Zitrone. Es gibt zahlreiche Sorten, darunter die kugelfömige, zwergwüchsige '**Rogersii**', die 50 cm in die Breite wächst; die kompakte '**Zebrina**', die gut 5 m hoch und 1,5 m breit werden kann und glänzende, leuchtendgrüne, gelb gestreifte Blätter hat; die Blätter von '**Aurea**' sind kräftig goldgelb gefärbt. '**Stoneham Gold**' wächst nur langsam, wird im Laufe der Zeit jedoch zu einem kräftigen, schmal kegelförmigen Strauch mit dichtem Laub; die Blätter sind goldgelb mit kupferfarbener Spitze. Von ähnlichem und ebenfalls langsamem Wuchs ist '**Collyer´s Gold**'. Sie besitzt allerdings hellere Blätter. Die kompakte '**Atrovirens**' ist eine ideale Heckenpflanze.

THUJOPSIS

HIBALEBENSBAUM, JAPANISCHER LEBENSBAUM

Obwohl den *Thuja*-Arten sehr ähnlich, weist die einzige Art dieser in Japan heimischen Koniferengattung aber auch einige abweichende Merkmale auf, nämlich runde, verholzte Zapfen, geflügelte Samen und größere Blätter. Es gibt mehrere Zuchtformen, die sich im Wuchs und in der Färbung der Blätter unterscheiden.

PFLEGE UND VERMEHRUNG: Die winterharten Pflanzen bevorzugen einen offenen, sonnigen Platz mit feuchtem, gut durchlässigem Boden. Die Vermehrung erfolgt durch Aussaat, bei einigen Zuchtformen auch durch Stecklinge.

Thujopsis dolabrata

Diese Art hat eine relativ variable Wuchsform – von aufrecht und pyramidenförmig bis breit und buschig. Die Pflanzen werden 6–15 m hoch und knapp 10 m breit; ihre flachen, schuppenartigen Blättern haben eine dunkelgrüne Ober- und eine silberne Unterseite, die kleinen, rundlichen, schuppigen Zapfen sind bläulichgrau. Die nur 60 cm große und etwa 1,5 m breite Sorte '**Nana**' hat eine rundliche, ausladende Wuchsform und grüne, manchmal bronzefarben überlaufene Blätter. Die langsamwachsende, bis 3 m hohe und etwa 1,5 m breite '**Variegata**' wird im Alter pyramidenförmig; ihre leuchtendgrünen, glänzenden Blätter sind weiß gezeichnet.

Thuja plicata 'Collyer's Gold'

Thujopsis dolabrata 'Variegata'

THUNBERGIA

THUNBERGIE

Der schwedische Botaniker Dr. Carl Peter Thunberg, der im 18. Jahrhundert in Afrika und Japan neue Pflanzen sammelte, ist Namenspatron dieser Gattung mit 100 Arten zumeist immergrüner Sträucher und Kletterpflanzen aus Afrika, Asien und Madagaskar. Die Arten haben ungeteilte oder gelappte Blätter und meist röhrenförmige Blüten, die einzeln in den Blattachseln sitzen oder in Trauben angeordnet sind.

PFLEGE UND VERMEHRUNG: Die Pflanzen sind frostempfindlich, so daß sie einjährig kultiviert oder im Hause überwintert werden. Im zweiten Fall stellt man sie in einen hellen Raum, dessen Temperatur nicht unter 12 °C fallen sollte. Thunbergien mögen nahrhaften, durchlässigen Boden und müssen regelmäßig kräftig gegossen werden. Sie vertragen Sonne, sollten im Hochsommer aber einen halbschattigen Platz erhalten. Überwinterte Pflanzen schneidet man im Februar kräftig zurück. Vermehren lassen sie sich durch Aussaat im Frühjahr oder Stecklinge im Sommer.

Thunbergia alata

SCHWARZÄUGIGE SUSANNE

Diese robuste, nicht winterharte und zumeist einjährig kultivierte Art stammt aus den Tropen Afrikas. Sie wird schnell 3 m hoch und eignet sich sowohl als Kletter- wie auch als Hängepflanze in einem Balkonkasten. Die dunkelgrünen, herzförmigen Blätter sind knapp 10 cm lang; vom Frühsommer bis in den Herbst erscheinen unzählige etwa 5 cm große, orangefarbene Blüten mit schwarzem Schlund.

Thunbergia battiscombei

Die Kletterpflanze aus den Tropen Afrikas hat bis 10 cm lange, elliptische Blätter und in Trauben angeordnete, rotviolette, trompetenförmige Blüten mit gelbem Schlund.

Thujopsis dolabrata

Thujopsis dolabrata 'Nana'

Thunbergia alata

Thunbergia grandiflora

Thunbergia grandiflora

Ebenfalls schnellwachsend und robust, aber nicht winterhart, wird diese immergrüne Kletterpflanze aus Indien bis zu 4,5 m hoch. Kultiviert wird sie vor allem wegen der herabhängenden Büschel aus großen, strahlendblauen bis tiefvioletten, trompetenförmigen Blüten, die im Sommer und Herbst erscheinen. Die Pflanzen haben herzförmige, bis zu 20 cm lange Blätter mit starkem Rand und machen sich am besten an einem Spalier, einem Zaun oder einer Pergola.

Thunbergia gregorii
Syn. *Thunbergia gibsonii*

Immergrün und nicht winterhart, wird diese Kletterpflanze zumeist einjährig gezogen. Sie rankt sich bis zu 1,8 m hoch, läßt sich aber auch als Bodendecker nutzen und wird dann etwa ebenso breit. Die Blätter sind dreieckig bis oval und haben einen geflügelten Stengel. Die sehr hübschen leuchtend orangefarbenen, röhrenförmigen Blüten erscheinen im Sommer.

Thunbergia mysorensis

Diese immergrüne Kletterpflanze mit verholzten Trieben stammt aus den tropischen Bergregionen Südindiens und benötigt klimatische Bedingungen, die denen ihrer Heimat entsprechen. Sie kann bis zu 6 m hoch werden und hat schmale, grüne Blätter. Ihre herabhängenden Blütentrauben aus rotbraunen und gelben, trichterförmigen Blüten bilden sich von Frühjahr bis Herbst.

Thunbergia natalensis

Keine Kletterpflanze, sondern ein weichholziger, nicht winterharter Strauch, bis zu 1 m hoch, ist diese attraktive Art aus Südafrika. In seiner Heimat bringt er den ganzen Sommer hindurch hellblaue Blüten hervor, während er im Winter völlig einzieht. Die Art kann nur in Gewächshäusern mit subtropischem Klima kultiviert werden.

Thunbergia battiscombei

Thunbergia togoensis

Dieser nicht winterharte Strauch aus Afrika bildet behaarte Knospen, die sich zu dunkelblauen Blüten mit einer gelben Mitte öffnen.

THUNIA

Die vier oder fünf Arten sommergrüner, terrestrischer Orchideen dieser kleinen Gattung kommen aus China, Indien und Südostasien. Die gut 1 m hohen Stengel stehen dicht zusammen; die zahlreichen dünnen Blätter, bis zu 20 cm lang und etwa 5 cm breit, sind in zwei Reihen angeordnet. Die nickenden Blütenstände mit wenigen großen, aber kurzlebigen Blüten bilden sich endständig an den jungen Trieben.

PFLEGE UND VERMEHRUNG: Die Pflanzen werden im Hause in einer speziellen Orchideenerde kultiviert (z.B. in einer *Cymbidium*-Mischung). Während der Wachstumsperiode und Blütezeit im Frühjahr und Sommer muß regelmäßig gegossen werden, im Winter schließt sich eine trockene Ruhephase an.

Thunbergia gregorii

Thymus caespititius

Thunia alba
Syn. *Thunia marshalliana*

Über 1 m hoch werden kann diese große, am häufigsten kultivierte Art aus Myanmar, Thailand und Südchina. Die frostempfindliche Pflanze mit hellgrünen, 15–20 cm langen Blättern bildet keine Pseudobulben. An den Spitzen der halmartigen Stengel entstehen Büschel von nickenden, etwa 10 cm großen, weißen Blüten mit einer rosa und goldgelb gezeichneten Lippe. Nach der Blüte zieht die Pflanze ein und kann dann bei Bedarf geteilt werden. Im Sommer benötigt sie einen schattigen Platz und muß regelmäßig gegossen werden, sollte aber auch im Winter nicht völlig austrocknen. Die Art benötigt normale Orchideenerde in großen Töpfen, in denen sie sich gut ausbreiten kann.

THYMUS
THYMIAN

Diese Gattung mit über 300 immergrünen Arten mehrjähriger, krautiger Pflanzen und Halbsträucher ist in Südeuropa und Asien heimisch. Die niederliegenden oder bis etwa 20 cm hohen Pflanzen mit aromatischen Blättern können gut zwischen Pflastersteinen, in Steingärten, Trögen oder in Staudenbeeten kultiviert werden. Einige Arten finden auch in der Küche Verwendung. Die zumeist röhrenförmigen Blüten sind weiß bis rosa oder blaurot. Thymian wird traditionell mit Mut, Kraft, Glück und Gesundheit in Verbindung gebracht.

PFLEGE UND VERMEHRUNG: Je nach Art sind die Pflanzen teilweise bis völlig winterhart. Damit sie schön dicht wachsen, sollte man die verwelkten Blütenstände regelmäßig entfernen. Thymian benötigt einen sonnigen Platz mit feuchtem aber gutdurchlässigem Boden; die Vermehrung erfolgt durch Stecklinge im Sommer oder durch Teilung im Frühjahr.

Thymus caespititius
Syn. *Thymus micans*

Kaum höher als 5 cm wird diese Thymianart, die auf den Azoren, im Nordwesten Spaniens und in Portugal an trockenen, steinigen Hängen wächst. Der immergrüne, polsterbildende, nicht völlig winterharte Halbstrauch trägt an schlanken, verholzten Trieben winzige, mittelgrüne Blätter, behaart und aromatisch. Die nur wenigen hell- oder rosavioletten Blüten

Thunbergia mysorensis

Thunbergia natalensis

Thunia alba

Thunbergia togoensis

T

erscheinen im späten Frühjahr und im Sommer.

Thymus camphoratus

Wie der Name bereits andeutet, riechen die leicht behaarten Blätter dieses kleinen Strauches aus Portugal nach Kampfer. Er wird knapp 50 cm hoch und hat drahtige Zweige und rotviolette Blüten.

Thymus × citriodorus

Syn. *Thymus serpyllum* var. *citriodorus*

Der hübsche, kugelig wachsende, winterharte Strauch wird bis 30 cm hoch, hat winzige, ovale, nach Zitrone duftende Blätter und hellviolette Blüten. Man verwendet die Blätter frisch oder getrocknet in Geflügelfüllungen, oder um Fisch-, Fleisch- und Gemüsegerichten ein Zitronenaroma zu verleihen. Die in die Breite wachsende **'Anderson´s Gold'** ist eine Sorte mit gelben Blättern, die aber oft von selbst wieder grün werden; die Blätter von **'Argenteus'** haben einen silbernen Rand, die von **'Aureus'** eine goldgelbe Zeichnung; die ebenfalls goldgelb gezeichneten Blätter der niederliegend wachsenden Sorte **'Doone Valley'** sind im Winter rötlich

Thymus camphoratus

T. × citriodorus 'Anderson's Gold'

überlaufen; **'Silver Queen'** hat silberne bis weißliche Blätter.

Thymus doerfleri

Diese kleine, gern in die Breite wachsende Art aus Albanien kann in einem Steingarten oder zwischen Trittsteine gepflanzt werden, wo sie hübsche Polster bildet. Die Pflanzen entwickeln behaarte, etwa 1 cm lange Blätter und blühen rosa bis rotviolett.

Thymus herba-barona

Der Name dieser nach Kümmel duftenden, nicht völlig winterharten Thymianart bedeutet »Baron der Kräuter«. Der in Korsika heimische, flachwachsende Halbstrauch bildet verholzte, reichverzweigte Triebe mit lanzettlichen, dunkelgrünen Blättern. Er wird bis 15 cm hoch und etwa 25 cm breit; im Frühjahr erscheinen in endständigen Büscheln rosarote, zweilippige und röhrenförmige Blüten.

Thymus longicaulis

Bei dieser südeuropäischen Art handelt es sich um einen zwergwüchsigen, gern in die Breite wachsenden Strauch. Die rosa bis

Thymus × citriodorus 'Argenteus'

Thymus × citriodorus 'Doone Valley'

Thymus longicaulis

Thymus pannonicus

Thymus polytrichus

Thymus polytrichus 'Porlock'

rotvioletten Blüten sitzen an bis zu 10 cm langen Trieben.

Thymus mastichina

Dieser knapp 50 cm hohe Strauch mit drahtigen Zweigen stammt aus Spanien und Portugal. Normalerweise sind seine Blüten weiß, es gibt aber auch rosa und rotviolett blühende Zuchtformen.

Thymus pannonicus

Unter sehr milden Bedingungen ist diese aus Südwest- und Mitteleuropa stammende Art mitunter immergrün, sonst wächst sie wie eine Staude, niedrig und in die Breite mit rosa Blüten.

Thymus polytrichus

Syn. *Thymus praecox*

LANGHAARIGER THYMIAN

Diese immergrüne, verholzte Ausläufer bildende, winterharte Staude wird etwa 1 cm hoch und hat winzige, ovale bis längliche, aromatische, grüne Blätter. Im Sommer erscheinen Büschel kleiner, zweilippiger Blüten, rotviolett, blaurot oder weiß. **'Porlock'** hat rundliche, dunkelgrüne Blätter und duftende, rosa Blüten.

Thymus herba-barona

Thymus pseudolanuginosus

Thymus doerfleri

Thymus mastichina

Thymus pseudolanuginosus

Syn. *Thymus lanuginosus*

Winterhart, aber sehr langsam wachsend, bildet diese nur etwa 2,5 cm hohe Thymianart breite, ovale Polster, die sich mit ihren dichten, winzigen, behaarten, graugrünen Blättern den Konturen des Bodens perfekt anpassen. Im Hochsommer bildet sie in endständigen Ähren zweilippige und röhrenförmige, hellrosa Blüten.

Thymus serpyllum

QUENDEL, FELDTHYMIAN

Ein beliebter winterharter Bodendecker ist diese in Europa heimische Thymianart, die bis zu 25 cm hoch und 45 cm breit wird. Ihre niederliegenden Stengel sind nur am Grunde etwas verholzt, die duftenden, leuchtendgrünen Blätter elliptisch bis lanzettlich; im Frühjahr und Sommer bringen die Pflanzen endständige Wirtel mit kleinen, röhrenförmigen, blauvioletten, zweilippigen Blüten hervor. Die Art stellt kaum Ansprüche an den Boden, muß aber alle paar Jahre umgepflanzt werden, damit der dichte Wuchs erhalten bleibt. Es gibt verschiedene Sorten, darunter **'Annie Hall'** mit rundlichen Blättern und rosa Blüten, **'Coccineus Minor'** mit rosaroten und **'Pink Ripple'** mit rosa- bis bronzefarbenen Blüten.

Thymus vulgaris

GARTENTHYMIAN

Dieser winterharte, bis 30 cm hohe Halbstrauch ist die aromatischste und als Küchenkraut am meisten geschätzte Art. Mit seinen winzigen, mittelgrünen Blättern aromatisiert man Essig und Butter oder würzt Fleisch- und Gemüsegerichte.

Thymus serpyllum

Thymus vulgaris

Der Tee hilft bei Verdauungsstörungen, Angina und Husten. Im Sommer erscheinen weiße bis hellrosa Blüten.

THYSANOLAENA

Zu dieser Gattung gehört nur eine Art – ein ausdauerndes Gras aus den Tropen Asiens, das große Horste mit gebogenen Halmen und schmalen, lanzettlichen Blättern bildet. Die langen Blütenähren treiben zwischen Sommer und Herbst aus.

PFLEGE UND VERMEHRUNG: Die nicht winterharten Pflanzen sollten einen Platz mit feuchtem, humusreichem Boden bekommen und während der Wachstumsperiode regelmäßig gegossen werden, denn wenn sie zu trocken stehen, verlieren sie oft die Blätter. Die Vermehrung erfolgt durch Samen oder Teilung.

Thysanolaena maxima

TIGERGRAS

In der freien Natur wächst dieses bis zu 3,5 m hohe, bambusähnliche Gras so dicht, daß man es kaum durchdringen kann. Seine imposanten Blütenrispen sind 30–60 cm lang.

TIARELLA

SCHAUMBLÜTE, TURBANKAPSEL

Diese Gattung umfaßt fünf ausdauernde, in Nordamerika heimische Arten, die zumeist im Unterholz wachsen. Sie ähneln *Heuchera*-Arten, mit denen sie auch verwandt sind und gekreuzt werden können. Die Schaumblüte hat einen dicken Wurzelstock und grundständige Blätter; die kleinen, weißen, manchmal auch hellrosa Blüten sitzen an unbeblätterten, etwa 30 cm langen Stengeln.

Thymus serpyllum 'Coccineus Minor'

Thymus serpyllum 'Pink Ripple'

Tiarella polyphylla

PFLEGE UND VERMEHRUNG: Die außerordentlich winterharten Arten dieser Gattung sind ausgezeichnete Bodendecker für schattige bis halbschattige Standorte mit feuchtem, gutdurchlässigem Boden. Durch Aussaat oder Teilung im zeitigen Frühjahr oder Herbst kann man sie vermehren.

Tiarella cordifolia

Diese kräftige, leicht wuchernde, immergrüne Art bringt im Frühjahr endständige Ähren mit vielen winzigen, gelblichweißen, fünfzähligen Blüten hervor. Die grundständigen und gelappten Blätter sind hellgrün, oft rot gefleckt, und verfärben sich im Winter orangerot. Zur Blütezeit ist die Pflanze bis 30 cm hoch und etwa ebenso breit.

Tiarella polyphylla

Heimat dieser mehrjährigen Art sind China und der Himalaja. Sie erreicht eine Höhe von bis 45 cm und wird etwa ebenso breit. Ihre aufrechten Stengel sind kräftig, die herzförmigen Blätter ungefähr 5 cm lang. Im späten Frühjahr und Sommer erscheinen fünfzählige, rosa oder weiße, in endständigen Trauben angeordnete Blüten.

Thymus serpyllum 'Annie Hall'

Thysanolaena maxima

Tiarella wherryi

Tiarella cordifolia

Tiarella wherryi

Diese mehrjährige, langsam wachsende, horstbildende Art wird etwa 20 cm hoch und breit. Im späten Frühjahr erscheint eine Fülle dekorativer sternförmiger, hellrosa oder weißer Blüten; die behaarten, grünen Blätter verfärben sich im Herbst dunkelrot. Die Art kann gut als haltbare Schnittblume verwendet werden

TIBOUCHINA

TIBOUCHINE

Zu dieser Gattung gehören über 300 Arten immergrüner Stauden, Sträucher, kleiner Bäume und Kletterpflanzen aus Südamerika. Die großen, zumeist rotvioletten, rosa oder weißen Blüten mit fünf samtigen Kronblättern sitzen einzeln oder in Büscheln an den Triebspitzen, wobei die ganze Pflanze oft mehrere Monate – gewöhnlich vom Spätsommer bis zum frühen Winter – über und über mit Blüten bedeckt ist. Die Blütenknospen sind sehr dick und rundlich; die ungeteilten, behaarten Blätter haben drei bis sieben auffällige Adern. Der Neuaustrieb ist oft rötlich-bronzefarben; die Stengel sind kantig, die Früchte kapselförmig.

PFLEGE UND VERMEHRUNG: Die nicht winterharten Tibouchinen werden bei uns

Tibouchina urvilleana

Tibouchina clavata

Tibouchina granulosa

zumeist als Topfpflanzen kultiviert. Sie benötigen humushaltige, sandige, unbedingt kalkfreie Erde und einen halbschattigen, luftigen Platz; die Überwinterung erfolgt kühl (bei etwa 10 °C), aber frostfrei. Während der Vegetationsphase wird regelmäßig gegossen und gedüngt, im Winter deutlich weniger, wobei der Wurzelballen aber nicht austrocknen darf. Aus Stecklingen lassen sich im Frühjahr oder Sommer neue Pflanzen ziehen.

Tibouchina clavata

Diese oft etwas wuchernde Art aus Brasilien, bis 2,5 m hoch, bringt im Frühherbst hellviolette oder weiße Blüten hervor. Diese sind zwar nicht groß, sitzen aber in ausgesprochen attraktiven, offenen Büscheln zusammen.

Tibouchina granulosa

Brasilien ist auch die Heimat dieser schnellwachsenden Art, die sich in der Regel zu einem großen Strauch von 3,5–4,5 m Höhe und Breite entwickelt. Unter Umständen kann sie sogar über 10 m hoch werden und ähnelt dann einem kleinen Baum. Die bis 30 cm langen, im Herbst erscheinenden Blütenbüschel können das Laub manchmal vollständig verdecken. Die Blüten selbst sind rotviolett oder rosa und bis 5 cm groß. Die Blätter, lanzettlich und 15–20 cm lang, haben eine glänzende, dunkelgrüne Ober- und leuchtendgrüne, behaarte Unterseite und einen ebenfalls behaarten Rand.

Tibouchina heteromalla

Dieser immergrüne, ausladende Strauch wird etwa 1 m hoch und breit. An seinen aufrechten Trieben, die sich an der Basis verzweigen, sitzen 10–15 cm lange Blätter mit samtiger, weißlichgrüner Unterseite. Endständige Rispen, die bis zu 20 cm lang und 5–8 cm breit sein können, versammeln die fünfzähligen, violetten Blüten. Die Blütezeit fällt meist in den Hochsommer und kann sich in wärmeren Regionen bis in den Spätherbst erstrecken.

Tibouchina 'Jules'

Die Sorte sieht aus wie eine kleine Version von *Tibouchina urvilleana*, allerdings sind ihre leuchtenden, rotvioletten Blüten und die samtigen, grünen Blätter nur etwa halb so groß, außerdem wächst sie nur zu einem ungefähr 1 m hohen Strauch heran. Blütezeit ist der Spätsommer.

Tibouchina heteromalla

Tibouchina 'Jules'

Tibouchina lepidota

Dieser reich beblätterte Strauch aus Ecuador und Kolumbien hat einen relativ kurzen, nur 3,5 m langen Stamm, obwohl er zu einem über 10 m hohen Baum mit einer hübschen, rundlichen Krone heranwachsen kann. Seine glänzend dunkelgrünen, länglichen bis lanzettlichen Blätter haben fünf auffällige Haupt- und zwei dünnere äußere Nebenadern; die violetten bis rotvioletten Blüten sitzen in Büscheln zusammen. Die Blütenknospen sind von seidenartigen, rosa Hochblättern umgeben, die Zweige rötlich behaart. **'Alstonville'** hat eine besonders intensive Blütenfarbe.

Tibouchina urvilleana

Syn. ***Lasiandra semidecandra, Tibouchina semidecandra***

Diese Art mit schlanken Zweigen, einem kurzen Stamm und buschiger, rundlicher Krone wird bis 4,5 m hoch. Die jungen Triebe sind rötlich und leicht behaart, werden später aber braun. Die ovalen bis länglichen Blätter sind 5–10 cm lang und haben eine glänzendgrüne Ober- sowie eine leicht behaarte Unterseite. Die samtigen, rotvioletten bis violetten, etwa 8 cm großen Blüten mit rotvioletten Staubgefäßen sitzen einzeln oder in kleinen Gruppen an den Zweigen. Die großen Blütenknospen sind rötlich und behaart.

TIGRIDIA

TIGERBLUME

Etwa 35 Arten aus Mittel- und Südamerika repräsentiert diese zur Familie der Schwertliliengewächse zählende Gattung von Zwiebelgewächsen, die vor allem wegen ihrer eigentümlichen Blüten geschätzt werden. Diese haben eine auffällig gezeichnete Mitte und drei große äußere Kronblätter in Orange, Rosa, Gelb, Rotviolett oder Weiß. Die Blüten halten sich zumeist nur einen Tag; dafür werden sie im Sommer aber oft wochenlang gebildet.

PFLEGE UND VERMEHRUNG: Die subtropischen Pflanzen sind nicht völlig winterhart, so daß man die Zwiebeln im Herbst herausnehmen und in einem trockenen, luftigen aber frostfreien Raum überwintern muß. Tigerblumen bevorzugen einen sonnigen Platz mit durchlässigem Boden und müssen im Sommer regelmäßig gegossen werden. Die Vermehrung erfolgt durch Aussaat im Frühjahr.

Tigridia pavonia

TIGERBLUME, PFAUENBLUME

Diese aus Mexiko stammende Pflanze mit schwertförmigen Blättern blüht im Sommer. An bis zu 60 cm langen Stengeln sitzen etwa 15 cm lange, dreieckige Blüten; sie sind meist rot und haben eine gelbe, rotviolett gefleckte Mitte.

TILIA

LINDE

Zu dieser Gattung gehören 45 Arten stattlicher, sommergrüner Bäume aus den gemäßigten Regionen Asiens, Europas und Nordamerikas. Man pflanzt sie gern als Alleebäume, da sie schnell wachsen und regelmäßigen Schnitt, aber auch Autoabgase relativ gut vertragen. Die Bäume haben einen dicken Stamm mit starkem Wurzelanlauf und bilden oft Schößlinge. Die rundlichen bis herzförmigen Blätter sitzen an dünnen Stengeln und werden im Herbst schnell gelb. Im Sommer erscheinen büschelweise kleine, duftende und becherförmige, gelbliche Blüten. Jeder Blütenstand ist mit einem flügelartigen weißlichen Vorblatt verwachsen, das für die Windverbrei-

Tigridia pavonia

Tibouchina lepidota

T

Tilia 'Petiolaris'

Tilia × europaea 'Wratislaviensis'

tung der Früchte – kleine, runde, harte, grüne Beeren – sorgt. Aus den getrockneten Blüten und Hochblättern läßt sich Tee bereiten, aber auch das feste und leichte Holz einiger Arten wird geschätzt.

PFLEGE UND VERMEHRUNG: Die völlig winterharten Pflanzen bevorzugen einen sonnigen Standort mit neutralem, gutdurchlässigem Boden, vertragen aber auch Schatten. Auch größere Bäume kann man während der Ruhephase im Winter relativ leicht umsetzen. Die Vermehrung erfolgt durch Samen im Herbst, sowie Stecklinge oder Absenker; Zuchtformen werden zumeist im Spätsommer gepfropft.

Tilia americana

AMERIKANISCHE LINDE

Dieser attraktive, robuste Baum aus Kanada und dem Osten der USA wird bis 35 m hoch. Er hat einen aufrechten Stamm mit glatter, grauer, im Alter gefurchter Rinde. Seine jung grünen Zweige bilden eine schmale Krone; die herzförmigen, mattgrünen Blätter sind bis zu 15 cm lang und gezähnt. Im Sommer erscheinen in herabhängenden Büscheln gelblichweiße, duftende Blüten. Aus ihnen entwickeln sich später kleine, behaarte Früchte. Die Sorte **'Redmond'**, die 1926 in Nebraska entstand, hat eine dichte, kegelförmige Wuchsform.

Tilia cordata

Tilia cordata

Syn. *Tilia parvifolia*

WINTERLINDE

Heimisch in den Wäldern Europas, wächst dieser Baum mit kuppelförmiger Krone bis 30 m hoch. Seine lederartigen, rundlichen, etwa 5 cm großen Blätter haben eine leuchtendgrüne Ober- und eine hellere Unterseite. Die kleinen, hellgelben Blüten duften süßlich; die Früchte sind grau. Die langlebige Art läßt sich gut als hübscher Park- und Gartenbaum kultivieren, sofern sie genügend Platz hat, um sich auszubreiten. Ihr weiches, weißliches Holz wird häufig für Schnitzarbeiten und zur Herstellung von Musikinstrumenten verwendet. **'Greenspire'** ist eine schnellwachsende, aus Amerika stammende Sorte mit ovaler Krone. Die kegelförmige **'June Bride'** hat glänzende Blätter und blüht sehr reich.

Tilia × euchlora

Syn. *Tilia* 'Euchlora'

KRIMLINDE

Aus einer Kreuzung von *Tilia cordata* und *T. dasystyla* hervorgegangen, erreicht diese elegante Hybride eine Höhe von 20 m. Ihre Blätter sind oberseits dunkelgrün-, unterseits heller, fast blaugrün. Bei älteren Exemplaren hängen die unteren der gebogenen Äste oft bis auf den Boden herab. Die Blüten sollen auf Bienen eine betäubende Wirkung ausüben.

Tilia cordata

Tilia × europaea

Syn. *Tilia × vulgaris*

HOLLÄNDISCHE LINDE

In Europa wird diese eindrucksvolle, bis 30 m hohe Kreuzung aus *Tilia cordata* und *T. platyphyllos* häufig kultiviert. Typisch sind die dichte Krone und der gedrungene Stamm, der viele Schößlinge treibt, die man ab und zu an den Wucherungen am Grund entfernen sollte. Die leuchtendgrünen Blätter haben einen gezähnten Rand; die hellgelben Blüten, aus denen sich ein Tee zubereiten läßt, erscheinen im Frühsommer zwischen den Blättern. Die rundlichen Früchte sind leicht rippig. **'Wratislaviensis'** hat jung goldgelbe, später dunkelgrüne Blätter.

Tilia heterophylla

Außerhalb ihrer Heimat, dem Osten der USA, findet man diese Art nur selten. Sie wird bis 30 m hoch, hat eine kugelige Krone und dicht verzweigte, glatte Äste. Die dunkelgrünen Blätter sind groß, breit oval und haben eine helle, behaarte Unterseite sowie einen grobgezähnten Rand.

Tilia japonica

Diese Art, ein attraktiver, mittelgroßer Baum mit kleinen Blättern aus Japan und Ostchina ähnelt *Tilia cordata*, doch sind die unterseits bläulichgrünen Blätter größer und laufen sehr spitz zu. Außerdem hat er eine säulenartige Wuchsform.

Tilia americana

Tilia mongolica

Die Mongolei und Nordchina sind die Heimat dieses 20 m hohen Baumes. Er wächst rundlich-kompakt und hat ein dichtes Zweigwerk mit rötlichen Trieben und Stielen. Die dunkelgrünen, grobgezähnten, drei bis fünflappigen Blätter sind 5 cm lang und erinnern ein wenig an Efeublätter.

Tilia 'Petiolaris'

Syn. *Tilia petiolaris*

HÄNGENDE SILBERLINDE

Möglicherweise handelt es sich bei dieser Art, einem 10–25 m hohen Baum mit herabhängenden Zweigen auch nur um eine Form von *Tilia tomentosa*. Er ist von kegelförmigem, im Alter ausladenderem Wuchs; seine spitzen, herzförmigen Blätter sind 5–10 cm lang und haben eine dunkel-

Tilia heterophylla

Tilia japonica

Tilia heterophylla

grüne Ober- und silbrig-filzige Unterseite. Aus den in endständigen Büscheln angeordneten, hellgelben Blüten entwickeln sich nußähnliche Samen.

Tilia platyphyllos
SOMMERLINDE

Die robuste, in Europa heimische Art wird 25 m hoch, hat einen geraden, grauen Stamm und eine rundliche, im Alter breitere Krone. Die jungen Triebe sind zumeist rötlichbraun und flaumig, die großen, dunkelgrünen Blätter herzförmig mit bläulicher Unterseite. Aus den in Dreierbüscheln angeordneten, hellgelben Blüten entwickeln sich später harte, birnenförmige, rippige Früchte. Die Rinde der jungen Zweige von **'Rubra'** ist leuchtendrot.

Tilia tomentosa
SILBERLINDE

An ihren charakteristischen hellgrauen und filzigen jungen Trieben läßt sich dieser anmutige Baum, der aus Osteuropa und der Türkei stammt, leicht erkennen. Er wird knapp 30 m hoch, und seine aufrechten Äste haben oft überhängende Spitzen. Die großen, kreisrunden Blätter, die einen scharf gezähnten Rand aufweisen, scheinen im Wind zu flimmern. Die stark duftenden, gelbgrünen, für Bienen giftigen Blüten erscheinen im Sommer; aus ihnen entwickeln sich später rauhe, ovale Früchte. Diese Art verträgt trockene Böden und ist relativ unempfindlich gegenüber Luftverschmutzung.

TILLANDSIA
TILLANDSIE

Zu dieser Gattung gehören über 350 immergrüne, zumeist epiphytische Arten, die vom Süden der USA bis zum südlichsten Zipfel Südamerikas vorkommen. Sie bilden oft Rosetten, haben manchmal aber auch verzweigte Triebe mit spiralig angeordneten Blättern. Kultiviert werden diese Pflanzen hauptsächlich wegen ihrer hübschen Blätter und der ungewöhnlichen,

Tillandsia ionantha

normalerweise in Ähren, Doldenrispen oder Rispen angeordneten Blüten, deren Farbpalette von Weiß über Grün und Rot bis Purpur reicht. Ihre Höhe variiert zwischen etwa 5 cm und über 3,5 m; die grauen, grünen oder rotbraunen Blätter sind mit silbrigen Schuppen bedeckt, bei den Früchten handelt es sich um kleine Kapseln.

PFLEGE UND VERMEHRUNG: Alle Arten sind frostempfindlich, so daß sie bei uns in der Regel nur als Zimmerpflanzen kultiviert werden, wobei die Temperatur auch nachts nicht unter 12 °C absinken sollte. Zu beachten ist außerdem, daß viele Tillandsien eine hohe Luftfeuchtigkeit benötigen; epiphytisch wachsende, die man am besten auf Rinden- oder Holzstücken zieht, sollten sogar möglichst mehrmals am Tag besprüht werden. Für Topfpflanzen eignet sich eine Mischung aus Torfmoos, Rinde und grobem Sand. Im Sommer wird regelmäßig, im Winter kaum gegossen. Die Vermehrung erfolgt durch Kindel oder Teilung im Frühjahr.

Tillandsia aeranthos

Der lateinische Name dieser epiphytischen Art, die oft mit der verwandten *Tillandsia bergeri* verwechselt wird, bedeutet »Luftblüte«. Die Pflanzen mit rosettenartig angeordneten, schmalen und spitz zulaufenden Blättern sind 10–15 cm breit und haben dunkelpurpurne bis rote Blüten.

Tillandsia aeranthos

Tillandsia argentea

Tilia platyphyllos 'Rubra'

Tilia platyphyllos

Tillandsia bergeri

Tillandsia flabellata

Tillandsia argentea

Diese kleine Art wird 10–15 cm breit, hat eine zwiebelartig verdickte Basis und sehr schmale, fast fadenartige, stark schuppige, silberne Blätter, die spiralförmig vom kurzen Stengel abstehen. Die in Trauben gruppierten, roten bis violetten, röhrenförmigen Blüten sitzen an rötlichen Trieben und sind von roten und grünen Hochblättern umgeben. Die Art kultiviert man am besten auf Holzstücken an einem luftigen, halbschattigen Platz. Die Luftfeuchtigkeit muß nicht allzu hoch sein.

Tillandsia bergeri

Diese epiphytisch wachsende Art aus Argentinien wird 10 cm hoch und 15 cm breit und bildet dichte Horste. Die Blätter sind leicht gefurcht und dicht mit Schuppen besetzt; die Blüten werden bis 3,5 cm groß und haben zunächst blaue, später auch rosa Kronblätter. Blüten und Blätter sind spiralförmig angeordnet. Die Pflanzen müssen regelmäßig gegossen werden.

Tillandsia caulescens

Diese Art aus Bolivien und Peru, wo sie epiphytisch in großer Höhe wächst, wird 45 cm hoch und läßt sich relativ leicht kultivieren. Sie hat dichte, spiralförmig angeordnete, graugrüne Blätter, weiße bis rotviolette Blüten und rote Hochblätter. Die Blüten werden bis 2,5 cm groß, die Spitzen der Kronblätter biegen sich zurück.

Tillandsia caulescens

Tillandsia cyanea

Tillandsia lindenii

Tillandsia cyanea

Die dichten Rosetten der grasartigen Blätter dieser Art sind dunkelgrün, jung oft auch rötlichbraun. Von Sommer bis Herbst ragen zwischen den Blättern langgestielte, große Blütenstände hervor. Sie bestehen aus überlappenden, rosa oder roten Hochblättern und blauvioletten Blüten. Die Art, die sich in einem Gemisch aus Rindenstücken, Torf und Sand kultivieren läßt, braucht eine sehr hohe Luftfeuchtigkeit.

Tillandsia flabellata

Diese Art aus den Nebelwäldern Mittelamerikas hat dekorative Blüten, rosettenförmig angeordnete, rote oder grüne Blätter und leuchtendrote, spitz zulaufende Hochblätter. Die fächerartig angeordneten Blütenähren werden bis 40 cm groß; die blauen Blüten haben bis zu 5 cm lange Kronblätter, die eine Röhre bilden. Die Luftfeuchtigkeit muß nicht allzu hoch sein.

Tillandsia ionantha

Diese kleine stammlose Art bildet dichte Rosetten aus dreieckigen Blättern, die dicht mit Schuppen besetzt sind. Zur Blütezeit wird die innere Rosette strahlendrot und bildet einen schönen Kontrast zu den violetten Blüten mit weißen Spitzen. Wegen ihrer geringen Größe lassen sich die Pflanzen im Terrarium ziehen; die Luftfeuchtigkeit muß nicht allzu hoch sein.

Tillandsia lindenii

Auch diese Art bildet Rosetten mit dünnen, glatten, gebogenen, spitz zulaufenden Blättern, überzogen von rotbraunen Streifen. Die in dichten Ähren angeordneten Büschel tiefblauer oder blauvioletter Blüten, die im Herbst direkt über den Blättern erscheinen, sind meist von roten oder rosa überlaufenen Hochblättern verdeckt.

Tillandsia pruinosa

Die nur 8–20 cm hohe und stammlose Art hat grüne und stark gefurchte, mit pelzigen, weißen Schuppen besetzte Blätter. Die kurzen, aufrecht stehenden Hochblätter sind während der Blüte rosa; die röhrenförmig angeordneten, blauen Kronblätter werden etwa 3,5 cm lang. Die dekorative Pflanze läßt sich leicht kultivieren und muß nur gelegentlich gegossen werden.

Tillandsia stricta

Syn. *Tillandsia krameri, T. meridionalis, T. stricta* var. *krameri*

In voller Blüte gehört diese dichte, epiphytische Art zu den schönsten der Gattung. Sie hat einen nur kurzen, oft auch überhaupt keinen Stamm und grüne Blätter, die von silbriggrauen Schuppen bedeckt sind. Die in drahtigen, aufrechten Ähren angeordneten Blüten bestehen aus blauen Kronblättern mit büscheliger Spitze und leuchtendroten Hochblättern. An einem mäßig feuchten, schattigen Platz lassen sich die Pflanzen gut kultivieren.

Tillandsia usneoides

GREISENBART

Wurzellos hängt diese ungewöhnliche Art von Ästen oder auch Telefondrähten herab. An den verzweigten, fadenartigen Stengeln sitzen sehr kleine, nach innen gebogene Blätter, die dicht mit silbrigweißen Schuppen bedeckt sind. Im Sommer bilden sich die unscheinbaren grünlichgelben oder hellblauen Blüten aus, bleiben aber normalerweise fast vollständig zwischen den Blättern versteckt. Diese Art kommt vom Süden der USA bis in den Norden Südamerikas vor.

TIPUANA

Nur eine Art gehört zu dieser Gattung von Hülsenfrüchtlern aus den Subtropen Südamerikas – Bäume, die unter feuchtwarmen Bedingungen immergrün, in kühlerem oder trockenerem Klima dagegen sommergrün sind. Die in Trauben angeordneten, an Kassien erinnernden Blüten sitzen an den Spitzen der Zweige; die gefiederten Blätter bestehen aus vielen kleinen Fiedern. Die Bäume sind beliebte Schattenspender, werden aber auch wegen der hübschen Wuchsform und der attraktiven Blüten kultiviert.

Tillandsia usneoides

Titanopsis calcarea

PFLEGE UND VERMEHRUNG: Die nicht winterharten Bäume (Mindesttemperatur 12 °C) können bei uns nur in Kübeln kultiviert werden, blühen dann aber nicht. Junge Exemplare können im Winter gestutzt werden; die Vermehrung erfolgt durch angeritzte frische Samen im Frühjahr.

Tipuana tipu

Syn. *Tipuana speciosa*

Dieser attraktive Schattenspender mit ausladenden Ästen und einer unregelmäßigen Krone wird 15–20 m hoch und breit. Seine dunkelgrünen Blätter werden bis 25 cm lang und bestehen aus 15 bis 19 länglichen Fiedern. Die gelben bis orangefarbenen, in endständigen Trauben angeordneten Blüten erscheinen im Frühjahr. Aus ihnen entwickeln sich im Herbst und Winter braune, geflügelte, 5–10 cm lange Hülsen.

TITANOPSIS

Die nur sechs Arten sind südafrikanische Sukkulenten, die auch als »Lebende Steine« bekannt sind. Die grundständigen, fleischigen, spatelförmigen bis dreieckigen, grauen, aber oft mit ockerfarbenen bis hellbraunen Warzen bedeckten Blätter bilden nach einiger Zeit kleine, dichte Büschel. Die leuchtendgelben bis orangefarbenen Blüten sind 2,5 cm groß und öffnen sich in der Natur nach einem Regenschauer, in Kultur dagegen zumeist im Herbst.
PFLEGE UND VERMEHRUNG: Die nicht winterharten Pflanzen (Mindesttemperatur 10 °C) brauchen Sonne und gutdurchlässigen Kiesboden. Im Winter wird sehr wenig gegossen, beim Erscheinen der neuen Blätter werden die Wassergaben etwas erhöht. Die Vermehrung erfolgt durch Aussaat im Sommer oder Herbst.

Tillandsia pruinosa

Tithonia diversifolia

Tipuana tipu

Titanopsis calcarea

Diese Art mit etwa 2,5 cm langen Blättern stammt aus der westlichen Kapregion Südafrikas. Die Spitzen der weißen, grauen, bläulichen oder hellroten Blätter sind mit kleinen Warzen bedeckt.

TITHONIA

TITHONIE, LIEBLING DER AURORA

Zehn Arten ein-, zwei- oder mehrjähriger Pflanzen, normalerweise dekorative Stauden, umfaßt diese Korbblütlergattung aus Mittelamerika und Westindien. *Tithonia diversifolia* kann auch zu einem richtigen Strauch auswachsen. Im Sommer und Herbst erscheinen große, leuchtendgelbe, orangefarbene oder rote Blütenköpfchen; unterseits sind die stark gelappten Blätter oft behaart.
PFLEGE UND VERMEHRUNG: Die Arten sind zumeist nicht völlig winterhart, so daß sie in aller Regel als Einjährige gezogen werden. Für ihre Kultur eignet sich ein warmer, geschützter Platz in der Sonne mit nährstoffreichem, tiefgründigen Boden; mitunter müssen sie hochgebunden werden. Um die Blütezeit zu verlängern, sollten man welke Blüten regelmäßig entfernen. Die Aussaat erfolgt im Spätwinter oder im zeitigen Frühjahr unter Glas.

Tithonia diversifolia

Diese große, robuste Art kann eine Höhe von 4,5 m erreichen. Die Stauden oder Sträucher mit großen, gegenständigen, ovalen bis länglichen, dreilappigen oder ungeteilten, behaarten Blättern eignen sich als Hintergrundpflanzen in einer Rabatte, wo sie mit ihren großen, orangegelben Blütenköpfchen in den späten Sommermonaten einen schönen Blickfang bieten. Wegen der großen Wuchshöhe kann man welke Blüten manchmal kaum entfernen.

Tithonia rotundifolia

Etwa 1,5 m hoch und bis 1 m breit, braucht diese große, normalerweise einjährig kultivierte Art ausreichend Platz. Die farbenprächtige Pflanze mit ihren 10 cm großen, an Zinnien erinnernden, orangefarbenen oder leuchtendroten Blütenköpfchen wird als Beetpflanze und als Schnittblume gleichermaßen geschätzt; ihre Blätter sind herzförmig. **'Torch'** hat leuchtend orangefarbene oder rote Blütenköpfchen und wird bis 1 m hoch.

Tithonia rotundifolia

Tipuana tipu

TOLMIEA

HENNE MIT KÜKEN

Zu dieser Gattung, verwandt mit dem Steinbrech (*Saxifraga*), gehört nur eine immergrüne Staude, die an der Westküste Nordamerikas von Nordkalifornien bis Alaska vorkommt. Ihre dunkelgrünen Blätter sind herzförmig, grobgezähnt und erinnern stark an einige *Heuchera*-Arten, mit denen die Pflanzen ebenfalls verwandt sind. Ein Besonderheit sind die jungen Pflänzchen, die am Grund der langgestielten, rundlichen Blätter gebildet werden. Nach dem Abfallen der Blätter bewurzeln sich die jungen Pflänzchen, so daß sie sich auf schattigem Waldboden in ihrer natürlichen Umgebung stark ausbreiten können. Die unscheinbaren Blüten, die ebenfalls an die von *Heuchera* erinnern, sitzen an schlanken, aufrechten Blütentrieben.
PFLEGE UND VERMEHRUNG: Diese seit vielen Jahren beliebte Zimmerpflanze oder Gartenstaude wird gerne als Bodendecker für schattige Plätze, etwa unter Bäumen, genutzt. Der Boden sollte feucht, aber nicht naß und gut durchlässig sein. Man kann sie auch gut in Hängekörben ziehen, wo sie mit ihrem üppigen Laub eine dichte Kugel bilden. Pflanzt man sie in die Sonne, wird sie allerdings leicht von Schädlingen befallen. In der wärmeren Jahreszeit sollte man sie alle zwei Monate etwas düngen. Die Vermehrung erfolgt durch Brutknospen oder Teilung.

Tolmiea menziesii

Toona sinensis

Toona sinensis 'Flamingo'

Tolmiea menziesii

Die dichtstehenden, hellgrünen Blätter der Staude sind behaart, 5–10 cm lang und entspringen kurzen Rhizomen, die an der Oberfläche wachsen. Im späten Frühjahr und Frühsommer bringen die Pflanzen an 30–60 cm langen Stengeln in Trauben angeordnete, orangefarbene bis bräunliche Blüten mit winzigen Kronblättern hervor.

TOONA

SURENBAUM

Die vier oder fünf sommer- und immergrünen Arten sind Bäume, die in einem Gebiet von China und dem Himalaja bis nach Ostaustralien vorkommen. Geschätzt werden sie wegen ihres wertvollen, oft aromatischen Holzes und ihrer hübschen Blätter, die sich aus vielen ovalen bis lanzettlichen Fiedern zusammensetzen. **PFLEGE UND VERMEHRUNG:** Sie bevorzugen feuchtwarmes Klima und tiefen, fruchtbaren Boden. Die meisten Arten sind frostempfindlich, aber *Toona sinensis* kann an sehr geschützten Standorten auch im Freien kultiviert werden. Sie benötigt dann einen sonnigen Platz und muß regelmäßig gegossen werden. Die Vermehrung erfolgt durch frische Samen oder Schößlinge im Spätsommer. Einige Arten werden häufig von Raupen und Milben befallen.

Toona ciliata

Toona ciliata

Toona ciliata

Syn. *Cedrela toona, Toona australis*

Diese variable Art kommt fast im ganzen Verbreitungsgebiet der Gattung vor, am besten entwickelt sich ihr aromatisches Holz jedoch in den subtropischen Regenwäldern Ostaustraliens. Die Bäume können über 30 m hoch werden; der aufrechte Stamm wird bis zu 2 m stark und hat eine dunkelgraue, schuppig aufbrechende Rinde, die Krone ist oft recht ausladend. Die jungen, im späten Frühjahr gebildeten Blätter sind rötlich-bronzefarben, das Herbstlaub ist gelb. Junge Bäume wachsen schnell, werden jedoch leicht von Schädlingen befallen und dadurch im Wachstum gestört.

Toona sinensis

Syn. *Cedrela sinensis*

CHINESISCHER SURENBAUM

Diese ebenfalls sehr variable Art aus Ost- und Südchina sowie Südostasien wird nur selten kultiviert. Sie hat normalerweise einen großen, einzelnen Stamm, kann aber auch mehrere, etwa 10 m hohe Stämme ausbilden. Die Blätter, die sich aus dunkelgrünen Fiedern zusammensetzen, sind bis zu 60 cm lang und haben einen rötlichen, in der Mitte ansetzenden Stengel. In China verwendet man die Sproßspitzen, die zerkleinert stark nach Zwiebeln riechen, als Gemüse. In den letzten Jahren ist eine sehr hübsche Sorte, **'Flamingo'**, in vielen Gärten aufgetaucht. Ihre Blätter sind im Frühjahr leuchtendrosa, verfärben sich dann aber gelblich und werden schließlich grün. Die Pflanzen haben schlanke, nur etwa 6 m hohe Stämme und breiten sich durch Wurzelausläufer aus.

TORENIA

Diese Gattung mit 40 bis 50 aufrechten bis breiten, buschigen, ein- oder mehrjährigen Arten stammt aus den tropischen Wäldern Afrikas und Asiens. Ihre gegenständigen Blätter sind oval bis lanzettlich und ganzrandig oder gezähnt; im Sommer erscheinen in Trauben angeordnete, trompetenförmige Blüten mit zweiteiliger Ober- und dreiteiliger Unterlippe. **PFLEGE UND VERMEHRUNG:** Die Arten sind nicht völlig winterhart, so daß sie bei uns zumeist als Topfpflanzen gezogen werden, wobei bei einigen die Kultur jedoch nicht ganz einfach ist. Wichtig ist nahrhafter, durchlässiger Boden und, wenn die Pflanzen im Sommer im Freien stehen, ein halbschattiger, geschützter Platz. Jungpflanzen können gestutzt werden, damit sie buschiger wachsen. Die Vermehrung erfolgt durch Aussaat im Frühjahr.

Torenia fournieri

Diese verzweigte,einjährige Art hat hell- bis dunkelgrüne Blätter mit gezähntem Rand. Die frostempfindlichen Pflanzen wachsen relativ schnell etwa 30 cm hoch und bis zu 20 cm breit. Ihre an Stiefmütterchen erinnernden Blüten, die im Sommer und Frühherbst erscheinen, sind leuchtend blauviolett gefärbt und haben eine deutlich hellere Mitte, die außerdem eine gelbe Zeichnung aufweist. Daneben gibt es rote, rosa und weiße Sorten.

TORREYA

NUSSEIBE

Diese an Eiben erinnernden immergrünen, aus Ostasien und Nordamerika stammenden Koniferen gehören zu einer kleinen Gattung mit etwa sechs Arten – Bäumen oder Sträuchern mit sehr spitzen Nadeln, die spiralförmig an den Trieben sitzen und oft eine hellere Unterseite haben. Die ovalen, an Oliven erinnernden Früchte enthalten einen einzelnen Samen. **PFLEGE UND VERMEHRUNG:** Nußeiben sind nicht winterhart, bei uns werden sie meist als Kübelpflanzen kultiviert. Sie benötigen nährstoffreiche Erde und müssen regelmäßig gegossen werden. Im Sommer stellt man sie an einen halbschattigen, geschützten Platz ins Freie. Die Vermehrung erfolgt durch Aussaat oder Pfropfen.

Torreya californica

Wildwachsend wird dieser hübsche, aufrechte, nicht winterharte Baum 20 m hoch. Er hat eine kegelförmige Wuchsform, im Alter berühren seine abstehenden, überhängenden Äste oft den Boden. Die dunkelgrünen, nadelartigen, gut 5 cm langen Blätter sind auf der Unterseite gelblichgrün. Männliche und weibliche Blüten sitzen an verschiedenen Bäumen; die verholzten Früchte erinnern an Muskatnüsse.

Torenia fournieri

Torreya nucifera

Japan ist die Heimat dieser attraktiven, 20 m hohen, ei- bis kegelförmigen Konifere. Ihre harten, sehr spitzen, eibenähnlichen Blätter sind dunkel graugrün und verbreiten beim Zerreiben einen scharfen, aber nicht unangenehmen Geruch. Die glatte Rinde ist rötlichbraun; die eßbaren, anfänglich grünen Steinfrüchte, die ein nahrhaftes Öl enthalten, werden später rotviolett und sind dann weißlich bereift.

TOWNSENDIA

Ungefähr 20 ein-, zwei- oder mehrjährige Arten umfaßt diese zu den Korblütlern gehörende Gattung aus Nordamerika. Die polsterbildenden Pflanzen mit schmalen oder spatelförmigen, oft silbrigen bis graugrünen Blättern werden in der Regel gerade einmal 15 cm hoch und weniger als 45 cm breit. Die 1–3,5 cm großen Blüten, die im Frühjahr und Sommer erscheinen, erinnern an Astern. Sie können weiß, rosa, blaurot oder rotviolett sein und haben in der Regel eine gelbe Mitte. **PFLEGE UND VERMEHRUNG:** Die meisten winterharten Arten sind robuste, zumeist nur kurzlebige Pflanzen, die sich gut für einen Steingarten eignen. Sie bevorzugen einen sonnigen Platz mit gutdurchlässigem Boden, der im Sommer ausreichend feucht gehalten werden muß. Die Vermehrung erfolgt durch Samen im Herbst.

Townsendia exscapa

Steingartenbesitzer schätzen diese kleine Art – vermutlich ist sie auch die am häufigsten kultivierte. Sie hat weiße Blüten, silbrige Blätter und stammt aus einem Gebiet, das von Zentralkanada bis Mexiko reicht. Sie braucht durchlässigen Boden und bei fehlender Schneedecke zur kalten Jahreszeit einen Schutz vor Winterregen.

Townsendia exscapa

Torreya californica

Townsendia hookeri

Kleine, dichte Horste bildet diese Art aus den mittleren USA und den angrenzenden Gebieten Kanadas. Die Blätter wirken seidig; die über 1 cm großen Blüten haben weiße, auf der Unterseite rosa Kronblätter.

Townsendia leptotes

Die gut 5 cm langen Blätter dieser Art aus dem Westen der USA gehören zu den größeren der Gattung. Die weißen, etwa 2,5 cm großen Blüten sind zumeist leicht blau oder rosa überlaufen.

TOXICODENDRON

Diese Gattung und die nah verwandte Gattung *Rhus* (Sumach) lassen sich nicht leicht unterscheiden. Die Bäume, Sträucher oder Kletterpflanzen haben einen milchigen oder harzigen Saft, der bei bestimmten Arten stark ätzend und hautreizend ist, so daß bereits der Kontakt mit den Blättern schwere, manchmal lebensbedrohliche allergische Reaktionen hervorrufen kann. Darum ist die Kultur bestimmter Pflanzen, zu denen auch der in Nordamerika heimische Kletternde Giftsumach *(Toxocodendron radicans)* gehört, mancherorts auch verboten. Die Gattung ist in den gemäßigten und subtropischen Regionen Nordamerikas und Ostasiens heimisch; einige Arten zieht man wegen des hübsch gefärbten Herbstlaubs. Die Blätter mit wenigen bis vielen Fiederblattpaaren erinnern an die einer Esche; die Blüten sind in kleinen Büscheln angeordnet – zumeist in männliche und weibliche Blüten getrennt. Die kleinen, rundlichen, aber etwas abgeflachten, grauen Steinfrüchte haben ziemlich trockenes Fleisch.

PFLEGE UND VERMEHRUNG: Sie bevorzugen Sonne; der Boden muß gut durchlässig sein. Die Vermehrung erfolgt durch Samen (im Sommer) oder Stecklinge.

Toxicodendron radicans

Syn. *Rhus radicans*

KLETTERNDER GIFTSUMACH

Die Sträucher oder Kletterpflanzen dieser Art haben unterschiedlich große, zusammengesetzte Blätter, die normalerweise aus drei elliptischen und gezähnten, manchmal aber auch aus bis zu sieben ganzrandigen Fiedern bestehen. Aufgrund der sehr variablen Blätter läßt sich die Art nur schwer bestimmen, was unter Umständen gefährlich ist, da die Berührung der Pflanze schwere Hautverletzungen hervorrufen kann. Die Blütenrispen sind bis 10 cm lang. In Nordamerika, bis hinunter nach Guatemala, findet man verschiedene Unterarten mit unterschiedlichen Blattformen.

Toxicodendron succedaneum

Syn. *Rhus succedanea*

TALGSUMACH

Dieser sommergrüne Strauch oder kleine Baum aus Ostasien wird 6–8 m hoch. Er bildet einen einzelnen Stamm und hat eine ausladende Krone; die großen Blätter, die aus 9 bis 15 länglichen, leicht herabhängenden Fiedern bestehen, sind leuchtendgrün und werden in wärmeren Regionen im Herbst strahlendrot und orange. Aus den in Rispen angeordneten, unscheinbaren, im Sommer erscheinenden gelblichgrünen Blüten entwickeln sich schwarze bis braune, haltbare Steinfrüchte. Aus ihnen läßt sich ein Wachs herstellen; aus dem Rindensaft werden Lacke gemacht.

TRACHELIUM

HALSKRAUT

Zu dieser Gattung gehören kleine Stauden, die sich gut für Steingärten, gemischte Beete oder Kaltgewächshäuser eignen. Der Name geht auf die frühere Verwendung bei Halsschmerzen zurück.

PFLEGE UND VERMEHRUNG: Sie sind nicht völlig winterhart, man zieht sie also den Winter über im Hause vor und setzt sie erst im Frühjahr ins Freie. Sie brauchen gutdurchlässigen, kalkhaltigen Boden; die Vermehrung erfolgt durch Aussaat.

Trachelium caeruleum

Diese schnellwachsende, aufrechte Art aus dem Mittelmeerraum hat viele ovale Blätter mit gesägtem Rand, die an schlanken Stengeln sitzen. An diesen erscheinen im Sommer auch die dichten Büschel aus rosa, blauen oder weißen, röhrenförmigen Blüten, die ein wenig an Baldrian erinnern, aber auffälligere Griffel haben.

TRACHELOSPERMUM

STERNJASMIN

Die meisten der etwa 20 immergrünen Arten dieser Gattung stammen aus Ost- und Südostasien, eine kommt auch in den USA vor. Es handelt sich um Kletterwinden, die fast jedes (nur kein sehr kaltes) Klima vertragen. Die süßlich duftenden, ein wenig an Jasmin erinnernden Blüten werden im Spätsommer gebildet. Bei Verletzung sondern die Pflanzen Milchsaft ab.

PFLEGE UND VERMEHRUNG: Die Arten sind weitgehend frosthart und wachsen in fruchtbarem, durchlässigem Boden, wobei der Platz in der Sonne oder im Halbschatten liegen kann. Im Herbst kann der Sternjasmin etwas gestutzt werden. Im Frühjahr kann man sie durch Samen vermehren, im Sommer durch Ableger, im Spätsommer bzw. Herbst durch Stecklinge.

Trachelospermum asiaticum

Diese Art aus Japan oder Korea erreicht eine Höhe und Breite von mindestens 6 m. Ihre ovalen, dichten Blätter sind 2,5–5 cm lang, glänzend und dunkelgrün. Die duftenden, gelblichweißen Blüten, die anfangs eine gelbbraune, später eine reingelbe Mitte haben, werden im Sommer gebildet. Die Art ist kompakter als *Trachelospermum jasminoides*, hat kleinere Blätter und Blüten und wächst niederliegend oder klettert an Mauern empor.

Trachelospermum jasminoides

Trachelospermum jasminoides

Syn. *Rhynchospermum jasminoides*

Die attraktive, immergrüne Kletterpflanze aus China schätzt man vor allem wegen ihrer duftenden, sternförmigen Blüten. Sie wird 5 m hoch, hat lanzettliche Blätter und bringt im Sommer herabhängende Büschel aus weißen Blüten hervor. Sie bevorzugt einen sonnigen Platz und wächst anfangs nur langsam, nach einiger Zeit aber sehr üppig, so daß man sie gut an Pfeilern oder einer Pergola hochziehen kann. Außerdem eignet sie sich als Bodendecker.

TRACHYCARPUS

HANFPALME

Weil die sechs Arten recht hübscher Palmen im Gegensatz zu den meisten übrigen Palmen auch niedrigere Temperaturen vertragen, sind sie sehr beliebt. Heimisch ist die Gattung in Südchina und im Himalaja, wo die Pflanzen auch noch in größerer Höhe vorkommen. Die Stämme der kleinen bis mittelgroßen Bäume sind meist von groben, struppigen Fasern bedeckt. Ihre dunkelgrünen Wedel mit einem Durchmesser von bis zu 1,5 m sind fächerförmig in schmale, spitze Segmente unterteilt. Aus den kleinen, im Sommer erscheinenden, gelblichen Blüten entwickeln sich dunkle Beeren.

PFLEGE UND VERMEHRUNG: In klimatisch milden Regionen, etwa in Weinbaugebieten, kann diese Palme auch bei uns im Freien überwintern. Normalerweise werden sie allerdings in Kübeln kultiviert, wobei man dafür sorgen muß, daß der Wurzelballen im Sommer gleichbleibend feucht ist; außerdem ist eine regelmäßige Düngung erforderlich. Vor allem junge Pflanzen muß man vor kaltem Wind schützen. Da Hanfpalmen keine tiefen Wurzeln haben, können sie relativ leicht umgepflanzt werden. Aus möglichst frischem Samen zieht man neue Pflanzen.

Trachycarpus fortunei

Diese beeindruckende Palme kultiviert man in Europa schon seit über 160 Jahren. Die Pflanzen werden knapp 10 m hoch; der Stamm ist völlig von einem Netzwerk aus bräunlichen Fasern eingehüllt, aus denen man in ihrer Heimat Seile und Matten herstellt. Die langgestielten Blätter haben eine dunkelgrüne Ober- und blaugrüne Unterseite; abgestorbene Blätter hängen

Trachelospermum asiaticum

oftmals wie eine Art Rock am Baum. Aus den gelben, in dichten Büscheln angeordneten Blüten entwickeln sich murmelähnliche, dunkelblaue, weiß bereifte Beeren.

Trachycarpus takil

Diese Art, die große Ähnlichkeit mit *Trachycarpus fortunei* hat, stammt aus feuchten Eichenwäldern im westlichen Himalaja. Sie ist kompakt und wächst langsam; ihr bis 6 m hoher Stamm ist kleiner als der von *T. fortunei*, aber ebenfalls mit braunen Fasern bedeckt. Die Pflanzen bringen etwa 30 bis 40 Wedel hervor, die in schmale Segmente zerteilt sind. Der verzweigte Blütenstand enthält weiße Blüten; die Früchte sind nierenförmig und rotviolett.

TRACHYMENE

BLAUDOLDE

Die zwölf ein- oder mehrjährigen Arten aus Australien und von den westlichen Pazifikinseln bilden Polster aus verzweigten Trieben, die zunächst aufrecht wachsen, sich dann aber auf den Boden herabbiegen, um sich dort weiter auszubreiten. Die etwa 5 cm großen Dolden aus weißen oder dunkelblauen Blüten, die an Witwenblumen *(Scabiosa)* erinnern, erscheinen im Sommer. Die hell- bis graugrünen, 10 cm langen Blätter können fein zerteilt, schmal und lineal oder gelappt sein.

PFLEGE UND VERMEHRUNG: Von den nicht winterharten Pflanzen werden bei uns nur die einjährigen Arten kultiviert. Sie brauchen einen sonnigen Platz mit feuchtem, aber gutdurchlässigem Boden; die Blütenstengel sollten angebunden werden. Die Vermehrung erfolgt bei einjährigen Pflanzen durch Aussaat im Frühjahr unter Glas; mehrjährige Arten zieht man aus Samen, Stecklingen oder Ablegern.

Toxicodendron succedaneum

Trachycarpus fortunei

T

Trachymene coerulea
Syn. *Didiscus coeruleus*

Diese verzweigte, einjährige Pflanze, die bis 50 cm hoch wird und sich bis 20 cm ausbreiten kann, wächst relativ schnell. Ihre hellgrünen Blätter sind stark zerteilt; die kugeligen, aus winzigen, blauen bis blauroten Blüten zusammengesetzten Dolden werden im Sommer gebildet und eignen sich gut als Schnittblumen.

TRACHYSTEMON

Zu dieser Gattung aus den lichten Wäldern Osteuropas und den Bergregionen des Kaukasus gehören nur zwei Arten. Die behaarten Stauden eignen sich gut als Bodendecker für feuchte, weniger intensiv genutzte Teile des Gartens, wo sie helfen, den Unkrautwuchs einzuschränken. Da sie sich jedoch selbst stark ausbreiten, findet man sie zumeist nur in größeren Gärten.
PFLEGE UND VERMEHRUNG: Die völlig winterharten Pflanzen mögen fast jeden Boden, wachsen aber am besten an halbschattigen Plätzen mit feuchtem, aber gutdurchlässigem Boden. Die Vermehrung erfolgt am einfachsten durch Teilung.

Trachystemon orientalis
RAUHLING

Der deutsche Name bezieht sich auf die dunklen Staubgefäße, die eine rauhe Oberfläche aufweisen. Diese Art bildet dichte Polster aus dunkelgrünen, herzförmigen, stark behaarten, grundständigen Blättern; an den Blütenstengeln sitzen weitere, allerdings kleinere, rundliche oder ovale, ebenfalls behaarte Blätter. Die bis 1 cm großen, im Frühjahr erscheinenden, blauvioletten Blüten sitzen an langen, verzweigten Stengeln. Die Pflanze wird 60 cm hoch und breitet sich schnell aus.

TRADESCANTIA
Syn. *Rhoeo, Setcreasea, Zebrina*
DREIMASTERBLUME, WASSERRANKE, TRADESKANTIE

Diese Gattung umfaßt rund 50 Arten teilweise immergrüner Stauden aus Nord- und Südamerika, von denen manche eher als Unkraut gelten. Viele kriechende Arten sind aber auch beliebte Bodendecker, kultiviert vor allen wegen ihrer attraktiven Blätter. Einige aufrechtwachsende Arten schätzt man wegen ihrer reinblauen Blüten – eine Farbe, die im Spätsommer im Garten selten ist. Die meisten kriechenden Arten sind ziemlich frostempfindlich und können nur als Zimmerpflanzen oder im Gewächshaus kultiviert werden.
PFLEGE UND VERMEHRUNG: Die Pflanzen bevorzugen einen sonnigen bis halbschattigen Platz mit fruchtbarem, möglichst feuchtem Boden. Stehen sie zu trocken, kommt es leicht zu einer Gelbfärbung der Blätter. Die Vermehrung erfolgt zumeist durch Teilung, manchmal auch durch Stecklinge.

Tradescantia cerinthoides

Tradescantia fluminensis 'Variegata'

T., Andersoniana-H., 'J. C. Weguelin'

T., Andersoniana-Hybride, 'Red Cloud'

T., Andersoniana-Hybride, 'Jazz'

T., Andersoniana-Hybride, 'Alba'

Tradescantia sillamontana

Tradescantia pallida 'Purple Heart'

Tradescantia, Andersoniana-Hybriden

Zu dieser Gruppe gehören viele Pflanzen, die früher als ***Tradescantia* × *andersoniana*** oder ***T. virginiana*** bekannt waren. Meist handelt es sich um Stauden mit fleischigen, in der Mitte etwas gefalteten Blättern und Büscheln aus dreizähligen Blüten. Die Blätter werden selten höher als 50 cm, während die Blütentriebe 60 cm erreichen können. Die Blütenfarbe reicht von Weiß über Rosa und Rotviolett bis Dunkelrot. Die Sorte **'Alba'** blüht weiß; **'J.C. Weguelin'** hat hell blauviolette Blüten; **'Jazz'** blüht blaurot und **'Red Cloud'** leuchtendrot.

Tradescantia cerinthoides
Syn. *Tradescantia blossfeldiana*

Heimisch ist diese nicht winterharte Art im Südosten Brasiliens. Sie hat glänzende, dunkelgrüne, ovale, bis zu 15 cm lange Blätter mit rotvioletter, behaarter Unterseite. Die rosavioletten Blütenstände der bis zu 60 cm hohen, gern in die Breite wachsenden Pflanzen erscheinen zwischen Frühjahr und Herbst.

Tradescantia fluminensis
Syn. *Tradescantia albiflora*
RIO-TRADESKANTIE

Immergrün, jedoch nicht winterhart, ist diese Pflanze von kriechendem oder hängendem Wuchs. Sie hat ovale, fleischige, etwa 3,5 cm lange Blätter, die den Stengel teilweise umhüllen. Die Unterseite der glänzendgrünen Blätter ist oft rotviolett überlaufen. Periodisch erscheinen winzige, weiße Blüten, die von Hochblättern umgeben sind. Die Sorte **'Variegata'**, eine beliebte Zimmerpflanze, hat glänzendgrüne, unregelmäßig weiß bis gelb gestreifte Blätter; die Unterseite ist rotviolett.

Tradescantia, Andersoniana-Hybride

Tradescantia zebrina

Tradescantia spathacea 'Vittata'

Tradescantia pallida
Syn. *Setcreasea purpurea*

Diese nicht winterharte Art aus dem Osten Mexikos, die normalerweise als Zimmerpflanze kultiviert wird, bringt im Sommer kleine, rosa Blüten hervor. Die etwas fleischigen, lanzettlichen, 10–15 cm langen Blätter bekommen in der Sonne oft eine rote Tönung. Die Sorte **'Purple Heart'** (Syn. 'Purpurea') trägt rotviolette Blätter.

Tradescantia sillamontana
Syn. *Tradescantia pexata, T. velutina*

Die immergrüne, aufrechte, nicht winterharte Staude hat ovale, stengelumfassende Blätter, die dicht mit feinen, weißen Härchen bedeckt sind. Im Frühjahr und Sommer bringen die Pflanzen, die eine Höhe und Breite von 30 cm erreichen, Büschel aus kleinen, rosavioletten Blüten hervor.

Tradescantia spathacea
Syn. *Rhoeo discolor, R. spathacea*

Horstbildend, immergrün und frostempfindlich ist diese Art, die bis 50 cm hoch und etwa halb so breit wird. Sie hat kurze Triebe mit Rosetten aus fleischigen, lanzettlichen, bis zu 30 cm langen Blättern, die oberseits glänzendgrün sind und eine rotviolette Unterseite haben. Die winzigen, weißen Blüten, umgeben von blattartigen Hochblättern, erscheinen das ganze Jahr über. **'Vittata'** hat glänzendgrüne, gelb gestreifte Blätter.

T

Tradescantia zebrina
Syn. *Zebrina pendula*

Diese immergrüne, polsterbildende, nicht winterharte, 15 cm hohe Staude hat bläulichgrüne Blätter mit zwei breiten, silbernen Streifen und rotviolett überlaufener Unterseite. Ihre Blüten sind rosa bis blauviolett und erscheinen im Frühjahr und Sommer. Die kriechende oder mattenbildende **'Purpursii'** hat rotviolette Blätter und rosa Blüten. Die Blätter von **'Quadricolor'** sind grün, rosa, rot und weiß gestreift; die winzigen, rosa Blüten werden im Frühjahr und Sommer gebildet.

TRAGOPOGON
BOCKSBART

Die Gattung umfaßt über 100 ein-, zwei- oder mehrjährige Arten, die in Europa und den gemäßigten Regionen Asiens weit verbreitet sind. Sie hat unverzweigte oder nur leicht verzweigte Triebe, grasartige Blätter und endständige, sternförmige Blütenköpfchen, aus denen sich später große Schirmchenfrüchte entwickeln.
PFLEGE UND VERMEHRUNG: Die meisten Arten sind winterhart und begnügen sich mit nahezu jedem Boden, sofern der Platz in der Sonne liegt. Die Vermehrung erfolgt durch Aussaat im Frühjahr.

Tragopogon dubius
GROSSER BOCKSBART

Bis 1 m hoch, zweijährig und krautig ist diese europäische Pflanze. Die grundständigen, grasartigen Blätter umhüllen die Stengelbasis. In der Morgensonne öffnen sich die gelben, sternförmigen Blütenköpfchen, nachts sind sie geschlossen.

Tragopogon porrifolius
HAFERWURZEL

Die Haferwurzel stammt aus dem Mittelmeerraum und bevorzugt gemäßigtes Klima sowie lockeren, möglichst steinfreien Boden. Die großen Samen bringt man im Frühjahr jeweils zu dritt in den Boden; zwischen den einzelnen Pflanzstellen läßt man 20 cm, zwischen den Reihen 30 cm Abstand. Damit die Erde feucht bleibt, sollte gemulcht werden. Die im Herbst zu erntenden weißen Pfahlwurzeln lassen sich als Gemüse verwenden. Die Blütenköpfchen, die an hohlen Stengeln sitzen, sind rosa bis malvenfarben.

TRAPA
WASSERNUSS

Diese Gattung mit 15 Arten ausdauernder Wasserpflanzen kommt in Mitteleuropa, Ostasien und Afrika vor. Die unteren Blätter wachsen unterhalb der Wasseroberfläche, die oberen sind zu 3,5 cm großen, rautenförmigen Schwimmblättern umgebildet. Letztere haben einen gezähnten Rand und bilden an der Unterseite oft Wurzeln aus. Aus den kleinen Blüten mit vier weißen Kronblättern und vier grünen Kelchblättern entwickeln sich nußähnliche Früchte mit vier Kelchdornen.
PFLEGE UND VERMEHRUNG: Die meist winterharten Arten lassen sich in flachen, sonnigen Teichen und Becken kultivieren (das Wasser darf nicht zu kalkhaltig sein) und durch Samen oder Teilung im Frühjahr vermehren. Selbstgeerntete Samen müssen in Wasser aufbewahrt werden.

Tragopogon dubius

Trapa natans

Wildwachsend kommt diese einjährige Wasserpflanze in den Tropen Afrikas und von Mitteleuropa bis nach Ostasien vor. Unter der Wasseroberfläche hat sie wurzelartige, stark zerteilte Blätter. Die auf dem Wasser schwimmenden Rosetten aus rhombischen Blättern erhalten ihren Auftrieb durch aufgeblasene Stengel. Aus den weißen, im Sommer erscheinenden Blüten entwickeln sich schwarze, vierkantige, bis zu 5 cm große Früchte mit Kelchdornen.

TREVESIA

Die zwölf Arten dieser Gattung sind im Himalaja, in Südchina und in Südostasien heimisch. Es handelt sich um Sträucher oder Bäume mit handförmig gelappten oder tiefeingeschnittenen Blättern. Die ebenfalls großen Blütenstände mit kleinen, gelblichen Blüten erscheinen im Sommer an den Spitzen der Triebe.
PFLEGE UND VERMEHRUNG: Die frostempfindlichen Pflanzen findet man selten im Handel. Topf- und Kübelpflanzen müssen gut gegossen werden; die Vermehrung erfolgt durch Stecklinge oder Samen, kleine Pflanzen lassen sich auch teilen.

Trevesia palmata

Dieser kleine, immergrüne Baum aus den Tropen Asiens wird 5 m hoch und 2 m breit. Er besitzt einen schlanken Stamm; die großen, glänzenden Blätter haben einen Durchmesser bis zu 60 cm und können ganzrandig oder gelappt sein; junge Blätter sind oft recht stachlig. Die grünlichweißen Blüten, die im Frühjahr erscheinen und in Büscheln angeordnet sind, haben acht bis zwölf Kronblätter. In kühlen Regionen kultiviert man die frostempfindliche Art auch als Zimmerpflanze. Einr der am häufigsten gezogenen Sorten ist **'Micholitzii'** mit großen Blättern, deren Form ein wenig an Schneekristalle erinnert.

TRICHILIA

Diese Gattung umfaßt etwa 300 tropische Strauch- oder Baumarten, von denen die meisten aus Amerika stammen, ein Teil aber auch aus Süd- und Ostafrika. Ihre gefiederten Blätter, groß und gegenständig, setzen sich aus zahlreichen ganzrandigen Fiedern zusammen. Die Blütenstände mit männlichen und weiblichen Blüten sitzen in den Blattachseln; die Früchte sind etwa 3,5 cm groß und enthalten mehrere schwarze Samen, die fast ganz mit einem roten, fleischigen Samenmantel (Arillus) umgeben sind. Aus den Früchten hergestelltes Öl wird in der Heimat der Bäume in der traditionellen Heilkunde genutzt, beispielsweise als Brechmittel.
PFLEGE UND VERMEHRUNG: Die Pflanzen lassen sich praktisch nur in subtropischen oder tropischen Regionen bzw. speziellen Gewächshäusern kultivieren. Die Vermehrung erfolgt durch Samen oder Stecklinge im Sommer.

Trevesia palmata

Trichilia emetica

Trichodiadema intonsum

Trichilia emetica

Dieser hübsche immergrüne Baum aus dem Süden Afrikas wird auch in anderen feuchtwarmen Regionen als Schattenspender angepflanzt. Er wird bis 10 m hoch, hat eine ausladende Krone und eine bräunlich-rauhe Rinde. Die Blätter setzen sich aus sieben bis elf Fiederblättern zusammen, mit einer glänzend dunkelgrünen Oberseite. Im Sommer erscheinen die gelblich-weißen, duftenden, glockenförmigen Blüten, angeordnet in großen Blütenständen; die kleinen Früchte sind gelblich-braun und erinnern an Feigen.

TRICHODIADEMA

Etwa 36 Arten buschiger Sukkulenten konstituieren diese in Südafrika beheimatete Gattung. Normalerweise handelt es sich um sehr kleine Sträucher mit langen Zweigen und verholzten oder knolligen Wurzeln. Die kleinen, zylindrischen Blätter sind an der Spitze oft borstig behaart; die roten und weißen, mittelgroßen Blüten erscheinen fast während des ganzen Jahres. Kleinere Arten lassen sich recht gut auf dem Fensterbrett kultivieren.
PFLEGE UND VERMEHRUNG: Die frostempfindlichen Pflanzen mögen Sonne, frische Luft und gutdurchlässigen Boden. Im Sommer brauchen sie viel, im Winter wenig oder kein Wasser. Aus Stecklingen oder Samen lassen sich neue Pflanzen ziehen.

Trevesia palmata 'Micholitzii'

Trichodiadema bulbosum

Trichostema lanatum

Trichodiadema bulbosum

Die langsamwachsende Staude wird etwa 15 cm hoch und ebenso breit. Die niederliegenden Triebe verzweigen sich. Sie tragen sehr kleine, fleischige, graue Blätter. Im Frühjahr und Sommer erscheinen leuchtende, blaurote Blüten, die sich aber nur bei Sonnenschein öffnen.

Trichodiadema intonsum

Mit ihrer eher rundlichen Wuchsform unterscheidet sich diese niederliegende, aus der östlichen Kapregion stammende Art von den anderen dieser Gattung. Sie hat etwa 1 cm lange Blätter; die roten oder weißen Blüten sind ungefähr 2,5 cm groß.

TRICHOSTEMA

Die 16 Arten dieser Gattung, heimisch in Nordamerika, sind einigen Salbeiarten (*Salvia*) sehr ähnlich und mit ihnen auch nahe verwandt. Je nach Art sind die ein- bzw. mehrjährigen Pflanzen oder kleinen

T

Tricyrtis hirta

Tricyrtis suzukii

Trifolium uniflorum

Trifolium pratense

Trifolium repens

T. repens 'Purpurascens Quadrifolium'

Trillium albidum

Sträucher 0,3–1,5 m hoch; die ungeteilten, lanzettlichen Blätter sind oft etwas klebrig und blau überlaufen. Ihre in aufrechten Ähren angeordneten, rosa, blauroten oder rotvioletten Blüten sind röhrenförmig und biegen sich leicht nach oben.
PFLEGE UND VERMEHRUNG: Die Pflanzen eignen sich für Staudenrabatten mit feuchtem, humusreichem Boden; einige Arten vertragen auch Kalk. Samen oder Stecklinge dienen der Vermehrung.

Trichostema lanatum

Bis zu 1,5 m hoch werden diese in Kalifornien heimischen Sträucher. Ihre knapp 10 cm langen Blätter haben eine klebrige Ober- und eine filzig behaarte Unterseite. Die blauen Blüten sitzen in einer ebenfalls filzigen, etwa 50 cm langen Ähre.

TRICYRTIS

KRÖTENLILIE

Der deutsche Name der Gattung mit 20 Arten scheint Gärtner stets von der Kultur dieser Pflanzen abzuhalten, denn wer findet Kröten schon attraktiv. In Wahrheit sind Krötenlilien aber hübsche, rhizombildende Stauden, die aus den Wäldern Asiens stammen und schöne Farben und Zeichnungen haben. Ihre stern-, glocken- oder trichterförmigen Blüten, deren Kronblattspitzen weit nach außen gebogen sind, sitzen in den Blattachseln. Die zugespitzten Blätter sind hell- bis dunkelgrün und sitzen an behaarten, aufrechten oder gebogenen Stengeln.
PFLEGE UND VERMEHRUNG: Die winterharten Pflanzen benötigen einen geschützten, halbschattigen Platz mit feuchtem, tiefgründigem Boden. Die Vermehrung erfolgt durch Aussaat im Herbst oder Teilung im Frühjahr.

Tricyrtis formosana

Diese aufrechtwachsende Art wird 60–90 cm hoch. Ihre fast orchideenartigen, im Frühherbst erscheinenden purpurrosa Blüten weisen zahlreiche rotviolette Punkte und einen gelbgetönten Schlund auf. Die glänzenden, dunkelgrünen Blätter umfassen die Stengel.

Tricyrtis hirta

Vom Spätsommer bis zum Herbst bringt diese aufrechte Art etwa 5 cm große, sternförmige, weiße Blüten mit rotvioletten Punkten hervor. Die verzweigten Stengel werden bis zu 1 m hoch.

Tricyrtis macranthopsis

Syn. *Tricyrtis macrantha* subsp. *macranthopsis*

Diese Art aus Japan ist besonders gut für Gärten geeignet. Sie hat nickende, hellgelbe Blüten mit braunvioletten Punkten; die Stengel sind lang und unverzweigt, die kleinen, dunkelgrünen Blätter länglich-oval und etwas zugespitzt.

Tricyrtis suzukii

Die Blüten dieser Art aus Taiwan sind weiß mit rotvioletten Punkten, sehen sonst aber aus wie die von *Tricyrtis formosana*. Die Pflanze wird nur selten kultiviert.

TRIFOLIUM

KLEE

Diese Gattung, die in den gemäßigten und subtropischen Regionen der Erde weit verbreitet ist, umfaßt 230 ein-, zwei- oder mehrjährige Arten, von denen einige halbimmergrün sind. Die Pflanzen haben rundliche, meist dreizählige Blätter und aus Schmetterlingsblüten zusammengesetzte Blütenköpfchen. Die Blüten sind oft sehr klein, so daß die Köpfchen wie eine Einzelblüte erscheinen. Viele Arten werden landwirtschaftlich genutzt. In Gärten wuchern sie oft zu sehr; einige eignen sich aber als Hang- oder Steingartenpflanzen.
PFLEGE UND VERMEHRUNG: Fast alle Arten sind völlig winterhart und wachsen in der Sonne und im Halbschatten. Die Vermehrung erfolgt durch Samen im Herbst oder Teilung im Frühjahr. Viele Arten vermehren sich von selbst.

Trifolium pratense

WIESENKLEE, ROTKLEE

Heimisch ist der Wiesenklee in Europa. Diese robuste, aufrechte oder niederliegende Staude wird bis zu 60 cm hoch. Die kugeligen Köpfchen mit rosa bis rotvioletten Blüten werden vom Spätfrühjahr bis in den Frühherbst hinein gebildet.Gelegentlich gibt es im Handel Zuchtformen.

Trifolium repens

WEISSKLEE

Diese Art aus Europa hat niedrige, kriechende Stengel, deren Knoten sich neu bewurzeln können. Die Blätter sind dreizählig, wobei die einzelnen Fiedern einen gezähnten Rand haben und einen weißen Fleck an der Basis. Vom Frühjahr bis in den Herbst hinein erscheinen in endständigen Köpfchen sitzende weiße oder grüne Blüten. Die Sorte **'Purpurascens Quadrifolium'** kultiviert man wegen der vierzähligen, grünbraunen Blätter mit leuchtendgrünem Rand. Der Weißklee ist eine wichtige Wiesenfutterpflanze und eine gute Nektarquelle für Honig; im gepflegten Rasen ist er dagegen weniger gern gesehen.

Trifolium uniflorum

Diese kleine, kriechende, horstbildende Art aus dem östlichen Mittelmeerraum hat dreizählige Blätter und bringt im Sommer endständige Köpfchen aus hellvioletten Blüten hervor.

TRIGONELLA

BOCKSHORNKLEE

Diese 80 Arten sind schlanke, einjährige Pflanzen mit hellgrünen, dreizähligen Blättern und kleinen, weißen oder rosa Blüten. Aus ihnen entwickeln sich schmale, sichelförmige Hülsen mit bis 20 bräunlichgelben Samen. Die getrockneten, stark riechenden Samen von *Trigonella foenum-graecum* dienen der Behandlung von Krankheiten und als Küchengewürz. So ist der Bockshornklee häufig Bestandteil in Currypulver, Chutneys und Käsesorten; besonders häufig ist sein Gebrauch in den Küchen Nordafrikas und Ägyptens.
PFLEGE UND VERMEHRUNG: Die einjährigen Pflanzen benötigen einen sonnigen Platz mit nicht allzu fruchtbarem, gutdurchlässigem Boden. Zur Vermehrung sät man im Frühjahr direkt in den Garten aus. Später wird auf einen Abstand von etwa 10 cm vereinzelt.

Trigonella foenum-graecum

GELBER BOCKSHORNKLEE, GRIECHISCHES HEU

Diese aromatische, einjährige Pflanze wird bis 60 cm hoch und hat kleeartige, dreizählige Blätter. Im Sommer bringt sie kleine, weiße Schmetterlingsblüten hervor; aus ihnen entwickeln sich später lange, schmale Hülsen. In Mittel- und Südeuropa wird die Art als Futterpflanze genutzt; außerdem kultiviert man sie in vielen Ländern, vor allem des Nahen Ostens und Asiens in größeren Mengen zur Herstellung von Gewürzen. Die Samen erntet man nach der Reife und trocknet sie an einem warmen Platz im Hause. Danach kann man sie drei bis vier Tage keimen lassen und als Sprossen verwenden.

TRILLIUM

DREIBLATT, WALDLILIE

Etwa 30 Arten rhizombildender, sommergrüner Stauden gehören zu dieser Gattung aus der Familie der Liliengewächse *(Liliaceae)*. Sie gehören zu den schönsten Wildblumen Nordamerikas, kommen aber auch in Nordostasien vor. Die Pflanzen haben drei quirlständige Blätter, die unterhalb der aufrechtstehenden oder nickenden, trichterförmigen Einzelblüten mit ebenfalls drei Kronblättern angeordnet sind. Die Arten wachsen in Wäldern, wo sie zumeist im Frühjahr blühen, noch bevor die Blätter sprießen. Im Garten pflanzt man sie am besten unter Bäume oder auch unter Rhododendronbüsche; einige Arten eignen sich für Steingärten oder zum Bepflanzen von Böschungen.
PFLEGE UND VERMEHRUNG: Die völlig winterharten Pflanzen bevorzugen kühlen, feuchten Boden, wo sie nach Möglichkeit vor zu starkem Wind und der heißen Mittagssonne geschützt sein sollten. Die Vermehrung erfolgt durch Samen im Herbst oder Teilung der Rhizome. Sind sie einmal eingewachsen, halten sie sich zumeist sehr lange.

Trillium albidum

Trillium chloropetalum ähnlich, hat diese im Westen der USA heimische Art bis 20 cm lange Blätter und wird etwa doppelt so hoch. Ihre bis zu 10 cm großen, weißen Blüten sind zumeist rosa überlaufen.

Trillium cuneatum

Trillium chloropetalum

Trillium cernuum

Diese Art aus dem Osten der USA und Kanada wird 5 cm hoch. Die 5–15 cm langen Blätter verjüngen sich an der Spitze und sind nahezu ungestielt. Im Frühjahr werden zwei oder drei Triebe mit nickenden, weißen (selten auch rosa) Blüten von bis zu 2,5 cm Größe gebildet.

Trillium chloropetalum

Diese Waldlilie wächst im Westen der USA von Kalifornien bis Washington in Wäldern oder an Flußufern. Sie wird bis 60 cm hoch, und ihre Blüten mit drei aufrechten Blättern können grün, weiß, rosa oder rotbraun sein. Die Art verträgt mehr Trockenheit und Schatten als andere.

Trillium cuneatum

Heimat dieser Art mit rötlichbraunen Blüten, die im zeitigen Frühjahr gebildet werden, ist der Süden der USA. Sie erreicht eine Höhe von 30–60 cm und bevorzugt leicht basischen Boden.

Trillium erectum

Im Norden der USA und in Kanada wächst diese Art oft in größeren Horsten. Die dreiteiligen Blätter sind mittelgrün; die recht variablen Blüten können weiß, gelb oder grün sein, manchmal sind sie auch rot überlaufen. Jede Blüte ist ungefähr 2,5 cm groß und sitzt etwa rechtwinklig am Stengel. Die amerikanischen Ureinwohner verwendeten die Art als Heilpflanze bei Frauenleiden oder in der Geburtshilfe.

Trillium grandiflorum

Diese hübsche, horstbildende Waldlilie, die 30–45 cm hoch wird, läßt sich am leichtesten kultivieren. Ihre reinweißen Blüten erscheinen im Frühjahr und werden im Laufe der Zeit rosa. **'Flore Pleno'**, die gefüllte, weiße Blüten hervorbringt, ist eine schöne, aber seltene Sorte mit gebogenen Stengeln und ovalen, dunkelgrünen Blättern.

Trillium cernuum

Trillium luteum

Syn. ***Trillium sessile*** **var.** ***luteum, T. viride***

Aus den Wäldern der Appalachen im Osten der USA stammt diese Art mit charakteristischen relativ spitz zulaufenden Blättern mit hellgrünen Punkten und Flecken. Die kleinen, ungestielten, gelbgrünen Blüten öffnen sich nicht sehr weit.

Trillium rivale

Die ovalen Blätter dieser Art, wie auch die becherförmigen, weißen oder rosa, im Frühjahr erscheinenden Blüten mit herzförmigen, dunkel gepunkteten Kronblättern, haben sehr lange Stengel (oft 5 cm oder mehr). Die Blüten können bis zu 3,5 cm groß werden, während die gesamte Pflanze kaum höher als etwa 10 cm wird.

Trillium rugelii

Wild kommt diese Waldlilie hauptsächlich in Tennessee in den USA vor, wo sie inzwischen allerdings als relativ selten und als vom Aussterben bedroht gilt. In Gärten findet man sie zunehmend häufiger.

Trillium sessile

Diese aufrechte, horstbildende Staude erreicht eine Höhe von 30–40 cm und eine Breite von 30–45 cm. Sie besitzt dunkelgrüne Blätter, die eine hellgrüne, graue oder rotbraune Zeichnung aufweisen; die ungestielten, rotbraunen Blüten mit lanzettlichen Kronblättern werden im späten Frühjahr gebildet. ***Trillium sessile*** **var.** ***californicum*** hat weiße Blüten.

TRIPLEUROSPERMUM

In den gemäßigten Regionen der nördlichen Hemisphäre sind diese mit der Kamille verwandten Pflanzen weit verbreitet. Die 30 ein- oder mehrjährigen Arten haben fein zerteilte Blätter mit oft schmalen, nadelartigen Fiedern. Gruppiert um eine größere Anzahl leuchtendgelber Scheibenblüten erscheinen, zumeist im Frühjahr und Sommer, die aus weißen Zungenblüten bestehenden Blütenköpfchen.

PFLEGE UND VERMEHRUNG: Die sehr robusten Pflanzen wachsen an praktisch allen sonnigen Plätzen mit durchlässigem Boden. Dort produzieren sie zumeist reichlich Samen und vermehren sich normalerweise auch von selbst. Mehrjährige Arten kann man außerdem durch Stecklinge oder durch Teilung vermehren.

Tripleurospermum maritimum

Syn. ***Matricaria maritima***

Diese niederliegend- oder aufrechtwachsende Art, etwa 1 m hoch, stammt aus den Küstenregionen West- und Nordeuropas. Obwohl eigentlich eine mehrjährige, wenn auch kurzlebige Pflanze, zieht man sie zumeist als Einjährige, da sie dann kompakter bleibt. Ihre Blätter haben kurze, fleischige Fiedern; die Blüten erscheinen von Frühjahrsmitte bis in den Herbst hinein.

TRIPTERYGIUM

Aus nur zwei Arten sommergrüner, sich windender oder kletternder Schlingpflanzen besteht diese Gattung, die in China, Taiwan und Korea heimisch ist. Sie haben einfache, spitze, elliptische Blätter; im Sommer erscheinen in lockeren Rispen angeordnete, grünlichweiße, oft dunkel gefleckte Blüten. Aus ihnen entwickeln sich später grüne Früchte.

PFLEGE UND VERMEHRUNG: Die Pflanzen sind anspruchslos und wachsen auf nahezu jedem durchlässigen Boden, sofern der Platz in der Sonne oder im Halbschatten liegt. Die Frostempfindlichkeit ist bei den beiden Arten unterschiedlich; die Vermehrung erfolgt durch Samen oder Stecklinge.

Tripterygium regelii

Diese winterharte, gut 5 m hohe Art hat lange, rötlichbraune, warzige Zweige. Ihre Blätter sind etwa 15 cm lang und auf der Oberseite dunkelgrün, während die Unterseite heller ist. Im Spätsommer erscheinen kleine, weiße Blüten, aus denen sich hellgrüne, dreiflügelige Früchte entwickeln.

TRISTAGMA

Nahe mit *Ipheion* und *Triteleia* verwandt sind die fünf knollenbildenden in Südchile und Argentinien heimischen Arten, aus denen die *Tristagma*-Gattung besteht. Sie haben nur wenige grasartige Blätter sowie kleine, gelbe und grüne bis hellblaue Blüten, bei denen die Spitzen der Kronblätter etwas gedreht sind. Auch wenn sie eigentlich hübsche Steingarten- oder Kaltgewächshauspflanzen abgeben, werden die Pflanzen nur selten kultiviert.

PFLEGE UND VERMEHRUNG: Die nicht völlig winterharten Arten sind bei uns nur selten im Handel. Will man sie dennoch kultivieren, sollte man ihnen einen sonnigen oder halbschattigen Standort mit gutdurchlässigem Boden geben und sie im Winter und Frühjahr kräftig gießen.

Tripterygium regelii

Trillium rugelii

Trillium sessile var. *californicum*

Trillium sessile

Trillium grandiflorum 'Flore Pleno'

Trillium grandiflorum

Trillium luteum

Tristagma nivale

Diese kleine Zwiebelpflanze stammt aus dem beinahe südlichsten Zipfel Südamerikas. Sie bringt im Sommer an nur knapp 15 cm hohen Stengeln in zwei- bis fünfblütigen Dolden angeordnete, kleine, grünlichgelbe Blüten hervor.

TRISTANIA

Weil die meisten Arten, die früher *Tristania* zugeordnet wurden, heute zu *Lophostemon* und *Tristaniopsis* gehören, besteht diese Gattung momentan nur noch aus einer Art – einem Strauch, der im Südosten Australiens heimisch ist. Dieser hat schmale, gegenständige Blätter und sehr hübsche, fünfzählige, gelbe Blüten.
PFLEGE UND VERMEHRUNG: Die nicht winterharten Pflanzen bevorzugen Sonne mit feuchtem, aber nicht staunassem, gutdurchlässigem, humusreichem Boden.

Tristania neriifolia

Der 3,5 m hohe Strauch hat eine glatte, an manchen Stellen auch leicht schuppige Rinde. Seine schmalen, lanzettlichen Blätter sind 35–60 cm lang; die Blüten, die in lockeren Büscheln in den oberen Achseln sitzen, erscheinen im Sommer.

Triteleia laxa 'Queen Fabiola'

TRISTANIOPSIS

Die 30 immergrünen Arten sind Bäume oder Sträucher mit auffällig geaderten Blättern und fünfzähligen, gelben bis weißen Blüten; die Samen sind in der Regel geflügelt. Einige Arten stammen aus den niederschlagsreichen Küstenwäldern im Osten Australiens, andere aus Südostasien, Papua-Neuguinea und Neukaledonien.
PFLEGE UND VERMEHRUNG: Die Pflanzen sind in der Regel nicht winterhart. In Regionen mit geeignetem Klima gibt man ihnen einen schattigen oder halbschattigen Platz mit tiefem, feuchtem, aber gutdurchlässigem Boden, wobei man sie gut als Heckenpflanzen verwenden kann. In den wärmeren Monaten brauchen sie viel Wasser. Die Vermehrung erfolgt durch Aussaat im Spätsommer.

Tristaniopsis laurina

Syn. *Tristania laurina*

Der Baum mit kegelförmiger Wuchsform wird 9–15 m hoch und besitzt einen attraktiven gelblichbraunen, grau gestreiften, glatten Stamm. Die Äste, die dicht über dem Boden ansetzen, bilden eine dichte Krone; die länglichen bis lanzettlichen Blätter sind bis 10 cm lang. Sie sind jung oft rosa, werden später aber oberseits dunkelgrün mit einer helleren Unterseite; in kälteren Regionen verfärben sie sich im Herbst rot. Die in Büscheln zusammensitzenden, leuchtendgelben, nektarreichen Blüten erscheinen im Sommer; ihnen folgen rundliche Kapseln als Früchte.

TRITELEIA

FRÜHLINGSSTERN

Die Blüten der 15 knollenbildenden Arten von der Westküste Nordamerikas sind in Dreiergruppen angeordnet. Der Frühlingsstern ist eng mit der Gattung *Brodiaea* verwandt, der die *Triteleia*-Arten oft ebenfalls zugeordnet werden. Sie haben meistens grasartige Blätter, die oft schon eingezogen sind, wenn im späten Frühjahr die Blütenstände erscheinen. Die blauen Dolden mit sternförmigen Blüten erinnern an Lauch *(Allium)*.
PFLEGE UND VERMEHRUNG: Die weitgehend winterharten Knollengewächse mögen den größten Teil des Jahres feuchten, gutdurchlässigen Boden; vom Spätsommer bis in den Frühherbst sollte der Untergrund dann aber deutlich trockener sein. Während des Wachstums benötigen sie zumindest für einen Teil des Tages Sonne. In Gegenden mit sehr kalten Wintern brauchen sie zusätzlichen Schutz. Die Knollen werden im Herbst an einen geschützten Platz gepflanzt.

Triteleia grandiflora

Syn. *Brodiaea grandiflora*

Diese Art bildet an bis 25 cm langen Stengeln kompakte, etwa 2,5 cm große Blütenstände mit dunkel- bis mittelblauen Blüten. Sie gibt gute Steingartenpflanzen ab, braucht aber durchlässigen Boden und sollte die Möglichkeit erhalten, mehrere Jahre ungestört wachsen zu können.

Triteleia hyacinthina

Syn. *Brodiaea hyacinthina*

Diese Art, die knapp 50 cm hoch werden kann, kommt von British Columbia, Kanada, bis nach Kalifornien vor. Die Pflanzen bilden etwa 10 cm große Dolden mit einzelnen, weißen, manchmal rotviolett überlaufenen Blüten von ungefähr 2,5 cm Durchmesser. Diese erscheinen vom späten Frühjahr bis zum Frühsommer und eignen sich zum Trocknen. Die Art läßt sich relativ leicht kultivieren, sofern der Boden im Frühjahr nicht zu trocken ist.

Triteleia ixioides

Syn. *Brodiaea ixioides*

Diese Art wird knapp 50 cm hoch und breitet sich etwa 10 cm aus. Sie hat grundständige Blätter; im Frühsommer werden an den Stengelspitzen offene Blütenstände von über 10 cm Größe gebildet. Diese bestehen aus gelben Blüten, die auf jedem Kronblatt einen rotvioletten Streifen aufweisen.

Triteleia laxa

Syn. *Brodiaea laxa*

Beliebt und leicht zu kultivieren ist diese hübsche Art mit den größten Blütendolden der Gattung (bis zu 15 cm Durchmesser); diese sitzen an kräftigen, drahtigen Blütenstengeln und sind normalerweise nicht so kompakt wie bei anderen Arten. Die Blüten, hellblau bis blauviolett, erscheinen vom Spätfrühjahr bis zum Frühsommer. **'Queen Fabiola'** wird etwas größer und hat noch kräftigere Stengel.

TRITHRINAX

Die fünf Arten sind Palmen, die in einem Gebiet von Bolivien bis Südbrasilien und Argentinien vorkommen. Dort wachsen sie vor allem in sandigen Bruchlandschaften und an Flußufern. Kultiviert werden sie vor allem wegen ihrer attraktiven mit auffälligen Dornen und Fasern bedeckten Stämme.
PFLEGE UND VERMEHRUNG: Die nicht winterharten Pflanzen, die nur selten kultiviert werden, bevorzugen einen sonnigen Platz mit leicht basischem, ausreichend feuchtem Boden. In kälteren Regionen ist nur eine Kübelhaltung möglich.

Trithrinax acanthocoma

Der dicke, einzelne Stamm dieser Pflanze wird bis 3,5 m hoch und ist mit einem braunen, dornigen Fasernetz und alten Blattscheiden bedeckt. Die fächerförmigen Blätter haben eine grüne Ober- und eine hellere Unterseite. Der Blütenstand setzt sich aus zahlreichen gelblichen Blüten zusammen, aus denen sich später rundliche, gelblichweiße Früchte von etwa 2,5 cm Größe entwickeln.

Trithrinax campestris

Diese Art bildet oft dichte Bestände aus Stämmen, an deren Spitzen fächerförmige, blaugrüne Blätter mit einer faserigen, weißen Oberfläche sitzen. Die Früchte sind 2,5 cm groß, und es dauert oft drei Monate, bis die Samen keimen. Die Palme braucht unbedingt Schutz vor Wind.

TRITICUM

WEIZEN

Weizen ist eine der ältesten Kulturpflanzen. Er ist einjährig und läßt sich in Regionen mit gemäßigtem Klima anbauen. Der Hartweizen *(Triticum durum)* wird in trockeneren Regionen kultiviert und eignet sich für Nudelprodukte, während Weizen aus niederschlagsreicheren Gebieten, etwa der Saatweizen *(T. aestivum)* weicher ist und zum Brotbacken genutzt wird.
PFLEGE UND VERMEHRUNG: Auf fruchtbarem Ackerboden sind die besten Ergebnisse zu erzielen. Kurz vor der Aussaat wird das Unkraut gejätet. Dann werden die Körner möglichst gleichmäßig ausgesät. Wirtschaftlich genutzt wird hauptsächlich der Saatweizen, bei dem sich zwei Formen unterscheiden lassen. Winterweizen wird bei uns von September bis Oktober des Vorjahres ausgesät, Sommerweizen, der eine Wachstumsperiode von mindestens 90 Tagen benötigt, sobald sich der Boden im Frühjahr bearbeiten läßt, also etwa im April des Erntejahres. Winterweizen gedeiht am besten in Gebieten mit hohen Niederschlägen im Herbst und nicht zu kalten Wintern.

Triticum aestivum

SAATWEIZEN, BROTWEIZEN

Diese Art, bei der es sich um den wichtigsten Brotweizen handelt, ist ein einjähri-

Tristaniopsis laurina

Triticum durum

Tristaniopsis laurina

Trithrinax acanthocoma

Trithrinax campestris

ges, 1,2 m hohes Gras mit schlanken Blättern, hohlen Halmen und Ährchen mit einer unterschiedlichen Anzahl von Blüten und Borsten (Grannen) von verschiedener Länge. Wenn die Stengel goldgelb und die Körner hart sind, erntet man den Weizen an einem trockenen, sonnigen Tag.

Triticum durum
HARTWEIZEN, GLASWEIZEN

Reifer Hartweizen ist bernsteinfarben und hat spitze Körner. Er besitzt einen höheren Eiweißgehalt als Brotweizen und wird fast ausschließlich für die Nudelproduktion verwendet. Hartweizenbrot ist zwar besonders schwer und dicht, aber dennoch wohlschmeckend und sehr nahrhaft.

TRITONIA
TRITONIE

Ähnlich wie eine Wetterfahne drehen sich die Staubgefäße einiger Arten dieser Gattung in alle Richtungen. Sie ist nahe verwandt mit der ähnlichen *Crocosmia* und umfaßt 28 Arten, die in Südafrika heimisch sind, meist in der Kapprovinz. Die Knollengewächse wachsen vorzugsweise auf Wiesen, die während der Wachstumsperiode relativ feucht, danach aber sehr trocken sind. Ihre Sproßknollen haben eine dünne, trockene Hülle und sind kaum größer als 1 cm. Die schwertförmigen Blätter sind ziemlich fest und von unterschiedlicher Breite; an den drahtigen Stengeln sitzen Blütenähren, die aus mindestens sechs gegenständig angeordneten Blüten pro Trieb bestehen.
PFLEGE UND VERMEHRUNG: Nicht alle Arten der Gattung sind völlig winterhart, einige, z. B. *Tritonia crocata*, werden oft als Zimmerpflanzen kultiviert. Man pflanzt im Herbst mehrere Knollen in einen Topf und gießt gut an. Anschließend hält man sie relativ trocken, gießt aber wieder häufiger, wenn die ersten Blätter erscheinen. Nach der Blütezeit werden die Wassergaben dann wieder eingeschränkt. Freilandpflanzen benötigen einen geschützten, sonnigen Platz mit gutdurchlässigem Boden. ***T. rubrolucens*** pflanzt man im Frühling, die anderen Arten im Herbst. Die Vermehrung erfolgt durch Brutknollen, die oberhalb der alten Knollen gebildet werden, oder durch Aussaat im Herbst.

Tritonia crocata
Syn. *Tritonia hyalina*

Diese Art hat drahtige, bis 50 cm lange Stengel, an denen jeweils eine Ähre mit hübschen becherförmigen, etwa 5 cm großen Blüten sitzt. Diese sind orange bis rot, haben einen gelben Schlund sowie rotviolette Staubbeutel und erscheinen vom Spätfrühjahr bis in den Sommer; die aufrechten, grünen Blätter sind grundständig. Die Art liefert gute Schnittblumen, ist allerdings nicht völlig winterhart, so daß sie zumeist als Zimmerpflanze kultiviert wird.

TROCHODENDRON

Ein immergrüner Strauch oder Baum, der in den Wäldern Japans, Koreas und Taiwans vorkommt und dort bis 20 m hoch werden kann, ist die einzige Art dieser Gattung. Meist wachsen die Pflanzen erst viele Jahre strauchartig, ehe sie ihre endgültige

Trochodendron aralioides

Gestalt gewinnen. Die einfachen, langgestielten, 5–15 cm großen, lanzettlichen Blätter sitzen in quirlständigen Büscheln an den Zweigenden; die leuchtendgrünen, in Trauben angeordneten, etwa 1 cm großen, kronblattlosen Blüten mit vielen Staubgefäßen erscheinen im Frühjahr.
PFLEGE UND VERMEHRUNG: Die Pflanzen sind etwas frostempfindlich und benötigen einen geschützten Platz, oft auch einen zusätzlichen Winterschutz; sie schätzen feuchten, durchlässigen Boden. Die Vermehrung erfolgt durch halbreife Stecklinge im Sommer oder Samen im Herbst.

Trochodendron aralioides

Diese langsamwachsende Art hat eine ausladende Wuchsform, eine aromatische Rinde und dient in manchen Gegenden zur Herstellung von Vogelleim. Ihre ledderartigen Blätter sind leuchtendgrün bis gelbgrün und haben einen gebuchteten Rand. Die leuchtendgrünen Blüten kann man als zwar ungewöhnliche, doch durchaus attraktive Schnittblumen verwenden.

TROLLIUS
TROLLBLUME

Mit ihren rundlichen, leuchtendgelben Blüten und der Vorliebe für feuchte Plätze haben diese ausdauernden Pflanzen Gemeinsamkeiten mit den verwandten Butterblumen. Sie neigen aber nicht dazu, den ganzen Garten zu überwuchern. Zumeist sind die 8 cm breiten Blüten größer als die der Butterblume, und sie haben auch zahlreichere Kronblätter, wodurch sie wie gefüllt aussehen. Alle 30 Arten aus Europa und den gemäßigten Regionen Asiens sind lohnende Gartenpflanzen, die hauptsächlich im Frühjahr blühen.
PFLEGE UND VERMEHRUNG: Die winterharten Arten pflanzt man am besten an einen feuchten Teich- oder Bachrand; sie wachsen, sofern regelmäßig gegossen, auch in Blumenbeeten. Trollblumen gehören zu den wenigen Sumpfpflanzen, die auch leichten Schatten vertragen. Die Vermehrung erfolgt durch Aussaat im Frühjahr oder Herbst, bzw. durch Teilung im Frühherbst oder im zeitigen Frühjahr.

Trollius chinensis
Syn. *Trollius ledebourii*

Diese Art ist zwar weniger bekannt als andere Trollblumen, aber dennoch sehr schön. Sie wird 60–90 cm hoch und bringt im Frühjahr leuchtende Blüten über den hübschen, stark zerteilten Blättern hervor. Die Blütenfärbung reicht von einem hellen bis zu einem leuchtenden Gelb. Die Art wächst schnell, wuchert jedoch nicht.

Trollius chinensis

Tropaeolum majus

Trollius × cultorum

Diese Kreuzung aus *Trollius europaeus* und *T. chinensis* ist eine beliebte Gartenblume mit hübschen Blättern und rundlichen Blüten mit eingebogenen Kelchblättern, die wie gefüllte Butterblumenblüten aussehen. Es gibt verschiedene Sorten mit gelben oder orangefarbenen Blüten: **'Byrne's Giant'** hat buttergelbe Blüten, die von **'Canary Bird'** sind etwas heller; die leuchtendgelben Blüten von **'Goldquelle'** (Syn. 'Golden Fountain') erscheinen relativ spät, **'Orange Princess'** blüht leuchtendorange.

Trollius europaeus
TROLLBLUME

Die Stengel dieser horstbildenden Staude aus Nord- und Mitteleuropa sind glatt, hohl und aufrecht und an der Spitze verzweigt. Die endständigen gelben Blüten, die im Frühjahr erscheinen, haben 5 bis 15 kronblattähnliche Kelchblätter, die eine Kugel bis zu 5 cm im Durchmesser bilden; die mittelgrünen Blätter sind handförmig geteilt. Die leicht giftige Art wird bis 60 cm hoch und 50 cm breit.

TROPAEOLUM
KAPUZINERKRESSE

Die 87 Arten dieser Gattung aus Chile und Mexiko schätzt man wegen ihrer leuchtenden Blüten. Die krautigen Kletterpflanzen sind ein- oder mehrjährig, werden bei uns aber nur einjährig gezogen. Die bis 5 cm großen, oft ganzjährig gebildeten Blüten können einfach oder gefüllt und rot, orange, rotbraun, gelb oder sogar blau sein.
PFLEGE UND VERMEHRUNG: Die Frosthärte der Arten ist unterschiedlich. Die beliebtesten Sorten sind einjährig oder werden als Einjährige gezogen. Die Kapuzinerkresse bevorzugt sonnige bis halbschattige Plätze mit feuchtem, gutdurchlässigem Boden; die Vermehrung nimmt man durch Samen, Stecklinge oder Knollen im Frühjahr vor. Blattläuse und die Raupen des Kohlweißlings oder anderer Schmetterlinge können zum Problem werden.

Trollius europaeus

Tropaeolum majus, Alaska-Hybriden

Tropaeolum pentaphyllum

Tropaeolum azureum

Diese recht selten kultivierte, ausdauernde Kletterpflanze wird etwa 1 m hoch und besitzt hell- bis mittelgrüne, lanzettliche, gelappte Blätter. Die hellblauen Blüten mit kurzen Spornen und weißlicher oder gelber Mitte erscheinen im Spätfrühjahr.

Tropaeolum majus
GUCK-ÜBER-DEN-ZAUN

Diese winterharte Art ist einjährig und wächst schnell – buschig, kriechend oder rankend. Die rundlichen Blätter haben radiär ausgerichtete Adern; die fünfzähligen, gespornten, trompetenförmigen, im Sommer und Herbst gebildeten Blüten sind hellgelb bis tiefrot. Die Pflanzen werden bis zu 50 cm hoch und etwa 1 m breit, sowohl Blätter als auch Blüten haben einen scharfen Geschmack, manchmal mischt man sie Salaten bei. Es gibt mehrere Sorten mit einfachen oder gefüllten Blüten und aufrechter oder kriechender Wuchsform. Die **Alaska-Hybriden** haben einfache Blüten in unterschiedlichen Farbschattierungen und hübsche, panaschierte Blätter.

Tropaeolum pentaphyllum

Die Heimat dieser ungewöhnlichen kriechenden oder leicht kletternden Art mit Wurzelknollen ist Bolivien. Die Pflanzen blühen im Sommer, wobei sich ihre roten und gelben Blüten auffällig von den fünflappigen, blaugrünen Blättern abheben.

Tropaeolum peregrinum

Tropaeolum tricolorum

Tsuga caroliniana

Tsuga canadensis 'Pendula'

Tsuga canadensis

Tsuga canadensis

Tsuga chinensis

Tropaeolum peregrinum
Syn. *Tropaeolum canariense*

Diese frostempfindliche Kletterpflanze wird etwa 2 m hoch. Ihre graugrünen Blätter haben fünf breite Lappen und weisen radiär verlaufende Adern auf. Vom Sommer bis zum frühen Winter bringt sie kleine, trompetenförmige, gelbe Blüten hervor; die beiden oberen der fünf Kronblätter sind größer als die anderen und gefranst. Bei uns zieht man sie am besten einjährig.

Tropaeolum speciosum

Diese krautige, ausdauernde, nicht völlig winterharte Kletterpflanze hat schlanke Triebe von bis zu 3 m Länge. Die Art bildet Knollen aus und hat leuchtendgrüne Blätter mit sechs ovalen Lappen. Aus den leuchtendroten, im Sommer erscheinenden Blüten entwickeln sich blaue Früchte.

Tropaeolum tricolorum
Syn. *Tropaeolum tricolor*

Diese ausdauernde, aber frostempfindliche Kletterpflanze hat ungewöhnlich geformte, etwa 3,5 cm große Blüten von leuchtendroter, rotvioletter oder gelber Färbung. Sie wird etwa 2 m hoch und hat grüne, fünf- bis siebenlappige Blätter.

Tropaeolum tuberosum
KNOLLENKAPUZINERKRESSE

Diese ausdauernde, bis 3,5 m hohe Kletterpflanze hat große, gelbe, rotviolett gezeichnete Knollen und graugrüne Blätter. Die becherförmigen Blüten mit orangeroten Kelchblättern und gelben, braun geäderten Kronblättern werden vom Hochsommer bis in den Herbst gebildet. Die Sorte **'Ken Aslet'** blüht leuchtendorange.

TSUGA
HEMLOCKTANNE, SCHIERLINGSTANNE

Die zehn Arten aus den kühl-gemäßigten Regionen Nordamerikas und Ostasiens sind elegante Nadelbäume. Einige wachsen zu großen Bäumen heran, andere bleiben Sträucher, die sich als Heckenanpflanzung oder für Steingärten eignen. Die Wuchsform ist oft kegel- bis pyramidenförmig, wobei sich die Wipfel häufig anmutig herabneigen. Der deutsche Name hat nichts mit der Schierlingspflanze zu tun, die Bäume sind ungiftig.
PFLEGE UND VERMEHRUNG: Die völlig winterharten Pflanzen, die auch Schatten vertragen – besonders als Jungpflanzen – mögen leicht sauren, tiefen, durchlässigen Boden mit organischen Bestandteilen. Der Platz sollte möglichst vor austrocknenden Winden geschützt sein; Umpflanzen vertragen sie oft nicht. Neue Pflanzen kann man im Frühjahr aus Samen oder im Herbst aus Stecklingen ziehen.

Tsuga canadensis
KANADISCHE HEMLOCKSTANNE

Dieser langsamwachsende Baum aus dem Nordosten Nordamerikas wird 25 m hoch. Bei älteren Exemplaren ist der Stamm oft mehrfach gegabelt; die pyramidenförmige Krone wird ausladend, die Spitzen der dünnen Äste hängen meist etwas über. Die länglichen Nadeln, die in zwei Reihen an den Zweigen sitzen, sind anfänglich graubraun und behaart, später dunkelgrün; auf der Unterseite haben sie zwei graue Streifen. Die ovalen, 2,5 cm großen Zapfen sitzen an den Zweigenden; die Samen werden im Herbst freigesetzt. Die Trauerform **'Pendula'** wird bis 2 m hoch und etwa ebenso breit. Sie hat bis zum Boden herabhängende Zweige; die anfangs gelbgrünen Blätter werden später graugrün.

Tsuga caroliniana

Wildwachsend kann diese Art aus dem Südosten der USA bis 20 m hoch werden, bleibt in Kultur aber normalerweise viel kleiner. Ihre attraktive Rinde ist braunviolett und gefurcht; die glänzenden jungen Triebe sind grau, rot oder gelblich braun, die Nadeln mittelgrün. Die Art eignet sich besser für den Garten als *Tsuga canadensis*.

Tsuga chinensis

In der Natur erreicht dieser Nadelbaum eine Höhe von 20 m, in Kultur bleibt er zumeist kleiner. Die Art, die zu den hübschesten der Gattung gehört, wird schon seit Tausenden von Jahren kultiviert, besonders häufig ist sie in japanischen Gärten zu finden. An den jungen gelblichen Trieben sitzen glänzendgrüne Nadeln, die an der Spitze auffällig gekerbt sind.

Tsuga heterophylla

Dieser schnellwüchsige Baum aus dem Nordwesten Nordamerikas kann wild fast 60 m hoch werden, bleibt in Kultur aber meist kleiner. Mit ihrer kegelförmigen Gestalt und peitschenartig überhängenden Wipfeln sowie der rotbraunen, gefurchten Rinde ist die Art ein eleganter Gartenbaum. Die jungen Triebe sind grau, die flachen Nadeln dunkelgrün. Wegen des hellgelben Holzes und der gerbstoffreichen Rinde wird sie auch wirtschaftlich genutzt.

Tsuga heterophylla

Tsuga mertensiana
BERGTSUGA

Als eine der kleinsten Arten der Gattung wird diese selten höher als 15 m. Der schmale, säulenartige Nadelbaum mit einem einzelnen, zumeist geraden Stamm und kurzen, überhängenden Ästen hat blaugrüne, rundliche Nadeln mit gestreifter Ober- und Unterseite, die spiralförmig rund um den Zweig sitzen. Die ungewöhnlich großen, zylindrischen, schwarzviolettten Zapfen können bei der Reife knapp 10 cm lang sein. Diese Art wächst langsam und reagiert empfindlich auf Luftverschmutzung und Trockenheit. Nach Möglichkeit sollte man ihr einen schattigen Platz geben.

TSUSIOPHYLLUM

Ein hübscher, halbimmergrüner, kleiner Strauch aus Japan ist die einzige Art dieser Gattung; wegen der sehr ähnlichen Blüten wurde sie früher auch der Gattung *Rhododendron* zugeordnet. Unter besonders harschen Bedingungen wächst der zumeist dichte, rundliche Strauch fast niederliegend. Seine sparrig verzweigten Triebe sind dicht mit kleinen, gerade einmal 1 cm langen, dunkelgrünen, ovalen Blättern bewachsen. Die Knospen, gebildet im Spätfrühjahr und Sommer, sind von orangeroten Kelchblättern umgeben, die aufspringen, wenn sich die Blüten öffnen.
PFLEGE UND VERMEHRUNG: Die winterharten Pflanzen sollten in gleicher Weise kultiviert werden wie kleinwüchsige Rhododendren. Geeignete Standorte sind halbschattige Plätze mit feuchtem, durchlässigem, humusreichem Boden. Die Vermehrung erfolgt durch Aussaat in Torfmoos oder durch Stecklinge.

Tsusiophyllum tanakae
Syn. *Rhododendron tsusiophyllum*

Dieser kleine Strauch, 30–50 cm hoch, hat dichte Zweige mit zahlreichen winzigen Blättern mit blaugrüner Unterseite. Die kleinen, röhrenförmigen, weißen Blüten

Tsuga mertensiana

T

sind nur etwa 1 cm lang und sitzen in Zweier- bis Sechsergruppen zusammen.

TULBAGHIA

KAPLILIE

Carl von Linné benannte diese afrikanische Gattung mit 20 rhizom- oder knollenbildenden Staudenarten nach Ryk Tulbagh, der von 1751 bis 1771 holländischer Gouverneur der Kapprovinz war und mit dem Linné brieflich (in lateinischer Sprache) in Kontakt stand. Die horstbildenden, normalerweise immergrünen Pflanzen haben schmale Blätter und in langstieligen Dolden angeordnete zarte Blüten, die periodisch den Sommer über erscheinen.

PFLEGE UND VERMEHRUNG: Die Pflanzen brauchen gutdurchlässigen Boden und Schutz vor kaltem, nassem Wind. Während die Blätter gebildet werden, sind Sonne und Feuchtigkeit wichtig, nach der Blütenbildung sollte man nicht mehr gießen. Die Vermehrung nimmt man durch Aussaat, Teilung oder Ableger vor. Die einzelnen Arten sind unterschiedlich frostempfindlich.

Tulbaghia simmleri

Syn. *Tulbaghia fragrans*

Diese nicht völlig winterharte Art besitzt duftende, leuchtend blaurote bis blaue, gelegentlich auch weiße Blüten. Sie erreicht eine Höhe von knapp 50 cm, hat breite, streifenförmige, graugrüne Blätter und kräftige, drahtige Stengel. Sie blüht von Frühjahr bis Sommer.

Tulbaghia violacea

Die robuste, halbimmergrüne Pflanze bildet Horste, riecht nach Knoblauch und wird etwa 80 cm hoch. Sie verträgt etwas Frost und kann sowohl in einer Rabatte oder einem Steingarten, als auch in Kübeln kultiviert werden. Ihre Blüten können hellviolett bis weiß sein und erscheinen vereinzelt von Frühjahrsmitte bis in den Spätherbst. Die schmalen Blätter sind graugrün, die Knollen eßbar. **'Silver Lace'** ist eine Sorte mit panaschierten Blättern. Sie gilt als weniger robust, soll aber Maulwürfe vertreiben können.

TULIPA

TULPE

Die Wildformen der meisten Gartentulpen stammen aus Zentral- und Westasien. Nach Europa gelangten sie um 1554, wo sie schnell immense Beliebtheit erlangten, so daß Spekulanten bald hohe Summen für Tulpenzwiebeln boten, die sie nie gesehen hatten. Dieser »Tulpenrausch« endete, als die holländische Regierung etwa 80 Jahre später gesetzliche Maßnahmen gegen die Spekulation mit Tulpenzwiebeln erließ und so zahlreiche Spekulanten in den Ruin trieb. Es gibt über 100 Tulpenarten, aber die meisten der heutigen Gartentulpen sind Zuchtformen, die nur von wenigen Arten abstammen, etwa von *Tulipa gesneriana*. Insgesamt existieren inzwischen Tausende von Sorten, deren Ursprung, besonders wenn es sich um alte Sorten handelt, oft nicht einmal mehr bekannt ist. Außerdem kommen jedes Jahr neue Zuchtformen hinzu, denn bei Tulpen treten Mutationen recht häufig auf. Schon seit einigen hundert Jahren versucht man Tulpen in bestimmten Gruppen zusammenzufassen; heute differenziert man 15 Klassen. Die charakteristischen Eigenschaften dieser Gruppierungen werden von einem speziellen Gremium, der Königlichen Vereinigung der Blumenzwiebelzüchter in Holland festgelegt. Der Unterscheidung dienende Merkmale sind etwa Stiellänge, Form und Farbe der Blüten oder die Blütezeit. Durch gezielte Wahl bestimmter Sorten aus den verschiedenen Gruppen kann man sich das ganze Frühjahr hindurch an Tulpenblüten erfreuen. Tulpen werden zwischen 10 cm und 70 cm hoch. Die Blüten haben u.a. bronzefarbene, braune, schwarze, gelbe, weiße, rote, rosa, hell- bis dunkelviolette, grüne oder blaue Blütenblätter (Tepalen); abhängig vom Bodentyp und bestimmten Umwelteinflüssen können die Farben variieren.

PFLEGE UND VERMEHRUNG: Wie alle Zwiebelpflanzen brauchen auch Tulpen einen gutdurchlässigen Boden ohne Staunässe. Gepflanzt werden die völlig winterharten Pflanzen im Spätherbst an einen sonnigen Platz – die Zwiebeln setzt man etwa 15 cm tief in fruchtbaren, wenn möglich basischen Boden. Während der Wachstumsperiode wird kräftig gegossen; welke Blüten sollte man entfernen, um die Blühfreudigkeit zu erhöhen. Tulpenzwiebeln sind eine Delikatesse für Wühlmäuse, so daß sie gegebenenfalls durch spezielle Drahtkörbe geschützt werden müssen; eingelagerte Zwiebeln sollte man mit einem Mittel gegen Pilzkrankheiten behandeln und so aufbewahren, daß Mäuse sie nicht erreichen können. Die Vermehrung erfolgt in der Regel durch Brutzwiebeln im Herbst; manche lassen sich auch durch Samen vermehren.

Tulipa acuminata

Bei dieser ungewöhnlichen Tulpe handelt es sich möglicherweise überhaupt nicht um eine richtige Art, sondern um eine alte Kulturform aus der Türkei. Die Pflanzen werden etwa 50 cm hoch und zeichnen sich durch ungewöhnlich lange, schmale, spitz zulaufende, manchmal gedrehte Blütenblätter aus.

Tulipa aucheriana

Syn. *Tulipa humilis*

Diese kleine Art aus dem Iran bringt im Frühjahr sternförmige, duftende, hellviolette Blüten mit gelbbraunen Flecken hervor, die bis 10 cm groß werden können, zumeist jedoch kleiner als 8 cm bleiben. Manchmal erscheinen die Blätter erst nach den Blüten.

Tulipa acuminata

Tulipa batalinii

Mit ihren charakteristischen keilförmigen, spitz zulaufenden, roten oder gelben Blütenblättern erfüllt diese hübsche Art ziemlich genau die alte türkische Idealvorstellung einer Tulpe. Die kleinen Pflanzen werden nur etwa 15 cm hoch und eignen sich gut für Steingärten; ihre zarten, hellgelben Blüten, die an kräftigen Stengeln sitzen, haben eine braune Basis, die mit der Zeit zu Hellorange verblaßt. Möglicherweise handelt es sich nicht um eine echte Art, sondern um eine gelbe Form von *Tulipa linifolia*. Aus *T. batalinii* sind mehrere Sorten hervorgegangen, etwa **'Yellow Jewel'**, die gelbe, rosa überlaufende Blüten mit einer grünlichgelben Basis hat oder **'Bright Gem'**, eine frühblühende, etwa 40 cm hohe Sorte mit leuchtendgelben, orange überlaufenden Blüten, deren Blütenblätter einen dunkel orangefarbenen Grundfleck haben.

Tulipa clusiana

Syn. *Tulipa aitchisonii*, *T. stellata*

Als vielleicht anmutigste aller Wildtulpen hat diese elegante sternförmige Blüten, deren Blütenblätter innen weiß mit einem violetten Grundfleck sind, während die äußeren eine dunkelrote Außenseite haben. Die Pflanzen werden etwa 25 cm hoch und blühen ungefähr zur Frühjahrsmitte. Manchmal werden an einem Stengel mehr als eine Blüte gebildet. Sehr beliebt ist auch ***Tulipa clusiana* var. *chrysantha*** (Syn. *T. chrysantha*). Sie ist nicht ganz so groß wie *T. clusiana* (nur etwa 20 cm hoch); ihre kleinen, innen gelben Blüten sind relativ lang und wirken auch als Knospen sehr hübsch. Die äußeren Blütenblätter können einen gelben Rand haben.

Tulipa fosteriana

1906 erstmals beschrieben, wurde diese etwa 40 cm hohe Tulpe, die zu den Fosteriana-Hybriden gehört und eine recht variable Art ist. Sie wirkt möglicherweise nicht so elegant wie viele andere Arten, dafür läßt sie sich aber leicht kultivieren und stellt mit ihren frischen, grünen Blättern sowie den großen, leuchtendroten Blüten durchaus eine Bereicherung für viele Blumenbeete und Rabatten dar.

Tsusiophyllum tanakae

Tulipa batalinii 'Yellow Jewel'

Tulipa gesneriana

Der Name dieser Tulpe steht nicht für eine bestimmte Art, sondern ist ein Sammelbegriff, unter dem Carl von Linné, der Vater der Taxonomie, 1753 eine große Anzahl alter Zuchtformen zusammenfaßte. Heute werden diese zumeist verschiedenen Gruppen zugeordnet.

Tulipa greigii

Bei dieser Tulpe, die sich anhand ihrer hübschen auffällig gefleckten oder gestreiften Blätter leicht erkennen läßt, handelt es sich um die Typusart der Greigii-Gruppe. Ihre großen Blüten sind strahlendrot, haben einen schwarzen Grundfleck und weisen außerdem einen gelben Rand auf. Auch wenn die Pflanzen, die eine Höhe bis zu 60 cm erreichen, recht robust sind, empfiehlt es sich in vielen Fällen doch, die Zwiebeln, nachdem sich die Blätter verfärbt haben, aus dem Boden zu nehmen. Von dieser Art gibt es eine Reihe attraktiver Hybriden.

Tulipa kaufmanniana

Diese schöne Tulpe wurde zur Zucht vieler Hybriden verwendet. Ihre Blüten mit

Tulbaghia violacea 'Silver Lace'

Tulbaghia violacea

Tulipa clusiana

leuchtend dunkelroten äußeren Blütenblätter öffnen sich normalerweise sehr weit, so daß die gelblichweißen Innenseiten und der kräftig goldgelbe Grundfleck sichtbar werden. *Tulipa kaufmannia* wird mit ihren 20 cm nicht sehr groß, gehört aber zu den am frühesten blühenden Tulpen. Außerdem läßt sie sich so problemlos kultivieren, daß man sie als ideale Gartenpflanze bezeichnen könnte.

Tulipa linifolia

Diese Art aus Kleinasien, die 1884 erstmals beschrieben wurde, wird nur etwa 10 cm groß. Ihre schmalen Blätter sind graugrün; die Blüten bestehen aus leuchtendroten Blütenblättern, die einen grünlichen äußeren und einen großen, schwarzen, heller gerandeten inneren Grundfleck aufweisen, sowie aus gräulich-rotvioletten Staubbeuteln. Einige Botaniker nehmen an, daß *Tulipa maximowiczii* und *T. batalinii* in Wahrheit Zuchtformen dieser Art sind, so daß diese Namen eigentlich als Synonyme von *T. linifolia* aufzufassen sind.

Tulipa maximowiczii

Nach Ansicht einiger Botaniker ist *Tulipa maximowiczii* eine Zuchtform von *T. linifolia*, der sie auch ähnelt. Die Pflanzen unterscheiden sich durch einen kleinen, tiefblauen Grundfleck an den Blütenblättern, durch aufrechtstehende Blätter und eine etwas frühere Blütezeit.

Tulipa praestans

Aus Buchara stammt diese schöne Art, die an jedem Stengel zwei bis vier ziegelrote Blüten hervorbringt; besonders hübsch sind aber auch ihre großen, grünen Blätter mit einem dunkelroten Rand. Die Pflanzen werden bis 40 cm hoch und eignen sich sehr gut für Steingärten. Die beliebteste Sorte ist **'Fusilier'**, deren orangerote Blüten (vier bis sechs je Stengel) und dunkelgrüne Blätter außergewöhnlich attraktiv sind. Die Pflanzen kommen in Gruppen von etwa zwölf Exemplaren am besten zur Geltung.

Tulipa saxatilis
Syn. *Tulipa bakeri*

1825 wurde diese sehr hübsche Art auf Kreta entdeckt. Sie wird 20 cm hoch und bringt normalerweise an jedem Stengel zwei Blüten hervor. Diese sind hell rosaviolett und haben einen gelben Grundfleck. Die glänzenden, grünen Blätter, die oft erst im Spätherbst erscheinen, überstehen den Winter zumeist unbeschadet. Die winterharten Pflanzen, die im zeitigen Frühjahr blühen, lassen sich leicht kultivieren, die Zwiebeln sollten möglichst tief in den Boden gesetzt werden. Die Art breitet sich nur selten durch Samen aus. Die etwas kleinere Sorte **'Lilac Wonder'**, die nur etwa 15 cm groß wird, hat rosaviolette Blütenblätter mit einem auffälligen hellgelben Grundfleck und gelben Staubbeuteln.

Tulipa sprengeri
Syn. *Tulipa brachyanthera*

Tulipa sprengeri stammt von der türkischen Schwarzmeerküste und verträgt feuchte Sommer besser als die meisten anderen Arten. Die etwa 40 cm großen Pflanzen erscheinen erst zu Frühjahrsende und blühen später als die meisten anderen Tulpen. Die Blüten sind leuchtendrot, haben einen olivgrünen Grundfleck und sitzen an hohen, eleganten Stengeln; die schmalen, lanzettlichen Blätter sind leuchtendgrün mit glänzender Oberseite. Die Art bevorzugt schattige, feuchte Plätze und läßt sich leicht durch Samen vermehren.

Tulipa sylvestris
Syn. *Tulipa florentina, T. repens, T. tchitounyi, T. thirkeana*

Schon seit 1753 bekannt, gehört diese süßlich duftende, recht beliebte Tulpe zu den verbreitetsten Arten. Sie läßt sich leicht kultivieren und eignet sich sowohl für Steingärten als auch Rabatten; in Wäldern und auf Wiesen breitet sie sich oft von selbst aus. Ihre eleganten, sternförmigen Blüten sind gelb, die Blütenblätter sind außen oft leicht grünlich überlaufen. Jede Zwiebel treibt ein bis zwei Blüten; die rundlichen, herabhängenden Knospen richten sich mit der Zeit auf und öffnen sich dann mit zurückgebogenen Blütenblättern. Die Größe der bis zu 30 cm hohen Pflanzen ist variabel; normalerweise ist die Art sehr blühfreudig, es sei denn, man gibt ihr die Möglichkeit, sich unkontrolliert auszubreiten. ***Tulipa sylvestris* var. *major*** hat ausgesprochen große, aus acht gelben Blütenblättern bestehende Blüten.

Tulipa tarda
Syn. *Tulipa dasystemon*

Diese attraktive Art aus Turkmenistan bringt im Spätfrühjahr an jedem Stengel eine bis acht sternartige Blüten hervor. Diese sind normalerweise weiß mit einem leuchtendgelben Grundfleck; außen können sie zudem braunviolett überlaufen sein. Die Pflanzen sind mit einer Größe von nur 10 cm ausgesprochen klein; ihre Blätter liegen oft direkt auf dem Boden. Die Art eignet sich gut für Steingärten oder zum Bepflanzen eines Hanges.

Tulipa turkestanica

Diese Art hat relativ unauffällige weiße, außen zumeist grauviolett überhauchte Blüten mit einem orangegelben Grundfleck. Doch trotz der etwas bescheideneren Färbung hat diese Tulpe durchaus ihre Reize, denn ihre oft fünf bis neun Blüten pro Stengel erscheinen sehr früh und halten sich besonders lange. Die Pflanzen werden bis 20 cm hoch und breiten sich problemlos von selbst aus.

Tulipa urumiensis

Eine weitere sehr dankbare winterharte Art ist *Tulipa urumiensis* mit ihren oft drei bis vier sternartigen Blüten pro Stengel. Die Staubbeutel sind gelb, und die ebenfalls gelben äußeren Blütenblätter sind auf der Innenseite olivgrün und rot pigmentiert, wodurch sie etwas matt erscheinen. Die kleine Art wird nur etwa 10 cm hoch, bildet aber einen hübschen Kontrast zu grünen Blattpflanzen und eignet sich ausgezeichnet für Steingärten.

Tulipa, Einfache Frühe Tulpen

Die frühblühenden Sorten dieser Gruppe, die hauptsächlich von *Tulipa gesneriana* abstammen, haben zumeist kurze Stengel und ungefüllte Blüten, die sich in der Sonne weit öffnen. **'Apricot Beauty'** ist eine duftende Sorte aus dem Jahr 1953 mit lachsfarbenen, rot überlaufenen Blüten, die bis knapp 50 cm hoch wird und in größerer Zahl an eine Stelle gepflanzt werden sollte. Sie stammt von **'Imperator'** ab, und aus ihr sind selbst wieder weitere Sorten hervorgegangen, etwa **'Beauty Queen'** mit lachsfarbenen äußeren Blütenblättern, die rosa gesprenkelt sind und eine rote Mittelrippe haben. Die äußere Basis ist weißlich, die sternförmige innere Basis gelblichgrün mit gelbem Rand, der innere Blütenbecher leuchtendrot mit rotem Rand; die Staubbeutel sind grau. **'Keizerskroon'** (Syn. 'Grand Duc') wurde schon 1750 gezüchtet, hat an Beliebtheit aber nichts eingebüßt. Sie wird 40 cm hoch und von ihr stammen ebenfalls wieder Sorten ab. Die leuchtendroten Blütenbecher haben einen breiten, gelben Rand.

Tulipa, Gefüllte Frühe Tulpen

Diese Gruppe frühblühender, meist kurzstieliger Sorten hat gefüllte Blüten, die an Gardenien erinnern. Die sehr schöne, bis 30 cm große **'Monte Carlo'** besitzt grünlichgelbe, leicht rot gestreifte, gefüllte, duftende Blüten. Die zierliche, ebenfalls duftende **'Murillo'** ist weiß, rosa überlaufen und erreicht eine Höhe bis 25 cm. Sie ist Ausgangspunkt weiterer Sorten, u.a. **'Peach Blossom'** aus dem Jahre 1890. Mit ihren großen, dunkelrosa Blütenbechern ist sie wohl die beliebteste gefüllte rosa Tulpe. Die prächtige, goldgelbe **'Yellow Baby'** ist im zeitigen Frühjahr eine Bereicherung für jeden Garten. Ihre leuchtenden gelben Blüten mit hellgelben Staubbeuteln erinnern an Gardenien.

Tulipa, Triumphtulpen

Die Sorten dieser Gruppe mit einfachen Blüten haben mittellange Stengel und blühen zur Frühjahrsmitte. Sie sind durch Kreuzung von Sorten der Einfachen Frühen Tulpen und Einfachen Späten Tulpen entstanden und eignen sich hervorragend für exponierte Plätze in Beeten und Rabatten; außerdem sind sie schöne Schnittblumen. **'Attila'** ist eine robuste Sorte aus dem Jahr 1945, die ihren Namen zurecht trägt. Ihre großen, ungefüllten,

Tulipa maximowiczii

Tulipa saxatilis

Tulipa sprengeri

Tulipa saxatilis 'Lilac Wonder'

Tulipa turkestanica

T., Einf. Frühe Tulpe, 'Beauty Queen'

T., Gef. Frühe Tulpe, 'Yellow Baby'

Tulipa, Triumphtulpe, 'Cantor'

Tulipa, Triumphtulpe, 'Orléans'

Tulipa, Triumphtulpe, 'Walter Scheel'

schweren, violetten Blütenbecher sitzen auf kräftigen Stengeln. Sie wird bis 50 cm hoch und ist Mutterpflanze vieler anderer Sorten. **'Cantor'** ist korallenrot und hat eine weiße Basis sowie schwarze Staubbeutel. Mit ihrem langen Stengel ist sie von schlichter Eleganz. Die rosa **'Don Quichote'** erreicht eine Höhe von 50 cm und eignet sich für offene Standorte. **'Ile de France'** ist außen blaurot und innen gelblich-rot gefärbt. Der Grundfleck der Blütenblätter kann grünlich-bronzefarben sein und einen schmalen, gelben Rand haben, sieht aber manchmal auch anders aus. Die Sorte wird bis 45 cm hoch und ist eine gute Schnittblume. **'Kees Nelis'** hat große, blutrote Blüten mit einem orangegelben Rand; auch ihre kräftigen Stengel werden bis 45 cm hoch. Von ihr stammen weitere Sorten ab. Eine von ihnen ist **'Orléans'**, eine interessante Hybride in Gelb- und Weißschattierungen. Außen ist sie weiß, leicht grünlichgelb geflammt, im Innern gelblich bis weiß, der Grundfleck ist gelbbraun mit zitronengelben Flecken. Und bei dieser Sorte, die 60 cm hoch wird und eine ideale Schnittblume abgibt, sind sogar die Staubbeutel gelb. **'Prinses Irene'**, die von **'Couleur Cardinal'** abstammt, ist ziemlich einzigartig orange und rotviolett gefärbt. Die kräftigen Stengel sind etwa 40 cm hoch; von der Sorte gibt es viele Spielarten. Die etwa 50 cm hohe **'Rosario'** ist außen rosarot mit großer, weißer Basis, während die

Tulipa, Triumphtulpe, 'Ile de France'

Tulipa, Triumphtulpe, 'Rosario'

Blütenblätter innen am Grunde gelblichweiß sind. **'Shirley'** blüht spät und erreicht eine Höhe bis 60 cm. Ihre Blüten sind gelblichweiß, die Blütenblätter haben einen violetten Rand. Die etwa 50 cm hohe **'Walter Scheel'** könnte man als Traum in Gelb bezeichnen. Sie ist außen rötlichgelb mit einem helleren Rand und innen leuchtendgelb mit grünlichgelben Staubbeuteln.

Tulipa, Darwin-Hybriden

Diese Gruppe umfaßt ungefüllte, langstielige Sorten, die zur Frühjahrsmitte blühen und sehr gern für den Schnittblumenverkauf kultiviert werden. Entstanden sind sie u.a. aus Kreuzungen zwischen Sorten der früheren Darwin-Tulpen und *T. fosteriana.* Die beliebte **'Apeldoorn'** wird relativ hoch, hat große Blüten und kann gut als Hintergrundpflanze für Rabatten verwendet werden, wirkt aber auch als Einzelexemplar. Die beeindruckende Tulpe ist außen rot mit einem gelben Grundfleck und innen leuchtendrot mit einem schwarzen, gelbgesäumten Grundfleck sowie schwarzen Staubbeutel. Sie wird über 50 cm hoch und hat viele weitere Sorten hervorgebracht, etwa **'Appledoorn´s Elite'**, die außen gelb ist und rote oder orangefarbene Flecken sowie einen gelblichgrünen Grundfleck aufweist. Die schmalen, schwarzen Staubgefäße sitzen auf einem schwarzbraunen Grundfleck mit gelbem Rand, das Innere

Tulipa, Darwin-Hybride

ist gelb. **'Golden Appledoorn'** ist goldgelb, die Basis schmückt ein schwarzer Stern auf grünlich-bronzefarbenem Grund; die Staubeutel sind schwarz. **'Gudoshnik'** ist eine bis 60 cm große, gelbe, rosa überlaufene Tulpe mit roten Punkten und am Grunde blauschwarzen Blütenblättern. **'Oxford'** duftet, ist außen von leuchtendem, rotviolett überlaufenem Rot und innen etwas dunkler mit einem grünlichgelben Grundfleck. Sie wird 55 cm hoch und diente als Mutterpflanze weiterer Züchtungen. Eine davon ist die reingelbe **'Golden Oxford'**, die einen rotem Rand hat, einen gelben Grundfleck und schwarze Staubbeutel; **'Oxford´s Elite'** ist außen rot mit orangegelbem Rand, innen dagegen orangegelb mit roten Flecken; die innere und äußere Basis sind grünlichgelb, die Staubbeutel blauschwarz.

Tulipa, Einfache Späte Tulpen

Diese spätblühende Gruppe, zu der auch die früheren Darwin- und Cottage-Tulpen gehören, umfaßt ungefüllte, meist langstielige Sorten, die sich ausgezeichnet als Gartenpflanzen und Schnittblumen eignen. **'Clara Butt'** hat schön geformte, lachsfarbene Blütenbecher und kräftige, aufrechte Stiele. Sie erreicht eine Höhe von 55 cm. **'Dreamland'** ist eine sehr auffällige, bis 60 cm hohe Sorte, die außen tiefrosa und gelblichweiß geflammt ist, während das Innere rosarot ist und eine weiße Basis

T., Einf. Späte Tulpe, 'Grand Style'

Tulipa, Darwin-Hybride, 'Oxford'

Tulipa, Darwin-Hybride, 'Apeldoorn'

hat; die Staubbeutel sind gelb. Die bis 65 cm hohe **'Grand Style'**, außen kräftigrot, hat hellgelbe Staubbeutel in einem innen rotvioletten Blütenbecher mit einem gelben, blau gesäumten Grundfleck. **'Halcro'** prangt mit großen, dunkelroten Blüten, die innen und außen einen gelben, grün gesäumten Grundfleck aufweisen. Sie wird über 70 cm hoch und breitet sich leicht von selbst aus. **'Kingsblood'**, mit 60 cm langen Stengeln, ist kirschrot und blüht im späten Frühjahr. **'Queen of Night'**, auch diese bis 60 cm hoch, ist eine der schönsten »schwarzen« Tulpen. Ihre wohlgeformten Blütenbecher sind eigentlich dunkelbraun und samtig.

Tulipa, Lilienblütige Tulpen

Die ungefüllten Sorten dieser Gruppe stammen alle aus dem 20. Jahrhundert. Sie

T., Einf. Späte Tulpe, 'Queen of Night'

Tulipa, Einf. Späte Tulpe, 'Halcro'

T., Einf. Späte Tulpe, 'Dreamland'

Tulipa, Darwin-Hybride, 'Gudoshnik'

T

blühen von Frühjahrsmitte bis Frühjahrsende und haben unterschiedlich lange Stengel und sehr elegante Blüten mit spitz zulaufenden, zurückgebogenen Blütenblättern, die geöffnet einen Stern bilden. Die bis 55 cm hohe **'Ballade'** ist eine hübsche Sorte mit rotblauen, weiß gesäumten Blütenblättern und einem gelben, ebenfalls weiß gerandeten Grundfleck. **'Lilac Time'** bringt leuchtende rotviolette Blüten mit innen wie außen weißer Basis und gelben Staubbeuteln hervor. Sie wird 45 cm hoch. Die etwas höhere **'Red Shine'** ist dunkelrot mit einem auffälligen blauen Grundfleck.

Tulipa, Gefranste Tulpen

Bei dieser ungewöhnlichen Gruppe mit ungefüllten Blüten haben die Blütenblätter einen gefransten Rand. Die Pflanzen blühen Mitte oder Ende des Frühjahrs; die Länge der Stengel ist unterschiedlich. **'Aleppo'** ist rosa- bis orangefarben mit einem gelben Grundfleck; die rote **'Redwing'** hat einen helleren Rand.

Tulipa, Viridiflora-Tulpen

Diese Gruppe umfaßt spätblühende, ungefüllte Sorten mit teilweise grünlichen Blütenblättern; die Stengel sind unterschiedlich lang. Die zarten Farben von **'Spring Green'**, einer Sorte, die 1969 gezüchtet wurde, kommen besonders dann zur Geltung, wenn sie in größeren Gruppen steht. Die Blütenblätter sind gelblichweiß und grüngeflammt, die Staubbeutel hellgrün. Ihre Stengel werden 50 cm hoch.

Tulipa, Rembrandt-Tulpen

Die langstieligen Tulpen dieser Gruppe sind vor allem aus alten Sammlungen oder von Gemälden her bekannt. Die Zeichnung der zweifarbigen Blüten dieser berühmten Sorten – braune, bronzefarbene, schwarze, rote, rosa oder rotviolette Streifen und Flecken auf rotem, weißem oder gelbem Grund – entstand als Folge von Virusinfektionen. **'Absalon'** ist auf gelbem Grund braun gezeichnet, die ebenfalls gelbliche **'May Blossom'** auffällig rotbraun.

Tulipa, Papagei-Tulpen

Bei diesen Tulpen handelt es sich um eine recht seltsame Gruppe mit ungewöhnlich gefärbten, ungefüllten Sorten. Sie blühen relativ spät; ihre mitunter sehr großen Blüten mit tiefeingeschnittenen, gefransten, zumeist gebogenen und gedrehten Blütenblättern sitzen an mehr oder weniger langen, zumeist nicht sehr kräftigen Stengeln. Im Handel sind sie nicht überall regelmäßig erhältlich. **'Apricot Parrot'** ist ein Beispiel dafür, daß bei Tulpen leicht neue Sorten entstehen, denn sie stammt von einer anderen ab: **'Alberio'** hat neben anderen die Spielart **'Karel Doorman'** hervorgebracht, aus der 1961 wiederum die Sorte 'Apricot Parrot' hervorgegangen ist. Die orangegelbe Blüte dieser beliebten, sehr hübschen Tulpe ist zumeist gelblich und rosa überlaufen und hat rotviolette Staubbeutel; sie wird bis zu 50 cm hoch. **'Flaming Parrot'** stammt ebenfalls von einer anderen Sorte ab: Aus **'Gloria Swanson'** entstand **'Red Parrot'**, 1968 wiederum Mutterpflanze von 'Flaming Parrot'. Die hübsche Sorte ist außen gelb und rot geflammt, am Rand wird sie etwas heller; innen sind die Blütenbecher etwas dunkler gelb und ebenfalls rot geflammt; die Staubbeutel sind schwarzviolett. Sie wird bis 70 cm hoch und sollte nicht vereinzelt, sondern in einer größeren Gruppe gepflanzt werden.

Tulipa, Lilenbl. Tulpe, 'Lilac Time'

Tulipa, Lilenbl. Tulpe, 'Red Shine'

T., Papagei-Tulpe, 'Apricot Parrot'

T., Papagei-Tulpe, 'Flaming Parrot'

Tulipa, Gef. Späte Tulpe, 'Angelique'

T., Greigii-H., 'Oriental Splendour'

T., Greigii-Hybride, 'Red Riding Hood'

Tulipa, Greigii-Hybride, 'Sweet Lady'

Tulipa, Greigii-Hybride, 'Toronto'

Tulipa, Gefüllte Späte Tulpen

Zu dieser Gruppe gehören spätblühende, meist langstielige Sorten, deren schöne gefüllte Blüten ein wenig an Pfingstrosen *(Paeonia)* erinnern, so daß sie oft auch als Paeonienblütige Tulpen bezeichnet werden. Die Sorte **'Granda'** hat wunderschöne rosarote Blüten mit einem weißen Grundfleck; sie wird 45 cm hoch und verträgt auch Halbschatten. Von ihr stammt **'Angelique'** ab, die angenehm duftende, hell- bis dunkelrosa gefärbte Blüten mit einem hellen Rand hat. Sie eignet sich gut für Rabatten.

Tulipa, Kaufmanniana-Hybriden

Zu dieser Gruppe sehr früh blühender Tulpen gehören *Tulipa kaufmanniana* und ihre Sorten, Unterarten, Varietäten und Hybriden. Sie alle ähneln *T. kaufmanniana*, deren Blätter manchmal gefleckt sind. Die Blüte mit einem mehrfarbigen Grundfleck ist außen zumeist rötlich und öffnet sich sehr weit. Die Pflanzen werden bis 20 cm hoch. Da sie sehr früh blühen, werden sie oft von Schnecken abgefressen. **'Ancilla'** ist außen hellrosa und rosarot, innen reinweiß mit einem deutlichen roten Ring im Zentrum. Ihr kurzer Stengel wird bis 20 cm lang. **'Guiseppe Verdi'** hat goldgelbe Blüten, deren äußere Blütenblätter vertikale rote Streifen aufweisen, und auch die Blätter der 20–25 cm hohen Tulpen sind längs rotviolett gestreift. **'Shakespeare'** hat leuchtendrote Blütenblätter mit einem äußeren rosa Rand, einen gelben Grundfleck und ist im Inneren leuchtendrot und -rosa gefärbt. Sie wird 25 cm hoch.

Tulipa, Fosteriana-Hybriden

Bei den frühblühenden Tulpen dieser Gruppe leuchten die Blüten besonders intensiv. Zu ihr gehört *Tulipa fosteriana* mit allen Sorten, Unterarten, Varietäten und Hybriden, die alle *T. fosteriana* ähneln. Sie haben sehr breite, grüne oder graugrüne Blätter, die manchmal gefleckt oder gestreift sind. An den mitunter recht langen Stengeln sitzen große Blüten mit unterschiedlich gefärbten Grundflecken. **'Golden Eagle'** ist eine leuchtende Komposition aus Gelb und Orange; die rote **'Robassa'** hat einen gelben Grundfleck und einen gelblichweißen Rand.

Tulipa, Greigii-Hybriden

Zu dieser Gruppe gehört *Tulipa greigii* mit ihren Sorten, Unterarten, Varietäten und Hybriden, die ihr alle ähneln. Die Blätter sind meist gefleckt oder gestreift, haben einen gebuchteten Rand und wachsen normalerweise dicht am Boden. Die Tulpen werden unterschiedlich hoch und auch die Blüten, die später gebildet werden als bei *T. kaufmanniana* sind zumeist recht variabel. Die Blütenbecher der bis zu 50 cm hohen **'Oriental Splendour'** sind außen dunkelrot mit grünlichgelbem Rand; das Innere ist ebenfalls grünlichgelb, den grünen Grundfleck umgibt ein roter Ring. Die großen Blätter sind rotviolett gefleckt und gestreift. **'Plaisir'** ist leuchtendrot gefärbt, hat innen einen grünlichgelben Rand sowie einen schwarzen und gelben Grundfleck und wird bis 25 cm hoch. **'Red Riding Hood'**, bis 30 cm hoch, macht ihrem Namen alle Ehre: Die dunkelroten Blütenbecher haben innen und außen einen schwarzen Grundfleck; die auffälligen Blätter sind braunviolett gefleckt. **'Sweet Lady'** gehört zu den besonders reizvoll gefärbten Tulpen dieser Gruppe. Sie ist rosa-orange, gelb überlaufen und hat einen grünlich-bronzefarbenen Grundfleck. Die gefleckten Blätter der bis zu 30 cm großen Pflanzen verstärken ihre Attraktivität. **'Toronto'** besitzt Blütenblätter in unterschiedlichen Rottönen, einen grünlich-bronzefarbenen Grundfleck und bronzefarbene Staubbeutel. Ihre auffälligen gefleckten Blätter werden etwa 40 cm lang.

Tulipa, Weitere Sorte, 'Anodrona'

Tulipa, Weitere Sorte, 'Bokassa'

Tulipa, Einf. Späte Tulpe, 'Clara Butt'

Tussilago farfara

T., Einf. Späte Tulpe, 'Golden Beryl'

T., Einf. Frühe Tulpe, 'Mellow Yellow'

Tulipa, Weitere Sorte, 'Monet White'

Tweedia caerulea

T., Weitere Sorte, 'Monet Orange'

Tulipa, Weitere Sorte, 'Princess'

T., Gef. Frühe Tulpe, 'Schoonoord'

Typha latifolia

Tulipa, Weitere Arten und Sorten

Diese Gruppe ist eine Sammlung aller Arten, Varietäten und deren Sorten, bei denen der Einfluß der Wildtypen noch deutlich ist und die zu keiner der oben genannten Gruppen gehören.

TUSSILAGO

HUFLATTICH

Diese Gattung mit etwa 15 ausdauernden Arten aus den kühleren Gebieten der nördlichen Hemisphäre ist mit dem sehr viel attraktiveren Kreuzkraut *(Ligularia)* verwandt. Kultiviert wird nur eine Art, und die auch weniger als Zierpflanze, sondern wegen ihrer Heilwirkung. Sie gilt seit Jahrhunderten als bewährtes Hustenmittel und so erklärt sich auch der Gattungsname, der sich vom lateinischen *tussis* (»Husten«) und *–ago* (etwa »Abhilfe schaffen«) herleitet. Die Pflanzen haben einen langen, kriechenden Wurzelstock und große, grundständige Blätter. Die Blütenköpfchen werden an gesonderten Stengeln gebildet und erscheinen zumeist vor den Blättern. Die Körbchenblüten bestehen aus zahlreichen schmalen Zungenblüten und röhrenartigen Scheibenblüten.

PFLEGE UND VERMEHRUNG: Da die Pflanzen heute nur noch selten als Heilkräuter genutzt werden, gelten sie im Garten eher als unerwünschtes Unkraut, das sich wegen des kriechenden Wurzelstocks nur schwer ausrotten läßt.

Tussilago farfara

GEMEINER HUFLATTICH

In Europa, dem gemäßigten Asien und Nordafrika weit verbreitet, wächst diese Pflanze vorzugsweise an feuchten Ufern oder auf Ruderalflächen. Ihre eigentümlich geformten, meist 10–20 cm großen Blätter haben eine glänzendgrüne Ober- und weißfilzige Unterseite. Bereits im zeitigen Frühjahr erscheinen die mit bleichen Schuppenblättern besetzten, etwa 15 cm langen Blütenstengel, an deren Spitze ein goldgelbes, bis zu 3,5 cm großes Blütenköpfchen sitzt. Die Blätter werden erst gebildet, wenn sich die Blüten schon geöffnet haben. Sie werden oft getrocknet und wie Tabak als Heilmittel bei Husten und Lungenbeschwerden geraucht.

TWEEDIA

Zu dieser Gattung gehört nur noch eine Art, ein niederliegender oder kletternder Halbstrauch, der in Südbrasilien und Uruguay heimisch ist. Man kultiviert ihn vor allem wegen seiner hellblauen, sternförmigen Blüten, die sehr haltbar sind und sich daher gut als Schnittblumen eignen. Manchmal werden unter den Bezeichnungen **'Alba'** und **'Rosea'** auch weiß- bzw. rosablühende Sorten angeboten. Ebenso wie andere Seidenpflanzengewächse *(Asclepiaceae)* tragen die Samen einen großen weißen Haarbüschel, der als Flugorgan dient.

PFLEGE UND VERMEHRUNG: Die anspruchslosen, aber nicht winterharten Sorten brauchen einen sonnigen Standort und nicht zu feuchten, gutdurchlässigen Boden. Vermehrung durch Samen.

Tweedia caerulea

Syn. *Oxypetalum caeruleum*

Dieser 1 m hohe Halbstrauch hat herzförmige, graugrüne, behaarte Blätter. Die im Sommer und Frühherbst erscheinen Blüten sind zunächst hellblau, werden später aber rotviolett. Aus ihnen entwickeln sich 15 cm lange, grüne Samenhülsen.

TYPHA

ROHRKOLBEN

Diese fast überall auf der Erde vorkommende Gattung umfaßt etwa zehn, einander sehr ähnliche Arten. Sie haben harte, faserige, pfeilförmige Blätter, die an Teichrändern oder an Ufern ruhiger Flüsse dichte Bestände bilden können. Charakteristisch sind die zylindrisch-kolbigen Blütenstände, die sich an bis zu 3 m hohen Stengeln entwickeln.

PFLEGE UND VERMEHRUNG: Die völlig winterharten Arten brauchen feuchten Boden und wachsen auch in seichtem Wasser. Da sie stark wuchern können, sollte man ihr Wachstum dadurch begrenzen, daß man sie in große Gefäße pflanzt. Die Vermehrung erfolgt durch Samen, Ausläufer oder Teilung im Frühjahr.

Typha angustifolia

SCHMALBLÄTTRIGER ROHRKOLBEN

Die Art, verbreitet in der nördlichen Hemisphäre, wächst wild an Teichen, Flußufern und in Sümpfen. Sie wird bis 1,5 m hoch, hat aufrechte Stengel mit bis zu 1 m langen, aber nur 0,5 cm breiten Blättern. Die im Sommer erscheinenden Blüten sitzen in endständigen Kolben, die männlichen Blüten unter den weiblichen.

Typha domingensis

Diese Art kommt fast überall in den wärmeren Regionen vor. Sie wird 2 m hoch, ihre schmalen, schilfähnlichen 1–2 cm breiten Blätter sind teilweise stengelumfassend. Die zylindrischen Kolben mit hell- oder rotbraunen Blüten sprießen im Sommer. Die Pflanzen wachsen auf sumpfigem Boden oder in seichten Gewässern; in manchen Gegenden gelten sie als Unkraut.

Typha latifolia

BREITBLÄTTRIGER ROHRKOLBEN

Mit 3 m Höhe ist diese Art die größte der Gattung und in den gemäßigten Regionen der nördlichen Hemisphäre weit verbreitet. Sie hat aufrechte Stengel mit bis zu 2 cm breiten Blättern und bildet oft dichte Bestände. Die Blüten sind in zigarrenähnlichen, bis 30 cm langen Kolben versammelt, wobei die männlichen Blüten im oberen Teil sitzen, die weiblichen im unteren. Die Art kann stark wuchern.

T

U V

UGNI

Die kleine Gattung immergrüner Sträucher von 3 m Höhe ist eng mit der Myrte (*Myrtus*) verwandt und wurde früher auch dieser Gattung zugeordnet. Heimisch ist sie in Gebieten Süd- und Mittelamerikas sowie Mexikos. Wegen der hübschen, eßbaren Früchte und der glänzenden, tiefgrünen Blätter wird *Ugni molinae* am häufigsten kultiviert.

PFLEGE UND VERMEHRUNG: Die Pflanzen brauchen durchlässigen, feuchten, kalkfreien Boden und mäßig bis viel Sonne. Sie sind sehr frostempfindlich. Im Winter stutzt man sie, um einen kompakten, buschigen Wuchs zu erhalten. Vermehrung durch Samen oder Stecklinge.

Ugni molinae

Syn. *Myrtus ugni*

UGNI, CHILENISCHE GUAVA

Diese Art aus Chile und Bolivien trägt duftende, rotviolette, beerenartige, eßbare Früchte, die wegen der Säure oft zu Marmelade verarbeitet oder eingekocht werden. Ihre unzähligen, kleinen, rosa oder weißen Glockenblüten haben herausragende Staubgefäße und werden in den Blattachseln ausgebildet. Von dichtem Wuchs und bis zu 2 m hoch, eignet sie sich auch als Heckenpflanze. In heißem Klima braucht sie Halbschatten.

Ugni montana

Syn. *Myrtus montana*

Der dicht verzweigte,2 m hohe Strauch ist in den Bergregionen Südmexikos in einer Höhe von etwa 2100 m heimisch. Kurze, weiße Haare bedecken seine Zweige; die dicken, länglichen Blätter sind 1 cm lang und haben umgebogene Ränder. Die kleinen, weißen Blüten und die dunkelroten Früchte ähneln denen von *Ugni molinae*.

ULEX

STECHGINSTER

Zusammen mit *Cytisus*, *Genista* und *Spartium* gehört diese Gattung mit etwa 20 (fast) blattlosen, dicht mit Dornen besetzten Straucharten aus Westeuropa und Nordafrika zu einer Verwandtschaftsgruppe innerhalb der Schmetterlingsblütler (Hülsenfrüchtler). Junge Pflanzen haben kleine, zusammengesetzte Blätter mit drei Einzelblättern, die, wie auch die Zweigenden, bei älteren Pflanzen zu scharfen Stacheln reduziert sind. Die unzähligen, meist goldgelben, duftenden Blüten erscheinen einzeln oder in kleinen Büscheln. Kleine, behaarte Hülsen entlassen im Sommer die Samen explosionsartig. Stechginster gedeiht, im Gegensatz zu den meisten anderen Sträuchern, in sehr rauhen, wenig fruchtbaren Gegenden, wofür man ihn sehr schätzt. *Ulex europaeus* kann jedoch leicht wuchern, vor allem außerhalb der heimischen Regionen in Europa.

PFLEGE UND VERMEHRUNG: Die winterharten (aber nicht immer vollständig frostharten) Pflanzen gedeihen unter den meisten Bedingungen, solange sie einen sonnigen Platz haben (nicht aber in den Tropen oder Subtropen). Sie vertragen sehr karge Sandböden und windiges, salziges Küstenklima. Stehen sie geschützter, muß man sie für kompakteren Wuchs stutzen. Im Herbst oder Frühjahr kann man sie durch Samen, im Sommer durch Stecklinge vermehren.

Ulex europaeus

Dieser breite, kugelige Strauch erreicht eine Höhe von etwa 2 m. Zur Blütezeit im Frühjahr wird er vollständig von Schmetterlingsblüten bedeckt, die in Gruppen zu je zwei oder drei erscheinen und einen kokosähnlichen Duft verströmen. **'Flore Pleno'** hat leicht unförmige, gefüllte Blüten, aber einen kompakteren Wuchs und wird als Kulturpflanze bevorzugt, da er keine Samen bildet und somit nicht wuchern kann.

Ulmus minor

Ulmus glabra 'Camperdownii'

Ugni molinae

Ulex europaeus

Ulmus × *hollandica*

Ulmus americana

ULMUS

ULME, RÜSTER

Heimisch in den gemäßigten Zonen der nördlichen Hemisphäre umfaßt diese Gattung etwa 30 Baumarten. In den 20er und 30er sowie 60er und 70er Jahren zerstörte die Holländische Ulmenkrankheit viele Bäume in Europa und Nordamerika. Sie wird von einem Schlauchpilz (*Ceratocystis ulmi* bzw. *Ophiostoma ulmi*) erzeugt, den Ulmensplintkäfer (*Scolytus*) übertragen. Mit Ausnahme einiger ostasiatischer Arten sind die Bäume sommergrün mit gelber Herbstfärbung. Die regelmäßig gezähnten Blätter mit erhabenen, parallelen Seitennerven sind an der Basis gewöhnlich asymmetrisch. Kleine, diskusartige Früchte mit membranfeinen Flügeln entwickeln sich in Büscheln. Die meist großen Bäume haben eine furchige, graue Rinde und eine hohe, kuppelförmige Krone.

PFLEGE UND VERMEHRUNG: Normalerweise sehr frostbeständig, brauchen sie kühle bis kalte Winter und mögen Sonne sowie tiefen, feuchten, fruchtbaren Boden. Sie können durch halbreife Stecklinge im Sommer vermehrt werden oder auch im Herbst durch Schößlinge, Pfropfen, Okulation oder auch Samen, die jedoch eher selten keimen.

Ulmus americana

WEISSULME

Heimisch ist diese größte Ulmenart Nordamerikas in Südkanada und den östlichen und zentralen Regionen der USA. Sie hat lange, gebogene Äste und kann in ihrer natürlichen Umgebung 35 m hoch werden, in Kultur etwa halb so hoch. Ältere Bäume bekommen eine breite Krone und weisen an der Basis des Stamms oft Brettwurzeln auf. Die graue Rinde ist tief rissig; die 10–15 cm langen Blätter haben eine glatte Ober-und flaumige Unterseite sowie ungegabelte Blattnerven. Die schnellwachsende **'Delaware'** hat eine breite, vasenartige Form und soll gegen die Ulmenkrankheit immun sein. Auch **'Princetown'** ist vasenförmig und kräftig. **'Washington'** ist vermutlich eine Kreuzung von *Ulmus americana* und einer unbekannten Art.

Ulmus americana

Ulmus glabra

Syn. *Ulmus montana, U. scabra*

BERGULME

Diese Ulme mit ausladender Krone gehört zu den größeren Arten in Europa und kann über 30 m hoch werden. Sie treibt keine Wurzelschößlinge. Ihre dunkelgrünen Blätter mit rauher Oberfläche sind bis zu 15 cm lang und nahe der Spitze am breitesten. **'Camperdownii'** bekommt eine kuppelartige Hängeform, wenn man sie auf einen Hochstamm pfropft. **'Lutescens'**, hat im Frühjahr und Sommer gelblichgrünes Laub mit hellgelben Spitzen.

Ulmus × *hollandica*

BASTARD-ULME

Unter dem Hybridnamen faßt man mehrere Klone zusammen, die vermutlich auf Kreuzungen zwischen *Ulmus glabra* und *U. minor* zurückgehen. Ihre glänzend-dunkelgrünen, im Herbst gelben Blätter sind meist kleiner und nicht so rauh wie bei *U. glabra* sowie breiter und langstieliger als bei *U. minor*. Die ursprüngliche Form, heute oft als **'Hollandica'** bezeichnet, hat breite, rundliche Blätter. **'Jaqueline Hillier'** ist ein kleiner, 2,5 m hoher, buschiger Strauch, **'Purpurascens'** ein kräftiger Baum mit grünlich-rotvioletten jungen Trieben. **'Vegeta'**, die Huntingdon-Ulme (ein alter Klon), hat gelblichgrüne Blätter an abgeflachten Zweigen.

Ulmus laevis

FLATTERULME

Aus Mittel- und Osteuropa sowie Regionen östlich bis zum Kaukasus stammt dieser große, 30 m hohe, kräftige Baum. Seine groben, dunkelgrünen Blätter ähneln denen der eng verwandten *Ulmus americana*, sind jedoch kürzer, etwas breiter und auf der Unterseite mit leichter grauer Behaarung. Bereits junge Bäume haben eine breite Krone, und ihre dunkelgraue Rinde ist stark rissig.

Ulmus minor

Syn. *Ulmus carpinifolia*

FELDULME

Diese sommergrüne Art ist in ganz Europa, Westasien und Nordafrika verbreitet, gewöhnlich kleiner als andere europäische Ulmen und hat eine relativ spitze Krone. In natürlicher Umgebung wird sie 30 m hoch und 20 m breit. Ihre Blätter mit glatter Oberseite und dünnem Stiel sind ebenfalls kleiner und an beiden Enden verschmälert. Ein einzelner Baum treibt viele Schößlinge und kann so einen kleinen, dichten Hain bilden. **'Variegata'** mit weiß gestreiften Blättern ist ebenso kräftig, treibt aber weniger Schößlinge. ***Ulmus minor*** **'Cornubiensis'** (Syn. *U. angustifolia* var. *cornubiensis*) ist ein schlanker, 18–20 m hoher und 6 m breiter Baum mit dichter, kegelförmiger Krone aus aufstrebenden Ästen. Ältere Exemplare haben einen lockereren Wuchs. Ihre Blätter sind auf der Oberseite glänzend und glatt, auf der Unterseite auffällig behaart. Sie gedeiht gut in Küstenregionen.

Ulmus parvifolia
CHINESISCHE ULME

Diese Ulme mit ausladender, gewundener Wuchsform ist in China und Japan beheimatet. Sie wird bis 20 m hoch, ihre Rinde ist gesprenkelt: dunkelgrau, rötlichbraun und weißlich. Ihre kleinen, ledrigen, dunkelgrünen Blätter haben eine glatte, glänzende Oberfläche und kleine, stumpfe Zähne. In milden Klimaten ist sie halbimmergrün. Erst im Herbst, viel später als bei anderen Ulmen, reifen ihre Früchte. Gegen die Ulmenkrankheit ist sie relativ immun. **'Frosty'** ist eine strauchige, langsamwachsende Sorte mit kleinen, regelmäßig angeordneten, weiß gezähnten Blättern.

Ulmus procera
ENGLISCHE ULME, HAARULME

45 m hoch wird diese Ulme mit hoch verzweigter, wogender Krone und aufrechtem oder leicht gebogenem Stamm. In Großbritannien haben nur wenige Exemplare

Ulmus minor

Ulmus parvifolia

Ulmus laevis

die Ulmenkrankheit überlebt. In der südlichen Hemisphäre kultiviert, bildet sie eine kompakte, kugelige, bis zu 25 m hohe Krone. Die Oberfläche der kleinen, rundlichen Blätter ist rauh. Da die Samen selten fruchtbar sind, erfolgt die Vermehrung meist durch Schößlinge. Die seltene **'Louis van Houtte'** hat gelbgrüne Blätter.

Ulmus pumila
SIBIRISCHE ULME

Von Ostsibirien bis nach Nordchina und Zentralasien ist diese kleine, schnellwachsende Ulmenart heimisch. Sie verträgt Trockenheit und große Kälte. Charakteristisch sind die schlankstieligen, kleinen, an der Basis fast symmetrisch geformten Blätter. Sie sind dunkelgrün und gezähnt. Die Zweige sind eher brüchig, doch da die Art gegen die Ulmenkrankheit relativ immun ist, diente sie zur Züchtung von Hybridformen, wie etwa **'Sapporo Autumn Gold'** mit dichtem Laub, das im Herbst goldgelb wird.

Ulmus rubra
ROTULME

Dieser Baum aus Süd-, Mittel- und Nordamerika entwickelt eine breite, offene Krone, hat ausladende Äste und erreicht eine Höhe von 20 m. Die ovalen Blätter, 15–20 cm lang, schimmern anfangs rot und bekommen schließlich eine dunkelgrüne, rauhe Oberfläche und eine blassere, flaumig samtartige Unterseite. An den Zweigenden bilden sich im Frühjahr büschelweise unscheinbare grünliche Blüten aus. Diese Art bevorzugt einen freien, sonnigen Platz, verträgt aber keine Trockenheit. Im Herbst werden die Blätter mattgelb.

UMBELLULARIA
BERGLORBEER

Diese Gattung besteht aus nur einer immergrünen Baumart, die in Kalifornien und Oregon heimisch ist. Der stechende Geruch der zerriebenen Blätter kann unmittelbar (doch nur kurzzeitig) Kopfschmerzen verursachen. Trotz dieser Eigenschaft wurden die Blätter traditionell als Heilmittel gegen Kopfschmerzen verwendet. Den Ureinwohnern Amerikas dienten sie außerdem als Insektenschutz.
PFLEGE UND VERMEHRUNG: Größere Bäume sind nur leicht frostempfindlich. Sonne und tiefer, feuchter, durchlässiger Boden werden bevorzugt. Zur Vermehrung wird im Herbst der Samen ausgebracht.

Ulmus parvifolia 'Frosty'

Ulmus procera

Ulmus pumila

Ulmus procera 'Louis van Houtte'

Umbellularia californica

Dieser kalifornische Berglorbeer wird 25 m hoch und bildet eine dichte, ausladende Krone. Sein Stamm hat eine schuppige Rinde, die ledrigen Blätter mit glänzender Oberseite sind oval bis lanzettlich, 10 cm lang und dunkelgrün. Im Frühjahr treibt er in Nähe der Zweigspitzen Büschel unscheinbarer, gelblichgrüner Blüten; die rotvioletten Früchte ähneln Oliven. Man verwendet das Holz gern für feine Holzschnitzereien.

UNCINIA

Dies ist eine Sauergras-Gattung mit 35 bis 45 büscheligen, immergrünen, ausdauernden Arten. Sie wachsen in feuchten oder sumpfigen, offenen oder leicht bewaldeten Regionen in Neuseeland, Australien, Südamerika und auf den südlichen Inseln der Ozeane. Die langen, schmalen, oft bräunlichroten Blätter können in der Mitte gefurcht sein. Die Blüten sind unscheinbar, doch die nußähnlichen Früchte haben eine hakenförmige Spitze, mit der sie sich in Fell oder Federn festhaken können. Die Pflanzen werden mitunter zusammen mit anderen Ziergräsern oder an stets feuchten Stellen im Garten gezogen.
PFLEGE UND VERMEHRUNG: *Uncinia* sind keine Wasserpflanzen, brauchen im Wurzelbereich aber gleichmäßige Feuchtigkeit und gedeihen am besten in nährstoffreichem, äußerst durchlässigem Torfboden oder in Töpfen auf einem Untersatz mit Wasser. Sie mögen Sonne oder leichten bis Halbschatten. Zur Vermehrung schön gefärbte Exemplare teilen – Nachkommen aus Samen können variabel sein.

Uncinia uncinata

Diese Art aus Neuseeland erreicht eine Höhe von etwa 45 cm. Sie bildet einen Horst aus schmalen, gefurchten, immergrünen Blättern von angenehmer mahagoniähnlicher Färbung. Die unscheinbaren Blüten sind braun und erscheinen gegen Ende des Sommers. Die Art ist sehr frostempfindlich.

URGINEA

Die Gattung ist mit *Scilla* verwandt und besteht aus etwa 100 Arten von Zwiebelpflanzen, die hauptsächlich in Afrika heimisch sind. Einige treten auch im Mittelmeerraum auf. Ihre 30–60 cm langen, schwertförmigen, grau- bis blaugrünen Blätter erscheinen erst im Herbst nach den Blütenähren. Arten in Kultur treiben im Spätsommer an 0,5–1,5 m langen Blütenstengeln mindestens 30 cm lange, Lupinen ähnelnde Blütenköpfe mit sechsteiligen, sternförmigen, weißen Blüten.

Urginea maritima

Ursinia cakilefolia

Ursinia sericea

PFLEGE UND VERMEHRUNG: Beim Einpflanzen muß die obere Hälfte der Zwiebeln aus dem Boden schauen. Sie sind sehr frostempfindlich und mögen lockeren, durchlässigen Sandboden und Sonne. Im Sommer darf man sie nicht vor der Blütenbildung gießen. Sie können große Ansammlungen entwickeln, die man dann teilen kann. Außerdem lassen sie sich durch reifen Samen, Bulbillen oder Zwiebelteilung vermehren.

Urginea maritima
Syn. *Scilla maritima, Drimia maritima*
MEERZWIEBEL

Die Art wächst in den Küstenregionen des Mittelmeerraums, in Sand und Kies, oft unter sehr rauhen Bedingungen. Sie ist von alters her für die Heilwirkung ihrer Zwiebeln (in Scheiben geschnitten und getrocknet) bekannt, die man auch heute noch für einige Hustenmittel verwendet. In großen Mengen ist sie allerdings sehr giftig. Die 8–12 cm breiten Zwiebeln stecken zur Hälfte in der Erde, bilden im Alter Nebenzwiebeln und treiben mehrere breite, graugrüne, bis zu 60 cm lange Blätter mit gewelltem Rand. Im Frühjahr erscheint eine kräftige, 30–90 cm hohe Ähre mit einer Vielzahl sternförmiger, weißer Blüten. Diese sind nur etwa 1 cm breit und haben dünne Stiele. An einem trockenen, sonnigen Platz in Sandboden läßt sich die Meerzwiebel leicht ziehen.

Ursinia anthemoides

Ursinia calenduliflora

URSINIA

Die Gattung ist im Süden Afrikas und in Äthiopien heimisch und umfaßt bis zu 40 einjährige Arten von Stauden, Halbsträuchern und Sträuchern. Sie haben gefiedertes, farnartiges Laub und treiben lockere Büschel gelber, weißer, orangefarbener oder manchmal roter Blüten mit rotviolettem oder gelbem Zentrum.
PFLEGE UND VERMEHRUNG: Sie sind frostempfindlich, brauchen warmes, trockenes Klima, Sonne und durchlässigen, mäßig fruchtbaren Boden; sie sollten vor Blattlausbefall geschützt werden. Die Vermehrung der Pflanzen erfolgt durch Stecklinge oder Samen im Frühjahr.

Ursinia anthemoides

Die buschige, frostempfindliche, einjährige Art hat hellgrünes, fedriges Laub und blüht von Sommer bis Frühherbst. Ihre Blütenköpfe sehen aus wie orangegelbe Gänseblümchen mit dunklem, rotviolettem oder kupferfarbenem Zentrum. Sie wird 40 cm hoch und 20 cm breit.

Ursinia cakilefolia

Heimisch ist diese einjährige Art in der Kapprovinz. Sie liebt Sonne, erreicht eine Höhe von 50 cm und bildet intensivgelbe oder orangefarbene, 5 cm breite Blütenköpfchen mit dunklerer zentraler Scheibe aus. Die Blätter sind leicht fleischig und grob geteilt; die Färbung der Stengel erinnert an Stroh.

Ursinia calenduliflora

Diese einjährige Art aus Südafrika wird 40 cm hoch und besitzt gefiederte, gut 5 cm lange Blätter, die sich aus schmalen bis rundlichen Fiederblättchen zusammensetzen. Ihre 5 cm breiten, Gänseblümchen ähnelnden Blüten sind gelb mit intensiv rotvioletter Zeichnung an der Basis.

Ursinia sericea

Der Halbstrauch erreicht eine Höhe von etwa 80 cm und treibt im Sommer große, gelbe Blüten. Die behaarten Blätter laufen spitz zu und sind knapp 10 cm lang.

URTICA
BRENNESSEL

Der Gattungsname (von lateinisch *uro* »ich brenne«) bezieht sich auf das hervorstechende Merkmal dieser etwa 100 Arten umfassenden Gattung: Die Pflanzen sind zumeist an Blättern und Stengeln stechend behaart. Die ein- oder mehrjährigen Pflanzen aus den gemäßigten Regionen der nördlichen und südlichen Hemisphäre haben gegenständige, gezähnte Blätter. Winzige, grüne und weiße, eingeschlechtliche Blüten erscheinen im Sommer in achselständigen, quastenähnlichen Büscheln. Brennesseln schätzt man als Färbemittel und Bestandteil in Kräutermedizin (vor allem ***Urtica dioica*** – Große Brennessel, ***U. pilulifera*** – Pillen-Brennessel und *U. urens*). Junge, frische, grüne Blätter sind vitamin- und mineralstoffreich und können als gegartes Gemüse oder in Suppen und Salaten verzehrt werden. Der Garprozeß zerstört die Brennhärchen. Früher – schon vor etwa 2000 Jahren –kultivierte man Brennesseln (v.a. die Große Brennessel) in Schottland und Norwegen für die Stoffherstellung.
PFLEGE UND VERMEHRUNG: Die Arten sind meist frosthart und wachsen auf fast jedem Boden in Sonne oder Schatten. Sie werden durch Samen oder Wurzelteilung im Frühjahr vermehrt.

Urtica urens
KLEINE BRENNESSEL

Heimisch ist die verzweigte, einjährige Art in Europa, wurde inzwischen aber in vielen Gegenden eingebürgert. Sie wird 60 cm hoch und hat behaarte, ovale bis herzförmige, gesägte, graugrüne Blätter. Fast ganzjährig erscheinen kurze, verzweigte Büschel mit grünlichen, eingeschlechtlichen Blüten.

UTRICULARIA
WASSERSCHLAUCH

Diese große Gattung ist weltweit verbreitet. Sie umfaßt über 200 ein- oder mehrjährige, fleischfressende Arten, u.a. Epiphyten, terrestrische und Wasserpflanzen. Eine Besonderheit aller Arten ist das Fehlen jeglicher Wurzeln; statt dessen sprießen lange, manchmal verzweigte Stengel oder Ausläufer. Meist wachsen sie im Wasser oder an feuchten Plätzen, bei manchen befinden sich Stengel und Blätter unter Wasser. Es gibt einige tropische Epiphytenarten. Am beeindruckendsten sind die originellen gestielten, blasenartigen Fallen an Stengeln oder Blättern, die winzige Wassertiere fangen. Die zweilippigen, gespornten Blüten variieren in Größe, Form und Färbung.
PFLEGE UND VERMEHRUNG: Die frostbeständigen bis frostempfindlichen Arten brauchen unterschiedliche Pflege. Die Wasserpflanzen zieht man am besten im Aquarium oder in niedrigen Wasserbehältern mit Torfmoos, terrestrische Arten in Töpfen mit Torf. Im Freien brauchen sie Sonne. Man vermehrt sie, indem man sie im Frühjahr und Sommer teilt.

Urtica urens

Utricularia gibba
Syn. *Utricularia exoleta*

Diese nicht winterharte Wasser-, manchmal auch terrestrische Pflanze gedeiht in feuchttropischem Klima. Wild wächst sie in den USA, in Israel, Südafrika, China, Australien und Neuseeland, wo sie in Seen, Teichen und Torfmoos-Senken vorkommt. Mit ihren ineinander verwickelten Blättern und Fangblasen bildet sie dichte Polster. Ihre haarähnlichen Blätter sitzen an fadendünnen Stengeln; im Hochsommer erscheinen kleine, schwefelgelbe, im Zentrum rot überlaufene Blüten.

Utricularia sandersonii

Diese kleine, mehrjährige Art wächst zwischen moosbedeckten Felsen in Südafrika von der Kapprovinz bis nach Natal. Ihre Blätter sind hellgrün bis hellgelb und fächerförmig. Die weißen Blüten mit gelbem Zentrum sind dunkelrot geädert und werden ganzjährig ausgebildet. Die terrestrische Art gehört zu den hübschesten und dankbarsten Arten und vermehrt sich problemlos. Sie ist nicht winterhart.

UVULARIA
GOLDSIEGEL, ZÄPFCHENKRAUT, TRAUERGLOCKE

Die fünf rhizombildenden, mehrjährigen Arten dieser Gattung sind im Osten Nordamerikas heimisch – krautige Pflanzen, die meist in feuchtem, durchlässigem, laubreichem Boden im Schatten sommergrüner

Uvularia perfoliata

Utricularia sandersonii

U

Vaccinium corymbosum 'Blue Ray'

Vaccinium cylindraceum

Bäume wachsen. Ihre Stengel können einfach oder verzweigt und aufrecht bis überhängend sein; manche Arten haben durchwachsene Blätter. Die herabhängenden Glockenblüten werden endständig und einzeln oder in achselständigen Büscheln im Frühjahr ausgebildet – meist in Gelbschattierungen.

PFLEGE UND VERMEHRUNG: Die Pflanzen vertragen auch starken Frost und gedeihen in Steingärten oder Gewässernähe, brauchen aber zumindest Halbschatten und sauren Boden (reich an organischem Material). Man kann sie im späten Winter oder zeitigen Frühjahr teilen oder durch reifen Samen vermehren.

Uvularia grandiflora

Diese krautige, horstbildende, mehrjährige Art läßt sich leicht ziehen. An einem gebogenen, bis etwa 80 cm langen Sproß sitzen die intensivgrünen Blätter. Zierliche, strohfarbene Blüten erscheinen im Frühjahr und sind 2,5–5 cm lang. Sie hängen von den Stengeln herab und erinnern an das verwandte Salomonssiegel *(Polygonatum)*. Junge Pflanzen müssen vor Schneckenbefall geschützt werden.

Uvularia perfoliata

Die Blätter dieser etwa 60 cm hohen Art sind deutlich stengelumfassend und haben eine unbehaarte, blassere Unterseite. Die hellgelben Blüten mit leicht gedrehten, nach oben gerichteten Zipfeln sind bis zu 5 cm lang und werden im Frühjahr exponiert oberhalb der Blätter ausgebildet. Die horstbildende Pflanze läßt sich zur Vermehrung leicht teilen.

VACCINIUM

HEIDELBEERE

Diese große, variable Gattung umfaßt etwa 450 Arten sommer- und immergrüner Sträucher, gelegentlich auch kleiner Bäume und Kletterpflanzen, die vor allem in der nördlichen Hemisphäre – in arktischen bis tropischen Regionen – heimisch

Vaccinium corymbosum 'Earliblue'

sind. Im Garten zieht man Sträucher, die wegen der schönen Herbstfärbung oder der eßbaren roten oder schwarzblauen, oft bereiften Beeren geschätzt werden. Die Beeren benennt man nach den Arten: Heidelbeere und Kranbeere. Moosbeere oder Preiselbeere werden für den Frischverzehr wie für die Herstellung von Säften und Konserven kommerziell angebaut. Ihre leuchtendgrünen, oft ledrigen Blätter mit gezähntem oder glattem Rand können jung rot bis kupferfarben sein. Im späten Frühjahr oder Frühsommer erscheinen kleine, hellrosa, weiße, rotviolette oder rote Glockenblüten.

PFLEGE UND VERMEHRUNG: Die Arten sind meist frosthart und lieben Schatten; viele entwickeln sich zu dichten Sträuchern. Sie brauchen sauren, durchlässigen, sehr humusreichen, manche sogar sumpfigen Boden und gleichmäßige Feuchtigkeit. Im Herbst werden sie durch Teilung oder Stecklinge vermehrt.

Vaccinium arboreum

Der mittelgroße bis große sommer- oder halbimmergrüne Strauch aus dem Südosten der USA kann sich in der Wildnis zu einem Baum entwickeln. Seine glänzend-dunkelgrünen Blätter, 5 cm lang, sind ledrig und haben eine flaumige Unterseite. Das Laub bekommt eine schöne Herbstfärbung, die Beeren werden allerdings nur von Vögeln gegessen. Dieser Strauch ist frostempfindlich.

Vaccinium corymbosum

AMERIKANISCHE BLAUBEERE

Diese sommergrüne Art aus Neuengland im Nordosten der USA bevorzugt sumpfigen Boden. Sie bekommt sehr schönes, leuchtendrotes Herbstlaub und wird meist wegen der eßbaren, schwarzblauen Beeren angebaut. Mit ihren aufrechten Stämmen bildet sie ein Dickicht von 2 m Höhe und Breite. Die jungen Blätter sind leuchtendgrün, die Büschel herabhängender Blüten hellrosa. **'Blue Ray'** hat herrlich süße, saftige Früchte; die große, kräftige **'Earliblue'** ist hochwüchsig und trägt sehr große Beeren. Um einen höheren Ernteertrag zu erzielen, empfiehlt sich der gemeinsame Anbau von zwei Sorten.

Vaccinium cylindraceum

Von den Azoren stammt dieser sommer- oder halbimmergrüne, mittelgroße Strauch mit glänzend-dunkelgrünen, feingezähnten Blättern. An den Trieben des vorigen Jahres treibt er von Sommer bis Herbst kurze, dichte Trauben zylindrischer, gut 1 cm langer Blüten: Die Knospen sind rot, die späteren Blüten hellgelb bis grün. Danach entwickeln sich zylindrische, schwarzblaue, bereifte Beeren. Die Pflanze ist nicht winterhart.

Vaccinium glaucoalbum

Der immergrüne Strauch aus dem Himalaja treibt viele Schößlinge und wird 0,6–1,2 m hoch. Seine großen, ovalen, ledrigen Blätter haben eine grüne Oberseite und intensiv blauweiße Unterseite. Die winzigen, zylindrischen Blüten sind weiß, auch rosa überlaufen, und erscheinen in Trauben mit den silbrigweißen Hochblättern im Frühsommer. Oft halten sich die schwarzen Beeren mit blauem Reif bis zum Winter. Diese nicht winterharte Art bevorzugt einen feuchten, beschatteten Platz.

Vaccinium macrocarpon

Syn. *Oxycoccus macrocarpon*

GROSSFRÜCHTIGE MOOSBEERE, KRONSBEERE

Die immergrüne Art aus dem Osten Nordamerikas wird kommerziell angebaut; es gibt mehrere Kulturformen. Sie ist von niederliegendem Wuchs und bildet mit ihren ineinander verwobenen Stengeln und wechselständigen Blättern bis zu 1 m breite Polster. Im Sommer erscheinen nickende, rosa Blüten und nachfolgend relativ große, säuerliche, rote Früchte.

Vaccinium myrtillus

HEIDELBEERE, BLAUBEERE, BICKBEERE

Dieser halbsommergrüne Strauch stammt aus Europa und Nordasien und wird knapp 50 cm hoch. Er hat kleine, ovale Blätter mit feingezähnten Rändern und bringt im Frühjahr 0,5–1 cm breite, rötlichgrüne Glockenblüten hervor. Danach erscheinen die schmackhaften, schwarzblauen Beeren. Dieser kräftige, kleine Strauch ist eine ideale Steingartenpflanze.

Vaccinium ovatum

In den USA von Oregon bis South California wächst dieser dichte, kompakte Strauch wild. Weil sich sein dunkelgrünes, glänzendes Laub in Wasser lange frisch hält, ist es bei Floristen hochbegehrt – weshalb die Wildpflanzen beinahe ausgestorben sind. Die Art bildet einen 1 m hohen und 1,5 m breiten Horst und kann an schattiger Stelle bis 3 m hoch werden. Im Frühsommer erscheinen weiße oder rosa Blüten. Die scharf schmeckenden Beeren sind anfänglich rot und werden später blauschwarz. Der Strauch ist frostempfindlich.

Vaccinium vitis-idaea

PREISELBEERE

Dieser kräftige, immergrüne, niederliegende Strauch aus Nordamerika, Europa und Asien entwickelt Bestände von 15–30 cm Höhe. Seine kleinen, dunkelgrünen, ledrigen Blätter werden im Winter bronzefarben; im Sommer treibt er kurze, endständige Trauben mit weißen, rosa getönten Glockenblüten. Die kugeligen, roten Beeren erscheinen im Spätherbst und werden wegen ihres sehr säuerlichen Geschmacks geschätzt. **'Koralle'** trägt besonders viele Früchte und wurde in Großbritannien von der Royal Horticultural Society ausgezeichnet.

VALERIANA

BALDRIAN

Diese Gattung besteht aus über 150 krautigen Stauden- und Halbstraucharten, die hauptsächlich in den Waldregionen Europas, zum Teil auch in Nordamerika und den Tropen Südamerikas verbreitet sind. Nur wenige sind dekorative Gartenpflanzen, doch diese eignen sich für Rabatten und Steingärten. Der Name – lateinisch

Vaccinium ovatum

Vaccinium macrocarpon

Vaccinium glaucoalbum

valere bedeutet »bleib gesund« – spielt auf die Heilwirkung einiger Arten an. Vor der Einführung moderner Beruhigungsmittel behandelte man Nervosität mit den Wurzeln von *Valeriana officinalis*.
PFLEGE UND VERMEHRUNG: Baldrian ist sehr frostbeständig und gedeiht in Sonne oder Halbschatten in fast jedem Boden. Die Vermehrung erfolgt durch Samen oder Teilung größerer Pflanzen.

Valeriana arizonica

Diese niedrigwachsende Art mit kriechenden Rhizomen ist in Arizona (USA) heimisch. Sie kann 30 cm hoch werden, hat fleischige Blätter und bringt im späten Frühjahr Büschel rundlicher Blütenköpfe mit winzigen, rosa Blüten hervor. Sie ist frostempfindlich.

Valeriana officinalis
ECHTER BALDRIAN, KATZENKRAUT, HEXENKRAUT

Diese horstbildende, fleischige Staude, die auf Katzen anziehend wirkt, wird 1,5 m hoch und breitet sich 1 m aus. Sie kommt in ganz Europa vor, ostwärts bis nach Rußland und Westasien. An aufrechten, hohlen, behaarten Stengeln erscheinen im Sommer rundliche Blütenköpfe mit weißen bis dunkelrosa Blüten. Die gegenständigen Blätter teilen sich in Fiedern auf, deren Ränder gesägt sind.

Valeriana phu

Diese Art aus dem Kaukasus läßt sich leicht ziehen. Sie wird etwa 60 cm hoch und ist wegen der attraktiven, ovalen bis länglichen, fleischigen, grünen Blätter eine häufige Gartenpflanze. Die kleinen, weißen Blüten erscheinen im Spätsommer in Büscheln mit rundlichen Blütenköpfen. **'Aurea'** hat leuchtendgelbe junge Blätter, die weißen Blüten erscheinen im Sommer.

VALERIANELLA
FELDSALAT, RAPÜNZCHEN

In Nordamerika, Europa, Nordafrika und Asien ist diese Gattung heimisch, die aus 50 bis 60 ein- oder zweijährigen Arten besteht. Die 5–10 cm langen, linealischen bis lanzettlichen Blätter sind leicht sukkulent und bilden im Frühjahr Rosetten. Die Blüten können weiß, rosa oder blau sein und erscheinen in endständigen Trugdolden. Einige Arten wachsen als Unkraut auf Kulturland, aber verbesserte, ausgewählte Sorten sind in Westeuropa häufig angebaute und geschätzte Wintersalate.
PFLEGE UND VERMEHRUNG: Die meisten Arten sind frostbeständig, tolerieren aber keine anhaltende Trockenheit. Sie gedeihen in der Sonne in durchlässigem Boden. Im Herbst und im Frühjahr erfolgt die Aussaat.

Valerianella locusta
FELDSALAT, RAPUNZEL

In kühlem bis kaltem Klima gedeiht diese widerstandsfähige Art an offenen konkurrenzarmen Stellen besonders üppig und gibt einen hervorragenden Wintersalat ab. Im Spätsommer und Herbst sät man den Samen im Reihenabstand von 25 cm an einen sonnigen Platz in den Garten. Der Boden sollte leicht geharkt sein, am besten eignet sich eine vorher bereits bewirtschaftete Stelle. Die Erde muß feucht gehalten werden, die Blätter werden nach Bedarf geerntet. Auch Schnecken schätzen sie.

VALLISNERIA

Die beiden mehrjährigen Wasserpflanzenarten dieser Gattung wurzeln im Gewässergrund und überwuchern mit sich ausbreitenden Ausläufern häufig große Flächen. In den gemäßigten Zonen und Tropen sind sie weit verbreitet. Die grasähnlichen Blätter wachsen in Büscheln, sind etwa 2,5 cm breit und bis zu 2 m lang. An der Wasseroberfläche treiben die winzigen Blüten; die männlichen sind unscheinbar, die weißen, dreiteiligen weiblichen Blüten kaum auffälliger. Ihnen folgen kleine, gebogene Samenkapseln. Man kann die Pflanzen in Teichen und Aquarien ziehen.

Valeriana arizonica

Valeriana officinalis

Vancouveria hexandra

Vancouveria planipetala

PFLEGE UND VERMEHRUNG: Die frostempfindlichen Pflanzen wachsen in stehenden oder fließenden Gewässern von 1 m Tiefe (oder mehr). Am besten gedeihen sie (bei Sonne oder morgendlichem Schatten) in gleichmäßig warmem Wasser, überleben aber auch, solange die Temperatur nicht unter 5 °C sinkt. Zur Vermehrung können sie im Frühjahr oder Sommer geteilt werden.

Vallisneria spiralis
SCHRAUBENVALLISNERIE

Die Pflanze aus Afrika, Europa und Asien paßt sich kühlen wie tropischen Gewässerbedingungen an, braucht aber Sonne. Sie wird 2 m hoch und breit. Ihr kurzer Stengel wächst unter Wasser, die durchscheinenden, grünen Blätter sind lang, linealisch und bandartig. Unscheinbar sind die kleinen männlichen Blüten; die weißen weiblichen Blüten sitzen an spiralförmigen, endständigen Ähren, die sich nach der Befruchtung drehen und zur Reifung der jungen Früchte auf den Grund sinken.

VANCOUVERIA

Zu dieser Gattung eleganter Kriechpflanzen mit schlanken Rhizomen aus den Wäldern im Westen Nordamerikas gehören drei Arten krautiger Stauden und Sträucher, die mit *Epimedium* verwandt sind. Sie haben kreisrunde, oft dreilappige Blätter und 20–40 cm lange, meist blattlose Blütenstengel. Im Frühjahr oder Sommer treiben sie kleine, herabhängende, weiße oder gelbe Blüten.
PFLEGE UND VERMEHRUNG: Sie sind frostempfindlich, gute Bodendecker in kühlen, schattigen Gegenden und bevorzugen Torfboden. Ihre Vermehrung erfolgt durch Teilung oder frische Samen im Frühjahr.

Vancouveria chrysantha

An Felshängen in Oregon und Kalifornien wächst dieser kleine, immergrüne Strauch, der sich etwa 1 m ausbreitet und 30 cm hoch wird. Seine dunkelgrünen Blätter haben eine steife Struktur, sind leicht ledrig und auf der Unterseite behaart. Die fünfteilige Krone ist goldgelb, die Blüten erscheinen im Frühjahr in herabhängenden Büscheln an drüsigen Stielen. Diese Art gedeiht an einem warmen, geschützten Platz in Sandboden und wird durch Teilung vermehrt.

Vancouveria hexandra
RÜSSELSTERNCHEN

Der sommergrüne Strauch erreicht eine Höhe von knapp 50 cm und wird bis zu 1 m breit. Er wächst in einem Gebiet von Washington bis nach Kalifornien in schattigen Wäldern. Im Hochsommer bringt er herabhängende Büschel weißer Blüten mit rosa Ton hervor. Die dünnen, aber nicht ledrigen Blätter unterteilen sich in ungefähr sechseckige Einzelblätter.

Vancouveria planipetala

Diese Pflanze wächst in den Redwood-Wäldern Nordamerikas an sonnigen oder halbschattigen, im Winter geschützten Plätzen. Sie wird knapp 50 cm hoch und doppelt so breit, hat kriechende, niederliegende, verzweigte Stengel, und ihre immergrünen Blätter mit gewelltem Rand sind dick und ledrig. Die blattlosen Blütenstengel werden bis zu 50 cm hoch. Im Frühjahr tragen sie weiße, violett getönte Blüten.

VANDA

Die beliebteste Art dieser Orchideengattung, die von Südostasien bis Nordaustralien vorkommt, ist *Vanda caerulea*, die in den Bergregionen Thailands und Myanmars früher relativ verbreitet war. Leider hat die Gier westlicher Orchideenfreunde sie inzwischen bedenklich dezimiert. Auch in Gärten sieht man sie nur selten, da leichter zu ziehende Hybriden bevorzugt werden. Einige der etwa 35 Epiphytenarten blühen im Frühjahr oder Sommer in Farben, die zwischen Weiß, Rosa oder Orange (selten Blau) variieren. Viele haben interessante Zeichnungen und Flecken in anderen Färbungen. Auch ihre Form ist unterschiedlich – zwischen zwergwüchsig und großem, robustem Wuchs.
PFLEGE UND VERMEHRUNG: Die Orchideen wachsen in warmem Klima, mögen sehr groben Kompost und helles Licht, aber keine direkte Sonne. Im Freien gedeihen sie ausschließlich in den Tropen. Ausreichend Wärme und Wasser sind das ganze Jahr über wichtig (meist keine Ruhephase), wie auch regelmäßiges Düngen. Meist brauchen sie eine Stütze, an einem Stamm halten sie sich z.B. mit Luftwurzeln fest. Wurzeltriebe können der Vermehrung dienen.

Vanda-Hybriden

In den letzten 100 Jahren hat man aus den *Vanda*-Arten zahlreiche Hybridformen gezüchtet. Viele von ihnen werden als Schnittblumen verkauft, denn ihre großen Blüten halten sich lange und sie können in tropischen Ländern leicht gezogen werden. Hauptformen sind Arten mit zylindrischen Blättern (sie gelten heute meist als separate Gattung *Papilonanthe*) und größeren Blüten, z.B. ***Vanda sanderiana*** (Syn. *Euanthe sanderiana*) und *V. caerulea*. Außerdem gibt es viele intergenerische Kreuzungen mit *Ascocentrum* und anderen kleineren Gattungen, durch die kompaktere Hybriden entstanden sind.

Vanda caerulea

Diese mehrjährige Art wird 1,5 m hoch, hat einen aufrechten Stengel und hellgrüne, riemenförmige Blätter. An endständigen Trauben sitzen bis zu 15 blaue, weiß überlaufene Blüten mit gedrehten Perigonblättern. Sie sind 10 cm im Durchmesser und werden im Frühherbst ausgebildet.

Vanda 'Josephine van Brero'

Josephine van Brero ist eine der vielen beliebten *Vanda*-Hybriden. Gewöhnlich treibt sie zweimal im Jahr große Blütenstände mit rosa Blüten.

Vanda 'Nellie Morley'

Diese Hybride wurde aus ***Vanda sanderiana*** gezüchtet und gehört inzwischen zu den beliebtesten Hybridformen. Es werden auch viele benannte Klone angeboten. Ungewöhnlicherweise bringt sie zweimal - im Frühjahr und nochmals im Herbst - meist 10 cm breite Blüten in intensiven Rot- oder Rosaschattierungen hervor. Sie mag Wärme und viel frische Luft.

Vanda 'Rothschildiana'

Diese Kreuzung zwischen *Vanda caerulea* und *Euanthe sanderiana* läßt sich leichter ziehen als ihre Eltern-Arten und ist deswegen eine häufigere Gartenpflanze als andere Hybriden. Im Winter erscheinen Blütenstände mit 15 cm langen, haltbaren Blüten, die (je nach Klon) zwischen hell und intensiv blauviolett variieren und die dunkel geädert sind. Eine große Pflanze kann mehrere Blütenstände haben. Diese Hybridform wurde zur Zucht weiterer Hybriden benutzt.

Vanda tricolor

Diese Art wächst auf Java in Indonesien als Epiphyt in geringer Höhe. Die große Pflanze hat bis zu 50 cm lange Stengel, ist häufig verzweigt und bildet ein dichtes Gewirr aus Stengeln und Wurzeln. Die Blätter sind riemenförmig, etwa 40 cm lang, 5 cm breit und gebogen. Der Blütenstand, bis zu 25 cm lang, besteht aus sechs bis neun lange haltbaren, duftenden Blüten. Diese sind unterschiedlich gefärbt und knapp 10 cm breit. Am besten gedeiht die Art an einem hellem Platz in einer groben, skelettreichen Bodenmischung. Man muß sie regelmäßig gießen; Blüten erscheinen ganzjährig.

VANILLA

VANILLE

Die kletternden Orchideenpflanzen dieser Gattung können Triebe bis zu 35 m Länge haben. Es existieren etwa 100 Arten, die in den Tropen und Subtropen weltweit verbreitet sind. Entlang der Triebe entwickeln sich gegenständig fleischige Blätter und Wurzeln, mit denen sie sich an den Wirtspflanzen (Bäumen) festhalten. Die Blütenstände sind kurz und bestehen aus mehreren duftenden, großen und auffälligen Blüten, die sich nacheinander öffnen, jedoch kurzlebig sind. Danach entwickeln sich Kapseln mit großen Samen.
PFLEGE UND VERMEHRUNG: Die Arten gedeihen als Topfpflanzen in der gleichen Mischung, die man für *Cymbidium* verwendet. Sie brauchen eine Kletterhilfe, helles, gefiltertes Licht und müssen regelmäßig gegossen und gedüngt werden. Nur große Pflanzen blühen. Zur Vermehrung dienen Sproßstecklinge.

Vanilla planifolia

ECHTE VANILLE

Diese große Kletterpflanze stammt aus der Karibik und Mittelamerika, wird aber nun wegen ihrer schotenförmigen Früchte, die das Vanillearoma liefern, weltweit kultiviert. Ihre fleischigen Blätter sind bis zu 20 cm lang und 5 cm breit, der hellgelbe Blütenstand ist etwa 5 cm lang. Er besteht aus mehreren duftenden, kurzlebigen Blüten, die sich nacheinander öffnen und jeweils etwa 5 cm lang sind. Die fleischigen Früchte, die Quellen des einmaligen Gewürzes, werden mit der Zeit schwarz und duften stark. Diese Art blüht das ganze Jahr über.

Veitchia merrillii

VEITCHIA

Diese etwa 15 eleganten Palmenarten haben federartig gefiederte Blätter und wachsen in den tropischen Wäldern auf Vanuatu, den Fidschi-Inseln und den Philippinen. Sie werden 5–30 m hoch, haben meist einen schlanken, hellgrauen, glatten oder leicht beringten Stamm. Die leuchtendgrünen, sanft gebogenen Wedel bilden eine schirmähnliche Krone. Nach den unscheinbaren Blüten erscheinen dichte Büschel leuchtendroter oder -orangefarbener Beeren.
PFLEGE UND VERMEHRUNG: Sie brauchen tropisches oder warmes subtropisches Klima, Schutz vor Wind sowie feuchten, durchlässigen Boden und gedeihen am besten bei Sonne oder Halbschatten. Ältere Bäume eignen sich für Gärten oder Parks, jüngere Pflanzen gedeihen in Kübeln, bei guter Pflege auch im Zimmer. Ihre Vermehrung durch Samen ist langwierig.

Veitchia merrillii

Heimisch ist diese attraktive kleine Palmenart auf den Philippinen. Man zieht sie vielerorts in tropischen Gärten. Sie wird 6 m hoch, hat einen schlanken Stamm mit ringförmiger Maserung und fedrige, leuchtendgrüne Blätter, die an einem kurzen Schaft sitzen und eine kompakte Krone bilden. Die leuchtendroten, 3,5 cm langen Früchte erscheinen von Herbst bis Winter in herabhängenden Büscheln unter der Krone. Oft werden diese Palmen zum Schutz ihrer Wedel in den Windschatten von Gebäuden gepflanzt.

VELLA

Der Name dieser Gattung aus dem westlichen Mittelmeerraum stammt von dem keltischen Wort *veller*, das »Kresse« bedeutet, und wie diese gehört *Vella* zur Familie der Kreuzblütler. Die vier sommer- oder immergrünen, niedrigen Straucharten sind vielfach verzweigt. Gelbe, gelegentlich violett geäderte, vierzählige Blüten erscheinen in Trauben.
PFLEGE UND VERMEHRUNG: An einem sonnigen, eher trockenen Platz sind sie gute Steingartenpflanzen, vertragen aber keine kalten Winter. Nach der Blüte sollte man nur abgestorbene Triebe stutzen. Um sie zu vermehren, pflanzt man im Frühjahr Stecklinge vom Herbst.

Vanda 'Nellie Morley'

Vanda 'Josephine van Brero'

Vella spinosa

Der rundliche, sommergrüne, sehr frostempfindliche Strauch ist in den Kalkgebirgen Spaniens heimisch. Er wird 30 cm hoch, an den Spitzen seiner oberen Zweige sitzen Stacheln. Die fleischigen Blätter sind mattgrau bis grün, die gelblichweißen, sommerlichen Blüten violett geädert.

VELTHEIMIA

Die beiden zwiebeltragenden Stauden dieser Gattung aus Südafrika bilden grundständige Blattrosetten. Im Winter oder Frühjahr sprießen dichtstehende Schäfte mit herabhängenden, röhrigen Blüten, die denen der *Kniphofia* ähneln.
PFLEGE UND VERMEHRUNG: Die Zwiebeln pflanzt man im Herbst in feuchten, durchlässigen Boden an einen hellen Platz (für kompaktes Laub und intensive Blütenfärbung); nach der Blüte gießt man sie weniger. In kalten Gegenden gehören sie, da nicht winterhart, in einen Topf. Ihre Vermehrung erfolgt im Herbst durch Samen oder Seitentriebe.

Veltheimia bracteata

Syn. *Veltheimia viridifolia*

In der östlichen Kapregion Südafrikas wächst die Art wild. Ihre gewellten, glänzendgrünen Blätter bilden Rosetten und von Frühjahr bis Frühsommer treibt sie raketenartige Blütenstände an kräftigen, aufrechten Schäften aus. Die herabhängenden, röhrigen Blüten sind rosa, rot oder hellgelb. Die Pflanze gedeiht im Halbschatten unter Bäumen oder Sträuchern, wird 50 cm hoch und 30 cm breit und ist eine gute Topfpflanze.

Veltheimia capensis

Syn. *Veltheimia glauca*

Der kräftige Schaft dieser Art wird bis zu 50 cm hoch und trägt im Frühjahr eine dichte Ähre nickender, 2,5 cm langer, röhriger Blüten, die rosa bis rot und an den Spitzen manchmal grün gefärbt sind. Die glänzend-dunkelgrünen Blätter haben gewellte Ränder.

Veltheimia bracteata

Vanda 'Rothschildiana'

Vella spinosa

VERATRUM

GERMER, NIESWURZ

Die Gattung umfaßt etwa 45 Arten von Stauden aus Europa, Sibirien und Nordamerika. Aus einem dicken, giftigen Rhizom wachsen aufrechte, blattreiche Stengel. Die großen, faltig genervten Blätter sind sehr dekorativ. Die Blüten sitzen in endständigen Rispen oft an hohen, blattlosen Stielen und haben eine breite Glockenform. Mit den pulverisierten Rhizomen von *Veratrum album* wurden früher Raupen bekämpft.
PFLEGE UND VERMEHRUNG: Diese äußerst frostbeständigen Pflanzen lassen sich in nährstoffreichem, feuchtem Boden problemlos ziehen, selten vor Schneckenbefall jedoch geschützt werden. Da sie zeitig im Frühjahr neu treiben, sollte man sie im Herbst teilen, wenn man sie vermehren will; im Herbst kann man auch eine Aussaat vornehmen. Alle Arten sind giftig.

V

Veratrum album

Verbascum bombyciferum

Verbascum chaixii 'Album'

Veratrum album
WEISSER GERMER

Die gruppenbildende, mehrjährige Art wird 2 m hoch und 60 cm breit. Die großen Blätter sind frisch grün und sehen aus, als wären sie wie Fächer gefaltet. An den blattlosen Blütenstielen erscheinen im Sommer dichte, endständige Rispen mit hellgrünen bis fast weißen, glockenartigen Blüten. An einem beschatteten, geschützten Platz gedeiht die frostharte Pflanze am besten.

Veratrum nigrum
SCHWARZER GERMER

Dies ist eine seltene, mehrjährige und frostharte Art aus Südeuropa und Asien. Ab Spätsommer treibt sie lange, schmale, endständige Ähren mit kleinen, braunvioletten Blüten mit sechs Kronblättern. Ihre großen, gefalteten, elliptischen Blätter sind spiralförmig scheidig um die kräftigen, aufrechten Stengel angeordnet. Sie wird etwa 2 m hoch und halb so breit.

VERBASCUM
KÖNIGSKERZE, WOLLBLUME, WETTERKERZE

Die Gattung besteht aus halbimmer- bis immergrünen, mehr- und zweijährigen Stauden und Sträuchern aus Europa und den gemäßigteren Zonen Asiens. Einige Arten sind sehr groß, andere sehr grob geformt, und die Blattoberfläche innerhalb der Gattung variiert stark zwischen glänzend und samtig. Die Blätter bilden große,

Veratrum nigrum

Verbascum chaixii

oft komplexe, grundständige Rosetten. Viele der etwa 250 Arten werden eher als Unkraut betrachtet. Doch einige sind schöne Gartenpflanzen mit aufrechtem Wuchs, grauem Laub und langer Blütezeit im Sommer. Die Blüten öffnen sich nicht von unten nach oben, wie beim Rittersporn oder Fingerhut, sondern immer nur ein paar über die Ähre verteilt.
PFLEGE UND VERMEHRUNG: Die sehr bis mäßig frostharten Pflanzen vertragen keine feuchten Winter, brauchen durchlässigen Boden und einen offenen, sonnigen Platz, tolerieren aber auch Schatten. Vermehrung durch Samen im Frühjahr oder Spätsommer, im Winter durch Teilung. Einige Arten säen sich selbst aus.

Verbascum bombyciferum

Diese zweijährige Art aus Kleinasien hat silbriggraue, pelzige Blätter und wird 2 m hoch. Im Sommer treibt sie, manchmal in endständigen Ähren, goldgelbe, becherförmige Blüten. Sie ist frosthart.

Verbascum chaixii

Diese Art aus Südeuropa ist langlebig genug, um Horste zu bilden. Ihre meist gelben Blüten erscheinen im Sommer an 1 m hohen Stengeln. Die weiß blühende **'Album'** ist gewöhnlich feiner geformt. Auch sie ist frosthart.

Verbascum dumulosum

Die immergrüne, sich niedrig ausbreitende, mehrjährige Art aus dem Südwesten der Türkei wird 15–30 cm hoch und 50 cm breit. Ihre graugrünen Blätter haben eine filzige Struktur. Im späten Frühjahr treibt sie in kurzen Büscheln eine Reihe leuchtendgelber Blüten mit jeweils fünfteiliger Krone. Sie verträgt keinen feuchten Boden und ist frostempfindlich.

Verbascum 'Gainsborough'

Diese frostharte Pflanze entstand vermutlich aus einer Kreuzung mit *Verbascum phoeniceum*. Die kurzlebige Staude zieht man oft als einjährige Pflanze. Sie wird 1–1,2 m hoch, hat graue Blätter und treibt Ähren schwefelgelber Blüten mit rotvioletten Zeichnungen.

Verbascum 'Letitia'

Die niedrigwachsende Hybride, eine Kreuzung zwischen *Verbascum dumulosum* und *V. spinosum*, hat schlanke, filzige, graugrüne Blätter. Ab Mitte Frühjahr treibt sie an verzweigten Stengeln viele zarte, zitronengelbe Blüten. Sie eignet sich für Steingärten oder als Topfpflanze an einem sonnigen Platz. Die Blüten sind steril, darum erfolgt die Vermehrung durch Teilung. Die Art ist frostempfindlich.

Verbascum nigrum
SCHWARZE KÖNIGSKERZE, WETTERKERZE, UNHOLDSKERZE

Europa bis Westasien ist die Heimat dieser halbimmergrünen, horstbildenden, mehrjährigen Art, die sehr frostbeständig ist und etwa 1 m hoch und breit wird. Von Sommer bis Herbst erscheinen lange Ähren gelber Blüten mit rotviolettem Zentrum. Die mittelgrünen Blätter sind am Grund herzförmig, verjüngen sich stark zur Spitze hin und sind dicht behaart. Die Schwarze Königskerze wird als Heilkraut gegen Kolik, Husten und blutigen Auswurf verwendet. Im Volksmund heißt sie Unholds- oder Wetterkerze, da sie Haus und Hof vor Blitzschlag schützen soll.

Verbascum olympicum

Diese halbimmergrüne, nicht sehr langlebige, jedoch frostharte Staude erreicht eine Höhe von 1,5 m und breitet sich 60 cm aus. Stengel und Blätter sind behaart. Ihre großen, elliptischen Blätter sind silbriggrau, und im Sommer erscheinen Ähren mit fünfzähligen, gelben Blüten.

Verbascum phoeniceum
VIOLETTE KÖNIGSKERZE

Diese frostharte Art aus Europa bildet mit ihren dunkelgrünen, breiten Blättern

Verbascum 'Letitia'

Verbena bonariensis

grundständige Rosetten, aus denen verzweigte Stengel mit violetten, rosa oder rotvioletten Blütentrauben sprießen. Bei Wärme und durchlässigem Boden sät sich die dankbare, mehrjährige Pflanze selbst aus. Sie gehört zu den Elternarten der vielen schönen Gartenhybriden, wird 0,5–1 m hoch und kann in einer Rabatte ein beeindruckender Blickfang sein.

Verbascum 'Pink Domino'

Diese Hybridform ist eine Kreuzung zwischen *Verbascum phoeniceum* und *V. olympicum*. Sie treibt im Hochsommer zartrosa Blüten mit leuchtendrotem Auge und wird 1–1,2 m hoch. Schneidet man die Blütenähren zurück, können ein weiteres Mal Ähren ausgebildet werden. Die frostharte Pflanze ist nicht wirklich ausdauernd und sollte durch Stecklinge vermehrt werden.

Verbascum thapsus
KLEINBLÜTIGE KÖNIGSKERZE

Die Art besitzt weiche, samtige, hellgrüne Blätter und treibt im Sommer gelbe, ungestielte Blüten in dichten, endständigen Ähren. Sie wächst an Berghängen in durchlässigen, oft sehr kargen Böden. Ihre getrockneten Blüten sind Bestandteil von Kräutertees und Hustenmitteln. Sie ist frosthart.

VERBENA
VERBENE

Charakteristisch für diese Gattung mit 250 oder mehr zwei- und mehrjährigen Staudenarten aus Europa, Süd- und Nordamerika sind ihre kleinen, dunklen, unregelmäßig geformten und gezähnten Blätter. Sie blühen im späten Frühjahr, im Sommer oder Herbst. Die meisten Arten verströmen einen angenehm würzigen Duft.
PFLEGE UND VERMEHRUNG: Die Pflanzen sind mäßig frostbeständig bis frostempfindlich, gedeihen am besten in Gegenden mit milden Wintern und brauchen durchlässigen Boden und Sonne (oder höchstens Halbschatten). Vermehrung

Verbascum nigrum

Verbena canadensis

Verbena × hybrida

Verbena × hybrida 'Silver Ann'

Verbena × hybrida 'Sissinghurst'

durch Samen (Herbst, Frühjahr), Sproßstecklinge (Sommer, Herbst) und Teilung junger Triebe (Spätwinter).

Verbena bonariensis

Die hohe Art aus Südamerika zieht man häufig als einjährige Pflanze in Rabatten, für die sie mit ihren sparsam belaubten, 1–1,5 m langen und aufrechten Stengeln, die von Sommer bis Herbst von intensiv rotvioletten Blüten gekrönt werden, besonders geeignet ist. Ihre tief gezähnten Blätter bilden eine dichte, kugelige Rosette. Die sehr frostempfindliche Pflanze braucht auch in trockenen Gegenden nur wenig Wasser und sät sich selbst aus.

Verbena canadensis

Aus dem Osten Nordamerikas stammt diese kriechende oder sich aubreitende, kurzlebige Staude, die sich leicht als einjährige Pflanze ziehen läßt. Sie wird knapp 50 cm hoch und breitet sich 60 cm aus. Die intensiv rosavioletten Blüten erscheinen vom Sommer bis in den Herbst hinein. Die Art ist frosthart.

Verbena hastata

Die straff aufrechte, sehr frostbeständige Pflanze aus Kanada und den USA hat spitz zulaufende Blätter und wird 1–1,5 m hoch. Ihre Stengel verzweigen sich an der Spitze und treiben aus rotvioletten Hochblättern winzige, rotviolette Blüten, die sich viele

Verbena × hybrida 'Homestead Purple'

Verbena × hybrida 'Sissinghurst'

Wochen halten. Man kann sie in nährstoffreichem Boden leicht ziehen. Vermehrung durch Teilung oder Samen.

Verbena × hybrida
GARTENVERBENEN

Diese kriechenden, mehrjährigen Stauden haben leicht behaarte Blätter und blühen von Sommer bis Herbst. Ihre duftenden Blüten werden in dichten, 2,5 cm breiten Büscheln ausgebildet, haben oft ein weißes Zentrum und sind hell- bis dunkelrot, violett, weiß und rosa gefärbt. Sie eignen sich für Blumenbeete und Pflanzkübel. Düngt man sie zu stark, entwickeln sich mehr Blätter als Blüten. **'Homestead Purple'** ist eine robuste Sorte und blüht intensiv rotviolett. **'La France'** treibt leuchtendrosa Blütenköpfchen. **'Silver Ann'** hat Köpfchen mit hellrosa, in der Mitte dunkleren Blüten. **'Sissinghurst'** hat mittelgrüne Blätter und treibt im Sommer Stengel mit strahlendrosa Blütenköpfchen; sie wird 15–20 cm hoch. Die Stauden sind nicht winterhart.

Verbena laciniata
Syn. *Verbena erinoides*

Die frostempfindliche, niederliegende Staude aus Südamerika wird nur 30–50 cm hoch, breitet sich aber stark aus. Sie hat fein unterteilte, graugrüne Blätter und treibt unzählige blaue, blaurote oder violette Blütenköpfchen. Nach der Blüte

Verbena laciniata

Verbena × hybrida 'La France'

schneidet man sie zurück. Zu häufiges Gießen verursacht Mehltau.

Verbena officinalis
EISENKRAUT

Diese ein- oder manchmal zweijährige, frostharte Art ist in vielen Regionen Europas beheimatet. Sie hat vierkantige, verzweigte Stengel, die bis 1 m hoch werden. Ihre winzigen Blüten in schlanken Ähren sind rot- oder hellviolett.

Verbena peruviana
Syn. *Verbena chamaedrifolia*

Die Stengel dieser niedrigen, kriechenden Staude aus Brasilien und Peru bewurzeln sich an den Knoten, die oval gezähnten, mittelgrünen Blätter bilden ein Polster. Von Sommer bis Herbst produziert sie Köpfchen kleiner, leuchtendroter, röhriger Blüten mit gespreizten Kronblättern. Die nicht winterharte Pflanze wird knapp 10 cm hoch und breitet sich etwa 1 m aus. Sie wird durch Stecklinge vermehrt. **'Cascade'** hat besonders leuchtende, gefärbte Blüten.

Verbena rigida
Syn. *Verbena venosa*

Aus Südamerika stammt diese mehrjährige Staudenart mit Wurzelknollen. Sie wird 40–60 cm hoch und 30 cm breit, in Küstenregionen gedeiht sie hervorragend. Die dichten Ähren mit hell bis intensiv

Verbena rigida 'Silver Jubilee'

Verbena peruviana

violetten Blüten werden ab Hochsommer ausgebildet. **'Silver Jubilee'** treibt während der gesamten Wachstumsphase unzählige, rote Blüten. Die Art ist frostempfindlich.

Verbena tenera var. *maonettii*
Syn. *Verbena alpina* hort.

Die niedrige, mehrjährige Staude aus Südamerika wird oft mit anderen Arten verwechselt. Ihre ovalen, tief eingeschnittenen und gezähnten, grünen Blätter sitzen an sich ausbreitenden Stengeln. Endständige Büschel kleiner, rosavioletter, röhriger Blüten mit weiß geränderten Kronblättern erscheinen im Sommer. Sie ist nicht winterhart und wird 15 cm hoch.

Verbena tenuisecta

Die immergrüne Staude aus Chile und Argentinien ist von dichtem, niederliegendem Wuchs und bildet mit ihrem winzigen, fein unterteilten, leuchtendgrünen Laub ein flaches, moosähnliches Polster. Von Spätfrühjahr bis Sommer treibt sie unzählige hellviolette Blüten in kleinen, rundlichen Blütenständen. Sie braucht einen heißen, relativ trockenen Platz und ist nicht winterhart.

VERNICIA

Früher zählte man die in China und Indochina heimischen, meist sommergrünen Baumarten zur Gattung *Aleurites*. Sie sind beliebte Schattenspender und werden

Verbena tenuisecta

Verbena rigida

Verbena peruviana 'Red Cascade'

kommerziell angebaut, denn ihre Samen enthalten trocknende Öle, die man vor allem für Farben und Lacke verwendet. Die großen, giftigen Samen sitzen in großen, rundlichen Früchten, die entfernt Walnüssen ähneln. Ihre Blätter sind oval bis herzförmig und manchmal gelappt, an den Zweigspitzen erscheinen Blütenbüschel. Wie auch die jungen Triebe und Blätter sind die attraktiven Blüten dicht behaart.
PFLEGE UND VERMEHRUNG: Am besten gedeihen *Vernicia*-Arten in warmem Klima an einem freien, sonnigen Standort in lockerer, durchlässiger Erde. Man vermehrt sie durch Samen, den man an Ort und Stelle aussät, oder durch Stecklinge.

Vernicia fordii
Syn. *Aleurites fordii*
TUNGÖLBAUM, HOLZÖLBAUM

Der Baum aus Südchina wird 5–10 m hoch. Seine Äste stehen horizontal vom Stamm ab und bilden eine rundliche bis abgeflachte Krone. Die dreilappigen Blätter sind oval und etwa 15 cm lang; an der Basis, wo sich der lange Stiel anschließt, sitzen jeweils zwei rote Drüsen. Ältere Blätter sitzen waagerecht an den Zweigen und sind leicht gelblichgrün. Im Frühjahr erscheinen langstielige, trompetenförmige Blüten. Sie sind 2,5 cm lang, gelblichweiß und orange oder rot gestreift. Die grünen, 5–8 cm langen Früchte werden mit der Reife braun. Der Baum ist nicht winterhart.

Veronica cinerea

Veronica chamaedrys

Vernicia fordii

VERNONIA

Benannt wurde die Gattung aus der Korbblütlerfamilie nach William Vernon, einem nordamerikanischen Botaniker des 17. Jahrhunderts. Sie umfaßt etwa 1000 Arten einjähriger Pflanzen, Stauden, Sträucher oder kleiner Bäume aus wärmeren Regionen. Die meist endständigen Blütenköpfchen sind rot, rotviolett oder blau, selten weiß. Nur wenige Arten sind von größerer Bedeutung für den Gartenbau, doch lassen sich die mehrjährigen, meist im Herbst blühenden Stauden mit verwandten Pflanzen gut kombinieren. Sie eignen sich für Naturgärten oder gedeihen in Gewässernähe.
PFLEGE UND VERMEHRUNG: Im Grunde gedeihen die Pflanzen auf jedem Boden. Je nach Pflanzentyp werden sie durch Samen (im Frühjahr), Stecklinge oder Teilung (im Frühjahr oder Herbst) vermehrt.

Vernonia lindheimeri

Diese sehr frostempfindliche, mehrjährige Art aus Texas wird etwa 80 cm hoch. Ihre langen, schmalen Blätter sind weißlich gefärbt, ungeteilt und behaart. Im Sommer erscheinen rotviolette Blüten.

Vernonia noveboracensis

Aus dem Osten der USA stammt diese mehrjährige, 1,5 m hohe Art. Sie besitzt steife, aufrechte Stengel, auf denen im Sommer flache Blütenköpfchen mit rotvioletten Blüten sitzen. Ihre langen Blätter sind unauffällig. Sie ist frosthart.

Veronica austriaca 'Royal Blue'

Veronica austriaca

Veronica gentianoides

VERONICA
EHRENPREIS

Nach frommer Legende war es die heilige Veronika, die Christi Gesicht mit ihrem Tuch trocknete, auf dem zur Belohnung ein Abdruck seines Antlitzes erschien. Die Verbindung zu den Pflanzen schufen mittelalterliche Gelehrte, die in den Blüten Gesichter zu sehen glaubten. Allerdings sind diese Blüten nicht gerade groß: eine Breite von gut 1 cm ist eher selten. Die strauchigen Arten faßt man heute in einer eigenen Gattung, *Hebe*, zusammen, die restlichen, etwa 200 Arten sind mehrjährige Krautpflanzen. Ihre Form variiert zwischen niederliegenden, kriechenden Exemplaren für den Steingarten und knapp 2 m hohen Riesen. Die Blüten sind zwar klein, doch erscheinen sie im Sommer sehr eindrucksvoll in reicher Zahl und unterschiedlich großen, dichten Büscheln. Meist sind sie blau, häufig auch weiß oder rosa.
PFLEGE UND VERMEHRUNG: Sie sind sehr bis mäßig frostbeständig, gedeihen in gemäßigtem Klima und tolerieren unterschiedliche Böden und Orte. Vermehrung durch Samen im Herbst oder Frühjahr, Stecklinge im Sommer oder Teilung im zeitigen Frühjahr oder Frühherbst.

Veronica austriaca
ÖSTERREICHISCHER EHRENPREIS

Diese Art kommt von Mitteleuropa bis Nordasien auf Wiesen und in lichten Wäldern vor. Die gruppenbildende Staude wird 20–50 cm hoch, hat lange, schlanke Stengel und treibt im späten Frühjahr leuchtendblaue, tellerförmige Blüten. Ihre Blätter können breit-oval oder schmal sein sowie tief eingeschnitten oder ganzrandig.

Veronica austriaca 'Crater Lake Blue'

Veronica longifolia 'Rosea'

Man vermehrt sie durch Teilung im Herbst oder Stecklinge im Sommer. **'Crater Lake Blue'** wird 30 cm hoch und blüht tiefblau; **'Royal Blue'** ist größer und hat königsblaue Blüten. Im Spätsommer treibt ***Veronica austriaca* subsp. *teucrium*** 30 cm hohe Blütenstengel mit vielen winzigen und tiefblauen Blüten; sie bevorzugt Sonne und durchlässigen Boden. Die Art ist winterhart.

Veronica beccabunga
BACHBUNGE

Wild wächst diese mehrjährige, meist immergrüne, in Eurasien heimische Art oft als randständige Wasserpflanze, wo sie sich mit Ausläufern ausbreitet. Ihre kleinen, fleischigen Blätter sind kreisrund und gezähnt. Im Spätsommer treibt sie 10–15 cm lange Ähren mit hellblauvioletten Blüten.

Veronica chamaedrys
GAMANDER-EHRENPREIS

Die in Europa und Asien heimische und als Wildpflanze verbreitet vorkommende Art hat sich auch im Osten Nordamerikas eingebürgert. Sie wird bis 50 cm hoch, hat einen kriechenden Wurzelstock und rundliche, gezähnte Blätter. An den zwei gegenüberliegenden Haarleisten des Stengels ist sie leicht zu erkennen. Im späten Frühjahr erscheinen leuchtendblaue Blüten in kompakten, endständigen, bis zu 15 cm langen Ähren. Die frostharte Art bevorzugt Sonne oder Halbschatten.

Veronica cinerea

Die polsterbildende, vielfach verzweigte, mehrjährige Art aus der Türkei hat kleine, schmale, manchmal ovale, silbergraue Blätter mit eingerollten Blatträndern. Ihre blauvioletten Blüten mit weißen Augen erscheinen im Sommer an kriechenden Stengeln. Die Pflanze eignet sich gut für einen sonnigen Steingarten und wird 15 cm hoch. Sie ist frosthart.

Veronica gentianoides
ENZIANBLÄTTRIGE VERONIKA

Die polsterbildende, mehrjährige Art hat breite, dunkelgrüne Blätter, über denen sich im späten Frühjahr hellblaue oder weiße Blütenähren entwickeln. Sie wird 50 cm hoch, ebenso breit und ist frosthart.

Veronica longifolia
HOHER ODER LANGBLÄTTRIGER EHRENPREIS

Diese mehrjährige Pflanze aus Nord- und Mitteleuropa sowie Asien wird bis zu 1 m hoch und trägt quirlständige, schmale, zugespitzte Blätter mit deutlich gezähnten Rändern. Die Blüten sind hell blauviolett und bilden dichte, lange, aufrechte Blütenstände. **'Rosea'** entwickelt rosa Blüten an verzweigten Stengeln. Die Pflanze ist frosthart.

Veronica officinalis
ECHTER EHRENPREIS

Die polsterbildende, mehrjährige Art, beheimatet in Europa, Asien und Nordamerika, hat niederliegende oder aufsteigende, bis knapp 50 cm hohe Stengel. Die Blätter sind oval bis länglich geformt, 5 cm lang und gesägt. Vom späten Frühjahr bis Sommer erscheinen dichte Trauben mit hellblauen Blüten.

Veronica peduncularis

Von der Ukraine und dem Kaukasus bis nach Westasien ist diese kriechende, kugelige Staude mit ihren winzigen, ovalen Blättern verbreitet. An 5–10 cm langen Zweigen bringt sie vom späten Frühjahr bis in den Frühsommer hinein rosa geäderte, blaue, weiße oder rosa Blüten hervor. Die kräftige **'Georgian Blue'** (Syn. 'Oxford Blue') blüht leuchtendblau. Die Art ist frosthart.

Veronica prostrata
Syn. *Veronica rupestris* hort.
LIEGENDER EHRENPREIS

Diese mehrjährige Art aus Europa und Teilen Asiens hat verholzte, verzweigte Stengel und variables, am Rand jedoch immer gezähntes Laub. Ihre Blüten sind klein und leuchtendblau und werden in aufrechten Ähren im Frühjahr und Frühsommer ausgebildet. Die Pflanze bildet lockere Polster, wird aber nur 30 cm hoch. Sie ist frosthart.

Veronica repens

Diese attraktive, niederliegende Art mit kleinen, leuchtendgrünen Blättern, heimisch auf Korsika und in Spanien, macht sich als schöner Bodendecker zwischen Zwiebelstauden, auf Steinwegen oder im Steingarten besonders gut. In der Sonne oder im Halbschatten wächst sie schnell und treibt vom späten Frühjahr bis Frühsommer intensivblaue, winzige Blüten. Sie ist frosthart.

Veronica spicata 'Blaufuchs'

Veronicastrum virginicum

Veronica spicata
KERZENVERONIKA, ÄHRIGER EHRENPREIS

Diese europäische Staude ist sehr frostbeständig, wird etwa 60 cm hoch und bis zu 1 m breit. Ihre aufrechten Stengel sind behaart und verzweigt. Im Sommer erscheinen Ähren kleiner, sternförmiger, blauer Blüten mit rotvioletten Staubgefäßen. Die Blätter sind mittelgrün und linealisch bis lanzettlich geformt. ***Veronica spicata* subsp. *incana*** bildet bemerkenswerte, sich ausbreitende Horste silbrigfilziger Blätter und intensiv blauvioletter Blüten. **'Blaufuchs'** blüht leuchtend-blauviolett; **'Blue Peter'** hat sehr kompakte Ähren mit dunkelblauen Blüten; die kompakte **'Heidekind'** wird 30–40 cm hoch, hat strahlendrosa Blüten und silbriggraues Laub; **'Red Fox'** blüht leuchtendrot, **'Rosea'** rosa.

Veronica spuria
UNECHTER EHRENPREIS

Diese Art aus Südosteuropa wächst aufrecht 30–90 cm hoch und trägt dichtes, flaumiges Laub, dessen quirlständige Blätter leicht gezähnt sind. Im Sommer erscheinen die blauen Blüten in großen, endständigen Rispen.

VERONICASTRUM

Eng mit *Veronica* verwandt besteht diese Gattung aus zwei hohen, schlanken, mehrjährigen, krautigen Arten aus dem östlichen Nordamerika und Ostasien. Früher zog man sie als Heilkräuter, heute nur noch als Zierpflanzen. Im Sommer erscheinen hellblaue oder weiße Blütenähren.

PFLEGE UND VERMEHRUNG: Sie brauchen in sonniger bis halbschattiger Lage feuchten Humusboden, der im Sommer nicht austrocknen darf. Die Vermehrung erfolgt durch Samen oder Teilung.

Veronica spicata 'Blue Peter'

Veronicastrum virginicum

Veronica spuria

Veronicastrum virginicum

Diese mehrjährige Art aus den USA bevorzugt feucht-sumpfigen Boden an einem geschützten, schattigen Platz. Sie wird etwa 1,5 m hoch, hat schlanke, aufrechte Stengel und lanzettliche, fein gesägte Blätter. Im Sommer treibt sie purpurnblaue oder weiße, röhrige Blüten. Sie ist frostbeständig, verträgt jedoch keine Trockenheit.

VESTIA

Ein immergrüner Strauch ist die einzige Art der Gattung, die (wie die verwandte Kartoffel) aus den gemäßigten Regionen Südamerikas stammt. Ihre zerriebenen Blätter riechen unangenehm. Die nickenden Blüten erscheinen einzeln oder in Büscheln.

PFLEGE UND VERMEHRUNG: Der Strauch mag Sonne oder leichten Schatten und benötigt Schutz vor starkem Wind. Er gedeiht in nahrhaftem, durchlässigem Boden und braucht in den wärmeren Monaten viel Wasser. In warm-gemäßigtem oder subtropischem Klima kann man ihn im Winter zurückschneiden, da er von unten wieder neu treibt. Vermehrt wird er durch Samen (im Herbst oder Frühjahr) oder Stecklinge (im Sommer).

Vestia foetida

Dieser schnellwachsende Strauch aus Chile hat viele aufrechte Äste und wird bis zu 2 m hoch. Die glänzendgrünen, dünnen und schmalen Blätter sitzen recht dicht gedrängt an den Zweigen. Vom Frühjahr bis zum Sommer erscheinen zierliche, gelbe, röhrige Blüten mit vorstehenden Staubgefäßen, danach entwickeln sich kleine, ungenießbare, blaue Beeren. Der Saft der Blätter riecht unangenehm – daher auch der Artname (*foetida* bedeutet »übelriechend«). Die Pflanze ist nicht winterhart.

Vestia foetida

Veronica spicata

VIBURNUM
SCHNEEBALL

Diese bedeutende Gattung besteht aus etwa 150 Arten immer-, halbimmer- und sommergrüner Sträucher und kleiner Bäume, die hauptsächlich aus den kühlen Klimazonen Asiens, zum Teil aus Nordamerika, Europa und Nordafrika stammen. Viele der kultivierten Arten und Sorten schätzt man wegen der duftenden, auffälligen Blüten. Im Herbst können sie auch farbenprächtige Beeren und leuchtendes Laub tragen. Bei manchen Arten erinnert die Blütenbildung an Hortensien mit zweigeteiltem Blütenflor, die kleine fruchtbare und große unfruchtbare Blüten gleichzeitig ausbilden. Aus diesen Arten entstanden Kulturformen mit sterilen Blütenköpfen. Immergrüne Arten werden häufig als Hecken gepflanzt.

PFLEGE UND VERMEHRUNG: Sie sind sehr bis mäßig frostbeständig, meist erstaunlich anspruchslos und wachsen in jedem durchlässigen Boden in Sonne oder Halbschatten. Nach der Blüte kann man sie stark zurückschneiden, doch tragen sie dann keine Früchte. Man vermehrt sie meist durch Stecklinge im Sommer oder durch Samen im Herbst.

Viburnum acerifolium

Dieser sommergrüne Strauch gehört zu den weniger bekannten Arten, eignet sich aber gut für baumreiche Gärten. Er hat schlanke Zweige von gut einem bis knapp zwei Meter Höhe und treibt unterirdische Ausläufer. Das ahornblattförmige Laub ist zartgrün und verfärbt sich im Herbst rosa bis rotviolett. Im Frühsommer erscheinen kleine Büschel mit gelblichen Blüten, im Herbst entwickeln sich schwarze Früchte. In den heimischen Wäldern im Osten Amerikas bildet diese frostharte Art, die viel Schatten verträgt, Dickichte.

V

Viburnum davidii

Viburnum × burkwoodii

Viburnum × burkwoodii 'Park Farm'

Viburnum davidii 'Femina'

Viburnum carlesii 'Aurora'

Viburnum carlesii

Viburnum × bodnantense

Dies ist eine Kreuzung zwischen *Viburnum farreri* und ***V. grandiflorum.*** Der sommergrüne, etwas frostempfindliche Strauch wird etwa 3 m hoch und hat leicht glänzende, tiefgrüne, ovale Blätter mit hellgrüner Unterseite. Vor dem Laubfall im Herbst bekommen sie intensive Orange-, Rot- oder Rotviolettfärbungen. Die stark duftenden Blüten werden je nach Klima vom Herbst bis zum zeitigen Frühjahr ausgebildet. Die Knospen sind leuchtendrosa, die geöffneten Blüten hellrosa und später weiß. **'Dawn'** hat, vor allem im Frühjahr, etwas dunklere Blüten; die mitunter röhrenförmigen Blüten von **'Deben'** sind hellrosa bis weiß.

Viburnum × burkwoodii

Diese Kreuzung zwischen *Viburnum carlesii* und ***V. utile*** ist ein 2,5–3 m hoher, halbimmergrüner und frostharter Strauch mit glänzenden, tiefgrünen, zugespitzten, ovalen Blättern von etwa 8 cm Länge. Sie haben eine hellgrüne Unterseite und färben sich bei Laubfall im Herbst leuchtendgelb und -rot. Vom zeitigen Frühjahr bis in den Frühsommer treibt er kugelige Büschel kleiner, sternförmiger, duftender, weißer Blüten; die Knospen sind rosa. **'Anne Russell'**, eine Rückkreuzung mit *V. carlesii*, entwickelt duftende Blütenbüschel. **'Park Farm'** mit größeren Blüten hat einen ausladenderen Wuchs. **'Mohawk'** trägt dunkle, glänzende, im Herbst orangefarbene Blätter; rote Knospen öffnen sich zu duftenden, weißen Blüten mit roten Flecken.

Viburnum × carlcephalum

Diese sommergrüne Hybride treibt im Frühjahr große, kugelige Köpfe mit duftenden, gelblichweißen Blüten, deren Knospen rosa sind. Das dunkelgrüne Laub verfärbt sich im Herbst oft rot. Der frostharte Strauch ist von rundlichem, buschigem Wuchs und erreicht eine Höhe und Breite von 2,5 m.

Viburnum carlesii

KOREA-SCHNEEBALL

Heimisch ist dieser dicht belaubte, sommergrüne Strauch in Korea und auf Tsushima. Er wird etwa 1,5 m hoch, ebenso breit und entwickelt spitz zulaufende, ovale, 5–8 cm lange Blätter mit fein gesägten Rändern. Von Mitte bis Ende Frühjahr treiben Blütenbüschel bis zu 8 cm Breite aus; die sternförmigen, süßlich duftenden Blüten sind hellrosa gefärbt, später dann weiß und gut 1 cm breit. Die reifen Früchte zeigen sich schwarz. Im Handel sind mehrere Sorten, u.a. **'Aurora'** mit tiefrosa Knospen; **'Cayuga'** mit kräftig duftenden, weißen Blüten und einer reichen Fülle schwarzer Beeren; die weißblühende **'Charis'** sowie **'Diana'** mit tiefrosa Knospen.

Viburnum 'Chesapeake'

Syn. *Viburnum carlesii* 'Chesapeake'

Diese Art, ein dichter, kugelige Strauch von etwa 2 m Höhe und 3 m Breite, treibt von Mitte bis Ende Frühjahr rosaweiße, duftende Blüten, deren Knospen rosa gefärbt sind. Die ledrigen Blätter glänzen dunkelgrün.

Viburnum cinnamomifolium

China ist die Heimat dieses großen, attraktiven, immergrünen Strauchs, der bis zu 6 m hoch und fast ebenso breit werden kann. Er hat dunkelgrüne, ledrige Blätter mit hellerer Unterseite. Die 10–15 cm breiten Blütenbüschel im Sommer sind mattweiß, die nachfolgenden Früchte im Herbst klein, oval und glänzend-schwarzblau. Er bevorzugt einen geschützten, sonnigen oder auch halbschattigen Standort.

Viburnum dilatatum 'Iroquois'

Viburnum × carlcephalum

Viburnum davidii

Die immergrüne Art aus der chinesischen Provinz Szetschuan wird 1–1,5 m hoch und wächst langsam zu einem dicht belaubten, knapp 2 m breiten Strauch aus. In größerer Anzahl gesetzt, ergibt er einen hervorragenden, großflächigen Bodendecker. Die spitz zulaufenden, ovalen, glänzenden Blätter sind bis zu 15 cm lang und leuchtendgrün, Blattstiele und neue Triebe rötlichbraun. Im Frühjahr erscheinen bescheidene weiße Blütenbüschel und danach türkisblaue Beeren. **'Femina'** ist eine dankbare Sorte mit vielen Früchten.

Viburnum dentatum

Die indianischen Ureinwohner Nordamerikas verwendeten die Zweige dieses Strauchs aus dem Osten der USA zur Herstellung von Pfeilschäften. Heute ist der sommergrüne, frostharte Strauch nur noch eine dekorative Zierpflanze von 2,5–4,5 m Höhe und einer Breite von etwa 2 m. Die breit-eirundlichen, gezähnten

Viburnum dentatum

Viburnum × bodnantense

Viburnum 'Chesapeake'

Viburnum odoratissimum

Viburnum × *globosum* 'Jermyn's Globe'

Blätter mit erhabenen Adern sind auf der Unterseite gelegentlich behaart. Anfänglich glänzendgrün, verfärben sie sich im Herbst rot. Im Frühsommer erscheinen in Büscheln die weißen Blüten an langen Stielen. Die eiförmigen Früchte sind bläulichschwarz.

Viburnum dilatatum

Aus Japan und China stammt dieser 3 m hohe, sommergrüne Strauch mit grobgezähnten, behaarten, ovalen Blättern. Er treibt unzählige, weiße Blüten in 10–15 cm breiten Köpfen; danach erscheinen leuchtendrote Früchte. **'Iroquois'** ist etwas kleiner und buschiger, die Blüten sind intensiver gelblichweiß gefärbt. Der Strauch ist frosthart.

Viburnum farreri
Syn. *Viburnum fragrans*

Dieser sommergrüne, frostharte Strauch wurde zu Beginn des 20. Jahrhunderts von Reginald Farrer in den Bergregionen Westchinas entdeckt. Er wird etwa 2,5–3 m hoch. An seinen leicht ausladenden Zweigen sitzen ovale, tief gezähnte Blätter mit erhabenen Adern. Anfänglich bronzefarben werden sie später intensiv grün und vor dem Laubfall schließlich rot. Im zeitigen Frühjahr, noch vor den Blättern, öffnen sich die in Büscheln an den Zweigspitzen versammelten rosa Knospen zu weißen, zart duftenden Blüten. Nur in seltenen Fällen werden die glänzenden, roten Früchte ausgebildet. **'Candidissimum'** entwickelt strahlendweiße Blüten und leuchtendgrüne Blätter.

Viburnum × *globosum* 'Jermyn's Globe'

Diese Hybride, ein kleiner, immergrüner Strauch von dichter, kugeliger Wuchsform, entstand 1964 in England aus einer Kreuzung zwischen *Viburnum davidii* und ***V. calvum.*** Deutlich gezähnte, dunkelgrüne, schmale und ledrige Blätter sitzen an

Viburnum japonicum

schlanken, rötlichen Stielen. Nach den weißen Blüten erscheinen schwarzblaue Früchte.

Viburnum japonicum

Der hübsche, immergrüne Strauch aus Japan wird 2–4,5 m hoch und besitzt große, ovale, ledrige Blätter mit dunkelgrüner Oberseite und hellerer Unterseite. Duftende, weiße Blüten werden in großen, flachen Trugdolden ausgebildet. Im Herbst entwickeln sich rote Beeren. In vielen Fällen blüht diese Art erst nach mehreren Jahren.

Viburnum × *juddii*

Aus der Kreuzung zweier duftender Arten, ***Viburnum bitchiuense*** und *V. carlesii*, entstand diese frostharte Hybride, gezüchtet 1920 von William Judd. Dieser sommergrüne, mittelgroße Strauch wird bis zu 2,5 m hoch und ist von buschigbreitem Wuchs. Im Frühjahr erscheinen in endständigen Büscheln süßlich duftende, rosa getönte Blüten, die schöne Schnittblumen sind.

Viburnum lantana
SCHLINGE, WOLLIGER SCHNEEBALL

Häufig dient diese sommergrüne, verzweigte Strauchart aus Europa und Nordwestasien als Heckenpflanze. Sie wird 4,5 m hoch, toleriert kaltes Klima und hat

Viburnum lantana

Viburnum lantana 'Rugosum'

charakteristische, für die Gattung ungewöhnlich stark behaarte junge Triebe. Die ovalen Blätter, unterseits ebenfalls behaart, werden im Herbst tiefrot. Im Frühsommer erscheinen unzählige, kleine, gelblichweiße Blüten in flachen Büscheln; die länglichen, roten Früchte werden mit der Reife schwarz. **'Rugosum'** hat größere, runzeligere Blätter und größere Blütenbüschel.

Viburnum macrocephalum

Die Besonderheit dieser aufrechten Strauchart aus China ist ihr zweigeteilter Blütenflor: Kleine fruchtbare und große unfruchtbare Blüten werden zur gleichen Zeit ausgebildet; die Kulturform **'Sterile'** hat sogar nur sterile Blüten. Ihre großen, runden, weißen Blütenstände von bis zu 15 cm Breite sind im Frühsommer ein äußerst attraktiver Blickfang. Die grünen, ledrigen, ovalen Blätter sind 4 cm lang und verfärben sich im Herbst rot und gelb. Meist ist die Art sommergrün, in milderem Klima auch halbimmergrün. Sie wird knapp 2–3 m hoch und ist frosthart.

Viburnum odoratissimum

Diese immergrüne Art entwickelt sich erstaunlich schnell zu einem kugeligen Strauch oder kleinen Baum von 4,5–6 m Höhe und hat im Alter einen erstaunlich dicken, tief beasteten Stamm. Stark duftende, weiße, sternförmige Blüten erscheinen in dichten, 10 cm breiten Büscheln. Ihre roten Beeren werden mit der Reife schwarz, die glänzenden, dicken, ledrigen Blätter sind elliptisch und 15 cm lang. Sie stammt aus einem Gebiet vom Himalaja bis zu den Philippinen und Japan und gehört zu den wenigen Arten, die in warmem bis heißem Klima gedeihen. Sie ist nicht winterhart.

Viburnum × *juddii*

Viburnum macrocephalum

Viburnum odoratissimum

V

Viburnum opulus

GEMEINER SCHNEEBALL

Dieser hübsche, sommergrüne und frostharte Strauch aus Europa und Nordafrika gedeiht auch in feuchten oder sumpfigen Gegenden und treibt im Sommer wunderschöne Büschel strahlendweißer, zarter Blüten. Auch seine Früchte und das Herbstlaub sind attraktiv. Der bis zu 3,5 m hohe Strauch hat eine graue Rinde und eine beeindruckende, ausladende Wuchsform mit seinen langen, hellgrünen Reisern. Im Herbst färben sich die Blätter tiefrot; die üppigen Büschel glänzender, durchscheinend orangeroter Früchte verbleiben bis in den Winter an den Zweigen. **'Aureum'** entwickelt bronzefarbene Triebe, die erst gelb, später dann grün werden, und gelbliche Blätter, die in der Sonne verdörren können; **'Compactum'** ist ein dichter, kompakter Strauch mit zahlreichen Blüten und Früchten; **'Nanum'** hat kleine Blätter, aber nur in seltenen Fällen Blüten und Früchte; **'Roseum'** (Syn. *Viburnum opulus* 'Sterile') hat schneeballähnliche Köpfe hellgrüner bis weißer, steriler Blüten, unter deren Gewicht sich die Zweige biegen; **'Pink Sensation'** ähnelt 'Roseum' und entwickelt zartrosa Blüten; die gelben Früchte von **'Xanthocarpum'** werden mit zunehmender Reife durchscheinend.

Viburnum plicatum 'Pink Beauty'

Viburnum plicatum 'Mariesii'

Viburnum plicatum

Viburnum plicatum

Syn. *Viburnum tomentosum*

Dieser sommergrüne Strauch aus Japan und China von etwa 4,5 m Höhe und gleicher Breite trägt ein Laubwerk, dessen 8 cm lange Blätter – mittelgrün, oval, zugespitzt und gesägt – an die der Haselnuß erinnern. Der leicht etagenförmige Wuchs zeigt sich vor allem bei der Kulturform **'Mariesii'**. Im Frühjahr erscheinen große, gelblichweiße Blütenbüschel mit unzähligen, winzigen, fruchtbaren Blüten im Zentrum, umgeben von großen, sterilen Blüten. Danach erscheinen kleine, rote Beeren, die mit der Reife schwarz werden. **'Lanarth'** ist eine schöne Kulturform, deren Zweige weniger ausladend sind; die Blüten von **'Pink Beauty'** schimmern hellrosa; **'Sterile'** (Syn. *Viburnum plicatum* var. *plicatum*) ist eine unfruchtbare Sorte. **'Rosace'** entwickelt horizontal übereinandersitzende Zweige und schönes Herbstlaub; die sterilen Blütenköpfchen sind weiß und rosa, die Blätter im Frühjahr bronzefarben. Alle Arten sind frosthart.

Viburnum plicatum 'Lanarth'

Viburnum prunifolium

Das sommergrüne Laub dieser frostharten Strauchart aus dem Osten der USA verfärbt sich im Herbst orange und rot. An rötlichen Stielen sitzen die breit ovalen bis rundlichen, filigran gezähnten, bis zu 8 cm langen Blätter. *Viburnum prunifolium* erreicht eine Höhe von etwa 4,5 m. Im Frühjahr erscheinen in flachen, 10 cm breiten Büscheln weiße Blüten, denen schwarzblaue Beeren folgen. Die Wurzel der Pflanze verwendet man auch zu Heilzwecken.

Viburnum opulus

Viburnum opulus 'Aureum'

Viburnum opulus 'Pink Sensation'

Viburnum opulus 'Xanthocarpum'

Viburnum opulus 'Compactum'

Viburnum opulus 'Nanum'

Viburnum opulus 'Roseum'

V

Viburnum plicatum 'Rosace'

Viburnum rhytidophyllum

Viburnum rafinesquianum

Der sommergrüne, frostharte Strauch, heimisch im Osten Nordamerikas, wird 2,5 m hoch und hat grobgezähnte Blätter mit filziger Unterseite. Nach den weißen Blüten entwickeln sich schwarzblaue Beeren. ***Viburnum rafinesquianum* var. *affine*** entwickelt große, leicht klebrige Blätter.

Viburnum rhytidophyllum

Der schnellwachsende, immergrüne und frostharte Strauch aus China trägt charakteristisches, hübsches Laub: seine langen Blätter sind dunkelgrün, runzelig, stark geädert und haben eine grau-filzige Unterseite. Er wird 3–4,5 m hoch, fast ebenso breit und verträgt basischen Boden. Kleine, gelblichweiße Blüten erscheinen im Frühjahr in flachen Büscheln an den Zweigenden. Die ovalen, anfänglich roten Beeren werden später schwarz. Zur sicheren Befruchtung pflanzt man mehrere Sträucher an.

Viburnum sargentii

Aus Nordostasien stammt dieser 3–4,5 m hohe, sommergrüne und frostharte Strauch mit 10 cm breiten, dreilappigen, anfänglich gelbgrünen, später dunkelbraunen Blättern. Die großen Blüten erscheinen in wenigblütigen bis zu 10 cm breiten Köpfchen. Die Beeren sind rot. **'Onondaga'** hat rotbraune junge Triebe, die im Herbst rotviolett werden.

Viburnum setigerum

Diese sommergrüne, in China heimische Art wird etwa 3,5 m hoch. Sie kann für einen kompakten Wuchs gestutzt werden. Das intensiv orangegelbe Herbstlaub ist ebenso schön wie die ovalen, gelben Früchte, die mit der Reife strahlendrot werden. Die unscheinbaren, weißen Blüten werden im Frühsommer in Büscheln ausgebildet. Aus den Blättern sollen chinesische Mönche Tee bereitet haben. Die Art ist frosthart.

Viburnum rafinesquianum var. *affine*

Viburnum sargentii 'Onondaga'

Viburnum prunifolium

Viburnum setigerum

Viburnum tinus

Viburnum trilobum

Viburnum tinus

»LAURUSTINUS« HORT., LORBEERSCHNEEBALL, STEINLORBEER

Der dicht belaubte, immergrüne Strauch aus dem Mittelmeerraum kann 4,5 m hoch und 6 m breit werden, doch bleibt er durch Stutzen meist kleiner. Die dunkelgrünen, zugespitzten, elliptischen Blätter sind bis zu 10 cm lang und verfärben sich bei kalter Witterung rotviolett. Es gibt auch Sorten mit cremegelb panaschiertem Laub. Ab Spätwinter öffnen sich rosa Knospen zu weißen Blüten, danach erscheinen schwarzblaue Beeren. **'Compactum'** (Syn. 'Spring Bouquet') ist kleiner und von dichterem, kompakterem Wuchs; **'Eve Price'** hat kleinere Blätter, intensiv rote Knospen und rosa getönte Blüten; **'Gwenllian'** hat rosa Knospen, die sich zu rosaweißen Blüten öffnen, denen Büschel schwarzer Beeren folgen; **'Pink Prelud'** hat anfänglich weiße, später tiefrosa Blüten. Die Sträucher sind sehr frostempfindlich.

Viburnum trilobum

Syn. *Viburnum americanum*, *V. opulus* var. *americanum*

Dieser Strauch – der nordamerikanische, gleichfalls frostharte Verwandte von *Viburnum opulus* – wird 2,5–3,5 m hoch und breit und eignet sich als Heckenpflanze. Blüten, Früchte und Herbstlaub sind gleichermaßen auffällig. Im Frühjahr erscheinen weiße Blüten in flachen Büscheln. Leuchtendrote Früchte entwickeln sich im Herbst und halten sich den ganzen Winter. **'Wentworth'** trägt besonders viele Früchte.

Viburnum wrightii

Viburnum wrightii

Dieser in Japan, Korea und China heimische, sommergrüne Strauch wird bis 2,5 m hoch. Geschätzt wird er vor allem wegen seines Laubs und seiner glänzendroten Früchte, die sich nach den im Frühjahr austreibenden weißen Blütenbüscheln entwickeln. Die metallischgrünen, ovalen Blätter werden im Herbst intensivrot. Der Strauch ist frosthart.

V

Victoria amazonica × *cruziana* 'Longwood Hybrid'

Vicia faba

Vigna caracalla

VICIA

WICKE

Die Gattung aus der Familie der Schmetterlingsblütler umfaßt etwa 140 ein- oder mehrjährige Arten, die vorwiegend in den gemäßigten Regionen der nördlichen Hemisphäre wild wachsen; einige stammen aus den Anden in Südamerika und den Bergen Ostafrikas. Sie sind eng mit der Platterbse (*Lathyrus*) verwandt, und bei vielen Arten sitzen an den Enden der gefiederten Blätter ähnliche Ranken, mit deren Hilfe sie sich durch hohe Gräser, über Sträucher und tote Zweige winden. Die kleinen Blüten erscheinen meist in kurzen Ähren oder Büscheln in den Blattachseln. Ihre Schmetterlingsblüten – meist weiß, rosa, rotviolett oder hellgelb – öffnen sich aber nicht sehr weit. Die Hülsen reifen schnell, sind oft behaart oder flaumig und enthalten eine Reihe kleiner bis großer Samen. Viele Wicken wachsen auf Weiden oder gelten als Unkraut, wenige sind attraktive Stein- oder Naturgartenpflanzen. **PFLEGE UND VERMEHRUNG:** Die meisten Arten lassen sich in normaler Gartenerde leicht ziehen. Sie säen sich selbst aus, Stauden lassen sich aber auch durch Teilung vermehren; sie können schnell wuchern, doch kann man die Pflanzen leicht herausreißen. Die Angaben für Puffbohnen stehen unter *Vicia faba*.

Vicia cracca

VOGELWICKE

Der frostharten Vogelwicke, einer kräftigeren Staudenart mit auffälligeren Blüten als die meisten anderen, begegnet man in den kühl-gemäßigten Regionen der nördlichen Hemisphäre. Die kletternden Stengel werden bis zu 2 m lang; die tiefgrünen, gefiederten, knapp 10 cm langen Blätter haben Ranken an den Spitzen. Violette bis rotviolette Blüten erscheinen den ganzen Sommer dicht gedrängt an bis zu 10 cm langen Ähren. Diese attraktive Wicke sollte man nicht in die Nähe von Gemüsepflanzen setzen.

Vicia faba

DICKE BOHNE, PUFFBOHNE, SAUBOHNE, ACKERBOHNE, PFERDEBOHNE

Dicke Bohnen gelten als eine der ältesten Kulturpflanzen der Menschheit, denn ihre Samen wurden bei archäologischen Ausgrabungen von mehrere tausend Jahre alten Siedlungen im Nahen Osten gefunden. Wildwachsende Formen sind nicht bekannt, doch möglicherweise entstand diese Art in Kultur aus der ***Vicia narbonensis*** (Mauswicke) aus dem Mittelmeerraum. Die einjährige Pflanze wird etwa 80 cm hoch, entwickelt dicke, aufrechte Stengel und trägt grobes, graugrünes Laub. Die weißen Blüten (manche Sorten sind auch rot) mit schwarzem Fleck in der Mitte erscheinen büschelweise in den oberen Blattachseln. Danach entwickeln sich große, flaumige, grüne Hülsen, die bei einigen Arten bis zu 60 cm lang, doch meist kürzer sind. Die großen Samen sind weiß, grün, selten rot und in unreifem Zustand noch zart. Neben den Gemüsepflanzen kultiviert man einige Unterarten auch als Futterpflanzen (Pferde-, Acker- oder Saubohnen). Dicke Bohnen werden von Winter bis Frühjahr geerntet und brauchen gemäßigtes Klima. In den meisten Fällen sät man sie im Herbst in durchlässigen, mit Mist gedüngten, kalkhaltigen Boden (falls nötig in angehäufelten Reihen), auf dem vorher nach Möglichkeit keine Hülsenfrüchte angebaut wurden; bei starken Frösten wartet man bis zum zeitigen Frühjahr. Junge Pflanzen brauchen eine Stütze und vertragen nur mäßig Wasser. Man erntet die noch grünen und weichen Bohnen nach zwei bis drei Monaten ab. Auf Blattlausbefall sollte geachtet werden. Beliebte Sorten sind: **'Early Long Pod', 'Green Windsor', 'Red Epicure'** und die besonders frostbeständige **'Aquadulce Claudia'.**

Vicia sativa

SAATWICKE, ACKERWICKE, FUTTERWICKE

Die variable Art aus den gemäßigten Regionen Eurasiens wurde vielerorts eingebürgert. Es gibt mehrere Unterarten; einige sind bevorzugte Futterpflanzen, andere Wildpflanzen. Die rankende, einjährigen Pflanzen haben etwa 1 m lange Triebe. Ihre Blätter bestehen aus mehreren Fiederblattpaaren mit Ranken an den Spitzen. Rotviolette Blüten erscheinen einzeln oder zu zweit in den Blattachseln; bei ***Vicia sativa* subsp. *sativa*** sind sie bis zu 3,5 cm lang.

VICTORIA

Die Gattung besteht aus zwei rhizombildenden, ein- oder mehrjährigen Arten von Wasserpflanzen aus den Tropen Südamerikas. Kräftige Rhizome geben riesigen, schwimmenden Blättern Halt und tragen Seerosen ähnelnde, sich nachts öffnende Blüten. Joseph Paxton (1801–65) brachte sie als erster in Großbritannien zum Blühen, und die Blätter - stark genug, seine siebenjährige Tochter zu tragen – inspirierten ihn zur Konstruktion des Kristallpalasts für die Weltausstellung. **PFLEGE UND VERMEHRUNG:** Sie sind frostempfindlich, brauchen mindestens 1 m tiefes Wasser und Sonne. Man pflanzt sie in Behälter mit nahrhafter, lehmiger Erde und organischem Material und vermehrt sie durch Samen im Vorfrühling.

Victoria amazonica

Syn. ***Victoria regia***

Schon nach sieben Monaten ist die größte bekannte Seerose ausgewachsen: Bis zu 2 m breit werden die flachen, stacheligen Blätter, wobei sie um so größer werden, je tiefer das Wasser ist; ihre Ränder stehen 5–10 cm hoch. Die Blüten sind außen weiß und innen rosa, besitzen bis zu 60 Kronblätter und sind über 30 cm breit. Es öffnet sich immer nur eine Blüte nach der anderen. **'Longwood Hybrid'**, eine Kreuzung zwischen *Victoria amazonica* und *V. cruziana*, besitzt weiße, sich rosa verfärbende Blüten.

Victoria cruziana

Diese mehrjährige Art wächst 10 cm über der Wasseroberfläche und hat bis zu 2 m breite, auf der Unterseite behaarte Blätter. Ihre weißen, duftenden Blüten erscheinen während der Wachstumsphase und öffnen sich nur nachts.

VIGNA

Die Gattung umfaßt etwa 150 Bohnenarten, die meist aus den tropischen Regionen der Erde stammen. Sie gehören zur Familie der Schmetterlingsblütler. Ihre Blätter sind dreiteilig, die Blüten erscheinen an langen Stielen in endständigen Büscheln. Die 8–90 cm langen Hülsen enthalten kleine, nierenförmige oder runde Samen in verschiedenen Farben. Einige Arten werden als Viehfutter oder als Gründünger angepflanzt, doch alle Samen sind eßbar. Vor allem in asiatischen Ländern zieht man manche Arten für Bohnensprossen.
PFLEGE UND VERMEHRUNG: Sie lassen sich in warmem Klima leicht aus Samen ziehen, brauchen fruchtbaren, feuchten, durchlässigen Boden und Sonne, während des Wachstums viel Wasser, im Winter weniger. Da sie frostempfindlich sind, zieht man sie in kühlerem Klima im Gewächshaus.

Vigna caracalla

Syn. ***Phaseolus caracalla***

SCHNECKENBOHNE

Diese Bohne ist eine dekorative, immergrüne, verschlungene Kletterpflanze mit zartgrünem Laub. Ihre duftenden Blüten erscheinen von Hochsommer bis Frühherbst in weißen oder rotvioletten Schattierungen. Am besten gedeiht die frostempfindliche Pflanze in warm-gemäßigten bis tropischen Gegenden, wo sie schnell eine Höhe von 3–6 m erreicht. Man zieht sie windgeschützt in der Sonne in durchlässiger, humusreicher Erde; verwickelte Triebe stutzt man im Frühjahr.

Vigna radiata

MUNGOBOHNE, JERUSALEMBOHNE

Die Mungobohne stammt aus Myanmar und Indien; seit Tausenden von Jahren ist sie in Asien ein wichtiges Nahrungsmittel. Meist verwendet man die grünen Mungobohnen, die man in kleinen Mengen zu Hause ziehen kann, zum Keimen – sie benötigen nur wenige Tage. Die Sprossen werden roh in Salaten verzehrt und leicht gedünstet in östlichen Speisen.

Vigna unguiculata

Heimisch ist die Art in den Tropen Afrikas, wird inzwischen aber vielerorts kultiviert. Beliebt sind die jungen Hülsen und Samen. Sie werden als frisches Gemüse gegart oder wie weiße Bohnen getrocknet und dann gekocht. *Vigna unguiculata* subsp. *susquipedalis*, die Spargel- oder Langbohne, hat bis zu 1 m lange Hülsen. In manchen Ländern ist sie ein beliebtes Gemüse. Am besten gedeiht die Art in stickstoffreichem, kalkhaltigem, durchlässigem Boden bei warmer Witterung, bei Trockenheit braucht sie viel Wasser.

VINCA

SINGRÜN, IMMERGRÜN

Die Gattung umfaßt sieben Arten immergrüner Halbsträucher mit schlanken Zweigen und krautiger Stauden aus Rußland, Europa und Nordafrika. Sie sind schöne Bodendecker mit gegenständigen, lanzettlichen Blättern, können jedoch wuchern. Die Blüten sind fünfzählig mit stark gebauschten Blütenzipfeln. Der Verzehr der Pflanze kann zu leichter Magenverstimmung führen.

Vinca major

Vinca major 'Variegata'

Vinca minor

PFLEGE UND VERMEHRUNG: Die Pflanzen vertragen Trockenheit und sind mäßig bis sehr frostbeständig. Sie wachsen auf jedem Boden, der aber nicht zu trocken sein sollte. Als Bodendecker brauchen sie Schatten bis Halbschatten, zur Blütenbildung jedoch mehr Sonne. Die Vermehrung erfolgt durch Teilung von Herbst bis Frühjahr oder durch Stecklinge im Sommer.

Vinca difformis

Diese niedrigwachsende, strauchige Staude stammt aus den westlichen Mittelmeerländern Europas und Nordafrikas. Die Blätter sind spießförmig, glänzend-dunkelgrün und meist weniger als 8 cm lang. Weiße oder hellblaue Blüten erscheinen nur an den aufrecht wachsenden Trieben im Frühjahr; seitliche Triebe blühen nicht. Die Art wird etwa 30 cm hoch und breitet sich scheinbar unbegrenzt aus. Sie verträgt nur leichten Frost.

Vinca major

GROSSES IMMERGRÜN

Diese zähe, immergrüne Kriechpflanze aus dem Mittelmeerraum hat glänzende, mittelgrüne, herz- bis eiförmig zugespitzte Blätter. Sie breitet sich stark aus, hat einen aufrechten, verholzten Stengel und kann bis zu 3 m hoch klettern. Die strahlendvioletten, 5 cm breiten Blüten werden vom späten Frühjahr bis Frühherbst ausgebildet. Die Pflanze verträgt Trockenheit und mäßigen Frost und kann sehr stark wuchern. **'Variegata'** hat gefleckte, weißlich geränderte Blätter und große, lavendelblaue Blüten.

Vinca minor

KLEINES IMMERGRÜN

Mit ihren schlanken, verholzten Trieben kann sich die immergrüne, in Europa heimische und entsprechend frostharte Kriechpflanze über eine Länge und Breite von 3 m ausbreiten. Mit ihren glänzend-dunkelgrünen, zugespitzten, elliptischen Blättern bildet sie ein dichtes Polster. Von Mitte Frühjahr bis Frühsommer erscheinen kleine weiße, bläulich- oder rotviolette Blüten. Schneidet man sie nicht zurück, kann sie, wie *Vinca major*, stark wuchern. Die kräftigere **'Alba'** blüht weiß; **'Gertrude Jekyll'** hat kleine, weiße Blüten und schmälere Blätter; die tiefrosa Blüten von **'Grape Cooler'** verblassen mit dem Alter; **'La Grave'** hat große Blüten und breites Laub. Es existiert auch eine gescheckte Sorte.

VIOLA

VEILCHEN, STIEFMÜTTERCHEN

Diese bekannte und beliebte Gattung einjähriger und mehrjähriger Pflanzen sowie Halbsträucher umfaßt 500 Arten, die in den meisten gemäßigten Regionen der Erde wachsen – sogar im Hochland der Tropen – die artenreichsten Zentren liegen in Nordamerika, den Anden und Japan. Meist sind es sommer- oder immergrüne Kriechpflanzen mit schlanken bis dicken Rhizomen. Die Blätter sind gewöhnlich nieren- oder herzförmig, können bei manchen Arten aber auch in schmale Abschnitte geteilt sein. Die Blüten der Wildpflanzen sind selten breiter als 2,5 cm und charakteristisch geformt: Die unteren drei Kronblätter sind nach unten abstehend, die oberen zwei stehen aufrecht, der kurze Blütensporn weist nach hinten heraus. Viele Arten bringen außerdem kleistogame Blüten mit kleineren Blüten hervor, die sich nicht richtig öffnen und ohne Kreuzbestäubung Samen bilden. Einige Arten aus Eurasien wurden sehr oft gekreuzt, um Gartenhybriden von Veilchen und Stiefmütterchen mit schönen Blüten und leuchtenden oder intensiven Farben zu züchten. Diese werden meist als einjährige Pflanzen gezogen, obwohl es sich im Grunde um kurzlebige Stauden handelt.

PFLEGE UND VERMEHRUNG: Die meisten kultivierten Arten tolerieren zumindest leichten Frost, viele sind sehr frosthart. Kompaktere Stauden eignen sich für kühlere, feuchtere Stellen im Steingarten; sich ausbreitende Arten sind anspruchslose, gute Bodendecker unter Bäumen und größeren Sträuchern. Stiefmütterchen (z.B. *Viola × wittrockiana*) werden einjährig oder im Topf in der Sonne gezogen, stehen aber gern vor austrocknenden Winden geschützt. Samen wird im späten Winter oder zeitigen Frühjahr (gegebenenfalls unter Glas) ausgesät, die Pflänzchen setzt man im späten Frühjahr in durchlässigen, nicht zu nähstoffreichen Boden. Sie brauchen viel Wasser, doch ab der Blütenbildung nur wenig Dünger. Die Stauden vermehrt man durch Teilung oder Stecklinge.

Viola adunca

In Nordamerika ist diese frostharte Art weit verbreitet und entwickelt sich zu einer kompakten, 5–10 cm hohen Pflanze. Sie hat dunkel- bis hellviolette Blüten mit einem weißen Auge und einem kurzen, hakigen Sporn. Die unteren Blütenblätter sind dunkelviolett geädert; das Laub schimmert rotviolett. Die Art bevorzugt Halbschatten oder Schatten.

Viola canadensis

In den Bergwäldern Nordamerikas unter sommergrünen Bäumen ist diese Art weit verbreitet. Sie wird relativ hoch (30–60 cm), ist von eher schlankem Wuchs und hat glänzende, ovale, intensivgrüne Blätter. Ihre sommerlichen, weißen Blüten sind violett getönt, an der Basis gelblich. Die frostharte Pflanze bevorzugt einen kühlen, feuchten Standort.

Viola canina

HUNDSVEILCHEN

Diese Art ist in Europa heimisch und ähnelt der bekannten *Viola odorata*, hat jedoch einen beblätterten Stengel, ist größer und duftet nicht. Sie hat dunkelgrüne, spitze, gezähnte Blätter und große, blauviolette Blüten. Sehr ungewöhnlich ist die Eigenart der Pflanze, nach der Blütezeit im Sommer ihre Blätter doppelt so groß werden zu lassen. Das frostharte Hundsveilchen wird durch Teilung vermehrt.

Viola cornuta

HORNVEILCHEN

Diese frostharte Art aus den Pyrenäen hat breite Blüten und einen kurzen Sporn. Sie blüht von Frühjahr bis Sommer hellblau bis dunkelviolett, breitet sich durch Rhizome aus und treibt 15 cm lange Blütenstengel. Das Hornveilchen gehört zu den wichtigsten Elternarten der Stiefmütterchen. **'Minor'** hat kleinere Blätter und Blüten.

Viola cornuta 'Minor'

Viola cornuta

Vinca minor 'Alba'

Vinca minor 'Gertrude Jekyll'

V

Viola elatior

HOHES VEILCHEN

Dieses Veilchen wächst auf feuchten Weiden und in Marschland von Mitteleuropa bis Nordwestchina. Es hat lange, spitze Blätter und wird bis 50 cm hoch. Die aufrechten Stengel stehen dicht gedrängt; die großen Blüten im Sommer sind lilablaßblau. Das frostharte Hohe Veilchen gedeiht in laubreichem Torfboden an sonnigem oder halbschattigem Standort.

Viola hederacea

Syn. *Erpetion reniforme, Viola reniformis*

Die kleinen Blüten dieser kriechenden, immergrünen Staude aus dem Südosten Australiens erscheinen von Frühjahr bis Herbst an kurzen Stengeln. Sie sind hauptsächlich weiß, haben am Schlund einen hellvioletten Fleck und duften nicht. Die niederliegenden, 5–10 cm hohen Stengel treiben Ausläufer und bilden breite Polster; die nierenförmigen Blätter haben unregelmäßige Ränder. Diese Art ist frostempfindlich.

Viola elatior

Viola labradorica

LABRADOR-VEILCHEN

Diese niedrigwachsende Art ist von Nordamerika bis Grönland heimisch und entsprechend frosthart. Im Frühjahr erscheinen hell rotviolette Blüten. Sie gedeiht ausgezeichnet im Schatten, kann jedoch wuchern.

V., mehrjährige Kulturvarietäten

Elternarten dieser winterharten, mehrjährigen Pflanzen mit langer, in milden Klimaten sogar ganzjähriger Blütezeit sind vor allem *Viola lutea, V. amoena* und *V. cornuta*. **'Huntercombe Purple'** hat rotviolette Blüten mit gelblichweißem Zentrum; die oberen Blütenblätter von **'Jackanapes'** sind braun, die unteren gelb; **'Maggie Mott'** hat blauviolette Blüten;L **'Nellie Britten'** (Syn. 'Haslemere') blüht rosaviolett und **'Magic'** hat intensiv rotviolette Blüten mit kleinem, dunkelviolettem und gelbem Auge.

Viola, mehrjährige Kulturvarietät, 'Magic'

Viola hederacea

Viola labradorica

Viola odorata

Viola nuttalii

Diese frostharte Art aus dem Westen Nordamerikas bringt kleine, gelbe Blüten hervor, die vom Laub größtenteils verdeckt werden. Sie wird 15 cm hoch.

Viola odorata

MÄRZVEILCHEN, WOHLRIECHENDES VEILCHEN

Diese beliebte und bekannte Veilchenart wird wegen ihres süßen Dufts in kleinen Sträußen verkauft. Es handelt sich um eine in Europa heimische, rhizombildende Staude, die 8 cm hoch wird und sich an kühlen, feuchten Standorten ausbreitet. Ihre dunkelgrünen, herzförmigen Blätter stehen in einer Rosette und haben schwach gekerbte Ränder. Vom späten Winter bis zum zeitigem Frühjahr erscheinen gespornte, flache, violette, weiße oder rosa Blüten. Diese frostharte Art hat viele Kulturformen.

Viola, m. K., 'Huntercombe Purple'

Viola pedata

Aus dem Osten Nordamerikas stammt diese schöne, variable Veilchenart. Sie ist frosthart, von dichtem Wuchs und hat grundständige, in Abschnitte geteilte Blätter, die an Vogelkrallen erinnern. Die zwei oberen Kronblätter sind dunkelviolett, die drei unteren hellviolett mit dunklen Adern. Im Gegensatz zu den meisten Arten gedeiht sie an einem sonnigen, trockenen Platz auf saurem Sandboden, braucht bei heißer Witterung jedoch etwas Schatten. Sie blüht im zeitigen Frühjahr und nochmals im Spätsommer. Ihre Vermehrung erfolgt durch Samen.

Viola reichenbachiana

WALDVEILCHEN

Die mehrjährige Art treibt im Frühjahr und Sommer kleine, rosa, dunkelrote oder hellblaue Blüten und hat nierenförmige, grüne Blätter. Sie wuchert stark – breitet sich großflächig aus, wird aber nur 5 cm hoch – eignet sich jedoch gut für Böschungen. Die Art ist frosthart.

Viola riviniana

HAINVEILCHEN

In Europa, Island, Nordafrika und auf Madeira wächst diese gedrängte, kleine Veil-

Viola, mehrjährige Kulturvarietät, 'Jackanapes'

V

Viola riviniana 'Purpurea'

Viola tricolor 'Bowles' Black'

chenart, die mit ihren Ausläufern Kolonien bilden kann. Die blauvioletten Blüten werden von Frühjahr bis Sommer ausgebildet und duften nicht. Die herzförmigen Blätter sitzen an langen Stielen. **'Purpurea'**, 5–10 cm hoch und 25 cm breit, hat grünviolette Blätter und rotviolette Blüten. Die Art ist frosthart.

Viola septentrionalis

Diese in Nordamerika heimische, leicht frostempfindliche Staude bringt im Frühjahr große, gespornte Blüten hervor, die meist bläulich violett, manchmal weiß sind. Die behaarten, grünen Blätter sind zugespitzt, oval bis herzförmig und haben gezähnte Ränder. Die Pflanze wird 15–20 cm hoch, ebenso breit und besitzt kriechende Triebe, die Ausläufer bilden.

Viola sororia

Syn. *Viola papilionacea*

Diese krautige, frostharte Staude ohne Stengel hat deutlich gezähnte, dicht behaarte Blätter von 10 cm Länge. Von Frühjahr bis Sommer erscheinen weiße Blüten mit blauvioletten Flecken und kurzen Spornen; manchmal sind die Blüten auch intensiv blauviolett. **'Freckles'** hat weiße, rotviolett gefleckte Blüten. Die Wildform, wie auch die Kulturformen, wird bis 15 cm hoch. *Viola sororia* var. *priceana* hat grauweiße Blüten mit blauvioletten Stielen.

Viola tricolor

WILDES STIEFMÜTTERCHEN

In Europa und den gemäßigten Zonen Asiens ist diese ein- oder zweijährige Art oder kurzlebige Staude weit verbreitet. Ihre Blüten mit hübschen Gesichtern sind gelb, blau, violett und weiß; wird sie in milden Klimaten im Spätsommer zurückgeschnitten, blüht sie im Herbst und Winter. Ihre Triebe sind weich, kantig und verzweigt, die Blätter gelappt und oval bis lanzettlich. In Höhe und Breite erreicht sie 15 cm. Sie ist frosthart und sät sich selbst aus. *Viola tricolor* **'Bowles' Black'** beeindruckt mit ihren schwarzsamtigen Blütenblättern und ihrem gelben Zentrum.

Viola tricolor

Viola sororia

Viola sororia 'Freckles'

Viola septentrionalis

V

Viola × *wittrockiana*, Kulturvarietät

Viola × *wittrockiana*, Kulturvarietät

Viola × *wittrockiana*, Kulturvarietät

Viola × *wittrockiana* 'Padparadja'

Viola × *wittrockiana* 'Sky Clear Purple'

V. × *wittrockiana* 'Princess Deep Purple'

Viola × *wittrockiana* 'Penny Azure Wing'

Viola × *wittrockiana*
GARTENSTIEFMÜTTERCHEN

Dies ist eine Hybridengruppe kompakt verzweigter Stauden, die man fast immer als zwei- oder einjährige Pflanzen zieht. Die zahlreichen frostharten Sorten blühen in vielen Farbschattierungen vom späten Winter bis zum Frühjahr und, in kühlerem Klima, sogar im Sommer. Ihre Blüten sind bis knapp 5 cm breit und haben fünf leicht flach angeordnete Kronblätter. Die mittelgrünen, elliptischen Blätter sind gekerbt. Die Pflanzen wachsen langsam und erreichen eine Höhe und Breite von 20 cm. Stiefmütterchen und Gartenstiefmütterchen gehören beide zu dieser komplexen Hybridengruppe, wobei sich letztere gewöhnlich durch die fehlenden dunklen Punkte unterscheiden, doch gibt es bereits Mischformen mit hellen Zeichnungen. Hybriden der **Imperial-Serie** sind Stiefmütterchen mit großen Blüten. **'Gold Princess'** ist ein schönes Beispiel für eine Sorte mit zweifarbigen, goldgelben und roten Blüten. Die **Joker-Serie** besteht aus Mischformen mit vielen leuchtenden, kontrastreichen Färbungen, wie Orange und Rotviolett. Stiefmütterchen der **Accord-Serie** blühen in fast allen Farben und haben einen sehr dunklen Fleck in der Mitte. **'Padparadja'** blüht strahlendorange und **'Magic'** leuchtend rotviolett. Andere Serien sind **Universal** und **Sky.**

V. × *wittrockiana* 'Accord Red Blotch'

Viola × *wittrockiana* 'Jolly Joker'

Virgilia oroboides

Virgilia divaricata

VIRGILIA

Zu dieser kleinen Gattung gehören lediglich zwei immergrüne Baumarten aus Südafrika. Sie wachsen erstaunlich schnell und neigen im Alter dazu umzustürzen. In den wärmeren Monaten treiben sie eine Fülle schöner Schmetterlingsblüten. Sie entwickeln flache Hülsenfrüchte und haben farnartige, unpaarig gefiederte Blätter.

PFLEGE UND VERMEHRUNG: Diese anpassungsfähigen, jedoch nicht winterharten Bäume gedeihen an einem freien, sonnigen Platz in durchlässiger Erde, vertragen Wind und brauchen warmes Klima (vor allem junge Exemplare sind frostempfindlich). Im Frühjahr kann man sie durch Samen vermehren, der zuvor 24 Stunden in warmem Wasser eingeweicht wurde.

V. × wittrockiana 'Universal Orange'

Virgilia divaricata

Der kleine, immergrüne Baum erreicht schnell seine endgültige Höhe von 6 m und hat horizontale Äste. Im Frühjahr bringt er Büschel mit rosa Schmetterlingsblüten hervor, anschließend flache Hülsenfrüchte. Die farnartigen Blätter sind stark gefiedert. Die Art läßt sich gut aus Samen ziehen.

Virgilia oroboides

Syn. *Virgilia capensis*

In nur zwei Jahren kann diese Art 4,5 m hoch werden. Da sie jedoch meist kurzlebig ist und im Alter sperrige Äste bekommt, ist sie nur für neu angelegte Gärten geeignet. Dieser rundliche Strauch oder kleine Baum (der dann eine Höhe von 6 m erreicht) hat dunkelgrüne, bis zu 20 cm lange Blätter mit 13 bis 21 länglichen, ledrigen Fiederblättern. Vom Frühsommer bis in den Herbst erscheinen in der Krone zahlreiche Büschel mit einer Fülle kleiner, rosaroter, duftender Blüten. Die nachfolgenden Hülsen sind 5–8 cm lang.

Viola × wittrockiana 'Universal True Blue'

Vitex lucens

VITEX

Etwa 250 meist tropische und subtropische, immer- oder sommergrüne Bäume und Sträucher umfaßt diese Gattung. Die Blätter setzen sich aus drei bis sieben, strahlenförmig um den Stiel angeordneten Einzelblättern zusammen; seltener sind sie ungeteilt. Sehr schön sind die Zweige mit weißen, gelben, roten, blauen oder rotvioletten röhrigen Blüten, eher unscheinbar die fleischigen Steinfrüchte. Manche Arten haben aromatische Blätter und Blüten.

PFLEGE UND VERMEHRUNG: Sie sind leicht bis mäßig frostbeständig, vertragen fast jeden Boden, am besten aber fruchtbare, durchlässige Erde und viel Feuchtigkeit im Sommer. Ideal ist ein geschützter Platz in der Sonne. Ihre Vermehrung kann durch Samen im Herbst oder Frühjahr oder durch Stecklinge im Sommer erfolgen.

Vitex agnus-castus

MÖNCHSPFEFFER

Der mäßig frostbeständige Strauch aus Südeuropa und Westasien hat aromatische, 15–20 cm lange Blätter, gefingert mit fünf bis sieben lanzettlichen bis rundlichen Teilblättchen. Diese sind auf der Oberseite tiefgrün, auf der Unterseite filzig und grau. Der sommergrüne, rundliche Strauch oder kleine Baum wird 3–6 m hoch und hat einen aufrechten, verzweigten Stamm. Von Frühsommer bis Herbst trägt er an dichten, aufrechten Zweigen schwach duftende, hellviolette Blüten von 30 cm Länge, danach kleine, rotviolette Früchte. Es gibt auch weißblühende Sorten und solche mit panaschierten Blättern. *Vitex agnus-castus* var. *latifolia* hat kürzere, breitere Blätter.

Vitex agnus-castus

Vitex lucens

Der schöne, immergrüne 10–20 m hohe Baum mit kugeliger Krone und glattem, hellem Stamm stammt aus Neuseeland. Im Winter zieren ihn Zweige mit strahlendroten oder -rosa Blüten von 2,5 cm Länge. Seine großen, leuchtendroten Steinfrüchte reifen im Frühjahr. Die Blätter bestehen aus drei bis fünf großen, ovalen bis kreisrunden, glatten, glänzendgrünen Abschnitten mit gewellten Rand. Der Baum ist nicht winterhart.

V

Vitex negundo

Diesen nützlichen Strauch oder kleinen Baum aus den warmen Regionen Süd- und Ostasiens zieht man wegen des angenehm aromatischen Laubs und der duftenden Blätter. Er wird 8 m hoch und seine langen Blätter haben tiefeingeschnittene Teilblättchen mit dunkelgrüner Oberseite und hell-pelziger Unterseite. Die duftenden Blüten sind dunkelrot und erscheinen im Frühjahr an Blütenzweigen. Entsprechend ihrer Herkunft ist die Pflanze sehr frostempfindlich.

Vitex trifolia

Die Küsten Ostaustraliens und Südostasiens sind die Heimat dieses immergrünen, rundlichen Strauchs bzw. buschigen Baumes von 3 m Höhe. Die Blätter haben meist drei Teilblättchen, sind länglich, auf der Oberseite mittelgrün, auf der Unterseite weiß und flaumig. Blaue bis rotviolette Blüten erscheinen vom späten Frühjahr bis Herbst an 20 cm langen Zweigen. Die Blütenstiele sind weiß und behaart, die Steinfrüchte schwarz. Die Blätter von **'Purpurea'** haben eine rotviolette Unterseite; **'Variegata'** besitzt leuchtendgrüne, hellgelb geränderte Blätter. In unseren Breiten ist die Pflanze nicht winterhart.

Vitex negundo

VITIS

REBE

Diese Gattung mit etwa 65 Arten sommergrüner Sträucher und Kletterpflanzen mit Ranken ist wegen ihrer Trauben von großer kommerzieller Bedeutung. Doch nur wenige Arten tragen zur Weinherstellung oder zum Verzehr geeignete Trauben – fast alle Weintrauben stammen von *Vitis vinifera* ab. Das Laub ist – typisch für die gesamte Gattung – meist grob herzförmig mit drei bis sieben Lappen und verfärbt sich im Herbst oft schön. Die Zweige mit fünfteiligen Blüten im Frühjahr entwickeln sich zu den bekannten Trauben. **PFLEGE UND VERMEHRUNG:** Sie gedeihen in feuchter, durchlässiger Humuserde an vollsonnigem oder halbschattigem Standort, sind sehr bis leicht frostbeständig und brauchen kühle Winter und geringe Luftfeuchtigkeit im Sommer, da sonst Mehltaubefall droht. Man zieht sie an einer stabilen Pergola in der Sonne in tiefem Boden, wo sie sich tief verwurzeln können. Je nach Art und gewünschtem Wuchs werden sie zurückgeschnitten – kletternde Arten bis auf einen einzelnen Stamm, der sich ab der horizontalen Balken verzweigen darf. Um Vögel abzuhalten, verwendet man ein Vogelnetz oder hängt Papiertüten zwischen die Trauben. Diese werden vollreif mit einer scharfen Schere abgeschnitten. Kletterpflanzen muß man für stärkere Traubenbildung jährlich im Winter stutzen. Die Vermehrung erfolgt traditionell durch Stecklinge im späten Winter.

Vitis vinifera 'Purpurea'

Vitis vinifera 'Cabernet Sauvignon'

Vitis 'Brandt'

Die kräftige, frostharte Pflanze wird mindestens 6 m hoch und ist vor allem in Großbritannien beliebt. Ihre leuchtendgrünen Blätter werden im Herbst kupferfarben. Die vielen Früchte sind eßbar.

Vitis californica

Vitis labrusca

Vitis californica

9 m hoch bzw. weit klettert diese frostharte Art aus dem Westen der USA. Jung sind die dreilappigen Blätter fein grau behaart, sie werden 10 cm breit und färben sich im Herbst intensiv rot. Die sehr kleinen Früchte sind rotviolett und weiß bereift. **'Roger's Red'** zieht man wegen des intensiven roten Herbstlaubs. Die kleinen Blätter haben eine mattgrüne Ober- und graue Unterseite, sind deutlich gezähnt und unterschiedlich groß. Diese kräftige Sorte wird an sonnigem Platz 4,5–6 m hoch.

Vitis coignetiae

Die schnellwachsende Kletterpflanze aus Japan und Korea wird 15 m hoch und hat grüne, leicht gelappte, im Herbst orange und rot gefärbte Blätter. Im Spätsommer erscheinen Büschel mit schwarzen, bläulich bereiften Beeren. Die Ranken wickeln sich um Kletterhilfen und greifen sehr weit aus. Die Art ist frosthart und hat in kühlem Klima die schönsten Blattfärbungen.

Vitis labrusca

FUCHSREBE

Die Elternart der meisten in den USA angebauten Weintrauben, die nicht zu *Vitis vinifera* gehören, stammt von der Ostküste. Sie hat lange, filzige junge Triebe, die zum Klettern ein Spalier brauchen. Die großen, leicht dreilappigen Blätter haben eine tiefgrüne Ober- und weißfilzige Unterseite. Sonne und durchlässiger, fruchtbarer Boden sind ideal für die Ausbildung der großen, schwarzvioletten Früchte mit muskatartigem Aroma. **'Concord'**, **'Catawba'** und **'Niagara'** baut man häufig in Gegenden mit kalten Wintern und kühlen, kurzen Sommern an. Die Pflanzen sind frosthart.

Vitis vinifera

WEINSTOCK, WEINREBE

Diese Art aus Europa und dem Mittelmeerraum wird seit dem Altertum angebaut. Aus der kräftigen, frostbeständigen Kletterpflanze ist eine Vielzahl von Varietäten entstanden – mit blauen oder weißen (hellgrünen oder gelben) Früchten, die sich je nach Sorte besser für Wein, den Frischverzehr oder zum Trocknen eignen. In Gegenden mit trockenen Sommern gedeiht sie am besten. **'Albany Surprise'** hat süße, weiße Tafeltrauben; einige der besten Rotweine entstehen aus den blauen Trauben von **'Cabernet Sauvignon'**; **'Chardonnay'** ist als Weißwein seit einigen Jahren sehr beliebt; **'Ganzin Glory'** wird wegen des strahlendroten Herbstlaubs (auch in Gegenden mit milden Wintern) häufig angebaut; **'Merlot'** hat blaue Weintrauben, die man oft mit 'Cabernet Sauvignon' mischt; die weißen Trauben von **'Müller Thurgau'** dienen meist für große Weinproduktionen; **'Pinot Noir'** hat blaue Trauben, die man für Rotwein und Sekt verwendet – für letzteren ohne Schale, damit er nicht rot wird, oder mit wenig Schale für Rosé; **'Purpurea'** hat beeindruckendes, leuchtendrotes Herbstlaub; dem weißen **'Riesling'** (und den Abkömmlingen) verdanken wir je nach Reife unterschiedliche Weine, er gehört zu den wichtigsten deutschen Sorten; die blaue Tafeltraube **'Schiava Grossa'** (Syn. 'Black Hamburgh') zieht man in kühlen Gegenden meist im Gewächshaus; **'Semillon'** ist eine Weißweintraube, und die blaue Weintraube **'Shiraz'** (Syn. 'Syrah') wird in Australien häufig angebaut. Andere Sorten sind z.B. **'Festivee'** und **'Perlette'**. Weintraubensorten werden häufig auf *Vitis labrusca* gepfropft, die nicht von der Reblaus befallen wird.

Vitis vinifera 'Perlette'

VRIESEA

Diese Gattung aus Mittel- und Südamerika umfaßt etwa 250 Epiphytenarten, die zu den beliebtesten Ananasgewächsen gehören und eng mit *Tillandsia* verwandt sind. Die Blätter haben oft pudrige Schuppen, glatte Ränder und farbige Querstreifen. Die beeindruckenden Blütenähren sind unterschiedlich groß und besitzen freie oder eine Röhre bildende Kronblätter. Sie können rot, orange oder gelb sein. Die einzelnen Arten blühen zu unterschiedlichen Zeiten im Jahr. Es wurden zahlreiche Hybridformen gezüchtet, z.B. **'Christine'.**

PFLEGE UND VERMEHRUNG: Die frostempfindlichen, nicht winterharten Pflanzen brauchen Halbschatten und lockeres, durchlässiges Orchideensubstrat. Während des Wachstums gießt man sie mäßig, so daß die Blatttrichter immer mit Wasser gefüllt sind. Die Vermehrung erfolgt durch Seitentriebe oder Samen von Frühjahr bis Sommer.

Vriesea carinata

Dieses Art aus Brasilien hat beeindruckende abgeflachte, intensivrote Ähren und goldgelbe Deckblätter. Sie wird 25 cm hoch und hat weiche, überhängende, hellgrüne Blätter. Diese hervorragende Topfpflanze braucht einen großen Topf, da sie mehr Wurzeln besitzt als die meisten Ananasgewächse.

Vriesea fosteriana

Diese große, attraktive Art ist in Mexiko, Brasilien und Argentinien heimisch. Ihre breiten, mittelgrünen Blätter haben auf beiden Seiten einen rötlichbraunen Streifen, werden bis zu 1 m lang und bilden eine dichte Rosette, aus deren Mitte eine 1,5 m hohe Ähre mit gelben Blüten sprießt. Wichtig ist ein Standort mit viel frischer Luft.

Vriesea psittacina

Die kleine bis mittelgroße Art hat weiche, hellgrüne Blätter und breitet sich 60 cm weit aus. Ihr zarter, federartiger Blütenstand mit gelben Blüten und gelben, roten oder grünen Deckblättern ist ein farbenfroher Blickfang.

Vitis vinifera 'Festivee'

Vriesea 'Christine'

Vriesea carinata

Vriesea splendens

× *Vuylstekeara* 'Susan Bigelow'

Vriesea splendens

Syn. *Tillandsia splendens, Vriesea speciosa*

Dieses Ananasgewächs beeindruckt mit seiner schwertförmigen, bis etwa 50 cm hohen Blütenähre von leuchtendroter oder -orangefarbener Färbung. Die Pflanze ist mittelgroß und hat weiche, grüne Blätter mit schwarzvioletten Streifen.

× VUYLSTEKEARA

Der fast unaussprechliche Name der Gattung ehrt Charles Vuylsteke (1844–1927). Dem belgischen Orchideenzüchter gelang es als erstem, in einer Hybride bestimmte Eigenschaften zu vereinen: sommerliche Blütenbildung und breite Blütenblätter von *Miltonia*, extravagante gekräuselte Form und marmorierte Muster von *Odontoglossum crispum* und die strahlenden Rot- und Orangetöne der vielen Arten von *Cochlioda*. Alle sind Orchideen-Epiphyten aus dem bewaldeten Hochland Brasiliens und Kolumbiens. Seine Ergebnisse betrachten viele Orchideenliebhaber als die erfolgreichsten unter den zahlreichen multigenerischen Orchideenhybriden. Schon kleine Pflanzen blühen, entfalten sich jedoch erst richtig als blühfreudige, 45 cm breite Horste. Diese können fast ganzjährig erscheinen und sind von »barocker« Qualität mit ihrem gekräuselten Perigon, schönen Farben, meist intensiven Rot- und Rosatönen, und weiß marmorierten und gefleckten Zeichnungen. Es gibt viele schöne Sorten.

PFLEGE UND VERMEHRUNG: Besondere Pflege ist nicht nötig. Sie brauchen mäßige Wärme, mögen helles Licht, regelmäßig Wasser und Dünger sowie groben Kompost. Man kann sie vermehren, indem man sie im Frühjahr teilt.

× *Vuylstekeara* 'Cambria Plush'

Die Gruppe umfaßt viele Hybriden, doch *Cambria* 'Plush' ist bei weitem die bekannteste, und dank der Vermehrung durch Klone wird sie auch am häufigsten angeboten. Die kompakte Pflanze besitzt Luftknollen, an denen jeweils einige lange Blätter sitzen. Von Frühjahr bis Herbst erscheinen an den Zweigen die Blüten in Büscheln zu jeweils etwa zwölft. Sie sind 8 cm breit und von attraktiver mattroter Färbung mit hübschen weißen Zeichnungen auf dem Labellum.

× *Vuylstekeara* 'Susan Bigelow'

Das breite, hübsche Labellum dieser Pflanze stammt von dem einen Elternteil *Miltonia*, das außergewöhnliche Muster mit weißen Punkten und Streifen von *Odontoglossum* und die intensive rote Färbung, die dieses Muster erst zur Geltung bringt, von *Cochlioda*. Bei älteren Pflanzen erhöht sich die Blütenzahl je Büschel auf etwa zwölf. Die langlebigen Blüten halten sich meist drei Wochen.

WXYZ

Washingtonia filifera

Wahlenbergia albomarginata

Wahlenbergia communis

WACHENDORFIA

Nur eine der etwa 25 Knollenstaudenarten dieser Gattung ist in Kultur außerhalb des heimischen Südafrika bekannt. Die Pflanzen entwickeln grundständige Büschel aus langen, schmalen, gefalteten Blättern. Von Frühjahr bis Sommer treiben sie aufrechte Ähren mit sternförmigen, goldgelben Blüten. Die Knolle enthält einen roten Saft, der als Färbemittel dient; die Wurzeln sind leuchtend rotorange.

PFLEGE UND VERMEHRUNG: Die Pflanzen sind sehr frostempfindlich. Sie gedeihen in warmem, weitgehend frostfreiem Klima am besten und brauchen feuchten, durchlässigen Boden und Sonne, am besten in einem Moorbeet. Im Garten können sie sich außerordentlich schnell durch Samen ausbreiten. Ihre Vermehrung erfolgt durch Samen oder Teilung im Frühjahr.

Wachendorfia thyrsiflora

Diese bekannteste Art der Gattung wird etwa 2 m hoch und treibt von Frühjahr bis Frühsommer dicke, aufrechte Ähren mit leuchtendgelben Blütenbüscheln.

Wachendorfia thyrsiflora

Wahlenbergia gloriosa

Ihre schmal-lanzettlichen Blätter sind gefaltet, kräftig und bis zu 1 m lang. Leichter Frost wird toleriert.

WAHLENBERGIA

Die etwa 200 ein- oder mehrjährigen, krautigen Arten dieser Gattung stammen in den meisten Fällen aus der südlichen Hemisphäre. Das Laub ist variabel. Die blauen, violetten oder weißen, fünflappigen Blüten können weit geöffnet und sternförmig oder schmal-glockenförmig sein. Die meist kleinen Pflanzen eignen sich ausgezeichnet für Steingärten oder Rabatten.

PFLEGE UND VERMEHRUNG: Man zieht die unterschiedlich frostharten Arten in durchlässigem Humusboden in der Sonne oder leichtem Schatten und vermehrt sie durch Samen oder Teilung im Frühjahr.

Wahlenbergia albomarginata

Diese kompakte, etwa 20 cm hohe Staude mit einer grundständigen Rosette lanzettlicher bis ovaler, behaarter Blätter bildet an ihren Rhizomen neue Rosetten und so größere Polster, ist aber kurzlebig. Die nickenden, meist einzelnen, hellblauen bis weißen Glockenblüten mit breiten Lappen erscheinen im Sommer an dünnen Stielen. Am besten gedeiht die etwas frostempfindliche Pflanze im Halbschatten.

Wahlenbergia communis
Syn. *Wahlenbergia bicolor*

In ihrer Heimat Australien ist diese gedrängt wachsende, außerordentlich frostempfindliche Staude weit verbreitet, manchmal auch in recht trockenen Regionen. Sie wird 80 cm hoch und entwickelt linealische, bis zu 10 cm lange, mitunter leicht gezähnte Blätter. Von Frühjahr bis Sommer treibt sie unzählige, sternförmige, hellblaue Blüten an schlanken Stielen.

Wahlenbergia stricta 'Tasmanian Sky'

Wahlenbergia gloriosa

Hierbei handelt es sich um eine Staude aus den alpinen Regionen Australiens mit sich ausbreitenden Rhizomen und aufrechten Stengeln von etwa 20 cm Höhe. Sie ist die Wappenblume des australischen Hauptstadt-Territoriums. Ihre dunkelgrünen, lanzettlichen Blätter mit gewellten, gezähnten Rändern sind 3,5 cm lang. Im Sommer erscheinen an einzelnen, zarten Stielen leuchtendblaue oder rotviolette Glockenblüten. Sie ist äußerst frostempfindlich.

Wahlenbergia hederacea
EFEU-MOORGLÖCKCHEN

Diese Art ist in Westeuropa heimisch, aber ziemlich selten und entsprechend ihrer Herkunft nicht ganz frosthart. Sie wächst in kalkarmen, sauren Mooren und treibt im Sommer hellblaue Blüten. Ihre Blätter ähneln Efeulaub und sind gut 1 cm breit. Sie wachsen an schlanken, kriechenden Trieben.

Wahlenbergia stricta
Syn. *Wahlenbergia consimilis*

Diese nicht winterharte, büschelige Staude ist in Südaustralien sehr häufig in lichten Wäldern und Grasland zu finden. Ihre grundständigen, eiförmigen Blätter mit gewellten Rändern werden im oberen Teil der Stengel linealisch. Stengel und Blätter sind abstehend, lang weiß behaart. Von Frühjahr bis Sommer erscheinen kleine, blaue, sternförmige Blüten. **'Tasmanian Sky'** blüht hellviolett.

WALDSTEINIA
GOLDERDBEERE

Die sechs Arten dieser Gattung sind büschelig wachsende Rhizomstauden aus nördlichen, gemäßigten Zonen: halbimmergrüne, kriechende Bodendecker mit dreigeteilten Blättern, die denen der verwandten Erdbeere ähneln. Ihre behaarten Blätter sind meist leuchtendgrün und werden in der Sonne bronzefarben. Von Frühjahr bis Sommer treibt die Pflanze Büschel von bis zu acht oder einzelne, leuchtendgelbe, fünfblättrige Blüten.

PFLEGE UND VERMEHRUNG: Die meisten Arten sind ganz frosthart und gedeihen in Sonne oder Halbschatten in jedem durchlässigen Boden. Zur Vermehrung teilt man die Pflanzen oder setzt bewurzelte Ausläufer.

Watsonia borbonica

Waldsteinia ternata
Syn. *Waldsteinia trifoliata*
DREIBATT-WALDSTEINIE

Heimisch ist die sommer- bis halbimmergrüne, kriechende Staude in einem Gebiet von Mitteleuropa über Rußland bis nach China und Japan. Sie wird etwa 15 cm hoch und hat goldgelbe, hahnenfußartige, etwa 1 cm breite Blüten, die ab dem späten Frühjahr meist an den neuen Trieben sitzen. Die Waldsteinie breitet sich in feuchtem Boden im Halbschatten unter Bäumen relativ schnell aus und bildet einen dicken Teppich. Bei idealen Bedingungen kann die Art durchaus lästig werden.

WASHINGTONIA
WASHINGTON-PALME

Diese Gattung umfaßt zwei Fächerpalmenarten aus den trockenen Regionen von Westmexiko, Südkalifornien und Arizona. Ihr stattlicher Wuchs mit aufrechtem Einzelstamm macht sie zu idealen Alleepalmen. Die großen Fächerwedel bestehen aus vielen sich verjüngenden Segmenten und stacheligen Stielen. Abgestorbene Wedel hängen in großer Zahl unterhalb der grünen Krone. In regelmäßigen Abständen sitzen kleine, weiße Blütenbüschel an den elegant und lang auswärtsgebogenen Blütenständen unterhalb der Krone. Die Steinfrüchte sind klein und dunkel.

PFLEGE UND VERMEHRUNG: Die Palmen mögen warmes bis heißes Klima, Sonne, durchlässigen Boden und einen freien Platz. Ihre Vermehrung erfolgt aus Samen im Frühjahr.

Washingtonia filifera
Syn. *Washingtonia filamentosa*

Aus Südkalifornien und Arizona stammt diese Palmenart. Sie hat einen dicken

Watsonia galpinii

W. pillansii 'Watermelon Shades'

Watsonia pillansii

Washingtonia robusta

Stamm und wird zwischen 6 und 18 m hoch. Ihre gräulichgrünen Wedel bilden eine relativ breite, kugelförmige Krone von etwa 4,5 m Durchmesser. Zwischen den Wedelsegmenten befinden sich weiße, fadenartige Anhängsel. Die kleinen, harten, schwarzen Beeren reifen im Winter.

Washingtonia robusta

Diese Art wächst im Nordwesten Mexikos wild. Sie ist höher (bis 25 m) und mit einer 3 m breiten Krone schlanker als *Washingtonia filifera*; auch der Stamm verjüngt sich nach oben stärker. Ihre leuchtendgrünen Wedel sind im Umriß fast rund und nicht so tief eingeschnitten wie bei *W. filifera*. Die winzigen Beerenfrüchte sind dunkelbraun.

WATSONIA

Aus etwa 60, in Südafrika und Madagaskar heimischen Knollenstaudenarten besteht diese Gattung. Sie sind mit *Gladiolus* verwandt und treiben gladiolenartige Ähren mit duftenden, roten, orange- oder rosafarbenen Blüten, die stärker röhrig sind als bei Gladiolen. Die Blüten erscheinen meist von Frühjahr bis Sommer. Auch die aufrechten, schwertförmigen Blätter erinnern an Gladiolen. Es gibt immer- und sommergrüne Arten.

PFLEGE UND VERMEHRUNG: Die Knollen pflanzt man im Herbst in leichte, durchlässige Erde an einen sonnigen Standort. Die Pflanzen brauchen während der Wachstumsphase viel Wasser und vertragen nur leichten Frost. Es sind typische Kalthauspflanzen. Am besten läßt man die Horste sich ungestört ausbreiten. Man vermehrt die Pflanzen durch Samen im Herbst oder Teilung zu dichter Horste.

Watsonia aletroides

Heimisch ist diese horstbildende Art mit aufrechten, schwertförmigen, glänzenden Blättern von 40 cm Höhe in Südafrika. Vom späten Winter bis zum Frühjahr treibt sie unverzweigte, 60 cm hohe Ähren mit bis zu zwölf roten Blüten. Diese sind 5 cm lang.

Watsonia borbonica
Syn. *Watsonia pyramidata*

Diese Art erreicht eine Höhe von 1,5 m und treibt im Sommer Ähren mit hellvioletten bis rosaroten, 5 cm langen, trichterförmigen Blüten. Ihre schlanken, grünen Blätter sind schwertförmig. Die Pflanze ist nahezu immergrün, vor allem in Torfboden. Die weiß blühende ***Watsonia borbonica* subsp. *ardernei*** wird auch als eigenständige Art *W. ardernei* angesehen.

Watsonia galpinii

Die Stengel dieser Art erreichen eine Höhe von 1 m. Die meist vier bis acht grundständigen Blätter sind 30–40 cm lang und 1,5 cm breit. Sie wachsen steif aufrecht und haben verdickte Ränder. Im Spätsommer wird eine Ähre von acht bis zehn orangeroten Blüten ausgebildet, deren auswärtsgebogene Röhren nahezu zwei Drittel ihrer gesamten Länge einnehmen; Staubbeutel und Pollen sind weiß.

Watsonia humilis

Diese horstbildende, im Frühjahr blühende Art mit ihren lanzettlichen, 30 cm langen Blättern treibt bis zu 45 cm hohe Ähren zu je zwölf rosafarbenen Röhrenblüten mit breiten Lappen. Die Pflanzen ziehen während der Sommermonate ein.

Watsonia meriana

Die Art bildet ebenfalls Horste und wird 1 m hoch. Ihre aufrechten, schwertförmigen Blätter sind sowohl grund- als auch stengelständig. Die rosa bis roten Röhrenblüten haben sechs breite Kronlappen und fast schwarze Staubbeutel. Die attraktiven Blüten und der kräftige Wuchs haben diese und andere Arten zu beliebten Gartenpflanzen gemacht. Sie kann sich außerordentlich schnell über ihre Knollen und Bulbillen, die sie nach der Blüte an den Stengeln bildet, ausbreiten und dabei dichte Bestände bilden. Aus diesem Grund gilt sie in manchen Regionen als Unkraut. **'Bulbillifera'** mit größeren Blüten zeigt ebenfalls diese Ausbreitungsweise.

Watsonia pillansii
Syn. *Watsonia beatricis*

Diese immergrüne Art erreicht eine Höhe von etwa 1,2 m. An den Ähren erscheinen von Spätsommer bis Herbst lachsfarbene Trichterblüten von knapp 10 cm Länge mit sternförmig ausgebreiteter Krone. Das grüne Laub ist schwertförmig. Die Pflanze ist frosthärter als andere Arten der Gattung, gilt aber immer noch als frostempfindlich. Einige Hybriden sind aus dieser Art gezüchtet worden. Die unter dem Namen **'Watermelon Shades'** gehandelte Sorte ist womöglich die echte Wildform.

Watsonia spectabilis
Syn. *Watsonia coccinea*

Diese Art bildet einen aufrechten Busch von knapp 40 cm Höhe und entwickelt schmale, linealische oder lanzettliche Blätter. Von Winter bis Frühjahr treibt sie Ähren zu je drei bis sechs roten, rotvioletten oder rosa Blüten mit spreizenden Kronzipfeln.

Watsonia tabularis

Watsonia tabularis ist eine sehr große und farbenprächtige, büschelige Staude. Sie hat kräftige, steife Stengel, bis 2 m lang und mit vier bis fünf grundständigen Blättern. Diese sind 1 m lang, bis zu 5 cm breit und haben durchscheinende Ränder. Die Blütenähre hat einen rotvioletten Hauptstiel, ähnelt sonst aber den anderen Arten der Gattung. Die Blüten sind außen tiefrot, im Innern lachs- bis rosafarben. Die auswärtsgebogene Blütenröhre ist knapp 10 cm lang; die Staubbeutel sind als schöner Kontrast dunkelblau bis violett mit weißem Pollen.

WEDELIA

Diese Gattung zählt zur Familie der Korbblütler und umfaßt etwa 70 Arten ein- und mehrjähriger Kräuter und kleiner Sträucher, die in den Tropen und Subtropen sehr weit verbreitet sind. Die Stauden haben oft niederliegende Kriechtriebe, die an den Knoten wurzeln. Manche sind auch kletternde Arten. Die Blätter sind gegen-, die oberen manchmal wechselständig. Die gelben Blütenköpfchen zeigen die typischen Familienmerkmale: Die kleinen, zwittrigen Scheibenblüten sind von weiblichen Strahlenblüten umgeben. Die Köpfchen sind langgestielt und erscheinen einzeln oder auch in Büscheln.

PFLEGE UND VERMEHRUNG: Die nicht frostharten Pflanzen bevorzugen Sonne oder Schatten und durchlässigen Boden. Sie lassen sich durch Samen, Stecklinge oder Teilung vermehren.

Wedelia trilobata

Diese krautige Art aus Westindien und dem Norden Südamerikas ist eine kriechende Pflanze mit vielen schlanken, biegsamen Trieben, die manchmal bis zu 2 m lang sind und sich an den Knoten bewurzeln. Ihre grünen Blätter sind elliptisch bis länglich, gekerbt und leicht fleischig, bis zu 10 cm lang und leicht gelappt. Wegen ihrer kriechenden Wuchsform und goldgelben Blüten eignet sie sich als Bodendecker und Ampelpflanze. Bei trockenem Standort gedeiht sie auch unter Bäumen.

WEIGELA
WEIGELIE

Die Gattung besteht aus etwa zwölf sommergrünen Straucharten aus Japan, Korea und Nordostchina. Meist werden sie 1,8–3 m hoch und ebenso breit und haben zugespitzt elliptische, tiefgrüne Blätter von 10 cm Länge. Im Herbst ver-

Watsonia borbonica subsp. *ardernei*

Watsonia tabularis

Watsonia spectabilis

färbt sich das Laub oft orange, rot oder rotviolett. Im Mai und Juni werden reichlich weiße, rosa oder rote, manchmal auch gelbliche, glocken- oder trompetenförmige Blüten von 3,5 cm Länge ausgebildet.
PFLEGE UND VERMEHRUNG: Weigelien sind frosthart, bevorzugen in den meisten Fällen Sonne oder leichten Schatten und feuchten, fruchtbaren, dabei aber durchlässigen Boden. Zur Verjüngung werden nach der Blüte regelmäßig einige ältere Zweige ganz herausgeschnitten. Ab Sommer zieht man neue Pflanzen aus Stecklingen.

Weigela 'Bristol Ruby'

Die aufrechte Hybride, eine Kreuzung zwischen *Weigela florida* und *W. coraeensis*, wird wegen der vielen roten Blüten gezogen, die den Strauch im Mai und Juni schmücken. Sie wird 2 m hoch, hat schlanke, gebogene Zweige und dunkelgrüne, ovale Blätter.

Weigela florida 'Foliis Purpureis'

Weigela florida

Weigela coraeensis

Syn. *Weigela amabilis, W. grandiflora*

Ältere Exemplare der großen, sommergrünen Straucharten aus Japan können 4,5 m hoch werden. Die breiten, 8–12 cm langen Blätter mit haarigen Adern sind spitz. Im Unterschied zu anderen Arten sind Triebe und Blattoberseiten fast kahl. Die ungestielten Röhrenblüten sind weißlich oder dunkelrosa und an der Spitze fünflappig.

Weigela floribunda

Syn. *Diervilla floribunda*

REICHBLÜTIGE WEIGELIE

Der sommergrüne Strauch aus Japan wird etwa 3 m hoch. Er hat schlanke, zugespitzte und beidseitig behaarte Blätter. Behaart sind auch die jungen Triebe und die Außenseite der Blüten. Diese sind tiefrot, sitzen gedrängt an Kurztrieben und besitzen einen herausragenden Griffel.

Weigela florida

LIEBLICHE WEIGELIE

Dieser sommergrüne Strauch aus Japan, Korea und Nordostchina wird etwa 3 m hoch. Man schätzt seine üppigen, rosaroten Trompetenblüten im Frühjahr. **'Appleblossom'** mit panaschierten Blättern hat im Aufblühen weiße, später rosafarbene Blüten. **'Aureovariegata'** hat leuchtendgrüne, hell geränderte Blätter und 3,5 cm breite, leuchtend rosafarbene Blüten. **'Eva Rathke'** treibt rotviolette Knospen, die rot erblühen; sie ist sehr frosthart, von dichtem, aufrechtem Wuchs und wird 1,5 m hoch und breit. **'Foliis Purpureis'** trägt grünviolette Blätter; die tiefrosa Röhrenblüten sind im Innern heller und erscheinen manchmal nochmals im Herbst.

Weigela florida 'Eva Rathke'

Weigela florida 'Aureovariegata'

Weigela floribunda

Weigela japonica

Weigela coraeensis

Weigela praecox

Weigela japonica

JAPANISCHE WEIGELIE

Wie der Name schon schließen läßt, stammt dieser sommergrüne Strauch aus Japan. Er wird bis etwa 1 m hoch und nahezu halb so breit. Seine elliptischen bis länglichen Blätter sind grob gesägt, bis zu 10 cm lang und auf der Unterseite stark behaart, besonders an den Adern. Die jungen Zweige sind hingegen kahl. Im späten Frühjahr erscheinen lockere, endständige Büschel zu je drei weißen, trompetenförmigen Blüten mit rötlicher Basis.

Weigela middendorffiana

GELBBLÜTIGE WEIGELIE

Diese Art erreicht in Höhe und Breite etwa 1,8 m. Ihre typischen kurz trichterförmigen Blüten variieren in der Färbung zwischen Hellgelb und intensivem Goldbraun, der Schlund ist dagegen rötlich gefleckt. Sie toleriert Hitze, bevorzugt aber Halbschatten und braucht Schutz vor starkem Wind, um sich schön zu entwickeln.

Weigela praecox

FRÜHBLÜHENDE WEIGELIE

Diese sommergrüne Art aus Korea, China und Japan erreicht eine Höhe von etwa 1,8 m und besitzt etwas gebogene Zweige. Die schlanken Blätter sind eiförmig, auf beiden Seiten behaart und spitz zulaufend. Die rosaroten Röhrenblüten sind innen gelb und außen behaart mit gespreizten, spitzen Zipfeln, die ihnen ein sternförmiges Aussehen verleihen. Diese Art blüht besonders früh mit lockeren, achselständigen Büscheln. Die ganzrandigen Blätter von **'Variegata'** zeigen sich im Zentrum grün und außen gelblichweiß.

Weinmannia pinnata

WEINMANNIA

Mittel- und Südamerika, Madagaskar, die malaiische Inselgruppe und Inseln im Westpazifik sind Heimat der etwa 190 immergrünen Baum- und Straucharten dieser Gattung. Sie haben gegenständige, meist gefiederte Blätter, deren Jugend- und Altersform sich unterscheiden kann. Nach den aufrechten, oft auffälligen Trauben kleiner, weißer oder gelber Blüten entwickeln sich glänzende, rötlichbraune Kapseln mit zwei Kammern. Man zieht die Pflanzen wegen der attraktiven Blätter, Blüten und Früchte und als Schattenspender.
PFLEGE UND VERMEHRUNG: Sie sind nicht frosthart, gedeihen am besten in sehr durchlässigem, leicht saurem Torfboden und brauchen Sonne bis Halbschatten und viel Wasser während der Blütezeit. Rückschnitt ist möglich. Aus Samen oder Stecklingen kann man sie vermehren.

W

Weinmannia pinnata

Der aus dem Gebiet von Mexiko bis Brasilien und der Karibik stammende Strauch oder kleiner Baum wird etwa 1 m hoch und hat flaumige junge Zweige, gefiederte, 10 cm lange Blätter und kleine, weiße Blüten. Die elliptischen Fiederblätter sind gesägt.

Weinmannia racemosa

Dieser immergrüne Baum aus Neuseeland wird etwa 12–18 m hoch. Seine glänzenden Blätter sind herzförmig, scharf zugespitzt und leicht gesägt. Junge Blätter können dreiteilig gefiedert sein. Von Frühjahr bis in den Sommer treibt er weiße oder rosa, 10 cm lange, flaschenbürstenförmige Blütenähren. Die Früchte sind rot.

WELWITSCHIA

Nur eine selten kultivierte Art aus den Wüsten Namibias und Südangolas umfaßt diese bizarre Gattung. Der kurze, hohle, holzige Stamm dieses Nacktsamers hat eine zweilappige, scheibenähnliche Spitze, die an gegenüberliegenden Seiten je ein langes, bandförmiges Blatt treibt. Diese beiden Blätter bleiben für die gesamte Lebenszeit der Pflanze erhalten und reißen im Alter längs auf. Die Blütenstände der zweihäusigen Pflanze stehen an verzweigten Stielen zwischen den beiden Blättern.

PFLEGE UND VERMEHRUNG: Die sehr langsam wachsende, nicht frostharte Pflanze braucht trocken-heiße, sonnige Bedingungen und durchlässigen, ausreichend tiefgründigen Boden für ihre lange Pfahlwurzel. Während des Wachstums hält man sie mäßig feucht, im Winter ganz trocken. Die Vermehrung erfolgt durch Samen.

Welwitschia mirabilis

Syn. *Welwitschia bainesii*

Die Blätter dieser Wüstenpflanze sind ledrig, bis zu 2,5 m lang, 1 m breit und spalten sich im Alter in zahlreiche Stengeln auf. Bis zu 20 rote Zapfen werden in Gruppen an 30 cm langen Stielen ausgebildet. Unter den Schuppen der weiblichen Zapfen sitzen viele geflügelte Samen. Männliche Zapfen sind kleiner und unscheinbar.

Welwitschia mirabilis

WESTRINGIA

Die etwa 25 immergrünen Straucharten aus Australien haben vierkantige Triebe und kleine, steife Blätter in Dreier- bis Viererwirteln. In den Blattachseln erscheinen für mehrere Monate, aber vor allem im Frühjahr, zweilippige Röhrenblüten. Die obere Lippe hat zwei, die untere drei Lappen. Die winzigen Früchte sind nußähnlich.

PFLEGE UND VERMEHRUNG: Die Arten gedeihen in wintermildem Klima, viele auch in Küstenklima. Sie bevorzugen einen offenen, sonnigen Platz und vertragen fast jeden durchlässigen Boden; manche profitieren von zugesetztem organischem Material. Ausreichend Feuchtigkeit im Sommer ist wichtig, und jährlicher Rückschnitt fördert kompakten Wuchs. Zur Vermehrung legt man Samen im Frühjahr oder setzt Stecklinge im Spätsommer.

Westringia eremicola

Diese Art aus den östlichen Staaten Australiens läßt sich anspruchsloser ziehen als die bekanntere *Westringia fruticosa*, entwickelt jedoch nicht deren buschigen Wuchs. Eine kompaktere Form kann durch entsprechenden Schnitt erzielt werden. Im Sommer treibt sie weiße oder dunkelrote Blüten. *W. eremicola* toleriert armen Boden.

Westringia fruticosa

Syn. *Westringia rosmariniformis*

Das Laub dieser Art aus Ostaustralien erinnert etwas an Rosmarin. Der kompakte, kugelige Strauch wird etwa 2 m hoch und breit und ist ziemlich sparrig verzweigt. Die zu viert stehenden Blätter haben graugrüne Ober- und weißfilzige Unterseiten. Fast das ganze Jahr über erscheinen kleine, weiße Blüten mit rotviolett geflecktem Schlund. Diese Art toleriert salzige Meerluft und kann daher als Hecke in küstennahen Gärten gezogen werden. 'Morning Light' ist eine kleinere, 1 m hohe, panaschierte Sorte mit weißlich geränderten Blättern.

Westringia fruticosa

Westringia eremicola

Westringia fruticosa 'Morning Light'

Wigandia caracasana

Westringia raleighii

Westringia glabra

Diese Art, ein schnellwachsender, buschiger Strauch von etwa 1 m Höhe ist im Südosten Australiens heimisch. Die dunklen, bläulichgrünen, ovalen Blätter stehen in Wirteln zu viert und sind gut 1 cm lang. Bläulichlila Blüten erscheinen bereits im späten Winter und zeitigen Frühjahr.

Westringia raleighii

Syn. *Westringia brevifolia*

Dieser rundliche Strauch aus Tasmanien wird etwa 1,5 m hoch. Er hat kleine, elliptische, gut 1 cm lange Blätter, die in Viererwirteln an den Zweigen sitzen. Blaßlila Blüten erscheinen im Winter und Frühjahr.

WIGANDIA

Diese fünf bemerkenswerten immergrünen Straucharten aus Mittel- und Südamerika haben große, ovale bis herzförmige, gekerbte, tiefgrüne Blätter mit oft stachelig-weiß behaarter Unterseite. Die Blätter sind knapp 50 cm lang. Die Sträucher erreichen eine Höhe von 3 m oder mehr, können aber durch Schnitt kleiner gehalten werden. Blauviolette Blüten erscheinen von Frühjahr bis Herbst in großen, endständigen, aus einseitigen Ähren zusammengesetzten Rispen. Am bekanntesten ist *Wigandia caracasana* aus Venezuela.

Welwitschia mirabilis

PFLEGE UND VERMEHRUNG: Die Pflanzen benötigen feuchten, durchlässigen Boden und einen hellen Platz. Die nicht frostharten Arten zieht man in kühlem Klima unter Glas (auch im Topf). Während des Wachstums brauchen sie relativ viel, in den ruhigeren Phasen mäßig viel Wasser. Die Vermehrung erfolgt durch Samen oder Stecklinge im Frühjahr. Man sollte auf Befall von Weißer Fliege achten.

Wigandia caracasana

Syn. *Wigandia urens* var. *caracasana*

Diese variable Art aus Mexiko und Südamerika, ein immergrüner Strauch von 3 m Höhe oder mehr, entwickelt große, bis zu 50 cm lange Blätter; sie sind oval mit gewelltem Rand, auf der Oberseite tiefgrün, auf der Unterseite weiß behaart. Diese Haare können klebrig und manchmal mit längeren Stachelhaaren durchsetzt sein. Die Blüten in großen, endständigen Büscheln sind violett bis rotviolett. Diese Art wird oft gezogen, weil sie einem Garten einen gewissen »Urwaldcharakter« verleihen kann. Sie verträgt Sonne, aber weder Frost noch Trockenheit und braucht einen entsprechend geschützten Platz.

W

× WILSONARA

Diese Gruppe trigenerischer Orchideen-Hybriden besteht aus Kreuzungen zwischen den drei Gattungen *Oncidium*, *Odontoglossum* und *Cochlioda*. Die erste dieser Hybriden, × *Wilsonara* Insignis von 1916, war eine Kreuzung zwischen *Odontoglossum illustrissimum* und × *Oncidioda* Charlesworthii, aber ihre Blüten waren von geringer Qualität. Erst kürzlich, in den 80er Jahren, lebte das Interesse an Wilsonaraformen wieder stark auf, und seither wurden zahlreiche Hybridsorten kreiert. Trotz mancher Unterschiede verbinden sich bei ihnen oft die langen Blütenzweige von *Oncidium* mit den größeren, sternförmigen, rotviolett oder braun gestreiften Blüten von *Odontoglossum*.

PFLEGE UND VERMEHRUNG: Die Orchideen gedeihen in einem kühltemperierten Gewächshaus bei mindestens 10 °C im Winter. Man zieht sie in normalem Epiphyten-Substrat für Orchideen. Sie brauchen während des Wachstums im Sommer viel Luftfeuchtigkeit und Wasser sowie Schatten, im Winter nur wenig Wasser und etwas mehr Licht. Durch Teilung kann man die Pflanzen vermehren.

Wisteria brachybotrys

× *Wilsonara*-Hybriden

Die Pflanzen haben, wie auch alle Eltern-Gattungen, stark abgeflachte Pseudobulben, die an kurzen Rhizomen dicht zusammensitzen. Jede trägt an der Spitze ein oder zwei glatte, bandförmige Blätter. Die Blütenstände bestehen meist aus vielen 5–8 cm breiten Blüten. Gewöhnlich sind die Blütenblätter rotviolett und braun, die Lippe kann eine kontrastierende Färbung haben. **Maduida** hat rote Blütenblätter mit rotviolettem Schimmer und eine weiße, orange und gelb gemusterte Lippe.

WISTERIA

GLYZINE, WISTARIE, BLAUREGEN

Diese sommergrünen Kettersträucher sind ein beliebter Pergolabewuchs. Man schätzt ihre großen, herabhängenden, duftenden Blütenstände und das schattenspendende, üppige, hellgrüne Laub. Diese Gattung aus der Familie der Schmetterlingsblütler umfaßt etwa zehn Arten mit gefiederten Blättern und bohnenähnlichen Samenhülsen, die aus China, Korea, Japan und den Vereinigten Staaten stammen.

PFLEGE UND VERMEHRUNG: Glyzinen mögen Sonne und durchlässigen Humusboden. Nach einiger Zeit entwickeln sie sich zu großen, kräftigen Pflanzen und brauchen entsprechend stabile Kletterhilfen. Rückschnitt nach der Blüte und, nur falls nötig, nochmals im Winter. Durch zusätzliches Abstützen in jungen Jahren und regelmäßigen Schnitt kann man sie auch als große, freistehende Sträucher ziehen. Alle Glyzinen sind frostbeständig. Keimlinge lassen sich leicht ziehen, blühen aber erst nach mehreren Jahren.

Wisteria floribunda 'Alba'

Wisteria floribunda 'Honbeni'

× *Wilsonara*-Hybride Maduida

Wisteria sinensis

Wisteria frutescens

Die Vermehrung erfolgt durch Stecklinge oder Samen, im Spätsommer durch Absenker oder Veredlung.

Wisteria brachybotrys

Syn. *Wisteria venusta*

Diese sommergrüne Kletterpflanze kann 10 m hoch werden. Ihre tiefgrünen Blätter sind 40 cm lang und haben 9 bis 13 Fiedern. Die weißen, gelb gezeichneten, duftenden Blüten hängen in 15 cm langen Trauben herab. Die Art blüht im Frühjahr, vereinzelt zusätzlich im Herbst. Es gibt zwei Sorten: **'Murasaki Kapitan'** (Syn. *Wisteria venusta* 'Violacea') mit blauvioletten, weiß gezeichneten Blüten und **'Shiro Kapitan'** (Syn. 'Alba') mit weißen Blüten, die sich von der Stammart nur wenig unterscheidet. Gelegentlich werden gefüllte Blüten gebildet.

Wisteria floribunda

Aus Japan stammt diese kräftige, bis zu 10 m hohe Kletterpflanze. Sie treibt hängende, duftende, blauviolette Blütentrauben von teils über 50 cm Länge im Frühjahr, oft nach dem Laubaustrieb. Bis zum Herbst werden große, samtige, längliche Hülsen ausgebildet. **'Alba'** (Syn. 'Shiro Noda') ist eine schöne weißblühende Sorte mit bis zu 60 cm langen Blütenständen. Die eher zwergwüchsige **'Domino'** (Syn. 'Issai') mit violetten Blüten eignet sich für kleinere Gärten. **'Honbeni'** (Syn. 'Rosea') hat hellrosa Blüten mit weißen Spitzen. **'Macrobotrys'** (Syn. 'Multijuga') hat beeindruckende, bis zu 1 m lange, hellviolette Blütentrauben. **'Violacea Plena'** (Syn. 'Double Black Dragon') bringt im Frühsommer gefüllte, dunkel blauviolette Blüten hervor.

Wisteria frutescens

Wisteria frutescens aus dem Osten der USA treibt hell- bis rotviolette, etwa 1 cm lange Blüten in dichten, 5–12 cm langen Trauben. Die Blätter bestehen aus 9–15 eiförmigen Fiedern, die Hülsen sind 10 cm lang.

Wisteria sinensis

Syn. *Wisteria chinensis*

Diese kräftige, sommergrüne Kletterpflanze aus China ist in den Gärten die häufigste. Sie soll bis zu 30 m hoch werden. Die zart duftenden, blauvioletten Blütenstände von bis zu 30 cm Länge erscheinen im Frühjahr vor den Blättern an den kahlen Zweigen: ein beeindruckender Anblick. Die Blätter bestehen aus 7–13 Fiedern. **'Alba'** hat stark duftende, weiße Schmetterlingsblüten, die im Frühsommer in bis zu 60 cm lang herabhängenden Trauben erscheinen. **'Caroline'** treibt dunkelviolette bis blaue Blüten mit starkem Duft.

Wisteria floribunda, Kulturvarietät

Wittrockia superba

WITTROCKIA

Diese kleine Gattung mit sieben Arten aus der Familie der Bromeliengewächse findet man wild nur in den Bergen der Südküste Brasiliens. Es sind Epiphyten, terrestrische und Felspflanzen mit ungestielten Rosetten. Die dünnen, linealischen, meist bunten Blätter haben an den Rändern einige Stacheln. In den Rosetten sitzen Blütenähren mit farbigen Hochblättern und blauen oder weißen Blütenblättern.

PFLEGE UND VERMEHRUNG: In warmen, frostfreien Regionen gedeihen sie im Freien in durchlässigem Boden bei leichtem Schatten. Als Topfpflanzen im Gewächshaus brauchen sie durchlässige Bromelienerde, als Zimmerpflanzen feuchtwarme Bedingungen und helles, gefiltertes Licht. Die Vermehrung erfolgt aus Samen oder Ablegern.

Wittrockia superba

Syn. *Nidularium karatas*, *N. superbum*, *Canistrum cruentum*

In ihrer natürlichen Umgebung wächst diese 1 m hohe und ebenso breite Art auf Bäumen und Felsen sowie in der Laubstreu am Boden. Ihre langen, steifen Blätter sind glänzendgrün und besitzen rote, scharf bestachelte Spitzen. Die kegelförmige Blütenähre mit blauen und weißen Blüten sitzt im Sommer inmitten der Blattrosette, umgeben von roten Hochblättern.

WODYETIA

Lediglich eine Palmenart von der australischen Halbinsel Cape York, wo sie zwischen großen Granitfelsen wächst, repräsentiert diese Gattung. Sie wurde erst kürzlich, zu Anfang der 80er Jahre entdeckt, doch pflanzt man sie in den

Tropen und Subtropen schon häufig an. Eine Zeitlang fürchtete man um die natürlichen Bestände wegen übermäßigen Diebstahls der Samen, doch kultivierte Exemplare tragen inzwischen selber reichlich. Die Gattung wurde nach Wodyeti benannt, dem letzten männlichen Aborigine seines Clans, der in den 70er Jahren starb.
PFLEGE UND VERMEHRUNG: Die Pflanze gedeiht in warmen, frostfreien Regionen, braucht sehr durchlässigen Boden, toleriert aber große Hitze und heiße Sonne. Starker Wind beschädigt die Wedel. Sie wird durch Samen vermehrt.

Wodyetia bifurcata

Die Palme hat leuchtendgrüne, 2,5 m lange Fiederwedel, die an einen Fuchsschwanz erinnern. Sie wird 10 m hoch. Der Stamm ist leicht flaschenförmig, glatt, gestreift und besitzt einen auffälligen, hellgrünen Kronenschaft. An dessen Basis bilden sich große, verzweigte Blütenbüschel aus. Die ovalen Früchte sind 5 cm lang und werden mit der Reife orangerot.

WOLFFIA
ZWERGWASSERLINSE

Diese Gattung umfaßt acht freischwimmende Wasserpflanzenarten und ist mit *Lemna* verwandt. Diese kleinsten aller Blütenpflanzen sind fast überall in den tropischen bis warm-gemäßigten Zonen verbreitet: winzige, leuchtendgrüne Pflanzenkörper oder Glieder mit haarfeinen Wurzeln oder wurzellos. Wie die größeren Wasserlinsen treiben sie auf Stillgewässern. In einer Grube auf dem Rücken der Glieder wird jeweils eine winzige Blüte gebildet.
PFLEGE UND VERMEHRUNG: Man zieht die Pflanzen gelegentlich in Teichen als Nahrung für Wasservögel oder in Aquarien. Je nach Art variiert ihre Winterhärte. Meist lassen sie sich in Sonne oder Halbschatten gut ziehen.

Wolffia arrhiza

Diese teppichbildende Art findet man in Eurasien, Afrika und Australien. In den kühleren Monaten stirbt sie in Mitteleuropa ab, doch bei wärmeren Bedingungen kann sie das ganze Jahr hindurch ihre winzigen Blüten treiben. Die kleinen Blätter sind kugelig und 1 mm lang.

WOLLEMIA

Die Koniferengattung aus einer sehr begrenzten Bergregion in Australien (Blue Mountains) entdeckte man erst 1994. Die einzige bekannte Art, *Wollemia nobilis*, ist eng mit *Agathis* und *Araucaria* verwandt und gehört zu den seltensten Pflanzen der Erde: Nur etwa 20 ausgewachsene Bäume stehen als »lebende Fossilien« in einer tiefen, feuchten Sandsteinschlucht. Die Rinde der schlank-säulenförmigen Bäume von etwa 35 m Höhe bedecken viele schwammartigen Knöllchen; bei jungen Bäumen löst sie sich in rötlichbraunen Schuppen ab. Dieser Baum hat eine einzigartige Verzweigungsweise: Äste in Nähe der Kronenspitze entwickeln einen endständigen männlichen oder weiblichen Zapfen und werden dann im ganzen abgeworfen. Tiefer an der Krone gelegene Knospen entwickeln daraufhin eine »zweite Krone«.
PFLEGE UND VERMEHRUNG: Bisher gibt es kaum Angaben zur Kultur. In der Natur wachsen die Bäume in feuchtem, humosem Sandsteinboden. Ihre Vermehrung durch Samen und Stecklinge ist schon gelungen.

Wollemia nobilis

Die unteren Seitenzweige des Baums tragen lange, schmale, biegsame Blätter kammartig in zwei Reihen, die oberen dagegen kurze, breite und steife, aufwärts gerichtete in vier Reihen. Die kugeligen weiblichen (Samen-)Zapfen sind 10 cm lang und haben an der Spitze borstige Schuppen; zylindrische männliche (Pollen-)Zapfen von 15 cm Länge sitzen weiter unten am Baum.

WOODSIA
WIMPERFARN

Vor allem in den gemäßigten und subarktischen Regionen der nördlichen Hemisphäre kommen die 20 bis 30 sommergrünen Farnarten dieser Gattung vor, doch dehnt sich ihr Verbreitungsgebiet über die Anden auch nach Südamerika aus. Es sind Pflanzen feuchter Waldgebiete, die gern Felsspalten besiedeln, kurze Rhizome und Büschel schmaler, gefiederter Wedel haben. Die Fiedern sind tief gezähnt oder weiter unterteilt. Die Sporenkörper (Sori) an der Wedelunterseite sind halb von becherförmigen Einsenkungen umschlossen.
PFLEGE UND VERMEHRUNG: Wimperfarne sind in der Regel frostbeständig und gedeihen in kühlem Klima im Freien, am besten bei gleichmäßiger Feuchtigkeit in schattigen Steingärten. Man sollte sie in Felsspalten oder zwischen Kiesel in durchlässigen Boden setzen.

Woodsia andersonii

Diese Pflanze ist eine alpine Farnart, wächst in stattlichen Höhen von 2700 bis 3300 m und stammt aus Westchina und dem Himalaja.

WOODWARDIA
KETTENFARN

Etwa 12 kräftige, immer- oder sommergrüne Farnarten aus den warm-gemäßigten Regionen Europas, Asiens und Nordamerikas gehören zu dieser Gattung. Ihre großen, zweifach gefiederten, spreizenden oder übergebogenen Wedel sind anfänglich rot, später tiefgrün. Die Sori sitzen aufgereiht parallel zur Mittelrippe. Einige Arten kann man in Moorbeeten ziehen, wie etwa die beeindruckende ***Woodwardia gigantea***, oder an Teichrändern.
PFLEGE UND VERMEHRUNG: Je nach Art sind die Pflanzen kaum bis sehr frosthart. Sie mögen hohe Luftfeuchtigkeit, Halbschatten und sehr feuchten, neutralen bis leicht sauren Torfboden. In kühlem Klima kann man sie im Wintergarten oder Gewächshaus ziehen. Ihre Vermehrung erfolgt durch Sporen oder Ableger.

Wollemia nobilis

Worsleya rayneri

Woodwardia radicans

Woodsia andersonii

Woodwardia fimbriata

Aus kräftigen, kriechenden Rhizomen treibt die in Nordamerika heimische *Woodwardia fimbriata* große, im Umriß ovale bis lanzettliche Wedel. Diese sind dunkelgrün, werden 2–2,5 m lang und haben tiefeingeschnittene Fiedern mit zugespitzten Lappen. Die Sori sitzen kettenförmig aufgereiht an der Unterseite fertiler Wedel.

Woodwardia radicans

Diese immergrüne, sehr frostempfindliche Art kann knapp 2 m hoch werden und beinah doppelt so breit. Ihre langen Wedel sind im Umriß lanzettlich und doppelt gefiedert mit gebogenen Fiedern zweiten Grades von bis zu 10 cm Länge. Seit über 200 Jahren ist die Art eine beliebte Kulturpflanze. Durch Pflänzchen, die sich am Ende der Wedelstiele entwickeln, läßt sie sich vermehren. Sie stammt aus Südeuropa, von den Kanarischen Inseln und Madeira.

Woodwardia virginica
VIRGINISCHER KETTENFARN

Diese Art aus dem Osten Nordamerikas wirkt wie eine kleinere »Version« von *Woodwardia fimbriata*. Sie hat tiefgrüne, etwa 1 m lange Blattwedel mit ungewöhnlichen glänzendschwarzen Streifen. Sie wächst in Torfmooren wild und braucht sauren Humusboden und Sonne bis Schatten.

WORSLEYA

Die Gattung besteht aus nur einer Art, die eng mit *Hippeastrum* verwandt ist. Ihre dicke Zwiebel schaut mit dem langen Hals aus der Erde heraus; darauf sitzen einige streifenförmige Blätter. Im Winter treibt sie aus dann blattloser Zwiebel ein kurzgestieltes Büschel großer, trompetenförmiger Blüten.

Woodwardia gigantea

PFLEGE UND VERMEHRUNG: Die Zwiebelstaude braucht subtropisches Klima (oder ein geheiztes Gewächshaus), Sonne und sehr gute Drainage. Meist zieht man sie in hohen Töpfen, am besten in einer Mischung aus Granitsplittern und etwas Kompost. Die Erde darf nie austrocknen. Im Frühjahr kann man aus Samen neue Pflanzen ziehen.

Worsleya rayneri
Syn. *Hippeastrum procerum*, *Worsleya procera*

Diese Art wurde 1860 an einem Berghang in der Nähe von Rio de Janeiro entdeckt, doch erst 1899 von dem Engländer, dessen Namen sie trägt, Arthington Worsley (1861–1943), in die Gartenkultur eingeführt. Seither ist sie eine teure Rarität geblieben. Wild wächst sie in Spalten von Granitfelsen, aus denen die Blüten an den langen Zwiebelhälsen gereckt werden. Die Farbe der über 10 cm breiten Trompetenblüten variiert zwischen fast Weiß und Blauviolett, mit manchmal gefleckten Blütenblättern.

WULFENIA
KUHTRITT, WULFENIE

Diese Gattung umfaßt lediglich etwa sechs Arten kleiner, immergrüner Ro-

Wulfenia carinthiaca

Xanthoceras sorbifolium

Xanthostemon chrysanthus

Xanthorrhoea malacophylla

Xanthorrhoea preissii

X. annuum, gemischte Hybride

settenstauden aus Südosteuropa, Westasien und der Himalajaregion. Bei den meisten Arten sind die grundständigen Blätter derb, langgestielt und gekerbt. Die Blüten bilden ährenähnliche Trauben, sind blau bis rotviolett röhrenförmig und besitzen vier Lappen. Die Früchte sind Kapseln.

PFLEGE UND VERMEHRUNG: Die Pflanzen sind frosthart, vertragen kaltes Klima gut, aber keine Winternässe und sind (mit einer Ausnahme) kalkfliehend. Außerordentlich wichtig sind Sonne und feuchter, durchlässiger Boden. Die Vermehrung erfolgt durch Samen oder Teilung im Frühjahr.

Wulfenia carinthiaca

KÄRNTNER KUHTRITT

Diese kalkmeidende Art aus den Alpen und vom Balkan wird nur etwa 20 cm hoch und ebenso breit. Ihre dunkelgrünen Blätter bilden eine grundständige Rosette, sind lanzettlich bis oval, mit etwa 20 cm vergleichsweise lang, grob gekerbt und besitzen eine behaarte Unterseite. Im Sommer blüht die Pflanze mit einseitswendigen Ähren blauvioletter Röhrenblüten, die abgerundete Kronlappen kennzeichnen.

XANTHOCERAS

GELBHORN

Heimisch ist diese Gattung mit nur einer Art in China. Der sommergrüne Strauch oder kleine Baum ist mit *Koelreuteria* verwandt, aber von ganz anderer Erscheinung. Die duftenden, aufrechten Blütenähren ähneln denen der Roßkastanie.

PFLEGE UND VERMEHRUNG: Die Pflanze verträgt zwar niedrige Temperaturen im Winter, braucht aber Schutz vor Spätfrost. Sonst läßt sie sich leicht ziehen. Für eine reiche Blüte sind lange Sommer wichtig. Sie mag durchlässigen, guten Lehmboden, der auch leicht basisch sein kann, braucht viel Sonne, gedeiht aber auch in kühleren Gegenden an einem geschützten, warmen Platz. Leichter Schnitt erhält die Form. Gelegentlich wird das Gelbhorn vom Rotpustelpilz befallen. Man vermehrt die Pflanze durch stratifizierten Samen im Frühjahr, im Winter durch Wurzelschnittlinge oder Schößlinge.

Xanthoceras sorbifolium

Der sommergrüne, aufrechte, 4,5 m hohe Strauch oder kleine Baum aus China mit fleischigen, gelben Wurzeln hat leuchtendgrüne Blätter aus scharf gezähnten Fiedern und trägt im Mai und Juni in den Blattachseln weiße Blüten in aufrechten Trauben. Jede Blüte hat in der Mitte einen roten Fleck. Der deutsche Name bezieht sich auf hornförmige Fortsätze der Nektarscheibe zwischen den Kronblättern. Die Frucht ist eine birnenförmige Schote mit kastanienartigen Samen.

XANTHORRHOEA

GRASBAUM

Zu dieser kleinen Gattung zählen immergrüne, langlebige Pflanzen mit grasähnlichem Laub, die aus Australien stammen. Sie wachsen nur langsam. Ältere Exemplare sind stammlos oder entwickeln einen dicken, manchmal verzweigten Stamm mit dichter Krone aus langen, ziemlich steifen Blättern. Bei jungen Pflanzen dauert es 20 Jahre oder länger, bis sich ein Stamm entwickelt. Sporadisch erscheinen im Frühjahr (oder nach einem Brand) bis zu 1,5 m lange, speerähnliche Blütenstände mit einem holzigen, bis zu 2 m langen Stiel, an denen sich viele kleine weiße Blüten drängen. Die ledrigen Fruchtkapseln sind von den geschwärzten Hochblättern umgeben. Das durchsichtige Harz des Stamms verwendete man früher in Lacken und anderen Produkten. Grasbäume wurden schon zu den Familien der Binsen- und der Liliengewächse gestellt. Inzwischen gelten sie als eigenständige Familie.

PFLEGE UND VERMEHRUNG: Grasbäume sind nicht frosthart, brauchen einen offenen, sonnigen Platz und durchlässigen Boden, da sie anfällig für Wurzelfäule sind. Man kann sie auch in Kübeln ziehen. Ihre Vermehrung erfolgt durch Samen im Herbst oder Frühjahr.

Xanthorrhoea australis

Ein dichtes Büschel schmaler, gebogener, grasartiger Blätter (1 m lang) sprießt aus einem Stamm, der aus den Basen unzähliger alter Blätter besteht, die von Harz zusammengehalten werden. Erst nach 30 Jahren oder mehr hat sich unter dem Blattschopf ein Stamm entwickelt. Nach 10 bis 15 Jahren erscheinen hin und wieder die Blütenschäfte mit ihren kleinen, weißen oder gelblichen, nach Honig duftenden Blüten, oft nach einem Buschfeuer.

Xanthorrhoea malacophylla

Dieser Grasbaum ist eine der größten Arten der Gattung: Sein Stamm ist gut 5 m hoch und im Alter oft verzweigt. An jedem Ast sitzt dann eine üppige Rosette langer, hängender, leuchtendgrüner Blätter, die relativ weich sind. Jede Rosette kann eine 1,5 m lange Blütenähre an einem kräftigen, 2 m langen Stengel treiben. Die zahlreichen kleinen, weißen Blüten öffnen sich vom späten Herbst bis Mitte Frühjahr.

Xanthorrhoea preissii

Diese Art hat einen aufrechten oder leicht gedrehten, oft schwarz versengten Stamm, der im Alter gut 5 m hoch werden kann, und eine Krone langer, gebogener Grasblätter. An der Spitze einer langen Ähre hoch über der Krone erscheinen dicht gedrängt gelblichweiße Blüten, die sich zu bräunlichen Kapselfrüchten entwickeln.

XANTHOSOMA

GOLDNARBE, TANIA, OKUMO

Etwa 45 Arten von Knollenstauden, heimisch in den Tropen Amerikas, machen diese Gattung aus der Familie der Aronstabgewächse aus. Einige der Arten, die eine gewisse Ähnlichkeit mit *Colocasia* (Taro) haben, kultiviert man wegen des schönen Laubs, andere wegen ihrer eßbaren Wurzelknollen. Über der Erde haben sie kurze, dicke Stämme und langgestielte, herz- bis pfeilförmige Blätter, die je nach Art bis zu 1,5 m lang werden. Der gelbe oder weiße Blütenkolben (Spadix) wird größtenteils von der grünen oder gelblichweißen, etwa 10 cm langen Spatha verdeckt.

PFLEGE UND VERMEHRUNG: Die tropischen Pflanzen brauchen nährstoffreichen, feuchten Boden und feuchtwarme Klimabedingungen. Im Winter sollte die Temperatur über 10 °C liegen, da sonst das Laub abstirbt. Durch Samen, Stecklinge oder Teilung der Wurzelknollen im Frühjahr oder Sommer lassen sie sich vermehren.

Xanthosoma sagittifolium

Die Wurzel dieser Art erinnert an Süßkartoffeln. Sie gedeiht überall im tropischen Tiefland und ist besonders in der Karibik und in Westafrika als Gemüsepflanze sehr beliebt. Gegessen werden dabei ausschließlich die seitlichen Knollen, die Hauptknolle läßt man im Boden. Auch die pfeilförmigen Blätter sind eßbar. Die grünlichweißen Blüten können das ganze Jahr über erscheinen.

Xanthosoma violaceum

Syn. ***Xanthosoma nigrum***

An den dunkelvioletten, 1 m langen Trieben dieser Art sitzen wunderschön geäderte, pfeilförmige Blätter. Während des ganzen Jahres erscheinen die hellgelben Aronstabblüten. Die attraktive Blattpflanze eignet sich für warme Tropengärten. Die Knollen haben rosa Fleisch und sind eßbar.

XANTHOSTEMON

Zur Familie der Myrtengewächse zählend, versammelt diese Gattung etwa 40 immergrüne Baumarten aus einem Gebiet vom Nordosten Australiens bis zur malaiischen Inselgruppe und nach Neukaledonien. Die ledrigen, ovalen Blätter sind glänzend dunkelgrün, der Neutrieb in der Regel bräunlichrosa. An den Zweigspitzen sitzen Büschel mit fünfzähligen, weißen bis goldgelben, langgestielten Blüten.

PFLEGE UND VERMEHRUNG: Diese Bäume brauchen warme, frostfreie Klimabedingungen, bevorzugen Sonne oder Halbschatten, Humusboden und reichlich Feuchtigkeit. Förderlich ist in vielen Fällen Windschutz. Man vermehrt sie im Herbst durch Samen oder Stecklinge.

Xanthostemon chrysanthus

In tropischen und subtropischen Gärten seiner Heimat erreicht dieser beliebte Baum etwa 10 m Höhe, wild wird er jedoch höher. Auffällige Blütenstände leuchtendgelber Blüten mit unzähligen, langen Staubgefäßen erscheinen meist im Winter, bei Regen auch zu anderer Zeit. Die großen Blätter haben eine hellgrüne Mittelrippe.

XERANTHEMUM

PAPIERBLUME

Die lediglich fünf bis sechs einjährigen Arten dieser Gattung sind in einem Gebiet vom Mittelmeerraum bis zum Iran beheimatet. Wie Strohblumen behalten ihre getrockneten Blütenköpfchen viele Jahre Form und Farbe. An den aufrechten, verzweigten Stengeln sitzen schmale, weißliche Blätter. Die einzelnen Blütenköpfchen sind lang gestielt. Kleine, fruchtbare Scheibenblüten sind von papierartigen, weißen, rotvioletten oder rosa Hüllblättern umgeben.
PFLEGE UND VERMEHRUNG: Sie stehen am besten in der Sonne in fruchtbarem, durchlässigem Boden. Zur Vermehrung wird im Frühjahr der Samen an Ort und Stelle ausgesät.

Xeranthemum annuum

PAPIERBLUME, SPREUBLUME, IMMORTELLE

Diese einjährige Pflanze liefert, wie der deutsche Name andeutet, schöne Trockenblumen. Im Sommer treibt sie Köpfchen mit rotvioletten Blüten, die aber auch weiß, rosa und dunkelrot, einfach oder gefüllt sein können. Die silbrigen Blätter sind lanzettlich. Die Pflanzen erreichen eine Höhe von etwa 60 cm und eine Breite von 45 cm. Samen werden in der Regel als gemischte Hybriden angeboten.

XERONEMA

Zu dieser Gattung gehören nur zwei sehr selten im Garten und in freier Natur anzutreffende Arten. Sie sind in Neukaledonien und auf den felsigen, vulkanischen Poor Knights-Inseln nordöstlich von Neuseeland beheimatet. Zwischen den irisartigen, ledrigen, schwertförmigen Blättern erscheinen einseitswendige Trauben mit strahlendroten Blüten.
PFLEGE UND VERMEHRUNG: Man kann die Pflanzen aus Samen oder durch vorsichtige Teilung vermehren, doch hat sich erst Gewebekultur als wirklich erfolgreich erwiesen. Auch bei nahrhaftem Boden kann es einige Jahre bis zur Blütenbildung dauern. Sie braucht frostfreies Klima und humosen Boden mit Zusätzen von Bimsstein oder Schlacke für guten Wasserabzug.

Xeronema callistemon

Die ungewöhnlichen, schönen Blüten dieser Staude sieht man nur außerordentlich selten. Ihre leuchtendroten Staubgefäße stehen in Massen in einem 15 cm langen, bürstenförmigen Blütenstand zusammen. Die Blüten werden durch nektarfressende Vögel bestäubt, die sich auf diesen horizontalen »Sitzstangen« niederlassen. In kühl-gemäßigtem Klima kann die Art nur im Gewächshaus gezogen werden.

XEROPHYLLUM

BÄRENGRAS, TRUTHAHNBART

Die Gattung aus Nordamerika besteht aus drei Arten horstiger Rhizomstauden. Das Laub ist meist ein unordentliches Büschel langer, harter, grasähnlicher Blätter. Viel beeindruckender sind die Blütenstände: Sie bestehen aus einer Vielzahl sternförmiger, weißer Blüten und erscheinen im Sommer an steifen, bis zu 2 m hohen Trieben.
PFLEGE UND VERMEHRUNG: Man pflanzt sie in feuchten, humosen Boden in die Sonne. Das frostbeständige Bärengras ist nicht einfach zu ziehen. Einmal etablierte Pflanzen läßt man ungestört wachsen. Die Vermehrung erfolgt durch Aussaat im Herbst.

Xerophyllum tenax

Dies ist eine elegante, horstbildende Rhizomstaude aus dem Westen Nordamerikas. Sie hat grasähnliche, grundständige Blätter von 1 m Länge. Darüber erhebt sich im Sommer ein bis zu 1,5 m langer, blühender Stengel mit einer dichten Ähre weißer, sternförmiger Blüten. Die Art braucht einen sonnigen Platz und feuchten Moorboden.

XYLOMELUM

Diese kleine Gattung aus Australien umfaßt fünf immergrüne, kleine Baumarten mit ledrigen Blättern. Ihre kurzen Blütenähren ähneln denen von *Grevillea* und *Hakea*, die zur selben Familie gehören. Die ungewöhnlichen Pflanzen wachsen in wärmeren gemäßigten und tropischen Regionen. Als Früchte bringen sie holzige, große, birnenförmige Samenkapseln hervor.
PFLEGE UND VERMEHRUNG: Sie sind nicht frosthart, brauchen nahrhaften, durchlässigen Sandboden und Sonne. Junge Pflanzen benötigen ausreichend Wasser, Schutz vor Frost und werden für einen kompakten Wuchs beschnitten. Die Vermehrung erfolgt durch Samen im Winter.

Xylomelum occidentale

Der Baum mit breiter Krone und dunkelbrauner, schuppiger Rinde wird 8 m hoch. Die großen, tiefgrünen Blätter ähneln denen bestimmter Eichen und haben bestachelte Ränder. Im Sommer erscheinen Zweige mit cremefarbenen Blüten und danach auffällige birnenförmige, bis zu 10 cm lange Früchte. Sie werden mit der Reife rötlichbraun und bleiben noch an der Pflanze, nachdem sie ihre Samen entlassen haben. Sie eignen sich für Trockensträuße.

YUCCA

PALMLILIE

Dies ist eine Gattung mit etwa 40 Arten ungewöhnlicher, immergrüner Stauden, Sträucher und Bäume aus den trockeneren Regionen Nordamerikas. Sie bilden Rosetten steifer, schwertförmiger Blätter, meist mit scharfem Stachel an der Spitze. Manche entwickeln im Alter einen aufrechten, holzigen, auch verzweigten Stamm. Sie treiben auffällige hohe Rispen mit hängenden, weißen oder gelblichen, glocken- bis schalenförmigen Blüten. In ihrer Heimat werden Palmlilien von der Yuccamotte bestäubt; woanders entwickeln sich die fleischigen oder trockenen Kapselfrüchte nur bei künstlicher Bestäubung.
PFLEGE UND VERMEHRUNG: Die Pflanzen gedeihen am besten bei geringer Feuchtigkeit, brauchen Sonne und sehr durchlässigen Sandboden. Je nach Art sind sie in unterschiedlichem Maße frosthart. Man kann sie durch Samen (falls erhältlich), Stecklinge oder Ableger im Frühjahr vermehren.

Yucca aloifolia

Diese sehr frostempfindliche Art hat sehr scharfe, schwertförmige, gräulichgrüne Blätter von 60 cm Länge und 2,5–5 cm Breite mit glatten Rändern. Sie entwickelt einen verzweigten, bis zu 8 m hohen Stamm, bleibt in Kultur aber oft kleiner. Blüten treibt sie meist im Sommer, manchmal aber auch bis in den Herbst hinein, in aufrechten, bis zu 60 cm langen Rispen. Die schalenförmigen, weißen Blüten sind rotviolett überhaucht und etwa 5 cm breit. Die Früchte sind fleischig. Es gibt mehrere panaschierte Sorten: **'Marginata'** mit gelben Rändern, **'Tricolor'** mit weißer oder gelber Mitte und **'Variegata'** mit gelblich-weißem Rand der Blätter.

Yucca australis

Der Namensteil *australis* bedeutet einfach »aus dem Süden« und ist häufiger Bestandteil von Pflanzennamen. Hier bezieht er sich auf den Süden Mexikos, wo diese Yuccaart heimisch ist. Die nicht frostharte *Yucca australis* gehört zu den größeren Arten und kann in Kultur eine beeindruckende Größe erreichen: In Valencia in Spanien steht ein altes Exemplar, das bei einem Stammumfang von 9 m etwa 7,5 m hoch ist. Diese Art verzweigt sich zu zahlreichen Rosetten mit schmalen, schwertförmigen Blättern und aufrechten, weißen Blütenrispen. In Mexiko wurde die Pflanze früher als Abführmittel verwendet.

Yucca baccata

Sie stammt aus dem Südwesten der Vereinigten Staaten und Nordmexiko und erreicht eine Höhe von 1,5 m. Ihre gedreh-

Yucca australis

Yucca aloifolia 'Marginata'

Yucca aloifolia

Yucca baccata

Xeronema callistemon

Xylomelum occidentale

X Y

ten, dunkelgrünen Blätter haben einen gelben oder blauen Schimmer und sind an der Basis flexibel. Die hängenden Glockenblüten sind weiß oder gelblich und oft rotviolett überhaucht. Sie ist nicht frosthart.

Yucca baileyi

Diese nicht frostharte Art wächst auf verfestigtem Sandboden und ist im Gras- und Waldland des nordmexikanischen Hochlands heimisch. Sie bildet einen kleinen, dichten Horst aus hell- bis gelbgrünen, weiß gesäumten Blättern. Der Blütenstand wird im Frühsommer ausgebildet: eine einfache Traube mit grünlichweißen, intensiv rotviolett überlaufenen Blüten.

Yucca brevifolia
JOSUABAUM, JOSHUA TREE

Dieser bekannte Baum mit seiner auffälligen, etwas ungeschlachten Gestalt wird in seiner Heimat über 10 m hoch. Die kurzen, schmalen Blätter haben eine scharfe Spitze und feingezähnte Ränder. In einem langen, aufrechten Blütenstand erscheinen grünlichweiße, gut 5 cm lange Blüten; danach entwickeln sich trockene Kapseln. Diese äußerst langsam wachsende Art läßt sich mitunter schwer kultivieren, sogar in ihrer Heimat, dem Süden der USA und Nordmexiko. Sie ist frostempfindlich. In der Natur ist ihre Blütenbildung unregelmäßig und vom Niederschlag abhängig. In Kultur blüht sie meist im späten Frühjahr.

Yucca elephantipes

Yucca carnerosana

Diese baumartige Art aus Texas und Nordmexiko kann mehr als 4,5 m Höhe erreichen und ist nicht frosthart. Ihre steifen Blätter mit glatten Rändern sind 1 m lang und knapp 10 cm breit. Die hellgraue Rinde schimmert rötlichbraun; der bis 2 m hohe Blütenstand besteht aus weißen Hochblättern und Blüten. Die Früchte sind fleischig.

Yucca desmetiana

Diese nicht frostharte Art, benannt nach Kulturpflanzen unbekannter Herkunft, stammt vermutlich aus Mexiko. Sie wird 2 m hoch, hat viele Stämme und kurze, gedrängte, zurückgebogene Blätter. Sie sind grün mit rotviolettem Schimmer, werden in der Sonne aber rotviolett bis bronzefarben. Blüten erscheinen selten.

Yucca elephantipes
Syn. *Yucca gigantea*
RIESENPALMLILIE

Die in Mexiko und Mittelamerika heimische Art entwickelt einen rauhen, dicken, sich vielfach verzweigenden Stamm und wird 9 m hoch. In Kultur bleiben die nicht

Yucca glauca

Yucca gloriosa

Yucca recurvifolia

Yucca rostrata

frostharten Pflanzen meist kleiner. Ihre glänzend dunkelgrünen Blätter mit feingesägten Rändern sind gut 1 m lang und 8 cm breit. Von Sommer bis Herbst treibt sie weiße, leicht hängende Glockenblüten in großen Rispen.

Yucca filamentosa
ADAMSNADEL, FÄDIGE PALMLILIE

Die Blätter dieser frosthärtesten Yuccaart aus dem Osten der USA bilden grundständige Rosetten und sind am Rand mit weißen Fäden besetzt. Sie werden bis zu 1 m lang, sind dünn und bläulich-graugrün. Nickende, 5 cm lange, weiße Blüten erscheinen im Sommer in aufrechten, bis zu 2 m hohen Rispen. Sie ist in den meisten Teilen Mitteleuropas winterhart.

Yucca brevifolia

Yucca filifera 'Golden Sword'

Yucca filifera

Meist ist diese frostempfindliche mexikanische Art als niedriger Blätterhorst zu sehen, doch kann sie als Baum knapp 10 m hoch werden und sich stärker verzweigen. Junge Exemplare ähneln *Yucca filamentosa*, doch haben sie kürzere, dünnere Blätter mit wenigen Fäden am Rand. Die hängenden Blüten der hohen sommerlichen Rispen sind gelblichweiß. **'Golden Sword'** hat gelbe Blattränder; die Blüten von **'Ivory'** sind gelblichweiß mit grünem Schimmer.

Yucca glauca
Syn. *Yucca angustifolia*

Dies ist eine kleine, büschelige Art ohne Stamm aus den zentralen Regionen der USA. Sie ist frosthart und hat blaugrün bereifte, schwertförmige Blätter mit weißen Rändern und wenigen grauen Fäden. Im Sommer erscheinen in einer 1 m hohen Traube duftende, grünlichweiße, oft rötlichbraun überlaufene Blüten.

Yucca gloriosa

Die steifen, schwertähnlichen Blätter dieser frostempfindlichen Art sind anfänglich gräulich, werden mit der Zeit aber intensiver grün. Weiße, außen rosa schimmernde Blütenglocken werden von Sommer bis Herbst in aufrechten Rispen ausgebildet. Heimisch ist diese Art im Südosten der USA. Meist sieht man sie als stammlosen Blätterbusch, doch kann sie mit den Jahren einen Stamm von 2 m Höhe oder mehr entwickeln.

Yucca recurvifolia
Syn. *Yucca pendula*

Diese ungewöhnliche Pflanze aus dem Südosten der Vereinigten Staaten wird

Yucca carnerosana

Yucca filamentosa

Yucca filifera

Yucca treculeana

Yucca whipplei

2–3 m hoch. Sie hat mehrere kurze Stämme und lange, bläulich-dunkelgrüne, oft überhängende Blätter. Im Sommer treibt sie an einer 1 m hohen Rispe gelblichweiße Blüten.

Yucca rostrata

Diese baumförmige, sehr frostempfindliche Art aus dem Süden der USA und Nordmexiko wird 4,5 m hoch und bildet mit ihren schmalen, steifen Blättern eine symmetrische Rosette. Diese Blätter sind gräulich bereift und haben feingezähnte, gelbe Ränder. Der rispige Blütenstand kleiner, weißer Blüten erscheint im Herbst.

Yucca treculeana

Sie ist eine sommerblühende, nicht frostharte Art aus Texas und Westmexiko von 4,5 m Höhe. Ihr Stamm wird gut 1 m hoch und wird von einer symmetrischen Rosette mit steifen, bläulichgrünen Schwertblättern gekrönt. Der Blütenstand ist lang pyramidenförmig, die weißen Blüten schimmern oft rotviolett. Die Früchte sind bis zu 10 cm lang.

Yucca whipplei

Kennzeichnend für diese sehr frostempfindliche Yuccaart sind sehr schmale, graugrüne Blätter, die eine fast perfekte Kugel bilden. Heimisch ist sie in den niedriger gelegenen Regionen an Kaliforniens Küste. Von Sommer bis Herbst entwickeln sich in einem aufrechten, 3,5 m hohen Blütenstand dicht gedrängt gelblichweiße, manchmal rotviolett überlaufene Blüten.

ZAMIA

Die größte und vielfältigste aller amerikanischen Gattungen aus der Familie der Palmfarne umfaßt vermutlich mehr als 60 Arten aus einem Gebiet von Florida über die Karibischen Inseln bis zum Norden Südamerikas. Zu ihnen zählen die kleinsten Palmfarnarten. In den meisten Fällen haben sie einen kurzen, unterirdischen oder oberirdischen Stamm und übergebogene, gering bis stark gefiederte Wedel. Die Fiedern sind meist glatt und am Rand oft gezähnt oder gesägt. Männliche und weibliche Zapfen sitzen an unterschiedlichen Pflanzen und sind von unterschiedlicher Form. Aus den Stämmen mancher Arten wurde Speisestärke hergestellt.

PFLEGE UND VERMEHRUNG: Diese Palmfarne wachsen unter unterschiedlichen Klimabedingungen, gedeihen aber meist in den Tropen oder Subtropen am besten. Sie brauchen Halbschatten, durchlässigen Boden, während des Wachstums viel, sonst wenig Wasser und sind hervorragende Kübelpflanzen. Vermehrt werden sie im Frühjahr durch frischen Samen nach Entfernen der fleischigen Hülle.

Zamia pumila

Diese kleine Art ist in lichten Wäldern und im Grasland überall in der Karibik heimisch. Sie entwickelt verzweigte unterirdische Stämme. Ihre dunkelgrünen, ledrigen, farnartigen Wedel wachsen aufrecht oder ausgebreitet und sind knapp 1 m lang. Männliche Zapfen sind zylindrisch, weibliche eiförmig und beide rotbraun gefärbt. Am besten gedeiht die Art in der Sonne als hübsche Rabatten- oder Kübelpflanze.

ZANTEDESCHIA
KALLA

Die bekannte Gattung aus der Familie der Aronstabgewächse umfaßt sechs Knollenstaudenarten aus Süd- und Ostafrika. Der Blütenstand besteht aus einer trichterförmigen, weißen, gelben oder rosa Spatha und einem zentralen, fingerähnlichen, gelben Blütenkolben (Spadix). Die Blätter sind glänzendgrün und meistens pfeilförmig.

PFLEGE UND VERMEHRUNG: Die verschiedenen sommer- oder immergrünen Arten vertragen höchstens in sehr geringem Maße Frost und in der Regel keine Trockenheit, bevorzugen durchlässigen Boden und Sonne oder Halbschatten. *Zantedeschia aethiopica* wächst gern amphibisch an öfter überschwemmten, sumpfigen Standorten. Die Vermehrung erfolgt durch Seitentriebe im Winter.

Zantedeschia aethiopica
ZIMMERKALLA

Diese Art zieht eigentlich den Sommer über ein, kann bei genügend Feuchtigkeit aber auch grün bleiben. Sie läßt sich auch bis zu 30 cm tief im Wasser ziehen. Die Zimmerkalla erreicht in Höhe und Breite 60–90 cm. Ihre breiten, dunkelgrünen Blätter bilden große Büsche. Von Frühjahr bis Herbst sprießen große, weiße Blüten mit gelbem Spadix. **'Crowborough'** verträgt mehr Kälte und eignet sich für kühleres Klima, kann etwa in Großbritannien auch im Freiland gezogen werden. Sie wird etwa 1 m hoch. Die Spatha von **'Green Goddess'** ist interessant grün gezeichnet.

Zantedeschia elliottiana
GOLDENE KALLA

Dies ist eine sommerblühende Art mit gelbem Spadix und gelber Spatha. Manchmal entwickeln sich anschließend leuchtendgelbe Beeren. Die Pflanze wird 60–90 cm hoch und 60 cm breit. Die herzförmigen, halbaufrechten Blätter haben zahlreiche weiße Flecken oder Streifen.

Zantedeschia, Neuseeländische Hybriden

Die Blütenfarbe dieser Hybriden, Kreuzungen zwischen *Zantedeschia rehmannii* und *Z. elliottiana*, variieren zwischen Rot, Rosa, Bronzefarben und Orange. Einige besitzen gefleckte Blätter. Es gibt Zwergformen, doch die meisten werden mindestens 60 cm hoch und 20 cm breit. Die Pflanzen sind noch anspruchsvoller als ihre Elternarten, brauchen Wärme und sehr nahrhaften Boden. Die Sorte **'Brigadier'** blüht blaß rotorange; die Orangefärbung von **'Mango'** hängt von der Umgebung ab: Bei leicht basischem Boden blüht sie intensiver als bei saurem. Die »Blüte« ist etwa 15 cm breit, die Blätter sind gefleckt.

Zantedeschia rehmannii
ROSA KALLA

Diese sommerblühende Pflanze hat eine dunkelrote bis rosaviolette Spatha mit hellerem Rand und einem gelben Spadix. Ihre grünen, halbaufrechten Blätter sind im Gegensatz zu denen anderer Arten nicht pfeilförmig. Sie wird 40 cm hoch und 30 cm breit, ist sehr frostempfindlich, mag gut zersetzten Boden, einen geschützten Platz und Halbschatten.

ZAUSCHNERIA
KOLIBRITROMPETE

Dies ist eine Gattung mit etwa vier sehr ähnlichen Arten buschiger Stauden aus Mexiko und dem Südwesten der USA, die aus gärtnerischer Sicht als Abwandlungen von *Zauschneria californica* betrachtet werden können. Man zieht sie wegen der Vielzahl orangefarbener bis roter Röhrenblüten. Einige Botaniker rechnen sie heute zur Gattung *Epilobium* (Weidenröschen).

PFLEGE UND VERMEHRUNG: Die Pflanzen sind bedingt frostbeständig. Man zieht sie in der Sonne, warm und geschützt, in gutdurchlässigem Boden. Die

Zantedeschia, Neuseel.-H., 'Mango'

Zantedeschia, Neuseel.-H., 'Brigadier'

Zantedeschia rehmannii

Zantedeschia aethiopica

Z. aethiopica 'Green Goddess'

Zantedeschia elliottiana

Y Z

Zauschneria californica

Zauschneria californica subsp. *cana*

Zauschneria septentrionalis

Zea mays

Zelkova serrata

Vermehrung kann durch Samen oder Teilung im Frühjahr sowie durch die Stecklinge von Seitentrieben auch im Sommer erfolgen.

Zauschneria californica
Syn. *Epilobium canum* subsp. *canum*

Die leuchtendroten Blüten dieser Art, im Spätsommer und Frühherbst in endständigen Ähren an aufrechten, schlanken Stengeln ausgebildet, erinnern leicht an Fuchsien. Dieser immergrüne Strauch hat lanzettliche, 2,5 cm lange Blätter, ist äußerst variabel und wird 30–60 cm hoch, bei einer Breite von 1–2 m. Er braucht nur wenig Wasser. ***Zauschneria californica*** **subsp. *cana*** (Syn. *Zauschneria cana*) ist ein kleiner, schößlingetreibender Strauch von 60 cm Höhe. Er hat filziggraues Laub und größere, strahlendrote Blüten. Die kompaktere, 30 cm hohe ***Z. c.*** **subsp. *canum* 'Dublin'** (Syn. 'Glasnevin') mit leuchtend orangeroten Blüten wurde in Glasnevin Gardens in Irland kreiert. Alle genannten Formen sind sehr frostempfindlich, es gibt aber auch frosthärtere.

Zauschneria septentrionalis
Syn. *Epilobium septentrionale*

Beheimatet ist diese Art, eine eher mattenbildende Pflanze von 20 cm Höhe, im Westen Nordamerikas. Ihre Blätter sind grauweiß und filzig. Die Blüten sind leuchtend orangerot gefärbt. Sie ist ebenfalls sehr frostempfindlich.

ZEA
MAIS

Heute rechnet man zu dieser Gattung vier ein- oder mehrjährige Gräserarten aus Mittelamerika. Die als Feldfrucht angebaute Form ist möglicherweise eine alte Hybride: Ihre Körner entdeckte man bei 5600 Jahre alten archäologischen Funden. Die Pflanzen haben endständige, männliche Rispen mit vielen Ährchen. Der weibliche Blütenstand besteht aus unzähligen Ährchen, die in Reihen an einer dicken Achse sitzen. Nur ihre langen, seidigen Griffel ragen aus der Blatthülle. Danach entwickelt sich ein Kolben mit fleischigen Körnern. Man zieht Zierformen mit panaschierten Blättern und mehrfarbigen Kolben.
PFLEGE UND VERMEHRUNG: Die Pflanzen brauchen Sonne und fruchtbaren, feuchten, durchlässigen Boden. Sie sind anfällig für Blattlausbefall. Die Vermehrung erfolgt durch Samen im Winter oder Frühjahr.

Zea mays
MAIS

Dieses robuste, einjährige Gras wird 3,5 m hoch und hat übergebogene, lanzettliche, gewachste Blätter. Es treibt endständige, männliche Blütenrispen von 20 cm Länge und ebenso lange, weibliche Blütenstände. Im Spätsommer oder Frühherbst entwickeln sich die Kolben, meist mit gelben, süßen, eßbaren Körnern. **'Golden Beauty'** ist eine sehr geschätzte Sorte.

ZELKOVA
ZELKOVE

Die sommergrünen Bäume zieht man wegen des attraktiven Wuchses und schönen Laubs. Ihre Heimat erstreckt sich von Kleinasien über die kühlen Regionen Westasiens bis nach China und Japan, wo sie wichtige Holzlieferanten sind. Die Blätter ähneln denen mancher Ulmen, sind aber kleiner und wirken eleganter. Obwohl die Bäume mit den Ulmen verwandt sind, werden sie nicht von den gleichen Krankheiten befallen und sind bereits eine beliebte Alternative. Im Frühjahr erscheinen kleine, grünliche, manchmal duftende Blüten, die ebenso unscheinbar sind wie die Früchte.
PFLEGE UND VERMEHRUNG: Zelkoven sind zwar frosthart, bevorzugen aber einen geschützten Platz. Sie brauchen Sonne und tiefen, fruchtbaren, durchlässigen Boden. Man vermehrt sie aus Samen oder Stecklingen im Herbst oder durch Veredlung.

Zelkova carpinifolia
KAUKASISCHE ZELKOVE

Vom Kaukasus und aus Kleinasien stammt dieser langsamwachsende Baum, der sehr alt werden kann. Er wird 3 m hoch und 15 m breit. Seine schlanken, aufrechten Äste und hängenden Zweige bilden eine dichte und rundliche Krone. Die mittelgrünen, zugespitzten, gesägten Blätter haben eine rauhe Oberseite. Im Frühjahr erscheinen duftende, aber unscheinbare Blüten.

Zelkova serrata
JAPANISCHE ZELKOVE

Der attraktive Baum aus Japan, Korea und Taiwan von ausgewachsen mindestens 25 m Höhe und mit ausladender Krone hat eine glatte, graubraun gefleckte Rinde, die jungen Triebe schimmern rotviolett. Die zugespitzten, länglichen, scharf gesägten Blätter sind hellgrün mit leicht behaarter Oberseite und glänzender Unterseite. Im Herbst verfärbt sich das Laub goldgelb bis rostbraun. Zu den Sorten gehören **'Village Green'** und die gut 10 m hohe **'Green Vase'** mit eleganter Vasenform.

ZENOBIA
ZENOBIE

Nur aus einer sommer- oder halbimmergrünen Strauchart besteht diese Gattung aus dem Südosten der USA, wo sie in Heiden und am Rand von Kiefernwäldern wächst. Sie hat leicht aufwärts gebogene Äste und wird wegen ihrer attraktiven Blüten gezogen.
PFLEGE UND VERMEHRUNG: Der Strauch ist frosthart. Er braucht feuchten, sauren, durchlässigen Boden und Halbschatten, im Sommer viel Wasser und sauren Dünger. Nach der Blüte kann man ihn schneiden. Vermehrt wird er durch Samen, Absenker, Schößlinge oder Stecklinge im Sommer.

Zenobia pulverulenta

Diese Art kann 2 m hoch werden, bleibt aber oft wesentlich kleiner. Charakteristisch sind die jung blaugrau bereiften Zweige und Unterseiten der ovalen, stumpf gezähnten Blätter. Im Sommer werden Büschel mit 20 oder mehr duftenden, weißen Glockenblüten an 20 cm langen Stielen ausgebildet.

ZEPHYRANTHES
ZEPHIRBLUME

Zu der Gattung gehören etwa 70 Zwiebelstaudenarten, die in Amerika heimisch sind. Sie sind sommergrün, variieren in der Höhe (15–40 cm) und haben meist offene, sechszählige Blüten in Weiß, Gelb oder Rosatönen. Sie treiben eine Blüte je Stengel, die sich nachts oft schließt.
PFLEGE UND VERMEHRUNG: Sie sind sehr frostempfindlich bis nicht frosthart, gedeihen bei Sonne oder Halbschatten und mögen fruchtbaren, durchlässigen, feuchten Boden. Meist blühen sie am besten, wenn sie dicke Büsche gebildet haben. In kälterem Klima zieht man sie im Topf im Kalthaus. Vermehrung durch Samen im Herbst oder Frühjahr.

Zephyrantes atamasco
VIRGINISCHE ZEPHIRBLUME

Diese Art aus dem Südosten der USA verträgt noch mit am meisten Frost. Sie hat weiße bis rotviolett schimmernde Blüten. Ihre bis zu 30 cm langen Stengel überragen grasartige, dunkelgrüne Blätter. Die duftenden Blüten erscheinen im späten Frühjahr und Frühsommer.

Zephyranthes candida
Syn. *Argyropsis candida*
WEISSE ZEPHIRBLUME

Beheimatet ist diese wüchsige Art von 15 cm Höhe in Uruguay und Argentinien.

Zephyranthes candida

Zephyranthes grandiflora

Zephyranthes pulchella

Zeugites americana

Zieria buxijugum

Zieria granulata

Die stern- bis schalenförmigen, 5 cm breiten, weißen Blüten werden vom Sommer bis Frühherbst einzeln an schlanken Trieben ausgebildet. Sie blüht angeblich hauptsächlich bei bewölktem Wetter. Das grasartige Laub ist immergrün.

Zephyranthes grandiflora

Syn. *Zephyranthes carinata, Z. rosea*

GROSSBLÜTIGE ZEPHIRBLUME

Die beliebte Art stammt aus Mexiko und wird 25 cm hoch. Im Sommer trägt sie 10 cm breite, trichterförmige, dunkelrosa Blüten mit weißem Schlund. Die schlanken Blätter sind bandförmig. Es gibt viele Formen, auch mit kleineren Blüten.

Zephyranthes pulchella

Diese Art aus Texas hat eine kleine, kugelige, dunkelbraune Zwiebel von nur 2,5 cm Durchmesser. Die blühenden Stengel werden 30 cm hoch und tragen von Spätsommer bis Herbst aufrechte, leuchtendgelbe Blüten.

ZEUGITES

Diese Gattung besteht aus zwölf Staudengräserarten aus den Tropen Amerikas mit kriechenden oder aufrechten, beblätterten Halmen, die manchmal über Sträucher oder Felsen klettern und dabei über 2,5 m hoch werden können. Relativ kurze, breite Blattspreiten verengen sich an der Basis zu einem kurzen Stiel. In einer offenen Rispe sitzen einzelne Ährchen an dünnen Stielen. Die schattenliebenden Gräser wachsen meist in feuchten, geschützten Schluchten und an bewaldeten Hängen.

PFLEGE UND VERMEHRUNG: In mildem Klima kann man sie ohne Schwierigkeiten ziehen, wenn man ihnen einen geschützten Platz und ausreichend feuchten Boden bietet. Die Vermehrung erfolgt durch Samen, Teilung oder Ausläufer.

Zeugites americana

Dies ist die verbreitetste Art der Gattung. Man findet sie in Nord- und Mittelamerika und in den südamerikanischen Anden, vom Süden der USA bis nach Bolivien, und auch auf den Karibischen Inseln.

ZIERIA

Die etwa 20 immergrünen Straucharten dieser Gattung aus Ostaustralien werden 0,5–2,5 m hoch und sind aufrecht bis breitwüchsig. Mittels leichten Rückschnitts nach der Blüte hält man sie kompakt. Ihre kleinen Blätter bestehen aus drei Fiederblättern und enthalten in durchscheinenden Punkten ein aromatisches Öl. Die kleinen, sternförmigen Blüten mit leuchtendgelben Staubgefäßen sind weiß oder hell- bis dunkelrosa.

PFLEGE UND VERMEHRUNG: Die Pflanzen brauchen sandigen, durchlässigen Humusboden, tolerieren, wie die verwandte Gattung *Boronia*, nur ganz leichten Frost und mögen Schatten. Manche vertragen auch Sonne. Aus Stecklingen können sie vermehrt werden.

Zieria buxijugum

Diese seltene Art wurde erst kürzlich in einem begrenzten Gebiet auf Felskuppen in Südostaustralien entdeckt. Von attraktivem Wuchs und anspruchslos, wird sie 2 m hoch. Ihr spitzenartig zartes Laub besteht aus sehr schmalen Fiederblättern mit fein warziger Oberfläche, die sich samtig anfühlt. Im Frühjahr treibt sie unzählige kleine Zweige mit sternförmigen, weißen Blüten an dünnen Stielen.

Zieria granulata

Die Blattfiedern des aufrechten, stark duftenden Strauchs von etwa 1,5 m Höhe sind lang und dünn mit stark eingerolltem Rand. Die Pflanze ist mit vorstehenden, gelblichen Warzen bedeckt. Im Frühjahr erscheinen kleine, weiße Blüten in lockeren Rispen.

Zieria pilosa

Der etwa 1 m hohe Strauch hat behaarte, zylindrische Zweige und kleine, schmale, flaumige Fiederblätter. Er wächst etwas unansehnlich. Kleine, weiße Blüten erscheinen im Frühjahr.

ZIGADENUS

JOCHLILIE, ZIGADENUS

Diese Liliengewächse mit Zwiebeln oder Rhizomen stammen aus Nordamerika und Nordostasien. Einige der etwa 18 bekannten Arten sind giftig für Vieh. Die langen Blätter sitzen in Büscheln an der Basis aufrechter Stengel. Die Blüten, gelblich, grünlich oder weiß, erscheinen in einer endständigen, verzweigten Traube.

PFLEGE UND VERMEHRUNG: Die meisten Arten sind frostbeständig. Sie bevorzugen feuchten Torfboden. Die Vermehrung erfolgt durch Teilung oder Samen.

Zigadenus fremontii

Diese Zwiebelpflanze kommt vom südlichen Oregon bis nach Kalifornien vor. Ein 1 m hoher, blühender Stengel erhebt sich über die bandförmigen grundständigen Blätter. Sie sind 60 cm lang, 2,5 cm breit und am Rand rauh. Gelblichweiße Blüten erscheinen in Trauben oder Rispen.

ZINGIBER

INGWER

Die Gattung umfaßt etwa 100 immergrüne Staudenarten mit dicken, verzweigten, aromatischen Rhizomen und beblätterten, schilfartigen Halmen. Kurzährige oder kugelige Blütenstände wachsen an Sprossen aus den Rhizomen. Die Blüten stehen in den Achseln farbenprächtiger, wachsartiger Hochblätter. Das Rhizom einer Art liefert das bekannte Gewürz.

PFLEGE UND VERMEHRUNG: Die nicht frostharten Pflanzen brauchen Hitze, hohe Luftfeuchtigkeit, im Sommer genügend Wasser, im Winter weniger und Platz zum Ausbreiten. Sie lassen sich vermehren, indem man die Rhizome im Frühjahr teilt.

Zingiber officinale

GEWÖHNLICHER INGWER

Heimisch ist die Art in Südasien. In heißen Regionen kann sie bis zu 2 m hoch werden. Sie hat schmal-lanzettliche Blätter und treibt im Sommer Ähren mit weißen, purpurn gezeichneten Blüten. Die frischen Rhizome werden geschält und fein gehackt oder gerieben, als Würze für viele asiatische Speisen verwendet. Mit Ingwerpulver würzt man Süßspeisen und Kuchen. Ingwer dient außerdem als Heilmittel und galt einst als Schutz vor herumstreunenden Tigern.

Zingiber zerumbet

Diese horstbildende, aufrechte Art aus Indien und Südostasien hat schmale, 30 cm lange Blätter. An separaten, langen Stengeln sitzen dachziegelige grüne Hochblätter, die mit der Zeit rot werden. Sie umschließen weiße oder goldgelbe Blüten. Die Rhizome schmecken bitter, eignen sich aber als Duftspender.

ZINNIA

ZINNIE

Die Gattung besteht aus 20 Arten einjähriger Kräuter, Stauden und Halbsträucher von aufrechtem oder breitem Wuchs. Ihre endständigen Blütenköpfchen können z.B. weiß, gelb, orange, rot oder violett sein. Sie sind in Mexiko, Mittel- und Südamerika weit verbreitet. Manche zieht man als Schnittblumen oder in Rabatten.

PFLEGE UND VERMEHRUNG: Sie sind kaum frostbeständig, brauchen Sonne und durchlässigen, fruchtbaren Boden. Man muß sie regelmäßig ausspitzen und kann sie durch Aussaat unter Glas im zeitigen Frühjahr vermehren.

Zinnia elegans

ZINNIE

Diese robuste, einjährige Pflanze aus Mexiko ist die bekannteste Zinnienart. Die Wildform entwickelt vom Sommer bis Herbst rotviolette Blütenköpfchen. Sie erreicht schnell eine Höhe von 60–80 cm, bei etwas geringerer Breite. Gartensorten haben bis zu 15 cm breite Blütenköpfchen in Schattierungen von Weiß, Rot, Rosa, Gelb, Violett und Orange. 'Envy' hat hellgrüne, halbgefüllte Blüten. Die **Dreamland-Sorten** sind als typische F1-Beethybriden kompakt und blühfreudig. **'F1 Dreamland Ivy'** blüht blaß grünlichgelb.

Zigadenus fremontii

Zingiber officinale

Zinnia elegans

Zingiber zerumbet

Ziziphus jujuba

Zinnia elegans 'F1 Dreamland Ivy'

Zygopetalum crinitum

Zygopetalum mackaii

Zygopetalum intermedium

Zoysia tenuifolia

Die **Thumbelina-Sorten** sind nur 15 cm hoch mit 5 cm breiten Blütenköpfchen.

Zinnia grandiflora

Dieser winterharte Strauch blüht in den wärmeren Monaten. Er bildet dichte Büsche, bis 25 cm hoch. Seine Röhrenblüten sind rot oder grün, die Zungenblüten gelb. Die Verbreitung erstreckt sich von Colorado und Kansas bis nach Mexiko.

Zinnia haageana

SYN. *ZINNIA MEXICANA, Z. ANGUSTIFOLIA*

Diese mexikanische, einjährige Art wird 60 cm hoch und 20 cm breit. Vom Sommer bis Frühherbst erscheinen kleine, aber unzählige gelbe, orange und bronzefarbene Blütenköpfchen, die über 3,5 cm breit sind. **'Old Mexico'** ist eine alte, aber lohnende Sorte, die Trockenheit toleriert.

Zinnia peruviana

Die aufrechte, sommerblühende, einjährige Art aus einem Gebiet von Arizona bis Argentinien wird etwa 1 m hoch. Ihre behaarten Stengel sind grün und verfärben sich später gelb oder rotviolett. Die Blütenköpfchen sind gelb bis leuchtendrot.

ZIZANIA

WILDER REIS

Die drei Arten ein- und mehrjähriger Wassergräser aus Nordamerika und Ostasien wachsen in Sümpfen und an See- und Flußufern. Ihre halbaufrechten, schmalen, 1,5 m langen Blätter sind am Rand rauh, die bis zu 3 m hohen Halme dick und schwammig. Der Blütenstand ist eine 60 cm lange, vielfach verzweigte Rispe. Die gelben bis rötlichen Körner sind eßbar.
PFLEGE UND VERMEHRUNG: Wilder Reis kann überall in der Sonne in nassem oder sumpfigem Boden gezogen werden. Je nach Art variiert die Winterhärte, doch alle tolerieren leichten Frost. Man vermehrt sie durch Aussaat im Frühjahr oder durch Teilung mehrjähriger Arten.

Zizania aquatica

WILDER REIS, INDIANERREIS

Dieses derbe, einjährige, 3 m hohe Gras ist in Nordamerika heimisch, vor allem im Gebiet der Großen Seen. Die nahrhaften, relativ langen, dunkelbraunen Körner gelten heute als Delikatesse. Sie waren lange Zeit ein wichtiges Nahrungsmittel der Ureinwohner Amerikas. Wilder Reis wächst wild in flachem, stehendem Wasser in Sümpfen und an Flüssen, und unter entsprechenden Bedingungen wird er auch kultiviert. Erntezeit ist im Spätsommer.

ZIZIPHUS

JUDENDORN

Die etwa 80 sommer- oder immergrünen Baum- und Straucharten dieser Gattung sind in den warmen bis heißen Klimazonen der nördlichen und südlichen Hemisphäre heimisch. Einige Arten haben dornige Zweige. Ihre Blätter besitzen meist drei Hauptnerven. Am Grund jedes Blattstiels sitzen Dornen. Die unscheinbaren, kleinen Blüten sind grünlich, weißlich oder gelb und erscheinen in Büscheln in den Blattachseln. Die kleinen, fleischigen Früchte mancher Arten sind eßbar. ***Ziziphus macronata*** ist in Flußauen weit verbreitet.
PFLEGE UND VERMEHRUNG: Die Arten sind kaum frosthart, brauchen durchlässigen Lehmboden, Sonne und reichlich Wasser. Beschneiden der Spitzen erhält einen kompakten Wuchs. Die Vermehrung erfolgt durch Samen oder Wurzelschnittlinge im späten Winter oder durch Veredlung.

Ziziphus jujuba

JUJUBA, CHINESISCHE DATTEL

Der sommergrüne, 12 m hohe Baum ist von Westasien bis China verbreitet. Die ovalen bis lanzettlichen, grünen Blätter sind 2,5–5 cm lang, und an der Basis der Blattstiele sitzen zwei Dornen, von denen einer gewöhnlich zurückgebogen ist. Kleine, grünliche Blüten erscheinen im Frühjahr. Die länglichen bis rundlichen Früchte sind rötlich, bis zu 2,5 cm lang und reifen von Herbst bis Winter an den kahlen Zweigen. Ihr Geschmack erinnert an Äpfel, man kann sie trocknen oder zu Kompott oder Süßigkeiten verarbeiten.

ZOYSIA

Diese Gattung umfaßt etwa fünf Arten kriechender Staudengräser aus Ost- und Südostasien, Polynesien, Australien und Neuseeland. Einige bilden dichte Narben und eignen sich so als Rasengräser in warmem Klima. Im Winter werden die meisten braun und trocken.
PFLEGE UND VERMEHRUNG: Sie werden gesät oder als Soden ausgebracht und sind anspruchslos, solange es kaum Fröste gibt. Man darf sie nicht zu tief mähen, um die Rhizome an der Erdoberfläche nicht zu beschädigen.

Zoysia japonica 'Meyeri'

Die ausdauernde japanische Art toleriert große Trockenheit. In den trockenen Zonen im Süden und Südwesten der USA mit nur kurzen Frösten verwendet man sie zur Anlage von Rasenflächen. Sie hat breite, dunkelgrüne, 15 cm lange Blattspreiten. Verglichen mit den anderen Arten, wird sie im Winter als erste braun und im Frühjahr als letzte wieder grün.

Zoysia tenuifolia

Die Heimat dieser Art ist unklar; man kennt sie u.a. von den Maskarenen- und Salomon-Inseln, aus Japan und Taiwan. Sie hat pfriemliche, borstige Blätter von 10 cm Länge, ihre Ausläufer sind sehr schlank und bilden eine dichte Narbe. In den USA wird sie manchmal als Rasengras verwendet.

ZYGOPETALUM

Die duftenden Blüten dieser etwa zwölf relativ ähnlichen, immergrünen Epiphytenarten dieser Orchideengattung aus Mittel- und Südamerika bewundert man wegen ihrer ungewöhnlichen Färbung: Die Perigonblätter sind meist grün mit roten Punkten, die Lippe ist fein rotviolett und weiß gestreift. Bei einigen Arten können andere Muster auftreten. Die gedrängten Pflanzen wachsen langsam und haben glänzende, mittelgrüne Blätter. Ihre bis zu 60 cm langen Blütenstengel können bis zu einem Dutzend Blüten tragen. Blütezeit ist meist Herbst oder früher Winter.
PFLEGE UND VERMEHRUNG: Im Freien bevorzugen sie subtropisches und frostfreies, warm-gemäßigtes Klima: Unter diesen Bedingungen lassen sie sich an einem schattigen Platz leicht ziehen. In kühlerem Klima gehören sie ins Gewächshaus. Sie brauchen Orchideensubstrat, gedämpftes Licht und reichlich Wasser. Durch Teilung kann man sie vermehren.

Zygopetalum crinitum

Die dichtgedrängt sitzenden, gestauchten Pseudobulben dieser farbenfrohen, mittelgroßen Art sind etwa 6 cm lang und 3,5 cm breit. An der Spitze sitzen drei bis fünf bandförmige, 25–40 cm lange und 2,5–5 cm breite Blätter. Der aufrechte Blütenstand von 50 cm Höhe trägt bis zu zehn stark duftende Blüten (Durchmesser bis 10 cm). Blütezeit der in Ostbrasilien heimischen Orchidee sind Sommer und Herbst.

Zygopetalum intermedium

Die Art aus Südamerika hat üppige, leuchtendgrüne Blätter und wird 50 cm hoch. Ihre wachsartigen, grünen bis gelbgrünen Blüten erscheinen im Herbst und Winter und sind rotbraun oder rot gefleckt. Sie duften stark nach Hyazinthen. Von der eng verwandten *Zygopetalum mackaii* ist die Art anhand ihrer gleichlangen Perigonblätter zu unterscheiden. Bei *Z. mackaii* sind die inneren Perigonblätter kürzer.

Zygopetalum mackaii

Dieser Epiphyt aus Brasilien treibt lange Zweige duftender, braun gefleckter, grüner Blüten. Die weiße Lippe (bis 10 cm breit) ist rotviolett geädert. Die Art wird etwa 80 cm hoch und hat ovale, gerippte Blätter.

Die wissenschaftliche Benennung von Pflanzen

In diesem Buch sind die beschriebenen Pflanzen in alphabetischer Reihenfolge nach ihren wissenschaftlichen Namen aufgelistet. Diese lateinischen Namen sind sicher nicht jedem Garten- und Pflanzenliebhaber geläufig.

Die Verwendung allgemein gebräuchlicher, deutscher oder volkstümlicher Namen ist aber mit zahlreichen anderen Schwierigkeiten behaftet. Eines der größten Probleme ist, daß es verschiedene Pflanzen mit demselben deutschen Namen gibt. Viele Kräuter, die außer der gelben Blütenfarbe wenig gemeinsam haben und nicht näher miteinander verwandt sind, heißen z.B. »Butterblume«. Umgekehrt kann eine Pflanze mehrere allgemein gebräuchliche Namen schon in ein und derselben Sprache tragen, erst recht in den zahlreichen verschiedenen Sprachen dieser Welt. Und schließlich haben viele Pflanzen bisher gar keinen volkstümlichen Namen erhalten, oder er ist nur in ihrem womöglich kleinen und abgelegenen natürlichen Verbreitungsgebiet gebräuchlich und andernorts unbekannt (oder unaussprechlich).

Die Verwendung der lateinischen Sprache für die wissenschaftliche Pflanzenbenennung geht darauf zurück, daß sie zur Zeit der Renaissance die allgemein gebräuchliche Gelehrtensprache war. Während der folgenden zwei bis drei Jahrhunderte waren wissenschaftliche Pflanzennamen zunächst umfangreiche, unhandliche Gebilde, sogenannte Phrasen. Übersetzt konnte eine beispielsweise lauten: »Eiche mit gelappten Blättern, langgestielten Früchten und zum Gerben genutzter Borke«.

Der berühmte schwedische Naturforscher Carolus Linnaeus (oder Carl von Linné, 1707–1778) führte die sogenannte binäre Nomenklatur in die biologischen Wissenschaften ein. Die entsprechenden zweiteiligen Namen erscheinen in seinem grundlegenden Werk (*Species Plantarum* von 1753) noch neben den längeren, damals üblichen »Phrasen«. Wegen seiner praktischen Vorteile setzte sich das binäre System relativ schnell durch. Die Zweiteiligkeit folgt einem ähnlichen Prinzip wie unsere aus Vor- und Nachnamen zusammengesetzten Personennamen. An erster Stelle wird der Gattungsname genannt, der zweite, kleingeschriebene Teil bezeichnet die Art. Die Arten *Quercus rubra* und *Quercus alba* gehören also zur Gattung *Quercus.* Der artbezeichnende Zusatz (das sogenannte Artepitheton) kann dagegen in vielen verschiedenen Gattungen auftreten. So gibt es neben *Quercus rubra* (der Amerikanischen Roteiche) auch *Morus rubra* (ein Maulbeerbaum) und *Ulmus rubra* (eine Ulme). Jede Gattung besteht aus mindestens einer, manchmal auch aus sehr vielen Arten, und jede dieser Arten trägt einen solchen zweiteiligen (binären) Namen.

Im geschriebenen Text werden wissenschaftliche Namen normalerweise durch Kursivdruck hervorgehoben. Der Gattungsname wird mit seinem ersten Buchstaben abgekürzt, wenn mehr als eine Art derselben Gattung aufgezählt wird.

Aber nicht nur die Verwendung der binären wissenschaftlichen Nomenklatur geht auf Linné zurück. Er schlug außerdem ein hierarchisches Klassifizierungssystem vor. Jede bekannte Pflanze erhielt darin einen bestimmten Platz, einschließlich der zahlreichen damals gerade neuentdeckten Pflanzen aus Amerika und dem tropischen Asien. Grundlage dieser revolutionären Klassifizierung war vor allem der Blütenbau, speziell die zahlenmäßige Verteilung von männlichen und weiblichen Organen, den Staubgefäßen und Stempeln (Fruchtknoten mit Griffel und Narbe) in der Blüte. Eine Art mit fünf Staubblättern und drei Stempeln pro Blüte gehörte demnach zu den *Pentandria Trigyna.* Dieses System hat den großen Vorteil, daß alle Pflanzen zuverlässig und nachvollziehbar eingeordnet werden; sein Nachteil ist, daß auch offensichtlich eng verwandte Arten an ganz verschiedenen Stellen dieses Systems landen, nur weil sie etwa ein Staubgefäß mehr oder weniger besitzen.

In der Nachfolge von Linné wurde versucht, »natürliche« Systeme zu entwickeln, die diesem Mangel abhelfen sollten. Bis zum Ende des 19. Jahrhunderts waren die *Familien* weitgehend in der Form stabilisiert, wie sie heute noch gebräuchlich sind. Jede *Familie* wird nach einer dazu gehörigen Gattung benannt und trägt die Endung *-aceae.* So wird die Familie der Rosengewächse *(Rosaceae)* nach ihrer wohlbekannten Gattung *Rosa* benannt. Ihre Abgrenzung erfolgt nach einem breiten Spektrum von Merkmalen, nicht nur nach der Geschlechterverteilung in den Blüten. So wie es Gattungen mit nur einer Art ebenso wie mit vielen Arten gibt (es können mehr als tausend sein), gibt es auch Familien mit nur einer Gattung oder mit zahlreichen.

Familie, Gattung und Art sind nur die bekanntesten systematischen Kategorien. In der Hierarchie von oben nach unten fortschreitend gibt es Reiche, Unterreiche, Abteilungen, Unterabteilungen, Klassen, Unterklassen, Überordnungen, Ordnungen und Familien; Familien können in Unterfamilien, diese wiederum in Triben eingeteilt sein, die dann in Gattungen zerfallen; größere Gattungen werden oft in Sektionen und diese in Serien geteilt. Danach folgen die hierarchischen Stufen der Sammelart, Art, Unterart (subsp.), Varietät (var.), Form und Sorte. Bei Bedarf können weitere Zwischenrangstufen eingefügt werden. Je nachdem, für wie eng der jeweilige Botaniker die Verwandtschaft zwischen unterschiedlichen Arten, Gattungen oder Familien hält, kann er die Pflanzen entsprechend klassifizieren.

Meinungsverschiedenheiten bestehen oft darüber, wie eng oder weit bestimmte Gattungen, Familien usw. gefaßt werden sollen. Die überwiegend australische Gattung *Casuarina* beispielsweise galt lange allgemein als einzige der Familie *Casuarinaceae.* Neuere Untersuchungen haben jedoch Argumente für eine Vierteilung dieser Gattung geliefert, so daß drei neue Gattungsnamen eingeführt wurden: *Allocasuarina, Gymnostoma* und *Ceuthostoma.* Die alte Gattung *Casuarina* enthielt danach nur noch 17 der vormals 90 Arten. Manche Botaniker akzeptieren die Argumente für diese Aufteilung aber nicht und betrachten *Casuarina* weiterhin im herkömmlichen weiten Sinn.

Nach dem *Internationalen Code der Botanischen Nomenklatur* sind beide Auffassungen zulässig. Dieser Code regelt nur die korrekte Verwendung der Namen innerhalb aller möglichen, begründbaren Klassifikationen, insbesondere auf der Grundlage der Prioritätsregel. Demnach muß beispielsweise die Europäische Lärche *Larix decidua* genannt werden und nicht *Larix europaea*, weil der erste Name früher publiziert wurde und beide Namen sich zweifellos auf dieselbe Art beziehen.

Ebenfalls erläuterungsbedürftig sind die Hierarchieebenen unterhalb des Artniveaus. In *Species Plantarum* führte Linné nach dem Namen mancher Art Varietäten auf, die er mit dem griechischen Alphabet durchnummerierte (α, β usw.). Noch während des 19. Jahrhunderts wurden von Botanikern vor allem Varietäten unterschieden, die als Abwandlungen der »typischen« Art aufgefaßt wurden. Um die Mitte des 20. Jahrhunderts setzte sich eine Sichtweise durch, die stärker an der Evolution der Lebewesen orientiert war. Seitdem werden, ähnlich wie in der Zoologie, vor allem Unterarten (Subspecies, subsp.) unterschieden. Eine Unterart kann folglich als Schritt auf dem Weg der Entwicklung zu einer eigenen Art angesehen werden und hat ihre eigene geographische Verbreitung. Eine Art ist nicht so sehr ein Typus, von dem Abweichungen auftreten können, sondern umfaßt alle zugehörigen Unterarten; eine von ihnen trägt das Artepitheton auch als Unterartnamen, muß deswegen aber nicht in irgendeiner Weise besonders »typisch« sein. So umfaßt die Art *Pinus nigra* (Schwarzkiefer) heute mindestens drei Unterarten: die Österreichische Schwarzkiefer heißt *Pinus nigra* subsp. *nigra* und kommt von den österreichischen Alpen bis nach Griechenland vor, die *P. n.* subsp. *laricio* (Korsische Schwarzkiefer) ist auf Korsika, Sizilien und Kalabrien beschränkt, und die Krim-Schwarzkiefer (subsp. *pallasiana*) ist auf dem Balkan, der Krim und im Kaukasus verbreitet.

Abweichende Formen von Arten, die von Gärtnern gezüchtet oder ausgelesen wurden, werden heute als Sorten, nicht als Varietäten benannt und mit Namen in geläufigen Sprachen belegt, nicht mit lateinischen. Mit Sortennamen sind wir aber durchaus vertraut, etwa bei Rosen ('Gloria Dei') oder Äpfeln ('Golden Delicious'). Namen dieser Art sind seit etwa 150 Jahren in Gebrauch. Sortennamen werden nicht kursiv gedruckt, und normalerweise in einfache Anführungszeichen gesetzt, können aber stattdessen auch durch die in der Regel vorgeschaltete Abkürzung cv. gekennzeichnet werden.

Bei Sorten hybriden Ursprungs ist es üblich, sie statt bei einer bestimmten Art nur bei der Gattung zu nennen, insbesondere wenn (durch Kreuzung über mehrere Generationen) mehr als zwei Arten an der Hybride beteiligt sind, sowie in solchen Fällen, wo die Artzugehörigkeit unklar ist. Die Rosen sind z.B. eine große Gruppe, in der selten Artnamen bei Sorten genannt werden.

Sorten, speziell bei Gehölzen, bestehen oft nur aus einem einzigen Klon. So stammen beispielsweise sämtliche Pflanzen der Rosensorte 'Gloria Dei' ursprünglich von einem einzigen Original-Hybridsämling ab, wurden also ausschließlich vegetativ vermehrt, in diesem Fall durch Veredlung. Aus einer einzigen Kreuzung können zahlreiche Sämlinge, unter Umständen mit sehr unterschiedlichen Kombinationen der Eigenschaften ihrer Vorfahren, hervorgehen. Die Arbeit des Züchters besteht in der Auslese und vegetativen Weitervermehrung der besten Individuen, die dann zur Markteinführung einen Sortennamen erhalten. Ein Beispiel für eine Hybride ist die wiederholt durchgeführte Kreuzung zwischen *Camellia japonica* und *C. saluenensis*. Alle der zahlreichen erzielten Sämlinge tragen den Hybridnamen *C.* × *williamsii*, nur die besten erhielten einen Sortennamen, wie die beiden bekanntesten 'Donation' und 'Caerhays'.

Weil Botaniker in aller Welt dasselbe Benennungssystem verwenden und seine Regeln beachten, können Pflanzen aller Erdteile prinzipiell eindeutig identifiziert und beschrieben werden. Es gibt vielleicht 300 000 Arten von Blütenpflanzen, Koniferen, Palmfarnen und Farnartigen auf der Welt, und die Entwicklung und allgemeine Anerkennung eines einfachen Systems, womit sie alle benannt und aufgelistet werden können, ist auch ein Triumph von Geist und Kooperationswillen des Menschen. Mit der Benennung und Einordnung einer Pflanze haben wir einen ersten Schritt getan, ihre komplexe Rolle im Netz des Lebens zu begreifen. Dem Gärtner kann die Kenntnis der Namen und Verwandtschaftsverhältnisse helfen, die Ansprüche der Pflanzen besser zu verstehen und sie so zu besserem Gedeihen zu bringen.

Glossar

× (Multiplikationszeichen) Dieses Zeichen kann dem lateinischen Namen einer Pflanze vorangestellt werden, um anzuzeigen, daß es sich bei einer Pflanze um eine Hybride handelt, wobei es keine Rolle spielt, ob sie auf natürliche Weise oder durch Zucht entstanden ist. Beispiele *Camellia × williamsii, × Brassolaeliocattleya* Sylvia Fry.

+ (Pluszeichen) In sehr seltenen Fällen kommt es dazu, daß gepfropfte Reiser mit ihrer Unterlage hybridisieren. Pflanzen, die auf diese Weise entstanden sind, werden Pfropfchimären genannt und zur Kennzeichnung mit einem Pluszeichen versehen, z.B. + *Laburnocytisus adamii.* Diese Chimäre entstand im letzten Jahrhundert bei einer Veredlung in einer Pariser Baumschule, als man einen Zwergginster auf einen Goldregen aufpfropfte.

Abmoosen Häufig angewandte Methode zur Vermehrung von Bäumen und Sträuchern. Dazu wird der Stamm angeschnitten und die Wunde zunächst mit feuchtem Torfmoos umwickelt, das man durch eine Plastikfolie vor dem Austrocknen schützt. Nachdem sich Wurzeln gebildet haben, kann der obere Pflanzenteil abgeschnitten und eingepflanzt werden.

Absenken Methode zur Vermehrung, bei der Zweige einer Pflanze auf den Boden heruntergebogen werden, damit sie sich dort bewurzeln können. Später kann der bewurzelte Teil von der Elternpflanze getrennt und an anderer Stelle eingepflanzt werden. Diese Methode eignet sich für Pflanzen, bei denen sich Stecklinge nicht oder nur schlecht bewurzeln. Manche Pflanzen bilden auch ohne menschliches Eingreifen Absenker.

Adern (bei Blättern und Blüten) Leitungsbahnen, die die Spreite eines Laub- oder Blütenblattes durchziehen und auf der Oberfläche zumeist eine deutlich sichtbare Nervatur bilden. Bei Blütenblättern können die Adern dazu dienen, bestäubenden Insekten den Weg zu einer Nektarquelle zu weisen. Die Aderung zeigt bei vielen Pflanzenarten ein charakteristisches und unveränderliches Muster, so daß man sie auch zur Bestimmung heranziehen kann. Die Hauptader wird Mittel- oder Hauptrippe genannt, die von ihr abzweigenden Adern heißen Seitenrippen. Bei den Zweikeimblättrigen Pflanzen (Dikotyledonen) bilden die Adern in der Regel ein verzweigtes, netzartiges Muster, während sie bei den meisten Einkeimblättrigen Pflanzen (Monokotyledonen), etwa Gräsern oder Lilien, annähernd parallel verlaufen.

Ährchen Teilblütenstand der Süß- und Riedgräser, der aus oft sehr kleinen Blüten besteht. Die Ährchen sind in der Regel von Hüllspelzen umgeben.

Ähre Blütenstand, bei dem die Einzelblüten an einem länglichen, normalerweise aufrechten Stengel sitzen, wobei die Blüten im Unterschied zur Traube ungestielt sind. Ein Beispiel für diese Art von Blütenstand ist die Gladiole.

Alpin Alpine Pflanzen stammen aus dem Hochgebirge, wo sie zumeist oberhalb der Baumgrenze wachsen. Es handelt sich um krautige Pflanzen oder niedrige Sträucher, die unter dem Schnee überwintern, wo sie vor Austrocknung und starkem Frost geschützt sind.

Alpinhaus *Siehe* Hochgebirgsgewächshaus.

Anthere *Siehe* Staubblatt.

Apfelfrucht Frucht, bei der die becherförmige Blütenachse und die Fruchtblätter, die einen oder mehrere Samen enthalten, miteinander verwachsen sind. Beispiele für diesen Fruchttyp sind Äpfel oder Quitten. Apfelfrüchte findet man vorwiegend bei den Rosengewächsen und dort besonders in den Gattungen *Malus* und *Pyrus*, aber auch bei Arten der Gattungen *Sorbus, Amelanchier, Crataegus, Chaenomeles* und *Mespilus.*

Apomixis Fortpflanzung durch Samen, die nicht durch Befruchtung mit Pollen entstanden sind (auch wenn die Apomixis manchmal durch die Bestäubung stimuliert wird). Die so entstandenen Sämlinge sind genetisch mit der Mutterpflanze identisch. Pflanzensippen mit Apomixis nennt man Apomikten.

Areole Spezielle Struktur der Kakteen, die aus einem kleinen Polster mit Dornen, Haaren oder Blüten besteht. Areolen sitzen immer entlang der Rippen eines Kaktusstammes oder an den Tuberkeln und gelten als gestauchte, in ihrer Entwicklung gehemmte Achselknospen.

Aromatisch Mit einem starken, normalerweise angenehmen, aber nicht zwangsläufig süßen Geruch. Viele aromatische Pflanzen haben an ihren Stengeln und Blättern Harzdrüsen, die ihren Duft dann besonders intensiv verbreiten, wenn die Sonne sehr stark scheint. Bei einigen Arten sind die ätherischen Öle auch in winzigen Blatthohlräumen enthalten, so daß ihr Duft erst dann frei wird, wenn die Blätter zerquetscht oder zerschnitten werden.

Art Population wildwachsender Pflanzen, die untereinander ähnlich genug sind, um mit demselben Namen bezeichnet werden zu können, und die sich unter natürlichen Bedingungen miteinander fortpflanzen und fertile Nachkommen hervorbringen können. Die Ehre, eine Art zu benennen, kommt dem Wissenschaftler zu, der sie entdeckt oder beschrieben hat.

Ätherische Öle Aromatische Substanzen, die in winzigen Hohlräumen von Blättern oder Blüten abgelagert oder, mit Harz gemischt, in Form kleiner Tröpfchen ausgeschieden werden. Viele Pflanzen mit ätherischen Ölen werden in größerem Maßstab angebaut und für die Parfümherstellung oder als Aromastoffe in der Nahrungsmittelindustrie verwendet. Die meisten ätherischen Öle sind Gemische verschiedener Substanzen, die allerdings unter einem gemeinsamen Namen bekannt sind, beispielsweise Lavendelöl, Rosenöl, Eukalyptusöl.

Aufrecht Annähernd senkrechte Wuchsform. Der Begriff läßt sich auf Stengel, Äste, Blätter oder Blütenstände anwenden.

Ausdauernd Als ausdauernd gelten Pflanzen, die drei oder mehr Jahre überdauern können. Zu den verholzten, ausdauernden Pflanzen gehören Bäume und Sträucher, während krautige Arten aus dieser Gruppe oberhalb des Erdbodens keine holzigen Teile haben. In diesem Buch wird der Begriff »ausdauernd« in der Regel für mehrjährige, krautige Pflanzen, also zumeist Stauden, verwendet.

Ausgeizen Das Ausbrechen des Haupttriebes, um Seitentriebe zum Austreiben anzuregen, damit die Pflanze buschiger wächst.

Ausläufer Dünne, schnellwüchsige, ober- oder unterirdische Seitensprosse, die sich an bestimmten Stellen von selbst bewurzeln können. Die Ausläufer (Stolonen) der Erdbeeren sind ein Beispiel für oberirdische Ausläufer, Kartoffeln bilden dagegen unterirdische Ausläufer, an deren Spitze dann wieder Knollen entstehen. Auch einige Zwiebelgewächse haben unterirdische Ausläufer, mit deren Hilfe sie dichte Bestände bilden können.

Ausputzen Das Entfernen verwelkter Blüten mit dem Ziel, die Pflanze wieder in die gewünschte Form zu bringen und gleichzeitig zu verhindern, daß Energie für die Bildung unerwünschter Samen vergeudet wird. Bei einigen Pflanzen kann sorgfältiges Ausputzen auch das Ausbrechen von Krankheiten verhindern, z.B. bei Azaleen.

Balg *Siehe* Kapsel.

Basischer Boden Kalkhaltiger Boden mit einem pH-Wert über 7. Basische Böden werden beispielsweise von Pflanzen wie *Bartiris* (Zwiebeliris) und von Kohlsorten bevorzugt.

Bastard Durch Kreuzung unterschiedlicher Eltern entstandenes Individuum (*siehe auch* Hybride).

Baum Verholzte Pflanze, die normalerweise höher als etwa 4,5 m wird und in der Regel nur einen einzigen Hauptstamm hat, zumindest als Jungpflanze. Bei kleinen Bäumen und großen Sträuchern (im Bereich 3–6 m) wird häufig die Wuchsform als Unterscheidungskriterium herangezogen.

Baumfarne Sammelbegriff für Farnpflanzen, die einen geraden, aufrechten Stamm mit einer Höhe von 1,8–15 m und einen Schopf aus großen Farnwedeln besitzen. Die meisten Baumfarne gehören zu den Gattungen *Cyathea, Cibotium, Dicksonia* und kommen ausschließlich in niederschlagsreichen tropischen und subtropischen Regionen vor.

Beere Gemeinsprachlich kleine, saftige Frucht, die als Ganzes und ungeschält gegessen wird, oder eine ähnlich aussehende, aber ungenießbare und allein Zierzwecken dienende Frucht. Im botanischen Sprachgebrauch wird der Begriff zumeist enger gefaßt, so daß mit Beere eine Frucht gemeint ist, die keinen Stein, sondern in das Fruchtfleisch eingebettete Samen besitzt (*siehe auch* Steinfrucht), und die sich bei der Reife nicht von selbst öffnet. Ein Beispiel wäre die Tomate.

Beetpflanzen Normalerweise in großer Zahl angepflanzte, nicht zu große Arten mit hübschen Blüten oder auffälligen Blättern. Zumeist handelt es sich dabei um einjährige oder nicht sehr ausdauernde, mehrjährige Pflanzen.

Bestäubung Der Vorgang, bei dem Pollen auf eine Blüte übertragen wird.

Bifoliat (bei *Cattleya*-Orchideen und ihren Hybriden) Pflanze mit zwei Blättern pro Pseudobulbe.

Bilateral (bei Blüten) Eine Blüte ist bilateral, wenn sie sich durch zwei Symmetrieebenen in spiegelbildlich gleiche Teile zerlegen läßt.

Binsen Große Gruppe der Monokotyledonen mit aufrechten, grasähnlichen, grünen Stengeln und winzigen, unscheinbaren Blüten. Binsen wachsen hauptsächlich in

Sümpfen und an anderen feuchten Standorten. Die eigentlichen Binsen gehören zur großen Gattung *Juncus*, aber der Ausdruck wird oft auch für Riedgräser (Familie *Cyperaceae*) verwendet. Die bekannte Blumenbinse ist die Art *Butomus umbellatus*.

Blattachsel Der Winkel zwischen der Blattbasis und dem Stengel. Dort sitzt häufig eine sogenannte achselständige Knospe, aus der sich entweder ein Seitentrieb, eine Blüte oder ein Blütenstand entwickeln kann.

Blattläuse Kleine, von Pflanzensaft lebende Insekten aus der Ordnung Aphididae. Die zarten, durchscheinenden Tiere befallen eine Pflanze oft in so großer Zahl, daß sie beträchtlich geschädigt werden kann. Blattläuse sondern einen süßlichen, »Honigtau« genannten Saft ab, der gern von Ameisen gefressen wird, die deshalb versuchen, die Blattläuse vor Freßfeinden zu schützen.

Blattscheide Teil eines Blattes, der die Sproßachse röhrenartig umschließt.

Blattspindel *Siehe* Gefiedert.

Blattspreite Der flache, verbreiterte Teil eines Blattes.

Blumentopf Pflanzenbehälter mit annähernd zylindrischer Form und einem Loch im Boden, aus dem das Wasser ablaufen kann. Ursprünglich wurden Blumentöpfe aus Ton hergestellt, heute sind sie dagegen hauptsächlich aus Kunststoff. Töpfe, die einen Durchmesser von mehr als etwa 50 cm haben, bezeichnet man normalerweise als Kübel.

Blüte Allgemeiner und nicht sehr präziser Ausdruck für eine Blüte, einen Blütenstand oder alle Teile eines Blütenstandes, die wie eine Blüte aussehen. Blüten dienen normalerweise der Fortpflanzung und bestehen in der Regel aus drei Teilen, dem Kelch, der Krone und den Fortpflanzungsorganen, also den weiblichen Fruchtblättern und den männlichen Staubgefäßen. Nicht jede Blüte besitzt immer alle genannten Teile (*Clematis*-Pflanzen haben z.B. keine Blütenblätter), manchmal ist eine Blüte aber auch stark modifiziert, so daß die phantastischsten Formen entstehen können, etwa bei den Orchideen. Anhand der Blütenmerkmale werden Pflanzen bestimmten Gattungen und Arten zugeordnet.

Blütenköpfchen Im streng wissenschaftlichen Sinne ist damit eine dichte Ansammlung von Blüten bezeichnet, die ungestielt oder deren Stengel sehr kurz sind. Das bekannteste Beispiel für diesen Blütentyp sind die Korbblütler (*Asteraceae*); es gibt aber auch andere Pflanzen, die Blütenköpfchen bilden, etwa Arten der Gattungen *Monarda*, *Scabiosa*, *Platanus*. Daneben auch in einem allgemeineren Sinn für Ansammlung vieler Blüten verwendet.

Blütenkrone Die Gesamtheit der Blütenblätter und damit der auffallendste Teil der meisten Pflanzen. Die Blütenblätter können einzeln stehen, wie bei der Rose, aber auch glocken- oder trompetenförmig verwachsen sein, wie beim Rhododendron oder der Glockenblume. An der Anzahl freier Zipfel läßt sich manchmal noch die Zahl der ursprünglichen Blütenblätter erkennen.

Blütenschlund Das Innere einer röhren- oder glockenförmigen Blüte, das manchmal eine abweichende Farbe oder ein spezielles Muster aufweist, mit dem Insekten an eine bestimmte Stelle gelockt werden sollen, beispielsweise beim Fingerhut oder bei der Gloxinie.

Blütensporn Hohler Fortsatz an der Basis mancher Blütenblätter, in dem oft Nektar enthalten ist.

Blütenstand Die blütentragende Struktur der Pflanzen. Blütenstände (Infloreszenzen) können sehr unterschiedlich aussehen, beispielsweise die Form einer Ähre (Gladiolen), Traube (Rittersporn), Rispe (Flieder) oder Dolde (Zwiebeln) haben. Blütenstände sind endständig, wenn sie am Ende der Triebe sitzen, oder achselständig, wenn sie in den Blattachseln gebildet werden.

Bodendecker Pflanzen, die sich durch kriechenden Wuchs oder durch Ausläufer flächig ausbreiten. Bodendecker werden gern dazu verwendet, den Unkrautwuchs zu unterdrücken.

Bodenheizung Zumeist ein im Boden verlegtes Heizkabel, mit dem das Substrat auf eine höhere Temperatur gebracht wird, um das Auskeimen von Samen oder die Bewurzelung von Stecklingen zu erleichtern.

Borste Auswuchs an bestimmten Pflanzenorganen (Blättern, Stengeln, Früchten usw.), der dicker und fester ist als ein Haar, aber dünner und zerbrechlicher als ein Stachel oder Dorn.

Botanischer Name *Siehe* Wissenschaftlicher Name.

Brandpilze Pflanzenpathogene Pilze mit zumeist dunkel gefärbten Sporen, durch die Blätter oder Stengel oft wie verbrannt aussehen. Brandpilze befallen in erster Linie Gräser.

Brettwurzeln Keilförmige Auswüchse an der Basis von Bäumen, die in flachgründigem oder schlecht durchlässigem Boden wachsen und daher nur ein flaches Wurzelwerk ausbilden können. Brettwurzeln sorgen für eine bessere und stabilere Verbindung dieser Bäume mit ihren Wurzeln und dem Boden und damit für eine höhere Standfestigkeit.

Brutknopsen Kleine zwiebel- oder knöllchenförmige Knospen (Brutknöllchen), die sich von der Mutterpflanze lösen und dann zu neuen Individuen heranwachsen können.

Bulbillen In den Achselknospen mancher Pflanzen sitzende Embryonen, aus denen nach dem Herabfallen auf den Boden neue Pflanzen hervorgehen können.

Carnivoren *Siehe* Insektivoren.

Caudex Dieser Begriff bedeutet übersetzt soviel wie Baumstamm, wird in der Botanik aber zumeist für Stämme verwendet, die langlebig und dick, aber nicht stark genug verholzt sind, um als Baumstamm zu gelten. Ein Beispiel dafür sind die Stämme der Palmfarne.

Cephalium Besonders gestaltete, der Blütenbildung dienende Sproßbereiche mancher Kakteenarten. Beim Cephalium sitzen die Blüten, deren Blütenstengel das Wachstum eingestellt haben, gedrängt an der Spitze des Pflanzenstengels. Der Begriff wird manchmal auch für einen speziellen, aus Borsten, Filz oder Haaren bestehenden Bereich des Sprosses mancher Kakteen verwendet, in dem Jahr für Jahr die Blüten gebildet werden, z.B. bei *Cephalocereus*.

Deutscher Name Name einer Pflanze, wie er von Nichtbotanikern verwendet wird. Für viele Pflanzen, die noch nicht sehr lange bekannt sind oder aber erst seit kurzem kultiviert werden, gibt es häufig noch keine deutsche Bezeichnung. Umgangssprachliche Namen sind manchmal echte volkstümliche Begriffe, wie beispielsweise »Beifuß«, oft aber auch von Pflanzenbuchautoren geprägte Bezeichnungen, wobei es sich dann häufig nur um eine Übersetzung des lateinischen oder griechischen Namens handelt, etwa 'Königslilie' für *Lilium regale*. Umgangssprachliche Namen sind häufig regional verschieden oder variieren sogar von Person zu Person, während wissenschaftliche (botanische) Namen international einheitlich sind.

Disjunkte (bei Arten, Gattungen oder Familien) Pflanzen, die ihre natürliche Verbreitung in zwei isolierten, durch große geographische Zwischenräume getrennten Teilgebieten haben. Ein Beispiel ist die Magnolie, die sowohl in Ostasien als auch im Osten Nordamerikas natürlich vorkommt.

Dolde Traubiger Blütenstand, bei dem die Längsentwicklung unterdrückt ist, so daß einige oder viele Blütenstengel von einem Punkt ausgehen. Dolden findet man beispielsweise bei der Küchenzwiebel oder beim Schnittlauch.

Doppelt gefiedert (bei Blättern) Zusammengesetztes Blatt, bei dem die federartig angeordneten Fiedern selbst wieder gefiedert sind.

Dorn Zu einer starren, spitzen Struktur umgewandeltes Pflanzenorgan. Je nach Ursprungsorgan unterscheidet man beispielsweise zwischen Blattdornen (Berberitze oder Kakteen), Sproßdornen (Weißdorn oder Schlehe) bzw. Nebenblattdornen (Robinie oder Akazie); *siehe auch* Stachel.

Dorsal Auf der Ober- oder Rückenseite eines Pflanzenteils gelegen. Bei Blättern oder Blüten ist der Teil der Knospe gemeint, der am weitesten vom Stengel oder von der Blütenachse abgewandt ist, also die spätere Unterseite des Laub- oder Blütenblattes. Orchideenspezialisten sprechen oft von dorsalen Kelchblättern, womit diejenigen an der Spitze einer typischen Orchideenblüte gemeint sind. Dieser augenscheinliche Widerspruch läßt sich dadurch erklären, daß bei den meisten Orchideenblüten der Stengel um 180° gedreht ist, die Blüten also praktisch auf dem Kopf stehen.

Dorsiventral (bei Blüten) *Siehe* Zygomorph.

Drüse Der Begriff Drüse wird in der Botanik für eine ganze Reihe unterschiedlicher Exkretionsgewebe verwendet, hauptsächlich aber für sehr kleine Organe, die Flüssigkeiten wie Nektar, Harz, Öl oder auch Wasser ausscheiden. Die meisten Blüten haben eine oder mehrere Nektardrüsen (Nektarien), die den Nektar absondern, der als »Köder« für die bestäubenden Vögel oder Insekten dient; bei einigen Pflanzen sitzen die Nektardrüsen aber auch an Blättern oder Stengeln. Oft sind Drüsen nur noch rudimentär vorhanden und sondern dann keine Flüssigkeit mehr ab.

Dünger Substanzen, die dem Boden zugefügt werden, um seine Fruchtbarkeit zu erhöhen. Es gibt organische Dünger wie Mist, Kompost oder Knochenmehl und anorganische (künstliche), etwa Ammoniumsulfat oder Superphosphat, die beide synthetisch hergestellt werden.

Ebenstrauß Aus einer Rispe oder Traube hervorgegangene Blütenstandsform, deren untere Blütenstiele länger sind als die oberen, so daß sich die Blüten etwa auf der gleichen Ebene befinden.

Edelreis Der Pflanzenteil, der bei einer Veredlung auf eine Unterlage aufgepfropft wird. Die neu geschaffene Pflanze bringt in der Folge normalerweise Blüten und Früchte der aufgepfropften Sorte bzw. Art hervor.

Eiförmig (bei Laub-, Hoch- oder Blütenblättern) Blatt, dessen breiteste Stelle sich näher an der Basis als an der Spitze befindet (*siehe auch* Verkehrt eiförmig).

Einfache Blätter Blätter, deren Blattspreite ungeteilt ist, auch wenn sie tief eingeschnitten sein kann (*siehe auch* Zusammengesetzte Blätter).

Eingebürgert (bei Pflanzenarten) In einer bestimmten geographischen Region nicht natürlicherweise vorkommende Pflanzen. Diese eingeschleppten Arten haben sich aber oft so perfekt in die neue Umgebung eingefügt, daß sie von einheimischen Gewächsen praktisch nicht mehr zu unterscheiden sind, auch wenn sie oft aus einem weit entfernten Gebiet eingeschleppt wurden. Die Einbürgerung fremder Pflanzen kann entweder rein zufällig erfolgt sein (oft findet man solche Arten in Überseehäfen), in anderen Fällen handelt es sich aber auch um Kulturpflanzen, die sich »selbständig« gemacht haben.

Einhäusig Pflanzen, bei denen die weiblichen und männlichen Fortpflanzungsorgane auf einem Individuum sitzen, wenn auch nicht zwangsläufig in einer gemeinsamen Blüte.

Einheimisch Das Vorkommen einer Pflanzenart in bestimmten Ländern oder geographischen Regionen. Ist eine Pflanze in einem bestimmten Gebiet heimisch, bedeutet das, sie kommt und kam dort in geschichtlicher Zeit wildwachsend vor.

Einjährig Pflanzen, die ihren Lebenszyklus in einer einzigen Wachstumsperiode vollenden und die normalerweise aus Samen gezogen werden. Manchmal läßt man mehrjährige Pflanzen auch nur einjährig wachsen.

Einzelblüte Nicht in einem Blütenstand angeordnete, sondern einzeln in einer Blattachsel oder am Ende eines Blütentriebes oder Zweiges wachsende Blüte.
Elliptisch (bei Blättern) Mehr oder weniger oval, aber an beiden Enden zumeist etwas spitz zulaufend. Es handelt sich um eine der häufigsten Blattformen, wobei der Begriff allerdings nicht in streng geometrischem Sinn verstanden werden darf.
Embryonen Sich aus befruchteten Zellen entwickelnde neue Pflänzchen, die zumeist vom Nährgewebe des Samens eingeschlossen sind.
Endemiten (bei Arten, Unterarten, Gattungen oder Familien) Pflanzen, die in einem relativ eng begrenzten Gebiet heimisch sind. So kommt die Gattung *Carpenteria* nur in Kalifornien vor, ist also eine in Kalifornien endemische Art.
Endständig (bei Blütenständen oder Blüten) Am Ende eines Triebes sitzend.
Epiphyten Aufsitzerpflanzen, die auf Stämmen, Ästen und Zweigen, manchmal sogar auf den Blättern anderer Pflanzen wachsen, ohne diesen – im Gegensatz zu den Parasiten – Nährstoffe zu entziehen. Zu den bekannteren Epiphyten gehören Orchideen und Bromelien, es gibt aber auch zahlreiche epiphytische Farne, Moose und Flechten.
Exoten Exotische Pflanzen, die in dem Land oder der Region, in dem sie angepflanzt werden, natürlicherweise nicht vorkommen. Der Ausdruck wird allerdings auch oft für jede Art fremdartiger, besonders attraktiver oder einzigartiger Pflanzen verwendet.
F1-Hybride Eine Hybride, die durch Kreuzung von zwei sorgfältig ausgewählten Eltern entstanden ist. F1-Hybriden werden für jede Aussaat neu aus den entsprechenden Elternstämmen gezogen. Da solche Nachkommen normalerweise besonders kräftig und homogen sind, sind viele unserer einjährigen Blumen- und Gemüsesorten F1-Hybriden. Die Samen der F1-Hybriden zeigen dagegen in der Regel nicht mehr die gewünschten Merkmale, so daß man sie nicht weiter verwenden sollte.
Familie Taxonomische Kategorie oberhalb der Gattung. Eine Pflanzenfamilie kann aus wenigen oder vielen Gattungen, in seltenen Fällen auch aus nur einer einzelnen Gattung bestehen. In einer Familie sind beispielsweise alle Rosengewächse (Familie *Rosaceae*) oder alle Orchideen (Familie *Orchidaceae*) zusammengefaßt. Familiennamen enden auf -aceae.
Farnpflanzen Angehörige der großen Gruppe der *Pteridophyta*. Es handelt sich um Gewächse mit gut entwickelten Stengeln und Leitungsbahnen, die sich von den höheren Pflanzen vor allem dadurch unterscheiden, daß sie keine Blüten und Samen bilden. Das, was wir allgemein als Farnpflanze bezeichnen, ist genaugenommen der Sporophyt, also die ungeschlechtliche Generation eines Farns, der winzige Sporen in kleinen Sporangien produziert, die zumeist in Haufen (Sori) an den Wedeln sitzen. Die Sporen keimen an kühlen, feuchten Stellen aus und wachsen zu kleinen Gametophyten heran, an denen sowohl die weiblichen als auch die männlichen Geschlechtszellen gebildet werden. Eine Befruchtung ist nur möglich, wenn Wasser vorhanden ist.
Fein behaart (bei Blättern, Stengeln, Früchten) Sehr feine, kurze Behaarung, die mit bloßem Auge oft nur dann sichtbar ist, wenn man die Pflanzen gegen das Licht hält.
Feuerbrand Bakterielle Krankheit, die hauptsächlich Obstbäume und Sträucher aus der Familie der *Rosaceae* befällt und absterben läßt. Besonders gefährdet sind dabei Apfel- und Birnbäume, aber auch Gattungen wie *Sorbus*, *Cotoneaster* und *Crataegus*. Typische Anzeichen sind eingeschrumpfte und schwärzlich verfärbte Blätter sowie Flecken auf den Ästen.
Fiederblatt Eines der einzelnen Blättchen bei zusammengesetzten Blättern, etwa denen der Rose. Blätter können Knospen in ihren Achseln tragen, Fiederblätter, auch Fiedern genannt, dagegen nicht.
Filament *Siehe* Staubblatt.
Fingerförmig gefiedert (bei Blättern) *Siehe* Gefingert.
Flaumig behaart (bei Blättern, Früchten) Mit feinen, kurzen Haaren bedeckt, beispielsweise die Haut von Pfirsichen.
Fleischfressende Pflanzen *Siehe* Insektivoren.
Flügel Dünne und zumeist flache Samenanhänge, die die Verbreitung durch den Wind erleichtern sollen. Außerdem können Stengel oder Blattstiele lange, flache Auswüchse haben, so daß man von geflügelten Stengeln oder Stielen spricht.
Folientunnel *Siehe* Frühbeet.
Formschnitt Die Kunst, geeigneten Bäumen oder Sträuchern wie Eibe, Liguster oder Buchsbaum durch entsprechenden Schnitt eine Phantasieform zu geben, beispielsweise die einer Pyramide, einer Kugel oder auch eines Tieres.
Frostempfindlich (bei Pflanzen) Pflanzen, die schon durch den leichtesten Frost geschädigt werden. Manche Gewächse, vor allem tropischen Ursprungs, sind in vielen Fällen bereits bei Temperaturen oberhalb des Gefrierpunktes gefährdet, wobei die Gefahrenzone schon bei +10 °C beginnen kann.
Frucht Teil der Pflanze, in den der oder die Samen eingeschlossen sind. Strenggenommen sollte der Ausdruck nur bei Bedecktsamern verwendet werden, bei denen sich die Früchte aus einem Fruchtknoten entwickeln. Manche Früchte sind eßbar, andere gelten als ungenießbar, und nicht bei allem, was wir unter diesem Begriff verzehren, handelt es sich auch tatsächlich um echte, sondern vielmehr um Sammel- oder Scheinfrüchte. Ein Beispiele dafür sind die Erdbeeren, die zum größten Teil aus dem fleischig verdickten Blütenboden der Erdbeerblüte bestehen.
Fruchtbar (beim Boden) Fruchtbarer Boden enthält zahlreiche, für gutes Pflanzenwachstum notwendige Substanzen (vor allem Stickstoff, Phosphor und Kalium) und zersetztes organisches Material, so daß eine lockere Bodenkrume entsteht, in der Feuchtigkeit gespeichert werden kann.
Fruchtbar (bei Pflanzen) Pflanzen, die voll funktionsfähige Fortpflanzungsorgane besitzen und daher Früchte oder Samen bilden können.
Fruchtblatt Zur Blüte gehörendes weibliches Organ der Pflanzen, in dem sich die Samen entwickeln. Manche Blüten haben nur ein Fruchtblatt, andere mehrere, wobei diese entweder frei (wie beim Hahnenfuß) oder verwachsen (wie beim Mohn) sein können. Jedes Fruchtblatt oder jede Gruppe von verwachsenen Fruchtblättern besteht aus einem fertilen Abschnitt, dem Fruchtknoten, in dem sich die Samen entwickeln, aus einer Narbe, die als Empfangsorgan für den Pollen dient, und in der Regel aus einem Griffel, der zumeist länglichen Verbindung zwischen Fruchtknoten und Narbe. In ihrer Gesamtheit wird diese Anordnung als Stempel bezeichnet.
Fruchtknoten Der untere, die Samenanlagen enthaltene Teil eines Fruchtblattes. Steht ein Fruchtknoten oberhalb der Ansatzstelle der Blütenhülle und der Staubblätter, wird er als oberständig bezeichnet, steht er unterhalb der Ansatzstelle der Blütenhülle und der Staubblätter und ist er mit der Blütenhülle verwachsen, nennt man ihn unterständig.
Frühbeet Transportables, ebenerdiges Kleingewächshaus, in dem Pflanzen gezogen werden können, die man vor Kälte schützen will oder deren Wachstum beschleunigt werden soll. In der Vergangenheit wurden Frühbeete zumeist aus einem Holzrahmen und darüber gelegten Glasscheiben oder alten Fenstern hergestellt, heute verwendet man statt dessen zumeist unempfindlichere und pflegeleichtere Kunststoffmaterialien oder benutzt einen sehr leicht auf- und abzubauenden Folientunnel.
Futterpflanzen Zur Tierfütterung gezüchtete und angepflanzte Kulturpflanzen.
Gametophyt *Siehe* Farnpflanzen.
Ganzrandig (bei Blättern) Blätter mit einem Rand, der weder gezähnt, gesägt, gelappt oder geteilt ist und auch keine Einschnitte in anderer Form zeigt.
Gattung Die der Art übergeordnete systematische Kategorie, in der eng verwandte Arten zusammengefaßt werden. Gattungsnamen sind stets lateinischen oder griechischen Ursprungs. Wird ein Gattungsname allein gebraucht, umfaßt er alle Angehörigen dieser Gruppe, besteht der Name dagegen aus zwei Wörtern, wird also ein Artname nachgestellt, ist eine bestimmte Art gemeint. So gehören alle Rosen zur Gattung *Rosa*, die etwa 150 Arten umfaßt, darunter beispielsweise *Rosa canina* und *Rosa rugosa*.
Gefiedert (bei Blättern) Zusammengesetzte Blätter mit Fiedern, die beiderseits eines zentralen Elementes, der sogenannten Blattspindel oder Rachis, angeordnet sind. Pflanzen mit gefiederten Blättern sind beispielsweise Rosen oder Farne.
Gefingert (bei Blättern) Zusammengesetzte Blätter, deren Fiedern alle von einem Punkt ausgehen. Oft und richtiger auch als fingerförmig gefiedert bezeichnet.
Gefüllt (bei Blüten) Eine Blüte, die mehr als die »natürliche« Zahl von Blütenblättern aufweist. Die zusätzlichen Blütenblätter sind in den meisten Fällen umgewandelte Staubgefäße; haben sich alle Staubgefäße in dieser Weise verändert, ist die Blüte teilweise steril, da kein Pollen mehr produziert wird. Besitzt die Blüte noch einen Teil ihrer Staubgefäße, wird sie als halbgefüllt bezeichnet. Bei Astraceen handelt es sich nicht um umgewandelte Staubgefäße, sondern eine vermehrte Einzelblütenzahl, etwa bei *Bellis perenes* oder bei Dahlien.
Gegenständig (bei Blättern) Blattstellung, bei der sich jeweils zwei Blätter an einem Stengelknoten gegenüberstehen (*siehe auch* Wechselständig).
Gelappt (bei Blättern) Einfache Blätter mit eingeschnittener Blattspreite, wobei die einzelnen Lappen zumeist stumpf oder abgerundet sind.
Gemäßigte Zone Die Region zwischen den Wendekreisen und den Polarkreisen. Dabei wird das Gebiet zwischen dem Wendekreis des Steinbocks und dem nördlichen Polarkreis als nördliche und die zwischen dem Wendekreis des Krebses und dem südlichen Polarkreis als südliche gemäßigte Zone bezeichnet. Ganz allgemein bezeichnet der Begriff eine Klimazone ohne extreme Hitze- oder Kältegrade. Die gemäßigte Zone läßt sich in die warm-gemäßigte Zone und kühl-gemäßigte Zone untergliedern.
Gesägt (bei Blättern) Mit gezähntem Rand, wobei die einzelnen Zähne – im Gegensatz zu den gezähnten Blättern – wie bei einer Säge nach vorn gerichtet sind.
Geteilt (bei Blättern) Einfache Blätter mit Einschnitten, die mindestens ein Viertel der gesamten Blattspreite ausmachen.
Gewächshaus Gewächshäuser wurden früher ausschließlich aus Glas gefertigt, während heute oft auch Acryl oder andere Kunststoffe verwendet werden. Da Gewächshäuser aufgrund ihrer besonderen Konstruktion in der Lage sind, Sonnenwärme einzufangen, verwendet man sie in kälteren Regionen zur Anzucht und Haltung wärmebedürftiger Pflanzen. Vielfach besitzen Gewächshäuser aber auch noch eine zusätzliche Heizung.
Gewürzkraut Wegen ihres starken Aromas angebaute Pflanze, die zur Geschmacksverfeinerung von Salaten oder gekochten Gerichten verwendet wird. Genutzt wer-

den normalerweise Blätter, Blüten, Samen, Früchte, Zwiebeln oder Rhizome.

Gezähnt (bei Blättern) Blätter, deren Rand mit spitzen Zähnen versehen ist, z.B. Rosenblätter. Dabei sind die Einschnitte abgerundet, ganz im Gegensatz zu einem gesägten Blattrand, bei denen die Zähne im spitzen Winkel zusammenstoßen.

Granne Borstenartiger Fortsatz bestimmter Pflanzenorgane, etwa eines Samens. Typische Grannen findet man bei vielen Gräsern, z.B. Gerste oder Federgras.

Gräser Angehörige der sehr großen Familie der Süßgräser (*Poaceae* oder *Gramineae*). Gräser sind Pflanzen mit zumeist schmalen Blättern und Blütenständen sowie weitgehend reduzierten Blüten. Zu den Gräsern gehören beispielsweise unsere Getreidearten, die bekanntlich in großer Zahl eßbare Körner (Samen) hervorbringen, aber auch ein gut gepflegter Rasen setzt sich fast ausschließlich aus Gräsern zusammen. Die Liebhaber von Ziergräsern beziehen oft auch oberflächlich ähnliche Pflanzen wie die Riedgräser (*Cyperaceae*) in diese Gruppe ein, auch wenn diese mit den echten Gräsern eigentlich nicht näher verwandt sind.

Griffel *Siehe* Fruchtblatt.

Grundständig (bei Ästen, Blättern usw.) Grundständige Äste oder Blätter sitzen an der Basis einer Pflanze und nicht am Stengel oder Stamm.

Gründünger Einjährige Pflanzen, die nach Erreichen einer gewissen Größe untergegraben werden, um die Fruchtbarkeit des Bodens zu verbessern oder wiederherzustellen. Oft handelt es dabei um bestimmte Leguminosen, etwa Lupinen, die in der Lage sind, mit Hilfe von Bakterien Luftstickstoff zu binden, der dann von anderen Pflanzen genutzt werden kann. Außerdem verbessert die Gründüngung die Konsistenz des Bodens.

Habitat Die Umgebung, in der eine Pflanze wächst. Das Habitat ist von einer Vielzahl von Umweltfaktoren abhängig, von denen Klima und Boden die wichtigsten sind. Aber auch die Interaktionen mit allen anderen, am jeweiligen Standort vorkommenden Lebewesen (Pflanzen, Tiere, Mikroorganismen) spielen eine Rolle.

Halbgefüllt (bei Blüten) *Siehe* Gefüllt.

Halbstrauch Ausdauernde, zumeist nur an der Basis verholzte Pflanze, beispielsweise Geranien oder Thymian.

Handförmig geteilt (bei Blättern) Einfache Blätter mit mehr oder weniger tiefen Einschnitten, die alle zum Grund der Blattspreite gerichtet sind, so daß sie ein wenig an eine Hand erinnern (z.B. Ahornblätter). Auf den ersten Blick ähneln handförmig geteilte Blätter gefingerten Blättern, allerdings sind sie nicht zusammengesetzt, sondern einfach.

Hängekorb Pflanzenbehälter, der aufgehängt werden kann, um Hängepflanzen wie Efeu, Weihnachtskaktus oder Fuchsien besonders vorteilhaft zur Geltung zu bringen.

Hapaxanth Pflanze, die nur einmal blüht und dann abstirbt, z.B. *Agave victoriae-reginae* oder die Talipotpalme *(Corypha umbraculifera)*.

Härchen Kleine, haarartige Auswüchse an Stengeln, Hoch-, Blüten- oder Laubblättern und Früchten. Pflanzenhaare können von sehr unterschiedlicher Form, Größe, Beschaffenheit und Ausrichtung sein, z.B. papillen-, schlauch- und pfriemförmig, aber auch hakenförmig gebogen oder sogar schuppenförmig. In ihrer Gesamtheit bilden sie oft wollige, seidige oder samtige Überzüge.

Hecke Dichte Gebüschformation, deren ineinanderwachsende Zweige eine dichte Barriere bilden und daher wie ein Zaun wirken. Hecken können sehr unterschiedliche Ausmaße haben, wobei eine typische Gartenhecke etwa eineinhalb Meter hoch ist und aus nur einer Art besteht, etwa Buchs, Stechpalme, Eibe oder Liguster, also sehr langlebigen Pflanzen, die auf regelmäßigen Schnitt mit der Bildung von dichtem, kompaktem Blattwerk reagieren.

Heide Mit Heide bezeichnet man normalerweise alle zur Gattung *Erica* gehörenden Pflanzen. Manchmal verwendet man den Begriff aber auch für andere kleinblättrige Sträucher aus der Familie der Heidekrautgewächse *(Ericaceae)* oder für eine baumlose oder baumarme Landschaft mit kargen, sauren Böden, die überwiegend mit Pflanzen aus der Familie *Ericaceae* bewachsen sind.

Hemisphäre Eine der beiden Hälften der Erde. Ursprünglich wurde der Begriff hauptsächlich in Verbindung mit den Himmelsrichtungen Nord und Süd verwendet, also für die Nord- und Südhemisphäre, die durch den Äquator getrennt sind. Neuerdings spricht man aber auch oft von Ost- und Westhemisphäre, womit man die Alte und die Neue Welt meint. Klimatisch gesehen bestehen zwischen der nördlichen und südlichen Zone große Unterschiede. In der Südhemisphäre sind die Winter milder als im entsprechenden Gebiet der Nordhemisphäre, was hauptsächlich mit der größeren Ausdehnung der Ozeane und dem ungehinderten Fluß der Meeresströmungen zu tun hat.

Herzförmig (bei Blättern) Ähnlich wie ein Herz geformte Blätter, bei denen der Stiel in der Einbuchtung am breiteren Ende sitzt.

Hochblätter Modifizierte Blätter, die häufig an der Blütenbildung beteiligt sind und dann auch Deck- oder Tragblätter genannt werden. Bei vielen Pflanzen sind die Tragblätter der auffälligste Teil der »Blüte«, z.B. beim Weihnachtsstern.

Hochgebirgsgewächshaus Gewächshaus zur Aufzucht von Hochgebirgspflanzen (Alpinhaus). Im Sommer werden die Temperaturen durch Abschatten der Fensterflächen niedrig gehalten, im Winter ist das Haus ungeheizt, schützt aber vor starkem Frost, der ohne die schützende Schneeschicht für viele Pflanzen fatal wäre.

Hülse Mehr oder weniger längliche, dünnwandige, hohle Frucht, die die Samen enthält. Hülsen sind die typischen Früchte vieler Schmetterlingsblütler.

Hülsenfrüchte Die trockenen, eßbaren Samen bestimmter Leguminosen, z.B. Kichererbsen, Linsen und Erdnüsse.

Hülsenfrüchtler *Siehe* Leguminosen.

Humus Die im Boden vorhandenen, abgestorbenen organischen Bestandteile, in der Regel abgefallene Blätter, Zweige, Rinde und vermottete Wurzeln, die von Insekten und anderen, im Boden lebenden Tieren sowie von Pilzen und Bakterien abgebaut werden. Der Humusgehalt des Bodens kann mit unterschiedlichen organischen Materialien verbessert werden, etwa Tierdung, Kompost, abgestorbenen Blättern, Torf und kompostiertem Sägemehl oder Kiefernrinde. Humus gibt dem Boden entzogene Nährstoffe zurück und verbessert außerdem seine Konsistenz und Wasseraufnahmefähigkeit. Bei der Verteilung des Humus im Mutterboden spielen Regenwürmer eine wichtige Rolle.

Immergrüne Pflanzen Gewächse, die das ganze Jahr über Blätter tragen. Zwar werfen auch die immergrünen Bäume und Sträucher ihre alten Blätter ab, aber nie alle auf einmal und erst, nachdem die neuen gebildet wurden.

Indusium *Siehe* Sorus.

Infloreszenz *Siehe* Blütenstand.

Insektivoren Pflanzen, die Insekten fangen, um sich auf diese Weise mit zusätzlichem Stickstoff zu versorgen, der an sumpfigen Standorten, an denen diese Pflanzen in der Regel wachsen, zumeist nicht in ausreichender Menge im Boden vorzufinden ist. Sehr pedantische Botaniker sprechen oft nicht von Insektivoren, sondern von Carnivoren (fleischfressenden Pflanzen), weil die Mehrzahl der Arten neben Insekten zumeist auch andere kleine Tiere (beispielsweise Spinnen) einfangen und vertilgen können.

Intergenerische Hybride Pflanzenhybriden, deren Eltern verschiedenen Gattungen angehören, wobei der Begriff sowohl die erste Erzeugung als auch alle daraus hervorgehenden Weiterzüchtungen einschließt. In der Natur treten intergenerische Hybriden im allgemeinen nicht auf, da die genetische Distanz zwischen Gattungen zu groß ist. Nur bei Orchideen und einigen anderen Pflanzengruppen kommt es auch unter natürlichen Bedingungen häufiger zu Bastardisierungen. In solchen Fällen werden die Gattungsnamen dann aus den Namen beider Elternteile zusammengesetzt, z.B. *Sophrocattleya* (aus *Sophronitis* und *Cattleya*). Sind drei oder mehr Gattungen beteiligt, soll nach neuester Konvention an einen völlig eigenständigen Namen die Endsilbe *-ara* angehängt werden. So steht beispielsweise *Wilsonara* für Hybriden aus den Gattungen *Odontoglossum*, *Oncidium* und *Cochlioda*.

Kahl (bei Blättern, Stengeln, Früchten usw.) Glatt, also ohne Behaarung, Schuppen oder Borsten.

Kaktus Mitglied der großen Familie der *Cactaceae*, der wohl bekanntesten Gruppe sukkulenter Pflanzen, die sich in der Regel durch scharfe Dornen auszeichnen und fast ausschließlich in Amerika vorkommen. Umgangssprachlich wird der Begriff auch oft für jede Art sukkulenter oder stachliger Pflanzen verwendet.

Kalk Kalk wird dem Boden normalerweise zugefügt, um ihn alkalischer zu machen oder um seine Struktur zu verbessern.

Kapsel Aus zwei oder mehreren zusammengewachsenen Fruchtblättern bestehende Frucht, die bei der Reife austrocknet, aufplatzt und die Samen freigibt. Besteht die Frucht aus nur einem Fruchtblatt, nennt man sie Hülse oder Balg.

Kätzchen Bezeichnung für den normalerweise hängenden Blütenstand der Weiden und Erlen. Die winzigen, entweder weiblichen oder männlichen Blüten haben zumeist keine Blütenblätter; die Bestäubung erfolgt im allgemeinen durch den Wind.

Keimblätter Bereits im Samen angelegte Blätter, die bei der Keimung als erste erscheinen. Keimblätter (Kotyledonen) unterscheiden sich zumeist deutlich von den später gebildeten Blättern. Die große Gruppe der Bedecktsamer (*Angiospermae*) ist in zwei große Klassen unterteilt, in die Monocotyledonen mit nur einem Keimblatt und die Dicotyledonen mit zwei Keimblättern.

Keimfähigkeit Die Keimfähigkeit gibt an, wie lange bestimmte Samen die Fähigkeit zum Auskeimen behalten. Bei einigen Samen, etwa denen bestimmter tropischer Bäume wie dem Kakaobaum, beträgt diese Zeitspanne nur einige Tage, bei anderen, beispielsweise Kameliensamen, bleibt die Keimfähigkeit einige Wochen erhalten, während die Samen einiger Hülsenfrüchter sogar noch nach mehr als 20 Jahren auskeimen können. Die Keimfähigkeit ist in der Regel auch von den Bedingungen bei der Lagerung abhängig und kann durch niedrige Temperaturen und geringe Luftfeuchtigkeit verbessert werden.

Kelch Der äußere Teil der Blütenhülle, der sich, im Gegensatz zu den zumeist farbigen Blütenblättern, normalerweise aus kleinen, grünen Blättern, sogenannten Kelchblättern, zusammensetzt. Es gibt aber auch Pflanzen, bei denen der Kelch die Funktion der Blütenblätter übernimmt und daher sehr auffällig gefärbt ist (z.B. bei *Daphne* und *Clematis*).

Kelchblatt Blattartiger Teil des Kelches. Kelchblätter sind normalerweise grün, es gibt aber auch Pflanzen mit auffällig gefärbten Kelchen, etwa die Christrose. Bei vielen einkeimblättrigen Pflanzen, etwa Lilien und Tulpen, sind die Kelchblätter fast nicht von den Blütenblättern zu unterscheiden.

Kern Der eßbare Innenteil einer Nuß. Normalerweise handelt es sich dabei um den Samen, etwa bei den Mandeln.

Kladodien Verbreiterte Stengel oder Zweige (Langtriebe) mit Blattgrün, in denen die Photosynthese stattfindet. Pflanzen mit Kladodien, etwa Opuntien, haben zumeist sehr kleine, kurzlebige oder überhaupt keine Blätter. Der Begriff wird oft auch für blattartig verbreiterte Kurztriebe verwendet, diese sind jedoch, genaugenommen, Phyllokladien.

Kletterpflanzen Pflanzen mit Stengeln, die zu lang und biegsam sind, um sich selbst aufrecht halten zu können, und die daher an anderen Pflanzen oder Rankhilfen emporklettern, um zum Licht zu gelangen. Die Art und Weise des Kletterns kann recht unterschiedlich sein. So winden sich einige Pflanzen um ihre Unterlage (z.B. Jasmin oder Geißblatt), andere besitzen Ranken (z.B. Wein oder Erbsen), Haftwurzeln (z.B. Efeu), Saugnäpfe (z.B. Jungfernrebe), oder sie heften sich mit Dornen (z.B. *Bougainvillea)*, Stacheln (z.B. Rosen) oder gekrümmten Fiedern fest.

Klone Pflanzen, die durch asexuelle Vermehrung (Stecklingsvermehrung, Pfropfung, Teilung usw.) einer einzelnen Mutterpflanze entstanden und daher genetisch identisch sind. Verholzte Pflanzensorten, etwa Rosen, Kamelien und Obstbäume, sind stets geklont, wobei jede Sorte ein anderer Klon ist, aber nicht jeder Klon zwangsläufig eine neue Sorte.

Knolle Stärkehaltiges, unterirdisches Organ ausdauernder Pflanzen, das dazu dient, Vorratsstoffe für die Überwinterung zu speichern. Viele Knollen, etwa die der Kartoffel, werden als Nahrungsmittel verwendet.

Knollengewächse Pflanzen, die sich durch den Besitz von Knollen auszeichnen.

Knospe Jugendstadium einer Blüte, deren Blütenblätter noch nicht entfaltet sind, oder eines Sprosses, der noch nicht ausgetrieben hat. Bei Laubbäumen sind die Knospen häufig durch kräftige Schuppen geschützt.

Knoten Oft leicht verdickte Ansatzstelle der Blätter am Stengel. Knoten sind die richtige Stelle, wenn Pflanzen gestutzt werden sollen, aber auch Stecklinge schneidet man normalerweise an einem Knoten ab.

Kohlhernie Krankheit des Kohls, aber auch anderer Gemüse- und Zierpflanzen aus der Familie der Kreuzblütler (*Brassicaceae*), beispielsweise Levkojen. Erreger ist ein Schleimpilz namens *Plasmodiophora brassica*.

Kompost Düngemittel, das durch pilzliche und bakterielle Zersetzung organischen Materials entsteht, beispielsweise von Blättern, Grasschnitt, Gemüseabfällen und tierischen Ausscheidungen. Kompost wird im Garten als Dünger und zur Verbesserung der Bodenstruktur verwendet.

Koniferen Zu den *Pinopsida*, der größten Klasse der Nacktsamer (*Gymnospermae*) gehörende Pflanzen. Bei den Koniferen (Zapfenträgern) handelt es sich um verholzte Gewächse mit zumeist nadel- oder schuppenförmigen Blättern, deren Samen nicht in einen Fruchtknoten eingeschlossen sind. Entwicklungsgeschichtlich stehen sie auf einer niedrigeren Stufe als die Bedecktsamer (*Angiospermae*). Einige Koniferen haben keine Zapfen, sondern fleischige Früchte (z.B. Eiben und Wacholder). Dennoch gehören auch sie zu den Koniferen.

Korbblütler Angehörige der großen Familie der Korbblütler (*Asteraceae* oder *Compositae*), von denen viele durch ihre typischen körbchenförmigen Blütenstände charakterisiert sind. Diese Körbchen, die oft wie eine einzelne Blüte wirken, setzen sich in der Mitte zumeist aus kleinen, dichtgepackten Röhrenblüten zusammen und sind am Rand von längeren Zungenblüten umgeben.

Körbchenblüte Blütenstand, der für die große Familie der *Asteraceae* typisch ist, wobei allerdings nicht alle Mitglieder dieser Familie eine typische Körbchenblüte haben. Er bsteht meist aus kleineren Röhrenblüten und auffälligeren Zungenblüten. Ein Beispiel für diesen Blütentyp ist das Gänseblümchen *(Bellis perennis)*.

Körbchenförmig (bei Blüten) Blütenstand, bei dem die Einzelblüten oft so dicht zusammenstehen, daß er wie eine einzelne Blüte aussieht, z.B. beim Gänseblümchen.

Kotyledonen *Siehe* Keimblätter.

Krankheiten Pflanzenkrankheiten sind häufig die Folge einer Infektion durch Mikroorganismen, also durch Pilze, Bakterien oder Viren. Aber auch Mangelböden, denen ein Substrat (z.B. Mineralsalze) fehlen, oder Luftschadstoffe können dazu führen, daß Pflanzen erkranken und absterben. Die Schädigung durch Insekten und andere Tiere bezeichnet man normalerweise nicht als Krankheit, es sei denn, es handelt sich um Nematoden (Älchen) oder bestimmte Gallinsekten.

Kräuter Im botanischen Sprachgebrauch alle Pflanzen, die keine dauerhaft verholzten Stengel haben, etwa Petunien und Zinnien. Im normalen Sprachgebrauch sind dagegen mit Kräutern zumeist Pflanzen gemeint, deren Blätter oder Triebe in der Küche verwendet werden, um das Aroma von Nahrungsmitteln zu verbessern, oder die sich medizinisch anwenden lassen.

Krautig Im botanischen Sprachgebrauch das Adjektiv, mit dem Kräuter beschrieben werden. Allgemeinsprachlich wird der Begriff für ausdauernde Pflanzen benutzt, deren Stengel und Blätter jedes Jahr absterben, z.B. Rittersporn.

Kriechend Pflanzen oder Sprosse, die dicht am Boden wachsen, wobei die Sprosse bewurzelt sind.

Kriechstauden Ausdauernde, kriechende Pflanzen mit niederliegenden, kriechenden oder nur wenig aufrecht wachsenden Trieben.

Kübelpflanzen Pflanzen, die in einem Behälter angezogen und dann in den Handel gebracht werden. Kübelpflanzen kann man zu fast jeder Jahreszeit aus- und umpflanzen.

Kühl-gemäßigte Zone (Klima) Klimazone der Nordhalbkugel mit kühlen, wolkenreichen Sommern und überwiegend kalten Wintern, die sich im Süden an die kalt-gemäßigte boerale Zone anschließt.

Kulturpflanzen In Gärten oder in der Land- und Forstwirtschaft angebaute Pflanzen, für die spezielle Methoden zur Kultivierung ausgearbeitet wurden.

Kulturvarietät Taxonomische Einheit für eine in Kultur entstandene Sippe, die von der Nominatsippe (meist der Wildtyp) in verschiedenen Merkmalen abweicht.

Labellum Das untere der drei Blütenblätter einer Orchideenblüte, das normalerweise größer und auffälliger geformt und gefärbt ist als die beiden anderen. Das Labellum wird auch »Lippe« genannt.

Länglich Im botanischen Sprachgebrauch die Form eines Blattes oder anderer Pflanzenteile, die an den Enden nicht spitz zulaufen und die nicht mehr als etwa achtmal so lang wie breit sind. Ein längliches Blatt kann an den Enden aber durchaus etwas abgerundet sein.

Lanzettlich (bei Blättern) An beiden Enden verjüngte Blätter, die etwa vier- bis neunmal so lang wie breit sind, wobei die breiteste Stelle etwa die Mitte ist. Breitere Blätter bezeichnet man als eiförmig oder elliptisch, schmalere als linealisch.

Laubabwerfend Pflanzen, die jedes Jahr ihre Blätter verlieren, um einige Zeit später wieder neu auszutreiben. In den gemäßigten Breiten werden die sich oft prächtig verfärbenden Blätter im Herbst abgeworfen, während das neue Austreiben im Frühjahr erfolgt; in den Tropen verlieren viele Bäume das ganze Jahr über Blätter.

Laube Normalerweise freistehende Konstruktion, die man mit Kletterpflanzen bewachsen läßt, um auf diese Weise einen schattigen Platz zu schaffen (*siehe auch* Pergola).

Leguminosen Angehörige der großen Familie der *Fabaceae* (auch *Leguminosae* genannt). Zu den Leguminosen (Hülsenfrüchtlern) gehören beispielsweise Erbse, Bohne, Klee, Lupine, Glyzine, Akazie und Ginster, aber auch Bäume wie Kassie oder Lederhülsenbaum. Dank der Hilfe von Bakterien, die in speziellen Wurzelknöllchen der Leguminosen leben, sind diese Pflanzen in der Lage, Luftstickstoff zu binden, weshalb sie oft als Gründünger angepflanzt werden.

Lehm Bodenart aus einem Gemenge von Sand, Schluff und Ton. Lehmböden sind bei Gartenbesitzern sehr beliebt, da sie nicht nur gut bearbeitet werden können, sondern Pflanzenwurzeln auch keinen größeren Widerstand entgegensetzen. Die Fruchtbarkeit hängt vom Tonanteil ab, der zwischen 20 und 50 Prozent liegen kann.

Linealisch (bei Blättern) Sehr lange und schmale Blätter (ungefähr neunmal so lang wie breit) mit annähernd parallel verlaufenden Rändern. Linealische Blätter findet man beispielsweise bei vielen Gräsern.

Lippe Bei Orchideen gleichbedeutend mit Labellum. Bei Lippenblüten unterscheidet man zwischen Ober- und Unterlippe, die zusammen das »Mäulchen« bilden.

Lithophyten Pflanzen, beispielsweise Orchideen, die auf der nackten Felsoberfläche wachsen können und sich dort von anwehenden Substraten ernähren. Lithophyten dürfen nicht mit den Epiphyten, also Arten, die anderen Pflanzen aufsitzen, verwechselt werden. Viele Lithophyten können aber auch epiphytisch leben, also sowohl auf Steinen als auch auf Bäumen wachsen – allerdings nicht am Boden.

Luftwurzeln Wurzeln, die oberhalb der Erdoberfläche wachsen. So hat beispielsweise der Efeu kurze Luftwurzeln (Haftwurzeln), die zum Klettern verwendet werden. Beim Fensterblatt, aber auch beim Philodendron oder einigen tropischen Feigen erreichen die Luftwurzeln irgendwann wieder den Boden. Bis dahin gewinnen sie die lebensnotwendige Feuchtigkeit aus der Luft.

Männlich Pflanze, der die funktionsfähigen weiblichen Organe fehlen und die daher auch keine Samen bilden kann. Männliche Pflanzen produzieren Pollen, mit dem weibliche Blüten bestäubt werden müssen, damit sie Samen hervorbringen können. Die meisten Blütenpflanzen sind zwittrig, d.h. sie haben sowohl männliche als auch weibliche Fortpflanzungsorgane. Diese können allerdings in verschiedenen – als männlich oder weiblich bezeichneten – Blüten sitzen. Beispiele sind Eichen und Kastanien.

Mediterran (Pflanzengeographie) Bezeichnung für Gebiete, die an das Mittelmeer angrenzen oder zumindest klimatisch vom Mittelmeer beeinflußt werden. Hierzu gehören z.B. das südöstliche Frankreich und Spanien, der größte Teil Italiens, der gesamte südliche Balkan und ein Großteil der Türkei. Auf dem afrikanischen Kontinent sind nur ein schmaler Küstensaum und die nordafrikanischen Gebirge mediterran beeinflußt. Das Mittelmeerklima ist im Winter typischerweise mild und feucht, im Sommer dagegen heiß und trocken.

Mehltau Pilzkrankheit, bei der bestimmte Pilze ein feines Hyphennetz auf der Oberfläche organischer Materialien oder auf den lebenden Blättern bilden. Mehltau wächst unter feuchtwarmen Bedingungen besonders gut, wobei in erster Linie Pflanzen befallen werden, die an solche Verhältnisse nicht angepaßt sind. Der Echte Mehltau *(Uncinula necator)* gehört zu den am meisten gefürchteten Schädlingen des Weins.

Meristemkultur Verfahren zur Aufzucht von Pflanzen in Glasgefäßen mit sterilem Nährmedium, das durch wachstumsanregende Pflanzenhormone angereichert ist. Auf ein solches Nährmedium wird ein Stück aus dem Wachstumskegel (Meristem) einer Pflanze übertragen, aus dem dann ein neuer Klon heranwächst. Meristemkulturen werden hauptsächlich in der Orchideenzucht verwendet, da es auf diese Weise möglich ist, in kurzer Zeit eine große Zahl der gewünschten Pflanzen heranzuziehen.

Mist Als Dünger verwendete Tierexkremente. Wie alle Materialien organischen Ursprungs reichert Mist den Boden mit Humus an, kann aber zusätzlich, je nach Tierart und Form der Haltung, auch Stickstoff und manchmal sogar Phosphor liefern.

Mittelrippe Die Hauptader eines einfachen Blattes. Bei zusammengesetzten Blättern heißt der entsprechende mittlere Teil Blattspindel.

Monokotyledonen Eine der beiden Klassen der Bedecktsamer (die andere, größere Gruppe sind die Dikotyledonen). Monokotyledonen (Einkeimblättrige Pflanzen) haben nur ein Keimblatt, und ihre Blattnerven verlaufen normalerweise parallel. Zu den Monokotyledonen gehören beispielsweise Gräser, Riedgräser, Lilien und Orchideen.

Monopodiale Verzweigung Eine Pflanze ist monopodial verzweigt, wenn die Hauptachse, das Monopodium, stärker entwickelt ist als die Seitenachsen. Bei Orchideen wird häufig zwischen monopodialen Arten, deren Triebe in einer Richtung weiterwachsen (z.B. bei *Vanda)* und sympodialen Arten unterschieden, wo jeder Trieb nur eine bestimmte Länge erreicht und oft in einem Blütenstand endet (z.B. bei *Cattleya)*.

Moorbeet Teil des Gartens, in dem der Boden durch fehlende Drainage absichtlich feucht gehalten wird. Ein Moorbeet legt man am besten am Rand eines Teiches oder Baches an und setzt dann Moor- oder Sumpfpflanzen ein.

Moose Große Gruppe primitiver, blütenloser Pflanzen, die normalerweise auf feuchtem Boden oder Felsen wachsen. In japanischen Gärten werden die kleinen Moose gelegentlich als Bodendecker verwendet.

Mulchen Das Abdecken von Bodenflächen, um Feuchtigkeitsverluste zu verhindern und den Unkrautwuchs zu unterdrücken. Zum Mulchen verwendet man zumeist organische Materialien wie Mist, Kompost, Stroh oder Rindenhäcksel, bei deren Kompostierung der Boden zudem noch Nährstoffe erhält. Man kann zum Mulchen aber auch nichtorganische Materialien benutzen, etwa Kieselsteine.

Mutterkorn Durch den Mutterkornpilz *(Claviceps purpurea)* verursachte Pilzkrankheit bestimmter Gräser, darunter auch Getreidearten. Häufig betroffen ist der Roggen, der nach einer Infektion statt reifer Roggenkörner schwärzliche pilzliche Überdauerungsstadien bildet. Diese enthalten ein gefährliches Toxin, an dem sich früher in Europa die Bevölkerung ganzer Städte vergiftete, nachdem sie verseuchtes Brot gegessen hatte.

Nacktsamer Pflanzen, deren Samen nicht in einen Fruchtknoten eingeschlossen sind. Die Nacktsamer (*Gymnospermae*) gelten heute als phylogenetisch uneinheitlich, d.h. die einzelnen Gruppen haben sich vermutlich unabhängig voneinander entwickelt. Gymnospermen kennt man seit dem Paläozoikum. Damit sind sie mindestens 100 Millionen Jahre älter als die ersten Bedecktsamer (*Angiospermae*). Die größte Gruppe der Nacktsamer sind die Koniferen, gefolgt von den Palmfarnen. Zu kleineren Randgruppen gehören *Ginkgo*, *Ephedra*, *Gnetum* und die ungewöhnliche *Welwitschia*.

Nadel Blatt in Nadelform. Der Begriff wird zumeist für die Blätter von Nadelbäumen verwendet.

Nährstoffe Dem Pflanzenwachstum dienende, wasserlösliche Substanzen, die von den Wurzeln aufgenommen werden können. Zu den wichtigsten Nährstoffen, die in hoher Konzentration erforderlich sind, gehören Stickstoff, Phosphor und Kalium, nur in Spuren notwendig sind Eisen, Magnesium, Kalzium, Mangan, Zink, Bor, Schwefel und Molybdän. Diese Minerale dienen zwar nicht der eigentlichen Ernährung der Pflanzen (dafür sind Kohlenhydrate erforderlich, die mit Hilfe von Sonnenenergie sowie Wasser und Kohlendioxid in einem Photosynthese genannten Prozeß gebildet werden), sie bilden aber unverzichtbare Bestandteile vieler Enzyme und anderer Proteine, die für das Wachstum der Pflanzen eine lebenswichtige Rolle spielen.

Narbe Empfängnisorgan der bedecktsamigen Pflanzen, das am oberen Ende des Stempels sitzt. Die Narbe (Stigma) ist in der Regel klebrig, damit der männliche Pollen bei der Bestäubung durch Insekten oder den Wind daran haften bleibt. Anschließend keimt der die männlichen Erbanlagen enthaltene Pollen unter Bildung eines Pollenschlauches auf der Narbe aus. Letzterer durchwächst dann das Narben- und Griffelgewebe und dringt schließlich zur Eizelle vor, wo es zur Befruchtung kommt und die Samenbildung eingeleitet wird. Narben können recht unterschiedlich geformt sein. Normalerweise sind sie mehr oder weniger knopfförmig, es gibt aber auch zahlreiche Abweichungen, etwa sternförmige Narben.

Nebenblätter Blattartige Ausbildungen des Blattgrundes an der Ansatzstelle des Stieles. Nebenblätter findet man beispielsweise bei Rosen oder Wicken. Sie können auch zu Dornen umgewandelt sein, wie bei der Robinie, oder ebenso groß werden wie die normalen Blätter, z.B. beim Labkraut.

Nebenkrone Kronblattartige, freie oder verwachsene Anhängsel der Blütenkrone (z.B. bei Narzissen).

Nektar Süßliche Flüssigkeit, die von Drüsen im Zentrum vieler Blüten abgesondert wird. Nektar dient normalerweise als Belohnung für die bestäubenden Insekten, Vögel, Fledermäuse oder andere Tiere. Bienen wandeln Nektar zu Honig um.

Neutral (beim Boden) Weder sauer noch alkalisch, sondern mit einem neutralen pH-Wert von 7.

Niederliegend Pflanzen oder Sprosse, die dicht am Boden wachsen, wobei die Sprosse nicht bewurzelt sind, z.B. Kriechwacholder.

Nuß Botanisch betrachtet jede Frucht, die nicht fleischig ist und deren Samen bei der Reife nicht frei werden. Im alltäglichen Sprachgebrauch sind Nüsse trockene, zumeist verholzte Früchte oder Samen, die einen oder mehrere eßbare Kerne enthalten.

Oberständig *Siehe* Fruchtknoten.

Okulieren Form der Veredlung, bei der die (vegetative) Knospe des gewünschten Edelreises in den eingeschnittenen Rindenspalt einer Unterlage eingesetzt wird.

Orchideen Alle Mitglieder der Familie *Orchidaceae*, der nach den Korbblütlern zweitgrößten Pflanzenfamilie, zu der etwa 18 500 Arten gehören. Diese sind fast über die ganze Erde verbreitet, die meisten Arten kommen aber in tropischen Regenwäldern vor, wo sie hauptsächlich epiphytisch wachsen. Orchideen haben sehr komplexe, disymmetrische Blüten mit oft sehr ausgeklügelten Bestäubungsmechanismen. Ihre Samen, die keine Nährstoffreserven enthalten, gehören zu den kleinsten aller Blütenpflanzen, so daß eine Million oder mehr in nur einer einzigen Samenkapsel Platz haben. Viele Orchideen benötigen zum Wachstum Pilze, mit denen sie in einer engen Symbiose (Lebensgemeinschaft zum gegenseitigen Nutzen) zusammenleben.

Organisches Material Überreste lebender Materie, etwa Mist oder Kompost, die irgendwann zu Humus werden. Das Untermischen organischen Materials verbessert die Struktur und die Fruchtbarkeit des Bodens.

Palmen Pflanzen aus der Familie *Arecaceae* (oder *Palmae*). Manchmal wird der Begriff aber auch für andere große Monokotyledonen, etwa Bananen oder Angehörige der Gattung *Ravenala*, verwendet. Die echten Palmen, die fast ausschließlich in den Tropen vorkommen, können sehr unterschiedliche Ansprüche haben, sind aber fast immer langlebig.

Palmfarne (*Cycadales*) Die neben den Koniferen größte Ordnung der Nacktsamer (*Gymnospermae*). Es handelt sich dabei um langlebige Pflanzen mit einfach gefiederten, farnähnlichen Blättern (Wedeln), die an einem kurzen Stamm (*Caudex*) sitzen. Die männlichen und weiblichen Zapfen, die oft sehr groß sein können, sitzen auf verschiedenen Pflanzen. Palmfarne sind eine sehr alte Pflanzengruppe, die im »Zeitalter der Dinosaurier« (Jura und Kreidezeit), also kurz bevor die Ära der Bedecktsamer (*Angiospermae*) begann, ihre größte Verbreitung hatten. Heute gibt es nur noch etwa 200 Arten, die alle in den wärmeren Regionen der Erde vorkommen. Beispiele für Palmfarne sind *Cycas*, *Encephalartos*, *Zamia*.

Panaschierung Weißfleckigkeit oder Weißstreifigkeit eigentlich grüner Blätter. Ursache ist zumeist das Fehlen der grünen Chloroplasten, mit der Folge, daß solche Pflanzen oft auch schlechter wachsen als die Wildform. Panaschierte Pflanzen sind zumeist das Ergebnis längerer Züchtungen, manchmal wird die Farbveränderung aber auch von Viren verursacht.

Pantropisten (Pflanzenverbreitung) In den tropischen Gebieten der Erde lebende Organismen. Einige der als pantropisch bezeichneten Pflanzen trifft man allerdings auch in den wärmeren Regionen der gemäßigten Zone an.

Parasit Pflanze, die auf oder in einer anderen Pflanze wächst und ihrem Wirt dabei Wasser und Nährstoffe entzieht. Häufiger und noch weniger gern gesehen sind parasitische Pilze, die zahlreiche Pflanzenkrankheiten verursachen können.

Pergola Konstruktion aus Pfosten, an denen Pflanzen emporklettern können. Zwischen den Pfosten einer Pergola können zusätzlich Wände angebracht und über die Dachbalken Reiter gelegt sein. Eine Pergola kann rund, eckig oder länglich sein, oft läuft sie auch an einem Weg entlang und ist dann an beiden Enden offen.

Pfahlwurzel Vertikal nach unten gerichtete, der Verankerung im Boden dienende Hauptwurzel einer Pflanze, beispielsweise eines Baums. In einigen Fällen ist die Pfahlwurzel stark verdickt, etwa bei der Möhre.

Pfropfen Bestimmte Form der Veredelung, bei der zwei Pflanzen zum Verwachsen gebracht werden, wobei normalerweise die gewünschte Pflanze (das Edel- oder Pfropfreis) auf eine weniger wertvolle, aber robustere Unterlage aufgepfropft wird. Vorteil dieser Methode ist, daß die neue Pflanze ein stärkeres Wurzelsystem erhält, als es das Edelreis natürlicherweise hätte.

Pfropfunterlage Bewurzelte Unterlage, auf die Edelreiser aufgepfropft werden. Jeder Neuaustrieb der Unterlage sollte sofort abgeschnitten werden, da das Edelreis sonst oft nicht ausreichend Nährstoffe und Wasser bekommt.

pH-Wert Die Skala, anhand derer der Säure- oder Laugengehalt eines Bodens bestimmt wird. Sie erstreckt sich von 1 (stark sauer) bis 14 (stark alkalisch); bei einem pH-Wert von 7 ist der Boden neutral. Normale Gartenerde hat in der Regel einen pH-Wert zwischen 5,5 und 8,6.

Phyllodien Blätter, bei denen die Blattspreite weitgehend reduziert ist – z.B. als Anpassung an sehr trockene Standorte – und die umgebildeten, zumeist stark verbreiterten Blattstiele die Photosynthese übernehmen. Beispiele für diese Art der Anpassung findet man bei vielen australischen Akazien, allerdings nur bei älteren Exemplaren, während die Blätter junger Pflanzen noch doppelt gefiedert sind.

Phyllokladien *Siehe* Kladodien.

Pilze Große Organismengruppe, die neben den Pflanzen und Tieren ein eigenes Reich bildet. Pilze bestehen aus dünnen, mit bloßem Auge kaum wahrnehmbaren

Schläuchen, den sogenannten Hyphen, oder nur aus einer Zelle, z.B. Hefen. Viele Pilze bilden zu bestimmten Zeiten Fruchtkörper, beispielsweise die Ständerpilze, zu denen die meisten unserer Speisepilze gehören. Pilze können, im Gegensatz zu den Pflanzen, ihre Nährstoffe mit Hilfe der Photosynthese nicht selbst synthetisieren, sondern sind auf organische Substanzen angewiesen, die von anderen Organismen hergestellt wurden. Dabei kann es sich um abgestorbene Materialien handeln, aber auch um lebende Pflanzen und Tiere (im ersten Fall spricht man von saprophytischer, im zweiten von parasitischer Lebensweise). Viele Pflanzenkrankheiten werden von parasitischen Pilzen verursacht, während saprophytische Pilze eine wichtige Rolle bei der Zersetzung abgestorbenen Pflanzenmaterials spielen, das auf diese Weise wieder in den Stoffkreislauf zurückgeführt wird.

Pilzinfektionen Pflanzenkrankheiten, die durch Pilze verursacht werden.

Pollen Winzige Körner, in denen das genetische Material männlicher Pflanzen enthalten ist. Bei einer Bestäubung verschmelzen die Pollenkörner mit den weiblichen Samenanlagen, und es entsteht eine Frucht und damit eine neue Pflanzengeneration. Die Übertragung des Pollens auf die weiblichen Blüten erfolgt durch den Wind oder durch Insekten, in selteneren Fällen auch durch Vögel oder sogar Säugetiere.

Potpourri Mischung wohlriechender, getrockneter Kräuter und Blütenblätter, die zur Geruchsverbesserung in einer Schüssel oder Stofftasche in ein Zimmer gestellt oder gehängt wird.

Pseudobulbe Oberirdisches Speicherorgan für Wasser und Nährstoffe bei vielen Orchideen.

Pteridophyten Große Pflanzengruppe, von denen eine Reihe nur noch fossil bekannt ist. Pteridophyten (Farnpflanzen), die zu den ersten Landpflanzen gehörten, haben keine Blüten und keine Samen, sondern vermehren sich durch winzige, vom Wind verbreitete Sporen. Die größte Klasse der Pteridophyten sind die Farne, außerdem gehören Bärlappe *(Lycopodium)*, Moosfarne *(Selaginella)* und Schachtelhalme *(Equisetum)* in diese Gruppe.

Rachis *Siehe* Gefiedert.

Radiärsymmetrisch Anordnung der Blüte. Trennt man eine radiärsymmetrische Blüte mit einer Linie, die den Mittelpunkt der Blüte schneidet, so sind die entstehenden Hälften immer symmetrisch, unabhängig davon, wo die Schnittebene angesetzt wird.

Rand Der äußere Bereich flacher Pflanzenteile, etwa von Laub- oder Blütenblättern. Besondere Kennzeichen des Blattrandes, z.B. eine gezähnte Struktur, können bei der Bestimmung von Pflanzen eine wichtige Rolle spielen.

Ranke In der Regel fadenförmige Strukturen vieler Kletterpflanzen, mit denen sie sich an einer Unterlage festhalten, um näher an das Licht zu kommen. Ranken sind normalerweise Umwandlungen bestimmter Organe. Zumeist handelt es sich dabei um die Blattspitzen (z.B. bei der Ruhmeskrone), manchmal sind es aber auch Blattfiedern (bei Pflanzen mit zusammengesetzten Blättern, etwa Wicken) oder Nebenblätter (z.B. bei der Waldrebe) bzw. Teile des Blütenstandes (z.B. bei der Weinrebe).

Regenwald Undurchdringlicher Wald in Gebieten mit reichlich Niederschlag. Echte Regenwälder zeichnen sich durch ein geschlossenes Blätterdach und zahlreiche Kletterpflanzen und Epiphyten aus und sind hauptsächlich in den Tropen zu finden. In kühleren Regionen handelt es sich bei den Epiphyten hauptsächlich um kleinere Laub- und Lebermoose oder um Flechten.

Reversion Rückkehr zur ursprünglichen Form, wenn beispielsweise eine vielfarbige Pflanzen wieder die frühere grüne Färbung annimmt.

Rhizom Unterirdisch wachsende, verdickte Sproßachse, in der Nährstoffe gespeichert sind, die mehrjährige Pflanzen zur Überwinterung benötigen. Ein Beispiel für ein Rhizom ist der eßbare Teil der Ingwerpflanze.

Riedgräser Angehörige der großen Pflanzenfamilie *Cyperaceae*. Manchmal wird der Begriff aber auch nur für *Carex*-Arten verwendet, der größten Gattung dieser Familie.

Rinde Schützende äußere Schicht an Stämmen und Ästen von Bäumen oder Sträuchern, die von einem teilungsfähigen, zwischen Rinden- und Holzanteil sitzenden Gewebe (Kambium) gebildet wird. Die Rinde nimmt mit zunehmendem Umfang des Baumes normalerweise ebenfalls an Dicke zu und kann dabei mehr oder weniger wulstig aufreißen. Manchmal wird die äußere Rindenschicht aber auch jedes Jahr abgeworfen, und es entsteht eine neue, glatte Oberfläche; in anderen Fällen blättert die Rinde in unregelmäßigen Bruchstücken ab.

Rispe Blütenstand, bei dem es sich eigentlich um eine mehrfach verzweigte Traube handelt. Ein Beispiel für eine Rispe ist die Fliederblüte.

Röhrenblüte (bei *Asteraceen*) Eine der winzigen Blüten aus der Mitte eines Blütenstandes (Körbchens) der Korbblütler. Röhrenblüten unterscheiden sich zumeist deutlich von den auffälligen, in einem äußeren Ring angeordneten Zungenblüten.

Rosette (bei Blättern) Gruppe von Blättern, die von einem Punkt an einem kurzen Stengel ausgehen, z.B. bei der Hauswurz.

Rostpilze Große Gruppe pflanzenpathogener Pilze mit zumeist auffälligen, gelben, orangefarbenen oder rostbraunen Sporen, die in speziellen Strukturen an der Oberfläche von Pflanzenstengeln oder -blättern gebildet werden. Der wirtschaftlich bedeutendste Rostpilz ist der Schwarzrost des Getreides; Gartenbesitzer werden es dagegen häufiger mit dem Birnengitterrost oder Malvenrost zu tun haben.

Rote Spinne Gehört zur Familie der Spinnmilben in der Ordnung der Spinnentiere. Sie wird etwa 0,4 mm groß und saugt an Blättern, auf deren Unterseite sie feine Spinnfäden spinnt. Sie verursacht kleine helle Flecken, vor allem auf den Blättern von Obstbäumen, die im Laufe des Befalls dann abfallen.

Rückschnitt Regulierender Schnitt, der einer Pflanze das gewünschte Aussehen gibt, oder der nötig werden kann, damit sich der Neuaustrieb gut entwickeln kann.

Ruhezustand (bei Pflanzen) Stadium des Nichtwachstums, bei dem die Blätter normalerweise abgefallen oder eingezogen sind, so daß nur die unterirdischen Speicherorgane erhalten bleiben. Auf diese Art überstehen viele Pflanzen den Winter oder eine Trockenzeit. (Bei Samen) Latenter Zustand mit geringem Stoffwechsel, mit dem Ziel, ein langfristiges Überleben zu sichern. Die Keimung wird in dieser Phase unterdrückt. Die Samenruhe kann auf verschiedene Weise unterbrochen werden, etwa durch Stratifizieren der Samen (*siehe auch* Stratifizieren).

Samen Derjenige Teil, der bei Samenpflanzen der Verbreitung dient. Samen sind oft nicht sehr lange haltbar, so daß es sich in vielen Fällen nicht lohnt, übriggebliebene Gemüse- oder Blumensamen im nächsten Jahr auszusähen, da die Keimfähigkeit dann zumeist schon deutlich abgenommen hat.

Sammelnamen Bei vielen wirtschaftlich wichtigen Arten und Sorten verwendet man Sammelnamen, unter denen Pflanzen mit sehr ähnlichen Merkmalen zusammengefaßt werden. Als Beispiel kann der Kohl *(Brassica)* gelten, dessen zahlreiche Sorten fast alle von der sehr variablen Art *Brassica oleracea* abstammen. Innerhalb dieser Gruppe wären Weißkohl, Blumenkohl, Rosenkohl, Brokkoli oder Grünkohl jeweils eine Gruppe mit Sammelnamen. Diese Regelung ist neueren Datums, denn während der Weißkohl früher *Brassica oleracea* var. *capitata* hieß, soll er nach moderner Auffassung jetzt *Brassica oleracea* Capitata-Gruppe genannt werden. Unter diesem Begriff sind zahlreiche Sorten zusammengefaßt, von denen einige weitere Untergruppen bilden, beispielsweise der Wirsingkohl. In Pflanzengruppen, zu denen Tausende von Sorten gehören, etwa Rosen, Tulpen oder Dahlien, werden die Sorten generell unter Sammelnamen geführt, wobei die Einteilung oft sehr künstlich ist.

Sand Der gröbste der mineralischen Anteile des Bodens, dessen Vorhandensein sich leicht durch Reiben einer Erdprobe zwischen den Fingern feststellen läßt. Sand besteht normalerweise aus fast reinem Quarz, einem der härtesten und unlöslichsten Minerale, in dem keine Pflanzennährstoffe enthalten sind. Gewaschener Sand läßt sich auf vielerlei Weise im Garten verwenden.

Säulenförmig Wie eine Säule oder ein schmaler Zylinder geformt. Der Begriff wird zur Beschreibung der Kronenform bestimmter Bäume verwendet.

Saurer Boden Kalkarmer Boden mit einem pH-Wert von unter 7. Sauren Boden benötigt man beispielsweise für Azaleen, Kamelien oder Rhododendren, aber auch, um Hortensien blau blühen zu lassen.

Savanne Grasland mit einzelnen Sträuchern und Bäumen. Savannen sind typisch für trockene Gebiete in den Tropen und Subtropen.

Schädling Begriff für bestimmte Tiere, die wirtschaftliche Verluste an Pflanzen verursachen können und daher nicht sehr gern gesehen sind. Gartenbesitzern machen insbesondere Insekten und Schnecken zu schaffen. Oft existieren sogar gesetzliche Vorgaben, die die Bekämpfung von Schädlingen regeln.

Schaft Blattlose Achse, die der Basis einer Pflanze entspringt und an ihrer Spitze eine Blüte trägt. Schäfte kommen bei vielen Zwiebelpflanzen vor, etwa bei Narzissen.

Scheinstamm Aus großen, ineinandergerollten Blattscheiden gebildete stammähnliche Struktur, wie man sie beispielsweise bei Bananengewächsen findet.

Scheinwirtel Spiralig angeordnete Blätter, die aber, im Gegensatz zum echten Wirtel, nicht einem einzigen Knoten entspringen. Vielmehr handelt es sich um eine wechselständige Blattstellung, bei der die Stengel gestaucht sind. Scheinwirtel findet man beispielsweise bei Rhododendren.

Schildläuse Kleine, saftsaugende Insekten aus der Familie *Coccidae*, die sich als ausgewachsene Tiere auf Stengeln oder Blättern festsetzen und mit einer harten, schützenden Wachsschicht umgeben sind, die wasserabstoßend ist und sich nur schwer entfernen läßt. Schildläuse können an Zimmerpflanzen beträchtliche Schäden verursachen.

Schilf Hohes Gras, das in seichtem Wasser oder auf sumpfigen Böden wächst. Bei unserem herkömmlichen Schilf handelt es sich um *Phragmites australis*, eine nahezu überall auf der Erde vorkommende Art.

Schlingpflanzen Kletterpflanzen, die dadurch an Höhe gewinnen, daß sie sich um eine (künstliche oder natürliche) Unterlage herumwinden. Bei den meisten Arten ist die Richtung der Umschlingung stets gleichbleibend, d.h., es gibt Rechtswinder (Umschlingung im Uhrzeigersinn, z.B. Geißblatt und Hopfen) oder Linkswinder (Umschlingung entgegen des Uhrzeigersinns, was für die Mehrzahl der Schlinger zutrifft). Damit eine Unterlage gefunden wird, führen die Schößlingsspitzen zumeist kreisförmige Bewegungen in der Luft aus, bis sie auf einen Widerstand stoßen, der sich dann möglicherweise umschlingen läßt.

Schmierläuse Kleine, saftsaugende Insekten aus der Familie *Coccidae*, zu der auch die Schildläuse gehören. Schmierläuse sind winzige, aber leicht auszumachende, langsam kriechende Insekten mit einem flachen Körper, der zumeist dicht mit wasserabweisenden, mehligen Wachsausscheidungen bepudert ist. Die Tiere verstecken sich gern auf der Unterseite von Blättern oder zwischen Wurzeln und befallen bevorzugt Zimmerpflanzen. Sie vermehren sich oft sehr schnell und sind schwer zu bekämpfen.

Schößling Trieb, der einer Wurzel oder der Stammbasis von Bäumen bzw. Sträuchern entspringt, manchmal aber auch einer Pfropfunterlage, was normalerweise besonders unerwünscht ist.

Schwimmpflanzen Pflanzen, die – an der Oberfläche oder untergetaucht – frei im Wasser schwimmen.

Seidig behaart Mit farblosen, flach anliegenden, parallel ausgerichteten Haaren, die das Licht reflektieren und Blättern und Stengeln so zumeist einen seidigen Glanz verleihen.

Seitentriebe Alle Stengel oder Äste, die seitlich vom Hauptsproß abzweigen – Blütenstengel eingeschlossen.

Selbstverbreitung Fähigkeit einer Pflanze, ihre Samen ohne die Mitwirkung eines Gärtners zu verbreiten.

Sitzend (bei Blättern oder Blüten) Blätter oder Blüten, die keinen Stiel haben. Ein Beispiel sind Kamelien, die sitzende Blüten haben.

Sori *Siehe* Sorus.

Sorte Im Verlauf der Kultivierung einer Pflanze gezüchtete Varietät, die auf beliebige Weise vermehrt werden kann, sofern dabei die typischen Merkmale erhalten bleiben. Nach den neuesten Internationalen Nomenklaturregeln sollen Sorten nicht mehr latinisierte, sondern Phantasienamen erhalten. Diese werden nicht kursiv gesetzt, sondern in einfache Anführungsstriche oben eingeschlossen, z.B. 'Iceberg' oder 'Jeanne d' Arc'. In gleicher Weise verfährt man auch mit Sorten, die vor dieser Regeländerung benannt wurden und daher noch latinisierte Namen haben, also beispielsweise *Acer palmatum* 'Dissectum Atropurpureum'. Die meisten Sorten verholzter oder anderer ausdauernder Pflanzen sind Klone und werden durch Stecklinge, Teilung oder Pfropfung vermehrt; Sorten einjähriger Pflanzen sind dagegen zumeist reinerbige Linien, F1-Hybriden oder in obligater Apomixis und aus Samen gezogene Nachkommen. Der Sortenname steht hinter dem Artnamen, wenn er allein auf diese Art zurückgeht; ist der Ursprung unbekannt oder ist die Pflanze das Produkt einer Hybridisierung, steht der Name unmittelbar hinter dem Gattungsnamen.

Sorus (Plural **Sori**) Auf fertilen Farnwedeln sitzende, in kleinen Häufchen angeordnete, winzige Sporenbehälter (Sporangien). Sori können sehr unterschiedliche Formen haben und sind häufig von einem schützenden Schleier (Indusium) bedeckt.

Spadix Fleischiger Blütenstengel, an dem viele winzige Blüten sitzen. Typische Pflanzen mit einer Spadix sind Aronstabgewächse.

Spalier Latten- oder Drahtgestell, an dem Pflanzen hochgezogen werden können. Spaliere können freistehend oder an eine Wand angelehnt sein und dienen zumeist der Unterstützung von Kletterpflanzen oder dem Trimmen von Obstbäumen (Spalierobst). Im letzteren Fall steht hinter dieser Form des Anbaus die Absicht, Früchte früher zur Reife zu bringen, indem man sie flach an einer wärmespeichernden Wand hochzieht. Aber auch im gewerbsmäßigen Anbau von Pflanzen werden Spaliere manchmal verwendet, etwa beim Wein. In neuerer Zeit dienen Spaliere dagegen hauptsächlich dekorativen Zwecken.

Spatelförmig (bei Blättern) Wie ein herkömmlicher Spatel oder Spachtel aussehend, also mit schmalem Grund und verbreiterter Spitze.

Spatha Auffälliges Hochblatt, das als Blütenscheide einen Blütenstand ganz oder teilweise einschließt. Typisch sind diese Blütenscheiden für Aronstabgewächse, wo sie in der Regel auch besonders auffällig sind.

Sporangium *Siehe* Sorus.

Sporen Verbreitungsorgan von Pilzen oder blütenlosen Pflanzen, z.B. Farnen. Sporen haben im Prinzip die gleiche Funktion wie die Samen der Blütenpflanzen, auch wenn sie in der Regel viel kleiner sind. Außerdem werden Sporen zumeist in sehr viel größerer Zahl produziert und durch den Wind verbreitet.

Spreite *Siehe* Blattspreite.

Sproßknolle Zwiebelartiges, normalerweise unterirdisches Speicherorgan, das – im Gegensatz zu einer richtigen Zwiebel – aber keine fleischigen Schuppenblätter besitzt. Sproßknollen sind häufig zu Speicherorganen umgewandelte Ausläuferenden (z.B. bei der Kartoffel), manchmal aber auch Teile des Stengels (z.B. beim Kohlrabi). Die meisten dieser Pflanzen bilden jedes Jahr neue Knollen.

Stachel Im botanischen Sprachgebrauch ein spitzer Auswuchs der Epidermis (Oberhaut) von Stengeln, Blättern oder Früchten bestimmter Pflanzen, beispielsweise Rosen oder Brombeeren. Stacheln müssen von Dornen unterschieden werden, bei denen es sich um umgewandelte Zweige (z.B. beim Weißdorn) oder Blätter (z.B. bei Kakteen) handelt (*siehe auch* Dorn).

Stamm Hauptachse einer Pflanze, die die Wurzeln mit den Blättern und Blüten verbindet. In der Regel ist mit Stamm die verholzte Hauptachse von Bäumen, zumindest bis zu den ersten Ästen oder darüber hinaus, gemeint. Auch bei Sträuchern spricht man oft von Stämmen, ebenso wie bei Palmen, obwohl es sich im letzteren Fall genauer betrachtet um völlig andere Strukturen handelt als bei den Bäumen und Sträuchern.

Staubbeutel Der Teil des Staubgefäßes, der den Pollen enthält. Der Staubbeutel (Anthere) platzt bei der Reife mit einem Schlitz oder einer Pore auf und setzt dabei den Pollen frei.

Staubblatt Organ der männlichen Blüte, in dem der Pollen erzeugt wird. Ein Staubblatt oder -gefäß besteht normalerweise aus einem dünnen, zumeist fadenförmigen Staubfaden (Filament), an dessen Spitze der Staubbeutel (Anthere) sitzt, in dem der Pollen enthalten ist.

Staubfaden *Siehe* Staubblatt.

Steckling Pflanzenteil, der sich nach Abtrennung von der Mutterpflanze unter geeigneten Bedingungen bewurzelt und zu einer eigenständigen Pflanze heranwächst. Unterscheiden lassen sich Weichholzstecklinge, Holzstecklinge, Blattstecklinge, Blattknospenstecklinge und Wurzelstecklinge.

Steinfrucht Frucht mit zumeist fleischigen Fruchtwandanteilen und einem steinartig harten, oft verholzten Kern, der den oder die Samen enthält. Beispiele für Steinfrüchte sind Pflaumen und Kirschen.

Steingarten Ein Garten oder ein bestimmter Gartenbereich, der mit größeren Steinen gestaltet wurde, um eine Gebirgslandschaft nachzubilden.

Stempel *Siehe* Fruchtblatt.

Steril Unfähigkeit zur Bildung von Samen oder Pollen (Blütenpflanzen) bzw. Sporen (Farnpflanzen). Viele sterile Pflanzen bilden durchaus normal aussehende Blüten, in denen aber, zumeist aufgrund eines genetischen Defekts, keine fertilen Samen oder Sporen heranreifen. Besonders häufig tritt dieses Phänomen bei Hybriden auf. Manche Pflanzen sind auch steril, weil ihre Fortpflanzungsorgane in blütenblattähnliche Strukturen umgewandelt wurden. Ein Beispiel dafür sind bestimmte gefüllte Blüten.

Stigma *Siehe* Narbe.

Stolonen *Siehe* Ausläufer.

Stratifikation Verfahren, mit dem die Keimfähigkeit von Saatgut oder ein gleichmäßiges Keimen der im Herbst geernteten Samen erreicht werden soll. So müssen beispielsweise die Samen von Rosen und Äpfeln eine Zeitlang kühl gelagert werden, damit sie auskeimen. Um das zu gewährleisten, kann man sie einige Wochen lang in feuchtem Torfmoos oder Torf im Kühlschrank aufbewahren. Bei anderen Pflanzen werden die Samenschalen mechanisch aufgeraunt (beispielsweise mit Schmirgelpapier), in warmem Wasser eingeweicht oder längere Zeit in einem feucht gehaltenen Substrat (zumeist einem Gemisch aus Sand und Torfmull) gelagert.

Strauch Verholzte, im allgemeinen nicht mehr als etwa 4,5 m hohe Pflanze, die sich schon kurz über dem Boden in viele, etwa gleich dicke Seitensprosse verzweigt. Es gibt neben dieser allerdings auch noch andere Definitionen, z.B. die Einordnung jeder Pflanze mit einem einzelnen Stamm – unabhängig von ihrer Größe – in die Kategorie der Bäume, der anderen Holzgewächse ohne Hauptsproß dagegen in die der Sträucher.

Subarktische Zone *Siehe* Subpolare Zone.

Subpolare Zone Bezeichnung für die Rand- oder Übergangsbereiche der Polargebiete (zwischen der nördlichen Waldgrenze und den eigentlichen Polargebieten), in denen es auch in den Sommermonaten durchschnittlich nicht wärmer als 6-10°C wird. Der Begriff wird zumeist synonym mit subarktischer Zone gebraucht.

Subspezies (Abk. »**subsp.**«) *Siehe* Unterart.

Subtropische Zone Klimatische Übergangszone zwischen den Tropen und den gemäßigten Breiten auf der nördlichen und südlichen Halbkugel. Das Wettergeschehen wird normalerweise durch tropische Luftmassen bestimmt.

Sukkulente Pflanze mit verdickten Teilen, meist Stengeln oder Blättern, in denen Wasser gespeichert wird, so daß auch längere Trockenzeiten, etwa in sehr heißen Klimazonen, überstanden werden. Beispiele für diese Form der Anpassung findet man bei den Kakteen, bei den afrikanischen Euphorbien und in der großen Gruppe der Eiskrautgewächse, in geringerem Ausmaß aber auch bei vielen Orchideen in Form von Pseudobulben.

Sumpfpflanzen Pflanzen, die sowohl im Wasser wachsen können als auch auf feuchtem oder sumpfigem Boden, falls der Wasserstand sinkt.

Synonym (Abk. »**Syn.**«) Ein wissenschaftlicher Name, der, obwohl inzwischen ungültig, immer noch verwendet wird, z. B. *Cyrtostachys renda*, Syn. *C. lakka*.

Teilung Einfachste Form der Vermehrung. Teilen lassen sich z.B. Wurzelballen oder Rhizome, die ausgegraben, zerbrochen oder zerschnitten und getrennt wieder eingepflanzt werden.

Terrestrisch (bei Pflanzenarten) Auf dem Erdboden wachsend, was für die meisten Pflanzen zutrifft. Neben den terrestrischen Arten gibt es auch noch im Wasser lebende (aquatische) oder auf Bäumen wachsende (epiphytische) Pflanzen.

Ton Hauptbestandteil vieler Böden. Ton besteht aus sehr feinen Partikeln mineralischen Ursprungs, die bei Kontakt mit Wasser aufquellen und klebrig werden. Böden mit sehr hohem Tonanteil lassen sich nur schwer umgraben und behindern die Ausbreitung von Pflanzenwurzeln sowie das Versickern von Wasser.

Torf In Mooren abgelagerte und verdichtete Überreste abgestorbener Pflanzen, normalerweise von Torfmoosen oder Riedgräsern. Aufgrund der vorhandenen Säure zerfällt das abgestorbene Pflanzenmaterial im Moor zumeist nicht vollständig, so daß sich im Laufe der Zeit dicke Schichten bilden. Aus Mooren wird der Torf gewonnen, der vielfach auch in Gärten verwendet wird. Da mit seinem Abbau der heute schon seltene Lebensraum Moor zerstört wird, sollte man auf den Einsatz von Torf möglichst verzichten oder zumindest sehr sparsam damit umgehen.

Torfmoose Zur Gattung *Sphagnum* gehörende Moose, die massenhaft in Mooren der gemäßigten Zonen wachsen. Torfmoose machen das Wasser ihrer Umgebung so sauer, daß die abgestorbenen Moosteile, aber auch andere Pflanzen, nicht vermodern, sondern als Torf abgelagert werden (*siehe auch* Torf). Abgestorbenes, getrocknetes Torfmoos wirkt wie ein Schwamm, kann also große Mengen Wasser aufnehmen, so daß man es gern in Bodenmischungen zum Eintopfen bestimmter Pflanzen, besonders Orchideen, oder zum Aufbinden, beispielsweise von Epiphyten, verwendet. Manchmal kann man den Eindruck gewinnen, abgestorbenes Torfmoos würde, wenn es mit Wasser in Berührung kommt, wieder zum Leben erwachen. Tatsächlich geht die Grünfärbung aber auf Algen zurück, die auf den Moosblättchen wachsen. Torfmoos darf nicht aus der freien Natur entnommen werden, da es unter Naturschutz steht.

Traube Blütenstand, bei dem die gestielten Blüten um einen länglichen Stengel herum arrangiert sind. Traubige Blütenstände findet man beispielsweise beim Rittersporn.

Tropen Das Gebiet zwischen den Wendekreisen nördlich und südlich des Äquators. In den Tropen steht die Sonne zweimal pro Jahr im Zenit, während das in den Wendekreisregionen nur einmal vorkommt (zur Zeit der sogenannten Sonnenwende). Für Pflanzen gilt die strikte Trennung zwischen Tropen und Subtropen zumeist jedoch nicht, da es viele tropische Pflanzen gibt, deren Ausbreitung beide Gebiete oder Teile von ihnen umfaßt. Eine Reihe von Arten aus den tropischen Bergregionen können sogar bedingt winterhart sein, während solche aus dem Flachland fast immer frostempfindlich sind.

Uferpflanzen Pflanzen, die in den feuchten Uferbereichen von Teichen oder Seen wachsen und die in ähnlicher Weise auch an einem Gartenteich angepflanzt werden können. Ein Beispiel dafür ist *Iris ensata*. Der Mehrzahl dieser Pflanzen macht es nichts aus, wenn ihre Wurzeln zumindest einen Teil des Jahres im Wasser stehen.

Unkraut Jede Pflanze, die in einer bestimmten Umgebung, sei es ein Garten, ein Feld, eine Wiese oder ein Forst, unerwünscht ist. Da Unkräuter mit den angepflanzten Gewächsen um Wasser, Nährstoffe und Sonnenlicht konkurrieren, können sie im Extremfall beträchtlichen wirtschaftlichen Schaden verursachen, so daß seitens der chemischen Industrie große Anstrengungen unternommen werden, den Unkrautwuchs unter Kontrolle zu halten. In Gärten stören Unkräuter außerdem die Ästhetik von Rabatten oder anderen Blumenbeeten, so daß sie in der Regel entfernt werden.

Unterart (Abk. »**subsp.**«) Systematische Kategorie unterhalb der Art, die hauptsächlich bei wildwachsenden Pflanzen zur Anwendung kommt. Eine Art kann beispielsweise zwei oder mehr Unterarten haben, jede mit einer unterschiedlichen geographischen Verbreitung, die sich allerdings überschneiden können. Wird bei irgendeiner Art eine Unterart abgetrennt, erhält die ursprüngliche Art ebenfalls einen Unterartnamen. Normalerweise handelt es sich dabei um den früheren Artnamen, den man als Unterartnamen noch einmal wiederholt. So wird z.B. *Veronica spicata* heute in die graublättrige Unterart *V. spicata* subsp. *incana* und in die »normale« grünblättrige Unterart *V. spicata* subsp. *spicata* unterteilt. In diesem Buch wird, wie in Gartenbüchern allgemein üblich, der »normale« Unterartname nicht genannt, sondern nur der abweichende. Außerdem wird die Abkürzung »subsp.« verwendet und nicht das alternative »ssp.«, da dieses zu leicht mit der Abkürzung »spp.«, dem Plural für »sp.« (= Art), verwechselt werden kann.

Unterlage Pflanze, die beim Pfropfen als Unterlage für ein Edelreis dient.

Unterständig *Siehe* Fruchtknoten.

Varietät (Abk. »**var.**«) Eine Pflanze mit artuntypischen Merkmalen, die sich in der freien Natur entwickelt hat, wobei die Abweichungen von den anderen Mitgliedern der Art nicht sehr groß sind (Varietäten können sich beispielsweise ausschließlich in der Blütenfarbe unterscheiden), so daß die Botaniker ihnen keine besondere Bedeutung zumessen, ganz im Gegensatz zu den Gärtnern, die sich sehr für diese Pflanzen interessieren. Eine Varietät wird durch den Zusatz var. für *varietas* und einen nachgestellten zweiten Namen gekennzeichnet, etwa *Acacia longifolia* var. *sophorae.* Durch Zuchtwahl entstandene Varietäten nennt man Sorten. Ihnen gibt man keine lateinischen Namen (*siehe auch* Sorte).

Vegetationsperiode Der Teil des Jahres, in dem die Hauptmasse der Pflanzen einer bestimmten Region ihr maximales Wachstum erreicht.

Verkehrt eiförmig (bei Blättern) Mehr oder weniger eiförmig, aber mit der breitesten Stelle an der Spitze und nicht an der Stielseite.

Vermehrung Zweckgerichtete Vervielfältigung einer bestimmten Pflanze durch Aussaat, Stecklinge, Teilung, Pfropfung oder mit Hilfe von Zellkulturen im Labor (*siehe auch* Meristemkultur, Pfropfen, Steckling, Teilung).

Verwildert (bei Pflanzenarten) Aus der Kultur »entkommene« Arten, die sich in ihrem neuen Lebensraum ausgebreitet haben.

Viren Erreger einer großen Zahl von Pflanzenkrankheiten, gegen die es in der Regel keine Pflanzenschutzmittel gibt. In den meisten Fällen wird das Wachstum einer Pflanze durch Viruserkrankungen stark beeinträchtigt, und oft stirbt die betroffene Pflanze sogar ab, so daß viele Viren bei Gärtnern und Pflanzenzüchtern sehr gefürchtet sind. Einige sind aber auch sehr willkommen, etwa solche, die bestimmten Tulpen ihr besonderes Streifenmuster verleihen.

Walzenförmig (bei Pflanzenorganen wie Stengel oder Blätter) Langgestreckt und im Querschnitt etwa rundlich.

Warm-gemäßigte Zone Regionen mit milden Wintern, also Temperaturen, die im kältesten Monat nicht unter 2–13 °C auf der Nordhalbkugel und 6–13 °C auf der Südhalbkugel sinken (*siehe auch* Kühl-gemäßigte Zone).

Warze Halbkugelförmiger oder zylindrischer Auswuchs an Stämmen, Stengeln, Blättern oder Früchten. So sind beispielsweise viele Kakteen, besonders die Warzenkakteen *(Mammilaria)*, in regelmäßiger Anordnung mit kleinen Warzen bedeckt.

Wasserpflanze Pflanze, die nur dann wächst, wenn sie, wenigstens teilweise, von Wasser bedeckt ist. Es gibt sehr verschiedenartige Wasserpflanzen, etwa völlig untergetaucht lebende, aus dem Wasser herausragende oder Schwimmpflanzen. Gartenbesitzer verwenden Wasserpflanzen hauptsächlich in Teichen, außerdem gibt es sie in großer Zahl für Aquarien.

Wechselständig (bei Blättern) Die Blätter entspringen abwechselnd auf der einen oder anderen Seite des Stengels. Die wechsel- oder gegenständige Anordnung der Blätter ist ein wichtiges Merkmal zur Bestimmung von Pflanzen (*siehe auch* Gegenständig).

Wedel Große, zusammengesetzte oder tiefeingeschnittene Blätter der Farne, Palmen oder Palmfarne.

Weibliche Pflanzen Pflanzen mit ausschließlich weiblichen Fortpflanzungsorganen, aus denen Früchte und Samen hervorgehen können (*siehe auch* Zweihäusig). Die meisten Blütenpflanzen sind allerdings zwittrig, haben also Blüten mit sowohl weiblichen als auch männlichen Fortpflanzungsorganen.

Weiße Fliege Kleine, geflügelte, saftsaugende Insekten aus der Familie der Mottenschildläuse *(Aleyrodidae)*. Weiße Fliegen befallen manchmal auch Kulturpflanzen, beispielsweise Kohl, der durch die zumeist in großer Zahl auftretenden Schädlinge stark in Mitleidenschaft gezogen werden kann. Weitaus größeren Schaden richten die Insekten aber in Gewächshausern oder bei Zimmerpflanzen an. Bekämpfen läßt sich die Weiße Fliege durch spezielle, im Handel erhältliche chemische Gegenmittel und durch biologische Maßnahmen.

Wintergarten Verglaster Raum, in dem frostempfindliche Pflanzen gehalten werden. Wintergärten dienen, anders als Gewächshäuser, zumeist Wohnzwecken und sind daher normalerweise Anbauten an das Wohnhaus.

Winterhart (bei Pflanzen) Pflanzen, die Fröste ohne Schädigung ihrer Blätter (bei immergrünen Bäumen) oder der im Ruhezustand befindlichen Stengel, Knospen oder Wurzeln (bei laubabwerfenden Pflanzen) überstehen.

Wirtelige Blattstellung Quirlige Anordnung der Blätter, wobei an jedem Knoten zwei oder mehr Blätter sitzen, die zusammen einen Wirtel bzw. Quirl bilden.

Wissenschaftlicher Name International anerkannter botanischer Name einer Pflanze, der eines ihrer Merkmale beschreibt oder der zu Ehren einer Person gewählt wurde, die in irgendeiner Weise mit dieser Pflanze zu tun hatte. Der wissenschaftliche Name einer Art besteht aus zwei Teilen, dem Gattungs- und dem Artnamen. Diese Art der Benennung (binäre Nomenklatur) wurde 1753 vom schwedischen Botaniker Carl von Linné eingeführt.

Wuchsform Gestalt oder Aussehen einer Pflanze. Eine Art kann beispielsweise von »aufrechtem«, »hängendem« oder »kriechendem« Wuchs sein.

Wurzel Der unterirdisch wachsende Teil einer Pflanze. Wurzeln dienen dazu, die Pflanze im Boden zu verankern sowie Wasser und Nährstoffe aufzunehmen.

Wurzelhaare Dünne, lange, haarähnliche Schläuche, die in großer Zahl an einer Pflanzenwurzel sitzen und für die Aufnahme von Wasser und Nährstoffen aus der Erde verantwortlich sind.

Wurzelknolle Lokal verdickte, knollenartige Wurzel, wie sie beispielsweise Dahlien bilden.

Wurzelsproß Der Wurzel entspringender Sproß, der abgeschnitten und zur Vermehrung verwendet werden kann.

Zapfen Spezielle Strukturen vieler Nadelbäume und *Cycadeen,* in denen die Samen enthalten sind. Zapfen bestehen aus verholzten Schuppen (Tragblättern), die um eine zentrale Achse angeordnet sind. Die Samen sitzen einzeln oder zu mehreren an den Schuppen; manchmal sind sie auch in das Gewebe eingeschlossen. Der Begriff Zapfen wird oft auch für die männlichen Blüten (Pollenzapfen) der genannten Pflanzengruppen verwendet. Pollenzapfen bestehen normalerweise aus sehr vielen kleinen Schuppen, an denen winzige Pollensäckchen sitzen, deren Inhalt bei der Reife vom Wind verbreitet wird.

Zierpflanze Pflanze, die aus rein ästhetischen Gründen angepflanzt wird und nicht Nahrungszwecken dient oder aus anderen wirtschaftlichen Gründen angebaut wird.

Zimmerpflanze Jede Art von Pflanze, die zu Zierzwecken im Hause gehalten wird. Zimmerpflanzen stammen zumeist aus wärmeren Regionen der Erde, z.B. aus den Subtropen, wo sie oft beliebte Gartenpflanzen sind (etwa Schönmalve und Weihnachtsstern). Zu den häufigsten Zimmerpflanzen gehören Arten, die auch unter ungünstigsten äußeren Bedingungen – wenig Licht, geringe Luftfeuchtigkeit, durch Staub und auf andere Weise verunreinigte Luft – wachsen können, beispielsweise Schusterpalme oder Bogenhanf.

Zirkumpolar Wörtlich übersetzt das Gebiet um die Pole (Arktis oder Antarktis). In erster Linie wird der Begriff aber im Zusammenhang mit den Pflanzen der nördlichen Halbkugel verwendet, die in den Tundrengebieten Europas, Asiens und Nordamerikas beheimatet sind.

Zungenblüten Die zumeist auffälligen Randblüten bei Korbblütlern, etwa Gänseblümchen.

Zusammengesetzt (bei unterschiedlichen Pflanzenteilen) Aus kleineren, einfacheren Untereinheiten zusammengesetzt. So besteht z.B. ein zusammengesetztes Blatt aus zwei oder mehreren, in bestimmter Weise angeordneten Fiederblättchen (*siehe auch* Gefiedert, Doppelt gefiedert, Gefingert). Eine zusammengesetzte Dolde besteht aus vielen kleinen Blütenständen, die ebenfalls in Form einer Dolde angeordnet sind (z.B. Möhren). Zusammengesetzte Früchte bestehen aus vielen Einzelfrüchten, die um einen einzelnen Stengel angeordnet sind (z.B. Ananas).

Zweihäusig Pflanzen sind zweihäusig (diözisch), wenn sich die weiblichen und männlichen Blüten auf verschiedenen Individuen befinden. Damit es zu einer Samenbildung kommen kann, muß also neben der weiblichen auch eine männliche Pflanze vorhanden sein. Zweihäusigkeit darf nicht mit Selbstinkompatibilität verwechselt werden, bei der die Blüten zwar zwittrig sind, aber nicht vom eigenen Pollen oder dem Pollen genotypisch gleicher Individuen bestäubt werden können. Auch in diesem Fall muß sich für eine erfolgreiche Bestäubung eine genotypisch andere Pflanze in der Nähe befinden.

Zweijährig Pflanze, die im zweiten Jahr nach der Aussaat abstirbt. Manche Zweijährige blühen in beiden Jahren, andere nur im zweiten Jahr.

Zweikeimblättrige Pflanzen Eine der beiden Klassen der Bedecktsamer (*Angiospermae;* die andere, kleinere Klasse sind die einkeimblättrigen Pflanzen, Monocotyledonen). Zweikeimblättrige Pflanzen (Dicotyledonen) keimen fast immer mit zwei Keimblättern, die Blattspreite ist zumeist netznervig, und die Blüten setzen sich normalerweise aus fünfzähligen Wirteln zusammen. Zu den Zweikeimblättrigen Pflanzen gehören die meisten Bäume und Sträucher, aber auch viele der großen Pflanzenfamilien wie Korbblütler oder Rosen- und Hahnenfußgewächse.

Zwiebel Normalerweise unterirdisch wachsendes Speicherorgan. Zwiebeln können aus angeschwollenen, übereinander gelagerten Blättern bestehen, wobei eine Lage von der jeweils nächsten eingeschlossen wird (z.B. bei der Küchenzwiebel), oder aus dachziegelartig übereinander angeordneten Schuppenblättern (z.B. bei Lilien). Zur Blütezeit verlängert sich die Sproßachse zum Blütenstengel.

Zwittrig Blüten mit sowohl weiblichen (Fruchtblätter) als auch männlichen (Staubgefäße) Fortpflanzungsorganen. Pflanzen, die diese Art von Blüten hervorbringen, nennt man auch Zwitter.

Zygomorph (bei Blüten) Blüten, die nicht radiärsymmetrisch aufgebaut sind, sondern eine unterschiedliche Bauch- und Rückenseite aufweisen.

Pflanzenfamilien und ihre Verwandtschaftsverhältnisse

Auf den folgenden Seiten ist jede der in diesem Buch besprochenen Gattungen unter der Pflanzenfamilie aufgeführt, zu der sie gehört. Die Familien sind wiederum entsprechend ihrem Verwandtschaftsgrad unter den jeweiligen höheren systematischen Kategorien (Ordnungen, Klassen etc.) zusammengefaßt. Eine Erklärung dieses Ordnungssystems (Pflanzentaxonomie) findet sich auf Seite 946.

Während der letzten beiden Jahrhunderte haben Botaniker dieses Ordnungssystem des gesamten Pflanzenreiches kontinuierlich überarbeitet, verändert und verbessert. Moderne Klassifikationen, die auf einer stark verbesserten Kenntnis pflanzlicher Merkmale unterschiedlichster Art beruhen, unterscheiden sich oft stark von traditionellen. Beispielsweise werden die Pilze heute nicht mehr als Pflanzen betrachtet, sondern bilden ein eigenes Reich. Die gewaltige Menge wissenschaftlicher Daten, die mittlerweile zur Verfügung steht, kann jedoch auf viele unterschiedliche Weisen interpretiert werden, je nachdem, worauf mehr Gewicht gelegt wird. Daher gibt es auch heute mehr als eine Klassifikation des Pflanzenreichs. Dies trifft insbesondere für die höheren systematischen Kategorien zu, etwa die Einteilung in Hauptgruppen wie Algen, Moose, Farnpflanzen, Koniferen (Nacktsamer, Gymnospermae) und Bedecktsamer (Angiospermae); wissenschaftliche Bezeichnungen für diese Gruppen und ihre Untereinheiten gibt es im Übermaß, und ihr Gebrauch ist äußerst uneinheitlich.

Die dem Gärtner am meisten vertraute Gruppe des Pflanzenreiches sind die **Bedecktsamer.** Obwohl sie im Verlauf der Erdgeschichte als letzte in Erscheinung traten, sind sie in einer Fülle verschiedener Formen vertreten und stellen den Hauptanteil der Landvegetation. Mehr als 90 % der Einträge in diesem Buch gehören zu ihnen, der Rest teilt sich auf die Nacktsamer (überwiegend Koniferen) und Farnpflanzen (überwiegend Echte Farne). Algen und Moose sind in diesem Buch nicht vertreten. Die einzigen aufgeführten Pilzgattungen Agaricus (Basidiomycetes, Agaricaceae) und Amanita (Amanitaceae) wurden nicht in das System intergriert. Ein Blick auf die Liste der folgenden Seiten zeigt schnell das starke Überwiegen der Familien und Gattungen der Bedecktsamer.

Das hier verwendete Klassifikationssystem der Bedecktsamer richtet sich im Prinzip nach den Arbeiten von Dahlgren, einem modernen dänischen Botaniker. Sein System kennt eine größere Zahl von Familien als ein anderes oft verwendetes, das auf den Amerikaner Cronquist zurückgeht. Insbesondere trifft das auf jene Gruppe einkeimblättriger Blütenpflanzen zu, die von Cronquist einheitlich als Liliengewächse (Liliaceae) zusammengefaßt werden. Dahlgren trennt sie in mehr als 30 Familien, von denen in diesem Buch etwa 20 vertreten sind. In diesem und anderen Fällen alternativer Möglichkeiten der systematischen Erfassung haben wir beide Alternativen genannt und durch einen Schrägstrich getrennt, etwa bei **Hyacinthaceae/Liliaceae.** In wenigen Fällen werden sogar drei Alternativen genannt.

So wie Unterschiede in der Klassifikation die abweichenden wissenschaftlichen Einschätzungen widerspiegeln, gibt es auch abweichende Familiennamen in der botanischen Fachwissenschaft im Vergleich zum gärtnerischen Sprachgebrauch, was immer wieder zu Verwirrungen führt. Ein Familienname wird regulär aus einem Gattungsnamen mit angehängter Endung -aceae (ausgesprochen azeä) gebildet. Die Familie Pinaceae heißt so nach der Gattung Pinus. In der botanischen Wissenschaft gab es traditionell einige Abweichungen von dieser Regel, am bekanntesten bei den Familienbezeichnungen Leguminosae, Compositae und Gramineae. Diese Bezeichnungen werden heute ebenfalls durch korrekt gebildete Namen ersetzt. Die Leguminosae heißen dann Fabaceae, die Compositae werden zu Asteraceae und die Gramineae zu Poaceae. Auch in diesem Buch wird auf diese Weise verfahren, die traditionellen Bezeichnungen sind aber zusätzlich in Klammern genannt: **Asteraceae (Compositae).**

Besonders verwirrend ist der Fall bei den Schmetterlingsblütlern. Die Verwirrung beruht sowohl auf der Frage, ob es sich hier um eine Familie mit drei Unterfamilien oder um drei eigenständige Familien handelt, als auch darauf, wie diese jeweils heißen.

Hier wird die Bezeichnung **Fabaceae** verwendet; neben dem schon oben erwähnten traditionellen Namen Leguminosae werden sie aber oft auch Papilionaceae genannt. Wir betrachten sie als eine Familie mit drei Unterfamilien und nennen nur einige der Alternativbezeichnungen.

Die Familien werden wiederum zu größeren Einheiten zusammengefaßt, den Ordnungen, diese wiederum zu Klassen und schließlich zu Abteilungen, jeweils mit Zwischenstufen. Ihr genauer Status ist für den Gärtner wenig bedeutsam, sie werden hier jedoch mit dargestellt, um einen Eindruck von den Verwandtschaftsverhältnissen und dem Ordnungsprinzip zu geben. Im Fall der Bedecktsamer werden die Familien in Dahlgrens Überordnungen zusammengefaßt. Die zugehörige Endung ist -iflorae.

Die folgende Klassifikation ordnet jeder Familie eine Zahl zu. Nach der Klassifikation folgt eine alphabetische Liste aller im Buch vertretenen Gattungen. Anhand der dort wieder erscheinenden Zahl läßt sich die Familie, zu der die Gattung gehört, leicht finden.

Pteridophyta

Psilotopsida (Gabelblattgewächse)

1 Psilotaceae
Psilotum

Lycopodiopsida (Bärlappe und Verwandte)

2 Lycopodiaceae
Lycopodium
3 Selaginellaceae
Selaginella

Equisetopsida (Schachtelhalmartige)

4 Equisetaceae
Equisetum

Filicopsida (Farnpflanzen)

5 Osmundaceae
Osmunda
6 Schizaeaceae
Anemia, Lygodium
7 Gleicheniaceae
Sticherus
8 Cyatheaceae
Cyathea
9 Dicksoniaceae
Dicksonia
10 Pteridaceae/Adiantaceae
Pteris
11 Taenitidaceae/Adiantaceae
Pityrogramma
12 Hemionitidaceae/Adiantaceae
Hemionitis
13 Sinopteridaceae/Adiantaceae
Pellaea
14 Adiantaceae
Adiantum, Doryopteris, Onychium
15 Davalliaceae
Davallia, Nephrolepis
16 Polypodiaceae
Hymenolepis, Microsorum, Phlebodium, Platycerium, Polypodium, Pyrrosia
17 Dryopteridaceae/Aspleniaceae
Cyrtomium, Dryopteris, Polystichum
18 Athyriaceae/Aspleniaceae
Athyrium
19 Onocleaceae/Aspleniaceae
Onoclea
20 Aspleniaceae
Asplenium, Elaphoglossum, Gymnocarpium, Matteuccia, Woodsia
21 Blechnaceae
Blechnum, Doodia, Woodwardia
22 Marsileaceae
Marsilea
23 Azollaceae
Azolla
24 Salviniaceae
Salvinia

Gymnospermae (Nacktsamer)

Ginkgoopsida (Ginkgo)

25 Ginkgoaceae
Ginkgo

Cycadopsida (Palmfarne)

26 Cycadaceae
Cycas
27 Zamiaceae/Cycadaceae
Dioon, Encephalartos, Lepidozamia, Macrozamia, Zamia

Pinopsida (Koniferen)

28 Podocarpaceae
Afrocarpus, Dacrycarpus, Dacrydium, Lagarostrobos, Phyllocladus, Podocarpus, Prumnopitys, Saxegothaea
29 Taxaceae
Taxus, Torreya
30 Cephalotaxaceae/Taxaceae
Cephalotaxus
31 Araucariaceae
Agathis, Araucaria, Wollemia
32 Pinaceae
Abies, Cedrus, Larix, Picea, Pinus, Pseudolarix, Pseudotsuga, Tsuga
33 Taxodiaceae/Cupressaceae
Athrotaxis, Cryptomeria, Cunninghamia, Glyptostrobus, Metasequoia, Sciadopitys, Sequoia, Sequoiadendron, Taiwania, Taxodium
34 Cupressaceae
Austrocedrus, Callitris, Calocedrus, Chamaecyparis, × Cupressocyparis, Cupressus, Fitzroya, Fokienia, Juniperus, Libocedrus, Microbiota, Platycladus, Thuja, Thujopsis, Widdringtonia

Gnetopsida

35 Welwitschiaceae
Welwitschia
36 Ephedraceae
Ephedra

Angiospermae (Bedecktsamer) A – Zweikeimblättrige (Magnoliopsida)

Magnoliiflorae

37 Winteraceae
Drimys, Pseudowintera, Tasmannia
38 Magnoliaceae
Liriodendron, Magnolia, Manglietia, Michelia, Talauma
39 Myristicaceae
Myristica
40 Annonaceae
Annona, Cananga, Polyalthia
41 Nelumbonaceae
Nelumbo
42 Atherospermataceae/Monimiaceae
Atherosperma
43 Calycanthaceae
Calycanthus, Chimonanthus, Idiospermum
44 Lauraceae
Cinnamomum, Laurus, Lindera, Persea, Sassafras, Umbellularia
45 Hernandiaceae
Hernandia
46 Illiciaceae
Illicium
47 Schisandraceae
Kadsura
48 Aristolochiaceae
Aristolochia, Asarum
49 Rafflesiaceae
Rafflesia

Nymphaeiflorae

50 Saururaceae
Anemopsis, Houttuynia
51 Piperaceae
Macropiper, Piper
52 Peperomiaceae/Piperaceae
Peperomia
53 Nymphaeaceae
Euryale, Nuphar, Nymphaea, Victoria
54 Cabombaceae
Cabomba
55 Ceratophyllaceae
Ceratophyllum

Ranunculiflorae

56 Ranunculaceae
Aconitum, Actaea, Adonis, Anemone, Anemonella, Anemonopsis, Aquilegia, Caltha, Cimicifuga, Clematis, Consolida, Delphinium, Eranthis, Helleborus, Hepatica, Nigella, Pulsatilla, Ranunculus, Semiaquilegia, Thalictrum, Trollius
57 Berberidaceae
Berberis, Caulophyllum, Epimedium, Mahonia, Vancouveria
58 Nandinaceae/Berberidaceae
Nandina
59 Podophyllaceae/Berberidaceae
Diphylleia, Jeffersonia, Podophyllum
60 Lardizabalaceae
Akebia, Decaisnea, Holboellia, Stauntonia
61 Menispermaceae
Menispermum
62 Coriariaceae
Coriaria
63 Papaveraceae
Argemone, Bocconia, Chelidonium, Dendromecon, Eomecon, Eschscholzia, Glaucium, Hunnemannia, Macleaya, Meconopsis, Papaver, Platystemon, Romneya, Sanguinaria, Stylophorum
64 Fumariaceae/Papaveraceae
Adlumia, Corydalis, Dicentra

Caryophylliflorae

65 Phytolaccaceae
Ercilla, Phytolacca
66 Nyctaginaceae
Abronia, Bougainvillea, Mirabilis, Pisonia
67 Aizoaceae
Aptenia, Argyroderma, Carpobrotus, Cheiridopsis, Cylindrophyllum, Delosperma, Dorotheanthus, Drosanthemum, Faucaria, Fenestraria, Gibbaeum, Glottiphyllum, Lampranthus, Lithops, Malephora, Mesembryanthemum, Ophthalmophyllum, Oscularia, Pleiospilos, Ruschia, Tetragonia, Titanopsis, Trichodiadema
68 Cactaceae
Aporocactus, Ariocarpus, Astrophytum, Carnegiea, Cephalocereus, Cereus, Chamaecereus, Cleistocactus, Denmoza, Echinocactus, Echinocereus, Echinopsis, × Epicactus, Epiphyllum, Epithelantha, Escobaria, Espostoa, Eulychnia, Ferocactus, Frailea, Gymnocalycium, Haageocereus, Hatiora, Hylocereus, Leuchtenbergia, Lophocereus, Lophophora, Mammillaria, Matucana, Melocactus, Myrtillocactus, Neoporteria, Nopalxochia, Opuntia, Oreocereus, Pachycereus, Parodia, Pelecyphora, Pereskia, Pilosocereus, Rebutia, Rhipsalis, Schlumbergera, Selenicereus, Stenocactus, Stenocereus, Strombocactus, Thelocactus
69 Chenopodiaceae
Atriplex, Bassia, Beta, Spinacia
70 Amaranthaceae
Achyranthes, Alternanthera, Amaranthus, Celosia, Gomphrena, Iresine, Ptilotus
71 Portulacaceae
Calandrinia, Ceraria, Claytonia, Lewisia, Neopaxia, Portulaca, Portulacaria, Talinum
72 Basellaceae
Anredera, Basella
73 Caryophyllaceae
Agrostemma, Arenaria, Cerastium, Dianthus, Gypsophila, Lychnis, Minuartia, Paronychia, Sagina, Saponaria, Scleranthus, Silene, Stellaria

Polygoniflorae

74 Polygonaceae
Antigonon, Coccoloba, Eriogonum, Fagopyrum, Fallopia, Homalocladium, Muehlenbeckia, Persicaria, Rheum, Rumex

Theiflorae

75 Dilleniaceae
Dillenia, Hibbertia
76 Paeoniaceae
Glaucidium, Paeonia
77 Ochnaceae
Ochna
78 Theaceae
Camellia, Cleyera, Eurya, Franklinia, Gordonia, Schima, Stewartia, Ternstroemia
79 Actinidiaceae
Actinidia
80 Clusiaceae (Guttiferae)
Calophyllum, Clusia, Garcinia, Hypericum
81 Lecythidaceae
Barringtonia, Couroupita, Planchonia

Malviflorae

82 Elaeocarpaceae
Crinodendron, Elaeocarpus, Sloanea
83 Tiliaceae
Grewia, Sparrmannia, Tilia
84 Sterculiaceae
Brachychiton, Chiranthodendron, Dombeya, Firmiana, Fremontodendron, Heritiera, Hermannia, Sterculia, Theobroma
85 Bombacaceae
Adansonia, Ceiba, Chorisia, Durio, Pachira
86 Malvaceae
Abelmoschus, Abutilon, Alcea, Althaea, Alyogyne, Anisodontea, Gossypium, Hibiscus, Hoheria, Lagunaria, Lavatera, Malva, Malvastrum, Malvaviscus, Pavonia, Phymosia, Plagianthus, Sidalcea, Sphaeralcea, Thespesia
87 Plumbaginaceae
Acantholimon, Armeria, Ceratostigma, Limonium, Plumbago, Psylliostachys
88 Elaeagnaceae
Elaeagnus, Hippophae, Shepherdia
89 Thymelaeaceae
Dais, Daphne, Edgeworthia, Pimelea
90 Ulmaceae
Celtis, Hemiptelea, Pteroceltis, Ulmus, Zelkova
91 Cannabidaceae
Cannabis, Humulus
92 Moraceae

Artocarpus, Broussonetia, Dorstenia, Ficus, Maclura, Morus
93 Cecropiaceae/Moraceae
Cecropia
94 Urticaceae
Elatostema, Pilea, Soleirolia, Urtica
95 Euphorbiaceae
Acalypha, Aleurites, Codiaeum, Euphorbia, Hevea, Jatropha, Manihot, Omalanthus, Pedilanthus, Phyllanthus, Ricinus, Sapium, Synadenium, Vernicia
96 Rhamnaceae
Ceanothus, Colletia, Discaria, Hovenia, Paliurus, Phylica, Pomaderris, Rhamnus, Ziziphus

Violiflorae
97 Flacourtiaceae
Azara, Berberidopsis, Dovyalis, Idesia, Oncoba, Scolopia
98 Bixaceae
Bixa
99 Cochlospermaceae/Bixaceae
Cochlospermum
100 Cistaceae
Cistus, × Halimiocistus, Halimium, Helianthemum
101 Stachyuraceae
Stachyurus
102 Violaceae
Hymenanthera, Viola
103 Tamaricaceae
Tamarix
104 Frankeniaceae
Frankenia
105 Passifloraceae
Passiflora
106 Caricaceae
Carica
107 Cucurbitaceae
Citrullus, Cucumis, Cucurbita, Ecballium, Kedrostis, Lagenaria, Luffa, Sechium, Thladiantha
108 Begoniaceae
Begonia
109 Loasaceae
Mentzelia
110 Salicaceae
Populus, Salix
111 Capparidaceae
Capparis, Cleome, Crateva, Steriphoma
112 Brassicaceae (Cruciferae)
Aethionema, Alyssoides, Alyssum, Arabis, Armoracia, Aubrieta, Aurinia, Barbarea, Brassica, Cardamine, Cochlearia, Crambe, Draba, Eruca, Erysimum, Hesperis, Iberis, Isatis, Lobularia, Lunaria, Malcolmia, Matthiola, Nasturtium, Peltaria, Raphanus, Vella
113 Moringaceae
Moringa
114 Resedaceae
Reseda

Corniflorae
115 Cyrillaceae
Cyrilla
116 Clethraceae
Clethra
117 Epacridaceae
Epacris, Richea
118 Ericaceae
Agapetes, Agarista, Andromeda, Arbutus, Arctostaphylos, Calluna, Cassiope, Cavendishia, Daboecia, Enkianthus, Erica, Gaultheria, Kalmia, Kalmiopsis, Ledum, Leiophyllum, Leucothoë, Lyonia, Macleania, Menziesia, Oxydendrum, × Phylliopsis, Phyllodoce, Pieris, Rhododendron, Tsusiophyllum, Vaccinium, Zenobia
119 Diapensiaceae
Galax, Shortia
120 Eucommiaceae
Eucommia
121 Sarraceniaceae
Darlingtonia, Heliamphora, Sarracenia
122 Nepenthaceae
Nepenthes
123 Droseraceae
Dionaea, Drosera
124 Fouquieriaceae
Fouquieria
125 Alangiaceae
Alangium
126 Cornaceae
Aucuba, Cornus, Davidia, Griselinia
127 Nyssaceae/Cornaceae
Camptotheca, Nyssa
128 Corokiaceae/Cornaceae
Corokia
129 Garryaceae
Garrya
130 Caprifoliaceae
Abelia, Diervilla, Dipelta, Kolkwitzia, Leycesteria, Linnaea, Lonicera, Sambucus, Symphoricarpos, Viburnum, Weigela
131 Valerianaceae
Centranthus, Valeriana, Valerianella
132 Dipsacaceae
Cephalaria, Dipsacus, Knautia, Pterocephalus, Scabiosa
133 Morinaceae
Morina

Araliiflorae
134 Araliaceae
Aralia, Cussonia, Eleutherococcus, × Fatshedera, Fatsia, Hedera, Kalopanax, Meryta, Panax, Polyscias, Pseudopanax, Schefflera, Tetrapanax, Trevesia
135 Apiaceae (Umbelliferae)
Aciphylla, Actinotus, Aegopodium, Anethum, Angelica, Anthriscus, Apium, Astrantia, Azorella, Bolax, Bupleurum, Carum, Centella, Coriandrum, Cuminum, Daucus, Eryngium, Ferula, Foeniculum, Hacquetia, Heracleum, Hydrocotyle, Levisticum, Meum, Myrrhis, Oenanthe, Pastinaca, Petroselinum, Pimpinella, Seseli, Trachymene
136 Rubiaceae
Alberta, Asperula, Bouvardia, Burchellia, Carrierea, Coffea, Coprosma, Emmenopterys, Galium, Gardenia, Hamelia, Hedyotis, Ixora, Luculia, Manettia, Mitchella, Mussaenda, Nauclea, Nertera, Pentas, Phuopsis, Psychotria, Putoria, Rondeletia, Rothmannia, Rubia, Serissa
137 Pittosporaceae
Billardiera, Bursaria, Hymenosporum, Pittosporum, Sollya

Primuliflorae
138 Sapotaceae
Sideroxylon
139 Ebenaceae
Diospyros
140 Styracaceae
Halesia, Pterostyrax, Styrax
141 Myrsinaceae
Ardisia, Myrsine
142 Primulaceae
Anagallis, Androsace, Cyclamen, Dionysia, Dodecatheon, Hottonia, Lysimachia, Primula, Soldanella

Rosiflorae
143 Trochodendraceae
Trochodendron
144 Cercidiphyllaceae
Cercidiphyllum
145 Platanaceae
Platanus
146 Hamamelidaceae
Corylopsis, Disanthus, Exbucklandia, Fothergilla, Hamamelis, Liquidambar, Loropetalum, Parrotia, Rhodoleia
147 Buxaceae
Buxus, Pachysandra, Sarcococca, Simmondsia
148 Juglandaceae
Carya, Juglans, Pterocarya
149 Myricaceae
Myrica
150 Fagaceae
Castanea, Chrysolepis, Fagus, Lithocarpus, Nothofagus, Quercus
151 Betulaceae
Alnus, Betula
152 Carpinaceae/Betulaceae
Carpinus, Ostrya
153 Corylaceae/Betulaceae
Corylus
154 Casuarinaceae
Allocasuarina, Casuarina, Gymnostoma
155 Eucryphiaceae
Eucryphia
156 Cunoniaceae
Callicoma, Ceratopetalum, Cunonia, Weinmannia
157 Baueraceae/Cunoniaceae
Bauera
158 Hydrangeaceae/Saxifragaceae
Carpenteria, Decumaria, Deinanthe, Deutzia, Hydrangea, Kirengeshoma, Philadelphus, Pileostegia, Schizophragma
159 Grossulariaceae/ Saxifragaceae
Ribes
160 Escalloniaceae
Anopterus, Carpodetus, Escallonia, Itea
161 Greyiaceae
Greyia
162 Bruniaceae
Berzelia
163 Crassulaceae
Adromischus, Aeonium, Chiastophyllum, Cotyledon, Crassula, Dudleya, Echeveria, Graptopetalum, Greenovia, Jovibarba, Kalanchoe, Pachyphytum, × Pachyveria, Rhodiola, Rosularia, Sedum, Sempervivum
164 Saxifragaceae
Astilbe, Bergenia, Boykinia, Darmera, Francoa, Heuchera, × Heucherella, Mitella, Parnassia, Rodgersia, Saxifraga, Tellima, Tiarella, Tolmiea
165 Gunneraceae/Haloragaceae
Gunnera
166 Rosaceae
Acaena, Adenostoma, Agrimonia, Alchemilla, Amelanchier, Aronia, Aruncus, Cercocarpus, Chaenomeles, Chamaebatiaria, Cotoneaster, Cowania, + Crataegomespilus, Crataegus, × Crataemespilus, Cydonia, Dryas, Duchesnea, Eriobotrya, Exochorda, Fallugia, Filipendula, Fragaria, Geum, Gillenia, Heteromeles, Holodiscus, Kerria, Lyonothamnus, Malus, Margyricarpus, Mespilus, Neviusia, Osteomeles, Photinia, Physocarpus, Potentilla, Prinsepia, Prunus, Pseudocydonia, Pyracantha, Pyrus, Quillaja, Rhaphiolepis, Rhodotypos, Rosa, Rubus, Sanguisorba, Sarcobatus, Sorbaria, Sorbus, Spiraea, Stephanandra, Waldsteinia
167 Chrysobalanaceae
Chrysobalanus

Fabiflorae
168.1 Fabaceae subfam. Caesalpinioideae /Caesalpiniaceae
Acrocarpus, Amherstia, Barklya, Bauhinia, Caesalpinia, Cassia, Ceratonia, Cercidium, Cercis, Colvillea, Delonix, Gleditsia, Gymnocladus, Parkinsonia, Peltophorum, Saraca, Schizolobium, Schotia, Senna, Tamarindus
168.2 Fabaceae subfam. Mimosoideae /Mimosaceae
Acacia, Albizia, Calliandra, Mimosa, Neptunia, Paraserianthes, Prosopis
168.3 Fabaceae subfam. Faboideae /Leguminosae/Papilionaceae
Adenocarpus, Anthyllis, Arachis, Argyrocytisus, Astragalus, Baptisia, Bolusanthus, Brya, Cajanus, Calpurnia, Canavalia, Caragana, Carmichaelia, Castanospermum, Chamaecytisus, Chordospartium, Chorizema, Cladrastis, Clianthus, Clitoria, Colutea, Coronilla, Crotalaria, Cytisus, Desmodium, Dipogon, Erinacea, Erythrina, Galega, Genista, Glycine, Glycyrrhiza, Halimodendron, Hardenbergia, Hedysarum, Indigofera, Jacksonia, Kennedia, Lablab, + Laburnocytisus, Laburnum, Lathyrus, Lens, Lespedeza, Lotus, Lupinus, Maackia, Medicago, Millettia, Mucuna, Mundulea, Myroxylon, Notospartium, Olneya, Oxytropis, Pachyrhizus, Parochetus, Phaseolus, Piptanthus, Pisum, Podalyria, Psoralea, Pterocarpus, Retama, Robinia, Sophora, Spartium, Strongylodon, Sutherlandia, Swainsona, Templetonia, Tephrosia, Thermopsis, Tipuana, Trifolium, Trigonella, Ulex, Vicia, Vigna, Virgilia, Wisteria

Proteiflorae
169 Proteaceae
Alloxylon, Banksia, Brabejum, Darlingia, Dryandra, Embothrium, Gevuina, Grevillea, Hakea, Isopogon, Knightia, Leucadendron, Leucospermum, Lomatia, Macadamia, Mimetes, Persoonia, Protea, Serruria, Stenocarpus, Telopea, Xylomelum

Myrtiflorae
170 Haloragaceae
Myriophyllum
171 Lythraceae
Cuphea, Lagerstroemia, Lawsonia, Lythrum
172 Trapaceae
Trapa
173 Myrtaceae
Acmena, Agonis, Angophora, Baeckea, Beaufortia, Callistemon, Calothamnus, Calytrix, Chamelaucium, Darwinia,

Eucalyptus, Eugenia, Feijoa, Homoranthus, Kunzea, Leptospermum, Lophomyrtus, Lophostemon, Luma, Melaleuca, Metrosideros, Myrtus, Pimenta, Psidium, Syncarpia, Syzygium, Thryptomene, Tristania, Tristaniopsis, Ugni, Xanthostemon

174 Punicaceae
Punica

175 Onagraceae
Clarkia, Epilobium, Fuchsia, Gaura, Oenothera, Zauschneria

176 Melastomataceae
Centradenia, Heterocentron, Medinilla, Melastoma, Osbeckia, Sonerila, Tibouchina

177 Combretaceae
Combretum, Quisqualis, Terminalia

Santaliflorae

178 Santalaceae
Santalum

179 Loranthaceae
Amylotheca, Nuytsia

180 Celastraceae
Celastrus, Euonymus, Maytenus, Paxistima, Tripterygium

181 Aquifoliaceae
Ilex

182 Corynocarpaceae
Corynocarpus

183 Vitaceae
Ampelopsis, Cissus, Cyphostemma, Parthenocissus, Rhoicissus, Tetrastigma, Vitis

Rutiflorae

184 Tremandraceae
Tetratheca

185 Polygalaceae
Polygala

186 Staphyleaceae
Euscaphis, Staphylea

187 Melianthaceae
Melianthus

188 Sapindaceae
Alectryon, Cardiospermum, Castanospora, Cupaniopsis, Dodonaea, Koelreuteria, Litchi, Nephelium, Sapindus, Xanthoceras

189 Hippocastanaceae
Aesculus

190 Aceraceae
Acer

191 Cneoraceae
Cneorum

192 Meliaceae
Azadirachta, Cedrela, Chukrasia, Ekebergia, Melia, Swietenia, Toona, Trichilia

193 Rutaceae
Acradenia, Adenandra, Agathosma, Boronia, Calodendrum, Choisya, × Citrofortunella, Citrus, Clausena, Coleonema, Correa, Crowea, Dictamnus, Eriostemon, Flindersia, Fortunella, Melicope, Murraya, Phellodendron, Poncirus, Ptelea, Ruta, Skimmia, Tetradium, Zieria

194 Simaroubaceae
Ailanthus

195 Anacardiaceae
Anacardium, Cotinus, Harpephyllum, Malosma, Mangifera, Pistacia, Rhodosphaera, Rhus, Schinus, Toxicodendron

196 Linaceae
Linum, Reinwardtia

197 Malpighiaceae
Malpighia, Stigmaphyllon

198 Oxalidaceae
Averrhoa, Oxalis

199 Geraniaceae
Erodium, Geranium, Pelargonium

200 Tropaeolaceae
Tropaeolum

201 Balsaminaceae
Impatiens

202 Limnanthaceae
Limnanthes

Gentianiflorae

203 Loganiaceae
Buddleja, Desfontainea, Fagraea, Gelsemium, Nuxia

204 Gentianaceae
Eustoma, Exacum, Gentiana, Orphium

205 Apocynaceae
Acokanthera, Adenium, Allamanda, Alstonia, Amsonia, Beaumontia, Carissa, Catharanthus, Cerbera, Mandevilla, Nerium, Pachypodium, Plumeria, Rauvolfia, Strophanthus, Tabernaemontana, Thevetia, Trachelospermum, Vinca

206 Asclepiadaceae
Araujia, Asclepias, Ceropegia, Hoodia, Hoya, Huernia, Orbea, Stapelia, Stephanotis, Tweedia

207 Periplocaceae/Asclepiadaceae
Periploca

208 Oleaceae
Chionanthus, Fontanesia, Forestiera, Forsythia, Fraxinus, Jasminum, Ligustrum, Olea, Osmanthus, Phillyrea, Syringa

209 Goodeniaceae
Dampiera, Goodenia, Leschenaultia, Scaevola, Selliera

Solaniflorae

210 Nolanaceae
Nolana

211 Solanaceae
Atropa, Browallia, Brugmansia, Brunfelsia, Capsicum, Cestrum, Cyphomandra, Datura, Fabiana, Iochroma, Jaborosa, Lycium, Lycopersicon, Mandragora, Nicotiana, Nierembergia, Petunia, Physalis, Salpiglossis, Schizanthus, Solandra, Solanum, Streptosolen, Vestia

212 Convolvulaceae
Argyreia, Calystegia, Convolvulus, Dichondra, Ipomoea, Merremia

213 Menyanthaceae
Menyanthes, Nymphoides

214 Polemoniaceae
Cantua, Cobaea, Gilia, Ipomopsis, Phlox, Polemonium

215 Hydrophyllaceae
Hydrophyllum, Nemophila, Phacelia, Romanzoffia, Wigandia

216 Boraginaceae
Alkanna, Anchusa, Arnebia, Borago, Brunnera, Buglossoides, Caccinia, Cerinthe, Cynoglossum, Echium, Eritrichium, Heliotropium, Lindelofia, Lithodora, Mertensia, Moltkia, Myosotidium, Myosotis, Omphalodes, Onosma, Pulmonaria, Symphytum, Trachystemon

217 Ehretiaceae/Boraginaceae
Cordia

Lamiiflorae

218 Verbenaceae
Aloysia, Callicarpa, Caryopteris, Citharexylum, Clerodendrum, Duranta, Holmskioldia, Lantana, Petrea, Phyla, Rhaphithamnus, Stachytarpheta, Tectona, Verbena, Vitex

219 Avicenniaceae/Verbenaceae
Avicennia

220 Lamiaceae (Labiatae)
Acinos, Agastache, Ajuga, Ballota, Calamintha, Cedronella, Colquhounia, Dracocephalum, Glechoma, Hemiandra, Horminum, Hyssopus, Lamium, Lavandula, Leonotis, Marrubium, Melissa, Mentha, Moluccella, Monarda, Monardella, Nepeta, Ocimum, Origanum, Perilla, Perovskia, Phlomis, Physostegia, Plectranthus, Pogostemon, Prostanthera, Prunella, Pycnanthemum, Pycnostachys, Rosmarinus, Salvia, Satureja, Scutellaria, Sideritis, Solenostemon, Stachys, Tetradenia, Teucrium, Thymus, Trichostema, Westringia

221 Callitrichaceae
Callitriche

222 Plantaginaceae
Plantago

223 Scrophulariaceae
Alonsoa, Antirrhinum, Asarina, Bowkeria, Calceolaria, Chelone, Collinsia, Diascia, Digitalis, Erinus, Halleria, Hebe, Isoplexis, Jovellana, Keckiella, Lathraea, Leucophyllum, Linaria, Lindernia, Lophospermum, Maurandya, Mazus, Mimulus, Nemesia, Otacanthus, Parahebe, Penstemon, Phygelius, Rhodochiton, Russelia, Scrophularia, Sutera, Torenia, Verbascum, Veronica, Veronicastrum, Wulfenia

224 Globulariaceae
Globularia

225 Myoporaceae
Eremophila, Myoporum

226 Gesneriaceae
Achimenes, Aeschynanthus, Columnea, Episcia, Haberlea, Kohleria, Mitraria, Nautilocalyx, Nematanthus, Ramonda, Rehmannia, Rhabdothamnus, Saintpaulia, Sarmienta, Sinningia, Smithiantha, Streptocarpus

227 Acanthaceae
Acanthus, Aphelandra, Barleria, Crossandra, Dicliptera, Duvernoia, Eranthemum, Fittonia, Graptophyllum, Hemigraphis, Hypoestes, Justicia, Mackaya, Megaskepasma, Pachystachys, Pseuderanthemum, Ruellia, Sanchezia, Strobilanthes, Thunbergia

228 Pedaliaceae
Sesamum

229 Martyniaceae
Martynia, Proboscidea

230 Bignoniaceae
Amphitecna, Bignonia, Campsis, Catalpa, Chilopsis, Clytostoma, Distictis, Dolichandrone, Eccremocarpus, Incarvillea, Jacaranda, Kigelia, Macfadyena, Markhamia, Pandorea, Paulownia, Podranea, Pyrostegia, Radermachera, Spathodea, Tabebuia, Tecoma, Tecomanthe, Tecomaria

231 Lentibulariaceae
Pinguicula, Utricularia

Asteriflorae

232 Asteraceae (Compositae)
Achillea, Ageratina, Ageratum, Ajania, Ammobium, Anaphalis, Antennaria, Anthemis, Arctotheca, Arctotis, Argyranthemum, Arnica, Artemisia, Aster, Baccharis, Baileya, Bellis, Bellium, Berkheya, Berlandiera, Bidens, Boltonia, Brachycome, Brachyglottis, Bracteantha, Calendula, Callistephus, Calomeria, Carlina, Carthamus, Cassinia, Catananche, Celmisia, Ceratia, Centaurea, Chamaemelum, Chrysanthemoides, Chrysanthemum, Chrysocephalum, Chrysogonum, Cichorium, Cineraria, Cladanthus, Coreopsis, Cosmos, Cotula, Craspedia, Cynara, Dahlia, Dendranthema, Dimorphotheca, Doronicum, Dymondia, Echinacea, Echinops, Edmondia, Encelia, Erigeron, Eriocephalus, Eriophyllum, Espeletia, Eumorphia, Eupatorium, Euryops, Farfugium, Felicia, Gaillardia, Gazania, Gerbera, Grindelia, Gynura, Haplopappus, Helenium, Helianthus, Helichrysum, Heliopsis, Heterotheca, Hieracium, Inula, Kalimeris, Kleinia, Lactuca, Layia, Leontopodium, Leptinella, Leucanthemum, Leucogenes, Leucophyta, Liatris, Ligularia, Lindheimera, Matricaria, Melampodium, Montanoa, Mutisia, Oldenburgia, Olearia, Onopordum, Osteospermum, Otanthus, Othonna, Ozothamnus, Pachystegia, Pericallis, Phaenocoma, Pilosella, Plectostachys, Polyarrhena, Pycnosorus, Raoulia, Ratibida, Rhodanthe, Roldana, Rudbeckia, Santolina, Sanvitalia, Saussurea, Senecio, Seriphidium, Silybum, Solidago, × Solidaster, Steirodiscus, Stokesia, Tagetes, Tanacetum, Taraxacum, Telanthophora, Tithonia, Townsendia, Tragopogon, Tripleurospermum, Tussilago, Ursinia, Vernonia, Wedelia, Xeranthemum, Zinnia

233 Campanulaceae
Adenophora, Campanula, Canarina, Codonopsis, Cyananthus, Edraianthus, Jasione, Michauxia, Ostrowskia, Phyteuma, Platycodon, Symphyandra, Trachelium, Wahlenbergia

234 Lobeliaceae/Campanulaceae
Lobelia, Monopsis, Pratia

235 Pentaphragmataceae
Pentaphragma

236 Stylidiaceae
Stylidium

Angiospermae (Bedecktsamer) B – Einkeimblättrige (Liliopsida)

Liliiflorae

237 Dioscoreaceae
Dioscorea

238 Taccaceae
Tacca

239 Trilliaceae/Liliaceae
Paris, Trillium

240 Smilacaceae/Liliaceae
Smilax

241 Philesiaceae/Liliaceae

Lapageria, Philesia
242 Convallariaceae/Liliaceae
Aspidistra, Convallaria, Liriope, Ophiopogon, Polygonatum, Reineckea, Rohdea, Smilacina, Speirantha
243 Asparagaceae/Liliaceae
Asparagus, Myrsiphyllum, Protasparagus
244 Ruscaceae/Liliaceae
Danäe, Ruscus, Semele
245 Dracaenaceae/Liliaceae/Agavaceae
Dracaena, Sansevieria
246 Nolinaceae/Liliaceae/Agavaceae
Beaucarnea, Dasylirion, Nolina
247 Asteliaceae/Liliaceae
Astelia, Cordyline
248 Dasypogonaceae/Xanthorrhoeaceae
Kingia
249 Lomandraceae/Xanthorrhoeaceae
Lomandra
250 Blandfordiaceae/Liliaceae
Blandfordia
251 Xanthorrhoeaceae/Liliaceae
Xanthorrhoea
252 Agavaceae/Amaryllidaceae
Agave, Beschorneria, Furcraea, Hesperaloe, Polianthes, Yucca
253 Hypoxidaceae/Amaryllidaceae
Hypoxis, Molineria, Rhodohypoxis
254 Tecophilaeaceae
Tecophilaea
255 Phormiaceae/Liliaceae
Dianella, Phormium, Xeronema
256 Doryanthaceae/Agavaceae
Doryanthes
257 Hemerocallidaceae/Liliaceae
Hemerocallis
258 Asphodelaceae/Liliaceae
Aloe, Asphodeline, Asphodelus, Bulbine, Bulbinella, Eremurus, Gasteria, Haworthia, Kniphofia, Paradisea
259 Anthericaceae/Liliaceae
Anthericum, Arthropodium, Chlorophytum
260 Aphyllanthaceae/Liliaceae
Aphyllanthes
261 Funkiaceae/Liliaceae
Hesperocallis, Hosta
262 Hyacinthaceae/Liliaceae
Albuca, Brimeura, Camassia, Chionodoxa, × Chionoscilla, Eucomis, Galtonia, Hyacinthoides, Hyacinthus, Lachenalia, Ledebouria, Muscari, Ornithogalum, Puschkinia, Scilla, Urginea, Veltheimia
263 Alliaceae/Liliaceae/Amaryllidaceae
Agapanthus, Allium, Bessera, Bloomeria, Brodiaea, Dichelostemma, Ipheion, Leucocoryne, Milla, Nectaroscordum, Tristagma, Triteleia, Tulbaghia
264 Amaryllidaceae/Liliaceae
Amaryllis, Argyropsis, Boophone, Brunsvigia, Calostemma, Chlidanthus, Clivia, Crinum, Cyrtanthus, Eucharis, Galanthus, Habranthus, Haemanthus, Hippeastrum, Hymenocallis, Leucojum, Lycoris, Narcissus, Nerine, Pancratium, Phaedranassa, Proiphys, Rhodophiala, Scadoxus, Sprekelia, Sternbergia, Worsleya, Zephyranthes
265 Melanthiaceae/Liliaceae
Helonias, Heloniopsis, Veratrum, Xerophyllum, Zigadenus
266 Alstroemeriaceae/Amaryllidaceae
Alstroemeria, Bomarea
267 Colchicaceae/Liliaceae
Colchicum, Gloriosa, Littonia, Onixotis, Sandersonia
268 Uvulariaceae/Liliaceae
Clintonia, Disporum, Maianthemum, Tricyrtis, Uvularia
269 Calochortaceae/Liliaceae
Calochortus
270 Liliaceae sensu stricto
Cardiocrinum, Erythronium, Fritillaria, Lilium, Nomocharis, Tulipa
271 Iridaceae
Anomatheca, Aristea, Babiana, Belamcanda, Chasmanthe, Crocosmia, Crocus, Cypella, Dierama, Dietes, Diplarrena, Ferraria, Freesia, Geissorhiza, Gladiolus, Gynandriris, Herbertia, Hermodactylus, Homeria, Iris, Ixia, Libertia, Moraea, Neomarica, Orthrosanthus, Romulea, Schizostylis, Sisyrinchium, Sparaxis, Tigridia, Tritonia, Watsonia
272 Cypripediaceae/Orchidaceae
Cypripedium, Paphiopedilum, Phragmipedium
273 Orchidaceae
Ada, Aerangis, Aerides, Angraecum, Anguloa, × Angulocaste, Anoectochilus, × Ascocenda, Ascocentrum, Bifrenaria, Bletilla, Brassavola, Brassia, × Brassocattleya, × Brassolaeliocattleya, Calanthe, Cattleya, Coelogyne, Cymbidium, Dactylorhiza, Dendrobium, Dendrochilum, Disa, Dracula, Epidendrum, Epipactis, Euanthe, Goodyera, Laelia, × Laeliocattleya, Lycaste, Masdevallia, Maxillaria, Miltoniopsis, × Odontioda, × Odontocidium, Odontoglossum, Oncidium, Ophrys, Orchis, Phaius, Phalaenopsis, Pleione, Psychopsis, Pterostylis, Renanthera, Rhyncholaelia, Rossioglossum, × Sophrocattleya, × Sophrolaeliocattleya, Sophronitis, Spathoglottis, Stanhopea, Thunia, Vanda, Vanilla, × Vuylstekeara, × Wilsonara, Zygopetalum

Ariflorae

274 Araceae
Acorus, Aglaonema, Alocasia, Amorphophallus, Anthurium, Arisaema, Arisarum, Arum, Caladium, Calla, Colocasia, Cryptocoryne, Dieffenbachia, Dracunculus, Epipremnum, Lysichiton, Monstera, Orontium, Philodendron, Pinellia, Pistia, Sauromatum, Spathiphyllum, Symplocarpus, Syngonium, Xanthosoma, Zantedeschia
275 Lemnaceae
Lemna, Wolffia

Alismatiflorae

276 Aponogetonaceae
Aponogeton
277 Butomaceae
Butomus
278 Limnocharitaceae
Hydrocleys
279 Alismataceae
Alisma, Damasonium, Sagittaria
280 Hydrocharitaceae
Elodea, Vallisneria
281 Potamogetonaceae
Potamogeton

Bromeliiflorae

282 Bromeliaceae
Abromeitiella, Acanthostachys, Aechmea, Ananas, Billbergia, Bromelia, Canistrum, Catopsis, Cryptanthus, Dyckia, Fascicularia, Guzmania, Neoregelia, Nidularium, Orthophytum, Pitcairnia, Portea, Puya, Quesnelia, Tillandsia, Vriesea, Wittrockia
283 Haemodoraceae/Amaryllidaceae
Anigozanthos, Wachendorfia
284 Pontederiaceae
Eichhornia, Pontederia
285 Sparganiaceae
Sparganium
286 Typhaceae
Typha

Zingiberiflorae

287 Musaceae
Ensete, Musa
288 Heliconiaceae/Musaceae
Heliconia
289 Strelitziaceae/Musaceae
Ravenala, Strelitzia
290 Zingiberaceae
Achasma, Alpinia, Curcuma, Etlingera, Globba, Hedychium, Hornstedtia, Kaempferia, Roscoea, Zingiber
291 Costaceae/Zingiberaceae
Costus, Tapeinochilos
292 Cannaceae
Canna
293 Marantaceae
Calathea, Ctenanthe, Maranta, Stromanthe, Thalia

Commeliniflorae

294 Commelinaceae
Callisia, Commelina, Cyanotis, Dichorisandra, Tradescantia
295 Juncaceae
Juncus, Luzula
296 Cyperaceae
Carex, Cyperus, Eleocharis, Eriophorum, Isolepis, Schoenoplectus, Uncinia
297 Poaceae (Gramineae)
Agropyron, Agrostis, Alopecurus, Andropogon, Arrhenatherum, Arundo, Avena, Bambusa, Bouteloua, Briza, Bromus, Calamagrostis, Chasmanthium, Chimonobambusa, Chionochloa, Chusquea, Coix, Cortaderia, Cymbopogon, Cynodon, Dactylis, Deschampsia, Elymus, Fargesia, Festuca, Glyceria, Hakonechloa, Helictotrichon, Holcus, Hordeum, Imperata, Indocalamus, Lagurus, Lamarckia, Leymus, Lolium, Melica, Melinis, Milium, Miscanthus, Molinia, Muhlenbergia, Nassella, Oplismenus, Oryza, Panicum, Pennisetum, Phalaris, Phragmites, Phyllostachys, Pleioblastus, Poa, Pseudosasa, Saccharum, Sasa, Sasaella, Schizachyrium, Semiarundinaria, Sesleria, Setaria, Shibataea, Sporobolus, Stenotaphrum, Stipa, Thysanolaena, Triticum, Zea, Zeugites, Zizania, Zoysia
298 Restionaceae
Chondropetalum, Elegia

Areciflorae

299 Arecaceae (Palmae)
Acanthophoenix, Acoelorrhaphe, Archontophoenix, Areca, Borassodendron, Brahea, Butia, Calamus, Caryota, Chamaedorea, Chamaerops, Chrysalidocarpus, Coccothrinax, Cocos, Copernicia, Corypha, Cyrtostachys, Elaeis, Hedyscepe, Howea, Hyophorbe, Jubaea, Licuala, Livistona, Lodoicea, Neodypsis, Orbignya, Phoenix, Pinanga, Pritchardia, Ptychosperma, Rhapidophyllum, Rhapis, Rhopalostylis, Roystonea, Sabal, Serenoa, Syagrus, Trachycarpus, Trithrinax, Veitchia, Washingtonia, Wodyetia

Pandaniflorae

300 Pandanaceae
Pandanus

Alphabetische Auflistung der Pflanzengattungen

Die Nummer hinter jeder Gattung verweist **nicht** auf eine Seitenzahl, sondern auf die Nummer ihrer Familie in der vorhergehenden Übersicht über die Pflanzenfamilien.

Register der deutschen Namen und Synonyme

Das Register nennt deutsche Namen und lateinische Synonymverweise der binären Nomenklatur (vgl. S. 946).
Bei Synonymen ist kein Seitenverweis angegeben, sondern eine weitere lateinische Bezeichnung, die im Textteil recherchiert werden kann:
z.B. *Puschkinia libanotica* siehe *Puschkinia scilloides.*
Deutsche Namen werden durch die lateinische Bezeichnung ergänzt, die über eine Seitenzahl zur entsprechenden Pflanze im Textteil führt:
z.B.: Prachtsalbei *(Salvia splendens)* 816.

A

C

D

F

H

K

L

N

O

P

Register nach Pflanzengruppen

Dieses Register listet die im Buch besprochenen Pflanzen nach ihrer Zugehörigkeit zu bestimmten Gruppen wie beispielsweise Ein- und Mehrjährige, Bäume, Sträucher, Orchideen etc. auf.

Bäume

Bodendecker

Bromeliengewächse

Ein- und Mehrjährige

Gemüse

Farne

Kakteen und Sukkulenten

Kräuter

Obst- und Nußbäume

Orchideen

Palmen und Palmfarne

Rank- und Kletterpflanzen

Sträucher

Wiesen- und Rasengräser

Ziergräser

Zwiebel- und Knollenpflanzen